KB197741

제9판

채무자 회생법

전대규

제1권
도산일반
회생절차

法 文 社

제9판 머리말

이 책은 채무자회생법의 이론과 실무에 관한 아카이브(Archive)다. 현미경적 구체성과 망원경적 총체성으로 채무자회생법을 분석하고 있다. 세세하면서도 전체적인 것을 통해서만 본질적인 것을 이해할 수 있기 때문이다. 세부적인 부분을 다듬고 표현의 정확성을 기하였으며, 판례에 대한 비판적 분석도 더하였다. 도산절차에서 등기(등록)와 관련된 이해를 돕기 위해 제6편 제4장으로 「도산과 등기(등록)」를 추가하였다. 그 밖에 제9판에 추가된 내용은 다음과 같다.

☐ 도산일반
- 새로 제정된 제7차 「기업구조조정 촉진법」 내용 반영
- 상법, 각종 세법 등 관련 법률 개정 내용 반영(2024년 1월 1일부터 적용된 등록면 허세 비과세 등)
- 분식회계를 한 채무자가 도산절차개시 후 경정청구 등을 통하여 조세를 환급받을 수 있는지
- 임금채권이 각 도산절차에서 어떻게 취급되고 있는지 세밀하게 분석
- 도산절차 이해를 돕기 위한 다수의 사례 추가
- 도산절차에서 집행과 관련된 각종 재판이 민사집행법상 집행장애사유인지 집행정지 사유인지
- 도산절차개시가 다양한 계약관계에 미치는 영향 추가 내지 보완
- 재판의 고지방법으로서의 통지
- 채무자회생법상의 소멸시효 중단, 정지 및 완성유예
- 개인채무자보호법에 의한 채무조정
- 제124조 제1항, 제340조 제1항, 민법 제637조 등 입법론적 문제가 있는 조항들에 대한 검토
- 포인트(마일리지)에 대한 도산절차에서의 취급
- 도산절차에서 통일적으로 사용되고 있는 '채무자'라는 용어의 적절성(회생절차에서 회생채무자, 파산절차에서 파산자라는 용어를 사용하는 것이 타당하지 않은지)
- 죄수의 딜레마(prisoner's dilemma)를 통해 본 채권자 권리행사 제한에 대한 법적 규제의 필요성
- 미국 연방도산법 내용을 추가하거나 보충
- 도산절차와 계약해제권의 관계

☐ 회생절차

  ◦ 상장법인에 대한 회생절차에 관한 내용 보완

  ◦ 담보부사채신탁에서 회생담보권자가 누구인지

  ◦ 권리보호조항을 정한 인가(강제인가)가 준용되는 경우

  ◦ 부인권의 행사 효력 보완

  ◦ 쌍방미이행 쌍무계약(제119조)에 있어 관리인의 해제권 제한 법리

  ◦ 변론종결 뒤 전득자에게 기판력이 미치고 집행력이 확장되는지

  ◦ 회생계획인가결정에 대한 항고심 심리결과 회생계획 불인가사유가 발견된 경우, 항고심은 원심결정을 취소하고 환송하여 회생계획안을 수정하게 할 수 있는지

  ◦ 회생절차 및 파산절차에서 채권조사상 이의권이 채권자대위권의 대상이 될 수 있는지

  ◦ 회생절차개시결정으로 근질권이 확정되는지

  ◦ 채무자의 재산으로부터 포기(환경오염과 관련한 쟁점을 포함하여)

  ◦ 부인권이나 법인의 이사 등에 대한 손해배상청구권 등의 행사를 위한 회생절차개시신청시부터 개시결정시까지 사이에 제3자의 재산에 대한 보전처분(파산절차 포함)

  ◦ 내부채권의 열후화와 그 한계(평등원칙, 청산가치보장원칙과의 관계)

  ◦ 회생절차개시결정이 「파견근로자 보호 등에 관한 법률」에 따른 파견근로자의 직접고용청구권에 어떠한 영향을 미치는지

  ◦ 관리인이 민법 제492조 제2항 단서의 제3자에 해당하는지

  ◦ 2024년 6월 개정된 채무자회생법 시행령 반영

  ◦ 포괄적 금지명령의 제3자에 대한 확장 여부(입법론) – 미국 연방도산법상의 재량적 중지(Discretionary Stay)

  ◦ 사해행위취소권 및 부인권에 있어 일탈재산에 대한 원상회복의 구성

  ◦ 신고하지 아니한 회생채권인 조세채권이 실권되지 아니하는 경우

  ◦ 주채무가 출자전환된 경우 보증채무의 소멸시효 재진행 시점과 소멸시효기간 연장 여부

☐ 파산절차

  ◦ 평상 시와 파산 시 경매절차에서 배당금 수령권자

  ◦ 파산절차에서 자유재산 확장론

  ◦ 파산절차종료 전 면책결정의 가능 여부 및 실무 변화

  ◦ 파산선고 후 집행문을 부여받을 수 있는지

  ◦ 부인권의 행사 효력 보완

  ◦ 파산선고가 된 경우 청산인이 필요 없는지

  ◦ 파산관재인의 채무승인과 시효중단

  ◦ 부인권 행사의 대상이 되는 변제를 수령한 채권회사의 경영자에 대하여 해당 수령

행위를 이유로 상법 제401조 제1항에 따른 제3자에 대한 책임을 인정한 일본 하급심 재판례의 비판적 소개
- 상고심 계속 중에 당사자가 파산선고를 받은 경우 소(청구)의 변경이 가능한지
- 별제권(담보권)부 부동산을 임의매각한 경우 부족액책임주의 적용 여부
- 면책채무에 기한 경개계약, 준소비대차계약이 가능한지, 면책채무는 상속이 되는지, 면책채권은 양도가 가능한지
- 면책채권에도 소멸시효가 적용되는지
- 면책취소가 재심사유가 되는 것인지
- 파산선고로 근질권이 확정되는지
- 면책결정을 받은 채무에 대하여 비면책채권인 조세, 벌금 등의 체납을 이유로 출국금지(연장)를 하는 것이 적법한지
- 면책불허가사유를 제한적으로 해석하려는 최근 대법원 판례의 경향 소개
- 파산관재인에게 공익적인 지위가 인정되는지 여부(오염된 토양 등을 파산재단으로부터의 포기가 허용되는지)
- 미국, 독일, 프랑스의 개인도산절차에 관한 개략적인 내용
- 미국 연방도산법상의 변호사에 대한 규제 및 제재(파산절차남용 관련)
- 「보조금 관리에 관한 법률」에 따른 반환금채권의 성격(재단채권) 및 파산관재인의 중요재산 처분 승인에 대한 거부처분이 재량권 일탈·남용에 해당하는지
- 상계의 소급효 제한 합의의 도산절차에서의 효력
- 동산 소유권유보부매매의 법적 성질에 관한 대법원 최초 판결

☐ 개인회생절차
- 변제계획인가결정에 대한 항고심에서 변제계획불인가사유가 인정된 경우, 환송 후 원심에서 변제계획안을 수정하는 것이 가능한지
- 별제권부 채권의 담보권 범위 내 채권액이 개인회생채권에 해당되는지, 별제권부 채권에 대한 임의변제가 가능한지, 면책결정이 별제권자의 개인회생채권에 미치는 범위
- 우선권 있는 임대차보증금반환채권에 제625조 제3항이 적용되는지
- 면책취소가 재심사유가 되는 것인지
- 변제계획이나 변제계획인가결정에서 강제집행 등의 효력 상실시기를 달리 정한 경우의 사례와 그 효력
- 개인회생재단채권을 개인회생채권자목록에 기재한 경우의 효과

☐ 2025년 이전 출간된 국내외 실무서 등의 내용, 2024. 10. 31.까지의 대법원 판례 및 헌법재판소 결정례 반영

　　세상의 모든 일은 크든 작든 다 주변의 도움으로 이루어진다. 늘 관심을 갖고 의견과 질문을 던져주신 법원공무원교육원 조현진 교수(서기관)님, 광주지방법원 하순원 수석사법보좌관님을 비롯하여 비판적 애정을 가지신 많은 독자분들에 대한 고마움은 빼놓을 수 없다. 이정우 재판연구관(대법원), 이석준 재판연구관(대법원), 주재오 판사(부산회생법원)는 자료와 판례 수집에 많은 도움을 주었다. 마지막으로 늘 응원과 지지를 해주신 ㈜투데이아트 박장선 회장님을 비롯한 임직원 여러분들에게 진심으로 감사드린다.

2025. 1. 5.

전(前) 서울회생법원 부장판사
변호사 전 대 규

제8판 머리말

자본주의 시장경제에서 채무자회생법은 사회안전망(social safety net)으로서나 새로운 출발(fresh start)의 기회를 준다는 점에서 중요하다. 채무자회생법을 연구하는 이유다. 이 책을 쓰면서 늘 명심했던 것이 있다. 채무자회생법이 지금 어떠한 내용으로 되어 있는지를 설명하되, 그렇게 된 이유는 무엇이며 어떻게 해서 그렇게 되었는지를 스스로 이해할 수 있게 하자는 것이다. 제8판도 이러한 의도에 부합하고자 많은 부분들이 추가되고 보완되었다.

□ 도산일반
  ◦ 수원회생법원, 부산회생법원의 설치(2023. 3. 1.)
  ◦ 기업집단 도산과 관련한 중국의 사례 소개
  ◦ 중국에서 외국법원(독일) 도산재판 승인 사례 소개
  ◦ 내용을 명확히 하고 목차를 세분화하여 가독성을 높임
  ◦ 법원 밖에 존재하는 도산실무 관련 많은 쟁점 추가
  ◦ 도산절차가 근로관계에 미치는 영향(단체협약이 부인권의 대상인지, 도산을 이유로 해고한 경우 부당노동행위 법리가 적용되는지 등)
  ◦ 도산절차에서 벌금 등 청구권의 권리변경 및 면책에서의 취급
  ◦ 회사비송사건{주식매수(매도)청구권과 관련한 주식매도가액결정 신청사건이나 주식매수가액결정 신청사건}의 계속 중 도산절차가 개시된 경우 승계 여부
  ◦ 도산사건과 관련한 소송의 증가에 따라 '도산절차와 소송절차'에 관한 부분 대폭 보강

□ 회생절차
  ◦ 상장회사의 회생절차를 통한 상장유지 전략
  ◦ 상장회사의 전환사채권자, 신주인수권부 사채권자, 주식매수선택권자, 상환전환우선주주의 채권신고가 있거나 주식매수청구권이 행사된 경우 채권조사(시부인)
  ◦ 거래소의 시세 있는 상품의 정기매매에 관한 제338조가 회생절차에도 유추적용될 수 있는지(제119조의 예외인지)
  ◦ 등록면허세에 관한 채무자회생법과 지방세법의 충돌(특히 출자전환의 경우), 2024. 1. 1. 채무자회생법 및 지방세법 개정 내용 반영
  ◦ 회생절차개시, 파산선고가 스왑(Swap), 파생상품(Derivatives)계약에 미치는 영향
  ◦ 회생절차에서의 신의성실원칙
  ◦ 회생절차개시신청(파산신청, 개인회생절차개시신청)만으로 기한이익을 상실하도록

한 조항의 효력 문제
- 회생절차가 개시된 경우 조세환급금의 충당이 가능한지
- 회생절차 진행 중 국세에 관한 체납정리
- 합병 전이나 분할 전 법인에 대한 벌금이 합병 후 존속법인이나 분할된 법인에게 승계되는지
- 연대보증인의 채무를 감면한 신용보증기금법 제30조의3 등과 제126조의 우열관계
- 회생절차개시 당시에 매매계약을 체결할 권리가 존재하였고, 회생절차개시 후 상대방의 권리행사에 의하여 매매계약이 성립하거나 장차 성립할 수 있어 아직 쌍방의 채무가 이행되지 아니한 경우 쌍방미이행 쌍무계약에 따른 법리가 유추적용되는지
- 지급명령이 있는 이의채권에 대한 절차 단계별 불복방법
- 회생절차 및 개인회생절차에서 채무자의 재산이나 개인회생재단에 속하는 부동산이 매각된 경우 배당 문제(조세채권을 포함하여)
- 회생절차개시신청 단계에서의 주주평등원칙
- 부동산담보신탁에 관한 판례 법리에 대한 비판과 미국에서의 논의, 신탁채권자에 대한 변제를 우선시하는 회생실무가 평등원칙에 위반되는지

□ 파산절차
- 정기행위 또는 정기매매의 해제를 규정한 민법 제545조 및 상법 제68조와 제338조 제1항의 관계
- 파산절차에서 조세채권의 취급에 관한 실무적인 논점 보완
- 상속재산파산절차에서의 소송수계 문제
- 민법 제663조와 제335조의 관계
- 대리인이나 본인이 파산한 경우 대리권의 소멸 여부
- 파산이 사단관계에 미치는 영향
- 위탁매매인의 파산과 환취권
- 개인파산에서 면책심리 중 파산채권에 기한 체납처분(강제징수)이 가능한지, 시효기간 연장에 관한 입법론
- 이혼 후 재산분할을 청구하지 않는 것이 부인권의 대상인지, 면책불허가사유가 되는지
- 파산절차 진행 중 파산채권의 양도
- 이시폐지 후 재산이 발견된 경우의 처리
- 파산선고 후 이자를 자동채권으로 한 상계가 가능한지, 파산관재인에 의한 상계에 있어 구체적인 상계요건
- 별제권에 있어 부족액책임주의의 적용범위
- 집합물양도담보와 관련한 파산절차에서의 쟁점

　　◦ 파산절차 종료 후 재단채권에 대하여 채무자가 책임을 부담하는지

　　◦ 파산절차에서 내부채권(기존 경영진의 채권 등)의 열후적 취급이 가능한지

　　◦ 주주가 파산한 경우 회사의 조직에 관한 소에 있어 원고적격

□ 개인회생절차

　　◦ 임의경매개시결정 이후 가압류를 한 채권자가 배당요구 종기 전에 배당요구를 한 후, 채무자에 대하여 개인회생절차가 개시되었고, 이후 변제계획이 인가되었지만 개인회생절차가 폐지된 경우 가압류를 한 채권자는 경매절차에서 배당을 받을 수 있는지

　　◦ 개인회생절차에서 조세채권의 취급에 관한 실무적인 논점 보완

　　◦ 2024. 1. 1. 도입된 행정정보 공동이용제도

　　◦ 개인회생절차에서 권리변경에 관한 새로운 이론 구성

□ 2023년 출간된 국내외 실무서 등의 내용, 2023. 10. 30.까지 대법원 판례 및 헌법재판소 결정례 반영

　　제8판도 많은 분들의 보탬이 있었다. 원고를 검토해 주신 법원공무원교육원 조현진 교수(서기관)님을 비롯하여 꼼꼼하게 메모를 해주시거나 많은 질문을 던져주신 독자분들에 대한 고마움은 빼놓을 수 없다. 이정우 재판연구관(대법원), 이석준 판사(서울회생법원), 송해인 판사(창원지방법원), 주재오 판사(부산회생법원), 김서영 판사(전주지방법원)는 자료와 판례 수집에 많은 도움을 주었다. 번거로운 분권 작업을 잘 마무리해주신 김용석 차장, 유진걸 과장 등 법문사 관계자분들에게 감사함을 전한다.

2024. 1. 5.

전(前) 서울회생법원 부장판사

변호사 전 대 규

제7판 머리말

Bankruptcy is faster, easier and better than you think(도산은 당신이 생각하는 것보다 빠르고, 쉽고 괜찮다). ─ANDREW BALBUS

디지털경제의 발달로 학문에 있어서도 빅블러(Big Blur)가 일어나고, 채무자회생법 영역에서도 예외가 아니다. 세부적인 내용을 다듬고, 최근 주목받고 있는 공정거래법·하도급법·자본시장법이나 현대형계약과 관련된 새로운 쟁점들도 많이 추가하였다. 추가된 주요 내용은 다음과 같다.

☐ 도산일반
  ◦ 공동수급체의 도산
  ◦ 익명조합과 도산
  ◦ 도산절차에서 '채무자'에 대한 확정판결과 동일한 효력 및 집행력
  ◦ 민법에서 저당권소멸청구제도(민법 제364조)와 도산절차
  ◦ 제2편 내지 제4편의 목차, 서술방식 등에 있어 통일성 도모
  ◦ 파산절차와 개인회생절차에서 벌금·과료·추징금에 관한 형의 시효에 관한 입법론
  ◦ 도산절차와 채권자평등의 원칙
  ◦ 민법과 채무자회생법의 체계정합성에 대한 검토
  ◦ 이해를 돕기 위한 다양한 사례의 추가
  ◦ 파산절차가 종료된 경우 파산채권확정절차의 취급(회생절차·개인회생절차 포함)
  ◦ 도산절차와 변호사대리원칙
  ◦ 면책신청과 회생절차개시신청의 관계
  ◦ 부인의 청구에 중복된 소제기의 금지 원칙(민소법 제259조)이 적용되는지
  ◦ 공정거래법·하도급법 및 그 시행령 등 각종 법령 개정 내용 반영
    ─ 회생회사에 대한 공정거래법상 과징금의 부과 및 징수
    ─ 공정거래법상의 도산제도 관련 내용 반영
  ◦ 채무자회생법 개정 논의 대폭 반영
  ◦ 미국 연방도산법상의 사건의 재개(reopening)
  ◦ UNCITRAL 도산입법지침{Legislative Guide on Insolvency Law, Part One and Two(2004)} 관련 내용 반영
  ◦ 자본시장법상 금융투자상품의 투자성 판단에 있어 회수금액에의 포함 여부

◦ 법인의 도산신청 등에 따른 관리종목지정 및 상장폐지 관련 내용
◦ 도산범죄에서 양벌규정의 도입 필요성
◦ 가집행선고가 붙은 판결의 강제집행정지를 위해 담보로 금전을 제공한 채무자가 도산한 경우 피공탁자의 지위
◦ 최근 대법원 판례에 반영된 미국 연방도산법상의 채무재승인약정(reaffirmation agreement)
◦ 도산절차(회생절차개시, 파산선고)가 대리수령에 미치는 영향
◦ 다른 도산절차가 선행하는 경우 부인권의 제척기간

□ 회생절차
◦ 자본감소무효확정판결이 회생계획에 미치는 영향
◦ 회생회사에 대한 공정거래법상 과징금의 부과 및 징수

□ 파산절차
◦ 채무자회생법 개정 내용 반영(2022. 1. 1.부터 학자금대출채권의 면책채권화)
◦ 파산절차에서 배당의 성격(잘못된 배당의 경우 파산절차종료 후 부당이득반환청구를 할 수 있는지)
◦ 파산선고가 제3자 채권침해에서 손해배상액 산정의 고려요소인지
◦ 파산선고가 소송위임에 미치는 영향(자기파산신청을 위임받은 변호사가 의뢰인이 파산선고를 받은 이후에도 신청대리인의 자격을 유지하는지 등)
◦ 면책된 채무의 불법추심에 따른 위자료 인정 사례
◦ 공용부분 관리비에 대한 면책과 특별승계인의 책임(구분소유자의 공용부분 관리비가 면책된 경우 공유자는 그 특별승계인에게 공용부분 관리비를 청구할 수 있는지)
◦ 프랜차이즈(franchise)계약과 도산
◦ 민소법 제215조 제2항(원상회복의무 및 손해배상책임) 관련 청구권이 파산채권인지
◦ 파산신청에 있어 사전협의 조항의 효력
◦ 부인권 행사에 따른 인적보증 등의 부활과 관련한 부활효의 제한

□ 개인회생절차
◦ 개인회생절차에서 주택담보대출채권에 대한 미국과 일본의 입법례
◦ 미국 연방도산법상의 공동채무자에 대한 금지명령(Stay of action against codebtor, Codebtor Stay)과 개인회생절차에의 도입 필요성
◦ 비면책채권이 개인회생채권자목록에 기재되고 면책결정이 확정된 경우 새로운 소제기 가능 여부

□ 2022. 11. 30.까지 대법원 판례 및 헌법재판소 결정례 반영

　제7판이 세상에 나오는 데도 감사드려야 할 분들이 많다. 원고를 처음부터 끝까지 검토해 주신 수원지방법원 정성희 국장님, 조현진 서기관님을 비롯하여 이메일 등으로 늘 격려와 질문을 던져주신 독자분들에게 고마움을 전한다. 이석준 판사(서울회생법원), 송해인 판사(창원지방법원), 차유나 판사(광주지방법원), 김서영 판사(전주지방법원)는 자료와 판례 수집에 많은 도움을 주었다. 제7판 작업에 새로 합류한 김용석 차장, 초판부터 늘 함께한 유진걸 과장 등 법문사 관계자분들의 노고도 빼놓을 수 없다. 영구 장서용이 되리라는 이 책 출간의 꿈은 이제 실현이 된 것 같다.

2023. 1. 5.

전(前) 서울회생법원 부장판사

전 대 규

제6판 머리말

일상으로의 회복을 꿈꾸는 이들에게 도산은 희망이다. 도산을 통한 면책으로 새로운 출발을 할 수 있기 때문이다. 법 개정 내용을 반영하고 많은 쟁점들이 추가됨으로써 제6판은 좀 더 완결성을 갖추게 되었다.

1. 추가된 주요 쟁점은 다음과 같다. 도산절차 일반과 관련된 것으로 ① 도산절차에서의 이해관계인, ② 도산절차에서 조세채권이 면책될 수 있는지, ③ 담보권소멸제도와 그 도입 필요성, ④ 도산절차개시가 추심의 소에 미치는 영향(중단 및 수계), ⑤ 부탁 없는 보증인이 도산절차개시 후 변제에 의하여 취득한 구상권의 성질(회생채권·파산채권인지, 상계가 가능한지, 현존액주의의 적용대상인지 등) 등이다.

회생절차와 관련된 것으로 ① 회생절차종결에 따른 부인의 소 처리에 대한 대책, ② 의료법인 인수와 의료법 제51조의2의 관계, ③ 공장재단저당과 협의의 공장저당의 제278조 적용 여부, ③ 조세채무의 승계와 관련된 제280조와 국세기본법 제25조 제4항, 지방세기본법 제44조 제4항의 관계, ④ 미확정채권이 확정된 경우 변제기가 지난 기간에 대한 지연이자 지급문제, ⑤ 공익채권(재단채권)을 둘러싼 소송에 있어서 쟁점(소송물 및 가집행선고), ⑥ Butner 원칙(Butner Principle), ⑦ 회생절차에서 3자간 상계의 허용 여부, ⑧ 공익채권을 단순히 회생채권으로 신고한 경우의 취급, ⑨ 채권조사확정재판과 그에 대한 이의의 소에 대한 소송비용액 확정시 변호사 보수의 중복 산입 여부, ⑩ 회생채권(부실채권) (저가)양수도에 있어 증여세 과세 여부, ⑪ 도산절차와 몰수보전명령(추징보전명령) 등이다.

파산절차와 관련된 것으로 ① 파산절차에 청산절차가 포함되는지에 관한 독일에서의 논의, ② 입법론으로 파산관재인의 상계권 행사에 대한 최고권 등, ③ 제1파산의 파산채권자의 준별제권자로의 인정(입법론), ④ 자본시장법에서 금융투자업자 파산시 고객 보호 규정, ⑤ 신탁에 있어 수익자의 파산, ⑥ 가상자산(가상화폐)사업자(가상자산거래소)의 파산에 있어서의 법률 문제 등이다.

개인회생절차와 관련된 것으로 ① 주채무자와 보증채무자가 동시에 개인회생절차개시신청을 한 경우 실무상의 문제점, ② 개인회생절차에서 개인회생채권자목록에 채권을 누락한 경우 구제방법, ③ 개인회생사건에서 수임인의 과실로 개인회생채권자목록에서 일부 채권을 누락한 경우 손해배상책임의 확정시기 및 손해액, ④ 개인회생절차에서 채무자의 제3자성, ⑤ 개인회생절차에서 기타채권의 취급 등이다.

2. 세부목차나 내용을 조정함으로써 교과서적인 편집이 되도록 하였다. 좀 더 쉽게 이해할 수 있도록 실무에서 문제되고 있는 사례들이나 하급심 재판례를 많이 추가하였다. 2021. 11. 30.까지 대법원 판례 및 헌법재판소 결정례를 모두 반영하였다.

3. 세법(국세기본법, 국세징수법, 지방세기본법, 지방세법 등) 개정에 따른 내용도 반영하였다.

제6판이 나오기까지 많은 분들의 도움이 있었다. 판사님들을 비롯하여 직원분들, 자본시장 플레이어들은 물론 변호사님들, 법무사님들의 관심과 질문은 책을 양적은 물론 질적으로 성장할 수 있도록 하였다. 서울회생법원 파산관재인으로 근무하고 있는 이정선, 정동현, 김동아, 임윤석 변호사, 서울회생법원 조현진 회생위원 그리고 익명의 독자분은 내용을 충실하게 검토해주셨다. 이분들이 아니었으면 방대한 양의 책을 완성하기 어려웠을 것이다. 서울회생법원에서 추억을 같이 한 조인, 정인영, 전범식, 손승우, 김일수, 이석준, 한옥형, 박상권, 박민선, 이재민 판사에게도 감사드린다. 지금껏 출간을 같이 해 온 법문사 관계자분들께도 고마움을 전한다.

2022. 1. 5.

서울회생법원

부장판사 전 대 규

제5판 머리말

2020년에 채무자회생법 및 시행령 개정이 몇 번 있었다. 개정 내용을 반영하고 새롭게 등장하는 추가적인 쟁점을 정리할 필요가 있어 개정판을 내게 되었다. 제5판의 주요 개정 내용은 다음과 같다.

1. 3회에 걸친 채무자회생법 개정 및 1회에 걸친 시행령 개정의 내용을 반영하였다.

2. 추가된 주요 쟁점은 ① 회생절차개시 후 보증인의 상계권 행사 가능 여부, ② 골프회원권의 신고, ③ 채권조사확정재판에서 소송비용 부담과 소송비용액 확정, ④ 차입매수 또는 LBO(Leveraged Buy-Out) 방식에 의한 기업인수(TRS를 포함하여), ⑤ 파산절차에서 소유권유보부매매를 별제권으로 보는 일본 최고재판소 재판례 소개, ⑥ 개인파산절차에서 비면책채권인 학자금대출채권의 면책에 관한 미국 연방도산법 및 판례상의 Brunner Test, ⑦ 조합의 파산, 익명조합계약과 파산, ⑧ 근로복지공단이 사업주에 대한 융자사업을 통해 체불 임금 등을 지급한 경우 해당 채권이 공익채권인지, ⑨ 배당이의소송 진행 중 파산선고가 된 경우 파산관재인이 수계할 수 있는지, ⑩ 면책적 채무인수가 들어있는 회생계획이 인가된 경우 제250조 제2항의 적용 여부(민법 제459조와 관련하여), ⑪ 2019년 미국 연방도산법 개정 내용, ⑫ 조세채권의 실효와 조세범 처벌 여부, ⑬ 채권매매업(팩토링: factoring)과 도산, ⑭ 중재합의가 있는 경우 채권확정절차, ⑮ 회생절차에서 신고하지 않은 회생채권 등의 회생절차종결 후 구제방법, ⑯ 개인회생절차에서 양육비 직접지급명령제도(가사소송법 제63조의2)의 문제점 등이다.

3. 이해의 편의를 위해 전국 법원의 하급심 판례나 실무에서 발생하는 사례들을 많이 추가하였다. 2020. 11. 30.까지 선고된 대법원 판례 및 헌법재판소 결정례는 물론, 제4판 이후 출간된 국내외 저서나 논문 및 독일 도산법의 내용을 반영하였다.

4. 『**도산과 지방세**』[전대규, 삼일인포마인(2021년)]를 새로 출간함으로써 조세 관련 내용이 대폭 보강되었다. 대표적으로 국세는 가산금이 폐지되고(납부지연가산세로 통합), 지방세는 조세심판원으로 행정심판절차가 일원화되는 등 법·제도적 변화가 많아 이들 내용을 모두 보완하였다. 또한 서울특별시 지방세심의위원회 위원장을 맡으면서 알게 된 실무적으로 문제되고 있는 지방세 관련 사례들을 많이 소개하였다.

5. 어렵게 느껴지는 채무자회생법을 좀 더 쉽게 접근할 수 있도록 법 규정의 취지나 근거, 각종 제도의 의미나 입법론적인 문제점 등을 많이 보완하였다. 또한 채무자회생법을 통한 구조조정(회생이나 파산)이 부실한 기업을 솎아내는 자본주의의 정리 메커니즘이라는 본질적 문제에 대한 고민도 많이 담았다.

　제5판이 나오기까지 서울회생법원 임윤석 회생위원을 비롯하여 자본시장에서 구조조정 플레이어로 활동하는 수많은 분들의 도움이 있었다. 책을 읽으면서 느낀 소감이나 오탈자 및 표 등을 세세하게 정리해서 보내주시고, 방대한 교정지를 읽어주시는 분들도 있었다. 법문사의 예상현 과장님, 유진걸님은 이번에도 마지막 수고를 같이 했다. 진심으로 감사드린다. 이 책을 통해 모든 분들이 구조조정 및 채무자회생법 분야에서 게임체인저(Game Changer)가 되기를 소망해본다.

2021. 1. 5.

서울회생법원

부장판사 전 대 규

제4판 머리말

제4판은 완결판이라고 할 수 있다. 많은 내용이 보강됨으로써 채무자회생법과 관련된 대부분의 쟁점들을 다루게 되었다.

1. 서편과 제6편 종합편을 추가하였다. 서편은 채무자회생법을 처음 공부하는 분들을 위하여 쉽게 접근할 수 있도록 도산절차 전반에 관한 개괄적인 내용을 담았다. 한눈에 읽히도록 가급적 법률용어의 사용을 자제하고 일반적인 언어로 도산에 관한 기본적인 내용을 소개하였다. 제6편 종합편은 도산절차 전체와 관련된 것으로 ① 도산절차 상호간의 관계, ② 도산절차가 비송사건절차에 미치는 영향, ③ 도산과 조세를 다루고 있다. 도산절차와 비송사건절차는 국내에서 보기 드문 내용이고, 도산과 조세는 도산절차에서 문제되는 조세 관련 수많은 쟁점들을 포함하고 있다.

2. 서울회생법원(지방법원·지방법원 본원)의 전속관할인 민사재판과 관련하여 실무적으로 문제되는 당사자 표시, 청구취지(주문) 기재례, 관할 등의 내용들을 추가하였다. 민법과 채무자회생법의 관계에 대하여도 관련된 곳에서 언급하였다. 이 외에도 ① 벌금·과료·추징금 청구권에 관한 형의 시효 문제, ② 도산절차에서의 등기, ③ 미국 연방도산법상의 회생계획인가 전 영업자산 매각제도, ④ 부실금융회사 정리 방식, ⑤ 메자닌(Mezzanine)에 속하는 전환사채(CB), 신주인수권부사채(BW), 상환전환우선주(RCPS)의 회생절차에서의 취급, ⑥ 라이센스계약과 도산, ⑦ 외국도산절차의 승인 및 지원 사례, ⑧ 어음채권과 원인채권의 신고 및 조사, ⑨ 사채관리회사와 관련된 여러 쟁점들, ⑩ 자산유동화와 도산절차의 관계, ⑪ 대리위원제도, ⑫ 주채무자의 파산과 보증인의 지위, ⑬ 다수채무자에 대한 파산채권조사, ⑭ 개인회생절차에서 주택담보대출채권 연계형 개인회생절차(주택담보대출채권에 관한 채무재조정 프로그램), ⑮ 학자금대출채권이 일반의 우선권 있는 개인회생채권인지 등 실무적으로 새롭게 부각되고 있는 많은 사항들을 보완하였다. 또한 최근 「온라인투자연계금융업 및 이용자 보호에 관한 법률」이 제정됨에 따라 P2P금융과 도산의 관계에 대하여도 간략히 소개하였다.

3. 미국, 일본, 중국의 채무자회생법 관련 내용을 비교법적 관점에서 많이 소개하였다. 중국과 관련하여서는 2007년 <기업파산법> 시행 이후 중국 파산제도의 발전 과정, 상대적으로 독립된 파산법정의 설치 및 개인도산제도의 도입에 관한 최근 상황 등을 소개하였다.

4. 2019. 11. 30.까지의 대법원 판례, 헌법재판소 결정례 및 새로 출간된 저서나 논문, 변화하고 있는 실무의 내용도 모두 반영하였다. 오해의 소지가 있는 부분을 분명히 하고, 내용과 표현을 다듬었다. 또한 이해의 편의를 위해 실무에서 발생하는 사안을 기본으로 사례를 많이 추가하였다.

5. 다른 곳에서 설명한 내용은 중복을 피하고 해당부분을 쉽게 찾아볼 수 있도록 관련 페

이지를 표시하였다. 그럼으로써 찾아보는 수고로움을 덜고, 가독성을 높였으며, 유기적인 이해가 가능하도록 하였다.

이 책은 서울지방변호사회를 비롯한 여러 곳의 강의와 변호사, 법무사, 세무공무원, 회계법인·투자회사·캠코·유암코·은행 등에서 구조조정 업무를 담당하는 수많은 독자들의 질문과 조언으로 발전을 거듭해왔다. 여전히 부족함을 느낀다. 도산절차가 비송사건절차에 미치는 영향에 관한 부분은 부산가정법원 이민령, 나재영 판사의 도움이 컸다. 이 책의 시작부터 지금까지 고생을 같이 한 법문사 예상현 과장님, 유진걸 담당자님께 감사드린다.

2020. 1. 1.

서울회생법원

부장판사 전 대 규

제3판 머리말

　제2판의 조기 소진과 파산부장으로 근무하면서 느낀 실무 경험 및 이를 통해 정리된 도산 관련 많은 쟁점들을 추가할 필요가 있어 이른 시기에 제3판을 출간하기에 이르렀다. 제3판은 다음과 같은 내용이 보강되었다.

　1. 현대 도산법(채무자회생법)의 흐름을 주도하고, 실무와 대법원 판결에도 적지 않은 영향을 미치고 있는 미국 연방도산법(Bankruptcy Code)의 내용을 반영하였다. 이로써 현대 도산법의 이론적 토대와 원리에 대해 깊이 있는 이해가 되도록 하였다.

　2. 최근 5년 한시법으로 재입법되어 구조조정의 한 축을 담당하고 있는 「기업구조조정 촉진법」상의 공동관리절차(관리절차 포함)를 새로이 포함시켰다.

　3. 도산절차를 진행함에 있어 실무적으로 문제되고 있는 신탁법리, 집합투자업자의 수시공시, 회생절차에서의 해고, 「독점규제 및 공정거래에 관한 법률」상의 기업결합신고, 기업집단의 도산사건 등의 내용을 보강하거나 새롭게 다루었다.

　4. 출자전환에 따른 간주취득세, 증자나 사채 발행 등이 예정된 경우의 등록면허세, 조세채권의 신고・확정절차 등 조세채권과 관련된 내용을 대폭 보강하였다.

　5. 제2판 출간 이후 2018년 11월까지 새로 나온 대법원 판례와 헌법재판소 결정례를 추가하였다. 채무자회생법의 해석론을 유지한 채 현행법의 문제점과 입법론에 대하여도 다수 언급하였다. 또한 새로 발간된 저서나 논문은 물론 최근 일본 최고재판소 재판례도 담았다. 나아가 신문을 비롯하여 경제・경영학, 사회학 및 소설 등에서 다루어지고 있는 도산 관련 내용도 포섭하였다.

　6. 각 도산절차의 통일성을 위해 일부 배치를 조정하였다. 채무자회생법과 관련된 실체법이나 절차법에 산재되어 있는 내용을 많이 추가하였다.

　7. 도산절차실무에 대한 이해를 돕기 위해 [회생절차에서의 시부인표 기재례]를 부록에 추가하고, 사례나 채권조사확정재판 등에서의 주문(청구취지) 기재례 등을 보완하였다. 또한 [채무자회생법 조문에 따른 절차 비교표]도 첨가하였다.

　이 책은 출간 직후부터 과분한 사랑을 받았다. 처음부터 끝까지 꼼꼼하게 읽고 오탈자는 물론 내용에 대한 의문점을 빼곡하게 적어 보내주신 독자분들, 추가되었으면 하는 내용에 대해 질문과 문제 제기를 해주신 변호사님들과 법무사님들 및 캠코・중소기업진흥공단・투자전문회사・회계법인 관계자분들에게 진심으로 감사드린다. 이 분들로 인해 이 책은 더욱 깊이 있고 완결성을 갖추게 되었다.

　도산이 일상화됨에 따라 법률전문가가 도산법리를 숙지하는 것은 필수이다. 이 책은 질적으로나 양적으로 발전을 거듭하였다. 지금은 다소 위험한 생각(Dangerous Idea)일 수 있는 내용도 들어 있다. 여전히 부족한 부분도 있고 이는 스스로 짊어져야할 숙명이다. 수원지방법원 파산부에서 고락을 같이 한 박병민, 김현준, 정하경, 이정우, 이혜린, 백소영, 강경미 판사, 문대균, 강창환, 유용식, 김성수, 노준철(현 변호사) 관리위원 및 직원분들의 도움이 이 책에 녹아있음은 큰 행운이다. 초판부터 고생을 같이 한 법문사 예상현 과장님, 유진걸 담당자님에게도 고마움을 전한다.

마지막으로 이 책을 기본으로 강의한 서울지방변호사회, 부산지방변호사회 등의 강의 자료(ppt 등)나 논문, 도산절차 관련 양식 등이 <채무자회생법 강독>이라는 네이버 카페에 공개되어 있음을 알려 드린다. 독자분들과 채무자회생법을 공부하는 모든 분들께 많은 도움이 되었으면 한다.

2019. 1. 1.

수원지방법원

파산부 부장판사 전 대 규

제2판 머리말

도산은 이제 일상적인 법률현상이다. 자본주의 시장경제에서 누구나 도산의 자유를 누려야 한다. 그러한 자유가 없다면 자본주의 시장경제가 작동할 수 없다. 장기적으로 볼 때도 실패한 채무자를 정리할 수 있는 법적 장치를 만들어야 한정된 자원을 효율적으로 배분할 수 있다. 그렇게 해야 궁극적으로 우리나라 경제는 더욱 튼튼해질 수 있다.

제2판도 기본적으로「채무자 회생 및 파산에 관한 법률」(이하 '채무자회생법'이라 한다)의 해석론을 유지하면서 몇 가지 점을 보완하였다.

1. 초판 출간 이후 새롭게 나온 대법원 판례, 헌법재판소 결정과 각종 저서 및 논문 등의 내용을 반영하였다. 민법 등 각종 법률에 산재되어 있는 채무자회생법 관련 내용도 많이 추가하였다.

2. 회생법원의 도입, 회생절차와 워크아웃의 장점을 결합한 프리패키지드 플랜(pre-packaged plan), 인수합병(M&A)의 새로운 대안으로 떠오르고 있는 스토킹 호스(Stalking Horse) 등 도산절차 관련 새로운 내용과 최근 주목을 끌고 있는 골프장 회생사건 관련 여러 쟁점도 담았다.

3. 표현을 다듬고 체계를 정비하였다. 실무적으로 발생하는 여러 쟁점에 관한 연구 성과를 바탕으로 여러 해 파산부장으로 근무하면서 느낀 제도개선이나 입법론에 대한 개인적인 의견을 많이 제시하였다. 도산절차에 관한 실무서인 점을 감안하여 원칙적으로 대법원 판례를 기본으로 하여 서술하였다.

4. 법원의 입장뿐만 아니라 외부의 입장에서 접하는 실무적인 문제들을 많이 반영하였다. 이는 저의 강의를 들으시거나 업무를 하시면서 실무적인 여러 문제를 제기해주시고 조언을 해주신 많은 변호사님들과 법무사님들의 도움이 컸다.

한 권의 책으로 방대한 채무자회생법의 내용을 포섭하고자 하는 초심은 늘 유지하려고 하였다. 그러면서도 적절한 분량을 유지하려고도 노력했다. 2017년 3월 1일 서울회생법원이 출범함으로써 도산절차는 또 한 번의 도약의 시기를 맞았다. 이처럼 도산제도의 기반(하드웨어)은 신속하게 완성되어 가는데 도산전문가(소프트웨어)는 부족한 것이 현실이다. 이 책이 도산전문가를 꿈꾸는 모든 분들에게 디딤돌이 되었으면 하는 소망을 품어본다.

제2판을 내면서도 많은 분들의 보탬이 있었다. 바쁜 업무 중에도 원고를 꼼꼼하게 읽고 조언을 아끼지 않은 수원지방법원 파산부 김현준 판사, 이정우 판사, 이혜린 판사, 정하경 판사, 미국 연수중인 박병민 판사, 그리고 2017년 수원지방법원 파산부에서 동고동락한 문대균, 강창환, 유용식, 노준철 관리위원과 김치상 사무관을 비롯한 직원분들께 진심으로 고마움을 전한다. 마지막으로 세심하게 원고를 검토하고 출판을 도와준 법문사 예상현 과장, 기획영업부 유진걸 담당자를 비롯한 관계자분들께 감사드린다.

2018. 1. 1.

수원지방법원

파산부 부장판사 **전 대 규**

머 리 말

"금융위기 후 첫 마이너스 성장 공포 … 4분기 혹독한 경제 한파", "수출·내수·투자 모두 뒷걸음 … 상상 못한 '성장절벽' 위기", "수주절벽에 한숨만 … 해외건설 수주 작년 절반 채우기도 버거워", "한진해운 육상직원 절반만 남는다 … 인력조정", "사실상 회생 불능 좀비기업 비율, 일본 2% 우린 15%", "한국 덮치는 퍼펙트스톰 … 청년실업률 9.4% 사상최고" … 2016년 하반기 경제 관련 기사의 헤드라인이다. 우리나라 경제의 자화상이기도 하다. 도산은 이제 기업이나 개인에게 있어 현실이다.

도산사건을 처음 접한 것은 13년 전이다. 2003년 서울 초임 근무를 마치고 광주로 지방 근무를 내려갔다. 광주지방법원 수석부에서 업무를 하게 되었다. 당시에는 수석부에서 주로 신청사건과 도산사건을 담당하였다. 이렇게 도산사건과의 첫 번째 인연이 시작되었다. 그 때는 이른바 도산3법인 회사정리법, 파산법, 화의법이 시행되고 있었고, 개인회생절차는 존재하지도 않았다. 도산사건을 처리함에 있어 참고할 수 있는 자료도 많지 않았다. 서울지방법원(현재 서울중앙지방법원) 파산부에서 발간한 「회사정리실무」와 「파산실무」가 유일할 정도였다.

그러던 중에 국회에서 단일법으로 「채무자 회생 및 파산에 관한 법률」의 제정이 논의되기 시작하였다. 그러나 워낙 방대하고 이전의 도산모델과는 상당히 다른 내용들이 들어 있어 단기간에 심의되어 통과되기는 쉽지 않았다. 결국 당시의 급박한 경제사정을 고려하여 위 법률 중 개인회생절차에 관한 부분만을 빼내어 「개인채무자회생법」을 제정하였고, 2004. 9. 23. 우리나라에서도 처음으로 개인회생절차가 시행되기에 이르렀다. 당시 새로운 제도의 시행에 대비해 전국의 도산담당 법관들이 모여 세미나를 하고 모의 사례를 가지고 변제계획안 등을 작성한 기억들이 생생하다.

그로부터 10년 후. 사법연수원 교수를 마치고 부장판사가 되어 2014년 2월 창원지방법원으로 두 번째 지방 근무를 가게 되었다. 창원지방법원에서 파산부 부장판사를 맡으면서 도산사건과의 두 번째 인연이 시작되었다. 10년 만에 다시 도산사건을 담당하면서 상당히 충격을 받지 않을 수 없었다. 10년 전과 너무나도 많이 패러다임이 바뀌어 있었다. 상당한 이론적 발전이 있었음은 물론 실무적으로도 많은 운영상의 변화가 있었다. 기업구조조정에 있어 법원 파산부는 중추적인 기능을 담당하는 것에서 나아가 선도적인 역할을 하고 있었다.

2015년 전국 법원에 접수된 법인회생사건이 925건, 법인파산사건이 587건, 개인파산사건이 53,866건, 개인회생사건이 100,096건으로 도산사건은 해마다 급격히 증가하고 있다. 도산법리는 많은 점에서 민사법리와 다르다. 도산절차의 개시는 단순히 도산사건에 국한된 문제가 아니라 민사사건이나 심지어 형사사건, 조세사건 등에도 중대한 영향을 미친다. 따라서 도산사건을 담당하거나 업무를 하지 않더라도 도산법리에 대한 이해는 필수적이다. 그럼에도 지금껏 많은 법률전문가들이 도산법리에 별다른 관심을 가지고 있지 않았거나 애써 외면해왔다. 그 이유는 「채무자 회생 및 파산에 관한 법률」(이하 '채무자회생법'이라 한다)이 방대하고 여러 도산절차를 하나의 법률에 포섭하다 보니 체계적이지 못한 면도 있어 이해하기가 쉽지 않다는 것에서 비롯된 측면도 있다. 또한 그 동안 채무자회생법은 법원을 비롯한 실무를 중심으로 연구되었고, 그로 인해 법 해석보다는 제도개선에 중점을 두고 발전해왔다.

파산부 부장을 맡으면서 몇 군데서 채무자회생법과 관련한 강의를 할 기회가 있었다. 실무와 강의를 하면서 늘 받았던 질문 중 하나는 채무자회생법을 공부하려면 어떻게 해야 하는지, 구체적으로 어떤 책을 보아야 하느냐는 것이었다. 몇 권의 이론서와 실무서들이 나와 있지만 수요자들의 욕구를 충족시키기에는 조금씩 부족한 것이 아닌가 하는 생각이 들었다. 채무자회생법을 좀 더 쉽게 이해하려면 적절한 분량에 법률해석론을 중심으로 실무적인 내용이 가미되어야 하는데, 이러한 요구를 충족할 만한 책은 없어 보였다. 그래서 고민 끝에 감히 용기를 내어 그 동안 실무경험과 연구, 강의를 하면서 터득한 내용들을 하나의 책으로 정리해 보기로 했다.

책으로 정리하면서 몇 가지 원칙을 지키려고 했다. 첫째 실무적인 절차는 필요한 범위에서만 다루고 채무자회생법의 해석론에 중점을 두자는 것이다. 도산법리는 많은 부분에서 민사법리와 다른데, 왜 다른지 그 이유에 대한 설명을 많이 하려고 노력했다. 그리고 가급적 지금까지의 채무자회생법과 관련한 연구들을 종합하고 정리하는데 중점을 두었으며, 제도개선이나 입법론은 실무적으로 문제가 되는 쟁점을 중심으로 다루었다. 또한 도산법리가 조세사건, 형사사건 등에 어떠한 영향을 미치는지 또는 도산한 채무자를 어떻게 취급하고 있는지에 관하여도 가급적 많은 곳에서 언급하고자 하였다.

둘째 채무자회생법과 관련한 최근까지의 대법원 판례(가능하다면 하급심 판례까지도)를 모두 반영하자는 것이었다. 아직까지 채무자회생법과 관련한 판례는 상대적으로 많지 않다. 거기다가 외부에 공간되지 않은 판례들도 많다. 그래서 가능한 한 수단을 동원하여 공간되지 않은 판례들도 모두 반영하였다. 나아가 헌법재판소 결정례도 모두 검토하여 관련 부분에서 다루었다. 그리고 도산3법에 대한 판례나 헌법재판소 결정례를 인용함에 있어서는 이해의 편의를 위해 특별한 사정이 없는 한 채무자회생법의 용어와 조문으로 변경하여 언급하였다.

셋째 가급적 채무자회생법의 조문 순서에 따라 서술하고자 했다. 그럼으로써 가독성을 높이고 전체적인 체계를 이해하는 데 도움을 주고자 하였다. 또한 용어도 가급적 채무자회생법에서 사용하고 있는 것을 그대로 사용하였다. 그러다 보니 각 절차마다 동일한 내용을 설명하면서도 용어의 통일이 이루어지지 못한 곳이 있게 되었다. 입법적으로 해결하여야 할 문제로 보인다. 그리고 내용을 서술함에 있어 관련된 조문을 빠짐없이 병기하도록 노력했다.

넷째 현실 경제를 많이 담아내려고 했다. 채무자회생법은 역사적 발전 과정을 볼 때 경제상황과 밀접하게 관련된 살아 움직이는 생명체와 같은 것이었다. 그래서 경제신문을 비롯하여 언론에서 보도된 도산 관련 기사들을 자주 인용하였고, 경제·경영학 용어도 많이 사용하였다. 그럼으로써 채무자회생법이 책 속에만 관념적으로 존재하는 것이 아니라 현실 경제에 스며들어 중요한 역할을 하고 있음을 느낄 수 있도록 하였다.

현재 우리나라 도산법 이론은 경제대국인 미국 연방파산법을 많이 받아들이고 있고, 그것이 주류를 이루고 있다. 거기에 독일 파산법 및 일본 도산3법(파산법, 민사재생법, 회사갱생법)의 영향을 받고 있다. 그로 인해 이들에 대한 연구는 많이 이루어져 왔다. 이 책의 많은 부분도 이러한 내용들이 들어있다. 나아가 이 책은 우리나라의 최대 무역국이자 세계 경제에서 급부상하고 있는 중국의 <기업파산법>을 다루고 있다. 법학 분야에서 아직까지 변방으로 취급받고 있는 중국이지만, 국제도산이 점점 더 주목을 받고 있고, 향후 세계 경제나 우리나라에 미칠 영향이 크리라는 것은 명약관화하다. 그러한 점을 감안하여 관련되는 내용을 곳곳에서 다루었다.

이 책은 많은 부분에서 미흡한 점이 있다. 저자만의 테두리와 능력의 부재로 인한 한계도 있다. 이로 인한 비판은 스스로 짊어지고 가야할 부분이라고 생각한다. 다만 한 가지, 필요에 의해 소명의식을 가지고 글을 썼다는 것에 작은 위안을 삼아본다. 그리고 채무자회생법을 연구하고 관심이 있는 많은 분들에게 작은 밀알과 도움이 되었으면 하는 소망을 품어본다.

마지막으로 이 책을 출판함에 있어 많은 분들의 도움이 있었다. 무엇보다 강의를 들으시면서 실무적인 문제에 관하여 많은 질문과 토론을 해주신 변호사님들과 법무사님들, 회생절차에서의 애로사항들에 대해 격의 없이 문의를 해주신 여러 관리인 및 감사님들, 그분들의 질문과 토론이 없었다면 이 책의 내용 중 많은 부분은 다루어지지 못했을지도 모른다. 방대한 분량의 원고를 꼼꼼하게 읽어주고 조언을 아끼지 않은 창원지방법원 파산부의 차동경 판사, 바쁜 재판업무 중에도 시간 쪼개어 내용을 검토해준 서울중앙지방법원 이민령 판사, 나재영 판사, 이준상 공군 법무관에게 고마운 마음을 전한다. 무엇보다 늘 뒤에서 응원해준 사법연수원 제자들, 딸 하린과 아내, 그리고 처음부터 끝까지 노심초사의 심정으로 출판 작업을 신경써주신 법문사 편집부 예상현 과장, 기획영업부 유진걸 담당자를 비롯한 관계자 여러분들에게 진심으로 감사를 드린다.

2016. 11.

수원지방법원
부장판사 전 대 규

차 례

서 편 『채무자회생법』을 처음 공부하는 분들을 위하여

Ⅰ. 시작하며 ··· 3

Ⅱ. 실패한 채무자를 위한 제도 ·· 5
   1. 실패한 채무자를 어떻게 처리할 것인가 / 5
   2. 채무자회생법이 규정하고 있는 도산절차 / 6

Ⅲ. 파산절차 ··· 7
   1. 파산절차란 무엇인가 / 7
   2. 파산채권·재단채권, 파산재단이란 무엇인가 / 8
      가. 파산채권과 재단채권 8   나. 파산재단 9
   3. 채권자들은 어떻게 권리행사를 하는가 / 10
   4. 면책이란 무엇인가 / 11
   5. 소   결 / 12

Ⅳ. 회생절차 ··· 13
   1. 회생절차란 무엇인가 / 13
   2. 회생채권·회생담보권·공익채권, 채무자의 재산이란 무엇인가 / 13
      가. 회생채권, 회생담보권 및 공익채권 14   나. 채무자의 재산 14
   3. 채권자들은 어떻게 권리행사를 하는가 / 14
   4. 회생절차를 둔 이유는 무엇인가 / 15

Ⅴ. 개인회생절차 ··· 16
   1. 개인회생절차란 무엇인가 / 16
   2. 개인회생채권·개인회생재단채권, 개인회생재단이란 무엇인가 / 17
   3. 채권자들은 어떻게 권리행사를 하는가 / 17
   4. 면   책 / 18

Ⅵ. 도산절차에서 채권자 등 이해관계인의 법률관계 조정 ······················· 19

Ⅶ. 도산절차개시신청과 도산절차규범의 작동 ··· 20
   1. 개인은 왜 도산절차를 신청하는가 / 20

2. 도산절차개시에 의한 도산절차규범의 작동 / 20

제 1 편   도산제도 개관

제 1 장   도산제도에 대한 탐색 ·· 25

제 1 절   도산제도에 대한 기초적 이해 ································· 26

Ⅰ. 파산·회생과 도산 ·· 26

Ⅱ. 포괄적(집단적) 집행절차로서의 도산절차 ················ 29

Ⅲ. 도산마인드로의 전환 ··· 33

Ⅳ. 도산제도에 대한 오해 ··· 37

Ⅴ. 차별적 취급의 금지 ·· 40

Ⅵ. 회생법원의 설치 ·· 41

Ⅶ. 도산사건처리절차에 있어 사건처리원칙 ··················· 47

제 2 절   도산절차의 지도이념 ··· 47

Ⅰ. 이해관계의 공평한 조정(공평·평등·형평) ················ 47

Ⅱ. 절차보장 ··· 51

제 3 절   도산절차와 채권자평등의 원칙 ··························· 52

Ⅰ. 채권자평등의 원칙 ··· 52

Ⅱ. 채권자대위권·채권자취소권과 채권자평등 ················ 53

Ⅲ. 채권자평등의 원칙을 실현하기 위한 제도로서 도산절차 ··· 54

Ⅳ. 도산절차에서 채권자평등의 원칙을 실현하는 과정 ······ 55

제 2 장   법적 도산제도의 필요성과 구조 ························· 57

Ⅰ. 법적 도산제도의 필요성 ·· 57
1. 채권자의 개별적 권리행사 제한의 필요성 / 58
2. 채무자의 사해행위 방지 / 60
3. 절차수행 주체의 중립성과 적정한 직무수행의 확보 / 60

　4. 대규모 도산의 공평한 처리 / 61

　5. 부실채권정리의 필요성 / 61

　6. 합의에 의하지 않는 권리조정의 가능성 / 61

Ⅱ. 도산절차의 구조 ·· 62

　1. 도산절차의 유형 / 62

　　가. 복수 절차형과 단일 절차형　62　　나. 청산형 절차와 회생형 절차　63

　　다. 관리형 절차와 DIP형 절차　64　　라. 포괄도산절차와 특별도산절차　65

　2. 도산절차의 일원화 / 65

Ⅲ. 도산절차개시에 있어서 신청주의 ·· 72

Ⅳ. 법적 도산절차 또는 사적정리절차의 선택 ·· 74

제3장　채무자회생법상의 도산절차 ··· 76

Ⅰ. 도산절차의 종류 ·· 76

　1. 회생절차 / 76

　2. 간이회생절차 / 77

　3. 개인회생절차 / 77

　4. 파산절차 / 78

Ⅱ. 각 도산절차의 연결 ·· 79

Ⅲ. 도산절차의 법적 성질 ·· 81

Ⅳ. 도산절차에서의 심리방법 ·· 82

제4장　채무자회생법의 제정 및 개정 ·· 83

Ⅰ. 채무자회생법의 제정 ·· 84

　1. 채무자회생법의 제정 경위 / 84

　2. 채무자회생법의 제정 이유 / 84

　3. 채무자회생법의 적용대상 / 85

Ⅱ. 채무자회생법의 주요 개정 과정 ·· 85

Ⅲ. 도산절차에 관한 법원(法源) ·· 94

Ⅳ. 채무자회생법의 구성과 특징·성질 ·· 97

Ⅴ. 기업구조조정의 법적 근거로서의 채무자회생법 ·································· 101

제2편 회생절차

제1장 회생절차개관 ·· 109

제1절 회생절차 개요 ·· 109

Ⅰ. 회생절차의 의의 ·· 109

Ⅱ. 회생절차의 기본원리 ·· 111

Ⅲ. 회생절차에서의 신의성실원칙 ··· 112

제2절 회생절차의 흐름 ··· 113

Ⅰ. 회생절차 흐름도 ·· 113

Ⅱ. 회생절차의 통상적인 진행 과정 ··· 114

제3절 회생절차의 새로운 패러다임 ··· 121

Ⅰ. 패스트트랙(Fast Track) 회생절차 ·· 121

Ⅱ. 간이회생절차의 도입 ·· 122

Ⅲ. 프리패키지플랜제도(pre-packaged plan)의 활성화 ························· 123

Ⅳ. 신규자금 지원 시장의 조성 ·· 124

Ⅴ. 회생절차에서의 당사자주의적 운용 ··· 127

제2장 총   칙 ·· 129

제1절 관할 및 이송 등 ·· 129

Ⅰ. 관   할 ·· 129

  1. 직분관할 / 130
  2. 토지관할 / 131
  3. 사물관할 / 135
  4. 관할의 표준이 되는 시기 / 135

Ⅱ. 이송과 이송의 청구, 법원간의 공조 ·· 136

  1. 이   송 / 136
  2. 이송의 청구 / 139
  3. 법원간의 공조 / 139

제2절 송달 및 공고 ·· 140

Ⅰ. 회생절차에서의 재판의 고지 ·· 140

Ⅱ. 송　　달 ··· 140

Ⅲ. 공　　고 ··· 143

Ⅳ. 공고 및 송달을 모두 하여야 하는 경우 ·· 144

제3절 즉시항고 ·· 146

Ⅰ. 회생절차에 관한 재판에 대한 불복 ··· 146

Ⅱ. 즉시항고의 절차 ··· 148

　　1. 신청권자 / 148

　　2. 즉시항고기간 / 149

　　3. 즉시항고의 방식 / 151

　　4. 즉시항고의 효력 / 151

　　5. 즉시항고 후의 절차 / 152

　　6. 항고심의 심리 및 재판 / 152

Ⅲ. 재 항 고 ··· 153

제4절 등기·등록의 촉탁 ··· 154

Ⅰ. 회생절차와 관련된 등기·등록의 촉탁 ··· 154

Ⅱ. 등기·등록 촉탁의 원칙과 주체 ·· 157

Ⅲ. 회생계획의 수행 등으로 인한 권리의 득실·변경에 관한 등기 ················· 158

Ⅳ. 등기소의 직무 및 등록면허세의 비과세 등 ·· 159

제5절 사건기록의 열람·복사 등 ··· 161

Ⅰ. 열람·복사 등의 청구권자 ·· 161

Ⅱ. 열람·복사 등의 청구 대상 ·· 162

Ⅲ. 열람·복사 등의 시기적 제한 ·· 162

Ⅳ. 열람·복사 등의 불허가 및 불복방법 ·· 164

제6절 채무자의 재산 등의 조회 ··· 164

제7절 민사소송법 등의 준용 ·· 165

제 3 장 회생절차개시의 신청 ··· 170

제 1 절 회생능력 ·· 171

제 2 절 신청원인 ·· 173

Ⅰ. 도산원인 ·· 173

Ⅱ. 회생원인 ·· 174

1. 변제기에 있는 채무의 변제불능 / 175
2. 파산원인인 사실이 생길 염려 / 176
3. 외국도산절차가 진행되고 있는 경우 파산원인의 추정 / 176

Ⅲ. 신청인과 신청원인 ·· 177

제 3 절 신청권자 ·· 178

Ⅰ. 채 무 자 ·· 178

Ⅱ. 채권자 및 주주·지분권자 ·· 180

Ⅲ. 청 산 인 ·· 183

Ⅳ. 관련 문제 ·· 184

제 4 절 회생절차개시신청의 효과 ·· 192

Ⅰ. 시효중단 ·· 192

Ⅱ. 관리종목지정 및 수시공시 ·· 193

Ⅲ. 민사집행법 제287조의 본안소송 해당 여부 ··· 195

Ⅳ. 회생절차개시신청이 공사도급계약과 관련하여 체결된 계약이행보증보험계약에서의
보험사고에 해당하는지 ··· 195

Ⅴ. 회생절차개시신청과 주주평등의 원칙 ·· 196

제 5 절 신청서의 기재사항과 첨부서류 ·· 199

Ⅰ. 신청서의 기재사항 ·· 199

1. 필요적 기재사항 / 199
2. 임의적 기재사항 / 200

Ⅱ. 첨부서류 ·· 200

제 6 절 회생절차의 진행에 관한 법원의 감독 ··· 202

제 7 절 감독행정청에의 통지 등 ·· 203

Ⅰ. 감독행정청에의 통지 ·· 203

Ⅱ. 의견진술의 요구 및 의견진술 ··· 203

제 4 장   회생절차개시 전 채무자 재산의 보전 ·························· 205

제 1 절 보전처분 ··· 205

Ⅰ. 보전처분의 의의 ·· 205

Ⅱ. 보전처분의 신청권자 ·· 206

Ⅲ. 보전처분의 종류 ·· 207

　1. 업무와 재산에 관한 보전처분(협의의 보전처분) / 207

　2. 보전관리인에 의한 관리명령(보전관리명령) / 216

Ⅳ. 보전처분에 반하는 행위의 효력 등 ·· 219

　1. 보전처분에 반하는 행위의 효력 / 219

　2. 보전처분효력의 존속기간 / 220

　3. 공익채권의 발생 / 220

Ⅴ. 보전처분신청의 취하 ·· 220

제 2 절 다른 절차의 중지명령, 강제집행 등의 취소명령 및 포괄적 금지명령 ·········· 221

Ⅰ. 다른 절차의 중지명령 ·· 222

Ⅱ. 강제집행 등의 취소명령 ·· 231

Ⅲ. 강제집행 등의 포괄적 금지명령 ·· 236

제 3 절 회생절차와 책임제한절차의 충돌 ·· 249

Ⅰ. 책임절차개시결정 전에 이미 신청인이 회생절차개시결정을 받은 경우 ·········· 250

Ⅱ. 책임절차개시결정 후 신청인이 회생절차개시결정을 받은 경우 ·········· 250

제 5 장   회생절차개시신청에 대한 재판 ······································ 251

제 1 절 회생절차개시신청의 취하 제한 ·· 251

제 2 절 회생절차개시신청에 대한 기각결정 ···································· 253

Ⅰ. 회생절차개시신청의 기각 사유 ·· 253

Ⅱ. 회생절차개시신청 기각결정에 대한 불복 ······································ 257

제 3 절 회생절차개시결정 ··· 258

Ⅰ. 회생절차개시결정에 관한 일반론 ·· 258

Ⅱ. 회생절차개시결정과 동시에 정하여야 할 사항 ······························· 261

Ⅲ. 회생절차개시결정 후의 후속조치 ·· 263

Ⅳ. 회생절차개시결정의 효과 ·· 265
　1. 관리처분권 등의 이전 / 266
　2. 회생절차개시 후 채무자의 행위 등의 효력 / 270
　　가. 회생절차개시 후 채무자의 행위　271　　나. 회생절차개시 후 권리취득의 효력　274
　　다. 선의거래의 보호　275
　3. 종래의 법률관계(계약관계)에 미치는 영향 / 279
　　가. 공유관계　280　　　　　　　　　　나. 환취권　281
　　다. 쌍방미이행 쌍무계약(Executory Contracts)　281
　　라. 계속적 공급계약　307
　　마. 임대차계약 등　313
　　바. 도산해지조항　330
　　사. 근저당권 및 근질권의 피담보채권의 확정 여부　333
　4. 다른 절차에 미치는 영향 / 336
　　가. 파산신청 등의 금지　336　　　　　나. 파산절차 등의 중지　338
　　다. 절차의 금지·중지의 효력　340　　　라. 속행명령과 취소명령　341
　5. 지급결제제도 등에 대한 특칙 / 344
　　가. 특칙 규정의 배경　344
　　나. 지급결제제도를 통한 결제의 완결성 보장　346
　　다. 청산결제제도를 통한 청산결제의 완결성 보장　347
　　라. 적격금융거래의 정산 등 보장　347
　6. 계속 중인 소송절차 등에 미치는 영향 / 349
　7. 양육비 미지급으로 인한 명단공개와 회생절차개시결정 / 350
　8. 기업집단 범위, 기업집단 지정으로부터의 제외 및 지정자료 제출 등 / 351

제 6 장　회생절차의 기관 ··· 355

제 1 절　관리위원회 ·· 355

Ⅰ. 설　　치 ·· 355

Ⅱ. 구　　성 ·· 355

Ⅲ. 업무 및 권한 ··· 356
　1. 법원의 지휘를 받아 수행하는 업무 / 356
　2. 의견을 제시하여야 하는 업무 / 357
　3. 업무의 위임 / 357

Ⅳ. 운　　영 ·· 357

Ⅴ. 관리위원에 대한 허가사무의 위임 ··· 357

Ⅵ. 관리위원의 행위에 대한 이의신청 ·· 358

Ⅶ. 보고서의 발간 및 국회 상임위원회 보고 ·· 358

제 2 절 관 리 인 ··· 359

Ⅰ. 기존경영자 관리인 제도 ·· 359

Ⅱ. 관리인의 자격 등 ··· 360
    1. 자　　격 / 360
    2. 관리인의 지위 / 361
    3. 관리인의 당사자적격 / 368

Ⅲ. 채무자회생법상의 관리인 유형 ·· 369
    1. 기존경영자 관리인 / 369
    2. 기존경영자 이외의 제3자 관리인 / 371
    3. 관리인으로 보게 되는 기존경영자 / 371

Ⅳ. 공동관리인·관리인대리·관리인 직무를 행할 자, 법률고문 등 ············· 372

Ⅴ. 관리인의 권한과 책무 ··· 375

Ⅵ. 보수 및 특별보상금의 결정 ··· 385
    1. 보　　수 / 385
    2. 특별보상금 / 385

제 3 절 채권자협의회 ··· 386

Ⅰ. 의　　의 ··· 386

Ⅱ. 구　　성 ··· 386

Ⅲ. 회의의 소집과 의결 ·· 387

Ⅳ. 채권자협의회의 기능 등 ·· 387

제 4 절 조사위원 ··· 389

Ⅰ. 조사위원의 의의 ·· 389

Ⅱ. 조사위원의 자격 ·· 390

Ⅲ. 조사위원의 조사 내용 ··· 391

Ⅳ. 조사위원의 책무와 권한 ·· 394

Ⅴ. 조사위원의 지위와 선별기능 ·· 395

Ⅵ. 조사위원의 보수 ·· 395

제5절 간이조사위원 ·· 395

제6절 구조조정담당임원 ··· 396

제7절 대리위원 ··· 396

Ⅰ. 대리위원의 선임 ··· 397

Ⅱ. 대리위원의 권한 ··· 397

Ⅲ. 대리위원의 해임 등 ·· 398

Ⅳ. 대리위원의 보수 등 ·· 398

제8절 관계인집회 ·· 398

제7장 채무자 재산의 구성 및 확정 ······························ 400

제1절 채무자의 재산 ·· 400

Ⅰ. 채무자 재산의 의의 ·· 400

Ⅱ. 채무자 재산의 범위 ·· 401

Ⅲ. 채무자 재산으로부터의 포기 ·· 402

Ⅳ. 있는 채무자의 재산과 있어야 할 채무자의 재산 ···················· 403

Ⅴ. 채무자 재산의 조사 및 확보 ·· 404

제2절 환 취 권 ··· 407

Ⅰ. 의   의 ·· 407

Ⅱ. 일반환취권 ··· 408

1. 환취권의 기초가 되는 권리 / 408

2. 환취권과 성립요건·대항요건 / 411

3. 선의·악의와 환취권 / 411

4. 양도담보권 등과 환취권 / 412

5. 환취권의 행사 / 413

Ⅲ. 특별환취권 ··· 414

1. 운송 중인 매도물의 환취 / 414

2. 위탁매매인의 환취권 / 415

Ⅳ. 대체적 환취권 ·· 415

제3절 부 인 권 ·· 418

Ⅰ. 부인권의 개요 ··· 418
  1. 부인권의 의의 / 418
  2. 다른 절차상 부인권 등과의 비교 / 419
    가. 파산절차에서의 부인권과의 차이 419   나. 채권자취소권과의 차이 421
  3. 기존경영자 관리인 제도에서의 부인권 행사 / 426
    가. 신의칙위반 여부 426   나. 부인권행사명령제도 427
  4. 기업구조조정 촉진법에 의한 변제와 부인권 / 428
  5. 자산유동화를 위한 유동화자산의 양도와 부인권 / 428

Ⅱ. 부인권의 유형과 상호관계 ··· 430
  1. 부인권의 일반유형 / 430
  2. 각 일반유형 사이의 관계 / 431
  3. 부인의 일반유형과 특수한 유형과의 관계 / 432

Ⅲ. 부인권의 성립요건 ·· 432
  1. 일반적 성립요건 / 433
  2. 개별적 성립요건 / 444
  3. 특수관계인을 상대방으로 한 행위에 대한 특칙 / 449

Ⅳ. 부인권의 특수한 유형 ·· 450
  1. 어음채무의 지급에 관한 부인의 예외 / 450
  2. 권리변동의 성립요건 또는 대항요건의 부인 / 451
  3. 집행행위의 부인 / 453
  4. 전득자에 대한 부인 / 459

Ⅴ. 부인권의 행사 ·· 465
  1. 행사주체 / 465
  2. 행사절차 / 467
  3. 부인권 행사의 효과 / 480
  4. 부인권의 소멸과 제한 / 495
  5. 부인의 등기 / 497

Ⅵ. 부인권 행사와 청산가치보장원칙·회생계획안과의 관계 ···························· 500

Ⅶ. 신탁행위의 부인에 관한 특칙 ·· 500
  1. 사해신탁의 의의 / 500
  2. 회생절차에서의 사해신탁의 취급 / 502

제4절 법인의 이사 등의 책임 ·· 503

Ⅰ. 손해배상청구권 등에 대한 조사확정재판의 의의 ······································ 503

Ⅱ. 법인의 이사 등의 재산에 대한 보전처분 ·· 504

    1. 의　　의 / 504

    2. 신청절차 / 505

    3. 당사자에 대한 송달 / 506

    4. 등기 · 등록의 촉탁 / 507

  Ⅲ. 손해배상청구권 등의 조사확정재판 ·· 507

    1. 조사확정재판절차의 개시 / 507

    2. 조사확정재판절차 / 509

    3. 확정된 조사확정재판의 효력 / 511

    4. 조사확정재판신청을 기각한 경우 / 512

  Ⅳ. 손해배상청구권 등의 조사확정재판에 대한 이의의 소 ··················· 512

제5절 상 계 권 ··· 514

  Ⅰ. 회생절차에서의 상계-상계권의 제한 ··· 514

  Ⅱ. 회생채권자 등에 의한 상계 ·· 516

    1. 상계의 요건 / 517

    2. 상계권의 행사 / 522

    3. 상계의 금지 / 526

  Ⅲ. 관리인에 의한 상계 ·· 526

  Ⅳ. 상계의 금지 ·· 528

    1. 취　　지 / 528

    2. 상계가 금지되는 경우 / 529

    3. 상계계약과의 관계 / 539

    4. 상계금지규정을 배제하기로 한 합의의 효력 / 539

    5. 관리인에 의한 상계의 경우 / 540

    6. 견련파산과 상계금지 / 540

  Ⅴ. 제145조 이외의 상계권 제한-상계권의 남용 ······························· 540

    1. 상계권 남용에 관한 대법원의 입장 / 540

    2. 상계권 남용의 확장 가능성 / 541

제8장 회생채권, 회생담보권, 주주·지분권, 공익채권, 공익담보권, 개시후기타채권
  ·· 544

제1절 회생채권 ··· 544

  Ⅰ. 회생채권의 의의 ··· 544

  Ⅱ. 회생채권의 요건 ··· 547

    1. 채무자에 대한 인적 청구권일 것 / 547

2. 재산상의 청구권일 것 / 548

3. 회생절차개시 전의 원인에 기한 청구권일 것 / 554

4. 강제집행할 수 있는 청구권일 것 / 560

5. 물적담보를 가지지 않는 청구권일 것 / 561

Ⅲ. 회생절차 개시 후에 생긴 회생채권 ··· 561

1. 회생절차 수행 과정에서 발생한 청구권 / 562

가. 쌍방미이행 쌍무계약의 해제ㆍ해지로 인한 손해배상청구권 562

나. 어음 등에 대한 선의 지급인의 채권 562

다. 차임 등 지급을 주장하지 못함으로 인한 손해배상채권 563

라. 상호계산 종료의 경우 상대방의 잔액청구권 563

마. 채무자의 행위가 부인된 경우 상대방이 갖는 가액상환청구권 563

2. 회생절차개시 후 이자 등 / 564

가. 회생절차개시 후의 이자 564

나. 회생절차개시 후의 불이행으로 인한 손해배상금 및 위약금 564

다. 회생절차참가의 비용 564

Ⅳ. 회생채권의 순위 ··· 565

1. 일반의 우선권 있는 회생채권(제217조 제1항 제2호) / 565

2. 일반 회생채권(제217조 제1항 제3호) / 567

3. 후순위 회생채권 / 568

Ⅴ. 조세 등 청구권 ··· 569

1. 개 요 / 569

2. 회생절차에서의 조세채권의 구분 / 571

가. 회생채권과 공익채권 571   나. 가산세의 경우 572

3. 조세 등 청구권에 관한 특칙 / 575

가. 회생절차개시신청의 통지 및 의견진술에 관한 특칙 575

나. 중지명령ㆍ포괄적 금지명령에 관한 특칙 575

다. 회생절차개시결정에 따른 중지ㆍ금지 및 취소명령 관련 특칙 576

라. 변제에 관한 특칙 577

마. 채권신고 및 채권조사에 관한 특칙 577

바. 권리변경 등에 관한 특칙 578

사. 회생계획안 작성 원칙에 관한 특칙 580

아. 관계인집회에서의 결의절차 참가에 관한 특칙 581

자. 부인권 행사 제한에 관한 특칙 581

4. 납세보증보험자가 조세채권을 대위변제한 경우 / 581

Ⅵ. 회생절차개시 전의 벌금ㆍ과료ㆍ형사소송비용ㆍ추징금과 과태료 ········ 585

1. 회생절차(회생계획)에서의 취급 / 585

2. 벌금ㆍ과료ㆍ추징금에 관한 형의 시효의 정지 여부 / 587

Ⅶ. 다수채무자와 회생채권 ··· 588

1. 채무자가 다른 자와 더불어 전부의 이행을 할 의무를 지는 경우 / 591

2. 채무자가 보증채무를 지는 경우 / 601

3. 법인의 채무에 대하여 무한책임 또는 유한책임을 지는 경우 / 602

4. 수인의 일부보증의 경우 / 603

5. 물상보증인의 회생 / 604

6. 회생절차와 파산절차(개인회생절차)에서의 현존액주의 / 605

Ⅷ. 회생절차에서 회생채권자의 지위 ·· 609

1. 회생채권의 개별적 행사 및 변제의 금지 / 610

2. 변제금지의 원칙에 대한 예외 / 613

3. 회생절차의 참가 / 617

4. 상계의 허용 여부 / 620

제 2 절 회생담보권 ··· 624

Ⅰ. 의 의 ··· 624

Ⅱ. 회생담보권의 범위 ··· 627

Ⅲ. 회생담보권의 종류 ··· 632

1. 유 치 권 / 632

2. 질 권 / 633

3. 저 당 권 / 634

4. 양도담보권 / 635

5. 가등기담보권 / 640

6. 「동산·채권 등의 담보에 관한 법률」에 따른 담보권 / 640

7. 전 세 권 / 641

8. 우선특권 / 641

9. 회생담보권인지 여부가 문제되는 경우 / 642

Ⅳ. 회생절차에서 회생담보권자의 지위 ··· 653

1. 회생절차개시결정 전 단계 / 654

2. 회생절차개시결정 단계 / 654

3. 회생계획인가결정 단계 / 656

Ⅴ. 회생담보권의 순위-후순위담보권자의 지위 ·························· 657

Ⅵ. 회생담보권과 물상대위 ·· 658

Ⅶ. 회생계획인가 후 파산절차로 이행된 경우 회생담보권의 취급 ··········· 660

제 3 절 주주·지분권 ··· 661

Ⅰ. 회생절차가 주주·지분권자에 대하여 미치는 영향 ················ 661

Ⅱ. 회생절차에서 주주·지분권자의 지위 ······································ 662

Ⅲ. 주주·지분권자의 제2차 납세의무 부담 여부 ······················· 666

Ⅳ. 주주 등에 대한 인정배당 ·· 668

Ⅴ. 감자에 따른 증여의제 ··· 668

Ⅵ. 회생절차 종료에 의한 주주 권리의 회복 ··· 668

제 4 절　공익채권 · 공익담보권 ··· 669

Ⅰ. 공익채권 ··· 669

　1. 공익채권의 의의 / 669

　2. 공익채권의 범위 / 670

　　가. 일반 공익채권(제179조 제1항)　670　　나. 특별 공익채권　689

　　다. 회생채권자 등에게 종전 권리에 갈음하여 사채를 발행하는 경우　691

　3. 공익채권화의 절차 / 691

　4. 회생절차에서 공익채권자의 지위 / 692

　5. 공익채권과 관련한 몇 가지 쟁점 / 698

Ⅱ. 공익담보권 ··· 705

제 5 절　개시후기타채권 ··· 707

Ⅰ. 의　　의 ··· 708

Ⅱ. 회생절차에서의 취급 ··· 709

제 9 장　회생채권자 등의 목록제출과 회생채권 등의 신고 ·························· 713

제 1 절　회생채권자 등의 목록 제출 ··· 714

Ⅰ. 회생채권자 등 목록의 기재 대상 ··· 714

Ⅱ. 회생채권자 등의 목록의 작성 및 제출의무자 ··· 715

Ⅲ. 회생채권자 등 목록의 작성 방법과 제출 ··· 717

　1. 회생채권자 목록에 기재할 사항 / 718

　2. 회생담보권자 목록에 기재할 사항 / 718

　3. 주주 · 지분권자 목록에 기재할 사항 / 718

　4. 벌금, 조세 등 청구권의 목록에 기재할 사항 / 719

Ⅳ. 회생채권자 등의 목록 제출의 효과 ··· 719

　1. 시효중단 / 719

　2. 신고의제 / 721

　3. 권리의 내용 및 원인의 확정 / 721

　4. 회생채권자 등의 목록의 변경 · 정정 / 722

제 2 절　회생채권, 회생담보권, 주식 · 출자지분의 신고 ·································· 722

Ⅰ. 회생채권 등에 관한 신고 ·· 722

Ⅱ. 회생채권 등의 신고기간 ·· 742

제3절 벌금·조세 등 청구권의 신고 및 확정 ·· 755

Ⅰ. 벌금·조세 등 청구권의 신고 ·· 756

Ⅱ. 벌금·조세 등 청구권의 확정 ·· 756

Ⅲ. 소송의 결과 등 기재 및 효력 ·· 758

제10장 회생채권·회생담보권의 조사 및 확정 ·· 759

제1절 채권조사의 개요 ·· 760

Ⅰ. 채권조사의 의의 ·· 760

Ⅱ. 채권조사의 방법 ·· 761

Ⅲ. 채권조사의 주체 ·· 764

Ⅳ. 채권조사의 대상 및 특수한 채권신고에 대한 처리 ···························· 766

Ⅴ. 조사결과의 회생채권자표 등에의 기재 ·· 768

Ⅵ. 이의가 없는 회생채권 등의 확정 ·· 771

제2절 채권조사 이후의 후속조치 ·· 777

Ⅰ. 회생채권자표·회생담보권자표의 기재 ··· 777

Ⅱ. 이의의 통지 ·· 777

Ⅲ. 이의의 철회 ·· 778

제3절 이의가 있는 회생채권 등의 확정 ·· 780

Ⅰ. 채권조사확정재판 ·· 781

Ⅱ. 채권조사확정재판에 대한 이의의 소 ·· 793

Ⅲ. 이의채권에 관한 소송의 수계 ··· 798

Ⅳ. 집행력 있는 집행권원 또는 종국판결이 있는 회생채권 등의 확정 ·········· 808

Ⅴ. 목적물을 공통으로 하는 복수의 회생담보권이 있는 경우의 처리 ·········· 817

Ⅵ. 회생채권 등의 확정에 관한 소송결과의 기재와 판결 등의 효력 ·········· 818
　　1. 회생채권 등의 확정에 관한 소송결과의 기재 / 818
　　2. 회생채권 등의 확정에 관한 소송에 대한 판결의 효력 / 820

　　　가. 판결효의 확장　820　　　　　　　　　나. 확장된 판결의 효력　821
　　3. 회생채권 등의 확정에 관한 채권조사확정재판의 효력 / 821

　Ⅶ. 회생절차가 종료된 경우 회생채권확정절차의 취급 ································ 822

제 4 절　채권조사확정재판과 관련한 몇 가지 쟁점 ································· 823
　Ⅰ. 소송목적의 가액 결정 ·· 823
　Ⅱ. 소송비용의 상환 ··· 827
　Ⅲ. 회생절차가 종료된 경우 채권조사확정재판 등의 처리 ···················· 829

제11장　관리인 보고를 위한 관계인집회 ································ 830

제 1 절　관리인 보고를 위한 관계인집회 ·· 830
　Ⅰ. 관리인 보고를 위한 관계인 집회의 임의화 ······························· 830
　Ⅱ. 관리인 보고를 위한 관계인집회의 개최 ··································· 830
　Ⅲ. 회생계획안 제출기간 지정 ·· 831

제 2 절　대체절차 ··· 831
　Ⅰ. 원칙적인 대체절차 진행 ·· 831
　Ⅱ. 대체절차의 유형 ··· 832

제12장　회생계획안 ··· 833

제 1 절　회생계획안의 제출 ··· 833
　Ⅰ. 회생계획과 회생계획안 ·· 833
　Ⅱ. 회생계획안의 작성·제출권자 ·· 835
　Ⅲ. 회생계획안의 제출기간 ·· 837
　Ⅳ. 회생계획안의 사전제출 ·· 838
　　1. 의　의 / 838
　　2. 사전회생계획안의 제출 / 841
　　3. 사전회생계획안 제출자의 의무: 회생채권자목록 등의 제출 / 843
　　4. 사전회생계획안이 제출된 경우의 특칙 / 844
　　5. 회생계획안 사전제출의 효과 / 845

제 2 절　회생계획안 작성의 기본원칙 ·· 846

Ⅰ. 공정하고 형평한 차등원칙 ·· 846

Ⅱ. 평등의 원칙 ·· 850

Ⅲ. 수행가능성 ·· 858

Ⅳ. 청산가치보장원칙 ·· 859

제 3 절 회생계획안의 내용 ·· 864

Ⅰ. 회생계획안의 기재사항 ·· 865

Ⅱ. 채권자들 사이에 변제순위에 관한 합의가 있는 경우 ················ 871

Ⅲ. 회생계획안의 구성 ·· 871

Ⅳ. 회생계획안의 내용과 관련된 몇 가지 쟁점 ·························· 873

제 4 절 회생계획과 출자전환 ·· 883

Ⅰ. 출자전환의 의의와 법적 성격 ·· 883

Ⅱ. 출자전환에 따른 채무면제익에 대한 과세 문제 ···················· 885
   1. 회생절차에서 채무자의 채무면제익에 대한 과세 / 885
   2. 회생절차에서 출자전환이 이루어진 경우 채무면제익에 대한 과세 / 888

Ⅲ. 출자전환과 대손금·대손세액공제 ······································ 889
   1. 회생계획에 따라 출자전환 후 무상 감자된 매출채권의 대손금 처리 및 대손세액공제
      인정 여부 / 889
   2. 출자전환 후 무상소각이 없는 경우의 대손세액공제 / 893

Ⅳ. 출자전환과 보증채무 ·· 894
   1. 출자전환과 보증채무의 소멸 / 894
   2. 출자전환으로 보증채무가 소멸하는지에 관한 논쟁 / 895
   3. 대법원 판례 / 896
   4. 사   견 / 897

Ⅴ. 출자전환예정채권의 처리 ·· 897
   1. 출자전환예정채권의 개념 / 897
   2. 법적 성격 / 898
      가. 지분권으로 보는 견해 898   나. 채권으로 보는 견해 899
      다. 사견: 지분권이 아닌 채권 899
   3. 출자전환예정채권이 제146조 제3항, 제4항의 '부채'에 해당하는지 여부 / 900

Ⅵ. 출자전환으로 인한 과점주주의 취득세 납세의무 ···················· 901
   1. 과점주주의 취득세 납세의무 / 901
   2. 회생절차개시 후 출자전환 등으로 과점주주가 된 경우 / 903
   3. 회생절차종결과 취득세 납세의무 / 903

제 5 절 회생계획안의 수정·변경 ·· 904

 Ⅰ. 의   의 ··· 904

 Ⅱ. 회생계획안의 수정 ·· 905
  1. 제출자에 의한 수정 / 905
  2. 법원의 수정명령 / 906
  3. 회생계획안 결의를 위한 관계인집회기일의 지정 / 908

 Ⅲ. 회생계획안의 변경 ·· 908

 Ⅳ. 회생계획안의 배제 ·· 909
  1. 의   의 / 909
  2. 회생계획안이 배제되는 경우 / 910
  3. 회생계획안 배제의 효과 / 910
  4. 회생계획안 배제의 특칙 / 911

제 6 절 청산 또는 영업양도 등을 내용으로 하는 회생계획안 ················ 912

 Ⅰ. 청산형 회생계획안의 의의 ··· 912

 Ⅱ. 청산형 회생계획안 작성의 요건 ··· 914

 Ⅲ. 청산형 회생계획안의 작성 허가와 그 취소 ··································· 916

 Ⅳ. 청산형 회생계획안의 심리 및 결의 ·· 917

제 7 절 회생절차에서의 기업결합에 대한 제한 ···································· 917

 Ⅰ. 기업결합 ·· 918

 Ⅱ. 회생절차에서의 기업결합 ··· 922

제13장 회생계획안 심리 및 결의를 위한 관계인집회 ··············· 926

제 1 절 개   요 ·· 926

 Ⅰ. 의   의 ··· 926

 Ⅱ. 관계인집회기일의 지정과 통지 ·· 927

제 2 절 회생계획안 심리를 위한 관계인집회 ·· 928

제 3 절 회생계획안 결의를 위한 관계인집회 ·· 929

 Ⅰ. 의   의 ··· 929

 Ⅱ. 회생을 위하여 채무를 부담하거나 담보를 제공하는 자의 진술 ········· 929

Ⅲ. 조의 분류 ·· 930

Ⅳ. 의 결 권 ·· 932
  1. 의결권의 범위와 행사 / 932
  2. 의결권에 대한 이의 및 확정 / 933
  3. 의결권이 없거나 의결권을 행사할 수 없는 이해관계인 / 935
  4. 의결권의 행사와 관련된 몇 가지 문제 / 937

Ⅴ. 결의의 절차 및 가결요건 ··· 938
  1. 결의의 절차 / 938
  2. 가결요건 / 939

Ⅵ. 회생계획안 결의의 시적 제한 ·· 940

Ⅶ. 회생계획안이 가결되지 않았을 경우의 처리방법 ······················· 941
  1. 기일의 속행 / 941
  2. 권리보호조항을 정하여 회생계획을 인가하는 방법 / 942
  3. 회생절차의 폐지 / 943

Ⅷ. 회생계획안이 가결된 경우의 법인의 존속 ·································· 943

제 4 절 서면에 의한 결의제도 ·· 944

Ⅰ. 의   의 ·· 944

Ⅱ. 서면결의에 관련된 특칙 ··· 945
  1. 회생계획안 심리를 위한 관계인집회의 완료 간주 / 945
  2. 채권신고의 추완 불가 / 945
  3. 회생계획안의 수정 불가 / 945
  4. 조 분류에 대한 결정 / 945
  5. 회생을 위하여 채무를 부담하거나 담보를 제공하는 자의 동의 / 946
  6. 회생계획안의 가결 및 인부 결정 / 946
  7. 회생절차의 폐지 / 947
  8. 사전회생계획안이 제출된 경우의 특칙 / 947

Ⅲ. 서면결의에 있어 의결권의 확정 방법 ·· 947

제14장 회생계획의 인가 ··· 949

제 1 절 회생계획의 인부 결정 ·· 949

제 2 절 회생계획의 인가요건 ·· 951

Ⅰ. 회생계획인가의 적극적 요건(제243조 제1항) ······························· 951

Ⅱ. 회생계획인가의 소극적 요건 ·· 958

제 3 절 동의를 얻지 못한 조가 있는 경우의 인가 ································ 960

　Ⅰ. 권리보호조항제도의 의의 ·· 960

　Ⅱ. 권리보호조항의 설정 요건 ··· 961

　Ⅲ. 사전 권리보호조항 ··· 965

제 4 절 회생계획인가 여부의 결정에 대한 불복 ·························· 966

　Ⅰ. 즉시항고 ··· 966

　Ⅱ. 즉시항고와 회생계획의 수행 ··· 970

　Ⅲ. 회생계획인부결정의 확정 ·· 972

　Ⅳ. 재 항 고 ··· 975

제 5 절 회생계획인가결정의 효력 ··································· 975

　Ⅰ. 회생계획인가결정의 효력발생시기 ·· 976

　Ⅱ. 면책 및 권리의 소멸 ··· 977

　Ⅲ. 권리의 변경 ··· 989

　Ⅳ. 회생계획의 효력 범위 ·· 993

　Ⅴ. 중지 중인 절차의 실효 ··· 1005

　Ⅵ. 회생채권자표 등에의 기재와 그 효력 ····································· 1008

　Ⅶ. 외국면책재판의 국내적 효력 ··· 1014

제15장 회생계획인가 후의 절차 ································· **1016**

제 1 절 회생계획의 수행 ··· 1016

　Ⅰ. 회생계획의 수행담당자 ··· 1016

　Ⅱ. 회생계획의 수행명령과 담보제공명령 ····································· 1017

　Ⅲ. 채무자에 대한 실사 ··· 1018

제 2 절 회생계획과 상법 등 법령의 적용 배제 및 특례 ···················· 1018

　Ⅰ. 상법 등 법령의 적용 배제 ·· 1020

　Ⅱ. 상법 등 법령의 특례 ·· 1021

제 3 절 회생계획의 변경 ·· 1058

Ⅰ. 회생계획 변경의 의의 ·· 1058

Ⅱ. 회생계획 변경의 요건 ·· 1059

Ⅲ. 회생계획 변경신청에 대한 재판 ·· 1062

Ⅳ. 회생계획변경에 있어서 의결권과 그 특칙 ·· 1063

Ⅴ. 불복절차 ··· 1065

제16장 회생절차의 종료 ·· 1066

제 1 절 회생절차의 종결 ·· 1066

Ⅰ. 의 의 ·· 1066

Ⅱ. 회생절차종결의 요건 ·· 1066

Ⅲ. 회생절차종결절차 ··· 1068

Ⅳ. 회생절차종결결정의 효과 ··· 1069

1. 관리인의 권한 소멸과 채무자의 권한 회복 / 1069

2. 채무자에 대한 절차적 구속의 소멸 / 1070

3. 개별적 권리행사 제약의 해소 / 1070

4. 회생계획의 이행의무 / 1071

5. 이사 등의 선임에 관한 특칙 / 1071

제 2 절 회생절차의 폐지 ·· 1072

Ⅰ. 회생절차폐지의 의의 ·· 1072

Ⅱ. 회생계획인가 전의 폐지 ··· 1073

Ⅲ. 회생계획인가 후의 폐지 ··· 1076

Ⅳ. 공 고 ·· 1078

Ⅴ. 회생절차폐지결정에 대한 불복 ·· 1078

Ⅵ. 회생절차폐지결정의 효력 ··· 1081

1. 회생절차의 종료 / 1081

2. 효과의 불소급성 / 1082

3. 회생채권자표 등 및 그 기재의 효력 / 1084

4. 계속 중인 절차에 미치는 영향 / 1086

5. 실체적 효력 / 1086

제 3 절 파산절차로의 이행과 속행 ··· 1087

Ⅰ. 회생절차폐지 등에 따른 파산선고와 파산절차의 속행 ················· 1088
1. 파산선고 전의 채무자 / 1088
2. 파산선고 후의 채무자 / 1089
3. 견련파산의 신청권자 및 신청시기 / 1090

Ⅱ. 선행절차와 후행절차의 일체성 확보 ······································· 1091
1. 지급정지・파산신청의 의제(부인 또는 상계금지의 기준시) / 1092
2. 공익채권의 보장(재단채권으로 인정) / 1093
3. 파산채권으로 신고의제 − 파산채권의 조사 / 1095
4. 소송절차의 중단과 수계 / 1098
5. 법원 등 행위의 효력 − 유효한 행위의 범위결정 / 1098
6. 확정된 회생채권의 취급 / 1099
7. 개인채무자의 경우 면책신청이 별도로 필요한지 / 1099
8. 쌍방미이행 쌍무계약에 있어 해제권 행사 여부 / 1099

제17장 소액영업소득자에 대한 간이회생절차 ···························· 1101

제 1 절 간이회생절차의 도입 ··· 1101

Ⅰ. 도입배경 ·· 1101

Ⅱ. 회생절차 규정의 적용 ··· 1103

Ⅲ. 회생절차 상호간의 관계 ··· 1103

제 2 절 간이회생절차개시의 신청 ··· 1104

Ⅰ. 관   할 ·· 1104
1. 토지관할 / 1104
2. 사물관할 / 1104
3. 관련 사건의 특례 / 1105

Ⅱ. 신청권자: 소액영업소득자 ··· 1105
1. 소액영업소득자의 의의 / 1105
2. 소액영업소득자의 판단 시점 / 1106
3. 채무 총액의 개별적 검토 / 1106

Ⅲ. 간이회생절차개시신청서의 제출 ··· 1107
1. 간이회생절차개시신청서의 기재사항 / 1107
2. 간이회생절차개시신청서의 첨부서류 / 1108

Ⅳ. 비용예납명령, 보전처분, 중지명령, 포괄적 금지명령 등 ·············· 1109

제 3 절 간이회생절차개시 여부의 결정 1109

Ⅰ. 간이회생절차개시의 요건 1109

Ⅱ. 간이회생절차개시신청의 기각결정 1110

1. 간이회생절차개시신청 기각결정 / 1110

2. 간이회생절차 및 회생절차개시신청 모두 기각결정 / 1110

3. 간이회생절차개시신청의 기각결정 및 회생절차개시결정 / 1111

Ⅲ. 간이회생절차개시결정 1111

1. 관리인 불선임 원칙 / 1112

2. 간이조사위원 / 1112

3. 회생계획안 가결 요건의 특례 / 1113

제 4 절 간이회생절차의 폐지 및 회생절차의 속행 1114

Ⅰ. 간이회생절차의 폐지 1114

1. 일반적 사유에 따른 폐지 / 1114

2. 소액영업소득자 미해당 등에 따른 폐지 / 1114

Ⅱ. 회생절차의 속행 1115

1. 개   요 / 1115

2. 회생절차 속행결정의 효과 / 1116

제18장 회생절차에서의 벌칙 1119

제 1 절 회생범죄 1120

Ⅰ. 실질적 회생범죄 1121

1. 사기회생죄 / 1121

2. 사기회생죄에 관한 특칙 / 1123

3. 사기회생죄와 사기파산죄의 관계 / 1124

Ⅱ. 절차적 회생범죄 1124

1. 회생수뢰·증뢰죄 / 1124

2. 경영참여금지위반죄 / 1125

3. 무허가행위 등의 죄 / 1125

4. 보고와 검사거절의 죄 / 1126

5. 재산조회결과의 목적 외 사용죄 / 1127

Ⅲ. 국 외 범 1127

제 2 절 과 태 료 1127

Ⅰ. 과태료의 의의 1127

Ⅱ. 회생절차에서의 각종 과태료 ·· 1128

제19장 회생절차가 소송절차와 집행절차에 미치는 영향 ························· 1130

제1절 회생절차개시신청시부터 회생절차개시결정 전까지 회생절차가 소송절차 등에 미치는
        영향 ·· 1130

Ⅰ. 보전관리명령이 소송절차 등에 미치는 영향 ··· 1131

Ⅱ. 중지명령이 소송절차 등에 미치는 영향 ·· 1132

Ⅲ. 취소명령이 소송절차 등에 미치는 영향 ·· 1135

Ⅳ. 포괄적 금지명령이 소송절차 등에 미치는 영향 ·· 1135

제2절 회생절차개시결정시부터 회생계획인가결정 전까지 회생절차가 소송절차 등에 미치는
        영향 ·· 1136

Ⅰ. 회생절차개시결정과 회생절차에서의 채권확정 ··· 1136

Ⅱ. 회생절차개시결정이 소송절차에 미치는 영향 ··· 1138
    1. 회생절차개시결정 이후 소송이 제기된 경우 / 1138
    2. 회생절차개시결정 당시 이미 소송이 계속 중인 경우 / 1142
    3. 행정청에 계속된 사건의 중단과 수계 / 1156
    4. 이송의 청구 / 1157

Ⅲ. 회생절차개시결정이 집행절차에 미치는 영향 ··· 1157
    1. 강제집행 등의 금지 또는 중지 / 1157
    2. 채무자 소유의 부동산이 매각된 경우 배당금 수령권자 / 1159
    3. 회생절차개시 전 채무자를 상대로 한 압류 및 추심명령의 효력 / 1160

Ⅳ. 회생절차개시결정이 도산절차에 미치는 영향 ··· 1160

제3절 회생계획인가결정이 소송절차 등에 미치는 영향 ······························· 1161

Ⅰ. 회생계획인가결정이 소송절차에 미치는 영향 ··· 1162
    1. 인가결정 이후 소송이 제기된 경우 / 1162
    2. 인가결정 당시 소송이 계속 중인 경우 / 1162

Ⅱ. 회생계획인가결정이 집행절차에 미치는 영향 ··· 1163
    1. 중지 중인 절차의 실효 / 1163
        가. 회생채권 또는 회생담보권에 기한 강제집행 등의 경우 1163
        나. 공익채권에 기한 강제집행 등의 경우 1165
    2. 회생계획인가결정 이후의 집행문제 / 1165

Ⅲ. 회생계획인가결정이 도산절차에 미치는 영향 ··· 1165

제 4 절 회생절차의 종결 및 폐지결정이 소송절차 등에 미치는 영향 ················· 1165

Ⅰ. 회생절차종결이 소송절차 등에 미치는 영향 ····································· 1166
　1. 회생절차종결이 소송절차에 미치는 영향 / 1166
　2. 회생절차종결이 집행절차에 미치는 영향 / 1167
Ⅱ. 회생절차폐지가 소송절차 등에 미치는 영향 ····································· 1167
　1. 회생절차폐지가 소송절차에 미치는 영향 / 1167
　2. 회생절차폐지가 집행절차에 미치는 영향 / 1173

■ 찾아보기 ·· 1175

■ 일러두기

1. 주요 법령 등의 약칭

채무자회생법	채무자 회생 및 파산에 관한 법률[☞ 법조문을 인용함에 있어 법률명에 관한 특별한 표시가 없으면 '채무자회생법'을 의미한다]
시행령	채무자 회생 및 파산에 관한 법률 시행령
규칙	채무자 회생 및 파산에 관한 규칙
회생예규	회생사건의 처리에 관한 예규(재민2006-5)[재판예규 제1655호]
개인예규	개인회생사건 처리지침(재민 2004-4)[재판예규 제1849호]
개인파산예규	개인파산 및 면책신청사건의 처리에 관한 예규(재민 2005-1)[재판예규 제1805호]
부동산등기사무처리지침	「채무자 회생 및 파산에 관한 법률」에 따른 부동산 등의 등기 사무처리지침[등기예규 제1516호]
법인등기사무처리지침	「채무자 회생 및 파산에 관한 법률」에 따른 법인등기 사무처리지침[등기예규 제1518호]
기촉법	기업구조조정 촉진법
민소법	민사소송법
민집법	민사집행법
공정거래법	독점규제 및 공정거래에 관한 법률
하도급법	하도급거래 공정화에 관한 법률
자본시장법	자본시장과 금융투자업에 관한 법률
채권추심법	채권의 공정한 추심에 관한 법률

2. 주요 참고문헌의 약칭

[국내문헌]

전대규(일상회복)	전대규, 「도산, 일상으로의 회복」(제3판), 법문사(2025)
전대규(지방세)	전대규, 도산과 지방세(개정증보판), 삼일인포마인(2024)
회생사건실무(상)	서울회생법원 재판실무연구회, 회생사건실무(상)[제6판], 박영사(2023)
회생사건실무(하)	서울회생법원 재판실무연구회, 회생사건실무(하)[제6판], 박영사(2023)
법인파산실무	서울회생법원 재판실무연구회, 법인파산실무[제5판], 박영사(2019)
개인파산·회생실무	서울회생법원 재판실무연구회, 개인파산·회생실무[제6판], 박영사(2023)
도산절차와 소송 및 집행절차	서울회생법원 재판실무연구회, 도산절차와 소송 및 집행절차, 박영사(2022)
Reinhard Bork	Reinhard Bork(최준규 역), 독일 도산법, 박영사(2021)

최준규	최준규, 계약법과 도산법 – 민법의 관점에서 도산법 읽기 –, 홍진기법률연구재단(2021)
도산판례백선	사단법인 도산법연구회 도산판례백선 편집위원회 엮음, 도산판례백선, 박영사(2021)
전병서	전병서, 도산법(제4판), 박영사(2019)
노영보	노영보, 도산법강의, 박영사(2018)
김주학	김주학, 기업도산법(제2판), 법문사(2012)
오수근	오수근, 도산법의 이해, 이화여자대학교출판부(2008)
법무부 해설서	채무자 회생 및 파산에 관한 법률 해설, 법무부(2006)
남효순·김재형	남효순·김재형, 도산법강의, 법문사(2005)

[미국문헌]

ANDREW BALBUS	ANDREW BALBUS, FRESH START(2022)
DAVID G. EPSTEIN·STEVE H.NICKLES	DAVID G. EPSTEIN·STEVE H.NICKLES, PRINCIPLES OF Bankruptcy Law(2nd), WEST ACADEMIC publishing(2017)
Charles J. TABB·Ralph Brunbaker	Charles J. TABB·Ralph Brunbaker, Bankruptcy Law Principles, Policies, And Practice, Fourth Edition, LexisNexis(2015)
Daniel J. Bussel·David A. Skeel, Jr.	Daniel J. Bussel·David A. Skeel, Jr., BANKRUPTCY(10th Edition), FOUNDATION PRESS(2015)
Douglas G. Baird	Douglas G. Baird, Elements of Bankruptcy(6th), FOUNDATION PRESS(2014)
Jeffrey T. Ferriell·Edward J. Janger	Jeffrey T. Ferriell·Edward J. Janger, Understanding Bankruptcy(3rd), LexisNexis(2013)
Elizabeth Warren	Elizabeth Warren, Chapter 11: Reorganizing American Businesses, Wolters Kluwer Law & Business(2008)

[일본문헌]

倒産法と要件事實	田村伸子[編], 倒産法と要件事實, 日本評論社(2024)
倒産處理法入門	山本和彦, 倒産處理法入門(第6版), 有斐閣(2023.12.)
倒産法(加藤哲夫등)	加藤哲夫·山本研 編, 倒産法, 信山社(2023.12.)
民法と倒産法	編集代表 中島弘雅 외 2인, 民法と倒産法の交錯, 商事法務(2023)
新破産實務	東京辯護士會法友全期會破産實務研究會 編集, 新破産實務マニュアル(全訂版), ぎょうせい(2023)
倒産法講義	野村剛司·森智幸, 倒産法講義, 日本加除出版株式會社(2022)
倒産判例百選	松下淳一·菱田雄鄕 編, 倒産判例百選(第6版), 有斐閣(2021)
會社更生法	伊藤眞, 會社更生法·特別清算法, 有斐閣(2020)

小林秀之	小林秀之, 破産から新民法がみえる, 日本評論社(2018)
民事再生の手引	庇子木康 編著, 民事再生の手引(第2版), 商事法務(2017)
倒産法	三上威彦, 倒産法, 信山社(2017)
연방도산법개설	福岡真之介, アメリカ連邦倒産法概説(第2版), 商事法務(2016)
現代型契約と倒産法	「現代型契約と倒産法」實務研究會[編], 現代型契約と倒産法, 商事法務(2015)
破産管財の手引	庇子木康・島岡大雄編, 東京地裁破産實務研究會, 破産管財の手引[第2版], 一般社團法人 金融財政事情研究會(2015)
破産法・民事再生法	伊藤眞, 破産法・民事再生法(第3版), 有斐閣(2014)
條解 破産法	伊藤眞・岡正晶・田原睦夫・林道晴・松下淳一・森宏司, 條解 破産法(第2版), 弘文堂(2014)
倒産・再生訴訟	松嶋英機・伊藤眞・園尾隆司, 倒産・再生訴訟, 民事法研究會(2014)
條解 民事再生法	編集 園尾隆司・小林秀之, 條解 民事再生法(第3版), 弘文堂(2013)
倒産と訴訟	島岡大雄・住友隆行・岡伸浩・小畑英一 編, 倒産と訴訟, 商事法務(2013)
實務 倒産法講義	今中利昭・今泉純一・中井康之, 實務倒産法講義(第3版), 民事法研究會(2009)
會社更生の實務(上)	西岡清一郎/鹿子木康/桝谷雄一[編], 東京地裁會社更生實務研究會[著], 會社更生の實務(上), 社團法人 金融財政事情研究會(2005)
會社更生の實務(下)	西岡清一郎/鹿子木康/桝谷雄一[編], 東京地裁會社更生實務研究會[著], 會社更生の實務(下), 社團法人 金融財政事情研究會(2005)

[중국문헌]

리정(李靖) 외 5인 편저	리정(李靖) 외 5인 편저, 중국최고법원 민사지도판례의 연구와 평석, 박영사(2022)
主編 沈志先	主編 沈志先, 破産案件審理實務, 法律出版社(2009)
王欣新	王欣新, 破産法(第2版), 中國人民大學出版社(2007)
韓長印 主編	韓長印 主編, 破産法學, 中國政法大學出版社(2007)
主編 徐永前	主編 徐永前, 企業破産法講話, 法律出版社(2006)

3. 채무자회생법 시행 이전 판례

채무자회생법 시행 이전 판례를 인용함에 있어 용어와 내용은 현행 채무자회생법에 맞추어 수정하였음.

〈채무자회생법 시행 전후 용어비교표〉

채무자회생법 시행 전(회사정리법)	채무자회생법 시행 후
회사정리법	채무자회생법
정리채권(자)	회생채권(자)
정리담보권(자)	회생담보권(자)
정리계획	회생계획

4. 독일 도산법(Insolvenzordnung)은 「김경욱 역, 독일 도산법, 박영사(2019)」를 참조하였음.

『채무자회생법』을 처음 공부하는 분들을 위하여

『채무자회생법』을 처음 공부하는 분들을 위하여

Ⅰ 시작하며

채무자회생법[1]은 중요한 법임에도 아직까지 미지의 영역으로 남아있다. 경제활동을 계속하는 기업이나 개인이 도산(파탄, bankruptcy[2])하면 채무불이행, 불법행위, 형사책임, 행정법규위반 등이 동시에 발생하는 것이 일반적인 현상이다. 도산을 사건의 도가니라고 하는 이유이다. 실제로 도산사건은 물론 도산법리가 쟁점이 되는 사건이 넘쳐나고 있다. 그럼에도 채무자회생법을 강의하는 곳이 거의 없고 이를 가르치는 대학도 많지 않다. 법조인 양성의 새로운 시스템인 법학전문대학원이 출범한 지 15년이 넘었지만 채무자회생법에 대한 교육이 이루어지고 있다는 소식은 들리지 않는다. 접해보지 못했으니 어렵다는 느낌이 앞서는 것은 어쩌면 당연한 것인지도 모른다.

처음 채무자회생법을 접하면 생소한 용어, 낯선 절차로 인해 당황하기 십상이다. 더 이상 채무를 이행하지 않아도 된다고 선언하는 채무자회생법(도산법)은 부당한 논리가 통용되는 법

---

1) 흔히 '도산법'이라고 부르고 있다. 도산법은 법률의 명칭은 아니고 강학상의 명칭이다. 일부 학자들은 '도산처리법'이라고도 한다. 사전적 의미에서 도산(倒産)은 재산을 모두 잃고 망함이라는 뜻이다. 도산은 기업이나 개인에 따라 처한 상황의 폭이 넓기 때문에 일의적으로 정의하기는 쉽지 않다. 일반적으로 도산이란 채무자가 부담하고 있는 변제기가 도래한 채무의 대부분을 지급할 수 없는 상태에 빠진 것(또는 이러한 상태)을 말한다. 이러한 상태는 채무자가 주식회사와 같은 사업자라면 어음의 부도가 전형적인 것이다. 채무자가 개인이라면 충분한 재산이 없거나 실직 등으로 충분한 수입이 없어 변제기가 도래한 채무를 대부분 변제할 수 없는 경우이다.

2) 도산 또는 파산이라는 의미를 가진 영어식 표현으로 "bankruptcy"가 있다. 이상한 단어인 "bankruptcy"는 이탈리아어구 "banca ratta"에서 기원한 것이다. "banca ratta"는 일부 사람들이 추정하는 '은행가들은 쥐다(bankers are rats)'가 아닌 '부서진 작업대(broken bench or table)'를 의미한다. 중세 이탈리아에서는 상인들이 빚을 갚지 않으면, 채권자들은 글자 그대로 상인이 영업하는 작업대를 부숴버렸다고 한다. 아마도 그가 영업하는 장소가 부숴질 것이라는 생각은 상인들에게 빚을 변제하도록 하는 강력한 동기를 부여했을 것이다. 그러나 어느 시점에서 채권자들은 상인들의 작업대를 부수는 것이 본질적으로 무익하고, 그들이 변제받을 수 있는 가능성을 심각하게 파괴시키는 자기 패배적인 행동이라는 것을 깨달았다. 채권자들이 그렇게 느린 학습자는 아니었던 것이다(ANDREW BALBUS, 135쪽).
작업대를 부수는 행위는 초기 도산법이 채무자에 대한 제재로서의 성격(징계주의)을 가지고 있었음을 잘 나타내주고 있다. 중세 유럽의 법제에 의하면, 파산자에 대한 징계로서 다양한 의무가 부과되었다. 예컨대 파산자는 녹색과 황색의 얼룩덜룩한 모자와 스타킹을 착용하도록 요구받았고, 3일간 매일 1시간 화장실 계단에서 속옷 차림으로서 있어야 했다(倒産處理法入門, 5쪽).

의 영역인 것처럼 보인다. 채무자회생법은 그 자체로 어렵다.[3] 본질적으로 집행절차이다 보니 더욱 그렇다.[4] 민법·상법 등을 비롯한 실체법, 민사소송법과 같은 소송 관련 절차법, 민사집행법과 같은 집행 관련 절차법 등은 물론, 회계학·경제학·경영학 나아가 세법까지 알아야 채무자회생법의 전체적인 실체를 파악할 수 있다. 심지어 국내 경제는 물론 국제적인 경제흐름이나 사회현상까지 이해해야 하는 경우도 있다. 이런 점에서 채무자회생법은 불가피하게 학문 간의 영역은 물론 국경을 넘어서야 하는(이른바 국제도산) 필요성이 크다. 거스를 수 없는 학문적 대세인 융합(convergence)이나 빅블러(Big Blur)가 잘 드러나는 법이다. 그렇다고 언제 이 많은 분야에 대하여 공부를 할 것인가.

채무자회생법은 어떤 법보다도 정치적 색채가 강하며 자본주의의 거대한 담론이기도 하다. 또한 모든 사회과학을 포섭하는 광역성과 모든 사회계층을 아우르는 정치적 개방성으로 인해 조문을 해석함에 있어 다른 어떠한 법보다 유연성이 존재한다. 이로 인해 조문을 읽는 데 있어 다양한 해석이 존재하고 시대의 변천에 따라 제도 운영이나 해석이 달라지기도 한다. 나아가 도산기업의 규모 확대와 글로벌기업의 증가(해외투자자의 국내직접투자와 국내기업의 해외진출), 가상자산의 등장, 금융기법의 복잡화와 자본시장(capital market)으로의 중심축 이동에 따라 도산사건의 쟁점은 이전보다 훨씬 복잡해졌다. 그럼 어떻게 하라는 것인가.

일단 기본적인 법률적 소양이 있다면 채무자회생법을 시작하는데 문제는 없다. 채무자회생법은 기본적으로 민사실체법의 내용을 구현하고 있다. 처음에는 민사실체법과 다른 법리처럼 보이지만 가만히 생각해보면 민사실체법에 있는 내용 그대로라는 것을 알게 될 것이다. 물론 채무자회생법의 특징적인 법리[5]가 있는 것도 부정할 수 없다. 법률관계의 지각변동도 일어난다. 그렇지만 이러한 것들도 기존 사법법률체계와 법률기본원칙을, 사회경제적 차원의 필요성과 인간존엄성 측면의 개인적 필요성에 의해 약간 수정한 것에 불과하다.

이 책은 가는 길이 좀 더디긴 하지만, 그래도 최종 목적지에 안내해 주는 길잡이가 될 것이다. 먼저 서편에서는 채무자회생법을 처음 공부하는 분들을 위해 채무자회생법에 관한 기본적인 내용을 간략하게 소개하고자 한다. 큰 그림을 그리면서 가볍게 읽어보면, 아련하게나마 채무자회생법의 전체적인 구도가 보일 것이다. 시작부터 너무 의기소침할 필요는 없다. 시작이 반이니 이미 우리는 반을 공부한 셈이다.

---

3) 현행 채무자회생법의 체계(구성)상 잘못으로 인한 측면도 있다. 채무자회생법은 원칙적인 절차인 파산절차보다 회생절차가 먼저 나와 있다. 그러다보니 처음 접하는 사람들은 회생절차가 원칙인 것으로 오해할 수 있고, 그러다보니 법리를 이해하는데 있어서나 도산법리를 설명하는데 있어서나 어려운 점이 많다.

4) 도산절차에서 실체법상 채권(대여금채권, 물품대금채권 등)을 회생채권, 파산채권, 개인회생채권이라고 부른다. 이는 민사집행법에 따른 집행절차에서 일반채권을 압류채권, 집행채권이라고 부르는 것과 유사하다.

5) 개별적인 권리행사의 금지, 부인권, 쌍방미이행 쌍무계약에서 관리인(파산관재인)의 선택권, 상계의 제한(회생절차) 또는 확장(파산절차), 다수결과 법원의 인가에 의한 채권의 변경(회생절차) 등.

Ⅱ 실패한 채무자를 위한 제도

1. 실패한 채무자를 어떻게 처리할 것인가

세상에 돈이 있기 전에 부채가 있었다.[6] 채무자회생법은 기본적으로 실패한 채무자(빚을 갚지 않거나 갚을 수 없는 채무자)를 어떻게 처리할 것인가에 대한 고민에서 시작한 것이다. 역사이래 부의 불평등은 현실이었다. 현재도 진행 중이다. 이로 인해 사람들 사이에는 금전 차용관계가 발생하였고, 그로 인해 필연적으로 빌린 돈을 갚지 못하는 상황은 늘 존재하여 왔다. 채권자 입장에서 빚을 갚지 않으면 어떻게 대처해야 하는가. 오래 전에는 빚을 다 갚을 때까지 채무자를 감옥에 보내거나 노예로 삼기도 하였다.[7]

사람들이 빚을 지는 것은 본인의 게으름이나 낭비에서 비롯된 경우도 있지만, 성실하고 정직하게 살았음에도 빚의 굴레에서 벗어나지 못하는 경우도 있다. 이처럼 성실하고 정직하게 살아온 사람들도 감옥에 보내거나 노예로 삼아 평생 빚을 갚도록 하는 것이 타당한가. 예를 들어 한 번 생각해보자. 30대 초반에 월 300만 원의 급여를 받고 성실하게 사는 사람이 아버지가 사업자금을 빌리는 데 보증을 서주어 40억 원이 넘는 빚(보증채무)을 부담하게 되었다고 하자. 이 사람은 자신의 급여를 전부 빚 갚는 데 사용하여도 평생 빚을 갚지 못한다. 약속(계약)은 지켜져야 한다는 법언에 따르면 이 사람은 평생 빚을 갚아야 한다. 아버지를 위해 보증을 서주었지만 과연 이 사람을 얼마나 비난할 수 있을까. 이 사람으로 하여금 평생 빚 갚으며 살아가라고 하는 것이 정의인가. 아니면 빚(채무)을 탕감해주고 새로운 삶을 살 수 있도록 해주는 것이 타당한가. 이 사람에게 평생 빚을 갚으며 살라고 하면 일할 의욕도 없어져 직장을 그만 둘 수도 있다. 이로 인해 결혼, 출산, 가족부양 등에 심각한 영향을 미칠 수도 있다. 실로 희망이 없는 삶이 된다. 이러한 현상이 바람직한가.

이러한 근본적인 고민 속에서 개인을 상대로 파산·면책제도가 등장하였다.[8] 성실하고 정

---

6) 「부채, 첫 5,000년의 역사」의 저자 데이비드 그레이버(David Graeber, 미국)의 말이다. 위 책은 인류학자 데이비드 그레이버가 인류역사 5,000년 동안 부채가 어떤 의미였으며, 또 어떤 역할을 했는지 그것이 부채위기를 겪고 있는 우리에게 어떤 메시지를 던지는지를 심도 있게 분석하고 있다. 가계부채 문제가 심각한 우리 경제에 시사하는 바가 큰 책이다.

7) 로마의 12표법에 의하면 채권자는 채무자를 체포하고 구금할 수 있었으며, 일정한 기간이 지나면 채무자를 죽여 시체를 갈라서 나누어 가지거나, 노예로 팔아 그 대가를 나누어 가질 수도 있었다. 윌리엄 셰익스피어의 명작 <베니스의 상인>에서 샤일록은 돈을 갚지 못할 경우 1파운드의 살을 베어가기로 하는데, 이는 채무변제방법에 관한 당시의 시대상황을 반영한 것이다.

8) 도산절차에서 당신의 채무에 무슨 일이 일어나는가. 모두 면책이 되는 것인가. 어떤 채무는 면책되고 어떤 채무는 면책이 되지 않는가. 도산절차에서 채무의 취급은 채무의 유형에 따라 다르다. 담보채무는 원칙적으로 도산절차에서 면책되지 않는다. 다만 회생절차에서 회생담보권자는 권리행사가 제한되고 면책의 대상이 될 수 있다. 무담보채무는 대부분 도산절차에서 면책될 수 있다. 다만 일정한 예외가 있다. 일부 무담보채무는 도산절차에서 면책되지 않는다(비면책채권). 어떤 채무는 채무 그 자체의 본질에서 면책이 될 수 없다(예컨대 위자료, 양육비 및 조세). 어떤 채무는 채무자가 하였거나 하지 아니한 행위 때문에 면책이 인정되지 않는다(예컨대 고의의 불법행위로 인한 손해배상채권).

직하게 살아온 사람들에게 새로운 삶의 기회를 부여하기 위해 빚을 없애주자는 것이다. 그렇게 하여 이 사람으로 하여금 희망이 있는 새로운 삶을 살아갈 수 있도록 해주자는 것이다. 빚(채무)의 면책(discharge)을 통해 새로운 출발(fresh start)을 할 수 있도록 하는 것이다. 법적으로 노예제도가 없어졌지만 경제적으로는 여전히 존속한다. 파산·면책은 이러한 노예상태에 대한 대응책이자 노예해방으로서 정당화되는 것이다.

그렇다면 기업(법인)에게 있어 파산제도는 무슨 의미가 있을까? 기업에게 있어 파산은 더 이상 추급할 재산이 없음을 채권자들에게 공식적으로 알리는 의미가 있다(더 이상 재산이 없으니 추급하지 말라는 것이다). 일단 파산절차를 이용하여 빚 정리를 한 기업인은 이전의 경험을 바탕으로 새로운 법인을 만들어 창조적인 사업에 종사할 수 있다. 그렇게 되면 고용창출이 되고 가정이 안정화되는 등 사회경제적으로도 긍정적인 효과가 발생하게 된다.

2. 채무자회생법이 규정하고 있는 도산절차

도산은 현대 자본주의 시장경제질서 하의 필연적 산물의 하나로서 이의 신속한 처리를 위한 특별한 제도정비의 필요성이 채권자·채무자 및 사회일반의 견지에서 제기되고 있으며, 이에 따라 마련된 제도가 바로 채무자회생법의 도산처리법제이다.

채무자회생법은 실패한 채무를 구제하기 위한 도산절차로 회생절차(제2편, 간이회생절차 포함), 파산절차(제3편), 개인회생절차(제4편)를 규정하고 있다. 회생이란 재정적 어려움에 처한 채무자의 부채(채무)를 조정(감액 또는 면책)하여 재건(회생)시키는 것이다. 파산이란 채무자의 모든 재산을 환가하여 채권자들에게 나누어주는 것이다. 개인에 대한 파산의 경우에는 추가로 면책절차가 있다. 면책이란 개인이 가진 모든 재산을 환가하여 채권자들에게 나누어 주고 남은 채무를 전부 없애주는 것이다. 이럼으로써 개인은 빚의 굴레에서 벗어나 새로운 출발을 할 수 있게 된다. 개인회생이란 계속적이고 반복적인 수입이 있는 개인이 원칙적으로 3년 동안 일정액의 채무를 변제하면 나머지 채무를 면책시켜주는 것이다. 개인(인간)은 해체가 불가능하므로 자연스럽게 개인도산(개인파산·개인회생, Consumer bankruptcy)은 면책을 통한 새로운 출발이 목적이 될 수밖에 없다.

회생절차 및 개인회생절차를 재건형 절차라 하고, 파산절차를 청산형 절차라 한다.

개인이나 기업이 부실화되는 경우 원칙적으로 회생이나 파산의 절차를 밟아야 하고, 국가가 매번 부실한 개인이나 기업에 대하여 국민의 세금으로 조성된 막대한 공적자금을 투입한다면 경쟁을 통한 시장의 자동조절기능을 악화시켜 궁극적으로 국민경제 전체의 자생력을 약화시킬 뿐만 아니라 시장경제주체의 도덕적 해이를 불러일으킬 우려가 있다.[9]

면책될 수 있는 무담보채무의 유형에는 개인파산절차와 개인회생절차에서 약간의 차이가 있다. 개인파산절차에서 면책될 수 없는 채무는 개인회생절차에서도 일반적으로 면책될 수 없다(본서 2080쪽).

9) 신현윤·홍명수·강상엽, 대기업집단 규제론, 법문사(2021), 66쪽.

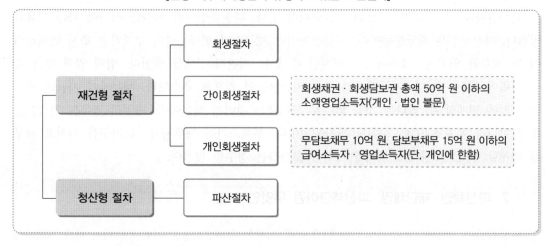

[현행 채무자회생법이 규정하고 있는 도산절차]

Ⅲ 파산절차

채무자회생법에는 회생절차(제2편)가 먼저 규정되어 있지만, 파산절차가 원칙적인 모습이고 (이러한 이유로 개인회생절차는 파산절차를 준용하고 있다) 회생절차는 예외적인 것이다. 그래서 먼저 파산절차에 관하여 알아보기로 한다.

1. 파산절차란 무엇인가

파산절차는 집행절차이다. 일반적으로 집행은 민사집행법에 따라 진행한다. 민사집행법에 따른 강제집행은 하나의 채권자가 하나의 채무자를 상대로 채무자의 특정재산을 강제(경매)로 환가(금전화)한 후 채권자에게 금전을 나누어 주는 절차이다. 민사집행법에 따른 강제집행을 하려면 우선 집행권원이 있어야 한다. 가장 흔히 볼 수 있는 집행권원이 판결이다. 따라서 채권자가 민사집행법에 따른 강제집행을 하려면 채무자를 상대로 먼저 소송절차를 진행해야 한다. 강제집행을 신청하지 않는 나머지 채권자들이 강제집행절차(경매절차)에서 배당을 받으려면 법원에 배당요구를 하여야 한다. 다만 배당요구를 하지 않았다고 하여 해당 채권이 없어지지는 않는다(배당을 받지 못할 뿐이다).

파산절차도 집행절차이지만 민사집행법에 따른 강제집행절차와 다른 점이 있다. 민사집행 절차에 따른 강제집행절차에서는 하나의 채권자가 특정재산(일반적으로 하나의 재산)에 대하여 환가를 진행한다. 반면 파산절차는 모든 채권자가 채무자의 모든 재산(이를 '파산재단'이라 한다) 에 대하여 환가한 다음 모든 채권자들에게 나누어 주는(배당) 것이다. 그래서 파산절차를 집단 적 포괄적 집행절차라고 한다. 채권자들이 배당을 받으려면 법원에 채권신고(민사집행법상의 배 당요구에 해당한다)를 하여야 한다. 채권자가 채권신고를 하지 않았다고 하여 채권이 없어지지는 않는다(배당을 받지 못할 뿐이다)는 점은 민사집행법에 따른 강제집행절차와 같다.

파산절차를 시작하려면 파산원인이 있어야 한다. 파산원인이란 파산을 시켜야 하는 이유를 말한다. 파산원인은 지급불능이다. 지급불능이란 채무자가 변제능력이 부족하여 즉시 변제하여야 할 채무를 일반적·계속적으로 변제할 수 없는 객관적 상태를 말한다. 쉽게 말해 빚을 갚을 능력이 없는 것이다. 지급정지의 경우 지급불능인 것으로 추정된다. 채무자가 지급을 하지 않는 것은 변제할 수 없다는 것을 외부로 드러내는 것이기 때문이다. 법인의 경우는 지급불능뿐만 아니라 부채초과(채무초과)도 파산원인이다. 부채초과란 채무자가 그 자산을 가지고 채무를 완제할 수 없는 상태로 부채가 자산을 초과하는 경우를 말한다.

2. 파산채권·재단채권, 파산재단이란 무엇인가

파산절차는 법원이 파산선고[10]를 함으로써 시작된다(파산신청을 하였다고 하여 바로 시작되는 것이 아니다. 시작된다는 것은 채권자의 권리행사가 제한된다는 의미이다). 파산절차를 이해하기 위해서는 파산채권·재단채권, 파산재단이라는 개념에 대한 이해가 필요하다.

가. 파산채권과 재단채권

파산절차가 시작되면 채권자들의 권리행사는 제한된다. 채권자들 사이에 평등한 배당을 하기 위해서다(채권자들의 권리행사를 제한하지 않으면 정보가 빨라 먼저 집행을 한 사람만이 우선적으로 변제받게 된다). 그렇다고 모든 채권자들의 권리행사가 제한되는 것이 아니라 파산채권자만이 권리행사가 제한된다. 파산채권자가 배당을 받기 위해서는 채권신고(파산채권자는 채권신고를 통해 파산절차에 참여한다)를 하여야 한다. 채권신고를 하지 않으면 배당을 받지 못한다. 파산채권자는 파산절차에서 채권신고를 하고, 파산절차에 따라 배당을 받게 된다. 파산채권자를 제외한 나머지 채권자들(환취권자,[11] 별제권자,[12] 재단채권자)은 원칙적으로 파산절차의 구속을 받지 않고 자유롭게 권리를 행사할 수 있다.

파산채권이란 원칙적으로 파산선고 전에 발생한 채권을 말한다. 파산채권은 앞에서 언급하였듯이 파산절차에 따라서만 변제(배당)받을 수 있다. 이와 대비되는 것으로 재단채권이 있다. 재단채권이란 파산선고 후에 발생한 채권을 말한다{사회정책적인 이유(근로자 보호 등) 등으로 파산선고 전에 발생한 채권 중 일부는 재단채권으로 규정하고 있다. 대표적인 것이 임금채권이다}. 재단채권은 파산절차와 무관하게 수시로 우선적으로 변제받을 수 있다. 그 이유는 파산선고 이후에 발생한 채권에 대하여도 권리행사를 제한할 경우 어느 누구도 파산선고 이후에는 채무자와 거래를 하려고 하지 않을 것이기 때문에 파산선고 이후에 발생한 채권은 파산절차와 관계없이

---

10) 법률상 용어는 파산선고로 되어 있지만, 파산절차를 개시(시작)한다는 선언으로 이해하면 된다. 회생절차에서는 '회생절차개시', 개인회생절차에서는 '개인회생절차개시'라는 용어를 사용하고 있다.
11) 채무자의 재산(파산재단)에 속하지 않는 것을 가져갈 수 있는 권리를 말한다. 예컨대 채무자의 재산 중에 자신의 물건이 섞여 있는 경우 소유권에 기하여 해당 물건을 가져갈 수 있다.
12) 담보권자라고 생각하면 된다.

변제하도록 한 것이다.[13] 따라서 파산절차에서 어떤 채권이 파산채권인지 재단채권인지는 권리행사에 있어 아주 중요하다.

나. 파산재단

파산절차에서 반드시 알아두어야 할 것이 파산재단이라는 개념이다. 파산선고가 되면 변제재원(환가대상)이 되는 채무자의 재산은 파산선고 시점의 재산으로 고정된다(이를 '고정주의'라 부른다). 파산선고 당시에 채무자가 가지고 있는 모든 재산을 파산재단이라 한다. 파산절차에서는 파산재단만이 변제재원이 되고,[14] 파산선고 이후에 취득한 재산은 변제재원이 되지 않는다. 파산선고 이후 취득한 재산(장래취득재산)은 (개인)채무자가 새로운 출발을 할 수 있는 재원으로 사용하여야 하기 때문이다.[15] 법인은 새로운 출발이라는 개념이 있을 수 없고, 필요한 경우 새롭게 법인을 만들면 된다.

파산재단은 채무자로부터 완전히 분리되어 그에 대한 관리처분권은 제3자의 지위에 있는 파산관재인(일반적으로 법원이 선임한 법률전문가인 변호사가 맡고 있다)에게 맡겨진다. 파산관재인은 파산재단을 환가(처분)하여 채권자들에게 나누어준다.[16] 변제재원이 파산선고 당시의 재산으로 한정되는 관계로 배당(변제)을 받게 되는 채권도 파산선고 당시에 존재하는 채권(이를 '파산채권'이라 한다)이 되는 것이다(물론 당연히 재단채권을 변제하고 남아야 파산채권자에게 변제할 수 있다). 변제 후 남은 파산채권은 면책[17]된다(개인의 경우 그렇다. 법인의 경우는 파산절차가 종료하면 소멸하므로 사실상 변제받을 수 없는 상태가 된다). 파산선고 이후에 발생한 채권(이를 '재단채권'이

---

13) 회생절차에서의 공익채권, 개인회생절차에서의 개인회생재단채권도 같은 이유에서 회생절차 내지 개인회생절차와 관계없이 변제를 보장하는 것이다. 물론 사회정책적인 이유 등으로 도산절차개시 전에 발생한 채권이지만 재단채권, 공익채권, 개인회생재단채권으로 인정하고 있는 것도 있다.

14) 채권자의 채권만족은 파산절차에서는 파산재단의 청산금액에 제한되고, 개인회생절차에서는 가용소득에 제한된다. 회생절차에서는 회생계획에서 제시된 변제금액에 제한한다.

15) 원칙적으로 파산은 과거의 재산(파산재단)을 환가하여 변제하는 것이고{법인은 과거의 재산을 모두 환가하여 변제한 후 소멸하지만, 개인은 과거의 재산을 환가하여 변제하고(변제하지 못한 채무는 면책) 장래의 수입은 새로운 출발을 위한 재원으로 사용한다}, 회생(개인회생)은 과거의 재산은 유지한 채(과거의 재산으로 사업을 계속한다) 장래의 수입(소득)으로 채무를 변제하는 것이다(일부 채무를 변제하고, 나머지 채무는 개인이든 법인이든 면책된다).

　개인회생절차에서 채권자들에게 변제되는 금액은 일반적으로 신청 당시의 채무자의 가용소득에 달려 있다. 개인회생절차의 변제계획은 변제기간 동안 채권자들에게 변제되어야 할 금액이 고정되는 것으로 예정하고 있다. 그러나 채무자가 변제기간 동안 일이 잘 풀려서 급여가 오르거나 뜻밖의 보너스를 받은 경우 어떻게 되는가. 누가 소득증가의 혜택을 받아가는가. 채무자에게는 불행하게도, 변제기간 동안 증가된 소득(가용소득)은 변제계획의 변경을 통해 채권자들에게 돌아간다. 상속 등을 통해 재산이 증가한 경우에도 마찬가지이다. 반면 개인파산절차에서는 미래의 소득은 결코 채권자들에게 돌아가지 않는다. 이런 측면에서 개인파산절차가 개인회생절차보다 장점이 있다.

16) 도산절차의 목적은 채권자들의 집단적 만족이다. 도산절차는 채무자의 재산(파산재단, 개인회생재단)이 모든 채권자들을 만족시키기에 충분하지 않다는 것을 전제로 한다. 그래서 집단적 만족은 집단적 변제를 뜻할 뿐만 아니라 항상 비율적 변제를 의미한다. 채권자들의 만족은 채무자 재산의 환가를 통해 이루어진다. 환가에는 크게 2가지 방법이 있다. 하나는 채무자 재산의 개별 목적물을 금전화하여 그 환가대금을 채권자들에게 배당하는 것이다. 이를 청산이라 부르고 파산절차가 이러한 방식을 취한다. 둘은 채무자의 재산은 상당한 투자(신규자금공여)와 구조조정을 거쳐 사업을 계속하여 수익을 거둘 수 있도록 최적화되고, 그 수익으로 채권자들은 변제를 받는다. 미래재산에 대한 환가라고 할 수 있다. 회생절차가 취하는 방식이다.

17) 면책이란 채무 자체는 존속하지만 채무자에 대하여 이행을 강제할 수 없다는 의미이다(자연채무).

라 한다)은 파산절차에 아무런 영향을 받지 않는다. 수시로 언제든지 변제받을 수 있고 면책의 대상도 되지 않는다.

그렇다고 모든 파산재단이 변제재원으로 되는 것은 아니다. 파산절차는 집행절차이기 때문에 민사집행법에서 압류가 금지되는 재산은 파산재단에 포함되지 않는다. 또한 법원은 채무자의 주거안정과 생계유지를 보장하기 위하여 파산재단에서 일부 재산을 제외하는 결정을 할 수 있다(이를 '면제재산'이라 한다). 주택임대차보호법에서 정한 일정 범위 내의 임차보증금과 6개월 간의 생계비{「국민기초생활 보장법」 제2조 제11호에 따른 4인가구 기준 중위소득(파산선고 당시를 기준으로 한다)의 100분의 40에 6을 곱한 금액}가 여기에 해당한다. 이처럼 파산재단에 포함되지 않는 재산을 자유재산(장래취득재산,[18] 압류금지재산, 면제재산, 환가포기재산 등)이라 한다. 자유재산은 채무자가 자유롭게 사용하고 처분할 수 있다. 자유재산은 채무자의 주거안정과 생계유지 또는 새로운 출발을 위한 재원으로 사용되는 것이므로 환가포기재산을 제외하고 법인에게는 원칙적으로 인정할 필요가 없다.

3. 채권자들은 어떻게 권리행사를 하는가

파산절차가 개시되면 파산채권자들의 권리행사는 제한된다(파산절차에 따라서만 변제를 받을 수 있다).[19] 이는 앞에서 언급했듯이 파산채권자들에게 공평한 배당을 하기 위함이다. 반면 나머지 채권자들{별제권자(담보권자), 환취권자, 재단채권자 등}의 권리는 실체법에서 인정되는 권리가 그대로 파산절차에서도 인정된다(회생절차에서는 담보권자의 권리행사가 제한되는 점과 다르다). 그래서 파산채권자를 제외한 채권자들은 원칙적으로 파산절차와 상관없이(파산절차의 영향을 받지 않고) 권리를 행사한다.[20]

그렇다면 파산채권자는 어떻게 권리를 행사하는가. 파산채권자가 파산절차에서 권리행사를 하기 위해서는 먼저 파산채권이 얼마인지 확정되어야 한다. 파산채권이 확정되어야 공평하게 배당을 할 수 있기 때문에 파산절차에서 파산채권의 확정은 중요한 문제이다. 파산절차는 다수의 채권자들이 참가하기 때문에 채권신고·조사·확정이라는 집단적 채권확정절차를 두고

---

18) 장래취득재산은 처음부터 파산재단에 포함되지 않는 것이다.

19) 채무자회생법은 일반법(평시법)(nonbankruptcy law)인 민법 등에 대해 비상시에 적용되는 특별법으로서의 성격을 가진다. 그렇다고 채무자회생법이 항상 민법 등보다 우선 적용된다는 의미는 아니다. 도산절차에서 채권자들의 권리는 채무자회생법에 특별한 규정이 없는 한 민법 등이 정한 바에 따라 인정된다. 즉 채무자회생법에서 달리 정한 바가 없다면 민법 등에서 정한 채권자들의 권리는 도산절차에서도 그대로 인정된다(본서 31쪽 각주 24) 참조).

　　도산절차에서는 채무자의 회생과 채권자들 사이의 공평한 배당을 위해 채권자들의 권리행사가 제한된다. 그렇다고 모든 채권자의 권리행사가 제한되는 것은 아니다. 파산절차에서는 파산채권자, 회생절차에서는 회생채권자, 회생담보권자(담보권자는 파산절차나 개인회생절차에서는 별제권자로서 권리행사의 제한이 없지만, 회생절차에서는 권리행사가 제한된다. 이는 채무자의 회생을 위한 입법적 결단이다), 개인회생절차에서는 개인회생채권자만이 권리행사의 제한을 받는다. 이러한 채권자들을 제외한 나머지 채권자들은 민법 등에서 인정된 권리가 도산절차에서도 그대로 인정된다.

20) 다만 재단채권자의 경우 파산재단에 속한 재산에 대한 개별적 강제집행은 허용되지 않는다(대법원 2007. 7. 12. 자 2006마1277 결정).

있다.[21] 구체적으로 보면 다음과 같다.

파산채권자가 파산절차에 참가하기(배당받기) 위해서는 법원에 채권신고를 하면 된다(집행권원이 필요하지 않다). 채권신고는 파산절차라는 공동적이고 비례적인 만족절차에 참가하는 형식으로, 사건을 감독하는 법원에 대한 일종의 소송법상의 신청이다.[22] 파산채권자가 채권신고를 하고 파산관재인이 이를 다투지 않으면(다투면 채권조사확정재판 등과 같은 채권확정절차에 따라 채권을 확정한다) 채권이 확정되고 파산절차에서 배당을 받을 수 있다(확정된 파산채권은 파산채권자표에 기재되고 위 파산채권자표가 집행권원이 된다). 채권신고를 하지 않더라도 채권이 소멸되지는 않는다(단지 배당을 받지 못할 뿐이다).

4. 면책[23]이란 무엇인가

거의 모든 개인채무자가 파산을 신청하는 궁극적인 목적은 면책(discharge)을 통하여[24] 빚(debt)으로부터 해방을 얻기 위함이다.[25] 면책은 채권자들로 하여금 채권 회수를 위한 더 이상의 행동(가압류, 강제집행 등)을 금지시킨다. 왜냐하면 면책이 되면 채무자는 더 이상 채무를 변제하지 않아도 되기 때문이다. 면책은 채무자들에게 채권자들의 어떠한 채권회수 조치에 대하여도 합법적인 방어막을 제공한다. 면책은 채무자의 새로운 출발(fresh start)에 있어 핵심이다. 파산(도산)은 채무를 사라지게 하는 마술이다. 어떤 채무자는 도덕적 책임감에서 면책된 채무를 변제하기도 하지만, 그들은 그렇게 할 법적인 의무는 없다.

개인의 경우 파산절차를 거쳐 배당을 마친 다음에 남은 채무는 면책불허가사유(낭비 등)가 없으면 면책되어 채무를 변제하지 않아도 된다. 이를 면책이라 한다(주의할 것은 면책의 대상이

---

21) **파산절차·회생절차에서의 채권신고·조사·확정** 채권신고·조사·확정은 파산절차·회생절차에서 특수한 절차이다. 구체적으로 채권자로부터 채권의 내용에 대해 신고를 받은 후, 그 신고 내용에 대하여 파산관재인(파산절차) 또는 관리인(회생절차)이 그 내용에 대하여 인부를 함과 동시에 다른 채권자로부터 이의의 제출을 기다려, 파산관재인이나 관리인이 인정하지 않거나 다른 채권자로부터 이의가 제출된 경우에는, 채권조사확정재판 및 이의의 소 등을 통하여 채권의 존재 및 액 등을 확정한다. 이러한 확정절차는 통상의 재판상 권리행사인 소송과는 목적, 성질 및 효과가 다른 도산절차만이 갖는 특유의 구조이다. 물론 파산관재인 또는 관리인이나 다른 채권자들의 이의가 없으면 해당 채권은 확정된다.

  회생절차에서는 채권신고 외에 채권자목록제출제도가 있고, 개인회생절차에서는 채권신고제도가 없고 채권자목록제출제도가 있다. 목록제출 이후에는 채권신고에서와 같은 조사·확정절차가 진행된다.

22) 채권신고는 일종의 재판상의 청구로서 시효중단의 효력이 인정된다(제32조 참조). 파산절차에서는 동시폐지가 예상되는 경우처럼 채권조사가 필요 없는 경우 채권신고를 유보하기도 하지만, 이 경우에도 시효중단의 효력을 받고자 하는 때에는 채권신고를 하여야 한다는 점에 주의를 요한다.

23) 도산은 단지 채무자의 채무만을 면책시킬 수 있다. 보증인 등의 채무는 면책되지 않는다(제250조 제2항 제1호, 제567조, 제625조 제3항). 보증인 등은 채무자가 면책이 된다고 하더라도 여전히 채무를 변제할 책임이 남는다.

24) 개인(자연인)이든 법인이든 도산절차를 신청하는 대부분의 채무자는 면책을 받기 위한 것이 주된 목적이다. 다만 파산절차에서는 개인만이 면책을 받을 수 있다. 채무자가 면책을 받기 위해서는 원칙적으로 법원으로부터 면책결정을 받아야 한다. 하지만 회생절차에서는 회생계획이 인가되면 법원의 면책결정이 없더라도 면책된다(제251조). 파산절차나 개인회생절차는 면책결정이 확정되어야 면책의 효력이 발생하지만, 회생절차에서는 회생계획인가결정이 있는 때에 면책의 효력이 발생한다.

25) 파산절차는 파산관재인이 채무자의 재산(파산재단)을 환가, 배당한 후 법인에게는 해산(소멸)을, 개인에게는 면책을 부여하는 절차이다.

되는 것은 파산채권이다. 따라서 파산선고 이후에 발생한 파산채권이 아닌 채권(기타채권)[26]이나 재단채권은 면책되지 않는다. 물론 파산채권 중 벌금 등과 같이 면책되지 않는 채권도 있다. 이를 비면책채권이라 한다). 법인의 경우는 원래 유한책임이고 법인이 가지고 있는 재산으로 전부 채권을 변제한 다음 소멸하면 그만이므로 면책을 논할 필요성이 없다. 빚이 없는 법인의 존재가 필요하면 다시 새로운 법인을 설립하면 된다. 그래서 면책이라는 것은 개인에게만 문제(인정)된다.

면책절차가 파산절차와 별도로 규정되어 있지만 개인의 경우 파산절차와 면책절차를 동시에 진행한다(파산절차와 면책절차의 일체화). 개인이 파산신청을 하면서 특별한 의사표시가 없으면 면책신청도 같이 한 것으로 간주한다. 개인의 경우 면책불허가사유가 없으면 면책하도록 되어 있다. 그래서 개인의 경우 파산절차가 시작되면 면책불허가사유가 있는지를 조사하는 데 중점을 두어 진행한다. 면책불허가사유가 있더라도 법원은 여러 가지 사정을 고려하여 면책을 할 수 있다(이를 재량면책이라 한다).

소득이 전혀 없거나 많지 않으면서 과다한 빚(채무)을 지고 있는 개인은 파산·면책을 신청하여 면제되지 않는 재산을 채권자들에게 내놓고 파산선고 이전의 채무를 남긴 채 떠날 수 있어야 한다. 면책은 개인채무자에게 채권자들의 추심으로부터 자유로운 장래소득을 누릴 권리를 부여하는 것이다.

5. 소 결

결국 파산절차는 채무(빚)를 변제할 수 없는 채무자에 대하여 파산선고 당시의 재산(파산재단)을 환가하여 파산선고 당시에 존재하는 채권(파산채권)을 변제하고 (개인의 경우) 나머지 채무를 면책하는 절차이다. 파산선고 당시에 가지고 있는 재산(파산재단)이 변제재원이 되고 (개인의 경우) 장래의 수입은 새로운 출발을 하기 위한 재원으로 사용된다(이 점은 장래의 소득을 변제재원으로 사용하고, 회생절차개시 당시에 가진 재산은 장래 소득을 창출하는 데 사용하는 회생절차 또는 개인회생절차와 다르다).

요컨대 파산절차는 도산절차 중 가장 빠르고,[27] 쉽고, 비용이 적게 드는 선택지이다. 채무자가 미래에 얻을 수 있는 소득을 유지한 채 변제하여야 할 모든 무담보채무에 대하여 면책을 받을 수 있다(담보채무는 별제권 행사의 대상이 된다). 도산(파산)은 채무를 변제하지 않게 한다. 그것은 부정할 수 없는 사실이다. 반면 자유재산을 제외한 파산선고 당시 가진 모든 재산을 포기하여야 한다.

---

26) 파산선고 이후에 발생한 채권 중 재단채권이 아닌 것을 말한다. 재단채권은 열거주의를 채택하고 있기 때문에, 파산선고 이후 발생한 채권이라도 채무자회생법에 재단채권이라고 규정하고 있지 않으면 그것은 재단채권이 아니고 기타채권이 된다.

27) 속도(speed)의 측면에서는 개인파산절차가 개인회생절차보다 우월한 점이 있다. 개인회생절차의 경우 신청, 변제계획의 인가, 수행에 적어도 3년, 길게는 5년의 시간이 필요하다. 하지만 개인파산절차의 경우 재판부 의지에 따라 3개월이라는 짧은 기간에 감당할 수 없는 빚으로부터 벗어나 새로운 출발을 할 수 있다.
파산절차에서 신속한 처리(속도)의 중요성에 관하여는 「전대규(일상회복), 174쪽[바보야! 문제는 스피드야]」을 참조할 것.

Ⅳ 회생절차

1. 회생절차란 무엇인가

파산절차는 파산선고 당시 가진 재산(파산재단)을 환가하여 변제한 후 소멸(법인)하거나 나머지 채무를 면책(개인)하는 것으로 마무리된다. 그러나 경우에 따라서는 채무자의 빚을 어느 정도 감면(면책)해주고 사업을 계속하여(채무자의 재산을 환가하지 않고) 장래 수입으로 나머지 채무를 변제하도록 하는 것이 채무자나 채권자를 위하여 더 나은 경우가 있다. 이와 같이 회생절차는 채무자에 대한 채무를 일정 부분 감면(채무조정)하고 채무자로 하여금 사업을 계속하게 한 후 그로 인해 얻은 장래 수입(소득)을 변제재원으로 사용하도록 하는 절차이다. 회생절차는 빚을 갚을 수 있는 숨 쉴 수 있는 공간을 제공하는 것이다. 즉 빚을 갚을 수 있는 시간을 주는 것이다.

물론 회생절차에서도 회생절차개시 당시 가지고 있는 재산을 변제재원으로 사용할 수 있지만(예컨대 비영업용재산은 매각하여 변제재원으로 사용한다), 원칙적으로 그대로 유지한다(그래야 사업을 계속할 수 있기 때문이다). 이 점이 파산절차와 다르다.

회생절차는 회생절차개시원인이 있어야 시작할 수 있다. 회생절차개시원인은 ① 채무자가 사업의 계속에 현저한 지장을 초래하지 아니하고는 변제기에 있는 채무를 변제할 수 없거나, ② 파산원인인 사실이 생길 염려가 있는 경우이다. ①은 지급불능 상태는 아니지만 채무를 변제할 경우 사업을 정상적으로 운영할 수 없는 경우를 말한다. 예컨대 채무가 100억 원인데 채무자가 소유하고 있는 공장기계가 200억 원인 경우, 공장기계를 매각하여 채무를 변제할 수 있지만, 그렇게 될 경우 사업의 계속에 현저한 지장을 초래할 수 있다. ②와 관련하여 파산원인이 무엇인지는 앞에서 설명하였다.

한편 통상적인 회생절차는 대기업에 적합한 모델로 절차가 복잡하고 과다한 비용이 소요되는 측면이 있다. 이에 중소기업이나 소규모 사업자에 대하여 특별히 비용절감과 절차의 간소화를 제공하기 위하여 간이회생절차를 마련하였다. 간이회생절차는 간이회생절차개시의 신청 당시 회생채권 및 회생담보권 총액이 50억 원 이하인 채무를 부담하는 영업소득자(이를 '소액영업소득자'라 한다)가 신청하는 회생절차이다. 간이회생절차도 회생절차의 일종이다.

2. 회생채권 · 회생담보권 · 공익채권,[28] 채무자의 재산이란 무엇인가

회생절차는 법원이 회생절차개시결정을 함으로써 시작된다. 회생절차개시신청을 하였다고

---

28) 파산절차에서는 <u>재단채권</u>, 개인회생절차에서는 개인회생<u>재단채권</u>이라는 용어를 사용함에 반하여, 회생절차에서는 공익채권이라는 용어를 쓰고 있다. 회생절차에서는 '재단(회생재단)'이라는 개념이 없기 때문에 '재단채권'이 아닌 '공익채권'이라는 용어를 사용한 것으로 사료된다.

바로 시작하는 것이 아님은 파산절차와 마찬가지이다. 회생절차를 이해하기 위해서는 회생채권·회생담보권·공익채권, 채무자의 재산이라는 개념에 대한 이해가 필요하다.

가. 회생채권, 회생담보권 및 공익채권

회생절차가 개시되면 회생채권자와 회생담보권자의 권리행사는 제한된다. 채무자의 회생을 위해서이다.

회생채권이란 회생절차개시결정 전에 발생한 채권을 말한다(파산절차에서의 파산채권에 해당한다). 회생담보권은 회생채권에 담보권이 설정되어 있는 것을 말한다. 실체법상 담보권은 채무자가 재정적 파탄 상태에 빠져 회생절차에 들어갈 경우를 대비한 것임에도, 오히려 회생절차가 시작되면 권리행사가 제한된다(파산절차에서는 담보권의 행사가 제한되지 않는다). 그래서 회생 '담보권'이라고 하지만 실질은 채권(청구권)이다. 담보권의 행사를 제한한 것은 회생절차의 원활한 수행을 위한 입법적 결단이다.

공익채권은 회생절차개시결정 후에 발생한 채권을 말한다(파산절차의 재단채권에 해당한다). 물론 회생절차개시결정 전에 발생한 채권이지만 임금 등과 같이 사회정책적인 이유로 공익채권으로 규정한 것도 있다. 공익채권은 회생절차와 무관하게 수시로 우선적으로 변제받는다. 따라서 파산절차에서와 마찬가지로 채권자의 채권이 회생채권(회생담보권)인지 공익채권인지는 권리행사에 있어 아주 중요하다.

나. 채무자의 재산

회생절차에서는 회생절차개시 당시 채무자가 가지고 있는 재산과 장래의 수입이 모두 변제재원이 될 수 있고, 이를 채무자의 재산이라 한다. 채무자의 재산은 장래 수입으로 인해 늘어날 수 있으므로 팽창주의를 취하고 있다(회생절차에서는 회생재단이라는 개념을 사용하고 있지 않다). 채무자의 재산은 채무자의 관리로부터 분리하여 제3자인 관리인(파산절차의 파산관재인에 상당하다)에게 관리처분권을 맡긴다. 현재는 기존의 대표자(개인이 아닌 경우)나 채무자(개인인 경우)를 그대로 관리인으로 선임하고 있어(선임하지 않는 경우 기존의 대표자나 채무자가 관리인으로 간주된다) 외견상 채무자가 관리권한을 그대로 유지한 것처럼 보이지만, 법률적으로는 채무자와 전혀 다른 관리인이 채무자의 재산을 관리한다.

3. 채권자들은 어떻게 권리행사를 하는가

회생절차에서도 파산절차와 마찬가지로 집단적 채권확정절차를 두고 있다. 채권자(회생채권자, 회생담보권자)가 변제(배당)를 받기 위해서는 채권신고를 하여야 한다(공익채권자는 회생절차에 영향을 받지 않기 때문에 채권신고를 하지 않아도 된다). 파산절차와 다른 점은 회생채권자나 회생담보권자가 채권신고를 하지 않으면 권리가 소멸된다(책임이 면제된다는 의미이다. 이하 같다)는 것이다. 이는 회생절차의 경우 사업을 계속하도록 하기 위한 목적이므로 일정기간 채권을 신고하지 않으면 소멸되도록 하여야지, 남는 것으로 한다면 오히려 채권을 신고하지 않을 수도 있는바, 그럴 경우 채무자의 채무조정은 이루어지지 않고 채무 전부를 변제하여야 하는 상황이 발생할 수 있다는 점을 고려한 입법적 결단이다. 그리하여 채권신고를 하지 않으면 해당 채권은 소멸한다.

한편 회생절차에서 재판의 고지는 대부분 공고라는 형식으로 되기 때문에 채권자들은 채무자에 대하여 회생절차가 진행되고 있는지를 잘 알 수 없다. 그럼에도 채권신고를 하지 않았다고 하여 채권을 소멸시키는 것은 채권자에게 너무 가혹하다. 이러한 문제점을 고려하여 채무자회생법은 채권자목록제출제도를 두고 있다. 회생절차가 개시되면 관리인은 법원에 채권자목록을 작성하여 제출하여야 한다. 채권자목록에 기재된 채권은 채권신고를 한 것으로 간주된다. 결국 채권자목록에도 기재되어 있지 않고, 채권신고도 없는 회생채권·회생담보권은 변제를 받지 못함은 물론 소멸된다.

회생채권자나 회생담보권자가 채권신고를 하고, 해당 채권에 대하여 다툼이 없는 경우에는 채권이 확정되고, 다툼이 있는 경우에는 파산절차에서와 마찬가지로 채권조사확정재판 등을 통하여 채권을 확정한다.

4. 회생절차를 둔 이유는 무엇인가

회생절차에서는 회생계획(채무자가 채권자들에게 채무를 어떻게 변제할 것인지를 기재한 문서이다) 인가결정을 통해 채무면제(채무조정, 면책)가 이루어진다. 회생절차는 실질적으로 모든 이해관계인과 채무자의 재산이 다루어지는 '집단적 절차(collective proceedings)'이다. 회생절차에서 면책이 인정되지 않는다면 집단적 화해를 통하여 채무자(또는 그의 사업)가 회생할 수 있도록 하는 회생절차의 목적을 달성하기 곤란하다.

민법상 채무면제는 해당 채권자가 전부 동의하여야 효력이 있다. 그러나 수많은 채권자가 존재하는 회생절차에서 모든 채권자들의 동의를 받는 것은 불가능하거나 너무 오랜 시간이 필요하다. 그래서 채무자회생법은 일부 채권자의 동의{회생담보권자의 경우 의결권 총액의 3/4(또는 4/5), 회생채권자의 경우 의결권 총액의 2/3}를 얻으면 반대하는 채권자에 대하여도 채무조정(감면)의 효력이 미치도록 규정하였다. 다수결의 원리에 의하여 채무조정(채무면제)이 인정되는 것이다.

그렇다면 반대한 채권자들에게 너무 가혹한 것 아닌가(재산권 침해 아닌가). 그래서 채무자회생법은 회생절차에서 변제받는 것이 파산절차에서 변제받는 것 이상으로 변제받아야 한다고 강제하고 있다(이를 '청산가치보장원칙'이라 한다). 반대한 채권자들에게도 최소한 파산절차에 의하는 것 이상으로 변제받는 것을 보장하므로 반대한 채권자들에게 회생계획의 구속력을 미치게 하는 것이 정당하다고 인정되는 것이다.[29]

---

29) 회생절차가 성공하기 위한 조건에 관하여는 「전대규(일상회복), 136쪽」을 참조할 것.

Ⅴ 개인회생절차

1. 개인회생절차란 무엇인가

파산절차는 제3편에 규정되어 있고 개인이든 법인이든 모두 동일한 절차가 적용된다(다만 개인의 경우에는 면책절차가 추가로 적용된다). 회생절차는 어떠한가. 회생절차는 제2편에 규정되어 있고 마찬가지로 개인이든 법인이든 모두 적용된다. 그러나 원래 제2편 회생절차는 대규모 회사(법인)를 전제로 하여 둔 규정으로 절차가 복잡하고 비용이 많이 든다. 반면 개인의 경우 상대적으로 부채(빚) 규모가 작고, 회생에 실패하더라도 인격의 소멸이 있을 수 없으며, 신속하게 진행할 필요성이 있다. 이러한 점을 고려하여 개인에 대하여 별도로 제4편에 개인회생절차를 두게 되었다.

선량한 개인도 경제생활 중 의도치 않게 과도한 채무부담으로 지급불능 상태에 빠질 수 있는데, 이 경우 개인회생절차를 이용하여 채무의 일부만 변제하고 나머지를 탕감받을 수 있으며, 그마저도 어려운 경우에는 개인파산절차를 통해 채무로부터 벗어날 수 있다. 이러한 절차를 통해 다수 채권자 사이의 형평까지도 도모할 수 있다. 법원은 지급불능의 상태에 빠진 개인들이 위와 같은 절차를 이용하여 법률의 테두리 안에서 자신의 채무를 청산하고 경제적 재기와 갱생의 기회를 가질 수 있도록 도와야 한다.

개인회생절차는 일정 규모(무담보채무 10억 원, 담보부채무 15억 원) 이하의 채무를 부담하고 있는 개인채무자만이 이용할 수 있다. 무담보채무요건과 담보부채무요건을 모두 갖추어야 한다. 예컨대 ① 무담보채무 9억 원, 담보부채무 16억 원, 반대로 ② 무담보채무 11억 원, 담보부채무 14억 원인 채무자는 개인회생절차를 이용할 수 없다. 개인의 채무가 위 규모를 넘는 경우 제2편 회생절차를 이용할 수밖에 없다(이를 실무적으로 '일반회생'이라 부른다). 또한 개인회생절차는 계속적이고 반복적인 수입이 있는 사람(대표적으로 급여소득자)만이 이용할 수 있다. 계속적이고 반복적인 수입이 없는 경우에는 파산절차를 이용할 수밖에 없다. 개인회생절차는 채무자의 자발적인 이행을 전제로 하기 때문에 개인채무자만 신청할 수 있고, 채권자는 신청할 수 없다.[30]

개인회생절차를 시작하려면 개인회생절차개시원인이 있어야 한다. 개인회생절차개시원인은 파산원인인 사실이 있거나 그러한 사실이 생길 염려가 있는 경우이다. 파산원인인 사실이 생길 염려가 있는 경우에도 신청할 수 있도록 함으로써 조기에 개인회생절차를 이용할 수 있도록 하였다.

개인회생절차는 개인채무자에게 파산에 대한 대안을 제공한다. 개인파산절차에서는 즉각적

---

30) 회생절차나 파산절차는 채권자도 신청할 수 있다. 회생절차를 신청할 수 있는 채권자는 일정 금액 이상의 채권을 가져야 하지만, 파산절차를 신청할 수 있는 채권자는 아무런 제한이 없다. 간이회생절차는 채무자만 신청할 수 있다.

인 면책을 위해 자유재산을 제외한 모든 재산(파산재단)을 포기(변제에 사용한다는 의미이다)해야 한다. 반면 개인회생절차에서 채무자는 그들의 모든 재산을 유지하는 대신 3년(5년) 동안 장래의 수입 중 일부를 포기하여야 한다. 변제계획(개인회생절차에서 채무자의 채무변제계획서이다. 회생절차에서는 회생계획이라고 한다)을 수행한 후 변제되지 않고 남은 채무는 면책된다.

개인회생절차도 개인들에게 새로운 출발을 제공하지만, 개인파산절차와는 다른 형태를 취한다. 개인회생절차에서는 개인채무자가 가지는 재산을 전부 유지하는 것이 허용되지만, 그 대신 채무자는 최소한 개인파산절차에서 채권자들이 받을 수 있는 금액만큼을 채무자의 장래소득으로부터 마련하여 채권자들에게 변제하는 것(청산가치보장원칙)을 내용으로 하는 변제계획을 수립하여야 한다.

2. 개인회생채권·개인회생재단채권, 개인회생재단이란 무엇인가

개인회생절차는 법원이 개인회생절차개시결정을 함으로써 시작된다. 개인회생절차를 이해하기 위해서는 개인회생채권·개인회생재단채권, 개인회생재단이라는 개념에 대한 이해가 필요하다.

개인회생채권이란 개인회생절차개시결정 전에 발생한 채권을 말한다. 개인회생재단채권은 개인회생절차개시결정 후에 발생한 채권을 말한다. 물론 개인회생절차개시결정 전에 발생한 채권이지만, 임금 등과 같이 정책적인 이유로 개인회생재단채권으로 규정한 것이 있다. 개인회생재단채권은 개인회생절차와 무관하게 수시로 우선적으로 변제받는다. 따라서 파산절차에서와 마찬가지로 채권자의 채권이 개인회생채권인지 개인회생재단채권인지는 권리행사에 있어 아주 중요하다.

개인회생절차에서는 개인회생절차개시 당시에 가진 재산은 물론 장래에 취득할 수입도 변제재원이 되는 팽창주의를 취하고 있다. 이처럼 변제재원이 되는 채무자의 모든 재산을 개인회생재단이라고 부른다. 파산절차에서처럼 압류금지재산과 면제재산이 인정되고 이들은 개인회생재단에서 제외된다. 다만 개인회생절차에서는 개인회생재단에 대한 관리처분권이 채무자에게 그대로 남는다(파산절차에서는 파산재단에 대한 관리처분권이 파산관재인에게 있고, 회생절차에서는 채무자의 재산에 대한 관리처분권이 관리인에게 있다).

개인회생절차는 본질적으로 신용카드채무 및 의료비 등과 같은 무담보채무를 채무조정(면책)의 대상으로 한다. 무담보채권자들이 개인회생절차를 통해서 변제받을 수 있는 금액은 채무자가 채권자들에 대하여 부담하고 있는 채무액보다 채무자가 장래에 벌어들일 소득에 달려 있다.

3. 채권자들은 어떻게 권리행사를 하는가

개인회생절차개시결정이 되면 개인회생채권자의 권리행사는 제한된다. 개인회생채권자는 개인회생절차에 따라(변제계획에 따라) 변제를 받는다. 개인회생채권자를 제외한 나머지 채권자들은 개인회생절차와 상관없이 권리행사를 할 수 있다. 예컨대 담보권자는 개인회생절차와 관계없이 담보권을 행사할 수 있다(별제권자). 즉 개인회생절차는 무담보채무만을 채무조정의 대상으로 하고, 담보채무는 채무조정의 대상으로 하고 있지 않다. 이로 인해 주택담보대출을 갖고 있는 개인이 회생법원에 개인회생절차를 신청한 경우에도 주택(집)이 경매로 넘어갈 위험성에 노출되어 있다.

개인회생채권자는 어떻게 권리행사를 하는가. 개인회생절차는 회생절차의 일종이지만 제2편의 회생절차와 다른 점이 있다. 먼저 채권신고제도가 없다. 절차 진행을 신속하게 하기 위함이다. 따라서 개인회생채권자가 자발적으로 개인회생절차에 참여할 수 있는 방법은 없다. 대신에 채무자로 하여금 채권자목록을 제출하도록 하고 있다. 채권자목록에 기재되어 있지 않은 개인회생채권은 권리행사의 제한을 받지 않고, 면책되지도 않는다. 결국 채권자목록에 기재된 경우는 개인회생절차에 따라 변제받지만, 기재되지 않은 경우는 권리행사에 제한이 없다. 채무자가 채권자목록을 제출한 후 다른 개인회생채권자의 이의가 없으면 채권은 확정되고, 이의가 있으면 채권조사확정재판 등을 통해 채권이 확정된다.

채무자는 채권자들에게 채무를 어떻게 변제할 것인지를 기재한 문서인 변제계획안을 작성하여 법원에 제출한다. 변제계획은 채권자의 참여 없이 채무자가 작성한다. 채무자는 변제계획을 제출할 권리가 있는 유일한 자이다(회생절차에서 회생계획은 채권자나 주주 등도 제출할 수 있다). 채무자의 채무조정에 있어 개인회생채권자들의 동의를 필요로 하지 않는다(다만 회생절차에서와 마찬가지로 청산가치보장원칙을 규정함으로써 채권자들을 보호하고 있다). 채권자들의 의견을 듣기 위한 채권자집회를 개최하기는 하지만 구속력이 없다. 채권자는 변제계획에 동의하는지에 관하여 투표도 하지 않는다. 따라서 채무자가 제출한 변제계획을 인가할 것인지 여부는 채권자의 의사와 관계없이 법원이 결정한다.

4. 면   책

개인채무자가 변제계획에 따라 일부 채무의 변제를 완료한 경우(일반적으로 3년에 걸쳐 변제한다) 나머지 채무는 면책된다(일반면책). 변제를 제대로 수행하지 못한 경우라도 일정한 경우 법원이 재량으로 면책결정을 할 수 있다(특별면책). 개인회생절차도 면책을 통한 채무자의 새로운 출발을 목적으로 하기 때문이다.

〈도산절차의 구조〉

관리처분권의 주체	회생절차 관리인	파산절차 파산관재인	개인회생절차 채무자
채권확정	채권신고(참가방법) + 채권조사(채권확정) * 채권자목록제출(채권신고 의제)	채권신고(참가방법) + 채권조사(채권확정)	(개인회생)채권자목록 기재 채권: 이의기간 경과로 확정
도산절차에 참가하는 이해관계인	회생채권자, 회생담보권자	파산채권자	채권자목록에 기재된 개인회생채권자
재산분배	회생계획(회생채권, 회생담보권에 변제)	배당(파산채권에 변제)	변제계획(개인회생채권에 변제)

Ⅵ 도산절차에서 채권자 등 이해관계인의 법률관계 조정

채무자가 도산한 경우 회생절차(개인회생절차)이건 파산절차이건 이해관계인에게 손실이 발생하고, 도산으로 인한 손실을 어떻게 분담시킬 것인지의 문제가 발생한다. 채무자에 대하여 채권자·주주·지분권자 등 이해관계인의 법률관계를 조정한다는 것이 그것이다(제1조 참조). 채권자에 대하여는 채무조정이, 주주·지분권자에 대하여는 자본(지분)구조의 조정이 이루어진다.

채무자회생법은 채무자의 도산이라는 특수한 상황에 적용되는 것이지만, 담보권, 상계권, 동시이행항변권을 존중하여 도산으로 인한 손실을 분담시키지 않는다는 원칙을 유지하고 있다. 이러한 권리는 도산으로 인한 손실을 회피하기 위하여 거래계에서 창설한 것이고, 신용거래실무의 대전제를 유지하기 위하여 채무자회생법도 존중하고 있는 것이다. 다만 각 도산절차는 그 목적이 다르기 때문에 존중의 정도에 있어 다소 차이가 있다. 예컨대 담보권의 경우 회생절차에서는 회생담보권으로서 채무자나 그 사업의 회생을 위하여 권리행사가 제한되지만, 파산절차나 개인회생절차에서는 별제권으로서 권리행사의 제한이 없다(다만 개인회생절차에서는 변제계획인가 시까지 권리행사가 제한된다). 상계권의 경우도 회생절차에서는 제한이 있지만, 파산절차나 개인회생절차에서는 원칙적으로 제한이 없다(오히려 확장되는 경향이 있다).

채무자의 재산(또는 파산재단, 개인회생재단)으로 충당되는 채권에 있어서는, 공익채권·재단채권·개인회생재단채권이 회생채권(회생담보권)·파산채권·개인회생채권보다 우선하여 변제된다. 전자는 원칙적으로 절차수행비용(절차수행을 위해 공동으로 부담하여야 하는 비용)이기 때문에 우선적으로 전액 변제되고, 후자는 신용거래의 리스크를 승계한 것이기 때문에 채무자의 도산으로 인한 손실을 부담하게 되는 것이다.

주주·지분권자도 채무자의 도산으로 인한 손실을 분담한다(감자 또는 소각).

〈도산절차의 유형〉

채무자구분	청산형	회생형		
	파산	회생	개인회생	간이회생
개인	개인파산	일반회생	개인회생	간이회생
		무담보채무>10억 원 or 담보채무>15억 원	무담보채무≦10억 원 and 담보채무≦15억 원	소액영업소득자 [(회생채권＋회생담보권)≦50억 원]
법인	법인파산	법인회생	×	
		(회생채권＋회생담보권)>50억 원		

* 개인회생이나 간이회생을 이용할 수 있는 개인은 일반회생도 이용할 수 있고, 간이회생을 이용할 수 있는 법인도 법인회생을 이용할 수 있음

Ⅶ 도산절차개시신청과 도산절차규범의 작동

1. 개인은 왜 도산절차를 신청하는가

과도한 빚에 시달리는 사람이 많지만, 어떤 사람은 개인도산절차를 신청하고 어떤 사람은 개인도산절차를 신청하지 않는 것일까. 경제학에서는 일반적으로 합리적 인간을 전제로 하지만, 행동경제학(behavioral economics)이 성찰한 것처럼 현실에서는 비합리적인 의사결정을 하는 경우도 많다. 그렇다고 하더라도 개인이 도산절차를 신청하는 것은 스스로 비용보다는 편익이 더 크다고 생각하기 때문일 것이다. 개인도산의 신청은 면책을 받기 위함이기 때문에 결국 면책으로 인한 편익이 비용보다 클 것이라고 판단하여야 개인도산을 신청할 것이다. 그렇다면 면책으로 인한 편익은 무엇이고 비용은 무엇일까.

면책이 되면 개인은 채권자의 추심과 독촉에서 벗어나 새로운 출발을 할 수 있다. 채무로부터 자유로워지므로 가용소득이 늘어나고 신용도 회복될 수 있다. 반면 약속을 지키지 못했다는 심적 부담을 안고 살아야 하고, 채권자와의 사회·경제적 관계는 단절된다. 파산이라는 낙인을 감당해야 하고 법률적으로 수많은 자격 제한을 받기도 한다. 파산선고 시점에서의 재산은 모두 포기해야 한다. 개인회생의 경우 최소생계비로 생활하는 것을 감내해야 한다.

결국 개인이 개인도산절차를 신청할 것인지는 도산절차 진행에 따른 편익과 비용을 고려하여 결정할 것이다.

2. 도산절차개시에 의한 도산절차규범의 작동

도산절차의 핵심적 요소는 채무자의 책임재산이 부족한 상태에서 채권자의 경합이 발생할 경우 어떻게 대처(처리)하는가이다. 이런 상태를 방치하면, 채무자는 재산을 은닉하거나 그것을

소비할 가능성이 많다. 개별 채권자는 채무자와의 친밀도에 따라 편파적인 변제를 받을 유혹을 피할 수 없고, 무질서한 상태가 초래되어 채권자 사이의 평등을 해하게 된다.

도산절차가 시작(개시)되면, 채무자는 그가 소유하는 재산에 대한 관리처분권을 박탈당하고 (회생절차, 파산절차), 관리처분권을 갖는다고 하여도(개인회생절차) 법원의 감독을 받게 된다. 이로 인해 채무자에 의한 재산의 은닉이나 해체가 방지된다. 다른 한편 채권자의 권리행사가 금지되는 결과 채권자들을 위해 가치를 최대화한 후 채권자들에게 평등하게 재산을 분배하는 것이 가능하게 되어 채권자평등이 유지된다.

제1편

도산제도 개관

제 1 장 도산제도에 대한 탐색
제 2 장 법적 도산제도의 필요성과 구조
제 3 장 채무자회생법상의 도산절차
제 4 장 채무자회생법의 제정 및 개정

도산제도에 대한 탐색

기업은 실패하기도 한다(Businesses fail). — Elizabeth Warren[1]

기업이나 개인의 도산 또는 구조조정(채무조정)은 자본주의 경쟁사회의 한 속성으로서 반복될 수밖에 없는데, 이를 어떻게 처리하느냐에 따라 산업계, 경제계의 모습이 크게 달라질 수 있다. 도산 또는 구조조정 국면에서 대규모 채무재조정이 발생하는데, 금융기관, 종업원, 거래처, 납품업체 등 각기 다른 이해관계를 가진 관련자 사이에 공정한 처리가 필요하다. 기업 경영 환경은 매일 변동하기 때문에 관련 절차를 얼마나 신속하고 효율적으로 진행하느냐에 따라 기업의 회생 여부와 피해 규모가 달라질 수 있다. 공정하고 신속한 구조조정 또는 도산절차가 담보되어 있는지는 평상시의 경영에도 영향을 미친다. 예측가능성이 확보되고 거래비용이 줄어든다면 보다 건실한 경제활동이 가능해진다.

자본주의 경쟁시장에서 영원한 승자는 없다. 실패한 기업이 도산을 신청하는 것은 스스로에게 숨 쉴 수 있는 공간(breathing room)을 제공하고, 그들의 사업을 구할 수 있는 마지막 기회이기도 하다. 크든 작든 절망적인 파탄에 직면해 있는 기업은 구조조정을 시도해 볼 수 있고, 필요하다면 훨씬 질서 있는 정리를 할 수 있는 기회를 제공받을 수 있다. 나아가 개인에 대한 도산제도(개인파산, 개인회생)는 사회안전망(social safety net) 성격을 띠며[2] 채무자의 새로운 출발(fresh start)을 지원하기 위한 재판제도이다. 이러한 점에서 실패한 기업이나 개인에 대한 처리는 계약의 이행을 중요시하는 일반 민사재판과는 접근방향이 다소 다를 수밖에 없다. 이러한 점에서 별도의 도산제도가 필요한 것이다.

---

1) 현재 미국 메사추세츠 민주당 소속 상원의원이다. 하버드대 로스쿨에서 주로 도산법을 강의하기도 한 교수이기도 했다. 미국에서 도산법 분야에 있어 권위 있는 사람(여성)으로, 주요 저서로는 <싸울 기회>, <맞벌이의 함정: 왜 중산층 엄마와 아빠는 파산하는가>, <제11장: 미국기업의 구조조정> 등이 있다. <제11장: 미국기업의 구조조정>은 미국 도산법 제11장 절차(우리나라의 회생절차에 상당하다)의 깊이 있는 원리와 내용을 소개한 것이다. 2020년 유력한 미국 민주당 대통령 후보이기도 했다.

2) **채무자대리인제도** 대부업체를 통해 돈을 빌린 채무자가 변호사, 법무법인(유한) 또는 법무조합을 채권추심에 응하기 위한 대리인으로 선임한 경우 대부업체는 직접 채무자에게 채무변제 등을 독촉하지 못하고 채무자대리인과만 협의하도록 하는 제도이다(채권추심법 제8조의2). 금융 취약계층에 대한 지원 차원에서 빚 독촉에 시달리는 채무자의 심적 부담을 덜어주기 위해 2014년 도입한 제도이다. 채무자대리인이 선임되었음에도 채무자를 방문하거나 채무자에게 말·글·음향·영상 또는 물건을 도달하게 한 자는 2,000만 원 이하의 과태료에 처한다(채권추심법 제17조 제1항 제2호).

제1절 도산제도에 대한 기초적 이해

Ⅰ 파산·회생과 도산

기업[3]이든 개인[4]이든 경제활동을 하다 보면 사회적 요인이나 개인적 요인 등에 의해 재정적 어려움에 빠질 수 있다. 이러한 재정적 어려움에 직면한 기업이나 개인을 채무자회생법은 '채무자'라 부른다.[5] 도산절차를 진행하고 있는 기업이나 개인을 파산자(bankrupt)[6]라고 부르는

---

3) 최근 들어 도산절차를 비롯한 구조조정 분야에서도 기업이라는 용어를 많이 사용하고 있다. 원래 기업은 이윤극대화를 추구하는 생산주체라는 개념으로서 경영학이나 경제학에서 많이 사용되는 용어이다. 기업이란 그 주체가 개인(자연인)이든 법인이든 일정한 영업목적에 의하여 조직화된 일체, 즉 인적·물적 조직 자체를 말한다. 구조조정 분야에서 '법인' 대신 '기업'이라는 용어를 사용하는 것은 도산절차의 대상이 민법상의 법인뿐만 아니라 법인격이 없는 사단이나 재단 등을 포함하여 점점 더 확장되는 것에 기인한 것으로 보인다. 실무적으로 채무자회생법 제2편 중 법인에 대한 것은 법인회생, 개인에 대한 것은 일반회생이라고 부르고 있다. 그런데 기업은 사업자인 법인과 개인을 포함하는 개념이므로 채무자회생법 제2편이 적용되는 것은 포괄하여 '기업회생'이라고 부르는 것이 적절해 보인다(기업회생＝법인회생＋일반회생).

한편 기업구조조정 촉진법 제2조 제6호와 기업 활력 제고를 위한 특별법 제2조 제1호는 각 법에서 의미하는 '기업'에 대한 개념 정의를 하고 있다.
4) 민법에서는 '자연인'이라고 하나, 채무자회생법에서는 '개인'이라고 하고 있다.
5) 채무자회생법은 채무자에 대응하는 개념으로 '채권자'라는 용어를 사용하고 있다. 채권자는 모든 종류의 채권자를 포함하는 일반 용어(generic term)이다. 회생절차에서는 회생채권자, 회생담보권자 모두 채권자에 포함된다. 파산절차에서 담보권자는 별제권을 가지고 있어 절차적 제약을 받지 않으므로 무담보채권자가 주로 문제되고 이를 파산채권자라 부른다. 공익채권자나 재단채권자는 절차에 참가하지는 않지만 넓은 의미에서 채권자라 할 수 있다. 따라서 채무자회생법에서 채권자는 일의적으로 정의할 수 없고 문맥에 따라 그 의미를 파악하여야 할 경우가 많다. 다만 채무자회생법은 채권자 중에서 특정 부류의 채권자만을 가리킬 때에는 회생채권자, 공익채권자, 환취권자 등 제한된 용어를 사용한다.
6) 원래 파산선고를 받은 채무자를 일컫는 용어이다. 현재도 파산절차에서 '파산선고를 받은 채무자'라는 표현이 남아 있고(제320조, 제326조, 제329조 제1항 등) 채무자(제321조, 제332조, 제335조 등)와 혼용하여 쓰고 있다. '파산자'는 어감이 부정적·징벌적 의미를 담고 있어 채무자의 경제생활재건의 수단으로서 파산절차의 역할과 조화되지 않아 부적절하다는 비판이 있었다.
○ **채무자, 파산선고를 받은 채무자** 채무자회생법에 파산선고를 받은 채무자라는 용어가 사용되고 있지만, 항상 그러한 것이 아니고 사실상 파산선고 전후 모두 '채무자'라는 용어를 사용하고 있다. 원래 채무자란 자산이나 부채라는 실체법상의 권리의무의 귀속주체를 말한다. 파산선고가 되면 채무자는 재산의 관리처분권은 박탈되고(제384조), 채무를 변제하는 것도 허용되지 않으며(제329조 제1항 참조) 파산절차의 이해관계인으로 취급된다. 이처럼 파산선고 전의 채무자와 파산선고 후의 채무자는 법률상 지위가 다르다. 따라서 파산선고 후의 채무자를 부르는 별도의 용어가 필요하고, 어감상의 비판이 있기는 하지만 '파산자'라는 용어를 사용하는 것이 입법론적으로 타당해 보인다. 일본 파산법(제2조 제4호)이나 중국 기업파산법(제107조 제2항)은 파산자라는 용어를 사용하고 있다. 실무(판결문 등)에서는 '파산채무자'라는 용어가 사용되고 있다.

회생절차에서도 마찬가지이다. 회생절차개시결정 전의 채무자와 회생절차개시결정 후의 채무자는 업무수행권이나 재산의 관리처분권에 있어 차이가 있고(제56조 제1항) 변제도 허용되지 않으므로(제64조 제1항 참조) 다른 용어를 사용할 필요가 있다. 실무적으로 '회생채무자'라는 용어를 사용하고 있다. 일본 회사갱생법에서는 회생회사라는 용어를 사용함으로써(제2조 제7호) 본래의 갱생절차의 대상으로서 채무자인 주식회사와 구별하고 있다.

반면 개인회생절차에서는 개인회생절차개시 후에도 개인회생재단에 대한 관리처분권을 채무자가 가지고 있다(제580조 제2항 본문). 따라서 개인회생절차개시 후에도 여전히 채무자라는 용어를 사용해도 된다. 하지만 개인회생절차가 개시된 채무자는 일부 개인회생채권자에게 특별한 이익을 주는 행위를 하지 못하고(제612조) 변제계획을 수행할 의무를 부담하는(제617조) 등 개인회생절차개시 전의 채무자와 달리 절차기관으로서의 지위가 인정된다. 물론 인가된 변제계획에서 개인회생재단에 대한 관리처분권을 제3자에게 부여한 경우(제580조 제2항 단서)에는 회생절

것은 적절하지 않다는 점에서 채무자(debtor)라는 용어를 사용한 것은 현대 도산법의 흐름을 반영한 것으로 보인다.

도산은 오래 전부터 존재하여 왔다. 빚이 있는 곳이면 어디든 도산이 따라왔다. 왜냐하면 빚은 항상 좋은 이유에서건 나쁜 이유에서건 모두 갚을 수는 없기 때문이다. 빚으로 인한 재정적 어려움으로 파탄에 빠진 채무자(실패한 채무자)를 어떻게 처리할 것인가. 채무자회생법에 따라 고려해 볼 수 있는 처리방법은 크게 두 가지다. 하나는 채무자의 모든 재산을 환가하여 채권자들에게 나주어 주는 것이고, 다른 하나는 채무자로 하여금 사업을 계속하게 하여 장래의 수익으로 채무를 변제하게 하는 것이다. 전자가 파산절차이고 후자가 회생절차이다.[7]

파산절차란 재정적 어려움으로 파탄에 직면한 채무자의 모든 재산을 환가하여 총채권자들에게 공정하고 공평하게 배당하여 주는 절차이다(제1조). 파산절차는 청산(liquidation)을 목적으로 한다. 반대로 회생절차란 재정적 어려움으로 파탄에 직면한 채무자로 하여금 사업을 계속하여 효율적으로 재기할 수 있도록 하는 절차이다(제1조). 회생절차는 회생을 목적으로 한다.

이처럼 파산과 회생은 그 개념에 있어 명확히 구별되고 있다. 그런데 파산과 회생(rehabilitation)을 포괄하는 개념으로 '파산' 또는 '도산'이라는 용어가 사용되고 있다.

먼저 회생과 파산을 모두 포함하는 용어로 '파산(광의)'이 적절하다는 견해가 있다.[8] 이는 전통적으로 양자를 포괄하는 의미로 파산이라는 용어를 사용하여 이미 익숙해져 있고, 파산이라는 용어를 파산절차의 대상인 협의의 파산과 파산절차·회생절차를 포함하는 광의의 파산으로 구분하여 사용한다면 도산이라는 용어와의 혼동을 피할 수 있다는 점을 근거로 하고 있다.[9]

그러나 채무자회생법은 파산과 회생을 명확히 구분하여 사용하고 있고(나아가 편제상 회생절

차나 파산절차와 마찬가지로 채무자는 절차의 이해관계인으로서 지위에 있게 된다. 실무에서는 '개인회생채무자'라는 용어가 사용되고 있다.

상속재산파산이나 유한책임신탁재산파산의 경우에 있어서는 채무자는 권리의무가 귀속하는 법주체인 상속인 또는 수탁자이지만, 파산선고결정은 이들에 대하여 하는 것이 아니므로 이들을 파산선고를 받은 자라고 할 수는 없다. 현재는 재산의 집합체인 상속재산이나 유한책임신탁재산을 파산선고를 받은 자(채무자)라고 보고 있다.

채무자회생법은 회생절차, 파산절차, 개인회생절차를 모두 규정하고 있어 '채무자'라는 통일된 용어를 사용하고 있는 것 같다. 하지만 도산절차개시 전후 채무지의 지위가 다르므로 별도의 용어를 사용하는 것이 적절해 보인다.

7) 넓은 의미에서 실패한 채무자를 처리하는 방법으로 회생과 파산이 있다. 회생에는 ① 자구노력으로 투자유치, 기업공개(IPO), 구조조정, 자산매각, 영업양도, M&A, SPAC 등, ② 채권자와 협의(자율협약)나 기업구조조정 촉진법에 의한 워크아웃(Workout)[공동관리절차/관리절차], ③ 채무자회생법에 따라 법원에서 진행하는 회생절차가 있다. 파산에는 ① 민사집행법에 의한 개별집행, ② 민·상법상의 청산, ③ 채무자회생법에 따라 법원에서 진행하는 파산절차가 있다.

8) 중국의 도산입법인 《중화인민공화국기업파산법(中華人民共和國企業破産法)》(이하 <기업파산법>이라 한다)은 이러한 입장을 취하고 있다. 파산(破産)이라는 용어에 회생, 화의, 파산(협의)이라는 의미를 모두 포함하여 사용하고 있다. 용어상으로 광의의 파산은 '破産'이라고 하고, 협의의 파산은 '破産淸算'이라고 한다. 따라서 단순히 '破産(파산)'이라고 하면 회생, 화의, 파산(협의)을 모두 포함하는 의미로 사용하고 있다. <기업파산법>도 파산절차의 대상이 되는 자를 '채무자'라고 부른다. 다만 파산선고가 된 경우에는 '파산자'라 부른다(제107조 제2항).

9) 사법정책자문위원회는 2014. 1. 대법원장에게 도산사건의 전문적이고 신속한 처리가 중요하다는 점을 적시하면서 도산재판의 전문성·통일성 확보를 통한 신뢰도 제고를 위해 '파산법원'을 설립할 필요가 있음을 지적하고, 그 방안으로 서울중앙지방법원 파산부를 '서울파산법원'으로 승격하고, 추후 점진적으로 전국에 확대할 것을 건의하였다.

차가 파산절차보다 먼저 규정되어 있다), 제5편(국제도산)에서 양자를 포괄하는 의미로 '도산'이라는 용어를 사용하고 있다(제628조 제2호). 실무적으로도 파산과 회생을 포괄하는 개념으로 도산이라는 용어를 사용하는 것이 일반적으로 정착되었고,[10] 규칙 제8조도 회생과 파산을 포괄하는 개념으로 '도산'이라는 용어를 사용하고 있다. 또한 파산이라는 용어는 회생을 배제하거나 징벌적 의미가 강한 부정적 이미지를 가지고 있다. 이러한 점에서 회생과 파산을 통합하여 지칭하는 용어로 도산이라는 용어가 적절하다고 할 것이다.[11][12]

도산절차에서 외국인 및 외국법인의 지위

Ⅰ. 내외국인 평등주의

채무자회생법은 외국인 및 외국법인을 차별하지 않는 내외국인 평등주의를 채택하고 있다(제2조).[13] 평등한 취급은 외국인 등이 채권자로서 도산절차에 관여하는 경우이건, 채무자로서 도산절차에 관여한 경우이건 상관이 없다. 이에 따라 외국인 등에 대하여도 도산절차를 개시시키는 것이 가능하게 되어 내국채권자의 보호를 꾀할 수 있게 되었다. 또한 외국채권자 등에 대하여 도산절차에서의 권리 행사하는 것을 인정함으로써 보편주의 요청에 부응할 수 있게 되었다. 보편주의에 관하여는 〈제5편 제1장 Ⅱ.〉(본서 2117쪽)를 참조할 것.

Ⅱ. 외국인 또는 외국법인

외국인이란 우리나라 국적을 갖지 않은 자연인으로서 우리나라의 국제재판관할에 복종하는 자를 말한다. 외국법인이란 외국법을 준거법으로 하여 설립된 법인을 말한다. 관련 내용은 〈제5편 제2장 Ⅰ.〉(본서 2119쪽)을 참조할 것.

법인격이 없는 사단 또는 재단은 법인과 달리 설립준거법을 기준으로 내외를 구별할 수 없기 때문에, 그 조직 내용에 따라 도산절차상의 지위를 인정하면 될 것이다.

---

10) 대법원 2015. 5. 28. 선고 2012다104526,104533(병합) 판결 등 참조.
11) 법원행정처 산하 회생·파산위원회는 2014. 4. 22. '서울도산법원'의 설치를 의결하였다.
12) 한편 「법원조직법」에서 '회생 및 파산사건'을 전문적으로 다루는 전문법원을 '회생법원'이라 한 것은 파산법원, 도산법원은 부정적 이미지가 강하고, 회생파산법원은 명칭으로는 너무 길다는 단점이 있으므로, 도산절차에 대한 부정적 이미지를 해소하여 도산절차 이용을 촉진하기 위하여 긍정적 명칭인 회생법원으로 하고 있는 것이다. 이에 대하여 회생법원이라는 명칭은 회생사건만을 다루는 것으로 오인될 수도 있고, 도산에서 원칙적이고 본질적인 것은 파산절차인데 이를 간과하고 있으며, 제353조 제4항에서 '파산계속법원'이라는 용어를 사용하고 있기 때문에 적절하지 않다는 비판도 있다. 한편 서울회생법원의 영문명칭은 'SEOUL BANKRUPTCY COURT'를 사용하고 있다.
13) 일본의 경우도 내외국인 평등주의를 채택하고 있다(회사갱생법 제3조, 민사재생법 제3조, 파산법 제3조).

Ⅱ 포괄적(집단적) 집행절차로서의 도산절차[14]

도산절차[15]는 강제집행을 바탕으로 한 것으로 기본적으로 포괄적(집단적) 집행절차로서의 채권추심절차이다.[16] 그러나 도산절차에 의한 채권추심은 일반적인 채권추심절차(민사집행법상

---

14) 대법원 2018. 6. 15. 선고 2017다265129 판결(파산절차는 채무를 채권자들에게 평등하고 공정하게 변제하기 위한 집단적·포괄적 채무처리절차이다) 참조. 역사적으로 파산법은 언제. 어디서 만들어졌건 적어도 2가지 목적을 가지고 있다. 첫째는 지급불능에 빠진 채무자의 재산을 채권자들 사이에 공평하게 배분하는 것이다. 둘째는 지급불능인 채무자가 채권자들의 이익을 해하는 행위를 하지 못하도록 하는 것이다. 다시 말하면 파산법은 먼저 채권자들 서로로부터 보호하고, 다음으로 채무자로부터 보호한다. 현대에 이르러 중요한 목적이 된 채권자들로부터 정직한 채무자의 보호, 즉 면책은 파산법의 본질적인 특징은 아니다.
　채권자들 서로로부터 보호하기 위한 파산법은 채권자들 중 일부가 채무자의 재산으로부터 그들 몫 이상으로 얻는 것을 방지한다. 모든 채권자들의 공통이익과 공통비용에 사용되는 채무자의 모든 재산을 대상으로 하는 절차, 즉 집단적 집행이라는 특별한 절차가 고안되었다(Daniel J. Bussel·David A. Skeel, Jr., 16쪽).
15) 자본주의 시장경제질서에서 도산은 필연적인 현상이다. 도산상태에 있는 실패한 채무자를 방치하면 채권자들에게 혼란과 불공평한 결과가 발생하고 연쇄적으로 사회의 혼란이 일어나면서 경제사회에 큰 손실을 가져올 수 있다. 도산절차는 이와 같은 도산의 부작용을 방지하여 국민경제의 안정과 발전에 기여하고자 공익적 필요에 따라 도입된 것으로, 재산권의 공공복리 적합성을 규정한 헌법 제23조 제2항, 기본권 제한의 법률유보원칙, 입법권의 한계로서의 과잉금지원칙을 규정한 헌법 제37조 제2항에 헌법적 근거를 두고 채무자, 채권자의 사유재산권을 제한하고 이해관계를 조정하는 절차이다. 효율적인 도산절차는 도산의 부작용에 따른 경제사회의 손실을 방지하는 효과 외에도, 회생가능성이 있는 채무자에게 새로운 출발의 기회를 부여하고 그렇지 못한 채무자의 재산을 청산하여 분배하는 기능과 함께 기업에 대한 투자를 촉진시켜 경제를 발전시키는 기능을 한다{사법정책연구원, "파산법원 설치에 따른 회생·파산절차 관여자에 대한 적정한 관리·감독 방안에 관한 연구", 사법정책연구원(2014), 6쪽}.
16) 강제적 집행절차(강제환가절차)에는 ① 민사집행법에 의한 경매절차, ② 체납처분(강제징수)에 따른 공매절차, ③ 도산절차(특히 파산절차)가 있다. ①은 기본적인 집행절차로 집행권원을 얻은 후(또는 담보권 등이 필요) 집행법원이 민사집행법에 따라 진행하는 것이다. ②는 집행권원이 필요하지 않고(자력집행) 압류관서나 한국자산관리공사가 국세징수법이나 지방세징수법에 따라 진행하는 것이다. ③은 집행권원이 필요 없고 도산계속법원이 채무자회생법에 따라 진행하는 것이다. 도산절차에서는 절차 내에서 집단적으로 집행권원을 만드는 절차가 있다. 채권조사확정재판 등과 같은 채권조사확정절차가 그것이다.

[각 절차별 비교표]

민집법에 따른 강제경매절차	체납처분(강제징수) 절차	도산절차		
		회생절차	파산절차	개인회생절차
배당요구	교부청구	채권신고 +채권자목록제출제도	채권신고	채권신고제도× 채권자목록제출제도
채권자평등 공평한 채권만족	조세우선주의 신속한 세금징수	채권자평등 (실질적 평등)	채권자평등(형식적 평등)	
집행권원 필요	집행권원 불필요			
배당요구 안하면 배당×(실권×)	교부청구 안하면 배분×(실권×)	채권신고 안하면 실권○	채권신고 안하면 배당×(실권×)	―
개별집행 수소법원·집행법원 이원화[형식주의 (절차·실체이분론)]	개별집행 자력집행력	일반(집단)집행 집행권원(회생채권자표·회생담보권자표/파산채권자표/개인회생채권자표) 절차 내에서 형성[집단적 채권확정절차]		
권리 순위에 따라 배당(배분), 동일절차 수차 반복 가능성 있음, 채권자와 채무자가 1:1 개별적인 관계에서 채무 정리	모든 채권자에게 변제(배당), 면책제도 두고 있음 채권채무의 집단적 해결(1:다수채권자 관계에서 채무 정리)			

의 채권추심절차)와 비교하여 몇 가지 특징이 있다.[17]

(1) 도산절차는 집단적 채권추심절차로 채권채무관계의 집단적 해결(채권자들의 집단적 만족)을 목적으로 한다. 일반적인(개별적인) 채권추심절차(강제집행)에서는 채권자 각자가 집행권원에 근거하여 채무자를 상대로 특정재산에 대하여 개별적으로 채권을 추심한다(개별집행). 반면 도산절차에서는 모든 채권자가 집단적으로 추심절차에 참여하고, 개별적인 채권추심은 허용되지 않는다(일반집행, 전체집행). 나아가 채무자의 모든 재산을 대상으로 한다.[18]

개별적인 채권추심절차를 이용하면 회수금액이 불확실한데다가 정보의 비대칭성으로 인해 채권자 사이에서 경쟁에 뒤처지면 채권을 전혀 회수하지 못할 수도 있지만, 집단적 채권추심절차는 같은 순위에 있는 채권자를 동등하게 취급하므로 회수금액을 확실히 예측할 수 있다. 집단적 채권추심절차는 ① 채권자들이 먼저 개별집행을 하려고 경쟁하지 아니하므로(채권자간의 경쟁을 막기 위해 집단적 추심을 한다) 전략적 비용이 감소하고, ② 채무자 재산을 해체·청산하지 않고 일체로서 유지하여 총재산 가치를 증대시킬 수 있으며, ③ 절차비용의 중복 지출을 막아 행정적 효율을 기하는 장점이 있고, 이는 채권자들이 집단적 절차에 공동으로 합의할 만한 이유가 된다.[19]

(2) 도산절차는 채권자 전체의 이익을 극대화[20]하는 데 관심이 있다. 도산절차의 목적은 채권자들의 집단적 만족이다. 일반적인 채권추심절차는 절차에 참여한 채권자의 이익에만 관심이 있지만 도산절차는 채권자 전체의 이익을 극대화하기 위해 제도를 운영한다. 따라서 일반적인 채권추심절차에서는 각 채권자의 행위가 채권자 전체의 이익과 배치되더라도 허용될 수 있지만, 도산절차에서는 채권자 사이의 형평을 중요하게 생각한다. 비록 도산절차개시 전의 행위일지라도 채권자 사이의 형평에 어긋난 경우(사해행위·편파행위) 이를 부인하고 원상으로 회복시키기도 한다(부인권).

(3) 일반적인 채권추심절차(강제집행)보다 도산절차가 우선한다. 도산절차가 개시되면 채권자가 채무자의 재산에 대하여 한 강제집행 등은 중지·금지되거나 효력을 잃는다(제58조, 제348조, 제600조).

(4) 일반적인 채권추심절차를 진행하려면 채권자는 집행권원이 필요하다. 반면 도산절차에서는 채권자가 집행권원을 취득하였는지와 상관없이 도산절차의 개시를 신청할 수 있다.[21] 일반적인 채권추심절차에서는 개별적으로 채권을 확정(집행권원)하여야 하지만, 도산절차에서는 다수의 채권자가 참가하고 절차를 신속하게 진행하여야 하므로 채권신고 등을 통한 집단적 채

---

17) 파산절차와 민사집행법상의 강제집행절차와의 차이에 관하여는 〈제3편 제1장 Ⅱ.5.〉(본서 1185쪽)를 참조할 것.
18) 파산절차의 경우 파산선고결정 자체가 집행권원이 된다. 파산절차가 그 자체로 포괄적 강제집행절차의 하나인 이상 이와 별도의 중복되는 강제집행절차는 원칙적으로 불필요한 것이다.
19) 김주학, 46쪽.
20) 전통적으로 채권자와 채무자 사이의 관계는 민법이나 상법과 같은 실체법과 민사소송법이나 민사집행법과 같은 절차법이 규율한다. 그런데 이 법들은 채권자와 채무자의 관계를 개별적으로 파악하기 때문에 채권자 전체의 이익 또는 채권자와 채무자 전체의 이익과 배치되는 결과를 가져올 수 있다.
21) 다만 간이회생절차나 개인회생절차는 채무자만이 신청할 수 있다.

권확정절차를 마련하고 있다.[22]

(5) 일반적인 채권추심절차에서는 채권자가 참가(배당요구·교부청구)하지 않을 경우 배당을 받지 못할 뿐이다. 반면 도산절차에서는 채권자가 채권신고 등을 하여 참가하지 않은 경우 배당을 받지 못하거나(파산절차) 권리가 소멸(면책)되기도 한다(회생절차). 한편 개인회생절차에서는 채권신고제도가 마련되어 있지 않아 채권자가 자발적으로 개인회생절차에 참여할 수 있는 방법이 없다.

(6) 도산절차는 채무자와 채권자의 이익을 함께 도모한다. 도산절차는 채무자가 강제집행을 당하는 경우보다 더 나쁜 처지에 놓이지 않게 하고, 나아가 채무자가 재정적 파탄 상태를 극복하고 정상적인 경제활동을 할 수 있도록 도와준다. 도산절차에서는 채무자가 원래 부담했던 채무의 변제조건이 완화되기도 하고, 채무의 전부 또는 일부가 면책되기도 한다. 반면 일반적인 채권추심절차는 이러한 기능이 없다.

(7) 채권추심절차(민사집행절차)에서 채무자는 일반적으로 지급능력을 가지고 있고, 다만 의무이행을 거절하여(지체하여) 강제집행을 하는 것이다. 반면 도산절차에 있는 채무자는 이미 지급능력이 없거나, 채권자에 대하여 모든 채무를 변제할 수 없는 상태이다. 도산절차는 채무자의 재산이 모든 채권자를 만족시키기에 충분하지 않다는 것을 전제로 한다. 따라서 도산절차는 공정한 채무재조정이나 환가·배당의 문제를 해결한다. 채권은 전액이 아니라 비율적으로 변제되고 그 비율은 채무자의 재산이 얼마인지에 달려 있다.

(8) 민사집행절차에서는 철저한 실체법상의 우선순위에 따라 배당(변제)이 이루어지지만,[23] 도산절차는 정책적인 배려나 채무자나 그 사업의 회생이라는 목적에서 반드시 실체법상의 우선순위에 따라 배당(변제)이 되는 것은 아니다. 회생절차에서는 중소기업이 가지고 있는 소액채권의 경우 회생계획인가 전에도 변제할 수 있고(제132조 제1항), 파산절차에서는 임금 등 채권이 재단채권으로 인정되어 다른 채권보다 우선하여 변제되는 것이 그 예이다.

이러한 도산절차의 특징으로부터 도산절차에는 일반 민사법과는 다른 법원칙(특칙)들이 적용된다.[24] ① 개별적 권리행사가 제한되거나 금지된다. 회생절차에서는 채무자나 그 사업의 회

---

22) 도산절차에서는 집행권원이 절차 내에서 만들어진다. 이는 신속한 절차진행을 위해서이다. 채권신고·채권조사·채권조사확정재판 등으로 이루어진 채권조사확정절차가 그것이다. 도산절차에서 형성된 회생채권자표(회생절차), 회생담보권자표(회생절차), 파산채권자표(파산절차), 개인회생채권자표(개인회생절차)는 절차가 종료된 후 집행권원이 된다.

23) 민사집행절차에서는 선순위채권자가 채권을 모두 변제받기 전에는 후순위채권자는 채권을 추심할 수 없다. 같은 순위의 채권자들 사이에서는 채권액의 비율에 따라 안분하여 만족을 얻는다. 이는 파산절차의 경우에도 마찬가지이다. 반면 회생절차에서는 단순히 한 채권자가 다른 채권자에 우선한다는 것으로 설명할 수 없다. 회생계획에 따라 회생채권이 회생담보권보다 시간적으로 먼저 변제될 수도 있다.

24) 채무자회생법은 민법, 상법 등과 다른 여러 가지 법원칙(특칙)들을 규정하고 있다. 예컨대 채무자에 대하여 회생절차가 개시되거나 파산선고가 된 경우, 채권자는 채권자취소권을 행사할 수 없다. 그렇다면 채무자회생법과 민법 등과의 관계는 어떠한가. 채무자회생법이 민법 등에 대하여 특별법인가. 채무자회생법에는 민법 등을 배제하거나 배치되는 많은 규정들이 있고, 이들이 당연히 우선 적용된다. 그러나 채무자회생법의 규정이 항상 우선하는 것은 아니다. 예컨대 쌍방미이행 쌍무계약에 관한 규정(제335조)에도 불구하고, 임차인이 파산한 경우에는 민법 제637조, 사용자가 파산한 경우에는 민법 제663조, 도급인이 파산한 경우에는 민법 제674조, 위임계약에서 당사자 일방이 파

생을 위하여, 파산절차에서는 채권자 사이의 공정한 환가·배당을 위하여 채권자 등 이해관계인의 법률관계를 조정할 필요가 있기 때문에(제1조 참조) 도산절차가 개시되면 개별 채권자들은 도산절차에 의하지 아니하고 개별적으로 권리를 행사할 수 없도록 하고 있다(제131조, 제424조, 제582조 등 참조).[25] ② 도산절차에서는 일정한 요건 아래 도산절차개시 전에 채무자가 한 행위를 부인하고 이를 원상으로 회복하는 부인권을 인정하고 있다(제100조 내지 제113조의2, 제391조 내지 406조의2, 제584조 등 참조). 부인권 행사를 통해 채무자의 재산을 확보하고, 부인된 행위로 인해 특정 채권자가 다른 채권자에 비하여 유리한 위치에 있는 불공평을 방지하려는 취지이다. 이 점에서 민법 제406조의 채권자취소권과 그 취지를 같이하지만, 부인권을 행사할 수 있는 요건이 채권자취소권에 비하여 많이 완화되어 있다(본서 421쪽 이하). ③ 쌍방미이행 쌍무계약에서 관리인이나 파산관재인에게 선택권을 부여하고 있다(제119조, 제335조 참조). 도산절차에서는 쌍방미이행의 쌍무계약을 해제(해지)할 것인지 아니면 계약을 계속 이행할 것인지는 관리인이나 파산관재인이 어느 것이 더 유리한지를 판단하여 결정하도록 선택권을 부여하고 있다. 이로써 채무자에게 불리한 악성계약으로부터 해방될 수 있도록 하고 있다. ④ 상계권을 확장하거나 제한(금지)하고 있다(제144조, 제145조, 제416조 내지 제422조, 제587조 참조). 회생절차에서는 상계를 일정한 제한 아래 허용하고 있다. 파산절차에서는 상계의 제한이 없고 오히려 파산채권의 현재화·금전화로 상계권의 확장을 인정하고 있다. 개인회생절차의 경우도 마찬가지다(제587조). 반면 상계는 담보적 기능을 가지고 있기 때문에 상계를 악용할 경우 상계를 한 채권자가 다른 채권자보다 우선하여 변제받은 결과를 초래할 수 있다. 따라서 이를 막기 위하여 상계를 금지하고 있기도 하다. ⑤ 신속한 도산절차 진행을 위해 채권신고제도를 두고,[26] 신고된 채권에 대하여 이의가 없는 경우 채권이 확정되도록 하고 있다. 이의가 있더라

산한 경우에는 민법 제690조, 보험자가 파산한 경우에는 상법 제654조가 각 적용된다. 이러한 점에서 채무자회생법이 민법 등에 대한 특별법이라 보기는 어렵다(다만 넓은 의미에서 민법 등은 평상시에 적용되는 일반법이고, 채무자회생법은 비상시를 염두에 둔 특별법이라고 할 수도 있다). 채무자회생법에 특별히 반대의 취지를 규정한 조항이 없다면 도산절차는 민법 등{일반법(nonbankruptcy law)}에서 인정하는 권리를 항상 그대로 수용한다. 예컨대 제415조, 제415조의2는 실체법에서 인정되는 내용을 채무자회생법에 그대로 반영한 것이다.

한편 채무자회생법이 규정하는 여러 특칙들에는 채무자에게 유리하거나 채무자를 보호하기 위한 규정들이 많다(아래 ①, ③, ④, ⑥ 등 참조). 이러한 규정들은 도산절차에서 채무자가 채권자와 협상을 함에 있어 강력한 무기를 제공한 것이다.

[미국에서의 논의] 연방도산법과 일반법이 충돌하는 경우 어느 법이 우선하는가. 연방대법원은 Butner v. United States 사건에서 "연방의회(Congress)는 파산재단에 속하는 재산에 대한 결정권은 주법(state law)에 남겨두었다. 재산권은 주법에 따라 창설되고 정의된다. 연방이 다른 결과를 요구하지 않는 한, 단순히 이해관계자가 도산절차에 개입되었다는 이유만으로 그의 권리가 다르게 해석되어야 할 이유는 없다"고 판시하였다. 이는 연방도산법은 일반법을 기반으로 한 법으로 연방도산법에서 특별히 다르게 규정하지 않는 한 파산절차는 일반법상의 권리를 그대로 존중하여야 한다는 것을 의미한다. 이를 Butner 원칙(Butner Principle)이라 한다.

25) 그렇다고 모든 채권자의 권리 행사가 제한되거나 금지되는 것은 아니다. 제한되거나 금지되는 권리로 ① 회생절차의 경우 회생채권, 회생담보권, ② 파산절차의 경우 파산채권, ③ 개인회생절차의 경우 개인회생채권이다. 이외의 권리는 도산절차가 개시되어도 원칙적으로 실체법에서 인정되는 권리 그대로를 행사할 수 있다. 즉 도산절차에 영향을 받지 않는다.

26) 물론 회생절차에서는 채권신고제도 외에 채권자목록제출제도가 별도로 있고, 개인회생절차에서는 채권신고제도가 존재하지 않는다. 또한 회생절차와 파산절차에서 채권신고는 그 의미가 다르다. 회생절차에서는 채권신고를 하지

도 채권조사확정재판이라는 결정절차를 통해 신속하게 채권을 확정하도록 하고 있다. ⑥ 권리의 감면 및 면책이 이루어진다. 법인을 포함한 기업에 대하여 권리를 감면함으로써 채무자의 회생을 도모하고(회생절차), 개인채무자에 대하여는 면책을 인정함으로써 새로운 출발(fresh start)을 할 수 있는 기회를 제공하고 있다(개인파산절차, 개인회생절차).

〈도산절차와 집행절차[27]의 관계〉

	회생절차	파산절차	개인회생절차
[회생/개인회생]절차개시(파산선고)	중지(제58조 제2항 제2호)	실효(제348조 제1항 본문)	중지(제600조 제1항 제2호)
[회생계획/변제계획]인가	실효(제256조 제1항)	–	실효(제615조 제3항 본문)
* 원칙적으로 도산절차가 집행절차보다 우선함(도산 > 집행)			

Ⅲ 도산마인드로의 전환

도산절차는 개인의 경우 면책을 통한 새로운 출발을 목적으로 한다. 면책(부채의 사면)은 성경에 나오는 희년(禧年)의 정신을 반영한 것이다.[28] 현대 도산법(채무자회생법)은 개인이든 기업이든 파산을 통한 청산보다 회생을 지향한다. 제1조도 파산절차의 대상을 '회생이 어려운 채무자'라고 함으로써 이를 잘 드러내고 있다. 한편 기업에게 있어서도 도산이 필요하지만 새로운 출발보다는 계속기업으로 존속할 수 있도록 숨 쉴 수 있는 공간을 제공한다는 데 의미가 있다. 도산절차를 통한 면책·회생·숨 쉴 수 있는 공간의 제공은 법원이 행하는 예산이 필요 없는 따뜻한 법률복지이다.

1. 새로운 출발

전통적으로 계약법에서는 기독교 윤리신학의 영향으로 "계약(약속)은 지켜져야 한다(Pacta sunt servanda)"는 법 명제가 일반적인 원칙으로 여겨졌다. 그래서 자신이 한 약속을 이행하지 않는 것은 죄라고 여길 정도로 계약(약속)의 구속력이 강하게 인정되었다.

않고 채권자목록에도 기재되어 있지 않으면 해당 채권이 실권되지만, 파산절차에서는 실권되지는 않고 배당을 받지 못할 뿐이다.

27) '회생채권·회생담보권[파산채권/개인회생채권]에 기한 강제집행, 가압류, 가처분'을 말한다. 다만 회생절차의 경우는 '담보권 실행을 위한 경매절차'도 포함된다.

28) 고대 유대 사회에서는 7년마다 돌아오는 안식년이 일곱 번 반복된 뒤 그 이듬해를 희년(禧年), 주빌리(jubilee)로 삼았다. 50년마다인 희년에는 돈이 없어 노예로 전락한 사람들을 조건 없이 풀어주는 등 모든 빚을 탕감해줬다는 얘기가 구약성서 레위기 25장에 전한다. 이런 전통은 고대 메소포타미아 문명으로까지 거슬러 올라간다. 바빌론의 금융 서판을 깨끗이 지우는 '클린 슬레이트(clean slate)'라는 부채 기록 말소 의식을 정기적으로 행했다. 국민이 채무자로 속박당하면 전쟁 가용 병력이 그만큼 줄어드는 부작용을 감안한 조치이기도 했다{https://www.hankyung.com/opinion/article/2022072812011(2022. 8. 7. 최종방문)}.

그러나 시장경제질서에서 개인이 아무리 노력을 한다고 하여도 계약을 지킬 수 없는 상황이 발생하게 되었다. 계약을 지킬 수 없는 상황은 개인의 불성실에 기인한 것도 있지만, 성실하게 노력했지만 어쩔 수 없이 발생한 경우도 있다. 이와 같은 상황에서 '성실하지만 불운한 채무자(honest but unfortunate debtor)'를 구제하기 위하여 도산제도가 생겨났다.[29] 채권자에게 절대적 지위를 인정하고 채무자에게 무한책임을 부여하는 것(기존의 법체계)이 채권자에게 항상 유리한 것은 아니고 사회 전체적으로도 바람직하지 않다는 인식이 생긴 것이다. 도산제도에서는 채권자의 권한을 제한하고 채무를 조정하거나 면책을 한다.

연혁적으로[30] 도산제도는 위와 같이 성실하지만 불운한 채무자에 대한 특혜 또는 배려 차원에서 이들에게 면책(discharge)을 통한 새로운 출발(fresh start)의 기회를 제공하는 수단으로 이해되었다. 그러나 오늘날과 같은 신용사회구조 아래에서는 도산한 채무자를 사회경제발전을 위한 희생양으로 보고,[31] 이들을 구제함으로써 지속적인 경제발전을 이루어 나가는 원동력으로

---

29) 다만 초기의 도산법은 절대적으로 채권자를 위한 구제책(채권자의 권리보호를 위한 장치)이었다. 그래서 초기에는 신청권이 채권자에게만 인정되었다. 현대의 도산법도 여전히 거의 쓸모가 없지만 중요한 채권자의 구제책이다. 도산법 밖에서 그들의 청구권(claims)을 거의 또는 전혀 지급받지 못한 채권자들은 채무자에 대하여 비자발적 도산(involuntary bankruptcy)을 신청함으로써 실질적인 지급을 받을 수 있다. 그러나 오늘날의 도산은 채무자의 구제책으로서 중요하고, 대부분의 도산사건은 채권자의 요구로부터 구제(relief)를 추구하는 채무자의 자발적 행위(voluntary act)에 의하여 일어난다. 비자발적 도산은 상대적으로 흔하지 않으므로 우리는 자발적인 도산에 중점을 두기로 한다(Daniel J. Bussel · David A. Skeel, Jr., 18쪽). 채무자가 신청한 도산을 자발적 도산이라 하고, 채권자가 신청한 도산을 비자발적 도산이라 한다. 실무적으로 거의 대부분은 자발적 도산이고, 비자발적 도산은 채무자를 압박하기 위한 수단으로 가끔 활용되고 있다. 채무자도 도산을 신청할 수 있게 됨으로써 도산절차가 채무자의 권리임을 나타내게 되었다.

30) 현대적 의미에서의 파산법(도산법)의 발원지는 영국이다. 영미법계가 판례법 국가라고 부르지만, 오랜 기간 파산법은 성문법을 기본으로 하고 법원의 판례는 보충적인 것이었다. 영국 파산법의 발전 과정에서 개인파산과 기업(회사)파산이라는 두 가지 체계가 형성되었다. 영국에서 'bankruptcy'는 개인파산에 사용하는 용어이고, 기업(회사)파산에는 'insolvency'라는 용어를 사용하고 있다. 이것이 영국파산법의 중요한 특징이라고 할 수 있다.
　　파산법(도산법)의 연혁에 관하여는 「김주학, 2~40쪽, 전병서, 27~29쪽」을 참조할 것. 개괄적으로 보면 다음과 같다. ① 과거 로마법하에서는 채무자를 채권자가 노예로 삼을 수 있었고 채권자들이 채무자의 신체를 나누어 가질 수 있었다. ② 1542년 영국에서 최초로 파산법이 제정되었다. 이때의 파산절차는 채권자의 추심을 위한 제도로 채권자만이 신청할 수 있었고 채무자는 범죄자로 취급되었다. 면책제도도 존재하지 않았다. ③ 파산법에 면책의 규정이 등장한 것은 1705년 앤여왕 시대이다. 앤여왕법은 정직하고 협조적인 채무자에 대하여 채권자의 동의 없이 면책을 허용하였다. 그러나 앤여왕법 시행 다음 해 면책을 얻기 위해서는 채권자의 동의를 필요로 하는 법률이 제정되어 효력을 잃었고, 1883년까지 채권자의 동의 없이는 면책이 불가능했다. ④ 영국의 파산법 발전과정은 미국에 이어졌다. 1841년 미국에서 최초로 채무자가 자발적으로 파산을 신청할 수 있는 신청권이 인정되었다. 1883년 영국법과 1898년 미국 파산법에서는 채권자들이 면책에 동의할 수 있는 권한이 모두 제거되었다. 1898년 미국 파산법에 이르러서야 오늘날의 면책이라는 개념이 비로소 등장하였다. ⑤ 미국 파산법은 이후 여러 차례 개정을 거쳐 1978년 전면적 개정이 이루어졌다. 이후 1986년, 1988년, 1990년, 1994년, 2005년, 2019년에 개정되어 현재에 이르고 있다. 이 중 2005년 개정은 안이한 파산신청을 억제하려는 목적 하에 파산남용에 대한 대폭적인 개정이 있었다. 2019년 개정 내용에 관하여는 〈제2편 제17장 제4절〉(본서 1114쪽)을 참조할 것.

31) 채무불이행은 상환능력을 제대로 평가하지 못한 채권자에게도 책임이 있으므로 채권자 이익보다도 채무자의 회생을 우선시하여야 한다. 은행을 비롯한 금융당국은 채권자 중심 사고에서 채무자 중심으로 사고를 전환하고, 은행의 사회적 역할을 수행하는 포용적 금융으로 인식의 전환이 필요하다. 포용적 금융이란 개인·가계·기업이 경제적 지위나 능력에 상관없이 적정 비용으로 다양한 금융 자원에 접근하고 금융 서비스를 이용할 수 있는 상태와 그 과정을 말한다. 과도한 금리 차별, 담보 위주의 대출, '비 올 때 우산 뺏기'식 거래 관행 등은 포용적이지 않은 금융이다. 포용적 금융의 반대 개념인 '약탈적 금융'은 금융소외 현상과 양극화를 심화시키고, 나아가 거시경제적 위기를 야기하기도 한다.

도산제도를 이해해야 한다는 인식이 일반화되기에 이르렀다. 즉 개인의 재정적 파탄을 그들만의 책임으로 볼 수만은 없고 사회도 일정부분의 책임이 있으므로 좀 더 적극적인 자세로 도산제도를 운영하여야 한다는 것이다.[32) 신용경제나 경쟁시장에서 과중한 채무의 발생은 불가피한 것이다.

2. 면   책

채무자회생법(도산법)의 가장 매력적인 모습은 면책에 대한 가능성이다.[33) 면책은 채무자회생법에 있어 가장 핵심적인 개념 중 하나이다. 앞에서 본 바와 같이 도산제도는 면책을 통한 새로운 출발의 기회를 부여하기 위하여 등장한 것이다. 면책이 되면 채무자는 장래의 수입을 즐길 수 있고 채권자(creditor)로부터 자유로워진다. 그런데 새로운 출발이라는 용어는 채무자회생법 어디에도 등장하지 않는다. 그러나 법원이나 학자들은 끊임없이 면책이라는 것과 새로운 출발을 연결시키고 있다. 면책이라는 용어는 채무자회생법 여러 곳에서 등장한다(제251조, 제3편 제8장 제1절, 제4편 제6장 등). 면책을 받은 채무자는 면책받은 채무에 대하여 더 이상 법적인 책임을 부담하지 않는다. 그렇지만 면책이라는 개념에도 일정한 한계가 있다.[34)

(1) 모든 채무자가 면책을 받는 것은 아니다. 면책을 받을 수 있는지는 각 절차에 따라 다르다. ① 파산절차에서는 개인이 아닌 법인은 면책을 받을 수 없다. 개인만이 면책을 받을 수 있다. 개인이 파산선고 전의 채무에 대하여 면책을 받을 수 있는 가능성은 현대 도산법의 가장 중요한 특징 중 하나이다. 개인은 생활의 주체로서 면책을 통하여 새로운 출발을 할 수 있도록 할 필요가 있지만, 법인의 경우는 분배(배당) 후 소멸되는 운명이므로 새로운 출발이 필요한 것은 아니다.[35) 법인의 경우 면책이 저절로 발생하는 것이다. ② 회생절차에서는 개인이든 법인이든 회생계획이 인가됨으로써 회생계획이나 채무자회생법에서 인정된 권리를 제외하고 면책된다(제251조).[36) 회생절차에서의 면책은 파산절차에서보다 넓게 인정된다(벌금 등 일부

---

32) 대법원 2009. 7. 9. 자 2009카기122 결정 참조. 이러한 시대적 흐름에 따라 개인들의 재정적 파탄의 원인을 약탈적 금융에 있다고 보고 과잉융자의 희생자 전반으로 구제 범위를 확대하여야 한다는 주장이 제기되고 있다. 이들은 주기적으로 개인들의 빚을 사들여 소각하는 롤링주빌리 운동(Rolling Jubilee Project)을 전개하고, 회생법원은 도산제도의 문턱을 더욱 낮추어 면책과 새로운 출발을 적극적으로 지원하여야 한다는 의견을 제시하고 있다. 이러한 내용들에 관하여는 「제윤경, 빚 권하는 사회 빚 못 갚을 권리, 책담(2015)」을 참조할 것.

33) "부채는 반드시 갚아야 한다"는 가정을 꼼꼼히 따지고 들면, 표준적인 경제학 이론을 따른다 하더라도, 그 말은 진리가 아니다. 돈을 빌려주는 사람은 어느 정도 위험을 감수하게 되어 있다. 아무리 비상식적인 대출이라 하더라도 대출이 언제나 상환받을 수 있는 것이 된다면, 예를 들어 파산법 같은 것이 전혀 없다면, 결과는 재앙이나 다름 없을 것이다. 그런 경우 대출업자가 떼일 확률이 대단히 높은 대출까지 안할 이유가 있겠는가? 만약 은행이 원금을 이자와 합쳐 언제나 돌려받는다는 보장을 받게 된다면 전체 시스템이 제대로 돌아가지 않을 것이다. 부채는 반드시 상환되어야 한다는 가정은 문제다(데이비드 그레이버, "부채, 첫 5,000년의 역사", 도서출판 부글북스(2021), 12~13쪽).

34) David G. Epstein · Steve H. Nickles, 8~10쪽, Charles J. TABB · Ralph Brunbaker, 588~589쪽, Daniel J. Bussel · David A. Skeel, Jr., 19, 25쪽.

35) 개인은 무한책임을 부담함에 반하여, 법인은 본래 유한책임이다(주식회사를 염두에 두라). 따라서 법인이 가지고 있는 재산(파산재단)을 모두 환가하여 변제한 후 소멸하면 그만이다. 필요한 경우 기존의 법인을 이용할 필요가 없고, 새로운 법인을 만들면 된다.

36) 회생절차는 법인뿐만 아니라 개인(자연인)도 대상으로 한다. 개인의 경우 사업을 어떻게 할 것인지의 문제뿐만 아

채권을 제외하고(제140조 제1항) 비면책채권이 존재하지 않는다}. ③ 개인회생절차에서는 개인채무자가 변제계획에 따라 변제를 완료하여 면책된다(물론 변제를 완료하지 못하더라도 일정한 조건이 갖추어지면 면책을 받을 수 있다). 개인회생절차에서의 면책은 개인파산절차에서의 면책보다 넓게 인정되고 있다(superdischarge).[37] 이는 개인파산절차와 달리 개인회생절차에서는 적어도 일정 부분 변제가 이루어진다는 것을 고려한 것이다. 회생절차에서는 회생계획 인가결정으로 면책되지만(제251조), 개인회생절차에서는 면책결정의 확정으로 면책된다(제625조 제1항).

(2) 면책은 채무를 사라지게 하는 것은 아니다. 면책은 채무자에 대하여만 작용하고, 채무자로 하여금 책임으로부터 벗어나게 한다(책임소멸설). 예컨대 甲의 채무에 대하여 乙이 보증을 한 경우, 甲에 대한 면책은 乙에게 아무런 영향을 미치지 못한다(제250조 제2항 제1호, 제567조, 제625조 제3항 참조). 채권자는 乙을 상대로 소송을 제기할 수 있다.

(3) 면책은 채무자로 하여금 모든 채무로부터 벗어나게 하지는 않는다. 면책은 단지 면책이 될 수 있는 채무에 대하여만 영향을 미친다. 벌금 등이나(제140조 제1항), 비면책채권(제566조 단서, 제625조 제2항 단서) 등에는 면책의 효력이 미치지 않는다.

(4) 면책이 되는 채무에도 시간적인 제한이 있다. 도산절차가 개시되기 전의 채무(회생채권·회생담보권, 파산채권, 개인회생채권)만이 면책이 된다. 도산절차개시 이후에 발생한 채무(공익채권·재단채권·개인회생재단채권, 회생절차에서의 개시후기타채권·파산절차 및 개인회생절차에서의 기타채권)는 면책되지 않는다.

(5) 면책이 되더라도 채무자는 자발적으로 면책된 채무를 지급할 수 있다(책임소멸설). 채권자는 면책의 효력으로 인해 지급을 청구할 수 없지만, 채무자가 면책된 채무를 자발적으로 지급한다면, 채권자는 지급을 받아 보유할 수 있다. 채무자는 지급한 후 부당이득반환청구를 할 수 없다.

3. 회생절차의 창설

도산은 연혁적으로 파산에서 시작되었지만, 현재는 회생이 그 주류를 이루고 있다. 성공과 실패만큼이나 파산(청산)과 회생은 서로 상반되는 개념이다. 연혁적으로나 이론적으로 파산에 대한 이해 없이는 회생을 온전히 이해할 수 없다. 도산법(채무자회생법)의 목적은 기업을 효율적으로 해체하는 것이 아니다. 도산법이 성공할 수 있었던 요인은 그대로 두면 소멸할 기업을 살려보기 위해 구조조정을 통한 회생절차를 창설하였다는 데에 있다.

회생형 도산절차는 채무자의 장래 소득을 변제에 사용한다는 특징을 지니는데, 이러한 회

니라 회생절차 종료 후 일상적인 평온한 '생활'을 할 수 있도록 보호할 필요가 있다. 그러기 위해서는 채무를 개인의 장래 수입으로 지급할 수 있는 범위로 감축(채권포기, 기한유예 등)할 필요가 있다. 이러한 역할을 하는 것이 회생계획을 통한 채무조정이다(지급할 수 있는 범위까지 면제된다).

37) 미국 연방도산법의 입장이자 이념적 측면에서는 그렇다. 다만 채무자회생법은 개인회생절차와 개인파산절차에서의 면책 범위(비면책채권의 범위)에 있어 큰 차이가 없다. 관련 내용은 〈제4편 제10장 제2절 Ⅱ.2.〉(본서 2080쪽)를 참조할 것.

생형 절차가 정기적인 소득이 있는 개인채무자에게도 확대 적용되었다.

특히 개인(자연인)의 경우 법인을 처리하듯 할 수 없기 때문에 개인도산은 훨씬 더 채무자의 경제적 회생(rehabilitation)을 지향하고 있다.

4. 숨 쉴 수 있는 공간의 제공

도산은 개인만을 위한 것이 아니다. 기업도 도산을 신청할 수 있다. 절차나 법적 원리는 개인의 경우와 마찬가지이지만, 강조하는 부분이 다르다. 개인의 경우는 면책을 통하여 새로운 출발을 하는 것이 목적이다. 그러나 파산을 통해 청산하는 기업에게 있어서는 새로운 출발은 필요하지 않다. 그렇지만 기업도 계속적으로 운영될 수 있다면 계속기업(going concern)으로서 가치를 유지하게 하는 것이 사회적으로나 채권자에게도 유용하다.

도산법(채무자회생법)은 도산절차가 진행되는 동안 채권자의 권리행사를 금지시킨다(제131조, 제141조 제2항, 제424조, 제600조 제1항 제2호 내지 제4호 등). 즉 채권자들의 채권회수활동을 정지시킨다. 그러는 사이 채무자는 재정적 어려움을 해결하거나 채권자들과 협상을 할 수 있다. 회생절차에서는 회생계획인가결정으로 면책되거나 권리가 변경되기도 한다(제251조, 제252조). 파산절차에서는 질서있는 정리(청산)를 할 기회를 제공한다. 결국 도산절차는 기업에게 숨 쉴 수 있는 공간(breathing room)을 제공한다.

Ⅳ 도산제도에 대한 오해

기업이든 개인이든 도산절차를 선택하는데 있어 가장 큰 걸림돌은 무엇보다도 채권자들의 비협조다. 채권자로선 기업이나 개인이 도산절차에 들어가면 손해를 감수해야 하기 때문에 달갑지 않을 수밖에 없다. 그러나 ① 채권자가 도산제도를 통해서 얻을 수 있는 가치는 강제집행을 해서 얻을 수 있는 가치보다 항상 같거나 크다. 왜냐하면 강제집행을 통해 채무자의 재산을 모두 환가하면 채무자의 정상적인 경제활동은 불가능하게 되기 때문이다. 채무자가 기업이라면 더 이상의 기업 활동은 불가능하고,[38] 채무자가 개인(자연인)이라면 강제집행이 불가능한 최소한의 도구 외에는 모두 빼앗기게 되므로 정상적인 경제활동은 어렵다. 이러한 상황에서 도산제도는 채권자들에게 채무자에 대한 정보를 제공하고 당사자들 사이의 교섭을 통해 서로 윈윈(win–win)할 수 있는 다른 방법을 모색할 수 있도록 도와준다. ② 또한 도산절차에서는 채권자들이 개별적으로 집행권원을 획득하거나 강제집행을 진행하기 위하여 들여야 할 시간이나 비용을 절약할 수 있다.[39] 도산(파산)절차에서 채무자의 재산(파산재단)은 채무자회생법

---

38) 이로 인해 근로자들은 일자리를 잃고 소비는 위축되며, 나아가 근로자들의 가정도 위기를 맞게 되어 그 사회적 파장이 적지 않다. 도산제도는 이러한 문제점을 해결할 수 있다는 점에서 사회안전망으로서의 역할도 수행한다고 볼 수 있다.

39) 도산제도는 집단적인 시스템(collective system)을 만들어냄으로써 관리비용과 채권자들의 개별 활동비용을 감소시킨다. 도산절차 밖에서 채권자는 각자 자신의 이익에만 관심을 가진다. 이것이 의미하는 것은 많은 채권자들이 각

이 정하는 바에 따라 배당된다. 이러한 청산과정은 법원의 지시와 감독에 따라 공평하고 공정하게 이루어지기 때문에 채권자들에게도 좋은 해결 방안이 된다. ③ 채무자에게 사해행위나 편파변제가 있는 경우 개시된 도산절차에서 부인권을 행사함으로써 최대한도로 채무자의 재산(파산재단, 개인회생재단)을 원상으로 복구하거나 나아가 침해된 이익을 회복할 수 있다. 이러한 점에서 보면 도산절차가 결코 채권자에게 적대적이거나 불리한 것만은 아니다. 특히 회생절차는 계속기업가치를 극대화하도록 설계되어 있고 이러한 가치를 채권자에 대한 변제에 사용될 수 있도록 하고 있다.

다음으로 기업이나 개인 스스로 가지고 있는 도산제도에 대한 오해다. 기업이 회생절차개시신청을 꺼리는 주된 이유는 대주주의 경영권 상실 우려 때문이라고 생각하고 있는 듯하다(물론 부실기업이라는 낙인효과에 대한 우려도 한 몫을 하고 있다). 그러나 법원은 이미 채무자회생법에 따라 '기존경영자를 관리인으로 선임하는 원칙'을 준수하고 있다. 기존경영자에게 특별한 문제가 없는 한(제74조 제2항 참조) 회생절차 진행 중에 기존경영자를 관리인으로 선임하거나 불선임 결정을 함으로써 기존경영자가 관리인으로 간주되게 하여 기업의 운영이나 경영권에 영향이 없도록 하고 있다. 또한 실무적으로도 사전회생계획안 제출제도(P-plan)나 패스트 트랙(Fast-track)제도를 실시하여 신속한 회생계획의 인가와 조기종결을 통해 조기에 법원의 감독으로부터 벗어나 자율적인 경영을 할 수 있도록 하고 있다. 나아가 출자전환으로 인한 경영권 위험을 방지하기 위하여 회생계획에 지분보유조항(Equity Retention Plan, ERP)을 두는 것도 허용하고 있다(본서 1101쪽 각주 3) 참조).

앞에서 본 바와 같이 도산절차는 기업에게 숨 쉴 수 있는 공간(breathing room)을 제공하고, 경우에 따라 질서 있는 정리(orderly burial)를 제공할 수도 있다.

개인의 경우 파산을 하면 그 사실(개인파산사실이 밝혀지면 통상적으로 경제관념이 없는 사람으로 아예 못박혀버린다)이 언제까지고 따라붙는다고 생각한다. 그러나 이는 잘못 알고 있는 것이다. 파산선고를 받으면 몇 가지 자격 제한을 받지만, 이것도 면책이 되면 복권된다. 파산사실은 가족관계등록부에 기재되지도 않고 선거권이나 피선거권 등 참정권도 정지당하지 않는다. 개인파산을 신청한 사람이 파산신청이나 파산선고사실을 감추려고 하면 감출 수 있고 아무런 말을 하지 않으면 다른 사람은 알 수도 없다.

마지막으로 도산절차는 복잡하고 비용이 많이 들 것이라는 인식이다. 물론 회생절차의 경우 대기업을 모델로 만들어진 절차이기 때문에 적지 않은 비용과 엄격한 절차를 요구하고 있

자 채무자 기업의 활동을 감시한다는 것이고, 특히 채무자 회사가 채무불이행에 빠지게 되면 더욱 그렇게 된다는 것이다. 그들은 채무자 회사의 경영진에 대하여, 비리를 저지르지는 않는지, 자산을 숨기지는 않는지, 현금을 유용하지는 않는지, 부당하게 경영진 자신들에게 먼저 지급을 하는 것은 아닌지, 채권자에 대한 변제재원으로 쓰일 자금으로 지나치게 위험한 사업을 감행하지는 않는지 등을 감시한다. 채무자 회사에 대한 감시 외에도, 채권자들은 서로를 감시할 필요도 있다. 혹시 다른 채권자가 기업의 중요 자산을 압류하였는지 또는 편파적으로 변제를 받는 것은 아닌지를 감시한다. 이러한 감시활동들은 모두 비용을 발생시킨다. 그리고 만약 문제가 발견되어 이것을 법원에서 해결하려는 경우에는 훨씬 더 많은 비용이 발생한다.

다. 그러나 제도적인 측면에서 지속적인 보완이 이루어지고 있다. 예컨대 2015년 간이회생절차를 도입하여 그동안 회생절차의 문제점으로 지적되어 온 복잡한 절차와 과다한 비용의 문제를 상당 부분 해결하였다.[40] 개인도산의 경우에도 실무적으로 제출하여야 할 서류를 대폭적으로 간소화하고 면책에 이르기까지의 기간을 단축하고 있다.

이러한 도산제도에 대한 오해로 법원에 도산을 신청하는 것을 꺼리는 경향이 있다. 이로 인하여 적시에 회생절차에 들어오지 못함으로써 회생의 기회를 상실하는 경우도 더러 있다. 이는 도산한 채무자의 문제로만 국한되는 것이 아니고 사회경제적으로 커다란 손실이 될 수 있다. 따라서 도산절차에 대한 오해를 바로잡고 대상을 넓히기 위해 도산절차개시(특히 회생절차개시)를 적시에 신청하도록 강제하는 방안도 입법론적으로 검토가 필요하다.[41] 도산절차개시를 의무화하면 워크아웃과 같은 사적도산절차를 법적도산절차로 편입하여 통일적인 도산사건

40) 회생절차는 그 절차가 복잡하고 시일이 장기간 소요되어 중소기업 스스로 진행하기에는 한계가 있다. 또한 실제 기업이 부담하는 회생절차 비용은 예납금과 전문가(변호사, 회계사 등) 활용비용(최소 4,500만 원 이상)으로 회생신청 중소기업이 부담하기엔 어려움이 있다. 이에 법원은 중소기업에 대한 회생절차의 신청이나 진행을 돕기 위하여 중소벤처기업부(실제 업무는 중소벤처기업진흥공단에 위탁하여 처리하고 있다)와 업무협약을 체결하여 '중소기업 회생컨설팅제도'를 시행하고 있다.

　중소기업 회생컨설팅제도의 주된 내용은 ① 중소기업 중 회생가능성이 높은 중소기업으로 하여금 조기에 회생절차개시를 신청하도록 유도하고, ② 회생컨설턴트(통상적으로 법원에서 조사위원을 맡고 있는 회계법인이 담당하고 있다)로 하여금 중소기업의 회생절차 진행을 보조하도록 하며, ③ 회생컨설턴트의 비용은 중소벤처기업진흥공단에서 부담하고(현재 3,000만 원 한도에서 지원하고 있다), ④ 가능한 한 조사위원 선임 및 그 조사보고절차를 생략하는 것이다.

　실무적으로는 「중소기업의 법원에 대한 회생신청 → 법원의 회생컨설팅제도 소개 및 회생신청기업의 중소벤처기업진흥공단에 대한 지원신청 → 중소벤처기업진흥공단의 지원 결정」이라는 절차로 진행된다. 따라서 중소기업이 법원에 회생을 신청하는 단계에서는 일단 조사위원 보수를 포함한 비용을 예납하여야 하고, 관리인보고서 제출 이후 적절한 시기에 예납금 중 당초 예상했던 조사위원 보수를 채무자에게 환급하여 준다.

41) 유엔 국제통상법위원회(UNCITRAL)는 "채권자, 기타 이해관계인의 정당한 이익을 보호하고 회사의 재정적 위기의 효과를 최소화할 수 있는 시의적절한 조치를 취하도록 하기 위해서는 도산이 임박하거나, 도산하는 것을 피할 수 없는 기업의 경영에 책임이 있는 자에게 일정한 의무를 부과할 수 있을 것"이라며 입법지침을 도입했다. 독일은 대표기관의 구성원 등에게 회사가 만기에 채무를 변제하지 못한 경우나 그런 상태가 발생한 지 3주 내에 도산절차개시를 위한 신청서를 제출하도록 규정하고 있다. 의무를 위반한 대표기관이 구성원 등에겐 형사책임을 지운다(독일 도산법 §15a). 영국은 회사의 도산이 예견되는 상황임에도 이사가 회생이나 청산에 필요한 조치를 취하지 않아서 회사의 부실이 심화되고 채권자가 손해를 입으면 이사에게 손해배상책임을 지운다{http://news.mk.co.kr/newsRead.php?year=2015&no=1049844(2015. 11. 4. 최종 방문) 참조}.

　이와 관련하여 기업구조조정 촉진법 제7조는 "주채권은행은 부실징후기업으로 통보받은 기업이 정당한 사유 없이 6개월의 범위에서 대통령령으로 정하는 기간에 이 법에 따른 관리절차나 「채무자 회생 및 파산에 관한 법률」에 따른 회생절차를 신청하지 아니하는 경우 부실징후기업의 신용위험으로 인하여 금융시장의 안정이 훼손되지 아니하도록 해당 기업의 신용위험 및 채무상환능력의 변화 등을 지속적으로 점검하여 필요한 조치를 강구하여야 한다"고 규정하고 있다. 이에 따라 시중은행들은 기업신용위험 상시평가 운영협약을 맺어 기업신용위험 상시평가를 실시하고, 상시평가 결과에 따라 부실징후기업으로 분류되는 기업에 대하여 경영정상화 가능성 여부에 따라 기업개선작업(워크아웃)을 진행하거나 회생절차를 통하여 사후관리를 하고 있다. 관련 내용은 〈제6편 제5장 제3절 Ⅲ.4.〉(본서 2319쪽)를 참조할 것.

　한편 러시아 도산에 관한 연방법률 제9조에는, 법인이나 자영업자는 ① 변제기가 도래한 금전채무나 강제지급금 납부의무를 변제하지 못한 때, ② 퇴직금, 임금 지급을 위한 자금 부족으로 인해 3개월 이상 위 채무를 연체하고 있는 때 등의 사유가 있을 경우, 1개월 이내에 도산절차 개시를 신청할 의무를 부과하고 있다고 한다. 또한 EU 예방적 구조조정제도에 관한 지침(2019)은 회원국들은 도산 가능성이 있는 회사의 이사에게 '도산을 피하기 위한 조치를 취할 필요성, 사업의 생존 능력을 위협하는 고의 또는 중과실에 의한 행위를 피할 필요성' 등을 고려할 의무를 부과하는 법 규정을 두어야 한다고 규정하고 있다.

처리가 가능해질 수 있다. 도산절차는 기업과 개인의 과거에 대한 법적 판단이 아니라 현재와 미래에 대한 판단이다. 그래서 신속한 도산절차의 진입이 중요하다.

Ⅴ 차별적 취급의 금지

도산제도가 법적으로 인정되는 이유는 각종 도산절차가 사회적으로 바람직하다고 보기 때문이다. 그럼에도 불구하고 현재 많은 법률에서는 파산선고를 받은 자나 도산절차를 신청한 자에 대하여 자격이나 영업을 제한하는 등 불리한 대우를 하는 규정들이 있다.[42] 이러한 이유로 도산절차를 적극적으로 이용하지 못하는 상황이 초래되고 있다. 이는 입법정책적으로도 바람직하지 않고 합리적 근거 없이 도산절차를 이용하는 자를 차별하는 것으로 헌법상 보장된 평등권을 침해한 것으로 정비되어야 한다.

채무자회생법은 도산절차 중에 있는 자들의 생활안정과 경제적 재기를 위하여 도산절차를 이용하고 있다는 것만으로 차별적 취급을 금지하고 있다. 즉 누구든지 채무자회생법에 따른 회생절차·파산절차 또는 개인회생절차 중에 있다는 이유로 정당한 사유 없이 취업의 제한 또는 는 해고 등 불이익한 처우를 받지 아니한다(제32조의2). 조문상으로는 취업의 제한 또는 해고 등 고용 관련 사안에 대하여 차별적 취급의 금지를 규정하고 있지만, 이는 예시적인 것에 불과하고 자격의 제한이나 박탈을 포함한 일체의 차별적 취급을 금지하는 것으로 해석하여야 할 것이다.[43]

차별적 취급을 금지하는 목적은 차별을 통해 차별을 면하려는 채무자로부터 면책채무를 간접적으로 추심하는 것을 배제함과 동시에, 채무자에게 생계를 유지할 수 있는 길을 보장하기 위한 것이다.

차별적 취급을 금지하도록 한 것은 도산제도가 징계주의에서 회생(갱생)주의[44]로 변화하였

---

42) 이와 관련하여서는 〈제3편 제3장 제2절 Ⅴ.4.나.〉(본서 1306쪽)를 참조할 것. 대부분의 취업규칙에서 파산선고를 당연퇴직사유로 정하고 있고, 행정적으로도 회생절차를 신청한 기업에 대해 증권시장 상장 취소나 정부공사 입찰자격 제한 등 불이익을 주고 있다.

43) 미국 연방도산법 §525(Protection against Discriminatory Treatment)는 정부기관과 고용주의 차별금지(non-discrimination)를 규정하고 있다. ① 정부기관은 도산사건의 채무자이거나 채무자였다는 이유로 면허, 허가, 인가, 특허 등을 거부·취소하여서는 아니 되고 고용을 거부·종료하여서는 아니 된다. ② 개인기업의 고용주(private employer)는 도산법상의 채무자가 되었거나 채무자였다거나 면책을 받았다는 이유만으로 해고하거나 고용에 있어서 차별할 수 없다. ③ 학생에 대하여 학자금을 융자하는 정부, 기타 그러한 사업자는 도산법상의 채무자나 채무자였다는 이유로 융자 및 보증을 거부할 수 없다.

44) **도산제도에서의 징계주의와 회생주의** 도산제도는 인간의 역사와 함께 오래전부터 어떠한 형태로든 존재하였다. 다만 옛날에는 로마법 이래 도산절차는 지급해야 할 채무를 지급할 수 없는 채무자에 대한 제재의 한 방법으로서 제도화되었다고 말할 수 있다. 특히 경제(상업)활동이 활발하였던 이탈리아 여러 도시국가의 법제 등에서는 경제적 파탄상태에 빠진 채무자는 경제계의 질서를 파괴하는 자로서 취급되었고, 그 질서유지를 위하여 경제적으로 처벌할 필요성이 있었으며, 그 절차가 파산절차로 되었다. 이러한 파산절차의 사고방식은 대륙법 여러 나라에 있어 보편화되었고, 징계주의라 한다.

이에 반하여 영미법 국가, 특히 미국에서는, 채무자가 경제적으로 파탄되었다고 결정되어도 채무자의 잘못이 아니고, 오히려 채무자는 경제활동의 파고에 농락된 피해자로 인식되었다. 이러한 피해자인 채무자에 대하여 다시 일어설 수 있는 기회, 새로운 출발(fresh start)의 기회 부여, 경제활동에 들어올 수 있는 절차로서, 파산제도가 이해되

음을 시사하는 것이다.[45] 또한 이는 현대 도산제도의 이념이라고 할 수 있는 '처벌법에서 구제법으로(from punitive law to relief law)', '청산에서 회생으로(from liquidation to rehabilitation)'를 구현한 것이기도 한다.[46]

Ⅵ 회생법원의 설치

1. 도입취지

2000년대 후반 세계적인 금융위기 이후 지속적인 경기불황으로 한계기업[47]이 늘고 가계부채[48]가 증가하면서 어려움을 겪는 채무자에 대한 구조조정 필요성이 상시화되자 보다 공정하고 효율적인 구조조정 절차를 담당하기 위하여 도산사건을 전문적으로 처리하는 도산전문법원의 설치를 바라는 요구가 증가하였다.

이에 도산전문법원인 회생법원을 설치하여 회생 및 파산 사건에 대한 재판전문성을 강화하고, 법원 구성원 전체의 전문화 달성 및 도산사건의 예측가능성을 높임으로써 사법서비스의 질을 향상시키고 도산절차 이용 문턱을 낮추어 수요자의 법원 접근성을 높이며, 연구 및 각종 제도개선에 있어서 한층 강화된 역량을 발휘함으로써 이해당사자 간 공정성과 형평성을 제고

었다. 이것은 19세기 미국이 서부개척 등을 위해 많은 인재를 필요로 했고, 한번 경제활동에 실패하여도 그 자를 경제사회로부터 배제할 여유가 없었다는 사정에 유래한 것이고, 본질적으로 유럽 대륙의 패배자에 의해 부활전의 무대인 미국이 성립되었다는 특성을 반영한 것이다. 여하튼 이러한 파산절차의 사고방식은 (징계주의와 대비하여) 회생주의라고 말할 수 있다.

 1970년대 이래 여러 나라에서는, 도산법제를 근본적으로 개혁하려는 움직임이 활발하였다. 그리하여 대륙법 여러 나라에서도 회생주의적인 사고방식의 영향을 강하게 받아, 회생형 도산절차나 개인채무자의 면책을 위한 절차가 차례로 창설 · 정비되었다. 그 결과 대륙법 여러 나라와 영미법 여러 나라의 도산절차는 상당한 정도로 유사하게 되었지만, 여전히 간과할 수 없는 기본적인 차이가 있다는 것도 부정할 수 없다(倒産處理法入門, 5~6쪽).

45) 문제는 위와 같은 입법론적 비판과 차별금지 규정이 있음에도 불구하고 파산선고를 받거나 파산을 신청하면 공무원, 교원, 변호사, 공인회계사, 법무사, 변리사, 세무사, 관세사, 행정사, 결혼중개업자 등의 직업상 결격사유가 된다고 규정하고 있는 법 규정이 아직도 상당수 남아있다는 것이다. 위와 같은 법 규정들은 파산선고를 받거나 신청하는 것 자체를 죄악시하거나 사회적 신뢰의 상실로 이해하고 불이익을 주는 것으로서 채무자의 회생이라는 도산제도의 목적과 차별금지 규정 취지에 정면으로 반하는 것이므로 시급하게 시정되어야 한다.

46) 주주총회에서 주주들이 충분한 정보를 바탕으로 경영진을 평가하고 선임권을 행사할 수 있도록 한다는 취지에서, 상장회사가 이사 · 감사의 선임에 관한 사항을 목적으로 하는 주주총회를 소집통지 또는 공고하는 경우에 주주총회 개최일 기준 최근 5년 이내에 후보자가 임원으로 재직한 기업이 회생절차 또는 파산절차가 있는지 여부를 통지하거나 공고하도록 하고 있다(상법 제542조의4 제2항, 상법 시행령 제31조 제3항 제4호). 그러나 이러한 규정은 과거 회생절차 또는 파산절차가 진행되었던 기업에 재직하였는지는 경영자의 현재 자격에 문제가 될 수 없고 차별적 취급을 금지하고 있는 제32조의2에 정면으로 반한다고 할 것이다. 특히 공시를 통해 후보자의 개인정보가 공개될 경우 후보자 개인에게는 평생 지워지지 않는 주홍글씨가 되는 셈이다.

47) 한계기업이란 이자보상배율(영업이익/이자비용)이 1미만인 기업을 말한다. 즉 재무구조가 부실해 영업 활동을 통해 벌어들인 이익으로 이자(금융비용)도 감당하지 못하는 등 상대적 경쟁력을 상실함으로써 더 이상의 성장에 어려움을 겪는 기업을 말한다.

48) 한국은행의 가계신용 통계에 따르면 가계부채는 매년 꾸준히 증가하고 있다. 이러한 상황을 고려하여 한국은행을 비롯한 다수의 연구기관은 가계부채가 중장기적으로 경제성장을 제약할 수 있는 뇌관으로 작용할 것임을 경고하고 있다. 가계부채라는 회색코뿔소(grey rhino)는 점점 더 뚜렷한 모습을 드러내며 우리 경제 곳곳에 경고음을 울리고 있다. 경제규모가 커지면 빚도 늘어나는 것이 자연스럽지만, 'R(Recession, 경기침체)의 공포'는 점점 더 커지고 있다.

하여 재판에 대한 국민의 신뢰를 증진하는 등 구조조정 절차에 있어서 실질적인 법치주의를 구현하고, 궁극적으로 국가경제에 이바지하고자 하는 것이다.

2. 법원체계의 변화와 회생법원의 역할

종전 법원체계는 대법원·고등법원·지방법원 이외에 특허법원, 가정법원, 행정법원 3종류의 이른바 '전문법원'[49]이 있어서 총 6종류의 법원으로 되어 있었는데, 2017. 3. 1. 회생법원이 도입됨으로써 총 7종류로 법원체계가 변화하였다(법원조직법 제3조 제1항 제7호).[50] 1995년 이후 21년 만에 '법원의 종류' 체계가 개편된 것이다. 회생법원의 설치로 기업 구조조정 또는 도산 절차에서 보다 공정하고 신속하며 효율적인 재판이 가능해지고, 유관 기관과의 협력체계 구축을 통한 제도 개선[51]도 활발히 일어날 수 있을 것으로 기대된다.

회생(도산)사건은 경영과 재무 상황이 악화된 채무자, 손실을 감수할 수밖에 없는 채권자,

---

49) 전문법원 제도는 특정 부류의 사건만을 담당하는 법원으로서 독립된 법원행정체계를 통해 인사·예산·정책 자원을 소관 사무에 집중 투입할 수 있도록 하는 제도이다. 우리나라에서는 1963년 가정법원이 전문법원으로서는 처음으로 도입되었고, 1995년에 특허법원과 행정법원이 각각 도입되었다. 가정법원과 행정법원, 특허법원은 모두 설립 후 담당사건이 지속적으로 증가하고 있고, 활발한 제도 개선을 통해 사법서비스의 질을 향상시키고 있는 것으로 평가되고 있다.

50) ○ **미국 연방도산법원의 관할권** 미국의 경우 도산법원(파산법원)은 독립적인 법원이 아니라 지방법원의 부속법원이다. 도산법원은 지방법원의 한 부(a unit of the district court)이다. 도산법원 법관도 연방항소법원이 임명하고 종신제가 아닌 14년의 임기제이다(28 U.S.C. §151, 152). 도산사건의 관할권은 지방법원에 있고, 지방법원이 도산법원에 이부(refer, 위탁)하여 처리한다{The Bankruptcy Amendments and Federal Judgeship Act(일반적으로 'BAFJA'라 부른다)}. 도산절차 중 핵심절차(core proceeding)[재단의 관리와 관련된 문제, 편파행위의 부인 등]는 자동이부제도(automatic referral)를 채택하여 도산법원이 심리·판단한다. 핵심절차는 아니지만 도산절차와 관련이 있는 것은 지방법원이 사실의 발견과 법률적 결론을 얻기 위해 사건을 도산법원에 이부할 수 있다. 지방법원이 사건을 도산법원에 이부할 수 있는 것처럼 이부된 사건이나 절차의 일부 또는 전부를 철회할 수도 있다. 도산법원의 재판에 대하여는 지방법원 또는 관할구역 내 도산법원 판사들로 구성된 도산항소부(bankruptcy appellate panel, BAP)에 항소를 제기할 수 있다. 자세한 내용은 「Elizabeth Warren, 171~182쪽, Charles J. Tabb·Ralph Brubaker, 823~829쪽」을 참조할 것.

   도산법원 판사들은 법적으로 지방법원의 감독을 받도록 되어 있지만, 지방법원 판사들은 그들의 감독권을 거의 행사하지 않는다고 한다.

   ○ **미국 도산판사(Bankruptcy judges)의 지위** 미국 헌법은 2가지 종류의 연방판사(federal judges)를 인정하고 있다. 하나는 완전한 권한을 갖는 제3조 판사(full-fledged Article Ⅲ judges)이다. 이들은 상원의 승인을 받아 대통령이 임명하고 종신 동안 근무한다. 또한 재직하는 동안 보수가 삭감되지 않는다. 둘은 많은 제한을 받는 제1조 판사(more limited Article Ⅰ judges)이다. 통상적으로 14년 동안 근무한다. 도산판사는 제1조 판사로 앞에서 본 바와 같이 연방항소법원에 의하여 14년의 임기로 임명된 자이다. 임기나 보수 등에 있어 헌법 제3조 판사와 같은 신분보장이 되지 않는다.

   법적기구로서 도산판사의 권한은 제한적이다. 제3조의 지방법원, 항소법원, 대법원 판사들은 사법권을 행사하는 광범위한 권한을 가지고 있다. 일반적으로 말하면, 제1조 판사들은 의회에 의하여 부여된 '공권(public rights)'과 관련한 분쟁을 해결할 수 있지만, 주법(state law)에 의해 발생하는 '사권(private rights)'을 심리할 수는 없다. 다행히 연방도산법과 채권자의 청구권으로부터 구제를 받을 권리는 의회에 의하여 부여된 것이고, 채권자들의 청구권을 허용할 것인지 불허할 것인지를 둘러싼 문제들은 공적인 것으로 취급되고 있다. 그러나 채무자들의 사권에 관한 분쟁이 종종 도산사건 과정에서 발생한다. 이러한 일이 발생할 때 쌍방이 도산판사의 권한에 동의하지 않으면, 이러한 소송은 연방지방법원이나 주법원(state court)으로 이송하여 해결하여야 한다(Jeffrey T. Ferriell·Edward J. Janger, 137쪽).

51) 대표적인 사적 구조조정으로 기촉법에 기초한 이른바 '워크아웃'이 있는데, 일반상사채무가 동결되지 않음에 따른 한계가 노출되어서 법원과의 유기적 협력을 통한 제도개선이 필요한 상황이었다.

주주, 종업원 등 이해관계인이 수없이 얽혀 있고, 경제 불황이나 금융위기 등 외부 환경적 요인에 의한 어려움이 항상 있는 가운데, 채무자에 대한 적시의 바람직한 구조조정을 통하여 기업을 회생시키고 사회적 비용을 낮추는 것에 최종적인 목표가 있다. 이러한 목표를 달성하기 위하여 어떠한 정책이나 가치관에 기반하여 제도를 설계하는지, 회생법원이 어떠한 방향으로 제도를 운영하는지가 회생사건의 진행이나 결과에 많은 영향을 끼칠 수밖에 없다. 이처럼 회생사건의 문제 해결적 역할, 정책 기반적(policy oriented) 특징을 고려할 때, 회생법원은 도산제도의 실무 개선과 발전에 중요한 역할을 할 것임에 틀림없다.

3. 회생법원의 순차적인 설치

가. 서울회생법원의 우선적 설치

전문법원으로서의 회생법원을 도입하면서 전국적으로 동시에 설치하는 것은 현실적으로 불가능하므로 인구와 사건규모 면에서 가장 비중이 큰 서울회생법원부터 단계적으로 설치하기로 하였다. 또한 법인의 회생사건 및 파산사건의 규모가 큰 경우에는 법인이 서울 이외 지역에 주소지가 있더라도 서울회생법원을 관할법원으로 선택할 수 있으므로(제3조 제4항) 관할이 집중되어 있는 서울부터 회생법원을 설치하는 것이 합리적이라는 점도 고려한 것이다. 그리하여 2017. 3. 1. 서울특별시를 관할구역으로 하는 서울회생법원이 설치되었다.

서울회생법원은 서울 지역의 도산사건, 모든 국제도산사건 및 그 외에 일정한 대규모 도산사건을 관할한다.

나. 수원회생법원·부산회생법원의 설치

코로나 팬데믹 시기에 소상공인과 취약 계층을 중심으로 생계형 대출이 증가하고 물가상승, 금리 인상 등으로 경제적 위기에 놓인 한계기업 및 개인채무자가 증가하고 있었으므로, 도산전문법원인 회생법원을 확대 설치하여 이들에 대한 전문적이고 신속한 사법서비스를 제공할 필요가 있었다. 이에 2023. 3. 1. 수원회생법원과 부산회생법원을 각각 설치하였다.

4. 계속 중인 사건의 관할과 회생법원의 심판권

가. 계속 중인 사건의 관할

서울회생법원의 관할에 속할 사건으로서 2017. 3. 1. 이전에 서울중앙지방법원에 계속 중인 사건(법인회생, 일반회생, 개인회생, 법인파산, 개인파산)은 2017. 3. 1.부터 서울회생법원에 계속 중인 것으로 본다. 수원회생법원, 부산회생법원의 관할에 속한 사건으로서 2023. 2. 28. 현재 수원지방법원, 부산지방법원 본원에 계속 중인 사건은 2023. 3. 1.부터 각각 수원회생법원, 부산회생법원에 계속 중인 것으로 본다(각급 법원의 설치와 관할구역에 관한 법률 부칙 제2조).

한편 아래 〈나.(2)〉에서 보는 바와 같이 회생법원이 개원함에 따라 민사사건 중 ① 조사확정재판에 대한 이의의 소(제116조, 제171조, 제353조, 제463조, 제578조의10, 제605조), ② 부인의 소(제105조, 제396조, 제578조의2, 제584조), ③ 부인청구를 인용하는 결정에 대한 이의의 소(제107조, 제396조 제4항, 제578조의2, 제584조), ④ 집행문부여의 소, 청구에 관한 이의의 소, 집행문부여에 대한 이의의 소(제255조 제3항, 제292조 제3항, 제603조)는 회생법원의 전속관할이 되었다. 따라서 위와 같은 사건은 회생법원으로 이송하여야 한다.[52]

나. 회생법원의 심판권

(1) 사물관할

회생법원의 심판권은 다른 재판과 마찬가지로 원칙적으로 단독판사가 이를 행사한다(법원조직법 제7조 제4항). 회생법원의 합의부는 ① 채무자회생법에 의하여 회생법원 합의부의 권한에 속하는 사건(제3조 제5항, 제630조), ② 합의부에서 심판할 것으로 합의부가 결정한 사건,[53] ③ 회생법원 판사에 대한 제척·기피사건 및 관리위원에 대한 기피사건, ④ 다른 법률에 따라 회생법원 합의부의 권한에 속하는 사건을 제1심으로 심판한다(법원조직법 제40조의7 제1항). 또한 회생법원 합의부는 회생법원 단독판사의 판결·결정·명령에 대한 항소 또는 항고사건을 제2심으로 심판한다(법원조직법 제40조의7 제2항).[54]

(2) 회생법원이 관할권을 갖는 민사사건

다음과 같은 사건에 관하여는 회생계속법원, 파산계속법원, 개인회생계속법원(회생사건, 파산사건, 개인회생사건이 계속되어 있는 회생법원)의 관할에 전속한다. 회생(파산·개인회생)계속법원이란 회생사건(파산사건·개인회생사건)이 계속되어 있는 회생법원을 말하는데, 회생(파산·개인회생)절차가 종결되거나 폐지된 후에는 회생(파산·개인회생)절차가 계속되었던 회생법원을 가리

---

52) 회생법원이 설치되어 있지 않은 나머지 지역에 있어서도 위와 같은 사건들은 회생사건(파산사건)이 계속되어 있는 지방법원으로 이송하여야 한다(대법원 2017. 6. 19. 선고 2017다204131 판결, 대법원 2017. 5. 30. 선고 2017다205073 판결 참조). 예컨대 광주지방법원에서 회생사건이 진행 중인 상태에서, 광주지방법원 순천지원에서 부인의 소가 계속되어 있는 경우(현실적으로는 사해행위취소소송이 제기된 후 회생절차가 개시되자 부인의 소로 청구취지가 변경된 경우가 많을 것이다)에는 광주지방법원으로 이송하여야 한다(대법원 2018. 6. 15. 선고 2017다265129 판결 참조). 반면 채권자취소소송이 광주지방법원 민사부에서 진행되던 중 부인의 소로 변경되면 광주지방법원 파산부로 이송할 필요가 없다. 여전히 광주지방법원이 회생계속법원이기 때문이다. 사무분담이 서로 다른 경우에는 재배당의 형식으로 처리한다.

53) 회생법원에 전속하는 민사사건(예컨대 채권조사확정재판에 대한 이의의 소)의 사물관할에 관하여도 5억 원을 넘는 사건은 합의부의 관할인가. 지방법원의 경우 법원조직법 제32조 제1항 제2호에서 '민사사건에 관하여는 대법원규칙으로 정하는 사건'을 합의부 사건으로 규정하고, 민사 및 가사소송의 사물관할에 관한 규칙 제2조는 소송목적의 값이 5억 원을 초과하는 민사사건은 원칙적으로 합의부에서 심판한다고 규정하고 있다. 그러나 회생법원의 합의부 심판권을 규정한 법원조직법 제40조의7 제1항은 같은 법 제32조 제1항 제2호와 같은 규정이 없고, 단지 제2호에 '합의부에서 심판할 것으로 합의부 결정한 사건'만을 규정하고 있다. 따라서 소가가 5억 원을 넘는다고 하더라도 합의부 관할이라고 단정할 수 없어, 실무적으로는 회생법원이 소가를 5억 원 넘는 것으로 결정하더라도 합의부에서 심판할 것을 결정(재정합의결정)하고 있다.

54) 회생법원이 설치되지 아니한 지역에 있어서의 회생법원의 권한에 속하는 사건은 회생법원이 설치될 때까지 해당 지방법원 본원이 관할한다. 다만 제3조 제10항에 따라 제기된 개인채무자에 대한 파산선고 또는 개인회생절차개시의 신청사건은 춘천지방법원 강릉지원이 관할한다(법원조직법 부칙 제2조).

킨다.[55]

① 법인의 이사·수탁자등의 책임에 기한 손해배상청구권 등의 조사확정재판에 대한 이의의 소(제116조, 제353조, 제578조의10) 및 채권조사확정재판에 대한 이의의 소(제171조, 제463조, 제605조)

② 부인의 소(제105조, 제396조, 제578조의2, 제584조)

회생채권자, 파산채권자 또는 개인회생채권자가 제기한 채권자취소소송을 관리인, 파산관재인, 채무자가 수계하여 부인의 소로 청구취지를 변경한 경우, 채권자취소소송이 계속 중인 법원은 전속관할인 회생계속법원, 파산계속법원, 개인회생계속법원으로 이송하여야 한다.[56] 다만 항소심에서 채권자취소소송을 수계하여 청구취지를 부인의 소로 변경한 경우에는 이송할 필요가 없이 항소심법원이 심리·판단한다.[57]

③ 부인청구를 인용하는 결정에 대한 이의의 소(제107조, 제396조 제4항, 제578조의2, 제584조)

④ 회생채권자표·회생담보권자표·개인회생채권자표에 관한 집행문부여의 소, 청구에 관한 이의의 소, 집행문부여에 대한 이의의 소(제255조 제3항, 제292조 제3항, 제603조)

회생채권자표 등에 대한 청구이의의 소 등을 회생계속법원·개인회생계속법원의 전속관할로 규정한 이유는 회생채권자표 등의 효력과 관련이 있는 사건을 회생채권자표 등을 작성하였던 회생계속법원 등에 집중시켜 관련 사건의 신속하고 적정한 진행을 도모하고자 하는 데 있다.

⑤ 파산채권자표에 관한 집행문부여의 소, 청구에 관한 이의의 소, 집행문부여에 대한 이의의 소

파산채권자표에 관한 집행문부여의 소, 청구에 관한 이의의 소, 집행문부여에 대한 이의의 소에 대하여는 파산계속법원의 전속관할이라는 명문의 규정은 없으나, 파산채권자표를 작성한 파산계속법원을 제1심 법원 또는 제1심 판결법원으로 보는 것이 타당하다(민집법 제21조, 제57조, 제56조, 제44조 제1항, 제33조, 제45조).

⑥ 소의 일부만 회생법원의 관할에 전속하는 경우[58]

---

55) 대법원 2019. 10. 17. 선고 2019다238305 판결(☞ 서울중앙지방법원에서 회생절차가 진행 및 종결된 원고에 대하여 피고가 집행력있는 회생채권자표정본을 기초로 원고의 채권에 대한 압류·추심명령을 받자, 원고가 피고를 상대로 원고의 주소지를 관할하는 수원지방법원 성남지원에 청구이의를 제기하여 1심 및 원심 판결이 선고되었는데, 대법원은 회생채권자표에 대한 청구이의의 소는 회생계속법원의 전속관할에 속한다는 이유로 원심판결을 파기하고, 제1심 판결을 취소하여 사건을 관할법원인 서울회생법원으로 이송한 사례). 그 이유는 다음과 같다. 제255조 제3항에서 회생채권자표에 대한 청구이의의 소 등을 회생계속법원의 전속관할로 규정한 이유는 회생채권자표의 효력과 관련이 있는 사건을 회생채권자표를 작성하였던 회생계속법원에 집중시켜 관련 사건의 신속하고 적정한 진행을 도모하고자 하는 데 있다. 또한 이 규정은 회생절차의 폐지에 따라 강제집행을 하는 경우에 준용되는데(제292조 제2항, 제3항), '회생계속법원'의 의미를 회생절차가 계속되었던 법원으로 해석하지 않으면, 회생절차가 폐지된 경우 청구이의의 소를 존재하지 않는 법원의 관할에 전속시키는 문제가 발생한다. 회생절차가 종결된 경우에는 위와 같은 준용 규정이 없으나(제255조 제3항은 회생절차가 종결된 경우를 직접적으로 규정한 것이므로 부적절한 설시로 보인다), 회생절차가 폐지된 경우와 마찬가지로 보아야 한다. 파산절차나 개인회생절차도 그렇다.

56) 관리인 등이 피고로서 부인의 항변을 하는 경우에는 부인의 소가 아니므로 회생계속법원 등의 관할에 전속하지 않는다.

57) 대법원 2017. 5. 30. 선고 2017다205703 판결 참조.

58) 회생법원이 설치되지 아니한 지역의 회생법원(지방법원 또는 지방법원 본원)에서는 해당 법원이 민사사건을 함께 담당하고 있기 때문에 이러한 문제가 발생하지 않는다.

회생법원의 관할에 전속하는 청구와 그렇지 않은 청구가 병합된 경우 회생법원의 관할에 전속하는 부분만 분리하여 이송하여야 한다. 회생법원에 전속하지 않는 나머지 청구는 재량으로 이송할 수도 없다. 왜냐하면 회생법원은 민사소송의 제1심 법원인 지방법원 본원과 달리 법원조직법 제40조의7에 특별히 규정된 사건만 관할권이 있다고 보아야 하므로 관련재판적 등 규정이 적용될 수 없기 때문이다.[59]

5. 관리감독기구의 전문화[60]

도산절차에서 재판과 관리감독을 법원이 모두 전담한다는 것은 문제라는 비판이 지속적으로 제기되고 있다.[61] 그렇지만 관리감독기능을 분리해서 별도 기구를 설치하는 것은 현실적으로 어려움이 있다. 향후 법원은 관리인 및 파산관재인 등에 대한 관리감독기구(관리위원회, 대법원의 회생·파산위원회 등)를 전문화하고 그 관리감독에 경제계전문가·경영계전문가 및 금융전문가 등의 전문성을 반영할 방안을 연구하여 기업구조조정 선진화 방안을 마련하여야 할 것이다.[62]

한편 도산 관리·감독 기능에 대한 사후 감독을 위해 법원행정처장은 도산 절차관계인 선임 내역, 평정결과, 파산범죄 등 도산절차 남용 사례, 관리·감독 업무 수행 내역 등을 투명하게 공개할 수 있도록 관리위원회를 통한 관리·감독 업무에 관한 실적과 다음 연도 추진계획을 담은 연간보고서를 발간하여 국회 소관 상임위원회에 보고하여야 한다(제19조의2). 이는 국회의

---

59) 실무적으로 분리하여 이송하지 않고 전부를 회생법원으로 이송하는 경우가 종종 있다.

60) 도산절차에 대한 감독에 있어서 법원이 절차진행을 감독하는 방식과 법원 외부에 독립된 기관을 두어 감독하는 방식이 있다. 우리나라를 비롯한 대부분의 국가는 법원이 절차진행을 전반적으로 감독한다. 미국의 경우는 두 가지 방식이 모두 존재한다. 그중 법원이 도산절차를 감독하는 제도가 연방도산관리인(BA, U.S. Bankruptcy Administrator) 제도이고, 법원과 독립한 법무부 소속 기구가 도산절차를 감독하는 제도가 연방관재인(UST, U.S. Trustee) 제도이다. 현재 미국에서는 앨라배마와 노스캐롤라이나 주에서 연방도산관리인 제도를 실시하고 있고, 위 2개의 주를 제외한 나머지 지역(48개 주)에서는 연방관재인 제도를 실시하고 있다. 연방관재인과 연방도산관리인은 기능적으로는 동일한 감독관(overseer)을 두고 있다.

61) 도산절차에서 회생절차개시결정, 파산선고 등 재판기능과 관리인이나 파산관재인의 선임 등 관리감독기능을 회생법원이 동시에 수행하는 것은 ① 업무과중으로 도산절차가 지연될 수 있고, ② 도산절차에서 법관이 아닌 관리위원이 사실상 회생계획 등을 심사·결정하고 있으며, ③ 관리인 등을 회생법원이 선임하고 감독함으로써 공정성이 훼손될 수 있고, ④ 법원의 관리인 등에 대한 관리·감독능력이 떨어진다는 문제가 있다는 것이다. 이러한 논리로 법무부는 한때(2012년) 미국의 연방관재인(U.S. Trustee)제도를 모델로 도산감독청의 설치를 추진했었다. 그러나 관리인 등의 업무에 대한 감독이 성질상 행정에 속한다고 하더라도 감독업무를 반드시 회생법원 이외의 다른 기관이 맡아야 하는 것은 아니다. 도산전문법원인 회생법원이 신설되어 전문성이 강화됨으로써 신속하게 도산절차를 진행할 수 있고, 관리인 등을 회생법원이 선임하고 감독한다고 하여 공정성이 훼손되는 것은 아니다. 또한 관리위원이 회생계획 등을 사실상 심사·결정한다고 하지만 이는 법관이 경영이나 회계전문가가 아닌 관계로 자문과 조력을 받아 재판업무를 수행하는 것에 불과하다(제19조 참조). 나아가 별도로 도산감독청을 설치하는 것은 시간과 비용이 이중적으로 들어갈 수 있다.

62) 대법원은 도산사건에 있어서 개별법원에서 절차관계인 선임 및 감독 업무와 재판업무를 모두 담당하여 불공정하다는 비판적인 의견을 반영하여 절차관계인 선임 및 감독 업무 중 일부를 중립적인 외부 위원이 참여하는 회생·파산위원회(회생·파산위원회 설치 및 운영에 관한 규칙 제3조 제2항)에서 담당하게 하고자 도산절차관계인 선발 등과 관련한 관련 예규를 정비하였다. 주된 내용은 관리위원 등 도산절차관계인의 선임에 있어 회생·파산위원회가 후보자를 추천하거나 의견을 제시할 수 있도록 하고, 정기적으로 평정결과를 회생·파산위원회에 통보하도록 하였다. 이로써 도산절차관계인 선발 등과 관련하여 통일된 절차를 마련하고, 회생·파산위원회를 통해 도산 관리·감독 기능을 강화하였다.

사후 감독을 통한 도산 관리·감독 기능에 대한 공정성과 국민의 신뢰를 높이기 위한 것이다.

Ⅶ 도산사건처리절차에 있어 사건처리원칙

도산처리절차는 채무자가 부담하는 과도한 채무를 집단적으로 처리하는 절차이다. 채무자회생법은 사건 해결을 위하여 여러 가지 제도를 두고 있지만, 사건처리는 ① 공정·공평, ② 간이·신속, ③ 합리적이어야 한다.

도산사건은 많은 이해관계인이 관여하는 집단적인 채무처리절차이기 때문에 ① 공정·공평, ③ 합리적이어야 한다는 원칙은 불가결하다. ② 간이·신속이라는 점은 도산사건이 경제적인 사건이자 사회적인 사건이기 때문에 청산형이건 회생형이건 간이·신속한 처리가 요구되고, 도산처리절차에 관련된 개별적인 사건처리도 마찬가지로 간이·신속성이 요구된다. 결정절차로 진행되는 부인의 청구(제106조 등)나 채권조사확정재판(제170조 등)은 도산사건을 간이·신속하게 처리하기 위한 전형적인 제도이다.[63]

제2절 도산절차의 지도이념

도산절차의 목적은 채무자나 그 사업의 효율적인 회생, 총채권자 만족의 최대화 및 이해관계인 권리의 공평한 실현으로 집약된다(제1조 참조). 이러한 목적을 실현하기 위한 도산절차에 공통하는 지도이념(지도원리)으로 이해관계의 공평한 조정(공평·평등·형평)과 절차보장을 들 수 있다.[64]

Ⅰ 이해관계의 공평한 조정(공평·평등·형평)[65]

도산절차는 채권자·주주·지분권자 등 이해관계인의 법률관계를 공평하게 조정함으로써 그 목적의 실현을 추구한다(제1조 참조). 공평의 이념은 채권자 사이와 그 이외 이해관계인 사이에서 달리 적용된다.

(1) 먼저 채권자 사이의 공평에 관하여 본다. 채권자의 권리는 그 실체법상의 성질을 반영하여 다양하다. 채무자의 일반재산으로부터 변제를 기대하는 일반채권자도 있고, 일반재산을 대상으로 하면서도 우선적 만족을 기대하는 우선권 있는 채권자도 존재한다. 나아가 채무자의 특정재산에 대해 담보권을 가진 질권자, 저당권자 또는 비전형담보권자 등도 있다. 담보권으로

---

63) 倒産·再生訴訟, 3~4쪽.
64) 破産法·民事再生法, 20~25쪽, 김주학, 42쪽 이하.
65) 제1조, 제217조, 제218조, 제243조 제1항 제2호, 제614조 제1항 참조.

분류되지는 않지만 상계권자와 같이 기능적으로 우선적 만족이 보장되는 채권도 있다. 도산처리에 있어서는 한정된 변제재원으로 채권자의 몫을 결정하지 않으면 안 되고, 그 때 작동하는 것이 공평의 이념이다.

도산절차는 부족한 자산을 어떻게 이해관계인에게 배분하느냐는 점에서 제로섬(zero-sum) 게임이다. 원칙적으로 실체법상 동일한 성질을 가진 채권자에 대하여는 절차적으로도 평등하게 취급하고(equality of distribution), 다른 성질을 가진 채권자에 대하여는 그 차이에 따라 취급을 달리하는 것이 공평에 합치된다. 실체법이 권리의 성질을 달리 설계하고 각 권리 사이에 순위를 인정하고 있는 것은 사회적 공평이나 거래당사자의 의사 등을 고려한 것이므로 도산절차에서 그것을 무시하는 것은 적절하지 않다. 실체법상 동일한 성질의 권리에 대하여 불평등한 취급을 하는 것은 실체법 질서를 무시하는 것으로 되고, 채권자의 합리적 기대에도 반한다.[66] 이런 의미에서 평등원칙은 공평원칙의 일부이다. 다만 실체법적으로는 동일한 성질의 권리라도 채권의 발생원인 등 개별·구체적인 사정을 고려하여 취급에 차이를 두는 것이 형평에 합치되는 경우가 있다. 이러한 이념이 잘 구현되고 있는 것이 회생절차이다. 제217조, 제218조는 실체법상의 성질이 다른 권리에 관하여는 차등을 두고, 그 이외의 경우에는 평등하게 취급하는 것을 원칙으로 함과 동시에 형평의 이념에 비추어 합리적이라고 인정되는 범위에서 실체법상의 동일한 성질의 권리 사이에 차등을 두는 것도 허용하고 있다(실질적 평등).

파산절차도 기본적으로 동일한 사고의 틀에 서 있다. 일반채권자는 파산절차에서 파산재단으로부터 평등변제를 받는 파산채권자로 되지만(제440조), 일반재산에 대하여 우선권을 가진 채권자는 우선권 있는 파산채권자로 된다(제441조). 또한 특정재산에 대한 담보권자는 별제권자로서 특별한 지위가 부여된다(제411조). 이에 반하여 평등원칙을 형평의 견지에서 수정하는 것은 인정하고 있지 않다(제440조 참조, 형식적 평등).[67] 다만 고의의 불법행위에 기초한 손해배상채권이나 부양료채권 등을 비면책채권으로 하고 있는 제566조 제3호 내지 제6호, 제8호의 규정은 형평의 이념이 반영된 것으로 보인다.[68] 개인회생절차도 마찬가지이다(제586조, 제614조 제1항 제2호, 제625조 제2항 제4호 내지 제8호 참조).

한편 채무자회생법이 파산선고 전의 원인으로 인한 조세채권을 모두 재단채권으로 규정한 것(제473조 제2호)이 공평의 이념에 부합하는지는 의문이다. 다른 일반채권자와의 공평의 원칙상 재단채권으로서의 조세채권의 범위를 일정 범위로 한정하고[69] 그 이외의 부분은 우선권 있는 파산채권으로 하는 것이 타당하다고 생각된다.

---

66) 도산절차에서 합리적 이유가 있으면 평등원칙이 수정되어야 한다는 점에 대하여는 이론의 여지가 없다. 그렇지만 채권자로서의 예측가능성을 고려하면, 수정의 근거로서 합리적 이유는 단지 개별사안의 성질만이 아니라 법의 취지로 볼 때 상당하다고 평가되는 것이어야 한다.

67) 물론 평등원칙은 채권자 상호간의 관계를 규율하는 것이기 때문에 불이익을 받는 파산채권자의 동의가 있다면 평등원칙을 수정하는 것이 허용된다.

68) 법인의 이사등의 책임 추궁(제351조 이하)도 형평을 실현하는 기능을 가지고 있다.

69) 개인회생절차에서 개인회생재단채권으로 인정되는 조세채권에 관한 제583조 제1항 제2호 참조.

(2) 다음으로 채권자 이외의 이해관계인 사이의 공평에 관하여 본다. 공평의 이념은 채권자 이외의 이해관계인과 파산절차와의 관계에서 중요한 역할을 한다. 예컨대 채무자에 대하여 계약관계에 의한 채무를 부담하는 자의 지위를 고려할 때 파산선고에 의해 그 자에게 불측의 손해를 주지 않아야 한다는 점에 주의할 필요가 있는바, 이것도 광의의 공평의 문제에 속한다. 쌍방미이행 쌍무계약에 관계된 상대방의 채무자에 대한 권리를 재단채권으로 인정한 것(제473조 제7호)은 이것을 잘 나타내고 있다. 또한 파산재단으로부터 특정재산을 환취할 수 있는 자, 즉 환취권자의 범위를 정함에 있어서도, 상대방이 파산선고 전에 가지고 있는 권리를 제한하는 것이 공평을 해하는 결과에 이르는 것이 아닌지를 고려하지 않으면 안 된다.[70]

도산절차에서의 이해관계인

도산절차는 이해관계인의 법률관계를 조정하여 채무자 또는 그 사업의 효율적인 회생을 도모하거나 회생이 어려운 채무자의 재산을 공평하게 환가·배당하는 것을 목적으로 한다(제1조). 관리인이나 파산관재인은 직무를 수행할 때 선량한 관리의무가 있고 이를 위반할 경우 이해관계인에게 손해를 배상하여야 한다(제82조, 제361조). 이러한 의미에서 이해관계인의 범위를 명확히 할 필요가 있다.

이해관계인이란 도산절차에서 관리인 등 기관의 활동에 의해 그 이익이 보호되거나 그 이익에 영향을 받는 자를 말한다. 이해관계인의 범위는 도산절차개시의 효과 및 도산절차의 구조를 고려하여 결정된다. 구체적인 이해관계인의 범위는 도산절차의 종류에 따라 다르다.

I. 회생절차

회생절차에서 이해관계인으로 채권자, 주주, 지분권자 등을 들고 있지만(제1조) 이는 예시적인 것으로 이해관계인인지 여부는 개별적으로 검토하여야 한다.

회생채권자와 회생담보권자는 회생절차가 개시되면 권리행사가 제한되고(제131조, 제141조 제2항), 회생계획인가결정으로 면책이나 권리변경의 효력을 받게 되므로(제251조, 제252조) 이해관계인에 포함된다.

주주, 지분권자는 회생절차(회생계획)에서 자본구성의 조정대상이 되고(제1조, 제193조 제1항 제1호) 회생절차에 참가할 수 있으므로(제146조 제2항) 이해관계인에 포함된다.

공익채권자는 회생절차에 의하지 않고 수시로 우선적으로 변제받을 수 있다(제180조 제1항, 제2항). 하지만 회생절차개시 후 공익채권에 기한 강제집행 등도 중지 또는 취소될 수 있다(제180조 제3항)는 점에서 이해관계인으로 보아야 할 것이다.

개시후기타채권자는 회생절차에 참가할 수 없고, 회생절차개시시부터 회생계획이 정하고 있는 변제기간 만료시까지 권리의 만족을 얻을 수 없으며, 강제집행 등도 할 수 없지만(제181조),

---

70) 甲과 乙 사이에 특정동산의 매매계약이 체결되고, 乙이 甲에게 목적물을 인도하였고 변제기가 도래하였음에도 매수인 甲이 대금을 지급을 하지 않는 상태에서 甲에 대하여 파산선고가 되었다. 매도인 乙이 파산선고 전에 이미 해제권을 취득하였다면 그 해제권의 주장을 인정하고 원상회복으로서 파산관재인에 대하여 환취권을 행사하는 것을 허용하는 것(제407조, 민법 제548조 제1항 본문)이 공평에 합치된다.

회생계획에서 정한 변제기간의 만료 후 관리인이나 채무자로부터 변제를 받을 수 있는 지위에 있으므로, 회생절차 성부 그 자체에 이해관계를 가진다고 볼 수 있다.

환취권자는 목적물의 환취라는 제한된 국면에서 회생절차와 관련되는 것에 지나지 않고, 절차의 실현 등의 관계에서는 이해관계를 갖지 않는다. 또한 관리인도 그 직무를 수행함에 있어 환취권자의 이익실현을 도모할 입장은 아니기 때문에 이해관계인에 포함되는 것은 아니다.

채무자의 경우는 어떤가. 파산절차와 달리 회생절차에서는 자유재산이라는 개념이 없고 채무자의 재산에 관하여 팽창주의를 취하고 있다. 또한 회생절차는 채무자나 그 사업의 효율적인 회생을 목적으로 회생절차개시결정이 되는 것이므로 채무자는 이해관계인의 범위에 포함되지 않는다.

Ⅱ. 파산절차

파산절차에서 이해관계인으로 인정되는 자로 채무자, 파산채권자 및 재단채권자가 있다. 또한 별제권자의 지위가 인정되는 담보권자도 이해관계인으로 인정된다. 담보권자는 별제권자의 지위에서 파산절차와 관계없이 권리행사를 할 수 있지만(제412조), 어떠한 제약도 없는 것은 아니기 때문이다. 별제권자의 파산채권행사는 예정부족액에 한정되고(제413조) 별제권 행사에도 일정한 제한이 있다(본서 1429쪽).

파산절차에서 채무자(파산선고를 받은 채무자)는 회생절차와 달리 이해관계인이다. 파산절차는 고정주의를 채택한 결과 파산재단에 속하는 재산의 귀속주체로서의 채무자와 자유재산의 귀속주체로서의 채무자는 구별되고, 특히 개인채무자에 대하여는 파산절차 종료 후 면책이 되면 파산채권자로부터의 어떠한 추급으로부터도 해방되기 때문이다. 또한 채권조사결과는 채무자에게 확정판결과 동일한 효력이 있고(제460조) 파산채권자는 이것을 집행권원으로 하여 강제집행을 할 수 있기 때문에(제535조 제2항, 제548조) 채권조사에 대하여 채무자의 이해관계도 부정할 수 없다.

주주, 지분권자는 이해관계인의 지위가 인정되지 않는다. 파산의 경우에는 파산재단으로 파산채권자에게 배당을 실시하고, 잔여재산이 존재한다면 파산절차 종결 후 통상의 청산절차에 따라 주주 등에게 분배를 하는 것이 예정되어 있기 때문에 주주 등은 파산절차에서 이해관계인으로 되지 않는다.

Ⅲ. 개인회생절차

개인회생절차에서 이해관계인으로 인정되는 자로 개인회생채권자 및 개인회생재단채권자가 있다. 또한 별제권자의 지위가 인정되는 담보권자도 이해관계인으로 인정된다. 별제권자는 개인회생절차와 관계없이 권리행사가 보장되지만, 담보권 실행 등이 중지 또는 금지될 수 있기 때문이다(제593조 제1항 제3호, 제600조 제2항).

채무자는 어떤가. 개인회생절차에서 개인회생재단에 관하여 팽창주의를 채택하고 있고, 비록 자유재산이 존재하지만 개인회생절차의 목적은 어디까지나 채무자의 회생에 있기 때문에 이해관계인의 개념에 포함시키기는 어렵다.

Ⅱ 절차보장

도산절차도 채무자를 중심으로 한 이해관계인의 권리의무관계를 각 절차에서 제한하고 이해관계인 사이의 이해나 분쟁을 해결·조정하는 절차로서 광의의 민사소송절차에 속한다. 판결절차에 있어서는 기판력 등 판결효력에 구속을 받는 당사자에 대하여 재판자료제출을 위한 공격방어의 기회를 보장한다는 의미에서 절차보장이념이 타당하다. 도산절차는 당사자 사이의 권리의무 확정을 목적으로 하는 것이 아니고, 채무자 재산의 공평한 분배와 채무자의 경제적 회생을 목적으로 하는 것이며, 그 목적 실현을 위하여 파산관재인이나 관리인이 재산의 관리처분권을 갖고, 절차 진행 중에는 채권자의 권리행사는 제한되며, 나아가 면책이 부여되는 채무에 대하여는 책임이 면제되는 등 채무자나 채권자의 권리에 대하여 다양한 제한이나 변동이 가해진다. 이러한 제한이나 변동은 채무자나 채권자의 의사와 무관하고, 절차 내에서 행하여지는 재판의 효과로서 발생하는 것이다. 그래서 판결절차의 경우와 마찬가지로, 재판에 의해 불이익을 받는 자에 대하여 이를 정당화하기에 충분한 주장이나 증명의 기회를 보장할 필요가 있다. 이러한 의미에서 도산절차에 있어서도 절차보장(due process)의 이념이 타당하다.

다만 어떠한 형태의 절차보장을 할 것인가는 절차의 종류를 묻지 않는 경우와 절차의 종류에 따라 다른 경우가 있다. 예컨대 절차개시에 관한 재판에 대하여, 채무자를 비롯한 이해관계인에게 불복신청의 기회를 부여하고 있는 것은 어떠한 절차에 있어서도 동일하다(제53조, 제316조, 제598조). 이에 반하여 권리변경을 위한 절차에 있어서는 각 절차의 특징을 고려하여 일정한 차이를 두고 있다. 회생절차에서는 회생계획안의 작성 및 결의를 위해 권리의 성질을 고려하여 조를 분류하고(제236조), 회생계획안 가결의 요건도 조에 따라 구별하고 있다(제237조). 개인회생절차에서는 권리의 성질에 따라 조를 분류하지도 않고(임의적이다. 제611조 제2항 제1호 참조) 다수결에 따라 변제계획안의 인가(계속사업가치의 분배)를 결정하지도 않는다.

한편 파산절차에 있어서는 파산관재인이 파산재단을 신속하게 환가하여 채권자에게 배당하는 것이 목적이기 때문에, 채권자에게 필수적으로 의사결정의 기회를 부여할 필요는 없다. 즉 청산가치의 최대화, 나아가 그것의 신속한 배분을 실현하기 위해서는, 법원의 감독하에 파산관재인이 적정한 관재업무를 수행하는 것이 중요하고, 그 분배 자체에 대하여 채권자의 의사결정을 구할 필요는 적다. 현재 실무적으로도 채무자회생법이 감사위원 또는 채권자집회제도를 두어 채권자에게 의사결정기회를 보장하고 있음에도 이러한 제도들은 충분히 기능하지 못하고 있다.

채무자 또는 그 사업의 효율적인 회생을 목적으로 하고 거래의 계속에 의한 이익이 기대되는 회생절차(개인회생절차)와 비교하여, 청산을 목적으로 하는 파산절차에서의 채권자는, 청산가치의 배분을 받는 수동적 입장에 있기 때문에, 절차참여의 의욕이 저하되는 것은 부정할 수 없고, 절차보장의 형태도 회생절차(개인회생절차)와 동일하게 할 필요는 없다. 그러나 파산절차에 있어서도, 특히 대규모 사건에 있어서는 청산의 기본적 방향이나 재산환가의 방침 등에 대하여 채권자의 참가의욕이 강할 것이므로, 파산관재인의 관재업무에 대한 정보를 적시에 채권자에게 공개하고, 필요한 경우에는 채권자집회를 통하여 채권자가 파산관재인이나 법원에 의견을 진술하는 기회를 부여하는 형태로 절차보장을 도모할 필요가 있다.

제3절 | 도산절차와 채권자평등의 원칙

I 채권자평등의 원칙

채권자평등의 원칙이란 채권이 여러 개 존재하는 경우 그 발생원인, 발생시기의 선후, 금액의 여하를 묻지 않고 모두 평등하게 다루어지며, 특히 어떤 채권자만이 우선적으로 변제받을 수 없는 것을 말한다. 채권은 물권과 달리 동일한 내용의 채권이 복수로 성립할 수 있고, 채무자의 자력이 전체 채권의 실현에 부족한 경우 각 채권자는 평등한 지위에서 각각의 채권액에 비례하여 만족을 받는다. 채권자평등의 원칙은 채권법의 대원칙이다.[71]

채권자평등의 원칙이 채권법의 대원칙이지만, 실제로 구현되는 곳은 도산(파산)의 경우이다. 통상의 경우 특정채무의 변제기가 도래하여 이행을 청구할 때, 채무자가 '그 채무만 이행하면, 다른 채권자의 채권 실현에 영향을 미치기 때문에, 채권액에 따른 비율만 변제할 수밖에 없다'고 항변하여도, 그것은 인정되지 않는다. 다른 채권이 어떠하든지 간에 이행을 하지 않으면 채무불이행이 된다. 반면 도산의 경우는 다르다. 도산절차는 채무자의 재산이 모든 채권자들을 만족시킬 수 없다는 것을 전제로 하고, 이 경우 모든 채권자들의 집단적 만족은 집단적 변제를 뜻할 뿐만 아니라 항상 비율적 변제를 의미한다. 채권은 전액이 아니라 일정 비율만 변제되고, 그 비율은 처분할 수 있는 환가가능재산이 얼마나 되는지에 달려 있다. 이때 채무자회생법은 채권자평등주의(*par condicio creditorium*)에 기초하고 있고, 이는 채무자회생법의 핵심 개념이다. 모든 채권자들의 변제비율은 차별을 정당화할 만한 특별한 사정이 없는 한 동일해야 한다.[72]

채권자평등의 원칙이 엄격하게 관철되기 위해서는, 모든 채권이 동일한 조건으로 비교할 수 있는 형태가 되어야 한다. 그렇지 않으면 채권액에 따른 비례 변제는 할 수가 없다. 예컨대 A채권은 소유권이전등기청구권이고, B채권은 10년 후에 변제기가 도래하는 채권이며, C채권은 1년 후에 변제기가 도래하는 해제조건부채권인 경우 어떤 비율로 변제(배분)하는 것이 좋을까. 파산절차와 개인회생절차에서는 현재화, 금전화에 의하여 모든 채권을 동일한 조건으로 변형하여 채권액에 따라 변제(배당)한다.

---

71) 채권자평등의 원칙은 계약자유의 원칙과 더불어 채권법의 대원칙이지만, 현실적으로는 민법 교과서 등에서 잘 설명되고 있지 않다.
72) Reinhard Bork, 2쪽.

Ⅱ 채권자대위권·채권자취소권과 채권자평등

민법에서도 채무자가 무자력인 경우 채권자평등의 원칙을 지키기 위해 채권자대위권(민법 제404조), 채권자취소권(민법 제406조)을 두고 있다. 그런데 위 2가지 제도가 채권자평등의 원칙을 실질적으로 구현하고 있는 것일까.

1. 채권자대위권의 경우

채권자대위권이란 채권자가 자기의 채권을 보전하기 위하여 채무자의 권리를 대위하여 행사할 수 있는 권리를 말한다(민법 제404조). 본래는 특정채권의 실현을 위한 제도는 아니었고, 총채권자를 위한 제도였다. 그러나 판례가 특정채권의 실현을 위해 이용하는 것도 인정하였고, 이것을 총채권자를 위한 제도인 '본래형'과 구별하여, '전용형'이라고 부른다. 전용형은 특정채권의 실현을 목적으로 하는 것이므로, 채권자평등의 원칙과는 관련이 없다. 나아가 본래형의 경우도 제3채무자로부터 급부를 대위 수령한 채권자[73]는 그것을 채무자에게 인도하여야 하지만, 채권자의 채무자에 대한 채권과 채무자의 채권자에 대한 인도채권이 상계적상에 있다면 상계의 의사표시에 의하여 '사실상' 우선변제를 받을 수 있다. 따라서 총채권자를 위한 권리행사는 아니고 채권자평등의 원칙에도 반하는 결과에 이르게 된다. 이를 막기 위해서는 채무자에 대해 도산(파산)을 신청하는 것이다.

2. 채권자취소권의 경우

채권자취소권이란 채무자가 채권자를 해함을 알면서 자기의 일반재산을 감소시키는 법률행위(사해행위)를 한 경우, 채권자가 그 행위를 취소하고 재산을 원상으로 회복시킬 수 있는 권리를 말한다(민법 제406조). 채권자취소의 효력은 모든 채권자의 이익을 위하여 그 효력이 있기 때문에(민법 제407조), 채권자취소권은 당연히 총채권자를 위해 책임재산을 보전하는 제도이고, 채권자평등의 원칙을 실현하고 있다고 생각할지도 모른다. 하지만 명문의 규정에도 불구하고, 이것도 채권자평등의 원칙을 구현하고 있지는 못하다. 즉 채권자가 회복할 재산을 대위 수령할 수 있는데,[74] 채권자의 채무자에 대한 채권과 채무자의 회복된 재산에 대한 반환채권이 상

---

73) 채권자가 자기의 금전채권을 보전하기 위하여 채무자의 금전채권을 대위행사하는 경우 제3채무자로 하여금 채무자에게 지급의무를 이행하도록 청구할 수도 있지만, 직접 대위채권자 자신에게 이행하도록 청구할 수도 있다(대법원 2016. 8. 29. 선고 2015다236547 판결, 대법원 2016. 9. 28. 선고 2016다205915 판결 등 참조).

74) 취소채권자로서는 수익자나 전득자에 대하여 직접 자신에게 금전이나 동산을 지급할 것을 청구할 수 있다(대법원 2003. 11. 28. 선고 2003다50061 판결, 대법원 1999. 8. 24. 선고 99다23468, 23475 판결 등 참조). 또한 채권자취소권은 채무자의 사해행위를 채권자와 수익자 또는 전득자 사이에서 상대적으로 취소하고 채무자의 책임재산에서 일탈한 재산을 회복하여 채권자의 강제집행이 가능하도록 하는 것을 본질로 하는 권리이므로, 원상회복을 가액배상으로 하는 경우에 그 이행의 상대방은 채권자이어야 한다(대법원 2008. 11. 13. 선고 2006다1442 판결, 대법원 2008. 4. 24. 선고 2007다84352 판결 등 참조).

계적상에 있다면 상계의 의사표시에 의하여 '사실상' 우선변제를 받을 수 있다. 따라서 총채권자를 위한 권리행사는 아니고 채권자평등의 원칙에도 반하는 결과에 이르게 된다. 이를 막기 위해서는 채무자에 대해 도산(파산)을 신청하는 것이다.[75]

> **사례** A는 B에 대하여 100만 원의 채권을 가지고 있다. B가 무자력에 빠졌기 때문에, B가 C에 대하여 가지고 있는 채권 100만 원을 대위행사할 것인지, B가 D에게 증여한 100만 원을 취소할 것인지 고민하고 있다. ① 파산절차에 의하지 않고, A가 채권자대위권을 행사하거나 채권자취소권을 행사한다면, A는 그가 수령한 100만 원을 자기의 채권 100만 원과 상계함으로써 사실상 우선변제를 받을 수 있다. ② 파산절차에 의하면, 파산관재인은 C에 대한 채권을 회수하고, B의 D에 대한 증여를 부인하여 회수한 후, B의 채권자 전원에게 평등하게 배당한다. A는 100만 원 전액을 변제받지는 못한다.[76]

Ⅲ 채권자평등의 원칙을 실현하기 위한 제도로서 도산절차

채권자평등의 원칙이 도산절차에서 어떻게 구현되고 있는지 보자. 파산절차가 원칙적인 도산절차의 모습이므로 파산절차를 전제로 하여 살펴본다.

파산이라는 제도가 왜 필요할까. 채무자의 책임재산이 부족하여 무자력에 빠지면, 채권자들은 채무자의 재산으로부터 자기의 채권을 회수하려고 서로 다툰다. 채권자들 사이에 무질서한 경쟁이 발생하면 채무자에게 가혹한 추심이 진행된다. 나아가 채무자나 채권자뿐만 아니라 양자의 관계자(채무자의 가족이나 채권자의 채권자 등)에게도 큰 영향을 미치고, 사회적으로도 혼란을 초래할 수 있다. 그래서 파산제도를 두어, 파산선고를 하고 채권자들의 개별적인 추심을 금지하며, 파산관재인이 채무자를 대신하여 모든 재산을 관리, 처분한 후 총채권자에게 공정하고 평등하게 배당한다.

파산제도는 민법(채권법)의 대원칙이었지만, 실제로는 실현되지 않았던[77] 채권자평등의 원칙을 실제적으로 실현한다. 즉 채권자평등의 원칙이 사문화되는 것을 막는 기능을 한다. 이에 대하여 민법상의 권리를 실현하는 것은 민사집행법이고, 민사집행은 우선주의가 아니라 평등주

---

75) 다만 실무적으로 도산신청은 그 절차가 비교적 복잡하고 비용도 발생하므로, 다른 채권자가 별도로 채권자취소소송을 제기하여(대법원 2014. 8. 20. 선고 2014다28114 판결, 대법원 2005. 5. 27. 선고 2004다67806 판결 등 참조) 취소채권자의 소송절차와 병행하거나 그 변론에 병합하는 방안이 많이 활용되고 있다{조해섭, 채권자취소권법, 법문사(2019), 615~616쪽}.

76) 小林秀之, 27쪽.

77) 다수의 채권자가 있는 경우 채권자평등원칙이 적용되어야 하지만, 실제로는 작동하지 못한다. 정보가 빠른 채권자가 우선적으로 채권을 회수한다. 각 채권자가 하는 것은 개별적 권리행사이다. 채권자는 법률에 따라 채권회수를 하는 것에 그치지 않고 자력집행을 할 수도 있다. 평상시에 평등이 도산시에는 부지런한 자가 이기는 세상이 되는 것이다. 채무자도 재산을 은닉할 수도 있고, 특정채권자에게만 변제할 수도 있다. 이는 채권자에게도 채무자에게도 바람직하지 않다. 사회정책적인 관점에서 채권자의 개별적 권리행사를 제한하고, 채권자평등원칙에 따라 채무자 재산의 관리처분권을 박탈하여, 법원이 선임한 파산관재인에게 귀속시켜, 중립적이고 공정한 파산관재인이 모든 채권자를 대표하여, 채무자의 재산을 환가한 후 채권액에 비례하여 평등하게 배당하게 하는 것이 합리적이다. 이러한 청산의 규칙이 파산법이다. 파산법은 채권자평등원칙이 철저히 지켜질 수 있도록 평상시의 민법의 세계를 수정한 것이다. 파산법은 민법의 세계의 마지막 장면을 규정한 것으로 민법의 연장선상에 있는 것이다. 어떠한 특수한 세계도 아니고, 이미 우리 옆에 있는 것이다(倒産法講義, 4~5쪽).

의가 적용되기 때문에, 그 틀 안에서는 채권자평등의 원칙이 지켜지고 있다는 반론이 있을 수 있다. 그러나 민사집행을 할 수밖에 없는 상황이 된 경우는 이미 사실상 도산상태이거나 그 직전인 것이 일반적이고, 모든 채권자가 아닌 민사집행에 참가한 채권자들 사이에서만 평등원칙이 구현되며, 민사집행에 의하지 않고 권리는 실현되고 있는 것이 보통이기 때문에, 반론은 받아들이기 어렵다.[78]

파산절차 이외에 회생절차나 개인회생절차에서도 아래(Ⅳ.)에서 보는 바와 같이 채권자평등의 원칙은 구현되고 있다.

요컨대 채권자평등의 원칙이라는 민법(채권법)의 대원칙은, 실은 채무자가 무자력이 되어 채권자가 채권자대위권, 채권자취소권을 행사함으로써 실현되는 것이 아니라, 도산절차에서 비로소 완전히 실현되는 것이다. 바꾸어 말하면 도산이라는 제도가 없다면 채권자평등의 원칙이라는 대원칙도 그림의 떡에 불과하다.

> **사례** A에 대하여 2인의 일반채권자 甲, 乙이 각 500만 원의 대여금채권을 가지고 있다. A가 소유하고 있는 모든 재산을 매각한다면 600만 원에 매각할 수 있다. ① 파산절차에 의하지 않을 경우 甲과 乙의 관계에서는 먼저 채권회수를 한 자가 500만 원을, 늦게 회수한 자가 100만 원을 갖게 된다. 먼저 한 채권회수가 사해행위취소의 대상이 된다면, 반대로 늦게 회수한 자가 500만 원을, 먼저 회수한 자가 100만 원을 갖게 된다. ② 이에 반하여 파산절차에 의하면 甲과 乙은 각각 300만 원씩을 갖게 되어 채권자평등의 원칙이 실현된다.[79]

Ⅳ 도산절차에서 채권자평등의 원칙을 실현하는 과정

그렇다면 도산절차에서는 채권자평등의 원칙이 어떻게 실현되는가. 도산절차가 개시되면 채권자는 도산절차에 의하지 않고는 권리를 행사할 수 없다(제131조, 제424조, 제582조, 제600조 제1항 제3호 등). 개별적인 집행이 금지되는 것이다. 동일한 순위의 채권자는 평등하고, 각각 채권액에 비례하여 변제(배당)받는다.

채권자가 도산절차에서 권리를 행사하기 위해서는 원칙적으로 채권신고를 하여야 하고(개인회생절차에서는 채무자가 채권자목록을 제출한다), 채권신고에 기하여 채권자표가 작성되며, 관리인(파산관재인)이나 다른 채권자가 이의하지 않으면 채권은 확정된다. 이의가 있으면 채권확정재판 등과 같은 집단적 채권확정절차를 거쳐 확정된다. 또한 채권은 금전화, 현재화하여 도산절차개시 당시의 금전채권으로 변형되기 때문에, 모든 채권은 동일한 조건에서 비교할 수 있어 채권자평등의 원칙을 쉽게 적용할 수 있게 된다(다만 회생절차의 경우는 금전화, 현재화가 일어나지 않지만, 여전히 채권자평등의 원칙은 지켜지고 있다).

---

78) 小林秀之, 23쪽. 민법의 세계와 도산제도의 중간에 민사집행의 세계가 있다. 민사집행에서는 개별재산의 집행에 참가한 채권자들 사이의 평등한 변제를 구현한다.

79) 小林秀之, 26쪽.

도산절차가 개시되면 채무자의 재산(파산재단)은 중립적이고 신뢰할 수 있는 관리인(파산관 재인)에게 맡겨진다{제56조 제1항, 제384조. 다만 개인회생절차의 경우에는 개인회생재단에 대한 관리 처분권이 여전히 채무자에게 있다(제580조 제2항)}. 관리인(파산관재인)은 채무자의 재산(파산재단)을 관리하고 처분하여 채권자에게 공평하게 변제(배당)한다. 개인회생절차에서 관리처분권을 가진 채무자도 마찬가지이다.

채권자평등의 원칙에 반하는 불공정한 행위가 있는 경우, 관리인(파산관재인)과 채무자는 사 해행위취소권보다 강화된 부인권을 소, 부인의 청구, 항변의 형식으로 행사할 수 있다(제105조 제1항, 제396조 제1항, 제584조 제1항, 제2항).

제 2 장

법적 도산제도의 필요성과 구조

Ⅰ 법적 도산제도의 필요성

도산이란 채무자가 자신이 부담하고 있는 채무를 변제할 수 없는 상태에 있는 것을 말한다. 도산상황이 발생할 경우 그 과정에서 채권자 등 이해관계인의 권리(채무) 조정은 필연적이다. 이해관계인의 권리 조정을 하는 수단으로 사적(私的) 구조조정(out-of-court process), 이른바 워크아웃(Workout)이 있다(〈제6편 제5장〉 참조). 상법에 따른 회사와 그 밖에 영리활동을 하는 자 등 모든 기업에 대하여 적용되는 「기업구조조정 촉진법」에 따른 구조조정과 채권단의 자율협약에 따른 구조조정이 여기에 해당한다. 사적 구조조정은 채권자가 주도한다. 사적 구조조정(워크아웃)에서는 이해관계인과 협의하여 절차를 대폭 생략함으로써 신속한 처리가 가능하고, 채권자에 대한 변제비율을 일률적으로 정할 필요가 없으며, 채무자의 도산사실이 공개되지 않은 채 비밀리에 진행할 수 있고, 절차 진행을 위한 고액의 예납금이 필요하지 않다는 장점이 있다.

이와 같은 사적 구조조정절차는 속도(신속한 처리), 유연성, 사업가치의 유지, 경제성(비용이 저렴) 등에서 우수성을 인정받고 있으나, 자본주의 시장경제질서 및 사적자치의 원칙에 위배되고, 관치금융의 우려가 있으며, 절차가 밀행적이고 불투명하여 공정성과 형평성을 확보하기 어렵다는 한계가 있다.[1]

도산 직전에는 일부 채권자들이 강제집행 등 채권회수의 방법으로 채무자 소유의 재산을 가져가거나 대물변제를 주장하기도 하는데, 이를 방치한다면 그 채권자는 다른 채권자의 희생하에 독점적인 만족을 얻게 되고, 채권자취소권 등 민법상 수단으로는 이러한 사태에 실효성 있게 대처하기 어렵다. 또한 사적 구조조정절차는 원칙적으로 모든 채권자들의 동의가 필요한데 현실적으로 쉽지 않다.[2] 이 경우 반대하는 일부 채권자에게도 채무조정내용의 효력을 미치

---

1) 이전에는 채무자에 대한 주채권은행이 한 곳인 경우가 많았으나, 현재는 한 곳에서 대출을 해주는 경우는 드물고 다수의 은행이 대출을 해주는 경우가 일반적이다. 나아가 기업들의 자금조달 방식이 다양해졌다. 매출채권 유동화를 통해서 자금을 조달하는가 하면, 신용도 있는 기업들은 회사채, CP 등 다양한 유가증권 발행으로 유리한 자금조달을 하고 있다. 이로 인해 은행권의 채권 비중이 감소하게 되었고, 다양한 이해관계인들로 인해 채권자들 사이의 합의가 쉽지 않아 워크아웃을 곤란하게 하고 있다.

게 하려면 법적 근거가 필요하다. 나아가 채권자가 갖고 있는 집행권원에 기하여 강제집행을 통해 채권의 만족을 얻는 경우에는 마땅한 대처방법도 없으므로 구조조정이 곤란하게 된다.

이러한 사정으로부터 법적 절차로서의 도산제도가 아래에서 보는 여러 가지 이유로 필요하다.[3][4] 법적 도산절차(court process)란 법원이 관여하고 도산절차의 개시요건과 효과, 진행주체, 효력 등이 법률로 상세히 규정되어 있는 절차를 말한다.[5] 모든 채권자를 대상으로 하고 법원이 주도적으로 관여한다.[6] 공적 구조조정에 해당한다. 채무자회생법이 규정하고 있는 각종 도산절차가 이에 해당한다.

1. 채권자의 개별적 권리행사 제한의 필요성

채권자의 개별적인 권리행사에는 자력구제로서 채무자 재산을 가져가는 것처럼 위법한 경우와 집행권원에 기한 강제집행과 같이 적법한 경우가 있다. 이들은 그 행위의 성질이 동일하지는 않지만, 채무자의 효율적인 회생을 위해서나 총채권자 만족의 최대화 및 권리의 공평한 실현이라는 관점에서는 이를 법률적으로 제한할 필요성이 있다.[7] 채무자회생법이 강제집행 등

---

2) 기촉법에 의한 공동관리절차는 총채권액 3/4의 동의를 받으면 되지만, 금융채권자만을 대상으로 한다는 한계가 있다.
3) 破産法·民事再生法, 17~20쪽.
4) 이에 대해 21세기에 들어선 후 미국과 유럽에서는 법원이 법원 밖에서 워크아웃을 통한 합의를 존중하는 제도가 주류를 이루게 되었다는 견해가 있다{高木新二郎, "사적정리(Out of Court Informal Workout)와 프리패키지형 법적재건절차(Prepackaged Statutory Reorganization Procedures)", 도산법연구 제4권 제2호(2014. 1.), 73~74쪽}. 그 내용은 다음과 같다. ① 미국은 연방도산법 Chapter 11절차(회생절차) 신청 전에 미리 법정 다수의 찬성을 얻은 사전회생계획안을 법원에 제출하고 신속하게 법원이 인가하는 pre-packaged Chapter 11 제도를 마련하였다. ② 영국은 사업회생을 위해 회사정리(Scheme of Arrangement, SA)와 회사임의정리(Company Voluntary Arrangement, SVA)제도를 두고 있다. 양자의 공통점은 인원수의 과반수, 금액으로 75% 이상의 채권을 가지는 채권자가 동의한 계획안을 법원이 인가함으로써 소수의 부동의 채권자를 구속하는 것이다. 두 제도의 특징은 법원 밖(out of court)의 교섭(workout) 결과인 채무자와 채권자간의 합의를 그대로 존중하고, 법원이 인가결정을 내림으로써 법적으로 유효한 구속력이 발생한다. ③ 독일에서도 2012년 4월부터 시행되고 있는 '회사 회생을 촉진하는 법률(Act to Further Accelerate Company Restructuring)'이 있다. 이는 영국과 마찬가지로 프리패키지 회생계획을 가능하게 하는 것인데, 법적 도산절차 시작 전에 일찍이 계획안 초안과 사업양도에 대해 협상·합의하여 법적 절차 개시에 앞서 절차 시작 전부터 관여했던 전문가를 관리인으로 선임할 수 있다고 한다.
　　우리나라의 경우도 2016. 5. 29. 채무자회생법 개정으로 이러한 세계적인 추세에 맞추어 한국형 프리패키지 제도를 도입하였다(제223조). 관련 내용은 〈제2편 제12장 제1절 Ⅳ.〉(본서 838쪽)를 참조할 것.
5) 법적 도산절차를 법률이 규정하는 도산절차로 보는 견해도 있다{주석 채무자회생법(Ⅰ), 한국사법행정학회(2021), 5~6쪽}. 이 견해는 채무자가 제시한 채무조정에 동의하지 아니한 채권자에게도 그 효력이 미치는지 여부를 기준으로 사적 도산절차와 법적 도산절차를 구별한다. 찬성하지 아니한 채권자에게 그 효력이 미치지 아니한 것을 사적 도산절차라 하고, 효력이 미치는 것을 법적 도산절차라 한다. 자율협약이 전자에 해당하고, 채무자회생법상의 도산절차, 상법상의 청산절차가 후자에 해당한다. 또한 기촉법에 의한 공동관리절차도 총금융채권액 중 4분의 3 이상의 금융채권액을 보유한 금융채권자의 찬성으로 의결되고, 그 효력이 찬성하지 아니한 금융채권자에게 미치므로(기촉법 제24조) 기촉법상의 공동관리절차도 법적 도산절차에 해당한다고 한다. 하지만 기촉법은 금융채권자만을 대상으로 하고(상거래채권자는 제외된다. 상거래채권자에 대한 채무조정은 상거래채권자의 동의를 받아야 한다. 이러한 점에서 반대한 채권자에 대하여 그 효력이 미치는지 여부를 기준으로 공동관리절차가 법적 도산절차라고 하는 것이 타당한지 의문이다) 반대채권자에 대하여 채권매수청구권(기촉법 제27조) 등 보호방안을 마련하고 있다는 점에서 채무자회생법상의 도산절차와 차이가 있다.
　　결국 기촉법의 존재로 인해 법적 도산절차는 법률이 규정하고 법원이 관여하는 절차로 이해하여야 할 것이다.
6) 대법원 2010. 6. 10. 선고 2010다6024 판결 참조.
7) 도산상태에서 권리행사를 자제하는 것이 채권자를 위해서도 바람직하다고 하여도 법률의 규정(제도화) 없이 이러한

의 중지(금지)명령(제44조, 제593조 제1항), 포괄적 금지명령(제45조, 제593조 제5항), 개시결정(파산선고) 전의 보전처분(제43조, 제323조, 제592조) 및 개시결정으로 인한 다른 절차의 중지 등(제58조, 제600조)을 규정한 것은 이 때문이다.

도산절차가 개시되면 ① 회생절차에서는 회생채권자, 회생담보권자, ② 파산절차에서는 파산채권자, ③ 개인회생절차에서는 개인회생채권자의 권리행사가 제한된다. 즉 도산절차에의 참가가 강제된다(도산절차에 참가하여 권리를 행사한다=도산절차에 참가하여 변제를 받는다). 이러한 채권자들을 제외한 나머지 채권자들의 권리는 제한되지 않는다. 예컨대 담보권자는 회생절차에서는 회생담보권자로서 권리행사가 제한되지만(회생절차에의 참가가 강제되지만), 파산절차와 개인회생절차에서는 별제권자로서 파산절차와 개인회생절차 외에서 권리를 행사할 수 있다(제412조, 제586조).

도산절차에서 청구권 주장에 관한 사항 또는 그 감축이나 변경에 관한 내용을 담고 있는 법률은 헌법 제23조 제1항 후문에서 말하는 재산권의 내용과 한계를 정하는 법률에 해당한다. 따라서 채무자를 파산하거나 회생하기 위한 절차를 두어 채권자의 재산에 변경을 가하는 채무자회생법은 헌법상 재산권보장을 제한하는 입법에 해당한다. 도산절차에서 채권자의 권리행사를 제한하는 정당성의 근거는 헌법 제23조 제3항에 규정된 공공복리의 필요성(공공필요)이다.[8]

죄수의 딜레마(prisoner's dilemma)를 통해 본 채권자 권리행사 제한에 대한 법적 규제의 필요성

도산상황에서 게임이론의 하나인 죄수의 딜레마를 통해 채권자의 권리행사를 제한할 필요성을 살펴보기로 한다.[9] 도산상황에서 채권자 전체로서 권리행사를 자제하는 것이 유리한 결과를 얻는다는 것을 알고 있어도, 채권자 중에는 권리를 행사하는 것이 유리한 결과를 얻을 수 있다고 생각하는 자가 항상 있기 마련이다. A, B 2인의 채권자가 있고, 양자가 모두 권리를 행사한다면 100만 원씩밖에 채권을 회수할 수 없지만, 권리행사를 자제한다면 채무자가 회생하여 함께 150만 원을 회수할 수 있다. 이 경우 한쪽이 가만히 있고, 채권회수를 하는 측은 200만 원을 독점적으로 회수할 수 있고, 방치한 쪽은 한 푼도 회수할 수 없다고 가정하자. 이 경우 A의 입장에서 보면, B가 권리행사를 한 경우 자신도 권리행사를 하는 것이 유리하다(100만 원대 0). B가 권리행사를 않은 경우에도 역시 권리행사를 하는 쪽이 유리한다(200만 원대 150만 원). 따라서 합리적으로 행동한다면 A, B는 모두 권리행사를 하는 것이지만, 이는 A, B 양자에게 최선의 결과는 아니다(최선의 경우는 합하여 300만 원을 회수할 가능성이 되고, 모두 권리행사를 자제하는 것이다). 이것을 표로 나타내면 다음과 같다.

결과를 달성하는 것은 어렵다.

8) 김용진, "회생 및 파산 절차에서 헌법상 재산권 보장", 저스티스 통권 제170-2호(2019. 2.), 604쪽. 채무자를 회생시켜 인간다운 삶을 영위할 권리를 보장하는 것이 필요하고, 면책을 인정하지 않으면 채무자는 일반적으로 자산상태의 악화를 숨기고 최악의 사태를 초래하는 결과에 이를 것인바, 이는 오히려 채권자를 해할 수 있다. 따라서 공공복리를 위해 헌법상 허용된 필요하고 합리적인 재산권의 제한으로서 도산절차는 합헌이라고 할 것이다.

9) 倒産處理法入門, 2~3쪽.

죄수의 딜레마

	A : 권리행사	A : 권리행사의 자제
B : 권리행사	A : 100　B : 100	A : 0　　B : 200
B : 권리행사의 자제	A : 200　B : 0	A : 150 B : 150

이것은 게임이론에서 말하는 죄수의 딜레마의 전형적인 장면이다. 각자가 자기 이익을 추구하면, 양자에게 최선의 결과를 달성할 수 없다. 하지만 양자 모두 스스로 권리행사를 자제하면 최선의 결과를 얻지만, 상대방이 자제한다는 보장이 없다(자제하지 않으면 끔찍한 결과가 된다)는 딜레마가 있다. 이러한 딜레마를 탈출하기 위해서는 서로 토론하고 서로 행동을 구속하는 결정, 즉 권리행사를 자제한다는 계약을 체결하는 것을 고려할 수 있다. 그러나 도산상태를 고려하면 이러한 계약은 비현실적인 것은 명확하다. 구체적인 경우 채권자 상호의 이익이 대립하는 것이 일반적이고, 가사 모든 채권자가 이러한 계약을 희망하여도, 서로 채권자를 찾아내는 비용, 협상비용, 계약을 준수하기 위한 비용 등 이른바 거래비용이 매우 높다. 그래서 합리적인 채권자가 서로 체결하려고 하는 계약의 내용을 법에 규정하는 것이 바람직하다. 여기에 법으로 도산제도를 규정할 필요가 있는 것이다.

2. 채무자의 사해행위 방지

채무자가 선량하고 성실하여 도산에 직면한다고 하더라도 그 재산을 보전하고 채권자에게 변제하려는 자세를 가진다면 사적인 구조조정절차에 맡기더라도 문제가 되지 않는다. 그러나 도산에 이른 채무자는 종종 재산을 은닉하는 등 책임재산을 감소시키는 행위를 하거나(사해행위) 특별한 관계에 있는 채권자에 대하여 우선적 만족을 주어 채권자 평등에 반하는 행위(편파행위)를 하기도 한다.

그런데 채무자의 이러한 행위를 방지하여야 하는 것은 당연하지만, 사적 구조조정절차에서는 이와 같은 사해행위의 결과를 바로잡을 효과적인 수단이 존재하지 않는다. 민법상의 채권자취소제도가 존재하기는 하지만 이는 범위가 제한되고 요건이 상대적으로 엄격하여 사해행위에 대한 적절한 대응 수단으로서 한계가 있다. 이에 반하여 도산절차에서는 부인권의 행사를 통하여 채권자취소권에서 인정되는 것보다 넓은 범위에서 채무자의 행위를 부인할 수 있다. 부인권 행사를 통하여 채무자의 재산(파산재단·개인회생재단)을 증가시킬 수 있다.

채무자의 사해행위를 방지함으로써 총채권자의 만족을 최대화하고 그 권리의 공평을 실현한다는 점에서 채권자의 개별적 권리행사를 제한하는 것과 공통점이 있다.

3. 절차수행 주체의 중립성과 적정한 직무수행의 확보

사적 구조조정절차의 경우 재산에 대한 관리처분권은 채무자에게 귀속하고, 사적정리의 기관이 이를 대신하는 것이 아니다. 또한 채무자에 대한 감독도 완전하다고는 말할 수 없다. 따라서 채무자의 재산에 대한 관리처분권과 업무수행권을 박탈하거나, 이러한 권리행사에 대한 감독을 효과적으로 하는 방법은 법적 도산제도 외에는 없다.

법적 도산제도에서 법원이 선임한 관리인(회생절차)이나 파산관재인(파산절차)이 절차를 진행하도록 하거나 절차 수행을 위해 특별한 의무(제82조 제1항, 제361조 제1항)를 부과하는 것은 이를 잘 나타내고 있다.

4. 대규모 도산의 공평한 처리

이해관계인의 수가 많고, 재산관계가 복잡한 사건에서는 단순히 현존하는 재산을 환가하여 채권자에게 배당을 하는 것만이 아니라, 채권자를 채권의 발생원인이나 우선권의 유무에 따라 구별하거나, 채무자가 일방당사자인 경우 계약관계를 정리하거나(쌍방미이행 쌍무계약의 해제·해지) 이미 일탈된 재산을 회복하는 것(부인권 행사)이 공평한 도산절차 진행을 위하여 불가피하다. 사적 도산절차에서는 위와 같은 것을 실행하는 데 한계가 있고, 주도자에게 위와 같은 목적 실현을 위한 법률상의 권능이 있는지도 의문이다.

5. 부실채권정리의 필요성

채권자인 기업에게 회수될 것으로 보이지 않는 채권, 즉 부실채권(NPL, non-performing loan)을 자산으로 계속하여 계상하는 것은 재무내용을 건전하지 못하게 하고, 투자자들에게 잘못된 회계정보를 제공할 가능성이 많다. 따라서 부실채권에 대하여는 회수 가능한 부분은 조기에 현금화하고, 회수가 불가능한 부분은 손실로 계상하는 것이 바람직하다.

사적 구조조정절차와 달리 법적 도산절차에서는 회수가능한 부분과 불가능한 부분을 공개적인 절차에서 구분한다. 채권자인 기업의 채권에 대하여 공평한 분배를 받도록 하는 것뿐만 아니라, 부실채권을 정리하여 재무내용의 건전성을 회복하도록 하는 것도 법적 도산절차의 역할이다.

6. 합의에 의하지 않는 권리조정의 가능성

제도화된 사적정리절차에서는 권리변경의 대상이 되는 채권자를 금융채권자로 한정하고 상거래채권자를 제외하고 있어 합의의 성립이 용이할 수 있다. 그러나 경우에 따라서는 금융채권자들 사이에서도 합의가 어려운 경우가 있고, 다양한 종류의 채권자들이 존재하는 사안에서는 합의에 의한 권리변경이 쉽지 않다. 모든 채권자들의 합의가 성립되지 않는 한 반대채권자들을 구속할 법적 근거가 없어 절차진행이 어렵다.[10] 이러한 경우에는 법적정리의 개시를 보장할 필요가 있다. 법적 도산절차는 채권자의 다수결(회생절차)[11] 및 법원의 결정에 의해 개별 채

---

10) 자율협약의 경우 이는 극명하게 드러난다. 공동관리절차의 경우도 채권금액 4분의 3의 다수결로 하지만(본서 2311쪽), 상거래채권자는 대상이 아니라는 점에서 상거래채권자인 반대채권자를 구속할 법적 근거가 없다.

권자의 동의 유무와 상관없이(개인회생절차) 권리의 조정이 가능하도록 제도적으로 보장하고 있다. 반대채권자들에 대하여도 법적 구속력을 부여할 수 있다(Binds All Creditors).

이상과 같은 이유로 기업이든 개인이든 법적 도산절차가 필요하다. 채무자회생법이 각종 도산절차를 규정하고 있는 것도 이러한 필요를 충족시키기 위함이다.

Ⅱ 도산절차의 구조

1. 도산절차의 유형

도산절차는 절차의 목적 또는 형태에 따라 그 유형을 나눌 수 있다. 도산절차의 유형은 이해관계인이나 국가의 입장에서 중요한 의미를 갖는다. 이해관계인의 입장에서는 도산절차의 개시[12]가 법원의 직권으로 이루어지는 예외적인 경우를 제외하고 원칙적으로 이해관계인에게 도산절차개시신청권을 부여하고 있으므로 개시되는 절차를 선택할 수 있다는 점에서 중요한 의미가 있다. 제도를 운영하는 국가의 입장에서는 절차 사이의 기능 분담을 적절히 하고 한정된 사법자원을 효율적으로 활용하여야 할 필요가 있다는 점에서 역시 중요한 의미가 있다.

이러한 점에서 그 목적과 형태에 따라 복수의 도산절차를 두는 것이 합리적인지, 복수의 절차를 두는 경우에도 그 절차 상호간의 관계를 어떻게 설정할 것인지를 검토해 볼 필요가 있다.

가. 복수 절차형과 단일 절차형

파산(청산) 또는 회생이라는 절차의 목적, 채무자가 법인인지 개인인지와 같은 채무자의 속성, 도산절차개시 후 채무자에게 재산에 대한 관리처분권이 존속하는지, 채무자의 채무 규모가 어느 정도인지 등에 대응하여 여러 가지 다른 도산절차를 두고, 원칙적으로 채무자 등 이해관계인이 그 절차를 선택할 수 있도록 하는 것을 복수 절차형이라 한다.

---

11) 회생절차에서 채무자 사업이 회생하기 위해서는 채무조정(채무부담의 경감)이 반드시 필요하다. 기업(채무자)이 사업을 통해 일정한 수익이 예상되는 경우에도, 그 수익의 전부를 기존채무의 변제에 사용한다면, 새로 대출을 받는 것도 어렵고 사업의 회생을 위한 신규투자도 불가능하다. 이런 의미에서 기존채무의 부담경감은 채무자의 회생을 위해 불가결한 것이다. 회생절차에서 회생절차개시 전에 발생한 재산상의 청구권이 회생채권이 되거나(제118조 제1호) 회생절차개시 당시 채무자의 재산에 의해 담보된 채권이 회생담보권으로 되고(제141조 제1항), 이러한 회생채권자 등에 대한 권리변경은 회생계획안의 필요적 기재사항이며(제193조 제1항 제1호), 관계인집회에서 가결되고 법원이 인가하면 회생계획인가의 효력에 따라 면책 또는 권리변경의 효과가 발생하는 것(제251조, 제252조)은 기존 채무의 부담경감에 의해 수익성의 회복을 가능하게 하는 조치이다.

12) 파산의 경우는 '파산절차개시'가 아니라 '파산선고'이다(제310조 참조). 파산선고는 부정적 의미가 강하고, 정적인 개념이며, 회생절차(개인회생절차)와의 용어의 일관성 측면에서 파산의 경우에도 '파산절차개시'라는 용어를 사용하는 것이 바람직하다. 또한 채무자회생법 제3편 제1장의 제목에서는 '파산절차의 개시'라는 용어를 사용하고 있음에도 본문에서는 '파산선고'라는 용어를 사용하고 있는데, 통일이 필요하다. 일본의 경우 현행 파산법 시행 전에는 파산선고라는 용어를 사용하였지만 현재는 파산절차개시라는 용어를 사용하고 있다. 입법론적 검토가 필요하다. 미국의 경우 1978년 연방도산법을 개정하면서 종전의 '파산자(bankrupt)'로부터 '채무자(debtor)'로, '파산선고(adjudication)'로부터 '구제명령(order for relief)'으로 용어를 변경하였다. 우리도 채무자회생법을 제정하면서 종전의 '파산자' 대신에 '채무자'라는 용어로 바꾸었다.

이와 달리 그 목적 등을 묻지 않고 일체화된 도산절차를 두어 도산절차개시 후 법원 또는 이해관계인이 파산(청산) 또는 회생을 할 것인지 여부, 채무자의 재산에 대한 관리처분권을 인정할 것인지 여부 등을 결정하는 제도를 단일 절차형이라 한다. 이는 도산상태라는 혼란기에 어떠한 절차를 선택할 것인지에 대하여 적절한 판단을 하는 것이 곤란하고, 어떠한 절차를 선택할 것인지를 고민하는 동안 재산이 공중 분해되어 회생이 어렵게 될 우려가 있기 때문에 도산절차를 일원화할 필요가 있다는 것을 근거로 한다.

우리나라의 경우 절차의 목적, 채무자의 속성, 관리처분권의 존속 여부에 따라 회생절차(간이회생절차)(제2편), 파산절차(제3편), 개인회생절차(제4편) 등 여러 가지 절차를 두고, 채무자 등이 상황에 따라 이를 선택할 수 있도록 하고 있다. 이러한 점에서 복수 절차형이라 할 수 있다.

나. 청산형 절차와 회생형 절차

도산절차는 그 목적에 따라 청산형(Liquidation type) 절차와 회생형(Reorganization type) 절차로 나눌 수 있다.

청산형 절차는 채무자의 모든 재산을 현금화하여 채무를 변제하는 것을 목적으로 하는 절차로, 인적·물적 자원을 구성하는 채무자의 총재산을 해체하여 이를 양도하고 그 청산가치를 채권자에게 배분(배당)하면서 채무자의 경제활동은 종료되는 절차이다. 파산절차가 여기에 속한다.[13] 채무자는 채권자에 대하여 평등한 만족을 보장하기 위하여 파산선고 당시 가진 모든 재산을 채권자를 위한 책임재산(파산재단)으로 제공하여야 한다. 법인의 경우 청산형 절차에서는 법인격이 소멸하기 때문에 제공된 재산으로 변제하고 남은 채무는 당연히 소멸한다. 반면 개인의 경우에는 파산선고 이후에도 노동 내지 사업을 통하여 새로운 재산이 창출될 수 있기 때문에 남은 채무의 책임을 둘러싼 문제가 남는다. 그래서 개인파산절차에서는 면책제도를 둔 것이다. 개인파산절차에서는 재산관계의 청산과 함께 면책제도가 추가되어야 완전한 것이 된다.

회생형 절차는 채무자의 재산을 기초로 경제활동을 계속하면서 수익을 실현하여 채권자에게 계속기업(사업)가치를 금전이나 지분으로 배분하는 절차로, 채무자의 채무 전부 또는 일부를 여러 번에 나누어 변제한다. 회생절차(간이회생절차) 및 개인회생절차가 여기에 속한다. 회생형 절차는 가능한 한 최대한도 내에서 채무를 상환하되, 채무자 또는 그 사업의 회생을 목적으로 하므로 일부 채무는 면제(Discharge)하고 일부는 회생(변제)계획안에 따라 상환해 나가도록 한다.

한편 청산형 절차와 회생형 절차의 구별은 채무자를 경제활동의 주체로만 보고 있는 것이다. 따라서 법인, 특히 주식회사 등과 같은 영리법인의 경우에는 그 구별이 타당하지만, 개인의 경우에는 양자의 구별이 선명하지 않다. 왜냐하면 개인은 경제활동의 주체임과 동시에 생활의 주체이기도 하므로 비록 경제활동이 파탄된 경우에도 생명, 자유, 행복추구권은 보장되어

---

13) 개인에 대한 파산절차에서 파산선고 당시의 재산(파산재단)은 채권자들에게 배당하고, 파산선고 이후의 재산은 채무자가 새로운 출발을 하기 위한 자원으로 활용된다. 회생절차에서는 장래에 벌어들일 수입(소득)이 변제재원이 된다. 회생절차에서는 회생절차개시 당시 가진 채무자의 재산은 원칙적으로 회생을 위한 기본원천이 될 뿐 환가의 대상이 되지 않는다.

야 하기 때문이다(헌법 제10조 참조).

도산법의 역사를 보면 초기에는 청산형 절차인 파산절차만 있었다. 그러다가 기업 채무자의 파산에서 회생이라는 개념이 도입되면서 채권자와 채무자 사이의 자율적인 채무조정을 도산절차 내로 흡수한 화의절차가 만들어졌고, 이어 대규모 기업 채무자의 회생절차가 형성되었다. 이처럼 도산절차는 청산에서 회생으로 패러다임의 전환이 있었고, 회생의 패러다임에 있어 일자리 유지, 거래의 유지 등은 회생절차에 의한 재산권 침해를 정당화시키는 중요한 요인이 된다.

청산형 절차와 회생형 절차의 구별은 유동적인 것이다. 예를 들어 청산형 절차를 대표하는 파산절차에 있어서도 영업계속의 여지가 인정되고(제486조, 제489조 제1호), 파산관재인으로서도 재산관리의 방법으로 영업을 계속하고, 파산재단을 증식시키는 것에서 나아가 영업을 양도할 수도 있다(제492조 제3호). 반대로 회생형 절차의 경우에도 청산을 내용으로 하는 회생계획안을 제출할 수 있고(제222조), 회생절차개시신청의 기각결정 등이 확정된 경우에는 파산선고를 할 수 있도록 하거나 회생계획인가 후에 폐지가 확정된 경우에는 필요적으로 파산선고를 하도록 하고 있다(제6조 제1항, 제2항, 견련파산).

채무자회생법은 회생을 중시하여 그 편제를 회생절차(제2편), 파산절차(제3편), 개인회생절차(제4편)의 순서로 하고 있다. 이에 대하여 파산절차를 앞에 두어야 한다는 견해가 있다.[14] 이는 파산절차가 도산절차에 있어 원칙적인 제도이고 도산법제의 발전과정에도 일치한다는 점을 근거로 한다.

다. 관리형 절차와 DIP형 절차

도산절차는 절차의 형태에 따라 채무자의 재산·사업에 대하여 절차개시에 의해 관리처분권을 채무자가 상실하고 관리 등을 담당하는 제3자(관리인, 파산관재인 등)를 선임하는 관리형 절차와 채무자 스스로가 재산·사업의 관리처분권을 절차개시 후에도 원칙적으로 유지하는 DIP(Debtor In Possession, 점유채무자)형 절차가 있다.

관리형 절차로는 파산절차가 있고, DIP형 절차로는 개인회생절차가 있다. 회생절차의 경우

---

14) 남효순·김재형, 10쪽. 회생절차를 파산절차보다 먼저 규정한 것은 우리나라 채무자회생법의 특징 중 하나이다. 일본의 경우 파산절차를 원칙으로 하면서 민사재생절차와 회사갱생절차에서 파산절차의 관련 규정을 준용하고 있다. 미국 연방도산법도 파산절차(제7장), 회생절차(제11장)의 순서로 규정하고 있다. 중국의 <기업파산법>은 우리나라와 마찬가지로 회생절차가 파산절차보다 먼저 규정되어 있지만, <기업파산법>은 양 절차에 공통되는 내용을 앞쪽에 우선 규정하고 있다는 점에서 우리나라와 차이가 있다.

　채무자회생법이 회생절차를 파산절차보다 먼저 규정한 것에 대하여 다음과 같이 설명한다. 도산실무에서 채무자들이 도산절차 자체를 기피하는 현상이 큰 문제이다. 재무상태가 덜 악화되었을 때 도산절차에 들어와야 회생의 가망성과 변제율이 높아지는데 도산절차에 대한 여러 가지 부정적 생각 때문에 그러지 못한다는 것이다. 그래서 채무자가 좀 더 편안하게 회생절차를 신청할 수 있도록 도산법을 설계할 필요가 있었고, 그 결과 회생절차를 전면에 배치한 것이다. 즉 도산법에서 회생절차를 강조한다는 메시지를 시장에 주고자 한 것이다(법무부 해설서, 50~51쪽). 도산전문법원의 명칭을 '회생법원'으로 한 것도 동일한 이유이다.

　도산을 예방하자는 회생절차가 현재 도산법의 원칙이고 주류라는 점에서 채무자회생법의 규정 배치가 수긍이 가는 점도 있지만, 연혁적으로 파산절차가 먼저 등장하였고, 회생절차는 파산절차를 바탕으로 이론적 발전이 이루어져왔다는 점에서 채무자회생법의 편제가 타당한지는 의문이다.

제3자를 관리인으로 선임할 경우에는 관리형 절차라고 볼 수 있지만, 기존경영자를 관리인으로 선임하거나 기존경영자를 관리인으로 보게 되는 경우에는 DIP형 절차에 가깝다고 할 것이다.[15]

라. 포괄도산절차와 특별도산절차

일반적으로 채무자는 자신의 채무이행을 위해 그의 모든 재산으로 책임을 진다. 도산법(채무자회생법)은 이러한 통상적인 상황을 전제로 하고, 채무자의 환가 가능한 총 재산이 환가되어야 한다는 전제에서 출발한다. 이를 포괄도산절차 또는 전체도산절차라고 한다. 그러나 특별재산만이 도산절차의 대상이 되는 예외적인 경우도 있다. 예컨대 상속재산파산에서 상속재산, 유한책임신탁재산파산에서 유한책임신탁재산 등. 이런 경우를 특별도산절차라 한다. 특별재산만이 채권자들에게 책임법적으로 귀속된다(예컨대 상속재산파산의 경우 상속재산만이 채권자들을 위해 환가되고 상속인의 고유재산은 환가될 수 없다). 특별도산은 법이 명시적으로 인정한 경우만 고려된다.[16]

2. 도산절차의 일원화

채무자는 여러 가지 도산절차 중에서 자신의 처지에서 가장 적절한 절차를 선택할 필요가 있다. 그러나 현실적으로 도산상태에 직면한 채무자는 정신적으로 불안하거나 의사결정이 쉽지 않기 때문에 가장 최적의 절차를 선택하는 것이 어려울 수 있다. 이러한 점에서 도산절차를 일원화할 필요가 있다(엄밀히 말하면 도산절차개시신청의 일원화가 필요하다)는 주장이 제기되고 있다.[17] 이론적으로는 도산절차의 입구를 하나로 하되 그 결과(출구)를 다양하게 진행하는 것이 이상적이다. 즉 부실한 채무자가 도산절차개시를 신청하면 법원은 채무자에 대해 최적의 절차를 선택해주는 방법이다.[18]

가. 각국의 입법례

먼저 도산절차의 일원화와 관련하여 각국의 입법례를 간략히 살펴보기로 한다.

---

15) DIP를 채무자 자체라고 이해할 경우(본서 359쪽 각주 8) 참조) 회생절차도 관리형 절차라고 할 수 있다.

16) Reinhard Bork, 15쪽 참조.

17) 남효순·김재형, 13~14쪽. 도산절차가 일원화되어 도산절차개시가 신청된 이후 청산형 절차와 회생형 절차를 밟을 수 있다면 어떠한 방식으로 이를 선택할 것인가. 이에 관하여 채권자들 스스로 어떤 절차를 밟을 것인지를 결정하는 것이 사적자치의 원칙에 부합하지만, 실무적으로 채권자집회(관계인집회)나 채권자협의회가 제대로 기능을 하고 있지 못하므로 채권자들의 의견을 반영하여 법원이 결정하는 방식이 될 것이다. 아래에서 보는 바와 같이 일원화를 채택하고 있는 독일도 법원이 결정한다.

18) 도산절차의 일원화가 이루어지지 않는 경우라도 뒤에서 설명하는 사전상담제도가 정착된다면 도산절차 일원화로 인한 장점을 구현할 수 있을 것이다.

(1) 미국의 연방도산법(Bankruptcy Code, 11 U.S.C.[19])[20]

미국 연방도산법은 파산절차(Liquidation, 제7장), 회생절차(Reorganization, 제11장), 지방자치

---

19) 미국은 연방국가로서 성문법률은 연방법(federal law)과 주법(state law)으로 구분된다. 그리고 연방법 가운데 가장 중요한 것은 미합중국법률(the Code of Laws of the United States of America, 줄여서 U.S.C.라고 한다)로서, 총 54개의 표제(Title)로 이루어져 있다. 이 중 11번째 법률이 "Title 11 Bankruptcy"이다. 연방도산법은 미국 헌법 제1 장 제8조 제4항(미국 의회는 미국 전역에 적용되는 도산에 관하여 통일적인 법률을 제정할 권한이 있다)의 파산에 관한 통일법을 제정할 수 있는 연방의회의 권한에 의하여 제정된 연방법률이다. 1800년 연방도산법이 한시법으로 제 정되었다가, 1898년 상시법으로 제정되었다. 세부규칙은 연방도산절차규칙(Federal Rule of Bankruptcy Procedure) 으로 연방대법원이 제정 및 개정하고 있다. 도산법관의 자격과 임명에 관한 법은 U.S.C. Title 28에 규정되어 있다.

　미국 연방도산법은 채권자들에 대한 질서 있고 공정한 변제를 도모하면서 동시에 "정직하지만 불운한 채무자 (honest but unfortunate debtor)"로 하여금 기존 채무의 압박과 굴레에서 벗어난 새로운 삶의 기회와 미래를 설계 할 깨끗한 상태를 향유하도록 하는 것에 주된 목적을 두고 있다{사법정책연구원, "도산사건의 실증적 연구와 법원 의 역할－개인도산사건을 중심으로－, 사법정책연구원(2021), 21쪽, 연방도산법개설, 1쪽}.

20) 미국에서 도산법이 독립적인 법률로 자리 잡은 것은 1898년 "Bankruptcy Act"가 제정되면서부터이다. 하지만 미국 은 세계에서 도산법(파산법)을 가장 늦게 채택한 국가 중 하나였다. 1787년 헌법이 새 정부에 도산법을 제정할 임 무를 구체적으로 정해주었음에도 1898년까지 도산법을 제정하려는 시도는 모두 "도덕적인 이유"로 거부당했다. 1898년 연방도산법의 제정은 새로운 시대를 열었다. 그 변화는 획기적이었다.

　그 후 1978년 "Bankruptcy Code"로 전부 개정되었는데, 1898년에 제정된 도산법(Bankruptcy Act)과 구별하기 위하여 'Act' 대신에 'Code'라고 명명되었고, 로마자로 표기하였던 장(Chapter)의 표시도 아라비아 숫자로 표기하였 다(Elizabeth Warren, 9쪽). 이후 2005. 10. 17. "파산남용방지 및 소비자보호법(Bankruptcy Abuse Prevention and Consumer Protection Act of 2005, 일반적으로 'BAPCPA'라 부른다)"이 발효되어 시행되다가 2019년 개정되어 지 금에 이르고 있다.

　미국 연방도산법이란 앞에서 본 바와 같이 1978년 전부 개정되고, 그 이후 수차에 걸쳐서 부분적으로 개정된 바 있는 현행의 미국 연방도산법을 말한다. United States Code(U.S.C.) Title 11로 편제되어 있는 미국 연방도산법은 현재 모두 9장(chapter)으로 이루어져 있다. Chapter 1, 3, 5, 7, 9, 11, 12, 13 및 15가 그것이다. 짝수 번호의 장 이 거의 누락되어 있는 것은 위 전부 개정 당시에 향후의 추가에 대비하여 의도적으로 그렇게 규정했기 때문이다. 실제로 12장(Chapter 12. Adjustment of Debts of a family farmer with regular income)은 나중에 추가된 것이다. Chapter 7에서는 우리의 파산절차와 유사한 청산(Liquidation)절차에 관하여, Chapter 11에서는 우리의 회생절차와 유사한 회생절차(Reorganization)에 관하여, Chapter 13에서는 우리나라의 개인회생절차와 유사한 절차(Adjustment of Debts of an Individual with Regular Annual Income)에 관하여 각 규정하고 있다. Chapter 1, 3, 5에서는 위 각 절차 및 다른 장들에서 규정하고 있는 그 밖의 절차들에 공통적으로 적용되는 사항에 관하여 규정하고 있다. 구 체적으로 Chapter 1에서는 정의 등 일반규정(General Provisions), Chapter 3에서는 도산개시, 관재인, 관리절차 등 사건관리(Case Administration), Chapter 5에서는 채권자, 채무자 및 도산재단(Creditors, the Debtor, and the Estate)에 관하여 각 규정하고 있다. Chapter 12는 Chapter 13의 특칙이라고 볼 수 있다. Chapter 15는 국제도산절 차(Ancillary and Other Cross－Border Cases)를 규정하고 있다. UNCITRAL 국제도산모델법(UNCITRAL Model Law on Cross－Border Insolvency)의 내용을 거의 그대로 도입하였다.

[미국 연방도산법의 체계]

편제	세부내용
제1장	정의 등 일반규정(General Provisions)
제3장	도산개시, 관재인, 관리절차 등 사건관리(Case Administration)
제5장	채권자, 채무자 및 도산재단(Creditors, the Debtor, and the Estate)
제7장	청산(Liquidation)
제9장	지방자치단체의 채무조정(Adjustment of Debts of a Municipality)
제11장	회생(Reorganization)
제12장	정기적 연 수입이 있는 가족농업인의 채무조정(Adjustment of Debts of a family farmer with Regular Annual Income)
제13장	정기적인 수입이 있는 개인의 채무조정(Adjustment of Debts of an Individual with Regular Income)
제15장	국제도산(Ancillary and Other Cross－Border Cases)

단체의 채무조정절차(Adjustment of Debts of a Municipality, 제9장), 정기적 연 수입이 있는 가족 농업인의 채무조정절차(Adjustment of Debts of a Family Farmer with Regular Annual Income, 제12장), 정기적인 수입이 있는 개인의 채무조정절차(Adjustment of Debts of an Individual With Regular Income, 제13장)[21] 등을 규정하고 있다. 이들 절차는 모두 채무자 회생주의의 사고방식이 짙고, 특히 제7장 절차에서의 면책이나 제11장 및 제13장 재건형절차에서는 이러한 점이 잘 표현되어 있다.

하나의 연방도산법 안에 여러 가지 절차를 규정하고 있지만 절차의 개시를 일원적으로 신청할 수 있도록 하고 있지는 않다. 개인은 제7장 절차나 제13장 절차를, 법인은 제7장 절차나 제11장 절차를 신청할 수 있다. 제출되는 신청의 종류는 신청인이 추구하는 목적에 의존한다. 다만 미국 연방도산법은 각 절차 사이의 전환(conversion)을 광범위하게 인정하고 있다(§706, §1112, §1208, §1307).[22]

(2) 독일의 도산법

1999년 1월 1일부터 시행된 독일의 도산법(Insolvenzordnung)[23]은 도산절차에 관한 단일한 법일 뿐만 아니라 도산절차의 개시를 일원적으로 신청할 수 있도록 절차를 일원화하였다. 채

미국 연방도산법의 법령 자료는 「http://uscode.house.gov/」에서 구할 수 있다. 제7장은 청산형 절차이고, 제9장·제11장·제12장·제13장은 재건형 절차이다. 재건형 절차 중에서는 제11장이 기본규정이고, 제9장·제13장은 제11장의 특칙이다.

개인은 상황에 따라 제7장과 제13장 제도를 이용할 수 있고, 법인(기업, 영업자)은 제7장과 제11장을 이용할 수 있다. 개인이 이용하는 도산을 일반적으로 소비자도산(Consumer Bankruptcy)이라 한다. 미국의 소비자도산절차는 영업채무를 주로 가지고 있는 개인을 대상으로 하지는 않는다는 점에서 우리나라 개인도산절차와 다르다.

한편 BAPCPA는 은행업계의 로비로 통과된 것이었다. BAPCPA는 도산절차남용[채무자들이 수입 중 일부를 채권자에게 변제할 수 있음에도 채무를 면책받기 위하여 제13장에 따른 절차(개인회생절차) 대신 곧바로 제7장 절차(개인파산절차)를 이용하는 것] 방지에 초점을 두고 개인파산절차에서 재산심사제[변제자력평가제도](Means Test), 신용자문제도(Credit Counseling) 등을 도입하였다. 재산심사제[변제자력평가제]에 의하면, 개인채무자의 총소득이 각 주별 중위소득액을 초과하면서, 소득에서 일정 지출을 공제하여 산정한 가처분소득이 정해진 기준을 초과하는 경우 제7장 절차를 이용할 수 없게 되었다. 이로 인해 미국 연방도산법은 더욱 복잡해졌고, 작성하여야 할 서류는 그 양이 어마어마하게 늘었으며, 이로 인해 파산신청비용도 대폭 증가하였다고 한다. BAPCPA이 발효된 이후 파산신청은 대폭 감소되었다. 2005년 203만 9,214건이던 파산신청건수가 BAPCPA이 발효된 2006년에는 59만 7,965건으로 떨어졌다고 한다[엘리자베스 워렌(박산호 옮김), 싸울 기회(A Fighting Chance), 에쎄(2015), 138~142쪽]. 엘리자베스 워렌은 BAPCPA의 시행으로 파산이라는 사회안전망에 큰 구멍이 났다고 비판했다.

21) 제13장 절차는 장래의 수입에서 채무를 변제하는 방식으로 변제계획안에 대한 채권자들의 동의가 필요하지 않다. 정기적인 수입이 있는 일정 규모 이하(연방도산법 §109(e))의 채무가 있는 개인채무자의 신청에 의하여 개시된다. 채권자에 의한 비자발적(involuntary) 신청은 할 수 없다. 채무자가 변제계획의 수행을 마치면 법원은 나머지 채무를 면제하는 면책결정을 한다. 미국의 도산절차 실무에 관하여는 「강선명, "미국 파산절차 실무", 법조(2004. 5.), 269쪽 이하」를 참조할 것. 우리나라 개인회생절차는 미국 연방도산법 제13장 절차를 계수한 것이다.

22) Douglas G. Baird, 17~18쪽. 채무자회생법은 견련파산을 인정하고 있다(제6조 참조). 다만 파산신청 또는 파산선고가 있은 후에 상속이 개시된 때(채무자가 사망한 때)에는 파산절차는 상속재산파산절차로 전환된다(제308조, 본서 1744쪽).

23) 우리나라 채무자회생법을 일반적으로 '통합도산법'이라고 부른다. 그러나 이렇게 부르는 것이 적절한지는 의문이다. 독일, 스페인이나 러시아처럼 도산절차의 개시를 일원적으로 신청할 수 있는 경우에는 '통합'이라는 표현을 쓸 수 있을지 몰라도, 단지 여러 도산절차를 하나의 법률에서 규정한 것을 '통합'이라고 보기는 어렵기 때문이다. 또한 현행 채무자회생법은 종래의 파산법, 화의법, 회사정리법 및 개인채무자회생법을 화학적으로 통합하지 못하고 형식적으로 하나의 법률로 묶어 놓은 수준에서 벗어나지 못하고 있다는 점에서도 그렇다.

무자는 절차개시 신청 시 파산절차나 회생절차를 선택할 필요 없이 일원적으로 법원에 도산절차개시를 신청하면 된다. 법원은 도산절차개시결정 후 보고기일 채권자집회에서 도산절차를 파산절차로 진행할 것인지 회생절차로 진행할 것인지, 아니면 양도에 의한 회생절차로 진행할 것인지를 결정한다.[24) 구체적으로 소형사건을 제외하고 원칙적으로 도산관재인이 선임되고, 청산할 것인지 회생할 것인지 등 절차상의 중요한 사항에 대하여는, 최종적으로 도산계획의 형식으로 관재인에 의해 제시되고, 채권자집회의 다수결에 의해 결정되는 것으로 하고 있다(도산계획안이 제출되지 않을 때에는 청산이 행해지는 것으로 되는 것이다).

독일의 도산법은 시행 이후 기업의 회생에 효율적이지 못하다는 지적이 있었다. 즉 회생법으로서의 도산법은 개선이 필요하다는 문제의식이 있었다. 이에 독일은 2011년 「기업정리절차 간소화를 위한 법률(또는 기업회생의 추가 원활화를 위한 법률)」(Gesetz zur weiteren Erleichterung der Sanierung von Unternehmen, ESUG)을 통해 도산법을 큰 폭으로 개정하였다. 개정의 주된 내용은 ① 관리인(Insolvenzverwalter)의 선임에 대한 채권자의 영향력 강화, ② 자기관리제도(Eigenverwaltung)의 강화와 보호막절차(Schutzschirmverfahren)의 신설, ③ 도산계획절차의 확장, ④ 도산법원관할의 집중 등이다.[25)

자기관리제도는 우리나라의 기존경영자 관리인 제도와 유사한 것으로, 채무자는 감독인의 감독 아래 도산재단을 관리하고 처분할 권한을 가진다(§270(1)). 보호막절차는 도산절차 개시신청이 있는 경우 법원이 절차 개시결정시까지 최대 3개월 동안 채권자들의 권리행사를 금지하고, 채무자는 그 기간 동안 회생계획안을 작성하여 법원에 제출할 수 있는 제도이다. 우리나라의 사전회생계획안 제출제도와 유사하다. 법원은 기간 경과 후 도산절차 개시 여부를 결정하고, 절차가 개시될 경우 당해 계획안에 대한 의결 및 인가절차를 거치게 된다.

독일 도산법은 전체 13편으로 구성되어 있는데,[26) 단일한 절차의 진행을 원칙으로 하면서도 회생형 절차로서 도산계획(제6편), 동일한 기업집단에 속하는 채무자들의 절차의 조정(제7편, 기업집단의 조정), DIP를 인정하는 자기관리절차(제8편), 면책(제9편), 소비자도산절차(제10편), 상속재산도산절차 등 특별한 절차들(제11편) 및 국제도산(제12편)을 함께 규정하고 있다. 도산법의 목적은 순수하게 재산지향적인 절차 내에서 실체법상의 책임질서를 실현하는 것이다.[27)

(3) 일본의 파산법, 민사재생법, 회사갱생법

일본은 파산절차에 관한 파산법, 회생절차에 관한 일반법으로 민사재생법, 대규모 주식회사

---

24) 양형우, "독일 통합파산법에 관한 소고", 법조(1998. 12.), 253~254쪽, Reinhard Bork, 12쪽.
25) 김경욱, "독일 도산법상 자기관리제도의 개정과 보호막절차의 도입", 경영법률 23권 1호, 한국경영법률학회(2013), 396~397쪽. 이러한 제도적 보완에도 불구하고 기업회생제도와 관련하여 독일은 ① 미국과 달리 구제의 문화(rescuue culture)에 익숙하지 않고, ② 도산절차를 채권자의 권리실현절차라는 관점에서 바라보며, ③ 채권자의 도산절차 참여권이 강조된다는 점이 특징이다(Reinhard Bork, iv쪽).
26) 제1편과 제2편은 총칙 규정이고, 제3편은 도산절차개시의 효과에 관하여, 제4편은 도산재단의 관리 및 환가에 관하여, 제5편은 도산채권자에 대한 변제에 관하여 규정하고 있다. 제13편은 법률의 시행에 관하여 규정하고 있다.
27) Reinhard Bork, 8쪽.

의 회생절차에 관한 회사갱생법이라는 복수의 도산법제를 가지고 있다. 각 법은 각각의 절차를 규정하고 있으므로 도산절차의 일원화는 이루지 못하고 있다. 민사재생절차는 중소기업에 적합한 절차라고 할 수 있으나 회사갱생절차가 기존경영자의 퇴진을 전제로 하고 있는 반면, 민사재생절차는 기존경영자 관리 제도를 기본으로 하고 있어 실제에 있어서는 비교적 대규모 주식회사도 이 절차를 이용하고 있다.[28]

(4) 중국의 〈기업파산법〉[29]

도산절차는 실패한 기업이 효율적으로 회생되도록 하거나 회생이 어려운 기업의 재산을 처분하여 채권자에게 배당하는 절차이다(제1조 참조). 이러한 의미에서 도산절차는 창조적인 파괴를 통하여 자본주의 경제체제의 건전성을 유지하는 제도로 볼 수 있다. 따라서 이론적으로는 중국 등과 같은 사회주의 국가에서는 도산절차가 있을 수 없지만, 경제의 건전성을 유지하기 위해 중국도 도산절차를 도입하였다.

중국은 2006. 8. 27. <기업파산법>을 공포하고 2007. 6. 1.부터 시행하였다. <기업파산법>은 회생절차, 화의절차, 파산절차를 규정하고 있다. 하나의 <기업파산법> 안에 여러 가지 절차를 규정하고 있지만, 원칙적으로 당사자가 그중 하나의 절차를 선택하여 신청하도록 하고 있다(제7조). 다만 파산절차 진행 중에 채무자나 출자자의 신청에 따라 다른 절차로 전환할 수 있다(제70조 제2항, 제90조 제1항). 이 경우 법원은 파산절차를 폐지하고 화의나 회생절차를 진행할 수 있다.[30]

(5) 스페인의 파산법[31]

스페인의 도산제도는 화의, 법정관리, 파산 등의 개별법으로 나뉘어 있었으나, 2003년 6월에 파산법(Ley Concursal, 2004년 9월에 효력이 발생하였다. 2013년과 2015년에 개정되었다)이 공포되면서 도산절차가 일원화되었다. 스페인의 회생·파산절차는 정식절차(Concursao Ordinario)[32]와

---

28) 결국 민사재생절차는 주식회사는 물론, 유한회사나 의료법인 등 기타법인 및 개인도 이용할 수 있으므로, 채무자가 주식회사인 경우에는 회사갱생절차와 민사재생절차를 선택할 수 있으나, 주식회사가 아닌 법인의 경우에는 민사재생절차에 의할 수밖에 없다.

29) 중국의 최고인민법원은 전국의 기업파산회생사건에 대한 정보를 전문적으로 제공하는 사이트(http://pccz.court.gov.cn/pcajxxw/index/xxwsy)를 만들어 현재 파산회생절차가 진행 중인 기업에 관한 정보, 관련 공고, 재판문서, 관련 법령법규(사법해석) 등을 공개하고 있다.

30) 신청인이 채무자에 대하여 파산절차를 진행할 것을 신청하였다고 하더라도, 사건의 심리 중에 채무자 또는 출자자의 신청에 따라, 법원이 채무자에게 회생가능성이 있다고 인정되는 경우 파산절차를 폐지하고, 화의나 회생절차를 진행할 수 있다(主編 徐永前, 152쪽).

31) 아래의 내용은 전경훈 판사가 작성한 「2017년 연임법관 연수결과 보고서 - 스페인의 법률제도 및 개인도산절차 연구」를 참조한 것이다.

32) 정식절차는 ① 절차개시의 단계(Fase de Declaración), ② 공통단계(Fasecomúmn), ③ 변제계획승인 또는 청산의 단계(Fase de Convenio o Liquidación)로 구분된다. 절차의 개시는 채무자의 신청 또는 채권자의 신청에 의해서 이루어진다. 공통단계에서는 채권자들의 채권신고절차, 채무자의 재산확인절차, 채권자들의 우선순위 결정절차가 진행된다. 이 단계에서는 채무자의 자산(más activo)을 가능한 많이 확보하여야 하고, 채무자의 부채(pasivo)도 결정하여야 한다. 또한 위 절차 내에서 채무자의 변제계획이 작성된다. 변제계획승인 또는 청산의 단계는 채권자집회(reunióen)를 개최하여 변제계획을 승인하거나 청산하는 단계이다. 전체 채권액을 의결권으로 하여 법인은 75%, 개

100만 유로 미만의 부채를 부담하는 자연인 또는 30명 미만의 근로자를 두고 있는 소규모의 법인에게 적용되는 약식절차(Concurso Abreviado)[33]로 나뉘어진다.

회생절차와 파산절차가 구분되어 있는 우리와 달리, 스페인에서는 채권자집회에서 채권자 동의(법인사건에서는 채권액의 75%, 개인사건에서는 채권액의 50%)를 얻게 되면 변제계획을 이행하는 절차로 진행하고, 부결되는 경우에는 청산하는 절차로 진행하게 되어 하나의 절차로 일원화되어 진행된다.

(6) 러시아의 「도산에 관한 연방 법률」[34]

러시아 도산절차의 기본법이라고 할 수 있는 「도산에 관한 연방 법률{Федеральный закон О несостоятельности(банкротстве)}」(이하 '러 도산법'이라 한다)[35]은 국유재산기업, 정부 기관, 정당 및 종교 단체를 제외하고 모든 규모의 법인, 개인 및 개인사업자에 대하여 규율한다. 국유재산기업, 정부 기관, 정당 및 종교단체의 도산절차에 대해서는 민법이 적용된다. 또한 보험·증권 회사, 농업 단체 및 기타 금융 기관 등 신용 금융 기관의 도산에 관하여는 관련 특별법이 따로 마련되어 있다.

러 도산법은 도산을 금전채무에 따른 채권자의 채권 전액을 채무자가 변제할 능력이 없거나 강제지급금 납부의무를 이행할 능력이 없다는 것을 중재(상사)법원[36]이 인정한 것이라고 정의하고 있다.

러 도산법상 법인에 대한 도산절차는 ① 심사절차(Наблюдение),[37] ② 재정재건절차(Финансовое оздоровление)[38] 또는 외부관리절차(Внешнее управление),[39] ③ 파산절차(Конкурсное производство),[40] ④ 화의(Мирное соглашение)[41]로 구분된다. 러시아의 경우 신청인이 어느

인은 50% 이상이 찬성하여야 변제계획이 승인되고, 그렇지 않으면 청산단계로 이행된다. 청산단계로 이행되는 경우에는 법원이 청산인을 선임한다.

33) 약식절차는 정식절차와 비교하여 모든 단계의 기간이 반으로 줄어들고, 절차가 신속하게 진행되는 특징이 있다.

34) 아래의 내용은 나청 판사가 작성한 「러시아와 한국의 기업도산제도에 관한 비교법적 연구」를 참조한 것이다.

35) 2002. 10. 26. 제정되었고, 2016. 6. 2. 개정되었다.

36) 러시아에는 별도의 상사법원인 중재법원(Арбитражный суд)이 존재한다. 중재법원은 기업활동과 관련된 즉, 상사분쟁 등 경제 관련 분쟁을 심판하는 사법기관이다. '중재(Арбитраж)'라는 말의 어감과 달리 사실상 상사법원에 해당된다. 분쟁의 주체는 개인, 법인, 비법인단체, 국가기관도 해당된다. 도산사건의 경우 필요적 합의사건으로 규정되어 있다.

37) 도산절차의 신청이 있으면 중재법원은 신청권자의 신청이 러 도산법상의 요건을 충족하고 있는지, 고의 또는 허위 도산인지 여부 등을 심사하게 된다. 이를 심사절차(Наблюдение)라고 한다. 러시아의 도산제도는 아래서 보는 바와 같이 신청인이 어느 도산절차를 개시할지 선택할 수 없는 형식으로 되어 있기 때문에 시작단계인 심사절차가 중요하고 이에 상당한 기간을 심사절차에 부여하고 있다고 한다.

38) 재정재건절차는 채무자의 지급능력회복과 채무상환을 목적으로 하는 절차로 우리나라의 기존경영자 관리인 형태의 회생절차와 유사한 성격을 가지고 있다. 아래에서 보는 바와 같이 별도의 신청을 하는 것이 아니라 심사절차 중 이루어진 제1회 채권자집회의 결의를 기초로 심사절차 종료 후 중재법원의 결정에 의해 개시된다.

39) 외부관리절차는 재정재건절차와 같이 채무자의 지급능력회복과 채무상환을 목적으로 하는 절차로서, 채권자집회의 결정을 기초로 중재법원에 의하여 개시된다. 그러나 외부관리절차는 절차 목적의 측면에서 재정재건절차와 동일하지만, 채무자의 경영권이 외부관리인(Внешний управляющий)에게 이전된다는 것이 재정재건절차와 다른 점이다. 이는 우리나라 회생절차 중 제3자 관리인 선임의 형태와 유사한 절차로 볼 수 있다.

40) 채무자의 지불능력 회복이 불가능한 것으로 판단되는 경우, 중재법원은 채무자에 대한 파산을 선고하고 파산절차를

도산절차로 진행할지 여부를 선택하여 신청하는 것이 아니라, 지급불능(도산)의 신청을 하면 중재법원이 심사절차를 거쳐 회생절차로 진행되어야 할지, 파산절차로 진행되어야 할지 등을 결정하여 진행하는 방식으로 일원화되어 있다.

(7) 프랑스 도산법

프랑스는 회생우선주의를 취하면서 도산절차 일원화를 채택하고 있다. 모든 사건에 대하여 반드시 회생절차를 개시하고, 심사절차를 거쳐 회생가능성이 없다고 판단되면 청산절차를 개시하는 형식이다. 회생가능성의 판단은 독일 도산법과 달리 법원이 하고, 채권자의 다수결은 필요로 하지 않는다.

프랑스 도산법의 기본적인 절차는 회생절차와 파산절차이다. 다만 그 전에 조정이라는 법원 외의 사적정리(도산방지절차)가 가능하다.

나. 채무자회생법의 태도

채무자회생법은 하나의 법률에서 회생절차(간이회생절차), 파산절차, 개인회생절차를 규정하고, 신청인이 그중 어느 절차를 이용할 것인지를 선택하여 신청하도록 하고 있다. 이러한 점에서 미국의 연방도산법, 일본의 도산3법이나 중국의 <기업파산법>과 유사하다. 결국 채무자회생법은 신청에 있어 일원화(하나의 입구와 여러 개의 출구)를 이루고 있지 못하다.

이러한 채무자회생법에 대하여 도산상태에 있는 채무자가 최적의 절차를 선택하는 것이 어렵다는 비판이 있을 수도 있다. 그렇지만 ① 각 절차 사이에 연결이나 이행을 도모하는 여러 가지 규정을 두고 있고(제6조 제1항, 제2항, 제58조 제1항, 제600조 제1항 등), ② 회생절차에서 청산형 회생계획안도 제출할 수 있으므로(제222조) 선택이 고민될 경우 회생절차를 신청하면 되며(나아가 견련파산도 인정되고 있고 회생절차폐지 후 파산신청을 할 수도 있다), ③ 도산절차를 일원화한다고 하더라도 여전히 파산절차로 갈 것인지 회생절차로 갈 것인지에 대한 선택의 시간은 필요하고, ④ 도산절차도 신청주의가 원칙적인 모습(당사자의 선택권 보장, 처분권주의)이며, ⑤ 도산절차를 일원화할 경우 절차의 기본은 파산절차가 될 수밖에 없는데, 그렇게 되면 회생을 원하는 채무자는 파산절차로 갈 가능성을 배제할 수 없어 절차 진행을 꺼릴 수밖에 없다는 점에서 채무자회생법의 태도는 타당하다고 볼 수 있다.[42]

개시할 수 있다. 파산절차는 채무자의 재산을 가능한 높은 가격으로 신속하게 처분하여 채권자들에게 공평하게 이를 분배하는 것과 관련된 문제에 가장 중점을 두게 된다. 우리나라와 달리 파산절차의 종료기간에 제한이 있다. 파산절차는 6개월 동안 진행되며, 6개월 더 연장될 수 있다(러 도산법 제124조 제2항). 따라서 최장 1년을 넘을 수 없다.

41) 러시아의 화의는 우리의 구 화의법상의 화의절차와 달리 채권자들과 채무자의 협의로 언제든지 도산절차에서 이탈할 수 있도록 하는 일종의 합의해지 제도이다. 화의는 제1회 채권자집회가 개최된 이후에는 도산절차의 어떠한 단계에서도 이루어질 수 있다. 이는 채무자와 채권자간의 합의를 통해 도산절차를 중단하기 위하여 마련된 절차(계약)이다. 결국, 화의계약은 채권자와 채무자 사이의 협상을 통해 도산절차를 종식시키는 것을 목적으로 하는 조정절차이기도 하다.

42) 다만 채무자회생법은 하나의 법에 복수의 절차를 규정하면서 동일한 내용에 대하여 중복하여 규정하고 있는 경우가 많다. 부인권, 쌍방미이행 쌍무계약에서의 선택권, 상계권 등. 이로 인하여 조문이 늘어나고 통일된 해석을 어렵

Ⅲ 도산절차개시에 있어서 신청주의

1. 도산절차의 개시 시점

도산절차가 언제 개시되는지[43]에 관하여 각국은 달리 규정하고 있다.

일부 국가는 선고(결정)개시주의를 채택하여, 채권자 또는 채무자 등으로부터 도산신청을 받은 법원이 도산절차개시를 선고(결정)하여야 도산절차가 개시되는 것으로 하고 있다. 일본, 독일을 비롯하여 우리나라가 개시선고(결정)주의를 채택하고 있다. 개시선고(결정)주의에서는 도산절차의 신청은 단지 도산절차의 준비단계에 불과하고, 법원이 도산절차개시를 선고(결정)하여야 도산절차가 시작된다.

일부 국가는 채무자 신청의 경우 신청개시주의를 채택하여 채무자가 법원에 도산을 신청하면 개시요건이 필요 없어 절차가 바로 개시된다. 영국, 미국이 채택하고 있는 방식이다.[44]

한편 중국은 수리[45]주의를 채택하고 있다. 채권자 또는 채무자 등이 법원에 도산을 신청하

게 하는 문제가 있다. 하나의 법을 제정한 취지에 부합하려면 공통된 내용들은 총칙편에서 일괄하여 규정하는 것이 체계적이다. 우리와 같이 하나의 법에 여러 가지 절차를 규정하고 있는 중국 <기업파산법>은 부인권, 쌍방미이행 쌍무계약에서의 선택권, 상계권 등에 관하여 앞부분에서 통일되게 규정하고 있다(제1장 내지 제7장). 미국 연방도산법도 마찬가지이다. 향후 채무자회생법을 개정함에 있어 시사하는 바가 크다 할 것이다.

채무자회생법이 각 절차에 공통적으로 적용되는 규정을 총칙에 배치하지 않은 이유에 대해, 개인회생절차는 회생절차와 파산절차에 비해 특수한 점이 많아 개인회생절차에는 적용되지 않고 회생절차와 파산절차에만 적용되는 규정이 여럿 있기 때문에 그러한 규정을 통합하지 않고, 각 절차에서 반복적으로 규정한 것이라고 한다(법무부 해설서, 51쪽).

〈회생절차와 파산절차의 공통된 규정〉

	회생절차	파산절차
환취권	제70조 내지 제73조	제407조 내지 제410조
부인권	제100조 내지 제113조	제391조 내지 제399조, 제403조 내지 제406조
쌍방미이행 쌍무계약의 선택권	제119조	제335조
법인의 이사 등의 책임	제114조 내지 제117조	제351조 내지 제354조
지급결제제도 등의 완결성	제120조	제336조
상호계산	제125조	제343조
상계의 금지	제145조	제422조

43) 도산절차가 언제 개시되는지는 개시의 효과로서 채권자의 권리행사 제한 등과 밀접한 관계가 있다. 신청주의를 취하는 미국의 경우 도산절차의 신청으로 채권자의 권리행사는 제한된다(자동중지제도). 반면 개시결정주의를 채택하고 있는 우리나라는 개시결정이 있어야 채권자들의 권리행사가 제한된다. 그래서 개시결정 전에 채권자들의 권리행사를 제한하는 중지명령(제44조), 포괄적 금지명령제도(제45조) 등을 별도로 두고 있는 것이다.

44) 신청서의 접수가 원칙적으로 우리나라의 회생절차개시결정이나 파산선고와 같은 효력이 있다(미국 연방도산법 §301 참조). 채권자가 신청한 경우에는 법원이 심리절차를 진행한 후 구제명령(우리나라의 회생절차개시결정에 상당하다)을 한다(미국 연방도산법 §303 참조).

45) 수리(受理)는 중국 소송절차에 존재하는 특이한 것이다. 수리란 법원이 당사자의 신청을 심사하여 조건에 부합하다고 인정되는 경우 입안(접수)하여 소송절차를 개시하는 행위를 말한다. 당사자의 신청과 법원의 수리행위가 서로 결합하여야 소송절차가 비로소 개시될 수 있다.

○ **파산신청과 파산수리의 관계** 파산[중국에서 파산은 도산의 의미이다]신청은 신청인의 입장에서 말하는 것이고,

고 법원이 수리를 결정하면 도산절차가 개시된다.

2. 도산절차의 개시방식

도산절차의 개시방식에서도 신청주의와 직권주의가 있다. 신청주의는 채권자, 채무자 등 당사자의 신청에 의하여 도산절차를 개시하고, 신청이 없는 경우에는 직권으로 도산절차를 개시할 수 없다. 직권주의는 법원이 도산절차를 개시하고, 당사자의 신청은 필요조건이 아니며, 채무자에게 도산원인이 있고, 법률이 정한 일정한 상황에서 법원은 직권으로 도산절차를 개시할 수 있다.[46]

초기에 파산은 범죄로 여겼기 때문에 직권주의를 채택하였다. 그러나 최근의 도산입법에서는 도산절차개시도 사적조정의 영역으로 보고 국가가 간여하는 것은 바람직하지 않으며 그것은 당사자의 민사권리를 침해하는 것으로 여기게 되었다. 그래서 도산입법의 추세[47]는 신청주의가 원칙이다.

우리나라도 신청주의를 취하고 있다. 통상적으로 개인은 파산절차(제3편)나 개인회생절차(제4편)를 선택할 것이고{경우에 따라 제2편 회생절차(일반회생)를 선택할 수도 있다}, 법인은 회생절차(제2편)나 파산절차(제3편)를 선택할 것이다. 절차의 선택은 신청인이 추구하는 목적에 의존할 수밖에 없다. 다만 일정한 경우 직권으로 파산을 선고할 수 있는 경우가 있다{견련파산(제6조 참조), 농업협동조합법 제83조, 수산업협동조합법 제85조 등}.

파산수리는 법원이 당사자의 파산신청에 대하여 한 처리결과이다. 파산신청이 있으면 법원이 수리할 수도 있고 수리하지 않을 수도 있다. 파산신청과 파산수리는 결코 같지 않다.

  파산신청은 신청권이 있는 당사자가 파산원인이 있을 때 인민법원에 (협의의)파산, 회생 또는 화의의 신청을 제출하는 것이다. 파산수리는 법원이 신청인의 파산신청에 대하여 심사를 진행한 후 파산신청을 수리하여 파산절차에 진입하는 법률적 절차이다. 파산수리는 파산사건의 절차개시에 관한 표지로, 법원이 파산신청을 수리한 후라야 파산절차는 개시될 수 있고, 일련의 법률효과가 발생한다. 법원이 파산신청에 대하여 수리하지 않는 결정을 하면 파산절차에 진입할 수 없다. 다시 말하면 파산신청은 파산수리를 인도할 뿐, 진정한 파산절차의 개시는 파산수리이다. 다만 신청인의 파산신청이 없으면, 파산절차는 개시될 수 없고, 법원이 직권으로 파산절차를 개시할 수도 없다.

46) 직권주의의 논거는 신청주의에 의할 경우 채무자가 도산원인이 있음에도 도산신청을 하지 않으면 국가가 간여할 수 없고, 그 결과 채무자의 효율적인 회생이나 총채권자에 대한 공정한 배당이 어렵게 된다는 것이다. 이러한 이유로 신청주의를 원칙으로 하면서 직권주의의 예외를 인정하는 국가도 있다. 예컨대 대만 파산법 제60조(민사소송절차나 민사집행절차 진행 중에, 법원은 채무자가 지급불능에 있음을 알게 된 때는 직권으로 채무자의 파산을 선고하여야 한다).

47) 각 국가마다 처해진 상황이 다르기 때문에 도산입법의 형식이나 내용에는 차이가 있다. 그러나 최근 각국의 도산입법에는 공통적인 추세가 있다. ① 파산은 범죄라는 인식에서 파산은 범죄가 아니라는 인식으로의 전환이다. ② 상인파산주의(파산법은 상인에게만 적용된다)에서 일반파산주의(파산법은 상인이든 상인이 아니든 모두에게 적용된다)로의 추세이다. ③ 채권자 이익을 보호하는 경향에서 채권자, 채무자 및 다른 이해관계인의 이익을 모두 고려하는 경향으로의 전환이다. 특히 채무자 중심이 강조되고 있다(채무자의 새로운 출발 또는 면책). ④ 파산절차 중심에서 회생절차 등 도산예방제도를 중시하는 경향이다. ⑤ 파산을 시장경제생활에서의 정상적인 법률현상으로 인식하고, 징계주의(파산선고를 받은 자에 대하여 공인 또는 사인으로서의 권리 내지 자격을 제한하는 것) 영향에서 벗어나 면책주의는 이미 대다수의 국가에서 채택하고 있다. ⑥ 채권자의 주류가 바뀌고 있다. 상거래채권자에서 금융채권자 중심으로 바뀌다가, 현재는 사모펀드 등의 등장으로 일반투자자에 대한 보호가 중시되고 있다. ⑦ 국제거래의 증가나 세계적 기업의 등장으로 국제도산의 중요성이 강조되고 있다.

Ⅳ 법적 도산절차 또는 사적정리절차의 선택

현재 채무자 또는 그 사업을 회생시키는 제도로 법적 도산절차(회생절차)와 사적정리절차 {자율협약 또는 공동관리절차(관리절차)}가 있음은 앞에서 본 바와 같다. 그렇다면 채무자는 재정적 어려움으로 파탄에 직면해 있을 때, 법적 도산절차를 선택하여야 하는가 아니면 사적정리절차를 선택하여야 하는가.[48]

먼저 법적 도산절차 또는 사적정리절차의 선택에 있어 고려하여야 할 요소로 DIP형 절차로 갈 것인지 관리형 절차로 갈 것인지 여부이다. 회사정리법에 따른 회사정리절차가 시행되던 시절에는 제3자 관리인을 선임하는 것이 원칙이었지만, 현재는 기존경영자 관리인제도를 시행하고 있어 DIP형 절차인지 관리형 절차인지는 사실상 큰 의미가 없다.

다음으로 임의적인 채무조정(채무감면) 가능성의 유무이다. 만약 임의적인 채무조정에 의한 부채의 정리가 가능하다면, 사적정리절차를 선택할 수 있다. 사적정리절차에 적합한 사건은 ① 모든 채권자의 합의를 얻을 수 있는 기업(대부분은 중소규모의 기업이다)이거나 ② 모든 채권자의 합의는 불가능하지만, 주요한 다액의 채권자와 합의할 수 있고 존속을 위해 높은 채무면제가 필요한 기업(대부분은 대규모이고 주채권은행이 있는 기업이다)이다.[49] ①은 주로 자율협약의 대상이고, ②는 주로 공동관리절차(관리절차)의 대상이다. 그러나 임의적인 채무조정을 할 수 없다면 법적 도산절차인 회생절차에서 다수결에 의해 강제적인 채무면제의 실현을 도모할 수밖에 없다.

---

48) **일본의 사적정리절차** 우리나라에서는 사적정리(임의정리)절차가 기촉법에 의한 공동관리절차(관리절차)와 자율협약밖에 없어 선택의 폭이 넓지 않다. 하지만 일본에서는 제3의 기관이 주도하는 사적정리절차가 다양하게 존재하여 기업의 회생을 신속하고 효과적으로 지원하고 있다고 한다. 특히 중소기업에게 법원의 도산절차로 가기 전에 다양한 방식으로 채무조정이 가능하도록 함으로써 재정적 어려움에 빠진 중소기업을 신속하게 회생시키는 기능을 하고 있다고 한다.

일본의 사적정리절차로는 다음과 같은 것이 있다. ① 특정조정에 의한 사적정리를 진행하는 방법(사법형) 「특정채무 등의 조정 촉진을 위한 특정조정에 관한 법률(特定債務等の調整のための特定調停に關する法律)」에 근거한 것이다. 특정조정절차는 민사조정절차의 일종이지만, 특정조정절차에서는 통상의 민사조정절차와 비교하여 지급불능에 빠질 우려가 있는 자만을 경제적으로 회생시키는 점에서 차이가 있다. 이러한 점에서 특정조정절차는 도산절차의 일종으로 자리매김할 수 있다. 법원(조정위원회)의 알선으로 채무를 정리하는 절차이다. ② 중소기업재생지원협의회에 의한 사업재생ADR(행정형) 중소기업재생지원협의회는 「산업경쟁력강화법」에 따라 설치된 공적기관이다. 위 협의회는 중소기업의 채무조정과 회생계획이 원활히 수행될 수 있도록 지원한다. ③ 지역경제활성화지원기구에 의한 사업재생ADR(행정형) 지역경제활성화지원기구는 「주식회사기업재생지원기구법」에 근거하여 설립된 것으로 도산기업의 회생을 지원하는 기구이다. ④ 사업재생실무가협의회에 의한 사업재생ADR(민간형) 「재판외 분쟁해결절차의 이용 촉진에 관한 법률(裁判外紛爭解決節次の利用の促進に關する法律)」을 근거로 법무대신의 인증을 받은 사업자가 실시하는 사업재생절차이다. 특정인증분쟁해결사업자는 순수한 민간조직으로 그 대상은 중소기업에 한정되지 않고, 대상사업도 제한되지 않는다.

이러한 절차들은 비용이 저렴하고 유연성·비공개성·간소한 절차·신속성 등의 장점이 있어 실무적으로 많이 활용되고 있다고 한다(倒産法, 661∼679쪽). 나아가 주요한 채무가 금융기관의 차입채무에 의한 경우의 사적정리에 있어서는 2013년에 사적정리에 관한 가이드라인 연구회가 발표한 「사적정리에 관한 가이드라인(私的整理に關する ガイドライン)」이 지침이 되고, 금융기관의 지원이나 협조를 얻어 사적정리가 진행되고 있다고 한다(新破産實務, 13쪽).

49) 사적정리는 채무를 정리하려는 채권자를 자유롭게 선택할 수 있는 이점이 있지만, 일부 채권자에 대한 변제는 후에 도산절차로 이행한 경우 편파변제로 부인이 될 위험이 있다(본서 2337쪽 참조).

또 다른 고려요소로 인수합병(M&A) 등에 관한 상법 등의 적용 여부이다. 사적정리절차를 선택한 경우 인수합병 등을 위해서는 상법 등에서 요구하는 절차실현이 충족되어야 하는데,[50] 이를 위한 부담을 무시할 수 없다. 반면 법적 도산절차에 의할 경우 인수합병(M&A) 등의 절차 실현에 필요한 상법 등의 적용이 배제되는 경우가 많다{〈제15장 제2절〉(본서 1018쪽) **참조**}. 한편 절차의 공정을 최대한 담보하려면 사실상 법적 도산절차로 이행할 수밖에 없지만, 법적 도산절차는 절차이행을 위한 비용과 시간의 부담이 클 뿐만 아니라, 현실적으로 회생절차에 들어갔다는 평가 자체가 가지는 신용훼손의 부담이 존재하는 것도 부정할 수 없다.

마지막으로 담보권을 별제권으로서 절차의 구속밖에 둘 것인지(절차와 무관하게 권리행사를 가능하게 할 것인지), 담보권의 행사를 제한시킬 것인지(담보권을 절차 내에서 절차에 따라 행사하게 할 것인지)에 대한 판단이 필요하다. 법적 도산절차인 회생절차에서는 담보권의 행사가 제한되지만, 사적정리절차에서는 담보권의 행사를 저지할 방법이 없다.

재정적 어려움으로 파탄에 직면한 채무자는 위에서 열거한 여러 요소들을 종합적으로 고려하여 법적 도산절차(회생절차) 또는 사적정리절차{자율협약, 공동관리절차(관리절차)}를 선택하여야 할 것이다.

---

50) 다만 기촉법에 따른 공동관리절차(관리절차)에서는 출자 및 재산운용제한 등에 대한 특례가 인정되고 있다. 관련 내용은 〈제6편 제5장 제3절 Ⅳ.10.〉(본서 2331쪽)을 참조할 것.

제 3 장

채무자회생법상의 도산절차

Ⅰ 도산절차의 종류

채무자회생법은 단일 법률 하의 복수 절차형 법제를 채택하여 아래에서 보는 바와 같이 크게 4가지 도산절차를 규정하고 있다. 복수의 도산절차를 하나의 법률에서 규정할 것인지 아니면 별도의 법률에서 규정할 것인지는 입법정책의 문제이나 단일한 법률을 지향하는 것이 세계적인 추세다.[1] 단일한 법률에서 규정하는 것이 절차를 이용하는 사람들에게도 편리하고, 절차 간 이동(전환)에도 유리하다.

개인채무자	파산절차	청산형
	개인회생절차	회생형
	회생절차(주로 무담보채무 10억 원 초과 또는 담보채무 15억 원 초과인 경우)[2]	회생형
소액영업소득자[3]	간이회생절차	회생형
법인[4]채무자	파산절차	청산형
	회생절차	회생형

1. 회생절차

회생절차는 재정적 어려움으로 파탄에 직면해 있는 채무자에 대하여 채권자, 주주·지분권자 등 여러 이해관계인들의 법률관계(채권채무, 자본구조)를 조정하여 채무자 또는 그 사업의 효율적인 회생을 도모하는 것을 목적으로 하는 제도이다(제1조). 법인 및 주로 개인회생절차를 이용할 수 없는 일정 규모를 넘는(무담보채무 10억 원 초과 또는 담보채무 15억 원 초과) 채무를

---

1) 일본의 경우는 복수의 도산법체계를 유지하고 있음은 앞에서 본 바와 같다.
2) 실무적으로 '일반회생'이라 부르고 있다.
3) 개인과 법인을 모두 포함한다.
4) 법인격이 없는 사단이나 재단 등을 포함하는 개념이다. 이하 같다.

부담하는 개인에게 적용되는 회생형 절차이다.[5]

채무자회생법 제2편 제1장 내지 제8장에서 규정하고 있다.

2. 간이회생절차

간이회생절차란 소액영업소득자를 대상으로 비용이 저렴하고 신속하게 진행하는 간이한 회생형 절차를 말한다. 법인과 개인 모두에게 적용된다. 회생절차는 복잡하고 비용이 많이 들어 중소기업에 적합하지 않다는 비판이 있어 2015. 7. 1.에 새로이 도입한 것이다.

영업소득자란 부동산임대소득·사업소득·농업소득·임업소득, 그 밖에 이와 유사한 수입을 장래에 계속적으로 또는 반복하여 얻을 가능성이 있는 채무자를 말한다(제293조의2 제1호).[6] 구체적으로 간이회생절차 신청 당시를 기준으로 회생채권 및 회생담보권 총액이 50억 원 이하인 채무를 부담하는 소액영업소득자를 말한다(제293조의2 제2호, 시행령 제15조의3).

간이회생절차는 회생절차와 달리 채무자(소액영업소득자)만이 신청할 수 있다.

채무자회생법 제2편 제9장에서 규정하고 있다. 간이회생절차는 기본적으로 회생절차이므로 제2편 제9장의 규정을 적용하는 것 외에는 제2편 회생절차의 규정을 적용한다(제293조의3 제1항).

3. 개인회생절차

개인회생절차는 파산의 원인인 사실이 있거나 그러한 사실이 생길 염려가 있는 개인인 채무자로서 총채무액이 무담보채무의 경우 10억 원, 담보채무의 경우 15억 원 이하인 개인에 대하여 적용되는 회생형 절차이다.

채무자회생법 제4편에서 규정하고 있다. 개인회생절차의 가장 큰 장점은 채무자가 재산을 잃지 않고 면책을 받을 수 있다는 것이다.[7] 다만 담보권자는 회생절차와 달리 별제권자로서 권리행사의 제한을 받지 않는다{변제계획이 인가될 때까지는 개인회생절차의 원만한 진행을 위해 권리행사가 제한된다(제600조 제2항)}.

---

5) 개인의 경우 특별한 사정이 없는 한 개인회생절차를 이용할 것이지만, 개인회생절차가 아닌 회생절차를 이용할 수도 있다. 회생절차(제2편)와 개인회생절차(제4편)는 상호 배타적인 것이 아니다. 다만 채무자회생법은 개인회생절차가 개시되면 회생절차는 중지되도록 하고 있어 개인회생절차를 회생절차보다 우선하는 것으로 하고 있다(제600조 제1항 제1호). 실무적으로도 회생절차보다 개인회생절차가 유리한 점이 많기 때문에 채무액수의 상한을 초과하여 개인회생절차를 이용할 수 없는 개인채무자만이 회생절차를 이용하고 있다.

6) 법 조문상 급여소득자는 제외되는 것으로 해석된다(제579조 제2호, 제3호 참조). 다만 실무적으로는 급여소득자도 일반회생사건으로 처리하되, 조사위원을 법원사무관으로 선임하는 등 실질적으로 간이회생절차에 준하여 취급하고 있다.

7) Daniel J. Bussel·David A. Skeel, Jr., 19쪽.

《(간이/개인)회생절차 비교표》

	회생절차	간이회생절차	개인회생절차
신청대상채무자	특별한 제한 없음(개인/법인 불문)	소액영업소득자(개인/법인 불문)	급여소득자·영업소득자(개인에 한함)
채무액 한도 (신청시 기준)	제한 없음	회생채권·회생담보권 총액 50억 원 이하	무담보채무 10억 원, 담보부채무 15억 원 이하
회생(변제)계획안	회생계획안에 대한 관계인 집회·서면결의	좌동(다만 회생채권자조 가결요건 완화)	채권자집회(채권자들의 동의 불요)
업무·재산에 대한 관리처분권	관리인(원칙적으로 기존경영자)	관리인(원칙적으로 불선임)	채무자
채무자의 재산 등에 대한 조사	조사위원	간이조사위원	회생위원

4. 파산절차[8]

파산절차는 채무자에게 파산의 원인이 있을 때 파산선고를 하고, 채권조사절차를 거쳐 채권자의 권리를 확정한 다음 채무자 재산을 환가하여 분배(배당)하는 청산형 절차이다. 개인과 법인에 모두 적용된다. 다만 개인파산절차의 경우 면책절차가 있다는 점에서 법인파산절차와 다르다.[9] 이외 특수한 것으로 상속재산파산, 유한책임신탁재산파산이 있다.

채무자회생법 제3편에서 규정하고 있다.

〈개인도산절차[10]의 종류〉

일반회생	- 제32조의 회생절차 개시원인이 있는 개인채무자(법인회생절차와 동일한 법률 조항에 따라 진행/간이회생 포함) - 주로 개인회생을 이용하지 못하는 회생담보권 15억 원 초과, 회생채권 10억 원 초과 채무자가 이용(주로 회사 대표이사, 의사 등 고소득 전문직) - 회생계획인가결정으로 면책됨
개인파산·면책	- 개인채무자가 지급불능 상태에 빠진 경우 파산선고를 받고, 그와 동시에 면책절차를 통해 종국적으로는 채무의 면책을 도모하는 제도 - 채무의 변제 없이 잔여재산 처분 후 면책을 도모하는 제도이므로, 회생제도보다는 상대적으로 면밀하고 엄격한 조사가 시행되고 있음(파산관재인 선임)
개인회생	- 파산원인이 있거나 생길 염려가 있는 급여소득자 또는 영업소득자인 개인채무자에 대해여 3년(원칙)간 일정한 가용소득 금액을 변제하면 잔액은 면책받도록 하는 제도 - 채무규모 담보부채무 15억 원 이하, 무담보부채무 10억 원 이하 채무자만 신청가능 - 일반회생과 달리 별도로 면책 결정을 받아야 함

---

8) 파산의 경우 모든 채권자가 파산절차에 참여하여 채무자의 모든 재산(파산재단)을 환가한 후 배당하는 집단적인 채권채무관계의 해결절차(집단적 집행절차)라는 점에서, 개별 채권자가 채무자의 특정 재산에 대하여 환가를 하고 배당을 받는 민사집행법상의 집행절차와 다르다.

9) 대법원 2016. 8. 25. 선고 2016다211774 판결 참조.

10) 3가지 개인도산절차는 어떤 특정절차를 거쳐야 다른 절차로 넘어가는 방식의 수직선상에 연결되어 있는 절차가 아

Ⅲ 각 도산절차의 연결

채무자회생법은 하나의 법률에 여러 가지 도산절차(회생절차, 간이회생절차, 파산절차, 개인회생절차)를 규정하고 있다. 이러한 복수형 도산제도에서는 절차간 상호관계, 즉 복수의 절차가 경합하는 경우 어느 절차가 우선하느냐(도산절차 사이의 조정), 어떤 절차로부터 다른 절차로 이행하는 것이 가능하냐(도산절차 사이의 일체성 확보) 등의 문제가 발생한다. 그러나 도산상태에 빠진 채무자가 여러 도산절차 중에서 적절한 도산절차를 짧은 시간에 선택하는 것은 쉽지 않다. 이로 인해 도산상태에 있는 채무자에 대하여 일원화된 도산개시절차를 마련하자는 주장이 있음은 앞에서 본 바와 같다. 이러한 문제의식에서 채무자회생법은 각 절차 사이에 연결이나 이행을 도모하는 몇 가지 수단을 마련하고 있다.

(1) 파산신청 후 또는 파산선고 후에도 다른 회생형 절차를 신청할 수 있다. 이로 인하여 파산절차와 다른 회생형 절차가 경합할 수 있다. 이 경우 파산절차보다 회생형 절차를, 회생절차보다 개인회생절차를 우선시하여 파산절차 또는 회생절차를 중지 또는 금지시키고 있다.[11] ① 법원은 회생절차개시의 신청이 있는 경우 필요하다고 인정하는 때에는 이해관계인의 신청에 의하거나 직권으로 회생절차개시의 신청에 대한 결정이 있을 때까지 채무자에 대한 파산절차의 중지를 명할 수 있다(제44조 제1항 제1호). ② 회생절차개시결정이 있으면 파산절차는 중지 또는 금지된다(제58조 제1항 제1호, 제2항 제1호). ③ 법원은 개인회생절차개시의 신청이 있는 경우 필요하다고 인정하는 때에는 이해관계인의 신청에 의하거나 직권으로 개인회생절차의 개시신청에 대한 결정시까지 채무자에 대한 회생절차 또는 파산절차의 중지를 명할 수 있다(제593조 제1항 제1호). ④ 개인회생절차개시결정이 있는 때에는 채무자에 대한 파산절차 또는 회생절차는 중지 또는 금지된다(제600조 제1항 제1호).

물론 원칙적으로 열후한 절차(회생절차와의 관계에서 파산절차)가 채권자의 일반의 이익에 적합하는 등 예외적인 경우에는 우선절차(회생절차) 개시신청을 기각함으로써(제42조 제3호, 제595조 제6호), 실질적으로 합리적인 절차의 선택이 되도록 조정하고 있다.

(2) 회생절차가 실패한 경우 파산절차로 이행(견련파산)하는 길이 마련되어 있다.[12] ① 파산선고를 받지 아니한 채무자에 대하여 회생계획인가가 있은 후 회생절차폐지 또는 간이회생절차폐지의 결정이 확정된 경우 법원은 그 채무자에게 파산의 원인이 되는 사실이 있다고 인정

니라 각 수평적으로 독립된 절차로서 상호 배타적인 관계에 있는 것은 아니다. 다만 아래에서 보는 바와 같이 파산절차보다는 회생절차가, 회생절차보다는 개인회생절차가 각 우선한다.

11) 반대로 회생절차개시결정이 있으면 파산신청을 할 수 없고(제58조 제1항 제1호), 개인회생절차개시결정이 있은 후에는 회생절차나 파산의 신청을 할 수 없다(제600조 제1항 제1호).

12) 반면 개인회생절차가 실패한 경우에는 파산절차로 이행하는 길이 마련되어 있지 않다. 그러나 회생절차와 마찬가지로 개인회생절차가 실패한 경우에도 상황에 따라 파산절차에 의하여 재산을 청산할 필요가 있으므로 개인회생절차폐지 후 법원에 의한 직권파산이나 파산절차로의 전환을 위한 근거 규정을 마련하는 것이 타당하다고 본다. 현행법 아래에서는 개인회생절차가 폐지된 경우 파산절차를 밟기 위해서는 채무자 등이 파산신청을 다시 하여야 한다.

하는 때에는 직권으로 파산을 선고하여야 한다(제6조 제1항). ② 파산선고를 받지 아니한 채무자에 대하여 ㉠ 회생절차개시신청 또는 간이회생절차개시신청의 기각결정(제293조의5 제2항 제2호 가목의 회생절차개시결정이 있는 경우는 제외한다), ㉡ 회생계획인가 전 회생절차폐지결정 또는 간이회생절차폐지결정(제293조의5 제3항에 따른 간이회생절차폐지결정 시 같은 조 제4항에 따라 회생절차가 속행된 경우는 제외한다), ㉢ 회생계획불인가결정에 해당하는 결정이 확정된 경우 법원은 그 채무자에게 파산의 원인이 되는 사실이 있다고 인정하는 때에는 채무자 또는 관리인의 신청에 의하거나 직권으로 파산을 선고할 수 있다(제6조 제2항). ③ 파산선고를 받은 채무자에 대한 회생계획인가결정으로 파산절차가 효력을 잃은 후 제288조에 따라 회생절차폐지결정 또는 간이회생절차폐지결정이 확정된 경우에는 법원은 직권으로 파산을 선고하여야 한다(제6조 제8항).

(3) 회생형 절차의 개시결정으로 중지된 파산절차는 회생형 절차가 실패한 경우 파산절차의 중지는 해소되고, 파산절차는 당연히 속행된다(제7조 참조).[13]

파산선고를 받은 채무자에 대하여 ① 회생절차개시신청 또는 간이회생절차개시신청의 기각결정(제293조의5 제2항 제2호 가목의 회생절차개시결정이 있는 경우는 제외한다), ② 회생계획인가 전 회생절차폐지결정 또는 간이회생절차폐지결정(제293조의5 제3항에 따른 간이회생절차폐지결정 시 같은 조 제4항에 따라 회생절차가 속행된 경우는 제외한다), ③ 회생계획불인가결정이 확정된 경우 중지된 파산절차는 속행된다(제7조 제1항).[14] 파산선고를 받지 아니한 채무자(파산신청이 있었지만 파산선고 전에 중지된 경우)에 대하여도 마찬가지이다.

(4) 간이회생절차는 소액영업소득자를 위한 특수한 회생절차에 해당한다. 따라서 소액영업소득자에 해당하지 않아 기각으로 절차가 종료된다면 소액영업소득자는 다시 회생절차를 신청하여야 한다. 이럴 경우 절차 지연은 피할 수 없으므로 채무자회생법은 별도의 회생절차개시신청을 기다릴 필요 없이 바로 통상의 회생절차로 진행할 수 있도록 하는 장치를 마련해 두었다.

간이회생절차개시신청을 기각하는 결정을 하는 때에 채무자가 회생절차개시신청의 의사가 있음을 밝힌 경우에는 간이회생절차개시신청 기각결정과 함께 회생절차개시결정을 할 수 있다(제293조의5 제2항). 또한 법원은 간이회생절차개시의 결정이 있은 후 회생계획인가결정의 확정 전에 ① 채무자가 소액영업소득자에 해당하지 않다거나 ② 개인인 채무자가 개시신청 전 5년 이내에 개인회생 또는 개인파산절차에 의한 면책을 받은 사실이 밝혀졌다는 이유로 간이회생절차를 폐지한 경우 채권자 일반의 이익 및 채무자의 회생가능성을 고려하여 회생절차를 속행할 수 있다(제293조의5 제4항).

이는 간이회생절차와 회생절차가 모두 회생계획인가를 통해 채무자의 회생을 도모하는 절

---

13) 다만 회생계획이나 변제계획의 인가결정으로 중지된 파산절차가 효력을 잃은 후(제256조 제1항, 제615조 제3항) 회생절차나 개인회생절차가 폐지되어 확정된 경우 파산절차의 실효가 번복되지 않는다(제288조 제4항, 제621조 제2항). 파산절차를 밟기 위해 회생절차의 경우에는 직권으로 파산을 선고하지만(제6조 제8항), 개인회생절차의 경우에는 채무자 등이 파산신청을 다시 하여야 한다.

14) 개인회생절차가 실패한 경우에 대하여는 규정이 없지만 마찬가지로 해석하여야 할 것이다. 따라서 개인회생절차가 실패한 경우 중지되었던 개인파산절차가 속행된다.

차라는 점에서, 채무자 회생이라는 궁극적 목적을 달성함과 동시에 간이회생절차폐지로 인한 법률관계의 혼란과 무익한 절차의 반복을 방지하기 위한 것이다.

Ⅲ 도산절차의 법적 성질

도산절차가 소송절차인지 비송절차인지는 다툼의 여지가 있다.[15] 도산절차에 관하여 채무자회생법에 특별한 규정이 없는 한 민사소송법을 준용하도록 하고 있고(제33조), 도산절차를 채무자와 채권자 전체가 대립하는 구조로 볼 수 있다는 점에서 소송절차로 볼 수도 있다. 반면 도산절차에 관한 재판은 변론을 열지 않고 재판을 할 수 있고 직권으로 필요한 조사를 할 수 있으며(제12조), 집단적 이해관계를 법원의 주도 하에 처리한다는 점에서 비송절차로 볼 수도 있다.

도산절차에서는 법원의 역할이 크고(법원의 후견적 역할이 강하다) 직권으로 절차에 개입하는 경우가 많다. 또한 채무자와 채권자가 필요한 증거와 주장을 제시하는 것은 아니므로 전체적으로 대립하는 구조에 있다고 볼 수는 없다는 점에서 비송절차로 보아야 할 것이다. 또한 채무자회생법은 회생절차에 관하여 별도의 규정이 없을 때에는 민사소송법을 준용한다고 규정하고 있지만(제33조), 채무자회생법이 대부분 민사소송법을 따르는 것이 아니고 많은 부분에서 민사소송절차의 원칙을 일반적으로 수정하고(본서 165쪽 참조) 있을 뿐만 아니라 개별적으로도 절차의 각 단계에서 법원이 합목적적 내지는 재량적인 판단을 하도록 함으로써 회생사건이 비송사건적 성격을 농후하게 가지고 있음을 인정하고 있다.[16] 대법원도 회생절차개시신청에 대한 결정을 함에 있어서 법원은 개시결정이 다수 이해관계인의 이익을 조정하고 기업을 회생, 재건하기 위한 것이기 때문에 회생의 가망, 신청의 성실성 등 제42조 소정의 사유를 판단하지 않으면 안 되고, 그 판단을 위해서는 법원의 합목적적 재량을 필요로 하고 또 경제사정을 감안하여 유효적절한 조치를 강구하지 않으면 안 되어 절차의 간이 신속성이 요구되므로 회생절차의 개시결정절차는 비송사건으로 봄이 상당하다고 하고 있다.[17]

다만 비송절차적인 성질로 인하여 재판의 공정성에 의문이 있을 수 있다. 따라서 대심구조를 적절하게 적용하여 당사자들에게 서로 대립하여 적극적으로 주장이나 증거를 제출하고, 이해관계인이 도산절차에 적극적으로 참여할 수 있는 기회를 보장하여야 할 것이다.

---

15) 관련 내용은 〈제4장 Ⅳ.3.나.〉(본서 99쪽)를 참조할 것.

16) 따라서 제33조가 회생절차에 관하여 민사소송법을 준용하도록 한 것은 결코 회생사건을 소송사건으로 인정하는 취지는 아니고, 특정한 사항에 관하여 별도의 규정이 없는 경우에 보충적으로 민사소송법의 규정을 준용한다는 의미이다.

17) 헌법재판소 2021. 7. 15. 선고 2018바484 전원재판부 결정, 대법원 1984. 10. 5. 자 84마카42 결정 등 참조. 호문혁, 민사소송법(제13판), 법문사(2016), 60쪽, 이시윤, 신민사소송법(제3판), 박영사(2006), 13쪽, 條解 破産法, 1606쪽, 倒産判例百選, 4쪽. 한편 도산절차는 민사소송절차와 다른 특별절차이고, 비송절차와 유사하지만 비송절차는 아니라는 견해도 있을 수 있다. 그 이유는 채무자회생법은 특별한 규정이 없는 한 민사소송법을 준용하지만(제33조), 비송사건절차법의 규정은 적용하고 있지 않기 때문이다.

Ⅳ 도산절차에서의 심리방법

도산절차에 관한 재판은 통상적인 판결절차와 달리 결정절차로 행하여지고, 변론을 열지 않고 재판을 할 수 있으며(임의적 변론주의) 직권으로 필요한 조사(직권조사주의)를 할 수 있다(제12조).

도산절차에 관한 재판이란 도산절차를 담당하는 재판부가 도산절차 내에서 하는 재판을 말한다. 회생절차개시·기각결정, 회생계획인가·불인가결정, 회생절차폐지결정, 회생절차종결결정, 채권조사확정재판, 파산선고결정, 파산신청기각결정, 면책결정, 면책불허가결정, 개인회생절차개시결정, 변제계획인가결정 등 많은 재판이 여기에 해당한다.

임의적 변론주의로 한 이유는 재판이 결정절차로 행하여지기 때문이라는 점(민소법 제134조 제1항 단서) 외에 도산절차에 관한 재판은 통상적인 판결절차와 달리 당사자 사이의 실체적인 권리의무관계의 확정을 목적으로 하는 것이 아니라는 점, 다수의 이해관계인이 관여하기 때문에 대심구조에 친하지 않다는 점, 절차의 신속성과 임기응변적인 처리가 필요하다는 점 등을 고려한 것이다. 실무적으로 구두변론을 하는 경우는 거의 없다. 한편 임의적 변론주의가 공개주의를 규정한 헌법 제109조와의 관계에서 합헌성 여부가 문제될 수 있다. 특히 채무자의 법률상 지위에 중대한 영향을 미치는 도산절차개시결정이나 면책결정에서 그렇다. 도산절차는 최종적으로 사실관계를 확정하여 당사자가 주장하는 실체적 권리의무의 존부를 확정하는 것을 목적으로 하는 것이 아니므로 헌법에 위반된다고 볼 수는 없다.

직권조사주의를 채택한 것은 도산절차에 관한 재판은 다수의 이해관계인이 관련되어 신속한 절차 진행이 요청되므로, 법원의 후견적인 개입이 필요하고 판결절차에서와 같은 관계인의 주장이나 제출 자료에만 구속되는 것(변론주의)은 타당하지 않기 때문이다.

제 4 장

채무자회생법의 제정 및 개정

　자본주의사회에서 경제주체들은 필연적으로 실패할 수밖에 없다. 실패한 경제주체들(채무자)을 어떻게 처리할 것인지, 즉 채무자회생법(파산법)이 그들에 대하여 어떠한 태도를 취하는지는 경제주체들이 위험을 감수하고 변화를 받아들이는 데 얼마나 능동적이 되는지에 커다란 영향을 준다. 채무자회생법(파산법)의 역사는 이를 잘 증명해주고 있다. 1849년 영국이 파산법을 개정하기 전까지 파산법은 파산(실패)한 기업인(채무자)을 처벌하는 데 중점을 두어 사업을 하다가 망하면 최악의 경우 채무자를 감옥에 보냈다. 그러나 19세기 후반부에 도입된 새로운 파산법에서는 기업 경영에 실패하더라도 사업을 재정비하는 동안 채권자에 대한 이자지급의무를 면제해 주고, 채권자들이 채무의 일부를 삭감해 주도록 강제하여 파산(실패)한 기업인에게 제2의 기회를 주었다. 기업 활동에 따르는 위험이 훨씬 줄어든 것이다. 이로 인해 자본주의 성장이 가속화됨에 따라 점점 거대해지는 생산규모와 위험부담, 불안정성에 대해 대처할 수 있었고 그 결과 급격한 경제성장을 이끌었다. 요컨대 기업을 비롯한 경제주체들(채무자)에게 우호적인 채무자회생법(파산법)은 기업 활동의 위험을 줄여 부의 창출을 권장하는 효과를 낳았다.[1]

　우리는 채무자회생법(파산법)과 그 한계를 모두 이해하여야 한다. 법률은 법률 외의 문제를 치유할 수 없다. 법률은 어리석은 자를 현명하게 만들 수 없고 불운한 자에게 행운을 줄 수 없다. 법률은 잘 되지 않는 기업을, 그런 기업은 곧 망한다는 시장의 현실로부터 단절해줄 수 없다. 채무자회생법의 목적은 그렇게 대단한 것이 아니다. 정직하지만 불운한 개인은 새로운 출발(fresh start)을 할 수 있게 한다. 계속기업(going concern)으로서의 가치가 있는 기업은 새로운 자본구조를 취득할 수 있어야 하고, 생존가능성이 없는 기업이라면 효율적으로 업무를 정리할 수 있어야 한다. 채무자회생법은 기적을 만들어낼 수 없다. 가질 수 없는 것을 추구하면 좋은 일보다는 해악이 발생하기 마련이다.[2]

---

1) 장하준, 장하준의 경제학 강의, 부키(주)(2014), 73~74쪽 참조.
2) Douglas G. Baird, 276쪽.

I 채무자회생법의 제정

1. 채무자회생법의 제정 경위

우리나라에서 도산과 관련된 법이 입법된 것은 오래된 일이다.[3] 과거 이른바 '도산 3법'으로 불리던 파산법은 1962. 1. 20. 법률 제998호로, 화의법은 같은 날 법률 제997호로, 회사정리법은 1962. 12. 12. 법률 제1214호로 각각 제정되어 시행되었다. 그러나 법률 제정 이후 '도산 3법'은 그 활용도가 높지 않고 주목받지 못하는 분야에 머물러 있었다. 그러다가 1997년 말 외환위기로 국내경제가 정상적인 기능을 하지 못하게 된 후 부실기업의 회생 또는 퇴출제도로 활용되면서 비로소 관심을 끌기 시작하였다.

그러나 이른바 '도산 3법'은 각 법률마다 적용대상이 다를 뿐만 아니라, 특히 회생절차는 회사정리절차[4]와 화의절차[5]로 이원화되어 있어서 그 효율성이 떨어져 상시적인 기업의 회생·퇴출 체계로는 미흡하고, 그동안 변화된 경제 질서를 반영하지 못하고 있다는 비판이 대두되었다.

이에 법무부는 2002. 11. 초순 그동안 파산절차, 화의절차, 회사정리절차로 분리되어 있던 도산절차를 하나의 법률에 통합하는 「채무자 회생 및 파산에 관한 법률(안)」을 공개한 뒤 위 법률(안)을 바탕으로 2002. 11. 6. 공청회를 개최하고, 공청회에서 제시된 여러 의견과 관계 기관의 의견을 종합하여 「채무자 회생 및 파산에 관한 법률(안)」을 마련한 후 2003. 2. 21. 국회에 제출하였으나 제16대 국회의 임기만료로 자동 폐기되었다.[6]

이후 정부(법무부)는 2004. 11. 6. 국회에 다시 수정안을 제출하여 위 수정안이 2005. 3. 2. 국회 본회의에서 의결된 뒤 2005. 3. 31. 법률 제7428호로 공포되었고, 그 시행은 공포일로부터 1년간 유예되어 2006. 4. 1.부터 시행되었다.

2. 채무자회생법의 제정 이유

위에서 본 바와 같이 이른바 도산 3법에 대한 비판을 수용하고 도산 관련 법 체계를 선진

---

3) 세계적으로 도산에 관한 법의 역사를 보면 초기에는 파산절차만 있었고 그 내용은 철저하게 청산절차였다. 그러다가 기업 채무자의 파산에서 '회생'이라는 개념이 도입되면서 채권자와 채무자 사이의 자율적인 채무조정을 도산절차 내로 흡수한 화의절차가 만들어졌고, 이어 대규모 기업 채무자의 회생절차로 회사정리절차(회생절차)가 형성되었다.

4) 현행법상의 회생절차와 비슷하나, 회사정리절차에서는 제3자 관리인이 경영권을 갖게 되므로 기존경영자는 경영권을 상실한다는 점에 가장 큰 차이가 있다. 이러한 이유로 회사정리절차의 이용은 많지 않았다.

5) 화의절차는 개인 및 법인 모두를 대상으로 하는 회생형 절차였다. 회사정리절차와 달리 채무자가 관리처분권을 잃지 않고 사업을 계속할 수 있었다. 이러한 이유로 회사정리절차보다 화의절차를 선호하였다.

6) 다만 제16대 국회의 임기만료가 다가오자 당시 사회문제가 되고 있는 신용불량자 문제를 해결하기 위하여 「채무자 회생 및 파산에 관한 법률(안)」 중 일부인 개인회생절차를 떼어내 2004. 3. 2. 개인채무자회생법이 제정되었다. 이로 인해 2004. 9. 23.부터 우리나라에서 처음으로 개인회생절차가 시행되기에 이르렀다. 이후 개인채무자회생법은 아래에서 보는 바와 같이 채무자회생법이 제정됨으로써 폐지되었다.

화하는 방안으로 회사정리법, 화의법 및 파산법, 개인채무자회생법을 하나의 법률로 통합하여 「채무자 회생 및 파산에 관한 법률」을 제정하였다.

채무자회생법은 기존의 회생절차 중 화의절차를 폐지함과 아울러 회사정리절차를 개선·보완하고, 정기적 수입이 있는 개인채무자에 대하여는 파산절차에 의하지 아니하고도 채무를 조정할 수 있는 개인회생절차를 도입하여(엄밀히는 개인회생절차가 2004. 9. 23. 이미 도입되었음은 앞에서 본 바와 같다) 파산선고로 인한 사회적·경제적 불이익을 받게 되는 사례를 줄이며, 국제화시대에 부응하여 국제도산절차에 관한 규정을 신설한 것으로, 글로벌 경쟁 체제에서 국가경쟁력을 확보하기 위하여 회생 및 퇴출시스템을 개선하기 위한 것이었다.

3. 채무자회생법의 적용대상

채무자회생법은 재정적 어려움으로 인하여 파탄에 직면해 있는 채무자에 대하여 적용된다(제1조). 채무자에는 개인과 법인을 포함한다. 또한 사업자이든 비사업자이든 묻지 않는다. 따라서 채무자회생법의 적용대상은 비영리법인이나 금융기관 등을 포함하여 모든 법인과 개인이다. 한편 파산절차의 경우 상속재산(제299조 등)이나 유한책임신탁재산(제578조의2 이하)도 그 적용대상이다.

채무자가 "재정적 어려움으로 인하여 파탄에 직면해 있다"는 것은 구체적으로 채무자에게 도산원인이 있다는 것을 의미한다. 일반적으로 ① 회생절차는 '파산의 원인인 사실이 생길 염려가 있는' 경우이겠지만 사업자에 대하여는 '사업의 계속에 현저한 지장을 초래하지 아니하고는 변제기에 있는 채무를 변제할 수 없는' 경우를 말한다(제34조). 또한 ② 파산절차는 파산원인(지급불능, 채무초과)인 사실이 있는 경우이다(제305조, 제306조 제1항). ③ 개인회생절차는 파산원인인 사실이 있거나(제579조 제1호) 그러한 사실이 생길 염려가 있는 경우이다(제579조 제1호).

Ⅱ 채무자회생법의 주요 개정 과정

채무자회생법이 시행되고 도산절차, 특히 회생절차의 이용이 급격하게 증가하여 왔지만 기촉법상의 공동관리절차(워크아웃)와 비교하여 신규자금 조달 및 상거래채권자 보호에 있어서는 미흡하다는 비판이 있었다. 또한 회생절차가 지나치게 복잡하고 비용이 많이 든다는 문제 역시 제기되었다. 이러한 문제들을 해결하고 변화하는 경제상황에 대처하기 위하여 채무자회생법은 제정된 이후 아래에서 보는 바와 같이 여러 차례에 걸쳐 크고 작은 개정이 있었다.

지금까지의 개정 과정을 보면 도산절차법 분야에서는 상당한 제도개선이 이루어졌다고 생각된다. 이는 법원의 실무운용에 있어 문제점들이 입법에 곧바로 반영된 결과로 평가된다. 반면 도산실체법 분야에서는 단편적인 개정에 그쳤고 향후 체계적인 제도개선이 필요하다고 판단된다. 또한 채무자회생법이 진정한 통합도산법으로서의 실체를 갖추기 위해서는 전반적인 편제 및 용어의 정비도 필요하다.

1. 2006. 3. 24. 개정(법률 제7892호, 2006. 4. 1. 시행)

도산절차 중에 있는 국민들의 생활안정과 경제적 재기를 위하여 도산절차 중에 있다는 이 유만으로 정당한 사유 없이 취업의 제한 또는 해고 등 불이익한 처우를 받지 아니하도록 하는 차별적 취급의 금지 규정을 신설하였다(제32조의2).

개인파산제도가 도산한 개인의 경제적·사회적 재건을 도모하기 위한 제도임에도 여러 법 률에서 파산선고를 받은 자에 대한 불이익한 규정을 두고 취업규칙 등에서 파산선고를 당연퇴 직사유로 정하고 있는 현실을 고려하여, 채무자의 경제적 재기를 돕기 위하여 신설한 것이다.[7]

위 신설 규정은 "파산사건의 채무자였다는 이유로 면허, 허가, 인가, 특허 등을 거부·취소 하여서는 아니 되고 고용을 거부·종료하여서는 아니 된다"는 취지의 미국 연방도산법 §525 (Protection against Discriminatory Treatment)의 규정을 모태로 도입한 것이다.

2. 2009. 10. 21. 개정(법률 제9804호, 2009. 10. 21. 시행)

종전에는 회생절차 중에 있는 기업의 신규자금을 공익채권으로 취급하도록 하였으나(제179 조 제5호, 제12호), 공익채권 사이에는 우선순위를 인정하지 않고 있어 기업 회생에 필요한 자 금의 원활한 조달에는 한계가 있었다. 그래서 기업 회생에 필요한 운영자금을 원활하게 조달 할 수 있도록 회생절차 중에 있는 기업에게 필수적인 신규 자금을 지원하는 경우에는 공익채 권 중에서도 우선적으로 회수할 수 있는 지위를 부여하였다(제180조 제7항). 다만 최우선순위의 부여가 이해관계인에 미치는 영향을 고려하여 법원은 신규자금의 차입허가를 함에 있어 이해 관계인의 의견을 듣도록 하였다(제179조 제2항 신설).[8]

3. 2014. 5. 20. 개정(법률 제12595호, 2014. 11. 21. 시행)

주식회사가 채무초과인 경우 의무적 주식소각제를 폐지(제205조 제3항)하여 회생절차에서 법 원이 구체적 사정을 종합적으로 심사한 후 주식소각 여부를 결정하게 하였다.

또한 무기체계의 조달을 확보하기 위해 「방위사업법」 제3조에 따른 방위력개선사업을 수행

---

7) 하급심판결에서 파산선고를 받았다는 이유로 당연퇴직사유로 규정하고 있는 공기업(서울메트로)의 인사규정{서울중 앙지방법원 2006. 7. 14. 선고 2006가합17954 판결(확정), 학교법인(한국외국어대학교)의 직원인사규정{서울중앙지 방법원 2008. 6. 19. 선고 2007가합43592 판결(확정)}은 모두 위 신설 규정 제32조의2에 정면으로 반하여 무효라고 선언되었다.

8) 이러한 법 개정에도 불구하고 회생기업에 대한 신규자금의 지원은 드문 편이었다. 이는 회생절차에 들어온 대부분 기업의 경우 기업가치가 거의 소진된 상태여서 선뜻 자금지원이 쉽지 않고, 채권금융기관이 주도하는 기촉법상의 워크아웃절차가 병존하고 있다는 현실에 기인한 것으로 보인다. 이러한 문제의식에서 2016. 5. 29. 채무자회생법은 신규자금대여자의 절차참여권을 더욱 강화하는 내용으로 한 차례 더 개정을 하기에 이른다(아래 〈6.〉 참조). 나아가 2020. 2. 4.에는 견련파산의 경우 신규차입에 관한 채권의 우선변제권을 인정하는 개정을 하였다(아래 〈9.〉 참조).

중인 사업자에 대하여 회생절차가 개시되는 경우에 관리인이 해당 계약을 해제·해지하려는 경우 방위사업청장과 협의하게 하는(제119조 제5항) 한편, 「자본시장과 금융투자업에 관한 법률」 제정에 따른 법률 인용규정을 정비하였다.

4. 2014. 10. 15. 개정 (법률 제12783호, 2015. 1. 16. 시행)

2014년 세월호 사건의 여파로 부실경영에 책임이 있는 구 사주가 회생절차를 통해 이루어지는 M&A를 악용하여 경영권을 회복함으로써 회사를 더욱 부실화한다는 문제가 크게 대두됨에 따라 이를 방지하기 위한 대책을 수립하여야 한다는 사회적 요구가 있었다.

이에 회생절차개시의 원인에 중대한 책임이 있는 회사의 경영자가 회생절차를 남용하여 정당한 채권자 등의 희생을 바탕으로 채무를 감면받은 후 다시 정상화된 기업을 인수하여 경영권을 회복하는 것을 방지하기 위하여, 채무자의 이사 등의 중대한 책임이 있는 행위로 인하여 회생절차개시의 원인이 발생하고, 채무자의 영업 등을 인수하려고 하는 자가 중대한 책임이 있는 이사 등을 통하여 인수 등에 필요한 자금을 마련하거나, 중대한 책임이 있는 이사 등과 사업 운영에 관하여 경제적 이해관계를 같이 하는 경우 및 배우자·직계혈족 등 대통령령으로 정하는 특수관계에 있는 경우 법원이 회생계획불인가의 결정을 할 수 있게 하는 한편, 채무자의 영업 등을 인수하려고 하는 자 또는 그와 대통령령으로 정하는 특수관계에 있는 자가 채무자에 대하여 사기·횡령·배임 등의 죄를 범하여 금고 이상의 실형을 선고받은 후 그 집행이 끝난 날부터 10년이 지나지 아니한 경우 등에 법원이 필요적으로 회생계획불인가의 결정을 하게 하였다(제231조의2 제1항, 제2항, 제243조의2 제1항, 제2항, 제644조의2 신설).

5. 2014. 12. 30. 개정 (법률 제12892호, 2015. 7. 1. 시행)

채무자회생법은 기업의 종류, 자산이나 부채의 규모, 이해관계인의 규모 등과 관계없이 단일한 회생절차를 규정하고 있었다. 이러한 회생절차는 대규모 기업에는 적당하였으나 자산이나 부채의 규모가 작고 이해관계인의 규모도 적은 중소기업에는 절차가 지나치게 복잡하고 비용이 많이 든다는 문제점이 있었다.

이에 중소기업의 회생절차에 대한 접근성을 제고하기 위하여 일정 규모 이하의 채무를 부담하고 있는 소액영업소득자를 위한 간이회생절차를 마련하였다(제293조의2부터 제293조의8까지 신설). 또한 그동안 유명무실한 제1회 관계인집회를 임의화하고(그에 따라 회생계획안 제출명령제도를 폐지하였다, 제50조, 제99조 등 및 제98조의2 신설, 제220조 제1항, 제50조 제1항 제4호), 채권자들에 대한 최소한의 절차보장을 위해 관계인설명회를 신설하였다.

회생계획안의 결의를 위한 관계인집회 속행기일 지정요건을 완화하였고(제238조), 회생계획안 제출명령 전 청산가치 초과가 명백한 경우의 회생절차 필요적 폐지 조항(**제285조**[9])을 삭제

---

9) 제285조(회생계획안 제출명령 전의 폐지) 법원은 채무자의 사업을 청산할 때의 가치가 채무자의 사업을 계속할 때

하였으며, 임금 등 채권에 대한 최우선변제권을 인정하였다(제415조의2 신설).[10]

6. 2016. 5. 29. 개정 (법률 제14177호, 2016. 8. 30. 시행)

가. 개정이유

2000년대 후반 세계적인 금융위기 이후 지속적인 경기불황으로 인한 과다부채의 어려움에 처한 채무자에 대한 구조조정 필요성이 상시화 된 시대에 보다 공정하고 효율적인 구조조정절차를 바라는 채권자·채무자의 요구에 부응하여 회생절차를 개선·보완할 필요가 있었다.

이에 회생절차에서 채무자의 원활한 신규자금 확보를 위하여 신규자금을 대여한 채권자의 권한을 강화함으로써 채무자에 대한 신규자금 지원을 유도하고, 회생절차에서 상거래채권자들에 대한 보호를 강화함으로써 회생절차를 이용하는 채무자가 계속적 상거래를 통하여 자금 확보 및 영업의 계속성을 확보할 수 있도록 하며, 사전회생계획안 제출에 의한 회생절차의 활용도를 높이기 위하여 채무자에게도 제출권을 인정하고, 서면결의에서 동의간주 등의 특칙을 마련하였다. 한편 채권자의 의견제시권을 확대하는 등 회생절차 참여 확대를 통해 채권자의 절차참여권 강화와 채무자의 회생가능성 제고를 도모하고, 일정 규모 이상 법인 채무자의 회생·파산사건에 대한 서울중앙지방법원에의 관할 집중을 허용하고, 관리위원회 위원의 결격사유에 피한정후견인을 포함하는 등의 개선·보완을 하려는 것이었다.

나. 주요 개정 내용

(1) 원활한 신규자금 확보

① 신규자금 대여 채권자에게 회생절차의 주요사항에 대한 의견제시 권한을 명시적으로 부여하고, 신규자금 대여 채권자가 관리인에게 자료를 요청할 수 있는 권한을 부여하였다(제22조의2 신설).

② 신규자금에 사용목적이 정해진 경우 채무자, 관리인, 보전관리인의 법원에 대한 보고사항에 신규자금의 집행사항을 추가하였다(제39조의2 제2항 제3호 다목).

③ 회생절차에서 조사위원 선임 시 의견조회를 해야 할 대상에 채권자협의회를 추가하고, 회생절차개시 후 채무자에 신규자금을 대여하려는 자의 요청에 의해 조사위원의 조사를 거쳐 자금차입에 필요한 범위 내에서 채무자에 대한 정보를 제공할 수 있도록 하였다(제87조 제1항, 제6항).

의 가치보다 명백히 크다고 인정되는 때에는 제1회 관계인집회 전이라도 제220조 제1항의 규정에 의한 회생계획안의 제출을 명하지 아니하고 관리인이나 목록에 기재되어 있거나 신고한 회생채권자 또는 회생담보권자의 신청에 의하거나 직권으로 회생절차폐지의 결정을 하여야 한다. 다만, 제222조의 규정에 의하여 청산 등을 내용으로 하는 회생계획안의 작성을 허가하는 때에는 그러하지 아니하다.

10) 한편 채무자에 대하여 회생절차개시결정이나 파산선고가 있는 경우, 근로자는 근로복지공단으로부터 대지급금(최종 3개월분의 임금, 최종 3년간의 퇴직급여 등, 최종 3개월의 휴업수당)을 지급받을 수 있다(임금채권보장법 제7조 제1항 제1호, 제2호, 제2항).

④ 회생절차개시신청 후 채무자의 신규자금 차입 허가 시 법원이 의견을 들어야 할 대상을 채권자협의회로 변경하고, 법원이 신규자금 차입 허가를 함에 있어 채무자와 채권자의 거래상황, 채무자의 재산상태, 이해관계인의 이해 등 모든 사정을 참작하도록 하였다(제179조 제2항).

(2) 상거래채권자 보호 강화

① 회생절차개시신청 전 20일 이내에 채무자가 계속적이고 정상적인 영업활동으로 공급받은 물건에 대한 대금청구권을 공익채권으로 하였다(제179조 제1항 제8의2호 신설).

② 회생계획 인가요건인 평등의 원칙 준수와 관련하여 평등의 원칙에 반하지 않는 사유에 '채무자의 거래상대방인 중소기업자의 회생채권에 대하여 그 사업의 계속에 현저한 지장을 초래할 우려가 있어 다른 회생채권보다 우대하여 변제하는 때'를 추가하였다(제218조 제1항 제3호 신설).

③ 법원이 회생계획인가결정 전 회생채권 변제허가를 할 수 있는 사유 중 채무자의 거래상대방인 중소기업자가 그가 가지는 소액채권을 변제받지 아니하면 '사업의 계속에 현저한 지장을 초래할 우려가 있는 때'를 '사업의 계속에 지장을 초래할 우려가 있는 때'로 변경하였다(제132조 제1항).

④ 법원이 회생계획인가결정 전 회생채권 변제허가를 할 수 있는 사유 중 '회생채권을 변제하지 아니하고는 채무자의 회생에 현저한 지장을 초래할 우려가 있다고 인정하는 때'를 '회생채권의 변제가 채무자의 회생을 위하여 필요하다고 인정하는 때'로 변경하였다(제132조 제2항).

(3) 한국형 프리패키지(Pre-packaged) 제도 도입

① 채무자의 부채의 2분의 1 이상에 해당하는 채권자 또는 이러한 채권자의 동의를 얻은 채무자는 회생절차개시 신청이 있은 때부터 회생절차개시 전까지 사전회생계획안을 제출할 수 있도록 하였다(제223조 제1항).

② 사전회생계획안을 제출한 채권자 외의 채권자는 회생계획안의 결의를 위한 관계인집회의 기일 전날 또는 제240조 제2항에 따라 법원이 정하는 회신기간 초일의 전날까지 그 사전회생계획안에 동의한다는 의사를 서면으로 법원에 표시할 수 있도록 하였다(제223조 제3항).

③ 사전회생계획안 제출자는 채권자 목록, 제92조 제1항 각 호에 규정된 사항을 기재한 서면 및 대법원규칙으로 정하는 서면을 회생절차개시 전까지 법원에 제출해야 하는 것으로 하였다(제223조 제4항).

④ 사전회생계획안 제출자가 회생채권자·회생담보권자·주주·지분권자의 목록을 제출한 때에는 그 목록을 제147조 제1항의 목록으로 본다(제223조 제5항).

⑤ 사전회생계획안 제출자가 채권자목록을 제출한 경우 회생절차개시결정 시 채권자목록 제출기간을 정하지 아니한다(제50조 제1항 제1호).

⑥ 사전회생계획안이 제출된 경우 회생채권·회생담보권·주식 또는 출자지분의 신고기간

의 시기(始期)를 회생절차개시결정일로 하였다(제50조 제1항 제2호).

⑦ 사전회생계획안이 제출된 경우 회생계획안의 제출기간의 시기(始期)를 회생절차개시결정일로 하였다(제50조 제1항 제4호).

⑧ 사전회생계획안을 서면결의에 부친 경우 사전회생계획안을 제출하거나 제240조 제2항의 회신기간 전에 그 사전회생계획안에 동의한다는 의사를 표시한 채권자는 회신기간 안에 동의한 것으로 본다(제223조 제8항 신설).

⑨ 사전회생계획안을 서면결의에 부친 경우에는 속행기일을 지정하지 아니한다(제240조 제2항).

⑩ 법원은 회생계획안을 서면결의에 부친 경우 인가 여부 결정에 앞서 회생계획인가 여부에 관한 이해관계인의 의견을 들을 수 있는 의견청취기일을 정할 수 있도록 하였다(제242조의2).

(4) 채권자 참여 확대

① 채무자의 주요 채권자에게 채권자협의회 구성에 관한 의견 제시 권한을 부여하였다(제20조 제4항 신설).

② 제3자 관리인 선임 시 채권자협의회에 관리인 후보자 추천권을 부여하였다(제74조 제7항 신설).

7. 2016. 12. 27. 개정(법률 제14472호, 2017. 3. 1. 시행)

가. 개정이유

법원조직법의 개정에 따라 신설되는 회생법원에서 회생사건, 파산사건, 개인회생사건 또는 국제도산사건을 관할하도록 한 것이다.

나. 주요 개정 내용

(1) 회생법원의 신설에 따라 종전 '지방법원본원'을 '회생법원'으로 대체하였다(제3조 제1항부터 제8항까지).

(2) 회생법원에 관리위원회 설치 근거 규정을 마련하였다(제15조).

(3) 회생법원장은 관리위원회를 통한 관리·감독 업무에 관한 실적을 매년 법원행정처장에게 보고하여야 하고, 법원행정처장은 관리·감독 업무에 관한 실적과 다음 연도 추진계획을 담은 연간보고서를 발간하여야 하며, 그 보고서는 국회 소관 상임위원회에 보고하여야 한다(제19조의2 신설).

(4) 회생사건이 계속되어 있는 회생법원을 회생계속법원으로(제60조 제1항), 파산사건이 계속되어 있는 회생법원을 파산계속법원으로(제353조 제4항), 개인회생사건이 계속되어 있는 회생법원을 개인회생계속법원으로(제605조 제1항) 각 정의하였다.

(5) 외국도산절차의 승인 및 지원에 관한 사건을 서울회생법원의 전속관할로 하였다(제630조).

8. 2017. 12. 12. 개정 (법률 제15158호, 2018. 3. 13. 시행[11])

개인회생의 경우 변제기간은 5년을 초과하지 못하도록 규정하고 있으나, 개인회생제도의 도입 취지에 맞게 회생 가능한 채무자들을 조속히 적극적인 생산활동에 복귀할 수 있도록 하기 위하여 미국이나 일본과 같이 개인회생의 변제기간은 3년을 초과하지 못하도록 단축할 필요가 있었다.

또한 현행법은 개인회생채권자가 채무자로부터 임치된 금원을 지급받지 않는 경우에 회생위원이 채권자를 위하여 공탁할 수 있도록 하고 있으나, 채무자에게 임치된 금원을 환급하여야 할 사유가 발생하였음에도 채무자가 환급받지 않는 경우에 대해서는 명시적인 규정이 없어 이를 둘 필요가 있었다.

이에 개인회생의 경우 변제계획에서 정하는 변제기간을 현행 5년 이내에서 원칙적으로 3년 이내로 단축하며(제611조 제5항 및 같은 항 단서 신설), '채권자를 위한 공탁제도'뿐만 아니라 '채무자를 위한 공탁제도'도 신설하여 개인회생채무자의 조속한 경제활동 복귀에 기여하고 금원의 신속한 환급을 도모하려는 것이었다(제617조의2 신설).

9. 2020. 2. 4. 개정 (법률 제16920호, 2020. 2. 4. 시행)

기업회생 절차에서의 신규자금 유입을 활성화하기 위하여 채무자의 업무 및 재산에 관하여 관리인이 회생절차개시 후에 한 자금의 차입 그 밖의 행위로 인하여 생긴 청구권과 채무자 또는 보전관리인이 회생절차개시신청 후 그 개시 전에 법원의 허가를 받아 행한 자금의 차입, 자재의 구입 그 밖에 채무자의 사업을 계속하는 데에 불가결한 행위로 인하여 생긴 청구권 중에서 채무자의 사업을 계속하기 위하여 법원의 허가를 받아 차입한 자금이 있는 때에는 신규차입자금에 관한 채권과 근로자의 임금 등의 재단채권은 다른 재단채권에 우선하도록 하였다(제477조 제3항 신설).

10. 2020. 3. 24. 개정 (법률 제17088호, 2020. 3. 24. 시행)

채무자회생법은 2005년 제정된 이후 개인회생절차 시 변제계획에서 정하는 변제기간의 상한을 5년으로 유지하다가 2018년에 변제기간의 상한을 3년으로 단축하는 내용으로 개정(법률 제15158호, 2017.12. 12. 공포, 2018. 6. 13. 시행)하면서 그 적용대상을 법 시행 후 최초로 신청하는 개인회생사건으로 제한하였다.

---

11) 제611조 제5항은 2018. 6. 13. 시행.

이와 같이 변제기간의 상한을 단축한 취지는 개인회생제도의 도입 취지에 맞게 회생 가능한 채무자들을 조속히 적극적인 생산활동에 복귀할 수 있도록 하기 위한 것인데, 법률 제15158호 채무자 회생 및 파산에 관한 법률 일부개정법률 시행 후에 개인회생절차를 신청한 채무자와 시행 전에 개인회생절차를 신청하여 변제계획을 인가받은 채무자를 다르게 취급하는 것은 형평성 측면에서 문제가 있다는 의견이 있었다.

그러나 개인회생 변제기간 단축의 적용대상을 소급하여 확대할 경우 채권자의 신뢰를 침해할 우려가 있는바, 이를 종합적으로 고려하여 법률 제15158호 채무자 회생 및 파산에 관한 법률 일부개정법률 시행 전에 변제계획인가결정을 받은 채무자가 그 시행일에 이미 변제계획안에 따라 3년 이상 변제계획을 수행한 경우에는 당사자의 신청 또는 직권으로 이해관계인의 의견을 들은 후 면책의 결정을 할 수 있도록 하였다(부칙 제2조 제1항 단서 신설).

11. 2020. 6. 2. 시행령 개정 (대통령령 제30726호, 2020. 6. 2. 시행)

지금까지 간이회생절차개시의 신청을 할 수 있는 소액영업소득자의 범위를 회생절차개시의 신청 당시 회생채권 및 회생담보권의 총액이 30억 원 이하인 채무를 부담하는 영업소득자로 하던 것을, 50억 원 이하인 채무를 부담하는 영업소득자로 확대하여 보다 많은 중소기업 및 경영자가 적은 비용으로 신속히 간이회생절차개시의 신청을 할 수 있도록 하였다(시행령 제15조의3).

12. 2020. 6. 9. 개정 (법률 제17364호, 2020. 6. 9. 시행)

현행법상 개인채무자는 파산의 원인인 사실이 있거나 그러한 사실이 생길 염려가 있는 자로서 일정한 금액 이하의 채무를 부담하는 급여소득자 또는 영업소득자로 정의하고 있는데, 채무총액을 산정하는 기준시점을 규정하고 있지 않았었다.

판례는 개인회생절차의 개시결정일을 채무총액 산정기준시점으로 판단하고 있는데, 이로 인해 개인회생절차개시 신청 당시에는 이 법에서 정한 채무총액의 범위였으나, 이후 이자나 지연손해금으로 인한 채무총액 변동으로 신청자격을 상실하게 되는 사례가 발생하고 있다.

이에 법원의 개인회생 개시 결정 여부 등에 대한 신청자의 예측가능성 확보 등을 위하여 개인채무자의 채무총액 산정기준시점을 개인회생절차개시의 신청 당시로 명확히 규정하였다(제579조 제1호).

13. 2021. 4. 20. 개정 (법률 제18084호, 2021. 4. 20. 시행)

개인회생절차를 신청할 수 있는 금액기준이 우선특권 등으로 담보된 개인회생채권은 10억 원 이하, 그 외의 개인회생채권은 5억 원 이하였다. 그런데 이러한 기준은 2006년 4월 1일 정해졌다(실질적으로는 이보다 앞서 2004년 9월 23일부터 같은 기준이 적용되었다).

이러한 개인채무자의 금액기준이 정해진 이후 15년 이상이 경과됨에 따라 화폐가치 감소분 등을 감안하여 이를 현실화할 필요가 있다는 주장이 제기되고 있었다. 한도액을 상향하면 그동안 채무액이 개인회생 한도액을 초과하여 일반회생을 신청하였으나 채권자들로부터 필요한 만큼의 동의를 얻지 못하여 회생절차를 밟지 못한 채무자 또는 개인회생의 채무 한도액이 낮은 탓에 아예 도산절차를 신청하지 못하고 있는 채무자의 상당수가 개인회생절차를 밟을 수 있을 것으로 예상되었다.

이에 개인채무자의 금액기준을 우선특권 등으로 담보된 개인회생채권은 10억 원 이하에서 15억 원 이하로, 그 외의 개인회생채권은 5억 원 이하에서 10억 원 이하로 상향하였다(제579조 제1호).

14. 2021. 12. 28. 개정(법률 제18652호, 2022. 1. 1. 시행)

국세청 통계에 따르면 취업 후 학자금 상환 대상자 18만 5천 명 중 약 1만 7천 명이 2018년 기준으로 취업한 후에도 학자금 대출을 갚지 못하고 있으며, 체납액은 206억 원에 이르는 것으로 나타났다. 최근 대학을 졸업하는 데 소요되는 기간, 졸업 후 취업준비기간이 증가하고 있는데, 이 같은 통계는 취업 후에도 학자금 대출을 갚는 것이 용이하지 않음을 의미하였다.

이에 20대 청년의 파산신청 건수도 증가하고 있는데, 파산하더라도 취업 후 상환 학자금대출 원리금에 대한 책임을 면제하지 않아, 파산한 청년층에게 새로운 도전을 할 기회를 박탈한다는 지적이 있었다. 따라서, 취업 후 상환 학자금대출 원리금 청구권을 면책채권에서 제외하는 내용을 삭제하여(제566조 제9호 삭제) 면책을 받은 채무자가 학자금대출의 상환책임에서 벗어나게 함으로써 청년들에게 학자금대출에 대한 부담을 덜어주고, 경제적 자립의 기회를 제공하였다. 나아가 개정규정은 법 시행 당시 면책허가를 받았으나 상환을 완료하지 아니한 채무자의 취업 후 상환 학자금대출 원리금 청구권에도 적용하도록 하였다(부칙 제2조).

15. 2022. 12. 27. 개정(법률 제19102호, 2023. 3. 1. 시행)

수원회생법원과 부산회생법원을 각각 신설함에 따라 도산전문법원의 전문적이고 신속한 사법서비스 제공범위를 실효적으로 확대하기 위한 차원에서, 회생법원과 접근성이 인정되는 고등법원 권역을 기준으로 회생법원의 도산사건 중복관할을 허용할 필요성이 제기되었다. 이에 부산고등법원 관할 소재지인 울산광역시나 경상남도에 채무자가 거주하거나 주된 사무소 등을 둔 경우, 원칙적인 토지관할 법원 외에 부산회생법원에도 회생사건 등을 신청할 수 있도록 중복관할을 허용하였다(제3조 제11항 신설).

16. 2024. 2. 13. 개정(법률 제20264호, 2024. 2. 13. 시행)

회생계획의 이행에 따라 발생하는 회사의 증자·출자전환 등기에 대한 등록면허세 과세 여부에 관한 채무자회생법과 지방세법 사이의 충돌을 바로잡고, 지방세 특례 규정 체계에 맞도록 지방세법을 개정함과 동시에 채무자회생법에 규정된 지방세 특례 조항은 삭제하고(제25조 제4항, 제26조 제2항),[12] 채무자회생법과 규칙에 산재한 도산 절차에서의 법원의 촉탁등기 관련 규정을 정비(제23조 제1항 제4호, 제23조 제2항, 제3항, 제4항 내지 제6항 신설, 제24조 제3항)하는 한편, 개인회생 신청시 제출해야 하는 서류들이 많아 어려움을 겪는 개인회생 채무자들을 위하여 행정정보 공동이용을 통해 서류제출을 갈음할 수 있도록 개선·보완하였다(제589조 제3항, 제4항 신설).

Ⅲ 도산절차에 관한 법원(法源)[13]

도산절차에 관한 기본 법률은 「채무자 회생 및 파산에 관한 법률」이고, 그 위임에 따라 제정된 「채무자 회생 및 파산에 관한 법률 시행령」, 「채무자 회생 및 파산에 관한 규칙」이 있다.[14] 또한 대법원이 헌법 제108조에 근거하여 제정한 「회생·파산위원회 설치 및 운영에 관

---

12) 다른 한편 지방세법 제26조 제2항 제1호를 개정하여 도산절차에서 법원사무관 등이나 법원의 촉탁에 의한 등기 또는 등기소가 직권으로 한 등기에 대하여는 모두 비과세로 하였다.

13) **미국 연방도산법의 법원** 미국의 경우 도산에 관한 기본 법률은 미합중국법전 제11편(Title 11 of the United State Code)에 수록된 연방도산법(Bankruptcy Code)이다. 연방도산법이 도산에 관한 모든 것을 규율하고 있는 것은 아니다. 우선 연방도산절차규칙(Federal Rules of Bankruptcy Procedure, Bankruptcy Rule, 이하 '연방규칙'이라 한다)은 도산에 관한 절차적 사항 등 세칙을 규정하고 있다. 나아가 각 연방지방법원이 법령에 반하지 않는 범위에서 독자적인 로컬룰(local rule)을 두는 것을 인정하고 있고(연방규칙 제9029조(a)), 실무상 이러한 로컬룰도 중요하다.

또한 관할·법원·연방관재인 등에 대하여는, 연방사법 및 사법절차법(Judiciary and Judicial Procedure, 연방민소법)에 규정되어 있다. 형사법인 연방형법 및 형사소송법(Criminal and Criminal Procedure. 18 U.S.C)의 제1편 제9장에는 도산범죄가 규정되어 있다.

나아가 미국에서는 주법도 고려하지 않으면 안 된다. 채권 발생의 유무나 담보권의 취급 등은 주로 주법에 의해 규율된다. 동산에 대하여는 루지애나(Louisiana) 주를 제외하고 모든 주가 채택하고 있는 통일상법전(Uniform Commercial Code, U.C.C.)이 기본적으로 적용된다. 또한 재단에서 제외되는 재산의 범위 등에 대하여는 연방도산법 자체에서 주법의 적용을 명문으로 인정하고 있다.

한편 법원에 복잡하게 제출되는 서류(신청서 등)는 Official Form을 이용할 것을 규칙에서 정하고 있다(연방규칙 제1007조(a)(1)·(2) 등). 이로 인해 전국적으로 통일적인 운용이 가능하게 되고 절차비용이 절감되며 처리의 신속화를 꾀할 수 있게 되었다.

연방도산법 이외에 도산법에 관련된 법률로 재산청산신탁(Assignment for the benefit of creditors), 화의계약(Composition Agreement), U.C.C. 제6장에 기한 Bulk Sales 등이 있다. ① 재산청산신탁은 채무자가 그 재산을 제3자에게 신탁적으로 양도하고, 제3자가 재산을 환가하여 채권자에게 분배하는 제도로 커먼로(commom law)에서 인정되는 청산방법이다. 채무자의 면책은 인정되지 않으므로 면책을 얻기 위해서는 연방도산법에 의한 도산절차가 필요하다. ② 화의계약은 채무자가 복수의 채권자와 사이에 체결하는 채무면제·변제유예 등을 정한 계약으로 커먼로상의 제도이다. 다만 화의계약의 구속력은 계약을 체결한 당사자 이외에는 미치지 않는다. 물론 채무자가 소비자채무에 관하여 한 화의계약을 체결하려고 시도한 경우, 연방도산법은 이것을 합리적 이유 없이 거절한 채권자의 채권액이 감액되는 제도를 두고 있고(제502조(k)), 또한 화의계약에 기한 지급은 편파변제부인의 대상이 되지 않는다(제547조(b)). ③ U.C.C. 제6장에 기한 Bulk Sales은 채무자가 재고의 절반 이상을 일반적인 거래의 범위 밖에서 매각할 경우, 모든 채권자에게 통지할 것이 요구되고, 그 통지에는 매각대금의 채권자에 대한 분배 방법이 정해져 있어야 한다. 채무자는 면책되는 것이 아니기 때문에 면책을 얻기 위해서는 연방도산법에 따른 도산절차를 거쳐야 한다(연방도산법개설, 15쪽).

14) 채무자회생법은 대통령령에 위임하는 경우와 대법원규칙에 위임하는 경우가 병존한다. 대통령령에 위임한 것으로는 관리위원의 자격(제16조), 채권자협의회의 기능(제21조), 부인권행사시 특수관계인의 범위(제101조, 제392조), 지급결제제도·청산결제업무 수행자·파생금융거래의 지정(제120조), 자본감소시 특수관계자의 지정(제205조), 평등의

한 규칙」이 있다. 재판예규로 「회생사건의 처리에 관한 예규」(대법원 재판예규 제1655호), 「개인회생사건 처리지침」(대법원 재판예규 제1693호), 「개인파산 및 면책신청사건의 처리에 관한 예규」(재판예규 제1805호) 등이 있다.[15]

도산절차에 관하여 채무자회생법에 규정이 없는 때에는 「민사소송법」 및 「민사집행법」을 준용한다(제33조). 민사집행절차와 도산절차는 여러 가지 차이가 있지만 또한 밀접한 관계에 있기도 하다. 도산절차도 기본적으로 법에 따라 채권의 실현을 목적으로 하는 집행절차로서의 성질을 갖고, 최초 제도가 탄생한 원인과 목적은 주로 채권자의 이익을 보호하자는 데 있었으며, 구체적인 절차에서 양자는 공통된 점이 많다. 그래서 채무자회생법에 규정이 없는 때에는 「민사소송법」 및 「민사집행법」을 준용한다고 규정하고 있다.[16]

한편 금융기관의 도산[17]은 일반 기업의 도산과는 전혀 다른 영향을 미치기 때문에[18] 금융

원칙의 예외가 되는 특수관계자의 권리(제218조), 파산재단에 속하지 않는 면제재산의 범위(제383조), 개인회생절차에서 가용소득 산정시 공제액(제579조) 등이다. 대법원규칙에 위임된 것으로는 공고방법(제9조), 송달에 갈음하는 공고사유(제10조), 관리위원회를 설치할 지방법원(제15조), 관리위원회의 설치·조직 및 운영, 관리위원의 자격요건·신분보장 및 징계 등(제16조), 관리위원회의 업무 및 권한(제17조), 관리위원에 대한 허가사무의 위임범위·절차 등(제18조), 채권자협의회의 구성 및 운영(제21조), 채권자협의회에 대한 자료제공(제22조), 회생계획수행 등에 따른 등기사항의 유형 및 범위 등(제23조 제6항), 채무자의 재산 등에 관한 조회시 조회를 할 공공기관·금융기관 또는 단체 등의 범위 및 조회절차·이해관계인이 납부하여야 할 비용·조회결과의 관리에 관한 사항(제29조), 정보 등의 제공(제57조), 관리인을 선임하지 아니하는 경우(제74조), 회생채권자·회생담보권자·주주·지분권자의 목록에 기재된 사항의 변경 또는 정정(제147조), 항고가 있는 때 공탁할 금전 또는 법원이 인정하는 유가증권의 범위(제247조), 파산신청서류(제302조), 개인회생절차개시신청서류(제589조), 개인회생절차개시의 신청을 하는 때 절차비용의 예납(제590조) 등이다.
15) 이외에 실무적으로 각 법원은 「회생실무준칙」, 「파산실무준칙」, 「개인회생실무준칙」 등을 제정하여 운용하고 있다. 물론 예규나 처리지침, 실무준칙은 본래적 의미의 법원은 아니다(민법 제1조 참조).
16) 중국 <기업파산법>의 경우도 「파산사건 심리절차에서, 본 법에 규정이 없으면 민사소송법의 관련 규정을 적용한다」고 규정하고 있다(제4조).
17) 금융기관 도산(정리)처리의 주체를 법원의 주도로 할 것인가 금융감독기구 등에 의한 행정적인 절차로 할 것인가. 우리나라는 아래에서 보는 바와 같이 「금융산업의 구조개선에 관한 법률」 등에서 금융위원회와 예금보험공사가 이를 주도하도록 하고 있다. 금융기관의 불안정성으로 인하여 신속한 처리가 예금인출사태(Bank Run)로 인한 금융기관이나 시장의 손실을 감소시킬 수 있다는 점을 고려하면 행정기구에서 업무를 수행하는 것이 보다 효율적이라 할 수 있다. 특히 신속성과 전문성을 갖춘 기관이 자금지원이나 가교은행(Bridge Bank) 설립 등 적극적으로 다양한 처리방안을 고려하고 실행할 필요가 있다는 점에서 법원의 업무로 두기에는 한계가 있다. 또한 수많은 예금채권자들을 모두 회생채권자로 인정하여야 하는 등의 어려움이 있기 때문에 회생절차를 통한 법원의 주도 하에 금융기관의 도산처리가 어려울 것으로 보인다.
한편 통상적으로 도산이라고 하면 회생 또는 파산 등을 염두에 두게 되지만, 금융기관이 부실해진 경우 그 처리는 통상적인 도산과 다르고 해당 금융기관이 회생절차나 파산에 이르지 않을 수도 있으므로 금융기관의 도산에서의 도산의 의미는 통상적인 도산보다는 넓은 의미로 쓰인다. 이러한 이유로 금융기관의 경우 부실금융기관의 '정리'라는 표현을 사용하기도 한다.
18) 금융기관은 일반 기업의 경우와는 달리 사업의 기초가 그 신용력을 바탕으로 한 예금수입에 있으므로, 일단 신용력이 상실된 금융기관은 동일한 법인격으로 있는 한 예금에 의한 자금조달을 기대할 수 없는 기본적 특성을 가지고 있다. 나아가 규모가 큰 대형 금융기관이 도산할 경우에는 여러 가지 파급효과를 초래하기 때문에 금융기관의 도산에 대하여는 특별한 취급이 요구되고 있다.
① 먼저 금융기관의 도산은 금융제도(금융시스템)의 위기를 초래하게 된다. 예컨대 A라는 금융기관이 도산할 경우에 다른 금융기관 예금자들은 자기가 거래하는 금융기관도 도산 위험에 노출되어 있다고 의심하며 예금을 인출하는 등 연쇄적인 예금인출사태(Bank Run)를 초래할 수 있다. 우리나라의 경우 2011년 이후 있었던 저축은행사태를 통하여 이러한 상황을 경험한 바 있다. 또한 A금융기관에 채권을 가지고 있는 다른 금융기관에게 직접 손실을 입혀서 연쇄적 부실화를 초래하는 등 그 충격이 확산되어 금융제도의 위기가 발생한다.

기관의 도산을 예방하고 도산의 우려가 있는 경우 부작용을 최소화할 수 있는 법적 장치를 마련할 필요가 있었다. 이에 「금융산업의 구조개선에 관한 법률」은 부실 위험이 있는 금융기관에 대해 부실이 확대되기 이전에 금융규제 차원에서 정부가 취할 수 있는 조치[금융기관의 부실화를 사전에 예방할 수 있도록 하기 위하여 해당 금융기관에 대한 주의·경고 또는 경영개선계획의 제출요구 등 적기시정조치(제10조)[19] 등]와 그 절차를 규정하고 있다. 나아가 위 법률은 금융기관의 도산과 관련한 규정도 두고 있다(제4장). 금융위원회에 금융기관의 파산신청권을 부여하고(제16조), 금융기관 파산시 파산관재인의 추천(제15조), 송달(제17조), 파산절차에의 참가(제22조) 등에 관하여 채무자회생법의 특칙을 규정하고 있다.[20]

또한 예금자보호법은 부실금융회사의 정리 등에 관하여 규정하고 있고(제4장), 예금보험공사가 자금을 지원한 금융기관이 파산한 경우 예금보험공사 또는 그 임직원을 파산관재인으로 선임하도록 규정하고 있다(예금자보호법 제35조의8, 공적자금관리 특별법 제20조).[21]

---

② 도산한 A금융기관이 바로 청산에 들어갈 경우에는 A는 모든 대출금을 조기에 회수하게 되어 자금 확보를 못한 거래기업들의 도산을 가져올 뿐만 아니라, 금융제도의 위기가 발생하면 A외의 다른 금융기관도 유동성을 충분히 확보하고 건전한 경영상태를 유지하기 위하여 각 거래기업에 대한 기존대출을 회수하거나 신규대출을 억제함으로써 기업의 연쇄적 도산을 초래하거나 기업투자활동의 위축을 가져오게 되어 경기가 침체될 가능성이 있다.

③ 금융기관의 도산은 국민들 사이에 불안심리가 확산되어 생필품 사재기, 금 사재기 등의 경제적 혼란을 야기할 수 있고, 대외적으로는 국가의 신인도 하락으로 이어져 외국자본의 유출로 인한 외환위기를 초래할 수 있다.

이러한 금융기관의 특성 및 도산시의 파급효과를 고려할 때, 금융기관 도산처리에 있어서는, 첫째 파탄예방의 중요성, 둘째 파탄정리절차 조기개시의 중요성, 셋째 절차진행의 신속성이라는 세 가지 요소를 특히 염두에 두어야 한다{서경환, "금융기관의 파산과 관련한 실무상 문제점", 파산법의 제문제(하), 재판자료 제83집, 법원도서관, 23~24쪽}.

19) 적기시정조치란 부실화 가능성이 있는 금융기관에 대하여 부실화가 더 심화되기 이전에 경영개선조치를 취하도록 함으로써 자산건전성을 강화하고 부실금융기관의 처리에 소유되는 비용을 경감시키기 위하여 감독당국이 취하는 일련의 조치를 말한다. 1997. 1. 13. 금산법에서 도입한 것이다.

20) 중국 <기업파산법>도 금융기관의 도산과 관련하여 우리나라와 유사한 취지를 규정하고 있다(제134조).

21) **부실금융회사의 정리 방식** ① 제3자 계약이전(계약이전결정). 금융위원회의 행정처분에 의해 부실금융회사(부실저축은행)의 개별 자산 및 부채 또는 그 발생의 기초가 되는 계약상의 지위를 우량 금융회사나 신설 금융회사에 선택적으로 이전하는 폐쇄형 정리 방식이다(금산법 제14조 제2항, 대법원 2002. 4. 12. 선고 2001다38807 판결 참조). 이때 부실금융회사는 자산의 전부 또는 일부와 모든 보호대상 예금 등을 우량 금융회사 등에 이전하게 된다. 이 방식은 퇴출하는 금융회사의 우량자산과 부채만 이전받기 때문에 합병에 비해 부실금융회사의 인수로 인한 동반 부실의 위험이 적고, 합병이나 청산에 비해 처리 과정이 신속하기 때문에 인수 과정이 장기화될 경우 발생할지도 모르는 금융회사의 기업가치 훼손이나 예금자 피해, 거래 기업의 부도 및 금융시장 불안 등의 부작용을 최소화할 수 있을 뿐만 아니라 인수프리미엄 회수를 통한 기금손실 최소화 등의 장점이 있다. ② 가교은행 계약이전. 부실금융회사를 정리하는 과정에서 순채무가 과다하거나 경영상태가 매우 악화되어 매각이나 합병 또는 제3자 계약이전 등을 추진하기 어려운 경우, 한시적으로 예금 등 채무의 지급, 대출 등 채권의 회수, 기타 여러 가지 정리 업무 등을 수행하기 위해 설립하는 것이 가교은행(bridge bank)이다. 가교은행 계약이전 방식은 제3자에게 가교은행을 매각하거나, 매각이 실패한 경우 파산 처리함으로써 종료된다. ③ 청산·파산. 청산·파산은 부실금융회사를 폐쇄시키면서 예금보험공사가 예금자보호법상 부보예금에 대해 보험금을 지급하는 폐쇄형 정리 방식이다. 청산은 해산으로 인해 원래의 활동이 정지된 법인(청산법인)이 사무 처리 등을 목적으로 청산인을 선임해 재산관계를 정리하는 절차이다. 파산은 채무자가 자신의 변제능력으로는 전체 채권자에 대한 채무를 완전히 변제할 수 없는 상태가 될 경우, 채무자의 전체 재산을 관리하거나 환가해서 전체 채권자의 채권 비율에 따라 공평한 금전적 배당을 하는 것을 목적으로 진행하는 재판상의 절차이다. 이 방식은 다른 정리 방식에 비해 직접비용 등이 적게 소요되고 국민경제적 손실도 비교적 적은 경우에 적용되며, 주로 저축은행이나 신용협동조합 등 중소형 금융회사의 정리 방식으로 활용되고 있다{예금보험공사, 상호저축은행 구조조정 특별계정 관리백서(2019.3.), 25~27쪽}.

Ⅳ 채무자회생법의 구성과 특징·성질

1. 채무자회생법의 구성

채무자회생법은 6편 660조와 부칙으로 구성되어 있다. 제1편 총칙은 제2편부터 제5편까지 공통으로 적용되는 내용에 관한 것이고,[22] 이후 제2편 회생절차, 제3편 파산절차, 제4편 개인회생절차를 규정하고 있다. 이들 3가지 도산절차는 상호 독립적인 절차이다. 채무자회생법은 신청하는 채무자의 유형에 따라 도산절차를 위와 같이 3가지 유형을 분류하고 있는데, 이는 채무자의 유형별로 추구하는 목표와 보호하고자 하는 대상이 다르기 때문이다. 제5편 국제도산은 도산사건에 국제적인 요소가 들어있는 사건에 관한 당사자들과 법원의 권리의무를 규정하고, 제6편 벌칙은 채무자회생법에 반하는 행위를 처벌하는 규정이다.

회생절차, 파산절차, 개인회생절차는 기본적으로 절차의 흐름대로 장을 배치하고 절차에 참여하는 주체나 조직이 처음 등장하는 대목에서 그에 관한 규정을 두고 있다.

제2편(회생절차), 제3편(파산절차), 제4편(개인회생절차)은 몇 가지 차이점이 있다. ① 제2편(회생절차), 제3편(파산절차)은 개인이나 법인 모두 신청할 수 있으나, 제4편(개인회생절차)은 개인만이 신청할 수 있다. ② 제2편 제1장 내지 제8장(회생절차), 제3편(파산절차)은 채무자 본인에 의한 자발적인(voluntary) 신청과 채권자에 의한 비자발적인(involuntary) 신청이 가능하다. 그러나 제2편 제9장(간이회생절차), 제4편(개인회생절차)은 채무자의 자발적인 신청만이 가능하다. ③ 제2편(회생절차), 제3편(파산절차)은 채무자의 업무 수행과 재산을 관리·처분하기 위한 관리인(파산관재인)을 선임할 수 있지만, 제4편(개인회생절차)은 채무자 본인에게 업무수행권과 재산의 관리처분권이 있다.

〈제2편(회생절차), 제3편(파산절차), 제4편(개인회생절차) 비교표〉

	제2편(회생절차)	제3편(파산절차)	제4편(개인회생절차)
개인의 신청	○	○	○
법인의 신청	○	○	×
자발적 신청	○	○	○
비자발적 신청	○[간이회생절차 ×]	○	×
관리인(파산관재인) 선임	○(관리인)	○(파산관재인)	×
재단	×(채무자의 재산)	○(파산재단)	○(개인회생재단)

---

22) 제629조 제2항에 따르면 제5편에도 적용된다고 볼 수 있다.

2. 채무자회생법의 특징

채무자회생법은 민사법이나 형사법처럼 인간사의 옳고 그름을 정밀하게 따지는 것보다는 개인과 국가 경제의 회생과 활력의 회복이라는 정책적 효과를 주된 목적으로 하기 때문에 다른 법과 다른 여러 가지 특징이 있다.

(1) 채무자회생법은 채권자와 채무자의 관계를 집단적으로 규율하면서 모든 채권자의 이익을 극대화하고 채권자들 사이의 공평한 추심과 채무자의 회생을 목적으로 한다. 반면 전통적으로 채권자와 채무자의 관계를 규율하는 민법이나 상법과 같은 일반 실체법과 민소소송법이나 민사집행법과 같은 절차법은 채권자와 채무자의 관계를 개별적으로 파악한다. 이로 인해 모든 채권자들의 이익에 배치될 수 있고 채무자의 회생을 고려하지 않는다.

(2) 채무자회생법은 몇 가지 구조적인 특징을 가지고 있다. ① 하나의 법률에 여러 가지 도산절차를 규정하고 있다. 나아가 회생절차를 파산절차보다 먼저 규정하여 파산보다 회생을 우선한다는 인상을 줌으로써 도산절차개시신청에 따른 부담감을 덜어주고 있다. 또한 회생절차를 파산절차보다, 개인회생절차를 회생절차보다 우선시하고 있다. ② 회생절차나 파산절차의 신청자격에 제한을 두고 있지 않다. 법인뿐만 아니라 개인도 신청할 수 있고, 영업자뿐만 아니라 비영업자도 신청할 수 있다. 이로 인해 법인격 없는 사단·재단이나 비영리법인도 모두 위와 같은 절차를 이용할 수 있게 되었다. 다만 개인회생절차의 경우에는 장래 정기적이고 확실한 수입을 얻거나 계속적으로 또는 반복적으로 수입을 얻을 가능성이 있는 개인만이 신청할 수 있다. 이는 개인회생절차의 특수성에 기인한 것이다. ③ 도산절차는 채무자의 재산을 채권자들에게 배당(변제)하는 절차이므로 이를 규정하는 채무자회생법은 기본적으로 절차법적 요소가 많다. 그래서 채무자회생법에 특별한 규정이 없는 경우 민사소송법과 민사집행법을 준용하도록 하고 있다(제33조). 한편 채무자회생법은 채권의 존재 여부와 금액을 확정하는 문제와 같이 실체법적 요소도 많이 규정하고 있다. 예컨대 법인의 이사 등에 대한 손해배상책임(제114조 내지 제117조, 제351조 내지 제354조) 등.

(3) 한편 채무자회생법은 시대와 경제상황에 따라 그 역할과 기능이 달라지는 특징이 있다. 다른 법률처럼 하나의 완성된 논리체계를 가지고 형성된 것이 아니라 시대와 경제상황에 따라 변천되어 왔다. 경제상황이 좋지 않은 경우 채무자회생법의 역할은 더욱 커진다. 법원도 경제상황에 따라 절차를 유연하게 또는 엄격하게 운용하기도 한다. 예컨대 경제상황이 좋지 않은 경우 개인들에 대한 면책제도를 적극적으로 운용하고, 그에 따른 도덕적 해이가 문제되거나 경제상황이 호전될 경우 엄격하게 운용하기도 한다. 이처럼 채무자회생법은 시대의 요구 또는 경제상황과 밀접한 관계가 있기 때문에 그에 따라 법 개정이 수시로 이루어지고 있다. 개정에 있어서도 당시의 경제대국의 도산법이 모델이 되고 있다. 최근 채무자회생법을 개정하면서 미국의 연방도산법을 많이 참고한 것은 타당한 접근방법이자 채무자회생법의 특징을 잘 드러내

고 있는 것이라고 볼 수 있다.

(4) 또한 채무자회생법은 채무자를 위한, 즉 채무자에게 우호적인(debtor－friendly) 법이라고 볼 수 있다.[23] 일반적으로 민법을 비롯한 대부분의 민사법들은 채권자의 권리를 보호하는 측면이 강하다. 반면 채무자회생법은 채권자나 주주・지분권자 등 이해관계인의 이익을 위해 존재하는 것도 있지만, 주된 목적은 채무자의 효율적인 회생을 도모하고(제1조) 파산면책을 통해 채무자가 새롭게 출발할 수 있는 기회를 제공함에 있다.[24] 이를 위해 채무자회생법은 채권자들의 권리행사를 제한시키고 도산절차에 의해서만 권리를 행사할 수 있도록 하고 있다.

3. 채무자회생법의 성질

채무자회생법의 성질에 관하여는 3가지 측면에서의 분석이 필요하다.

가. 절차법인가 실체법인가

채무자회생법이 규정하는 내용은 (개인)회생절차・파산절차의 모든 과정을 포섭한다. 절차법적 규범뿐만 아니라 실체법적 규범도 포함한다. 신청, 개시결정(파산선고), 종결, 폐지 등 절차의 흐름과 관련된 내용은 절차법적 규범이고 부인권, 상계권 등과 관련된 내용은 실체법적 규범이다. 아래 <4.>를 참조할 것.

나. 소송절차규범인가 비송절차규범인가

채무자회생법이 규정한 절차의 성질에 관하여는 소송절차라는 견해와 비송절차라는 견해가 있다.[25]

소송절차라는 견해의 근거는 다음과 같다. ① 도산절차에서 채권자가 도산절차개시를 신청하는 것은 채무자의 재산에 대한 보전처분을 신청하는 것에 상당하고 도산절차개시결정은 보전처분으로 볼 수 있다. ② 채권자의 채권신고는 소제기나 소송참가에 해당한다. ③ 도산채권의 확정은 권리의무를 확정하는 판결에 상당하다. ④ 다수채권자 사이의 관계는 소송중의 공동소송인과 유사하다. ⑤ 채무자의 모든 재산에 대한 집행도 채무자의 재산에 대한 개별적 집행과 같고, 다만 집행재산의 범위와 분배방식에 있어 차이가 있을 뿐이다. 결국 도산절차는 민사소송에서의 재산보전, 판결과 집행절차의 결합이라고 할 수 있다. 도산절차와 민사소송은 기

---

23) 전대규(일상회복), 18쪽[채무자 친화적인 법].

24) 현재 미국의 도산법 이론에는 절차주의자(Proceduralist) 관점과 전통주의자(Traditionalist) 관점이라는 큰 흐름이 있다. 절차주의자 관점은 도산절차를 단지 민사절차(civil procedure)로 보고 절차의 주도권을 채권자에게 주며 도산법이 권리를 새롭게 창설하거나 기존의 권리를 변경해서는 안 된다고 본다. 반면, 전통주의자 관점은 일반법으로 보호가 안 되는 비채권자(non－creditors)를 보호하는 데에 도산법의 목적이 있다고 본다. 따라서 전통주의자 관점은 채권자보다는 종업원 등 이해관계자를 중시하며 도산법원이 절차의 주도권을 가져야 하고 폭넓은 재량을 주어야 한다고 주장한다. 이 두 가지 큰 흐름은 현재 법원의 결정과 의회의 법률제정에 실제적인 영향을 미치고 있다고 한다. 자세한 내용은 「Jeffrey T. Ferriell・Edward J. Janger, 7～10쪽」을 참조할 것.

25) 韓長印 主編, 7～8쪽. 채무자회생법에 「비송사건절차법」을 준용하는 규정은 신주발행의 특례에 관한 조항(제265조)만 있고 다른 규정은 없다.

본적인 절차에 있어 구별은 있지만, 목적은 당사자의 권리를 보호하고 실현하는 것으로 소송절차에 속한다고 보아야 한다.

비송절차라는 견해의 근거는 다음과 같다. ① 도산절차에서 채무자는 스스로 자기파산을 신청할 수 있으나, 민사소송에서는 채무자가 자기재산에 대하여 압류집행을 신청하는 상황은 존재하지 않는다. ② 도산절차에는 관리인·파산관재인이 있고, 채권자협의회 등 전문적인 기관을 둠으로써 소송에 없는 채권자가 자발적으로 참여하는 성질의 내용을 가지고 있다. ③ 채권신고는 민사소송에서의 소제기와 법원에 재판을 청구하는 것과 다를 뿐만 아니라 도산절차에서는 당사자의 실체적 권리의무에 관한 재판을 할 수 없고 단지 그 실현을 보증할 뿐이다. ④ 도산절차에서 채무자는 재산에 대한 관리처분권을 상실하고 자격제한도 받는 등 민사소송에서의 채무자 지위와 다르다. 결국 도산은 법원의 주도하에 채권자 단체와 채무자가 공동으로 진행하는 재산청산절차이지 민사소송절차는 아니다. 따라서 그 성질은 비송사건이다.

도산절차는 기본적으로 비송사건으로 보아야 한다는 점은 앞에서 본 바와 같다. 이에 관하여는 〈제3장 Ⅲ.〉(본서 81쪽)을 참조할 것.

다. 강행규범인가 임의규범인가

채무자회생법 중 일부 규정은 강행규범에 속한다. 예컨대 원칙적으로 각종 기한에 관한 규정, 기구(기관)의 설치 및 권한 분배에 관한 규정, 배당(변제)순서에 관한 규정 등. 채무자회생법의 강행규범이 (개인)회생절차·파산절차를 위하여 기본적인 법률적 보장을 제공하지만, 채무자회생법이 규정하는 실체권리는 본질적으로 사권(私權)에 속하고, 집행대상은 채무자의 재산이며, 보호하는 대상은 사적 권리이다. 채무자회생법의 실체권리에 관한 규정은 민사법의 민사주체에 대한 사권보호를 기본으로 하는 것이다. 즉 채무자회생법은 원칙적으로 민사법에서 인정하는 권리를 그대로 인정하는 것이다.

4. 도산절차법과 도산실체법

채무자회생법의 내용은 도산절차개시신청 후 절차 개시로부터 종료에 이르기까지의 진행과정에서 절차적 측면을 규율하는 도산절차법과 이해관계인 간의 실체적 법률관계를 규율하는 도산실체법으로 구성되어 있다.

도산절차의 개시신청, 보전처분, 개시결정 등에 대한 즉시항고, 관계인집회, 채권자집회, 도산절차폐지·종결 등 절차에 관한 규정이 도산절차법이다. 권리의 우선순위, 담보, 보증, 상계, 쌍방미이행 쌍무계약 등 계약상 권리의무에 관한 특례, 환취권, 부인권, 적격금융거래 등 실체적 법률관계에 관한 규정은 도산실체법(도산사법)이다(거래 당사자가 파산한 경우 법률관계를 다루는 민법 및 상법의 규정도 도산실체법에 포함시킬 수 있을 것이다). 도산실체법은 채권자 등 이해관계인의 실체적 권리의무관계를 규율하는 것으로, 특히 금융거래에서 중요한 의미를 갖는다.

Ⓥ 기업구조조정의 법적 근거로서의 채무자회생법

기업구조조정(corporate restructuring)이란 기업이 변화하는 기업환경에서 생존과 번영을 위하여 기업의 조직구조나 사업구조를 개편하는 모든 행위를 말한다. 기업은 이윤극대화를 목적으로 하기 때문에 기업구조조정은 기업이 주도적으로 해나가는 것이 원칙이지만, 국가의 한정된 자원을 효율적으로 배분하기 위해 정부주도로 행해지기도 한다.

현재 기업구조조정은 기업 활력을 위한 특별법,[26] 기업구조조정 촉진법, 채무자회생법이 적용되는 경우와 법적 근거는 없지만 실제 기업구조조정의 수단으로 이용되고 있는 자율협약이 있다.

① 기업 활력을 위한 특별법은 기업이 자발적인 사업재편을 신속하게 추진할 수 있도록 관련 절차 및 규제 등을 개선함으로써 기업의 활력과 산업의 경쟁력을 제고하고 시장에서의 경쟁을 촉진하여 국민경제의 건전한 발전에 기여함을 목적으로 한다(제1조). 다른 기업구조조정 제도와 다른 것은 위 법은 정상기업을 대상으로 한다는 것이다. 따라서 회생절차개시를 신청한 기업이나 파산신청을 한 기업 등은 대상이 아니다(제4조 제2항). 공급과잉 상태에 놓인 기업의 자발적인 구조조정을 지원하는 사전적 구조조정이다. 이 법은 상법상 조직재편활동에 대한 절차 간소화(제15조 내지 제20조), 지주회사규정에 대한 유예기간 연장(제21조 내지 제26조), 사업혁신활동 등을 위한 세제 및 자금지원(제27조 내지 제31조의2) 등에 관한 근거규정을 두고 있다.

② 기업구조조정 촉진법은 부실징후기업[27]의 기업개선이 신속하고 원활하게 추진될 수 있도록 필요한 사항을 규정함으로써 상시적 기업구조조정을 촉진하고 금융시장의 안정과 국민경제의 발전에 이바지하는 것을 목적으로 한다(제1조). 위 법은 회생가능성이 있는 부실징후기업을 대상으로 한다.[28]

③ 채무자회생법은 재정적 어려움으로 인하여 파탄에 직면해 있는 기업을 대상으로 회생을 도모하거나 파산절차를 진행하는 것을 목적으로 한다(제1조). 상대적으로 회생가능성이 낮거나 없는 부실기업을 대상으로 한다. 지속적인 불황으로 과다부채의 어려움에 처한 기업의 구조조정 필요성이 상시화되자 보다 공정하고 효율적인 구조조정절차가 필요하게 되었다. 그래서

---

26) 이하 '기업활력법 또는 기활법'이라 한다. 제정 당시 언론에 '원샷법'이라고 보도되었던 법이다. 기업활력법은 정상기업의 자율적 사업 재편을 지원하는 법으로, 상법·세법·독점규제 및 공정거래에 관한 법률에서 규정한 절차와 규제를 간소화하고 패키지로 여러 정책을 지원해 줘 이른바 '원샷법'이라고 불렀다. 3년 한시법으로 제정되어 2016년 8월 시행되었다. 그러나 시행 이후 기업활력법에 대한 이용은 저조한 편으로(2017년 52건, 2018년 34건) 기한 연장과 이용의 활성화를 위한 적용 대상 확대가 지속적으로 요구되었다. 이후 기업활력법은 2024년 8월까지 5년 연장되었고, 적용대상도 조선, 철강, 석유화학 등 과잉공급업종 기업에서 신산업 진출 기업, 전북 군산 등 산업위기 지역의 주요 산업에 속하는 기업 등으로 확대되었다. 아울러 둘 이상의 기업이 공동 출자해 합작법인을 설립하는 등 다수의 기업이 공동으로 사업재편을 하는 경우에는 심의기준을 완화하고 승인기업을 위한 산업용지 등 처분특례를 신설하였다(2019. 8. 13. 시행).
27) 부실징후기업이란 주채권은행이 신용위험평가를 통하여 통상적인 자금차입 외에 외부로부터의 추가적인 자금유입 없이는 금융채권자에 대한 차입금 상환 등 정상적인 채무이행이 어려운 상태(부실징후)에 있다고 인정한 기업을 말한다(기촉법 제2조 제7호).
28) 기업구조조정 촉진법에 관한 자세한 내용은 〈제6편 제5장〉(본서 2296쪽)을 참조할 것.

〈각 법률에 따른 제도의 비교〉

구분	사업재편	구조조정	
특징	선제적·자율적 사업재편	사후적·타율적 구조조정	
적용법률	기업 활력을 위한 특별법	기업구조조정 촉진법	채무자회생법
대상기업	과잉공급분야 정상기업	부실징후기업	부실기업
추진체계	기업자율 (주무부처·사업재편계획심의위원회)	금융채권자협의회·주채권 은행(워크아웃)	법원

[기업 구조조정 제도 개관]

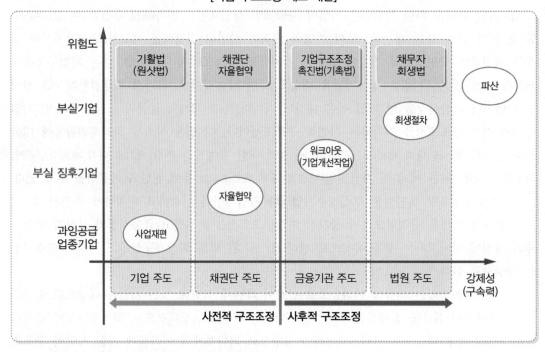

자료: 산업연구원(기활법, 기촉법, 채무자회생법 참고 작성)

　　2016년에는 기존의 회생절차를 보완하여 원활한 신규 자금 확보를 유도하고 상거래채권자
의 보호를 강화하였으며 한국형 프리패키지제도를 도입하였다.[29]

---

29) 미국에서는 도산절차(특히 제11장절차)는 기업의 경영전략의 일환으로 이용되고 있다고 한다. 사업의 정체상태에
빠진 기업이 구조조정(restruturing)·사업재편이나 사업양도를 원활하게 추진하기 위하여 도산절차를 이용하는 것
은 여러 가지 점에서 유리하다고 한다. 도산법제면에서도 이에 대응하여 도산절차개요건으로서, 채무자가 신청한
경우에는 도산원인(지급불능 등)을 요하지 않고, 신청에 의해 절차가 개시되며, 이와 함께 채권자 모두의 추심행위
가 자동적으로 정지된다(autimatic stay). 그리고 절차가 개시되어도, 채무자는 원칙적으로 사업의 경영권을 잃지 않
고, 점유채무자(DIP)로서 관재인과 마찬가지의 권한을 행사한다. 이와 같이 미국의 도산절차는 채무자에게 매우 유리
한 제도이지만, 채권자의 이익보호도 꾀하고 있다. 이것을 보충하고 있는 것이 채권자 주도성이다. 각 사건에서 원
칙적으로 채권자위원회가 조직되고, 절차상의 중요한 사항에 대하여는 채권자위원회의 동의가 필요하도록 했다. 따
라서 DIP채무자는 절차의 단계마다 채권단과 교섭하면서 절차를 진행하고, 법원은 채무자·채권자 사이에 다툼이

④ 법적 근거가 없는 자율협약도 기업의 구조조정 수단으로 활용되고 있다. 이는 채권단이 주도하는 채권단협약으로 진행된다. 협약의 내용이 공개되지 않고, 실패할 경우 책임소재가 불분명하다는 단점이 있지만, 기업이 입는 이미지 훼손이 크지 않고 시장의 충격을 최소화할 수 있다는 장점 때문에 이용되고 있다. 자율협약은 채권단 100%의 동의가 필요하다.

구조조정의 필요성이 상시화된 상황에서 기업은 재무구조(유동성) 등 여러 가지 사정을 고려하여 다양한 구조조정 수단 중에서 하나를 선택할 수 있다. 기업 활력을 위한 특별법에 따라 선제적으로 사전적 구조조정에 성공하는 것이 가장 이상적일 것이다. 그러나 그렇지 못할 경우에는 채무자회생법에 따른 구조조정이 합리적이다. 그 이유는 먼저 채권단 중심의 구조조정(②의 경우)은 기업의 회생보다는 채권자의 원리금 보전이 제1 목표가 되고, 법적 근거가 없는 자율협약에 따른 구조조정은 구속력이 약해 구조조정이 지연되거나 협약의 내용이 드러나지 않아 책임을 지울 수도 없어 구조조정이 성공하기 어렵다. 다음으로 채무자회생법은 신규 자금 지원이 가능하도록 제도를 보완하였고, 구조조정 대상 기업이 회생법원의 회생절차에 들어가기 전에 미리 M&A를 추진하여 매수자를 정해 이를 기반으로 한 회생계획을 작성한 후 회생절차에 들어

[기업 구조조정 제도의 배열도][30)]

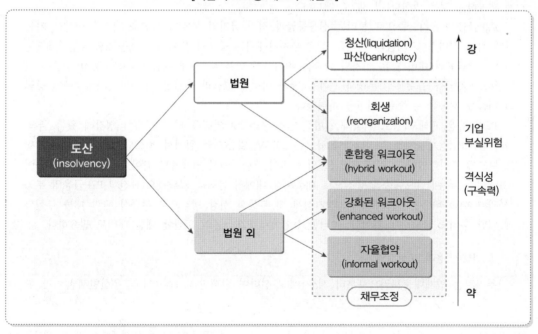

발생하는 경우에 법적인 결정을 하여 중립적인 역할에 집중하는 구조로 되었다. 최근에는 절차개시 전에 채무자와 채권자단 사이에 충분한 조정·대화를 한 후 제11장 절차를 신청하는, 프리패키지형 내지 프리네고시에이션형 절차가 늘어나고 있다고 한다. 특히 대기업에 대해 신청 후 바로 사업양도를 하여 회생을 도모하는 사례가 각광을 받고 있다. 2009년 GM(제너럴모터스)이나 크라이슬러 재건에도 적용되었다(倒産處理法入門, 6~7쪽).

30) 강화된 워크아웃이 기촉법을 근거로 한 기업 워크아웃이다. 혼합형 워크아웃의 대표적인 제도가 자율구조조정이다 (ARS). 자료=한국은행. https://www.econovill.com/news/articleView.html?idxno=589784(2022. 9. 20. 최종방문)

갈 수 있도록 하는 제도(프리패키지제도)를 마련함으로써 기업이 정상화되는 기간을 단축할 수 있도록 하였다. 무엇보다 채무자회생법에 따른 회생절차는 법원이 주도적으로 절차를 진행하고 다양한 이해관계인의 의견을 반영함으로써 공정하고 투명하게 구조조정을 유도할 수 있다.

P2P금융과 도산

온라인투자연계금융업의 등록 및 감독에 필요한 사항과 온라인투자연계금융업의 이용자 보호에 관한 사항을 정함으로써 온라인투자연계금융업을 건전하게 육성하고 금융혁신과 국민경제의 발전에 기여함을 목적으로 온라인투자연계금융업 및 이용자 보호에 관한 법률(이하 '법'이라 한다)이 제정되었다. 세계 최초로 P2P금융 관련 단독 법안이 2019. 11. 26. 제정되었다.

I. P2P금융의 의의

온라인투자연계금융{P2P금융(peer-to-peer lending)}이란 온라인플랫폼[31]을 통하여 특정 차입자에게 자금을 제공할 목적으로 투자(이하 '연계투자'라 한다)한 투자자[32]의 자금을 투자자가 지정한 해당 차입자[33]에게 대출(어음할인·양도담보, 그 밖에 이와 비슷한 방법을 통한 자금의 제공을 포함한다. 이하 '연계대출'이라 한다)하고 그 연계대출에 따른 원리금수취권[34]을 투자자에게 제공하는 것을 말한다(법 제2조 제1호).

P2P금융은 금리단층으로 불리는 신용등급과 적정 금리의 불일치 현상을 해소해 상생을 가능하게 하는 서비스다. 저금리 시대를 맞은 투자자에게는 중수익의 기회를 제공하고 차입자에게는 기존 2, 3금융권 대비 낮은 이자의 대출을 편리하게 받을 수 있게 해줌으로써 포용적 금융을 실현한다. P2P금융 플랫폼은 은행과 관계를 맺기 어려워 고금리 대출을 이용했던 사람들에게 중금리 대출을 제공할 수 있는 기반을 마련했다.

P2P금융은 핀테크(정보 기술과 결합한 금융 서비스) 열풍을 타고 급속히 성장해 왔다. 우리나라의 P2P금융대출시장 누적대출액 규모는 2015년 말 373억 원에서 2022년 말 5조 8,000억 원으로 크게 증가하였다. 그런데 P2P금융의 몸집이 불어나면서 연체율도 같이 높아졌다. 최근 들어 P2P금융은 부동산담보대출을 중심으로 대출시장 내에서 몸집을 키워왔으나(전체 P2P금융의 부동산 관련 대출 비중은 70%대이다), 경기침체 및 부동산 시장 냉각으로 부동산 관련 대출 부실화에 대한 우려도 나오는 상황이다. 이러한 상황에서 P2P금융의 도산에 대한 대비도 필요하다.

II. P2P금융과 도산절연 등

투자자는 연계대출채권으로부터 제3자에 우선하여 변제받을 권리(이하 '우선변제권'이라 한

---

31) '온라인플랫폼'이란 온라인투자연계금융업자가 연계대출계약 및 연계투자계약의 체결, 연계대출채권 및 원리금수취권의 관리, 각종 정보 공시 등 제5조에 따라 등록한 온라인투자연계금융업의 제반 업무에 이용하는 인터넷 홈페이지, 모바일 응용프로그램 및 이에 준하는 전자적 시스템을 말한다(법 제2조 제8호).
32) '투자자'란 온라인투자연계금융업자를 통해 연계투자를 하는 자(원리금수취권을 양수하는 자를 포함한다)를 말한다(법 제2조 제5호).
33) '차입자'란 온라인투자연계금융업자를 통해 연계대출을 받는 자를 말한다(법 제2조 제6호).
34) '원리금수취권'이란 온라인투자연계금융업자가 회수하는 연계대출 상환금을 해당 연계대출에 제공된 연계투자 금액에 비례하여 지급받기로 약정함으로써 투자자가 취득하는 권리를 말한다(법 제2조 제4호).

다)를 가진다(법 제28조 제4항). 온라인투자연계금융업자에 대한 회생절차 또는 기업구조조정 관리절차에 따라 채무의 면책·조정·변경이나 그 밖의 제한이 이루어진 경우에도 우선변제권에는 영향을 미치지 아니한다(법 제28조 제6항).

온라인투자연계금융업자가 파산하거나 회생절차가 개시되는 경우 온라인투자연계금융업자의 연계대출채권은 온라인투자연계금융업자의 파산재단 또는 회생절차의 관리인이 관리 및 처분권한을 가지는 채무자의 재산을 구성하지 아니한다(법 제28조 제1항).

온라인투자연계금융업자의 연계대출채권은 강제집행, 「채무자 회생 및 파산에 관한 법률」에 따른 보전처분, 중지명령 또는 포괄적 금지명령의 대상이 되지 아니한다. 다만 투자자 및 원리금수취권의 상환·유지 및 관리와 연계대출채권의 관리·처분 및 집행을 위한 비용채권, 수탁기관의 보수채권의 권리를 보유하는 자(이하 '우선변제권자'라 한다)의 우선변제를 위하여 강제집행을 하는 경우에는 그러하지 아니하다(법 제28조 제2항, 제5항).

온라인투자연계금융업자에 대하여 기업구조조정 관리절차가 개시된 경우 온라인투자연계금융업자의 연계대출채권은 관리대상이 되는 재산을 구성하지 아니한다(법 제28조 제3항).

온라인투자연계금융업자는 연계대출채권의 상환되지 아니한 잔액이 존속하는 한 연계투자계약에서 특별히 정하는 경우를 제외하고는 연계대출채권을 처분하거나 다른 채무에 대한 담보로 제공해서는 아니 되며, 이를 위반한 처분 또는 담보제공은 우선변제권자에 대해서는 효력이 없다(법 제28조 제7항).

제 2 편

회생절차

제 1 장 회생절차개관
제 2 장 총 칙
제 3 장 회생절차개시의 신청
제 4 장 회생절차개시 전 채무자 재산의 보전
제 5 장 회생절차개시신청에 대한 재판
제 6 장 회생절차의 기관
제 7 장 채무자 재산의 구성 및 확정
제 8 장 회생채권, 회생담보권, 주주·지분권, 공익채권, 공익담보권, 개시후기타채권
제 9 장 회생채권자 등의 목록제출과 회생채권 등의 신고
제10장 회생채권·회생담보권의 조사 및 확정
제11장 관리인 보고를 위한 관계인집회
제12장 회생계획안
제13장 회생계획안 심리 및 결의를 위한 관계인집회
제14장 회생계획의 인가
제15장 회생계획인가 후의 절차
제16장 회생절차의 종료
제17장 소액영업소득자에 대한 간이회생절차
제18장 회생절차에서의 벌칙
제19장 회생절차가 소송절차와 집행절차에 미치는 영향

제 1 장

회생절차개관

제1절 회생절차 개요

Ⅰ 회생절차의 의의

회생절차란 재정적인 어려움으로 인하여 파탄에 직면한 채무자에 대하여 채권자, 주주·지분권자 등 여러 이해관계인의 법률관계를 조정하여 채무자 또는 그 사업의 효율적인 회생을 도모하는 제도를 말한다(제1조).[1] 여기서 '채권자의 법률관계를 조정'한다는 것은 채권·채무에 관한 모든 내용(예컨대 채권액, 채권의 성질, 권리행사할 수 있는 시기와 방법, 이자, 지연손해금 등)을 채무자의 효율적인 회생을 도모하기 위한 것으로 변경하되, 그 과정에서 채권자에게 일정한 절차에 따른 참여·협의·의사결정 등의 권한을 부여함으로써 쌍방의 협의 내지 의사의 일치를 전제로 이를 조정하는 것을 의미한다. '주주·지분권자의 법률관계를 조정'한다는 것은 채무자의 효율적인 회생을 도모하기 위해 자본구조를 변경하는 것을 의미한다. 결국 회생절차는 '채무자의 효율적인 회생'을 주된 목적으로 하면서 이를 위한 '채권자 등 이해관계의 합리적인 조정'을 중요 이념으로 삼고 있다(본서 47쪽 참조).

회생절차는 채무자의 재건을 위한 집단적 채무처리절차이다. 파산이 채무자의 재산을 처분·환가하여 채권자들에게 공평하게 배당하는 것을 주된 목적으로 하는 청산형 절차인 것에 반하여, 회생은 사업의 재건과 영업의 계속을 통한 채무 변제가 주된 목적인 회생형 절차이다. 회생절차는 채무자의 회생을 목적으로 하기 때문에 채권자, 주주·지분권자 기타 이해관계인의 희생을 전제로 한다. 따라서 이들의 권리내용에 대하여 광범위한 변경이 가해진다. 회생절차는 현재의 채무자의 재산으로 이해관계인을 만족시키는 것이 아니라 채무자가 수익을 올릴

---

1) **회생제도에 관한 입법례** 각 나라의 회생제도는 역사적 배경 및 입법자의 회생에 관한 법률에 대한 인식의 차이로 인하여 여러 가지 입법례가 형성되었다. ① 회생제도를 회사법에 규정한 것. 회생제도를 회사법에서 규정한다. 영국과 대만이 여기에 해당한다. ② 회생제도를 도산법에서 규정한 것. 미국이 대표적인 나라이다. 미국 회생제도의 특징은 신청절차가 간단하고 적용범위가 비교적 넓으며 절차 상호간의 전환이 비교적 원활하고 현대 도산법의 전형적인 모습으로 각국 입법에 비교적 큰 영향을 미치고 있다. 중국 <기업파산법>이나 우리나라도 도산법(채무자회생법)에 회생제도를 규정하고 있다. ③ 독자적으로 회생에 관한 법률을 제정한 것. 일본(회사갱생법, 민사재생법), 캐나다가 여기에 해당한다.

수 있는 여건을 만들어줌으로써 채무자를 재건시켜 그 결과로써 채무자의 이해관계인을 보호하고자 하는 것이다. 즉 원칙적으로 미래수입(소득)을 가지고 변제하는 것이다.

채무자는 법인뿐만 아니라 개인도 포함된다. 개인의 경우 개인회생절차를 신청할 수 있으면 개인회생절차를 이용하면 되지만, 개인회생절차를 신청할 수 있는 요건(제579조 제1호 참조)에 해당하지 않는 경우에는 회생절차를 이용할 수밖에 없다.[2]

채무자에게 회생의 기회를 주는 이념적 근거는 회생절차를 통한 채권채무관계의 집단적 해결과 채무자의 회생이 파산적 청산보다는 채권자 일반의 이익에 부합하고, 사회경제적으로도 유리하다는 데 있다. 이와 같은 이유에서 채무자회생법은 파산절차보다 회생절차를 우선시하고 있다(제44조, 제58조 참조).

회생절차의 목적(goal)은 생존 가능하지만 재정적으로 어려운 기업(채무자)이 계속기업가치(going concern value)를 유지하면서 사업을 계속하도록 하는 것이다. 계속기업가치가 청산가치(liquidation value)보다 크면 회생은 관련자들 모두에게 이익이다. 채권자들은 보다 많이 변제받게 되고, 종업원들은 그들의 일을 계속할 수 있으며, 공급자는 그들의 소비자를 유지하고, 주주·지분권자는 어느 정도 그들의 원래 투자금을 보존할 수 있다. 오늘날 파산과 회생은 본질적으로 차이는 있지만 그 경계선은 뚜렷하지 않다. 많은 회생사건에서 중요한 자산의 매각이 포함되고,[3] 많은 파산사건에서 일부 사업부의 가치를 유지하려고 한다. 요컨대 오늘날 회생절차는 현존하는 계속기업가치를 유지하고 그들을 매각할 때 자산의 가치를 극대화하는 것을 추구한다.[4]

회생절차는 법원이 주도한다. 회생절차에는 채권자 등 이해관계인도 참여하지만, 본질적으로 법원이 주도하여 강제적으로 집행되는 절차이다. 채무의 감면, 이해관계인의 권리변경 등과 같은 강력한 사법적 구제수단에 의하여 채무자의 회생을 도모하는 절차이므로 사법기관인 법원이 감독자로서 절차에 관여하게 된다. 하지만 채무자의 회생을 꾀하는 절차라고 하더라도 그 절차의 내용을 보면 직접적으로 경영적 의미에 있어서의 채무자의 회생을 꾀하는 것은 아니고 어디까지나 사법적 구제수단을 통하여 채무자를 회생시키려고 하는 것이므로 회생절차는 결국 재판절차로서의 성격을 갖는다.

회생절차는 시간이 오래 걸리고, 비용이 많이 든다는 문제도 있지만, 아래의 사안에 대하여는 적합성이 있다. ① 사업의 핵심적인 자산에 다수의 담보권이 설정되어 있고, 담보권자와 사이에 회생에 대한 합의가 쉽지 않은 사안이다. 회생절차에서는 담보권자라도 권리행사가 제한

---

2) 채무자회생법은 일본 민사재생법과 달리 개인회생절차에 주택담보대출채권의 실행을 막을 수 있는 특례 규정을 두고 있지 않다. 따라서 개인회생절차를 이용할 수 있는 경우에도 주택담보대출채권의 담보권 실행을 막기 위해서는 회생절차를 이용할 수밖에 없다. 실무적으로 개인이 회생절차를 이용하는 경우는 개인회생절차에서 요구하는 채무의 한도액(무담보채무 10억 원, 담보부채무 15억 원)을 넘는 경우이다. 이를 '일반회생'이라 부른다.

3) 회생절차를 신청하는 대부분의 기업은 보유하고 있는 영업용 부동산에 담보권(회생담보권)을 설정하고 있다. 기업은 영업용 부동산을 보유하며 기업활동을 계속하고자 하지만, 실무적으로 회생담보권자는 조기에 영업용 부동산을 매각하여 피담보채권을 변제할 것을 요구한다. 이로 인해 회생절차 초기에 영업용 부동산을 매각하는 회생계획을 작성하는 경우가 많다.

4) Jeffrey T. Ferriell · Edward J. Janger, 709쪽.

되고 회생계획에서 회생담보권의 분할변제가 가능하므로 재건이 용이하게 된다. ② 채무자의 재건을 위해서는 조직의 재편이나 M&A가 불가결한 사안이다. 회생절차에서는 회사의 분할·합병 등은 주주총회결의 등 상법에 따른 절차가 필요하지 않고(제15장 제2절 참조) 회생계획에 의하여 할 수 있으므로 신속하게 조직재편이나 M&A가 가능하고, 재건이 용이하다.

Ⅱ 회생절차의 기본원리

1. 경제성 판단

회생절차가 대상으로 하는 것은 경제성은 있으나 재정적 파탄(financial distress)에 빠진 채무자이다(제1조, 제74조 제2항 제1호 등 참조). 재정적 파탄이란 채무자가 파탄에 이르게 된 원인이 채무자의 부실한 재무구조에 기인한 것(예컨대 일시적인 유동성 부족으로 적기에 변제할 수 없는 상태 등)을 말한다. 따라서 경제성이 결여되어 경제적 파탄(economic distress)에 빠진 채무자는 회생의 대상이 아니다. 경제적 파탄이란 채무자가 파탄에 처한 근본 원인이 채무자의 영업력에 문제가 있는 데 기인한 것을 말한다.

회생절차에 들어온 채무자의 계속기업가치가 청산가치를 상회하는지 여부를 따져 회생절차의 진행 여부를 판가름하는 것을 가리켜 경제성 판단(economy test)이라 한다.

2. 채권자 등 이해관계인의 권리행사 제한

회생절차는 채권자·주주·지분권자 등 이해관계인의 법률관계를 조정하여 채무자 또는 그 사업의 효율적인 회생을 도모하는 것이 목적이다(제1조). 여기서 '법률관계를 조정'한다는 것은 채권채무관계나 자본구조를 변경하는 것을 말한다. 회생절차는 회생의 목적을 달성하기 위하여 일반 채권자(회생채권자), 주주·지분권자뿐만 아니라 담보권자(회생담보권자)의 권리행사를 제한하거나 금지하고 있다(제131조, 제141조 제2항).

3. 실체법상 권리의 우선순위 존중

회생절차는 기업의 가치를 채권자들에게 분배하기 위하여 회생계획을 작성한다. 회생계획을 작성함에 있어 그 가치의 분배에 관한 채권자 상호간의 순위는 특별한 사정이 없는 한 실체법상의 권리의 우선순위를 존중하여야 한다. 이는 회생절차에서 공정하고 형평한 차등원칙(제217조)과 평등원칙(제218조)으로 구현되고 있다. 실체법상 다른 성질을 갖는 권리에 대하여는 그 차이에 대응하여 취급하고, 동일한 성질을 갖는 권리에 대하여는 절차적으로 평등한 취급을 하는 것이 기본이다. 이에 관한 내용은 〈제12장 제2절 Ⅰ., Ⅱ.〉(본서 846, 850쪽)를 참조할 것.

4. 채무자의 지배구조 변경

채무자의 회생을 도모하기 위하여 자본구조를 변경할 수도 있음은 앞에서 본 바와 같다. 권리의 순위가 채권자보다 뒤지는 주주·지분권자의 경우 채권의 감면률 이상으로 자본감소를 하여야 하고(절대우선의 원칙이든 상대우선의 원칙이든), 경우에 따라 채권은 출자전환에 의해(제206조 제1항) 주식으로 전환되기도 한다. 이러한 과정에서 채무자의 지배권(경영권)은 구주주로부터 신주주(출자전환을 받은 채권자)에게로 이전한다.

5. 개별 채권자에 대한 청산가치보장원칙

회생절차에 의하더라도 파산절차에 의하여 배당받는 것 이상으로 분배(변제)를 받을 수 있어야 회생절차의 정당성이 인정된다. 이를 청산가치보장원칙이라 한다. 이에 관한 내용은 〈제12장 제2절 Ⅳ.〉(본서 859쪽)를 참조할 것.

6. 계속기업가치와 청산가치 차액의 분배

회생절차는 원칙적으로 채무자의 청산가치를 초과하는 계속기업가치를 창출할 수 있도록 하기 위하여 마련된 것이다. 따라서 채권자는 계속기업가치와 청산가치의 차액에 대하여 분배를 요구하고, 얼마만큼의 차액을 채권자에게 분배할 것인지는 관리인과 채권단 사이의 협상을 통하여 결정된다. 구체적인 분배 내용은 회생계획에서 구현된다.

Ⅲ 회생절차에서의 신의성실원칙

권리자가 실제로 권리를 행사할 수 있는 기회가 있어서 그 권리 행사의 기대가능성이 있었음에도 불구하고 상당한 기간이 경과하도록 권리를 행사하지 아니하여 의무자인 상대방으로서도 이제는 권리자가 권리를 행사하지 아니할 것으로 신뢰할 만한 정당한 기대를 가지게 된 다음에 새삼스럽게 그 권리를 행사하는 것이 법질서 전체를 지배하는 신의성실의 원칙에 위반하는 것으로 인정되는 결과가 될 때에는 그 권리의 행사가 허용되지 않는다고 보아야 한다.

권리자가 회생절차 진행 중인 채무자를 상대로 권리를 행사하는 경우 신의성실의 원칙에 위반하는지는 권리행사 이전에 회생절차에서 보인 태도와 회생절차 내에서 부여받은 지위, 권리행사를 할 당시 회생절차의 진행단계 등에 비추어 권리자의 권리행사가 집단적·포괄적 채무처리절차의 성질을 가지는 회생절차 및 그에 참여하는 다른 회생담보권자, 회생채권자 등 이해관계인들에게 어떠한 영향을 미치는지, 채무자의 효율적인 회생을 도모하고자 하는 회생절차의 목적에 반하는 결과가 발생할 위험이 있는지, 권리행사를 허용하는 경우 권리자가 이미 회생절차 내에서 부여받은 지위에 비추어 부당하게 이익을 얻게 되는지 등을 종합적으로 고려하여 판단하여야 한다.

대법원은 채무자(금융리스이용자, 의료법인)에 대한 회생절차에서 리스계약에 따른 채권을 회생담보권으로 신고하여 상당부분을 확정 받고 동액 상당의 의결권을 부여받은 상태에서 회생계획안 심리 및 결의를 위한 관계인집회에 참여한 리스회사(甲)가, 채무자가 리스대상물건(리스물, 의료기기)의 계속 이용을 전제로 수립된 회생계획에 이의를 제기하거나 그 인가결정에 즉시항고를 하지 않았으며, 이후 리스회사(甲)는 위 리스계약을 해지하고 환취권을 행사하였다고 주장하면서 채무자의 관리인을 상대로 위 리스대상물건의 인도를 요구하는 사안에서(관리인은 리스회사가 해지권과 환취권을 가진다는 점에 대해서는 다투지 않고 있다), ① 리스회사는 회생절차에서 회생담보권자로서의 권리를 적극적으로 행사하였고, ② 리스계약을 해지하고 환취권을 행사하여 위 리스대상물건의 인도를 요구하지 않을 것과 같은 태도를 보였으며, ③ 의료기기인 위 리스대상물건의 반환을 허용하면 의료법인인 채무자의 회생계획이 정상적으로 수행될 수 없어 다른 회생담보권자, 회생채권자 등 이해관계인들이 불이익을 입을 가능성이 크고, ④ 인가결정까지 받은 회생계획이 제대로 수행되지 못한다면 다수의 이해관계인들이 적지 않은 시간 동안 노력을 들여 상당한 단계까지 진행하여 회생절차가 무용하게 되는 것이어서 사회·경제적으로 바람직하지 않고 채무자회생법의 목적과 취지에도 반할 뿐만 아니라, ⑤ 리스회사는 결국 회생담보권 신고액(의료기기의 취득원가) 전액을 확정 받아 회생계획에 따른 변제를 받을 수 있게 되었으므로 위 리스대상물건까지 반환받는다면 이중으로 부당하게 이익을 얻게 될 수 있다는 점 등을 고려하면 리스회사가 리스계약을 해지하고 환취권을 행사하는 것은 신의성실의 원칙에 비추어 허용될 수 없는 것이라고 볼 여지가 있다고 판시하였다.[5]

제2절 | 회생절차의 흐름

I 회생절차 흐름도

회생절차개시의 신청부터 회생절차가 종료되기까지의 회생절차흐름을 간략히 도표로 나타내면 아래와 같다.

---

5) 대법원 2022. 10. 14. 선고 2018다210690 판결.

[회생절차 흐름도]

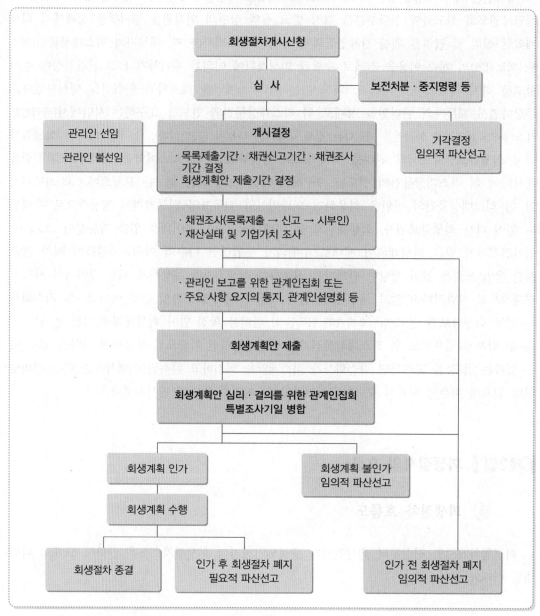

Ⅱ 회생절차의 통상적인 진행 과정

회생절차의 통상적인 진행 과정은 다음과 같다.[6]

---

6) 회생절차에서 신청으로 인한 혼란을 방지하고, 사업에 대한 충격을 최소화하며, 법원의 신속한 결정을 위해 회생절차개시신청 전에 신청인과 회생법원이 사전에 상담을 할 필요가 있다.
　일본의 경우 회사갱생절차나 민사재생절차(우리나라 회생절차)를 신청하기 전에 실무적으로 사전상담을 활용하고

1. 회생절차개시의 신청

채무자는 ① 사업의 계속에 현저한 지장을 초래하지 아니하고는 변제기에 있는 채무를 변제할 수 없는 경우 또는 ② 채무자에게 파산의 원인인 사실이 생길 염려가 있는 경우에는 회생절차개시의 신청을 할 수 있다(제34조 제1항). 한편 위 ②의 사실이 있는 경우에는 채무자 이외에도 일정액 이상의 채권을 가지는 채권자 또는 일정한 비율 이상의 주식 또는 출자지분을 가지는 주주·지분권자도 신청할 수 있다(제34조 제1항, 제2항). 채무자의 청산인은 다른 법률에 의하여 채무자에 대한 파산을 신청하여야 하는 때에도 회생절차개시의 신청을 할 수 있다(제35조 제1항).

2. 보전처분, 중지 또는 취소명령, 포괄적 금지명령

회생절차개시결정 전에 채무자 재산의 산일을 방지하기 위해 채무자의 업무 및 재산에 대하여 일정한 행위를 제한할 필요가 있다. 위와 같은 목적을 달성하기 위한 제도로서 보전처분이 있다(제43조 제1항).[7]

한편 보전처분은 채무자의 행위만을 제한할 뿐 회생채권자·회생담보권자의 채무자의 재산에 대한 가압류·가처분, 강제집행, 담보권실행을 위한 경매절차를 막지는 못한다. 따라서 채무

있다고 한다{會社更生의 實務(上), 2쪽, 56~61쪽, 破産法·民事再生法, 770쪽}. 사전상담은 회사갱생절차 등을 신청하기 전에 신청인이 법원에 신청에 관한 상담 신청을 하고(신청인은 신청서 초안 및 첨부자료를 제출하고, 담당판사는 서류를 심사하고 보완을 요구한다) 상담 과정에서 회사갱생절차개시신청 등을 할 것인지를 확인할 뿐만 아니라 보전관리인의 선임, 신청 후 보전처분의 준비에 관한 사항 등을 협의함과 함께 신청을 유지하기 위해 필요한 자금조달상황 등을 확인하는 것이 일반적이라고 한다. 이후 신청서가 접수되면 법원은 이미 필요한 자료를 모두 검토하였으므로 신속하게 보전처분을 하고 회사갱생절차 등을 진행한다고 한다. 신청의 효과로서 자동중지제도가 없는 이상, 신청 후의 절차를 원활하게 진행하기 위한 자료수집 목적에서의 사전상담을 위법하다고 볼 것은 아니라는 것이 일본의 일반적인 견해이다. 다만 사전상담이 사실상의 개시결정절차로서 기능하고, 절차가 불투명하다는 비판이 있다. 또한 사전상담에서 재생계획(회생계획) 작성 가능성에 대하여 실질적인 판단이 되고, 그것을 전제로 회생 대신에 파산 신청이 법원에 의해 종용되는 것은 절차의 본질적 구조와의 관계에서 문제라는 지적이 있다. 이에 따라 최근 일본 실무는 사전상담을 필요적인 것으로 하지 않고, 보전처분의 발령 내용이나 시기를 파악하기 위하여 필요한 사항을 기재한 '회생사건연계메모'의 제출 및 법원서기관에 의한 정황청취를 원칙으로 하고, 특별히 필요하다고 인정되는 사건에 대하여만 사전상담을 실시하고 있다고 한다.

사전상담은 보전처분 및 개시결정을 신속하게 할 수 있어 신청으로 인한 초기 단계에서의 혼란을 피할 수 있고, 조기에 회생절차에 진입하도록 함으로써 회생의 가망성을 높일 수 있는 장점이 있다. 반면 비밀이 누설될 경우 신청인의 사업에 심각한 타격을 줄 수 있고, 절차가 은밀하게 진행되어 투명하지 못하다는 단점이 있다.

회생절차는 비송사건적 성격이 강하고, 신청인의 입장에서도 회사의 영업비밀 등이 누설되는 것을 원하지 않기 때문에 사전상담은 비밀리에 진행되는 것이 당연하다. 또한 회생절차를 신속하게 진행하고 회생의 가망성을 높이기 위해서는 사전상담을 활용할 필요가 있다. 다만 일본에서 지적된 바와 같이 사실상 개시결정절차로 운영되거나 절차가 불투명하며 파산절차로의 종용 등 여러 가지 문제가 있다는 점에서 실무적으로 광범위하게 적용하기는 어려울 것이다. 신청 후 절차를 원활하게 진행하기 위하여 자료수집이 필요한 사건, 예컨대 사전회생계획안제출사건{이른바 프리패키지드 플랜(P-plan)}에 있어서는 무엇보다 절차의 신속이 요구되기 때문에 사전상담이 필요한 것으로 보인다. 이러한 이유로 수원지방법원 2018회합10003 미주제강 주식회사 사건에서는 사전상담을 실시하였다. 위 사건은 사전상담을 통한 P-plan절차를 통하여 접수부터 종결까지 44일 만에 회생절차를 마쳤다.

7) 보전관리인을 선임하는 보전관리명령도 있지만(제43조 제3항), 실무적으로는 잘 이용되고 있지 않다.

자의 채권자 등 제3자에 대하여 권리실현을 금지하는 제도로서 강제집행 등의 중지 또는 취소명령, 포괄적 금지명령을 두고 있다(제44조, 제45조).

3. 비용예납명령

법원은 신청인에게 절차 진행에 필요한 비용(송달·공고 등의 비용, 조사위원·관리인 등의 보수 등[8])을 미리 납부하게 한다(제39조 제1항). 예납할 비용은 사건의 대소 등을 고려하여 정하되, 채무자 이외의 자가 신청을 하는 때에는 회생절차개시 후의 비용에 관하여 채무자의 재산에서 지급할 수 있는 금액도 고려하여야 한다(제39조 제2항). 실무적으로 신청인이 제시한 자산을 기준으로 산정된 조사위원의 기준보수 금액에 일정한 절차비용을 가산한 금액의 예납을 명하는 것이 보통이다. 예납명령에 대하여는 불복할 수 없고, 법원이 정한 기간까지 예납을 하지 않을 경우 신청을 기각한다(제42조 제1호).[9]

신청인이 채권자인 경우에는 채권자가 비용을 예납하여야 한다. 채권자가 납부한 비용은 채무자의 재산으로부터 상환받을 수 있고, 이러한 비용상환청구권은 공익채권이다(제39조 제3항, 제4항).

4. 대표자심문과 현장검증

대표자심문(제41조 제1항)은 대표자를 법원으로 소환하여 직접 심문하거나 채무자의 재산상황이나 회생절차에 이르게 된 경위 등에 대한 심문사항을 이메일로 신청인 또는 그 대리인에게 보내 답변서를 제출받아 그 내용을 확인하는 방법으로 진행한다.[10]

현장검증은 사업체의 현황을 파악하기 위해 사무소, 공장 및 영업시설을 둘러보는 것으로, 공장이 제대로 가동되고 있는지, 종업원들은 협조적인지 등을 파악한다. 현장검증을 할 경우 통상적으로 대표자심문과 현장검증은 같은 날, 같은 장소에서 진행한다.

5. 회생절차개시결정과 관리인 등의 선임

법원은 회생절차개시의 원인이 있다고 인정되고 달리 신청기각사유(제42조)가 없다고 판단한 경우에는 회생절차개시결정을 한다(제49조). 이 때 관리인 및 조사위원을 선임한다(제74조, 제87조).[11] 회생절차개시결정은 공고되고, 알고 있는 채권자 등에게 그 내용을 기재한 서면이

---

8) 이러한 비용은 원래 공익채권(제179조 제1항 제1호, 제2호, 제4호)으로서 채무자의 재산으로부터 지급하여야 하는 것이지만, 당장의 지급에 대비하여 신청인에게 예납하도록 한 것이다.

9) 재판의 형식이 각하가 아니라 기각이기 때문에 견련파산으로의 이행가능성이 인정되고 있다(제6조 제2항 제1호).

10) 채권자가 신청한 사건의 경우에는 채권자에 대한 심문도 실시함이 바람직하다. 실무적으로 채무자가 신청한 사건의 경우에는 보전처분을 신속하게 발령하고 대표자를 심문하지만, 채권자가 신청한 사건의 경우에는 먼저 채권자를 심문한 후 보전처분을 발령하는 것이 적절하다.

11) 다만 실무적으로 관리인을 선임하지 않고 채무자(대표자)를 관리인으로 보는 경우가 많고, 중소기업 회생컨설팅 대상 기업의 경우 조사위원도 선임하지 않는다.

송달된다(제51조).

회생절차개시결정이 있고 관리인이 선임되면 채무자는 업무수행권과 재산의 관리처분권을 상실하고, 이러한 권한은 관리인에게 전속한다(제56조 제1항).

회생절차개시결정이 내려지면 그 효과로 회생채권자나 회생담보권자는 원칙적으로 회생계획에 의하지 않으면 변제를 받을 수 없게 된다(제131조, 제141조 제2항).

6. 채권의 확정 – 회생채권자 등 목록제출 · 채권신고 및 채권조사확정재판 등

회생절차의 원활한 진행을 위해서는 회생계획안이 작성되고 그에 대한 채권자들의 동의가 있어야 한다. 회생계획안을 작성하기 위해서는 먼저 변제대상이 될 채권이 확정되어야 하고, 변제의 재원이 되는 자산을 포함한 채무자의 가치가 확정되어야 한다(이에 관하여는 아래 〈7.〉 참조).

채권의 확정은 ① 관리인에 의한 회생채권자, 회생담보권자의 목록 제출, ② 회생채권자 등에 의한 회생채권, 회생담보권의 신고, ③ 관리인의 시 · 부인이라는 간단한 절차로 진행된다. 여기서 다툼이 생길 경우 채권조사확정재판, 그리고 채권조사확정재판에 대한 이의의 소를 통해 채권의 내용과 범위를 확정한다.

채권자목록에 기재되거나 신고된 회생채권자, 회생담보권자만이 회생절차에 참가할 수 있고,[12] 그 목록에 기재되거나 신고된 회생채권자, 회생담보권자에게만 회생계획에 의하여 변제를 받을 자격이 부여된다.

한편 회생절차에서는 회생채권(제118조)과 공익채권(제179조)을 구별하여 달리 취급하고 있다. 공익채권은 회생절차에 의하지 아니하고 수시로 변제하며, 회생채권과 회생담보권에 우선하여 변제한다(제180조).

7. 채무자 재산의 조사 및 확보

가. 재산상태조사와 기업가치평가

채무자가 회생가능성이 있는지와 회생계획이 어떻게 수립되어야 하는지를 결정하기 위해서는 채무자의 재산상태와 기업가치에 대한 정확한 평가가 선행되어야 한다.

채무자의 재산상태를 조사하기 위하여 관리인은 채무자의 재산을 조사하고 취임 후 지체없이 채무자에게 속하는 모든 재산의 회생절차개시 당시의 가액을 평가하여야 하며(제90조), 회생절차개시 당시의 채무자의 재산목록 및 대차대조표[13]를 작성하여 법원에 제출하여야 한다

---

12) 관리인은 주주 · 지분권자의 목록도 제출하고, 주주 · 지분권자도 주주 · 지분권을 신고하지만, 회생채권 및 회생담보권과는 그 의미가 다르다. 회생채권이나 회생담보권은 목록에 기재되지도 않고 신고도 하지 아니한 경우 실권된다. 반면 주주 · 지분권은 목록에 기재되지 않고 신고가 없다고 하여도 절대적으로 소멸하는 것은 아니다. 다만 회생절차에 참가하지 못할 뿐이다. 주주 · 지분권자가 회생절차에 참가하기 위해서는 목록에 기재되어 있거나 신고를 하여야 한다.

13) 기업의 재무상태를 나타내는 재무제표로서 기업이 소유한 전체 재산(자산)과 갚아야 할 채무(부채) 및 소유주 지분

(제91조).

법원은 필요하다고 인정하는 때에는 조사위원을 선임하여 조사위원으로 하여금 채무자에게 속하는 모든 재산의 회생절차개시 당시의 가액을 평가하게 하고, 회생절차개시 당시 채무자의 재산목록 및 대차대조표를 작성하여 법원에 제출하게 할 수 있다(제87조 제3항). 실무적으로 법원은 위와 같은 업무를 담당하도록 조사위원을 선임하고 있다.

한편 회생절차의 계속 여부, 회생계획안을 사업계속형(회생형) 또는 청산형으로 할 것인지, 제출된 회생계획안을 관계인집회의 결의에 부칠 것인지 등을 결정하기 위해서는 청산가치와 계속기업가치가 필요하다(계속기업가치와 청산가치의 비교를 통한 경제성 평가). 청산가치란 채무자가 청산을 통하여 해체·소멸되는 경우 채무자의 사업을 구성하는 개별 재산을 분리하여 처분할 때의 가액을 합산한 금액을 말한다(회생예규 제9조 제1항). 계속기업가치란 채무자의 사업을 계속 존속시키면서 정상적으로 영업을 해 나갈 때의 경제적 가치를 말한다(회생예규 제9조 제2항).[14] 계속기업가치는 채권자 기타 이해관계인에게 분배할 재원이 되는 채무자의 미래가치를 제시함으로써 회생계획안의 기본 골격을 형성하고, 청산가치는 법률상 채권자 등 이해관계인에게 보장되어야 할 최소한의 몫이므로 위 두 가지 가치의 정확한 산정은 매우 중요하다.[15]

계속기업가치는 수익접근법 중 현금흐름할인법을 적용하여 산정한다. 이 경우 계속기업가치는 미래 현금 흐름의 현재가치와 비영업용 자산의 처분대금을 합한 것이다. 미래 현금 흐름의 현재가치는 회생절차기간(일반적으로 10년) 중의 현금흐름의 현재가치와 회생절차기간 종료 후의 현금흐름(잔존수익가치, Terminal Value)의 현재가치를 합산하여 산출한다. 비영업용 자산의 처분대금은 청산가치를 전제로 산정한다.

청산가치의 경우, 부동산은 지역별·용도별 낙찰가율을 적용하고, 매출채권, 장단기대여금, 미수금, 선급금·선급비용, 재고자산, 무형자산, 보증금, 자회사 투자자산 등은 자산의 유형과 성질에 따라 회수 또는 청산비용, 현실적 회수가능성 등을 고려하여 산정한다.

(자본)이 표시된다. 현재는 재무상태표(statement of financial position)로 용어가 변경되었지만, 채무자회생법은 여전히 대차대조표라는 용어를 사용하고 있다.

14) 실무적으로 청산가치, 계속기업가치(계속가치) 외에 실사가치라는 것이 있다. 조사위원은 채무자가 제시한 장부가액을 기초로 실사가치와 청산가치를 산정한다. 실사가치는 청산가치를 구하기 위하여 산정하는 것이다. 실사가치는 장부가액을 기초로 자산이 실제로 존재하는지(실재성, existence), 누락된 자산은 없는지(완전성, completeness), 적절한 금액인지(평가, valuation) 등을 고려하여 산정된다. 실사가치는 일반적으로 공정가치(fair value)에 근거하여 작성되고 여기에 낙찰가율을 곱하면 청산가치가 산정된다.

15) 다만 실무적으로 DIP금융이 쉽지 않고 사업성에 대한 확신이 없는 상태에서는 영업용 부동산을 보유하면서 기업 활동을 하는 경우의 계속기업가치가 청산가치를 초과하는 경제성이 있는 기업이라도, 회생계획기간 중 현금흐름의 한계, 회생담보권자의 부동산 매각 요구, 과다한 공익채권 등으로 인해 회생계획기간 초반에 영업용 부동산을 매각하거나 SL&B방식을 전제로 회생계획을 작성하게 되는 경우가 많다. 또한 회생계획의 수행과정에서 부동산 매각이나 SL&B방식을 이행함에 있어서 매수인 선정, 임차료 협상 등과 관련한 문제점이 발생하고 있다. 어렵게 부동산 매각이나 SL&B방식을 이행하더라도 회생계획인가 후 기업 활동을 위한 재정비가 미흡하게 됨에 따라, 영업용 부동산을 보유하고 있는 기업이 회생절차상 구조조정을 통해 계속기업가치를 보전하는 것이 어려운 실정이다.

나. 채무자 재산의 확보

채무자가 회생하기 위해서는 인적·물적 자원의 유기적 결합체로서 채무자의 재산이 유지·보전되어야 한다. 관리인은 채무자에 의한 사해행위나 편파행위 등이 있는 경우에는 부인권을 행사할 수 있다(제100조 이하). 또한 채무자의 이사 등이 불법행위를 하여 채무자에게 손해를 입힌 경우에는 이사 등 기존경영진에 대한 손해배상청구권의 조사확정재판(제114조 이하), 쌍방미이행 쌍무계약에 대한 해제 또는 해지 여부의 선택권(제119조), 상계권의 제한(제144조, 제145조) 등 채무자 재산의 확보를 위한 여러 가지 특별한 제도적 장치들이 마련되어 있다.

8. 관리인 보고를 위한 관계인집회[16]

관리인 보고를 위한 관계인집회는 회생절차의 개시로 불안정한 상태에 있는 채권자, 주주 기타 이해관계인에게 채무자의 현황 등을 알리고, 회생절차의 진행 등에 관하여 의견을 진술할 기회를 부여하기 위하여 개최하는 것이다.

관리인 보고를 위한 관계인집회에서 관리인은 채무자가 회생절차의 개시에 이르게 된 사정, 채무자의 업무 및 재산에 관한 사항, 채무자의 이사 등에 대한 손해배상청구권 등에 관한 보전처분 또는 조사확정재판을 필요로 하는 사정의 유무, 기타 회생에 관하여 필요한 사항을 보고한다(제98조 제1항, 제92조 제1항). 이어서 조사위원은 조사경과, 채무자의 업무 및 재산의 관리, 채무자에 대하여 회생절차를 계속함이 적정한지 여부 등 조사명령을 받은 사항에 관한 조사결과와 그 밖의 의견을 보고한다.

한편 2015. 7. 1. 이후에는 관리인 보고를 위한 관계인집회는 임의화되었다. 그 이유는 대부분의 사건에서 회생채권자 등은 출석하지 않거나 출석하더라도 자기 채권의 시부인 내역, 변제예상금액에 관한 질문을 할 뿐 채무자의 재산현황이나 절차 등에 관한 의견진술은 저조하여 실제에 있어 별다른 의미가 없었기 때문이다.[17] 그리하여 현재 실무는 원칙적으로 관리인 보고를 위한 관계인집회를 개최하지 않고, 대체절차로 ① 주요 사항 요지의 통지, ② 관계인설명회의 개최, ③ 그 밖에 법원이 필요하다고 인정하는 적절한 조치 중 하나를 선택하여 운영하고 있다(제98조 제2항). 그중에서도 ①을 원칙적인 절차로 채택하여 운영하고 있다.

9. 회생계획안의 작성·제출

회생계획은 회생절차의 핵심적인 것으로 채무자의 사업 재구축과 그 수익의 예측에 근거하여 회생채권자 등 이해관계인의 권리를 변경하여 이익의 분배를 꾀하는 것을 내용으로 하고 있다. 회생계획에 의하여 정해져야 하는 구체적인 내용은 채무자회생법에 정해져 있다(제193조).

---

16) 회생절차에서는 '관계인집회'라고 하지만, 파산절차나 개인회생절차에서는 '채권자집회'라고 부르고 있다. 회생절차에서는 채권자뿐만 아니라 주주·지분권자도 참석하기 때문에 관계인집회라고 부르고 있다.

17) 기업가치가 크지 않은 중소기업을 대상으로 하는 간이회생절차의 경우 그 필요성이 더욱 없어지게 되었다.

관리인은 법원이 정한 기간 안에 회생계획안을 법원에 제출하여야 한다(제220조 제1항). 채무자, 목록에 기재되어 있거나 신고한 회생채권자, 회생담보권자, 주주·지분권자도 위 기간 안에 회생계획안을 작성하여 법원에 제출할 수 있다(제221조).

한편 법원은 채무자의 사업을 청산할 때의 가치가 채무자의 사업을 계속할 때의 가치보다 크다고 인정하는 때에는 관리인, 채무자, 목록에 기재되어 있거나 신고한 회생채권자, 회생담보권자, 주주·지분권자 중 어느 하나에 해당하는 자의 신청에 의하여 청산(영업의 전부 또는 일부의 양도, 물적 분할을 포함한다)을 내용으로 하는 회생계획안의 작성을 허가할 수 있다(제222조).

10. 특별조사기일 및 회생계획안 심리·결의를 위한 관계인집회

특별조사기일은 관리인이 채권신고기간 이후에 보완 신고된 회생채권, 회생담보권을 조사하기 위한 기일이다. 회생계획안 심리를 위한 관계인집회는 관리인이 회생계획안의 요지와 변제계획을 설명한 다음 회생채권자 등 이해관계인들의 의견을 듣는 집회이고, 회생계획안 결의를 위한 관계인집회는 회생채권자, 회생담보권자, 주주 등이 회생계획안에 대하여 동의하는지 여부를 묻는 집회이다.

실무적으로 위 3가지 집회는 병합하여 진행한다(제39조의2 제2항 제4호, 제186조). 회생계획안 결의를 위한 관계인집회에서 가결요건을 갖추지 못하고 속행기일의 요건을 갖춘 경우(제238조)에는 속행을 한다. 속행기일 지정신청이 없거나 속행기일 지정 결의가 부결되면 관계인집회를 종료한 후 회생절차폐지결정을 하거나, 권리보호조항을 정하여 인가(이른바 강제인가)할 수 있는 요건을 갖추었다고 판단되면 권리보호조항을 정한 인가결정을 한다(제244조 제1항).

11. 회생계획의 수행

회생계획이 인가되면, 관리인은 지체 없이 회생계획을 수행하여야 한다(제257조 제1항). 관리인은 회생절차개시결정이 있는 때로부터 채무자의 업무 수행과 재산의 관리·처분 권한을 전속적으로 가지고(제56조 제1항), 회생절차에 주도적으로 관여하며, 인가된 회생계획의 내용을 수행한다.

12. 회생절차의 종결·폐지

회생절차는 회생계획이 인가된 경우에는 회생절차의 종결결정, 회생절차의 폐지결정의 확정 등에 의하여 종료된다. 원칙적으로 회생계획에 따른 변제가 시작되면, 법원은 관리인, 목록에 기재되어 있거나 신고한 회생채권자 또는 회생담보권자 중 어느 하나에 해당하는 자의 신청에 의하거나 직권으로 회생절차종결의 결정을 한다. 다만 회생계획의 수행에 지장이 있다고 인정되는 때에는 그러하지 아니한다(제283조 제1항). 회생절차의 폐지 사유는 법정되어 있다(제286조 내지 제288조).

제3절 회생절차의 새로운 패러다임

현재 우리나라 경제는 퍼펙트 스톰(perfect storm)[18] 위기가 고조되고 있다. 2020년 코로나19 바이러스로 인해 경제는 직격탄을 맞았다. 조선, 철강, 자동차, 전기전자 등 주력산업은 물론 항공, 의류, 여행, 숙박업 등의 실적이 나빠지고 경쟁력이 급속히 떨어지고 있다. 코로나는 팬데믹(pandemic)으로 진화하였고 경제상황의 악화는 세계적인 현상이 되었다. 이로 인해 관련 기업이 도산의 우려가 있음은 물론 협력업체의 줄도산이 우려되는 상황이다. 추락 천사(fallen angels)의 출현에 대한 우려는 점점 더 커지고 있다. 이러한 경제상황은 지금에 이르러 현재화된 것이 아니고 오래 전부터 진행되어 온 것이다.[19]

이러한 경제상황에 대처하기 위해 회생절차는 많은 패러다임의 변화를 시도하고 있다. 그중 대표적인 것으로 패스트트랙(Fast Track) 기업회생절차의 시행과 간이회생절차의 도입, 프리패키지플랜제도(pre-packaged plan)의 활성화, 신규자금 지원 시장의 조성 등을 들 수 있다. 이들은 그 나름대로의 목적이 있지만, 모두 신속하고 공정한 회생절차의 진행을 통해 기업이 효율적으로 회생할 수 있도록 하고자 한다는 데 공통적인 지향점이 있다.[20]

Ⅰ 패스트트랙(Fast Track) 회생절차

지연된 정의는 정의가 아니다(Justice delayed is justice denied)는 법언이 말해주듯 회생절차는 신속하게 진행될 필요가 있다. 기업이 회생절차에 들어오면 그 순간부터 낙인효과(stigma effect)에 의해 신용이 추락하고 보증서 발급이 어려우며, 거래관계의 중단 및 영업망의 와해 등으로 회생에 어려움이 많아진다. 회생절차에 머무는 시간이 길면 길수록 기업가치의 손실은 더욱 빠르게 진행되므로 회생회사의 기업가치를 녹아내리는 얼음(melting ice)에 비유하기도 한

---

18) 원래 '퍼펙트 스톰'은 개별적으로 보면 위력이 크지 않은 태풍 등이 다른 자연현상과 동시에 발생하면서 엄청난 파괴력을 갖게 되는 현상을 말한다. 경제 분야에서는 개별적인 여러 악재가 겹치면서 경제가 대공황으로 빠져드는 상황을 말한다. '닥터 둠'으로 알려진 누리엘 루비니(Nouriel Roubini) 뉴욕대 교수가 2011년 6월 세계경제를 예측하면서 언급한 이후 널리 사용되고 있다.

19) 서울대학교 공과대학 교수 26명의 제언을 담은 '축적의 시간'(2015년)과 '축적의 길'(2017년)의 출간을 이끈 이정동 교수는 현재 우리나라 경제위기의 근본 원인을 개념설계역량(특히 제조업)의 부족에서 찾고 있다. 이를 극복하기 위해서 스케일 업의 중요성을 강조하고 있다. 스케일 업이란 오랫동안 수많은 시행착오를 거치며 경험을 축적하는 과정으로 작은 아이디어라도 그것을 기록하고 축적하다보면 언젠가 혁신에 이를 수 있다는 것이다. 아이디어보다 더 중요한 것은 아이디어를 혁신에 이르게 하는 축적의 과정, 즉 스케일 업이라고 강조한다.

20) 이외 현재 대부분의 법원은 중소벤처기업부(업무수탁기관: 중소벤처기업진흥공단)와 업무협약을 체결하여 중소기업 회생컨설팅을 시행하고 있다. 중소기업 회생컨설팅은 앞에서 본 바와 같이 위기에 처한 중소기업의 회생을 위해 중소벤처기업진흥공단이 비용을 부담하는 회생컨설턴트의 도움을 받도록 하고, 조사위원 선임 및 그 조사보고절차를 생략할 수 있도록 하며, 회생절차를 신속하게 진행하는 것을 특징으로 한다. 또한 아래 <Ⅳ.>에서 보는 바와 같이 연합자산관리 주식회사(유암코)와 업무협약을 맺어 보유하고 있는 구조조정자금을 채무자에게 신규자금으로 대여하거나 회생담보권의 인수 자금 등으로 활용할 수 있도록 지원하고 있다.

다. 이를 방지하기 위해 법원은 가급적 신속하게 회생절차를 진행하여 종결할 필요가 있다.

이러한 요구에 따라 현재 법원의 회생절차실무는 패스트트랙 회생절차를 시행하고 있다. 패스트트랙 회생절차를 도입한 목적은 ① 절차진행기간을 획기적으로 단축하고, ② 이해관계인의 절차 참여를 확대하며, ③ 시장의 요구에 맞춰 효율적인 법적 절차를 제공하기 위한 것이다. 이러한 패스트트랙 회생절차의 가장 큰 특징은, 회생계획인가 전에는 '신속한 절차진행', 회생계획인가 후에는 '조기 종결'(제283조 제1항 참조)이라고 할 수 있다. 그리하여 회생절차에 들어온 기업들의 신속한 시장복귀를 도모한다.

한편 패스트트랙 회생절차의 시행으로 회생절차가 신속하게 진행되고 그로 인하여 회생절차에 대한 신뢰가 높아진 것은 사실이나, 금융기관들의 회생절차에 대한 부정적 인식은 여전하고 구조조정 플레이어로서 자본시장도 발달되지 않아 신규자금차입은 원활하지 못하다.[21] 신속하게 회생절차를 진행하기 위해서는 신규자금 조달이 필수적이다. 현재 아래 〈Ⅳ.〉에서 보는 바와 같이 다양한 방식으로 회생기업에 신규자금이 투입될 수 있도록 제도를 마련해 나가고 있지만, 여전히 부족한 것이 현실이다.

Ⅱ 간이회생절차의 도입

2015. 7. 1. 개정되어 시행되기 전 채무자회생법은 회생형 도산절차로 개인에 관하여는 회생절차와 개인회생절차를 두고 있었던 반면, 법인에 관하여는 일원화된 회생절차만을 두고 있었다. 그런데 개정 전 회생절차는 대규모 주식회사에 적합한 모델로서 절차가 복잡하고 과다한 비용이 소요되는 측면이 있었다. 이에 채무자회생법이 시행된 후 계속적으로 중소기업에 적합한 별도의 회생절차가 필요하다는 주장이 제기되었다.

이에 2013년 법무부 산하에 도산법개정위원회가 구성되어 중소기업 회생절차 개선방안이 논의되었다. 그 결과 2014. 12. 30. 채무자회생법 제2편(회생절차)에 제9장을 신설하여 '소액영업소득자에 대한 간이회생절차'라는 새로운 회생트랙, 즉 간이회생절차를 도입하는 개정이 이루어졌고, 2015. 7. 1.부터 시행되었다.

간이회생절차는 종래 일원화된 회생형 도산절차에 대한 비판을 수용하여 중소기업과 자영업자로 하여금 저렴한 비용으로 쉽고 빠르게 재기할 수 있도록 하는 데에 기본적인 입법취지

---

21) 신규자금지원과 관련하여 최근 크레디터스 트랙(Creditor's Track)제도를 도입해야 한다는 주장이 제기되고 있다. 크레디터스 트랙이란 회생절차와 워크아웃을 합한 것으로, ① 금융채권자 주도로 회생계획안을 수립하고, ② 법원의 신속한 회생계획인가를 통한 회생계획을 마련한 후, ③ 시장에 조기 복귀시키는 절차를 말한다. 이 제도는 기존 채무자회생법 틀 내에서 주채권은행 중심의 금융채권자협의회 주도로 회생계획안 수립이 가능하다는 점이 핵심이다. 쉽게 말해 워크아웃의 자금지원과 회생절차의 강제성 등 양쪽 제도의 장점을 합한 제도로 법원과 채권은행이 기업 회생을 위해 일종의 합동 작전을 하는 것이다. 크레디터스 트랙이 도입될 경우 은행 등 채권자는 영업가치 보존 및 계속기업 유지를 위한 신규자금 지원과 채무 구조조정 등 근본적인 채무조정이 포함된 회생계획이 수립될 수 있다. 기존 패스트트랙(Fast-Track)제도가 기간 단축에 초점이 맞춰진 반면, 크레디터스 트랙 제도는 영업활동 정상화가 목적으로 기업구조조정의 본래의 취지에 부합한다고 볼 수 있다{☞ 관련기사: http://news.mk.co.kr/newsRead.php?no=599402&year=2016(2016. 8. 24. 최종 방문)}.

가 있다.

관련 내용은 〈제17장〉(본서 1101쪽)을 참조할 것.

Ⅲ 프리패키지플랜제도(pre-packaged plan)의 활성화

채무자회생법이 새롭게 도입한 프리패키지플랜제도(pre-packaged plan, P-plan, 사전회생계획안제출제도)(제223조 참조)는 새로운 구조조정의 틀로 활성화될 것으로 기대된다. 프리패키지플랜제도는 채무조정과 신규 자금 지원의 병행이 특징이다. 이는 신규 자금 지원이라는 워크아웃(사적구조조정절차)의 장점과 모든 채권자에게 공평하게 적용되는 광범위한 채무조정이라는 회생절차(법적구조조정절차)의 장점을 따왔다. 채권자 주도로 신규 자금 지원 방안을 포함한 기업의 회생계획안을 수립하고 회생법원이 이를 인가하면 기업 정상화 작업이 신속하게 진행될수 있다. 또한 회생절차 진행으로 인한 낙인효과도 없앨 수 있다는 장점도 있다.

구조조정 방식의 새 틀은 점점 강조되고 있다. 최근 채권단 주도의 자율협약 실패 사례가 두드러지면서 워크아웃·자율협약과 회생절차를 연계할 필요성이 점점 더 커지고 있다. 워크아웃은 회사채·기업어음(CP) 등 비협약 채권, 상거래 채권의 채무조정과 우발채무 해소가 곤란하다는 한계가 있다. 반면 회생절차는 기존경영자관리인제도에 따른 '도덕적 해이(moral hazard)'가 문제다. 회생절차의 경우 채무조정이 불충분하고 부실 책임이 있는 자를 회생법원이 관리인으로 임명하면 신규 자금을 지원하려는 채권단이 있기 어렵다. 이러한 점에서 향후 워크아웃의 장점과 회생절차의 장점을 결합한 기업 친화적 기업구조조정 프로그램으로서 프리패키지플랜제도가 활발하게 이용될 것으로 보인다.

다만 프리패키지플랜제도가 활성화되기 위해서는 회생절차의 자금지원 주체가 금융기관이 아닌 투자자 중심, 즉 부실기업에 대한 투자가 가능한 기업구조조정펀드(Vulture Fund)로의 전환이 필요하다. 재무건전성의 규제를 받고 있는 은행 등 금융기관은 기존 대출도 회수 여부가 불확실한 상황에서 추가 대출은 구조적으로 어렵다. 따라서 프리패키지플랜제도는 금융기관이 아닌 투자마인드를 가진 사모펀드(PEF, Private Equity Fund) 등 자본시장이 주도하도록 하여야 한다.[22] 자본시장이 주도함으로써 관치금융으로부터 자유로워질 수 있다.

---

22) 이와 관련하여 최근 PEF가 P-plan을 통해 M&A형 회생절차를 적극적으로 추진할 수 있는 방안으로 미국의 스토킹호스(Stalking Horse Bid, 가계약 후 경쟁입찰)가 주목을 받고 있다. Stalking Horse Bid란 Stalking Horse(공고 전 인수희망자)와 조건부인수계약(가계약)을 체결한 후 공개입찰을 실시하여 공고 전 인수희망자가 제시한 인수내용보다 더 나은 인수내용을 제시하는 인수희망자가 있으면 그 자가 최종 인수자가 되고 그렇지 않으면 공고 전 인수희망자가 최종 인수자가 되는 매각 방식이다. 예컨대 A가 계열사 B를 매각하려 할 경우 먼저 관심을 가지고 있는 C와 조건부인수계약(가계약)을 체결하고 인수희망자로 선정한다. A는 이후 매각주간사를 선정하여 경쟁 입찰을 시도한다. 입찰결과 D가 C보다 더 우월한 조건을 제시하면 D를 우선협상대상자로 선정하여 매각을 진행하고 그렇지 않다면 C와 본계약을 체결하여 매각을 진행한다. Stalking Horse Bid는 계약의 성사가능성이 큰 수의계약의 장점과 매각의 공정성을 확보할 수 있는 경쟁 입찰의 장점을 결합한 것이다. 공고 전 인수희망자의 제시가격이 Best Price인지 확인할 수 있고 신규유입자금을 극대화할 수 있다. 이는 인가 전 또는 인가 후 M&A, 영업양도, 자산매각 등 다양한 형태에 적용할 수 있고, 나아가 회생절차개시 전 진행된 M&A 등을 회생절차개시 후 인가받기에 앞

관련 내용은 〈제12장 제1절 Ⅳ.〉(본서 838쪽)를 참조할 것.

Ⅳ 신규자금 지원 시장의 조성

지금까지 회생절차의 가장 큰 한계점으로 지적받아 온 것이 신규자금조달이었다. 그래서 채무자회생법은 신규자금조달의 한계를 극복하기 위하여 여러 가지 제도를 도입한 것은 앞 {〈제1편 제4장 Ⅱ.〉(본서 85쪽)}에서 본 바와 같다.[23] 이를 바탕으로 최근에는 신규자금 지원

서 필요한 경우에도 활용할 수 있다.

다만 Stalking Horse Bid 방식에도 여러 가지 문제가 있다. 먼저 조건부인수계약자를 찾기 쉽지 않다. 성장가능성이 확실한 기업을 제외하고 인수의 확신도 없는데 대규모 자금조달에 따른 금융비용을 부담하면서 조건부인수계약자가 되려고 하지 않을 것이기 때문이다. 계약무산으로 인한 보상을 주는 방안도 마땅치 않다. 다음으로 Stalking Horse Bid 방식에 의할 경우 필연적으로 수익률은 떨어질 수밖에 없다. 위험한 회생회사에 투자하면서 기대하는 수익률은 높을 수밖에 없고, 이러한 수익률이 보장되지 않는 한 투자하는 것은 쉽지 않을 것이다. 따라서 회생절차에서 Stalking Horse Bid 방식으로 매각함에 있어서는 신중할 필요가 있다. 자칫하면 오히려 매각이 지연될 가능성도 있다.

[Stalking Horse Bid 방식과 공개경쟁입찰 방식의 비교]

	Stalking Horse Bid 방식	공개경쟁입찰 방식
개념	공고 전 인수희망자와 조건부 인수(투자)계약을 체결한 후, 매각공고절차를 통한 공개경쟁입찰 절차를 진행하는 방식	인수희망자가 정해지지 않은 상태에서 매각공고 후 공개경쟁입찰 방식으로 매각을 진행하는 방식
장점	인수후보자가 예정되어 있어 매각(M&A) 실패 가능성 낮음	관심 있는 투자자들이 다수 존재할 때 경쟁 유도로 매각가액이 높아질 수 있음
단점	− 조건부 인수계약 체결 이후 다시 공개매각절차를 진행하므로 추가적인 시간 필요 − 조건부 인수희망자가 존재함으로써 다른 잠재적 투자자들이 공개경쟁입찰 절차에 참여를 꺼림	공개경쟁입찰 절차에서 참가자가 없는 경우 매각이 실패할 가능성이 있음

23) 회생절차가 진행 중인 채무자가 운전자금(신규자금)을 조달할 수 있는 방법과 그 지원제도에 관하여 간략히 정리하면 다음과 같다.
  1. 채무자(회생기업)가 운전자금을 조달할 수 있는 방법
    ① 강제집행 등의 취소명령에 의한 자금조달(제44조 제4항, 제45조 제5항, 제58조 제5항)
    ② 신규자금차입에 의한 자금조달
    ③ 비업무용자산(유휴자산)의 매각/영업용자산의 Sale&Leaseback을 통한 자금조달
    ④ 신주 또는 사채발행에 의한 자금조달
    ⑤ 인수합병(M&A)을 통한 자금조달
    ⑥ 매출채권의 담보활용: 동산·채권 등의 담보에 관한 법률의 적극적 활용, 자산유동화(ABS, ABCP) 등 구조화 금융
  2. 회생기업의 원활한 신규자금차입을 위한 채무자회생법상의 지원제도
    ① 우선권 있는 공익채권으로 취급(제179조 제1항 제5호, 제12호, 제180조 제7항)
    ② 원활한 신규자금 확보를 위한 채권자의 지위 강화
     − 의견제시권 및 자료요청권(제22조의2, 규칙 제40조의2)
     − 신규자금 집행사항 보고(제39조의2 제2항 제3호 다목)
     − 조사위원 선임에 관한 의견제시 및 정보제공(제87조 제1항, 제6항)
     − 채권자협의회의 의견청취(제179조 제2항)
    ③ 합의에 의해 신규자금채권에 우선권 부여(제193조 제3항 전문)
    ④ 견련파산에서 재단채권으로 인정(제6조 제4항, 제9항)
    ⑤ 견련파산에서 우선변제권 인정(제477조 제3항)

활성화 방안이 여러 가지 마련되었다. DIP파이낸싱,[24] 업무용부동산의 Sale&Leaseback 방식 등이 그것이다.

① DIP financing 시장. 최근 서울회생법원과 대부분의 회생법원·지방법원에서 연합자산관리(주)(유암코)와 업무협약을 맺어 회생기업에 다양한 형태의 자금을 지원하고 있다. 연합자산관리(주)는 신규자금을 지원하는 것뿐만 아니라 회생기업이 부담하고 있는 회생담보권의 대환대출을 통해 회생담보권을 인수함으로써 회생기업의 자금조달, 회생담보권의 변제 등 기업회생을 지원하고 있다.[25]

② Sale&Leaseback 방식의 자산매각. 회생절차 중인 채무자는 일반적으로 회생계획인가 후 영업용 자산을 매각하여야만 회생담보권의 변제가 가능한 경우가 많다. 그러나 영업용 자산을 매각하면 채무자의 생산·영업기반이 상실되어 회생가능성이 낮아지는 문제가 있다. 이러한 문제를 해결하기 위하여 업무용 부동산을 보유한 채무자는 부동산을 매각하더라도 영업 기반을 유지하기 위해 그 부동산을 다시 임차하는 매각 후 재임대(Sale&Leaseback) 방식을 많이 활용하고 있다.[26]

Sale&Leaseback 방식은 기업의 신용도에 비해 상대적으로 유리한 조건으로 자금을 조달하여 부채상환 문제를 해결할 수 있고, 새로운 공장을 찾아야 하는 부담과 이전비용을 감소시키는 장점이 있다. 반면 임차료를 지급하여야 하는 것으로 인해 회생기업이 영업용 부동산을 보

---

24) 회생절차에서 운영자금 조달을 위한 신규자금차입을 DIP금융(Debtor-In-Possession financing)이라 한다. 1978년 개정된 미국 연방도산법 제11장(우리나라의 회생절차)에서는 회생절차개시 전후에 사기, 부정직, 무능, 관리부실 등과 같은 중요한 결격사유가 없는 한 회생절차가 개시된 기업의 관리인(trustee)으로 회생절차개시 전 기업의 기존 경영자가 회생절차를 수행하도록 하였다. 이를 DIP(Debtor-In-Possession)라 한다. 이러한 관리인이 회생절차개시 전후 회생을 위한 신규자금을 조달하는 역할을 담당하고 있기 때문에 회생절차에서 신규자금조달을 DIP금융이라 부른다.

25) 중소벤처기업진흥공단은 최근 선별된 부실징후 업체에 선제적 자금지원을 위해 연간 300억 원 규모의 구조개선전용자금을 운용하고 있다. 지원받을 수 있는 대상기업은 ① 은행권 추천 경영애로기업, ② 중소벤처기업진흥공단 및 신용보증기금·기술보증기금 지정 경영애로 기업, ③ 채권은행협의회 운영협약 등 워크아웃 추진 기업, ④ 신용정보관리규약상 연체 등 정보등록기업 또는 회생계획인가(회생절차종결 후 1년 이내 포함)기업 중 자구노력이 인정되는 기업, ⑤ 진로제시컨설팅 결과 '구조개선' 대상으로 판정된 기업이다. 회생계획을 인가받은 기업(채무자)에 대하여는 회생채무 상환비용으로 30억 원 범위 내에서 지원하고 있다. 다만 위 대출은 채무자의 기존 회생채무(담보부채무)의 상환에 대한 대환대출로서 시설자금이 아닌 운전자금이며, 신용대출이 아닌 담보부 대출을 기본골격으로 하고 있다(정책자금 운용규정 제3조 제7항).

26) Sale&Leaseback방식에 따라 자산을 매각할 경우 문제는 이로 인하여 발생하는 양도차익에 대한 과세문제이다. 회생절차개시 후 이루어지는 자산양도로 발생하는 소득에 대한 조세채권은 공익채권으로 다른 채권에 우선하여 변제받을 수 있도록 되어 있어 기업의 회생에 실질적으로 상당한 장애가 된다. 채권자 등 이해관계인의 희생으로 기업의 회생을 추진하는 마당이므로 국가의 조세채권도 일부 희생하여 기업의 회생을 보조하여야 할 것이다. 이는 파산절차에서 자산을 양도하는 경우 소득세 또는 법인세를 부담하지 않는 것과 비교된다{이에 관한 내용은 〈제3편 제3장 제2절 I.3.가.〉(본서 1250쪽)를 참조할 것}. 이에 조세특례제한법은 재무구조개선계획에 따라 자산을 매각한 경우 과세특례를 인정하고 있다. 자산매각에 따른 양도차익에 대하여는 4년 거치 3년 분할하여 과세한다(조세특례제한법 제34조 제1항, 같은 법 시행령 제34조). 양도로 인한 세금부담을 이연시킴으로써 초기 기업의 부담을 완화하였다.

다른 한편으로 매수인이 부담하는 취득세 등도 채무자의 부동산 매각에 장애가 되고 있다. 매수인은 일반적으로 4%의 표준세율(지방세법 제11조 제1항 제7호 나목)을 적용한 취득세, 취득세액의 10%에 해당하는 농어촌특별세(농어촌특별세법 제5조 제1항 제6호) 및 지방교육세(지방세법 제151조 제1항 제1호)를 부담하게 된다. 매수자의 상황에 따라 중과세율이 적용된 취득세를 부담할 수도 있다{전대규(지방세), 289쪽}.

유하는 경우의 영업활동을 통한 현금흐름보다는 현금흐름이 적어질 수 있는 문제가 있다.

③ 최근(2017년 12월부터)에는 정부 주도로 다양한 형태의 기업구조조정혁신펀드가 조성되었다. 이는 산업은행 등 정책금융기관과 민간이 매칭하는 구조조정펀드로 기업구조조정의 축을 정부중심(국책은행)에서 시장중심(사모펀드)으로 전환한 것이다. 이 펀드는 우선 중소기업 가운데 계속기업가치가 청산가치보다 높은 회생형(존속형) 기업에 먼저 투자하고, 이후 청산가치가 계속기업가치보다 높은 청산형 기업의 부실채권(NPL)에도 투자할 예정이라고 한다.[27]

한편 위와 같은 신규자금시장 활성화를 위한 노력이 있지만, 유감스럽게도 우리나라에서는 아직 자본시장이 구조조정 과정에서 주도적인 역할을 하지 못하고 있다.[28] 회생절차 내에서 자금을 공급하는 DIP파이낸싱도 활성화되어 있지 않고, 주요 Anchor LP[29](메인투자자)의 구조조정 시장에서의 투자실적은 저조한 편이다. 은행(금융기관)은 자본의 성격상 위험 회피적이고 우리나라의 특수한 현상으로 관치금융의 우려가 항상 잠재되어 있기 때문에 공정하고 지속적인 구조조정 플레이어로서의 역할에는 한계가 있다. 결국 정책적으로나 시장중심의 경제이론 측면에서나 자본시장에서 헤지펀드(hedge fund)를 비롯한 다양한 사모펀드, 부실채권 투자자, 보

---

27) 한국자산관리공사(캠코)는 오래전부터 경영정상화 가능성이 높고 영업현금흐름 창출로 5년 내 매각 자산 재매입이 가능하다고 판단되는 기업을 대상으로 「자산매입 후 임대 프로그램」을 운영하고 있다. 구체적으로 「자산인수 신청(캠코 홈페이지) → 현황조사 → 자산평가·경영정상화 평가 → 인수가격 결정 → 매매계약 → 우선매수권 행사」로 진행되고 있다. 위 프로그램은 회생절차가 진행 중인 기업의 자산을 인수한 후 5년간 임대를 보장하고, 임대기간 종료 3개월 전까지 우선매수권을 부여하여 계속기업의 유지를 지원하고 있다.

['자산매입 후 임대프로그램' 기본 구조]

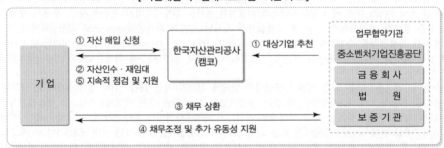

28) 국내에서도 자본시장 주도의 구조조정을 활성화하기 위한 노력은 시작된 상태다. 한국성장금융의 기업구조혁신펀드가 대표적이다. 서○○ 한국성장금융 투자운용본부장은 "선제적 구조조정과 사후 구조조정에 민간 자금을 끌어들이기 위해 지금까지 5400억 원 규모의 모펀드를 조성했다"며 "여섯 곳의 운용사(GP)를 선정했으며 성과가 나오고 있다"고 말했다. 하지만 아직 펀드 규모가 구조조정 수요에 크게 미치지 못한다는 평가가 많다. 일본은 시장 메커니즘을 구조조정에 도입하기 위해 14개의 관민펀드를 조성한 바 있다. 그 규모가 100조원에 달한다.

정○○ 산업은행 구조조정본부장은 산은이 상반기 설립할 예정인 구조조정 전담 자산관리회사(AMC)에 관해 상세한 계획을 밝혔다. 그는 "과거에는 유동성이 부족한 기업에 재무적 구조조정을 해주는 것이 중요했지만 이제는 사업을 재편하고 분사하고 매각하는 사업 구조조정의 영역이 크게 확대되고 있다"고 했다. 그는 "소총수 한 명(산은)에 헌병 아홉 명(언론, 국회, 노조 등 감시자) 꼴인 산은에서는 자본시장과 달리 판단에 제약이 많고 비효율적"이라며 "AMC를 설립해 주요 기업의 구조조정 업무를 이관하고 산은은 혁신성장 지원이라는 본연의 역할을 되찾을 계획"이라고 설명했다.

https://www.hankyung.com/finance/article/2019041759771(2019. 4. 18. 최종 방문)

29) 사모펀드는 흔히 LP(Limited Partner)라 부르는 재무적 투자자(유한책임투자자)와 GP(General Partner)라 부르는 자산운용자로 구성된다. 재무적 투자자는 투자에 필요한 자금을 제공하지만 직접 투자를 책임지지는 않는다. 자산운용자는 펀드의 운용을 담당하는 PE(사모투자펀드운용회사)를 말하는데 이들이 투자를 담당한다.

험사 등이 구조조정 플레이어로서 기업에 자금을 공급하는 역할을 수행하는 것이 바람직하다. 구조조정 수요를 민간이 담당할 수 있는 환경 조성을 위한 마중물로 구조조정 투자자의 육성·지원과 규모 있는 전문 구조조정 운용사의 신규 설립 또는 발굴이 필요하다.

Ⅴ 회생절차에서의 당사자주의적 운용

종래 법적도산처리절차에 있어서 법원의 역할은 후견·감독적인 것이었다. 그런데 최근 특히 회생절차에서 금융기관채권자(또는 이들로부터 채권을 양도받은 유동화전문회사)의 활동이 활발하여 채무자와 채권자가 대립하여 절차가 진행되는 경우가 많다.[30] 이러한 경우 법원은 판단자의 입장에서 회생절차를 진행함에 있어 당사자주의적 운용을 고려해 볼 필요가 있다.[31]

1. 채권자에 의한 절차 감독

종래 제3자 관리인이 선임되던 때(주로 변호사가 선임되었다)에는 제3자가 중립·공정·형평할 것이라는 전제가 되었기 때문에, 절차를 감독하는 것은 법원이었다. 이에 반하여 기존 경영진이 관리인으로 선임되는 현재의 상황에서는, 관리인이 채무자이기 때문에, 절차의 감독자로서 법원 외에 구조조정담당임원(CRO)이나 조사위원이 선임되고 있다. 어느 경우이건 채권자를 추가로 감독자로 관여시킬 것인지, 관여시킬 경우 어떠한 방법으로 할 것인지는, 절차는 가능한 한 신속하고 비용은 적게 들게 하여야 한다는 점과 채권자는 이해관계가 다른 여러 종류라는 점을 고려하면 어려운 문제이다.

2. 채권자에 대한 정보공개

채권자에게 정보를 공개할 것인가. 회생절차가 채권자의 권리변경을 강제하는 이상 가능한 한 정보공개를 하는 것이 원칙이다. 다만 영업비밀이나 비밀유지의무를 부담하는 경우에는 제한된다고 할 것이다.

문제는 사업계획이나 자금조달이다. 채권자를 위해서는 가능한 한 공개하는 것이 바람직하지만, 그 내용이 실제 성과가 아니라 어디까지나 예상이며, 장래 실제와 다른 경우에는 오히려 절차의 혼란만을 초래한다는 한계가 있다. 또한 경우에 따라서는 신용불안을 초래하여 사업회생에 지장을 초래할 수도 있다. 이 때문에 쉽게 공개를 결정할 수 있는 일은 아니다.

---

30) 적법성이 인정되지는 않지만, 회생절차에 보조참가, 심지어 독립당사자참가를 신청하는 사례가 늘고 있다. 특히 채권자가 신청한 사건에서 회생절차를 반대하는 채권자들이 있는 경우에 그렇다.
31) 「倒産と金融」實務研究會 編, 倒産と金融, 商事法務(2013), 49～52쪽.

3. 법원허가에 대한 이의신청권 및 불복신청권

현행법상 회생절차에서 관리인은 재산의 처분 등을 할 경우 법원의 허가를 받아야 한다(제61조 제1항). 실무적으로도 그렇게 운용하고 있다. 미국 연방도산법(제11장)은 이러한 경우 통지 및 청문(notice and hearing)이라는 제도에 의해, 채권자에게 통지를 하고, 채권자로부터 이의가 제출되면 청문을 개최한 후 법원이 결정한다고 한다. 그 결정에 불복신청도 인정한다. 그런데 채무자회생법은 채권자에 대한 통지도 채권자에 의한 이의신청도 인정되지 않는다.

이것은 확실히 문제가 있다. 다만 미국에서와 같이 모든 허가신청에 대하여 이의신청을 인정하는 것은 절차 진행에 있어 상당한 부담이 될 수 있다. 특히 절차를 지연하여 자신의 채권을 유리하게 취급하고자 하는 채권자가 있는 경우는 더욱 그렇다.

결국 입법적으로 해결하여야 할 문제지만, 현실적으로는 인가 전 영업양도의 경우 채권자의 의견을 듣도록 하는 것과 같이(제62조 제2항 제2호), 중요한 행위에 대하여는 주요한 채권자에게 사전에 의견을 듣는 것도 생각해 볼 필요가 있다.

4. 채권자협의회

채권자에게 절차를 감독시키는 방법으로 생각할 수 있는 것이 채권자협의회이다. 관련 내용은 〈제6장 제3절〉(본서 386쪽)을 참조할 것.

한편 채권자협의회가 제대로 기능하기 위해서는 변호사나 공인회계사 등의 비용이 필요하고, 이것은 채무자가 부담하여야 한다(제21조 제3항 참조). 조사위원이 선임된 경우에는 이중의 부담을 하여야 한다는 문제가 있다.

이상에서 설명한 당사자주의적 운용에 관한 제도 중 일부는 도입되어 있지만, 전면적으로 도입하기에는 절차 진행의 신속성이나 비용부담 등 여러 가지 측면에서 어려운 점이 있다. 회생절차에서 당사자의 절차참여권은 중요한 목적 중 하나이므로, 회생절차를 진행함에 있어 가능한 한 당사자주의적 운용을 할 필요가 있다.

제 2 장

총 칙

제1절 관할 및 이송 등

Ⅰ 관 할

관할(venue)이란 재판권을 행사하는 여러 법원 사이에 어떤 법원이 어떤 사건을 담당하느냐 하는 재판권의 분담관계를 정해 놓은 것을 말한다. 회생절차는 다수의 관계자가 참여하는 절차이고, 관할의 존부는 관계자에게 있어 이해관계가 크다. 회생사건을 담당하는 법원의 결정을 신청인의 자유로운 판단에만 맡기는 것은 적당하지 않고 공익성의 관점에서 규정할 필요가 있다. 그러나 다른 한편 절차의 신속성과 효율성의 요청도 있기 때문에 가능한 한 넓게 관할원인을 인정하여 사안에 따라 적절한 법원을 선택할 수 있도록 하는 것이 바람직하다. 특히 경제활동의 대규모화·복잡화·광역화에 따라 일정한 관계가 있는 복수의 채무자에 대해 동시에 도산사건을 처리하여야 하는 경우가 있고, 이러한 경우에는 관련 사건을 집중시키는 것이 필요하다.[1]

회생사건에서 법원[2]은 회생절차개시결정을 비롯하여 회생절차에 관한 각종 재판을 하고, 관계인집회의 지휘 등부터 시작하여 절차를 주재하며, 관리인 등을 감독하는 직무를 담당한다.

회생사건의 관할은 전속관할이므로(제3조 제1항, 제5항 등),[3] 합의관할(민소법 제29조)이나 변

---

1) 條解 破産法, 53~54쪽 참조.
2) 법원과 회생계속법원은 구별된다. 법 조문상 단순히 법원이라고 되어 있는 때에는 현재 회생사건을 담당하고 있는 재판부를 말한다. 이런 의미에서의 법원은 회생사건 자체를 담당하는 것 외에 이것에 부수하는 여러 가지 절차, 예컨대 보전처분(제43조 제1항), 법인의 이사 등 책임에 관한 조사확정재판(제115조), 회생채권 등 조사확정재판(제170조) 등을 담당한다. 회생계속법원이란 회생사건이 계속되어 있는 회생법원(회생법원이 설치되지 아니한 지역은 회생법원이 설치될 때까지 관할 지방법원 또는 지방법원 본원)을 말한다(제60조 제1항, 부칙 제2조). 법인의 이사 등의 책임을 묻기 위한 조사확정재판에 대한 이의의 소, 부인의 소와 부인의 청구사건 등은 회생계속법원의 전속관할이다(제116조 제4항, 제105조 제3항, 제107조 제3항). 회생계속법원은 각 법원에서 회생사건을 전담하는 파산부(또는 회생사건담당 재판부)를 지칭하는 것은 아니다. 실무적으로 서울회생법원, 수원회생법원, 부산회생법원을 제외하고 조사확정재판에 대한 이의의 소나 부인의 소의 경우는 각 법원 민사부에서 담당하고 있다. 한편 회생법원(제3조, 제4조 등)은 회생사건이나 파산사건을 담당하는 기관으로서의 법원을 말한다(부칙 제2조 참조). 구체적으로 서울회생법원, 수원회생법원, 부산회생법원과 회생법원이 설치되지 아니한 지역은 회생법원이 설치될 때까지 관할 지방법원 또는 지방법원 본원을 의미한다.

론관할(민소법 제30조)은 인정되지 않는다. 회생사건의 관할을 전속관할로 한 것은 회생절차가 다수의 이해관계인이 관련되는 집단적 절차라는 데 주된 이유가 있다.[4] 회생절차개시신청을 받은 법원은 직권으로 관할의 유무를 조사하여(제33조, 민소법 제32조) 관할위반의 경우 관할법원으로 이송하여야 한다(제33조, 민소법 제34조 제1항). 전속관할 유무에 대한 판단오류로 법원이 이송결정을 한 경우에도 이해관계인은 이송결정에 대하여 불복할 수 없다(본서 138쪽).[5] 한편 복수의 법원이 관할권을 가지고 있는 경우 먼저 회생절차개시신청을 접수한 법원이 전속관할을 가진다.[6]

1. 직분관할

직분관할(직무관할)이란 담당직분의 차이를 표준으로 하여 여러 법원 사이에 재판권의 분담관계를 정해 놓은 것이다. 직분관할은 전속관할이다. 회생사건은 사건의 중요성과 전문성을 고려하여 도산전문법원인 회생법원의 직분관할에 속하는 것으로 규정하고 있다(제3조 제1항, 제5항 등). 채무액의 다과나 채무자가 개인인지 법인인지 묻지 않고 모두 회생법원이 직분관할을 갖는다. 다만 회생법원이 설치되지 아니한 지역은 회생법원이 설치될 때까지 관할 지방법원 또는 지방법원 본원을 회생법원으로 보므로(부칙 제2조) 서울, 수원, 부산을 제외한 나머지 지역은 지방법원 또는 지방법원 본원이 회생사건을 담당한다.

직분관할을 회생법원으로 한 관계로, 원심법원의 결정이 회생절차개시신청의 각하 또는 기각결정인데, 항고심에서 신청이 적법하고 나아가 회생절차개시원인의 존재가 인정되어 원심법원의 결정을 취소할 경우, 회생절차개시결정(제49조) 및 동시처분(회생절차개시결정과 동시에 정하여야 할 사항, 제50조), 부수처분(제51조, 제52조)은 어디서 하여야 하는지가 문제된다. 항고법원은 즉시항고가 이유 있다고 인정하는 때에는 원심법원의 결정을 취소하고 사건을 원심법원으로 환송하여야 한다(제53조 제5항). 따라서 원래의 회생법원에서 하여야 할 것이다(본서 153쪽

---

3) 회생절차에서는 회생사건의 관할뿐만 아니라 각종 소의 관할도 전속관할이다. 관련 내용은 〈제1편 제1장 제1절 Ⅵ.4.나.(2)〉(본서 44쪽)를 참조할 것.

4) 條解 民事再生法, 20쪽. 도산사건의 처리에 필요한 전문지식과 설비를 가급적 한 법원에 집중시키기 위해 전속관할로 규정한 것이라는 견해도 있다(Reinhard Bork, 24쪽).

5) 회생절차개시신청을 받은 법원이 관할위반이 있음에도 불구하고 이송을 하지 않고 개시결정을 한 경우에는, 전속관할에 위반되었다는 것은 개시결정에 대한 즉시항고(제53조)의 이유가 된다고 할 것이다.

6) 아래에서 보는 바와 같이 신청권자가 다양하기 때문에 회생절차개시신청이 경합할 수 있다(예컨대 채무자에 의한 신청과 채권자나 주주에 의한 신청의 경합). 이 경우 회생절차개시신청을 먼저 접수한 법원이 전속적으로 관할권을 가지므로, 나중에 접수되어 다른 법원에 계속 중인 사건은 먼저 회생사건이 계속된 법원으로 이송되어야 한다. 물론 먼저 접수한 법원에서 절차를 진행하는 것에 현저한 손해 또는 지연을 피하기 위한 필요성이 인정된다면, 나중에 접수된 법원으로 이송할 수도 있다(제4조). 관련 내용은 〈제3장 제3절 Ⅳ.5.〉(본서 188쪽)를 참조할 것.

한편 신청이 경합한 경우 먼저 신청을 접수한 법원에 전속관할권이 있다고 보는 것에 대하여 반론이 있을 수 있다. 명문의 규정도 없고, 신청권자의 관할선택권도 보장되어야 하기 때문이다. 입법적 해결이 필요해 보인다. 일본의 경우는 먼저 신청이 있는 법원이 관할한다고 명시적으로 규정하고 있다(회사갱생법 제5조 제3항, 민사재생법 제5조 제10항, 파산법 제5조 제10항). 독일 도산법도 다수의 법원이 관할권을 가지는 경우에는 최초로 도산절차의 개시신청이 이루어진 법원이 배타적으로 관할권을 가진다고 규정하고 있다(§3(2)).

참조).

2. 토지관할

토지관할이란 소재지를 달리하는 같은 종류의 법원 사이에 재판권의 분담관계를 정해 놓은 것을 말한다. 구체적으로 제1심 사건을 어느 법원이 담당하여 처리하느냐를 결정하는 것이 토지관할이다.[7] 토지관할의 존부는 회생절차개시신청시를 기준으로 판정한다(제33조, 민소법 제33조).[8]

가. 원칙적 토지관할

회생사건은 ① 채무자의 보통재판적이 있는 곳, ② 채무자의 주된 사무소나 영업소가 있는 곳 또는 채무자가 계속하여 근무하는 사무소나 영업소가 있는 곳[9]을 관할하는 회생법원의 관할에 전속한다(제3조 제1항 제1호, 제2호).

개인의 보통재판적은 그의 주소[10]에 따라 정하고, 주소가 없거나 주소를 알 수 없는 경우에는 거소에 따라 정한다(제33조, 민소법 제3조). 법인, 그 밖의 사단 또는 재단의 보통재판적은 이들의 주된 사무소 또는 영업소가 있는 곳에 따라 정하고, 사무소와 영업소가 없는 경우에는 주된 업무담당자의 주소에 따라 정한다(제33조, 민소법 제5조 제1항).

법인 채무자에게 있어 주된 사무소란 본점 소재지를 말한다. 법인등기사항증명서상의 본점 소재지(형식적인 본점 소재지)와 현실적인 영업 본거지(실질적인 본점 소재지)가 다른 경우 어느 곳에 관할을 인정하여야 하는가. 이런 경우 주된 사무소는 채무자의 현실적인 영업 본거지로 보아야 한다.[11] 법인의 형식적인 본점 소재지가 아닌 현실적인 영업 본거지를 관할하는 법원에서 회생절차를 진행하도록 하는 것이 채권자·채무자를 위해서나 절차의 원활한 진행에 있어 효율적이기 때문이다.

---

7) 중국 <기업파산법>은 '채무자의 주소지' 법원이 관할하도록 하고 있다(제3조).

8) 아래에서 보는 바와 같이 회생법원은 넓은 범위의 관할권을 갖는다. 이는 채무자의 재산(파산재단이나 개인회생재단)의 가치를 증진시키고, 그 가치를 채권자에게 효율적으로 배분하고자 하는 목표를 달성하기 위하여 필요하다. 반면 법정쇼핑(forum shopping)이 일어날 수 있는 문제도 있다.

9) 법인의 경우 보통재판적은 주된 사무소 또는 영업소가 있는 곳에 따라 정해지고, 사무소나 영업소가 없는 경우에는 주된 업무담당자의 주소에 따라 정하기 때문에(제33조, 민소법 제5조 제1항) 제3조 제1항 제2호는 법인을 전제로 할 경우 별다른 의미가 없다.

10) 민사소송법(채무자회생법)에는 주소에 관한 개념 규정이 없으므로 민법상의 주소의 정의에 따라야 할 것이다. 주소란 생활의 근거가 되는 곳을 말한다(민법 제18조 제1항). 생활의 근거가 되는 곳이란 생활관계의 중심적 장소로 생활의 실질적 관계에 따라 구체적으로 결정된다. 따라서 주소는 등록기준지나 주민등록지와는 관련이 없다. 주소는 동시에 두 곳 이상 있을 수 있고(민법 제18조 제2항), 이 경우 주소지마다 보통재판적(관할)이 생긴다. 실무적으로 관할을 편취하기 위하여(관할쇼핑) 주민등록을 이전한 후 개인회생이나 개인파산을 신청하는 경우가 종종 있다. 이 때는 주민등록지가 아니라 실제 생활의 근거가 되는 곳에 관할이 인정되는 것이다.

11) 의정부지방법원은 2017회합1014 비케이판넬 주식회사 사건에서, 위 회사의 본점 소재지는 '양주시'이지만 현실적인 영업의 본거지가 '이천시'라는 이유로 수원지방법원으로 이송결정을 하였다(수원지방법원 2017회합10044). 수원지방법원은 2019회합173 비엠글로벌 주식회사 사건에서, 관할 구역에 물류센터가 있지만 이는 단순한 물류창고에 불과하다는 이유로 주된 사무소(본점 소재지)가 있는 서울회생법원으로 이송하였다(서울회생법원 2019회합100204).

나. 보충적 토지관할

원칙적 토지관할(① 채무자의 보통재판적이 있는 곳, ② 채무자의 주된 사무소나 영업소가 있는 곳 또는 채무자가 계속하여 근무하는 사무소나 영업소가 있는 곳)이 없는 경우에는 채무자의 재산이 있는 곳(채권의 경우에는 재판상의 청구를 할 수 있는 곳을 말한다)을 관할하는 회생법원이 관할한다(제3조 제1항 제3호). 여기서 '채무자의 재산'에는 국내관할의 성질상 채무자의 재산 중 국외에 있는 재산을 포함하지 않는다고 볼 것이다.

주된 사무소나 영업소가 없거나 계속하여 근무하는 사무소나 영업소가 없는 채무자란 법인등기사항증명서 등에 기재된 형식적인 사무소 또는 영업소가 아니라 실질적인 사무소 또는 영업소가 없는 채무자를 말한다.

다. 경합적 토지관할(중복관할)

(1) 회생절차를 더욱 쉽게 이용할 수 있도록 하고, 관련 사건에 관하여 같은 법원에 회생절차를 신청함으로써 절차의 효율성을 높이기 위하여 원칙적 토지관할 및 보충적 토지관할에 더하여 다음과 같은 일정한 법원에도 경합적 관할권을 인정하고 있다(제3조 제2항, 제3항). 아래 ①은 도산사건처리에 전문성이 필요하다는 도산사건의 특수성을 고려한 특칙이고, ② 내지 ④는 경제적으로 밀접한 관계가 있는 복수의 채무자의 도산사건을 하나의 법원에 집중하기 위한 특칙이다(관련된 사업체에 대한 사업회생의 일체적 처리).

① 채무자의 주된 사무소 또는 영업소의 소재지를 관할하는 고등법원[12] 소재지의 회생법원(제3조 제2항)[13]

오랫동안 대규모 도산사건을 처리함으로써 전문성이 강하고, 업무처리상 노하우가 축적된 재판부가 존재하는 고등법원 소재지의 회생법원에 관할을 인정한 것이다. 예컨대 채무자의 주된 사무소가 인천에 있다고 하더라도 인천지방법원에 회생을 신청하지 아니하고, 서울고등법원 소재지 회생법원인 서울회생법원에 회생을 신청할 수 있다.

한편 여기서 '채무자'가 법인 채무자만을 가리키는 것인지 아니면 개인 및 법인 채무자 모두를 가리키는 것인지 여부가 문제된다. 개인인 채무자의 경우에도 사무소 또는 영업소가 있을 수 있고, 원칙적 관할을 선언하고 있는 제3조 제1항과 달리 제3조 제2항은 사무소 또는 영업소가 있는 개인채무자에 대한 관할의 특례를 정하고 있다고 보아야 하므로 개인인 채무자에 관하여도 경합적 관할을 인정하여야 한다는 견해가 있다.[14] 그러나 ⓐ 제3조 제1항 제2호는

---

12) '고등법원'에 고등법원 원외재판부가 포함된다고 볼 수 있는지가 문제된다. 고등법원 소재지의 회생법원에 관할을 인정하는 취지에 비추어 보면 포함된다고 보기는 어려울 것이다.

13) 채권자 수가 300인 이상으로서 대통령령으로 정하는 금액 이상의 채무를 부담하는 법인 채무자의 회생사건은 서울회생법원에도 신청할 수 있으므로(제3조 제4항), 법인의 경우 경합적 관할권을 인정할 실익이 많이 줄어들었다. 한편 2019. 3. 1. 수원고등법원이 개원함에 따라 2019. 3. 1. 이후에는 수원지방법원 관할 사건을 더 이상 서울회생법원에 신청할 수 없게 되었다.

14) 회생사건실무(상), 39~40쪽. 회생사건과 달리 파산사건의 경우 개인과 법인을 구별하지 않고 단지 파산사건이라고

'채무자의 주된 사무소나 영업소'와 '채무자가 계속하여 근무하는 사무소나 영업소'를 명확히 구분하고 있고 문언적 의미에서 전자는 법인을, 후자는 개인을 지칭하는 것으로 해석될 수 있는 점, ⓑ 회생절차신청서의 기재사항으로 개인채무자의 경우에는 채무자의 '주소'라고 하고 있음에 반하여(제36조 제2호), 채무자가 개인이 아닌 경우(법인)에는 채무자의 '주된 사무소 또는 영업소의 소재지'라고 하고 있는 것으로 보아(제36조 제3호)[15] '주된 사무소 또는 영업소'는 법인의 경우만을 의미하는 것으로 볼 수도 있는 점, ⓒ 제3조 제1항은 개인회생사건과 회생사건을 분리하여 규정하고 있고, 제3조 제2항은 회생사건이라고만 규정하고 있는 점, ⓓ 특별한 사정이 없는 한 같은 조에서는 동일한 용어를 동일한 의미로 해석하는 것이 타당하고, 제3조 제2항의 회생사건에 제1항과 달리 개인회생사건을 포함시켜 해석할 특별한 사정도 보이지 않으며, 오히려 개인회생절차를 신속하고 효율적으로 처리하기 위해서는 특례를 인정하지 않는 것이 더 타당해 보이는 점, ⓔ 다른 항에서도(제3항) 회생사건과 개인회생사건을 명확히 구별하여 규정하고 있는 점 등을 고려하면 개인채무자는 포함되지 않는다고 볼 것이다.[16]

② 「독점규제 및 공정거래에 관한 법률」[17] 제2조 제12호[18]에 따른 계열회사에 대한 회생사건 또는 파산사건이 계속되어 있는 회생법원(제3조 제3항 제1호)[19]

계열회사란 2이상의 회사가 동일한 기업집단[20]에 속하는 경우에 이들 회사는 서로 상대방의 계열회사라 한다(공정거래법 제2조 제12호). 기업집단의 도산사건에 있어서 문제가 되는 절차적 병합(procedural consolidation)의 근거가 되는 규정이다.[21] 계열회사 사이에 서로 다른 도산절차 신청도 가능하다.[22]

③ 법인 대표자의 경우 그 법인에 대한 회생사건 또는 파산사건이 계속되어 있는 회생법원(제3조 제3항 제2호)[23]

만 규정하고 있다는 점도 하나의 근거가 될 수 있다.

15) 제302조 제1항 제2호, 제3호의 경우에도 마찬가지이다.

16) 실무적으로도 개인파산사건이나 개인회생사건까지 고등법원 소재지 회생법원의 경합적 관할을 인정할 경우 적지 않은 문제가 발생한다. 개인회생사건이나 개인파산사건의 경우 채무자가 주소지가 아닌 곳에서 신청하면 법원으로서는 채무자에 대한 조사나 면담이 쉽지 않다. 또한 채권자는 일반적으로 채무자의 생활근거지인 주소지에 대부분 거주하는데, 채무자가 주소지가 아닌 곳에서 개인파산이나 개인회생을 신청하면 채권자의 절차참여권을 보장할 수 없다(채무자가 이러한 점을 악용할 수도 있다). 따라서 개인파산절차나 개인회생절차를 신속하고 효율적으로 처리하고 채권자의 절차참여권을 보장하기 위해서는 특례를 인정하지 않는 것이 오히려 더 타당하다.

17) 이하 '공정거래법'이라 한다.

18) 제3호는 공정거래법 개정으로 제12호로 되었다. 이하 같다.

19) 甲은 주식회사 더명인과 주식회사 명인씨앤에프의 주식을 100%를 소유하고 있다. 주식회사 더명인은 2019. 7. 17. 관할법원인 서울회생법원으로부터 파산선고를 받았다(2019하합100093). 주식회사 명인씨앤에프는 부산에 본점과 영업소재지를 두고 있었지만, 2020. 6. 18. 계열회사에 대한 파산절차가 계속되어 있는 서울회생법원에 파산신청을 하였다(2020하합100296).

20) 기업집단이란 동일인이 다음 각 목의 구분에 따라 대통령령으로 정하는 기준에 따라 사실상 그 사업내용을 지배하는 회사의 집단을 말한다(공정거래법 제2조 제11호, 같은 법 시행령 제4조).
  ① 동일인이 회사인 경우: 그 동일인과 그 동일인이 지배하는 하나 이상의 회사의 집단
  ② 동일인이 회사가 아닌 경우: 그 동일인이 지배하는 둘 이상의 회사의 집단

21) 기업집단의 도산에 관하여는 〈제8장 제1절 Ⅶ.6.〉(본서 607쪽)을 참조할 것.

22) 지주회사에 대하여 회생절차(2020회합100079)가 진행 중인 서울회생법원에 본점이 목포시인 법인에 대하여 파산신청을 한 사례가 있다(서울회생법원 2020하합100489, 2020하합100490).

④ 주채무자 및 보증인, 채무자 및 그와 함께 동일한 채무를 부담하는 자, 부부인 관계의 어느 하나에 해당하는 자에 대한 회생사건, 파산사건 또는 개인회생사건이 계속되어 있는 회생법원(제3조 제3항 제3호)

예컨대 주채무자에 대한 회생사건 또는 파산사건이 서울회생법원에 계속되어 있는 때에는 보증인은 주소가 서울회생법원 관할 구역 내에 없더라도 서울회생법원에 회생절차를 신청할 수 있다.

②, ③, ④와 같이 서로 관련이 있는 채무자들의 경우 동일한 회생법원에 회생절차개시신청을 할 수 있게 함으로써 관련 사건의 병행처리를 가능하게 하여 회생절차의 효율성을 높일 수 있다. 관련 회생사건이 계속된 경우뿐만 아니라 회생사건과 종류가 다른 파산사건(개인회생사건)이 계속 중인 경우에도 관할의 특례를 인정하고 있다는 데 그 특색이 있다.

(2) 부산회생법원이 2023. 3. 1. 설치됨에 따라 도산전문법원의 전문적이고 신속한 사법서비스 제공범위를 실효적으로 확대하기 위한 차원에서 회생법원과 접근성이 인정되는 고등법원 권역을 기준으로 회생법원의 도산사건 중복관할을 허용할 필요성이 있다. 이에 부산고등법원 관할 소재지인 울산광역시나 경상남도에 채무자가 거주하거나 주된 사무소 등을 둔 경우 원칙적인 토지관할 법원 외에 부산회생법원에도 회생사건 등을 신청할 수 있도록 중복관할을 허용하였다(제3조 제11항).

라. 관할의 집중

(1) 채권자 수가 300인 이상으로서 500억 원 이상의 채무를 부담하는 법인 채무자의 회생사건은 서울회생법원에도 신청할 수 있다(제3조 제4항, 시행령 제1조의2). 일정 규모 이상의 법인 회생사건의 관할을 그 소재지 등을 불문하고 서울회생법원에도 인정함으로써 신청인들에게 폭넓은 관할 선택권을 부여하였다. 또한 이러한 관할의 집중을 통하여 법인 회생사건의 효율적인 처리가 가능하도록 하였다. 실무적으로 골프장이나 리조트 사건의 경우 채권자 다수의 사건이 발생한다. 다만 이로 인하여 서울회생법원을 제외한 다른 지역 회생법원의 공동화가 우려될 수 있다. 따라서 이를 방지하기 위하여 일정 규모 이상의 법인 회생사건에 한하여만 서울회생법원의 중복관할을 허용하고 있다.

여기서 '채권자'란 회생절차개시결정이 된다면 회생채권·회생담보권으로 되어야 할 권리를 가진 자를 말한다. 채권자 수에 대한 판단은 신청서에 첨부된 채권자명부를 통하여 한다.

(2) 사후적으로 채권자 수의 요건이 충족되지 못한 것으로 판명되는 경우 어떻게 처리하여야 하는가. 채권자명부는 300인 이상이었지만, 채권조사결과 일부 회생채권자·회생담보권자의 권리가 회생채권·회생담보권으로 인정되지 아니한 결과, 신청시부터 회생채권자·회생담보권자의 수가 300인 미만인 것으로 판명된 경우에는 채권자의 감소와 같이 볼 수 있으므로(아래

---

23) 법인대표자에 대한 회생사건은 단독판사 관할이나, 법인에 대한 회생사건과 관련성이 많아 일부 법원은 재정합의결정으로 합의부에서 담당하기도 하였다. 현재는 법인사건 재판부의 주심판사가 단독사건으로 법인대표자에 대한 일반회생사건을 맡기도 한다.

〈4.〉 참조) 관할에 아무런 영향이 없다. 그러나 채권자 수에 대한 계산 오류에 의한 경우는 관할위반으로 인한 이송을 하여야 할 것이다.[24]

3. 사물관할

사물관할이란 제1심 소송사건을 다루는 지방법원 단독판사와 합의부 사이에서 사건의 경중을 기준으로 재판권의 분담관계를 정해 놓은 것을 말한다. 즉 제1심 사건 중 어떤 종류의 사건을 단독판사가 담당하고, 어떤 종류의 사건을 합의부가 담당하느냐의 문제이다.

회생사건의 경우 채무자가 개인이 아닌 것은 회생법원의 합의부가 담당하고, 채무자가 개인인 경우는 단독판사가 담당한다(제3조 제5항). 실무적으로 상속재산파산사건은 단독판사가 담당한다.[25]

회생법원의 구체적인 사물관할에 관한 내용은 〈제1편 제1장 제1절 Ⅵ.4.나.〉(본서 44쪽)를 참조할 것.

4. 관할의 표준이 되는 시기

법원의 관할은 회생절차개시신청을 한 때를 표준으로 정한다(제33조, 민소법 제33조). 따라서 회생절차개시신청을 한 때 관할이 있었다면 그 후에 관할원인이 없어져도 관할에는 영향을 미치지 않는다. 이를 관할항정의 원칙(perpetuatio fori)이라 한다. 따라서 채무자의 주소나 영업소 등이 회생절차개시신청 후 이전이 있어도 관할에는 영향이 없다. 이는 제3조 제4항의 경우(관할의 집중)에도 마찬가지이다. 채권자 수가 300명이 넘어 서울회생법원에 회생절차개시신청을 한 후 채권양도 등으로 채권자가 집중되어 채권자 수가 300명 미만으로 된다고 하여도 관할에는 영향이 없다.

반대로 회생절차개시신청 당시에는 관할이 없었지만 이송결정 전에 관할원인이 생기면 당해 법원에 관할이 생긴다. 관할을 회생절차개시신청시를 표준으로 결정하는 것은 그 뒤 사정변경에 의하여 그 관할을 잃지 않게 하려는 취지에 지나지 않는다. 따라서 회생절차개시신청시에 관할이 없는 경우라도 이송결정 전에 관할원인이 생기면 관할위반의 흠은 치유된다. 예컨대 회생절차개시신청 당시에는 해당 법원의 관할구역 내에 영업소 등이 없었지만 이후 관할구역 내로 본점을 이전한 경우 관할위반의 하자는 치유된다.[26] 치유의 효과는 신청한 때로 소급하고, 일단 관할의 하자가 치유된 이상 이후 다시 관할원인이 소멸하여도 관할은 유지되는 것이다.

---

24) 條解 破産法, 61쪽 참조.
25) 유한책임신탁재산파산사건의 경우도 단독판사가 관할하여야 할 것이다.
26) 회생사건은 아니지만 파산사건에서 이러한 사례가 있었다. 수원지방법원의 관할에 속하는 법인(채무자)에 대한 파산신청을 서울회생법원에 신청하였다(서울회생법원 2019하합100075). 이후 법인채무의 보증인인 사내이사 개인에 대하여 관할이 있는 서울회생법원에 개인파산신청이 되었다(서울회생법원 2019하단101523). 법인파산사건은 신청 당시 서울회생법원에 관할이 없었지만, 이후 보증인에 대한 개인파산신청이 됨으로써 제3조 제3항 제3호 가목에 의하여 주채무자인 법인의 파산사건에 대하여도 관할이 생김으로써 관할의 하자는 치유되었다.

Ⅱ 이송과 이송의 청구, 법원간의 공조

1. 이 송

가. 이송사유

(1) 관할위반으로 인한 이송

관할이 있는지 여부는 법원의 직권조사사항이다. 법원은 직권으로 관할을 조사한 결과 관할이 없다고 인정되면 관할 회생법원으로 사건을 이송하여야 한다(제33조, 민소법 제34조 제1항).[27]

(2) 현저한 손해나 지연을 피하기 위한 이송

회생사건은 다양하기 때문에 각 사건의 특성을 고려하여 가장 적절한 법원에서 처리할 수 있도록 하기 위하여 넓은 범위에서 이송을 인정하고 있다.

(가) 법원은 현저한 손해 또는 지연을 피하기 위하여 필요하다고 인정하는 때에는 직권으로 회생사건을 아래의 어느 하나에 해당하는 회생법원으로 이송할 수 있다(제4조 제1호 내지 제3호). 이송의 대상이 되는 사건은 회생사건이다. 회생사건이란 회생절차가 계속된 사건이기 때문에 부인사건(제105조 제3항)이나 채권조사확정재판에 대한 이의의 소(제171조) 등 관련소송은 그 대상이 아니다.[28]

① 채무자의 다른 영업소 또는 사무소나 채무자 재산의 소재지를 관할하는 회생법원

② 채무자의 주소 또는 거소를 관할하는 회생법원

③ 채무자의 주된 사무소 또는 영업소의 소재지를 관할하는 고등법원 소재지의 회생법원

④ 「독점규제 및 공정거래에 관한 법률」 제2조 제12호에 따른 계열회사에 대한 회생사건 또는 파산사건이 계속되어 있는 회생법원

⑤ 법인 대표자의 경우 그 법인에 대한 회생사건 또는 파산사건이 계속되어 있는 회생법원

⑥ 주채무자 및 보증인, 채무자 및 그와 함께 동일한 채무를 부담하는 자, 부부인 관계의 어느 하나에 해당하는 자에 대한 회생사건, 파산사건 또는 개인회생사건이 계속되어 있는 회생법원

⑦ 위 ③ 내지 ⑥에 따라 해당 회생법원에 회생사건이 계속되어 있는 경우에는 당초의 원칙적 관할법원(제3조 제1항)에 이송할 수 있다(제4조 제4호).

---

27) 서울에 본점(주된 사무소 또는 영업소이다)을 두고 있는 주식회사 카르빈은 서울회생법원에 회생절차개시신청을 하였으나(2019회합100004) 청산가치가 계속기업가치보다 명백히 높다는 이유로 인가 전 폐지되었다. 위 회사는 2020. 5. 6. 서울회생법원에 다시 회생절차개시신청을 하였으나(2020회합100067) 대표자심문 전 신청을 취하하였다. 이후 본점을 강원 평창군으로 이전 등록하여 춘천지방법원에 회생절차개시신청을 하였으나(2020회합1001), 춘천지방법원은 2020. 6. 29. 관할위반을 이유로 서울회생법원으로 이송하였다(2020회합100098).

28) 파산절차에서는 파산사건, 개인회생절차에서는 개인회생사건이 이송의 대상이다. 다만 개인파산사건에서 면책신청이 된 경우에는 파산사건과 함께 면책사건도 함께 이송하여야 할 것이다. 파산사건과 면책사건은 별개의 사건이지만, 일체적으로 처리할 필요성이 높기 때문이다.

(나) 위 ①과 ②는 제3조에 의해 전속관할을 가지지 않는 법원에서 사건을 처리하는 것이 상당하다고 인정되는 경우 해당 법원으로의 이송을 인정하는 것이다. 전속관할이 없는 법원에도 이송할 수 있도록 한 것은 사건처리에 가장 적절한 법원에서 사건을 처리하도록 하기 위함이다.[29] 위 ③ 내지 ⑥은 경합적 관할법원으로 이송할 수 있음을 규정한 것이다. 위 ⑦은 관련된 법인이나 개인에 대한 사건이 계속되어 있는 법원에 도산사건이 계속되어 있는 경우에도 일체적인 처리를 할 필요가 없고, 오히려 원칙적인 관할법원에서 사건을 처리하는 것이 상당한 경우가 있음을 고려하여 원칙적인 관할법원으로 이송할 수 있음을 규정한 것이다.

나. 이송결정

민사소송법에서는 직권 또는 당사자의 신청에 의한 이송을 인정하고 있지만(민소법 제35조), 사안을 명확히 하는 것을 목적으로 하고 당사자 대립구조를 기본으로 하는 민사소송절차와 달리, 채무자의 회생을 목적으로 하는 회생절차에서는 직권에 의한 이송만이 인정된다. 다만 실제적으로는 직권 발동을 촉구하는 이해관계인의 신청이 전제가 되는 경우가 많을 것이다. 당사자로부터 이송신청이 있다고 하더라도, 법원은 이것에 응답할 의무는 없다.

이송의 시기에는 제한이 없다. 그렇지만 이송을 하여야 할 경우 가능한 한 초기단계에서 신속히 이송함이 바람직하다.

다. 이송의 효과

이송결정은 이송받은 법원을 기속하므로 사건을 이송받은 법원은 반드시 사건을 심리·재판하여야 하고, 그 법원에 관할권이 없다는 이유로 사건을 반송하거나 다른 법원에 재이송할 수는 없다(제33조, 민소법 제38조). 전속관할을 위반하여 이송한 경우(심급관할을 위반하여 이송한 경우는 제외)에도 마찬가지이다.[30] 다만 관할위반을 이유로 하여 이송받은 법원이 제4조를 근거로 다시 이송하는 것은 허용된다. 또한 이송결정 후 발생한 새로운 사유에 기하여 재이송하는 것도 가능하다.[31] 재이송을 금지하는 것은 수이송법원에 의한 반송이나 전송에 의하여 절차가 지연되어 관계인의 이익을 해하는 것을 방지하기 위한 것으로 어떠한 경우에도 절대적으로 재이송을 금지하는 취지는 아니기 때문이다.[32]

---

29) 전속관할의 경우 재량이송이 인정되지 않는 민사사건과 다르다(민소법 제34조 제4항).

30) 대법원 1995. 5. 15. 자 94마1059,1060 결정. 실무적으로 회생절차개시결정 전에 서울회생법원이 아닌 법원에서 회생채권에 관한 소송이 계속 중 원고(또는 피고)에 대하여 회생절차가 개시되면 관리인이 소송을 수계한 후 청구취지를 회생채권확정의 소 형태로 변경한다. 이 경우 해당 법원은 서울회생법원으로 이송할 필요가 없음에도 서울회생법원으로 이송하는 경우가 가끔 있다. 이 경우 구속력으로 인해 서울회생법원은 재이송할 수가 없다(서울회생법원 2017가합101091 사건 개요: 원고가 피고를 상대로 서울중앙지방법원에 주식매매대금을 청구하는 소제기 ⇒ 원고에 대해 회생절차개시결정 ⇒ 관리인이 소송수계 후 청구취지를 회생채권확정의 소로 변경 ⇒ 서울회생법원으로 이송).

31) 條解 民事再生法, 24쪽, 條解 破産法, 71쪽.

32) 예컨대 채권자 수가 300인 이상으로서 500억 원 이상의 채무를 부담하는 법인회생사건에서, 창원지방법원이, 창원지방법원을 관할하는 부산고등법원 소재지 부산지방법원으로 이송을 하였는데, 부산지방법원이 서울회생법원으로 이송함이 상당하다고 판단한 경우 서울회생법원으로 재이송하는 것도 가능하다고 할 것이다. 부산지방법원의 재이송은 이송결정의 확정 후에 발생한 새로운 사유에 기한 것으로 허용되는 경우로 해석될 수 있기 때문이다.

이송결정이 있으면 처음부터 이송을 받은 법원에 회생절차개시신청이 있었던 것으로 보게된다(제33조, 민소법 제40조 제1항). 따라서 각종 기간계산은 최초 이송법원에 회생절차개시신청을 한 때를 기준으로 산정하여야 한다. 채권자가 하는 회생절차개시신청에 시효중단의 효력이 있는데(통설), 이 경우 시효중단의 효력 역시 채권자가 이송법원에 회생절차개시신청을 한 때로부터 발생한다.

이송법원이 이송결정 전에 행한 절차(보전처분이나 다른 절차의 중지명령 등)는 그대로 효력이 지속된다.[33] 관할위반을 이유로 이송한 경우에도 마찬가지이다.[34] 이송받은 법원은 필요한 경우 보전처분이나 중지명령 등을 취소하거나 변경하면 된다.

라. 불복 여부

(1) 이송결정의 경우

법원의 이송결정에 대하여 신청인은 법률상 이해관계가 있다. 또한 채권자가 신청한 경우의 채무자도 법률상의 이해관계가 있다. 왜냐하면 채권자가 신청한 경우라도 채무자는 특정한 법원이 회생법원으로 되는 것에 대하여 절차상의 이익을 가지기 때문이다. 그러나 이송결정에 대하여는 사건의 신속한 처리를 위해 관할위반으로 인한 이송이건 재량이송이건 민사소송법과 달리 불복할 수 없다(제13조 제1항).[35] 이송결정은 신청인에게 고지된 때 바로 확정된다.

(2) 이송신청기각결정의 경우

회생절차에서는 관할위반으로 인한 이송이건 현저한 손해나 지연을 피하기 위한 이송이건 직권으로만 할 수 있고, 당사자가 이송신청을 한 경우에도 이는 단지 법원의 직권발동을 촉구하는 의미밖에 없다. 따라서 법원은 이송신청에 대하여는 재판을 할 필요가 없고, 설사 법원이 이송신청을 거부하는 재판을 하였다고 하여도 항고가 허용될 수 없다.[36] 물론 특별항고도 항고의 이익이 인정되지 않는다.[37]

다만 관할위반을 이유로 한 이송신청을 기각하고 회생절차개시결정을 한 경우, 신청인은 개시결정에 대한 즉시항고(제53조 제1항)에서 개시결정이 관할권이 없는 법원에서 한 것이라고 주장할 수 있을 것이다. 이 경우 항고심이 개시결정을 한 법원에 관할이 없다고 인정한 경우

---

33) 條解 民事再生法, 24쪽.
34) 관할위반의 경우에도 소송계속의 일체성을 인정하고 있고(민소법 제40조 제1항), 이송결정 후에도 이송법원이 긴급한 처분을 할 수 있도록 한 점(민소법 제37조)에 비추어, 관할위반에 의한 이송의 경우에도 이송 전의 소송행위가 그 효력을 유지한다고 풀이하는 것이 민사소송법학계의 통설(다수설)이다. 전속관할 위반으로 인한 경우에도 마찬가지이다. 일단 진행한 절차를 나중에 상실하게 하는 것은 이해관계인 상호간의 이익조정이라는 면에서 부당한 결과가 발생할 수 있고, 전속관할이 가지는 공익성보다도 일단 진행된 절차를 뒤집음으로 인한 법적 불안정성이라는 단점이 훨씬 크기 때문이다(條解 破産法, 66쪽).
35) 제33조에 의해 민사소송법 제39조(즉시항고)가 준용된다고 볼 수 없다.
36) 대법원 1993. 12. 6. 자 93마524 전원합의체 결정 참조. 당사자에게 이송신청권이 인정되지 않는 이상 항고심에서 당초의 이송결정이 취소되었다고 하더라도 이에 대한 신청인의 재항고는 허용되지 않는다(대법원 2018. 1. 19. 자 2017마1332 결정 참조).
37) 대법원 1996. 1. 12. 자 95그59 결정, 대법원 1985. 4. 30. 자 84그24 결정 참조.

에는, 개시결정을 취소하고 사건을 관할법원으로 이송하는 결정을 하면 된다.

2. 이송의 청구

회생계속법원은 회생절차개시 당시 채무자의 재산에 관한 소송이 다른 법원에 계속되어 있는 때에는 결정으로써 그 이송을 청구할 수 있다. 여기서 회생계속법원은 회생사건이 계속되어 있는 회생법원을 말한다. 회생절차개시 후 다른 법원에 계속되어 있게 된 것에 관하여도 마찬가지이다(제60조 제1항).

이는 관련 소송을 회생계속법원에 집중시킴으로써 회생절차의 신속한 진행과 편의를 도모하기 위하여 상대방의 관할의 이익을 박탈하면서까지 이송을 인정하는 것이다. 따라서 이송의 필요성을 판단함에 있어서는 단순히 관리인의 소송수행이나 응소의 편의를 위한 것만으로는 부족하고, 여러 법원에 계속 중인 동종사건을 통일적으로 해결하는 것이 회생절차의 신속한 진행을 위하여 필요한 경우라든가 그 소송의 신속한 진행이 회생계획을 작성하는 데 불가피한 경우 등 특별한 사정이 있어야 할 것이다.[38]

이송을 청구할 수 있는 것은 재산에 관한 소송에 한하기 때문에 회사해산의 소(상법 제520조), 설립무효의 소(상법 제328조) 등은 이송 청구의 대상이 아니다. 이송을 청구하는 결정은 회생계속법원이 직권으로 하며 이해관계인의 신청은 직권 발동을 촉구하는 의미밖에 없다.

한편 이송을 청구하는 결정은 소송이 계속하는 법원에 대하여 이송결정을 할 의무를 생기게 할 뿐 직접 이송의 효과가 생기는 것은 아니므로 결정을 그 소송당사자에게 송달할 필요가 없고, 소송이 계속하는 법원에 상당한 방법으로 고지하면 족하다.

위 결정에 의하여 이송의 청구를 받은 법원은 소송을 회생계속법원에 이송하여야 한다(제60조 제2항). 이송은 소송절차의 중단 또는 중지 중에도 할 수 있다(제60조 제3항). 이송의 효과는 이송결정에 의하여 비로소 생기는 것이므로 이송을 청구하는 결정의 통지를 받은 후라도 이송결정 전에 행하여진 소송행위는 유효하다. 다만 소송이 상소심 법원에 계속되어 있는 경우에는 이송의 청구를 할 수 없다(제60조 제4항). 회생계속법원은 제1심 법원인데, 회생계속법원이 상소심 법원에 이송을 청구하는 것은 심급제도와 충돌되기 때문이다.

3. 법원간의 공조

회생절차를 비롯한 도산절차에서 법원은 서로 법률상의 협조를 구할 수 있다(제5조).[39] 이러한 법원간의 공조는 국제도산사건에서도 적용되어 국내법원은 외국법원 및 외국도산절차의 대

---

38) 실무적으로 상대방의 관할의 이익, 법원 내 사무분담의 문제 등을 고려하여 이송 청구를 거의 하지 않고 있다.

39) 채무자회생법은 회생절차 참가인들 사이의 협력의무 내지는 권리를 규정하고 있다. 제5조는 회생절차에서의 법원의 법률상 협조를 구할 수 있는 권리를, 제21조는 법원의 요구에 의한 채권자협의회의 회생절차 사항에 관한 행위를, 제82조는 관리인에게 선량한 관리자의 주의의무를 각 규정하고 있다. 이들 규정은 기업집단 도산절차에서 절차간 협력의무에 관한 근거 규정이 될 수 있다. 기업집단의 도산에 관하여는 〈**제8장 제1절 Ⅶ.6.**〉(본서 605쪽)을 참조할 것.

표자와 직접 정보 및 의견을 교환할 수 있다(제641조). 관련 내용은 **〈제5편 제6장〉**(본서 2145쪽)을 참조할 것.

제2절 송달 및 공고

Ⅰ 회생절차에서의 재판의 고지

회생절차는 다수의 이해관계인이 관여함과 동시에 그 권리관계에 큰 영향을 미치기 때문에 절차상 행하여지는 각종 재판에 대해서 다수의 이해관계인에 대한 적절한 고지와 절차의 신속·원활한 진행이라는 2가지 요청을 조화시킬 필요가 있다. 그리하여 채무자회생법은 회생절차상의 재판의 고지에 대하여 해당 재판의 내용·성질에 따라 송달, 공고, 송달 및 공고 등으로 구체적인 방법을 정하고 있다.[40]

Ⅱ 송 달

1. 직권송달

회생절차에 관한 재판은 원칙적으로 변론을 열지 아니하는(제12조 제1항)[41] 결정의 형식으로

---

40) 채무자회생법은 고지의 방법으로 이외에 통지(제52조 등)를 규정하고 있다. 송달은 법원이 재판에 관한 서류를 법정의 방식에 따라 당사자 기타 이해관계인에게 교부하여 그 내용을 알리거나 알 수 있는 기회를 부여하고, 이를 공증하는 행위이다. 통지는 서류나 의사가 사실상 상대방에게 도달하기만 하면 충분하며 특별히 법정된 방식이 요구되지 않는다는 점에서 송달과 다르다. 송달은 특정인을 상대로 하나 공고는 불특정 다수인을 대상으로 한다. 어떠한 경우에 송달, 통지, 공고를 할 것인지는 채무자회생법에 명시되어 있다. 절차의 신속성과 다수의 이해관계인이 관여하고 재판의 형식이 결정인 도산절차에서 송달을 원칙으로 하고 있는(제8조 제1항) 채무자회생법의 태도가 타당한지는 아래에서 보는 바와 같이 의문이다. 특별한 경우를 제외하고 통지로도 충분한 때가 많다.

41) **임의적 변론과 직권조사** 회생절차 등에 관한 재판은 변론을 열지 아니하고 할 수 있다(임의적 구두변론). 그래서 재판의 형식도 결정으로 한다. 회생절차 등에 관한 재판은 당사자 사이의 실체적 권리관계를 확정하는 것을 목적으로 하는 것이 아니라는 점, 다수의 이해관계인이 관여하기 때문에 필연적으로 대심구조가 될 수 없다는 점, 절차의 신속성이 요구된다는 점 등을 이유로 구두변론을 할 것인지를 법원의 재량에 맡기고 있다. 실무적으로 구두변론을 하는 경우는 거의 없다. 구두변론을 한 경우에도 재판의 기초자료는 당사자가 제공한 것에 제한되지 않고, 기록에 나타난 어떠한 자료도 기초로 할 수 있다. 구두변론에 의하더라도 재판의 형식은 여전히 결정이다.

　'회생절차 등에 관한 재판'이란 회생사건 등이 현재 계속되어 있는 법원(재판부)이, 회생절차 등의 목적과의 관계에서, 회생절차 등 내에서 하는 재판 일반을 말한다. 다만 회생절차 등에서 하는 절차라도, 채권조사확정재판에 대한 이의의 소(제171조 등), 부인청구를 인용하는 결정에 대한 이의의 소(제107조 등), 법인의 이사 등의 책임에 관한 손해배상청구권 등의 조사확정재판에 대한 이의의 소(제116조 등)와 같이 실체적 권리관계를 공권력에 기하여 종국적으로 확정하여야 하는 재판에 대하여는 필요적 구두변론에 기한 판결에 의하여 판단하여야 한다.

　한편 법원은 직권으로 회생사건 등에 관하여 필요한 조사를 할 수 있다(제12조 제2항, 직권조사주의). 직권탐지주의를 채택하고 있는 것이다. 회생절차를 비롯한 도산절차는 다수의 이해관계에 영향을 미치는 집단적 절차이지만, 이러한 자들에게 통상의 소송절차에서와 달리 각자의 이익을 스스로 확보하기에 충분한 절차보장이 부여되어 있지 않고, 법원이 공권적으로 절차에 개입할 필요가 높다는 점을 고려한 것이다. 이로 인해 법원은 관계인이 주장하지 않은 사실도 재판의 기초로 참작할 수 있고, 직권으로 증거조사를 하여야 하는 경우도 있다. 나아가 변론주의

행하여지기 때문에, 상당한 방법으로 고지하면 효력을 가진다(제33조, 민소법 제221조 제1항). 그러나 회생절차에 관한 재판은 직권으로 송달하여야 한다(제8조 제1항). 따라서 개별적으로 송달이나 공고에 대하여 규정되지 않는 재판이라도 이해관계인에게 송달하여야 한다. 이는 다수의 이해관계인의 권리를 집단적·강제적으로 변경하는 회생절차에 있어서 절차적인 차별을 방지하기 위함이다.

다만 입법론적으로 회생절차에서 직권송달을 하도록 하는 것이 맞는지는 의문이다. 회생절차에서는 다수의 이해관계인이 존재하고 이러한 자들에게 개별적으로 송달하도록 하는 것은 부담이 클 뿐만 아니라 실무적으로 절차가 지연되는 원인이 되고 있다.[42] 재판의 중요성을 고려하여 개별적으로 열거하는 방식으로 규정하는 것이 타당하다고 본다.

한편 즉시항고의 대상이 되는 재판 중에서도 특히 중요한 것과 엄격한 불복신청방법으로서 이의의 소를 제기할 수 있는 채권조사확정재판, 부인의 청구를 인용하는 결정, 이사 등에 대한 손해배상청구권 등의 조사확정재판과 같이 중요한 재판 등은 이해관계인의 절차적 보장을 위하여 별도로 송달 규정을 두고 있다(제46조 제3항, 제47조 제5항, 제106조 제4항, 제115조 제9항, 제170조 제5항 등).

2. 송달방법

가. 원 칙

송달방법은 원칙적으로 민사소송법이 정하는 바에 의한다(제33조, 민소법 제174조 내지 197조). 다만 집단관계에 있어 송달사무의 간이화와 비용절감을 위하여 예외적으로 특칙이 인정되

가 채용된 민사소송 등과 달리 관계인 사이에 다툼이 없는 사실이 있어도 법원은 이것에 구속되지 않는다. 즉 자백의 구속력(민소법 제150조, 제288조 참조)이 없다.

42) 최근 제180조 제3항에 따라 강제집행 등의 취소결정이 있었고, 이러한 취소결정으로 강제집행 등을 취소하기 위하여 반드시 각 채권자에 대한 송달이 되어야 하는지 또는 집행법원에 취소결정문 외에 채권자에 대한 송달증명원까지 제출하여야 하는지에 대한 논쟁이 있었다. ① 송달증명원이 필요 없다는 견해. 제180조 제3항에 따른 취소결정은 민집법 제49조 제1호의 서류에 해당한다. 따라서 위 서류를 제출하여 취소할 수 있다. 취소결정에 대한 즉시항고는 집행정지의 효력이 없으므로(제180조 제6항) 송달증명원을 제출할 필요는 없다. ② 송달증명원이 필요하다는 견해. 제180조 제3항에 의한 취소결정도 송달하여야 하고(제8조 제1항), 송달하여야 취소결정의 효력이 발생한다. 따라서 취소결정에 따른 집행취소절차를 이행하기 위해서는 채권자에 대한 송달증명원이 필요하다. ③ 사견. 재판의 효력이 언제 발생하는지는 송달 여부와 관계없이 법에 따라 정해진다{판결은 선고시에 효력이 발생하고(민소법 제205조), 결정은 고지한 때 효력이 발생한다(민소법 제221조)}. 그렇다면 제180조 제3항에 따른 취소결정은 언제 효력이 발생하는가[나아가 취소결정에 따라 집행취소를 할 때 송달증명원이 필요한가]. 도산절차에서 재판은 면책결정을 제외하고(제565조, 제625조 제1항) 결정시에 효력이 발생하는 것으로 하고 있는 점(제49조 제3항, 제246조, 제596조 제1항), 회생절차는 비송사건으로 대심적 구조가 필요한 것은 아니므로(채권자는 당사자가 아니라 이해관계인에 불과하다) 채무자에게 고지되면 효력이 발생한 것으로 해석할 수 있는 점에서 취소결정도 결정시에 효력이 발생한다고 볼 여지가 있다. 가사 송달이 필요하다고 하더라도(제8조 제1항) 제8조 제1항의 송달은 결정에 있어서 고지의 방법으로 보아야 한다. 제8조 제1항이 취소결정을 송달하도록 하고 있지만 이것이 결정의 효력과 관련한 민소법 제221조 제1항을 배제하는 것으로 보기는 어렵다(제33조). 결국 제180조에 따른 취소결정은 결정시 효력이 발생한다고 볼 여지도 있고, 가사 고지가 필요하다고 하더라도 송달은 고지의 방법에 불과하므로 송달증명원이 필요한 것은 아니다. 또한 제180조 제3항에 따른 취소결정을 민집법 제49조 제1호의 서류에 해당한다고 볼 경우 송달증명원이 필요 없다(대법원 2012. 3. 13. 자 2011그321 결정 참조).

고 있다. 즉 우편으로 발송하여 송달하거나 공고로 송달에 갈음하는 경우도 있다.

나. 우편송달[43]을 할 수 있는 경우

아래와 같은 경우는 우편으로 발송하여 송달을 할 수 있다. 송달은 우편으로 발송하는 것으로 충분하다. 따라서 이러한 경우에는 집행관 또는 우편에 의한 통상의 우편송달(민소법 제187조)을 할 필요가 없을 뿐만 아니라 유치송달(민소법 제186조)을 할 필요도 없다.

(1) 회사인 채무자의 사채권자 또는 주주·지분권자에 대한 송달은 사채권자 또는 주주·지분권자가 주소를 신고한 때에는 그 주소에, 주소를 신고하지 아니한 때에는 사채원부·주주명부·사원명부 또는 등기부에 기재된 주소 또는 그 자가 회사인 채무자에 통지한 주소에 서류를 우편으로 발송하여 할 수 있다. 등기된 담보권을 가진 담보권자에 대한 송달은 그 담보권자가 주소를 신고한 때에는 그 주소에, 주소를 신고하지 아니한 때에는 등기부(등기사항증명서)에 기재된 주소에 서류를 우편으로 발송하여 할 수 있다(제8조 제2항, 제3항).

위와 같이 서류를 우편으로 발송한 때에는 그 우편물이 보통 도달할 수 있는 때에 송달된 것으로 본다(제8조 제4항). 이는 일반적으로 서류를 우편으로 발송한 때에는 상대방에게 도달된 일자가 명확하지 않게 되는 경우가 많고, 공고를 하지 않고 송달만 하는 경우에는 효력발생시기가 불명확해지는 문제점을 해결하기 위하여 둔 특별규정이다.[44]

발송송달에 의한 간이송달의 기록화를 위하여 법원서기관·법원사무관·법원주사 또는 법원주사보(이하 '법원사무관 등'이라 한다)는 송달을 받을 자의 성명 및 주소, 발송의 연·월·일·시를 기재한 서면을 작성하여 기명날인하여야 한다(제8조 제5항).

(2) 공고 및 송달을 모두 하여야 하는 경우[45]에는 송달은 서류를 우편으로 발송하여 할 수 있다(제11조 제1항).

(3) 한편 포괄적 금지명령에 따라 중지된 강제집행 등의 취소명령에 대하여는 우편으로 발송송달을 할 수 없다(제46조 제3항).

(4) 채무자회생법의 개별 규정에서 우편송달을 할 수 있도록 규정한 경우는 그에 따른다(제8조 제6항). 여기에 해당하는 것으로 회생계획안 사본 또는 그 요지의 관리인 등에 대한 송달(제232조 제3항) 등이 있다.

다. 공고로 송달에 갈음하는 경우

특별한 정함이 있는 경우를 제외하고 송달하여야 하는 장소를 알기 어렵거나 대법원규칙이 정하는 사유가 있는 때에는 공고로써 송달을 갈음할 수 있다(제10조). 이를 '송달에 갈음하는 공고'라 한다. 따라서 공시송달(민소법 제194조)을 할 필요는 없다.

---

43) 민사소송법에는 우편송달(제187조)이라고 되어 있지만, 실무적으로는 발송송달이라고 하고 있다.
44) 민사소송법 제189조는 발신주의(발송한 때에 송달된 것으로 본다)를 취하고 있다.
45) 아래 〈Ⅳ.〉항 참조.

불특정 다수의 이해관계인이 있는 회생절차에서 개별적 송달을 실시할 경우 송달이 제대로 되지 않아 절차의 진행이 지연되는 등 많은 시간과 비용이 소요될 뿐만 아니라 송달을 받을 사람에 대한 도달시점이 서로 달라 재판에 대한 불복신청기간의 기산점이 통일되지 아니하는 문제가 있다. 이러한 문제를 해결하기 위해 공고로 송달에 갈음할 수 있도록 한 것이다. 그러나 모든 송달을 공고로 갈음하게 되면 이해관계인이 회생절차의 진행을 알 수 없어 절차 참여권이 보장되지 않는다. 그리하여 공고로 송달을 갈음할 수 있는 경우를 '송달하여야 하는 장소를 알기 어렵거나 대법원규칙이 정하는 사유가 있는 때'로 제한하였다. 공고로 송달에 갈음할 것인지는 법원의 재량사항이다.

대법원규칙이 정하는 사유로는 회생절차의 진행이 현저하게 지연될 우려가 있는 때, 회생절차의 개시 당시(회생계획의 변경계획안이 제출된 경우에는 그 제출 당시) 주식회사인 채무자의 부채총액이 자산총액을 초과하는 때로서 송달을 받을 자가 주주인 경우가 있다(규칙 제7조).

그러나 포괄적 금지명령에 따라 중지된 강제집행 등의 취소명령(제46조 제3항), 포괄적 금지명령의 적용배제결정(제47조 제5항)은 송달을 공고로 갈음할 수 없다(제10조 제2항). 당사자의 지위에 중대한 영향을 미치므로 개별 이해관계인에의 고지를 확실히 할 필요가 있기 때문이다. 공고 및 송달을 모두 하여야 하는 경우(아래 〈Ⅳ.〉)도 송달을 공고로 갈음할 수 없다(본서 144쪽).

3. 송달하여야 할 이해관계인의 범위

송달하여야 할 이해관계인의 범위는 각 결정마다 달라 일률적으로 말할 수는 없다. 다만 일반적으로 개별 관계인으로부터의 신청을 각하하는 결정은 그 관계인에게만 송달하면 충분하다.

Ⅲ 공 고

1. 공고의 방법과 효력

가. 공고의 방법

회생절차에서 공고는 관보에의 게재 또는 대법원규칙이 정하는 방법에 의하여 행한다(제9조 제1항). 대법원규칙은 공고에 관한 사무의 합리적 운용을 위해서 공고의 방법으로 ① 법원이 지정하는 일간 신문에 게재, ② 전자통신매체를 이용한 공고 중 어느 하나를 택하여 이용할 수 있도록 하였고, 또한 필요하다고 인정하는 때에는 공고사항의 요지만을 공시할 수 있도록 하고 있다(규칙 제6조 제1항, 제2항). 전자통신매체를 이용한 공고는 공고사항을 법원 홈페이지 법원공고란에 게시하는 방법으로 한다(회생예규 제12조 제2항).[46)]

---

46) 도산절차에서 공고가 필요한 경우 법원 홈페이지 법원공고란에 게시한다. 또한 절차상 송달이 필요한 경우 공고로 대신할 수 있다. 다수의 이해관계인이 존재하는 도산절차의 특성을 감안하여 공고의 기능을 강화한 것이다. 다만

법원사무관 등은 공고한 날짜와 방법을 기록에 표시하여야 한다(규칙 제6조 제3항).[47]

나. 공고에 의한 재판의 고지의 효력

공고는 관보에 게재된 날의 다음 날 또는 대법원규칙이 정하는 방법에 의한 공고가 있은 날의 다음 날에 효력이 생기고(제9조 제2항),[48] 법에 특별한 정함이 없는 한 재판의 공고가 있는 때에는 모든 관계인에 대하여 그 재판의 고지가 있은 것으로 본다(제9조 제3항).

일반적으로 회생절차에서 공고가 있는 경우 이해관계인에게 송달도 하는 경우가 많지만, 그 경우 재판의 고지의 효력발생시기를 일률적으로 정할 필요가 있다는 점을 고려하여 공고가 있는 때에 고지가 있는 것으로 한 것이다. 또한 상황에 따라 직접 이해관계인에게 송달된 때를 기준으로 할 필요가 있는 경우가 있을 수 있으므로 적용배제(법에 특별한 정함이 있는 경우)를 예정하고 있다.[49]

2. 공고를 요하는 재판

공고를 요하는 재판은 법에 개별적으로 규정되어 있다. 보전관리명령 및 이에 대한 변경 또는 취소결정(제43조 제8항), 관리인대리 선임허가결정 및 이에 대한 변경 또는 취소결정(제76조 제3항), 관계인집회의 기일(제185조 제1항), 회생계획인가결정(제245조 제1항), 회생절차종결결정(제283조 제2항), 회생절차폐지결정(제289조) 등이다. 이들은 모두 회생절차 가운데 다수 이해관계인의 권리관계에 미치는 영향이 큰 경우이다.

3. 송달에 갈음하는 공고

앞의 〈Ⅱ.2.다.〉를 참조할 것.

Ⅳ 공고 및 송달을 모두 하여야 하는 경우

공고 및 송달을 모두 하여야 하는 경우도 개별적으로 규정되어 있다. 이에 해당하는 것으로 회생절차개시결정의 주문 등(제51조 제1항, 제2항), 포괄적 금지명령이나 이를 변경 또는 취

도산이라는 일반적인 불명예스러운 사실에 대하여 (개인)정보가 넓게 알려지고, 그것이 장기간 남는 것은 채무자 회생의 관점으로부터는 폐해도 있다. 법원공고란을 통해 쉽게 (개인)정보의 수집이 가능하고, 이는 경우에 따라 범죄에 이용될 수도 있다. 또한 개인의 경우 파산정보가 SNS를 통해 광범위하게 확산되고 공유될 여지도 있다. 불특정 이해관계인에게 도산정보를 알려야 한다는 도산절차상의 필요성과 개인정보 보호라는 요청이 정면으로 충돌하는 지점이다. 향후 연구와 검토가 필요한 문제이다.

47) 실무적으로는 특별한 사정이 없는 한 공고비용의 절감과 절차의 신속을 위하여 대법원규칙이 정하는 전자통신매체를 이용한 공고, 즉 인터넷 공고를 주로 활용하고 있다. 회생예규도 회생사건에서의 공고는 전자통신매체를 이용한 방법에 의한 공고를 원칙으로 하도록 규정하고 있다(제12조 제1항).

48) 공고가 관보에 게재된 경우 게재된 날의 다음날 오전 0시에 효력이 발생한다는 취지이다.

49) 다만 현행 채무자회생법에는 적용배제규정이 없다.

소하는 결정(제46조 제1항) 등을 들 수 있다.

공고 및 송달을 모두 하여야 하는 경우에는 송달은 서류를 우편으로 발송하여 할 수 있다 (제11조 제1항). 송달을 공고로 갈음할 수 있는가. 공고와 함께 개별적으로 송달하는 것이 필요 하다는 이유에서 쌍방을 요구한 것이기 때문에 공고 및 송달을 모두 하여야 하는 경우에는 공 고로 송달을 갈음할 수는 없다고 할 것이다.[50]

공고 및 송달을 하는 경우 공고는 모든 관계인에 대하여 송달의 효력이 있다(제11조 제2항). 즉 실제 송달할 때 송달의 효력이 발생하는 것이 아니다. 다만 포괄적 금지명령이나 이를 변경 또는 취소하는 결정은 채무자(보전관리인이 선임되어 있는 때에는 보전관리인을 말한다)에게 결정서 가 송달된 때부터 효력이 발생한다(제46조 제2항).

통지

Ⅰ. 의 의

송달, 공고와 함께 개별고지에 있어서, 통지제도를 두어 절차의 합리화를 도모하고 있다. 통 지는 상당하다고 인정되는 방법으로 할 수 있는데(규칙 제12조, 민사소송규칙 제3조), 구체적으 로 보통우편, 전화, 전자우편(이메일), 팩시밀리 등에 의해 전달하는 것도 가능하다(민소법 제167 조 제2항, 민사소송규칙 제45조 참조). 통지를 한 때에는 법원사무관 등은 그 취지와 통지의 방 법을 소송기록에 표시하여야 한다(규칙 제12조, 민사소송규칙 제3조 제2항).

통지에 의하는 것으로 관리위원의 행위에 대한 이의신청이 이유 있다고 인정하는 때에 하는 처분의 통지(제19조 제2항), 법원이 관리위원의 행위에 대한 이의신청에 대해 관리위원에게 처분 을 명하고 그 뜻을 이의신청인에게 하는 통지(제19조 제5항), 관리인 보고를 위한 관계인집회 대 신 조사보고서 요지의 통지(제98조 제2항 제1호), 의견을 제출할 수 있다는 관리인의 통지(제98 조 제3항), 회생채권자 등에 대한 이의의 통지(제169조), 관계인집회 기일의 통지(제182조), 신청 에 의한 폐지 신청이 있는 경우 회생채권자 등에게 의견을 제출할 수 있다는 뜻의 통지(제287조 제3항), 파산채권의 이의에 관한 통지(제461조), 행정심판 또는 행정소송의 대상인 경우 파산관 재인에 대한 통지(제472조), 배당률의 결정통지(제515조 제1항), 최후배당액의 통지(제522조), 추 가배당액의 통지(제531조) 등이 있다.

Ⅱ. 관청 등에의 통지

회생절차와 관련하여, 회생절차개시신청이 있는 때 감독행정청 등에의 통지(제40조 제1항, 본 서 203쪽), 회생절차개시결정이 있을 때 감독행정청 등에의 통지(제52조), 관계인집회 기일의 통 지(제183조) 등이 있다.

파산절차와 관련하여, 법인에 대하여 파산선고를 한 경우 그 법인의 설립이나 목적인 사업에 관하여 행정청의 허가가 있는 때에는 법원은 파산의 선고가 있음을 주무관청에 통지하여야 한다 (제314조 제1항). 주무관청의 감독권 행사의 편의를 위함이다. 주무관청이란 행정청뿐만 아니라

---

50) 일본의 회사갱생법 제10조 제3항 단서, 민사재생법 제10조 제3항 단서는 이를 명확히 하고 있다.

특정사업에 대하여 허가 권한을 가지고 있는 공공단체를 말한다. 허가에는 행정법상의 허가뿐만 아니라 면허, 등록, 특허 또는 인가 등 허가와 유사한 행정처분을 포함한다. 파산취소 또는 파산폐지의 결정이 확정되거나 파산종결의 결정이 있는 경우에도 마찬가지이다(제314조 제2항). 법원은 필요하다고 인정하는 경우 파산선고사실을 검사에게 통지할 수 있다(제315조).

유한책임신탁재산에 대하여 파산선고를 한 경우 그 목적인 사업이 행정청의 허가를 받은 사업일 때에는 법원은 파산선고 사실을 주무관청에 통지하여야 한다. 유한책임신탁재산에 대한 파산취소 또는 파산폐지의 결정이 확정되거나 파산종결의 결정이 있는 경우 그 목적인 사업이 행정청의 허가를 받은 사업일 때에도 마찬가지이다(제578조의5).

Ⅲ. 통지받을 장소의 신고

개인회생채권자목록의 명의를 변경하려는 자는 통지받을 장소 등을 적은 신청서를 법원에 제출하여야 한다(제609조의2 제2항 제2호).

제3절 즉시항고

Ⅰ 회생절차에 관한 재판에 대한 불복

1. 불복방법으로서 즉시항고

회생절차에 있어서는 절차의 개시부터 종결까지 사이에 절차를 진행하기 위한 재판이 다수 존재한다. 이러한 재판 중 중요한 것에 대하여는 이해관계인의 이익보호를 위하여 불복신청을 인정할 필요가 있지만, 회생절차에 관한 재판 일반에 대하여 불복신청을 허용하면 절차가 지연되어 원활한 진행이 방해된다. 그래서 회생절차의 신속한 진행을 도모하고 회생절차에 관한 재판의 성질상 이를 신속히 확정할 필요가 있는 점을 감안하여 불복의 방법을 항고기간의 제한이 있는 즉시항고로 한정하고, 그 대상을 중요한 재판으로 법에 특별한 규정이 있는 경우에 한하여 허용하고 있다(제13조 제1항). 즉시항고를 할 수 있는 재판을 제한함으로써 절차의 신속한 진행과 이해관계인의 이익보호의 조화를 도모한 것이다. 따라서 채무자회생법에 즉시항고할 수 있다고 규정한 경우를 제외하고는 불복할 수 없다(불복신청불허원칙). 다만 특별항고(민소법 제449조 제1항)[51]만이 허용될 뿐이다.

---

51) 특별항고는 재판이 고지된 날부터 1주일 이내에 하여야 하고, 그 기간은 불변기간이다(제33조, 민소법 제449조 제2항, 제3항). 특별항고의 대상이 되는 것으로 ① 회생채권 등에 기한 강제집행 등의 취소결정(대법원 2013. 2. 22. 자 2012그152 결정), ② 추후보완 회생채권신고 각하결정(대법원 2012. 2. 13. 자 2011그256 결정), ③ 회생계획불인가결정에 대한 항고가 있는 때 항고인의 항고보증금 등 미공탁에 따른 항고장 각하결정(대법원 2011. 2. 21. 자 2010마1689 결정), ④ 면제재산에 대하여 파산채권에 기한 강제집행, 가압류 또는 가처분의 중지명령(대법원 2013. 4. 5. 자 2012그334 결정), ⑤ 개인회생절차에서의 면책취소신청 기각결정(대법원 2016. 4. 18. 자 2015마2115 결정) 등이 있다.

그러나 회생절차에 관한 재판에 대하여 불복(즉시항고)할 수 있다는 것은 별로 실익이 없다. 항고심에서 즉시항고를 심리하는 시간이 상당히 소요되고, 회생사건에 있어서 대부분의 중요한 재판은 그에 적합한 시간이 있는 것이다. 따라서 실질적으로 불복할 이익이 없다. 법원이 회생계획을 인가하고 수행정지가처분이 내려지지 않으면(실무적으로 거의 없다) 인가결정 이후에 진행된 사태를 사후에 원상회복하기는 지극히 어렵다. 이처럼 즉시항고는 의미있는 구제수단이 될 수 없어 사실상 실익이 없는 것이다.[52]

2. 즉시항고를 할 수 있는 재판

가. 즉시항고로 불복할 수 있는 재판

즉시항고로 불복할 수 있는 것으로는 사건기록의 열람 등 불허가결정(제28조 제5항), 관리인 등의 보수결정(제30조 제3항) 등이 있다.[53] 즉시항고의 대상이 되는 재판에 관한 규정은 한정열거적인 것이고(한정열거주의), 회생절차에 관한 다른 재판에 대하여는 즉시항고를 할 수 없다. 즉시항고가 인정되는 것은 절차의 고비가 되는 중요한 재판(개시결정, 기각결정, 인가결정 등) 및 관계자의 중요한 이익에 관계되는 재판(보전처분 등)이다.

민사집행법에서는 집행절차에 관한 집행법원의 재판(집행처분) 중 즉시항고를 할 수 없는 것에 대하여는 집행에 관한 이의신청을 할 수 있는 것으로 하고 있지만(민집법 제16조 제1항), 도산절차에서는 이러한 틀을 채택하고 있지는 않다.

나. 민사소송법 규정의 준용에 의한 재판의 경우 불복신청

회생절차에 대하여는 제33조에 의해 민사소송법의 규정이 포괄적으로 준용되고, 민사소송법에 의해 회생절차에 준용되는 재판에 대하여, 민사소송법에 의해 즉시항고를 할 수 있는 경

---

52) 이러한 실제적인 효과로 인하여 회생사건 담당 판사에게 엄청난 권한이 있는 것이다. 이러한 점에서 법원에 대한 회생신청을 적극적으로 유도하기 위해서는 회생사건 담당 판사가 내리는 결정들이 예측할 수 있어야 한다.

53) 이외 즉시항고가 인정되는 것으로 보전처분재판(제43조 제6항, 제323조 제4항, 제592조 제3항), 포괄적 금지명령·변경이나 취소결정·중지된 강제집행 등의 취소명령(제45조 제6항, 제593조 제5항), 포괄적 금지명령 적용 배제 신청에 대한 재판(제47조 제3항, 제593조 제5항), 회생절차개시신청에 대한 재판(제53조 제1항), 영업 등 양도에 있어 주주총회결의에 갈음하는 결정(제63조 제3항), 관리인·파산관재인·감사위원에 대한 해임결정(제83조 제3항, 제364조 제2항, 제380조 제3항), 법인의 이사 등의 재판에 관한 보전처분 등(제114조 제5항, 제351조 제5항), 공익채권에 기한 강제집행 등의 취소명령 등(제180조 제5항), 회생계획인가 여부 결정(제247조 제1항), 파산신청에 관한 재판(제316조 제1항), 파산선고와 동시에 하는 파산폐지의 결정(제317조 제3항), 채무자에 대한 구인결정(제319조 제3항), 채권자집회의 결의 집행금지결정(제375조 제4항), 면제재산 여부 결정(제383조 제6항), 배당표에 대한 이의신청에 대한 결정(제514조 제3항), 계산보고서 인가 결정(제533조 제2항), 원상회복신청에 관한 재판(제536조 제4항), 파산폐지신청에 관한 재판(제538조 제3항), 비용부족으로 인한 파산폐지신청에 관한 재판(제545조 제3항), 면책신청기각결정(제559조 제3항), 면책 여부에 관한 결정(제564조 제4항), 면책취소에 관한 결정(제569조 제2항), 복권의 결정(제575조 제3항), 개인회생재단에서의 면제재산결정(제580조 제3항, 제383조 제6항), 개인회생절차개시신청에 관한 재판(제598조 제1항), 변제계획 인부 결정(제618조 제1항), 개인회생절차폐지결정(제623조 제1항), 면책결정 및 면책취소결정(제627조), 외국도산절차 승인 신청에 대한 결정(제632조 제4항), 승인 전 명령 등의 결정(제635조 제4항), 지원결정 등(제636조 제8항), 주된 외국도산절차결정 등(제639조 제5항) 등이 있다.

우, 해당재판의 근거규정과 즉시항고를 인정하는 규정이 일체로서 회생절차에 준용되는 한도에서, 당해 재판에 대하여는 제33조가 제13조 제1항에서 말하는 '이 법에 따라 규정이 있는 때'에 해당한다고 볼 것이다. 따라서 즉시항고가 허용된다. 이러한 재판으로는 재판장에 의한 회생절차개시신청서 각하명령(민소법 제254조 제1항, 즉시항고에 대하여는 제254조 제2항), 제척ㆍ기피를 각하하거나 이유 없다고 한 재판(민소법 제45조 제1항, 즉시항고에 대하여는 제47조 제2항), 문서제출명령(민소법 제347조 제1항, 제2항, 즉시항고에 대하여는 제348조) 등이 있다.

다. 특별한 불복신청방법

회생채권의 조사확정재판, 부인의 청구에 대한 인용재판, 이사 등의 책임에 기한 손해배상청구권 등의 조사확정재판은 이의의 소로 불복하여야 하므로(제171조, 제107조, 제116조) 즉시항고의 대상이 되지 않는다. 이들은 채무자회생법에 정한 절차에 관한 재판이지만, 각각 실체법상의 권리의무와 관련되므로 대심구조에 의한 심리를 보장하지 않으면 안 되기 때문이다. 또한 제13조의 규정은 채무자회생법에 의한 재판에 관한 것이므로 그 외의 재판(예컨대 소송구조의 재판)에 대한 항고에 관한 내용은 민사소송법 또는 민사집행법에서 정하는 바에 따른다(제33조).

라. 특별항고의 허용 여부

즉시항고가 허용되는 경우에는 특별항고(민소법 제449조)가 허용되지 않는다.[54]

Ⅱ 즉시항고의 절차

1. 신청권자[55]

즉시항고의 신청권자는 그 재판에 대하여 이해관계를 가진 자이다(제13조 제1항). 여기서 '이해관계'라 함은 사실상ㆍ경제상 또는 감정상의 이해관계만으로는 부족하고 '법률상 이해관계'를 의미하며, 이에 해당하는지는 각 재판마다 개별적으로 판단하여야 한다.[56] 따라서 해당

---

54) 대법원 2013. 11. 20. 자 2013그271 결정.

55) 상대방은 누가 되는가. 채무자회생법의 규정에 의한 즉시항고절차도 민사소송법상의 항고절차와 마찬가지로 편면적인 불복절차로서 판결절차에서와 같은 대립당사자를 예정하고 있지 않으므로 엄격한 의미에서 상대방은 없다.

56) 대법원 2021. 8. 13. 자 2021마5663 결정, 대법원 2013. 6. 14. 자 2010마1719 결정, 대법원 2006. 1. 20. 자 2005그60 결정 참조. 파산관재인이 실시한 경쟁입찰방식에서 낙찰자로 선정된 자는 파산계속법원의 매매계약불허가결정에 대하여 법률상 이해관계를 갖는다고 할 수 없다. 그 이유는 다음과 같다. 파산관재인이 임의매각에 의한 환가를 실시함에 있어서 설령 경쟁입찰방식에 따라 최고가격을 제시한 매수자를 선정하기로 하여 입찰보증금을 제공받고 입찰공고를 시행하는 등 민사집행법상의 경매절차와 유사한 과정을 거쳤다고 하더라도 그 본질은 여전히 사적인 매매계약관계로 보아야 하므로, 사적 자치와 계약자유의 원칙 등 사법의 원리가 당해 입찰 및 매매계약에도 그대로 적용된다(대법원 2010. 11. 11. 선고 2010다56265 판결 참조). 따라서 파산관재인이 실시한 임의매각에 관한 경쟁입찰절차에서 파산관재인의 임의매각 행위에 대한 파산계속법원의 허가를 전제로 낙찰자로 선정된 자는 파산관재인의 임의매각 행위에 대한 파산계속법원의 허가가 있으면 파산절차 밖에서 파산관재인과 사이에 사적인 매매계약을 체결하게 되는 관계를 갖게 됨에 불과하므로, 파산관재인의 임의매각 행위에 대하여 파산절차에서 감독권의 행사로써 이루어진 파산계속법원의 불허가결정에 대해 법률상 이해관계를 갖는다고 할 수 없다(위 2010마1719 결정).

재판에 의하여 법률상 이익이 침해되었는가(자신의 법률상의 지위에 영향을 받는가) 여부를 기준으로 개별적으로 판단하여야 한다.

예컨대 회생계획에 공익채권에 대한 변제기의 유예 또는 채권의 감면 등 공익채권자의 권리에 영향을 미치는 규정을 두었다고 하더라도 그 공익채권자가 이에 대하여 동의하지 않는 한 그 권리변경의 효력은 공익채권자에게 미치지 아니하므로 공익채권자는 회생계획에 의하여 법률상 이해관계를 가지지 아니하여 공익채권자는 회생계획인가결정에 대한 적법한 즉시항고 권자가 될 수 없다.[57] 또한 업무를 감독하는 행정청 등은 즉시항고를 신청할 이해관계인이라고 할 수 없다. 보전처분의 대상이 된 재산이 자신의 소유에 속한다고 주장하는 자는 즉시항고를 신청할 수 없다. 보전처분의 대상이 된 재산이 자신의 소유에 속한다고 주장하는 자는 제3자 이의의 소를 제기하여 다투어야 하는 것으로 즉시항고를 하여 보전처분을 다툴 적격이 없기 때문이다.[58]

반면 채무자, 관리인, 조세·벌금 등 공법상의 채권을 행사할 권한을 가진 시장, 구청장, 세무서장, 검사 등은 이해관계인이라고 할 수 있다. 다만 구체적인 신청권자의 범위는 즉시항고가 허용되는 재판과 같이 개별적으로 검토하지 않으면 안 된다. 채권자의 신청에 의해 회생절차개시결정이 내려진 때에 채무자가 그에 대하여 즉시항고를 할 수 있고, 이때 채무자가 법인인 경우에는 채무자의 기존 대표자가 채무자를 대표하여 즉시항고를 제기할 수 있다(본서 259쪽).[59]

한편 절차의 안정을 위하여 신청권자(항고권자)의 채권자가 신청권자를 대위하여 즉시항고하는 것은 허용되지 않는다.

2. 즉시항고기간

가. 재판의 공고가 있는 경우

즉시항고는 재판의 공고가 있는 때에는 그 공고가 있은 날로부터 14일 이내에 하여야 한다 (제13조 제2항). 공고는 관보 게재 등의 방법으로 행하여 그 주지성이 충분하지 않으므로 기간을 통상의 기간보다 길게 인정한 것이다. 공고는 관보에 게재된 날의 다음 날 또는 대법원규칙이 정하는 방법에 의한 공고가 있는 날의 다음 날에 효력이 생긴다(제9조 제2항). 공고의 효력이 발생하는 것은 오전 영시이기 때문에, 기간은 공고의 효력이 발생한 당일부터 기산한다 (제33조, 민소법 제170조, 민법 제157조 단서).

공고를 하여야 할 재판을 공고하지 않거나 공고가 법률에 위반하여 무효인 경우 항고기간은 진행하지 않는다. 법원이 재판을 공고하여야 하는 데도 공고를 아니한 경우 그 공고가 있

---

57) 대법원 2006. 1. 20. 자 2005그60 결정 참조.
58) 倒産·再生訴訟, 570쪽.
59) 대법원 2021. 8. 13. 자 2021마5663 결정.

기 전에 즉시항고를 하는 것이 허용된다.[60] 이때에는 즉시항고기간이 진행하지 않으므로 즉시항고기간의 경과 여부는 문제되지 않는다.

나. 재판의 공고가 없는 경우

재판의 공고가 없는 경우에는 송달을 받은 날로부터 1주간이 즉시항고기간이다(제8조 제1항, 제33조, 민소법 제444조 제1항). 위 기간은 불변기간이다(제33조, 민소법 제444조 제2항). 초일은 산입하지 않는다(민법 제157조 본문).

한편 송달에 갈음하여 공고를 하는 경우(제10조)에는 공고에 의하여 그로부터 14일간이 즉시항고기간이 된다.

다. 공고 및 송달을 모두 하여야 하는 경우

재판의 고지에 있어 공고 및 송달을 모두 하는 경우 즉시항고기간은 송달을 받은 경우를 기준으로 하여야 하는가(송달설) 아니면 공고를 기준으로 하여야 하는가(공고설). 재판이 공고 및 송달을 모두 하여야 하는 경우에는 우편으로 발송하여 송달하거나(제11조 제1항) 당사자에게 직접 송달하는 경우 발송송달일자나 교부송달의 수령일자를 따질 필요 없이 모두 공고가 있은 날로부터 14일간이 즉시항고기간이 된다. 즉 공고와 송달이 모두 있는 경우 공고를 기준으로 즉시항고기간을 계산한다. 다수의 이해관계인에 대한 집단적 처리의 필요성에서 불복신청기간을 획일적으로 정하는 것이 바람직하기 때문이다. 따라서 재판이 송달된 날로부터 1주가 지나 즉시항고를 하였더라도 재판의 공고가 있은 날로부터 14일 이내에 한 것이라면 적법한 기간 내에 제기한 것으로 보아야 한다.[61] 반대로 재판이 송달된 날로부터 1주 이내에 즉시항고를 하였더라도 재판의 공고가 있은 날로부터 14일이 지나 한 것이라면 적법한 기간 내에 제기한 것으로 볼 수 없다.

라. 추완항고의 허용 여부

당사자가 책임질 수 없는 사유로 말미암아 불변기간을 지킬 수 없었던 경우에는 그 사유가 없어진 날로부터 2주 이내에 게을리한 소송행위를 보완할 수 있으므로(제33조, 민소법 제173조 제1항 본문) 즉시항고의 추후보완이 가능하다. 당사자가 즉시항고를 제기하면서 추후보완이라는 취지의 문언을 기재하지 아니하였다 하더라도 그 전체적인 취지에 비추어 그러한 주장이 있는 것으로 볼 수 있는 경우에는 당연히 그 사유에 대하여 심리·판단하여야 하고, 증거에 의하여 그 기간의 경과가 그의 책임질 수 없는 사유로 말미암은 것으로 인정되는 이상 그 즉시항고는 처음부터 소송행위의 추후보완에 의하여 제기된 것으로 보아야 한다.[62]

---

60) 대법원 2016. 7. 1. 자 2015재마94 결정 참조.
61) 대법원 2011. 9. 29. 자 2011마1015 결정 참조.
62) 대법원 2014. 7. 25. 자 2014마980 결정 참조.

재판을 송달하는 경우(회생절차개시신청기각결정, 면책불허가결정 등, 제8조 제1항) '고지된 날로부터 1주'는 불변기간으로 보아야 하므로(제33조, 민소법 제444조 제2항) 추완항고가 허용된다고 할 것이다. 문제는 재판을 공고(또는 공고 및 송달)하는 경우{회생절차개시결정, 면책허가결정(제564조 제3항, 제624조 제4항), 변제계획인부결정(제614조 제3항), 개인회생절차폐지결정(제622조) 등} '공고가 있은 날로부터 14일'이 불변기간인지 여부이다. 제13조 제2항이 즉시항고기간을 규정하면서 불변기간이라고 명시하지 않았으므로 불변기간이 아니고 추완항고도 허용되지 않는다고 볼 수도 있다(특히 면책결정을 받은 채무자의 신속한 사회복귀를 위해서는 추완항고를 허용하여서는 아니된다). 그러나 재판을 송달한 경우와 달리 볼 합리적 이유가 없고, 항고기간은 불변기간으로 보아야 하므로 공고를 하는 경우의 즉시항고기간도 불변기간이고(제33조, 민소법 제444조 제2항), 따라서 추완항고가 허용된다고 할 것이다.[63]

3. 즉시항고의 방식

즉시항고의 신청은 원재판을 한 법원에 항고장을 제출함으로써 한다(제33조, 민소법 제445조). 즉시항고는 서면으로 하여야 한다(제14조). 회생절차는 다수의 이해관계인이 관여하는 집단적 절차이기 때문에 서면으로 할 것을 요청하고 있는 것이다.

4. 즉시항고의 효력

즉시항고를 한 경우 법에 특별한 정함이 없는 경우에는 집행정지의 효력이 있다(제13조 제3항).[64] 보전처분에 대한 즉시항고(제43조 제7항), 회생절차개시결정에 대한 즉시항고(제53조 제3

---

63) 대법원도 불변기간으로 보고 있다(대법원 2014. 7. 25. 자 2014마980 결정, 대법원 2012. 12. 27. 자 2012마1247 결정 참조). 불변기간으로 본다고 하더라도 재판의 공고가 있는 때에는 특별한 정함이 없는 한 모든 관계인에 대하여 그 재판의 고지가 있는 것으로 보아야 하고(제9조 제3항), 공고 및 송달을 모두 하여야 하는 경우 그 공고는 모든 관계인에 대하여 송달의 효력이 있기도 하므로(제11조), 공고가 있는 재판을 송달받지 못하여 즉시항고기간을 지킬 수 없었다는 취지의 주장은 특별한 사정이 없는 한 당사자가 책임질 수 없는 사유로 말미암아 불변기간을 지킬 수 없었던 경우에 해당한다고 보기 어려울 것이다.

64) 민사소송법 제447조도 즉시항고에 집행정지의 효력을 인정하고 있다. 하지만 민사집행법 제15조 제6항은 즉시항고에 집행정지의 효력을 인정하고 있지 않다. 판결은 확정되어야 비로소 효력이 발생한다(따라서 항소를 하면 판결의 확정이 차단된다). 그런데 결정은 확정될 필요없이 고지로 그 본래적 효력(집행력)이 생긴다(민집법 제56조 제1호 참조). 이 점은 그 재판의 불복방법이 통상항고에 의하든 즉시항고에 의하든 동일하다. 통상항고가 제기될 때에는 그 통상항고에는 기간의 정함이 없으므로 언제 재판이 확정될지 알 수 없기 때문에 재판은 고지할 때 효력이 발생한다고 하여야 할 것이다. 그런데 즉시항고가 제기될 때에는 단기의 제기기간 제한이 있기 때문에(민소법 제444조 제1항) 그 기간이 경과되면 재판은 확정되고 또 즉시항고가 제기되더라도 그 항고에 대한 심리는 비교적 빨리 처리될 것이기 때문에 재판의 확정을 기다려 그 효력이 생기더라도 아무런 문제가 없다. 일단 재판의 고지에 의하여 효력이 생기고 그 효력이 생긴 뒤에 즉시항고의 제기에 의하여 원재판이 취소됨으로써 그 효력이 상실되는 혼란보다는 재판의 확정시에 효력이 생긴다고 하는 것이 올바르다고 생각된다. 그런데 우리나라는 일반적으로 즉시항고에 의할 재판에도 고지와 더불어 그 효력의 발생을 인정하면서 한편 즉시항고의 제기와 동시에 그 효력의 집행을 자동적으로 정지시킨다고 하고 있다(제13조 제3항, 민소법 제447조). 다만 강제집행절차에 관한 재판에 대한 즉시항고에는 집행정지의 효력이 없으므로(민집법 제15조 제6항) 즉시항고를 제기할 재판에 기인하여 이미 강제집행이 개시되었을 때에는 즉시항고의 제기가 있다 하더라도 그 강제집행이 바로 정지 또는 취소되지 아니한다{강현중, "즉시항고의 본질", 인권과정의 230호(1995), 대한변호사협회, 12쪽}.

항) 등과 같이 회생절차의 신속한 진행을 위하여 일부 재판에 대하여는 집행정지의 효력을 인정하지 않는 특별규정을 두고 있다. 또한 포괄적 금지명령(변경 또는 취소 포함), 취소명령에 대한 즉시항고에 대하여는 재판의 성질 내지 회생의 필요성 때문에 집행정지의 효력을 인정하지 않고 있다(제45조 제7항).

한편 채무자회생법이 명문으로 즉시항고에 집행정지의 효력이 없다고 규정하지 않더라도 경우에 따라서는 즉시항고에 집행정지의 효력이 없는 것으로 보아야 할 경우도 있다. 예컨대 회생계획은 인가결정이 있은 때로부터 효력이 생기므로(제246조) 회생계획 인가결정에 대한 즉시항고의 경우 집행정지의 효력이 인정되지 않는다고 보아야 한다.[65]

5. 즉시항고 후의 절차

원재판을 한 법원은 즉시항고장을 접수한 경우 항고가 이유 있다고 인정하는 때에는 재도의 고안[66]에 의하여 그 재판을 경정하여야 하고(제33조, 민소법 제446조), 항고가 이유 없다고 인정되면 법원사무관 등은 기록을 항고법원에 송부한다(제33조, 민소법 제443조 제1항).

원심재판장은 항고장에 필요적 기재사항이 누락되었거나 인지를 붙이지 아니한 경우 상당한 기간을 정하여 보정명령을 하여야 한다(제33조, 민소법 제399조 제1항). 항고인이 위 기간 내에 흠을 보정하지 않거나 항고기간이 도과되었음이 명백한 때에는 항고장각하명령을 하여야 한다(제33조, 민소법 제399조 제2항).[67]

한편 실무에서는 종종 즉시항고의 대상이 아닌 결정(강제집행 등의 취소명령, 회생절차종결결정 등)에 대하여 즉시항고를 제기한 경우가 있다. 이 경우에는 항고장각하명령을 할 것이 아니라 항고장을 접수한 법원으로서는 이를 특별항고로 보아 기록을 대법원에 송부하여야 할 것이다.[68] 다만 특별항고를 제기할 수 있는 기간(민소법 제449조 제2항)을 도과한 경우에는 항고장각하명령을 하여야 할 것이다.

6. 항고심의 심리 및 재판

가. 항고심의 심리

항고심은 원결정의 내용에 따라 절차적 요건 및 실체적 요건을 심리하여 재판한다. 회생절

---

65) 회생사건실무(상), 50쪽.
66) 실무적으로 사용하는 용어인데, '재판의 경정'이라는 용어가 더 타당하다고 생각된다.
67) 항고장각하명령에 대하여 즉시항고를 할 수 있고, 항고장을 각하하는 재판이 '명령'이 아닌 '결정'의 형식을 취하였다고 하더라도 마찬가지이다(대법원 2015. 4. 24. 자 2015그38 결정).
68) 특별항고만이 허용되는 재판에 대한 불복에 있어서는 당사자가 특히 특별항고라는 표시와 항고법원을 대법원으로 표시하지 아니하였더라도 그 항고장을 접수한 법원으로서는 이를 특별항고로 보아 소송기록을 대법원에 송부하여야 하고, 항고법원이 항고심으로서 재판하였더라도 이는 결국 권한 없는 법원의 재판에 귀착된다(대법원 2016. 6. 21. 자 2016마5082 결정, 대법원 2014. 1. 3. 자 2013마2042 결정, 대법원 2011. 9. 16. 자 2011마1176 결정, 대법원 2009. 5. 20. 자 2009그70 결정 등 참조).

차개시요건은 항고심 심리 종결 시를 기준으로 판단한다. 항고심의 속심적 성격에 비추어 항고심에서의 사실과 증거의 제출은 항고심에서 심문을 연 때에는 그 심문종결시까지, 심문을 열지 아니한 때에는 결정의 고지시까지 가능하다 할 것이므로, 항고심 법원으로서는 그때까지 제출한 자료를 토대로 제1심결정 또는 항고이유의 당부를 판단하여야 한다.[69]

나. 항고심의 재판

즉시항고의 절차가 법률에 위반(즉시항고기간이 도과하였거나 즉시항고권이 존재하지 아니한 경우)된 경우 항고는 부적법하므로 각하한다. 즉시항고가 이유 없다고 인정하는 때에는 즉시항고를 기각한다(제53조 제4항). 즉시항고가 이유 있다고 인정하는 때에는 원심법원의 결정을 취소하고 사건을 원심법원으로 환송하여야 한다(제53조 제5항).[70] 회생사건의 직분관할이 회생법원에 있기 때문에 회생절차개시결정 등 이후의 절차를 원심법원이 하도록 한 것이다.[71]

항고가 취하되거나 항고권의 포기에 의한 종료 등이 있는 경우 재판 이외의 방식으로 종료될 수도 있다.

Ⅲ 재 항 고

항고법원의 결정에 대하여 재판에 영향을 미친 헌법, 법률, 명령 또는 규칙의 위반이 있음을 이유로 하는 경우 대법원에 재항고를 할 수 있다(제33조, 민소법 제442조).

재항고도 항고와 마찬가지로 통상항고와 즉시항고로 나누어지나 그 구분은 원래의 항고 자체가 통상항고인가 즉시항고인가에 의하는 것이 아니라 재항고의 대상이 되는 재판의 내용에 따른다.[72] 즉 재항고가 즉시항고인가 통상항고인가는 항고법원의 결정 내용에 의하여 결정된다. 최초의 항고가 즉시항고인데 항고법원이 항고를 기각(각하)한 때에는 이에 대하여 한 재항고도 즉시항고이다.[73] 그러나 항고법원이 원심재판을 변경한 때에는 그 내용이 즉시항고에 의할 것이면 즉시항고, 통상항고에 의할 것이면 통상항고이다. 예컨대 회생계획인가결정에 대한 즉시항고에 대하여 항고법원이 인가결정을 취소한 경우 이에 대한 재항고는 즉시항고이다(제247조 제7항 후문).[74]

---

69) 대법원 2012. 4. 13. 자 2012마271,272 결정, 대법원 2012. 1. 12. 자 2011마2059,2060 결정 등 참조.
70) 서울고등법원 2024. 5. 29. 자 2023라21801 결정, 서울고등법원 2020. 5. 26. 자 2019라21331 결정(회생절차개시결정이 부적법하다는 이유로 원심법원의 결정을 취소하고, 서울회생법원으로 환송한 사례).
71) 입법론적으로 회생절차개시결정은 가능한 한 신속하게 할 필요가 있고, 환송 후 원래의 회생법원이 하여야 할 적극적인 이유는 없기 때문에 원심법원의 결정을 취소하고 항고법원이 하는 것이 타당하다. 반면 동시처분·부수처분은 사건을 원심으로 환송한 후 원래의 회생법원이 하는 것이 적절할 것이다.
72) 대법원 2007. 7. 2. 자 2006마409 결정.
73) 대법원 2007. 7. 2. 자 2006마409 결정 등 참조.
74) 대법원 2016. 7. 1. 자 2015재마94 결정, 대법원 2011. 6. 29. 자 2011마474 결정 등. 담보취소의 결정에 대한 항고는 즉시항고이지만(민소법 제125조 제4항), 그 즉시항고를 인용하고 담보취소의 신청을 기각한 결정에 대한 재항고는 통상항고이다(민소법 제439조).

제4절 등기·등록의 촉탁[75]

Ⅰ 회생절차와 관련된 등기·등록의 촉탁

회생절차에서 등기·등록의 촉탁은 다수의 이해관계인이 관여하는 회생절차에서 거래의 혼란이 발생하는 것을 예방하고, 중대한 효과를 가진 처분의 사실을 가능한 한 신속하게 공시하기 위하여 하는 것으로 공고(제9조)와 더불어 공시수단 중 하나이다.

채무자회생법은 회생절차와 관련된 등기[76]·등록의 촉탁에 있어 법인인 채무자와 법인이 아닌 개인채무자[77]를 서로 다르게 규정하고 있다. 또한 법인에 관한 등기의 촉탁(제23조)과 등기된 권리에 관한 등기 등의 촉탁(제24조)으로 나누어 규정하고 있다.[78]

1. 법인채무자의 경우

가. 회생절차개시결정 등

법인인 채무자의 경우 법원사무관 등은 ① (간이)회생절차개시결정, (간이)회생절차개시취소결정, 회생계획인가결정, (간이)회생절차종결결정, (간이)회생절차폐지결정 또는 회생계획불인가결정 등이 있는 경우, ② 제265조 및 제266조에 따른 신주발행, 제267조 및 제268조의 규정에 의한 사채발행, 제269조의 규정에 의한 주식의 포괄적 교환, 제270조의 규정에 의한 주식의 포괄적 이전, 제271조의 규정에 의한 합병, 제272조의 규정에 의한 분할 또는 분할합병이나 제273조 및 제274조의 규정에 의한 신회사의 설립이 있는 경우,[79] ③ 보전관리인에 의한 관리를 명하는 처분(제43조 제3항), 관리인을 선임하는 처분(제74조 제1항 및 제3항) 및 '관리인을 선임하지 아니하고 법인채무자의 대표자를 관리인으로 본다'는 처분(제23조 제4항),[80] 국제도산관

---

75) 관련된 자세한 내용은 〈제6편 제4장〉을 참조할 것.
76) 회생절차 및 파산절차와 관련한 등기기록례에 관하여는 「부동산등기기록례집(재단·입목·선박·부부재산 등기 포함), 법원행정처(2019), 511~528쪽」을 참조할 것.
77) 개인채무자는 법인이 아닌 채무자로 자연인 또는 법인 아닌 사단·재단을 의미한다. 이하 같다.
78) 세부적인 처리지침은 전자는 「법인등기사무처리지침」에서, 후자는 「부동산등기사무처리지침」에서 각 규정하고 있다.
79) 이외에도 법원사무관등은 그 밖에 회생계획의 수행이나 채무자회생법의 규정에 의하여 회생절차가 종료되기 전에 법인인 채무자나 신회사에 관하여 등기할 사항이 생긴 경우에는 직권으로 지체 없이 그 등기를 촉탁하여야 한다(제23조 제5항).
80) 관리인을 선임하지 않은 결정을 하면 법인대표자를 관리인으로 보게 되고(제74조 제4항) 이후 주주총회 등을 통해 대표이사를 변경함으로써 관리인을 교체하는 경우가 있다. 이런 경우 대표이사의 변경등기를 법원사무관 등이 촉탁하여야 하는가. 실무적으로 등기소에서 법원사무관 등의 촉탁이 필요하다는 이유로 보정명령을 하고, 관리인은 회생계속법원에 등기촉탁의 허가를 신청하는 경우가 있다(서울회생법원 2018회합100092). 법원이 관리인을 선임한 후 변경한 경우에는 법원사무관 등의 등기촉탁이 필요하지만, 관리인을 선임하지 않아 대표자(대표이사)가 관리인으로 간주되고 이후 대표이사가 주주총회 등에서 교체된 경우에는 관리인이 직접 대표이사의 지위에서(조직법적 행위) 등기소에 대표이사 변경등기를 신청하면 될 것이므로 이 경우는 법원이 관리인을 교체하는 것이 아니다] 등기소의 보정명령은 적절하지 않다. 2024년 법 개정으로 제74조 제3항의 처분(관리인을 선임하지 않는다)에 대하여도 법원사무관 등이 등기촉탁을 하고(제23조 제2항) 위 처분의 등기를 촉탁할 때는 법인인 채무자의 대표자를 관리인

리인을 선임하는 처분(제636조 제1항 제4호)이 있는 경우[81] 법인등기부에 기입등기·등록을 촉탁하는 것으로 족하고, 개별적인 재산에 대하여는 기입등기·등록을 촉탁하지 않아도 된다(제23조 제1항, 제2항, 제4항 참조).[82][83]

법인의 경우에는 법인등기부에 회생절차의 개시사실 등이 등기되고 그것만으로 공시의 효과를 거둘 수 있을 뿐만 아니라 법인의 개별적인 재산에 관한 회생절차개시결정 등의 등기·등록이 아무런 대항력도 가지지 못하고 채무자와 거래하는 제3자에 대하여 단지 경고적 효력만을 가지는 데 불과한 반면,[84] 그 재산의 수가 많은 경우 등기·등록에 소요되는 시간 및 부담이 컸으므로 개별적인 재산에 대한 등기 및 등록은 하지 않도록 하였다.[85]

나. 보전처분

법인인 경우에도 개별적인 재산에 대하여 보전처분이 내려진 경우에는 등기 및 등록을 촉탁하여야 한다. 보전처분에는 회생절차개시결정 전의 보전처분(제43조), 법인의 이사 등의 재산에 대한 보전처분(제114조 제1항, 제3항)이 포함된다. 보전처분이 변경 또는 취소되거나 효력을 상실한 때에도 마찬가지이다(제24조 제1항 제2호, 제3호, 제27조). 아래 〈2.〉에서 보는 바와 같이 미등기된 권리도 마찬가지이다.

'보전처분의 효력을 상실할 때'란 보전처분의 취소결정에 의하지 않고 실효되는 경우를 말한다. ① 회생절차개시신청이 취하되거나 회생절차개시신청이 기각된 경우, ② 채무자의 재산에 대한 보전처분에 대하여는 회생절차개시결정이 된 경우, ③ 이사 등의 재산에 대한 보전처분에 대하여는 회생절차개시결정취소결정의 확정(제54조), 회생계획불인가결정의 확정, 회생절차폐지결정의 확정에 의해 회생절차가 종료된 경우가 여기에 해당한다.

으로 본다는 취지의 등기를 함께 촉탁하도록 하였다(제23조 제4항). 이러한 법 개정에도 불구하고 관리인을 선임하지 않은 결정을 하여 법인대표자를 관리인으로 보게 되고(제74조 제4항) 이후 주주총회 등을 통해 대표이사를 변경함으로써 관리인을 교체하는 경우에는 여전히 관리인이 직접 등기소에 대표이사 변경등기를 신청하면 될 것이다. 제23조 제2항, 제4항에서 촉탁하는 등기는 관리인을 선임하지 않는다는 처분과 채무자의 대표자를 관리인으로 본다는 취지의 등기이기 때문이다.

81) ③에 해당하는 각 처분의 등기에는 관리인·보전관리인 또는 국제도산관리인의 성명 또는 명칭과 주소 또는 사무소를 기재하여야 한다. 이 경우 기재사항이 변경된 때에는 법원사무관 등은 지체 없이 그 변경의 등기를 채무자의 각 사무소 및 영업소의 소재지의 등기소에 촉탁하여야 하다(제23조 제3항).

82) 법인파산절차의 경우에도 마찬가지이다(제23조 제1항 제1호, 제5호).

83) 법인인 채무자 명의의 부동산 등의 권리에 대해서 회생절차개시결정, 회생계획인가, 회생절차종결의 등기촉탁이 있는 경우, 등기관은 「부동산등기법」 제29조 제2호에 의하여 이를 각하하여야 한다(부동산등기사무처리지침 제19조).

84) **회생절차개시결정등기와 상법 제37조** 상업등기의 효력을 정한 상법 제37조는 등기할 사항은 이를 등기하지 아니하면 선의의 제3자에게 대항하지 못하고, 등기를 하면 제3자가 정당한 사유로 인하여 이를 알지 못한 때가 아니면 등기할 사항을 대항할 수 없다는 취지를 정하고 있지만, 회생절차개시결정의 효력은 그 결정시부터 효력이 발생하고(제49조 제3항), 행위의 효력이 회생절차개시사실에 대한 제3자의 선의·악의에 의해 결정되는 경우(제66조, 제67조 참조) 선의·악의는 공고를 기준으로 결정하는 것에 비추어 보면(제68조), 회생절차개시결정등기에는 상법 제37조가 적용되지 않는다고 할 것이다.

85) 법인등기부에 회생절차개시등기를 한 경우 채무자의 재산에 대하여 일종의 포괄적 압류가 있는 것으로 개시결정 후에는 재산이 총채권자를 위하여 확보되고, 관리인에게 제3자적 지위를 부여한 반면, 개시결정을 할 때 개별 재산에 대하여 회생절차개시의 등기·등록을 필요로 하지 않는 것으로 하였다는 견해도 있다(條解 民事再生法, 49쪽).

2. 개인채무자(법인이 아닌 채무자)의 경우

채무자가 개인인 경우 개별적인 재산에 대하여 ① (간이)회생절차의 개시·(간이)회생절차개시결정취소·(간이)회생절차폐지 또는 회생계획불인가결정·회생계획인가 또는 (간이)회생절차종결결정, ② 보전처분 및 그 취소나 변경, 효력 상실의 등기·등록을 촉탁하여야 한다(제24조 제1항 제1호, 제5항, 제23조 제1항 제1호 내지 제3호, 제27조 참조).[86]

개인채무자의 경우에는 등기부가 존재하지 아니하여 회생절차개시결정 등의 사실을 따로 공시할 수단이 없으므로 거래안전을 위하여 개별 재산에 대한 등기·등록을 하도록 하고 있는 것이다.

제24조 제1항은 등기촉탁의 대상으로 '등기된 것'(제1호, 제2호) 또는 '등기된 권리'(제3호)라고 규정되어 있지만, 등기의 목적이 거래의 혼란을 방지하기 위하여 인정되는 것인 이상, 소유권의 경우 미등기 권리에 대하여도 인정된다고 할 것이다. 미등기의 경우는 촉탁을 받은 등기소가 보존등기를 한 다음(부동산등기법 제66조) 제24조 제1항의 등기를 하여야 할 것이다.

3. 결 론

보전처분(취소나 변경 또는 효력 상실을 포함한다)에 관한 등기는 법인이건 개인이건 개별적인 재산에 등기한다.[87] 회생절차개시결정 등 나머지 절차등기는 채무자가 법인인 경우에는 법인등기부에 등기하는 것으로 충분하고(개별적인 재산에는 등기하지 않는다), 법인이 아닌 경우(개인)에만 개별적인 재산에 등기한다. 등록의 경우에도 마찬가지이다.[88]

---

86) 파산취소·파산폐지 또는 파산종결의 결정이 있는 경우나(제24조 제5항) 개인회생절차에 의한 보전처분 및 그 취소 또는 변경의 경우에도 마찬가지이다(제24조 제6항). 한편 후자의 경우 효력을 상실할 때가 규정되어 있지 않지만, 회생절차와 달리 볼 이유가 없으므로 동일하게 해석하여야 할 것이다. 입법적 정비가 필요하다.

87) 부인의 등기(제26조)도 개별적인 재산에 등기를 하여야 한다. 다만 부인의 등기는 아래에서 보는 바와 같이 촉탁이 아닌 신청에 의하여 등기한다. 부인의 등기에 관하여는 〈**제7장 제3절 V.5.**〉(본서 497쪽)를 참조할 것.

88) 회생절차뿐만 아니라 파산절차나 개인회생절차의 경우에도 마찬가지이다. 다만 개인회생절차의 경우에는 채무자가 법인이 아니지만 개인회생절차개시결정, 변제계획인가결정, 개인회생절차폐지결정 등 절차에 따른 등기를 하지 않는다(위 등기예규 제1516호 제30조). 이는 상대적으로 소규모인 개인회생절차의 간이화를 위한 것이다{부동산등기실무(Ⅲ), 법원행정처(2015), 334~335쪽}.

〈도산절차별 부동산등기기록의 등기사항〉

	회생절차		파산절차		개인회생
	법인	개인	법인	개인	
보전처분	○	○	○	○	○
개시결정/파산선고	×	○	×	○	×
개시결정취소/파산취소	×	○	×	○	×
회생계획인가/변제계획인가	×	○	×	−	×
회생절차종결/파산절차종결	×	○	×	○	×
부인	○	○	○	○	○

Ⅲ 등기·등록 촉탁의 원칙과 주체

1. 촉탁에 의한 등기·등록의 원칙[89]

회생절차에서는 채무자의 재산에 대한 관리처분권이 관리인에게 있기 때문에 제3자가 그 사실을 모르고 거래할 경우 예측할 수 없는 손해가 발생할 수 있다. 이를 방지하기 위하여 절차의 개시부터 종료 시까지 각 절차의 과정을 공시할 필요가 있다. 이러한 등기·등록은 법원 또는 법원사무관 등이 직권으로 촉탁하는 것이 원칙이다(법인등기사무처리지침 제3조, 다만 앞에서 본 바와 같이 채무자가 법인인 경우에는 개별 재산에 대하여 촉탁하지 않는다). 이는 회생절차의 목적 달성과 거래안정의 도모라는 공익 목적을 위해서는 회생절차를 주재하는 법원 또는 법원사무관 등의 촉탁에 의하는 것이 가장 효율적이기 때문이다.

반면에 절차의 진행과 관계가 없는 채무자와 이해관계인 사이의 권리관계에 관한 등기는 신청에 의한다. 예컨대 부인의 등기(제26조 제1항),[90] 임의매각에 의한 소유권이전등기(제26조 제4항) 등이 그러하다.[91]

2. 등기·등록 촉탁의 주체

등기·등록 촉탁의 주체는 원칙적으로 법원사무관 등이다(제23조 제1항, 제24조 제1항). 회생절차개시결정 등의 등기 등은 법원의 결정을 집행하는 것에 불과하여 따로 판단 과정을 필요로 하지 않기 때문이다. 법원사무관 등은 회생계획의 수행이나 채무자회생법의 규정에 의하여 회생절차의 종료 전에 법인인 채무자나 신회사에 관하여 등기할 사항이 생긴 때에는 직권으로 지체없이 촉탁서에 결정서의 등본 또는 초본 등 관련서류를 첨부하여 채무자의 각 사무소 및 영업소(외국에 주된 사무소 또는 영업소가 있는 때에는 대한민국에 있는 사무소 또는 영업소를 말한다)의 소재지의 등기소에 그 등기를 촉탁하여야 한다(규칙 제9조 제1항).

다만 ① 회생계획의 수행이나 채무자회생법의 규정에 의하여 회생절차가 종료되기 전에 등기·등록된 권리의 득실·변경이 있는 경우(아래 〈Ⅲ.〉 참조) 그 등기 등의 촉탁(제24조 제2항)

---

89) 부동산등기실무(Ⅲ), 법원행정처(2015), 336쪽.

90) 등기의 원인인 행위가 부인되거나 등기가 부인된 때에는 관리인, 파산관재인 또는 개인회생절차에서의 부인권자(제584조)는 단독으로 부인의 등기를 신청하여야 한다(부동산등기사무처리지침 제11조 제1항).

91) 법원사무관등이 촉탁하여야 할 등기사항 이외의 등기사항에 관하여는 관리인 또는 법 제74조 제4항에 의하여 관리인으로 간주되는 자나 보전관리인의 신청에 의하여 등기하여야 한다(법인등기사무처리지침 제4조 제1항, 제2항, 부동산등기사무처리지침 제3조 제1항, 제2항). 회생절차개시결정이 있는 때에는 채무자의 업무의 수행과 재산의 관리 및 처분을 하는 권한은 관리인에게 전속하고(제56조 제1항), 관리인이 선임되지 아니한 경우에는 채무자인 법인의 대표자가 관리인으로 간주되며(제74조 제4항), 제43조 제3항에 따른 보전관리명령이 있는 때에는 회생절차개시결정 전까지 채무자의 업무수행과 재산의 관리 및 처분을 하는 권한은 보전관리인에게 전속하기(제85조) 때문이다.

당연히 파산절차의 경우에는 파산관재인(법인등기사무처리지침 제4조 제3항, 부동산등기사무처리지침 제3조 제3항), 개인회생절차의 경우에는 채무자(부동산등기사무처리지침 제3조 제4항).

과 ② 관리인이 부인의 등기가 된 재산을 임의매각한 경우 부인의 등기 및 부인된 행위를 원인으로 하는 등기 등의 말소의 촉탁(제26조 제4항)은 법원이 한다. 이들은 그 요건을 판정하여 등기 등을 촉탁하는 것이 쉽지 않고 중요한 내용이라는 점을 고려하여 법원을 촉탁의 주체로 한 것이다.

Ⅲ 회생계획의 수행 등으로 인한 권리의 득실·변경에 관한 등기

법원은 회생계획의 수행이나 채무자회생법의 규정에 의하여 회생절차가 종료되기 전에 등기된 권리의 득실이나 변경이 생긴 경우에는 직권으로 지체 없이 그 등기를 촉탁하여야 한다. 다만 채무자·채권자·담보권자·주주·지분권자와 신회사 외의 자를 권리자로 하는 등기의 경우에는 그러하지 아니하다(제24조 제2항).[92]

회생계획의 수행이나 채무자회생법의 규정에 의하여 등기사항의 변경이 한꺼번에 광범위하게 발생할 수 있으므로 채무자·채권자·담보권자·주주·지분권자와 신회사가 등기권리자인 경우에는 회생절차의 일환으로 직권으로 등기를 촉탁하도록 하여 등기사무도 한 번에 신속하게 처리하여 거래의 혼란을 방지하기 위함이다.

'회생계획의 수행에 의하여 등기 있는 권리의 득실이나 변경이 생긴 경우'란 회생계획에 따라 재산을 신회사에 이전하거나 채무자의 재산에 담보권을 설정하는 경우 등을 말한다. '이 법의 규정에 의하여 등기된 권리의 득실이나 변경이 생기는 경우'란 채무자의 부동산에 설정된 등기된 담보권이 회생계획인가에 의하여 소멸하는 경우(제251조) 등을 말한다.[93]

회생계획의 수행이나 채무자회생법의 규정에 의하여 회생절차가 종료되기 전에 등기된 권리의 득실이나 변경이 생긴 경우를 판정하는 것은 쉽지 않으므로 앞에서 본 바와 같이 촉탁의 주체를 법원사무관 등으로 하지 않고 법원으로 한 것이다.

---

92) 실무적으로 부동산 담보신탁과 관련하여 주의가 필요하다. 부동산의 신탁에 있어서 수탁자 앞으로 소유권이전등기를 마치게 되면 대내외적으로 소유권이 수탁자에게 완전히 이전되고, 위탁자와의 내부관계에 있어서 소유권이 위탁자에게 유보되어 있는 것은 아니므로(대법원 2002. 4. 12. 선고 2000다70460 판결, 대법원 1994. 10. 14. 선고 93다62119 판결 등 참조) 위탁자가 신탁한 부동산은 더 이상 위탁자인 채무자의 재산이 아니다. 따라서 회생절차개시 전에 채무자가 수탁자에게 신탁한 부동산에 근저당권이 설정되어 있었던 경우, 회생절차개시 이후 그 신탁재산이 채무자에게 복귀되었다고 하더라도 위 근저당권이 회생담보권으로 되는 것은 아니므로(회생담보권인지 여부는 개시 당시를 기준으로 하기 때문이다) 제251조에 의한 말소등기촉탁의 대상이 되지 아니한다.

93) 회생계획에 부동산의 매각을 위해 필요한 경우 법원이 담보권 말소촉탁을 할 수 있다는 내용을 정한 경우 회생담보권이 변제되지 않더라도 매각계획의 이행을 위해 담보권 설정등기를 말소촉탁 할 수 있다. 이러한 말소촉탁은 제24조 제2항의 등기촉탁과 구분되는 임의적인 것으로, 이에 관한 법원의 말소허가결정과 말소촉탁은 제252조와 회생계획의 내용에 근거하여 적법하다(대법원 2017. 5. 31. 선고 2015다24751 판결 참조).

Ⅳ 등기소의 직무 및 등록면허세[94]의 비과세 등

1. 등기소의 직무

등기소는 제23조 또는 제24조의 규정에 의한 등기의 촉탁을 받은 때에는 지체 없이 그 등기를 하여야 한다(제25조 제1항). 등기소는 회생계획인가의 등기를 하는 경우 채무자에 대하여 파산등기가 있는 때에는 직권으로 그 등기를 말소하여야 한다(제25조 제2항). 등기소는 회생계획인가취소의 등기를 하는 경우 직권으로 말소한 파산등기를 직권으로 회복하여야 한다(제25조 제3항).

2. 등록면허세의 비과세

(1) 회생절차에서 등기·등록이 필요한 경우가 있다. 채무자회생법은 법인인 채무자에 관한 등기(제23조)와 법인 또는 개인인 채무자의 재산에 관하여 이루어지는 등기(제24조)로 구분하여 규정하고 있다. 법인인 채무자에 관한 등기에는 다시 회생절차 자체의 진행과 관련된 등기(회생절차개시결정 등)와 회생계획의 이행에 따른 등기(신주발행 등)로 구분할 수 있다. 지방세법은 이러한 등기·등록에 대한 등록면허세에 관하여 특별한 규정을 두고 있다.

(2) 제23조 또는 제24조의 규정에 의하여 법원사무관 등이나 법원이 촉탁하는 등기·등록 또는 등기소가 직권으로 한 등기(제25조 제1항부터 제3항까지, 제27조, 제76조 제4항)나 부인의 등기(제26조 제1항, 제3항)에 관하여는 등록면허세를 부과하지 않는다(지방세법 제26조 제2항 제1호, 부동산등기사무처리지침 제4조 제2항). 부인의 등기는 법원의 촉탁이 아니라 관리인 등의 신청에 의한 등기이지만 등록면허세가 비과세된다.

등록[95]을 하는 자는 지방세법에 의하여 등록면허세를 납부할 의무가 있다(지방세법 제24조 제1호). 그러나 제23조나 제24조 또는 부인의 등기의 경우는 이해관계인 일반의 이익의 보전이라는 공익적 요소가 강하고,[96] 채무자의 재산 감소를 방지할 필요가 있기 때문에(부인등기의 경

---

94) 채무자회생법에는 등록세라고 되어 있으나, 지방세법은 2010. 3. 31. 법 개정으로 종전의 등록세 중 취득을 전제로 한 부분은 취득세로, 취득의 전제 없이 이루어지는 등기·등록과 면허·인가 등에 과세되는 면허세는 각각 '등록에 대한 등록면허세'와 '면허에 대한 등록면허세'로 구분 통합되었다.

95) "등록"이란 재산권과 그 밖의 권리의 설정·변경 또는 소멸에 관한 사항을 공부에 등기하거나 등록하는 것을 말한다. 다만, 제2장에 따른 취득을 원인으로 이루어지는 등기 또는 등록은 제외하되, 다음 각 목의 어느 하나에 해당하는 등기나 등록은 포함한다(지방세법 제23조 제1호).
　가. 광업권 및 어업권 및 양식업권의 취득에 따른 등록
　나. 제15조 제2항 제4호에 따른 외국인 소유의 취득세 과세대상 물건(차량, 기계장비, 항공기 및 선박만 해당한다)의 연부 취득에 따른 등기 또는 등록
　다. 「지방세기본법」 제38조에 따른 취득세 부과제척기간이 경과한 물건의 등기 또는 등록
　라. 제17조에 해당하는 물건의 등기 또는 등록

96) 이런 점에서 회생계획에 따른 신주발행 등의 경우(제23조 제1항 제4호)에도 등록면허세를 비과세하는 것은 입법론적으로 의문이다. 관련하여 개정 전 지방세법(법률 제19430호) 제26조 제2항 제1호 단서는 회생절차에서 법원의

우)[97] 등록면허세를 부과하지 않도록 하였다. 등기절차를 신속히 하고 채무자의 경제적 부담을 덜어주어야 한다는 점도 고려한 것이다.

(3) 회생계획의 수행이나 채무자회생법의 규정에 의하여 신주발행(제265조, 제266조), 사채발행(제267조, 제268조), 주식의 포괄적 교환(제269조), 주식의 포괄적 이전(제270조), 합병(제271조), 분할 또는 분할합병(제272조)이나 신회사의 설립(제273조, 제274조)이 있는 경우 절차의 신속과 비용 절약을 위해 법원사무관 등이 위 각 등기를 촉탁하도록 하고 있다(제23조 제1항 제4호). 회생절차종결 이전에 위와 같은 등기사항이 발생하여 법원사무관등이 회생절차종결 이전에 촉탁할 수 있었던 사항에 관하여 착오로 이를 누락한 경우에는 회생절차종결 후라도 그 등기촉탁을 할 수 있다. 그러나 회생계획의 수행에 따른 것이라고 하더라도 그 사유가 회생절차종결 후에 발생한 경우(예컨대 회생절차종결 후 회생계획에 따라 증자를 한 경우)의 등기는 채무자인 법인 또는 새로운 법인의 신청에 의하여 등기하여야 하고, 법원사무관 등의 촉탁에 의하여 등기할 수 없다.[98] 따라서 이러한 경우에는 등록면허세를 납부하여야 한다.[99]

(4) 법원은 회생계획의 수행이나 채무자회생법의 규정에 의하여 회생절차가 종료되기 전에 등기된 권리의 득실이나 변경이 생긴 경우로 등기권리자가 채권자·담보권자·주주·지분권자와 신회사인 때에는 직권으로 지체 없이 그 등기를 촉탁하여야 하고(제24조 제2항), 이 경우 등록면허세는 비과세된다(지방세법 제26조 제2항 제1호). 반면 그 외의 자가 권리등기자인 경우에는 직접 등기신청을 신청하여야 하고, 등록면허세도 납부하여야 한다. 권리등기자가 채권자·

촉탁으로 인한 것이라고 하더라도 법인의 자본금 또는 출자금의 납입, 증자 및 출자전환에 따른 등기 또는 등록은 등록면허세를 부과하도록 하고 있었다. 이로 인하여 채무자회생법과 개정 전 지방세법이 충돌하는 상황이 발생하였고, 2023년 지방자치단체들이 회생절차에서 출자전환 등에 따른 등기에 관하여 등록면허세를 부과하여 실무적으로 논란이 되었다. 하지만 기업회생과 경제회복을 지원하기 위하여 2024. 1. 1.부터는 회생·파산절차에 따른 법원사무관 등(법원)의 촉탁이나 등기소 직권으로 이루어진 등기·등록에 대하여는 등록면허세를 비과세하도록 개정하였다.

나아가 지방세법(법률 제19860호) 개정 규정은 이 법 시행 전에 「채무자 회생 및 파산에 관한 법률」에 따라 법원이 촉탁하여 등기 또는 등록을 하였으나 이 법 시행 당시 같은 법에 따라 회생절차·간이회생절차가 진행 중이거나 회생계획·간이회생계획을 수행 중인 경우에도 적용한다는 점(부칙 제3조), 부과제척기간 등을 고려하면, 2024. 1. 1. 이전에 회생절차에서 법원의 촉탁으로 이루어진 등기 또는 등록에 대하여도 비과세가 적용된다. 이로써 실무적 논란은 입법적으로 상당히 해결되었다. 즉 2024. 1. 1. 전에 채무자회생법에 따라 법원이 촉탁하여 등기·등록을 하였더라도, 2024. 1. 1. 당시 회생절차·간이회생절차가 진행 중이거나 회생계획·간이회생계획을 수행 중이라면, 채무자는 ① 기(既) 등기·등록에 대한 등록면허세를 납부할 의무가 없고, ② 이미 납부하였다면 이를 환급받을 수 있게 되었다. 그러나 2024. 1. 1. 이전에 종결된 사건 중 인가 전 M&A에 의한 인수대금으로 확정된 회생채권 등을 일시 변제하는 등 개정법 시행 당시 회생계획이 수행 중이라고 보기 어려운 사건에 대하여는 개정법이 적용되지 않아 여전히 문제이다. 실무에서는 회생계획이 수행 중인지에 관한 다툼이 있다. 회생계획의 수행 중인지에 관하여는 〈제6편 제3장 제2절 Ⅲ.2.다.(2)〉(본서 2205쪽)를 참조할 것.

97) 이에 대하여 부인의 등기도 공익적 요소를 인정하여 비과세하는 것으로 보아야 한다는 견해가 있다(條解 破産法, 1748쪽). 부인의 결과 파산재단이 증가하는 것은 채권자 전체의 이익에 부합하고, 그런 의미에서 다수관계자의 이해와 관련된 것이라고 말하지 않을 수 없다. 등록면허세는 등기·등록에 따른 이익에 주목하여 등기·등록을 담세력의 간접적 표현으로 파악하여 그것을 과세대상으로 하는 조세이지만, 부인의 등기가 문제되는 것은 부인권의 행사에 의한 재산적 가치의 이전이라고 할 것이다. 그리고 이러한 재산적 가치의 이전이 회생절차라는 재판절차의 수행에 필요한 (집행)행위로 되어 있는 것에 공익적 요소를 인정하여 비과세로 한 것으로 해석하여야 한다고 한다.

98) 법인등기사무처리지침 제3조 제2항.

99) 실무적으로 회생계획에 증자 등을 하기로 되어 있음에도 등록면허세에 대한 고려 없이 조기에 종결을 하는 경우가 있는데, 주의를 요한다.

담보권자 · 주주 · 지분권자와 신회사가 아님에도 법원이 착오로 등기를 촉탁하였다고 하더라도 비과세대상이 아니다.[100]

3. 등기신청수수료의 납부 불요

제23조, 제24조, 제25조 제2항, 제3항 및 규칙 제10조 제1항에 의한 등기 등 회생절차[101]와 관련하여 법원사무관 등이 등기를 촉탁하는 경우 등기신청수수료를 받지 아니한다(부동산등기사무처리지침 제4조 제1항, 법인등기사무처리지침 제8조 제1항, 등기사항증명서 등 수수료규칙 제5조의2 제2항 단서 제3호).

회생계획의 수행에 따른 제266조의 규정에 의한 신주발행, 제268조의 규정에 의한 사채발행, 제269조의 규정에 의한 주식의 포괄적 교환, 제270조의 규정에 의한 주식의 포괄적 이전, 제271조의 규정에 의한 합병, 제272조의 규정에 의한 분할 또는 분할합병이나 제273조 및 제274조의 규정에 의한 신회사의 설립이 있는 경우 및 회생계획의 수행이나 채무자회생법의 규정에 의한 등기를 법원사무관등이 촉탁하는 경우에도 등기신청수수료를 받지 아니한다(법인등기사무처리지침 제8조 제2항, 제3항, 등기사항증명서 등 수수료규칙 제5조의2 제2항 단서 제3호).

부인의 등기에 관하여는 등기신청수수료를 받지 아니한다는 규정이 없으므로 등기신청수수료를 납부하여야 한다.

▌제5절▐ 사건기록의 열람 · 복사 등

이해관계인이 그 절차상의 권리를 적절하게 행사하기 위해서는 채무자의 재산 상태 등에 관한 정보를 입수할 필요가 있다. 이에 따라 채무자회생법은 이해관계인에게 사건기록 등의 열람 · 복사 등의 청구권을 인정하고 있다(제28조 제1항). 반면 법원은 채무자의 사업유지 또는 회생에 현저한 지장을 초래할 우려가 있거나 채무자의 재산에 현저한 손해를 줄 우려가 있는 때에는 그 청구권의 제한을 인정하고 있다(제28조 제4항).

Ⅰ 열람 · 복사 등의 청구권자

사건기록 등의 열람 · 복사 등을 청구할 수 있는 자는 당해 사건의 이해관계인이다. 이해관계인으로 한정한 것은 회생절차가 공개된 법정에서 대심이 필요한 소송절차와 달리 비송절차로서 비공개절차로 진행된다라는 점을 고려한 것이다.[102]

---

100) 대법원 2010. 4. 29. 선고 2009두17179 판결, 부동산등기사무처리지침 제4조 제3항 참조.
101) 파산절차, 국제도산절차의 경우에도 마찬가지이다.
102) 민사소송법은 당사자나 이해관계를 소명한 제3자에게 소송기록 등의 열람 · 복사 등을 허용하고, 누구든지 일정한

이해관계인이란 회생절차에 관하여 법률상의 이해관계를 가진 자를 말한다. 단순히 사실상 또는 경제적 이익이 영향을 받는 자는 포함되지 않는다.[103] 구체적으로 ① 회생채권자, 회생담보권자, 주주·지분권자, 근로자(직원)[104] 등은 이해관계인에 해당된다는 점에 대하여는 별다른 다툼이 없다. ② 회생절차개시결정 후 채무자와 거래를 한 자도 공익채권을 가지는 등 회생절차에 영향을 받는 구체적인 법률관계가 형성되었으므로 이해관계인에 포함된다. ③ 회생채권자 등에 대하여 채권을 가지는 자는 이해관계인에 해당하지 않는다. 이러한 자는 회생절차에 의해 자기의 권리 내지 법률적 이익에 영향을 받지 않고 단순히 사실상 또는 경제적인 이익이 영향을 받는 것에 불과하기 때문이다.[105] ④ 채무자의 자산을 취득하려는 자(매수희망자)나 채무자 소유 건물의 임차인도 단순히 사실상 또는 경제적인 이익이 영향을 받는 것에 불과하기 때문에 이해관계인에 해당하지 않는다.

Ⅱ 열람·복사 등의 청구 대상

열람·복사 등 청구의 대상은 ① 사건기록의 열람·복사, ② 재판서·조서의 정본·등본이나 초본의 교부 또는 ③ 사건에 관한 증명서의 교부이다. 사건기록은 문서 그 밖의 물건을 포함한다(제28조 제1항). 사건기록 중 녹음테이프 또는 비디오테이프(이에 준하는 방법에 의하여 일정한 사항을 기록한 물건을 포함한다)는 열람·복사의 대상이 아니지만, 이해관계인의 신청이 있는 때에는 법원은 그 복제를 허용할 수 있다(제28조 제2항).

Ⅲ 열람·복사 등의 시기적 제한

회생절차의 초기 단계에서는 채권자의 갑작스런 회수행위나 상계 등이 있을 염려가 있기 때문에 밀행성이 요구된다. 그래서 사건기록 등의 열람·복사 등에 대하여 시기 및 이해관계인이 누구냐에 따라 일정한 제한을 부과하고 있다.[106]

시기(재판의 확정)를 지나면 권리구제·학술연구 또는 공익적 목적으로 소송기록의 열람을 허용하는 것을 원칙으로 하고 있다(민소법 제162조 제1항, 제2항). 민사소송의 구두변론은 일반적으로 공개되기 때문이다. 나아가 판결이 확정된 사건의 판결서(2023. 1. 1.부터는 판결이 선고된 판결서)를 인터넷, 그 밖의 전산정보처리시스템을 통한 전자적 방법 등으로 열람 및 복사할 수 있다(민소법 제163조의2 제1항).

103) 파산절차에서는 파산채권자, 채무자, 별제권자, 상계권자, 환취권자, 재단채권자가 이해관계인에 포함된다. 누가 이해관계인이 된다는 것은 절차적으로 사건기록 등의 열람·복사 등의 청구권 등에 영향을 미친다.

104) 서울회생법원 2020회합100189 쌍용자동차 주식회사 사건에서, 직원이 2021. 7. 21. 열람·복사 신청을 하였고, 법원은 이를 허가하였다.

105) 會社更生의 實務(上), 37쪽.

106) 문언 해석상 제28조 제3항은 회생절차에만 적용되고 파산절차에는 적용되지 않는 것으로 보이나, 파산절차에서도 시기적 제한의 필요성이 인정된다는 점에서 의문이다. 파산절차에서도 동일하게 시기적 제한이 인정된다고 할 것이다(유추적용). 일본 파산법 제11조는 동일한 시기적 제한을 규정하고 있다.

(1) 회생절차개시신청인

회생절차개시 또는 간이회생절차개시의 신청인은 언제라도 당해 사건기록 등의 열람·복사 등을 청구할 수 있다(제28조 제3항 단서). 신청인에 대하여는 밀행성의 요청이 필요하지 않기 때문이다.

(2) 회생절차개시신청인이 아닌 경우

신청인이 아닌 경우에는 이해관계인이 누구냐에 따라 일정 시기가 도래하기까지는 청구를 제한하고 있다(제28조 제3항).

(가) 채무자 외의 이해관계인

채무자 외의 이해관계인은 제43조 제1항의 규정에 의한 보전처분, 제43조 제3항의 규정에 의한 보전관리명령, 제44조 제1항의 규정에 의한 중지명령, 제45조 제1항의 규정에 의한 포괄적 금지명령, 회생절차개시 또는 간이회생절차개시의 신청에 대한 재판 중 어느 하나가 있을 때까지는 청구를 할 수 없다. 따라서 위 시기 중 어느 하나가 도래하여야 비로소 청구를 할 수 있다. 위 시기 중 어느 하나라도 도래하면(위 시기 도래 전에 열람·복사 등을 허용하면 위 각 재판의 실효성에 영향을 미칠 우려가 있다) 밀행성 유지의 필요성이 없어지고, 오히려 위와 같은 재판이 있은 후에는 이것을 다투기 위한 정보개시의 필요성이 높아지기 때문이다.[107]

(나) 채권자신청사건에서의 채무자[108]

채권자신청사건에서의 채무자는 위 (가)의 각 재판, 회생절차개시 또는 간이회생절차개시의 신청에 관한 변론기일의 지정, 채무자를 소환하는 심문기일의 지정 중 어느 하나가 있을 때까지는 마찬가지의 이유로 청구할 수 없다. 따라서 위 재판 중 하나가 있는 경우에는 열람 등 청구가 허용된다. 이러한 재판 중 하나가 있는 경우에는 밀행성을 보장할 필요가 없고, 채무자에 대하여 방어권을 보장할 필요가 있기 때문이다.

---

107) 이 경우에도 민사소송법의 준용에 의한 비밀보호를 위한 열람 등의 제한은 할 수 있을 것이다(제33조, 민소법 제163조). ① 신청기록 중에 당사자의 사생활에 관한 중대한 비밀이 적혀 있고, 제3자에게 비밀 기재부분의 열람 등을 허용하면 당사자의 사회생활에 지장이 클 우려가 있는 때, ② 신청기록 중에 당사자가 가지는 영업비밀(부정경쟁방지및영업비밀보호에관한법률 제2조제2호에 규정된 영업비밀을 말한다)이 적혀 있는 때에는, 법원은 당사자의 신청에 따라 결정으로 신청기록 중 비밀이 적혀 있는 부분의 열람·복사, 재판서·조서 중 비밀이 적혀 있는 부분의 정본·등본·초본의 교부를 신청할 수 있는 자를 당사자로 한정할 수 있다(민소법 제163조 제1항). 여기서 당사자는 신청인이나 채권자가 신청한 경우 채무자를 말한다고 할 것이다.
　서울회생법원 2019하합100533 사건(채권자 신청)에서, 보전처분이 내려진 후 채무자가 재판기록 열람 등 제한신청을 하였지만(2020하기21), 서울회생법원은 2020. 4. 9. 열람·복사 등의 제한을 구하는 신청기록은 위 ①이나 ②에 해당하지 않는다는 이유로 신청을 기각하였다.
108) 제28조 제3항 제2호는 단순히 '채무자'라고만 되어 있다. 채무자가 신청한 사건에서는 위 (1)에서 본 바와 같이 시기적 제한이 없으므로 여기서 '채무자'는 채권자신청사건에서의 채무자를 말하는 것은 당연하다.

Ⅳ 열람·복사 등의 불허가 및 불복방법

법원은 채무자의 사업유지 또는 회생에 현저한 지장을 초래할 우려가 있거나 채무자의 재산에 현저한 손해를 줄 우려가 있는 때에는[109] 사건기록 등의 열람·복사, 정본·등본이나 초본의 교부 또는 녹음테이프 또는 비디오테이프의 복제를 허가하지 아니할 수 있다(제28조 제4항). 사건에 관한 증명서의 교부 청구는 불허가할 수 없다.[110]

불허가결정에 대하여는 즉시항고를 할 수 있다(제28조 제5항).[111]

제6절 채무자의 재산 등의 조회

법원은 필요한 경우 관리인[112] 그 밖의 이해관계인의 신청에 의하거나 직권으로 채무자의 재산 및 신용에 관한 전산망을 관리하는 공공기관·금융기관·단체 등에 채무자 명의의 재산에 관하여 조회할 수 있다(제29조 제1항). 면책의 효력을 받을 이해관계인이 재산조회신청을 하는 때에는 조회할 공공기관·금융기관 또는 단체를 특정하여야 한다. 이 경우 법원은 조회에 드는 비용을 미리 납부하도록 명하여야 한다(제29조 제2항).

재산조회의 신청방법, 조회를 할 공공기관·금융기관 또는 단체 등의 범위 및 조회절차, 이해관계인이 납부하여야 할 비용, 조회결과의 관리에 관한 사항 등은 대법원규칙이 구체적으로 정하고 있다(규칙 제45조 내지 제48조).

---

109) 서울회생법원은 2020회합100189 쌍용자동차 주식회사 사건에서, 회생절차개시신청서 등이 일반에 공개될 경우 채무자가 진행하고 있는 인수협상이나 구조조정에 지장을 줄 수 있다는 이유로 보전처분 이후에도 기록열람·복사를 불허하였다. 또한 회생절차개시결정 이후에도 채권자의 열람복사신청에 대하여 회생에 현저한 지장이 초래된다는 이유로 「투자계약체결 허가 신청의 허가서」 중 신청서의 첨부문서 전부」 등 일부 문서에 대하여 열람을 허가하지 아니하였다.

110) 채무자회생법은 열람·복사 등의 제한이 가능한 문서를 열거하고 있지는 않다. 실무적으로 열람·복사 등의 제한이 문제되는 것은 주로 채무자의 업무에 관한 각종 허가신청서, 채무자의 영업 및 재산에 관련된 각종 문서 등이다. 일본 민사재생법은 열람 등이 제한되는 문서로 ① 재생채무자 등에 의한 지정행위의 허가신청서 및 그 때 제출된 문서 등, ② 재생채무자 등에 의한 사업 등의 양도허가신청서 및 그 때 제출된 문서 등, ③ 부인권한이 부여된 감독위원에 대한 지정행위의 허가신청서 및 그 때 제출된 문서 등, ④ 보전관리인에 의한 일상 업무 이외의 행위에 대한 신청서 및 그 때 제출된 문서, ⑤ 조사위원 또는 개인회생위원의 보고서, ⑥ 재생채무자 등에 의한 업무 및 재산상태보고서를 한정적으로 열거하고 있다(제17조 제1항). 회사갱생법 제12조 및 파산법 제12조도 같은 취지를 규정하고 있다.

111) 서울회생법원 2014하합100072 사건에서, 2021. 3. 11. 신청인이 이해관계인에 해당하지 않는다는 이유로 열람·복사신청에 대하여 불허가결정을 하자 신청인이 위 불허가결정에 대하여 즉시항고를 하였다. 위 즉시항고는 항고기각(서울고등법원 2021라20300), 재항고기각(대법원 2021마6903)으로 확정되었다.

112) 파산절차에서는 파산관재인이다.

제7절 민사소송법 등의 준용

　회생절차[113]에 관하여 채무자회생법에 규정이 없는 때에는 민사소송법 및 민사집행법을 준용한다(제33조).[114] 민사소송법이나 민사집행법 전반을 포괄적으로 준용한다고 규정하고 있지만, 채무자회생법은 총칙에서 회생사건에 관한 고유의 재판관할(제3조), 이송(제4조), 임의적 변론과 직권조사(제12조), 송달(제8조), 재판의 고지방법으로서 공고(제9조), 사건기록의 열람(제28조) 등 각종 규정을 두고 있는데다가, 소송절차에 관한 규정은 회생사건의 성질상 임의적 구두변론이 열리는 경우의 절차를 제외하고는 기본적으로 준용의 여지가 없다는 점을 고려하면, 실제로 준용되는 규정은 많지 않을 것이다. 문제는 회생절차에 어느 정도 민사소송법이나 민사집행법이 준용되는지 여부이다.

(1) 소송절차참가

　채무자회생법이 규정한 절차 중 소송의 선행절차인 재판절차, 즉 채권조사확정재판절차(제170조), 부인의 청구에 관한 재판절차(제106조) 및 손해배상청구권 등 조사확정재판절차(제115조)는 모두 소송의 전제로 하는 것이므로 원칙적으로 소송에 관한 규정이 준용되고, 민사소송법의 참가에 관한 규정(민소법 제71조)도 준용된다.

　위와 같이 소송의 선행절차인 재판절차를 제외한 나머지 절차에 소송절차참가에 관한 규정이 준용될 수 있는가. 이에 관하여 보조참가는 회생절차 등의 관계자가 행한 신청에 대하여 이해관계가 있기 때문에 그 신청의 실현을 위해 활동하는 것이므로 대립당사자구조를 채용하지 않는 것과 보조참가를 허용할 것인지 여부는 직접적인 관계가 없어 보조참가를 허용하여야 한다는 견해가 있다.[115] 그러나 회생절차개시신청에 관한 재판절차 및 개시 후의 회생절차에 있어서는 대립당사자 사이의 소송계속과 유사한 구조는 아니고(회생절차는 집단적 채무처리절차이지 당사자 대립구조는 아니다), 직권주의가 지배하므로 참가의 규정은 준용되지 않는다고 할 것이다.[116]

---

113) 파산절차, 개인회생절차의 경우에도 마찬가지이다.
114) 규칙 제12조는 '도산절차에 관하여 규칙에 규정한 것 외에 필요한 사항은 민사소송규칙, 민사집행규칙 및 재산조회규칙을 준용한다'고 하고 있다. 따라서 민사소송법 등의 규정이 준용되는 경우 당해 법률의 규정에 관하여 민사소송규칙 등이 규정되어 있는 때에는, 당해 민사소송규칙 등의 규정도 준용된다.
115) 條解 破産法, 103쪽 참조.
116) 대립하는 당사자구조를 갖지 못한 결정절차에 있어서는 보조참가를 할 수 없다(대법원 2014. 2. 14. 자 2011마2368 결정, 대법원 1994. 1. 20. 자 93마1701 결정, 대법원 1973. 11. 15. 자 73마849 결정). 실무적으로 회생절차개시신청에 이해관계가 있다고 주장하며 보조참가를 하는 경우가 있다. 이러한 보조참가는 위와 같은 이유로 부적법 각하하여야 한다. 채권자가 신청한 파산신청에 법률상 이해관계가 있다고 주장하며 보조참가한 것에 대하여, 대립하는 당사자구조를 갖지 못한 결정절차에서는 보조참가를 할 수 없다는 이유로 부적법하다고 각하한 사례로「서울회생법원 2019. 9. 2. 자 2019하합28 결정」이 있다.
　한편 채무자가 회생절차개시를 신청한 경우와 달리 채권자가 채무자에 대하여 회생절차개시신청을 한 경우에는 대립당사자구조 내지 이에 준하는 구조가 형성되므로 보조참가 나아가 독립당사자참가가 가능하다는 주장이 있을

(2) 소송대리인

재판의 신청이나 응소에 있어서는 소송대리인에 관한 규정(민소법 제87조, 변호사대리원칙)이 준용되지만, 채권신고, 채권조사기일에서의 이의진술, 의결권 행사 등 재판절차 이외의 행위에 대하여는 준용되지 않는다.

(3) 중 단

(가) 개인인 채무자가 사망한 경우

개인인 채무자가 회생절차개시결정 전 또는 개시결정 후에 사망한 경우에는 상속재산에 회생능력이 인정되지 않기 때문에 회생절차는 당연히 종료된다(당연종료설).[117]

(나) 법인인 채무자에 대하여 중단사유가 발생한 경우

채무자가 법인인 경우의 중단사유로는 합병이 있다(민소법 제234조). 법인인 채무자에 대하여 회생절차개시요건의 심사 중 합병이 된 경우에는 민사소송법상 중단 규정이 준용되고, 대리인이 선임되어 있지 않으면(민소법 제238조 참조) 심사절차는 중단된다.

(다) 채권자 신청사건에서 신청채권자가 사망한 경우

채권자 신청사건에서 회생절차개시결정 전에 신청채권자가 사망한 경우, 민사소송법상 중단에 관한 규정이 준용되고, 대리인이 선임되어 있지 않으면 회생절차개시요건의 심사절차는 중단된다. 신청채권자가 수인인 경우에는 사망한 채권자 이외의 채권자와 채무자 사이의 절차는 진행되고, 그 절차에 의해 개시결정이 된 경우 중단된 절차는 진행할 실익이 없으므로 당연히 종료된다.

(라) 중단의 규정이 부수적인 재판절차에도 준용되는지 여부

강제집행 등 중지명령신청과 같이 회생절차 진행에 있어 부수적인 재판절차에는 중단의 규정이 준용되지 않는다. 중지명령은 직권으로 발령할 수도 있으므로 신청인의 사망에 의해 절차가 중단된다고 볼 것은 아니기 때문이다.

물론 부수적 재판절차 속행 중에 채무자가 사망한 경우에는 회생사건 자체가 종료되므로 {앞의 (가) 참조} 이것에 수반한 재판절차도 당연히 종료된다.

(마) 중단 규정의 소송선행절차에의 준용 여부

채무자회생법이 규정한 절차 중 소송의 선행절차인 재판절차, 즉 채권조사확정재판절차, 부

수 있다. 그러나 보조참가나 독립당사자참가는 소송의 결과에 관하여 법률상 이해관계가 있을 때 허용되는 것인데, 채무자에 대한 회생절차개시 여부가 참가인의 법률상 이해관계에 영향을 미친다고 할 수 없어 모두 부적법하다고 할 것이다(대전고등법원 2007. 6. 13. 자 2006라152 결정 참조). 나아가 참가인이 회생절차개시를 반대하면서 참가한 경우에는 보조참가의 취지에 반하고, 독립당사자참가의 요건이 충족되지 않는다는 점에서도 허용되지 않는다고 할 것이다.

117) 개인회생절차의 경우도 마찬가지이다. 그러나 파산절차에서 개인이 사망한 경우에는 상속재산에 대하여 속행된다(제308조).

인의 청구에 관한 재판절차 및 손해배상청구권 등 조사확정재판절차는 모두 소송의 전제로서 하는 것이므로 원칙적으로 소송에 관한 규정이 준용되고, 민사소송법의 중단 규정도 준용된다고 해석함이 상당하다. 준용되지 않고 직권으로 절차를 진행하여 소송으로 이행된다면, 그 단계에서 중단의 규정이 적용되기 때문에, 선행절차를 소송과 달리 취급할 실익이 없다. 물론 소송절차의 중단에 관하여는 별도의 규정을 두고 있다(제59조).

(4) 중 지

채무자회생법이 규정한 절차 중 소송의 선행절차인 재판절차, 즉 채권조사확정재판절차, 부인의 청구에 관한 재판절차 및 손해배상청구권 등 조사확정재판절차는 모두 소송의 전제로서 하는 것이므로 원칙적으로 소송에 관한 규정이 준용되고, 민사소송법 중 법원의 직무집행 불가능으로 말미암은 중지(민소법 제245조)나 당사자의 장애로 말미암은 중지(제246조)도 준용된다.

소송의 선행절차인 재판절차 이외의 절차에 대하여도 준용되는가. 이에 대하여 소송의 선행절차인 재판절차 이외의 절차, 특히 회생절차를 수행하는 재판절차에 대하여는, 법원의 직무집행 불능 또는 당사자의 장애로 인한 중지 규정은 준용되지 않는다는 견해가 있다.[118] 하지만 경우에 따라서는 회생절차 진행 중에도 법원의 직무수행이 불가능하거나 당사자가 일정하지 아니한 기간 동안 소송행위를 할 수 없는 장애사유(예컨대 전국적인 전염병의 확산으로 이동이 제한된 경우)가 발생할 수 있으므로 소송의 선행절차인 재판절차 이외의 절차에도 중지에 관한 규정이 준용된다고 할 것이다.[119]

회생절차가 법원의 직무수행 불가능이나 당사자의 장애로 중지된 경우 기간의 진행을 정지시키고, 정지가 해소된 후에 남은 기간이 아니라 다시 전체기간이 진행한다(제33조, 민소법 제247조 제2항).

(5) 소송비용

민사소송법에서의 소송비용에 관한 규정은 승소한 당사자가 부담하였던 절차비용을 소송종료 후 패소한 당사자로부터 징구한다는 구도임에 반하여, 회생절차에서의 절차비용은 공익비

---

118) 條解 民事再生法, 85쪽. 그 이유는 다음과 같다. 먼저 법원의 직무집행 불가능으로 말미암은 중지에 관하여 본다. 법원의 직무집행이 불가능을 이유로 회생절차를 중지한다면, 살아 움직이는 사업체는 사업을 지속할 수 없게 된다. 기업회생은 미룰 수 없는 것이다. 회생절차는 결정절차에 의한 것이기 때문에 사무분담상 회생사건 담당이 가능한 법관이라면 누구도 해당 법관을 대신하여 직무집행을 할 수 있다. 따라서 담당 법관에 지장이 있는 경우라면 다른 법관이 임시로 처리하면 되고, 구두변론주의를 전제로 한 민사소송법상의 중지 규정에 기해 중지하는 것은 상당하지 않다. 지진 등으로 대체할 법관이 없는 경우에는 사법행정으로 필요한 대처를 하여야 한다. 그러나 통상 그러한 경우에는 당사자도 피해로 인해 절차를 진행할 수 없는 것이 일반적이다. 이러한 경우는 중지를 논할 것이 아니라 '할 수 없는 것은 할 수 없는 것'이다. 다음으로 당사자의 장애로 말미암은 중지에 관하여 본다. 채무자에게 장애가 있다면, 일시 그 회복을 기다리는 한편, 장애의 정도에 따라 회생절차개시신청을 기각하거나 회생절차를 폐지하면 되고, 기계적으로 회생절차를 중지할 것은 아니다. 채권자에게 장애가 있어도 직권조사주의로 진행되는 회생절차의 진행에 영향은 없다.

119) 코로나 바이러스 감염증-19의 대구·경북지역 내 급속한 확산으로 인하여 당사자에게 일정한 기간 동안 소송행위를 할 수 없는 장애가 생겼다고 하여 회생절차를 중지한 사례로 「대구지방법원 2020. 3. 5. 자 2019간회합1005 결정, 대구지방법원 2020. 2. 28. 자 2019회합131 결정」이 있다.

용으로서 절차진행 중에 채무자의 재산으로부터 지출하는 것을 법원이 허가하는 구도이다. 따라서 양 절차는 비용의 부담에 관한 기본사상을 달리하기 때문에 소송비용의 부담에 관한 규정은 회생절차에 준용되지 않는다. 패소한 당사자가 부담한다는 규정(민소법 제98조)도 패소한 당사자를 관념할 수 없기 때문에 준용되지 않는다. 소송비용담보에 관한 규정(민소법 제117조 이하)도 관계인이 신청인에 대하여 비용상환청구권을 취득하는 것이 아니므로 준용되지 않는다. 다만 실질적으로 상대방이 있다고 인정되는 재판(예컨대 조사확정재판 등)에 관계되는 비용에 대하여는 준용의 여지가 있다고 할 것이다. 실무적으로 채권조사확정재판 등에서는 신청비용의 부담을 명하고 있다.

(6) 재판에 관한 규정

회생절차에 관한 재판은 결정으로 하므로(제12조 제1항) 결정에 관한 민사소송법의 규정은 원칙적으로 준용된다.

(7) 제척 · 기피

회생절차를 포함한 도산절차에 제척 · 기피를 인정할 것인가. 앞에서 본 바와 같이 도산사건은 비송사건으로 볼 수 있다. 비송사건절차법은 "사건에 관하여는 법원 직원의 제척 또는 기피에 관한 민사소송법의 규정을 준용한다"고 규정함으로써(제5조) 도산절차에도 제척 · 기피를 인정하지 않을 수 없다. 여기서 법원 직원이란 법관 및 법원사무관 등을 모두 포함하는 개념이다. 그리고 민사소송법 제43조 제1항(당사자의 기피권)을 준용함에 있어서 '재판'이란 회생절차개시신청에 대한 결정, 회생계획인부의 결정, 회생절차폐지의 결정 등을 말한다. 기피권이 인정되는 당사자란 관리인, 채무자, 신고하거나 목록에 기재된 회생채권자 · 회생담보권자 및 주주 · 지분권자를 말한다.

다만 회생절차는 집단적 채무처리절차이기 때문에 당사자 개념이 명확하지 않으므로 법관이 당사자와 일정한 관계에 있음을 제척원인으로 규정하고 있는 민사소송법 제41조 제1호, 제2호 및 제4호의 준용은 인정되지 않으며 법관이 절차관계인과 일정한 관계에 있다고 하는 사정은 기피사유로서 '재판의 공정을 기대하기 어려운 사정'(민소법 제43조 제1항)의 유무에 관한 판단에서 고려하면 충분하다.

그러나 입법론적으로는 다음과 같은 이유로 검토가 필요해 보인다. ① 도산사건에 대하여 제척 · 기피를 인정하는 것은 구두변론을 하지 않고, 법관이 교체되어도 갱신절차도 없으며, 담당 법관을 고정하는 구조를 취하지 않는 이상 별로 의미가 없다. ② 제척 · 기피의 신청을 인정할 경우, 예컨대 다수가 참여하는 관계인집회(채권자집회)에 있어 그 도산절차의 진행을 반대하는 일부의 자로부터 제척 · 기피의 신청이 있는 때에는 간과할 수 없는 절차지연이 발생한다. 제척 · 기피의 신청을 받은 법관은 그대로 재판을 정지한 채 원칙적으로 사건에 관여할 수 없기 때문이다(민소법 제46조, 제48조 참조). 기피를 각하하는 재판이 확정되어 다시 도산절차를 진행(관계인집회나 채권자집회의 개최)한다고 하여도 다른 채권자로부터 다른 이유로 기피 또는 제척신청이 반복될 수 있어 장기간 절차진행을 할 수 없는 경우가 있을 수 있다. ③ 회생절차 폐지를 못하도록 하기 위하여 제척·기피신청을 악용할 수도 있다. 제척·기피신청이 있는 경우 그 재판이 확정될 때까지 회생절차를 정지하여야 하기 때문이다(민소법 제48조).

이러한 입법론적 비판을 고려하면, 현행법상 도산사건에도 민사소송법의 제척·기피에 관한 규정이 준용된다고 하더라도 민사소송법 제48조의 '긴급을 요하는 행위'를 해석함에 있어 다수의 이해관계인이 관계되는 절차인 관계인집회(채권자집회)가 개최되는 경우에는 이것이 마쳐질 때까지의 집회 진행은 긴급을 요하는 행위로 해석하거나, 제척·기피신청이 소송지연의 목적이 있는 것으로 보아(민소법 제45조) 신속히 각하함으로써 이후 절차를 진행시킬 필요가 있다.[120]

(8) 경정결정에 대한 즉시항고

회생법원이 하는 경정결정은 민사소송법 제224조 제1항, 제211조를 준용하여 하는 것이므로(제33조), 민사소송법 제224조 제1항, 제211조 제3항에 의해 경정결정에 대하여도 즉시항고를 할 수 있는지가 문제된다.

경정결정의 대상이 되는 재판은 특별한 규정이 없는 한 불복할 수 없기 때문에(제13조 제1항) 그 경정결정도 불복할 수 없고 민사소송법 제224조 제1항, 제211조 제3항은 준용되지 않는다고 할 것이다. 그러나 경정결정에 의해 즉시항고의 대상이 되는 재판으로 된 경우{회생절차개시신청을 각하한 재판에 대하여 즉시항고를 하자(제53조 제1항) 법원이 경정결정에 의해 회생절차개시결정을 한 경우 등}에는 민사소송법 제224조 제1항, 제211조 제3항 준용하여 불복할 수 있다고 할 것이다.

---

120) 다만 제척이나 기피의 준용을 인정하더라도 기간준수에는 문제가 없다. 제척, 기피신청이 있는 경우 회생절차는 정지되고(제33조, 민소법 제48조), 정지된 기간은 기간을 계산함에 있어 제외된다고 보아야 하기 때문이다(서울회생법원 2017. 9. 21. 자 2016회합100116 결정 참조).

제 3 장

회생절차개시의 신청

회생절차에서도 처분권주의(민소법 제203조)가 적용된다.[1] 따라서 회생절차는 원칙적으로 채권자나 채무자 등으로부터 회생절차개시의 신청을 받아 법원이 회생절차개시결정을 함으로써 개시된다. 신청은 소송행위로서 조건과 기한에 친하지 않다. 다른 한편 회생절차는 채무자·채권자·이해관계인에게 중대한 영향을 미치기 때문에, 회생절차를 쉽게 신청하거나 마음대로 개시되게 하여서는 안 된다. 그래서 채무자회생법은 절차개시신청이나 절차개시결정에 있어 여러 가지 요건을 두고 있다.

법원은 우선 신청이 적법한지를 판단하여 채무자에 대하여 회생절차를 개시할 것인지를 결정한다. 신청이 적법하기 위해서는 신청권이 존재하고 채무자에게 회생능력이 있어야 한다. 또한 신청채권 또는 의결권의 소명(제38조 제2항) 및 비용의 예납(제39조 제1항), 회생절차개시원인인 사실의 소명(제38조 제1항)도 적법성과 관련되는 것이다.[2] 이러한 절차적 요건이 갖추어진 경우, 법원은 실체적 요건으로서 회생절차개시원인(회생원인) 및 회생절차개시의 조건(제42조)이 존재하는지를 판단한다. 회생절차개시원인은 신청인의 입장에서 보면 신청원인에 해당한다. 마지막으로 회생절차개시장애사유[3]가 없어야 한다.

---

1) 민사소송법은 '처분권주의'라는 제목으로 "법원은 당사자가 신청하지 아니한 사항에 대하여는 판결하지 못한다"라고 규정하고 있다(제203조). 민사소송에서 심판 대상은 원고의 의사에 따라 특정되고, 법원은 당사자가 신청한 사항에 대하여 신청 범위 내에서만 판단하여야 한다(대법원 2020. 1. 30. 선고 2015다49422 판결, 대법원 2013. 5. 9. 선고 2011다61646 판결, 대법원 1982. 4. 27. 선고 81다카550 판결 등 참조).
   독일 도산법 제13조 제1항 제1문은 처분권주의를 명시적으로 규정하고 있다.
2) 신청의 적법성은 신청권, 신청채권 또는 의결권의 소명 및 비용의 예납이라는 신청인과 관련된 사항, 회생능력이라는 채무자(피신청인)와 관련된 사항 및 회생절차개시원인의 소명이라는 개시원인과 관련된 사항으로 나눌 수 있다(會社更生法, 40쪽).
3) 절차적 요건과 실체적 요건이 모두 갖추어졌다고 하더라도 회생절차가 개시되지 않는 사유가 인정되고 있고, 이것을 회생절차개시 장애사유라고 한다. 예컨대 회생절차개시신청 기각사유나 우선하는 도산절차가 개시되어 있는 경우 등이다. 이러한 경우에는 회생절차개시신청을 각하하거나 기각한다.

제1절 회생능력

회생능력이란 회생절차개시신청이 있는 경우 회생절차개시결정을 받아 회생채무자가 될 수 있는 자격을 말한다. 특정사건과의 관계가 아니라 일반적 자격으로서 정해지는 것이라는 점에서 민사소송절차상의 당사자능력과 공통된다. 회생능력을 가지고 있는 자로 인정함에 있어서는 명문의 규정은 없고, 원칙적으로 민사소송법의 당사자능력에 관한 규정에 따라 능력의 유무가 판단된다.[4] 따라서 회생능력은 소송행위능력과는 관련이 없다.

민사소송법에서 당사자능력이 인정되는 것은 개인(자연인), 법인 및 법인이 아닌 사단이나 재단 등이다(민소법 제51조, 제52조). 회생절차에서 개인 및 법인에게 회생능력이 인정된다.[5] 외국인[6]이나 외국법인[7]도 마찬가지이다(제2조). 법인이 아닌 사단 또는 재단의 회생능력에 대하여도 긍정하여야 할 것이다.[8] 그 이유는 회생은 채무자의 사업 또는 경제생활의 재건을 목적으로 하는 것이고, 이들이 채권채무의 귀속주체로서의 채무자인 것은 명확하며, 또한 법인이 아닌 사단이나 재단이 채무자로 되어 회생계획에서 권리를 조정할 현실적인 필요가 있기 때문이다.[9] 민법상의 조합도 회생능력이 인정된다[10]고 할 것이다(본서 1200쪽 참조).

---

4) 민사소송법 제51조는 "당사자능력은 이 법에 특별한 규정이 없으면 민법, 그 밖의 법률에 따른다"고 정하고, 제52조는 "법인이 아닌 사단이나 재단은 대표자 또는 관리인이 있는 경우에는 그 사단이나 재단의 이름으로 당사자가 될 수 있다"고 정하고 있다. 따라서 권리능력이 있는 자연인과 법인은 원칙적으로 민사소송의 주체가 될 수 있는 당사자능력이 있으나, 법인이 아닌 사단과 재단은 대표자 또는 관리인이 있는 경우에 한하여 당사자능력이 인정된다. 노인요양원이나 노인요양센터는 일반적으로 노인성질환 등으로 도움을 필요로 하는 노인을 위하여 급식·요양과 그 밖에 일상생활에 필요한 편의를 제공함을 목적으로 하는 시설, 즉 노인의료복지시설을 가리킨다. 이는 법인이 아님이 분명하고 대표자 있는 법인이 아닌 사단 또는 재단도 아니므로, 원칙적으로 민사소송에서 당사자능력이 인정되지 않는다(대법원 2018. 8. 1. 선고 2018다227865 판결).

5) 중국 <기업파산법>은 기업법인에만 적용되고 개인에게는 적용되지 않는다. 즉 개인의 경우에는 회생능력이나 파산능력을 인정하지 않는다. 다만 2019년 개인도산제도의 도입을 논의하기 시작하였고, 실무적으로는 일부 지역에서 개인도산제도를 운영하고 있다고 한다.

6) 외국인은 주소와 주된 근무지가 외국인 경우가 많다. 이 경우 외국인의 거소(제3조 제1항 제1호)나 재산이 있는 곳(제3조 제1항 제3호)의 회생법원에 도산절차를 신청할 수 있다.

7) **외국회사의 회생능력** 외국회사란 외국의 법령에 준거하여 설립된 법인을 말한다(설립준거법주의, 상법 제617조 참조). 외국회사에 대하여 회생능력이 인정되는가. 상법 제621조는 「외국회사는 다른 법률의 적용에 있어서는 법률에 다른 규정이 있는 경우 외에는 대한민국에서 성립된 동종 또는 가장 유사한 회사로 본다」는 규정의 취지{외국회사에 대하여도 내국회사와 동일하게 그 권리능력을 약정하겠다는 점을 원칙으로 선언한 것, 즉 내외법인의 평등주의를 원칙적으로 선언한 것이다, 편집대표 정동윤, 주해 상법[회사(Ⅶ)](제5판), 한국사법행정학회(2014), 94쪽}나 제2조의 내외법인 평등주의를 고려하면, 외국회사에 대하여도 회생능력이 인정된다고 할 것이다.

8) 독일 도산법의 경우 법인이 아닌 사단 등에 대하여 도산능력을 인정하고 있다(§11(1),(2)). 수원지방법원 2018회합100036 사건에서 대한불교영각사재단에 대하여 단체성을 인정하여 회생절차개시결정을 하였다.

9) 破産法·民事再生法, 759쪽. 집합건물의 관리단과 같이 법률상 당연히 존재하는 단체(대법원 1997. 6. 29. 선고 97다19625 판결)나 종중과 같이 자연발생적인 종족집단으로서 해산, 청산 등으로 소멸될 수 없어 파산능력이 부정되는 경우에도 회생능력은 인정하여야 할 것이다. 채무자회생법이 채무자의 자격에 대하여 특별한 제한을 하지 않고 있고, 이러한 단체에 대하여도 채무조정을 통한 회생의 필요성은 인정되기 때문이다.

10) 채무자회생법은 회생절차의 대상이 되는 채무자에 제한을 두지 않아 비법인(개인, 조합, 법인격 없는 단체 등)과 주식회사가 아닌 법인에 대해서도 회생절차를 신청할 수 있다(법무부 해설서, 90쪽). 독일 도산법 제11조는 명시적으로 조합의 도산능력을 인정하고 있다.

학교는 교육시설의 명칭으로서 일반적으로 법인도 아니고 대표자 있는 법인이 아닌 사단 또는 재단도 아니기 때문에, 원칙적으로 회생능력이 인정되지 않는다.[11]

법인의 경우 주식회사, 유한회사, 유한책임회사, 합명회사, 합자회사 등 영리법인[12] 외에도 의료법인, 학교법인, 민법상의 비영리법인[13]도 그 대상으로 한다. 최근 사회환경의 변화에 따라 비영리법인에 대한 회생사건이 증가하고 있다.

또한 채무자가 사업을 하고 있는지 여부는 무관하다.

실무적으로 공법인, 특히 통치단체의 성격을 겸하고 있는 지방자치단체의 회생능력이 인정되는지가 문제되고 있다.[14] 이에 대하여는 견해의 대립이 있다.

(1) 회생능력에 부정적인 견해. 회생절차는 파산절차의 특별 규정이므로 파산능력이 없으면 회생능력도 없다. 또한 회생계획이 인가되기 위해서는 회생계획에 의한 변제방법이 채무자의 사업을 청산할 때 각 채권자에게 변제하는 것보다 불리하지 아니하여야 한다는 청산가치 보장 원칙이 지켜져야 하는데(제243조 제1항 제4호) 청산형 파산이 허용되지 않으면 청산가치를 계산할 수 없으므로 회생계획의 인가요건을 충족할 수 없는 문제점이 발생한다. 나아가 회생계획 인가 후 회생절차폐지의 결정이 확정되면 법원은 직권으로 파산선고를 하여야 하는데(제6조 제1항), 파산능력이 없다면 파산선고를 하지 못하게 되어 회생계획 이행을 담보할 수 없게 된다. 따라서 파산능력이 없으면 회생능력도 없다고 보는 것이 타당하며, 예외적으로 파산능력이 있

---

11) 대법원 2019. 3. 25. 자 2016마5908 판결 참조. 학교의 당사자능력을 부정한 사례: 대법원 2017. 3. 15. 선고 2014다208255 판결, 대법원 2001. 6. 29. 선고 2001다21991 판결(서울대학교), 대법원 1997. 9. 26. 선고 96후825 판결(경북대학교).

12) 최근 영리법인 중 특수한 가상자산거래소의 도산사건이 늘고 있는데, 주로 파산사건이다.

13) 비영리법인은 법인이나 구성원을 위해 이윤을 추구하지 않으며 주식이나 지분이 없다. 이러한 특성으로 인해 회생절차에서 회생계획안 작성시 신주발행(제206조), 주식의 포괄적 교환(제207조) 등과 결의를 위한 관계인집회에서 주주·지분권자 조 분류(제236조 제2항 제5호) 등에 관한 규정이 적용되지 않는다. 비영리법인과 가상자산거래소 등 특수법인 도산사건은 각각 규율하는 법률이 따로 있거나 기존의 도산사건과는 다른 성격을 가지는 경우가 있어 이들의 특징을 고려한 도산제도의 운영이 필요하다. 비영리법인을 포함한 특수법인의 도산사건에 관한 구체적인 내용은 「탁상진, "특수법인 도산절차에 관한 연구－비영리법인 및 가산자산거래소에 관한 실무를 중심으로－, 사법정책연구원(2024)」를 참조할 것.

14) 미국 연방도산법은 제9장에서 지방자치단체의 회생절차에 대한 별도의 규정을 두고 있다. 지방자치단체에 회생절차를 도입한 주된 이유는 재정적으로 파탄이 된 지방자치단체에 대하여 법원의 감독하에 부채를 조정하는 동안 채권자들의 변제독촉으로부터 지방자치단체를 보호하려는 것이다. 지방자치단체 회생제도는 지방자치단체의 채무를 재조정하는 동안 지방자치단체로 하여금 지방정부기능을 계속할 수 있도록 허용하는 데 그 주안점이 있다. 1900년대 초반 자동차산업으로 급성장한 미국의 디트로이트는 1980년대와 1990년대의 자동차산업의 하향세로 재정적 위기에 처하게 되었다. 이에 디트로이트는 2013년 법원에 회생신청을 하였다. 법원은 회생신청이 적법하다고 판단하여 회생절차를 진행하였고, 2014. 11.에 회생계획안이 승인되기에 이르렀다. 이에 디트로이트는 당장 갚아야 할 채무를 변제하는 대신 도시기능에 필요한 곳에 돈을 사용하였고, 그로 인하여 범죄율이 낮아지고, 시의 고용지표가 좋아지는 등 경제상황도 호전되었다고 한다.

　미국 연방도산법이 지방자치단체에 대하여 회생절차를 규정하고 있지만, 다른 도산절차와 달리 지방자치단체의 자주성을 배려하여 연방도산법원의 권한이 많이 제한되어 있다. 예컨대 채무자인 지방자치단체의 동의가 없는 한 연방도산법원은 지방자치단체의 정치적 또는 행정적 권한, 재산 또는 세입, 재산의 사용 또는 수익에 간섭할 수 없다(11 U.S.C. §904).

　한편 독일 도산법은 ① 연방 또는 주의 재산, ② 주법에 따라 주의 감독을 받는 공법상 법인의 재산에 대하여는 도산절차가 허용되지 않는다고 규정하고 있다(§12(1)).

다고 인정될 때, 즉 근거법이나 정관에 파산을 해산사유로 인정하고 있거나 공법인의 사업이나 재산을 파산절차를 통하여 매각하고 청산하더라도 공공이익을 해치지 않는 경우에 한하여 회생능력이 있다고 봄이 타당하다. 이 경우에도 회생절차 진행시에 감독관청의 동의 및 의견, 협력 등을 충분히 유도하여 법원이 부담하는 정책적 판단의 정확성, 정당성을 확보할 필요가 있다.[15]

(2) 회생능력에 긍정적인 견해. 기업의 회생절차나 지방자치단체의 회생절차가 본질에 있어 크게 다르지 않고 채무자회생법도 회생절차개시신청을 할 수 있는 채무자의 자격에 아무런 제한을 두고 있지 않다. 재정위기에 처한 지방자치단체의 효율적인 회생을 위해 채무조정을 위한 재무구조개선절차가 필요하다. 나아가 관리인 선임문제 등 채무자회생법을 제한적으로 해석·적용하면 회생절차를 통한 통치기능의 저해 문제는 최소화할 수 있다.[16]

요컨대 공법인의 경우 파산능력을 인정하면 채권자의 개인적 만족을 위하여 공법인의 공공적 기능을 저해하고, 공공의 이익을 희생하는 것을 의미한다. 따라서 공법인에 관하여는 일반적으로 파산능력을 인정하기 곤란할 것이지만(본서 1199쪽), 파산과 달리 회생의 경우에 있어서는 절차가 종료된다고 하더라도 법인격의 소멸을 예정하고 있는 것이 아니므로 공법인의 회생능력을 부정할 이유는 없다.[17] 다만 국가나 지방자치단체와 같이 본질적으로 통치단체의 성질을 가지고 있는 것은 채권자의 다수결에 의해 사업의 회생을 도모하고자 하는 회생의 목적을 인정하기 어렵기 때문에 회생능력을 부정하여야 할 것이다.[18]

제2절 신청원인

Ⅰ 도산원인

도산원인이란 도산절차를 개시하게 하는 원인이다. 채무자회생법은 도산원인에 대하여 각 절차마다 다르게 규정하고 있다. 회생절차(회생원인)에서는 ① 사업의 계속에 현저한 지장을 초래하지 아니하고는 변제기에 있는 채무를 변제할 수 없는 경우와 ② 채무자에게 파산의 원인인 사실이 생길 염려(제34조 제1항)를, 파산절차(파산원인)에서는 ① 지급을 할 수 없는 때(지급불능), ② 지급정지[19] 및 ③ 채무초과(부채초과, 제305조, 제306조)를, 개인회생절차(개인회생원인)에서는 파산의 원인인 사실이 있거나 그러한 사실이 생길 염려가 있는 경우(제579조 제1호)를

---

15) 박용석, "지방자치단체의 지불유예(모라토리엄) 선언과 도산절차", 도산법연구 제3권 제1호(2012. 5.), 사단법인 도산법연구회, 29~30쪽.
16) 양민호, "지방자치단체와 회생절차", 법경제학연구 제10권 제1호(2013. 6.), 한국법경제학회, 70쪽 이하.
17) 서울회생법원(개시결정 당시 서울중앙지방법원)은 태백관광개발공사(주식회사 오토리조트)에 대하여 회생능력을 인정하였다(서울회생법원 2014회합100057).
18) 따라서 지방자치단체에 회생능력을 인정하려면 미국 연방도산법처럼 별도의 입법이 있어야 할 것이다.
19) 독립적인 파산원인은 아니고 지급불능으로 추정되는 것이다(제305조 제2항).

각 도산원인으로 규정하고 있다.[20)]

도산원인은 파산원인이 되기도 하고 (개인)회생절차개시의 원인이 되기도 한다. 다만 (개인)회생절차의 개시원인은 파산원인보다 넓어 파산원인이 발생할 때 (개인)회생절차를 개시할 수 있을 뿐만 아니라 파산원인이 발생할 염려가 있을 때에도 회생절차 및 개인회생절차를 개시할 수 있다. 나아가 회생절차는 사업의 계속에 현저한 지장을 초래하지 아니하고는 변제기에 있는 채무를 변제할 수 없는 경우에도 개시할 수 있다.[21)]

채무자회생법의 회생절차개시원인은 파산원인보다 완화하고 있다. 그 때문에 지급불능 전의 조기 단계에서 회생절차를 신청하고, 파산절차였다면 파산선고가 되지 않았을 시점에 회생절차의 개시결정이 된다. 회생절차 개시원인의 완화는 조기 신청을 촉진하고, 파산절차보다 조기에 회생절차가 개시되어 자산가치가 높은 수준에서 보전되는 것을 의도한 것이다.[22)]

Ⅱ 회생원인

신청인이 회생절차의 개시를 신청하기 위해서는 채무자에게 회생원인(회생절차개시원인)이 있어야 한다. 회생절차의 개시를 신청하기 위해서는 ① 사업의 계속에 현저한 지장을 초래하지 아니하고는 변제기에 있는 채무를 변제할 수 없거나, ② 채무자에게 파산의 원인인 사실이 생길 염려가 있어야 한다(제34조 제1항).[23)]

회생원인은 독자적인 개념이라기보다는 파산보다 한발 앞서 신속하게 회생절차를 개시하려

---

20) 각 절차마다 규정하는 형식도 다르다. 입법체계상 통일을 기할 필요가 있다. 도산원인을 제1편 총칙에서 일괄하여 규정하는 것이 바람직하다.

21) 도산원인으로 채무초과(insolvency)를 요구하는 것이 맞는지 의문이다. 사건이 진행되는 초기에는 채무초과를 정확하게 측정하는 것은 어렵다. 미국 연방도산법에는 도산(bankruptcy)을 신청하기 전에 개인이나 기업이 재정적 파탄(financial distress)이나 채무초과상태일 것을 요구하는 명시적인 규정은 없다. 채무초과상태를 채무자가 부담하고 있는 채무의 공정하게 할인된 가치가 그 자산을 초과할 때 존재하는 조건이라고 정의하고 있지만(11 U.S.C. §101조 (32)), 채무초과 그 자체는 개인이나 법인에 대한 도산절차의 필수적 요건은 아니다. 다만 지방자치단체가 도산신청(Chapter 9)을 하기 위한 요건에 불과하다(Douglas G. Baird, 8쪽).

22) 회생절차개시원인을 완화하다 보니 청산가치보장원칙(청산가치의 기준시)과의 관계에서 문제가 있다. 청산가치의 기준시는 ① 회생절차개시시설, ② 회생계획인가시설, ③ 원칙적으로 개시시이지만 인가시까지 위법하지 않은 사정으로 자산이 감소한 경우는 그 기준시를 계획제출시 또는 인가시까지 조정하는 것이 가능하다는 절충설, ④ 각 시점에 청산가치보장원칙이 보장되지 않으면 안된다는 판단시설 등이 있다. 청산가치의 기준시에 있어서 회생절차개시시시설에 선다면, 신청이 조기에 될수록 청산가치보장원칙의 장애물이 높게 설정되는 모순이 발생한다. 따라서 회생계획인가시설이 타당하다고 할 것이다. 관련 내용은 〈제12장 제2절 Ⅳ.〉(본서 859쪽) 및 〈제14장 제2절 Ⅰ.4.〉(본서 956쪽)를 참조할 것.

23) 중국 〈기업파산법〉상 회생원인은 ① 지급불능이고 채무초과 상태일 것, ② 지급불능이고 지급능력이 명확히 결여되었을 것, ③ 지급능력을 명확히 상실할 가능성이 있는 경우이다{제2조, 기업파산법해석(1) 제1조 제1항}. 우리의 경우 지급불능과 채무초과를 독립된 회생원인으로 보지만, 중국 〈기업파산법〉은 이를 결합하여 회생원인으로 보고 있다. 여기서 「기업파산법해석(1)」은 「最高人民法院关于适用《中华人民共和国企业破产法》若干问题的规定(一)」을 말한다. 이는 〈기업파산법〉에 대한 사법해석 중 하나이다. 중국에서 사법해석이란 최고인민법원을 포함한 사법기관이 법률을 적용하는 과정에서 구체적으로 법률을 운용하는 문제에 관한 해석을 말한다. 중국의 사법제도는 우리와 많이 달라 최고인민법원(우리나라의 대법원에 해당한다)의 판례가 많지 않고 그 역할도 다르다. 이러한 이유로 중국에서 사법해석은 실무적으로 아주 중요한 역할을 하고 있다. 중국의 사법해석에 관한 내용은 「전대규, "중국의 사법해석에 관한 연구", 사법 14호(2010. 12.), 사법발전재단, 113쪽 이하」를 참조할 것.

는 취지에서 위와 같이 규정한 것이다. ①은 채무자의 사업의 계속가능성으로부터 파탄의 개연성을 본 것임에 반하여, ②는 채무자의 지급능력의 측면에서 파탄의 개연성을 본 것이다.

1. 변제기에 있는 채무의 변제불능[24]

'사업의 계속에 현저한 지장을 초래하지 아니하고는 변제기에 있는 채무를 변제할 수 없는 경우'란 채무자가 변제기가 도래한 채무를 변제하려고 하면 사업의 계속에 현저한 지장을 가져오는 경우를 말한다. 회생절차개시요건으로서의 변제불능은 절대적 변제불능이 아니라 상대적 변제불능을 의미한다. 단순히 일시적인 자금부족(shortage of money)은 아니고, 채무변제를 위한 자금조달은 가능하다고 하여도 이를 위해서는 제품을 덤핑처리하거나 사업용 중요재산을 처분하거나 고리의 금융을 차입할 필요가 있는 경제 상태를 말한다.[25]

'파산원인인 사실이 생길 염려'와 달리 채무자의 객관적 지급능력이나 재무상태의 관점에서가 아니라 자금조달이라는 사업계속의 관점에서 회생절차개시원인으로 한 것으로, 회생절차의 특징을 보여주고 있는 것이다. 한편 '변제기에 있는 채무를 변제할 수 없는 경우'는 자산이 아무리 많더라도 유동자금의 결핍 등으로 일시적으로 변제가 불가능한 상태를 포함하지만, 자금부족의 모든 경우를 회생절차개시원인으로 하는 것은 적절하지 않으므로 이를 제한하기 위하여 '사업의 계속에 현저한 지장을 초래하지 아니하고는'이라는 제한을 가하고 있다.

주의할 점은 변제기가 도래한 채무의 변제가 현재 불가능한 것임을 요하지 않는다는 것이다. 이 점에서 파산원인인 지급불능과 다르다. 파산원인인 지급불능은 재산, 신용, 기능 등을 종합적으로 고려하여 판단할 때 변제능력이 일반적이며 계속적으로 결여되어 있는 객관적인 상태를 말하지만, 여기서 말하는 변제능력은 그 정도로 심각한 상태일 것을 요하지 아니한다. 요컨대 변제기에 있는 채무의 변제불능은 채무자가 변제기가 도래한 채무를 현재 일반적으로 변제할 수 없는 정도임을 요하지 않는다는 점에서 지급불능과 다르다. 파산원인인 지급불능이나 채무초과가 발생하는 것보다 이른 시점의 상태를 의미한다. 이런 점에서 '사업의 계속에 현저한 지장을 초래하지 아니하고는 변제기에 있는 채무를 변제할 수 없는 경우'는 사업가치보전을 목적으로 하는 회생절차개시원인이라고 할 수 있다.[26]

---

24) 입법론적으로 '사업의 계속에 현저한 지장을 초래하지 아니하고는 변제기에 있는 채무를 변제할 수 없는 경우'는 파산원인이 생길 염려에 포섭할 수 있다고 보이므로 별도의 회생절차개시원인으로 규정할 필요는 없다고 생각된다. 개인회생절차에서 '파산의 원인인 사실이 있거나 그러한 사실이 생길 염려'만을 개인회생절차개시원인으로 규정(제579조 제1호)하고 있는 것에 비추어서도 그렇다.

25) 實務 倒産法講義, 147쪽. 예컨대 채무자의 채무가 40억 원이고 100억 원에 상당하는 기계장치를 가지고 있다고 할 경우, 채무자는 위 기계장치를 매각하여 채무를 전부 변제할 수 있다. 하지만 기계장치를 매각하면 사업을 계속할 수가 없다.

26) 변제기가 도래한 채권이 있고, 채무자가 소지하고 있는 자금이 이를 변제하기에 충분하지만, 이럴 경우 상거래채권에 대한 변제자금이 부족하여 거래 거절의 개연성이 높아 사업계속이 위태롭게 되는 상황이 예상된다고 하여도, 그 자체가 파산원인인 지급불능이 생길 염려가 있다고는 할 수는 없다. 그러나 이러한 상황을 방치하면 재무 상태는 점점 더 악화되어 결국 파산원인인 사실이 발생하게 된다. 이러한 상황의 연속에 착안하여 채무자의 경영자가 장래의 파탄가능성을 객관적 자료에 기하여 증명할 수 있는 가장 초기의 현상을 회생절차개시원인으로 한 것이다. 절대

2. 파산원인인 사실이 생길 염려

파산원인에는 보통파산원인인 지급불능(제305조, 제578조의4 제1항)과 법인(존립 중인 합명회사 및 합자회사 제외)의 파산원인인 채무초과(제306조, 제578조의4 제3항)가 있다.[27]

지급불능이란 채무자가 변제능력이 부족하여 즉시 변제하여야 할 채무를 일반적·계속적으로 변제할 수 없는 객관적 상태를 말한다.[28] 지급불능은 재산, 신용, 기능 등을 종합적으로 고려하여 판단한다는 점에서 단순히 재산만을 기준으로 하는 채무초과와 다르다. 지급정지가 있으면 지급불능인 것으로 추정된다(제305조 제2항, 제578조의4 제2항).

채무초과(부채초과)란 부채(소극재산)가 자산(적극재산)을 초과하는 상태를 말한다. 채무초과가 객관적 상태라는 점에서 지급불능과 같지만, 채무초과는 채무자가 가지고 있는 자산의 가액과 채무의 액이라는 수적 관계만으로 판단하고 재산, 신용, 기능 등을 고려하지 않는다는 점, 소극재산에 기한미도래의 채무도 포함된다는 점에서 지급불능과 다르다. 채무초과 판단의 전제로 되는 재산평가의 기준으로는 채무자의 사업이 계속되는 이상 시가로 하여야 할 것이다.

지급불능과 채무초과에 관한 자세한 내용은 〈제3편 제2장 제1절 Ⅰ.2.나.〉(본서 1201쪽)를 참조할 것.

파산원인이 현실적으로 존재하여야 하는 것은 아니고 그것이 생길 '염려'가 있으면 된다. 회생절차는 파산절차와 달리 파산의 원인인 사실이 생길 염려가 있는 경우에도 신청할 수 있다. 이는 파산원인이 생길 염려가 있는 시점에서 가능한 한 신속하게 채무자의 효율적인 회생을 도모하기 위하여 회생절차를 신청할 수 있도록 한 것이다. '생길 염려가 있다'는 것은 사태가 그대로 진행한다면 지급불능 또는 채무초과가 발생할 것이 객관적으로 예측된다는 것을 의미한다. 지급불능으로 추정되는 지급정지(제305조 제2항)에 이를 것까지는 없다.

3. 외국도산절차가 진행되고 있는 경우 파산원인의 추정

가. 의의 및 취지

외국도산절차가 진행하고 있는 때에는 그 채무자에게 파산의 원인인 사실이 있는 것으로 추정한다(제38조 제1항).[29] 외국도산절차란 외국법원(이에 준하는 당국을 포함한다)에 신청된 회생

적 변제불능을 요구하는 파산원인과 달리 너무 늦지 않게 채무자의 회생에 착수할 수 있도록 배려한 것이다.

쌍용자동차 주식회사는 자산이 부채를 초과하였지만, 유동자산이 약 4,200억 원임에 반하여 유동부채가 9,406억 원에 이르자 2020. 12. 21. 서울회생법원에 '사업의 계속에 현저한 지장을 초래하지 아니하고는 변제기에 있는 채무를 변제할 수 없는 경우'를 회생절차개시원인으로 하여 회생절차개시를 신청하였다(2020회합100189).

27) 입법론적으로는 '지급불능의 염려'를 회생절차개시원인으로 하여야 할 것이다(독일 도산법 제18조 참조).

28) 대법원 2006. 4. 4. 자 2006마93 결정.

29) 파산절차와 관련하여 제301조에 유사한 규정을 두고 있다. 한편 채무자가 "사업의 계속에 현저한 지장을 초래하지 아니하고는 변제기에 있는 채무를 변제할 수 없음"을 이유로 회생절차개시를 신청한 경우에는 여전히 신청인(채무자)이 위 회생원인에 대하여 소명을 하여야 한다. 그러나 외국도산절차가 진행되는 경우 회생원인을 추정하는 규정을 둔 취지에 비추어보면 의문이다. 입법론적으로 "파산의 원인인 사실이 있는 것으로 추정한다"를 "회생절차개시

절차 · 파산절차 또는 개인회생절차 및 이와 유사한 절차를 말하며, 임시절차를 포함한다(제628조 제1호). 외국에서 도산절차를 진행하고 있는 채무자는 재정적 어려움으로 인하여 파탄상태에 있을 개연성이 높고, 그 재산이 산일 · 감소할 가능성도 높다는 것을 고려한 것이다. 이러한 추정은 회생원인에 대한 소명을 용이하게 하여 신속하게 회생절차를 개시하는 것을 목적으로 하는 것이다. 법률상의 추정으로 회생절차의 신청인은 파산원인인 사실을 소명할 필요가 없다. 실제적으로는 채권자가 회생절차를 신청할 때 큰 의미가 있을 것이다.

나. 파산원인의 추정

외국도산절차가 진행하고 있는 때에는 그 채무자에게 파산의 원인인 사실이 있는 것으로 추정한다(제38조 제1항). 외국도산절차의 존재가 전제사실이고 파산원인이 추정사실이다. 추정사실이 무엇인지는 신청인이 누구인지(개인인지 법인인지)에 따라 다르다.

추정을 깨뜨리기 위해서는 상대방이 파산원인인 사실의 부존재를 증명하여야 한다. 상대방이 파산원인인 사실의 부존재에 대한 증명책임을 진다는 의미에서는 증명책임이 전환되는 것이다. 외국도산절차의 존재(전제사실)가 증명되었어도 추정사실에 대한 반대사실에 대하여 법원이 확신을 갖는다면 추정은 번복되고 회생절차개시신청은 기각된다.

한편 위 추정규정을 적용할 때 외국도산절차의 승인을 전제로 하는 것은 아니다.[30)]

Ⅲ 신청인과 신청원인

회생절차개시에 있어서도 처분권주의가 적용되므로 절차는 일정한 요건을 갖춘 경우 신청인으로부터의 신청을 기다려 개시된다. 회생원인은 신청인(신청권자)의 입장에서 신청원인이 된다. 신청인이 채무자인지 아니면 채권자나 주주 · 지분권자인지에 따라 회생절차를 신청할 수 있는 신청원인이 다르다.[31)]

채무자는 ① 사업의 계속에 현저한 지장을 초래하지 아니하고는 변제기에 있는 채무를 변제할 수 없는 경우, ② 채무자에게 파산의 원인인 사실이 생길 염려가 있는 경우에 회생절차

원인이 있는 것으로 추정한다"고 개정하여야 할 것이다(일본 회사갱생법 제243조, 민사재생법 제208조 참조).

30) **국내도산절차와 외국도산절차의 동시진행(병행도산)** 우리나라를 비롯한 복수의 국가에서 경제활동을 하는 채무자에 대하여, 어떤 외국에서 도산절차가 개시된 경우에는, 채무자가 우리나라에 있는 재산으로 채권자에게 편파적인 변제나 담보제공을 하거나 또는 채권자가 채무자의 우리나라에 있는 재산에 대하여 개별적인 집행을 함으로써, 채권자 사이의 평등이 깨질 가능성이 있다. 이러한 상황을 방지할 수 있는 방법으로 2가지가 있다. 하나는 외국도산절차의 대표자가 해당 외국도산절차의 승인을 거쳐(제631조 제1항) 다른 절차의 중지 등 각종 지원절차를 얻는 방법이다. 이 방법에 의한 경우에는 국내의 재산분배는 최종적으로 승인된 외국도산절차에 따라 행하여진다. 둘은 우리나라에서 도산절차를 개시하는 방법(이른바 병행도산)이다(제638조). 이 방법에 의한 경우에는 국내의 재산은 우리나라의 도산절차에 따라 분배되는 것이다. 본조는 두 번째 경우에 외국도산절차가 진행되는 때에는 파산원인사실이 있는 것으로 법률상 추정하는 것이다. 이로 인하여 병행도산의 개시를 구하는 것이 용이하게 되었다. 외국에서의 절차의 종류가 다르지만(추정되는 사실은 동일하다), 병행도산의 개시를 용이하게 하는 기능에 있어서는 제301조와 유사하다.

31) 반면 파산절차에서는 신청인이 채무자인지 채권자인지에 따라 신청원인(파산원인)이 다르지 않다(제294조 제1항).

를 신청할 수 있다. 그러나 채권자나 주주·지분권자는 채무자에게 파산의 원인인 사실이 생길 염려가 있는 경우(②)[32]에만 회생절차를 신청할 수 있다.[33][34] 채권자나 주주·지분권자에게 신청권을 인정하는 이유는 이들 자신의 권리보전에 있고(본서 182쪽), 신청원인으로 ②만을 인정하는 것은 앞에서 본 바와 같이 ①은 사업가치보전을 목적으로 인정되는 회생절차개시원인으로 사업가치보전의 책임은 경영자에게 위임되어 있기 때문이다.[35]

제3절 신청권자

회생절차개시신청권은 헌법이 보장하고 있는 재판청구권의 일부이다. 따라서 신청권자로 규정되어 있는 채무자(제34조 제1항), 채권자 및 주주·지분권자(제34조 제2항) 등의 범위를 정함에 있어 축소해석을 하려면 충분한 논거가 있어야 한다.

I 채 무 자

채무자는 ① 사업의 계속에 현저한 지장을 초래하지 아니하고는 변제기에 있는 채무를 변제할 수 없는 경우, ② 채무자에게 파산의 원인인 사실이 생길 염려가 있는 경우 법원에 회생

---

32) 채무자에게 파산의 원인인 사실이 생길 염려가 있는 경우(②)는 채무자나 채권자 및 주주·지분권자 모두에게 적용되는 것이므로 일반적 회생절차개시원인이다.

33) 중국 <기업파산법>도 신청인이 누구냐에 따라 신청원인이 다르다. 채무자가 신청인인 경우에는 제2조에서 규정하는 회생원인이 있어야 신청할 수 있다. 반면 채권자는 '채무자가 변제기가 도래한 채무를 변제할 수 없는 경우(지급불능)'에도 회생을 신청할 수 있다(제7조). 우리나라가 채권자의 회생신청의 남용을 막기 위하여 채권액 등으로 일정한 제한을 가하고 있음에 반하여, 중국은 오히려 넓히고 있다. 이는 중국의 경우 회생원인에 지급불능과 채무초과를 결합하여 요구하고 있는데, 채권자의 입장에서 채무초과를 증명하는 것은 쉽지 않다는 점을 고려한 것이라고 한다(主編 徐永前, 149쪽).

34) 채무자회생법은 도산절차개시에 도산원인을 요구하고, 채권자 신청사건이건 채무자 신청사건이건 도산원인을 개시원인으로 한다. 이에 대하여 채권자에게 도산원인을 요구하는 것은 신청권의 남용을 막기 위해 당연히 요구되는 것이지만, 채무자 신청사건에도 도산원인을 요구하는 것은 문제가 있다는 비판적 견해가 있다(김주학, 172~173쪽). 그 이유는 다음과 같다: 채무자 신청사건에도 도산원인을 요구하면 절차개시만 지연될 뿐 그로 말미암아 보호되는 이익이 존재하지 않는다. 채무자회생법이 채무자에게 도산원인을 요구하는 것은 도산하지 않은 기업의 절차 이용을 막으려는 것이다. 그러나 시장경제체제하에서 기업은 사업을 자유롭게 중단할 권리도 있다. 도산원인을 심사하느라고 절차가 지연되면 결국 채권자만 불이익을 입는다. 따라서 채무자 신청사건에서는 미국 연방도산법{채무자의 개시신청 자체가 구제명령(order for relief)이 되고, 도산원인이 필요 없다(11 U.S.C. §301)}처럼 도산원인을 요구하지 않는 것으로 채무자회생법을 개정하여야 한다.

　미국 도산제도에서는 채무초과(insolvency)에 대한 논쟁이나 도산신청자격에 대한 분쟁은 없다. 이것은 의도된 정책적 선택인데, 이는 도산신청이 필요 없음에도 도산을 신청하는 기업은 거의 없을 것이라는 가정에 기초하고 있다. 시간과 자원을 낭비하면서 도산신청의 적격성에 대해 논쟁을 하는 것은 기업의 회생을 위한 마지막 실낱같은 희망을 저버리는 것과 같다. 연방도산법은 비자발적 도산신청의 경우 이러한 논쟁을 허용한다. 또한 흔하지는 않지만 채무자의 도산신청이 신의에 어긋난다고(in bad faith) 채권자가 주장하는 경우에도 그러하다. 그러나 이러한 사건은 극히 예외적이다(Elizabeth Warren, 24쪽).

35) ①은 채무자만이 신청권을 가진다. 변제자금을 도달하는 것이 사업의 계속에 현저한 지장을 초래하는지 여부의 경영적 판단은 채무자 자신만이 가장 잘 할 수 있기 때문이다.

절차개시의 신청을 할 수 있다(제34조 제1항).

여기서 채무자는 개인뿐만 아니라 법인을 포함한다. 파산원인은 채무자가 지급을 할 수 없을 때(지급불능)를 말하고, 채무자가 지급을 정지한 때에는 지급을 할 수 없는 것으로 추정한다(제305조). 법인에 대하여는 부채총액이 자산총액을 초과하는 때에도 파산원인이 된다(제306조).

다만 회생절차가 계속되고 있는 동안 채무자인 개인이 사망한 경우에는 상속재산에 대하여는 회생능력이 인정되지 않으므로 회생절차가 종료된다.[36] 외국인이나 외국법인도 신청권자가 될 수 있다(제2조, 제36조 제2호 참조).

한편 채무자회생법은 채무자는 회생절차개시의 신청을 할 수 있다고 규정할 뿐(제34조 제1항) 채무자의 자격에 특별한 제한을 두고 있지 않다. 법인이 아닌 사단이나 재단의 경우에는 구성원의 채무에 대하여 법인이 아닌 사단이나 재단이 채무자가 되어 회생계획에 의해 채권채무를 조정할 필요성도 있음은 앞에서 본 바와 같다. 따라서 회사가 아닌 법인(비영리 사단법인 또는 재단법인)[37] 또는 법인이 아닌 사단 또는 재단도 회생능력이 있고,[38] 이들도 회생절차개시의 신청을 할 수 있다.[39]

채무자가 법인인 경우에는 법령과 정관 등에 따른 각 법인의 통상의 의사결정절차에 따라 신청권을 행사하여야 할 것이다. 따라서 적법한 의사결정절차를 거치지 아니하고 신청한 경우(예컨대 정관에 회생신청 등 중요사항에 관하여 주주총회의 특별결의나 이사회 결의를 거치도록 되어 있음에도 주주총회의 특별결의나 이사회 결의를 거치지 아니한 경우)에는 대표권의 행사가 부적법하므로 신청을 각하하여야 한다.[40] 주식회사의 경우 아래 〈Ⅵ.4.〉에서 보는 바와 같이 소규모 주식회사[41]를 제외하고 회생절차개시신청에 이사회 결의를 거쳐야 한다.[42]

---

36) 다만 필요한 경우에는 상속재산파산절차가 개시될 수 있다(제307조 참조).

37) 규칙 제51조 제1호 참조.

38) 법인이 아닌 재단에 대한 것으로 「수원지방법원 2018회합10036 대한불교영각사재단」 사건이 있다.

39) 실무적으로 의료법인, 사회복지법인, 종교재단 등의 재단법인, 영농조합법인, 재건축조합과 비영리법인, 교회, 사찰 등 법인이 아닌 사단, 재단 등이 회생을 신청하고 있다. 특히 최근 들어 교회 등 비영리재단의 회생신청이 늘고 있다. 교회의 경우 세를 확장하기 위해 교회 건물과 토지 등에 투자했다가 대출금을 갚지 못하거나 교회 내 갈등 등으로 신도 수가 줄면서 경영난을 겪는 경우가 많다. 그런데 비영리재단의 경우 채권자들의 반대가 심하거나, 회생계획안이 현실성이 없거나, 인수·합병 과정에서 비영리재단의 영리화를 두고 이해관계인 사이에 다툼이 많아 회생절차를 통한 정상화가 쉽지 않다. 비영리재단은 일반 기업과 성격이 다르기 때문에 통상적인 회생절차를 그대로 적용하기 보다는 그 특수성을 고려하여 유연하게 대처하여야 할 것이다. 2017. 12. 13. 학교법인 서남학원(서남대학교)에 대하여 전주지방법원에 회생절차개시가 신청되었다(2017회합22). 다만 2018. 1. 12. 회생절차에 의함이 채권자 일반의 이익에 반한다는 이유로 기각되었다(확정).

40) 서울고등법원 2020. 5. 26. 자 2019라21331 결정. 위 결정은 채무자의 정관에 회생절차개시신청은 "주주총회에 출석한 주주의 의결권 2/3 이상의 수와 발행주식총수의 1/3 이상의 수로 결의하여야 한다"고 규정되어 있음에도, 채무자가 정관에 따른 주주총회 특별결의 절차도 거치지 아니한 채 회생절차개시신청을 하였는바, 이러한 회생절차개시신청은 흠결 있는 대표권 행사에 의한 것으로서 부적법하다는 취지로 판시하였다.

41) 자본금 총액이 10억 원 미만인 소규모 주식회사는 이사를 2인 이하로 둘 수 있고(상법 제383조 제1항 단서), 이사회를 두지 않아도 된다(제383조 제5항, 제6항). 따라서 소규모 주식회사의 경우는 회생절차개시신청에 있어 이사회의 결의가 필요하지 않다. 여기서 '자본금 총액'은 '발행주식의 액면총액'을 의미한다. 한편 소규모 주식회사의 경우에는 주주 전원의 서면 동의에 의해 주주총회의 특별결의를 갈음할 수도 있다(상법 제363조 제4항).

42) 회생절차개시신청은 일반적으로 이사회 결의사항이나, 정관에 주주총회 특별결의에 의하도록 규정된 경우도 있다. 따라서 회생절차개시신청을 할 때에는 반드시 정관도 확인하여야 한다.

한편 채무자는 채권자가 신청한 파산신청의 대항수단으로서 회생절차개시신청을 이용하는 경우도 있다. 이에 관하여는 아래 〈Ⅳ.3.〉을 참조할 것.

Ⅱ 채권자 및 주주·지분권자

채권자[43]나 주주[44]·지분권자[45]도 채무자에 대하여 회생절차개시신청을 할 수 있다.[46] 채권자에는 특별한 제한이 없으므로 회생채권자,[47] 회생담보권자[48]뿐만 아니라 공익채권자[49] 등 모

---

43) 실무적으로 가끔 채무자에 대한 회생절차가 진행 중에 다른 채권자가 회생절차개시신청을 하는 경우가 있다. 회생절차개시결정이 있으면 회생절차개시의 신청을 할 수 없으므로(제58조 제1항 제1호) 신청을 취하하도록 하거나 각하하여야 할 것이다.

　○ **비자발적 도산신청의 목적**　도산사건에서 비자발적 도산(involuntary bankruptcy)이란 채무자의 동의 없이 채권자들에 의하여 신청되는 것을 말한다. 비자발적 도산은 채무자가 채권자들에게 의미 있는 변제를 할 수 있는 충분한 자산을 가지고 있을 때, 채무자에게 채권자들을 집단적으로 취급하는 것을 강제한다. 또한 채권자들에게 채무자회생법상의 부인권을 이용하여 채무자가 채무초과(지급불능) 상태에 빠지기 전에 특정 채권자나 다른 자에게 이전한 재산을 회복할 수 있도록 한다.

　비자발적 신청은 도산절차의 개시를 원하지 않는 채무자에게 중대한 영향을 미치는 극단적인 수단이다. 따라서 다른 구제수단이 있다면 채권자에게 어렵고 매력적이지 못한 대체수단이 되도록 하기 위해, 채무자회생법은 일정 금액 이상의 채권을 가진 채권자만이 신청할 수 있도록 하거나 도산원인을 소명하도록 하는 등 몇 가지 엄격한 제한을 두고 있다(제34조 제2항, 제38조, 제294조 제2항). 채무자회생법의 이러한 제한은 성공적이라고 할 수 있다. 채권자가 신청하는 도산사건은 그렇게 많지 않기 때문이다. 그러나 현실적으로 일부 채권자는 자신의 채무를 우선적으로 변제받거나 유리하게 변제하도록 하기 위한 압박 수단으로 도산절차를 활용하고 있기도 하다.

44) 서울회생법원 2021회합100059 주식회사 좋은사람들 사건에서 10.25%의 주식을 가진 주주들이, 서울회생법원 2023회합100074 플라이강원 주식회사 사건에서 30.42%의 주식을 가진 최대주주가 각 회생절차개시신청을 하였다. 미국 연방도산법은 주주에게 제11장 절차(회생절차)신청권을 부여하고 있지 않다. 주주·지분권자에게 파산신청권은 없다.

　한편 주주·지분권자를 대리하여 회생절차개시신청을 할 경우, 주주·지분권자가 채권자이기도 하면 쌍방대리 문제가 발생할 수 있으므로 주의를 요한다.

45) 중국의 경우 출자자가 회생절차를 신청함에 있어 두 가지 제한을 가하고 있다(기업파산법 제70조 제2항). ① 출자자는 채권자가 채무자에 대하여 파산을 신청하고 법원이 이를 수리하였지만 아직 파산을 선고하지 않은 경우에만, 회생을 신청할 수 있다. 다시 말해 출자자는 채권자가 개시한 파산절차 중이라야 법원에 채무자에 대하여 회생을 신청할 수 있고, 직접 회생절차를 신청할 수는 없다. 이러한 제한으로 적시에 회생절차를 이용하여 재정적 어려움에 빠진 기업을 구제하고 주주이익을 보호함에 있어 제도적 어려움이 있다. 또한 파산신청의 수리를 전제로 회생절차의 신청을 허용함으로써 시기적으로 늦어져 기업이 회생할 수 있는 최적의 기회를 놓치고 심지어 출자자의 회생신청권을 규정한 실질적 의미를 몰각하게 한다는 비판이 있다(主編 沈志先, 263쪽). ② 출자자의 출자액이 등록자본의 10분의 1 이상이어야 한다.

46) 채권자가 회생절차를 신청하는 것은 재판상 청구의 일종으로 시효중단의 효력이 있다고 할 것이다(민법 제168조 제1호). 채무자가 회생절차를 신청한 경우에는 관리인이 채권자목록을 제출하거나(제147조) 회생절차에 참가한 경우 시효중단의 효력이 있다(제32조 제1호). 여기서 회생절차의 참가란 채권신고를 말한다.

47) 장래 구상채권도 포함된다. 장래의 구상권도 회생채권이기 때문이다(제126조 제3항 참조). 동아탱커 주식회사는 국내금융권이 SPC에 대출해 준 것에 대하여 지급보증을 하였고, 만약 SPC가 대출금을 갚지 못할 경우 자신이 대금을 갚고 SPC에 대하여 구상권을 행사해야 하였다. 이에 동아탱커 주식회사는 장래 구상채권을 근거로 2019. 4. 12. 서울회생법원에 외국법인인 SPC에 대하여 회생절차개시신청을 하였다(2019회합100085 등).

48) 담보권자가 회생절차를 신청할 경우는 거의 없을 것이다. 담보권자는 민사집행절차 등에 따라 담보권을 실행하면 되므로 채무자에 대하여 회생절차를 강제할 이유가 없다. 오히려 회생절차가 개시됨으로써 권리행사가 제한되는 불이익이 있을 뿐이다(회생담보권자).

49) 제34조 제2항 제1호 가목은 '회사인 채무자에 대하여 자본의 10분의 1 이상에 해당하는 채권을 가진 채권자는 회생절차개시의 신청을 할 수 있다'고 규정할 뿐, 여기에 다른 제한을 두고 있지 않다. 따라서 위 조항에 의하면 회생절차개시신청을 할 수 있는 채권자에 임금·퇴직금 등의 채권인 공익채권자도 당연히 포함되는데, 공익채권에 대해서는 수시변제(제180조 제1항) 및 우선변제(제180조 제2항)가 가능하므로, 공익채권자의 경우 일반채권자와 비교

든 채권자가 포함된다. 따라서 주식회사인 채무자에 대한 임금·퇴직금[50] 등의 채권자도 공익채권자이기는 하지만(제179조 제1항 제10호) 회생절차개시의 신청을 할 수 있다.[51] 채권자가 파산선고를 받은 경우에는 파산관재인이 회생절차개시를 신청할 수 있다.[52]

한편 환취권자는 더 쉬운 권리보호가능성이 있어 권리보호의 필요성이 없으므로 회생절차개시를 신청할 수 없다고 할 것이다.[53]

하여 회생절차를 통하여 채권을 변제받을 이익이 상대적으로 적다고 볼 여지도 있다. 그러나 임금·퇴직금 등의 채권자에게도 회사인 채무자에게 파산의 원인인 사실이 생길 염려가 있는 경우에는 회생절차를 통하여 채무자 또는 사업의 효율적인 회생을 도모할 이익이 있고, 개별적인 강제집행절차 대신 회생절차를 이용하는 것이 비용과 시간 면에서 효과적일 수 있다(대법원 2014. 4. 29. 자 2014마244 결정). 나아가 파산의 원인인 사실이 생길 염려가 있는 상황에서 채무자의 재정 악화가 계속된다면 수시변제권과 우선변제권을 갖는 공익채권자라 하더라도 채권을 전부 변제받을 수 있다는 보장이 없으므로, 공익채권자가 아닌 일반채권자와 마찬가지로 회생절차개시신청권을 부여할 필요성은 여전히 존재한다(헌법재판소 2015. 12. 23. 선고 2014헌바149 전원재판부 결정 참조).

이에 대하여 다음과 같이 설명하는 견해도 있다(도산판례백선, 2쪽). 공익채권은 회생절차에서 벗어날 수 없고 단지 회생계획에 따르지 않고 변제받을 수 있을 뿐이다. 공익채권의 변제가 회생절차 내에서 이루어지기 때문에 ① 채무자가 아닌 관리인으로부터 변제를 받아야 하고, ② 관리인의 공익채권을 승인하는 경우 법원의 허가를 받도록 할 수 있으며(제61조 제1항 제8호), ③ 채무자의 재산이 공익채권을 변제하기에 부족한 경우에는 공익채권간에 우선권의 차이가 생긴다(제180조 제7항). 이렇게 회생절차에 구속되는 공익채권자가 회생절차에 대하여 법률상 이해관계를 갖지 않는다고 할 수는 없다.

50) 근로자들이 자본의 10분의 1에 해당하는 퇴직급여충당부채(퇴직급여충당금)를 근거로 회생절차개시신청을 할 수 있는가. 퇴직급여충당부채(퇴직급여충당금)는 근로자가 실제로 퇴직한 경우에 지급하여야 할 퇴직급여상당액을 사전에 미리 비용으로 배분하여 이를 계산하는 충당부채를 말한다. 퇴직급여충당부채는 회계학상의 개념이고 퇴직급여충당금은 손금산입 범위를 정하기 위한 세법상의 개념(법인세법 제33조 등 참조)으로, 최종 퇴직 시 발생하는 실체법상의 퇴직금청구권(대법원 2010. 5. 20. 선고 2007다90760 전원합의체 판결 참조)과는 다르다. 적어도 퇴직급여충당부채(퇴직급여충당금)와 퇴직금청구권이 금액 측면에서 일치한다고 보기 어렵다. 따라서 근로자들이 자본의 10분의 1에 해당하는 퇴직급여충당부채(퇴직급여충당금)를 근거로 회생절차개시신청을 할 수는 없다.

반면 근로자들이 퇴직 전에 퇴직금청구권(장래의 퇴직금청구권)을 근거로 회생절차개시신청을 하는 것은 가능하다. 사용자가 근로자에게 지급하는 퇴직금은 근로자의 근로제공에 대한 미지급 임금이 축적된 것이 그 재원이 된 것으로서 본질적으로는 후불적 임금의 성질을 지닌 것이라고 할 것이고, 퇴직금은 근로자가 사망 또는 퇴직한 때에 근로자에게 지급되는 것이기는 하나 근로기준법, 단체협약, 취업규칙, 근로계약 등에서 미리 그 지급조건이 명확히 되어 있어 그의 권리성이 부여 되어 있고 근로자의 사망 또는 퇴직 시에 지급될 것이 확실시 되는 것이므로 근로자의 사망 또는 퇴직 전의 퇴직금청구권을 추상적인 청구권에 불과한 것이라고 볼 수는 없기 때문이다(대법원 1975. 7. 22. 선고 74다1840 판결 참조).

51) 대법원 2014. 4. 29. 자 2014마244 결정. 창원지방법원 2020회합10049(에스티엑스건설 주식회사) 사건도 임금채권자가 신청한 것이다. 한편 공익채권자는 그 성질상 신청권자가 될 수 없다는 견해도 있다(條解 民事再生法, 102쪽, 김용진, 전게 "회생 및 파산 절차에서 헌법상 재산권 보장", 614~615쪽). 그 이유는 공익채권자는 회생절차개시신청에 대한 법률상 이익을 인정할 수 없다는 점에서 찾고 있다. ① 회생절차개시원인으로 '채무자에게 파산의 원인인 사실이 생길 염려'라는 예상적 경우를 적시한 것은 채권자가 법률상 이익을 가져야 한다는 해석론에 정당성을 부여한다. ② 제34조 제2항이 제1항의 어느 한 경우로 제한하여 규정하고 있는 법조문의 체계에 비추어 제1항과 제2항은 원칙규정과 단서규정의 관계라고 이해하는 것이 타당하고, 이렇게 볼 경우 회생절차개시신청을 할 수 있는 채권자의 범위에 제한을 두지 아니하는 해석론은 법조문의 체계에 비추어 타당하지 않다. ③ 강제집행절차와 도산절차의 통일적 운영을 위해서도 채권자의 범위를 제한하여야 한다. 예컨대 "임금채권의 우선변제권은 채무자의 재산에 대하여 강제집행을 하였을 경우에 그 강제집행에 의한 환가금에서 일반채권에 우선하여 변제받을 수 있음에 그치는 것"이라고 할 뿐 독자적인 환가기능을 인정하고 있지 않는데(대법원 1999. 5. 14. 선고 99다3686 판결, 대법원 1997. 4. 22. 선고 95다41611 판결, 대법원 1995. 6. 13. 선고 95누2562 판결, 대법원 1994. 12. 9. 선고 93다61611 판결 등 참조), 이에 상응하여 도산절차에서도 회생절차개시신청권자의 범위를 제한하는 방향으로 운용해 나가야 한다.

52) 수원지방법원 2018회합100036 사건에서 주식회사 부산저축은행의 파산관재인 예금보험공사는 채권자로서 대한불교영각사재단에 대하여 회생절차개시신청을 하였다.

53) 독일 도산법 제14조 제1항은 채권자에 의한 도산신청의 경우 권리보호필요성을 요건으로 한다고 규정하고 있고, 이

상 182 제2편 회생절차

채권자 및 주주·지분권자가 회생절차개시신청을 할 때 채무자가 주식회사 또는 유한회사와 같이 자본의 개념이 있는 경우와 없는 경우에 따라 자격요건이 달라진다.

채권자나 주주·지분권자에게 회생절차개시신청권을 인정한 것은 회생절차개시원인이 존재함에도 채무자가 개시신청을 하지 아니한 경우에는 기업가치가 훼손될 우려가 있고(그로 인해 채권자나 주주·지분권자의 이익이 훼손될 염려가 있다), 회생계획에서 채권이나 자본의 재조정은 불가피하며,[54] 채권자나 주주·지분권자는 관계인집회에서 의결권을 가지기 때문이다. 특히 채권자에게 신청권을 인정한 것은 회생절차가 청산가치를 넘는 가치의 분배를 목적으로 하므로, 채권자에게도 그 분배를 구할 이익이 인정되기 때문이기도 한다.[55]

아래에서 보는 바와 같이 채권자의 자격으로 '자본의 10분의 1 이상에 해당하는 채권'이라는 표현은 금전채권을 연상시키지만, 재산상의 청구권이라면 반드시 금전채권에 한정할 필요는 없다. 비금전채권인 재산상의 청구권이 회생절차개시신청자격의 기초가 되는 경우에는 그 평가액을 근거로 산정한다. 물론 채권의 이행기가 도래하였는지, 조건부인지, 담보부인지 등은 문제가 되지 않는다(기한부채권자도 조건부채권자도 신청권을 갖는다).

채권자나 주주·지분권자가 회생절차개시의 신청을 한 때에는 법원은 채무자에게 경영 및 재산상태에 관한 자료를 제출할 것을 명할 수 있다(제34조 제3항).

1. 채무자가 주식회사 또는 유한회사인 때

채무자가 주식회사 또는 유한회사인 경우 ① 자본의 10분의 1 이상에 해당하는 채권을 가진 채권자, ② 자본의 10분의 1 이상에 해당하는 주식 또는 출자지분을 가진 주주·지분권자는 회생절차개시를 신청할 수 있다(제34조 제2항 제1호). 자본이란 납입자본금을 의미한다. 즉 수권자본(발행예정주식총수)이 아니라 수권자본의 범위 내에서 실제로 발행을 마친 자본액을 의미한다. 단순히 '자본의 10분의 1 이상에 해당하는 주식'이라고만 하고 있으므로 주주의 의결권 유무는 묻지 않는다.[56] 주식의 종류도 묻지 않는다.

이 경우 반드시 1인의 채권자나 주주·지분권자가 자본이나 주식 또는 출자지분의 10분의 1 이상을 가져야 하는 것은 아니고, 여러 채권자의 채권액 또는 여러 주주·지분권자의 주식 또는 출자지분을 합산하여 10분의 1 이상을 가지고 있으면 족하다.[57]

는 채무자가 신청한 경우에도 마찬가지라고 보고 있다(Reinhard Bork, 49쪽).

54) 회생채권자·회생담보권자·주주·지분권자의 권리변경은 회생계획의 필요적 기재사항이다(제193조 제1항 제1호).

55) 채권자의 채권을 행사할 수 있는 제3자도 회생절차개시신청권이 있는가. 채무자에 대하여 채권을 가지고 있는 자가 아니어도 그 채권을 행사할 권한을 가진 제3자는, 채무자의 재산으로부터 가치의 분배를 받을 이익이 있으므로 그러한 제3자도 채권자에 포함되어 신청권이 있다고 할 것이다(대법원 2012. 12. 27. 선고 2012다75239 판결 참조). 구체적으로 채권자대위권을 행사하는 채권자(민법 제404조), 채권질권자(민법 제352조), 추심채권자는 각각 권리의 목적으로 된 채권에 기하여, 제3채무자에 대하여 회생절차개시신청권을 가진다고 할 것이다.

56) 일본 회사갱생법은 의결권을 가진 주주일 것을 요구하고 있다(제17조 제2항 제2호).

57) 서울회생법원 2021간회합100056 사건(주식회사 티브이데일리)에서, 대여금채권자(회생채권자)와 임금채권자(공익채권자)가 함께 '자본의 10분의 1 이상을 가진 채권자'로서 간이회생절차개시신청을 하였다.

신청인 자격을 인정함에 있어 채권자의 채권액이나 주주·지분권자의 주식 또는 출자지분에 일정한 제한을 둔 것은 신청의 남용을 방지하기 위함이다.

채권자의 채권이나 주주·지분권자의 주식 또는 출자지분이 자본의 10분의 1 이상에 해당하여야 한다는 것은 어느 시점에서 만족되어야 하는가. 법원이 개시신청자격을 구비하였는지를 판단하는 것은 개시결정시이고, 일단 개시결정이 되면 곧바로 효력이 발생하기 때문에(제49조 제3항), 다른 요건과 마찬가지로 개시결정시에 위 요건이 만족되면 충분하다고 할 것이다.[58]

2. 채무자가 주식회사 또는 유한회사가 아닌 때

채무자가 주식회사 또는 유한회사가 아닌 경우[59] ① 5천만 원 이상의 금액에 해당하는 채권을 가진 채권자, ② 합명회사·합자회사 그 밖의 법인 또는 이에 준하는 자에 대하여는 출자총액의 10분의 1 이상의 출자지분을 가진 지분권자는 회생절차개시를 신청할 수 있다(제34조 제2항 제2호).

마찬가지로 반드시 1인의 채권자가 5천만 원 이상의 금액에 해당하는 채권을 가져야 한다거나 10분의 1 이상의 출자총액을 가져야 하는 것은 아니고 여러 채권자나 지분권자가 합산하여 위 채권금액이나 출자지분 이상을 가지면 된다.

3. 채권액 등의 소명

채권자[60]나 주주·지분권자가 회생절차개시의 신청을 함에 있어서는 그 채권액과 채권의 원인이나 주식 또는 출자지분의 수 또는 액을 소명하여야 한다. 아래 〈Ⅳ.2.나.〉(본서 185쪽) 참조.

Ⅲ 청 산 인

채무자가 청산중인 경우 청산인은 다른 법률에 의하여 파산을 신청하여야 하는 때에도 회생절차개시를 신청할 수 있다(제35조 제1항). 법인의 청산인(민법 제93조 제1항), 회사의 청산인

---

58) 會社更生法, 54쪽. 따라서 회생절차개시신청 당시에는 채권액 또는 지분비율 요건을 갖추었으나 개시결정 전에 변제나 증자 등 사정변경으로 채권자의 채권액이나 주주·지분권자의 지분비율이 위 기준을 충족하지 못하게 된 경우 회생절차개시신청을 각하하여야 한다(서울중앙지방법원 2013회합12 결정 참조).

59) 채무자가 유한책임회사인 경우는 제34조 제2항 제1호나 제2호 중 어디에 해당하는가. 유한책임회사가 자본금, 자본 및 사원의 유한책임이라는 3가지 점에서 유한회사와 같은 특징이 있지만, ① 유한책임회사는 주식회사 또는 유한회사는 아니고 '그 밖의 법인'에 해당된다고 볼 수 있는 점, ② 유한책임회사의 내부관계에 대해서는 합명회사에 관한 규정들이 광범위하게 준용되고 있는 점(상법 제287조의18), ③ 내부관계에서는 합명회사를 기본틀로 하고, 외부관계에서는 합명회사의 무한책임사원을 모두 유한책임사원으로 교체한 법형태라는 점{김정호, 회사법[제4판], 법문사 (2015), 935쪽} 등을 고려하면, 채무자가 유한책임회사인 경우에는 제2호에 따라 신청인 자격을 판단하여야 할 것이다.

60) 독일 도산법은 "채권자의 신청은 채권자가 도산절차개시에 관해 법적 이익을 가지며, 그 채권과 개시원인을 소명하는 경우에 적법하다"고 규정하고 있다(§14(1)).

(상법 제254조 제4항, 제287조의45, 제542조 제1항, 제613조)은 법인의 재산이 그 채무를 변제하기에 부족한 것이 분명하게 된 때에는 지체없이 파산선고를 신청할 의무가 있다.[61] 청산인에게 채무자의 대표로서가 아니라 청산인의 자격으로 파산신청의무를 부과하고 있다.

파산신청의 의무를 부담하는 청산인은 파산을 신청하는 대신 회생절차개시를 신청할 수 있다. 청산인이 회생절차개시를 신청하지 않고 파산절차를 신청할 수도 있다. 파산에 대한 회생절차의 우선성을 배경으로 청산인에게 절차의 선택권을 부여한 것이다. 청산인이 회생절차개시를 신청한 경우에는 파산신청의무를 다한 것이므로 파산신청의무위반으로 인한 손해배상책임(민법 제96조, 제65조)을 지지 않는다. 그러나 회생절차개시신청이 기각된 경우에는 다시 파산신청의무를 부담한다고 할 것이다.

Ⅳ 관련 문제

1. 청산 중이거나 파산선고를 받은 회사인 채무자의 회생절차개시신청

채무자회생법은 청산 중이거나 파산선고를 받은 회사[62]에 대하여도 회생절차개시결정을 할 수 있음을 예정하고 있다(제35조). 청산중인 회사나 파산선고를 받은 회사인 채무자[63]가 회생절차개시신청을 함에 있어서, ① 합명회사의 경우에는 사원의 전부 또는 일부의 동의(제35조 제2항, 상법 제229조 제1항),[64] ② 합자회사의 경우에는 잔존한 무한책임사원 또는 유한책임사원 전원의 동의(제35조 제2항, 상법 제285조 제2항), ③ 주식회사의 경우에는 상법 제434조의 규정(출석한 주주의 의결권의 3분의 2 이상의 수와 발행주식총수의 3분의 1 이상의 수)에 의한 특별결의(제35조 제2항, 상법 제519조), ④ 유한회사의 경우에는 상법 제585조의 규정(총 사원의 반수 이상이며 총 사원의 의결권의 4분의 3 이상을 가지는 자의 동의)에 의한 사원총회의 특별결의(제35조 제2항, 상법 제610조)가 있어야 한다.

파산선고를 받아 파산관재인이 선임되어 있다고 하더라도[65] 위 요건을 갖춘 회사인 채무자

---

61) 한편 채무자가 청산 중이거나 파산선고를 받았다고 하더라도 회생절차개시의 신청을 방해받지 않는다(제44조 제1항 제1호, 제58조 제2항 제1호 참조). 일반적으로 회생절차가 청산절차나 파산절차보다 우선하는 지위에 있기 때문에 회생절차개시를 신청할 수 있도록 한 것이다. 다만 청산 중이거나 파산선고를 받은 회사인 채무자가 회생절차개시의 신청을 하는 때에는 아래 〈Ⅳ.1.〉에서 보는 바와 같이 일정한 제한이 있다.

62) '회사'라고 하고 있지만, '회사'에 제한할 필요가 없으므로 '법인'으로 이해하여야 할 것이다. 한편 제241조도 "사단법인 또는 재단법인"이라고 하고 있지만 마찬가지로 '법인'으로 이해하여야 할 것이다.

63) 서울회생법원 2017하합100001 세아건설 주식회사 사건에서, 파산선고가 되어 진행되던 중 2019. 12. 30. 수원지방법원에 채무자가 회생절차개시신청을 하였고 2020. 1. 29. 회생절차가 개시되었다(2019회합199).

64) 유한책임회사의 경우도 마찬가지일 것이다(상법 제287조의18 참조).

65) 채무자의 파산관재인에게도 회생절차개시신청권이 있는가. 명시적인 규정이 없어 부정적으로 볼 여지도 있지만, ① 청산인에게 회생절차개시신청권을 인정하고 있고(제35조 제1항), 청산인과 파산관재인은 청산법인의 청산업무를 담당한다는 점에서 공통점 또는 유사점이 있다는 점, ② 관리인에게 파산신청권을 인정하고 있고(제6조 제2항) 공적수탁자라는 지위의 유사점이 있는 점, ③ 회생이 파산보다 우선하고 회생절차에 의하더라도 청산가지보장원칙이 지켜지므로 채권자들에게 결코 불리하지 않다는 점, ④ 청산 중인 채무자에게도 회생절차개시신청권이 인정되고(제35조 제2항), 관리인은 채무자의 재산에 대한 관리처분권을 가지고 있는데, 관리처분권에는 회생절차개시신청권도 포

는 회생절차개시신청을 할 수 있다(제35조 제2항 참조).[66] 파산선고된 회사의 경우 회생절차개시결정이 있으면 진행 중인 파산절차는 중지되고(제58조 제2항 제1호), 회생절차개시결정 전이라도 법원이 필요하다고 인정하는 때에는 채무자에 대한 파산절차의 중지를 명할 수 있다(제44조 제1항 제1호).

청산 중이거나 파산선고를 받은 회사에 대하여 회생계획안이 가결된 경우에는 법인의 존속절차를 밟아야 한다(제241조). 관련 내용은 〈제13장 제3절 Ⅷ.〉(본서 943쪽)을 참조할 것.

2. 회생절차개시원인 등의 소명

회생절차개시의 신청은 채무자가 일시적으로 채권자의 추급을 회피하거나, 채권자가 채무자를 위협하여 만족을 얻는 수단으로 이용되는 등 부당한 목적으로 남용될 여지가 없지 않다. 이에 이러한 신청의 남용을 방지하기 위하여 회생절차개시의 신청을 할 때 회생절차개시의 원인인 사실이나 채권액 등을 소명하도록 하고 있다(제38조). 소명이 되지 않는 경우 당해 신청은 부적법하여 각하될 것이다.[67]

소명은 즉시 조사할 수 있는 증거에 의하여야 한다(제33조, 민소법 제299조 제1항).

가. 회생절차개시원인의 소명

회생절차개시의 신청을 하는 자는 회생절차개시의 원인인 사실을 소명하여야 한다. 이 경우 채무자에 대하여 외국도산절차가 진행되고 있는 때에는 그 채무자에게 파산의 원인인 사실이 있는 것으로 추정한다(제38조 제1항). 이는 채무자회생법이 외국도산절차(제628조 제1호)를 인정하고 그에 대한 수용적 자세를 갖는다는 것을 의미한다.

나. 채권액 등의 소명

채권자[68]나 주주·지분권자가 회생절차개시의 신청을 함에 있어서는 신청서에 그 채권액과 채권의 원인이나 주식 또는 출자지분의 수 또는 액을 기재하고 이를 소명하여야 한다(제36조 제10호, 제11호, 제38조 제2항).

함된다고 볼 수 있는 점, ⑤ 파산관재인이 채권자의 이익을 대표하고 있다는 점, ⑥ 제34조 제1항은 회생절차개시의 신청인으로 파산선고 전의 채무자로 제한하고 있지 않은 점 등을 고려하면, 제35조 제1항 등을 유추적용하여(대법원 2020. 4. 29. 선고 2019다226135 판결 참조), 파산관재인도 채무자에게 회생절차개시원인으로 된 사실이 있으면 회생절차개시를 신청할 수 있다고 할 것이다. 일본 민사재생법 제246조 제1항은 이를 명확히 규정하고 있다.

66) 결국 파산선고 후에는 채무자, 파산관재인, 채권자의 신청권한이 경합하게 된다.

67) 條解 民事再生法, 106쪽.

68) 주식회사인 채권자가 공동대표이사로 등기되어 있음에도 그중 1인이 회생절차개시신청을 하는 경우가 있다. 공동대표의 정함이 있는 경우에 공동대표이사 중 1인이 다른 공동대표이사의 의사와 관계없이 단독으로 회사를 대표하여 행한 행위는 회사에 대하여 그 효력이 없다(대법원 2000. 5. 29. 자 2000마934 결정). 이는 소송행위의 경우에도 마찬가지이다{서울고등법원 2019. 2. 21. 자 2018라21093 결정(확정)}. 따라서 공동대표이사로 등기되어 있는 경우 전원이 회생절차개시신청을 하여야 하고, 그렇지 않을 경우 대표권에 흠이 있어 신청을 각하하여야 한다. 공동대표이사로 등기된 경우에는 전원이 회생절차개시신청을 한 것인지 반드시 확인할 필요가 있다.

채권자나 주주·지분권자는 앞(〈Ⅱ.〉)에서 설명한 자격요건을 개시결정시에 유지하고 있어야 한다. 따라서 회생절차개시신청 당시에는 위 자격요건을 충족하였으나 사정변경으로 개시결정시에 위 자격요건을 충족하지 못한 경우 회생절차개시신청을 각하하여야 한다. 반대로 신청 당시에는 그 요건을 충족하지 못하였지만 개시결정시에 그 요건을 충족한 경우 회생절차개시신청을 각하할 것이 아니라 개시결정을 하여야 한다.

채권자나 주주·지분권자의 요건인 채권의 존재 등은 회생절차개시결정시에 유지하고 있으면 되므로, 항고심에서 신청인의 채권 등이 소멸하여도 회생절차개시결정에는 영향을 미치지 않는다.

3. 채권자가 신청한 파산신청의 대항수단으로서 회생절차개시신청

채권자는 채무자가 변제를 하지 않거나 재산 은닉의 의심이 드는 경우 책임재산을 채무자의 관리로부터 박탈하여 파산관재인에게 이전시켜 신속·적정하게 청산을 도모하려고 한다. 또한 채무자를 압박하기 위한 수단으로 파산을 신청하는 경우도 있다. 채무자가 파산선고를 다투는 때에도 파산원인 자체를 부정할 수 없는 경우 대항수단으로 회생절차개시신청을 활용할 수 있다. 파산절차보다 회생절차가 우선한다는 원칙에 따라 회생절차개시신청 또는 회생절차개시결정은 파산선고의 장애사유가 된다. 파산선고 여부에 대해 심리중이건 파산선고 후이건 회생절차개시신청을 하는 것이 가능하다. 회생절차개시의 신청에 대한 결정이 있을 때까지 법원은 직권으로 채무자에 대한 파산절차의 중지를 명할 수 있고(제44조 제1항 제1호). 회생절차개시결정이 있으면 파산절차는 중지된다(제58조 제2항 제1호).

실무적으로 파산신청 이후에 회생절차개시신청이 있는 경우 조사위원을 선임하여 청산가치 보장원칙이 지켜질 수 있는지, 회생계획안의 작성이 가능한지 및 중요 채권자들의 의견을 듣는 방법으로 회생절차개시신청기각 사유가 없는지 등을 조사하게 한다(이를 '개시전조사'라 한다).[69] 파산절차와 회생절차가 경합하는 경우 회생절차가 우선하는 것이 원칙이지만, 법원에 파산절차가 계속 중이고, 그 절차에 의하는 것이 채권자의 일반의 이익에 부합한 경우에는 회생절차개시신청을 기각하여야 할 것이다(제42조 제3호).

4. 주식회사의 회생절차개시신청에 이사회 결의가 필요한지 여부

가. 소규모 주식회사가 아닌 경우

상법 제393조 제1항은 주식회사의 중요한 자산의 처분 및 양도, 대규모 재산의 차입 등 회사의 업무집행은 이사회의 결의로 한다고 규정함으로써 주식회사의 이사회는 회사의 업무집행

---

69) 서울회생법원 2020회합100014 주식회사 레이크힐스리조트 사건에서, 채권자가 파산신청을 하자 채무자가 회생절차개시신청을 하였다. 서울회생법원은 개시전조사를 거쳐 청산가치가 계속기업가치보다 현저히 높아 회생절차개시신청을 기각하였다. 서울회생법원 2021회합4 주식회사 케이엠시스 사건의 경우도 채권자가 파산신청을 하여 파산선고가 되자(서울회생법원 2020하합100393) 채무자가 회생절차개시신청을 하였다.

에 관한 의사결정권한이 있음을 밝히고 있으므로, 주식회사의 중요한 자산의 처분이나 대규모 재산의 차입행위뿐만 아니라 이사회가 일반적·구체적으로 대표이사에게 위임하지 않은 업무로서 일상 업무에 속하지 아니한 중요한 업무에 대해서는 이사회의 결의를 거쳐야 한다.

주식회사가 회생절차를 신청할 경우 개시결정 전에도 그 신청사실은 금융위원회와 감독행정청 등에 통지되고(제40조), 법원의 보전처분을 통해 채무자의 업무 및 재산에 관한 처분권한이 통제되는 등(제43조) 채무자에 미치는 영향이 적지 않다.

주식회사에 대하여 회생절차가 개시되는 경우 이를 이유로 한 계약의 해지 및 환취권 행사 등으로 인하여 회사의 영업 또는 재산에 상당한 변동이 발생하게 된다. 또한 본래 주식회사의 업무집행권은 대표이사에게 부여되고(상법 제389조 제3항, 제209조 제1항), 정관이나 법률이 정한 사항 내지 중요한 자산의 처분 및 양도 등에 관한 의사결정권은 주주총회 내지 이사회가 가지고 있으나(상법 제361조, 제393조 제1항), 회생절차가 개시되면 주식회사의 업무수행권과 관리처분권이 관리인에게 전속하게 되고, 관리인이 재산의 처분이나 금전의 지출 등 일정한 행위를 하기 위해서는 미리 법원의 허가를 받아야 하는 등(제56조 제1항, 제61조 등 참조) 회사의 경영에 근본적인 변화가 발생하게 된다.

주식회사는 회생절차를 통하여 채권자·주주 등 여러 이해관계인의 법률관계를 조정하여 채무자 또는 그 사업의 효율적인 회생을 도모할 수 있으나(제1조), 회생절차 폐지의 결정이 확정된 경우 파산절차가 진행될 수 있는 등(제6조 제1항) 회생절차 신청 여부에 관한 결정이 주식회사에 미치는 영향이 크다.

위와 같은 주식회사에서의 이사회의 역할 및 주식회사에 대한 회생절차개시결정의 효과 등에 비추어 보면 주식회사의 회생절차개시신청은 대표이사의 업무권한인 일상 업무에 속하지 아니한 중요한 업무에 해당하여 이사회 결의가 필요하다고 보아야 한다.[70] 따라서 회생절차개시신청시에 이사회 의사록을 첨부하여야 할 것이다. 여기서 의사록은 회생절차개시신청에 관한 의사록을 말한다.[71] 이사회 결의 없이 회생절차개시신청을 하는 경우 실무적으로 이를 각하하고 있다.

나. 소규모 주식회사의 경우

자본금 총액이 10억 원 미만으로 이사가 1명 또는 2명인 소규모 주식회사에서는 대표이사가 특별한 사정이 없는 한 이사회 결의를 거칠 필요 없이 회생절차개시신청을 할 수 있다. 소규모 주식회사는 이사회를 두지 않고(상법 제383조 제5항) 각 이사(정관에 따라 대표이사를 정한

---

70) 대법원 2019. 8. 14. 선고 2019다204463 판결(☞ 대표이사로 재직하였던 원고가 주식회사인 피고를 상대로 퇴직금의 지급을 청구하자 대표이사가 이사회의 결의를 거치지 아니하고 회생절차개시신청을 한 것이 회사에 대한 불법행위에 해당한다고 주장하면서 상계항변을 한 사건에서, 대표이사가 불법행위에 기한 손해배상책임을 부담한다고 본 원심의 판단을 수긍하여 상고기각한 사례, 손해배상책임의 근거를 제393조 제1항 위반에서 찾았고, 이는 충실의무 위반에 해당하며 그 법적 성질은 불법행위책임으로 보았다).

71) 유한회사의 경우 이사회 제도가 없으므로 이사가 여럿 있는 경우에는 정관에 다른 정함이 없는 경우 이사 과반수의 의사에 의한 신청임을 소명하는 것으로 충분하다(상법 제564조 제1항).

경우에는 그 대표이사를 말한다)가 회사를 대표하며 상법 제393조 제1항에 따른 이사회의 기능을 담당하기 때문이다(상법 제383조 제6항, 제1항 단서).[72]

5. 회생절차개시신청의 경합

회생절차개시신청의 신청권자가 다양하기 때문에, 채무자의 신청과 채권자의 신청 또는 주주의 신청 등이 경합할 수 있다.[73] 이런 경우 먼저 신청된 회생법원의 전속관할이기 때문에(본서 130쪽) 나중에 신청된 다른 회생법원에 계속된 회생사건은 관할위반으로 먼저 회생사건이 계속된 법원으로 이송되어(같은 법원에 중복신청이 된 경우에는 재배당을 통하여 해결하여야 할 것이다) 통상은 복수의 회생사건이 병합된 후(제33조, 민소법 제141조) 신청에 대한 결정이 이루어진다. 병합되지 아니한 채 1건에 대하여 회생절차개시결정이 된 경우에는 다른 회생절차개시신청은 신청의 이익이 흠결되어 각하하여야 한다.

6. 상장회사들의 회생절차[74]를 통한 상장유지 전략[75]

최근 한계상황에 놓인 상장기업(영업손실 및 매출액 미달, 감사의견 거절 등으로 관리종목에 지정되거나 거래정지 또는 상장폐지가 우려되는 기업)에 대한 거래정지나 상장폐지(Delisting) 사례가 늘고 있다.[76] 상장회사들의 경우, 감사의견 비적정이 가장 대표적인 거래정지 또는 상장폐지 사

---

72) 대법원 2021. 8. 26. 자 2020마5520 결정 참조.

73) 주식회사 바이오빌에 대하여 서울회생법원에 회생절차개시가 중복으로 신청되었다{2020회합100043(채권자 신청), 2020회합100046(채무자 신청)}. 서울회생법원은 2사건을 병합하여 진행하였다.

74) 상장법인에 대한 회생절차에서는 상장유지라는 막대한 이해관계를 둘러싸고, 담보권자, 금융기관 채권자, 상거래채권자, 사채권자, 최대주주, 소액주주, 기타 투자자, 인수자 등 이해관계를 달리하는 다양한 이해집단이 존재할 수 있고, 이해집단이 요구하는 회생절차의 진행 방향이 다른 경우가 발생한다. 특히 M&A가 진행되어 새로운 인수자가 등장할 경우 주식가치 희석으로 인해 소액주주들의 반발이 심할 수 있다. 따라서 회생법원으로서는 회생절차의 원활한 진행을 위하여 이해집단별 요구가 무엇인지, 회생절차의 진행 방향이 어떠한지 등을 미리 파악할 필요가 있다. 또한 회생절차에 이른 상장법인의 경우 기업가치가 많이 떨어져 있고 회생절차개시신청으로 주가가 급락하며, 시간이 흐를수록 내·외부적으로 다양한 상장폐지사유가 누적되는 경우가 많다. 따라서 회생절차를 신속하게 진행해야 할 필요성이 다른 사건들에 비해 더 크다고 할 수 있다{회생사건실무(하), 263~264쪽}.

75) 이 부분은 삼일회계법인 이종석 파트너의 도움이 컸음을 밝혀둔다.

76) 상장(Listing)이란 주식회사가 발행한 증권이 한국거래소가 정하는 일정한 요건을 충족하여 유가증권시장(중대형 우량기업이 중심인 시장, 코스피시장), 코스닥시장(중소벤처기업이 중심인 시장) 또는 코넥스시장(초기 중소벤처기업에 최적화된 시장)에서 거래할 수 있는 자격을 부여하는 것을 말한다. 상장계약은 유가증권시장 등에 증권의 상장을 희망하는 발행회사와 한국거래소 사이에 체결되는 사법상의 계약이다(대법원 2007. 11. 15. 선고 2007다1753 판결 참조).
　　기업공개(IPO, Initial Public Offering)란 상장을 목적으로 50인 이상의 여러 사람들을 대상으로 주식을 파는 분산과정이다(자본시장법 제9조 제7, 9항 참조). 원칙적으로 기업공개와 상장은 같은 개념은 아니고 기업공개를 원활히 하기 위해서 상장이라는 수단을 사용하게 되는 것이다. 기업공개 및 상장은 상장기업에 있어 최종목표가 아닌 지속 성장을 위한 발판을 의미한다.
　　상장폐지(Delisting)란 한국거래소가 개설·운영하는 시장에서 거래되고 있는 증권을 더 이상 시장에서 거래되지 못하도록 하는 법적 행위나 그러한 현상의 변경을 말한다. 상장회사의 신청 없는 상태에서의 한국거래소에 의한 상장폐지 내지 상장폐지결정은 발행회사와 한국거래소 사이에 체결된 사법상의 계약관계를 해소하려는 한국거래소의 일방적인 의사표시이다(대법원 2007. 11. 15. 선고 2007다1753 판결 참조). 상장폐지에는 형식적 요건에 의한 상장폐지(감사의견 비적정 등)와 실질적 사유에 의한 상장폐지가 있다. 전자는 해당 사유가 발생한 경우 원칙적으로 곧바로 상장폐지에 이르나, 후자는 해당 사유가 발생한 경우 한국거래소 내에 설치된 위원회의 상장적격성 실질심

유이고, 이외 자본잠식, 영업손실 및 매출액 미달, 최대주주 부재, 특수관계자 거래, 배임 또는 횡령 등이 주요 사유로 나타나고 있다. 이러한 주요 거래정지 등의 사유를 해소하기 위해서는 1단계{구조조정(회생절차) 및 M&A 자문}로 구조조정을 통한 자본잠식 해소, 우발채무 제거, 최대주주 변경 등이 전제되어야 하고, 2단계{PA(Private Account) 자문}로 외부 회계 감사 대응을 통해 적정의견의 감사보고서를 공시하여야 하며, 마지막 3단계(한국거래소 상장적격성 실질심사 대응 자문)로 한국거래소(KRX) 실질심사 대응을 통해 거래 재개 결정을 받아야, 최종적으로 거래 재개 및 상장유지에 성공할 수 있다.[77]

1990년대 후반 'IMF사태'라는 경제 위기를 겪은 이후 다양한 형태의 구조조정 절차가 발전하였고, 현재 구조조정 절차로는 '채권단 자율협약', 기촉법에 의한 '워크아웃(공동관리절차)', 채무자회생법에 의한 '회생절차'가 있다. 이러한 구조조정 절차 중에서 상장유지를 위해 가장 효과적인 방법으로 회생절차를 통한 M&A가 알려져 있다. 회생절차를 통한 M&A는 제3자 유상증자 및 출자전환을 통해 자본잠식을 해소하고,[78] 자본력이 있는 건강한 주주를 최대주주로 변경하며, 불확실한 부외부채나 우발채무를 제거하는[79] 등 거래정지 또는 상장폐지의 주요 이슈

사를 거쳐 상장폐지에 이르게 된다. 형식적 요건에 의한 상장폐지의 절차는 「① 상장폐지의 서면통보 ⇒ ② 이의신청에 대한 위원회(유가증권시장·코넥스시장의 경우 상장공시위원회, 코스닥시장의 경우 기업심사위원회)의 심의·의결 ⇒ ③ 상장폐지절차의 완료」이고, 실질적 요건에 의한 상장폐지의 절차는 「① 실질적 상장폐지의 개시 통보 ⇒ ② 관련 위원회의 실질심사 및 의결 ⇒ ③ 이의신청에 대한 위원회의 심의·의결 ⇒ ④ 상장폐지절차의 완료」이다. 형식적 요건에 의한 상장폐지 사유는 그 자체가 상장폐지 사유인 반면, 실질적 요건에 의한 상장폐지 사유(실질심사의 사유)는 상장폐지 사유가 아닌 상장적격성 실질심사를 트리거하는 사유에 불과하다.

77) 한국거래소는 자본시장법의 위임에 따라 유가증권시장 상장규정, 코스닥시장 상장규정, 코넥스시장 상장규정 등을 제정하여 상장 및 상장폐지절차를 운용하고 있다. 유가증권시장 상장규정 등은 행정기관이 제정하는 일반적, 추상적인 규정으로서 법령의 위임에 따라 그 규정의 내용을 보충하는 기능을 가지면서 그와 결합하여 대외적인 구속력을 가지는 법규명령이라고 볼 수는 없고, 자본시장법이 자치적인 사항을 스스로 정하도록 위임함으로써(자본시장법 제390조 제1항) 제정된 한국거래소의 자치 규정에 해당하는 것으로서, 상장계약과 관련하여서는 계약의 일방 당사자인 한국거래소가 다수의 상장신청법인과 상장계약을 체결하기 위하여 일정한 형식에 의하여 미리 마련한 계약의 내용, 즉 약관의 성질을 갖는다(대법원 2019. 12. 12. 선고 2016다243405 판결). 한국거래소가 제정한 유가증권시장 상장규정 등은 법률의 규정에 근거를 두고 상장법인 내지 상장신청법인 모두에게 당연히 적용되는 규정으로서 실질적으로 규범적인 성격을 가지고 있음을 부인할 수 없어 관련 법률의 취지에 부합하지 않는 사항을 그 내용으로 할 수는 없고, 한국거래소는 고도의 공익적 성격을 가지고 있는 점을 감안하면, 위 상장규정의 특정 조항이 비례의 원칙이나 형평의 원칙에 현저히 어긋남으로써 정의관념에 반한다거나 다른 법률이 보장하는 상장법인의 권리를 지나치게 제약함으로써 그 법률의 입법 목적이나 취지에 반하는 내용을 담고 있다면 그 조항은 위법하여 무효라고 보아야 한다. 예컨대 만약 유가증권시장 상장규정 등에 회생절차의 개시신청을 하였다는 이유만으로 그 기업의 구체적인 재무상태나 회생가능성 등을 전혀 심사하지 아니한 채 곧바로 상장폐지결정을 하도록 규정되어 있다면, 그 규정으로 달성하려는 '부실기업의 조기퇴출과 이를 통한 주식시장의 거래안정 및 투자자 보호'라는 목적과 위 조항에 따라 상장폐지될 경우 그 상장법인과 기존 주주들이 상실할 이익을 비교할 때 비례의 원칙에 현저히 어긋나고, 또한 기업구조조정 촉진법에 따른 공동관리절차를 선택한 기업에 비하여 차별하는 것에 합리적인 근거를 발견할 수 없어 형평의 원칙에도 어긋나 정의관념에 반한다. 아울러 이러한 상장폐지규정은 회생절차를 선택할 경우에 과도한 불이익을 가하여 채무자회생법에 기한 회생의 기회를 현저하게 제한하고 회생절차를 통하여 조기에 부실을 종료할 기회를 박탈함으로써 사실상 채무자회생법상 보장된 회생절차를 밟을 권리를 현저히 제약하는 것이어서, 부실이 심화되기 전에 조기에 회사를 정상화하도록 하려는 채무자회생법의 입법 목적과 취지에 반한다. 따라서 이러한 상장폐지규정은 무효이다(대법원 2007. 11. 15. 선고 2007다1753 판결 참조).

78) M&A가 성공할 경우 영업의 지속성, 재무상태의 건전성, 경영의 투명성 등 한국거래소 상장적격성 실질심사기준을 충족시킬 수 있다.

79) 회생절차에서는 채권자목록에 기재되지 않고 채권신고가 되지 않는 채권(부외부채, 우발채무)은 회생계획이 인가되

대부분을 신속하게 해소할 수 있는 특징이 있다.

회생절차 및 M&A로 상장폐지를 벗어난 거래정지 상장회사들의 대표적인 사례로 중견건설사 관계사가 투자하여 상장 유지된 ㈜아센디오(구 키위미디어그룹, 서울회생법원 2019회합100179)가 있다. ㈜아센디오는 상장유지 관련 3단계 자문을 통해 거래정지 및 상장폐지 사유를 해소하여 상장유지에 성공하였고, 현재 유가증권시장(코스피)에서 잘 거래되고 있다. ㈜아센디오는 1단계 자문인 회생절차 및 M&A 자문이 진행되었다. 2019년 10월 서울회생법원에 회생절차 개시신청을 하여 같은 해 12월에 개시결정이 되었고, 매각주간사를 선정하여 회생절차와 M&A를 동시에 진행하였다. 회생자문 결과 2020년 M&A에 성공하여 회생계획인가를 얻었고, 2020년 4월 회생절차가 종결되었다. 2단계 자문인 PA(Private Account) 자문을 회생절차를 통한 M&A 자문과 동시에 진행하여, 외부 회계감사(상장폐지 사유 발생으로 인한 재감사나 금감원 지정감사)에 신속하고 적시에 대응하였고, 결과적으로 2020년 사업연도에 대한 적정의견 감사보고서를 공시하며 거래정지 및 상장폐지 사유를 해소하였다. 마지막 3단계로 법무법인을 통해 거래소 실질심사 대응 자문을 진행하였고, 2020년 상장적격성 실질심사 대상으로 결정된 이후 경영개선 계획서 제출, 이의신청서 제출, 기타 거래소 대응 등을 적절하게 수행하였다. 그 결과, 최종적으로 2021년 5월 거래정지가 해제되었으며, 2019년 8월 거래정지 이후 약 1년 9개월 만에 상장유지에 성공하게 되었다.

㈜아센디오 이외에도 회생절차 및 M&A를 통해 상장유지에 성공한 대표적인 사례로는 쌍용자동차㈜ 사건(서울회생법원 2020회합100189)이 있다. 그 밖에 ㈜이엠따블유(서울회생법원 2020 회합100038), ㈜휴엠앤씨(구 블러썸엠엔씨, 수원지방법원 2020회합154), ㈜에스엠벡셀(구 지코, 대전지방법원 2020회합5028), ㈜와이투솔루션(구 유양디앤유, 서울회생법원 2020회합100048) 등 경영에 어려움을 겪은 다양한 회사들이 회생절차 및 M&A 자문을 통해 경영정상화에 성공하였고, 이후 PA 자문을 통해 적정의견의 감사보고서를 공시하며 최종 상장유지에 성공했다.

한편, 회생절차를 통한 M&A에 성공했지만, 감사의견 비적정의견으로 상장유지에는 실패한 사례로 ㈜한프, ㈜스타모빌리티가 있다. 한프는 2020년 7월 청주지방법원(2020회합50006)에 회생절차 개시신청 이후 매각주간사를 선정하여 2021년 5월 회생절차를 종결하였으나, 감사의견 거절로 상장유지에 실패하였고, 최종적으로 상장폐지되었다. 참존글로벌(구 스타모빌리티)은 2020년 6월 수원지방법원(2020회합146)에 회생절차 개시신청 이후 매각주간사를 선정하여 2021년 6월 회생절차를 종결하였고, 2021사업연도에 대한 적정의견 감사보고서를 공시하였으나, 한국거래소는 기업의 계속성 및 경영의 투명성 등을 종합적으로 고려하여 최종적으로 상장폐지 결정하였다. 그 밖에 회생절차종결 후 상장폐지된 것으로 ㈜지와이커머스 사건(서울회생법원 2019회합100093), 회생절차종결 전 상장폐지된 것으로 ㈜이매진아시아 사건(서울회생법원 2020회합100087) 등이 있다.

면 실권되므로(제251조) 의견거절의 주된 사유인 부정행위로 인한 부외부채나 우발채무의 문제를 해결할 수 있다.

[(주)아센디오의 상장유지 3단계 전략]

[1단계] 회생절차 및 M&A 자문

주요 절차	일정	내용
회생절차 개시신청	2019년 10월	서울회생법원
회생절차 개시결정	2019년 12월	서울회생법원
인가전 M&A추진 / 매각주간사 선정	2019년 12월	삼일회계법인
스토킹호스 투자계약 체결	2019년 12월	
채권자 목록 제출	2019년 12월	
채권 시부인표 제출	2020년 01월	
관리인 조사보고서 제출	2020년 01월	
M&A 매각 공고(공개매각절차)	2020년 01월	
LOI(인수의향서) 접수	2020년 01월	
입찰서(인수제안서) 접수	2020년 01월	
우선협상대상자 선정 통보	2020년 01월	
최종인수예정자 선정	2020년 01월	
회생계획안 제출	2020년 02월	
회생계획안 인가 결정	2020년 03월	심리·결의를 위한 관계인집회
회생절차 종결	2020년 04월	

[2단계] PA 자문 및 감사의견

주요 절차	일정	내용
매매거래정지(자본감소 유예)	2019년 03월	
상장적격성 실질심사 대상	2020년 03월	사유: 자본금 전액 잠식
특정목적 감사보고서 제출	2020년 03월	회생을 통한 자본잠식 해소

[3단계] 거래소 실질심사 대응 자문(상장유지)

주요 절차	일정	내용
상장적격성 실질심사 대상	2020년 03월	사유: 자본금 전액 잠식
상장적격성 실질심사 대상 결정	2020년 04월	
개선계획서 제출	2020년~2021년	
주권매매거래 정지 해제	2021년 05월	상장폐지 사유 해소

한국거래소는 2022년 12월 기업 부담 완화와 투자자 보호를 위한 목적으로 형식적 상장폐지 사유(5개 사업연도 연속 영업손실 발생 등)를 실질심사로 전환하고, 이의신청이 불가능했던 일부 상장폐지 사유에 대해서는 이의신청 및 사유 해소 기회를 부여하는 등 상장폐지 기준을 실질적으로 완화하는 내용으로 상장폐지 제도의 정비에 나섰지만, 최근 10여 년간 지속적으로

증가하는 거래정지 발생 건수와 경기침체가 지속되는 국내외 경제상황을 고려할 때, 상장유지 관련 이슈가 발생하는 기업의 수는 향후에도 꾸준히 증가할 것으로 예상된다.

이에 따라 상장폐지나 거래정지에 처하거나 그럴 위험성이 있는 기업들은 회생절차를 통한 상장유지 전략을 선제적으로 검토할 필요가 있다. 최근 실무에서도 상장유지를 위한 회생절차 신청이 늘고 있는 추세이다. 상장적격성 실질심사와 회생절차가 병행하는 경우 한국거래소는 일반적으로 개선기간을 부여하여 실질심사를 사실상 정지하고, 회생절차에도 불구하고 상장적 격성을 담보할 수 없는 경우가 아닌 한 회생절차가 종결된 후에 실질심사절차를 진행한다. 다 만 주의할 것은 앞에서 본 바와 같이 회생계획인가결정 및 회생절차종결결정을 받은 사실이 해당 기업의 상장을 유지시키는 것은 아니라는 것이다.[80] 반대로 회생절차를 진행하는 데 있어 한국거래소의 상장폐지절차에 구속되는 것도 아니므로, 회생계속법원으로서는 회생절차의 목 적에 비추어 독자적으로 회생절차를 진행하면 된다. 그렇다고 하더라도 회생계속법원으로서는 상장폐지절차의 진행 경과를 예의주시하면서 회생절차를 진행할 필요가 있다.

제4절 │ 회생절차개시신청의 효과[81]

Ⅰ 시효중단

1. 채권자가 회생절차개시신청을 한 경우

채권자의 회생절차개시신청은 재판상의 청구로서 시효중단사유가 된다. 따라서 회생절차개 시신청이 각하 또는 취하된 경우에는 시효중단의 효력이 없다(민법 제168조 제1호, 제170조 제1항 참조). 회생절차개시신청이 기각되거나 개시결정이 취소된 경우에도 시효중단의 효력이 없다. 다만 최고로서의 효력은 인정된다(민법 제170조 제2항, 제174조 참조). 반면 회생계획이 불인가되 거나 회생절차가 폐지된 경우에는 신청에 의하여 발생한 시효중단의 효력은 상실되지 않는다.

---

80) 서울남부지방법원 2016. 1. 14. 자 2016카합20005 결정(확정) 참조. 위 결정은 '회생절차는 재정적인 어려움으로 파 탄에 직면한 채무자에 대하여 채권자, 주주·지분권자 등 여러 이해관계인의 법률관계를 조정하여 채무자 또는 그 사업의 효율적인 회생을 도모하는 제도로서 사업의 재건과 영업의 계속을 통한 채무변제가 주된 목적인 반면, 상장 적격성 실질심사에서 고려하여야 하는 영업지속성은 코스닥시장 상장기업의 지위를 유지할 수 있는 수준의 영업지 속성을 의미하는 것이므로 회생계획인가의 요건보다 엄격하게 해석할 수 있다'고 판시하여, 회생계획인가결정이나 회생절차종결결정이 있었다는 사실이 실질심사를 구속하지 않는다는 점을 명확히 하고 있다.

81) 공정거래법은 경쟁제한적인 기업결합을 원칙적으로 금지하지만, 회생이 불가능한 회사와의 기업결합으로서 일정한 요건을 갖춘 경우 이를 허용하고 있다(공정거래법 제9조 제2항, 본서 925쪽 각주 227) 참조). 회생절차개시신청은 채무자(사업자)가 회생이 불가능한 회사인지를 판단하는 요소 중 하나이다(기업결합 심사기준(공정거래위원회 고시 제2021-25호, 2021. 12. 30.) Ⅷ.2.가.(3)). 또한 상호출자제한기업집단(공정거래법 제31조 제1항 참조)에 속하는 국내 회사는 계열회사에 대한 채무보증을 할 수 없지만, 회생절차에서의 인수합병(M&A)을 촉진하기 위하여 회생절 차개시를 신청한 회사의 제3자 인수와 직접 관련된 보증은 할 수 있도록 하고 있다(공정거래법 제24조 제2호, 같은 법 시행령 제31조 제2항 제6호).

회생절차개시신청이 취하되더라도 최고로서의 효력은 유지되는 것이므로 채권자는 취하의 효력이 발생한 때로부터 6월 이내에 다른 강력한 중단방법인 소를 제기하는 것 등에 의하여 해당 채권의 소멸시효를 중단시킬 수 있다.

2. 채무자가 회생절차개시신청을 한 경우

채무자의 회생절차개시신청은 그 자체만으로는 시효중단의 효력이 없고, 채권자가 회생절차에 참가함으로써 시효중단의 효력이 발생한다(제32조 제1호). 회생절차의 참가란 채권자의 채권신고를 말한다. 관련 내용은 〈제9장 제2절 Ⅰ.4.가.〉(본서 736쪽)를 참조할 것.

Ⅱ 관리종목지정 및 수시공시

1. 관리종목지정

상장법인은 회생절차개시신청이 있을 때[82]에는 개시신청 당일에 한국거래소에 회생절차개시신청 사실을 신고하여야 한다{유가증권시장 공시규정 제7조 제1항 제3호 나목(2)(가), 코스닥시장 공시규정 제6조 제1항 제3호 나목(2), 코넥스시장 공시규정 제6조 제7호 나목(1)}. 한국거래소는 보통주권 상장법인[83]에 대하여 회생절차개시신청이 있으면 보통주권을 관리종목으로 지정한다(유가증권시장 상장규정[84] 제47조 제1항 제11호, 코스닥시장 상장규정 제53조 제1항 제10호).[85] 관리종목으로 지정된 경우 법원의 회생절차개시결정일까지[86] 해당 종목의 매매거래가 정지된다(유가증권시

---

82) 회생절차종결·폐지신청을 할 때 및 법원으로부터 회생절차개시·종결 또는 폐지, 회생절차개시신청 기각, 회생절차개시결정 취소, 회생계획인가·불인가 등의 결정사실을 통보받은 때에도 마찬가지이다.

83) 상장의 대상은 증권이고, 주로 주권에 대하여 이루어진다. 하지만 증권에는 주권뿐만 아니라 채무증권, 수익증권, 투자계약증권, 파생결합증권, 증권예탁증권 등도 있고(자본시장법 제8조의2 제4항 제1호, 제4조 제2항), 상장은 주권 이외에 이들에 대하여도 이루어져 있다. 따라서 상장법인은 증권시장에서 '증권'을 발행하는 법인을, 주권상장법인은 증권시장에서 '주권'을 발행하는 법인을 말한다(자본시장법 제9조 제15항).

84) 거래소(자본시장법 제8조의2 제2항)는 증권시장에 상장할 증권의 심사 및 상장증권의 관리를 위하여 증권상장규정을 정하여야 한다(자본시장법 제390조 제1항 전문). 거래소가 제정한 증권상장규정은, 자본시장법이 거래소로 하여금 자치적인 사항을 스스로 정하도록 위임하여 제정된 자치 규정으로서, 상장계약과 관련하여서는 계약의 일방 당사자인 거래소가 다수의 상장신청법인과 상장계약을 체결하기 위하여 일정한 형식에 의하여 미리 마련한 계약의 내용, 즉 약관의 성질을 가진다(대법원 2019. 12. 12. 선고 2016다243405 판결).

85) 관리종목으로 지정된 후 법원의 회생절차종결결정이 있을 때에는 거래소는 지체 없이 관리종목지정을 해제한다(유가증권시장 상장규정 제47조 제2항 제3호). 따라서 채무자가 상장법인인 경우 조기종결의 필요성이 더욱 크다고 할 수 있다.
   코넥스시장 상장법인의 경우 회생절차개시신청(간이회생절차개시신청을 포함한다)이 있으면 매매거래를 정지할 수 있고(코넥스시장 상장규정 제27조 제1항 제1호), 상장공시위원회의 심의를 거쳐 해당기업의 상장을 폐지한다(코넥스시장 상장규정 제28조 제2항 제2호).
   회생절차개시신청을 하였다는 이유만으로 상장폐지결정을 하도록 규정한 유가증권시장 상장규정은 위법하다는 사례로「대법원 2007. 11. 15. 선고 2007다1753 판결」이 있다. 위 판결 이후 회생절차가 개시된 기업에 대하여 아래에서 설명하는 바와 같은 '상장폐지 실질심사제도'가 도입되었다.

86) 유가증권시장 주권상장법인에 대하여는 법원의 회생절차개시결정 이후에도 해당 상장법인의 재무상태, 영업실적 또는 회생계획의 이행여부 등을 고려하여 거래소가 공익 실현과 투자자 보호를 위하여 필요하다고 인정하는 때에는

장 상장규정 제153조 제2항 제1호 다목, 코스닥시장 상장규정 시행세칙 제19조 제1항 제1호 나목 본문).

회생절차개시신청을 하였다는 이유만으로 상장이 폐지되는 것은 아니다. 이후 법원의 회생절차개시신청 기각, 회생절차개시결정 취소, 회생계획 불인가, 회생절차폐지의 결정 등이 있는 경우(간이회생절차개시신청의 경우 제293조의5 제2항 제2호 가목의 회생절차개시결정이 있거나 같은 조 제4항에 따라 회생절차가 속행되는 경우를 제외한다) 한국거래소는 보통주권 상장법인에 대하여 상장적격성 실질심사를 실시한 결과 기업의 계속성, 경영의 투명성, 그 밖에 공익 실현과 투자자 보호 등을 종합적으로 고려하여 필요하다고 인정하는 경우에는 해당 보통주권을 상장폐지한다(유가증권시장 상장규정 제48조 제2항 제1호, 코스닥시장 상장규정 제56조 제1항 제1호).

요컨대 회생절차개시신청을 하는 경우 해당 상장법인의 주식은 관리종목으로 지정되고, 회생절차개시신청 기각, 회생절차개시결정 취소, 회생계획 불인가, 회생절차폐지결정이 되는 경우 이는 상장폐지 실질심사사유를 구성하게 된다.[87]

2. 수시공시

수시공시란 투자신탁이나 투자익명조합의 집합투자업자가 투자자가 알아야 하는 중요사항에 변경이 발생한 경우[88] 이를 투자자에게 알리는[89] 행위를 말한다. 집합투자재산의 운용과정에서 발생할 수 있는 정보의 비대칭성을 해소하고 집합투자업자로서 선관의무를 다하여 투자자를 보호하기 위하여 중요사항의 변경이 발생한 경우 수시공시를 하도록 하고 있다(자본시장법 제89조).

투자신탁이나 투자익명조합의 집합투자업자는 발행인[90]의 회생절차개시신청으로 부실자산이 발생한 경우 그 명세 및 상각률을 지체 없이 공시하여야 한다(자본시장법 제89조 제1항 제3호, 같은 법 시행령 제93조 제2항). 투자회사 등의 집합투자기구도 마찬가지이다(자본시장법 제186조 제2항).[91]

해당 상장법인이 재상장 심사요건의 경영성과 중 매출액과 수익성 요건을 충족하거나 해당 매매거래정지 사유가 해소되었다고 인정되는 경우 그 확인일까지 해당 증권의 매매거래를 정지할 수 있다(유가증권시장 상장규정 제153조 제1항 제5호, 제2항 제4호). 코스닥시장 상장법인에 대하여도 법원의 회생절차개시결정 이후 공익 실현과 투자자 보호를 위하여 필요하다고 인정하는 때에는 매매거래정지 사유가 해소되었다고 인정하는 경우 그 확인일까지 해당 증권의 매매거래를 정지할 수 있다(코스닥시장 상장규정 제18조 제1항 제3호, 코스닥시장 상장규정 시행세칙 제19조 제1항 제3호 바목).

87) 최근에는 상장폐지에 직면한 기업들이 회생절차를 신청하는 경우가 늘고 있다. 이는 회생계획인가결정을 받은 경우 채무자의 우발부채문제가 해결되어 의견거절로 인한 상장폐지 사유가 해소될 수 있기 때문이다. 즉 회생절차를 진행하여 회생계획인가결정을 받아 의견거절사유(우발부채문제)를 제거하고 적정의견의 감사보고서를 받아 상장을 유지하는 것이다. 관련 내용은 〈제3절 Ⅳ.6.〉(본서 188쪽)을 참조할 것.

88) 이를 수시공시사유라 한다. 구체적인 사유에 관하여는 자본시장과 금융투자업에 관한 법률 제89조 제1항, 같은 법 시행령 제93조를 참조할 것.

89) 수시공시방법에 관하여는 자본시장과 금융투자업에 관한 법률 제89조 제2항을 참조할 것. 위 조항에는 3가지 공시방법을 들고 있다. 투자자 보호나 위 조항의 취지에 비추어 보면, 3가지 방법으로 모두 공시하여야 한다고 볼 것이다{편집대표 정찬형, 주석 금융법(Ⅲ)[자본시장법], 한국사법행정학회(2013), 586쪽}.

90) 발행인이란 증권을 발행하였거나 발행하고자 하는 자를 말한다. 다만, 증권예탁증권을 발행함에 있어서는 그 기초가 되는 증권을 발행하였거나 발행하고자 하는 자를 말한다(자본시장과 금융투자업에 관한 법률 제9조 제10항).

집합투자업자 등이 수시공시의무를 위반하여 공시를 하지 아니하거나 거짓으로 공시를 한 때는 1년 이하의 징역 또는 3천만 원 이하의 벌금에 처한다(자본시장법 제446조 제15호). 이로 인하여 투자자에게 손해가 발생한 경우 집합투자업자나 임원은 손해배상책임을 부담한다(자본시장법 제64조).

Ⅲ 민사집행법 제287조의 본안소송 해당 여부

채권자의 회생절차개시신청이 민사집행법 제287조[92]의 본안의 소에 해당하는가. 이에 관하여는 회생절차개시신청은 회생절차의 개시를 구하는 신청에 불과하고 회생채권을 확정하기 위해서는 별도의 절차를 거쳐야 하므로 피보전권리를 종국적으로 확정할 수 있는 절차에 해당한다고 볼 수 없다는 이유로 부정적인 견해가 있다.[93] 채권자가 회생절차개시의 신청을 하는 때에는 자기의 채권의 존재를 소명하여야 하므로(제38조 제2항) 채권자의 신청에 의한 회생절차에 있어서는 그 채권의 존부에 관한 일응의 판단이 행하여지지만 이는 신청의 적부의 문제로서 판단되는데 지나지 않기 때문에 아무런 실체적 확정력을 가지지 못하고, 그 채권이 회생채권으로서 확정되기 위해서는 회생절차개시 후 다시 채권자가 그 채권을 신고하여 채권조사절차에서 관리인이나 다른 회생채권자의 이의가 없어야 하며, 그렇지 않으면 다시 채권조사확정재판신청 등 채권조사확정절차를 거쳐야 하므로 결국 회생절차개시신청은 피보전권리 자체에 관하여 그 존부를 확정하는 절차의 개시라고 볼 수 없고, 따라서 보전처분으로 인한 채무자의 부동상태를 제거할 수도 없어 회생절차개시신청을 본안의 소제기와 같이 볼 수는 없다고 할 것이다.

Ⅳ 회생절차개시신청이 공사도급계약과 관련하여 체결된 계약이행보증보험 계약에서의 보험사고에 해당하는지[94]

피보험자인 하도급인이 보험계약자인 채무자(하수급인)의 회생절차개시신청을 이유로 하도

---

91) 한편 회생절차개시를 신청한 기업을 대상으로 한 기업재무안정 사모집합투자기구에 대하여는 자본시장법(제249조의22)에서 여러 가지 특례를 인정하고 있다. 기업재무안정 사모집합투자기구란 재무구조개선기업의 경영정상화 및 재무안정 등을 위하여 투자·운용하여 그 수익을 투자자에게 배분하는 것을 목적으로 하는 사모집합기구를 말한다(자본시장법 제249조의22 제1항). 기업재무안정 사모집합투자기구는 그 집합투자재산을 운용할 때에는 사원이 출자한 날부터 2년 이내에 출자한 금액의 50% 이상을 재무구조개선기업이 발행한 증권의 매매 등의 방법으로 운용하여야 한다(자본시장법 제249조의22 제2항, 같은 법 시행령 제271조의27 제4항, 제5항).

92) 민사집행법 제287조(본안의 제소명령) ① 가압류법원은 채무자의 신청에 따라 변론 없이 채권자에게 상당한 기간 이내에 본안의 소를 제기하여 이를 증명하는 서류를 제출하거나 이미 소를 제기하였으면 소송계속사실을 증명하는 서류를 제출하도록 명하여야 한다.

93) 법원실무제요 민사집행(Ⅴ)-보전처분-, 사법연수원(2020), 204쪽.

94) 대법원 2020. 3. 12. 선고 2016다225308 판결, 대법원 2020. 2. 27. 선고 2018다275574 판결{☞ 채무자(피고)가 회생절차개시신청을 한 것만으로 하도급계약상 채무를 불이행한 것이어서 보험사고가 발생하였다고 본 원심판결을 파기환송한 사례}.

급계약의 해지통보를 한 후 계약이행보증보험계약을 체결한 보증보험자를 상대로 계약보증금 상당의 보험금청구를 한 경우에, 계약이행보증보험계약에서 "계약자가 정당한 이유 없이 계약을 이행하지 아니한 때"라고 정한 보험사고가 발생한 것으로 볼 수 있는가.

보험사고란 보험계약에서 보험자의 보험금 지급책임을 구체화하는 불확정한 사고를 의미한다. 계약이행보증보험에서 보험사고가 구체적으로 무엇인지는 당사자 사이의 약정으로 계약내용에 편입된 보험약관과 보험약관이 인용하고 있는 보험증권 및 주계약의 구체적인 내용 등을 종합하여 결정하여야 한다.[95] 보험약관에서 보험계약자인 채무자의 정당한 사유 없는 주계약의 불이행을 보험사고로 명시하면서 주계약의 해제·해지는 보험기간 안에 있을 것을 요하지 않는다고 정하고 있다면, 특별한 사정이 없는 한 채무자의 정당한 사유 없는 주계약의 불이행이 보험사고이고, 주계약의 해제·해지는 보험사고의 내용을 이루는 것이 아니라 보험금청구권의 행사요건에 불과하다고 봄이 타당하다.[96]

따라서 채무자(하수급인)가 계약기간 중 회생절차개시신청을 하였다고 하더라도 약정해지사유가 발생한 것에 불과할 뿐 보험사고인 계약상 채무불이행이 있었다고 볼 수 없다. 이는 하도급인과 채무자(하수급인) 사이에 계약보증금 귀속에 관한 약정이 있었다고 하더라도 마찬가지이다.

공사도급계약과 관련하여 체결되는 계약이행보증보험계약에서 보험사고에 해당하는 수급인의 계약상 채무불이행이 있는지 여부는 보험계약의 대상으로 약정된 도급공사의 공사금액, 공사기간, 공사내용 등을 기준으로 판정해야 한다.[97] 수급인이 계약기간 중에 회생절차개시신청을 하였다고 하더라도, 그러한 사정만으로 당해 계약의 이행이 그의 귀책사유로 불가능하게 되었다고 단정할 수는 없고, 회생절차개시신청 전후의 계약의 이행정도, 회생절차개시신청에 이르게 된 원인, 회생절차개시신청 후의 영업의 계속 혹은 재개 여부, 당해 계약을 이행할 자금사정 기타 여건 등 제반 사정을 종합하여 계약의 이행불능 여부를 판단하여야 한다.[98]

Ⅴ 회생절차개시신청과 주주평등의 원칙

주주평등의 원칙이란 주주가 회사와의 법률관계에서 그가 가진 주식의 수에 따라 평등한 취급을 받아야 함을 의미한다. 이를 위반하여 회사가 일부 주주에게만 우월한 권리나 이익을 부여하기로 하는 약정은 특별한 사정이 없는 한 무효이다.[99] 다만 회사가 일부 주주에게 우월한 권리나 이익을 부여하여 다른 주주들과 다르게 대우하는 경우에도 법률이 허용하는 절차와 방식에 따르거나 그 차등적 취급을 정당화할 수 있는 특별한 사정이 있는 경우에는 이를 허용

---

95) 대법원 2006. 4. 28. 선고 2004다16976 판결 등 참조.
96) 대법원 2014. 7. 24. 선고 2013다27978 판결 등 참조.
97) 대법원 1987. 6. 9. 선고 86다카216 판결 참조.
98) 대법원 2006. 4. 28. 선고 2004다16976 판결 등 참조.
99) 대법원 2020. 8. 13. 선고 2018다236241 판결 등 참조.

할 수 있다.

나아가 차등적 취급을 허용할 수 있는지 여부는, 차등적 취급의 구체적 내용, 회사가 차등적 취급을 하게 된 경위와 목적, 차등적 취급이 회사 및 주주 전체의 이익을 위해 필요하였는지 여부와 정도, 일부 주주에 대한 차등적 취급이 상법 등 관계 법령에 근거를 두었는지 아니면 강행법규에 저촉되거나 채권자보다 후순위에 있는 주주의 본질적 지위를 부정하는지 여부, 일부 주주에게 회사의 경영참여 및 감독과 관련하여 특별한 권한을 부여함으로써 회사의 기관이 가지는 의사결정 권한을 제한하여 종국적으로 주주의 의결권이 침해되는지 여부를 비롯하여 차등적 취급에 따라 다른 주주가 입는 불이익의 내용과 정도, 개별 주주가 처분할 수 있는 사항에 관한 차등적 취급으로 불이익을 입게 되는 주주의 동의 여부와 전반적인 동의율, 그 밖에 회사의 상장 여부, 사업목적, 지배구조, 사업현황, 재무상태 등 제반사정을 고려하여 일부 주주에게 우월적 권리나 이익을 부여하여 주주를 차등 취급하는 것이 주주와 회사 전체의 이익에 부합하는지를 따져서 정의와 형평의 관념에 비추어 신중하게 판단하여야 한다.[100]

1. 회생절차개시신청이나 개시결정시 주식인수대금 등을 반환하기로 한 경우

회사가 신주를 인수하여 주주의 지위를 갖게 되는 사람에게 금전을 지급하기로 한 약정이 실질적으로 회사가 주식인수대금으로 납입한 돈을 전액 보전해 주는 것이거나, 상법 제462조 등 법률의 규정에 의한 배당 외에 다른 주주들에게는 지급되지 않는 별도의 수익을 지급하기로 한 것이라면, 이는 회사가 해당 주주에 대하여만 투하자본의 회수를 절대적으로 보장함으로써 다른 주주들에게 인정되지 않는 우월한 권리를 부여하는 것으로서 회사와 주주의 법률관계에서 주주평등의 원칙에 위반하여 무효이다.[101] 이러한 약정은 회사의 자본적 기초를 위태롭게 하여 회사와 다른 주주의 이익을 해하고 주주로서 부담하는 본질적 책임에서조차 벗어나게 하여 특정 주주에게 상법이 허용하는 범위를 초과하는 권리를 부여하는 것에 해당하므로, 회사의 다른 주주 전원이 그와 같은 차등적 취급에 동의하였다고 하더라도 주주평등의 원칙에 위반하여 효력이 없다.

투자자들이 회사(채무자)가 발행하는 상환전환우선주(RCPS)를 인수하면서 투자자들의 동의 없이 회생절차 개시신청을 하거나 회사에 대한 회생절차가 개시되면 회사가 주식인수대금과 소정의 가산금을 지급하기로 하는 약정을 체결한 경우, 위 약정은 주주평등의 원칙에 반하여 무효이다.[102] 위와 같은 금전지급약정은 실질적으로 회사가 투자자들에게 투하자본의 회수를

---

100) 대법원 2023. 7. 13. 선고 2023다210670 판결, 대법원 2023. 7. 13. 선고 2022다224986 판결, 대법원 2023. 7. 13. 선고 2021다293213 판결 등.

101) 대법원 2023. 7. 27. 선고 2022다290778 판결, 대법원 2020. 8. 13. 선고 2018다236241 판결 등 참조.

102) 대법원 2023. 7. 13. 선고 2023다210670 판결, 대법원 2023. 7. 13. 선고 2022다224986 판결. 주의할 것은 주주평등의 원칙은 주주와 회사의 법률관계에 적용되는 원칙이고, 주주가 회사와 계약을 체결할 때 회사의 다른 주주 내지 이사 개인이 함께 당사자로 참여한 경우 주주와 다른 주주 사이의 계약은 주주평등과 관련이 없으므로, 주주와 회사의 다른 주주 내지 이사 개인의 법률관계에는 주주평등의 원칙이 직접 적용되지 않는다는 것이다. 따라서 투자자

절대적으로 보장함으로써 다른 주주들에게 인정되지 않는 우월한 권리를 부여하는 것이고, 배당가능이익이 없어도 회사의 재산으로 사실상 출자를 환급하여 주는 것이기 때문이다.

2. 회생절차개시신청시 투자자 동의를 받기로 하고 위반시 손해배상금을 지급하기로 한 경우

주식인수계약을 체결하면서 회사(채무자)에 대하여 회생절차개시신청이나 회생절차개시결정이 있는 경우, 투자자들이 회사에 대하여 주식인수대금 및 지연손해금을 손해배상으로 청구할 수 있도록 약정한 사례가 있다. 이러한 약정은 유효한가.

주주평등의 원칙을 위반한 경우 앞에서 본 바와 같이 원칙적으로 무효이지만, 회사가 일부 주주에게 우월한 권리나 이익을 부여하여 다른 주주들과 다르게 대우하는 경우에도 법률이 허용하는 절차와 방식에 따르거나 그 차등적 취급을 정당화할 수 있는 특별한 사정이 있는 경우에는 이를 허용할 수 있다. 예컨대 회사가 자금조달을 위해 신주인수계약을 체결하면서 주주의 지위를 갖게 되는 자에게 회사의 의사결정에 대한 사전 동의를 받기로 약정한 경우, 이는 일부 주주에게만 우월한 권리를 부여함으로써 차등 대우하는 것이지만, 주주가 납입하는 주식인수대금이 회사의 존속과 발전을 위해 반드시 필요한 자금이었고 투자유치를 위해 해당 주주에게 회사의 의사결정에 대한 동의권을 부여하는 것이 불가피하였으며 그와 같은 동의권을 부여하더라도 다른 주주가 실질적·직접적인 손해나 불이익을 입지 않고 오히려 일부 주주에게 회사의 경영활동에 대한 감시의 기회를 제공하여 다른 주주와 회사에 이익이 되는 등 차등적 취급을 정당화할 수 있는 특별한 사정이 있다면 이를 허용할 수 있다.

회사가 전환상환우선주를 발행하면서 회생절차 개시신청을 할 때 투자자의 동의를 받기로 약정하고 약정 위반 시 손해배상금을 지급하기로 정한 경우, 회사와 투자자(주주)가 체결한 동의권 부여 약정이 예외적으로 허용되는 경우에 해당하고 그 약정이 사전 동의를 받을 의무 위반으로 투자자(주주)가 입은 손해를 배상 또는 전보함으로써 그 의무의 이행을 확보하기 위한 것으로 볼 수 있다면, 이는 회사와 주주 사이에 채무불이행에 따른 손해배상액의 예정을 약정한 것이어서 특별한 사정이 없는 한 유효하고, 일부 주주에 대하여 투하자본의 회수를 절대적으로 보장함으로써 주주평등의 원칙에 위배된다고 단정할 것은 아니다.[103]

들이 회사가 발행하는 상환전환우선주를 인수하면서 회사에 대한 회생절차가 개시되면 회사의 대주주 겸 대표이사가 회사와 연대하여 주식인수대금 등을 지급하는 약정을 체결한 경우 위 약정에는 주주평등의 원칙이 직접 적용되지 않아 무효는 아니다. 오히려 약정 체결의 동기와 경위, 목적, 문언의 내용, 당사자의 진정한 의사 등을 고려하면 대주주 겸 대표이사(피고)는 회사의 주주(원고)에 대한 금전지급의무와 동일한 내용의 연대채무를 부담하는 계약을 체결하였다고 볼 여지가 크다(위 2022다224986 판결 참조).

103) 대법원 2023. 7. 13. 선고 2023다210670 판결(☞ ① 공적 역할을 수행하는 신용보증기관인 원고가 피고(채무자)가 발행하는 전환상환우선주를 인수하면서 피고가 회생절차 개시신청을 할 때에는 원고의 동의를 받아야 하고 이를 위반한 경우 손해배상으로 원고에게 주식인수총액과 소정의 비율에 의한 금원을 지급하기로 약정하였는데, 피고가 그 약정을 위반하여 원고의 동의 없이 회생절차 개시신청을 하고 회생절차가 개시되자 원고가 위 약정 위반에 따른 손해배상채권을 회생채권으로 신고하였고, 피고의 관리인이 그 손해배상채권을 부인하자 회생채권 조사확정재판을 신청하였으며, 회생법원이 주주평등의 원칙 위반 등을 이유로 회생채권 부존재 결정을 하자 조사확정재판에 대한 이

제5절 신청서의 기재사항과 첨부서류

회생절차는 복잡하여 신청에 있어 많은 사항을 진술하게 할 필요가 있기 때문에 회생절차 개시신청은 서면으로 할 것을 요구하고 있다(제36조).

Ⅰ 신청서의 기재사항

1. 필요적 기재사항

회생절차개시의 신청서에는 다음과 같은 사항을 기재하여야 한다(제36조).

① 신청인과 법정대리인의 성명과 주소(제1호)

② ㉮ 채무자가 개인인 경우에는 채무자의 성명·주민등록번호(주민등록번호가 없는 사람의 경우에는 외국인등록번호 또는 국내거소번호를 말한다.) 및 주소(제2호)

㉯ 채무자가 개인이 아닌 경우에는 채무자의 상호, 주된 사무소 또는 영업소(외국에 주된 사무소 또는 영업소가 있는 때에는 대한민국에 있는 주된 사무소 또는 영업소를 말한다)의 소재지, 채무자의 대표자(외국에 주된 사무소 또는 영업소가 있는 때에는 대한민국에서의 대표자를 말한다.)의 성명(제3호)

③ 신청의 취지(제4호)

④ 회생절차개시의 원인(제5호)

사업의 계속에 현저한 지장을 초래하지 않고는 변제기에 있는 채무를 변제할 수 없을 때와 파산의 원인인 사실이 생길 염려가 있는 때(제34조 제1항)에 해당하는 사실을 의미한다.

⑤ 채무자의 사업목적과 업무의 상황(제6호)

⑥ 채무자의 발행주식 또는 출자지분의 총수, 자본의 액과 자산, 부채 그 밖의 재산상태(제

의의 소를 제기함 ⇒ ② 원심은 피고가 회생절차 개시신청에 대하여 원고의 동의를 받기로 약정하고 그 약정을 위반 하였을 때 손해배상으로 주식인수총액과 소정의 비율에 의한 금원을 지급하기로 한 이 사건 손해배상약정이 원고에 게만 다른 주주에게 인정되지 아니하는 우월한 권리를 부여하는 약정에 해당하여 주주평등의 원칙 등을 위반한 것 으로서 무효라고 판단함 ⇒ ③ 대법원은 피고가 회생절차 개시신청에 대하여 원고의 동의를 받기로 약정은 그 차등 적 취급을 정당화할 수 있는 특별한 사정이 있는 경우에 해당하여 이를 허용할 여지가 많고, 이 사건 손해배상약정 도 피고가 그 동의권 약정을 불이행하였을 때 원고의 손해를 배상 또는 전보하게 하여 의무의 이행을 확보하기 위 한 것이어서 이를 허용할 여지가 있다고 보아, 이와 달리 판단한 원심판결을 파기·환송함).

다만 손해배상액의 예정 약정이 유효하더라도, 그 금액이 부당히 과다하다면 민법 제398조 제2항에 따라 법원이 이를 감액할 수 있다. 따라서 법원으로서는 동의권 부여 약정 위반에 따른 손해배상의 예정액의 부당성 여부를 판 단할 때 그 동의권 부여 및 손해배상액의 예정 약정을 체결한 동기와 경위, 회사의 동의권 부여 약정 위반으로 그 주주가 실제로 입은 손해액, 회사가 동의권 부여 약정을 위반하게 된 경위와 이유 등 제반사정을 참작하면서, 그와 같은 약정이 사실상 투자자본 전부 또는 일부의 회수를 절대적으로 보장하는 수단으로 기능하지 않도록 유의할 필 요가 있다(위 판결 참조).

반면 주주평등의 원칙에 반하여 무효라는 견해도 있다{회생사건실무(하), 274쪽}.

7호)

⑦ 채무자 재산에 관한 다른 절차 또는 처분으로서 신청인이 알고 있는 것(제8호)

채무자 재산에 관한 다른 절차 또는 처분에는 파산절차, 간이회생절차, 개인회생절차 외에 강제집행, 가압류, 가처분, 담보권실행을 위한 경매절차, 체납처분(강제징수)[104] 등을 포함한다.

⑧ 회생계획에 관하여 신청인에게 의견이 있는 때에는 그 의견(제9호)

신청인의 회생계획에 관한 의견을 기재하도록 한 것은, 사건의 진행 전망을 파악하고 절차개시신청에 대해 심리를 할 때 자료로 삼기 위함이다. 따라서 기재를 할 때 가능한 한 예정하고 있는 회생채권자 등의 권리변경 내용 및 이해관계인의 협조가능성 등을 명확히 밝혀야 할 것이다.

다만 회생계획에 관한 신청인의 의견을 신청서에 필요적으로 기재하도록 한 것이 타당한지 의문이다. 회생절차에서는 관리인이 회생계획안을 작성·제출하는 것이 원칙이고(제220조 제1항), 실무적으로 회생계획안은 회생절차개시신청 이후에 제출되는 것이 일반적이기 때문이다. 다만 기존경영자를 관리인으로 하는 회생의 경우에는 신청인이 회생계획에 관하여 명확한 의견을 표시하는 것이 바람직하다.

⑨ ㉮ 채권자가 회생절차개시를 신청하는 때에는 그가 가진 채권의 액과 원인(제10호)

　㉯ 주주·지분권자가 회생절차개시를 신청하는 때에는 그가 가진 주식 또는 출자지분의 수 또는 액(제11호)

신청인 자격을 판단하기 위해 필요하므로(제38조 제2항) 신청서에 필요적으로 기재하도록 한 것이다.

이상의 필요적 기재사항을 흠결한 신청서를 제출한 경우, 재판장은 신청인에 대하여 보정을 명하고, 보정을 하지 않을 때에는 신청서를 각하하여야 한다(제33조, 민소법 제254조).

2. 임의적 기재사항

필수적 기재사항은 아니지만 회사 경영에 관한 의견, 채무자의 자구계획 및 회생방안, 관리인의 선임에 관한 사항은 통상 기재하고 있다.

Ⅱ 첨부서류

회생절차개시의 신청을 하는 자는 회생절차개시의 원인인 사실을 소명하여야 하고, 채권자, 주주·지분권자가 신청하는 때에는 그가 가진 채권의 액 또는 주식의 수나 출자지분의 수 또는 액도 소명하여야 한다(제38조). 그리고 채권자나 주주·지분권자가 회생절차개시 신청을 한 경우에는 채무자에게 경영 및 재산 상태에 관한 자료를 제출할 것을 명할 수 있다(제34조 제3

---

104) 지방세에서는 '체납처분', 국세에서는 '강제징수'라는 용어를 사용하고 있다.

항, 회생예규 제4조).

따라서 신청서에는 소명자료가 되는 아래의 각종 서류를 미리 첨부하여 제출하여야 한다. 회생절차개시의 신청에 관한 서류는 이해관계인의 열람을 위하여 법원에 비치하여야 한다(제37조).

1. 법인채무자의 경우

가. 채무자의 업무현황 및 조직에 관한 자료

① 정관, 법인등기사항증명서, 사업경력서, 주주 또는 지분권자의 명부, 채무자의 조직일람표, 본점·지점·공장의 명칭과 소재지

② 노동조합의 명칭, 주요 임원의 성명 및 종업원의 가입현황, 단체협약서, 취업규칙 기타 사규·사칙

③ 향후사업계획서, 자금조달계획서 및 수지예상표

④ 계열회사 또는 관계회사의 현황

나. 채무자의 자산 및 부채의 상황에 관한 자료

① 재무상태표 및 손익계산서[105](가장 최근의 결산보고에 기한 것, 다만 신청시까지 상당한 기간이 경과한 때에는 최근에 가결산한 것을 제출한다. 분식계산이 있으면 수정한 것을 제출한다)

② 과거 3년간의 비교재무상태표 및 비교손익계산서(분식계산이 있으면 수정한 것을 제출한다)

③ 주요 자산목록

④ 현재 강제집행, 담보권실행을 위한 경매, 가압류, 가처분, 체납처분(강제징수)을 받고 있는 물건 목록과 채권자 성명

⑤ 등기·등록된 재산의 등기사항증명서·등록부 등본

⑥ 최근 1년분 이상의 월별 자금운영실적표

⑦ 주요 거래처명부(상호나 회사명, 주소나 소재지, 전화번호, 팩시밀리번호를 기재한다)

⑧ 채권자명부(회생채권자와 회생담보권자로 분류하여 이름, 주소, 채권금액을 기재하되, 회생채권자에 대하여는 채권의 내용을, 회생담보권자에 대하여는 담보의 목적물과 피담보채권의 내용을 각 기재한다. 다만 금융기관 채권자의 경우에는 그 전화번호, 팩시밀리번호 등을 기재하되, 기재순서는 다액채권자부터 기재한다)

다. 신청인 자격 등에 관한 자료

이사회 회의록, 어음 등 채권원인증서, 주권의 사본 등

---

105) 포괄손익계산서(statement of comprehensive income, 일정기간 동안 발생한 모든 수익과 비용, 이익을 나타내는 재무제표)로 보아야 할 것이다. 포괄손익(comprehensive income/loss)이란 기업이 일정기간 동안 소유주와의 자본거래를 제외한 모든 거래나 사건에서 인식한 자본의 변동액을 말한다. 포괄손익은 당기 수익에서 비용을 차감해서 산출되는 당기손익과 소유주와 자본거래의 이외에서 발생한 자본의 변동액이기는 하지만, 회계기준에서 아직 당기손익에 포함시키지 않은 항목인 기타포괄이익으로 구성되어 있다.

라. 감독관청 등의 명칭과 주소

채무자가 주식회사인 경우[106] 채무자의 업무를 감독하는 행정청, 금융위원회, 관할세무서장, 관세청장에게 회생절차개시신청의 뜻을 통지하도록 되어 있으므로(제40조 제1항, 회생예규 제3조), 위 통지에 필요한 감독관청 등의 명칭과 주소도 신청서에 기재하거나 첨부하여야 한다.

2. 개인채무자의 경우

가. 채무자의 업무현황 및 조직에 관한 자료

영업장의 소재지, 사업의 연혁, 출자자 현황, 종업원 현황

나. 채무자의 자산 및 부채의 상황에 관한 자료

① 재무상태표 및 손익계산서, 주요 자산 목록

② 등기·등록된 재산의 등기사항증명서·등록부 등본, 현재 강제집행 여부 및 집행채권자와 해당 물건 목록

③ 채권자명부

④ 보증채무 내역

⑤ 주요 거래처 명부

한편 개인이 영업자가 아니라면 회생채권자목록, 회생담보권자목록, 중요한 재산목록, 등기·등록의 대상이 되는 재산의 목록과 등기사항증명서, 소득에 관한 자료 등을 제출하면 될 것이다.

제6절 회생절차의 진행에 관한 법원의 감독

회생절차는 채권자, 채무자, 주주를 비롯하여 많은 이해관계인이 관여되어 있고, 채무자의 회생이라는 목적을 이루어야 하기 때문에 회생절차의 진행에 있어 법원의 역할은 점점 더 중요해지고 있다. 법원은 채권자 일반의 이익과 채무자의 회생 가능성을 해하지 아니하는 범위에서 회생절차를 신속·공정하고 효율적으로 진행하여야 한다(제39조의2 제1항).

법원은 필요하다고 인정하는 경우 이해관계인의 신청이나 직권으로 다음과 같은 조치를 취할 수 있다(제39조의2 제2항).

① 회생절차의 진행에 관한 이해관계인과의 협의

실무적으로 회생절차를 신청하면서 채무자나 채권자가 자율적으로 구조조정을 협의할 의사

---

106) 실무적으로는 주식회사가 아니더라도 감독관청 등에 통지를 하고 있다.

를 표시하기도 한다. 이러한 경우 법원은 신청에 의해 법원 밖에서 자율구조조정을 할 수 있도록 1~3개월 정도 회생절차개시여부의 결정을 보류한다. 나아가 법원은 재판부, 채무자, 주요채권자, 실사 회계법인 등 이해관계인을 포함한 '회생절차협의회'를 구성하여 자율구조조정 협의나 회생절차 진행 방향 등에 관한 의견을 교환하도록 한다. 이렇게 함으로써 법원 안팎의 구조조정 절차가 연결될 수 있도록 한다. 이를 자율구조조정 지원 프로그램(ARS, Autonomous Restructuring Support Program)이라 한다.[107]

② 회생절차의 진행에 관한 일정표의 작성·운용

③ 채무자, 관리인 또는 보전관리인에게 ⓐ 채무자의 업무 및 재산의 관리 상황, ⓑ 회생절차의 진행 상황, ⓒ 신규로 차입된 자금(제179조 제1항 제5호, 제12호)의 사용목적이 정하여진 경우[108] 그 자금집행 사항,[109] ⓓ 그 밖에 채무자의 회생에 필요한 사항에 관한 보고 또는 자료 제출의 요청

④ 관계인집회의 병합(제186조 참조)

⑤ 관계인설명회의 개최 명령(제98조의2)

⑥ 그 밖에 채무자의 회생에 필요한 조치

제7절 ┃ 감독행정청에의 통지 등

Ⅰ 감독행정청에의 통지

주식회사인 채무자에 대하여 회생절차개시의 신청이 있는 때에는 법원은 ① 채무자의 업무를 감독하는 행정청, ② 금융위원회, ③ 채무자의 주된 사무소 또는 영업소(외국에 주된 사무소 또는 영업소가 있는 때에는 대한민국에 있는 주된 사무소 또는 영업소를 말한다)의 소재지를 관할하는 세무서장에게 그 뜻을 통지하여야 한다(제40조 제1항).

실무적으로는 주식회사가 아닌 회사의 경우에도 같은 통지를 하고 있다.

Ⅱ 의견진술의 요구 및 의견진술

법원은 필요하다고 인정하는 때에는 ① 채무자의 업무를 감독하는 행정청, ② 금융위원회,

---

107) 서울회생법원은 2020회합100189 쌍용자동차 주식회사 사건에서 3개월간 회생절차개시결정을 보류하는 결정을 하였다.
108) 신규 자금에 사용목적이 정해진 경우로는 신규자금 공여 약정상 자금의 사용목적이 제한되어 있는 경우, 예컨대 운전자금 용도 대출 등을 상정할 수 있을 것이다.
109) 채무자의 부적절한 자금 집행을 우려하는 신규 자금 대여 채권자의 불안감을 해소함으로써 회생채무자의 원활한 신규자금의 확보를 위하여 2016. 5. 29. 개정 시 신규자금에 사용목적이 정해진 경우 채무자, 관리인, 보전관리인의 법원에 대한 보고사항에 신규자금의 집행사항을 추가하였다.

③「국세징수법」또는「지방세징수법」에 의하여 징수할 수 있는 청구권(국세징수의 예, 국세 또는 지방세 체납처분(강제징수)의 예에 의하여 징수할 수 있는 청구권으로서 그 징수우선순위가 일반 회생채권보다 우선하는 것을 포함한다)에 관하여 징수의 권한을 가진 자에 대하여 회생절차에 관한 의견의 진술을 요구할 수 있다(제40조 제2항). 위 자들은 법원에 대하여 회생절차에 관하여 의견을 진술할 수 있다(제40조 제3항).

입법론적으로는 노동조합 등에 대한 의견청취가 필요하다고 본다. 채무자의 회생을 위해서는 종업원이나 노동조합 등의 협력이 중대한 의미를 갖기 때문이다.[110]

---

110) 일본의 경우 법원은 회사갱생절차개시의 신청이 있는 때 신청을 기각하거나 개시결정을 하여야 할 것이 분명한 경우를 제외하고 신청에 관한 결정을 하기 전에 노동조합 등의 의견을 청취하도록 하고 있다(회사갱생법 제22조 제1항).

제 4 장

회생절차개시 전 채무자 재산의 보전

미국 연방도산법과 달리 채무자회생법은 회생절차개시신청만으로는 채무자의 행위나 채권자의 권리행사에 아무런 영향을 미칠 수 없다. 회생절차개시결정을 하여야 비로소 회생절차가 시작되고, 채무자의 재산은 관리인에게 관리처분권이 넘어가며 채권자의 권리행사는 제한된다. 회생절차개시결정 이후 회생절차를 원만하게 수행하기 위해서는 회생절차개시신청부터 회생절차개시결정까지 사이에[1] 채무자의 행위나 채권자의 권리행사를 제한할 필요가 있다. 채무자의 행위를 제한하는 것이 보전처분(제1절)이고, 채권자에 대하여 권리행사를 제한하는 것이 다른 절차의 중지명령 등(제2절)이다.

제1절 보전처분

Ⅰ 보전처분의 의의

채무자에 대하여 회생절차개시가 신청되었다고 하더라도 회생절차개시결정이 있기 전까지는 채무자의 업무수행권과 재산의 관리 · 처분권은 여전히 채무자에게 있다. 따라서 회생절차개시결정이 있기 전까지 채무자는 사업을 방만하게 경영하거나 재산을 은닉 · 도피시킬 가능성이 있다. 만약 그렇게 된다면 채무자의 존속이 곤란하여 회생절차가 목적으로 하고 있는 회생이 불가능하게 될 수 있다.

이러한 상황을 방지하기 위하여 채무자회생법은 두 가지 종류의 보전처분을 규정하고 있다. 하나는 회생절차개시신청에 대한 결정이 있을 때까지 채무자의 업무 및 재산에 관하여 가압류 · 가처분 그 밖에 필요한 보전처분을 하는 것이다(제43조 제1항). 이는 처분금지 보전처분 및 업무제한 보전처분으로 민사집행법상의 보전처분과 다른 특수한 보전처분이다.[2] 다른 하나

---

1) 회생절차개시신청이 기각되고, 이에 대하여 즉시항고가 제기되어 이에 대한 재판이 되기 전의 단계의 경우도 마찬가지이다(제53조 제2항 참조, 본서 257쪽).

2) 민사집행법상 보전처분은 채권자 · 채무자라는 대립당사자의 구조하에 피보전권리와 본안소송을 전제로 하는 것이

는 보전관리인에 의한 관리를 명하는 것이다(제43조 제3항). 이는 조직법상의 보전처분으로 보전관리명령이라고도 한다.[3][4]

주의할 것은 보전처분은 채무자의 행위만을 제한할 뿐이라는 것이다. 보전처분은 회생절차개시신청에 대한 재판이 이루어지기까지 채무자의 재산 상태에 관해 채권자에게 불리한 변경을 방지하기 위한 조치이다. 회생채권자나 회생담보권자의 채무자 재산에 대한 강제집행, 가압류·가처분, 담보권실행을 위한 경매절차를 막지는 못한다.[5] 회생채권자나 회생담보권자에 의한 강제집행 등을 막기 위해서는 강제집행 등의 중지·취소명령(제44조)이나 포괄적 금지명령(제45조)을 이용하여야 한다. 보전처분만 내려진 경우에는 채무자의 채권자에 의한 상계도 가능하다.[6] 한편 온라인투자연계금융업자의 연계대출채권은 보전처분의 대상이 되지 아니한다(온라인투자연계금융업 및 이용자 보호에 관한 법률 제28조 제2항).

Ⅱ 보전처분의 신청권자

보전처분은 이해관계인의 신청이나 법원의 직권에 의하여 행하여진다(제43조 제1항). 이해관계인에 채권자, 주주·지분권자가 포함된다는 것에는 별다른 다툼이 없다. 문제는 채무자가 이해관계인에 포함되느냐이다.

이에 대하여 보전처분은 신청에 의한 경우에도 법원의 직권발동을 촉구하는 성격이 강하고,[7] 채무자회생법은 회생절차개시신청의 경우와 달리 특별한 제한을 두고 있지 않고 단지 '이

지만, 회생절차에서의 보전처분은 신청인의 이익뿐만 아니라 모든 채권자의 이익을 위하여 채무자의 재산을 보전하기 위한 것이므로 신청인의 피보전권리의 존재나 본안소송을 전제로 하지 않는다. 회생절차에서의 보전처분에는 목적·성질에 반하지 않는 한 민사집행법이 준용된다(제33조). 다만 회생절차에서의 보전처분은 일반적으로 회생절차개시의 신청을 심리하는 재판부가 담당하고, 직권으로(반드시 신청이 필요한 것은 아니다) 발령·변경·취소할 수 있으나(제43조 제1항, 제4항) 민사집행법상의 보전처분은 본안사건의 재판부가 담당하는 것도 아니고 당사자의 신청에 따른다. 민사집행법상의 보전처분은 본안소송에 대하여 부수성을 띠면서도 구조적으로는 별개의 독립한 소송절차이지만 회생절차에서의 보전처분은 회생절차의 일환으로서 그 절차 내에서 이루어지는 비송절차이다.

회생절차개시신청이 있을 때 채무자회생법상의 보전처분과 병행하여 민사집행법상의 보전처분도 인정되는가. 채무자회생법상의 보전처분은 민사집행법상의 보전처분에 대한 특수한 보전처분이므로, 채무자회생법상의 보전처분만이 인정되고 민사집행법상의 보전처분은 인정되지 않는다고 할 것이다.

3) 보전처분을 협의의 보전처분과 광의의 보전처분으로 나누기도 한다. 협의의 보전처분은 제43조 제1항의 보전처분을 말하고, 광의의 보전처분은 협의의 보전처분과 제43조 제2항의 보전관리명령을 포함한다. 통상 보전처분이라고 하면 협의의 보전처분을 말한다.

4) 실무적으로 전자의 보전처분은 많이 하고 있으나, 후자는 거의 하지 않고 있다.

5) 보전처분은 채무자 등에 대하여 일정한 행위의 제한을 가하는 것이고 제3자의 권리행사를 금지하는 것은 아니므로, 보전처분등기가 경료된 채무자의 부동산 등에 대하여 가압류, 가처분 등 보전처분, 강제집행 또는 담보권실행을 위한 경매, 체납처분(강제징수)에 의한 압류 등의 등기촉탁이 있는 경우에도 이를 수리하여야 한다(부동산등기사무처리지침 제9조 제2항).

6) 회생절차개시의 신청을 받은 법원이 그 결정을 하기에 앞서 제43조 제1항의 규정에 의한 보전처분으로서 회사에 대하여 채권자에 대한 채무의 변제를 금지하였다 하더라도 그 처분의 효력은 원칙적으로 회사에만 미치는 것이어서 회사가 채권자에게 임의로 변제하는 것이 금지될 뿐 회사의 채권자가 강제집행을 하는 것까지 금지되는 것은 아니고, 다른 한편 회생절차가 개시된 후에도 회생채권자 또는 회생담보권자는 제144조에 정한 바에 따라 회생절차에 의하지 아니하고 상계를 할 수 있음이 원칙인 점에 비추어 볼 때 보전처분만이 내려진 경우에는 회사의 채권자에 의한 상계가 허용되지 않는다고 할 수 없다(대법원 1993. 9. 14. 선고 92다12728 판결 참조).

해관계인'이라고만 하고 있으므로 보전처분의 신청권자의 범위를 반드시 회생절차개시의 신청
권자와 동일하게 볼 필요가 없다는 점을 이유로 채무자가 포함된다는 견해가 있다.[8]

그러나 채무자에 의한 보전처분의 신청은 직권발동을 촉구하는 성격이 강하고, 채권자·담
보권자 등 제3자에 대하여 강제적인 권리실현행위를 금지함으로써 채무자의 재산보전을 도모
하는 중지명령 등과 달리 보전처분은 채무자 자신에 대하여 일정한 행위를 제한함으로써 재산
의 산일을 방지하여 채무자의 회생 및 이해관계인의 공평을 도모하는 제도이므로, 이해관계인
에 채무자는 포함되지 않는다고 할 것이다.[9]

신청인은 보전의 필요성을 소명하여야 하지만, 회생절차개시를 신청할 때 이미 회생절차개
시원인을 소명하였으므로(제38조 제1항) 보전처분의 요건으로서 다시 회생절차개시원인에 대한
소명은 필요하지 않다. 채권자나 주주·지분권자가 신청한 경우 채권이나 주식·출자지분의
존재에 대하여도 같은 이유로 소명이 필요하지 않다(제38조 제2항).

Ⅲ 보전처분의 종류

1. 업무와 재산에 관한 보전처분(협의의 보전처분)

업무와 재산에 관한 보전처분은 관리위원회의 의견을 들어 보전처분 여부를 결정한다(제43
조 제1항). 이해관계인의 신청이 있는 경우에는 신청일로부터 7일 이내에 보전처분 여부를 결
정하여야 한다(제43조 제2항). 이는 보전처분의 신청이 있는 경우 특별한 사정이 없는 한 신속
하게 보전처분을 하여야 한다는 주의적 규정이다.

보전처분을 발령하는 것이 적절하지 않은 경우에는 보전처분신청을 기각(각하)하여야 할 것
이다. 보전처분이 적절하지 않은 예로는 ① 회생절차개시신청권자의 자격이 의문시되거나 회
사, 법인 또는 단체가 적법한 의사결정과정을 거치지 않은 채 회생절차개시신청을 한 경우, ②
채권자가 단지 채무자를 압박하기 위한 수단으로 채무자에 대한 회생절차개시신청을 한 것으
로 보이는 경우, ③ 파산절차에서 이미 보전처분이 발령되었거나(제323조) 파산관재인이 선임
된 상태에서 회생절차개시신청을 하여 보전처분의 필요성이 없는 경우, ④ 회생절차개시의 원
인이 없음에도 부정수표단속법위반죄의 처벌을 면할 목적으로 신청을 남용하는 것으로 보이는
경우,[10] ⑤ 신청에 필요한 자료가 극히 부실한 경우 등을 들 수 있다.[11]

---

7) 보전처분 신청이 직권발동을 촉구하는 성격이 강하다는 것이 이해관계인에 채무자가 포함되는 근거가 되는지는 의
   문이다.
8) 회생사건실무(상), 98쪽.
9) 실무적으로 회생절차개시신청을 하는 채무자가 개시신청과 동시에 보전처분신청을 함께 하는 경우가 대부분(민사집
   행법에 의한 보전처분은 채권자가 신청하는 것이 일반적이지만, 채무자회생법 세계에서는 변제금지보전처분이 발령
   되면, 채무자는 개시결정 전의 권리행사를 거절할 수 있기 때문에 채무자가 신청하는 경우가 대부분이다)이지만,
   이는 법원의 직권발동을 촉구하는 의미로 이해하여야 할 것이다.
10) 대법원 1990. 8. 14. 선고 90도1317 판결 참조.
11) 회생사건실무(상), 99쪽.

법원이 보전처분을 발령할 때는 그 필요성을 판단하여야 한다. 필요성의 판단은 회생절차의 목적을 달성하기 위하여 특정한 내용의 보전처분이 필요한지이겠지만, 실질적으로는 회생의 가능성과 관계된 판단일 것이다. 회생절차개시신청서, 첨부서류, 보전처분신청서 등으로부터 회생계획안 작성 등의 가능성이 없다는 것이 명백하지 않는 한 곧바로 보전처분을 발령하는 것이 바람직하다.[12]

업무와 재산에 관한 보전처분에는 ① 가압류, ② 가처분, ③ 그 밖에 필요한 보전처분이 있다. 대표적인 것으로 변제 또는 담보제공금지, 재산처분금지, 차재금지, 채용금지의 가처분 등이 있다.

법원은 관리위원회의 의견을 들어 보전처분을 변경할 수도 있고, 취소할 수도 있다(제43조 제4항). 보전처분과 그 변경 또는 취소결정 및 신청을 기각하는 재판에 대하여는 즉시항고를 할 수 있다(제43조 제6항). 즉시항고에는 집행정지의 효력이 없다(제43조 제7항).

가. 처분금지 보전처분

(1) 의 의

처분금지 보전처분이란 채무자의 재산가치의 유지를 곤란하게 함으로써 채무자의 회생에 지장을 주는 재산처분행위를 방지함을 목적으로 하는 보전처분이다. 재산처분에는 재산 은닉, 반출과 같은 사실상의 처분도 있고, 담보제공, 임대와 같은 법률상의 처분도 있다. 그러나 채무자의 회생에 지장을 주지 않고 오히려 필요한 경우 채무자는 미리 법원의 허가를 얻어 그 재산을 처분할 수 있다.

처분금지 보전처분은 그 대상의 특정 여하에 따라 개별적인 재산에 대한 보전처분과 채무자의 모든 재산을 대상으로 하는 보전처분(일반적 처분금지의 보전처분)이 있다. 실무는 일반적 처분금지의 보전처분을 하고 있다.

(2) 효 력

(가) 일반적 효력

보전처분의 효력은 보전처분의 내용에 따라 정하여진다. 개별적인 재산에 대한 처분금지 보전처분은 특정한 재산에 대하여만 효력이 미친다. 따라서 보전처분 당시 누락된 재산이나 보전처분 이후에 채무자가 취득한 재산에 대하여는 보전처분의 효력이 미치지 아니한다. 이러한 재산에 대하여 보전처분을 할 필요성이 있으면 별도의 보전처분을 하여야 한다.

일반적 처분금지의 보전처분을 한 경우에는 채무자의 모든 재산에 대한 처분이 제한된다. 다만 위와 같은 보전처분은 채무자 재산의 잠정적 유지와 회생에 지장을 주는 재산처분행위를 방지함을 목적으로 한 것이고, 회생절차는 사업의 계속을 전제로 하는 절차이므로, 위와 같은 내용의 보전처분이 있었다고 하여 채무자의 계속적이고 정상적인 사업을 가능하게 하는 영업

---

12) 실무적으로도 회생절차개시신청이 되면 신청서와 첨부서류 등을 검토한 후 2~3일 내에 보전처분을 발령하고 있다.

활동에 해당하는 제품, 원재료 등의 처분행위까지 금지되는 것이라고 볼 수는 없다.[13]

처분금지 보전처분이 등기사항증명서나 등록원부에 공시된 이후에는 양수인은 그 재산의 취득을 대항할 수 없으나, 그 내용이 공시되지 아니하면 제3자에게 그 효력을 주장할 수 없다. 또한 보전처분은 회생절차와의 관계에서 상대적으로 효력이 발생할 뿐이므로, 회생절차개시의 신청이 취하되거나 각하 또는 기각된 때에는 보전처분의 효력도 소급하여 소멸한다.

한편 처분금지 보전처분의 효력이 회생절차개시신청 이전에 위탁자인 채무자가 수탁자에게 신탁한 부동산에도 미치는지가 문제된다. 부동산신탁(담보신탁)의 경우 수탁자 앞으로 소유권이 전등기를 마치게 되면 대내외적으로 소유권이 수탁자에게 완전히 이전되므로[14] 위탁자가 신탁한 부동산은 더 이상 위탁자인 채무자의 재산이 아니다. 따라서 보전처분 이후 신탁재산의 수탁자 등이 신탁계약에서 정한 방법과 절차에 따라 법원의 허가를 받지 아니하고 이를 처분하는 등의 행위를 하더라도 보전처분의 효력이 미친다고 할 수 없다.

(나) 강제집행 등에 대한 효력

보전처분의 등기 전에 등기된 담보권에 기한 때나 보전처분의 등기 전에 경매개시결정의 등기가 된 때에는 강제집행의 개시나 속행은 방해받지 않는다. 이러한 경우 매수인 명의로 소유권이전등기를 함에 있어서 보전처분에 관한 등기를 말소하여야 한다. 보전처분 등기 후에 강제집행이 신청된 경우는 경매절차의 개시는 허용되지만 환가절차에 들어갈 수 없으며, 환가를 하였다고 하더라도 매수인은 회생절차와의 관계에서는 경매의 목적물에 관한 권리의 취득을 주장할 수 없다.[15]

---

13) 대법원 1991. 9. 24. 선고 91다14239 판결. 실무적으로 보전처분 주문에 '계속적이고 정상적인 영업활동에 해당하는 제품, 원재료 등의 처분행위는 예외'라고 명시적으로 표기해주고 있다. 다만 보전처분에도 불구하고 채무자가 제품, 원재료 등을 처분할 수 있음으로 인해 재고자산을 담보로 대출해준 양도담보권자의 보호가 문제될 수 있다.

[보전처분 주문 기재례]

이 사건에 관하여 회생절차 개시신청에 대한 결정이 있을 때까지 채무자는 아래 1. 내지 4.의 각 행위를 하여서는 아니된다. 다만 미리 이 법원의 허가를 받았을 때에는 그 제한을 받지 아니한다.
1. 2025. 2. 20. 10:00 이전의 원인으로 생긴 일체의 금전채무에 관한 변제 또는 담보제공
2. 부동산, 자동차, 중기, 특허권 등 등기 또는 등록의 대상이 되는 채무자 소유의 일체의 재산 및 금 1,000만 원 이상의 기타 재산에 관한 소유권의 양도, 담보권·임차권의 설정 기타 일체의 처분(그러나 계속적이고 정상적인 영업활동에 해당하는 제품, 원재료 등의 처분행위는 예외)
3. 명목 여하를 막론한 차재(어음할인 포함)
4. 노무직, 생산직을 제외한 임직원의 채용

한편 채무자가 회생절차개시신청 후 자재의 구입 등을 할 경우 상대방은 주의할 필요가 있다. 채무자의 이러한 행위로 인하여 생긴 청구권을 제179조 제1항 제12호에 의해 공익채권으로 인정받으려면 법원의 허가가 필요하기 때문에, 상대방 입장에서는 법원의 허가를 받았는지 확인할 필요가 있다. 실무적으로는 법원은 사전에 채무자가 자재의 구입 등의 행위를 원만하게 할 수 있도록 포괄적으로 허가를 하는 경우가 많다.
채무자의 사업 편의를 위해 법원은 개시결정 전이라도 위와 같이 사전에 포괄적으로 허가하고 있다. 그렇다면 포괄적 허가의 효력은 언제까지 존속하는가. 개시결정 전 포괄적 허가는 채무자에게 대한 것이고, 개시결정이 되면 재산에 대한 관리처분권이 관리인에게 전속하므로 개시결정 전까지만 효력이 존속한다고 볼 것이다.

14) 대법원 2002. 4. 12. 선고 2000다70460 판결.
15) 법원실무제요 민사집행(Ⅱ)-부동산집행1, 사법연수원(2020), 63쪽, 민사집행(Ⅰ)-집행총론, 284~285쪽 참조. 이에 대하여 처분금지보전처분은 채무자에 대한 처분으로서 채권자 등에 의한 경매절차의 개시를 금지하거나 경매절

나. 변제금지 보전처분

(1) 의 의

변제금지의 보전처분이란 업무제한 보전처분의 일종으로 법원이 채무자에 대하여 채무를 변제하지 못하도록 하는 보전처분이다. 변제금지의 보전처분은 채무자에 대하여 변제금지라는 부작위를 명하는 것으로 그 효과도 그 범위 내에 그치고 제3자에 대하여는 그 효력이 미치지 않는다.

변제금지 보전처분의 본래의 목적은 채무자에 대하여 특정채권자에 대한 편파변제를 금지하는 것에 있다. 그래서 보전처분의 상대방은 채무자이고 신청인은 이해관계인인 경우가 많을 것으로 예상되지만, 실제에 있어서는 채무자가 신청하여 회생채권자 등에 대한 변제를 거절하는 수단으로 이용되는 것이 대부분이다. 그래서 회생채권자 등에 대한 효력, 보전처분을 위반한 행위의 효력 등이 논의의 대상이 된다.

채무자가 채권자에게 임의로 변제하는 것이 금지될 뿐 채권자가 강제집행에 의하여 채권을 추심하거나 상계권을 행사하는 것(제144조)까지 금지되는 것은 아니다.[16] 또한 채권자가 회생절차개시결정 전에 채무자의 제3채무자에 대한 채권에 관하여 발부받은 전부명령도 유효하다.[17]

(2) 효 력

(가) 일반적 효력

변제금지 보전처분이 있는 경우 변제 등 채무를 소멸시키는 행위를 할 수 없다.[18] 변제금지 보전처분이 있은 후의 변제 등은 아래 〈바.〉에서 보는 바와 같이 변제를 수령한 채권자가 악의인 경우 회생절차와의 관계에서 무효이기 때문에[19] 회생절차가 개시되지 않는다면 변제는 유효한 것으로 된다. 또한 변제는 회생절차와의 관계에서 무효이기 때문에 회생절차개시 후에 절차가 폐지되거나 회생절차개시결정이 취소된 경우에는 무효를 주장할 여지가 없다.[20]

(나) 이행기의 도래

변제금지 보전처분이 있다 하더라도 채무의 이행기가 도래하는 효과를 막지는 못한다. 즉 실체법적으로 변제금지 보전처분에 의하여 유예 효과가 생기지 않으며 이행기가 변경되지도 않는다.

차의 진행을 중단할 근거가 없고 이를 중단하기 위한 별도의 절차로 중지·취소명령 등이 마련되어 있다는 점에 비추어 허용된다는 견해도 있다.

16) 대법원 1993. 9. 14. 선고 92다12728 판결 참조.

17) 다만 제104조에 의하여 집행행위가 부인될 수는 있을 뿐이다.

18) 변제금지 보전처분은 회생절차개시결정으로 인한 변제금지(제131조)의 효과를 회생절차개시신청시까지 앞당기는 효과(회생절차개시결정의 효과를 선취하는 효과)가 있다.

19) 일본 민사재생법 제30조 제6항은 이를 명시적으로 규정하고 있다.

20) 다만 파산절차로 이행된 경우에는 양 절차의 일체성을 중시하여(본서 2152쪽 참조) 파산절차와의 관계에서는 무효라고 할 것이다.

그렇다면 변제금지 보전처분으로 채무자가 변제를 하지 않은 경우 이행지체의 책임을 지는가(손해배상책임을 지는가, 채권자가 해제권을 행사할 수 있는가). 이에 대하여는 다툼이 있다. ① 먼저 채무자가 이행기가 도래한 채무를 변제금지 보전처분이 있음을 이유로 변제하지 아니할 때에는 이행지체(채무불이행)의 책임을 지고,[21] 나아가 채권자는 이행지체를 이유로 계약을 해제(해지)할 수 있다는 견해가 있다.[22] 그 이유는 변제금지 보전처분의 효력은 원칙적으로 채무자에게만 미치는 것이므로 채무자가 채권자에게 임의로 변제하는 것이 금지될 뿐이고, 채권자가 이행지체에 따른 해제권(해지권)을 행사하는 것까지 금지하는 것은 아니기 때문이다.[23] ② 다음으로 해제권 자체는 발생하나 해제권을 행사하여 채무자 재산을 환취하는 것은 채무자의 회생에 지장이 생기고, 제119조에 따른 관리인의 선택권을 박탈하기 때문에 해제권을 행사할 수 없다는 견해도 있다.[24] ③ 또한 회생절차개시 후에도 이행지체로 인한 손해배상책임이 발생하는 것이 원칙이므로(제118조 제3호) 손해배상책임은 부담하나,[25] 해제권까지 인정하는 것은 회생절차의 목적(채무자 재산의 보호, 채무자의 회생)과 배치된다는 견해가 있다.[26] ④ 마지막으로 변제금지 보전처분은 이행지체의 효과발생을 저지하지는 않지만 형평의 견지에서 일부 채권자가 이행지체를 이유로 계약을 해제하여 목적물을 환취하는 행위는 허용할 수 없다는 견해도 있다.[27] 요약하면 이행지체로 인한 손해배상책임을 인정할 수 있는지에 관하여는 다툼이 있지만, 채권자의 법정해제권은 허용될 수 없다는 점에 관하여는 대부분 일치하고 있다.

생각건대 변제금지 보전처분이 된 후 채무자가 변제를 하지 않는 것은 재판에 의한 구속을 받기 때문으로(변제금지라는 제한을 받으므로), 변제가 되지 않는 것이 채무자의 귀책사유에 의한 이행지체라고 주장하여[28] 금전채무의 경우를 제외하고(민법 제397조, 제118조 제3호) 손해배상을 청구하거나(민법 제390조 단서) 계약의 해제 등을 주장할 수 없다고 할 것이다.[29]

---

21) 예컨대 채무자가 채권자 A로부터 1억 원을 빌리면서 2025. 1. 31.까지 갚겠다고 해 놓고, 위 변제기 전에 회생절차개시의 신청을 하여 법원으로부터 변제금지 보전처분을 받았다 하여도 2025. 2. 1.부터 채무자는 A에 대하여 이행지체의 책임을 지게 된다는 것이다.

22) 회생사건실무(상), 102쪽.

23) 현재 판례의 입장이기도 한다(대법원 2007. 5. 10. 선고 2007다9856 판결, 부산고등법원(창원) 2018. 5. 31. 선고 2017나23441 판결, 서울중앙지방법원 2010. 7. 9. 선고 2010가합16927 판결 등 참조). 이 견해에 의할 경우 상대방은 이행지체를 이유로 손해배상책임도 회생채권으로 청구할 수 있을 것이다.

24) 홍일표, "회사정리법상의 변제금지의 보전처분과 이행지체", 회사법상의 제문제(하), 재판자료 제38집, 법원도서관(1987), 636쪽.

25) 제118조 제3호는 회생절차개시 전부터 채무자가 부담하는 채무를 이행하지 않음으로써 발생하는 것을 의미하고, 금전채무를 제외하고 회생절차개시 후에는 채무자의 이행지체로 인한 손해배상금 등은 발생하지 않는다는 점을 간과한 것으로 보인다(본서 564쪽 참조).

26) 최준규, 63쪽.

27) 김주학, 138쪽.

28) 이행지체의 요건은 ① 이행이 가능할 것, ② 이행기가 도래하였을 것, ③ 채무자의 귀책사유, ④ 이행하지 않는 것이 위법할 것이다.

29) 倒産判例百選, 154쪽, 破産法·民事再生法, 142쪽, 倒産法 106쪽 각주 3). 다만 금전채무에 대하여는 귀책사유(고의·과실)를 요구하지 않기 때문에(민법 제397조) 이행지체로 인한 손해배상이 인정된다고 할 것이다(제118조 제3호). 지체책임을 면하려면 법원의 허가를 얻어 변제하는 수밖에 없다.
　변제금지 보전처분과 편파행위 부인(제100조)은 그 취지가 다르지만, 결과에 있어서는 변제의 효력이 부정된다는 점에서 유사하다. 다만 변제의 효력이 부정되는 요건, 행사의 효과, 행사방법의 점에서 차이가 있다. ① 부정되는

사례 X는 A에게 대금을 완납할 때까지 소유권을 유보한 채 건설기계를 매각하고, A는 대금을 매달 할부로 변제하고 있었다. 그러나 A는 대금을 완제하기 전에 회생절차개시를 신청하였고, 변제금지 보전처분이 발령되었다. 당연히 A는 매달 변제를 하지 못하게 되었고, X는 채무불이행을 이유로 계약을 해제한 후 관리인 Y에 대하여 소유권에 기하여 위 건설기계의 인도를 구하는 소를 제기하였다.

X가 Y를 상대로 제기한 기계인도소송은 환취권(제70조)에 기한 것으로 적법하다. 회생절차가 개시되면 관리인에게 당사자적격이 있으므로(제78조) Y를 상대로 제기한 것도 문제없다. 변제금지 보전처분 이후 변제를 지체한 것이 채무불이행으로 되어 해제권을 행사할 수 있는가. 긍정하는 견해에 의하면 계약을 해제하고 기계의 인도를 구할 수 있을 것이다. 하지만 이행지체에 채무자의 귀책사유가 없으므로 해제권을 행사할 수 없다고 할 것이다.[30)]

물론 변제금지 보전처분이 발령되기 전에 이미 채무불이행이 존재하여 해제권이 발생한 경우에는, 채권자는 회생절차개시 후에도 해제권을 행사할 수 있다.

(다) 제3자의 변제, 제3자에 대한 청구

채무자의 채무에 대한 보증인, 물상보증인 등의 제3자는 보전처분이나 회생절차개시와는 아무런 상관이 없다. 따라서 채권자는 언제든지 채무자에 대한 보증인 등 제3자에 대하여 이행의 소를 제기하거나 강제집행을 할 수 있다.[31)] 약속어음의 발행인에 대하여 변제금지 보전처분이 내려져도 어음소지인은 배서인들을 상대로 상환청구권을 행사할 수 있다.

(라) 이행의 소 및 강제집행에 대한 효력

변제금지 보전처분이 발령된 경우에도 채권자는 이행소송을 제기하여 집행권원을 취득하는 것이 금지되는 것은 아니다.[32)] 변제금지 보전처분이 발령된 이후 채무자에 대한 소가 제기된

요건에 관하여 본다. 변제금지 보전처분 위반의 경우에는 채권자가 보전처분이 되었다는 것을 변제수령시에 알고 있었을 것을 요건으로 함에 반하여, 편파행위 부인의 경우에는 채무자에게 사해의사가 있어야 한다. ② 효과의 점에 관하여 본다. 변제금지 보전처분을 위반한 경우에는 회생절차와의 관계에서 당연히 무효가 되고, 변제받은 것은 부당이득으로 반환하여야 한다. 반면 편파행위 부인의 경우에는 부인권이 행사되어야 비로소 채무자의 재산으로 회복되는 효과가 발생한다. 나아가 그 효과도 관리인과 수익자 내지 전득자 사이의 상대적 효과에 불과하다. ③ 행사의 방법에 관하여 본다. 변제금지 보전처분 위반의 경우에는 무효를 주장함에 있어 그 행사방법에 제한이 없다. 반면 편파행위 부인의 경우에는 소, 부인의 청구 또는 항변에 의할 것이 요구된다(제105조 제1항).

30) 일본의 경우 민법이 개정되기 전 회사갱생사건(우리나라 회생사건)에서, 최고재판소는 변제금지 보전처분이 발령된 경우 채무자는 채무를 변제할 수 없는 구속을 받기 때문에, 변제기가 도래하여도 채권자는 이행지체를 이유로 계약을 해제할 수 없다고 판시하였다. 일본에서의 통설이기도 했다. 하지만 2017년(평성 29년) 민법이 채무불이행에 기한 손해배상청구에는 채무자의 귀책사유가 필요하지만(일본 민법 제415조), 계약해제에는 귀책사유가 필요하지 않게(일본 민법 제541조~제542조) 개정되었다. 개정 이후에는 위 사례의 경우 해제권을 행사할 수 있다고 볼 여지가 있다. 이에 대해 그렇게 보면 회사갱생절차개시에 의해 자동적으로 해제권이 발생하게 되어(나아가 회사갱생절차를 신청할 경우 대부분 변제금지를 포함한 보전처분을 한다), 회사갱생절차에 중대한 영향을 미치게 된다. 그래서 해제권의 성립을 부정하는 해석론이 모색되고 있다고 한다(倒産法(加藤哲夫등), 48쪽). 해제를 부정하는 해석론으로 ① 변제금지보전처분을 이유로 하는 채무자의 이행거절에 정당한 이유가 있고, 도산절차와의 관계에서는, 채무불이행으로서의 위법성이 흠결되었다는 견해, ② 변제금지의 보전처분의 발령에 의해 채권자는 해제의 요건인 최고를 유효하게 할 수 없다는 것을 이유로 이전과 마찬가지로 해제할 수 없다는 견해, ③ 법정해제권의 발생 자체는 인정하면서 그 행사에 대하여 도산법적 공서에 반하는 것으로 보아 권리남용으로 평가하는 것에 의해 제한하여야 한다는 견해 등이 제시되고 있다(倒産法と要件事實, 13~15, 107~108쪽, 民法と倒産法, 564~569쪽). ①과 ②는 민법상의 요건 불충족을 이유로 한 것이고, ③은 도산법상의 제약을 이유로 한 것이다.

31) 대법원 1994. 1. 14. 선고 93다47431 판결 참조.

32) 예컨대 X는 Y에 대하여 1억 원의 대여금채권을 가지고 있다. Y가 법원에 회생절차개시신청을 하였고, 법원이 변제

경우 채무자는 변제금지 보전처분을 받았음을 이유로 항변할 수 없다. 위와 같은 항변은 아무런 효력이 없고, 무조건의 이행의 소가 허용된다.[33] 변제금지 보전처분은 채무자가 일부 채권자에게만 우선적으로 변제하여 회생의 목적을 저해하지 않도록 채무자에 대하여 발령된 것에 지나지 않고 직접 채권자를 구속하는 것은 아니기 때문이다. 채권자가 집행권원을 취득하기 위한 이행소송은 변제금지 보전처분에 의하여 어떠한 영향도 받지 않는다. 다만 회생절차개시 결정이 되면 강제집행의 신청도 허용되지 않고(제58조 제1항 제2호), 계속 중인 소송절차는 중단되며(제59조 제1항), 이미 진행 중인 강제집행은 중지되고(제58조 제2항 제2호), 회생계획인가 결정으로 실효되므로(제256조 제1항) 이행판결에 의해 집행권원을 취득하는 실제적인 의미는 크지 않다.

변제금지 보전처분은 채권자의 강제집행을 저지하는 효과도 없다.[34] 채무자가 채권자의 소송이나 강제집행을 저지하고자 하는 경우에는 중지·취소명령(제44조)이나 포괄적 금지명령(제45조)을 받아야 한다.

(마) 부정수표단속법과의 관계

변제금지 보전처분이 내려진 후 금융기관이 그 보전처분에 따른 지급제한에 따라 수표를 부도처리한 경우에는 부정수표단속법상의 처벌대상이 되지 아니한다.[35] 다만 채무자회생법위반죄로 처벌될 가능성은 있다(제643조 제1항 제4호, 본서 1122쪽).

(바) 근로기준법 및 근로자퇴직급여 보장법과의 관계

사용자는 근로자가 퇴직한 경우 당사자 사이에 합의가 없는 한 그 지급 사유가 발생한 때로부터 14일 이내에 임금, 보상금, 그 밖에 일체의 금품을 지급하여야 하고(근로기준법 제36조, 근로자퇴직급여 보장법 제9조), 임금은 매월 1회 이상 일정한 날짜를 정하여 지급하여야 한다(근로기준법 제43조 제2항). 사용자가 이를 위반할 경우 형사처벌을 받는다(근로기준법 제109조 제1항, 근로자퇴직급여 보장법 제44조 제1호). 그런데 채무자에 대하여 법원의 변제금지 보전처분이 내려진 경우 임금 지급을 포함하여 일체의 변제행위가 금지되기 때문에 보전처분 이후에 임금

금지 보전처분을 발령하였다고 하여도, X는 Y를 상대로 1억 원의 지급을 구하는 소송을 제기할 수 있다.
33) 압류채무자(또는 가압류채무자)가 제3채무자를 상대로 즉시 무조건의 금전급부를 구하는 이행청구소송이 가능하다는 대법원 1989. 11. 24. 선고 88다카25038 판결 등 참조.
34) 대법원 1992. 10. 27. 선고 91다42678 판결 참조.
35) 대법원 2010. 1. 28. 선고 2009도12457 판결, 대법원 1990. 8. 14. 선고 90도1317 판결(발행된 수표가 제시기일에 지급이 거절되더라도 그 지급거절사유가 예금부족, 거래정지처분이나 수표계약해제 또는 해지로 인한 것이어야만 부정수표단속법 제2조 제2항 위반죄를 구성하는 것이고 보전처분이 있을 경우에는 그 지급을 위탁받은 은행은 예금이 있는지의 여부에 관계없이 보전처분을 이유로 당연히 지급거절을 하여야 하는 것이므로 회사에 대한 보전처분이 있은 후에 지급제시가 되었다면 비록 은행이 지급거절사유를 예금부족으로 하였다 하더라도 그 지급거절이 채무자회생법에 의하여 가해진 지급제한에 따른 것인 이상 위 수표의 발행행위는 부정수표단속법 제2조 제2항 위반의 범죄를 구성하지 않는다 할 것이다. 그리고 채무자회생법상의 보전처분에 따른 법률적 효과로서 일체의 채무변제가 금지되고 그 결과 제시기일에 수표금이 지급되지 아니하게 된 것은 회사의 갱생을 목적으로 하는 회생제도의 실효를 거두기 위하여 불가피하다 할 것이므로 이를 가리켜 헌법상의 평등의 원칙에 위배되거나 법질서를 해치는 것이라고도 할 수 없다.) 참조.

등이나 퇴직금을 지급하지 않았다고 하더라도 근로기준법이나 근로자퇴직급여 보장법상의 처벌대상이 되지 않는다.[36]

(3) 기업 활동에 필수적인 임금이나 상거래채무의 변제 허용 여부

회생절차의 신청이 있다고 하더라도 기업 활동이 단절되지 않고 계속되어야 계속기업으로서의 가치가 유지될 수 있다. 기업 활동의 연속성을 유지하기 위해서는 생산과 판매가 계속되도록 인적·물적 자원이 유지되어야 한다. 그러기 위해서는 보전처분(변제금지 보전처분)이 되었다고 하더라도 종업원의 이탈을 막기 위한 임금의 지급이나 거래상대방의 일반상거래채권을 지급할 필요성이 있다.

임금과 같이 공익채권은 회생절차에 의하지 아니하고 회생채권에 우선하여 수시로 변제되므로 회생절차개시결정 전이라도 법원의 허가를 얻어 변제하는 것은 문제가 없다. 그렇다면 공익채권이 아닌 일반상거래채권도 변제금지 보전처분의 예외를 인정하여 지급할 수 있는가. 회생절차개시결정 후에는 채무자의 거래상대방인 중소기업자나 채무자 자신의 사업을 유지하기 위하여 법원은 회생계획인가 전이라도 변제를 허가할 수 있다(제132조 제1항, 제2항). 따라서 위 규정을 유추하여 채무자는 법원의 허가를 얻어 필수적인 상거래채무의 변제를 할 수 있다고 할 것이다.

(4) 변제금지 보전처분에 반한 변제 등의 효력

변제금지 보전처분에 반하여 한 채무자의 변제 등은 상대방(회생채권자 등)이 채무자에 대하여 보전처분이 내려진 것을 몰랐던 경우(선의)에는 유효하지만, 상대방이 보전처분이 내려진 것을 알았던 경우(악의)에는 회생절차와의 관계에서 무효라고 할 것이다(제61조 제3항 참조).

위 〈(2)(가)〉 및 아래 〈바.〉를 참조할 것.

다. 차재금지 보전처분

차재금지 보전처분은 고금리의 자금을 차용하는 등 합리적인 회생계획을 방해하는 채무자의 채무 증가를 방지하기 위한 것이다. 금전의 차용뿐만 아니라 채무를 부담하는 일체의 행위가 이에 포함된다. 다만 차재금지 보전처분이 내려진 경우라도 채무자가 법원의 허가를 얻으면 차재를 할 수 있고, 그 채권은 공익채권으로 취급된다(제179조 제1항 제5호, 제12호).

일반적으로 회생절차개시의 신청이 있은 후에는 채무자가 금전차용 등 자금조달에 어려움을 겪고, 그로 인해 운영자금이 부족하게 되는 것이 현실이다. 회생절차개시 신청 후의 신규자금조달[37]을 활성화시키기 위해 법원의 허가를 받아 차입한 자금에 관한 채권은 다른 공익채권

---

36) 수원지방법원 2016. 4. 21. 선고 2014고단5468 판결(확정). 채무자에 대하여 회생절차개시결정이 내려진 경우에도 채무자의 재산에 대한 관리처분권이 관리인에게 넘어가 채무자는 임금 등을 지급할 권한이 상실되므로 마찬가지로 근로기준법 및 근로자퇴직급여 보장법상의 형사처벌 대상이 될 수 없다(대법원 2010. 5. 27. 선고 2009도7722 판결 참조).

37) 이와 관련하여 미국 연방도산법상의 DIP financing(회생기업에 대한 대출 또는 DIP금융)제도의 도입에 대한 논의가 있다. 미국에서의 DIP financing이란 일반적으로 회생절차 진행 중인 회생기업에 대하여 미국 연방도산법 §364

보다 우선적으로 변제하도록 하고 있다(제180조 제7항). 또한 회생계획 등에 대한 의견제시권과 관리인에 대한 자료제공청구권도 인정하고 있다(제22조의2).

라. 임직원 채용금지 보전처분

회생절차개시신청이 된 채무자의 경우 인원을 감축하는 것이 불가피하고, 새로이 임직원을 채용하면 비용부담이 증가하기 때문에 이를 방지하기 위한 것이다. 다만 노무직이나 생산직은 채무자의 회생을 위하여 필요한 경우가 대부분이므로 금지대상에서 제외된다.

마. 제3자를 명의인으로 한 보전처분의 허용 여부

업무와 재산에 관한 보전처분은 회생절차개시신청시부터 개시결정시까지 사이에 보전처분을 통하여 채무자의 업무수행권이나 관리처분권을 제한하여 그 업무를 유지하고, 재산을 보전하는 것을 목적으로 한다. 그렇다면 회생채권자 등이 회생절차개시 전에 권리행사를 할 경우 이를 방지하기 위한 보전처분도 가능한가. 예컨대 특정의 제3자(채권자)를 명의인으로 하는 채권의 추심 또는 상계의 금지를 명하는 보전처분이 유효한가.

이에 대하여 긍정적인 견해가 있다. 회생채권자 등이 회생절차개시 전에 채무자의 재산에

의 우대조치를 받아 행하는 여신제공행위를 말한다. 미국 연방도산법 §364는 4가지 유형의 DIP financing에 관하여 규정하고 있는바{구체적인 내용은 「전대규, "신규자금대출", 자본시장에서의 기업구조조정활성화를 통한 한계기업 조기 정상화방안 정책자료집(2019. 4. 29., 주최: 국회의원 채이배), 37~40쪽」을 참조할 것}, 일정한 요건 아래 우리나라 법제상 공익채권이라고 할 수 있는 관리비용(administrative expense) 또는 최우선권(super priority)으로 인정받고, 이에 관하여 담보까지 설정하는 우대조치를 받을 수 있도록 하고 있다. 위 제도가 특히 중요한 이유는 미국 연방도산법상의 절차 신청 후에 신용을 제공하는 자들에게 그 상환을 보장하고 위험을 최소화하는 특별 보호를 제공함으로써 회생기업에 대하여 신용을 제공하는 제3자들에게 신용제공의 유인을 마련해 주고 있다는 점 때문이다.

회생기업에 있어 신규자금의 조달이 무엇보다 중요하다는 것은 부인할 수 없는 사실이고, 이와 같은 자금조달에 대한 유인책으로 신규자금의 제공자에게 우선권을 주는 것도 세계적인 추세이다. 우리나라의 경우 외부, 특히 금융기관으로부터의 신규자금조달이 원활히 이루어지지 못하고 있다. 따라서 신규자금조달이 원활하게 이루어지도록 하기 위해서는 신규자금의 제공자에게 일종의 우선권을 주는 조치가 필요하다. 다만 문제는 ㉠ 신규자금 제공자에게 과연 어느 정도의 우선권을 주어야 하고, 또한 ㉡ 우선권 이외에 담보권까지 추가로 설정해 줄 수 있는지, ㉢ 만일 담보권을 설정해 준다면 회생기업의 재산 중에 어떤 재산에 대하여 담보권의 설정이 가능한지, ㉣ 신규자금 제공자에게 우선권을 주거나 추가로 담보권까지 설정해 줄 경우 기존 권리자의 권리침해의 문제는 어떻게 해결하여야 하는지 여부 등이 문제될 수 있다{남동희, "회생기업의 자금조달방법 - 미국 연방도산법상의 DIP Financing 제도의 도입가능성을 중심으로 -", 법조(통권 637호), 법조협회(2009년), 264~276쪽}.

채무자회생법은 회생기업의 신규자금조달을 원활히 할 수 있도록 회생절차 중에 있는 기업의 신규자금을 공익채권으로 취급하고(제179조 제1항 제5호, 제12호), 나아가 회생기업에게 신규 자금을 지원하는 경우에는 공익채권 중에서 우선적으로 회수할 수 있는 지위를 부여하고 있다(제180조 제7항). 나아가 2016. 5. 29. 신규자금조달을 원활하게 하기 위한 내용을 추가하는 개정이 있었음은 앞에서 본 바와 같다{〈제1편 제4장 Ⅱ.6.〉(본서 88쪽) 참조}. 회생절차를 진행하다 견련파산이 된 경우 다른 재단채권보다 우선변제권을 인정하고 있기도 하다(제477조 제3항).

한편 중국의 <기업파산법>은 회생기간에 채무자 또는 관리인이 영업의 계속을 위하여 차용할 경우, 그 차용금을 위하여 담보를 설정할 수 있도록 하고 있다(제75조 제2항).

회생기업은 신용등급과 자산 건전성이 낮아 정상적인 대출이 사실상 불가능하다. 하지만 회생 가능성에 상응하는 높은 금리로 투자를 감행하려는 수요는 있기 때문에 고위험·고수익 개념의 DIP금융이 존재한다. 자본시장에서 헤지펀드(hedge fund)를 비롯한 다양한 사모펀드, 부실채권(NPL) 투자자, 보험사, 온라인연계금융업자 등과 같은 새로운 구조조정 플레이어들이 이들이다. 이러한 자금을 회생기업으로 끌어들이기 위해서는 미국 연방도산법상의 DIP Financing을 비롯하여 많은 제도적 연구와 뒷받침이 필요하다.

대하여 개별적으로 권리행사를 하고, 그것이 법적절차인 경우에는 담보권의 실행을 포함하여 다른 절차의 중지명령 및 취소명령(제44조)의 대상이 될 수 있다. 다수가 이렇게 할 개연성이 있다고 여긴 경우 포괄적 금지명령에 의하여 광범위하게 금지할 수 있다(제45조). 그런데 일부 특정채권자에 의한 개별적 권리행사를 사전에 금지시킬 필요가 있는 경우 중지명령으로는 사전에 대응할 수가 없고, 포괄적 금지명령으로는 대상이 광범위하지 않아 적당하지 않다. 이러한 경우 해당 채권자를 대상으로 제43조 제1항에 따라 특정 개별채권자의 권리행사를 금지하는 보전처분을 할 수 있다. 비전형담보권의 실행금지를 위한 보전처분도 여기에 해당한다.[38]

그러나 회생채권자 등에 의한 강제집행이나 비전형담보권을 포함하여 담보권실행에 대하여는 중지명령이나 포괄적 금지명령으로 대처할 수 있다. 또한 채무자의 업무 및 재산 전반에 대한 보전조치로 보전관리명령도 있다. 회생채권자 등이 강제집행을 하거나 담보권을 실행한다고 하더라도 이는 부인권의 대상이 될 수 있다.[39] 개인회생절차에서는 금지명령까지 인정되고 있다(제593조 제1항). 회생채권자 등의 권리행사가 제한될 경우 소멸시효를 저지할 수 있는 마땅한 수단이 없음에 반하여, 채무자를 비롯한 신청인들은 보전처분이 되기 전까지는 자유롭게, 보전처분 이후에는 법원의 허가를 얻어 회생절차개시신청을 취하할 수 있으므로 회생채권자 등은 예상치 못한 손해를 볼 수 있다. 제3자를 명의인으로 한 보전처분으로 회생절차개시 전에 도모할 수 있는 효과는 회생절차개시결정에 따른 일반적 효과로 실현할 수 있고, 회생절차개시신청부터 회생절차개시결정까지의 시간은 짧다(제49조 제1항, 실무적으로도 신속하게 개시결정을 하고 있다). 이러한 여러 가지 점을 고려하면 회생절차가 개시되기도 전에 회생채권자 등의 권리행사를 제한하는 것은 바람직하지 않다(적어도 논의의 실익은 적다)고 할 것이다.[40] 실무적으로도 주로 채무자에 대한 변제 또는 담보제공금지, 재산처분금지, 차재금지, 채용금지의 가처분을 한다.

2. 보전관리인에 의한 관리명령 (보전관리명령)

가. 의 의

보전관리인에 의한 관리명령(보전관리명령)은 회생절차개시의 신청시 법원이 보전처분 외에 필요하다고 인정하는 때에 보전관리인을 선임하여 채무자의 기존 임원으로부터 업무수행권과

---

38) 會社更生の實務(上), 109쪽.
39) 이 경우 회생절차개시결정 후 부인권 행사를 전제로 제3자에 대한 보전처분을 할 수 있다.
40) 실무적으로 (집합)채권양도담보의 실행으로서 담보권자가 설정자를 대리하여(대법원 2004. 2. 13. 선고 2003다43490 판결) 제3채무자에게 행하는 통지(민법 제450조 제1항)에 대하여 채권양도의 대항요건 구비행위를 금지하는 보전처분(채권양도통지금지의 보전처분)을 인정할 필요가 있다는 견해가 있다(會社更生法, 77∼78쪽). 그러나 제3자(양수인, 제3채무자)에 대한 채권양도통지를 금지하는 보전처분의 경우 제3자에 대해 부작위(양수인에 대하여는 양도인(채무자)로부터 위임받은 채권양도의 통지를 금지하고, 제3채무자에 대하여는 양수인으로부터 양도통지의 수령 내지 채권양도의 승낙을 금지하는 것)를 강제하는 수단이 없고, 회생절차개시결정 전에 한 보전처분 위반행위를 시정하기 위하여 그 효력을 부정하는 것도 곤란하여, 결국 제3자의 임의이행을 기대하기는 어렵다는 점을 고려하면, 채권양도통지금지의 보전처분의 실익은 별로 없어 보인다.

재산의 관리처분권을 박탈하고 보전관리인에게 전속시키는 것을 내용으로 하는 보전처분이다 (제43조 제3항).

이는 부실한 경영으로 채무자를 재정적 파탄에 빠뜨린 기존경영진이 여전히 채무자의 경영을 담당한다면 채권자 등 이해관계인의 희생에 의하여 채무자를 회생시키려는 채무자 회생제도 본래의 취지를 망각하고 종전의 부정행위 은폐, 일반적인 채무이행의 유예 및 재산도피의 한 방편으로 회생절차를 악용할 소지가 있으므로 불성실한 경영진을 채무자의 업무나 재산관리로 부터 배제하기 위하여 둔 것이다.[41]

회생절차개시신청의 기각결정에 대하여 즉시항고가 제기된 경우에도 필요하다고 인정하는 때에는 보전관리명령의 가능성이 있다(제53조 제2항).

법원이 보전관리인을 선임할 경우 1인 또는 여럿을 선임하여야 한다(제43조 제3항).[42] 법원 은 보전관리인을 선임할 경우 관리위원회와 채권자협의회의 의견을 들어야 한다. 이 경우 채 권자협의회는 보전관리인 후보자를 추천할 수도 있다(제86조 제1항, 제74조). 법원이 보전관리명 령을 할 경우에는 이를 공고하여야 한다(제43조 제8항).

법원은 필요한 경우 보전관리인을 추가하는 등 보전관리명령을 변경할 수도 있고, 필요가 없다고 인정되면 보전관리명령을 취소할 수도 있다(제43조 제4항). 보전관리명령을 변경하거나 취소할 경우 이를 공고하여야 한다(제43조 제8항). 관리처분권이 변경되거나 채무자에게로 회복 (취소의 경우)되는 것을 대외적으로 공시하기 위하여 공고하도록 한 것이다.

보전관리명령과 그 변경 또는 취소결정 및 신청을 기각하는 재판에 대하여는 즉시항고를 할 수 있다(제43조 제6항). 즉시항고에는 집행정지의 효력이 없다(제43조 제7항).

나. 보전관리인의 지위와 권한

보전관리명령이 내려지면 회생절차개시결정 전까지 채무자의 업무수행 및 재산의 관리처분 권은 보전관리인에게 전속한다(제85조).[43] 보전관리인은 채무자를 대표하거나 구성하는 기관이 아니라 채무자회생법에서 인정한 권한과 지위를 갖는 채무자와는 별개의 독립된 제3자이다.[44] 따라서 보전관리인의 지위는 회생절차개시결정 이후의 관리인의 지위와 유사하다.[45] 그 결과

---

41) 실무적으로는 기존경영자를 원칙적으로 관리인으로 선임하고, 회생절차개시 신청일로부터 1개월 내에 형식적 요건 만을 심사한 채 회생절차개시 여부를 결정하도록 규정하고 있어(제49조 제1항) 보전관리인을 선임할 것이라면 바 로 제3자 관리인을 선임하여 개시결정을 하면 되고, 나아가 회생절차의 이용을 촉진하기 위하여 잘 활용되고 있지 는 않다. 다만 기존경영진에게 중대한 책임이 있는 경우(주로 채권자가 신청한 사건이 여기에 해당하는 경우가 많 다)에는 보전관리인을 선임하기도 한다.

42) 보전관리인은 '직무를 수행함에 적합한 자' 중에서 선임한다(제86조 제1항, 제74조 제1항). 법인도 보전관리인이 될 수 있지만(제86조 제1항, 제74조 제6항), 실무적으로 변호사가 선임되는 것이 일반적이다. 보전관리인이 여럿인 때 에는 공동으로 그 직무를 행하고, 법원의 허가를 얻어 직무를 분장할 수 있다(제86조 제1항, 제75조 제1항).

43) 따라서 회생절차개시 전 보전관리인이 선임된 경우, 회사에 대한 채권을 목적으로 한 가압류에 있어서도 회사가 아 닌 보전관리인이 제3채무자로 되어야 한다(대법원 2003. 9. 26. 선고 2002다62715 판결 참조).

44) 대법원 2003. 9. 26. 선고 2002다62715 판결 참조.

45) 관리인에 관한 당사자적격(제78조), 관리인의 검사 등(제79조), 우편물의 관리 및 해제(제80조), 관리인에 대한 감 독(제81조), 관리인의 의무 등(제82조), 관리인의 사임 및 해임(제83조), 임무종료의 경우의 보고의무 등(제84조),

종래의 대표이사, 이사, 감사 등 채무자 임원은 업무수행권과 재산의 관리처분권을 잃게 되고, 조직법상의 권한(주주총회나 이사회를 소집하거나 개최하는 등의 권한)만을 갖게 된다. 보전관리인은 중지된 회생채권 또는 회생담보권에 기한 강제집행, 가압류, 가처분 또는 담보권실행을 위한 경매절차의 취소를 신청할 수 있다(제44조 제4항).

보전관리인이 회생절차개시신청 후 그 개시 전에 법원의 허가를 받아 행한 자금의 차입, 자재의 구입 그 밖에 채무자의 사업을 계속하는 데에 불가결한 행위로 인하여 생긴 청구권은 공익채권이다(제179조 제1항 제12호). 이는 보전관리인이 관리인의 지위와 유사하다는 점을 반영한 것이다.

다만 적극적으로 개시 전에 채무자의 재산의 범위를 변동시키는 행위, 예컨대 쌍방미이행 쌍무계약의 해제권 행사(제119조)나 부인권의 행사(제105조 제1항) 등은 보전관리인의 권한에 포함되지 않는다.[46] 회생절차개시신청의 취하는 '회생절차개시의 신청을 한 자'만이 할 수 있으므로(제48조 제1항) 보전관리인은 회생절차개시신청의 취하를 신청할 수 없다.

다. 보전관리인의 직무 제한

보전관리인은 관리인과 마찬가지로 법원의 허가를 받아야만 ① 채무자의 영업 또는 재산을 양수하는 행위, ② 채무자에 대하여 자기의 영업 또는 재산을 양도하는 행위, ③ 그 밖에 자신 또는 제3자를 위하여 채무자와 거래하는 행위를 할 수 있다(제86조, 제61조 제2항). 그 밖에 법원은 보전관리인에 대하여 ① 재산의 처분, ② 재산의 양수, ③ 자금의 차입 등 차재, ④ 제119조의 규정에 의한 계약의 해제 또는 해지, ⑤ 소의 제기, ⑥ 화해 또는 중재계약, ⑦ 권리의 포기, ⑧ 공익채권 또는 환취권의 승인, ⑨ 그 밖의 법원이 지정하는 행위에 관하여 법원의 허가를 얻도록 할 수 있다(제86조, 제61조 제1항). 이러한 행위는 채무자의 일상적인 업무에 속하지 않기 때문에 법원의 허가를 받도록 한 것이다.

위와 같이 법원의 하가를 얻어야만 하는 행위 또는 법원이 허가를 받도록 정한 행위에 대하여 보전관리인이 법원의 허가를 받지 아니하고 한 경우 그 행위는 효력이 없다. 다만 무효의 효력을 선의의 제3자에게 대항하지 못한다(제86조, 제61조 제3항). 주의할 것은 법원이 보전관리인에 대하여 법원의 허가를 얻어 제61조 제1항 각호의 행위를 하도록 정한 바가 없다면, 보전관리인이 그 각호의 행위를 함에 있어서 법원의 허가를 받지 아니하였다 하여도 허가를 받지 아니하고 한 행위가 무효라고 한 제61조 제3항의 규정이 당연히 준용되는 것이라고는 할

채무자의 업무와 재산의 관리(제89조)에 관한 규정이 보전관리인에게도 그대로 준용된다(제86조 제1항).

회생절차개시 후의 채무자의 행위(제64조), 회생절차개시 후의 채무자에 대한 변제(제67조) 및 회생절차개시결정 공고 전후에 의한 선의 또는 악의의 추정(제68조) 규정에 관하여는 준용규정이 없지만, 보전관리명령에 의하여 채무자의 관리처분권은 박탈되기 때문에 보전관리인에게도 유추적용된다고 할 것이다. 입법적 보완이 필요하다. 다만 아직 회생절차 자체가 개시된 것은 아니므로, 절차개시 그 자체에 의한 효력, 즉 개시 후 권리취득의 효력(제65조)이나 개시 후 등기 및 등록의 효력(제66조)에 관한 규정은 유추적용되지 않는다. 또한 쌍방미이행 쌍무계약에 관한 선택권(제119조)이나 부인권은 보전관리의 목적을 넘는 것이므로 보전관리인에게는 부여되지 않는다(會社更生法, 284쪽).

46) 會社更生法, 88쪽.

수 없다는 것이다.[47)]

라. 보전관리인의 임무종료

보전관리명령이 취소되면(제43조 제4항) 보전관리인의 임무는 종료된다.

보전관리인은 정당한 사유가 있는 때에는 법원의 허가를 받아 사임할 수 있고, 법원은 보전관리인을 해임할 수 있다(제86조 제1항, 제83조 제2항). 이 경우에도 보전관리인의 임무는 종료된다.

회생절차개시신청의 취하허가재판에 의한 취하, 회생절차개시신청의 기각결정이 있는 경우에도 보전관리인의 임무는 종료한다.

회생절차개시결정이 있으면 보전관리명령이 실효되므로 보전관리인의 지위는 당연히 소멸된다. 보전관리인의 행위로 인하여 생긴 청구권은 회생절차개시 후에는 공익채권이 된다고 할 것이다(제179조 제1항 제5호 유추적용).[48)]

보전관리인의 임무가 종료한 때에 보고 등의 의무가 부과되는 것은 관리인의 경우와 마찬가지이다(제86조 제1항, 제84조).

마. 보전관리명령이 소송절차 등에 미치는 영향

〈제19장 제1절 Ⅰ.〉(본서 1131쪽)을 참조할 것.

바. 보전관리인의 행위와 부인권

보전관리인의 행위가 부인권의 대상이 될 수 있는가. 보전관리인의 행위는 회생절차의 일부분이므로 부인할 수 없다고 할 것이다. 이에 관하여는 〈제7장 제3절 Ⅲ.1.다.(1)〉(본서 440쪽)을 참조할 것.

Ⅳ 보전처분에 반하는 행위의 효력 등

1. 보전처분에 반하는 행위의 효력

보전처분의 내용에 반하는 행위라도 법원의 허가를 받았을 때에는 이를 할 수 있다. 그 허가 신청권자는 채무자이다. 이러한 행위에 대한 허가신청이 있을 경우 그 허가 여부는 법원의 재량에 속한다.

반면 보전처분에 반하여 한 채무자의 행위는 상대방이 채무자에 대하여 보전처분이 내려진 것을 몰랐던 경우(선의)에는 유효하지만, 상대방이 보전처분이 내려진 것을 알았던 경우(악

---

47) 대법원 1993. 9. 14. 선고 92다12728 판결 참조.
48) 독일 도산법 §55(2) 참조.

의)에는 무효이다(제61조 제3항 참조). 항상 유효라고 하면[49] 보전처분의 실효성이 없고, 항상 무효라고 하면 보전처분은 공시되지 않으므로 합리적이지 못하기 때문이다. 선의이면 족하고 과실 유무는 묻지 않는다. 악의에 대한 증명책임은 반환청구를 하는 관리인측(변제 등이 무효라고 주장하는 측)이 부담한다. 보전처분에 반하여 변제 등을 한 이사 등은 손해배상책임을 부담한다.

2. 보전처분효력의 존속기간

보전처분의 효력은 회생절차개시신청에 대한 결정이 있을 때까지 존속한다(제43조 제1항). 따라서 회생절차개시결정, 개시신청각하 또는 기각결정, 개시신청의 취하허가가 있는 경우에는 실효된다. 한편 회생절차개시결정이 내려지면 그 자체의 효과로서 회생계획에 의하지 아니한 변제가 금지된다(제131조).

3. 공익채권의 발생

채무자 또는 보전관리인이 회생절차개시신청 후 그 개시 전에 법원의 허가를 받아 행한 자금의 차입 등으로 인하여 생긴 청구권은 공익채권이다(제179조 제1항 제12호). 법원이 채무자의 행위에 개입하여 보전처분을 하고 허가를 한 이상, 회생절차개시 전의 원인으로 발생한 것이더라도 공익채권화하여 상대방을 보호하려는 것이다. 관련 내용은 〈**제8장 제4절 Ⅰ.2.가.(13)**〉(본서 687쪽)을 참조할 것.

Ⓥ 보전처분신청의 취하

보전처분의 신청은 그 신청에 대한 재판이 있기까지는 이를 취하할 수 있다. 그러나 보전처분, 보전관리명령, 중지명령, 포괄적 금지명령이 있은 후에는 법원의 허가 없이는 보전처분신청을 취하할 수 없다(제48조 제2항).

취하시기를 제한하는 취지는 신청인이 일단 보전처분(특히 변제금지가처분) 등을 받아 채무의 일시 유예 혜택 등을 받은 다음 보전처분신청을 취하함으로써 이를 악용하는 것을 방지하기 위함이다(본서 251쪽 참조).

---

49) 유효라고 하더라도 부인권행사의 대상이 될 수 있을 것이다.

개시 전 조사(명령)

조사위원을 선임하는 시기에는 제한이 없다(제87조 제1항). 회생절차개시신청이 된 때 곧바로 신청에 대한 결정을 할 수 있는 사건은 드물고, 경우에 따라 개시 여부를 결정하기 위하여 정보를 수집할 필요가 있다. 특히 ① 채무자가 아닌 자가 회생절차개시신청을 한 사건으로 재무상태표상 자산이 부채를 초과하고 있고 채무자가 회생절차개시의 원인이 없다고 개시 요건을 다투는 경우, ② 재신청 사건 중 종전의 회생절차개시신청 기각사유나 회생절차 폐지사유(부결된 사유 제외)가 해소되었다는 점에 관한 소명이 부족한 경우, ③ 그 밖에 채무자에 대한 개시 전 조사가 불가피한 합리적인 사정이 있는 경우 등에는 채무자에 대한 개시 전 조사를 할 수 있다.[50] 실무적으로 이러한 사정들이 있는 경우 법원은 개시 결정 전에 조사위원을 선임하여 필요한 조사를 하도록 하고 있다.[51]

개시 전 조사위원은 ① 제90조 내지 제92조에 규정된 사항의 전부 또는 일부, ② 채무자의 사업을 계속할 때의 가치가 채무자의 사업을 청산할 때의 가치보다 큰지 여부 및 회생절차를 진행함이 채권자 일반의 이익에 적합한지 여부, ③ 채무자의 부채액에 산입되지 아니한 채무자의 제3자에 대한 보증채무의 금액, 내용 및 보증책임의 발생가능성, ④ 채무자의 이사나 이에 준하는 사람 또는 지배인의 중대한 책임이 있는 행위로 인하여 회생절차개시의 원인이 발생하였는지 여부 및 위와 같은 이사 등의 중대한 책임이 있는 행위에 지배주주 및 그 친족 기타 시행령이 정하는 범위의 특수관계에 있는 주주가 상당한 영향력을 행사하였는지 여부, ⑤ 제100조 내지 제104조의 규정에 의하여 부인할 수 있는 행위의 존부 및 범위, ⑥ 기타 법원이 필요에 따라 조사를 명한 내용의 전부 또는 일부를 조사한다(제87조 제3항, 제4항, 서울회생법원 실무준칙 제231호 제3조 참조).

실무적으로 법원은 개시 전 조사위원으로 하여금 조사를 명받은 내용을 중간보고서 형태로 개시 결정 전에 미리 제출하도록 하고 있다.

조사위원과 관련된 나머지 사항에 관하여는 〈제6장 제4절〉(본서 389쪽)을 참조할 것.

제2절 다른 절차의 중지명령, 강제집행 등의 취소명령 및 포괄적 금지명령

채권자에게 인정된 법률상의 권리행사에 있어서도 그것이 회생절차의 목적에 저촉되고, 나아가 회생절차에 따르는 것이 채권자 일반 및 채무자의 이익에 도움이 된다고 인정되는 경우에는, 회생절차개시 전의 단계[52]에서 이러한 권리행사를 금지 또는 중지시켜 회생절차개시결정

---

50) 서울회생법원 실무준칙 제231호 제2조. 이외에 채무자의 재정적 파탄 원인이 대표이사에게 중대한 책임이 있는 부실경영인지 여부를 규명하여 제3자 관리인 선임 여부를 결정하기 위하여 필요한 경우, 청산가치가 계속기업가치를 초과할 합리적 사정이 있고 회생절차에 의함이 채권자 일반의 이익에 부합하지 않을 가능성이 큰 경우 등이 있다.

51) 일본 회사갱생법 제39조는 회사갱생절차개시 전 조사명령을 명시적으로 규정하고 있다.

52) 회생절차개시 전의 단계란 ① 회생절차개시신청에 대하여 개시결정이 되기 전까지의 단계 및 ② 기각결정이 되고

의 효과로 인한 금지 또는 중지(제58조),[53] 회생계획인가결정으로 실효(제256조 제1항)와 연결시킬 필요가 있다. 이것이 다른 절차의 중지명령 등을 규정한 취지이다. 다른 절차의 중지명령 등은 회생절차개시신청 단계에서 채무자의 급격한 몰락을 막고 회생하기 위해 필요한 '숨 쉴 수 있는 여유(breathing space)'를 제공한다.

Ⅰ 다른 절차의 중지명령

1. 의 의

회생절차개시의 신청이 있는 경우 필요하다고 인정하는 때에는 법원은 이해관계인의 신청에 의하여 또는 직권으로 회생절차개시의 신청에 관한 결정이 있을 때까지 ① 파산절차, ② 회생채권 또는 회생담보권에 기한 강제집행, 가압류, 가처분 또는 담보권실행을 위한 경매절차(이하 '강제집행 등'이라 한다)로서 채무자의 재산에 대하여 이미 행하여지고 있는 것, ③ 채무자의 재산에 관한 소송절차 또는 ④ 채무자의 재산에 관하여 행정청에 계속하고 있는 절차의 중지를 명할 수 있다(제44조 제1항 제1호 내지 제4호).[54]

이에 대하여 즉시항고가 제기되어 이에 대한 재판이 있기 전까지의 단계를 포함한다(제53조 제2항 참조).

53) 실질적으로 회생절차개시결정으로 인한 개별적 권리행사의 중지 또는 금지효과(제58조)를 회생절차개시신청시까지 앞당기는 것으로 된다.

54) 채무자에 대한 형사절차도 중지명령이나 포괄적 금지명령의 대상으로 할 수 있는가. 채무자회생법은 채권자들 사이에 손실을 분담하기 위해 설계된 법이지, 형법 적용을 피하기 위한 대피소(refuge)를 제공하는 법은 아니다. 따라서 도산절차에도 불구하고 형벌집행은 계속되어야 한다. 미국 연방도산법도 채무자에 대한 형사절차(criminal proceedings)를 자동중지의 예외로 규정하고 있다(11 U.S.C. §362(b)(1)).

한편 온라인투자연계금융업자의 연계대출채권은 중지명령의 대상이 되지 아니한다(온라인투자연계금융업 및 이용자 보호에 관한 법률 제28조 제2항).

○ **도산절차와 몰수보전명령·추징보전명령**

최근 몰수 또는 추징보전명령으로 자산매각이나 자금유치가 불가능하여 정상적인 영업을 할 수 없어 회생절차개시신청을 한 사례들이 나타나고 있다(서울회생법원 2021회합100068, 2021회합100103, 2021회합100105 등). 여기서는 도산절차가 몰수보전명령이나 추징보전명령에 어떠한 영향을 미치는지(양자의 관계는 어떤지)에 관하여 간략하게 살펴보기로 한다.

1. **도산절차와 몰수보전명령**

몰수보전명령이란 형사재판에서 몰수를 명할 경우 그 집행을 확보하기 위하여 재산의 처분을 일시적으로 금지하는 것을 말한다(공무원범죄에 관한 몰수 특례법 제23조 내지 제48조, 불법정치자금 등의 몰수에 관한 특례법 제22조 내지 제40조, 마약류 불법거래 방지에 관한 특례법 제33조 내지 제58조). 범죄로 취득한 재물 등에 대하여 몰수할 수 있다면 그 보전을 위하여 몰수보전 조치를 취하여야 한다. 몰수보전의 경우 몰수 그 자체로 권리를 박탈하는 효과가 발생하여 목적이 달성되기 때문에 민사집행법과의 연관성을 고려해야 하는 추징보전절차와는 달리 형사소송절차에 따라 행하게 된다{강석구, "범죄수익의 효과적 박탈을 위한 불법자금 동결방안", 한국공안행정학회보 제26호(2007), 194~195쪽}.

회생절차, 파산절차, 개인회생절차는 법원이 몰수보전과는 별도의 목적을 달성하기 위하여 재산의 처분을 제한하거나 재산의 관리를 행하는 절차로서 이러한 절차와 몰수보전이 경합된 경우 이해관계인의 이익 등을 보호하기 위하여 상호간의 절차를 조정할 필요가 있다.

선착주의 원칙에 따라 몰수보전과 회생절차 등이 경합된 경우, ① 몰수보전이 선행하는 때는 회생절차 등에 의한 재산처분을 할 수 없도록 하고(공무원범죄에 관한 몰수 특례법 제40조 제1항 제2호, 제3호, 제35조, 불법정치자금 등의 몰수에 관한 특례법 제39조, 제1항, 제34조, 마약류 불법거래 방지에 관한 특례법 제50조 제1항 제2호, 제3호, 제45조) ② 회생절차 등이 선행하는 때는 몰수재판을 할 수 없도록 하고 있다(공무원범죄에 관한 몰수 특례법 또한 ⑤ 국세징수법 또는 지방세징수법에 의한 체납처분(강제징수), 국세징수의 예{국세 또는 지방세 체납처분(강제징수)의 예를 포함한다}에 의한 체납처분(강제징수) 또는 조세채무담보를 위하여 제공된 물건의 처분의 중지도 명할 수 있다(제44조 제1항 제5호). 채무자회생법은 조세채권(조세 등 청구권)을 원칙적으로 회생채권으로 취급하고 있다. 다만 채권신고나 채권조사, 감면할 경우 동의를 필요로 하는 점 등 여러 가지 특칙을 인정하고 있다.[55]

가. 보전처분과의 관계

다른 절차의 중지명령은 보전처분과 함께 회생절차개시결정 전에 강제적인 권리실현행위를 금지함으로써 채무자 재산의 산일을 방지함을 목적으로 하는 제도라는 점에서 공통점이 있다. 그런데 중지명령은 채권자, 담보권자 등 제3자에 대하여 강제적인 권리실현행위를 금지함으로써 채무자 재산의 보전을 도모하려는 것임에 비하여, 보전처분은 원칙적으로 채무자 자신에 대하여 일정한 행위를 제한함으로써 채무자 재산의 산일을 방지하려는 점에 차이가 있다.

나. 포괄적 금지명령과의 관계

중지명령은 이미 진행중에 있는 개개의 절차를 대상으로 한다. 다른 절차를 포괄적·일반적으로 중지시킬 경우에는 포괄적 금지명령(제45조)에 의할 필요가 있다.

다. 회생절차개시결정과의 관계

회생절차개시결정이 있은 때에는 제58조에 의하여 다른 절차가 중지되는데, 제58조에 의한

제40조 제5항 제2호, 제3호, 제37조 제1항 본문, 불법정치자금 등의 몰수에 관한 특례법 제39조 제5항, 제36조 제1항 본문, 마약류 불법거래 방지에 관한 특례법 제50조 제5항 제2호, 제3호, 제47조 제1항 본문).

 2. **도산절차와 추징보전명령**

 추징보전명령이란 형사재판에서 추징을 명할 경우 그 집행을 확보하기 위하여 피고인이나 피의자의 재산 처분을 일시적으로 금지하는 강제처분을 말한다(공무원범죄에 관한 몰수 특례법 제42조 내지 제49조, 불법정치자금 등의 몰수에 관한 특례법 제41조 내지 제48조, 마약류 불법거래 방지에 관한 특례법 제52조 내지 제59조). 추징이라는 형사상 처분의 집행을 보전하기 위한 것이라는 점에서 민사소송절차에 의하여 보호를 받을 수 있는 권리를 보전하기 위한 민사집행법상 보전처분과 다르다.

 추징보전명령은 중지명령이나 포괄적 금지명령의 대상이 될 수 있는가{나아가 회생절차개시결정으로 인한 중지의 대상이며(제58조 제2항) 회생계획인가결정으로 인한 실효의 대상(제256조 제1항)이 되는가}. 이에 대하여 추징보전명령은 채무자가 아닌 '피의자'나 '피고인'을 대상으로 하는 것이고, 추징보전명령은 검사의 명령에 의하여 집행되며(공무원범죄에 관한 몰수 특례법 제44조 제1항, 불법정치자금 등의 몰수에 관한 특례법 제43조 제1항, 마약류 불법거래 방지에 관한 특례법 제54조 제1항), 몰수보전명령과의 균형상 대상이 될 수 없다는 견해가 있을 수 있다. 하지만 추징에 관한 청구권도 그것이 회생채권인 한 회생절차에 따라 권리행사를 할 수밖에 없고, 추징보전명령에 근거한 검사의 집행을 위한 명령은 민사집행법에 따른 가압류명령과 동일한 효력을 가지며(따라서 추징보전명령의 효력은 민사상 가압류명령에 준하는 것으로 이해된다), 추징보전명령의 집행에 관하여는 민사집행법 그 밖에 가압류집행의 절차에 관한 법령의 규정이 준용된다(공무원범죄에 관한 몰수 특례법 제44조, 불법정치자금 등의 몰수에 관한 특례법 제43조, 마약류 불법거래 방지에 관한 특례법 제54조)는 점에서 중지명령이나 포괄적 금지명령의 대상이 된다고 할 것이다(유추적용). 또한 회생절차의 원활한 수행과 다른 회생채권자와의 균형상 중지명령 등의 대상에 포함시키는 것이 타당하다.

 한편 회생절차개시결정 이후에는 채무자의 재산에 대한 관리처분권이 관리인에게 있으므로 추징보전명령을 할 수 없다고 할 것이다.

55) 자세한 것은 〈제8장 제1절 Ⅴ.〉(본서 569쪽)를 참조할 것.

다른 절차의 중지는 회생절차개시결정의 당연한 효과로서 이미 진행되고 있는 회생채권, 회생담보권에 기한 강제집행 등 일정한 절차를 일반적으로 중지시키고 다시 새로이 이를 개시하는 것을 금지하는 것이다. 이에 비하여 제44조의 중지명령은 회생절차개시결정 이전에 이미 계속되고 있는 특정 절차를 개별적으로 중지하는 점에서 구별된다.

2. 신청권자

중지명령은 이해관계인의 신청이나 직권으로 발령한다. 보전처분의 경우와 달리 중지명령은 채권자, 담보권자 등 제3자에 대하여 강제적인 권리실현행위를 금지함으로써 채무자 재산의 보전을 도모하려는 것이므로 이해관계인에 채무자가 포함된다고 할 것이다. 보전관리인이 선임되어 있는 때에는 보전관리인에게 신청권이 있을 것이다(제44조 제4항 참조).

3. 요 건

가. 필요하다고 인정하는 때

필요하다고 인정하는 때란 강제집행 등 다른 절차의 진행을 그대로 두면 회생절차개시결정까지 사이에 채무자 재산이 처분되거나 채권자 사이의 형평을 해하게 되어 채무자의 회생이라는 목적달성이 곤란하게 된다는 것을 의미한다.

나. 부당한 손해를 끼칠 염려가 없을 것

회생채권 또는 회생담보권에 기한 강제집행 등에 관하여는 그 절차의 신청인인 회생채권자 또는 회생담보권자에게 부당한 손해를 끼칠 염려가 없어야 한다(제44조 제1항 단서).[56] '부당한 손해'의 존재에 대하여는 회생채권자나 회생담보권자 측에 주장 및 증명책임이 있다.[57]

여기서 회생채권자 또는 회생담보권자란 그 회생절차의 모든 회생채권자 또는 회생담보권자를 의미하는 것이 아니라 강제집행 등의 절차를 신청한 회생채권자나 회생담보권자를 말한다.

부당한 손해란 강제집행 등의 중지에 의하여 받는 채무자의 이익에 비하여 중지에 의하여 입는 회생채권자나 회생담보권자의 손해가 너무 큰 경우(채무자의 회생을 위하여 수인하여야 하는 통상의 손해를 넘는 큰 손해가 발생하는 경우)를 가리킨다. 회생채권자 등이 긴급히 강제집행 등을 하지 않으면 자신이 도산할 염려가 많은 경우 또는 채무자의 회생절차개시신청이 불성실하기 때문에 중지명령을 하게 되면 채권자에게 불필요한 손해를 주게 되는 경우, 채무자의 재산을 경매 등을 통하여 신속하게 환가하지 않으면 환가가 곤란하게 되거나 가치가 크게 하락할 염

---

56) 개인회생절차에서 강제집행 등에 대한 중지명령을 할 경우에는 개인회생채권자를 위한 위와 같은 보호규정이 없다(제593조 제1항).
57) 條解 民事再生法, 127쪽.

려가 있는 경우 등을 들 수 있다.[58]

다. 징수의 권한을 가진 자의 의견을 들을 것

국세징수법 또는 지방세징수법에 의한 체납처분(강제징수), 국세징수의 예{국세 또는 지방세 체납처분(강제징수)의 예를 포함한다}에 의한 체납처분(강제징수) 또는 조세채무 담보를 위하여 제공된 물건의 처분의 중지를 명하는 경우에는 징수의 권한을 가진 자의 의견을 들어야 한다(제44조 제1항 제5호 후문). 의견을 듣는 것으로 충분하고 동의를 얻어야 하는 것은 아니다.

4. 중지할 수 있는 절차

가. 파산절차

청산을 목적으로 하는 파산절차보다는 채무자의 회생을 목적으로 하는 회생절차를 우선 진행하는 것이 사회경제적으로 이익이 되고, 파산절차와 회생절차는 서로 상반된 목적을 가지고 있어 양립할 수 없으므로 파산절차를 중지할 수 있도록 한 것이다.[59] 회생절차의 우선성을 반영한 것이기도 하다.

중지된 파산절차는 이후 회생계획인가결정으로 실효된다(제256조 제1항). 회생계획인가결정에 의해 권리가 실효되거나 권리변경의 효력이 발생하고(제251조, 제252조), 회생계획을 수행하여야 하는 단계에 들어선 이상, 중지되어 있는 파산절차를 존속시킬 의미가 없기 때문이다. 반면 회생절차개시신청이 기각되거나 회생계획인가 전 회생절차의 폐지 또는 회생계획불인가결정이 확정된 경우에는 중지의 효과는 소멸하고 파산절차는 속행된다(제7조 제1항).

나. 채무자의 재산에 대하여 이미 행한 회생채권 또는 회생담보권에 기한 강제집행,[60] 가압류, 가처분 또는 담보권실행을 위한 경매절차[61]

회생채권 또는 회생담보권에 기한 강제집행, 가압류, 가처분 또는 담보권실행을 위한 경매절차(이하 강제집행 등이라 한다)를 중지할 수 있다. 환취권에 기한 것이거나 공익채권으로 될

---

58) 회생사건실무(상), 116쪽.
59) 다만 개인회생절차개시신청의 경우(제593조 제1항 제1호)와 달리 파산신청을 금지하고 있지는 않다.
60) **강제집행의 중지와 전부명령 회생절차개시 전 채무자에** 대한 중지명령(제44조 제1항 제2호)이나 중지명령과 마찬가지로 강제집행 등의 절차를 중지시키는 효력을 가진 회생절차개시결정(제58조 제1항 제2호)은 민사집행법 제49조 제1호가 규정하는 집행정지문서에 해당한다고 해석되지만, 전부명령의 발령 후 집행정지문서가 제출되었다고 하여도 그것에 의해 전부명령에 관한 항고기간의 진행이 정지되는 것은 아니고, 전부명령의 확정을 방해하는 것도 아니다. 전부명령이 다른 효력발생요건을 갖춘다면 전부의 효력이 발생하고 피전부채권에 관한 집행은 종료된다. 따라서 채무자로서는 집행정지문서로서 중지명령이나 회생절차개시결정의 정본을 집행법원에 제출하는 것만으로 충분하지 않고, 법원의 허가를 얻어 집행정지문서를 제출하였음을 이유로 즉시항고(민집법 제229조 제6항)를 하여 전부명령의 확정을 차단할 필요가 있다.
61) 아래에서 보는 바와 같이 경매절차 외에 일체의 담보권 실행행위가 중지명령의 대상이 된다는 점에서, 입법론적으로는 '담보권실행을 위한 경매절차' 앞에 '담보권의 실행'을 추가하는 것이 타당하다. 또한 유치권에 의한 경매(민법 제322조 제1항, 민집법 제274조)도 중지의 대상으로 추가하여야 할 것이다(일본 회사갱생법 제24조 제1항 제2호는 이를 명시적으로 규정하고 있다).

채권에 기한 절차는 중지할 수 없다.[62]

물론 채무자의 재산에 대한 강제집행 등이 중지의 대상이므로 물상보증인, 연대채무자 등 제3자의 재산에 대한 강제집행 등은 중지명령의 대상이 아니다.

중지명령의 대상이 되는 강제집행 등은 회생절차개시신청 전에 행하여졌는지 그 후에 행하여졌는지를 불문한다. 가압류, 가처분도 채무자의 재산에 대한 것이어야 하므로 이사직무집행정지가처분·대행자선임의 가처분과 같은 조직법상의 가처분은 중지명령의 대상이 아니다. '이미 행한' 강제집행 등을 대상으로 하므로 장래 신청을 예상하여 미리 중지명령을 취득하여 둘 수는 없다.

담보권은 제141조에서 규정하는 담보권을, 담보권실행을 위한 경매절차는 민사집행법 제3편이 규정하는 담보권 실행 등을 위한 경매절차를 말한다. 채권에 대한 집행도 그 대상범위이고, 민사집행법 제273조 제2항에 따른 물상대위에 기한 채권(금전지급청구권 또는 물건인도청구권)집행절차도 중지의 대상이 된다. 다만 물상대위를 기초로 하여 담보권을 주장하려면 그 전제로 그 지급 또는 인도전에 압류가 필요하므로(민법 제342조 후문, 제370조) 압류는 중지명령의 대상이 될 수 없다고 할 것이다(본서 658쪽 참조).

한편 원사업자에 대한 회생절차개시신청이 있는 경우 「하도급거래 공정화에 관한 법률」 제14조[63]에 의한 수급사업자의 발주자에 대한 하도급대금 직접지급청구는 중지명령의 대상이 될 수 없다.[64] 또한 공유물 분할을 위한 경매 등 형식적 경매는 담보권 실행을 위한 경매의 예에 따라 실시하지만(민집법 제274조 제1항), 중지명령의 대상은 아니다.[65]

다. 소송절차

채무자의 재산에 관한 소송절차를 중지할 수 있다. 따라서 재산에 관한 소송이 아닌 해산의 소, 설립무효의 소 등은 중지할 수 없다.[66] 재산에 관한 소송인 한 회생채권 또는 회생담보

---

62) 회생절차개시결정의 시점에 따라 공익채권과 회생채권의 한계가 정해지는 채권의 경우에는 집행채권 중 일부라도 공익채권으로 될 채권이 포함되어 있는 경우에는 그 강제집행 등의 절차를 중지할 수 없다고 할 것이다. 실무적으로 공익채권인 임금채권에 기한 강제집행 등이 이루어지고 있는 경우가 있다. 이 경우에는 제180조 제3항 제1호에 의한 중지명령을 이용하여야 할 것이다.

63) 건설산업기본법 제35조에도 동일한 취지의 규정이 있다.

64) 대법원 2007. 6. 28. 선고 2007다17758 판결 참조(「하도급거래 공정화에 관한 법률」제14조 제1항 제1호 및 제2항의 규정은 원사업자의 지급정지나 파산 등으로 인해 영세한 수급사업자가 하도급대금을 지급받지 못함으로써 연쇄부도에 이르는 것을 방지하기 위한 취지에서 두게 된 것으로, 수급사업자의 자재와 비용으로 완성된 완성품에 대한 궁극적인 이익을 발주자가 보유하게 된다는 점에서 원사업자의 발주자에 대한 도급대금채권은 수급사업자의 원사업자에 대한 하도급대금채권과 밀접한 상호관련성이 있는 반면 원사업자의 일반채권자들이 원사업자에 대하여 가지는 채권은 그러한 관련성이 없다는 것에 근거하여, 원사업자의 발주자에 대한 도급대금채권 중 수급사업자의 원사업자에 대한 하도급대금채권액에 상당하는 부분에 관해서는 일반채권자들보다 수급사업자를 우대한다는 의미를 가지는 것인바, 영세한 수급사업자의 보호를 위해 원사업자가 파산한 경우에 인정되는 이러한 직접청구제도가 원사업자에 대하여 회생절차가 개시된 경우라 하여 배제될 이유는 없는 것이다.)

65) 도산절차와 소송 및 집행절차, 32쪽.

66) 회생절차개시결정의 경우에 중단되는 소송절차에 대응하여, 조직법상의 소도 중지명령의 대상이 될 수 있다는 견해가 있다(會社更生法, 67쪽), 예컨대 주주총회결의의 효력을 다투는 소송 중, 이사의 선임 등을 내용으로 하는 것이라면, 조직관계에 관한 것으로서 중지명령의 대상으로 할 여지는 없지만, 영업양도나 회사분할 등 회생절차의 성부에

권으로 될 채권에 관한 소송이냐 아니냐를 불문한다. 공익채권으로 될 채권에 관한 소송도 중지의 대상이 될 수 있다.

채무자의 재산에 관한 소송이면 충분하므로 채무자가 당사자일 필요는 없다. 따라서 채무자가 당사자로 되지 않는 채권자대위소송, 채권자취소소송도 중지할 수 있다.

라. 행정청에 계속하고 있는 사건

채무자의 재산에 관하여 행정청에 계속되어 있는 절차도 중지할 수 있다. 조세에 관한 처분에 대한 불복신청사건(이의신청, 심사청구, 심판청구 등 조세심판사건), 특허심판사건, 과징금에 대한 이의신청(금융소비자 보호에 관한 법률 제59조) 등이 여기에 해당한다. 소송절차는 위 〈다.〉에 의하여 중지된다.

마. 체납처분(강제징수)·조세담보물의 처분

국세징수법 또는 지방세징수법에 의한 체납처분(강제징수),[67] 국세징수의 예{국세 또는 지방세 체납처분(강제징수)의 예를 포함한다}에 의한 체납처분(강제징수) 또는 조세채무담보를 위하여 제공된 물건의 처분에 대하여 중지명령을 할 수 있다. 공익채권을 징수하기 위한 것은 제외한다(제58조 제3항 참조).[68]

이 경우 징수의 권한을 가진 자의 의견을 들어야 한다. 의견을 듣는 것으로 족하고 그 동의를 얻어야 하는 것은 아니다. 그렇다고 하더라도 의견을 듣도록 한 취지에서 보면, 법원은 그 의견을 존중하여야 할 것이고, 조세 등 청구권의 징수권자로서도 회생절차의 사회적·경제적 의의를 충분히 이해하여 포용적인 입장에서 의견을 진술하여야 할 것이다.

강제집행 등의 중지명령의 경우와 달리, 사전에 의견을 듣도록 한 것은 적법한 행정권의 행사에 대해 제약을 가하는 것이기 때문에, 신중한 판단을 하려는 취지이다.[69]

중대한 영향을 미치는 경우도 생각할 수 있다. 이러한 유형의 소송이 일률적으로 조직법상의 소인 것은 아니고, 결의의 내용에 따라 중지명령의 대상이 되는지를 결정하여야 할 것이다. 관련 내용은 〈제19장 제2절 Ⅱ.2.가.(1) 각주 51)〉(본서 1144쪽)을 참조할 것.

67) 중지명령에 의하여 중지되거나 회생절차개시결정으로 일정기간 중지·금지되는 체납처분에 지방세법 제131조에서 규정하는 자동차 등록번호판의 영치가 포함되는가. 체납처분은 국가 또는 지방자치단체가 납세자의 재산을 압류하는 것이고 압류의 절차나 방법에 관하여는 국세징수법, 지방세징수법에 구체적으로 규정되어 있는데, 자동차 등록번호판의 영치는 위 법에 규정되어 있지 않은 점, 중지되거나 금지되는 체납처분은 국세징수법 또는 지방세징수법에 의한 것이라고 명시하고 있는 점 등을 고려하면, 지방세법에 의한 자동차 등록번호판의 영치는 중지·금지되는 체납처분에 해당되지 않는다고 할 것이다.

68) 강제집행 등의 중지명령은 '회생채권 또는 회생담보권'에 기한 것임을 명시하고 있으나(제44조 제1항 제2호), 체납처분(강제징수) 등의 중지명령에는 그러한 제한이 없다. 그렇다면 공익채권을 징수하기 위한 체납처분(강제징수) 등도 중지명령의 대상인가. 강제집행 등과 비교하여 체납처분(강제징수) 등의 중지명령 대상을 확대할 특별한 이유가 없는 점, 회생절차개시결정으로 중지 또는 금지되는 체납처분(강제징수) 등은 회생채권 또는 회생담보권에 기한 것인 점(제58조 제3항), 채무자회생법은 조세 등 청구권에 관하여 여러 특칙을 인정함으로써 사실상 우대하고 있는 점 등에 비추어 보면, 공익채권을 징수하기 위한 체납처분(강제징수) 등은 중지명령의 대상이 되지 않는다고 할 것이다. 입법적 보완이 필요해 보인다. 일본 회사갱생법 제24조 제2항은 공익채권을 징수하기 위한 체납처분(강제징수)은 중지명령의 대상이 아님을 명확히 하고 있다.

69) 사전의견청취의무를 부과한 것으로, 의견청구권(제40조 제2항 제3호) 및 의견진술권(제40조 제3항)과는 다르다.

주의할 것은 포괄적 금지명령이 내려진 경우에도 체납처분(강제징수)·조세담보물의 처분은 중지되지 않으므로(제45조 제3항),[70] 체납처분(강제징수)·조세담보물의 처분의 중지가 필요한 경우에는 체납처분(강제징수)을 기다린 후 별도의 중지명령을 신청하여야 한다.[71]

바. 집행법원을 거치지 않고 담보권자가 임의로 담보권을 실행할 수 있는 비전형담보물권[72]이 중지명령의 대상이 될 수 있는지 등

(1) 채무자회생법상 중지명령의 대상은 강제집행, 가압류, 가처분 또는 담보권실행을 위한 경매절차로 한정되어 있고(제44조 제1항 제2호) 비전형담보물권의 실행에 대하여는 따로 규정을 두고 있지 않다. 특히 담보권실행과 관련하여 '경매절차'라고 규정함으로써 담보권자가 경매절차 외에 임의로 담보권을 실행할 수 있는지에 관하여 다툼이 있다.[73]

이에 대하여 ① 회생절차상 비전형담보물권의 실행행위를 전형적인 담보물권에 기한 집행절차와 달리 취급하여야 할 이유가 없고, 회사의 회생을 위해 비전형담보물권의 실행을 중지시켜야 할 필요성이 있으므로 중지명령의 대상이 된다는 견해와 ② 법적인 근거가 없으므로 중지명령의 대상이 되지 않는다는 견해가 대립하고 있다.[74]

요컨대 규정의 취지에서 보면 채무자의 회생을 위해 비전형담보물권의 집행을 정지시킬 필요가 있는 것은 전형담보물권의 경우와 동일하고, 다른 중지대상 절차와 달리 강제집행 등의 중지의 경우에는 회생채권자 등을 보호하기 위한 별도의 보완조치를 두고 있으며(제44조 제1항 단서), 절차개시 후 단계에서 별제권으로 취급되는 개인회생절차나 파산절차와 비교하여 담보권의 실행이 허용되지 않는(이러한 권리자라도 회생담보권자가 된다) 회생절차에서는 비전형담보에 대한 중지명령의 정당성이 보다 강하게 인정되고, 비전형담보권자라 할지라도 그 권리의 본질은 담보권이라는 점을 고려하면, 비전형담보물권의 실행도 중지명령의 대상이 된다고 본다(유추적용).[75]

(2) 따라서 질물에 의한 변제충당(민법 제338조), 채권질권자의 직접 추심(민법 제353조), 양도담보권자의 직접청산, 대물변제예약에 의한 가등기담보권자의 예약완결 등도 중지명령의 대

---

70) 일본 회사갱생법은 체납처분(강제징수) 등을 포괄적 금지명령의 대상으로 하고 있다(제25조 제1항). 결국 일본에서는 체납처분(강제징수) 등의 중지는 중지명령의 대상으로 함에 반하여, 금지는 포괄적 금지명령에 맡기고 있다.

71) 결국 체납처분(강제징수) 등이 되면 중지명령의 대상이 되므로 일본 회사갱생법(제25조 제1항)의 경우처럼 체납처분(강제징수) 등의 금지는 포괄적 금지명령의 대상으로 하는 것이 타당하다. 입법론적 검토가 필요해 보인다.

72) 예를 들어 채무자가 가진 제3자에 대한 채권에 대하여 양도담보권을 가진 채권자가 회생절차개시신청 이후에 임의로 의사표시 등을 통하여 담보권을 실행하는 경우이다.

73) 일본 회사갱생법(제24조 제1항 제2호)이나 민사재생법(제31조 제1항)은 중지명령의 대상으로 '담보권의 실행'이라고 규정하고 있다. 입법적으로 명확히 할 필요가 있다.

74) 會社更生法, 65쪽 각주 60).

75) 예컨대 채권양도통지(민법 제450조 제1항)를 집합채권양도담보의 실행절차로 보아 채권양도의 통지를 금지하는 중지명령을 발령할 수 있다. 문제는 실행 및 중지절차가 법정되어 있는 경매절차와 비교하여 비전형담보의 실행절차는 다양하기 때문에 중지명령이 어떠한 법률적 효력이 있는지에 대하여 일의적으로 확정할 수 없다는 것이다. 앞의 예에서 채권양도담보에 대한 중지명령이 있은 후 제3채무자가 양도담보권자에게 변제한 경우 변제의 효력은 어떻게 되는지이다. 변제금지보전처분의 효력을 유추하여 제3채무자가 선의인지 악의인지 구별하여 처리할 수 있을 것이다(본서 210쪽 참조).

상이 된다고 할 것이다.[76)]

5. 중지명령의 효력

가. 효력 일반

중지명령은 명령의 대상인 절차를 계속하여 진행하는 것을 중지시키는 효력 밖에 없으므로 새로이 동종 절차의 개시를 신청하는 것은 상관없다. 이를 금지하기 위해서는 포괄적 금지명령이 필요하다(제45조). 중지명령에 반하여 진행된 절차는 무효이다.[77)]

중지명령은 당해 절차를 현재의 상태로 동결하여 더 이상 진행시키지 않는다는 효력이 있을 뿐이므로 이미 진행된 절차의 효력을 소급하여 무효로 만드는 것은 아니다.[78)] 따라서 중지명령 제출 전에 이미 집행된 압류 등의 효력은 그대로 유지된다.[79)]

중지명령은 집행의 일시적 정지를 명하는 재판이므로, 중지명령정본은 민사집행법 제49조 제2호가 정한 '강제집행의 일시정지를 명한 취지를 적은 재판의 정본'에 해당한다. 따라서 집행을 정지하기 위해서는 채무자가 중지명령정본을 집행기관에 제출하여야 한다.[80)] 집행정지를 위해 재판의 정본 등을 제출하게 하는 이유는 다음과 같다.

---

76) 노영보, 103쪽. 한편 회생절차개시결정 이후에는 제141조 제2항, 제131조의 효과로서 직접 그 채권을 실현하는 것이 금지된다고 할 것이다. 다만 유질계약(상법 제59조)에 의한 질권실행은 질권자가 임의로 질물을 변제에 갈음하여 질물의 소유권을 취득하거나 질물을 처분하여 변제에 충당하는 것이므로 포괄적 금지명령의 대상이 되지 않는다는 하급심 재판례도 있다{대전지방법원 천안지원 2019. 8. 30. 선고 2018가합103504 판결(확정) 참조}.

77) 다만 집행 또는 집행행위의 외형을 제거하기 위해서는 집행방법에 관한 이의(대법원 1986. 3. 26. 자 85그130 결정), 즉시항고 등을 제기하여야 한다.

78) 회생계획인가 전 실효를 위해서는 별도의 취소명령(제44조 제4항)이 필요하다.

79) 대법원 2013. 3. 22. 자 2013마270 결정, 대법원 2010. 1. 28. 자 2009마1918 결정 참조. 민사집행과 달리{민사집행법상 강제집행의 중지를 명하는 서류는 매수인이 매각대금을 내기 전까지 제출하도록 하고 있다(민사집행규칙 제50조 제1항)} 채무자회생법상 중지명령에는 시간적 제한이 없고, 강제집행이 종료되기 전까지는 언제든지 가능하다.
개개의 강제집행절차가 종료된 후에는 그 절차가 중지될 수 없는데(대법원 1968. 10. 1. 자 68마1036 결정 참조), 부동산에 대한 금전집행은 매각대금이 채권자에게 교부 또는 배당된 때에 종료한다. 따라서 채무자 소유 부동산에 관하여 경매절차가 진행되어 부동산이 매각되고 매각대금이 납부되었으나 배당기일이 열리기 전에 채무자에 대하여 회생절차가 개시되었다면, 그 집행절차는 중지되고, 만약 이에 반하여 그 집행이 이루어졌다면 이는 무효이다. 이후 채무자에 대한 회생계획인가결정이 있은 때에 중지된 집행절차는 효력을 잃게 된다(제256조 제1항)(대법원 2018. 11. 29. 선고 2017다286577 판결). 이러한 경우 매각대금은 채무자의 재산으로서 회생계획의 변제재원이 되고{매각대금을 완납함으로써 소유권은 매수인에게 넘어간다(민집법 제135조, 제268조), 본서 1007쪽 참조}, 경매절차의 채권자로서는 더 이상 경매절차에 의하여 매각대금을 배당받을 수 없고, 회생채권자나 회생담보권자로서 회생계획에 따라 변제받을 수밖에 없다.
부동산 경매에서 매각대금 완납 후 회생절차가 개시되어 경매절차가 실효된 경우 경매부동산의 소유권 귀속과 관련하여 민사집행법 제135조는 경매절차의 적법성을 전제로 한 것이고, 경매절차가 무효이거나 소급적으로 실효된 경우에는 적용될 수 없는데, 회생계획인가결정으로 경매절차가 실효된 경우에는 매수인이 소유권을 취득할 수 없다(채무자에게 소유권이 환원된다)는 견해도 있다{정영진·김자영, "부동산 경매에서 매각대금 완납 후 회생절차에서 경매절차가 실효된 경우 경매부동산의 소유권 귀속에 관한 연구", 법학논총(제43권 제2호), 전남대학교 법학연구소 (2023년 5월), 56쪽}.

80) 대법원 2013. 3. 22. 자 2013마270 결정, 대법원 2010. 1. 28. 자 2009마1918 결정 등 참조. 이러한 점을 명확히 하기 위하여 실무적으로는 중지명령 결정문 하단에 "이 결정문을 집행기관(집행을 실시하고 있는 집행법원 또는 집행관)에 제출하여야만 집행정지를 받을 수가 있습니다"라는 문구를 기재하고 있다.

① 강제집행의 일시정지를 명한 취지를 적은 재판에 따른 강제집행정지의 효력은 재판의 당사자에게만 미칠 뿐 집행법원에 대하여서까지 당연히 미치는 것은 아니므로, 민사집행법 제49조 제2호는 위 재판에 의하여 강제집행을 정지시키기 위해서는 위 재판의 정본을 집행법원에 제출하도록 정하고 있다.[81]

② 집행정지는 원칙적으로 채권자, 채무자 또는 제3자의 신청에 의하여 이루어진다(다만 민사집행법 제49조의 문언에는 그 소정의 서류만 제출하면 정지하도록 되어 있으므로 반드시 정지를 구하는 취지의 서면을 함께 제출하여야 되는 것은 아니다). 즉 집행기관으로서 강제집행의 실시를 담당하고 있는 집행관, 집행법원에 일정한 서류를 제출하여 정지를 구하여야 비로소 정지된다. 정지명령 또는 정지의 효과를 수반하는 재판의 성립 또는 그 확정에 의하여 당연히 바로 정지되는 것은 아니다. 위 재판을 받은 사람이 이에 기초하여 집행기관에 집행의 정지를 요구할 수 있을 뿐이다.[82] 강제집행정지결정이 있으면 결정 즉시로 당연히 집행정지의 효력이 있는 것이 아니고, 그 정지결정의 정본을 집행기관에 제출함으로써 집행정지의 효력이 발생한다.[83]

중지명령이 발령된 후에는 법원의 허가를 받지 않으면 회생절차개시신청을 취하할 수 없다(제48조 제2항 제3호). 중지명령의 혜택만 보려고 하는 남용적 신청을 방지하기 위함이다.

나. 중지명령의 존속기간

중지명령의 효력은 회생절차개시의 신청에 대한 결정이 있을 때까지 존속한다. 따라서 회생절차개시결정이 있거나, 개시신청이 각하 또는 기각되거나, 신청이 취하허가된 경우에는 중지명령의 효력은 소멸된다. 재판의 확정을 기다릴 필요 없이 즉시 실효된다. 재판이 회생절차개시신청의 각하 또는 기각이라면 중지된 절차는 당연히 속행된다.[84] 신청이 취하허가된 경우에도 마찬가지이다.

한편 회생절차개시결정이 있으면 개시결정 그 자체의 효력(제58조 제2항, 제3항, 제59조)에 의해 파산절차 등 다른 절차가 중지 또는 중단된다.

다. 시효중단의 효력 지속

파산절차참가, 강제집행, 소송 등에 의하여 발생한 시효중단의 효력은 중지명령이 있은 후에도 지속된다. 체납처분(강제징수)의 경우도 마찬가지이다.

한편 체납처분(강제징수)이나 조세채무담보를 위하여 제공된 물건의 처분의 중지기간 중에는 시효는 진행하지 않는다(제44조 제2항).

---

81) 서울고등법원 2013. 6. 28. 선고 2013다12442 판결.
82) 주석 민사집행법(Ⅱ), 한국사법행정학회(2003), 299쪽, 법원실무제요 민사집행(Ⅰ), 300~301쪽.
83) 대법원 2010. 1. 28. 자 2009마1918 결정, 대법원 1966. 8. 12. 자 65마1059 결정 등 참조.
84) 따라서 중지를 위해서는 신청재판에 대하여 즉시항고를 하고, 항고심에서 중지명령을 받아야 한다(제53조 제2항).

6. 중지명령의 변경 · 취소

법원은 중지명령을 변경하거나 취소할 수 있다(제44조 제3항). 중지명령이 발령된 이후 사정 변경에 유연하게 대처하기 위하여 둔 것이다. 당사자의 신청(보전이의, 보전취소)에 의하여 행하여지는 민사집행법상의 보전처분과 달리, 중지명령이 된 이상 다수의 이해관계인의 이해와 관련이 있기 때문에 법원이 직권으로 변경·취소하도록 한 것이다. 당사자가 변경·취소를 신청하더라도 법원의 직권발동을 촉구하는 의미밖에 없다. 중지명령이 취소되면 중지된 절차는 다시 진행한다.

변경은 중지의 대상으로 되는 강제집행 등의 범위나 중지의 기간을 변경하는 것이고, 취소의 사유는 발령 후 사정이 변경된 경우에 한정되지 않고 발령 자체가 부당한 것으로 판명된 경우도 포함된다.

7. 중지명령재판에 대한 불복

중지명령에 대하여는 불복이 인정되지 않는다. 중지명령의 변경 또는 취소결정에 대하여도 불복이 인정되지 않는다(제13조 참조). 특별항고는 가능하다(민소법 제449조).

중지명령, 중지명령의 변경·취소는 이해관계인의 권리행사에 현저한 제약을 부과하는 것이므로, 입법론적으로는 이러한 자들에게 즉시항고의 신청권을 부여하여 절차적 보장을 해줄 필요가 있다.[85]

8. 취소명령

채무자의 사업계속에 의한 회생을 확보하기 위해서는 중지로는 불충분하고, 강제집행 등의 효력을 배제할 필요가 있는 경우, 중지명령에서 더 나아가 회생절차개시 전에도 중지된 강제집행 등의 취소를 인정하고 있다(제44조 제4항). 자세한 내용은 아래 〈Ⅱ.〉를 참조할 것.

Ⅱ 강제집행 등의 취소명령

1. 의 의

회생절차개시 신청을 전후하여 채무자의 자금사정이 악화되거나 부도가 나면 채권자들이 개별적으로 채무자의 재산에 대하여 강제집행, 가압류, 가처분 또는 담보권실행을 위한 경매를 신청함으로써 영업활동에 타격을 받아 회생이 불가능해지는 경우가 많다. 이러한 경우 채무자

---

85) 일본 회사갱생법 제24조 제6항, 민사재생법 제26조 제4항은 즉시항고를 인정하고 있다. 포괄적 금지명령에서 즉시항고를 인정하는 것(제45조 제6항)과의 형평성 차원에서도 그렇다.

의 회생을 위하여 특히 필요하다고 인정되는 경우 법원은 채무자(또는 보전관리인)의 신청에 의하거나 직권으로 중지된 회생채권 또는 회생담보권에 기하여 채무자의 재산에 대하여 한 강제집행 등을 취소할 수 있다(제44조 제4항). 이 제도는 채무자의 원자재 및 재공품에 대한 압류를 풀고 그들을 사업을 위해 사용할 수 있다는 점에서 요구되는 것이다.[86]

회생절차가 개시되면 제58조 제5항에 의하여 강제집행 등을 취소할 수 있으므로 제44조 제4항에 의한 강제집행 등의 취소는 회생절차개시신청 후부터 개시결정 전까지 의미가 있다.

강제집행 등의 취소명령은 회생절차개시신청 단계에서 채무자가 신규자금을 조달할 수 있는 방법 중 하나이다.

2. 요 건

가. 신청권자

채무자는 법원에 강제집행 등의 취소를 신청할 수 있다. 보전관리인이 선임되어 있는 경우에는 보전관리인에게 신청권이 있다. 법원이 직권으로도 강제집행 등의 취소를 명할 수도 있다.

나. 채무자의 회생을 위하여 특히 필요하다고 인정하는 때

'채무자의 회생을 위하여 특히 필요하다고 인정하는 때'[87]란 강제집행 등이 유지될 경우 채무자의 회생이라는 목적 달성에 장애가 되는 경우를 말한다. 취소명령에 의하여 강제집행 등이 취소된 후 회생절차개시신청이 각하되거나 기각된 경우에는 채권자에게 심각한 손해를 끼칠 우려가 있으므로 회생을 위하여 '특히' 필요한 경우로 제한하고 있다.[88][89] 나아가 아래에서 보는 바와 같이 담보를 제공하게 할 수 있도록 하고 있다.

실무적으로는 채무자의 매출채권, 예금반환채권에 관하여 강제집행 등이 이루어져 채무자가 매출에 따른 수입 또는 예금을 운영자금으로 사용할 수 없게 된 경우, 채무자의 원자재에 관하여 강제집행 등이 이루어져 생산시설을 가동할 수 없게 된 경우 등에 제한적으로 강제집행 등의 취소가 이루어지고 있다.

---

86) 강제집행 등이 중지된다고 하여 압류된 채권 등을 채무자가 회수하거나 원재료를 사용할 수 있는 것은 아니다. 단지 강제집행 등이 더 이상 진행되지 않을 뿐이다. 강제집행 등이 취소되어야 비로소 채권을 회수하거나 원재료를 제품생산에 사용할 수 있다. 압류목적물이 부동산인 경우에도 이것이 판매용인 경우에는 강제집행 등의 취소가 특히 필요하다고 인정될 수 있을 것이다.

87) 제45조 제5항은 '채무자의 사업의 계속을 위하여 특히 필요하다고 인정하는 때'라고 하고 있다. 같은 의미로 보아야 할 것이다. '채무자의 회생을 위하여 특히 필요하다고 인정하는 때'보다 '채무자의 사업의 계속을 위하여 특히 필요하다고 인정하는 때'가 좀 더 구체적이므로 입법론적으로는 후자로 표현을 통일할 필요가 있다.

88) 회생절차개시결정 전에 취소명령을 하기 위해서는 '채무자의 회생을 위하여 <u>특히</u> 필요하다고 인정'되어야 하나(제44조 제4항, 제45조 제5항), 개시결정이 있은 후에는 '채무자의 회생을 위하여 필요하다고 인정'되면 충분하다(제58조 제5항).

89) 이러한 이유로 실무에서는 강제집행 등의 취소를 신중하게 결정하고 있다. 특히 재도신청의 경우 원칙적으로 강제집행 등의 취소를 명하고 있지 않다.

다. 중지명령에 의하여 그 절차가 이미 중지되어 있을 것

강제집행 등을 취소하기 위해서는 먼저 중지명령에 의하여 그 절차가 중지되어 있을 것을 요한다. 당해 강제집행 등의 절차를 중지시키지 아니한 채 바로 취소명령을 하는 것은 허용되지 아니한다.

라. 담보제공 여부

법원은 강제집행 등의 취소명령으로 회생채권자 또는 회생담보권자가 예측하지 못한 손해를 입는 것을 방지하기 위하여 필요한 경우 담보를 제공하게 할 수 있다(제44조 제4항 후문). 실무적으로는 담보제공명령은 거의 하고 있지 않다. 현실적으로도 회생절차개시 후에는 담보를 제공하지 아니하고 취소명령을 할 수 있으므로(제58조 제5항) 굳이 담보제공을 하면서까지 취소를 구하는 경우는 많지 않을 것이다.

3. 취소의 대상

가. 강제집행 등

취소할 수 있는 대상은 회생절차개시의 신청 전·후를 묻지 않고 회생채권 또는 회생담보권에 기하여 채무자의 재산에 행하여진 강제집행, 가압류, 가처분 또는 담보권실행을 위한 경매절차이다. 중지명령의 대상절차 중에서도 특히 취소의 필요성이 큰 것으로 제한된다.

조세 등 청구권에 기한 체납처분(강제징수)이나 담보물건의 처분은 회생절차개시결정 이전에는 취소할 수 없다(취소명령의 대상이 아니다).[90]

나. 장래채권에 대한 채권압류 및 전부명령의 경우

장래채권에 대하여 발하여진 채권압류 및 전부명령을 취소할 수 있는지가 문제된다.[91] 예를 들어 채무자의 거래은행을 제3채무자로 하여 채무자의 거래은행에 대한 현재 및 장래의 예금반환채권을 압류한 후 전부명령을 받은 상황에서 채무자가 회생절차에 이르게 된 경우를 생각할 수 있다. 이때 채무자가 은행거래를 위하여 거래은행에 대한 전부명령의 취소를 구할 수 있는가. 채무자가 회생을 위해 은행거래를 할 필요성이 있음에도 전부명령으로 인해 해당 은행에 예금을 가질 수 없게 되므로 회생의 관점에서 문제가 발생한다. 이 문제는 일반적으로 전부명령은 확정되면 집행절차가 종결되어 취소명령의 대상이 될 수 없으나, 장래채권에 대한 전부명령은 장래에 채권이 발생할 때까지는 절차가 종결된 것으로 볼 수 없기 때문에 발생하

---

90) 조세 등 청구권에 기한 체납처분(강제징수) 중 그 징수우선순위가 일반 회생채권보다 우선하는 것은 회생절차개시 결정 후에도 취소할 수 없다(다른 견해 있음). 그러나 우선하지 아니한 것에 기한 체납처분(강제징수)은 회생절차 개시결정 후에는 취소가 가능하다(제58조 제5항). 〈제5장 제3절 Ⅳ.4.라.(2)〉(본서 342쪽)를 참조할 것.
91) 도산절차와 소송 및 집행절차, 36쪽.

는 것이다.[92] 개인회생절차에서는 이에 대하여 별도의 규정이 있으나(제616조), 회생절차에는 이에 관한 규정이 없으므로 취소가 불가능하다는 견해와 실질적인 필요성과 회생절차의 특수성을 고려하여 장래채권의 전부명령은 취소의 대상으로 하여야 한다는 견해가 대립하고 있다. 불가능하다는 견해에 따를 경우에는 부인권의 행사를 통해 문제를 해결할 수밖에 없다.

4. 취소명령의 효력

법원의 취소명령으로 강제집행 등은 소급하여 그 효력을 잃는다. 취소명령에 대하여는 불복이 인정되지 않는다(제13조 참조).[93]

강제집행 등의 집행취소를 받기 위해서는 취소결정문을 집행기관(집행을 실시하고 있는 집행법원 또는 집행관)에 제출하여야 한다. 취소명령은 채무자나 그 사업의 회생을 위하여 강제집행 등의 집행처분의 취소를 명한 취지를 적은 재판이기 때문이다(민집법 제49조 제1호).

집행공탁(민집법 제248조 제1항)을 한 후 회생법원에서 채권압류명령을 취소하고 회생계획인가 전에 회생절차가 폐지된 경우 공탁금을 누구에게 배당하여야 하는가.[94] 이에 대하여는 세

---

92) 장래채권, 조건부채권에 대한 전부명령이 가능하다고 할 때 전부명령의 효력이 언제 발생하는지와 집행채권의 소멸시기가 문제된다. 일반적으로 전부명령은 제3채무자에게 송달됨으로써 효력이 발생하고 동시에 집행채권이 소멸하여 집행절차는 종료된다(민집법 제231조). 그런데 전부된 채권이 장래채권이거나 조건부채권인 경우에는 전부명령 발령 당시 그 채권의 발생이나 범위가 확정되지 않은 상태이고 조건이 성취되어야 확정되는 것인데, 이러한 조건부 권리가 전부된 경우 그 효력발생시기는 전부명령송달시인가 아니면 조건성취시인가가 문제된다. 이는 집행채권의 소멸시기가 전부명령송달시인가 아니면 조건의 성취시인가의 문제이기도 하다.

　　이와 관련하여 대법원은 「피전부채권이 정지조건부채권인 경우에는 전부명령도 정지조건이 성취된 때에 효력이 생기므로 전부명령을 받아 집행된 것만으로서는 곧 채무자의 채무변제가 있는 것으로 되어 확정적으로 채권자의 채권이 소멸한 것으로 간주할 수 없다」고 판시하고 있다(대법원 1978. 5. 20. 선고 78다441 판결). 이는 결국 일반채권이 전부되었을 때에는 전부명령송달시에 전부명령의 효과가 발생하나, 장래채권·조건부채권이 전부되었을 때에는 전부명령의 효력발생시기가 조건성취시가 된다고 하여 전부명령효력 발생시기에 대한 예외를 인정하는 듯하다. 이 판결에 대하여는 다음과 같은 비판이 있다. ① 전부가 가능해서 일단 전부명령이 발령되면 민사집행법 제231조에 의하여 피전부채권이 부존재하지 않은 한 그것이 어떤 성질의 권리이냐를 묻지 않고 그 전부명령은 무조건적으로 제3채무자에게 송달됨으로써 효력이 발생하고 따라서 그 집행채권도 소멸하도록 규정된 것에 정면으로 배치된다. ② 민사집행법 제247조 제2항은 전부명령이 있은 후에는 배당요구를 하지 못한다고 규정하고 있다. 그런데 조건부채권에 대해서는 압류 및 전부명령 동시에 송달되었다 하더라도 압류만 효력을 발생하고 전부의 효력은 조건성취까지 생기지 않는다고 하면 다른 권리자로부터 압류의 경합 또는 추심명령을 막을 길이 없어 배당요구도 거부할 수 없게 된다. 그렇다면 이는 위 법문에 저촉된다. ③ 전부명령은 송달됨으로써 강제집행이 종료되는데, 조건부채권의 경우에는 조건이 성취되어 위 효력이 발생하기까지는 아직 강제집행이 종료되지 않았다고 하면 그때까지는 청구에 관한 이의의 소도 제기할 수 있다. 그런데 이는 전부명령제도의 본질에 어긋난다. ④ 명도 전(즉 조건성취 전)이라도 임대차보증금에 대한 전부금청구의 소를 인정하면서 전부명령의 효력이 명도시에 생긴다고 하는 것은 자기모순이다〔진순석, "장래채권에 대한 전부명령, 형평과 정의 5집, 대구지방변호사회(1990), 234~235쪽〕.

93) 이처럼 강제집행 등의 취소명령은 즉시항고의 대상이 아님에도 실무적으로 취소명령에 대하여 즉시항고를 하는 경우가 많다. 이 경우 법원은 특별항고의 취지로 보아 기록을 대법원으로 송부하여야 한다(대법원 2014. 1. 3. 자 2013마2042 결정 참조).

　　한편 취소명령은 이해관계인의 권리행사에 중대한 영향을 미치므로 불복(즉시항고)을 인정하는 것이 입법론적으로는 타당하다고 할 것이다. 포괄적 금지명령에 따른 취소명령에 대하여 즉시항고를 인정하는 것(제45조 제6항)과의 형평성 차원에서도 그렇다.

94) 예컨대 甲은 乙에 대하여 2억 원의 물품대금채권이 있었는데, 乙에 대한 채권에 대하여 丙의 채권압류 및 추심명령, 丁의 채권압류 및 추심명령이 경합되어 집행공탁을 하였다. 집행공탁 후 乙은 회생절차개시신청을 하였고 회생법원은 丙과 丁의 채권압류 및 추심명령을 각 취소하였다. 이후 회생법원은 회생절차를 회생계획인가 전에 폐지하

가지 견해가 있을 수 있다.[95] (1) 압류채권자 배당설. 집행공탁을 함으로써 압류채권자의 지위는 배당수령권자의 지위로 변환되고 채권집행절차는 종료된다. 개별적 집행이 종료되었으므로 압류의 취소나 실효는 문제될 수 없고, 배당절차는 관념상 피공탁자 사이의 구체적 배당액 확정절차이다. 회생절차는 피공탁자의 재산이 된 공탁금에 영향을 미칠 수 없으므로 압류의 취소나 실효가 있더라도 배당절차에 영향을 미칠 수 없다. 따라서 압류채권자에게 배당하여야 한다. (2) 채무자 배당설. 채권압류명령의 집행종료시점은 배당표 확정시 또는 현실적인 배당금 수령시이다. 따라서 회생법원은 회생계획인가 전이라도 회생계획의 수행을 위한 필요에 따라 집행공탁의 근거가 된 채권압류명령을 취소할 수 있고, 회생계획인가결정으로 당연히 실효되기도 한다. 회생법원의 취소명령이 있으면 종전의 강제집행 등은 소급하여 그 효력을 잃는다. 결국 배당절차개시 후 집행공탁의 근거가 된 채권압류명령이 취소되었으므로 채무자에게 배당할 수밖에 없고, 압류채권자는 채무자의 배당금에 대하여 새로이 압류를 함으로써 구제받을 수밖에 없다. (3) 절충설. 회생법원이 채권압류명령을 취소하거나 회생계획인가결정으로 실효되는 것은 회생의 목적을 달성하기 위한 것이다. 그런데 회생의 목적 달성이 불가능하여 채권압류명령의 취소나 실효를 시킬 이익이 없다면 취소나 실효를 배당수령권의 포기로 해석하여 채무자에게 배당할 것이 아니라 압류채권자에게 배당함이 상당하다.

살피건대 ① 공탁으로 변제의 효과가 발생하므로 공탁한 금액은 확정적으로 공탁자인 제3채무자의 재산으로부터 분리되고 제3채무자는 이를 회수할 수 없는 점, ② 집행공탁이 이루어지면 피압류채권이 소멸하고, 압류명령은 그 목적을 달성하여 장래를 향하여 효력을 상실하며 (즉 압류명령으로 인한 집행이 종료된다), 압류채권자의 지위는 집행공탁금에 대하여 배당을 받을 채권자의 지위로 전환된다.[96] 위와 같은 집행공탁으로 채권집행 중 압류명령 부분이 종료되므로 집행공탁이 되면 압류채권자는 압류명령을 취하할 수 없고, 취하하더라도 자신의 배당수령권을 포기하는 효과가 있을 뿐 배당절차의 진행에 영향이 없다. 또한 공탁 후 압류명령이 취소된 경우에도 이미 발생한 압류명령의 효력이 복멸되거나 배당가입 차단효가 소급적으로 소멸되는 것은 아니므로 배당절차를 진행할 수 있는 점,[97] ③ 절충설은 회생절차가 회생계획인가 전에 폐지된 것인지 아니면 인가 후에 폐지된 것인지에 따라 압류명령취소의 효력이 달라지는 것은 아니고, 회생법원에 의한 압류명령의 취소나 회생계획인가로 인한 실효를 배당수령권의 포기로 볼 수는 없으므로 채택하기 어려운 점 등을 고려하면, 압류채권자 배당설이 타당하다. 따라서 집행공탁을 하고 회생법원에서 채권압류명령을 취소한 후 회생절차가 인가 전에 폐지되었건 인가 후에 폐지되었건 공탁된 금원(배당금)은 압류채권자에게 배당하여야 할 것이다.

였다. 이 경우 공탁금을 누구에게 배당하여야 하는가. 丙과 丁의 채권압류 및 추심명령이 각 취소되었으므로 채무자 乙에게 배당하여야 하는가. 아니면 채권의 만족을 받은 바 없이 회생절차의 원활한 수행을 전제로 丙과 丁의 압류가 취소된 만큼 압류채권자 丙과 丁에게 배당하여야 하는가.

95) 2017년 대구지방법원 사법보좌관 세미나에서 발표된 자료(24~28쪽)를 참조하였다.
96) 대법원 2019. 1. 31. 선고 2015다26009 판결.
97) 법원실무제요 민사집행(Ⅳ)-동산·채권 등 집행-, 사법연수원(2020), 330쪽, 공탁실무편람, 법원행정처(2022), 438쪽.

5. 송   달

취소명령은 당사자들의 권리에 중대한 영향을 미치기 때문에 송달하여야 한다(제8조 제1항). 당사자란 신청인 및 취소명령의 상대방(회생채권자·회생담보권자)을 말한다.

Ⅲ 강제집행 등의 포괄적 금지명령

1. 의   의

법원은 회생절차개시의 신청이 있는 경우 제44조 제1항의 규정에 의한 중지명령만으로는 회생절차의 목적을 충분히 달성하지 못할 우려가 있다고 인정할 만한 특별한 사정이 있는 때에는 이해관계인의 신청에 의하거나 직권으로 회생절차개시 신청에 대한 결정이 있을 때까지 모든 회생채권자 및 회생담보권자에 대하여 회생채권 또는 회생담보권에 기한 강제집행, 가압류, 가처분 또는 담보권실행을 위한 경매절차의 금지를 명할 수 있다(제45조 제1항). 이를 포괄적[98] 금지명령이라 한다. 포괄적 금지명령은 채권자에 대한 평등한 취급이라는 채무자회생법상의 이념을 실현하기 위한 핵심적인 장치이다.

채무자회생법 제정 과정에서 미국 연방도산법상 자동중지제도(automatic stay)[99]의 도입 여부

---

98) 여기서 '포괄적'이란 채무자의 모든 재산(목적재산의 포괄성)·모든 회생채권자·회생담보권자(채권자의 포괄성)·강제집행 등 모든 절차(대상절차의 포괄성)·이미 계속 중인 절차와 장래 신청될 절차(시기의 포괄성)를 일률적으로 대상으로 한다는 의미이다(김주학, 14쪽).

99) 미국 연방도산법(§362)은 도산절차를 신청하면 별도의 법원 명령이 없어도 채무자의 재산에 대한 채권자의 담보권 행사, 강제집행 등 채권 실행에 관한 일체의 행위가 자동적으로 금지 및 중지되는 것으로 규정하고 있다. 이를 자동중지(automatic stay)라 한다. 자동중지라는 표현은 중지를 위한 별도의 신청 없이 도산신청이라는 행위만으로 중지의 효과가 발생한다는 데서 유래한 것이다.

자동중지는 자발적 신청이든 비자발적 신청이든 신청과 함께 모든 관계당사자에게 효력이 발생한다. 자동중지는 도산절차의 개시신청 자체가 금지명령이 된다는 사고방식이다. 자동중지제도의 목적은 ① 평등한 변제를 위한 채무자 재산의 보전(재산동결효과)과 ② 회생을 위한 기업 운영의 계속성 보장이다. 이를 통해 채무자는 쇄도하는 채권자들의 채권추심행위로부터 한 숨을 돌릴 수 있는 여유(breathing spell)를 가지고 전열을 정비할 수 있다. 자동중지는 도산절차 외에서의 채권회수를 금지하는 것으로서 채무자에게 가장 강력한 무기가 된다. 자동중지제도를 도입하면 회생절차가 좀 더 간명하고 시장에 예측가능성을 부여할 수 있으며, 회생절차의 이용을 촉진하여 회생절차로 조기 진입을 유도함으로써 회생의 가능성을 높일 수 있다는 장점이 있다. 반면 법원의 판단 없이 채무자의 일방적인 회생신청에 의하여 채권자의 권리행사가 제한되게 되는데, 이는 재산권 침해로 볼 수 있고 이를 경매절차의 진행을 저지하거나 부정수표단속법에 의한 형사처벌을 면하기 위한 수단으로 남용할 우려가 있다. 한편 미국 연방도산법상의 자동중지는 추정(presumption)에 불과하므로 채권자가 상당한 이유가 있다거나 채권자의 이익이 충분하게 보호받지 못하고 있다는 것을 증명하면 법원은 자동중지를 해제(취소·변경)할 수 있다{U.S.C. 11 §362(d), Douglas G. Baird, 12쪽}. 자동중지의 해제는 담보권자(secured creditors)에게만 인정된다(Elizabeth Warren, 33쪽). 자동중지는 권리의 행사를 지연시키는 것일 뿐 권리를 소멸시키는 것이 아니다. 자동중지는 자동집행력이 있어서 채권자 등이 회생절차개시신청 여부를 알았는지 여부와는 무관하게 그 효력이 발생한다.

자동중지에 의하여 소송, 집행행위, 상계와 같은 법적 행위는 물론 방문, 전화걸기 등 사실상의 채권추심행위도 금지된다. 반면 우리의 경우 회생절차개시결정이 되면 소송, 집행행위 등은 금지되나 상계는 일정 기간 인정되고 사실상의 채권추심행위를 금지하는 규정은 없다.

중국 <기업파산법>은 중지제도를 도입하였다. 법원이 회생신청을 수리하면 채무자의 재산과 관련된 보전처분

를 검토하다가, 남용의 우려가 있어 일본의 포괄적 금지명령제도를 도입하여 입법화 된 것이다. 그러나 결과적으로 별다른 차이가 없다(자동중지의 이념이 구현된다). 그 이유는 다음과 같다. 회생절차에서 개별적 권리행사를 제한하는 것은 채무자의 회생을 위한 필수조건이다. 이를 위해 도입된 것이 포괄적 금지명령제도이다. 포괄적 금지명령은 이미 개시된 강제집행 등은 물론 장래에 개시될 강제집행 등도 제한하는 것으로 개별적 권리행사를 제한하는 강력한 수단이다. 실질적으로 회생절차개시결정으로 인한 개별적 권리행사의 중지 또는 금지효과(제58조)를 신청시까지 앞당기는 것으로 된다.

포괄적 금지명령 제도는 제44조에 의한 개별적 중지명령으로는 혼란을 방지할 수 없는 경우를 상정한 제도이다. 예를 들어 다수의 자산을 가지고 있는 채무자에 대하여 회생절차개시신청 후 개시결정까지 사이에 다수의 개별집행이 될 경우 제44조의 중지명령 신청에 의한 중지명령을 하는 것으로는 사무 처리의 양이 너무 많아 사업의 계속에 지장이 생기게 되어 회생절차의 진행을 어렵게 한다. 그래서 이에 대응하기 위하여 만들어진 것이다.[100] 또한 중지명령은 이미 행하여진 강제집행 등을 대상으로 하지만, 포괄적 금지명령은 장래에 강제집행 등을 하는 것도 금지하는 효력이 있다.

포괄적 금지명령의 목적은 다음과 같다. ① 채권자의 공평한 취급이다. 채권자들의 개별적 추심을 금지함으로써 채무자 재산의 산일을 막을 수 있다. 채권자들도 집행의 위협을 통해 이익을 얻으려는 것을 단념하게 되고 권리실현은 회생절차를 통하여 창구가 일원화된다. ② 채무자에게 피난처를 제공한다. 그리하여 채무자로 하여금 효율적인 회생을 위한 회생계획을 수립할 수 있도록 한다. ③ 회생법원으로 하여금 회생사건의 중심적 역할을 수행하게 한다. 다른 법원의 강제집행절차를 중단시키고, 관련 사건이 회생법원으로 집중되어 회생법원에서 해결되도록 한다.

2. 요 건

가. 직권 또는 이해관계인의 신청

포괄적 금지명령은 직권이나 이해관계인의 신청에 의하여 발령된다. 이해관계인에는 채무

은 해제하여야 하고, 집행절차는 중지하여야 한다(제19조). 미국 연방도산법과 다른 것은 중지의 시점이 신청시가 아니라 '회생절차를 수리'한 때라는 것이다. 또한 신청만으로는 안 되고 수리를 하여야 중지된다는 점에서도 다르다. 이런 점에서 진정한 의미의 자동중지제도의 도입이라고는 할 수 없다.

한편 중지의 법률적 효력이 어떻게 발생하는가에 따라 두 가지 입법례가 있다. ① 자동중지주의. 회생절차의 신청이 되면 자동중지의 효력이 발생하고 별도의 청구나 명령이 필요하지 않다. 회생절차개시신청 자체가 자동적으로 중지의 효력을 발생시키고 어떠한 다른 조건은 필요하지 않다. 미국과 캐나다가 대표적이다. ② 결정중지주의. 당사자의 신청만으로는 중지의 효력이 없고, 중지의 효력은 회생절차신청 후 법원이 개시결정을 하여야 비로소 발생하는 것이다. 일본, 대만, 중국(엄밀히는 수리중지주의라고 할 수 있다)이 여기에 해당한다. 우리나라의 경우도 회생절차개시결정이 있어야 비로소 중지의 효력이 발생한다(제58조). 이처럼 회생절차신청과 중지의 효력이 발생하는 회생절차개시결정시점까지 시간적 간격이 있기 때문에 그 사이에 채권자의 권리행사를 방지하기 위하여 포괄적 금지명령을 도입한 것이다.

두 가지 다른 입법례는 다른 입법정책을 구현한다. 자동중지주의는 채무자 이익의 보호를 중시하는 것이고, 결정중지주의는 채권자 이익과 채무자 이익의 종합적 균형을 중시하는 것이다.

100) 사법연수원, 도산처리법(2014), 44쪽.

자, 보전관리인, 공익채권자 등이 포함된다. 실무적으로는 신청인이 회생절차개시신청과 동시에 포괄적 금지명령을 같이 신청하는 경우가 일반적이다.

나. 채무자의 주요한 재산에 관하여 보전처분 또는 보전관리명령이 이미 행하여졌거나 포괄적 금지명령과 동시에 보전처분 또는 보전관리명령을 할 것

포괄적 금지명령은 채무자의 주요한 재산에 관하여 보전처분 또는 보전관리명령이 이미 행하여졌거나 포괄적 금지명령과 동시에 보전처분 또는 보전관리명령을 하는 경우에 한하여 할 수 있다(제45조 제2항).

포괄적 금지명령이 발령되면 회생절차개시를 기다리지 않고 채권자의 권리행사가 제약되는데 반하여, 채무자가 재산의 관리·처분에 관하여 아무런 제한을 받지 않는다면 채무자의 재산을 위태롭게 할 위험이 있기 때문에 채무자에게는 보전처분·보전관리명령에 의하여 채무자의 재산을 산일시키지 않도록 하는 조치가 필요하기 때문이다.

다. 중지명령에 의해서는 회생절차의 목적을 충분히 달성하지 못할 우려가 있다고 인정할 만한 특별한 사정이 있을 것

중지명령만으로는 회생절차의 목적을 충분히 달성하지 못할 우려가 있다고 인정할 만한 특별한 사정이 있는 경우에 발령된다는 의미에서, 포괄적 금지명령은 보충적인 보전처분이라고 평가될 수 있다.

개별적 중지명령만으로는 회생절차의 목적을 충분히 달성하지 못할 우려가 있다고 볼 만한 특별한 사정이 있는지는 법원이 여러 가지 사정을 종합하여 판단할 문제이다. 구체적으로 포괄적 금지명령의 4가지 특징, 즉 목적재산의 포괄성, 채권자의 포괄성,[101] 대상절차의 포괄성 및 시기의 포괄성을 고려하여 판단하여야 할 것이다.[102] 예컨대 회생절차개시신청을 한 채무자에 대하여 다수의 거래처로부터 물품대금을 회수할 것이 예상된 경우, 집행권원을 가진 채권자가 상당수 존재하는 경우(어느 채권자가 어떤 재산에 대하여 강제집행 등을 할 수 있을지 파악하기가 어렵다), 집행대상이 되는 재산이 다수이고 장소적으로도 전국 각지에 분산되어 존재하고 있는 경우 등이 여기에 해당한다고 볼 것이다.[103]

---

101) 다만 모든 채권자를 대상으로 하는 것이 아니라 회생채권자 및 회생담보권자만을 대상으로 한다. 즉 포괄적 금지명령은 처음부터 일정한 범위의 채권자만을 대상으로 하는 것이다.

102) 破産法·民事再生法, 776쪽.

103) 실무적으로는 채권자들 사이의 형평을 해할 우려가 없는 한 넓게 인정하고 있다. 이러한 실무의 변화를 근거로 포괄적 금지명령의 요건 중 '중지명령에 의해서는 회생절차의 목적을 충분히 달성하지 못할 우려가 있다고 인정할 만한 특별한 사정이 있는 때'는 중지명령과 동일하게 '필요하다고 인정하는 때'로 개정하자는 입법론적 의견이 있을 수 있다. 하지만 이렇게 될 경우 중지명령은 거의 이용되지 못할 것이고(사문화), 이는 자동중지명령 대신 포괄적 금지명령을 도입한 입법적 기원을 고려하지 않는 것이며, 회생절차의 남용이 우려되는 상황이 발생할 경우(현재 도산이 일반화됨에 따라 남용적 신청이 등장하고 있다) 신청을 기각하는 외에 그에 대한 마땅한 대응책이 없다는 점에서, 현행법을 그대로 둔 채 회생절차의 신청 상황이나 경제 상황을 고려하여 법원에 그 실무운용을 맡기는 것이 바람직하다고 본다.
　다른 한편 포괄적 금지명령은 보충적 보전처분임에도 회생절차개시신청과 동시에 기계적으로 포괄적 금지명령을 특정의 회생채권자 등이나 특정재산을 대상으로 하는 포괄적 금지명령도 허용된다고 할 것이다.[104] 매출채권, 예금채권 등 중요한 자산에 대하여 압류 등이 예상되고, 이것이 사업의 계속에 중대한 영향을 미칠 우려가 있다고 인정되는 경우에도, 손해발생을 예방할 필요성의 견지에서 특별한 사정의 존재를 긍정하여야 할 것이다.[105]

3. 포괄적 금지명령의 대상

포괄적 금지명령의 대상은 회생채권 또는 회생담보권에 기한 강제집행,[106] 가압류, 가처분 또는 담보권실행을 위한 경매절차이다.

양도담보 등의 비전형담보의 실행도 포괄적 금지명령의 대상이 되는가. 양도담보권은 회생담보권에 포함되므로(제141조 제1항) 양도담보권의 실행행위도 포괄적 금지명령의 대상이 된다.[107] 관련 내용은 위 〈Ⅰ.4.바.〉(본서 228쪽)를 참조할 것.

환취권이나 공익채권으로 될 채권에 기한 강제집행 등은 금지의 대상이 아니다. 체납처분(강제징수)이나 조세채무담보를 위하여 제공된 물건의 처분도 그 대상에 포함되지 않는다.[108] 한편 온라인투자연계금융업자의 연계대출채권은 포괄적 금지명령의 대상이 되지 아니한다(온라인투자연계금융업 및 이용자 보호에 관한 법률 제28조 제2항).

체납처분(강제징수) 등을 대상에 포함시키지 않은 것에 대해 채무자의 재산에 대한 권리행사를 일률적으로 억제할 필요성은 체납처분(강제징수) 등의 경우에도 마찬가지이므로 체납처분(강제징수) 등을 포괄적 금지명령의 대상에서 제외한 것은 입법론적으로 의문이라는 견해가 있다.[109] 체납처분(강제징수) 등은 일반 회생채권의 강제집행 등과 다르고 채무자회생법도 그러한 점을 고려하여 조세 등 청구권에 대하여 여러 가지 특칙[110]을 인정하고 있으며, 중지명령에 의해 사후적으로 그 목적을 달성할 수 있다는 점에서 포괄적 금지명령의 대상에서 제외해도 큰 문제가 있다고 보기는 어렵다. 또한 조세 등 청구권에 관하여 여러 특칙을 인정하고 있는 한 입법권자의 결단에 속한 문제로 보아야 할 것이다.[111] 다만 회생절차는 회생절차개시를 전제로

발령하고 있는 현재의 실무는 문제가 있다. 회생절차개시신청이 되면 신속하게 개시결정을 하는 것으로 실무가 운용되고 있는데, 제한된 기간에 다수의 강제집행 등이 이루어진다는 것은 상정하기 어려워 보전처분의 필요성 자체가 인정되기 어렵기 때문이다. 또한 실무와 같이 너무 쉽게 포괄적 금지명령을 발령하면, 오히려 신속한 개시결정이 이루어지지 않을 수도 있다(실제로도 그러한 측면이 있다).

104) 개인회생절차에서는 금지명령(제593조 제1항)과 포괄적 금지명령(제593조 제5항)을 별도로 규정하고 있다. 입법적 통일이 필요해 보인다. 양자를 통합할 경우 '금지명령'으로 하는 것이 타당할 것으로 보인다.

105) 會社更生法, 72쪽.

106) 하도급거래 공정화에 관한 법률 제14조에 의한 수급사업자의 발주자에 대한 하도급대금 직접지급청구가 제45조가 금지하는 '강제집행'에 해당한다고 할 수 없다(대법원 2007. 6. 28. 선고 2007다17758 판결 참조).

107) 대법원 2011. 5. 26. 선고 2009다90146 판결 참조.

108) 그래서 앞에서 본 바와 같이 포괄적 금지명령에 의하여 체납처분(강제징수) 등을 사전에 금지시킬 수는 없고, 사후적으로 개별적 중지명령에 의하여 대처할 수밖에 없다.

109) 회생사건실무(상), 125쪽 각주 64).

110) 이에 대하여는 〈제8장 제1절 Ⅴ.3.〉(본서 575쪽)을 참조할 것.

111) 일본 회사갱생법 제25조 제1항은 체납처분(강제징수)도 포괄적 금지명령의 대상으로 하고 있지만, 민사재생법 제27

하는 것이고, 회생절차개시결정 이후에는 체납처분(강제징수) 등은 금지된다는 점에서(제58조 제3항) 체납처분(강제징수) 등을 포괄적 금지명령의 대상으로 하는 것이 논리적이라고 보여진다(본서 2187쪽 각주 26) 참조).

4. 포괄적 금지명령의 효력

가. 효력발생시기

포괄적 금지명령은 채무자에게 결정서가 송달된 때부터 효력이 발생한다(제46조 제2항).[112] 포괄적 금지명령의 상대방인 채권자에게 송달된 때가 아닌 채무자에게 송달된 때를 효력발생시기로 정한 것은 회생절차 초기 단계에서 모든 채권자들을 파악하기 어렵고, 채권자들마다 송달시기가 다른 경우 그 효력의 발생시기가 달라지는 것은 바람직하지 않다는 점을 고려한 것이다.

회생절차개시결정과 마찬가지로 그 정본을 집행법원에 제출할 필요가 없이 중지의 효력이 발생한다는 점에서 민사집행법상 집행장애사유에 해당한다.

나. 강제집행 등의 중지 · 금지

(1) 중지효 · 금지효

회생채권자, 회생담보권자는 채무자의 모든 재산에 관하여 회생채권 또는 회생담보권에 기한 강제집행 등을 새로이 할 수 없다(제45조 제1항, 금지효). 포괄적 금지명령은 이미 개시된 것은 물론 장래 개시가 예상되는 강제집행 등 전체에 대하여 집행장애사유[113]가 된다. 따라서 회생채권자 등이 채무자의 재산에 대하여 이미 한 강제집행 등은 당연히 바로 중지된다(제45조 제3항, 중지효).[114]

조는 포괄적 금지명령의 대상으로 하고 있지 않다. 다만 징수우선순위가 일반 회생채권보다 우선하지 아니하는 조세 등 청구권에 기한 체납처분(강제징수)도 포괄적 금지명령의 대상에서 제외한 것은 다른 일반 회생채권과의 형평상 부당한 점이 있다.

112) 중지명령(제44조)은 중지대상 채권자에게 그 결정서가 송달되어야 효력이 발생됨에 반하여, 포괄적 금지명령은 채무자에게 결정서가 송달된 때부터 효력이 발생되므로 보다 신속한 중지효과를 얻을 수 있다.

113) **도산절차와 집행장애** 집행개시의 적극적 요건이 구비되어 있다 하여도 일정한 사유의 존재로 인하여 집행의 개시 또는 속행에 장애가 되는 경우가 있다. 이를 집행개시의 소극적 요건 또는 집행장애라 한다. 도산절차에서도 집행장애사유가 있다. 회생절차 · 개인회생절차에서 포괄적 금지명령(제45조, 제593조 제5항), 회생절차개시결정(제58조 제1항, 제2항), 파산선고(제348조 제1항 본문, 제424조), 개인회생절차개시결정(제600조 제1항, 제2항)이 이에 해당한다.
　집행법원은 강제집행의 개시나 속행에 있어서 집행장애사유에 대하여 직권으로 존부를 조사하여야 하고, 집행개시 전부터 사유가 있는 경우에는 집행의 신청을 각하 또는 기각하여야 하며, 만일 집행장애사유가 존재함에도 간과하고 강제집행을 개시한 다음 이를 발견한 때에는 이미 한 집행절차를 직권으로 취소하여야 한다(대법원 2016. 9. 28. 선고 2016다205915 판결).

114) 대법원 2023. 5. 18. 선고 2022다202740 판결, 대법원 2017. 11. 29. 선고 2017다201538 판결, 대법원 2011. 5. 26. 선고 2009다90146 판결 등 참조. 예컨대 전부명령이 채무자에 송달되기 전에 이미 포괄적 금지명령이 채무자에 송달된 경우, 전부명령은 포괄적 금지명령에 의하여 확정이 차단되어 그 절차가 중지된 후 회생절차개시결정에 의하여 그 중지 상태가 유지되다가 회생계획인가결정에 의하여 그 효력이 발생할 수 없게 된다(대법원 2015. 4. 9. 선고 2014다229832 판결 참조). 구체적으로 채권자 甲이 채무자를 乙로, 제3채무자를 丙으로 하여 압류 및 전부명령을

포괄적 금지명령은 채무자의 재산에 대하여 이미 행하여지고 있는 강제집행 등의 중지를 명하는 개별적 중지명령과 달리 채무자의 재산 산일 방지와 채권자 사이의 형평성을 도모함으로써 회생절차의 목적을 달성하기 위하여 이를 획일적으로 정한 법률의 규정에 따라 발생하는 것으로 이미 개시된 것 및 장래에 개시될 강제집행 등 전체에 관하여 집행장애사유에 해당하므로 별도로 그 정본을 제출하지 않더라도 집행법원에 대하여 당연히 그 효력이 미친다.[115]

포괄적 금지명령에 반하여 이루어진 회생채권 등에 기한 보전처분이나 강제집행은 무효이다. 나아가 회생절차폐지결정에는 소급효가 없으므로, 이와 같이 무효인 보전처분이나 강제집행 등은 사후적으로 회생절차폐지결정이 확정되더라도 여전히 무효이다.[116]

> **사례** 채권압류 및 전부명령이 발령되어 제3채무자에게 결정 정본이 발송된 다음, 채무자에 대하여 포괄적 금지명령이 송달되어 효력이 발생하고(제46조 제2항), 이후 제3채무자에게 채권압류 및 전부명령이 송달되었다. 이 경우 채권압류 및 전부명령은 유효한가?[117]
> 포괄적 금지명령과 채권압류 및 전부명령의 우열이 문제된 사안이다. ① 채권압류 및 전부명령은 포괄적 금지명령의 효력 발생 전에 발령되어 강제집행이 개시되어 제3채무자에게 발송되었으나, 위와 같은 발송만으로는 압류명령 등의 효력이 발생한다고 볼 수 없고,[118] ② 채권압류 및 전부명령이 제3채무자 등에게 송달되어 압류명령 등의 효력이 발생하기 전에 포괄적 금지명령이 채무자에게 송달되어 효력이 발생하였다면, 그 이전에 있은 채권압류 및 전부명령을 무효라고 볼 수는 없으나, 채무자의 재산에 대하여 이미 행하여진 강제집행 절차는 바로 중지되고, 포괄적 금지명령 효력 발생 이후 채권압류 및 전부명령이 제3채무자 등에게 송달되었다고 하더라도, 이는 포괄적 금지명령의 효력에 반하여 이루어진 것이어서 무효이다. 따라서 채권압류 및 전부명령의 효력이 발생한다고 볼 수 없다. ③ 이후 채무자에 대한 회생절차폐지결정이 확정되었다고 하더라도 회생절차폐지결정에는 소급효가 없으므로, 포괄적 금지명령에 반하여 무효인 강제집행은 여전히 무효이다.

(2) 법정해제권의 인정 여부

포괄적 금지명령은 ① 회생채권자와 회생담보권자에 대하여 강제집행 등을 중지·금지시키는 효력을 가질 뿐이고 이로써 채무의 이행이 유예되는 효과가 발생하는 것은 아니며, ② 채권자의 권리행사를 중지·금지하는 것이지 변제금지가처분처럼 채무자의 임의변제를 금지하는 것은 아니고, ③ 중지·금지되는 채권자의 권리행사에 해제권 행사까지 포함된다고 보기 어려우므로(해제권은 회생절차에 복종하는 회생채권이 아니다) 포괄적 금지명령에도 불구하고 여전히

얻은 후 2024. 5. 31. 전부명령이 제3채무자 丙에게 송달되었고, 2024. 6. 1. 채무자 乙이 회생절차개시신청을 하여 2024. 6. 4. 포괄적 금지명령이 내려지고, 그 명령이 같은 날 채무자에게 송달되었으며, 2024. 6. 8. 전부명령이 채무자 乙에게 송달된 경우, 전부명령이 채무자에게 송달되기 전에 이미 포괄적 금지명령이 채무자에게 송달되었으므로, 전부명령은 포괄적 금지명령에 의하여 확정이 차단되고 그 절차가 중지되어 전부명령의 효력이 없다.

115) 서울고등법원 2013. 6. 28. 선고 2013나12442 판결, 破産法·民事再生法, 777쪽.
116) 대법원 2023. 5. 18. 선고 2022다202740 판결, 대법원 2016. 6. 21. 자 2016마5082 결정.
117) 대법원 2023. 5. 18. 선고 2022다202740 판결 참조.
118) 채권압류명령은 제3채무자에게 송달된 때에 그 효력이 발생하고(민집법 제227조 제3항), 전부명령은 확정되어야 효력이 있다(민집법 제229조 제7항).

이행지체의 효과는 발생하고 그에 따라 계약의 해제권도 발생한다.[119]

다. 소멸시효의 정지

포괄적 금지명령이 있는 때에는 그 명령이 효력을 상실한 날의 다음날부터 2월이 경과하는 날까지 회생채권 및 회생담보권에 대한 시효는 완성되지 아니한다(제45조 제8항).[120] 회생채권 등에 기한 강제집행 등이 금지되면, 시효중단을 위한 조치(민법 제168조 제2호)를 취할 수 없기 때문에 명령의 효력이 상실된 날의 다음날부터 2월이 경과하는 날까지 시효의 완성을 유예한 다는 취지이다. 포괄적 금지명령이 실효되는 사유로는 직권에 의한 취소(제45조 제4항), 즉시항고에 의한 취소(제45조 제6항) 또는 회생절차개시신청에 대한 결정 등이다.

라. 취소명령

법원은 채무자의 사업 계속을 위하여 특히 필요하다고 인정하는 때에는 채무자 또는 보전 관리인의 신청에 의하여 포괄적으로 중지된 강제집행 등의 취소를 명할 수 있다. 다만 이 경우에는 채권자의 권리가 침해될 위험이 중지의 경우보다 한층 크게 되므로, 법원은 채무자에게 담보를 제공하게 할 수 있다(제45조 제5항). 이미 개시된 회생채권 등에 기한 강제집행 등은 포괄적 금지명령으로 중지된다고 하여도 회생절차개시신청이 기각되면 그 후에는 속행할 수 있지만, 취소된 경우에는 속행을 할 수 없다. 그 때문에 취소된 강제집행 등의 대상재산을 대신하여 담보를 제공하게 함으로써 채권자의 보호를 꾀하고 있는 것이다.

중지명령에 따른 취소명령(제44조 제4항)과는 아래 표에서 보는 것과 같이 몇 가지 점에서 차이가 있다. 취소명령과 관련된 나머지 내용은 위 〈Ⅱ.〉를 참조할 것.

〈중지명령·포괄적 금지명령에 따른 취소명령〉

	중지명령에 따른 취소명령(제44조 제4항)	포괄적 금지명령에 따른 취소명령(제45조 제5항)
요건[121]	채무자의 회생을 위하여 특히 필요하다고 인정하는 때	채무자의 사업의 계속을 위하여 특히 필요하다고 인정하는 때
직권취소 여부	가능(신청 또는 직권취소)	불가능(신청에 의하여만 가능)
즉시항고	불인정	인정

위 취소명령에 대하여는 즉시항고 할 수 있다(제45조 제6항).[122] 취소명령은 공고를 요하지

---

119) 부산고등법원(창원) 2018. 5. 31. 선고 2017나23441 판결 참조.
120) 국제도산과 관련하여 제636조 제5항에도 유사한 규정이 있다. 소멸시효의 정지에 관하여는 민법 제179조 내지 제 182조 참조.
121) 표현이 서로 다르지만 같은 의미로 보아야 한다. 앞에서 본 바와 같이 입법론적으로는 표현을 통일할 필요가 있다.
122) 앞에서 본 바와 같이 개별적인 중지명령에 따라 중지되어 있는 강제집행 등을 취소하는 명령에 대하여는 즉시항고 를 할 수 없음에도, 포괄적 금지명령에 의하여 중지된 강제집행 등을 취소하는 취소명령에 대하여 즉시항고 할 수 있도록 차이를 둔 것이 타당한지는 의문이다.

않으므로 즉시항고기간은 해당 회생채권자·회생담보권자에게 재판이 송달된 날로부터 1주 이내이다(제8조 제1항, 제33조, 민소법 제444조). 취소명령은 당사자의 권리에 중대한 영향을 미치므로 송달하여야 한다.

마. 포괄적 금지명령의 제3자에 대한 확장 여부(입법론)

포괄적 금지명령의 대상은 채무자만이고, 보증인이나 그룹의 다른 기업 등 채무자 이외의 제3자에 대하여는 포괄적 금지명령의 효력이 미치지 않는다. 하지만 채권자가 제3자에 대하여 채권회수를 꾀한다면, 채무자의 재건에 지장이 발생할 수 있기 때문에 제3자에 대하여도 포괄적 금지명령의 효력을 미치게 할 필요성이 있다.

현행 채무자회생법은 이에 관한 규정이 없다. 한편 미국 연방도산법은 연방도산법원이 제3자에 대한 채권회수행위를 정지시킬 수 있는 제도가 있으므로[123] 이에 관하여 간략히 살펴보기로 한다.[124]

미국에서 자동중지의 제3자에 대한 확장 근거는 연방도산법 제105조(a)[125]에 기한 것이고, 재량적 정지(Discretionary Stay)라고 부른다. 제105조(a)는 '법원은 연방도산법을 운용하기 위하여 필요하거나 적절한 명령, 영장, 판결을 발령할 권한을 가지고 있다'는 규정이고, 이 규정에 기하여 연방도산법원이 제3자에 대하여 중지를 미치는 명령을 발령할 수 있다고 보는 것이다.

재판례로는 채권자에 의한 제3자에 대한 채권회수행위가 채무자의 회생에 중대한 방해가 되는 경우에는 정지시킬 수 있다고 한다.[126] 또한 제3자가 실질적인 채무자이고, 필요한 경우 제3자에 대한 채권회수행위를 중지시킬 수 있는 재판례도 있다고 한다.

실무적으로 제3자에 대한 채권회수행위가 채무자의 회생절차 진행에 중대한 영향을 미치는 경우가 있으므로 미국 연방도산법상의 재량적 정지의 도입을 검토해 볼 만한다.

---

123) 미국 연방도산법 제13장 절차에서는 채무자에 대하여 책임이 있는 자(공동채무자)에 대한 회수절차를 금지하기 위하여 자동중지(automatic stay)를 확장한 공동채무자에 대한 금지명령제도를 명시적으로 두고 있다(§1301(a))(본서 1918쪽). 제12장 절차의 경우에도 마찬가지이다(§1201(a)).

124) Jeffrey T. Ferriell · Edward J. Janger, 246~249쪽.

125) §105. **Power of court**
(a) The court may issue any order, process, or judgment that is necessary or appropriate to carry out the provisions of this title. No provision of this title providing for the raising of an issue by a party in interest shall be construed to preclude the court from, sua sponte, taking any action or making any determination necessary or appropriate to enforce or implement court orders or rules, or to prevent an abuse of process.

126) 연방도산법개설, 64쪽. A.H.Robins Co. v. Piccinin사건에서, A.H.Robins사가 결함있는 피임 링을 판매하여 다수의 피해자가 A.H.Robins와 보험회사 등을 상대로 손해배상청구의 소를 제기하였다. 다액의 손해배상채무를 부담하게 된 A.H.Robins사는 제11장 절차를 신청하였다. 이 신청으로 채무자인 A.H.Robins사에 대한 소송은 자동중지되었지만, A.H.Robins사는 공동피고인 보험회사에 대한 소송에 대하여도 중지할 것을 신청하였다. 법원은 제3자인 보험회사에 대한 소송이지만, A.H.Robins가 소송에 끌려들어가게 되어 있고, 채무자의 도산절차의 운용에 집중력이 떨어지며, 채무자의 재건을 향한 노력에 방해가 되므로 보험회사에 대한 소송을 중지하는 것을 인정하였다.

5. 포괄적 금지명령의 변경·취소

포괄적 금지명령은 변경하거나 취소할 수 있다(제45조 제4항). 위 변경·취소결정은 결정서가 채무자 또는 보전관리인에게 송달된 때부터 효력이 발생한다(제46조 제2항). 위 결정에 대하여는 즉시항고를 할 수 있다(제45조 제6항). 포괄적 금지명령의 변경·취소는 아래 〈7.〉에서 보는 바와 같이 공고 및 송달을 하여야 하므로 즉시항고기간은 공고가 있은 날로부터 14일 이내이다(제46조 제1항, 제13조 제2항).

포괄적 금지명령의 적용배제 결정이 개별적인 회생채권 또는 회생담보권에 기한 강제집행 등을 금지·중지의 효력을 배제시키는 것임에 반하여, 포괄적 금지명령의 변경·취소는 전체 회생채권자 또는 회생담보권자에게 효력이 미친다.

6. 포괄적 금지명령에 대한 불복

포괄적 금지명령에 대하여는 즉시항고로 불복할 수 있다(제45조 제6항). 포괄적 금지명령은 아래 〈7.〉에서 보는 바와 같이 공고 및 송달을 하여야 하므로 즉시항고기간은 공고가 있은 날로부터 14일 이내이다(제46조 제1항, 제13조 제2항).

포괄적 금지명령 신청을 기각하는 결정은 별다른 규정이 없으므로 즉시항고의 대상이 되지 않는다(제13조 제1항).

7. 공고 및 송달

포괄적 금지명령이나 이를 변경 또는 취소하는 결정이 있는 때에는 법원은 이를 공고하고 그 결정서를 채무자(보전관리인이 선임되어 있는 때에는 보전관리인을 말한다) 및 신청인에게 송달하여야 하며, 그 결정의 주문을 기재한 서면을 법원이 알고 있는 회생채권자·회생담보권자 및 채무자(보전관리인이 선임되어 있는 때에 한한다)에게 송달하여야 한다(제46조 제1항).

① 포괄적 금지명령에 의하여 중지된 강제집행 등의 취소명령(제45조 제5항), ② 포괄적 금지명령 및 이에 대한 변경 또는 취소결정·취소명령의 즉시항고에 대한 재판(포괄적 금지명령을 변경 또는 취소하는 결정을 제외한다)이 있는 때에는 법원은 그 결정서를 당사자에게 송달하여야 한다(제46조 제3항 전문). 이 경우 송달하여야 할 장소를 알기 어렵거나 대법원규칙이 정하는 사유가 있는 때에도 공고로써 송달을 갈음할 수 없고, 발송송달도 할 수 없으며, 공고에 송달의 효력이 인정되지 않는다(제46조 제3항 후문). 위 취소명령(①) 및 즉시항고에 대한 재판(②)은 채무자·회생채권자·회생담보권자 등에 대한 영향이 크기 때문에 총칙에서 정한 간단한 고지 방법에 대한 예외를 정한 것이다.[127]

---

127) 회생사건실무(상), 126쪽.

8. 포괄적 금지명령의 적용 배제[128]

가. 의 의

법원은 포괄적 금지명령이 있는 경우 회생채권 또는 회생담보권에 기한 강제집행 등의 신청인인 회생채권자 또는 회생담보권자에게 부당한 손해를 끼칠 우려가 있다고 인정하는 때에는 그 회생채권자 또는 회생담보권자의 신청에 의하여 그 회생채권자 또는 회생담보권자에 대하여 결정으로 포괄적 금지명령의 적용을 배제할 수 있다(제47조 제1항 전문). 적용 배제를 신청할 수 있는 회생채권자 등은 포괄적 금지명령 전에 강제집행 등을 신청한 자뿐만 아니라 포괄적 금지명령 후에 강제집행 등을 신청하려는 자도 포함된다. 회생채권자 등의 권리구제제도이다.

포괄적 금지명령은 채권자의 권리행사에 대한 제약이 크므로 그 구제수단으로 포괄적 금지명령의 적용 배제를 인정한 것이다.

나. 요건 및 신청인

포괄적 금지명령 적용 배제의 요건은 「회생채권 또는 회생담보권에 기한 강제집행 등의 신청인인 회생채권자 또는 회생담보권자에게 부당한 손해를 끼칠 우려가 있다고 인정하는 때」이다. 여기서 '부당한 손해'란 중지명령에서와 마찬가지로 회생채권자 등은 회생계획에 따른 집단적 만족을 수인하여야 하는 이상 강제집행 등을 할 수 없음으로 인하여 생긴 개별 채권자의 중대한 불이익을 말한다고 할 것이다. 구체적으로 강제집행 등 절차의 중지 등으로 인하여 얻은 채무자의 이익에 비하여, 그 중지 등에 의해 입은 채권자의 손해가 이상적으로 큰 경우를 말한다. 예컨대 강제집행 등을 실시하지 않으면 회생채권자 등이 도산할 우려가 있는 경우, 담보권의 목적물의 가치가 시간이 지남에 따라 현저히 떨어지는 경우 등을 들 수 있다. 부당한 손해가 발생할 우려가 있다는 점에 관하여는 적용 배제 신청인측이 주장 및 증명[129]하여야 한다.

---

128) **포괄적 금지명령의 대상 제외** 일본 회사갱생법은 포괄적 금지명령의 해제(제27조, 우리의 적용 배제)뿐만 아니라 포괄적 금지명령을 발령할 때, 법원이 상당하다고 인정하는 경우에는 일정한 범위에 속하는 강제집행 등을 포괄적 금지명령의 대상으로부터 제외할 수 있도록 하는 제도를 두고 있다(제25조 제2항). 포괄적 금지명령으로 개별 회생채권자 등이 부당한 손해를 입을 우려가 있다고 인정되는 경우는 포괄적 금지명령의 해제를 신청할 수 있지만(제27조), 여기서 말하는 대상 제외는 개별 회생채권자 등의 사정을 문제로 삼지 않고, 일정한 범위에 속하는 강제집행 등, 예컨대 근로자의 임금청구권에 기한 강제집행에 대하여 유형적으로 포괄적 금지명령의 효과가 미치지 않도록 하는 것이다. 부당한 손해를 끼칠 우려가 있는 경우 이들 채권자도 포괄적 금지명령의 해제를 신청하는 것이 가능하지만, 이것은 과중한 절차 부담이 된다는 것을 고려한 것이다(會社更生法, 72~73쪽). 일본 파산법도 포괄적 금지명령의 대상 제외(제25조 제2항) 및 포괄적 금지명령의 해제(제27조)를 규정하고 있다. 반면 일본 민사재생법은 포괄적 금지명령의 대상 제외 제도는 없고 포괄적 금지명령의 해제(제29조)만을 규정하고 있다. 그 이유는 기본적으로 권리행사를 제약하는 채권자의 범위에서 유래한다고 한다(민사재생절차는 균질적인 재생채권을 전제로 한다고 한다)(條解 破産法, 198쪽).
　포괄적 금지명령 대상 제외는 처음부터 일정 범위의 채권자를 포괄적 금지명령에서 제외하는 것임에 반하여, 포괄적 금지명령의 적용 배제는 처음에는 모든 채권자가 대상이 된다는 점에서 차이가 있다.

129) 포괄적 금지명령의 적용 배제는 보전처분의 효력을 일부 뒤집는다는 점에서 보전처분의 취소에 준하는 것으로 볼

포괄적 금지명령의 적용 배제는 부당한 손해를 입을 강제집행 등의 신청인인 회생채권자 등의 신청에 의하여 하는 것이고, 직권에 의하여 할 수는 없다.[130] 회생채권자 등은 강제집행 등을 함에 있어서 구체적인 이해관계를 가진 자일 필요가 있다. 구체적으로 ① 포괄적 금지명령의 발령 전에 구체적인 강제집행 등의 신청을 한 자, ② 포괄적 금지명령 적용 배제를 받으면 강제집행 등을 신청할 의사를 가진 회생채권자 등이다. 당연히 강제집행 등을 신청할 것을 예정하고 있지 아니한 회생채권자 등은 포함되지 않는다.[131]

다. 효 과

포괄적 금지명령의 적용 배제 결정이 있는 경우 그 회생채권자 또는 회생담보권자는 채무자의 재산에 대하여 회생채권 또는 회생담보권에 기한 강제집행등을 할 수 있으며, 포괄적 금지명령이 있기 전에 그 회생채권자 또는 회생담보권자가 행한 회생채권 또는 회생담보권에 기한 강제집행등의 절차는 속행된다(제47조 제1항 후문).[132] 현실적으로는 강제집행 등을 재개하기 위해서는 배제 결정의 정본을 제출하는 등 집행기관에 배제 결정이 있었다는 취지를 알릴 필요가 있다.

적용 배제 결정의 효과는 특정재산에 대하여 특정 강제집행 등을 하는 것을 인정하는 점에 제한되는 것이 아니라, 채권자가 채무자의 재산 어느 것에 대하여도 어떠한 강제집행 등도 할 수 있는 것으로 된다.

적용 배제의 효과는 신청인인 회생채권자 등에게 속인적으로 발생한다. 따라서 다른 회생채권자 등은 동일한 목적물에 대하여 강제집행 등을 실시할 수 없다.[133]

수 있고, 보전처분취소의 사유에 대하여는 소명으로 충분하다는 점, 적용 배제 신청에 대하여도 신속한 판단이 바람직하다는 점 등에 비추어 신청의 요건에 대하여 소명으로 충분하다는 견해가 있다(條解 破産法, 209쪽). 그러나 적용 배제는 엄밀하게 말하면 그 자체로 보전처분이라고 할 수 없는 점, 적용 배제는 포괄적 금지명령을 뒤집는 것으로 경우에 따라 채무자에게 중대한 영향을 미칠 수 있고 나아가 회생절차의 진행에도 지장을 초래할 수 있다는 측면에서 신중한 판단이 필요해 보이는 점, 포괄적 금지명령 등 다른 보전처분에 대하여는 직권에 의한 발령이나 변경·취소에 관한 규정이 있지만(아래 각주 130) 참조), 적용 배제는 신청에 의하여만 가능하므로 원칙으로 돌아가 적용 배제의 이익을 누리는 신청인에게 증명을 요구하는 것이 타당하다고 볼 수 있다(會社更生法, 75쪽).

130) 이 점이 직권으로도 가능한 보전처분(제43조 제1항), 중지명령(제44조 제1항), 취소명령(제44조 제4항) 및 포괄적 금지명령(제45조 제1항)과 다른 점이다.

131) 條解 破産法, 208쪽.

132) 적용 배제 결정을 받은 자는 포괄적 금지명령 발령 전의 강제집행 등을 속행하는 데 그치지 않고, 새로운 강제집행 등을 신청할 수도 있다. 그렇지만 새로운 강제집행 등에 대하여는 중지명령(제44조 제1항)의 가능성이 있다. 적용 배제 결정을 받은 자가 이전에 강제집행 등을 한 재산이 아닌 다른 재산에 대하여 강제집행 등을 할 수도 있기 때문이다. 적용 배제는 이러한 경우를 예정한 것이 아니므로 당연히 중지명령을 발령할 여지가 있는 것이다.

133) 적용 배제 결정을 받은 회생채권자 등에 의하여 개시된 강제집행이나 담보권 실행을 위한 경매절차에서 다른 회생채권자 등이 배당요구를 할 수 있는가. 포괄적 금지명령의 효력이 미치는 회생채권자 등은 집행절차에서 배당수령 권한이 인정되지 않기 때문에, 회생절차개시 전 채무자나 보전관리인은 배당이의(민집법 제151조 제1항)의 방법으로 배당참가를 배제할 수 있고, 배당이 된 경우에는 회생절차개시 전 채무자, 보전관리인이나 관리인이 부당이득으로서 반환을 구할 수 있다고 할 것이다(會社更生法, 76쪽 각주 87)).

라. 소멸시효 정지기간의 단축

포괄적 금지명령의 적용 배제 결정을 받은 회생채권자 또는 회생담보권자에 대하여는 시효의 정지가 되는 기산점이 '포괄적 금지명령이 효력을 상실한 날'이 아닌 '포괄적 금지명령의 적용 배제 결정이 있은 날'이 된다(제47조 제2항). 따라서 포괄적 금지명령의 적용 배제 결정을 받은 회생채권자 또는 회생담보권자에 대하여는 그 결정일로부터 2월이 경과하는 날까지만 시효가 정지된다. 적용 배제 결정을 받은 회생채권자 등은 스스로 압류 등을 통해 소멸시효를 중단시킬 수 있기 때문에 이것에 상응하여 그 자와의 관계에서 시효의 정지도 해제되는 것으로 하였다.

마. 즉시항고

(1) 불복신청

포괄적 금지명령의 적용 배제 신청에 관한 재판에 대하여는 즉시항고를 할 수 있다(제47조 제3항). 위 즉시항고에는 집행정지의 효력이 없다(제47조 제4항).

즉시항고를 할 수 있는 자는 적용 배제를 신청한 당사자가 기본이다. 포괄적 금지명령의 신청인이나 채권자이지만 적용 배제를 신청하지 않는 자도 포괄적 금지명령의 효력을 받아 그 추이에 이해관계를 가진 자라고 여겨지기 때문에 즉시항고의 이익을 인정하여야 할 것이다.

(2) 즉시항고에 관한 재판의 송달

즉시항고에 관한 재판이 있는 때에는 법원은 그 결정서를 당사자에게 송달하여야 한다. 송달하여야 할 장소를 알기 어렵거나 대법원 규칙이 정하는 사유가 있다고 하더라도 공고로써 송달을 갈음할 수 없다(제47조 제5항). 아래 〈바.〉 참조. 당사자란 즉시항고를 한 자 및 상대방[134]이다.

바. 송 달

포괄적 금지명령 배제 신청에 관한 재판이 있는 때에는 법원은 그 결정서를 당사자에게 송달하여야 한다(제47조 전문). 위 재판은 당사자에게 중대한 영향을 미치는 것이므로 결정서를 송달하도록 하는 엄격한 고지방법을 채택한 것이다. 송달하여야 할 장소를 알기 어렵거나 규칙이 정하는 사유가 있다고 하더라도 공고로써 송달을 갈음할 수 없다(제47조 제5항 후문).

당사자란 신청인 및 채무자(보전관리인이 선임된 경우에는 보전관리인)를 말한다.

---

134) 즉시항고를 한 자가 적용 배제의 신청인이라면 상대방은 보전관리인이 선임된 경우에는 보전관리인, 선임되지 않은 경우에는 채무자이다. 즉시항고를 한 자가 채무자나 보전관리인이라면 상대방은 적용 배제 신청인이 된다.

회생절차개시결정 전 제3자의 재산에 대한 보전처분

I. 부인권 행사를 위한 보전처분

부인권은 회생절차가 개시된 이후에 비로소 관리인이 행사할 수 있는 권리이다. 하지만 부인권의 실효성을 확보하기 위하여 회생절차개시 전에도 부인대상재산을 보전할 필요가 있다. 하지만 회생절차개시 전에는 부인권 행사로 인한 원상회복청구권을 피보전권리로 하는 민사집행법에 의한 민사보전을 할 수는 없다. 채무자회생법도 이에 관한 명시적인 규정은 없지만, 실무적으로 인정되고 있다.

법원은 회생절차개시신청이 있는 때부터 그 신청에 대한 결정이 있을 때까지 사이에, 부인권을 보전하기 위하여 필요가 있다고 인정되는 때에는, 채권자 등 이해관계인의 신청에 의해 또는 직권으로 가압류나 가처분을 명할 수 있다고 할 것이다. 예컨대 채권자가 회생절차개시신청을 하자, 채무자가 친밀한 채권자에 대하여 유일한 부동산을 대물변제하고, 그 상대방이 해당 부동산을 처분하려고 하는 경우에 유효하다.

보전관리인이 선임되어 있으면 보전처분에 대한 신청권도 보전관리인에게 전속한다고 보아야 한다. 회생채권자 등에게는 신청권이 인정되지 않는다.[135]

관련 내용은 〈제7장 제3절 V. 각주 205)〉(본서 465쪽)을 참조할 것.

이 보전처분은 일반적인 보전처분(제43조 제1항)과 달리 그 효과가 회생절차개시에 흡수되지 않고, 부인의 청구(제106조) 등의 절차를 거쳐 비로소 그 목적을 달성하는 것으로 피보전권리로서 부인권을 전제로 한다. 이 점에서 이 보전처분은 오히려 민사집행법에 기한 보전처분(민집법 제276조 제1항, 제300조)과 그 성질이 같다. 따라서 실무운용에 있어 민사집행법에 규정된 보전처분에 관한 규정을 유추적용하여야 할 것이다.

II. 법인의 이사 등의 재산에 대한 보전처분

법인의 이사 등에 대한 손해배상청구권 등에 관한 조사확정재판은 회생절차가 개시된 이후에 신청할 수 있다. 채무자회생법은 이러한 청구권의 실효성을 확보하기 위해 법인의 이사 등의 재산에 대한 보전처분에 관한 규정을 두고 있다(제114조).

회생절차개시 전에도 위 청구권의 실효성 확보를 위해 상대방의 재산을 보전할 필요가 있지만(회생절차개시신청 후 개시결정 전에 채무자의 대표자 등이 자신의 재산을 처분해 버리면 나중에 책임을 추급하더라도 무의미한 것이 된다), 채무자회생법은 이에 관한 규정이 없다. 마찬가지로 법원은 회생절차개시신청이 있는 때부터 그 신청에 대한 결정이 있을 때까지 사이에, 긴급한 필요가 있다고 인정되는 때에는, 채권자나 보전관리인의 신청에 의해 또는 직권으로 법인의 이사 등에 대한 손해배상청구권 등을 보전하기 위하여 해당 이사 등의 재산에 대하여 가압류나 가처분을 명할 수 있다고 할 것이다.

---

135) 보전관리인에 의한 부인권을 위한 보전처분과 별도로, 회생채권자가 사해행위취소권을 보전하기 위하여 민사집행법에 의한 보전처분을 신청할 수 있는가. 채무자의 재산에 대한 보전책임을 보전관리인에게 전속시키는 보전관리명령이 발령된 취지에 비추어 부정하는 견해도 있다(會社更生法, 97쪽 각주 133)). 그러나 보전관리단계에서는 사해행위취소소송의 제기나 속행이 제한되지 않고, 아직 부인권은 현실적으로 발생한 것이 아니므로(회생절차가 반드시 개시된다는 보장도 없다) 허용된다고 할 것이다.

부인권 행사를 위한 보전처분과 비교하여 '긴급한 필요가 인정되는 때'에만 인정하는 것은, 손해배상청구권 등의 상대방이 이사 등으로 정해져 있기 때문에, 해당 이사 등이 그 재산을 은닉 또는 소비할 염려가 있는 등 특별한 사정이 있는 경우에 한하여 보전처분을 제한적으로 인정한 다는 의미이다.[136]

일본 민사재생법 제142조 제2항, 파산법 제177조 제2항은 이를 명시적으로 규정하고 있다.

제3절 회생절차와 책임제한절차의 충돌[137]

책임제한절차는 집단적 채무처리절차라는 점에서 도산절차와 그 본질이 유사하다.[138] 책임 제한절차와 관련된 내용은 〈제3편 제2장 제2절 Ⅲ.〉(본서 1237쪽)을 참조할 것. 그런데 경우에 따라서는 책임제한절차가 진행되는 도중에 신청인, 제한채권자[139] 등 이해관계인에 대해 회생절차가 개시되는 경우가 발생할 수 있어서 양 절차 사이의 조화로운 해석이 요구된다. 제한채권자에 대한 회생절차가 개시되는 경우에는 그 채권자의 재산관리·처분권한을 이전받은 관리인이 회생법원의 허가를 얻어서 책임제한절차에 참가하면 되지만, 신청인에 대한 회생절차가 개시되는 경우에는 제한된 변제자원을 둘러싸고 일반 회생채권자들과 제한채권자들의 이해관계가 충돌하는 등 복잡한 문제가 발생하기 때문이다.

이러한 문제를 해결하기 위하여 「선박소유자 등의 책임제한절차에 관한 법률」[140]과 채무자회생법은 책임제한절차와 파산절차가 중첩적으로 진행되는 경우에 양 절차 간의 관계에 대해 명시적 규정을 두고 있지만, 회생절차와의 관계에 대하여는 아무런 규정이 없다.

---

136) 破産法・民事再生法, 158쪽.

137) 김영석, "선박책임절차와 도산절차의 비교 및 충돌에 관한 연구─소송 및 집행절차에 미치는 영향을 중심으로─", 국제규범의 현황과 전망(2006년 국제규범연구반 연구보고) 제30호(2014년 12월), 사법발전재단, 303~305쪽.

138) 선박소유자 등이 관할법원에 책임제한절차를 신청하면, 책임제한법원은 ① 당해 선박이 실체법상의 '선박'에 해당하는지, 신청인이 '선박소유자 등'에 해당하는지, 신청기간 내에 적법하게 신청된 것인지, 제한채권의 각 총액이 책임한도액을 초과하는지 등을 검토하여 그 개시 여부를 결정하고, ② 기간 내에 신고된 제한채권에 대하여 신청인·수익채무자(동일한 사고에 관하여 책임제한을 할 수 있는 신청인 외의 자)·제한채권자·관리인 등의 이의가 있는지를 조사(이의가 없으면 그대로 확정되고, 이의가 있으면 사정의 재판 내지 사정의 재판에 대한 이의의 소가 진행되어야 한다)하여 제한채권의 존부 및 그 액수를 확정한 다음에, ③ 각 제한채권자들에게 선박소유자 내지 공탁보증인 등이 공탁한 책임한도액 상당의 금원을 확정된 채권액의 비율대로 안분하여 배당하는 것이다.

결국 책임제한절차는 비록 제한채권자들 사이에서만 진행되고 그 배당재원도 책임한도액 상당의 금원으로 한정되는 것이기는 하지만, 집단적 채무처리절차의 하나라는 점에서 도산절차(회생절차, 파산절차, 개인회생절차)와 그 성격이 유사하다.

139) 제한채권이란 책임을 제한할 수 있는 채권을 말한다(선박소유자 등의 책임제한절차에 관한 법률 제2조).

140) 「선박소유자 등의 책임제한절차에 관한 법률」은 총 95개 조문으로 구성되어 신청 → 책임제한절차개시결정 → 제한채권의 조사 및 확정 → 배당 → 종결로 이어지는 절차를 규정하고 있다.

I 책임절차개시결정 전에 이미 신청인이 회생절차개시결정을 받은 경우

이러한 경우에도 책임제한절차개시결정을 내릴 수 있는가. 이에 관하여 먼저 책임제한절차가 '파산절차'의 성질을 가지고 있음에 주목하여 제309조 제1항 제2호를 유추하여 회생절차가 개시된 이상 책임제한절차가 별도로 진행될 수 없다고 보는 견해가 있을 수 있다. 그러나 ① 책임제한절차는 '기금'[141]이라는 신청인의 특유재산에 대해서만 진행되는 청산절차로서 신청인의 종국적인 청산을 목적으로 하는 것이 아닌 점, ② 오히려 신청인의 책임을 '기금'으로만 제한하고 궁극적으로는 신청인의 해상기업활동의 계속·유지·갱생을 목적으로 한다는 점에서 회생절차와 그 입장을 같이 하고 있는 점, ③ 회생절차개시결정이 내려진 이후에 해상사고가 발생하여 제한채권이 '공익채권'의 성질을 가지는 경우(제179조 제5호)에 신청인으로서는 책임제한절차개시결정이 더욱 필요할 것으로 보이는 점, ④ 무엇보다도 「선박소유자 등의 책임제한절차에 관한 법률」이 신청인에 대한 회생절차개시결정을 각하 내지 기각의 요건으로 명시하고 있지 않은 점 등에 비추어 보면, 회생절차개시결정이 내려진 이후라고 하더라도 반드시 책임제한절차개시결정이 제한된다고 단정하기는 어려울 것이다.[142]

양 절차가 병행하는 경우 제한채권자들은 책임제한절차를 통해 절차 내에서 조성된 기금으로부터, 회생채권자들은 회생절차를 진행하면서 채무자가 벌어들이는 수입으로 각각 변제받게 된다.

II 책임절차개시결정 후 신청인이 회생절차개시결정을 받은 경우

이때에도 책임제한절차의 속행 여부를 두고 책임제한절차가 '파산절차'의 성격을 가지고 있음에 주목하여 제58조 제2항 제1호를 유추하여 회생절차가 개시된 이상 책임제한절차가 진행될 수 없다고 보는 견해도 있을 수 있다. 그러나 앞서 본 바와 같은 이유에 비추어 보면 책임제한절차의 속행이 제한된다고 단정하기는 어렵다.

---

141) 「선박소유자 등의 책임제한절차에 관한 법률」에 따라 공탁된 금전과 이에 대한 이자의 합계액을 말한다(위 법률 제27조 제1항).

142) 책임제한절차를 별도로 진행하는 것이 회생채권자를 현저히 해할 염려가 있는 경우에는 제도의 취지, 일반 채권자들과의 형평성 등에 비추어, 책임제한절차를 폐지할 수 있도록 근거조항을 도입하는 것도 입법론적으로는 고려해볼 만하다.

제 5 장

회생절차개시신청에 대한 재판

I 회생절차개시신청취하의 시기적 제한

1. 신청취하가 허용되는 시기

가. 회생절차개시결정 전

회생절차개시의 신청을 한 자는 회생절차개시결정 전에 한하여 그 신청을 취하할 수 있다(제48조 제1항).[1] 회생절차개시신청의 취하는 '회생절차개시의 신청을 한 자'만이 할 수 있으므로 보전관리인이 선임되어 있더라도 보전관리인은 취하를 신청할 수 없다.

보전처분(제43조 제1항), 보전관리명령(제43조 제3항), 중지명령(제44조 제1항), 포괄적 금지명령(제45조 제1항)이 있기 전에는 자유롭게 회생절차개시신청을 취하할 수 있다.

그러나 위와 같은 보전처분 등이 있은 후에는 법원의 허가를 얻지 아니하면 회생절차개시신청 및 보전처분신청을 취하할 수 없다(제48조 제2항).[2] 신청인이 일단 보전처분, 보전관리명령, 중지명령, 포괄적 금지명령을 받아 채무의 일시 유예·부도유예의 혜택을 받거나 회생채권 또는 회생담보권에 기한 강제집행 등이 중지·금지되게 하여 위기를 넘긴 다음 회생절차개시신청 또는 보전처분신청을 취하함으로써 이를 악용하는 것을 막기 위한 것이다. 부인권을 위한 보전처분이 있는 경우에도 마찬가지 이유로 법원의 허가를 얻어야 취하할 수 있다고 할 것이다.

채권자의 신청에 의한 경우에도 소의 취하와 달리(민소법 제266조 제2항) 신청을 취하할 때 상대방의 동의는 필요하지 않다. 이는 회생절차개시신청을 기각하는 결정이 확정되어도 회생원인의 부존재 등에 대하여 기판력이 발생하지 않고, 같은 채권자가 다시 회생절차개시신청을

---

1) 파산신청의 취하에 대하여는 시기적으로 특별한 제한이 없으나, 파산선고 전에 한하여 할 수 있다고 할 것이다{〈**제3편 제2장 제1절 V.**〉(본서 1222쪽) 참조}. 개인회생신청의 취하는 회생절차와 동일하다(본서 1922쪽).
2) 독일의 경우 도산절차가 개시되거나 신청이 확정적으로 각하될 때까지 취하할 수 있다{독일 도산법 §13(2)}. 중국 〈기업파산법〉의 경우 신청인은 법원이 회생신청을 수리하기 전까지 신청을 취하할 수 있다(제9조).

하는 것을 방해하는 효과도 없으므로, 채무자의 동의를 연결시킬 필요성이 없기 때문이다.

나. 회생절차개시결정 후

회생절차개시결정이 있는 경우 신청인의 취하는 허용되지 않는다. 회생절차개시결정에 대하여 즉시항고가 있어 항고심에서 심리 중이라도 신청을 취하할 여지는 없다. 개시결정은 그 결정시에 모든 관계자에 대하여 효력이 발생하고(제49조 제3항) 이후에는 집단적인 권리의무가 형성되기 때문에 신청인에게 회생절차개시신청을 취하할 여지가 없도록 한 것이다.

2. 취하허가 재판에 대한 불복

취하허가에 대한 재판은 신청인에게 고지(송달)함으로써 효력이 생기고 불복할 수 없다(제13조 제1항). 허가의 재판을 한 경우에는 그 재판에 의해 회생절차개시신청은 취하되고 회생사건은 종료한다. 취하허가의 재판에 대하여 불복이 있는 채권자는 스스로 회생신청을 하는 수밖에 없다. 허가를 하지 않는 재판이 된 경우 그 후 회생절차개시신청이 기각되는 경우가 일반적이고, 허가를 하지 않는 것에 대한 신청인의 불복은 기각결정에 대한 즉시항고 과정에서 주장하면 된다.

3. 보전처분 등의 처리

보전처분이나 보전관리명령이 있은 후 법원이 회생절차개시신청의 취하를 허가한 경우 보전처분이나 보전관리명령은 그 목적을 상실하여 즉시 실효하게 되므로 별도의 보전처분취소결정이나 보전관리명령취소결정을 할 필요는 없다.[3] 다만 보전관리명령이 실효된 경우에는 보전관리명령이 취소된 때처럼 관리처분권이 채무자에게로 회복되는 것을 대외적으로 공시할 필요가 있기 때문에 그 취지를 공고하여야 할 것이다(제43조 제8항 참조).

Ⅱ 회생절차개시신청취하와 시효중단

회생절차개시신청이 취하된 경우 회생절차는 소급적으로 효력을 잃고 종료된다. 회생절차개시신청이 취하된 경우에는 시효완성의 유예효과만이 있고 시효의 갱신효과는 발생하지 않는다.

회생절차개시신청취하와 시효중단에 대하여는 〈제3장 제4절 Ⅰ.〉(본서 192쪽)을 참조할 것.

---

3) 제48조 제2항은 보전처분(보전관리명령)이 있은 후 회생절차개시신청의 취하 외에도 보전처분신청의 취하를 할 수 있도록 하였다. 보전처분(보전관리명령)이 발령된 후, 법원은 이에 대한 변경 또는 취소(제43조 제4항)를 통하여, 신청인은 보전처분신청의 취하를 통하여 이를 해소할 수 있다.

　한편 실무적으로 회생절차개시신청 취하 허가 결정과 함께 보전처분 말소를 위해 직권으로 보전처분 취소 결정을 하는 경우도 있다(서울회생법원 2023회합100040, 2023회합100050).

제2절 회생절차개시신청에 대한 기각결정

회생절차개시원인(회생원인)을 갖추지 못하였거나, 제42조에서 규정하는 회생절차개시신청의 기각사유가 있는 경우 법원은 관리위원회의 의견을 들은 후 회생절차개시신청을 기각하여야 한다.[4] 회생절차개시의 요건을 충족하고 있는지 여부는 개시결정 당시를 기준으로 하여 판단하는 것이 원칙이나, 개시결정에 대하여 즉시항고가 제기된 경우에는 항고심의 속심적 성격에 비추어 개시결정 후에 발생한 사정까지 고려하여 항고심 결정시를 기준으로 판단하여야 하는 것이다.[5]

Ⅰ 회생절차개시신청의 기각 사유

1. 회생절차개시원인의 흠결

회생절차를 개시하기 위해서는 ① 사업의 계속에 현저한 지장을 초래하지 아니하고는 변제기에 있는 채무를 변제할 수 없거나, ② 채무자에게 파산의 원인인 사실이 생길 염려가 있어야 한다(제34조 제1항). 위와 같은 요건을 갖추지 못한 경우에는 회생절차개시신청을 기각하여야 한다.

회생절차개시원인(회생원인)에 대한 자세한 내용은 〈제3장 제2절 Ⅱ.〉(본서 174쪽)를 참조할 것.

2. 제42조의 회생절차개시신청 기각사유

다음과 같은 사유가 있는 경우에는 회생절차개시의 신청을 기각하여야 한다. 이는 필요적 기각사유로서 이를 이유로 신청을 기각하려면 관리위원회의 의견을 들어야 한다(제42조). 회생절차를 진행하는 것이 상당하지 않는 경우를 유형화하여 회생절차개시신청의 기각사유를 정함

---

4) **회생절차개시신청의 각하** ① 법인이나 법인이 아닌 사단 또는 재단의 경우 회생절차개시신청을 함에 있어 적법한 대표권이 없는 자가 신청하거나 이사회결의 등 적법한 의사결정과정을 거치지 아니하고 신청을 한 경우가 있다. 이러한 경우에는 신청인의 자격이 인정되지 않아 부적법하므로 회생절차개시신청을 각하하여야 할 것이다. 관련 내용은 〈제3장 제3절 Ⅰ., Ⅳ.4.〉(본서 178, 186쪽)를 참조할 것. ② 채권자가 신청한 사건에서 신청 당시에는 요건을 충족한 채권액이 있었지만, 이후 변제 등의 사유로 회생절차개시결정 전에 채권이 소멸하거나 요건에 미달한 경우에도 부적법하므로 각하하여야 한다. ③ 신청인이 신청적격을 갖추지 못하는 등 신청의 적법요건을 갖추지 못한 경우 부적법 각하한다.

5) 대법원 2009. 12. 24. 자 2009마1137 결정 참조. 한편 회생절차개시의 요건을 충족하고 있는지 여부는 개시신청 당시를 기준으로 하여 판단하는 것이 원칙이라고 하고 있다. 그러나 개시결정 시에는 개시요건을 갖추었으나 신청 당시를 기준으로 개시요건을 갖추지 못하였음을 이유로 신청을 기각하더라도 채무자는 다시 회생을 신청할 수 있다. 따라서 이는 무익한 절차의 반복만을 요구하는 것에 불과하므로 회생절차개시요건을 충족하고 있는지 여부를 개시신청 당시를 기준으로 하는 것이 원칙이라는 위 결정은 문제가 있어 보인다. 회생절차개시의 요건을 충족하고 있는지 여부는 개시결정 시를 기준으로 판단하여야 할 것이다.

으로써 그 반면으로 회생절차개시요건을 명확히 하였다. 회생절차개시신청을 할 때 회생절차 개시원인을 갖추고 있다고 하더라도 아래의 하나에 해당하는 경우에는 회생절차를 개시하여서는 안 되고 법원은 회생절차개시신청을 기각하여야 한다. 이런 의미에서 회생절차개시의 소극적 요건이라고도 할 수 있다.

제42조가 회생절차개시를 위한 적극적 요건을 규정하지 않고, 소극적 요건으로 기각사유를 규정한 것은 신속하게 회생절차를 개시하여, 채무자에게 회생의 기회를 주기 위함이다. 따라서 절차개시결정에 쓸데없이 시간을 지체하거나 신청을 제한하여서는 아니 된다. 회생절차의 진입에 있어 기각의 판단은 상당하고 명확한 사유가 있는 경우에 한정하여 적용하여야 한다. 실무적으로도 회생절차개시신청을 기각하는 경우는 드물다.

가. 회생절차의 비용을 미리 납부하지 아니한 경우 (제1호)

회생절차개시의 신청을 하는 때에는 신청인은 회생절차의 비용을 미리 납부하여야 한다(제39조 제1항). 법원은 회생절차개시의 신청이 있으면 일정한 기간을 정하여 비용을 예납할 것을 명하는데, 위 기간 내에 비용을 예납하지 아니하면 개시신청을 기각하여야 한다. 비용을 예납하지 않으면 조사위원의 선임 등 법원이 절차를 진행하는데 필요한 행위를 할 수 없어 절차개시의 의미가 없기 때문이다.

비용예납과 관련하여서는 〈제1장 제2절 Ⅱ.3.〉(본서 116쪽)을 참조할 것.

나. 회생절차개시 신청이 성실하지 아니한 경우 (제2호)

포괄적 기각사유라고 볼 수 있다. 나머지 기각사유에 해당하지 않더라도 회생절차개시 신청이 성실하지 아니한 경우에는 회생절차개시신청을 기각하여야 한다.

'회생절차개시 신청이 성실하지 아니한 경우'란 주로 신청의 목적이 법의 목적과 합치하지 않는 것을 의미하며 주로 신청의 동기가 문제된다. 회생절차개시 신청이 성실하지 아니한 경우에 해당하는지는 개별적 사안에 따라 구체적 사정을 종합하여 판단하여야 할 것이다. ① 회생절차 진행 이외의 목적으로 회생절차개시의 신청을 한 경우, 예컨대 주로 채권자 신청의 회생사건에 있어서 회생절차개시신청의 취하를 조건으로 자기 채권을 우선 지급받고자 하거나 금전 기타의 이익을 취득할 것을 목적으로 하는 신청,[6] 주가조작을 목적으로 하는 경우, 제3자가 소유하고 있는 채무자 주식에 대한 매각절차 진행을 저지하기 위한 신청[7] 등,[8] ② 회생절

---

6) 대법원 2004. 5. 12. 자 2003마1637 결정 참조.
7) 서울회생법원 2023. 12. 4. 자 2023회합100116 결정(A는 당초 뿌리조트에 대한 파산절차에서 파산재단에 속한 채무자 주식을 저가에 인수할 목적이었는데, 예상과 달리 인수자가 채무자 주식을 낙찰받자 이를 저지하기 위하여 채무자에 대하여 회생신청을 하였고(이후 위 회생신청은 취하함), 동시에 평소 A와 우호적인 관계에 있던 신청인으로 하여금 채무자에 대하여 이 사건 회생절차개시신청을 하도록 한 사안임).
8) 채권자가 경영진 교체를 목적으로 회생절차개시신청을 한 경우 신청이 성실하지 않다고 볼 수 있는가. 대법원은 채권자들이 경영진 교체를 목적으로 회생절차를 신청하였다는 대주주의 주장에 대하여, 경영진 교체를 목적으로 회생절차개시가 신청되었음이 소명되지 않았다는 이유로 위 주장을 배척한 사례가 있다(대법원 2014. 4. 29. 자 2014마244 결정).

차가 개시되는 것을 원하지 아니하고 단지 회생절차 진행에 따르는 부수적인 효과, 특히 다른 절차의 중지명령·보전처분의 효과만을 목적으로 하는 경우, 예컨대 일시적으로 강제집행 등 다른 절차를 중지시키거나 보전처분을 받아 그동안의 시간을 이용하여 자금을 융통하고 신청을 취하하려는 경우나 부정수표단속법위반죄로 처벌되지 않기 위해서[9] 회생절차를 신청하는 경우,[10] 부인권행사 목적으로 하는 신청,[11] ③ 회생절차개시결정에 따른 효과만을 목적으로 하고 신청인이 그 후 회생절차를 진행하려는 의사가 없는 경우 등을 신청이 성실하지 아니한 예라고 볼 수 있다.[12]

다. 그 밖에 회생절차에 의함이 채권자 일반의 이익에 적합하지 아니한 경우 (제3호)

채무자회생법은 개인회생절차를 제외한 다른 집단적 채무조정절차(파산절차)와의 관계에서 회생절차를 우선시하는 방침을 취하고 있다(제44조 제1항 제1호, 제58조 제1항 제1호, 제256조 제1항, 제600조 제1항 제1호). 그러나 다른 집단적 채무조정절차에 의하는 쪽이 채권자에게 유리한 경우에는 회생절차를 개시하기보다 오히려 그 절차에 의하게 하는 것이 채권자 일반의 이익에 적합하므로 회생절차개시의 신청을 기각하여야 할 것이다.[13]

'그 밖에 회생절차에 의함이 채권자 일반의 이익에 적합하지 아니한 경우'란 청산가치가 계속기업가치를 명백히 초과하는 경우 등으로서 파산절차 등 다른 집단적 채무처리절차에 의하는 것이 채권자에게 더 유리한 경우를 의미한다.

채권자의 '이익'이란 변제율, 변제의 시기, 변제기간 등을 종합적으로 고려하여 판단하여야

---

9) 대법원 1990. 8. 14. 선고 90도1317 판결 참조.

10) 채무자가 진정으로 회생절차를 진행하려는 뜻으로 회생절차개시신청을 하였다기보다 경매목적물에 대한 경매절차를 중지시키려는 부수적 효과만을 목적으로 회생절차개시신청을 하였다는 이유로 회생절차개시신청을 기각한 사례로 「서울회생법원 2020. 12. 29. 자 2020회합100127 결정」이 있다.

11) 倒産判例百選, 20~21쪽.

12) 회생사건실무(상), 139~140쪽 참조.

13) 금융기관이 도산하여 법원에 회생절차개시신청을 한 경우 회생절차를 진행하는 것이 타당한가. 앞에서 본 바와 같이 금융기관의 도산에 있어서는 다른 도산절차에 비하여 신속성, 전문성을 갖춘 기관이 자금지원이나 가교은행 설립 등 적극적으로 다양한 처리방안을 실행할 필요가 있는데, 법원이나 관리인이 과감하고 신속하게, 그리고 다른 금융제도와 유기적인 연관하에서 그러한 업무를 처리할 수 있는지 의문이다. 따라서 금융기관에 대한 회생절차가 법원에 신청된다고 하더라도 '회생절차에 의함이 채권자 일반의 이익에 적합하지 아니한 경우'에 해당할 여지가 커 기각될 수 있을 것이다. 1997년 금융위기상황에서 1997. 12. 12. 동서증권 주식회사, 동서할부금융 주식회사, 1997. 12. 15. 고려증권 주식회사가 각 회사정리절차(현행 회생절차에 상응하는 것이다)를 신청하였으나, 갱생가능성이 없고 회사정리절차를 통하여 갱생을 도모하는 것은 부적법하다는 이유로 모두 기각된 바 있다. 현재는 법원에 상당수 금융기관의 도산 실무에 대한 경험이 축적되어 있어 상황이 많이 변화하였지만, 금융기관 도산의 특수성으로 인해 법원의 회생절차를 통해 회생을 도모하는 것은 여전히 한계가 있어 보인다.

한편 동아탱커 주식회사(해운회사)는 2019. 4. 2. 서울회생법원에 회생절차개시신청을 하였는데, 국내 금융단이 SPC 선박에 대해 담보권을 실행하려 하자 장래 구상채권을 가진 채권자의 지위에서 해외에 치적된 12개 SPC(채무자)에 대하여 2019. 4. 12. 회생절차개시신청을 하였다(서울회생법원 2019회합100083 등). 이에 서울회생법원은 2019. 5. 22. 채권자들이 회생절차를 통하여 장차 채무자(SPC)로부터 회수할 수 있는 채권액이 현재 담보권 실행을 통하여 회수할 수 있는 채권액보다 많다고 단정할 수 없으므로 채무자(SPC)에 대하여 회생절차를 진행하는 것이 채권자 일반의 이익에 적합하다고 볼 수 없다는 이유로 회생절차개시신청을 기각하였다(서울회생법원 2019회합100083). 다만 위 결정은 담보권 실행이 회생절차가 아닌 다른 절차에 포함되는 것으로 보고 있다는 점에서 적절한 것인지 의문이다.

한다. 채권자의 '일반의 이익'이란 개개의 채권자나 특정 채권자(예를 들면 담보권을 가진 채권자나 소액 채권자)가 아니고 채권자 전체에게 이익이 되는 것을 말한다. 채권자 일반의 이익이 되는 것으로 전형적인 것은 파산절차에 의한 것 이상으로 변제가 기대되는 경우이다.[14]

회생절차개시신청 당시에 이미 파산절차나 개인회생절차 등이 계속되어 있는 경우뿐만 아니라 파산절차, 개인회생절차 등이 계속되어 있지 아니하더라도[15] 향후 그러한 다른 절차에 의하는 것이 회생절차에 의하는 것보다 채권자 일반에게 유리할 것으로 보이는 경우에는 기각사유에 해당한다.[16] 기촉법에 의한 사적 도산절차(공동관리절차·관리절차)[17]나 경매절차는 특정한 채권자들의 이익을 꾀하는 제도로서의 성격이 강하므로 여기서 말하는 다른 절차에는 포함되지 않는다 할 것이다.

3. 재도의 회생절차개시신청

채무자가 회생절차개시신청기각결정,[18] 회생절차의 폐지결정 또는 회생계획불인가결정 이후에 전과 동일한 재정적 파탄을 원인으로 다시 회생절차의 개시신청을 하는 경우가 있다. 이러한 경우 그 신청이 '회생절차 개시신청이 성실하지 아니한 경우' 또는 '그 밖에 회생절차에 의함이 채권자 일반의 이익에 적합하지 아니한 경우'에 해당할 수가 있다.

'위와 같은 사유에 해당하여 회생절차 개시신청의 기각사유가 존재하는지 여부를 판단함에 있어서는, 종전 회생절차의 종료 시점과 새로운 회생절차 개시신청 사이의 기간, 종전 회생절차의 폐지사유가 소멸하거나 종전 회생계획에 대한 불인가사유가 소멸하는 등 그 사이에 사정

---

14) 서울회생법원 2022. 7. 4. 자 2022회합100023 결정{채무자 재산이 거의 없고 매출액이 0이며 계속기업가치도 부(−)로 산정되고 사업 자체가 어렵다는 이유로 회생절차개시신청을 기각한 사례}, 서울회생법원 2020. 3. 31. 자 2020회합100014 결정(항고)(채무자의 청산가치가 계속기업가치를 명백히 초과하여 회생절차에서 파산절차에 의하는 것 이상으로 변제를 기대하기 어렵고, 채무자에 대하여 이미 파산신청이 되어 있다는 점 등을 고려하여 회생절차개시 신청을 기각한 사례).

15) 개인회생절차에서도 다른 절차가 이미 법원에 계속 중임을 요하고 있지 않다(제595조 제6호). 반면 파산절차에서는 법원에 이미 회생절차 또는 개인회생절차가 계속되어 있을 것을 요구하고 있다(제309조 제1항 제2호).

16) 청산가치가 계속기업가치를 초과함이 명백하고, 채무자에 대하여 인수·합병에 대한 가능성이 극히 낮은 경우에는 회생절차에 의함이 채권 일반의 이익에 적합하지 아니한 경우에 해당한다는 이유로 회생절차개시신청을 기각한 사례로 「전주지방법원 2018. 1. 12. 자 2017회합22 결정(확정)」이 있다. 그러나 청산가치가 계속기업가치를 초과함이 명백한 경우는 임의적 회생절차폐지사유에 불과하고(제286조 제2항), 계속기업가치가 청산가치를 초과하는 것이 회생절차를 진행하는 요건으로 보기는 어려우며, 청산형 회생계획안도 인정되고 있다(제222조)는 점에서 위 결정이 타당한지는 의문이다.

　그 밖에 채권자 일반의 이익에 부합하지 않다는 이유로 회생절차개시신청을 기각한 예로 「수원지방법원 2018. 12. 4. 자 2018회합10059 결정(확정), 창원지방법원 2018. 9. 28. 자 2018회합10043 결정(항고기각, 확정)」 등이 있다.

17) 기촉법에 따른 구조조정절차(공동관리절차)는 상거래채권자를 제외하고 있으므로 '채권자 일반의 이익'이라고 볼 수 없어 다른 절차에 포함되기 어려운 측면이 있다. 하지만 구조조정절차 중 하나이고, 상거래채권자가 제외되고 법원이 관여하지 않는다는 점만 다를 뿐 법원이 관여하는 도산절차와 큰 차이가 없으므로 기촉법에 따른 구조조정절차가 진행 중일 경우에는 해당 절차를 존중할 필요가 있을 것이다. 채무자에 대하여 공동관리절차가 진행 중인 것과 채권자의 72%가 회생절차개시에 반대하고 있다는 점 등을 고려하여, 채무자에 대한 회생절차개시가 채권자 일반의 이익에 적합하지 않다고 한 재판례로 「서울회생법원 2021. 4. 23. 자 2021회합100031 결정(확정, 항고 및 재항고 기각)」이 있다.

18) 서울회생법원 2020. 11. 10. 자 2020간회합100051 결정 참조.

변경이 발생하였는지 여부, 채무자의 영업상황이나 재정상황, 채권자들의 의사 등의 여러 사정을 고려하여야 한다.[19]

Ⅱ 회생절차개시신청 기각결정에 대한 불복

1. 즉시항고

회생절차개시신청 기각결정에 대하여는 즉시항고를 할 수 있다(제53조 제1항). 즉시항고를 할 수 있는 자와 관련하여 ① 신청인에 제한된다는 견해, ② 신청인에 제한되지 않고 회생절차개시신청을 할 수 있는 요건을 갖춘 자(채무자, 채권자 또는 주주·지분권자)도 즉시항고를 할 수 있다는 견해,[20] ③ 모든 채권자, 주주·지분권자가 즉시항고를 할 수 있다는 견해가 있다. 회생절차개시신청을 할 수 있는 자는 스스로 회생절차개시신청을 하는 것으로 충분하고, 신청의 요건을 갖추지 못한 자에게 즉시항고권을 인정하는 것은 신청요건을 제한하는 채무자회생법의 취지에 반하기 때문에 즉시항고는 신청인만이 할 수 있다고 보아야 할 것이다.[21]

회생절차개시신청기각결정은 공고되지 않으므로 즉시항고기간은 기각결정이 신청인에게 고지(송달)된 때로부터 1주간이다(제33조, 민소법 제444조 제1항).[22] 즉시항고를 하더라도 집행정지의 효력은 없다(제53조 제3항).

회생절차개시신청기각결정에 대한 즉시항고가 있는 경우에도 보전처분(제43조), 중지명령(제44조), 포괄적 금지명령(제45조)을 발할 수 있다(제53조 제2항). 이는 신청기각결정으로 보전처분 등이 효력을 잃게 되는데, 그 즉시항고에 대한 재판이 있을 때까지 상당한 시간이 소요되므로 그 사이에 있을 수 있는 채무자에 의한 재산 처분, 강제집행, 담보권실행을 위한 경매 등의 절차에 의하여 채무자의 재산이 처분되어 장래 기각결정이 번복되어 회생절차가 개시되어도 회생절차의 목적을 달성할 수 없게 될 가능성이 있기 때문에 둔 규정이다. 이 경우 보전처분 등을 할 수 있는 법원은 항고법원이다.

2. 항고법원의 심리 및 재판

항고법원은 즉시항고의 절차가 법률에 위반되거나 즉시항고가 이유 없다고 인정하는 때에는 결정으로 즉시항고를 각하 또는 기각하여야 한다(제53조 제4항). 반면 즉시항고가 이유 있다고 인정하는 때에는 원심법원의 결정을 취소하고 사건을 원심법원에 환송하여야 한다(제53조

---

19) 대법원 2009. 12. 24. 자 2009마1137 결정. 실무적으로 재도의 회생절차개시신청을 하는 경우 개시 전 조사위원을 선임하여 회생절차를 진행함이 적절한지 등에 대한 조사를 하게 한 후 신청기각이나 개시 여부를 결정하고 있다.
20) 會社更生法, 108쪽.
21) 會社更生의 實務(上), 156쪽. 신청인이 신청적격을 갖추지 못하는 등 신청의 적법요건을 갖추지 못하여 부적법 각하한 경우, 즉시항고권자는 신청인이다.
22) 개시결정을 한 원심이 즉시항고를 하자 재도의 고안에 기초한 경정결정으로, 개시결정을 취소하고 개시신청을 기각한 경우에 있어 즉시항고기간은 경정결정의 고지로부터 1주간으로 보아야 할 것이다.

제5항).[23]

항고법원의 심리 및 재판에 관한 자세한 사항은 〈제2장 제3절 Ⅱ.6.〉(본서 152쪽)을 참조할 것.

제3절 회생절차개시결정

Ⅰ 회생절차개시결정에 관한 일반론

1. 회생절차개시결정

적법한 신청권자로부터 신청이 있고, 신청인이 주장하는 회생절차개시원인(제34조 제1항)이 존재하며[적극적 요건],[24] 회생절차개시신청기각사유(제42조)가 존재하지 아니한 경우[소극적 요건], 즉 회생절차개시요건을 모두 갖춘 경우 법원은 회생절차개시결정을 한다.

회생절차개시요건을 충족하고 있는지 여부는 개시결정 당시를 기준으로 하여 판단한다. 다만 개시결정에 대하여 즉시항고가 제기된 경우에는 항고심의 속심적 성격에 비추어 개시결정 후에 발생한 사정까지 고려하여 항고심 결정시를 기준으로 판단하여야 한다.[25]

채무자가 회생절차개시를 신청한 때에는 법원은 회생절차개시의 신청일로부터 1월 이내에 회생절차개시 여부를 결정하여야 한다(제49조 제1항).[26]

2. 회생절차개시결정 연월일시의 기재

회생절차개시결정은 그 효력이 송달시가 아닌 결정시에 발생하고 각종 법률관계에 중대한 영향을 미치므로 결정서에 결정의 연·월·일·시를 기재하여야 한다(제49조 제2항).[27]

---

23) 서울고등법원 2024. 5. 29. 자 2023라21801 결정 참조.
24) 회생절차개시신청을 할 때는 회생절차개시원인인 사실과 채권액 등을 소명하여야 한다(제38조). 소명이 되지 않는 경우에는 부적법하여 신청을 각하한다. 제38조에 의한 소명은 신청을 적법하게 하기 위하여 요구되는 것이기 때문에, 법원이 개시결정을 하기 위해서는 이유구비요건인 개시원인인 사실의 존재가 증명되지 않으면 안 된다. 채권자 신청의 경우 채권의 존재에 대하여도 증명을 필요로 하는지에 대한 의문이 있기는 하다(채권의 존재는 회생절차개시결정에 의하여 확정되는 것은 아니므로 소명으로 충분하다는 견해가 있다). 하지만 회생절차신청의 적법요건에 대하여도 증명이 필요하다고 해석되므로 신청권의 기초를 부여하는 사실로서 채권의 존재도 증명이 필요하다고 할 것이다(條解 民事再生法, 107쪽, 본서 1213쪽 각주 54)).
25) 대법원 2009. 12. 24. 자 2009마1137 결정 참조. 위 결정은 회생절차개시요건의 충족 여부를 개시신청 당시를 기준으로 판단하는 것이 원칙이라고 하고 있으나 타당한지는 의문이다. 신청 당시에 요건을 충족하지 못한다고 하여 기각하더라도 다시 회생절차개시신청을 할 수 있으므로 절차의 반복에 불과하고, 항고한 경우에는 항고심 결정시를 기준으로 판단한다고 하는 것과 부합하지 않는다는 점에서 개시결정시를 기준으로 판단하는 것이 타당하다고 본다. 다만 간이회생절차에서 소액영업소득자에 해당하는지 여부를 판단하는 채무 총액은 신청시를 기준으로 한다(제293조의2 제2호).
26) 이러한 법 규정에도 불구하고 실무적으로는 사건수의 과다, 보정의 지연 등 여러 가지 원인으로 신청일로부터 1월 이내에 개시결정이 이루어지는 경우는 많지 않다. 다만 현재는 패스트 트랙 회생절차의 시행으로 신속하게 개시결정을 하는 실무가 정착되어 가고 있다.
27) 개시결정의 시간이 기재되지 않는(누락된) 경우는 어떻게 처리하여야 하는가. 개시결정의 시점이 각종 법률관계에

3. 회생절차개시결정의 효력발생시기

회생절차개시결정은 확정을 기다리지 않고 그 결정시부터[28] 효력이 발생한다(제49조 제3항). 이것은 회생절차개시 효과를 신속하고 획일적으로 발생시키기 위함이다.

회생절차개시결정에 대하여 즉시항고를 하더라도 집행정지의 효력은 없다(제53조 제3항, 제1항).

4. 회생절차개시결정에 대한 불복

회생절차개시결정에 대하여는 즉시항고를 할 수 있다(제53조 제1항). 회생절차개시결정은 공고하여야 하므로(제51조 제1항) 즉시항고기간은 공고가 있은 날로부터 14일이다. 개시결정에 대한 즉시항고권자는 채무자, 채권자, 주주·지분권자 중 신청인 이외의 자이다. 채권자 및 주주·지분권자에 대하여는 신청에 필요한 채권액, 주식·출자지분을 묻지 않는다. 이러한 자들도 회생계획에 의하여 그의 권리가 감액, 소멸될 가능성이 있기 때문이다. 특히 주주의 경우 회생절차개시결정으로 회사의 의사결정에 참여할 기회를 상실하므로 법률상 이해관계가 있다.[29]

채권자가 신청하여 회생절차개시결정이 내려진 경우 채무자가 즉시항고를 할 수 있는가. 제13조 제1항, 제53조 제1항에 따르면, 회생절차개시의 신청에 관한 재판에 대하여 이해관계를 가진 자는 즉시항고를 할 수 있다. 여기서 이해관계란 사실상·경제상 또는 감정상의 이해관계가 아니라 법률상의 이해관계를 말하는 것으로, 해당 재판의 결과에 따라 즉시항고를 하려는 자의 법률상의 지위가 영향을 받는 관계에 있는 경우를 의미한다. 회생절차가 개시되면 채무자의 업무의 수행과 재산의 관리 및 처분을 하는 권한이 관리인에게 전속하게 되는 등(제56조 제1항) 채무자의 법률상 지위에 중대한 변화가 발생하므로, 채권자 등의 신청에 의해 회생절차개시결정이 내려진 때에는 채무자가 이해관계인으로서 그에 대하여 즉시항고를 할 수 있다고 보아야 한다. 이때 채무자가 법인인 경우에는 채무자의 기존 대표자가 채무자를 대표하여 즉시항고를 제기할 수 있다. 만일 기존 대표자가 채무자를 대표하여 즉시항고를 제기할 수 없다면, 채무자로서는 회생절차개시결정에 대하여 사실상 다툴 수 없게 되기 때문이다.[30]

중대한 영향을 미치므로 개시 시간은 중요하다. 그러나 시간이 기재되지 않은(누락된) 경우에 대하여는 아무런 규정이 없다. 입법적 규정이 필요해 보인다. 독일 도산법은 "개시의 시간이 기재되지 아니한 경우에는 결정이 내려진 날의 정오가 개시시점이 된다"고 규정하고 있다(§27(3)).

28) '결정시'의 의미에 관하여, ① 결정서에 법관이 기명날인한 때, ② 법관이 법원사무관에게 결정서를 교부한 때, ③ 법원사무관이 송달기관에 결정서 정본을 교부한 때, ④ 기명날인한 결정서가 이해관계인에게 송달된 때, ⑤ 법관이 결정의 효력을 발생시키는 때로서 결정서에 기재한 때 등을 상정할 수 있다. 재판의 효력발생이라는 이론적 관점에서 보면 ④설이 타당하다. 다만 실무적으로는 결정서에 효력이 발생할 연·월·일·시를 기재하여 선고하고 있기 때문에 큰 문제는 없다.

29) 반면 파산선고결정에 대하여는 주주에게 즉시항고권이 인정되지 않는다(본서 1315쪽).

30) 대법원 2021. 8. 13. 자 2021마5663 결정.

5. 회생절차개시결정의 취소

가. 의 의

회생절차개시결정을 취소하는 경우가 있다. 취소결정을 하는 경우란 회생절차개시결정에 대한 즉시항고에 기하여 항고법원이 취소결정을 하는 경우와 회생절차개시결정을 한 법원이 이에 대한 즉시항고가 제기된 후 재도의 고안(민소법 제446조)으로 스스로 취소결정을 하는 경우를 말한다.

나. 취소결정 확정의 효과

회생절차개시결정에 대한 취소결정은 확정되어야 효력이 발생하고, 취소결정이 확정되면 개시결정의 효력은 소급적으로 소멸한다.[31] 따라서 업무수행권과 관리처분권의 박탈(제56조 제1항), 회생채권 등의 변제금지(제131조), 소송절차의 중단(제59조), 강제집행의 중지(제58조 제2항) 등의 효과도 소급적으로 소멸한다. 취소결정이 확정된 때에는 즉시 그 주문을 공고하여야 한다(제54조 제1항).

(1) 채무자, 채권자 및 관리인에 대한 효과

채무자는 업무수행권 및 재산의 관리처분권을 회복하고 관리인의 권한은 소멸한다. 다만 관리인에 의해 행해지거나 관리인에 대하여 행해진 법적 행위의 효력은 영향을 받지 않는다.[32] 따라서 관리인은 회생절차개시결정을 취소하는 결정이 확정되면 공익채권을 변제하여야 하고, 이의 있는 공익채권의 경우에는 그 채권자를 위하여 공탁하여야 한다(제54조 제3항). 변제·공탁하여야 할 공익채권의 범위에 관하여는 〈제8장 제4절 I.5.자.〉(본서 703쪽)를 참조할 것.

회생절차개시결정의 취소가 확정되면 그때까지 채무자에 대하여 할 수 없었던(회생절차개시결정이 갖는 절차상의 효과로서 할 수 없었던) 회생채권 등에 기한 소송의 제기, 강제집행 등을 자유롭게 할 수 있다.[33] 회생절차개시결정으로 중지된 강제집행 등은 중지상태가 끝나고 당연히 속행된다. 또한 회생절차의 필연적 일환으로 하여진 행위의 효과는 취소결정의 확정으로 소멸하므로 채권조사에서 이의 없이 확정된 회생채권자표 등의 기재로 인한 확정판결과 동일한 효력은 소멸한다. 이 점에서 회생절차의 폐지나 회생계획의 불인가의 경우 회생채권자표 등의 기재의 효력이 지속되는 것과 다르다(제248조, 제292조). 그리고 부인권은 회생절차 중에만 인정

---

31) 재도의 고안에 의한 취소의 경우에도 마찬가지이다.

32) 독일 도산법 §34(3) 후문 참조. 제54조 제3항은 개시결정이 취소되더라도 개시결정시부터 취소 확정시까지 사이에 관리인이 한 행위의 효력은 부인할 수 없음을 전제로 한 규정이다.

33) 재도의 고안에 의한 취소의 경우에도 마찬가지이다. 회생채권 등의 신고에 의한 시효중단의 효력(제32조 제1호)은 개시결정취소결정 확정 때까지 재판상의 최고로서의 효력이 인정된다(會社更生法, 109쪽). 채권신고에 의한 시효중단의 효력은 회생절차개시결정의 취소에 영향을 받지 않는다는 견해가 있지만, 개시결정취소의 소급효라는 점에서 보면 받아들이기 어렵다(條解 破産法, 299쪽 참조).

되는 권리로서 취소결정에 의하여 소멸하므로 이미 부인의 소송에 관한 판결이 확정되거나 강제집행이 끝난 후에도 그 효력은 부인되어야 한다.[34] 이에 반하여 채무자가 회생절차개시결정 후에 한 사법상의 행위는 개시결정의 취소로 영향을 받지 않는다(제64조 제1항 참조, 본서 272쪽).[35] 채무자가 회생절차개시결정 후에 한 사법상의 행위는 회생절차와의 관계에서 효력이 없다가 회생절차개시결정의 취소로 유효하게 되는 것이다.

(2) 소송절차 및 집행절차에 대한 효과

회생절차개시결정으로 중단된 재산에 관한 소송으로서 관리인에게 수계된 것은 채무자에게 다시 수계되기 위하여 중단된다. 관리인에게 수계되기 전인 경우에는 채무자가 당연히 수계한다(민소법 제239조). 회생절차개시결정 후에 관리인이 원고로서 제기한 소송이나 관리인을 피고로 하여 제기된 소송은 모두 중단되고 채무자가 수계한다(민소법 제236조). 채권조사확정재판은 더 이상 진행할 실익이 없으므로 당연히 종료한다.

회생절차개시결정취소결정은 소급하여 개시의 효과를 소멸시키고 채무자는 처음부터 회생절차개시결정을 받지 아니한 것이 된다. 따라서 회생절차개시결정 전의 강제집행, 가압류, 가처분 및 담보권실행을 위한 경매절차의 중지는 소급적으로 소멸하고 당해 절차를 속행할 수 있다. 다만 거래의 안전을 위하여 회생절차개시결정 시부터 취소 시까지 사이에 관리인의 권한에 의하여 행하여진 행위의 효력은 그대로 유효하다.

Ⅱ 회생절차개시결정과 동시에 정하여야 할 사항

1. 필수적 결정사항

법원은 회생절차개시결정과 동시에 관리위원회와 채권자협의회의 의견을 들어 다음의 사항을 정해야 한다(제50조 제1항).

가. 관리인의 선임 또는 불선임의 결정

법원이 관리인 불선임의 결정을 하는 경우 이외에는 반드시 개시결정과 동시에 관리인을 선임하여야 한다(제50조 제1항). 한편 채무자가 개인, 중소기업, 그 밖에 대법원규칙[36]이 정하는

---

34) 이민걸, "회사정리절차와 강제집행과의 관계", 재판자료 제72집(민사집행에 관한 제문제(하)), 법원도서관(1996), 668~669쪽.
35) 破産法·民事再生法, 792쪽 각주 80).
36) **규칙 제51조(관리인을 선임하지 아니할 수 있는 채무자)** 법 제74조 제3항에서 "그 밖에 대법원규칙이 정하는 자"라 함은 다음 각 호의 어느 하나에 해당하는 자를 말한다.
  1. 비영리 법인 또는 합명회사·합자회사
  2. 회생절차개시신청 당시 「증권거래법」 제2조 제13항에서 규정된 상장법인과 같은 조 제15항에서 규정된 코스닥 상장법인에 해당하는 채무자
  3. 회생절차개시 당시 재정적 부실의 정도가 중대하지 아니하고 일시적인 현금 유동성의 악화로 회생절차를 신청한 채무자

자인 경우에는 관리인을 선임하지 아니할 수 있다(제74조 제3항). 관리인이 선임되지 아니한 경우에는 채무자(개인이 아닌 경우에는 그 대표자)를 관리인으로 본다.

나. 회생채권자, 회생담보권자, 주주·지분권자의 목록을 작성하여 제출하여야 하는 기간 (제50조 제1항 제1호)

관리인은 회생채권자의 목록, 회생담보권자의 목록, 주주·지분권자의 목록을 제출하여야 하는데(제147조 제1항), 그 제출할 기간을 정하여야 한다. 제출기간의 말일은 회생절차개시 결정일로부터 2주 이상 2개월 이하 사이에서 정한다.

사전회생계획안 제출자는 회생절차개시 전까지 회생채권자·회생담보권자·주주·지분권자의 목록을 제출하여야 한다(제223조 제4항). 이 경우 그 목록을 관리인이 제출하여야 하는 회생채권자 등 목록(제147조 제1항)으로 보기 때문에(제223조 제5항), 사전회생계획안 제출자가 회생채권자의 목록 등을 제출한 경우에는 회생채권자의 목록 등 제출기간을 정하지 아니한다.

다. 회생채권·회생담보권과 주식 또는 출자지분의 신고기간

신고기간의 말일은 회생채권자, 회생담보권자, 주주·지분권자의 목록 제출기간의 말일로부터 1주 이상 1개월 이하 사이에서 정하여야 한다. 다만 사전회생계획안이 제출된 경우 회생채권·회생담보권·주식 또는 출자지분의 신고기간의 시기(始期)는 회생절차개시결정일이다(제50조 제1항 제2호).

라. 회생채권과 회생담보권의 조사기간

조사기간은 신고기간의 말일과 사이에 1주일 이상 1개월 이하의 기간 사이에서 정하여야 한다(제50조 제1항 제3호).

마. 회생계획안의 제출기간

회생계획안의 제출기간은 조사기간의 말일로부터[37] 4개월 이하(채무자가 개인인 경우에는 조사기간 말일로부터 2개월 이하)여야 한다. 다만 사전회생계획안이 제출된 경우 회생계획안의 제출기간의 시기(始期)는 회생절차개시결정일이다(제50조 제1항 제4호). 사전회생계획안이 제출된 경우의 회생계획안 제출기간은 관리인이나 사전회생계획안을 제출하지 아니한 채무자나 채권자에 대하여 적용되는 것이다(제220조 제1항, 제221조 참조). 관련 내용은 〈**제12장 제1절 Ⅲ.**,

---

4. 회생절차개시 당시 일정한 수준의 기술력, 영업력 및 시장점유율을 보유하고 있어 회생절차에서의 구조조정을 통하여 조기 회생이 가능하다고 인정되는 채무자
5. 회생절차개시결정 당시 주요 회생담보권자 및 회생채권자와 사이에 회생계획안의 주요 내용에 관하여 합의가 이루어진 채무자
6. 회생절차개시 당시 자금력 있는 제3자 또는 구 주주의 출자를 통하여 회생을 계획하고 있다고 인정되는 채무자
7. 그 밖에 관리인을 선임하지 아니하는 것이 채무자의 회생에 필요하거나 도움이 된다고 법원이 인정하는 채무자
37) 회생계획안 제출의 시점을 조사기간 말일로 한 것은 회생채권이나 회생담보권에 대한 조사가 끝나야 채권이 확정되고, 이를 기초로 회생계획안을 작성할 수 있기 때문이다.

Ⅳ.〉(본서 837~838쪽)를 참조할 것.

2. 임의적 결정사항

회생절차개시결정을 하면서 일반적으로 다음과 같은 사항도 결정하고 있다.

① 관리인이 법원의 허가를 받아야 할 행위의 지정(제61조)

② 회생절차개시 당시의 재산목록과 대차대조표의 제출기간(제90조, 제91조)

③ 그 밖의 보고서 제출기간(제93조)

④ 관리인 보수. 법원이 관리인 선임을 결정할 때는 관리인이 받을 보수를 결정한다(제30조 제1항).

Ⅲ 회생절차개시결정 후의 후속조치

법원은 회생절차개시결정 후 지체 없이 아래의 처분(부수처분)을 하여야 한다. 이는 이해관계인에게 회생절차개시의 사실을 알려 적절한 권리행사의 기회를 보장하기 위함이다.

1. 공   고

회생절차개시결정을 한 때에는 지체 없이 ① 회생절차개시결정의 주문, ② 관리인의 성명 또는 명칭, ③ 제50조의 규정에 의하여 정하여진 기간 및 기일, ④ 회생절차가 개시된 채무자의 재산을 소지하고 있거나 그에게 채무를 부담하는 자는 회생절차가 개시된 채무자에게 그 재산을 교부하여서는 아니된다는 뜻이나 그 채무자에게 그 채무를 변제하여서는 아니된다는 뜻과 회생절차가 개시된 채무자의 재산을 소지하고 있거나 그에게 채무를 부담하고 있다는 사실을 일정한 기간 안에 관리인에게 신고하여야 한다는 뜻의 명령, ⑤ ⓐ 채무자나 목록에 기재되어 있거나 신고한 회생채권자·회생담보권자·주주·지분권자는 회생계획안을 제출할 수 있다는 것(제221조)과 ⓑ 채무자의 부채의 2분의 1 이상에 해당하는 채권을 가진 채권자 또는 이러한 채권자의 동의를 얻은 채무자는 회생절차개시의 신청이 있는 때부터 회생절차개시 전까지 회생계획안을 작성하여 법원에 제출할 수 있다(제223조 제1항)[38]는 취지를 공고하여야 한다(제51조 제1항).

2. 송   달

법원은 관리인, 채무자, 알고 있는 회생채권자·회생담보권자·주주·지분권자, 회생절차가 개시된 채무자의 재산을 소지하고 있거나 그에게 채무를 부담하는 자에게 위 〈1.〉항의 공고사

---

38) 회생절차개시결정을 할 때 ⓑ부분 내용을 공고하도록 할 이유가 있는지 의문이다. 입법적 오류인 것으로 보인다.

항을 기재한 서면을 송달하여야 한다(제51조 제2항).[39]

알고 있는 회생채권자 등이란 회생절차개시결정 당시 알고 있는 자를 말하므로, 일반적으로 채무자 등이 작성한 채권자목록에 기재된 회생채권자 등을 가리킨다. 회생채권자 등은 그 금액이 확정될 필요는 없다. 다툼이 있는 채권도 회생채권자 등이라고 해석된다. 다만 다툼이 있는 채권에 대하여 채무자가 그 존재를 다투면서 채권자목록에 기재하지 않는 경우에는, 가사 소송이 제기되어 법원에 계속 중이라도 그 채권자는 알고 있는 회생채권자로 취급받을 수는 없다.

법원이 알고 있는 회생채권자 등을 제외한 나머지 자에 대하여는 송달장소를 알기 어려운 경우에 해당하므로 공고로써 송달을 갈음하게 된다(제10조 제1항).

3. 감독행정청 등에 대한 통지

주식회사[40]인 채무자에 대하여 회생절차개시의 결정을 한 때에는 법원은 제51조 제1항 각 호의 사항을 채무자의 업무를 감독하는 행정청, 법무부장관과 금융위원회에 통지하여야 한다. 제51조 제1항 제2호 및 제3호의 사항에 변경이 생긴 경우에도 마찬가지이다(제52조). 채권자협의회에 대하여도 회생절차개시결정문을 송부한다(규칙 제39조 제6호).

4. 등   기

가. 등기사항

법인인 채무자에 대하여 회생절차개시결정이 있는 경우에는 법원사무관 등은 직권으로 지체 없이 촉탁서에 결정서의 등본 또는 초본 등 관련 서류를 첨부하여 채무자의 각 사무소 및 영업소(외국에 주된 사무소 또는 영업소가 있는 때에는 대한민국에 있는 사무소 또는 영업소를 말한다)의 소재지의 등기소에 그 등기를 촉탁하여야 한다(제23조 제1항 제1호).

개인인 채무자에 대하여 회생절차개시결정이 있는 경우 그 채무자의 재산에 속하는 권리 중에 등기된 것이 있는 때에는 법원사무관 등은 직권으로 지체 없이 촉탁서에 결정서의 등본 또는 초본 등 관련 서류를 첨부하여 회생절차개시결정의 등기를 촉탁하여야 한다(제24조 제1항 제1호).

관련 내용은 〈제2장 제4절〉(본서 154쪽)을 참조할 것.

나. 등기의 효력

회생절차개시의 등기는 아무런 대항력을 갖지 못한 채 채무자와 거래한 제3자에 대하여 경

---

39) 회생절차개시결정의 효력은 결정시에 발생하고(제49조 제3항), 개시결정에 대한 즉시항고도 공고한 날로부터 기산하므로(제13조 제2항) 송달은 법적효과가 수반되지 않고, 오히려 그 취지는 절차개시가 있었다는 것을 이해관계인에게 주지시키는데 있다고 볼 것이다. 따라서 입법론으로는 송달이 아닌 통지로 충분하다.

40) 채무자회생법에는 '주식회사'라고 되어 있지만, 실무적으로는 모든 채무자의 감독행정청 등에 통지를 하고 있다.

고적 의미를 가지는 것에 불과하다. 행위의 효력이 제3자의 선의·악의로 결정되는 경우(제66조, 제67조) 제3자의 선의·악의 추정은 회생절차개시의 공고 전후로 결정된다(제68조). 이 때문에 채무자회생법은 법인인 채무자에 대한 개시결정은 법인등기부에 기재하는 것으로 하고,[41] 개별 재산에 대한 등기·등록제도는 두지 않았다. 반면 개인채무자의 경우는 법인등기부가 없으므로 개별 재산에 대하여 등기·등록을 하도록 하고 있다.

Ⅳ 회생절차개시결정의 효과[42][43]

회생절차가 개시되면 평상시의 법률관계와 다른 법률관계가 형성된다. 평상시의 법률관계

---

41) 법인 채무자와 거래하려는 제3자는 그 법인등기부의 기재에 의하여 충분히 개시결정의 사정 등을 쉽게 알 수 있다.

42) **회생절차개시결정이 채무자의 조직법적 활동에 미치는 효력** 회생절차개시결정이 된 후에도 채무자는 존속하고 영업을 계속한다. 그래서 회생절차개시결정 이후에도 이사, 감사, 이사회, 주주총회 등 채무자의 기관도 존속한다. 그러나 채무자의 업무수행권과 재산의 관리처분권이 회생절차개시결정과 동시에 관리인에게 전속하게 되므로(제56조 제1항) 채무자의 기관은 나머지 조직법적 활동만 할 수 있다. 그리고 이사 또는 대표이사의 대표권은 관리인의 권한과 저촉되기 때문에 정지된다고 할 것이다. 따라서 이사를 포함한 회사의 기관은 관리인의 권한과 저촉되지 않는 한도에서 회사의 조직에 관한 활동을 할 수 있다. 물론 회사의 기관은 그 사업의 수행을 위하여 존재하는 것이라는 것을 고려하면, 회사의 기관의 조직법상의 권한행사는, 관리인의 지시에 따라야 할 것이다. 또한 채무자의 기관의 활동이 나머지 조직법적 활동에 한정되더라도, 조직법적 활동 중 채무자의 기초와 관련된 사항에 대하여는 법에 의하여 변경이 금지된다. 즉 회생절차개시 이후부터 그 회생절차가 종료될 때까지 ① 자본 또는 출자액의 감소, ② 지분권자의 가입, 신주 또는 사채의 발행, ③ 자본 또는 출자액의 증가, ④ 주식의 포괄적 교환 또는 주식의 포괄적 이전, ⑤ 합병·분할·분할합병 또는 조직변경, ⑥ 해산 또는 회사의 계속, ⑦ 이익 또는 이자의 배당은 회생절차에 의하지 아니하고는(회생계획에 의하지 않고는) 할 수 없다(제55조 제1항). 이러한 행위는 채무자 또는 사업의 회생이라는 목적(제1조)과 밀접한 관련이 있는 사항이므로 회생계획과 무관하게 행하여질 수 없도록 하기 위하여 회생계획에 의하여서만 할 수 있도록 한 것이다.

회생절차개시 이후부터 회생절차가 종료될 때까지 법인인 채무자의 정관을 변경하고자 하는 때에는 회생계획에 의하여 정관을 변경하는 경우(제202조, 제262조)를 제외하고, 법원의 허가를 얻어야 한다(제55조 제2항).

한편 위와 같은 내용을 회생계획에 정한 경우에는 회생절차의 원활하고 신속한 진행을 위해 상법 등의 적용을 배제하는 여러 가지 특례를 인정하고 있다. 관련 내용은 〈제15장 제2절〉(본서 1018쪽)을 참조할 것.

43) 국토교통부장관은 건설업자가 자본금 기준에 미달한 경우 건설업 등록을 말소할 수 있다(건설산업기본법 제83조 제3호 본문, 제10조). 다만 '법원이 회생절차개시결정을 하고 그 절차가 진행 중인 경우'에는 등록기준의 미달이 단순히 일시적인 것에 그칠 여지가 많기 때문에 등록말소의 예외를 인정하고 있다{건설산업기본법 제83조 제3호 단서, 건설산업기본법 시행령 제79조의2 제3호 가목(이하 시행령 조항이라 한다)}. 시행령 조항의 규정 취지와 목적, 건설산업기본법 시행령 제79조의2에 규정된 건설업 등록 말소의 다른 예외사유의 내용, 채무자회생 제도의 취지와 절차적 특성 등과 함께, 시행령 조항은 문언상 회생절차가 진행 중인 사실 자체를 건설업 등록 말소의 예외사유로 규정하고 있을 뿐, 말소사유인 자본금 기준에 미달한 사실과 예외사유의 시간적 선후관계에 관하여 명시하고 있지 아니한 점, 채무자회생법은 회생법원의 감독행정청에 대한 회생절차개시신청사실 통지의무와 감독행정청의 의견진술권을 규정하고 있고(제40조 제1항 제1호, 제3항), 이러한 절차를 통하여 건설업자가 건설업 등록 말소를 피하기 위한 목적에서 회생절차개시신청을 한 것임이 밝혀진 경우에는 신청이 성실하지 않다고 보아 이를 기각할 수 있으므로(제42조 제2호), 회생절차가 등록 말소를 회피하기 위한 수단으로 남용될 우려가 크지 아니한 점, 회생절차 개시결정과 자본금 기준 미달사실 발생의 선후관계에 따라 등록 말소 여부를 달리 보아야 하거나 시행령 조항의 적용 범위를 문언보다 좁게 해석해야 할 합리적 이유를 찾기 어려운 점, 회생절차는 재정적 어려움으로 파탄에 직면한 채무자를 효율적으로 회생시켜 채무자는 물론 채권자, 주주, 근로자 등 여러 이해관계인 공동의 이익을 도모하기 위한 제도인데, 건설업자의 사업의 기초가 되는 건설업 등록이 말소되면 더 이상의 영업활동이 불가능해져 회생절차가 곧바로 무산될 수밖에 없는 점 등을 종합해 보면, 등록말소의 예외는 자본금 기준에 미달한 사실이 회생절차 개시결정 전후에 있었는지를 가리지 아니하고 건설업자에 대한 회생절차가 개시되어 진행 중인 경우에 적용된다(대법원 2015. 5. 28. 선고 2015두37099 판결). 즉 자본금 기준 미달이 회생절차개시 이후에 발생한 경우는 물론, 회생절차개시 이전에 이미 발생한 경우에도 회생절차가 개시된 이상 등록말소의 예외사유에 해당한다. 회생계획의

가 연속되어 있으면서도 독자적인 법률관계가 발생한다. 회생절차가 개시되기 전의 법률관계는 민법, 상법, 민사소송법, 민사집행법 등 평시법에 따라 형성된다. 반면 회생절차가 개시되면 채무자회생법에 따라 다른 법률관계가 형성된다. 채무자회생법은 평시법에 대한 특별규정이다. 채무자회생법은 평시상태에서 생각할 수 없는 법률관계를 규정한다. 채권자가 강제집행을 할 수 없고, 통상적인 거래가 부인되기도 하며, 채권 자체가 감축되거나 면책되기도 한다. 채무자회생법에 평시법과 다른 명시적인 규정이 있는 경우에는 원칙적으로 그 규정을 먼저 적용하여야 한다. 명시적인 규정이 없는 경우에도 채무자회생법의 이념에 비추어 평시법을 유연하게 적용하여야 할 것이다.

1. 관리처분권 등의 이전

가. 업무수행권 및 재산의 관리처분권

회생절차개시결정은 그 결정시부터 효력이 생긴다(제49조 제3항). 개시결정에 대한 즉시항고가 있다고 하더라도 집행정지의 효력은 없다(제53조 제3항).

회생절차개시결정의 가장 중요한 효과는 채무자 재산의 압류이다. 이는 명시적인 규정은 없지만 제56조 제1항으로부터 직접 도출된다. 회생절차개시결정이 있게 되면 채무자는 업무수행권과 재산의 관리처분권을 상실하고, 이러한 권한은 관리인(법원에 의하여 선임된 관리인과 관리인으로 보게 되는 개인채무자나 법인채무자의 대표자를 포함한다)에게 전속하게 된다(제56조 제1항).[44][45] 따라서 채무자의 재산에 관한 채무자의 처분은 무효이다(제64조 제1항). 회생절차개시

수행에 지장이 없다고 인정되는 경우로서 해당 건설업체가 법원으로부터 회생절차의 종결 결정을 받고 회생계획을 수행 중인 경우에도 등록말소의 예외가 인정된다(건설산업기본법 제83조 제3호 단서, 건설산업기본법 시행령 제79조의2 제3호 나목). 건설업체의 경우 대부분 자본잠식 상태에서 회생절차개시신청을 하는 경우가 많고, 그럼에도 불구하고 행정청이 회생절차개시 전 자본상황을 조사하여 건설업등록을 말소할 경우 회생절차가 중단될 뿐만 아니라, 현실적으로 건설업체의 경우 회생제도의 존재의의가 상실될 우려가 있다는 점에서 건설업등록말소 예외사유는 넓게 해석할 필요가 있다.

　항공운송사업의 경우도 마찬가지이다. 국토교통부장관은 항공운송사업자가 면허기준이나 등록기준에 미달한 경우 그 면허 또는 등록을 취소할 수 있다. 다만 법원이 회생절차개시결정을 하고 그 절차가 진행 중인 경우에는 면허기준 또는 등록기준에 미달하더라도 면허 또는 등록을 취소하지 않는다(항공사업법 제28조 제1항 제3호 나목). 서울회생법원 2023회합100074 플라이강원 주식회사 사건에서, 위 회사는 운항개시예정일로부터 3년 이내에 항공기 5대 이상을 도입(항공사업법 제8조 제1항 제4호 나목, 같은 법 시행령 제12조 별표1))하지 못하여 항공사업법 제28조 제1항 제3호 본문에 따라 항공운송사업면허가 취소되어야 했으나, 회생절차가 진행 중이어서 위 면허가 취소되지 않았다.

44) 채권자가 채권을 양도한 후 채무자에게 대항하기 위해서는 채무자에게 채권양도통지를 하여야 한다(민법 제450조 제1항). 통지는 양도인이 하여야 하지만, 양수인에게 채권양도통지에 관한 대리권을 수여할 수도 있다(대법원 2004. 2. 13. 선고 2003다43490 판결, 대법원 1994. 12. 27. 선고 94다19242 판결). 그러나 양도인에 대하여 회생절차가 개시된 경우에는 재산에 대한 관리처분권이 관리인에게 전속하기 때문에 양도인(채무자)은 양수인에게 채권양도통지에 관한 대리권을 수여할 수 없다. 따라서 양수인이 대리권을 행사할 수 없다. 양도인에 대하여 파산선고가 된 경우에도 파산관재인에게 파산재단에 대한 관리처분권이 전속하기 때문에(제384조) 마찬가지이다.

45) 회생절차개시결정 이후 채무자의 국유재산 무단점유에 따른 변상금 부과처분을 '채무자의 관리인'이 아닌 '채무자'에 대하여 한 경우(예컨대 주식회사 A에 대하여 회생절차가 개시된 후, '주식회사 A의 관리인 甲'이 아닌 '주식회사 A'에게 변상금부과처분을 한 경우) 부과처분은 적법한가. 부과처분이 '채무자의 관리인'이 아닌 '채무자'로 표시된 표현상의 오류가 있다고 하더라도, 그것이 변상금부과처분을 위법하다고 보아 취소할 정도의 하자로 보기는 어렵다

결정에 따라 채무자의 재산에 대한 관리처분권이 관리인에게 전속된다고 하더라도 채무자의 재산권 자체가 관리인에게 이전되는 것은 아니다.[46] 즉 회생절차개시결정이 있더라도 채무자의 재산에 대한 실체법상의 권리는 여전히 채무자에게 남아 있는 것이다(물건에 대하여 계속 소유자이고, 채권에 관하여 계속 채권자이다).[47] 개인인 채무자 또는 개인이 아닌 채무자의 이사는 관리인의 업무수행권과 관리처분권을 침해하거나 부당하게 그 행사에 관여할 수 없다(제56조 제2항).

관리인은 직무상 당사자에 불과하므로 회생절차가 개시되었다고 하여 계약상의 지위가 채무자로부터 관리인에게로 '이전'되는 것은 아니다. 또한 채무자의 재산에 속하는 재산의 귀속주체가 바뀌는 것은 아니다. 따라서 관리인이 채무자의 지위를 포괄적으로 승계한 것으로 볼 수는 없다. 하지만 채무자의 업무수행권과 재산에 대한 관리처분권이 관리인에게 속하고,[48] 쌍방미이행 쌍무계약의 선택권을 행사하며(제119조), 회생절차개시 전의 소송을 수계하는 등 관리인은 법률에 특별한 규정이 있는 경우를 제외하고[49] 채무자의 포괄승계인과 유사한(비슷한) 지위를 갖는다고 할 것이다.[50]

> 관리인(파산관재인)이 채무자의 도산절차개시 전 계약관계를 승계한다는 의미와 관련하여 두 가지 측면에서 논의가 있다.
> 1. 하나는 계약관계를 '승계'한다는 의미가 무엇인지라는 관점에서 논하는 것이다. 채무자가 '법률규정을 근거로' 계약과 관련한 의무를 부담하고 있는데, 이후 채무자에 대하여 도산절차가 개시된 경우 ① 관리인(파산관재인)이 계약관계를 승계하면서 '채무자의 위 법률상'의 의무도 '함

고 할 것이다(대법원 2019. 12. 27. 선고 2019두43566 판결 참조).
46) 대법원 2014. 9. 4. 선고 2014다36771 판결, 부동산등기사무처리지침 제14조 제5항 참조.
47) 관리인이 갖는 채무자의 재산에 대한 관리처분권은 회생절차의 목적상 갖게 되는 권리일 뿐, 실체법상의 권리는 여전히 채무자가 보유한다. 따라서 부동산등기사항증명서나 자동차등록원부 등 각종 등기·등록원부상에 소유자 명의가 관리인에게 이전하는 것이 아니라 그대로 채무자 명의로 남는다. 또 채무자의 재산에 대한 관리처분권이 관리인에게 이전되었다고 하여 채무자가 채무자의 재산에 관한 행위를 전혀 할 수 없는 것은 아니다. 예를 들어 채무자의 재산에 관한 채무자 자신의 행위는 절대적으로 무효인 것은 아니고, 이로써 회생절차와의 관계에서 그 효력을 주장하지 못하는 상대적 무효에 그친다(제64조 제1항). 따라서 회생절차개시결정의 취소결정이 확정되거나 회생절차가 폐지 등으로 종료된 때에는 그 때부터 채무자의 행위는 완전히 유효하게 되는 것이다.
48) 파산관재인에게는 관리처분권만 전속한다(제384조).
49) 반면 부인권을 행사하는 경우에는 채무자의 포괄승계인이 아니라 채권자의 지위에 선다. 하지만 이는 채무자의 재산(파산재단)의 확충을 통해 도산절차의 성공가능성을 높이려는 취지에서 마련된 특별한 제도이다.
50) 이연갑, "환경책임과 도산절차", 강원법학54(2018), 382쪽, 전원열, 민사소송법 강의, 박영사(2020), 207~208쪽, 최준규, 69쪽, 대법원 2003. 6. 24. 선고 2002다48214 판결(파산자가 파산선고시에 가진 모든 재산은 파산재단을 구성하고, 그 파산재단을 관리 및 처분할 권리는 파산관재인에게 속하므로, 파산관재인은 파산자의 <u>포괄승계인과 같은 지위</u>를 가지게 되지만,…) 참조.
관리인이 계약관계를 승계하더라도 계약상대방의 채권은 원칙적으로 회생채권에 불과하다. 따라서 승계된 계약상 법률관계는 회생절차에 복종하는 것이 원칙이다. 관리인이 계약관계를 승계한다고 하더라도 관리인이 채무자의 재산으로 그 계약상 의무를 부담한다는 뜻이 아니다. 반면 계약상대방이 물권자이거나 이에 준하는 권리자인 경우 그의 권리는 대체로(회생담보권자는 회생절차에 복종한다) 회생절차에 복종하지 않는다. 환취권의 기초가 되는 권리(예컨대 소유권)를 가진 자는 환취권을 행사할 수 있다. 회생절차에 복종하는 권리인지 여부는 원칙적으로 상대방의 권리가 채권인지 물권인지에 따라 달라진다(최준규, 69~70쪽). 이는 파산절차에서 더 극명하게 드러난다.

게 승계'하는가. 아니면 ② 법률규정에 따라 채무자를 대신하여 관리인(파산관재인)이 '새롭게' 계약상대방에 대하여 의무를 부담하는가. ①과 같이 보게 되면 계약상대방의 채권은 회생채권(파산채권)으로 볼 여지가 많고, ②와 같이 보면 공익채권(재단채권)으로 볼 여지가 많다.

이는 해당 법률의 문언과 입법취지를 고려해서 결정할 문제로 일률적으로 말하는 것은 부적절하다. ⓐ 법률에 특별한 정함이 있는 경우, ⓑ 관리인(파산관재인)이 새롭게 의무를 부담한다고 보는 것이 법률문언이나 체계에 부합하는 경우, ⓒ 해당 법률이 부과하는 의무가 사회정책적으로 중요한 의무이기 때문에 설령 채무자회생법 취지가 훼손되더라도—즉 다른 회생채권자(파산채권자)들의 이익이 침해된다고 하더라도— 위 의무 이행이 꼭 필요한 경우에는 공익채권(재단채권)으로 보고, 나머지는 회생채권(파산채권)으로 보는 것이 합리적이다. 즉 출발점 내지 원칙은 회생채권(파산채권)이다.[51]

2. 다른 하나는 환경책임[52]과 관련한 논의이다.[53] 채무자가 환경책임을 이행하지 않은 상태에서 도산절차가 개시된 경우 두 가지 문제가 발생한다. 첫째 환경오염 또는 환경훼손에 대한 개인 또는 행정청이 가지는 권리가 도산절차에서 다른 채권자와 평등하게 취급되어야 하는가이다. 둘째 도산절차의 목적과 환경법의 기본원칙 중 하나인 오염원인자 책임원칙이 어떻게 조화될 수 있는가이다. 환경책임을 채무자의 재산(파산재단)으로 이행하여야 한다면 회생채권자(파산채권자)에 대한 변제액이 줄어들 수밖에 없다. 반면 환경책임을 채무자의 재산(파산재단)으로 이행할 필요가 없다면 정화비용은 다른 정화책임자 또는 국고에 의해 지출된다.

도산절차개시 전에 오염물질 배출행위를 하였으나 도산절차개시 후에 오염이 발생한 경우, 절차 개시 전에 오염이 발생하였으나 방치된 채로 있다가 절차가 개시된 경우로서 관리인(파산관재인)이 오염물질 배출행위를 하지 않았다면 오염으로 인한 손해배상채권, 공법상의 채권 등은 모두 회생채권(파산채권)으로 취급하여야 한다. 도산절차개시 전에 이미 그 발생원인이 성립하였거나 적어도 장래의 조건부 청구권으로서 그 주된 발생원인이 이미 성립하였다고 볼 수 있기 때문이다. 반면 관리인(파산관재인)이 도산절차에서 채무자의 업무 및 재산의 관리와 처분행위로서 오염물질 배출행위를 한 경우에는 그로 인한 손해배상책임 또는 그에 대한 과징금이나 부과금, 대집행비용 등의 지급의무는 공익채무(제179조 제1항 제2호, 제5호) 또는 재단채무(제473조 제3호, 제4호)로서 채무자의 재산(파산재단)으로 이행하여야 한다.[54][55]

---

51) 최준규, 78~80쪽.
52) 채무자가 경제활동을 하는 과정에서 환경오염(환경정책기본법 제3조 제4호), 환경훼손(환경정책기본법 제3조 제5호) 또는 환경오염피해(환경오염피해 배상책임 및 구제에 관한 법률 제2조 제1호) 등을 야기한 경우 손해를 입은 주민 등의 채무자에 대한 금지청구, 손해배상, 환경법규에서 정한 규제명령 위반에 대한 조치명령과 부과금, 과징금 등 행정적 제재 그리고 환경오염자에 대한 행정형벌이나 행정질서벌 등 형사적 제재가 부과되는데, 이러한 책임을 환경책임이라고 한다.
53) 이연갑, 전게 "환경책임과 도산절차", 367~395쪽.
54) 위 견해는 나아가·관리인은 채무자의 포괄승계인과 유사한 지위에 있으므로 토양환경보전법 제10조의4 제1항 제3호의 정화책임자(합병·상속이나 그 밖의 사유로 제1호 및 제2호에 해당되는 자의 권리·의무를 포괄적으로 승계한 자)에 해당하고, 정화책임자로서 의무를 공익채무(재단채무)로 이해하여야 한다고 한다. 이에 대해 관리인이 포괄승계인과 비슷하다고 하여 토양환경보전법 상 정화책임을 공익채무(재단채무)로 이행해야 한다는 결론이 자동적으로 도출되는 것은 아니다. 이러한 결론은 ① 법률문언 및 체계를 고려할 때 포괄승계인이 부담하는 정화책임이 그가 '새롭게' 부담하는 의무인 경우 또는 ② 정화책임의 이행이 사회정책적으로 매우 중요한 경우에 비로소 정당화될 수 있다고 하는 비판적 견해가 있다(최준규, 79쪽 각주 151)).
55) 환경책임으로 인한 책임도 면책되는가. 이는 환경책임으로 인한 채권이 회생채권(파산채권)인지 공익채권(재단채

3. 두 가지 논의는 차원이 다를 뿐 결론에 있어 큰 차이는 없다. 공익채권(재단채권)은 원칙적으로 회생채권자(파산채권자) 전체의 이익이 되는 경우에 인정되는 것이고, 정책적 이유로 공익채권(재단채권)으로 인정되는 것도 있지만 이는 제한적으로 해석되어야 하는 점, 사회정의나 공익적 측면이 강하다고 하여 그러한 채권이 바로 공익채권(재단채권)이라고 할 정당성은 없는 점, 공익채권(재단채권)으로 인정하려면 명확한 법적 근거가 필요한 점, 채무자가 '법률규정을 근거로' 한 계약과 관련하여 승계한 채무이든 환경책임이든 평등하게 취급하는 것이 원칙이고 채무자에게 아무런 도움이 되지 않는 비용을 공익채권(재단채권)으로 할 수는 없는 점 및 도산절차의 목적 등을 고려하면, 채무자가 '법률규정을 근거로' 한 계약과 관련하여 승계한 의무나 환경책임은 원칙적으로 회생채권(파산채권)으로 취급하는 것이 타당하다고 할 것이다. 다만 관리인(파산관재인)의 행위로 인한 것이거나 위 〈1.〉의 ⓐ 내지 ⓒ와 같은 경우에는 공익채권(재단채권)으로 취급하여야 할 것이다.

관리처분권이 관리인에게 전속하므로 회생절차가 개시된 채무자의 재산을 소지하고 있거나 그에게 채무를 부담하는 자는 회생절차가 개시된 채무자에게 그 재산을 교부하거나 채무자에게 채무를 변제하여서는 아니 되고, 회생절차가 개시된 채무자의 재산을 소지하고 있거나 그에게 채무를 부담하고 있다는 사실을 관리인에게 신고하여야 한다(제51조 제1항 제4호 참조). 또한 채무자가 회사인 경우 근로자의 퇴사일로부터 14일이 경과한 날 이전에 그 회사에 대해 회생절차개시결정이 있는 경우, 그 회사의 대표이사에게 임금 등 체불로 인한 근로기준법 제109조 제1항의 죄책을 물을 수 없다.[56]

권)인지에 따라 결정되는 것이다. 환경책임으로 인한 채권이 회생채권(파산채권)이면 면책되고, 공익채권(재단채권)이면 면책되지 않는다. 다만 ① 회생절차에서 회생절차개시 전의 벌금·과료·형사소송비용·추징금 및 과태료 청구권은 면책되지 않으므로(제251조 단서) 환경책임 위반으로 인한 행정벌이나 행정질서벌이 도산절차개시 전에 부과된 경우 면책되지 않는다. ② 개인파산절차에는 채무자가 고의로 가한 불법행위로 인한 손해배상채권, 채무자가 중대한 과실로 타인의 생명 또는 신체를 침해한 불법행위로 인하여 발생한 손해배상채권은 비면책채권이므로(제566조 단서 제3호, 제4호) 환경책임이 여기에 해당할 경우 면책되지 않는다. 또한 파산선고 전의 벌금·과료·형사소송비용·추징금 및 과태료 청구권은 면책되지 않으므로(제566조 단서 제2호) 환경책임 위반으로 인한 행정벌이나 행정질서벌이 파산선고 전에 부과된 경우 면책되지 않는다. 단지 후순위 파산채권이 되어(제446조 제1항 제4호) 일반 파산채권이 전액 만족을 얻기 전에는 변제받지 못한다. ③ 개인회생절차의 경우에도 채무자가 고의로 가한 불법행위로 인한 손해배상채권, 채무자가 중대한 과실로 타인의 생명 또는 신체를 침해한 불법행위로 인하여 발생한 손해배상채권은 비면책채권이므로(제625조 단서 제4호, 제5호) 환경책임이 여기에 해당할 경우 면책되지 않는다. 또한 개인회생절차개시 전의 벌금·과료·형사소송비용·추징금 및 과태료 청구권은 면책되지 않으므로(제625조 단서 제3호) 환경책임 위반으로 인한 행정벌이나 행정질서벌이 개인회생절차개시 전에 부과된 경우 면책되지 않는다. 단지 후순위 개인회생채권이 되어(제581조 제2항, 제446조 제1항 제4호) 일반 개인회생채권이 변제계획에 따라 만족을 얻기 전에는 변제받지 못한다.

56) 대법원 2020. 1. 16. 선고 2019도10818 판결, 대법원 2010. 5. 27. 선고 2009도7722 판결, 대법원 2002. 11. 26. 선고 2002도5044 판결, 대법원 1995. 11. 10. 선고 94도1477 판결 등 참조[근로기준법 제36조는 사용자는 근로자가 사망 또는 퇴직한 경우에는 그 지급사유가 발생한 때부터 14일 이내에 임금, 보상금 기타 일체의 금품을 지급하도록 규정함으로써, 퇴직근로자 등의 생활안정을 도모하기 위하여 법률관계를 조기에 청산하도록 강제하는 한편, 사용자측에 대하여 그 청산에 소요되는 기간을 유예하여 주고 있으므로, 위 퇴직금 등 체불로 인한 근로기준법 제109조 제1항 위반죄는 지급사유 발생일로부터 14일이 경과하는 때에 성립하고, 따라서 사업주가 법인일 경우에는 위 14일이 경과할 당시에 퇴직금 등의 지급권한을 갖는 대표자가 그 체불로 인한 죄책을 짐이 원칙이고, 14일이 경과

관리인은 채무자나 그의 기관 또는 대표자가 아니고 채무자와 그 채권자 등으로 구성되는 이른바 이해관계인 단체의 관리자로서 일종의 공적수탁자에 해당한다.[57] 따라서 형사소송에서는 관리인이 아닌 대표이사가 대표자가 된다. 즉 주식회사에 대하여 회생절차개시결정이 내려져 있는 경우라고 하더라도 적법하게 선임되어 있는 대표이사가 있는 한 그 대표이사가 형사소송법 제27조 제1항에 의하여 피고인인 회사를 대표하여 소송행위를 할 수 있고, 회생회사의 관리인은 형사소송에서 피고인인 회생회사의 대표자가 된다고 볼 수 없다.[58]

나. 당사자적격

재산에 대한 관리처분권이 관리인에게 이전되므로 채무자의 재산에 관한 소송[59]에서는 관리인만이 당사자적격을 갖게 된다(제78조). 관리인이 당사자(원고 또는 피고)가 될 수 있는 채무자의 재산에 관한 소송 가운데는 채무자에 대한 조세부과처분을 다투는 항고소송도 포함된다.[60] 채무자는 그의 당사자능력과 소송능력을 상실하지는 않지만, 회생절차개시로 소송수행권을 상실한다.

다. 후견인의 결격사유

회생절차개시결정을 받은 자는 후견인이 되지 못한다(민법 제937조 제3호). 후견인은 피후견인의 법률행위 대리·재산관리 등 중요한 임무를 수행하여야 하므로 이에 적합한 자격을 가지고 있어야 한다. 그런데 회생절차개시결정을 받은 자는 재산에 대한 관리처분권이 없으므로 후견인에게 요구되는 조건을 갖추지 못한 상태가 된다. 따라서 회생절차개시결정을 받은 자는 후견인이 되지 못하도록 한 것이다.

2. 회생절차개시 후 채무자의 행위 등의 효력

회생절차가 개시되면 업무수행권과 재산의 관리처분권이 관리인에게 이전되므로 채무자의

하기 전에 그 지급권한을 상실하게 된 대표자는 특별한 사정이 없는 한 그 죄책을 지지 않는다. 여기서 퇴직금 등의 지급권한 상실의 원인에는 해임, 사임 등 법인과의 고용계약 종료에 기한 것은 물론 법령에 의한 지급권한 상실 또한 포함된다.

채무자가 파산선고 당시에 가진 모든 재산은 파산재단에 속하게 되고(제382조 제1항), 파산선고에 의하여 채무자는 파산재단을 구성하는 재산에 관한 관리처분권을 잃고, 이 관리처분권은 파산관재인에게 전속하게 되며(제384조), 채무자의 근로자의 임금·퇴직금 및 재해보상금은 그 발생시기가 파산선고 전후인지 여부를 불문하고 모두 재단채권이 되고(제473조 제10호), 재단채권은 파산절차에 의하지 않고 파산관재인이 수시로 변제하여야 하는바(제475조), 위와 같은 채무자 회생 및 파산에 관한 법률의 규정들을 종합하면, 주식회사인 채무자가 파산선고를 받게 되면 채무자 회사의 대표이사는 그때부터 재단채권인 임금, 퇴직금 등의 지급권한을 상실하게 되고 파산관재인에게 그 권한이 전속한다.

따라서 근로자들의 퇴사일로부터 14일이 경과한 날 이전에 회사가 '파산선고'를 받은 경우, 그 회사의 대표이사에게 임금 등 체불로 인한 근로기준법 제109조 제1항의 죄책을 물을 수 없다.}

57) 대법원 2013. 3. 28. 선고 2010다63836 판결.
58) 대법원 1994. 10. 28. 자 94모25 결정 참조.
59) 비재산법적 쟁송(예컨대 이혼사건)은 회생절차개시로 영향을 받지 않는다.
60) 대법원 1983. 7. 12. 선고 83누180 판결 참조.

행위 등은 회생절차 내에서 원칙적으로(아래 〈가.〉와 〈나.〉) 그 효력을 주장할 수 없다.[61] 회생절차와의 관계에서 그 효력을 주장할 수 없는 것은 채무자 자신의 법률행위에 의한 경우에 한하지 않는다(제64조 제1항). 채무자의 행위에 의하지 않는 경우에도 그 효력을 주장할 수 없다(제65조 제1항).

가. 회생절차개시 후 채무자의 행위

(1) 채무자의 법률행위의 효력—업무집행기관에 의한 행위의 무효화

회생절차가 개시되면 채무자 재산의 관리처분권은 관리인에게 있다(제56조 제1항). 따라서 채무자가 회생절차개시 후 채무자 재산에 대하여 한 법률행위는 회생절차와의 관계에 있어서는 그 효력을 주장하지 못한다(제64조 제1항).[62] 회생절차가 개시되면 관리인의 법률행위만 유효로 하고, 관리인이 아닌 채무자의 행위는 모두 무효로 하고 있다. 관리인이 비록 대표이사의 지위를 겸하고 있다고 하더라도 공적수탁자로서 모든 이해관계인을 위하여 선관주의의무를 지고 있기 때문에, 주주를 위하여 상법상의 신인의무(fiduciary duty)를 지고 있는 대표이사와는 다른 법적 지위에 있다. 예컨대 대표이사가 업무집행행위를 함에 있어서는 상법이나 기타 법령, 이사회나 주주총회의 결의에 의하여 수권받은 범위 내에서는 독자적으로 처리할 권한이 있음에 비하여, 관리인의 경우에는 그 행위의 상당 부분에 관하여 상법이나 기타 법령, 이사회나 주주총회의 결의로부터 수권을 받았더라도 반드시 법원이 정한 사항(제61조)[63]은 법원의 허가를 받아야만 유효한 행위를 할 수 있게 된다. 반대로 대표이사는 상법이나 기타 법령, 이사회나 주주총회로부터 수권을 받지 못한 사항에 대하여는 적법한 업무집행행위를 할 수 없지만, 관리인의 경우에는 위와 같은 수권이 없더라도 법원의 허가나 회생계획에 정하여져 있으면 모든 행위를 스스로 유효하게 할 수 있는 강력한 권한이 부여되어 있다.[64]

여기서 법률행위란 협의의 법률행위뿐만 아니라 넓게 법률상의 효과를 발생시키는 행위를 가리킨다. 계약의 체결이나 해제(해지), 매매, 임대차, 채무의 승인, 상계, 면제, 권리의 포기, 기한의 유예, 물건의 인도, 등기·등록, 변제 등 채무자의 재산에 관한 권리의무에 영향을 미치는 모든 행위를 의미한다. 물론 대상이 되는 것은 채무자의 재산에 관한 법률행위이기 때문

---

61) **회생절차개시등기와의 관계** 법원이 채무자에 대하여 회생절차개시결정을 하면 법원사무관 등은 직권으로 회생절차개시등기를 촉탁하여야 한다(제23조). 그런데 이 회생절차개시등기는 거래의 혼란을 방지하기 위한 것이고, 회생절차개시결정을 받은 채무자의 관리처분권 상실의 효과를 제3자에게 대항하기 위한 등기가 아니다. 관리처분권의 상실은 회생절차개시결정에 의하여 당연히 생기는 것이다. 따라서 회생절차개시 후의 법률행위 등인 한 회생절차개시등기 전에 한 것인지 후에 한 것인지를 묻지 않고 관리인에 대하여(회생절차와의 관계에서) 그 효력을 주장할 수 없다.

62) 파산절차와 관련하여 제329조 제1항에도 같은 취지의 규정이 있다. 다만 표현에 있어 "파산채권자에게 대항할 수 없다"라고 함으로써 다소 차이가 있다. 입법론적으로는 표현을 통일할 필요가 있다. 한편 회생절차나 파산절차는 관리형 절차이기 때문에 채무자의 행위로 인한 권리취득을 부정하는 조문(제64조, 제329조)을 두고 있지만, 기본적으로 DIP형인 개인회생절차에서는 채무자의 행위를 부정하는 규정이 있을 수 없다.

63) 관리인이 법원의 허가를 받아야 할 사항은 제61조에 정해져 있지만, 실무는 제61조 제1항 제9호를 근거로 매우 광범위하게 법원(또는 법원으로부터 허가사무를 위임받은 관리위원회)의 허가사항으로 정하고 있다.

64) 오영준, "기존 경영자 관리인제도와 채무자 회사의 지배구조", 통합도산법, 법문사(2006), 230~231쪽.

에 혼인, 이혼 및 인지 등과 같은 신분행위는 제한되지 않는다.

또한 채무자의 재산에 대한 관리처분권이 관리인에게 전속한다고 하여 채무자는 재산에 대한 귀속주체로서의 지위를 잃는 것은 아니다. '회생절차와의 관계에 있어서는 그 효력을 주장하지 못한다'는 것은 행위의 상대방이 그 행위의 유효를 관리인에게 주장하지 못한다는 것일 뿐, 관리인이 그 행위의 유효를 주장하는 것은 무방하다는 의미이다(상대적 무효). 즉 관리인은 채무자에게 유리하다고 생각이 되면 채무자의 행위의 효력을 추인(승인)하여 상대방으로부터 그 행위로 발생한 급부를 청구하는 것도 가능하다. 제64조 제1항의 취지는 채무자 재산의 감소를 방지하는 데 있기 때문이다. 나아가 관리인에 의하여 법률행위의 효력이 부정되기 전에 회생절차가 종료(개시결정의 취소 또는 회생절차의 폐지)된 경우 상대방은 채무자에 대하여 행위의 효력을 주장하여 의무의 이행을 구할 수도 있다. '회생절차와의 관계에서' 효력을 주장할 수 없었을 뿐이고, 이미 회생절차가 종료되어 회생절차에 의하여 보호하여야 할 이익은 없어졌기 때문이다.

이 때 상대방의 선의, 악의는 불문한다. 상대방이 선의취득(민법 제249조, 어음법 제16조 제2항)의 요건을 갖추어도 상대방은 선의취득할 수 없다. 제64조 제1항은 상대방의 선의·악의를 불문하고 거래의 안전보다는 회생채권자 등의 보호를 우선시킨 규정이라 민법 제249조 등 선의취득을 인정하는 민사실체법의 규정에 대한 특별규정이라고 볼 수 있기 때문이다.[65] 따라서 회생절차개시사실을 알지 못한 채 상대방이 채무자로부터 동산을 양수한 경우 민법 제249조의 선의취득이 인정되지 않는다. 관련 내용은 〈제3편 제3장 제2절 Ⅱ.2.〉(본서 1255쪽)을 참조할 것. 물론 상대방이 나아가 해당 동산을 전득자에게 양도한 경우 선의취득이 성립하는지는 민법의 일반원칙에 따른다.

채무자의 행위가 무효로 된 경우 상대방의 반대이행이 이미 되어 있는 때에는 채무자는 부당이득으로 이를 반환하여야 하고, 상대방은 이를 공익채권으로 주장할 수 있다(제179조 제1항 제6호). 이로 인해 상대방에게 발생한 채무불이행 또는 불법행위로 인한 손해배상청구권은 개시후기타채권이 된다(제181조).

회생절차개시가 있은 날에 행한 법률행위는 회생절차개시 이후에 한 것으로 추정된다(제64조 제2항). 회생절차개시 전 행위의 효력은 보전처분 등에 의하여 처분금지 등이 명해진 경우가 아닌 한, 회생절차와의 관계에서도 그 효력을 주장할 수 있다. 다만 부인(제100조 이하)의 대상이 되는 것에 지나지 않는다.

(2) 임의대리인 및 상업사용인의 행위

(가) 임의대리인의 행위

채무자가 회생절차개시 전에 대리인을 선임하고 회생절차개시 후 대리인의 행위가 있는 경우, 대리인에 의한 법률행위의 효과는 본래 본인인 채무자에게 귀속하는 것이지만, 채무자가

---

65) 會社更生法, 275쪽, 實務 倒産法講義, 526쪽.

그 관리처분권을 상실한 결과 채무자 자신의 행위와 마찬가지로[66] 회생절차와의 관계에 있어
서는 채무자에게 법률효과가 미치지 않는다.

(나) 상업사용인의 행위

채무자의 상업사용인의 행위는 소송행위를 포함하여 회생절차개시 후에 있어서도 당연히
채무자에게 귀속한다. 상업사용인의 지위는 상인과 상업사용인 사이의 고용관계에서 유래하고,
임의대리인의 위임계약과 달리 회생절차개시에 의하여도 종료되지 않는다. 상업사용인의 권한
은 영업주가 임의로 부여하는 것이 아니라 상법의 규정에 따라 인정된다. 예컨대 지배인은 회
생절차개시 전후를 통하여 영업주에 갈음하여 그 영업에 관한 재판상 또는 재판 외의 행위를
할 포괄적 권한이 있는 것으로(상법 제11조 제1항) 법률에 의하여 정형화되어 있다. 따라서 대
리권의 제한은 선의의 제3자에게 대항할 수 없다(상법 제11조 제3항, 제15조 제2항).[67]

상업사용인은 상인에 종속하여 영업의 보조적 활동을 하는 자로, 그 상인의 영업상의 대리
권을 가진다. 상업사용인은 영업주 영업활동의 인적부분으로 볼 수 있고, 회생절차개시결정으
로 채무자의 업무수행권과 재산의 관리처분권이 관리인에게 전속하는 결과, 관리인은 상업사
용인을 지휘 감독하는 권한을 당연히 그리고 완전하게 취득하며, 그 지위는 회생절차개시 전
후에 계속된다. 따라서 상업사용인의 권한은 회생절차개시 후에도 소멸되지 않고, 지배인의 영
업에 관한 재판상의 권한을 포함하여 관리인이 영업주로서 존속하게 되는 것이다.[68]

(3) 회생절차개시 전·후에 대한 증명책임

회생절차개시 후 채무자의 법률행위는 회생절차와 관계에서는 그 효력을 주장할 수 없다.
반면 회생절차개시 전 채무자의 법률행위는 원칙적으로 유효하고 예외적으로 부인의 대상이
될 뿐이다. 따라서 채무자의 법률행위가 회생절차개시 전에 한 것인지 개시 후에 한 것인지는
중요한 의미를 갖는다. 그래서 회생절차를 개시할 때 연월일뿐만 아니라 시까지 기재하도록
하고 있는 것이다(제49조 제2항).

관리인이 채무자의 법률행위가 회생절차개시 후에 한 것임을 증명할 책임이 있다고 할 것

---

66) 대리권도 재산의 관리처분을 위한 법적 수단이므로 채무자가 부여한 대리권에 기하여 회생절차의 개시 후에 한 법
    률행위는 채무자 자신의 재산관리행위와 마찬가지로 볼 수 있다. 회생절차가 개시되면 소송대리인이 있는 경우에도
    소송절차가 중단되는 것도 같은 이유이다(본서 1143쪽 참조).
67) 지배인은 영업주에 갈음하여 그 영업에 관한 재판상 또는 재판 외의 모든 행위를 할 수 있고, 지배인의 대리권에
    대한 제한은 선의의 제3자에게 대항하지 못하며, 여기서 지배인의 어떤 행위가 영업주의 영업에 관한 것인가의 여
    부는 지배인의 행위 당시의 주관적인 의사와는 관계없이 그 행위의 객관적 성질에 따라 추상적으로 판단되어야 한
    다. 지배인의 어떤 행위가 그 객관적 성질에 비추어 영업주의 영업에 관한 행위로 판단되는 경우에 지배인이 영업
    주가 정한 대리권에 관한 제한 규정에 위반하여 한 행위에 대하여는 제3자가 위 대리권의 제한 사실을 알고 있었
    던 경우뿐만 아니라 알지 못한 데에 중대한 과실이 있는 경우에도 영업주는 그러한 사유를 들어 상대방에게 대항
    할 수 있고, 이러한 제3자의 악의 또는 중대한 과실에 대한 주장·증명책임은 영업주가 부담한다(대법원 1997. 8.
    26. 선고 96다36753 판결).
68) 會社更生の實務(上), 208쪽. 이에 대하여 회생절차개시결정으로 채무자의 재산에 관한 관리처분권과 소송상의 당사
    자적격이 관리인에게 이전되므로 지배인이나 법률상 대리인처럼 재판상 또는 재판 외의 대리권을 가지는 자의 대
    리권은 소멸한다는 견해가 있다{회생사건실무(상), 266쪽}.

이다. 해당 법률행위가 회생절차개시일에 한 것임을 관리인이 증명한 경우에는 그 법률행위는 회생절차개시 후에 한 것으로 추정된다(제64조 제2항).

나. 회생절차개시 후 권리취득의 효력

회생절차개시 후 회생채권자나 회생담보권자가 회생채권 또는 회생담보권에 관하여 채무자 재산에 대한 권리를 채무자의 행위에 의하지 아니하고 취득하여도 그 취득은 회생절차와의 관계에 있어서는 그 효력을 주장하지 못한다(제65조 제1항).[69] 이는 ① 회생채권자 또는 회생담보권자의 지위를 절차개시의 시점으로 고정하여 그 후의 사정에 의하여 회생채권자 등 사이의 평등·형평을 해하는 것을 방지하거나, ② 회생절차개시결정으로 인한 채무자 재산에 대한 일종의 포괄적 압류 효과를 회생채권자 등에게 철저히 적용하여 회생채권자 등이 채무자의 행위에 의하지 않고 우연히 채무자의 재산에 대한 일부 회생채권자 등이 권리를 취득하여도 채무자의 재산은 개시결정에 의하여 이미 모든 채권자를 위한 책임재산을 구성한 상태로 되었기 때문에, 그 권리취득을 회생절차와의 관계에서는 인정하지 않음으로써 회생채권자 등 사이의 채권자평등을 철저히 유지하자는 데 그 취지가 있다.[70] 권리취득이 부정되는 자는 회생절차개시 전부터 채무자에 대하여 채권을 가지고 있는 회생채권자 등이다.

앞에서 본 바와 같이 제64조는 회생절차개시결정 후 채무자의 재산에 관하여 채무자가 한 법률행위를 대상으로 함에 반하여,[71] 제65조는 채무자의 행위에 의하지 않고 회생채권자 등이 채무자의 재산에 속한 재산에 관하여 권리를 취득한 경우를 대상으로 한다.

---

69) 파산절차와 관련하여 제330조 제1항에도 같은 취지의 규정이 있다. 관련 내용은 〈제3편 제3장 제2절 Ⅱ.3.〉(본서 1257쪽)을 참조할 것. 다만 제330조 제1항은 파산재단에 속하는 재산에 관한 권리취득의 일반에 관하여 규정하고 있음에 반하여(파산채권자가 파산채권에 관한 권리취득을 한 경우로 한정되지 않는다), 제65조 제1항은 회생채권 등에 관한 권리취득에 한정하였다(회생채권이나 회생담보권의 존재를 전제로 하였다. 회생채권자나 회생담보권자가 해당 목적물에 대하여 권리를 취득해야 하고 제3자가 회생절차개시 후 권리취득을 하는 경우는 적용되지 않는다)는 점에서 특징이 있다. 결국 규정상으로는 대상이 되는 권리취득이 회생절차가 파산절차보다 좁다. 다만 해석상으로는 견해의 대립이 있지만, 파산절차의 경우에도 파산채권자의 권리취득만을 대상으로 한다고 볼 것이다(본서 1258쪽).

　이에 대하여 제65조와 제330조는 도산절차개시 후 '채무자의 처분에 의하지 아니하고' 채무자의 재산(파산재단)에 속한 목적물에 대한 권리취득이 이루어진 경우에도 그 권리취득의 효력을 '포괄적으로 부정함으로써' 채무자의 재산(파산재단)을 보호하기 위해 마련된 조항이므로 회생절차의 경우 파산절차와 달리 채무자의 재산을 덜 보호할 합리적 이유가 없다는 견해가 있다{이화여자대학교 산학협력단, 도산제도의 현대적 과제 연구(Ⅰ)-도산실체법의 개선방안-, 207쪽}. 나아가 위 견해는 회생채권자·회생담보권자와 제3자를 비교할 때 전자는 보호하지 않고 후자는 보호하는 차별을 둘 합리적인 이유가 없으므로 회생절차개시 후 제3자의 선의취득이나 시효취득 모두 일률적으로 부정함이 타당하고, 입법론적으로 제65조 제1항에서 "회생채권 또는 회생담보권에 관하여" 부분을 삭제하여야 한다고 주장한다. 하지만 이 견해에 의하면 제65조 제1항을 불필요하게 일반적인 것으로 만들게 되므로 현행처럼 제한적으로 규정하는 것이 타당하다(본서 1257~1259쪽 참조).

70) 채무자의 행위에 의하지 않고, 다시 말해 법률의 규정이나 채무자 이외의 자 사이의 행위에 의하여 회생채권자 등이 채무자의 재산에 속하는 재산에 대하여 권리취득을 한 경우에도, 회생채권자 등을 해할 염려가 있다는 것에는 변함이 없기 때문에, 채무자의 법률행위에 의한 경우(제64조 제1항)와 마찬가지로 회생절차와의 관계에서 그 효력을 주장할 수 없도록 한 것이다.

71) 채무자가 한 법률행위에 의해 회생채권자 등이 취득한 권리의 효력을 주장할 가능성은 제64조 제1항에 의하여 배제된다. 그렇지만 관리인의 행위에 의한 권리취득은 관리인의 재산에 관한 관리처분권의 결과이므로 그 효력을 부인할 이유는 없다. 따라서 관리인이 채무자의 재산에 속하는 재산의 소유권을 제3자에게 이전하거나, 공익채권에 대하여 담보권을 설정하는 행위는 회생절차와의 관계에서도 유효하다.

'회생채권 또는 회생담보권에 대하여 권리를 취득'한다는 것은 당해 채권에 대하여 우선권을 취득한다는 것을 의미하고, '채무자의 행위에 의하지 아니하고 권리를 취득'한다는 것은 법률상 당연한 효력(법률의 규정)에 의거하거나 채무자 이외의 자 사이의 행위에 의한 취득을 말한다. 예컨대 회생채권자인 대리상이 채무자에게 귀속하여야 하는 물건의 점유를 제3자로부터 회생절차개시 후에 취득하여도 회생절차와의 관계에서는 상사유치권(상법 제91조)을 주장할 수 없다. 또한 근저당권자가 회생절차개시 후에 제3자로부터 회생채권을 양도받았다고 하여도 그 회생채권이 피담보채권의 범위에 포함된다는 것을 주장할 수 없다.

권리취득을 한 자의 회생절차개시사실에 관한 선의·악의는 묻지 않는다.

회생절차개시가 있는 날에 위와 같이 권리취득을 한 경우에는 회생절차개시 이후에 한 것으로 추정된다(제65조 제2항). 회생절차개시결정의 효력은 결정시부터 효력이 발생하지만(제49조 제3항) 회생절차개시가 있는 날에 한 권리취득은 절차개시 후에 한 것으로 추정하고 있다. 회생채권자 등 사이의 평등 확보를 중시한 것이라고 할 수 있다.

한편 제65조는 회생채권자 등이 회생채권 등에 관하여 채무자의 재산에 대한 권리를 취득한 경우에 적용된다. 따라서 회생채권자 등에 의한 권리취득이라고 하여도 회생채권 등과 관련이 없는 시효취득(민법 제245조 제2항,[72] 제246조) 등은 비록 채무자의 재산에 속한 것이라도 법률상의 소유권 취득원인인 시효취득 등이 배제되는 것은 아니고, 소유권 취득이 유효한 것으로 간주되는 것은 당연하다. 선의취득(민법 제249조)이나 부합(민법 제256조, 제257조), 혼화(민법 제258조) 및 가공(민법 제259조)의 경우에도 마찬가지이다. 또한 제65조는 회생채권 등의 양도에 의한 귀속주체의 이전을 금지하는 취지는 아니고, 채무자회생법도 신고명의의 변경에 관한 절차를 두고 있다(제154조).

권리의 취득을 '회생절차와의 관계'에서 주장하지 못한다. 따라서 상사유치권을 취득하여 회생채권이 회생담보권으로 된 경우에도 회생절차에서 회생담보권으로 그 효력을 주장하지는 못한다.

다. 선의거래의 보호

회생절차개시 후 채무자의 법률행위는 관리인에 대하여 무효이고, 이에 기한 제3자의 권리취득도 관리인에게 대항할 수 없다는 원칙을 관철하게 되면 제3자에게 불측의 손해를 주고 거

---

72) 점유취득시효(민법 제245조 제1항)의 경우는 다르다. 점유취득시효의 경우 '등기를 함으로써' 소유권을 취득하기 때문이다. 따라서 회생절차개시결정 전에 부동산에 대한 점유취득시효가 완성되었으나 개시결정시까지 이를 원인으로 한 소유권이전등기를 마치지 아니한 자는, 그 부동산의 소유자에 대한 회생절차개시와 동시에 회생채권자 전체의 공동의 이익을 위하여 채무자의 재산에 속하는 그 부동산에 관하여 이해관계를 갖는 제3자의 지위에 있는 관리인이 선임된 이상, 관리인을 상대로 회생절차개시 전의 점유취득시효 완성을 원인으로 한 소유권이전등기절차의 이행을 청구할 수 없다. 또한, 그 부동산의 관리처분권을 상실한 채무자가 회생절차개시를 전후하여 그 부동산의 법률상 소유자로 남아 있음을 이유로 점유취득시효의 기산점을 임의로 선택하여 회생절차개시 후에 점유취득시효가 완성된 것으로 주장하여 관리인에게 소유권이전등기절차의 이행을 청구할 수도 없다. 이 경우 법률적 성질이 채권적 청구권인 점유취득시효 완성을 원인으로 한 소유권이전등기청구권은 채무자에 대하여 회생절차개시 전의 원인으로 생긴 재산상의 청구권으로서 회생채권에 해당하므로 회생절차에 의하여서만 그 권리를 행사할 수 있다(대법원 2008. 2. 1. 선고 2006다32187 판결 참조).

래의 안전을 해친다. 이러한 불합리를 방지하기 위하여 채무자회생법은 일정한 경우 선의의
제3자를 보호하는 규정을 두고 있다. 이에 대한 전제로 회생절차개시의 공고 전에 한 경우에
는 선의로 추정하고, 공고 후에 한 경우에는 악의로 추정한다(제68조).[73] 회생절차개시 사실에
대한 선의나 악의는 증명하는 것이 쉽지 않고, 회생절차개시의 공고(제51조 제1항)에 의해 이해
관계인의 주지(周知)를 의제하고 있기 때문에(제9조 제3항) 공고 전에는 회생절차개시 사실을
알지 못한 것으로 추정하고, 공고 후에는 그 사실을 알고 있는 것으로 추정하는 것이다.

(1) 회생절차개시 후 등기와 등록의 효력

(가) 선의의 등기권리자의 보호

회생절차개시 후의 채무자의 행위나 권리취득은 회생절차와의 관계에서 효력이 없다는 일
반원칙(제64조, 제65조)에 비추어 보면, 회생절차개시 후에 한 등기나 가등기의 효력은 인정될
수 없다. 따라서 부동산 또는 선박에 관하여 회생절차개시 전에 생긴 등기원인(매매계약 등)으
로 회생절차개시 후에 한 등기 및 가등기는 회생절차와의 관계에 있어서는 그 효력을 주장할
수 없다.[74] 그러나 등기권리자가 회생절차개시의 사실을 알지 못하고(선의) 한 본등기[75]는 그러
하지 아니하다(제66조 제1항).

권리의 설정·이전 또는 변경에 관한 등록 또는 가등록에 관하여도 마찬가지이다(제66조 제

---

73) 이는 법률상의 사실추정이다. 증명책임의 분배는 선의를 주장하는 자가 선의에 대한 증명책임을 부담한다. 이러한
전제에서 공고 전의 행위에 대하여는 법률상의 사실추정에 의해 증명책임이 전환된다. 선의거래 보호 규정의 적용
을 주장하는 자는 스스로 부담하는 선의라는 사실을 직접 증명하거나, 그에 대신하여 당해 행위가 회생절차개시 공
고 전에 한 것이라는 사실을 증명함으로써 선의라는 사실이 법률상 추정된다(증명주제의 선택 가능). 이 경우 선의
를 다투는 자(상대방)는 악의(전제사실의 부존재)를 증명하지 않으면 추정을 번복할 수 없는데, 상대방이 악의(전제
사실의 부존재)에 대하여 증명책임을 부담한다는 의미에서 증명책임이 전환되는 것이다. 그러나 공고 후의 행위는
본래의 증명책임분배에 따라 선의를 주장하는 자가 직접적으로 선의를 증명하여야 하는 것이지, 공고 후에 한 것이
어서 악의로 추정되기 때문은 아니다. 따라서 위 추정규정 중 선의의 추정은 법률상의 사실추정이지만, 악의의 추
정은 무의미한 규정이다(實務 倒産法講義, 220, 677쪽, 條解 民事再生法, 247쪽). 이에 대하여 공고 전의 행위에 대
하여는 악의를 주장하는 측이 증명책임을 부담하고, 공고 후의 행위에 대하여는 선의를 주장하는 측이 증명책임을
부담한다는 견해도 있다(條解 破産法, 401쪽). 이에 의하면 선의(악의)의 증명책임을 부담하는 자는 그것에 갈음하
여 공고 전(후)에 한 것이라는 사실을 증명하여 선의(악의)를 요건으로 하는 법률효과를 주장하는 것도 가능하고
(증명주제의 선택 가능), 전제사실이 증명된 경우 상대방은 악의(선의)를 증명하지 않는 한 그 법률효과의 발생을
저지할 수 없다(증명책임의 전환).
74) 등기원인이 회생절차개시 전에 생긴 경우라면 등기 및 가등기가 회생절차개시 후에 마쳐졌어도 제64조 제1항에 따라
등기 및 가등기 자체는 회생절차와의 관계에서 효력이 없다. 결국 제66조 제1항 본문은 위와 같은 내용을 확인한 것
에 불과하다. 회생절차개시 전의 물권변동은 결국 효력발생요건을 갖추지 못하게 되고, 관리인은 상대방에 대하여 그
등기의 말소를 청구할 수 있다. 회생절차개시 전에 근저당권설정계약을 체결하였지만 개시결정 전까지 설정등기를 마
치지 못한 자는, 개시 후에 근저당권설정등기절차를 청구하고 회생담보권자의 지위를 주장하는 것이 인정되지 않는다.
75) 본문과 단서의 관계, 입법취지나 제331조 제1항과의 균형상 여기서 '본등기'는 '등기'를 의미하는 것으로 해석된다. 즉
'본등기'를 가등기에 기한 본등기로 한정하여 해석할 것은 아니다. 나아가 등기는 '등기 또는 가등기'로 보아야 할 것
이다(제66조 제2항 참조). 선의자 보호에서 가등기를 제외하여야 할 아무런 이유가 없기 때문이다. 일본 회사갱생법
제56조 제1항, 민사재생법 제45조 제1항, 파산법 제49조 제1항은 '등기 또는 가등기'라고 명시적으로 규정하고 있다.
이에 대하여 '본등기'를 가등기에 기한 본등기로 해석할 필요는 없지만, 입법연혁상 구 회사정리법에 있던 '가등
기'부분을 삭제한 것(실체법상 등기원인이 구비되지도 아니한 상태에서 이루어진 가등기에 대하여 그 효력을 주장
할 수 있도록 규정한 것은 부당하다는 비판에 따라 가등기를 제66조 제1항 단서의 적용대상에서 제외한다는 취지
를 명확히 하기 위하여 삭제한 것이다)에 비추어, 회생절차개시의 사실을 알지 못하고 한 경우에도 가등기는 회생
절차와의 관계에 있어서는 그 효력을 주장할 수 없다는 견해도 있다{회생사건실무(상), 166쪽}.

2항).

이는 위 〈나.〉의 경우와 마찬가지로 권리자의 지위를 절차개시의 시점에 고정하여 그 후의 사정에 의하여 권리자 사이의 평등·형평을 해하는 것을 방지하자는 고려에서 비롯된 것이다.

회생절차개시 전에 등기나 가등기가 된 경우에는 본조가 아닌 권리변동의 성립요건 또는 대항요건의 부인(제103조)의 문제로 된다. 본조는 회생절차개시 후 비로소 등기나 가등기가 경료된 상황을 염두에 둔 조항이기 때문이다.

등기원인이 회생절차개시 전에 생긴 경우라도 등기 및 가등기가 회생절차개시 후에 이루어졌다면 관리인에게 대항할 수 없다. 그러나 등기권리자가 회생절차개시 사실을 알지 못하고 등기를 한 경우에는 관리인에게 대항할 수 있다. 등기원인은 회생절차개시 전에 발생하였고 등기 자체는 공시방법에 불과하다는 점을 고려하여 선의자를 보호하고자 하는 취지이다. 즉 선의인 것을 조건으로 관리인에게 대항할 수 있도록 한 것이다.[76] 다만 등기원인인 법률행위 자체가 부인된 경우에는 선의자를 보호하는 의미가 없게 된다.

제66조는 공동신청에 의한 경우(부동산등기법 제23조 제1항)뿐만 아니라 등기권리자가 단독으로 등기신청을 하는 경우(부동산등기법 제23조 제2항 내지 제8항)에도 적용된다.

회생절차개시의 공고 전에는 회생절차개시사실을 알지 못한 것으로, 공고 후에는 그 사실을 안 것으로 각 추정한다(제68조). 공고 전후를 나누는 '공고'란 공고의 효력발생일, 즉 관보에 게재된 날의 다음날 또는 대법원규칙이 정하는 방법에 의한 공고가 있은 날의 다음날(제9조 제2항) 오전 0시를 말한다.

(나) 회생절차개시 전 가등기에 기하여 관리인에게 본등기를 청구할 수 있는지[77]

회생절차개시 전에 가등기를 마친 제3자가 회생절차개시 후에 채무자의 협력을 얻어 본등기를 한 경우 관리인에게 대항할 수 있는가, 가등기권리자가 관리인에 대하여 본등기의 청구를 할 수 있는가.

먼저 순위보전을 위한 가등기(부동산등기법 제88조)에 관하여 본다. 순위보전을 위한 가등기는 본등기를 할 수 있는 요건을 갖추지 못한 채 그 순위를 보전하기 위한 등기에 불과하므로 채무자의 협력을 얻어 한 본등기는 회생절차개시 후의 등기로 보아 제3자(가등기권자)가 선의인 경우에만 보호되고(제66조 제1항 단서), 관리인에 대한 본등기청구권도 부정된다는 견해가 있다.[78] 그러나 가등기에는 가등기 후에 그 부동산이나 권리에 관하여 한 처분은 가등기된 청구권을 침해하는 한도에서 효력이 없는 청구권보전으로서의 효력(중간처분을 배제시킬 수 있는

---

76) 취득시효기간 중 점유 부동산의 등기명의자에 대하여 회생절차가 개시되어 관리인이 선임된 사실이 있다고 하더라도 점유자가 취득시효 완성을 주장하는 시점에서 회생절차가 이미 종결된 상태라면 등기명의자에 대하여 회생절차상 관리인이 선임된 적이 있다는 사정은 취득시효기간 중 점유 부동산에 관하여 등기명의자가 변경된 것에 해당하지 아니하므로, 점유자는 그가 승계를 주장하는 점유를 포함한 점유기간 중 임의의 시점을 취득시효의 기산점으로 삼아 취득시효 완성을 주장할 수 있다(대법원 2015. 9. 10. 선고 2014다68884 판결 참조).

77) 會社更生法, 279~281쪽, 도산법, 233~235쪽.

78) 남효순·김재형, 37~38쪽. <본서 288쪽 각주 120)> 참조.

효력)이 있으므로[79] 회생절차개시 후 채무자의 협력을 얻어 본등기를 한 경우에는 가등기가 선행되어 있음에 따라 가등기권자의 선의 또는 악의를 묻지 않고 그 지위가 인정되고 관리인에 대하여 본등기청구권을 행사할 수 있다고 할 것이다.[80][81] 다만 가등기 자체에 대하여 부인의 가능성이 있다는 것은 별론으로 한다.

다음으로 담보가등기에 관하여 본다. 회생절차에서는 담보가등기는 회생담보권으로 취급되어 그 실행이 허용되지 않기 때문에, 가등기담보권자의 관리인에 대한 본등기청구권은 허용되지 않고, 가등기담보인 상태로 회생담보권으로서의 지위가 부여된다.

(다) 회생절차와의 관계에서 무효

부동산 또는 선박에 관하여 회생절차개시 전에 생긴 등기원인으로 회생절차개시 후에 한 등기 및 가등기는 선의의 등기권리자가 아닌 경우 회생절차와의 관계에 있어서는 그 효력을 주장할 수 없다. 회생절차와의 관계에서 효력을 주장할 수 없는 것이므로 어떠한 이유에서건 회생절차가 종료된 경우에는 등기·등록은 그 효력이 인정된다.

(라) 등기권리자의 관리인에 대한 등기청구

회생절차개시 후 등기권리자가 관리인에 대하여 등기절차청구를 하는 것도 인정되지 않는다. 기본적으로 효력을 주장할 수 없는 등기에 대하여 등기청구를 인정하는 것은 적당하지 않다고 생각되기 때문이다.

(2) 회생절차개시 후 채무자에 대한 변제의 효력

채무자에 대하여 채무를 부담하는 자는 회생절차개시 후에는 관리인에게 변제를 하여야 하나, 그 사실을 알지 못하고 한 채무자에 대한 변제는 회생절차와의 관계에 있어서도 그 효력을 주장할 수 있다(제67조 제1항). 회생절차개시 후 그 사실을 알고 채무자에게 변제한 경우라도 이로써 채무자의 재산이 이익을 얻은 때에는 그 이익의 한도에서 회생절차와의 관계에 있

---

79) 소유권이전청구권의 보전을 위한 가등기는 부동산의 물권변동에 있어 순위보전의 효력이 있는 것이므로, 그 가등기에 의한 소유권이전의 본등기가 마쳐진 경우에는 그 가등기 후 본등기 전에 행하여진 가압류등기는 가등기권자의 본등기 취득으로 인한 등기순위 보전 및 물권의 배타성에 의하여 실질적으로 등기의 효력을 상실하게 되는 것이다 (대법원 2010. 3. 19. 자 2008마1883 결정, 대법원 1981. 10. 6. 자 81마140 결정, 대법원 1979. 9. 27. 자 79마222 결정, 대법원 1962. 12. 24. 자 4294민재항675 전원합의체 결정 등 참조).

80) 대법원 1982. 10. 26. 선고 81다108 판결 참조. 위 판결은 제66조 제1항의 본문의 반대해석에 의하면 회생절차개시 전의 등기원인으로 회생절차개시 전에 한 소유권이전등기청구권 보전의 가등기는 회생절차의 관계에 있어서 그 효력을 주장할 수 있다고 할 것이고, 따라서 위와 같은 가등기권자는 관리인에게 대하여 본등기 청구를 할 수 있다고 판시하고 있다.

81) 문제는 가등기에 기한 본등기가 효력이 있다고 하더라도 해당 매매계약이 쌍방미이행 쌍무계약인 경우 관리인이 해제권 행사를 이유로 가등기권자의 본등기청구에 대항할 수 있느냐 하는 것이다. 이에 대하여 가등기권자의 지위가 쌍방미이행 쌍무계약을 기초로 한 경우에는 관리인은 권리의 기초가 된 계약 그 자체를 해제함으로써 본등기청구에 대항할 수 있다는 견해가 있다(박병대, "파산절차가 계약관계에 미치는 영향", 재판자료 82집, 법원도서관 (1999), 456쪽 참조). 그러나 매수인이 일단 '가등기'를 취득한 이상 그를—대항력을 갖춘 임차인과 마찬가지로—물권자에 준하여 보호하는 것이 타당하므로(최준규, 330~331쪽) 유효한 가등기가 경료된 부동산에 관한 쌍무계약에 대하여는 제119조의 적용이 배제된다고 할 것이므로 대항할 수 없다고 할 것이다(본서 289, 306쪽 참조). 한편 독일 도산법 제106조 제1항은 이러한 경우 쌍방미이행 쌍무계약이 적용되지 않는다는 취지의 규정을 두고 있다.

어서 그 효력을 주장할 수 있다(제67조 제2항).

채무자의 재산에 속한 채권에 대한 관리처분권은 관리인에게 전속되므로(제56조 제1항) 관리인만이 변제의 수령권한이 있다. 따라서 채무자에 대하여 채무를 부담하는 자(이하 '변제자'라 한다)가 회생절차개시결정 후에 채무자에 대하여 한 변제는 원칙적으로 관리인에게 대항할 수 없다(제64조 제1항). 그 결과 변제자는 이중으로 변제를 하게 될 수 있다. 변제자는 회생절차개시결정을 받은 채무자에게 변제하여서는 아니 된다는 뜻을 회생절차개시결정의 공고에도 경고하고 있다(제51조 제1항 제4호). 그러나 일반적으로 채권자는 변제자의 신용상태에 대하여 관심을 가지고 있지만, 변제자는 채권자의 재산 상태에 대하여 별다른 관심이 없다. 따라서 변제수령권자가 회생절차개시결정을 받았는지에 대하여 주의를 요구하는 것은 변제자에게 부당한 부담을 주는 것이다. 그래서 제67조 제1항은 제64조 제1항의 예외로서 회생절차개시사실에 대하여 선의인 변제자의 채무자에 대한 변제는 관리인에게 대항할 수 있도록 하였다. 그 결과 변제자는 관리인에게 다시 변제를 할 필요가 없다. 또한 변제자가 회생절차개시사실에 대하여 악의인 경우에도 제64조 제1항의 원칙에 따르면 변제는 (상대적으로) 무효가 되지만, 변제의 목적물이 채무자의 재산에 귀속한 경우라면 채무자의 재산에 불이익이 발생하지 않기 때문에 제67조 제2항은 채무자의 재산이 받은 이익의 한도 안에서 변제로 관리인에게 대항할 수 있도록 한 것이다.

변제에는 상계도 포함된다.[82] 회생절차와의 관계에서 효력을 주장하려면 회생절차개시사실에 대하여 선의여야 하고, 과실 유무는 묻지 않는다. 회생절차개시의 공고 전에는 회생절차개시 사실을 알지 못한 것으로, 공고 후에는 그 사실을 안 것으로 각 추정한다(제68조).

3. 종래의 법률관계(계약관계)에 미치는 영향

채무자는 일반적으로 사업을 운영함에 있어 많은 계약관계(법률관계)를 맺고 있고 계약을 이행하는 도중에 회생절차가 개시되는 경우가 발생할 수 있다. 회생절차가 개시되면 종래의 법률관계(계약관계)는 단절되는가. 회생절차가 개시되더라도 원칙적으로 채무자의 종래의 법률관계(계약관계)는 단절되지 않고 동일성을 유지한다고 할 것이다. 회생절차개시 전 채무자의 법률관계는 채무자가 주체였고, 회생절차개시 후에도 실질적으로는 채무자가 주체이기 때문이다. 또한 채무자에 대한 회생절차개시에도 불구하고 회생을 위해서는 그동안 있어 왔던 계약관계가 계속 존속되어야 할 필요성이 있다. 계약당사자의 회생절차개시를 이유로 계약관계가 종료하게 되면, 그 자체로 채무자에게 현저한 가치손실을 가져오며 회생의 기회가 좌절될 수 있기 때문이다. 다만 몇 가지 법률관계(계약관계)에 대하여 채무자회생법은 필요한 범위에서 다소의 조정을 가하여 회생절차개시가 영향을 미치는 경우가 있게 되었다.[83] 즉 채무자회생법은 평시

---

82) 상계는 원칙적으로 일정한 제한 아래 허용되고 있다(제144조 이하).

83) 회생절차개시 전에 채무자가 제3자와 계약을 체결한 경우, 계약상의 의무를 회생절차개시 전에 모두 이행한 경우라면 계약관계는 소멸하고 관리인이 계약관계를 정리할 여지는 없다. 그러나 채무자나 상대방의 일방 또는 쌍방이 의무를 이행하지 아니한 단계에서 회생절차가 개시된 경우에는, 채무자는 그 의무를 이행할 수 없고(제59조 제1항 참조), 상대방도 원칙적으로 채무자에 대하여 의무를 이행할 수 없다(제67조 제1항 참조). 따라서 관리인은 계약관계

실체법을 어느 정도 수정하여 회생절차 중에만 통용되는 고유의 실체법 규정을 두고 있다(이를 도산실체법이라 부를 수 있을 것이다). 이는 계약관계 도중에 회생절차가 개시된 경우 계약관계를 어떻게 정리할 것인지 및 그에 대처하는 법리이다. 다른 한편으론 채무자회생법의 기존 법률관계에 대한 개입이다.

가. 공유관계[84]

(1) 공유물의 분할청구

원래 공유자는 자유롭게 공유물의 분할을 청구할 수 있다. 다만 공유자는 5년을 넘지 않은 범위 내에서 분할금지의 특약을 할 수 있다(민법 제268조 제1항). 그러나 채무자가 타인과 공동하여 재산권을 가진 경우 회생절차개시가 있은 때에는 관리인은 채무자와 그 타인 사이에 분할을 하지 아니한다는 약정이 있는 때에도 분할청구를 할 수 있다(제69조 제1항). 즉 회생절차 개시결정은 공유재산의 법정분할사유가 된다. 이는 관리인으로 하여금 지분의 환가를 용이하게 할 수 있도록 하여 경제적 회생에 도움이 되도록 하고자 하는 것이다.

분할절차는 공유물분할의 일반적인 절차에 따른다. 구체적으로 통상의 공유의 경우에는 공유물분할의 소(민법 제269조 제1항), 상속재산공유의 경우에는 협의 또는 상속재산분할심판(민법 제1013조)에 의한다.

(2) 다른 공유자의 지분취득권

분할청구가 있는 경우 이러한 분할은 지분환가를 위하여 행하여지는 것이기 때문에 다른 공유자는 상당한 보상을 지급하고 채무자의 지분을 취득할 수 있다(제69조 제2항). 분할을 원하지 않는 다른 공유자의 이익을 배려하는 한편, 지분 환가의 편의를 도모한다는 관점에서 상당한 대가를 지급하는 한 문제는 없다고 볼 수 있다.

다른 공유자에게 채무자의 지분을 취득할 수 있는 형성권을 부여한 것이지만, '상당한 보상'이 구체적으로 어느 정도인지는 당사자 사이에 협의가 되지 않는 한 최종적으로 소송으로 해결하여야 할 것이다.[85]

(3) 적용범위

법률상 분할이 인정되지 않는 경우에는 적용되지 않는다. 한 채의 건물을 구분소유하는 경우의 공용부분(민법 제215조), 경계에 설치된 경계표, 담, 구거(민법 제239조)에 대하여는 공유자

및 그에 기한 실체법상의 의무가 존재한다는 것을 전제로, 회생절차의 목적을 실현하기 위하여 이것을 정리할 필요가 있다. 정리의 기준으로 우선 계약에 기한 의무가 어떠한 상태인지, 즉 채무자의 의무만이 미이행인지, 상대방의 의무만이 미이행인지 아니면 쌍방이 미이행인지로 나눌 필요가 있다. 여기에 한편으론 상대방의 계약관계상의 공평이 손상되는지를 고려하고, 다른 한편으론 회생채권자 등 이해관계인에게 분배하여야 할 채무자 재산이 최대로 실현되도록 배려할 필요가 있다(會社更生法, 285쪽).

84) 파산절차의 경우에도 마찬가지 규정이 있다(제344조). 다만 분할청구의 주체에 관하여 해석상 견해의 대립이 있다(본서 1300쪽).

85) 條解 民事再生法, 249쪽.

1인의 일방적인 청구에 의한 분할이 인정되지 아니한다(민법 제268조 제3항). 대지 위에 구분소유권의 목적인 건물이 속하는 1동의 건물이 있을 때에는 그 대지의 공유자는 그 건물의 사용에 필요한 범위 내의 대지에 대하여 분할을 청구하지 못한다(집합건물의 소유 및 관리에 관한 법률 제8조). 이러한 규정들은 공유부분의 분할로 취득한 것에 대한 처분을 인정하지 않으려는 취지이고, 이는 공유자가 회생채무자인 경우에도 마찬가지이다.

총유재산은 성질상 분할을 청구할 수 없기 때문에 채무자가 총유재산에 해당하는 것을 가지고 있는 경우에도 제60조 제1항에 기한 분할청구를 할 수 없다. 합유인 민법상의 조합재산, 상법상의 합명회사나 합자회사의 재산은 법률상 분할청구가 제한되기 때문에(민법 제273조 제2항, 법정의 퇴사사유 등으로 제한된다), 채무자가 조합원 또는 합자회사의 유한책임사원인 경우(상법 제173조에 의하면 회사는 다른 회사의 무한책임사원이 될 수 없다) 관리인은 제60조 제1항에 기하여 분할청구를 할 수 없다.[86]

나. 환취권

회생절차개시는 채무자에 속하지 아니하는 재산을 채무자로부터 환취할 권리에 영향을 미치지 아니한다(제70조). 채무자가 점유하고 있는 재산 중에는 채무자 이외의 자의 소유에 속하는 것이 있을 수 있다. 이 재산을 그 소유자가 채무자로부터 환취할 수 있는 것은 당연하다.

환취권을 행사함에 있어서는 반드시 회생절차에 의할 필요가 없다. 다만 법원은 필요하다고 인정하는 때에는 관리인이 환취권을 승인하고자 하는 경우 법원의 허가를 받도록 할 수 있다(제61조 제1항 제8호).

환취권에 대한 자세한 내용은 〈**제7장 제2절**〉(본서 407쪽)을 참조할 것.

다. 쌍방미이행 쌍무계약(Executory Contracts[87])[88]

세상에 존재하는 계약의 대부분은 쌍무계약이고, 민법이 규정한 전형계약은 거의 쌍무계약

---

86) 會社更生の實務(上), 215쪽.
87) 미국 연방도산법 제365조는 우리나라 쌍방미이행 쌍무계약의 이행·해제(해지)의 선택과 유사한 "executory contracts"의 인수(assumption, 이행)·거절(rejection, 해제)을 규정하고 있다. "executory contracts"에 대한 연방도산법상의 정의는 없다. 그래서 "executory contracts"가 무엇인지에 대한 논쟁이 있다. 모든 계약은 정도의 차이는 있지만 "executory contracts"라는 견해도 있다. 일반적으로 미국의 도산실무에서는 Vern Countryman 교수의 다음과 같은 정의를 주로 사용하고 있다. "executory contracts"란 계약의 당사자인 채무자와 상대방의 의무 모두가 아직 이행되지 않고, 일방이 의무 전부를 이행하지 않는 것이 다른 일방의 의무이행을 면제시킬 정도로 중대한 위반(material breach)을 구성하는 계약을 말한다. 결국 쌍방이 이행하여야 할 중요한 의무가 있다면 그 계약은 미이행이다. 한편 일부 법원실무에서는 기능적 분석법(funtional analysis)을 사용하고 있기도 하다. 미이행의 중대성뿐만 아니라 계약이 도산재단에 미치는 영향을 중시한다. 미이행계약의 인수 또는 거절은 재단에 이롭게 하는 것을 목적으로 하기 때문이다(Jeffrey T. Ferriell·Edward J. Janger, 373쪽, Daniel J. Bussel·David A. Skeel, Jr., 216~218쪽).
88) 중국 〈기업파산법〉도 쌍방미이행 쌍무계약에서 관리인에게 선택권을 인정하고 있다(제18조). 다만 상대방의 보호 방법과 관련하여 차이가 있다. 관리인은 회생신청을 수리한 후 해제(解除) 또는 이행을 상대방에게 통지하여야 하고, 관리인이 회생신청을 수리한 날로부터 2개월 내에 상대방에게 통지하지 않거나 상대방으로부터 최고를 받은 날로부터 3개월 내에 답변을 하지 않는 경우 계약을 해제한 것으로 보도록 하고 있다. 또한 관리인이 계약의 이행을 선택한 경우 상대방은 관리인에게 담보의 제공을 요구할 권리가 있고, 관리인이 담보를 제공하지 않는 경우 계약을

이다(쌍무계약이 아닌 것은 증여, 소비대차, 조합 정도이다). 계약에서는 양 당사자가 대가관계에 있는 채권채무를 부담하는 것이 통상적이다.

쌍무계약에서는 2개의 마주하는 채권채무가 대가적 관계에 서기 때문에 견련관계가 인정된다. 성립상의 견련관계, 이행상의 견련관계(동시이행항변권[89]), 존속상의 견련관계가 그것이다.

쌍무계약의 일방당사자에 대하여 회생절차가 개시되었을 때, 채무자는 그 채무의 이행을 완료하였으나 상대방이 미이행한 경우에는 관리인이 상대방에게 채무의 이행을 청구하면 되고, 반대로 상대방은 채무의 이행을 완료하였으나 채무자가 미이행한 경우에는 상대방의 채권은 회생채권 또는 회생담보권으로 회생계획에 따라 변제받게 될 것이다.[90][91] 쌍방이 이행을 완료한 경우에는 계약관계가 소멸하여 계약관계를 정리할 여지는 없고 관리인의 부인만이 문제될 뿐이다.

그런데 회생절차개시결정 당시 채무자와 상대방 모두 계약을 미이행한 상태인 경우, 관리인은 채무자의 회생을 위하여 유리한 계약은 존속되기를 원하고 불리한 계약은 종료되기를 원할 것이다. 이 경우 채무자회생법은 쌍방미이행쌍무계약은 동시이행관계에 있지만, 관리인에게 계약을 해제(해지)[92]할 것인지 또는 상대방에게 채무의 이행을 청구할 것인지의 선택권을 부여

해제한 것으로 본다. 참고로 중국은 해제와 해지를 구별하지 않고 해제라는 용어로 통일하여 사용하고 있다.

89) 민법상 인정되는 동시이행항변은 일방 당사자에 대한 회생절차(도산절차)가 개시된 경우에도 인정되어야 한다. 동시이행항변은 일방이 무자력 상태에 빠진 경우 상대방으로 하여금 자신의 채권 만족을 얻을 수 없는 위험을 회피하게 하려는 취지에서 인정한 것이고, 회생절차개시는 일방의 무자력위험을 가장 극적으로 드러내는 사건이기 때문이다.

90) 일방만이 미이행한 쌍무계약은 어떻게 처리되는가. 매도인 甲이 매수인 乙에게 동산을 매매한 경우로서, ① ⓐ 먼저 매도인 甲이 동산인도의무를 이행하지 않고, 매수인 乙은 대금지급의무를 이행한 단계에서, 매수인 乙에 대하여 회생절차가 개시된 경우를 보자. 채무자 乙이 가지고 있는 동산인도청구권은 채무자의 재산이므로 관리인이 매도인에 대하여 이를 행사하여 인도를 받으면 된다. 상대방이 이행지체 등에 빠진 경우 관리인은 계약을 해제할 수 있지만, 이것은 통상의 해제권 행사이고 제119조에 의한 것은 아니다. 해제에 의해 상대방이 갖는 원상회복청구권은 회생절차개시 전에 기한 것으로 회생채권이 된다. ⓑ 다음으로 매도인 甲이 동산을 인도하고, 매수인 乙이 대금지급의무를 이행하지 않은 단계에서, 매수인 乙에 대하여 회생절차가 개시된 경우를 보자. 甲의 매매대금채권은 회생절차개시 전에 발생한 재산상의 청구권으로 회생채권이다. 따라서 회생계획에 따라 권리의 만족(변제)을 받을 수밖에 없다. 회생계획에 따라 변제받을 경우 통상 채권액의 일부만을 변제받기 때문에 결과에 있어서 공평에 반하는 것으로 보일 수 있다. 매도인으로서는 동산을 인도하였음에도(자기의 의무를 전부 이행하였음에도) 매매대금채권에 대하여는 다른 채권자와 비례적으로 만족을 받을 수밖에 없기 때문이다. 그러나 회생절차개시 당시 매도인의 지위를 고려하면, 이러한 취급은 부득이한 것이다. 매도인으로서는 채무자에게 동산을 인도한 이상, 동시이행항변권을 가지고 있지 않고, 그 매매대금채권에 대하여는 회생계획에 따라 다른 회생채권자와 평등한 만족을 받을 수밖에 없기 때문이다. 회생절차가 이해관계인의 이해를 적절하게 조정하는 것을 목적으로 하는 이상(제1조) 위와 같은 결과는 받아들일 수밖에 없다.

② 반대로 매도인 甲에 대하여 회생절차가 개시된 경우로서, 甲의 동산인도의무만이 미이행된 경우라면, 매수인 乙은 이것을 회생채권으로 행사한다(물론 乙이 이미 그 소유권에 대하여 성립요건을 갖춘 경우라면, 乙은 동산인도청구권을 환취권으로 행사할 수 있다). 乙의 대금지급의무만이 미이행된 경우라면, 甲의 관리인은 매매대금채권을 채무자의 재산으로 행사한다.

91) 계약상의 채무로부터 계약의 종류를 보면, 일방당사자만이 의무를 부담하는 편무계약과 쌍방당사자가 의무를 부담하는 쌍무계약이 있다. 회생절차개시 당시를 기준으로 보면, 미이행 편무계약과 일방만이 미이행한 쌍무계약은 마찬가지로 취급된다고 생각된다.

92) 입법론적으로 해제(해지)권보다 미국 연방도산법처럼 '이행거절권(rejection, 관리인이 도산절차 내에서 계약상 채무의 이행을 거절할 수 있는 권리)'을 부여하는 것으로 충분해 보이기도 한다. 그 이유는 상대방에게 귀책사유가 없음에도 관리인에게 계약해제권 및 원상회복청구권을 부여하는 것은 상대방이 정당하게 얻은 계약 협상의 결과를

함으로써(제119조 제1항) 회생절차의 원활한 진행을 도모하고 있다.[93] 아울러 관리인이 상대방의 채무이행을 선택한 경우 이에 상응한 채무자의 채무도 이행하도록 하고, 계약의 해제를 선택한 경우 이에 따른 원상회복의무도 이행하도록 함으로써(제121조 제2항) 양 당사자 사이에 형평을 유지하고 있다.[94][95]

이는 쌍방의 채무가 법률적·경제적으로 상호 관련성을 가지고 원칙적으로 서로 담보의 기능을 하고 있는 쌍무계약에 관하여 쌍방 당사자가 아직 그 이행을 완료하지 아니한 상태에서 그 당사자인 일방의 채무자에 대하여 회생절차가 개시된 경우 인정되는 쌍무계약의 통칙이다.[96]

(1) 원 칙

(가) 제119조의 적용요건

쌍무계약에 관하여 채무자와 그 상대방이 모두 회생절차개시 당시에 아직 그 이행을 완료하지 아니한 때에는 관리인은 계약을 해제 또는 해지하거나 채무자의 채무를 이행하고 상대방의 채무이행을 청구할 수 있다(제119조 제1항).[97] 쌍방미이행 쌍무계약은 ① 쌍무계약이어야 하

그의 의사와 상관없이 박탈하는 것이기 때문이다. 관리인이 이행거절권을 행사하면 도산절차 내에서 관리인과 상대방은 이행청구권을 행사할 수 없다. 다만 계약상 법률관계를 소급적으로 소멸시키는 관리인의 해제권과 달리, 이행거절권 행사로 실체법상 법률관계가 변동되지는 않는다, 즉 상대방의 이행청구권은 소멸되지 않는다. 하지만 이행거절권능을 창설할 경우 상대방에게 손해배상청구권을 인정할 것인지, 이미 이행한 일부 급부를 어떻게 취급할 것인지 등의 문제를 해결하여야 한다. 이러한 문제가 해결되지 않는 한 해제(해지)권을 부여하는 것으로 구성할 수밖에 없다.

　각국의 입법례를 보면, 우리나라, 일본, 중국은 해제권 구성을 채택하고 있다. 영국은 도산재단 포기라는 관점에서 접근하고 있고, 미국은 관리인이 거절(rejection)할 수 있으며, 독일도 이행거절할 수 있다. 프랑스 또한 관리인이 계약상 채무를 불이행한 경우 계약관계가 금전채권으로 청산된다(최준규, 221쪽), 결국 해제권 구성은 비교법적으로 일반적으로 채택되고 있는 방식은 아니다.

93) 제119조와 관련하여 마주치는 문제는 크게 두 가지이다. 하나는 계약이 채무자에게 불리한 경우 관리인은 이를 위반하고 싶어 할 것이다. 이것이 '해제(해지)'의 문제이다. 다른 하나는 계약이 채무자에게 유리한 경우 관리인은 이를 유지하려고 할 것이다. 이것이 '이행'의 문제이다.

94) 대법원 2000. 4. 11. 선고 99다60559 판결, 헌법재판소 2016. 9. 29. 선고 2015헌바28 전원재판부 결정 참조. 채무자에 대하여 회생절차가 개시되었다고 하여 상대방에게 회생절차가 개시되지 않았을 경우와 비교하여 불리한 지위에 서게 하여서는 안 된다. 관리인이 해제를 선택한다는 것은 회생절차가 개시되지 않았을 경우 채무불이행(계약위반)에 해당한다. 계약이 채무자에게 불리한 경우 관리인은 해제를 선택할 것이다. 이 경우 상대방은 회생절차가 개시되지 않았을 경우 채무자의 채무불이행으로 인해 갖게 될 지위와 같은 지위에 서는 것을 보장받아야 한다.

95) 제121조의 입법취지에 관한 위와 같은 통설에 대한 비판적 견해에 대하여는 〈**제3편 제3장 제2절 Ⅲ.1. 각주 67)**〉(본서 1264쪽)를 참조할 것.

96) 대법원 2021. 5. 6. 선고 2017다273441 전원합의체 판결, 대법원 2017. 4. 26. 선고 2015다6517(본소),6524(참가),6531(참가에 대한 반소) 판결, 대법원 2014. 9. 4. 선고 2013다204140,204157 판결 등 참조.

97) 제119조 제1항 본문(이하 '심판대상조항'이라 한다) 중 관리인에게 계약의 해제권을 부여한 것이 계약의 자유를 침해하여 위헌이 아닌지가 문제된 사건에서, 헌법재판소는 다음과 같은 이유로 합헌결정을 하였다(헌법재판소 2016. 9. 29. 선고 2015헌바28 전원재판부 결정).

　1. 목적의 정당성 및 수단의 적절성

　　심판대상조항은 채무자의 경제적 재건을 돕고, 회생채권자들 전체의 이익을 균형 있게 조정하기 위한 것으로 이러한 목적에는 정당성이 인정되며, 관리인이 종전에 형성한 계약관계의 유·불리를 신속하게 판단하여 이를 조기에 확정할 수 있도록 관리인에게 쌍방 미이행 쌍무계약에 대한 해제권을 부여한 것은 이러한 목적을 달성하기 위한 적절한 수단이다.

　2. 침해의 최소성

　　채무자회생법은 상대방의 최고권을 보장하는 등 상대방의 법적 지위가 장기간 불안정한 상태에 놓이거나 관

고, ② 그 쌍무계약은 회생절차개시 당시 유효하게 성립한 쌍무계약일 것과 ③ 쌍방의 채무가 모두 미이행 상태일 것을 요건으로 한다. 계약상 채권·채무가 인적 특성이 강한 경우에는 적용이 제한될 수 있다.[98]

한편 회생절차의 원활한 진행과 양 당사자 사이의 형평이라는 관점에서 쌍방미이행 쌍무계약의 인정범위를 판단하면 되고, 쌍방미이행 쌍무계약임을 주장하는 자가 관리인인지 거래상대방인지에 따라 판단기준을 달리할 필요는 없다.[99] 또한 채무자의 계약상 채권이 회생절차개시 전에 양도되어 더 이상 관리인이 해당 채권을 행사할 수 없더라도 제119조 제1항을 적용하는데 지장이 없다.[100]

① 쌍무계약

제119조는 쌍무계약에만 적용된다. 쌍무계약이란 양쪽 당사자가 서로 대가관계에 있는 채

리인의 자의적인 판단에 따라 제도의 취지와 달리 해제권 행사가 남용되는 것을 방지할 수 있는 여러 법적 장치를 마련하고 있다. 또한, 관리인의 계약 해제로 인하여 손해가 발생한 경우 상대방은 손해의 배상에 관하여 회생채권자로서 그 권리를 행사할 수 있고, 원상회복과 관련하여서도 채무자가 받은 급부가 채무자의 재산 중에 현존하는 때에는 그 반환을 청구할 수 있으며, 현존하지 아니한 때에는 그 가액에 관하여 회생채권자가 아닌 공익채권자로서 권리를 행사할 수 있는 등, 채무자회생법은 상대방의 권리를 최대한 보호하고 있다.

그리고 관련 법령들에 비추어 볼 때 심판대상조항이 인정하고 있는 관리인의 계약해제권이 회생절차 특유의 제도로 보이지도 아니하므로 회생절차가 폐지된 경우에 관리인에 의하여 이루어진 해제의 효력을 유지시킨다고 할지라도 이것이 회생절차의 취지에 반하는 것은 아니며, 계약해제권이 아닌 이행거절권을 부여하는 것이 상대방에게 덜 침익적인 수단이라고 단정할 수도 없다.

나아가 소수주주의 보호는 소수주주와 다수주주 간의 상대적인 관계에서 의미를 갖는 것일 뿐, 회사에 대한 회생절차가 개시된 경우에도 회사나 회생절차에 참가한 회사의 다른 채권자들의 이익보다 소수주주의 이익을 우선시켜야 하는 것은 아니므로, 심판대상조항이 소수주주의 주식매수청구권 행사를 통해 체결된 계약에 대한 예외를 마련하고 있지 아니하였다고 하여 상법상 소수주주 보호의 취지가 몰각되는 것도 아니다.

이처럼 채무자회생법이 관리인의 해제권 행사로 인하여 상대방이 일방적인 손해를 입지 않도록 여러 절차들을 마련하고 있고, 관리인에게 쌍방 미이행 쌍무계약에 대한 해제권을 부여하는 이외에 심판대상조항의 목적을 달성하면서도 덜 침익적인 수단도 발견할 수 없는 이상, 심판대상조항은 침해의 최소성에 반하지 아니한다.

3. 법익의 균형성
회생절차를 신속하게 진행하고 이해관계인들의 이해를 공평하게 조정하는 것은 회생제도의 목적을 달성하고 그 절차에 대한 사회적 신뢰를 확보함에 있어 매우 중요한 일이다. 관리인의 계약 해제로 인해 상대방이 다소간의 불이익을 입게 되는 것은 사실이나 이러한 사익이 이를 통하여 달성하고자 하는 공익에 비하여 결코 크다고 볼 수 없으므로, 심판대상조항은 법익의 균형성도 갖춘 것이다.

4. 결론
따라서 심판대상조항은 청구인의 계약의 자유를 침해하지 아니한다.

98) 쌍방미이행 쌍무계약에 해당하더라도 그 계약상 채무(채무자의 채무와 상대방의 채무를 모두 포함한다)가 '채무자 입장'에서 인적 성격이 강한 경우라면 제119조를 적용하는 것이 부적절할 수 있다. 상대방의 채무가 오직 채무자 개인에게만 이행할 수 있는 것이라면(예컨대 공연계약에 따라 채무자의 생일날 축하공연을 할 의무) 관리인이 해당 계약의 이행 또는 해제(해지)를 선택하는 것은 부적절하다. 채무자의 채무가 오직 채무자만이 이행할 수 있는 성격을 갖는 경우(예컨대 작가로서 작품을 제작하여 공급할 의무)에도 그 이행 여부를 채무자가 아닌 제3자 관리인에게 맡기는 것은 부적절하다(최준규, 115~116쪽).

99) 어느 계약이 쌍방미이행 쌍무계약에 해당하는지 여부에 따라 회생절차를 진행하고 있는 채무자나 그 상대방의 법적 지위가 달라지고 그로 인해 채권의 성립과 범위 등에는 많은 영향을 받게 된다. 회생절차에서 쌍방미이행 쌍무계약이 해제·해지되는 경우, 상대방은 자신의 채무불이행이 없음에도 그 계약에 따른 채권을 상실하고, 대신 공익채권인 원상회복채권과 회생채권인 손해배상채권만을 보유하게 된다. 반면, 쌍방미이행 쌍무계약에 해당되지 않는 경우, 상대방은 관리인에 대하여 계약에 따른 권리를 회생절차에서 행사할 수 있다.

100) 최준규, 109쪽.

무를 부담하는 계약으로, 양쪽 당사자의 채무 사이에 성립·이행·존속상 견련성을 갖고 있어서 서로 담보로서 기능하는 것을 말한다.[101] 그래서 그것은 자산(재산)이기도 하고 동시에 부채이기도 하다. 본계약뿐만 아니라 예약도 상호 대가적인 의미를 가진 채무를 부담하고 있다면 쌍무계약에 해당한다(예컨대 매매의 일방예약).[102]

쌍무계약에서 쌍방의 채무 사이에는 민법이 규정하는 본래적으로 성립, 이행, 존속상 법률적·경제적으로 견련성을 갖고 있어서 서로 담보로서 기능한다.[103] 따라서 이와 같이 본래적으로 견련관계가 없는데도 당사자 사이의 특약으로 쌍방 채무를 상환 이행하기로 한 경우는 여기에 포함되지 않는다.[104] 부수적인 의무[105]나 막연한 협력의무 등도 여기에 해당하지 않는다.[106]

---

101) 대법원 2021. 1. 14. 선고 2018다255143 판결(☞ 원고가 피고와 물품공급 계약을 체결하고 피고에게 보증금 명목의 돈을 지급한 상태에서 피고에 대해 회생절차가 개시되고 관리인이 쌍방미이행 쌍무계약인 물품공급 계약의 이행을 선택하였는데, 원고가 계약기간이 지나자 피고를 상대로 보증금의 반환을 구하는 소를 제기한 사안에서, 원고의 보증금반환채권이 제179조 제1항 제7호에서 정한 공익채권에 해당한다고 보아 원고의 청구를 인용한 원심을 수긍하고, 상고기각한 사례), 대법원 2014. 9. 4. 선고 2013다204140,204157 판결, 대법원 2003. 5. 16. 선고 2000다54659 판결.

102) 회생절차개시 당시에 매매계약을 체결할 권리(매매예약완결권)가 존재하였고 회생절차가 개시된 후에 비로소 상대방의 권리행사에 의하여 매매계약이 성립하거나 장차 매매계약이 성립할 수 있어 아직 쌍방의 채무가 이행되지 아니한 경우에도 제119조가 유추적용된다. 따라서 관리인이 이행을 선택하면 상대방은 매매계약에 따른 급부를 공익채권으로 청구할 수 있다. 하지만 해제(해지)를 선택하면 그로 인한 손해배상청구권을 회생채권으로 신고할 수 있을 뿐 매매계약에 따른 급부를 회생채권으로 신고할 수는 없다(대법원 2007. 9. 6. 선고 2005다38263 판결 참조).

103) 대법원 2014. 11. 13. 선고 2013다96325 판결, 대법원 2014. 9. 4. 선고 2013다204140,204157 판결, 대법원 2002. 5. 28. 선고 2001다68068 판결(아파트 수분양자가 중도금과 잔금 납부를 지연할 때에는 소정의 가산금을 납부하고 분양자가 입주예정기일에 입주를 시키지 못할 때에는 소정의 지체상금을 지급하기로 하는 내용의 아파트 분양계약은 쌍무계약에 해당한다고 한 사례) 등 참조.

104) 대법원 2007. 9. 7. 선고 2005다2884 판결, 대법원 2007. 3. 29. 선고 2005다35851 판결.

105) 부수의무는 원칙적으로 상대방의 의무와 견련관계에 서지 않고, 그 위반이 계약해제권을 발생시키지 않는다{지원림, 민법강의(제18판), 홍문사(2021), 920쪽}. 채무불이행을 이유로 계약을 해제하려면, 당해 채무가 계약의 목적 달성에 있어 필요불가결하고 이를 이행하지 아니하면 계약의 목적이 달성되지 아니하여 채권자가 그 계약을 체결하지 아니하였을 것이라고 여겨질 정도의 주된 채무이어야 하고 그렇지 아니한 부수적 채무를 불이행한 데에 지나지 아니한 경우에는 계약을 해제할 수 없다. 또한 계약상의 의무 가운데 주된 채무와 부수적 채무를 구별함에 있어서는 급부의 독립된 가치와는 관계없이 계약을 체결할 때 표명되었거나 그 당시 상황으로 보아 분명하게 객관적으로 나타난 당사자의 합리적 의사에 의하여 결정하되, 계약의 내용·목적·불이행의 결과 등의 여러 사정을 고려하여야 한다(대법원 2022. 6. 16. 선고 2022다203804 판결).

106) 대법원 1994. 1. 11. 선고 92다56865 판결 참조. 합작투자계약으로 회사를 설립함으로써 조합 구성에 관한 채무의 이행을 마쳤으나 이후 그 계약에서 정한대로 설립된 회사에 관한 의결권의 행사 또는 이사회의 구성 등을 위하여 서로 협조하여야 하는 의무 등이 남아 있는 경우 이러한 의무는 성립·이행·존속상 법률적·경제적인 견련성을 인정할 수 없고(대법원 2007. 9. 6. 선고 2005다38263 판결 참조), 공동수급체 내부에서 대표사가 공사대금을 먼저 지출할 의무와 회원사가 분담금을 대표사에게 상환할 의무는 서로 대가적인 의미를 갖는 채무라고 보기 어렵다(대법원 2000. 4. 11. 선고 99다60559 판결 참조). 골프장 회원권의 회원보증금 3,200,000원 내지 125,000,000원의 극히 일부분인 금 1,000원이 미납된 상태라면, 회원보증금 1,000원 지급의무와 회원으로서 권리를 누리게 할 의무를 서로 대등한 대가관계에 있는 채무라고 볼 수 없다(대법원 2014. 9. 4. 선고 2013다204140, 204157 판결 참조). 나아가 도급계약에서 수급인이 파산선고를 받기 전에 건물을 완공하여 인도하였다면, 수급인이 완공하여 인도한 건물에 하자가 있어 수급인이 하자보수의무를 부담한다는 이유만으로 도급계약을 쌍방미이행 쌍무계약이라고 볼 수 없다(대법원 2001. 10. 9. 선고 2001다24174, 24181 판결 참조). 「사회기반시설에 대한 민간투자법」 제4조 제1호에 근거한 BTO(Build−Transfer−Operate) 방식[사회기반시설의 준공과 동시에 당해 시설의 소유권이 국가 또는 지방자치단체에 귀속되며 사업시행자에게 일정기간의 관리운영권을 인정하는 방식]의 민간투자사업에서의 실시협약(예컨대 지하주차장 건설 및 운영 관련 민간투자 실시협약)은 쌍방미이행 쌍무계약으로 볼 수 없다(대법원 2021. 5. 6. 선고 2017다273441 전원합의체 판결, 본서 1263쪽).

견련관계에 있는 두 급부 중 어느 일방을 선이행하기로 약정한 경우에도 제119조가 적용된다. 다만 관리인이 이행을 선택할 경우 애초 약정 내용대로 이행이 이루어진다. 즉 계약상대방의 의무가 선이행의무라면 그 의무가 먼저 이행되어야 하고, 채무자의 의무가 선이행 의무라면 그 의무가 공익채무로서 먼저 이행되어야 한다.[107]

상법 제374조의2에서 규정하고 있는 영업양도 등에 대한 반대주주의 주식매수청구권 행사로 성립한 주식매매계약도 쌍무계약이므로 주식매매계약에 관하여 회사와 주주가 모두 그 이행을 완료하지 아니한 상태에서 회사에 대하여 회생절차가 개시되었다면, 관리인은 주식매매계약을 해제하거나 회사의 채무를 이행하고 주주의 채무이행을 청구할 수 있다.[108] 왜냐하면 쌍방 미이행 쌍무계약에 관한 채무자회생법의 규정들은 쌍무계약의 통칙이므로 당사자의 합의에 의해 성립한 쌍무계약과 법률규정을 근거로 일방의 형성권 행사에 따라 성립한 쌍무계약을 달리 취급할 이유가 없는바, 주식매수청구권 행사로 성립한 주식매매계약에 관하여 제119조 제1항의 적용을 제외하는 취지의 규정이 없는 이상 관리인은 위 규정에 따라 주식매매계약을 해제할 수 있기 때문이다.

쌍무계약의 특질을 가진 공법적 법률관계에도 쌍방미이행 쌍무계약에 관한 제119조 제1항이 적용 또는 유추적용될 수 있다.[109]

② 쌍무계약은 회생절차개시 당시 유효하게 성립할 것

회생절차개시결정 당시 유효하게 성립한 쌍무계약이어야 한다. 계약은 청약과 승낙에 의하여 성립하므로 일방의 청약만 있고 상대방의 승낙이 없는 경우에는 아직 계약이 성립되지 않았기 때문에(이행완료의 문제도 발생하지 않는다) 쌍방미이행 쌍무계약의 특칙이 적용될 수 없다. 다만 회생절차개시 당시에 쌍무계약을 체결할 권리(예약완결권)가 존재하였고 회생절차가 개시된 후에 비로소 상대방의 권리행사에 의하여 쌍무계약이 성립하거나 장차 쌍무계약이 성립할 수 있어 아직 쌍방의 채무가 이행되지 아니한 경우에도 쌍방미이행 쌍무계약에 관한 법리가 유추적용된다.[110] 장차 상대방의 권리행사에 의하여 쌍무계약이 성립할 수 있는 개연성이 있는

107) 최준규, 116~118쪽.
108) 대법원 2017. 4. 26. 선고 2015다6517(본소),6524(참가),6531(참가에 대한 반소) 판결. 한편 주식인수계약을 체결하면서 주식인수인에게 회사(채무자)에 대한 주식매수청구권을 부여하는 경우가 있다. 회사가 특정 주주와 사이에 특정한 금액으로 주식을 매수하기로 약정함으로써 사실상 매수청구를 할 수 있는 권리를 부여하여 주주가 그 권리를 행사하는 경우는 상법 제341조의2 제4호가 적용되지 않으므로, 상법 제341조에서 정한 요건하에서만 허용된다(대법원 2021. 10. 28. 선고 2020다208058 판결 참조).
109) 대법원 2021. 5. 6. 선고 2017다273441 전원합의체 판결 참조.
110) 대법원 2007. 9. 6. 선고 2005다38263 판결, 서울고등법원 2020. 9. 10. 선고 2020나200180 판결 등 참조. 창원지방법원 2022회합10025 에디슨모터스 주식회사 사건에서, 위 회사에 보통주 40,000주를 보유하고 있던 甲은 회사와 甲사이의 투자계약서에 약정된 주식매수청구권(회사 또는 이해관계인이 유죄판결을 받거나 구속된 경우 투자자는 본투자계약으로 인수한 주식의 매수를 청구할 수 있다. 이해관계인이 자본시장법위반으로 구속되어 주식매수청구권 행사요건은 갖추었다)의 행사로 인한 주식매매계약에 따른 주식매매대금 30억 원 상당을 회생채권으로 신고하였다. 위 주식매매계약은 회생절차개시 당시를 기준으로 보면 매매계약이 성립될 가능성만 존재하였지만, 회생절차개시 당시에 매매계약을 체결할 권리가 존재하였고 회생절차가 개시된 후 상대방의 권리행사에 의하여 매매계약이 성립하였으므로 위 판례의 법리에 따라 쌍방미이행 쌍무계약에 해당한다. 관리인이 이행을 선택할 경우 주식매매대금채

경우에는 쌍무계약의 유효한 성립에 근접해 있는 단계라고 볼 수 있기 때문이다.[111]

③ 쌍방이 이행을 완료하지 아니하였을 것

관리인의 선택권은 쌍무계약의 '이행을 완료하지 아니한 때'에 발생한다. 여기서 '이행을 완료하지 아니한 때'에는 전부 불이행뿐만 아니라 채무의 일부를 이행하지 아니한 것도 포함되고,[112] 그 이행을 완료하지 아니한 이유는 묻지 아니한다.[113] 채무자의 채무가 이행불능이어도 상관없다. '회생절차개시결정 당시'를 기준으로 하므로 개시결정 이후 일부 이행으로 완료된 경우도 포함된다. 채무자와 상대방의 '미이행 채무'는 쌍무계약상 상호 대등한 대가관계에 있는 계약상 채무의 전부 또는 일부가 이행되지 아니한 것을 의미한다.[114]

회생절차개시결정 당시에 채무자와 상대방 모두 이행을 완료하지 아니한 '쌍방' 미이행의 쌍무계약이어야 한다.[115] 상표라이센스계약은 쌍방미이행 쌍무계약이라는 하급심 판례가 있다.[116]

권은 공익채권이 되고, 해제를 선택하면 주식매매대금채권은 소멸하므로 어떤 경우이건 주식매매대금채권은 채권신고의 대상은 아니다(회생채권의 확정대상은 아니다). 해제로 인한 손해배상채권만이 회생채권이 될 뿐이다. 관리인은 주식매수청구권이 행사된 경우 해제를 선택하도록 주의하여야 한다.

111) 이에 대하여는 다음과 같은 비판이 있다. 상대방이 회생절차개시 이전에 예약완결권을 가지고 있는 경우 제119조의 요건에 해당하지 않는 것은 문언상 명백하다. 이 경우 제119조 적용을 긍정한다면, 상대방은 채무자에 대한 회생절차개시 이전부터 예약완결권을 가지고 있음에도 불구하고 자신의 채권을 공익채권으로 취급받기 위해 예약완결권을 행사하지 않고 있다가 회생절차개시 이후에 행사하려고 할 수도 있다. 이는 예약완결권을 갖는 상대방이 자신의 권리 내용을 임의로 결정하는 결과를 초래할 수 있어 부당하다[김영주, "도산절차상 미이행쌍무계약에 관한 연구", 서울대학교 법학박사학위논문(2013), 65~68쪽].

112) 대법원 2014. 9. 4. 선고 2013다204140,204157 판결.

113) 대법원 2017. 4. 26. 선고 2015다6517(본소),6524(참가),6531(참가에 대한 반소) 판결(주식매수청구권 행사 후 회사의 귀책사유로 주식대금 지급채무의 일부가 미이행되었다고 하더라도, 일부 미이행된 부분이 상대방의 채무와 서로 대등한 대가관계에 있다고 보기 어려운 경우가 아닌 이상 관리인은 일부 미이행된 부분뿐만 아니라 계약의 전부를 해제할 수 있다), 대법원 2003. 5. 16. 선고 2000다54659 판결.

114) 대법원 2013. 9. 26. 선고 2013다16305 판결, 대법원 2007. 9. 6. 선고 2005다38263 판결 등 참조.

115) 연회비의 정함이 없는 예탁금제골프장(본서 558쪽 각주 52) 참조) 회원계약의 경우 회원의 입회금지급의무와 골프장 경영회사의 시설제공의무는 대가관계에 있는 쌍무계약이지만, 채무자(골프장)의 회생절차개시 시점에 회원의 입회금지급의무는 이미 이행을 완료한 상태이고, 다만 골프장 경영회사의 시설제공의무만이 미이행 상태로 남아 있기 때문에 쌍방미이행 쌍무계약에 해당하지 않는다. 따라서 관리인은 제119조 제1항에 기하여 회원계약을 임의로 해지할 수 없다. 한편 이용료지급의무는 회원이 실제로 시설을 이용하지 않는 한 발생하지 않는 것이어서 이것을 회생절차개시결정시에 있어 회원의 미이행채무라고 말할 수 없다(倒産判例百選, 164~165쪽 참조).
반대로 연회비의 정함이 있는 경우는 어떠한가. 골프장 경영회사가 부담하는 시설제공의무는 계약기간 내에 '이행을 완료하지 않는' 상태에 있는 것은 명확하다. 따라서 만약 회원에게 연회비지급의무가 있는 경우 이 의무는 회원의 미이행채무가 된다. 따라서 연회비의 정함이 있는 예탁금제골프장 회원계약은 쌍방미이행 쌍무계약에 해당한다.

116) 서울고등법원 2012. 2. 10. 선고 2011나88018 판결(확정). 기술제공자(licensor)가 도산한 경우 기술사용자(licensee)는 계속 지식소유권을 사용할 수 있는가. 특허권의 통상실시계약의 경우를 살펴보자. 위 하급심 판결에 비추어 보면, 특허권의 통상실시계약 역시 쌍방미이행 쌍무계약이다. 관리인이 해제를 선택하면 상대방은 해제로 인한 손해배상채권을 회생채권으로 행사하거나(제121조 제1항) 특허권자에게 이미 지급한 특허권사용료의 반환청구권을 공익채권으로 행사할 수 있을 뿐이다(제121조 제2항). 통상실시권이 등록된 경우에도 마찬가지이다. 현재는 라이선스계약을 쌍방미이행 쌍무계약으로 보고 그에 관한 일반이론에 따라 해결할 뿐 기술사용자를 특별히 보호하는 규정이 없다. 입법적 보완이 필요해 보인다.
일본은 임차권과 같이 대항력을 갖춘 특허권 등의 사용권자는 기술제공자에 대하여 파산 또는 회사갱생절차·민사재생절차가 개시되더라도 당초의 사용기한 동안 기술을 사용할 수 있도록 하고 있다(파산법 제56조 제1항, 회사갱생법 제63조, 민사재생법 제51조, 선택권을 제약하여 실시계약을 해제할 수 없다). 미국 연방도산법은 채무자가 기술제공자이고 관리인이 라이선스계약의 이행을 거절한 경우, ① 사용자는 라이선스계약이 종료된 것으로 보고 손해배상을 청구하거나, ② 사용자는 이행거절된 라이선스계약상의 권리를 보유할 것을 선택할 수 있도록 하고 있다

한편 쌍방이행의 미완료가 문제되는 것으로 소유권유보부매매와 가등기가 있다.

㉮ 소유권유보부매매

소유권유보부매매란 동산을 매매함에 있어 매매목적물을 인도하면서 대금완납시까지 소유권을 매도인에게 유보하기로 특약한 것을 말한다.[117] 소유권유보부매매에 있어서는 매도인이 동산을 인도한 이상 매매계약에 기한 채무를 전부 이행한 것이므로(다만 목적물의 소유권을 유보하고 있는 것은 매수인의 매매대금완제라는 조건에 지나지 않고, 그 조건의 성취에 의하여 유보된 소유권이전의 효과가 생기게 될 뿐이다) 제119조의 적용이 없다.[118] 또한 매도인에 대하여 회생절차가 개시된 경우에 있어, 관리인이 해제권을 행사하여 매수인의 조건부소유권을 상실시키는 것은 부당하다는 점에서도 쌍방미이행 쌍무계약이라고 보기 어렵다.

㉯ 가등기

ⅰ) 담보가등기의 경우에는 견해의 대립이 있다. 하나는 담보가등기에 대하여는 「가등기담보 등에 관한 법률」 제17조 제3항에 의하여 가등기담보권이 저당권으로 간주되므로 가등기담보권자는 회생담보권으로 신고한 후 회생절차에 참가할 수 있을 뿐이므로 제119조가 적용될 수 없다는 견해이다. 다른 하나는 담보가등기는 아직 이행되지 않은 다른 채무의 이행을 담보하기 위하여 설정되는 것이므로 다른 채무에 관한 한 담보가등기의 존재는 제119조의 적용요건인 이행미완료를 표상한다. 따라서 가등기담보권자가 아직 자신의 채무를 이행하지 않고 있다면 쌍방의 채무가 이행이 완료되지 않은 상태이므로 제119조가 적용된다. 반대로 가등기담보권자가 이미 자신의 채무를 이행했다면 제119조는 적용이 없고 회생담보권자로서 회생절차에 참가하게 될 뿐이라는 견해이다.[119]

ⅱ) 청구권보전의 가등기가 된 경우에는 쌍무계약의 이행이 이미 완료된 것으로 보아야 하므로 제119조의 적용이 없다. 즉 제66조 제1항의 본문의 반대해석에 의하면 회생절차개시 전의 등기원인으로 회생절차개시 전에 한 가등기는 회생절차의 관계에 있어서 그 효력을 주장할 수 있다고 할 것이고, 따라서 위와 같은 가등기권자는 회생회사의 관리인에게 대하여 본등기 청구를 할 수 있다고 보아야 하므로 유효한 가등기가 마쳐진 부동산에 관한 쌍무계약에 대하여는 제119조의 적용이 배제된다(매매계약이 이행완료되지 않았다고 하더라도 매매계약을 해제할 수 없다).[120]

(§365(n)(1)).

　관련 내용은 아래 〈(2)(나) 각주 171)〉(본서 304쪽)을 참조할 것.

117) 부동산과 같이 소유권 이전을 위하여 등기가 필요한 경우나 자동차, 중기, 건설기계 등 비록 동산이기는 하나 등록에 의하여 소유권이 이전되는 재산에 대하여는 소유권유보부매매가 성립할 수 없다(대법원 2010. 2. 25. 선고 2009도5064 판결).

118) 전병서, 341쪽, 남효순·김재형, 36~37쪽. 중국은 소유권유보부매매계약을 쌍방미이행의 쌍무계약에 속하는 것으로 보고 있다{기업파산법해석(2) 제34조}. 여기서 「기업파산법해석(2)」는 「最高人民法院关于适用《中华人民共和国企业破产法》若干问题的规定(二)」를 말한다. 이는 <기업파산법>에 대한 사법해석 중 하나이다.

119) 남효순·김재형, 36쪽.

120) 대법원 1982. 10. 26. 선고 81다108 판결 참조. 위 판결에 대해 비판적 견해가 있다(남효순·김재형, 37~38쪽). 그 이유로 ① 제66조 제1항은 가등기의 순위보전적 효력을 회생회사에 주장할 수 있다고 규정한 것일 뿐이고 가등기에

④ 소결론

쌍방미이행 쌍무계약에 해당하기 위하여는 미이행된 쌍방의 채무 사이에 성립·이행·존속상 법률적·경제적으로 견련성을 갖고 있어서 서로 담보로서 기능하는 서로 대등한 대가관계에 있을 것을 요구하고, 미이행 부분이 '부수적 채무'에 불과하다면 이에 해당하지 않는다. 계약 당시의 내용이 쌍무계약에 해당한다 하더라도 회생절차개시 당시에 채무자와 상대방이 모두 이행을 완료하지 아니한 때에 한하여 적용되는 것이므로, '쌍방미이행'의 의미는 계약 당시의 약정내용에 의하여 일률적으로 미리 정하여진다기보다는 일방의 회생절차개시 당시 이행의 단계를 구체적으로 살펴 계약의 당사자가 서로 상대방에 대하여 부담하는 채무가 미이행에 해당하는지를 판단하여야 한다.

쌍방미이행 쌍무계약으로 해제(해지)권을 행사할 수 있는지를 판단함에 있어서도 계약의 근거가 되는 법률의 입법취지, 해제·해지권의 행사가 관계자들에게 미치는 법적 효과와 경제적 영향 등을 아울러 고려하여야 할 것이다. 개별 계약관계의 법률적 특징과 내용에 비추어 계약관계가 다양한 권리·의무가 혼합된 형태로 구성되어 있고 한 단계의 의무를 완수하면 그 다음 단계의 새로운 권리의무관계가 중첩적으로 형성되는 경우, 계약이 일정한 단계를 넘어서 진행되어 관리인이 해제·해지권을 행사하는 것이 부당한 경우나 해제·해지권이 인정된 결과 상대방이 취득하게 될 원상회복청구권이 공익채권이 되는 것이 부당한 경우 획일적으로 미이행 부분 유무에 따라 판단할 것은 아니다.[121]

(나) 관리인의 선택권[122]

① 선택권의 행사기준

관리인은 쌍방미이행 쌍무계약의 해제 또는 해지나 이행을 선택할 권한을 가진다.[123] 상대

기한 본등기청구권도 보장하는 것은 아니다. ② 제119조는 회생회사의 회생을 도모하려는 입법취지를 가지고 있으므로 단순히 가등기가 되어 있다는 것만으로 본등기청구를 절대적으로 보장함으로써 이미 본등기까지 마친 권리자와 실질적으로 동일한 법적 지위를 인정하는 것은 위 규정의 취지에 반한다. 청구권보전의 가등기는 아직 본등기실행의 절차가 남아있으므로 당연히 이행미완료에 해당한다.

121) 대법원 2021. 5. 6. 선고 2017다273441 전원합의체 판결 참조. 쌍무계약의 특질을 가진 공법적 법률관계에도 쌍방미이행 쌍무계약의 해지에 관한 제119조 제1항이 적용 또는 유추적용될 수 있다. 이 때 쌍방미이행 쌍무계약으로 해지권을 행사할 수 있는지 여부를 판단함에 있어서 공법적 법률관계의 근거인 법률의 입법취지와 그 공법적 특수성, 회생절차개시 당시 공법상 계약의 진행 정도, 회생절차개시 당시 당사자들에게 남아 있는 구체적인 권리와 의무의 내용과 그 관계 등을 종합하여 판단하여야 한다(위 전원합의체 판결 참조).

122) 관리인에게 선택권을 부여(이로운 계약은 이행을, 불리한 계약은 해제를 각 선택)하였으므로 회생절차는 언제나 관리인에게 유리하고 상대방에게 극히 불공평한 것인가. 일반적으로 계약당사자는 언제라도 이익이 되는 계약은 이행하고 그렇지 않은 계약은 이행하지 않을 선택권을 가진다는 점에서 위 주장은 계약법의 핵심원리를 간과한 것이다. 차이점은 관리인을 상대로 한 손해배상채권은 다른 일반적인 손해배상채권만큼 가치가 없다는 것이다. 하지만 이런 차이점은 회생절차에 관계된 모든 (회생)채권자가 공통적으로 직면하는 문제이다.

123) 미국 연방도산법의 경우에도 쌍방미이행 쌍무계약에서 이행(assumption)을 선택할 수 있지만, 채무불이행이 있는 상태에서 이행을 선택하기 위해서는 그 시점까지 누적된 채무불이행 부분이 모두 이행되거나(이전의 모든 채무불이행에 따른 결과를 치유해 주어야 한다) 이를 곧 이행할 수 있다는 적정한 보증(adequate assurance)이 제공될 것을 전제조건으로 하고 있다{11 U.S.C. §365(b), Douglas G. Baird, 132쪽}. 아무런 손해의 보전 없이 관리인의 선택만으로 계약이 그대로 이행될 수 있도록 하는 채무자회생법과 다르다.

방은 불이행으로 인한 계약해제·해지권이 없다. 관리인은 무엇이 채무자의 재산에 더 유리한 결과를 가져올 수 있는지를 기준으로 선택권을 행사해야 한다. 이러한 권한을 "cherry picking"이라고 부른다. 법원은 필요하다고 인정할 경우 관리인이 계약의 해제 또는 해지를 선택할 때 법원의 허가를 받도록 할 수 있다(제61조 제1항 제4호). 이행의 선택은 법원의 허가사항이 아니다.[124] 이는 회생절차가 채무자의 회생을 목적으로 하는 것이므로 쌍무계약을 계속 존속시키는 것이 원칙적인 것이므로 법원의 허가를 얻을 필요가 없도록 한 것이다.[125] 반면 쌍무계약의 해제 또는 해지는 예외적인 것이므로 법원의 허가를 얻도록 할 수 있게 한 것이다.[126]

회생절차개시신청을 한 채무자(기업)는 신청 당시 아직 이행하지 않은 수많은 계약상의 의무를 지고 있는 것이 일반적이다. 채무자에 대하여 회생절차가 진행되는 동안 이행되지 않은 계약을 선택적으로 이행(인수)하거나 거절(해제)함으로써 채무자(기업)의 영업이 재구성된다. 쌍방미이행 쌍무계약의 본질은 관리인에게 계약의 경제성을 평가할 시간을 부여하여 채무자의 재산의 증식에 기여한다는 점이다. 계약의 경제성이 있다면 관리인은 이행을 선택할 것이고, 경제성이 없다면 해제(해지)를 선택할 것이다. 회생절차개시 신청 당시 채무자가 이미 채무불이행 상태에 있다고 하더라도 관리인은 이행을 선택할 수 있다(상대방이 아래에서 보는 바와 같이 해제권을 행사하는 것은 별개의 문제이다). 도산해지조항이 있더라도 관리인은 이행을 선택하여 상대방에게 이행을 요구할 수 있다(도산해지조항이 무효설이라는 입장).

② 해제권을 선택할 수 있는 기한

쌍무계약에 대한 해제권을 행사할 수 있는 기한은 회생계획안 심리를 위한 관계인집회가 끝나기 전 또는 제240조 규정에 의한 서면결의에 부치는 결정이 있기 전까지이다(제119조 제1항 단서). 이는 회생계획안 심리를 위한 관계인집회가 끝난 후 또는 제240조의 규정에 의한 서면결의에 부치는 결정이 있은 후에는 원칙적으로 회생채권의 추후 보완신고를 할 수 없기 때문에(제152조 제3항), 형평의 원칙상 관리인의 해제권 행사를 위 시점 이전까지로 제한함으로써 관리인의 해제권 행사로 인하여 발생하는 상대방의 손해배상채권(제121조 제1항) 등에 대하여 추후 보완신고가 가능하도록 하기 위함이다. 따라서 관리인이 위 행사기한까지 해제권을 행사하지 않을 경우 더 이상 해제권을 행사하지 못하게 된 결과 이행을 선택한 것으로 간주된다.[127] 이때 상대방은 당초의 계약대로의 이행을 그대로 청구할 수 있고, 상대방이 갖는 권리

---

124) 입법론적으로는 이행을 선택하는 경우도 채무자나 채권자의 지위에 중대한 영향을 미치므로 이행을 선택하는 경우에도 법원의 허가를 받도록 하는 것이 타당하다.

125) 실무적으로 회생절차개시 후의 업무가 포함된 회생절차개시신청에 관한 변호사선임계약을 체결하고 계약금만 지급한 후, 회생절차개시신청을 하고 나서 법원에 쌍방미이행 쌍무계약임을 이유로 이행을 선택한다는 보고를 하고 나머지 중도금이나 잔금을 지급하고 있다. 개시결정 전 변호사 보수가 회생채권인지 공익채권인지에 대한 다툼이 있기 때문이다. 이행을 선택한 경우 수임료채권은 공익채권이 된다(제179조 제1항 제7호). 물론 회생절차개시신청까지만 수임한 경우는 회생절차개시시에 적어도 변호사의 업무(채무)는 이미 이행이 완료되었으므로 쌍방미이행 쌍무계약 문제는 발생하지 않는다. 다만 이 경우에도 합리적 범위 내의 것은 공익채권(제179조 제1항 제1호)에 해당한다고 할 것이다(본서 670쪽 참조).

126) 파산절차는 청산을 목적으로 하는 것이므로 이와 반대이다. 파산관재인이 쌍방미이행 쌍무계약을 해제 또는 해지할 경우에는 법원의 허가가 필요 없지만, 이행을 선택할 경우에는 법원의 허가를 받아야 한다(제492조 제9호).

는 공익채권이 된다(제179조 제1항 제7호).

③ 선택권 행사 전 법률관계

관리인에게 쌍방미이행 쌍무계약의 해제(해지)나 그 이행의 청구를 선택할 권리가 있다 할 것이므로 쌍무계약의 운명은 관리인의 선택권 행사에 관한 재량에 따르게 되어 있다. 그리고 그 상대방은 관리인이 계약의 이행을 선택하거나 계약의 해제(해지)권이 포기된 것으로 간주되기까지는 임의로 변제를 하는 등 계약을 이행하거나 관리인에게 계약의 이행을 청구할 수 없다.[128] 관리인이 채무를 이행하지 않더라도 상대방은 채무불이행을 이유로 해제권을 행사할 수 없다. 그 이유는 관리인에게 책임 있는 사유로 인하여 채무불이행에 빠졌다고 할 수 없기 때문이다.[129] 관리인이 선택권을 행사하지 않고 상대방이 최고도 하지 않는 상황이라면 상대방의 동시이행항변권은 유지된다.

관리인이 선택권을 행사하지 않고 있는 동안 상대방이 약정에 따라 선이행의무를 부담하는 경우 상대방은 불안의 항변권(민법 제536조 제2항)을 행사할 수 있다.

④ 선택권 행사의 제한

관리인이 국가를 상대로 하는 방위사업법 제3조에 따른 방위력개선사업 관련 계약을 해제 또는 해지하고자 하는 경우 방위사업청장과 협의하여야 한다(제119조 제5항). 국가안보와 관련된 계약의 특수성 때문이다. 방위력개선사업 관련 계약을 해제 또는 해지하고자 하는 경우 방위사업청장과 협의하도록 함으로써 국가의 안전보장 및 방위산업의 경쟁력 강화라는 방위사업법의 입법취지 및 방위력개선사업 관련 계약의 특수성을 반영하였다.[130]

또한 아래 《(라)①》에서 보는 바와 같이 관리인의 계약해제에 의해 상대방에게 현저하게 불공평한 상황이 발생한 경우에는, 해제권 행사는 허용되지 않는다고 할 것이다.

⑤ 선택권 행사의 착오에 의한 취소 가부

관리인의 이행 선택 또는 해제(해지)의 의사표시는 착오를 이유로 취소할 수 있다(민법 제109조 본문). 예컨대 관리인이 채무자가 이미 이행을 완료한 줄 알고 상대방에게 이행을 요구하였는데, 사실은 채무자의 미이행 급부가 있는 경우 관리인은 이행 선택의 의사표시를 착오를 이유로 취소할 여지가 있다. 물론 관리인에게 중대한 과실이 있는 경우에는 착오로 인한 취소는 허용되지 않을 것이다(민법 제109조 단서).

---

127) 대법원 2012. 10. 11. 자 2010마122 결정 참조.
128) 대법원 1992. 2. 28. 선고 91다30149 판결 참조.
129) 회생절차 진행 중인 건설회사인 피고에 대하여 A로부터 도급계약에 기한 지체상금채권을 양수한 채권자(원고)가 위 지체상금 상당을 청구한 사건에서, A가 피고의 회생절차개시결정일에 피고에게 도급계약 등 이행 여부 확답을 최고하자 피고는 제119조에 따라 확답기간 연장에 관한 회생법원의 허가를 받은 후에 2014. 3. 13.에 이행을 선택하였던 바, 지체상금을 산정함에 있어서도 회생절차개시결정일로부터 위 계약 이행 선택일까지의 기간에 관하여는 피고의 귀책사유가 있다고 볼 수 없어 지체책임을 부담하지 않는다(대법원 2020. 9. 3. 선고 2017다212460 판결 참조).
130) 대법원 2021. 5. 6. 선고 2017다273441 전원합의체 판결.

⑥ 선택권이 경합하는 경우

쌍방미이행 쌍무계약의 양쪽 당사자 모두에 대하여 회생절차가 개시된 경우, 양쪽 관리인의 선택권이 경합할 수 있다. 양쪽 관리인의 의사가 합치되면 문제가 없지만, 다를 경우 어떻게 처리하여야 하는가. 한쪽은 이행을 선택하고 다른 한쪽은 해제(해지)를 선택한 경우 어느 쪽 관리인의 의사가 우선하는가.

관리인이 이행을 선택하였을 때 상대방에게 계약상 채권의 강제이행을 청구할 수 있는 것은 상대방에 대하여 회생절차가 개시되지 않았음을 전제로 한다. 상대방에 대하여도 회생절차가 개시되었다면 관리인의 상대방에 대한 채권도 더 이상 강제이행할 수 없고, 상대방 회생절차에 복종하여야 한다. 따라서 상대방의 관리인이 해제(해지)를 선택하였다면 이 의사가 우선한다고 보아야 한다.[131]

(다) 상대방의 최고권

계약을 해제 또는 해지할 것인지 아니면 계속 이행할 것인지의 선택권이 관리인에게 있기 때문에 상대방 입장에서는 지위가 불안정하다. 이를 해결하기 위해 상대방에게 최고권을 인정하고 있다. 즉 상대방은 관리인에 대하여 계약의 해제나 해지 또는 그 이행의 여부를 확답할 것을 최고할 수 있다. 이러한 최고는 그 대상인 계약을 특정하여 명시적으로 하여야 한다.[132] 관리인이 그 최고를 받은 후 30일 내에 확답을 하지 아니하는 때에는 관리인은 그 해제권 또는 해지권을 포기한 것으로 본다(제119조 제2항). 이는 회생절차가 채무자의 회생을 목적으로 하는 것이므로 쌍무계약을 계속 존속시키는 것이 원칙적인 것이라는 고려에서 나온 것이다.[133] 법원은 관리인 또는 상대방의 신청에 의하거나 직권으로 위 기간을 늘이거나 줄일 수 있다(제119조 제3항).

한편 상대방은 관리인이 선택을 하기 전에 그가 가진 채권을 회생채권으로 신고할 수 있는가. 회생채권이라 함은 의사표시 등 채권 발생의 원인이 회생절차개시 전의 원인에 기해 생긴 재산상의 청구권을 말하는 것이므로, 원래 채권 발생의 원인이 회생절차개시 전의 원인에 기한 것인 한 그 내용이 구체적으로 확정되지 아니하였거나 변제기가 회생절차개시 후에 도래하더라도 회생채권으로 될 수 있지만, 채권의 발생원인이 쌍방미이행 쌍무계약에 해당하는 경우에는 제119조, 제121조의 규정이 적용되어 관리인이 이행 또는 해제를 선택하기 전에는 관리인에게 그 이행을 청구할 수 없고 나아가 관리인이 이행을 선택하면 공익채권으로 취급되어 회생채권의 신고 대상이 아니며, 반대로 관리인이 해제를 선택하면 채권 자체가 소멸되어 역시 회생채권의 신고 대상이 되지 못하고 단지 그 해제권 행사로 인한 손해배상청구권을 회생채권으로 신고할 수 있을 뿐이므로, 어느 경우에나 위 채권은 회생채권이 될 수 없다.[134]

---

131) 최준규, 184쪽.
132) 대법원 2003. 5. 16. 선고 2000다54659 판결.
133) 파산절차는 청산을 목적으로 하는 것이므로 확답이 없는 경우 계약을 해제 또는 해지한 것으로 본다(제335조 제2항).
134) 대법원 2007. 9. 6. 선고 2005다38263 판결 참조. 위 판결은 원고가 합작투자계약상의 도산해지조항에 따른 계약해

(라) 선택의 효과

① 관리인이 해제·해지를 선택한 경우

회생절차에서 쌍방미이행 쌍무계약을 해제·해지하는 것은 회생절차 밖에서 계약을 위반(채무불이행)한 것과 같은 결과를 가져온다. 해제·해지를 선택하면 계약관계는 소멸하고 원상을 회복하는 것이 일반원칙이다(민법 제548조 제1항 본문, 제2항).[135]

계약이 해제 또는 해지된 경우에는 상대방은 손해배상채권[136]에 관하여 회생채권자로서 그 권리를 행사할 수 있다(제121조 제1항).[137] 해제 또는 해지의 의사표시가 회생절차개시결정 이후에 되었음에도 상대방의 손해배상채권은 회생채권이 된다는 점이 특이하다. 손해배상청구권도 관리인의 해제에 의하여 상대방에게 발생한 것이므로 공익채권으로 볼 여지도 있지만(제179조 제5호 참조), 회생채권으로 한 것은 손해배상청구권을 공익채권으로 한다면, 그 부담이 중대한 것으로 되고, 관리인에게 특별한 권능으로 해제권을 부여한 취지가 몰각되기 때문이다.[138]

지권 및 주식매수청구권을 행사하지 아니한 채 회생법원에 그 행사를 정지조건으로 주식의 인도를 청구할 회생채권이 있음을 신고한 사안에서, 위 정지조건부 주식인도청구권은 원고가 회생절차개시 이후에 도산해지조항에 따른 계약해지권을 행사한 다음 다시 합작투자계약에 따라 주식매수청구권을 행사할 경우에 성립하는 장래의 매매계약에 관한 권리이므로, 쌍방미이행의 쌍무계약에 관한 법리에 따라 관리인이 이행을 선택할 경우나 반대로 관리인이 해제를 선택할 경우에 모두 회생채권으로 될 수 없으므로, 위 정지조건부 주식인도청구권을 회생채권으로 신고하여 확정을 구할 수는 없다고 판시하였다.

　한편 아직 법률관계가 미확정인 상태이더라도 계약상대방은 자신의 계약상 채권(또는 채무불이행으로 인한 손해배상채권)을 도산채권으로 신고하거나, 그 채권액의 범위 내에서 관계인집회(채권자집회) 결의에 참가할 수 있다는 견해도 있다(최준규, 280쪽).

135) 쌍방이 일부 이행한 경우에는 채무자의 원상회복청구권과 상대방의 원상회복청구권의 쌍방이 발생한다. 이 경우 양자는 동시이행관계다(민법 제549조). 계약이 해제되면 계약당사자 각자의 부담하는 원상회복의무와 손해배상의무는 동시이행의 관계에 선다(민법 제549조). 당사자 상호간의 공평을 위한 것이다. 법문으로만 말한다면 원상회복의무만이 동시이행관계가 인정되는 것처럼 되어 있으나, 손해배상에 대하여도 인정되는 것에 다툼이 없다. 이러한 법리는 앞에서 본 바와 같이 일방당사자에게 회생절차가 개시된 경우에도 마찬가지이다. 한편 대법원 1998. 6. 26. 선고 98다3603 판결은 별다른 이유 설시 없이 동시이행항변을 배척한 원심을 옳다고 하고 있으나, 수긍하기 어렵다.

136) 이 손해배상채권은 민법상의 해제에 따른 손해배상청구권(민법 제551조)과 달리, 관리인의 해제권 행사에 의한 특별한 것이다.

137) 관리인의 해제(해지)로 상대방이 입은 손해배상채권은 회생채권이므로 신고하여야 한다. 대법원은 '상대방이 정해진 기간 내(제148조 제1항, 제153조 제1항)에 신고를 하지 않으면 상계 주장 등을 할 수 없다. 상대방이 회생채권 신고기간 내에 회생회사에 대한 손해배상채권에 관한 권리신고를 하지 못하게 됨으로써 회생채권자로서 권리를 행사하거나 상계 주장 등을 할 수 없게 되어 회생회사 관리인의 계약 해제로 상대방만이 원상회복의무를 부담하게 되는 결과가 되었다고 하더라도, 회생회사 관리인의 원상회복청구가 권리남용이며 신의칙에 반한다고 단정할 수는 없다'고 판시하고 있다(대법원 1998. 6. 26. 선고 98다3603 판결 참조). 대법원은 상계를 하기 위해서는 신고기간 내에 회생채권을 신고하여야 한다고 하고 있으나, 이는 수긍하기 어렵다(관련 내용은 본서 519쪽 참조).

　한편 일반적으로 계약이 해제되면 계약상 채무의 전부 또는 일부를 이행한 당사자는 상대방에 대하여 원상회복을 청구할 수 있고, 한편으론 일방당사자의 채무불이행으로 인하여 손해를 입은 상대방은 그 배상을 청구할 수 있다. 채무자회생법에 따라 관리인이 계약을 해제한 경우에도 마찬가지이다(제121조 참조). 이처럼 계약이 해제된 경우 상대방은 채무자측에 대한 원상회복청구권 및 손해배상청구권과 채무자측의 자신에 대한 원상회복청구권을 원칙적으로 상계할 수 있다. 위 판결도 이러한 전제에 서 있는 것으로 볼 수 있다.

138) 이에 대하여 다음과 같이 설명하기도 한다. 채무자가 회생절차개시결정 전에 체결한 계약의 불이행으로 발생한 모든 채권을 동등하게 취급하기 위하여 해제(해지)로 인한 불이행은 회생절차개시결정 전에 발생한 것으로 취급하기 때문이다{11 U.S.C. §502(g) 참조}}. 또한 해제로 인한 상대방이 이미 이행한 반대이행의 반환청구권은 공익채권이나(제121조 제2항), 관리인의 해제로 인한 손해배상채권은 이미 이행한 반대채권의 반환청구권이 아니므로 공익채권이라 보기 어렵고 회생채권으로 보는 것이다.

계약의 해제(해지)로 채무자가 불이행에 따른 손해배상의무를 부담하지만, 상대방은 회생계획에 따라 비례배분을 받을 수밖에 없다.

원상회복과 관련하여서는 ㉮ 채무자가 받은 반대급부가 채무자의 재산 중에 현존하는 때에는[139] 상대방은 그 반환을 청구할 수 있으며(환취권), ㉯ 현존하지 아니하는 때에는 상대방은 그 가액[140]의 상환에 관하여 공익채권자로서[141] 그 권리를 행사할 수 있다(제121조 제2항).[142] 상대방이 가지는 원상회복청구권은 관리인이 특별한 권능인 해제권을 행사한 결과이므로, 공

한편 관리인의 해제로 인한 계약상대방의 손해배상채권은 법리적 관점에서 회생채권이라는 견해가 있다(최준규, 245~246쪽). 위 손해배상채권은 '법이 허용한 해제권'으로 인해 발생하는 법정채권으로 '위법한 채무불이행'으로 인해 발생한 손해배상채권과 구별된다. 그러나 이 채권은 실질적으로 채무불이행으로 인한 손해배상채권과 다를 바 없다. 그래서 손해의 범위나 소멸시효에 관하여 채무불이행으로 인한 손해배상책임 관련 법리가 적용된다. 채무불이행으로 인한 손해배상채권은 계약상 채권과 별도의 채권이지만, 양자 사이에 동일성이 인정될 수 있다. 따라서 회생절차개시 전에 계약이 체결된 이상, 채무불이행으로 인한 손해배상채권은 회생절차개시 전에 이미 채권발생의 법적 원인이 존재하는 것이다(제118조 제3호). 관리인의 해제로 인한 계약상대방의 손해배상채권에 대하여도 동일한 말을 할 수 있다. 그렇다면 법리적 관점에서 관리인의 해제권 행사에 따른 손해배상채권은 회생채권으로 봄이 타당하다.

139) 부당이득으로 취득한 것이 금전상의 이득인 때에는 그 금전은 이를 취득한 자가 소비하였는지 여부를 불문하고 현존하는 것으로 추정된다(대법원 2022. 8. 25. 선고 2022다211928 판결, 대법원 2009. 5. 28. 선고 2007다20440, 20457 판결, 대법원 1987. 8. 18. 선고 87다카768 판결 등 참조).

140) '그 가액'은 반대급부의 액을 의미한다. 상대방에 의해 급부가 되었던 시점의 가액이 기준으로 된다. 나아가 관리인의 행위와 관계없이 목적물이 멸실된 경우에도 가액상환청구권에 기한 공익채권의 행사가 인정된다. 상대방에게 완전한 원상회복을 부여하기 위함은 물론 관리인의 해제권 행사와 공평을 고려한 것이다.

141) 상대방의 원상회복청구권을 일률적으로 공익채권으로 취급하는 것은 부당한 점이 있다. 그 이유는 첫째 전부 이행을 한 계약상대방의 채권이 회생채권으로 취급되는 것과 균형에 맞지 않다. 둘째 채무자의 채무불이행을 이유로 회생절차개시 전에 계약을 해제(해지)한 경우 상대방이 갖는 원상회복청구권은 회생채권인데 이것과도 형평에 맞지 않다. 원상회복청구권을 공익채권으로 보는 것에 의문을 제기하면서 공익채권으로 보는 문제점을 극복하기 위한 해석론으로 ① 기이행 급부분에 대해서는 해제의 효력이 미치지 않는 일부 해제를 폭넓게 인정하는 방법과 ② 두 원상회복 채권 사이에 동시이행관계가 있는 경우에 한해 동액의 범위에서 원상회복청구권을 공익채권으로 보고, 나머지 차액에 관한 계약상대방의 채권은 회생채권으로 보는 방법을 제시하는 견해도 있다(최준규, 253쪽). 하지만 위 견해가 스스로 인정하는 바와 같이 ①은 계약상 급부가 불가분인 경우 적용이 될 수 없고, ②는 궁극적인 해결책이 되지 못하고 법문언과 배치되는 측면이 있다.

요컨대 임대차계약에서 원상회복청구권은 어디까지나 임차인의 행위(손상행위)에 의하여 발생한 것이고, 관리인이 해제하여도 발생하는 것에는 변함이 없다. 해제로 인한 상대방의 권리를 공익채권으로 인정하는 이유는 공평을 고려하여 상대방을 보호하기 위한 것인데, 회생절차개시결정 전 원상회복청구권이 회생채권임에도 회생절차개시 후 관리인이 해제하였다는 것을 이유로 갑자기 공익채권으로 하는 것은 공평의 관점에서 상대방을 보호하려는 범위를 넘는 것이다. 따라서 관리인의 해제로 인하여 발생하는 원상회복청구권도 회생채권으로 보아야 할 것이다.

관련 내용은 〈제3편 제3장 제2절 Ⅲ.2.다.(1)〉(본서 1274쪽)을 참조할 것.

142) **위약금 약정이 있는 경우** 관리인이 해제를 선택한 경우에도 위약금 약정까지 당연히 해제의 대상이 되는 것은 아니고 종전 채무자가 상대방과 약정한 위약금 약정은 여전히 적용된다(대법원 2013. 11. 28. 선고 2013다33423 판결 참조). 위약금 약정은 해제로 실효되지 않고 계속 효력을 유지한다. 이러한 손해배상채권은 실질적으로 채무불이행으로 인한 손해배상채권과 별 차이가 없기 때문이다. 이 경우에도 위약금은 민법 제398조 제2항에 따라 감액될 수 있고, 감액 후 확정된 위약금은 회생채권이다.

◎ (아파트)공사를 진행하고 있는 건설회사에 대하여 회생절차가 개시되고, 관리인이 분양계약해지를 선택하여 완납하지 아니한 수분양자에 대한 분양계약을 해지할 경우 분양대금반환청구권(이행을 선택한 경우 소유권이전등기청구권)은 공익채권이 된다. 이 경우 과다한 공익채권의 발생으로 회생절차를 진행하는데 어려움이 있을 수 있다(과다한 인수대금으로 M&A가 쉽지 않다). 그런데 회생절차에서 분양계약을 해지하고 회생절차를 폐지한 다음 다시 회생절차를 신청하면(재도의 신청) 기존의 공익채권은 회생채권으로 될 수 있다. 따라서 건설회사로서는 이를 이용하여 수분양자와 협상을 하는 것도 하나의 방법이 될 수 있다. 한편 분양대금을 완납한 수분양자의 경우 소유권이전등기청구권은 회생채권이 된다. 이로 인해 전액 납입한 수분양자는 회생채권에 해당하는 반면, 일부 미납한 수분양자는 공익채권이 되어 결과적으로 불합리한 점이 발생할 수 있다.

평을 고려하여 환취권 또는 공익채권으로 한 것이다. 반면 채무자가 도급인으로서 공사도급계약을 체결하고 공사가 진행되던 도중에 회생절차가 개시되고, 관리인이 도급계약을 미이행쌍무계약으로 해제한 경우 수급인이 갖는 보수청구권은 특별한 사정이 없는 한 기성비율 등에 따른 도급계약상의 보수에 관한 것으로서 그 주요한 발생원인이 회생절차개시 전에 이미 갖추어져 있다고 봄이 타당하므로 회생채권에 해당한다.[143]

관리인에 의한 해제의 선택도 무제한적인 것은 아니다. 관리인의 계약해제에 의해 상대방에게 현저하게 불공평한 상황이 발생한 경우에는, 해제권 행사는 허용되지 않는다고 할 것이다. 즉 해제에 의하여 채무자나 이해관계인에게 이익이 발생할 것이 기대되는 경우에도, 상대방에게 현저하게 불공평한 결과가 발생할 우려가 있다면 해제권행사는 허용되지 않는다.[144] 이는 신의칙이나 권리남용의 일반법리에 의한 것이 아니라 제119조 제1항의 내재적인 제약에서 비롯된 것이다. 여기서 '상대방에게 현저히 불공평을 발생'하는지는 해제에 의해 계약당사자 쌍방이 원상회복 등으로 해야 하는 급부내용이 균형을 이루고 있는지, 제121조 등의 규정에 의한 상대방의 불이익의 어느 정도 회복될 수 있는지, 채무자의 미이행채무가 쌍무계약에 있어 본질적·핵심적인 것인지 아니면 부수적인 것에 지나지 않는 것인지 제반 사정을 종합적으로 고려하여 결정하여야 할 것이다.[145]

관리인이 제119조의 규정에 따라 쌍방미이행의 쌍무계약을 해제함에 있어서는 성질상 해제·해지의 불가분성에 관한 민법 제547조의 제한을 받지 않는다.[146] 회생절차 내부에서 관리인의 자율적 선택권을 보장할 필요가 있기 때문이다. 따라서 채무자를 포함하여 계약당사자가 여러 명이더라도 관리인은 단독으로 계약을 해제(해지)할 수 있다. 쌍방미이행의 쌍무계약이 아님에도 관리인이 법원의 허가를 받아 해지(해제)한 경우 해지(해제)의 효력은 없다고 할 것이다.

관리인이 쌍방미이행 쌍무계약의 해제권에 기하여 매매계약을 해제함으로써 소급적으로 실효되었다고 하더라도 이미 성립한 취득세의 징수에는 아무런 영향이 없다(본서 2209쪽).[147]

② 관리인이 이행을 선택한 경우

이행 선택의 의사표시는 상대방의 수령을 요하는 일방적 의사표시로서 철회할 수 없고, 조건에 친하지 않다. 다만 앞에서 본 바와 같이 착오를 이유로 취소할 수는 있다. 관리인이 이행을 선택한 후 부인권을 행사하는 것은 허용되지 않는다. 이행 선택에 따라 계약이 회생절차

---

143) 대법원 2017. 6. 29. 선고 2016다221887 판결.
144) 會社更生法, 290쪽(일본의 파산관련 법리라고 한다).
145) 倒産判例百選, 164쪽. 일본 최고재판소는 골프회원이 파산한 후 만기 전 해제에 의한 예탁금반환을 구한 사안에서, 이는 골프장에 현저히 불공평을 발생시키는 것으로, 파산관재인의 해제 선택권을 인정하지 않았다(小林秀之, 145쪽). 관련 내용은 〈제3편 제3장 제2절 Ⅲ.1.나.〉(본서 1265쪽)를 참조할 것.
　이에 대하여 권리남용의 법리로 해제권을 제한하여야 한다는 견해도 있다(최준규, 239쪽). 예컨대 채무자가 부동산을 이중매도하고 아직 등기를 이전해 주지 않은 상황에서 회생절차가 개시된 경우, 제2매수인과 체결한 매매계약상 매매대금이 더 커서 제2매수인에게 소유권을 이전해 주는 것이 채무자의 재산에 더 유리하더라도, 제1매수인과의 매매계약을 해제하는 것은 권리남용으로 허용되지 않을 수 있다고 한다.
146) 대법원 2003. 5. 16. 선고 2000다54659 판결.
147) 전대규(지방세), 414쪽.

내에서 실현되는 것으로 확정되었기 때문이다. 이행 선택은 묵시적 또는 추단적 의사표시를 근거로 인정될 수도 있다.[148]

㉮ 동시이행관계의 존속 여부

관리인이 이행을 선택한 경우 평시 계약상 법률관계가 변형될 이유가 없기 때문에 종래의 계약관계에 있어 상대방의 지위, 즉 동시이행항변권(민법 제536조)은 인정되어야 한다. 담보적 기능을 하는 동시이행항변권은 계약관계가 존속하는 한 관리인에 대하여도 인정되는 것이다. 따라서 상대방은 관리인이 자신의 채무를 계약의 내용에 따라 이행하는 것과 상환으로, 관리인에 대하여 그 채무를 이행하는 것으로 충분하다. 또한 불안의 항변권(민법 제536조 제2항)도 행사할 수 있다.

동시이행관계의 존속을 허용하면 계약상대방의 채권(공익채권)은 다른 공익채권들과 비교할 때 사실상 최우선순위에 놓이게 된다. 관리인이 이행을 선택할 경우 계약상대방으로서는 공익채권으로 인정받는 것 외에 채무이행을 담보할 아무런 장치가 없다. 동시이행관계를 인정하지 않으면 변제재원이 부족할 경우 계약상대방은 채권액에 비례하여 안분변제를 받을 수밖에 없다(제180조 제7항). 도산해지조항을 무효라고 한다면 계약상대방으로서는 채무자측의 채무불이행으로부터 벗어나기 어려우므로, 계약상대방에 대한 채무이행의 보장은 동시이행관계의 존속을 허용함으로써 확실히 이루어지도록 하는 것이 바람직하다.[149]

㉯ 공익채권의 발생

관리인이 이행을 선택하는 경우에는 상대방이 채무자에 대하여 가지는 채권은 공익채권이 된다(제179조 제1항 제7호). 관리인이 이행을 선택한 경우 상대방이 가진 청구권을 공익채권으로 규정한 것은 관리인이 상대방의 이행을 청구하려고 하는 경우에는 채무자의 계약상 채무도 이를 이행하도록 함으로써 양 당사자 사이에 형평을 유지하도록 하자는 데 그 뜻이 있다.[150] 채무자가 도급인으로서 공사도급계약을 체결하고 공사가 진행되던 도중에 회생절차가 개시되고, 관리인이 도급계약의 이행을 선택한 경우 상대방의 기성공사부분에 대한 대금청구권은 관리인이 채무의 이행을 하는 경우에 상대방이 가진 청구권(제179조 제1항 제7호)에 해당하게 되어 공익채권으로 된다.[151] 왜냐하면 공사도급계약에 있어서 기성고에 따라 대금을 지급받기로 하는 약정이 있다고 하더라도 수급인이 완성하여야 하는 공사는 원칙적으로 불가분이므로 도급계약에서 정한 공사가 일부 이루어졌고 그 기성공사부분에 대하여 수급인에게 대금청구권이 발생한 경우에도 전체 공사가 끝나지 않았다면 그 기성공사부분을 따로 떼어내 그 부분에 대한 수급인의 채무가 이행완료되었다고 할 수 없기 때문이다.

㉰ 이행 선택 후 채무불이행에 따른 법률관계

관리인이 이행을 선택한 후 계약상 채무를 이행하지 않는 경우 상대방은 해당 계약을 해제할 수 있다. 이때 상대방의 손해배상채권은 회생절차개시 후 관리인의 행위로 인하여 생긴 청구권(제179조 제1항 제5호)이므로 공익채권이다. 상대방의 원상회복청구권도 회생절차개시 후 발생한 부당이득반환청구권이므로(제179조 제1항 제6호) 공익채권이다. 채무자에 대한 회생절차개시 전에 상대방이 한 기이행급부의 원상회복청구권도 공익채권으로 볼 수 있다.[152]

관리인이 이행을 선택한 후 상대방의 채무불이행을 이유로 관리인이 계약을 해제한 경우에도 상대방의 원상회복청구권이 발생할 수 있다. 이 경우 채무자가 회생절차개시 전에 상대방이 이행한 부분에 대한 원상회복채권은 회생채권으로 보아야 할 것이다.

이행 선택 후 계약이 적법하게 해제된 경우, 상대방은 환취권을 행사할 수 있다는 견해도 있으나, 관리인의 제3자성에 비추어 부정하여야 할 것이다(본서 364쪽).

(마) 상대방으로부터의 계약해제 등

관리인이 이행을 선택한 경우 상대방은 공익채권으로 행사가 가능하다는 것은 앞에서 본 바와 같다. 그렇지만 공익채권에 대하여 항상 완전한 만족이 보장되는 것은 아니다(제180조 제7항 참조). 그래서 상대방으로서는 관리인이 이행을 선택한 것과 무관하게 또는 이행을 선택하기 전에 스스로 계약을 해제하려고 할 수도 있다. 이때 상대방이 고려할 수 있는 수단으로 세 가지가 있다.

① 민법상의 일반법리로 불안의 항변권이다(민법 제536조 제2항). 특히 계속적 급부를 목적으로 한 쌍무계약에서 계약상의 의무이행이 장기간인 경우, 상대방으로서는 관리인측의 의무이행에 대하여 불안을 느낄 수밖에 없다. 관리인에게 선택권을 인정하는 특칙을 두기는 하였지만, 이행이 선택된 후의 계약관계에 대하여는 민법의 일반법리가 적용되기 때문에 비록 상대방의 채권이 공익채권으로 인정된다고 하여도 그 불이행의 위험이 있는 상황에 있어서는 불안의 항변권을 배제할 이유가 없다.

② 상대방이 회생절차개시 전의 불이행을 이유로 해제권을 행사하는 것이다.[153] 회생절차개

---

152) 대법원 2021. 1. 14. 선고 2018다255143 판결(물품공급계약의 매수인이 물품대금 정산을 위한 보증금(물품대금에 대한 선급금의 성격을 갖는다)을 지급한 후 물품공급자에 대하여 회생절차가 개시되었고, 관리인이 물품공급계약의 이행을 선택하였다. 이후 물품수령자가 보증금(선급금)의 반환을 청구한 사안에서, 보증금반환채권을 제179조 제1항 제7호의 공익채권으로 보았다), 대법원 2001. 12. 24. 선고 2001다30469 판결(대출채무자가 신디케이티드 론 거래에 참여한 은행에게 약정수수료를 지급한 후 해당 은행이 파산하였고, 파산관재인이 대출약정의 이행을 선택하였음에도 이를 실행하지 않자 대출채무자가 대출약정을 해제한 사안에서, 대출채무자의 약정수수료 반환청구권을 재단채권으로 보았다) 등 참조.

　　이에 대하여 채권발생의 법적 원인이 회생절차개시 전에 존재한다고 보아 회생채권으로 보아야 한다는 견해가 있다(최준규, 209쪽). 위 견해는 회생채권으로 보더라도 각 원상회복채무 사이에 동시이행관계가 인정된다면 상대방은 일정 부분 보호될 수 있다고 한다. 하지만 회생채권으로 볼 경우 이행을 하지 않은 관리인에게 오히려 유리한 상황이 되므로 부당하다.

153) **도산절차와 계약해제권** 도산절차개시결정과 해제권(법정해제권·약정해제권을 포함한다)의 관계에 대하여는 세 가지 경우로 나누어 살펴볼 수 있다. (1) 도산절차개시결정 전에 이미 해제권이 발생하였고 행사되고 있는 경우. 이 경우 해제는 유효하다. 도산절차개시결정이 그 효력을 복멸시킨다고 해석하여야 할 이유도 없다. (2) 도산절차개시

시 후에 이행기가 도래한 채무에 대하여는, 관리인에게 선택권이 있으므로 관리인이 계약의 이행을 선택하거나 계약의 해제권이 포기된 것으로 간주되기까지는 상대방은 관리인에게 계약의 이행을 청구할 수 없고, 관리인도 상대방의 채권에 대하여 변제를 할 수 없기 때문에 상대방의 해제권은 부정된다(관리인에게 귀책사유가 없다). 그러나 변제금지의 보전처분이 있는 경우를 제외하고 회생절차개시 전에 이미 채무불이행이 발생하였고, 나아가 최고 등 해제권의 발생요건이 모두 충족된 경우에는 상대방은 그 해제권을 관리인에 대하여 행사하고 원상회복을 구할 수 있다.[154][155]

관리인은 유동적 법률상태를 해결하기 위해 상당한 기간을 정하여 계약상대방에게 해제권 행사여부의 확답을 최고할 수 있고(민법 제552조 제1항), 위 기간 내에 계약상대방으로부터 해제의 통지를 받지 못한 때에는 계약상대방의 해제권은 소멸한다(민법 제552조 제2항).

③ 도산해지조항에 의한 해제권의 행사이다. 즉 처음부터 계약에 일방당사자에 대하여 회생절차개시나 회생절차개시신청 또는 지급정지 등의 사실이 발생하는 것을 해제권의 발생원인으로

결정 전 이미 해제권이 발생하였지만 행사되지 않은 경우. 이 해제권은 도산절차개시결정 후에도 존속하고, 후에 행사할 수도 있다. 도산절차개시결정은 채무자의 지위에 변용을 발생시키지 않고, 관리인·파산관재인은 채무자의 지위를 승계하는데 지나지 않기 때문이다. (3) 도산절차개시결정 전에 해제권이 발생하지 않은 경우. 채무불이행 해제권(법정해제권)에 대하여는, 도산절차개시결정 후 도산채무의 불이행을 이유로 한 해제권은 인정되지 않는다. 채무자에게 귀책사유가 없기 때문이다. 약정해제권에 대하여는 그 요건이 도산채권의 이행에 관련된 것이 아닌 때에는 그 발생도 행사도 인정된다. 도산절차개시결정 후 해제조건성취가 허용되고(제516조, 제524조), 해제조건과 행사의 요부를 제외하고 거의 차이가 없는 약정해제권의 행사를 부정하는 것은 균형에 맞지 않기 때문이다(民法と倒産法, 550~551쪽 참조).

154) 대법원 2019. 12. 27. 선고 2019두43566 판결(쌍무계약에 관하여 채무자와 그 상대방이 모두 회생절차개시 당시에 아직 그 이행을 완료하지 아니한 때에는 관리인에게 계약을 해제 또는 해지하거나 이행의 청구를 선택할 권리가 있으므로, 상대방은 관리인이 계약의 이행을 선택하거나 계약의 해제권이 포기된 것으로 간주되기까지는 임의로 계약을 이행하거나 관리인에게 계약의 이행을 청구할 수 없고, 관리인이 채무를 이행하지 않더라도 이를 두고 그에게 책임 있는 사유로 인하여 채무불이행에 빠졌다고 할 수 없으므로 상대방은 채무불이행을 이유로 해제권을 행사할 수는 없지만, 상대방의 경우 이미 회생절차 개시 전에 이 사건 대부계약에 관한 해지권을 취득하였으므로 채무자에 대한 회생절차가 개시된 이후에도 이 사건 대부계약을 해지할 수 있다), 서울고등법원 2019. 5. 14. 선고 2018누57805 판결, 부산고등법원(창원) 2018. 5. 31. 선고 2017나23441 판결 등 참조.

155) ① 미국 연방도산법의 경우는 채무자가 개시결정 이전에 불이행이 있다고 하더라도 관리인이 정당하게 이행을 선택하면 상대방은 계약해제를 선택할 수 없다. 관리인이 계약의 이행을 선택하면 상대방의 불이행은 계약위반이 되기 때문이다(Elizabeth Warren, 81쪽). 다만 이 경우 앞에서 본 바와 같이 관리인은 불이행을 즉각 치유하거나 적절한 보증 등을 해주어야 한다. 반면 채무자회생법은 이러한 조건이 없이 이행을 선택할 수 있음은 앞에서 본 바와 같다. 그렇다면 관리인이 이행을 선택한 경우 상대방의 해제권이 인정되는가. 채무자회생법은 미국 연방도산법과 같은 상대방 보호규정이 없으므로 상대방의 해제권을 부정하는 것은 상대방에게 너무 가혹하므로 인정되어야 한다. 그러나 입법론적으로는 회생절차의 간소화 및 효율적 운영, 쌍방미이행 쌍무계약의 경우 관리인에게 선택권을 부여한 취지를 훼손할 수 있는 점 및 채무자에게 숨 쉴 공간을 제공하고 협상기간을 부여하여야 한다는 차원에서 상대방의 해제권을 부정할 필요가 있다. 또한 회생절차에서는 상대방에게는 선택권이 없다. 왜냐하면 일단 관리인이 적법하게 계약의 이행을 선택하면 상대방의 불이행은 계약위반이 되기 때문이다. 상대방의 해제권을 부정할 경우 상대방 보호를 위한 입법적 보완도 같이 할 필요가 있다.
② 프랑스 상법(L.622-13 1항 2문)도 쌍방미이행의 경우, 채무자의 도산절차개시 전 불이행이 있더라도 자신의 의무를 이행하여야 하고, 계약상대방은 채무자의 불이행에 관하여 도산채무로 신고를 할 수 있을 뿐이라고 규정하고 있다. 따라서 도산절차개시 전 채무자의 채무불이행을 이유로 계약상대방이 도산절차 내에서 계약을 해지할 수 없다.
③ 일본은 이미 취득한 해제권 행사를 긍정하는 것이 통설이다.
④ 독일의 경우 긍정설과 부정설이 팽팽하다고 한다. 부정설의 근거는 주로 도산절차의 특수성, 도산절차의 취지를 강조한다고 한다(최준규, 47쪽).

정하고, 이에 따라 상대방이 회생절차개시 후에 해제권을 행사하는 것이다. 그러나 아래 〈**바. 도산해지조항**〉에서 보는 바와 같이 도산해지조항은 관리인에게 선택권을 부여한 제119조의 의미를 사실상 몰각시킨다는 점 등에서 효력이 없다고 할 것이다(다른 견해 있음). 따라서 회생절차와의 관계에 있어서 상대방은 이러한 해제권 행사의 효과를 관리인에게 주장할 수 없다.

(2) 예 외

일정한 경우에는 비록 쌍방미이행 쌍무계약이라고 하더라도 관리인이 해제권 또는 해지권을 행사할 수 없다. 결과적으로 이행의 선택이 강제되는 것이다.

(가) 근로관계의 경우

1) 개별적 근로관계: 고용계약

회생절차가 개시되더라도 사용자(채무자)와의 근로계약(고용계약)이 당연히 소멸하는 것은 아니다.[156] 회사의 기존경영자는 근로관계상 사용자의 지위에서 벗어나고 관리인에게로 넘어간다. 고용계약은 근로자측의 노무제공의무와 사용자측의 임금지급의무가 대립하는 쌍무계약이다(민법 제655조). 따라서 관리인은 제119조에 따라 고용계약을 해지할 수 있지만, 사용자에 대하여 회생절차가 개시되면 관리인에게 미이행 쌍무계약의 해제권을 부여하는 채무자회생법과 근로자를 보호하기 위해 해고를 제한하는 노동법(근로기준법 제23조 제1항 참조)과의 충돌이 발생한다.

① 근로자의 해지권

민법 제663조는 사용자가 파산한 경우 파산관재인은 물론 근로자에게도 고용계약의 해지권을 인정하고 있다. 회생절차가 개시된 경우 근로자에게 고용계약의 해지권이 인정되는가. 회생절차는 파산절차와 달리 채무자의 사업을 계속하여 그 재건을 도모하는 것이 목적이고(사업의 계속을 위해 근로관계의 존속이 필수적이다), 회생절차개시결정이 있다고 하더라도 법인이 해산되는 것은 아니며, 근로자의 임금 등 채권은 공익채권으로 보장되고 있고(제179조 제1항 제10호), 제119조에서 명시적으로 관리인의 해지권만 인정하고 있다는 점에서 회생절차가 개시되더라도 근로자의 고용계약 해지권은 인정되지 않는다고 할 것이다.

② 정리해고

회생절차는 이해관계인의 법률관계를 조정하여 채무자나 그 사업의 효율적인 회생을 도모하는 제도라는 점에서 통상적인 부당노동행위 법리가 그대로 적용된다.[157]

정리해고(경영상해고)는 긴급한 경영상의 필요에 의하여 기업에 종사하는 인원을 줄이기 위하여 일정한 요건 아래 근로자를 해고하는 것으로서 기업의 유지·존속을 전제로 그 소속 근

---

156) 독일 도산법 제108조 제1항은 도산절차가 개시된 경우 채무자의 고용관계는 도산재단에 대하여 유효하게 존속한다고 규정하고 있다.

157) 반면 파산절차의 경우에는 원칙적으로 부당노동행위 법리가 적용되지 않는다(본서 1285쪽).

로자들 중 일부를 해고하는 것을 가리킨다(근로기준법 제24조 참조).[158]

쌍방미이행 쌍무계약 해제에 관한 규정이 단체협약에 적용되지 않는 것과 별개로, 관리인은 제119조에 따라 고용계약을 해지할 수 있지만[159] 근로자 보호의 필요성은 일반적인 해고의 경우와 마찬가지이므로 정리해고의 법리가 그대로 적용된다.[160] 따라서 관리인이 정리해고를 하려면 긴박한 경영상의 필요가 있고, 해고를 피하기 위한 노력을 하여야 하며, 합리적이고 공정한 해고의 기준을 정하여 이에 따라 그 대상자를 선정하고, 해고를 피하기 위한 방법과 해고의 기준 등에 관하여 해당 사업 또는 사업장의 근로자대표에게 해고를 하려는 날의 50일 전까지 통보하고 성실하게 협의해야 한다(근로기준법 제24조).[161]

한편 관리인이 해고권을 행사한 이상, 근로자 보호의 필요성은 일반적인 해고의 경우와 다른 것은 아니기 때문에, 해고예고기간 및 해고예고수당 등 근로기준법상의 요건(근로기준법 제26조)을 충족할 것이 요구된다.[162] 또한 관리인이 해고권 행사의 형식을 취하지 않고, 이른바 희망퇴직을 모집하고, 근로자가 이에 응한 경우에 있어서도, 실질적으로 해고와 동일하게 볼 수 있는 경우에는, 해고권이 행사된 것으로 취급된다.

③ 근로자의 퇴직금 중간정산 인정 여부

퇴직금은 근로자가 퇴직할 때 지급하는 것이 원칙이다. 그러나 사용자는 퇴직금 중간정산을 신청한 날로부터 역산하여 5년 이내에 근로자가 파산선고를 받은 경우(근로자퇴직급여 보장법 시행령 제3조 제1항 제4호)나 개인회생절차개시결정을 받은 경우(같은 법 시행령 제5호)에는 근로자가 퇴직하기 전에 퇴직금을 미리 정산하여 지급할 수 있다(근로자퇴직급여 보장법 제8조 제1항). 이를 퇴직금 중간정산제도라 한다. 퇴직금 중간정산제도는 근로자가 원하는 경우 퇴직금이라는 목돈을 수령할 수 있게 하여줌과 동시에 사용자의 퇴직금적립의무를 경감시킬 수 있다는 취지에서 둔 것이다.

근로자가 회생절차개시결정을 받은 경우에는 퇴직금의 중간정산을 받을 수 없는가. 이에

---

158) 대법원 2003. 4. 25. 선고 2003다7005 판결. 노동법학계에서는 해고를 정리해고(근로기준법 제24조 참조), 통상해고, 징계해고(근로기준법 제23조 참조) 3가지로 분류한다.

159) 사용자가 파산한 경우에는 민법 제663조의 특칙이 있지만, 회생절차에서는 이에 상응하는 규정이 없기 때문에 제119조에 따라 처리할 수밖에 없다.

160) 기업이 경영상의 사정에 의하여 근로자를 해고하는 이른바 정리해고(근로기준법 제24조)에 있어서는 근로관계의 존속보호라는 관점에서 첫째로 해고를 하지 않으면 기업경영이 위태로울 정도의 긴박한 경영상의 필요성이 존재하여야 하고, 둘째로 경영방침이나 작업방식의 합리화, 신규채용금지, 일시휴직 및 희망퇴직의 활용, 배치전환 등 해고회피를 위한 노력을 다하였어야 하며, 셋째로 합리적이고 공정한 정리기준을 설정하여 이에 따라 해고대상자를 선별하여야 하고, 이밖에도 해고에 앞서 노동조합이나 노동자측에 적절한 통지를 하고 이들과 사이에 성실한 협의를 거칠 것이 요구된다(대법원 2002. 7. 9. 선고 2000두9373 판결, 대법원 1990. 3. 13. 선고 89다카24445 판결 등 참조).

161) 회생회사의 정리해고의 정당성을 인정한 것으로「대법원 2014. 11. 13. 선고 2012다14517 판결, 대법원 2014. 11. 13. 선고 2014다20875,20882 판결」이 있다. 관리인에 의한 해고의 경우 정리해고 요건 중 해고의 필요성을 어떻게 볼 것인가의 문제가 있다. 회생절차에서는 사업부문의 축소나 재편이 일상이고, 그것이 회생계획에 의해 객관적으로 확인된 것을 전제로 해고의 필요성을 판단하여야 할 것이다.

162) 30일의 해고예고기간 또는 해고예고수당을 지급한다. 물론 사용자에 대한 회생절차개시는, 근로기준법 제26조 제1항 단서의 부득이한 사유에는 해당하지 않는다. 또한 근로기준법 제23조에 의한 제한도 존재한다. 해고예고수당의 지급은 공익채권(제179조 제1항 제2호)으로서 하는 것이다.

대하여 근로자퇴직급여 보장법 시행령은 회생절차와 개인회생절차를 명확히 구별하여 규정하고 있고(위 시행령 제2조, 제8조), 근로자퇴직급여 보장법이 퇴직금 중간정산사유로 주택구입 등 대통령령으로 정하는 사유로 제한한 것은 퇴직금을 노후에 사용할 재원으로 보존하려는 것이므로 퇴직금 중간정산사유는 엄격히 제한적으로 해석하여야 한다는 점을 근거로 퇴직금 중간정산을 받을 수 없다는 견해가 있을 수 있다. 그러나 퇴직금 중간정산제도를 도입한 취지, 개인회생절차와 마찬가지로 회생절차의 경우에도 상황에 따라 퇴직금을 변제재원으로 사용할 필요성이 있는 점(일반회생의 경우), 회생절차에서 퇴직금 중간정산제도를 인정하지 않을 경우 파산절차나 개인회생절차를 이용할 수 없는 개인채무자를 합리적 이유 없이 차별하는 것이 되는 점, 근로자의 요구가 있다고 하여 사용자가 반드시 중간정산을 해주어야 하는 것은 아니며, 근로자가 기왕의 계속근로기간 전부 또는 일부에 대하여 퇴직금의 중간정산을 요구하고 사용자가 그 요구기간에 대한 중간정산을 승낙함으로써 퇴직금 중간정산은 성립한다는 점[163] 등을 고려하면, 근로자에게 회생절차가 개시된 경우에도 퇴직금 중간정산을 요구할 수 있다고 할 것이다.

④ 사용자로서의 관리인

회생절차개시 후 고용관계는 채무자(회사)와 근로자를 계약주체로 한다. 한편 관리인은 사업경영권(업무수행권) 및 관리처분권을 가지고, 고용관계에 있어 사용자로서의 지위가 인정된다. 따라서 관리인으로서는 채무자 사업의 유지·회생에 필요한 범위에서, 사용자로서 채무자의 권한, 즉 단체협약이나 취업규칙[164]에 기한 권한, 노사관행에 기한 전환배치, 인사권 등을 행사한다. 해고권 등에 대하여도 마찬가지이다. 그러나 그 반면으로, 관리인은 사용자로서의 의무, 예컨대 단체교섭에 응할 의무도 부담한다. 다만 단체교섭의 대상으로 되는 사항은, 통상의 노사관계와 비교하여, 회생절차에서 관리인에게 재량권이 인정되는 사항으로 제한된다. 따라서 관리인에게 재량권이 부여되지 않은 사항, 예컨대 공익채권인 임금채권 등의 지위 변경 등에 대한 문제는 교섭사항이 되지 않는다. 이에 반하여 공익채권인 임금채권의 변제시기 등은 관리인에게 합리적인 재량권이 인정되는 범위이기 때문에 단체교섭의 대상에 포함된다. 채무자회생법이 절차단계에 따라 노동조합의 의견을 듣도록 한 것(제62조 제2항 제3호, 제227조 등)을 고려하면, 이러한 사항에 대하여도 단체교섭의무를 인정하여야 할 것이다. 교섭사항으로 되는 것에 대하여 관리인이, 정당한 이유 없이 노동조합과 단체교섭을 거부하면, 부당노동행위가 성립된다.

---

163) 대법원 1995. 7. 11. 선고 26168 전원합의체 판결.
164) 취업규칙은 사용자가 기업경영권에 기하여 사업장에 있어서의 근로자의 복무규율이나 근로 조건의 기준을 획일적 통일적으로 정립하기 위하여 작성하는 것으로서(근로기준법 제93조, 제94조) 이는 근로기준법이 종속적 노동관계의 현실에 입각하여 실질적으로 불평등한 근로자의 입장을 보호 강화하여 그들의 기본적 생활을 보호 향상시키려는 목적의 일환으로 그 작성을 강제하고 이에 법규범성을 부여한 것이라고 볼 것이다(대법원 1977. 7. 26. 선고 77다355 판결 등).

⑤ 회생절차개시결정이 직접고용청구권에 미치는 영향

파견근로자 보호 등에 관한 법률(이하 '파견법'이라고 한다) 제6조의2 제2항은 파견근로자가 명시적인 반대의사를 표시하거나 대통령령이 정하는 정당한 이유가 있는 경우에는 같은 조 제1항의 사용사업주의 직접고용의무 규정이 적용되지 않는다고 규정하고 있고, 파견법 시행령 제2조의2 제1호는 임금채권보장법 제7조 제1항 제1호부터 제3호까지 정한 사용사업주에 대한 회생절차개시결정, 파산선고 및 미지급임금 등을 지급할 능력이 없다고 인정되는 일정한 경우를 파견법 제6조의2 제2항에 규정된 '대통령령이 정하는 정당한 이유가 있는 경우'의 하나로 규정하고 있다. 파견법이 이처럼 파견근로자의 고용안정과 보호를 위하여 사용사업주에게 직접고용의무를 부과하면서도, 위와 같은 직접고용의무의 예외규정을 둔 이유는 재정적 어려움으로 인하여 파탄에 직면하여 회생절차가 개시된 사용사업주에 대하여도 일반적인 경우와 동일하게 직접고용의무를 부과하는 것은 사업의 효율적 회생을 어렵게 하여 결과적으로 사용사업주 소속 근로자뿐만 아니라 파견근로자의 고용안정에도 도움이 되지 않는다는 정책적 고려에 바탕을 둔 것이다. 이와 같은 예외규정을 둔 입법 목적과 취지를 고려하면, 파견법 제6조의2 제2항에 따라 사용사업주에 대한 회생절차개시결정이 있은 후에는 직접고용청구권은 발생하지 않고, 회생절차개시결정 전에 직접고용청구권이 발생한 경우에도 회생절차개시결정으로 인하여 직접고용청구권이 소멸하는 것으로 봄이 타당하다. 다만 사용사업주의 회생절차가 종결되면 파견근로자는 그때부터 새로 발생한 직접고용청구권을 행사할 수 있다.[165]

2) 집단적 근로관계

① 단체협약

단체협약이란 노동조합 등 근로자단체가 사용자 또는 사용자단체에 대한 단체교섭권을 행사하여 교섭을 하고 그 결과 교섭의 대상으로 삼은 근로조건에 관한 사항 기타 노동관계에 관한 사항에 대하여 평화적·자주적으로 합의에 도달하거나 그 합의를 위한 노력을 계속하였으나 더 이상 평화적·자주적 교섭에 의한 합의의 여지가 없을 정도로 주장의 불일치가 있어 쟁의행위를 함으로써 그 주장을 관철시키는 등의 과정을 거쳐 위 당사자 사이에 결정한 내용을 협약의 형식으로 체결한 것을 말한다. 회생절차가 개시된 경우 단체협약의 사용자측 체결권자는 관리인이다.[166]

---

165) 대법원 2023. 4. 27. 선고 2021다229601 판결 참조. 회생절차 진행 중에는 직접고용청구권이 발생하지 않고(권리행사장애사유), 회생절차개시 전에 이미 그 요건이 성립하여 발생한 직접고용청구권도 사용사업주의 회생절차가 개시된 이상 소멸한다(권리행사소멸사유). 회생절차가 종결된 이후 발생한 직접고용청구권은 사업주를 상대로 행사할 수 있다. 회생절차종결 이후부터 2년의 기간이 다시 충족되었다면 그때 직접고용청구권을 행사할 수 있다는 것은 당연하다. 다만 회생절차 진행 중 2년의 기간이 충족되었다면 종결 이후 즉시 직접고용청구권을 행사할 수 있는지, 회생절차 진행 중 일부 기간이 지나고 종결 이후 일부 기간이 지나 2년을 충족한 경우 2년을 충족한 시점에 직접고용청구권을 행사할 수 있는지는 명확하지 않다. 살펴건대 위 대법원 판결이 직접고용청구권의 '행사'가 아닌 '발생'이라는 표현을 사용하고 있고, 직접고용청구권이 '발생'하지 않는데 그 성립요건이 되는 사실행위의 효력을 인정하는 것은 어색하며, 종결 이후 즉시 또는 2년이 완성된 시점에 직접고용청구권을 행사할 수 있다고 하면 회생절차종결을 미루는 상황이 발생할 수 있다는 점에서 회생절차종결 후 2년의 기간이 충족되어야 직접고용청구권도 발생하고 행사할 수 있다고 할 것이다.

사용자인 채무자와 근로자 사이에 맺어진 단체협약에 관하여는 회생절차가 개시된 이후에도 쌍방미이행 쌍무계약임을 이유로 해제할 수 없다(제119조 제4항).[167] 따라서 관리인이 단체협약의 내용을 개정하여야 하는 경우 노동조합과 합의하든가, 노동조합 및 노동관계조정법에 의하는 것 이외에는 방법이 없다.

이는 단체협약은 단순한 민법상 고용계약과 동일시 할 수 없고, 가능한 한 종래의 노사관계를 유지·존속시키고자 하는 정책적인 이유에서 비롯된 것이다. 또한 회생절차 밖에서의 단체협약은 일반적인 계약과 다르다는 점을 고려한 것이기도 하다. 즉 단체협약은 채무자(경영진)와 근로자 사이의 관계를 규정한 것으로 어느 쪽이든 단체협약을 위반(관리인이 해제를 선택한다는 것은 회생절차 밖에서 단체협약의 위반에 해당한다)하게 되면, 손해배상은 별론으로 하고 그 위반 자체가 부당노동행위에 해당할 수 있기 때문이다.

그러나 입법론적으로 검토가 필요해 보인다. 구조조정이 상시화된 상황에서 단체협약을 변경할 수 없도록 한 것은 회생절차에서 필연적으로 뒤따르는 구조조정을 어렵게 한다. 특히 기존의 경영진이 회사를 파탄에 빠뜨려놓고 근로자에게 미안한 나머지 회사에게 과도한 부담을 주는 단체협약을 체결해 놓은 경우는 더욱 큰 문제가 될 수 있다.

② 단체협약에 규정된 회생절차개시신청에 관한 사전협의·동의조항의 효력

채무자와 노동조합 사이의 단체협약에 채무자가 회생절차개시를 신청할 때 노동조합과 사전협의나 동의 없이 이를 일방적으로 신청하지 못한다는 규정이 있고, 이를 위반하여 회생절차개시를 신청할 경우 회생절차의 효력이 문제될 수 있다.[168] 회생절차는 채무자 또는 그 사업의 효율적인 회생을 도모하는 것이 목적이고(제1조 참조), 채무자뿐만 아니라 채권자, 주주·지분권자도 회생절차개시신청을 할 수 있으며, 노동조합의 사전협의나 동의를 필요로 한다면 회생절차의 목적에 반할 뿐만 아니라 신청의 신속성을 저해한다(이로 인해 이해관계인의 권리를 침해할 수 있다)는 점에서 사전 동의 없이 회생절차개시신청을 하였더라도 회생절차에는 영향이 없다고 할 것이다(본서 1284쪽 각주 128) ② 참조).[169]

---

166) 대법원 2001. 1. 19. 선고 99다72422 판결 참조. 회생절차개시결정이 있는 경우 회사사업의 경영과 재산의 관리 및 처분을 하는 권한이 관리인에게 전속되므로(제56조 제1항) 회생회사의 대표이사가 아니라 관리인이 근로관계상 사용자의 지위에 있게 되고, 따라서 단체협약의 사용자측 체결권자는 대표이사가 아니라 관리인이므로, 회생회사에 대한 회생절차가 진행 중 노조와 회생회사의 대표이사 사이에 이루어진 약정은 단체협약에 해당하지 아니하여 그 효력이 근로자 개인에게 미칠 수 없다.

167) 한편 근로자는 사용주에 대하여 회생절차개시의 결정이 있는 경우 근로복지공단으로부터 대지급금(최종 3개월분의 임금, 최종 3년간의 퇴직급여 등, 최종 3개월분의 휴업수당)을 지급받을 수 있다(임금채권보장법 제7조). 그리고 임금채권에 대한 지연손해금은 연 20%의 비율에 의한다(근로기준법 제37조 제1항, 같은 법 시행령 제17조). 그러나 지급이 지연되고 있는 임금 및 퇴직금의 전부 또는 일부의 존부를 법원이나 노동위원회에서 다투는 것이 적절하다고 인정되는 경우에는 그 사유가 존속하는 기간에 대하여 위와 같은 이율에 따른 지연이자를 지급할 필요가 없다(대법원 2023. 11. 16. 선고 2018다283049 판결, 대법원 2019. 10. 18. 선고 2018다239110 판결 등 참조). 또한 회생절차개시결정 이후에는 위와 같은 이자율이 적용되지 않는다(근로기준법 제37조 제2항, 같은 법 시행령 제18조 제1호, 임금채권보장법 제7조 제1항 제1호).

168) 채무자가 일부 채권자와 사이에 동일한 사전협의나 사전협의를 하기로 약정한 경우에도 마찬가지의 문제가 있다.

169) 倒産判例百選, 14쪽 참조. 회생절차개시신청에 노동조합의 사전협의나 동의를 요구하는 단체협약은 선량한 풍속 기

③ 도산상태에서 체결된 단체협약이 부인권의 대상이 되는지

채무자가 지급정지나 회생절차개시신청이 있은 후 또는 그 전 60일 이내에 노동조합과 퇴직금의 지급액을 대폭 인상하는 등의 단체협약을 체결한 경우 단체협약을 부인할 수 있는가. 이러한 단체협약은 채무자의 재산의 감소를 초래하여 회생채권자의 권리를 악의적으로 침해하게 되므로 부인권 행사의 대상이 된다고 할 것이다.[170]

(나) 임대차계약의 경우[171]

임대인인 채무자에 대하여 회생절차가 개시된 경우,[172] 임차인이 주택임대차보호법 제3조 제1항의 대항요건을 갖춘 때나 상가건물 임대차보호법 제3조의 대항요건을 갖춘 때에는 관리인은 해제권 또는 해지권을 행사할 수 없다(제124조 제4항).[173][174]

타 사회질서에 반하여(민법 제103조) 무효라고 할 것이다.

170) 선재성, "파산과 노동관계", 재판자료 제82집: 파산법의 제문제(상), 법원도서관(1999), 515쪽 참조.

171) **라이센스계약과 도산** 라이센스(license)는 지식재산은 물론 상업적으로 보호되는 권리에 대한 이용권을 의미한다. 라이센스계약이란 라이센서(licensor, 허락자)의 특허권 등 지식재산을 목적물로 하고, 라이센서가 라이센시(licensee, 이용자)에 대하여 목적물인 권리나 법률상의 이익을 사용하는 권리를 설정하며, 라이센시는 그 대가로 로얄티(royalty)를 지급하는 것을 기본적인 내용으로 하는 계속적 계약이다.

계약기간 중에 어느 일방당사자에 대하여 회생절차(파산절차를 포함한다. 이하 같다)가 개시된 경우 라이센스계약은 쌍방미이행 쌍무계약에 해당하여 제119조(제335조) 이하의 규정에 따라 처리된다.

먼저 라이센시에 대하여 회생절차가 개시된 경우이다. 이때는 임차인에 대하여 회생절차가 개시된 경우와 마찬가지이다. 아래 〈마.(1)(가)〉(본서 313쪽)를 참조할 것. 라이센시의 관리인은 선택에 따라 계약을 이행할지 해제(해지)할지를 결정한다. 라이센시의 지위는 양도가능성이 없다는 것이 일반적이고, 채무자 사업의 계속을 위해 라이센스가 필요한 경우에는 이행을 선택하는 것이 바람직하다. 이에 반하여 라이센서측은 회생절차개시신청 등을 이유로 해제권을 행사할 수 없다(도산해지조항도 효력이 부정되어 해제권이 인정되지 않는다). 따라서 라이센서는 회생절차개시 전에 이미 해제권을 취득하였음을 이유로 하거나 회생절차개시 후 공익채권에 대하여 채무불이행을 이유로 한 경우를 제외하고 해제권 행사는 허용되지 않는다(會社更生法, 304쪽).

다음으로 라이센서에 대하여 회생절차가 개시된 경우이다. 라이센서의 도산으로 관리인이 해제를 선택함으로써 라이센시가 라이센스를 더 이상 이용할 수 없다면, 라이센스를 바탕으로 설비 등에 투자하고 사업해 온 라이센시 입장에서는 아무런 과실 없이 막대한 손해를 입게 됨은 물론 영업적으로 엄청난 타격을 받을 수 있다(특히 의약산업분야나 음향제조사들은 관리인의 선택권이 기업의 존립을 위태롭게 한다). 현행 채무자회생법은 라이센서의 도산으로 라인센시를 보호할 수 있는 방안을 마련하고 있지 않다(제124조, 제340조는 대항요건을 갖춘 부동산임대차의 경우에 임차인을 보호하는 규정으로 지식재산 등 라이센스계약에 위 규정을 유추적용할 수는 없다). 그동안 라이센스계약을 관리인의 선택권에 의하여 규율하던 나라들도 산업 발전과 기술 개발을 촉진시킬 목적으로 라이센스계약을 도산으로부터 격리(절연)시켜야 할 필요성을 인정하는 추세이다. (1) 일본은 대항력을 갖춘 특허권 등의 사용권자는 기술제공자에 대하여 파산 또는 회사갱생절차·민사재생절차가 개시되더라도 당초의 사용기한 동안 기술을 사용할 수 있도록 하고 있다(파산법 제56조 제1항, 회사갱생법 제63조, 민사재생법 제51조). 라이센스인 통상실시권 등의 권리에 대하여 등록의 대항요건이 갖추어진 경우 관리인에 의한 해제권 행사는 인정되지 않는다. (2) 미국 연방도산법은 채무자가 기술제공자이고 관리인이 라이센스계약의 이행을 거절한 경우, ① 사용자는 라이센스계약이 종료된 것으로 보고 손해배상을 청구하거나, ② 사용자는 이행거절된 라이센스계약상의 권리를 보유할 것을 선택할 수 있도록 하고 있다(§365(n)(1)). 즉 라이센서가 도산하는 경우 라이센시에게 그 라인센스계약의 종료 또는 계속 사용 여부를 결정할 수 있는 선택권을 부여하였다. (3) 2006년 UN은 라이센스계약을 도산절차로부터 절연시킬 것을 내용으로 하는 입법을 하도록 권고하였다. (4) 국제지식재산보호협회(AIPPI)는 2006년 국제회의에서 지식재산을 라이센스한 라이센시는 자신의 라이센스가 라이센서의 도산과 같은 사정의 변경으로 위협받아서는 안 된다는 희망을 재확인하고, 절대 과반수의 찬성으로 라이센시는 라이센서의 도산에 관계없이 라이센스한 권리를 계속 유지하여야 한다는 결의를 하였다{김용태, "도산으로부터 라이센스계약 보호 입법" 법조(700호, 2015.1.), 117~125쪽}. 라이센서의 도산으로부터 라이센시를 보호하기 위한 입법적인 보완이 필요하다.

172) 관련 내용은 아래 〈마.(1)(가),(나)〉(본서 313쪽)를 참조할 것.

173) 대항력의 유무는 관리인의 해제(해지)권을 제약하는 것과 이론적으로는 직결되지는 않지만, 보호하여야 할 필요가

주택임대차보호법 및 상가건물 임대차보호법의 대항요건을 갖춘 임차인은 등기된 물권에 준하는 권리를 갖는 것이어서 이러한 준물권적 권리를 임대인인 채무자에 대하여 회생절차가 개시되었다는 이유로 함부로 소멸시킬 수 없다는 당연한 법리와 함께, 만일 이러한 임대차계약에 대하여 쌍방미이행 쌍무계약에 관한 해제권 또는 해지권을 인정한다면 임차인이 큰 피해를 입을 수 있다는 점을 고려하여 명시적인 규정을 둔 것이다.

임대인이 해제(해지)권을 행사할 수 없는 결과 임대인과 임차인 사이의 임대차계약은 존속하는 것으로 되지만, 임료채권은 채무자(임대인)의 재산에 속하고, 사용수익 등에 관한 임차인의 권리는 공익채권으로 된다(제179조 제1항 제7호 참조).[175]

(다) 지급결제제도 등의 경우

지급결제제도 등의 안전성과 완결성을 위하여 지급결제제도 등에는 쌍방미이행 쌍무계약에 관한 규정이 적용되지 않는다(제120조). 이에 대한 자세한 내용은 아래 〈5.〉(본서 344쪽) 참조.

(라) 리스계약의 경우

리스계약이 쌍방미이행 쌍무계약인가(리스계약에 제119조가 적용되는가). 금융리스계약의 경우는 부정하여야 할 것이고, 운용리스계약의 경우는 긍정하여야 할 것이다. 이에 관하여는 〈**제8장 제2절 Ⅲ.9.가.**〉(본서 642쪽)를 참조할 것.

(마) 중재합의(중재계약)의 경우

중재합의란 계약상의 분쟁인지 여부에 관계없이 일정한 법률관계에 관하여 당사자 간에 이미 발생하였거나 앞으로 발생할 수 있는 분쟁의 전부 또는 일부를 중재에 의하여 해결하도록 하는 당사자 간의 합의를 말한다(중재법 제3조 제2호). 중재합의를 하면 중재합의의 당사자는 분쟁을 중재절차에 회부하여 중재판정을 얻어낼 수 있고 다른 당사자가 제기한 소송을 거부할 수 있는 권능을 갖게 된다.

중재합의를 쌍방미이행 쌍무계약으로 볼 수 있는가.[176] 중재합의(중재조항)의 성격이 일반적인 쌍무계약에서와 같은 급부와 반대급부의 상호교환이 아니고, 이는 단지 법원을 배제하고 중재기관의 판정을 끌어오고자 하는데 있다. 그래서 별도의 급부의무가 존재하지 않는다. 따라서 중재합의의 당사자들은 서로 대가적 급부의무를 부담하는 것이 아니므로 이를 쌍방미이행

있는 계약의 범위를 확정하는 기준으로서 유용하기 때문에, 채무자회생법은 이것을 권리보호요건으로 사용한 것으로 보인다.

174) 임대차관계에서 계약상대방이 이미 취득한 법정해제(해지)권을 도산절차 내에서 행사하는 것을 허용하지 않는 나라가 있다. ① 미국은 연방도산법 §365(쌍방미이행 쌍무계약 관련 규정)로 인해 임차인이 도산 전에 채무불이행이 있다고 하더라도, 도산절차개시 후에는 임대인의 해지권은 행사가 정지되며, 이러한 해지권 행사는 연방도산법 §362에 따른 자동중지의 대상이 된다고 본다(판례). ② 독일 도산법 제112조는 '상대방(임대인)은 채무자가 사용임차인 또는 용익임차인인 사용대차계약 또는 용익임대차계약관계를 도산절차개시 신청 후에는 개시신청 전의 시기에 발생한 사용임대료 또는 용익임대료 지급의 지체를 이유로 해지할 수 없다'는 취지로 규정하고 있다.

175) 다만 임차보증금반환청구권은 임대차계약에 기한 권리이기 때문에 공익채권이 아니라 회생채권이다.

176) 중재합의(중재계약)를 쌍방미이행 쌍무계약으로 볼 경우, 관리인은 회생절차개시 전에 채무자가 체결한 중재합의를 해제한 후 채권확정을 중재절차가 아닌 채권조사확정재판절차에 의하여 할 수 있는 실익이 있다(본서 790쪽 참조).

쌍무계약이라고 할 수는 없다.

(바) 거래소의 시세 있는 상품의 정기매매의 경우

파산절차에서는 거래소의 시세 있는 상품의 정기매매에 대하여 제335조의 예외를 인정하고 있다(제338조, 본서 1270쪽 참조). 회생절차의 경우에는 어떠한가. 이러한 거래는 신속한 처리가 필요하고 현물거래보다는 시세 변동에 의한 이익여부가 중요하다는 것은 파산절차와 마찬가지 이므로 회생절차의 경우에도 제119조의 예외를 인정하여야 할 것이다(제338조 유추적용[177]).

(사) 순위(청구권) 보전의 가등기가 경료되어 있는 경우

제119조 제1항에는 관리인은 회생회사와 상대방이 회생정리절차 개시 당시 아직 그 이행을 완료하지 않은 쌍무계약에 대하여는 이를 해제할 수 있다고 규정하고 있으나, 한편 제66조 제1항의 본문의 반대해석에 의하면 회생절차개시 전의 등기원인으로 회생절차개시 전에 한 가등기는 회생절차의 관계에 있어서 그 효력을 주장할 수 있다고 할 것이고 따라서 위와 같은 가등기권자는 회생회사의 관리인에게 대하여 본등기 청구를 할 수 있다고 보아야 하므로 유효한 가등기가 경료된 부동산에 관한 쌍무계약에 대하여는 제119조의 적용이 배제된다 할 것이니, 회생절차 개시당시 아직 매매계약이 이행완료되지 않았으나 회생회사 소유인 매매목적 부동산에 관하여 순위 보전의 가등기가 경료되어 있는 경우에는 관리인은 제119조 제1항에 의하여 그 매매를 해제할 수 없다(본서 277, 288쪽 참조).[178]

(3) 쌍방미이행 쌍무계약과 관련한 준거법의 결정

외국적 요소가 있는 계약을 체결한 당사자에 대한 회생절차가 개시된 경우, 계약이 쌍방미이행 쌍무계약에 해당하여 관리인이 이행 또는 해제·해지를 선택할 수 있는지,[179] 그리고 계

---

177) 입법론적으로는 이를 명시적으로 규정할 필요가 있다. 일본 회사갱생법 제63조(파산법 제58조), 민사재생법 제51조(파산법 제58조)는 이를 명시적으로 규정하고 있다.

178) 대법원 1982. 10. 26. 선고 81다108 판결 참조.

179) **국제도산과 쌍방미이행계약의 해제권** 쌍방미이행계약의 해제권의 준거법은 도산법정지법(절차개시국법)이라는 견해는 도산절차에 관한 절차의 일체성이나 관리인 등에 의한 해제권 행사의 용이성을 확보하는 것을 중시하는 견해(도산법정지법설)이다. 이에 대하여 도산법정지법뿐만 아니라 해제의 대상이 되는 계약의 준거국법의 도산실체법에 의하여도 해제할 수 있는 것을 해제권행사의 조건이라는 견해(누적적 적용설)가 있다. 이는 거래의 안전을 중시하는 것이다.

예컨대 한국의 기업 A가 독일기업 B 사이에, 영국법을 준거법으로 하는 매매기본계약을 체결하고, 이에 근거하여 한국기업이 독일기업에 여러 나라에서 제품을 납품하고 있다. 그러던 중 한국에서 A기업에 대하여 회생절차가 개시되었다. 관리인이 해제권을 행사한 경우, A는 거래처 중의 하나인 미국에서 B로부터 요구받은 제품의 인도를 거절할 수 있는가. 이 경우 도산법정지법설에 의하면 오로지 법정지법(절차개시지법)인 한국법이 준거법이 되고, 관리인이 계약해제권에 의해 제품의 인도를 거절할 수 있다. 반면 누적적 적용설에 의하면, 도산법정지법인 한국법뿐만 아니라 계약준거법인 영국법이 누적적으로 적용되는 것이 되므로, 영국법에 의하여도 관리인이 계약해제권을 행사할 수 없다면 제품의 인도를 거절할 수 없다.

도산법정지법설에 대하여는, 남용적인 도산법정지법 선택(채무자의 사실상의 본거지가 아니고, 단지 재산소재지에 불과할 뿐이지만 해제요건이 완화된 국가를 남용적으로 선택할 가능성이 있다)의 위험성이나 상대방 당사자의 예측가능성을 침해(계약준거법에 의해서는 해제요건이 충족되지 않는 경우에도 해제가 인정될 가능성이 있다)하는 문제가 있다는 비판이 있다. 하지만 국제도산관할과의 관계에서, 도산법정지법은 일반적으로 채무자 사업의 본거지법이고, 저촉법적 이익형량으로서 총채권자의 이익을 가장 대표한다는 점이나, 쌍방미이행 쌍무계약에 관한 채무자회생법의 규정은 당사자간의 공평이나 도산절차의 신속한 진행 등 도산에 있어 특수한 이익 상황을 반영한 강행규정이

약의 해제·해지로 인하여 발생한 손해배상채권이 회생채권인지는 도산법정지법(倒産法廷地法)에 따라 판단되어야 한다. 반면 계약의 해제·해지로 인한 손해배상의 범위에 관한 문제는 계약 자체의 효력과 관련된 실체법적 사항으로서 도산전형적인 법률효과에 해당하지 아니하므로 국제사법에 따라 정해지는 계약의 준거법이 적용된다(본서 2121쪽 참조).[180]

선복용선계약[181]을 기초로 한 법률관계에서 발생하는 정산금, 환적비용, 체화료 및 장비대여료 채권들이 회생절차에 있어서의 공익채권 또는 회생채권(파산절차에 있어서의 재단채권 또는 파산채권)에 해당하는지 여부 및 그로 인한 효력은 도산법정지법이 적용되어야 할 것이다. 한편, 위 채권들의 발생 시기와 범위에 관한 문제는 계약 자체의 효력과 관련된 실체법적 사항으로서 도산전형적인 법률효과에 해당하지 아니하므로 국제사법에 따라 정해지는 계약의 준거법이 적용되어야 할 것이다.[182]

라. 계속적 공급계약

채무자회생법은 계속적 공급계약과 관련하여 관리인에게 선택권을 부여(제119조)하는 이외에 두 가지 특칙을 두고 있다. 하나는 상대방의 이행거절권능의 제한(제122조 제1항)이고, 다른 하나는 공익채권(제179조 제1항 제8호)으로서의 보호이다. 계속적 공급계약도 쌍방미이행 쌍무계약의 대상이 되지만, 채무자의 일상 활동(사업운영)이나 생활에 불가결한 것이 많기 때문에 그 이행의 거절에 대하여 특별한 규정을 두고 있다.

(1) 이행거절권능의 제한

(가) 제한취지

계속적 공급계약이란 당사자 일방이 계속적·반복적으로 가분적인 급부를 하고, 상대방이 급부를 할 때마다(또는 일정기간마다) 그 대가를 지급하는 의무를 부담하는 쌍무계약을 말한다. 이러한 계약의 대표적인 것으로 공공성이 강한 전기·가스·수도 등의 공급계약이나 계속적인 도급계약 등이다.

계속적 거래관계에 있어서 재화나 용역을 먼저 공급한 후 일정기간마다 거래대금을 정산하여 일정기일 후에 지급받기로 약정한 경우에 공급자가 선이행의 자기 채무를 이행하고 이미 정산이 완료되어 이행기가 지난 전기(前期)의 대금을 지급받지 못하였거나, 후이행의 상대방의

라는 점에서 도산법정지법설이 타당하다(現代型契約と倒産法, 143쪽). 다만 병행도산의 경우나 계약당사자 쌍방이 도산하여 도산법정지국이 복수인 경우 어떻게 처리하여야 하는지 문제가 발생한다. 이 경우에는 병행도산의 일반적인 처리방법에 따라 해결할 수밖에 없을 것이다.

180) 대법원 2015. 5. 28. 선고 2012다104526 판결.

181) 선복용선계약이란 통상 일정한 항로를 정해진 일정에 따라 운항하는 정기 컨테이너 선박의 운영자 또는 선박소유자가 선복 중의 일부를 물건의 운송에 제공하기로 약정하고 용선자가 이에 대하여 용선료를 지급하기로 약정하는 계약을 일컫는다. 위와 같은 선복용선계약에서 용선자는 컨테이너 선박에 대한 자유 사용권을 가지지 못하고 컨테이너 선박의 선복 중 일부를 빌릴 뿐이며, 선박의 운항과 관련된 비용 또한 선복용선자가 아닌 선박소유자 등이 부담한다는 점에서 선복용선계약은 일반적으로 운송계약의 성질을 갖는 항해용선계약과 유사한 것으로 인정되고 있다.

182) 서울중앙지방법원 2018. 4. 18. 선고 2017가합17851 판결(확정).

채무가 아직 이행기가 되지 아니하였지만 이행기의 이행이 현저히 불안한 사유가 있는 경우에는 민법 제536조 제2항 및 신의성실의 원칙에 비추어 볼 때 공급자는 이미 이행기가 지난 전기의 대금을 지급받을 때 또는 전기에 대한 상대방의 이행기 미도래 채무의 이행불안사유가 해소될 때까지 선이행의무가 있는 다음 기간의 자기 채무의 이행을 거절할 수 있다.[183]

이에 따르면 전기·가스·수도 등 독점적 공공사업의 계속적 공급을 목적으로 하는 쌍무계약에서 전력회사 등은 채무자의 전기요금 미납 등을 이유로 이행거절권능을 행사하여 회생절차신청이나 회생절차개시 후에 전력공급 등을 중단할 수 있다.

그러나 이렇게 되면 채무자의 회생을 저해하기 때문에 채무자회생법은 이행거절권능을 제한하고 있다. 채무자에 대하여 계속적 공급의무를 부담하는 쌍무계약의 상대방은 회생절차개시신청 전의 공급으로 발생한 회생채권 또는 회생담보권을 변제하지 아니함을 이유로 회생절차개시신청 후 그 의무의 이행을 거부할 수 없다(제122조 제1항).[184] 계속적 공급의무를 부담하는 자가 회생채권 등의 미변제를 이유로 채무자에 대하여 공급을 중단하는 행위뿐만 아니라, 회생절차가 개시되었다는 사정만을 이유로 채무자에 대하여 담보제공 등 기타 의무의 이행을 계속적 공급의 조건으로 요구하는 행위도 특별한 사정이 없는 한 제122조 제1항에 반하는 것으로 위법하다.[185]

(나) 공익채권으로 되는 범위의 확장

이 경우 상대방이 회생절차개시신청 후 회생절차개시결정 전까지 사이에 한 공급으로 생긴 청구권은 공익채권으로 보호된다(제179조 제1항 제8호).[186] 상대방의 경우 공급을 받는 자의 자산상태가 악화되는 사정을 참작하여 즉시 신용거래를 정지할 수 있는 다른 채권자와의 균형상 위와 같은 공급자의 채권을 공익채권으로 보장함으로써 계속적 공급이 이루어지게 하고 있다. 한편 일정기간마다 채권액을 산정하여야 하는 계속적 급부에서는 회생절차개시신청일과 그 기간 초일이 일치하지는 않지만, 신청일이 속하는 기간 내의 급부와 관계된 채권도 공익채권으로 된다고 할 것이다.[187]

이와 같이 채무자와 상대방의 지위를 균형 있게 보장함으로써 회생절차의 원활한 수행을 도모할 수 있다.[188]

이후 회생절차개시신청이 기각되어도 파산선고가 된 경우에는(제6조 제2항) 당해 채권은 재

---

183) 대법원 2002. 9. 4. 선고 2001다1386 판결, 대법원 2001. 9. 18. 선고 2001다9304 판결.
184) 파산절차에는 이러한 규정이 없다.
185) 서울중앙지방법원 2016. 12. 6. 자 2016회합100140 결정(확정).
186) 회생절차개시결정 이후에 한 공급으로 생긴 청구권은 당연히 공익채권이다.
187) 일본 회사갱생법 제62조 제2항, 민사재생법 제50조 제2항은 이를 명확히 규정하고 있다.
188) 채무자회생법은 회생절차개시 전의 급부의 대가인 대금채권에 대하여, ① 개시신청 전 급부의 대가와 ② 개시신청부터 개시결정까지의 급부의 대가를 구분하여 취급하고 있다. 전자(①)에 대하여는 회생채권으로서 취급하지만 그 지급이 없다는 것을 이유로 상대방은 개시결정 이후 급부를 거절할 수 없다(제122조 제1항). 후자(②)에 대하여는 이를 공익채권으로 취급하고(제179조 제1항 제8호), 따라서 이를 변제하지 않는 것을 이유로 회생절차개시 후 이행거절을 인정하고 있다.

단채권으로 취급된다(제6조 제4항).

(다) 관리인의 선택권

급부수령자인 채무자의 관리인은 계속적 급부를 목적으로 하는 쌍무계약에 대하여 이행할 것인지 해제(해지)할 것인지 선택할 수 있다(제119조 제1항). 관리인이 해제를 선택하면 회생절차개시 전 급부의 대가인 미지급대금이나 해제로 인한 손해배상채권은 회생채권이 된다(제121조 제1항). 반면 관리인이 이행을 선택하면 회생절차개시신청 후 회생절차개시결정 전까지의 대금[189]은 공익채권이 된다(제179조 제1항 제8호).

관리인에게만 해제권이 인정되고 상대방에게는 해제권이 인정되지 않으므로 채무자만을 위한 것이라는 비판이 있을 수 있지만, 관리인이 채무자의 재산을 관리하는 것은 채권자 공동의 이익을 위한 것이고, 채무자의 도산(회생)으로 인한 위험은 도산(회생)절차개시 전 채권자들에게 귀속시키는 것이 정당하다는 점에서 이해가 되는 간섭이라고 보인다.

아래에서 보는 바와 같이 제122조는 관리인이 이행을 선택한 경우에 적용되고, 해제를 선택한 경우에는 적용의 여지가 없다.

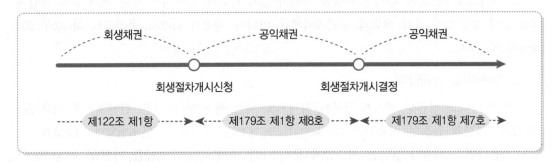

(2) 적용대상: 계속적 급부를 목적으로 한 쌍무계약[190]

(가) 제122조 제1항의 대상이 되는 계약은, ① 계속적 관계에 있는 쌍무계약이므로 당사자 일방이 반복적으로 급부의무를 부담하고, 다른 일방이 각 급부마다 또는 일정기간마다 이에 대한 대가를 지급하는 의무를 부담하는 계약이다. 임대차계약은 전형적인 '계속적' 계약이지만 임대인의 의무는 반복적인 급부라고 볼 수 없으므로 여기에 포함되지 않는다. 국유재산에 관한 대부계약에 있어 상대방(예컨대 한국자산관리공사)의 의무는 계속적 공급의무라고 할 수 없으므로 제122조 제1항의 대상이 되는 계약이 아니다.[191] ② 상대방의 급부의무는 법령 또는 계약

---

189) 회생절차개시신청 전 미지급대금은 회생채권이다.
190) 條解 民事再生法, 258~259쪽. 계속적 급무를 목적으로 한 쌍무계약의 구체적인 예로는 앞에서 본 전기·가스·수도의 공급계약, 전화가입계약 및 원재료나 제품의 공급계약, 인력파견계약 등이 있다.
　　미국 연방도산법은 이행거절금지의 대상으로 공공서비스(utility service)에 한정하고 있다(제366조(a)). 다만 연방도산법에서는 신청 전의 채무불이행을 치유하는 것에 의해(제365조(b)(1)), 신청 전 불이행을 이유로 한 상대방의 이행거절을 차단할 수 있기 때문에, 공공서비스 이외의 계속적 공급계약에 대하여도 상대방의 이행거절에 대처할 수 있다.
191) 대법원 2019. 12. 27. 선고 2019두43566 판결.

에 따른 의무여야 한다. 그러나 계속적인 계약관계에 있다고 하여도 채무자가 매번 개별적으로 발주를 한 경우에는 상대방에게 당연히 계속적인 급부의무가 있는 것이라고 말할 수 없고, 주문마다 별개의 계약이 성립한다고 볼 수 있으므로 적용이 되지 않는다.

(나) 제122조 제1항에 따라 이행거절이 제한되는 것은, ① 회생절차개시 '신청 전'의 공급(급부)으로 발생한 채무의 이행이 없는 경우로 한정된다. 그러므로 회생절차개시신청 전의 공급(급부)에 관계된 것이 있어도, 회생절차개시 '신청 후'의 공급(급부)으로 발생한 채무의 이행이 되지 않았다는 것을 이유로 한 경우에는, 회생절차개시신청 후의 이행을 거절할 수 있다. ② 회생절차 '신청 후' 이행거절이 제한된다.[192] 따라서 회생절차가 신청된 경우라면 회생절차 '개시 전'이라도 회생절차개시 '신청 전'의 급부에 대한 채무의 이행이 없다는 것을 이유로 이행을 거절할 수 없다.

(다) 회생절차개시신청 당시 계약관계가 존속하고 있어야 한다. 회생절차가 개시되면 관리인에 의해 제119조에 따른 이행이 선택되어야 할 것이다. 계약이 해제(해지) 또는 소멸된 이후에는 적용될 여지가 없다.

(라) 제122조 제1항의 문언상 특별한 제한이 없기 때문에 공공성이 강한 전기 등의 공급계약과 같이 공공성이 강한 계속적 공급계약뿐만 아니라 계속적 급부를 목적으로 한 쌍무계약 일반에 적용된다.

(3) 적용배제: 단체협약

근로계약은 그 성질상 계속적 급부를 목적으로 하는 쌍무계약이지만, 단체협약의 경우에는 제122조 제1항의 규정이 적용되지 않는다(제122조 제2항). 그 취지는 단체협약에 제122조 제1항을 적용하면 근로자가 임금을 지급받지 못하였음을 이유로 근로제공을 거절할 수 없고, 근로자의 정당한 쟁의권도 박탈되는 경우가 있을 수 있다고 해석될 우려가 있다는 점을 고려한 것이다. 따라서 단체협약을 체결한 근로자는 사용자인 채무자가 체불임금을 지급하지 아니한 것을 이유로 근로의 제공을 거절할 수 있다.

(4) 한국전력공사가 전기요금 미납을 이유로 전기공급을 중단하거나 거부하는 것이 적법한지[193]

실무적으로 한국전력공사는 ① 전기사업법 제14조, 전기사업법 시행규칙 제13조 제1호, 기본공급약관 제15조[194]를 근거로 회생절차개시신청 전 채무자의 전기요금 미납을 이유로 전기

---

192) 일본(민사재생법 제50조 제1항, 회사갱생법 제62조 제1항)은 회생절차 '개시 후'의 이행거절로 제한하고 있다.

193) 이에 관한 자세한 내용은 『전대규, "한국전력공사가 전기요금 미납을 이유로 회생회사에 대하여 한 전기 공급 중단이 채무자 회생 및 파산에 관한 법률에 위반되는지 여부", 2015년도 파산부 업무처리 개선을 위한 종합심포지엄 자료집, 창원지방법원·경상대학교 법무학과(2015. 12. 3.), 121쪽 이하 또는 경기법조(2016, 제23호), 경기중앙지방변호사회, 387~408쪽』를 참조할 것.

194) **기본공급약관 제15조(고객의 책임으로 인한 전기사용계약의 해지)** ① 한전은 고객이 요금을 납기일부터 2개월이 되는 날까지 납부하지 않을 경우에는 전기사용계약을 해지할 수 있습니다. 이 때 한전은 해지예정일 7일전까지 고객에게 해지를 예고하고 요금납부를 최고합니다. 다만, 주거용인 주택용 전력 고객에 대하여는 해지를 하지 않고 전

공급을 중단하거나, ② 전기요금 미납으로 전기사용계약이 적법하게 해지되어[195] 전기 공급이 중단된 상태에서 채무자에 대한 회생절차가 개시되고 채무자의 관리인이 전기 공급의 재개를 요청하였음에도 이를 거부하거나, ③ 더 나아가 전기사업법 제14조, 전기사업법 시행규칙 제13조, 기본공급약관 제79조 제1항 제4호,[196] 기본공급약관 시행세칙 제61조 제2항 제5호[197]를 근거로 회생절차 중인 채무자에 대하여 회생절차 중이라는 이유만으로 3개월분의 전기요금에 해당하는 금액에 대한 보증이나 보증금의 납부를 요구하고, 이에 응하지 않은 경우 전기 공급을 중단하고 있다.

한국전력공사의 전기 공급은 채무자의 회생에 필수적이라 할 것인데, 한국전력공사의 위와 같은 전기 공급의 거부나 중단이 채무자회생법, 특히 제122조 제1항에 위반되는 것은 아닌지가 문제된다.[198)199]

(가) 회생절차개시신청 전 미납된 전기요금은 회생절차개시 전의 원인으로 생긴 재산상의 청구권이므로 회생채권에 해당하여 개별적 권리행사는 금지된다. 따라서 한국전력공사가 회생절차개시신청 전 미납한 전기요금을 납부하지 않는다는 이유로 전기 공급을 중단하거나 거부하는 것은 제122조 제1항을 정면으로 위반한 것으로 위법하다.

(나) 채무자가 전기요금을 납부하지 않아 전기사용계약이 적법하게 해지되어 전기 공급이 중단된 상태에서 채무자에 대한 회생절차가 개시된 경우, 한국전력공사가 미납전기요금의 미변제를 이유로 채무자에 대한 전기 공급을 거부하는 것은 제122조 제1항에 반하여 위법하다. 그 이유는 ① 앞에서 본 바와 같이 제122조 제1항의 취지는 전기·가스·수도 등 독점적 공

류제한기를 설치하여 전기 공급을 제한할 수 있습니다.

195) 현재 전기의 공급은 공급주체와 사용자 간의 계속적인 공급계약에 기해 이루어진다. 이 계약은 쌍무계약으로, 공급주체는 전기의 계속적 공급의무를 부담하고 사용자는 이에 대한 요금을 납부할 의무를 진다. 따라서 사용자가 전기요금을 미납하였다고 하여 전기사업자가 단전을 행하는 법적 근거는 전기를 사용한 자 측의 채무불이행(전기요금 미납)을 이유로 한 사업자 측의 계약해지이다.

196) **기본공급약관 제79조(요금의 보증)** ① 한전은 다음 중의 하나에 해당하는 고객에게 수급개시, 재사용 또는 공급계속의 조건으로 예상월액 요금의 3개월분(요금납부 실적이 있는 경우에는 최근 1년 이내의 기간 중 보증설정일로부터 가까운 정상가동월 기준으로 산정한 3개월분 요금)에 상당하는 금액을 기준으로 보증조치를 요구할 수 있습니다.
　　1. 내지 3. (생략)
　　4. 전기사용장소, 고객 신용상태 등 요금납부에 대한 보증이 필요한 경우
　　② 보증은 현금예치, 이행보증보험에 의한 보증, 지급보증, 연대보증, 근저당설정 또는 선납형 전력량계 부설 등의 방법 중 하나의 방법으로 한전과 고객이 협의하여 결정합니다.

197) **기본공급약관 시행세칙 제61조(요금의 보증)** ② 약관 제79조(요금의 보증) 제1항 제4호의 "요금납부에 보증이 필요한 고객"이란 다음의 고객을 말한다.
　　1. 내지 4. (생략)
　　5. 부도, 화의, 회생절차 등으로 보증 설정이 필요한 고객

198) 발전사업자 및 전기판매사업자는 정당한 사유 없이 전기의 공급을 거부하여서는 아니 된다(전기사업법 제14조). 따라서 한국전력공사의 전기공급계약의 체결은 정당한 사유가 없는 한 강제된다. 한편 아래에서 보는 바와 같이 전기공급 중단이 전기사업법에서 규정하고 있는 '정당한 사유'에 해당하는지가 문제되기도 한다. 그러나 여기서는 채무자회생법 제122조 제1항이나 위 조항을 비롯한 채무자회생법에 위반되는지 여부에 관하여 살펴보기로 한다.

199) 실무적으로 채무자는 한국전력공사가 위와 같은 이유로 전기 공급을 거부 또는 중단하거나 중단을 통보한 경우 관할 법원에 위 조항을 근거로(실제적으로는 전기사업법에서 정한 '정당한 사유'가 없다고 주장하는 경우가 더 많다) 전기공급재개가처분이나 전기공급중단금지가처분(단전금지가처분)을 신청하고 있다.

공사업의 계속적 공급을 목적으로 하는 쌍무계약에서 전력회사 등이 채무자의 전기요금 미납 등을 이유로 회생절차신청 후에 전기 등의 공급을 중단함으로써 채무자의 회생을 저해하는 것을 방지하기 위한 것이라는 점, ② 회생절차개시신청 전에 공급계약이 해지되었음을 이유로 채무자회생법에 따른 계속적 공급의무가 없다고 해석한다면 전기 공급은 채무자 회생을 위해 필수적인 요소임에도 한국전력공사의 공급 외에 달리 전기 공급을 받을 대체적 공급처가 없어 사실상 채무자의 회생을 무력화시킬 수 있다는 점, ③ 또한 회생절차개시신청 후 회생절차개시결정 전까지 사이에 한 공급으로 생긴 청구권은 공익채권으로 보호되고(제179조 제8호), 한국전력공사의 회생채권도 회생계획에 따라 변제되어야 함에도 회생절차개시신청 이전에 계속적 공급계약이 해지되었음을 이유로 공급을 거부할 수 있다면 사실상 한국전력공사의 회생채권에 대한 우선 변제를 강요하게 된다는 점 때문이다.[200]

(다) 한국전력공사는 전기사업법 제14조, 전기사업법 시행규칙 제13조, 전기공급약관 제79조 제1항 제4호, 기본공급약관 시행세칙 제61조 제2항 제5호[201]를 근거로 회생절차 중인 채무자에 대하여 3개월분의 전기요금에 해당하는 금액의 보증을 요구하고, 이에 응하지 않은 경우 전기 공급을 중단하고 있다.[202] 한국전력공사의 위와 같은 전기 공급 중단이 제122조 제1항에 위반된 것이 아닌지가 다투어지고 있는데, 현재 하급심은 위와 같은 한국전력공사의 전기 공급 중단이 위 조항에 위반되지 않는다는 입장이다(다만 전기사업법 제14조에서 정한 '정당한 사유'에 해당하는지 여부에 관하여는 견해가 엇갈리고 있다[203]). 그러나 ① 회생절차개신신청 후 회생절

---

200) 대전지방법원 2009. 3. 18. 자 2009카합238 결정. 대전지방법원 2009. 3. 18. 자 2009카합237 결정 참조. 한편 대법원도 채무자의 전기요금 미납으로 전기사용계약이 적법하게 해지되어 전기 공급이 중단된 상태에서 채무자에 대한 회생절차가 개시되어 미납전기요금이 회생채권으로 신고가 되고 그 후 채무자의 관리인이 전기 공급을 요청한 사안에서, 한국전력공사는 한국전력공사법에 의하여 전력자원의 개발 및 발전·송전·변전·배전 및 이와 관련되는 영업을 목적으로 설립된 법인으로서 전기사업법에 따라 정당한 사유가 없는 한 전기의 공급을 거부할 수 없는데, 채무자에 대한 회생절차의 개시로 인하여 한국전력공사도 회생채권인 전기요금채권을 바로 행사하지 못하고, 채무자 측도 그 미납전기요금을 임의로 지급할 수 없게 되었다면, 비록 채무자가 전기요금을 납부하지 않아 전기사용계약이 적법하게 해지되어 전기 공급이 중단되었다고 하더라도, 한국전력공사가 미납전기요금의 미변제를 이유로 채무자에 대한 전기 공급을 거부하는 것은, 전기사업자로서의 독점적 지위를 이용하여 회생절차개시로 그 권리행사가 제한되어 있는 체납전기요금에 대한 즉시 변제를 강요하는 것이 되고, 나아가 다른 회생채권자의 권리를 해하는 결과에 이르게 되므로, 전기사업법에 의하여 원칙적인 전기공급의무를 부담하는 한국전력공사가 전기 공급을 거부할 수 있는 정당한 사유에 해당하지 않는다고 봄이 상당하다(대법원 2010. 2. 11. 자 2009마1930 결정)고 판시하고 있다. 다만 대법원은 채무자회생법이 아닌 전기사업법 제14조에 위반된다고 보고 있다.

　　따라서 적법하게 전기사용계약이 해지된 상태에서 관리인이 전기공급의 재개를 요청하는 것에 대하여 한국전력공사가 전기공급을 재개하지 않는 것은 채무자회생법 제122조 제1항이나 전기사업법 제14조에 반하는 것이다.

201) 서울중앙지방법원 2016. 12. 6. 자 2016회합100140 결정(확정)은 「한국전력공사가 보증금 요구의 근거로 들고 있는 전기공급약관 제79조 제1항 제4호 및 전기공급약관 세칙 제61조 제2항(회생절차 중인 고객에 대해서 공급계속의 조건으로 예상월액 요금의 3개월분에 상당하는 금액을 기준으로 보증조치를 요구할 수 있도록 하는 내용)은 회생절차에 있는 채무자에 대하여 계속적 급부를 보장하고 있는 제122조 제1항의 규정에 정면으로 반할 뿐 아니라 고객에게 부당하게 불리한 조항으로 공정성을 잃은 것이어서 약관의 규제에 관한 법률 제6조에 의하여 무효이다」라고 판시하고 있다.

202) 한국전력공사의 위와 같은 약정을 도산해지조항이라고 볼 수도 있다. 도산해지조항에 관하여는 아래 〈바.〉항을 참조할 것. 한편 위 약정을 도산해지조항으로 보고 대법원 판례처럼 그 유효성을 인정할 경우, 회생절차를 신청한 채무자에게 3개월분 요금에 해당하는 금액에 대한 보증을 요구할 수 있고, 이를 거절하면 전기공급을 중단하는 것은 정당한 행위로 해석할 여지가 있다. 이러한 점에서 아래에서 보는 바와 같이 도산해지조항의 유효성을 인정하고 있는 대법원 판례의 태도는 문제가 있어 보인다.

차개시결정 전까지 사이에 한 공급으로 생긴 청구권은 원래 회생채권이나 계속적 공급자를 보호하기 위하여 공익채권으로 특별히 규정하고 있고(제179조 제1항 제8호), 공익채권은 회생절차에 의하지 아니하고 수시로 변제받을 수 있으며, 관리인이 변제를 게을리 하면 강제집행을 할 수 있어(회생계획의 수행가능성을 평가할 때 자금수지상 공익채권의 변제시기와 액수를 고려한다) 전기공급자도 회생절차 내에서 충분한 보호를 받고 있는 점, ② 전기공급업자에게만 보증제공을 하는 것은 다른 채권자들(공익채권자들)과의 형평의 원칙에 반한다는 점, ③ 공익채권도 변제할 수 없을 경우에는 회생계획의 수행가능성이 없어 회생계획이 인가되기 어려울 것이고, 이로 인해 회생절차가 폐지되어 파산절차로 들어가더라도 전기공급업자는 재단채권으로 여전히 우선 변제받을 지위를 유지한다는 점(제6조 제4항 참조), ④ 대부분의 채무자는 전기공급이 중단되면 사업을 계속하기 어려워 일시적인 유동성 위기임에도 불구하고 회생의 기회를 얻기 어렵게 되고, 이는 채무자회생법이 추구하는 목적에 배치되고 국가경제적인 관점에서도 바람직하지 않은 점, ⑤ 회생절차가 개시되면 법원의 허가가 없는 한 관리인이 임의로 보증을 제공하거나 변제할 수 없음에도 한국전력공사가 전기공급을 중단한다고 통지하는 것은 보증의 제공을 강요하는 것이 되고, 법원으로서도 보증의 제공이나 전기공급업자에게 우선변제를 허가하는 것은 다른 채권자들의 권리를 해하는 것으로 허가를 하는 것은 적절해보이지 않는 점 등에 비추어 보면, 한국전력공사가 장래의 전기요금 보증을 제공하지 않는다는 이유로 전기 공급을 중단한 것은 제122조 제1항이나 위 조항을 비롯한 채무자회생법의 취지에 반하여 위법하다고 할 것이다.

마. 임대차계약 등

(1) 임대차계약[204]·지상권

(가) 임차인에 대하여 회생절차가 개시된 경우

1) 임차인에 대하여 회생절차가 개시된 경우, 임대차계약은 쌍방미이행 쌍무계약으로서 제119조에 따라 관리인은 계약을 해지하거나 이행을 선택할 수 있다. ① 해지가 선택된 경우 장래를 향하여 쌍방의 의무가 소멸하고, 해지시까지 사용과 관련한 임료의 반환의무는 없다. 회생절차개시 전 미지급 임료는 회생채권으로 되고, 회생절차개시시로부터 해지 효과가 발생할 때까지 및 해지효과 발생시로부터 건물 인도시까지의 임료 및 임료 상당 부당이득금은 공익채권이 된다(제179조 제1항 제2호, 제6호). 상대방의 임차물반환청구권은 공익채권이다(제179조 제1

---

203) 현재 하급심은 위와 같은 한국전력공사의 전기공급중단이 위법하지 않다는 입장이 주류로 보이나(서울중앙지방법원 2012. 5. 8. 자 2011카합410 결정, 부산지방법원 2014. 9. 1. 자 2014카합1118 결정, 서울고등법원 2013. 12. 18. 선고 2013나2010176 판결), 위법하다는 입장도 있다(수원지방법원 2011. 10. 28. 자 2011카합349 결정, 창원지방법원 마산지원 2015. 2. 6. 자 2014카합44 결정, 창원지방법원 2015. 11. 13. 자 2015카합253 결정, 창원지방법원 2015. 11. 13. 자 2015카합114 결정).

204) 관리인이 임대인이나 임차인으로서 임대차계약을 해지한 경우 회생절차의 특성상 기간의 정함이 없는 임대차에 관한 해지기간의 제한(민법 제635조)을 받지 않는다는 견해가 있다{남효순·김재형 공편, 도산법강의, 법문사(2005), 54쪽}. 그러나 상대방(특히 임차인)을 보호할 필요가 있고, 파산선고를 받은 경우와 달리 볼 이유가 없으므로 해지

항 제6호). 해지로 인한 손해배상청구권은 회생채권이다(제121조 제1항).[205] 임차보증금반환청구권은 채무자의 재산이 된다. ② 이행이 선택되었다면 임대인의 임료채권은 회생절차개시 전의 것은 회생채권, 회생절차개시 후의 것은 공익채권으로 된다(제179조 제1항 제7호).[206]

2) 임차인인 채무자에 대하여 회생절차가 개시된 경우 회생절차개시신청 전 차임 연체를 이유로 임대인은 임대차계약을 해지할 수 있는가. 임대차계약이 제122조 제1항이 규정하는 계약에 해당한다면 회생절차개시신청 전 차임 연체를 이유로 임대인은 임대차계약을 해지할 수 없을 것이다. 하지만 임대차계약은 계속적 계약이지만 임대인의 의무가 반복적인 급부라고 볼 수 없으므로 제122조 제1항이 적용될 수 없다(본서 309쪽). 따라서 현행법상 임대인은 회생절차개시신청 전 차임 연체를 이유로 임대차계약을 해지할 수 있다. 하지만 이렇게 될 경우 임차인은 회생을 위한 사업에 필요한 자원을 갖지 못하게 되어 회생이 불가능하게 된다. 임차인이 임대목적물을 사업의 계속을 위해 활용할 수 있도록 입법적 보완이 필요하다. 참고로 독일 도산법 제112조[207]는 채무자가 임차인인 경우 회생절차개시신청 전 차임 연체를 이유로 임대인은 임대차계약을 해지할 수 없도록 규정하고 있다.

(나) 임대인에 대하여 회생절차가 개시된 경우[208]

회생절차개시 전에 임차인이 임료를 선급한 경우나 회생절차개시 전에 채무자(임대인)가 회생절차개시 후 임료채권을 제3자에게 양도하고 대항요건을 갖춘 경우, 선급이나 임료채권의 양도라는 처분의 효력이 회생절차에 대하여 효력을 가지는가. 임대인인 채무자에 대하여 회생절차가 개시된 때에는 차임의 선급 또는 차임채권의 처분은 회생절차가 개시된 때의 당기와 차기에 관한 것을 제외하고는 회생절차와의 관계에서는 그 효력을 주장할 수 없다(제124조 제1

기간의 제한을 받는다고 할 것이다{〈제3편 제3장 제2절 Ⅲ.2.다.(2)〉(본서 1274쪽) 참조}.

205) 임차인에 대하여 파산선고가 된 경우에는 해지로 인한 손해배상청구권은 인정되지 않는다(민법 제637조 제2항). 회생절차와 달리 파산의 경우 임대인의 손해배상청구권을 제한하는 이유는 파산절차가 회생절차에 비하여 절차의 신속성을 더욱 절실하게 요구된다는 점을 고려한 것이다(헌법재판소 2016. 9. 20. 선고 2014헌바292 전원재판부 결정 참조).

206) 상가건물에 관한 임대차계약에서 연체차임액이 3기의 차임액에 달하는 때에는 임대인이 임대차계약을 해지할 수 있다(상가건물 임대차보호법 제10조의8). 임차인에 대하여 회생절차가 개시되고 이행이 선택되었는데, 임차인이 개시결정 전 2기의 차임액을, 개시결정 후 관리인이 1기의 차임액을 연체한 경우 임대인은 임대차계약을 해지할 수 있는가. 3기의 차임액을 연체하였고, 개시결정 전 연체차임액이 회생채권이라고 하더라도 법원의 허가를 얻어 변제할 수 있으므로 임대인이 해지할 수 있다고 볼 여지도 있다. 그러나 개시결정 전 연체차임은 회생채권이고 이는 회생절차에 따라 변제하여야 하므로 관리인이 임의로 변제할 수 없는 점, 법원의 허가를 얻어 변제할 수 있다고 하더라도 그럴 경우 다른 회생채권자들과의 사이에서 형평에 반하는 점, 개시결정 전의 차임은 채무자가 연체한 것임에 반하여 개시결정 후의 차임은 관리인이 연체한 것인 점, 임대차계약이 해지되면 임차인의 회생에 어려움이 있을 수 있는 점 등을 고려하면, 부정적으로 보아야 할 것이다. 결국 임대인이 차임연체를 이유로 임대차계약을 해지하려면 개시결정 전에 이미 3기의 차임이 연체되었거나 개시결정 후 3기의 차임이 연체된 경우라야 한다. 주택에 대한 임대차에서 개시결정을 전후하여 2기의 차임을 연체한 경우에도 마찬가지의 문제가 발생한다(민법 제640조).

207) **독일 도산법 제112조(해지금지)** 채무자가 사용임차인 또는 용익임차인인 사용임대차관계 또는 용익임대차관계의 경우, 상대방은 도산절차개시 후 다음 각호의 원인에 의하여는 해지할 수 없다.
1. 개시신청 전의 시기에 발생한 사용임대료 또는 용익임대료 지급의 지체
2. 채무자의 재산상태의 악화

208) 실무적으로 임대인의 회생절차에서 통상적으로 임대차보증금이 다른 회생채권과는 달리 전액이 보장되는 방향으로 회생계획이 수립된다(대법원 2020. 9. 3. 선고 2015다236028(본소),2015다236035(반소) 판결).

항).[209] 이는 임대인, 임차인 및 제3자가 통모하여 채무자의 재산에 귀속하여야 할 임료수입을 사전에 유출시키는 것을 방지하고, 채무자의 재산이 갖는 차임채권을 확보함으로써 다른 채권자들과의 형평을 고려하여 규정한 것이다.[210]

위와 같이 회생절차와의 관계에서 그 효력을 주장하지 못함으로 인하여 손해를 받은 자는 회생채권자로서 손해배상청구권을 행사할 수 있다(제124조 제2항).

① 대항력을 갖춘 임차인의 보호

임대인의 회생절차개시로 인한 임차인 보호와 관련하여서는 앞의 **〈다. (2)(나)〉**(본서 304쪽)를 참조할 것. 임차인의 임차보증금반환청구권은 회생채권이다.[211]

② 차임(임료)채권을 수동채권으로 한 상계

임차인인 회생채권자 등이, 회생채권 등을 자동채권으로 하여, 차임채권을 수동채권으로 한 상계가 허용되는지 여부이다. 파산절차에서는 이러한 상계에 대하여 제한을 두고 있지 않다. 그러나 회생절차에서는 상계에 의해 차임수입이 없어질 경우 회생에 방해가 되므로 일정한 제한을 할 필요가 있다. 수동채권이 회생절차개시 후의 차임인 경우에는 당기와 차기의 것에 한하여 상계가 허용된다. 다만 보증금이 있는 때에는 그 후의 차임채무에 관하여도 상계할 수 있다(제144조 제2항, 본서 520쪽).[212] 보증금에 상당한 부분에 관하여는 채무자는 현실적으로 차임의 선급을 받은 것과 동일하고, 임차인과 통모에 의하여 채무자 재산의 충실을 해할 염려가 없기 때문에 2기분 차임뿐만 아니라 그 후의 차임에 대하여 상계를 인정하여도 폐해가 없기 때문이다. 물론 이 경우 상계의 자동채권은 보증금반환청구권이 아니고, 기존의 회생채권 등이다. 보증금반환청구권은 임대차계약이 종료한 때 발생한 것인데, 위 경우는 임대차의 계속을 전제로 한 것이므로 자동채권으로 현실화되지 아니한 까닭이다.

---

209) 파산절차에서도 제340조 제1항에서 마찬가지 취지의 규정을 하고 있다. 입법론적으로는 장래채권의 양도 등의 효력이 민법이나 민사집행법에서 널리 인정되고 있는 것과 균형에 맞지 않고, 또한 차임채권의 유동화·증권화에도 장애가 되기 때문에 제124조 제1항은 폐지하는 것이 타당하다.

210) 한편 위 규정은 임대인인 채무자가 회생절차개시 전 임대목적물을 활용하여 자금을 조달하려는 것을 방해하게 되는데, 이러한 문제점을 고려하여 자산유동화에 관한 법률 제15조는 자산보유자에 대하여 회생절차가 개시된 경우에는 유동화자산 중 차임채권에 관해서는 제124조가 적용되지 않는다는 특례 규정을 두고 있다.

211) **회생계획에 의한 임차보증금반환청구권의 권리 변경** 임대보증금반환청구권은 임대차계약 기간 만료시에 그때까지 발생한 연체차임 등 일체를 공제하고 남는 것을 조건으로 그 잔액에 대하여 발생하는 것이다(대법원 1977. 9. 28. 선고 77다1241,1242 전원합의체 판결 참조). 임대인에 대하여 회생절차가 개시된 경우 임대보증금반환청구권도 원칙적으로 회생채권이기 때문에 회생계획에서 권리변경이 있을 수 있다. 이 때문에 회생계획인가결정시에 임대차계약이 종료되지 않고, 목적물의 인도도 되지 않은 경우, 임대보증금반환청구권의 어떤 부분에 대하여 권리변경의 효과가 발생하는지가 문제된다. 이에 관하여 ① 임대보증금반환청구권의 금액에서 담보되는 채권 및 공익채권으로 되는 액을 공제한 잔액에 대하여 권리변경의 효과가 생긴다는 견해와 ② 임대보증금반환청구권의 금액에서 공익채권으로 되는 액을 공제한 잔액에 대하여 권리변동이 생기고, 그 후 담보되는 채권이 공제된다는 견해가 있을 수 있다. 어느 견해에 의하더라도 상관 없을 것이다. 다만 관리인은 임대보증금반환채권의 권리변경을 내용으로 하는 회생계획안을 작성할 때 임차인이 가지고 있는 임대보증반환청구권이 어떤 범위에서 권리변경이 되는 것인지에 대하여 충분히 검토하여야 할 것이다.

212) 예컨대 월 임료(차임)가 100만 원이고 회생채권자가 임차보증금반환채권이 아닌 다른 회생채권을 1,000만 원 가지고 있는 경우, 회생채권자는 200만 원을 한도로 상계할 수 있다. 만약 임차인이 5,000만 원의 임대차보증금을 지급한 경우, 회생채권자는 1,000만 원 전액에 대하여 상계할 수 있다.

③ 전대차계약의 취급

전대차계약의 경우 임차권과 전대차관계는 어떻게 취급되는가. 예컨대 주거용건물의 소유자 甲(임대인)이 건물을 乙(임차인·전대인)에게 임대하였다. 乙은 다시 이것을 丙(전차인)에게 전대하고, 丙은 그 건물을 인도받아 대항요건을 갖추고 거주하고 있다.

이러한 상황에서 임차인(전대인) 乙에 대하여 회생절차가 개시되었다. 이 경우 乙의 관리인은 임차인으로서의 지위와 전대인으로서의 지위를 동시에 갖게 된다. 전대차계약도 임대차계약의 일종이고, 전차인 丙이 그 전차권에 대하여 대항요건을 갖춘 이상, 전대차계약의 전대인(임차인)으로서 乙의 관리인은, 丙과의 전대차계약을 해지할 수는 없다(제124조 제4항). 이에 반하여 임대차계약의 임차인(전대인)으로서 乙의 관리인은, 甲과의 임대차계약을 해지하는 것을 방해받지 않는다(제119조 제1항). 그 결과 임대차계약은 해지되고, 전대차계약은 존속하는 상황이 발생하지만, 제124조 제4항이 임대인에 대한 회생절차개시라는 우연한 사정에 의해 임차권이 상실되는 것을 방지하기 위한 취지라는 것을 중시하면, 이런 경우 채무불이행에 기한 해지에 관한 판례 법리(임대차계약이 해지되면 전차권도 소멸한다)[213]는 적용되지 않고,[214] 임대차계약의 임차인(전대인)으로서 乙의 관리인에 의해 甲과의 임대차계약이 해지되더라도, 전차인 丙의 지위는 영향을 받지 않고,[215] 이후에는 임차인(전대인)인 乙의 지위를 승계한 임대인 甲과 전차인 丙 사이의 임대차계약으로 전환된다고 볼 것이다.

임차인(전대인) 乙의 관리인에 의한 임대차계약 해지 후 임대인 甲과 전차인 丙과의 사이에 임대차계약이 존속한다면, 전차인 丙이 임차인(전대인) 乙에게 지급한 임대차보증금의 귀속, 구체적으로 임대인 甲이 그 반환의무를 승계하는지가 문제된다. 이에 대하여 "임대부동산의 양도에 기하여 양수인과 임차인 사이의 임대차관계가 승계되고, 그에 부수하여 임대차보증금반환의무도 양수인이 승계한다는 판례 법리[216]를 적용한다면, 임대인 甲이 임대차보증금반환의무도 승계한다는 결론이 가능하다. 그러나 임차인(전대인) 乙과의 관계에서는, 회생채권에 그친 전차인 丙의 임대차보증금반환청구권에 대하여, 임대인 甲에 의한 승계에 의해 전액의 만족을 받을 가능성이 발생하는 것은 부당하고, 임대인 甲으로서는 스스로의 의사에 기하지 않고 전차인 丙과의 임대차관계가 설정되었음에도, 임대차보증금반환의무까지 승계시키는 것은 불합리하다는 비판이 있을 수 있다. 따라서 절충적 입장에서 임차인(전대인) 乙이, 전차인 丙으로부터 받은 임대차보증금을 임대인 甲에게 교부한 경우에는, 그 범위에 한하여 임대차보증금반환의무를 승계한다고 볼 것이다"라는 견해가 있다.[217] 그러나 일반적으로 임대차계약과 이것을 기

---

213) 임대인과 임차인의 합의로 계약을 종료시킨 때에는 전차인의 권리는 소멸하지 않지만(민법 제631조), 임대인의 동의 있는 전차인도 임차인의 채무불이행으로 임대차계약이 해지되면 특단의 사정이 없는 한 임대인에 대해서 전차인의 전대인에 대한 권리를 주장할 수가 없다(대법원 1990. 12. 7. 선고 90다카24939 판결).

214) 임차인(전대인)의 채무불이행이 전차인과 관련이 없는 사유임에도 불구하고, 전차인의 지위를 상실하게 하는 것은 부당하다.

215) 물론 회생절차개시 전에 임차인(전대인)의 채무불이행이 있었던 경우, 회생절차가 개시되어도 해제권을 행사할 수 있고, 해제권이 행사되면 전차인은 자기의 권리를 임대인에게 대항할 수 없다.

216) 대법원 2018. 12. 27. 선고 2016다265689 판결 등.

초로 한 전대차계약은 별개의 것이고, 전대차계약에 기하여 전대인에게 교부된 보증금을, 전차인의 신탁재산으로 전대인이 관리한다고는 일반적으로 관념할 수 없기 때문에 전차인 丙으로부터 받은 임대차보증금을 임대인 甲에게 교부한 경우라도 임대인 甲이 임대차보증금반환의무를 승계한다고 보기는 어려울 것이다.

(다) 지상권

위와 같은 법리는 지상권에 관하여도 마찬가지로 적용된다(제124조 제3항).

(2) 상호계산[218]

상호계산은 당사자의 일방에 관하여 회생절차가 개시된 때에는 종료한다.[219] 이 경우 각 당사자는 계산을 폐쇄하고 잔액의 지급을 청구할 수 있다. 채무자의 상대방이 갖는 청구권은 회생채권이다(제125조).

당사자 일방에 관하여 회생절차가 개시된 때 상호계산이 종료되도록 한 것은 상호계산의 기초가 되는 당사자 사이의 신용(신뢰)에 중대한 변경을 가져오기 때문이다.[220]

(3) 도급계약

도급계약의 경우 수급인은 일의 완성의무를 부담하고, 도급인은 그 일의 대가에 대하여 보수의 지급의무를 부담한다(민법 제664조). 일의 완성 전이나 보수의 전액이 지급되기 전에 도급인과 수급인 가운데 어느 한쪽에 대하여 회생절차가 개시되면 쌍방미이행 쌍무계약에 해당한다.

(가) 도급인에 대하여 회생절차가 개시된 경우

회생절차에서는 파산절차(민법 제674조)와 달리 특별규정이 없으므로 제119조가 적용된다. 따라서 도급인에 대하여 회생절차가 개시된 경우 관리인은 제119조에 따라 이행을 선택하거나 해제를 선택할 수 있다. 도급인에 대하여 회생절차가 개시된 경우 수급인이 기성부분에 대하여 갖는 공사대금채권이 회생채권인지 공익채권인지에 대하여 다툼이 있다.

① 관리인이 이행을 선택한 경우

공사도급계약에 있어서 기성고에 따라 대금을 지급받기로 하는 약정이 있다고 하더라도 수급인이 완성하여야 하는 공사는 원칙적으로 불가분이므로 도급계약에서 정한 공사가 일부 이루어졌고 그 기성공사부분에 대하여 수급인에게 대금청구권이 발생한 경우에도 전체 공사가

---

217) 會社更生法, 302~303쪽.
218) 상법 제2편 제3장 참조.
219) 상호계산은 상호계산기간 내에 행하여진 거래에 기하여 발생한 채권채무를 기간 만료 시에 상계하고, 그 잔액채권을 지급하기로 하는 내용의 합의가 되어 있는 것이다. 따라서 기간 내에 일방당사자에 대하여 회생절차가 개시되면, 쌍방미이행 쌍무계약으로서 관리인에 의한 이행 또는 해제에 복종하여야 한다(제119조 제1항). 그러나 상호계산의 본래 목적은 그 기초로 된 거래의 계속을 전제로 상대방의 지급능력을 신뢰하고 채권채무를 간이하게 결제하는 것이다. 그런데 상대방 당사자에 대하여 회생절차가 개시된다면, 거래계속성의 측면에서도, 상대방의 지급능력에 대한 신뢰의 측면에서도, 상호계산관계를 종료시키는 것이 합리적이다.
220) 상호계산은 원래 당사자의 신용을 기초로 하는 것이므로 각 당사자는 언제든지 이를 해지할 수 있다(상법 제77조).

끝나지 않았다면 그 기성공사부분을 따로 떼어내 그 부분에 대한 수급인의 채무가 이행완료되었다고 할 수 없는 것이다. 따라서 기성공사부분에 대한 대금을 지급하지 못한 상태에서 도급인인 회사에 대하여 회생절차가 개시되고, 관리인이 채무의 이행을 선택한 때에는 상대방의 기성공사부분에 대한 대금청구권은 관리인이 채무의 이행을 하는 경우에 상대방이 가진 청구권(제179조 제1항 제7호)에 해당하게 되어 공익채권으로 된다 할 것이다.[221] 도급인에 대하여 회생절차가 개시되더라도 도급계약은 일체성을 유지하고 도급계약상 공사대금채권 전부가 공익채권이 된다.[222]

② 관리인이 해제를 선택한 경우

회생절차나 파산절차는 그 목적을 달성하기 위하여 절차개시 전부터 채무자의 법률관계를 합리적으로 조정·처리하여야 한다는 점에서는 공통되고, 쌍방미이행 쌍무계약의 해제와 이행에 관한 규정인 제121조와 제337조의 규율 내용도 동일하므로, 파산절차에 관한 특칙인 민법 제674조 제1항은 공사도급계약의 도급인에 대하여 회생절차가 개시된 경우에도 유추 적용할 수 있다. 따라서 도급인의 관리인이 도급계약을 쌍방미이행 쌍무계약으로 해제한 경우 그때까지 일의 완성된 부분은 도급인에게 귀속되고, 수급인은 제121조 제2항에 따른 급부의 반환 또는 그 가액의 상환을 구할 수 없고 일의 완성된 부분에 대한 보수청구만 할 수 있다. 이때 수급인이 갖는 보수청구권은 특별한 사정이 없는 한 기성비율 등에 따른 도급계약상의 보수에 관한 것으로서 그 주요한 발생원인이 회생절차개시 전에 이미 갖추어져 있다고 봄이 타당하므로 회생채권에 해당한다.[223] 도급계약의 해제에 따른 손해배상청구권도 회생채권이다.

한편 수급인이 이미 완성한 부분을 점유하여 유치권이 성립한 경우 회생담보권자가 될 수 있다.

(나) 수급인에 대하여 회생절차가 개시된 경우

수급인에 대하여 회생절차가 개시된 경우에도 관리인은 제119조에 따라 이행을 선택하거나 해제를 선택할 수 있다. 한편 회생절차가 개시된 수급인이 일을 완성하기 전이라면, 도급인은 수급인의 손해를 배상하고 도급계약을 해제할 수 있다(민법 제673조). 이 조항은 도급계약에 관한 특칙으로서 제119조에 우선하여 적용된다고 보아야 하므로 이 범위 내에서는 관리인의 이

---

221) 대법원 2004. 8. 20. 선고 2004다3512,7529 판결. 이러한 판례에 대하여 ① 회생절차개시 시점을 기준으로 공사를 전부 이행한 수급인과 일부 이행한 수급인을 달리 취급하는 것은 불공평한 점, ② 판례처럼 보면 자금부족으로 회생절차의 원활한 진행이 어려울 수 있는 점 등을 근거로 기성부분에 대한 공사대금채권은 회생채권으로 보아야 한다는 견해도 있다(최준규, 192~193쪽). 공사대금채권이 회생채권이더라도 수급인이 유치권자라면 회생담보권을 주장할 수 있다(제141조 제1항).
222) 실무적으로 공사대금이 공익채권으로 됨으로 인한 자금운용에 지장을 초래하는 것을 막기 위하여 관리인이 수급인과 개별적으로 접촉하여 공사대금채권의 감면 내지 유예에 관한 합의를 도출한 후 자금수지에 이를 반영한 회생계획안을 작성하도록 하고 있다.
223) 대법원 2017. 6. 29. 선고 2016다221887 판결. 관리인의 해제로 일의 완성된 부분은 도급인에게 귀속되는 반면, 수급인은 회생채권자로서 일의 완성 부분의 공사대금 중 일부만을 변제받게 되는 결과 대가관계에서 보면 도급인에게 유리하다. 따라서 관리인 입장에서는 도급계약을 해제하고 새로운 수급인에게 나머지 공사를 맡기려고 하는 유혹이 있을 것이다. 상대방(수급인)으로서는 권리남용을 주장할 수밖에 없을 것이다.

행선택권이 제한된다고 볼 수 있다(본서 1278쪽 참조).

① 관리인이 이행을 선택한 경우

수급인의 관리인이 이행을 선택한 경우, 상대방의 채권(도급인의 공사이행청구권)은 공익채권의 성질을 갖는다(제179조 제1항 제7호).

② 관리인이 해제를 선택한 경우

수급인의 관리인이 해제를 선택한 경우 그 해제는 장래를 향하여 도급계약의 효력을 소멸시키는 것을 의미하므로 공사 중 이미 완성된 기성고 부분은 도급인에게 귀속되고, 도급인은 그에 상응하는 보수를 지급하여야 한다. 수급인에 대하여 회생절차가 개시되고 관리인이 해제를 선택한 경우 도급인이 수급인에게 기성고를 초과하여 지급한 선급금반환청구권[224]이 공익채권인지 회생채권인지 여부가 문제된다.

수급인의 관리인이 도급계약을 해제한 경우 상대방은 해제로 인하여 발생한 손해배상에 관하여는 회생채권으로 권리를 행사한다(제121조 제1항). 그러나 도급인이 회생절차개시 전에 초과지급한 선급금반환청구권은 공익채권이다(제121조 제2항).[225] 이는 관리인에게 해제권을 부여한 것과의 공평에서나 상대방의 보호라는 취지에서도 그렇다.

③ 도급인의 해제권과의 관계

수급인에 대하여 회생절차가 개시되면 도급인은 도급계약을 해제하고 수급인으로부터 기성고를 인도받아 이를 제3의 수급인에게 맡겨 공사를 속행하기를 원한다. 일반적으로 공사도급계약에서 수급인이 회생절차가 개시되면 도급인이 해제할 수 있다고 규정하는 경우가 많지만, 도산해지조항에 해당하여 무효일 가능성이 많다. 이 외에 회생절차개시 등으로 준공기한을 맞추기 어려울 것으로 예상되는 경우 해제할 수 있다고 규정하는 경우가 있는데, 이 경우에도 회생절차개시 이후부터 관리인이 해제 또는 이행을 선택할 때까지는 도급인은 관리인에게 계약의 이행을 청구할 수 없다.[226] 따라서 회생절차개시 이후 관리인이 선택을 할 때까지는 이행지체가 있다고 볼 수 없어 도급인은 해제권을 행사할 수 없다.[227]

④ 보증기관의 지위

건설공사도급계약의 경우 일반적으로 건설공제조합, 서울보증보험 등은 하자보증, 계약이행

---

224) 선급금은 자금 사정이 좋지 않은 수급인이 자재 확보나 노임 지급 등에 어려움을 겪지 않고 공사를 원활하게 진행할 수 있도록 도급인이 장차 지급할 공사대금을 수급인에게 미리 지급하여 주는 선급 공사대금으로서, 구체적인 기성고와 관련하여 지급된 것이 아니라 전체 공사에 대하여 지급된 것이다. 따라서 선급금을 지급한 후 계약이 해제 또는 해지되는 등의 사유로 중도에 선급금을 반환하게 된 경우, 선급금이 공사대금의 일부로 지급된 것인 이상 별도의 상계 의사표시 없이 그때까지의 기성고에 해당하는 공사대금에 당연 충당되고, 그래도 공사대금이 남는다면 그 금액만을 지급하면 된다. 거꾸로 선급금이 미지급 공사대금에 충당되고 남는다면 그 남은 선급금에 관하여 도급인이 반환채권을 갖는다고 보는 것이 선급금의 성질에 비추어 타당하다(대법원 2019. 12. 24. 선고 2018다223139 판결, 대법원 1997. 12. 12. 선고 97다5060 판결, 대법원 2007. 9. 20. 선고 2007다40109 판결 등 참조).

225) 대법원 2019. 12. 24. 선고 2018다223139 판결 참조.

226) 대법원 1992. 2. 28. 선고 91다30149 판결 참조.

227) 다만 민법 제673조에 따라 수급인의 손해를 배상하고 도급계약을 해제할 여지는 있다고 할 것이다.

보증 등에 관한 보증서를 수급인에게 발급하여 주고, 수급인은 이를 도급인에게 제공한다.[228] 실무적으로 수급인에 대하여 회생절차가 개시되더라도 도급인은 위 보증서에 근거하여 보증서 발급기관으로부터 보험금의 지급을 청구하면 되기 때문에 회생채권신고를 하지 않는다. 반면 보증서 발급기관은 보증사고의 발생 여부를 따지지 않고 보증서상의 보증금액 전액을 장래의 구상권인 회생채권으로 신고하고(제126조 제3항 본문), 그대로 확정된다.[229]

수급인에 대하여 회생절차가 개시되고 보증사고가 발생하여 보증채무를 이행한 경우, 보증서 발급기관은 도급인이 수급인에 대하여 가지는 권리를 대위 행사하게 된다. 이 경우 도급인이 수급인에 대하여 가지는 권리가 공익채권인 경우, 비록 장래의 구상권이 회생채권으로 확정되었다고 하더라도 변제자대위의 법리에 따라 공익채권을 대위 행사할 수 있다고 할 것이다.[230]

공동수급체와 도산

건설업과 관련된 공동수급체란 하나의 건설공사를 수 개의 건설회사가 공동 수주하여 공동 시공하는 것을 목적으로 형성된 사업조직체를 말한다. 실무적으로 대규모 관급공사는 물론 민간 공사에서 공동도급계약 형태가 보편화되어 있다. 공동수급체[231]는 건설공사 등을 위하여 결성된 공동기업체라고 할 수 있다.

일반적으로 건설공동수급체의 장점으로 ① 신용력의 증대(자금부담의 경감), ② 위험(리스크)의 분산, ③ 기술력의 강화·확충, ④ 공사시공의 확실성, ⑤ 상위등급 공사의 참가기회의 확보, ⑥ 합병으로 가는 첫 단계를 들 수 있다. 단점으로 ① 불량·부적격 업체의 시장으로의 진입을 초래하고, ② 실제적으로 공동시공이 이루어지지 않는 경우가 있으며, ③ 시공이 비효율적으로 되고, ④ 담합이 초래될 수 있다는 것이다.[232]

공동수급체는 시공방식을 기준으로 공동이행방식과 분담이행방식으로 구분된다.

분담이행방식은 구성원 각자가 전체 공사 중 분담 부분을 정하여 시공하는 것이다. 이는 각 분담부분에 관한 여러 개의 도급계약을 형식상 하나의 계약 형태로 체결한 것으로 도급인이나 공동수급체 구성원 중 일부가 도산한 경우라도 보통의 경우와 특별히 달리 취급할 필요가 없고, 일반원칙에 따라 법률관계를 정리하면 된다.

공동이행방식은 구성원이 미리 정한 출자비율에 따라 자금, 인원, 기자재 등을 출연하여 전체 공사를 공동으로 시행하고, 이익배분 및 손실부담도 일정 비율을 정하여 산정하는 방식이다. 구성원이 일체가 되어 시공하고 도급인에 대한 시공책임도 연대하여 부담한다. 현재 대부분의 공동

---

228) 금융기관이 선박건조계약과 관련하여 RG(refund guarantee)를 발급한 경우에도 동일한 문제가 발생한다.

229) 다만 실무적으로 의결권은 부여하지 않거나(구상채무의 현실화 가능성과 그 액수를 객관적으로 산정하기 어렵고 금액이 클 경우 의결권의 왜곡을 가져올 수 있기 때문이다) 평가를 해서 일부 금액에 대하여 의결권을 부여한다.

230) 대법원 2015. 11. 12. 선고 2013다214970 판결(보증기관이 구상권을 신고하지 않아 실권된 사례), 대법원 2009. 2. 26. 선고 2005다32418 판결 등 참조.

231) 공동수급체라는 용어는 「국가를 당사자로 하는 계약에 관한 법률 시행령」 제72조 제3항에서 사용하고 있다.

232) 現代型契約と倒産法, 156쪽.

수급계약은 이 방식에 의한다. 공동이행방식의 공동수급체는 기본적으로 민법상 조합의 성질을 가지는 것이므로,[233] 이러한 형태의 공동수급체의 계약당사자가 도산한 경우에는 일반원칙과 다른 여러 가지 문제가 발생할 수 있다.

아래에서는 공동이행방식의 공동수급체 계약 당사자가 도산한 경우에 관하여 살펴보기로 한다.

Ⅰ. 도급인이 도산한 경우

공동이행방식의 공동수급체는 기본적으로 민법상 조합의 성질을 가지는 것이므로, 공동수급체가 공사를 시행함으로 인하여 도급인에 대하여 가지는 채권은 원칙적으로 공동수급체 구성원에게 합유적으로 귀속하는 것이어서 특별한 사정이 없는 한 구성원 중 1인이 임의로 도급인에 대하여 출자지분 비율에 따른 급부를 청구할 수 없고, 구성원 중 1인에 대한 채권으로써 그 구성원 개인을 집행채무자로 하여 공동수급체의 도급인에 대한 채권에 대하여 강제집행을 할 수 없다.[234]

따라서 공동도급계약상의 도급인이 도산한 경우 공동수급체의 공사대금채권에 관하여 공동수급체가 합유적으로 회생채권이나 파산채권을 신고하여 도산절차에 참가하여야 할 것이다. 다만 구성원 모두가 함께 신고하여야 하는 것은 아니고 공동수급체의 대표자인 주간사 회사(업무집행조합원)가 공동수급체의 명의로 신고하면 된다(실무적으로도 공동수급체의 대표자가 대표자격을 증명하는 서류 등을 갖추어 채권신고를 한다). 물론 대표자가 아닌 공동수급체의 다른 구성원도 보존행위로서(민법 제272조 후문) 채권신고를 할 수 있다.

Ⅱ. 수급인(공동수급체의 구성원 중 일부)이 도산한 경우

1. 회생절차가 개시된 경우

가. 구성원의 탈퇴를 둘러싼 문제

공동수급체의 구성원에 대하여 회생절차가 개시되더라도 그 구성원은 파산절차와 달리(민법 제717조 제2호) 공동수급체에서 당연히 탈퇴되는 것은 아니다.

한편 공동수급체계약(협정)에 회생절차개시로 당해 계약을 이행하지 못한 경우 탈퇴조치를 할 수 있다고 규정되어 있는 경우[235]에는 위 계약(협정)에 따라 탈퇴조치를 할 수 있다는 견해가

---

233) 대법원 2018. 1. 24. 선고 2015다69990 판결, 대법원 2015. 3. 26. 선고 2012다25432 판결, 대법원 2012. 5. 17. 선고 2009다105406 전원합의체 판결, 대법원 2006. 8. 25. 선고 2005다16959 판결 등. 따라서 공동수급체의 법률관계에 대하여는 기본적으로 민법상의 조합 규정을 적용하여야 하지만, 민법상의 조합에 관한 규정은 대부분 임의규정이기 때문에, 공동수급체계약에서 특별한 규정을 둔 경우에는 그것이 적용된다. 또한 민법상의 조합이나 공동수급체계약의 규정을 형식적으로 적용하면 불합리한 경우에는, 이와 달리 해석·운용하여야 할 필요가 있을 것이다.

234) 대법원 2012. 5. 17. 선고 2009다105406 전원합의체 판결. 그러나 공동이행방식의 공동수급체와 도급인이 공사도급계약에서 발생한 채권과 관련하여 공동수급체가 아닌 개별 구성원으로 하여금 지분비율에 따라 직접 도급인에 대하여 권리를 취득하게 하는 약정을 하는 경우와 같이 공사도급계약의 내용에 따라서는 공사도급계약과 관련하여 도급인에 대하여 가지는 채권이 공동수급체 구성원 각자에게 지분비율에 따라 구분하여 귀속될 수도 있고, 위와 같은 약정은 명시적으로는 물론 묵시적으로도 이루어질 수 있다(위 2009다105406 전원합의체 판결). 이러한 경우에는 공동수급체 구성원 중 일부가 도산하더라도 보통의 경우와 특별히 달리 취급할 필요가 없고 일반원칙에 따라 법률관계를 정리하면 된다.

235) 공동이행방식의 공동수급표준협정서 제12조 제1항은 공동수급체 구성원이 파산, 해산, 부도 기타 정당한 이유 없이 당해 계약을 이행하지 아니하여 해당 구성원 외의 공동수급체의 구성원이 발주자의 동의를 얻은 경우에는 탈퇴조치를 할 수 있도록 규정하고 있다.

있다.[236] 그러나 위 규정은 도산해지조항의 성질을 갖고 아래 〈바.〉(본서 330쪽)에서 보는 바와 같이 도산해지조항은 무효라고 할 것이므로 회생절차개시를 탈퇴사유로 정하여도 효력은 발생하지 않는다고 할 것이다.[237]

나. 쌍방미이행 쌍무계약의 적용을 둘러싼 문제

공동수급체계약(협정)에 대하여 제119조를 적용할 수 있는가. 이에 대하여 공동수급체계약(협정)은 성질상 조합계약이라고 할 것인데, 조합계약에 따른 구성원들의 출자의무, 해산 또는 탈퇴자의 지분환급금 또는 청산금의 지급의무 등은 그 쌍방의 채무가 '성립·이행·존속상 법률적, 경제적으로 견련성을 갖고 있어서 서로 담보로서 기능하는 경우'에 해당한다고 보기 어려우므로 제119조에서 정하는 쌍무계약이라고 보기 어렵다는 견해가 있다. 이 견해에 따르면 관리인에게 공동수급체계약(협정)의 해제 또는 이행의 선택권이 있다고 볼 수는 없고, 관리인과 공동수급체 사이에 새로운 약정에 의하여 공동수급체 구성원에 대한 회생절차개시에 따른 법률문제를 해결할 수밖에 없다.[238]

하지만 공동수급체계약에 대하여도 민법상의 조합계약과 마찬가지로 제119조가 적용되고,[239] 관리인은 계약의 이행 또는 해제(해지)를 선택할 수 있다고 보는 것이 타당하다.[240] 실무적으로도 관리인이 공동수급체에서 탈퇴하기 위하여 제119조를 근거로 공동수급체계약(협정)의 해제 허가를 신청하면, 법원은 이를 허가하고 있다.[241] ① 관리인이 이행을 선택한 경우 계속하여 구성원의 지위를 유지하고 약정에 따라 공사완성 때마다 결산에 의해 이익을 배당받을 수 있다. 다른 한편 미이행출자금청구권은 공익채권이 된다(제179조 제1항 제7호). ② 관리인이 해제를 선택한 경우 원상회복의무가 발생하는데, 공사도급계약이 해제된 때 공사가 상당한 정도로 진척되어 이를 원상회복하는 것이 중대한 사회적·경제적 손실을 초래하고 완성된 부분이 도급인에게 이익이 되는 경우에 도급계약은 미완성부분에 대하여만 실효된다.[242] 공동수급체계약이 해제된 경우에도 이러한 법리에 비추어 완성도에 따라 차액을 정산하여야 한다. 이미 수령한 분배액이 이행한 출자의무를 넘는 경우, 초과부분은 반환하여야 하고, 현존하지 않는 경우 공익채권자로서 가액의 상환을 청구하며(제121조 제2항), 이행한 출자의무가 수령한 분배액을 넘는 경우, 초과부분은 반환받는다. 또한 관리인이 쌍방미이행 쌍무계약에 기한 해제를 하지 않고, 부득이한 사유가 발생한 것으로서 탈퇴한 경우에는(민법 제716조) 지분에 해당하는 것의 환급을 청구할 수도 있다(민법 제719조).

---

236) 윤재윤, 건설분쟁관계법[제8판(개정증보판), 박영사(2021), 734쪽. 이 경우 공동수급체의 구성원이 회생절차개시를 이유로 탈퇴조치가 된 때, 관급공사에서 합유지분 계산을 위해 회생절차가 개시된 구성원이 발주자로부터 직접 지급받은 금액을 조합체인 공동수급체에 반환하여야 하는 문제가 발생한다. 이 경우 그 반환채권이 환취권인가 회생채권인가. 이에 관하여는 아래 파산선고가 된 경우를 참조할 것.

237) 現代型契約と倒産法, 175쪽.

238) 윤재윤, 전게서, 737쪽.

239) 공동수급체 구성원의 출자의무와 이익분배금 지급의무는 견련관계가 있기 때문에 쌍무계약과 유사한 법률관계라고 해석된다고 할 것이다.

240) 現代型契約と倒産法, 175쪽.

241) 서울중앙지방법원 2014회합174 울트라건설 주식회사 사건에서, 관리인은 법원의 허가를 받아 도급계약을 해지하고 공동이행방식의 공동수급체에서 탈퇴하였다. 위 사건에서는 공동수급체계약(협정)이 도급계약의 내용에 편입되었기 때문에 쌍방미이행 쌍무계약인 도급계약을 해지한 후 공동수급체에서 탈퇴하는 형식을 취하였다.

242) 대법원 2017. 1. 12. 선고 2014다11574, 11581 판결 참조.

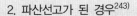

2. 파산선고가 된 경우[243]

가. 파산선고로 인한 탈퇴를 둘러싼 문제

(1) 민법상 조합계약의 경우(본서 1291쪽)

조합의 구성원에 대하여 파산선고가 된 경우 그 구성원은 조합에서 당연히 탈퇴된다(민법 제 717조 제2호).[244] 이 규정은 강행규정이다.[245] 조합의 구성원이 파산하면 다른 구성원에 대한 관계에 있어서 재산적 채무관계가 끝나게 될 뿐만 아니라, 파산한 구성원의 채권자 입장에서 보더라도 그 구성원의 지분을 환급받아 채권의 변제에 충당하지 않으면 파산의 목적을 달성할 수 없기 때문이다.[246]

(2) 공동수급체와 관련된 공동수급체계약의 경우

공동수급체의 경우는 어떠한가. 공동수급체 구성원 중 일부에 대하여 파산선고가 된 경우 그 구성원은 조합에서 당연히 탈퇴되고, 나아가 공동수급체 구성원들이 공동수급체계약(협정)에서 구성원 중에 파산하는 자가 발생하더라도 공동수급체에서 탈퇴하지 않기로 약정한다면 이는 장래의 불특정 다수의 파산채권자의 권리를 침해한 것이므로 원칙적으로는 허용되지 않는다는 견해가 있다(무효).[247]

하지만 파산한 구성원이 제3자와의 공동사업을 계속하기 위하여 그 공동수급체에 잔류하는 것이 파산한 구성원의 채권자들에게 불리하지 아니하여 파산한 구성원의 채권자들의 동의를 얻어 파산관재인이 공동수급체에 잔류할 것을 선택한 경우까지 구성원이 파산하여도 공동수급체로부터 탈퇴하지 않는다고 하는 구성원들 사이의 탈퇴금지의 약정이 무효라고 할 것은 아니다.[248]

요컨대 공동수급체가 기본적으로 민법상의 조합의 성질을 가지고 있다고 하여도 공동수급체는 건설공사라는 임무의 완성을 목적으로 하는 공동사업체이기 때문에 목적달성을 위하여 공동수급체로부터의 당연탈퇴가 적절하지 않는 경우가 있고, 나아가 공사의 최종단계에서 그 완성으로 다액의 이익이 예상되는 경우[249] 공동수급체에 잔류하는 것이 이해관계인의 이익에 도움이

---

243) 관련 내용은 〈제3편 제3장 제2절 Ⅲ.2.자.〉(본서 1291쪽)를 참조할 것.

244) 다만 조합이 해산하여 청산 중에 조합원이 파산한 경우에는 탈퇴되지 않는다고 할 것이다. 민법 제717조는 조합의 존속을 전제로 한 규정이기 때문이다.

245) 現代型契約と倒産法, 164쪽.

246) 조합원이 1인이 된 것이 조합의 해산사유인가. 이를 긍정하는 견해도 있지만(現代型契約と倒産法, 165쪽), 2인 조합에서 조합원 1인이 탈퇴하면 조합관계는 종료되지만 특별한 사정이 없는 한 조합이 해산되지 아니하고, 조합원의 합유에 속하였던 재산은 남은 조합원의 단독소유에 속하게 되어 기존의 공동사업은 청산절차를 거치지 않고 잔존자가 계속 유지할 수 있다고 할 것이다(대법원 2006. 3. 9. 선고 2004다49693,49709 판결).

247) 윤재윤, 전게서, 732쪽.

248) 대법원 2004. 9. 13. 선고 2003다26020 판결(공동수급체의 구성원 중 1인이 파산하였으나 파산관재인이 법원의 허가와 파산채권자의 동의를 얻어 파산 이후에도 계속적으로 공동사업을 수행하여 왔다면, 입찰참가자격제한조치를 받기 전까지는 탈퇴할 수 없다고 한 탈퇴금지의 약정은 파산한 조합원의 채권자의 이익을 해하지 아니하므로 유효하다고 한 사례) 참조.
　　나아가 공동수급체 구성원은 파산으로 인해 공동수급체계약(협정)으로부터 탈퇴된다는 약정이나 이러한 취지를 규정한 공동이행방식의 공동수급표준협정서 제12조 제1항은 문제가 있다. 아래에서 보는 바와 같이 잔류 또는 탈퇴 어느 것이 적절한지는 파산관재인 및 법원(제492조 제9호 참조)의 적절하고 합리적인 판단에 맡겨두는 것이 타당한데, 파산으로 공동수급협정으로부터 당연탈퇴를 약정(규정)한 것은 도산해지조항과 동일한 실질이고, 도산해지조항은 무효이므로(아래 〈바.〉 참조) 당연탈퇴약정(규정)은 효력이 없다고 할 것이다.

249) 이러한 경우에는 파산재단에 있어서도 공동수급체에서 탈퇴를 시키지 않고 업무를 계속하게 하는 것이 재산형성에

되는 경우도 있다.[250] 따라서 잔류 또는 탈퇴 어느 것이 적절한지는 파산관재인 및 법원(제492조 제9호 참조)의 적절하고 합리적인 판단에 맡겨두는 것이 타당하다고 할 것이다.[251]

나. 구성원이 탈퇴한 경우 청산관계를 둘러싼 문제

공동수급체 구성원의 파산으로 그가 탈퇴한 경우, 파산으로 탈퇴한 구성원이 조합재산에 관하여 가지고 있던 그의 합유지분을 계산하여 환급하여야 한다(민법 제719조). 환급할 합유지분의 계산과 관련하여 관급공사에서 공동수급체의 구성원 중 1인이 기성금을 받은 후 파산한 경우가 문제이다.

관급공사의 경우 기획재정부 계약예규인 공동계약운용요령(기획재정부 계약예규 제539호)[252]이 적용되는데, 위 운용요령은 '계약담당공무원은 선금·대가 등을 지급함에 있어서는 공동수급체 구성원별로 구분 기재된 신청서를 공동수급체 대표자가 제출하도록 하게 하고, 신청된 금액을 공동수급체구성원 각자에게 지급하여야 한다'고 규정하고 있다(제11조 제1항 본문, 제2항 본문). 따라서 공동수급체 구성원이 파산하여 당연히 탈퇴하면 그의 합유지분의 계산을 위하여 그가 발주자로부터 직접 지급받은 금액을 조합체인 공동수급체에 반환하여야 하는 경우가 발생하는데, 이 경우 그 반환채권이 환취권의 대상인지 파산채권에 불과한 것인지 다툼이 있다.

파산한 공동수급체 구성원이 지급받은 공사대금이 어떤 형태로든 특정되어 있는 경우에는 그 특정된 금전 또는 채권은 여전히 조합재산이므로 조합체인 공동수급체는 환취권을 행사할 수 있다고 할 것이다. 반면 파산한 공동수급체 구성원이 지급받은 공사대금이 특정되어 있지 아니한 경우(공사대금을 금전으로 지급받아 파산한 구성원의 재산에 혼입된 경우)에는 반환채권은 일반적으로 파산채권이 된다고 할 것이다.[253]

Ⅲ. 공동수급체 자체의 도산

공동수급체 자체의 도산능력은 인정된다고 할 것이다(본서 1179쪽). 공동수급체의 채무에 대하여는 각 구성원이 연대책임을 부담하기 때문에,[254] 공동수급체 자체가 도산하는 상황은 생각하기 어려울 것이다.[255]

도움이 된다.

250) 이러한 경우는 당연탈퇴시킬 필요가 없고, 파산관재인은 이행을 선택할 수 있다고 할 것이다(제335조 적용 또는 유추적용).

251) 결국 조합원이 파산한 경우 당연탈퇴를 규정한 민법 제717조 제2호는, 통상의 민법상 조합(계약)의 경우에 적용될 뿐, 공동수급체와 관련된 공동수급체계약에는 반드시 적용할 필요는 없다고 해석할 수 있다. 또한 공동수급체계약은 쌍방미이행 쌍무계약의 성질을 가지는바, 민법 제717조 제2호의 적용이 없다고 하면, 공동수급체계약에도 제335조가 적용된다고 해석하는 데 지장이 없다고 생각된다(가사 민법 제717조 제2호의 적용이 있다고 하더라도, 제335조가 민법 제717조 제2호보다 우선적으로 적용된다고 해석된다)(現代型契約と倒産法, 166~167쪽).

252) 2020. 12. 28. 일부 개정되고, 2021. 1. 1. 시행된 것을 말한다.

253) 윤재윤, 전게서, 734쪽. 다만 공동수급체는 파산선고와 동시에 파산선고를 받은 구성원에게 지분환급채무를 부담하므로 이 지분환급채무와 파산선고를 받은 구성원에 대한 공사대금반환채권을 상계할 수 있을 것이다.

254) 조합의 채무는 조합원의 채무로서 특별한 사정이 없는 한 조합채권자는 각 조합원에 대하여 지분의 비율에 따라 또는 균일적으로 변제의 청구를 할 수 있을 뿐이나(민법 제712조), 조합채무가 특히 조합원 전원을 위하여 상행위가 되는 행위로 인하여 부담하게 된 것이라면 그 채무에 관하여 조합원들에 대하여 상법 제57조 제1항을 적용하여 연대책임을 인정함이 상당하다(대법원 2016. 7. 14. 선고 2015다233098 판결, 대법원 2015. 3. 26. 선고 2012다25432 판결, 대법원 1992. 11. 27. 선고 92다30405 판결 등 참조).

255) 민법상 조합의 파산에 관한 일반적인 내용에 관하여는 〈제3편 제3장 제2절 Ⅲ.2.자.(1)〉(본서 1291쪽)을 참조할 것.

(4) 위임계약

위임계약은 원칙적으로 무상계약이지만(민법 제686조 제1항), 실제에 있어서는 유상계약인 경우가 많다. 유상계약인 경우 위임사무의 처리와 보수의 지급은 대가관계에 있다고 할 수 있으므로 쌍무계약이다.

(가) 회생절차개시로 인한 위임계약의 종료 여부

위임인이나 수임인이 파산선고를 받은 경우에는 위임계약은 종료된다(민법 제690조). 그러나 회생절차가 개시된 경우 위임계약이 어떠한 영향을 받는지에 대하여는 명문의 규정이 없다. 파산선고와 달리 명문의 규정이 없으므로 회생절차개시로 당연히 위임계약이 종료된다고 볼 수는 없다.

위임계약에 수반하는 대리권 수여의 효력에 관하는 위 〈2.가.(2)(가)〉(본서 272쪽)를 참조할 것.

회사와 이사는 위임관계이므로(상법 제382조 제2항) 위임자인 회사가 파산한 경우에는 위임관계가 종료되고 이사의 지위가 상실되는지가 문제된다. 이에 관한 내용은 〈第3編 第3章 第2節 Ⅲ.2.마.(1)〉(본서 1279쪽)을 참조할 것. 그러나 회생절차에서는 위임관계를 해제하여 관리인이 이사를 해임하는 경우는 별론으로 하고, 그러한 경우가 아닌 한 이사의 지위가 상실되는 것은 아니다.[256]

(나) 제119조의 적용 여부

위임계약이 무상편무계약인 경우에는 제119조가 적용될 여지가 없지만, 유상쌍무계약인 경우에는 제119조가 적용된다. 관리인이 선택권을 가지더라도 채무자의 계약상대방은 민법 제689조에 따라 위임계약을 자유롭게 해지할 수 있다.

그렇다면 채무자의 기관을 구성하는 이사나 감사를 관리인이 제119조에 따라 해임할 수 있는가. 채무자의 기관을 구성하는 이사나 감사의 임용계약은 위임(준위임)계약이나, 보수지급이 약정되고 주주총회결의를 거쳤다면 쌍무계약이라고 하더라도 관리인이 제119조에 따라 임용계약을 해지할 수는 없다고 할 것이다. 관리인의 권한은 업무의 수행과 재산의 관리처분권으로 제한되고(제56조 제1항), 이 외의 것은 채무자가 종래의 기관에 의해 활동을 계속할 것이 예정되어 있으며, 이러한 취지에 비추어 보면, 관리인이 제119조에 따라 이사나 감사의 지위를 상실시킬 수는 없다고 해석되기 때문이다.[257]

---

256) 상장회사는 자산 규모 등을 고려하여 이사 총수의 4분의 1 이상을 사외이사로 하여야 한다. 그렇지만 회생절차가 개시된 상장회사는 이러한 제한을 받지 않는다(상법 제542조의8 제1항 본문, 상법 시행령 제34조 제1항 제2호).
257) 會社更生의 實務(上), 281쪽. 회사와 이사 또는 감사 사이의 위임계약은 관리인의 선택권 행사대상이 아니고, 회생계획에서 정해야 한다(제193조 제2항 제3호)는 견해도 있다(최준규, 364쪽).

(5) 조합계약[258]

(가) 민법상 조합계약의 경우

조합계약은 조합원 각자가 서로 출자하여 공동사업을 경영할 의무를 부담하는 쌍무계약이다(민법 제703조). 공동사업의 계속 중에 조합원 1인 또는 수인에 대하여 회생절차가 개시된 경우, 조합계약은 쌍방미이행 쌍무계약이 된다. 조합원의 파산에 대하는 민법이 특칙을 두고 있지만(민법 제717조 제2호), 조합원에 대하여 회생절차가 개시된 경우에 관하여는 특칙이 없다. 회생은 파산과 달리 재건·존속시키는 것을 목적으로 하므로 항상 탈퇴하는 것으로 취급하는 것은 타당하지 않기 때문이다.[259] 따라서 조합계약관계는 제119조 이하의 일반원칙에 따라 처리하여야 할 것이다.

(나) 공동수급체와 관련된 공동수급계약의 경우

공동이행방식의 공동수급체는 민법상 조합의 성질을 가지는데,[260] 공동수급체에 관한 공동수급계약에 관하여도 앞에서 본 바와 같이 제119조가 적용된다(본서 322쪽). 다만 공동수급업체 사이에 대표사가 먼저 공사자금을 조달하여 지급한 후 회원사가 분담금을 상환하는 내용의 공동도급현장 경리약정은, 대표사가 공사자금을 먼저 지급할 의무와 회원사가 분담금을 대표사에게 상환할 의무는 서로 대가관계에 있지 않아 쌍무계약에 해당하지 않는다.[261]

(6) 대리수령

대리수령이란 채무자가 담보목적으로 제3채무자에 대한 채권의 추심을 채권자에게 위임함으로써 채권자가 그 추심금으로 채무원리금을 우선변제받도록 하는 것을 말한다. 비전형담보의 한 형태이다. 제3채무자가 관청인 경우 채무자의 제3채무자에 대한 채권에 대하여는 양도나 질권설정이 인정되지 않는 것이 많기 때문에 그 제한을 회피하기 위한 방법으로 이용되고 있다. 예컨대 공무원연금의 수급권은 양도, 압류하거나 담보로 제공할 수 없는데(공무원연금법 제39조 제1항 본문),[262] 이러한 담보제공 등의 금지 규정을 회피하기 위하여 채권자에게 연금이 입급되는 예금통장과 인장을 교부하여 연금추심의 대리권을 수여하면서 원금과 이자의 완제가 있을 때까지 추심위임을 해제하지 않는다는 특약을 함으로써 연금수급권을 담보로 제공하는

---

258) **익명조합(계약)과 회생절차개시** 익명조합(계약)이란 당사자의 일방이 상대방의 영업을 위하여 출자하고 상대방은 그 영업으로 인한 이익을 분배할 것을 약정함으로써 그 효력이 생기게 하는 계약을 말한다(상법 제78조). 익명조합계약의 경우 영업자나 익명조합원의 파산은 계약의 종료사유가 되지만(상법 제84조 제4호), 회생절차개시에 관하여는 명시적인 규정이 없다. 영업자나 익명조합원에 대하여 회생절차가 개시된 경우 익명조합계약이 당연히 종료되는 것은 아니다. 익명조합계약이 쌍방미이행 쌍무계약인지에 관하여는 다툼이 있다(現代型契約と倒産法, 220~222, 233~234쪽 참조). 익명조합원에 대하여 회생절차가 개시된 경우, 익명조합원의 추가출자의무가 미이행되었다면 익명조합계약은 쌍방미이행 쌍무계약에 해당하지만, 이행이 완료되었다면 영업자의 의무만 미이행된 것이기 때문에 쌍방미이행 쌍무계약이라고 볼 수 없다.

259) 한편 관리인에 의한 임의탈퇴는「부득이한 사유」(민법 제716조)가 있는 것으로써 인정된다고 해석된다.

260) 대법원 2016. 7. 14. 선고 2015다233098 판결.

261) 대법원 2000. 4. 11. 선고 99다60559 판결 참조.

262) 국민연금수급권도 양도·압류하거나 담보로 제공할 수 없다(국민연금법 제58조 제1항).

것과 동일한 결과를 거둘 수 있다.[263]

대리수령은 법 형식으로는 채권자와 채무자 사이의 위임계약이므로 당사자에 대하여 회생절차개시결정이 된 경우 그 취급이 문제된다.[264] 위임인인 채무자에 대하여 회생절차가 개시된 경우 채권자의 대리수령권한이 당연히 소멸되는 것은 아니다. 또한 대리수령관계가 쌍방미이행 쌍무계약이 아닌 한 채무자의 관리인은 해제할 수도 없다. 위임의 일반적인 경우와 마찬가지로, 위임인인 채무자의 관리인이 대리수령계약을 해제한다면(민법 제689조 제1항), 채권자의 대리수령권한은 상실된다.

(7) 프랜차이즈(franchise)계약

프랜차이즈계약(가맹계약)이란 가맹업자(가맹본부, franchisor)가 다수의 가맹상(가맹점)을 모집하여 자기의 상호·상표·서비스표 등 영업을 상징하는 표지와 자신이 개발한 노하우를 이용하여 일정 사업을 하게 하고, 가맹상(가맹점사업자, franchisee)은 그 반대급부로 가맹금(가맹업사용료, franchise fee, royalty)을 지급하는 계약을 말한다(상법 제168조의6, 가맹사업거래의 공정화에 관한 법률 제2조 제1호, 가맹사업 진흥에 관한 법률 제2조 제1호).

프랜차이즈계약과 도산에 관한 내용은 〈제3편 제3장 제2절 Ⅲ.2.〉(본서 1295쪽)를 참조할 것.

(8) 스왑·파생상품계약[265]

사업체가 자금조달을 하려는 경우, 각 사업체에 필요한 통화 또는 유리하다고 생각되는 금리지급방법과 현실적으로 이용 가능한 통화나 금리지급방법이 일치하지 않을 때가 있다. 이러한 경우 다른 사업체가 조달하는 통화나 이용하는 금리지급방법과 자기가 이용할 수 있는 통화나 금리지급방법을 교환하는 것에 의해, 보다 유리한 조건으로 자금조달을 꾀하려는 목적, 즉 통화나 금리교환의 목적을 달성하기 위하여, 서로 금전지급을 하는 계약을 일반적으로 스왑(Swap)계약이라 부른다. 스왑계약은 이러한 목적을 달성하기 위하여 쌍방당사자가 일정한 기간, 정기적으로 일정한 조건으로 상호 금전의 지급을 약정하는 것이기 때문에, 그 성질로 보면, 제119조에서 말하는 쌍방미이행 쌍무계약이지만, 논란이 되는 몇 가지 문제가 있다.

첫째 계약 중에 일방당사자에 대하여 회생절차개시신청 등을 원인으로 당사자 사이에 계약관계가 당연히 종료된다는 취지의 조항이 포함된 경우이다. 파생상품(Derivatives)[266]이라 부르

---

263) 강행규정을 간접적으로 위반하는 탈법행위는 원칙적으로 무효이다. 연금수급권 담보제공의 경우 대리권수령계약 전부가 무효라고 할 것은 아니고, 해제권을 제한하거나 포기하는 특약은 무효라 할 것이므로 채무자는 언제든지 위임계약을 해제하고 연금증서의 반환을 청구할 수 있다{지원림, 민법강의(제8판), 홍문사(2009), 200쪽}. 한편 대리수령계약에 해제권을 제한하는 규정이 있다고 하더라도 회생절차의 취지나 목적을 고려하면, 관리인에게 그 효력을 인정할 수 없다는 견해도 있다(會社更生法, 320쪽).
264) 위임인인 채무자에 대하여 파산선고가 된 경우에는 대리수령계약의 기초가 된 위임관계가 종료하기 때문에(민법 제690조) 채권자도 제3채무자에 대하여 추심권한을 행사할 수 없다. 그 결과 대리수령은 채무자의 파산채권자와의 관계에서 담보권능이 인정되지 않고, 채권자의 별제권자로서의 지위도 인정되지 않는다.
265) 會社更生法, 316〜317쪽.
266) 주식과 채권 등 전통적인 금융상품을 기초자산으로 하여 기초자산의 가치변동에 따라 가격이 결정되는 금융상품을 말한다.

는 금융거래에 있어서도 동일하게 규정하는 것이 일반적이다. 쌍방미이행 쌍무계약 일반에 관하여 말하자면, 이러한 조항은 제119조에 의한 관리인의 선택권을 형해화시키는 결과를 초래하기 때문에 무효이지만(아래 〈바.〉참조), 스왑계약 등 대다수는 쌍방당사자의 신용을 기초로 기본계약에 따라 일정기간 거래를 하는 것이고, 거래소의 시세가 있는 상품의 거래에 포함될 수 있어, 회생절차개시와 함께 계약관계의 종료가 인정되는 것이므로(제338조 제1항 유추적용), 회생절차개시신청 등을 이유로 하는 계약종료조항을 인정하는 것도 가능할 것이다.

둘째 문제는 계약의 일방당사자에 대하여 회생절차개시신청 등의 사실이 발생한 경우, 그 시점에서 양 당사자 사이의 채권채무가 있고, 이행기나 통화 등을 포함하여, 변제기를 도래시켜 시가에 의하여 일괄적으로 청산하는 조항, 이른바 일괄청산조항의 유효성이다. 파생상품에 있어서도 동일한 문제가 발생한다. 일괄청산은 그 성질에서 보면, 상계와 다르지 않기 때문에 상계금지와의 관계에서 문제가 있지만, 원활한 거래의 종료에 대한 계약당사자의 신뢰, 거래의 성질 등을 고려하여 일괄청산조항의 효력을 인정하여야 할 것이다.

셋째 기본계약에 기하여 상호간에 발생하는 채권채무의 순차 결제에서 나아가, 새로운 채권채무로 치환한다는 취지의 합의에 대하여도, 상호계산에 유사한 성질이 인정되기 때문에, 상호계산의 종료에 관하여 정한 규정(제125조)의 취지를 고려하여 이러한 조항의 효력을 인정하여야 할 것이다.

(9) 증여계약

증여계약은 편무계약이므로 제119조가 적용될 여지는 없다.

(가) 증여자에 대하여 회생절차가 개시된 경우

증여계약 후에 증여자의 재산상태가 현저히 변경되고 그 이행으로 인하여 생계에 중대한 영향을 미칠 경우에는 증여자는 증여를 해제할 수 있다(민법 제557조). 증여자의 재산상태 변경을 이유로 한 증여계약의 해제는 증여자의 증여 당시의 재산상태가 증여 후의 그것과 비교하여 현저히 변경되어 증여 목적 재산의 소유권을 수증자에게 이전하게 되면 생계에 중대한 영향을 미치게 될 것이라는 등의 요건이 구비되어야 한다.[267] 증여자에게 회생절차가 개시된 경우가 여기에 해당할 수 있다. 다만 회생절차개시가 위 요건에 해당하여 증여계약을 해제하였다고 하더라도 이미 이행한 부분에 대하여는 반환을 청구하지 못한다(민법 제558조).

(나) 수증자에 대하여 회생절차가 개시된 경우

수증자에 대하여 회생절차가 개시되더라도 증여계약을 해제할 수 없다. 증여계약에 따른 수증자의 청구권은 채무자의 재산에 포함된다.

(다) 부담부 증여의 경우

부담부 증여란 수증자가 일정한 의무를 부담하는 것을 조건으로 하는 증여를 말한다. 부담

---

267) 대법원 1996. 10. 11. 선고 95다37759 판결.

부 증여에 대하여는 쌍무계약에 관한 규정이 준용된다(민법 제561조). 하지만 부담부 증여에서 부담은 증여에 대하여 대가관계에 서는 것이 아니므로 증여자의 의무와 수증자의 의무 사이에 고유한 의미의 견련성은 존재하지 않는다. 따라서 이 경우 쌍방미이행 쌍무계약 관련 규정을 준용하는 것은 부적절하고, 관리인의 선택권은 인정될 수 없다.[268] 증여자에 대하여 회생절차가 개시된 경우 앞에서 본 바와 같이 민법 제557조에 따라 해제하면 된다.

(10) 소비대차계약

소비대차계약은 당사자 일방이 금전 기타 대체물의 소유권을 상대방에게 이전할 것을 약정하고 상대방은 그와 같은 종류, 품질 및 수량으로 반환할 것을 약정함으로써 성립하는 계약이다(민법 제598조).

무이자소비대차의 경우 대주의 대여의무와 차주의 상환의무는 대가관계에 있지 않으므로 편무계약이다(통설).

반면 이자부소비대차는 차주의 이자지급의무와 대주의 원본대여의무는 서로 대가관계에 있으므로 쌍무계약이다(통설). 따라서 차주가 아직 금전 기타 대체물을 이전하기 전이라면 쌍방미이행 쌍무계약에 해당한다.

(11) 사용대차계약

사용대차계약은 당사자 일방이 상대방에게 무상으로 사용, 수익하게 하기 위하여 목적물을 인도할 것을 약정하고, 상대방은 이를 사용, 수익한 후 그 물건을 반환할 것을 약정함으로써 성립하는 계약이다(민법 제609조).

사용대차계약은 편무계약이므로 제119조가 적용되지 않는다. 차주에 대하여 회생절차가 개시된 경우 민법 제614조를 유추적용하여 사용대차계약을 해지할 수는 없다고 할 것이다. 민법 제614조의 경우도 해지권을 부여한 것에 불과하고, 차주가 무상의 이익을 얻는다고 하여 차주의 이익을 함부로 박탈하는 것은 적절하지 않기 때문이다. 대주에 대하여 회생절차가 개시된 경우에도 관리인은 사용대차계약을 해지할 수 없다.

(12) 임치계약

임치계약은 당사자 일방이 상대방에 대하여 금전이나 유가증권 기타 물건의 보관을 위탁하고 상대방이 이를 승낙함으로써 성립하는 계약이다(민법 제693조). 무상임치는 편무계약이지만, 유상임치는 쌍무계약이다. 따라서 유상임치의 경우 제119조가 적용될 수 있다.

---

268) 최준규, 계약과 도산법 – 민법의 관점에서 도산법 읽기 –, 홍진기법률연구재단(2021), 324쪽.

바. 도산해지조항

(1) 도산해지조항의 유효성 여부

계약의 당사자들 사이에 채무자의 재산상태가 장래 악화될 때에 대비하여 지급정지나 파산, 회생절차개시의 신청, 회생절차개시와 같이 도산에 이르는 과정의 일정한 사실이 그 채무자에게 발생하는 것을 당해 계약의 해지권 발생원인으로 정하거나 계약의 당연해지 사유로 정하는 특약을 두는 경우가 있다. 이와 같은 약정을 도산해지(해제)조항(Ipso Facto Clause[269]) 또는 도산실효조항이라 한다.[270]

이러한 약정은 거래 규모가 크거나 거래 목적물이 고가라는 등 그 이행 여부가 당사자들에게 중요한 의미를 갖는 계약에서 주로 발견된다. 만일 도산해지조항을 유효한 것으로 본다면, 재정적 파탄상태에 빠진 채무자가 회생을 위하여 회생절차를 신청하였음에도 그 회생의 기반이 되는 계약 목적물의 사용·수익권을 상실하게 되는 한편, 상대방은 환취권의 행사 등을 통하여 이를 회수하게 되어 회생절차의 진행에 중대한 지장이 초래될 수 있다.

도산해지조항의 효력과 관련하여서는, 회생절차의 목적과의 충돌, 관리인의 전속적인 사업수행권 및 재산의 관리·처분권의 침해 여부, 쌍방미이행 쌍무계약 규정과의 불균형 등을 논점으로 하여 유효설[271]과 무효설이 대립하고 있다.[272]

---

269) "Ipso Facto"는 '사실 자체만으로(by the fact itself)'라는 의미의 라틴어이다. 이 용어가 포함된 조항은 계약당사자 일방이 도산절차를 신청하였다는 등의 사실 자체만으로 계약을 해제(해지)할 수 있는 기능을 갖는다.

270) 대법원 2007. 9. 6. 선고 2005다38263 판결. 도산해지조항과 구별하여야 하는 것으로 채무자의 지급정지, 회생절차개시의 신청, 파산신청 등의 경우에 미도래 기한이 도래한 것으로 보는 기한이익 상실 조항(acceleration clause)이 있는데, 특히 회생절차개시신청만으로 기한이익을 상실한다는 조항의 효력을 인정할 것인지에 관한 문제가 있다. 이러한 기한이익 상실 조항은 유효한 것으로 보는 것이 일반적이다. 따라서 지연손해금이 즉시 발생한다. 그러나 이를 긍정하면 기한이익상실로 상계적상이 창출되고(상계가능성의 확장) 담보권자는 담보권의 실행이 가능하게 된다는 점에서 회생절차에서 상계권의 시기적 제한을 둔 취지(제144조 제1항, 회생절차는 재산관계의 청산을 목적으로 하지 않고 사업이 동일성을 유지하면서 계속되는 것이므로 재선의 실효를 거두기 위하여 상계를 제한하는 것이 바람직하다), 제44조 제1항, 제58조 제1항 내지 제3항 및 채무자의 회생을 도모한다는 회생절차의 목적(재건형 절차로서 회생절차의 취지를 완수하기 위해서도 그렇다)에 비추어 보면 이를 부정하는 것이 타당하다(會社更生法, 80쪽 각주 94)). 요컨대 회생절차에서는 담보권자가 회생담보권자로서 회생절차에 따라야 하는 채권자로서 취급되는 것과 균형상 상계권을 제약할 필요가 있다는 점에서 부정하는 것이 타당하다.

실무적으로 대부분의 금융기관들이 회생절차개시신청만으로 기한의 이익을 상실한다는 조항을 두고 있고, 이는 회생제도의 이용을 주저하게 하는 요인이 되고 있다(나아가 채무자에 대하여 보증을 한 제3자에 대하여 즉시상환청구의 사유가 되어 연쇄도산을 초래한다)는 점에서도 효력을 인정하는 것은 적절하지 않다. 실제 서울회생법원 2023회합100040 주식회사 에이디피그린 사건에서 채무자가 회생절차개시신청을 하자 대주단(채권자)이 기한이익상실(EOD, Event of Default)을 선언하며 보증인에게 즉시상환청구를 하는 상황이 발생하였다. 이후 위 사건은 ARS 프로그램이 적용되었고 이해관계인들이 원만하게 합의함으로써 회생절차개시신청이 취하되어 기한이익상실로 인한 문제는 해결되었다.

한편 파산선고는 법률상 기한의 이익 상실 사유가 된다(제425조). 반면 회생절차개시는 법률에 규정이 없다. 따라서 기한의 이익 상실에 관한 약정이 없는 한 기한의 이익이 상실되지 않는다.

271) 유효설의 가장 주된 근거는 계약자유원칙이다. 민법이나 채무자회생법은 도산해지조항을 일반적으로 금지하거나 이를 무효로 하는 규정을 두고 있지는 않다. 도산해지조항의 적용 결과 회생절차개시 후 회생회사에 미치는 영향은 당해 계약의 성질, 그 내용 및 이행 정도, 해지사유로 정한 사건의 내용 등 여러 사정에 따라 달라질 수밖에 없다. 그와 같은 구체적인 사정을 도외시한 채 도산해지조항이 어느 경우에나 회생절차의 목적과 취지에 반한다고 하여 도산해지조항을 일률적으로 무효로 보는 것은 계약자유의 원칙을 심각하게 침해하는 결과를 낳을 수 있다. 뿐만 아

대법원은 도산해지조항이 회생절차의 목적과 취지에 반하다는 이유만으로 일률적으로 무효라고 볼 수 없다고 하여 원칙적으로 유효설의 입장을 취하면서도, 도산해지조항이 부인권의 대상이 되거나 공서약속에 위반된다는 등의 이유로 그 효력이 부정될 수 있다고 판시하고 있다.[273] 하급심은 더 나아가 쌍무계약으로서 회생절차개시신청이나 회생절차개시 당시 쌍방미이

나라 상대방 당사자가 채권자의 입장에서 채무자의 도산으로 초래될 법적 불안정에 대비할 보호가치 있는 정당한 이익을 무시하는 것이 될 수 있다.

또한 재정적 어려움으로 파탄에 직면해 있는 채무자의 효율적인 회생을 도모하려는 회생절차의 목적 및 취지라는 측면과, 계약자유의 원칙 및 채무자의 계약상대방이 가지는 신뢰보호라는 측면 사이에 적절한 균형을 찾아야 한다는 점에서, 채무자의 관리인에게 쌍방미이행 쌍무계약에 관하여 해제·해지 또는 이행에 대한 선택권이 있다는 사정만으로 도산해지조항이 일률적으로 무효가 된다고 보기 어렵고, 개별 사건에서 당해 계약의 성질, 채무자와 그 계약 상대방 각각에 대한 보호 필요성 등 구체적인 제반 사정을 고려하여 도산해지조항의 무효 여부를 검토하여야 한다(서울중앙지방법원 2014. 1. 24. 자 2013카합80074 결정 참조).

위 결정에 대한 항고는 기각되었고(서울고등법원 2014라20044), 재항고는 2014. 11. 14. 심리불속행기각되었다(대법원 2014마4144).

272) **도산해지조항에 관한 입법례** ① 미국 연방도산법은 §365(e)(1){미이행쌍무계약(executory contract)과 기한미도래 리스계약(unexpired lease)에 따른 권리의무는 도산해지약정에 영향을 받지 아니 한다}에서 명문으로 그 효력을 부정하고 있다. 도산해지조항의 효력을 인정하면 채무자의 재산이 일탈되어 채무자의 회생이나 청산에 방해가 된다는 점을 고려한 입법이다. ② 일본은 도산해지조항의 효력을 인정할 경우 관리인에게 선택권을 부여한 취지가 사실상 의미를 잃게 되므로 해석을 통하여 그 효력을 부정하고 있다(破産法·民事再生法, 357~358쪽, 條解 破産法, 413쪽). 소유권유보부매매나 리스업자의 권리 등을 비전형담보로 보고 이들의 담보권실행의 전제로 도산해지특약의 효력을 인정하는 것은 회생절차의 목적에 배치된다는 것을 이유로 그 효력을 부정하는 최고재판소 재판례도 있다. 특히 리스계약의 경우 도산해지조항의 효력을 인정하면 담보목적물에 그치는 리스물건이 채무자의 재산으로부터 일탈하고 회생절차의 취지, 목적에 반하는 결과가 되므로 그 효력을 부정하고 있다(학설). 스왑거래, 쌍방미이행 쌍무계약의 경우도 도산해지조항의 효력을 부정하고 있다(會社更生法, 294쪽 각주 71), 條解 破産法, 414쪽). 또한 ③ 독일의 경우 도산해지조항의 효력에 관한 직접적인 규정을 두고 있지 않지만, 도산법 제103조(관리인의 쌍방미이행 쌍무계약에 관한 이행 또는 이행거절에 관한 선택권을 규정한 것)의 적용을 배제하거나 제한하는 합의는 효력이 없다고 규정하고 있다(독일 도산법 §119). 도산해지조항은 도산법 제119조에 위반되어 효력이 없다는 것이 일반적인 견해이나, 반대하는 견해도 있다고 한다. ④ 프랑스 상법(제621조의28 제6항)은 도산절차의 개시를 이유로 하는 즉시해제조항 또는 즉시해지조항의 효력을 부정하고 있다(남효순·김재형, 30쪽). ⑤ 영국은 도산해지조항의 효력을 규정한 명문의 규정이 없었으나, 2020. 6. 25. 개정된 2020 기업도산 및 지배구조법(Corporate Insolvency and Governance Act 2020)에서 도산법 제233조B를 신설하여 회사가 관련 도산절차의 대상이 되었음을 이유로 상품 및 서비스의 공급이 종료된다는 계약은 효력이 상실됨을 규정하였다(Corporate Insolvency and Governance Act 2020, 14 참조). ⑥ UNCITRAL 도산법 입법지침은 도산해지조항은 도산대표자 및 채무자에 대하여 원칙적으로 집행불가능하지만(권고 70), 금융계약, 근로계약 등 일정한 유형의 계약에 대하여는 예외적으로 도산해지조항의 효력을 인정할 수 있다고 규정(권고 71)하고 있다.

273) 대법원 2007. 9. 6. 선고 2005다38263 판결, 서울고등법원 2009. 7. 10. 선고 2008다53555 판결 참조. 한편 위 대법원 판결은 「그리고 쌍방미이행의 쌍무계약의 경우에는 계약의 이행 또는 해제에 관한 관리인의 선택권을 부여한 채무자회생법 제119조의 취지에 비추어 도산해지조항의 효력을 무효로 보아야 한다거나 아니면 적어도 회생절차개시 이후 종료시까지의 기간 동안에는 도산해지조항의 적용 내지는 그에 따른 해지권의 행사가 제한된다는 등으로 해석할 여지가 없지는 않을 것이다」라고도 판시함으로써, 쌍방미이행 쌍무계약의 경우에는 도산해지조항의 효력이 제한될 가능성을 남겨 놓았다. 그러나 쌍방미이행 쌍무계약만 달리 취급할 이유가 있는지는 의문이다. 한편 甲이 乙과 채무를 일부 감경해 주는 내용의 변경된 채무변제약정을 체결하면서, 그 약정에 "乙의 신용상태에 중대한 변동(회생절차의 신청, 청산결의, 파산의 신청 등 기타 이에 준하는 경우)이 발생하는 경우 甲은 乙의 동의 없이 약정을 파기할 수 있다"고 규정하였는데, 그 후 乙이 회생절차 개시신청을 하였음을 이유로 甲이 위 규정에 따라 위 약정을 해제하고 乙의 연대보증인들에게 종전 연대보증채무의 이행을 구하는 사안에서, 회생절차 개시결정으로 乙의 신용상태에 중대한 변동이 발생하였다고 보지 않을 수 없고, 甲이 약정해제권을 행사하지 않을 것이라는 신의를 공여하였다거나 객관적으로 보아 상대방이 그와 같은 신의를 갖는 것이 정당하다고 볼 만한 사정도 없으므로, 甲이 약정해제권을 행사한 것이 정의관념에 비추어 용인될 수 없어 신의성실의 원칙에 반하는 권리의 행사라고 볼 수는 없다고 한 사례도 있다(대법원 2011. 2. 10. 선고 2009다68941 판결).

행 상태에 있는 계약에 대해서 별도의 법률규정이 없는 한 도산해지조항에 의한 해제·해지의 효력을 인정할 수 없다는 것이 있다. 즉 도산해지조항의 경우 채권자들이 경쟁적으로 강제집행에 나서는 것을 중지시키고 영업을 계속하면서 공정하게 회생을 도모하고자 하는 회생절차에서 특정 채권자가 부당하게 우선권을 관철시키는 것이고, 회생채무자가 계약을 이행함으로써 영업을 계속해 그 수익으로 채권자들에게 변제할 의도로 회생신청을 했다고 해도 회생신청 그 자체를 해제·해지의 사유로 삼는 것이어서 채무자회생법 제1조, 제119조 제1항, 민법 제2조 및 제103조를 위반해 무효라고 봐야 한다고 것이 있다.[274]

살피건대 채무자가 회생절차에 들어가는 경우 상대방은 계약관계를 유지하는 것에 불안감을 느끼기 때문에[275] 도산해지조항을 두고 있지만, 이를 유효하다고 하면 상대방에게 회생절차 개시 전에 항상 해제(해지)권이 발생하여 제119조에서 관리인에게 이행과 해제(해지)의 선택권을 부여한 의미가 사실상 몰각될 수 있고(채무자회생법의 적용을 사실상 회피하게 된다), 경우에 따라서는 상대방의 환취권 행사로 회생절차의 진행이 불가능하게 될 수 있으며, 도산해지조항을 약정한 자만이 다른 제3자보다 우월한 지위를 가진다는 것은 부당하고, 도산절차를 이유로 차별적 취급을 금지하고 있는 제32조의2에 반하며, 도산해지조항의 효력을 인정하면 중요한 계약들이 해제 또는 해지되어 채무자의 영업이 타격을 받게 되고 그렇게 되면 회생이라는 목적은 달성이 어렵게 된다[276]는 점에서 무효설이 타당하다고 할 것이다.[277] 또한 당사자들의 합의로 정의를 내린 불이행이라는 사건을 그대로 인정하게 되면 채무자회생법의 가장 기본적인 정책들과 충돌하기 때문이기도 하다. 채무자회생법은 당사자들이 사적인 합의에 의하여 도산절차를 선택적으로 빠져나가는 것을 허용하지 않는다. 채무자회생법은 모든 당사자들을 구속하여 정해진 규칙에 따라 협상에 참여하도록 한다.[278] 다만 도산해제조항의 효력을 부정하더라

---

274) 서울고등법원 2023. 1. 13. 선고 2021나2024972 판결. 다만 위 판결은 회생절차 진행 중에 계약을 존속시키는 것이 계약상대방 또는 제3자의 이익을 중대하게 침해할 우려가 있거나 회생채무자의 회생을 위해 더 이상 필요하지 않은 경우에는 예외적으로 도산해지조항에 의한 해제·해지가 허용된다고 한다.

275) 계약의 당사자인 채무자가 도산절차를 신청할 때 상대방은 이행기가 도래하지 않더라도 도산절차에 참가하여 권리를 주장하고 싶을 것이다. 그러나 이행기가 도래하기 전에는 다른 채권자들이 채무자의 재산에 대하여 추급을 하더라도 상대방은 별다른 조치를 취할 수 없다. 이 경우 도산해지조항은 상대방의 권리를 보호하지 않고 명백하게 해 준다. 그러나 파산절차의 경우 이러한 목적의 도산해지조항은 불필요하다. 파산선고는 도산해지조항이 있는지 여부를 묻지 않고 기한의 이익을 상실하게 하기 때문이다(제425조 참조).

276) 남효순·김재형, 30~31쪽.

277) 도산해지조항은 회생절차의 진행에 방해가 되고, 도산해지조항의 효력을 부정하는 것이 세계적인 입법추세라는 점을 이유로 무효라고 주장하는 견해도 있다(김용진, 전게 "회생 및 파산 절차에서 헌법상 재산권 보장" 622~623쪽). 이 외에 ① 도산해지조항을 유효하다고 하면 도산절차의 개시와 함께 여러 계약관계의 존속 여부는 채무자가 아닌 상대방의 처분에 따라 결정되므로 사실상 도산절차를 무시하는 결과가 되고, 도산해지조항에 대한 명문의 규정은 없지만, 채무자회생법이 적용되지 않는 경우는 명시적으로 규정(제119조 제4항)하고 있는 태도에 비추어 도산해지약정이 원칙적으로 효력이 없다고 보면서도, 도산절차의 목적달성과 개개 채권자의 이익보호 사이의 균형이 필요한 영역에서는 도산절차의 목적을 존중하되 이를 넘어서서 보호해야 하는 개별적 법률관계가 있는지를 감안해야한다는 견해도 있고 {오수근, "도산실효조항의 유효성", 판례실무연구 9권, 박영사(2010), 451쪽}, ② 도산해지조항은 채무자의 재산을 보호하고, 채권자 사이의 평등을 구현하기 위하여 그 효력을 인정할 수 없으므로 입법적 해결이 필요하다는 견해도 있다{이은재, "한국과 미국의 회생절차에서의 미이행계약에 대한 비교", 사법 35호(2016. 3.), 사법발전재단, 293쪽}.

278) Elizabeth Warren, 81쪽.

도 계약의 상대방은 회생채무자의 채무불이행을 이유로 한 법정해제·해지권을 행사해 회생채무자와의 계약에서 벗어날 수 있다.

(2) 도산해지조항 무효의 정당성[279]

관리인이 계약의 이행을 선택한다고 하면서 왜 협상된(합의된) 개별적 계약조항(도산해지조항)을 회피할 수 있는가. 당연히 기존에 협상된 계약내용과 확연히 다른 계약을 상대방(non-debtor party)에게 이행하라고 강요하는 것은 정당화될 수 없다. 그러나 개별적 협상에 의한 계약조항에 따라 배분순위를 정하면 채무자회생법에 따른 기준에 위배되는 결과가 된다. 예를 들어 쌍방이 채무자가 오렌지를 1kg당 1달러에 매입하는 계약을 체결하면서, 계약당사자 일방이 도산절차를 신청하면 계약이 해제된다는 조건을 걸어놓았다고 하자. 만약 도산절차를 신청할 때 오렌지 가격이 1.25달러로 상승하였다면, 관리인은 계약을 인수하고자 할 것이다. 그러나 이 해제조항이 강제된다면, 계약상대방은 도산절차 신청이라는 우연한 행운으로 과거의 불리한 협상 결과를 회피할 수 있게 된다. 채무자의 재산은 도산절차 밖에서는 강제할 수 있었던 가치 있는 계약을 상실하게 된다. 이런 결과는 기업이 다른 사건들로 어려움에 빠졌다는 것 때문이지 오렌지 계약의 실질적인 위반 때문은 아니다.

계약상대방에게 그런 계약을 회피할 수 있도록 허용하는 것은 채무자회생법의 가치증진원칙(value-enhancing norms)에 명백히 위반된다. 또한 어떤 채권자는 계약조항을 이유로 하여 도산절차의 영향에서 벗어날 수 있는 반면, 다른 채권자는 도산절차로부터 벗어날 수 있는 선택권이 없다면 평등대우원칙은 무너진다. 다시 말하지만 도산은 개별채권자가 누릴 수 있는 이익을 중립화시킴으로써 채권자 집단 전체의 이익을 보호한다. 기업이 도산절차를 신청하면 당사자는 선택적으로 도산절차를 빠져나올 수 있다는 도산해지조항(ipso facto clauses)이나 다른 유사한 규정은 도산법에서는 효력이 없다{11 U.S.C. §365(e)(1)}. 도산해지조항의 무효(금지)를 통해 재정적 어려움을 겪는 채무자가 자신의 운영에 중요한 계약들을 계속 유지할 수 있게 된다.

사. 근저당권 및 근질권의 피담보채권의 확정 여부

(1) 근저당권의 경우

근저당권(민법 제357조)이란 계속적 거래관계에서 발생하는 다수의 불특정 채권을 장래의 결산기에 이르러 일정한 한도(채권최고액)까지 담보하는 특수한 저당권을 말한다. 이러한 근저당권의 피담보채권은 기본계약이 존속하는 동안 계속적으로 증감, 교체되다가 결산기가 도래하는 등 일정한 사유가 발생하면 구체적으로 확정되는데, 이를 근저당권의 확정 또는 피담보채권의 확정이라 한다. 피담보채권이 확정되기 전에는 피담보채권이 소멸되더라도 근저당권은 계속 존속하며, 피담보채권의 범위에 속하는 채권이 새롭게 발생하면 근저당권에 의해 담보된다. 반면 피담보채권이 확정되면 그 후에 발생하는 채권은 더 이상 근저당권에 의하여 담보되

---

279) Elizabeth Warren, 93~94쪽.

지 않는다. 또한 근저당권의 확정은 근저당권 실행의 전제가 된다.

근저당권의 확정사유와 확정시기에 관하여는 명문의 규정이 없다.[280] 따라서 해석에 의하여 해결할 수밖에 없다. 근저당권의 피담보채권은 일반적으로 ① 근저당권설정계약에서 근저당권의 존속기간을 정하거나 근저당권으로 담보되는 기본계약에서 결산기를 정한 경우에는 원칙적으로 존속기간이 만료하거나 결산기가 도래한 때,[281] ② 거래관계의 종료(당사자의 합의 등),[282] ③ 기본계약 또는 근저당권설정계약의 해지,[283] ④ 근저당권자의 경매신청,[284] ⑤ 채무자나 물상보증인에 대한 파산선고[285] 등에 의하여 확정된다.

회생절차개시결정이 된 경우에 근저당권의 피담보채권이 확정되는가. 이에 대해 회생절차개시결정과 함께 그 거래가 종료하고 피담보채권이 확정된다는 견해(확정설)와 회생절차개시는 파담보채권의 확정사유가 아니라는 견해(비확정설)가 대립하고 있다.[286]

(가) 확정설

① 회생절차개시로 관리처분권이 관리인에게 전속하고, 회생회사를 상대로 한 채권의 개별적 행사가 금지되며, 이와 더불어 기존의 근저당거래는 종료하고 원본이 확정되는 것으로 보아야 하는 등 회생절차개시로 새로운 법률관계가 형성된다는 점, ② 회생절차도 청산적 성격을 갖고 있고, 다수의 이해관계인의 권리가 명확히 조정되어야 한다는 점, ③ 파산선고를 확정사유로 보는 이상 회생절차개시 역시 동일하게 보아야 절차균형에도 부합한다는 점 등을 근거로 한다.

(나) 비확정설

① 법률상 확정설을 취하고 있는 명문의 규정이 없다는 점, ② 회생절차의 회생적 성격, ③ 회생회사가 회생하고자 하면 신규자금을 조달하여야 하고, 기존의 조달처로부터 조달하는

---

280) 다만 근저당권부 채권이 유동화자산인 경우 근저당권의 확정사유 및 확정시기에 관하여 「자산유동화에 관한 법률」 제7조의2(근저당권으로 담보된 채권의 확정)에서 규정하고 있다. 한편 일본 민법 제398조의20 제1항은 근저당권의 확정사유와 그 시기에 관하여 명확히 규정하고 있다.
　　○ **일본민법 제398조의20(근저당권의 원본확정사유)**
　　① 다음에 든 경우에 근저당권이 담보할 원본은 확정된다.
　　一. 근저당권자가 저당부동산에 대해서 경매 또는 담보부동산수익집행이나 제372조에서 준용하는 제304조의 규정에 따른 압류를 신청한 때. 다만 경매절차 또는 담보부동산 수익집행절차의 개시나 압류가 있었던 때에 한한다.
　　二. 근저당권자가 저당부동산에 대해서 체납처분에 의한 압류를 한 때.
　　三. 근저당권자가 저당부동산에 대한 경매절차의 개시 또는 체납처분에 의한 압류가 있었던 사실을 안 때부터 2주일을 경과한 때.
　　四. 채무자 또는 근저당권설정자가 파산절차개시결정을 받은 때.
281) 대법원 2002. 5. 24. 선고 2002다7176 판결.
282) 대법원 1996. 10. 29. 선고 95다2494 판결, 대법원 1996. 4. 26. 선고 96다2286 판결, 대법원 1994. 4. 26. 선고 93다19047 판결, 대법원 1993. 12. 14. 선고 93다17959 판결, 대법원 1990. 6. 26. 선고 89다카26915 판결 등.
283) 대법원 2002. 5. 24. 선고 2002다7176 판결.
284) 대법원 2002. 11. 26. 선고 2001다73022 판결. 다만 근저당권자가 아닌 제3자가 경매를 신청한 경우에는 근저당권의 소멸시기, 즉 매각대금을 완납한 때 확정된다(대법원 1999. 9. 21. 선고 99다26085 판결).
285) 대법원 2017. 9. 21. 선고 2015다50637 판결 참조.
286) 임치용, "회사정리절차개시결정과 근저당권의 채무확정사유에 관한 연구", 판례실무연구Ⅳ(2003. 8.), 박영사(2003), 139~141쪽, 남효순·김재형, 557~559쪽.

것이 가장 용이한데, 금융기관이 담보여력이 있는 담보물을 활용하여, 즉 기존의 근저당권을 이용하여 신규자금을 대여하려고 하여도, 기존 근저당권의 피담보채권이 확정되면, 추가로 후순위의 담보를 설정하여 자금을 조달하는 것은 불가능하다는 점(자금조달의 편의성) 등을 근거로 한다.

(다) 결 론

비확정설은 추가의 신규자금조달을 위해 필요하다는 점을 가장 큰 논거로 삼고 있으나, 실제로 자금조달의 효과를 거둘 수 있을지는 의문이다. 이질적인 다수의 이해관계인이 관여하는 회생절차에서는 각 이해관계인의 권리관계가 집단적·획일적으로 단순 명쾌하게 처리될 것이 요구된다. 또한 회생절차는 넓은 의미에서 집행절차의 한 유형이고 따라서 정해진 하나의 시점을 기준으로 기존의 권리관계를 모두 정리하여 다시 시작하도록 하는 제도라고 볼 수 있다. 따라서 절차의 신속성·안정성을 꾀할 수 있고 법률관계의 간명한 처리가 가능한 확정설이 타당하다.[287]

대법원[288]도「근저당권이 설정된 뒤 채무자 또는 근저당권설정자에 대하여 회생절차개시결정이 내려진 경우, 그 근저당권의 피담보채무는 특별한 사정이 없는 한 회생절차개시결정시점을 기준으로 확정되므로, 확정 이후에 발생한 새로운 거래관계에서 발생한 원본채권이 그 근저당권에 의하여 담보될 여지는 없다」고 판시하여 확정설을 취하고 있다.[289]

한편 회생절차가 개시된 이상 회생절차가 나중에 폐지되었다고 하더라도 근저당권의 피담보채무가 확정된 효력은 그대로 유지된다.

(2) 근질권의 경우

근질권은 민법상 명시적인 규정은 없지만, 장래의 불특정 채권을 담보하는 근질권의 유효

---

287) **확정의 의미(확정의 효력)** 근저당권의 피담보채권이 확정되면 그 당시 확정된 채무만이 근저당권에 의해 담보되고, 확정 이후 발생한 채권은 근저당권에 의하여 담보되지 않고 일반채권에 불과하다. 문제는 근저당권의 피담보채권이 확정되면 일반저당권으로 저당되는지 여부이다. 근저당권의 피담보채권이 확정되더라도 채권최고액을 한도로 담보한다는 근저당권의 본질은 변하지 않고, 근저당권을 실행할 때까지는 채무의 원본 외에 이자·위약금·지연이자 등이 발생할 수 있으며, 이것은 채권최고액을 한도로 하여 담보되는 것이라고 봄이 상당하다(대법원 2007. 4. 26. 선고 2005다38300 판결 참조). 또한 근저당권의 피담보채권이 확정된 후에도 지연손해금은 최고액의 범위 내에서 담보되고 일반저당권에 관한 제360조는 적용되지 않는다(대법원 1957. 1. 10. 선고 4289민상401 판결). 따라서 지연손해금은 변제기 이후 1년분뿐만 아니라 그 이후 것도 채권최고액의 범위 내에서 모두 담보하게 된다. 이 점에서 1년분의 지연손해금만 담보되는 일반저당권과 다르다[다만 저당권의 경우 제360조 단서에 의해 지연배상은 1년분으로 제한되지만, 이것은 후순위 저당권자와 일반채권자에 대한 관계에서 적용되는 것이고, 채무자 및 저당권설정자가 저당권자에게 대항할 수 있는 것은 아니다(대법원 2010. 5. 13. 선고 2010다3681 판결, 대법원 2001. 10. 12. 선고 2000다59081 판결). 따라서 경매에서 후순위 저당권자가 없거나 일반채권자의 배당요구가 없는 경우 지연배상 전부가 저당권에 의해 담보되며, 채무자가 임의로 변제할 경우에는 위 제한은 적용받지 않는다].

288) 대법원 2021. 1. 28. 선고 2018다286994 판결, 대법원 2001. 6. 1. 선고 99다66649 판결(개시결정 이후 근저당권자가 회생회사 또는 관리인에게 그 사업의 경영을 위하여 추가로 금원을 융통하여 줌으로써 별도의 채권을 취득하였다 하더라도, 그 채권이 위 근저당권에 의하여 담보될 여지는 없다) 등 참조. 이러한 태도는 집합채권양도담보의 경우에도 이어지고 있다(대법원 2013. 3. 28. 선고 2010다63836 판결).

289) 근보증(민법 제428조의3)의 경우도 회생절차개시 후에 발생한 채무에 대하여는 효력이 없다고 할 것이다. 이러한 채무를 위하여 인적담보가 필요한 경우에는 새로운 보증계약을 체결하여야 한다.

성은 인정되고 있다. 근질권은 근저당권과 달리 등기를 통하여 공시되지 못하므로 채권최고액의 약정이 없어도 유효하게 성립하지만, 그 실행을 위해서는 근저당권과 마찬가지로 피담보채권의 확정이 필요하다.

근질권 피담보채권의 확정사유 및 확정시기 역시 해석에 맡겨져 있다. 근저당권과 마찬가지로 ① 근질권설정계약에서 근질권의 존속기간을 정하거나 근질권으로 담보되는 기본계약에서 결산기를 정한 경우에는 원칙적으로 존속기간이 만료하거나 결산기가 도래한 때, ② 거래관계의 종료(당사자의 합의 등), ③ 기본계약 또는 근질권설정계약의 해지, ④ 근질권자의 경매신청,[290] ⑤ 근질권설정자나 채무자에 대하여 파산선고가 된 경우 확정된다고 할 것이다.

근질권설정자나 채무자에 대하여 회생절차개시결정이 된 경우에도 근저당권자의 경우와 달리 볼 이유가 없으므로 확정된다고 할 것이다.

4. 다른 절차에 미치는 영향

가. 파산신청 등의 금지

회생절차개시결정이 있으면, ① 파산 또는 회생절차개시의 신청과 ② 회생채권 또는 회생담보권에 기한 강제집행, 가압류, 가처분, 담보권실행을 위한 경매절차 및 ③ 체납처분(강제징수) 등은 할 수 없다(제58조 제1항, 제3항).

(1) 파산 또는 회생절차개시신청의 금지(제58조 제1항 제1호)

파산절차와 회생절차는 대립적인 목적을 가지고 있고, 회생절차는 파산절차의 특별규정이라고 볼 수 있으므로 회생절차의 개시가 있으면 파산을 신청할 수 없다. 또한 동일한 채무자에 대하여 별개의 회생절차를 개시할 실익이 없으므로 회생절차개시의 신청도 할 수 없다.

한편 개인채무자의 경우에는 회생절차가 개시되더라도 개인회생절차를 신청할 수 있다. 개인회생절차가 개시되었을 경우에는 회생절차의 진행은 중지된다(제600조).

(2) 강제집행 등의 신청 금지(제58조 제1항 제2호)

회생절차개시결정이 있으면 회생채권 또는 회생담보권에 기한 채무자의 재산에 대한 강제집행,[291] 가압류, 가처분, 담보권실행을 위한 경매절차를 신청할 수 없다. 강제집행 등의 신청

---

290) 다만 근질권자가 아닌 제3자가 경매신청을 한 경우에는 확정시기가 다르다. ① 근질권이 설정된 금전채권에 대하여 제3자의 압류로 강제집행절차가 개시된 경우 근질권의 피담보채권은 근질권자가 위와 같은 강제집행이 개시된 사실을 알게 된 때에 확정된다(대법원 2009. 10. 15. 선고 2009다43621 판결). ② 근질권은 근저당권부 채권을 목적으로 하고 있고, 근질권 설정 당시 근저당권부동산에 관한 경매절차가 이미 진행 중인 경우(근저당권부동산에 대하여 경매절차가 개시되었고, 근저당권부 근질권이 경매개시결정등기 후에 등기된 경우)에는, 매각대금을 완납한 때 근질권의 피담보채권은 확정된다(대법원 2023. 7. 27. 선고 2022다242571 판결).

291) 재산명시절차(민집법 제61조 제1항)도 아래 〈나.(1)〉에서 본 바와 같은 이유로 금지된다고 할 것이다. 반면 물상대위를 위한 목적채권(금전지급청구권 또는 물건인도청구권)에 대한 압류(민법 제342조 후문, 제370조)는 물상대위권의 실행이 아니고 회생담보권의 기초인 물상대위권을 보전하기 위한 것이므로 허용된다고 할 것이다(본서 658쪽 참조).

이 금지되는 것은 회생채권 또는 회생담보권에 기한 것이므로 환취권 또는 공익채권에 기한 강제집행 등의 신청은 금지되는 것이 아니다. 또한 강제집행 등의 신청이 금지되는 것은 채무자의 재산에 대하여 행하는 것에 한하므로 연대채무자·보증인·물상보증인 등 제3자의 재산에 대하여 행하는 것은 금지되지 않는다.[292] 하도급거래 공정화에 관한 법률 제14조나 건설산업기본법 제35조에 의한 수급사업자의 발주자에 대한 하도급대금 직접지급청구는 금지되는 '채무자의 재산에 대한 강제집행'에 해당한다고 할 수 없다.[293]

양도담보권도 회생담보권에 포함되므로(제141조 제1항) 양도담보권의 실행행위도 금지된다. 양도담보권의 실행행위는 종국적으로 채권자가 제3채무자에 대해 추심권을 행사하여 변제를 받는다는 의미이다. 특히 양도담보권의 목적물이 금전채권인 경우 피담보채권의 만족을 얻기 위해 금전채권을 환가하는 등의 별도의 절차가 필요 없고, 만약 양도담보권자가 제3채무자를 상대로 채무의 이행을 구하는 소를 제기하여 승소판결을 얻는다면 제3채무자가 양도담보권자에게 임의로 변제하는 것을 막을 방법이 없다. 따라서 채권이 담보 목적으로 양도된 후 채권 양도인인 채무자에 대하여 회생절차가 개시되었을 경우 채권양수인인 양도담보권자가 제3채무자를 상대로 그 채권의 지급을 구하는 이행의 소를 제기하는 행위는 회생절차개시결정으로 인해 금지되는 양도담보권의 실행행위에 해당한다. 이와 같이 해석하는 것이 채무자의 효율적 회생을 위해 회생절차개시결정 이후 채권자의 개별적 권리행사를 제한하는 한편 양도담보권도 회생담보권에 포함된다고 규정한 채무자회생법의 내용에도 부합한다.[294]

(3) 체납처분(강제징수) 등의 금지 (제58조 제1항 제3호, 제3항)

채무자회생법은 체납처분(강제징수) 등과 관련하여 금지의 대상이 되는 처분을 일반 회생채권보다 징수순위가 우선하는 것과 우선하지 않은 것을 구분하여 규정하고 있다.[295] 일반 회생

---

292) 국적취득조건부 선체(나)용선은 채무자의 재산으로 볼 수 있는가. 국적취득조건부 선체(나)용선계약에서 용선자는 용선기간이 종료된 후에 약정한 용선료 등을 지급하고 선박의 소유권을 취득할 수 있는 계약상 권리를 취득할 뿐이므로, 특별한 사정이 없는 한 특수목적법인에 선박을 편의치적하였다는 사정만으로 용선기간 중에도 용선자가 선박에 대한 소유권을 가진다고 할 수는 없다(창원지방법원 2017. 2. 23. 자 2016라308 결정(확정)). 그런데 우리나라 해상기업들은 국적취득조건부 선체 용선의 비중이 대단히 높고, 이를 채무자의 재산이 아니라고 하면 선박은 강제집행의 대상이 되고, 이렇게 되면 궁극적으로 채무자의 회생 자체가 어렵게 된다. 이러한 점을 고려하면 해상기업보호를 위한 입법적 조치가 필요해 보인다.

293) 대법원 2007. 6. 28. 선고 2007다17758 판결 참조. 판례에 의할 경우 원사업자에 대한 회생절차에서 수급사업자가 회생채권을 신고하지 아니하여 실권되거나 권리가 변경된 경우에도 수급사업자는 발주자에 대하여 공사대금채권을 직접 청구하는 것이 가능하다.

294) 대법원 2020. 12. 10. 선고 2017다256439, 2017다256446(독립당사자참가의소) 판결(甲이 피고에 대해 추가 물품대금 지급을 구하는 이 사건 소를 제기함과 동시에 회생절차개시신청을 하였고, 甲에 대한 회생절차개시결정 이후에 참가인이 甲의 회생절차에서 회생담보권 신고를 하면서 별도로 이 사건 소에 독립당사자참가신청을 하여 피고를 상대로 "(양도담보권자인) 참가인에게 추가 물품대금을 지급하라"고 청구한 사안에서, 원심은 참가인의 이 사건 소제기는 채무자회생법에서 회생절차개시결정으로 인해 금지된다고 한 "양도담보권의 실행행위"가 아니라고 보아 참가인의 청구를 인용하였으나, 대법원은 위와 같이 판단하여 참가인이 甲의 회생담보권자라 하더라도 참가인의 <u>이 사건 독립당사자참가 신청 행위는 제58조 제1항 제2호에서 정한 '회생담보권에 기한 강제집행 등'에 포함되는 양도담보권의 실행행위로서 회생절차개시결정에 따라 금지된다</u>고 하여 원심을 파기한 사안임), 대법원 2011. 5. 26. 선고 2009다90146 판결 등 참조.

295) 이에 관하여는 〈제8장 제1절 V.1.〉(본서 569쪽)을 참조할 것.

채권에 우선하지 않는 것은 모두 금지되지만, 우선하는 것은 일정 기간 동안만 금지된다.[296]

(가) 징수 우선순위가 일반 회생채권에 우선하지 않는 것

국세징수의 예에 의하여 징수할 수 있는 청구권으로서 그 징수 우선순위가 일반 회생채권보다 우선하지 아니한 것에 기한 체납처분(강제징수)은 할 수 없다(제58조 제1항 제3호).

(나) 징수 우선순위가 일반 회생채권에 우선하는 것 (=조세 등 청구권)

회생채권 또는 회생담보권에 기한 채무자의 재산에 대한「국세징수법」또는「지방세징수법」에 의한 체납처분(강제징수), 국세징수의 예에 의하여 징수할 수 있는 청구권으로서 그 징수 우선순위가 일반 회생채권보다 우선하는 것에 기한 체납처분(강제징수){이하 위 각 체납처분(강제징수)과 관련된 청구권을 '조세 등 청구권'이라 한다}과 조세채무담보를 위하여 제공된 물건의 처분은 ㉮ 회생절차개시결정이 있는 날부터 회생계획인가가 있는 날까지, ㉯ 회생절차개시결정이 있는 날부터 회생절차가 종료되는 날까지, ㉰ 회생절차개시결정이 있는 날부터 2년이 되는 날까지의 기간 중 말일이 먼저 도래하는 기간 동안 할 수 없다. 이 경우 법원은 필요하다고 인정하는 때에는 관리인의 신청에 의하거나 직권으로 1년 이내의 범위에서 그 기간을 늘일 수 있다(제58조 제3항). 처분을 할 수 없는 기간 중에는 시효가 진행하지 않는다(제58조 제4항).[297]

채무자의 재산에 대한 체납처분(강제징수) 등은 우선권 있는 조세 등 청구권에 기한 것이지만 자유로운 체납처분(강제징수) 등을 허용하면 회생절차의 목적을 저해할 수 있어서 금지의 대상으로 한 것이다. 다만 체납처분(강제징수) 등을 무제한으로 금지하는 것은 조세 등 청구권의 성질에 비추어 적당하지 않기 때문에 일정기간만 제한을 시킨 것이다.

회생절차개시결정에 의하여 금지되는 것은 회생채권 또는 회생담보권인 조세 등 청구권에 기한 것이므로 공익채권인 조세 등 청구권에 기한 체납처분(강제징수) 등은 금지되지 않는다. 또한 금지의 대상이 되는 것은 채무자의 재산에 대한 체납처분(강제징수) 등이므로 연대납세의무자나 제2차 납세의무자인 제3자의 재산에 대하여는 금지되지 않는다.

나. 파산절차 등의 중지

(1) 파산절차·강제집행 등·징수 우선순위가 일반 회생채권에 우선하지 않는 것에 기한 체납처분

회생절차개시결정이 있으면 이미 진행 중이던 ① 파산절차(제58조 제2항 제1호), ② 회생채

---

296) 이렇게 구별하여 규정한 것은 국세징수의 예에 의하여 징수할 수 있는 청구권의 성격은 다양한데도 불구하고(건강보험료, 국민연금보험료, 산업재해보상보험료 등과 같이 징수순위가 일반 회생채권보다 앞서는 것과 과태료, 국유재산법상의 사용료·대부료·변상금채권 등과 같이 그렇지 아니한 것) 이를 구별하지 아니하고 그 모두에 대하여 포괄적으로 조세와 똑같은 특별처우를 하는 것은 채권자 평등에 반하여 다른 채권자들의 재산권을 침해하는 위헌적 규정이 될 수 있기 때문이다. 즉 개별적 강제집행절차에서 일반 회생채권에 앞서지 않는 채권을 회생절차에서 조세채권에 준하여 앞서는 것으로 규정하는 것은 부당하다고 보았기 때문이다(법무부 해설서, 100~101쪽).

297) 벌금, 과료, 추징금에 기한 강제처분의 개시(형법 제80조, 형사소송법 제477조)도 회생절차가 개시되면 금지된다고 할 것이다. 그럼에도 벌금, 과료, 추징금 청구권에 관한 형의 시효에 관한 정지에 관하여는 명시적인 규정이 없어 문제이다. 관련 내용은 〈제8장 제1절 Ⅵ.2.〉(본서 587쪽)를 참조할 것.

권 또는 회생담보권에 기하여 채무자 재산에 대하여 이미 행한 강제집행 등(제58조 제2항 제2호)[298]과 ③ 국세징수의 예에 의하여 징수할 수 있는 청구권으로서 그 징수우선순위가 일반 회생채권보다 우선하지 아니한 것에 기한 체납처분(강제징수)(제58조 제2항 제3호)은 중지된다. 여기서 '중지'란 절차의 진행에 관하여 장애사유가 발생하여 그 사유가 없어질 때까지는 절차의 진행이 동결된다는 것을 말한다.

파산절차에 대하여 실효시키지 않고 중지되도록 한 것(①)은 회생절차가 개시되어도 회생에 실패할 경우에는 일반적으로 채권채무의 청산이 필요하여 직권으로 파산절차로 이행시킬 필요가 있고(제6조, 제7조 참조), 이 경우에는 이미 개시된 파산절차를 이용할 여지가 남아있기 때문이다. 중지된 파산절차는 회생계획인가결정이 있는 때에 실효된다(제256조 제1항).

회생채권 등에 기한 강제집행 등이 중지되도록 한 것(②, ③)은 채무자의 책임재산에 대한 개별집행을 무제한으로 허용하면 회생절차의 진행에 현저한 곤란이 발생하기 때문이다.

(2) 징수 우선순위가 일반 회생채권에 우선하는 것에 기한 체납처분(강제징수) 등

회생절차개시결정이 있으면 이미 행한 회생채권 또는 회생담보권에 기한 채무자의 재산에 대한 「국세징수법」 또는 「지방세징수법」에 의한 체납처분(강제징수), 국세징수의 예에 의하여 징수할 수 있는 청구권으로서 그 징수우선순위가 일반 회생채권보다 우선하는 것에 기한 체납처분(강제징수)과 조세채무담보를 위하여 제공된 물건의 처분{이하 '체납처분(강제징수) 등'이라 한다}은 ① 회생절차개시결정이 있는 날부터 회생계획인가가 있는 날까지, ② 회생절차개시결정이 있는 날부터 회생절차가 종료되는 날까지, ③ 회생절차개시결정이 있는 날부터 2년이 되는 날까지의 기간 중 말일이 먼저 도래하는 기간 동안 중지된다. 이 경우 법원은 필요하다고 인정하는 때에는 관리인의 신청에 의하거나 직권으로 1년 이내의 범위에서 그 기간을 늘일 수 있다(제58조 제3항). 따라서 위 체납처분(강제징수) 등은 위 기간이 경과하면 당연히 체납처분(강제징수) 등의 절차를 속행할 수 있다.[299] 처분이 중지된 기간 중에는 시효가 진행하지 않는다(제58조 제4항).[300]

---

298) 재산명시절차(민집법 제61조 제1항)는 어떻게 되는가. 재산명시절차도 강제집행절차의 일종으로(금전채권자가 채무자의 재산으로부터 채권 만족을 받기 위한 수단이라는 점에서 강제집행절차와 공통되는 성질이 있는 반면, 최종적으로 만족에 이르는 것은 아니라는 점에서 강제집행과 다른 성질을 갖는다) 재산명시절차를 개시하기 위해서는 집행개시요건을 갖추어야 한다(민집법 제61조 제2항). 회생절차개시결정은 집행절차개시의 장애사유이고, 이는 직권조사사항이다. 회생절차개시결정이 되면 집행법원은 직권으로 재산명시절차를 중지하여야 한다. 다만 실무적으로 집행법원으로서는 회생절차개시사실을 알기 어려울 것이므로, 채무자가 재산명시절차의 중지를 촉구하는 의미에서 회생절차개시결정문을 집행법원에 제출할 수밖에 없을 것이다.
　벌금, 과료, 추징금에 기한 강제처분의 개시(형법 제80조, 형사소송법 제477조)도 회생절차가 개시되면 중지된다고 할 것이다.

299) 대법원 1989. 1. 24. 선고 86누218 판결 참조.

300) 회생절차개시결정 이후 조세채권의 신고에도 시효중단의 효력이 있으므로, 처분이 금지되거나 중지된 기간 중에는 시효가 진행하지 않는다는 규정은 조세채권에 대한 신고가 없는 경우에 중요한 의미를 갖는다.

(3) 기촉법에 의한 (공동)관리절차

기촉법에 의한 (공동)관리절차[301]가 개시된 뒤에도 해당 기업 또는 금융채권자는 채무자회생법에 따른 회생절차를 신청할 수 있다. 이 경우 해당 기업에 대하여 회생절차의 개시결정이 있으면 관리절차는 중단된 것으로 본다(기촉법 제11조 제5항, 제21조 제2항, 본서 2334쪽).

(4) 사립학교법에 따른 학교법인에 대한 해산명령의 중지 여부

교육부장관이 사립학교법 제47조에 따라 한 학교법인에 대한 해산명령도 회생절차개시결정으로 중지될 수 있는가. 제58조 제2항 각 호는 열거규정이라고 보아야 하고, 해산명령은 설립허가조건을 위반하거나 목적의 달성이 불가능한 경우 예외적으로 엄격한 절차를 거쳐 행하여진다는 점에서 회생절차개시결정으로 해산명령의 효력이 중지된다고 볼 수는 없다.[302]

다. 절차의 금지 · 중지의 효력

강제집행 등의 신청이 금지되는 절차를 신청하는 것은 부적법하다. 이에 위반하여 개시된 절차는 무효이다. 이미 행한 절차의 중지는 개시결정으로 당연히 중지되는 것이다. 절차의 중지는 진행되던 절차가 그 시점에서 중지되고 그 속행이 허용되지 않는다는 의미이다. 절차가 종결되거나 채권 자체가 소멸하는 것도 아니고 단지 권리를 행사할 수 있는 시간이 지연될 뿐이다.

회생절차개시결정은 집행장애사유이고, 집행장애사유는 집행기관의 직권조사사항이므로 개시결정정본을 집행기관에 제출할 필요가 없다. 집행기관은 직권으로 집행절차를 정지하여야 한다. 집행정지사유가 있음에도 집행기관이 정지하지 아니하고 집행처분을 한 경우 이해관계인은 집행에 관한 이의신청, 즉시항고, 가압류 또는 가처분결정에 대한 이의신청을 하여 그 취소를 구할 수 있다.

회생계획인가결정이 있은 때에는 중지된 파산절차, 강제집행, 가압류, 가처분, 담보권실행 등을 위한 경매절차는 그 효력을 잃는다(제256조 제1항).[303] 회생계획인가결정 전에 회생절차가 폐지되거나 회생계획불인가결정이 확정된 경우에는 중지된 절차가 당연히 속행된다.

중지나 신청금지의 효력이 지속되는 기간은 일반 회생채권에 우선하는 조세 등 청구권에 기한 체납처분(강제징수) 등을 제외하고 회생절차의 종료시까지이다(제292조 제2항 참조). 다만

---

301) 관리절차란 기촉법에 따라 금융채권자협의회나 주채권은행이 부실징후기업의 부실을 정리하여 정상화하기 위해 채권행사를 중지하고 변제기유예, 출자전환 등의 조치를 취하는 것을 말한다(제5조 제2항). 관리절차에는 금융채권자협의회에 의한 공동관리절차(제8조)와 주채권은행에 의한 관리절차(제21조)가 있다. 금융채권자들의 권리행사를 유예하고 채무조정을 한다는 의미에서 독립된 도산절차 중 하나이다. 관련 내용은 〈제6편 제4장〉(본서 2296쪽)을 참조할 것.

302) 전주지방법원 2018. 1. 12. 자 2017회합22 결정.

303) 반면 국세징수의 예에 의하여 징수할 수 있는 청구권으로서 그 징수우선순위가 일반 회생채권보다 우선하지 아니한 것에 기한 체납처분(강제징수)은 실효되지 않고(계속 중지되어 있을 뿐이다), 다만 취소할 수 있을 뿐이다(제58조 제5항). 또한 국세징수법 또는 지방세징수법에 의한 체납처분(강제징수), 국세징수의 예에 의하여 징수할 수 있는 청구권으로서 그 징수우선순위가 일반 회생채권보다 우선하는 것은 실효되지 않고, 일정기간 동안 중지되다가(제58조 제3항) 회생계획인가결정과 동시에 그 절차의 속행이 가능하다. 그렇다고 바로 속행되는 것은 아니다. 회생계획에 정해진 바에 따라 변제하는 한 속행의 문제는 없다.

회생계획인가와 관련하여 차이가 있다. ① 중지된 파산절차, 강제집행, 가압류, 가처분, 담보권 실행을 위한 경매절차는 회생절차 종료 전이라도 회생계획인가로 효력을 상실한다(제256조 제1항). 우선권 있는 조세 등 청구권에 기한 체납처분(강제징수)은 일정기간이 지나면 회생절차 종료 전이라도 당연히 속행될 수 있다. ② 신청금지의 효력은 우선권 있는 조세 등 청구권에 기한 체납처분(강제징수) 등(일정기간이 지나면 금지의 효력이 소멸된다)을 제외하고 회생계획인가 후라도 회생절차 진행 중에는 지속된다.

라. 속행명령과 취소명령

(1) 속행명령

법원은 회생에 지장이 없다고 인정하는 때[304]에는 관리인이나 「국세징수법」 또는 「지방세징수법」에 의하여 징수할 수 있는 청구권(국세징수의 예에 의하여 징수할 수 있는 청구권으로서 그 징수우선순위가 일반 회생채권보다 우선하거나 우선하지 않는 것을 포함한다)에 관하여 징수의 권한을 가진 자의 신청에 의하거나 직권으로 중지한 절차 또는 처분의 속행을 명할 수 있다.[305] 다만 파산절차에 관하여는 속행을 명할 수 없다(제58조 제5항 참조). 회생절차는 파산절차에 우선하고 그 목적이 서로 상충되므로 파산절차에 관하여는 속행을 명할 수 없도록 한 것이다.

채무자의 재산에는 회생을 위하여 필요하지 않는 것도 있고, 이러한 재산에까지 강제집행 등이나 체납처분(강제징수) 등을 일률적으로 못하도록 할 필요는 없다. 또한 회생절차개시 후 목적물의 가격이 하락할 것으로 예상되는 경우에는 채권자들은 강제집행 등을 통하여 목적물의 가치를 확보하려고 할 것이다. 그래서 법원은 회생에 지장이 없다고 인정하는 때에는 강제집행 등의 속행을 명할 수 있도록 한 것이다.

속행을 명할 수 있는 중지한 절차 또는 처분에는 ① 회생채권 또는 회생담보권에 기하여 채무자 재산에 대하여 이미 행한 강제집행 등(제58조 제2항 제2호), ② 국세징수의 예에 의하여 징수할 수 있는 청구권으로서 그 징수우선순위가 일반 회생채권보다 우선하지 아니한 것에 기한 체납처분(강제징수)(제58조 제2항 제3호)과 ③ 「국세징수법」 또는 「지방세징수법」에 의한 체납처분(강제징수), 국세징수의 예에 의하여 징수할 수 있는 청구권으로서 그 징수우선순위가 일반 회생채권보다 우선하는 것에 기한 체납처분(강제징수)과 조세채무담보를 위하여 제공된 물건의 처분[306]이다.

---

304) 예컨대 강제집행 등의 목적물이 비업무용자산(유휴자산)이어서 그것을 환가하더라도 회생에 지장이 없는 경우.
305) 파산의 경우에는 파산관재인이 강제집행 등의 절차를 속행할 수 있음에 반하여(제348조 제1항 단서), 회생의 경우에는 법원이 관리인이나 조세 등 청구권자의 신청이나 직권으로 절차를 속행할 수 있다. 회생의 경우 회생에 지장이 없다고 인정되는 것이 속행의 요건이기 때문에 조세 등 청구권자를 제외한 회생채권자에게는 속행신청권이 인정되지 않는다. 요컨대 파산절차의 경우에는 속행을 하는 절차의 주체가 파산관재인이고, 따라서 제3자 이의의 소의 피고적격을 가지는 자는 파산관재인이다(제348조 제2항), 회생절차의 경우에는 속행절차의 주체에 변동이 없고, 따라서 제3자 이의의 소의 피고적격의 교체도 없다. 관련 내용은 〈제3편 제15장 제2절 Ⅱ.2.가.(1)(다)〉(본서 1830쪽)를 참조할 것.
　　잉여주의 적용 여부에 관하여는 〈제3편 제9장 제2절 Ⅲ.4.〉(본서 1598쪽)를 참조할 것.
306) 제58조 제5항에는 속행할 수 있는 중지한 절차 또는 처분에 '제2항'의 규정에 의한 것만을 규정하고 있으나, 신청권

③에 해당하는 조세 등 청구권에 기한 체납처분(강제징수)이나 담보물의 처분을 속행한 경우에는 목적물을 환가하여 얻은 금전은 조세 등 청구권의 만족에 충당할 수 있다. 체납처분(강제징수)에 의해 압류를 당한 채무자의 채권(압류의 효력이 미치는 채권을 포함한다)에 관하여 그 체납처분(강제징수)의 중지 중에 제3채무자가 징수의 권한을 가진 자에게 임의로 이행하는 경우도 마찬가지이다(제131조 단서). 이는 조세 등 청구권의 우선성과 체납처분(강제징수)의 자력 집행성을 존중한 것이다.[307] 그러나 일반 회생채권, 회생담보권에 의한 강제집행이나 경매절차를 속행하는 경우에는 회생채권 등에 대한 회생절차에 의하지 아니한 변제가 금지됨에 따라 속행 절차에 의하여 얻은 금전이 있어도 법원의 허가를 받지 아니하는 한 그 채권의 변제에 충당할 수 없다(제131조 본문). 즉 강제집행 등이 속행되어도 집행채권자인 회생채권자나 회생담보권자는 이것에 의하여 만족을 얻는 것이 인정되지 않고, 배당은 실시되지 않으며, 매각대금은 회생계획에 기초한 변제재원으로서 관리인에게 교부되어야 한다.[308]

속행된 절차 또는 처분에 관한 채무자에 대한 비용청구권은 공익채권이다(제58조 제6항).

속행명령에 대하여는 즉시항고를 할 수 없다(제13조 제1항). 속행명령에 의해 속행된 강제집행 등은 회생계획인가결정으로 실효되지 않는다(제256조 제1항 단서, 본서 1006쪽).

(2) 취소명령

법원은 회생을 위하여 필요하다고 인정하는 때[309]에는 관리인의 신청에 의하여 또는 직권으로 담보를 제공하게 하거나 제공하게 하지 아니하고 중지한 절차 또는 처분의 취소를 명할 수 있다(제58조 제5항). 취소명령에 의하여 강제집행 등이 취소된 후 회생절차개시결정이 취소되거나 회생절차가 폐지되는 때에는 채권자에게 심각한 손해를 끼칠 우려가 있으므로 회생을

자에 제140조 제2항의 청구권에 관하여 징수의 권한을 가진 자가 포함되어 있고{관리인이 체납처분(강제징수)의 속행을 신청한다는 것은 상정하기 어렵다}, 징수우선순위가 우선하지 않는 것의 속행을 구할 수 있음에도 징수우선순위가 우선하는 것의 속행을 구할 수 없다고 하는 것은 논리적으로 맞지 않다. 또한 제131조는 징수우선순위가 있는 조세 등 청구권의 속행을 전제로 규정하고 있다. 따라서 제58조 제5항 앞부분의 '제2항'을 '제2항, 제3항'의 오기로 보거나, 제58조 제5항을 유추적용하여야 할 것이다.

307) 다만 다른 조세 등 청구권자가 교부청구를 한 경우에는 교부청구를 한 자가 아니라 관리인에게 잔여금을 교부하여야 할 것이다.

308) 이에 대하여 집행법원이 회생채권자나 회생담보권자에게 직접 지급할 수 있다는 견해가 있다{신동일, "회생절차개시결정 이후의 회생담보권에 기한 부동산 임의경매 절차에 관한 쟁점", 사법 62호(2022년 12월), 사법발전재단, 197~199쪽}. 위 견해는 ① 임의경매절차에서 매각대금 배당의 주체는 집행법원이고(민집법 제268조, 제145조), ② 집행법원는 배당에 있어 누적적 실무 처리 경험과 법률 전문지식을 보유하고 있는 반면 관리인은 그렇지 못하므로 집행법원이 법률 및 회생계획을 해석하여 직접 배당을 실시하는 것이 효율성, 정확성 측면에서 실질적으로 우월하며, ③ 법원별 관리인 감독에 대한 편차가 있어 관리인이 회생계획 및 관련 법률에 부합하지 않은 변제 등이 발생할 가능성이 있음을 그 근거로 들고 있다. 하지만 관리인교부설이 배당의 주체가 집행법원이라는 것을 부정하는 것은 아니고, ②와 ③은 누적된 회생법원이나 각 법원의 회생절차처리 경험을 과소평가한 것이며, 현실적인 이유가 될 수는 있어도 직접 지급설의 근거가 될 수는 없다. 직접 지급하여야 한다는 견해도 채무자회생법의 목적 및 회생법원에 회생계획의 해석 권한이 있다는 점, 파산절차에서 파산관재인에게 교부하여야 한다는 것(본서 1831쪽 참조)과의 균형상 장기적으로는 관리인교부설이 타당하다고 한다.
현재 법원의 실무는 직접지급설의 입장에서 집행법원이 회생채권자나 회생담보권자에게 직접 지급하고 있다고 한다.

309) 회생절차개시결정 전에 취소명령을 하기 위해서는 '채무자의 회생을 위하여 특히 필요하다고 인정'되어야 하나(제44조 제4항, 제45조 제5항), 개시결정이 있은 후에는 '채무자의 회생을 위하여 필요하다고 인정'되면 충분하다.

위하여 필요한 경우로 제한하고 있다. 또한 담보를 제공하게 할 수도 있다.

회생을 위하여 필요하다고 인정하는 때란 사업의 계속을 위하여 채무자에게 가지고 오거나 사용할 필요가 있는 경우를 말한다. 실무적으로 매출채권이나 원자재에 대한 강제집행 등이 있는 경우 주로 이용된다.

취소할 수 있는 중지한 절차 또는 처분은 ① 회생채권 또는 회생담보권에 기하여 채무자 재산에 대하여 이미 행한 강제집행 등(제58조 제2항 제2호),[310] ② 국세징수의 예에 의하여 징수할 수 있는 청구권으로서 그 징수우선순위가 일반 회생채권보다 우선하지 아니한 것에 기한 체납처분(강제징수)(제58조 제2항 제3호)[311]이다. 파산절차에 관하여는 취소를 명할 수 없다(제58조 제5항). 파산절차의 경우 회생절차가 개시되면 중지되고(제58조 제2항 제1호), 회생계획인가결정이 있으면 실효되며(제256조 제1항), 회생계획인가 전에 폐지된 경우에는 파산절차를 속행할 필요가 있기 때문에 취소할 수 없도록 한 것이다.

〈회생채권 등의 절차단계별 중지명령 등에 있어서 대상적격〉

		회생절차개시결정 전			회생절차개시결정		회생절차개시결정 후		인가결정으로 인한 실효
		중지명령	취소명령	포괄적 금지명령	중지 대상	금지 대상	속행명령	취소명령	
Ⅰ. 강제집행 등		○ (44①2호)	○ (44④)	○ (45①)	○ (58②2호)	○ (58①2호)	○ (58조⑤)	○ (58조⑤)	○ (256①) −속행된 것 제외
조세등 청구권 등	Ⅱ. 우선 하지 않 는 것	○ (44①5호)	×	×	○ (58②3호)	○ (58①3호)	○ (58조⑤)	○ (58조⑤)	× (중지)
	Ⅲ. 우선 하는 것	○ (44①5호)	×	×	○ [일정기간] (58③)	○ [일정기간] (58③)	○ (58조⑤) [해석에 의해]	× (*대상이 된다는 견해)	× (속행)

Ⅰ. 강제집행 등: 회생채권 또는 회생담보권에 기하여 채무자 재산에 대하여 이미 행한 강제집행, 가압류, 가처분 또는 담보권실행을 위한 경매절차
Ⅱ. 우선하지 않는 것: 국세징수의 예에 의하여 징수할 수 있는 청구권으로서 그 징수우선순위가 일반 회생채권보다 우선하지 아니한 것에 기한 체납처분(강제징수)
Ⅲ. 우선하는 것: 「국세징수법」 또는 「지방세징수법」에 의한 체납처분(강제징수), 국세징수의 예에 의하여 징수할 수 있는 청구권으로서 그 징수우선순위가 일반 회생채권보다 우선하는 것에 기한 체납처분(강제징수)과 조세채무담보를 위하여 제공된 물건의 처분
*대상이 된다는 견해: (58조⑤)[해석에 의해]

---

310) 회생계획인가결정이 있으면 실효되므로 회생계획인가 전까지만 취소명령의 실익이 있다.
311) 회생계획인가결정이 있더라도 중지되어 있을 뿐 효력이 소멸되지 않으므로(제256조 제1항 참조) 인가결정 이후에도 취소명령의 대상이 된다.

국세징수법 또는 지방세징수법에 의한 체납처분(강제징수), 국세징수의 예에 의하여 징수할 수 있는 청구권으로서 그 징수우선순위가 일반 회생채권보다 우선하는 것에 기한 체납처분(강제징수)과 조세채무담보를 위하여 제공된 물건의 처분(제58조 제3항)의 경우에도 취소할 수 있는가. 이에 대하여 위와 같은 처분은 회생계획인가결정이 있더라도 다른 강제집행 등의 경우와 달리 효력이 소멸되지 않고(제256조 제1항 참조), 인가결정으로 당연히 속행되므로 회생계획인가결정 전까지는 취소가 가능하다는 견해가 있다.[312] 그러나 회생절차개시결정이 있더라도 국세징수법 또는 지방세징수법에 의한 체납처분(강제징수), 국세징수의 예에 의하여 징수할 수 있는 청구권으로서 그 징수우선순위가 일반 회생채권보다 우선하는 것에 기한 체납처분(강제징수)과 조세채무담보를 위하여 제공된 물건의 처분은 일정기간 동안만 금지되거나 중지되고(제58조 제1항, 제3항 참조), 회생계획인가결정으로 체납처분(강제징수) 등이 당연히 속행되는 것이 아니라 회생계획에 정한 바에 따라 징수유예 또는 환가유예가 될 수 있으며(제140조 제2항 참조), 개시결정 전에도 취소의 대상이 아니고(개시결정 전후를 달리 취급할 합리적인 이유가 없다),[313] 다른 처분과 달리 회생계획인가결정으로도 효력이 소멸되지 않으며(제256조 제1항 참조), 조세 등 청구권은 우선적으로 변제하여야 할 공익적 목적이 크고(이러한 이유로 여러 가지 특칙을 인정함으로써 사실상 회생절차에서 우선적 지위를 부여하고 있다), 취소를 인정하더라도 일정기간만 지나면 다시 체납처분(강제징수) 등을 할 수 있으므로(제58조 제1항, 제3항 참조) 취소의 대상이 되지 않는다고 할 것이다.[314]

강제집행 등의 집행취소를 받기 위해서는 취소결정문을 집행기관(집행을 실시하고 있는 집행법원 또는 집행관)에 제출하여야 한다.

취소명령에 대하여는 즉시항고를 할 수 없다(제13조 제1항).

5. 지급결제제도 등에 대한 특칙

가. 특칙 규정의 배경

자본시장의 국제화와 정보통신기술의 급격한 발전은 새롭고 다양한 금융상품이 등장하도록 하였다. 이러한 금융상품의 거래는 그 액수가 크고, 국내외 다수의 투자자와 증권기관 및 결제은행이 관여하게 된다. 또한 금융상품거래에 따르는 자금이 안전하고 신속하게 결제가 되어야 거래가 종료된다.

국가 사이의 금융거래가 늘어나고 일방 참가자의 도산을 경험하면서 세계 각국은 지급결제

---

312) 회생사건실무(상), 187쪽. 위 견해는 제58조 제5항의 뒷부분 '제2항'은 '제2항, 제3항'의 오기라고 본다(같은 책, 183쪽 각주 63)). 회생계획이 인가되면 중지 상태는 해소되어(제58조 제3항 제1호) 속행할 수 있게 되므로 제58조 제3항의 중지한 처분으로 볼 수 없어 취소명령의 대상이 되지 않으므로 인가 이후에는 취소할 수 없다.

313) 개시결정 전 중지명령의 경우 사전의견청취의무를 부과하고 있는데(제44조 제1항 제5호), 중지에서 나아가 취소를 하는 경우에는 의견청취에 관한 아무런 규정이 없다는 점에서도 체납처분(강제징수) 등은 취소의 대상이 아니다.

314) 제58조 제5항의 뒷부분 '제2항'은 '제2항, 제3항'의 오기라고 보기 어렵고, 이럴 경우 취소의 대상으로 보면 명문의 규정에 반한다. 한편 개인회생절차의 경우에는 체납처분(강제징수) 등도 취소의 대상으로 하고 있다(제600조 제3항).

제도의 안전성과 완결성에 대하여 관심을 갖기 시작하였다. 또한 파생금융상품의 거래에 사용되는 International Swaps and Derivatives Association (ISDA, 국제스왑파생상품협회) 기본계약서의 일괄정산(close-out netting)조항이나 증권(청산)결제제도에 사용되는 다자간 정산(multilateral netting)의 유효성을 법적으로 확고하게 보장하는 것이 국제금융에서 필수적인 것으로 인식되기 시작하였다.[315]

한편 사인간의 자금거래 중에는 일정한 결제시스템 하에서 청산(정산)과 결제가 이루어지는 것이 있다. 그런 결제시스템은 내부적인 규칙에 따라 청산과 결제를 하며 복수의 당사자들은 그러한 결제시스템을 신뢰하고 거래를 하게 된다. 그러한 결제시스템으로는 통화의 지급결제제도, 증권거래의 청산결제제도 그리고 정형화된 결제시스템에서 운영되는 금융상품거래가 있다. 이러한 결제시스템 내에서 거래하는 당사자 가운데 어느 한쪽에 대해 회생절차가 진행되면 권리행사의 중지, 부인권 행사, 쌍방미이행 쌍무계약의 선택 등 채무자회생법의 특수한 규정들이 적용될 수밖에 없다. 그러나 그렇게 되면 이미 이루어진 또는 이루어질 것으로 예정된 청산이나 결제는 무효화되거나 이루어지지 않게 될 수 있다.[316] 그러면 그 결제시스템 자체가 붕괴될 위험이 있다.

위와 같은 결제시스템 붕괴의 위험을 방지하고 국제금융환경과의 정합성을 고려하여[317] 채무자회생법은 통화의 지급결제제도, 증권의 청산결제제도와 기본계약에 입각하여 이루어지는 적격금융거래에 대해 회생절차의 적용을 배제하는 특칙을 규정하였다(제120조).[318] 이로 인해 우리나라 금융거래에 대한 국제적인 신인도에 긍정적인 영향을 미칠 것으로 예상된다. 왜냐하면 여러 국제기구에서 우리나라 금융시스템을 평가함에 있어 결제의 완결성이 주요 평가 항목의 하나이기 때문이다.

위 특칙의 적용대상이 되면 채무자회생법 해당 규정의 적용이 배제되는 것이므로 채무자회생법 적용을 배제하기 위한 탈법적 거래에 특칙이 적용되지 않도록 해석에 유의하여야 한다. 특칙을 둔 이유는 결제제도의 완결성(finality), 즉 결제가 이루어진 후에는 어떠한 상황이나 법률에 의해서도 무효로 되거나 취소되지 않고 결제시스템의 운영규칙에 따라 무조건적으로 이루어진다는 것을 보장하여 결제제도에 대한 신뢰를 구축하기 위함이다. 따라서 채무자회생법

315) 임치용, "지급결제제도에 관한 회생 및 파산 절차의 특칙: 제120조의 해석론", 인권과 정의(356호), 대한변호사협회 (2006년), 87~88쪽.
316) 일반적인 거래에서는 이러한 채무자회생법의 특칙이 적용되는 것이 별 문제가 없다. 그 이유는 도산절차의 사회경제적 타당성이 인정되므로 일반 법원칙이 도산법의 특칙에 양보해야 한다는 것이 입법자의 확립된 의사이기 때문이다. 그런데 거래 중에는 도산법의 특칙이 적용되면 전체 거래가 위험해지므로 그 거래를 보호하는 것이 도산제도를 유지하는 것보다 더 중요한 거래가 있을 수 있다. 이렇게 채무자회생법의 적용을 배제하면서 특별히 보호하는 거래는 그 거래, 특히 최종 단계의 결제가 일반 법원칙에 따라 예정대로 이루어지는 것이 국민경제에 매우 중요하다고 보는 것이다(오수근, 354~355쪽).
317) 세계 각국은 이러한 결제시스템에 대하여 도산법의 적용을 배제하는 규정을 도산법이나 특별법에 두고 있다.
318) 파산절차에도 준용되고 있으므로(제336조) 여기서의 설명은 결제시스템 내에서 거래하는 당사자 가운데 어느 한쪽에 대해 파산선고가 된 경우에도 동일하게 적용된다. 이는 법률의 규정에 의한 도산격리(도산절연, bankruptcy remote)에 해당한다. 관련 내용은 <본서 1785쪽 각주 20)>을 참조할 것.

이 적용을 배제하면서까지 특별히 보호해야 할 결제제도인지를 잘 살펴서 판단하여야 한다.[319]

나. 지급결제제도를 통한 결제의 완결성 보장

특칙의 첫 번째 적용대상은 한국은행 총재가 지정한 지급결제제도이다. 지급결제(payment and settlement)란 증권매매 등 원인이 되는 실물거래 또는 금융거래 이후에 이루어지는 자금에 대한 이체와 증권에 대한 대체를 통한 계약이행의 종결절차를 말한다. 즉 실물거래 및 금융거래 등 각종 경제활동에 따라 발생하는 거래 당사자 사이의 채권채무관계를 화폐적 가치의 이전을 통하여 청산하는 행위를 말한다. 이러한 지급결제를 가능하게 하는 운영조직을 지급결제제도라 한다.[320]

채무자회생법은 한국은행 총재가 금융위원회위원장과 협의하여 지정한 지급결제시스템에 대해서는 결제 이행과 관련된 금융기관의 이체지시 및 지급, 담보제공, 제공된 담보의 처분에 대해 결제완결성을 보장하는 특칙을 두고 있다. 한국은행총재가 금융위원회와 협의하여 지정한 지급결제제도[321]의 참가자에 대하여 회생절차가 개시된 경우, 그 참가자에 관련된 이체지시 (자금의 이체와 유가증권의 대체를 포함한다) 또는 지급 및 이와 관련된 이행, 정산, 차감, 증거금 등 담보의 제공·처분·충당 그 밖의 결제에 관하여는 채무자회생법의 규정에 불구하고 그 지급결제제도를 운영하는 자가 정한 바에 따라 효력이 발생하며 해제, 해지, 취소 및 부인의 대상이 되지 아니한다(제120조 제1항, 시행령 제5조 제3호).

지급결제제도를 이용하는 금융기관 등에 대하여 회생절차가 개시된 경우 관리인이 회생절차에서 부인권, 쌍방미이행 쌍무계약의 해제권 등의 권리를 행사하여 지급결제제도를 통한 결제의 효력이 인정되지 않고 결제가 원상복귀되어야 하거나 지급결제를 위한 계약이 중도 해제되어 지급결제를 완결할 수 없게 되면, 그 파급효과가 지급결제제도에 참여하고 있는 다른 금융기관과 금융시스템 전체에 미치게 되어 매우 심각한 사태를 초래할 수 있다는 점을 고려한 것이다.[322]

그리하여 지급결제제도에 참가하는 기관에 대하여 회생절차개시결정이 내려진 경우에도 담보물을 유효하게 처분할 수 있고 이미 완료된 결제의 완결성을 법적으로 보호하고 있는 것이다.

---

319) 법무부 해설서, 120쪽.
320) 현금을 지급수단으로 사용하는 경우에는 그 자체로서 지급결제가 마무리되지만 그렇지 않은 경우에는 지급, 청산 및 결제의 세 단계를 거쳐 지급결제가 이루어진다. 지급은 개인이나 기업과 같은 경제주체들이 서로 주고받을 채권·채무를 해소하기 위하여 어음, 수표, 신용카드, 계좌이체 등으로 대금을 지불하는 것을 말한다. 청산은 현금 이외의 지급수단으로 지급이 이루어졌을 때 금융기관들이 서로 주고받을 금액을 계산하는 것이다. 결제는 청산과정을 통해 계산된 금액을 각 금융기관이 중앙은행에 개설한 당좌예금계정간에 자금이체 등을 통해 서로 주고받아 채권채무관계를 해소하는 과정이다.
321) 한국은행 총재가 지정한 결제완결성 보장대상 지급결제시스템은 ① 한국은행이 운영하는 한은금융망, ② 금융결제원이 운영하는 CD공동망, 타행환공동망, 전자금융공동망, 어음교환시스템, 지로시스템, 자금관리서비스(CMS)공동망, ③ CLS Bank International이 운영하는 CLS 시스템이 있다{http://www.bok.or.kr/contents/html/htmlView.action? categoryTabId=7&menuNaviId=267&htmlBean.contentsid=75(2016. 9. 21. 최종 방문)}.
322) 박준, "채무자회생 및 파산에 관한 법률 제120조의 해석-지급결제제도, 청산결제제도 및 적격금융거래에 대한 특칙의 적용범위-", BFL(22호), 서울대학교 금융법센터(2007년), 62쪽.

다. 청산결제제도[323]를 통한 청산결제의 완결성 보장

특칙의 두 번째 적용대상은 증권의 결제제도이다. 「자본시장과 금융투자업에 관한 법률」, 그 밖의 법령에 따라 증권·파생금융거래의 청산결제업무를 수행하는 자(현재로는 한국거래소) 그 밖에 대통령령에서 정하는 자가 운영하는 청산결제제도의 참가자에 대하여 회생절차가 개시된 경우 그 참가자와 관련된 채무의 인수, 정산, 차감, 증거금 그 밖의 담보의 제공·처분·충당 그 밖의 청산결제에 관하여는 채무자회생법의 규정에 불구하고 그 청산결제제도를 운영하는 자가 정한 바에 따라 효력이 발생하며 해제, 해지, 취소 및 부인의 대상이 되지 아니한다(제120조 제2항).

증권결제란 유가증권매매시장에서 증권이 거래된 이후 증권을 인도하고 대금을 지급함으로써 거래 쌍방이 채권과 채무를 이행하여 거래를 완결시키는 것을 말한다. 증권결제는 청산과 협의의 결제로 구분할 수 있다. 청산이란 청산기구(clearing center)가 거래 당사자 간에 개입하여 매매거래 후 계약체결 확인, 오류자료 수정, 차감을 거쳐 차액결제의 방식을 통하여 결제자료를 산출하는 일련의 과정이다. 즉 거래 이후 결제 전에 일어나는 지급수단의 수령, 조회, 통지 및 정산(netting)이나 결제 전의 포지션 산출과정 모두가 청산에 해당된다. 청산기관인 중앙결제기구가 결제참가자가 상대방에 대하여 부담하는 채권·채무를 인수하는 등의 방법으로 개입하여 다자간 정산(multilateral netting)을 통하여 차액 정산하게 된다. 협의의 결제는 청산을 통하여 산출된 결제 자료에 따라 최종적으로 증권과 대금을 교환하여 매매에 따른 채권채무관계를 해소시키는 것이다.[324]

지급결제제도에 대한 특칙을 규정한 것과 같은 취지에서 한국거래소를 통하여 다수당사자 간의 증권·파생금융거래에 대한 특칙을 마련하였다.

라. 적격금융거래의 정산 등 보장

특칙의 세 번째 적용대상은 적격금융거래이다. 적격금융거래(qualified financial transaction)란 일정한 금융거래에 관한 기본적 사항을 정한 하나의 계약(기본계약)에 근거하여 금융상품을 거래하는 것을 말한다(제120조 제3항 참조). 여기서 기본계약(Master Agreement)이란 금융거래에서 구체적인 내용을 달리하는 거래의 기본조건을 정해놓은 것을 말한다. 기본계약의 의미는 실무에서 판단하여야 한다. 복수의 당사자가 이미 존재하는 기본계약의 조건을 피동적으로 수용하고 개별적인 거래를 하여야 하고 그 기본계약을 근거로 이루어지는 결제제도가 채무자회생법의 적용을 배제할 만큼 거래의 완결성이 요구되는 것이어야 한다.

적격금융거래의 구체적인 대상은 크게 다음과 같이 네 가지로 분류할 수 있다(제120조 제3

---

323) 증권의 결제에서는 거래확인, 차감, 정산이라는 청산과정을 반드시 거치게 되므로 증권결제제도를 뜻하는 용어로 제120조 제2항은 '청산결제제도'를 사용하였다(오수근, 360쪽).

324) 임치용, 전게 "지급결제제도에 관한 회생 및 파산 절차의 특칙: 제120조의 해석론", 90~91쪽.

항).[325]

(1) 파생금융거래 (제1호)

통화, 유가증권, 출자지분, 일반상품, 신용위험, 에너지, 날씨, 운임, 주파수, 환경 등의 가격 또는 이자율이나 이를 기초로 하는 지수 및 그 밖의 지표를 대상으로 하는 선도, 옵션, 스왑 등 파생금융거래[326]로서 대통령령이 정하는 거래를 말한다. 금융시장에서 계속 새로운 파생금융상품이 개발되고 있어 이를 망라하여 정의하는 것은 쉽지 않다. 따라서 현재까지 일반적으로 파생금융상품으로 수용되고 있는 것을 열거하고, 다만 파생금융거래가 법률에서 정확히 개념정의된 것이 아니고 재무관리에서는 그 개념이 상당히 넓게 확대되어 정의되기도 하기 때문에 이를 대통령령을 통해서 제한하기로 한 것이다.

(2) 현물환거래, 유가증권의 환매거래, 유가증권의 대차거래 및 담보콜거래 (제2호)

현물환거래(spot transaction)란 거래일로부터 2영업일(value spot date)에 결제가 이루어지는 외환매매거래이다. 유가증권 환매거래란 이른바 레포거래(sale & repurchase agreement, Repo)를 의미하는데 유가증권을 담보로 제공하고 일정기간 자금을 조달하거나 또는 자금을 담보로 유가증권을 차입하는 거래이다. 유가증권 대차거래는 유가증권 자체를 빌리고 빌려주는 거래이다. 담보콜 거래란 금융기관간 유가증권을 담보로 하여 단기간 현금을 빌리는 거래이다.

(3) (1) 내지 (2)의 거래가 혼합된 거래 (제3호)

(4) 파생금융상품이나 현물환거래 등에 수반되는 담보의 제공·처분·충당 (제4호)

위와 같은 적격금융거래를 행하는 당사자 일방에 대하여 회생절차가 개시된 경우 적격금융거래의 종료 및 정산에 관하여는 채무자회생법의 규정에 불구하고 기본계약에서 당사자가 정한 바에 따라 효력이 발생하고 해제, 해지, 취소 및 부인의 대상이 되지 아니한다. 또한 파생금융상품이나 현물환거래 등에 수반되는 담보의 제공·처분·충당은 중지명령 및 포괄적 금지명령의 대상이 되지 아니한다. 다만 채무자가 상대방과 공모하여 회생채권자 또는 회생담보권자를 해할 목적으로 적격금융거래를 행한 경우에는 채무자회생법이 그대로 적용된다(제120조 제3항).

---

325) 법무부 해설서, 121~122쪽.

326) 파생상품(derivatives)이란 실물상품에 대비되는 개념으로 곡물 등의 상품 또는 채권, 금리, 외환, 주식 등의 금융을 기초자산(underlying assets)으로 삼아 그에서 파생된(derived) 상품으로서 그 가치나 시장가격이 다른 상품이나 자산 혹은 지수 등의 가치나 시장가격에 따라 변동되는 특성을 가진 일련의 상품을 말한다. ① 파생상품은 그 가치가 당해 계약과 독립적으로 존재하는 자산이나 가격 등에 파생되어 결정되거나 변동된다는 의미에서 파생상품으로 불린다. 예컨대 통화옵션은 그 가치가 환율의 추이에 따라 변동된다는 점에서 그 가치가 통화의 가치로부터 파생된다. ② 파생상품의 가치는 장래의 일정한 시점에 있어서의 기초자산의 가치에 따라 결정되며, 따라서 장래의 일정한 시점을 그 이행기로 한다. ③ 파생상품은 기초자산에 수반되는 위험의 관리 혹은 기타 이익의 확보를 목적으로 하므로 기초자산을 현실적으로 인도받는 것은 본질적인 요소가 아니다. ④ 파생상품은 특히 파생금융상품은 거래내용이 복잡하므로 상품의 권유자가 상대방에게 상품의 본질과 위험에 대하여 합리적인 주의의무를 다하여 충분히 설명할 의무가 있다(임치용, 전게 "지급결제제도에 관한 회생 및 파산 절차의 특칙: 제120조의 해석론", 94~95쪽).

파생금융거래가 우리나라에서도 점차 활발해지는 현상을 반영하여 파생금융거래 당사자들의 예측 가능성을 높이고 리스크를 줄일 수 있도록 하는 특칙이다. 그동안 국제금융시장에서는 파생금융거래에 따른 거래 상대방의 신용리스크를 줄이기 위하여 정산(netting), 특히 거래당사자의 도산 등 채무불이행 발생시 일괄정산(close-out netting)을 하도록 하는 내용의 계약[ISDA(International Swaps and Derivatives Association) Master Agreement]327)을 체결하여 왔다. 그런데 이러한 일괄정산약정의 효력이 인정되어야 한다는 것이 학자들의 주장이었지만, 법률상 효력을 명시적으로 인정하고 있지는 않았다. 이러한 점과 아울러 국내에서도 파생금융거래가 증가하고, 유가증권 대차거래 및 환매 조건부 채권매매거래 등 새로운 유형의 금융거래가 발달 및 증가함에 따라 국내외 금융환경의 변화를 수용하여 일괄정산의 효력에 대한 불확실성을 해소할 필요 등을 반영할 필요가 있어 적격금융거래에 대하여 특칙을 제정하기에 이른 것이다.328)

제120조 제3항은 적격금융거래가 기본계약에 의하여 행하여진 경우에 적용된다. 즉 기본계약에 근거하여 행하는 파생금융거래 등 일정한 적격금융거래의 당사자 일방에 대하여 회생절차가 개시된 경우, 적격금융거래의 종료 및 정산에 관하여는 기본계약에서 정한 바에 따라 효력이 발생하도록 하고 있다.

6. 계속 중인 소송절차 등에 미치는 영향

가. 소송절차와 집행절차에 미치는 영향

〈제19장 제2절 Ⅱ., Ⅲ.〉(본서 1138, 1157쪽)을 참조할 것.

회생절차개시 전에 채무자가 제3자(변호사)에게 수여한 소송대리권은 회생절차와의 관계에서 그 효력이 있는가. 대리권은 재산의 관리처분을 위한 법적 수단이므로 채무자가 부여한 대리권에 기하여 회생절차개시 후에 한 법률행위는 채무자 자신의 재산관리행위와 마찬가지로 볼 수 있다(본서 272쪽). 따라서 그 효력을 주장할 수 없다. 그래서 회생절차가 개시되면 소송대리인이 있더라도 소송절차는 중단되는 것이다(본서 1143쪽). 다만 관리인 또는 법률상 관리인이 대리권 수여의 기초가 된 위임계약의 이행을 선택한 때에는 그 이행에 필요한 대리권을 수여한 것으로 해석할 수 있을 것이다.

제58조와 제44조, 제45조의 관계는 어떠한가. 제44조, 제45조는 회생절차개시신청에 대한 결정이 있을 때까지 사이에 한정된다는 점에서 잠정적이다. 이에 반하여 제58조의 효과는 절차개시의 효과이고 절차 진행 중에는 계속하여 효과를 갖는 포괄적 일반적인 것이라는 점에서

---

327) 처음 파생상품의 거래에서 가장 중요한 문제는 표준적인 계약서의 부재였다. 그리하여 영미의 은행 등을 중심으로 거래조건의 표준화 및 표준약정서의 작성을 위한 노력이 시작되었으며, 그 대표적인 것이 ISDA의 기본계약서(Master Agreement)이다. 이외 파생금융상품거래에 널리 사용되는 기본계약서에 관하여는 「회생사건실무(상), 198~200쪽」을 참조할 것.

328) 박준, 전게 "채무자회생 및 파산에 관한 법률 제120조의 해석-지급결제제도, 청산결제제도 및 적격금융거래에 대한 특칙의 적용범위-", 62~63쪽.

다르다. 그리고 이미 이들에 대한 잠정적인 처분이 되었다면, 그 효력은 제58조에 의하여 여전히 계속되는 것이다.

제58조와 제131조의 관계는 어떠한가. 채무소멸행위 금지 일반에 대하여는 제131조가 규정하지만, 채권회수에 대한 강제적인 법정절차와 관련하여서는 제58조가 금지하는 것으로 이해된다. 즉 제131조는 회생절차개시에 따라 채권자·채무자에 대하여 발생하는 채권소멸행위 금지라는 권리행사권한의 제한을 정한 실체규정이다. 그러나 제131조 규정 자체만으로는 다양한 재판상의 절차 자체에 대한 직접적인 절차적인 효과를 발생시킬 수는 없다. 그래서 이러한 법원에 관한 절차에 대하여 직접적인 절차적 효과를 미치게 하기 위하여 제58조를 정한 것이다. 회생절차개시결정이 있다는 것을 안 경우 집행기관은 직권으로 강제집행 등을 중지하여야 한다(집행장애사유).

나. 도산절차에 미치는 영향

회생절차개시결정이 된 경우 파산신청이나 회생절차개시신청을 할 수 없지만(제58조 제1항 제1호), 개인회생절차는 신청할 수 있다. 파산절차는 중지된다(제58조 제2항 제1호). 파산신청을 금지하고 파산절차가 중지되도록 한 것은 파산절차에 대한 회생절차의 우위성의 이념에 기초한 것이다.

금지의 대상이 된 파산신청이나 회생절차개시신청이 회생절차개시결정이 된 후에 된 경우에는 그 신청은 부적법하므로 각하한다. 또한 중지의 대상이 된 파산절차는 절차가 신청심리 단계이건 파산선고가 된 경우이건 묻지 않고, 어떤 경우에도 절차를 진행시키는 것은 허용되지 않는다. 중지된 파산절차는 회생계획인가결정으로 실효된다(제256조 제1항). 회생계획인가결정에 의한 권리변경의 효력이 발생하고, 회생계획을 수행하여야 하는 단계에서, 중지된 상태라도 파산절차를 존속시키는 것은 의미가 없기 때문이다.

한편 일단 개시된 회생절차가 실패하여 폐지결정 또는 회생계획불인가결정이 확정된 경우에는 중지의 효과는 소멸하고, 파산절차는 속행된다(제7조 제1항 제2호, 제3호). 새로운 파산신청이나 회생절차개시신청도 방해받지 않는다.

7. 양육비 미지급으로 인한 명단공개와 회생절차개시결정

여성가족부장관은 양육비 채무자가 양육비 채무불이행으로 인하여 이행명령 결정(가사소송법 제64조 제1항 제1호)을 받았음에도 불구하고 양육비 채무를 이행하지 아니하는 경우에는 양육비 채권자의 신청에 의하여 양육비이행심의위원회의 심의·의결을 거쳐 양육비 채무자의 성명 등의 정보를 공개할 수 있다. 다만 양육비 채무자가 회생절차개시결정[329]을 받은 경우에는

---

329) 파산선고를 받은 경우에도 마찬가지이다. 개인회생절차개시결정을 받은 경우에는 어떠한가. 명단공개의 예외를 규정한 「양육비 이행확보 및 지원에 관한 법률」 제21조의5 제1항 단서, 같은 법 시행령 제17조의4 제2항 제3호는 '회생절차개시결정'이라고만 하고 있어, 개인회생절차개시를 제외하고 있는 것처럼 보인다. 하지만 동일한 도산절차

명단을 공개하지 않는다(양육비 이행확보 및 지원에 관한 법률 제21조의5 제1항, 같은 법 시행령 제17조의4 제2항 제3호).

8. 기업집단 범위, 기업집단 지정으로부터의 제외 및 지정자료 제출 등

가. 기업집단 범위에서 제외

기업집단이란 동일인이 사실상 그 사업내용을 지배하는 회사의 집단을 말한다. 기업집단은 시장기능을 왜곡하고 정경유착을 심화시키며 정치·사회적인 민주화를 저해하는 등 많은 폐해가 있어 공정거래법은 기업집단에 대하여 여러 가지 규제를 하고 있다.[330] 동일인이란 2개 이상의 회사의 집단을 사실상 지배하고 있는 자를 말한다.[331] 따라서 기업집단이란 동일인이 회사인 경우에는 그 동일인과 그 동일인이 지배하는 하나 이상의 회사의 집단을 말하고, 동일인이 회사가 아닌 경우(자연인인 경우) 그 동일인이 지배하는 2이상의 회사의 집단을 말한다(공정거래법 제2조 제11호). 기업집단은 독립한 권리의무의 주체라기보다는 공정거래법상 규제의 편의를 위하여 만들어진 개념에 불과하다.

공정거래위원회는 회생절차개시결정을 받아 회생절차가 진행 중인 회사로서, ① 동일인 및 동일인관련자[332]가 소유하고 있는 주식 중 당해 회사 발행주식 총수의 100분의 3(주권상장법인이 아닌 회사의 경우에는 100분의 10)을 초과하여 소유하고 있는 주식에 대한 처분 및 의결권행사에 관한 권한을 관리인에게 위임하되 회생절차가 종료된 후에는 당해 권한을 회사가 승계하게 할 것, ② 동일인 및 동일인관련자가 ①에 의한 위임계약의 해지권을 포기하기로 특약을 할 것의 요건을 갖춘 회사로서, 동일인이 그 사업내용을 지배하지 아니한다고 인정되는 경우에는 이해관계자의 요청에 의하여 당해 회사를 동일인이 지배하는 기업집단의 범위에서 제외할 수 있다(공정거래법 시행령 제5조 제1항 제6호).[333]

이고, 개인회생절차의 경우에도 변제계획에 따라 변제를 하여야 한다는 점 등에서 회생절차가 개시된 경우나 파산선고를 받은 경우와 달리 취급할 이유가 없다. 따라서 개인회생절차가 개시된 경우에도 명단공개를 할 수 없다고 할 것이다.

330) 상호출자제한기업집단의 지주회사 설립제한(공정거래법 제19조), 상호출자의 금지 등(공정거래법 제21조), 순환출자의 금지(공정거래법 제22조), 순환출자에 대한 의결권 제한(공정거래법 제23조), 계열회사에 대한 채무보증의 금지(공정거래법 제24조), 금융회사·보험회사 및 공익법인의 의결권 제한(공정거래법 제25조), 대규모내부거래의 이사회 의결 및 공시(공정거래법 제26조), 비상장회사 등의 중요사항 공시(공정거래법 제27조), 기업집단현황 등의 공시(공정거래법 제28조), 주식 소유 현황 등의 신고(공정거래법 제30조), 특수관계인에 대한 부당한 이익제공 금지(공정거래법 제47조), 이른바 자료제출의무(공정거래법 제31조 제4항, 제125조 제2호) 등.

331) '동일인'에 관한 법률상 정의 규정은 없지만, 그 취지를 고려할 때 총수가 있는 기업집단(삼성, 현대자동차 등)은 총수를 의미하고, 총수가 없는 기업집단(케이티, 포스코 등)은 기업집단 내 주력회사가 동일인이 된다{김형배, 공정거래법의 이론과 실제, 도서출판 삼일(2022), 705쪽}. 한편 은행법에 동일인에 관한 개념 정의가 있다. "동일인"이란 본인 및 그와 대통령령(제1조의4)으로 정하는 특수관계에 있는 자를 말한다(은행법 제2조 제8호). 동일인에 대하여는 주식보유한도 제한 등(은행법 제15조), 한도초과주식에 대한 의결권 제한 등(은행법 제16조)의 제한이 있다.

332) 공정거래법 시행령 제4조 제1호.

333) 반대로 공정거래위원회는 회생절차가 종료된 경우 직권 또는 이해관계자의 요청에 따라 그 제외 결정을 취소할 수 있다(공정거래법 시행령 제5조 제3항).

나. 공시대상기업집단·상호출자제한기업집단의 지정 제외

(1) 일반적 지정제외

공시대상기업집단,[334] 상호출자제한기업집단[335]의 요건을 충족하더라도 해당 기업집단에 속하는 회사 중 회생절차의 개시가 결정되어 그 절차가 진행 중인 회사[336]의 자산 총액의 합계액이 기업집단 전체 자산총액의 100분의 50 이상인 기업집단은 공시대상기업집단이나 상호출자제한기업집단의 지정에서 제외한다. 다만 회생절차개시가 된 회사를 제외한 회사의 자산총액 합계액이 5조 원 또는 국내총생산액의 1천분의 5에 해당하는 금액 이상인 경우에는 공시대상기업집단이나 상호출자제한기업집단으로 지정한다(공정거래법 시행령 제38조 제1항 제3호 가목, 제2항).

회생절차가 개시되면 채무자(회생절차가 진행 중인 회사)의 재산에 대한 관리처분권이 관리인에게 전속하고 동일인의 사실상의 지배력이 없으므로 경제력 집중 폐해의 우려가 거의 없다는 점을 감안한 것이다.[337]

(2) 사후적 지정 제외

공정거래위원회는 공시대상기업집단 또는 상호출자제한기업집단으로 지정된 기업집단이 지정일 이후에, 해당 기업집단에 소속된 회사 중 회생절차[338]가 진행 중인 회사의 지정일의 직전 사업연도 종료일 현재 대차대조표(재무상태표)상 자산총액의 100분의 50 이상이 된 경우(다만, 회생절차가 진행 중인 회사를 제외한 회사의 자산총액 합계액이 3조 5천억 원 이상인 경우에는 공시대상기업집단에서 제외하지 않고, 그 합계액이 국내총생산액의 1만분의 35에 해당하는 금액 이상인 경우에는 상호출자제한기업집단에서 제외하지 않는다) 그 사유가 발생한 때에 공시대상기업집단 또는 상호출자제한기업집단에서 제외할 수 있다(공정거래법 시행령 제38조 제4항 제1호).

다. 지정자료 제출

공정거래위원회는 회사 또는 해당 회사의 특수관계인[339]에게 공시대상기업집단이나 상호출자제한기업집단의 지정을 위하여 회사의 일반 현황, 회사의 주주 및 임원 구성, 특수관계인 현황, 주식소유 현황 등 대통령령으로 정하는 자료의 제출을 요청할 수 있다(공정거래법 제31조 제

---

334) 해당 기업집단에 속하는 국내 회사들의 공시대상기업집단 지정 직전 사업연도의 대차대조표상 자산총액(금융업 또는 보험업을 영위하는 회사의 경우에는 자본총액 또는 자본금 중 큰 금액으로 하며, 새로 설립된 회사로서 직전 사업연도의 대차대조표가 없는 경우에는 지정일 현재의 납입자본금으로 한다)의 합계액이 5조원 이상인 기업집단을 말한다(공정거래법 제31조 제1항, 같은 법 시행령 제38조 제1항).
335) 공시대상기업집단 중 자산총액이 국내총생산액의 1천분의 5에 해당하는 금액 이상인 기업집단을 말한다(공정거래법 제31조 제1항).
336) 기촉법에 따른 관리절차의 개시가 결정되어 그 절차가 진행 중인 회사의 경우에도 마찬가지이다(공정거래법 시행령 제38조 제1항 제3호 나목).
337) 신현윤·홍명수·강상엽, 전게서, 59쪽.
338) 기촉법에 의한 부실징후기업 관리절차가 진행 중인 회사도 마찬가지이다.
339) 해당 회사를 사실상 지배하고 있는 자, 동일인관련자, 경영을 지배하려는 공동의 목적을 가지고 기업결합에 참여하는 자를 말한다(공정거래법 시행령 제14조 제1항).

4항). 위 자료에는 회생절차의 개시가 결정되어 그 절차가 진행 중인 소속회사 현황도 포함된다(공정거래법 시행령 제38조 제7항 제5호).[340]

자료제출 요청에 대하여 정당한 이유 없이 자료 제출을 거부하거나 거짓의 자료를 제출한 자는 2년 이하의 징역 또는 1억 5천만 원 이하의 벌금에 처한다(공정거래법 제125조 제2호). 실무적으로 동일인에게 자료제출을 요청하고, 자료제출을 누락한 경우 동일인에 대하여 형사처벌을 하고 있다.

라. 계열회사에 대한 채무보증금지의 예외

계열회사간 채무보증은 무리한 차입경영을 가능하게 함으로써 대규모기업집단 전체의 재무구조를 취약하게 하고 공정한 경쟁을 저해하며, 나아가 일부 계열회사의 부실이 기업집단 전체의 연쇄도산으로서 이어져 금융기관까지 부실하게 한다. 또한 계열회사에 대한 채무보증은 한계기업의 퇴출을 인위적으로 막음으로써 구조조정을 어렵게 하고, 결과적으로 대규모기업집단의 동반부실을 초래한다. 이러한 채무보증의 폐해를 막기 위하여 공정거래법은 국내 계열회사에 대하여 채무보증을 금지하고 있다.[341]

상호출자제한기업집단에 속하는 국내 회사(업종상 채무보증을 할 수밖에 없는 금융업 또는 보험업을 영위하는 회사는 제외한다)는 국내 계열회사에 대하여 채무보증[342]을 하여서는 아니 된다(공정거래법 제24조 본문, 제2조 제18호).[343] 다만 회생절차개시를 신청한 회사의 제3자 인수와 직접

---

340) 실무적으로 자료제출을 거부하거나 허위일 경우 형사처벌까지 하고 있다는 점에서, 공정거래법 제31조 제4항에 따라 동일인(총수)에게 '자료제출의무'가 있다고 보고 있다. 하지만 공정거래위원회의 자료제출 요청은 일견 '협조'를 구하는 것에 불과한 것으로 단순히 요청을 받은 자에게 '협조의무'가 발생한다거나 위 제34조 제1항으로부터 협조의무가 도출된다고 보기 어렵다는 학계의 비판이 있다{이봉의, "대기업집단 지정절차 및 제재의 쟁점과 개선방안", 기업집단법제 개편을 위한 법·정책세미나(2022 서울대학교 경쟁법센터 법·정책세미나) 자료집, 76쪽}.
341) 이봉의, 공정거래법, 박영사(2022), 562쪽, 권오승·서정, 독점규제법 이론과 실무, 법문사(2022), 557쪽, 김형배, 공정거래법의 이론과 실제, 도서출판 삼일(2021), 764쪽.
342) "채무보증"이란 기업집단에 속하는 회사가 ①「은행법」에 따른 은행, ②「한국산업은행법」에 따른 한국산업은행, ③「한국수출입은행법」에 따른 한국수출입은행, ④「중소기업은행법」에 따른 중소기업은행, ⑤「보험업법」에 따른 보험회사, ⑥「자본시장과 금융투자업에 관한 법률」에 따른 투자매매업자·투자중개업자 및 종합금융회사, ⑦ 그 밖에 대통령령으로 정하는 금융기관 중 어느 하나에 해당하는 국내 금융기관의 여신과 관련하여 국내 계열회사에 대하여 하는 보증을 말한다(공정거래법 제2조 제18호).
343) 채무보증금지 규정을 위반한 채무보증이 사법상 당연무효라고 볼 수는 없다(대법원 2019. 1. 17. 선고 2015다227000 판결). 그 이유는 다음과 같다.
　　공정거래법은 제24조를 위반한 경우 시정조치를 명하거나(제37조 제1항), 과징금(제38조 제2항) 또는 형벌(제124조 제1항 제8호)을 부과할 수 있다고 정하면서도, 제24조를 위반한 행위의 사법상 효력에 관해서 직접 명시하고 있지는 않다.
　　공정거래법은 문언상 제24조를 위반한 행위가 일단 사법상 효력을 가짐을 전제로 하는 비교적 명확한 규정을 두고 있다. 즉, 공정거래법은 제24조를 위반한 행위가 있는 때에는 공정거래위원회가 시정조치로서 채무보증의 취소를 명할 수 있다고 정하고 있다(제37조 제1항 제5호). 이는 공정거래법 제24조를 위반한 채무보증이 사법상 유효함을 전제로 한 것이고, 그 채무보증이 공정거래위원회의 재량에 따라 취소가 가능하다고 정한 것이다. 공정거래법이 위와 같은 채무보증을 사법상 무효라고 보았다면 굳이 시정조치로 취소를 명할 수 있다는 규정을 둘 이유가 없다. 따라서 공정거래법의 문언해석상 공정거래위원회의 시정명령으로 취소되기 전까지는 공정거래법 제24조를 위반한 채무보증은 일단 사법상 유효하다고 보아야 한다. 이러한 결론은 공정거래법이 다른 금지대상 행위에 대해서는 사법상 무효라거나 무효의 소를 제기할 수 있다는 명문의 규정을 두고 있는 것에 의해서도 뒷받침된다. 공정거래법 제

관련된 보증은 금지되지 않는다(공정거래법 제24조 단서 제1호, 같은 법 시행령 제31조 제6호). 기업 활동과 관련하여 불가피하게 발생한다는 점을 고려한 것이다.[344]

한편 상호출자제한기업집단 지정 당시 이미 계열회사에 대한 채무보증금지 규정을 위반하고 있는 경우(채무보증을 받고 있는 회사가 새로 계열회사로 편입되어 위반하게 되는 경우 포함)에는 지정일 또는 편입일로부터 2년간 유예기간이 적용된다(공정거래법 제31조 제3항 제2호 본문). 다만 상호출자제한기업집단으로 지정된 회사에 회생절차가 개시된 경우에는 회생절차의 종료일까지, 회사가 회생절차가 개시된 회사에 대하여 채무보증을 하고 있는 경우에는 그 채무보증에 한정하여 채무보증을 받고 있는 회사의 회생절차의 종료일까지는 채무보증금지 규정을 적용하지 아니한다(공정거래법 제31조 제3항 제2호 단서).

마. 공정거래법 등 위반행위에 대한 조사의 종결

채무자(피심인)가 보전처분 또는 회생절차개시결정을 받았고, 공정거래법 등 위반 혐의가 재산상의 청구권과 관련된 경우에는 위반행위에 대한 조사는 종결된다.[345] 구체적으로 회생절차개시결정이 내려진 기업이 공정거래법 등 위반혐의로 신고되거나 조사가 이루어진 이후 회생절차개시결정이 내려진 경우에는 과징금부과처분 등의 실효성이 없기 때문에 조사는 종결된다.

한편 종결처리된 사건에 있어서 채무자(피심인)가 채무자회생법에 의하지 아니한 방법으로 정상적인 사업활동을 영위하는 경우에는 사건절차를 재개할 수 있다.[346]

40조 제4항은 '부당한 공동행위를 할 것을 약정하는 계약 등은 사업자 간에 있어 이를 무효로 한다'고 정하고, 제37조 제2항은 '상호출자제한집단의 지주회사 설립제한을 위반한 회사의 합병 또는 설립이 있는 경우에는 공정거래위원회가 회사의 합병 또는 설립무효의 소를 제기할 수 있다'고 정하고 있다.

공정거래법 제24조는 일정 규모 이상의 기업집단에 속하는 회사의 국내계열회사에 대한 채무보증을 금지하여 과도한 경제력 집중을 방지하고 공정하고 자유로운 경쟁을 촉진하여 국민경제의 균형 있는 발전을 도모하는 데 입법취지가 있다. 이를 달성하기 위해서 반드시 위 채무보증의 효력을 부정해야 할 필요는 없다.

만일 공정거래법 제24조를 위반한 채무보증의 사법상 효력을 무효로 본다면, 국내계열회사에 대하여 이러한 행위를 한 회사는 그로 인한 이득을 얻고도 아무런 대가 없이 보증채무를 면한다. 반면 거래 상대방인 금융기관은 인적담보를 상실하고 채권 미회수 위험이 증가하는 피해를 본다. 나아가 국제경쟁력 강화를 위해 필요한 경우와 같이 공정거래법 관련 규정에 따라 채무보증이 허용되는 경우에도 금융기관이 이를 받아들이지 않을 위험도 있다.

공정거래법 제24조 단서와 같은 법 시행령 제31조는 계열회사에 대한 채무보증이 허용되는 예외사유를 비교적 넓게 정하고 있다. 이처럼 공정거래법이 계열회사에 대한 채무보증을 원칙적으로 금지하면서도 넓은 예외사유를 두고 있는 것을 보면, 공정거래법 제24조를 위반한 채무보증이 그 자체로 사법상 효력을 부인하여야 할 만큼 현저히 반사회성이나 반도덕성을 지닌 것이라고 볼 수 없다.

344) 김형배, 전게서, 766쪽.
345) 공정거래위원회 회의 운영 및 사건절차 등에 관한 규칙[공정거래위원회고시 제2021-51호, 2021. 12. 30., 일부개정](시행 2021. 12. 30.)(이하 '사건처리규칙'이라 한다) 제55조 제1항 제2호. 채무자(피심인)에게 사망·해산·파산·폐업 또는 이에 준하는 사유가 발생함으로써 시정조치 등의 이행을 확보하기가 사실상 불가능하다고 인정될 경우에도 마찬가지이다(사건처리규칙 제55조 제1항 제1호). 결과적으로 회생절차가 진행 중인 채무자(피심인), 파산절차가 진행 중인 채무자(피심인)에 대한 공정거래법 등 위반혐의는 종결처리된다.
346) 사건처리규칙 제55조 제2항.

제 6 장

회생절차의 기관

제1절 관리위원회

I 설 치

회생사건을 적정·신속하게 진행하기 위하여 대법원규칙에서 정하는 회생법원에 관리위원회를 둔다(제15조). 관리위원회는 외국의 입법례를 찾아 볼 수 없는 우리나라의 독특한 제도이다. 관리위원회는 전문지식을 갖춘 관리위원의 보조를 받아 회생법원의 전문성을 보완하고 과중한 업무를 경감함으로써 회생절차의 신속·적정한 진행을 도모하기 위하여 둔 것이다.[1]

현재는 전국의 모든 회생법원에 관리위원회가 설치되어 있다(규칙 제13조 별표 1 참조).

II 구 성

관리위원회는 위원장 1인을 포함하여 3인 이상 15인 이내에서 관리위원(상임위원과 비상임위원)으로 구성된다(제16조 제1항). 관리위원은 변호사 또는 공인회계사의 자격이 있는 자, 은행법에 의한 은행·예금보험공사·한국자산관리공사에서 15년 이상 근무한 경력이 있는 자, 상장기업의 임원을 재직한 자, 법률학·경영학·경제학 또는 이와 유사한 학문의 석사학위 이상을 취득한 자로서 이와 관련된 분야에서 7년 이상 종사한 자 및 그에 준하는 자로서 학식과 경험을 갖춘 자 중에서 회생법원장이 위촉하도록 하고 있으며,[2] 임기는 3년이다(제16조 제2항, 제3

---

1) 관리위원회가 채권자의 이해관계를 대변하고 채무자의 후견 역할도 하면서 재판부의 업무경감이나 특수 분야의 전문성을 보완하는 장점을 가지고 있지만, 관리위원회의 의사결정 방식인 합의체 운영이 미약하며, 관리위원이 재판부 위임사무에 집중하게 됨으로써 관리위원회의 본연의 기능인 절차관여자에 대한 감독과 의견 제시가 다소 미흡하게 이루어지고 있다. 이는 관리위원회 제도 자체의 문제에 기인한다기보다는 담당 법관들의 전문성 부족과 인적·물적 자원이 부족한 상황에서 관리위원회에 과중한 업무가 부여되고 있기 때문이다. 일부 회생법원에서는 주기적으로 관리위원회를 개최하도록 하여 활성화를 촉진하고 있다.

2) ① 피성년후견인·피한정후견인 또는 파산선고를 받은 자로서 복권되지 아니한 자, ② 금고 이상의 실형의 선고를 받고 그 집행이 종료(집행이 종료된 것으로 보는 경우를 포함한다)되거나 집행이 면제된 날부터 5년이 경과되지 아니한 자, ③ 금고 이상의 형의 집행유예 선고를 받고 그 유예기간이 만료된 날부터 2년이 경과되지 아니한 자, ④ 금고 이상의 형의 선고유예를 받고 그 유예기간 중에 있는 자, ⑤ 다른 법률 또는 법원의 판결에 의하여 자격이 정

항, 시행령 제2조). 관리위원은 회생법원장이 위촉하거나 해촉한다(제16조 제3항, 규칙 제14조 제3항 참조).

위원장은 대외적으로 관리위원회를 대표하고 대내적으로 사무를 총괄하는데, 회생법원장이 지명하고 그 임기는 1년이다(규칙 제15조). 관리위원회의 효율적이고 책임감 있는 운용을 위하여 안건별로 주무위원을 지정하여 쟁점사항에 관한 상세한 검토를 하여 관리위원회에 보고하게 할 수 있다(규칙 제16조).

Ⅲ 업무 및 권한

관리위원회는 법관의 지휘를 받아 각종 의견제시, 검토 및 보고, 법관의 감독업무를 보조한다. 관리위원회는 필요한 경우 공공기관, 관련 전문가 또는 이해관계인에 대하여 의견을 조회할 수 있고, 그 직능을 수행하기 위하여 필요한 경우에는 공공기관 또는 관계 당사자에게 자료의 제출을 요청하거나 그 밖의 필요한 협력을 요청할 수 있다(규칙 제26조). 또한 법원이 필요하다고 인정하는 경우 관리위원으로 하여금 채무자의 서류를 열람하거나 공장 등의 현장에 출입하여 조사, 검사, 확인하게 할 수 있다(규칙 제27조 제1항).

1. 법원의 지휘를 받아 수행하는 업무

관리위원회는 법원의 지휘를 받아 다음과 같은 업무를 수행한다(제17조).
① 관리인·보전관리인·조사위원·간이조사위원·파산관재인·회생위원 및 국제도산관리인의 선임에 대한 의견의 제시
② 관리인·보전관리인·조사위원·간이조사위원·파산관재인 및 회생위원의 업무수행의 적정성에 관한 감독 및 평가
③ 회생계획안·변제계획안에 대한 심사
④ 채권자협의회의 구성과 채권자에 대한 정보의 제공
⑤ 채무자회생법의 규정에 의한 절차의 진행상황에 대한 평가
⑥ 관계인집회 및 채권자집회와 관련된 업무
⑦ 그 밖에 대법원규칙(제22조) 또는 법원이 정하는 업무
　－ 관리인 및 파산관재인의 부인권 행사, 회생채권·회생담보권 및 파산채권에 관한 이의 제출 및 회생계획안의 작성에 관한 지도 또는 권고
　－ 그 밖에 도산절차에 관한 필요한 의견의 제시

지 또는 상실된 자는 관리위원이 될 수 없다(제16조 제4항).

2. 의견을 제시하여야 하는 업무

법원은 개별 규정이 정하고 있는 바에 따라 아래의 업무에 대하여 관리위원회의 의견을 들어야 한다.

① 회생절차개시신청의 기각결정에 대한 의견 제시(제42조)

② 채무자의 재산에 대한 보전처분, 보전관리명령 및 그 변경·취소에 대한 의견 제시(제43조 제1항, 제3항, 제4항)

③ 회생계획인가 전 영업 등의 양도의 허가에 대한 의견 제시(제62조 제2항)

④ 법인의 이사 등의 책임에 기한 손해배상청구권 등을 보전하기 위한 보전처분의 변경 또는 취소에 대한 의견 제시(제114조 제4항)

⑤ 회생채권의 변제허가에 대한 의견 제시(제132조 제3항)

⑥ 채무자, 보전관리인, 관리인의 신규 자금 차입에 대한 의견 제시(제179조 제2항)

3. 업무의 위임

관리위원회는 업무를 효율적으로 수행하기 위하여 관리위원에게 업무의 일부를 위임할 수 있다(제17조 제2항). 법원은 업무를 수행하는 관리위원이 그 업무를 수행하는 것이 적절하지 아니하다고 인정하는 때에는 관리위원회에 그 업무를 다른 관리위원에게 위임할 것을 요구할 수 있다(제17조 제3항).

Ⅳ 운 영

위원장은 필요한 경우 수시로 위원회를 소집할 수 있고, 법원이 관리위원회의 의견을 요구한 경우에는 위원장은 즉시 위원회를 소집하여 그 의견을 법원이 정한 기한 내에 제출하도록 한다(규칙 제23조). 관리위원회의 신속하고 능률적인 운영을 위하여 서면의결이 허용된다(규칙 제24조).

관리위원회의 회의는 독립적이고 전문적 판단을 위하여 비공개로 진행하나, 상당하다고 인정하는 자의 방청을 허가할 수 있다(규칙 제23조 제3항).

Ⅴ 관리위원에 대한 허가사무의 위임

법원은 제61조 제1항 각호의 행위 중 아래와 같은 통상적인 업무에 관한 허가사무를 관리위원에게 위임할 수 있다(제18조, 규칙 제29조 제1항).

① 재산의 처분행위(다만, 등기 또는 등록의 대상이 되는 재산의 처분행위를 제외한다)

② 재산의 양수(다만, 제3자의 영업을 양수하는 경우를 제외한다)

③ 자금의 차입 등 차재

④ 제119조의 규정에 의한 계약의 해제 또는 해지

⑤ 소의 제기, 소송대리인의 선임 그 밖의 소송행위(다만, 소의 취하, 상소권의 포기, 화해 또는 중재계약, 청구의 포기·인낙, 소송탈퇴의 경우를 제외한다)[3]

⑥ 임원을 제외한 모든 직원의 인사 및 보수결정

⑦ 계약의 체결 그 밖의 의무부담행위

⑧ 어음·수표계좌의 설정 및 어음·수표용지의 수령행위

⑨ 운영자금의 지출

⑩ 그 밖에 법원이 지정하는 허가사무

Ⅵ 관리위원의 행위에 대한 이의신청[4]

법원의 위임을 받아(제18조) 관리위원이 행한 결정 또는 처분에 불복하는 자는 관리위원에게 이의신청서를 제출하여야 한다. 관리위원은 이의신청이 이유 있다고 인정하는 때에는 지체없이 그에 따른 상당한 처분을 하고 이를 법원에 통지하여야 한다. 관리위원은 이의신청이 이유 없다고 인정하는 때에는 이의신청서를 제출받은 날부터 3일 이내에 이의신청서를 법원에 송부하여야 한다. 이의신청은 집행정지의 효력이 없다(제19조 제1항 내지 제4항).

법원은 관리위원으로부터 이의신청서를 송부받은 때에는 이유를 붙여 결정을 하여야 하며, 이의신청이 이유 있다고 인정하는 때에는 관리위원에게 상당한 처분을 명하고 그 뜻을 이의신청인에게 통지하여야 한다(제19조 제5항). 이의신청을 기각하는 결정에 대하여는 불복할 수 없다.

Ⅶ 보고서의 발간 및 국회 상임위원회 보고

회생법원장은 관리위원회를 통한 관리·감독 업무에 관한 실적을 매년 법원행정처장에게 보고하여야 한다. 법원행정처장은 관리위원회를 통한 관리·감독 업무에 관한 실적과 다음 연도 추진계획을 담은 연간 보고서를 발간하여야 하며, 그 보고서는 국회 소관 상임위원회에 보고하여야 한다(제19조의2).

---

3) 실무적으로 소송과 관련된 허가사무는 관리위원에게 위임하지 않고 있다.

4) 이해관계인은 관리위원에게 심의, 의결의 공정을 기대하기 어려운 사정이 있는 경우에는 그 사유를 서면으로 소명하여 법원에 기피신청을 할 수 있다(규칙 제20조 제1항). 관리위원이 위와 같은 사유에 해당하는 경우에는 스스로 그 사건의 심의, 의결에서 회피할 수 있다(규칙 제20조 제3항). 관리위원에 대한 기피사건은 회생법원 합의부에서 심판한다(법원조직법 제40조의7 제1항).

제2절 관 리 인[5][6]

I 기존경영자 관리인 제도

회생절차가 개시되면 종료될 때까지 채무자의 업무수행권과 재산의 관리처분권이 관리인에게 전속한다(제56조 제1항). 관리인은 채무자 또는 그 사업의 원활한 회생을 도모하는 한편 회생절차를 주도적으로 이끌어 나가는 중추적인 역할을 수행한다. 따라서 누구를 관리인으로 할 것인지는 회생절차의 성패를 좌우할 수 있는 아주 중요한 과제이다.

채무자회생법은 미국 연방도산법의 DIP(Debtor In Possession)[7]의 이념을 받아들여 기존경영자를 원칙적으로 관리인으로 선임하도록 하고, 나아가 개인채무자, 중소기업 등의 경우에는 관리인을 선임하지 아니하고 채무자나 그 대표자를 관리인으로 보도록 하고 있다(제74조 제4항).[8]

기존경영자 관리인 제도를 규정한 것은 기존경영자들이 회생절차개시신청을 기피하는 것을 방지하고, 기존경영자의 경영능력을 그대로 활용할 수 있게 함으로써 조기에 회생에 성공할 수 있도록 하기 위함이다.[9]

---

5) 미국에서는 법무부 소속 공무원인 연방관재인(United States Trustee)에 의하여 임명되는 관재인(trustee)이 있다(11 U.S.C. §321). ① 파산절차(제7장)에서는 관재인에 의하여 파산재단이 관리된다. 관재인은 관재인 명단(panel)에서 1년 임기로 임명된다. 이 때문에 명단 관재인(panel trustees)이라 부른다. 관재인의 주된 업무는 면제재산이 아닌 파산재단의 재산을 수집하여 환가한 후 채권자에게 배당하는 것이다. ② 개인회생절차(제13장)에도 관재인이 있지만 그 역할이 다소 다르다. 일반적으로 관재인의 관리에 넘어오는 유일한 도산재단(개인회생재단)의 재산은 변제계획에 따라 지급의 원천이 되는 채무자의 수입이다. 관재인은 변제계획의 인가 및 채권자들에 대한 변제에 관여한다. 관재인의 임기는 제한이 없고 특정 지역의 사건 대부분을 관리한다. 이러한 의미에서 상설관재인(standing trustees) 이라 부른다. ③ 회생절차(제11장)에서는 제5절 중소기업회생절차를 제외하고(본서 1118쪽) 일반적으로 관재인이 임명되지 않는다. 오히려 채무자가 DIP로서 사업을 계속적으로 점유하며 관재인의 역할을 수행한다. 채무자가 사기 또는 중대한 경영상의 부실이 있는 경우에만 관재인이 임명된다(Daniel J. Bussel·David A. Skeel, Jr., 22~23쪽).

6) 중국 <기업파산법>도 관리인제도를 채택하고 있다(제3장). 법원이 관리인을 선임하고, 회생계획안을 제출하며, 채무자의 재산에 대한 관리처분권을 가지고, 선관의무를 진다는 점에서 같다. 그러나 여러 가지 점에서 차이가 있다. ① 회생절차는 물론 파산절차에서도 관리인이라는 명칭을 사용한다. ② 관리인은 관련 부문, 기구의 구성원으로 구성된 청산조직(淸算組) 또는 법에 따라 설립된 변호사사무소, 회계사사무소, 파산(破産淸算)사무소 등 사회중개기구가 담당한다. 다만 채무자의 상황에 따라 개인을 관리인으로 선임할 수도 있다(제24조). ③ 법원의 허가를 얻은 경우 채무자는 스스로 재산과 영업을 관리할 수 있다(제73조 제1항). 미국의 DIP(Debtor In Possession)를 일부 수용한 것이다. ④ 관리인은 사회중개기구가 맡기 때문에 경영에 전문적이지 못하다. 이러한 점을 보완하기 위하여 관리인은 채무자의 경영관리임원을 초빙하여 영업을 책임지게 할 수 있다(제74조). ⑤ 회생계획의 수행을 감독한다 (제90조 제1항).

7) 일반적으로 '점유를 계속하는 채무자'로 번역되고 있다. 이는 회생절차개시 시점에 관리인이 선임되면 관리처분권이 관리인에게 귀속하는 것과 달리 채무자가 회생절차개시 후에도 여전히 재산 및 거래관계, 소송관계 등에 관하여 권한과 의무의 주체가 됨을 뜻한다.

8) 미국 연방도산법상 DIP(Debtor In Possession)란 관리인이 선임되지 아니하였을 경우 채무자(Debtor) 자체를 말하는 것으로, 이는 채무자 회사의 대표이사를 관리인으로 선임하거나 법률상 관리인으로 간주하는 채무자회생법과는 다른 것이다. 즉 DIP란 채무자가 법인인 경우 '채무자 회사 그 자체'를 뜻하는 것으로서, 그 회사의 대표이사나 기타 경영진, 업무집행기관 등 특정기관만을 지칭하는 것이 아니다{오영준, "기존 경영자 관리인제도와 회생기업의 지배구조", 도산관계소송, 한국사법행정학회(2009), 40~41쪽}.

9) 이처럼 채무자회생법은 채권자 보호보다는 채무자의 회생에 중점을 두는 세계적인 추세를 반영하여 기존경영자 관

다만 채무자의 재정적 파탄의 원인이 기존경영자의 재산의 유용, 은닉 또는 중대한 책임이 있는 부실경영에 기인하는 때, 채권자협의회가 요청하는 경우로서 상당한 이유가 있는 때, 그 밖에 채무자의 회생에 필요한 때에는 예외적으로 기존경영자 이외의 제3자를 관리인으로 선임하도록 함으로써(제74조 제2항, 제3항 단서) 기존경영자 관리인 제도의 부작용을 방지하도록 하고 있다. 제3자 관리인은 특별히 경험이 풍부하고 회생업무에 적합하여야 한다. 왜냐하면 관리인은 강제집행기관이라기보다 사업자이기 때문이다.

Ⅱ 관리인[10]의 자격 등

1. 자 격

관리인의 자격에는 특별한 제한이 없다. 관리인의 직무를 수행함에 적합하면 누구라도 관리인으로 선임될 수 있다(제74조 제1항). 관리인으로 될 수 있는 자는 자연인에 한하지 않으며, 법인도 관리인이 될 수 있다(제74조 제6항).[11] 관리인이 되는 법인은 이사 중에서 관리인의 직무를 행할 자를 지명하고 법원에 신고하여야 한다(제74조 제6항). 이해관계인도 관리인으로 선임될 수 있다.

리인 제도를 도입하였다. 한국은행 경제연구원의 분석결과에 의하면 2016. 10. 기준으로 1,496개의 회생절차개시신청 기업 중 기존경영자 관리인 제도가 적용된 기업은 1,277개로 85.4%를 차지한다고 한다. 그러나 기존경영자 관리인 제도를 도입한 지 10년이 넘어가는 동안 위 제도의 개선 필요성에 관하여 꾸준히 문제제기가 되고 있다. 현실적으로 일부 중견기업 및 대기업들이 유동성 악화를 이유로 담보가치가 있는 자산이 충분하거나 지원여력이 있는 대주주 및 계열사를 보유하고 있는 데도 회생절차를 신청하고 있다. 이는 기존경영자 관리인 제도의 도입취지와는 다르게 기존경영자 관리인의 도덕적 해이, 즉 회생절차를 통해 채무를 탕감 받고(채무면탈) 경영권도 유지하려는 현상을 말해준다. 대표적인 사례로 회생절차 신청 직전에 발생한 2011년 LIG건설의 기업어음(CP) 판매사례, 2013년 웅진홀딩스의 계열사에 대한 채무변제사례, 2013년 동양그룹 5개 계열사의 기업어음(CP) 판매사례 등을 들 수 있다. 최근에는 기존경영자 관리인 제도가 회생기업의 경영성과 등에 미치는 영향에 관한 실증적 분석도 있었다. 이 분석결과에 의하면 기존경영자 관리인 제도를 적용받은 기업들은 기회주의적 이익조정행위는 감소하였지만, 경영성과의 측면에서는 기존경영자 관리인 제도를 적용받은 기업들의 실적이 그렇지 않은 기업에 비해 통계적으로 차이가 나지 않거나 일부 항목에서는 오히려 악화되는 것으로 나타났다. 매출액영업이익률과 이자보상비율에서는 기존경영자 관리인 제도가 영향을 미치지 못하였으며, ROA, ROE 및 투자 측면에서는 부정적인 영향을 받은 것으로 보였다. 이러한 결과는 기존경영자 관리인 제도를 적용받은 기업이 법원의 통제를 받기 때문에 이익조정행위를 할 수 없었으나 기업회생을 위한 노력은 부족했음을 나타낸다. 이러한 결과는 ① 기존경영자 관리인 제도 시행 이후 회생절차개시신청은 꾸준히 늘고 있으나 경영성과가 저조하므로 기업구조조정이라는 큰 틀에서 위 제도의 개선이 필요하고, ② 기존경영자 관리인 제도와 관련된 법적, 제도적 및 환경적 시스템을 개선할 필요가 있음을 시사하고 있다. 구체적으로 채무면탈 및 경영권 유지를 목적으로 회생절차를 신청하는 것과 같은 도덕적 해이를 억제할 수 있는 법·제도적 측면에서 채권자협의회의 기능강화 및 신용평가사, 투자회사 등 시장참가자들의 채무자 감시능력을 향상시킬 필요가 있다(최영준, 기존경영자 관리인(DIP) 제도의 회생기업 경영성과에 대한 영향, 한국은행 경제연구원, BOK경제연구 2017-34호(2017. 12. 19.)}. 법원으로서도 이러한 실증적 분석결과를 바탕으로 기존경영자 관리인의 감독에 대한 제도개선에 힘써야 할 것이다.

10) 실무적으로 법원의 선임결정에 의한 관리인(기존 경영자를 관리인으로 선임하는 경우와 제3자를 관리인으로 선임하는 경우를 포함한다)을 '관리인'이라고 부르고, 법원의 관리인 불선임 결정에 의하여 관리인으로 보게 되는 채무자나 채무자의 대표자를 '법률상 관리인'이라고 부른다.

11) 독일의 경우는 법원이 관리인을 집중적으로 감독해야 하는 특수성을 고려하여 자연인만이 관리인이 될 수 있다고 규정하고 있다(독일 도산법 제56조 제1항, Reinhard Bork, 31쪽).

금융회사의 상근 임원은 다른 영리법인의 상시적인 업무에 종사할 수 없지만, 관리인으로 선임되는 경우는 겸직이 가능하다(금융회사의 지배구조에 관한 법률 제10조 제1항 단서 제1호).

2. 관리인의 지위

가. 권한과 지위

관리인은 채무자의 업무를 수행하고 그 재산을 전속적으로 관리·처분할 권한을 갖는다(제56조 제1항). 또 회생계획안을 작성·제출하고 회생계획안이 관계인집회의 의결을 거쳐 법원의 인가를 받으면 그 계획을 수행해 나간다(제257조 제1항).

관리인은 채무자의 기관이거나 그 대표자가 아니고 채무자와 그 채권자 및 주주로 구성되는 이해관계인 단체의 관리자로서 일종의 공적 수탁자이다.[12] 따라서 관리인은 형사소송에서 피고인인 회생회사의 대표자(형사소송법 제27조 제1항)가 될 수 없음은 앞에서 본 바와 같고, 인정상여[13]제도의 취지나 회생회사의 관리인의 법적 지위에 비추어 볼 때, 회생회사의 관리인은 특별한 사정이 없는 한 인정상여로 소득처분되는 법인의 대표자로 볼 수도 없다.[14] 또한 관리인을 주식회사의 이사나 청산인과 동일하다거나 유사한 지위에 있다고 볼 수도 없으므로 관리인이 주주의 위법행위유지청구권의 대상이 된다거나 그에 대하여 위법행위유지청구권에 관한 상법 제402조가 유추적용된다고 볼 수도 없다.[15]

관리인은 그가 기존경영자라고 하더라도 사익 추구의 주체로서가 아니라 모든 채권자를 위한 선관주의의무를 지는(제82조 제1항) 독립된 제3자의 지위[16]에 서게 된다.[17]

---

12) 대법원 1974. 6. 25. 선고 73다692 판결, 대법원 1988. 8. 9. 선고 86다카1858판결. 관리인의 (실체법상) 지위와 관련하여 ① 회생단체(이해관계인단체) 집행기구설, ② 기업재단의 법정대리인설, ③ 공적수탁자설(통설), ④ 회생회사의 집행기관설 등의 대립이 있다. 이에 관한 자세한 내용은 「남효순·김재형, 461~462쪽」을 참조할 것. 관리인과 파산관재인의 법적 지위가 유사함에도 대법원은 관리인의 경우 공적수탁자설로, 파산관재인의 경우는 직무설 내지 대리설(본서 1325쪽 각주 14))을 취하고 있다. 아직 많은 판례가 축적되어 있지 않아 대법원이 어떤 입장인지 결론 내리기는 어렵다. 어쨌든 이러한 관리인(파산관재인)의 법적 지위에 관한 논의는 관리인(파산관재인)이 채무자, 회생채권자(파산채권자) 등 이해관계인의 이해를 떠나 중립적이고 독자적인 입장에서 광범위한 권한을 행사하는 도산절차상의 지위를 체계적 통일적으로 파악함으로써 구체적 문제의 해결에 필요한 이론적 기초를 마련하려는데 그 목적이 있다고 할 수 있다. 그러나 개별적 사항에 관한 법 해석에 있어서는 여러 견해의 입장 차이가 반드시 결론의 차이로 직결되는 것 같지는 않다. 앞으로 많은 판례와 실무 운용의 축적으로 수렴되어 갈 것으로 기대해 본다.

13) 법인세법상 법인이 과세표준을 신고하거나 결정·경정함에 있어서 익금에 산입한 금액이 임원 또는 사용인에게 귀속된 경우 그 임원 등에 대한 상여로, 익금산입액이 사외유출되었거나 귀속이 불분명한 경우 대표자에게 귀속된 것으로 보아 대표자에 대한 상여로 각 처분한다(법인세법 제67조, 같은 법 시행령 제106조). 당해 법인의 대표자가 아니라는 사실이 객관적인 증빙이나 법원의 판결에 의하여 입증되는 경우를 제외하고는 등기상의 대표자를 그 법인의 대표자로 본다(법인세법 기본통칙 67-106…19). 이와 같이 임원 또는 사용인에게 상여로 처분한 금액은 그 임원 등의 근로소득으로 하며(소득세법 제20조 제1항 제3호), 이를 인정상여라 한다. 그중 소득이 불분명한 경우에 대표자에 대하여 하는 상여처분을 대표자 인정상여처분이라 한다.

14) 대법원 1992. 7. 14. 선고 92누3120 판결.

15) 대전지방법원 2007. 4. 13. 자 2007카합327 결정(확정).

16) 민법 등 실체법은 여러 법률관계에 있어서 선의의 제3자 또는 제3자 일반을 거래안전 등을 이유로 보호하는 규정을 두고 있다. 그런데 채무자가 회생절차개시 전에 일정한 법률관계에 들어온 경우, 당해 법률관계의 상대방과의 관계에서 관리인을 제3자로 취급할 수 있는가. 관리인의 제3자의 지위에 관하여는 〈제3편 제4장 제2절 Ⅱ. 2.〉(본서 1326쪽)를 참조할 것.

(1) 관리인의 법적 지위를 둘러싼 3가지 기준

관리인이 이해관계인 단체의 관리자로서 일종의 공적 수탁자라고 하여도 이러한 지위를 채무자나 제3자와의 관계에서 실체법상 어떻게 취급할 것인지가 문제이다. 실체법률관계에 있어 관리인의 법적지위를 결정함에 있어서는, 법률관계의 성질에 따라 3가지 기준이 적용된다.[18]

① 채무자와 동일시되는 관리인이다. 회생절차개시에 따라 관리인에게 관리처분권이 부여되어도(제56조 제1항), 권리의무의 귀속 자체에 변경이 없다면, 외부의 제3자와의 법률관계에 있어 관리인을 채무자와 구별하여 취급할 이유가 없다. 회생절차개시 전부터 채무자와 어떤 법률관계를 맺고 있는 제3자의 입장에서도, 상대방의 회생절차개시라는 자기와 무관한 사유로 법률관계의 내용이 변경된다는 것을 수인할 이유는 없다. 제3자가 채무자에 대하여 주장할 수 있었던 법률상의 지위는 관리인에 대하여도 인정되어야 할 것이고, 반대로 관리인이 제3자에 대하여 주장할 수 있는 법률상의 지위는 채무자가 주장할 수 있는 범위로 제한되어야 할 것이다. 관리인을 채무자와 동일시한다는 것은 이러한 의미이다. 따라서 법이 회생절차개시를 원인으로 종래의 법률관계를 변경한다는 특별한 규정을 두고 있지 않는 한, 관리인의 법적 지위는 채무자와 동일시된다.

② 회생채권자 등 이해관계인의 이익대표자로서의 관리인이다. 회생절차개시결정이 회생채권자 등의 이익실현을 위하여 관리인에게 채무자 재산의 관리처분권을 부여한 것이기 때문에, 채무자 재산에 대한 압류채권자와 유사한 법률상의 지위가 관리인에게 인정된다.[19] 채권양도의 대항요건의 문제 등이 전형적인 예이다. 실체법이 압류채권자의 지위를 보호하는 경우에는, 그 취지에 비추어, 관리인도 회생절차개시의 효력으로 그 시점에서 압류채권자와 마찬가지의 지위가 인정되고, 회생절차개시 전에 채권자 중 어떤 자가 압류를 한 경우 관리인은 아래에서 보는 바와 같이 그 효력을 원용하는 것이 허용된다.

③ 관리인은 채무자회생법 및 기타 법률에 의하여 특별한 지위가 부여되어 있다. 쌍방미이행 쌍무계약에서 관리인에게 특별히 이행이나 해제의 선택권이 인정되거나(제119조 제1항) 부인권의 행사가 인정되는 것(제100조)이 그것이다.

①부터 ③까지 기준의 상호관계는 다음과 같이 정리된다. 관리인과 외부의 제3자와의 법률관계는 회생절차개시에 의하여 채무자 재산의 귀속이 변동되는 것이 아닌 이상 기본적으로 ①의 기준, 즉 관리인을 채무자와 동일시하는 것으로 규율된다. 그렇지만 실체법이 어떤 법률관

---

17) 기존경영자는 내부자의 부정 내지 불법행위에 대하여 적극적으로 조사하기보다는 가급적 은폐하려고 할 것이다. 또한 회생기업의 경영이나 회생계획의 작성에 있어서 경영부실에 책임이 있는 이사나 임원, 대주주의 영향력에서 자유로울 수 없다. 이처럼 기존경영자 관리인의 속성이라고 할 수 있는 '비중립성' 내지 '편파성'을 어떻게 '공적 수탁자'로서의 지위와 조화시킬 것인가는 기존경영자 관리인 제도가 안고 있는 과제이다.

18) 會社更生法, 264～267쪽. 관리인은 파산절차에서 파산관재인의 지위와 비슷하다. 관련 내용은 〈제3편 제4장 제2절 Ⅱ.〉(본서 1325쪽)를 참조할 것.

19) 다만 압류의 효력은 강제경매개시결정이 채무자에게 송달되거나 기입등기가 된 때(둘 중 먼저 행하여진 때)에 효력이 발생하지만(민집법 제83조 제4항), 관리인의 관리처분권은 회생절차개시결정 자체의 효력에 의하여 채무자의 재산에 대하여 권리를 취득한 제3자에 대하여도 그 효과를 주장할 수 있다.

계에 대하여 압류채권자에게 특별한 지위를 부여한 경우에는, 회생절차개시결정에 기하여 관리인도 동일한 지위가 부여된다. 이것이 ②의 기준이다. 나아가 채무자회생법 및 다른 법률이 관리인에게 특별한 지위를 인정한 경우에는 이것이 ③의 기준이 된다.

(2) 회생절차개시결정 전에 한 압류 효력의 원용[20]

회생절차개시 전에 회생채권자 등으로 될 1인이 채무자의 재산을 압류한 경우, 관리인은 선행하는 압류의 효력을 자기에게 유리하게 원용할 수 있다. 예컨대 회생절차개시 전에 채무자 소유 부동산에 대하여 저당권을 설정하였으나 그 설정등기가 되기 전에 일반채권자에 의해 압류가 되었다면, 압류채권자는 압류의 효력을 저당권자에게 주장할 수 있다. 그 후 회생절차가 개시되었다면, 당해 채권자에 의한 강제집행(압류)은 중지되고(제58조 제2항 제2호), 관리인은 절차개시결정 전의 압류의 효력을 자기에게 유리하게 원용하여, 저당권자에게 주장할 수 있다. 왜냐하면 회생절차개시결정으로 강제집행(압류)이 중지될 뿐 압류 그 자체의 효력은 유지되고, 회생계획이 인가되더라도 선행하는 압류는 실효되지 않기 때문이다.[21]

결국 관리인은 회생절차개시시를 기준으로 압류채권자의 지위가 인정될 뿐만 아니라, 회생절차개시 전에 압류채권자가 현존하고, 그 압류의 효력이 회생절차개시시까지 계속된 경우에는 그 효력을 원용하여 압류 후에 권리를 취득한 제3자에게 압류의 효력을 주장할 수 있다.

(3) 관리인의 제3자성

민법 등 실체법은 선의의 제3자 또는 제3자를 거래의 안전 등을 이유로 보호하는 규정을 두고 있다(민법 제107조, 제108조 등). 그래서 채무자가 회생절차개시 전에 일정한 법률관계에 개입된 경우, 해당 법률관계의 상대방과의 관계에서 관리인을 제3자로 볼 수 있는지가 문제된다. 이것을 관리인의 제3자성 문제이다.

관리인은 파산절차에서 파산관재인의 지위와 비슷하므로 제3자성을 부정할 이유는 없다.[22] 관련 내용은 〈제3편 제4장 제2절 Ⅱ.2.〉(본서 1326쪽)를 참조할 것.

---

20) 會社更生法, 269~271쪽 참조.

21) 중지된 강제집행 등은 회생계획인가결정이 있은 때에 그 효력이 실효되지만(제256조 제1항), 여기서 실효는 채무자의 재산과의 관계에 있어서만 상대적으로 무효가 된다는 의미이다(대법원 2000. 12. 22. 선고 2000다39780 판결 참조).

22) 관리인의 제3자성을 부정하는 하급심 재판례도 있다{서울고등법원 2012. 5. 11. 선고 2011나80267 판결(확정)}. 그 이유는 다음과 같다. ① 회생절차와 파산절차는 그 목적이 다르다. ② 파산절차와 달리 회생절차는 채무자의 이익을 도모하는 측면이 크고 따라서 회생절차개시신청도 대부분 채무자에 의하여 이루어진다. ③ 포괄적 집행절차의 성격을 갖는 파산절차의 특성 및 파산채권자의 공동이익을 위해 그 직무를 수행하는 파산관재인의 특성이 회생절차와 관리인에 그대로 나타나는 것은 아니다. ④ 채무자의 자신 또는 그 대표자가 관리인이 되는 것이 일반적인 상황에서 관리인의 제3자성을 인정하면 채무자가 이를 악용할 수 있다.
하지만 회생절차나 파산절차 모두 총채권자의 이익을 극대화한다는 점에서 공통점을 가지고 있으므로 ①은 부당하다. ②도 파산절차는 면책을 통한 새로운 출발의 기회를 준다는 점에서 채무자의 이익을 도모하는 면에서 회생절차보다 크고(파산절차에서는 채무변제를 전혀 하지 않아도 면책될 수 있다) 파산신청도 대부분 채무자에 의하여 이루어진다는 점에서 받아들이기 어렵다. 회생절차도 포괄적 집행절차이고 관리인도 공적수탁자로서 회생채권자의 공동이익을 위해 그 직무를 수행한다는 점에서 ③도 부적절하다. 채무자가 회생절차상 관리인의 제3자성을 악용하려는 사정이 엿보이는 경우 예외적으로 관리인의 제3자성을 부정할 수도 있으므로(최준규, 29쪽) ④도 타당하지 않다.

관리인의 제3자성이 문제되는 경우는 다음과 같다.

(가) 통정허위표시(민법 제108조 제2항)

회생절차개시 전에 채무자와 통모하여 재산을 채무자에게 가장양도한 자가 그 법률행위의 무효를 관리인에 대하여 주장할 수 있는가. 가장양수인에 대하여 회생절차가 개시된 경우 관리인을 선의의 제3자라고 할 수 있는가. 민법 제108조 제2항에서 말하는 선의의 제3자란 허위표시행위를 기초로 하여 새로운 법률상 이해관계를 맺은 자를 말한다.[23] 압류채권자는 목적물에 대하여 강제적 환가를 구할 법률상 지위를 갖기 때문에 민법 제108조 제2항의 제3자에 포함된다. 관리인은 회생절차개시 당시에 있어 압류채권자와 동일시된다는 기본원칙에서 보면 관리인도 민법 제108조 제2항의 제3자에 포함된다고 할 것이다.[24]

(나) 착오(민법 제109조 제2항)

착오의 경우에도 통정허위표시에서와 같은 이유로 관리인은 민법 제109조 제2항의 제3자에 해당한다.

(다) 사기(민법 제110조 제3항)

기망행위에 의하여 재산을 취득한 사람에 대하여 회생절차가 개시된 경우 관리인을 선의의 제3자라고 볼 수 있는가. 관리인은 사기에 의한 의사표시에 따라 외형상 형성된 법률관계를 토대로 실질적으로 새로운 법률상 이해관계를 가지게 된 민법 제110조 제3항의 제3자에 해당한다고 할 것이다.[25]

(라) 계약해제(민법 제548조 단서)

계약이 해제된 경우 양 당사자는 원상회복의무를 부담하지만, 제3자의 권리는 해하지 못한다(민법 제548조). 이 경우 관리인이 제3자에 포함되는가. 제3자란 일반적으로 계약이 해제되는 경우 그 해제된 계약으로부터 생긴 법률효과를 기초로 하여 해제 전에 새로운 이해관계를 가졌을 뿐 아니라 등기·인도 등으로 완전한 권리를 취득한 자를 말한다.[26]

관리인은 해제권이 행사되기 전 회생절차개시 당시에 압류채권자와 동일한 지위를 취득한 것으로 보며, 민법 제548조 단서의 제3자에는 압류채권자도 포함된다는 것이 일반적인 해석이다.[27] 또한 관리인은 계약 당사자와 양립하지 아니하는 법률관계를 갖게 되었다. 따라서 관리인도 제3자에 해당하고 해제권을 행사한 상대방은 원상회복의 효과를 관리인에 대하여 주장할

---

23) 대법원 2020. 1. 30. 선고 2019다280375 판결, 대법원 2000. 7. 6. 선고 99다51258 판결.
24) 파산관재인에 대하여 제3자성을 인정한 대법원 2010. 4. 29. 선고 2009다96083 판결 등이 있다(본서 1326쪽 각주 19) 참조).
25) 파산관재인에 관한 「대법원 2010. 4. 29. 선고 2009다96083 판결」 참조. 이에 대하여 사기의 피해자를 보호하여야 한다는 관점에서 관리인의 제3자성을 부정하는 견해도 있다(條解 破産法, 588쪽). 하지만 이 견해는 선의의 제3자를 보호한다고 명문으로 규정하고 있는 제110조 제3항의 해석론으로는 받아들이기 어려운 점이 있다.
26) 대법원 2014. 12. 11. 선고 2013다14569 판결, 대법원 2007. 12. 27. 선고 2006다60229 판결, 대법원 2003. 1. 24. 선고 2000다22850 판결.
27) 대법원 2005. 1. 14. 선고 2003다33004 판결, 대법원 2000. 4. 21. 선고 2000다584 판결, 대법원 2000. 1. 14. 선고 99다40937 판결 등 참조.

수 없다.[28] 예컨대 매도인이 매매계약을 적법하게 해제한 후 소유권이전등기의 말소를 하기 전에 매수인에 대하여 회생절차가 개시된 경우, 관리인은 제3자에 해당하고 매도인은 환취권을 행사할 수 없다. 매수인에 대하여 회생절차가 개시된 후 매도인에 의해 매매계약이 해제된 경우에도 마찬가지이다.[29]

(마) 이사회 결의가 없는 거래행위(상법 제209조 제2항, 제389조 제3항, 제393조 제1항)

채무자가 상대방 회사와 그 회사의 이사회의 결의가 없는 거래행위를 하였다가 회생절차가 개시된 경우 특별한 사정이 없는 한 관리인은 이사회의 결의를 거치지 아니하고 이루어진 상대방 회사와의 거래행위에 따라 형성된 법률관계를 토대로 실질적으로 새로운 법률상 이해관계를 가지게 된 제3자에 해당한다고 할 것이다.[30]

(바) 불법원인급여(민법 제746조)

채무자 A가 Y에 대하여 법률상 원인없이 한 급부가 불법원인급여(민법 제746조 본문)이고, 이후 채무자 A에 대하여 회생절차가 개시된 경우 관리인 X는 Y에 대하여 부당이득반환청구를 할 수 있는가. 관리인도 민법 제746조 본문을 적용받아 반환청구를 할 수 없는 것인가. 관리인에 의한 반환청구의 경우 반환될 금원 등은 모두 채무자의 재산에 포함되어 채권자에 대한 변제재원으로 사용될 수 있기 때문에 법원에 의한 법적 보호를 거부할 이유는 없다. 또한 불법원인급여자에게 반환되는 것이 아니므로 반환청구를 인정하여도 불법원인급여자를 구제하는 결과는 발생하지 않아 불법원인급여자에 대한 일반적인 억제 효과도 손상되지 않는다. 따라서 불법원인급여라도 관리인에 의한 반환청구는 민법 제746조 본문의 적용은 없고, 법원에 의한 법적 보호를 받을 수 있다고 해석함이 상당하다.[31]

---

28) 파산관재인에 대하여 제3자성을 인정한 것으로 「대법원 2014. 6. 26. 선고 2012다9386 판결」이 있다.

29) 채무자의 상대방이 해제한 경우 환취권 행사를 긍정하는 견해도 있다(박병대, "파산절차가 계약관계에 미치는 영향", 재판자료 82집, 법원도서관(1999), 456쪽 참조). 상대방이 해제한 경우의 효과는 민법상의 일반원칙에 의한다. 즉, 계약이 적법하게 해제되면 그 목적물의 소유권은 해제와 동시에 급부자에게 복귀하므로(해제의 효과에 관한 직접효과설), 상대방은 회생절차개시 이후라도 환취권을 행사하여 반환을 청구할 수 있다.

30) 파산관재인에 관한 「대법원 2014. 8. 20. 선고 2014다206563 판결」 참조.

31) 條解 破産法, 595쪽 참조. 또한 대법원은 급여가 불법원인급여에 해당하고 급여자에게 불법 원인이 있는 경우에는 수익자에게 불법 원인이 있는지의 여부나 수익자의 불법 원인의 정도 내지 불법성이 급여자의 그것보다 큰지의 여부를 막론하고 급여자는 그 불법원인급여의 반환을 구할 수 없는 것이 원칙이나, 수익자의 불법성이 급여자의 그것보다 현저히 크고 그에 비하면 급여자의 불법성은 미약한 경우에도 급여자의 반환 청구가 허용되지 않는다고 하는 것은 공평에 반하고 신의성실의 원칙에도 어긋나므로 이러한 경우에는 민법 제746조 본문의 적용이 배제되어 급여자의 반환 청구는 허용된다고 해석함이 상당하다(대법원 1997. 10. 24. 선고 95다49530, 49547 판결 등 참조)고 판시하고 있다.

　일본의 경우에도 파산사건과 관련하여 불법원인급여임을 이유로 반환을 거부하는 것은 신의칙상 허용되지 않는다는 판례가 있다(倒産判例百選, 42~43쪽). 사안의 개략적 내용은 다음과 같다. A회사는 그 사업이 오로지 신규회원으로부터 모집한 출자금을 먼저 가입한 회원들에게 배당금으로 지급하는 금전배당조직으로, 다단계 사기에 해당하는 것이다. Y는 A와 위 사업의 회원으로 되는 계약(이하 '본건계약'이라 한다)을 체결하였다. 이후 Y는 A에게 818만 4,200엔을 납입하였고, 2,951만 7,035엔을 배당금으로 수령하였다. 이후 A는 파산선고가 되었고 X가 파산관재인으로 선임되었다. X는 Y를 상대로 A·Y사이의 본건계약은 공서양속에 반하여 무효이므로 배당금으로 받은 금액과 납입한 금액의 차액을 부당이득으로 반환하라는 소를 제기하였다. 최고재판소는 ① 배당금의 원천은 다른 회원들이 출자한 금원인 점, ② 회원의 대부분이 피해를 구제받지 못하였고 파산채권자의 다수를 차지하고 있는 점,

(사) 취득시효

회생절차개시결정 전에 부동산에 대한 점유취득시효가 완성되었으나 개시결정시까지 이를 원인으로 한 소유권이전등기를 마치지 아니한 자는, 그 부동산의 소유자에 대한 회생절차개시와 동시에 회생채권자 전체의 공동의 이익을 위하여 채무자의 재산에 속하는 그 부동산에 관하여 이해관계를 갖는 제3자의 지위에 있는 관리인이 선임된 이상, 관리인을 상대로 회생절차개시 전의 점유취득시효 완성을 원인으로 한 소유권이전등기절차의 이행을 청구할 수 없다.[32)]

(아) 상계(민법 제492조 제2항 단서)

회생절차개시결정이 있는 때에는 채무자의 업무수행권과 재산의 관리처분권은 관리인에게 전속한다(제56조 제1항). 관리인은 채무자나 그의 기관 또는 대표자가 아니고 채무자와 그 채권자 등으로 구성되는 이른바 이해관계인 단체의 관리자로서 일종의 공적 수탁자에 해당한다.[33)] 이와 같이 관리인은 회생절차개시결정에 따라 채무자와 독립하여 채권자 등 전체의 공동의 이익을 위하여 선량한 관리자의 주의로써 직무를 수행하게 된다. 따라서 채권자와 채무자가 채무자의 상계를 금지하는 특약을 한 후에 채무자에 대한 회생절차가 개시된 경우 채무자의 관리인은 상계금지특약에 있어 민법 제492조 제2항 단서에 정한 제3자에 해당한다. 이 때 상계금지특약 사실에 대한 관리인의 선의·악의는 관리인 개인의 선의·악의를 기준으로 할 수는 없고, 모든 회생채권자 및 회생담보권자를 기준으로 하여 회생채권자 및 회생담보권자 모두가 악의로 되지 않는 한 관리인은 선의의 제3자라고 할 수밖에 없다.[34)]

---

③ 만약 Y가 파산관재인에 대하여 배당금의 반환을 거부할 수 있다면, 피해자인 다른 회원의 손해 아래 Y가 부당한 이득을 보유하는 것을 인정하는 것인데, 이것은 오히려 상당하지 않는 점 등을 고려하면, 배당금의 급부가 불법원인급여임을 이유로 반환을 거부하는 것은 신의칙상 허용되지 않는다.

32) 대법원 2008. 2. 1. 선고 2006다32187 판결 참조. 또한, 그 부동산의 관리처분권을 상실한 채무자가 회생절차개시를 전후하여 그 부동산의 법률상 소유자로 남아 있음을 이유로 점유취득시효의 기산점을 임의로 선택하여 회생절차개시 후에 점유취득시효가 완성된 것으로 주장하여 관리인에게 소유권이전등기절차의 이행을 청구할 수도 없다. 이 경우 법률적 성질이 채권적 청구권인 점유취득시효 완성을 원인으로 한 소유권이전등기청구권은 채무자에 대하여 회생절차개시 전의 원인으로 생긴 재산상의 청구권으로서 회생채권에 해당하므로 회생절차에 의하여서만 그 권리를 행사할 수 있다.
한편 취득시효기간 중 점유 부동산의 등기명의자에 대하여 회생절차가 개시되어 관리인이 선임된 사실이 있다고 하더라도 점유자가 취득시효 완성을 주장하는 시점에서 회생절차가 이미 종결된 상태라면 등기명의자에 대하여 회생절차상 관리인이 선임된 적이 있다는 사정은 취득시효기간 중 점유 부동산에 관하여 등기명의자가 변경된 것에 해당하지 아니하므로, 점유자는 그가 승계를 주장하는 점유를 포함한 점유기간 중 임의의 시점을 취득시효의 기산점으로 삼아 취득시효 완성을 주장할 수 있다(대법원 2015. 9. 10. 선고 2014다68884 판결 참조). 이는 부동산에 대한 점유로 인한 소유권취득시효가 완성되었다 하더라도 이를 등기하지 않고 있는 사이에 그 부동산에 관하여 제 3자에게로 소유권이전등기가 경료되면 점유자가 그 제3자에게는 그 시효취득으로 대항할 수 없으나, 그로 인하여 점유자가 취득시효완성 당시의 소유자에 대한 시효취득으로 인한 소유권이전등기청구권을 상실하게 되는 것은 아니고 위 소유자의 점유자에 대한 소유권이전등기의무가 이행불능으로 된 것이라고 할 것인데, 그 후 어떠한 사유로 취득시효완성 당시의 소유자에게로 소유권이 회복되면 그 소유자에게 시효취득의 효과를 주장할 수 있다(대법원 1991. 6. 25. 선고 90다14225 판결)는 대법원 판례와 맥락을 같이 한 것으로 볼 수 있다.

33) 대법원 2013. 3. 28. 선고 2010다63836 판결, 대법원 1988. 10. 11. 선고 87다카1559 판결 등 참조.

34) 대법원 2024. 5. 30. 선고 2019다47387 판결. **사례** 원고가 피고 회사에 대한 대여금을 청구하는 소송을 계속하던 중 피고 회사에 대한 회생절차가 개시되어 대표이사인 피고가 관리인으로 간주되었다. 원고는 피고를 상대로 대여금 상당 회생채권의 확정을 구하는 것으로 청구취지를 변경하였다. 피고는 피고 회사의 원고에 대한 구상금채권

나. 채무자의 조직법적·사단법적 활동의 제한

법인의 경우 채무자의 업무수행권 및 재산의 관리처분권만이 관리인에게 전속되는 것이므로 그와 관계없는 조직법적·사단법적 관계에 있는 활동(예컨대 주주총회나 이사회의 소집 등)은 원칙적으로 허용된다.

그러나 법인의 조직법적·사단법적 활동을 무제한 허용할 경우 회생절차에 지장을 초래할 수 있으므로 채무자회생법은 회생절차를 원활히 진행할 목적으로 부분적인 제한을 가하고 있다.

(1) 자본 또는 출자액의 감소, 지분권자의 가입, 신주 또는 사채의 발행, 자본 또는 출자액의 증가, 주식의 포괄적 교환 또는 주식의 포괄적 이전, 합병·분할·분할합병 또는 조직변경, 해산 또는 회사의 계속, 이익 또는 이자의 배당은 모두 주주총회 결의사항이지만, 회생절차개시결정이 이루어지면 그 회생절차가 종료될 때까지는 위와 같은 사항은 주주총회의 결의가 아닌 회생절차에 의하여서만 할 수 있다(제55조 제1항). 회생절차에 의한다는 것은 회생계획에 정해진 바에 따라 한다는 의미이다. 따라서 회생계획에 의하지 않고 법원의 허가를 얻어서도 할 수 없다.

(2) 정관 변경도 주주총회 결의사항(상법 제433조)인데, 회생절차개시결정 후부터 회생절차가 종료될 때까지 정관을 변경하고자 할 경우에는 법원의 허가를 받아야 한다(제55조 제2항). 다만 정관변경이 회생계획의 일환으로 필요한 경우에는 회생절차에 의하여, 즉 구체적으로 회생계획에 의하여 이루어져야 한다(제202조, 제262조).

(3) 회생계획을 수행함에 있어서는 법령 또는 정관의 규정에 불구하고 법인인 채무자의 창립총회·주주총회 또는 사원총회(종류주주총회 또는 이에 준하는 사원총회를 포함한다) 또는 이사회의 결의를 하지 아니하여도 된다(제260조). 따라서 회생계획인가 후 단계에서는 주주총회 등의 기능이 사실상 형해화되어 있다.

다. 임원 등과의 관계

회생절차개시결정이 있고 채무자의 업무수행권과 재산의 관리처분권이 관리인에게 전속한다고 하여도(제56조 제1항) 회생계획이 인가되기까지는 종래의 이사나 감사의 지위에는 변동이 없다. 한편 제74조 제3항, 제4항에 의한 관리인불선임결정에 의하여 법인의 대표자를 관리인으로 보게 되는 경우 대표이사의 임기가 만료된 때에는 주주총회 등을 소집하여 대표이사를 새로 선임하여야 한다.

회생절차개시결정 후 회생계획인가 전 단계에서는 관리인이 이사 또는 감사를 선임·해임할 권한은 없다. 그러나 회생계획인가 후부터 회생계획종결 전 단계에서는 이사의 유임·선

으로 상계권을 행사하였다. 원고는 피고의 상계가 원고 및 피고 회사 사이의 상계금지특약을 위반하여 무효라고 주장하자, 피고는 자신이 민법 제492조 제2항 단서에서 정한 '선의의 제3자'에 해당하여 상계금지특약에도 불구하고 상계할 수 있다고 주장하였다. 피고의 주장은 타당한가. 피고는 민법 제492조 제2항 단서에 정한 선의의 제3자로서 상계금지특약에도 불구하고 피고 회사의 원고에 대한 구상금 채권을 자동채권으로 하여 원고의 피고 회사에 대한 대여금 채권과 상계할 수 있다.

임·임기 등에 관하여 회생계획에서 이를 정하여야 하므로(제203조, 제263조) 회생계획에서 정하는 내용에 따라 기존 임원의 유임 여부 및 새 임원의 선출방법 등이 달라질 것이다. 한편 감사의 경우에는 법원이 임기를 정하여 선임한다(제203조 제4항).

3. 관리인의 당사자적격

회생절차가 개시되면 채무자의 재산에 관한 소송[35]에서는 관리인이 당사자가 된다(제78조).[36] 따라서 회생절차개시결정이 있으면 채무자의 재산에 관한 소송절차는 중단되고, 중단된 소송절차 중 회생채권과 회생담보권과 관계없는 것은 관리인 또는 상대방이 이를 수계한다(제59조, 제74조 제4항).[37] 회생채권 등과 관계있는 것은 즉시 수계하는 것이 아니라 채권조사결과에 따라 수계 여부가 결정된다{관련 내용은 〈제10장 제4절 Ⅲ.1.〉(본서 798쪽) 또는 〈제19장 제2절 Ⅱ.2.가.(2)(나)(본서 1147쪽)〉를 참조할 것}. 채무자의 재산에 대한 강제집행, 가압류, 가처분 등의 절차에 있어서도 관리인이 절차상의 당사자가 된다.

관리인만이 법률의 규정에 의하여 권리관계의 주체인 채무자에 갈음하여 소송수행권을 갖는 것으로서, 소송법상 법정소송담당에 해당한다. 채무자의 재산에 관한 소의 경우, 채무자는 판결의 효력이 미치는 자로서(민소법 제78조) 공동소송적 보조참가는 인정되지만, 공동소송참가는 인정되지 않는다.

회생절차개시결정이 있는 때에는 채무자의 업무의 수행과 재산의 관리 및 처분을 하는 권한은 관리인에게 전속하고(제56조 제1항), 관리인이 여럿인 때에는 공동으로 그 직무를 행하되, 법원의 허가를 받아 직무를 분장할 수 있다(제75조 제1항).[38] 따라서 채무자에 대한 회생절차가 개시되었을 때 관리인이 여럿인 경우에는 법원의 허가를 얻어 직무를 분장하였다는 등의 특별

---

35) '재산에 관한 소송'의 범위는 어떻게 정해져야 하는가. 재산에 관한 소송인지의 여부는 그 소송의 승패가 결과적으로 채무자의 재산관계에 영향을 미치는지 여부라는 관점에서가 아니라, 회생절차개시의 결과 실체적으로 어떤 것이 대표이사의 권한으로 남아 있고, 어떤 것이 관리인에게 이전되는가라는 관점에서 결정하여야 한다. 이에 의하면 회생절차개시결정이 있어도 종래의 이사·감사·주주총회 등 기관은 회사의 조직법적·인격적 분야에 있어서 제55조 제1항에서 규정한 사항을 제외하고 상법의 각 규정에 따라 권한을 행사할 수 있기 때문에 회사해산의 소·설립무효의 소·합병무효의 소·주주총회결의무효 또는 취소의 소·주주에 의해 제기된 주주지위확인의 소 등은 재산에 관한 소송이라고 볼 수 없다{會社更生の實務(上), 332쪽}. 따라서 이러한 소에 대하여는 관리인이 당사자적격을 갖지 않고 회생절차개시결정으로 소송절차가 중단되지도 않는다. 다만 반대취지의 하급심판결도 있다(수원지방법원 안양지원 2018. 1. 12. 선고 2017가합100166 판결, 청주지방법원 충주지원 2018. 2. 22. 선고 2016가합3522 판결 등).
'재산에 관한 소송'에는 회생회사와 관련된 특허의 등록무효를 구하는 심판도 포함된다(대법원 2016. 12. 29. 선고 2014후713 판결). 회생절차가 개시되면 관리인만 당사자적격이 있음에도 이를 간과하고 당사자를 채무자(회생회사)로 표시하는 경우가 있다. 이 경우 법원은 당사자를 소장의 표시만에 의할 것이 아니고 청구의 내용과 원인사실을 종합하여 확정한 후 확정된 당사자가 소장의 표시와 다르거나 소장의 표시만으로 분명하지 아니한 때에는 당사자의 표시를 정정 보충시키는 조치를 취하여야 하고 이러한 조치를 취함이 없이 단지 당사자에게 막연히 보정명령만을 명한 후 소를 각하하는 것은 위법하다(대법원 2013. 8. 22. 선고 2012다68279 판결).
36) 대법원 1985. 5. 28. 선고 84다카2285 판결 등 참조.
37) 중국 〈기업파산법〉도 법원이 회생신청을 수리하면 채무자 관련 민사소송 또는 중재는 중단되고, 관리인이 이를 수계한 후 속행된다고 규정하고 있다(제20조).
38) 실무적으로 공동관리인을 선임하는 경우는 드물다. 왜냐하면 신속한 의사결정이 어렵고, 공동관리인 사이의 업무 분장이 명확하지 못한 경우 회생절차를 원활하게 진행하기 어렵기 때문이다.

한 사정이 없는 한 그 여럿의 관리인 전원이 채무자의 업무 수행과 재산의 관리처분에 관한 권한을 갖기 때문에 채무자의 업무와 재산에 관한 소송에서는 관리인 전원이 소송당사자가 되어야 하고 그 소송은 필수적 공동소송에 해당한다.[39] 공동관리인 중 일부가 관리인의 자격을 상실한 경우, 남아 있는 관리인이 자격을 상실한 관리인을 수계하기 위한 절차를 따로 거치지 않고 혼자서 소송행위를 할 수 있다.[40]

관리인이 여럿인 때에는 제3자의 의사표시는 그 1인에 대하여 하면 된다(제75조 제2항). 소송절차에서 송달도 그 가운데 한 사람에게 하면 된다(민소법 제180조).

관리인이 해임이나 사임 등으로 그 자격을 잃거나 사망했을 때에는 소송절차는 중단되고, 새롭게 선임된 관리인이 소송절차를 수계하여야 한다(제33조, 민소법 제237조 제1항). 다만 소송대리인이 있는 경우에는 중단되지 아니한다(제33조, 민소법 제238조).

Ⅲ 채무자회생법상의 관리인 유형

1. 기존경영자 관리인

가. 선임원칙

법원은 채무자의 재정적 파탄에 중대한 책임이 있는 때 등과 같은 예외적인 경우를 제외하고 원칙적으로 채무자(개인의 경우)나 그 대표자(개인이 아닌 경우)를 관리인으로 선임하여야 한다(제74조 제2항).[41] 회생절차에서는 간이회생절차(제293조의6)와 달리 관리인을 선임하는 것이 원칙이다.

나. 예외 사유[42]

아래의 사유가 있을 경우에는 기존경영자가 아닌 제3자를 관리인으로 선임한다(제74조 제2항).

---

39) 대법원 2014. 4. 10. 선고 2013다95995 판결. 파산관재인도 마찬가지이다(대법원 2009. 9. 10. 선고 2008다62533 판결, 대법원 2008. 4. 24. 선고 2006다14363 판결 참조).

40) 대법원 2008. 4. 24. 선고 2006다14363 판결, 제384조, 제359조, 제 56조 제1항, 제78조 참조.

41) 기존경영자 관리인은 회생절차개시 전에 주주총회에서 이사로 선임되고(상법 제382조 제1항), 이사회에서 대표이사로 선출된 사람이다(상법 제389조 제1항). 그는 회생절차개시 전에는 회사와 주주의 이익을 위하여 선관주의의무(상법 제382조 제2항, 민법 제681조) 내지 충실의무(상법 제382조의3)를 부담한다. 그리고 선관주의의무의 위반행위가 있는 경우라도 경영판단의 원칙에 의한 보호를 받을 수 있다. 제3자 관리인과 달리, 기존경영자 관리인은 회생절차개시 전에 그를 둘러싸고 형성되어 있던 법률관계가 회생절차의 개시로 어떻게 달라지는지 문제되지 않을 수 없다. 그는 여전히 회사에 대하여 선관주의의무와 충실의무를 부담하는가. 만약 그가 선관주의의무나 충실의무에 반하여 채권자의 이익을 위하여 행위한 경우, 주주는 대표소송(상법 제403조 제1항)을 제기할 수 있는가. 관리인으로서 선관주의의무에 위반하여 행위한 경우 경영판단의 원칙에 의한 보호를 받을 수 있는가. 나아가 지배구조에 관한 문제도 함께 고려하여야 할 것이다. 예컨대 주주총회에서 기존경영자 관리인인 이사를 해임하면, 그는 더 이상 관리인의 지위를 유지하지 못하는가. 관리인불선임결정에 의해 관리인으로 간주되던 중소기업의 대표이사가 이사회 또는 주주총회에서 해임되면, 그는 더 이상 관리인으로 간주되지 않는가. 이에 관한 자세한 내용은 「이연갑, "도산법상 기존경영자 관리인의 지위", 비교사법 16권 1호 (통권44호) (2009. 3), 397쪽 이하」를 참조할 것.

42) 기존의 경영자를 관리인으로 선임하도록 원칙을 선언하면서 예외 조항에서 '중대한 책임', '상당한 이유', '채무자의

(1) 채무자의 재정적 파탄의 원인이 채무자 또는 그 이사나 지배인이 행한 재산의 유용 또는 은닉이나 그에게 중대한 책임이 있는 부실경영에 기인하는 때

(2) 채권자협의회가 요청하는 경우로서 상당한 이유가 있는 때

(3) 그 밖에 채무자의 회생에 필요한 때

다. 선임절차

법원이 관리인을 선임함에 있어서는 관리위원회와 채권자협의회의 의견을 들어 관리인의 직무를 수행함에 적합한 자를 관리인으로 선임하여야 한다(제74조 제1항). 법원은 관리인에게 그 선임을 증명하는 서면을 교부하여야 한다(제81조 제2항).

라. 임 기

기존경영자를 관리인으로 선임하는 경우 임기제를 실시하게 되면 기존경영자의 경영권 보장을 우회적으로 무력화시키는 것이 되어버리므로 임기제를 두지 아니하는 것을 원칙으로 함이 바람직하다.

마. 사임과 해임

(1) 사 임

관리인은 정당한 사유가 있는 때에는 법원의 허가를 얻어 사임할 수 있다(제83조 제1항).

(2) 해 임

법원은 관리인으로 선임된 후 그 관리인에게 제74조 제2항 제1호의 사유(부실원인이 관리인에게 있는 경우)가 발견된 때, 또는 관리인이 제82조 제1항 규정에 의한 선량한 관리자의 주의의무를 위반한 때, 관리인의 경영능력이 부족한 때, 그 밖에 상당한 이유가 있는 때에는 이해관계인의 신청에 의하거나 직권으로 관리인을 해임할 수 있다(제83조 제2항).

법원은 해임결정을 하기 전에 반드시 관리인을 심문하여야 한다(제83조 제2항). 법원의 해임결정에 대하여는 즉시항고를 할 수 있고, 이 경우 집행정지의 효력은 없다(제83조 제3항, 제4항). 따라서 해임의 효력은 즉시 발생한다. 관리인을 해임한 후 새로운 관리인을 선임할 경우에는 기존경영자를 관리인으로 선임할 필요가 없다(제83조 제5항).

회생에 필요'와 같이 추상적이고 포괄적인 개방 규정을 둠으로써 운용에 따라 원칙과 예외가 뒤바뀌는 결과를 초래할 수도 있다. 이로 인해 기존경영자는 위와 같은 개방 규정의 적용 가능성에 불안해 할 수도 있고, 원칙적으로 기존경영자를 관리인으로 선임하도록 한 법의 취지가 몰각될 우려가 있으므로 예외 사유를 적용함에 있어서는 신중을 기할 필요가 있다.

2. 기존경영자 이외의 제3자 관리인

가. 선임사유

(1) 회생절차개시결정시

채무자의 재정적 파탄이 채무자 또는 그 이사나 지배인이 행한 재산의 유용 또는 은닉이나 그에게 중대한 책임이 있는 부실경영에 기인한 때, 채권자협의회의 요청이 있는 경우로서 상당한 이유가 있는 때, 그 밖에 채무자의 회생에 필요한 때에는 법원은 제3자를 관리인으로 선임하여야 한다(제74조 제2항).

(2) 회생절차개시 후 회생절차 종료 전

회생절차개시 후 회생절차 종료 전에 관리인에게 제74조 제2항 제1호의 사유(부실원인이 관리인에게 있는 경우)가 발견된 때, 또는 관리인이 제82조 제1항 규정에 의한 선량한 관리자의 주의의무를 위반한 때, 관리인의 경영능력이 부족한 때, 그 밖에 상당한 이유가 있는 때는 관리인을 해임하고(제83조 제2항), 제3자를 관리인으로 선임할 수 있다(제83조 제5항).

또한 관리인 불선임 결정을 한 경우에도 회생절차 진행 중에 제74조 제2항 각 호의 사유가 인정되는 경우에는 제3자를 관리인으로 선임할 수 있다(제74조 제3항 단서).

나. 선임절차

앞의 〈1.다.〉에서 본 관리인 선임 절차에 따른다. 다만 제3자 관리인을 선임할 경우 채권자협의회는 법원에 관리인 후보자를 추천할 수 있다(제74조 제7항). 채권자협의회에 제3자 관리인 후보자 추천권을 부여함으로써 채권자의 참여를 확대한 것이다.

다. 임 기

제3자를 관리인으로 선임하는 경우 책임 경영과 투명 경영의 동기를 부여하기 위하여 임기를 정하는 것이 바람직하다.[43]

3. 관리인으로 보게 되는 기존경영자

가. 의 의

채무자가 개인, 중소기업, 그 밖에 대법원 규칙(제51조)이 정하는 자에 대하여는 관리인을 선임하지 아니할 수 있고, 이 경우 채무자 또는 그 대표자를 관리인으로 본다(제73조 제3항, 제4항). 실무에서는 이를 법률상 관리인이라 부르고 있다.

---

43) 실무적으로 회생절차개시결정 당시 선임하는 관리인의 임기는 일반적으로 회생계획인가결정일로부터 30일이 되는 날까지로 정하고, 인가결정일 후에 선임되는 관리인의 경우는 선임일로부터 2년으로 정하고 있다.

관리인을 불선임하는 것과 기존경영자를 관리인으로 선임하는 것은 외형상 차이가 없다. 그러나 실질적으로 몇 가지 차이가 있다. 관리인 불선임의 경우 ① 향후 언제든지 법원이 제3자를 관리인으로 선임할 수 있으므로 관리인에 대한 효과적인 감독이 가능할 뿐만 아니라 출자전환 후 주주들의 신임에 따라 기존 대표자가 계속하여 경영을 할 수 있고, ② 기존경영자 관리인의 보수를 법원이 따로 정하지 않음으로써 대표자가 해당 기업의 사정에 적합한 보수를 받도록 하고, 대표자가 회생절차 진행의 중심이 될 수 있게 하여 필요한 인력의 이탈을 방지할 수 있다.[44] ③ 관리인 선임결정에 의하여 관리인이 된 채무자의 대표자는 나중에 채무자의 대표자의 지위를 상실하였다고 하여도 관리인의 지위를 상실하지 않는다. 그러나 관리인 불선임 결정에 의하여 관리인으로 보게 되는 채무자의 대표자는 회생절차개시 후 채무자의 대표자의 지위를 상실하면 업무수행권과 재산의 관리처분권을 상실하게 된다. 채무자의 대표자의 지위는 회생절차개시 후 인가 전 단계에서는 채무자 내부의 대표자 선임절차(주주총회결의 또는 이사회결의)에 의하여, 회생계획인가 후 회생절차종결 전 단계에서는 회생계획에서 정한 대표자의 선임절차(제203조, 제263조)에 의하여 변경·교체될 수 있다.

나. 관리인 불선임 결정

법원은 회생절차개시결정에 명시적으로 「채무자에 대하여 관리인을 선임하지 아니하고 채무자의 대표자[45]를 관리인으로 본다」고 기재한다.[46]

다. 사임 및 해임 여부

관리인 불선임 결정에 의하여 관리인으로 보게 되는 채무자의 대표자는 법원이 제3자를 관리인으로 선임하면(제74조 제3항 단서) 업무수행권과 재산의 관리처분권을 당연히 상실하게 되므로 관리인의 사임 및 해임에 관한 규정(제83조)은 적용되지 않는다.

Ⅳ 공동관리인·관리인대리·관리인 직무를 행할 자, 법률고문 등

1. 공동관리인

가. 직무의 공동수행

관리인을 여러 명 선임한 경우 또는 관리인이 선임되지 아니한 경우에 채무자의 대표자가 여럿이어서 관리인으로 보게 되는 자가 여럿인 경우, 관리인들은 공동으로 그 직무를 행한다. 따라서 공동관리인들은 공동명의로 법률행위를 하여야 하고, 법원에 대한 허가신청도 공동으

---

44) 실무적으로는 회생절차의 신속한 진행을 위해 원칙적으로 관리인을 불선임하고 있다.
45) 채무자가 개인인 경우에는 '채무자'.
46) 간이회생사건의 경우 관리인 불선임이 원칙이기 때문에 주문에 위와 같은 취지의 문구를 기재하지 아니한다(제293조의6).

로 하여야 한다(제75조 제1항 전문).[47]

관리인이 여러 명 선임되는 경우에도 일반적으로 2명이고, 관리인 상호간에 견제와 감독을 통해 권한남용 기타 임무위배를 방지하기 위하여 공동으로 직무를 수행하도록 한 것이다.

이러한 취지에 비추어 보면, 관리인 1인이 다른 관리인에게 자기의 직무를 일반적·포괄적으로 위임할 수는 없지만, 특정사항이나 특정한 종류의 사항을 위임하는 것은 허용된다고 할 것이다.

공동집행의무를 위반하여 한 행위는 권한이 없는 행위로서 무효이다. 문제는 공동으로 집행하여야 한다는 것을 알지 못한 채, 관리인과 거래를 한 상대방의 보호문제이다. 표현대표이사의 행위에 대한 책임을 규정한 상법 제395조를 유추적용하여 선의나 중대한 과실이 없는 제3자에 대하여는 채무자의 책임을 인정하여야 할 것이다.[48]

나. 예외적인 집행방법－직무분장[49]

공동의 관리인이 있는 때에는 직무를 공동으로 하는 것이 원칙이지만, 업무처리에 있어 복잡하고 의사결정에 시간이 오래 걸릴 수 있다. 그래서 법원의 허가를 받아 직무를 분장할 수 있도록 하였다(제75조 제1항 후문).[50]

직무분장의 원칙에 반하여 한 행위는 무효이지만, 상대방 보호를 위해 위 〈가.〉에서 본 바와 같이 상법 제395조를 유추적용하여야 할 것이다.

다. 관리인에 대한 의사표시

관리인이 여럿인 때에는 제3자의 의사표시는 그 1인에 대하여 하면 된다(제75조 제2항). 직무분장에 대한 허가가 있었던 경우도 마찬가지이다.

---

47) 통상적인 상황에서 수인의 대표이사를 선정하였을 경우 각자 회사를 대표함이 원칙인 것과 다르다(상법 제389조 제2항). 실무적으로는 공동으로 업무수행하는 것이 번잡하기 때문에 공동관리인을 선임하는 경우는 많지 않다. 공동관리인을 선임하는 경우는 주로 기존 대표이사가 횡령, 배임 등의 행위를 하였을 의심이 있는 등 관리인의 업무를 수행하는데 적절하지 못한 정황이 있는 때이고, 공동관리인을 선임하더라도 업무를 분장하는 경우가 많다.

48) 상법 제395조가 규정하는 표현대표이사의 행위로 인한 주식회사의 책임이 성립하기 위하여는 법률행위의 상대방이 된 제3자의 선의 이외에 무과실까지도 필요로 하는 것은 아니지만, 그 규정의 취지는 회사의 대표이사가 아닌 이사가 외관상 회사의 대표권이 있는 것으로 인정될 만한 명칭을 사용하여 거래행위를 하고, 이러한 외관이 생겨난 데에 관하여 회사에 귀책사유가 있는 경우에 그 외관을 믿은 선의의 제3자를 보호함으로써 상거래의 신뢰와 안전을 도모하려는 데에 있다 할 것인바, 그와 같은 제3자의 신뢰는 보호할 만한 가치가 있는 정당한 것이어야 할 것이므로 설령 제3자가 회사의 대표이사가 아닌 이사가 그 거래행위를 함에 있어서 회사를 대표할 권한이 있다고 믿었다 할지라도 그와 같이 믿음에 있어서 중대한 과실이 있는 경우에는 회사는 그 제3자에 대하여는 책임을 지지 아니하고, 여기서 제3자의 중대한 과실이라 함은 제3자가 조금만 주의를 기울였더라면 표현대표이사의 행위가 대표권에 기한 것이 아니라는 사정을 알 수 있었음에도 만연히 이를 대표권에 기한 행위라고 믿음으로써 거래통념상 요구되는 주의의무에 현저히 위반하는 것으로, 공평의 관점에서 제3자를 구태여 보호할 필요가 없다고 봄이 상당하다고 인정되는 상태를 말한다(대법원 2003. 7. 22. 선고 2002다40432 판결).

49) 입법론적으로는 대규모 회생사건에서 신속하고 효율적인 업무수행을 위해 법원의 허가를 얻어 직무를 단독으로 수행할 수 있도록 할 필요가 있다.

50) 공동관리인이 직무 분장의 허가를 받은 취지는 등기대상이 아니다(제23조 제3항). 따라서 관리인이 직무 분장에 위반하여 행위를 한 경우 상법 제395조의 선의나 중과실의 인정에 있어 다툼이 있을 수 있다.

관리인이 수동적으로 제3자로부터 의사표시를 받는 경우에는 권한남용이라는 상황이 발생할 여지가 적고, 전원에 대하여 의사표시를 하라고 하면 제3자에게 큰 부담이 될 수 있다는 점을 고려한 것이다.

관리인이 여럿인 경우 소송절차에서 송달은 그 가운데 한 사람에게 하면 된다(제33조, 민소법 제180조).

라. 소송행위

관리인이 복수인 경우 직무분장이 되어 있지 않는 한, 소송행위는 그 전원이 하거나 전원을 상대로 하지 않으면 안 된다. 즉 고유필수적 공동소송이 되고, 공동관리인 전원이 원고나 피고가 되어야 한다.

관리인이 원고로 소송을 수행하는 도중 관리인이 추가로 선임된 경우에는, 종래 관리인의 관리처분권 및 이에 기한 소송수행권은 2인에게 합유적으로 귀속되기 때문에, 종래의 관리인도 단독으로 소송을 수행할 권한을 상실한다. 따라서 추가 선임 시점에 소송은 중단되고, 2인의 관리인이 공동으로 소송을 수계하여야 한다.[51]

2. 관리인대리[52]

관리인은 필요한 때에 그 직무를 행하게 하기 위하여 자기의 책임으로 1인 또는 여러 명의 관리인대리를 선임할 수 있으며, 그 선임에 있어서는 법원의 허가를 요한다(제76조 제1항, 제2항).[53] 제74조 제6항과 같은 규정이 없고 필요성도 그다지 크지 않다는 점에서 법인을 관리인 대리로 선임할 수는 없다고 할 것이다. 관리인대리의 보수는 법원이 결정한다(제30조 제1항).[54]

관리인대리는 관리인에 갈음하여 재판상 또는 재판 외의 모든 행위를 할 수 있다(제76조 제5항). 관리인대리는 관리인의 포괄대리인으로서 상법상의 지배인에 대응한다고 볼 수 있다. 따라서 관리인대리의 대리권에 대한 제한은 선의의 제3자에게 대항할 수 없다(상법 제11조 제3항).

채무자의 재산에 관한 소송에서는 관리인만이 당사자적격을 갖고(제78조), 관리인대리는 당사자적격이 없다. 하지만 상법상의 지배인과 유사한 지위에 있으므로 재산관계의 소송에 있어서는 소송대리권을 가지고 있다고 할 것이다(상법 제11조 제1항 참조).

---

51) 條解 破産法, 615쪽 참조.
52) 파산관재인대리에 관한 부분{〈제3편 제4장 제2절 Ⅵ.1.〉(본서 1344쪽)}을 참조할 것.
53) 회생회사의 관리인이 "갑"을 회생회사의 부사장으로 선임하여 회생업무에 참여케 하였다면 "갑"은 위 직명여하에 관계없이 관리인의 책임으로 그 직무집행에 필요하여 법원의 허가를 얻어 선임한 관리인의 대리인 또는 이행보조자나 이행대용자라고 보아야 할 것이며 회생회사의 피용자라고 할 수 없으므로 자기책임으로 "갑"을 선임한 관리인은 제76조 제1항의 취지로 보아 그 선임·감독상의 과실유무에 관계없이 "갑"의 행위에 의하여 회생회사가 손해를 입은 경우에는 그 책임을 져야 할 것이다(대법원 1974. 6. 25. 선고 73다692 판결 참조).
54) 관리인대리는 채무자의 사업장이 국내와 국외에 산재해 있는 경우, 본점은 서울에 있고 주된 생산 공장은 지방에 있는 경우, 대형회사가 본점 외의 지방에서 소송을 진행하여야 하는 경우에 선임하고 있다. 관리인대리는 통상 직원 중에서 선임하므로 보수결정은 하지 않고 있다.

관리인대리의 자격에는 특별한 제한이 없다. 관리인대리는 관리인이 가지는 권한을 계속적이고 포괄적으로 행사하는 것이 인정된다는 점에서, 임시의 개별행위에 대하여 권한을 행사하는 대리인과 구별된다. 이런 의미에서 관리인대리는 관리인과 마찬가지로 채무자의 기관으로서의 성질을 갖는다. 관리인대리의 선임에 법원의 허가를 받도록 한 것은 이 때문이다.

관리인이 법원에 의하여 선임되고 감독을 받는 것과 달리, 관리인대리는 관리인에 의하여 선임되는 것이기 때문에 법원의 직접적인 감독을 받는 것은 아니고 관리인에게 감독이 위임되어 있다. 또한 관리인은 이해관계인에 대하여 선관주의의무를 부담함에 대하여(제82조 제1항), 관리인대리는 선임자인 관리인에 대하여 선관주의의무를 부담하고, 직무상의 행위로 인하여 이해관계인에게 손해를 발생케한 경우에는, 관리인이 이해관계인에 대하여 손해배상의무를 부담한다.

관리인대리와 구별할 것이 관리인 보조인이다. 이는 법에 정해진 채무자의 기관은 아니고, 관리인 및 관리인대리의 업무를 보조하는 자이다. 실무적으로는 필요한 경우 관리인은 법원의 허가를 받아 보조인을 고용한다.

3. 관리인의 직무를 행할 자

관리인으로 선임된 법인은 이사 중에서 관리인의 직무를 행할 자를 지명하여 법원에 신고하여야 한다(제74조 제6항).

4. 법률고문 등

관리인은 필요한 때에는 법원의 허가를 얻어 법률 또는 경영에 관한 전문가를 고문으로 선임할 수 있고, 고문은 법원이 정하는 보수를 받을 수 있다(제77조, 제30조 제1항).

Ⅴ 관리인의 권한과 책무

1. 업무수행권 및 관리처분권

회생절차개시결정이 있은 때에는 채무자의 업무수행권과 재산의 관리처분권은 관리인에게 전속하고, 채무자나 그 이사는 관리인의 권한을 침해하거나 부당하게 그 행사에 관여할 수 없다(제56조). 따라서 관리인은 취임 후 즉시 채무자의 업무와 재산의 관리에 착수하여야 한다(제89조).

가. 직무수행

(1) 선관주의의무

관리인은 선량한 관리자의 주의로써 직무를 수행하여야 한다. 관리인이 그 주의를 게을리한 경우 이해관계인에게 손해배상책임을 부담한다. 관리인이 여러 명인 경우 연대하여 손해를 배상하여야 한다(제82조). 여기서 이해관계인은 회생채권자, 회생담보권자, 주주·지분권자 및 채무자를 말한다.

선량한 관리자의 주의의무란 거래상 일반적으로 평균인에게 요구되는 정도의 주의를 말한다(민법 제374조 참조). 다시 말하면 주의의무를 부담하는 자가 속하고 있는 직업, 지역, 사회적 지위에 있는 사람들에게 평균적·일반적으로 요구되는 정도의 주의를 말한다. 따라서 관리인 개인의 구체적 주의능력에 따른 구체적·개별적 주의의무와 달리 관리인으로서 일반적·평균적으로 요구되는 주의의무를 말한다.

주의의무의 정도는 구체적인 직무를 수행함에 있어 회생절차의 성질에 따라 판단된다. 따라서 선관주의의무를 위반하였는지 여부는 관리인의 구체적인 행위의 태양, 사안의 규모나 특수성, 신속처리의 요청 등을 종합적으로 감안하여 개별적으로 판단하여야 할 것이다. 이와 같은 선관의무를 결하는 것을 추상적 과실이라고 한다.

선관주의의무 위반이 문제될 수 있는 경우로 ① 채무자 재산의 관리처분에 관한 것을 들 수 있다. 채무자의 재산에 대한 관리처분권은 관리인에게 있다(제56조 제1항). 관리인이 관리할 재산은 채무자의 전 재산으로서 적극재산과 소극재산을 모두 포함한다. 소극재산은 채권신고 및 조사절차를 통하여 확정될 것이나 적극재산은 특별한 확정절차가 없으므로 관리인이 이를 적극적으로 확인하여 일실되는 재산이 없도록 주의하여야 한다. 관리인이 그 주의를 게을리하면 이해관계인에게 손해배상책임을 부담할 수 있다. 그 외에 ② 회생채권 등의 조사·확정에 관한 것으로 신고된 회생채권 등에 대하여 충분한 조사를 하지 않은 채 확정된 경우, ③ 회생채권 등을 회생계획에 따라 변제하지 않는 경우, ④ 환취권이나 회생담보권의 목적물을 잘못하여 손상한 경우 등을 들 수 있다.

(2) 임금 등을 체불한 경우 형사책임 부담 여부

회생절차가 개시되면 관리인에게 근로관계에서 사용자로서의 지위가 인정된다(본서 301쪽). 회생절차에서 관리인이 채무자 또는 사업의 효율적인 회생을 도모하는 업무를 수행하는 과정에서 자금 사정 악화나 관리인의 업무수행에 대한 법률상 제한 등에 따라 불가피하게 근로자의 임금 또는 퇴직금을 지급기일 안에 지급하지 못한 경우, 근로기준법이나 근로자퇴직급여보장법위반죄로 처벌받는지가 문제된다.[55]

---

55) 회생절차가 개시되면 제3자와의 사이에 법률관계를 맺는 자는 채무자가 아니라 관리인이 되고, 회생절차개시 후 퇴직하는 근로자의 퇴직금 및 임금 지급기일에 지급될 임금 등을 지급하여야 할 사용자로서의 법적 책임도 관리인에

기업이 불황이라는 사유만으로 사용자가 근로자에 대한 임금이나 퇴직금을 체불하는 것은 허용되지 아니하지만, 모든 성의와 노력을 다했어도 임금이나 퇴직금의 체불이나 미불을 방지할 수 없었다는 것이 사회통념상 긍정할 정도가 되어 사용자에게 더 이상의 적법행위를 기대할 수 없거나 불가피한 사정이었음이 인정되는 경우에는 그러한 사유는 근로기준법이나 근로자퇴직급여 보장법에서 정하는 임금 및 퇴직금 등의 기일 내 지급의무 위반죄의 책임조각사유로 된다.[56]

기업에 대하여 회생절차개시결정이 있는 때에는 채무자의 업무의 수행과 재산의 관리 및 처분을 하는 권한은 관리인에게 전속한다(제56조 제1항). 그러나 관리인은 채무자나 그의 기관 또는 대표자가 아니고 채무자와 채권자 등으로 구성되는 이른바 이해관계인 단체의 관리자로서 일종의 공적 수탁자에 해당하고, 채권자·주주·지분권자 등 이해관계인의 법률관계를 조정하여 채무자 또는 사업의 효율적인 회생을 도모하기 위하여 업무수행 등을 하는 것이고, 재산의 처분이나 금전의 지출 등의 일정 행위에 대하여 미리 법원의 허가를 받아야 하거나(제61조 등 참조), 채무자의 업무와 재산의 관리상태 등을 법원에 보고하여야 하는 등 다양한 방법으로 법원의 감독을 받게 된다(제91조 내지 제93조 등 참조).

이러한 회생절차에서의 관리인의 지위 및 역할, 업무수행의 내용 등에 비추어 보면, 관리인이 채무자회생법 등에 따라 이해관계인의 법률관계를 조정하여 채무자 또는 사업의 효율적인 회생을 도모하는 업무를 수행하는 과정에서 자금 사정의 악화나 관리인의 업무수행에 대한 법률상의 제한 등에 따라 불가피하게 근로자의 임금 또는 퇴직금을 지급기일 안에 지급하지 못한 것이라면 임금 및 퇴직금 등의 기일 내 지급의무 위반죄의 책임조각사유로 되는 하나의 구체적인 징표가 될 수 있다.

나아가 관리인이 업무수행 과정에서 임금이나 퇴직금을 지급기일 안에 지급할 수 없었던 불가피한 사정이 있었는지 여부는 채무자가 회생절차의 개시에 이르게 된 사정, 법원이 관리인을 선임한 사유, 회생절차개시결정 당시 채무자의 업무 및 재산의 관리상태, 회생절차개시결정 이후 관리인이 채무자 또는 사업의 회생을 도모하기 위하여 한 업무수행의 내용과 근로자를 포함한 이해관계인과의 협의 노력, 회생절차의 진행경과 등 제반 사정을 종합하여 개별·구체적으로 판단하여야 한다.[57]

게 있다.

56) 대법원 2008. 10. 9. 선고 2008도5984 판결, 대법원 2002. 9. 24. 선고 2002도3666 판결.

57) 대법원 2015. 2. 12. 선고 2014도12753 판결. 관리인에게 책임조각사유가 인정되어 근로자퇴직급여보장위반의 점에 대하여 무죄를 선고한 것으로 「대전지방법원 2017. 11. 29. 선고 2016노3742 판결」이 있다(대법원 2018. 4. 10. 선고 2017도21275 판결, 상고기각).

나. 법원의 허가를 받아야 하는 행위[58]

(1) 관리인의 행위 제한

관리인은 회생절차개시 후 업무수행권과 관리처분권을 가지고 있다. 그러나 관리인이 중요재산을 부당하게 처분하는 행위 등을 한다면 채무자의 재산 상태는 회생계획안을 제출할 때까지 지속적으로 악화되어 회생이 곤란하게 되고 회생계획을 이행할 수 없게 될 수 있는 우려가 있다. 그래서 법원은 재량으로 관리인의 일정한 행위에 대하여 법원의 허가를 받도록 정할 수 있게 하였다.

법원은 필요하다고 인정하는 때에는 ① 재산의 처분,[59] ② 재산의 양수, ③ 자금의 차입 등 차재, ④ 제119조의 규정에 의한 계약의 해제 또는 해지, ⑤ 소의 제기,[60] ⑥ 화해 또는 중재계약, ⑦ 권리의 포기, ⑧ 공익채권 또는 환취권의 승인,[61] ⑨ 그 밖에 법원이 지정하는 행위를 하고자 할 때는 법원의 허가를 받도록 할 수 있다(제61조 제1항).[62] 법원은 사안의 성질 등을 감안하여 허가가 필요한 경우에 한하여 허가사항으로 정할 수 있도록 하였다. 이 점이 자동적으로 허가를 받도록 한 파산절차(제492조)와 다르다. 회생절차에서는 파산절차와 달리 사업수행의 신속성이 중요하기 때문에 법원은 허가사항을 정함에 있어 필요 이상으로 이를 저해하지 않도록 배려할 필요가 있기 때문이다. 이로 인해 회생절차에서 필요불가결한 유연한 절차운영이 가능하도록 하였다.[63]

차재는 돈을 빌리는 것을 의미하는 데 반해, 물품공급계약에서의 선급금은 향후 공급받을 물품의 대금 명목으로 미리 지급한 돈을 의미하므로, 차재와 선급금의 수령은 그 성격을 달리한다. 따라서 선급금 수령행위는 법원의 허가를 요하는 차재행위로 볼 수 없다.[64]

---

58) 관련 내용은 〈제19장 제2절 Ⅱ.1.나.〉(본서 1141쪽), 〈제3편 제4장 제2절 Ⅲ.2.가.〉(본서 1333쪽)를 참조할 것. 파산절차에서도 파산관재인은 일정한 행위를 할 때 법원의 허가를 받도록 하고 있다(제492조). 다만 파산절차에서는 필요적으로 법원의 허가를 받아야 하지만, 법원이 정한 금액(실무적으로 300만 원) 미만의 경우에는 허가를 받지 않아도 된다는 점에 차이가 있다.

59) 재산의 처분에는 영업양도도 포함되므로 제62조 제1항은 제61조 제1항 제1호의 특칙이라고 볼 수 있다.

60) 법원의 허가 없이 소를 제기하였다면 적법요건을 결하여 소가 각하되는 것이지 소제기 행위 자체가 무효로 되는 것은 아니다.

61) 여기서 승인은 법원의 감독권의 행사이기 때문에 승인에 의해 공익채권성이 확정되는 것은 아니다.

62) 실무적으로 예외 없이 회생절차개시결정과 동시에 관리인이 법원이나 관리위원의 허가를 받아야 할 사항을 정하고 있다. 다만 법원은 회생절차 진행초기에 채무자의 사업계속을 위해 각 항목별(임직원 급여, 원재료 구입대금 등)로 포괄적으로 허가를 해주고 있다(사업계속을 위한 포괄허가). 이로써 관리인은 매 건별 허가신청 업무를 생략함으로써 회생절차를 신속하게 진행할 수 있게 되었고, 나아가 기존경영자에 대하여 회생절차개시로 인한 법원허가의 부담을 덜어줌으로써 조기에 회생절차를 신청할 수 있는 유인으로 기능하고 있다.

63) 이러한 일반적인 허가사항과 함께, 채무자회생법이 둔 것이 영업양도 등에 관한 허가제도이다(제62조). 도산에 의해 사업가치가 급속하게 악화될 우려가 있기 때문에, 영업양도 등은 신속한 실행이 불가결하고, 회생계획인가를 기다리는 것은 적절한 영업양도를 어렵게 할 뿐이다. 그래서 회생계획인가 전에 영업양도 등이 가능한 제도가 필요하다. 다른 한편으론 채무자의 영업의 전부 또는 중요한 일부를 대상으로 하는 영업양도는 실질적으로 회생절차의 방향성을 결정하고, 회생채권자 등에 대한 변제 내용을 결정하는 의미를 갖기 때문에, 이것을 무제한적으로 허용할 수는 없다. 그래서 채무자회생법은 법원의 허가를 필요적으로 하여 영업양도 등이 가능하도록 하는 길을 열어두었다. 관련 내용은 〈본서 1023쪽〉을 참조할 것.

64) 대법원 2015. 9. 10. 선고 2014다68303 판결.

법원의 허가를 받아 한 차입은 공익채권 중에서도 우선적으로 변제받는다(제180조 제7항).

(2) 관리인의 자기거래 제한

(가) 취 지

관리인은 법원에 의하여 선임되고 이해관계인 전원을 위하여 채무자의 재산을 관리하는 공적수탁자의 성격을 가지고 있지만, 채무자의 업무수행권과 관리처분권이 전속되어 있기 때문에(제56조 제1항) 대표이사와 같은 측면도 있다. 이 때문에 상법 제398조와 같은 규정을 두고 있다.[65]

관리인은 법원의 허가를 받지 아니하고는 ① 채무자의 영업 또는 재산을 양수하는 행위, ② 채무자에 대하여 자기의 영업 또는 재산을 양도하는 행위, ③ 그 밖에 자기 또는 제3자를 위하여[66] 채무자와 거래하는 행위를 하지 못한다(제61조 제2항). 위 3가지 거래는 예시규정에 불과하고 관리인과 채무자 사이에서 이익이 충돌하는 행위 일반을 대상으로 하는 것이다. 즉 상법 제398조에서 말하는 자기거래의 의미와 마찬가지로 재량에 따라 이익충돌로 채무자를 해할 염려가 있는 행위로 보아야 한다. 따라서 직접거래뿐만 아니라 간접거래도 포함되고,[67] 반대로 채무자를 해할 염려가 없는 경우, 예컨대 재량의 여지가 없는 보통거래약관에 따른 거래(운송계약이나 예금계약 등), 채무의 이행, 상계 등은 자기거래의 규제 대상에 포함되지 않는다. 또한 관리인이 채무자에게 금전을 대여하는 행위는 자기거래에 해당하지만, 그것이 무이자·무담보·무기한이라면 채무자의 이익을 해하지 않기 때문에 자기거래 규제 대상인 거래에는 해당하지 않는다고 할 것이다.

(나) 법원의 허가

관리인의 자기거래 제한은 이사의 이익 상반거래에 대하여 이사회의 승인을 얻도록 하는 상법 제398조와 그 취지가 같다. 다만 관리인은 회생절차의 기관으로서 선량한 관리자의 주의

---

65) 입법론으로는 관리인에 대하여도 상법 제397조와 같은 취지의 경업금지의무를 도입할 필요가 있다(일본 회사갱생법 제79조 참조). 왜냐하면 관리인은 채무자의 업무수행권과 재산에 대한 관리처분권을 장악하여(제56조 제1항) 채무자의 회생을 위해 최선을 다할 지위에 있다. 그러한 의미에서 관리인은 이사라는 채무자 회사의 기관과 유사한 지위를 갖고, 실제로도 채무자 회사의 이사 등이나 유사한 업종의 이사 등이 제3자 관리인으로 선임되는 경우가 적지 않기 때문이다.
또한 관리인이 채무자 회사의 채권 또는 주식 등을 양도·양수하는 경우에도 법원의 허가를 받도록 할 필요가 있다(일본 회사갱생법 제81조 제2항 참조). 채무자 회사의 회생을 통하여 이해관계인의 이익을 실현하여야 하는 관리인의 직무와 이러한 행위의 결과가 저촉될 우려가 있기 때문이다.

66) '자기 또는 제3자를 위하여'의 해석에 대하여는 ① 자기 또는 제3자의 대리인 또는 대표자로서, 나아가 자기 또는 제3자의 계산으로라는 의미로 보는 견해와 ② 자기 또는 제3자의 대리인 또는 대표자로서 그 명의로 거래하면 자기거래에 해당한다는 의미로 보는 견해가 있다. 살피건대 채무자를 해할 염려가 있는 행위를 예방적으로 회피하기 위한 자기거래제한의 취지에 비추어 보면, 자기 또는 제3자의 대리인 또는 대표자로서 그의 이름으로 거래를 하는 외관을 갖추었다면 자기거래 규제 대상에 해당한다고 보아야 할 것이다(條解 民事再生法, 372쪽).

67) 상법 제398조에서 말하는 거래에는 이사와 회사 사이에 직접 성립하는 이해상반하는 행위뿐만 아니라 이사가 회사를 대표하여 자기를 위하여 자기 개인 채무의 채권자인 제3자와의 사이에 자기 개인채무의 연대보증을 하는 것과 같은 이사 개인에게 이익이 되고 회사에 불이익을 주는 행위도 포함하는 것이라 할 것이므로 별개 두 회사의 대표이사를 겸하고 있는 자가 어느 일방 회사의 채무에 관하여 나머지 회사를 대표하여 연대보증을 한 경우에도 역시 상법 제398조의 규정이 적용되는 것으로 보아야 한다(대법원 1984. 12. 11. 선고 84다카1591 판결).

로써 직무를 수행할 의무를 부담하는데(제82조 제1항), 이러한 자기거래는 이러한 의무와 저촉될 우려가 있다는 점, 관리인은 채무자의 사업을 경영하고, 재산의 관리처분권이 있다는 점(제56조 제1항), 법원이 관리인에 대하여 감독권이 있다는 점(제82조 제2항) 등을 고려하여 법원의 허가사항으로 한 것이다.

(3) 무허가행위의 효력과 선의의 제3자 보호

채무자의 이익을 지키기 위하여 법원의 허가를 받지 아니하고 한 행위는 무효이지만,[68] 선의의 제3자에게는 대항하지 못한다(제61조 제3항). 선의의 제3자를 보호하기 위한 것이다.

선의란 허가를 필요로 하는 행위로 지정되었거나 허가를 요하는 행위임에도 불구하고 관리인이 허가를 받지 않은 것을 알지 못한 것을 말한다. 선의란 법원의 허가의 유무에 대한 것이다. 선의의 제3자는 허가의 유무에 대하여 선의이면 족하고, 과실의 유무는 묻지 않는다. 행위나 자기거래 당시에 선의이면 되고 이후 사정을 알게 되었어도 효력에는 영향이 없다. 선의에 대한 증명책임은 이를 주장하는 자가 부담한다.

무효는 당해 거래의 결과를 기초로 회생계획이 인가되고 회생절차가 종료되어도 그것이 치유되는 것은 아니다.[69]

제3자는 관리인 및 상대방 이외의 자를 말한다. 행위의 직접적인 상대방이 악의이어도, 전득자가 선의인 경우에는 전득자에 대하여 대항할 수 없다. 왜냐하면 제61조 제3항은 거래의 안전을 도모하기 위한 규정이고, 선의의 전득자도 행위의 직접적인 상대방과 마찬가지로 보호되어야 하기 때문이다.

관리인이 법원의 허가를 받아야 할 행위를 허가받지 아니하고 행한 경우에는 형사처벌을 받는다(제648조 제1항).

(4) 파산절차(제492조)와의 비교

(가) 파산절차에서 파산관재인은 가액이 1천만 원 이상인 부동산 등의 임의매각 등 행위를 할 경우 법원의 허가를 받도록 하고 있다(제492조). 반면 회생절차에서는 사안의 성질을 고려하여 '법원이 필요하다고 인정하는 때'에는 관리인이 재산의 처분 등 일정한 행위를 할 경우 법원의 허가를 받도록 할 수 있다고 규정함으로써 청산형 절차와 다른 방식을 채택하고 있다. 회생형 절차에 있어서는 청산형과 달리 사업수행의 신속성이 중요하기 때문에, 필요 이상으로 방해가 되지 않도록 배려할 필요가 있다는 것을 반영한 것이다.

회생절차에서는 전면적으로 법원의 재량을 인정함으로써, 사안에 따라 법원의 감독과 사업

---

68) 공정증서상의 집행인낙의 의사표시는 공증인가 합동법률사무소 또는 공증인에 대한 채무자의 단독 의사표시로서 공정증서에 의한 소송행위이므로, 회생회사의 관리인이 일체의 소송행위에 대하여는 회생법원의 허가를 받도록 명한 회생절차개시결정에 반하여 법원의 허가를 받지 아니한 채 집행증서를 작성한 경우, 제61조 제3항이 정하는 바에 따라 그 집행증서는 무효라고 볼 수밖에 없으므로 채권자가 그 집행증서를 집행권원으로 하여 채무자의 재산에 대하여 행한 압류는 무효라고 보아야 한다(대법원 1999. 9. 7. 선고 98다47283 판결 참조).

69) 會社更生法, 128쪽 각주 38).

수행의 신속성의 조화를 도모하여 적절하게 운용할 수 있도록 한 것이다.

(나) 자기거래 제한에 대하여 회생절차에서는 규정되어 있지만, 파산절차에서는 규정이 없다. 회생절차는 채무자의 존속(사업의 계속)을 목적으로 하고 관리인에게 업무수행권까지 있음에 반하여, 파산절차는 청산을 목적으로 하고 파산관재인에게 업무수행권이 없다. 그러므로 파산절차에서는 자기거래 제한을 할 필요가 없다고 할 것이다.

2. 회생절차의 진행에 따른 관리인의 직무

가. 회생채권자 등 목록 제출 및 조사

관리인은 법원이 정한 기간 안에 회생채권자의 목록, 회생담보권자의 목록, 주주·지분권자의 목록을 작성·제출하여야 하고(제147조 제1항), 목록에 기재되거나 신고된 채권을 조사하여야 한다. 채권조사는 목록에 기재되거나 신고된 채권에 관한 시부인표를 작성·제출하는 방법으로 한다.

나. 재산가액의 평가

관리인은 회생절차개시 후 지체 없이 채무자에 속하는 일체의 재산에 대해 회생절차개시 당시의 가액을 평가하고(제90조 전문), 취임 후 지체 없이 회생절차개시 당시 채무자의 재산목록 및 대차대조표(재무상태표)를 작성하여 법원에 제출하여야 한다(제91조).

(1) 재산가액평가의 목적 및 기준시

회생절차에서 재산가액을 평가하는 목적은 ① 조기에 채무자의 정확한 재산 상태를 파악하여 회생계획안 작성을 위한 채무자의 사업경영 및 재산관리의 방침을 정하고, ② 이해관계인에게 이것을 공개하여 적절한 의사결정을 위한 자료를 제공하며, ③ 채무자가 채무초과(부채초과)상태에 있는지를 분명히 하여 주주의 의결권 등 이해관계인의 권리범위를 명확히 하고(제146조 제3항 본문), ④ 채무자의 자산 및 부채의 상태를 회계장부에 반영하여 이후 회계처리의 기초가 되도록 하며, ⑤ 회생계획의 수행가능성을 판단하기 위한 자료를 제공하는데 있다.

재산가액을 평가하는 기준시는 회생절차개시 당시이다.[70] 회생담보권의 범위가 회생절차개시 당시의 목적물 가액으로 고정되는 이상{〈**제8장 제2절 Ⅱ.**〉(본서 627쪽) 참조}, 재산가액의 평가에 대한 기준시도 이에 맞출 필요가 있다는 점을 고려한 것으로 보인다.

재산가액의 평가 기준시가 회생절차개시 당시이기 때문에 회생절차개시 후 DIP financing에 의하여 차입한 금원, 회생절차개시 후의 원인으로 발생한 재산은 재산목록에 기재할 수 없

---

70) 회생계획인가요건의 하나인 청산가치보장원칙(제243조 제1항 제4호)의 기준시는 회생절차개시결정시가 아니라 회생계획인가결정시이다. 이로 인하여 재산가액을 인가결정시에 다시 평가하여야 한다는 문제가 있다. 실무적으로 개시결정시에 평가한 재산가액을 인가결정시와 시기적으로 큰 차이가 나지 않는다면 그 가액이 그대로 유지되는 것으로 간주하여 처리하고 있다. 물론 현저한 가액 차이가 있는 경우에는 인가결정시를 기준으로 다시 평가하여야 할 것이다.

다. 또한 회생절차개시 후의 원인으로 발생한 공익채권도 부채에 계상하는 것이 허용되지 않는다는 점에 주의를 요한다. 다른 한편 회생절차개시신청 후 개시 전에 법원의 허가를 받아 행한 자금의 차입, 자재의 구입 그 밖에 채무자의 사업을 계속하는 데에 불가결한 행위로 인하여 생긴 채권(제179조 제1항 제12호)은 회생절차개시 당시에 존재하는 부채(공익채권)로서 재산평가에 있어 계상하여야 한다.

(2) 재산가액의 평가방법

채무자회생법은 영업용 고정재산의 평가와 관련하여, 관리인이 채무자의 재산목록 및 대차대조표를 작성하는 때에는 일반적으로 공정·타당하다고 인정되는 회계관행에 따라야 한다(제94조 제1항)는 규정만 두고 있을 뿐, 재산평가의 방법에 관하여는 아무런 규정을 두고 있지 않다.[71] 재산평가의 방법과 관련하여 청산가치설과 계속기업가치설의 대립이 있다. 회생절차는 사업 계속을 전제로 한 회생을 목적으로 하고, 회생담보권자도 회생절차의 구속을 받게 함으로써 자산의 취득이나 처분보다 그 사용을 통해 창출하는 가치(사용가치)에 중점을 두고 있다는 점에서 계속기업가치설이 타당하다.

대법원도 계속기업가치설을 견지하고 있다.[72] 즉 재산가액의 평가에 있어서 그 평가의 객관적 기준은 회사의 유지·회생 즉 기업의 계속을 전제로 평가한 가액(계속기업가치)이어야 하고 회사의 해산과 청산 즉 기업의 해체, 처분을 전제로 한 개개 재산의 처분가액(청산가치)을 기준으로 할 것이 아니다. 이 때 그 가액의 평가방법은 수익환원법 등 수익성의 원리에 기초한 평가방식이 표준적인 방식이라고 할 수 있으나, 재산의 종류와 특성에 따라 원가법 등 비용성의 원리에 기초한 평가방식이나 거래사례비교법 등 시장성의 원리에 기초한 평가방식[73]이라도 기업의 계속성을 감안한 객관적 가액을 표현할 수 있는 것이면 족하다.[74]

---

71) 일본 회사갱생법은 갱생절차개시 당시의 '시가'에 의한다고 규정하고 있다(제83조 제2항). 회생절차에서 재산평가의 방법에 따라 이해관계인의 권리범위에 상당한 영향을 미칠 수 있다는 점에서 채무자회생법에서 재산의 평가는 시가에 의한다고 명확하게 규정할 필요가 있다.

다만 재산가액에 대한 평가를 개시결정 당시의 시가로 하더라도, 회생계획의 수행가능성이나 권리변경의 공정·형평을 판단하기 위한 기초자료로 계속기업가치가 필요하다. 또한 회생계획인가요건으로서 청산가치보장원칙이 담보되는지를 확인하기 위하여는 청산가치(처분가격에 의한 평가)가 여전히 필요하다.

72) 실무도 계속기업가치설에 따르고 있다. 조사위원의 조사보고서와 관리인보고서를 작성함에 있어 객관적인 시가에 맞게 (담보)목적물의 가액을 평가하도록 지도하고, 회생담보권의 인정범위를 따지는 경우에도 그와 같은 가액평가 방법을 동일하게 적용하고 있다. 일반적으로 개시결정 직후 부동산 등 (담보)목적물에 관한 감정평가를 실시하여 목적물의 가액을 산정하고 있다.

73) 감정평가방식에는 원가방식, 비교방식, 수익방식이 있다(감정평가에 관한 규칙 제11조).
○ 원가방식: 원가법(대상물건의 재조달원가에 감가수정을 하여 대상물건의 가액을 산정하는 감정평가방법) 등 비용성의 원리에 기초한 감정평가방식
○ 비교방식: 거래사례비교법(대상물건과 가치형성요인이 같거나 비슷한 물건의 거래사례와 비교하여 대상물건의 현황에 맞게 사정보정, 시점수정, 가치형성요인 비교 등의 과정을 거쳐 대상물건의 가액을 산정하는 감정평가방법) 등 시장성의 원리에 기초한 감정평가방식 및 공시지가기준법
○ 수익방식: 수익환원법(대상물건이 장래 산출할 것으로 기대되는 순수익이나 미래의 현금흐름을 환원하거나 할인하여 대상물건의 가액을 산정하는 감정평가방법) 등 수익성의 원리에 기초한 감정평가방식

74) 대법원 2017. 9. 7. 선고 2016다277682 판결, 대법원 1991. 5. 28. 자 90마954 결정. 한편 회사정리법 시행 당시 정리담보권의 목적이 비상장주식인 경우 그 가액의 평가 방법에 관하여「회사정리절차상 정리담보권의 가액을 산정

(3) 채무자의 참여

관리인에 의한 재산평가시 지체될 우려가 있는 때를 제외하고는 채무자가 참여하도록 하여야 한다(제90조 후문). 채무자가 참여하도록 규정한 것은 재산평가의 공정성을 확보하려는 취지에서 나온 것이므로 관리인에 의한 재산평가가 적정, 타당하다고 인정된다면 그 재산평가시에 채무자의 참여가 없었다는 이유만으로 그 평가의 효력을 부정할 수 없다.[75]

(4) 재산가액평가에 대한 불복

재산가액평가의 결과를 이해관계인이 직접 다툴 수단은 없다. 재산가액 평가의 내용에 불복하려면 회생계획 결의 시에 반대하거나 회생계획인가결정에 대한 즉시항고에 의하여 다툴 수밖에 없다.

(5) 미확정인 사정이 있는 재산의 평가

채무자의 재산에 대하여 미확정인 사정이 존재하는 경우(예컨대 부인권을 행사하거나 법인세경정청구를 신청한 경우 등)에도 그 재산의 현실적인 회수가능성을 고려하여 평가하는 것이 원칙이다. 그러나 그 불확실성의 정도가 커 곧바로 평가하는 것이 곤란하고, 무리하게 회생절차개시 시점에서 평가하면 그 후 현실적인 회수액이 평가와 크게 달라질 가능성이 있어 청산배당률에

함에 있어서 담보권의 목적이 비상장주식인 경우 그 가액은 정리절차개시 당시의 시가에 의하여야 함이 원칙이고, 따라서 그에 관한 객관적 교환가치가 적정하게 반영된 정상적인 거래의 실례가 있는 경우에는 그 거래가격을 시가로 보아 주식의 가액을 평가하여야 할 것이나, 만약 그러한 거래사례가 없는 경우에는 보편적으로 인정되는 여러 가지 평가방법들을 고려하되 그러한 평가방법을 규정한 관련 법규들은 각 그 제정 목적에 따라 서로 상이한 기준을 적용하고 있음을 감안할 때 어느 한 가지 평가방법이 항상 적용되어야 한다고 단정할 수는 없고, 당해 비상장회사의 상황, 당해 업종의 특성 등을 종합적으로 고려하여 합리적으로 판단하여야 할 것이다. 그리고 여러 평가방법 중 순자산가치를 기준으로 하는 평가방법을 적용하는 경우, 당해 비상장회사가 부담하는 보증채무가 있더라도 만약 그 주채무의 내용, 주채무자의 자력 내지 신용 기타 제반 사정에 비추어 볼 때 실제 손해의 발생이라는 결과로까지 이어질 가능성이 희박하다면 이를 부채로 보지 아니하고 계산한 순자산액을 기초로 담보목적물인 주식의 가치를 평가함이 상당하다」고 판시함으로써 시가설의 입장이었다(대법원 2006. 6. 2. 선고 2005다18962 판결).

재산가액의 평가기준과 회생담보권 목적물의 가액 산정 기준에 대하여, 전자는 공정하고 타당한 회계원칙에 따라 평가하는 것이나 후자는 개별재산의 가치를 파악한다는 점에서 서로 다르다는 견해가 있을 수도 있지만, 회생절차에서는 사업의 계속을 전제로 평가하는 개념이라는 점에서 양자는 차이가 없다고 할 것이다(위 2016다277682 판결).

회생담보권의 목적물 가액 산정과 관련하여, 계속기업가치와 시가는 어떠한 관계에 있는가. 개념적으로 계속기업가치는 채무자 재산의 전체에 대한 계속기업가치 중 일부로 이해되고, 채무자 재산 전체의 계속기업가치의 일부를 담보목적물에 할당하는 것이라는 점에서 시가와 서로 다르다고 볼 수도 있다. 하지만 대법원이 회생담보권의 목적물 가액의 산정에 있어서도 계속기업가치로 평가한다거나(위 2016다277682 판결), 주식평가에 있어 시가로 한다(위 2005다18962 판결)고 하면서도 다양한 감정평가방법을 인정하고 있는 것으로 보아, 양자는 동일한 의미로 볼 수 있다. 즉 회생담보권의 목적물 가액은 시가로 평가하되, 현실적으로 시장에서 공정한 처분가격을 찾기 어렵다는 점에서 계속기업가치를 산정하는 수익환원법 등 다양한 감정평가방식을 활용할 수밖에 없다. 결국 계속기업가치를 산정하는 다양한 감정평가방식으로 산정된 가액을 시가로 본다는 의미로 이해하여야 한다. 하지만 실무적으로 회생담보권의 목적물 가액의 산정과 관련하여 다툼이 많고(가액평가결과에 따라 회생담보권의 인정범위가 달라지기 때문이다), 회생담보권의 목적물 가액 산정에 있어 채무자 재산 전체의 계속기업가치 중 일부를 담보권의 목적물에 할당한다는 관념도 적절하지 않다는 점에서 회생담보권의 목적물 가액 산정은 '시가'로 한다고 명시적으로 규정할 필요가 있다. 일본 회사갱생법은 이를 명확히 하고 있다(제2조 제10항).

75) 대법원 1991. 5. 28. 자 90마954 결정 참조.

영향을 미칠 가능성이 있는 경우에는 재산평가에 있어 그 재산의 평가액을 계상하지 않고, 별도로 회수가능성이 있는 재산의 존재와 그 평가의 폭에 대하여 부기하면 될 것이다. 이 경우 청산가치보장원칙과의 관계에서는 후에 제출한 회생계획안에 그 재산의 회수가 현실화된 경우 회수액을 추가변제한다는 조항을 규정한다면 그 재산은 전액이 청산가치에 반영되는 것이므로 청산가치보장원칙의 요청을 만족시키는 것으로 생각된다.

다. 채무자 재산상황 등의 보고

관리인은 지체 없이 채무자가 회생절차의 개시에 이르게 된 사정, 채무자의 업무 및 재산에 관한 사항, 이사 등의 재산에 대한 보전처분(제114조 제1항) 또는 이사 등의 책임에 기한 손해배상청구권 등의 조사확정재판(제115조 제1항)을 필요로 하는 사정의 유무, 그 밖에 채무자의 회생에 관하여 필요한 사항을 조사하여 법원과 관리위원회에 보고하여야 한다(제92조 제1항 본문). 다만 사전회생계획안을 제출하는 자가 회생절차개시 전까지 제출한 경우(제223조 제4항)에는 보고할 필요가 없다(제92조 제1항 단서).

관리인 보고를 위한 관계인집회를 소집한 경우 이를 관계인집회에 보고하여야 한다(제98조 제1항).

라. 회생계획안의 작성과 회생계획의 수행

관리인은 법원이 정한 기간 내에 회생계획안을 작성하여 제출하고(제220조 제1항), 그 회생계획안이 인가되면 회생계획을 수행한다(제257조 제1항).

3. 관리인의 임무 종료와 계산보고의무

관리인의 임무가 종료된 때에는 관리인 또는 그 승계인[76]은 지체 없이 법원에 계산에 관한 보고를 하여야 한다(제84조 제1항). 관리인의 임무는 회생절차가 종료된 경우뿐만 아니라 사망, 행위능력의 상실, 사임 또는 해임, 법인관리인의 합병[77] 등의 사유에 의해 종료된다. 임무가 종료된 때 계산보고의무를 지우는 것은 감독권을 행사하는 법원에 대하여 관리업무에 관한 정확한 정보를 제공하고, 업무가 적정하게 행하여진 것인지를 판단할 수 있게 하기 위함이다.

관리인의 승계인이란 사망의 경우에는 상속인이고, 합병으로 소멸(법인관리인의 경우)한 경우는 존속회사 또는 신설회사로 해석된다. 그러나 상속인에게 복잡한 계산보고의무를 부과하는 것이 타당한지는 의문이다. 개인 관리인의 경우 상속인이 승계인이 되지만, 관리인의 업무수행에 전혀 관여하지도 않은 상속인에게 이러한 의무를 부과하는 것은 합리성을 결한 것으로 문제가 있다.

---

76) 파산절차에서는 '파산관재인 또는 상속인'에게 계산보고의무를 지우고 있다(제365조 제1항).

77) 합병을 하면 소멸회사는 청산절차를 거침이 없이 당연히 소멸하며 신설회사는 새로이 법인격을 취득하며 성립된다. 소멸회사의 권리의무는 존속회사나 신설회사에 승계된다(상법 제235조, 제269조, 제530조 제2항, 제603조).

관리인의 임무가 종료된 경우 급박한 사정이 있는 때에는 관리인 또는 그 승계인은 후임의 관리인 또는 채무자가 재산을 관리할 수 있게 될 때까지 필요한 처분을 하여야 한다(제84조 제2항).[78]

회생절차폐지의 결정이 확정된 때에는 필요적 파산선고(제6조 제1항)를 하여야 하는 경우를 제외하고 관리인은 채무자의 재산으로 공익채권을 변제하고 이의있는 것에 관하여는 그 채권자를 위하여 공탁하여야 한다(제291조).[79] 공익채권은 회생절차에 의하지 않고 수시로 변제하여야 하는 것이고(제180조 제1항), 관리인은 그 변제에 대하여 책임을 부담하기 때문에 회생절차폐지의 결정이 확정된 경우에는 그 책임을 부과한 후에 회생절차를 종료시키겠다는 취지이다.

관리인이 법원에 허위의 보고를 하거나 임무종료 후 정당한 사유 없이 계산보고를 하지 않는 경우에는 형사처벌된다(제648조 제2항).

Ⅵ 보수 및 특별보상금의 결정

1. 보　수

관리인을 선임할 때에는 관리인이 받을 보수를 결정하여야 한다(제30조 제1항).[80] 보수는 관리인의 직무와 책임에 상응하는 것이어야 한다(제30조 제2항).

관리인의 보수청구권은 공익채권으로서 회생절차에 의하지 아니하고 수시로 변제하며, 회생채권과 회생담보권에 우선하여 변제한다(제179조 제1항 제4호, 제180조 제1항, 제2항).

2. 특별보상금

관리인이 재직 중에 제3자 인수를 성공시키거나 회생절차를 종결시킬 수 있는 기반을 마련하는 등 그 공로가 인정되는 경우 해당 관리인의 재직기간 동안의 경영실적을 평가하여 법원이 관리인에게 특별보상금을 지급할 수 있다(제30조 제1항). 특별보상금도 그 직무와 책임에 상응하는 것이어야 한다(제30조 제2항).

특별보상금청구권은 공익채권으로서 회생절차에 의하지 아니하고 수시로 변제하며 회생채권과 회생담보권에 우선하여 변제한다(제179조 제1항 제4호, 제180조 제1항, 제2항).

---

78) 파산절차(제366조) 및 민법 제691조에도 같은 취지의 규정이 있다. 관련 내용은 〈제3편 제4장 제2절 Ⅳ.3.〉(본서 1342쪽)을 참조할 것.

79) 제291조의 규정은 회생절차폐지의 결정이 확정된 때에는 제6조 제1항의 경우를 제외하고 관리인은 그 자격으로 회생회사의 재산으로 공익채권을 변제하며 이의있는 것에 대하여는 그 채권자를 위하여 공탁을 하라는 취지이고, 관리인의 재산으로 회생회사의 채권을 변제할 의무가 없으며 회생절차폐지결정이 확정될 때 공익채권총액이 회생회사의 재산을 초과하는 재산상태하에서 관리인이었던 자가 위 제291조의 조치를 취하지 아니한 처사를 불법행위로 볼 수 없다(대법원 1974. 11. 26. 선고 73다898 판결 참조).
　　파산절차에서도 파산취소결정 또는 파산폐지결정이 확정된 때에 재단채권에 관하여 같은 취지의 규정이 있다(제325조 제2항, 제547조).

80) 관리인 불선임 결정을 하는 경우에는 보수를 결정하지 않는 것이 실무이다.

실무상 특별보상금을 지급한 사례로는 ① 관리인이 그 경영 수완에 의하여 회생계획이 예정한 경영 목표를 초과하여 달성한 때, ② 관리인의 능력과 노력에 기인하여 채무자의 재산상황이 당해 관리인의 최초 취임 당시에 비하여 현저하게 개선된 때, ③ 관리인이 능동적으로 신규 자본을 물색·유입하거나 다른 우량 기업과 인수·합병을 이룩함으로써 채무자 회생에 현저한 기여를 한 때를 들 수 있다.[81]

제3절 채권자협의회

I 의 의

회생절차에서 채권자는 개별적 권리행사가 금지되고 채무자의 계속기업가치를 분배받아 채권을 회수할 수밖에 없으며, 실무적으로 대부분의 경우 회생계획에서 상당한 채권이 소멸(면제) 내지 출자전환되므로 채권자는 회생절차에 참여할 권한과 동기가 있다. 따라서 채권자들이 효율적으로 자신의 권리를 보호하고 회생절차에 참여하기 위해서 채권자들의 의사를 결집하여 이를 회생절차에 반영할 수 있는 단체가 필요하다.

이러한 채권자들의 지위를 강화하는 방안의 하나로 채권자협의회제도를 도입한 것이다. 또한 기존경영자 관리인 제도를 도입하면서 채권자협의회(creditors' committee, committee of creditors)[82]는 기존경영자를 실효성 있게 견제할 수 있는 기능과 역할을 담당하고 있다.

채권자협의회의 활동에 필요한 비용을 공익채권으로서 채무자에게 부담시킬 수 있도록 하여 채권자협의회가 회생절차에 적극적으로 관여할 수 있도록 하였다(제21조 제3항, 제179조 제13호).

II 구 성

관리위원회는 회생절차개시신청이 있는 경우 주요채권자를 구성원으로 하는 채권자협의회를 구성하여야 한다(제20조 제1항). 이 경우 채무자의 주요채권자는 관리위원회에 채권자협의회 구성에 관한 의견을 제시할 수 있다(제20조 제7항). 주요채권자의 의견제시권을 인정함으로써 채권자의 절차참여권을 강화한 것이다. 다만 실무적으로 간이회생사건의 경우 절차의 신속한 진행을 위해 채권자협의회를 구성하지 않고 있다.[83]

---

81) 서울회생법원 실무준칙 제211호(관리인 등의 선임·해임·감독 기준) 제3조 제3항.
82) 채권자위원회가 실질에 부합하는 명칭이다. 미국이나 일본, 중국 모두 '채권자위원회'라는 명칭을 사용하고 있다. 채권자협의회는 미국 연방도산법의 채권자위원회(§705 이하)를 본받은 것이다. 미국의 경우 회생신청이 있으면 연방관재인이 조속한 시일 내에 무담보채권자위원회를 구성하여야 한다. 다른 채권자위원회나 주주위원회는 상설기관이 아니다. 채권자위원회는 법정기관으로 전문가를 고용하여 채무자의 행위, 자산, 채무, 재산상황, 영업의 계속 여부에 대한 조사를 할 수 있으며, 전문가의 적정한 선임비용은 도산재산이 부담한다.
83) 간이회생사건의 경우 채권자협의회가 구성되지 않음으로 인해 구조조정담당임원(CRO)을 추천받을 수 없는 문제가

채권자협의회는 10인 이내로 구성한다(제20조 제2항). 관리위원회는 필요하다고 인정하는 경우에는 소액채권자를 협의회의 구성원으로 참여하게 할 수 있다(제20조 제3항).[84]

구성원의 수를 10인으로 제한한 이유는 협의회 구성원의 수가 너무 많아지면 법원의 의견조회에 신속하고 효율적으로 회답하는 것 등을 목적으로 구성된 협의회의 구성 목적을 달성하는데 지장을 줄 우려가 있기 때문이다.

채권자협의회는 협의회의 구성통지를 받은 날로부터 5영업일 이내에 대표채권자를 지정하여 법원 및 관리위원회에 신고하여야 한다(규칙 제35조 제1항). 위 기간 내에 대표채권자의 신고가 없는 경우에는 관리위원회가 대표채권자를 지정한다(규칙 제35조 제2항).

Ⅲ 회의의 소집과 의결

대표채권자는 회생절차와 관련하여 필요한 경우 회의를 소집할 수 있고, 법원 또는 관리위원회로부터 의견을 요청받거나 구성원의 4분의 1 이상의 요구가 있을 때에는 5영업일 이내에 회의를 소집하여야 한다. 의결권은 서면 또는 대리인에 의하여 행사할 수 있다. 채권자협의회의 구성원이 아닌 채권자도 관리위원회의 허가를 얻어 채권자협의회의 회의에 참석하여 발언할 수 있다. 다만, 의결권은 가지지 않는다(규칙 제36조).

채권자협의회의 의사는 출석한 구성원 과반수의 찬성으로 결정한다(제21조 제2항).

Ⅳ 채권자협의회의 기능 등

1. 법원에 대한 의견제시 등

채권자협의회는 채권자 사이의 의견을 조정하여 아래의 사항에 관하여 법원에 의견을 제시하거나 법원이 요구하는 사항에 대하여 의견을 제시하여야 한다(제21조 제1항, 제87조 제1항).

① 회생절차에 관한 의견의 제시
② 관리인 및 보전관리인, 조사위원의 선임 또는 해임에 관한 의견의 제시
③ 법인인 채무자의 감사(「상법」 제415조의2의 규정에 의한 감사위원회의 위원을 포함한다.) 선임에 대한 의견의 제시

발생한다. 실무적으로 구조조정담당임원의 풀을 구성하여 법원이 직권으로 선정하거나, 재판부가 확보하고 있는 리스트를 활용하여 선정하고 있다. 한편 서울회생법원은 간이회생사건의 경우 채권자협의회를 구성하지 않되, 사업의 규모 및 내용, 자산 및 채무 등을 고려하여 필요한 경우 채권자협의회를 구성할 수 있도록 하고 있다.

84) 실무적으로 회생담보권자와 회생채권자를 포함하여 채권자협의회를 구성하고 있다. 그러나 회생담보권자와 회생채권자는 이해관계가 서로 다르므로 집단적으로 의사를 표시하는 것이 가능하고 적절한지 의문이다. 미국 연방도산법은 무담보채권자로만 채권자협의회를 구성하도록 하고 있다{11 U.S.C. §1102(a)(1)}. 담보권자는 자신의 개별적인 담보물에 대하여 고유한 권리를 가지며, 다른 담보권자들이나 무담보채권자에게 대항할 수 있다. 그 결과 담보권자는 채권자협의회에 참여하지 않는다.

④ 회생계획인가 후 회사의 경영상태에 관한 실사의 청구

⑤ 그 밖에 법원이 요구하는 회생절차에 관한 사항

⑥ 그 밖에 대통령령이 정하는 행위[85]

2. 법원의 자료 제공

법원은 회생절차의 신청에 관한 서류·결정서·감사보고서 그 밖에 대법원규칙이 정하는 아래의 주요 자료의 사본을 채권자협의회에 제공하여야 한다(제22조 제1항, 규칙 제39조).

① 회생절차개시신청서 및 그에 첨부된 대차대조표, 손익계산서, 채권자 및 담보권자 일람표, 제3자에 대한 지급보증 또는 물상보증 제공명세서

② 채무자의 업무 및 재산에 관한 보전처분 결정 및 그 변경·취소 결정

③ 보전관리명령 결정

④ 조사위원 선임결정

⑤ 회생절차개시신청의 기각결정

⑥ 회생절차개시 결정(관리인의 선임 또는 불선임 결정을 포함한다)

⑦ 영업 등의 양도허가 결정

⑧ 회생계획을 서면결의에 부치는 결정

⑨ 회생계획안 제출기간연장 결정

⑩ 회생계획변경 불허가 결정

⑪ 회생계획·변경회생계획 인가결정

⑫ 회생계획·변경회생계획 불인가결정

⑬ 회생계획·변경회생계획 수정명령

⑭ 회생계획·변경회생계획 배제결정

⑮ 회생계획수행에 관한 법원의 명령

⑯ 회생절차 종결 결정

⑰ 회생절차폐지 결정 또는 파산폐지 결정[86]

⑱ 관리인이 작성한 재산목록, 대차대조표, 조사보고서

⑲ 조사위원의 조사보고서

---

85) **시행령 제3조(채권자협의회의 기능)** 법 제21조 제1항 제6호에서 '그 밖에 대통령령이 정하는 행위'라 함은 다음 각 호의 사항을 말한다.
  1. 법 제17조 제1항 제3호에 따른 관리위원회의 회생계획안·변제계획안 심사시 의견제시
  2. 법 제22조 제2항 및 제3항에 따라 제공된 자료에 관하여 관리인에 대한 설명요구
  3. 법 제30조에 따른 특별보상금 및 법 제31조에 따른 보상금에 대한 의견제시
  4. 법 제62조 제3항에 따른 양도대가의 사용방법에 대한 의견제시
  5. 법 제87조 및 법 제88조에 따른 조사위원의 선임 및 해임에 관한 의견제시
  6. 법 제283조에 따른 회생절차의 종결 및 법 제285조 내지 제288조에 따른 회생절차의 폐지에 대한 의견제시
86) 파산폐지 결정은 파산절차에서의 채권자협의회(본서 1356쪽)에 제공하여야 할 자료이다.

⑳ 회생계획안·변경회생계획안 및 그 수정안

㉑ 외부 회계감사보고서

㉒ 그 밖에 회생절차에 관한 주요 자료로서 법원이 정하는 것

3. 관리인의 자료제공의무

관리인은 법원에 대한 보고서류 중 법원이 지정하는 주요서류를 채권자협의회에 분기별로 제출하여야 한다(제22조 제2항). 채권자협의회는 회생절차와 관련한 의사결정을 위하여 필요한 경우 관리인에게 채무자의 장부 기타 회생절차에 관한 자료의 제공을 요청할 수 있다(제22조 제3항).

4. 채권자협의회 기능 강화의 필요성

회생절차가 개시되면 기존경영자를 관리인으로 선임하거나 관리인으로 보게 되어 비교적 연속성 있게 기업(채무자)의 업무를 주도적으로 처리하고 있다. 반면 채권자는 채무자회생법에 여러 가지 권한이 부여되어 있음에도 회생절차 내에서 적극적인 의견 제시를 못하고 있다. 회생절차에서 가장 중요하다고 볼 수 있는 회생계획안 작성에 있어서는 더욱 그렇다. 채권자들에게 회생계획안 제출권이 있음에도 실무적으로 채권자가 회생계획안을 제출하는 경우는 거의 없다. 회생계획안 작성과 관련하여 채권자들이 적극적인 의견을 개진할 수 있는 절차가 없고, 단순히 채권회수율에 대한 의견을 피력하거나 관계인집회에서 회생계획안에 대한 동의 여부에 대한 의견만을 제시하고 있다.

회생절차는 주로 채무자인 기업이 유동성 부족에 직면하여 신청하는 경우가 많다. 하지만 회생제도의 효율적인 운용은 채권자의 DIP-financing이 결합된 P-plan에서 보다 빛을 발할 수 있다. 이를 위해 채권자협의회의 기능 강화는 필수적이다.

제4절 조사위원

Ⅰ 조사위원의 의의

회생절차가 개시되면 관리인은 즉시 채무자에게 속하는 재산의 가액을 평가하고(제90조), 재산목록과 대차대조표를 작성하며(제91조), 채무자가 회생절차에 이르게 된 사정, 채무자의 업무 및 재산에 관한 사항, 이사 등의 재산에 대한 보전처분 및 이사 등의 책임에 기한 손해배상청구권 등의 조사확정재판을 필요로 하는 사정의 유무, 그 밖에 채무자의 회생에 필요한 사항을 조사하여야 한다(제92조).

그러나 위와 같은 조사는 전문적인 분야로서 고도의 회계, 경영, 경제지식과 판단능력을 필

요로 하는 분야이므로 관리인 스스로 이를 산정하기 곤란한 경우가 많다. 따라서 법원은 필요하다고 인정하는 때에는 채권자협의회 및 관리위원회의 의견을 들어 1인 또는 여러 명의 조사위원(examiner)을 선임하여 위와 같이 관리인이 조사, 작성하여야 할 사항에 관하여 제반 사정을 조사하게 하고 회생절차를 계속 진행함이 적정한지의 여부에 관한 의견서를 제출하게 하거나 기타 필요한 사항을 조사하여 보고하게 할 수 있다(제87조 제1항 내지 제4항).[87]

조사위원은 간이조사위원과 달리(제293조의7 제1항) 법원이 직권으로 선임한다.

조사위원의 선임시기에 관한 규정은 없지만 통상 회생절차개시결정과 동시에 조사위원을 선임하는 것이 일반적이다. 그러나 재도의 신청이나 회생절차개시신청 당시 폐업하고 있는 경우 등 회생절차개시결정 여부를 판단하기 위하여 필요한 경우에는 개시결정 전에 조사위원을 선임할 수도 있다.[88]

한편 원활한 신규자금의 확보를 위하여 법원은 회생절차개시 후 채무자에게 자금을 대여하려는 자가 채무자의 업무 및 자산·부채, 그 밖의 재산상태에 관한 자료를 요청하는 경우 그 자금 차입이 사업을 계속하는 데에 필요하고 자료 요청에 상당한 이유가 있다고 인정하는 때에는 조사위원에게 그 요청과 관련한 사항을 조사하여 보고하게 한 후 조사결과의 전부 또는 일부를 자금차입에 필요한 범위에서 자료 요청자에게 제공할 수 있다(제87조 제6항). 회생절차 개시 후 채무자에 신규자금을 대여하려는 자에게 채무자에 대한 정보를 제공하고, 나아가 신규자금 차입에 필요한 채무자에 대한 실사를 채무자가 비용을 부담하는 조사위원의 조사로 대체할 수 있게 함으로써 회생절차에서의 신규자금 조달을 원활히 할 수 있는 여건을 조성하였다.[89]

Ⅱ 조사위원의 자격

조사위원은 조사에 필요한 학식과 경험이 있는 자로서 그 회생절차에 이해관계가 없는 자 중에서 선임하여야 한다(제87조 제2항).[90] 따라서 채무자의 주주인 자, 채무자에 대하여 채권을 가지고 있는 자, 최근에 채무자에 대하여 외부회계감사를 한 적이 있는 자는 배제하여야 할 것이다.

---

87) 실무적으로는 특별한 사정이 없는 한 조사위원을 선임하고 있다. 다만 중소기업 회생컨설팅 대상기업에 대하여는 조사위원을 선임하지 않고 있다.
88) 개시결정 전 조사위원은 개시결정 전에 대략적인 계속기업가치와 청산가치 등을 포함한 보고서를 제출한다. 이를 '개시 전 조사보고서'라 한다. 개시 전에 조사(명령)에 관하여는 <본서 221쪽>을 참조할 것.
89) 실무적으로 구조조정자금(재무구조개선 정책자금이나 펀드)을 운용하는 투자회사들이 회생회사에 투자하거나 부동산을 매입하기 위해 정보공개, 특히 조사보고서를 열람할 수 있도록 요청하고 있다. 경제상황의 악화로 회생회사에 대한 M&A나 부동산 매각이 쉽지 않은 상황에서 '채무자에게 자금을 대여하는 자'를 유연하게 해석하여 위와 같은 목적을 가진 투자회사들에게도 조사보고서를 열람하게 하는 것도 고려해 볼 만하다.
90) 실무적으로 일정 규모 이상의 회계법인을 조사위원으로 선임하고 있다.

Ⅲ 조사위원의 조사 내용

1. 제90조 내지 제92조에 규정된 사항

법원은 조사위원을 선임한 경우에는 기간을 정하여 조사위원에게 제90조 내지 제92조에 규정된 사항의 전부 또는 일부를 조사하게 할 수 있다(제87조 제3항).

조사를 명받은 조사위원은 채무자에게 속하는 재산의 가액을 회생절차개시 당시를 기준으로 평가하고(제90조), 재산목록과 대차대조표를 회생절차개시 당시를 기준으로 작성하여야 한다(제91조). 또한 채무자가 회생절차의 개시에 이르게 된 사정, 채무자의 업무 및 재산에 관한 사항, 제114조 제1항, 제115조 제1항에 의한 이사 등의 손해배상청구권 등을 보전하기 위한 보전처분 및 채권조사확정재판을 필요로 하는 사정의 유무, 기타 채무자의 회생에 필요한 사항을 조사하여야 한다(제92조).

채무자회생법은 회사의 사업을 계속할 때의 가치가 회사를 청산할 때의 가치보다 큰 지의 여부를 조사위원의 조사사항으로 명시하고 있지는 않지만,[91] 청산가치와 계속기업가치의 산정은 회생계획안 작성 등 회생절차 진행에 있어 중요한 판단의 근거자료가 되므로 실무에서는 이에 대하여도 조사하도록 명하고 있다.

법원이 선임한(제87조) 조사위원은 제90조 내지 제92조 및 회생예규 제7조에서 정한 사항을 조사할 의무가 있고, 그 조사 사항에는 채무자가 회생절차 개시에 이르게 된 사정, 회생절차 개시 당시 채무자의 부채와 자산의 액수도 포함된다. 위와 같은 의무가 있는 조사위원이 작성한 조사보고서에 기재된 채무자가 회생절차 개시에 이르게 된 사정에 관한 보고는 그 기재가 진실에 반한다는 등의 특별한 사정이 없는 한 그 내용의 증명력을 쉽게 배척할 수 없다.[92]

조사위원은 회생절차 개시결정일을 기준으로 채무자가 제시하는 재무제표와 그 부속명세서를 기초로 하고, 일반적으로 인정되는 회계감사기준과 준칙 등을 적용하여 채무자의 부채와 자산의 액수를 조사한다. 자산 중 매출채권의 경우는 그 회수가능성, 상대방의 재무상태 등을 고려하여 가치를 평가하고, 부채 역시 일반적인 회계감사기준에 따라 존재 여부를 검토하고 관리인이 제출한 채권자목록, 채권자들이 신고한 채권신고서 등과 대조작업을 거친다. 그런데 이러한 방법으로 채무자의 부채와 자산의 액수를 조사한 조사위원의 조사보고서가 여러 번 제출되고 그 결과에 차이가 있는 경우, 각 조사보고서 중 어느 것을 택할 것인지는 그 조사방법 등이 경험칙에 반하거나 합리성이 없는 등 현저한 잘못이 있음이 명백하지 않는 한, 원칙적으로 법원의 재량에 속한다.[93]

---

91) 회생예규 제7조에서 조사사항으로 규정하고 있을 뿐이다.
92) 대법원 2018. 5. 18. 자 2016마5352 결정, 대법원 2004. 6. 18. 자 2001그135 결정 등 참조.
93) 대법원 2018. 5. 18. 자 2016마5352 결정.

2. 회생절차를 진행함이 적정하지 여부에 관한 의견

법원은 조사위원에게 회생절차를 계속 진행함이 적정한지의 여부에 관한 의견서를 제출하게 할 수 있다(제87조 제3항). 실무적으로 법원은 조사위원으로 하여금 채무자의 청산가치와 계속기업가치의 비교, 향후 채무재조정 또는 구조조정의 필요성 및 정도, 채무자의 향후 매출 및 영업이익 추정 등을 전제로 채무자의 향후 부채상환능력 등을 종합하여 회생절차를 진행함이 적정한지의 여부에 관한 의견을 제출하도록 하고 있다.

3. 법원이 조사 · 보고를 명하는 사항

법원은 필요하다고 인정하는 때에는 조사위원에게 제87조 제3항의 규정에 의한 사항 외의 사항을 조사하여 보고하게 할 수 있다(제87조 제4항). 실무에서는 절차 단계별로 통상 위 〈1., 2.〉의 내용을 포함하여 다음과 같은 사항을 조사하여 보고하도록 하고 있다(회생예규 제7조).

가. 관리인 보고를 위한 관계인집회 전에 조사보고서를 제출하도록 명하는 사항[94]

① 제90조 내지 제92조 소정의 사항에 관한 의견을 붙인 조사결과

② 채무자의 사업을 계속할 때의 가치(계속기업가치, 계속가치, going-concern value)[95]가 채

---

94) 실무적으로 이를 '1차 조사보고서'라 한다. 한편 현재는 관리인 보고를 위한 관계인집회가 임의화되어 원칙적으로 개최하지 않고 있으므로 적절한 시기(실무적으로 개시결정 후 2개월 무렵)를 정하여 1차 조사보고서를 제출하도록 하고 있다. 1차 조사보고서의 주된 목적은 채무자의 청산가치와 계속기업가치를 평가하여 채무자의 경제성을 탐색하는 것이다.

95) **계속기업가치 산정 및 청산가치보장원칙 검토 시 적용되는 할인율** 1. 채무자의 사업을 계속할 때의 가치(계속기업가치)는 채무자의 재산을 해체 · 청산함이 없이 이를 기초로 하여 기업 활동을 계속할 경우의 가치로서 기업의 미래 수익흐름을 현재가치로 할인하는 현금흐름할인법에 의하여 산정한다(회생예규 제9조 제2항). 현금흐름할인법은 미래에 창출할 것으로 기대되는 현금흐름을 해당 기업의 위험도를 반영한 적정 할인율로 현재가치화하는 것을 의미한다. 실무적으로 적정할인율은 무위험이자율(기본할인율)(회생절차개시결정일의 3년 만기 국고채 수익률)에 위험프리미엄(권고범위가 2.5%~6.5%이나 보수적으로 산정하여야 한다는 의미에서 통상 6.5%를 적용한다)을 더한 것을 사용한다.
2. 회생계획안이 인가되기 위해서는 청산가치보장원칙이 지켜져야 한다(제243조 제1항 제4호). 청산가치보장원칙이 준수되었는지 여부를 확인하기 위해서는 채권자별 변제예정금액을 현재가치로 할인한 금액과 청산할 때의 변제액을 비교하여야 한다. '변제예정금액을 현재가치로 할인하는 데 사용하는 할인율'은 계속기업가치를 산정할 때 적용되는 할인율과 달리 채권자가 채무자가 속한 업종에 대출 또는 투자를 하였을 경우에 적용되는 평균적인 위험도만을 반영한 시장이자율(market interest rate)을 적용하되, 채권자별로 시장이자율을 알아내어 적용하는 것은 불가능하므로 원칙적으로 평균적인 위험을 가진 채무자에게 적용하는 이자율을 기준으로 한다. 실무적으로 은행연합회에서 공시하는 대출금리(주거래은행의 7~10등급 금리 또는 평균금리)를 적용하고 있다. 변제예정금액의 할인율은 회생계획을 통하여 변제받을 금액에 대한 기회비용이고, 회생담보권자와 회생채권자의 기회비용은 동일하다는 이유로 회생담보권자와 회생채권자에게 동일한 이자율을 적용한다. 그러나 담보권자와 무담보권자의 시장이자율은 이론적으로 다르다는 점, 청산가치보장원칙을 검토할 때의 할인율은 채권자가 부담하는 위험에 대한 수익률로 담보를 확보한 회생담보권자가 바라는 수익률(시장이자율)과 담보가 없는 회생채권자가 바라는 수익률(시장이자율)은 차이가 있을 수밖에 없다는 점을 고려하면 회생담보권자와 회생채권자에게 적용하는 할인율은 달라야 하고, 이 경우 회생담보권자는 담보대출금리를, 회생채권자는 신용대출금리를 적용할 수 있을 것이라는 견해도 주장되고 있다.
3. 계속기업가치 산정 시에 적용되는 할인율과 청산가치보장원칙 준수 여부의 판단에 적용되는 변제예정금액의 할

무자의 사업을 청산할 때의 가치(청산가치, liquidation value)[96]보다 큰 지의 여부 및 회생절차를 진행함이 적정한지의 여부에 관한 의견

③ 채무자의 부채액에 산입되지 아니한 채무자의 제3자에 대한 보증채무의 금액, 내용 및 보증책임의 발생가능성

④ 채무자의 이사나 이에 준하는 자 또는 지배인의 중대한 책임이 있는 행위로 인하여 회생절차개시의 원인이 발생하였는지 여부 및 위와 같은 이사 등의 중대한 책임이 있는 행위에 지배주주 및 그 친족 기타 대통령령이 정하는 범위의 특수관계에 있는 주주가 상당한 영향력을 행사하였는지 여부

⑤ 제100조 내지 제104조 규정에 의하여 부인할 수 있는 행위의 존부 및 범위

나. 회생계획안 심리를 위한 관계인집회 전에 조사보고서를 제출하도록 명하는 사항[97]

① 회생계획안에 의한 변제방법이 채무자의 사업을 청산할 때 각 채권자에게 변제하는 것보다 불리하지 아니하게 변제하는 내용인지 여부

이를 청산가치보장원칙이라고 한다. 청산가치보장원칙에 관하여는 〈제12장 제2절 Ⅳ.〉(본서 859쪽) 및 〈제14장 제2절 Ⅰ.4.〉(본서 956쪽)를 참조할 것.

② 회생계획안의 수행이 가능한지 여부

4. 회생계획인가 후 보고서를 제출하도록 명하는 사항

법원은 회생계획인가 이후에도 ① 회생계획을 제대로 수행하지 못하는 경우, ② 회생절차의 종결 또는 폐지 여부의 판단을 위하여 필요한 경우, ③ 회생계획의 변경을 위하여 필요한 경우, 채권자협의회의 신청에 의하거나 직권으로 조사위원으로 하여금 채무자의 재산 및 영업상태를 실사하게 할 수 있다(제259조).

인율을 달리 적용하는 이유에 관하여는 〈제12장 제2절 Ⅳ.2. 각주 87〉〉(본서 860쪽)을 참조할 것.

96) 채무자가 사업을 청산할 때의 가치(청산가치)는 채무자가 청산을 통하여 해체·소멸되는 경우에 기업을 구성하는 개별 재산을 분리하여 처분할 때의 가액(자산의 실사가치)을 합산한 금액으로서 청산재무상태표상의 개별자산의 가액을 기준으로 하여 산정한다. 다만 유형고정자산은 법원의 부동산경매절차의 평균 매각가율을 적용하여 할인한 가액을 기준으로 산정한다(회생예규 제9조 제1항).
골프장 부지의 청산가치는 어떻게 산정하는가. 이에 대하여는 임야가액설과 골프장가액설의 대립이 있다. 임야가액설이란 회원제 골프장의 경우 다액의 입회금반환채무에 대한 승계문제로 인해 사실상 경매로 자산의 매각이 불가능하므로 골프장을 그 용도가 아닌 임야 등 개별 토지로 분리되어 매각되는 것을 전제로 청산가치를 산정하는 것을 말한다. 골프장가액설이란 골프장으로 그대로 이용됨을 전제로 청산가치를 산정하는 것을 말한다. 실무적으로 대부분 임야가액설에 따라 산정한다. 이에 따라 시가(감정평가액)에 의한 자산 평가에 비해 청산가지는 상대적으로 낮게 평가된다.

97) 실무적으로 이를 '2차 조사보고서'라 한다. 2차 조사보고서의 주된 목적은 채무자가 제출한 회생계획안의 청산가치보장 및 수행가능성 여부를 평가하는 것이다. 조사보고서 작성에 있어 청산가치보장원칙이 지켜졌는지를 먼저 검토한 후 수행가능성에 대해 보고하는 것이 논리적이다. 청산가치보장원칙이 지켜지지 않았으면 수행가능성을 검토할 필요가 없기 때문이다.

Ⅳ 조사위원의 책무와 권한

1. 조사 및 조사보고서 제출

조사위원의 주요 임무는 법원의 명에 따라 일정한 기간 내[98]에 제90조 내지 제92조에 규정된 사항의 전부 또는 일부 및 법원이 특히 명한 사항을 조사하고, 회생절차를 계속 진행함이 적정한지의 여부에 관한 의견서를 제출하는 것이다(제87조 제3항, 제4항).

관리인 보고를 위한 관계인집회에서 법원은 조사위원으로부터 회생절차를 계속 진행함이 적정한지의 여부에 관한 의견을 들어야 하므로(제99조), 조사위원은 관리인 보고를 위한 관계인집회에 출석하여 위 사항에 관한 의견을 제시하여야 한다.

조사위원은 조사결과를 조사보고서라는 형태로 법원에 제출한다. 조사보고서는 회생절차를 떠받치는 중추(backbone)로 회생절차의 큰 흐름을 결정한다. 회생절차에서는 재정적 파탄에 직면한 채무자의 처리를 둘러싼 채권자·주주·지분권자 등 이해관계인의 집단적 의사결정이 이루어지는데, 조사보고서는 이해관계인의 집단적 의사결정에 있어 중요한 자료가 된다. 조사보고서는 법원이 채무자가 처한 재정적 어려움이 재무적 파탄(financial distress)인지 영업적 파탄(operational distress)인지, 회생절차를 계속 진행할 것인지 등을 판단하는 근거가 되기도 한다. 이해관계인의 관점에서 조사보고서는 법원에 대한 공신력의 바탕이 된다.

2. 보고요구·검사권

조사위원은 개인인 채무자나 그 법정대리인, 개인이 아닌 채무자의 이사, 감사와 청산인 및 이에 준하는 자, 채무자의 지배인 또는 피용자에 대하여 채무자의 업무와 재산 상태에 관하여 보고를 요구하며, 채무자의 장부, 서류, 금전, 그 밖의 물건을 검사할 수 있다. 조사위원은 필요한 경우 법원의 허가를 얻어 감정인을 선임할 수 있다. 조사위원은 조사를 함에 있어 법원의 허가를 받아 집행관의 원조를 요구할 수 있다(제88조, 제79조).

3. 선관주의의무

조사위원은 선량한 관리자의 주의로써 그 직무를 수행하여야 한다. 조사위원이 그 주의를 해태한 경우 그 조사위원은 이해관계인에 대하여 손해를 배상할 책임이 있다(제88조, 제82조).

---

98) 조사보고서 제출기한은 연장할 수 있다(제33조, 민소법 제172조 제1항). 실무적으로 연장결정은 하지 않고, 조사위원이 사유를 들어 연장을 요청하면 구두로 연장을 허용하고 있다.

Ⓥ 조사위원의 지위와 선별기능

1. 조사위원의 지위

조사위원은 법원의 감독을 받으며(제88조, 제81조 제1항), 관리위원회는 법원의 지휘를 받아 조사위원의 업무수행의 적정성에 관하여 감독한다(제17조 제1항 제2호).

조사위원은 정당한 사유가 있는 때에는 법원의 허가를 얻어 사임할 수 있다(제88조, 제83조 제1항). 법원은 상당한 이유가 있는 때에는 이해관계인의 신청에 의하여 또는 직권으로 조사위원을 해임할 수 있다. 이 경우에는 그 조사위원을 심문하여야 한다(제87조 제5항).

2. 조사위원의 선별기능

회생절차의 목적은 채무자에게 계속기업가치를 보호해주고 채권자 등 이해관계인에게는 경제적 손실을 최소화시켜 주는 것이다. 따라서 회생절차의 성패는 재정적 어려움에 빠진 채무자 중에서 건전한 기업을 얼마나 제대로 골라낼 수 있고(선별기능), 그렇게 선별된 기업의 가치를 채권자 등 이해관계인 전체에게 얼마나 공평하게 분배할 수 있느냐(분배기능)에 달려있다고 볼 수 있다. 선별기능은 채무자의 계속기업가치를 평가하여 회생절차 안에서 채권자의 의사결정과정에 필요한 정보를 제공하는 역할을 하므로 공평한 분배기능의 전제조건이자 회생절차 성공의 핵심요건이다.

실무적으로 회생절차개시와 동시에 조사위원을 선임하고 있고, 기업의 경제성 판단은 조사위원의 조사보고서에 의존할 수밖에 없으므로 조사위원의 선별기능은 무엇보다 중요하다고 할 것이다.[99]

Ⅵ 조사위원의 보수

조사위원은 보수를 지급받을 수 있고, 그 보수는 조사위원으로서의 직무와 책임에 상응한 것이어야 한다(제30조 제1항, 제2항).[100]

제5절 간이조사위원

간이회생절차에서는 조사위원이 아닌 간이조사위원을 선임하고 있다. 관련 내용은 〈제17장

---

99) 강창환, "채무자회생법에 따른 기업회생절차에 대한 실증 연구-조사위원의 선별기능을 중심으로-", 법조 제68권 제4호(통권 제736호)(2019), 3~4쪽 및 42쪽.
100) 실무적으로 조사위원의 보수는 채무자의 자산 규모를 기준으로 정한 보수기준에 따라 결정하고 있다.

제3절 Ⅲ.2.〉(본서 1112쪽)를 참조할 것.

제6절 구조조정담당임원

실무적으로 법원은 회생절차개시신청이 있는 경우 채무자로 하여금 구조조정담당임원(CRO, Chief Restructuring Officer)을 선임하도록 하고 있다.[101] 기존경영자 관리인제도를 도입하면서 기존경영자 관리인을 통제하기 위하여 채권자협의회의 기능과 권한을 강화하였다. 그러나 채권자협의회의 활동이 미미하고 회생절차 진행에 기대만큼 관심을 갖지 않아 채권자협의회의 기존경영자에 대한 견제기능이 제대로 발휘되지 못하였다. 이러한 현실적인 문제점을 극복하기 위하여 법원은 구조조정담당임원을 위촉하도록 하였다.[102]

구조조정담당임원이란 일반적으로 기업의 사업부문과는 별도로 구조조정과 관련된 업무를 수행하는 간부급 직원을 말한다. 구조조정담당임원은 채권자협의회의 추천을 받아[103] 채무자의 임원으로 채용되어 채무자의 회생을 위한 조언자이자 감시자로서의 역할을 수행한다. 또한 채무자와 채권자를 잇는 가교역할을 함으로써 보다 신속하고 원만한 회생절차를 진행할 수 있도록 한다.[104]

제7절 대리위원

회생절차는 회생채권자, 회생담보권자, 주주·지분권자 등 이해관계인의 법률관계(이해)를 조정하여 채무자 또는 그 사업의 효율적인 회생을 도모하는 절차로(제1조), 이해를 달리하는 이해관계인이 절차에 참가하여 이러한 이해를 조정하면서 회생계획이 성립하는 것을 예정하고 있다. 그러나 회생채권자 등과 주주 등이 개별적으로 권리를 행사한다면 절차가 복잡하게 되

---

101) 구조조정담당임원에 관한 명시적인 규정은 없다. 이에 대해 관리인에 대한 법원의 감독권 행사를 규정한 제81조, 관리인에 의한 법률 또는 경영에 관한 전문가 선임을 규정한 제77조, 회생절차에 대한 채권자협의회의 관여를 규정한 제21조 제1항 제1호, 제5호 등이 그 법적근거가 될 수 있다는 견해가 있다(회생사건실무(상), 267쪽).

102) 구조조정담당임원은 법원이 선임하는 것이 아니라, 채무자가 구조조정담당임원과 위촉계약을 체결한 후 법원의 허가를 맡도록 하는 방식으로 진행한다. 구조조정담당임원은 특별한 사정이 없는 한 회생계획이 인가되면 법원이 감사로 선임한다(제203조 제4항).

103) 원칙적으로 채권자협의회의 추천을 받지만, 실무적으로는 법원이 추천하는 경우도 있다. 그 이유는 채무자의 비용부담을 덜어주기 위함이다. 이 경우 1명의 구조조정담당임원으로 하여금 2개 내지 3개 기업의 구조조정담당임원을 겸하게 하고 있다.

104) 법원이 선임을 위촉한 구조조정담당임원은 당초의 목적과 달리 금융기관의 퇴직 임원을 위한 자리로 전락하거나(그러다 보니 회생절차종결에 미온적이고 회생절차 진행에 비협조적이다) 관리인과 결탁하여 채권자들의 이익을 제대로 수행하지 못하고 있는 것이 현실이다. 명확한 법적 근거도 없고, 채무자에게 추가적인 비용 부담을 주며, NPL 시장의 활성화로 채권자 스스로 열람·복사 등을 통하여 회생절차에 적극적으로 참여함으로써 기존경영자를 감시하고 있으므로 특별한 사정이 없는 한 위촉을 자제하는 것이 바람직하다고 본다.

고, 지체될 우려가 있다. 그래서 절차의 지연을 피함과 동시에 법률관계를 공통으로 하는 회생채권자 등 및 주주 등이 일체로서 행동하는 것을 가능하게 하고, 그 의견을 회생절차에 반영하기 위한 수단으로서 대리위원제도를 두고 있다. 대리위원은 신속한 절차 진행을 위한 회생절차에서의 기관이다.

대리위원이 관계인집회의 결의에 관하여 뇌물을 수수·요구 또는 약속한 때에는 회생수뢰죄로 처벌된다(제645조 제1항 제2호).

Ⅰ 대리위원의 선임

회생채권자·회생담보권자·주주·지분권자는 법원의 허가를 받아 공동으로 또는 각각 1인 또는 여럿의 대리위원을 선임할 수 있다(제142조 제1항). 대리위원의 선임권자는 회생채권자·회생담보권자·주주·지분권자이고, 해임권도 이들에게 있다(제142조 제6항). 선임할 때는 법원의 허가가 필요하다. 법원의 허가를 받도록 한 것은 대리위원의 자격에 특별한 제한이 없다는 점과 대리위원은 회생절차에서 기관으로서의 지위에 있기 때문에 대리위원의 권한 행사에 현저히 불공정한 자가 선임되는 것을 방지하기 위함이다(제142조 제5항 참조). 법원의 허가가 없으면 선임은 효력이 발생하지 않는다.

대리위원의 자격에는 특별한 제한이 없지만(그래서 꼭 변호사일 필요는 없다),[105] 대리위원의 직무가 회생절차에서 이해관계의 조정이기 때문에 전문적인 지식을 갖춘 자를 선임하는 것이 바람직하다.

선임의 형태는 수인의 회생채권자 등이나 주주 등이 공동으로 또는 각각 1인 또는 여럿의 대리위원을 선임하는 것이 일반적이겠지만, 이 외에도 1인의 회생채권자 등이나 주주 등이 대리위원을 선임하는 것도 허용된다.

Ⅱ 대리위원의 권한

대리위원은 그를 선임한 회생채권자·회생담보권자·주주·지분권자를 위하여 회생절차에 관한 모든 행위를 할 수 있다(제142조 제3항).

회생절차에 관한 모든 행위란 회생채권 등의 신고, 신고된 회생채권 등에 대한 이의진술, 이의가 있는 회생채권 등에 대한 조사확정재판신청, 관계인집회에 출석하여 의견을 진술하거나 의결권을 행사하는 것, 회생절차에 관한 재판에 대한 즉시항고 등 회생절차에 있어서 회생

---

105) 회생채권자 등의 회생절차에서의 일정 행위나 회생절차에 참가하려는 주주 등의 일정 행위를 제3자에게 위임할 경우, 재판상의 행위라는 성질상 대리위원에게 변호사자격이 필요하다(제33조, 민소법 제87조). 그러나 행위의 성질에서 보면 반드시 대리위원의 자격을 변호사로 한정할 필요가 없고, 또한 복수의 이해관계인이 1인의 대리위원을 선임한다면 절차의 신속한 진행을 도모할 수 있다. 이러한 이유에서 회생절차상의 특별한 제도로서 설계한 것이 대리위원이다(會社更生法, 158쪽).

채권자 등이나 주주 등이 할 수 있는 모든 행위를 말한다. 조사확정재판에 대한 이의의 소에 서는 법령상의 소송대리인으로서 소송을 수행하는 것도 가능하다(민소법 제87조 참조). 행위를 할 때, 대리위원의 권한은 서면으로 증명하여야 한다(제142조 제2항).

대리위원이 여럿인 때에는 공동으로 그 권한을 행사한다(제142조 제4항 본문). 단독으로 한 행위는 당연히 무효이다. 다만 대리위원에 대한 제3자의 의사표시는 그중 1인에 대하여 하면 된다(제142조 제4항 단서).

Ⅲ 대리위원의 해임 등

회생채권자·회생담보권자·주주·지분권자는 언제든지 대리위원을 해임할 수 있다. 회생 채권자 등이 대리위원을 해임한 때에는 지체 없이 그 사실을 법원에 신고하여야 한다(제142조 제6항).

법원은 대리위원의 권한의 행사가 현저하게 불공정하다고 인정하는 때에는 선임허가결정을 취소할 수 있다(제142조 제5항).

Ⅳ 대리위원의 보수 등

대리위원과 본인의 관계는 위임관계이기 때문에, 대리위원은 위임계약에 따라 본인에 대하 여 필요한 비용의 상환이나 보수를 청구할 수 있다.

법원은 회생절차에서 회생에 공적이 있다고 인정되는 때에는 대리위원에 대하여 적절한 범 위 안에서 비용을 상환하거나 보상금을 지급할 것을 허가할 수 있다. 이 경우 비용 또는 보상 금의 액은 법원이 정한다(제31조 제1항 제1호). 법원의 위 결정에 대하여는 즉시항고를 할 수 있다(제31조 제2항). 법원의 결정으로 지급받게 될 비용이나 보상금은 공익채권으로 된다(제179 조 제1항 제4호).

| 제8절 | 관계인집회

회생절차는 채권자·주주·지분권자 등 이해관계인의 법률관계를 조정하여 채무자 또는 그 사업의 효율적인 회생을 도모하는 것을 목적으로 한다(제1조). 법률관계가 적절하게 조정되었 는지 여부는 절차 수행의 주체인 관리인이나 이를 감독하는 법원의 판단에 의하는 것이 크지 만, 최종적으로는 이해관계인들의 의사를 물을 필요가 있다. 관계인집회는 이러한 목적으로 두 게 된 회생절차의 기관이다.[106]

---

106) 관계인집회가 기관인지는 의문이 있지만, 파산절차에서 채권자집회를 기관으로 규정하고 있는 이상(제3편 제2장 제

관계인집회는 회생채권자 등이나 주주에 의하여 구성되는 기관이고, 가장 중요한 직무는 회생계획안에 대하여 결의를 하는 것이다. 또한 이해관계인의 이익을 확보하기 위하여는 채무자의 재산이나 사업의 내용을 포함하여, 회생절차 진행 상황에 대하여 충분한 정보가 적절하게 제공되는 것이 필요하다. 이에 채무자회생법은 관리인 보고를 위한 관계인집회를 소집할 수 있도록 하고(제98조), 관계인설명회도 예정하고 있다(제98조의2). 관리인 보고를 위한 관계인집회에 관하여는 〈第11장〉을 참조할 것.

한편 모든 이해관계인이 한꺼번에 모이는 집회가 이해관계인의 의사형성이나 정보제공의 방법으로 항상 최적인 것은 아니기 때문에 현재 실무는 관리인 보고를 위한 관계인집회를 임의적인 것으로 하고 관계인설명회나 사건기록 열람 등(제28조)으로 대체하고 있다. 나아가 회생계획안에 대한 결의에 있어서도 서면결의를 인정하고 있다(제240조). 회생계획안 심리 및 결의를 위한 관계인집회에 관하여는 〈第13장〉을 참조할 것.

2절) 관계인집회도 기관으로 볼 수밖에 없을 것이다.

제 7 장

채무자 재산의 구성 및 확정

제1절 채무자의 재산

I 채무자 재산의 의의

회생절차개시결정의 효력이 발생하면 채무자가 가지고 있는 모든 재산은 회생절차의 목적, 즉 채무자와 그 채권자 등 이해관계인 사이의 법률관계를 적절히 조정하여 채무자 또는 그 사업을 효율적으로 회생시키기 위한 기초로 사용된다. 이러한 의미에서 채무자가 가지는 모든 재산을 채무자의 재산[1]이라 부른다.

채무자의 재산에 관하여 채무자가 법률행위를 한 때에는 회생절차와의 관계에서 그 효력을 주장하지 못함(제64조 제1항)은 물론 채무자의 행위에 의하지 아니한 경우에도 채무자의 재산에 관한 권리취득의 효력이 부정되고(제65조 제1항), 채무자의 재산에 속한 채권에 대하여는 제한적으로 상계가 허용되며(제144조), 채무자의 재산에 관해서 채무자 등이 한 행위로 인하여 발생한 청구권은 공익채권이 되고(제179조 제1항 제5호), 채무자의 재산을 위하여 일정한 행위가 부인되는(제100조 제1항) 등 채무자의 재산은 회생절차를 관통하는 법률상 개념으로 사용되고 있다. 파산절차에 있어서 파산재단(제382조)의 개념에 상당한 것이다.

회생절차개시결정이 되면, 그 전후를 묻지 않고, 채무자에게 귀속하는 모든 재산이 채무자의 재산이 되고, 관리인의 관리처분권에 전속한다(제56조 제1항). 회생절차의 특징으로부터 관리인의 업무는 채무자의 재산을 환가하는 것이 아니고, 업무를 수행하는 등의 방법으로 채무자의 재산을 기초로 사업수익 등의 실현을 도모하며, 회생채권자 등의 권리변경 등을 내용으로 한 회생계획안을 작성하는 것 등을 통하여 회생의 목적을 실현하는 것이다.

채무자의 재산은 채무자에게 귀속하는 재산의 집합체로서, 그 자체로는 법인격이 인정되는 것은 아니고, 회생절차기관으로서 관리인의 관리 아래 둔다. 이러한 의미에서는 파산관재인의 관리에 두는 파산재단과 같은 성질을 가진다.

---

1) 미국 연방도산법과 달리 회생재단이라는 용어는 사용하고 있지 않다. 일본의 회사갱생법을 계수한 탓으로 보인다.

Ⅱ 채무자 재산의 범위

채무자의 재산의 범위를 정한다는 것은 회생절차에서 중요하다. 이것은 어떤 재산이 관리인의 통제를 받고(제56조 제1항), 어떤 재산이 부인권의 대상이 되며(제100조 제1항), 어떤 재산이 포괄적 금지명령의 대상이 되는지(제45조) 등을 결정한다.

채무자의 재산은 채무자가 가지고 있는 모든 재산을 내용으로 한다. 이것은 채무자 재산의 범위에 있어서 시적 또는 객관적인 한계가 존재하지 않는다는 것을 의미한다.

먼저 시적한계에 관하여 본다. 고정주의[2] 원칙 하에서 파산재단의 범위가 파산선고 당시를 기준으로 하는 것과 달리(제382조 제1항), 채무자의 재산에 있어서는 시적인 한계가 존재하지 않는다. 따라서 회생절차개시 당시의 재산은 물론 회생절차개시 후에 채무자에게 속한 재산도 채무자의 재산에 포함된다. 파산재단에 관한 고정주의에 대비하여 팽창주의라 할 것이다.[3] 이것은 회생절차의 특징 중 하나이다.

---

2) **채무자의 재산(파산재단)의 구성에 관한 두 가지 입법례–고정주의와 팽창주의(王欣新, 153~154쪽)**
  고정주의란 도산절차개시 당시 장래에 행사할 청구권을 포함한 채무자의 모든 재산을 채무자의 재산(파산재단)으로 하는 것을 말한다. 고정이란 도산절차개시 당시 채무자의 재산(파산재단)이 이미 확정되어 있다는 것을 말한다. 일본(파산법의 경우 그렇다. 회사갱생법이나 민사재생법은 절차개시 후 취득한 재산도 변제재원으로 된다는 점에서 팽창주의에 가깝다), 미국{11 U.S.C. §541, 개시 이후 재산도 포함된다는 점에서 팽창주의로 볼 여지도 있다. 특히 제13장 절차의 경우에는 팽창주의라고 보아야 한다(11 U.S.C. 1306(a))}이 채택하고 있다.
  고정주의는 도산절차개시 당시 변제(배당)할 재산의 범위가 확정되어 있어 관리인(파산관재인)의 업무가 비교적 간단하고, 도산절차 진행을 신속히 할 수 있어 채권자로 하여금 조기에 변제(배당)받을 수 있도록 한다. 채무자가 도산절차개시 후에 새로 취득한 재산은 변제(배당)에 사용하지 않고 채무자의 자유로운 처분에 맡김으로써 채무자로 하여금 도산절차 진행 중에 경제활동을 회복할 수 있도록 고무하고 스스로 생활을 유지할 수 있도록 하여 사회적 부담을 경감하고 사회적 안정에도 유리하다. 도산절차개시 전의 재산은 도산절차개시 전 채권의 변제(배당)에 사용하고, 도산절차개시 후 새로 취득한 재산은 도산절차개시 후의 채권의 변제에 사용하도록 함으로써 상호간의 책임재산이 상응하여 비교적 공평하다. 반면 고정주의는 채권자 이익보장에 불리하고, 변제(배당)가 충분하지 않을 수 있으며, 채무자가 개시된 도산절차가 종료되기 전에 새로운 경제활동에 실패할 경우 2차 도산의 가능성이 있어 오히려 사건을 복잡하게 한다. 또한 채무자가 도산절차개시와 새로운 재산 취득과의 시간적 차이를 이용하여 채무를 회피함으로써 채권자의 이익을 침해하는 사기적 현상이 출현할 수 있다.
  팽창주의란 채무자의 재산(파산재단)에 채무자가 도산절차개시 당시의 모든 재산뿐만 아니라 도산절차 종료 전에 새로 취득한 재산을 포함하는 것을 말한다. 채무자의 재산 범위는 도산절차개시 후에도 계속 팽창한다. 독일(독일 도산법 §35(1)), 중국(기업파산법 제30조)이 채택하고 있다.
  팽창주의는 도산절차 종료 전에 채무자가 새로 취득한 재산을 채무자의 재산(파산재단)에 포함시킴으로써 채권자에 대한 변제(배당)를 증가시킬 수 있고, 채무자가 실제로 변제(배당)할 재산이 있음에도 변제(배당)하지 않는 불공평한 현상의 출현을 방지하며, 사기행위를 억제할 수 있다. 다만 도산절차 종료 전에 재산이 끊임없이 증가할 수 있어 채무자 재산의 관리, 환가 등 업무가 비교적 복잡하고, 도산절차에 머무르는 시간이 상대적으로 길어진다. 뿐만 아니라 채무자가 도산절차개시 후 새로 취득한 재산도 변제(배당)에 사용함으로써 도산절차 종료 전에, 채무자는 정상적인 경제활동을 회복하기 어렵고, 사회적 비용부담이 발생할 수 있다는 문제도 있다.
  고정주의는 이론적으로는 합리적이고, 팽창주의는 상대적으로 훨씬 실용적이다. 우리나라는 회생절차와 개인회생절차에서는 팽창주의를, 파산절차에서는 고정주의를 채택하고 있다. (개인)회생절차는 채무자의 존속(계속)을 전제로 하므로 팽창주의를, 파산절차는 청산을 전제로 하므로 고정주의를 규정하고 있다.
3) 개인회생절차의 경우에도 팽창주의를 취하고 있다. 다만 회생절차에서는 회생재단이라는 개념을 두고 있지 않지만, 개인회생절차에서는 개인회생재단이라는 개념을 두고 있다(제580조 제1항 참조). 중국 <기업파산법>도 팽창주의를 취하고 있다(제30조).

다음으로 객관적 한계에 관하여 본다. 회생절차에서는 파산절차에서와 같은 자유재산이 존재하지 않는다. 회생절차개시 후 새로 취득한 재산(新得財産)을 구별할 필요가 없다는 것은 앞에서 본 바와 같지만, 압류금지재산이나(제383조 참조) 그 확장으로서 자유재산은 회생절차에서는 존재하지 않는다. 물론 회생절차 전후를 통하여 회생채권 등에 기한 강제집행이 허용되는 경우에는 개인인 채무자의 최저생활을 보호할 필요가 인정되지만, 그것은 강제집행 일반의 압류금지재산에 관한 규율(민집법 제195조, 제246조 제1항 등)에 위임하는 것으로 충분하다.[4] 채무자가 법인인 경우에는 자유재산을 인정할 여지가 없기 때문에(다른 견해 있음)[5] 이 경우에도 채무자 재산의 객관적 범위를 제한할 이유는 없다.

한편 채무자가 신탁계약의 수탁자인 경우 신탁재산은 채무자의 재산을 구성하지 아니한다(신탁법 제24조).[6] 같은 이유에서 유동화자산은 자산관리자의 채무자의 재산을 구성하지 않는다(자산유동화에 관한 법률 제12조 제2항).[7] 또한 온라인투자연계금융업자에 대하여 회생절차가 개시되는 경우 온라인투자연계금융업자의 연계대출채권은 온라인투자연계금융업자의 회생절차의 관리인이 관리 및 처분권한을 가지는 채무자의 재산을 구성하지 아니한다(온라인투자연계금융업 및 이용자 보호에 관한 법률 제28조 제1항). 반면 부인권 행사에 의하여 관리인이 반환받게 되는 재산은 채무자의 재산에 포함된다.[8]

Ⅲ 채무자 재산으로부터의 포기

관리인은 채무자의 재산에 속하는 재산(재산에 대한 권리)에 대해 법원의 허가를 얻어 이를 포기할 수 있다(제61조 제1항 제7호). 이는 당해 재산의 관리에 과다한 시간과 비용이 필요한 반면, 회생채권자 등에게 별다른 이익이 되지 않는 경우 관리인이 그에 대한 관리처분권을 포기하는 것을 말한다. 권리의 포기 중 하나이다. 이로써 당해 재산의 관리에 드는 비용을 줄이고 그만큼 회생채권자 등에 대한 변제액이 늘어날 수 있다. 포기된 재산은 채무자의 재산에서 분리되고 채무자는 당해 재산에 대한 관리처분권을 회복한다. 이 점에서 민법상 물권의 소멸원인 중 하나인 포기와 구별된다.[9]

관리인은 선량한 관리자의 주의를 다하여 포기 여부를 결정하여야 한다(제82조 제1항). 포기에 의해 회생채권자 등이 얻는 이익과 불이익을 적절히 비교 형량하여 판단하여야 한다.

---

4) 결국 일반회생의 경우에는 재단채권인 ① 채무자 및 그 부양을 받는 자의 부양료(제179조 제1항 제14호)나 ② 기타 채무자를 위하여 지출하여야 하는 부득이한 비용(제179조 제1항 제15호)으로서 보호받을 수밖에 없다.
5) 관련 내용은 〈제3편 제5장 제1절 Ⅰ.2.나.(3)〉(본서 1365쪽)을 참조할 것.
6) 미국 연방도산법도 '채무자가 신탁계약의 수탁자처럼 오로지 제3자의 이익을 위해서만 행사하는 권한'은 재단에 귀속되지 않는다고 규정하고 있다(11 U.S.C §541(b)(1)).
7) 주택저당채권은 한국주택금융공사나 채권관리자의 채무자의 재산을 구성하지 아니한다(한국주택금융공사법 제30조 제4항, 제45조 제5항).
8) 미국 연방도산법 §541(a)(3) 참조. 다만 부인권의 대상이 되지만 부인되지 아니한 것은 채무자의 재산에 포함되지 않는다.
9) 이연갑, 전게 "환경책임과 도산절차", 390쪽.

실무적으로 붕괴의 위험이 있는 건물이나 오염물질에 의해 오염 또는 훼손된 토지 또는 기계가 채무자의 재산에 포함되어 있는 경우 이를 포기할 수 있는지 여부가 문제되고 있다. 포기 후 관리자가 사실상 존재하지 않는 경우나 붕괴의 위험이 있는 건물이나 토양오염 등 공해를 유발할 수 있는 토지나 기계의 경우, 관리인의 회생채권자 등에 대한 선관주의의무의 관점이나 채무자(회생채권자 등을 포함한다)의 사회에 대한 책임이라는 관점에서 채무자의 재산으로부터의 포기는 신중한 검토가 필요하다. 법원으로서도 단순히 경제적 관점만이 아니라 공익상의 관점도 고려하여 포기의 허용 여부를 판단할 필요가 있다.

관련 내용은 〈제3편 제9장 제2절 Ⅳ.2.〉(본서 1599쪽)를 참조할 것.

Ⅳ 있는 채무자의 재산과 있어야 할 채무자의 재산[10]

회생채권자들은 채무자의 재산으로부터 만족을 얻는다. 관리인이 직무를 시작하면서 인수하게 되는 것은 '있는 채무자의 재산'이다. 이러한 채무자의 재산은 증가하기도 하고 감소하기도 하면서 종국적으로 '있어야 할 채무자의 재산'이 된다. 있어야 할 채무자의 재산이 회생채권자들에게 변제할 재산으로서 책임재산이 된다. 이러한 의미에서 있어야 할 채무자의 재산은 적극재산 또는 변제(배당)재산이라고 부를 수 있다.

있는 채무자의 재산은 채권추심[11]을 통해 증가한다. 그러나 이 경우 엄밀히는 채무자의 재산의 형태만 바뀐 것에 불과하다. 채권 대신 약정된 목적물이 있어야 할 채무자의 재산에 편입된 것이기 때문이다. 진정한 의미의 채무자 재산의 증가는 부인권 행사에 의하여 일어난다. 부인권의 행사에 의해 채무자의 재산에서 일탈되었던 재산이 원상으로 회복되기 때문이다.

있는 채무자의 재산은 환취권, 채무자의 재산으로부터의 포기에 의해 감소한다. 상계를 통해서도 채무자의 재산은 감소한다. 상계가 없었다면 회생채권자의 채권은 비율적인 만족을 얻었을 것이고, 관리인은 자신의 채권 전액을 회수할 수 있었을 것이기 때문이다. 공익채권자에 대한 변제도 있는 채무자의 재산을 감소시킨다. 왜냐하면 있어야 할 채무자의 재산만이 회생채권자들에 대한 변제재원이 되는데, 공익채권자들은 회생채권자들보다 우선 채권 만족을 얻기 때문이다(제180조 제2항).

---

10) Reinhard Bork, 122~123쪽 참조.

11) 회생절차가 개시되면 관리인은 채무자의 업무수행과 재산의 관리처분권을 갖기 때문에(제56조 제1항) 실체법적으로 추심권한을 갖는다. 채무자에 대한 채무자는 원칙적으로 관리인에게만 변제의 효력이 있는 급부를 할 수 있다(제64조, 제67조 참조). 회생절차개시결정문에는 채무자에게 변제하여서는 아니된다는 내용을 담고 있다(제51조 제1항 제4호 참조). 채무자의 재산에 속한 채무자의 청구권이 자발적으로 이행되지 아니한 경우 관리인은 소를 제기할 수 있다(제78조). 관리인은 직무상 당사자로서 자신의 이름으로 소송을 진행하고 급부를 청구할 수 있다. 채무자가 회생절차개시 전에 이미 소송을 제기한 경우 관리인은 회생절차개시로 중단된 소송을 수계할 수 있다(제59조). 강제집행의 경우도 마찬가지이다. 관리인은 승계집행문을 부여받아(민집법 제31조) 채무자의 채무자에 대하여 강제집행을 할 수 있다.

Ⅴ 채무자 재산의 조사 및 확보

회생절차는 회생형 도산절차이므로 파산절차와 달리 채무자의 재산을 환가하는 것은 원칙적으로 예정하고 있지 않다. 그러나 회생계획의 이행을 담보하는 전제로서, 또한 채권자나 법원이 회생계획의 합리성·수행가능성을 판단하는 전제로서, 채무자의 재산에 대하여 적절한 조사를 하고, 이것을 확보하기 위한 조치가 필요하다. 채무자회생법은 채무자 재산의 조사·확보를 위한 많은 규정들을 두고 있다. 쌍방미이행 쌍무계약이나 환취권, 상계권, 부인권, 이사 등에 대한 조사확정재판(법인의 이사 등의 책임) 등이 그것이다.

또한 채무자에 속한 재산의 현황을 파악하고, 그 재산의 가액을 평가할 필요가 있다. 관련 내용은 〈제6장 제2절 Ⅴ.2.나.〉(본서 381쪽)를 참조할 것.

담보권소멸제도

담보물권의 불가분성이나 순위상승원칙으로 인해 채무자가 담보권을 소멸시키기 위해서는 피담보채권의 범위에 속하는 한 담보가액을 초과하는 채권까지 포함하여 피담보채권 전액을 변제하여야 한다. 따라서 회생절차의 경우 관리인이 회생계획에 의하지 않고 담보물을 매각하기 위해서는 모든 담보권자(순위상승원칙에 따라 후순위 담보권자를 포함한다)의 동의를 받아야 한다. 파산절차의 경우에도 파산관재인이 경매에 의하지 않고 임의매각으로 담보물을 처분하고자 한다면 담보권자의 동의가 필요하다. 이러한 문제는 회생계획인가 전 영업양도의 경우(본서 1022쪽)에도 발생한다.

이러한 문제점을 해소하기 위해 참고할 수 있는 것으로 일본의 담보권소멸허가제도와 미국 연방도산법상의 회생계획인가 전 영업자산 매각제도이다. 이러한 제도들은 관리인이나 파산관재인이 담보물을 개별적으로 매각하거나 담보재산이 포함된 회생계획인가 전 영업양도를 수월하게 할 수 있도록 한다는 점에서 제도적 도입을 검토할 필요가 있다.

Ⅰ. 일본의 담보권소멸허가제도

일본은 회사갱생법(제104조), 민사재생법(제148조) 및 파산법(제186조)에서 각각 담보권소멸허가제도를 두고 있다.[12]

---

12) **민법상의 저당권소멸청구제도** 민법에서는 저당권에 제한되어 있지만, 제3취득자의 변제에 의한 저당권소멸청구제도를 두고 있다(민법 제364조). 제3취득자란 저당권설정자로부터 저당부동산의 소유권을 양도받은 양수인, 지상권 또는 전세권을 설정받은 지상권자, 전세권자 등을 말한다. 제3취득자가 피담보채권을 변제하면 저당권은 당연히 소멸한다. 법률의 규정에 의한 물권변동이기 때문이다(민법 제187조 참조). 그 목적은 목적부동산의 유통을 촉진하기 위한 것이라는 점에서 일본의 담보권소멸허가제도와 다르다. 다만 저당권자의 의사와 무관하게 담보권을 소멸시키는 제도이고, 담보권의 불가분성이 제한된다는 점에서는 공통점이 있다(破産法·民事再生法, 653~654쪽). 참고로 일본 민법은 제379조 이하에서 저당권소멸청구제도에 관하여 상세하게 규정하고 있다.

현재 채무자회생법은 담보권소멸제도를 두고 있지 않기 때문에, 민법에 의한 저당권소멸청구제도에 따라 대응할 수밖에 없다. 파산절차에서 파산관재인이 저당권이 설정된 부동산을 저당권이 부가된 상태 그대로 임의매각한 경회사갱생절차의 경우, 갱생절차개시 당시 갱생회사의 재산에 대한 담보권이 존재하고 갱생회사 사업의 갱생을 위하여 필요하다고 인정하는 때, 관재인은 법원의 허가를 얻어 담보재산의 가액에 상당하는 금액을 법원에 납부하고 당해 재산을 목적으로 하는 모든 담보권을 소멸시킬 수 있다(회사갱생법 제104조 제1항). 여기서 말하는 필요성은 담보권의 존재 자체를 소멸시키는 필요를 말하는 것으로, 사업(영업)의 양도나 유휴자산을 처분할 때, 담보권의 존재 그 자체가 방해되는 경우 등이다.[13] 관재인이 납부한 금전은 담보권자에게 배당(변제)되는 것이 아니라 갱생계획인가 후에 관리인에게 교부되어 갱생회사의 사업자금 또는 갱생계획수행 자금으로 사용하는 것이 원칙이다(회사갱생법 제109조). 담보권자는 갱생담보권자로서 회생계획에 따른 만족을 받을 수밖에 없다.

민사재생절차의 경우, 재생절차개시 당시 재생채무자의 재산에 대한 담보권이 존재하고, 담보재산이 재생채무자의 사업의 계속에 불가결한 때에는, 채무자는 담보재산의 가액을 법원에 납부하고 당해 재산상에 존재하는 모든 담보권의 소멸에 관한 법원의 허가를 구할 수 있다(민사재생법 제148조). 목적물 가액 상당의 금전은 담보권자에게 인도 또는 분배된다(민사재생법 제153조)는 점에서 회사갱생절차와 다르다. 민사재생절차에서 담보권소멸허가제도를 도입한 취지는, 원래 담보권자가 우선적으로 주목하는 것은 목적물의 현재가치라는 점을 고려하면, 사업의 계속에 불가결한 재산을 목적물로 하는 경우에는, 우선변제를 받는 범위를 담보목적물의 가액으로 제한함과 동시에, 채무자가 그 가액을 납부하면 담보권을 소멸시키는 것을 인정해야 한다는데 있다. 가액을 넘는 피담보채권부분은 모두 일반채권이 된다.

파산절차의 경우, 파산절차개시 당시 파산재단에 속하는 재산에 대한 담보권이 존재하는 경우로서 당해 재산을 임의로 매각하여 담보권을 소멸시키는 것이 파산채권자의 일반의 이익에 적합한 때, 파산관재인은 법원에 담보재산 가액에 상당하는 금원을 납부하고 당해 재산상의 모든 담보권을 소멸시키는 것의 허가를 신청할 수 있다(파산법 제186조). 담보권자는 파산관재인의 담보권소멸허가신청에 대하여 담보권의 본래적 기능인 담보권의 실행을 신청함으로써 대항할 수 있다(파산법 제187조). 이 점이 갱생절차의 경우와 다르다.

일본의 각종 도산처리절차에 있어 담보권소멸허가제도는, 각각의 절차의 목적 및 기본구조를 반영한 특징을 지니고 있다. 파산절차 및 재생절차에 있어 담보권소멸허가제도는 각각의 절차에 있어서 특정재산상의 담보권이 별제권의 지위가 부여되어 있어(파산법 제2조 제11항, 민사재생법 제53조 제1항), 절차에 의하지 않고 권리의 실행이 인정된다는 것을 배경으로, 파산재단의 적정한 환가를 도모하거나, 재생채무자의 재산을 보전하여, 이것을 기초로 하는 사업의 계속을 실현하기 위하여, 담보권을 소멸시켜, 목적물을 파산관재인이나 재생채무자의 관리처분권 아래 두고, 담보권자는 목적물의 가액상당액의 만족을 부여하는 것이다(파산법 제191조, 민사재생법 제153조). 이에 대하여 회사갱생에 있어 담보권소멸허가는 그 목적이 달라 이것이 절차의 기본구조에도 반영되었다. 즉 특정재산상의 담보권은 갱생담보권의 기초가 되고, 그 실행권능이 제한되며, 갱

우, 제3취득자는 민법의 규정에 의하여 저당권의 소멸을 청구할 수 있다. 회생절차나 개인회생절차의 경우에도 마찬가지이다.

13) 會社更生法, 561~562쪽. 회사갱생절차에서는 담보권의 실행이 금지되고 갱생계획에 의하여 담보권을 소멸시키는 것도 가능하기 때문에 통상적으로 담보권의 실행에 의하여 사업계속에 불가결한 재산이 처분되는 경우는 예상하기 어렵다.

생담보권은 갱생담보권에 따라 갱생회사 재산 전체 가치로부터 만족을 받는 권리로 된다. 그러나 갱생계획에 따라 변경 또는 소멸되는 경우는 별론으로 하면, 담보권 그 자체는 갱생절차에서 갱생계획인가 후에도 존속하고, 이른바 휴면상태의 담보권으로 된다. 회사갱생법상의 담보권소멸허가제도는 이 휴면상태의 담보권을 소멸시키는 것을 목적으로 하는 것이다. 이 점에서 동일한 사업재생형절차에 관한 담보권소멸허가제도이지만, 민사재생법상의 그것과는 취지가 다른 것이다.[14]

Ⅱ. 미국 연방도산법상의 회생계획인가 전 영업자산 매각제도

미국 연방도산법 제363조(f)[15]에 의하면 다음 어느 한 조건이라도 충족하는 경우 관리인(채무자)은 담보권 등 권리의 부담이 없는 깨끗한 상태로 재산을 매각할 수 있다. 위 규정에 따라 자산매각을 하는 경우에는 채무자는 연방도산법원에 매각허가신청을 하여야 한다.

(1) 적용되는 일반법(nonbankruptcy law)이 그러한 권리의 부담이 없는 재산을 매각하는 것을 허용하는 경우

(2) 그 권리의 보유자가 동의하는 경우

(3) 그 권리가 담보권인 경우에는, 그 자산의 매각대금이 그 재산상에 설정되어 있는 모든 담보권의 합계액보다 큰 경우

(4) 그 권리가 선의로 다투어지고 있는 경우

(5) 그 권리의 보유자가 법률상의 절차 또는 형평상의 절차에서 금전에 의한 변제를 받도록 강제될 수 있는 경우

제363조에 의한 자산매각은 채권자, 담보권자 등의 동의 없이 회생계획인가 전에 법원의 허가만으로 재산 대부분을 신속하게 매각함으로써 채무자의 기업가치 훼손을 피할 수 있다. 매각과정에서 기존의 담보권 등 권리는 소멸하게 되므로 매수인에게 부담이 없어지고 매각도 용이하게 된다.

이에 관한 추가적인 내용에 대하여는 〈제15장 제2절 Ⅱ.1.〉(본서 1024쪽 각주 12))을 참조할 것.

---

14) 會社更生法, 561쪽.

15) § 363. Use, sale, or lease of property

(f) The trustee may sell property under subsection (b) or (c) of this section free and clear of any interest in such property of an entity other than the estate, only if—

(1) applicable nonbankruptcy law permits sale of such property free and clear of such interest;

(2) such entity consents;

(3) such interest is a lien and the price at which such property is to be sold is greater than the aggregate value of all liens on such property;

(4) such interest is in bona fide dispute; or

(5) such entity could be compelled, in a legal or equitable proceeding, to accept a money satisfaction of such interest.

제2절 환 취 권

회생절차개시의 효과에 기하여 실체 및 절차법률관계가 확정되어도 여전히 외부의 제3자나 이해관계인의 회생절차개시 후 권리행사에 따라 채무자의 재산에 관한 법률관계가 변동될 가능성이 있다. 제3자측으로부터의 권리행사에 관하여는 채무자의 재산에 관한 환취권(제70조)의 행사나 상계권(제144조)의 행사를 들 수 있다. 이에 대하여 회생절차의 기관측으로부터의 권리행사에 관하여는 부인권의 행사(제100조), 법인의 이사 등의 책임 추급(제114조)이 있다.

회생절차에서는 채무자의 재산만이 회생채권자나 회생담보권자의 책임재산이 된다. 채무자에게 속하지 아니하는 재산은 채무자의 재산으로부터 환취되어야 한다(제70조). 환취권자는 회생채권자가 아니다. 따라서 환취권자는 회생채권처럼 채권자표에 신고하는 방식으로 행사되지 않고, 회생절차로 인하여 영향을 받지 않는다. 즉 통상의 민사소송절차에 따라 행사된다. 환취권은 확정된 내용이 없다. 환취권의 내용은 어떠한 목적물이 환취되어야 하는지에 따라 결정된다.

Ⅰ 의 의

회생절차개시 당시 채무자가 점유하고 있는 재산 중에는 채무자 이외의 자에게 속하는 것이 있을 수 있다. 그러한 재산은 채무자의 재산은 아니므로 그 채무자 이외의 자가 이를 환취할 수 있다. 또한 관리인의 인도 요구에 대하여 거절할 수 있다.

환취권(Reclamation)이란 제3자가 채무자의 재산에 속하지[16] 않는다는 것을 주장하여 관리인으로부터 그 재산을 돌려받거나 인도 요구를 거절할 수 있는 권리를 말한다. 즉 채무자의 재산에 속하는 어떤 재산에 대하여 관리인 지배나 지배 요구를 배제할 수 있는 권리이다. 환취권자는 특정 목적물이 채무자의 재산이 아니라 자신의 재산에 속하므로 회생채권자들의 책임재산이 아니라고 주장할 수 있는 자들이다.

회생절차개시와 동시에 선임된 관리인은 재산의 일탈을 막기 위해 곧바로 채무자의 재산에 속하는 재산을 점유·관리하기 시작한다. 그런데 관리인이 점유하는 재산 중에는 채무자에게 속하지 않는 재산이 섞여 있을 수 있다. 이때 채무자에게 속하지 않는 재산에 대하여 권리를 주장하는 제3자는 관리인을 상대로 채무자의 재산으로부터 이를 환취하는 것이 허용된다. 제70조는 이것을 '영향을 미치지 아니한다'고 확인적으로 규정하고 있다.

환취권은 채무자의 재산에 속하지 않는다는 것을 주장하는 권리를 의미하지만, ① 실체법에 의하여 인정되는 것과 ② 채무자회생법에 의하여 인정되는 것이 있다. 전자를 일반환취권,

---

16) 여기서 '속한다'는 것은 소유권의 귀속을 의미하는 것이 아니라 관리인의 지배권이 미친다는 것을 의미한다.

후자를 특별환취권이라 부른다.[17)]

환취권은 제3자 이의의 소(민집법 제48조)와 유사한 형태이나(개별집행절차에서 제3자 이의의 소가 환취권에 대응한다), 그 권리가 제3자에게 속하는지 여부가 문제되는 것으로 제3자의 재산에 대하여 한 압류의 효력을 다투는 제3자 이의의 소와는 성질이 다르다.

환취권의 행사에 해당하는 것으로 제3자가 적극적으로 관리인에 대하여 행사하는 물건인도청구, 부동산상의 채무자 명의의 등기말소청구뿐만 아니라 관리인이 제3자의 지배하에 있는 재산이 채무자의 재산에 속한다고 주장하며 그 인도청구, 이전등기청구 등을 함에 대하여 제3자가 소극적으로 그 재산에 대한 자신의 권리를 주장하여 관리인의 요구를 배척하는 경우를 들 수 있다.

Ⅱ 일반환취권

환취권은 원래 채무자회생법이 새롭게 인정한 권리가 아니고, 실체법상 권리를 당연히 반영한 것에 불과하다. 일반환취권이란 이처럼 실체법상의 권리에 기하여 채무자의 지배 내지 지배의 요구를 배제할 수 있는 법적인 지위를 말한다. 회생절차개시 전부터 제3자가 채무자에 대하여 어떤 재산을 자기에게 인도할 것을 구할 수 있는 권리를 가진 경우, 제3자는 그 권리를 관리인에 대하여[18)] 주장할 수 있다.

회생절차개시는 채무자에게 속하지 아니하는 재산을 채무자로부터 환취하는 권리에 영향을 미치지 아니한다(제70조). 이는 회생절차와의 관계에서 실체권리 내용이 변경되지 않을 뿐만 아니라 회생절차개시 후에도 환취권자는 회생절차에 의하지 않고 권리를 행사할 수 있다는 것을 의미한다. 따라서 제3자는 그 재산에 대하여 관리인을 상대로 환취권을 행사할 수 있다.

회생절차개시가 환취하는 권리에 영향을 미치지 않는다고 규정할 뿐이므로, 관리인이 보호되는 제3자(민법 제108조 제2항 등)인 경우에는 그것을 이유로 실체법상의 권리행사가 부정될 수 있다.

1. 환취권의 기초가 되는 권리

환취권은 실체법상 권리의 당연한 효과에 불과하므로 환취권의 기초가 되는 권리는 실체법에 의하여 결정된다. 즉 개별사안에서 누가 환취권자인지는 채무자회생법으로부터 도출되지 않는다. 환취권은 물적 또는 인적 권리에 기하여 특정의 목적물이 채무자의 재산에 속하지 않는다고 주장할 수 있는 권리이다. 목적물에 대한 환취권은 회생절차 밖에서 적용되는 법률에

---

17) 환취권은 회생절차뿐만 아니라 파산절차(제407조 내지 제410조), 개인회생절차(제585조)에서도 인정된다.
18) 회생절차가 개시되면 채무자의 재산에 대한 관리처분권이 관리인에게 전속하기 때문이다(제56조 제1항). 제3자의 권리는 회생절차개시 당시를 기준으로 채무자의 재산에 대하여 압류채권자와 동일시되는 관리인에 대항할 수 있는 것이어야 한다(본서 362쪽 참조).

따라 정해진다.[19)]

가. 소유권

소유권은 목적물에 대한 배타적 지배권을 내용으로 하기 때문에 일반적으로 소유권자는 환취권자가 될 수 있다. 예컨대 피담보채무를 변제하고 질물의 반환을 청구하는 권리, 임대차나 사용대차에 의하여 채무자가 사용하고 있는 토지·건물·기계기구 등을 계약 종료 후에 소유자가 반환을 청구하는 권리, 채무자에게 수리가공을 위탁한 물건의 반환을 받을 권리, 채무를 변제한 후의 양도담보설정자가 담보물의 반환을 청구하는 권리 등이 이에 속한다.

다만 소유권자가 당연히 환취권을 갖는 것은 아니다. 소유권자의 지배권이 제한된 경우에는 환취권이 부정된다. 예컨대 채무자를 위하여 임차권이 설정되고, 그 임차권이 채무자의 재산에 속한 경우에는 소유권자라고 하여도 환취권은 부정된다. 또한 앞에서 본 바와 같이 실체법상 제3자 보호규정이 있는 법률행위의 하자 등(통정허위표시에 의한 무효, 사기로 인한 취소 등)을 회생절차개시 후에 주장하여 소유권을 주장하는 경우에도 마찬가지이다.

나. 용익물권 등

용익물권이나 담보물권이 환취권의 기초로 되는지는 권리의 성질에 따라 다르다. 지상권과 같은 용익물권은 목적물의 점유를 권리의 내용으로 하기 때문에 관리인이 목적물을 점유하고 있는 경우에는 환취권을 행사하여 목적물의 인도를 구할 수 있다. 점유권도 환취권의 기초가 된다. 질권 및 유치권과 같이 목적물의 점유가 필요한 담보물권도 마찬가지이다. 반면 저당권과 같이 목적물의 점유를 필요로 하지 않는 담보물권의 경우에는 점유의 이전을 구하기 위한 환취권을 주장할 수 없다.

다. 채권적 청구권 등

채권적 청구권(채권)이 환취권의 기초로 되는 것인지도 그 권리의 성질에 따른다. 채권적 청구권(채권)이라도 관리인의 점유를 부정하고 자신에게로 인도를 청구하는 내용의 권리인 경우에는 환취권의 기초가 될 수 있다. 예컨대 채무자가 전차한 물건에 대하여, 전대인(임차인)이 전대차의 종료를 이유로 환취권을 주장하는 경우(즉 채무자에게 속하지 않는다는 것을 주장하여 채권의 내용으로서 물건의 인도를 구하는 경우), 임대인[20)]·사용대주의 반환청구권(이들은 채무자에게

---

19) 독일 도산법 §47 참조. 엄밀하게는 환취권은 단지 권리의 관철가능성을 위해서만 의미가 있다. 채무자회생법에서 실체적 권리의 발생은 환취권의 경우뿐만 아니라 다른 경우에도 '항상 도산절차 외부에서 효력이 있는 법률'에 따라 정해진다(Reinhard Bork, 155쪽).

20) 임대차계약이 종료된 때, 임차인은 임대목적물의 반환의무를 부담하고, 이것은 임대차계약에 기하여 발생하는 것이다. 한편 목적물의 소유자가 임대인인 경우 임대인은 소유권에 기한 반환청구권을 행사할 수도 있다. 평상시에는 2개의 청구권이 경합한다. 그럼 회생절차가 개시된 경우는 어떤가. 양자의 차이를 강조한다면 소유권에 기한 반환청구권은 환취권이고, 임대차계약에 기한 반환청구권은 회생채권인 것으로 해석될 여지도 있다. 하지만 환취권에 대해 규정하는 제70조는 '채무자에게 속하지 아니하는 재산을 채무자로부터 환취하는 권리'라고 하고 있을 뿐, 해당 권리가 물권인지 채권인지를 문제삼지 않고 있다. 임대인이 어떤 권리를 행사하는지와 관계없이, 임대인의 권리는

임대 또는 사용대차된 물건의 소유자일 필요가 없다)[21]이 여기에 해당한다. 반대로 어떤 재산이 채무자의 재산에 속하고, 관리인의 관리처분권에 복종한다는 것을 전제로, 그 급부를 구하는 채권적 청구권을 주장하는 자는, 회생채권자로 취급되고 환취권자의 지위는 부여되지 않는다. 따라서 매수인은 매도인에 대하여 회생절차가 개시된 경우 자신의 인도청구권을 기초로 환취권을 주장할 수 없다.[22]

수익자 또는 전득자에 대하여 회생절차가 개시된 경우 형성권인 사해행위취소권도 환취권의 기초가 된다.[23] 수익자 또는 전득자에 대하여 회생절차가 개시된 경우 채무자의 채권자가 사해행위의 취소와 함께 회생채무자로부터 사해행위의 목적인 재산 그 자체의 반환을 청구하는 것은 환취권의 행사에 해당하여 회생절차개시의 영향을 받지 아니한다. 따라서 채무자의 채권자는 사해행위의 수익자 또는 전득자에 대하여 회생절차가 개시되더라도 관리인을 상대로 사해행위의 취소 및 그에 따른 원물반환을 구하는[24] 사해행위취소의 소를 제기할 수 있다.[25]

이혼에 따른 재산분할청구권이 환취권의 기초가 될 수 있는지는 재산분할청구권의 내용에 따라 다르다.

관련 내용은 〈제3편 제5장 제3절 Ⅱ.1.〉(본서 1402쪽)을 참조할 것.

라. 신탁관계상의 권리

어떤 재산이 신탁재산으로 된 경우에는, 수탁자에 대하여 회생절차가 개시되어도, 신탁재산은 채무자의 재산에 속하지 않는다(신탁법 제24조). 또한 파산선고와 달리(신탁법 제12조 제1항 제3호), 회생절차개시결정에 의해 수탁자의 임무가 종료되는 것은 아니고, 관리인이 수탁자의 직무 수행 및 신탁재산에 속하는 재산의 관리처분권을 행사하기 때문에, 신탁재산에 대하여

환취권으로 보아야 한다.

21) Reinhard Bork, 158쪽.

22) 채무자에 속한 물권에 대한 채권적 인도청구권은 회생채권이 되는데 그친다. 예컨대 채무자로부터 회생절차개시 전에 동산을 구입하고 대금을 지급하였음에도 불구하고, 아직 인도를 받기 전에 채무자에 대하여 회생절차가 개시된 경우에는, 환취권을 주장하여 인도를 청구할 수는 없다. 한편 이행지체를 인정하는 견해에 의하면 채무불이행에 의한 손해배상청구권을 회생채권으로 주장할 수 있을 것이다.

23) 대법원 2014. 9. 4. 선고 2014다36771 판결(사해행위취소권은 사해행위로 이루어진 채무자의 재산처분행위를 취소하고 사해행위에 의해 일탈된 채무자의 책임재산을 수익자 또는 전득자로부터 채무자에게 복귀시키기 위한 것이므로 환취권의 기초가 될 수 있다. 수익자 또는 전득자에 대하여 회생절차가 개시된 경우 채무자의 채권자가 사해행위의 취소와 함께 회생채무자로부터 사해행위의 목적인 재산 그 자체의 반환을 청구하는 것은 환취권의 행사에 해당하여 회생절차개시의 영향을 받지 아니한다. 따라서 채무자의 채권자는 사해행위의 수익자 또는 전득자에 대하여 회생절차가 개시되더라도 관리인을 상대로 사해행위의 취소 및 그에 따른 원물반환을 구하는 사해행위취소의 소를 제기할 수 있다).

24) 형성의 소는 그 판결이 확정됨으로써 비로소 권리변동의 효력이 발생하게 되므로 형성의 소와 이에 의하여 형성되는 법률관계를 전제로 하는 이행소송 등을 병합하여 제기할 수 없다(대법원 1969. 12. 29. 선고 68다2425 판결 등 참조). 그러나 민법 제406조 제1항은 채권자가 사해행위의 취소와 원상회복을 법원에 청구할 수 있다고 규정함으로써 사해행위취소청구에는 그 취소를 전제로 하는 원상회복청구를 병합하여 제기할 수 있도록 허용하고 있다(대법원 2004. 1. 27. 선고 2003다6200 판결). 한편 부인권 행사의 경우에는 뒤에서 보는 바와 같이 부인의 법률적 효과로서 금전의 지급이나 물건의 반환 등을 구하는 것으로 충분하므로 부인권 행사와 원상회복의 병합 문제는 발생하지 않는다.

25) 대법원 2014. 9. 4. 선고 2014다36771 판결.

신수탁자 등이 환취권을 행사할 수도 없다. 다만 신탁행위에 특별한 정함이 있어, 수탁자인 채무자의 임무가 회생절차개시와 함께 종료하고, 신수탁자가 선임되었다면, 신수탁자는 수탁자였던 채무자의 관리인에 대하여 신탁재산에 대한 환취권을 행사할 수 있다. 관련 내용은 〈제8장 제2절 Ⅲ.9.다.(2)〉(본서 651쪽) 및 〈제3편 제13장 제2절 Ⅰ.3.가. 각주 31)〉(본서 1787쪽)를 참조할 것.

위임관계에 있는 수탁자인 채무자에 대하여 회생절차가 개시되었어도, 당연히 위임관계가 종료되는 것은 아니지만(민법 제690조 참조), 당사자 사이의 특약으로 위임이 종료된 것으로 한 경우에는, 마찬가지로 위임자였던 자가 수탁자였던 채무자의 관리인에 대하여 환취권을 주장할 가능성이 있다.

2. 환취권과 성립요건·대항요건

회생절차에서 환취권으로 취급되기 위해서는 회생절차개시 전에 성립요건이나 대항요건을 갖추고 있어야 한다. 즉 부동산이라면 등기, 동산이라면 인도, 채권양도라면 확정일자 있는 증서에 의한 통지·승낙(민법 제450조)이 필요하다. 관리인은 성립요건이나 대항요건의 흠결을 주장할 수 있는 제3자에 해당한다. 회생절차가 개시된 후에는 제66조 제1항 단서를 제외하고 등기 등을 할 수 없고(제66조 제1항 본문), 그 결과 성립요건 등을 흠결한 것이므로 환취권을 행사할 수 없다. 예컨대 회생절차개시 전에 매매계약은 체결하였더라도 소유권이전등기가 마쳐지지 아니한 경우에는, 매수인은 소유권 취득을 회생절차와의 관계에서 주장할 수 없으므로 환취권을 주장할 수 없다.

3. 선의·악의와 환취권

소유권의 귀속이 일정한 자의 선의·악의에 의해 좌우되는 경우가 있다. 예컨대 통정허위표시의 무효는 선의의 제3자에게 대항할 수 없는데(민법 제108조 제2항), 통정허위표시에 의하여 일정한 재산의 소유권이 나중에 회생절차가 개시된 채무자에게 이전된 경우, 허위표시를 한 사람은 채무자에 대하여 당해 재산의 환취권을 행사할 수 있는가, 관리인이 제3자에 해당하고[26] 선의이면 환취권을 부정할 것인가, 또 환취권이 부정된다면 선의는 누구에 관하여 요구되는가의 문제이다.

관리인은 제3자에 해당한다고 보아야 하고, 선의·악의도 관리인을 기준으로 판단하여야 한다. 따라서 관리인이 선의인 경우 상대방은 통정허위표시의 무효를 주장할 수 없고,[27] 통정허위표시를 한 사람은 환취권을 행사할 수 없다.

---

26) 대법원 2011. 5. 13. 선고 2009다75291 판결 참조.
27) 대법원 2005. 5. 12. 선고 2004다68366 판결 참조.

4. 양도담보권 등과 환취권

가. 양도담보권자, 가등기담보권자 및 양도담보설정자의 경우

(1) 양도담보권자, 가등기담보권자

양도담보권자에 대하여 회생절차가 개시된 경우 양도담보권은 회생담보권이므로(제141조) 양도담보권자는 양도담보목적물이 자기 소유에 속한다고 하여 환취권을 행사할 수 없다. 가등기담보권자도 회생담보권자이므로(제141조) 마찬가지이다.

(2) 양도담보설정자

양도담보설정자는 채무를 변제한 후 소유권에 기하여 환취권을 행사할 수 있다.

나. 소유권유보부매매의 경우[28]

소유권유보부매매는 동산을 매매하여 인도하면서 대금 완납 시까지 동산의 소유권을 매도인에게 유보하기로 특약한 것을 말한다. 이러한 내용의 계약은 동산의 매도인이 매매대금을 다 수령할 때까지 대금채권에 대한 담보의 효과를 취득·유지하려는 의도에서 비롯된 것이다. 따라서 소유권유보부매매의 경우에, 매도인이 유보한 소유권은 담보권의 실질을 가지고 있으므로 담보 목적의 양도와 마찬가지로 매수인에 대한 회생절차에서 회생담보권으로 취급함이 타당하고,[29] 매도인은 매매목적물인 동산에 대하여 환취권을 행사할 수 없다.[30]

---

28) 소유권유보부매매는 동산을 매매함에 있어 매매목적물을 인도하면서 대금완납시까지 소유권을 매도인에게 유보하기로 특약한 것을 말하며, 이러한 내용의 계약은 동산의 매도인이 매매대금을 다 수령할 때까지 그 대금채권에 대한 담보의 효과를 취득·유지하려는 의도에서 비롯된 것이다. 따라서 부동산과 같이 등기에 의하여 소유권이 이전되는 경우에는 등기를 대금완납시까지 미룸으로써 담보의 기능을 할 수 있기 때문에 굳이 위와 같은 소유권유보부매매의 개념을 원용할 필요성이 없으며, 일단 매도인이 매수인에게 소유권이전등기를 경료하여 준 이상은 특별한 사정이 없는 한 매수인에게 소유권이 귀속되는 것이다. 한편 자동차, 중기, 건설기계 등은 비록 동산이기는 하나 부동산과 마찬가지로 등록에 의하여 소유권이 이전되고, 등록이 부동산 등기와 마찬가지로 소유권이전의 요건이므로, 역시 소유권유보부매매의 개념을 원용할 필요성이 없는 것이다. 요컨대 소유권 이전을 위하여 등기나 등록을 요하는 재산에 대하여 소유권유보부매매가 성립할 수 없다(대법원 2010. 2. 25. 선고 2009다5064 판결).

29) 회생담보권으로 취급하여야 하는 실무상의 이유는 회생절차개시신청을 한 채무자가 사업에 필요한 물건들이 환취되는 경우에는 회생절차의 수행이 불가능해질 수 있고, 회생제도의 목적에 반하는 결과를 초래할 수 있기 때문이다.

30) 대법원 2014. 4. 10. 선고 2013다61190 판결. 위 판결에 대해 "담보물권이 회생절차에서 회생담보권으로 취급되기 위해서는, 회생절차개시 전의 원인으로 생긴 채권이어야 하고, 회생절차개시 당시 채무자의 재산 위에 담보권이 존재하여야 한다. 그런데 잔대금을 전부 지급하지 않는 한 유보목적물에 대한 소유권은 매수인이 아니라 매도인에게 있다는 점에서 소유권유보는 제141조의 회생담보권이 될 수가 없으며, 회생담보권으로 취급하는 것은 물권이론 체계와의 부조화를 초래한다. 또한 소유권유보를 회생담보권으로 취급하면, 회생계획인가결정 후 파산절차로 이행된 경우, 소유권유보는 파산절차에서 별제권으로 다루어야 하는데, 그 실행을 귀속정산의 방법으로 하게 되면 자기 소유 물건에 대한 담보권실행이라는 논리적 모순이 발생한다. 그 실행을 처분정산 또는 임의의 방법에 의한 환가권에 의하게 되면, 관리인은 매도인에게 유보목적물을 반환하여야 하는데, 이는 환취권을 인정한 것과 동일한 결과를 초래한다. 그리고 도산해지조항의 유효성을 인정하는 판례에 따르면, 소유권유보약정에 회생·파산개시신청이 있는 때에는 당연히 계약이 해제된다는 조항이 있는 경우, 매도인은 유보목적물을 환취할 수 있게 된다. 결국 소유권유보의 경우, 담보물권은 회생절차에서 회생담보권이라는 등식이 성립될 수 없다는 점에서 유보목적물에 대한 환취권을 부정한 대상판결은 타당하다고 볼 수 없다"는 비판이 있다[양형우, "회생절차에서 소유권유보와 매도인의 지

다. 자산관리자가 위탁관리하는 유동화자산의 경우[31]

자산관리자에 대하여 회생절차가 개시된 경우 위탁 관리하던 유동화자산은 자산관리자의 재산을 구성하지 아니하고, 유동화전문회사 등이 환취권을 갖는다(자산유동화에 관한 법률 제12조 제2항, 제1항).

라. 금융리스의 경우

금융리스는 회생담보권으로 취급되므로 금융리스업자(리스회사)에게 환취권은 인정되지 않는다. 물론 해지권이 인정되고 리스계약이 해지되면 환취권은 인정된다(본서 645쪽).

5. 환취권의 행사

환취권은 채무자의 재산에 속한 재산에 관한 것으로 관리인 지배의 배제를 구하는 것이기 때문에 관리인을 상대로 행사하여야 한다. 환취권은 회생절차에 의할 필요는 없고(제70조),[32] 재판상 또는 재판 외에서 관리인에 대하여 적절한 방법으로 행사한다. 환취권의 행사는 민법이나 민사소송법 등이 정하는 바에 따라 한다. 채무자가 회생절차에 있지 않았다면 행사되었을 권리와 동일하게 환취권이 행사된다. 행사시기에 제한도 없다.

가. 환취권의 대상인 재산이 사실상 관리인의 지배하에 있는 경우

이러한 경우에는 제3자가 관리인을 상대로 목적물의 인도를 구하면 된다. ① 관리인이 다툰다면 이행소송 등을 제기하면 된다. 관리인은 채무자가 가지는 모든 방어방법을 제출할 수 있고, 항변으로 부인권을 행사할 수도 있다.[33] ② 한편 관리인이 환취권에 대하여 다툼이 없는 경우 목적물을 임의로 인도할 수 있다. 따라서 관리인 측에서 손쉽게 채무자 재산을 인도함을 방지하기 위하여 환취권의 승인에는 법원의 허가를 받도록 할 수 있다(제61조 제1항 제8호). 실무적으로 이를 법원의 허가사항으로 정하고 있다.

나. 환취권의 대상인 재산이 제3자의 지배하에 있는 경우

관리인으로부터 제3자가 점유하는 목적물에 대하여 그 인도나 등기의 말소·이전 등의 청구를 구하는 소송을 제기당한 경우, 제3자는 환취권을 항변으로 사용하여 관리인의 요구를 배

위", 인권과 정의(제447호, 2015. 2.), 대한변호사협회(2014), 138~158쪽}.

31) 자산관리자가 위탁 관리하는 유동화자산은 자산관리자의 채권자가 이를 강제집행할 수 없으며, 채무자회생법에 의한 보전처분 또는 중지명령의 대상이 되지 아니한다(자산유동화에 관한 법률 제12조 제3항).

32) 도산절차에 구속되지 않고 자유롭게 권리를 행사할 수 있는 권리로서 법률에 명시적으로 규정된 것으로 환취권, 파산절차에서의 별제권이 있다. 이들은 채무자의 재산(파산재단)에서 만족을 얻으면서도 도산절차에서 배제된다. 이러한 권리로 인해 전체 채권자들을 위한 채무자의 재산(파산재단)은 감소되고 채무자의 회생을 제약하는 결과가 된다.

33) 구체적으로 동산 환취의 경우에는, 환취권자가 동산인도의 소를 제기하면 되고, 채무자 명의의 부동산을 환취할 경우에는, 채무자의 소유권이전등기 및 회생절차개시등기(제24조 제1항 제1호, 법인채무자의 경우는 필요 없다)의 말소청구소송을 제기하면 된다.

제할 수 있다(환취권의 소극적 기능). 예컨대 제3자가 점유하고 있는 재산에 대하여 관리인이 채무자의 소유권을 이유로 인도를 구함에 대하여, 제3자가 항변으로 대항력 있는 임차권을 주장하는 경우를 들 수 있다.

Ⅲ 특별환취권

채무자회생법은 이해관계인 사이의 공평 또는 격지자 사이의 거래안전을 도모한다는 점을 고려하여 실체법에서 인정하는 것 외에 몇 가지 환취권을 인정하고 있다. 일반환취권은 목적물에 대하여 제3자가 실체법상의 지배권을 근거로 하는 것이지만, 아래의 특별환취권은 채무자회생법이 위와 같은 특별한 고려에서 창설한 것이다.[34]

1. 운송 중인 매도물의 환취

가. 의 의

매도인이 매매의 목적인 물건을 매수인에게 발송하였으나 매수인이 그 대금의 전액을 변제하지 아니하고, 도달지에서 그 물건을 수령하지 아니한 상태에서 매수인에 관하여 회생절차가 개시된 때에는 매도인은 그 물건을 환취할 수 있다(제71조 제1항). 이는 격지자간 매매에 있어서 매도인은 목적물인도의무를 먼저 이행하고, 대금은 추후에 지급받기로 하였는데 당해 목적물의 운송 중에 매수인에 대하여 회생절차가 개시된 경우, 매도인을 보호하기 위하여 인정되는 환취권이다.

다만 위와 같은 경우 매도인은 운송인에 대하여 운송중지와 목적물의 반환을 구할 수 있으므로(상법 제139조) 이러한 환취권을 적용할 여지는 거의 없을 것이다.

매도인 환취권의 법적 성질은 어떻게 되는가. 환취권의 행사에 의해 소유권의 귀속이나 매매계약 그 자체의 효력에는 영향을 미치지 않는 점, 환취권을 형성권으로 보는 것은 적절하지 않은 점, 매도인은 상황에 따라 운송인, 채무자 또는 관리인에 대하여 환취권을 주장하는 것이므로 특정인에 대한 채권으로 보는 것은 적당하지 않은 점 등을 고려하면, 환취권의 내용은 관리인에게도 대항할 수 있는 법정의 점유권한을 매도인에게 부여한 것으로 해석함이 상당하다(점유회복권한설).[35]

나. 요 건

매도인의 환취권이 인정되기 위해서는, ① 격지자 사이의 매매일 것, ② 매수인이 대금을 완제하지 않았을 것, ③ 회생절차개시 시에 목적물이 아직 운송 중이고, 매수인이 목적물을 수

---

34) 특별환취권으로 제71조, 제72조 이외에 특별환취권으로서의 성질을 갖는 것도 있다(제108조 제3항 제1호, 제121조 제1항).
35) 會社更生法, 354쪽. 환취권의 행사에 의해 점유권한을 회복한다고 보는 점유권한회복설도 있다(전병서, 326쪽).

령하지 않았을 것이라는 3가지 요건이 필요하다.

③의 요건과 관련하여, 매수인의 수령은 목적물의 현실적 점유를 취득한 것을 의미하고, 선하증권 등 유가증권의 교부만으로는 부족하다. 회생절차개시 후 관리인이 목적물을 수령한 경우에도 환취권을 행사할 수 있는가. 회생절차개시 시점에 환취권을 행사할 수 있는 상태였다면 회생절차개시 후 관리인이 목적물을 수령하였다고 하여 환취권을 부정할 이유는 없으므로 그 행사를 허용하여야 할 것이다.[36]

다. 제119조와의 관계

매도인의 환취권 행사에 대하여, 관리인은 법원의 허가를 얻어 대금 전액을 지급하고 물건의 인도를 청구할 수 있다(제71조 제1항 단서). 채무자인 매수인의 대금미지급은 환취권의 발생원인사실임에 대하여, 관리인에 의한 대금지급은 환취권의 소멸사유가 된다. 관리인이 대금을 지급하고 목적물의 인도를 받은 경우 매매계약관계는 소멸한다.

한편 매도인이 환취권을 행사하여 목적물의 점유를 취득하여도 매매계약의 효력에는 영향이 없다. 이 경우 목적물인도의무와 대금지급의무는 쌍방미이행관계가 확정되기 때문에 계약관계는 쌍방미이행 쌍무계약의 법리에 따라 정리된다. 관리인은 제119조의 요건이 충족되어 있으면 계약을 해제하거나 대금을 지급하고 목적물의 인도를 청구하는 것 중 하나를 선택할 수 있다(제71조 제2항).

2. 위탁매매인의 환취권

물건매수의 위탁을 받은 위탁매매인이 그 물건을 위탁자에게 발송한 경우에도 제71조 제1항의 규정에 따라 환취권이 인정된다(제72조). 위탁매매인과 위탁자 사이의 법률관계는 민법상의 위임계약이지만, 위탁매매인이 위탁자를 위하여 구입한 물품을 위탁자에게 발송한 경우 위탁매매인과 위탁자의 관계는 제71조 제1항의 격지자 사이의 매매와 유사하므로 위탁매매인을 보호하기 위하여 둔 것이다.

Ⅳ 대체적 환취권

1. 의　의

채무자가 회생절차개시 전에 환취권의 목적인 재산을 양도하거나[37] 관리인이 환취권의 목

---

36) 會社更生法, 353쪽, 전병서, 327쪽.
37) 채무자가 회생절차개시 전에 환취권의 목적인 재산을 권한 없이 양도한 경우에도 대체적 환취권을 인정하는 것은 원칙적으로 체계에 반하는 것이다(Reinhard Bork, 161쪽). 이 경우 환취되어야 할 목적물은 채무자의 재산에 속한 적이 없다. 오히려 회생절차개시 당시 손해배상청구권이나 부당이득반환청구권만 존재하였다. 예컨대 채무자가 회생절차개시 전에 타인 소유 동산을 양도하여 양수인이 해당 동산을 선의취득한 경우 원래 동산 소유자는 채무자에 대하여 불법행위로 인한 손해배상채권이나 부당이득반환을 청구할 수 있다. 회생절차개시 전에 발생한 이러한 손해

적인 재산을 양도한 때[38]에는 환취권자는 반대급부의 이행청구권의 이전을 청구할 수 있고, 관리인이 반대급부의 이행을 받은 때에는 환취권자는 관리인이 반대급부로 받은 재산의 반환을 청구할 수 있다(제73조). 대체적 환취권은 권한 없는 양도를 요건으로 한다.

회생절차개시 전의 채무자 또는 회생절차개시 후의 관리인이 환취권의 목적인 재산을 양도함으로써 이미 제3자에게 처분한 경우에는 그 재산 자체의 환취를 할 수 없다. 이 경우 채무자 또는 관리인이 그 재산의 반대급부로서의 이익을 보유하고, 환취권자는 부당이득반환청구권만을 가진다고 하면 이는 재산양도로 인하여 환취권자의 희생으로 채무자 또는 관리인이 부당하게 이득하는 것이 되므로 공평의 견지에서 환취권자에게 현물을 환취한 것과 동일한 수준의 보호를 하기 위하여 인정한 것이다.[39] 이를 대체적 환취권, 대상적 환취권 또는 배상적 환취권이라 한다.

대체적 환취권이 성립하려면 반대급부가 채무자의 재산 내에 구별가능한 상태로 현존해야 한다.[40] 이러한 요건이 충족되지 않으면 환취권은 소멸한다. 이 때에는 부당이득반환청구권이나 불법행위로 인한 손해배상청구권이 고려될 뿐이다.

대체적 환취권을 행사하여도 여전히 환취권자에게 손해가 남은 경우에는, 양도가 채무자에 의하여 된 때에는 회생채권으로, 관리인에 의하여 된 경우에는 공익채권(제179조 제1항 제5호)으로 손해배상을 구할 권리행사가 허용된다.[41]

> **사례** A는 甲(갑)으로부터 임차한 자동차를 B에게 매도하였다. B는 A에게 매매대금 중 일부인 1,000만 원을 지급하였다. 이후 A에 대하여 회생절차가 개시되었다.[42]
> 1. 甲은 A가 자동차를 B에게 매도하지 않았다면 환취권을 행사할 수 있었다(제70조). 甲은 대체적 환취권으로 A의 B에 대한 잔존 매매대금청구권의 양도를 청구할 수 있다(제73조 제1항 전문). 이

배상채권이나 부당이득반환청구권은 원래 회생채권이다. 채무자에 대하여 회생절차가 개시되었다는 이유만으로 동산 소유자에게 우선권(환취권)을 인정할 이유가 없다는 점에서 입법론적으로는 삭제하는 것이 타당하다.

현행법 아래서 환취권자는 목적물의 양도로 인하여 발생한 손해배상청구권을 회생채권으로 행사하는 것도 가능하지만, 이때는 이전을 받은 청구권의 행사에 의하여 회수한 액은 손해배상액에서 공제하여야 한다.

38) 이에 대하여 입법론적 비판이 있다. 관리인이 회생절차개시 후 타인 소유 동산을 양도하여 양수인이 해당 동산을 선의취득한 경우, 원래 동산 소유자는 관리인에 대하여 부당이득반환을 청구할 수 있다. 양수인에 대한 매매대금채권이 아직 소멸하지 않고 존재하는 경우 '채권'의 형태로 존재하는 부당이득의 반환을, 양수인이 매매대금을 지급한 경우에는 '가액반환'의 형태로 부당이득의 반환을 청구할 수 있다. 이는 회생절차개시 후에 발생한 부당이득반환청구권으로 원래 공익채권이다(제179조 제1항 제6호). 회생절차개시 후 관리인이 동산을 임의 처분한 경우에도, 동산 소유자에게 공익채권으로서 부당이득반환청구권을 인정하는 것으로 충분하다. 따라서 이 부분을 삭제하는 것이 타당하다{이화여자대학교 산학협력단, 도산제도의 현대적 과제 연구(Ⅰ)－도산실체법의 개선방안－, 203쪽}. 하지만 공익채권으로 인정하더라도 채무자의 재산이 부족한 경우 완전한 만족이 보장되는 것은 아니고, 공평의 견지에서 환취권을 인정하는 것이 타당하다. 따라서 위 입법론적 비판은 수긍하기 어렵다. 환취권을 인정할 경우 환취권자는 환취권과 공익채권을 선택적으로 주장할 수 있다.

39) 환취권이 인정되지 않을 때는 다음과 같은 문제가 발생한다. 채무자가 처분한 경우에는 손해배상청구권이나 부당이득반환청구권이 회생채권으로밖에 인정되지 않아 비율적 변제만을 받게 되고, 관리인이 처분한 경우에는 공익채권으로 인정된다고 하더라도 채무자의 재산이 부족한 경우 안분변제를 받아야 하므로 완전한 변제를 받기 어렵다.

40) 독일 도산법 제48조 후문은 이를 명확히 규정하고 있다.

41) 會社更生法, 355~356쪽.

42) Reinhard Bork, 160쪽.

미 지급한 1,000만 원은 채무자의 재산과 구별 가능하게 현존한다면 이에 대하여도 반환을 청구할 수 있다. 구별할 수 없다면 甲은 부당이득반환청구권이나 손해배상청구권을 주장할 수 있지만, 이는 회생채권에 불과하다.

2. A에 대하여 회생절차가 개시된 이후 관리인이 자동차를 B에게 양도한 경우에도 마찬가지이다. 다만 부당이득반환청구권이나 손해배상청구권은 공익채권이다.

3. 만약 甲이 A에게 자동차의 매도를 허락한 경우라면, 대체적 환취권은 발생하지 않는다. 대체적 환취권은 권한 없는 양도를 요건으로 하기 때문이다.

2. 내   용

가. 제73조 제1항의 환취권

환취권의 목적인 재산을 채무자가 회생절차개시 전에 또는 관리인이 회생절차개시 후에 제3자에게 양도하였지만, 제3자가 반대급부를 아직 이행하지 않은 경우에는[43] 환취권자는 관리인에 대하여 그 반대급부의 이행청구권을 자기에게 이전하도록 청구할 수 있다.

이러한 경우 관리인은 지명채권양도의 방식(민법 제450조)에 의하여 환취권자에게 그 반대급부의 이행청구권을 이전하여 줄 의무가 있다.

나. 제73조 제2항의 환취권

위 〈가.〉의 경우 관리인이 반대급부의 이행을 받은 때에는 그 반대급부로 받은 재산이 특정성을 가지고 있는 때에 한하여 그 재산의 반환을 청구할 수 있다. 특정성이 없는 경우에는 반대급부로 받은 재산 상당액에 관하여 부당이득반환청구권이 발생하고, 이는 회생절차개시 후에 발생한 것이므로 공익채권으로 이를 행사할 수 있다(제179조 제6호).

3. 제3자의 권리와의 관계

채무자나 관리인이 목적물을 제3자에게 양도하고, 선의취득(민법 제249조) 등의 이유로 목적물의 소유권이 제3자에게 이전된 경우, 환취권자는 이미 목적물 자체를 제3자로부터 환수할 수는 없고, 대체적 환취권을 행사하여 만족을 얻을 수밖에 없다. 그러나 선의취득 등이 성립하지 않는다면 제3자로부터 환취도 가능하고, 그 경우 제3자에 대한 환취권과 대체적 환취권을 선택적으로 행사할 수 있다.

4. 특별환취권과 대체적 환취권

특별환취권에 대하여는 실체법상의 소유권 귀속과 별도로 목적물에 대한 점유권한을 매도

---

43) 반대급부가 회생절차개시 전에 이행된 경우에는 환취권을 행사할 수 없고, 불법행위에 기한 손해배상청구권 내지 부당이득반환청구권을 회생채권으로 행사할 수밖에 없다(물론 양도의 상대방에 대하여 소유권에 기한 반환청구는 가능하지만, 선의취득 등이 성립한 경우에는 소유권 주장이 불가능하다).

인 등 환취권자에게 부여한다. 그러나 채무자나 관리인이 그 목적물을 제3자에게 양도한 경우 환취권자는 그 점유권한을 관리인 등에 대하여 행사하는 것이 불가능하다. 따라서 일반환취권과 마찬가지로 특별환취권에 대하여도 대체적 환취권이 인정된다. 다만 환취권의 내용인 점유권한은 대금채권을 확보하기 위한 것이므로 대체적 환취권의 범위도 매도인 등의 대금채권의 범위로 한정된다.

제3절 부 인 권[44]

Ⅰ 부인권의 개요

1. 부인권의 의의

부인권(avoidance powers, avoiding power)이란 회생절차개시 전[45]에 채무자가 ① 회생채권자 또는 회생담보권자(이하 '회생채권자 등'이라 한다)를 해하는 것을 알고 한 행위 또는 ② 다른 회생채권자 등과의 평등을 해하는 변제·담보제공 등과 같은 행위를 한 경우, 회생절차개시 후에 관리인이 채무자 재산을 위하여 그 행위의 효력을 부인하고 일탈된 재산의 회복을 목적으로 하는 권리를 말한다(제100조). 부인권은 회생절차개시 전의 채무자 행위를 개시 후에 평가하는 평가규범이다.

부인권은 감소한 재산과 기업의 수익력을 회복하거나 채권자 사이의 공평을 기할 수 있도록 하는 것을 목적으로 하는 권리이다. 후자와 관련하여 재정적 파탄에 직면한 채무자가 일부 채권자들과 통모하거나 그들의 추궁을 받고 이들에게 변제 또는 대물변제를 하거나 담보를 제공하는 경우가 종종 있는데, 이와 같은 행위는 다른 채권자와의 관계에서는 공평하지 못한 결과가 되므로 이를 방지하기 위하여 인정된 것이다.

---

44) 중국 <기업파산법>도 부인권에 관한 규정을 두고 있다(제31조 내지 제33조). 관리인이 이를 행사하고 사해행위는 물론 편파행위도 부인권의 대상으로 하고 있다는 점에서 공통점이 있다. 그러나 여러 가지 점에서 차이가 있다. ① 용어에 있어 민법에서와 마찬가지로 취소권(撤銷權)이라고 하고 있다. ② 행위의 태양에 따라 취소할 수 있는 것과 무효인 것으로 나누어 규정하고 있다. 무효인 행위는 성질상 기망에 해당하고, 어떤 시기에 발생하였는지와 무관하게 그 자체로 무효이다. 반면 취소할 수 있는 행위는 정상적인 경영상황에서는 적법하고 유효한 행위에 속한다. 기업법인이 파산절차에 들어오면 취소권이 관리인에게 부여된다. 관리인이 취소권을 행사하면 그 행위는 무효로 되지만, 행사하지 않으면 유효행위로 된다. ③ 우리나라의 경우 회생절차개시결정이 되면 관리인이 부인권을 행사하고, 채권자는 채권자취소소송을 제기할 수 없다. 반면 중국은 채무자가 무상으로 재산을 양도하거나, 현저히 불합리한 가격으로 거래하거나, 채권을 포기한 경우 관리인이 취소권을 행사하지 않으면, 채권자가 계약법 제74조 등의 규정에 따라 위와 같은 행위의 취소를 구할 수 있다{기업파산법해석(2) 제13조 제1항}. ④ 채무자가 기본적 생산의 수요를 유지하기 위하여 수도료 등을 지급하는 경우 등과 같이 일정한 행위에 대하여는 취소권을 행사할 수 없다{기업파산법해석(2) 제16조}.

45) 도산절차는 법원이 관여하고 법에 의한 절차제도이기 때문에, 도산절차 중 부적절한 행위가 행해진 경우에는, 법에 의해 규정된 여러 제도에 의해 시정되므로, 부인권의 행사는 기본적으로 절차개시 전의 행위를 규제대상으로 한다.

부인권은 회생절차개시결정 이전에 부당하게 처분된 채무자의 재산을 회복함으로써 채무자 또는 그 사업의 효율적인 회생을 달성하기 위하여, 즉 회생절차의 목적을 달성하기 위하여 인정된 채무자회생법상의 특유한 제도이다.[46] 부인권(특히 편파행위를 원인으로 하는 부인권)은 채권자가 회생절차개시결정 전에 공격적으로 채권을 회수하고자 하는 채권자들의 유인을 낮추는 기능을 가지고 있다. 채권자들이 채무자를 압박하여 채권을 회수하더라도 이후 채무자에 대하여 회생절차개시결정이 되면 변제행위가 부인되어 반환될 수 있기 때문이다. 이로써 부인권은 채권자들이 채무자(기업)의 영업을 흔들거나 자산의 개별매각으로 채무자의 재산의 가치를 감소시키거나 채무자를 도산절차로 밀어 넣으려는 행위들을 제재하는 효과를 가진다.[47]

채무자회생법은 부인권에 관한 규정을 크게 두 군데서 하고 있다. 먼저 제2편 회생절차(제2절)에서의 부인권에 관한 규정으로 제100조 내지 제113조의2가 있고, 다음으로 제3편 파산절차(제2절)에서의 부인권에 관한 규정으로 제391조 내지 제406조의2가 있다. 개인회생절차에서의 부인권에 관하여는 파산절차의 부인권에 관한 조항이 준용된다(제584조).[48]

2. 다른 절차상 부인권 등과의 비교

가. 파산절차에서의 부인권과의 차이

파산절차에도 부인권(제391조)이 인정되고 있다. 양자는 입법목적이나 규정 방식이 거의 동일하나 다음과 같은 차이가 있다.

(1) 파산절차의 부인권은 일탈한 재산을 회복하고 이를 현금화하여 채권자 사이의 공평을 도모함은 물론 채권자에게 더 많은 배당을 목표로 한다. 반면 회생절차상의 부인권은 회복한 재산을 반드시 현금화하여야 하는 것이 아니라 기업의 회생을 위하여 기업의 수익력 내지 기업가치의 회복을 목적으로 한다.

(2) 파산절차에서 담보권자는 별제권자로서 파산절차와 별개로 권리행사를 할 수 있으므로 (제412조) 파산선고 전에 담보권을 실행하더라도 부인의 대상이 되지 않는다. 그러나 회생절차에서는 담보권자도 권리행사의 제약을 받으므로 절차개시 전의 담보권의 실행 또는 담보권자에 대한 변제가 부인의 대상이 되는지가 문제된다. 대법원은 부인의 대상이 된다는 긍정설을 취하고 있다.[49]

---

46) 대법원 2016. 4. 12. 선고 2014다68761 판결.
47) Elizabeth Warren, 111쪽 참조.
48) 부인권에 관하여 회생절차와 파산절차에서 반복하여 규정하고 있다. 이에 대하여 양자를 통일적으로 규정할 필요가 있다는 견해가 있다(남효순·김재형, 23~24쪽). 이럴 경우 법 규정을 대폭 줄일 수 있을 것이다.
　　중국의 <기업파산법>은 회생절차와 파산절차에 개별적으로 부인권을 규정하지 않고, 「제4장 채무자의 재산」에서 일괄적으로 규정하고 있다(제31조 내지 제34조). 명칭도 부인권이 아닌 취소권(撤銷權)이라 하고 있다.
49) 대법원 2011. 11. 24. 선고 2009다76362 판결 참조.

〈회생절차와 파산절차의 부인권 관련 규정〉

구 분	회생절차	파산절차
고의부인 (제1호)	채무자가 회생채권자 또는 회생담보권자를 해하는 것을 알고 한 행위. 다만 이로 인하여 이익을 받은 자가 그 행위 당시 회생채권자 또는 회생담보권자를 해하는 사실을 알지 못한 경우에는 그러하지 아니하다(제100조 제1항 제1호).	채무자가 파산채권자를 해하는 것을 알고 한 행위. 다만 이로 인하여 이익을 받은 자가 그 행위 당시 파산채권자를 해하게 되는 사실을 알지 못한 경우에는 그러하지 아니하다(제391조 제1호).
위기부인 (제2호)	채무자가 지급의 정지, 회생절차개시의 신청 또는 파산의 신청(이하 이 조 내지 제103조에서 "지급의 정지 등"이라 한다)이 있은 후에 한 회생채권자 또는 회생담보권자를 해하는 행위와 담보의 제공 또는 채무의 소멸에 관한 행위. 다만 이로 인하여 이익을 받은 자가 그 행위 당시 지급의 정지 등이 있는 것 또는 회생채권자나 회생담보권자를 해하는 사실을 알고 있은 때에 한한다(제100조 제1항 제2호).	채무자가 지급정지 또는 파산신청이 있은 후에 한 파산채권자를 해하는 행위와 담보의 제공 또는 채무소멸에 관한 행위. 다만 이로 인하여 이익을 받은 자가 그 행위 당시 지급정지 또는 파산신청이 있은 것을 알고 있은 때에 한한다(제391조 제2호).
위기부인 (제3호)	채무자가 지급의 정지 등이 있은 후 또는 그 전 60일 이내에 한 담보의 제공 또는 채무의 소멸에 관한 행위로서 채무자의 의무에 속하지 아니하거나 그 방법이나 시기가 채무자의 의무에 속하지 아니한 것. 다만 채권자가 그 행위 당시 채무자가 다른 회생채권자 또는 회생담보권자와의 평등을 해하게 되는 것을 알지 못한 경우(그 행위가 지급의 정지 등이 있은 후에 행한 것인 때에는 지급의 정지 등이 있은 것도 알지 못한 경우에 한한다)에는 그러하지 아니하다(제100조 제1항 제3호).	채무자가 지급정지나 파산신청이 있은 후 또는 그 전 60일 이내에 한 담보의 제공 또는 채무소멸에 관한 행위로서 채무자의 의무에 속하지 아니하거나 그 방법 또는 시기가 채무자의 의무에 속하지 아니하는 것. 다만 채권자가 그 행위 당시 지급정지나 파산신청이 있은 것 또는 파산채권자를 해하게 되는 사실을 알지 못한 경우를 제외한다(제391조 제3호).
무상부인 (제4호)	채무자가 지급의 정지 등이 있은 후 또는 그 전 6월 이내에 한 무상행위 및 이와 동일시할 수 있는 유상행위(제100조 제1항 제4호)	채무자가 지급정지 또는 파산신청이 있은 후 또는 그 전 6월 이내에 한 무상행위 및 이와 동일시할 수 있는 유상행위(제391조 제4호)
예외조항	채무자가 벌금·조세 등 청구권에 관하여 그 징수의 권한을 가진 자에 대하여 한 담보의 제공 또는 채무의 소멸에 관한 행위에 관하여는 부인권 규정 적용 안함(100조 제2항)	×
특수관계인을 상대방으로 한 행위에 대한 특칙 (악의추정)	제100조 제1항 제2호 단서를 적용하는 경우 이익을 받은 자가 채무자와 대통령령이 정하는 범위의 특수관계에 있는 자 (이하 이 조에서 "특수관계인"이라 한다)인 때에는 그 특수관계인이 그 행위 당시 지급의 정지 등이 있은 것과 회생채권자 또는 회생담보권자를 해하는 사실을 알고 있었던 것으로 추정한다(제101조 제1항).	제391조 제2호 단서의 규정을 적용하는 경우 이익을 받는 자가 채무자와 대통령령이 정하는 범위의 특수관계에 있는 자(이하 이 조에서 "특수관계인"이라 한다)인 때에는 그 특수관계인이 행위 당시 지급정지 또는 파산신청이 있은 것을 알고 있었던 것으로 추정한다(제392조 제1항).

특수관계인을 상대방으로 한 행위에 대한 특칙 (시기확장, 악의추정)	제100조 제1항 제3호의 규정을 적용하는 경우 특수관계인을 상대방으로 하는 행위인 때에는 같은 호 본문에 규정된 "60일"을 "1년"으로 하고, 같은 호 단서를 적용하는 경우에는 그 특수관계인이 그 행위 당시 채무자가 다른 회생채권자 또는 회생담보권자와의 평등을 해하게 되는 것을 알았던 것으로 추정한다(제101조 제2항).	제391조 제3호의 규정을 적용하는 경우 특수관계인을 상대방으로 하는 행위에 대하여는 같은 호 본문에 규정된 "60일"을 "1년"으로 하고, 같은 호 단서를 적용하는 경우에는 그 특수관계인이 그 행위 당시 지급정지 또는 파산신청이 있은 것과 파산채권자를 해하는 사실을 알고 있었던 것으로 추정한다(제392조 제2항).
특수관계인을 상대방으로 한 행위에 대한 특칙 (무상부인시 기확장)	제100조 제1항 제4호의 규정을 적용하는 경우 특수관계인을 상대방으로 하는 행위인 때에는 같은 호에 규정된 "6월"을 "1년"으로 한다(제101조 제3항).	제391조 제4호의 규정을 적용하는 경우 특수관계인을 상대방으로 하는 행위인 때에는 같은 호에 규정된 "6월"을 "1년"으로 한다(제392조 제3항).

나. 채권자취소권[50]과의 차이

채권자를 해하는 채무자의 행위에 대하여는 채권자취소권(민법 제406조)을 행사하거나 부인권을 행사하는 두 가지 방법으로 대처할 수 있다. 채무자에 대하여 회생절차가 개시된 경우에는 부인권을 행사할 수 있고, 회생절차 밖에서는 채권자취소권을 행사할 수 있다. 현행법은 회생절차 내에서의 부인제도와 회생절차 밖에서의 사해행위취소제도를 병행하고 있다. 채권자취소권 제도와 부인권 제도를 연결하는 접점은 회생절차개시와 회생절차종료이다.

채권자취소권과 부인권은 모든 채권자의 이익을 위하여 채무자의 사해행위에 의하여 일탈된 공동담보의 회복을 도모한다는 점에서 제도적 취지를 같이 하고 있다. 그러나 채권자취소권은 채권자에게 개별적으로 인정되는 권리[51]로서 취소대상행위나 행사방법 등이 제한적인 반면, 회생절차상 부인권은 회생절차가 포괄적 집행절차이므로 채권자간의 공평한 처우를 기본으로 하여 기업의 회생을 도모하기 위한 권리이고, 행사권한이 관리인에게 전속되며, 대상행위·행사의 요건·행사방법 등이 완화된 강력한 권리인 점에서 차이가 있다.[52]

---

50) 민법에서는 채권자취소권(제406조)과 사해행위취소권(제839조의3)을 같이 사용하고 있고, 국세징수법(제25조), 지방세징수법(제39조)은 '사해행위취소'라는 용어를, 신탁법(제8조)은 '사해신탁'이라는 용어를 각 사용하고 있다. 실무적으로도 채권자취소권과 사해행위취소권을 혼용하여 사용하고 있다. 본서에서도 채권자취소권과 사해행위취소권을 같이 사용하기로 한다.

51) 채권자취소권은 개별집행절차에서 책임재산의 유지와 개별채권자의 보호만을 목표로 한다. 반면 부인권은 전체집행을 전제로 모든 채권자들의 보호를 목적으로 한다. 채권자취소권을 행사하는 경우는 도산위기상황에서의 대상행위에 대해 동일한 상황에서 행사하는 것이다. 반면 부인권의 행사는 법적도산절차가 개시되기 전의 행위를 도산절차 개시 후에 다시 평가하여 대상행위로 한다는 점에서 차이가 있다.

52) 남효순·김재형, 23~24, 63~64쪽. 남효순·김재형 교수는 "도산법상의 부인권과 민법의 채권자취소권은 유사한 기능을 가지고 있지만, 현저하게 다르게 규정하고 있다. 장기적으로 민법의 채권자취소권과 도산법상의 부인권은 비슷한 방식으로 규정하여야 한다"고 주장하고 있다.

　채권자취소권과 부인권이 기능면에서 큰 차이가 없음에도 많은 차이가 나는 것은 법률조항의 문언이나 규정방식이 다르다는 점에서 비롯된 것으로 보인다. 채권자취소권은 민법 하나의 조문에서 채권자가 사해행위의 취소 및 원상회복을 청구할 수 있다고 규정함에 반하여(민법 제406조 제1항 본문), 부인권은 부인대상(제100조 제1항, 제391조), 부인권 행사방법(제105조, 제396조), 부인권 행사의 법률효과(제108조 제1항, 제397조 제1항) 등 많은 조문에

(1) 행사주체

채권자취소권은 개별 채권자가 회생절차 외에서 행사하는데 반하여, 부인권은 관리인이 회생절차 내에서 행사한다(제105조 제1항). 제105조 제1항은 부인권의 행사주체가 관리인이라는 것이지 부인권이라는 권리의 귀속주체까지 규정한 것은 아니다. 관리인은 아래 〈3.가.〉에서 보는 바와 같이 채무자와 별개의 제3자적 지위에서 부인권을 행사한다.

(2) 행사요건

채권자취소권은 주관적 요건으로 채무자의 사해의사와 수익자 또는 전득자의 악의를 필요로 한다. 이에 반하여 부인권은 부인의 유형을 여러 가지로 설정하고 그 유형에 따라 요건을 채권자취소권보다 완화시키고 있다. 구체적으로 고의부인의 경우는 채무자의 사해의사와 수익자의 악의를 요건으로 하고 있어 채권자취소권과 동일하다. 반면 위기부인은 채무자의 사해의사를 필요로 하지 않고 다만 수익자의 악의를 요건으로 한다. 무상부인은 채무자의 사해의사나 수익자의 악의를 요건으로 하지 않는다.

또한 채무자의 일반재산의 유지·확보를 주된 목적으로 하는 채권자취소권의 경우와 달리, 이른바 편파행위까지 규제 대상으로 하는 채무자회생법의 부인권 제도에 있어서는 반드시 해당 행위 당시 부채의 총액이 자산의 총액을 초과하는 상태(채무초과상태)에 있어야만 부인권을 행사할 수 있다고 볼 필요가 없다.[53]

(3) 대　상[54]

채권자취소권이나 부인권 모두 동산의 매매, 증여 등과 같이 일반재산을 감소시키는 법률

서 상세한 규정을 두고 있다.

53) 대법원 2020. 6. 25. 선고 2016다257572 판결, 대법원 2016. 1. 14. 선고 2014다18131 판결, 대법원 2005. 11. 10. 선고 2003다271 판결 참조. 이들 판결은 모두 편파행위에 대한 것이다. 사해행위의 경우는 아래에서 보는 바와 같이 채무초과상태를 필요로 한다. 사해행위가 원칙적인 부인의 대상이고(유해성의 근거는 책임재산의 절대적인 감소에서 구한다), 편파행위부인이나 무상부인은 특수한 형태의 부인으로 유해성의 근거가 채권자평등을 해하는 것에 있으므로 채무초과상태여야 부인권을 행사할 수 있는 것은 아니다.

54) 부인권의 행사대상과 채권자취소권의 행사대상을 통합할 것인가. 이에 대하여는 다음과 같은 견해가 있다. 양자를 가능한 한 일치시키기 위하여 노력할 필요성은 있으되, 양자의 각 본질로부터 비롯하는 대상의 차이를 굳이 부정해서는 안 된다. 즉 채무자의 책임재산 자체를 감소시키는(즉 채무자의 소극재산이 적극재산보다 많아지게 하거나 그 정도가 심화되게 하는) 협의의 사해행위는 채무자가 도산상황에 있든 그러지 않든 간에 부인되어야 하는 것이지만, 채무자의 '적극재산＋소극재산'이라는 총재산의 증감 자체에는 영향을 주지 않는 채무자의 편파행위(가령 특정한 채권자에 대한 변제 또는 담보제공)는 사적자치의 원칙상 채무자의 자유 영역에 속하는 것이고, 채무자가 도산상황에 들어가지 않는 한 함부로 부인될 것은 아니다. 따라서 채무자가 도산상황에 들어간 때의 부인권과, 들어가기 전의 채권자취소권 사이에는, 그 대상 행위를 완전히 일치시킬 수 없다는 본질적인 차이가 존재하는 것이다. 그렇기 때문에 양자의 대상 행위는 가능한 한 더욱 명확하게 규율할 필요가 있다고 본다[건국대학교 산학협력단, 사해행위취소 및 부인권제도에 관한 개선방안 연구, 법원행정처(2017), 253쪽].

하지만 입법론적으로는 양자를 정합적으로 규정하는 것이 타당하다고 본다. 사해행위취소권과 부인권(특히 사해행위부인)은 책임재산을 감소시켜 채권자를 해하는 행위의 효력을 부정하는 의미에서 있어서 동질성을 가지고 있고, 양자는 평시와 도산시에 있어 같은 취지의 제도로서 대응관계에 있다. 따라서 양 제도가 평시와 도산시라는 상황을 반영한 차이가 생기더라도, 평시와 도산시의 연속성 확보라는 관점에서 그 기본구조나 요건에 대하여 어느 정도 정합적인 것으로 하는 것이 바람직하다. 최근 (평성 29년, 2017년) 일본의 경우 민법을 개정하면서 도산법에 있

행위를 대상으로 한다는 점에서는 같다.[55] 그러나 부인권은 더 나아가 변제나 채무의 승인, 채권양도의 통지나 승낙, 부동산의 등기 등과 같이 법률상의 효과를 발생시키는 일체의 행위까지 그 대상으로 하고 있다. 또한 사법상의 행위뿐만 아니라 재판상의 자백을 비롯한 소송행위, 나아가 공법상의 행위 및 부작위도 부인의 대상이 된다.

부인권의 대상은 사해행위뿐만 아니라 편파행위도 포함되지만, 채권자취소권의 대상은 원칙적으로 사해행위에 한정된다. 그러나 우리나라의 통설과 판례는 일부 편파행위에 대하여도 채권자취소권을 행사할 수 있다고 한다.[56] 채권자취소권은 취소채권자가 채무자의 책임재산을 늘리거나 줄어들지 않도록 하는 개별적인 권리행사이지 일괄적으로 집행하여 모든 채권자에게 만족을 주는 제도는 아니다. 이런 관점에서 회생절차는 회생절차가 아닌 것에 비하여 채권자 평등의 목적이 보다 강조되기 때문에 부인권의 성립 범위를 넓게 인정할 필요가 있다.

(4) 행사방법

채권자취소권이나 부인권 모두 그 행사방법을 재판상의 행사에 한정시킨 점에서는 동일하다.[57] 그러나 채권자취소권은 소의 제기에 의해서만 행사할 수 있으나(민법 제406조 제1항)[58] 부인권은 부인의 소뿐만 아니라 부인의 청구나 항변에 의하여도 행사할 수 있다(제105조 제1항). 소에 의하여 채권자취소권이나 부인권을 행사할 경우 청구취지에서 차이가 있다. 채권자취소권의 경우 '취소'와 '원상회복'을 병합하여 청구할 수 있지만, 부인권의 경우 뒤에서 보는 바와 같이 부인으로 인한 법률효과, 즉 '원상회복'만을 청구취지로 하여야 한다('부인'은 청구취지에 포함되지 않는다).[59]

어 부인권과 동일한 대상행위의 유형을 기준으로 사해행위취소권의 요건을 정하는 형식으로 규정이 정비되었고, 이로 인해 평시에 있어 사해행위취소권과 도산시에 있어 부인권에 대하여 요건, 효과의 양면에 걸쳐 연동성이 확보되기에 이르렀고, 정합성이 있는 해석·운용이 가능하게 되었다고 한다(倒産法と要件事實, 16쪽).

55) 채권자취소권의 대상에 관하여 민법 제406조 제1항은 '재산권을 목적으로 한 법률행위'라고 규정하고 있으나, 학설과 판례는 법률행위에 한정하지 않고 그 범위를 넓혀 인정하고 있다.

56) 편파행위에 대하여도 채권자취소권이 적용된다는 것으로 ① 채무자가 채무초과 상태에서 일부 채권자와 통모하여 다른 채권자를 해할 의사를 가지고 변제한 경우(대법원 2001. 4. 10. 선고 2000다66034 판결), ② 채무자의 재산이 채무의 전부를 변제하기에 부족한 경우에 채무자가 그의 유일한 재산인 부동산을 어느 특정 채권자에게 대물변제로 제공하여 소유권이전등기를 경료한 경우(대법원 1996. 10. 29. 선고 96다23207 판결), ③ 이미 채무초과의 상태에 빠져 있는 채무자가 그의 유일한 재산인 부동산을 채권자 중의 어느 한 사람에게 채권담보로 제공하는 경우(대법원 2002. 4. 12. 선고 2000다43352 판결) 등이 있다.

57) 채권자취소권이나 부인권은 그 행사 결과가 제3자에게 미치는 영향이 크므로 법원으로 하여금 그 요건의 구비 여부를 판단하게 하고, 또 그 취소(부인)는 모든 채권자를 위하여 효력이 있으므로 다른 채권자에게도 공시할 필요가 있기 때문이다. 한편 부인권의 경우는 재판 밖에서의 행사도 인정된다고 할 것이다(본서 467쪽 각주 209) 참조).

58) 채권자취소소송을 제기하지 않고 항변으로 사해행위취소를 주장할 수 없고(대법원 1978. 6. 13. 선고 78다404 판결), 원고가 소송상 공격방법으로 사해행위취소를 주장하였으나 이를 청구취지에 기재하지 않고 원상회복청구를 하는 것은 허용될 수 없다(대법원 2005. 6. 9. 선고 2004다17535 판결, 대법원 1995. 7. 25. 선고 95다8393 판결 등 참조).

59) 채무자 甲이 피고에게 2024. 3. 5. 1억 원 증여한 경우(이자 등은 청구 안함) 청구취지 기재례
  ① 채권자취소의 소의 경우
    피고와 甲 사이에 체결된 2024. 3. 5. 자 증여계약을 취소한다.
    피고는 원고에게 1억 원을 지급하라.
  ② 부인의 소의 경우
    피고는 원고에게 1억 원을 지급하라.

한편 채권자취소(사해행위취소) 또는 부인권행사와 그로 인한 원상회복의 방법으로 배당이의의 소를 병합[60]하거나 제기할 경우,[61] 부인의 소는 회생계속법원의 전속관할이고(제105조 제5항),[62] 배당이의의 소는 배당을 실시한 집행법원이 속한 지방법원의 전속관할(민집법 제156조 제1항, 제21조)이기 때문에 어느 법원에 소를 제기하여야 하는지 관할이 문제될 수 있다.[63] 이에 관하여는 다음과 같은 논의가 있을 수 있다. ① 먼저 회생절차개시 전에 채권자취소소송이 제

---

60) 채권자취소의 소와 배당이의의 소를 병합할 경우 채권자취소의 소는 임의관할이다.

61) 근저당권설정계약을 사해행위로서 취소하는 경우 경매절차가 진행되어 타인이 소유권을 취득하고 근저당권설정등기가 말소되었다면 원물반환이 불가능하므로 가액배상의 방법으로 원상회복을 명할 것인바, 이미 배당이 종료되어 수익자가 배당금을 수령하였다면 수익자로 하여금 배당금을 반환하도록 명하여야 하고(대법원 2001. 2. 27. 선고 2000다44348 판결 참조), 배당표가 확정되었으나 채권자의 배당금지급금지가처분으로 인하여 수익자가 배당금을 현실적으로 지급받지 못한 경우에는 배당금지급채권의 양도와 그 채권양도의 통지를 명할 것이나(대법원 1997. 10. 10. 선고 97다8687 판결 참조), 채권자가 배당기일에 출석하여 수익자의 배당 부분에 대하여 이의를 하였다면 그 채권자는 사해행위취소의 소와 병합하여 원상회복으로서 배당이의의 소를 제기할 수 있다(대법원 2004. 1. 27. 선고 2003다6200 판결).

62) 채권자취소소송이 계속 중인 법원이 회생계속법원이 아니라면 수계 후 부인의 소로 청구취지를 변경한 경우에는 관할법원인 회생계속법원으로 이송하여야 한다(대법원 2017. 5. 30. 선고 2017다205073 판결 참조).

63) 관리인이 청구이의의 소를 제기하면서 청구원인으로 부인권을 행사하는 경우에도 마찬가지의 문제가 발생한다. 예컨대 주소지가 부천시인 채무자에 대한 회생사건이 서울회생법원에 계속되어 있는데 채무자의 관리인이 채무자가 채권자에게 작성하여 준 공정증서에 대하여 청구이의의 소를 제기하면서 청구원인으로 채무자의 공정증서 작성행위를 부인한다는 주장을 하는 경우, 그 소는 채무자의 보통재판적이 있는 곳의 법원인 인천지방법원 부천지원에 전속관할이 있기도 하고(민집법 제59조 제4항), 부인의 소에 해당하여 회생계속법원인 서울회생법원에도 전속관할이 있게 된다. 이 경우에도 어느 전속관할이 우선하는지가 문제된다.
　　이와 관련하여 하급심에서 원고가 부인권을 행사하여 공정증서에 기한 강제집행의 불허를 구하는 청구이의 사건(원고는 민사집행법 제21조, 제59조 제4항에 따라 집행권원이 공정증서인 경우 청구이의의 소는 원칙적으로 공정증서상 채무자의 보통재판적이 있는 곳의 법원이 전속관할한다고 보아 채무자의 보통재판적 소재지인 서울중앙지방법원에 청구이의의 소를 제기하였다)에서 「채무자회생법 제105조에서 부인의 소 등을 회생계속법원의 전속관할로 규정한 이유는 부인권 행사와 관련이 있는 사건을 회생계속법원에 집중시켜 회생절차의 신속하고 적정한 진행을 도모하고자 하는 데 있는데, 만일 채무자회생법이 아닌 다른 법령에 별도의 전속관할 규정이 있는 일부 유형의 사건(할부거래에 관한 법률 제44조, 방문판매 등에 관한 법률 제53조, 전자상거래 등에서의 소비자보호에 관한 법률 제36조가 적용되는 사건 등)의 경우 회생계속법원이 아닌 다른 법원에도 관할이 있다고 보아 회생계속법원이 아닌 법원이 부인의 소 등을 심리하도록 한다면 이러한 일부 사건의 심리의 지연에 따라 전체 회생절차의 신속하고 적정한 진행이 불가능하게 되어 부인의 소 등을 회생계속법원의 전속관할로 규정한 위 채무자회생법의 입법 취지를 훼손하게 될 것이다. 그러므로 회생절차에서 부인권을 행사하여 청구이의의 소를 제기한 경우에는 민사집행법 제21조, 제59조 제4항의 규정의 적용이 배제되고 채무자회생법 제105조에 따라 회생계속법원만 청구이의의 소의 전속관할법원이 된다고 해석하는 것이 타당하다」고 판시한 실무례가 있다(서울고등법원 2018. 12. 21. 선고 2018나2039479 판결). 그러나 아래에서 보는 바와 같이 채무자회생법 제105조 제3항 이외에 민사집행법 제21조, 제59조 제4항 또한 청구이의의 소에 관한 전속관할을 규정하고 있고, 위 채무자회생법 규정은 위 민사집행법 규정의 적용을 배제하는 것이 아니다. 또한 부인권의 행사를 통한 청구이의의 소와 회생절차의 신속하고 적정한 진행과는 유의미한 관계도 없다(실무적으로 부인권 행사로 인한 청구이의의 소는 회생계속법원에서 진행하더라도 대법원 확정판결까지는 상당한 시간이 소요됨에 반하여, 회생절차는 조기종결원칙에 따라 1년 내지 2년 이내에 종결된다. 또한 회생계획은 회생절차개시결정일로부터 1년(최장 1년 6월) 이내에 가결이 되어야 하는데(제239조 제2항), 1년 내에 부인권 행사와 관련한 소가 종결되는 것은 현실적으로 어렵다). 더욱이 회생절차가 종료된 경우에는 부인권은 소멸하는데, 회생절차 진행 중에 회생계속법원에 부인의 소를 제기한 후 회생절차가 종료되면 전속관할이 있는 법원으로 이송하여야 한다. 앞의 사례처럼 다른 법원에서 회생계속법원으로 이송된 경우에도 회생절차가 종료되면 부인권을 주장할 수 없어 소송절차를 유지할 수 없다(유지하기 위해서는 부인권 이외에 다른 주장을 하여야 하고, 그럴 경우 회생계속법원에 관할을 인정할 실익이 별로 없다). 부인권 행사를 유지하려면 회생절차를 종결하면 안 되어 조기종결을 저해한다. 만약 회생절차 종결 이후 부인권 행사를 유지하려면 부인의 소를 담당할 별도의 신설회사를 만들어 신설회사로 부인의 소를 수행할 권한을 넘겨야 하는데, 이로 인해 조기종결을 위한 절차의 번잡을 피할 수 없다. 따라서 회생계속법원에만 청구이의의 소에 관한 전속관할권이 있다는 위 하급심 판례는 동의하기 어렵다.

기된 경우에 관하여 본다. 이 경우는 배당이의의 소의 전속관할인 집행법원이 속한 지방법원에 소송이 계속 중일 것이다. 관리인이 소송을 수계하여 청구취지를 변경하여도 배당이의의 소를 집행법원이 있는 지방법원의 전속관할로 정한 취지와 원래 적법한 관할이 있는 법원에 소를 제기하였다는 점을 고려하면 회생계속법원으로 이송을 할 필요가 없다고 할 것이다.[64] 따라서 집행법원이 속한 지방법원에서 계속 소송을 진행하면 된다. ② 다음으로 회생절차개시후에 부인권을 행사하고 원상회복의 방법으로 배당이의의 소를 제기한 경우에 관하여 본다. 대법원은 민사집행법과 채무자회생법의 위 관할 규정의 문언과 취지, 배당이의의 소와 부인의 소의 본질과 관계, 당사자간의 공평이나 편의, 예측가능성, 배당이의의 소와 부인의 소가 배당을 실시한 집행법원이 속한 지방법원이나 회생계속법원에서 진행될 때 기대가능한 재판의 적정, 신속, 판결의 실효성 등을 고려하면, 관리인이 부인권을 행사하면서 그 원상회복으로서 배당이의의 소를 제기한 경우에는 제105조 제3항이 적용되지 않고, 민사집행법 제156조 제1항, 제21조에 따라 배당을 실시한 집행법원이 속한 지방법원에 전속관할이 있다고 보는 것이 타당하다는 취지로 판시하고 있다.[65] 하지만 배당이의의 소는 부인권을 행사한 법률효과이자 부인의 소 그 자체라고 볼 수 있으므로 부인의 소의 전속관할인 회생계속법원에 관할이 있다고 볼 수 있다. 또한 배당이의의 소에 관하여 전속관할을 규정한 취지를 고려하면 집행법원이 속한 지방법원에도 관할이 있다고 볼 수 있다. 채무자회생법이 민사집행법에 우선하는 것도 아니고 (반대의 경우도 마찬가지이다) 전속관할이 충돌할 경우 어느 법원이 우선한다는 명문의 규정이 없으며 관할이 경합할 경우 어느 법원에도 소를 제기할 수 있다는 측면에서 어느 법원에나 소를 제기할 수 있다고 할 것이다.

(5) 권리행사의 범위

권리행사의 범위에 있어서도 채권자취소권은 원칙적으로 채권자의 채권액에 한정됨에 반하여,[66] 부인권에 있어서는 이러한 제한이 없다(본서 480쪽).[67] 그런 의미에서 부인권은 총채권자에게 공평하고 최대한도의 만족을 부여한다는 회생절차의 목적을 달성하기 위해 채무자회생법상에 인정되는 권리이고, 채권자취소권은 개별·독립적인 권리라고 할 것이다. 따라서 모든 채

---

64) 서울동부지방법원 2016. 5. 20. 선고 2016나20536 판결 참조.
65) 대법원 2021. 2. 16. 자 2019마6102 결정 참조. 구체적인 이유와 반대 논거 등에 관한 내용은 〈**제3편 제5장 제2절 V. 2. 가. (2) (나)**〉(본서 1388쪽)를 참조할 것. 한편 위 대법원 판결은 배당이의의 소에 관한 것으로 원상회복방법으로 청구이의의 소를 제기하는 경우와 같이 다른 사안에도 적용된다고 보기는 어렵다.
66) 대법원 2003. 7. 11. 선고 2003다19572 판결, 대법원 2001. 12. 11. 선고 2001다64547 판결. 다만 다른 채권자가 배당요구를 할 것이 명백하거나 목적물이 불가분인 경우와 같이 특별한 사정이 있는 경우에는 취소채권자의 채권액을 넘어서까지도 취소를 구할 수 있다(대법원 1997. 9. 9. 선고 97다10864 판결). 한편 가액배상의 경우에는 채권액을 기준으로 하는 취소만이 가능하다. 사해행위취소로 인한 원상회복으로서 가액배상을 명하는 경우에는, 취소채권자는 직접 자기에게 가액배상금을 지급할 것을 청구할 수 있고, 위 지급받은 가액배상금을 분배하는 방법이나 절차 등에 관한 아무런 규정이 없는 현행법 아래에서 다른 채권자들이 위 가액배상금에 대하여 배당요구를 할 수도 없으므로, 결국 채권자는 자신의 채권액을 초과하여 가액배상을 구할 수는 없다(대법원 2008. 11. 13. 선고 2006다1442 판결).
67) 대법원 2024. 5. 9. 선고 2023다290482 판결 참조.

권자에 대하여 채권자취소권의 제척기간이 완성되었어도 관리인에 의한 부인권의 행사를 방해하지 않으며 부인권의 행사기간은 별도로 규정되어 있다(제112조).

(6) 양자의 관계

부인권과 채권자취소권은 목적 및 내용에 있어서 일부 공통점이 인정되지만, 법률상의 권리로서 양자는 서로 독립된 것이다. 예컨대 위에서 본 바와 같이 회생채권자의 채권자취소권에 대하여 제척기간(민법 제406조 제2항)이 도과되어도 관리인의 부인권행사를 방해하지 않는다. 따라서 부인권 행사의 상대방은 회생채권이 존재하지 아니함을 주장하여 부인의 효과를 부정할 수 없다.

(가) 회생절차가 먼저 개시된 경우

채무자에 대하여 회생절차가 개시된 이후에는 관리인이 총채권자에 대한 평등변제를 목적으로 하는 부인권을 행사하여야 하고, 채권자는 개개의 채권에 대한 책임재산의 보전을 목적으로 하는 채권자취소소송을 제기할 수 없다.[68]

(나) 채권자취소소송이 회생절차개시 전에 제기된 경우

채권자가 채무자의 사해행위를 원인으로 채권자취소소송을 제기한 후 그 소송계속 중에 채무자에 대하여 회생절차가 개시되면 소송절차는 중단되고, 관리인이 이를 수계한다(제113조). 소송이 수계되도록 규정한 취지는 회생절차가 개시되면 채권자들은 개별적 권리행사가 금지되고 채무자의 재산에 대한 관리처분권은 관리인에게 전속하기 때문이다. 채권자취소소송은 부인의 소송으로 수계된다. 물론 채권자가 제기한 소송절차에 구속되도록 하는 것은 불합리하기 때문에 관리인은 수계 대신 부인의 청구나 부인의 소를 제기할 수도 있다.

3. 기존경영자 관리인 제도에서의 부인권 행사

가. 신의칙위반 여부

부인권은 관리인이 행사한다(제105조). 관리인은 법률적으로 채무자와 별개의 존재이고 부인권을 행사하는 것은 관리인의 고유한 권한을 행사하는 것이다.[69]

한편 기존경영자를 관리인으로 선임하거나 불선임결정에 의하여 관리인으로 보게 되는 경우, 스스로 행한 회생절차개시 전의 재산처분행위를 부인하는 것은 자기모순으로 신의칙에 위배되는 것이 아닌가 하는 의문이 있다. 위와 같은 경우에도 관리인이나 관리인으로 보게 되는 채무자의 대표자는 개시 전의 채무자와는 별개의 제3자적 지위에 있으므로 신의칙에 위배된다

---

68) 대법원 2010. 9. 9. 선고 2010다37141 판결 참조. 앞에서 본 바와 같이 중국의 경우는 다르다. 회생신청 수리 후, 관리인이 <기업파산법> 제31조의 규정에 따라 채무자가 무상으로 재산을 양도하거나, 현저히 불합리한 가격으로 거래하거나, 채권을 포기하는 행위의 취소를 청구하지 않은 경우, 채권자가 계약법 제74조 등의 규정에 따라 채무자의 위와 같은 행위를 취소하고 이로 인하여 회복하여야 할 재산을 채무자의 재산으로 반환할 것을 청구하는 소송을 제기할 수 있다. 이 경우 상대방은 채권자가 취소권을 행사하는 범위가 채권자의 채권을 넘는다고 항변하지 못한다{기업파산법해석(2) 제13조}.

69) 대법원 1997. 3. 38. 선고 96다50445 판결.

〈채권차취소권과 부인권의 차이 비교표〉

	채권자취소권	부인권
성격	형성권	형성권
행사장면	회생절차 이외	회생절차[70]
행사방법	소(민법 제406조 제1항)	소, 부인의 청구, 항변(제105조 제1항)
소송의 형태	형성의 소(사해행위취소)＋이행의 소 (원상회복) *형성소송＋이행소송	이행의 소(원상회복) 확인의 소(채무부존재확인) *이행·확인소송설
행사주체	개별 채권자	관리인
대상행위	원칙적으로 사해행위	사해행위, 편파행위
사해의사	필요(민법 제406조 제1항)	고의부인: 필요 위기부인·무상부인: 불필요
효과	물권적 효과설, 상대적 효력설	물권적 효과설, 상대적 효력설
효력발생시기	판결확정시	의사표시시(가집행선고 가능)
효력상실의 범위	채권자의 채권액 한도	한도 제한 없음
행사기간(제척기간)	채권자가 취소원인을 안 날로부터 1년, 취소 대상 법률행위가 있은 날로부터 5년(민법 제406조 제2항)	회생절차개시결정일로부터 2년, 행위를 한 날부터 10년(제112조)

고 볼 수 없다.[71]

나. 부인권행사명령제도

부인권은 회생채권자 등 이해관계인 전체를 위하여 관리인이 행사한다. 회생채권자 등으로서는 부인권의 행사에 의해 채무자 재산이 증가하면[72] 회생계획에 의한 분배액이 증가할 가능성이 있기 때문에 적절하게 부인권이 행사되는 것에 있어 이해관계가 있다.

그런데 기존경영자 관리인 제도 하에서는 법률적으로 채무자와 관리인이 별개의 존재이지만, 실질적으로는 부인대상행위를 한 주체가 부인권을 행사하는 것이므로 관리인에게 적절한 부인권의 행사를 기대하기 어렵다. 이 경우 이해관계인들이 활용할 수 있는 것이 부인권행사명령제도이다.[73] 법원은 회생채권자, 회생담보권자, 주주·지분권자의 신청에 의하거나 직권으

---

70) 파산절차, 개인회생절차에도 부인권을 규정하고 있다.
71) 대법원 2011. 5. 13. 선고 2009다75291 판결(채무자와 관리인은 별개의 존재이고, 부인권을 행사하는 것은 회생절차가 개시되기 전의 채무자의 채무변제행위 등을 부인하기 위한 관리인의 고유권한에 해당하므로 관리인이 부인권을 행사하는 것이 신의칙에 위반되는 것이라고 할 수 없다).
72) 따라서 부인권 행사에 의해 회수가 가능한 재산은 관리인에 의한 재산평가의 대상이 되고, 또한 청산가치보장원칙의 기초가 된다(**본서 500쪽** 참조).
73) 그 밖에 이해관계인은 법원에 관리인에 대한 감독권의 발동을 촉구하거나(제81조 제1항), 관리인의 해임을 신청하거나(제83조 제2항), 관리인의 선관주의의무를 물을 수 있다(제82조 제1항).

로 관리인에게 부인권의 행사를 명할 수 있다(제105조 제2항).[74)75)]

4. 기업구조조정 촉진법에 의한 변제와 부인권

기촉법에 의한 공동관리절차(워크아웃절차)에서 이루어진 변제도 회생절차에서 부인권의 대상이 된다.[76)] 관련 내용은 〈제6편 제4장 Ⅷ.1.〉(본서 2337쪽)을 참조할 것.

5. 자산유동화를 위한 유동화자산의 양도와 부인권

자산보유자가 유동화전문회사 등에 유동화자산을 양도 또는 신탁한 것도 부인권행사의 요건을 충족하면 부인권의 대상이 될 수 있다.[77)] 따라서 채무초과상태에 있는 기업이 자산유동화를 위하여 자산을 양도한 후에 회생절차가 개시되면, 관리인이 부인권을 행사할 수 있는 것이다. 부인권을 허용하면 투자자에게 불이익하게 되나, 이것은 자산보유자의 원래 채권자를 보호하기 위한 것이다.

자산유동화와 도산절차의 관계

Ⅰ. 자산유동화의 의의

자산유동화는 자산보유자(Originator)[78)]가 유동화전문회사나 신탁업자에게 유동화자산[79)]을 양도 또는 신탁함으로써 자산을 자산보유자로부터 분리한 다음, 자산의 집단(pool)을 담보로 증권

---

74) 중국은 부인권행사명령제도는 없지만, 관리인이 고의·과실(過錯)로 부인권을 행사하지 않아 채무자의 재산을 부당하게 감소시킨 경우, 채권자가 소송을 제기하여 관리인이 그 손해에 대한 상응하는 배상책임을 부담할 것을 주장할 수 있다{기업파산법해석(2) 제9조 제2항}.

75) **부인권행사를 둘러싼 이해관계인** 회생채권자 등 입장에서는 이처럼 부인권을 적극적으로 행사하여 채무자의 재산을 증식시켜 변제율을 높일 필요성이 있다.

반대로 부인권이 행사되면 대상행위의 수익자나 전득자는 채무자의 재산을 원상으로 회복시켜야 하는 의무가 있기 때문에(제108조 제1항), 채권의 부활(제109조)이나 반대급부반환청구권의 행사(제108조 제3항) 등의 여지는 있지만, 불이익을 받을 수밖에 없다. 그렇게 되면 거래안전을 해하게 된다. 그래서 행위의 유해성이나 부당성을 일반적 성립요건으로 고려시켜 부인의 범위를 제한시킬 필요가 있다.

나아가 부인권행사에 의해 재산의 증식이 예상되는 채무자에게 있어서도 불리한 점이 있다. 위기시기에 채무자로서는 소유재산을 매각하여 운전자금을 조달하거나 긴급자금을 받기 위해 재산에 담보권을 설정함으로써 파탄을 회피할 수 있다. 그러나 이러한 행위가 부인의 대상으로 될 가능성이 있다면, 제3자로서는 채무자와 거래를 거절할 것이고, 위기에 빠진 채무자는 파탄에서 벗어날 수단이 없게 된다. 따라서 채무자와 이해관계인의 이익을 조화시키기 위하여 대상행위의 부인에 있어 신중할 필요가 있다. 최근 대법원이 동시교환적 행위이론 등에 의해 부인의 범위를 좁히고 있는 것은 이러한 점에서 바람직하다.

또한 부인의 성립이 예상되는 사안에서도, 회생절차개시결정 후 사업계속을 위해 상대방 협력의 확보가 불가결한 경우에는 화해 등에 의해 해결의 가능성을 신중하게 검토할 필요가 있다.

76) 대법원 2010. 6. 10. 선고 2010다6024 판결 참조.

77) 會社更生の實務(上), 247쪽.

78) 유동화자산을 보유하고 있는 한국산업은행 등을 말한다(자산유동화에 관한 법률 제2조 제2호).

79) 자산유동화에 관한 법률 제2조 제3호. 유동화자산이란 대출채권, 부동산 등 유동성이 부족한 자산을 말한다.

(자산담보부증권, Asset-Backed Securities: ABS)을 발행하는 것이다(자산유동화에 관한 법률[80] 제2조 제1호). 자산유동화는 자산보유자의 신용상태가 좋지 않더라도[81] 수익성이 높은 자산의 집단을 담보로 증권을 발행함으로써 자금조달의 비용을 줄일 수 있다. 자산유동화는 금융기관 등 자산보유자에게는 재무구조의 개선, 유동성 제고, 금융비용의 감소 등의 이점이 있고, 투자자에게는 안정성 있는 고수익 투자상품을 제공하는 역할을 한다.

자산유동화는 자본시장에서 유동화자산을 원활하게 현금화하기 위하여 유동화자산을 법적으로 자산보유자로부터 분리하여 자산보유자의 도산위험으로부터 격리하는 작업이 필요하다. 자산보유자 도산의 경우 유동화자산이 여전히 양도인인 자산보유자의 재산으로 인정됨으로써 자산보유자의 채권자의 공동담보가 된다면 투자자가 의도하는 유동화거래의 안정성이 확보될 수 없기 때문이다. 이와 같이 자산보유자의 도산위험으로부터 격리를 위해서는 해당 유동화자산의 양도가 담보의 제공이 아닌 '진정매매(True Sale)'가 되도록 하여야 한다. 유동화자산의 양도가 자산유동화법 제13조[82]의 요건을 충족한 경우 이를 담보권의 설정으로 보지 않고 진정한 매매가 이루어진 것으로 간주한다. 이로써 유동화자산을 양도인인 자산보유자의 신용위험으로부터 차단되어 유동화증권이 자산보유자에 대한 도산이 발생하더라도 유동화자산은 이로부터 절연되어 영향을 받지 않도록 하고 있다.

Ⅱ. 도산절차와 진정매매

자산유동화 과정에서 자산보유자에게 파산이 선고되거나 회생절차가 개시될 수 있다.[83]

자산보유자에게 파산이 선고된 경우 비록 유동화자산의 양도행위가 진정매매가 아닌 담보권의 설정으로 인정된다고 하여도 별제권이 인정되는 범위에서 채권자는 보호될 수 있다(제412조). 그러나 자산보유자에게 회생절차가 개시된 경우에는 유동화자산의 양도행위가 진정매매가 아니라 담보권의 설정으로 해석되는 경우 채권자는 회생계획에 의하지 아니하고는 직접 채권의 만족을 구할 수 없게 된다. 회생절차에서는 담보권자도 회생절차에 구속되고 채권신고를 하지 아니하

---

80) 이하 '자산유동화법'이라 한다.
81) 자산유동화는 기본적으로 투자자가 양도인인 자산보유자의 신용도가 아니라 기초자산인 유동화자산의 신용도에 의존하는 거래이기 때문이다.
82) 제13조(양도의 방식) 유동화자산의 양도는 자산유동화계획에 따라 다음 각호의 방식에 의하여야 한다. 이 경우 이를 담보권의 설정으로 보지 아니한다.
  1. 매매 또는 교환에 의할 것.
  2. 유동화자산에 대한 수익권 및 처분권은 양수인이 가질 것. 이 경우 양수인이 당해 자산을 처분하는 때에 양도인이 이를 우선적으로 매수할 수 있는 권리를 가지는 경우에도 수익권 및 처분권은 양수인이 가진 것으로 본다.
  3. 양도인은 유동화자산에 대한 반환청구권을 가지지 아니하고, 양수인은 유동화자산에 대한 대가의 반환청구권을 가지지 아니할 것.
  4. 양수인이 양도된 자산에 관한 위험을 인수할 것. 다만, 당해 유동화자산에 대하여 양도인이 일정기간 그 위험을 부담하거나 하자담보책임(채권의 양도인이 채무자의 자력을 담보한 경우에는 이를 포함한다)을 지는 경우에는 그러하지 아니하다.
83) 자산보유자에게 기업구조조정 촉진법에 의한 (공동)관리절차가 개시된 경우는 어떠한가. 기촉법 시행령 제2조 제5호는 '자산유동화에 관한 법률에 따른 유동화전문회사'를 '채권금융기관'의 하나로 규정하고 있다. 따라서 자산유동화에 관한 법률에 의한 자산유동화의 경우 유동화전문회사의 자산보유자에 대한 권리행사가 기촉법상의 신용공여(제2조 제8호)에 해당한다고 볼 경우 유동화전문회사의 자산보유자에 대한 권리행사는 기촉법에 따른 채권행사의 유예, 채무재조정 등의 제약을 받게 될 것이다.

면 권리가 소멸하며 회생계획에 따라 변제받아야 하기 때문이다.

따라서 자산보유자에게 회생절차가 개시된 경우 자산유동화를 위한 양도가 진정매매에 해당하는지 여부에 따라 채권자의 권리행사에 큰 영향을 미치게 된다.

Ⅲ. 자산유동화를 위한 유동화자산의 양도와 부인권

자산유동화법은 채무자회생법상의 부인권과 관련한 아무런 규정을 두고 있지 않다. 따라서 자산유동화거래를 위한 자산의 양도 또는 신탁에 관하여는 부인권 행사에 관한 일반원칙이 그대로 적용된다.

자산보유자가 유동화전문회사 등에게 유동화자산을 양도 또는 신탁한 것도 부인권행사의 요건을 충족하면 부인권의 대상이 될 수 있다는 것은 앞에서 본 바와 같다.

양도의 대가가 부당하게 염가인 경우에는 부인권 행사의 대상이 된다는 점에 관하여 의문이 없다. 문제는 유동화자산의 양도 대가가 적정한 경우에도 부인권의 대상이 되는가이다.[84] 유동화 거래에 있어 투자자의 거래안정성 보장, 재정적 어려움에 처한 자산보유자가 이를 극복하기 위한 방안으로 유동화거래를 하고자 하는 경우 부인권 행사의 여지가 있으면 채무자가 회생할 수 있는 수단을 차단하게 되는 점 등을 고려하면, 양수인이 양도인의 사해행위에 가담하는 등 특별한 사정이 없는 한 부인권 행사의 대상으로 인정함에 있어 신중할 필요가 있다.[85]

Ⅲ 부인권의 유형과 상호관계

1. 부인권의 일반유형

부인권은 부인할 행위의 내용, 부인대상행위를 한 시기, 사해의사의 필요 여부, 채무자의 의무에 속하는 사항인지, 무상인지 등에 따라 크게 3가지로 나눌 수 있다.

가. 고의부인 (제100조 제1항 제1호)

채무자가 회생채권자 등을 해할 것을 알고 한 행위를 부인하는 것을 말한다. 다만 이로 인하여 이익을 받은 자가 그 행위 당시에 회생채권자 등을 해하는 사실을 알지 못한 경우에는 부인권을 행사할 수 없다. 이것은 채무자의 사해의사에 부인의 중점을 두고 있는 것이다.

나. 위기부인 (제100조 제1항 제2호, 제3호)

채무자가 지급의 정지, 회생절차개시의 신청 또는 파산의 신청(이하 '지급의 정지 등'이라 한

---

84) 대법원은 채무자가 유일한 재산인 부동산을 매각하여 소비하기 쉬운 금전으로 바꾸는 것은 특별한 사정이 없는 한 사해행위가 된다고 보고 있다(대법원 2005. 7. 22. 선고 2004다43909 판결, 대법원 1997. 5. 9. 선고 96다2606,2613 판결).
85) 거래의 상대방(양수인)이 선의인 경우에는 일반적으로 보호받을 수 있으나, 증명책임은 대체로 선의임을 주장하는 상대방에게 있다.

다)이 있은 후에 한 회생채권자 등을 해하는 행위와 담보의 제공 또는 채무를 소멸하게 하는 행위를 부인하는 것을 말한다.

위기부인은 다시 ① 채무자의 의무에 속하는 행위를 부인하는 본지위기부인(제2호), ② 채무자의 의무에 속하지 않는 행위를 부인하는 비본지위기부인(제3호)으로 나뉜다.

(1) 본지위기부인(제100조 제1항 제2호)

채무자가 지급의 정지 등이 있은 후에 한 회생채권자 등을 해하는 행위와 담보의 제공 또는 채무의 소멸에 관한 행위를 부인하는 것이다. 다만 이로 인하여 이익을 받은 자가 그 행위 당시 지급의 정지 등이 있는 것 또는 회생채권자 등을 해하는 사실을 알고 있어야 부인할 수 있다.

(2) 비본지위기부인(제100조 제1항 제3호)

채무자가 지급의 정지 등이 있은 후 또는 그 전 60일 이내에 한 담보의 제공 또는 채무의 소멸에 관한 행위로서 채무자의 의무에 속하지 아니하거나 그 방법이나 시기가 채무자의 의무에 속하지 아니한 것을 부인하는 것이다. 다만 채권자가 그 행위 당시 채무자가 다른 회생채권자 등과의 평등을 해하게 되는 것을 알지 못한 경우(그 행위가 지급의 정지 등이 있은 후에 행한 것인 때에는 지급의 정지 등이 있은 것도 알지 못한 경우에 한한다)에는 부인하지 못한다.

다. 무상부인 (제100조 제1항 제4호)

채무자가 지급의 정지 등이 있은 후 또는 그 전 6월 내에 한 무상행위 및 이와 동일시하여야 할 유상행위를 부인하는 것을 말한다. 이와 같은 무상행위가 위기에 처해 있는 시기에 이루어진 경우 채권자가 해를 입을 것은 명백하고, 상대방도 어떠한 대가 없이 이익을 얻고 있는 것이므로 채무자의 악의나 수익자의 인식에 관계없이 부인할 수 있는 것으로 하고 있다.

2. 각 일반유형 사이의 관계

위에서 설명한 각 부인유형은 서로 배타적인 관계에 있는 것이 아니라 서로 관련을 맺고 있다. 따라서 하나의 행위가 각 부인유형에 해당하는 경우 어느 것이라도 주장할 수 있고, 부인사유를 선택적 또는 예비적으로 주장할 수도 있다. 법원도 당사자가 주장하는 부인유형에 구속되지 않고 당사자의 주장과 다른 유형의 부인을 인정할 수 있다.

부인의 주장은 공격방어방법으로서 변론종결일까지 소 제기 당시의 부인 주장을 변경·보완할 수 있다.[86]

---

86) 서울고등법원 2002. 7. 5. 선고 2001나72342 판결.

3. 부인의 일반유형과 특수한 유형과의 관계

가. 대항요건 등 부인과의 관계

대항요건 등 자체를 독자적인 부인의 대상으로 규정하고 있는 취지는 대항요건 등 구비행위도 본래 제100조의 일반 규정에 의한 부인의 대상이 되어야 하지만, 권리변동의 원인이 되는 행위를 부인할 수 없는 경우에는 가능한 한 대항요건 등을 구비시켜 당사자가 의도한 목적을 달성시키면서 제103조 소정의 엄격한 요건을 충족시키는 경우에만 특별히 이를 부인할 수 있도록 한 것이라고 해석된다. 따라서 권리변동의 대항요건 등을 구비하는 행위는 제103조 소정의 엄격한 요건을 충족시키는 경우에만 부인의 대상이 될 뿐 이와 별도로 같은 제100조에 의한 부인의 대상이 될 수는 없다. 즉 제100조의 적용을 제한하여야 한다.

관련 내용은 〈Ⅳ. 2. 나.〉(본서 452쪽)를 참조할 것.

나. 집행행위부인과의 관계

집행행위부인(제104조)도 부인에 관한 일반조항인 제100조의 부인대상이 된다는 것을 주의적으로 규정한 것에 불과하다. 관련 내용은 〈Ⅳ. 3. 가.〉(본서 453쪽)를 참조할 것.

Ⅲ 부인권의 성립요건

부인권을 둔 취지는 채무자의 재산거래에 관한 대가의 균형을 유지하여 채권자 사이의 평등을 실현하는 것에 있다. 즉 평상시에는 사적자치의 원칙이 타당하므로 채무자가 상대방 당사자와 합의하여 그 재산을 양도하거나 저렴하게 매각하는 것도 허용되지만, 채무자의 지급능력이 부족한 도산의 위기적 시기에 있는 경우에도 이것을 허용한다면, 다른 채권자 등 이해관계인과의 사이에서 공평성을 유지할 수 없다. 그래서 법적 도산절차에서는 그 재산을 관리할 수 있는 자(관리인 등)에게 일정한 요건에 해당하는 경우에 한하여, 이전한 급부, 재산 등에 관한 거래의 효력을 부정하고, 있어야 할 상태로 회복하는 권리(부인권)를 인정하는 것이다. 다만 이러한 권리는 사적자치의 원칙을 제한하는 것이고, 부인권이 행사되면, 대상행위의 수익자나 전득자에게 원상회복이나 가액상환의무가 발생하기 때문에, 과도한 행사를 인정하면 거래 당사자의 예측가능성, 즉 거래의 안전을 해할 우려가 있으므로, 그 행사요건을 상세히 규정하고 있다.[87]

---

87) 現代型契約と倒産法, 146쪽. 이와 같이 국내거래에서도 채권자평등과 거래안전이라는 고도의 조화가 요구되는바, 국제거래에 있어서는, 도산절차에 관한 신속하고 공평한 처리의 요청으로부터 절차의 일체성도 중요하기 때문에, 이러한 요청을 어떻게 만족시킬 것인가라는 이론적 문제(준거법의 확정)와 실제로 어떻게 부인권을 행사하여 그 목적을 달성할 것인가(집행의 방법)라는 실무적인 문제에 직면한다. 이러한 문제에 관한 일본에서의 논의에 관하여는 「現代型契約と倒産法, 146∼149쪽」을 참조할 것.

1. 일반적 성립요건

채무자회생법의 부인규정은 대상행위의 유형마다 시적 요건이나 주관적 요건에 대하여는 개별적으로 규정하고 있다. 여기에 각 부인유형에 공통되는 것으로 최대공약수를 추출한 부인의 일반적 성립요건인 것이 있다. 부인의 일반적 성립요건으로 ① 행위의 유해성과 ② 행위의 부당성 및 ③ 채무자의 행위에 한정되는지(행위의 주체) 여부가 문제된다.

가. 행위의 유해성

부인의 대상이 되는 행위는 회생채권자 등에게 해를 끼치는 행위이어야 한다. 이에 해당하는 것은 채무자의 일반재산을 절대적으로 감소시켜 모든 회생채권자 등에게 손해를 끼치는 사해행위(fraudulent conveyance)뿐만 아니라 일부 회생채권자 등에게 그 채권액의 실제가치 이상의 변제를 하여 다른 회생채권자 등에의 배당액을 감소시켜 채권자 사이의 평등을 저해하는 편파행위(preferences)[88]도 포함된다.[89] 부인의 대상이 되는 행위에는 사해행위와 편파행위 2종류가 있으므로 유해성도 각 행위의 성질에 따라 그 내용이 다르다.

사해행위는 ① (기존)채권자에 대한 것일 필요가 없고(채권자 이외의 자에 대한 행위가 문제된다) 쟁점은 채무자가 상당한 대가를 취득했는지 여부이고, ② 원칙적으로 채무초과의 상태(무자력)가 되어야 한다.[90] 이에 반하여 편파행위는 ① 그 행위가 일부 (기존)채권자에 대한 행위이어야 하고 쟁점은 일부 채권자만 이익을 받은 것인지 여부이며, ② 채무초과의 상태를 반드시 전제하는 것은 아니라는 점[91]에서 그 특징을 찾을 수 있다. 또한 사해행위부인의 유해성 근

---

88) 미국 연방도산법도 편파행위(preferences)에 관하여 규정하고 있다. 미국 연방도산법상 편파행위란 도산신청 전부터 90일 이내(이를 '편파행위 기간'이라 한다)에 이루어진 채권자에 대한 변제를 말한다. 이 시기에 이루어진 채무자의 변제 등 행위는 본지변제, 비본지변제를 구분하지 않고 원칙적으로 관재인은 채무자의 행위를 부인할 수 있다(미국 연방도산법 §547(b)). 이는 도산신청 전후의 시기에 채권자가 경쟁적으로 채무자의 재산을 해체하는 행위를 막고 채권자 평등을 실현하는 데 목적이 있다. 행위자의 의향이 아니라 결과에 중점을 두기 때문에 채무자·채권자가 인식하였는지 여부를 불문하고, 편파행위 기간 동안 이루어진 변제 등의 행위를 원칙적으로 부인할 수 있다. 다만 몇 가지 예외(미국 연방도산법 제547조 (c))를 규정하여 변제 등의 행위가 이 예외에 해당하는 경우에는 부인할 수 없도록 하고 있다{권종걸, "미국연방파산법상 편파행위의 부인과 그 예외", 법학논총 37권 1호(2013.3.), 376∼377쪽}. 편파행위가 부인되기 위해서는 다음과 같은 요건이 필요하다. ① 권리이전이 이루어지고, ② 그 이전은 기존채무에 관한 것으로서, ③ 채권자에게 또는 그 채권자를 위하여, ④ 채무자가 채무초과인 상태에서, ⑤ 신청일 전 90일(내부자에 대하여 이루어진 경우에는 파산신청일로부터 1년) 이내에 이루어지고, ⑥ 권리이전으로 인하여 채권자가 그 청구권을 제7장 절차(파산절차)에 의한 청산에서 행사하였더라면 처했을 지위보다 채권자의 지위가 개선되어야 한다. 즉 파산절차에서 채권자가 받는 배당액(청산가치)보다 많은 가치를 이전받아야 한다.
    편파행위(preference)는 채권자의 다른 채권자에 대한 관계에서의 권리가 문제의 핵심이 되는 반면, 사해행위(fraudulent conveyance)는 채권자의 채무자에 대한 관계에서의 권리가 문제의 핵심이 된다는 점에 차이가 있다.
89) 대법원 2020. 6. 25. 선고 2016다257572 판결, 대법원 2005. 11. 10. 선고 2003다271 판결.
90) '사해행위'란 채무자가 적극재산을 감소시키거나 소극재산을 증가시킴으로써 채무초과상태에 이르거나 이미 채무초과상태에 있는 것을 심화시킴으로써 채권자를 해하는 행위를 가리킨다(대법원 2013. 4. 26. 선고 2012다118334 판결). 한편 아래 각주 91) 2003다271 판결을 근거로 사해행위의 경우도 채무초과(부채초과)상태일 필요가 없다는 견해가 있다(노영보, 342쪽). 하지만 위 판결을 비롯한 각주 91)판례는 모두 편파행위에 관한 사안이고, 자산초과인 경우 재산감소행위는 회생채권자 등의 이익을 해하는 것이 아니므로 사해행위는 채무초과상태를 필요로 한다고 할 것이다.
91) 대법원 2020. 6. 25. 선고 2016다257572 판결, 대법원 2016. 1. 14. 선고 2014다18131 판결, 대법원 2005. 11. 10.

거는 책임재산의 절대적 감소에서 구함에 반하여, 편파행위부인의 유해성 근거는 회생채권자 등 사이의 평등을 해하는 것에서 구한다.

여기서 말하는 유해성은 계수적으로 파악되는 객관적 개념으로, 행위자가 유해하다고 신뢰하여도 객관적으로 유해한 것이 아니라면 부인의 대상이 되지 않는다. 고의부인에서 사해의사가 부인의 요건이지만, 유해하다는 것과 사해의사는 별개의 문제이다.[92]

한편 일체로 이루어진 행위는 그 전체를 통틀어 판단할 때 회생채권자 등에게 불이익을 주는 것이 아니라면 개별약정만을 따로 분리하여 그것만을 가지고 유해성이 있다고 판단하여서는 안 된다. 일체로 이루어진 행위의 유해성은 그 행위 전체가 회생채권자 등에게 미치는 영향을 두고 판단되어야 하기 때문이다.[93]

재산적 가치를 저하시키는 적극재산을 감소시키는 행위나 소극재산을 증가시키는 행위는 유해성이 있다고 할 수 있지만, 재산적 가치를 저하시키지 않는 행위라면 회생채권자 등을 해한다고 할 수 없다. 따라서 단순히 적극재산의 증가를 방해하는 데 지나지 않는 행위(증여의 거절, 상속의 포기,[94] 유증의 포기[95])는 여기에 해당하지 않는다.

유해성을 흠결한 행위는 사해행위부인의 대상도 편파행위부인의 대상도 아니다. 다만 증명책임에 관하여는 사해행위부인에서는 관리인이 채무자 행위의 유해성을 증명하여야 하나, 편파행위부인에서는 수익자측에서 유해성의 흠결을 증명하여야 할 것이다.

유해성의 개념은 형식적으로는 부인의 요건을 충족시켜도 대상행위에 유해성이 없는 경우(부인할 실익이 없는 경우)에, 부인권의 행사를 부정하는 형태로 기능한다.[96]

아래에서는 행위의 유해성이 문제되는 몇 가지 유형을 살펴보기로 한다.

선고 2003다271 판결 참조.
92) 條解 民事再生法, 664쪽.
93) 대법원 2018. 4. 12. 선고 2016다247209 판결, 대법원 2002. 9. 24. 선고 2001다39473 판결.
94) 대법원 2011. 6. 9. 선고 2011다29307 판결(상속의 포기는 비록 포기자의 재산에 영향을 미치는 바가 없지 아니하나 상속인으로서의 지위 자체를 소멸하게 하는 행위로서 순전한 재산법적 행위와 같이 볼 것이 아니다. 오히려 상속의 포기는 1차적으로 피상속인 또는 후순위상속인을 포함하여 다른 상속인 등과의 인격적 관계를 전체적으로 판단하여 행하여지는 '인적 결단'으로서의 성질을 가진다. 그러한 행위에 대하여 비록 상속인인 채무자가 무자력상태에 있다고 하여서 그로 하여금 상속포기를 하지 못하게 하는 결과가 될 수 있는 채권자의 사해행위취소를 쉽사리 인정할 것이 아니다. 그리고 상속은 피상속인이 사망 당시에 가지던 모든 재산적 권리 및 의무·부담을 포함하는 총체재산이 한꺼번에 포괄적으로 승계되는 것으로서 다수의 관련자가 이해관계를 가지는데, 위와 같이 상속인으로서의 자격 자체를 좌우하는 상속포기의 의사표시에 사해행위에 해당하는 법률행위에 대하여 채권자 자신과 수익자 또는 전득자 사이에서만 상대적으로 그 효력이 없는 것으로 하는 채권자취소권의 적용이 있다고 하면, 상속을 둘러싼 법률관계는 그 법적 처리의 출발점이 되는 상속인 확정의 단계에서부터 복잡하게 얽히게 되는 것을 면할 수 없다. 또한 상속인의 채권자의 입장에서는 상속의 포기가 그의 기대를 저버리는 측면이 있다고 하더라도 채무자인 상속인의 재산을 현재의 상태보다 악화시키지 아니한다. 이러한 점들을 종합적으로 고려하여 보면, 상속의 포기는 민법 제406조 제1항에서 정하는 "재산권에 관한 법률행위"에 해당하지 아니하여 사해행위취소의 대상이 되지 못한다).
95) 대법원 2019. 1. 17. 선고 2018다260855 판결{유증을 받을 자는 유언자의 사망 후에 언제든지 유증을 승인 또는 포기할 수 있고, 그 효력은 유언자가 사망한 때에 소급하여 발생하므로(민법 제1074조), 채무초과 상태에 있는 채무자라도 자유롭게 유증을 받을 것을 포기할 수 있다. 또한 채무자의 유증 포기가 직접적으로 채무자의 일반재산을 감소시켜 채무자의 재산을 유증 이전의 상태보다 악화시킨다고 볼 수도 없다. 따라서 유증을 받을 자가 이를 포기하는 것은 사해행위 취소의 대상이 되지 않는다고 보는 것이 옳다} 참조.
96) 倒産法(加藤哲夫등), 272쪽.

(1) 부동산 매각행위

부동산을 부당한 가격으로 매각하는 경우 행위의 유해성을 인정하는데 문제가 없다. 부동산을 적정한 가격으로 매각한 경우는 어떠한가. 부동산의 매각이 염가에 이루어진 것이 아닌 한 매각의 목적, 대금사용처 등을 종합적으로 고려하여 행위의 유해성 여부를 신중히 결정할 필요가 있다.[97] 왜냐하면 적정한 가격으로 매각한 경우에도 행위의 유해성을 인정하게 되면 채무자의 자체적인 구조조정행위를 막아 도산절차 밖에서 경제적 위기를 극복할 길을 차단해 버리는 결과를 초래할 수도 있기 때문이다.

채무자가 자기의 유일한 재산인 부동산을 매각하여 소비하기 쉬운 금전으로 바꾸는 경우, 매각 목적이 채무를 변제하거나 변제자력을 얻기 위한 것이고 대금이 부당한 염가가 아니며 실제 이를 채권자에 대한 변제에 사용하거나 변제자력을 유지하고 있는 때에는 채무자가 일부 채권자와 통모하여 다른 채권자를 해칠 의사를 가지고 변제를 하는 등의 특별한 사정이 없는 한, 사해행위에 해당한다고 볼 수 없다. 이러한 법리는 유일한 재산으로서 영업재산과 영업권이 유기적으로 결합된 일체로서 영업을 양도하는 경우에도 마찬가지로 적용된다.[98]

(2) 변제행위

(가) 본지변제와 고의부인

변제기가 도래한 채권을 변제하는 본지변제가 고의부인의 대상이 되는지에 대해서는 다툼이 있다. 본지변제라고 하더라도 채권자평등의 원칙은 지켜져야 하므로 고의부인의 대상이 된다고 할 것이다. 다만 부인대상행위 유형화의 취지를 몰각시키는 것을 방지하고 거래안전과의 균형을 도모하기 위해 특정채권자에게만 변제한다는 인식이 필요하다고 할 것이다.[99]

(나) 차입금에 의한 변제

채무자가 제3자로부터 자금을 차입하여 특정채권자에게 변제한 경우 다른 채권자와의 평등을 해하는 것으로서 원칙적으로 부인의 대상이 된다.[100] 한편 전적으로 특정채무의 변제를 위한 목적으로 차입하고 그에 따라 즉시 변제가 이루어진 경우 이는 그 실질에 있어서는 채권자의 교체에 불과하므로 부인의 대상이 되지 않는다 할 것이다.[101]

---

97) 대법원 2015. 10. 29. 선고 2013다83992 판결, 대법원 2004. 3. 26. 선고 2003다65049 판결 참조. 위 2013다83992 판결은 「채무자가 유일한 재산인 부동산을 매각하여 소비하기 쉬운 금전으로 바꾸는 행위는 원칙적으로 사해행위가 되지만, 부동산의 매각 목적이 채무의 변제 또는 변제자력을 얻기 위한 것이고, 대금이 부당한 염가가 아니며, 실제 이를 채권자에 대한 변제에 사용하거나 변제자력을 유지하고 있는 경우에는, 채무자가 일부 채권자와 통모하여 다른 채권자를 해할 의사를 가지고 변제를 하는 등의 특별한 사정이 없는 한, 사해행위에 해당한다고 볼 수 없다」고 판시하고 있다.

98) 대법원 2021. 10. 28. 선고 2018다223023 판결.

99) 대법원 2014. 9. 25. 선고 2014다214885 판결, 대법원 2005. 11. 10. 선고 2003다271 판결, 대법원 1999. 9. 3. 선고 99다6982 판결.

100) 대법원 2018. 4. 12. 선고 2016다247209 판결.

101) 대법원 2011. 5. 13. 선고 2009다75291 판결(채무자 변제 등 채무를 소멸시키기 위한 자금을 마련하기 위하여 제3자로부터 자금을 차입하는 경우, 제3자와 채무자가 차입금을 특정 채무를 소멸시키기 위하여 사용하기로 약정하고,

(다) 담보권자에 대한 변제

파산절차의 경우 별제권자인 담보권자는 그 권리행사에 제약을 받지 않으므로 담보권자에 대한 변제는 부인의 대상이 될 수 없다. 그러나 회생절차가 개시되면 담보권자는 그 권리행사에 제약을 받기 때문에 회생절차개시 전에 어느 담보권자에게만 변제하는 것은 다른 회생채권자·회생담보권자를 해하는 행위로서 부인의 대상이 될 수 있다.

한편 담보목적물에 의한 대물변제라도, 담보목적물의 가치는 피담보채권액의 범위에서는 담보권자에 의하여 파악되고 있고, 원래 일반채권자의 충당재산으로는 기대할 수 없는 것이기 때문에, 대물변제에 제공된 목적물의 가치와 피담보채권액이 균형을 이루는 한에서는 유해성이 없어 부인할 수 없다고 할 것이다.[102]

(3) 담보권의 설정행위 및 실행행위

(가) 담보권 설정행위

기존채무에 대한 담보권 설정행위는 원칙적으로 부인대상행위에 해당한다. 채무자의 재산이 채무의 전부를 변제하기에 부족한 경우에 채무자가 그의 재산을 어느 특정 채권자에게 담보조로 제공하였다면 특별한 사정이 없는 한 이는 곧 다른 채권자의 이익을 해하는 것으로서 다른 채권자들에 대한 관계에서 사해행위가 되는 것이고, 위와 같이 담보조로 제공된 재산이 채무자의 유일한 재산이 아니라거나 그 가치가 채권액에 미달한다고 하여도 마찬가지이다.[103] 다만 ① 사업계속을 위한 필요에서 신규차입을 하면서 부득이 특정채권자에게 담보를 제공한 경우 담보권설정행위는 부인대상이 되지 않는다.[104] 또한 ② 채무자가 지급불능 상태에서 특정채권자에게 담보를 제공하였다고 하더라도 이것이 신규차입과 동시에 교환적으로 행하여졌고, 그 차입금과 담보 목적물의 가격 사이에 합리적인 균형을 인정할 수 있으며, 이로써 채무자가 차입금을 은닉하거나 증여하는 등 회생채권자를 해하는 처분을 할 우려를 생기게 하는 것이 아니라면 이러한 담보제공행위는 회생채권자를 해하는 행위로 볼 수 없어 부인할 수 있는 행위에 해당하지 않는다.[105] 나아가 ③ 자금난으로 사업을 계속 추진하기 어려운 상황에 처한 채

실제 그와 같은 약정에 따라 특정 채무에 대한 변제 등이 이루어졌으며, 차입과 변제 등이 이루어진 시기와 경위, 방법 등 제반 사정에 비추어 실질적으로 특정 채무의 변제 등이 당해 차입금에 의하여 이루어진 것이라고 볼 수 있고, 이자, 변제기, 담보제공 여부 등 차입금의 차입 조건이나 차입금을 제공하는 제3자와 채무자의 관계 등에 비추어 차입 이전과 비교할 때 변제 등 채무 소멸이 이루어진 이후에 채무자 재산이 감소되지 아니한 등의 사정이 인정된다면, 해당 변제 등 채무소멸행위는 전체적으로 보아 회생채권자 등을 해하지 아니하여 부인의 대상이 되지 아니하는 특별한 사정이 존재한다고 할 수 있다). 한편 위와 같은 제3자와 채무자의 약정은 반드시 명시적으로 행하여질 필요는 없고 묵시적으로도 이루어질 수 있다(대법원 2018. 4. 12. 선고 2016다247209 판결).

102) 倒産法(加藤哲夫등), 272쪽.
103) 대법원 2022. 1. 14. 선고 2018다295103 판결(대물변제로 제공한 경우에도 마찬가지이다).
104) 대법원 2002. 3. 29. 선고 2000다25842 판결 참조.
105) 대법원 2017. 9. 21. 선고 2015다240447 판결 참조. 신규자금차입과 동시에 이루어진 담보권설정행위가 부인대상행위가 되는지가 쟁점인 사건에서, 위 2000다25842 판결은 '사업계속을 위한 사회적 상당성 있는 행위'에 해당하는가 라는 점을 중심으로 논의된 것이고, 위 2015다240447 판결은 이와 다른 차원에서 미국 연방도산법이 채택하고 있는 '동시교환적(contemporaneous exchange) 행위이론'을 받아들인 것으로 평가할 수 있다(§547(c)(1)).
   미국 연방도산법 §547(c)(1)에서는 채권자가 채무자에게 신가치(new value)를 공여한 직후에 채권자에게 행하여

무자가 자금을 융통하여 사업을 계속 추진하는 것이 채무 변제력을 갖게 되는 최선의 방법이라고 생각하고 물품을 공급받기 위하여 채무초과상태에 있으면서도 부득이 채무자 소유의 부동산을 특정 채권자에게 담보로 제공하고 그로부터 물품을 공급받거나 신규자금을 추가로 융통받았다면[106] 특별한 사정이 없는 한 채무자의 담보권설정행위는 부인대상에 해당하지 않는다.[107] 이때 담보제공행위가 사업계속 추진을 위한 신규자금 융통을 위한 행위로서 사해성이 부정되는지 여부는, 행위목적물이 채무자의 전체 책임재산 가운데에서 차지하는 비율, 무자력의 정도, 그 행위가 사업을 계속 추진하여 채무를 변제하거나 변제자력을 얻기 위한 불가피하고 유효적절한 수단이었는지, 담보제공이 합리적인 범위에서 이루어진 것인지, 실제 자금이 채권자에 대한 변제나 사업의 계속을 위해 사용되어 채무자가 변제자력을 갖게 되었는지, 채무자가 일부 채권자와 통모하여 다른 채권자를 해칠 의사를 가지고 행한 것은 아닌지 등 여러 사정을 종합적으로 고려하여 판단하여야 한다.[108] ④ 채무자가 제3자로부터 자금을 차용하여 부동산을 매수하고 해당 부동산을 차용금채무에 대한 담보로 제공하거나, 채무자가 제3자로부터 부동산을 매수하여 매매대금을 지급하기 전에 소유권이전등기를 마치고 해당 부동산을 매매대금채무에 대한 담보로 제공한 경우와 같이 기존 채권자들의 공동담보가 감소되었다고 볼

진 이전행위에 관하여 명시적인 예외 규정을 두고 있다. 즉 채권자가 채무자에게 신가치를 공여하였고, 당사자들이 그러한 신가치의 공여와 채무자에 의한 반대급부로서의 이전행위가 동시적일 것을 의도하였으며, 나아가 양자의 교환이 실질적으로(substantially) 동시에 행하여졌을 경우에는, 위의 이전행위는 편파행위의 모든 요건을 갖춘 경우에도 예외적으로 편파행위가 되지 아니한다는 것이다. 이는 당사자들이 동시적 교환을 의도하였음에도 불구하고 부주의 또는 예견할 수 없었던 사정의 발생으로 인하여 채무자의 이전행위가 지연됨으로 말미암아 그것이 부인의 대상이 된다는 것은 형평에 부합하지 아니한다는 입법적 판단에 기초한 것이다{김성용, "미국 파산법상의 부인권 개관", 법조(1998. 12.), 139쪽}.

106) 그러나 이러한 경우에도 채무자에게 사업의 갱생이나 계속 추진의 의도가 있더라도 신규자금의 융통 없이 단지 기존채무의 이행을 유예받기 위하여 자신의 채권자 중 한 사람에게 담보를 제공하는 행위는 다른 특별한 사정이 없는 한 다른 채권자들에 대한 관계에서는 사해행위에 해당한다(대법원 2022. 1. 14. 선고 2018다295103 판결). 위 판결은 의료병원 운영자 甲이 채무초과 상태에서 乙 저축은행으로부터 대출을 받으면서 이에 대한 담보로 甲의 국민건강보험공단에 대한 현재 또는 장래의 요양급여채권을 양도하고, 위 대출금의 상당 부분을 丙 저축은행에 대한 기존 대출금 채무 변제에 사용한 사안에서, 甲은 기존 대출금 채무를 변제하기 위해서 대출을 받고 담보로 채권양도를 하였던 것으로 보일 뿐 위 대출과 채권양도가 신규자금 유입을 통한 甲의 변제능력 향상에 기여하였다고 볼 근거는 없는 점, 위 채권양도로 乙 은행은 국민건강보험공단의 甲에 대한 요양급여비용이 담보로 제공된 일정액에 이를 때까지 甲 대신 이를 지급받게 되는데 그 기간 동안 甲의 다른 일반채권자들은 요양급여채권에 대한 강제집행이 사실상 배제되어 이를 통한 채권만족이 어려워지는 점 등을 고려하면, 위 채권양도는 甲의 채무초과 상태를 더욱 심화시키고 乙 은행에 대해서만 다른 채권자에 우선하여 자신의 채권을 회수할 기회를 부여하는 것으로 볼 수 있으므로 다른 일반채권자들을 해하는 사해행위에 해당한다고 보았다.

107) 대법원 2022. 1. 14. 선고 2018다295103 판결, 대법원 2022. 1. 13. 선고 2017다264072, 264089 판결, 대법원 2018. 8. 30. 선고 2018다228318 판결(☞ 자금난에 처한 채무자가 사업의 계속적 추진에 필요한 물품을 피고로부터 공급받기 위하여 그 소유의 부동산을 담보로 제공하여 피고로부터 약 1억 8,000만 원의 상당 물품을 공급받은 사안에서, 부동산에 관한 담보설정행위는 사업의 계속적 추진을 통해 회사를 갱생하기 위하여 한 담보제공행위로서 사해행위에 해당하지 아니한다는 이유로, 이와 같은 담보설정행위를 사해행위로 보아 원고 승소판결을 선고한 원심판결을 파기한 사례), 대법원 2012. 2. 23. 선고 2011다88832 판결 등 참조. 위 2018다228318 판결은 더 나아가 「이와 같이 설정된 담보권의 피담보채무에 기존채무가 포함되었다고 하더라도 기존채무를 위한 담보설정과 물품을 계속 공급받기 위한 담보설정이 불가피하게 동일한 목적 하에 하나의 행위로 이루어졌고, 당시의 여러 사정 하에서 그것이 사업의 계속을 통한 회사 갱생이라는 목적을 위한 담보제공행위로서 합리적인 범위를 넘지 아니한 때에는 기존채무를 위한 담보설정행위 역시 사해행위에 해당하지 않는다」고 판시하고 있다.

108) 대법원 2022. 1. 13. 선고 2017다264072, 264089 판결.

수 없는 경우에는 담보제공행위를 사해행위라고 할 수 없다. 나아가 위와 같은 부동산매수행위와 담보제공행위가 한꺼번에 이루어지지 않고 단기간 내에 순차로 이루어졌다고 하더라도 다른 특별한 사정이 없는 한 일련의 행위 전후를 통하여 기존 채권자들의 공동담보에 증감이 있었다고 평가할 것도 아니므로, 담보제공행위만을 분리하여 사해행위에 해당한다고 할 수 없다.[109] ⑤ 건축공사의 도급인이 민법 제666조가 정한 수급인의 저당권설정청구권의 행사에 따라 공사대금채무의 담보로 건물에 저당권을 설정하는 행위는 특별한 사정이 없는 한 사해행위에 해당하지 않는다.[110]

(나) 담보권 실행행위

회생절차에서 담보권의 실행행위는 다른 담보권자와의 관계에서 공평을 해하고 채무자의 재산을 감소시키는 행위이므로 부인의 대상이 될 수 있다. 대법원도 채권자가 질권의 목적인 유가증권을 처분하여 채권의 만족을 얻는 행위에 대하여 그 실질에 있어서는 집행행위와 동일한 것으로 볼 수 있어 부인의 대상이 되는 행위라고 판시함으로써 긍정설을 취하고 있다.[111]

(4) 어음, 수표의 발행·인수·배서행위

채무자가 기존 채무의 변제에 갈음하여 또는 변제를 위하여 어음, 수표를 발행, 인수 또는 배서하는 행위를 한 경우, 어음채권에는 강력한 권리 추정력이 있으므로 채권의 확정에 관한 소송에서 증명책임이 전환되고, 어음채권이 양도된 경우 인적항변이 절단될 수 있으므로 부인의 대상이 된다고 할 것이다(통설).

(5) 현물출자에 의한 신주발행

고의부인(제100조 제1항 제1호 본문)의 취지는 회생절차개시 전에 회사가 부당하게 그 재산을 감소시키는 등 회생채권자나 회생담보권자를 해하는 행위를 하거나 회사채권자 사이 등의 공평을 해하는 행위를 모두 부인의 대상으로 함으로써 기업의 재건을 위한 회사재산의 회복과 채권자의 평등을 꾀하려고 하는 것이다.

---

109) 대법원 2018. 12. 28. 선고 2018다272261 판결.
110) 대법원 2021. 5. 27. 선고 2017다225268 판결, 대법원 2008. 3. 27. 선고 2007다78616 판결 등 참조. 그 이유는 다음과 같다. 민법 제666조는 '부동산공사의 수급인은 보수에 관한 채권을 담보하기 위하여 그 부동산을 목적으로 한 저당권의 설정을 청구할 수 있다.'고 정하고 있다. 이는 부동산공사에서 목적물이 보통 수급인의 자재와 노력으로 완성되는 점을 감안하여 목적물의 소유권이 원시적으로 도급인에게 귀속되는 경우 수급인에게 목적물에 대한 저당권설정청구권을 부여함으로써 수급인이 사실상 목적물로부터 공사대금을 우선적으로 변제받을 수 있도록 하는 데 그 취지가 있다. 이러한 수급인의 지위가 목적물에 대하여 유치권을 행사하는 지위에 비하여 반드시 강화되는 것은 아니고 도급인의 일반 채권자들에게 부당하게 불리해지는 것도 아니다.
111) 대법원 2003. 2. 28. 선고 2000다50275 판결 참조(회생절차에 있어서 담보권자는 개별적으로 담보권실행행위를 할 수 없고, 회생담보권자로서 회생절차 내에서의 권리행사가 인정될 뿐, 회생절차 외에서 변제를 받는 등 채권소멸행위를 할 수 없으며, 또한 부인하고자 하는 행위가 집행행위에 기한 것인 때에도 부인권을 행사할 수 있으므로 질권의 목적물을 타에 처분하여 채권의 만족을 얻는 경우도 그 실질에 있어서 집행행위와 동일한 것으로 볼 수 있어 부인의 대상이 되는 행위에 포함된다. 질권자가 그 질권의 목적인 유가증권을 처분하여 채권을 회수한 행위에 대하여 부인권이 행사된 경우, 그 유가증권의 원상회복에 갈음하여 그 가액의 상환을 청구할 수 있다).

회생회사가 현물출자를 받고 신주를 발행하는 행위는 비록 현물출자의 목적물이 과대평가 되었다고 하더라도 특별한 사정이 없는 한 회생회사의 재산이 감소하지 아니하고 증가하게 되고, 따라서 그와 같은 행위는 고의부인의 취지에 반하거나 그 실효성을 상실시키는 것이 아니므로 부인권행사의 대상이 되지 아니한다.[112]

(6) 근로자에 대한 임금 지급

근로자의 임금채권은 공익채권이다(제179조 재1항 제10호). 임금은 근로자의 생계를 위한 원천이므로 임금채권을 변제하는 것은 원칙적으로 상당한 것으로서 편파변제로 평가되지는 않을 것이다.[113]

나. 행위의 부당성

부인의 대상이 되는 행위가 채권자에게 유해하다고 하더라도 행위 당시의 개별적·구체적 사정에 따라서는 당해 행위가 사회적으로 필요하고 상당하였다거나 불가피하였다고 인정되어 일반 채권자가 재산의 감소나 불공평을 감수하여야 한다고 볼 수 있는 경우가 있을 수 있고, 그와 같은 예외적인 경우에는 채권자 평등, 채무자의 보호와 이해관계의 조정이라는 법의 지도이념이나 정의 관념에 비추어 부인권 행사의 대상이 될 수 없다고 보아야 할 것이다.

여기에서 그 행위의 상당성 여부는 행위 당시의 채무자의 재산 및 영업 상태, 행위의 목적·의도와 동기 등 채무자의 주관적 상태를 고려함은 물론, 채무자와 채권자와의 관계, 채권자가 채무자와 통모하거나 동인에게 변제를 강요하는 등의 영향력을 행사하였는지 여부 등을 기준으로 하여 신의칙과 공평의 이념에 비추어 구체적으로 판단하여야 한다.[114]

유해성과 부당성의 관계는 어떻게 되는가. 유해성은 채무자 재산의 확보 및 회생채권자 등 사이의 공평을 실현하는 것과 관련되는 것이다. 이에 대하여 부당성은 어떤 행위가 회생채권자 등에 대하여 유해하다고 하여도 회생채권자 등의 이익보다 우선하는 사회적 이익, 예컨대 사업의 계속이라는 사회적 가치 또는 지역사회경제에서의 채무자의 역할 등을 고려하여 부인의 성립가능성을 조각하는 개념이다. 유해성의 개념이 회생절차의 목적을 실현하기 위하여 수익자 등의 이익을 희생하여서라도 회생채권자 등을 위하여 채무자의 재산을 충실하게 하여야

---

112) 대법원 2004. 9. 3. 선고 2004다27686 판결 참조.
113) 반면 실질적인 위기시기에 근로자들에 대한 임금채권의 대물변제가 고의부인의 대상이 된다고는 판례도 있다(대법원 1999. 9. 3. 선고 99다6982 판결). 또한 우선권 있는 임금채권자에 대한 변제도 부인권의 대상이지만, 임금지급 등이 채무자의 재산을 확보하기 위해 필요불가결하거나 최우선임금채권으로서 결국 반환되더라도 같은 채권자에게 귀속될 것이라는 특별한 사정이 있다면 행위의 부당성이나 부인권 행사의 실익 측면에서 부인권행사가 부정될 수 있을 것이라는 견해도 있다(김창훈, "도산과 부인권", 도산법연수원Ⅱ(제8기), 서울지방변호사회(2023), 27쪽).
114) 대법원 2020. 6. 25. 선고 2016다257572 판결(연대보증인이 실질적 위기시기에 공사매출채권을 추심한 현금을 이용하여 본지변제행위를 한 사안에서, 특정채권자에게 가용현금 중 상당비중을 차지하는 변제금을 지급한 행위가 사회적으로 필요하고 상당하였다거나 불가피하여 일반 회생채권자 등이 회생회사 재단의 감소나 불공평을 감수하여야 할 예외적인 경우에 해당한다고 인정하기 어렵고, 채무자 회사는 이 사건 변제행위 당시 회생절차가 개시되는 경우에 적용되는 채권자평등의 원칙을 회피하기 위하여 특정채권자에게 변제한다는 인식이 있었다고 볼 여지가 충분하다고 판단하여 고의부인을 부정한 원심을 파기환송한 사례).

한다는 요청에서 비롯된 것임에 반하여, 부당성의 개념은 채무자회생법질서보다 고차원의 법질서나 사회경제질서에 비추어 볼 때, 회생채권자 등의 이익을 희생하여서라도 수익자의 이익을 보호하려는 요청에서 비롯된 것이다.[115]

부당성의 요건을 흠결하였다는 사정에 대한 주장·증명책임은 상대방인 수익자에게 있다고 할 것이다.[116] 행위의 부당성을 부인권의 적극적 요건으로 파악하지 않고, 행위의 상당성을 부인권 조각 요건으로 파악하여, 부당성의 요건을 흠결하였다는 사정에 대한 주장·증명책임은 수익자에게 있다고 보고 있는 것이다.

다. 채무자의 행위에 한정되는지

(1) 행위의 주체

제100조 제1항 각 호는 부인의 대상이 되는 행위의 주체를 채무자에 국한하고 있는 것처럼 규정하고 있어서 부인대상이 채무자의 행위에 한정되는지에 관하여 다툼이 있다. 즉 대물변제 예약 완결권의 행사, 채권자의 담보권실행, 강제집행, 상계 등과 같이 채무자의 행위가 개입되지 않고 채권자의 일방적인 의사표시만 있는 경우 부인권의 대상이 되는지 여부가 문제된다.

이에 관하여 고의부인은 채무자의 사해의사를 요건으로 하고 있으므로 채무자의 행위(또는 이것과 동일시할 수 있는 행위)가 필요하지만, 위기부인은 채무자의 주관적 요건은 문제되지 않으므로 반드시 채무자의 행위일 필요는 없다는 견해가 있다.[117] 부인의 요건으로 사해의사를 필요로 하는 것과 채무자의 행위가 필요한지는 별개의 문제이고, 현행법의 법문으로부터도 채무자의 행위가 필요하지 않다고 하는 것은 수긍하기 어렵다. 비록 위기부인이 채무자의 사해의사를 요건으로 하고 있지 않지만, 법문상 채무자의 행위를 요구하고 있는 이상 채무자의 행위가 필요 없다고 해석하는 것은 문언의 한계를 넘어 너무 지나치다. 따라서 부인의 대상은 원칙적으로 채무자의 행위라 할 것이지만, 채무자의 행위 없이 채권자 또는 제3자의 행위만이 있는 경우에는 예외적으로 채무자가 채권자와 통모하여 가공하였거나 기타 특별한 사정으로 인하여 채무자의 행위가 있었던 것과 동일시할 수 있는 사유가 있을 때에 한하여 부인의 대상이 될 수 있다고 할 것이다.[118] 집행행위의 부인(제104조)에 있어 채무자의 행위가 필요한 것인

---

115) 會社更生法, 402쪽. 소송법적으로는 관리인(원고)의 부인권 주장(청구원인)에 대한 상대방(피고)의 항변에 해당한다.
116) 대법원 2020. 6. 25. 선고 2016다257572 판결, 대법원 2014. 9. 25. 선고 2014다214885 판결, 대법원 2011. 10. 13. 선고 2011다56637, 56644 판결, 대법원 2004. 3. 26. 선고 2003다65049 판결.
117) 會社更生法, 403~404쪽(일본의 다수설이라고 한다), 전병서, 275쪽, 노영보, 346쪽. 일본에서는 채무자의 행위가 필요하지 않다는 견해도 유력하다고 한다(會社更生法, 404쪽).
　　독일 도산법은 도산관리인은 도산절차의 개시 전에 행해진 도산채권자를 해하는 법적 행위를 부인할 수 있고, 부작위는 법적 행위와 동일하게 본다고 규정하고 있다(제129조). 법적 행위는 법률행위보다 넓은 개념이고 부인에 있어 행위주체를 제한하고 있지 않다. 따라서 제3자의 법적 행위도 채권자를 해하는 결과를 갖는다면 부인의 대상이 된다는 점을 명확히 하고 있다.
118) 대법원 2011. 10. 13. 선고 2011다56637,56644 판결(고의부인 사례), 대법원 2002. 7. 9. 선고 99다73159 판결, 대법원 2002. 7. 9. 선고 2001다46761 판결(위기부인 사례, 금융기관이 채무자와 사이에 체결한 채무자의 대출채무를 담보하기 위하여 채무자의 매출채권의 양도를 목적으로 하는 대물변제예약[예약형 집합채권 양도담보]의 내용에 따라 위기시기에 예약완결권과 대물변제로 양도, 양수할 매출채권의 선택권을 행사한 것은 채무자의 행위로 볼 수 없어

지에 관하여는 아래 〈Ⅳ.3.다.〉(본서 457쪽)를 참조할 것.

대법원은 상계금지의 적용을 받지 않는 상계가 부인의 대상이 될 수 있는가에 관하여, 채권자가 한 상계권 행사 자체는 채무자의 행위를 포함하고 있지 않으므로 상계 그 자체는 부인의 대상으로 삼지 아니하고[119] 상계적상을 야기한 채무자의 행위를 부인의 대상으로 보아 그 행위가 부인되면 그 결과로 상계가 효력을 잃는다고 한다.[120]

보전관리인의 행위가 부인의 대상이 될 수 있는가. 예컨대 보전관리인의 행위로 인하여 발생한 공익채권(제179조 제1항 제12호 등)을 변제하거나 이에 대하여 담보를 제공하는 경우 이러한 행위를 부인할 수 있는지 여부이다. 회생절차개시 전의 행위라는 점에서 부인의 대상이 될 수도 있다고 볼 여지가 있다. 하지만 보전관리인의 지위는 회생절차개시 후 관리인의 지위와 유사하고, 보전관리인의 행위는 회생절차의 일부분으로 부인할 수 없다고 할 것이다.[121]

(2) 행위의 대상

부인의 대상이 되는 행위는 부동산·동산의 매각, 증여, 채권양도, 채무 면제 등과 같은 협의의 법률행위에 한하지 않고, 변제, 채무승인, 법정추인, 채권양도의 통지와 승낙, 등기·등록, 동산의 인도 등과 같은 법률효과를 발생시키는 일체의 행위를 포함한다. 다만 상계는 앞에서 본 바와 같이 부인의 대상이 되지 않는다.[122]

또한 사법상의 행위에 한하지 않고 소송법상의 행위인 재판상의 자백, 청구의 포기 및 인낙, 재판상의 화해, 상소의 취하, 상소권의 포기, 공정증서의 작성, 염가의 경매 등도 부인의

부인의 대상이 되지 않는다고 한 사례) 등 참조.

다만 원칙적으로 채무자의 행위일 것을 요구하는 현행법의 태도는 입법론적으로는 의문이다. 왜냐하면 부인권은 회생절차개시 전 부당하게 일탈된 채무자의 책임재산을 회복하여 채권자 사이의 공평을 도모하려는 제도로서 채무자의 행위에 국한하여 부인권을 행사하여야 한다면, 채무자의 행위가 개입되지 않은 채 이루어지는 다양한 재산 유출행위나 채권자평등을 저해하는 행위를 시정하지 못하는 결과가 되므로 부인권의 제도적 취지를 충실히 달성하지 못하게 될 수 있기 때문이다.

119) 회생채권자가 회생절차개시로 인하여 회생절차개시 전부터 가지는 상계권에 영향을 받는 것은 부당하고, 회생채권자의 상계권 행사 자체를 채무자의 행위와 동일시하기는 곤란하므로 부인권 행사의 대상으로 될 수 없다는 견해{회생사건실무(상), 404쪽}도 같은 취지이다.

한편 독일의 경우 부인권의 대상이 되는 것은 채무자의 행위에 국한되는 것이 아니라고 하여(독일 도산법 제129조) 채권자의 상계 그 자체를 부인할 수 있다고 보고 있다{윤진수, "회사정리법상의 보전처분과 상계 및 부인권", 민사재판의 제문제, 제8권, 한국사법행정학회(1994), 1080쪽}. 미국도 독일과 마찬가지이다. 일본에서는 상계도 부인의 대상이 된다는 것이 유력하다(본서 526쪽 각주 401)).

120) 대법원 2014. 9. 24. 선고 2013다200513 판결, 대법원 2011. 11. 24. 선고 2009다76362 판결(「전문건설공제조합이 채무자에 대한 융자권리금채권과 이를 담보하기 위하여 채무자의 출자지분에 설정된 질권의 실행을 통하여 취득한 출자지분에 대한 취득대금채무를 상계한 사안에서, 전문건설공제조합이 출자증권을 취득한 행위가 질권의 실행행위로서 부인의 대상이 되는 결과 상계행위는 그 효력이 유지될 수 없다」고 판시하고 있다), 대법원 1993. 9. 14. 선고 92다12728 판결 참조.

121) Reinhard Bork, 132쪽.

122) 대법원 2014. 9. 24. 선고 2013다200513 판결, 대법원 2002. 7. 9. 선고 99다73159 판결 참조. 이에 대한 자세한 내용은 〈제5절 Ⅱ.2.라.〉(본서 525쪽)를 참조할 것. 독일의 경우는 상계를 부인의 대상이 된다고 본다(Reinhard Bork, 131쪽). 독일에서는 도산법이 명시적으로 다르게 규정하지 않는 한(독일 도산법 제132조 이하) 채무자 자신이 법적 행위를 할 필요가 없고, 제3자의 법적 행위도 그것이 단지 채권자를 해하는 결과를 가져오는 한 부인할 수 있다고 보기 때문이다.

대상이 되고, 공법상의 행위도 부인의 대상이 된다.

채무자의 부작위도 부인의 대상이 된다. 따라서 시효중단을 게을리 한 것, 지급명령신청에 대한 이의신청의 부제기, 지급거절증서의 미작성, 변론기일에의 불출석, 변론의 해태, 공격방어방법의 부제출 등의 경우에 부인이 될 수 있다.[123]

나아가 부인의 대상이 되는 행위는 반드시 법률적으로 유효한 것일 필요는 없고, 통정허위표시, 착오, 반사회적 법률행위 등과 같이 무효 또는 취소의 사유가 있더라도 무방하다. 채무자의 급부가 불법원인급여에 해당하여 채무자가 반환을 청구할 수 없다고 하더라도 관리인은 이를 부인하고 그 반환을 구할 수 있다. 관리인은 행위의 무효, 취소와 부인의 주장을 동시에 할 수 있고, 부인의 주장만을 할 수도 있다.

반면 재산권을 목적으로 하지 않는 법률행위, 즉 결혼, 이혼, 입양, 파양, 상속의 승인 등은 그것이 간접적으로 채무자 재산의 감소를 가져오는 행위라고 하더라도 부인의 대상으로는 되지 않는다. 그러나 이혼에 수반한 재산분할은 신분관계의 설정이나 폐지와 직접 관계없는 재산처분행위이므로 부인의 대상이 될 수 있다.[124] 다만 협의 또는 심판에 의하여 구체화되지 않

---

123) **부작위 행위의 부인** 부인소송을 통해 부작위에 대한 부인을 하는 경우 부인의 효과는 어떠한 방법으로 표현되어야 하는가. 부작위의 태양에 따라 부인의 효과는 달라진다(김장훈, 전게 논문, 48~49쪽 참조).

　(1) 시효중단의 해태는 채무자와 그 상대방 사이에 사실상 채권의 포기 또는 면제와 같은 효과가 발생하므로 시효중단의 해태를 부인한다면, 관리인은 시효가 중단되었음을 전제로 부인소송에서 상대방에게 그 채무의 이행을 구하면 된다.

　(2) 답변서 부제출, 변론기일에서의 불출석, 공격방어방법의 부제출을 통해 패소판결을 받아 확정되거나 지급명령에 대한 이의신청의 부제기, 판결에 대한 상소부제기로 패소판결이 확정된 경우 부인을 구하는 방법은 다음과 같이 나누어 볼 수 있다.

　① 채무자의 부작위로 확정된 대상판결이 이행판결인 경우 : 제104조에 부인하고자 하는 행위에 관하여 집행력 있는 집행권원이 있는 때를 규정하고 있고, 그에 따른 부인대상에 소송행위를 들고 있다(본서 454쪽). 따라서 채무자의 위와 같은 부작위는 집행행위의 부인으로 부인될 수 있다. 이 경우 부인의 효과는 이행판결에서 인정한 청구원인에 기한 채무의 부존재가 될 것이다. 부인소송의 주문은 '갑(채무자)의 을(수익자)에 대한 위 청구원인에 기한 채무는 존재하지 아니함을 확인한다'가 될 것이다. 만약 이행판결에 따라 임의이행이 된 경우 부인의 대상은 집행권원의 내용을 이루는 의무를 이행하는 채무자의 행위가 되고, 이는 집행행위 부인으로서 인정될 수 있다(본서 455쪽). 따라서 부인의 효과는 원상회복이 되고, 부인소송의 주문은 금전의 반환 등 원상회복의 이행을 구하는 것이 될 것이다.

　② 채무자의 부작위로 확정된 대상판결이 확인판결인 경우 : 확인판결은 집행권원이 되는 것이 아니므로 집행행위 부인의 대상이 될 수 없다. 부인권 행사의 효과로 생각해 볼 수 있는 방안으로 ㉮ 대상판결이 확정되지 않았다고 주장하면서 추완항소를 하는 방법(상소부제기의 부작위에 대한 부인을 주장하면서 추완항소를 제기하는 것이다), ㉯ 확인판결의 대상이 된 권리가 상대방에게 있는 것이 아니라는 소극적 확인을 구하는 부인소송의 제기 등이 있다.

124) 대법원 2000. 7. 28. 선고 2000다14101 판결 참조. 그러나 이혼에 있어서 재산분할은 부부가 혼인 중에 가지고 있던 실질상의 공동재산을 청산하여 분배함과 동시에 이혼 후에 상대방의 생활유지에 이바지하는 데 있지만, 분할자의 유책행위에 의하여 이혼함으로 인하여 입게 되는 정신적 손해(위자료)를 배상하기 위한 급부로서의 성질까지 포함하여 분할할 수도 있다고 할 것이므로(대법원 2005. 1. 28. 선고 2004다58963 판결) 재산분할의 유해성을 인정하는데 신중할 필요가 있다. 이미 채무초과 상태에 있는 채무자가 이혼을 함에 있어 자신의 배우자에게 재산분할로 일정한 재산을 양도함으로써 결과적으로 일반 채권자에 대한 공동담보를 감소시키는 결과로 되어도, 위 재산분할이 민법 제839조의2 제2항 규정의 취지에 따른 상당한 정도를 벗어나는 과대한 것이라고 인정할 만한 특별한 사정이 없는 한 사해행위로서 관리인에 의한 부인의 대상으로 되는 것은 아니라고 할 것이고, 다만 위와 같은 상당한 정도를 벗어나는 초과부분에 관한 한 적법한 재산분할이라고 할 수 없기 때문에 그 부인의 대상으로 될 수 있다고 할 것인바, 위와 같이 상당한 정도를 벗어나는 과대한 재산분할이라고 볼 만한 특별한 사정이 있다는 점에 관한 증명

은 재산분할청구권은 채무자의 책임재산에 해당하지 않으므로 이를 포기하는 행위는 부인의 대상이 되지 않는다.[125] 또한 이혼 후 재산분할을 청구하지 않는 것은 부인권의 대상이 되지 않는다. 이혼으로 인한 재산분할청구권은 그 행사 여부가 청구인의 인격적 이익을 위하여 그의 자유로운 의사결정에 전적으로 맡겨진 권리로서 행사상의 일신전속성을 가지므로 채무자의 재산에도 속하지 않는다고 보아야 하기 때문이다.[126]

상속재산분할협의는 그 성질상 재산권을 목적으로 하는 법률행위이므로 부인권의 대상이 된다.[127] 반면 상속의 포기는 비록 포기자의 재산에 영향을 미치는 바가 없지 아니하나(제386조 참조) 상속인으로서의 지위 자체를 소멸하게 하는 행위로서 순전한 재산법적 행위와 같이 볼 것이 아니고, 오히려 상속의 포기는 1차적으로 피상속인 또는 후순위상속인을 포함하여 다른 상속인 등과의 인격적 관계를 전체적으로 판단하여 행하여지는 '인적 결단'으로서의 성질을 가지므로 부인권의 대상이 되지 않는다.[128] 유증의 포기나 증여의 거절도 부인의 대상이 되지 않는다(본서 434쪽).

(3) 벌금·조세 등 청구권의 예외

회생절차개시 전의 ① 벌금, 과료, 형사소송비용, 추징금 및 과태료와 ② 국세징수법 또는 지방세징수법에 의하여 징수할 수 있는 청구권(국세징수의 예에 의하여 징수할 수 있는 청구권으로서 그 징수우선순위가 일반 회생채권보다 우선하는 것을 포함한다)에 관하여 채무자가 징수권자에 대하여 한 담보의 제공 또는 채무의 소멸에 관한 행위는 부인의 대상이 되지 않는다(제100조 제2항).[129] 이는 ①의 경우는 제재적 성격이 강하여 직접 부담하여야 하는 성질의 것이고, ②는 조세 등 청구권의 우선권이라는 성질을 반영한 것이다.[130]

반대해석으로 국세징수의 예에 의하여 징수할 수 있는 청구권으로서 일반 회생채권보다 우

책임은 관리인에게 있다(대법원 2000. 7. 28. 선고 2000다14101 판결 참조). 이혼을 함에 따라 위자료를 지급하기로 하는 합의도 그 금액이 적정한 것이라면 부인권의 대상이 되지 않을 것이다.

125) 대법원 2013. 10. 11. 선고 2013다7936 판결, 대법원 2008. 3. 13. 선고 2007다73765 판결, 대법원 2007. 7. 26. 선고 2007다29119 판결 등 참조.

126) 대법원 2022. 7. 28. 자 2022스613 결정 참조. 이에 대하여 부인권의 대상이 될 여지가 있다는 견해도 있다(개인파산·회생실무, 70쪽).

127) 대법원 2014. 7. 10. 선고 2012다26633 판결 참조.

128) 대법원 2011. 6. 9. 선고 2011다29307 판결 참조.

129) 파산절차에는 제100조 제2항과 같은 규정이 없다. 파산절차에서 벌금, 과료, 형사소송비용, 추징금 및 과태료는 후순위 파산채권(제446조 제1항 제4호)이지만 비면책채권(제566조 제2호)이고, 국세징수법 또는 지방세징수법에 의하여 징수할 수 있는 청구권(국세징수의 예에 의하여 징수할 수 있는 청구권으로서 그 징수우선순위가 일반 파산채권보다 우선하는 것을 포함한다)은 재단채권으로 취급하고 있기 때문으로 보인다(제473조 제2호).

개인회생절차의 경우도 파산절차의 부인권 규정을 준용하는 관계로(제584조 제1항) 제100조 제2항과 같은 규정이 없다. 벌금 등 청구권은 개인회생절차에서 비면책채권이고(제625조 제2항 제3호), 조세 등 청구권은 개인회생채권이건 개인회생재단채권이건 전액 변제를 하여야 하고(제611조 제1항 제2호), 개인회생재단채권인 것은 비면책채권(제625조 제2항 제2호)이라는 점에서 회생절차에서와 같은 규정을 두지 않은 것으로 보인다.

130) 여기서 대상으로 하는 조세 등 청구권은 회생채권 또는 회생담보권인 조세 등 청구권에 대한 변제이고, 공익채권에 대한 변제는 일반적으로 부인의 대상이 되지 않는다. 한편 원칙적으로 일반의 우선권 있는 회생채권자라도 회생절차에 따라 평등하게 변제받아야 하므로 위 회생채권자에 대한 변제도 부인권의 대상이 될 수 있다. 우선변제권이 인정된다고 하여 그 변제수령행위가 부인권 대상에서 당연히 제외되는 것이 아니다.

선하지 아니하는 청구권에 대하여 한 담보의 제공 또는 채무소멸행위는 부인의 대상이 된다.

한편 제100조 제2항에서 배제대상으로 삼고 있는 행위는 '담보의 제공 또는 채무의 소멸에 관한 행위'로 특정되어 있는 점을 고려하면, 제100조 제2항은 '담보의 제공 또는 채무의 소멸에 관한 행위'에 관하여 정하고 있는 제100조 제1항 제2호, 제3호에 대한 특칙규정으로 보아야 하고, 제100조 제1항 제1호(고의부인), 제4호(무상부인)에 대하여는 적용되지 않는다고 보아야 할 것이다.[131]

라. 채무자의 조직법상의 행위

부인권은 회생절차개시 전에 한 행위의 효과를 복멸하여 일탈된 재산을 채무자에게 회복시키는 수단이기 때문에 그 대상으로 되는 행위도 채무자의 재산에 관한 재산상의 것을 상정하고 있다. 그러나 채무자의 조직재편행위, 즉 합병이나 회사분할 등의 행위는 그 성질이 재산상의 것이 아니라, 채무자의 조직을 변경하는 조직법상의 행위이지만, 채무자의 재산을 포괄승계 또는 일반승계라는 효과가 발생하기 때문에 경우에 따라서는 회생채권자 등을 해하는 것으로서 부인가능성을 검토하지 않으면 안 된다. 예컨대 회사분할도 부인권의 대상이 될 수 있다. 회사분할을 부인하는 목적은 조직법상의 행위인 신설회사의 설립을 부정하는 것이 아니라 분할회사로부터 신설회사로의 재산이전효과를 복멸하는 것이기 때문이다.[132] 한편 현물출자에 의한 신주발행은 부인권의 대상이 아님은 앞에서 본 바와 같다(본서 438쪽).

2. 개별적 성립요건

가. 고의부인

고의부인이란 채무자가 회생채권자 등을 해한다는 사실을 알면서 한 행위에 대하여 부인하는 것을 말한다(제100조 제1항 제1호). 사해행위에 대한 고의부인은 관리인이 채무자의 재산을 위하여 채무자의 사해행위를 부인함으로써 채무자의 재산으로부터 일탈한 재산을 채무자의 재산에 회복시키고 채무자의 재산의 충실을 도모하여 회생채권자 등에 대한 변제를 증가시키고자 하는 취지의 제도이므로, 채무자의 행위의 대상이 되는 재산이 애초부터 채무자의 재산에 속하지 않아 관리인이 부인권을 행사하더라도 그 재산을 채무자의 재산으로 회복할 수 없는 경우에는 채무자가 총채권자의 공동담보가 되는 일반재산을 절대적으로 감소시키는 사해행위를 하였다고 볼 수 없어 부인의 대상이 될 수 없다.[133]

고의부인의 성립요건은 ① 객관적 요건으로서 회생채권자 등을 해하는 행위가 있어야 하고(사

---

131) 서울중앙지방법원 2014. 12. 11. 자 2014회기26 결정(확정).

132) 영업양도는 영업목적을 위하여 일체로서 조직화된 영업재산의 이전이다. 실제적 효과로만 본다면 회사분할 등의 조직재편행위와 유사한 측면이 있지만, 행위의 성질 자체로서는 재산상의 행위이다. 따라서 부인의 가능성이 있다. 영업양도가 부인된 경우 그 효과가 일체로서 복멸되고, 양도대상이 된 재산 전체가 채무자에게 회복되는 한편, 상대방은 그 대가의 반환청구권을 공익채권 또는 회생채권으로 행사할 수 있다.

133) 대법원 2010. 3. 11. 선고 2007다71271 판결 참조.

해행위), ② 주관적 요건으로서 채무자가 행위 당시 그 행위에 의하여 회생채권자 등을 해한다는 사실을 알고 있어야 한다(사해의사). 사해행위와 사해의사에 대한 증명책임은 관리인에게 있다.

회생채권자 등을 해한다는 사실을 알면서 한 행위에는 회생채권자 등의 공동담보가 되는 일반재산을 절대적으로 감소시키는 이른바 사해행위뿐만 아니라, 특정한 채권자에 대한 변제와 같이 다른 회생채권자 등과의 공평에 반하는 이른바 편파행위도 포함된다.[134] 사해의사란 채무자가 자신의 행위로 인하여 회생채권자 등에게 손해를 생기게 한 원인인 사실에 대한 인식이 있으면 족하고(인식설), 더 나아가 회생채권자 등에 대한 적극적인 가해의 의사 내지 의욕까지 필요한 것은 아니다.[135] 다만 채무자에게 요구되는 인식의 내용은 부인의 대상이 되는 행위의 성질에 따라 달리 하여야 할 것이다. 즉 사해행위의 경우에는 현재 자신의 변제자력이 부족하다는 사실과 그 행위로 인하여 채무자의 일반재산이 감소한다는 사실에 대한 인식만으로 충분하나, 편파행위의 경우에는 장래 회생절차가 개시되는 경우에 적용되는 채권자평등의 원칙을 회피하기 위하여 특정채권자에게만 변제한다는 인식이 필요하다고 할 것이다.[136] 사해의사는 행위 당시 존재하면 족하다.

한편 상대방인 수익자가 행위 당시 선의인 경우, 즉 회생채권자 등을 해한다는 사실을 알지 못한 경우에는 그 행위를 부인할 수 없으나(제100조 제1항 제1호 단서), 수익자의 악의는 추정되므로 그 선의에 대한 증명책임은 수익자에게 있다.[137] 알지 못한 것에 대한 과실의 유무는 문제되지 않는다. 채무자의 일반재산의 유지·확보를 주된 목적으로 하는 채권자취소권의 경우와 달리, 이른바 편파행위까지 규제 대상으로 하는 채무자회생법의 부인권 제도에 있어서는 반드시 해당 행위 당시 부채의 총액이 자산의 총액을 초과하는 상태에 있어야만 부인권을 행사할 수 있다고 볼 필요가 없으므로,[138] 편파행위 당시 채무자가 채무초과 상태에 있었는지에 대한 수익자의 인식 여부를 선의 인정의 주된 근거로 삼아서는 안 된다.[139]

나. 위기부인

위기부인이란 채무자가 지급의 정지 등 위기시기에 한 회생채권자 등을 해하는 행위를 채

---

134) 대법원 2016. 1. 14. 선고 2014다18131 판결.
135) 대법원 2016. 1. 14. 선고 2014다18131 판결, 대법원 2006. 6. 15. 선고 2004다46519 판결, 대법원 2009. 3. 26. 선고 2007다63102 판결 참조.
136) 대법원 2020. 6. 25. 선고 2016다257572 판결, 대법원 2016. 1. 14. 선고 2014다18131 판결, 대법원 2006. 6. 15. 선고 2004다46519 판결(특히 편파행위의 경우에는 채무자회생법이 정한 부인대상행위 유형화의 취지를 몰각시키는 것을 방지하고 거래 안전과의 균형을 도모하기 위해 회사회생절차가 개시되는 경우에 적용되는 채권자평등의 원칙을 회피하기 위하여 특정채권자에게 변제한다는 인식이 필요하다고 할 것이지만, 더 나아가 회생채권자 등에 대한 적극적인 가해의 의사 내지 의욕까지 필요한 것은 아니다).
137) 대법원 2020. 6. 25. 선고 2016다257572 판결, 대법원 2016. 1. 4. 선고 2014다18131 판결, 대법원 2014. 7. 10. 선고 2014다24112 판결, 대법원 2011. 10. 13. 선고 2011다56637,56644 판결, 대법원 2011. 5. 13. 선고 2009다75291 판결. 채권자취소권의 경우에도 마찬가지이다(민법 제406조). 한편 독일도산법은 수익자의 악의를 부인권을 행사하는 자가 증명하도록 하고 있다(제133조 제1항 참조). 부인권은 실체법상 흠이 없는 행위를 예외적으로 부인하는 것이므로 증명책임을 관리인에게 부담시키는 것이 타당한 측면도 있다.
138) 대법원 2020. 6. 25. 선고 2016다257572 판결, 대법원 2005. 11. 10. 선고 2003다271 판결 등 참조.
139) 대법원 2020. 6. 25. 선고 2016다257572 판결, 대법원 2016. 1. 14. 선고 2014다18131 판결 참조.

무자의 사해의사 존부와 관계없이 부인하는 것을 말한다(제100조 제1항 제2호, 제3호). 위기부인은 사해의사를 요하지 않는다는 점에서 고의부인과 구별된다.

(1) 본지행위에 대한 위기부인(제100조 제1항 제2호)

본지행위에 대한 위기부인은 채무자의 의무에 속한 행위를 대상으로 한다. 여기에서 '채무자의 의무에 속한다' 함은 일반적·추상적 의무로는 부족하고 구체적 의무를 부담하여 채권자가 그 구체적 의무의 이행을 청구할 권리를 가지는 경우를 의미한다.[140]

본지행위에 대한 위기부인의 성립요건은 ① 객관적 요건으로 회생채권자 등을 해하는 행위와 담보의 제공 또는 채무의 소멸에 관한 행위라야 하고, ② 시기적 요건으로 채무자가 지급의 정지 등이 있은 후에 한 행위라야 하며, ③ 주관적 요건으로 수익자가 행위 당시 지급정지 등이 있는 것 또는 회생채권자 등을 해하는 사실을 알고 있을 것이다. 위 세 가지 요건에 대한 증명책임은 모두 관리인이 부담한다.

여기서 '회생채권자 등을 해하는 행위'란 담보의 제공, 채무의 소멸을 제외한 총채권자를 해하는 행위, 즉 일반재산의 감소행위를 말한다. 담보의 제공이란 채무자가 그 소유의 재산에 대하여 질권 또는 저당권 등 전형적인 담보를 설정하여 주는 것뿐만 아니라 양도담보 등 비전형담보를 설정하는 행위도 포함된다. 채무소멸에 관한 행위는 채무자가 특정채권자에 대한 기존의 채무를 소멸시키는 행위로서 변제, 대물변제, 경개 등이 있다(민법 제461조, 제466조, 제500조 참조).

지급의 정지란 채무자가 변제기에 있는 채무를 자력(지급능력)의 결핍으로 인하여 일반적, 계속적으로 변제할 수 없다는 것을 명시적, 묵시적으로 외부에 표시하는 것을 말하고,[141] 자력의 결핍이란 채무자에게 채무를 변제할 수 있는 자산이 없고, 변제의 유예를 받거나 또는 변제하기에 족한 융통을 받을 신용도 없는 것을 말한다.[142] 일반적으로 채무자가 어음을 발행한 후 은행이나 어음교환소로부터 당좌거래정지처분을 받은 때에는 특별한 사정이 없는 한 지급정지 상태에 있다고 할 것이다. 따라서 채무자의 당좌거래정지처분을 알고 있었던 자는 특별한 사정이 없는 한 채무자가 지급정지 상태에 있었음을 알고 있었다고 봄이 상당하다.[143]

(2) 비본지행위에 대한 위기부인(제100조 제1항 제3호)

비본지행위에 대한 위기부인은 채무자의 의무에 속하지 아니하는 행위[144]를 대상으로 한다.

---

140) 대법원 2000. 12. 8. 선고 2000다26067 판결 참조.
141) 채무자가 채권단협의회를 개최하여 영업실적 부진과 장기미수채권 증가로 상환자금이 부족하여 상환유예의 협조를 구하고, 이후 위와 같은 취지의 내용증명을 발송한 것만으로는 지급의 정지라고 보기 어렵다는 사례로 「서울회생법원 2020. 1. 28. 자 2019하기100116 결정」이 있다.
142) 대법원 2007. 8. 24. 선고 2006다80636 판결, 대법원 2002. 11. 8. 선고 2002다28746 판결, 대법원 2001. 6. 29. 선고 2000다63554 판결 등 참조.
143) 대법원 2002. 11. 8. 선고 2002다28746 판결 참조.
144) 대법원 2000. 12. 8. 선고 2000다26067 판결("채무자의 신용변동, 담보가치의 감소, 기타 채권보전상 필요하다고 인정될 상당한 사유가 발생한 경우에는 채무자는 채권자의 청구에 의하여 채권자가 승인하는 담보나 추가담보의 제공

'채무자의 의무에 속한다' 함은 일반적·추상적 의무로는 부족하고 구체적 의무를 부담하여 채권자가 그 구체적 의무의 이행을 청구할 권리를 가지는 경우를 의미한다.[145] 따라서 ① 일반적·추상적 의무, ② 소구할 수 없는 의무, ③ 의무를 불이행한 경우 약정에 따라 기한의 이익이 상실되어 바로 채권을 회수할 수 있음에 불과한 경우는 채무자의 의무에 속하지 않는다고 할 것이다.[146]

의무에 속하지 않는 행위를 대상으로 한다는 점을 고려하여 본지행위에 대한 위기부인보다 시기적 요건을 완화하여 부인대상을 지급정지 등이 있기 이전 60일 내에 이루어진 행위까지 확대하고, 선의의 증명책임도 수익자에게 부담시키고 있다.

비본지행위에 대한 위기부인의 성립요건은, ① 객관적 요건으로 담보의 제공 또는 채무의 소멸에 관한 행위로서 그 행위 자체나 방법 또는 시기가 채무자의 의무에 속하지 아니하는 행위라야 하고, ② 시기적 요건으로 채무자가 지급정지 등이 있은 후 또는 그 전 60일 내에 한 행위라야 한다. 성립요건에 대한 증명책임은 관리인이 부담한다.

담보의 제공과 채무의 소멸에 관하여는 (1)에서 설명한 바와 같다. ① 행위 자체가 의무에 속하지 않는 예로서는 채무자가 기존의 채무에 관하여 사전에 담보권설정계약을 체결한 사실이 없음에도 특정채권자에게 담보제공을 하는 경우, 타인의 채무를 변제하는 경우 등을, ② 방법이 의무에 속하지 않는 예로서는 본래채무의 변제에 갈음하여 대물변제를 하는 경우, 사전에 동산담보제공약정을 체결하였음에도 부동산담보를 제공하는 경우 등을, ③ 시기가 의무에 속하지 않는 예로는 변제기 전에 변제를 하는 경우를 들 수 있다.

수익자는 ① 그 행위 당시 채무자가 다른 회생채권자 등과 평등을 해하게 되는 것을 알지 못한 경우나 ② 그 행위가 지급의 정지 등이 있은 후에 행한 것일 때에는 지급정지 등이 있은 것도 알지 못한 경우임을 증명하여 선의자로서 보호받을 수 있다.[147]

다. 무상부인

무상부인이란 채무자가 한 무상행위 또는 이와 동일시할 수 있는 유상행위를 부인하는 것을 말한다(제100조 제1항 제4호). 무상부인은 그 대상인 채무자의 행위가 대가를 수반하지 않는 것으로 사업의 수익력과 채권자 일반의 이익을 해할 위험이 특히 현저하기 때문에 채무자 및 수익자의 주관적 요건을 고려하지 아니하고 오로지 행위의 내용 및 시기에 착안하여 부인 유

또는 보증인을 세우거나 이를 추가한다"는 여신거래기본약관의 규정은 채무자에게 일반적·추상적 담보제공의무를 부담시키는 것에 불과하고, 구체적인 담보제공의무를 부담시키는 것은 아니어서 채무자가 이에 불응하여도 채권자는 그의 이행을 소구할 수 없고 단지 약관의 규정 등에 따라 채무에 대한 기한의 이익이 상실되어 바로 채권을 회수할 수 있음에 불과하므로 그 약관 규정에 따른 담보제공은 채무자의 의무에 속하는 행위라고 볼 수 없다. 즉 채무자가 담보제공의무를 이행하지 않아도 채무자에게 소로써 청구할 수 없고, 기한의 이익을 상실시키는 정도의 효과만 있는 경우에는 채무자의 의무에 해당하지 않는다는 것이다.⇒결국 약관 규정에 따른 채무자의 담보제공행위는 비본지행위에 대한 위기부인의 대상이 된다).

145) 대법원 2006. 6. 29. 선고 2004다32503 판결, 대법원 2000. 12. 8. 선고 2000다26067 판결 등 참조.
146) 대법원 2000. 12. 8. 선고 2000다26067 판결 참조.
147) 파산절차에서는 수익자의 증명사항에 대하여 달리 규정하고 있다(제391조 제3호). 입법적 통일이 필요하다.

형으로서 인정되는 것이다. 따라서 그 행위의 상당성 여부의 판단에 있어서도 행위의 목적·
의도와 동기, 수익자와의 통모 여부 등 채무자(회생회사)와 수익자의 주관적 상태보다는 행위
당시의 채무자의 재산 및 영업 상태, 행위의 사회경제적 필요성, 행위의 내용 및 금액과 이로
인한 채무자의 경제적 이익 등 객관적 요소를 종합적으로 고려하여 판단하여야 한다.[148]

무상부인의 성립요건은, ① 객관적 요건으로 채무자의 행위가 무상행위 또는 이와 동일시
할 수 있는 유상행위라야 하고, ② 시기적 요건으로 채무자가 지급정지 등이 있은 후 또는 그
전 6개월 내에 한 행위라야 한다. 성립요건에 대한 증명책임은 관리인이 부담한다. 무상부인은
그 내용 및 시기에 착안한 특수한 부인유형을 인정한 것이므로 무상행위를 할 당시나 무상행
위로 인하여 채무초과일 것을 요구하지는 않는다.

무상행위란 채무자가 대가를 받지 않고 적극재산을 감소시키거나, 소극재산 즉 채무를 증
가시키는 일체의 행위를 말한다. 예컨대 증여, 권리포기, 채무자가 의무 없이 타인을 위하여
보증 또는 담보를 제공한 경우,[149] 변론을 해태하여 상대방으로 하여금 전부 승소판결이 선고
되도록 하고 나아가 항소를 제기하지 않아 판결이 확정되도록 하는 것[150] 등이 여기에 해당한
다. 반면 금융기관과 채무자가 새로운 자금의 실질적 수수 없이 문서상으로만 신규대출의 형
식을 구비하여 기존 채무를 변제한 것으로 처리하는 대환은 특별한 사정이 없는 한 실질적으
로는 기존 채무의 변제기의 연장에 불과하고 이렇게 대환이 이루어진 경우에는 기존채무가 동
일성을 유지한 채 존속하는 것이므로, 최초의 어음할인과 이에 관한 회생회사(채무자)의 연대보
증 등 대출거래가 있은 후 이와 같은 대환에 의하여 변제기가 연장되어 옴에 따라 최초의 대
출거래시기가 회생회사의 지급정지일부터 6월 전 이전에 해당하게 된 경우에는 회생회사의 연

---

148) 대법원 2008. 11. 27. 선고 2006다50444 판결 참조.
149) 대법원 2014. 5. 29. 선고 2014다765 판결(채무자가 의무 없이 타인을 위하여 한 보증 또는 담보의 제공은, 그것이
    채권자의 타인에 대한 출연 등의 직접적인 원인이 되는 경우에도, 채무자가 그 대가로서 직접적이고도 현실적인 경
    제적 이익을 받지 아니하는 한 무상행위에 해당한다고 해석함이 상당하다), 대법원 1999. 3. 26. 선고 97다20755 판
    결(채무자가 대가로서 직접적인 경제적 이익을 받지 아니한 채 계열회사의 채무에 대한 보증 또는 담보제공을 한
    경우). 회생절차개시 신청 6개월 전에 존재하고 있던 연대보증채무를 담보하기 위하여, 채무자가 회생절차개시 신청
    6개월 내에 한 가등기설정행위는 무상행위로 부인의 대상이 된다는 하급심 재판례로 「전주지방법원 2017. 8. 25. 선
    고 2017가합1133 판결」이 있다.
      보증인이 취득하는 구상권은 대가성이 있다고 볼 것인가. 채무자를 기준으로 무상성을 판단한다고 하여도 보증
    등에 의하여 취득하는 구상권을 그 대가로 볼 수 있다면, 보증 등의 무상성은 부정될 수 있다. 보증인이 취득한 구
    상권은 보증채무와 계수적으로 같은 가치이고, 경제적으로는 보증 등에 기한 출연의 대가로서 대가성을 인정할 수
    있다는 견해가 있을 수 있다. 하지만 구상권은 채권자에 대한 변제라는 출연을 회복하기 위한 수단에 불과하고, 보
    증료가 지급되면 이를 이유로 무상성이 부정됨에 반하여, 보증료가 지급되지 않은 경우에는 구상권을 대가로 보는
    것은 일관성을 흠결한 것이므로, 구상권을 취득한다고 하여 보증 등의 대가로 간주할 것은 아니라고 판단된다(倒産
    法(加藤哲夫등), 300쪽). 회생회사(채무자)가 주채무자를 위하여 보증을 제공한 것이 채권자의 주채무자에 대한 출
    연의 직접적 원인이 되는 경우에도 회생회사의 보증행위와 이로써 이익을 얻은 채권자의 출연 사이에는 사실상의
    관계가 있음에 지나지 않고 회생회사가 취득하게 될 구상권이 언제나 보증행위의 대가로서 경제적 이익에 해당한다
    고 볼 수도 없으므로, 달리 회생회사가 보증의 대가로서 직접적이고도 현실적인 경제적 이익을 받지 아니하는 한
    그 보증행위의 무상성을 부정할 수는 없다. 회생회사가 주채무자인 계열회사를 위하여 보증을 한 경우에도 이러한
    법리는 달라지지 않는다(대법원 2008. 11. 27. 선고 2006다50444 판결 참조).
150) 서울회생법원 2020. 8. 19. 선고 2019가합101675 판결.

대보증행위는 무상행위 부인권의 대상이 될 수 없다.[151]

무상행위와 동일시하여야 할 행위란 상대방이 반대급부로서 출연한 대가가 지나치게 근소하여 사실상 무상행위와 다름없는 경우를 말한다.[152]

무상행위인지 여부는 수익자가 아닌 채무자를 기준으로 판단하여야 한다. 무상부인은 대상인 채무자의 행위가 대가를 수반하지 않아 회생채권자 등의 이익을 해할 위험이 현저하다는 것에 의해 인정되는 것이므로 무상성은 채무자를 기준으로 판단하면 충분하고, 수익자(상대방)의 입장에서 무상성이 있는지를 판단해서는 안 된다.

3. 특수관계인을 상대방으로 한 행위에 대한 특칙

가. 본지행위에 대한 위기부인의 특칙

수익자가 채무자와 대통령령이 정하는 범위의 특수관계에 있는 자(특수관계인)[153]인 경우 그 특수관계인이 그 행위 당시 지급의 정지 등이 있는 것과 회생채권자 등을 해하는 사실을 알고 있는 것으로 추정한다(제101조 제1항). 따라서 수익자가 선의에 대한 증명책임을 부담한다.

나. 비본지행위에 대한 위기부인의 특칙

비본지행위에 대한 위기부인의 경우 부인의 대상이 되는 '지급의 정지 등이 있은 후 또는 그 전 60일 이내에 한 행위'에서 '지급정지 등이 있은 후 또는 그 전 1년 이내에 한 행위'로 확대시키고 있다(제101조 제2항 전단). 또한 특수관계인은 그 행위 당시 채무자가 다른 회생채

---

151) 대법원 2001. 11. 13. 선고 2001다55222, 55239 판결, 대법원 2001. 5. 29. 선고 2001다16814 판결 등 참조.
152) 대법원 2014. 5. 29. 선고 2014다765 판결, 대법원 2003. 9. 26. 선고 2003다29128 판결.
153) **시행령 제4조(특수관계인)** 법 제101조 제1항, 법 제218조 제2항 각 호 및 법 제392조 제1항에서 "대통령령이 정하는 범위의 특수관계에 있는 자"라 함은 다음 각 호의 어느 하나에 해당하는 자를 말한다.
  1. 본인이 개인인 경우에는 다음 각 목의 어느 하나에 해당하는 자
    가. 배우자(사실상의 혼인관계에 있는 자를 포함한다. 이하 같다)
    나. 8촌 이내의 혈족이거나 4촌 이내의 인척
    다. 본인의 금전 그 밖의 재산에 의하여 생계를 유지하는 자이거나 본인과 생계를 함께 하는 자
    라. 본인이 단독으로 또는 그와 가목 내지 다목의 관계에 있는 자와 합하여 100분의 30 이상을 출자하거나 임원의 임면 등의 방법으로 법인 그 밖의 단체의 주요 경영사항에 대하여 사실상 영향력을 행사하고 있는 경우에는 당해 법인 그 밖의 단체와 그 임원
    마. 본인이 단독으로 또는 그와 가목 내지 라목의 관계에 있는 자와 합하여 100분의 30이상을 출자하거나 임원의 임면 등의 방법으로 법인 그 밖의 단체의 주요 경영사항에 대하여 사실상 영향력을 행사하고 있는 경우에는 당해 법인 그 밖의 단체와 그 임원
  2. 본인이 법인 그 밖의 단체인 경우에는 다음 각 목의 어느 하나에 해당하는 자
    가. 임원
    나. 계열회사(「독점규제 및 공정거래에 관한 법률」 제2조 제12호에 따른 계열회사를 말한다) 및 그 임원
    다. 단독으로 또는 제1호 각 목의 관계에 있는 자와 합하여 본인에게 100분의 30 이상을 출자하거나 임원의 임면 등의 방법으로 본인의 주요 경영사항에 대하여 사실상 영향력을 행사하고 있는 개인 및 그와 제1호 각 목의 관계에 있는 자와 법인 그밖의 단체(계열회사를 제외한다. 이하 이 호에서 같다) 및 그 임원
    라. 본인이 단독으로 또는 그와 가목 내지 다목의 관계에 있는 자와 합하여 100분의 30이상을 출자하거나 임원의 임면 등의 방법으로 단체의 주요 경영사항에 대하여 사실상 영향력을 행사하고 있는 경우에는 당해 법인 그 밖의 단체 및 그 임원

권자 등과의 평등을 해하게 되는 것을 알았던 것으로 추정한다(제101조 제2항 후단). 따라서 수익자가 선의에 대한 증명책임을 부담한다.[154] 특수관계인의 행위가 지급의 정지 등이 있은 후에 행한 것인 때에는 지급의 정지 등이 있은 것도 알지 못한 경우임을 수익자가 증명하여야 한다(제100조 제1항 제3호 단서).[155]

다. 무상부인의 특칙

무상부인의 대상이 되는 행위의 상대방이 특수관계인인 경우 지급의 정지 등이 있기 전 1년 이내에 한 무상행위 등까지 부인의 대상으로 하고 있다(제101조 제3항).

부인대상이 연대보증행위인 경우 그 연대보증행위의 직접 상대방으로서 보증에 관한 권리를 취득하여 이를 행사하는 채권자가 채무자의 특수관계인인 경우를 말하고, 주채무자가 채무자와 특수관계에 있는 경우는 해당되지 않는다.[156] 따라서 비록 주채무자가 연대보증 채무자와 특수관계에 있더라도 연대보증행위의 상대방인 채권자가 연대보증 채무자의 특수관계인이 아닌 경우에는 위 제101조 제3항이 적용될 수 없다.

Ⅳ 부인권의 특수한 유형

앞에서 본 부인의 유형들은 부인권의 일반적 성립요건과 개별적 성립요건을 갖추었는지에 따라 부인의 성립 여부가 결정된다. 그 외에 부인의 대상으로 되는 법률관계의 특징 등을 고려하여 채무자회생법은 몇 가지 부인권의 특수한 유형(특별한 성립요건)을 규정하고 있다.

1. 어음채무의 지급에 관한 부인의 예외

가. 의의 및 적용범위

채무자로부터 어음의 지급을 받은 자가 그 지급을 받지 아니하면 채무자의 1인 또는 여러 명에 대한 어음상의 권리를 상실하게 된 경우에는 부인되지 아니한다(제102조 제1항). 여기서 어음상의 권리는 상환청구권을 의미한다.

이는 어음소지인이 채무자가 어음금을 지급함에도 부인을 우려하여 이를 수령하지 않을 경우 상환청구권을 상실하게 되고(지급거절은 상환청구권의 요건이다), 따라서 변제를 받을 수밖에 없음에도 나중에 회생절차에서 그 변제가 부인된다면 그 때는 이미 거절증서작성기간이 지나 상환청구권을 상실하게 되는 불합리한 결과가 초래되어 어음거래의 안전을 해하기 때문에 부인의 대상에서 제외한 것이다. 따라서 거절증서작성이 면제된 어음·수표(어음법 제44조 제4항,

---

154) 통상의 비본지행위에 대한 위기부인의 경우에도 수익자가 선의의 증명책임을 부담한다는 점에서 제101조 제2항 후단은 무익한 규정이거나 확인적 규정으로 볼 수 있다.
155) 제392조 제2항은 이러한 취지를 명확히 규정하고 있다. 입법적 통일이 필요하다.
156) 대법원 2019. 1. 17. 선고 2015다227017 판결, 대법원 2009. 2. 12. 선고 2008다48117 판결.

제46조, 수표법 제42조)나 약속어음의 수취인이 소지인인 경우와 같이 상환청구권을 상실할 상황이 발생할 수 없는 경우에는 적용이 없다.

어음에는 약속어음, 환어음뿐만 아니라 수표도 포함된다. 어음의 지급이란 약속어음의 발행인, 환어음의 지급인·인수인, 수표의 지급인의 지급을 말한다.

나. 부인이 제한된 경우의 상환의무

한편 경우에 따라 제102조 제1항을 악용하여 채권자가 어음금의 지급을 받는 방법으로 우선변제를 받을 수 있다. 그래서 특정채권자가 어음의 지급에 관한 부인의 예외를 악용하는 것을 방지하기 위하여, 최종의 상환의무자 또는 어음의 발행을 위탁한 자가 그 발행 당시 지급의 정지 등이 있는 것을 알았거나 과실로 알지 못한 때에는 관리인은 그로 하여금 채무자가 지급한 금액을 상환하게 할 수 있도록 하였다(제102조 제2항).[157] 최종의 상환의무자는 약속어음의 제1배서인, 환어음과 수표의 발행인을 말하고, 어음의 발행을 위탁한 자란 최종의 상환의무자가 되지 않는 경우이지만 실제로는 자신의 이익을 위하여 발행인에게 어음의 발행을 위탁한 경우를 말한다.

관리인의 상환청구권은 어음금 수취에 대한 부인권을 대신하는 것이므로 상환청구권을 행사하기 위한 전제로서 어음금 수취에 대하여 부인의 요건이 충족된다는 것을 주장·증명하지 않으면 안 된다. 즉 관리인은 어음금 수령자에 대하여 부인의 요건이 충족됨에도 불구하고 제102조 제1항에 따라 부인이 성립되지 않는다는 점 및 최종상환의무자 등에 대하여 주관적 요건을 주장·증명할 필요가 있다. 이에 대하여 최종상환의무자 등은 부인성립의 조각사유(제111조, 제112조)를 항변으로 주장할 수 있다. 물론 상환의무를 다하면 그 자의 채권은 부활하고(제109조 유추), 상환청구권의 행사도 소, 부인의 청구 또는 항변에 의하여 행사하여야 할 것이다 (제105조 제1항 유추).[158]

2. 권리변동의 성립요건 또는 대항요건의 부인

가. 일반론

성립요건[159] 또는 대항요건(이하 '대항요건 등'이라 한다)의 구비행위도 권리변동의 원인행위와

---

157) ① 채권자가 최종의 상환의무자인 경우. 채권자가 지급의 정지 등을 알고 채무자에게 자신을 수취인으로 한 약속어음을 발행시켜 이것을 제3자에게 배서 양도하여 대가를 취득함으로써 간접적으로 자신의 채권을 회수하고, 제3자에게 채무자로부터 어음지급을 받게 하여 부인을 면하게 하는 경우이다. 이 경우 채권자는 완전히 채권을 회수하게 된다.
② 채권자가 어음의 발행을 위탁한 자인 경우. 채권자가 채무자에게 위탁하여 채무자를 발행인, 타인을 수취인으로 한 약속어음을 발행하게 한 다음, 타인으로부터 어음을 배서 양도받고, 채무자로부터 어음의 지급을 받은 경우, 채권자 자신이 발행인인 채무자로부터 지급을 받는 대신 제3자에게 배서 양도하여 그 대가를 수취하는 경우 등이 있다.
158) 條解 破産法, 1102~1103쪽, 破産法·民事再生法, 537쪽 참조.
159) 물권변동에 관하여 의사주의를 취하고 있는 일본에서는 등기 등은 물권변동의 대항요건이다. 따라서 등기 등과 같은 대항요건의 충족행위를 원인행위와 별도로 파악하여 부인에 대한 규정을 두는 의미가 있다. 그러나 우리 민법은 물권변동에 있어 형식주의를 취하고 있어 등기 등과 같은 공시방법을 물권변동의 성립요건 내지는 효력요건으로 보

분리하여 그 원인행위를 부인할 수 없는 경우에도 독자적으로 대항요건 등의 구비행위를 부인할 수 있다(제103조).[160] 대항요건 등의 구비행위에 대한 부인을 인정하는 취지는 원인행위가 있었음에도 상당기간 대항요건 등의 구비행위를 하지 않고 있다가 지급의 정지 등이 있은 후에 그 구비행위를 한다는 것은 일반 채권자에게 예상치 못한 손해를 주기 때문에 이를 부인할 수 있게 한 것이다.[161]

대항요건 등 부인의 성립요건은 ① 객관적 요건으로 채무자가 권리의 설정, 이전 또는 변경의 대항요건 등을 구비하는 행위(부동산의 경우 등기, 동산의 경우 인도, 채권의 양도와 입질에 관한 통지와 승낙, 지시채권의 배서·교부, 선박의 등기, 자동차의 등록 등을 구비하는 행위)가 있어야 하고, ② 시기적 요건으로 권리의 설정, 이전 또는 변경이 있은 날로부터 15일을 경과한 후에 대항요건 등의 구비행위가 이루어져야 하며(15일의 기산점은 원인행위가 있은 날이 아니라 원인행위의 효력이 발생한 날이다[162]),[163] ③ 주관적 요건으로 수익자가 지급의 정지 등이 있음을 알고 있어야 한다. 성립요건에 대한 증명책임은 관리인이 부담한다.

그러나 지급의 정지 등이 있기 전의 가등기 또는 가등록에 기하여 한 본등기 또는 본등록은 부인의 대상이 되지 않는다(제103조 제1항 단서). 이미 가등기 등이 마쳐진 경우에는 그 재산이 채무자의 재산으로부터 제외될 가능성을 대외적으로 공시하고 있어 가등기 등에 기초하여 본등기 등을 하더라도 채권자들에게 예상치 못한 손해를 준다고 할 수 없기 때문이다.

나. 제100조 제1항과의 관계

대항요건 등의 구비행위에 대하여 제103조 제1항에 의하여 부인할 수 없는 경우라도 부인에 관한 일반규정인 제100조 제1항을 적용하여 부인할 수 있는가. 이에 관하여는 대항요건 등의 충족행위도 본래 일반규정인 제100조 제1항의 부인의 대상이 되지만, 그 특수성 때문에 그 요건을 엄격하게 하기 위해 제100조 제1항의 부인을 제한한 특칙이 바로 제103조 제1항이라는 견해(제한설)와 대항요건 등의 충족행위 자체는 제100조 제1항의 부인의 대상이 될 수 없어 원래 부인의 대상이 될 수 없지만 특히 제103조 제1항의 규정을 둠으로써 비로소 부인의 대상이 될 수 있다는 견해(창조설)가 주장되고 있다. 등기행위와 등기원인행위를 구별하고 있고 원인행위에 부인사유가 없다면 가능하면 대항요건 등을 구비시키는 것이 바람직하다는 점에서 제한설이 타당하다.

대법원도 「대항요건 등 자체를 독자적인 부인의 대상으로 규정하고 있는 취지는 대항요건

고 있으므로 원인행위와 별개로 등기 등을 독립적으로 취급할 필요는 없다. 입법론적 검토가 필요해 보인다.

160) 제103조 제1항은 대항요건부인을, 제103조 제2항은 성립요건부인을 각 규정하고 있다. 실무적으로 부동산에 관하여는 대항요건의 부인문제는 발생하지 아니하고, 장래채권의 양도담보의 대항요건이 주로 문제된다(대법원 2002. 7. 9. 선고 2001다46761 판결 참조).

161) 회생사건실무(상), 355쪽.

162) 대법원 2004. 2. 12. 선고 2003다53497 판결.

163) 회생절차개시 전에 등기 등이 이루어진 경우에 적용된다. 회생절차개시 후에 등기 등이 이루어진 경우에는 제66조가 적용된다.

등 구비행위도 본래 제100조의 일반 규정에 의한 부인의 대상이 되어야 하지만, 권리변동의 원인이 되는 행위를 부인할 수 없는 경우에는 가능한 한 대항요건 등을 구비시켜 당사자가 의도한 목적을 달성시키면서 제103조 소정의 엄격한 요건을 충족시키는 경우에만 특별히 이를 부인할 수 있도록 한 것이라고 해석된다. 따라서 권리변동의 대항요건 등을 구비하는 행위는 제103조 소정의 엄격한 요건을 충족시키는 경우에만 부인의 대상이 될 뿐 이와 별도로 같은 제100조에 의한 부인의 대상이 될 수는 없다」고 판시함으로써[164] 제한설을 취하고 있다.

3. 집행행위의 부인[165]

가. 의 의

집행행위의 부인이란 부인하고자 하는 행위에 관하여 상대방이 집행력 있는 집행권원이 있거나 그 행위가 집행행위에 의한 것이더라도 부인하는 것을 말한다(제104조). '부인하고자 하는 행위'는 제100조 제1항의 '부인할 수 있는 행위'를 의미한다.[166] 집행력 있는 집행권원이란 집행권원으로서 집행력이 인정되는 것으로 충분하고 집행문을 부여받을 필요까지는 없다.[167]

채무자의 변제가 사해행위 또는 편파행위로서 부인의 요건을 갖추고 있는 경우에는 상대방이 그 채무에 관하여 집행권원을 가지고 있다고 하더라도 채권자에 대한 유해성이라는 점에서 집행권원이 없는 경우와 아무런 차이가 없고, 채권자가 비록 임의변제가 아닌 집행행위를 통해서 자신의 채권에 대한 만족을 얻는다고 하여도 채권의 소멸이라고 하는 사법상의 효과는 채무자의 임의변제와 아무런 차이가 없다는 점에서 본래 제100조에 의하여 부인할 수 있는 것을 주의적으로 규정한 것이다.[168] 즉 집행행위의 부인이란 집행행위 자체에 대하여 새로운 부인의 유형을 둔 것이 아니라 집행권원이나 집행행위가 개재되어 있는 경우에도 부인할 수 있다는 것을 명확히 한 것이다. 따라서 문제가 되는 집행행위로는 금전집행뿐만 아니라 물건의 인도를 구하는 등의 비금전집행도 채무자의 재산을 감소시키는 것이라면 모두 포함된다.

---

164) 대법원 2004. 2. 12. 선고 2003다53497 판결.
165) 중국의 경우는 채무자가 소송, 중재, 집행절차를 통하여 채권자에 대하여 개별적 변제를 한 경우에는 관리인이 <기업파산법> 제32조의 규정에 따라 취소를 청구할 수 없다. 다만 채무자와 채권자가 악의로 통모하여 다른 채권자의 이익에 손해를 가한 경우는 제외한다{기업파산법해석(2) 제15조}.
166) 헌법재판소 2019. 2. 28. 선고 2017헌바106 전원재판부 결정 참조.
167) 會社更生法, 456쪽 각주 230), 條解 民事再生法, 688쪽. 이러한 점에서 집행문의 부여까지 요구하는 제174조의 집행력 있는 집행권원과 차이가 있다.
168) 會社更生法, 456쪽, 박성철, "파산법상의 부인권", 파산법의 제문제(하), 재판자료 제38집, 법원도서관(1999), 285쪽. 이에 대하여 제104조 전단은 주의적(확인적) 규정이나 제104조 후단은 예외적 규정이라는 견해가 있다(윤덕주, "집행행위 부인규정의 성격과 적용 범위", 법률신문 2021. 3. 11. 자 11면). 그 이유는 다음과 같다. 부인권의 총칙규정인 제100조는 행위주체와 부인의 객체를 각 채무자 및 채무자의 행위로 한정하는 점, 제104조 후단의 '그 행위'는 '집행행위에 의한 때'라는 문언과의 관계상 집행행위 그 자체는 아닌 점, 채무자의 행위를 부인대상으로 삼자면 근거는 제100조 또는 제104조 전단부인의 문제로 보는 것이 문언상 자연스러운 점 등을 종합하면 제104조 후단은 예외적으로 채권자도 행위주체가 될 수 있다는 점, 부인대상은 행위가 아니라 집행을 통하여 취득한 법적 효과임을 명백히 한 것이라는 의미에서 예외적인 규정으로 파악하여야 한다는 것이다. 위 견해는 제104조 전단은 채무자의 행위를 대상으로 한다고 하고, 아래 〈다.〉「대법원 2011. 11. 24. 선고 2009다76362 판결」의 입장을 예외적 규정설로 평가한다.

나. 부인의 대상

(1) 부인하고자 하는 행위에 관하여 집행력 있는 집행권원이 있는 때(제104조 전단)

여기에 해당하는 것은 세 가지로 나눌 수 있다.[169]

(가) 원인행위의 부인

① 의 의

집행권원의 내용을 이루는 의무(예컨대 금전지급의무나 물건인도의무, 이전등기의무)를 발생시키는 채무자의 행위(예컨대 매매계약 등)를 부인하는 경우이다.[170] 관리인이 이러한 행위에 대하여 부인을 주장할 경우 수익자는 이러한 행위에 기한 의무가 집행권원상 확정되었다는 것을 가지고 항변할 수 없다. 부인권 행사는 변론종결 후 새로이 발생한 사유로서 기판력에 의해 차단되는 것은 아니다.

② 효 과

행위가 부인된 경우 집행권원의 내용을 이루는 의무가 소멸한다. 다만 집행권원의 집행력이 당연히 소멸하는 것은 아니기 때문에 채무자에 의한 이행이 이루어지기 전이라면 관리인은 청구이의의 소를 제기하여 집행력을 배제하여야 한다. 채무자에 의한 이행이 이미 이루어진 후라면 부인소송으로 채무자로부터 받은 금원의 반환을 구하는 소송(부당이득반환청구소송)을 제기할 수 있다.

(나) 소송행위의 부인

① 의 의

집행권원 자체를 성립시키는 행위를 부인하는 경우이다. 예컨대 재판상의 자백(민소법 제288조), 청구의 인낙(민소법 제220조), 재판상의 화해(민소법 제220조, 제385조 이하) 등 집행권원을 성립시키는 소송행위를 부인에 의해 번복하는 것이 가능하다. 채권자가 집행권원을 취득하는 과정에 채무자가 재판상 자백 등으로 가담한 경우이다. 이 경우 관리인은 집행권원이 존재하여도 채무자의 행위를 부인할 수 있고, 부인의 효과로서 집행권원의 집행력이 실효된다.[171]

---

169) 會社更生法, 456~457쪽, 條解 破産法, 1123쪽, 倒産法, 410~411쪽, 倒産と訴訟, 29쪽, 정문경, "부인권 행사에 관한 실무상 몇 가지 쟁점", 도산법연구 제2권 제2호(2011), 사단법인 도산법연구회, 34쪽.

170) 채무자가 저가의 상품을 부당하게 고가로 매입하고, 그 대금의 지급에 대하여 집행권원(예컨대 확정판결 또는 지급명령)을 매도인이 취득한 경우이다. 이 경우에는 집행권원이 존재하여도 원인행위(매매행위)를 부인할 수 있다는 것을 의미한다. 또한 채무자가 증여계약을 체결하였고, 이후 이에 기하여 목적물의 인도청구권에 대한 확정판결이 존재하고 있는 경우에도, 원인행위인 증여계약을 부인할 수 있다.

171) 제3자로부터 물건의 인도를 구하는 소를 제기당한 채무자가 채권자를 해하기 위하여 인도의무의 기초가 되는 사실에 대하여 자백을 하고, 청구를 인용하는 판결이 확정되었다. 관리인은 자백에 대하여 사해행위부인을 주장하고, 이 것이 인정되면 판결의 기판력과 집행력이 채무자에 대한 관계에서 소멸한다. 집행력을 배제하기 위해서는 부인소송으로 청구이의의 소를 제기하는 것이 필요하다. 또한 집행권원의 내용인 의무 그 자체에 대하여는 부인의 효과가 미치지 않기 때문에 여전히 회생채권 등이 인정될 여지는 있다.
　　채무자의 재산에 관한 소송절차에서 청구의 성부에 관한 사실에 대하여 자백을 하고, 회생절차개시결정으로 소송절차가 중단되어 관리인이 수계한 후 자백의 효력을 부인함에 따라 복멸된다고 생각된다(會社更生法, 457쪽).

② 효 과

집행권원에 기하여 아직 그 내용이 실현되지 아니한 때에는 집행권원을 만든 과정에서의 채무자의 소송행위를 부인함에 따라 집행권원 자체가 실효되는 것으로 되기 때문에 그 채권은 집행권원이 없는 채권이 된다. 따라서 이 경우에 있어서 부인은 해당 채권의 조사단계에서 채권확정의 책임을 해당 채권자에게 전환시키는 의미가 있다. 이에 대하여 해당 집행권원에 따라 이미 강제집행 등이 행하여진 경우에는 상대방에 대하여 한 급부를 관리인에게 반환시키는 것에 의미가 있다. 이 경우 원인행위를 부인하는 것은 아니므로 원인행위의 실체상의 효과는 소멸하지 않는다.

(다) 이행의 부인

① 의 의

집행권원에 기한 권리의 실현을 부인하는 경우이다. 집행권원의 내용인 의무의 이행행위를 부인하는 것이다.[172] 집행권원에 기한 금전집행에 의한 채권자의 배당수령(민집법 제148조 등)[173]을 편파행위로서 부인하는 것이 여기에 해당한다. 이러한 행위가 채무소멸에 관한 행위가 된다면 위기부인의 가능성도 있다.

채권자가 채무자에 대한 집행권원에 의하여 채무자의 제3자에 대한 채권에 관하여 압류 및 추심명령을 받아 변제에 충당한 경우에도[174] 그 변제는 부인의 대상이 된다.

② 효 과

어떠한 경우라도 집행권원 자체는 실효되지 않는다(따라서 상대방은 집행권원이 있는 회생채권자의 지위를 갖는다). 집행행위의 효과로서 채무소멸(변제 등)이라는 효과가 부정되는 것으로 되기 때문이다.

(2) 부인하고자 하는 행위가 집행행위에 의한 것인 때(제104조 후단)

(가) 부인하고자 하는 행위

'부인하고자 하는 행위'란 채무자로부터 수익자로의 권리의 이전 등을 말한다. 권리의 이전 등이 집행권원이 있는 채권자의 신청에 의한 집행기관의 행위가 개재되어 된 경우에도 부인이 인정된다. 집행에 의한 채권자의 만족은 부인의 대상으로 되는 것이 명백하다(제104조 전단).[175] 하지만 경우에 따라 채권자의 만족이 없고, 집행기관의 행위를 통하여 실현된 법률효과(채무자

---

172) 倒産と訴訟, 29쪽. 성립된 집행권원에 기하여 강제집행이 행하여진 결과에 의한 만족을 부인하는 경우를 상정할 수 있다. 구체적으로 채권자가 금전지급을 내용으로 하는 집행권원을 취득하고 이에 기하여 강제집행을 하여 만족을 얻은 경우, 집행력 있는 집행권원에 기한 강제집행이 행하여진 때에 있어서도 그 효과로서의 변제를 부인할 수 있다.

173) 이행의 부인을 강제집행에 의하지 않는 경우만 해당하는 것으로 보고 금전집행에 의한 채권자의 배당수령을 제104조 후단에 해당하는 것으로 보는 견해도 있다(倒産と訴訟, 29쪽, 윤덕주, 전게 "집행행위 부인규정의 성격과 적용범위", 11면).

174) 대법원 2002. 11. 8. 선고 2002다28746 판결, 창원지방법원 2016. 2. 11. 자 2015하기4 결정.

175) 집행에 의한 채권자의 만족을 제104조 후단의 적용대상으로 보거나, 제104조 전단과 후단의 중복 적용을 인정하는 견해도 있다(條解 民事再生法, 690쪽, 條解 破産法, 1124쪽, 倒産法, 412쪽).

로부터 수익자로의 권리이전) 자체를 부인할 필요가 있다. 전부명령에 의한 채권의 이전이 대표적인 예이다.[176] 이러한 경우를 상정하여 채무자회생법은 집행기관에 의한 집행행위를 통하여 실현된 법률효과를 채무자 등의 행위에 의하여 실현된 것과 동일시하여 그 부인을 인정한다.[177]

(나) 집행행위

집행행위란 집행기관의 행위 또는 집행기관으로서의 행위를 말한다. 집행행위는 집행권원이나 담보권의 실행에 의한 채권의 만족적 실현을 직접적인 목적으로 하는 행위를 의미하고,[178] 담보권의 취득이나 설정을 위한 행위는 이에 해당하지 않는다.[179] 부인하고자 하는 행위가 '집행행위에 의한 것'이라 함은 집행법원 등 집행기관에 의한 집행절차상의 결정에 의한 것임을 전제로 한다.[180]

(다) 사적집행으로의 확장

집행행위는 원칙적으로 집행기관의 행위를 가리키는 것이지만, 집행기관에 의하지 아니하고 질권자가 직접 질물을 매각하거나 스스로 취득하여 피담보채권에 충당하는 등의 행위에 대해서도 집행기관에 의한 집행행위의 경우를 유추하여 부인권 행사의 대상이 될 수 있다고 보아야 한다. 이와 같이 보지 아니하면 동일하게 회생채권자 또는 회생담보권자를 해하는 질권의 실행행위임에도 집행기관에 의하는지 여부라는 우연한 사정에 따라 부인의 대상이 되는지가 달라져서 불합리하기 때문이다.[181]

---

176) 부인하고자 하는 행위가 집행행위에 의한 것인 때의 전형적인 것으로 압류채권자의 신청에 의해 채무자의 재산인 피압류채권에 대하여 전부명령이 발령된 경우이다(민집법 제229조). 전부명령이 확정된 후 아직 제3채무자에 의해 변제가 이루어지지 않은 경우에는 전부명령에 의한 피전부채권의 채권자로의 이전 자체를 부인하고, 관리인은 제3자에 대하여 피전부채권의 지급을 구할 수 있다. 전부명령에 의한 피전부채권의 채권자로의 이전자체를 채무자로부터 전부채권자로의 채권양도와 동일시하여 부인한다. 이 경우 민법 제450조를 유추적용하여 수익자인 채권자에게 제3채무자에 대하여 통지할 의무가 부여된다고 할 것이다. 반면 압류채권자가 이미 변제를 받은 경우에는 제104조 전단에 의해 채권자의 만족을 부인하고 변제금의 반환을 받는다.

　부동산경매에 있어서도 채권자의 만족과 별도로, 채무자로부터 매수인으로의 목적물소유권이전(민집법 제135조)을 양자 간의 양도와 동일시하여, 부인에 의해 번복될 가능성이 있다. 이 경우 집행법원에 의한 매각허가결정(민집법 제126조, 제128조)이 권리이전의 효과를 발생시키는 집행기관의 행위가 된다. 부인이 성립한 경우, 매수인이 집행기관에 납부한 대금이 배당 전이라면 배당절차는 중지되고(제58조 제2항 제2호), 회생계획인가결정에 의해 집행절차가 실효됨으로써(제256조 제1항 본문) 매수인이 집행기관에 반환을 구하면 된다. 배당 후라면 집행절차는 종료되었기 때문에 채무자에 대하여 반환을 구하거나(제108조 제3항 참조) 배당을 받은 채권자에 대하여 부당이득반환청구를 할 수 있다(會社更生法, 459쪽 참조).

177) 會社更生法, 458쪽, 전병서, 296쪽.

178) 헌법재판소 2019. 2. 28. 선고 2017헌바106 전원재판부 결정.

179) 대법원 2011. 11. 24. 선고 2009다76362 판결.

180) 헌법재판소 2019. 2. 28. 선고 2017헌바106 전원재판부 결정.

181) 대법원 2011. 11. 24. 선고 2009다76362 판결(질권실행을 위한 출자증권의 취득을 부인한 사례). 이에 대하여 제104조 후단이 적용되는 상황은 집행의 실체법상 효과를 채권자로부터 탈취하는 것인 점에 비추어 거래안전에 대한 배려가 필요한 점, 부인권은 민법상의 사해행위취소권에 비하여 그 적용범위가 넓고 제척기간도 장기라는 점에서 거래안전에 미치는 효과가 크고 후단은 그중에서도 예외에 해당하는 규정이므로 확장 및 유추에는 그 자체로 한계가 존재하는 점, 우연한 사정은 집행기관에 의하는지 여부가 아니라 채무자가 파산과 회생 중 어떤 절차를 취하였느냐의 문제로부터 파생된 것인 점(파산의 경우 별제권자로서 채권을 용이하게 확보하였을 것이다) 등을 종합하면, 제104조 후단의 집행행위는 집행기관의 행위(집행기관으로서의 행위)로 한정하여야 한다는 견해가 있다(윤덕주, 전게 "집행행위 부인규정의 성격과 적용 범위", 11면).

(라) 부인요건의 기준시기

부인의 대상이 되는 것은 집행기관의 집행행위가 아니라, 효과에 있어서 이것과 동일시되는 채무자 등의 행위이기 때문에, 부인의 요건(예컨대 지급정지 등이 있은 후의 행위인지 여부)은 집행기관에의 집행신청행위{예컨대 강제경매신청(민집법 제83조 참조), 전부명령신청(민집법 제229조 제4항) 등}를 기준으로 하여 결정하여야 한다.[182]

다. 채무자의 행위가 필요한 것인지

집행행위의 부인의 경우에도 아래 〈라.〉에서 보는 것과 같이 제100조 제1항 각 호의 요건을 갖추어야 하므로 고의부인, 위기부인 등 어느 경우도 있을 수 있다. 한편 집행은 전적으로 채권자의 행위에 의하여 행하여진다는 성질상 집행행위의 부인에 있어(특히 제104조 후단과 관련하여) 채무자의 행위가 필요한지가 문제된다.

이에 관하여 견해의 대립이 있다. ① 고의부인과 위기부인을 구별하여 설명하는 견해이다. 고의부인과 같이 채무자의 사해의사를 요구하는 경우에는 사해의사를 추인시키는 채무자의 행위 또는 이와 동일시 할 수 있는 제3자의 행위가 요구된다. 반면 위기부인의 경우는 사해의사를 요구하지 않기 때문에 효과에 있어 채무자의 행위와 동일시되는 제3자의 행위도 부인의 대상에 포함된다. 따라서 집행행위의 부인의 내용으로서 ㉮ 고의부인이 주장되는 경우에는 사해의사의 존재가 추인될 정도의 채무자의 가공행위 또는 이와 동일시될 정도의 제3자의 행위를 요하고, ㉯ 위기부인이 주장되는 경우에는 채무자의 사해의사를 요하지 않기 때문에 법적효과에 있어 채무자의 행위와 동일시되는 제3자의 행위도 부인의 대상에 포함되므로 채무자의 행위를 요구하지 않는다.[183] ② 부인하고자 하는 행위에 관하여 집행력 있는 집행권원이 있는 때(제104조 전단)는 채무자의 행위가 필요하지만, 부인하고자 하는 행위가 집행행위에 의한 것인 때(제104조 후단)에는 채무자의 행위가 필요하지 않다는 견해이다.[184] 전단은 집행기관의 행위가 개재되지 않은 채무자의 행위를 부인하는 규정이고, 후단은 채무자나 이와 동일시할 제3자의 특정 행위를 문제 삼는 것이 아니라 집행기관의 행위의 결과 또는 집행행위의 법적 효과를 부인하는 규정이기 때문이다. ③ 대법원은 제104조 후단과 관련한 사안(위기부인 사례)에서 채무자의 행위가 필요하지 않다고 하고 있다, 즉 집행행위를 부인할 경우에는 반드시 그것을 채무자의 행위와 같이 볼만한 특별한 사정이 있을 것을 요하지 아니한다. 왜냐하면 집행행위의 부인에 의하여 부인하고자 하는 행위가 '집행행위에 의한 것인 때'는 집행법원 등 집행기관에 의한 집행절차상 결정에 의한 경우를 당연히 예정하고 있다 할 것인데 그러한 경우에는 채무

---

182) 會社更生法, 459쪽, 條解 破産法 1125쪽.
183) 會社更生法, 459쪽, 條解 破産法, 1125~1126쪽. 일본의 (파산법상의) 판례는 집행행위의 부인을 고의부인으로 주장하는 경우에는 채무자가 악의를 가지고 강제집행을 유인하거나, 채무자가 스스로 변제하였다면 악의를 가지고 한 것이라고 인정되는 상황이 있는 것을 요구하지만, 위기부인으로 주장하는 경우에는 채무자의 가공행위 또는 이와 동일시 할 수 있는 상황을 필요로 하지 않는다고 하고 있다(會社更生法, 404쪽).
184) 윤덕주, 전게 "집행행위 부인규정의 성격과 적용 범위", 11면.

자의 행위가 개입할 여지가 없고, 또한 제100조 제1항 각 호에서 부인권의 행사 대상인 행위의 주체를 채무자로 규정한 것과 달리 제104조에서는 아무런 제한을 두지 않고 있기 때문이다. 그러므로 집행행위를 제100조 제1항 각 호에 의하여 부인함에는 반드시 그것을 채무자의 행위와 같이 볼만한 특별한 사정이 있을 것을 요하지 아니한다고 볼 것이다.[185]

살펴건대 집행행위에 대하여는 그 성질상 채권자의 일방적 행위이고, 법률이 특별히 규정을 한 것은 채무자의 행위도 필요하지 않다는 취지로 보아야 하므로 제104조 후단의 경우에는 채무자의 행위가 원칙적으로 필요하지 않다고 할 것이다. 다만 채무자의 주관적 요건을 필요로 하는 고의부인의 경우에는 사해의사를 추인시키는 채무자의 행위 또는 이와 동일시 할 수 있는 제3자의 행위가 요구된다고 할 것이다.[186] 반면 제104조 전단의 경우는 앞(본서 440~441쪽)에서 본 바와 같이 채무자의 행위 또는 이와 동일시할 수 있는 채권자 또는 제3자의 행위가 필요하다고 할 것이다.

라. 제100조 제1항 각 호의 요건을 갖추어야 하는지

부인하고자 하는 행위에 관하여 집행력 있는 집행권원이 있는 경우(제104조 전단)에 대하여 부인권을 행사할 경우에도 제100조 제1항 각 호 중 어느 하나에 해당하는 요건을 갖추어야 한다.

집행행위에 대하여 부인권을 행사할 경우(제104조 후단)에도 행위 주체의 점을 제외하고는 제100조 제1항 각 호 중 어느 하나에 해당하는 요건을 갖추어야 한다. 예컨대 ① 집행행위를 제100조 제1항 제1호에 의하여 부인할 때에는, 채무자의 주관적 요건을 필요로 하는 고의부인의 성질상 채무자가 회생채권자들을 해함을 알면서도 채권자의 집행행위를 적극적으로 유도하

---

185) 대법원 2011. 11. 24. 선고 2009다76362 판결, 대법원 1998. 12. 22. 선고 98다23614 판결(위기부인에서 말하는 채무소멸에 관한 행위에는 제104조의 집행행위에 기한 경우도 포함되므로 채무소멸에 관한 행위가 채무자의 행위에 의한 경우뿐만 아니라 강제집행에 의한 경우도 부인할 수 있는 행위가 된다는 취지). 헌법재판소도 추심명령에 의한 채무소멸행위와 관련된 사안에서 집행행위에 의한 행위를 부인하기 위해 채무자의 행위와 동일시할 수 있는 사정이 필요하지 않다고 하고 있다. 그 요지는 다음과 같다. '집행행위'는 집행권원에 의한 채권의 만족적 실현을 직접적인 목적으로 하는 행위를 의미한다. 부인하고자 하는 행위가 '집행행위에 의한 것'이라 함은 집행법원 등 집행기관에 의한 집행절차상 결정에 의한 것임을 전제로 한다. 채무소멸에 관한 행위가 추심명령에 의한 경우 집행기관의 수권에 기하여 추심채권자가 일종의 추심기관으로서 추심권을 가지고 채권을 행사하는 것이다. 그러므로 채무소멸에 관한 행위가 집행행위에 의한 것인 때에는 채무자의 행위가 직접 개입할 여지가 없다.

문제는 제104조 후단에 의해 집행행위에 의한 채무소멸행위를 부인하기 위해 채무자의 행위와 동일시할 수 있는 사정이 필요한지 여부의 점이다. 집행행위에 의한 채무소멸행위를 제100조 제1항 제2호에 의하여 부인하기 위해서는 채무소멸행위가 집행행위에 의한 것이라는 점을 제외하고는 그 밖의 요건, 즉 지급정지 등이 있은 후에 이루어진 행위로서 이로 인하여 이익을 받은 자가 그 행위 당시 지급정지 등이 있은 것을 알고 있어야 한다는 요건을 갖추어야 한다. 제100조 제1항 제2호에 의한 이른바 위기부인의 대상이 되는 행위는 지급정지 등이 있은 후에 수익자가 이러한 채무자의 경제적 위기시기임을 알고 있는 상태에서 이루어진 행위로서, 그 행위 당시 채무자가 회생채권자를 해하게 된다는 사실을 알고 있었음을 요하지 않음은 제100조 제1항 제2호의 법문상 명백하다. 따라서 집행행위에 의한 채무소멸행위를 제100조 제1항 제2호에 의하여 부인할 때에는 채무자의 사해의사를 필요로 하지 않는 위기부인의 성질상 지급정지 등이라는 시기적 제한과 수익자가 행위 당시 지급정지 등의 사실을 알고 있을 것이라는 요건을 갖춘 상태에서 집행기관의 집행절차상 결정에 의한 행위가 있으면 족하고 거기에 더해 채무자의 가공행위나 채무자의 행위와 같이 볼만한 특별한 사정까지는 요하지 않음을 합리적으로 파악할 수 있다(헌법재판소 2019. 2. 28. 선고 2017헌바106 전원재판부 결정 참조).

186) 대법원 2018. 7. 24. 선고 2018다210348 판결 참조.

는 등 그 집행행위가 '채무자가 회생채권자들을 해함을 알면서도 변제한 것'과 사실상 동일하다고 볼 수 있는 특별한 사정이 요구된다. 위와 같은 특별한 사정이 있다는 점에 대하여는 고의부인을 주장하는 관리인에게 증명책임이 있다.[187] ② 제100조 제1항 제2호에 의한 위기부인의 경우에는 집행행위로 인하여 회생채권자 또는 회생담보권자를 해하는 등의 요건이 충족되어야 한다. 이 경우 회생채권자 등을 해하는 행위에 해당하는지를 판단할 때는 회생절차가 기업의 수익력 회복을 가능하게 하여 채무자의 회생을 용이하게 하는 것을 목적으로 하는 절차로서, 파산절차와 달리 담보권자에게 별제권이 없고 회생절차의 개시에 의하여 담보물권의 실행행위는 금지되거나 중지되는 등 절차적 특수성이 있다는 점 및 집행행위의 내용, 집행대상인 재산의 존부가 채무자 회사의 수익력 유지 및 회복에 미치는 영향 등 제반 요소를 종합적으로 고려하여 정하여야 한다.[188] 집행행위에 의한 채무소멸행위를 제100조 제1항 제2호에 의하여 부인할 때에는 채무자의 사해의사를 필요로 하지 않는 위기부인의 성질상 지급정지 등이라는 시기적 제한과 수익자가 행위 당시 지급정지 등의 사실을 알고 있을 것이라는 요건을 갖춘 상태에서 집행기관의 집행절차상 결정에 의한 행위가 있으면 족하다.[189]

집행행위의 부인이라도 집행절차 그 자체를 무효로 하는 것이 아니라 집행에 의하여 생긴 실체법상의 효과(채무소멸)를 소멸시키는 것을 목적으로 한다. 따라서 전부명령이 부인되더라도 피전부채권이 채무자의 재산으로 회복되는 것이 아니라 집행채권자가 전부명령에 의하여 얻은 이익을 채무자에게 반환시킬 수 있을 뿐이다.

4. 전득자에 대한 부인

가. 취 지

채무자로부터 수익자에게로 이전된 재산이 제3자(전득자)에게 이전된 경우나 그 재산에 대하여 제3자가 제한물권을 설정받은 경우 그 제3자에 대하여 부인의 효력을 주장할 수 없다면 부인제도의 실효성이 제한된다. 따라서 부인권의 실효성을 확보하기 위해서는 전득자에 대해서도 부인의 효과가 미치도록 할 필요가 있다.[190] 채권자취소권(민법 제406조)이 전득자에 대하여도 행사할 수 있는 것과 같은 취지이다. 그러나 이를 관철한 경우 거래의 안전을 해칠 우려가 있다. 여기서 양자의 이익을 조화시킬 필요가 있다. 이에 채무자회생법은 전득자가 일정한 요건을 갖추어야 부인의 효력을 전득자에게 주장할 수 있도록 규정하여 전득자를 보호하고 있다.[191]

---

187) 대법원 2018. 7. 24. 선고 2018다210348 판결.
188) 대법원 2011. 11. 24. 선고 2009다76362 판결.
189) 헌법재판소 2019. 2. 28. 선고 2017헌바106 전원재판부 결정.
190) 수익자에 대한 부인의 효력이 절대적이라고 한다면 그 효력은 당연히 제3자, 즉 전득자에 대하여도 주장할 수 있다. 하지만 뒤에서 보는 바와 같이 부인의 효력은 상대적 무효이기 때문에 수익자에 대한 부인의 효력을 전득자에게 당연히는 주장할 수 없다. 전득자에 대하여 부인이 성립한 경우에는, 전득자는 수익자에 대하여 하자담보책임을 물을 수 있다(민법 제580조, 제581조 유추적용).
191) 수익자에 대한 소송계속 중에 목적물이 전득자에게 이전된 경우에는 아래에서 보는 바와 같이 당사자적격의 이전을 이유로 소송승계가 인정된다(민소법 제81조, 제82조).

전득자에 대한 부인권은 채무자와 수익자 사이의 행위를, 전득자에 대한 의사표시로, 전득자와의 관계에서만 부인하고, 채무자의 재산으로부터 일탈한 재산을 전득자로부터 회복시키기 위한 권리이다. 따라서 ① 수익자에 대한 부인권 행사와 그에 의한 수익자와의 관계에서 대상행위 효력의 복멸효과를 전제로, 그 효과가 전득자에게도 미친다는 것이 아니다. 그래서 전득자에 대하여 부인권을 행사하는 전제로, 수익자에 대한 부인권을 행사할 필요는 없다. 관리인은 부인권을 수익자에 대하여 주장할 것인지 전득자에 대하여 주장할 것인지를 선택할 수 있다. 물론 수익자 · 전득자 양쪽에 대하여 부인권을 행사할 수도 있다. ② 부인의 대상이 되는 행위는 어디까지나 채무자와 수익자 사이의 행위이고, 수익자와 전득자 사이의 행위가 아니다. 따라서 전득행위 자체가 부인권의 요건을 갖출 필요는 없다.

나. 요 건

전득자에 대한 부인은 3가지 경우에 인정된다.[192] 즉 ① 전득자가 전득 당시 각각 그 전자에 대하여 부인의 원인이 있음을 안 때, ② 전득자가 제101조의 규정에 의한 특수관계인인 때 (다만, 전득 당시 각각 그 전자에 대하여 부인의 원인이 있음을 알지 못한 때에는 그러하지 아니하다.), ③ 전득자가 무상행위 또는 그와 동일시할 수 있는 유상행위로 인하여 전득한 때, 각각 그 전자에 대하여 부인의 원인이 있는 경우 부인권은 전득자에 대하여도 행사할 수 있다(제110조 제1항). 물론 여기서 말하는 전득자란 특정승계인[193]을 의미하지 포괄승계인[194]은 포함하지 않는다.

(1) 공통성립요건

전득자에 대한 부인의 공통적인 성립요건은 전득자의 전자(수익자나 중간전득자)에 대하여 부인의 원인이 있어야 한다는 것이다. 따라서 수익자에 대해서는 제100조 제1항의 각 호, 제101조 내지 제104조의 요건을 충족해야 하고, 전득자가 있을 때에는 전득자에 대하여 제110조 제1항의 요건을 갖추어야 한다. 그리하여 최종 전득자에 대한 부인은 수익자에 대한 부인의 원인이 있다는 사실과 중간전득자 전부에 대한 전득자 부인요건을 중첩적으로 갖추어야 한다.

---

192) 아래에서 보는 바와 같이 전득자에 대한 부인의 요건이 전득자에 대한 사해행위취소요건보다 엄격하다. 그래서 관리인이 사해행위취소의 소를 제기할 수 있는지 또는 사해행위취소소송을 수계한 관리인이 사해행위취소권을 행사할 수 있는지(수계 후 관리인이 청구원인으로 부인권을 주장함과 아울러 또는 이를 대신하여, 사해행위취소권의 주장이 허용되는지[사해행위취소권을 기초로 한 사실을 주장할 수 있는지])가 문제될 수 있다. 전득자에 대한 부인의 요건이 전득자에 대한 사해행위취소요건보다도 엄격하다는 이유로 이를 긍정하는 견해도 있지만, 제도의 취지에 반하고 수계한 사해행위취소소송에서 패소한 관리인이 다시 부인의 소를 제기할 수 있는지의 문제도 있어 모두 부정적으로 보아야 할 것이다{會社更生法, 336쪽 각주 165), 463쪽 각주 247), 破産法 · 民事再生法, 406쪽 각주 176), 502쪽, 563쪽 각주 318)}.

193) 예컨대 부인의 목적재산을 수익자로부터 양수받은 양수인, 수익자로부터 제한물권을 설정받은 자, 부동산임차권의 설정이 사해행위로 된 경우 수익자로부터 임차권을 양수한 자 및 수익자에 대한 압류채권자나 수익자의 관리인이 포함된다. 목적재산의 시효취득이나 선의취득에 의하여 취득한 자가 전득자에 포함되는지에 관하여 부인에는 채무자의 행위를 요건으로 하지 않기 때문에 긍정하는 견해도 있지만, 수익자의 권리에 기하여 권리를 취득한 자는 아니기 때문에 부정하여야 할 것이다(條解 破産法, 1153쪽).

194) 상속인, 합병 후 존속회사 등과 같은 포괄승계인은 수익자와 동일한 지위에 있다고 볼 수 있어 독자적으로 거래안전을 배려할 필요가 없기 때문에 전득자에는 포함되지 않는다.

(2) 특별성립요건

나아가 특별성립요건으로서 첫째 고의부인이나 위기부인의 경우에는 전득자가 전득 당시 각각 그 전자에 대하여 부인의 원인이 있음을 알고 있어야 한다(①). 각각 그 전자에게 부인의 원인이 있으려면 그 각 전자가 자신 앞의 모든 전자에 대하여 부인의 원인이 있음도 알아야 한다. '각각 그 전자'란 수익자 및 중간전득자 모두를 말한다. 따라서 수익자 및 중간전득자 모두에 대하여 부인의 원인이 있어야 하고, 나아가 전득자가 전득 당시 각각 그 전자에 대한 부인의 원인이 있음을 알고 있어야 한다.[195] 특별한 사정이 없는 한 이러한 전득자의 악의에 대한 증명책임은 전득자에 대한 부인권을 행사하는 관리인에게 있다.[196] 중간전득자 중 그 전자에 대해 부인원인이 있다는 것을 알지 못한 자가 있다면, 그 중간전득자 및 그 이후의 자에 대하여는 전득자의 부인이 인정되지 않는다. '전득 당시'란 전득의 원인행위 시 및 대항요건이 필요한 경우 요건을 구비한 때를 말한다. '부인의 원인이 있음을 안다'는 것은 부인의 요건사실을 안다는 것으로, 예컨대 고의부인(제100조 제1항 제1호)에서는 '채무자가 회생채권자 등을 해하는 것을 알고 한 것'이라는 점을 전득자가 알 것이 요구된다.[197]

---

195) 반면 채권자취소소송에서는 전득자의 악의를 판단함에 있어 단지 전득자가 전득행위 당시 채무자와 수익자 사이의 법률행위의 사해성을 인식하였는지만 문제되고, 그 법률행위에 관한 수익자의 사해성 인식 여부는 문제되지 않는다 (대법원 2012. 8. 17. 선고 2010다87672 판결 참조). 요컨대 수익자 선의, 전득자 악의인 사안에서 부인권은 행사할 수 없지만, 채권자취소권은 행사할 수 있다(통설, 판례)(건국대학교 산학협력단, 전게 "사해행위취소 및 부인권제도에 관한 개선방안 연구", 240쪽).
　사해행위취소에 있어 수익자의 악의를 요하지 않는다는 위 판례나 통설은 문제가 있다. ① 수익자가 선의인 이상 전득자가 악의이더라도 전득 행위에 반사회성이 있다고 보기 어렵다. 거래의 안전에도 역행한다. ② 채무자회생법상 부인권과 형평에 맞지 않다. ③ 채권자평등이 강하게 요구되는 도산절차에서도 부인되지 않는 행위가 평시에 있어 취소대상행위가 된다는 것은 도산시와 평시의 역전현상이라고 할 수 있고, 합리성을 결한 것이다. ④ 독일, 프랑스, 미국에서는 모두 수익자 선의이고 전득자 악의인 경우 취소채권자가 전득자를 상대로 채권자취소권을 행사할 수 없다고 하고 있다. 일본의 경우에도 최근 민법(제424조의5)을 개정하여 수익자의 악의를 요건으로 추가하였다(개정전에는 우리와 마찬가지로 수익자가 선의이더라도 전득자가 악의인 경우 채권자취소권을 행사할 수 있다는 것이 통설 · 판례였다).
196) 대법원 2011. 5. 13. 선고 2009다75291 판결. 이는 부인의 원인이 있다는 것(부인원인의 존재)이 부인의 요건사실을 의미하기 때문이다. 따라서 관리인은 고의부인(제100조 제1항 제1호)과 관련하여 사해행위와 사해의사의 존재, 그리고 그것에 대한 전득자의 악의를 주장 · 증명하여야 한다. 이 점에서 전득자에 대한 부인권의 행사는 전득자가 자신이 선의라는 사실을 증명하여야 하는(대법원 2014. 12. 11. 선고 2011다49783 판결, 대법원 2007. 7. 12. 선고 2007다18218 판결 등 참조) 채권자취소권의 행사와 비교하여 더 엄격하다고 볼 수 있다. 나아가 수익자의 악의에 대한 증명책임도 관리인이 부담한다고 볼 여지가 있다. 하지만 수익자에 대하여 사해행위를 부인하는 경우 관리인은 수익자의 악의에 대한 증명책임을 부담하지 않고 있는 점(제100조 제1항 제1호 단서), 관리인에게 수익자의 악의를 증명하도록 할 경우 부담이 과중하게 되고, 공평에 반한다는 점 등에 비추어 보면, 전득자가 수익자의 선의에 대하여 증명책임을 부담하도록 하여야 할 것이다.
　입법론적으로 채권자취소권의 경우와 비교하여 수익자의 악의, 나아가 전득자의 악의를 요구하는 것이 합리적인지는 의문이다.
197) 수익자로부터 전득자(A)에게 양도된 경우, 나아가 전득자(A)로부터 다시 전득자(B)에게 양도된 경우, 채무자와 수익자 사이의 행위에 대해 부인의 원인이 있는 것을 전득자인 A 또는 B가 알았다는 것이 필요하다. 이러한 경우 채무자와 수익자 사이의 행위에 대해 부인의 원인이 있다는 것을 A 또는 B에 대하여 주장하여도 부당하지 않기 때문이다. A 또는 B가 악의라는 사실은 관리인이 주장 · 증명하여야 한다.

사례 무자력인 채무자 A는 소유하고 있는 건물(가액 10억 원)을 수익자 Y에게 3억 원에 매각하였다. 그 후 Y는 위 건물을 전득자 Z에게 5억 원에 매각하였다. 이후 A에 대하여 회생절차가 개시되었고, 관리인으로 X가 선임되었다. X가 Z에 대하여, A와 Y사이의 매매를 부인할 경우 그 요건은 어떻게 되는가.

전득자에 대한 부인의 기본요건은 전득자가 전득 당시 수익자에 대한 부인의 원인을 알고 있어야 한다(제110조 제1항 제1호). 따라서 전득자에 대한 부인이 인정되기 위해서는 수익자에 대한 부인요건 전부가 갖추어졌다는 것을 전제로, 그 부인요건의 전부 구비에 관한 사실에 대하여 전득자의 악의가 있을 것이 필요하다. 따라서 Y에 대한 부인요건인 [① A와 Y 매매계약 당시 A가 무자력일 것, ② 건물 가액이 A·Y 매매대금을 초과할 것, ③ A가 A·Y 매매계약 당시 ①, ②의 사실을 알고 있을 것, ④ Y가 A·Y 매매계약 당시 ①, ②의 사실을 알고 있을 것]이 존재한다는 것을 전제로, 전득 당시 Z가 ①, ②에 대한 악의뿐만 아니라 ③, ④에 대한 악의도 필요하다. 즉 Z가 A·Y 매매계약 당시 ① 내지 ④의 사실을 알고 있어야 한다.

결과적으로 전득자에 대한 부인요건 중 전득자에 대한 악의에 수익자의 악의요건(④)에 대한 악의(이른바 이중의 악의이다)을 요한다. 하지만 이중의 악의는 증명하는 것이 어려워 관리인에게 증명책임과 관련하여 과도한 부담을 시키는 측면이 있다. 따라서 입법론적으로 전득자에 대한 부인요건은 [행위의 사해성(①, ②), 채무자의 악의(③), 수익자의 악의(④) 및 전득자가 전득 당시 ①, ②에 대하여 악의가 있을 것]으로 하고, 이중의 악의는 제외하는 것이 타당하다고 본다.

둘째 전득자가 특수관계인인 경우 그 전득자는 전자에 대한 부인원인에 대하여 잘 알고 있는 경우가 많을 것이므로 전득 당시 그 전자에 대하여 부인의 원인이 있음을 알지 못하였다는 것을 증명하여야만 부인을 면할 수 있도록 증명책임이 전환되었다(②, 제110조 제1항 제2호 단서).

셋째 무상부인의 경우에는 그 전자에 대하여 부인의 원인이 있으면 족하다(③). 부인원인에 관한 전득자의 인식은 문제되지 않는다. 거래안전의 입장에서 전득자를 보호할 필요가 희박하다는 것을 근거로 한다. 따라서 현전득자 자신이 선의라고 하여도 그 전자까지의 전원이 악의인 경우에는 부인이 인정된다. 물론 선의의 전득자에 대하여 부인이 성립한 경우에도 현존이익만을 상환하면 된다(제110조 제2항, 제108조 제2항).

〈전득자에 대한 부인〉

	조문(제110조)	성립요건	증명책임
원칙	제1항 제1호	행위의 상대방에 대한 부인원인의 존재＋해당 행위의 사해성에 대한 전득자의 악의	관리인
예외	제1항 제2호	전득자가 특수관계인일 것	전득자의 악의 추정(증명책임전환)
	제1항 제3호	무상행위 등일 것	주관적 요건 배제

다. 행 사

전득자에 대한 부인권의 행사방법은 수익자에 대한 것과 마찬가지로 소, 부인의 청구 또는 항변이다(제105조 제1항). 관리인은 부인권을 수익자에 대하여 행사할 것인지 전득자를 상대로 행사할 것인지를 선택할 수 있다. 수익자와 전득자 쌍방에 대하여 부인권을 행사할 수도 있다 (수익자에 대하여는 통상 가액상환청구를 하게 될 것이다). 관리인이 수익자와 전득자를 공동피고로 하여 부인소송을 제기한 경우 상호간에 판결의 효력이 확장되는 것이 아니기 때문에, 합일확정의 필요가 없어 통상공동소송(민소법 제65조)이다. 따라서 수익자에 대한 부인소송과 전득자에 대한 부인소송을 별소로 제기할 수도 있다.[198]

채무자의 재산이 수익자와 전득자 쌍방으로부터 원상회복을 받는 것은 허용되지 않기 때문에, 일방으로부터 원상회복을 받은 경우 타방에 대한 청구는 인정되어서는 안 된다.

라. 효 과

부인의 대상이 되는 행위는 채무자와 수익자 사이의 행위이고, 수익자와 전득자 사이의 행위가 아니라는 것은 앞에서 본 바와 같다. 채무자와 수익자 사이의 행위에 대하여 수익자에 대하여 주장할 수 있는 부인의 효과를 전득자에 대하여 주장하는 것이다. 전득자와 관계에서 채무자와 수익자 사이의 행위의 효력이 복멸되면, 전득자의 권리취득은 전복되고, 목적재산이 전득자로부터 채무자의 재산으로 복귀한다(제108조 제1항). 이 경우 전득자는 수익자에 대하여 담보책임을 추급할 수 있다.

전득자에 대한 부인의 효과도 수익자, 즉 상대방에 대한 부인의 경우와 다를 바 없어 전득자에 대한 부인의 효과는 전득자에게만 생기고 수익자에게는 생기지 않는다.[199] 예컨대 甲부동산이 채무자로부터 수익자에게 사해적으로 양도되고, 이것을 다시 전득자가 매수한 경우, 전득자에 대한 부인이 인정되면, 채무자로부터 수익자로의 양도가 전득자에 대한 관계에서 소급적으로 효력을 상실하고, 부동산의 소유권은 채무자의 재산으로 복귀한다. 다른 한편으론 전득자는 무권리자로부터의 매수인으로서, 甲부동산의 소유권을 회생절차와의 관계에서 주장할 수 없는 것이 된다. 그러나 부인의 효과는 어디까지나 상대적인 것이고, 전득자와 수익자 사이에

---

[198] 관리인이 수익자를 피고로 하여 부인소송을 계속하던 중에 전득자가 발생한 경우 소송승계가 되고(민소법 제81조, 제82조), 구두변론 종결 후 전득자에 대하여는 수익자에 대한 판결의 기판력이 확장된다(민소법 제218조). 따라서 구두변론 종결 후 전득자는 전득자에 대한 부인(제110조)이 주장되는 경우 수익자에 대한 부인원인이 존재한다는 것을 다툴 수 없다. 이에 반하여 집행력의 확장(민집법 제25조 제1항)에 관하여는, 기판력의 확장과 집행력의 확장은 그 의미에 있어 큰 차이가 있으므로(승계인에 대한 기판력의 확장은 판결에서 확정된 당사자 사이의 권리의무관계를 제3자인 승계인도 승인하여야 한다는 것을 의미하는 데 불과함에 반하여, 집행력의 확장은 소송에 관여하지 아니한 승계인에게 직접 집행력이 발생하므로 채권자는 승계를 증명하는 서류를 제출하여 승계집행문을 부여받아 승계인의 재산에 대하여 바로 강제집행을 할 수 있게 되기 때문이다) 집행력의 확장은 기판력의 확장보다 신중하게 판단할 필요가 있다는 점, 부인의 효과가 상대적이라는 점, 전득자에 대한 부인에 대하여 특별한 요건이 인정되는 점(제110조 제1항) 등을 고려하면, 일반적으로 집행력의 확장에 대하여 어떠한 견해(실질설과 형식설 또는 권리확인설과 제소책임전환설)를 취한다고 하여도, 승계집행문의 절차에 의한 집행력의 확장은 인정되기 어려울 것이다.

[199] 남효순·김재형, 88~89쪽.

〈부인유형별 청구원인·항변 요약표〉

순번	부인유형	해당조문	청구원인	항변
1	고의부인	제100조 제1항 제1호	① 사해행위 ② 사해의사	수익자의 선의
2	본지행위에 대한 위기부인	제100조 제1항 제2호	① 사해행위/담보제공 또는 채무소멸에 관한 행위 ② 지급정지 등이 있은 후의 행위일 것 ③ 수익자의 위기시기 또는 사해행위에 대한 악의	
3	비본지행위에 대한 위기부인	제100조 제1항 제3호	① 담보의 제공 또는 채무소멸에 관한 행위로서 그 행위 자체나 방법 또는 시기가 채무자의 의무에 속하지 아니한 행위 ② 채무자가 지급정지 등이 있은 후 또는 그 전 60일 이내에 한 행위일 것	채권자를 해하는 것 및 위기시기에 대한 수익자의 선의
4	무상부인	제100조 제1항 제4호	① 무상행위 또는 이와 동일시 할 수 있는 유상행위 ② 무상행위 등이 지급정지 등이 있은 후 또는 그 전 6개월 내에 한 것일 것	
5	대항요건 등의 부인	제103조	① 지급정지 등이 있은 후 대항요건 등의 구비행위 ② 원인행위가 있은 날로부터 15일이 경과하였을 것 ③ 수익자가 지급정지 등을 알고 있었을 것	가등기(가등록)를 한 후 이에 의하여 본등기(본등록)를 한 것
6	전득자에 대한 부인	제110조	① 전득자가 전득 당시 각각 그 전자에 대하여 부인의 원인이 있을 것 ② ⓐ 전득자가 전득 당시 ①의 사실을 알고 있을 것 또는 ⓑ 전득자가 특수관계인일 것 또는 ⓒ 무상행위 또는 그와 동일시할 수 있는 유상행위로 인하여 전득할 것[200]	청구원인이 ②의 ⓑ인 경우 전득 당시 각각 그 전자에 대하여 부인의 원인이 있음을 알지 못한 것
7	가액배상		① 부인유형별 부인의 청구원인사실 ② 목적물의 반환이 불가능하거나 현저히 곤란할 것	

서는 甲부동산의 양도계약은 유효하기 때문에, 담보책임은 발생하지 않다고 볼 여지도 있지만, 전득자는 甲부동산의 소유권을 현실적으로 유지할 수 없는 이상, 수익자에 대하여 추탈담보책임[201]을 물을 수 있다고 할 것이다. 전득자가 담보책임을 추급한다면 그 책임을 이행한 수익자의 채권은 부활한다고 생각되므로(제109조),[202] 최종적으로는 수익자가 채무자의 재산에 대하여

---

200) ②는 주관적 요건인데, ⓐ가 원칙적인 것으로 해당 행위의 사해성에 대한 전득자의 악의로 관리인이 증명책임을 부담한다. ⓑ는 해당 행위의 사해성에 대한 전득자의 악의에 대한 증명책임이 전환되어 있다(제110조 제1항 제2호 단서). ⓒ는 전득자의 주관적 요건이 배제되어 있다. 관리인은 행위의 상대방에 대하여 부인의 원인이 있다는 것만을 증명하면 된다.

201) 매도인의 담보책임은 권리의 흠결에 대한 것과 물건의 하자에 대한 것이 있다. 권리에 흠결이 있는 경우의 담보책임을 추탈담보책임이라 하고, 물건에 하자가 있는 경우의 담보책임을 하자담보책임이라 한다. 양자의 구별은 경매의 경우에 적용되는지 여부(민법 제580조 제2항)와 관련이 있다. 매도인의 담보책임에 관한 규정은 매매 외의 다른 유상계약에 준용된다(민법 제567조).

202) 전득자에 대한 부인이 인정되면, 전득자로서는 추탈담보책임을 수익자에 대하여 물을 수 있기 때문에, 수익자가 그 책임을 이행한 단계에서 채권은 부활한다고 보아야 할 것이다. 수익자가 무자력이어서 전득자가 추탈담보책임을 추

반대급부의 반환을 청구하게 된다. 또한 관리인으로부터 소에 의해 부인권의 행사를 받은 전득자는 담보책임의 추급에 대비하여 수익자에게 소송고지(민소법 제84조)를 할 수 있고,[203] 상대방은 나중에 담보책임을 추급당하는 것을 방지하기 위하여 전득자를 위하여 보조참가(민소법 제71조)를 할 수 있을 것이다.

Ⅴ 부인권[204]의 행사[205]

1. 행사주체

부인권의 행사 주체는 관리인으로 한정되어 있다(제105조 제1항, 제74조 제4항).[206] 따라서 회

급할 수 없는 경우에는, 전득자와 관계에서는 수익자의 채권은 부활하는 것으로 취급하고, 전득자는 수익자의 채권을 대위 행사할 수 있다고 할 것이다(條解 破産法, 1157쪽 참조).

203) 전득자에 대한 판결의 효력이 당연히 수익자에게 미치는 것은 아니기 때문에 수익자는 전득자에 대하여, 부인권이 존재하지 않는다고 주장할 수 있다. 전득자는 수익자에 대하여 판결의 효력이 미치도록 하기 위해서는 소송고지를 하여야 한다.

204) 부인권의 성질에 관하여는 청구권설과 형성권설이 대립하고 있다(破産法·民事再生法, 565쪽). 청구권설은 부인권의 요건이 구비되면 관리인에 의한 특별한 의사표시 없이 당연히 부인의 효과가 발생한다는 견해이다. 여기에는 ① 불법행위에 기한 원상회복청구권으로 보는 견해와 ② 부당이득에 기한 반환청구권으로 보는 견해가 있다. 형성권설은 일정한 행위를 부인한다는 관리인의 의사표시에 의해 비로소 부인의 효과가 발생한다는 견해이다. 부인대상이 되는 행위는 불법행위에 상당한 것이 아닐 뿐만 아니라 수익자가 법률상의 원인없이 이득을 얻는 것을 전제로 하는 것도 아니다. 또한 채무자회생법은 「부인권의 행사는 채무자의 재산을 원상으로 회복시킨다」(제108조 제1항)고 규정함으로써 부인의 효과인 원상회복을 부인권 행사와 연계시키고 있다. 이러한 점에서 형성권설이 타당하다. 요컨대 부인권은 책임재산을 회복하고, 회생채권자 등에 대하여 공평한 만족을 실현하기 위해 채무자회생법이 특별히 인정한 형성권이다. 일탈된 재산의 반환청구는 형성권인 부인권의 행사에 의해 채무자의 재산에 당연히 복귀하는 소유권 등에 기한 청구권의 행사로서, 관리인에게 전속하는 채무자의 재산에 대한 관리처분권에 근거한 것이다. 청구권은 부인권의 내용에 포함되지 않는다.

205) **장래의 부인권행사를 전제로 하는 제3자의 재산에 대한 보전처분** 부인권은 회생절차개시결정의 효과로 발생하는 것이기 때문에 부인대상행위에 의해 채무자의 재산으로부터 일탈한 재산이 회생절차개시결정 전에 수익자(또는 전득자)의 처분 등에 의해 수익자(또는 전득자) 이외의 제3자에게 이전될 염려가 있는 경우에도 부인권 행사에 기초한 원상회복청구권을 피보전권리로 하는 통상의 보전처분을 할 수 없다. 또한 부인권 행사에 의해 회복하여야 하는 재산은 부인권이 행사될 때까지는 '채무자의 재산'이 아니기 때문에 채무자의 재산에 관한 보전처분(제43조)에 기한 가처분도 명할 수 없다[제323조도 '채무자의 재산'에 대한 보전처분을 전제로 한 규정이다]. 그러나 부인권의 실효성을 확보하기 위하여 회생절차개시 전에도 부인대상재산을 보전할 필요가 있다. 하지만 현행 채무자회생법은 이에 관한 아무런 규정이 없다. 입법적 보완이 필요해 보인다.

일본은 민사재생절차나 회사갱생절차의 신청이 있는 때로부터 그 신청에 대한 결정이 있을 때까지 사이에, 부인권을 보전하기 위하여 필요하다고 인정된 경우에는 이해관계인(보전관리인이 선임된 경우에는 보전관리인)의 신청 또는 직권으로 가압류, 가처분 기타 필요한 보전처분을 명할 수 있도록 규정하고 있다(민사재생법 제134조의2 제1항, 회사갱생법 제39조의2 제1항). 파산절차에서도 동일한 취지의 규정을 하고 있다(파산법 제171조 제1항). 미국 연방도산절차 규칙(Federal Rules of Bankruptcy Procedure)은 아래 7065조(금지명령)와 같은 일반규정을 두고 이 규정에 따라 부인권 행사를 본안으로 하는 보전처분이 가능한 것으로 보고 있다.

Rule 7065. Injunctions
Rule 65 F.R.Civ.P. applies in adversary proceedings, except that a temporary restraining order or preliminary injunction may be issued on application of a debtor, trustee, or debtor in possession without compliance with Rule 65(c).

파산절차와 관련하여 ① 부인권의 행사에 따른 해당 재산의 인도청구권을 보전하기 위하여 제3자가 해당 재산을

생채권자 등이 부인권을 대위하여 행사할 수 없고, 법원은 회생채권자 등 이해관계인의 신청에 의하거나 직권으로 관리인에게 부인권의 행사를 명할 수 있을 뿐이다(제105조 제2항).

관리인은 항상 부인권을 행사하여야 하는가. 부인권의 행사에 있어서 청산을 위한 배당재원의 증식만을 고려해도 되는 파산절차와 달리, 채무자의 회생을 목적으로 하는 회생절차에 있어서는 관리인이 부인권을 행사할 것인지는 그것이 회생에 유리한 것인지가 중요한 고려 요소가 되기 때문에 관리인의 합리적인 재량에 위임되어 있다고 할 것이다. 특히 부인하여야 할 행위가 존재하여도 그 상대방이 회생에 불가결한 거래처인 경우에는 권리행사를 유예한 채 부인권의 존재를 기초로 법원과 상의하면서 소송 외에서 교섭하여 원상회복을 도모하는 것이 바람직하다. 나아가 부인권은 채무자의 재산을 충실하게 확보하는 기능을 하지만, 채무자에 대하여 회생절차가 개시되었다는 이유로 거래가 무효로 되어 상대방이 재산을 반환하여야 하는 점에서 거래의 안전을 위협하는 요인도 되므로 부인권을 행사함에 있어 이처럼 상반되는 두 가지 법익을 잘 조화시켜야 한다.

채권조사기간 안에 또는 특별조사기일에 관리인이 아무런 이의도 제기하지 아니하고 다른 채권자들 역시 이의를 제기하지 아니하여 회생채권 등이 그대로 확정된 경우에는 부인권을 행사할 수 없다.[207]

처분하는 것을 금지할 필요가 있으므로 허용하여야 한다는 견해(전병서, 69쪽), ② 부인의 대상이 되는 법률행위로 재산을 취득한 자가 이를 제3자에게 전매하여 버린 경우 파산관재인은 부인권을 행사하기 위하여 양도의 과정을 조사하여 현재의 소유자를 확인하여야 하는 불편이 있고, 또 전득자에 대한 부인권의 행사는 보다 엄격한 요건 하에서 가능하기 때문에, 제3자에 대한 전전 양도를 방치하면 부인권행사가 실효를 거두기 어려워질 염려가 있으므로 제3자에 대한 가처분도 허용하되, 가처분이 제3자에게 손해를 끼칠 염려가 있으므로 가처분의 발령에 더욱 신중을 기하고 신청인에게 담보를 제공하게 함으로써 해결하면 된다는 견해[이진만, "파산선고 전의 보전처분", 파산법의 제문제(상), 재판자료 82집, 법원도서관(1999), 158쪽]가 있다. 또한 도산절차와 관련하여 실제상 필요성이 크고(전득자에게 양도되면 부인은 곤란해진다), 보전처분이 장래의 절차를 실효성있게 하려는 일반적 임무를 가지고 있는 점을 고려하면 허용된다는 견해(노영보, 116쪽)도 있다.

입법적 해결은 별론으로 하더라도 현실적인 필요성과 부인권행사의 실효성을 거두기 위하여 장래의 부인권행사를 전제로 한 제3자의 재산에 대한 보전처분은 허용된다고 할 것이다. 실무적으로도 장래의 부인권 행사를 전제로 제3자의 재산에 대한 보전처분(가압류, 가처분)을 허용하고 있다. 예컨대 파산선고 이후 부인권행사에 따른 원상회복청구권을 보전하기 위한 가처분을 인정한 예로 「서울회생법원 2017. 9. 20. 자 2017카단6 결정」, 부인권행사에 따른 가액배상청구권을 보전하기 위한 가압류를 인정한 예로 「서울회생법원 2019. 5. 1. 자 2019카합3 결정」 등이 있다.

입법론적으로 일본의 입법례 및 채무자회생법 제43조, 제114조를 참조하여 회생절차(및 파산절차)에 부인권을 위한 보전처분절차를 마련할 필요가 있다. 한편 보전처분은 회생절차개시결정으로 중단되거나 파산선고로 실효되고(제58조 제2항 제2호, 제348조 제1항), 나아가 부인권을 위한 보전처분의 효력은 회생절차개시나 파산선고 후에도 존속시킬 필요가 있으므로 보전처분절차의 속행에 관한 규정도 두어야 한다(일본 파산법 제172조, 회사갱생법 제94조, 민사재생법 제134조의3 참조). 속행이란 구체적으로 ① 보전처분에 대하여 즉시항고가 제기된 경우에는 관리인(파산관재인)이 회생절차개시결정(파산선고)에 의해 중단되거나 실효된 절차를 수계하는 것, ② 보전처분집행의 착수 전이라면 관리인(파산관재인)이 승계집행문을 부여받아 착수하는 것, ③ 보전처분집행에 착수한 후 아직 완료 전이라면 승계집행문이 부여된 결정서를 법원에 제출하여 집행절차의 속행을 신청하는 것, ④ 보전처분집행 완료 후라면 관리인(파산관재인)이 보전처분의 효력을 주장하는 것을 말한다.

206) 부인권의 행사주체에 관하여 관리인이 선임되지 아니한 경우에는 채무자가 행사한다는 견해가 있다[회생사건실무(상), 359쪽]. 그러나 관리인이 선임되지 아니한 경우에는 채무자(개인이 아닌 경우에는 그 대표자)를 관리인으로 보기 때문에 채무자나 대표자는 이미 관리인으로서의 지위를 갖는 것이다. 따라서 부인권의 행사주체는 관리인으로 보아야 할 것이다. 한편 부인권의 행사주체가 관리인이라는 것이지 부인권이라는 권리의 귀속주체까지 관리인이라는 것은 아니다.

회생절차개시 전에 채무자가 체결한 부제소합의의 효력이 관리인이 부인권을 행사하는 데 영향을 미치는가. 관리인은 채무자의 재산에 대한 관리·처분권을 갖는 한편, 회생채권자 전체의 이익을 위하여 채무자의 재산을 관리할 지위에서 채무자회생법이 부여한 권한을 행사할 수 있다. 부인권의 행사 및 이에 따르는 법률관계의 확인은 채무자가 기존에 형성한 법률관계에 따른 관리·처분권을 행사하는 것이 아니라, 회생채권자의 공동의 이익을 위하여 선임된 관리자로서 채무자와는 독립된 지위에서 채무자회생법이 부여한 권한을 행사하는 것에 해당한다. 이는 부인권과 유사한 권리인 채권자취소권이 채무자가 아닌 채권자에게 귀속되어 있는 점에 비추어 보아도 명백하다. 따라서 부제소합의의 효력은 관리인이 부인권을 행사하고 그 법률관계의 확인을 구하는 소에는 미치지 않는다.[208]

2. 행사절차

가. 행사방법 및 관할

부인권은 부인의 소, 부인의 청구 또는 항변의 방법으로 관리인이 행사한다(제105조 제1항).[209] 부인권은 회생절차가 개시되지 않았다면 유효하게 취급되었을 법률관계에 개입하여 그 효력을 부정하므로 재판절차에서 행사할 수 있도록 한 것이다. 어느 수단을 선택할 것인지는 관리인이 판단한다. 부인권 행사의 상대방은 수익자 또는 전득자 중 어느 일방 또는 쌍방이다. 채무자는 당사자적격이 없다. 부인상대방의 상속인 또는 포괄승계인에 대하여도 부인권을 행사할 수 있을 것이다.[210]

부인의 소와 부인의 청구사건은 회생계속법원의 관할에 전속한다(제105조 제3항). 부인의 소 등을 회생계속법원의 전속관할로 규정한 이유는 부인권 행사와 관련이 있는 사건을 회생계속법원에 집중시켜 회생절차의 신속하고 적정한 진행을 도모하고자 하는 데 있다.[211] 회생채권자가 제기한 채권자취소소송이 회생절차개시 당시 법원에 계속되어 있는 경우 그 소송절차는 중단되고 관리인 또는 상대방이 이를 수계할 수 있다(제113조 제1항, 제2항, 제59조 제2항).[212] 이에

---

207) 대법원 2003. 5. 30. 선고 2003다18685 판결 참조.

208) 대법원 2020. 3. 12. 선고 2016다203759 판결 참조.

209) 부인권의 행사방법으로 채무자회생법은 재판상행사(소, 부인의 청구 또는 항변)를 명시하고 있어 재판 밖에서 행사를 인정할 수 있는지에 관하여 의문이 있을 수 있다. 그러나 재판상행사를 규정하고 있는 채무자회생법이 재판 밖에서 행사를 금지하고 있는 것도 아니다. 그러므로 사적자치의 원칙에 충실하게 관리인이 재판 밖에서 부인의 의사표시를 하고 상대방이 이에 동의하면 그것을 재판상 행사된 부인에 준하는 것으로 취급하여 줌으로써, 재판상 행사만을 고집함에 따르는 절차지연·비효율을 방지하고, 당사자의 협조 분위기를 유도하여 회생절차진행의 원활화를 꾀할 수 있을 것이다. 파산절차에서 부인권을 재판 밖에서 행사할 수 있다는 견해(전병서, 307쪽)도 같은 취지로 보인다.

210) 독일 도산법 §145(1) 참조. 그 밖의 권리승계인에 대하여는 앞〈Ⅳ.4.〉에서 설명한 전득자에 대한 부인에 해당할 것이다.

211) 대법원 2017. 5. 30. 선고 2017다205073 판결 참조. 나아가 부인에 관한 판단을 가능한 한 통일적으로 하기 위함이기도 하다. 또한 관리인이 소송을 제기함에 있어서는 법원의 허가를 얻도록 하는 것이 실무례이다(제61조 제1항 제5호 참조). 부인소송의 제기는 회생절차의 진행에 중대한 영향을 미친다는 것을 고려하여 그 성부의 판단에 신중을 기하려는 취지이다.

212) 여러 명의 채권자가 동일한 사해행위에 관하여 동시에 또는 시기를 달리하여 사해행위취소 및 원상회복청구의 소를

따라 관리인이 회생채권자가 제기한 채권자취소소송을 수계하여 청구변경의 방법으로 부인권을 행사하는 경우에, 채권자취소소송이 계속 중인 법원이 회생계속법원이 아니라면 그 법원은 관할법원인 회생계속법원으로 사건을 이송하여야 한다.[213]

관리인이 부인권을 행사하면서 그 원상회복으로서 배당이의의 소를 제기한 경우 전속관할법원이 배당을 실시한 집행법원이 속한 지방법원인가 아니면 회생계속법원인가. 대법원은 전자라고 하지만, 양쪽 모두 관할이 있다고 할 것이다. 이에 관하여는 〈Ⅰ.2.나.(4)〉(본서 423쪽)를 참조할 것.

나. 부인의 소에 의한 행사

(1) 일반론

관리인은 수익자 또는 전득자 중 어느 일방 또는 쌍방을 상대로 하여 부인의 소를 제기할 수 있다. 쌍방을 상대로 소를 제기하는 경우에도 필수적 공동소송이 아니라 통상공동소송이다. 여기서 말하는 '소'란 반드시 관리인이 새로이 부인의 소를 제기하는 경우만을 의미하는 것이 아니라 관리인이 기존의 소송을 수계하여(제113조) 부인의 소로 변경하는 방법으로 부인권을 행사하는 것도 포함한다.

수익자를 피고로 하는 부인소송의 계속 중 전득자가 발생한 경우에는 소송승계가 되고(민소법 제81조 내지 제82조), 변론을 종결한 뒤의 전득자에 대하여는 수익자에 대한 판결의 기판력이 확장된다(민소법 제218조 제1항).[214]

채권자는 관리인을 대위하여 부인의 소를 제기할 수 없으나 보조참가는 할 수 있다. 회생절차개시 전에 제기된 채권자취소소송이 회생사건이 계속되어 있는 회생법원에 제기된 것이 아니라면, 회생절차개시결정 이후 관리인이 채권자취소소송을 수계하여 부인의 소로 청구취지를 변경할 경우, 해당법원은 관할법원으로 이송하여야 한다는 것은 앞에서 본 바와 같다. 부인

제기할 수 있고(대법원 2008. 4. 24. 선고 2007다84352 판결, 대법원 2003. 7. 11. 선고 2003다19558 판결 등 참조), 여러 명의 채권자가 각 사해행위취소 및 원상회복청구의 소를 제기한 이후 채무자에 대한 회생절차개시결정이 이루어지면 관리인이 위 각 소송절차를 수계하고 부인의 소로 변경된다. 수계한 부인의 소 중 하나의 소송에서 관리인이 승소판결을 받아 그 판결이 확정되고 그에 기하여 원상회복을 마친 경우에는 나머지 부인의 소는 그와 중첩되는 범위 내에서 권리보호의 이익이 없게 된다. 따라서 부적법 각하하여야 한다(대법원 2020. 6. 25. 선고 2016다2468 판결 참조).

213) 대법원 2018. 6. 15. 선고 2017다265129 판결, 대법원 2017. 5. 30. 선고 2017다205073 판결 참조. 예컨대 광주지방법원 해남지원에서 채권자취소소송이 계속되던 중 채무자에 대하여 광주지방법원에서 회생절차가 개시되어 청구취지가 부인의 소로 변경되면, 회생계속법원인 광주지방법원으로 부인의 소를 이송하여야 한다.

214) 관련 내용은 〈제3편 제5장 제2절 Ⅴ.3.가.(1) 각주 124)(1)〉(본서 1392쪽)을 참조할 것. 따라서 변론종결 뒤의 전득자는, 전득자에 대한 부인(제110조)이 주장된 경우, 수익자에 대한 부인의 원인이 존재하지 않는다는 것을 다툴 수 없다.
　변론을 종결한 뒤의 전득자에 대해 집행력이 확장(민집법 제25조 제1항)될 수 있는가. 전득자는 변론종결 뒤의 승계인이므로 승계집행문을 부여받아 집행할 수 있다는 견해가 있을 수 있다. 하지만 부인의 효과가 상대적이라는 점, 전득자에 대한 부인에 대하여 특별요건(제110조)을 규정하고 있는 점을 고려하면 일반적으로 승계집행문 절차에 의한 집행력의 확장은 인정할 수 없다고 할 것이다. 다만 제110조의 요건을 관리인에게 증명시키는 것에 의하여 승계집행문의 부여를 인정할 수 있다고 할 것이다.

의 소는 회생계속법원의 전속관할이기 때문이다(제105조 제3항). 또한 회생채권자가 제기한 채권자취소소송이 계속되어 있던 중 채무자에 대한 회생절차가 개시되어 관리인이 소송을 수계하고 부인의 소로 변경한 경우 소송결과가 채무자 재산의 증감에 직접적인 영향을 미치는 등 회생채권자의 법률상 지위에 영향을 미친다고 볼 수 있다. 따라서 종전에 채권자취소의 소를 제기한 회생채권자는 특별한 사정이 없는 한 소송결과에 이해관계를 갖고 있어 관리인을 돕기 위하여 보조참가를 할 수 있다.[215]

한편 채권자취소소송이 회생절차개시 전에 회생계속법원이 아닌 다른 법원에서 제1심 판결을 선고받고 항소된 후, 회생절차가 개시되어 관리인이 소송을 수계하고 청구취지를 부인의 소로 변경한 경우 항소심 법원은 회생계속법원으로 부인의 소를 이송하여야 하는지가 문제된다. ① 대법원은 일반사건에서 심급관할은 제1심 법원의 존재에 의하여 결정되는 전속관할이어서 이미 정하여진 항소심의 관할에는 영향이 없는 것이므로 변경된 청구에 대하여도 그대로 심판할 수 있어 이송할 필요가 없다고 판시하고 있다.[216] ② 하급심은 파산사건과 관련하여 ⓐ 대법원과 같은 취지로 이송할 필요가 없다는 것[217]과 ⓑ 전속관할인 회생계속법원으로 이송하여야 한다는 것[218]이 있다.

생각건대 대법원 판결이 제1심이 원칙적으로 임의관할에 속하는 사물관할이 문제된 일반사건에 관한 사안인 점에서 회생사건이자 전속관할에 속하는 사건에 직접 적용할 수 있는지 의문은 들지만, ① 제1심판결에 관할위반이 없다는 점(따라서 항소제기 후 청구취지 변경 전까지 항소심 관할에도 아무런 문제가 없다), ② 심급관할은 제1심법원의 존재에 따라 그에 대응하여 결정되는 전속관할인 점, ③ 비록 청구취지변경으로 소송물은 달라졌다고 하더라도 그 청구의 기초를 이루는 실질적인 쟁점이 동일하여 심급의 이익을 잃게 할 염려도 없는 점, ④ 채권자취소소송과 부인소송은 채권자에게 손해를 입힐 수 있는 행위를 취소 또는 부인함으로써 채무자의 책임재산을 보전한다는 점에서 그 본질과 기능이 유사하고, 동일한 민사소송절차에 따라 심리·판단되며, 분쟁의 적정한 해결과 전체적인 소송경제의 측면에서 소송을 회생계속법원에 이송함으로써 얻을 수 있는 절차상의 편익은 소송의 진행정도에 따라 달라진다는 것을 고려하면 채권자가 제기한 채권자취소소송이 항소심에 계속된 후에는 관리인이 소송을 수계하여 부인권을 행사하더라도 제105조 제3항이 적용되지 않고 그 항소심법원이 소송을 심리·판단할 권한을 계속 가진다고 보는 것이 타당하다는 점[219] 등을 종합하면, 전속관할인 회생계속법원으로 이송을 할 필요는 없다고 할 것이다.

---

215) 대법원 2021. 12. 10. 자 2021마6702 결정.
216) 대법원 2011. 7. 14. 자 2011그65 결정, 대법원 1992. 5. 12. 선고 92다2066 판결, 대법원 1970. 6. 30. 선고 70다743 판결, 대법원 1965. 9. 21. 선고 65다241 판결.
217) 서울고등법원 2015. 5. 20. 선고 2014나2016201 판결.
218) 서울남부지방법원 2005. 10. 27. 선고 2005나4036 판결 참조.
219) 대법원 2017. 5. 30. 선고 2017다205073 판결 참조.

(2) 부인소송의 성질

부인소송의 성질에 관하여는 ① 판결 주문에 부인을 선언한다는 형성소송설과 ② 부인의 선언이 아닌 부인의 효과로서 금전의 지급이나 물건의 반환 등 부인에 기초하여 생기는 상대방의 의무를 판결 주문에 기재한다는 이행·확인소송설이 있다.

부인권은 채무자의 행위에 의하여 일탈한 재산을 반환받아 채무자의 재산을 원상으로 회복시키는 데 그 목적이 있다. 그런데 형성소송설과 같이 채무자의 행위의 효력을 상실시키는 것만으로는 이러한 목적을 달성하기 어렵다. 또한 형성소송설에 의해 주문에서 채무자의 행위를 부인하고 그 판결이 확정된다고 하더라도 현실적으로 일탈된 재산이 채무자의 재산으로 환원되는 것은 아니다. 상대방이 임의로 반환하지 않으면 관리인은 또다시 이행소송을 제기하여야 한다. 그리고 부인권을 항변으로 행사할 경우 주문이 아닌 판결이유에서 판단하므로 형성소송설과 맞지 않는다. 따라서 이행·확인소송설이 타당하다.

이행·확인소송설에 의할 경우 소송물은 부인권 자체가 아니라 부인의 효과로서 발생한 권리관계에 기한 이행청구 또는 확인청구이다. 예컨대 변제를 부인하여 변제금의 반환을 구하거나, 목적물이 채무자의 재산에 속한다는 취지의 확인을 구한다. 부인의 주장은 공격방어방법으로서 판결이유 중에서 판단된다. 판결주문에서는 부인에 의한 실체적인 법률관계의 변동이 선언되는 것은 아니다. 그래서 부인권은 재판상의 행사를 요하는 실체법상의 형성권으로 특징지어지는 것이다.

(3) 부인의 소에 있어 주문(청구취지) 기재례[220]

(가) 금전지급의 부인 또는 가액배상으로 금전의 지급을 명한 경우

채권자취소권에서는 그 상대방을 채무자 대신 소송을 제기한 채권자로 할 수 있지만, 부인권 행사에서는 관리인(원고)만이 원상회복의 상대방이 된다.

① 금전지급의 부인

피고는 원고에게 1억 원 및 이에 대한 2024. 8. 1.(채무자로부터 수령일)부터 다 갚는 날까지 연 5%의 비율에 의한 금원을 지급하라.

② 가액배상을 구하는 경우

피고는 원고에게 1억 원 및 이에 대하여 2024. 2. 1.(부인의 취지가 기재된 소장이나 준비서면 등이 피고에게 송달된 다음날)부터 다 갚는 날까지 연 5%의 비율에 의한 금원을 지급하라.

(나) 부동산의 처분행위에 관하여 부인되는 경우 (제26조 제1항)

부인권 행사에 따른 등기의 원상회복으로는 일반의 말소등기와 달리 부인의 등기라는 제도를 두고서 회생절차의 취소, 폐지, 종결 등의 경우에 직권으로 그 부인의 등기를 말소 촉탁하

---

220) 破産管財の手引, 230~233쪽, 법인파산실무, 545~549쪽. 부인의 청구의 경우에는 원고는 '청구인'으로, 피고는 '상대방'으로 기재하면 된다.

여야 하는 것으로 정하고 있는 제108조 제1항, 제26조 제1항, 제3항, 제23조의 취지에 비추어 부인의 경우에는 일반의 말소등기에 의하는 것은 상당하지 아니하다. 그러므로 부동산의 처분 행위에 관한 부인의 경우에는 말소등기를 하는 것이 아니라 부인의 등기를 구하는 것으로 한다(제26조).[221]

① 등기원인행위의 부인

피고는 원고에게 별지 목록 기재 부동산에 관하여 서울중앙지방법원 2024. 8. 1. 접수 제100호로 마친 소유권이전등기 원인의 부인등기절차를 이행하라.

피고는 원고에게 별지 목록 기재 부동산에 관하여 춘천지방법원 동해등기소 2024. 12. 13. 접수 제10831호로 마친 근저당권설정등기 원인의 부인등기절차를 이행하라.[222]

② 등기의 부인

피고는 원고에게 별지 목록 기재 부동산에 관하여 서울중앙지방법원 2024. 8. 1. 접수 제100호로 마친 소유권이전등기의 부인등기절차를 이행하라.

(다) 채권양도 또는 그 대항요건을 부인하는 경우

① 채권양도행위를 부인한 경우

「피고는 ○○○(제3채무자)에게 피고와 채무자 사이의 별지 목록 기재 채권에 관한 2024. 8. 1. 자 양도행위(채권압류 및 전부명령에 기한 채권이전[223])가 2025. 2. 1. 부인되어 그 효력이 상실되었다는 취지를 통지하라.」 또는 「1. 피고는 ○○○(제3채무자)에게 피고와 채무자 사이의 별지 목록 기재 채권에 관한 2024. 8. 1. 자 양도행위(채권압류 및 전부명령에 기한 채권이전)가 2025. 2. 1. 부인되었음을 확인한다. 2. 피고는 ○○○(제3채무자)에게 제1항과 같은 취지의 통지를 하라.」

② 채권양도행위가 아닌 대항요건을 부인하는 경우(제3채무자가 지급을 유보하고 있는 경우[224])[225]

원고와 피고 사이에서, 별지 목록 기재 채권은 원고에게 있음을 확인한다.

---

221) 부동산 이외의 자동차, 상표권 등과 같이 등록된 권리의 경우에도 마찬가지이다. 상표권 양도계약이 부인된 경우의 주문 기재례는 다음과 같다.
   피고는 원고에게 별지 목록 기재 상표권들에 관하여 2024. 7. 14. 접수 제2020-139166호로 마친 상표권이전등록의 원인의 부인등록절차를 이행하라.
222) 서울회생법원 2024. 3. 15. 자 2023회기100021 결정 참조. 위 결정은 부인의 청구에 관한 것인데, 신청인이 등기의 부인을 신청하였으나, 등기원인행위의 부인으로 선해하여 판단하였다.
223) 제104조 후단에 기한 집행행위가 부인된 경우(본서 456쪽)로 전부명령을 받았으나 집행채권자가 제3채무자로부터 지급받지 않은 경우이다.
224) 상대방(피고)이 추심을 마친 경우에는 가액배상의 문제로 된다{위 (가)② 참조}.
225) 채권양도행위가 아닌 대항요건 구비행위인 양도통지 자체가 부인되는 경우에는 별도로 부인의 통지를 하지 않는 것이 실무이다(破産管財の手引, 231쪽).

③ 제3채무자가 변제공탁을 한 경우[226]

㉮ 확지 공탁

피고는 원고에게 ○○○(제3채무자)이 2025. 1. 20. 서울중앙지방법원 2025년 금 제1000호로 공탁한 공탁금 1억 원에 대한 출급청구권을 양도하는 의사표시를 하고, 대한민국(소관: 서울중앙지방법원 공탁공무원)에게 위 출급청구권을 양도하였다는 취지의 통지를 하라.

㉯ 상대적 불확지 공탁

원고와 피고 사이에서, ○○○(제3채무자)이 2024. 8. 1. 서울중앙지방법원 2024년 금 제1000호로 공탁한 공탁금 1억 원에 대한 출급청구권이 원고에게 있음을 확인한다.

원고와 피고 사이에서, 원고가 별지 공탁금 목록 기재의 공탁금에 대한 출급청구권을 가지고 있음을 확인한다.

④ 양수인이 일부 채권을 회수한 경우(채무자가 2023. 8. 1. 피고에게 ○○○에 대한 채권 2억원을 양도하였고, 피고는 2023. 10.경 ○○○로부터 5,000만 원을 변제받은 경우)[227]

피고는 원고에게 5,000만 원 및 이에 대하여 2024. 11. 1.부터 2025. 1. 5.까지는 연 5%, 그 다음날부터 다 갚는 날까지는 연 12%의 각 비율로 계산한 금원을 지급하라.

피고는 ○○○에게 피고와 채무자 사이의 별지 목록 기재 채권 중 5,000만 원을 제외한 나머지 채권에 관한 2023. 8. 1. 자 양도행위가 2024. 2. 1. 부인되어 그 효력이 상실되었다는 취지를 통지하라.

(라) 원상회복 또는 가액배상이 없는 경우[228]

원고와 피고 사이에서, 피고와 채무자 사이에 별지 목록 기재 부동산에 관하여 2024. 8. 1. 체결한 매매계약(대물변제약정)은 무효임을 확인한다.

원고와 피고 사이에서, 피고와 채무자 사이의 계약은 2024. 8. 1. 부인되었음을 확인한다.

원고와 피고 사이에서, 채무자 ○○ 주식회사와 피고 사이의 서울북부지방법원 2024. 9. 24. 선고 2024가합1318 판결에 기한 채무자 ○○ 주식회사의 채무는 존재하지 아니함을 확인한다.

(마) 청구이의 소의 형태인 경우

피고의 원고에 대한 수원지방법원 성남지원 2025차전9101호 대여금 사건의 지급명령 정본에 기한 강제집행은 이를 불허한다.

피고의 ○○ 주식회사에 대한 공증인 박○○ 사무소 2025. 3. 15. 작성의 2025년 증서 제423호 금전소비대차계약 공정증서에 기한 강제집행을 불허한다.

---

226) 제3채무자가 이미 변제공탁을 하였다면, 제3채무자는 더 이상 이행할 의무가 없으므로 제3채무자를 상대로 부인의 통지를 할 필요는 없다. 확지 공탁의 경우는 공탁금 출급청구권 양도의 의사표시를 하고, 대한민국에 그 양도 통지를 한다. 불확지 공탁의 경우는 공탁금 출급청구권이 원고에게 있음을 확인한다.

227) 서울회생법원 2020. 5. 12. 자 2019하기101254 결정 참조.

228) 매매나 대물변제약정이 체결되었으나 그에 기한 급부의 제공은 없는 상태에서 위 매매나 약정이 부인된 경우 등의 경우에는 원상회복과 가액배상을 명할 필요가 없다.

피고의 채무자 김○○에 대한 서울중앙지방법원 2024. 12. 15. 선고 2023가합531432 판결에 기한 강제집행은 불허한다.

(바) 동산에 대한 양도담보설정행위를 부인한 경우

① 동산양도담보를 설정하고 피고에게 점유개정의 방법으로 인도되었지만, 관리인이 현실적으로 점유하고 있는 경우

원고와 피고 사이에서, 별지 동산 목록 기재의 동산에 대하여 피고가 양도담보권을 가지지 않는다는 것을 확인한다.

② 동산양도담보를 설정하고, 피고가 목적물을 현실적으로 점유하고 있는 경우

피고는 원고에게 별지 동산 목록 기재의 동산을 인도하라.

(사) 콘도회원권 등의 양도가 부인된 경우

피고는 주식회사 ○○리조트(주소: 서울 종로구 우정국로 26 센트로폴리스 A동 25층, 대표이사 ○○○)에게 피고와 주식회사 에이제이에스 사이의 ○○리조트 콘도미니엄 회원권(회원번호 110804)에 관한 2023. 4. 24. 자 매매계약이 2024. 7. 22. 부인되어 그 효력이 상실되었다는 통지를 하고, 원고에게 위 콘도회원권에 관한 회원명부상 명의변경절차를 이행하라.

(아) 부인대상 목적물(부동산)에 대하여 경매절차가 개시된 경우

① 배당이의가 된 경우

청주지방법원 제천지원 2024타경9396호 부동산임의경매 사건에 관하여 2024. 7. 19. 작성한 배당표 중 피고에 대한 금 17,000,000원의 배당을 취소하고, 원고에 대한 배당액 금 957,032원을 금 17,957,032원으로 경정한다.

② 배당이의가 안 된 경우[229]

피고는 원고에게 서울남부지방법원 2024타경14710 부동산임의경매 사건에서의 88,108,693원의 배당금지급청구권을 양도하고, 위 채권을 양도하였다는 취지의 통지를 대한민국에게 하라.

다. 부인의 청구에 의한 행사

(1) 부인의 청구

부인의 청구란 간이하게 부인의 목적을 달성할 수 있도록 하기 위하여 둔 것으로 결정에 의한 간단한 절차를 말한다. 관리인이 부인의 청구를 하는 때에는 그 원인을 소명하여야 한다 (제106조 제1항). 통상의 결정절차에서는 심문 여부와 결정서에의 이유 기재 여부는 법원의 재량에 맡겨져 있으나, 부인의 효력이 미치는 영향이 큰 점을 고려하여 채무자회생법은 반드시 상대방을 심문한 후 이유를 붙인 결정으로 부인의 청구를 인용하거나[230] 기각하도록 하고 있다

---

229) 서울회생법원 2017. 12. 13. 선고 2017가합101237 판결 참조.
230) 판결이 아니므로 가집행선고를 할 수는 없다.

(제106조 제2항, 제3항).[231] 부인의 청구는 회생계속법원의 관할에 전속한다(제105조 제3항).

부인의 청구에 중복된 소제기의 금지 원칙(민소법 제259조)이 적용되는가. 제33조에서는 '회생절차에 관하여 이 법에 규정이 없는 때에는 민사소송법을 준용한다'고 규정하고 있고, 민사소송법 제259조에서는 '법원에 계속되어 있는 사건에 대하여 당사자는 다시 소를 제기하지 못한다'는 중복제소의 금지 규정을 두고 있으므로 부인의 청구에도 위 중복제소 금지 규정이 적용된다고 볼 여지가 있다. 하지만 ① 소는 법원에 대하여 판결의 형식으로 권리보호를 해 줄 것을 요구하는 당사자의 신청인데, 채무자회생법상 부인의 청구를 인용하거나 기각하는 재판은 이유를 붙인 결정으로 하도록 규정하고 있으므로(제106조 제2항) 부인의 청구는 민사소송법상 소의 제기에 해당하지 않고, ② 민사소송법상 제소 전 화해절차(민사법 제385조 이하)나 독촉절차(민소법 제462조 이하)는 당사자의 소제기 신청(민소법 제388조 1항)이나 채무자의 이의신청(민소법 제469조 2항)에 의하여 최초에 화해신청을 하거나 지급명령을 신청한 때에 소를 제기한 것으로 간주되는 규정이 있는데 반하여, 부인의 청구에 대하여는 그와 같은 규정도 존재하지 않으므로, 채무자회생법상 부인의 청구에는 민사소송법상 중복제소 금지 규정이 적용되지 않는다고 할 것이다.[232]

(2) 부인의 청구를 인용하는 결정에 대한 이의의 소

(가) 의 의

부인의 청구를 인용하는 결정을 한 때에는 그 결정서를 당사자에게 송달하여야 한다(제106조 제4항). 부인의 청구를 인용하는 결정에 불복하는 자는 송달받은 날로부터 불변기간인 1개월 이내에 이의의 소를 제기할 수 있다(제107조 제1항, 제2항). 부인의 청구를 전부 기각하는 결정이나 각하한 결정에 대하여는 실체적 권리관계에 변동이 없고 기판력도 없어 별도로 부인의 소를 제기하면 되기 때문에 이의의 소로 불복할 수 없다. 부인의 청구를 일부 인용·일부 기각하는 결정에 대하여는 심리가 분리되는 위험을 방지할 필요가 있기 때문에[233] 상대방(일부

---

231) 구체적으로 ① 상대방을 필요적으로 심문하도록 한 이유는 상대방의 실체적인 지위에 영향을 미치기 때문에 방어의 기회를 보장할 필요가 있기 때문이다. 따라서 신청을 각하하는 경우에는 상대방을 심문할 필요가 없다. ② 결정에 이유를 붙이도록 한 이유는 판단의 대상이 실체적인 권리관계이기 때문에 신중한 판단을 담보할 필요가 있다는 점, 부인의 청구가 인용된 경우에는 당사자에게 이의의 소를 제기할 것인지 판단자료를 제공할 필요가 있다는 점, 이의의 소가 제기된 경우에 수소법원에 부인의 청구에 관한 판단과정을 명확하게 해주는 것이 유용하다는 점, 부인의 청구를 기각하는 경우 관리인에게 부인의 소를 제기할 것인지에 관한 판단자료를 제공할 필요가 있다는 점 등에 기인한다.

232) 서울회생법원 2021. 4. 21. 선고 2020가합101909 판결{확정(항소기각, 대법원 심리불속행기각)} 참조. 설령 채무자회생법상 부인의 청구에 민사소송법상 중복제소금지 규정이 적용된다고 하더라도, 중복제소금지의 취지는 동일한 소송이 별소로 제기되면 소송경제를 해치고 전후 양소 간에 기판력이 모순·저촉될 가능성이 있으므로 동일한 후소를 금지한다는 것인 점, 제107조 제1, 5항에 의하면 부인의 청구를 인용하는 결정에 불복이 있는 자는 그 송달을 받은 날부터 1월 이내에 이의의 소를 제기할 수 있고, 해당 소가 위 기간 내에 제기되지 않거나, 해당 소에서 부인의 청구에 대한 결정이 인가되거나 소가 취하되는 등의 경우에 위 부인의 청구를 인용하는 결정은 확정판결과 동일한 효력을 갖게 되는 점 등에 비추어 보면, 부인의 청구가 중복신청에 해당하는지 여부는 후행 부인의 청구에 대한 이의의 소가 제기된 경우에는 그 소의 변론종결일을 기준으로 판단함이 타당하다(대법원 2018. 10. 4. 자 2017마6308 결정, 서울고등법원 2021. 9. 29. 선고 2021나2016865 판결 등 참조).

인용부분에 대하여)뿐만 아니라 부인의 청구를 신청한 관리인(일부 기각부분에 대하여)도 이의의 소에 의한 불복신청이 인정된다고 보아야 할 것이다.[234]

이의의 소는 회생계속법원의 전속관할에 속한다(제107조 제3항).

부인의 청구를 인용하는 결정은 그 상대방과의 관계에서 부인권 행사의 효과를 확정하는 것이지만, 이것은 결정절차에 의한 것이므로, 상대방의 절차적 지위를 보장하기 위하여, 이의의 소에 의해 구두변론을 거친 재판을 받는 길을 인정한 것이다.[235]

(나) 이의의 소의 소송물 등

부인의 청구를 인용하는 결정에 대한 이의의 소는 부인의 청구를 인용하는 결정을 변경 또는 취소를 구하는(제107조 제4항) 형성소송으로, 소송물은 부인의 청구를 인용하는 결정의 취소 또는 변경을 구하는 지위이다.

그래서 상대방이 이의자(원고)인 경우에는 청구원인으로 소송물을 특정하면 충분하고, 부인 원인사실의 존재는 관리인이 항변으로 주장·증명하여야 한다. 관리인이 이의자(원고)인 경우에는 부인의 소의 경우와 마찬가지로, 관리인이 부인원인사실을 청구원인으로 주장·증명하지 않으면 안 된다.

(다) 심리 및 재판의 내용

이의의 소는 통상의 민사소송으로서 구두변론을 열어 심리한다. 이의의 소의 소송물은, 관리인이 원고가 된 경우에는 소송상의 청구액과 부인청구 인용액의 차액이고, 상대방이 원고로 된 경우에는 인용결정의 취소를 구하는 범위가 소송물이 된다.[236]

이의의 소의 판결은 부적법한 것으로 각하하는 경우를 제외하고 부인의 청구를 인용하는 결정을 인가·변경 또는 취소한다(제107조 제4항).[237] 부인권의 행사에 기하여 급부를 명하는

---

233) 관리인에 의한 이의의 소를 부정한다면, 관리인은 기각부분에 대하여 별소를 제기할 수밖에 없고, 그 경우 판단의 모순이 발생할 가능성이 있다.

234) 條解 民事再生法, 736쪽. 이에 대하여 법조문의 문언해석상 문제가 있고 관리인에 의한 별소 제기를 전제로 한다는 것은 불합리하다는 이유로 반대하는 견해도 있다(破産法·民事再生法, 572쪽).
　　부인의 청구를 일부 인용·일부 기각결정에 대하여 불복하는 경우, 이의의 소와 부인의 소가 개별적으로 회생계속법원에 계속할 가능성이 있다. 이 경우 이의의 소와 부인의 소의 변론병합을 강제하는 규정이 없기 때문에 동일한 부인대상행위에 대하여 판단의 모순이 발생할 우려가 있다(이 점이 일부 기각결정부분에 대하여도 이의의 소를 긍정하여야 한다는 견해의 논거 중 하나이다). 따라서 가능한 한 병합하여 심리하는 것이 상당하다(倒産·再生訴訟, 531쪽).

235) 倒産と訴訟, 4쪽.

236) 倒産と訴訟, 44쪽.

237) 부인의 청구를 인용한 결정이 정당한 것이라면 인가하고, 그 결정이 전부 부당한 것이라면 취소하며, 일부 부당한 것이 있다면 정당한 범위에서의 내용으로 변경한다.
　　○ 부인의 청구에서 한 부인결정을 인가할 경우의 주문 기재례: 원고와 피고 사이의 서울회생법원 2024회기100009 부인의 청구 사건에 관하여, 위 법원이 2024. 5. 21.에 한 부인결정을 인가한다.
　　○ 부인의 청구에서 한 부인결정을 취소할 경우의 주문 기재례: 1. 원고와 피고 사이의 서울회생법원 2024회기100009 부인의 청구 사건에 관하여, 위 법원이 2024. 5. 21.에 한 부인결정을 취소한다. 2. 피고의 부인청구를 기각한다.
　　※ 부인결정을 취소할 경우 부인의 청구에 대한 재판(위 2.항)이 필요 없다는 견해가 있을 수도 있지만, 신청이 남아 있는 이상 답변을 하여야 할 것이다. 다만 취소 주문만이 있다고 하더라도 그 안에는 부인의 청구를 기각하는 취

내용의 결정을 인가 또는 변경하는 경우 가집행을 선고할 수 있다(제33조, 민소법 제213조).[238] 일방으로부터 이의의 소가 제기된 경우에는 이의와 관계된 불복의 범위를 넘어 부인청구를 인용한 결정을 취소하거나 변경할 수는 없다(제33조, 민소법 제203조). 이는 불이익변경금지의 원칙(민소법 제415조)이 적용되는 것과 동일한 귀결이다.

(라) 확정판결과 동일한 효력

부인의 청구를 인용하는 결정의 전부 또는 일부를 인가하는 판결이 확정된 때에는 그 결정(그 판결에서 인가된 부분에 한한다)은 확정판결과 동일한 효력이 있다(제107조 제5항 전문).[239] 따라서 부인의 청구가 급부를 구하는 것인 경우 그 부인의 청구를 인용한 결정은 이의의 소에서 취소되지 않는 한(이의의 소에서 변경된 경우에는 인가된 범위에서) 집행력을 갖는다.[240][241] 결정의 내용에 따라서는 기판력도 발생할 수 있다.[242] 1개월 이내에 이의의 소가 제기되지 아니하거나 제기된 후 취하 또는 각하된 경우의 부인의 청구를 인용하는 결정에 관하여도 마찬가지이다(제107조 제5항 후문).

(마) 회생절차가 종료된 경우 부인의 청구를 인용한 결정에 대한 이의의 소의 처리

부인의 청구를 인용한 결정에 대한 이의의 소 계속 중에 회생절차가 종료된 경우에는 관리인의 자격이 소멸함과 동시에 당해 소송에 관계된 권리 또한 절대적으로 소멸하고 어느 누구도 이를 승계할 수 없다.[243] 따라서 부인의 청구를 인용한 결정에 대한 이의의 소는 종료된다(아래 〈사.〉 및 <본서 1172쪽> 참조).[244] 다만 견련파산이 선고된 경우에는 파산관재인이 수계할 수 있다(제6조 제6항, <본서 1172쪽>).[245]

지의 판시가 묵시적으로 포함되어 있다고 해석하여야 할 것이다(條解 破産法, 1181쪽).

238) 일본 민사재생법 제137조 제5항, 일본 파산법 제175조 제5항은 가집행 선고를 할 수 있다고 규정하고 있다.

239) 소가 취하되고 재소가 불가능한 경우에도 마찬가지이다.

240) 부인의 청구에 대한 이의의 소에서는 인가된 결정이 기판력이나 집행력을 갖지만, 법인의 이사 등 책임에 관한 조사확정재판에 대한 이의의 소에서는 조사확정의 결정을 인가하거나 변경한 판결이 강제집행에 관하여 이행을 명한 확정판결과 동일한 효력이 있다(제116조 제7항). 후자의 경우 인가·변경판결 자체가 기판력이나 집행력을 갖는다. 입법론적으로 부인의 청구를 인용하는 결정에 대한 이의의 소에 있어서도 재판의 기준시는 인가·변경판결의 기준시라고 생각하지 않을 수 없기 때문에 인가·변경판결 그 자체가 기판력이나 집행력을 갖는 것으로 하는 것이 바람직할 것이다.

241) 이의의 소는 소송법상 형성의 소이기 때문에 이의소송에 관한 판결 그 자체에는 집행력이라는 관념이 없다(條解 破産法, 1181쪽).

242) 會社更生法, 472쪽. 집행권원으로서의 집행력은 인가 판결된 결정에서 생긴 것으로 해석되지만, 이행의무에 관한 기판력의 기준시는 인가 판결의 구두변론종결시라고 해석된다. 변경판결의 경우에도 변경 판결된 결정이 집행권원으로 되고, 기판력의 기준시는 마찬가지로 구두변론종결시이다.

243) 대법원 2007. 2. 22. 선고 2006다20429 판결, 대법원 1995. 10. 13. 선고 95다30253 판결 등 참조.

244) 부인의 청구를 인용한 결정에 대한 이의의 소는 통상적인 민사소송이므로 제59조에 의하여 중단·수계될 수 있다고 해석할 여지가 있다. 따라서 입법론적으로 회생절차가 종료된 경우에는 부인의 청구를 인용한 결정에 대한 이의의 소는 종료한다고 명시적으로 규정할 필요가 있다. 일본 회사갱생법 제97조 제6항, 파산법 제175조 제6항은 이를 명시적으로 규정하고 있다. 민사재생절차의 경우도 기본적으로 동일하게 취급하고 있다(민사재생법 제137조 제6항, 제7항 참조).

245) 대법원 2015. 5. 29. 선고 2012다87751 판결 참조. 위 판결은 「채무자 회사에 대하여 2011. 11. 8. 회생계획인가가 있은 후 상고심 계속 중인 2012. 10. 30. 회생절차폐지의 결정이 확정되었고, 2012. 11. 2. 제6조 제1항 등에 의하여 채무자 회사에 대한 파산선고와 함께 채무자 회사의 파산관재인으로 피고가 선임된 사실, 피고는 2012. 11. 6. 부인의 청구를 인용하는 결정에 대한 이의의 소인 이 사건 소송절차의 수계신청을 하여, 원고의 채무자 회사의 관리인

라. 부인의 항변에 의한 행사

관리인을 피고로 하여 제3자가 환취권 행사로서 물건인도소송을 제기하거나 회생채권자 등이 채권조사확정재판[246]이나 채권조사확정재판에 대한 이의의 소[247]를 제기한 경우, 그에 대한 방어방법으로서 관리인은 상대방 권리의 발생원인인 법률행위를 부인할 수 있다. 또한 관리인이 원고로 된 소송에서 재항변으로 부인권을 주장할 수 있다.

부인의 항변은 소가 아니어서 회생계속법원의 전속관할에 관한 규정이 적용되지 아니하므로 이송도 문제되지 않는다.

마. 절차의 선택

부인의 청구와 부인의 소는 서로 배타적인 것이 아니라 선택적으로 행사할 수 있는 것이다. 어떤 절차를 선택할 것인지는 양자의 특징을 고려하여 결정하여야 할 것이다.[248] 부인의 항변은 특별히 문제가 되지 않으므로 다루지 않는다.[249]

(1) 부인의 청구

부인의 청구는 결정절차이다. 실무적으로 회생사건을 담당하고 있는 재판부에서 사건을 담당하기 때문에 절차 진행도 신속히 할 수 있다. 또한 부인의 청구에서는 원인으로 되는 사실의 소명으로 족하고(제106조 제1항) 증명을 요구하지 않는다.

이와 같이 부인의 청구는 간이·신속한 수단이기 때문에, 특히 부인권의 존재가 비교적 명확하여 상대방이 다투지 않을 것으로 예상되는 경우에는 부인청구를 하여 조기에 해결을 하여야 할 것이다.

소외인에 대한 이 사건 소송절차를 수계한 사실을 인정할 수 있다. 위와 같은 사실관계를 앞서 본 법리에 비추어 보면, 채무자 회사에 대한 파산선고와 함께 파산관재인으로 선임된 피고가 이 사건 소송절차를 수계한 이상, 이 사건 소송은 종료되었다고 볼 수 없다」고 판시하였다.

246) 예컨대 채권조사절차에서 관리인이 부인권의 대상임을 이유로 이의하자 채권자가 채권조사확정재판을 신청한 경우. 구체적인 사례는 아래 각주 249)을 참조할 것.

247) '관리인이 신청한 채권조사확정재판에 대하여 제기된 이의의 소'가 여기에 해당한다.

248) 실무적으로 부인의 청구를 신청하였다가 다투는 것이 명확할 경우 부인의 청구를 취하고 부인의 소를 제기하는 경우가 있다. 주의할 것은 부인의 청구를 취하한 때도 신청비용을 부담하여야 하는 경우가 있을 수 있으므로(대법원 2020. 7. 17. 자 2020카확522 결정, 대법원 2016. 4. 19. 자 2016마241 결정, 대법원 2012. 2. 13. 자 2011무194 결정 등 참조), 부인의 청구를 취하하기 전에 반드시 신청비용을 부담하여야 하는지를 검토하여야 한다.

249) 관리인이 채무자의 담보권 설정행위가 사해행위임을 이유로 회생담보권을 부인한 경우, 회생담보권자는 채권조사확정재판을 신청하여야 한다. 회생담보권자가 채권조사확정재판을 신청할 경우 관리인은 채권조사확정재판절차에서 부인권을 항변으로 주장하면 될 것이다(서울회생법원 2020회합100058 사건에서 부인의 소를 제기하지 말고 채권조사확정재판에서 부인권을 항변으로 행사하도록 하였다). 회생담보권자가 채권조사확정재판을 신청하지 아니할 경우 담보권이 없음이 확정되므로 부인의 소나 부인의 청구를 할 필요가 없다. 따라서 사해행위와 관련된 회생채권이나 회생담보권에 관하여 채권조사확정재판 등이 제기될 가능성이 있는 경우에는 부인의 소나 부인의 청구를 할 것이 아니라, 해당 절차에서 부인권을 항변으로 행사하는 것이 바람직하다.

(2) 부인의 소

상대방이 부인권의 행사에 대하여 다툴 의사를 명확히 한 경우에는 부인의 청구를 인용하여도 이의의 소를 제기하여 결국 소송으로 이행될 가능성이 높다. 따라서 처음부터 부인의 소를 제기하는 것이 바람직하다.

결국 상대방이 다투는지 여부, 증명이 어느 정도 곤란한지, 부인청구인용결정이 그대로 확정될 가능성이 어느 정도인지 등을 종합적으로 고려하여, 부인의 청구를 신청할 것인지 부인의 소를 제기할 것인지를 판단하여야 할 것이다.[250]

(3) 재판상의 화해

부인의 청구에 있어서나 부인의 소에 있어서나 재판상의 화해는 가능하다. 물론 법원의 허가가 필요하다(제61조 제1항 제6호).

바. 사해행위취소소송과 부인권 행사

회생채권자가 제기한 사해행위취소소송이 회생절차개시 당시에 계속 중인 경우에는 소송절차는 중단되고, 관리인이 이를 수계한다(제113조). 관리인은 사해행위취소소송을 수계하는 대신 부인의 청구나 부인의 소를 제기할 수도 있다. 관리인에게 채권자가 제기한 소송절차에 구속되도록 하는 것은 불합리하기 때문이다.

채권자는 회생절차 진행 중에는 사해행위취소소송을 제기할 수 없고(물론 부인의 소도 제기할 수 없다),[251] 부인의 소에 보조참가의 형태로 참여할 수밖에 없다. 채권자는 관리인이 부인권을 행사하지 않을 경우 법원에 부인권행사명령을 신청할 수밖에 없다.

사. 부인권 행사와 관련된 청구 등 계속 중 회생절차의 종료

(1) 부인의 청구 등의 종료

부인권은 회생절차개시 결정 이전에 부당하게 처분된 채무자의 재산을 회복함으로써 채무자 사업을 유지·회생시키고자 인정된 채무자회생법상의 특유한 제도로서 회생절차의 진행을 전제로 관리인만이 행사할 수 있는 권리이므로 회생절차의 종료에 의하여 소멸하고, 비록 회

---

250) 倒産と訴訟, 5~6쪽. 예컨대 상대방의 주관적 요건에 대하여는 이것을 추인할 수 있는 간접사실을 증명(소명)할 수 있는지 여부가 중요한데, 이러한 사실을 뒷받침하는 서증이 존재하지 않는 때는, 채무자 본인, 채무자의 대표자나 종업원의 증인신문이 필요한 경우가 많기 때문에, 이러한 경우는 부인의 청구보다 처음부터 부인의 소를 제기하는 것을 고려하여야 할 것이다. 또한 부인의 청구를 인용하는 결정에 대하여도 결정서의 상대방에 대한 송달로부터 확정될 때까지 1개월이 필요하다는 점, 상대방이 위 결정에 대한 이의의 소를 제기한 경우 결국 소송절차에 의할 필요가 있기 때문에 오히려 절차가 장기화될 염려가 있다는 점에서 부인의 청구를 인용하는 결정이 되어도 상대방으로부터 이의의 소가 제기될 것이 예상되는 경우에는 처음부터 부인의 소를 제기하여야 할 것이다.

251) 채권자가 회생절차개시 전에 사해행위취소소송 이외의 소송(예컨대 이행소송)을 제기한 상태에서 회생절차개시 후 부인의 소로 청구취지를 변경할 수 있는가. 회생절차개시 후에는 회생채권자가 수익자나 전득자를 상대로 사해행위취소의 소를 제기할 수 없지만, 채권자가 부인의 소로 청구취지를 변경할 경우에는 관리인이 소송수계를 할 수 있다고 할 것이다(대법원 2018. 6. 15. 선고 2017다265129 판결 참조, 서울회생법원 2018가합100330 판결).

생절차 진행 중에 부인권이 행사되었다고 하더라도 이에 기하여 재산이 채무자 소유로 회복되기 이전에 회생절차가 종료한 때에는 부인권행사의 효과로서 상대방에 대하여 재산의 반환을 구하거나 또는 그 가액의 상환을 구하는 권리 또한 소멸한다. 따라서 부인의 소 또는 부인권의 행사에 기한 청구의 계속 중에 회생절차폐지결정이 확정된 경우에는 관리인의 자격이 소멸함과 동시에 당해 소송에 관계된 권리 또한 절대적으로 소멸하고 어느 누구도 승계할 수 없다.[252] 따라서 부인의 청구나 부인의 소는 종료한다. 부인소송의 계속 중 회생절차가 종결된 경우에도 마찬가지이다.[253] 물론 채권자취소소송을 관리인의 부인의 소로 수계한 뒤에 회생절차가 종료된 경우에는 당초 채권자취소소송을 제기하였던 취소채권자가 이를 수계할 수 있다(본서 1153쪽). 부인권이 행사된 결과로 채무자의 재산에 회복된 재산이 현존한다면 그것은 부인의 상대방에게 반환되어야 한다.[254] 부인의 청구를 인용한 결정에 대한 이의의 소의 경우도 마찬가지임은 앞에서 본 바와 같다.

마찬가지로 관리인이 신청한 채권조사확정재판에 대하여 제기된 이의의 소에서 항변의 방법으로 부인권이 행사된 후 소송의 계속 중에 회생절차가 종료한 때에는 그 소송절차는 중단되고 채무자와 사이에서 수계되지만, 부인의 항변은 이유 없게 된다.[255]

(2) 회생절차종결과 부인의 소

회생절차가 종결되면 부인권이 소멸하므로 관리인이 회생절차개시 후 제기한 부인의 소가 계속되고 있는 경우 실무적으로 종결을 주저하는 경우가 있다. 그런데 부인의 소를 유지하기 위해 회생절차종결을 늦추는 것도 기업의 조속한 사회복귀라는 측면에서 적절하지 않다. 그래서 실무적으로는 부인의 소를 유지할 회생계획 수행기구(PCLV, Postconfirmation Liqudation Vehicles)를 활용하고 있다. 종결 전에 회생계획 수행기구를 만들어 부인의 소를 유지하도록 하고 채무자에 대하여는 회생절차를 종결하는 것이다. 관련 내용은 〈제16장 제1절 Ⅱ.2.〉(본서 1067쪽 각주 1))를 참조할 것.[256]

---

252) 대법원 1995. 10. 13. 선고 95다30253 판결 참조. 다만 견련파산의 경우 부인의 소는 파산관재인이 수계한다(제6조 제6항).

253) 대법원 2004. 7. 22. 선고 2002다46058 판결, 대법원 2006. 10. 26. 선고 2005다75880 판결 등 참조.

254) 또한 부인소송이 계속 중에 회생절차가 종료된 경우 관리인이 당사자적격을 상실하여 소송이 중단되고 채무자가 소송을 수계하지만, 부인권은 소멸되었을 뿐만 아니라 부인권 자체는 관리인 이외의 자가 행사할 수 없기 때문에, 소송을 유지하기 위해서는 채무자가 다른 주장을 하지 않으면 안 된다.

255) 대법원 2016. 4. 12. 선고 2014다68761 판결(☞ 회생절차종결 전에 회생채권조사확정재판에서 피고인 관리인이 항변으로 부인권을 행사하였다고 하더라도 부인권 행사의 효과는 회생절차의 종결로 소멸하였으므로, 부인권 행사의 효과가 유지됨을 전제로 하는 피고의 항변은 받아들일 수 없게 되었다고 본 사례), 대법원 2006. 10. 26. 선고 2005다75880 판결 참조.

256) 부인권이 회생절차종결로 소멸하는 관계로 부인의 소가 계속된 경우 조기종결에 어려운 점이 있다. 본문에서처럼 회생계획 수행기구(분할회사)를 활용할 수 있는 방법이 있지만, 법인격이 없는 사단이나 재단 또는 개인(자연인)의 경우에는 이러한 수행기구를 이용할 수 없다. 수원지방법원 2018회합10036 대한불교영각사재단 사건에서 제3자가 인수하여 회생계획이 인가되었음에도 위 재단이 법인격이 없는 재단으로 수행기구를 둘 수 없어 부인의 소가 대법원에서 확정판결을 받을 때까지 회생절차를 종결하지 못하는 경우가 대표적이다. 이에 대한 해석론적 또는 입법론적 보완이 필요하다. ① 임의적 소송담당을 인정하는 것이다. 회생계획에서 관리인(또는 제3자)에게 부인의 소를 담

(3) 견련파산의 경우

채무자에 대하여 회생계획인가가 있은 후 회생절차폐지의 결정이 확정되더라도 제6조 제1항에 의한 직권 파산선고에 의하여 파산절차로 이행된 때에는, 제6조 제6항에 의하여 파산관재인은 종전의 회생절차에서 관리인이 수행 중이던 부인권 행사에 기한 소송절차를 수계할 수 있고, 이러한 경우 부인권 행사에 기한 소송은 종료되지 않는다.[257] 회생계획인가 전 회생절차 폐지결정 등이 확정되어 파산선고가 된 경우에도 마찬가지이다(제6조 제6항).

선행하는 사해행위취소소송이 관리인에 의하여 부인소송으로 수계된 후에 회생절차가 종료한 경우에는 다시 부인소송절차가 중단되고, 회생절차개시 전에 사해행위취소소송을 제기하였던 회생채권자는 소송을 수계하여야 한다(제113조 제2항, 제59조 제4항).

3. 부인권 행사의 효과

가. 부인의 범위

(1) 부인의 불가분성

권리행사의 범위는 앞에서 본 바와 같이(본서 425쪽) 채권자취소권과 달리 채권자의 채권액에 제한되지 않는다.[258] 회생절차에서는 부인권 행사 단계에서 채권조사를 거쳐 모든 회생채권 등이 확정되었다고 볼 수 없는 점, 부인권은 일탈된 채무자의 일반재산을 원상으로 회복시켜 회생채권자 등에 대한 변제재원을 확보하기 위한 목적으로 행사되는 것이므로 채무초과를 회복하는 것에 필요한 범위에서만 부인의 효과를 제한할 필요가 없다는 점, 채권자취소권은 개별 채권자가 자신의 채권확보를 도모할 목적으로 행사하는 것임(따라서 원칙적으로 그 채권액에 상응하는 범위에서 사해행위를 취소하지 않으면 안 된다)에 반하여, 부인권은 사해행위 등으로 일탈된 채무자의 일반재산을 원상으로 회복시켜 회생채권자 등에 대한 변제재원을 확보함과 동시

당할 권한을 부여한 경우 관리인 등이 부인의 소를 끝까지 수행할 수 있도록 하는 것이다. 이 경우 회생절차가 종결되면 관리인 등은 채무자를 위한 임의적 소송담당자로서 소송을 소행하는 것이다. ② 회생계획을 통해 부인권의 피담보채권을 관리인 등에게 신탁적으로 양도하는 것이다. ③ 소송신탁을 인정하는 것이다. 소송행위를 주된 목적으로 한 신탁이 원칙적으로 금지된(신탁법 제6조) 우리와는 달리 미국의 경우 위와 같은 소송신탁이 널리 이용되고 있고, 소송뿐만 아니라 기업의 청산과 관련한 포괄적인 업무를 위탁받아 처리하는 청산신탁(Liquidation Trust) 등 각종 청산 수단(Liquidation Vehicles)이 활발하게 논의되고 있다. 회생절차 하에서도 채무자회사의 분할을 통해 사업의 운영 주체와 소송 담당 주체를 분리하는 등 절차진행의 효율을 꾀하기 위한 방안이 시도되고 있는데, 회생절차의 빠르고 효율적인 진행을 위한 소송신탁제도의 도입 필요성을 진지하게 검토해볼 필요가 있을 것이다[David P. Bart, A Practitioner's Guide to Liquidation and Litigation Tursts, American Bankruptcy Institute(2015)]. 독일의 경우는 ①과 ②의 방법이 인정되고 있다고 한다(Reinhard Bork, 220쪽 각주 466)). 우리의 경우 임의적 소송은 원칙적으로 인정되지 않지만, ⓐ 변호사대리 원칙과 소송신탁을 금지하는 법의 취지를 위반할 염려가 없고, ⓑ 이를 인정할 합리적 필요가 있을 때에는 임의적 소송담당을 허용하고 있다(통설·판례). 회생절차종결 당시 부인의 소가 계속 중인 경우에는 위 두 가지 요건이 모두 충족된다고 볼 것이므로 임의적 소송담당이 허용된다고 할 것이다. 입법론적으로는 회생절차에서 위 ①과 ②도 도입할 필요성이 있어 보인다.

257) 대법원 2015. 5. 29. 선고 2012다87751 판결.
258) 대법원 2024. 5. 9. 선고 2023다290482 판결 참조.

에 채무자나 그 사업의 회생을 도모할 목적으로 관리인이 직무상 행사하는 것이므로 채권자취소권자의 채권액에 의한 상한과 같은 제한이 존재한다고 보기 어려운 점 등을 고려하면 권리행사의 범위를 채권자의 채권액으로 제한할 필요가 없기 때문이다. 결국 부인권에 있어서는 개별 채권자의 채권액에 의한 제한이 아니라 회생채권 등 총액에 의한 제약의 유무가 문제되는 것이다.

(2) 부인권의 행사 목적은 채무자 재산의 원상회복이기 때문에 일탈된 재산의 전부 회복을 구하는 것이 원칙이다. 하지만 부인권을 행사하는 경우 사해행위를 하지 않았다면 있었을 책임재산을 회복하도록 하여야 하고, 그보다 더 많은 책임재산을 회복하는 결과를 초래하는 것은 허용되지 않는다. 따라서 일반채권자들의 공동담보에 제공되지 않은 책임재산은 부인의 범위에서 제외되어야 한다.

채무자가 제3자에게 저당권이 설정되어 있는 재산을 양도한 경우, 양도한 재산 중에서 일반채권자들의 공동담보에 제공되는 책임재산은 저당권의 피담보채권액을 공제한 나머지 부분이다. 부인권행사의 대상인 행위는 이와 같이 산정된 일반채권자들을 위한 책임재산의 범위 내에서 성립하므로, 피담보채권액이 양도한 재산의 가액을 초과할 때에는 그 재산의 양도가 부인권행사의 대상이 되지 않는다.[259] 채무자 소유인 여러 부동산에 공동저당권이 설정되어 있는 경우 책임재산을 산정할 때 각 부동산이 부담하는 피담보채권액은 특별한 사정이 없는 한 민법 제368조의 규정 취지에 비추어 공동저당권의 목적으로 된 각 부동산의 가액에 비례하여 공동저당권의 피담보채권액을 안분한 금액이라고 보아야 한다.[260] 공동채무자들이 하나의 부동산을 공동소유하면서 전체 부동산에 저당권을 설정한 경우에도 특별한 사정이 없는 한 위 법리가 적용된다.[261]

(3) 관리인이 부인권을 행사할 시점에는 회생채권, 회생담보권, 채무자의 재산의 가액 등이 모두 확정되는 것은 아니라는 점에 비추어 보면, 관리인이 부인권을 행사한 경우 사해행위에 해당하는 행위의 목적물이 복수이고 가분이라고 하여도, 채무초과액에 대응하는 부분에 제한되지 않고 목적물 전부에 부인의 효력이 미친다고 할 것이다.[262] 예컨대 채무자 A의 모회사 B(100% A주식을 소유하고 있다)가 Y은행으로부터 대출을 받음에 있어 A소유의 토지 10필지를 무상으로 담보제공하는 근저당권설정계약을 체결하였다. 이후 채무자 A에 대하여 회생절차가

---

259) 대법원 2001. 10. 9. 선고 2000다42618 판결 등 참조.
260) 대법원 2003. 11. 13. 선고 2003다39989 판결 등 참조.
261) 대법원 2017. 5. 30. 선고 2017다205073 판결. 건물의 공유자가 공동으로 건물을 임대하고 임차보증금을 수령한 경우 특별한 사정이 없는 한 그 임대는 각자 공유지분을 임대한 것이 아니라 임대목적물을 다수의 당사자로서 공동으로 임대한 것이고 그 임차보증금 반환채무는 성질상 불가분채무에 해당한다(대법원 1998. 12. 8. 선고 98다43137 판결 참조). 임차인이 공유자 전원으로부터 상가건물을 임차하고 상가건물 임대차보호법 제3조 제1항에서 정한 대항요건을 갖추어 임차보증금에 관하여 우선변제를 받을 수 있는 권리를 가진 경우에, 상가건물의 공유자 중 1인인 채무자가 처분한 지분 중에 일반채권자들의 공동담보에 제공되는 책임재산은 우선변제권이 있는 임차보증금 반환채권 전액을 공제한 나머지 부분이다(대법원 2007. 7. 26. 선고 2007다29119 판결, 대법원 2013. 8. 22. 선고 2012다110064 판결 등 참조).
262) 倒産判例百選, 90쪽.

개시되었고, 관리인 X는 Y를 상대로 부인의 소를 제기하였다. 이 경우 가사 1필지 토지의 회복만으로도 적극재산이 소극재산을 넘더라도 부인권 행사는 근저당권설정계약 전체에 미치는 것이므로[263] 토지 10필지 전부에 대하여 부인등기절차를 명하여야 한다.

나. 원상회복

(1) 효력 일반―물권적 복귀와 상대효

부인권의 행사로 당해 재산은 채무자의 소유로 회복된다(제108조 제1항). 부인권 행사의 효과는 물권적으로 발생하고, 관리인의 부인권 행사에 의하여 일탈되었던 재산은 상대방의 행위를 기다리지 않고 당연히 채무자에게 복귀한다(물권적 효과설).[264] 다만 그 효과는 전득자에 대한 부인이 수익자에 대한 부인과 별도로 규정되어 있고, 부인은 회생절차와의 관계에서만 효과를 인정하는 것으로 충분하다(부인권이 채무자 재산의 회복을 목적으로 하는 것인 이상, 부인권의 효과도 채무자 재산과의 관계에서 발생하면 충분하고 거래의 안전을 보호하는 것도 필요하다)는 점을 고려하면, 회생절차 내에서 관리인과 부인의 상대방(수익자 또는 전득자) 사이에서만 생기고 제3자에 대해서는 효력이 미치지 않는다(상대적 무효설).[265] 즉 부인권 행사의 효과로 부인대상 행위는 무효이지만, 그 무효는 상대방과의 관계에서(인적 상대효)[266] 또한 회생절차와의 관계에서(절차적 상대효) 상대적으로 발생하는 것에 지나지 않는다(부인효과의 상대성).[267]

부인의 효과는 상대적이므로 소멸시효의 효과가 부인된 경우 관리인은 상대방인 제3채무자에 대하여 채무의 이행을 청구할 수 있는 반면, 채무자와 채무자에 대하여 채무를 부담한 제3

---

263) 여기서 문제가 되는 것은 대상행위 시에 있어 채무나 재산의 가액이지만, 대상행위에 의하여 발생한 채무초과액을 확정하는 것은 어렵고, 나아가 제도상으로도 예정하고 있지 않다.

264) 여기서 복귀란 관념적인 권리의 이전을 의미하기 때문에, 실제로 관리인이 그 재산권을 관리처분하기 위해서는, 상대방으로부터 임의로 목적물을 반환받거나 인도 등을 구하는 강제집행을 하는 등의 구체적인 행위가 필요하다. 반면 부인의 대상이 채무면제인 경우에는, 부인권을 행사하면 채권은 당연히 부활하므로, 해당 채권의 현실적인 지배를 위해 별도로 어떠한 행위를 할 필요는 없고, 관리인은 부인권을 행사하면서 채무의 이행을 구하는 소송을 제기할 수 있다.

265) 예컨대 채무자 A와 상대방 Y사이에 행하여진 부인대상행위가 부인된 때에도, 그 사이에 Y가 해당 행위의 목적물을 제3자인 Z에게 양도한 경우에는, Z와의 관계에서는 관리인 X에 의한 부인권 행사의 효과가 당연히는 미치지 아니하고, 효과를 미치게 하기 위해서는 전득자 Z에 대하여 독립적인 부인권 행사(제110조)를 하여야 한다.

266) 관련 내용은 〈제3편 제5장 제2절 V.3.가.(1) 각주 124)〉(본서 1392쪽)을 참조할 것.

267) 따라서 ① 부인권 행사의 상대방이 수익자인 경우 수익자에 대한 부인의 효과는 당연히는 전득자에게는 미치지 않고, 전득자에 대하여 부인의 효과를 주장하기 위하여는, 전득자에 대한 부인으로서 특별한 요건(제110조)이 만족되어야 한다. 또한 부인권 행사의 상대방이 전득자인 경우 수익자나 그 전득자 외의 전득자에 대하여는 그 효과가 미치지 않는다. ② 부인에 의해 회복된 재산이 환가되지 않고 회생절차가 회생계획인가 전에 종료된 경우(회생절차개시결정취소, 회생절차폐지, 회생계획불인가결정이 된 경우) 부인권 행사의 효과는 소멸하고(절차적 상대효), 해당 행위는 당사자 사이에 유효한 것으로 되기 때문에, 당해 재산은 부인의 상대방에게 반환하여야 한다. ③ 회생채권자 등에게 100%로 변제하고도 여전히 부인의 결과로 채무자의 재산으로 회복된 재산이 남아있는 경우, 잔여재산은 채무자가 아닌 부인의 상대방인 수익자 또는 전득자에게 반환하여야 한다. 상속재산파산과 관련하여서는 이를 명시적으로 규정하고 있다(제402조). ④ 회생계획인가결정 후 폐지된 경우는 어떤가. 재건형절차인 회생절차에서는 재산의 환가를 예정하고 있지 않기 때문에 회생절차 중 종료된 경우 일률적으로 부인의 효과를 소멸시킬 필연성은 크지 않다. 회생계획인가결정 후 폐지된 경우에는, 부인권 행사에 의해 회복된 재산을 기초로 하여 일응 회생계획을 수행하는 것이므로, 부인의 효과를 소멸시키면, 회생계획 수행에 의해 형성된 법적 효과를 복멸시켜 법적 안정성을 손상시킬 것이다. 회생절차종결결정이 있었던 경우에도 마찬가지이다.

채무자 사이에는 여전히 채권이 시효완성으로 소멸된 것으로 취급된다.

(2) 효력의 발생시기

부인권행사의 효력은 그 의사표시의 효력이 상대방에게 도달한 때, 즉 부인권행사의 취지가 기재된 서면이 상대방에게 송달된 때 발생한다(의사표시설 또는 행사시설). 따라서 상대방은 부인의 청구서 또는 소장·준비서면(항변의 경우)을 송달받은 때부터 원상회복으로 반환할 금액에 대한 지연손해금을 지급할 의무가 있다.[268]

(3) 금전의 반환[269]과 이자

채무자로부터 상대방에게 금전의 증여나 금전채무의 변제 등의 금전급부가 행하여졌고 그것이 부인된 경우, 금전에는 특정성이 없으므로 금전의 당연복귀라는 것은 있을 수 없다. 따라서 이 경우 상대방은 채무자의 재산에 대하여 채무자로부터 수령한 금액과 동액의 금전 및 교부받은 날(실제로 금전을 지급받은 때)[270] 이후의 법정이자를 반환할 의무를 부담하고, 한편 소로써 부인권을 행사함과 아울러 원상회복으로 금전의 반환을 구하는 경우 채무자는 그 소장 부본을 송달받은 다음 날부터 반환의무의 이행지체로 인한 지체책임을 진다.[271] 법정이자율은 대상행위의 성질에 따라 민사법정이율(민법 제379조) 또는 상사법정이율(상법 제54조)에 의한다. 부인권행사에 따른 원상회복 등에 관한 이행판결에 대해서는 가집행 선고가 가능하다.[272]

(4) 원상회복의 상대방

채권자취소권에서는 원상회복의 상대방을 채무자 대신 채권자로 할 수 있지만,[273] 부인권의 행사에서는 관리인(원고)만이 원상회복의 상대방이 된다.

---

268) 대법원 2007. 10. 11. 선고 2005다43999 판결 참조.
269) 부인권 행사에 의하여 발생하는 금전지급청구권과 아래의 가액배상청구권은 채권적 청구권에 지나지 않는다. 즉 부인권 행사의 효과는 물권적 효과가 아니라 채권적 효과이다. 따라서 이러한 경우에는 부인권을 행사하여도 관념적인 원상회복은 없다. 원상회복은 관념적인 것과 현실적인 것이 일괄하여, 즉 일괄원상회복으로서 금전지급청구권이나 가액배상청구권이라는 채권적 청구권의 이행으로 실현되는 것이다.
270) 부인대상행위가 없었더라면 그 날로부터 채무자가 금전을 이용할 수 있었을 것이므로 행위 당일(교부받은 날)로부터 기산한다(대법원 2006. 10. 26. 선고 2005다76753 판결 참조).
271) 대법원 2014. 9. 25. 선고 2014다214885 판결(부인권 행사에 따른 원상회복은 부인된 행위가 없었던 원상태로 회복되게 하는 것을 말하므로, 채무자의 채권자에 대한 변제행위가 부인된 결과 채권자가 변제받은 금액을 반환하는 경우 변제받은 날부터 발생한 법정이자 역시 과실로서 함께 반환되어야 하고, 한편 소로써 부인권을 행사함과 아울러 원상회복으로 금전의 반환을 구하는 경우 채무자는 그 소장 부본을 송달받은 다음 날부터 반환의무의 이행지체로 인한 지체책임을 진다고 할 것이다).
272) 대법원 2000. 3. 13. 자 99그90 결정(가집행의 선고는 상소권의 남용을 억제하고 신속한 권리실행을 허용함으로써 국민의 재산권과 신속한 재판을 받을 권리를 보장하기 위한 제도이므로, 이러한 가집행제도의 취지와 부인권을 소제기의 방법 외에 부인의 청구 또는 항변 등으로도 행사할 수 있는 점 등을 고려하면, 부인의 소와 병합하여 금전의 지급을 구하는 경우 그 청구를 인용할 때에는 금전지급을 명하는 부분에 대하여는 가집행을 허용할 수 있는 것으로 해석함이 타당하다).
273) 대법원 2008. 4. 24. 선고 2007다84352 판결, 대법원 2003. 11. 28. 선고 2003다50061 판결, 대법원 1999. 8. 24. 선고 99다23468,23475 판결 등 참조.

(5) 원상회복의 방법

부인에 따른 원상회복은 원칙적으로 목적물 자체의 반환으로 해야 하고, 그것이 불가능하거나 현저히 곤란한 경우에 한하여 예외적으로 가액반환으로 해야 한다. 원물반환이 불가능하거나 현저히 곤란한 경우란 원물반환이 단순히 절대적·물리적으로 불가능한 경우만을 뜻하는 것이 아니라 사회생활상 경험법칙이나 거래 관념에 비추어 관리인이 수익자나 전득자로부터 이행의 실현을 기대할 수 없는 경우도 포함한다.[274]

(가) 원물반환

원상회복은 사해행위가 있기 전의 상태로의 복귀를 의미한다. 따라서 사해행위의 목적물 자체의 반환이 가능한 경우에는 원칙적으로 그 목적물의 반환을 청구하여야 한다.

(나) 가액배상

관리인이 부인권을 행사할 당시 이미 그 대상이 되는 재산이 물리적으로 멸실, 훼손되거나 상대방이 제3자에게 처분하여 현존하지 않는다면 가액배상을 청구할 수 있다.[275] 목적물이 처분되어 가액의 상환을 구할 경우 상대방은 공익채권으로서 반대급부반환과의 동시이행항변권을 행사할 수 있다(제108조 제3항 제2호 참조). 한편 채무자가 반환받아야 할 재산의 가액(가액배상청구권 등)과 부인행위 상대방의 공익채권은 당연히 공제되는 관계가 아니라 서로 상계 가능한 관계일 뿐이다.[276] 예컨대 부인권이 행사된 결과 채무자가 상대방에 대하여 원상회복으로 42억 원의 가액배상청구권이 있고, 상대방은 채무자에 대하여 공익채권으로 11억 원을 가지게 된 경우 11억 원이 42억 원에서 당연히 공제되어 차액 31억 원만 반환하면 되는 것이 아니다.

채무자회생법은 가액배상을 직접적으로 규정하고 있지 않으나 부인권제도의 취지와 선의의 무상취득자의 현존이익 반환의무를 규정한 제108조 제1항, 가액상환에 따른 상대방 채권의 회복을 규정한 제109조 등을 근거로 인정하는 것이 통설이다. 대법원도 질권자가 그 질권의 목적인 유가증권을 처분하여 채권을 회수한 행위에 대하여 부인권이 행사된 경우 그 유가증권의 원상회복에 갈음하여 그 가액의 상환을 청구할 수 있다고 하고 있다.[277]

가액산정의 기준시점은 부인권행사시[278]로 보아야 한다. 부인권은 형성권으로 의사표시를

---

274) 대법원 2018. 12. 27. 선고 2017다290057 판결 참조.
275) 부인권을 행사하여 원물반환(예컨대 부동산 자체의 반환)을 구하는 청구취지 속에는 가액배상을 구하는 취지도 포함되어 있다고 볼 수 있으므로 청구취지의 변경이 없더라도 바로 가액반환을 명할 수 있다(대법원 2002. 11. 8. 선고 2002다41589 판결 참조).
276) 대법원 2022. 8. 25. 선고 2022다211928 판결.
277) 대법원 2003. 2. 28. 선고 2000다50275 판결.
278) 부인의 청구서가 상대방에게 송달된 경우, 부인의 소의 소장부본이 피고에게 송달되거나 항변이 제출된 경우이다. 이에 대하여 상대방으로서는 관리인이 어떤 시점을 선택하여 부인권을 행사하느냐에 따라 상환가액이 변동되어 불측의 손해가 발생할 위험이 있다는 비판이 있다. 이러한 비판을 전제로 부인의 효과로서 원상회복은 부인대상행위에 기한 법률효과를 무효로 하여 당해 행위가 없었던 것과 마찬가지의 상태로 채무자의 재산을 복원하는 것이므로, 목적물의 반환에 대신하는 가액의 반환은 원칙적으로 부인대상행위시를 기준으로 하여야 한다는 견해가 있다(會社更生法, 485쪽).

한 때 효력이 발생하므로 행사시점을 기준으로 상환가액을 결정하는 것이 타당하기 때문이다. 또한 부인의 효과로 원물이 채무자의 재산에 복귀한다면 환가될 수 있는 가액을 산정하자는 데에 있는 것으로 이해된다.

가액상환을 하는 경우 이자를 부가하여 반환하여야 한다. 지연이자의 기산점은 가액상당액의 금전이 채무자의 재산으로 귀속되어야 하는 시점인 부인권행사시[279]로 보아야 할 것이다.[280] 요컨대 가액상환을 청구하는 경우 부인권행사의 효력이 발생하기 전까지는 법정이자를, 부인권행사의 효력발생시기 이후부터는 가액배상에 대한 지연손해금을 각 청구할 수 있다.[281] 지연손해금의 이율과 관련하여 소송촉진 등에 관한 특례법도 적용된다.[282][283]

사해행위취소권·부인권에 있어 일탈재산에 대한 원상회복의 구성

사해행위취소권과 부인권은 모두 일탈재산의 원상회복을 목적으로 한다. 하지만 일탈재산의 원상회복을 어떻게 구성하여 실현하는지에 관하여 현재 학설이나 판례는 양자에 있어 차이를 보이고 있다. 여기서는 먼저 그 차이는 어디에 있는지 살펴보고, 서로 차이를 인정하는 것이 타당한지 간략하게 보고자 한다.[284]

I. 관념적 원상회복과 현실적 원상회복

사해행위취소권 또는 부인권의 행사에 의한 일탈재산의 원상회복은 일반적으로 관념적 원상회복과 현실적 원상회복이라는 2가지 단계를 거쳐 실현된다.

---

279) 실무적으로 가액배상을 구하는 경우 지연손해금은 부인의 청구서나 소장부본이 상대방(피고)에게 송달된 다음날부터 구하고 있다.
280) 條解 破産法, 1136쪽, 破産管財の手引, 233쪽, 김주학, 347쪽. 물론 목적물이 상대방에 인도된 때부터 부인권행사시까지의 법정과실에 대한 부당이득의 문제는 별도로 발생한다. 이자의 기산점에 관하여 ① 처분시라는 견해(노영보, 380쪽), ② 부인의 대상이 되는 행위로 인해 상대방이 금전 또는 물품을 수령한 날이라는 견해{정문성, "부인권 행사에 관한 실무상 몇 가지 쟁점", 도산법연구 제2권 제2호(2011년 11월), 사단법인 도산법연구회[편], 51쪽}도 있다.
281) 대법원 2007. 10. 11. 선고 2005다43999 판결(부인권의 행사는 파산재단을 원상으로 회복시킨다고 규정하고 있는바, 이와 같은 부인권 행사에 따른 원상회복은 부인된 행위가 없었던 원상태로 회복되게 하는 것을 말하므로, 채무자의 제3자에 대한 금전채권의 양도행위가 부인된 결과 제3자가 당해 채권의 추심에 의하여 얻은 금전 상당액을 반환하는 경우 추심일로부터 발생한 법정이자 역시 과실로서 함께 반환되어야 할 것이고, 한편 소로써 부인권을 행사함과 아울러 원상회복으로 금전의 반환을 구하는 경우 채무자는 그 소장을 송달받은 다음날부터 반환의무의 이행지체로 인한 지체책임을 진다고 할 것이다) 참조.
282) 부인의 의사표시가 상대방에게 도달할 때 원상회복의무를 부담하게 되고(기한이 없는 채무이다), 채무이행의 기한이 없는 채무는 이행의 청구를 받은 때부터 지체책임이 있다(민법 제387조 제2항). 채무이행의 기한이 없는 경우에는 그 청구를 받은 날을 도과할 때 비로소 지체의 책임을 진다(대법원 1972. 8. 22. 선고 72다1066 판결). **사례** 관리인이 채무자의 수익자에 대한 2019. 12. 15. 자 행위를 부인의 대상으로 하여 수익자를 상대로 2020. 1. 28. 부인의 소를 제기하였고, 2020. 2. 5. 부인의 소장이 상대방에게 송달되었다. 만약 원상회복으로 2억 원의 가액배상을 할 경우 이자는 2020. 2. 6.부터 다 갚는 날까지는 반환의무 이행지체에 따른 지연손해금을 지급할 의무가 있다. 2019. 12. 15.부터 2020. 2. 5.까지의 법정과실에 대하여는 별도의 부당이득반환문제가 발생한다.
283) 채권자취소권에서의 가액배상의무는 사해행위의 취소를 명하는 판결이 확정된 때에 비로소 발생하므로 가액배상을 구하는 취소채권자의 소는 장래의 이행의 소이다. 그러므로 그 판결이 확정된 다음날부터 이행지체 책임을 지게 되고, 따라서 소송촉진 등에 관한 특례법 소정의 이율은 적용되지 않고 민법 소정의 법정이율이 적용된다(대법원 2009. 1. 15. 선고 2007다61618 판결 대법원 2002. 3. 26. 선고 2001다72968 판결 참조).
284) 民法と倒産法, 201~249쪽.

1. 관념적 원상회복

사해행위취소권 또는 부인권의 행사에 의해 재산권 변동의 원인이 된 사해행위 또는 부인대상행위가 취소 또는 부인된 경우, 일탈재산의 원상회복을 실현하기 위해서는 먼저 그 재산권이 채무자 또는 채무자의 재산에 복귀하지 않으면 안 된다. 이러한 의미에서의 원상회복을 관념적 원상회복이라 한다.

사해행위취소권 또는 부인권 행사의 효과로서 물권적 효과가 인정되면(현재의 통설·판례이다), 재산권은 그 효과에 의하여 당연히 채무자 또는 채무자의 재산으로 복귀한다. 즉 물권적 효과가 발생한다면 이것에 의해 관념적으로 원상회복이 되는 것이다.

2. 현실적 원상회복

물권적 효과에 의해 관념적으로 원상회복이 되어도, 그것만으로는 일탈재산의 원상회복이라는 현실적 목적이 달성되지 않는다. 즉 사해행위 또는 부인대상행위인 재산권 변동의 원인이 되는 행위에 기하여, 부동산에 대한 등기명의가 이전되거나 동산이 인도된 때에는, 그 부동산의 등기명의 회복 또는 부인의 등기를 하거나 동산의 인도를 받지 않으면, 일탈재산의 원상회복이라는 목적이 달성되지 않는다. 그 경우에 있어 일탈재산의 원상회복이라는 목적을 달성하기 위한 원상회복을 현실적 원상회복이라 한다.

3. 고유권형 현실적 원상회복과 비고유권형 현실적 원상회복

현실적 원상회복을 실현하기 위한 방법으로 2가지가 있다.

① 하나는 취소채권자 또는 부인권을 행사하는 관리인이, 그 취소채권자 또는 관리인에게 속하는 현실적인 원상회복에 관한 청구권을 행사하는 것에 의하여 실현하는 것이다.

② 둘은 취소채권자 또는 부인권을 행사하는 관리인이, 채무자 또는 채무자의 재산에 속하는 현실적 원상회복에 관한 청구권을, 채권자로서 대위 행사하는 것 또는 관리인에게 전속하는 채무자의 재산에 속하는 재산에 대한 관리처분권에 기하여 행사하는 것에 의하여 실현하는 것이다.

①과 ②는 현실적 원상회복이 취소채권자 또는 부인권을 행사하는 관리인에 속하는 현실적인 원상회복에 관한 청구권을 행사함으로써 되는 것인지 아닌지가 서로 다르다. 그래서 ①은 고유권형 현실적 원상회복이라 부르고, ②는 비고유권형 현실적 원상회복이라고 한다.

Ⅱ. 사례를 통한 분석

1. 구체적인 사례

가. 사해행위취소권

사례1-1 A는 B에게 자기 소유 건물을 증여한 후 소유권이전등기를 마쳐주었다. P는 증여 전에 A에 대하여 5,000만 원의 대여금채권을 가지고 있었다. P는 B를 피고로 하여 사해행위취소의 소를 제기하였다. 사해행위취소권의 요건은 모두 갖추었다.

사례2-1 A는 B에게 자기 소유의 그림을 증여한 후 인도하였다. P는 증여 전에 A에 대하여 5,000만 원의 대여금채권을 가지고 있었다. P는 B를 피고로 사해행위취소의 소를 제기하였다. 사해행위취소권의 요건은 모두 갖추었다.

나. 부인권

사례1-2 A는 B에게 자기 소유 건물을 증여한 후 소유권이전등기를 마쳐주었다. A에 대하여 회생절차가 개시되었고 P가 관리인으로 선임되었다. P는 B를 피고로 부인의 소를 제기하였다. 부인권의 요건은 모두 갖추었다.

사례2-2 A는 B에게 자기 소유의 그림을 증여한 후 인도하였다. A에 대하여 회생절차가 개시되었고 P가 관리인으로 선임되었다. P는 B를 피고로 부인의 소를 제기하였다. 부인권의 요건은 모두 갖추었다.

2. 관념적 원상회복

P가 사해행위취소권이나 부인권을 행사한다면, 건물이나 그림의 소유권이 채무자나 채무자의 재산에 당연히 복귀한다(물권적 효과).

3. 현실적 원상회복

가. 사해행위취소권의 경우: 고유권형의 현실적 원상회복

(1) **사례1-1** 의 경우

P의 B에 대한 소에 의한 청구는 ① A와 B사이의 증여계약의 취소와 ② A로부터 B로의 소유권이전등기의 말소등기절차이행청구 또는 B로부터 A로의 소유권이전등기절차이행청구이다. 이 중 ②는 P가 사해행위취소권의 내용으로 자기에게 속하는 현실적인 원상회복에 관한 청구권을 행사하는 것이다.

(2) **사례2-1** 의 경우

P의 B에 대한 소에 의한 청구는 ① A와 B사이의 증여계약의 취소와 ② B로부터 A로의 인도청구 또는 B로부터 P로의 인도청구이다. 이 중 ②는 P가 사해행위취소권의 내용으로 자기에 속하는 현실적인 원상회복에 관한 청구권을 행사하는 것이다.

(3) 소결

사해행위취소권에 있어서 현실적 원상회복은 고유권형의 방법에 의하여 실현된다.[285]

나. 부인권의 경우: 비고유권형의 현실적 원상회복

(1) **사례1-2** 의 경우

P가 B에 대하여 제기한 'A로부터 B로의 소유권이전등기원인의 채무자회생법에 의한 부인등기절차이행청구'는 다음과 같이 구성된다. ① P의 부인권 행사가 인정되면 A와 B사이의 증여계

---

285) ① **채무면제의 취소의 경우** 채무면제를 사해행위로 취소한 때에는, 취소하면 그것만으로도 된다. 예컨대 A가 B에 대한 차용금채무를 면제한 후 차용금채무의 면제를 사해행위로 취소하면, 그 결과 차용금채무는 당연히 부활한다. 즉 이 경우 물권적 효과가 발생하고, 이에 의해 관념적 원상회복이 된다면, 원상회복의 목적은 달성된다.

② **취소와 관련된 금전지급청구·가액배상(상환)청구의 경우** 금전지급청구나 가액배상청구권은 채권적 청구권에 불과하다. 즉 취소의 효과는 물권적 효과가 아니라 채권적 효과이다. 이 경우 사해행위가 취소되어도 관념적 원상회복은 되지 않는다. 원상회복은 취소에 의해 생긴 금전지급청구권이나 가액배상청구권이라는 채권적 청구권의 이행에 의하여 실현되는 것이다.

①, ②는 부인권을 행사하여 원상회복하는 경우에도 마찬가지이다. 한편 ②와 관련하여 사해행위취소권을 행사한 경우에는 취소채권자는 사실상 우선변제를 받을 수 있다(채권회수권능, 하지만 원상회복은 실현되지 않는다). 반면 부인권을 행사한 경우에는 채권회수권능이 존재하지 않는다.

약은 부인된다. 이에 의해 건물의 소유권은 채무자의 재산에 당연히 복귀된다. ② P의 B에 대한 A로부터의 B로의 소유권이전등기원인의 채무자회생법에 의한 부인등기절차이행청구는, 채무자의 재산에 당연히 복귀한 건물의 소유권에 기한 방해배제청구권을, P가 자신에게 전속한 채무자의 재산에 속한 재산에 대한 관리처분권에 기하여 행사하는 것으로 본다. 다시 말하면 P의 B에 대한 A로부터 B로의 소유권이전등기원인의 채무자회생법에 의한 부인등기절차이행청구는, P에 속한 청구권의 행사로서 하는 것이 아니다.

(2) 사례2-2 의 경우

P가 B에 대하여 제기한 B로부터 P로의 인도청구는 다음과 같이 구성된다. ① P의 부인권 행사가 인정된다면, A와 B 사이의 증여계약은 부인된다. 이에 의해 그림의 소유권이 채무자의 재산에 당연히 복귀된다. ② P의 B에 대한 B로부터 P로의 그림 인도청구는, 채무자의 재산에 당연히 복귀한 소유권에 기한 반환청구권을, P가 자신에게 전속하는 채무자의 재산에 속한 재산에 대한 관리처분권에 기하여 행사하는 것으로 본다. 다시 말하면 P의 B에 대한 A로부터 P로의 그림 인도청구는, P에 속한 청구권의 행사로서 하는 것이 아니다.

(3) 부인등기절차이행청구와 부인등기에 대한 성질과의 관계

부인등기의 성질에 관하여 특수등기설(본서 498쪽)에 의하면, 부인의 등기로서 하여야 할 등기는 A로부터 B로의 소유권이전등기원인의 채무자회생법에 의한 부인의 등기이다. 부인권은 관리인이 행사하는 것이다(제105조 제1항). 관리인에 의한 부인권의 행사는 관리인에 귀속하는 부인권을 행사하는 것이다. 결국 부인권의 귀속·행사 주체는 관리인이다. 그래서 특수등기설에 의하면 부인등기는 부인의 효과의 특성을 고려하여, 부인에 의한 권리변동이라는 특별한 권리변동을 공시하기 위하여 채무자회생법에 의해 인정되는 특수한 등기이다. 그렇다면 부인등기절차이행청구도 채무자회생법에 의해 부인권이 귀속하는 관리인에게 인정되는 특수한 등기청구권의 행사로 하는 것으로 보아야 한다. 이에 의하면, 특수등기설을 전제로 한 부인등기절차이행청구는 P에게 속한 청구권의 행사, 즉 고유권형의 현실적 원상회복으로 하는 것이라고 하여야 할 것이다.

Ⅲ. 결 론

위에서 본 바와 같이 사해행위취소권에 있어서 현실적 원상회복은 고유권형의 방법에 의하여 실현된다. 반면 부인권에 있어서 현실적 원상회복은 원칙적으로 비고유권형의 방법에 의하여 실현된다. 다만 특수등기설에 의한 부인등기의 경우에는 고유권형 방법에 의하여 실현된다.

한편 현실적 원상회복에 있어 이러한 차이는 평가에서 차이가 있어서가 아니라 순수한 구성의 차이에서 비롯된 것에 불과하다. 따라서 통일시킬 필요가 있다. 사해행위취소권에 있어 일탈재산의 원상회복의 구성과 부인권에 의한 일탈재산의 원상회복의 구성에서는 후자를 전자로 일치시키는 것이 바람직하다. 즉 사해행위취소권이나 부인권에 있어 일탈재산의 원상회복은 어느 것이나 고유권형의 방법이 인정되어야 한다. 왜냐하면 그렇게 하는 것이 구성에 있어 간명하고, 부인권의 경우에도 특수등기설에 의한 부인등기나 금전지급청구권·가액배상청구권은 고유권형 방법에 의하여 원상회복이 실현되기 때문이다.

다. 무상부인과 선의자 보호

무상부인의 경우에는 상대방의 선의, 악의를 불문하므로 상대방에게 가혹한 결과를 초래할 수 있다. 회생절차는 선의의 상대방을 보호하기 위하여 반환의 범위를 경감하여 이익이 현존하는 한도 내에서 상환하도록 하고 있다(제108조 제2항). 반환의 범위를 현존이익으로 제한하는 취지는 무상으로 이익을 받은 선의의 수익자가 당해 이익을 소비·상실하여 버린 경우까지 채무자에 대하여 완전한 원상회복의무를 부담하도록 하는 것은 가혹하기 때문이다.

전득자에 대해서도 전득 당시 선의였다면 역시 이익의 현존하는 범위 내에서 상환하도록 하고 있다(제110조 제2항).

선의란 수익자가 채무자와 사이에 부인의 대상이 될 행위를 할 당시에 그 행위가 회생채권자 등을 해한다는 것과 채무자에 대하여 지급정지 등이 이루어진 사실을 알지 못한 것을 의미한다. 현존이익이란 수익자가 부인의 대상이 되는 행위로 취득한 목적물, 목적물에 기한 이익이나 과실 또는 그 목적물의 멸실에 따른 손해배상청구권이나 보험금청구권이 현재 수익자에게 귀속되어 있는 것을 말한다.

선의를 주장하는 수익자가 부인의 대상이 되는 행위 당시에 선의라는 사실과 자신에게 현존이익이 존재하지 않거나 일정액밖에 존재하지 않는다는 사실을 증명할 책임이 있다.

라. 상대방의 지위

(1) 반대급부의 반환청구 (제108조 제3항)

부인권은 채무자의 재산을 부인의 대상이 되는 행위 이전의 상태로 원상회복 시키는 데에 있을 뿐 채무자로 하여금 부당하게 이익을 얻게 하려는 것이 아니므로 채무자의 행위가 부인된 경우에는 채무자의 급부에 대하여 한 상대방의 반대급부는 채무자의 재산에서 반환되어야 한다.[286] '반대급부'라 함은 부인의 목적인 채무자의 행위의 대가로 채무자가 얻은 급부를 말한다.[287]

채무자의 행위가 부인된 경우 상대방[288]은 채무자가 받은 반대급부가 채무자의 재산에 현존하고 있는지 여부에 따라 권리행사방법이 달라진다.

① 채무자가 받은 반대급부가 채무자의 재산 중에 현존하고 있다면 상대방은 그 반환을 구할 수 있다(제108조 제3항 제1호). 반대급부의 반환과 관련하여 상대방에게 환취권을 인정하는

---

286) 반대급부의 반환이 문제가 되는 것은 일반적으로 사해행위부인의 경우이다. 편파행위부인의 경우에는 편파행위로 수익자에 대하여 한 변제나 담보제공을 채무자의 재산에 반환시키고, 이에 따라 상대방의 채권을 부활시키면 충분하기 때문에(제109조), 반대급부의 반환을 청구하기 위한 상대방의 지위를 고려할 필요가 없다.

287) 대법원 2009. 5. 28. 선고 2005다56865 판결.

288) 상대방에 부인대상행위의 상대방(수익자)이 포함된다는 것은 문제가 없다. 전득자에 대하여 부인권이 행사된 경우 전득자가 상대방에 포함되는가. 부인대상행위는 어디까지나 채무자와 수익자 사이의 행위이므로, 채무자의 재산에 대한 반대급부의 반환(상환)청구권을 가지는 것은 수익자만이라고 생각되는 점, 제108조는 전득자에 대한 부인을 규정한 제110조보다 앞에 위치하여 있으므로 제108조는 전득자부인을 대상으로 하지 않는 규정이라고 생각되는 점에서 보면 전득자는 상대방에 포함되지 않는다고 해석된다.

취지이다. 상대방은 관리인에게 대하여 동시이행의 항변권을 행사할 수 있다. 따라서 상대방은 관리인이 반대급부를 이행(제공)하기 전까지는 원상회복의무의 이행을 거절할 수 있다. 현존하는지에 대한 판단의 기준시점은 변론종결시이다.[289]

② 채무자가 받은 반대급부 자체는 현존하지 않으나 그 반대급부로 인하여 생긴 이익의 전부가 현존하고 있다면 상대방은 현존이익을 공익채권자로서 상환을 청구할 수 있다(같은 항 제2호). 따라서 상대방은 반대급부가 현존하지 않아도 다른 회생채권자 등보다 우선하여 회생절차에 의하지 않고 현존이익(반대급부의 가액상환청구권)을 청구할 수 있다. 현존이익(가액)의 평가기준시는 관리인의 가액상환청구권의 경우와 마찬가지로 부인권행사시를 기준으로 하여야 할 것이다. 주의할 것은 앞에서 본 바와 같이 채무자가 반환받아야 할 재산의 가액(가액배상청구권 등)과 부인행위 상대방의 공익채권은 당연히 공제되는 관계가 아니라 서로 상계 가능한 관계일 뿐이다.[290]

반대급부가 금전인 경우 이익이 현존한다고 볼 수 있는가.[291] 부당이득으로 취득한 것이 금전상의 이득인 때에는 그 금전은 이를 취득한 자가 소비하였는지 여부를 불문하고 현존하는 것으로 추정되므로,[292] 채무자가 부인행위 상대방으로부터 취득한 반대급부가 금전상의 이득인 때에는 특별한 사정이 없는 한 반대급부에 의하여 생긴 이익이 현존하는 것으로 추정된다.[293] 예컨대 채무자가 회생절차개시 전에 영업권 등을 25억 원에 양도(상대방은 채무자에게 25억 원을 송금하였다)한 후 회생절차가 개시되어 영업권 양도가 부인된 경우 채무자에게 25억 원의 이익이 현존하는 것으로 추정된다. 설령 채무자가 위 금전을 사용하여 기존 채권자 중 일부에게 편파변제를 하였다고 하더라도 그 편파변제가 다른 부인권의 대상이 될 뿐 영업권 양도의 반대급부로 인한 이익이 현존하지 않는다고 볼 수 없다.

③ 반대급부 자체는 물론 그 반대급부로 인하여 생긴 이익조차 현존하지 않는다면 상대방은 그 가액의 상환에 관하여 회생채권자로서 권리를 행사할 수 있다(같은 항 제3호).[294]

---

289) 破産法·民事再生法, 583쪽. 부인권의 성질이 형성권이라는 점을 근거로 부인권 행사시를 기준으로 볼 여지도 있으나, 부인권 행사시에 현존하여도 변론종결시에 현존하지 않으면 환취권에 기한 청구를 인용할 여지는 없을 것이다.
290) 대법원 2022. 8. 25. 선고 2022다211928 판결. 다만 채무자의 재산증식이라는 목적을 고려하면, 관리인으로서는 반환받아야 할 재산의 가액에서 상대방의 가액상환청구권을 공제한 차액의 지급을 구하는 것이 보다 간명한 절차이다. 따라서 입법론적으로는 관리인에게 공제를 할 수 있는 선택권을 부여하는 것이 타당하다(차액상환청구권을 인정하고 있는 일본 회사갱생법 제91조의2 제2항, 민사재생법 제132조의2 제4항, 파산법 제168조 제4항 참조). 예컨대 1억 원의 토지를 4,000만 원에 매각한 행위가 부인된 경우, 관리인에게 토지의 반환을 청구하면서 4,000만 원의 공익채권을 변제하는 것과 차액 6,000만 원의 청구 중 선택할 수 있도록 하는 것이다. 관리인으로서는 토지가 채무자 회사의 존속이나 회생에 꼭 필요한 재산이 아니라면 반환받아 매각하여야 하는 관리사무의 부담이 있을 뿐만 아니라 등록면허세 등 세금부담의 문제도 있다.
291) 금전은 특정성이 없고 일반재산에 혼입되기 때문에 일반적으로 현존이익이 인정될 수 없고, 해당 금전으로 매입한 재산이 현존하여도 그것을 현존이익으로 볼 수 없다는 견해가 있을 수 있다.
292) 대법원 2022. 10. 14. 선고 2018다244488 판결, 대법원 2009. 5. 29. 선고 2007다20440, 20457 판결, 대법원 1987. 8. 18. 선고 87다카768 판결 등 참조. 다만 수익자가 급부자의 지시나 급부자와의 합의에 따라 그 금전을 사용하거나 지출하는 등의 사정이 있다면 위 추정은 번복될 수 있다(위 2018다244488 판결, 대법원 2016. 5. 26. 선고 2015다254354 판결, 대법원 2003. 12. 12. 선고 2001다37002 판결 등 참조).
293) 대법원 2022. 8. 25. 선고 2022다211928 판결.

④ 채무자가 받은 반대급부에 의하여 생긴 이익의 일부가 채무자의 재산 중에 현존하는 때에는 공익채권자로서 그 현존이익의 반환을 청구하고 회생채권자로서 반대급부와 현존이익과의 차액의 상환을 청구할 수 있다(같은 항 제4호).

(2) 상대방 채권의 회복

(가) 채권의 회복

채무자의 행위가 부인된 경우, 상대방이 그가 받은 급부를 반환하거나 그 가액을 상환한 때에는 상대방의 채권은 원상으로 회복된다(제109조 제1항). 채무자가 보증인으로서 변제 등을 할 수도 있었을 것이므로 상대방 채권은 채무자에 대한 채권에 한정되지 않는다. 상대방이 일부의 급부를 반환한 경우에는 그 급부에 대응하여 채권도 부활한다.[295)]

부인에 의해 회복되는 상대방의 채권은 부인된 행위의 직접 대상이 된 채권에 한정되지 않고 그 채권의 소멸로 인해 함께 소멸했던 보증채권이나 보험금채권 등 다른 채권도 포함될 수 있다.[296)] 원인채무의 지급을 위해 어음을 배서양도한 경우 원인채무와 어음상 채무가 병존하고 있다가 나중에 어음금이 지급되어 어음상 채무가 소멸하면 원인채무도 함께 소멸한다.[297)] 이러한 경우 어음금 지급행위가 부인되어 어음소지인인 상대방이 어음금을 반환한 때에는 제109조 제1항에 따라 소멸했던 어음상 채권이 회복되고 어음상 채권의 소멸로 인해 함께 소멸했던 원인채권도 회복된다고 봄이 타당하다.[298)]

상대방의 선이행의무를 명시하고 있는 이유는 상대방의 의무를 선이행시켜 먼저 채무자의 재산을 현실적으로 원상회복시킨 후에야 비로소 상대방의 채권을 부활시키겠다는 것이다.[299)] 따라서 상대방은 부활한 채권을 자동채권으로 하여 반환채무와 상계할 수 없다.[300)]

---

294) 반대급부에 의하여 생긴 이익이 채무자의 재산에 현존하는 경우와 현존하지 않는 경우를 구별하여 취급하는 것은 의문이다. 현존하지 않을 경우 회생채권자로 취급하면 위기시기에 채무자와의 거래를 위축시켜 채무자의 회생에 지장을 초래할 수도 있다. 현존하는 경우와 마찬가지로 상대방이 악의가 아닌 한 가액상환청구권에 관한 공익채권자로 인정하여야 할 것이다. 입법론적인 검토가 필요해 보인다.

295) 이에 대하여 아래에서 설명하는 담보·보증 등의 부활과 관계에서 복잡한 문제가 발생하고 문언상으로도 '전액'에 대하여 급부의 반환이나 그 가액의 상환이 있어야 상대방의 채권이 회복된다는 견해도 있다(條解 破産法, 1149쪽). 그러나 본 조의 취지는 상대방의 채권을 부활시켜 상대방을 보호하기 위한 것이라는 점을 고려하면, 오히려 '일부'의 급부나 상환이 있는 경우에도 그 비율에 대응하여 채권이 회복된다고 보아야 할 것이다.

296) 대법원 2008. 11. 13. 선고 2006다28119 판결 참조. 제109조 제1항은 '상대방의 채권'이 회복된다고 규정하고 있을 뿐 '상대방의 채무자에 대한 채권'이 부활한다고 규정하고 있지 않은 점, 부인권 행사로 상대방을 더 불리한 지위에 처하게 만드는 것은 부당한 점, 부인권 행사를 둘러싼 이해관계인의 합리적인 이해관계 조정 등을 고려하면, 회복대상을 부인된 행위의 직접 대상이 된 채권에 한정하지 않고 더 넓히는 것도 타당하다고 보인다.

297) 대법원 2003. 5. 30. 선고 2003다13512 판결 등 참조.

298) 대법원 2022. 5. 13. 선고 2018다224781 판결(☞ 어음발행인(어음채무자)이 어음소지인(원고)에게 어음금을 변제한 이후, 어음발행인인 회생회사의 관리인이 그 어음금변제에 관하여 부인권을 행사함으로써 변제받은 어음금을 반환하게 된 어음소지인이, 어음배서인 겸 자신의 물품대금채무자였던 피고를 상대로, 위 부인권 행사로 어음상 채권(소구권)과 원인채권(물품대금채권)이 모두 회복되었다고 주장하며 원인채권(물품대금)의 지급을 구한 사건에서 어음상 채권과 함께 그 원인채권도 회복된다고 인정하여 그와 달리 판단한 원심을 파기한 사안임).

299) 변제행위가 부인됨과 동시에 상대방의 채권이 부활하도록 한다면, 수령한 급부를 그대로 유지한 채 회생채권자로서의 권리행사가 가능하게 되고, 채무자의 재산은 증가하지 않은 상태로 방치되게 된다.

300) 대법원 2007. 7. 13. 선고 2005다71710 판결(부인권이 행사된 경우 상대방이 그 부인의 대상이 되는 행위에 기하여

회복된 채권의 소멸시효는 부활한 때로부터 계산하여야 하고, 소멸된 때로부터 회복된 때까지의 기간은 시효가 진행하지 않는다. 소멸된 때로부터 회복된 때까지의 기간은 제척기간과의 관계에서도 산입하여서는 안 된다.

(나) 요 건

① 채무의 소멸에 관한 행위가 부인될 것

제109조 제1항은 상대방 채권의 부활을 규정한 것이기 때문에 부인의 대상은 채무의 소멸에 관한 행위가 필요하다(제100조 제1항 제2호, 제3호). 본지변제뿐만 아니라 기한 전 변제나 대물변제도 포함된다. 채무자가 임의로 이행한 것인지 집행행위에 의한 것인지도 묻지 않는다. 채무자가 물상보증인으로서 변제한 경우에는 그 담보재산에 대하여 권리의 행사를 받은 경우도 포함된다.

② 상대방이 받은 급부를 반환하거나 그 가액을 상환할 것

'급부의 반환'이란 변제가 금전에 의한 것인 경우에는 금전을 채무자의 재산에 반환하는 것을, 변제가 금전 이외의 재산에 의한 것인 경우에는 그 재산을 채무자의 재산에 반환하는 것을 말한다. '가액의 반환'이란 급부로 반환할 목적물이 멸실 또는 상대방으로부터 제3자에게 양도되어 반환이 불가능하거나 곤란한 경우 목적물의 가액상당액을 채무자의 재산에 지급하는 것을 말한다. 목적물의 가액이 변동된 경우 가액상환은 부인권행사시를 기준으로 할 것이다.

변제로서 받은 것을 반환하는 경우, 수령한 날로부터 기산한 이자를 지급하지 않으면 안 된다. 이 경우 이율은 부인된 거래가 상인간의 것이면 연 6%의 상사법정이율(상법 제54조)이 적용되고, 상인간의 거래 이외의 것이라면 연 5%의 민사법정이율(민법 제379조)이 적용된다.

(다) 담보·보증 등의 부활

상대방의 채권이 부활하면 그에 따른 물적담보나 인적담보도 부활한다. ① 저당권 등 물적담보가 채무자의 재산에 설정되었고, 변제에 의하여 등기가 말소된 경우에는, 관리인은 회복등기의 의무를 부담한다. 다만 담보권의 등기가 말소된 후 목적물이 제3자에게 양도되고 그 등기가 완료되었거나, 말소등기 후 제3자를 위하여 담보권설정등기가 된 경우에는, 제3자의 신뢰를 보호하지 않으면 안 되기 때문에(부활효의 제한), 제3자는 회복등기의 승낙의무를 부담하지 않고(부동산등기법 제59조), 관리인이 새로운 담보권설정 등 담보권부활과 같은 경제적 이익을 제공할 채권적 의무를 부담함에 그친다. 물론 위와 달리 제3자가 부인에 의한 등기말소 전부터 후순위 저당권자였던 경우는 보호의 필요성이 없으므로 제3자는 회복등기의 승낙의무를 부담한다. ② 채무자가 채권자에 대하여 채무변제를 한 경우, 그 변제가 관리인에 의해 부인되고 급부된 것이 채무자의 재산으로 회복된 때에는, 변제와 함께 일단 소멸한 연대보증채무는 당

받은 이행을 원상회복으로 반환하거나 그 가액을 상환한 후에야 비로소 상대방의 채권이 부활하는 것인데, 부인권행사에 기한 이행가액 상환청구에 대하여 상대방이 그 채무의 존재를 다투면서 이를 이행하지 않고 있는 경우 그 상대방의 채권은 아직 부활하지 않았으므로, 이와 같이 부활하지도 않은 채권을 자동채권으로 하는 상계는 그 상계적상을 흠결하여 부적법한 것이다).

연히 부활한다.[301]

관리인의 상대방에 대한 부인소송의 판결은 당연히 제3자인 보증인·물상보증인에게 미치지 않기 때문에(민소법 제218조),[302] 회생채권자 등으로 부활할 가능성이 있는 상대방이 보증·물상보증의 부활을 주장하기 위해서는, 보증인·물상보증인이 부인소송에 보조참가한 경우나 상대방이 보증인·물상보증인에게 소송고지(민소법 제84조)를 한 경우를 제외하고, 보증인·물상보증인에 대하여 부인권의 존재를 증명할 필요가 있다. 구체적으로 상대방이 보증인 등에게 보증채무 등의 이행을 구하는 경우에는 변제의 부인 및 급부의 반환 등의 사실을 주장할 필요가 있다.[303]

(라) 부활한 채권의 행사

1) 채권자는 부활한 채권이 회생채권이나 회생담보권인 경우 그것을 신고하여 회생채권자이나 회생담보권자로서 권리를 행사한다. 채권이 회복된 시점에 신고기간이 경과한 경우에는 회생채권자 등의 책임질 수 없는 사유로 신고기간이 경과한 때가 많을 것이므로 추후보완신고가 가능할 것이다(제152조 제1항). 채무자의 행위가 회생계획안 심리를 위한 관계인집회가 끝난 후 또는 제240조의 규정에 의한 서면결의에 부치는 결정이 있은 후에 부인된 때에는 제152조 제3항의 규정에 불구하고 상대방은 부인된 날로부터 1월 이내에 신고를 추후 보완할 수 있다(제109조 제2항).[304] 상대방으로서는 본래의 채권신고기간 내에 부인권 행사의 주효를 정지조건으로 하는 예비적 신고를 할 수도 있을 것이다.

2) 회생담보권으로 신고된 채권에 대하여 회생회사의 관리인이 조사기일에 이의를 제기하므로 채권자가 제기한 회생담보권확정절차에서 관리인이 채무자회생법상 부인권을 행사하는 경우, 그 부인권의 행사로 인하여 부활될 채권까지 원래의 채권신고내용에 포함되어 신고되었다고는 할 수 없다.[305]

사례 채권자 A는 甲회사에 대하여 대여금채권 1억 원을 가지고 있고, 위 채무에 대하여 대표이사인 乙이 1억 원의 보증채무를 부담하고 있다. 보증채무를 부담하고 있던 乙이 채권자 A에게 6000만 원을 변제하였다. 이후 甲회사에 대하여 법인회생절차가 개시되었고, 채권자 A는 甲회사의 법인회생절차에서 4000만 원을 회생채권으로 신고하였다. 그 후 乙이 개인회생절차에 들어갔는데, 乙의 개인회생절차에서 乙의 보증채무 6000만 원의 변제행위가 부인되었다. 이 경우 채권자 A(보증인의 변제

---

301) 부활효 제한과 관련하여, 구상의무 이행 후 연대채무자의 지위에 관하여는 〈본서 1396쪽 각주 136)〉를 참조할 것.
302) 따라서 보증인 등이 아래에서 보는 바와 같이 보조참가 등을 하는 경우를 제외하고, 보증인 등은 후소에서 주채무 변제에 관한 부인요건이 존재하지 않는다는 것을 주장하여 보증채무 등의 부활 효과를 부정할 수 있다.
303) 破産法·民事再生法, 588쪽 각주 381).
304) 앞에서 본 바와 같이 상대방이 선이행을 한 단계에서 채권이 부활하도록 한다면 채권자 입장에서는 권리행사에 문제가 있을 수 있다. 변제행위가 부인되는 것은 회생절차개시 후이기 때문에 부활하는 채권이 회생채권일 경우 회생채권을 행사할 수 없을 우려가 있다. 그래서 이러한 우려를 없애기 위해 상대방의 채권이 부활한다는 것을 명확히 하여 부인의 효과로서의 법률관계를 명확히 하고, 나아가 추후 보완신고를 할 수 있도록 한 것이다.
305) 대법원 2004. 9. 13. 선고 2001다45874 판결 참조. 예컨대 채권자가 원래 회생담보권으로 신고한 경우, 채권확정절차에서 부인권 행사로 부활할 회생채권까지 예비적으로 신고하는 의사가 포함되었다고 볼 수는 없다.

행위가 부인됨으로써 乙에게 6,000만 원을 반환하였고, 甲회사에 대한 대여금채권 6,000만 원이 부활하였다)는 어떻게 대처하여야 하는가.

1. 甲회사의 회생계획안 심리를 위한 관계인집회 이전에 乙의 개인회생절차에서 부인권이 행사된 경우에는, 제152조(회생채권자 등이 그 책임을 질 수 없는 사유로 인하여 신고기간 안에 신고를 하지 못한 때에는 그 사유가 끝난 후 1월 이내에 추후 보완신고를 할 수 있다)의 규정에 의하여 甲회사의 회생절차에서 A가 6000만 원에 대하여 추후 보완신고를 할 수 있을 것이다.

2. 甲회사의 회생계획안 심리를 위한 관계인집회 이후에 乙의 개인회생절차에서 乙의 6000만 원 변제행위에 대하여 부인권이 행사된 경우에는 제109조 제2항은 "채무자의 행위가 회생계획안 심리를 위한 관계인집회가 끝난 후 또는 제240조의 규정에 의한 서면결의에 부치는 결정이 있은 후에 부인된 때에는 제152조 제3항의 규정에 불구하고 상대방은 부인된 날부터 1월 이내에 신고를 추후 보완할 수 있다"고만 규정하여, 보증인 대표이사 乙의 개인회생절차에서 乙의 변제행위가 부인된 경우 채권자 A의 권리행사방법이 문제된다.

  가. 제109조 제2항 규정이 유추적용되어 부인된 날부터 1월 이내에 甲회사의 회생절차에서 A가 6000만 원에 대한 신고를 추후 보완할 수 있을까. 제109조 제2항은 '채무자의 행위'가 부인된 경우를 전제로 한 것이므로 부정하여야 할 것이다.[306] 하지만 채권자 A는 회생법원이 정한 회생채권의 신고기간이 경과할 때까지는 물론 관계인집회가 끝나거나 서면결의 결정이 되어 더 이상 제152조에 따른 추후보완 신고를 할 수 없는 때까지도 부활한 채권의 취득을 예상하여 회생채권 신고를 할 것을 기대하기 곤란하였다. 만약 이러한 경우까지도 신고기간 내에 회생채권 신고를 하지 않았다고 하여 무조건 실권된다고 하면 이는 국민의 재산권을 기본권으로 보장한 헌법정신에 배치된다. 채권자 A가 회생법원이 정한 신고기간 내에 장래에 행사할 가능성이 있는 채권을 신고하는 등으로 회생절차에 참가할 것을 기대할 수 없는 사유가 있는 때에는, 제152조 제3항에도 불구하고 회생채권 신고를 보완하는 것이 허용되어야 한다. 다만 이는 책임질 수 없는 사유로 회생채권신고를 할 수 없었던 채권자를 보호하기 위한 것이므로 신고기한은 제152조 제1항을 유추하여 그 사유가 끝난 후 1개월 이내에 하여야 한다.[307]

  나. 회생절차가 종결되어 추후 보완신고가 불가능한 경우는 어떤가. 회생회사는 채권자의 손실에 의하여 부당하게 이득을 얻은 것이므로, 채권자는 부활될 채권이 회생채권으로서 회생절차에 신고되었더라면 회생계획에 의하여 변제받을 수 있는 금액[308]에 관하여 회생절차개시 이후에 발생한 부당이득으로서 제179조 제1항 제6호 소정의 공익채권으로 청구할 수 있다고 할 것이다. 따라서 채권자 A는 공익채권자로서 권리행사를 하면 된다.[309]

(3) 관계인집회 이후의 부인권 행사와 상대방 권리의 보호

회생채권자 또는 회생담보권자가 책임질 수 없는 사유로 채권을 신고하지 못하였거나 신고기간이 경과한 후에 당해 채권이 발생한 경우 추완신고가 허용되지만, 회생계획안 심리를 위

306) 다른 한편으로는 제109조 제2항을 유추적용하여 추후 보완신고를 할 수 있다는 견해도 있을 수 있다.
307) 대법원 2016. 11. 25. 선고 2014다82439 판결 참조.
308) 예컨대 회생회사는 상대방에게 부활한 채권과 같은 성질의 채권에 관하여 회생계획에서 인정된 것과 동일한 조건으로 계산한 돈을 지급할 의무가 있다.
309) 대법원 2010. 1. 28. 선고 2009다40349 판결, 대법원 2004. 9. 13. 선고 2001다45874 판결 등 참조. 부활한 채권은 성질상 부당이득반환채권으로서 공익채권에 해당하므로, 회생계획에서 그 변제방법을 변경하기로 정하였더라도 상대방이 이에 동의하지 않은 이상 그 변경의 효력이 상대방에게 미치지 않는다.

한 관계인집회가 끝나거나 제240조의 규정에 의한 서면결의에 부치는 결정이 있은 후에는 추완신고를 하지 못한다(제152조 제1항, 제3항 제1호, 제153조).

따라서 관리인이 회생계획안 심리를 위한 관계인집회가 끝나거나 제240조의 규정에 의한 서면결의에 부치는 결정 이후에 부인권을 행사하여 상대방의 채권이 회복되더라도 채권신고기간이 도과되어 실권되는 문제가 발생할 수 있다. 이에 채무자회생법은 채무자의 행위가 회생계획안 심리를 위한 관계인 집회가 끝난 후 또는 제240조의 규정에 의한 서면결의에 부치는 결정이 있은 후에 부인된 때에는 상대방은 부인된 날로부터 1월 이내에 신고를 추후 보완할 수 있다고 규정함으로써(제109조 제1항) 부인권 행사의 상대방을 보호하고 있다.[310]

회생계획에는 채무자의 행위가 부인된 후 보완 신고가 될 채권에 관하여 적당한 조치를 취하여야 한다(제197조 제2항).

4. 부인권의 소멸과 제한

가. 부인권의 소멸

(1) 부인권 행사기간(제척기간)의 도과

부인권은 회생절차개시일로부터 2년이 경과하거나 부인의 대상이 되는 행위를 한 날로부터 10년이 경과한 때에는 행사할 수 없다(제112조).[311] 두 기간 중 어느 하나라도 먼저 경과하면 부인권은 행사할 수 없다. 수익자, 전득자에 대한 부인은 각각 별개의 것이므로 기간준수의 효력도 상호 독립적이다.

채권자취소권과 달리[312] 관리인이 부인의 원인을 언제 알았는지와 상관없이 회생절차개시일로부터 진행한다. 부인권의 행사를 소나 청구에 의한 경우에는 소의 제기나 신청을 한 때, 항변에 의한 경우에는 준비서면이 송달된 때나 구두변론에 의하여 진술한 때 기간의 준수 여부를 결정하는 기준이 된다. 다만 소(청구)가 각하 또는 취하된 경우에는 기간준수의 효과는 발생하지 않는다(민법 제170조 제1항 참조). 그렇지만 최고로서의 효력은 인정된다고 할 것이다. 따라서 부인권이 행사된 절차가 종료된 후 6개월 내에 다시 부인권을 행사한 경우 앞선 절차에서의 기간준수 효력은 유지된다고 할 것이다(민법 제170조 제2항, 제174조 참조).

---

310) 관리인이 회생계획안 심리를 위한 관계인집회가 끝나거나 제240조의 규정에 의한 서면결의에 부치는 결정 이전에 부인권을 행사하여 채권이 부활하였지만, 채권이 부활한 시점에서는 이미 신고기간이 경과한 경우, 앞에서 본 바와 같이 회생채권자 등이 '책임질 수 없는 사유'로 인한 경우에 해당할 것이므로 회복한 채권에 대한 추후보완신고가 가능할 것이다(제152조 제1항).

311) 개인회생절차에 선행하여 회생절차가 개시된 경우 기산점 등의 문제에 관하여는 〈**제4편 제5장 제2절 Ⅴ.4.가.(1) (나)**〉(본서 1962쪽)를 참조할 것. 파산선고 후 회생절차개시결정이 있을 수 있다(제44조 제1항 제1호, 제58조 제2항 제1호). 회생절차개시 전에 파산선고가 있었던 경우 2년의 기산점은 언제인가(파산선고시인가 회생절차개시결정시인가). 회생절차개시 전에 파산절차가 선행한 경우에는 파산선고시가 기산점이 된다(일본 회사갱생법 제98조는 이를 명시적으로 규정하고 있다). 선행하는 파산절차에서도 동일한 요건하에 부인권을 행사할 수 있는 이상, 선행하는 파산절차와 회생절차의 연속성이 중시되기 때문이다.

312) 채권자취소권의 제척기간은 채권자가 취소원인을 안 날로부터 진행한다(민법 제406조).

조속한 법률관계의 확정을 통하여 거래안전을 확보하기 위하여 단기간의 제척기간을 둔 것이다. 제척기간이기 때문에 원용이나 중단의 문제는 발생하지 않는다.

항변으로 부인권을 행사할 때는 이른바 항변권의 영구성(항변권이 소멸시효에 걸리는지)[313]과의 관계에서 문제가 있다. 예컨대 환취권을 회생절차개시일로부터 2년 후에 행사한 경우 부인권을 행사할 수 있는가. 제척기간을 두게 된 취지 및 회생절차의 조기 진행의 필요성 등을 고려하면 행사기간의 제한을 따를 수밖에 없을 것이다. 따라서 회생절차개시일로부터 2년이 지나면 항변으로도 부인권을 행사할 수 없다.[314]

채권자취소권의 제척기간이 도과한 경우 부인권을 행사할 수 없는가. 채권자취소권의 행사주체는 채권자임에 반하여, 부인권의 행사주체는 관리인으로 양자는 별개의 제도이다. 따라서 채권자취소권의 제척기간이 도과하였는지 여부와 상관없이 관리인은 부인권을 행사할 수 있다고 할 것이다(본서 426쪽).

(2) 포 기

관리인은 부인의 상대방과 화해가 성립한 때와 같이 회생채권자의 이익에 합치될 경우 부인소송의 확정 전후를 묻지 않고 소송 외에서 법원의 허가를 받아 부인권의 행사를 포기할 수 있다.

(3) 회생절차의 종료

(가) 부인권은 회생절차의 목적을 실현하기 위하여 회생절차의 진행을 전제로 관리인만이 행사할 수 있는 권리이므로 회생절차의 종료에 의하여 소멸한다.[315] 이로 인하여 실무적으로 주의할 점이 있다. 회생절차개시 당시 진행 중이던 사해행위취소의 소를 수계한 경우나 견련파산이 된 경우(제6조 제6항)를 제외하고, 회생절차가 종료되면 부인의 소나 부인의 청구와 관련된 재판에서 더 이상 부인을 주장할 수 없고, 부인의 항변도 더 이상 유지할 수 없다. 따라서 회생절차를 종료, 특히 종결을 할 경우에는 부인권 행사와 관련된 재판이 진행 중인지 여부를 반드시 확인하여야 한다.

---

313) 항변권의 영구성에 관하여는 「편집대표 곽윤직 민법주해[Ⅲ]-총칙(3), 박영사(1992), 429~431쪽」을 참조할 것. 항변권의 영구성 법리는 실체법상의 원리가 현상변경적 내지 공격적으로 행사되지 않고 현상유지적 내지 방어적으로 행사되는 경우 소멸시효에 걸리지 않는다는 법리이다. 이 법리가 인정되기 위해서는 소멸시효의 대상이 소권 내지 청구권이고 실체적 그 자체는 아니며, 소멸시효가 완성되더라도 실체권이 소멸하는 것은 아니라는 전제가 인정되어야 한다. 그러나 우리 민법상 소멸시효의 대상이 되는 것은 실체법적인 권리 자체이므로 실체법상 권리가 시효로 소멸한 후에도 이를 항변으로 주장할 수 있는 법리는 허용될 수 없다. 이런 이유로 항변권의 영구성 법리를 근거로 항변권이 소멸시효에 걸리지 않는다는 견해에는 부정적인 견해가 유력하다(편집대표 김용담, 주석민법-총칙(3), 한국사법행정학회(2010), 530~531쪽).

314) 다만 회생채권 등의 신고에 대하여 관리인이 채권 발생의 원인행위를 부인할 경우, 그것이 집행력 있는 집행권원이나 종국판결이 없는 채권이라면, 회생채권자 등은 조사확정재판을 신청할 책임이 있음에도, 제척기간에 의해 부인권을 항변으로 행사할 기회를 상실할 염려가 있는 관리인이 스스로 부인의 소를 제기하도록 하게 하는 것은 불합리하다. 따라서 채권조사기일에서 관리인이 신고한 회생채권 등을 인정하지 않고 후에 회생채권 등 조사확정재판에 대한 이의의 소에서 부인권을 항변으로 주장할 경우에는, 이의의 시점을 기준으로 기간준수를 판단하여야 할 것이다(會社更生法, 475쪽).

315) 대법원 2007. 2. 22. 선고 2006다20429 판결, 대법원 1995. 10. 13. 선고 95다30253 판결 참조.

관련 내용은 〈2.사.〉(본서 478쪽)를 참조할 것.

(나) 부인권은 회생절차에 있어서 채무자 재산의 충실이나 회생채권자 등 사이의 평등을 확보하기 위한 권리이기 때문에, 회생절차가 종료하여, 그들의 목적 달성을 위한 부인권행사의 효과가 필요 없는 경우에는, 부인권의 효과를 남겨둘 의미가 없다. 그래서 부인의 효과는 회생절차와의 관계에서 상대적이라고 한다.

관련 내용은 위 〈3.나. 각주 267)② 내지 ④〉(본서 482쪽)를 참조할 것.

나. 부인의 제한

(1) 취지 등

지급정지의 사실을 안 것을 이유로 부인하는 경우에는 회생절차개시의 신청이 있는 날로부터[316] 1년 전에 행하여진 행위는 부인할 수 없다(제111조). 부인권 행사에 시간적 제약을 가함으로써 거래관계자의 신뢰를 보호하기 위한 것이다. '지급정지의 사실을 안 것을 이유로 한 부인'이란 위기부인(제100조 제1항 제2호, 제3호)이나 권리변동의 성립요건 또는 대항요건의 부인(제103조)을 말한다. 또한 지급정지로부터 1년 이상 경과한 후 회생절차개시신청이 되었다면 지급정지와 회생절차개시 사이에 인과관계가 있다고 보기 어렵다는 점도 고려한 것이다.

제111조는 지급불능의 경우에는 유추적용되지 않는다고 할 것이다.[317] 관련 내용은 〈제3편 제5장 제2절 V.4.나.〉(본서 1398쪽)를 참조할 것.

(2) 제111조 적용의 효과

제111조가 적용되면 지급정지의 사실을 알고 한 행위라도, 그로부터 1년이 경과한 후 회생절차개시신청이 있었고 그에 기하여 개시된 회생절차에서는 그 행위를 부인할 수 없다.

5. 부인의 등기

가. 의 의

관리인은 ① 등기원인인 행위가 부인되거나 ② 등기가 부인된 경우 부인의 등기를 신청하여야 한다(제26조 제1항, 부동산등기사무처리지침 제11조 제1항). 부인의 목적을 확실하게 달성하기 위하여 부인에 의해 채무자의 재산으로 복귀한 것에 대하여 등기를 할 필요가 있으므로[318] 관

---

316) 파산절차에서는 '파산선고가 있는 날'을 기산점으로 하고 있다. 양 절차에서 특별하게 차이를 두어야 하는 합리적인 이유가 있는지 의문이다. 회생절차와 같은 방식으로 입법적 통일이 필요하다. 기산일에 회생절차개시신청만 규정하고 있으나, 파산신청의 경우도 포함된다고 할 것이다(유추적용)(일본 회사갱생법 제90조, 민사재생법 제131조 참조).

317) 條解 民事再生法, 696쪽.

318) 부인권의 행사에 의하여 채무자의 재산은 등기 없이도 당연히 채무자에게 복귀하지만, 부인의 효과는 채무자와 부인의 상대방 사이에서만 발생하므로 만약 이를 등기하지 않으면 선의의 제3자에게 대항할 수 없게 된다(엄밀히는 제110조 전득자에 대한 부인권 행사가 쉽지 않을 것이다). 예컨대 채무자 甲이 회생절차개시 전에 乙에게 소유권이전등기를 마쳐준 경우 관리인이 그 행위를 부인하였다면 등기를 하지 않아도 물권적으로 甲의 소유가 된다. 그런데 부인등기를 하기 전에 乙로부터 丙에게 소유권이전등기가 마쳐지면 甲은 丙에 대하여 소유권을 주장하지 못한다.

리인에게 부인의 등기를 신청할 의무를 부과한 것이다. 이를 부인의 등기라 한다.[319]

부인등기는 관리인이 단독으로 신청한다. 부인의 등기에 관하여는 등록면허세를 부과하지 아니한다(지방세법 제26조 제2항 제1호).

나. 법적 성질

부인의 등기는 채무자의 행위가 부인된 경우 일탈된 재산은 물권적으로 회복되지만 부인의 효과는 제3자에게 미치지 아니하는 특수한 물권변동을 공시하기 위한 것으로 말소등기에 갈음하여 인정된 특수한 등기이다.[320][321] 부인의 등기는 회생절차 내에서 관리인과 상대방 사이에서 채무자의 재산으로서의 상대적 복귀와 등기부상 명의인이 그 부동산 또는 그 부동산 위의 권리를 관리, 처분할 수 있는 권리를 상실하였다는 것을 공시하는 것으로서 회생절차개시결정취소 또는 회생절차폐지 등에 의하여 회생절차가 종료하지 않는 한 채무자의 재산에 속하는 것으로 취급하게 된다.[322]

말소등기가 마쳐지면 확정적으로 그 등기가 소멸되지만, 부인등기에 의하여 부인된 등기는 확정적 무효가 아니라 나중에 회생절차개시결정취소 또는 회생절차폐지 등에 의해 회생절차가 종료되어 부인의 효력이 소멸하면 유효한 등기로 된다.

다. 부인의 대상

부인의 대상으로 등기원인행위의 부인과 등기의 부인이 있다.[323] 등기원인행위의 부인이란 양도행위나 근저당권설정행위의 부인과 같이 등기원인 자체를 부인하는 것을 말한다(제100조 제1항). 등기의 부인은 등기원인에는 부인사유가 없으나 그 등기가 지급정지 등이 있은 후 마쳐진 경우의 부인을 말한다(제103조). 등기의 부인은 제103조의 요건을 충족한 경우에만 적용되므로 제100조 제1항의 부인대상은 될 수 없음은 앞에서 본 바와 같다{〈Ⅳ.2.나.〉(본서 439

---

319) 부인의 등기 기록례에 관하여는 「부동산등기기록례집(재단·입목·선박·부부재산 등기 포함), 법원행정처(2019), 525~526쪽」을 참조할 것.

320) 실무도 이러한 입장이다. 이러한 입장에 따른 주문례: 「피고는 원고에게 별지 목록 부동산에 관하여 서울중앙지방법원 2020. 5. 1. 접수 제1004호로 마친 소유권이전등기(소유권이전등기 원인)의 부인등기절차를 이행하라.」 부인의 등기는 말소등기와 달리 그 대상이 되는 등기를 주말하지 않고, 주등기로 제○번 등기가 부인되었다는 기재만 한다.

321) 부인등기의 성질에 관하여 각종등기설이 있다. 각종등기설에 의하면, 부인의 등기는 부인권 행사의 효과인 권리변경을 공시하기 위하여 각각의 경우에 대응하여 하는 권리말소등기 등과 같은 통상의 종국등기를 총칭하는 것에 지나지 않는다. 예컨대 A가 B에게 부동산을 증여 및 소유권이전등기를 마친 후 A에 대하여 회생절차가 개시된 경우 부인의 등기로서 하여야 할 등기는, A로부터 B로의 소유권이전등기말소등기 등으로 이해하는 것이다. 그러나 부인의 효과의 상대성 중 회생절차와 관계에서 효과의 상대성을 고려하면 이러한 견해는 문제가 있다. 즉 이러한 경우 회생절차개시결정이 취소되어(본서 260쪽) 회생절차가 종료된 경우, 부인권 행사에 의해 채무자의 재산으로 회복된 재산이 남아 있는 때에는, 부인의 효과가 소멸하는 결과 부동산의 소유권은 B에게 당연히 복귀한다. A로부터 B로의 소유권이전등기의 말소등기 등을 하였다면 이 경우 그 말소등기 등에 대하여 복구등기 등을 하지 않으면 안 된다. 이것을 B에게 부담시키는 것은 지나치다(民法と倒産法, 226~227쪽).

322) 부동산등기사무처리지침은 부인의 등기신청(제11조), 다른 등기와의 관계(제12조), 부인등기의 말소(제13조)에 관하여 자세히 규정하고 있다.

323) 등기원인행위의 부인과 등기의 부인은 명백히 구분된다. 등기의 부인은 앞에서 본 바와 같이{〈Ⅳ.2.〉(본서 451쪽)} 그 성립요건에 있어 제103조의 제한을 받는다.

쪽)}. 다만 부인등기의 효력은 모두 같다.

라. 부인등기의 효력

부인등기는 회생절차 내에서 채무자와 상대방 사이에서 상대적으로 물권이 복귀하는 것을 공시하는 특수한 등기이다. 어떤 등기가 부인된 후에는 그 등기에 기한 등기는 할 수 없다. 예컨대 甲에서 乙로의 소유권이전등기가 부인되어 그 부인등기가 마쳐진 경우에는 乙을 등기의무자로 한 등기신청은 수리할 수 없다. 반대로 진정한 소유자인 甲을 등기의무자로 한 등기의 신청은 수리할 수 있다.

부인등기가 마쳐지고 회생계획인가 결정 이후에 회생절차가 종결되거나 회생절차 폐지결정이 확정된 경우에는 부인의 효과는 확정된다(부동산등기사무처리지침 제16조 제2항).

마. 부인등기의 말소

(1) 관리인이 임의매각한 경우

부인의 등기를 하면 수익자의 등기 명의가 남아 있어[324] 관리인의 임의매각에 지장을 줄 염려가 있다(매수인은 소유권 행사에 사실상 지장을 받게 된다). 따라서 법원은 관리인이 부인의 등기가 된 재산을 임의매각한 경우에 그 임의매각을 원인으로 하는 등기가 된 때에는 이해관계인의 신청에 의하여 ① 부인의 등기, ② 부인된 행위를 원인으로 하는 등기, ③ 부인된 등기 및 ④ 위 각 등기의 뒤에 되어 있는 등기로서 회생채권자에게 대항할 수 없는 것의 말소를 촉탁하여야 한다(제26조 제4항, 부동산등기사무처리지침 제13조).[325] 촉탁의 주체는 법원사무관이 아닌 법원이고, 직권이 아닌 이해관계인의 신청에 의하여 말소촉탁을 하며, 촉탁의 시기는 '임의매각을 원인으로 하는 등기가 된 후'라야 한다.

(2) 회생계획인가결정 전에 회생절차가 종료한 경우

부인등기가 마쳐진 후 회생계획 인가결정 전에 ① 회생절차개시결정을 취소하는 결정의 확정, ② 회생계획불인가결정의 확정, ③ 회생절차폐지결정의 확정으로 회생절차가 종료된 경우에는 부인의 효과는 상실되므로, 등기상 이해관계 있는 제3자가 있는 경우를 제외하고는, 부인의 등기는 법원의 촉탁에 의하여 이를 말소할 수 있다(부동산등기사무처리지침 제16조 제1항).[326]

---

324) 회생절차를 비롯한 도산절차에서 부인권이 행사된 경우, 등기사항증명서에 부인의 등기만이 될 뿐, 부인된 행위를 원인으로 한 소유권이전등기 등이나 부인된 소유권이전등기 등이 말소되는 것은 아니다.

325) 일반적으로 신청에 의한 등기는 그 말소도 신청에 의하여야 하므로 관리인의 단독신청에 의하여 마쳐진 부인등기의 경우 그 말소도 신청에 의하여야 하지만, 부인등기의 경우 그 법적 판단이 곤란한 경우가 있으므로 법원의 촉탁에 의하는 것으로 규정한 것이다{부동산등기실무(Ⅲ), 법원행정처(2015), 374쪽 각주 21)}.

326) 부인등기의 말소와 관련한 등기기록례에 관하여는 「부동산등기기록례집(재단·입목·선박·부부재산 등기 포함), 법원행정처(2019), 527~528쪽」을 참조할 것.

Ⅵ 부인권 행사와 청산가치보장원칙·회생계획안과의 관계[327)](#)

부인권을 행사하여 실제로 어느 정도의 재산이 회복될 것인지는 불확실한 요소가 많다. 그래서 부인대상행위가 존재하는 경우 회생계획안에서 장래 부인권을 행사하여 추가변제가 가능하게 된다면, 추가변제를 한다는 취지의 조항을 두는 것이 일반적이다.

그런데 회생계획안이 인가되기 위해서는 청산가치보장원칙을 충족시킬 필요가 있다(제243조 제1항 제4호). 위와 같이 부인대상행위에 대하여 회생계획안에 추가변제조항을 두는 것이 일반적이고, 재산평가에서도 부인대상행위에 대하여 실제로 회수되면 회수액을 청산가치에 합산하여 처리하는 것이 많다. 이러한 경우에는 「부인대상행위의 재산평가에 있어 평가액=부인권행사에 의한 회생계획안의 추가변제액」이 되기 때문에, 회생계획안이 청산가치보장원칙에 위반되는 상황은 발생하지 않는다. 그러나 부인권을 행사하여 회수된 재산을 추가변제에 사용하지 않고, 채무자의 운전자금 등에 사용하는 것을 예정하는 회생계획안의 경우에는, 당초의 회생계획이 청산가치에 부인권행사에 의한 회수가 예상되는 재산의 가치를 합산한 내용으로 된 것이 아닌 한, 청산가치보장원칙에 반하는 것이 된다.

Ⅶ 신탁행위의 부인에 관한 특칙

1. 사해신탁의 의의

민법 제406조의 사해행위에 신탁행위도 포함된다.[328)](#) 채무자(위탁자)가 채권자를 해함을 알면서 신탁을 설정한 경우 이러한 신탁을 사해신탁이라 한다. 이 경우 채권자는 사해신탁에 관하여 민법 제460조 제1항의 취소 및 원상회복을 청구할 수 있다(신탁법 제8조[329)](#) 제1항). 사해신

---

327) 民事再生の手引, 234쪽.
328) 신탁의 설정에 의하여 신탁재산은 위탁자의 책임재산으로부터 이탈하고, 위탁자의 채권자는 신탁재산에 대하여 원칙적으로 강제집행을 할 수 없게 된다(신탁법 제22조 제1항 본문). 채무자가 채권자를 해하는 신탁을 설정할 경우 채권자에게 이를 취소하여 책임재산을 회복할 수 있도록 해줄 필요가 있으므로 사해행위에 해당하는 신탁은 채권자 취소권의 대상이 된다.
329) **신탁법 제8조(사해신탁)** ① 채무자가 채권자를 해함을 알면서 신탁을 설정한 경우 채권자는 수탁자가 선의일지라도 수탁자나 수익자에게 「민법」 제406조 제1항의 취소 및 원상회복을 청구할 수 있다. 다만, 수익자가 수익권을 취득할 당시 채권자를 해함을 알지 못한 경우에는 그러하지 아니하다.
② 제1항 단서의 경우에 여러 명의 수익자 중 일부가 수익권을 취득할 당시 채권자를 해함을 알지 못한 경우에는 악의의 수익자만을 상대로 제1항 본문의 취소 및 원상회복을 청구할 수 있다.
③ 제1항 본문의 경우에 채권자는 선의의 수탁자에게 현존하는 신탁재산의 범위 내에서 원상회복을 청구할 수 있다.
④ 신탁이 취소되어 신탁재산이 원상회복된 경우 위탁자는 취소된 신탁과 관련하여 그 신탁의 수탁자와 거래한 선의의 제3자에 대하여 원상회복된 신탁재산의 한도 내에서 책임을 진다.
⑤ 채권자는 악의의 수익자에게 그가 취득한 수익권을 위탁자에게 양도할 것을 청구할 수 있다. 이때 「민법」 제406조 제2항을 준용한다.
⑥ 제1항의 경우 위탁자와 사해신탁의 설정을 공모하거나 위탁자에게 사해신탁의 설정을 교사·방조한 수익자 또는 수탁자는 위탁자와 연대하여 이로 인하여 채권자가 받은 손해를 배상할 책임을 진다.

탁취소권은 채권자취소권의 일종이다. 그러므로 사해신탁의 취소에 있어서는 채권자취소권에 관한 일반적인 법리를 바탕으로 신탁법의 특칙이 적용된다.

신탁법은 신탁에서의 '수탁자와 수익자'의 지위가 민법상 사해행위에 의한 '수익자와 전득자'의 지위와 형식적 구조상으로 유사하다는 측면을 고려하여 민법 제406조의 채권자취소권에 대한 특별규정을 두었다.[330] 한편 채무자인 위탁자에 대하여 도산절차, 즉 파산이나 회생절차가 개시되면, 위탁자의 사해신탁 설정행위에 대하여는 도산법상 부인권을 행사하여야 한다. 그러나 신탁법은 채무자인 위탁자의 신탁설정행위에 대하여 사해행위취소만을 규정하고 있을 뿐 도산법상 부인에 대한 언급이 없다.

이에 채무자회생법은 사해신탁취소에 관하여 신탁법이 민법 제406조에 대한 특칙을 규정하고 있는 것에 맞추어 신탁설정행위에 관하여 부인권을 행사할 때도 그에 상응한 특칙을 두고 있다(제113조의2).[331] 그럼으로써 동일한 법률행위인 신탁에 관하여 채무자의 도산을 계기로 취소와 부인 사이에 불합리한 차별이 생기는 것을 방지하고 있다.[332]

신탁법상 사해신탁의 취소와 채무자회생법상 신탁행위의 부인은 채무자가 채권자를 해하는 내용이나 방법으로 신탁을 설정한 경우, 신탁행위를 취소 또는 부인하고 일탈된 재산을 원상회복시킨다는 점에서 같다. 다만 신탁법상의 사해신탁의 취소는 채무초과 상태에서 책임재산을 감소시킴으로써 채권자를 해하는 사해행위에 해당하는 신탁행위, 즉 좁은 의미에서의 사해신탁을 대상으로 하는 데 반해, 회생절차에서의 신탁행위의 부인은 사해행위·편파행위·무상행위에 해당하는 신탁행위, 즉 넓은 의미에서의 사해신탁을 대상으로 한다는 점에서 차이가 있다. 또한 채권자가 회생절차가 개시되기 전에 제기한 사해신탁취소소송이 회생절차개시 당시 계속되어 있는 경우, 회생절차개시로 그 소송절차는 중단되고, 관리인이 이를 수계할 수 있다(제113조). 한편 회생절차가 개시되면, 책임재산의 범위를 둘러싼 당사자적격이 취소채권자로부터 회생채권자의 이익을 대표하는 관리인에게 이전되기 때문에 채권자는 사해신탁취소소송을 제기할 수 없고, 관리인의 부인권 행사에 의존해야 한다. 그 밖에 사해신탁취소권은 채권자에게 개별적으로 인정되는 권리로서 취소대상행위나 행사방법 등이 제한적인 반면, 부인권은 회생절차가 포괄적 집행절차이므로 채무자의 회생을 도모하기 위한 권리이고, 행사권한이 관리인

---

330) 신탁법 제8조는 신탁의 특수한 구조를 고려하여 그 요건과 효과를 정하고 있다. 신탁법상의 특별한 규율은 신탁의 구조를 통하여 채무자가 용이하게 책임면탈재산을 만들어 낼 수 있다는 점을 염두에 둔 것이다. 그리고 일반적인 채권자취소권과 달리 신탁법상의 수익자 보호라고 하는 지도원리는 사해신탁취소의 경우에도 여전히 작동한다. 이는 신탁법이 사해신탁의 경우 채권자취소권에서와는 다른 요건과 효과를 정한 근거가 되며, 법의 해석과 적용에 있어서도 중요한 기준이 된다. 또한 사해신탁취소권은 수탁자의 선의·악의를 묻지 않기 때문에 신탁과 거래한 상대방의 보호에 대한 고려도 더불어 요구된다{최수정, 신탁법, 박영사(2016), 207~208쪽}.
　한편 사해신탁취소권도 채권자취소권과 성립요건의 측면에서 차이가 있을 뿐 사해행위의 취소라는 권리의 성질은 유사하므로 '사해성'의 의미 등에 대한 민법상 채권자취소권의 일반 해석론은 사해신탁취소권에도 그대로 적용된다.
331) 파산절차에 관하여는 제406조의2에서 규정하고 있다.
332) 일본은 신탁법에서 사해신탁의 취소(제11조)와 도산절차에서 사해신탁의 부인(제12조)을 모두 규정하고 있다. 하지만 우리는 사해신탁취소는 신탁법에서, 도산절차에서 사해신탁의 부인은 채무자회생법에서 각 규정하고 있다.

에게 전속되며 대상행위·행사의 요건·행사방법 등이 완화된 권리인 점에서 차이가 있다.[333]

2. 회생절차에서의 사해신탁의 취급

사해신탁취소에 관하여 신탁법이 민법 제406조에 대한 특칙을 규정하고 있는 것과 마찬가지로 채무자회생법도 신탁행위에 관하여 부인권을 행사할 경우에 관한 특칙을 두고 있다. 즉 회생절차가 개시되어 관리인이 신탁행위에 관하여 부인권을 행사하는 경우 신탁법(제8조)에 대응하여 특별규정을 두었다(제113조의2).

(1) 채무자가 신탁법에 따라 위탁자로서 한 신탁행위를 부인할 때에는 수탁자, 수익자 또는 그 전득자를 상대방으로 한다(제1항). 누구를 상대방(피고)으로 할 것인지는 관리인의 선택에 달린 문제이다. 다만 아래에서 보는 바와 같이 수익자의 선의 여부에 따라 상대방(피고)이 달라질 수 있다. 수익자가 악의인 때에는 수익자 및(또는) 수탁자를 상대로 사해신탁을 부인할 수 있고, 악의 수익자 중 일부만을 상대로 할 수도 있다.

(2) 신탁행위가 고의부인(제100조 제1항 제1호) 또는 위기부인(제100조 제1항 제2호, 제3호)의 행위에 해당하여 수탁자를 상대방으로 하여 신탁행위를 부인할 때에는 수탁자의 선의·악의를 묻지 않고 부인권을 행사할 수 있다(제2항). 수탁자가 선의인 경우에도 사해신탁의 취소를 인정한 기본적 이유는, 수탁자 지위는 신탁재산으로부터 실질적인 수익을 향수하지 않는 신탁재산의 관리자에 불과하고, 채권자에 의한 신탁의 취소가 있어 수탁자가 신탁재산을 반환하더라도 수탁자 자신이 직접 입은 손실은 없기 때문이다. 또한 수탁자는 신탁의 이익을 향수하는 자가 아니므로 민법 제406조에서 말하는 '이익을 받은 자'에 해당하지 않으므로 위탁자의 사해행위의 상대방으로서 선의·악의가 문제될 여지가 없기 때문이기도 하다. 오히려 그러한 실질을 갖춘 자는 수익자이므로, 수익자의 선의·악의를 기준으로 할 필요가 있으며 신탁법 제8조 제1항 단서도 바로 이러한 점을 명시하고 있다.

(3) 신탁행위가 고의부인(제100조 제1항 제1호) 또는 본지위기부인(제100조 제1항 제2호)의 행위에 해당하여 수익자를 상대방으로 신탁행위를 부인하는 경우 '신탁행위로 이익을 받은 자'가 부인의 상대방인 수익자다(제3항).

(4) 관리인은 수익자(수익권의 전득자가 있는 경우에는 그 전득자를 말한다) 전부에 대하여 부인의 원인이 있을 때에만 수탁자에게 신탁재산의 원상회복을 청구할 수 있다(제4항 제1문).[334] 따라서 관리인이 수탁자를 상대로 부인권을 행사하기 위해서는 수익자가 모두 악의여야 한다. 결국 선의의 수익자가 있는 경우 관리인은 수탁자의 선의·악의를 불문하고 신탁행위를 부인

---

333) 양형우, "사해신탁과 부인권의 관계", 민사법학 61호(2012. 12.), 334~335쪽.
334) 다수의 수익자가 있는 경우 선의·악의는 수익자별로 판단하며, 모든 수익자가 악의인 때에는 수탁자에 대하여도 사해신탁을 부인할 수 있으나, 일부의 수익자가 악의인 경우에는 악의의 수익자에 대하여만 부인이 가능하다(신탁법 제8조 제2항 참조). 선의의 수익자를 보호하고 수탁자 및 악의의 수익자를 상대로 사해신탁을 부인하는 경우 발생할 수 있는 복잡한 법률관계를 피하기 위함이다.

할 수 없다. 또한 수탁자가 선의이고 수익자가 모두 악의인 경우 선의의 수탁자를 보호하기 위하여 관리인은 수탁자에게 현존하는 신탁재산의 범위에서 원상회복을 청구할 수 있을 뿐이다(제4항 제2문).

(5) 관리인은 수익권 취득 당시 부인의 원인이 있음을 알고 있는 수익자(전득자가 있는 경우 전득자를 포함한다)에게 그가 취득한 수익권을 채무자의 재산으로 반환할 것을 청구할 수 있다(제5항). 따라서 악의의 수익자는 수익권을 채무자에게 반환하여야 한다.

(6) 채무자가 위탁자로서 한 신탁행위가 부인되어 신탁재산이 원상회복된 경우 그 신탁과 관련하여 수탁자와 거래한 선의의 제3자는 그로 인하여 생긴 채권을 원상회복된 신탁재산의 한도에서 공익채권자로서 행사할 수 있다(제6항).

제4절 법인의 이사 등의 책임[335]

I 손해배상청구권 등에 대한 조사확정재판[336]의 의의

재정적 파탄에 빠진 법인인 채무자의 발기인·이사(상법 제401조의2 제1항의 규정에 의하여 이사로 보는 자를 포함한다)·감사·검사인 또는 청산인(이하 '이사 등'이라 한다)이 법인에 대하여 손해배상책임을 부담하는 경우 채무자 재산의 충실화를 위해서 그 책임을 신속하게 추궁할 필요가 있다. 이러한 경우 이사 등의 책임을 추궁하여 회생절차에서의 변제재원의 증대를 도모하는 것은 관리인의 중요한 직무 중 하나이다.

법인인 채무자에 대하여 회생절차가 개시된 경우 이사 등의 위법행위에 의하여 채무자인 법인이 손해를 입은 경우가 적지 않을 것이다. 이사 등 위법행위의 전형적인 예로 ① 자기 또는 다른 이사 등에 대한 과도한 보수의 지급, ② 관련 회사 또는 자기가 경영하는 회사에 대한 과도한 융자 또는 채무 면제, ③ 위법배당, ④ 법인재산의 횡령, ⑤ 법인재산의 저가매각 등이다. 그런데 법인의 이사 등이 이러한 손해배상청구에 대해서 다투는 때에는 통상 민사소송을 제기하여 이사 등의 책임을 추궁하여야 하나, 소송으로 이행을 명하는 판결을 받는데 상당한 시간과 비용을 필요로 하여 신속을 요하는 회생절차에 적당하지 아니하다.

그래서 채무자회생법은 비송사건의 일종으로 법원이 간이·신속하게 법인의 이사 등에 대

---

335) 법인의 이사 등의 책임에 관하여 회생절차에서는 '부인권' 다음에 규정하고 있고, 파산절차에서는 '파산선고의 효과' 다음에 규정하고 있다.

336) 채무자회생법은 조사확정재판과 관련하여 ① 법인의 이사 등의 책임과 관련한 손해배상청구권 등의 조사확정재판(제115조, 제352조)과 그에 대한 이의의 소(제116조, 제353조), ② 회생채권 및 회생담보권 조사확정의 재판(제170조)과 그에 대한 이의의 소(제171조), ③ 파산채권조사확정의 재판(제462조)과 그에 대한 이의의 소(제463조), ④ 개인회생채권조사확정의 재판(제604조)과 그에 대한 이의의 소(제605조)를 규정하고 있다. 나아가 조사확정재판의 효력과 관련하여서는 위 각 규정에 대응하여 ① 제116조 제7항, 제117조, 제354조, ② 제176조, ③ 제468조, ④ 제607조에 규정하고 있다.

한 손해배상청구권의 존재·내용을 확정하고, 이사 등에 대한 손해배상을 명하는 조사확정재판제도를 마련하였다.[337] 이로써 간이·신속하게 집행권원을 만들어 채무자의 재산을 확보할 수 있도록 하였다. 이사 등의 책임을 효율적으로 묻는다는 점에서 부족한 채무자의 재산을 보충하여 회생채권자 등의 변제재원, 채무자의 사업계속을 위한 재원을 충실하게 한다는 점에서 부인권과 함께 채무자의 재산을 확보하는 수단이다. 또한 채무자가 회생절차에 이르기까지는 이사 등에게 책임이 있는 경우가 적지 않는데, 한편으론 채권자나 주주에게 양보를 강요하려면, 다른 한편으론 이사 등에게 책임이 있다면 그 책임의 추급을 효과적으로 하게 하는 것이 공평의 요구에 합치된다.

이사 등에 대한 출자이행청구권에 대하여도 마찬가지다.

Ⅱ 법인의 이사 등의 재산에 대한 보전처분

1. 의 의

책임이 문제되고 있는 이사 등이 조사확정재판이 확정되기 전에 그 소유 재산을 은닉 또는 처분하여 버리면 사실상 손해의 회복은 곤란하게 된다. 따라서 조사확정재판에 기초한 이사 등에 대한 청구권의 실효성을 확보하기 위해서 이사 등의 개별재산에 대해서 법원이 보전처분을 할 필요가 있다.

법원은 법인인 채무자에 대하여 회생절차개시 후[338] 필요하다고 인정하는 때에는 관리인의

---

337) 조사확정재판을 둔 것은 이사 등에 대한 책임추궁을 간이·신속하게 진행하기 위한 것이므로 관리인이 통상의 민사소송에 의하여 이사 등의 책임 등을 추궁하는 것을 배제하는 것은 아니다. 또한 회생절차개시 전에 이미 회사가 이사 등의 책임 등을 추궁하는 소를 제기한 경우 그 소송절차는 회생절차개시결정으로 중단되고 관리인이 그 소송을 수계하거나, 수계를 하지 않고 이사 등의 책임 등에 관한 조사확정재판을 신청할 수도 있다(會社更生の實務(下), 48~49). 그렇다면 조사확정재판과 민사소송은 어떻게 선택하는가. 조사확정의 간이·신속성이라는 측면을 고려하면 이사 등의 의무위반은 인정되지만 손해액 산정방법 등만 다툼이 있는 경우나, 이사 등이 의무위반은 다투지만 그 내용이 단순한 분식결산 등으로 증거자료도 충분한 경우에는 조사확정재판을 이용하는 것이 실효성이 있을 것이다. 그러나 이사 등이 사건 전체에 대하여 본격적으로 다투고, 손해배상청구권을 인용하는 결정이 되어도 이사 등으로부터 그 결정에 대한 이의의 소가 제기될 것이 분명하며, 소송에 있어 증인신문을 거쳐 신중한 심리가 필요한 경우도 있다. 이러한 경우 조사확정재판절차를 선택하면 손해배상청구권의 간이·신속한 실현을 도모하는 것이 어렵고, 이의소송에 있어서 심리가 길어진다면 처음부터 손해배상청구소송을 제기하는 것이 시간과 비용의 절약을 꾀할 수 있다. 이러한 관점에서 조사확정재판에 의할 것인지 소송을 제기할 것인지 절차의 선택을 고민할 필요가 있다(民事再生の手引, 236~237쪽).

338) 회생절차개시신청시부터 회생절차개시결정 전에도 이사 등의 재산에 대한 보전처분의 필요성이 있다. 명시적인 규정은 없지만, 긴급한 필요가 인정되는 때에는 인정된다고 할 것이다(본서 248쪽, 일본 민사재생법 제142조 제2항, 파산법 제177조 제2항).

[일본 민사재생법]
(法人の役員の財産に対する保全処分)
第百四十二条 1. 裁判所は、法人である再生債務者について再生手続開始の決定があった場合において、必要があると認めるときは、再生債務者等の申立てにより又は職権で、再生債務者の理事、取締役、執行役、監事、監査役、清算人又はこれらに準ずる者(以下この条から第百四十五条までにおいて「役員」という。)の責任に基づく損害賠償請求権につき、役員の財産に対する保全処分をすることができる。
2. 裁判所は、緊急の必要があると認めるときは、再生手続開始の決定をする前でも、再生債務者(保全管理人が選任

신청 또는 직권으로 채무자의 이사 등에 대한 출자이행청구권 또는 이사 등의 책임에 기한 손해배상청구권을 보전하기 위하여 해당 이사 등의 재산에 대한 보전처분을 할 수 있다(제114조 제1항). 또한 법원은 회생절차개시결정 전이라도 긴급한 필요가 있다고 인정하는 때에는 개시 전 채무자(보전관리인이 선임되어 있는 때에는 보전관리인)의 신청 또는 직권으로 위와 같은 보전 처분을 할 수 있다(제114조 제3항).

여기서 보전처분은 관리인의 신청에 의한 경우를 포함하여 신청인의 이익만을 위한 것이 아니라 총채권자(공익채권자를 포함한다)의 이익을 위하여, 채무자의 재산(금전채권)을 보전하기 위한 것이라는 점에서 통상의 민사집행법상의 보전처분과 다르다. 이 때문에 담보제공은 필요 하지 않고, 보전처분을 하는 법원도 회생사건이 계속되어 있는 법원이며, 발령 이후 취소나 변경도 직권에 의하여 수시로 할 수 있다. 그러나 본안의 민사소송(제115조 이하의 조사확정재판도 포함한다)이 전제된다는 점에서 제43조 내지 제45조의 보전처분 등보다 통상의 민사집행법상의 보전처분에 가까운 측면이 있다.[339] 여하튼 특수성을 고려하여야 하는 사항이나 명문의 특별규정(제24조 제1항 제3호 등)이 있는 사항을 제외하고, 성질에 반하지 않는 한 민사집행법상의 보전처분에 준하여 취급하여야 할 것이다.

보전처분이 된 것은 회생절차개시신청의 취하에 대한 제한사유(제48조)는 아니다.

2. 신청절차

가. 신청권자

보전처분은 직권 또는 관리인의 신청에 의하여 발령할 수 있다(제114조 제1항). 이해관계인 은 신청할 수 없다. 관리인은 이사 등에 대한 출자이행청구권이나 이사 등의 손해배상청구권 이 있음을 알게 된 때에는 보전처분을 신청하여야 한다(제114조 제2항).

나. 보전의 필요성

회생절차개시결정이 있는 경우에는 필요하다고 인정하는 때 보전처분을 할 수 있지만(제114조 제1항), 긴급한 필요가 있다고 인정되는 경우에는 회생절차개시결정 전에도 채무자(보전관리 인이 선임되어 있는 경우에는 보전관리인)의 신청이나 직권으로 보전처분을 할 수 있다(제114조 제3항). 회생절차개시 전에는 '긴급한 필요'라는 요건을 가중한 것인데, 회생절차개시결정이 판단 되기 전 단계이므로 요건을 엄격히 한 것이다.

'필요하다고 인정하는 때'란 조사확정재판 등을 거쳐 강제집행을 할 때까지 사이에, 상대방이 그 개인재산을 은닉, 처분, 소비 등을 함으로써 강제집행의 실효성이 확보되지 아니할 염려가 있는 경우를 말한다. '긴급한 필요'란 피보전권리인 손해배상청구권 등을 청구할 필요성, 개

されている場合にあっては、保全管理人)の申立てにより又は職権で、前項の保全処分をすることができる。
339) 제114조에서 인정하는 보전처분은 재산의 증식을 도모하는 보전처분이고, 제43조는 재산의 일실을 방지하기 위한 보전처분이라는 점에서 서로 다르다.

연성이 높고, 상대방이 그 개인재산을 은닉, 처분, 소비 등을 할 우려가 긴박하게 존재하는 경우를 말한다.

다. 보전처분의 내용 등

보전처분은 출자이행청구권[340] 또는 손해배상구권[341]의 실현을 목적으로 하는 것이므로 원칙적으로 가압류의 형태이다. 다만 필요에 따라 가처분의 형태도 가능할 것이다. 예컨대 훼손의 염려가 있는 재산의 집행관 보관, 이사의 책임보험의 보전조치, 이사 등이 소유한 주택에 대한 관리명령 등.

라. 보전처분결정

보전처분은 법원의 결정으로 한다. 법원은 관리위원회의 의견을 들어 발령한 보전처분을 변경 또는 취소할 수 있다(제114조 제4항).

보전처분에 대하여는 담보를 요구하지 않는다. 이사 등은 채무자(회사)의 내부자와 유사한 지위에 있거나 (보전)관리인이 신청권자로 되어 있는 것을 고려한 것이다.[342] 제114조에 의한 보전처분이 발령되지 아니한 경우 관리인 등은 민사집행법상의 보전처분을 신청하여 담보를 조건으로 보전처분의 발령을 구할 수도 있다.

마. 결정에 대한 불복

보전처분결정이나 변경 또는 취소결정에 대하여는 즉시항고를 할 수 있으나, 즉시항고를 하더라도 집행정지의 효력은 없다(제114조 제5항, 제6항). 보전처분은 회생계획인가결정이 있더라도 효력이 상실되는 것은 아니라고 할 것이다.

3. 당사자에 대한 송달

보전처분이나 그 변경·취소의 결정과 이에 대한 즉시항고에 대한 재판은 당사자의 지위에 중대한 영향을 미치는 재판이기 때문에, 그 결정서를 당사자에게 송달하여야 한다(제114조 제7항).[343] 직권에 의한 경우에도 마찬가지이다. 당사자란 보전처분의 상대방인 이사 등과 피보전권리의 행사자인 관리인(보전관리인)이다.

---

340) 발기인의 인수, 납입담보책임(상법 제321조) 및 이사의 인수담보책임(상법 제428조 제1항) 등이 대상이 된다. 이는 손해배상책임이 아니라 자본충실의 요청에 따라 특별히 인정한 담보책임에 기한 청구권이다. 유사발기인도 동일한 책임을 부담한다(상법 제327조). 감사·검사인 또는 청산인에게는 이러한 의무가 없기 때문에 문제가 되지 않는다.

341) 발기인(상법 제322조), 이사(상법 제397조의2, 제399조), 감사(상법 제414조), 검사인(상법 제325조), 청산인(상법 제542조 제2항, 제399조)의 채무자에 대한 손해배상책임이 대상이 된다. 업무집행지시자 등(상법 제401조의2, 제399조)의 손해배상책임도 그 대상이 된다고 할 것이다.

342) 반면 주주대표소송의 경우에는, 본안소송에 대하여도 담보제공명령의 가능성이 있다(상법 제403조 제7항, 제176조 제3항).

343) 입법론적으로 보전처분 등의 결정이 당사자의 지위에 중대한 영향을 미친다는 점을 고려하면 송달에 갈음하는 공고 규정의 적용은 배제되어야 할 것이다(제10조 제2항 참조).

4. 등기·등록의 촉탁

등기·등록된 권리에 대하여 보전처분이 있는 때에는 공시를 할 필요가 있기 때문에 법원사무관 등은 직권으로 지체 없이 보전처분의 등기·등록을 촉탁하여야 한다(제24조 제1항 전문 제3호). 보전처분이 변경 또는 취소되거나 효력을 상실한 때에도 마찬가지이다(제24조 제1항 후문).

보전처분의 효력을 상실할 때란 먼저 회생절차개시신청이 취하된 경우(제48조), 회생절차개시신청을 기각하는 결정을 한 경우(제42조), 회생절차개시결정의 취소가 확정된 경우(제54조) 등과 같이 회생절차개시결정에 이르지 않는 경우를 말한다. 다음으로 회생절차가 종료된 경우(회생절차종결결정이 된 경우, 회생절차폐지결정이 확정된 경우 등)도 실효된 것으로 보아야 한다.

Ⅲ 손해배상청구권 등의 조사확정재판

1. 조사확정재판절차의 개시

가. 신청권자

조사확정재판은 직권 또는 관리인의 신청에 의하여 개시된다(제115조 제1항).

관리인이 조사확정재판을 신청한 때에는 이사 등에 대한 출자이행청구권이나 이사 등의 손해배상청구권의 원인되는 사실을 소명하여야 한다(제115조 제3항).

법원이 직권으로 조사확정재판을 개시하는 때에는 절차의 개시시기 및 시효중단의 시기를 명확하게 하기 위하여 조사확정재판 절차를 개시하는 취지의 결정을 하여야 한다(제115조 제4항).

나. 관리인의 신청의무

회생절차에서 법인인 채무자의 이사 등에 대한 책임추궁은 채무자의 업무수행권 및 재산의 관리처분권이 전속된 관리인의 중요한 직무 중 하나이고, 이것을 적절하게 행사하지 않는 것은 관리인의 의무위반이 될 수 있다. 따라서 관리인은 이사 등에 대한 청구권이 있음을 알게 된 때에는 법원에 조사확정재판을 신청하여야 한다(제115조 제2항).

다. 시효중단의 효력

조사확정재판의 신청은 기본적으로 법인인 채무자가 이사 등에 대한 청구권을 주장하여 그 존부 및 범위의 재판상 확정을 구하는 것이므로 재판상의 청구에 준하여 조사확정재판의 신청에는 시효중단의 효력을 인정하고 있다.[344] 반면 조사확정재판 절차가 직권으로 개시된 경우에

---

344) 시효중단 사유로서의 '재판상 청구'(민법 제170조)는 일반적으로 채권자가 원고가 되어 소를 제기하는 것을 말한다. 이에 반하여 이사 등의 손해배상청구권 등에 관한 조사확정재판은 법원에 대하여 결정을 구하는 비송절차이기 때문에, 소멸시효 중단사유로서의 '재판상의 청구'에 해당하지 않는다. 그렇지만 이사 등의 손해배상청구권 등에 관한 조사확정재판의 신청은 실질적으로 보면 이사 등의 손해배상책임 등의 판단을 구하는 점에서 재판상의 청구와 같기

는 채무자 회사가 이사 등에 대하여 청구권을 주장하는 것은 아니지만, 그 경우에도 청구권의 재판상 확정이라고 하는 조사확정재판 제도의 실질을 감안하여 조사확정재판의 신청이 있는 경우에 준하여 조사확정절차개시결정이 있는 때에는 시효중단의 효력을 인정하고 있다(제115조 제5항).

신청이 각하, 기각 또는 취하된 경우 및 회생절차종료로 조사확정절차가 종료된 경우(제115조 제8항)에는 재판상의 청구와 마찬가지로 시효중단의 효력은 없다(민법 제170조 제1항). 직권으로 개시된 경우에도 조사확정결정이 되지 않은 채 절차가 종료된 경우(제115조 제8항)에도 마찬가지이다. 다만 이러한 경우에도 신청한 것(직권으로 개시결정을 한 것) 및 절차가 계속된 것은 적어도 최고(민법 제174조)로서의 효력을 가진다고 해석되므로, 각하, 기각 또는 취하, 종료의 효력이 발생한 날로부터 6월내에 재판상의 청구 등을 한 때에는 시효는 신청 등으로 인하여 중단된 것으로 본다(민법 제170조 제2항).

한편 제115조 제5항은 조사확정재판의 신청에 대하여만 시효중단의 효력을 규정하고 있지만, 보전처분의 신청(제114조)에도 시효중단의 효력이 인정된다고 할 것이다(민법 제168조 제2호 참조). 조사확정재판의 신청이 있은 후 회생계획이 불인가되거나 회생절차가 폐지된 경우에도 신청에 의하여 발생한 시효중단의 효력은 상실되지 않는다.

라. 이사 등의 책임을 추궁하는 다른 제도와의 관계

(1) 주주대표소송과의 관계

회생절차가 진행 중인 채무자의 주주가 회사의 이사 또는 감사의 책임을 추궁하기 위하여 대표소송(상법 제403조)을 제기할 수 있는가.

상법 제399조, 제414조에 따라 회사가 이사 또는 감사에 대하여 그들이 선량한 관리자의 주의의무를 다하지 못하였음을 이유로 손해배상책임을 구하는 소는 회사의 재산관계에 관한 소로서 회사에 대한 회생절차개시가 있으면 관리인이 당사자 적격을 가진다고 할 것이다. 회생절차에 있어서 회사의 재산을 관리·처분하는 권리는 관리인에게 속하며, 관리인은 법원의 감독 하에 선량한 관리자의 주의로써 그 직무를 수행할 책무를 부담하고 그러한 주의를 해태한 경우에는 이해관계인에 대하여 책임을 부담하게 되기 때문에 이사 또는 감사에 대한 책임을 추궁하는 소에 있어서도 이를 제기할 것인지의 여부는 관리인의 판단에 위임되어 있다고 해석하여야 할 것이다. 따라서 회사가 이사 또는 감사에 대한 책임추궁을 게을리 할 것을 예상하여 마련된 주주의 대표소송제도는 회생절차가 진행 중인 경우에는 그 적용이 없고, 주주가 관리인에 대하여 이사 또는 감사에 대한 책임을 추궁할 것을 청구하였는데 관리인이 이를 거부하였다고 하더라도 주주가 상법 제403조, 제415조에 근거하여 대표소송으로서 이사 또는 감사의 책임을 추궁하는 소를 제기할 수 없다고 보아야 할 것이다.

때문에 시효중단의 효력을 부여한 것이다.

이러한 이치는 주주가 회사에 대하여 책임추궁의 소의 제기를 청구하였지만 회사가 소를 제기하지 않고 있는 사이에 회사에 대하여 회생절차개시가 있은 경우에도 마찬가지이다.[345] 이사에 대한 주주대표소송 계속 중에 채무자에 대하여 회생절차가 개시된 경우, 해당 소송은 중단되고, 관리인이 이를 수계하여야 할 것이다.

(2) 통상소송과의 관계

조사확정재판의 대상은 이사 등의 책임에 기한 손해배상청구권이고, 이것을 소송물로 하는 통상소송과의 관계가 문제이다. 조사확정재판은 '법원에 계속되어 있는 사건'(민소법 제259조)에 해당하고, 이것이 선행한다면 관리인이 통상의 민사소송을 제기하는 것은 허용되지 않는다. 상대방인 이사 등도 채무부존재확인소송을 제기할 수 없다고 할 것이다. 통상소송이 선행한 경우에는 조사확정재판신청을 할 수 없고, 법원이 직권으로도 할 수 없다고 할 것이다.

마. 채권자의 상법 제401조에 기한 손해배상청구소송과의 관계

이사가 고의 또는 중대한 과실로 그 임무를 게을리 한 경우, 이것에 의해 손해를 입은 제3자에 대하여 손해배상책임을 부담한다(상법 제401조). 상법 제401조에서 말하는 손해는 회사재산과 무관하게 제3자에게 직접적으로 발생한 손해뿐만 아니라 이사의 임무해태로 인하여 회사재산이 감소한 결과로 제3자에게 발생한 간접손해도 포함된다. 이 때문에 회생절차개시 당시에 채권자[346]의 상법 제401조에 기한 손해배상청구소송이 계속된 경우 소송절차가 중단되는지가 문제된다. 회생절차개시로 채권자의 개별적인 권리행사를 제한할 이유가 없다는 견해도 있지만, 간접손해는 1차적으로 회사의 손해이기 때문에 회생절차에서는 먼저 회사에 회수되어야 하고, 이것을 1인의 채권자에게 지급하는 것은 회사 채권자 사이의 형평에 반하기 때문에 관리인에게 책임추궁을 위임하는 것이 타당하다고 할 것이다.[347]

2. 조사확정재판절차

가. 조사확정재판의 대상

조사확정재판의 대상이 되는 것은 회사의 이사 등에 대한 출자이행청구권이나 이사 등의 책임에 기한 손해배상청구권이다. 이사 등에 대한 출자이행청구권은 발기인의 인수, 납입담보책임(상법 제321조) 및 이사의 인수담보책임(상법 제428조 제1항)을, 이사 등의 책임에 기한 손해배상청구권은 상법 제399조, 제567조에 기한 손해배상청구권을 말한다. 따라서 동일한 이사

---

345) 대법원 2002. 7. 12. 선고 2001다2617 판결 참조.
346) 제3자에 주주가 포함되는가. 직접손해의 경우에는 제3자에 주주가 포함된다는 점에 관하여 다툼이 없다. 반면 간접손해의 경우에는 포함된다는 것이 통설이지만, 판례는 포함되지 않는다고 보고 있다(대법원 2012. 12. 13. 선고 2010다77743 판결, 대법원 2003. 10. 24. 선고 2003다29661 판결). 이에 관한 자세한 내용은 「장덕조, 회사법(제3판), 법문사(2016), 373~374쪽」을 참조할 것.
347) 會社更生の實務(下), 49~50쪽.

등에 대한 손해배상청구권이라도 회사가 행사하는 것이 아니라 제3자가 이사 등에 대한 손해배상청구권을 행사하는 경우에는 조사확정재판의 대상이 될 수 없고, 통상의 소의 방법으로 그 책임을 추궁하여야 한다.

신청인은 조사확정재판을 신청할 때 일정금액을 표시하지만, 사건의 비송적 성격 및 법원이 직권으로 절차를 개시할 수 있다는 점에서 신청금액에 구속되지 않고 자유롭게 손해배상액을 조사확정할 수 있다.[348]

나. 심리절차와 이유를 붙인 결정

(1) 조사확정재판은 결정으로 완결되는 사건이므로 구두변론을 할 것인지는 법원의 재량이다(민소법 제134조 제1항 단서). 다만 간이한 절차로 집행권원을 취득하고자 하는 본 제도의 취지 및 필요적 심문을 규정한 제115조 제7항에 비추어 보면, 이사 등 책임에 관한 조사확정재판에서 구두변론을 하는 것은 원칙적으로 허용되지 않는다고 할 것이다.

한편 조사확정의 재판과 조사확정의 신청을 기각하는 결정을 하는 때에는 미리 이해관계인을 심문하여야 한다(제115조 제7항). 필요적으로 이해관계인을 심문하도록 한 것은 손해배상청구권 등이라고 하는 실체권의 존부를 판단하는 재판이기 때문에 상대방인 이사 등에게 방어의 기회를 보장하기 위함이다. 관리인에 대한 심문은 필요하지 않다.

(2) 조사확정재판신청에 대한 재판(조사확정의 재판과 조사확정의 신청을 기각하는 재판)은 모두 이유를 붙인 결정으로 하여야 한다(제115조 제6항).[349] 판단의 대상이 실체적인 권리관계이기 때문에 신중한 판단을 담보할 필요가 있다는 점, 조사확정결정이 된 경우에는 당사자에게 이의의 소를 제기할 것인지 판단자료를 제공할 필요가 있다는 점, 이의의 소가 제기된 경우에 수소법원에 조사확정결정의 판단과정을 명확하게 해주는 것이 유용하다는 점, 조사확정재판신청을 기각하는 결정이 된 경우 관리인에게 별소로 손해배상청구권 등을 추급하여야 하는지에 관한 판단자료를 제공할 필요가 있다는 점 등으로부터 결정에는 이유를 붙이도록 한 것이다.

다. 송 달

조사확정결정이 있은 때에는 그 결정서를 당사자에게 송달하여야 한다(제115조 제9항). 지급을 명하는 조사확정결정은 당사자의 지위에 중대한 영향을 미치는 재판이고, 불복이 있는 자에게 이의의 소를 제기하는 것이 인정되기 때문에 결정서는 개별적으로 송달할 필요가 있기 때문이다. 송달에 의해 이의의 소에 관한 제소기간 시점이 확정된다. 당사자란 관리인과 지급

---

348) 주문은 조사확정재판결정을 변경하는 판결에 대하여 '강제집행에 관하여 이행을 명한 확정판결과 동일한 효력이 있다'(제116조 제7항)고 규정하고 있는 점에 비추어, 「채무자의 상대방(이사)에 대한 횡령으로 인한 손해배상청구권을 금 ○○○로 확정한다」로 하면 될 것이다. 판결이 아니므로 가집행선고를 할 수는 없다(가집행선고를 붙일 수 있다는 견해도 있다(倒産法(加藤哲夫 등, 324쪽)). 반면 신청을 기각하는 경우 채권조사확정재판과 달리 「이 사건 신청을 기각한다」고 하면 된다(서울회생법원 2014회기33).

349) 부인의 청구에 대한 결정에 대하여도 동일한 취지의 규정이 있지만(제106조 제2항), 채권조사확정재판에 대한 결정에 대하여는 없다(제170조).

할 것이 명령된 이사 등이다. 직권에 의한 조사확정결정의 경우에도 마찬가지이다.

한편 조사확정재판을 기각한 결정은 기판력도 없고, 이의의 소의 대상도 아니며, 즉시항고도 할 수 없기 때문에 송달할 필요는 없다. 법원이 상당한 방법으로 당사자 쌍방에게 고지하면 족하다(민소법 제221조 제1항).

라. 절차의 종료

조사확정재판절차는 회생절차의 목적을 달성하기 위하여 회생절차 계속 중에 한하여 인정되는 특수한 책임추궁절차이기 때문에 조사확정결정이 있은 후의 것을 제외하고[350] 회생절차가 종료한 때[351]에 조사확정절차도 종료한다(제115조 제8항).[352] 조사확정결정이 있었던 경우에는 회생절차가 종료한 후라도 종료 전에 한 조사결정에 대하여 이의의 소를 제기할 수 있다. 이 경우 관리인은 당사자적격을 상실하기 때문에 채무자가 당사자가 된다고 볼 것이다.

3. 확정된 조사확정재판의 효력

조사확정재판에 불복이 있는 자는 결정을 송달받은 날부터 1월 이내에 이의의 소를 제기하여야 한다(제116조 제1항). 조사확정재판에 관하여 불복하는 이의의 소가 조사확정재판결정을 송달받은 날로부터 1월 이내에 제기되지 아니하거나 취하 또는 각하된 경우[353] 조사확정재판은 확정된다. 이 경우 조사확정재판은 이행을 명한 확정판결과 동일한 효력이 있다(제117조).[354] 따라서 확정된 조사확정재판은 기판력과 집행력을 가진다.[355]

조사확정재판은 결정의 형식으로 하는 것이고, 이것은 '항고로만 불복할 수 있는 재판'(민집법 제56조 제1호)에 해당하지 않기 때문에 확정된 조사확정재판에 집행력을 부여하기 위하여 둔 것이다. 따라서 관리인은 이것을 집행권원으로 하여(민집법 제56조 제5호) 당해 이사 등의 개인재산에 대하여 강제집행을 할 수 있다.[356]

---

350) 조사확정결정이 있는 경우를 제외한 것은 조사확정결정에 대하여 이의의 소가 제기되고, 이의의 소가 제기된 경우까지도 조사확정재판절차가 종료되는 것으로 하는 것은 소송경제에 반한다는 점을 고려한 것이다.

351) 회생절차가 종료한 때란 ① 회생절차의 목적을 달성하여 회생절차가 종결된 경우, ② 회생절차개시신청이 기각된 경우, ③ 회생절차의 목적을 달성하지 못하고 폐지된 경우, ④ 회생계획불인가결정이 확정된 경우, ⑤ 회생절차개시결정이 취소된 경우가 있다. ② 내지 ⑤의 경우 법원은 채무자에게 파산의 원인이 되는 사실이 있다고 인정하는 때에는 직권으로 파산선고를 할 수 있다(제6조 제1항, 제2항). 그러나 손해배상청구권 등의 조사확정재판절차는 간이·신속한 심리절차인 결정절차의 방식을 채용하고 있고, 파산절차로 이행된 후 회생절차에서 행하여진 조사확정재판자료를 그대로 이용할 필요성은 없기 때문에, 손해배상청구권 등의 조사확정재판절차는 회생절차가 종료되면 견련파산의 가능성을 고려하지 않고 모두 종료되도록 한 것이다.

352) 실무적으로 조사확정재판 신청(또는 개시결정)을 하였음에도 조사확정결정 없이 회생절차가 종료되는 경우가 있다. 이 경우 장기간의 회생절차 진행으로 손해배상청구권 등의 소멸시효가 만료될 수 있다. 소멸시효가 만료될 우려가 있는 경우 채무자는 회생절차종료 후 6월내에 새로운 손해배상청구소송 등을 제기하여야 시효중단의 효력을 누릴 수 있다는 점에 주의를 요한다.

353) 이의의 소가 각하된 경우란 제소기간 경과로 소가 부적법 각하된 경우를 말한다.

354) 확정된 채권조사확정재판의 효력에 관한 규정(제176조 제2항)과는 다소 차이가 있다.

355) 집행력만 가진다는 견해도 있다{회생사건실무(상), 388쪽}.

356) 條解 民事再生法, 789쪽.

4. 조사확정재판신청을 기각한 경우

조사확정재판신청을 기각한 재판은 조사확정이라고 하는 간이한 방법으로는 손해배상 등을 명할 수 없다는 것을 확인하는 것에 지나지 않고, 손해배상청구권 등의 부존재 자체를 확인하는 것은 아니기 때문에 조사확정재판신청을 기각하는 재판에는 기판력이 없어 통상의 소에 의하여 해당 이사 등에 대하여 책임을 추궁하는 것을 방해하지 않는다.

Ⅳ 손해배상청구권 등의 조사확정재판에 대한 이의의 소

1. 조사확정의 재판에 대한 불복 방법

조사확정재판을 받은 이사 등과 조사확정의 신청이 일부 기각된 관리인에 대하여 구두변론에 의한 판결절차를 보장하기 위하여 이의의 소라고 하는 불복방법을 마련하고 있다.

법인의 이사 등에 대한 손해배상청구권 등의 유무 및 내용에 대하여 간이한 절차에 의해 신속하게 판단을 하기 위하여 손해배상청구권 등의 확정재판제도를 둔 것이다. 그러나 사안의 성질은 실체권인 손해배상청구권 등의 존부와 관련되기 때문에 판결절차에 의한 판단을 구할 기회를 보장할 필요가 있다. 그래서 조사확정재판에 대한 이의의 소를 허용한 것이다. 이의의 소는 조사확정재판의 취소 등을 요구한다는 의미에서 소송법상 형성의 소에 해당한다.

2. 이의의 소의 대상

조사확정의 재판에 불복이 있는 자는 결정을 송달받은 날부터 1월 이내에 이의의 소를 제기할 수 있다(제116조 제1항). 조사확정재판은 결정의 형식으로 행해지지만 이에 대한 불복신청으로는 이의의 소에 한정되고, 즉시항고 및 통상항고는 허용되지 않는다.

이의의 소의 대상이 되는 조사확정재판은 이사 등에게 손해배상 등을 명하는 재판을 가리킨다. 제115조 제6항이 '조사확정의 재판'과 '조사확정의 신청을 기각하는 재판'을 명확하게 구분하여 사용하고 제116조 제1항이 전자에 대해서만 이의의 소를 제기할 수 있다고 규정하고 있는 것을 볼 때, 관리인의 신청에 의한 조사확정의 신청을 전부 기각한 재판에 대해서는 이의의 소를 제기할 수 없고 별도로 통상의 민사소송을 제기할 수밖에 없다.

3. 관할법원 및 제소기간

이의의 소는 회생계속법원의 전속관할이다(제116조 제4항). 회생계속법원은 회생사건이 계속되어 있는 회생법원을 말한다(제60조 제1항). 따라서 회생법원이 설치되어 있지 아니한 지역(서울, 수원, 부산을 제외한 나머지 지역)의 경우 회생계속법원에서 어느 재판부가 이의의 소를 담당

하는지는 사무분담의 문제이고 회생사건을 담당하고 있는 재판부가 담당하여야 하는 것은 아니다.[357]

이의의 소는 조사확정재판의 송달은 받은 날부터 1월 이내의 불변기간에 제기하여야 한다(제116조 제1항, 제2항).

4. 당 사 자

이의의 소를 제기할 수 있는 자는 조사확정의 재판에 불복이 있는 자이다(제116조 제1항). 조사확정재판을 받은 이사 등은 물론이고, 조사확정의 신청이 일부 인용(기각)된 경우 조사확정의 신청인이 이의의 소를 제기할 수 있다. 이의의 소를 제기한 자가 원고이고, 제기당한 자가 피고이다. 이의의 소는 이를 제기하는 자가 이사 등인 경우에는 관리인을, 관리인인 때에는 이사 등을 각각 피고로 하여야 한다(제116조 제3항).

5. 이의소송의 심리

변론은 결정을 송달받은 날로부터 1월[358]을 경과한 후가 아니면 개시할 수 없다(제116조 제4항). 여러 개의 조사확정재판에 대한 이의의 소가 제기될 수 있고, 이 경우 합일확정의 필요가 있기 때문에 심리개시기간을 제한하고 있는 것이다. 여러 개의 소가 동시에 계속되어 있는 때에는 법원은 변론을 병합하여야 한다(제116조 제5항).

6. 회생절차종료와 이의소송

조사확정절차는 회생절차가 종료한 때에는 종료한다. 다만 조사확정결정이 이미 있는 경우에는 절차경제의 관점에서 회생절차가 종료되더라도 조사확정절차는 종료하지 않고(제115조 제8항 참조), 회생절차가 종료할 때에 조사확정결정이 미확정인 경우에는 회생절차종료 후라도 이의의 소를 제기할 수 있다고 할 것이다.

이의의 소가 이미 계속되어 있는 경우에는 회생절차의 종료에 의하여 당사자적격이 관리인에서 채무자로 변경되므로 이의의 소는 중단되고 채무자가 이를 수계하여야 한다.

7. 이의소송에 대한 판결의 효력

이의의 소에 대한 판결은 부적법 각하하는 경우를 제외하고 조사확정재판결정을 인가·변경 또는 취소하는 형태로 판단을 한다(제116조 제6항).

이의의 소는 소송법상 형성의 소이고, 본래 이의소송에 관한 판결 그 자체에는 집행력을

---

357) 실무적으로 회생계속법원의 민사부에서 사건을 담당하고 있다.
358) 이의의 소를 제기할 수 있는 기간이다(제116조 제1항).

생각할 수 없다. 또한 조사확정재판을 인가 또는 변경하는 판결은 판결 주문 중에 이행을 명하는 문언은 포함되어 있지 않지만 실질적으로는 이사 등에게 손해배상 등을 명하는 내용을 포함하고 있기 때문에 그 판결에 강제집행에 관하여 이행을 명한 확정판결과 동일한 효력을 인정하고 있다(제116조 제7항). 집행력에 대해서만 규정이 있지만 그 판결이 확정되면 확정된 조사확정재판과 마찬가지로 기판력이 생긴다.

또한 조사확정을 취소하는 판결이 확정되는 경우에는 손해배상청구권 등의 부존재에 관하여 기판력이 생긴다.

조사확정재판을 인가 또는 변경하는 판결에 대하여 가집행을 선고할 수 있는가. 조사확정재판을 인가 또는 변경하는 판결은 '재산권의 청구에 관한 판결'이고, 이행을 명한 확정판결과 동일한 효력이 인정되기 때문에 제33조, 민사소송법 제213조 제1항에 따라 가집행을 선고하여야 할 것이다.[359]

이의의 소에 대한 판결에 대하여는, 민사소송법의 일반원칙에 따라 당사자가 상소를 할 수 있다는 것은 말할 필요가 없다.

제5절 상 계 권

도산시기에 채권자 입장에서 상계는 채권(자동채권) 회수의 가장 유력한 수단이 된다. 도산절차에서는 변제 내지 배당률이 지극히 낮은 경우가 많기 때문에, 채권자 입장에서는 상계가 인정되는지 여부에 따라 많은 차이가 발생하게 된다. 다른 한편 회생절차에 있어서 관리인 입장에서는 상계가 인정되면 자금조달에 많은 어려움이 있어 회생에 장애가 되고, 파산절차에 있어서 파산관재인 입장에서는 상계가 인정되면 파산재단 증식에 장애가 된다. 따라서 도산시기에는 평상시보다도 상계할 수 있는지는 중요한 문제가 된다.

I 회생절차에서의 상계-상계권의 제한

상계(setoff)는 채권자와 채무자가 서로 동종의 채권·채무를 가지는 경우에 그 채권과 채무를 대등액에 있어서 소멸하게 하는 일방적 의사표시이다(민법 제492조). 양 당사자 중 어느 일방의 자력이 악화된 경우, 타방 당사자가 자기의 채무는 전액을 변제하면서 자기의 채권의 실현이 곤란하게 된다면 공평하다고 할 수 없다는 데에 상계제도의 의의가 있다. 이러한 의미에서 상계는 담보적 기능을 가지고 있고, 도산상황에서 특히 중요한 권리가 된다.

자동채권의 채무자에 대하여 회생절차가 개시되어 채무자의 재산에 대한 관리처분권이 관

---

359) 일본 민사재생법 제146조 제5항, 일본 파산법 제180조 제6항은 명시적으로 가집행을 선고할 수 있도록 규정하고 있다.

리인에서 이전되었다는 이유로 상계가 인정되지 않는다면, 상계의 담보적 기능은 훼손되기 때문에, 채무자회생법은 회생채권자 또는 회생담보권자(이하 '회생채권자 등'이라 한다)가 회생절차 개시 당시 채무자에 대하여 채무를 부담하는 경우 그 채무를 수동채권으로 하는 상계를 원칙적으로 허용한다(제144조 제1항). 다른 한편 상계의 기대에 대한 보호를 무제한으로 할 수는 없을 뿐만 아니라 다른 이해관계인이나 채무자와의 관계에서 합리적 범위에 머물러 있어야 한다는 이유로부터 상계적상의 발생시기 및 상계권의 행사시기에 관하여 일정한 제한(금지)을 가하고 있다(제144조, 제145조).

먼저 채무자회생법은 회생절차가 개시된 후에는 회생채권자 등의 권리행사를 제한하고 있지만(제131조 본문, 제141조 제2항), 회생절차 개시 이후라도 회생절차에 의하지 아니한 상계를 하는 것을 일정한 범위에서 허용하고 있다(제144조 제1항).[360] 이는 회생채권자 등과 회생채무자 상호간에 상대방에 대한 채권·채무를 가지고 있는 경우에는 상계함으로써 상쇄할 수 있다는 당사자의 기대를 보호하고자 하는 것이다.[361] 특정재산상의 담보권이 회생담보권으로 되고 회생절차에 의하지 아니하고는 행사할 수 없는 것(제141조 제2항)과 비교하면, 상계권자에게 담보의 권능을 넘는 지위를 부여한 것이라고도 말할 수 있지만, 자신의 의사표시에 의하여 즉시 채권의 실질적 회수를 도모할 수 있는 상계권의 권능을 존중한 것이라는 관점에서 특별한 지위를 인정한 것으로 이해하여야 할 것이다.

다른 한편으론 회생절차의 경우에는 파산절차[362]는 물론 민법에 비하여 상계에 상당한 제한을 가하고 있다.[363] 파산절차와 달리 자동채권에 관하여 변제기가 도래된 것으로 간주되지

---

360) **제131조와 제144조 제1항과의 관계** 회생절차가 개시된 후에는 회생채권 또는 회생담보권은 회생계획에 의하지 않고는 변제하거나 변제받는 등 이를 소멸시키는 행위(면제를 제외한다)를 할 수 없고(제131조 본문, 제141조 제2항) 금지되는 소멸행위에는 상계도 포함되므로 위 규정에 의하면 회생채권 등을 이용한 상계는 허용되지 않는다. 그렇다면 제144조와 충돌되는 것은 아닌가. 결국 제144조 제1항은 제131조의 특별규정이라고 보아야 할 것이다. 그래서 제144조 제1항에 의한 상계는 허용되고 그 이외의 상계는 제131조에 의하여 허용되지 않는다고 할 것이다. 요컨대 제144조 제1항은 제131조에서 규정하는 '이 법에 특별한 규정이 있는 경우'에 해당하는 것이다.

361) 대법원 2017. 3. 15. 선고 2015다252501 판결.

362) 파산절차에서 상계의 담보적 기능은 잘 발휘되고 있다. 이는 파산채권의 현재화와 금전화에 기인한 것이다. 파산채권인 자동채권은 파산선고시에 변제기가 도래된 것으로 간주되고(제425조, 현재화), 파산절차 진행 중에도 파산절차에 의하지 않고 상계할 수 있으며(제416조), 파산채권이 파산선고시에 해제조건부 채권인 경우뿐만 아니라 비금전채권인 경우에도 상계가 인정된다(제417조, 금전화). 또한 상계의 의사표시의 시기에 관하여도 제한이 없다. 이는 민법의 상계보다 범위가 확장된다는 점에서 상계권의 확장이라 한다. 다른 한편으론 파산절차에서도 상계가 금지되기도 한다(제422조). 결국 파산절차에서는 상계권이 확장되기도 하고 제한되기도 한다.

결국 채무자회생법은 상계기대의 보호와 채권자평등의 관점에서, 민법이 정한 상계요건의 일부를 제한하기도 하고 확장하고 있기도 하다.

363) 채무자회생법상의 상계와 민법상의 상계와의 관계는 어떻게 되는가. 채무자회생법상의 상계에도 원칙적으로 민법의 상계에 관한 규정(제492조 내지 제499조)과 민법 등에 산재되어 있는 상계금지규정(조합채무자의 상계금지를 규정한 민법 제715조 등)이 적용된다고 볼 것이다. 따라서 민법상의 제한에 저촉되는 상계는 할 수 없다. 반면 민법 등에서 상계권을 확장하는 규정{예컨대 연대채무자와 보증인의 상계원용권에 관한 규정(민법 제418조 제2항, 제434조)}은 ① 채무자회생법은 채무자의 회생이나 파산재단의 충실화를 위해 기본적으로 상계를 제한하는 입장이라는 점, ② 연대채무자나 보증인에 의한 상계는 다른 연대채무자나 주채무자가 스스로 상계권을 행사할 수 있다는 것을 전제로 하는 것인데, 채무자가 이미 상계권의 행사 권한을 상실(회생절차가 개시되면 관리인이, 파산선고가 되면 파산관재인이 상계권을 행사하고, 채무자는 상계권의 행사권한을 상실한다)한 경우에는 연대채무자 등의 상계권 행사도 부정된다고 보아야 하는 점, ③ 채권자의 일반적인 이익에 부합한 경우 법원의 허가를 얻어 관리인이나 파산관

않고, 회생채권 또는 회생담보권(이하 '회생채권 등'이라 한다)의 신고기간 만료일까지 변제기가 도래하여야만 상계적상을 가지며, 상계의 의사표시도 신고기간 만료일까지 하지 않으면 안 된다(제144조 제1항). 또한 일정한 경우 상계를 금지하고 있다(제145조). 관리인 측의 상계도 원칙적으로 허용되지 않고, 다만 법원의 허가가 있는 경우에는 그 범위 내에서 가능하다(제131조 단서).[364]

이와 같이 회생절차의 경우 상계를 제한하는 취지는 회생채권자 등의 무분별한 상계권 행사가 채무자의 회생을 위한 노력을 곤란하게 하고 회생계획안의 작성 등 절차 진행에 지장을 초래하는 것을 방지함으로써 기업의 회생이라는 채무자회생법의 목적을 실현하려는 데 있다. 관리인에 의한 상계를 제한하지 않을 경우 채권자들 사이의 형평에 반할 수 있고 채권회수율이 낮아져 채권자 일반의 이익에 반할 수 있다. 위와 같은 입법 취지나 회생절차가 종결된 경우 회생계획에서 달리 정함이 없는 한 회생채권자 등의 개별적인 권리행사가 가능해지는 점 등을 고려하면, 회생절차가 종결된 때에는 상계에 대한 위와 같은 제약도 해소된다고 볼 것이다.[365]

제131조 단서는 관리인에 의한 상계를,[366] 제144조는 회생채권자 등에 의한 상계를 규정하고 있다. 한편 제144조 이하의 규정이 대상으로 하는 것은 회생채권자 등에 의한 상계, 즉 회생채권 등을 자동채권으로 하고 채무자의 재산에 속하는 채권을 수동채권으로 하는 것이다.[367]

Ⅱ 회생채권자 등에 의한 상계

채무자회생법은 회생채권자 등이 회생절차개시 당시 채무자에 대하여 채무(수동채권)를 부담하는 경우 채권과 채무의 쌍방이 신고기간만료 전에 상계할 수 있게 된 때에는 회생채권자 등은 그 기간 안에 한하여 회생절차에 의하지 아니하고 상계할 수 있다고 규정함으로써(제144

재인에 의한 상계가 허용된다는 점 등을 고려하면 적용되지 않는다고 볼 것이다(본서 527쪽 각주 403) 및 611쪽).

364) 대법원 2008. 6. 26. 선고 2006다77197 판결, 대법원 1988. 8. 9. 선고 86다카1858 판결 참조.

365) 대법원 2009. 1. 30. 선고 2008다49707 판결. 회생절차가 종결되면 채무자회생법이나 회생계획에서 정해진 실권, 권리변경 및 변제기의 유예 등의 효과를 제외하고, 회생절차 진행 당시 채무자회생법에 의하여 부과된 상계권 등 각종 권리행사의 제한(금지), 채무자 재산의 보전확보를 위해 관리인에게 부여된 부인권 기타 권리 등은 모두 소멸하고, 일반적인 민법과 상법 등의 법리에 따라 당사자 사이의 법률관계가 규율되는 것이 원칙이다.

366) 대법원 2008. 6. 26. 선고 2006다77197 판결, 대법원 1988. 8. 9. 선고 86다카1858 판결 참조. 일본의 회사갱생법 제47조의2는 「관리인은 회생회사의 재산에 속한 채권을 가지고 갱생채권 등과 상계하는 것이 채권자 등의 일반의 이익에 적합한 경우에는, 법원의 허가를 얻어 상계할 수 있다」고 규정하고 있다.

367) **회생채무자에 대한 회생채권 이외의 채권과 채무자의 채권의 상계** ① **공익채권과 채무자의 재산에 속한 채권과의 상계** 공익채권의 성질(제180조 제1항, 제2항)을 고려하면 관리인에 의한 상계는 제한할 이유가 없다. 공익채권자에 의한 상계에 있어서도 재단채권의 경우와 달리 공익채권의 경우에는 강제집행 등이 당연히 금지되는 것은 아니라는 점에서 상계를 제한할 이유는 없어 보인다. 따라서 회생절차에서 공익채권과 채무자의 재산에 속한 채권의 상계는 민법 기타 실체법의 요건이 충족되는 한 유효하다고 할 것이다. 다만 채무자의 재산이 공익채권의 총액을 변제하기에 부족한 경우, 공익채권의 안분변제를 규정하고 있는 제180조 제7항과의 관계에서 논란의 여지는 있다.

② **개시후기타채권과 채무자 재산에 속하는 채권의 상계** 개시후기타채권에 관하여는 회생절차가 개시된 때부터 회생계획으로 정하여진 변제기간이 만료하는 때까지의 사이에는 변제를 하거나 변제를 받는 행위 그 밖에 이를 소멸시키는 행위(면제를 제외한다)를 할 수 없다(제181조 제1항). 따라서 이 기간 중에는 개시후기타채권자나 관리인 모두 상계가 허용되지 않는다.

조 제1항), 일정한 제한 아래 회생채권자 등의 상계를 허용하고 있다.[368] 회생채권자 등에게 상계가 인정됨으로써 실질적 가치가 낮은 자동채권과 실질적 가치가 높은 수동채권이 명목금액으로 소멸함에 따라 경제적 손실을 면할 수 있게 되었다.[369]

상계는 채무자의 재산과의 관계에서 중립적이지 않다. 상계가 없었다면 회생채권자의 채권은 단지 비율적인 만족만 얻었을 것이고, 관리인은 채권 전액을 관철할 수 있었을 것이기 때문이다.

1. 상계의 요건

회생채권자 등[370]이 회생절차에서 상계를 하려면, ① 자동채권이 회생채권 또는 회생담보권일 것, ② 수동채권이 회생절차개시 당시 발생하였을 것, ③ 신고기간 만료 전에 자동채권의 변제기가 도래하여 자동채권과 수동채권이 상계적상에 있을 것이라는 요건 하에 ④ 신고기간 내까지, ⑤ 관리인에 대하여 상계의 의사표시를 하여야 한다(제144조 제1항). 회생담보권으로 인정되는 담보권의 유무 및 범위가 회생절차개시 당시를 기준으로 결정되는 것과 마찬가지로, 상계권으로 인정되는 채권채무(자동채권, 수동채권)도 원칙적으로 회생절차개시 당시를 기준으로 결정된다(①, ②). 따라서 회생절차개시 후에 상계의 수동채권인 채무를 부담하여도 이것을 기초로 한 상계는 채권자평등의 원칙에 반하는 것이 되어 그 효력은 부정된다(제145조 제1호).

한편 민법이나 기타 실체법이 정하고 있는 상계금지(민법 제496조, 근로기준법 제21조, 선원법 제31조 등)뿐만 아니라 제145조가 정한 상계금지에 해당하는 경우에는 상계권이 인정되지 않는다.

가. 회생절차개시 당시 채권채무의 대립

회생채권자 등에 의한 상계가 인정되려면 「회생채권자 또는 회생담보권자가 회생절차개시 당시 채무자에 대하여 채무를 부담」하여야 한다. 회생절차개시 당시에 있어서 자동채권과 수동채권(반대채권)이 대립할 것을 요구하고 있는 것이다. 이것은 민법 제492조 제1항 본문이 규정하는 쌍방(2인)이 서로 채무를 부담한다는 상계의 요건(상호성의 요건)을 회생채권자 등이 상계하는 경우에도 채용한 것이다.[371]

---

368) 상계가 허용되지 않는 채권자는 자신이 부담하는 급부 전부를 관리인에게 이행하여야 하고, 그가 받을 수 있는 급부는 회생계획에 따른 변제율에 따라 청구할 수 있을 뿐이다.

369) 조세환급금의 충당은 납세의무자(납세자)의 납부할 조세와 과세관청이 환급할 조세환급금이 서로 대립하고 있는 경우 그 대등액에 있어서 이를 동시에 소멸시키는 것을 말한다(국세기본법 제51조 제1항, 지방세기본법 제60조 제1항, 관세법 제46조 제1항). 충당은 민법상의 상계제도와 유사하다(다만 민법상의 상계는 당사자 일방의 상대방에 대한 의사표시에 의하나, 조세환급금의 충당은 과세관청이 법정된 요건과 방식에 따라 일방적으로 행하는 점에서 차이가 있다). 회생절차가 개시된 이후에도 조세환급금의 충당은 할 수 있다고 할 것이다{전대규(지방세), 416쪽}.

370) 회생담보권자가 상계를 하는 경우는 주의를 요한다. 회생담보권이 자동채권인 경우 회생담보권의 기초가 되는 피담보채권은 채무자에 대한 것과 제3자에 대한 것이 있다. 그러나 상계의 자동채권으로 되는 것은 전자만이고, 후자는 아래에서 보는 바와 같이 3자간 상계로 허용되지 않는다.

371) **3자간 상계의 허용 여부** 제144조 제1항 전문은 민법 제492조 제1항 본문이 규정하는 쌍방(2인)이 서로 채무를 부담한다는 상계의 요건(상호성의 요건)을 회생채권자 등이 상계하는 경우에도 채용한 것이다. 그래서 채무자에 대하

(1) 자동채권

(가) 일반론

회생채권이란 채무자에 대하여 회생절차개시 전의 원인으로 생긴 재산상의 청구권을 말한다(제118조 제1호, 본서 544쪽). 채권자의 자동채권은 신고기간 만료 이전까지 변제기가 도래하여야 한다(제144조 제1항 제1문). 그 외 민법에 의한 상계요건[372]을 모두 갖추어야 한다.

자동채권은 해제조건부 채권이라도 상관없지만,[373] 회생절차에서는 파산절차와 달리 채권의 금전화가 이루어지지 않기 때문에 비금전채권의 경우에는 상계가 인정되지 않는다. 정지조건부 채권에 대하여도 파산절차와 달리 무조건화가 이루어지지 않기 때문에 상계가 허용되지 않는다는 견해가 있다.[374] 그러나 제144조 제1항은 '회생채권'이라고 하고 있고, 회생채권은 채무자에 대하여 회생절차개시 전의 원인으로 생긴 재산상의 청구권(제118조 제1호)이다. 회생절차개시 당시에 정지조건부 채권이나 장래의 청구권을 가진 자도 그 채권 내지 청구권이 제118조 제1호의 요건을 갖추는 한 회생채권자로 취급된다(제138조 참조). 따라서 제144조 제1항이 회생채권으로 되는 청구권이 회생절차개시 당시에 현실화할 것을 요구하지 않는 이상, 상계에 있어서도 회생채권으로서 자동채권에 포함된다고 보아야 한다. 즉 회생채권이 회생절차개시 당시에 존재하지 않으면 안 된다고 하여도, 청구권이 현실화할 필요는 없고 회생절차개시 당시에 정지조건부 채권이나 장래의 청구권으로 존재하면 충분하다(신고기간 만료 시까지 현실화되면 된다).[375]

회생절차개시 후의 원인으로 발생한 청구권이라도 회생채권으로 되는 것이 있지만(제118조 제2호 내지 제4호), 이러한 채권은 상계를 할 수 없다. 왜냐하면 이러한 회생채권은 회생절차개시 당시에 존재하였다고 할 수 없기 때문이다.[376]

여 채무를 부담하는 자가 타인이 가지고 있는 회생채권을 가지고 상계를 할 수 있다고 하는 것은 서로의 채무를 부담하는 관계에 있지 않은 자 사이에 있어서 상계를 허용하는 것과 같으므로 제144조 제1항 전문의 문언에 반하고, 회생채권자 사이의 공평·형평한 취급이라는 기본원칙을 몰각하는 것이므로 (법정)상계는 허용되지 않는다.

합의에 의한 3자간 상계(예약)의 경우는 어떠한가. 이러한 경우에도 법정상계에서와 같은 이유로(제144조 제1항 전문의 상계에 해당하지 않는다) 허용되지 않는다고 하는 견해가 있다(倒産判例百選, 144~145쪽). 예컨대 甲과 乙 사이에서, 甲에 대하여 회생절차가 개시된 경우 乙의 관계회사 丙이 甲에 대하여 가지고 있는 채권을 자동채권으로 하여, 甲이 乙에 대하여 가지고 있는 채권을 수동채권으로 하여 상계할 수 있다고 약정하였고, 이후 甲에 대하여 회생절차가 개시되었다고 하더라도, 乙은 丙이 甲에 대하여 가지고 있는 채권(자동채권)으로 甲에 대하여 상계를 할 수는 없다는 것이다. 합의에 의한 3자간 상계의 유효성과 상계기대의 합리성을 이유로 제144조 제1항 전문을 유연하게 해석하여야 한다는 견해도 있을 수 있지만, 상계기대의 합리성이 있다는 것을 근거로 제144조 제1항 전문의 적용을 제한하는 것은 법의 기본이념에 반하고 회생이 실효성을 위태롭게 한다는 점에서 합의에 의한 3자간 상계의 경우에도 허용되지 않는다고 할 것이다.

372) 민법상의 상계요건은 ① 채권자와 채무자가 각각 상대방에 대하여 채권을 가질 것, ② 두 채권이 동종의 목적을 가질 것, ③ 쌍방의 채권에 대하여 변제기가 도래하였을 것(수동채권의 경우는 기한 미도래도 가능), ④ 민법상 상계금지규정에 해당하지 아니할 것이다.

373) 나중에 해제조건이 성취된 경우에는 정산이 필요하게 될 것이다.

374) 회생사건실무(상), 400쪽.

375) 條解 民事再生法, 479쪽. 다만 아래에서 보는 바와 같이 신고기간 만료시까지 조건이 성취되는 등 상계적상의 요건을 갖추어야 한다.

376) 관리인이 쌍방미이행 쌍무계약의 해제권을 신고기간 만료 후에 행사함으로써 상대방이 갖게 되는 손해배상청구권(제121조 제1항)[회생채권]에 기하여도 같은 이유로 상계할 수 없다(본서 562쪽).

(나) 자동채권의 신고가 필요한지

자동채권은 신고하지 않고서도 상계할 수 있는지 여부가 문제된다.

대법원은 회생채권자는 정해진 기간 내에 회생채권을 신고를 한 바 없다면 상계를 주장할 수 없다고 하고 있다.[377]

하지만 상계는 신고기간 만료 전까지 회생절차에 의하지 아니하고[378] 할 수 있기 때문에(제144조 제1항) 굳이 자동채권을 신고한 것에 한정할 필요가 없다. 따라서 채권자는 신고기간 만료 전까지 자동채권을 신고함이 없이 관리인을 상대로 적법하게 상계할 수 있다.[379] 채권자가 회생절차개시신청 후 회생절차가 개시되기 전에 상계하는 경우에도 마찬가지다.[380]

(2) 수동채권

(가) 회생채권자 등의 채무자에 대한 채무(수동채권)는 기한부라도 상관없다(제144조 제1항 제2문).[381] 이는 민법의 일반적 해석론을 확인한 것이다. 채무가 기한부인 때에도 상계가 가능하도록 한 것은, 기한부 채무는 장래에 실현되거나 도래할 것이 확실한 사실에 채무의 발생이나 이행의 시기가 종속되어 있을 뿐 채무를 부담하는 것 자체는 확정되어 있으므로 상계를 인정할 필요성은 일반채권의 경우와 다르지 않기 때문이다. 그리고 회생절차 개시 이후에도 상계할 수 있으려면 채권과 채무의 쌍방이 신고기간만료 전에 상계할 수 있어야 하므로, 신고기간 만료 전에 기한부 채무의 기한이 도래한 경우는 물론 회생채권자가 기한의 이익을 포기하고 상계하는 것도 허용된다.[382] 수동채권, 즉 회생채권자 또는 회생담보권자가 채무자에 대하

---

377) 대법원 2005. 2. 17. 선고 2004다39597 판결, 대법원 2000. 2. 11. 선고 99다10424 판결, 대법원 1998. 6. 26. 선고 98다3603 판결 등 참조.

378) '회생절차에 의하지 아니하고 상계할 수 있다'는 의미는 상계권 실행의 전제로서 자동채권인 회생채권 등의 신고, 조사 및 확정을 요하지 않는다는 취지이다. 이와 달리 채권신고를 거쳐 확정을 필요로 한다는 견해도 있다. 관련 내용은 〈제3편 제5장 제5절 Ⅳ.1.〉(본서 1457쪽)을 참조할 것.

379) 물론 상계권자가 회생채권 등을 신고하는 것도 가능하다. 자동채권 전액이 상계에 의하여 회수할 수 없어 회생채권 등으로 회생계획에 따라 만족을 바라는 경우에는 채권신고를 하여야 한다. 신고할 경우 상계에 의해 회수할 예정액이 있지만, 회생채권 등인 자동채권 전액을 신고할 수 있다. 다만 상계의 의사표시가 되면 그 효과에 의해 회생채권 등의 액이 감소되고, 잔액이 확정액이 된다.

상계 후 자동채권 잔액이 회생채권 등으로 확정되면, 이것을 기초로 회생계획에 따라 권리변경이나 변제 등이 행해진다. 한편 자동채권 전액이 회생채권 등으로 확정된 후, 상계가 된 경우에도, 관리인이 청구이의소송(민집법 제44조) 등의 방법에 의하여 승소하지 않는 한, 회생채권 등에 영향을 미치지 못하고, 그 전액을 기초로 회생계획에 의한 권리변경이나 변제가 행하여지지만, 상계권의 행사기간이 채권신고기간 만료 전으로 제한되어 있기 때문에, 이러한 상황이 발생하는 경우는 상정하기 어렵다.

380) 대법원 2000. 2. 11. 선고 99다10424 판결(채무자회생법에 의하면, 회생채권은 회생절차에 의하지 아니하고 변제하거나, 변제받거나 기타 이를 소멸하게 할 수 없으며, 회생절차에 참가하고자 하는 회생채권자는 회생채권의 신고를 하여야 하고, 신고하지 아니한 회생채권은 회생계획인가결정이 있는 때에는 실권되므로 회생채권자가 채무자회생법이 정하는 소정 기간 내에 회생채권신고를 한 바 없다면 회생채권이 있음을 내세워 상계 주장을 할 수 없으나, 이러한 회생채권의 변제금지와 상계의 제한은 회생절차가 개시된 이후에 비로소 생기는 것이므로, 회생절차가 개시되기 이전, 즉 회생채권이 아닌 단계에서의 채권에 대하여는 위와 같은 제한 없이 변제 내지 상계할 수 있으며, 그 후 회생절차가 개시되었다고 하여 달리 볼 것도 아니다) 참조.

381) 이것은 민법 제153조 제2항의 사고방식을 전제로 한 것이다. 기한의 경우에는 그것이 확정기한이건 불확정기한이건 장래 그 도래가 확실하기 때문에 기한도래 전에 상계를 인정하여도 회생채권자 등에게 부당한 이익을 주는 것이 아니라는 입법자의 결단이다.

여 부담하고 있는 채무는 신고기간 만료시까지 그 변제기가 도래하지 않더라도 회생채권자 또는 회생담보권자가 기한의 이익을 포기함으로써 상계적상에 있게 할 수 있으므로 자동채권이 신고기간 만료시까지 이행기에 이르렀다면 상계가 허용된다.

(나) 차임채권을 수동채권으로 한 경우

채무자(임대인)와 회생채권자(임차인)가 임대차관계에 있거나 회생채권자가 채무자 소유의 부동산에 대하여 지상권을 가지고 있는 경우(임대인이나 지상권설정자에 대하여 회생절차가 개시된 경우)에 관하여는 별도의 규정이 있다. 이 경우 회생채권자(임차인 또는 지상권자)는 채무자에게 차임 또는 지료를 지급하여야 할 채무를 부담하는데, 회생채권자가 반대채권을 가지고 있을 수 있다. 수동채권이 회생절차개시 후의 차임 또는 지료채무인 경우에는 당기와 차기의 것에 한하여 상계가 허용된다(제144조 제2항 본문, 제3항). 즉 회생채권자는 '회생절차개시시의 당기 및 차기의 차임 또는 지료에 관하여'만 상계할 수 있다. 이와 같은 제한을 둔 이유는 변제기 미도래의 차임, 지료 또는 장래의 차임, 지료에 관하여 기한의 이익을 포기하거나 선급한 것으로 하여 상계를 허용한다면 그 액이 다액에 이를 것으로 예상되고, 따라서 상계를 무제한적으로 허용하게 되면 그 회생채권자 또는 회생담보권자는 전액에 관하여 완전한 변제를 받는 것과 동일한 결과를 가져와 다른 채권자와의 사이에서 형평을 해하고 채무자는 재산의 사용대가를 받지 못하는 결과가 되기 때문이다. 차임 또는 지료는 채무자(임대인 또는 지상권자)의 재산이 되는데 무제한 상계를 허용하게 되면 채무자의 재산이 감소하게 된다. 다만 보증금이 있는 때(채무자에게 보증금이 지급되어 있는 때)에는 그 후의 차임 또는 지료채무에 관하여도 상계(실질적으로는 공제에 해당한다)할 수 있다(제144조 제2항 단서, 제3항).[383]

관련 내용은 〈제2편 제5장 Ⅳ.3.마.(1)(나)②〉(본서 315쪽)를 참조할 것.

(다) 수동채권이 조건부채권인 경우는 파산절차의 경우와 달리(제417조 후문, 본서 1448쪽) 상계권 행사는 인정되지 않는다. 수동채권에 대하여 제138조와 같은 규정이 없고, 제417조 후문과 같은 특별한 규정도 없으므로 수동채권은 회생절차개시 당시 현실화가 필요하고, 정지조건부 채권이나 장래의 청구권으로는 충분하지 않다. 조건불성취의 기회를 포기하여 상계를 인정하는 것은, 결과적으로 회생채권 등의 우선적 회수를 허용하는 것으로 되기 때문이다. 정지조건부 채권이나 장래의 청구권인 수동채권(반대채권)이 회생절차개시 후에 현실화되어도 이것

---

382) 대법원 2017. 3. 15. 선고 2015다252501 판결.
383) 보증금반환채권이 보증금에서 임대차 종료 후 미지급차임 및 차임 상당 손해배상금(또는 부당이득금), 나아가 원상회복에 필요한 비용 등 당해 임대차에 관련한 임차인의 제반 채무를 공제하고 남은 것이 있을 때 비로소 '발생'하는 것이라면, 그것을 자동채권으로 하여 상계할 수 있는 차임채무라는 것이 과연 존재할 수 있는지 또는 어떠한 경우에 존재할 수 있는지 의문을 제기하는 견해가 있다. 즉 적어도 임대인이 임대차에 관련한 자신의 채권을 보증금으로써 충당하는 통상의 경우를 전제로 할 때에는, 임대차 종료 후에 현실로 보증금반환채권이 발생하였다면 이는 그로써 만족을 도모할 차임채무는 이미 없다는 말이고, 다른 한편 미이행의 차임채무가 남아 있다면 이미 보증금반환채권이란 있을 수 없는 경우이기 때문이다{양창수, "파산절차상의 상계", 민법연구 제7권, 박영사(2005), 216쪽}. 그러나 위 견해는 상계의 자동채권이 임대차보증금반환채권이 아니라 기존의 다른 회생채권 또는 회생담보권이라는 것을 간과한 것으로 보인다(본서 313쪽 이하 참조).

을 수동채권으로 한 상계는 제145조 제1호에 의하여 무효로 된다(본서 530~531쪽).[384]

나. 상계적상

자동채권, 즉 회생채권 또는 회생담보권은 회생채권 등의 신고기간 만료 전까지 변제기가 도래하여야 한다. 민법에 의한 상계의 요건을 모두 갖춘 경우이어야 함은 물론이다.

상계적상이 생긴 것인지는 민법의 일반원칙에 따라 판단한다. 따라서 민법 제492조 제1항 본문의 일반원칙에 의하면, 원칙적으로 회생채권과 수동채권(반대채권)이 동종의 채권이고, 또한 쌍방의 채권이 변제기가 도래한 경우 상계적상이 있는 것으로 인정된다.

회생절차에서 상계를 하기 위한 상계적상은 강제추심이 허용되지 않게 되는 회생절차개시 당시에 존재하여야 한다. 그러나 회생채권자 또는 회생담보권자는 회생절차에 의하지 않으면 변제를 받을 수 없음에도 불구하고 채무자에 대하여 부담하는 자기의 채무는 완전히 변제하지 않으면 안 된다고 한다면 형평의 견지에서 타당하지 않다. 따라서 채무자회생법은 회생절차개시 당시 회생채권자 또는 회생담보권자가 채무자에 대하여 가지는 채권(자동채권)과 채무자가 회생채권자 또는 회생담보권자에 대하여 가지는 채권(수동채권) 쌍방이 회생채권 등의 신고기간 만료 전에 상계할 수 있게 된 때에는 회생채권자 또는 회생담보권자는 그 기간 안에 한하여 상계할 수 있도록 하고 있다(제144조 제1항). 상계적상이 필요한 시기를 회생절차개시시로부터 약간 지연시킴으로써 회생절차에서의 상계가능성을 완화시키고 있다.[385]

위 규정은 2가지 의미를 가지고 있다. 하나는 상계권 실행의 기초가 되는 상계적상이 회생채권 등의 신고기간 만료 전에 존재하여야 한다는 것이다. 이는 상계의 담보적기능이 무한히 확대되는 것을 방지하기 위함이다. 수동채권에 관하여는 기한미도래의 경우에도 상계권 행사가 허용되지만(제144조 제1항 후문), 자동채권인 회생채권 등에 관하여는 회생절차개시 당시에 존재하였던 채권의 본래 변제기가 채권신고기간 만료 전에 도래하지 않으면 안 된다.[386] 둘은

---

384) 이에 대하여 정지조건부채권의 경우에는 상계가 허용되지 않지만 해제조건부채권은 허용된다는 견해가 있다(會社更生法, 364쪽 각주 37)). 그 이유는 다음과 같다. 정지조건부채권의 경우 ① 정지조건불성취의 이익을 포기하는 것에 의한 상계나, ② 채권신고기간 만료 전에 조건이 성취된 경우 상계를 허용하는 것이나 모두 회생절차개시 후에 채무를 부담하는 것이고, 417조 후문과 같은 특칙이 존재하지 않기 때문에 상계는 부정된다. 이에 반하여 해제조건부채권은 회생절차개시결정 당시 채무가 현존하는 이상 상계를 부정할 이유가 없다.

385) 회생절차는 청산을 목적으로 하지 않고 사업의 계속을 목적으로 한다. 따라서 회생의 실효를 거두기 위해서는 상계를 제한하는 것이 바람직하다. 그러나 앞에서 본 바와 같이 형평성을 고려하여 상계적상의 시기를 약간 지연시키고 있는 것이다. 파산절차의 경우에는 상계적상에 시기적 제한이 없다(제416조). 개인회생절차의 경우도 마찬가지이다(제587조).
 한편 상계에 관한 채무자회생법의 위와 같은 취급이 입법론적으로 타당한지는 의문이다. 도산절차개시 당시 상계할 수 있었던 자는 절차개시 후에도 상계할 수 있어야 하고, 도산절차개시 당시 상계할 수 없었던 자는 원칙적으로 상계가 허용되지 않는다고 보는 것이 합리적이다. 독일 도산법은 도산절차개시 당시 존재하는 채권자의 상계권은 도산절차에 의해 영향을 받지 않는다고 규정하고 있다(제94조). 상계적상의 도산절연성을 인정한 것으로, 채권자는 채무자의 채권에 대한 별제권자처럼 취급된다. 채권자는 채권신고를 할 필요도 없고 채권자의 채권은 상계를 통해 직접 만족을 받는다(Reinhard Bork, 172쪽).

386) **기한이익 상실약관(조항)과 상계** 회생절차가 개시되면 자동채권의 변제기가 회생채권 등의 신고기간 만료 전에 도래하지 않으면 상계를 할 수 없다(제144조 제1항). 그런데 실무적으로 은행여신거래기본약관에는 채무자가 파산·회생·개인회생절차개시신청이 있는 경우 기한의 이익을 상실한다는 조항을 두고 있다. 이 약관의 효력을 인정한다면, 자동채권의 변제기가 신고기간 만료 시까지 도래하지 않으면 상계할 수 없다는 제144조 제1항의 규정은 의미가

상계권의 행사는 채권신고기간 안에 하여야 한다는 것이다.

한편 파산절차에서는 파산선고의 효과로 파산채권의 현재화·금전화·무조건화(제425조 내지 제427조)가 일어나는 것과 달리, 회생절차에서는 회생채권에 대하여 회생절차개시의 효과로 실체적인 금전화 등이 발생하지 않는다(제134조 내지 제138조는 의결권에 대한 것으로 절차적인 것에 지나지 않는다). 따라서 ① 수동채권이 금전채권인데 자동채권이 비금전채권인 경우나, ② 정지조건부 채권 또는 장래의 청구권인 회생채권이 신고기간 만료 시까지 현실화되지 않는 경우, 또는 관련 회생채권이 현실화되었어도 신고기간 만료 시까지 변제기가 도래하지 아니한 경우에는 상계적상이 발생하지 않아 상계권이 인정될 수 없다.

2. 상계권의 행사

가. 시기적 제한

(1) 채권신고기간 만료 전

상계의 의사표시는 회생채권 등의 신고기간 만료 전에 하지 않으면 안 된다(제144조 제1항).[387] 회생절차에서 '상계의 의사표시'를 '채권신고기간 만료 전'에 하도록 규정하고 있는 것은 회생채권자·회생담보권자가 회생회사에 대하여 가지는 회생채권·회생담보권의 액 및 회생회사가 회생채권자·회생담보권자에 대하여 가지는 채권의 액을 일정시점 이후에는 변경하지 못하도록 함으로써 회생계획의 작성 등을 위한 전제사실을 확정할 공익적 필요가 있기 때문이다.[388] 또한 파산절차에서는 담보권에 별제권을 부여하여 파산절차에 의하지 않는 실행을 허용하지만 회생절차에서는 담보권을 회생담보권으로 취급하여 자유로운 권리행사를 허용하지 않는 데 기인한 측면도 있다. 나아가 상계권의 행사를 채권신고기간 만료 전으로 제한하여 채무자의 효율적인 회생을 꾀할 목적도 있다.

회생채권 등의 신고기간 개시 전에도 상계할 수 있는지가 문제되나, 신고기간 개시 전에

없어져 버린다. 회생절차에서 기한이익 상실약관(조항)에 근거한 상계의 효력을 인정할 것인가. 기한이익 상실약관(조항)을 유효하다고 보면 기한이익 상실약관(조항)이 있는 경우에는 언제나 상계적상이 발생하는 것이 인정된다(일본의 다수설). 대법원도 기한이익 상실약관(조항)의 유효함을 전제로, 국세징수법에 의한 채권압류 당일에 제3채무자인 은행이 그 약관에 따라 대여금채권과 정기예금채권을 상계한 것은 적법하다고 하고 있다(대법원 1979. 6. 12. 선고 79다662 판결 참조). 그러나 유효설에 의할 경우 기한이익 상실약관(조항)이 붙은 자동채권(예컨대 은행의 대출채권)에 대하여는 제144조 제1항의 의미가 상실되어 버리는 점, 상계적상의 발생시기를 제한하는 법 취지 등을 고려하면, 기한이익 상실약관(조항)을 근거로 한 상계적상을 부정하고, 본래의 변제기에 따라, 그것이 채권신고기간 내에 도래한 것인지를 판단하여야 할 것이다. 쌍방미이행 쌍무계약의 이행청구의 기회 확보, 회생채권자 등의 회생계획안에 대한 의결권 평등 등과의 관계에서 일반적으로 기한이익 상실조항의 효력을 부정하여야 할 것이다(會社更生法, 364쪽, 본서 330쪽 각주 270) 참조).

387) 이후 회생절차가 파산절차로 이행된 경우에는, 상계권의 행사를 채권신고기간 만료 전으로 제한하여 채무자의 회생을 꾀할 필요성이 없어졌기 때문에, 파산채권과의 상계는 인정된다. 파산절차에서는 회생절차와 달리 상계에 관한 시기적 제한이 없으므로 언제든지 상계를 할 수 있다(제416조). 개인회생절차의 경우도 상계에 있어 시기적 제한이 없다(제587조, 제416조).

388) 대법원 2007. 9. 28. 선고 2005다15598 전원합의체 판결 참조.

이를 금지할 이유는 없으므로 상계가 가능하다고 할 것이다.[389]

　채권신고기간 내에 상계권을 행사하지 않은 경우에는, 상계권 행사는 허용되지 않는다.[390] 회생채권 등의 신고기간 만료 후에 한 상계의 의사표시는 효력이 발생하지 않는다. 제144조의 반대해석상 채권신고기간 이후 회생계획인가 전까지는 상계가 금지된다. 물론 상계권능이 절대적으로 실효되는 것은 아니기 때문에, 회생계획인가 전에 회생절차가 폐지된 경우에는 상계권의 행사가 가능하다. 또한 회생계획이 인가되어 회생채권 등의 권리변경이 인정된 후에, 이것을 전제로 권리변경 후의 자동채권과 수동채권을 새로이 상계하는 것도 허용된다.[391]

　회생절차가 종결된 경우에는 상계가 가능하다. 제144조 제1항 등에 의해 상계를 제한하는 취지는, 회생채권자들의 무분별한 상계권 행사가 회생을 위한 노력을 곤란하게 하고 회생계획의 작성 등 절차 진행에 지장을 초래하는 것을 방지함으로써 기업의 재건이라는 채무자회생법의 목적을 실현하려는 데 있다. 그와 같은 입법 취지나 회생절차가 종결된 경우 회생계획에서 달리 정함이 없는 한 회생채권자들의 개별적인 권리행사가 가능해지는 점 등을 고려하여 보면, 채무자회생법상의 회생절차가 종결된 때에는 상계에 대한 위와 같은 제약도 해소된다고 해석하여야 한다.[392]

〈회생절차 단계별 상계 가부〉

단계	상계가능 여부
① 채권신고기간 이전	상계가능(제144조 제1항)
② 채권신고기간～회생계획인가	상계금지(제144조 제1항 반대해석)
③ 회생계획인가～회생절차종결	상계가능(반대견해 있을 수 있음)
④ 회생절차종결 이후	상계가능

389) 대법원 2000. 2. 11. 선고 99다10424 판결 참조.
390) 다만 입법론적으로 회생채권자가 책임질 수 없는 사유로 기간을 도과한 경우에는 상계권을 인정할 여지를 남겨두어야 할 것이다.
391) 권리변경으로 확정된 채권을 자동채권으로 한 상계를 금지할 이유가 없기 때문이다. 오히려 비록 회생절차가 종료되지 않았다고 하더라도 회생채권자의 상계를 인정하는 것이 공평하다. 물론 자동채권의 변제기가 도래하는 등 민법에서 요구하는 상계의 요건이 충족되어야 한다. 실무적으로 회생계획이 인가된 후 관리인이 회생채권자에 대하여 가지고 있는 집행권원에 기하여 강제집행을 신청할 경우가 있다. 이 경우 회생채권자는 상계를 주장하여 청구이의의 소를 제기하고(민집법 제44조) 잠정처분으로 집행정지를 신청하면 된다(민집법 제46조 제2항).
　한편 회생절차가 진행되는 한 여전히 상계의 시기적 제한이 유효하고, 인가 후라도 강제집행 등이 금지되는데 상계를 인정하면 다른 채권자들과 형평에도 반하며, 상계의 금지 규정에도 반할 여지가 있다는 점에서 인가 후 권리변경으로 확정된 채권도 상계가 금지된다는 반대견해가 있을 수 있다. 하지만 상계의 시기적 제한은 회생절차의 원만한 진행과 회생채권을 확정하기 위함이고, 강제집행 등과 상계는 차원이 다른 문제이며, 상계금지 규정의 취지에서 보면 인가로 권리변경이 확정된 채권을 취득하여 상계하는 것까지 금지하는 것으로 보기 어렵다. 또한 인가로 권리변경이 확정된 채권의 상계를 금지하는 것은 채권자에게 너무 가혹하다(채권자는 상계는 못하면서[자신의 채권은 변제받지 못하면서] 상대방에 대한 채무는 전액 변제하여야 한다). 따라서 반대견해는 받아들이기 곤란하다.
392) 대법원 2009. 1. 30. 선고 2008다49707 판결 참조.

(2) 공 제

상계(setoff)와 구별한 개념으로서 공제(recoupment)가 있다. 공제는 복수 채권·채무의 상호 정산을 내용으로 하는 채권소멸 원인이라는 점에서 상계와 유사하다. 그러나 공제는 하나의 계약관계에서 발생한 채권, 채무관계를 상호 가감하여 정산하는 것으로, 별개의 계약관계에서 발생한 채권, 채무관계를 소멸시키기 위한 상계와 구별된다. 공제에는 원칙적으로 상계적상, 상계 금지나 제한, 상계의 기판력 등 상계에 관한 법률 규정이 적용되지 않는다. 또한 '공제'는 특별한 약정이 없는 한 당사자 쌍방의 채권이 서로 상계적상에 있는지 여부와 관계없이 가능하고 부동산임대차관계 등 특정 법률관계에서는 일정한 사유가 발생하면 별도의 의사표시도 필요하지 않고 당연히 공제가 이루어진다(공제 약정이 있으면 별도의 의사표시 없이도 당연히 공제되는 것이 원칙이다)는 점에서, 상계적상에 있는 채권을 가진 채권자가 별도로 의사표시를 하여야 하는 상계(민법 제493조 제1항)와는 다르다.[393] 나아가 공제는 상계 금지나 제한과 무관하게 제3자에 우선하여 채권의 실질적 만족을 얻게 한다는 점에서 상계보다 강한 담보적 효력을 가진다.[394] 공제의 전형적인 예로는 ① 임차인의 임차보증금반환채권과 임대인의 연체차임지급채권 및 손해배상금채권의 공제,[395] ② 아래 (3)에서 보는 해약환급금에서 약관대출금의 공제, ③ 기성공사대금에서 선급금을 공제하는 경우[396] 등이다. 공제의 법리가 적용될 경우에는 채권자는 상계의 시기에 관한 제한에 걸리지 아니하고 공제를 주장할 수 있다.[397]

---

393) 대법원 2018. 1. 24. 선고 2015다69990 판결{공동수급체의 구성원들 사이에 '출자의무와 이익분배를 직접 연계시키는 특약'을 하는 것도 계약자유의 원칙상 허용된다. 따라서 구성원들이 출자의무를 먼저 이행한 경우에 한하여 이익분배를 받을 수 있다고 약정하거나 출자의무의 불이행 정도에 따라 이익분배금을 전부 또는 일부 삭감하기로 약정할 수도 있다. 나아가 금전을 출자하기로 한 구성원이 출자를 지연하는 경우 그 구성원이 지급받을 이익분배금에서 출자금과 그 연체이자를 '공제'하기로 하는 약정을 할 수도 있다. 이러한 약정이 있으면 공동수급체는 그 특약에 따라 출자의무를 불이행한 구성원에 대한 이익분배를 거부하거나 구성원에게 지급할 이익분배금에서 출자금과 그 연체이자를 공제할 수 있다. 이러한 '공제'는 특별한 약정이 없는 한 당사자 쌍방의 채권이 서로 상계적상에 있는지 여부와 관계없이 가능하고 별도의 의사표시도 필요하지 않다. 이 점에서 상계적상에 있는 채권을 가진 채권자가 별도로 의사표시를 하여야 하는 상계(민법 제493조 제1항)와는 구별된다. 물론 상계의 경우에도 쌍방의 채무가 상계적상에 이르면 별도의 의사표시 없이도 상계된 것으로 한다는 특약을 할 수 있다. 그러나 공제 약정이 있으면 별도의 의사표시 없이도 당연히 공제되는 것이 원칙이다. 공동수급체의 구성원들 사이에 작성된 공동수급협정서 등 처분문서에 상계적상 여부나 상계의 의사표시와 관계없이 당연히 이익분배금에서 미지급 출자금 등을 공제할 수 있도록 기재하고 있고 그 처분문서의 진정성립이 인정된다면, 특별한 사정이 없는 한 처분문서에 기재되어 있는 문언대로 공제 약정이 있었던 것으로 보아야 한다. 출자의무를 이행하지 않은 구성원에 대하여 회생절차가 개시되었더라도 그 개시 이전에 이익분배금에서 미지급 출자금을 공제하기로 하는 특약을 하였다면 특별한 사정이 없는 한 그에 따른 공제의 법적 효과가 발생함에는 아무런 영향이 없다}.
394) 대법원 2024. 8. 1. 선고 2024다227699 판결. 한편 계약자유의 원칙에 따라 당사자는 강행규정에 반하지 않는 한 공제나 상계에 관한 약정을 할 수 있으므로, 공제나 상계적상 요건을 어떻게 설정할 것인지, 공제 기준시점이나 상계적상 시점을 언제로 할 것인지, 공제나 상계의 의사표시가 별도로 필요한지 등을 자유롭게 정하여 당사자 사이에 그 효력을 발생시킬 수 있다. 또한 공제와 상계 중 무엇에 관한 약정인지는 약정의 문언과 체계, 약정의 경위와 목적, 채권들의 상호관계, 제3자의 이해관계 등을 종합적으로 고려하여 합리적으로 해석하여야 한다(위 판결 참조).
395) 대법원 2019. 4. 3. 선고 2015다247745,247752 판결, 대법원 2012. 9. 27. 선고 2012다49490 판결 등 참조.
396) 대법원 2004. 11. 26. 선고 2002다68362 판결 참조.
397) 사법연수원, 171쪽. 공제할 채권이 회생채권인 경우(예컨대 임차인에 대하여 회생절차가 개시된 때 회생절차개시결정 전에 발생한 임대인의 임료채권은 회생채권이다) 신고를 하여야 공제가 가능한가. 신고하지 않고 공제할 수 있는가. 상계와 달리 특별한 시기적 제한도 없고 공제를 반드시 회생절차에 따라 하여야 하는 것은 아니므로 신고함이

(3) 보험해약환급금과 보험약관대출금 사이에 상계의 법리가 적용되는지

생명보험계약의 약관에 보험계약자는 보험계약의 해약환급금의 범위 내에서 보험회사가 정한 방법에 따라 대출을 받을 수 있고, 이에 따라 대출이 된 경우에 보험계약자는 그 대출 원리금을 언제든지 상환할 수 있으며, 만약 상환하지 아니한 동안에 보험금이나 해약환급금의 지급사유가 발생한 때에는 위 대출 원리금을 공제하고 나머지 금액만을 지급한다는 취지로 규정되어 있다면, 그와 같은 약관에 따른 대출계약은 약관상의 의무의 이행으로 행하여지는 것으로서 보험계약과 별개의 독립된 계약이 아니라 보험계약과 일체를 이루는 하나의 계약이라고 보아야 하고, 보험약관대출금의 경제적 실질은 보험회사가 장차 지급하여야 할 보험금이나 해약환급금을 미리 지급하는 선급금과 같은 성격이라고 보아야 한다. 따라서 위와 같은 약관에서 비록 '대출'이라는 용어를 사용하고 있더라도 이는 일반적인 대출과는 달리 소비대차로서의 법적 성격을 가지는 것은 아니며, 보험금이나 해약환급금에서 대출 원리금을 공제하고 지급한다는 것은 보험금이나 해약환급금의 선급금의 성격을 가지는 위 대출 원리금을 제외한 나머지 금액만을 지급한다는 의미이므로 민법상의 상계와는 성격이 다르다.

결국 생명보험계약의 해지로 인한 해약환급금과 보험약관대출금 사이에서는 상계의 법리가 적용되지 아니하고, 생명보험회사는 생명보험계약 해지 당시의 보험약관대출 원리금 상당의 선급금을 뺀 나머지 금액에 한하여 해약환급금으로서 반환할 의무가 있다고 할 것이므로, 생명보험계약이 해지되기 전에 보험회사에 관하여 회생절차가 개시되어 회생채권신고기간이 만료하였다고 하더라도 제144조 제1항의 상계제한 규정은 적용될 여지가 없다.[398]

나. 상대방

수동채권은 채무자의 재산에 속하는 재산이므로 상계의 의사표시는 관리인에 대하여 하여야 한다.[399] 회생절차개시 후에는 채무자의 재산에 대한 관리처분권은 관리인(다만 관리인이 선임되지 않은 경우에는 제74조 제4항에 의하여 채무자 또는 개인이 아닌 채무자의 대표자가 관리인으로 간주된다)에게 전속하고(제56조), 채무자는 그 의사표시를 수령할 능력을 상실하기 때문이다.

다. 상계의 효과

상계의 효력은 의사표시가 있는 때가 아니고 상계적상에 달한 때에 생기며 그 시점에서 채권채무가 소멸한다(민법 제493조 제2항).

라. 부인권의 대상이 되는지 여부

상계가 제100조의 부인권의 대상으로 될 수 있는지가 문제된다. 회생채권자가 회생절차개

없이 공제할 수 있다고 할 것이다.
398) 대법원 2007. 9. 28. 선고 2005다15598 전원합의체 판결 참조.
399) 대법원 2019. 5. 10. 선고 2018다291033 판결, 대법원 1988. 8. 9. 선고 86다카1858판결 참조.

시로 회생절차개시 전부터 가지는 상계권에 영향을 받는 것은 부당하고, 회생채권자의 상계권 행사 자체를 채무자의 행위와 동일시하기는 곤란하므로 부인권 행사의 대상으로 될 수 없다고 할 것이다.[400] 다만 상계적상을 가져오는 채무자의 행위를 부인대상으로 보게 되면 실질적으로 회생채권자의 상계 자체를 부인하는 것과 동일한 결과가 될 수 있다.[401] 예컨대 채무자가 회생 절차개시신청이 있음을 알고 있는 채권자에게 어음의 매입을 의뢰하여 채권자가 어음을 매입 하고 그로 인하여 채무자에게 지급하게 되는 어음매입대금을 자신의 채무자에 대한 채권의 변 제에 충당하였다고 한다면, 그 후 회생절차개시결정이 있은 때에는 채무자의 위와 같은 어음 매입의뢰행위는 결과적으로는 채무자의 채무를 소멸시키는 것으로서 부인권의 대상이 되어 채 권자의 변제충당행위는 효력을 잃게 되는 것이다.[402]

3. 상계의 금지

아래 〈Ⅳ.〉를 참조할 것.

Ⅲ 관리인에 의한 상계

상계권자는 상계의 의사표시를 할 수 있는 자로 상계적상에 있는 채권을 처분할 수 있는 자이다. 일반적으로 채권을 가진 자(채권자)가 상계권자이지만, 채권에 대하여 처분권을 가진

---

400) 대법원 2002. 7. 9. 선고 99다73159 판결{부인은 원칙적으로 회사의 행위를 대상으로 하는 것이고, 회사의 행위가 없이 채권자 또는 제3자의 행위가 있는 경우에는 예외가 있었던 것과 동시(同視)할 수 있는 사유가 있을 때에 한하 여 부인의 대상이 될 수 있다}. 서울고등법원 2002. 5. 1. 선고 2001나53370 판결(상계의 의사표시가 채무자의 채무 를 소멸하게 하는 행위이기는 하나, 그 상계의 의사표시에는 채무자의 행위가 전혀 포함되어 있지 아니하고, 그 효 과가 채무자의 행위와 동일시 할 수 있는 것도 아니라 할 것이므로 부인의 대상이 될 수 없다).
401) 대법원 2014. 9. 24. 선고 2013다200513 판결, 대법원 2011. 11. 24. 선고 2009다76362 판결, 대법원 1993. 9. 14. 선고 92다12728 판결 참조.
　 한편 일본에서는 상계에 대하여도 부인이 가능하다는 유력한 견해가 있다. 상계에 대하여 부인의 가능성을 부정 할 경우 여러 가지 문제가 있다는 것이다. 예컨대 뒤에서 보는 바와 같이 상계가 금지되는 경우는 회생절차개시 후 나 지급정지 등을 알면서 채무를 부담하거나 채권을 취득하는 경우로 제한되기 때문에, 지급정지 전이지만 채무자 의 도산이 확실히 예상되는 때에, 회생채권자 등을 해할 목적으로 구입계약을 체결하고, 이에 기하여 채무부담이 발생한 경우 등의 경우에는 문제이다. 유력설의 논거는 다음과 같다. ① 회생채권자 등의 일방적 행위로서의 상계 에 대하여 부인이 고려될 수 있다. 부인의 대상이 되는 것은 원칙적으로 채무자의 회생절차개시 전 행위이지만, 상 계적상을 가져오는 채무자의 추가적인 행위가 인정되는 사안에서는 이를 기초로 한 상계권의 행사를 부인의 대상 으로 할 수 있다. 집행행위의 부인이 인정되는 것을 생각해 보아도, 효과에 있어서 채무자의 변제와 동일시되고, 채 무자의 의사를 묻지 않는 채권의 회수라는 성질에 있어서 집행행위와 유사성을 가진 상계에 대하여 부인을 배제할 이유는 없다. ② 부인의 대상 및 효과에 있어 통설은 상계 그 자체를 부인하여도 상계적상이 부활할 뿐이므로 여전 히 상계의 가능성은 남아, 부인의 의미가 없다고 한다. 확실히 상계가 부인되는 것에 의해 채권채무가 부활하지만, 부활된 채무는 채무자에 대하여 현실적으로 이행하는 것이 예정되어 있는 것이고, 상계적상은 부정하여야 할 것이다 (민법 제492조 제1항 단서). ③ 상계 그 자체를 부인의 대상으로 하지 않더라도, 그 기초가 된 채무자의 채무부담 행위를 부인하면 충분하다는 주장(통설)이 있다. 그러나 자동채권의 취득이나 제3자로부터 계좌이체 등에 기한 채 무부담과 같이, 채무자의 직접적인 행위가 개입되지 않은 경우도 많기 때문에, 상계부인의 필요성은 여전히 존재한 다(會社更生法, 391~393쪽). 독일과 미국의 경우도 상계에 대하여 부인권을 인정하고 있다(본서 441쪽 각주 119)).
402) 대법원 1993. 9. 14. 선고 92다12728 판결 참조.

자는 채권자가 아니더라도 상계의 의사표시를 할 수 있다. 따라서 채무자의 재산(채권)에 대하여 관리처분권을 가지고 있는 관리인도 상계권자에 포함된다.

한편 관리인이 한 상계는 회생계획에 의한 변제금지를 잠탈하고, 다른 회생채권자와 비교하여 그 이상의 실질적인 변제가 실현되며, 채무자의 재산인 채권의 회수율이 저하되어 회생채권자 등 일반의 이익에 반하는 결과가 발생한다는 점에서 원칙적으로 허용되지 않는다(제131조 본문). 그러나 경우에 따라서는 상계하는 것이 채무자의 재산 증가에 도움이 될 수 있고, 도산한 채무자 상호간에 상계를 금지하는 것은 부질없는 배당 내지 변제의 반복이 발생할 수 있기 때문에 허용하는 것이 타당한 경우도 있을 수 있다. 요컨대 관리인이 채무자의 재산에 속하는 채권을 가지고 회생채권 등과 상계하는 것이 회생채권자 등 일반의 이익에 부합하는 경우에는 법원의 허가를 얻어 상계를 할 수 있다고 할 것이다(제131조 단서).[403]

관리인의 상계허가신청에 대하여 회생법원의 허가결정이 내려지고 그 결정이 확정되었다 하더라도 회생회사의 상대방에 대한 자동채권의 존부 및 범위와 그에 따른 상계의 효력에 관하여는 별개의 절차에서 여전히 다툴 수 있다. 왜냐하면 관리인의 변제·상계 등 회생채권 소멸행위에 대하여 회생법원의 허가를 받도록 규정한 취지는 회생회사의 관리인이 변제·상계 등을 통하여 회생절차에 의하지 아니하고 특정 회생채권을 다른 회생채권보다 우선하여 만족시킴으로써 회생채권자 상호간의 평등을 해치는 행위가 일어나는 것을 방지하기 위한 것이고, 회생법원이 민사소송절차에서와 같이 당사자 쌍방이 제출한 공격·방어방법을 토대로 자동채권과 수동채권의 존부 및 범위를 심리하여 그 실체적 권리관계를 확정할 것을 요하도록 한 것

---

403) **회생절차개시 후 보증인의 상계권 행사 여부** 주채무자에 대한 회생절차가 개시된 경우 보증인이 민법 제434조에 따른 상계로 보증채권자의 회생채권을 소멸시킬 수 있는가. 주채무자에 대하여 회생절차가 개시된 경우에는 보증인이 주채무자의 채권에 의한 상계로 채권자에게 대항할 수 없다(대법원 2019. 12. 19. 선고 2016다24284 전원합의체 판결). 보증인에 의한 상계는 주채무자 자신이 상계권을 행사할 수 있다는 것을 전제로 하는바, 이미 주채무자가 상계권을 행사할 권한을 상실한 이상 보증인의 상계권 행사도 부정되어야 할 것이다. 또한 보증인에 의한 상계는 변제금지(제131조 본문)의 대상에 해당하여 허용되지 않는다고 할 것이다(대법원 2018. 9. 13. 선고 2015다209347 판결). 관련 내용은 〈본서 515쪽 각주 363)〉 및 〈제8장 제1절 Ⅷ.1.가.(3)〉(본서 611쪽)을 참조할 것.

위 2016다24284 전원합의체 판결의 원심판결{서울고등법원 2016. 4. 7. 선고 2015나4353,2015나4360(독립당사자참가의소) 판결}은 회생절차개시 후 보증인의 상계권 행사가 인정되지 않는 이유를 다음과 같이 설명하고 있다. ① 상계권은 관리인에게 전속한다(제56조 제1항). 주채무자의 채권자에 대한 자동채권의 처분권한은 주채무자에 대한 회생절차 개시 이후에는 관리인에게 전속하게 되어 주채무자는 더 이상 자신의 채권자에 대한 반대채권을 자동채권으로 한 상계권한을 행사할 수 없다. 따라서 보증인이 주장하는 상계의 자동채권은 민법 제434조가 정하는 '주채무자'의 채권이라고 볼 수 없다. ② 관리인의 상계는 원칙적으로 금지된다. 관리인이 '법원의 허가를 받아 변제하는 경우'를 비롯하여 제131조 단서 및 각호 등이 규정하는 예외사유가 없는 한, 관리인은 회생채권 내지 회생담보권자에 대한 반대채권을 자동채권으로 하여 회생채권을 상계할 수 없다. 주채무자에 해당하는 회생채무자의 관리인이 채권자에 대하여 반대채권으로 상계할 수 없는 이상, 주채무자의 채권을 자동채권으로 하는 보증인의 상계는 허용될 수 없다. 한편 직접적인 채권·채무관계에 있는 당사자 사이의 상계만을 허용하는 민법상 원칙과 달리 보증인에게 주채무자의 채권에 대한 처분권을 인정하는 것은 일종의 입법정책적 배려이지 법논리적으로 당연히 주어지는 결과라고 볼 수 없는 점 등을 고려하면, 민법 제434조가 채무자회생법 등 관련 규정에 우선하여 적용되는 특별규정이라고 볼 수도 없다. ③ 회생채무자 내지 주채무자와 직접적인 채권·채무관계를 맺고 있는 회생채권자의 상계도 일정한 제한을 받는 반면, 이와 달리 채권자와 직접적으로 채권·채무관계를 맺지 않아 채권자와 사이에서 상계의 상호담보적 기능을 주장할 만한 위치에 있지 않은 보증인에게 주채무자의 채권에 기한 상계를 제한 없이 허용하는 것은 균형에 맞지 않고, 그것이 상계를 둘러싼 이해관계인들의 적절한 이익 형량에 부합한다고 보기도 어렵다.

은 아니기 때문이다. 따라서 이 경우 자동채권의 존부 및 범위는 그 권리의 존재를 주장하는 측에서 증명할 책임이 있고, 회생법원의 상계허가결정에 의하여 자동채권의 존부 및 범위가 법률상 추정되어 그에 대한 증명책임이 회생회사의 관리인으로부터 상대방에게 전환되는 것은 아니다.[404]

다만 관리인에 의한 상계가 인정이 되기 위해서는 민법상의 일반적인 상계요건을 충족하여야 한다(민법 제492조).

Ⅳ 상계의 금지

채무자회생법에서의 상계가 민법·상법 등 실체법의 금지에 저촉된 경우에는 회생채권자나 파산채권자에 의한 상계권행사는 금지된다는 것에는 변함이 없다(민법 제492조 등). 이것과 별도로 채무자회생법은 상계의 의사표시를 할 때 쌍방의 채무가 상계적상에 있으면 충분하다는 민법상의 취급을 수정하여 회생채권자·파산채권자·개인회생채권자 사이의 공평(실질적 평등)을 도모한다는 견지에서 회생채권자·파산채권자·개인회생채권자에게 상계의 합리적 기대를 인정할 수 없는 남용적인 상계권행사를 금지하고 있다(제145조, 제422조, 제587조).

1. 취　지

회생채권자 등이 회생절차개시 후에 채무자에 대하여 채무를 부담하는 경우와 같이 일정한 경우 상계를 인정하면 본래 증가되어야 할 채무자 재산의 증가를 방해하고 상계를 주장한 자에게 부당한 이익을 줄 염려가 있다. 따라서 민법상 상계가 인정될 수 있는 경우라도 채권자평등의 이념을 잠탈하거나 결과적으로 채무자 재산의 감소를 가져오는 때에는 상계를 금지할 필요가 있다(제145조). 다만 상계가 금지되는 경우라도 이전부터 상계의 담보적 작용을 신뢰하여 온 상태에 있고 신뢰를 보호할 가치가 있다고 인정되는 때[405]나 기타 상계를 인정할 합리적 이유가 있는 때에는 예외적으로 상계가 허용되고 있다(제145조 제2호 단서, 제4호 단서).[406]

---

404) 대법원 2008. 6. 26. 선고 2006다77197 판결 참조.
405) 대법원 2005. 9. 28. 선고 2003다61931 판결 참조.
406) 구체적으로 보면 다음과 같다. ① 상계권의 범위는 제145조 제1항에 기하여 회생절차개시결정시를 기준시로 한다. 따라서 위 기준시 이후에 자동채권 또는 수동채권을 취득하여도 이들을 기초로 한 상계는 채권자평등에 어긋나 상계가 허용되지 않는다(제145조 제1호, 제3호). ② 회생절차개시 당시에 정당한 상계권을 취득한 자라도 그 취득이 위기시기에 행하여진 경우 채권자평등에 어긋나므로 상계가 허용되지 않는다(제145조 제2호, 제4호 본문). 한편으론 지급정지 등에 대한 상계권자의 악의를 요구하고, 다른 한편으론 상계권의 취득원인에 관하여 일정한 예외를 두고 있다(제145조 제2호, 제4호 단서). 이는 위기시기에 취득된 상계권이 진정으로 채권자평등을 해치는 것인지 여부를 유연하게 판단하기 위함이다.

회생절차개시/파산선고 1년 전 ──▶ 위기시기(지급정지 등에 대한 악의) ──▶ 회생절차개시 후		
제145조 제2호 단서 다목	제145조 제2호 본문	제145조 제1호
제145조 제4호 단서 다목	제145조 제4호 본문	제145조 제3호

상계금지규정은 강행규정이므로 상계금지에 저촉되는 상계는 당연히 무효이다. 그 결과 자동채권과 수동채권 모두 소멸하지 않는 것으로 된다. 이 경우 상대방은 다시 채무를 이행하여야 하고, 부인권 행사의 대상이 되는 것은 아니다. 한편 제145조에는 상계가 금지되는 기간에 관하여 아무런 제한이 없으므로 회생절차개시 전 상계에도 적용되는 것으로 보아야 하고, 따라서 위 조문에서 정한 금지사유가 있는 경우에는 회생절차개시 전에 상계의 의사표시를 하였더라도 회생절차가 개시되면 그 상계는 소급하여 효력을 잃는다.[407] 상계가 소급하여 무효가 된다면 자동채권이나 수동채권에 부가되었던 보증, 담보(물상보증을 포함한다)는 당연히 부활한다.

파산절차에서도 일정한 경우 상계를 금지하고 있다(제422조). 파산절차에서는 일체의 기존채권은 동결되고, 파산재단으로부터 일정한 비율의 평등변제(배당)에 의하여만 만족을 얻을 수 있는 것이므로 이를 적정하게 행하기 위하여 상계금지가 필요하다. 그런데 회생절차에 있어서는 기존채권에 관하여 강제집행을 할 수는 없으나, 채무자가 하는 임의변제가 인정되는 경우가 있고, 이와 같은 경우 일부 채권자에게만 변제하는 것도 시인된다. 결국 회생이 우선하고, 파산에 있어서 관철되는 채권자평등은 그 뒤로 물러나 있는 셈이다. 그러나 상계는 채권자의 일방적 행위에 의한 것이라는 점에서 강제추심과 동일한 효과를 가지므로 이를 방임하면 회생의 기초인 재산을 감소시켜 회생을 불가능하게 하는 수가 있다. 따라서 강제집행을 허용하지 않는 것과 같은 취지에서 회생절차에서도 상계를 제한할 필요가 있다. 그런데 회생절차는 회생형절차이면서도 기존채권이 동결되는 점은 파산과 같으므로 일부의 채권자만 상계에 의하여 다른 채권자보다 우선하여 완전한 만족을 얻는 것은 확실히 채권자평등의 원칙에 반한다고 할 수 있다. 그러나 회생절차는 채권자 평등 그 자체를 목적으로 하는 제도가 아니라 회생이 본래의 목적이고, 채권의 일시 동결은 그것을 위한 수단에 불과하다. 따라서 회생절차나 파산절차 모두 동일한 내용의 상계금지 규정을 가지고 있지만 그 취지는 다르다.[408]

2. 상계가 금지되는 경우[409]

상계가 금지되는 유형으로 수동채권으로 되는 채무부담의 시기에 의한 금지(제145조 제1호, 제2호, 아래 가. 및 나.)와 자동채권으로 되는 회생채권 등의 취득의 시기에 의한 금지(제145조 제3호, 제4호, 아래 다. 및 라.)로 나눌 수 있다.

---

407) 대법원 2015. 9. 10. 선고 2014다68303 판결. 전소에서 원고가 채권의 이행을 구하는 소를 제기하자, 피고가 상계항변을 하였다. 법원은 상계항변을 인정하는 판결을 하였고 그 판결은 확정되었다. 이후 원고에 대하여 회생절차가 개시된 경우, 관리인은 후소에서 그 상계가 상계금지에 해당한다는 것을 이유로 다시 피고에 대하여 이행을 구할 수 있다(條解 民事再生法, 500쪽).

408) 노영보, 309~310쪽.

409) 공제는 상계와 구별된다. 공제의 법리가 적용될 경우에는 상계의 제한에 걸리지 아니하고 공제를 주장할 수 있다는 점은 앞에서 본 바와 같다(본서 524쪽).

가. 회생채권자 또는 회생담보권자가 회생절차개시 후에 채무자에 대하여 채무를 부담한 때-회생절차개시 후에 부담한 채무를 수동채권으로 하는 상계 (제1호)

상계권의 범위는 회생절차개시 당시의 채권채무를 기준으로 결정된다. 따라서 회생채권자 또는 회생담보권자가 회생절차개시 후에 채무자에 대하여 채무를 부담한 경우에는 이를 수동채권으로 하여 상계하는 것은 허용되지 않는다(제145조 제1호). 이러한 경우 그 대가가 현실적으로 관리인에게 확보될 필요가 있고, 상계를 인정한다면 회생채권자 또는 회생담보권자가 회생계획에 의하지 않고 채무자로부터 변제를 받는 것과 동일한 결과가 되기 때문이다. 제1호는 회생절차개시 당시를 기준으로 획일적인 회생채권자 등의 평등에 기초한 것이므로 채무부담의 원인에 관한 예외가 인정되지 않는다(제2호, 제4호 단서 참조).

회생절차개시 후에 채무를 부담한 때란 그 채무 자체가 회생절차개시 후에 발생한 경우[410] 만을 의미하는 것이 아니라, 회생절차개시 전에 발생한 제3자의 채무자에 대한 채무를 회생절차개시 후에 채권자가 인수하는 경우도 포함되고, 그 인수는 포괄승계로 인한 것이라도 관계없다.[411] 회생절차개시 후에 발생한 채무는 실질적으로 보아도 채무자에 대하여 현실적으로 이행하지 않으면 그 의미를 잃고, 회생채권자 등의 입장에서도 회생절차개시 당시에 상계기대를 가지고 있었던 것이 아니기 때문에 상계권을 부정하여도 상대방인 회생채권자 등의 이익을 부당하게 침해하는 것도 아니다.

회생절차개시 전에 성립한 정지조건부채무가 회생절차개시 후 조건이 성취된 경우 회생채권자 등이 회생절차개시 후에 채무를 부담한 것으로 상계가 금지되는가. 파산절차에 있어서는 정지조건부채무를 수동채권으로 한 상계가 허용된다(제417조 후문). 이는 실질적으로는 정지조건이 붙어 있어도 채무의 발생원인이 파산선고 전에 존재하였다면 상계에 대한 합리적 기대가 인정된다고 판단한 것에 근거한다(본서 1450쪽). 그러나 회생절차에서는 앞에서 본 바와 같이 상계권의 행사에 있어 보다 엄격한 제한을 두고 있고(특히 상계의 시기에 제한이 있다), 회생절차개시 당시 정지조건이 성취되지 않아 아직 발생하지 아니한 채무를 수동채권으로 하는 상계는 허용되지 않는다(제144조 제1항 후문 참조).[412] 따라서 파산절차와 달리 회생채권자 등에게는 회생절차개시 후 조건이 성취되는 채무에 대한 합리적인 상계의 기대가 인정되지 않고, 제145조 제1호를 적용하여 상계가 부정된다고 할 것이다.[413]

---

410) 쌍방미이행 쌍무계약에서 관리인이 이행을 선택함에 따라 채권자가 이행하여야 할 채무(제119조 제1항)는 회생절차개시 후에 발생한 것으로 되어 회생절차개시 전에 발생한 채무자에 대한 채권과 상계할 수 없다. 관리인과 거래로 인하여 발생한 채무 또는 변제의 부인 등 부인권 행사의 결과로 발생한 상대방의 반환의무(제108조 제1항) 등도 여기에 해당한다.

411) 대법원 2003. 12. 26. 선고 2003다35918 판결.

412) 채권신고기간 만료 전까지 조건이 성취된 경우에는 상계를 인정할 수 있다는 견해가 있을 수 있지만(倒産判例百選, 131쪽 참조), 제144조 제1항 후문의 반대해석상 받아들이기 어렵다.

413) 會社更生法, 369쪽. 다만 입법론적으로는 의문이다. 정지조건부채무에 대한 상계의 합리적 기대는 파산절차의 경우나 회생절차의 경우 모두 동일하고, 제417조 후문이 민법의 확인적 의미에 지나지 않는다는 점에서 상계를 인정하여야 할 것이다.

한편 회생절차가 진행되다가 파산절차로 이행된 경우(견련파산) 상계금지에 관한 규정이 적용되는가. 제6조 제4항, 제5항의 취지는 회생절차가 파산절차로 이행된 경우 중복되는 절차를 생략함으로써 궁극적으로 부실기업을 신속히 퇴출시키는 데 있는 것이지 양 절차가 동일한 절차임을 전제로 한 것은 아니고, 채무자회생법은 제6조 제4항에서 공익채권은 재단채권으로 한다는 명문의 규정을 두고 있지만, 상계금지의 효과를 파산선고 이후까지 연장한다는 규정은 두고 있지 아니하며, 제422조에서 회생절차와는 별도로 상계금지에 관한 규정을 두고 있는 점 등에 비추어 볼 때, 회생절차가 진행되다가 파산절차로 이행되었다고 하여 파산선고 후에도 여전히 상계금지에 관한 회생절차에 관한 제145조 제1호가 적용된다고 볼 수는 없다.[414] 요컨대 견련파산의 경우 제145조가 적용되는 것이 아니라 제416조 이하의 파산채권자의 상계에 관한 규정에 의하여 상계의 허용 여부가 결정된다. 따라서 회생절차가 파산절차로 이행한 경우 상계가 금지되는 채무인지 여부는 파산선고 시를 기준으로 하여야 하므로, 회생절차개시결정 이후에 부담한 채무라고 하더라도 파산선고 이전에 부담한 채무라면 상계가 허용된다. 또한 제6조 제7항 제3호에 의하여 회생절차에서 이루어진 회생채권자의 상계통지는 파산절차에서도 유효하다.[415]

나. 회생채권자 또는 회생담보권자가 지급의 정지, 회생절차개시의 신청 또는 파산의 신청[416]이 있음을 알고 채무자에 대하여 채무를 부담한 때-위기 상태에 있음을 알면서 부담한 채무를 수동채권으로 하는 상계 (제2호)

(1) 원칙(상계금지)

회생채권자 또는 회생담보권자가 채무자의 위기상태, 즉 지급의 정지, 회생절차 개시의 신청 또는 파산의 신청이 있음을 알면서 채무자에 대하여 채무를 부담한 때에는 이를 수동채권으로 하는 상계는 허용되지 않는다(제145조 제2호 본문). 지급의 정지 등이 있는 때부터 회생절차개시결정까지의 시기에 부담하는 채무를 수동채권으로 하는 상계의 금지를 규정한 것이다.

채권자가 회생채무자의 지급의 정지 등이 되어 있는, 이른바 위기상태에 있음을 알면서 회생채무자에 대하여 새로운 채무를 부담하였으면서도 이를 수동채권으로 삼아 기존의 다른 채권과 상계할 수 있다고 한다면, 채권자들 사이의 공평이 해쳐지고 보전처분이 내려진 이후에도 회생채무자가 채권자인 금융기관과의 금융거래를 할 수 없게 되어 운영자금 마련의 길이 막히는 등 채무자회생법에 의한 회생절차의 목적을 달성할 수 없는 결과가 초래될 수 있다.[417] 그리하여 지급의 정지 등 위기시기 이후에 회생채권자 또는 회생담보권자가 그러한 위기상태

---

414) 대법원 2005. 10. 14. 선고 2005다27225 판결 참조.
415) 서울고등법원 2019. 2. 13. 선고 2018나204464 판결.
416) '지급불능'을 제외할 이유가 없으므로 입법론적으로는 '지급불능'도 포함하는 것으로 개정하여야 할 것이다(일본 회사갱생법 제49조 제1항 제2호, 제49조의2 제1항 제2호, 민사재생법 제93조 제1항 제2호, 제93조의2 제1항 제2호 참조). 지급정지, 회생절차개시신청 또는 파산신청 전이라도 지급불능에 빠진 경우에는 그 시점에서 특정채권자만이 상계권이라는 담보를 취득하는 것은 채권자평등원칙에 반하기 때문이다. 제4호의 경우도 마찬가지이다.
417) 대법원 2017. 3. 15. 선고 2015다252501 판결 참조.

를 알면서 부담한 채무를 수동채권으로 하는 상계를 금지하고 있다.[418]

상계금지의 취지는 제145조 제1호와 대체로 같지만, 제1호와는 달리 채무부담이 회생절차 개시 전의 위기상태에서 행해지는 반면 위기상태에 대한 악의를 요건으로 한다. 지급의 정지 등 사실과 이에 대한 악의 증명책임은 상계의 무효를 주장하는 관리인이 부담한다.

(2) 예외(상계허용)

다만 회생채권자 또는 회생담보권자가 채무자가 위기상태에 있음을 알면서 채무를 부담하였다고 하더라도, ① 그 부담이 법률에 정한 원인에 기한 때,[419] ② 회생채권자 또는 회생담보권자가 지급의 정지, 회생절차개시의 신청 또는 파산의 신청이 있은 것을 알기 전에 생긴 원인에 의한 때, ③ 회생절차개시시점[420] 및 파산선고시점 중 가장 이른 시점보다 1년 이상 전에 생긴 원인에 의한 때에는 상계가 가능하다(제145조 제2호 단서). 위와 같은 경우는 채권자평등

---

418) 대법원 2016. 4. 12. 선고 2015다1802 판결.
419) 가집행의 선고가 붙은 본안 판결을 선고받은 피고(가집행 채무자)는 민사소송법 제215조 제2항에 따라 본안 판결에 대한 불복신청과 동시에 본안 판결을 변경하는 경우에 원고(가집행 채권자)에 대하여 가집행선고의 실효로 인한 원상회복과 손해배상을 명하는 이행판결을 구하는 청구를 할 수 있을 뿐만 아니라 별소로 민사소송법 제215조 제2항에서 정한 가집행선고의 실효로 인한 원상회복과 손해배상을 청구할 수도 있다. 이와 같이 전소의 가집행 채무자가 별소로 가집행선고의 실효로 인한 원상회복 및 손해배상청구를 하는 경우에는 가집행 채권자가 전소의 소구채권을 자동채권으로 하여 상계권을 행사하는 것도 허용된다(대법원 2009. 12. 10. 선고 2009다53802 판결). 다만 가집행선고부 제1심판결이 소송상의 이유로써 취소될 경우 피고의 가지급물반환신청에 대하여 원고는 그 소송상의 원인채권으로 상계할 수 없다. 이를 허용한다면 소송상의 이유로 소를 각하하면서 가지급물반환청구권의 존부를 판단하기 위하여 다시 본안의 당부를 판단하여야 하는 부당한 결과가 생기기 때문이다. 그러나 전소의 피고가 별소에 의하여 가지급물반환을 구하는 경우에는 상대방(원고)이 전소의 원인채권을 내세워 상계하는 것도 허용된다.
    회생채권자의 채무가 민사소송법 제215조 제1항, 제2항의 규정에 따른 가집행선고의 실효로 인한 원상회복의무인 가지급물 반환채무인 경우, 이는 위 민사소송법 규정에 의하여 발생되는 것이고, 회생채권자가 작위적으로 가지급물 반환채무를 부담하는 것은 불가능하므로 제145조 제2호가 규정하고 있는 "그 부담이 법정의 원인에 의한 때"에 해당하는 것으로 보아야 할 것이다(대법원 2009. 12. 10. 선고 2009다53802 판결 참조).
420) 회생절차개시시점부터 회생절차개시결정까지 걸리는 시간의 장단에 따라 상계의 인정 여부가 결정된다는 것은 부당하므로 회생절차개시신청시점으로 개정함이 타당하다(일본 회사갱생법 제48조 제2항 제3호 참조). 나아가 회생절차와 파산절차에서 동일 또는 유사한 내용임에도 법 규정에 있어 용어나 표현상에 차이가 있는데, 정비가 필요하다.

회생절차	파산절차
제145조(상계의 금지) 다음 각호의 어느 하나에 해당하는 때에는 상계하지 못한다. (생략) 2. 회생채권자 또는 회생담보권자가 지급의 정지, 회생절차개시의 신청 또는 파산의 신청이 있음을 알고 채무자에 대하여 채무를 부담한 때. 다만, 다음 각목의 어느 하나에 해당하는 때를 제외한다. 　가. 그 부담이 법률에 정한 원인에 기한 때 　나. 회생채권자 또는 회생담보권자가 지급의 정지, 회생절차개시의 신청 또는 파산의 신청이 있은 것을 알기 전에 생긴 원인에 의한 때 　다. 회생절차개시시점 및 파산선고시점 중 가장 이른 시점보다 1년 이상 전에 생긴 원인에 의한 때 (생략)	제422조(상계의 금지) 다음 각호의 어느 하나에 해당하는 때에는 상계를 할 수 없다. (생략) 2. 파산채권자가 지급정지 또는 파산신청이 있었음을 알고 채무자에 대하여 채무를 부담한 때. 다만, 다음 각목의 어느 하나에 해당하는 때를 제외한다. 　가. 그 부담이 법정의 원인에 의한 때 　나. 파산채권자가 지급정지나 파산신청이 있었음을 알기 전에 생긴 원인에 의한 때 　다. 파산선고가 있은 날부터 1년 전에 생긴 원인에 의한 때 (생략)

원칙에 저촉되지 않기 때문에 예외적으로 상계를 허용(상계금지의 해제)한 것이다. 이들 예외에 해당한다는 사실에 대하여는 상계를 주장하는 회생채권자 등이 증명책임을 부담한다.

(가) 먼저 ①에 관하여 본다. 채무부담이 법률에 정한 원인에 기한 예로 상속이나 합병과 같은 일반승계 또는 사무관리나 부당이득 등에 의해 회생채권자 등이 채무자에 대하여 채무를 부담하는 것 등을 드는 견해가 있다.[421] 채무부담이 법률에 정한 원인에 기한 것인 이상, 회생채권자 등이나 채무자의 작위가 개입될 여지가 없고 지급정지 등에 대한 악의를 이유로 하여 상계를 금지할 이유가 없다는 것을 그 예외의 근거로 한다. 그러나 이러한 경우는 상계의 기대에 대한 신뢰가 있는 것도 아니고, 상속 이외 경우에는 당사자의 의사가 개입될 여지가 있으며, 특히 합병은 합의에 의한 것이므로 법률이 정한 원인이 아니고, 상속 또는 합병 어느 것도 우연한 사실에 기한 상계의 기대를 보호할 이유는 없다고 할 것이다.[422] 회사분할도 상계를 목적으로 할 수 있기 때문에 '법률에 정한 원인'에 해당하지 않는다고 할 것이다.[423]

한편 불법행위에 기한 손해배상청구권은 민법 제496조에 의하여 상계의 수동채권으로 할 수는 없다.

(나) 다음으로 ②에 관하여 본다. 회생채권자 등이 지급정지 또는 회생절차개시신청 등을 알기(악의) 전에 생긴 원인에 기한 채무부담도 예외적으로 상계가 허용된다. 이 경우 상계가 허용되는 것은 상계금지의 요건이 충족되는 시기 이전에 회생채권자 등이 정당한 상계의 기대를 가지고 있다고 볼 수 있기 때문이다.[424] 한편 위기시기 이전에 존재한 채권자의 정당한 상계의 기대를 보호하고자 하는 취지에서 회생채권자 등이 지급의 정지 또는 파산·회생절차개시의 신청이 있은 것을 알기 전에 생긴 원인에 기하여 수동채권이 발생된 때에는 예외적으로 상계를 허용하고 있는 것이므로, 여기서 '전에 생긴 원인'에 해당하는 법률관계란 채권자에게 구체적인 상계 기대를 발생시킬 정도로 직접적인 것이어야 하고, 개별적인 경우에 구체적인 사정을 종합하여 상계의 담보적 작용에 대한 회생채권자의 신뢰가 보호할 가치가 있는 정당한 것으로 인정되는 경우이어야 한다.[425] 예컨대 대리수령에서 채무자가 특정채권자에게 제3자로부

---

421) 會社更生法, 375~376쪽, 법인파산실무, 578쪽, 개인파산·회생실무, 600쪽. 한편 합병의 경우에는 부채를 부담한 경우로 평가할 수 있는 경우도 있고, 제145조 제2호 가목의 예외는 합리적인 설명이 곤란하다는 점을 이유로 적어도 입법론적으로는 적절하지 않다는 견해도 있다(條解 民事再生法, 497쪽).

422) 전병서, 367쪽, 會社更生法, 376쪽 각주 65).

423) 條解 破産法, 559쪽. 단위신용협동조합의 신용협동조합중앙회에 대한 예치는 '법률이 정한 원인'에 해당하지 않는다. 왜냐하면 중앙회에 대한 예치는 단위신용협동조합의 여유자금을 운용하는 여러 방법 중 하나에 불과하기 때문이다(신용협동조합법 제44조). 따라서 단위신용협동조합이 회생절차개시나 파산선고를 받았다고 하더라도 예탁금에 대한 중앙회의 상계는 허용되지 않는다(대법원 2002. 1. 25. 선고 2001다67812 판결 참조).

424) 會社更生法, 376쪽.

425) 대법원 2019. 1. 31. 선고 2015다240041 판결, 대법원 2017. 3. 15. 선고 2015다252501 판결, 대법원 2016. 4. 12. 선고 2015다1802 판결(① 피고의 업무처리 절차에 의하면, 피고의 통합점이 해외 송금은행으로부터 지급지시서를 접수하면, 위 송금내용이 정확한지 확인하고 수취인 거래 영업점으로 전금 처리를 한 다음, 지급지시서를 전달받은 영업점이 피고의 예금거래기본약관에 따라 예금원장에 입금의 기록을 하는 절차를 거쳐야만, 수취인인 채무자 회사가 위 송금액에 대한 예금채권을 취득할 수 있는 점, ② 위 지급지시서가 접수된 이후에도 송금의뢰인의 송금 취소가 발생하는 경우 등과 같이 피고가 지급지시서에 따른 채무를 부담하지 않는 경우도 있을 수 있는 점, ③ 한편 만약 피고가 채무자 회사의 회생절차개시신청 이전에 이미 접수된 지급지시서에 따라 채무자 회사의 예금원장에 위

터 변제에 대하여 대리수령권한을 부여하고, 이것을 철회하지 않는다고 합의하였으며, 나아가 채무자에게 지급의무를 부담하는 제3자도 이것을 승인한 경우, 지급정지 등이 있는 시기에 대리수령이 행해지고, 회생채권자 등으로 되는 수령자가 수령금반환의무를 부담하게 되어도, 위 합의에 대하여 제2호의 예외가 적용되어, 수령금반환채무를 수동채권으로 한 상계가 허용된다.

(다) 마지막으로 ③에 관하여 본다. 위기에 대하여 회생채권자 등이 알고 있은(악의) 후 채무부담의 원인이 발생한 경우에는 ②의 예외에 해당하지 않기 때문에 상계는 허용되지 않는다. 그러나 회생채권자 등의 입장에서 보면, 상계가 허용되지 않는 것이 확정되는 것은 회생절차가 개시되었기 때문이고, 이때까지 불안정한 상태에 있게 된다. 이 상태가 상당히 오래 계속된다는 것은 법적 안정성을 해하는 것이기 때문에, 원인이 발생한 날로부터 1년을 경과한 후에도 여전히 회생절차개시결정이 없는 경우에는 상계가 인정되는 것으로 한 것이다.

다. 회생절차가 개시된 채무자의 채무자가 회생절차개시 후에 타인의 회생채권 또는 회생담보권을 취득한 때-타인의 회생채권 또는 회생담보권을 회생절차개시 후 취득하고, 이를 자동채권으로 하는 경우의 상계 (제3호)

회생절차가 개시된 채무자의 채무자(채무자에 대하여 채무를 부담하는 자)[426]가 회생절차개시에 의하여 실제 가치가 하락된 타인의 회생채권 또는 회생담보권을 저가로 취득하고 이를 자동채권으로 하여 자기가 부담하고 있는 채무와의 상계를 허용한다면 그 채무자에게 부당한 이익을 주고, 회생절차가 개시된 채무자의 재산이 증가되지 않기 때문에[427] 상계는 허용하지 않는다(제145조 제3호).

송금액의 입금을 기록하였다면, 채무자 회사가 그 무렵 바로 예금인출을 할 수 있었던 반면에, 피고가 채무자 회사의 위기상태를 안 이후에 그 전에 접수된 지급지시서에 따라 예금원장에 송금액의 입금을 기록한 경우 피고의 채무자 회사에 대한 대출금채권으로 위 예금채권을 수동채권으로 한 상계를 허용한다면, 피고가 예금원장에 송금액의 입금의 기록을 한 시점을 달리하여 자신의 선택에 따라 채무자 회사의 예금인출 권리를 소멸시킬 수 있어 불합리한 결론에 이르는 점 등을 종합하면, 이 사건 송금액 일부에 관한 지급지시서가 피고가 채무자 회사의 회생절차개시신청을 알기 전에 해외 송금은행으로부터 접수된 것이라고 하더라도, 그러한 사정이 피고에게 구체적인 상계기대를 발생시킬 정도로 직접적인 것이 아니고, 상계의 담보적 작용에 대한 회생채권자인 피고의 신뢰가 보호할 가치가 있는 정당한 것으로 인정되는 경우라고 보기도 어렵다), 대법원 2014. 9. 24. 선고 2013다200513 판결(갑 은행이 을 주식회사와 물품대금 등을 납품업체의 대출금 변제에 충당할 수 있도록 갑 은행에 개설된 지정계좌로 지급하기로 협약을 체결하고, 납품업체 병 주식회사와 여신거래약정을 체결하여 대출을 실행한 다음 위 계좌에 입금된 돈을 대출금 변제에 충당해 왔는데, 을 회사가 병 회사에 대한 회생절차개시신청 후에도 위 계좌로 물품대금을 입금하자 갑 은행이 예금반환채무와 대출금 채권의 상계를 주장한 사안에서, 위 상계의 의사표시는 회생절차개시신청이 있음을 알기 전의 원인인 여신거래약정에 따라 부담하게 된 채무에 관한 것이어서 유효하다고 한 사례), 대법원 2008. 7. 10. 선고 2005다24981 판결, 대법원 2005. 9. 28. 선고 2003다61931 판결(채권자가 채무자로부터 어음의 추심위임을 받은 후 회생절차개시 후 추심된 금원으로 상계한 것에 대하여, 구체적인 어음의 추심위임행위 자체나 위임사무의 처리 경과만으로는, 수임인에게 구체적인 상계기대를 발생시킬 정도의 직접적인 원인에 해당한다고 볼 수 없다고 한 사례) 참조.

426) 제145조 제3호, 제4호 및 제422조 제3호, 제4호에서는 '채무자의 채무자'라고 하고 있으나, 의미를 명확하게 하기 위하여 '채무자에 대하여 채무를 부담하는 자'로 개정하는 것이 타당하다고 본다.

427) 채무자에 대하여 1억 원의 채무를 부담하고 있는 A가, B가 채무자에 대하여 가지고 있는 가치가 하락한 회생채권(금액은 1억 원이지만 실제가치는 1,000만 원)을 저가로 매수하여, 이것을 자동채권으로 자신이 부담하고 있는 채무를 수동채권으로 상계한다면, 채무자의 채무자 A는 자기의 채무를 유리하게 면하지만 채무자의 재산은 감소한다.

이 경우 상계는 형식적으로 보면 회생채권 등을 자동채권으로 하여 회생절차개시 당시의 채무를 수동채권으로 한 것이기 때문에(제144조 제1항 참조) 이것을 일률적으로 금지할 수는 없다고 할 것이지만, 적어도 채무자에 대하여 채무를 부담하는 자가 회생절차개시 후에 타인의 회생채권 등을 취득한 경우에는 어떠한 합리적인 상계기대를 인정할 수 없기 때문에 입법자가 상계를 금지한 것이다.[428] 따라서 회생채권 등의 취득원인이 무엇인지는 묻지 않는다(제2호, 제4호 단서 참조).

회생채권 등의 취득시기는 획일적인 처리의 요청 등을 고려하면, 대항요건구비를 기준으로 결정하여야 할 것이다.

(1) 회생절차개시 후 변제에 의한 구상권을 자동채권으로 한 상계

채무자에 대하여 채무를 부담하는 A가 회생채권자 B에 대하여 회생절차개시 후 채무자를 대위하여 제3자 변제(민법 제469조)를 하고 그 결과로 구상권을 취득한다면, 구상권의 범위 내에서 B의 채권을 대위하여 행사할 수 있다(제482조 제1항). 이 경우 ① 구상권에 기하여 원래의 회생채권을 대위행사하고, 그것을 자동채권으로 상계하는 것이 타인의 회생채권을 취득한 상계로 볼 수 있는지, ② 구상권 자체를 자동채권으로 한 상계는 타인의 회생채권의 취득에 기한 상계인지(제3호를 확장하여 상계를 금지할 수 있는지)가 문제이다.[429]

먼저 ①의 경우를 본다. 대위에 의한 원채권의 행사는 실체법상의 채권이전으로 보기 때문에 회생채권인 원채권을 취득한 대위변제자가 이것을 자동채권으로 상계하는 것은 제3호에 저촉되어 허용되지 않는다.

다음으로 ②의 경우를 본다. 이에 대하여 구상권은 대위변제자 자신의 권리이기 때문에 이것이 회생절차개시 후의 변제에 의하여 발생한 것이라도 이것을 자동채권으로 한 상계는 제3호에 저촉되지 않는다는 견해가 있다.[430] 그러나 이러한 상계를 인정하면 회생채권자 B는 A의 대위변제에 의하여 완전한 만족을 받고, 또한 대위변제자 A도 회생채권인 구상권을 자동채권으로 한 상계에 의하여 회생절차에 의하지 않고 만족을 받는 결과가 되며, 채무자에게는 불리한 결과를 초래하고, 또한 회생채권자 사이의 평등에도 반한다. 또한 채무자에 대하여 채무를 부담하는 A가 다른 회생채권자 B에 대하여 변제를 한 후 구상권을 취득하고 구상권을 자동채권으로 하여 상계하는 것은 실질적으로 B로부터 회생절차개시 후 회생채권을 취득한 것과 같다. 따라서 구상권에 기한 상계는 허용되지 않는다. 결국 본 호에 의해 상계금지가 되는 것은 '타인'의 회생채권 등을 취득한 경우뿐만 아니라 회생절차개시 후 채권의 취득의 일반이라고 할 것이다.

---

428) 대법원 2003. 4. 11. 선고 2002다59481 판결 참조.
429) 동일한 구상권이라고 하더라도 위임을 받은 보증인의 사전구상권(민법 제442조)의 경우에는, 회생절차개시 전에 이 것을 회생채권으로 행사할 수 있기 때문에(제126조 제3항) 제3호와의 저촉 문제는 발생하지 않는다.
430) 會社更生法, 380쪽.

(2) 회생절차개시 후 원시적으로 취득한 회생채권을 자동채권으로 한 상계

채무자에 대하여 채무를 부담하는 자가 타인의 회생채권을 취득한 것이 아니라 회생절차개시 후에 한 관리인의 행위 등에 기하여 회생채권을 취득할 가능성이 있다. 예컨대 ① 쌍방미이행 쌍무계약에 해제권을 행사한 결과로서 발생하는 상대방의 손해배상청구권(제121조 제1항), ② 어음 등에 대한 선의 지급인의 채권(제123조 제1항), ③ 부인의 상대방이 갖는 가액상환청구권(제108조 제3항 제3호) 등이다. 이들 회생채권을 자동채권으로 한 상계가 허용되는지는 단순히 제3호의 문제만은 아니고 이들 채권을 회생채권으로 한 채무자회생법의 취지와의 관계로부터 결정되어야 한다.

먼저 쌍방미이행 쌍무계약에 해제권을 행사한 결과로서 발생하는 상대방의 손해배상청구권(제121조 제1항), 어음 등에 대한 선의 지급인의 채권(제123조 제1항)에 대하여 본다. 이에 관하여 이 채권들은 회생절차개시 전의 원인에 기한 회생채권을 자동채권으로 한 상계가 원칙적으로 허용되는 것과 비교하여 보면, 상계를 허용하여야 한다는 견해가 있다.[431] 전자의 경우 상대방은 관리인의 해제권 행사 그 자체에 의하여 예상하지 못한 불이익을 받게 되는데, 회생채권인 손해배상청구권을 자동채권으로 한 상계를 부정하는 것에 의하여 그 이상의 불이익을 수인시킬 아무런 이유가 없다. 후자도 회생절차개시 후 어음을 인수 또는 지급 등으로 출연을 한 이상, 그에 의하여 발생한 회생채권을 자동채권으로 한 상계를 부정하여야 할 합리적인 이유는 없다는 것이다. 하지만 상계를 하기 위해서는 회생절차개시 당시에 자동채권과 수동채권이 서로 대립(존재)하고 있어야 한다는 점(제144조 제1항, 본서 517쪽), 이러한 채권들은 회생채권자가 회생절차개시 후 스스로 회생채권을 취득한 것으로 볼 여지도 있는 점(제3호 유추적용), 회생절차개시 시점을 기준으로 보면 이러한 채권자들의 상계에 대한 기대가능성을 보호해 줄 이유는 없다(회생절차개시 당시 채권채무의 대립관계가 없는 이상 상계의 기대도 없고 보호의 필요도 없다)고 보이는 점 등을 고려하면 상계를 부정하여야 할 것이다.

다음으로 부인의 상대방이 갖는 가액상환청구권(제108조 제3항 제3호)에 대하여 본다. 위에서 본 상계가 허용되지 않는 근거 및 이 채권을 공익채권이 아니라, 회생채권으로 한 취지는 회생절차에 의하지 않는 변제를 받는 것을 부정하고, 회생계획에 의한 만족을 도모하려는 것이라는 점을 고려하면, 채무자에 대하여 부담하는 채무를 수동채권으로 한 상계를 인정하는 것은 그 취지에 반한다는 점을 종합하면, 상계는 허용되지 않는다고 할 것이다.

결국 제3호의 취지로부터 타인으로부터 기존의 회생채권 등을 취득한 경우뿐만 아니라 회생절차개시 후 새로운 회생채권 등이 발생한 경우('타인'의 회생채권 등을 취득하는 경우는 아니다)에도 제3호가 유추적용되어 상계가 허용되지 않는다고 할 것이다.[432]

---

431) 會社更生法, 385쪽.
432) 條解 民事再生法, 501쪽, 條解 破産法, 565쪽 등 참조.

(3) 수탁보증인에 의한 구상권을 자동채권으로 한 상계

주채무자로부터 부탁을 받은 보증인(수탁보증인)이 보증채무를 이행하여 취득한 사후구상권에 기하여 채무자가 가지고 있는 채권과 상계할 수 있는가. 부탁을 받은 보증인과 주채무자 사이의 법률관계는 위임관계이다. 수탁보증인의 구상권은 장래의 변제에 의해 취득할 정지조건부채권으로 회생절차개시 전에 성립한 경우에는, 회생절차개시 당시에 이미 존재하는 회생채권으로 볼 수 있기 때문에, 회생절차개시 후 보증인이 보증채무의 이행으로 취득한 사후구상권은 기존에 존재하였던 회생채권이 현실화한 것에 지나지 않는다. 또한 회생절차개시 전부터 정지조건부채권으로서 회생채권 등을 가지고 있는 자는 채무자에 대하여 부담하는 채무와의 사이에서 합리적인 상계기대가 인정된다. 따라서 회생절차개시 후 타인의 회생채권 등의 취득으로 보아 상계를 금지할 이유는 없다. 정지조건부 회생채권 등으로 있는 동안에는 이것은 미발생권리이고, 이것을 자동채권으로 한 상계는 허용되지 않지만, 변제에 의해 조건이 성취된 경우에는 상계를 금지할 근거가 없다. 다만 현실화의 시점에 관하여는 제144조 제1항의 제한이 있다. 즉 조건은 신고기간 만료 전에 성취되어야 한다.

(4) 부탁 없는 보증인에 의한 구상권을 자동채권으로 한 상계

부탁 없는 보증인이 변제에 의하여 취득한 구상권을 자동채권으로 하여 상계를 할 수 있는가. 부탁 없는 보증인과 주채무자 사이의 법률관계는 일반적으로 사무관리 관계이고, 부탁 없는 보증인에 의한 변제 자체가 사무관리에 해당한다고 이해되고 있다.[433] 그렇다면 사무관리에 기한 구상권은 보증인의 변제에 의하여 비로소 성립하는 것이고, 그 이전에는 정지조건부권리로서 인정되지 않는다. 따라서 부탁 없는 보증인이 회생절차개시 후 변제에 의하여 취득한 구상권은 회생채권 등이 아니고, 개시후기타채권(제181조)으로서 회생계획에서 정한 변제기간이 만료할 때까지는 상계가 허용되지 않는다(본서 554쪽 참조).[434]

라. 회생절차가 개시된 채무자의 채무자가 지급의 정지, 회생절차개시의 신청 또는 파산의 신청이 있음을 알고 회생채권 또는 회생담보권을 취득한 때-위기상태에 있음을 알면서 취득한 채권을 자동채권으로 하는 상계 (제4호)

(1) 원칙(상계금지)

회생절차가 개시된 채무자의 채무자(채무자에 대하여 채무를 부담하는 자)가 지급의 정지, 회

433) 부탁 없는 보증에 기한 구상권의 본질은, 보증계약 단계에서는 단지 채권자의 이익을 위하여 행하여지는 것이고, 변제가 행하여질 때 비로소 주채무자의 이익실현에 기여한다는 점을 고려하여 사무관리자의 비용상환청구권(민법 제739조)으로 해석되고 있다. 보증계약은 채권자에 대한 보증인의 의무성립의 근거가 될 수 있어도, 보증인의 주채무자에 대한 구상권의 성립근거는 될 수 없다.
434) 會社更生法, 382쪽, 倒産法, 511~512쪽 참조. 한편 부탁 없는 보증인의 사후구상권에 대하여, 대위변제가 절차개시 후에 있었어도 보증계약체결이 개시 전에 있었다면 회생채권이라는 견해가 있다(일본 최고재판소 판례). 다만 회생채권이라고 하더라도 이러한 종류의 구상권을 자동채권으로 한 상계는 회사갱생법 제49조의2 제1항 제1호)[우리나라 제145조 제3호에 해당한다]의 유추적용으로 금지된다고 한다.

생절차개시의 신청 또는 파산의 신청과 같은 위기상태에 있음을 알면서 회생채권 또는 회생담보권을 취득한 때에는 이를 자동채권으로 하는 상계는 허용되지 않는다(제145조 제4호 본문). 그 취지는 제145조 제3호와 동일하나, 회생절차가 개시된 채무자의 위기상태에 대한 악의를 요하고 타인의 회생채권 또는 회생담보권을 취득할 것을 요하지 않는다는 점에서 차이가 있다.[435] 즉 상계금지는 타인의 회생채권 또는 회생담보권을 취득한 때는 물론 자신의 행위에 의하여 회생채권 또는 회생담보권을 취득한 때에도 적용된다(예컨대 금전을 대여한 경우).[436] 악의에 대한 증명책임은 무효를 주장하는 관리인이 부담한다.

(2) 예외(상계허용)

다만 회생채권 또는 회생담보권의 취득이 ① 법률에 정한 원인에 기한 때, ② 회생절차가 개시된 회생채무자의 채무자가 위기상태, 즉 지급의 정지, 회생절차개시의 신청 또는 파산의 신청이 있은 것을 알기 전에 생긴 원인에 의한 때,[437] ③ 회생절차 개시시점 및 파산선고 시점 중 가장 이른 시점보다 1년 이상 전에 생긴 원인에 의한 때에는 예외적으로 상계가 허용된다(제145조 제4호 단서). 그 내용과 취지는 제145조 제2호 단서와 같다.

수동채권의 채무부담의 시기에 따른 상계금지(제145조 제2호)의 경우와 마찬가지로, 회생채

---

435) 또한 제3호는 회생절차개시 후에 회생채권 등을 취득한 경우이고, 제4호는 지급의 정지 등의 시점부터 회생절차개시결정 전까지 시점에 회생채권을 취득한 경우이다.

436) 입법론적으로는 검토가 필요하다. 현재 대법원은 동시교환적 행위이론을 받아들여 신규차입을 하면서 담보를 제공하는 행위에 대하여 부인대상으로 보고 있지 않다(본서 436쪽). 채무자에 대하여 채무를 부담하고 있는 자(채무자의 채무자)가 채무자의 위기상태를 알고 그 회생을 위하여 금전을 대여한 것은 동시교환한 담보제공은 아니지만, 일종의 잉여담보를 이용한 것이므로 동시교환한 담보제공과 동일하게 볼 수 있다. 따라서 채무자에 대하여 채무를 부담하고 있는 자가 채무자의 위기상태를 알고 채무자에게 금전을 대여한 경우, 그 대여채권을 자동채권으로 한 상계를 금지하여야 할 이유는 없다. 상계금지를 해제하는 규정을 새롭게 둘 필요가 있다(일본 회사갱생법 제49조의2 제2항 제4호, 민사재생법 제93조의2 제2항 제4호 참조).

437) 회생채권을 취득한 것은 회생채무자에게 위기상태가 생긴 이후이지만 그 이전에 이미 채권발생의 원인이 형성되어 있었던 경우에는 상계에 대한 회생채권자의 기대를 보호해 줄 필요가 있으므로, 그러한 경우에는 예외적으로 상계를 할 수 있도록 한 것이다. 이와 같은 규정취지를 고려해 보면, 위기상태의 존재를 알게 된 이후에 취득한 채권이 그 이전부터 존재한 사유, 즉 '전의 원인'에 의하여 발생하였다고 하려면, 그 원인은 채권자에게 상계의 기대를 발생시킬 정도로 직접적인 것이어야 할 뿐 아니라 구체적인 사정을 종합하여 상계의 담보적 작용에 대한 회생채권자의 신뢰를 보호할 가치가 있는 정당한 것으로 인정되어야 한다(대법원 2019. 1. 31. 선고 2015다240041 판결, 대법원 2017. 3. 15. 선고 2015다252501 판결, 대법원 2014. 9. 24. 선고 2013다200513 판결 등 참조).

☞ 위 2015다252501 판결은 「피고가 운영하는 골프장의 회원인 원고가 피고에게 골프장 부지 및 건물을 임대하였는데, 임대차기간 중 피고가 회생절차개시의 신청을 하자, 원고가 회원 탈회 신청을 하면서 피고를 상대로 이 사건 입회금반환채권을 자동채권으로 하여 피고의 임대차보증금반환채권과 상계한다는 의사표시를 한 후 임대차보증금반환채무의 부존재 확인을 구하는 소를 제기한 사안에서, ㉠ 원고가 한 위 상계의 의사표시에는 피고에 대한 임대차보증금반환채무에 관한 기한의 이익을 포기하는 의사표시가 포함되어 있어, 원고가 한 위 상계는 채무자회생법 제144조 제1항에서 정한 회생채권자의 상계권 행사의 요건을 갖추었고, ㉡ 비록 원고가 피고의 회생절차개시 신청 사실을 알면서 이 사건 입회금반환채권을 취득하였으나, 원고와 피고 사이에 체결된 이 사건 각 입회계약은 원고가 이 사건 입회금반환채권을 취득한 직접적인 원인이고, 상계의 담보적 작용에 대한 원고의 신뢰는 보호가치가 있는 정당성이 인정되므로, 이 사건 입회금반환채권은 채무자회생법 제145조 제4호 단서, 제2호 단서 나목에 정한 상계금지의 예외사유인 '회생절차개시의 신청이 있은 것을 알기 전에 생긴 원인'에 의하여 취득한 회생채권에 해당한다고 봄이 상당하다는 이유로, 이와 달리 이 사건 각 입회계약이 상계금지의 예외사유에 해당하지 않는다고 본 원심의 판단은 잘못이라고 보아 파기한 것이다.」

권 등의 취득시기에 따른 상계금지에 대하여도 3가지 예외를 인정하고 있다. 회생채권 등의 취득에 작위가 개입되지 않는다는 점, 회생채권 등의 취득이 합리적 기대에 기한 것이라는 점 등이 이들 예외를 인정하는 취지이다.[438] 이들 예외에 해당한다는 사실에 대하여는 상계를 주장하는 회생채권자 등이 증명책임을 부담한다.

(가) 먼저 ①에 관하여 본다. 법률에 정한 원인으로는 상속이나 합병과 같이 상계기대의 형성에 있어 작위가 개입되지 않는 일반승계뿐만 아니라, 사무관리, 부당이득, 불법행위 등이 포함된다(다만 사무관리 등에 대하여는 상계권자의 작위가 인정되는 경우에는 상계는 허용되지 않는다)는 견해가 있다.[439] 하지만 위 〈나.(2)(가)〉에서 본 바와 같은 이유로 이러한 경우 상계는 허용되지 않는다고 할 것이다.

(나) 다음으로 ②에 관하여 본다. 수동채권의 채무부담에 관한 경우(제2호 나목)와 마찬가지로, 위기에 대한 악의가 있기 이전에 생긴 상계의 기대를 보호하기 위함이 예외의 취지이다. 따라서 여기서 말하는 원인은 회생채권 등 취득의 기초가 되는 직접적인 법률관계여야 한다. 예컨대 채무자에 대한 보증인이 보증채무의 이행에 기한 구상권을 자동채권으로 하여 주장한 경우, 보증계약은 회생채권 취득의 기초가 되는 직접적인 법률관계로 볼 수 있다. 위 〈나.(2)(나)〉를 참조할 것.

(다) 마지막으로 ③에 관하여 본다. 그 취지는 제2호 다목{위 〈나.(2)(다)〉}에서 설명한 바와 같다(본서 534쪽).

3. 상계계약과의 관계

상계금지는 민법상의 단독행위인 상계(민법 제492조)를 직접적인 대상으로 한다. 그렇지만 그 성질은 강행규정이므로 계약에 의한 상계에도 특별한 사정이 없는 한 적용된다고 할 것이다.

4. 상계금지규정을 배제하기로 한 합의의 효력

상계금지규정은 채권자 사이의 실질적 평등을 꾀하는 것을 목적으로 하는 강행규정으로 해석되기 때문에, 그 효력을 배제하는 당사자 사이의 합의는 특별한 사정이 없는 한 무효이다.[440] 특별한 사정으로는 회생채권자 전원이 합의한 경우나 채무자 재산에 속하는 수동채권 (반대채권)의 실제가치가 하락한 경우 등을 들 수 있다.[441]

회생절차개시결정 전에 상계금지규정에서 정하는 상계를 내용으로 하는 합의가 채무자와 회생채권자 사이에 체결된 경우, 그 상계합의는 회생절차개시결정에 의하여 소급적으로 무효가 된다.

---

438) 會社更生法, 388쪽.
439) 법인파산실무, 582쪽, 會社更生法, 388쪽.
440) 新破産實務, 161쪽.
441) 倒産判例百選, 141쪽 참조.

5. 관리인에 의한 상계의 경우

제145조에서 규정하는 상계의 금지는 회생채권자 등에 의한 상계의 경우에 적용되는 것이다. 따라서 관리인에 의한 상계의 경우에는 적용되지 않는다고 할 것이다.[442]

6. 견련파산과 상계금지

회생절차개시 후 채무자에 대하여 채무를 부담함으로써 상계를 할 수 없었던(제145조 제1호) 회생채권자라고 하더라도, 그 후 견련파산으로 회생절차가 파산절차로 이행된 경우에는 파산채권자로서 회생절차개시 후 파산선고 전에 발생한 반대채무를 가지고 상계할 수 있다(본서 531쪽).

한편 회생절차에서 이루어진 회생채권자나 회생담보권자의 상계통지는 파산절차에서도 유효하다(제6조 제7항 제3호, 본서 1098쪽).[443]

Ⅴ 제145조 이외의 상계권 제한 – 상계권의 남용

1. 상계권 남용에 관한 대법원의 입장

상계의 요건을 갖추고 제145조 상계금지에 해당하지 않더라도, 상계가 상계권의 남용에 해당하는 경우에는 상계가 허용되지 않는다. 상계권자의 지위가 법률상 보호를 받는 것은 원래 상계제도가 서로 대립하는 채권, 채무를 간이한 방법에 의하여 결제함으로써 양자의 채권채무 관계를 원활하고 공평하게 처리함을 목적으로 하고 있고, 상계권을 행사하려고 하는 자에 대하여는 수동채권의 존재가 사실상 자동채권에 대한 담보로서의 기능을 하는 것이어서 그 담보적 기능에 대한 당사자의 합리적 기대가 법적으로 보호받을 만한 가치가 있음에 근거하는 것이므로 당사자가 상계의 대상이 되는 채권이나 채무를 취득하게 된 목적과 경위, 상계권을 행사함에 이른 구체적·개별적 사정에 비추어, 그것이 위와 같은 상계 제도의 목적이나 기능을 일탈하고, 법적으로 보호받을 만한 가치가 없는 경우에는, 그 상계권의 행사는 신의칙에 반하거나 상계에 관한 권리를 남용하는 것으로서 허용되지 않는다고 함이 상당하다. 상계권 행사를 제한하는 위와 같은 근거에 비추어 볼 때 일반적인 권리 남용의 경우에 요구되는 주관적 요건을 필요로 하는 것은 아니다.[444]

대법원은 ① 별단예금채권을 수동채권으로 하는 은행의 상계나,[445] ② 임대인(임차인에게 임

---

442) 會社更生の實務(上), 186쪽.
443) 서울고등법원 2019. 2. 13. 선고 2018나2044464 판결(상고기각. 확정).
444) 대법원 2003. 4. 11. 선고 2002다59481 판결.
445) 대법원 1998. 1. 23. 선고 97다37104 판결, 대법원 1993. 6. 8. 선고 92다54272 판결(약속어음의 채무자가 지급은행에 사고신고와 함께 어음금의 지급정지를 의뢰하면서 어음금액에 해당하는 금원을 별단예금으로 예치한 경우 그 별

대차보증금 2억 원을 반환할 채무가 있었다)이 임차인의 부도로 인하여 임차인이 발행한 약속어음의 가치가 현저하게 하락된 사정을 잘 알면서 오로지 자신이 임차인에 대하여 부담하는 임대차보증금반환채무와 상계할 목적으로 임차인이 발행한 약속어음 20장을 액면가의 40%에도 미치지 못하는 가격으로 할인·취득하고, 그 약속어음채권을 자동채권으로 하여 상계한 경우,[446] ③ 착오송금에 기한 수취은행의 상계[447]는 상계에 관한 권리를 남용한 것으로서 허용되지 않는다고 판시하였다.

2. 상계권 남용의 확장 가능성

최근에는 아래의 사항들에 대하여 상계권 남용으로 허용되지 않는다는 견해들이 등장하고 있다.[448]

가. 저격상계

당사자 간에 수개의 대립하는 채권·채무가 있고 이들이 상계적상에 있을 때에는 어느 채

단예금은 어음채무자가 지급은행에 하는 예금의 일종이기는 하지만 일반의 예금채권과는 달리 부도제재회피를 위한 사고신고의 남용을 방지함과 아울러 어음소지인의 어음상의 권리가 확인되는 경우에는 당해 어음채권의 지급을 담보하려는 데 그 제도의 취지가 있는 것이므로 예치받은 은행으로서는 어음소지인이 정당한 권리자임이 판명된 경우에는 그에게 이를 지급하는 것이 원칙이고, 어음소지인이 정당한 권리자가 아니라고 판명되기도 전에 이를 함부로 어음발행인에게 반환하거나 그에 대한 반대채권과 상계하는 것은 사고신고담보금을 별단예금으로 예치하게 한 목적이나 취지에도 어긋난다 할 것이어서 이와 같은 별단예금채권을 압류한 당해 어음채권자에 대한 관계에 있어서 그 예금을 수동채권으로 하는 은행의 상계는 상계에 관한 권리를 남용하는 것이 되어 그 효력을 인정할 수 없다), 대법원 1992. 10. 27. 선고 92다25540 판결, 대법원 1989. 1. 31. 선고 87다카800 판결.

446) 대법원 2003. 4. 11. 선고 2002다59481 판결(일반적으로 당사자 사이에 상계적상이 있는 채권이 병존하고 있는 경우에는 이를 상계할 수 있는 것이 원칙이고, 이러한 상계의 대상이 되는 채권은 상대방과 사이에서 직접 발생한 채권에 한하는 것이 아니라, 제3자로부터 양수 등을 원인으로 하여 취득한 채권도 포함한다 할 것인바, 이러한 상계권자의 지위가 법률상 보호를 받는 것은, 원래 상계제도가 서로 대립하는 채권, 채무를 간이한 방법에 의하여 결제함으로써 양자의 채권채무관계를 원활하고 공평하게 처리함을 목적으로 하고 있고, 상계권을 행사하려고 하는 자에 대하여는 수동채권의 존재가 사실상 자동채권에 대한 담보로서의 기능을 하는 것이어서 그 담보적 기능에 대한 당사자의 합리적 기대가 법적으로 보호받을 만한 가치가 있음에 근거하는 것이다. 따라서 당사자가 상계의 대상이 되는 채권이나 채무를 취득하게 된 목적과 경위, 상계권을 행사함에 이른 구체적·개별적 사정에 비추어, 그것이 위와 같은 상계 제도의 목적이나 기능을 일탈하고, 법적으로 보호받을 만한 가치가 없는 경우에는, 그 상계권의 행사는 신의칙에 반하거나 상계에 관한 권리를 남용하는 것으로서 허용되지 않는다). 이 경우는 상황에 따라 제145조 제3호나 제4호에 의해 상계가 금지된다고 볼 수도 있다.

447) 대법원 2013. 12. 12. 선고 2012다72612 판결, 대법원 2010. 5. 27. 선고 2007다66088 판결(송금의뢰인이 착오송금임을 이유로 거래은행을 통하여 혹은 수취은행에 직접 송금액의 반환을 요청하고 수취인도 송금의뢰인의 착오송금에 의하여 수취인의 계좌에 금원이 입금된 사실을 인정하고 수취은행에 그 반환을 승낙하고 있는 경우, 수취은행이 수취인에 대한 대출채권 등을 자동채권으로 하여 수취인의 계좌에 착오로 입금된 금원 상당의 예금채권과 상계하는 것은, 수취은행이 선의인 상태에서 수취인의 예금채권을 담보로 대출을 하여 그 자동채권을 취득한 것이라거나 그 예금채권이 이미 제3자에 의하여 압류되었다는 등의 특별한 사정이 없는 한, 공공성을 지닌 자금이체시스템의 운영자가 그 이용자인 송금의뢰인의 실수를 기화로 그의 희생하에 당초 기대하지 않았던 채권회수의 이익을 취하는 행위로서 상계제도의 목적이나 기능을 일탈하고 법적으로 보호받을 만한 가치가 없으므로, 송금의뢰인에 대한 관계에서 신의칙에 반하거나 상계에 관한 권리를 남용하는 것이다).

448) 아래에서 설명하는 것 이외에도 배당 후 상계, 담보부채권과의 상계, 채권양도에 의한 상계가 상계권의 남용에 해당하는지가 논의되고 있다{편집대표 김용담, 주석 민법(제4판)[채권총칙(4)], 한국사법행정학회(2010), 535~540쪽, 편집대표 곽윤직, 민법주해(XI)[채권(4)], 박영사(1992), 364~365쪽}.

권과 어느 채무를 상계할 것인가는 특단의 사정이 없는 한, 당사자 간의 자유이다. 이는 수동 채권이 제3자에 의하여 압류된 경우에 상계권자가 갖는 채권과 당해 채권과를 상계하는 때에 도 마찬가지이다. 그렇지만 예금채권의 일부만이 압류되고 더구나 은행의 거래 고객에 대한 채권이 예금총액에 미치지 않아 굳이 은행의 자동채권으로써 압류된 예금과 상계하지 않으면 은행에 손해가 생기는 등의 특단의 사정이 없음에도 불구하고, 이것을 상계하여 대출금 등을 회수하고 나머지 예금을 압류채무자인 거래 고객에게 반환하는 경우에 과연 이를 정당한 권리 행사로서의 상계라고 볼 것인가가 문제된다.

당사자 간의 채권·채무관계에 제3의 이해관계인이 있어 어떤 채권을 수동채권으로 하느냐 에 따라 제3의 이해관계인의 이해가 달라지게 된다면 상계권자는 그 제3의 이해관계인의 이익 까지 고려하여 각 당사자들 사이의 이익을 가장 공평하게 나눌 수 있는 방법으로 상계를 하여 야 될 신의칙상의 의무가 있다고 할 것이고, 이를 무시하고 어느 일방만의 이익을 고려하여 상계권을 행사함은 상계권의 남용에 해당하여 무효라 할 것이다.[449]

나. 구입할인에 의한 상계

구입할인에 의한 상계란 甲 발행의 어음을 소지하고 있던 乙이 甲의 도산을 알아차리고 재 빨리 甲의 예금이 있는 은행에 의뢰하여 이를 할인받고 은행이 이로써 甲의 예금과 상계하여 결제하는 경우를 말한다. 이 경우 원래 乙은 甲의 예금에 관하여 일반채권자와 평등한 지위에 있는 것임에도 불구하고 어음할인과 상계라는 일련의 절차에 의하여 실질적으로 甲의 예금으 로부터 그 채권을 독점적으로 회수하는 것이 가능하게 되고, 은행의 어음할인 및 상계는 乙의 채권회수에 가담하는 행위로서 정상적인 융자나 채권회수라고 볼 수 없으므로 상계권의 남용 에 해당하여 무효라 할 것이다.[450]

다. 동행상계

대출자(대출받은 자, 이하 같다)가 파산하여 그 대출자에 대한 채권과 예금을 상계하였으나 여전히 예금이 남은 경우에 당해 은행이 다른 거래 고객으로부터 대출자 발행의 어음을 할인 또는 담보로서 취득한 것이 있어, 남은 예금과 위 어음채권을 상계하는 것을 동행상계(지급인 구좌상계)라 한다.[451] 이 결과로 할인의뢰나 담보를 제공한 거래 고객은 어음의 환매채무를 면

---

449) 춘천지방법원 영월지원 2000. 4. 12. 선고 99가단3643 판결 참조. 위 판결의 사안은 다음과 같다. 채권자 甲이 A에 대하여 상계의사를 표시한 날 기준으로 A에 대해 1,800만 원의 대여금채권이 있었고, A에 대하여 급여 200만 원(a 채권), 퇴직금 2,000만 원(b채권), 명예퇴직금 3,000만 원(c채권)의 지급채무를 부담하고 있었다. 한편 채권자 甲이 A에 대하여 상계의 의사표시를 하기 전 乙은 a, b채권에 대하여 가압류를 하였다. 이러한 상태에서 채권자 甲이 가 압류하여 둔 a, b채권만을 수동채권으로 하여 상계를 하는 것은 상계권의 남용에 해당하여 무효이다. 왜냐하면 채권 자 乙이 a, b채권에 대해 가압류를 해 둔 상태였으므로 상계권자로서는 가압류권자인 乙의 이익을 고려하여 가압류 가 되지 않은 c채권을 우선적으로 수동채권으로 하여 상계를 하거나, 그렇지 않으면 적어도 최소한 각 채무(수동채 권)의 액에 안분 비례하여 상계를 하여야 하기 때문이다.
450) 편집대표 김용담, 주석 민법(제4판)[채권총칙(4)], 한국사법행정학회(2010), 533쪽.
451) 동행상계의 기본적 관계는 다음과 같다. 甲은행 A지점에 예금을 가지고 있는 乙이 파산한 경우, 甲은행이 乙에 대하

하게 된다. 그러나 이러한 은행의 상계는 대출자의 파산에 의하여 어음채권의 이행을 받는 것이 일반적으로 곤란하다는 것을 고려하면 원칙적으로 유효라고 하여야 할 것이다. 문제는 할인의뢰인 또는 담보제공자인 거래 고객이 어음을 환매할 충분한 자력이 있는 경우이다. 이에 관하여는 ① 당해 거래 고객에게 환매능력이 충분함에도 불구하고 오로지 대출자의 파산에 의한 당해 고객의 손실을 다른 일반채권자에게 전가시키기 위한 상계에 대하여는 은행 자신의 채권보전이라고 하는 합리적 필요성을 넘는 것으로서 다른 일반채권자에 대한 관계에서 상계권의 남용이라고 보아야 할 경우가 많다고 하는 설과 ② 할인의뢰인인 거래 고객이 부당하게 이익을 받는 바도 아니고 또 은행으로서도 환매청구권을 행사할 것인가 또는 상계권을 행사할 것인가는 은행의 자유이고, 이 선택권의 행사로서 후자를 선택한 것에 불과하므로 당해 거래 고객의 자력의 유무만에 의하여 상계의 효력을 결정하는 것은 무리라는 설이 대립하고 있다.[452] 살피건대 파산채권자에 의한 상계권의 행사는 자기의 채권보전에 필요한 범위 내에서 하여야 하고, 할인의뢰인에게 충분한 환매능력이 있음에도 불구하고 환매청구권을 행사하지 않고 할인의뢰인을 보호하기 위하여 동행상계를 한다면,[453] 대출자의 파산으로 인한 할인의뢰인의 손실을 대출자의 파산채권자 전체에 전가시키는 것이므로 상계권의 행사가 권리남용으로서 무효라고 할 것이다.

여 가지고 있는 채권을 乙의 예금채권과 상계하여도 여전히 남는 경우가 있다. 乙이 발행한 어음을 소지하고 있던 丙이 그 어음을 甲은행 B지점에 할인한 경우, 甲은행이 丙에 대하여 어음의 환매를 청구하지 않고 丙을 보호하기 위하여 위 어음채권과 乙의 나머지 예금채권을 상계하는 것이다. 이것이 동행상계이다.

452) 오금석, "상계권의 행사가 신의칙에 반하거나 상계에 관한 권리남용에 해당하기 위한 요건", 대법원판례해설 제44호, 법원도서관(2004), 99~100쪽.

453) 할인의뢰인과 은행 사이의 어음할인이 지급정지 등이 있은 후에 된 경우라면, 위기시기에 관한 어음채권(파산채권)의 취득이 될 가능성이 있지만(제422조 제4호), 그 이전에 된 것이라면 상계가 금지되지 않는다.

제 **8** 장

회생채권, 회생담보권,[1] 주주·지분권, 공익채권, 공익담보권, 개시후기타채권[2]

회생절차가 개시되면 관련된 여러 권리들은 권리의 성질에 따라 다르게 처리된다. 신탁재산에 대한 권리나 적격금융거래(제120조)처럼 처음부터 회생절차 밖에 있는 권리도 있고, 환취권처럼 회생절차 내에서 회생절차 밖으로 이동하는 권리도 있다(제70조). 한편 회생절차 내에 있는 권리 중에는 회생계획에 따른 변제를 받는 회생담보권과 회생채권, 회생계획에 따르지 않는 변제를 받은 공익채권, 전혀 변제를 받지 못하는 개시후기타채권이 있다.[3]

〈회생절차에서 각종 권리의 처리〉

회생절차 밖		신탁채권, 적격금융거래
회생절차 내에서 밖으로 이동		환취권
회생절차 내	회생계획에 따르지 않는 변제	공익채권
	회생계획에 따른 변제	회생채권, 회생담보권
	무변제	개시후기타채권

제1절 회생채권

I 회생채권의 의의

회생채권이란 원칙적으로 채무자에 대하여 회생절차개시 전의 원인에 의하여 생긴 재산상

---

1) 회생채권, 회생담보권은 채무자회생법에 의하여 창설된 개념이지만, 별도의 정함이 없는 경우 그 성질에 반하지 않는 한 회생채권, 회생담보권의 내용은 실체법의 해석에 따라야 할 것이다.
2) 이외 회생절차의 이해관계인으로 '회생을 위하여 채무를 부담하거나 담보를 제공한 자'가 있다. 이들에 관한 내용은 회생계획에 기재하여야 하고(제196조), 회생계획안 결의를 위한 관계인집회에 출석하여 그 뜻을 진술하여야 한다 (제233조). 관련 내용은 〈제12장 제3절 I.2.(본서 867쪽), 제13장 제3절 II.(본서 929쪽) 및 제4절 II.5.(본서 946쪽)〉를 참조할 것.
3) 도산판례백선, 2쪽.

의 청구권으로 회생담보권, 공익채권이 아닌 것을 말한다(제118조 제1호).[4] 그 밖에 회생절차개시 후에 생긴 재산상의 청구권 중에서도 채무자회생법에서 개별적으로 회생채권으로 규정하고 있는 것이 있다(제118조 제2호 내지 제4호, 제123조 제1항, 제124조 제2항 등).

회생절차는 재정적 어려움으로 인하여 채무를 변제할 수 없어 파탄에 직면한 채무자 또는 그 사업의 효율적인 회생을 도모함을 그 목적으로 하는데(제1조), 이 경우 채무자가 채무 전부를 변제하는 것은 불가능하므로 회생절차가 개시된 채권, 즉 회생을 목적으로 그 법률관계가 조정되는 채권을 일괄 파악하여 그 상호관계에서 평등하게 취급하는 한편, 채무자에 대한 다른 권리와는 구별하여 달리 규율하는 것이 합목적적이다. 이에 채무자회생법은 회생채권이라는 개념을 두어 해당하는 회생채권을 일괄하여 취급하고 있다.[5]

회생채권은 회생절차에 참가하고, 회생계획에서 면책이나 권리변동의 대상이 되며, 회생계획의 수행에 따라 권리의 만족을 받을 수 있는 지위에 있다. 공익채권이나 개시후기타채권과는 회생절차 밖에서 만족을 얻는 것이 금지된다는 점에서 구별된다. 회생담보권과는 회생계획에서 실체법상의 권리의 성질이 다름에 따라 차이를 둘 수 있을 뿐(제217조 제1항) 회생절차에서의 지위는 본질적으로 동일하다.[6]

회생채권은 파산절차에서의 파산채권에 상당한 것이지만, 현재화나 금전화·무조건화(제425조, 제427조 참조)의 효력이 없다는 점에서 차이가 있다. 따라서 어느 채권이 회생절차개시로 회생채권으로 취급되더라도 특별한 사정이 없는 한 그 채권의 내용이 바뀌지는 않는다. 회생절차는 금전배당을 목적으로 하는 파산절차와 달리 채무자의 존속을 전제로 하므로 회생채권

---

4) 회생절차개시 전의 원인에 의하여 생긴 재산상의 청구권이라고 하더라도 아래 〈제4절〉(본서 669쪽)에서 보는 바와 같이 형평성이나 정책적인 이유로 공익채권으로 인정되는 것이 있다. 예컨대 회생절차개시 신청 전 20일 이내에 공급받은 물건에 대한 대금청구권(제179조 제1항 제8의2호), 원천징수하는 조세 등(제179조 제1항 제9호), 근로자의 임금 등(제179조 제1항 제10호, 제11호), 개시 전 차입금 등(제179조 제1항 제12호)이다. 회생절차개시 전 원인으로 발생한 것임에도 이러한 청구권을 공익채권으로 규정함으로써 채무자 또는 그 사업의 효율적인 회생을 위한 전제조건을 갖추거나 회생절차 수행을 원활하게 하고자 하는 것이 입법자의 판단이다.

5) 회생사건실무(상), 418쪽. **회생채권과 일반채권의 구별** 회생채권은 본질적으로는 일반채권과 다르지 않고 당사자 일방이 상대방 당사자에게 급부를 요구하는 권리이다. 회생채권은 민사상의 일반채권이 전환된 형식으로, 일반채권의 채권자가 회생절차에서 채권신고를 하고 회생채권의 요건에 부합한 경우, 채무자에 대하여 회생절차가 개시되면 일반채권은 회생채권으로 전환되고 회생채권자의 권리를 누리며 회생절차에 참가하여 변제를 받을 수 있다. 일반채권이 회생채권으로 전환되면 양자는 명확히 구별된다. ① 회생채권과 일반채권은 발생하는 법률사실이 다르다. 일반채권은 회생채권의 전제이자 기초로, 그 발생근거는 계약, 부당이득, 사무관리 및 불법행위이다. 회생채권의 발생은 일반채권이 발생한 근거 외에 반드시 채무자에 대한 회생절차개시라는 법률사실이 존재하여야 한다. ② 회생채권과 일반채권의 권리실현 방식이 다르다. 일반채권은 당사자의 협의, 민사소송, 민사집행 등과 같은 법률제도를 통하여 권리를 실현할 수 있다. 그러나 회생채권은 회생절차가 개시되면 채권자가 어떠한 방식으로든 독자적으로 권리를 실현하는 것이 허용되지 않고, 단지 회생절차에 참가하여 다른 채권자들과 집단적으로 변제를 받는다. ③ 회생채권과 일반채권의 권리실현결과가 다르다. 일반채권의 채권자는 채무자에게 채무 전액의 변제를 요구할 권리가 있고 채권의 실현에 있어서도 채무자의 재산상황의 제한을 받지 않으며, 채무자는 자신의 의무를 전부 이행하여야 채권자와 사이의 채권채무관계가 소멸된다. 반면 회생채권의 실현은 채무자의 재산의 제한을 받고(파산절차에서 이는 더욱 뚜렷하다. 파산절차에서는 고정된 파산재단만이 변제재원이 된다) 일반적으로 전액 변제는 어려우며 극단적으로 전혀 변제받지 못할 수도 있다. 채무자가 회생절차(회생계획)에 따라 변제하면 채권자의 채권이 전액 변제받지 못하더라도 채권채무관계는 소멸된다(책임소멸설, 제251조). 채권자가 변제를 받지 못한 채권은 더 이상 변제를 받을 수 없다.

6) 회생담보권도 회생절차개시 전에 발생한 재산상의 청구권이라는 점에서 회생채권과 동질성을 갖는다.

자는 채권 그 자체의 성질을 그대로 간직한 채 회생절차에 참가하고 변제를 받는다.

회생채권(대응하는 개념으로서 회생채무)이라는 개념(concept)은 ① 회생채무는 면책이 되고(제251조), ② 회생채권은 회생절차에 따라서만 변제받을 수 있으며(제131조), ③ 회생채권에 기한 강제집행 등 권리행사는 금지되고(제58조 제1항 제2호), ④ 회생채권자는 의결권을 가진다(제133조)는 점에서 회생절차에서 아주 중요하다.[7]

채무자가 갖는 계약상 채권의 취급

도산절차가 개시되면 상대방(회생채권자, 파산채권자)은 채무자에 대하여 가지고 있는 있는 채권(회생채권, 파산채권)에 기한 강제이행청구는 불가능하고,[8] 도산절차에 참가하여 변제(배당)를 받을 수 있을 뿐이다. 반면 채무자가 계약상대방에 대하여 갖는 계약상 채권에는 도산절차개시가 아무런 영향을 미치지 않는 것이 원칙이다. 즉 관리인은 상대방이 채무이행을 하지 않을 경우 그를 상대로 소를 제기할 수도 있고, 계약상 채권의 강제이행을 청구할 수도 있다.

그렇다면 계약상대방이 관리인에게 자신의 계약상 채무의 이행을 수령하라고 요구할 수 있는가. 평시라면 계약상 채무의 이행의 수령을 청구할 여지가 있다. 예컨대 매수인인 채무자가 매매대금을 전부 지급한 후에도 소유권이전등기를 하지 않고 있는 경우, 계약상대방인 매도인을 상대로 등기를 인수받아 갈 것을 청구할 수 있고, 그 승소판결을 통해 일방적으로 매수인 명의의 소유권이전등기를 마칠 수 있다.[9] 그러나 채무자에 대하여 도산절차가 개시된 경우 채무자의 위와 같은 수취의무는 도산채무에 불과하다. 따라서 계약상대방이 관리인을 상대로 등기인수청구의 소를 제기할 수 없고(계약상대방이 금전지급의무자라면 공탁으로 해결할 수 있다), 관리인이 등기인수를 하지 않음으로[10] 인해 계약상대방이 입은 손해는 도산채권으로 보아야 한다. 관리인이 법원의 허가를 받아 계약상 채권을 포기할 수도 있다(제61조 제1항 제7호, 제492조 제12호). 이 경우 관리인은 등기인수를 하지 않음으로 인한 손해배상의무를 부담하지 않는다.[11]

---

7) Charles J. Tabb・Ralph Brubaker, 225쪽. 미국 연방도산법은 도산절차에 통용되는 개념으로 청구권(claim)이라는 개념을 사용하고 있다. 미국의 경우 도산절차에서 가능한 한 넓은 구제를 받을 수 있도록 하기 위해, 의회는 청구권의 정의를 아주 폭넓게 포괄적으로 정의하고 있다. '청구권(claim)'은 모든 종류의 의무, 즉 정산이 되었거나(liquidated) 아직 안 되었거나(unliquidated), 미확정이거나(contingent) 이미 확정되었거나(noncontingent), 만기가 도래하였거나(matured) 아직 도래하지 않았거나(unmatured), 분쟁이 있든지(disputed) 아니면 없든지(undisputed), 담보가 있든지(secured) 아니면 없든지(unsecured), 보통법적이든지(legal) 아니면 형평법적이든지(equitable), 이들 모두가 포함된다(11 U.S.C. §101(5)). 이렇게 광범위하게 정의를 함으로써 기업이 아직 이행을 완료하지 아니한 모든 계약상 의무가 청구권에 포함된다. 그래서 도산절차신청 전 기업이 지고 있는 계약상 의무는 결국 재단에 대한 금전보상(money damage) 청구권으로 바뀌게 된다.
　독일 도산법은 도산채권을 도산절차개시 시에 채무자에 대하여 성립한 재산상의 청구권을 가지는 인적 채권으로 정의하고 있다(§38 참조).
8) 평시라면 계약상 채무자가 채무를 이행하지 않는 경우 채무자의 귀책사유를 불문하고 채권자는 강제이행청구권을 갖는다(민법 제389조 제1항). 즉 계약상 채무자는 원칙적으로 계약을 위반할 자유가 없다. 그러나 도산절차가 개시되면 관리인은 계약을 위반할 자유를 갖는다.
9) 대법원 2001. 2. 9. 선고 2000다60708 판결 참조.
10) 금전은 범용성이 있어 채무자에게 항상 유리하지만, 소유권이전등기는 항상 이익이라고 단정할 수 없다.
11) 최준규, 16~17쪽.

Ⅱ 회생채권의 요건

회생채권이란 원칙적으로 채무자에 대하여 회생절차개시 전의 원인으로 생긴 재산상의 청구권을 말한다(제118조 제1호). 회생채권이 성립하려면 ① 채무자에 대한 인적 청구권이고, ② 재산상의 청구권이며, ③ 회생절차개시 전의 원인에 기한 청구권이고, ④ 강제집행할 수 있는 청구권이어야 한다. 또한 ⑤ 물적담보를 가지지 않는 청구권이어야 한다. 나아가 공익채권이 아니어야 한다.

회생채권은 그 본래의 성질에서 회생계획인가결정에 의하여 면책이나 권리변경의 대상이 되는 것이다(제251조, 제252조). 따라서 아래의 요건 중 하나라도 해당하지 아니하여 회생채권으로서 성질이 부정된다면, 회생계획인가결정에 의하여 면책이나 권리변경의 대상이 되지 않는다는 것을 의미한다. 그런데 이러한 권리들은 채무자의 효율적인 회생을 제약하는 부담으로 작용할 우려가 있으므로 요건을 해석함에 있어 채무자회생법의 목적을 염두에 둘 필요가 있다.[12]

1. 채무자에 대한 인적 청구권일 것

회생채권은 채무자에 대한 청구권이어야 한다. 따라서 권리의 성질은 인적 청구권으로 해석된다. 책임측면에서 보면 채무자에 대한 인적 청구권이란 채무자의 일반재산을 책임재산으로 하는 채권적 청구권을 말한다. 따라서 소유권에 기한 물권적 청구권, 특허권 기타의 무체재산권에 기한 물권적 청구권 유사의 청구권 등은 회생채권이 아니다.[13] 점유 침해를 이유로 하는 방해배제 및 방해예방청구권도 회생채권이 아니다. 다만 금전채권으로 전환된 것, 예컨대 물권 기타 절대권의 침해를 이유로 하는 손해배상청구권, 부당이득반환청구권은 회생채권에 해당한다.

이에 대하여 특정재산상의 물권 및 채권적 청구권 중, 목적물의 점유를 지배할 수 있는 권리에 대하여는 환취권의 지위가 부여되고, 목적물에 대하여 담보권이 존재하는 경우에는 그 피담보채권에 대하여 회생담보권의 지위가 인정된다.

회생담보권의 경우와 달리 보증인 등 채무자가 아닌 제3자에 대한 권리는 회생채권이 아니다.

채무자에 대한 것이면 그 채권이 공법상의 채권이든 사법상의 채권이든 묻지 않는다. 따라서 벌금·과료·형사소송비용·추징금·과태료(제140조 제1항), 국세징수법 또는 지방세징수법

---

12) 채무자의 입장에서는 가능한 한 많은 채권이 회생채권에 포섭되는 것이 유리하다. 회생채권이 되면 권리행사가 제한되고 회생계획인가결정으로 면책이 되기 때문이다. 반면 채권자 입장에서는 회생채권으로 포섭되는 것을 원하지 않을 것이다. 회생채권에서 벗어나 공익채권으로 되면 회생절차의 제약을 받지 않고 수시로 변제받을 수 있기 때문이다. 결국 회생채권의 범위를 어느 정도로 넓게 포섭하느냐는 입법정책적 결단의 문제이다. 앞에서 본 바와 같이 미국 연방도산법은 도산절차의 제약을 받는 청구권의 개념을 넓게 규정함으로써 채무자의 구제를 넓히고 있다.

13) 대법원 1994. 8. 12. 선고 94다25155 판결 참조(채권담보를 위한 소유권이전청구권보전의 가등기에 대한 말소청구권은 가등기담보권이 피담보채권의 변제로 인하여 소멸되었음을 원인으로 삼아 소유권에 기하여 실체관계에 부합하지 아니하는 가등기의 말소를 구하는 물권적 청구권이므로 채무자회생법 소정의 회생채권에 해당하지 아니한다.)

에 의하여 징수할 수 있는 청구권, 국세징수의 예에 의하여 징수할 수 있는 청구권으로서 그 징수우선순위가 일반 회생채권에 우선하지 않거나 우선하는 것(제58조 제1항 제3호, 제140조 제2항)도 모두 회생채권이 된다. 다만 이들은 회생계획에서 감면 등이 허용되지 않는 점(제140조 제1항, 제251조 단서), 채권조사에서 특별한 취급을 하고 있는 점(제156조), 의결권이 인정되지 않는 점(제191조 제2호) 등 여러 가지 특칙들이 인정될 뿐이다.

2. 재산상의 청구권일 것

회생채권은 재산상의 청구권이어야 한다. 즉 채무자의 재산에 의하여 만족을 얻을 수 있는 권리여야 한다. 따라서 부작위 청구권은 채무자의 재산과는 무관하기 때문에 회생채권이 되지 않는다.[14] 다만 부작위의무위반을 내용으로 하는 손해배상청구권은 재산상청구권으로 회생채권이 된다. 신분관계상의 권리 등과 금전으로 평가할 수 없는 것은 재산상의 권리가 아니므로 회생채권이 아니다. 작위청구권은 대체성의 유무와 관계없이 회생채권이 된다.[15] 따라서 인도청구권이나 이전등기청구권은 환취권이 아닌 경우 회생채권이 된다.

회생절차에서는 파산절차와 달리 회생채권의 금전화·현재화·무조건화 원칙이 적용되지 않는다.[16] 그렇지만 회생채권은 반드시 금전채권일 필요는 없고, 금전으로 평가될 수 있는 청구권이면 비금전채권도 그 대상이 될 수 있다. 예컨대 계약상의 급여청구권,[17] 골프장 회원권[18]이나 장래의 주식인도청구권, 계약에 따른 물품인도청구권,[19] 분양대금 전액을 납부한 수

---

14) 통상실시권은 회생채권인가. 처음부터 무상계약이어서 실시료(royalty) 지급의무가 없거나 이미 실시료 지급의무가 전부 이행되어 특허권자의 회생절차개시 시점에 실시권자의 실시료 지급의무가 남아 있지 않은 경우에 발생할 수 있다. 특허권자는 그 특허권에 대하여 타인에게 통상실시권을 허락할 수 있고, 통상실시권자는 특허법에 따라 또는 설정행위로 정한 범위에서 특허발명을 업으로서 실시할 수 있는 권리를 가진다(특허법 제102조 제1항, 제2항). 계약에 의한 통상실시권은 계약내용에 따라 특허권을 실시할 수 있는 채권적인 권리이다. 통상실시권은 특허권자로부터 금지청구나 손해배상청구를 당하지 아니하고 발명을 실시할 수 있음에 그치는 것으로(대법원 2019. 4. 25. 선고 2018다287362 판결 참조) 그 본질은 부작위청구권이다. 따라서 부작위청구권인 통상실시권은 '재산상의 청구권'이 아니어서 회생채권에 해당하지 않는다고 할 것이다.

한편 부작위청구권도 회생채권에 포함되어야 한다는 견해가 있다(會社更生法, 184쪽). 부작위청구권이 재산상의 청구권이 아니어서 회생채권으로서의 성질을 부정하는 것은 회생계획인가결정에 의한 권리변경이나 면책의 대상이 되지 않는다는 것을 의미하는데, 이러한 청구권이 채무자 또는 그 사업의 효율적인 회생을 제약하는 부담으로 될 우려가 있다. 따라서 부작위청구권도 불이행에 따른 손해배상청구권이 발생할 수 있는 것에 대하여는, 회생절차개시까지 불이행이 발생하지 않는 경우에도 손해배상액을 기준으로 한 금전적 평가가 가능한 것으로서 회생채권에 포함시켜야 한다. 또한 이러한 평가가 가능하지 않는 것에 대하여도 채무자를 의무자로 하는 이상, 재산적 이익과 무관하다고 할 수 없기 때문에 회생채권으로서의 속성은 인정되고 회생계획인가결정에 의해 권리변경이나 면책의 대상이 된다.

15) 파산절차에서는 비대체적 작위청구권은 파산채권이 되지 못한다(본서 1464쪽).

16) 따라서 그 자체의 상태로 회생채권이 된다. 이러한 채권을 어떻게 변제할 것인지는 회생계획에서 정한다. 예컨대 임대차계약이 계속 중인 임대차보증금반환청구권은 50%를 면제받고, 임대차계약이 종료하여 인도할 경우 면제 후 잔액을 지급하는 것으로 회생계획에 정하는 것이다.

17) 대법원 2016. 6. 21. 자 2016마5082 결정.

18) 대법원 1989. 4. 11. 선고 89다카4113 판결(골프회원권에는 금전채권적인 측면 외에 골프장과 그 부대시설을 이용할 수 있는 비금전채권의 측면도 있으나 이는 회생채권의 대상이 될 수 있다). 예탁금제 골프회원권은 골프장 시설을 우선적으로 이용할 수 있는 시설이용권과 회원 자격을 보증하는 소정의 입회금을 예탁한 후 회원을 탈퇴할 때 그 원금을 반환받을 수 있는 예탁금반환청구권(입회보증금반환청구권)으로 구성되어 있다. 시설이용권은 입회금이

분양자의 소유권이전등기청구권, 채권양도통지 이행청구권[20]도 회생채권으로 볼 수 있다.[21]

회생채권은 재산상의 '청구권'이어야 하므로 형성권[22]은 회생채권이 아니다{회생절차개시 후 해제권 행사를 긍정하고 있고(본서 297쪽), 이는 해제권이 회생절차에 복종하지 않는 권리라

예탁되어 있고 골프장 운영이 계속되는 경우를 전제로 인정되는 권리로서, 채무자가 회생절차에서 파산적 청산을 통하여 기존 회원들과의 관계를 정리하는 경우에는 통상 입회보증금에 대한 변제가 이루어질 뿐, 시설이용권은 소멸한다고 보아 별도로 이에 대한 변제는 하지 않는다{서울회생법원 2018. 11. 21. 선고 2017가합101381 판결(항소기각, 대법원에서 2019. 10. 17. 심리불속행기각되어 확정) 참조}.

19) 서울중앙지방법원 2004. 10. 22. 선고 2003 가합78569 판결.

20) 대법원 2022. 10. 27. 선고 2017다243143 판결, 대법원 2016. 6. 21. 자 2016마5082 결정(채권양도통지 이행청구권은 비금전채권이기는 하나, 피신청인과 신청인 사이에 체결된 채권양도계약에 따른 대항요건의 구비를 구하는 청구권으로서 회생채무자의 재산감소와 직결되는 것이므로 '재산상의 청구권'에 해당하고, 그 원인이 회생절차개시 전에 있었으므로 결국 회생채권에 해당한다).

한편 채권양수인의 채권양도통지 이행청구권이 회생채권임에도 양도인에 대한 회생절차에서 회생채권자 목록에 기재되거나 신고되지 않고 그대로 실권된 경우, 관리인은 그 채권의 채무자로부터 적법하게 변제받을 수 있으므로, 그 변제를 수령한 행위가 법률상 권원이 없음을 전제로 하는 부당이득반환의 책임을 부담하지 않는다(위 2017다243143 판결).

21) **상환전환우선주 보유자의 회생절차에서의 취급** 상환전환우선주(RCPS, redeemable convertible preferred stock)란 상환권과 전환권을 선택적으로 또는 중첩적으로 가지고 있는 우선주이다(상법 제344조 제1항). 투자회사의 사업성공 시에는 상장 등과 연동하여 보통주식으로의 전환권을 가지고 사업실패 시에는 일정 기간이 지난 이후 상환하여 투자금을 효율적으로 회수할 수 있는 종류주식이다. 2008년 금융위기 이후 자본시장에서 사채를 통한 자금조달이 어려워진 기업들, 특히 건설회사를 중심으로 사채를 대체하는 수단으로 상환전환우선주를 발행하기 시작하였다. 상환전환우선주식에 관한 상환청구권은 상환청구권 행사 당시 배당가능이익이 있음을 행사요건으로 하는 권리이므로 상환전환우선주식에 관한 상환청구권을 행사한 당시 배당가능이익이 존재하지 않으면 상환청구권 행사는 행사요건을 갖추지 못하여 효력이 없다. 따라서 상환청구권을 행사할 당시 배당가능이익이 없으면 상환가액채권(형성권인 상환청구권의 행사로 발생한 것)은 회생채권으로 인정할 수 없다(서울중앙지방법원 2015. 11. 12. 선고 2015가합519605 판결, 수원지방법원 2015. 1. 16. 선고 2013가합22594 판결 등 참조). 회생을 신청한 채무자는 대부분 부채초과의 상태여서 배당가능이익이 없을 것이므로 회생채권으로 인정할 수 없고 주주로 취급될 것이다.

○ **상환주식의 회생절차에서의 취급** 상환주식이란 발행 시부터 회사의 이익으로 소각할 것이 예정되어 있는 주식을 말한다(상법 제345조). 상환권을 누가 갖느냐에 따라 회사상환주식과 주주상환주식으로 나뉜다. 주주가 갖는 상환권은 형성권이다. ① 회생절차개시 전에 상환이 이루어진 경우에는 부인권행사의 대상이 될 수 있다(서울중앙지방법원 2012. 12. 7. 선고 2012가합19180 판결). ② 상환되지 않고 회생절차가 개시된 경우에 관하여 본다. 주주가 상환권을 행사하였는데 채무자(회사)가 상환대금을 지급하기 전인 경우 상환권 행사로 매매계약은 체결된다. 채무자는 상환대금을 지급할 의무를 부담하고, 주주는 채무자에게 주식을 이전할 의무를 부담하므로 쌍방미이행 쌍무계약에 해당한다(제119조). 한편 관리인이 이행을 선택할 수 있을지는 의문이다. 상환대금을 지급하는 것은 상법상 이익의 배당과 유사한 행위라고 볼 수 있는데(상법 제317조 제2항 제3호), 회생절차개시 이후에는 회생계획에 의하지 아니하고는 이익의 배당을 할 수 없기 때문이다(제55조 제1항 제7호). 주주의 상환청구권은 형성권이므로 회생채권에 해당하지 않는다(아래 각주 23) 참조).

22) **회생절차에서 전환사채와 신주인수권부사채의 취급** 전환사채(CB, convertible bond)란 사채권자에게 사채발행회사의 주식으로 전환할 수 있는 권리(전환권)가 인정된 사채를 말한다(상법 제513조). 신주인수권부사채(BW, bond with warrants)란 사채권자에게 신주인수권이 부여된 사채이다(상법 제516조의2). 신주인수권부사채는 사채를 그대로 두고 주식인수대금을 납입하는 방법 또는 사채를 상환받는 대신에 사채로써 주식인수대금을 대용납입하는 방법에 의하여 발행된다. 전환권 및 신주인수권은 형성권이므로 회생채권으로 볼 수 없다. 회생절차개시 후에 전환권이나 신주인수권을 행사할 수 있는가. 이에 대하여 제131조 및 제55조에 위반된다는 견해가 있을 수 있다. 그러나 제131조는 회생채권에 관한 변제금지를 규정한 것이고, 제55조는 채무자가 자본의 증가 등을 할 수 없다는 규정으로 사채권자가 전환권이나 신주인수권을 행사할 수 없다는 취지는 아니다. 또한 회생절차가 개시되었다는 이유로 민사실체법에서 인정되는 권리의 행사가 제한되는 것도 아니다. 결국 회생절차가 개시되더라도 사채권자의 권리행사에는 아무런 제한이 없다(다만 현실적으로 전환권이나 신주인수권을 행사하면 채권이 주식으로 전환되어 불리하므로 행사하는 경우는 많지 않을 것이다). 실무적으로는 전환권자나 신주인수권자를 주주·지분권자에 준하여 취급하여 '주주의 권리변경'에서 전환권 또는 신주인수권을 모두 소멸하는 것으로 처리하는 것이 일반적이다. 그렇지만 경우에 따라 사채권자가 보유하고 있던 전환권 및 신주인수권을 유지하는 내용의 회생계획안을 작성할 수도 있다.

는 것을 의미한다}.[23] 정보제공청구권, 고도의 인적 급부의 실행에 관한 청구권(의사에 의한 치료행위), 증언을 요청할 청구권, 인지청구권 등도 회생채권에 포함되지 않는다.[24]

포인트의 도산절차에서의 취급

사업자는 고객 확보나 유지 차원에서 자신으로부터 재화 등을 구입하는 고객에게 포인트(point)를 부여하는 제도를 운영하고 있다. 포인트 제도는 일상적인 사업 형태다. 문제는 현재까지 포인트에 대한 깊이 있는 연구나 이를 보유하고 있는 고객을 보호하는 제도가 갖추어져 있지 못하다는 데 있다. 최근 대한항공과 아시아나항공 합병에 따른 마일리지를 어떻게 처리할 것인지가 사회적으로 이슈가 된 것도 그러한 차원이다. 포인트는 권리성이 있는지, 포인트의 소멸시효는 어떻게 되는지, 포인트 제도를 운영하는 사업자가 도산한 경우 포인트는 어떻게 취급하여야

---

23) 대법원 2022. 7. 28. 선고 2020다277870 판결{아래 2019가합530143 판결에 대한 상고사건(상고기각)}, 대법원 2018. 2. 28. 선고 2017다261134 판결{☞ 원고가 원고 소유의 선박에 관하여 피고와 용선계약을 체결하면서 "용선주의 경영권이 변동(매각 등)되는 경우 용선계약은 당연승계되며 선주가 요구할 경우 운송권(선박운영권)을 선주에게 이관한 후(단 그룹 내 계열사 이전 제외) 경영권을 변동하여야 한다"(제11조 2항, 이하 '이 사건 용선계약조항'이라고 한다)고 약정한 사안에서, 이 사건 용선계약조항에 따른 운송권 이관은 피고의 경영권이 변동되는 경우 당연히 효력이 발생하는 것이 아니라 원고가 요구할 경우에만 효력이 발생하여 그에 따른 권리의무관계를 발생시키도록 되어 있으므로, 이 사건 용선계약조항에 따라 원고가 이관을 요구할 수 있는 권리는 형성권으로서 회생채권에 해당하지 않는다고 판시하였다}. 서울중앙지방법원 2019. 12. 12. 선고 2019가합530143 판결(항소기각){주식매수청구권은 형성권의 일종인 예약완결권에 해당한다고 할 것이고, 따라서 이 사건 각 주식매수청구권은 회생채권에 해당하지 않아 실권효의 적용대상이 아니다(이와 관련하여 피고는 이와 같은 형성권을 회생채권에 포함시키지 않으면 이해관계인들에게 불측의 손해를 가할 우려가 있으므로, 형성권 역시 회생채권으로 보아야 한다는 취지로 주장하나, 회생관계인들의 이해관계를 조정하기 위하여 회생채권의 범위를 어떻게 설정할지는 입법정책의 문제이므로, 제118조 제1호에서 '청구권'에 한정하고 있는 이상 형성권을 회생채권에 포함시킬 수는 없다.)

이에 대하여 재산상의 청구권에 형성권을 모두 배제하여야 할 이유가 없다는 견해가 있다. 채무자회생법상의 '재산상의 청구권'이라는 규정은 채무자회생법의 목적에 맞추어 해석하여야 한다. '재산상의 청구권'의 핵심적인 징표는 장래에 채무자의 이행을 통하여 채권자가 만족을 얻을 수 있는 권리이다. '재산상의 청구권'은 채무자의 재산과 연결된 개념이다. 해당 권리가 채무자의 재산에서 만족을 얻어야 하는 것이면 재산상 청구권이고 채무자의 재산과 무관하다면 재산상 청구권이 아닌 것이다. 해당 권리가 형성권인지는 재산상 청구권 여부를 판단하는데 고려할 요소가 아니다. 채무자회생법의 '재산상의 청구권'이라는 규정에서 중점은 '재산'에 있는 것이다. 즉 채무자의 재산으로부터 만족을 얻어야 하는 권리, 금전적 가치가 있는 권리, 그래서 그 권리의 실행이 다른 채권자에게 영향을 주는 권리라는 의미로 보아야 한다. '청구권'이라는 표현을 사용한 것은 채무자에 대해 청구하는 권리라는 의미로 채무자의 재산을 직접 지배하는 권리가 아니라는 뜻이다. 어디에서도 '청구권'이 형성권을 배제하는 의미로 사용되었다는 근거는 찾을 수 없다{오수근, "도산절차에서 형성권의 취급", 충남대학교 법학연구 제28권 제4호(2017. 11.), 246~253쪽}. 이러한 견해를 전제로 할 경우 재산상의 권리와 직접적으로는 무관한 형성권(취소권, 해제·해지권, 추인권, 미성년자 법정대리인의 동의권 등)은 회생절차에 의한 영향을 받지 않지만(재산상의 청구권에 포함되지 않지만), 재산상의 권리와 직접 관계가 있는 형성권(전환권, 신주인수권, 주식매수선택권, 주식매수청구권 등)은 회생절차의 영향을 받는(재산상의 청구권에 해당하는) 것으로 해석할 수 있을 것이다.

24) Reinhard Bork, 39쪽. 채무자를 의무자로 한 조직법상의 청구권은 재산상의 청구권이 아니기 때문에 회생채권이 아니라는 것이 일반적인 견해이다. 이에 대하여 조직법상의 청구권도 회생채권이라는 견해가 있다(會社更生法, 184~185쪽). 채무자가 합병계약(상법 제522조)이나 회사분할계약(상법 제530조의2) 또는 이것의 전제가 되거나 이것에 부수하는 각종 계약을 체결하고, 계약상의 의무를 부담하는 경우, 이에 대응하는 상대방의 권리는 조직법상의 청구권이다. 이들이 조직법상의 청구권이라고 하여도, 최종적으로는 재산상의 이익의 실현을 목적으로 하는 것이기 때문에 손해배상액의 합의가 있다면 그것을 기준으로, 합의가 없다면 평가불능인 상태에서 회생채권에 해당한다고 보아야 한다.

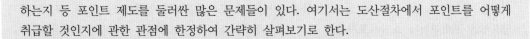

하는지 등 포인트 제도를 둘러싼 많은 문제들이 있다. 여기서는 도산절차에서 포인트를 어떻게 취급할 것인지에 관한 관점에 한정하여 간략히 살펴보기로 한다.

Ⅰ. 포인트의 의의

일반적으로 사용되고 있는 포인트라는 용어는 상용고객우대제도(Frequent Flyer Program)의 한 형태이며, 항공업계에서는 마일리지라는 용어를 사용하고 있다. 상용고객우대제도는 재화의 구매 또는 서비스의 이용 실적에 따라 사업자가 일정한 포인트를 고객에게 제공하고, 고객은 누적된 포인트를 일정한 재화 등과 교환하거나 재화 등의 구매시 화폐 대용으로 사용할 수 있는 제도를 의미한다.[25]

포인트 제도는 1981년 미국 항공회사(American Airline)에서 처음 도입한 이래 국내에서는 대한항공이 1984년 처음 도입하였으며, 현재는 항공사뿐만 아니라 신용카드·주유소·쇼핑몰 등에서 활용하고 있다.

Ⅱ. 포인트의 법적 성질

포인트에 권리성이 인정되는가. 이에 관하여는 다양한 견해들이 있을 수 있다. ① **단순혜택설** 포인트는 경제적 대가 없이 사업자가 지급하는 무상의 보너스이기 때문에 매매계약 등에 따른 혜택(반사적 이익)에 불과하다는 견해이다. ② **재산권설** 포인트를 사업자에게 포인트에 부여된 혜택을 청구할 수 있는 채권으로 보는 견해이다. 혜택을 부여받을 수 있는 포인트가 완전히 채워지지 않는 경우(예컨대 10,000마일리지면 보너스 항공권이나 좌석 승급을 받을 수 있는데, 현재 6,700마일리지를 가지고 있는 경우)는 조건부채권이다.[26] ③ **절충설** 사업자가 일정한 조건부 권리로 고객에게 포인트를 부여하지만, 이를 행사할 수 있는 시기·장소·방법 등의 조건에 있어서 상당한 제한이 있기 때문에 일률적으로 권리성을 논하는 것은 타당하지 않다. 또한 포인트의 내용은 당사자간의 합의에 의하여 정하여지기 때문에 권리성을 일률적으로 논하는 것은 사업자의 포인트 프로그램을 통한 다양한 서비스의 제공을 저해할 수 있기 때문에 신중하게 접근하여야 할 필요가 있다. ④ 포인트의 재산권성을 인정하면서 이를 채권으로 인정하기보다 전자화폐 또는 선불식 전자지급수단과 같은 전자적 지급수단으로서의 성격을 갖는 것으로 보는 견해도 있다.[27]

살피건대 국제회계기준(IFRS: International Financial Reporting Standards)에 따르면 적립된 포인트는 회계처리상 비용이 아닌 부채로 인정되는 점,[28] 이미 사업자들의 약관에서 포인트의 금

---

25) 고형석, "포인트의 소멸시효에 관한 연구", 재산법연구 제28권 제1호(2011.5.), 97~98쪽.
26) 이에 대하여 기준에 해당하는 포인트가 미달한 경우에는 포인트 발행기업에 어떠한 청구도 할 수 없으므로 권리성을 인정하기 어렵다는 견해도 있다(現代型契約と倒産法, 65쪽).
27) 고형석, 전게 "포인트의 소멸시효에 관한 연구", 99~101쪽.
28) K-IFRS 1115호 사례 52: 고객충성제도
IE267 기업은 구매 10원당 고객충성포인트 1점을 고객에게 보상하는 고객충성제도를 운영한다. 각 포인트는 기업의 제품을 미래에 구매할 때 1원의 할인과 교환할 수 있다. 보고기간에 고객은 제품을 100,000원에 구매하고 미래 구매에 교환할 수 있는 10,000포인트를 얻었다. 대가는 고정금액이고 구매한 제품의 개별 판매가격은 100,000원이다. 기업은 9,500포인트가 교환될 것으로 예상한다. 기업은 기업회계기준서 제1115호 문단 B42에 따라 교환될 가능성에 기초하여 포인트당 개별 판매가격을 0.95원(합계 9,500원)으로 추정한다.

전성을 인정하고 있는 경우가 많고, 대금결제방식에서 포인트결제를 인정하고 있으며, 포인트의 양도성을 제한하거나 소멸시효기간을 두고 있는 경우가 많다는 점 등에서 사업자가 반대의 주장을 하더라도 포인트의 재산권성을 부정할 수 없다고 할 것이다.

Ⅲ. 포인트의 도산절차에서의 취급

포인트를 사업자에 의한 서비스·영업정책에 지나지 않는다고 보는 단순혜택설에 의할 경우, 포인트의 권리성이 부정되므로 회생절차에서는 회생채권으로 인정되기 어려울 것이다. 이 경우 회생절차개시결정 후 포인트 제도를 어떻게 취급할 것인지에 관하여는 포인트 제도를 계속함으로써 얻을 수 있는 장점(신용의 유지, 고객의 유지 등)과 자금조달의 문제를 고려하여 판단하여야 할 것이다. 파산절차에서도 마찬가지 이유로 파산채권으로 볼 수 없다.

포인트의 권리성을 인정하는 견해에 의하면,[29] 포인트는 회생채권으로 권리변경의 대상이 될 것이다. 회생채권으로 볼 경우 소액채권으로서 법원의 허가(제131조 단서, 제132조 제1항)를 통한 변제 여부를 검토해야 한다. 일반적으로 포인트 제도를 운영하는 채무자의 고객은 엄청난 다수이고, 이들 전부를 회생절차에 참가시키는 것은 절차 진행에 있어 쉽지 않기 때문이다. 하지만 포인트의 이용에 대하여 소액채권의 변제허가를 할 경우 채무자의 경영에 미치는 영향을 예측하는 것이 어려워 변제허가를 어떠한 범위에서 인정할 것인지는 곤란한 문제이다. 또한 채무자가 포인트를 보유하는 채권자를 파악하는 것도 쉽지 않은데, 포인트를 보유하는 채권자를 회생계획에서 어떻게 취급할 것인지도 어려운 문제다. 파산절차에서는 파산채권으로 취급될 것이다.

Ⅳ. 일본의 재생절차(우리나라 회생절차) 사례[30]

포인트 취급이 문제된 도산사건(민사재생사건[31])으로 슈퍼마켓을 운영하는 회사에 관한 일본의 사례를 간략히 보기로 한다.

IE268 포인트는 고객이 계약을 체결하지 않고는 받을 수 없는 중요한 권리를 고객에게 제공한다. 따라서 기업은 고객에게 포인트를 제공하는 약속을 수행의무라고 결론짓는다. 기업은 다음과 같이 상대적 개별 판매가격에 따라 거래가격을 제품과 포인트에 배분한다.
제품   91,324 [100,000원×(개별 판매가격 100,000원÷109,500원)]
포인트   8,676 [100,000원×(개별 판매가격 9,500원÷109,500원)]

IE269 첫 번째 보고기간 말 현재 4,500포인트가 교환되었고 기업은 전체적으로 9,500포인트가 교환될 것으로 계속 예상한다. 기업은 충성포인트 4,110원[(4,500포인트÷9,500포인트)×8,676원]을 수익으로 인식하고, 첫 번째 보고기간 말 현재 교환되지 않은 4,566원(8,676원-4,110원)을 계약부채로 인식한다.

IE270 두 번째 보고기간 말 현재 8,500포인트가 누적적으로 교환되었다. 기업은 교환될 포인트 추정치를 새로 수정하고, 이제 9,700포인트가 교환될 것으로 예상한다. 기업은 충성포인트 3,493원{[(총 상환 포인트 8,500÷교환될 총 예상 포인트 9,700)×최초 배분액 8,676원]-첫 번째 보고기간에 인식한 4,110원}을 수익으로 인식한다. 계약부채 잔액은 1,073원(최초 배분액 8,676원-이미 인식한 누적 수익 7,603원)이다.

29) 포인트를 이용한 결과 이미 구체적인 상품권, 상품인도청구권 내지 역무제공청구권으로 변환된 때에는 이들을 회생채권으로 취급하여야 하는 것은 당연하다. 그리고 이 경우와 마찬가지로 포인트 이용권을 발행기업(채무자)에 대한 어떤 청구권으로 구성할 수 있는, 바꾸어 말하면, 포인트 이용권에 환가성 또는 이에 준하는 경제적 가치가 구체적으로 인정된 경우에는 회생채권으로 취급하여야 할 것이다.

30) 現代型契約と倒産法, 68~70쪽.

31) 일본 민사재생법에 의한 민사재생사건(민사재생절차)으로 우리나라의 회생사건에 해당한다. 따라서 아래에서는 회생사건, 회생절차라는 용어를 사용한다.

1. 채무자의 업무 내용

채무자는 슈퍼마켓을 운영하는 회사(중소기업)이고, 고객에 대한 서비스로 이전에 독자적인 포인트 프로그램을 운영하였고(미사용한 포인트가 있다), 현재는 제3자가 운영하는 포인트 프로그램(제3자 프로그램)에 가입하여 포인트를 부여하고 있다.

2. 채무자 포인트 제도의 개요

가. 채무자가 독자적으로 운영한 포인트 프로그램

채무자는 제3자 프로그램에 가입하기 전 독자적으로 운영한 포인트 프로그램이 있었다. 현재는 제3자 프로그램 관리회사가 포인트를 관리한다. 포인트를 보유하고 있는 고객은 아래 〈나.〉의 제3자 포인트와 마찬가지로, 카탈로그에 게재된 상품과 교환할 수 있을 뿐만 아니라, 가맹점에서 이용할 수 있는 상품권과 교환하는 것도 가능하다. 채무자는 이미 포인트 부여 업무를 하지 않으므로 포인트 부여에 따른 포인트 관리회사에 대한 채무를 부담하지 않지만, 포인트를 보유한 고객이 포인트를 이용하여 상품권을 받은 경우 제3자 포인트 관리회사에게 해당 대금의 지급의무를 부담한다. 포인트를 보유한 고객은 포인트를 채무자에 대하여만 사용할 수 있는 상품권과 교환하여 이용할 수 있다.

나. 제3자 포인트 프로그램

해당 포인트 프로그램은 가맹점에서 물품을 구입하는 경우 포인트(제3자 포인트)가 부여되고, 일정 포인트가 쌓이면 카탈로그에 게재된 상품과 교환할 수 있을 뿐만 아니라 가맹점에서 이용할 수 있는 상품권과 교환할 수 있다.

제3자 프로그램에 의한 채권·채무의 발생은 ① 가맹점인 채무자가 고객에게 포인트를 부여하면, 포인트 관리회사는 부여점(채무자)에 대해 1포인트당 1.25원의 비율에 따른 금전지급청구권을 취득하고, ② 고객이 가맹점인 채무자에 대하여 포인트와 교환한 상품권을 사용하면, 채무자는 포인트 관리회사로부터 1포인트에 1원의 비율에 따른 금원의 지급을 받는다. 그래서 ①과 ②의 채권을 대등액에서 상계하고, 그 차액을 (통상은 채무자가) 지급한다.

3. 회생절차에서의 취급

가. 채무자가 운영한 독자적인 포인트 프로그램에 관하여 본다. 고객은 포인트를 채무자에 대하여만 사용할 수 있는 상품권과 교환하여 이용할 수 있으므로, 채무자는 포인트를 보유한 고객에 대하여 채무를 부담할 뿐만 아니라, 고객이 제3자 포인트와 마찬가지로 이용할 경우에는 포인트 관리회사에 대하여도 대금지급의무를 부담한다고 판단하였다. 그래서 이러한 두 가지 권리에 대하여 회생채권으로 취급하였다. 나아가 포인트 관리회사가 가지고 있는 채권은 회생채권으로 권리변경의 대상으로 삼는 한편, 고객의 포인트 이용권은 해당 포인트 프로그램이 고객의 판매유지·촉진에 불가결하다는 점, 포인트의 잔고는 약 2,120만 원이고, 연간 이용액은 35만 원 미만에 지나지 않는다는 점을 고려하여 소액채권 변제를 허가하였다.

나. 제3자 프로그램에 관하여 본다. 채무자가 포인트 관리회사에 대해서는 회생절차개시 전에 부여한 포인트에 관련된 지급의무를 부담하고, 제3자 포인트를 보유하는 고객에 대해서는 직접의무를 부담하지 않는 관계에 있다고 볼 수 있다. 따라서 포인트 관리회사에 대한 채무를 회생채권으로 취급하여 권리변경의 대상으로 하였다.

3. 회생절차개시 전의 원인에 기한 청구권일 것[32]

회생채권은 의사표시 등 채권의 발생이 회생절차개시 전의 원인에 기해 생긴 재산상의 청구권을 말하는 것으로, 의사표시 등 채권 발생의 원인이 회생절차개시 전의 원인에 기한 것인 한 그 내용이 구체적으로 확정되지 아니하였거나 변제기가 회생절차개시 후에 도래하더라도 상관없고,[33] 회생채권의 발생원인 전부가 회생절차개시 전에 갖출 필요는 없으며 청구권의 주요한 발생원인이 회생절차개시 전에 갖추어져 있으면 족하다(일부구비설).[34] 이와 같은 채권인 한 확정기한 미도래의 채권, 장래의 정기예금채권, 불확정기한부채권, 해제조건부채권, 정지조건부채권은 물론 보증인의 구상권 등 장래의 구상권[35]과 같은 장래의 청구권도 상관없다.[36] 분담금 등 공법상의 청구권도 그 청구권의 발생원인사실이 회생절차개시 전에 발생하였다면 회생채권이다. 채무자회생법은 미국 연방도산법과 마찬가지로 채무자의 회생을 촉진하기 위하여 회생채권의 개념을 폭넓게 정의하고 있다.

한편 채권의 발생원인이 쌍방 미이행의 쌍무계약에 해당하는 경우에는 제119조 및 제121조

---

32) 이 요건은 파산채권의 요건에 맞추어 설정된 것이지만, 회생채권에 관하여는 논리 필연적으로 요구되는 요건은 아니라는 견해가 있다(條解 民事再生法, 416쪽). 파산채권의 경우, 파산재단의 범위는 파산선고 시점을 기준으로 결정된다(제382조 제1항, 고정주의). 배당하여야 하는 파산재단의 범위가 파산선고 시점을 기준으로 결정되는 것에 대응하여, 배당의 대상으로 되는 파산채권의 범위도 파산선고 시점을 기준으로 그때까지 적어도 발생원인이 생긴 청구권에 한정할 필요가 있다. 그러나 회생절차에서 채무자의 재산에 관하여는 파산재단과 같은 시적 한계를 설정할 필요가 없다(팽창주의). 따라서 회생채권의 범위도 회생절차개시결정시를 기준으로 결정할 필연성은 인정되지 않기 때문이다.

33) 대법원 2023. 8. 18. 선고 2022다291009 판결, 대법원 2014. 5. 16. 선고 2012다114851 판결 참조.

34) 대법원 2023. 8. 18. 선고 2022다291009 판결, 대법원 2021. 7. 8. 선고 2020다47369 판결, 대법원 2019. 8. 29. 선고 2018다286512 판결, 대법원 2017. 6. 29. 선고 2017다207352 판결, 대법원 2016. 11. 25. 선고 2014다82439 판결, 대법원 2015. 6. 24. 선고 2014다220484 판결, 대법원 2015. 4. 23. 선고 2011다109388 판결, 대법원 2012. 11. 29. 선고 2011다84335 판결 등 참조. 한편 제179조 제1항 제5호는 '채무자의 업무 및 재산에 관하여 관리인이 회생절차개시 후에 한 자금의 차입 그 밖의 행위로 인하여 생긴 청구권'을 공익채권의 하나로 규정하고 있다. 관리인이 회생법원의 허가를 얻어 채무자가 회생절차개시 전에 체결하였던 1차 보증보험계약의 보험가입금액을 증액하고 보험기간을 연장하는 2차 보증보험계약을 체결하였는데, 이후 보험사고가 발생하여 보험자가 보험금을 지급한 경우, 보험자가 채무자에 대하여 가지는 구상금 채권은 회생채권인가 공익채권인가. 위와 같은 사안에서 위 2017다207352 판결은 ① 2차 보증보험계약은 비록 채무자에 대한 회생절차개시 전에 체결된 1차 보증보험계약을 기초로 체결되었지만, 보험기간과 보험가입금액, 보험료 등 보증보험계약의 주요 내용이 변경되었고, 이로 인하여 쌍방의 채무가 모두 가중된 점, ③ 보험사고가 당초 1차 보증보험계약에서 정한 보험기간 이후에 발생하였고, 보험자가 2차 보증보험계약에서 정한 보험금을 지급한 점 등을 고려하여, 구상금 채권은 청구권의 주요한 발생원인이 회생절차개시 전에 갖추어졌다고 보기 어렵고, 관리인이 채무자의 업무 및 재산에 관하여 회생절차개시 후에 한 행위로 인하여 생긴 청구권으로서 공익채권이라고 판시하였다.

35) 대법원 2015. 4. 23. 선고 2011다109388 판결. 다만 부탁 없는 보증인의 이행이 사무관리에 해당하여도 회생채권자 등이나 주주 전체에 이익이나 이득이 발생하는 것은 아니기 때문에 회생절차개시 후의 변제에 기한 구상권은 회생채권이 아니고 개시후기타채권에 해당한다(본서 707쪽). 이에 대하여 파산절차와 관련하여 부탁 없는 보증인의 사후구상권에 대하여, 대위변제가 절차개시(파산선고) 후에 있었어도 당해 구상권 발생의 기초가 되는 보증계약체결이 개시 전에 있었다면 파산채권이라는 견해가 있다(일본 판례입장이다).

36) 불법행위에 기한 손해배상청구권도 발생원인인 불법행위가 회생절차개시 전에 있었다면 그 후에 법익의 침해가 발생하더라도 회생채권으로 되지만, 손해가 현실화되지 않은 손해배상청구권자에게 회생채권의 신고를 기대하기는 어렵다{채권신고를 하지 않으면 면책될 수 있다(제251조)}는 문제가 있다.

의 규정이 적용되어 관리인이 이행 또는 해제를 선택하기 전에는 관리인에게 그 이행을 청구할 수 없고 나아가 관리인이 이행을 선택하면 공익채권으로 취급되어 회생채권의 신고 대상이 아니며 반대로 관리인이 해제를 선택하면 채권 자체가 소멸되어 역시 회생채권의 신고 대상이 되지 못하고 단지 그 해제권 행사로 인한 손해배상청구권을 회생채권으로 신고할 수 있을 뿐이므로, 어느 경우에나 위 채권은 회생채권이 될 수 없다. 그리고 이와 같은 법리는 회생절차 개시 당시에 매매계약을 체결할 권리가 존재하였고 회생절차가 개시된 이후에 비로소 상대방의 권리행사에 의하여 매매계약이 성립되거나 장차 매매계약이 성립될 수 있어 아직 쌍방의 채무가 이행되지 아니한 경우에도 유추적용된다고 보아야 할 것이다.[37]

① 연대보증계약에 기한 구상권[38]

채무자의 연대보증인이 회생절차개시 후에 주채권자인 회생채권자에게 변제 등으로 연대보증채무를 이행함으로써 구상권을 취득한 경우, 그 연대보증계약이 채무자에 대한 회생절차개시 전에 체결되었다면 구상권 발생의 주요 원인인 연대보증관계는 회생절차개시 전에 갖추어져 있는 것이므로, 위와 같은 연대보증계약 등에 근거한 구상권은 장래의 청구권으로서 회생채권에 해당한다.[39]

한편 아파트 건설공사를 도급받은 업체를 위하여 그 이행을 연대보증한 회사가 수급업체에 대한 회생절차의 개시결정이 내려진 뒤 그 공사의 잔여 부분을 대신 완공함으로써 취득한 사후구상금 채권은 그 발생의 기초적 법률관계가 연대보증시에 성립하였다고 하더라도 회생절차 개시결정 후 위 아파트 건설공사의 잔여 부분을 완공하기 전까지는 아직 그 시공보증채무를 이행한 데 따른 사후구상금 채권이 발생하지 않았다고 할 것이어서 회생채권에 해당한다고 볼

---

37) 대법원 2007. 9. 6. 선고 2005다38263 판결 참조. 예컨대 합작투자계약상의 주식매수청구권을 행사하지 아니한 채 회생법원에게 그 행사를 정지조건으로 주식의 인도를 청구할 회생채권이 있음을 신고한 경우, 위 정지조건부 주식 인도청구권은 회생절차개시 이후에 합작투자계약에 따라 주식매수청구권을 행사할 경우에 성립하는 장래의 매매계약에 관한 권리이므로, 앞에서 본 쌍방 미이행의 쌍무계약에 관한 법리에 따라 관리인이 이행을 선택할 경우나 반대로 관리인이 해제를 선택할 경우에 모두 회생채권으로 될 수 없으므로, 위 정지조건부 주식인도청구권을 회생채권으로 신고하여 확정을 구할 수는 없다. 채권자가 주식매수청구권 행사로 인해 주식매매대금청구권을 갖는 경우에도 마찬가지이다.

문제는 회생절차개시 이후 주식매수청구권이 행사된 경우 예상치 못한 결과가 초래될 수 있다. 이행을 선택하거나 간주될 경우 공익채권이 되어 전부 이행을 하여야 한다는 것이다. 따라서 관리인으로서는 주식매수청구권이 행사될 경우 반드시 해제를 선택하여 주식매매계약이 해제되도록 할 필요가 있다(이 경우에는 단지 해제로 인한 손해배상청구권만 회생채권이 될 뿐이다).

38) 공사계약과 관련한 보증보험계약이 회생절차개시 전에 체결된 후 회생절차개시 후에 보증보험계약을 변경하고 보증보험회사가 보험금을 지급한 경우 보증보험계약으로 인한 보증보험회사의 구상금채권은 회생채권인가 공익채권인가. 변경된 보증보험계약이 회생절차개시 후에 체결된 것이라도 ① 보험기간이 연장된 바가 없고(이미 회생절차개시 전 보증보험계약에서 연장됨), ② 지급한 보험금(93억 원 상당)이 회생절차개시 전 체결된 보증보험계약에서 정한 보험금(321억 원 상당)에 훨씬 못 미치는 금액이며, ③ 회생절차개시 후 변경된 보증보험계약의 보험금액이 5억 원 정도 증가하였으나 전체 보험금액에서 차지하는 비중이 미미하다면 보증보험회사가 부담하는 위험의 본질적인 부분은 변경되지 아니하였다고 봄이 상당한 점 등을 고려하여 회생채권이라고 본 사례가 있다(대법원 2019. 8. 29. 선고 2018다286512 판결). 회생절차개시 후에 변경된 보증보험계약은 보험가입금액이 일부 증액된 것일 뿐 회생절차개시 전에 체결된 보증보험계약과 동일성이 유지되어 보증보험계약으로 발생한 구상금 채권은 회생절차개시 전의 원인으로 생긴 회생채권에 해당한다고 할 것이다.

39) 대법원 2015. 4. 23. 선고 2011다109388 판결.

수 없고, 제179조에 열거된 공익채권에 해당한다고 볼 수도 없으므로, 결국 회생절차개시 후의 원인에 기하여 생긴 재산상의 청구권으로서 회생채권도 공익채권도 아닌 개시후기타채권이라고 할 것이다(본서 708쪽).[40]

② 도급인의 하자보수청구권 및 하자보수에 갈음하는 손해배상청구권

완성된 목적물 또는 완성 전의 성취된 부분에 하자가 있는 때에는 도급인은 수급인에 대하여 상당한 기간을 정하여 그 하자의 보수를 청구할 수 있고, 하자의 보수에 갈음하여 손해배상을 청구할 수 있거나 하자의 보수와 함께 손해배상을 청구할 수도 있다(민법 제667조 제1항). 아래에서는 공사가 완성된 이후 수급인에 대하여 회생절차가 개시된 경우 하자보수청구권과 하자보수에 갈음하는 손해배상청구권이 회생채권인지에 관하여 본다.[41]

㉮ 공사가 완성된 후 하자가 현실적으로 발생한 다음 수급인에 대하여 회생절차가 개시된 경우

공사가 완성되었으므로 특별한 사정이 없는 한 도급계약을 해제할 수 없고 수급인은 도급계약상의 의무를 전부 이행한 것이므로 쌍방미이행 쌍무계약의 법리가 적용될 수 없다. 도급인의 하자보수청구권이나 하자보수에 갈음하는 손해배상청구권은 회생절차개시 전에 발생한 것이므로 회생채권이다.[42]

㉯ 공사가 완성된 후 수급인이 회생절차가 개시된 다음 하자가 발생한 경우

민법 제667조 제2항의 하자보수에 갈음한 손해배상청구권은 보수청구권과 병존하여 처음부터 도급인에게 존재하는 권리이고, 일반적으로 손해배상청구권은 사회통념상 현실적으로 손해가 발생한 때에 성립하는 것이므로, 하자보수에 갈음한 손해배상청구권은 하자가 발생하여 보수가 필요하게 된 시점에 구체적으로 성립한다.[43] 그러나 건축공사의 도급계약에 있어서는 이미 그 공사가 완성되었다면 특별한 사정이 있는 경우를 제외하고는 이제 더 이상 공사도급계약을 해제할 수는 없다고 할 것이고, 회생절차개시 전에 이미 건물을 완공하여 인도하는 등으로 건축공사 도급계약을 해제할 수 없게 되었다면 수급인은 회생절차개시 전에 도급계약에 관하여 그 이행을 완료한 것으로 보아야 하는바,[44] 이러한 경우 수급인에 대한 회생절차개시 후

---

40) 대법원 2006. 8. 25. 선고 2005다16959 판결 참조.

41) 공사가 미완성인 상태에서 수급인에 대하여 회생절차가 개시된 경우라도 이미 완성된 부분에 대하여 하자보수의무가 문제된다. 공사가 미완성인 상태에서 회생절차가 개시된 경우 도급계약은 쌍방미이행 쌍무계약이므로 해당 법리에 따라 해결하면 된다. 수급인의 관리인이 해제를 선택하면 하자보수의무는 이미 시공된 부분에 대한 것이므로 하자보수청구권은 회생채권이 된다. 이행을 선택하면 공사의 완성 후 발생하게 될 하자보수청구권은 공익채권이 된다.

42) 대법원 2000. 3. 10. 선고 99다55632 판결 참조. 위 판결은 '1996. 7. 6. 도급인인 서울특별시 건설안전관리본부가 수급인인 원고(임광토건 주식회사)에 대해 강구조물의 제작, 운반, 설치 등의 공사에 따른 하자가 발생하였다고 하여 구체적인 하자보수대상내역을 별첨하여 하자보수를 지시하였음을 알 수 있어, 원고로서는 그 보수이행을 할 수밖에 없었으므로 하수급인인 주식회사 한보에너지에 대한 하자보수에 갈음한 손해배상청구권이 늦어도 그 무렵에는 성립된다고 보아야 할 것이다. 따라서 원고가 갖는 주식회사 한보에너지에 대한 하자보수에 갈음한 손해배상청구권은 주식회사 한보에너지가 회사정리절차(회생절차)개시결정을 받은 1997. 9. 19. 이전에 발생한 하수급인의 강구조물의 제작, 운반, 설치 등의 공사의 하자를 원인으로 성립한 것으로 보아야 하므로 이는 정리채권(회생채권)에 해당한다'는 취지로 판시하였다.

43) 대법원 2014. 9. 4. 선고 2013다29448 판결 참조. 따라서 그 손해배상청구권이 회생절차개시 전에 발생한 공사 하자를 원인으로 성립한 것이라면 회생채권이 된다(대법원 2000. 3. 10. 선고 99다55632 판결).

에 완성된 목적물의 하자로 인한 손해가 현실적으로 발생하였더라도, 특별한 사정이 없는 한 하자보수에 갈음하는 손해배상청구권의 주요한 발생원인은 회생절차개시 전에 갖추어져 있다고 봄이 타당하므로, 위와 같은 도급인의 하자보수에 갈음하는 손해배상청구권은 회생채권에 해당한다.[45] 나아가 위 하자담보책임을 넘어서 수급인이 도급계약에 따른 의무를 제대로 이행하지 못함으로 말미암아 도급인의 신체 또는 재산에 확대손해가 발생하여 수급인이 도급인에게 그 손해를 배상할 의무가 있다고 하더라도, 특별한 사정이 없는 한 도급인의 위와 같은 채무불이행으로 인한 손해배상청구권 역시 회생절차개시 전에 주요한 발생원인을 갖춘 것으로 회생채권에 해당한다.[46] 하자보수청구권도 회생절차개시 이전의 도급계약을 발생원인으로 한 것이므로 회생채권이다.[47]

③ 과징금 청구권

행정상의 의무위반행위에 대하여 과징금을 부과하는 경우에 과징금 청구권은 제118조 제1호에서 정한 재산상의 청구권에 해당하므로, 과징금 청구권이 회생채권인지는 그 청구권이 회생절차개시 전의 원인으로 생긴 것인지에 따라 결정된다. 채무자에 대한 회생절차개시 전에 과징금 부과의 대상인 행정상의 의무위반행위 자체가 성립하고 있으면, 그 부과처분이 회생절차개시 후에 있는 경우라도 그 과징금 청구권은 회생채권이다.[48]

④ 가지급물의 원상회복 및 손해배상채권

회생채권에는 조건부채권도 포함되는데(제138조 제1항 참조), 여기에서 조건부채권이라 함은 채권의 전부 또는 일부의 성립 또는 소멸이 장래의 불확정한 사실인 조건에 의존하는 채권을 말하고, 위 조건은 채권의 발생원인인 법률행위에 붙은 의사표시의 내용인 부관에 한정되지

---

44) 대법원 2001. 10. 9. 선고 2001다24174, 24181 판결 참조.
45) 대법원 2015. 4. 23. 선고 2011다109388 판결.
46) 대법원 2015. 6. 24. 선고 2014다220484 판결.
47) 하자보수청구권이나 하자보수에 갈음하는 손해배상청구권이 회생채권이라면, 도급인은 채권신고를 하여야 실권을 막을 수 있는데, 하자가 현실화되지 않은 상태에서 회생채권을 신고하기는 쉽지 않다는 문제가 있다. 이러한 이유로 실무적으로 조사확정재판에서 현실화되지 않은 하자보수에 갈음하는 손해배상청구권은 인정받지 못한 사례들이 많다.
48) 대법원 2018. 6. 15. 선고 2016두65688 판결, 대법원 2018. 6. 12. 선고 2016두59102 판결, 대법원 2016. 1. 28. 선고 2015두54193 판결, 대법원 2013. 6. 27. 선고 2013두5159 판결, 대법원 2007. 9. 6. 선고 2005다43883 판결. 위 판결들은 나아가 '공정거래위원회의 공정거래법상 과징금납부명령(독점규제 및 공정거래에 관한 법률 제105조 제2항)은 체납처분(강제징수) 등의 자력집행권을 수반하는 행정행위이므로, 그 과징금 청구권을 회생채권으로 신고하지 아니한 채 회생계획인가결정이 된 경우에는 채무자회생법 제251조 본문에 따라 면책의 효력이 생겨, 공정거래위원회는 더 이상 그에 대한 부과권을 행사할 수 없다. 따라서 공정거래위원회가 회생계획인가결정 후에 그에 대하여 한 과징금납부명령은 부과권이 소멸된 뒤에 한 것이어서 위법하다'고 판시하고 있다.
　한편 가격담합행위(독점규제 및 공정거래에 관한 법률 제40조 제1항 제1호)와 관련된 과징금 청구권의 성립시기는 가격 결정 등에 대한 당사자들의 합의가 존재하기만 하면 성립한다. 나아가 다수 이해관계인의 법률관계를 조절하는 회생절차의 특성상 회생채권은 공익채권들과는 객관적이고 명확한 기준에 의하여 구분되어야 한다. 따라서 특정한 담합가담자의 회생절차개시 전후로 사업자들이 수회에 걸쳐 가격 결정 등에 관한 합의를 하였다면, 설령 회생절차가 개시된 사업자 외의 다른 담합가담자들에 대하여는 그 수회의 합의를 전체적으로 1개의 부당한 공동행위로 평가하는데 아무런 지장이 없다고 하더라도, 회생절차가 개시된 그 담합가담자가 회생절차개시 이전에 한 합의에 대한 과징금 청구권은 회생채권이 된다고 봄이 타당하다(서울고등법원 2019. 1. 10. 선고 2018누49507 판결).

아니하므로,[49] 민사소송법 제215조에서 정한 가집행선고의 실효를 조건으로 하는 가지급물의 원상회복 및 손해배상채권은 그 채권 발생의 원인인 가지급물의 지급이 회생절차개시 전에 이루어진 것이라면 조건부채권으로서 회생채권에 해당한다(본서 1465쪽 참조).[50]

⑤ 공동불법행위자 사이의 구상권

공동불법행위로 인한 손해배상책임은 불법행위가 있었던 때에 성립하므로 공동불법행위자 사이의 구상권도 특별한 사정이 없는 한 그때에 주요한 발생원인이 갖추어진 것으로 볼 수 있다. 따라서 회생절차 개시 당시까지는 아직 변제 기타 출재로 인한 공동 면책행위가 없었더라도 공동불법행위자 사이의 구상금채권은 회생채권에 해당한다.[51]

⑥ 입회금반환청구권·골프장시설이용권

예탁금회원제[52] 골프장회원권[53]의 주된 내용은 회원이 골프장 시설을 우선적으로 이용하고(골프장시설이용권), 이미 납입한 입회금은 탈퇴, 계약 해지 등 회원권 계약 만료 사유가 발생한 경우 그 원금을 반환받을 수 있는 권리(입회금반환청구권)이다. 이중 입회금반환청구권은 회생절차개시 전의 원인으로 생긴 재산상의 청구권에 해당하므로 회생절차 내에서 회생채권으로 취급함이 타당하다. 골프장시설이용권은 비금전채권이기는 하지만 회생채권의 대상이 된다는 점은 앞에서 본 바와 같다.[54] 골프장시설이용권의 경우 회생계획상 아무런 언급이 없다면 회원권

---

49) 대법원 2014. 5. 16. 선고 2012다114851 판결.

50) 대법원 2021. 7. 8. 선고 2020다221747 판결, 대법원 2015. 5. 28. 선고 2013다88102 판결. 대법원 2014. 5. 16. 선고 2012다114851 판결, 대법원 2002. 12. 10. 선고 2002다57102 판결 등 참조.

51) 대법원 2016. 11. 25. 선고 2014다82439 판결.

52) 골프장의 종류는 그 시설의 이용에 우선적 권리를 가지는 자가 있는지 여부에 따라 회원제 골프장과 대중제 골프장으로 나뉜다. 회원제 골프장은 다시 골프장 운영주체의 법적 형식에 따라 주주회원제, 사단법인제, 예탁금회원제로 나뉜다. ① 주주회원제나 사단법인제는 회원들이 주주 또는 사원으로 골프장의 소유, 운영, 이용권 등을 향유하는 제도로서, 되돌려 받을 예탁금(입회금) 등의 채권이 존재하지 아니하여 회생절차에서 그와 관련한 특별한 쟁점은 발생하지 아니한다. ② 예탁금회원제는 우리나라 회원제 골프장 대부분이 취하고 있는 형태로, 골프장시설경영기업에 입회금을 예탁하고 회원의 자격을 취득하는 형태이다. 모아진 입회금(예탁금)은 골프장 운영회사가 골프장 용지 취득이나 시설 정비의 재원으로 일정기간 내에 무이자로 이용한다. 이 경우 회원은 사업자가 마련해 놓은 약관에 의하여 골프장 시설을 비회원보다 유리한 조건으로 우선적으로 이용하고, 약정한 기간이 지나면 입회금 반환을 요청할 수 있는 권리가 부여된다. 골프장 회원의 지위(회원권)는 그 자체가 거래대상으로 재산적 가치를 가진다. 회원에 대해 회생절차가 개시된 경우 관리인의 관리처분권에 복종한다. 환가가 필요한 경우 관리인은 운영회사(골프장)에 예탁금의 반환을 요구하는 것이 일반적이지만, 약정기간이 남아 있는 경우에는 탈퇴를 이유로 반환청구를 할 수 없기 때문에, 제119조에 기하여 회원계약을 해제하고 원상회복으로서 예탁금의 반환을 청구하는 것을 고려할 수 있다. 다만 해제에 일정한 제약이 있다는 것은 앞에서 본 바와 같다(본서 295쪽 각주 145) 참조).

53) 이른바 예탁금제 골프회원권은 회원의 골프장 시설업자에 대한 회원가입계약상의 지위 내지 회원가입계약에 의한 채권적 법률관계를 총체적으로 가리키는 것이고, 이러한 예탁금제 골프회원권을 가진 자는 회칙이 정하는 바에 따라 골프장 시설을 우선적으로 이용할 수 있는 권리인 시설이용권과 회원자격을 보증하는 소정의 입회금을 예탁한 후 회원을 탈퇴할 때 그 원금을 반환받을 수 있는 권리인 예탁금반환청구권과 같은 개별적인 권리를 가진다(대법원 2024. 5. 9. 선고 2023다256294 판결, 대법원 2015. 1. 29. 선고 2013다100750 판결). 위 판결은 나아가 개별적인 권리로서의 시설이용권이나 예탁금반환청구권은 채권으로서 소멸시효의 대상이 된다고 판시하고 있다.

54) 골프장시설이용권에 관한 조사확정재판 사례로는 「대전지방법원 2017. 1. 10. 자 2016회확25 결정」을 참조할 것. 골프장시설이용권의 평가액이 입회금반환청구권을 넘는 경우(예컨대 납입한 입회금이 5천만 원인데 시중에서 거래되는 골프회원권 가격이 1억 5천만 원인 경우) 입회금을 초과하는 금액(1억 원)을 회생채권으로 인정할 수 있는가. 제133조 제2항, 제137조를 근거로 이러한 주장을 하는 경우가 있다. 그런데 골프장시설이용권은 비금전채권인채로

자는 원칙적으로 입회금을 회생계획에 따라 전액 반환받을 때까지 골프장시설이용권을 보유한다고 보아야 할 것이다.[55]

⑦ 수급인이 갖는 보수청구권

도급인의 관리인이 도급계약을 쌍방미이행 쌍무계약으로 해제한 경우 그때까지 일의 완성된 부분은 도급인에게 귀속되고, 수급인은 제121조 제2항에 따른 급부의 반환 또는 그 가액의 상환을 구할 수 없고 일의 완성된 부분에 대한 보수청구만 할 수 있다. 이때 수급인이 갖는 보수청구권은 특별한 사정이 없는 한 기성비율 등에 따른 도급계약상의 보수에 관한 것으로서 그 주요한 발생원인이 회생절차개시 전에 이미 갖추어져 있다고 봄이 타당하므로 회생채권에 해당한다.[56]

회생채권이 되어 회생계획에 따라 권리변경의 대상이 되는 것일 뿐이고, 회생절차나 조사확정재판절차에서 비금전채권인 회생채권을 금전채권으로 평가한 금액에 의하여 권리를 확정할 수 있는 것은 아니다. 제133조 제2항, 제137조는 회생절차에서 의결권 액수에 대해 비금전채권을 금전으로 평가하여 절차에 참가할 수 있다는 것일 뿐 비금전채권인 회생채권을 금전으로 평가하여 회생채권으로 인정할 수 있다는 것은 아니다. 따라서 골프장시설이용권의 평가액이 입회금반환청구권을 넘더라도 골프장시설이용권 그 자체를 회생채권으로 인정하는 것을 넘어 입회금을 초과하는 금액을 회생채권으로 인정할 수는 없다(대법원 2020. 8. 27. 선고 2020다223460 판결, 대법원 2020. 8. 27. 선고 2020다223613 판결 등 참조).

55) 다만 실무에서는 주로 회원제 골프장을 대중제 골프장으로 전환하는 것을 전제로 회생계획안을 작성하는 경우가 많고, 그 경우 회생채권의 권리변경과 변제방법의 요지 편 중 회생채권 입회보증금채무 란에 '회생계획 인가 후 대중제 골프장 변경등록일의 직전 영업일에 체육시설의 설치·이용에 관한 법률의 적용을 받지 아니하는 일반채권이 되며 골프장 회원으로서의 이용권은 소멸함' 등과 같은 취지의 문구를 삽입하여, 입회금의 전액 변제 시점과 관계없이 대중제 골프장 변경 전 회원들의 골프장시설이용권을 소멸시키는 조항을 두고 있다. 위와 같은 조항은 골프장시설이용권이 비금전채권이기는 하나 재산상의 청구권이므로 회생채권에 해당하는바 회생계획에 그 소멸 여부에 대한 조항을 둘 수 있다고 사료되는 점, 회생계획상 입회금반환청구권에 대한 변제방법을 규정함에 있어 부수적, 필연적으로 수반되는 골프장시설이용권에 대한 소멸 시기도 같이 규정할 수 있다고 사료되는 점, 골프장시설이용권의 소멸 시기를 특정해 주어야 대중제 골프장 변경등록 절차가 원활히 진행 가능할 것인 점 등에 비추어 회생계획에 삽입할 수 있는 적법, 실효성 있는 조항으로 판단된다{나청, "회원제 골프장 회생사건의 실무상 쟁점에 관한 소고", 사법 36호(2016년 6월), 사법발전재단, 149~150쪽}.
한편 회원제 골프장 회생사건에서, 대중제로 전환하기 위한 회원들의 동의를 얻기 위해 골프장 이용 쿠폰이나 요금할인권 등을 제공하기로 회원들과 합의하는 경우가 많다. 이러한 합의는 당연히 유효한 것이다. 문제는 회생절차가 종결된 후 대중제로 전환된 골프장이 제3자에게 양도된 경우 이러한 합의 효력이 유효한지이다. 다시 말해 요금할인 등의 혜택을 받은 사람들이 체육시설의 설치·이용에 관한 법률(이하 '체육시설법'이라 한다)에서 정의하는 '회원'에 포함되는지 여부이다. 체육시설법 제27조 제1항은 체육시설에 관한 영업양도가 있으면 양도인과 회원 간에 약정한 사항에 따른 권리·의무를 양수인이 승계하도록 규정하고 있다. 이는 양도인과 이용관계를 맺은 다수 회원들의 이익을 보호하려는 취지에서 둔 특칙이다. 따라서 체육시설에 관한 영업양도로 양도인에서 양수인으로 약정이 승계되기 위해서는 그러한 약정이 체육시설법 제17조에 따라 모집된 회원 지위 유지와 보호를 목적으로 하는 것임이 전제되어야 할 것이다. 앞에서 본 합의는 모집된 회원이 없는 대중체육시설업으로의 전환을 목적으로 작성된 것이어서 직접적으로 회원 지위 유지와 보호를 목적으로 한 것이라고 보기는 어려울 뿐만 아니라 양수인이 골프장을 양수할 당시 골프장은 지위를 유지하고 보호할 회원이 없는 대중체육시설업으로 영위되고 있었다는 사정 등을 고려하면, 양수인이 골프장에 관한 영업을 양수하였다고 보더라도 위 합의상 채무가 체육시설법 제27조 제1항에 따라 양도인으로부터 양수인에 승계될 회원과 약정한 권리·의무라고 보기는 어렵다(대법원 2024. 5. 9. 선고 2023다256294 판결 참조). 따라서 양수인은 회생절차에서 합의된 내용을 이행하지 않아도 된다. 향후 회생절차에서 대중제 전환을 전제로 한 회생계획의 동의에 있어 회원권자들은 주의를 요한다고 할 것이다.

56) 대법원 2017. 6. 29. 선고 2016다221887 판결. 위 판결은 그 이유에 대해 「도급인이 파산선고를 받은 경우에는 민법 제674조 제1항에 의하여 수급인 또는 파산관재인이 계약을 해제할 수 있고, 이 경우 수급인은 일의 완성된 부분에 대한 보수와 보수에 포함되지 아니한 비용에 대하여 파산재단의 배당에 가입할 수 있다. 위와 같은 도급계약의 해제는 해석상 장래에 향하여 도급의 효력을 소멸시키는 것을 의미하고 원상회복은 허용되지 아니하므로, 당사

⑧ 직무발명보상금 채권

직무발명 중 회생절차개시일 이전에 직무발명으로 신고 및 특허출원이 되어 회생절차개시일 전 또는 후에 등록된 것에 대한 직무발명보상금 채권은 회생채권이다.[57]

⑨ 손해배상 청구 시 위자료청구권

불법행위나 채무불이행으로 인한 손해배상청구권은 현실적으로 손해가 발생한 때 성립한다고 보지만,[58] 그 손해 발생의 주요 원인이 회생절차개시 전에 갖추어져 있다면 회생절차개시 당시 손해가 현실적으로 발생하지 않았거나 구체적으로 확정되지 않았어도 이를 회생채권으로 볼 수 있다. 따라서 채무자 회사의 회생절차개시 전에 발생한 산재사고로 장해를 입은 근로자가 채무자 회사에 대하여 갖는 위자료 청구권은 회생채권이다.[59]

다만 예외적으로 채권이 회생절차개시 후에 생겼음에도 회생채권으로 규정하고 있는 것이 있다. 자세한 것은 아래 〈Ⅲ.〉 부분을 참조할 것.

4. 강제집행할 수 있는 청구권일 것

회생절차도 재판상의 강제적 권리실현 절차로서의 면을 가지고 있거나,[60] 회생절차는 사업으로 얻은 수익을 포함한 채무자의 재산으로 회생계획에 기해 회생채권 등의 만족을 실현하는 절차이므로 회생계획에 따라 변제받는 것에 친숙한 채권이어야 하므로 회생채권은 집행가능한 청구권이어야 한다. 재판상 주장할 수 없는 청구권, 강제집행에 의하여 실현할 수 없는 청구권은 회생채권이 될 수 없다. 따라서 자연채무에 불과한 경우, 예컨대 부제소의 합의가 붙은 채권, 불법원인급여반환청구권(민법 제746조), 부집행특약이 붙은 채권, 이전의 회생계획에 의하여 면책된 채권(제251조) 등은 집행가능성을 흠결하였기 때문에 회생채권이 될 수 없다.

회생절차개시결정 당시 이미 채무자의 임의변제나 강제집행에 의하여 만족을 얻은 채권은

자 쌍방이 이행을 완료하지 아니한 쌍무계약의 해제 또는 이행에 관한 제337조가 적용될 여지가 없다. 한편 회생절차는 재정적 어려움으로 파탄에 직면해 있는 채무자에 대하여 채권자 등 이해관계인의 법률관계를 조정하여 채무자 또는 그 사업의 효율적인 회생을 도모하는 것을 목적으로 하는 반면, 파산절차는 회생이 어려운 채무자의 재산을 공정하게 환가·배당하는 것을 목적으로 한다는 점에서 차이가 있기는 하다. 그러나 이러한 목적을 달성하기 위하여 절차개시 전부터 채무자의 법률관계를 합리적으로 조정·처리하여야 한다는 점에서는 공통되고, 미이행계약의 해제와 이행에 관한 규정인 제121조와 제337조의 규율 내용도 동일하므로, 파산절차에 관한 특칙인 민법 제674조 제1항은 공사도급계약의 도급인에 대하여 회생절차가 개시된 경우에도 유추 적용할 수 있다」고 판시하고 있다.

57) 특허법원 2019. 2. 14. 선고 2018나1268 판결(상고). 반면 위 판결은 회생절차개시일 이전에 직무발명으로 신고되어 회생절차개시일 이후 특허출원 및 등록이 된 것이거나 회생절차개시일 이후 직무발명으로 신고된 직무발명에 대한 직무발명보상금 채권은 모두 회생절차개시일 이후에 발생한 것으로서 개시후기타채권(제181조 제1항)에 해당한다고 하고 있다.

58) 대법원 1998. 4. 24. 선고 97다28568 판결.

59) 대법원 2023. 8. 18. 선고 2022다291009 판결. 예컨대 채무자 회사의 근로자인 甲이 2023. 6.경 산재사고를 당하였고, 2024. 1.경 채무자 회사에 대하여 회생절차개시결정이 된 경우, 위 산재사고로 인한 甲의 위자료청구권은 회생채권이다.

60) 다만 집행권원이나 집행문은 필요하지 않다는 점에서 강제집행절차와 다르다.

회생채권이 되지 않지만, 가집행에 의한 만족은 가정적인 것에 불과하므로[61] 회생채권으로 행사가 인정된다.[62]

5. 물적담보를 가지지 않는 청구권일 것

회생절차개시 당시 채무자의 재산상에 존재하는 질권·저당권·유치권 등에 의하여 담보된 범위의 것은 회생담보권(제141조 제1항)으로 회생채권과 구별된다. 다만 물적담보를 가지는 청구권이라도 그 담보권의 목적물 가액을 초과하는 부분은 회생채권으로 된다(제141조 제4항). 예컨대 피담보채권이 3억 원인데 목적물가액이 1억 원인 경우 1억 원은 회생담보권이고, 2억 원은 회생채권이다.

실무적으로 특히 골프장의 경우 부동산담보신탁이 많이 활용되고 있다. 부동산담보신탁에서 위탁자의 채권자는 채권을 담보하기 위해 신탁부동산에 관하여 근저당권을 설정받거나 우선수익권을 부여받는다. 이 경우 부동산담보신탁의 위탁자에 대하여 회생절차가 개시된 경우 위탁자의 채권자는 회생채권자이다. 왜냐하면 신탁부동산은 수탁자의 소유가 되므로 근저당권을 설정받은 자가 회생담보권자가 될 수 없고, 우선수익권을 부여받았다는 것만으로 그 우선수익권이 위탁자의 재산이라고 볼 수 없기 때문이다. 관련 내용은 〈제2절 Ⅲ.9.다.(1)〉(본서 648쪽)를 참조할 것.

요컨대 위와 같은 요건을 갖추고 있는 채권은 원칙적으로 회생채권이 된다. 다만 채무자회생법은 위와 같은 요건을 갖추고 있는 채권 중 일정한 종류의 채권을 형평과 정책적으로 특별히 보호하는 취지에서 공익채권으로 규정하여 회생채권에서 제외하고 있는 한편, 위와 같은 요건을 갖추고 있지 못한 채권 중에서도 일부를 회생채권에 포함시키고 있다(아래 〈Ⅲ.〉 참조).

Ⅲ 회생절차 개시 후에 생긴 회생채권

예외적으로 회생절차개시 후에 생겼음에도(회생절차개시 전의 원인에 기하여 발생한 것이 아님에도) 회생채권으로 인정하고 있는 것이 있다.[63]

---

61) 가집행에 의한 채무변제의 효력은 확정적인 것이 아니고 후일 본안판결 또는 가집행선고가 취소, 변경될 것을 해제조건으로 하는 점이 본집행과 다르다(대법원 2000. 7. 6. 선고 2000다560 판결, 대법원 1995. 12. 12. 선고 95다38127 판결 등 참조).

62) 대법원 2015. 5. 28. 선고 2013다88102 판결, 대법원 2014. 5. 16. 선고 2012다114851 판결, 대법원 2002. 12. 10. 선고 2002다57102 판결 등 참조. 따라서 가집행으로 만족을 받은 채권자는 회생채권으로 채권신고를 할 수 있다. 채권조사결과 가집행으로 만족을 받은 채권이 회생채권으로 인정되지 않을 때에는, 상대방은 가집행으로 받은 수령금을 관리인에게 반환하여야 한다. 또한 회생채권으로 인정되어도 수령금이 회생계획에 따른 변제금보다 많은 경우에는 그 차액을 반환하지 않으면 안 된다.

63) 회생계획에 따라 회생채권이나 회생담보권에 대하여 권리변경의 방법으로 회생채권자나 회생담보권자에게 새로 납입을 시키지 아니하고 종전 권리에 갈음하여 사채를 발행하는 경우(제267조 제1항), 그 사채의 성질이 공익채권인지 회생채권인지에 대한 다툼이 있다. 이에 대한 자세한 내용은 〈제4절 Ⅰ.2.다.〉(본서 691쪽)를 참조할 것.

1. 회생절차 수행 과정에서 발생한 청구권

회생절차 수행 과정에서 발생한 청구권이라도 공익채권으로서 이해관계인 전체의 부담으로 하는 것은 적절하지 않고, 그렇다고 개시후기타채권으로서 회생계획에 의한 분배의 대상에서 제외하는 것은 불합리한 것은 회생채권으로 규정하였다.[64] 회생절차개시 후에 발생한 채권이기는 하지만 의결권이 부정되는 것도 아니고(제191조 참조), 회생계획에서 후순위 취급을 받는 것도 아니다(제218조 제1항 본문 참조).

가. 쌍방미이행 쌍무계약의 해제·해지로 인한 손해배상청구권

쌍무계약에 관하여 채무자와 그 상대방이 회생절차개시 당시 아직 쌍방 모두 그 이행을 완료하지 않은 때에는 관리인은 그 계약을 해제 또는 해지하거나 채무자의 채무를 이행하고 상대방의 채무이행을 청구할 수 있다(제119조). 만일 계약이 해제 또는 해지된 경우에는 상대방은 손해배상에 관하여 회생채권자로서 그 권리를 행사할 수 있다(제121조 제1항).[65]

관리인의 해제(해지)로 인한 손해배상청구권[66]은 본래 관리인의 행위로 인하여 발생한 것이므로 공익채권으로 취급하여야 한다(제179조 제1항 제5호 참조). 그럼에도 불구하고 회생채권으로 취급하도록 한 것은 손해배상청구권을 공익채권으로 인정하면 그 부담이 중대하여, 관리인에게 특별한 권능으로서 해제권을 부여한 취지가 몰각되기 때문이다.[67]

나. 어음 등에 대한 선의 지급인의 채권

환어음의 발행인 또는 배서인인 채무자에 대하여 회생절차가 개시된 경우 지급인 또는 예비지급인이 그 사실을 알지 못하고 인수 또는 지급을 한 때에는 그 지급인 또는 예비지급인은 이로 인하여 생긴 채권에 관하여 회생채권자로서 그 권리를 행사할 수 있다(제123조 제1항). 이는 수표나 금전 그 밖의 물건 또는 유가증권의 지급을 목적으로 하는 유가증권에도 준용된다(제123조 제2항). 이 경우 회생절차개시의 공고 전에는 회생절차개시 사실을 알지 못한 것으로 추정하고, 공고 후에는 그 사실을 안 것으로 추정한다(제123조 제3항, 제68조).[68]

환어음의 발행인 등에 대하여 회생절차가 개시된 후 선의로 지급 등을 한 지급인 등은 구상권(또는 자금관계상의 청구권)을 취득한다.[69] 이러한 구상권은 개시후기타채권이지만(회생절차개

---

64) 會社更生法, 189쪽.
65) 운송중인 물건의 거래와 관련한 계약의 해제에 기한 손해배상청구권(제71조 제2항, 제119조)도 회생채권이다.
66) 여기서 손해배상청구권은 민법상의 해제에 의한 손해배상청구권(민법 제551조)과 달리 관리인의 해제권 행사에 의한 특별한 것이다.
67) 會社更生法, 289쪽.
68) 파산절차에서는 파산선고 후 선의거래 보호라는 측면에서 규정하고 있다(제333조). 이에 관하여는 〈제3편 제3장 제2절 Ⅱ.4.다.〉(본서 1261쪽)를 참조할 것.
69) 예컨대 甲이 환어음의 발행인이고 乙이 지급인(또는 인수인)인 경우 ① 미리 甲이 乙에게 지급자금을 교부한 때나 ② 乙이 甲에 대하여 부담하는 채무의 지급에 대신하여 당해 환어음의 지급을 하는 때를 제외하고, 일반적으로 乙은 지급하는 것에 의하여 甲에 대하여 구상권(인수의 경우에는 장래의 구상권)[또는 자금관계상의 청구권]을 취득

시 후에 발생하였으므로 회생채권도 아니고, 그렇다고 공익채권도 아니다), 어음 등의 유통성을 확보하기 위해 회생채권으로 취급[70]한 것으로{회생채권의 범위(제118조)에 관한 특칙이다},[71] 악의로 인수 또는 지급을 하였을 때에 생기는 채권은 개시후기타채권이 된다(제181조 제1항).

다. 차임 등 지급을 주장하지 못함으로 인한 손해배상채권

임대인인 채무자에 대하여 회생절차가 개시되었을 경우, 차임의 선급 또는 차임채권의 처분은 회생절차개시 당시의 당기와 차기에 관한 것을 제외하고는 회생절차와의 관계에 있어서는 그 효력을 주장할 수 없다(제124조 제1항). 이는 채무자인 임대인이 임차인과 통모하여 차임채권을 사전에 처분하거나 다액의 선급이 있었다고 주장함으로써 채무자 재산의 충실을 해하는 것을 방지하기 위함이다. 이와 동시에 그 때문에 손해를 받은 자는 그 손해배상에 관하여 회생채권자로서 그 권리를 행사할 수 있다(제124조 제2항).

이는 지상권의 지료에 대하여도 마찬가지이다(제124조 제3항).

라. 상호계산 종료의 경우 상대방의 잔액청구권

상호계산은 당사자의 일방에 대하여 회생절차가 개시된 때에는 해지의 의사표시가 없어도 당연히 종료한다.[72] 이 경우 각 당사자는 계산을 폐쇄하고 잔액의 지급을 청구할 수 있다(제125조 제1항). 상호계산을 종료하여 결산을 한 결과 상대방이 잔액청구권을 가지는 경우에는 비록 그것이 회생절차개시 이후에 취득한 것이지만 회생채권이 된다(제125조 제2항).

마. 채무자의 행위가 부인된 경우 상대방이 갖는 가액상환청구권

채무자의 행위가 부인된 경우 상대방은 채무자가 받은 반대급부에 의하여 생긴 이익이 채무자의 재산 중에 현존하지 아니한 때에는 회생채권자로서 반대급부의 가액상환을 청구할 수 있다(제108조 제3항 제3호). 또한 채무자가 받은 반대급부에 의하여 생긴 이익의 일부가 채무자의 재산 중에 현존하는 때에는 상대방은 회생채권자로서 반대급부와 현존이익과의 차액의 상환을 청구할 권리가 있다(제108조 제3항 제4호).

한다. 한편 회생절차개시 전에 인수한 경우라면 장래의 청구권으로서 구상권이 회생채권이 된다(제118조 제1호).

70) 지급인 등이 갖는 구상권은 회생절차개시의 효과에 기한 법률관계의 변동의 결과로서 계약의 상대방이 갖는 청구권이다. 이 청구권은 채무자의 재산에 관한 계약관계를 정리하고, 나아가 법률관계를 변경한 결과로 발생한 것이므로 회생절차를 수행함에 따라 발생하는 비용에 속한 것으로 보아 이것을 공익채권으로 하는 것도 생각할 수 있다. 하지만 이는 채무자의 재산의 부담을 가중시키고 결국은 회생절차의 목적 실현을 곤란하게 하기 때문에, 상대방과의 공평에 반하지 않는다고 생각되는 것에 대해 회생채권으로 인정한 것이다.

71) 선의자도 회생채권자로서 취급되는 것에 그치기 때문에, 지급인 등은 환어음 발행인 등의 재무상황에 관심을 가질 필요가 있다.

72) 상호계산(상법 제72조)은 원래 당사자의 신용을 기초로 하는 것이므로 각 당사자는 언제든지 이를 해지할 수 있다(상법 제77조).

2. 회생절차개시 후 이자 등

회생절차개시 후의 원인으로 발생한 청구권에 해당하지만, ① 회생절차개시 후의 이자(제118조 제2호), ② 회생절차개시 후의 불이행으로 인한 손해배상금 및 위약금(제118조 제3호), ③ 회생절차참가의 비용(제118조 제4호)은 회생채권이다.[73]

가. 회생절차개시 후의 이자

회생절차개시 후의 이자는 회생절차개시 후 회생계획인가결정시까지 사이에 발생한 이자로[74] 회생절차개시결정일의 이자도 포함된다.[75] 회생절차가 개시되면 원금도 상환을 받지 못하는데 이자까지 전액 변제하게 하는 것(공익채권은 전액 변제하여야 한다)은 가혹하다는 점에서 회생절차개시 후의 이자는 회생채권으로 한 것이다. 다른 한편으론 주요한 발생원인이 회생절차개시 전에 갖추어진 것으로도 볼 수 있다.

나. 회생절차개시 후의 불이행으로 인한 손해배상금 및 위약금

회생절차개시 후의 불이행으로 인한 손해배상금 및 위약금은 아래(Ⅳ.2.)에서 보는 바와 같이 회생절차개시 전부터 채무자가 부담하는 채무를 이행하지 않음으로써 발생하고 있는 경우에 있어서 회생절차개시 후에 발생하는 손해배상금과 위약금을 말한다(본서 1480쪽 참조). 결국 귀책사유를 요구하지 않는 금전채권을 제외하고(민법 제397조) 회생절차개시 후 채무자의 이행지체로 인한 손해배상금 등은 발생하지 않는다.

회생절차개시 후의 불이행으로 인한 손해배상금 및 위약금을 회생채권으로 취급하는 이유는 〈가.〉의 경우와 같다.

다. 회생절차참가의 비용

회생절차참가의 비용은 회생절차개시결정 후에 발생한 것이기 때문에 본래는 공익채권이지만 회생절차에 수반하여 발생하는 것이라는 점을 고려하여 회생채권으로 한 것이다. 회생채권자 또는 회생담보권자의 신고비용이 여기에 해당한다. 한편 회생절차개시신청비용은 총 채권

---

73) 이러한 채권들은 파산절차에서는 후순위 파산채권이다(제446조 제1항 제1호 내지 제3호). 회생절차에서는 회생계획의 내용 및 회생계획안에 대한 결의가 회생채권자의 권리행사의 핵심이기 때문에, 결의할 때 조 분류를 간이화할 목적으로, 후순위 회생채권이라는 범주를 두지 않고, 이것을 일률적으로 회생채권으로 한 것이다. 다만 이러한 유형의 청구권에는 의결권이 부정되는 점(제191조 제3호)을 고려하면, 실무적으로 이러한 유형의 청구권들은 열후적인 지위에 두는 것이 바람직하다. 실무적으로도 개시 후 이자는 면제하는 것과 같이 열후적으로 취급하고 있다.

74) 대법원 2002. 5. 10. 선고 2001다65519 판결 참조.

75) 회생절차개시결정은 결정시에 효력이 발생한다(제49조 제3항). 2021년 1월 8일 오후 3시에 회생절차개시결정을 한 때 개시일의 이자는 어떻게 취급하여야 하는가. 이자는 일할 계산이 일반원칙이므로 이미 개시결정의 효력이 발생한 이상 개시일의 이자는 개시 후의 이자로 보아야 할 것이다. '개시 전 이자'는 회생절차개시결정일 전일까지 회생채권 및 회생담보권에 대하여 발생한 이자 또는 지연손해금을 말한다. 파산절차에 관한 「대법원 2015. 1. 29. 선고 2013다219623 판결」 참조.

자를 위하여 출연하는 것으로 공익채권(제179조 제1항 제1호)이 된다.

Ⅳ 회생채권의 순위

회생계획에서는 권리의 순위를 고려하여 회생계획의 조건에 공정하고 형평에 맞는 차등을 두어야 한다(제217조 제1항). 회생채권은 그 권리의 순위에 따라 일반의 우선권 있는 회생채권(제217조 제1항 제2호)과 그 외의 회생채권(제217조 제1항 제3호)으로 구분된다. 회생채권은 의결권에 관하여는 원칙적으로 금전화된 채권액에 비례하여 평등하게 취급된다(제133조).

한편 벌금·과료·형사소송비용·추징금·과태료(제140조 제1항)와 국세징수법 또는 지방세징수법에 의하여 징수할 수 있는 청구권, 국세징수의 예에 의하여 징수할 수 있는 청구권으로서 그 징수우선순위가 일반 회생채권에 우선하는 것(제140조 제2항)도 회생채권이나, 회생계획에서 회생담보권, 다른 회생채권 등보다 우선하는 조건으로 취급할 수 있다(제217조 제2항).

회생채권은 권리의 순위에 따라 다음과 같이 구분할 수 있다.

1. 일반의 우선권 있는 회생채권 (제217조 제1항 제2호)[76]

일반의 우선권 있는 회생채권이란 정책적인 이유로 다른 일반 회생채권보다 우선하여 변제받을 권리를 부여받은 채권을 말한다. 민법·상법 등의 규정에 의한 일반의 우선권 있는 채권이 이에 해당한다. 예컨대, 회사 사용인의 우선변제청구권(상법 제468조),[77] 특별한 적립금에 대한 우선변제청구권(보험업법 제32조, 제33조), 예금보험공사가 부보금융회사에 대하여 가지고 있는 출연금, 보험료 및 연체료에 대한 우선변제권(예금자보호법 제30조 제5항), 보조금·제재부가금 및 가산금에 대한 징수권(보조금 관리에 관한 법률 제33조의3 제2항), 제140조 제2항의 조세 등 청구권[78][79] 등이 있다.[80] 공익채권이 채무자회생법에 의하여 우선변제권을 갖는 것과 달리

---

76) 개인회생절차에서는 일반의 우선권 있는 개인회생채권은 일반 개인회생채권 보다 우선하여 전액이 변제되어야 하지만(제611조 제1항 제2호), 회생절차에서는 상대우선설을 견지하는 이상 일반 회생채권보다 우선하여 전액이 변제되어야 하는 것은 아니다.

77) 공익채권으로 되는 경우도 있을 것이다(제179조 제1항 제11호 참조).

78) 일반의 우선권 있는 회생채권은 파산절차에서 우선권 있는 파산채권 및 개인회생절차에서 우선권 있는 개인회생채권과 거의 일치하지만, 파산절차에서는 (개인)회생절차에 있어서의 일반의 우선권 있는 (개인)회생채권인 채권의 일부에 대하여 재단채권(제473조 제2호)으로 규정하고 있다. 이는 우선권 있는 파산채권은 절차 내에서 처리하여야 하는 것이기 때문에, 일부 채권에 대하여 정책적 배려 등으로부터 수시변제를 가능하게 하도록 절차 외 채권인 재단채권으로 한 것이다.

79) 조세 등 청구권과 관련하여 제217조 제2항을 근거로 일반의 우선권 있는 회생채권이 아닌 별도의 회생채권으로 보는 견해가 있다(會社更生法, 202쪽, 임채홍·백창훈, 회사정리법(상), 한국사법행정학회(2002), 525~526쪽). 대법원도 「조세채권은 국가 또는 지방자치단체의 존립을 위한 재정적 기초가 되므로 국세기본법 제35조 제1항 등은 그 공익목적을 중시하여 조세를 일반채권에 우선하여 징수하도록 규정하고 있으나, 회생절차는 재정적 어려움으로 말미암아 파탄에 직면해 있는 채무자의 효율적인 재건을 도모하고자 마련된 제도로서 여기서까지 조세우선권을 강하게 관철하려다 보면 회생의 목적 자체를 달성하기 어렵게 된다. 이에 채무자회생법은 원칙적으로 조세채권을 일반 채권과 동등하게 취급하여 회생절차개시 전의 원인으로 생긴 조세채권을 회생채권에 포함시키되(제118조 제1호), 회생절차개시 후에 생긴 조세채권은 채무자의 업무 및 재산의 관리와 처분에 관하여 성립한 것과 같이 예외적인

일반의 우선권 있는 회생채권은 원칙적으로 민법 등 실체법에 의하여 우선변제권이 인정된다는 점에서 차이가 있다.

동일한 회생채권이라고 하여도 실체법상 우선권을 가지고 있는 이상 이러한 권리를 일반 회생채권과 동순위로 취급하는 것은 공평하지 않다. 다른 한편 우선권의 대상은 특정재산이 아니고 일반재산이기 때문에 회생채권으로 하고 있는 것이다(다만 일반 회생채권보다 우선적으로 변제받는다). 우선권이 채무자의 특정재산을 대상으로 하는 것이라면 회생담보권으로 될 것이다(제141조 제1항).

근로자의 임금·퇴직금·재해보상금 등의 청구권도 일반의 우선권이 있는 채권에 해당하나(근로기준법 제38조 참조), 근로자의 보호라는 공익적인 이유로 이를 공익채권으로 인정하고 있다(제179조 제10호 참조). 따라서 공익채권은 일반의 우선권 있는 회생채권에서 제외된다. 다만 제179조 제10호의 임금에 포함되지 않는 그 밖에 근로관계로 인한 임금채권은 일반의 우선권 있는 회생채권이다(본서 685쪽 참조).[81]

일정한 기간 안의 채권액에 관하여 우선권이 있는 때에는 그 기간은 회생절차가 개시된 때부터 소급하여 계산한다(제139조).[82] 회생채권의 존재나 내용은 회생절차가 개시된 때를 기준으

경우에만 공익채권으로 인정하고 있다(제179조 각 호 등)」고 판시함으로써(대법원 2012. 3. 22. 선고 2010두27523 전원합의체 판결) 같은 입장에 있는 것으로 보인다. 그러나 일반의 우선권 있는 회생채권인지는 민법 등의 규정에 의하여 정하여지는 것이고, 제217조 제2항은 조세 등 청구권에 공정하고 형평한 차등원칙이 적용되지 않는다는 의미로 해석할 수 있으며(제217조는 공정하고 형평한 차등원칙을 규정한 것이지 조세 등 청구권이 일반의 우선권 있는 회생채권이 아니라는 것을 규정한 것이 아니다), 제118조는 일반의 우선권 있는 회생채권을 포함한 회생채권에 관한 일반적인 규정으로 볼 수 있고, 개인회생절차에서도 일반의 우선권 있는 개인회생채권으로 취급되고 있다는 점에서 조세 등 청구권은 일반의 우선권 있는 회생채권으로 볼 수 있을 것이다. 다만 조세 등 청구권을 일반의 우선권 있는 회생채권으로 보든 별개의 회생채권으로 보든 회생절차에서의 취급에는 차이가 없다. 여러 가지 특칙이 인정되고 있기 때문이다.

80) 납세보증보험자가 대위변제한 조세채권도 일반의 우선권 있는 회생채권이라는 견해도 있다. 아래 〈V.4.〉(본서 581쪽)를 참조할 것.

81) 우선변제가 인정되는 임금채권(근로기준법 제38조 제1항)은 ① 임금(근로기준법 제2조 제5호)·재해보상금(근로기준법 제78조 이하), ② 그 밖에 근로관계로 인한 채권을 말한다. ②는 ①에 포함되지 않는 각종 수당·상여금·귀향여비 및 해고예고수당 등 근로자가 근로관계를 원인으로 하여 사용자로부터 수령할 수 있는 모든 금품에 대한 채권을 말한다. 우선변제가 인정되는 퇴직급여등채권(근로자퇴직급여 보장법 제12조 제1항)은 사용자에게 지급의무가 있는 퇴직금, 확정급여형퇴직연금제도의 급여, 확정기여형퇴직연금제도의 부담금 중 미납입 부담금 및 미납입 부담금에 대한 지연이자, 중소기업퇴직연금기금제도의 부담금 중 미납입 부담금 및 미납입 부담금에 대한 지연이자, 개인형퇴직연금제도의 부담금 중 미납입 부담금 및 미납입 부담금에 대한 지연이자를 말한다.
　　결국 임금, 퇴직금(퇴직급여등) 및 재해보상금은 공익채권이고(제179조 제1항 제10호), 그 밖에 근로관계로 인한 채권은 일반의 우선권 있는 회생채권이다.

82) 파산절차 및 개인회생절차에서도 동일한 취지의 규정이 있다(제442조, 제581조). 우리나라에 '일정한 기간 안'의 채권액에 관하여 우선권이 있는 채권이 존재하는가. 일본 민법은 제2편 물권편 제8장에서 '선취특권'에 관한 규정을 두어 담보물권의 하나로 인정하고 있다(하지만 우리 민법에는 존재하지 않는다). 일본 민법 제310조(일용품 공급의 선취특권)는 "일용품 공급의 선취특권은 채무자 또는 그가 부양하여야 하는 동거 친족 및 그 가사사용인의 생활에 필요한 최후의 6개월간의 식·음료품, 연료 및 전기의 공급에 대하여 존재한다"고 규정하고 있다. 일용품 공급의 선취특권을 인정하는 이유는 주로 소규모 상인을 보호하기 위한 사회정책적인 이유에 기인한 것이다. 또한 한편으론 일용품을 공급하는 자에게 이러한 보호를 부여하지 않으면 누구도 빈곤한 자에게 일용품의 공급을 할 자가 없어 가난한 자는 점점 빈곤하게 되어 사회에 큰 해를 끼칠 것이기 때문이다. 다만 지나치게 이를 인정하면 다른 채권자를 해하게 되어 6개월간의 금액으로 제한하는 것이다. 여기의 '채무자'는 자연인에 한정되고 법인을 포함하지 않는다. '최후의 6개월간'은 채무자의 재산을 청산하여야 하는 원인이 되는 사실이 발생한 때로부터 소급하여 6개월이다.

로 결정된다는 것을 반영한 것이다.

한편 회생계획에서의 권리변경과 관련하여 우선권 있는 회생채권과 일반의 회생채권 사이에서는 공정하고 형평한 차등을 두어야 한다(제217조 제1항 제2호, 제3호). 우선권 있는 회생채권 상호간의 순위는 어떠한가. 파산절차에서는 우선권 있는 파산채권 상호간의 순위는 실체법의 기준에 따라 정해지는 것이지만, 회생절차에 있어서는 우선권 있는 회생채권의 지위는 회생계획안 결의에 관한 조 분류 및 회생계획안에 의한 권리의 변경기준에 관한 것이기 때문에, 실체법상의 순위에 상관없이 평등한 것이 원칙이다(제218조 제1항 본문). 다만 각각의 우선권 있는 회생채권의 지위를 고려하여 차이를 두는 것도 허용된다(제218조 제1항 단서).[83]

조세 등 청구권(제140조 제2항)은 의결권이 부정된다(제191조 제2호). 조세 등 청구권은 징수권자의 동의가 있어야 회생계획에 의한 권리변경이 가능하기 때문이다(제140조 제3항).

2. 일반 회생채권 (제217조 제1항 제3호)

일반 회생채권은 회생채권 중에서 일반의 우선권 있는 회생채권과 후순위 회생채권 이외의 회생채권을 말하는 것으로 대부분의 회생채권이 이에 해당한다. 담보신탁계약 우선수익자의 채권이나 골프장 회원들의 입회금반환채권 등도 일반 회생채권이다.[84]

일반 회생채권은 채무자의 재산으로부터 채권액에 비례하여(pro rata) 변제를 받는다.

회생채권자는 원칙적으로 확정된 채권액에 따라 의결권을 행사할 수 있지만(제188조 제1항), 아래 ① 내지 ③ 회생채권은 의결권을 행사할 수 없다(제191조 제3호). 또한 회생계획의 변제조건에 있어서 일반 회생채권보다 열등한 취급을 받을 수 있다(제218조 제1항 제2호).[85] 위와 같이 열등하게 취급하는 근거는 이러한 청구권은 본체인 회생채권에 부수하는 성질을 갖고 있어 다른 회생채권과 평등한 지위를 부여하는 것은 합리적이지 않기 때문이다. 이로 인해 이러한 채권들은 회생절차에서 별다른 의미가 없다.[86]

아래 ④ 회생채권은 의결권이 부정되지만(제191조 제2호), 회생계획에서 다른 회생채권 등보다 우선하는 조건으로 취급할 수 있다(제217조 제2항). 의결권이 부정되는 이유는 권리변경이나 면책의 대상이 아니기 때문이다.

① 회생절차개시 후의 이자(제118조 제2호)

② 회생절차개시 후의 불이행으로 인한 손해배상과 위약금(제118조 제3호)

여기서 말하는 손해배상금과 위약금은 회생절차개시 전부터 회사에 재산상의 청구권의 불이행이 있기 때문에 상대방에 대하여 손해배상을 지급하거나 또는 위약금을 정기적으로 지급

---

83) 會社更生法, 201쪽.
84) 대법원 2018. 5. 18. 자 2016마5352 결정.
85) 이러한 이유로 실무적으로 회생채권의 개시 후 이자는 회생절차상 별다른 의미를 갖지 못한다.
86) 그럼에도 불구하고 이들을 회생채권으로 한 이유는 개시후기타채권과 같이 회생계획에 의한 변제가 종료된 후 변제를 할 이유가 없는 점, 회생계획인가결정에 의해 권리변경이나 면책의 대상으로 할 필요가 있는 점에서 찾을 수 있다.

하여야 할 관계에 있을 때 그 계속으로 회생절차개시 후에 발생하고 있는 손해배상 및 위약금 청구권을 의미한다.[87]

한편 회생절차개시 전의 원인으로 인한 조세에 기하여 회생절차개시 후에 발생한 지연배상금 성격의 납부지연가산세[88]는 '회생절차개시 후의 불이행으로 인한 손해배상'에 해당하는 것이지만[89] 일반의 우선권 있는 회생채권이다. 이는 파산절차(제446조 제1항 제2호)와 개인회생절차(제581조 제2항, 제446조)에서 후순위 파산채권 또는 후순위 개인회생채권으로 되는 것과 다르다.

③ 회생절차참가의 비용(제118조 제4호)

④ 회생절차개시 전의 벌금·과료·형사소송비용·추징금과 과태료(제140조 제1항)

회생절차에서는 회생절차개시 전 벌금 등 청구권은 일반 회생채권이지만[90] 절차적으로 특별한 취급을 하고 있다. 신고하지 않거나 회생계획에 정하지 않아도 실권되지 않고(제251조 단서) 회생계획에 감면 그 밖의 권리에 영향을 미치는 내용을 정하지 못한다(제140조 제1항). 벌금 등 청구권의 주체가 국가나 공동단체이어서 다른 회생채권과 동일하게 권리변경의 대상으로 하는 것은 타당하지 않기 때문이다. 다른 한편 이러한 채권은 채무자에게 액면액으로 지급의무를 부과하는 것으로 충분하고 지급시기에 있어서도 다른 일반 회생채권과 동일하게 하여도 문제가 없다는 점도 고려한 것이다. 물론 회생절차개시 후의 벌금 등 청구권은 공익채권이다.

3. 후순위 회생채권

채무자회생법에서 규정한 후순위 회생채권은 없다. 따라서 당사자 사이의 계약(약정)에 의하여만 후순위 회생채권이 있을 수 있을 뿐이다.[91] 예컨대 변제순위에 있어 담보부사채, 무담

---

87) 대법원 2004. 11. 12. 선고 2002다53865 판결.
88) 국세는 '국세기본법 제47조의4 제1항 제1호 중 납부고지서 납부기한 다음날부터 납부일까지의 금액과 제3호의 금액'에 해당하는 납부지연가산세를, 지방세는 지방세기본법 제55조 제1항 제3호, 제4호의 납부지연가산세를 말한다. 이를 '지연배상금 성격의 납부지연가산세'라 한다(본서 573쪽). 이전의 가산금(중가산금)에 해당하는 것이다.
국세의 경우는 2020. 1. 1.부터, 지방세의 경우는 2022. 2. 3.부터 가산금 제도가 폐지되었다. 이는 비슷한 제도를 중첩적으로 운영하여 발생하는 납세자의 혼란을 완화하기 위하여 납세자가 세법에 따른 납부기한까지 세금을 완납하지 아니한 경우에 납부고지 전에 적용되는 납부불성실가산세와 납부고지 후에 적용되는 가산금을 일원화하여 납부지연가산세로 통합하여 규정하였다(국세기본법 제47조의4 제1항 제1호, 제3호, 같은 법 시행령 제27조의4, 지방세기본법 제55조 제1항 제3호, 제4호, 같은 법 시행령 제34조).

구분	2020.1.1.(국세) 및 2022.2.3.(지방세) 이전 납세의무 성립분	2020.1.1.(국세) 및 2022.2.3.(지방세) 이후 납세의무 성립분
납부기한 내	납부불성실가산세	납부지연가산세(일 0.025%[현재 0.022%])
납부기한 후	가산금	납부지연가산세(체납시 3%, 일 0.025%[현재 0.022%])

종전의 가산금에 해당하는 납부지연가산세의 법적 성질은 어떻게 되는가. 납부지연가산세로 통합된 이상 다른 가산세와 동일하게 보아야 할 여지도 있다. 하지만 징수절차에 들어가 납세고지를 하면서 정한 납부기한 내에 납부하지 않은 경우 부가되는 것, 즉 지체책임(지연배상금)이라는 기본적인 성격에는 변함이 없다고 할 것이다.
89) 대법원 2017. 11. 29. 선고 2015다216444 판결 참조.
90) 벌금 등 청구권은 국세징수법에 따른 국세강제징수의 예에 따라 집행할 수 있다(형사소송법 제477조 제4항). 파산절차에서는 벌금 등 청구권은 후순위 파산채권이지만(제446조 제1항 제4호) 비면책채권이다(제566조 단서, 제2호).

보부사채, 기타 은행대출채권 등의 일반채권보다 후순위로 변제받기로 하는 후순위특약을 한 후순위 사채 등을 들 수 있다. 불이익을 받는 자의 동의가 있는 경우에는 회생계획의 조건을 일반의 회생채권자에 비하여 불리하게 취급할 수 있으므로(제193조 제3항, 제218조 제1항 제1호)[92] 일반 회생채권에 비하여 후순위로 취급받을 것을 사전에 동의한 경우에는 약정에 의한 후순위 회생채권이 성립할 수 있다. 따라서 약정에 의한 후순위 회생채권은 회생절차개시가 있으면 그 특약에서 선순위의 지위를 부여하기로 정한 일반 회생채권보다 후순위로 변제를 받게 된다.

약정 후순위 회생채권은 그 성질상 회생계획에서 공정하고 형평한 차등을 두지 않으면 안 된다(제217조 제1항). 약정 후순위 회생채권은 채무자의 재산을 기초로 하는 장래가치의 분배에 관한 지위이기 때문에 의결권이 인정되지만(제188조 제1항), 일반 회생채권과는 별도의 조로 분류하여 회생계획의 가부를 물어야 한다. 권리에 후순위성이 있으므로 일반 회생채권과 의결권액에 있어 평등하게 의결에 참가시키는 것은 불합리하기 때문이다. 회생계획이 가결되지 않아 권리보호조항을 정할 때(제244조)에도 약정 후순위 회생채권은 일반 회생채권과 구별하여야 한다.

V 조세 등 청구권

1. 개 요

조세 등 청구권이란 ① 국세징수법 또는 지방세징수법에 의하여 징수할 수 있는 청구권(조

---

91) 파산절차(제446조 제2항), 개인회생절차(제581조 제2항, 제446조 제2항)에서는 명시적으로 인정하고 있다. 관련 내용은 〈제3편 제6장 제1절 Ⅲ.3.(8)〉(본서 1483쪽)을 참조할 것.
92) 제193조 제3항과 특수관계인의 채권에 대하여 차등을 두어도 형평을 해치지 아니한다고 인정되는 경우에는 다른 회생채권보다 불이익하게 취급할 수 있다고 규정한 제218조 제2항은 미국 연방도산법상의 열후화(subordination)의 이념을 도입한 것으로 볼 수 있다. 열후화란 권리의 순위, 즉 변제 순위를 강등시키는 제도로서 합의에 의한 열후화(consensual subordination)와 형평법상의 열후화(equitable subordination)가 있다. 합의에 의한 열후화는 선순위 권리자가 다른 자로 하여금 채무자와 거래하도록 유도하기 위해서 자신의 권리를 열후화시키는 것이다(제510조 (a)항 참조). 형평법상의 열후화는 법원에 대해 공고와 청문절차를 거쳐 권리의 전부 또는 일부의 순위를 강등시킬 수 있는 권한을 부여하는 것이다(제510조 (c)항 참조).
§ 510. Subordination
(a) A subordination agreement is enforceable in a case under this title to the same extent that such agreement is enforceable under applicable nonbankruptcy law.
(b) For the purpose of distribution under this title, a claim arising from rescission of a purchase or sale of a security of the debtor or of an affiliate of the debtor, for damages arising from the purchase or sale of such a security, or for reimbursement or contribution allowed under section 502 on account of such a claim, shall be subordinated to all claims or interests that are senior to or equal the claim or interest represented by such security, except that if such security is common stock, such claim has the same priority as common stock.
(c) Notwithstanding subsections (a) and (b) of this section, after notice and a hearing, the court may—
(1) under principles of equitable subordination, subordinate for purposes of distribution all or part of an allowed claim to all or part of another allowed claim or all or part of an allowed interest to all or part of another allowed interest; or
(2) order that any lien securing such a subordinated claim be transferred to the estate.

세채권)과 ② 국세징수의 예{국세 또는 지방세 체납처분(강제징수)의 예를 포함한다}에 의하여 징수할 수 있는 청구권으로서 그 징수우선순위가 일반 회생채권보다 우선하는 것을 말한다(제140조 제2항).[93] 조세 등 청구권 중 일부는 아래에서 보는 바와 같이 공익채권이다(본서 677쪽). 여기서 조세 등 청구권이라 함은 회생채권인 조세 등 청구권을 말한다.

조세[94] 등 청구권도 회생절차개시결정 전에 발생한 것인 한 정책적 목적에서 공익채권으로 인정된 것을 제외하고 회생채권이라 할 것이므로(제118조 제1호) 원칙적으로는 통상의 회생채권과 동등하게 취급된다.[95] 따라서 조세 등 청구권은 다른 회생채권과 마찬가지로 신고를 필요로 하고(제156조 제1항), 개별적인 권리행사가 금지(자력집행권이 제한된다)됨과 동시에 회생계획에 의하여만 변제받을 수 있으며(제131조 본문), 나아가 감면도 가능하다(제140조). 다만 일반의 우선권 있는 회생채권(제217조 제1항 제2호)에 해당한다. 회생채권으로서의 성질을 갖기 때문에 회생채권자표 또는 회생담보권자표에도 기재된다(제156조 제2항).

조세채권은 국가 또는 지방자치단체의 존립을 위한 재정적 기초가 되므로 그 공익목적을 중시하여 조세를 일반채권에 우선하여 징수하도록 규정하고 있다(국세기본법 제35조 제1항 등). 조세채권이 아니더라도 일정한 채권에 대하여는 공공의 이익을 도모하기 위하여 필요한 경우 개별 법률에서 조세채권과 같은 방식으로 징수할 수 있도록 규정하거나, 나아가 그 징수의 순위를 일반채권에 우선하는 것으로 규정하고 있는 것들이 있다.[96]

---

93) 국세징수의 예에 의하여 징수할 수 있는 청구권에는 그 징수우선순위가 일반 회생채권보다 우선하지 않는 것이 있다. 이러한 청구권은 일반 회생채권으로 아래에서 설명하는 특칙이 적용되지 않는다.

94) 회생절차에서 조세와 관련하여서는 크게 세 가지 측면에서 문제된다. ① 하나는 채무자에 대한 과세 문제이고, ② 둘은 채권자 및 주주에 대한 과세문제이며, ③ 셋은 조세채권의 회생절차에서의 취급이다. ①과 관련하여서는, 채무자의 채무면제익에 대한 소득세 또는 법인세 과세 여부(소득세법 시행령 제51조 제3항 제4호, 법인세법 제18조 제6호, 법인세법 시행령 제11조 제6호), 전임 대표이사 등의 미회수 대여금에 대한 원천징수 여부(소득세법 제127조, 법인세법 제67조)가 문제된다. ②의 채권자와 관련하여서는, 회수불능채권에 대한 법인세법상의 대손처리 여부(법인세법 시행령 제19조의2 제1항 제5호), 부가가치세법상 대손세액공제 여부가 문제된다. ②의 주주와 관련하여서는, 회생절차 진행 중인 채무자 회사의 주주가 회생절차개시 후에도 여전히 법인의 출자자로서 제2차 납세의무를 부담하는지 여부(국세기본법 제39조)가 문제된다. 대법원은 부정적이다(대법원 1994. 5. 24. 선고 92누11138 판결 등 참조).

95) 파산절차에서는 파산선고 전의 원인으로 생긴 조세채권이라도 재단채권으로서 파산절차에 의하지 아니하고 수시로 파산채권보다 우선 변제받고(제473조, 제475조, 제476조), 절차적으로 파산선고 전에 개시한 체납처분(강제징수)을 파산선고 후에 속행할 수 있도록 하고 있다(제349조 제1항). 반면 회생절차에서는 회생채권에 해당하여 일정기간 체납처분(강제징수)이 중지·금지되고(제44조, 제58조 제3항) 원칙적으로 회생계획에 의하지 아니하고는 변제받을 수 없다(제131조 본문). 또한 관리인이 제출한 목록에 기재되지 않고 신고도 없으면 다른 회생채권과 마찬가지로 실권된다(제251조). 회생절차에서 파산절차에서만큼 조세우선권을 강하게 관철하지 못하는 것은 조세우선권을 너무 강하게 관철하다보면 회생의 목적을 달성하기 어렵기 때문이다.

96) 국세징수의 예에 의하여 징수할 수 있는 것으로만 규정하고 있는 것으로 과태료 등(질서위반행위규제법 제24조 제3항), 국유재산법상의 사용료·대부료·변상금채권 등(국유재산법 제73조 제2항), 과징금 및 가산금(금융소비자 보호에 관한 법률 제61조 제2항), 「온실가스 배출권의 할당 및 거래에 관한 법률」에 따른 과징금(위 법률 제34조 제2항)이 있다. 다만 과태료에 대하여는 별도의 규정이 있다(아래 ⟨Ⅵ.⟩ 참조). 지방세 징수의 예 또는 지방세외수입금의 징수 등에 관한 법률에 따라 징수할 수 있는 청구권이나 그 징수우선순위가 일반 회생채권에 우선한다는 규정이 없는 것으로 지방재정법상의 반환금(지방재정법 제32조의8 제4항), 부동산 실권리자명의 등기에 관한 법률상의 과징금(같은 법 제5조 제6항) 등이 있다.

　나아가 국세징수의 예에 의하여 징수할 수 있는 청구권으로서 그 징수의 순위가 일반 회생채권에 우선하는 것으로 국민건강보험법상의 보험료 등(같은 법 제81조 제3항, 제85조), 국민연금법상의 연금보험료 등(같은 법 제95조 제4항, 제98조), 「고용보험 및 산업재해보상보험의 보험료징수 등에 관한 법률」상의 보험료(고용보험료, 산재보험회생절차에서 조세 등 청구권에 대하여 공익채권과 같은 우선권을 인정하게 되면 채무자의 효율적인 회생이라는 목적을 달성하기 어렵다. 그래서 회생절차에서는 조세 등 청구권도 회생채권으로 취급하고 있다. 나아가 실체법상 인정된 의미의 우선권이 완전하게 보장되고 있지는 않다{징수유예나 체납처분(강제징수)에 의한 환가유예도 할 수 있고 동의에 의한 감면도 가능하다}. 다만 조세 등 청구권의 특수성(우월적 지위)을 고려하여 통상의 회생채권과는 다른 여러 가지 특칙을 인정하고 있다.[97] 이로 인해 사실상 실체법상 인정되는 조세 등 청구권의 우선권이 구현되고 있다.[98]

2. 회생절차에서의 조세채권의 구분

가. 회생채권과 공익채권

조세채권의 경우에도 회생채권인지 공익채권인지는 원칙적으로 그 조세채권이 회생절차개시결정 전에 성립한 것인지에 따라 구분된다.[99] 조세채권의 성립이란 법률이 정한 과세요건을 충족하여 납세의무가 추상적으로 발생하는 것을 말한다.[100] 조세채권의 구체적인 성립시기에

료) 등(같은 법 제28조 제1항, 제30조), 임금채권보장법상의 부담금(같은 법 제9조 제1항, 제16조, 고용보험 및 산업재해보상보험의 보험료징수 등에 관한 법률 제28조, 제30조), 보조금 반환금, 제재부가금 및 가산금(보조금 관리에 관한 법률 제31조 제1항, 제33조의2 제2항, 지방자치단체 보조금 관리에 관한 법률 제31조, 제36조 제2항) 등이 있다.

97) 조세채권이 파산절차에서보다 회생절차에서 더 열후적으로 취급된다기보다는, 그 우선권과 자력집행권으로서 일반 채권에 대한 우월적 지위를 그대로 유지하면서 파산 또는 회생이라는 도산절차의 이념과 목적에 따라 그 우월적 지위가 적절하게 제한되고 있을 뿐이라는 견해가 있다{주진암, "회생절차와 조세법률관계", 도산관계소송, 한국사법행정학회(2009), 218~219쪽}. 그 이유는 조세채권은 파산절차에서는 재단채권에 해당하더라도 파산선고 전에 이미 체납처분(강제징수)을 개시하지 아니한 이상 새로이 체납처분(강제징수)을 개시할 수 없는 것(제349조 제2항)과 달리, 회생절차에서는 일정기간 동안 체납처분(강제징수)이 중지·금지될 뿐 그 기간 경과한 후에는 체납처분(강제징수)을 진행할 수 있고, 또 우선권 있는 회생채권으로서 일반 회생채권에 대한 우선권이 보장되어 있는데다가 징수권자의 동의가 없는 한 회생계획에 의하더라도 원칙적으로 권리변경이 불가능하므로(제140조 제3항, 제236조 제2항 단서) 채무자의 회생을 목적으로 하는 회생절차에서 조세채권은 실권되지 아니한 이상 그 전액 변제가 사실상 예정되어 있기 때문이라고 한다.

98) 조세채권을 회생절차에서 어떤 채권으로 분류(취급)하느냐 또는 어느 정도 우월적 지위를 인정할 것이냐는 회생절차의 성패에 중대한 영향을 미친다. 공익채권이 되는 조세채권의 범위가 넓으면 다른 채권자들이나 주주들이 가져갈 분배액(변제액)이 줄어들고, 회생절차가 폐지될 가능성이 많다. 이렇게 되면 채무자나 다른 채권자들은 회생절차 이용을 꺼리게 될 것이다. 회생계획의 수행으로 인한 세금이 많아진다면 회생절차 이용을 포기할 수도 있다. 한편 권리의 우선순위는 회생계획의 조건, 즉 권리의 감축 및 변경의 내용을 정하는 중요한 기준이 된다. 공익채권은 최선순위로 전액 변제받지만, 회생채권은 일정 부분 권리의 감축이 불가피하다.

99) 대법원 2013. 2. 28. 선고 2012두23365 판결, 대법원 2015. 6. 11. 선고 2015두844 판결(과세관청이 법인의 사외유출금에 대하여 대표자 상여로 소득처분을 하고 소득금액변동통지를 하는 경우 그에 따른 원천징수분 소득세의 납세의무는 소득금액변동통지서가 송달된 때에 성립함과 동시에 확정되므로, 소득금액변동통지서가 해당 법인에 대한 회생절차개시 후에 송달되었다면 그 원천징수분 소득세 채권은 회생절차개시 후의 원인으로 생긴 것으로서, 채무자회생법에서 정한 회생채권에 해당하지 않는다), 대법원 2013. 2. 28. 선고 2012두23365 판결, 대법원 2010. 1. 28. 선고 2007두20959 판결 등 참조.

위 판례들에 의하면 소득금액변동통지에 의하여 회생절차개시 후의 원인으로 성립 및 확정된 것으로 의제된 소득세채권은 회생채권이 아닌 것은 명백하다. 그렇다면 공익채권인가 개시후기타채권인가. 조세 중 특정조세는 회생절차개시 당시 아직 납부기한이 도래하지 않은 것에 한하여 공익채권이 될 수 있고(제179조 제1항 제9호), 소득처분에 의하여 해당 소득이 대표자에게 귀속되는 것으로 보아 원천징수의무가 발생하는 경우에는 위 요건에 더하여 이미 원천징수가 된 경우에 한하여 공익채권이 될 수 있다(제179조 제1항 제9호 가목 단서). 따라서 공익채권으로 보기는 어렵고 개시후기타채권으로 보아야 할 것이다.

관하여는 국세기본법 제21조, 지방세기본법 제34조에 규정되어 있다. 한편 제2차 납세의무[101]는 언제 성립하는가. 이에 관하여 법은 명시적 규정을 두고 있지 않다. 제2차 납세의무는 납세자가 납세의무를 이행할 수 없는 경우 납세자를 갈음하여 납세의무를 지는 것이므로(국세기본법 제2조 제11호, 지방세기본법 제2조 제1항 제13호) 주된 납세의무의 체납사실 및 무자력을 요건으로 하여 성립한다고 할 것이다.[102] 회생절차개시 전에 성립된 조세채권이 회생채권이다.[103]

회생절차개시 후의 원인으로 생긴 조세채권이 ① 회생절차개시 후의 채무자의 업무 및 재산의 관리와 처분에 관한 비용(제179조 제1항 제2호), ② 채무자의 업무 및 재산에 관하여 관리인이 회생절차개시 후에 한 자금의 차입 그 밖의 행위로 인하여 생긴 청구권(제179조 제1항 제5호), ③ 제1호부터 제14호에 규정된 것 외의 것으로서 채무자를 위하여 지출하여야 하는 부득이한 비용(제179조 제1항 제15호)에 해당하면 공익채권이 된다. 여기에 해당하지 않으면 개시후기타채권이 된다.

한편 회생절차개시결정 전에 성립된 조세채권이라도 회생절차개시 당시 아직 납부기한이 도래하지 아니한 것으로서 ① 원천징수하는 조세[다만 「법인세법」 제67조(소득처분)의 규정에 의하여 대표자에게 귀속된 것으로 보는 상여에 대한 조세는 원천징수된 것에 한한다.], ② 부가가치세·개별소비세·주세 및 교통·에너지·환경세, ③ 본세의 부과징수의 예에 따라 부과징수하는 교육세 및 농어촌특별세, ④ 특별징수의무자가 징수하여 납부하여야 하는 지방세는 공익채권이다(제179조 제1항 제9호).[104][105]

나. 가산세의 경우

가산세는 국세기본법 및 세법 또는 지방세기본법 및 지방세관계법에 규정하는 의무의 성실한 이행을 확보하기 위하여 세법·지방세기본법 또는 지방세관계법에 따라 산출한 세액에 가

---

100) 대법원 2002. 9. 4. 선고 2001두7268 판결, 대법원 1994. 3. 25. 선고 93누14417 판결, 대법원 1982. 5. 11. 선고 82누56 판결 등 참조.

101) 제2차 납세의무에 관하여는 〈제8장 제3절 Ⅲ.〉(본서 666쪽)을 참조할 것.

102) 대법원 1982. 8. 24. 선고 81누80 판결(제2차 납세의무는 주된 납세의무자의 체납 등 그 요건에 해당되는 사실의 발생에 의하여 추상적으로 성립하고 납부통지에 의하여 고지됨으로써 구체적으로 확정된다). 제2차 납세의무로 인한 조세채권이 회생채권인지 공익채권인지는 주된 납세의무자의 납세의무 성립시기를 기준으로 할 것이 아니라 제2차 납세의무자의 납세의무 성립시기를 기준으로 한다는 점에 주의를 요한다.

103) 조세채권에 대하여도 회생담보권이 있을 수 있다(국세징수법 제18조, 지방세기본법 제65조, 지방세징수법 제27조). 회생담보권이란 회생채권(조세채권)이나 회생절차개시 전의 원인으로 생긴 채무자 외의 자에 대한 재산상의 청구권(조세채권)으로서 회생절차개시 당시 채무자의 재산상에 존재하는 저당권 등의 담보권에 의하여 담보된 범위의 조세채권을 말한다(제141조 제1항). 납세담보에 관하여는 「전대규(지방세), 199쪽 각주 28)」을 참조할 것.

104) 이들을 공익채권으로 하는 이유에 관하여는 아래 〈제4절 Ⅰ.2.가.(10)〉(본서 677쪽)을 참조할 것.

105) 결과적으로 조세채권은 ① 회생절차개시 전에 성립한 회생채권, ② 회생절차개시 후에 성립한 것으로 제179조 제1항 제2호, 제5호, 제15호에 해당하는 공익채권과 회생절차개시 전에 성립한 것으로 제179조 제1항 제9호에 해당하는 공익채권, ③ 회생절차개시 후에 발생한 것으로 공익채권에 해당하지 않는(제179조 제1항 제2호, 제5호, 제15호에 해당하지 않는 것) 개시후기타채권이 있을 수 있다. 예컨대 채무자(일반과세자)가 2024. 1. 1.부터 3. 20.까지 부가가치세 과세대상 행위(재화나 용역의 공급)를 하고, 2024. 3. 30. 회생절차개시결정이 된 경우, 조세(예정신고기간에 대한 부가가치세)채무는 2024. 3. 31.에 성립하지만(국세기본법 제21조 제3항 제3호, 부가가치세법 제48조 제1항) 제179조 제1항 제2호, 제5호, 제15호에는 해당하지 않기 때문에 부가가치세는 개시후기타채권이 된다. ④ 나아가 회생담보권도 있을 수 있다.

산하여 징수하는 금액을 말한다(국세기본법 제2조 제4호, 지방세기본법 제2조 제1항 제23호). 또한 아래 (1)에서 보는 바와 같이 법정납부기한(납부기한)과 납부일 사이의 기간에 대한 지연배상금에 상당하는 금액도 가산세(납부지연가산세)이다.

가산세는 원칙적으로 과세권의 행사와 조세채권의 실현을 용이하게 하기 위하여 세법에 규정된 의무를 정당한 이유 없이 위반한 납세자에게 부과하는 일종의 행정상 제재로서, 개별 세법에 의하여 산출한 법인세 등 본세에 가산세를 가산한 금액을 본세의 명목으로 징수한다 하더라도 이는 징수절차의 편의상 본세의 세액에 가산하여 함께 징수하는 것일 뿐 세법이 정하는 바에 의하여 성립·확정되는 본세와는 그 성질이 다르므로, 본세의 산출세액이 없는 경우에는 가산세도 부과·징수하지 아니한다는 등의 특별한 규정이 없는 한, 본세의 산출세액이 없다 하더라도 가산세만 독립하여 부과·징수할 수 있다.[106]

가산세 납세의무는 각 가산세별로 성립시기가 정해져 있고(국세기본법 제21조 제1항 제11호, 지방세기본법 제34조 제1항 제12호), 그 과세표준과 세액을 정부가 결정하는 때에 확정된다(국세기본법 제22조 제3항, 지방세기본법 제35조 제1항 제2호).

(1) 지연배상금 성격의 납부지연가산세

납부지연가산세는 납세의무자로 하여금 세법에 정한 의무를 성실하게 이행하도록 하는 취지 외에 법정납부기한(납부기한)과 납부일 사이의 기간에 대한 지연배상금에 상당하는 금액으로 정상적으로 납부한 자와의 형평성을 유지하기 위한 성격도 있다.

국세기본법 제47조의4 제1항 제1호 중 납부고지서 납부기한 다음날부터 납부일까지의 기간에 해당하는 금액[107]과 제3호의 금액[108]에 해당하는 납부지연가산세 및 지방세기본법 제55조 제1항 제3호,[109] 제4호[110]의 납부지연가산세는 조세를 납부기한까지 납부하지 아니한 경우 고지세액에 가산하여 징수하는 금액이거나 납부기한 경과 후 일정기한까지 납부하지 아니한 때에 그 금액에 다시 가산하여 징수되는 금액이다. 그 법적 성질은 지연배상금(지체책임)의 성질을 띤다. 따라서 이러한 가산세를 '지연배상금(지연이자) 성격의 납부지연가산세'라 할 수 있다.

회생절차가 신청되어 조세채권의 변제금지 보전처분이 내려지거나 회생절차개시결정이 내려져 변제금지의 효력이 생겨도(제131조 본문), 위와 같은 납부지연가산세의 경우 채무자는 조세채권에 대해 지방세징수법 제25조에 의하여 징수유예 또는 국세징수법 제13조에 의하여 납부기한연장 등을 받거나[111] 법원의 허가를 얻어 납부할 수 있으므로 조세채권이 회생채권에

---

106) 대법원 2007. 3. 15. 선고 2005두12725 판결.

107) 미납·과소납부세액(이자 상당 가산액 포함)×[납부기한 다음날~납부일(납부고지일~납부고지서에 따른 납부기한까지 기간 제외)]×2.2/10,000(국세기본법 시행령 제27조의4)

108) 납부고지 후 미납·과소납부세액(이자 상당 가산액 포함)×3%

109) 납부고지 후 미납·과소납부세액(이자 상당 가산액 포함)×3%

110) 미납·과소납부세액(이자 상당 가산액 포함)×납세고지서에 따른 납부기한 경과 후 1개월마다 0.66%(기방세기본법 시행령 제34조 제2항)

111) 국세의 경우 국세징수법 제13조에 따라 납부기한 등의 연장을 받을 수 있을 것이다. 이 경우에도 납부지연가산세는 부과되지 않는 것으로 보아야 할 것이다(국세기본법 제47조의4 제7항 참조, 국세기본법 시행령 제13조 전문). 납세

해당한다는 사유만으로 납부기한 도과에 정당한 사유가 있다고 볼 수 없으므로 회생계획인가 전에는[112] 회생채권인 조세채권에 관하여 국세징수법에 의한 납부기한 연장이나 지방세징수법에 의한 징수유예를 받지 않는 한 위와 같은 납부지연가산세가 발생한다.[113]

납부지연가산세가 회생채권인지 공익채권인지는 단계별로 나누어 살펴보아야 한다. ① 본세가 회생절차개시 전에 성립하였고 납부지연가산세도 회생절차개시 전에 성립한 경우 가산세는 당연히 회생채권에 해당한다. ② 회생절차개시 전의 원인으로 인한 조세(본세)에 기하여 회생절차개시 후에 발생한 납부지연가산세는 납세의무가 회생절차개시 후에 성립할 경우라도 일반의 우선권 있는 회생채권이다(제118조 제3호 참조).[114] ③ 본세가 회생절차개시 후에 생긴 공익채권에 해당한다면 이에 기한 납부지연가산세는 본세를 따라 역시 공익채권이라고 본다. 이 경우 납부지연가산세는 채무자의 업무 및 재산의 관리와 처분에 관한 비용(제179조 제1항 제2호) 또는 채무자를 위하여 지출하여야 할 부득이한 비용(제179조 제1항 제15호)에 해당한다고 할 것이다. ④ 본세가 회생절차개시 후에 발생하였지만 공익채권이 아닌 경우(본세가 개시후기타채권인 경우) 납부지연가산세는 개시후기타채권이 된다.

한편 납세자가 납세(납부)의 고지 또는 독촉을 받은 후 제140조에 따른 징수의 유예를 받았을 때에는 지연배상금 성격의 납부지연가산세가 발생하지 않는다(국세징수법 시행령 제13조, 지방세징수법 제28조 제4항).[115]

(2) 지연배상금 성격을 띤 납부지연가산세를 제외한 가산세가 회생채권인지 공익채권인지 여부

가산세는 앞에서 본 바와 같이 그 종류마다 납세의무의 성립시기가 다르다. 지연배상금 성격을 띤 납부지연가산세를 제외한 가산세(이하 '가산세'라고만 한다)가 회생채권인지 공익채권인지는 본세와 마찬가지로 가산세의 납세의무의 성립시기에 따라 결정될 것이다. ① 회생절차개시 전에 발생한 가산세면 회생채권이고, 회생절차개시 후에 발생한 가산세면 공익채권이다. ② 본세가 회생절차개시 전에 성립한 경우로서 국세기본법 제21조 제2항 제11호 마목 및 지방세기본법 제34조 제1항 제12호 사목 단서에 해당하는 가산세는 회생절차개시 후에 발생한 것이라도 회생채권이다. 가산세의 납세의무 성립시기가 회생절차개시 전이기 때문이다. ③ 본세가 회생절차개시 후에 성립한 공익채권에 해당하면 그에 기한 가산제도 공익채권에 해당한다. ④ 본세가 회생절차개시 후에 성립하였으나 공익채권에 해당하지 않는 경우(본세가 개시후기타채권인 경우) 이에 대한 가산세도 본세를 따라 개시후기타채권이라고 할 것이다.

자가 납부고지 또는 독촉을 받은 후에 제140조에 따른 징수의 유예를 받은 경우에도 납부지연가산세를 부담하지 않는다(국세징수법 시행령 제13호 후문).

112) 회생계획인가 후에는 일반적으로 회생계획에 징수유예나 체납처분(강제징수)유예가 규정되어 있으므로 위와 같은 납부지연가산세가 발생하지 않는다.

113) 대법원 1982. 5. 11. 선고 82누56 판결 참조.

114) 반면 파산절차에서 위와 같은 납부지연가산세는 후순위 파산채권이고(제446조 제1항 제2호, 대법원 2017. 11. 29. 선고 2015다216444 판결), 개인회생절차에서는 후순위 개인회생채권이다(제581조 제2항).

115) 국세의 경우 앞에서 본 바와 같이 납부기한 등의 연장(국제징수법 제13조)을 받은 경우에도 납부지연가산세가 발생하지 않는다(국세기본법 제47조의4 제7항). 대법원 2009. 1. 30. 자 2007마1584 결정 참조.

3. 조세 등 청구권에 관한 특칙

가. 회생절차개시신청의 통지 및 의견진술에 관한 특칙

(1) 세무서장에의 통지

일반 회생채권자는 회생절차개시결정이 있어야 비로소 통지를 받으나(제51조 제2항), 주식회사인 채무자[116]의 주된 사무소 또는 영업소(외국에 주된 사무소 또는 영업소가 있는 때에는 대한민국에 있는 주된 사무소 또는 영업소를 말한다)를 관할하는 세무서장[117]은 회생절차개시의 신청이 있을 때 통지를 받는다(제40조 제1항 제3호). 회생절차에서 조세채권의 권리행사가 제약되고(제44조 제1항 제5호, 제58조 제3항 등) 채권신고 등 절차참가의 필요성(제156조 제1항) 등이 있음을 고려하여 조세채권자에 대하여 통지하도록 한 것이다.

(2) 징수권자로부터의 의견청취

일반 회생채권자는 관계인집회를 통해서만 의견진술이 가능하지만, 국세징수법 또는 지방세징수법에 의하여 징수할 수 있는 청구권{국세징수의 예, 국세 또는 지방세 체납처분(강제징수)의 예에 의하여 징수할 수 있는 청구권으로서 그 징수우선순위가 일반 회생채권보다 우선하는 것을 포함한다}의 경우 법원이 필요하다고 인정한 때에는 징수의 권한을 가진 자에 대하여 채무자의 회생절차에 관한 의견 진술을 구할 수 있고(제40조 제2항), 또한 이러한 자는 스스로 법원에 대하여 회생절차에 관한 의견을 진술할 수도 있다(제40조 제3항).

나. 중지명령·포괄적 금지명령에 관한 특칙

회생절차개시의 신청이 있는 경우 법원이 국세징수법 또는 지방세징수법에 의한 체납처분(강제징수), 국세징수의 예{국세 또는 지방세 체납처분(강제징수)의 예를 포함한다}에 의한 체납처분(강제징수), 조세채무담보의 목적으로 제공된 물건의 처분의 중지명령을 할 수 있음은 다른 회생채권자의 경우와 같으나,[118] 미리 징수권한을 가진 자의 의견을 들어야 한다(제44조 제1항 제5호 단서).

일반 회생채권·회생담보권의 경우에는 회생절차개시의 신청 후 개시 전에 발령되는 포괄적 금지명령에 의하여 강제집행·가압류·가처분 또는 담보권실행을 위한 경매절차가 금지·중지되나, 국세징수법 또는 지방세징수법에 의한 체납처분(강제징수), 국세징수의 예{국세 또는 지방세 체납처분(강제징수)의 예를 포함한다}에 의한 체납처분(강제징수), 조세채무담보의 목적으로

---

116) 채무자가 주식회사인 경우만을 규정하고 있으나, 이는 예시적인 것으로 보아야 할 것이다. 실무는 주식회사 외의 회사나 개인의 경우에도 세무서장에게 통지를 하고 있다.
117) 세무서장이라고 되어 있지만, 지방세를 징수하는 지방자치단체의 장도 포함된다고 보아야 한다. 실무적으로도 지방자치단체의 장에게도 통지하고 있다. 국세와 지방세를 차별할 이유가 없다는 점에서 지방자치단체의 장에게도 통지하도록 개정할 필요가 있다.
118) 과세관청 입장에서는 체납처분(강제징수)에 대한 중지명령이 있더라도 취소사유가 발생한 경우에는 법원에 취소를 요청할 수 있을 것이다(제44조 제3항).

제공된 물건의 처분은 포괄적 금지명령에 의해서도 절차의 진행이 금지·중지되지 아니한다 (제45조). 따라서 체납처분(강제징수) 등의 중지가 필요한 경우에는 별도의 중지명령을 신청하여 야 한다는 것은 앞에서 본 바와 같다.

다. 회생절차개시결정에 따른 중지·금지 및 취소명령 관련 특칙

조세 등 청구권이라도 다른 회생채권과 마찬가지로 회생절차개시결정에 의하여 그 권리의 개별적 행사는 금지된다.

국세징수의 예에 의하여 징수할 수 있는 청구권으로서 그 징수순위가 일반 회생채권보다 우선하지 아니하는 것에 기한 체납처분(강제징수)은 당연히 금지 또는 중지된다(제58조 제1항 제 3호, 제2항 제3호). 회생계획이 인가된 후에는 중지된 체납처분(강제징수)은 실효되지 않고(256조 제1항), 취소명령의 대상이 될 뿐이다(본서 1006쪽).[119]

국세징수법 또는 지방세징수법에 의한 체납처분(강제징수), 국세징수의 예에 의하여 징수할 수 있는 청구권으로서 그 징수순위가 일반 회생채권보다 우선하는 것에 기한 체납처분(강제징 수), 조세담보를 위하여 제공한 물건의 처분은 회생절차개시결정으로 금지·중지되기는 하지 만, ① 회생계획 인가결정이 있는 날, ② 회생절차가 종료되는 날 또는 ③ 회생절차 개시결정 이 있은 날부터 2년이 되는 날 중 먼저 도래하는 날까지의 기간 동안에만 금지 또는 중지된 다. 다만 법원은 채무자의 회생 등을 위하여 필요하다고 인정하는 때에는 관리인의 신청에 의 하거나 직권으로 그 기간을 1년 범위 내에서 연장할 수 있다(제58조 제3항).[120] 위 기간이 지나 면 체납처분(강제징수) 등을 하거나 속행할 수 있다. 회생계획이 인가되더라도 중지된 체납처분 (강제징수) 등은 실효되지 않는다.

또한 국세징수의 예에 의하여 징수할 수 있는 청구권으로서 그 징수순위가 일반 회생채권 보다 우선하지 아니하는 것은 취소명령의 대상이 되지만, 국세징수법 또는 지방세징수법에 의 한 체납처분(강제징수), 국세징수의 예에 의하여 징수할 수 있는 청구권으로서 그 징수순위가 일반 회생채권보다 우선하는 청구권에 기한 체납처분(강제징수)과 조세담보를 위하여 제공한 물건의 처분은 취소명령의 대상이 되지 않는다(제58조 제5항).[121]

---

119) 다만 입법론적으로 제256조 제1항은 실효대상에서 제58조 제2항 제3호의 체납처분을 제외하고 있지만, 다른 일반 회생채권과 달리 볼 이유가 없으므로 제58조 제2항 제3호의 체납처분도 실효되는 것으로 개정할 필요가 있다.

120) **조세 등 청구권에 대한 체납처분(강제징수) 등의 속행** 회생절차개시결정으로 일정기간 중지·금지되는 체납처분(강 제징수) 등은 일정한 경우 속행될 수 있다. ① 기간경과로 인한 속행. 중지·금지의 기간이 지나면 당연히 중지된 절차는 속행할 수 있고, 새로이 체납처분(강제징수) 등을 할 수 있다. ② 회생계획인가로 인한 속행. 중지·금지의 기간이 지나기 전이라도 회생계획에서 조세 등 청구권에 관하여 징수 또는 환가의 유예, 납부기한 등의 연장이 정 하여지지 않는 한 중지된 절차는 속행할 수 있고, 새로이 체납처분(강제징수) 등을 할 수 있다(제256조 제1항, 제58 조 제3항 제1호). ③ 회생절차 종료로 인한 속행. 회생절차가 종료된 경우 중지된 절차를 속행하거나 새로이 체납처 분(강제징수) 등을 할 수 있는 것은 당연하다. ④ 법원의 속행명령에 따른 속행. 중지·금지기간이 지나기 전이고, 회생계획이 인가되거나 종료되기 전이라도, 법원의 속행명령에 따라 중지된 체납처분(강제징수) 등을 속행할 수 있 다(제58조 제5항).

121) 후자에 대하여 회생계획인가결정 전까지 취소가 가능하다는 견해가 있다(〈제5장 제3절 Ⅳ.4.라.(2)〉(본서 342쪽)를 참조할 것}.

라. 변제에 관한 특칙

일반 회생채권은 원칙적으로 회생계획에 의하지 아니하고는 변제 등 소멸하는 행위를 할 수 없다(제131조 본문). 그러나 징수순위가 일반 회생채권보다 우선하는 조세 등 청구권의 경우에는 ① 그 체납처분(강제징수)이나 담보물권의 처분 또는 그 속행이 허용되는 경우나 ② 체납처분(강제징수)에 의해 압류(압류의 효력이 미치는 채권을 포함한다)에 관하여 그 체납처분(강제징수)의 중지 중에 제3채무자가 징수의 권한을 가진 자에게 임의로 이행하는 경우 그 예외를 인정한다(제131조 단서). 즉 속행 등으로 얻은 목적물의 환가금 등으로 조세 등 청구권에 충당할 수 있고(조세 등 청구권의 우선성) 체납처분(강제징수)의 자력집행성이 인정된다(본서 617쪽). 이 경우 회생계획에 이를 명시하여야 한다(제198조).

또한 위 체납처분(강제징수) 등에 의한 강제환가절차에서는 회생채권인 조세채권이라 하더라도 공익채권보다 우선하여 변제받을 수 있다. 회생절차에서 공익채권이 회생채권보다 우선하여 변제받는다는 것은(제180조 제2항) 채무자의 일반재산으로부터 변제를 받는 경우에 우선한다는 의미에 불과하고(또한 제180조 제2항이 국세기본법 제35조 제1항, 국세징수법 제81조 제1항에 대한 예외규정에 해당한다고 볼 수도 없다), 조세채권의 우선권이 보장되는 체납처분(강제징수)에 의한 강제환가절차에서는 회생채권인 조세채권이라고 하더라도 공익채권보다 우선하여 변제받을 수 있기 때문이다.[122]

한편 관리인은 법원의 허가를 얻어 조세 등 청구권을 변제할 수 있다(제131조 단서). 상거래 채권자에 대한 변제(제132조)는 '사업계속에 지장을 초래할 우려', '회생을 위하여 필요하다고 인정될 것'이 인정되어야 변제를 허가할 수 있고, 허가를 함에는 물론 관리위원회나 채권자협의회의 의견을 들어야 한다. 그러나 조세 등 청구권의 변제에 대한 허가에는 이러한 제한이 없다.

마. 채권신고 및 채권조사에 관한 특칙

(1) 채권신고에 관한 특칙

조세 등 청구권도 회생채권이므로, 관리인이 제출한 채권자목록에 기재되거나 신고를 요하고(제156조), 목록에 기재되지 아니하고 신고가 없으면 실권된다. 다만 신고기간 내에 회생채권을 신고하여야 하는 다른 일반 회생채권과 달리 국세징수법 또는 지방세징수법에 의하여 징수되는 조세, 국세징수의 예에 의하여 징수할 수 있는 청구권으로서 그 징수순위가 일반 회생채권보다 우선하는 조세 등 청구권은 '지체 없이'[123] 신고하면 족하다(제156조 제1항). "지체 없이

---

122) 대법원 2012. 7. 12. 선고 2012다23252 판결 참조. 위 판결에 대하여는 공익채권은 회생절차가 성공적으로 수행된 경우뿐만 아니라 실패한 경우에도 우선적인 변제를 보장하고 있는 것(제291조)을 고려하지 않았고, 조세채권도 특정재산에 의하여 담보되는 채권이 아니라 기본적으로 채무자의 일반재산에서 채권 만족을 받은 일반채권 중 하나라는 점을 간과한 것이라는 비판이 있다(도산판례백선, 122쪽).

123) 법제실무상 '지체 없이'는 '즉시'와 마찬가지로 시간적 즉시성이 강하게 요구되지만, 정당한 또는 합리적인 이유에 기

신고하여야 한다"는 취지는 회생계획안 수립에 장애가 되지 않는 시기까지, 즉 늦어도 회생계획안 심리를 위한 관계인집회가 끝나기 전까지는 신고되어야 한다는 의미이다.[124] 따라서 회생절차개시결정 전에 조세채권이 추상적으로 성립하여 있었다고 하더라도 장차 부과처분에 의하여 구체적으로 정하여질 조세채권을 회생채권으로 신고하지 아니한 채 회생계획인가결정이 된 경우에는 과세관청은 더 이상 부과권을 행사할 수 없다(제251조).[125]

국세징수의 예에 의하여 징수할 수 있는 청구권으로서 그 징수순위가 일반 회생채권보다 우선하지 않는 청구권은 신고기간 내에 신고하여야 한다.

(2) 채권조사에 관한 특칙

국세징수법 또는 지방세징수법에 의하여 징수할 수 있는 청구권(국세징수의 예에 의하여 징수할 수 있는 청구권으로서 그 징수순위가 일반 회생채권보다 우선하는 것을 포함한다)은 행정처분에 의하여 발생한 청구권으로 그 부과처분이 취소되지 않는 한 공정력을 가지고 있어 신고가 있는 경우 일응 진정한 채권으로 인정되므로 채권조사의 대상이 되지 않는다. 관리인만이 채무자가 할 수 있는 방법(행정심판, 행정소송 등)으로 불복할 수 있을 뿐이다(제157조 제1항).

국세징수의 예에 의하여 징수할 수 있는 청구권으로서 일반 회생채권보다 우선하지 아니하는 것에 대하여도 공정력을 가지고 있으므로 신고가 있으면 일응 진정한 채권으로 인정하여 채권조사의 대상이 되지 않는다고 보아야 한다는 견해가 있으나,[126] 제157조 제1항은 일반 회생채권에 대한 특칙으로 엄격하게 해석할 필요가 있고(채권조사를 할 것인지는 입법적 결단의 문제이지 공정력의 유무와는 무관하다), 위와 같은 해석은 명문의 규정에 반하는 것으로 채권조사의 대상이 된다고 보아야 할 것이다.

조세 등 청구권은 우선 진정한 권리로 인정할 수 있으므로 조사절차 없이 국가 등에 의하여 신고가 있으면 법원은 회생채권자표 등에 기재하여야 하고 이 경우에 관리인만이 채무자가 할 수 있는 행정소송 등의 방법으로 불복할 수 있고 그 불복의 방법으로 변경되면 그 결과를 회생채권자표 등에 기재하게끔 되어 있으므로 관리인은 통상적인 조사확정재판절차로써 확정을 구할 이익이 없다고 할 것이다.[127] 관련 내용은 〈제9장 제3절〉(본서 755쪽)을 참조할 것.

바. 권리변경 등에 관한 특칙[128]

제140조 제2항에서 규정하는 조세 등 청구권도 제251조에서 규정하는 권리변경의 대상이 되는 회생채권에 속하므로, 채무자가 회생계획인가 후 이러한 조세 등 청구권에 대하여 변제하여야 할 채

한 지체는 허용되는 것으로 해석되고, 사정이 허락하는 한 가장 신속하게 하여야 한다는 것을 뜻한다.

124) 대법원 1980. 9. 9. 선고 80누232 판결 참조.

125) 대법원 2007. 9. 6. 선고 2005다43883 판결 참조. 따라서 그 조세채권에 관하여 회생계획인가결정 후에 한 부과처분은 부과권이 소멸한 뒤에 한 위법한 과세처분으로서 그 하자가 중대하고도 명백하여 당연무효이다.

126) 회생사건실무(상), 439, 572~573쪽.

127) 대법원 1967. 12. 5. 선고 67다2189 판결 참조.

128) 국민연금보험료나 국민건강보험료의 납부의무자는 국가, 지방자치단체 또는 「공공기관의 운영에 관한 법률」 제4조

무의 범위는 다른 일반 회생채권과 마찬가지로 인가된 회생계획의 내용에 따라 정해지게 된다.[129]

다만 국세징수법 또는 지방세징수법에 의하여 징수할 수 있는 청구권(국세징수의 예에 의하여 징수할 수 있는 청구권으로서 그 징수순위가 일반 회생채권보다 우선하는 것을 포함한다)에 관하여 회생계획에서 권리를 변경하기 위해서는 권리의 변경정도에 따라 징수권자의 동의를 얻거나 그 의견을 들어야 한다. 징수를 유예하거나[130] 체납처분(강제징수)에 의한 재산의 환가를 유예하는[131] 기간이 3년 이하인 때에는 징수권자의 의견을 들어야 하고(제140조 제2항),[132] 유예기간이 3년을 넘거나 채무의 승계(제280조 참조), 조세의 감면 또는 그 밖에 권리에 영향을 미치는 내용을 정한 경우에는 징수권자의 동의를 얻어야 한다(제140조 제3항).[133] 여기서 '징수유예'는 '납부기한의 연장'을 의미하므로[134] 회생계획인가일 이후로는 지연배상금 성격의 납부지연가산세[135]가 발생하지 않는다(지방세징수법 제28조 제2항 참조).

징수권자의 동의가 필요한 경우임에도 징수권자의 동의를 받지 아니하거나 징수권자가 부동의하였음에도 회생계획이 인가된 때에는 징수권자는 불복할 수 있으나(제247조), 불복하지 아니하여 이미 회생계획이 그대로 확정된 경우에는 징수의 권한을 가진 자의 동의를 받지 아

에 따른 공공기관으로부터 공사·제조·구매·용역 등 대통령령으로 정하는 계약의 대가를 지급받는 경우에는 보험료와 그에 따른 연체금 및 체납처분비의 납부사실을 증명하여야 한다(국민연금보험법 제95조의2 제항, 국민건강보험법 제81조의3 제1항 본문). 그러나 체납된 국민연금보험료와 그에 따른 연체금 및 체납처분비가 제140조에 따른 징수 유예 또는 체납처분에 의한 재산의 환가 유예로 인하여 납부되지 못하는 경우에는 납부사실을 증명하지 않아도 된다(국민연금법 시행령 제70조의4 제5호). 또한 회생계획에서 국민건강보험료와 그에 따른 연체금 및 체납처분비의 징수를 유예하거나 체납처분에 의한 재산의 환가를 유예하는 내용을 정한 경우에는 납부사실을 증명하지 아니하여도 된다(국민건강보험법 제81조의3 제1항 단서, 같은 법 시행령 제47조의3 제2항 제4호).

129) 대법원 2009. 1. 30. 자 2007마1584 결정. 미국의 경우 조세채권은 우선권 있는 채권으로 5년 이내에 전액이 변제되어야 한다{11 U.S.C. §1129(a)(9)(C)}.

130) 국세징수법 제13조 제2항, 지방세징수법 제28조 제2항에 의해 회생계획에서 '납부기한의 연장'이나 '징수유예'를 정한 때에는 지연배상금 성격의 납부지연가산세가 발생하지 않는다. 문제는 회생계획인가 전에 독촉장에서 정한 납부기한이 도과된 경우이다. 독촉장에서 정한 납부기한이 지난 후 압류를 개시하지 않는 것은 징수유예가 아니라 체납처분(강제징수)유예이다. 따라서 국세징수법이나 지방세징수법의 문언에 따르면 납부지연가산세가 발생한다고 해석될 여지가 있다. 그러나 독촉장에서 정한 납부기한이 지난 후에 회생계획인가결정이 있는 경우 위 조항들의 적용을 배제한다면 실제 사례에서 납부지연가산세가 발생하지 않는 경우는 드물 것이라는 점, 조세채권에 대한 지나친 우대는 채무자의 회생을 어렵게 할 수 있다는 점, 위 조항들의 입법취지 등에 비추어 보면, 이러한 경우에도 납부지연가산세가 발생하지 않는다고 할 것이다. 이 경우 납부지연가산세가 발생하지 않는 기산점은 회생계획인가결정일이다. 따라서 회생계획에는 회생계획인가결정 전일까지 발생한 납부지연가산세에 대한 권리변경을 규정하면 된다. 입법론적으로는 체납처분(강제징수)에 의한 재산의 환가유예를 정한 경우에도 납부지연가산세가 발생하지 않도록 개정할 필요가 있다.

131) 국세의 경우에는 납부기한의 연장 등(국세징수법 제13조)이나 압류·매각의 유예(국세징수법 제105조)를 말한다.

132) 벌금 등 청구권과 달리 조세 등 청구권은 위법행위에 대한 제재가 아니고, 채무자의 경제활동에 기초하여 발생한 공적비용으로서의 성질을 갖는 것이기 때문에, 권리변경의 모든 경우에 관하여 징수권자의 동의를 요하는 것은 합리성이 인정되지 않는다. 따라서 이러한 경우 동의를 요하지 않고 있다(會社更生法, 594쪽). 한편으론 이러한 정도의 권리변경은 조세 등 청구권의 내용을 본질적으로 변경하는 것은 아니라는 판단에 기초한 것으로 보인다.

133) 회생계획 중 회생채권으로 신고한 조세채권에 관하여 '회생절차 개시결정일부터 이 회생계획안에서 정한 변제기일까지의 이자는 전액 면제'한다는 부분은 회생절차 개시결정일부터 위 변제기일까지 발생하였거나 발생할 위 조세채권의 지연배상금 성격의 납부지연가산세는 이를 면제한다는 취지이다(대법원 2005. 6. 10. 선고 2005다15482 판결 참조).

134) 대법원 1991. 3. 12. 선고 90누2833 판결 참조.

135) 국세는 '국세기본법 제47조의4 제1항 제1호 중 납부고지서 납부기한 다음날부터 납부일까지의 금액과 제3호의 금액'에 해당하는 납부지연가산세를, 지방세는 지방세기본법 제55조 제1항 제3호, 제4호의 납부지연가산세를 말한다.

니한 절차상의 하자가 있다는 사정만으로는 회생계획의 효력을 다툴 수 없다.[136)]

그런데 3년을 넘는 징수유예나 체납처분(강제징수)유예에 징수권자의 동의를 얻게 하는 것은 조세채권을 지나치게 우대하여 공익채권에 맞먹는 지위를 부여하는 것으로 입법론적으로는 의문이다.

사. 회생계획안 작성 원칙에 관한 특칙

(1) 공정하고 형평에 맞는 차등원칙의 적용 배제

국세징수법 또는 지방세징수법에 의하여 징수할 수 있는 청구권(국세징수의 예에 의하여 징수할 수 있는 청구권으로서 그 징수순위가 일반 회생채권보다 우선하는 것을 포함한다)에 대하여는 회생계획에 적용되는 공정하고 형평에 맞는 차등원칙이 적용되지 않는다(제217조 제2항). 따라서 회생담보권, 회생채권 등보다 우선하는 조건으로 취급할 수 있다.

권리에 영향을 미치는 내용을 정하는 때에는 징수권자의 동의를 얻도록 하는 것을 원칙으로 하고 있다(제140조 제3항). 관련 내용은 〈**제12장 제2절 I.1.**〉(본서 846쪽)을 참조할 것. 조세 등 청구권의 공적성질을 고려하여 특별히 취급하고 있는 것이다.

(2) 청산가치보장원칙의 적용 여부

조세채권에 대하여 청산가치보장원칙(제243조 제1항 제4호)이 적용되는가. ① 조세채권에 대하여는 원칙적으로 징수권자의 동의를 얻어야만 권리변경이 가능하므로(제140조 제3항) 징수권자의 동의를 얻어 권리변경을 하는 경우에는 청산가치보장원칙이 적용되지 아니한다(제243조 제1항 제4호 단서 참조). ② 징수권자의 의견청취만으로 3년 이하의 기간 동안 분할변제를 규정하는 경우에도 청산가치보장원칙이 적용되지 아니한다. 왜냐하면 조세채권은 법에 의해 당연히 3년간 변제가 유예되는 것이고(제140조 제2항), 청산가치보장원칙은 동일한 채권자 조에 속하는 다수의 채권자들의 동의에 의하여 소수의 반대 채권자들의 의사를 무시하고 회생계획안의 구속력을 반대 채권자들에게 미치게 하는 것을 정당화시키기 위한 것인데, 조세채권은 특정한 조에 편입되지 않고(제236조 제2항 단서) 관계인집회에서 의결권도 없으며(제191조 제2호) 의견청취만으로 권리변경이 가능하므로 다른 회생채권 등에 적용되는 청산가치보장원칙을 조세채권에 그대로 적용할 필요가 없기 때문이다.[137)]

---

136) 대법원 2005. 6. 10. 선고 2005다15482 판결 참조. 위 판결은 제255조 제1항 및 해당 조항에서 '확정판결과 동일한 효력'은 기판력이 아닌 불가쟁력을 의미한다는 대법원 판결(대법원 2003. 9. 26. 선고 2002다62715 판결)을 근거로 하고 있지만, 타당한지는 의문이다.

137) 현재 실무에서는 조세채권의 원금 및 개시결정 전날까지 발생한 가산세 등에 대해 3년간 분할 변제하면서 그 유예기간 동안의 지연배상금 성격의 납부지연가산세 등은 변제하지 않는 것으로 회생계획을 작성하고 있다. 이로 인하여 조세채권의 청산배당률이 100%임에도 회생계획에 의한 현가할인율은 이에 미치지 못하는 현상이 발생하고 있다(실제로 변제되는 명목상의 금액은 동일하다). 조세채권에도 청산가치보장원칙이 적용된다고 할 경우 이는 문제가 있을 수 있다. 그런데 이는 제140조 제2항이 조세채권의 경우 3년간의 변제 유예기간을 허용함으로써 발생한 것으로 청산가치보장원칙에 반하는 것으로 보기 어렵다. 나아가 이는 결국 조세채권의 경우 청산가치보장원칙이 적용되지 않는다는 근거로도 될 수 있다.

아. 관계인집회에서의 결의절차 참가에 관한 특칙

국세징수법 또는 지방세징수법에 의하여 징수할 수 있는 청구권(국세징수의 예에 의하여 징수할 수 있는 청구권으로서 그 징수순위가 일반 회생채권보다 우선하는 것을 포함한다)을 가진 자는 회생계획안의 결의에 있어서는 어느 조에도 속하지 않는다(제236조 제2항 단서). 의결권을 행사할 수도 없다(제191조 제2호). 이는 위 청구권자에게는 동의 여부를 결정할 수 있는 권한이나 의견 진술의 기회를 미리 주었기 때문이다. 즉 징수의 권한을 가진 자의 동의가 없는 한 회생계획에 의하여 권리변경을 할 수 없기 때문에(제140조 제3항) 의결권이 부정된다.

자. 부인권 행사 제한에 관한 특칙

조세 등의 청구권도 회생채권에 해당하지만, 일반 회생채권보다 우선하는 조세 등의 청구권에 관하여 그 징수의 권한을 가진 자에 대하여 한 담보의 제공 또는 채무 소멸행위는 부인권의 대상이 되지 아니한다(제100조 제2항). 그 반대해석으로 국세징수의 예에 의하여 징수할 수 있는 청구권으로서 일반 회생채권보다 우선하지 아니하는 청구권에 대하여 한 담보의 제공 또는 채무소멸행위는 부인권의 대상이 될 것이다.

〈조세 등 청구권에 인정되는 특칙〉

	조세 등 청구권자	일반회생채권자
개시신청통지	개시신청 후 통지(제40조 제1항)	×
의견진술	회생절차 중 언제든지 가능(제40조 제2항, 제3항)	관계인집회에서만 의견진술 가능
중지명령	징수권자의 의견청취의무(제44조 제1항 제5호)	×
개시결정에 의한 중지·금지	일정기간(제58조 제3항)	기간 제한 없음
채권신고	지체없이(제156조)	신고기간 내 신고(제148조)
권리변경	의견청취 또는 동의(제140조 제2항, 제3항)	다수결(가결요건 충족)
채권조사대상	×	○
공정·형평한 차등원칙	적용×(제217조 제2항)	적용
제3채무자의 임의변제	가능(제131조)	불가능
부인권 인정 여부	×(제100조 제2항)	○

4. 납세보증보험자가 조세채권을 대위변제한 경우

천재지변 등의 사유가 있는 경우 관할 세무서장이나 지방자치단체의 장은 납세자로부터 담보 제공을 받고 납부기한을 연장할 수 있다(국세징수법 제15조, 지방세기본법 제26조 제2항). 또한 납부고지 유예나 징수유예 등을 할 경우에도 담보제공을 요구할 수 있다(국세징수법 제15조, 지방세징수법 제27조). 세법상 제공할 수 있는 담보의 하나로 납세보증보험증권이 인정된다(국세징수법 제18조 제3호, 지방세기본법 제65조 제4호). 이에 따라 납세자가 납세보증보험[138]계약을 체결한 후 회생절차가 개시된 경우 조세채무를 대위변제한 납세보증보험자의 회생절차에서의 지위가 문제된다.

가. 납세보증보험의 변제자대위 인정 여부

조세채권은 우선권과 자력집행권이 인정되는 채권으로 사법상의 채권과 다르고 조세채권 그 자체의 대위를 인정하는 명문의 근거 규정이 없으며, 조세채권이 사인에게 양도될 수는 없다는 점에서 조세채권에 대해 변제자대위가 인정될 수 없다고 볼 수도 있을 것이다. 그러나 납세보증보험은 보험금액의 한도 안에서 보험계약자가 보증 대상 납세의무를 납기 내에 이행하지 아니함으로써 피보험자가 입게 되는 손해를 담보하는 보증보험으로서 보증에 갈음하는 기능을 가지고 있어, 보험자의 보상책임을 보증책임과 동일하게 볼 수 있으므로, 납세보증보험의 보험자가 그 보증성에 터잡아 보험금을 지급한 경우에는 변제자대위에 관한 민법 제481조를 유추적용하여 피보험자인 세무서가 보험계약자인 납세의무자에 대하여 가지는 채권을 대위행사할 수 있다고 할 것이다.[139]

나. 조세채권을 대위변제한 경우 납세보증보험자의 지위[140]

회생채권인 조세채권을 대위변제한 납세보증보험자의 회생절차상 지위를 어떻게 보느냐에 따라 앞에서 조세채권에 대하여 인정되는 각종 특칙이 납세보증보험자에게 그대로 적용할 수 있을 것인지, 나아가 납세보증보험자가 지연배상금 성격의 납부지연가산세를 회생계획인가 예정일까지 산정하여 신고한 경우 이를 어떻게 처리할 것인지 등에 관하여 서로 다른 결론에 이를 수 있다. 회생채권인 조세채권을 대위변제한 납세보증보험자를 어떻게 취급할 것인지에 관하여 세 가지 견해가 논의되고 있다.

(1) 조세채권과 동일하게 취급하는 견해(조세채권설)

변제자대위의 법리에 따라 조세채권을 대위변제한 납세보증보험자는 구 채권자인 징수권자가 가지는 원래의 채권을 그대로 이전받아 이를 행사할 수 있으므로, 회생절차에서도 조세채권에 부여된 특칙 규정이 그대로 적용받을 수 있다는 견해이다. 이는 기본적으로 변제자대위 효과에 의해 조세채권의 동일성이 유지되는 것이고, 조세채권과 같이 단기간 안에 전액 우선 변제를 보장하더라도 어차피 조세징수권자에 의해 우선적으로 징수되었을 금액이었으므로 다

---

138) 납세보증보험이란 국세, 지방세, 관세 기타 조세에 관한 법령에서 규정하는 납세담보제공의무자가 보험계약자가 되고 국가 또는 지방자치단체가 피보험자가 되어, 납세자가 그 납부의무를 납부기한에 이행하지 아니함으로써 국가 또는 지방자치단체가 재산상 손해를 입은 경우 보험자가 이를 보상하는 보험이다.

139) 대법원 2009. 2. 26. 선고 2005다32418 판결.

140) 권성수, "조세채권을 대위변제한 납세보증보험업자의 회생절차상 지위", 사법 제21호(2012), 사법발전재단, 284~291쪽.

른 일반 회생채권자들에게 불리한 영향이 없으며, 조세채권의 대위를 장려할 수 있어서 회생의 목적에 부합할 수도 있다는 점 등을 근거로 들고 있다.

위 견해에 의하면 납세보증보험자가 신고한 채권에 관하여, ① 회생계획안을 작성함에 있어 공정·형평의 원칙에 따른 권리의 순위를 고려할 필요가 없고, ② 납세보증보험자의 의견을 들어 3년 이내의 분할변제를 할 수 있으나, 3년 이상의 분할변제나 권리 감면을 하려면 반드시 납세보증보험자의 동의를 필요로 하며, ③ 관계인집회에서 납세보증보험자는 의결권이 없고, 조 분류의 대상도 아니며, ④ 대위변제일 이후의 지연배상금 성격의 납부지연가산세 신고가 부적법한 것은 아니라고 볼 것이다.

(2) 일반의 우선권 있는 회생채권과 동일하게 취급하는 견해(우선채권설)

납세보증보험자가 사인인 이상 징수권자를 전제로 규정하고 있는 채무자회생법상의 특칙 규정을 모두 그대로 적용할 수는 없고, 또한 회생채권인 조세채권은 회생절차에서 원칙적으로 회생채권으로 분류되고 있으므로 납세보증보험자가 대위 행사하는 채권도 기본적으로는 회생채권이다. 다만 변제자대위에 의해 조세채권의 우선권이 납세보증보험자에게 이전된다고 보아야 할 것이므로, 결국 납세보증보험자는 일반의 우선권 있는 회생채권자의 지위에 있다는 견해이다. 이는 회생절차에 참가한 다른 일반 채권자들과의 사이에서 징수권자가 아닌 사인인 납세보증보험자가 가지는 채권의 법적 성격을 명확히 할 수 있음과 동시에 납세보증보험자에게 적어도 일반 회생채권보다는 우선적 지위를 부여함으로써 조세채권의 대위변제를 장려하여 채무자 회생에 도움을 줄 수 있는 측면을 어느 정도 유지할 수 있게 될 것이라는 점, 조세채권에 대한 특칙을 두고 있는 채무자회생법 관련 규정의 취지나 조세채권에 대한 변제자대위의 특징, 납세보증보험제도의 목적 등을 조화롭게 해석함에 있어서도 특별한 무리가 없다고 보이는 점을 근거로 들고 있다.

위 견해에 의하면 납세보증보험자가 신고한 채권에 대하여, ① 회생계획안을 작성함에 있어 공정·형평의 원칙에 따라 회생담보권보다는 후순위로, 일반 회생채권보다는 선순위로 변제될 수 있도록 하여야 하고(제217조 제1항 제2호), ② 권리변경(감면 등)이나 변제방법(연기할 수 있는 이행기간) 등에 제한이 있는 것은 아닐 뿐만 아니라 납세보증보험자의 의견을 듣거나 동의를 받을 필요도 없으며, ③ 관계인집회에서 납세보증보험자는 일반의 우선권 있는 회생채권자로서 회생채권자 조에 분류되고, 의결권도 부여되어야 할 것이며, ④ 대위변제 이후의 조세법상의 지연배상금 성격의 납부지연가산세는 더 이상 발생되지 않으므로 그에 관한 신고는 부적법한 것으로 보아야 한다.

(3) 우선권 없는 일반 회생채권과 동일하게 취급하는 견해(일반채권설)

기본적으로 납세보증보험자는 사인이므로 징수권자가 가지는 공법적 법률관계가 적용될 수 없다는 점을 전제로 하면서, 사인인 납세보증보험자가 변제자대위로 인해 행사할 수 있는 채권은 조세법상의 우월적 지위가 인정되지 않는 단순한 금전이행청구권이므로 비록 조세채권을 대위변제하였다고 하더라도 납세보증보험자는 우선권 없는 일반 회생채권자와 동일한 지위에 있다는 견해이다. 이는 변제자대위권은 변제자의 구상권의 범위에 한정되는데, 납세보증보험자가 채무자에 대하여 행사하는 구상권은 사법상의 것이므로 국세기본법에 의해 인정되는 일반의 우선권을 인정할 근거가 없게 되고, 임금채권의 대위행사와 관련하여서는 명문의 규정이 있으나(임금채권보장법 제8조) 납세보증보험자의 대위행사에 관하여는 명문 규정이 없다는 점 등을 근거로 들고 있다.

위 견해에 의하면 납세보증보험자가 신고한 채권에 대하여, ① 회생계획안을 작성함에 있어 공정·형평의 원칙에 따라 일반적인 회생채권으로 변제될 수 있도록 하여야 하고(제217조 제1항 제3호), ② 권리변경(감면 등)이나 변제방법(연기할 수 있는 이행기간) 등에 제한이 있는 것은 아닐 뿐만 아니라 납세보증보험자의 의견을 듣거나 동의를 받을 필요도 없으며, ③ 관계인집회에서 납세보증보험자는 일반의 우선권 없는 회생채권자로서 회생채권자 조에 분류되고, 의결권도 부여되어야 할 것이며, ④ 대위변제 이후의 조세법상의 지연배상금 성격의 납부지연가산세는 더 이상 발생되지 않으므로 그에 관한 신고는 부적법한 것이다.

(4) 사견(일반채권설)

공익채권을 대위변제한 경우 구상권이 회생채권이라고 하더라도 대위변제자는 회생절차에 의하지 아니하고 공익채권을 행사할 수 있다는 대법원 판례[141]의 취지에 따르면(본서 702쪽), 조세채권을 대위변제한 경우에도 대위변제자는 조세채권이나 일반의 우선권 있는 회생채권으로 행사할 수 있다고 할 것이다(또는 채무자회생법의 여러 특칙은 징수권자를 전제로 한 것이므로 일반의 우선권 있는 회생채권으로 행사할 수 있다고 함이 타당하다).

그렇지만 납세보증보험자가 세무서에 세금을 대위변제함에 따라 조세수입은 확보되었고, 이로써 조세채권에 우선성을 인정한 취지는 달성되었으므로 그 이상 대위채권을 조세채권이나 일반의 우선권 있는 채권으로 취급할 아무런 이유가 없다. 또한 국세기본법 제35조 제1항[142]은 '국세 및 강제징수비는 다른 공과금이나 그 밖의 채권에 우선하여 징수한다'고 규정되어 있고, 여기서 '징수한다'는 것이 다른 채권보다도 우선된다는 것이기 때문에, 제3자에 의한 변제가 되어[143] 원채권을 대위행사할 수 있다고 하여도, 제3자는 징수권자가 아니므로 국세기본법 제35조 제1항이 규정한 우선성에 대하여 원채권의 대위행사에 있어서는 주장할 수 없다. 즉 조세채권에 기하여 체납처분(강제징수)을 할 수 있지만, 제3자로서 납부한 자가 체납처분(강제징

---

141) 대법원 2009. 2. 26. 선고 2005다32418 판결.

142) 지방세기본법 제71조 제1항의 경우도 마찬가지이다.

143) 조세의 납부는 본래의 납세의무자에 의한 경우, 제2차 납세의무자에 의한 경우, 징수납부의무자에 의한 경우 등이 있다. 또한 민법의 제3자 변제(민법 제469조)에 준하여 제3자의 납부가 인정되고 있다(국세징수법 제71조 제1항, 같은 법 시행령 제74조, 지방세징수법 제85조 제1항). 제3자가 변제하여도 국세(지방세)의 효력으로서 국가(지방자치단체)가 가지는 권리(우선권이나 집행권)에 대해, 제3자가 대위하여 행사하는 것은 인정되지 않고 인적 담보에 대하여도 인정되지 않는다. 다만 그 조세를 담보하기 위하여 설정된 저당권에 관하여 과세권자를 대위할 수 있을 뿐이다.

수)을 할 수 있는 원채권을 대위행사할 경우에는 그것이 인정되지 않는다. 변제자대위(민법 제482조 제1항)는 채권자의 권리가 법률상 당연히 변제자에게 이전한다는 의미(통설)인데 조세채권의 경우는 성질상 채권자의 권리가 그대로 이전할 수 없다.[144] 따라서 대위변제자는 원채권과 완전히 동일한 권리를 행사할 수 있는 것은 아니다. 요컨대 조세채권에 우선징수권과 여러 가지 특칙을 인정한 취지는 조세가 국가재정의 기반을 이룬다는 것에 있기 때문에 납세보증보험자(보증인)에 의하여 조세가 변제된 이상, 채권자평등원칙의 예외를 적용할 근거가 없으므로 회생채권으로 취급함이 타당하다.

Ⅵ 회생절차개시 전의 벌금·과료·형사소송비용·추징금과 과태료

1. 회생절차(회생계획)에서의 취급

회생절차개시 전에 채무자에 대하여 부과된 벌금·과료·형사소송비용·추징금과 과태료(이하 '벌금 등 청구권'이라 한다)[145]도 회생절차개시 전의 원인으로 생긴 재산상의 청구권이므로 본질적으로 회생채권에 해당한다. 따라서 국가나 공공단체는 이러한 채권이 있으면 지체 없이 법원에 신고하여야 한다(제156조). 신고기간 내에 신고하여야 하는 일반 회생채권과 달리 지체 없이 신고하면 된다. 다만 회생절차개시 전 벌금 등은 민사상의 절차에 의해 감면하는 것과는 친하지 않고, 현실적인 변제를 강제하는 것에 의해 제재로서의 역할을 하도록 하는 것에 본래의 목적이 있기 때문에, 이러한 성질에 상응하여 특수한 취급을 하고 있다.

회생절차개시 전 벌금 등에 대하여는 채권자목록에 기재되지 않고 신고하지 않은 경우에도 회생계획인가결정으로 면책되지는 않는다(제251조 단서). 채권신고를 하더라도 회생절차 내에서 채권조사를 하는 것이 아니라 관리인만이 채무자가 할 수 있는 방법으로 불복할 수 있을 뿐이다(제156조 제1항, 제157조). 주의할 것은 벌금 등을 신고하지 않은 경우에도 회생계획인가결정으로 면책되지는 않는다는 것은 회생계획인가의 결정에 따른 회생채권 등의 면책에 대한 예외를 정한 것으로 그에 해당하는 청구권은 한정적으로 열거된 것으로 보아야 하고, 위 규정에 열거되지 않은 것(예컨대 과징금의 청구권)은 회생계획인가결정이 있으면 면책된다.[146]

또한 벌금 등 청구권에 관하여는 회생계획에서 감면 기타 권리에 영향을 미치는 규정을 하지

---

144) 변제자는 채무자에 대한 구상권의 범위에서 채권자의 채무자에 대한 채권과 그 담보권에 관한 권리를 행사할 수 있다(민법 제482조 제1항). 대위자에게 이전되는 것은 채권자의 '채권과 그 담보에 관한 권리'이다. 채권에 관한 권리에는 본래의 채권 외에도 손해배상청구권, 채권자대위권, 채권자취소권 등이 있다. '채권의 담보에 관한 권리'는 인적 담보와 물적 담보를 포함한다. 따라서 계약당사자의 지위에서 가지는 취소권·해제권(해지권) 등은 대위자에게 이전되지 않는다(민법 제483조 제2항 참조). 결국 변제자대위에 의해 채권자의 권리가 그대로 변제자에게 이전되는 것은 아니고, 권리의 성질에 따라 일부 권능은 이전되지 않을 수도 있는 것이다. 대표적인 것이 조세채권의 우선성이다.

145) 파산절차와 개인회생절차에서 벌금 등 청구권에 관한 취급은 회생절차와 다르다. ① 파산절차에서는 후순위 파산채권(제446조 제1항 제4호)이지만 비면책채권이다(제566조 단서 제2호). ② 개인회생절차에서는 후순위 개인회생채권(제581조 제2항, 제446조 제1항 제4호)이지만 비면책채권(제625조 제2항 단서 제3호)이다.

146) 대법원 2018. 6. 12. 선고 2016두59102 판결, 대법원 2013. 6. 27. 선고 2013두5159 판결.

못한다(제140조 제1항). 벌금 등 청구권은 부인권의 대상이 되지 않지만(제100조 제2항), 벌금 등 청구권자는 벌금 등은 권리변경이나 면책의 대상이 되지 않기 때문에 의결권을 행사하지 못한다(제191조 제2호). 다만 벌금 등 청구권에 관하여는 공정하고 형평한 차등원칙이 적용되지 아니하여 회생계획에서 회생담보권 등 보다 우선하는 조건으로 취급할 수 있다(제217조 제2항 참조).

회생계획안 결의를 위한 조 분류 대상에 해당하지 않을 뿐만 아니라(제236조 제2항 단서), 채권자인 국가 등의 동의에 의하여도 권리변경이 불가능하다.

회생회사에 대한 공정거래법상 과징금의 부과 및 징수

1. 채무자에 대한 회생절차개시 전에 과징금 부과의 대상인 공정거래법상의 의무위반행위 자체가 성립하고 있으면, 부과처분이 회생절차개시 후에 있는 경우라도 과징금 청구권은 회생채권이 된다.[147] 또한 회생채권인 과징금 청구권을 회생채권으로 신고하지 아니한 채 회생계획인가결정이 된 경우에는, 제251조 본문에 따라 면책의 효력이 생겨, 행정청은 더 이상 그에 대한 부과권을 행사할 수 없다.[148] 따라서 회생절차개시 전의 공정거래법 위반에 대하여 회생절차개시결정 후 부과할 수 있는 과징금 또는 회생절차개시결정 전에 이미 부과된 과징금은 회생채권에 해당하므로 신고기간 내에 회생채권으로 신고하지 아니한 경우에는 과징금을 부과 징수할 수 없다. 이 경우 행정청이 회생계획인가결정 후에 그에 대하여 한 부과처분은 부과권이 소멸된 뒤에 한 것이어서 위법하다. 반면 회생절차개시결정 후의 공정거래법위반 행위에 대한 과징금 부과·징수는 가능하다. 이는 공익채권(제179조 제1항 제5호)에 해당하기 때문이다.

실무적으로 회생절차개시결정 전에 공정거래법 위반에 대한 과징금 부과처분이 없는 경우 회생채권신고가 어려워(미신고의 경우 회생계획인가로 실권됨) 과징금 부과징수는 불가능하다.[149]

2. 하지만 회생절차에서 회생채권자(공정거래위원회)가 회생절차의 개시사실 및 회생채권 등의 신고기간 등에 관하여 개별적인 통지를 받지 못하는 등으로 회생절차에 관하여 알지 못함으로써 회생계획안 심리를 위한 관계인집회가 끝날 때까지 채권신고를 하지 못하고, 관리인이 그 회생채권의 존재 또는 그러한 회생채권이 주장되는 사실을 알고 있거나 이를 쉽게 알 수 있었음에도 회생채권자 목록에 기재하지 아니한 경우에는, 제251조의 규정에도 불구하고 회생계획이 인가되더라도 그 회생채권은 실권되지 아니한다.[150]

3. 한편 공정거래법 제102조 제4항은 "공정거래위원회는 이 법을 위반한 회사인 사업자가 「채무자 회생 및 파산에 관한 법률」 제215조에 따라 새로운 회사를 설립하는 경우에는 기존 회사 또는 새로운 회사 중 어느 하나의 행위로 보고 과징금을 부과·징수할 수 있다"고 규정하고 있

---

147) 예컨대 공정거래법 제40조 제1항 제1호 부당한 공동행위는 가격 결정 등에 대한 당사자들의 합의가 존재하기만 하면 성립한다. 따라서 담합가담자가 회생절차개시 전후로 수회에 걸쳐 가격 결정 등에 관한 합의를 하였다면, 회생절차가 개시된 그 담합가담자가 회생절차개시 이전에 한 합의에 대한 과징금 청구권은 회생채권이 된다.

148) 대법원 2018. 6. 15. 선고 2016두65688 판결, 대법원 2018. 6. 12. 선고 2016두59102 판결, 대법원 2016. 1. 28. 선고 2015두54193 판결 등 참조.

149) 과징금은 금전적 불이익이라는 점에서 벌금 등과 기본적으로 청구권 성격이 같으므로 제140조 제1항 면책 제한 조항에 과징금도 포함하여야 한다는 입법론적 비판이 있다(김형배, 전게서, 934~935쪽, 권오승·서정, 전게서, 801쪽).

150) 대법원 2023. 8. 18. 선고 2022다291009 판결, 대법원 2020. 9. 3. 선고 2015다236028, 236035 판결, 대법원 2012. 2. 13. 자 2011그256 결정 등 참조.

다. 이 규정은 회생절차개시결정 후 신고기한 내에 과징금을 회생채권으로 신고한 경우에 기존 회사 또는 새로운 회사에게 과징금을 부과할 수 있다는 가능성을 명시한 것이지, 회생절차와 관련하여 기존 회사 또는 새로운 회사를 상대로 과징금 부과 징수가 언제든지 가능하다는 의미가 아니다.[151]

2. 벌금·과료·추징금에 관한 형의 시효의 정지 여부

조세 등 청구권에 관하여는 처분을 할 수 없거나 처분이 중지된 기간 중에는 시효가 진행하지 않는다고 규정하고 있다(제58조 제4항). 벌금·과료·추징금[152]은 금전채권이지만 민법 등의 소멸시효는 적용되지 않고 형법 제78조에 의한 '형의 시효'가 적용된다. 소멸시효에 대하여는 회생절차참가 등으로 시효가 중단된다는 규정이 있다(제32조 제1호 본문). 그러나 벌금·과료·추징금에 관한 형의 시효에 관하여는 아무런 규정이 없다.

형의 시효란 형의 선고를 받은 자가 재판이 확정된 후 그 형의 집행을 받지 않고 일정한 기간이 경과된 때에는 집행이 면제되는 것을 말한다. 일정한 기간이 경과한 때에는 확정된 형벌의 집행권을 소멸시키는 제도이다. 시효의 기간은 벌금, 추징의 경우 5년, 과료의 경우 1년이다(형법 제78조). 시효의 초일은 판결이 확정된 날로부터 진행하고, 그 말일 오후 12시에 종료한다.

형의 시효는 형의 집행의 유예나 정지 또는 가석방 기타 집행할 수 없는 기간은 진행되지 않는다(형법 제79조). 기타 집행할 수 없는 기간이란 천재지변 기타 사변으로 인하여 형을 집행할 수 없는 기간을 말한다.

벌금, 과료 및 추징금에 관한 청구권도 공익채권으로서 권리행사가 인정되는 경우를 제외하고, 회생절차가 개시되면 회생절차가 종료할 때까지는 권리행사가 제한된다. 회생절차개시로 권리행사가 제한되는 기간(강제처분이 금지 또는 중지되는 기간)에 형의 시효가 정지 되는가. 회생절차개시결정으로 인한 집행할 수 없는 기간이 '기타 집행할 수 없는 기간'에 포함된다고 보기는 어렵다. 이로 인하여 벌금, 과료 및 추징금에 대한 형의 시효가 회생절차 진행 중에 경과할 가능성이 있다{다만 강제처분이 개시된 경우에는 시효가 중단되지만(형법 제80조), 회생절차참가(채권신고)나 채권자목록제출을 강제처분으로 평가하는 것은 곤란하다.}. 회생채권인 벌금, 과료 및 추징금에 관한 청구권은 면책의 대상이 아니고, 채무자에 대한 형사제재로서의 성질을 고려하면, 형의 시효의 진행을 정지하여야 할 것이다. 입법적 해결이 필요해 보인다.[153] 다

---

151) 김형배, 전게서, 932쪽.
152) 형사소송비용은 민법이나 국가재정법상의 소멸시효가 적용된다. 과태료에 대하여는 다툼의 여지가 있지만, 금전채권으로 성립된 이후에는 민법이나 국가재정법상의 소멸시효가 적용된다고 할 것이다. 국가재정법 제96조 제1항도 「금전의 급부를 목적으로 하는 국가의 권리로서 시효에 관하여 다른 법률에 규정이 없는 것은 5년 동안 행사하지 아니하면 시효로 인하여 소멸한다」고 규정하고 있다.
153) 일본 회사갱생법은 벌금, 과료 및 추징에 대하여 이것이 공익채권으로서 권리행사가 인정되는 경우를 제외하고, 갱생절차가 종료될 때{갱생계획이 인가된 경우에는 갱생계획에서 정한 변제기간이 만료된 때(그 기간 만료 전에 갱생

만 벌금 등이 공익채권인 경우에는 수시로 징수할 수 있기 때문에 시효중지의 필요는 없다.

Ⅶ 다수채무자와 회생채권

실체법상 동일한 급부를 목적으로 1인의 채권자에 대하여 수인의 채무자가 채무를 부담하는 경우가 있다. 이를 「다수채무자관계」라 한다.[154] 그 구체적인 내용에서 보면 각 채무자가 각각 독립하여 채무를 부담하는 경우가 있고(분할채무관계), 중첩적으로 채무를 부담하는 경우가 있다(공동채무관계). 전자에 해당하는 것이 분할채무이고(민법 제408조), 후자에 해당하는 것이 불가분채무, 연대채무, 부진정연대채무 및 보증채무(이하 '다수채무자'라 한다)이다(민법 제409조 이하).[155] 후자의 경우에는 동일한 급부에 대하여 수인의 채무자가 공동으로 채무를 부담하여 급부의 이행이 확실히 보장되므로 인적담보라고도 할 수 있다. 후자는 다시 ① 각 채무자가 병렬적으로 전부의 급부의무를 부담하는 경우(불가분채무, 연대채무, 부진정연대채무, 연대보증채무 등)와 ② 채무자 사이에 주종의 관계가 있는 경우(보증채무 등)로 구분할 수 있다.

분할채무관계에 있어서는 채무자 1인이 도산하여도 그 채무는 다른 채무와 독립된 것이기 때문에 채권자는 분할채무의 내용을 회생채권 또는 파산채권으로서 행사하면 된다. 따라서 도산에 있어서 특별히 규정할 필요가 없다. 그러나 다수채무자관계에 있어서는 사정이 다르다. 한편으론 인적담보로서의 취지로부터 1인의 채무자가 도산한 경우 채권자의 이익을 해하지 않도록 배려할 필요가 있고, 다른 한편으론 해당 채권자의 회생채권 또는 파산채권 행사로 다른 회생채권자 또는 파산채권자가 부당한 불이익을 받지 않도록 배려할 필요가 있다.

이러한 이유와 도산절차는 채무자의 자력이 부족한 것이 일반적인 상황이므로 다수채무자 사이에 민법에서 적용되는 일반법리(민법 제3편 제3절)를 그대로 적용하면 여러 가지 문제가 발생할 수 있다.[156] 그래서 각국은 도산절차에서 다수채무자 사이에 관한 민법의 일반법리를 수정하는 규정을 두고 있다.[157] 도산절차에 관한 입법례를 보면, ① 스위스 파산법에 의하면 공동채무자의 1인 또는 수인이 파산선고를 받기 이전에 채권자가 다른 채무자의 파산절차에서 일부 배당을 받았는지 혹은 임의로 변제를 받았는지 여부를 불문하고 채권자는 성립 당시의 채권액 전액으로써 각 파산절차에 참가할 수 있도록 되어 있다. ② 프랑스 상법에 있어서는 파산절차에 의한 배당과 임의변제를 구별하여 파산선고 이전에 다른 채무자에 대한 파산절차에서 배당을

계획에 따라 변제가 완료된 경우에는 변제가 완료된 때))까지는 시효가 진행하지 않는다고 규정하고 있다(제50조 제11호). 민사재생법 제39조 제4항, 파산법 제43조 제3항도 같은 취지의 규정이 있다.

154) 민법에서는 「수인의 채권자 및 채무자」라 하고 있다(민법 제3편 제1장 제3절).

155) 분할채무관계도 다수채무자이지만, 분할채무관계의 경우 아래에서 보는 바와 같이 특별한 문제가 없다. 따라서 여기서는 공동채무관계에 있는 것을 다수채무자라고 한다.

156) 다수채무자관계(공동채무관계)에서는 크게 2가지가 문제된다. ① 수인의 채무자 중 전원 또는 수인이나 1인에 대하여 도산절차가 개시된 경우, 채권자는 각각의 도산절차에 어떠한 금액을 가지고 권리행사를 할 수 있는지와 ② 어떤 채무자가 다른 채무자의 도산절차에서 구상권을 행사할 수 있는지, 그 금액은 얼마인지가 그것이다.

157) 박재완, "현존액주의에 관하여", 민사재판의 제문제 17권(2008. 12.), 한국사법행정학회(2008), 216~217쪽.

받은 경우에는 이를 공제하지 아니하고 성립 당시의 채권액 전액으로 파산절차에 참가할 수 있으나, 다른 채무자로부터 임의변제를 받은 경우에는 그 변제액을 공제한 나머지 액에 한하여서만 배당절차에 가입할 수 있다. ③ 독일 도산법 제43조[158]에 의하면 동일한 급부에 관하여 전부의 의무를 부담하는 수인 또는 그중 1인의 재산에 대하여 도산절차가 개시된 때에는 채권자는 채권 전액의 변제를 받을 때까지 절차개시 당시에 청구할 수 있는 채권액으로써 각각의 도산절차에 가입할 수 있으므로, 결국 채권자는 도산절차개시 이전에 다른 채무자에 대한 배당절차에서 배당받았는가 혹은 임의변제를 받았는가를 불문하고 그 배당액과 변제액을 모두 공제한 나머지 채권액으로써 도산절차에 가입할 수 있다. ④ 중국 <기업파산법> 제52조도 "연대채무자 수인이 본 법이 규정하는 절차를 적용받는 것으로 재정(裁定)[159]된 경우, 그 채권자는 전체 채권에 대하여 각각의 파산사건에서 채권을 신고할 권리가 있다"고 규정하고 있다. 이를 현존액주의(현재액주의) 또는 이중고려의 원칙이라고 한다.

채무자회생법도 도산절차개시 당시의 현존액주의를 천명하고 있다(제126조 제1항, 제428조, 제581조 제2항). 도산절차개시 당시 현존액주의란 여럿의 전부의무자의 전원 또는 일부(수인)에 대하여 도산절차개시결정{회생절차(개인회생절차)개시결정 또는 파산선고결정}이 내려진 때에, ① 채권자는 각 전부의무자에 대하여 도산절차개시 당시에 가진 채권 전액으로 도산채권자로서 절차에 참가할 수 있고(제126조 제1항, 제428조, 제581조 제2항),[160] 따라서 ② 도산절차개시 당시의 채권 전액을 신고한 채권자는 절차개시 후 전부의무자로부터 당해 채권의 일부를 변제받아도 채권 전액이 소멸하지 않는 한 계속하여 위 신고채권 전액에 관하여 (개인)회생채권자나 회생담보권자 또는 파산채권자로서 권리를 행사할 수 있는 것을 말한다(제126조 제2항, 제428조, 제581조 제2항).[161] 도산절차개시 당시의 현존액에 의하므로 어느 채무자에 대한 회생절차에서 회생계획이 인가되어 일정한 변제가 되어야 할 것으로 결정됨에 불과한 경우에는 채권 전액을 가지고 다른 절차에 참가할 수 있다.

현존액주의는 도산절차개시 이후에 적용되고, 채권자의 채권이 전액 소멸되지 않은 경우에

---

158) **제43조(수인의 책임)** 수인에게 동일한 급부의 전부에 대하여 책임을 부담시키는 채권자는 도산절차에서 모든 채무자에게 그가 완전한 만족을 받을 때까지 도산절차의 개시 시에 청구할 수 있었던 채권의 전액을 청구할 수 있다.
159) 중국의 재판 형식에는 판결, 재정(裁定), 결정이 있다. 재정(裁定)은 결정과 유사하나 대상이나 불복허용 여부 등의 점에서 차이가 있다. 이에 대한 자세한 내용은 「전대규, 중국민사소송법, 박영사(2008), 289~299쪽」을 참조할 것.
160) 회생절차의 경우 '절차에 참가'한다는 것은 회생계획에 따라 변제를 받는다는 것을 의미하고, 반드시 회생채권 등의 신고에 한정되는 것은 아니다.
161) 예컨대 채권자에 대하여 연대채무자 A, B, C, D 4명이 100만 원의 채무를 부담한 경우를 보자. ① A, B에 대하여 동시에 회생절차(파산절차)가 개시된 때에는 채권자는 쌍방의 절차에 100만 원의 채권을 가지고 참가할 수 있다. 그 후 A의 도산절차에서 일부 변제를 받아도 그것이 100만 원에 이르지 않는 한 B의 도산절차에서 채권액은 감액되지 않는다. 즉 100만 원의 채권으로 계속 절차에 참가할 수 있다. ② 먼저 A에 대하여 회생절차가 개시되어 회생계획에 따라 또는 법원의 허가를 받아 10만 원의 변제를 받은(또는 파산절차가 개시되어 10만 원의 배당을 받은)[A의 회생절차에는 100만 원의 채권을 가지고 참가할 수 있다] 후 B에 대한 도산절차가 개시된 경우에는 채권자는 잔액 90만 원의 채권을 가지고 B의 절차에 참가한다. ③ 위 ②의 A절차에서 C가 임의로 25만 원을 변제한 경우, 채권자는 A, B의 절차에서 채권액은 감액되지 않는다(100만 원을 가지고 A절차에, 90만 원을 가지고 B절차에 계속 참가할 수 있다). 이후 D에 대하여 도산절차가 개시되면 65만 원의 채권을 가지고 참가할 수 있다.

만 적용된다.[162] 도산절차개시 당시의 현존액주의이므로 채권자가 주채무자에 대한 회생절차개시 전에 보증인에 대한 회생절차에서 출자전환을 받아 소멸한 채권액은 주채무자에 대한 회생절차에서 행사할 수 없다.[163]

도산절차상 현존액주의는 통상적으로 도산절차가 개시된 경우 채권자가 자신의 채권 전액의 만족을 받는 경우는 많지 않다는 특수성을 고려하여, 일반 민법상의 법리와 같이 일부 변제를 한 연대채무자나 보증인 등이 채권자와 함께 권리를 행사할 수 있도록 하는 것이 아니라 채권자가 '도산절차 개시 당시'의 채권 전액을 가지고 계속 도산절차에 참가하여 가능한 한 만

---

162) 현존액주의가 적용되지 않는 경우가 있다. ① 장래의 구상권. 장래의 구상권도 아래에서 보는 바와 같이 그 전액에 관하여 회생채권으로 행사할 수 있지만, 채권자가 그 채권의 전액에 관하여 회생채권자로서 그 권리를 행사한 때에는 예외로 한다(제126조 제1항). ② 채권의 절대적 소멸. 현존액주의는 채권자가 전액의 만족을 얻지 못한 때 채권자가 채권 전액을 절차 종료 시까지 행사할 수 있게 하여 채권자를 보호하는 규정이다. 그러나 보증인 등 장래구상권자가 아닌 자와 관계에서는 상황이 다르다. 보증인 등이 아닌 제3자의 변제가 있거나 다른 전부의무자와 채권자 사이에 일부 경개나 면제를 한 결과 채무자에게 직접 그 효력이 미치는 예외적인 경우가 있다. 이때는 현존액주의가 적용되지 않는다. 채권이 상대적으로 소멸하지 않고 절대적으로 소멸하였기 때문이다. 반대로 보증인 등의 변제 시에는 채권이 상대적으로 소멸한 것이므로 현존액주의가 적용되는 것이다.

163) 대법원 2009. 11. 12. 선고 2009다47739 판결 참조. 파산절차 도중 회생절차가 개시된 경우를 중단 없는 도산절차로 보아 현존액주의를 적용함에 있어 동일한 절차로 파악하여야 하는가. ① 회생절차는 재정적 어려움으로 인하여 파탄에 직면해 있는 채무자에 대하여 채권자·주주·지분권자 등 이해관계인의 법률관계를 조정하여 채무자 또는 그 사업의 효율적인 회생을 도모하는 절차임에 반해, 파산절차는 회생이 어려운 채무자의 재산을 공정하게 환가·배당하는 것을 목적으로 하는 절차로서 두 제도의 목적 및 절차, 규율원리 등이 다른 점, ② 채무자회생법은 파산절차의 진행 중 회생절차개시결정이 있는 경우 종전 파산절차는 중지되고(제58조 제2항 제1호), 회생계획인가결정이 있는 때에는 중지한 파산절차는 그 효력을 잃도록(제256조 제1항) 각 규정하고 있는 점, ③ 회생계획인가결정 전에 파산선고가 있는 경우에 대해서만 회생채권의 신고, 이의와 조사 또는 확정은 파산절차에서 행하여진 파산채권의 신고, 이의와 조사 또는 확정으로 본다고 하나, 그 경우에도 두 절차에서 다르게 취급되는 채권에 대해서는 그렇게 보지 않는 것으로 규정하고 있는 점(제6조 제5항), ④ 달리 파산절차 진행 도중 회생절차가 개시되었다 하더라도 이를 연속된 절차로 볼 만한 근거규정이 없는 점 등을 종합하면, 파산절차 진행 도중 회생절차가 개시된 경우에는 이를 연속된 도산절차가 아닌 별개의 독립한 절차로 봄이 상당하다. 따라서 현존액주의를 적용함에 있어 파산절차와 회생절차를 구분하지 않고 그 전체를 동일한 법원칙이 적용되는 도산절차로 보아 파산선고 당시 신고(존재)한 채권을 가지고 회생절차에서도 행사할 수 있다고 볼 수는 없다.

파산절차에서 회생절차로 전환한 경우에만 명문의 규정이 없다는 이유로 현존액주의를 적용하지 않는 것이 공평·형평의 원칙에 반하는 것인지. ① 회생절차에서 파산절차로 전환하는 경우, 이는 파산되어야 할 채무자에 대하여 잘못된 회생절차를 진행한 것이라고도 볼 수 있는데, 잘못된 회생절차로 인하여 당초 파산절차로 진행된 경우보다 채권자에게 불이익을 주는 것은 부당하고, 더욱이 회생절차에서 변제받은 액수를 공제한 액수만 채권자가 파산절차에서 행사할 수 있다고 한다면, 출자전환과 같이 회생을 전제로 하여 변제를 받은 채권자는 불측의 손해를 입게 되므로 이러한 문제점을 해결하기 위하여 제6조 제5항과 같은 규정이 필요하다고 할 수 있는 반면, 회생절차에서 채무자의 회생가능성을 판단함에 있어서는 채무자의 채무액이 중요한 판단기준이 되므로 채무자의 채무액에 대한 정확한 평가가 이루어져야 하는바, 회생절차 이전에 채무의 변제가 있었다면 그것이 파산절차에서 이루어졌다고 하더라도 그 변제액만큼은 공제된 채무액을 기준으로 할 필요가 있으므로 파산절차에서 회생절차로 전환하는 경우 제6조 제5항과 같은 규정이 없다는 것이 단순히 입법의 불비라고 하기 어려운 점, ② 회생절차 및 파산절차는 당사자들의 재산권처분의 자유를 예외적으로 법이 제한하는 경우에 해당하고 따라서 그 절차에 참여하는 당사자들의 이해관계가 첨예한 분야이므로 엄격한 법해석이 필요한 점, ③ 회생절차 진행 중 회생회사에 대한 회생가능성이 없는 것으로 판단되어 소멸을 전제로 한 파산절차가 개시된 경우와 회사의 소멸을 예정하고 배당 등의 절차를 이미 진행한 상태에서 그 후 회사의 회생가능성이 발견되어 다시 회사가 존속할 것을 전제로 하여 절차를 진행하게 되는 경우를 동일하게 평가하기 어려운 점 등을 종합하면, 파산절차에서 회생절차로 전환된 경우를 회생절차에서 파산절차로 전환된 경우와 달리 취급한다는 사정만으로 공평·형평의 원칙에 반하는 것으로 단정하기도 어렵다(서울중앙지방법원 2008. 12. 18. 선고 2007가합82849 판결=위 대법원 판결의 제1심 판결이다).

반대로 회생절차 진행 중 회생계획인가 전 종료로 인한 견련파산의 경우에는 현존액주의가 적용된다. 관련 내용은 〈제16장 제3절 Ⅱ.3.나.〉(본서 1096쪽)를 참조할 것.

족을 받을 수 있도록 하겠다는 취지에서 인정되는 법리이다. 현존액주의는 수인의 전부의무자를 확보한 채권자가 채권의 회수액을 극대화할 수 있는 이익을 보호하기 위한 원칙으로, 채권자의 채권 변제를 우선시한다는 점에서 민법상 일부대위의 특칙인 채권자우선원칙[164]과 그 목적이 일치한다. 다만 민법에서는 채권자의 잔존채권을 보증인의 변제자대위권보다 우선하는 데 그치나, 도산절차에서는 채권자의 채권이 전부 만족을 얻기까지 보증인의 변제자대위권 및 구상권 행사를 배제한다는 데 차이가 있다.

1. 채무자가 다른 자와 더불어 전부의 이행을 할 의무를 지는 경우[165]

가. 수인의 채무자가 각각 채무 전부의 이행을 할 의무를 지는 경우

(1) 회생절차에서는 앞에서 본 바와 같은 이유로 전부의무자의 다수채무자관계에 대하여 민법상 원칙에 수정을 가하고 있다. 여럿이 각각 전부의 이행을 하여야 하는 의무를 지는 경우 그 전원 또는 일부[166]에 대하여 회생절차가 개시된 때에는 채권자는 회생절차개시 당시에 가지는 채권 전액에 관하여 각 회생절차에서 회생채권자로서 그 권리를 행사할 수 있다(제126조 제1항).[167] 채권자의 회생채권액은 회생절차개시 당시를 기준으로 고정되고, 그 이후 다른 전부의무자가 채무를 변제하더라도 채권 전액이 소멸한 경우를 제외하고는 회생채권액에는 아무런 영향을 주지 않는다(제126조 제1항, 제2항).[168]

---

164) 민법상 일부변제에 의한 대위의 경우 일부변제자는 단독으로 권리를 행사할 수 없고 채권자의 권리행사에 부수하여서만 할 수 있으며, 변제한 가액의 범위 내에서 담보에 관한 원채권자의 권리가 일부변제자에게 이전된 경우에도 원채권자가 일부변제자에 대하여 우선변제권을 가진다(대법원 2017. 7. 18. 선고 2015다206973 판결, 대법원 2010. 4. 8. 선고 2009다80460 판결 등 참조).

165) 제3편 파산절차에서의 규정과 다소 차이가 있다. 제2편 회생절차에서는 제126조에서 '채무자가 다른 자와 더불어 전부의 이행을 할 의무를 지는 경우'라는 제목 아래 장래의 구상권자를 포함하여 한꺼번에 규정하고 있다. 반면 제3편 파산절차에서는 제428조에서 '전부의 채무를 이행할 의무를 지는 자가 파산한 경우의 파산채권액'을, 제430조에서 장래의 구상권자를 나누어 규정하고 있다. 아래에서 보는 바와 같이 입법적 통일이 필요하다. 제428조와 제430조를 묶어 제126조의 형태로 개정함이 바람직하다.

또한 파산절차(개인회생절차)에 관하여는 제126조 제2항과 같은 규정을 명시적으로 두고 있지는 아니하다. 그러나 파산절차(개인회생절차)에 관하여도 파산선고(개인회생절차개시) 후 채권자에 대하여 변제 등을 하였더라도 그 채권의 "전액"이 소멸한 경우를 제외하고는 그 채권자는 파산선고시(개인회생절차개시시)에 가지는 채권의 전액에 관하여 그 권리를 행사할 수 있다고 보아야 할 것이다.

166) 전부의무자 중 1인에 대하여 회생절차가 개시된 경우도 포함된다. 당해 채무자에 대하여 회생절차가 개시되고, 다른 채무자에 대하여 파산절차나 개인회생절차 등 다른 도산절차가 개시된 경우에도 현존액주의가 적용된다.

167) 예컨대 연대채무자 A, B에 대하여 회생절차가 개시된 경우, 채권자(1억 원)는 각각의 회생절차에서 회생절차개시 당시의 채권 전액(1억 원)을 가지고 권리를 행사할 수 있다. 연대채무자 A에 대해 회생절차가 개시되고 2,000만 원이 변제된 후 B에 대하여 회생절차가 개시된 경우, 채권자는 B에 대한 회생절차에는 8,000만 원(B에 대한 회생절차개시 당시 가지고 있던 채권 전액)을 가지고 참가한다(A에 대한 회생절차에서는 여전히 1억 원을 가지고 참가한다).

168) 대법원 2021. 11. 11. 선고 2017다208423 판결{① 여럿이 각각 전부 이행을 해야 하는 의무를 지는 경우 그중 1인의 변제는 다른 전부 이행을 할 의무를 지는 자(이하 '전부의무자'라 한다)에 대해서도 절대적 효력이 있으므로 채권자는 자신의 채권 중 변제 등으로 소멸된 나머지 채권에 대해서만 다른 전부의무자에게 청구할 수 있다. 그러나 전부의무자 전원 또는 일부에 관하여 회생절차가 개시되면, 제126조 제1항, 제2항에 따라 채권자의 회생채권액은 회생절차개시 당시를 기준으로 고정되고, 그 이후 다른 전부의무자가 채무를 변제하더라도 채권 전액이 소멸한 경우를 제외하고는 회생채권액에는 아무런 영향을 주지 않는다. ② 변제를 한 다른 전부의무자는 채무자에 대해 구상권을 가지므로, 회생절차에서 채권자와 구상권자 사이의 권리를 조정할 필요가 생긴다. 제126조 제3항, 제4항은 같

요컨대 제126조 제1항, 제2항은 회생절차개시 후에 다른 전부의무자의 변제 등으로 채권자의 채권 일부가 소멸한 사정을 회생절차에서 채권자의 채권액에 반영하지 않는다는 취지이다. 이로써 채권자가 회생절차개시 당시의 채권 전액으로 권리를 행사하는 것을 인정하여[169] 회생절차에서 채권자가 확실히 채권의 만족을 얻을 수 있도록 채권자를 보호한다.[170]

여럿이 각각 전부의 이행을 하여야 하는 의무를 지는 경우란 여럿이 동일한 급부의 내용에 관하여 전부의 이행의무를 부담하는 것을 말하는 것으로, 불가분채무자, 연대채무자, 연대보증채무자, 부진정연대채무자, 어음법·수표법에 의한 합동책임을 지는 자(어음법 제47조, 제77조 제1항 제4호, 수표법 제43조) 등을 말한다(이하 '전부의무자'라 한다).

(2) 민법상 다수채무자관계에서는 변제[171]에 대하여 절대적 효력을 인정한다. 즉 여럿이 각각 전부 이행을 해야 하는 의무를 지는 경우 그중 1인의 변제는 다른 전부 이행을 할 의무를 지는 자(전부의무자)에 대해서도 절대적 효력이 있으므로 채권자는 자신의 채권 중 변제 등으로 소멸된 나머지 채권에 대해서만 다른 전부의무자에게 청구할 수 있다. 절대적 효력을 인정하는 것은 채권자는 각 채무자로부터 채무 전부를 이행받아 채권의 목적을 실현할 수 있다는 것을 전제로 한다. 그러나 전부의무자 전원 또는 일부에 대하여 회생절차가 개시된 경우 변제에 절대적 효력을 인정하게 되면 채권자는 채권의 목적을 실현할 수 없다.[172] 이는 인적담보로서의 기능을 하는 불가분채무자 등의 성질에 반한다. 결국 다수채무자관계에서 채권자를 보호하기 위하여 불가분채무 등에서 변제에 대한 절대적 효력의 예외를 인정한 것이다.

(3) 채권자는 당해 회생절차가 개시된 때를 기준으로 하여 그때 채무자에 대하여 주장할

은 조 제1항, 제2항에서 정한 법률관계를 전제로 다른 전부의무자와 회생채무자 사이의 구상관계를 다루고 있다. 채권자가 회생절차에 참가하지 않은 경우 전부의무자는 회생절차개시 당시 아직 전부의무를 이행하지 않아 구상권을 취득하지 않았더라도 '장래에 행사할 가능성이 있는 구상권'으로 회생절차에 참가할 수 있다(제126조 제3항 본문 참조). 그러나 채권자가 회생절차개시 당시에 가지는 채권 전액에 관하여 회생절차에 참가한 경우에는 전부의무자는 회생절차에 참가할 수 없다(제126조 제3항 단서 참조). 채권자가 회생절차에 참가하여 전부의무자가 회생절차에 참가할 수 없는 경우에는 전부의무자는 제126조 제4항에 따라 채권 전액이 소멸해야만 비로소 구상권의 범위 안에서 채권자가 가진 권리를 행사할 수 있다. ③ 결국 제126조는 이른바 현존액주의를 채택하여 회생절차에서 채권자가 확실히 채권의 만족을 얻을 수 있도록 함으로써 채권자를 보호하기 위한 규정이다. 즉, 여럿이 각각 전부 이행을 해야 하는 의무를 지는 경우 그 전원 또는 일부에 관하여 회생절차가 개시된 후 다른 전부의무자의 변제 등으로 채권자의 채권 일부가 소멸하더라도 이러한 사정을 회생절차에서 채권자의 채권액에 반영하지 않는다. 이에 따라 채권자는 회생절차개시 당시의 채권 전액으로 권리를 행사할 수 있는 반면, 일부 변제 등을 한 전부의무자는 회생절차에서 구상권이나 변제자대위권을 행사하는 것이 제한된다).

169) 반면 일부 변제 등을 한 전부의무자는 회생절차에서 구상권이나 변제자대위권을 행사하는 것이 제한된다.

170) 대법원 2023. 5. 18. 선고 2019다227190 판결.

171) 변제는 현존액주의가 예정하고 있는 가장 전형적인 채무소멸행위이다. 이외에 대물변제, 상계, 담보권의 실행, 도산절차에서의 배당 등이 여기에 해당한다. 다만 상계의 경우에는 소급효가 있으므로 상계적상이 회생절차개시 이전인지 이후인지에 따라 현존액주의 적용여부가 결정된다. 현존액주의는 회생절차개시 이후에 채무가 소멸한 경우에 적용되는 것이기 때문이다.

172) 예컨대 채권자 A가 B(연대채무자), C(연대채무자)에 대하여 2,000만 원의 채권을 가지고 있는데, B, C에 대하여 순차적으로 회생절차가 개시되었고, 회생계획에 따른 변제율이 50%인 경우, 변제의 절대적 효력을 인정하면 A는 2,000만 원을 회수할 수 없지만(B회생절차에 참여하여 1,000만 원을 변제받고, 나머지 1,000만 원으로 C회생절차에 참가하여 500만 원을 변제받는다. 결국 A는 1,500만 원만 회수하게 된다), 변제에 절대적 효력을 인정하지 않고 제126조 제1항, 제2항에 따르면 전액을 회수할 수 있다.

수 있는 채권액을 가지고 회생채권자로서 권리를 행사하는 것이다. 따라서 회생절차개시 전에
채권소멸사유가 있으면 당초의 채권액으로부터 소멸된 부분을 제외한 잔액이 회생채권액이 되
고, 회생절차개시 후에 전부의무자 중 일부의 자의 변제 기타 행위에 의하여 또는 일부의 자
에 대한 회생절차에서 채권자가 만족을 얻었을 경우라도 채권의 완전한 만족이 없으면[173] 당
해 절차에 있어서 회생채권액에 아무런 영향을 미치지 않는다(제126조 제2항).[174][175]

---

173) 채권의 전액이 변제된 경우에는 현존액주의가 적용되지 않는다. 여기서 '전액'이 무엇을 의미하는지와 관련하여 전
부의무자에 대하여 여러 개의 채권이 존재하는 경우가 문제된다. 개별채권마다 판단하여야 하는지(개별채권설) 복수
채권의 총액이 만족되지 않으면 '전액'이 소멸'된 것으로 볼 수 없는 것인지(총채권설). 예컨대 주채무자 甲의 재산상
에 乙의 수개의 채권을 담보하기 위하여 1개의 근저당권이 설정되고, 丙이 그 수개의 채권의 연대보증인이 된 경우
에 있어서, 丙에 대하여 회생절차가 개시되었다. 이 경우 乙이 수개의 채권 전액을 회생채권으로 신고한 후 주채무
자 甲이 이들 채권의 일부 채권을 전액 변제하거나, 주채무자 甲에 대한 저당권을 실행하여 이들 채권의 일부 채권
의 전액이 만족을 받았다. 이 경우 乙의 회생채권이 영향을 받는가.
   수개의 채권이 있지만, 동일한 근저당권에 의해 담보되어 있다는 점을 중시하여, 회생절차개시 당시의 현존액주의
취지에서 乙의 회생채권이 영향을 받지 않는다고 할 수도 있다. 그렇지만 제126조의 문언으로부터 보건대 개별 채
권의 테두리를 넘어 절차개시시의 현존액주의를 적용하여서는 아니 되고, 또한 회생채권자 사이의 평등이라는 실질
을 중시하면, 제126조의 취지를 확장하여 적용하여야 할 합리성도 인정되지 않는다는 점에서 당해 회생채권은 변제
에 의해 소멸하였다고 할 것이다. 회생절차개시시의 현존액주의는 1개의 채권에 한하여, 전부의무자의 책임의 성질
을 중시하여, 실체법상의 채권액과 회생채권액이 괴리되는 것을 인정하는 원칙이기 때문에, 가사 동일한 근저당권에
의해 담보되어 있어도 채권이 별개인 이상 이러한 괴리를 인정하여야 할 합리적인 이유는 존재하지 않으므로 이러
한 상황에서 그 취지를 확장하여서는 안 된다는 점에서도 더욱 그렇다(會社更生法, 233쪽 각주 129), 條解 破産法,
766쪽). 요컨대 현존액주의는 개별 채권단위로 적용된다.
   이러한 문제는 원금, 이자 및 지연손해금채권 사이에서도 발생한다. 원본채권과 이자채권, 법정이자채권, 지연손해금채
권은 모두 별개의 채권으로 소송물도 다르기 때문이다(대법원 2018. 11. 9. 선고 2018다239349 판결, 대법원 2014. 4. 30.
선고 2013다100224 판결, 대법원 2010. 9. 9. 선고 2010다24435,24442,24459,24466,24473,24480,24497 판결 등 참조).
   한편 복수의 채권 중 일부 채권에 대하여 그 전액이 변제된 경우인지를 판단하기 위해서는, 채권총액으로 볼 수
없는 변제가 있는 때 그것이 복수의 회생채권 중 어느 채권에 충당된 것인지를 확인하는 것이 필요하다. 채권자와
채무자 사이에 회생절차개시 전에 변제충당에 관한 약정이 있는 경우 관리인이 그 특약의 효력을 받는지가 문제된
다(회생절차에서 변제충당순서와 방법). 만약 이러한 특약이 유효하다면 채권자로서는 수령금원을 복수의 채권 각각
의 일부에 분산하여 충당함으로써 전액이 변제되는 채권을 발생시키지 않도록 하여, 계속적으로 회생절차개시 당시
에 존재하는 채권 전액에 대하여 권리행사를 하는 것도 가능하기 때문이다. 회생절차개시 후에 그 효력을 인정하면
회생채권자들 사이에 현저한 불균형이 발생하기 때문에 관리인에 대하여는 변제충당합의의 효력을 주장할 수 없고,
개별집행(강제경매이든 담보권실행을 위한 경매이든)에서도 합의충당이나 지정충당은 허용되지 않고 획일적으로 가
장 공평 타당한 법정충당만이 인정된다는 점(대법원 2010. 12. 23. 선고 2009다57460 판결, 대법원 2000. 12. 8. 선
고 2000다51339 판결 등)에서 법정충당에 의하여야 할 것이다.
   만약 채권자가 채권액을 초과하여 변제를 받은 경우 누구에 대한 부당이득이 되는 것인지에 관하여는 견해의 대
립이 있다. 관련 내용은 「김정만, "도산절차상 현존액주의", 사법논집 제52집(2011), 181~186쪽」을 참조할 것. 이와
관련하여 대법원은 '보증채무자에 대한 파산절차에서 배당을 받은 채권자가 주채무자에 대한 회생절차(회사정리절
차)에서 잔존 채권액을 초과하는 변제를 받은 경우에 관하여, 초과변제된 부분은 보증채무자의 파산재단에 대한 부
당이득이 된다는 취지로 판시한 바 있다(대법원 2009. 5. 14. 선고 2008다40052, 40069 판결).
174) 대법원 2005. 1. 27. 선고 2004다27143판결, 대법원 2003. 5. 30. 선고 2002다67482 판결.
175) 예컨대 채권자 A(채권총액 2억 원)가 연대채무자 B에 대한 회생절차가 개시된 후 연대채무자 C로부터 채권 일부인
1억 원을 변제받았다고 하더라도 B에 대한 회생절차에서 여전히 채권 전액인 2억 원의 권리를 행사할 수 있다.
   한편 제126조 제2항(비공제준칙)의 적용에 있어 복수채권의 변제에 관하여 변제충당특약을 한 경우 그 특약의 효
력이 문제된다. 복수의 채권 전부를 소멸시키기에는 충분하지 않은 변제를 받은 채권자가 임의의 시기에 충당의 지정
을 할 수 있는 뜻의 변제충당특약에 기하여 충당지정권을 행사하는 것이 허용되는가. 위 합의에 기한 변제수령 후 언
제라도 충당의 지정을 하는 것이 허용된다면, 충당의 지정이 될 때까지 권리관계가 확정되지 않고, 채권자가 변제를
받은 후로부터 상당한 기간이 경과한 시기에 변제충당특약에 기하여 충당지정권을 행사하는 뜻을 주장할 경우 법적
안정성을 현저히 해하는 것이 되므로 허용되지 않는다고 할 것이다. 다시 말하면 변제충당특약과 이것에 기한 충당지
정권의 행사가 채무자의 도산절차에 있어 개시시 현존액주의의 비공제준칙의 적용을 저지하는 자의적인 것으로 도산

현존액주의는 채권자가 전부의무자가 아닌 제3자로부터 변제된 경우에는 적용되지 않는 다.[176] 전부의무자가 아닌 제3자가 변제를 한 경우에는 채권이 절대적으로 소멸하고 전부의무 관계의 문제가 아니기 때문이다.

(4) 요약하면 현존액주의는 ① 여럿이 각각 전부의 이행을 하여야 하는 의무를 지는 경우, ② 그 전원 또는 일부에 관하여 회생절차가 개시된 때, ③ 다른 전부의 이행을 할 의무를 지 는 자가 회생절차개시 후에 채권자에 대하여 변제 그 밖에 채무를 소멸시키는 행위를 한 때라 도 그 채권의 전액이 소멸한 경우를 제외하고는, ④ 채권자는 회생절차개시 당시 가진 채권의 전액에 관하여 각 회생절차에서 회생채권자로서 그 권리를 행사할 수 있다는 것을 의미한다.

(5) 신용보증기금법 제30조의3[177]과 제126조의 우열관계

신용보증기금법 제30조의3은 제250조 제2항에도 불구하고 채권자가 신용보증기금 등인 경 우에는 중소기업의 회생계획인가결정을 받는 시점에 주채무가 감경 또는 면제될 경우 연대보 증채무도 동일한 비율로 감경 또는 면제한다고 하여, 회생계획은 보증인 등에 대한 권리범위 에 아무런 영향이 없다고 규정한 제250조 제2항에 대한 예외를 정하였다. 한편 제126조 제1· 2항에 따르면, 여럿이 각각 전부 이행을 해야 하는 의무를 지는 경우 그 전원 또는 일부에 관 하여 회생절차가 개시된 때에는 채권자는 회생절차개시 당시 가진 채권의 전액에 관하여 권리 를 행사할 수 있고, 다른 전부의무자의 변제 등으로 채권자의 채권 일부가 소멸하더라도 이러 한 사정을 회생절차에서 채권자의 채권액에 반영하지 않는다.

그렇다면 연대보증인에 대하여 회생절차가 개시된 후 주채무자인 중소기업에 대한 회생계 획인가결정으로 주채무가 감면된 경우 제126조에 따라 연대보증채무는 감면되지 않는 것인가 (신용보증기금법 제30조의3에 따라 신용보증기금이 연대보증인에 대한 회생절차에서 행사할 수 있는 권 리의 범위는 어떻게 되는가). 제126조 제1·2항은 회생절차에서 채권자로 하여금 확실히 채권의

절차의 목적에 반하는 것으로 평가될 경우 도산절차와의 관계에서 그 특약의 효력이 부정된다고 할 것이다.

○ **채권 전액이 소멸한 경우 권리행사** 채권자의 채권 전액이 소멸된 경우에는 그 시점에서 현존액주의가 적용되지 않는다. 따라서 관리인은 채권자에게 더 이상 변제되지 않도록 하여야 한다. 회생계획인가 전에는 이를 고려하여 회생계획을 작성하여야 하고, 회생계획인가 후에는 채권자를 상대로 청구이의의 소 등을 통하여 해결하면 된다.

채권 전액이 소멸한 경우 원채권자는 회생절차에서 더 이상 변제받을 수 없으므로 자신의 채권이 전액 소멸하였 다는 사실을 회생법원에 신고할 필요가 있으나, 현행법상 명시적인 규정이 없다. 이로 인해 초과 변제로 인한 부당 이득반환의 문제가 발생할 수 있다(본서 1492쪽 참조).

일부 대위변제자는 변제한 가액의 범위 내에서 종래 채권자가 가지고 있던 채권 및 담보에 관한 권리를 당연히 취득하게 되므로(대법원 2011. 1. 27. 선고 2008다13623 판결, 대법원 2009. 11. 26. 선고 2009다57545,57552 판결 등 참조) 실체법적으로는 원채권자의 회생채권 중 변제된 부분(아래 사례에서 80만 원)만큼은 일부 대위변제자에게 이전된다. 다만 일부 대위변제자는 현존액주의의 원칙상 원채권자의 채권 전액이 소멸할 때까지 이전된 변제부분 (80만 원)에 해당하는 회생채권을 행사할 수 없고, 원채권자가 채권 전액에 관하여 채권신고를 하였으므로 장래구 상권으로 신고할 수도 없다. 결국 관리인은 원채권자에게 변제할 수밖에 없고, 초과 변제가 실행된 경우 초과액 부 분에 관하여는 일부 대위변제자가 원채권자를 상대로 부당이득반환을 청구할 수밖에 없다.

176) 채권자 A(채권총액 1억 원)가 다수채무자 B회생절차에 참가한 후 다수채무자가 아닌 제3자 C로부터 5,000만 원을 변제 받으면 이후에는 5,000만 원 범위 내에서만 권리를 행사할 수 있다. 반면 B회생절차에서 다수채무자 D로부터 5,000만 원을 변제받으면 여전히 1억 원 전액에 대하여 권리를 행사할 수 있다.

177) 중소기업진흥에 관한 법률 제74조의2, 기술보증기금법 제37조의3의 경우도 마찬가지이다.

만족을 얻을 수 있도록 함으로써 채권자를 보호하기 위한 규정이다. 그러나 신용보증기금법 제30조의3의 입법취지·내용 등에 비추어 보면, 연대보증인에 대하여 회생절차가 개시된 후 중소기업에 대한 회생계획인가결정으로 신용보증기금에 대한 주채무가 감면된 경우에도 신용보증기금법 제30조의3이 제126조 제1·2항보다 우선 적용되어야 한다. 따라서 신용보증기금은 연대보증인에 대한 회생절차에서 감면된 주채무에 상응하는 채권액에 한정하여 권리를 행사할 수 있을 뿐이다.[178]

관련 내용은 〈제14장 제5절 Ⅳ.2.라.(1)(나)〉(본서 1002쪽)를 참조할 것.

나. 장래의 구상권자(구상의무자에 대하여 회생절차가 개시된 경우)

연대채무자 등 다수의 전부의무자가 있는 경우 그 전부 또는 일부에 대하여 회생절차가 개시되면, 회생채권자로 되는 것은 본래의 채권자뿐만 아니라 전부의무자 상호간에서도 구상권을 회생채권으로 또는 구상권의 범위 내에서 대위로 취득한 원래의 채권(변제자대위)을 회생채권으로 행사하는 것을 생각할 수 있다. 구상권은 회생절차개시 전의 원인으로 발생한 재산상의 청구권으로 회생채권이고, 구상권자는 구상권 전액에 대하여 회생채권자로서의 권리행사가 인정된다.

전부의무자가 채권자에 대한 변제 등으로 채권자의 채권 전액을 소멸시킨 후 행사할 가능성이 있는 구상권(이하 '장래 구상권'이라고 한다)이 회생채권에 해당할 때 회생절차에서 채권자와 구상권자 사이의 권리를 조정할 필요가 생긴다. 제126조 제3항, 제4항은 같은 조 제1항, 제2항에서 정한 법률관계를 전제로 다른 전부의무자와 회생채무자 사이의 구상관계를 다루고 있다. 채권자가 회생절차에 참가하지 않은 경우 전부의무자는 구상권을 취득하지 않았더라도 장래 구상권으로 회생절차에 참가할 수 있다(제126조 제3항 본문 참조). 그러나 채권자가 회생절차개시 당시에 가지는 채권 전액에 관하여 회생절차에 참가한 경우에는 전부의무자는 회생절차에 참가할 수 없다(제126조 제3항 단서 참조). 채권자가 회생절차에 참가하여 전부의무자가 회생절차에 참가할 수 없는 경우에는 전부의무자는 제126조 제4항에 따라 채권 전액이 소멸해야만 비로소 구상권의 범위 안에서 채권자가 가진 권리를 행사할 수 있다.[179]

(1) 장래의 구상권 행사

다수의 전부의무자 중 일부의 자에 대하여 회생절차가 개시된 경우, 채권자는 회생절차에서 채권 전액의 만족을 기대할 수 없는 것이 보통이므로 전부의무자 중 다른 자에게 청구를 하게 되고, 이러한 경우 청구를 받은 자가 채권자에게 변제를 하여 면책을 얻은 후 채무자에게 구상을 하려고 하더라도, 이미 회생절차가 종결되거나 회생계획인가결정이 된 경우라면 문제이다. 왜냐하면 이때는 변제를 하여 채무자에 대하여 구상권을 취득하였다고 하더라도 회생

---

178) 대법원 2023. 4. 13. 선고 2022다289990 판결.
179) 대법원 2023. 4. 27. 선고 2021다227476 판결, 대법원 2021. 11. 11. 선고 2017다208423 판결 등 참조.

절차에 참가할 방법이 없기 때문이다.

이에 채무자회생법은 회생절차가 개시된 때에는 전부의무자 일반에게 장래의 구상권을 행사할 수 있도록 규정하고 있다. 여럿의 의무자 전부 또는 일부에 대하여 회생절차가 개시된 경우 채무자에 대하여 장래에 행사할 가능성이 있는 구상권을 가진 자, 즉, 장래에 채권자에게 변제하거나 기타 자기의 출재로 공동의 면책을 함으로써 회생절차에 있어 전부 또는 일부의 구상을 할 수 있는 자는 현실적으로 변제 등을 하기 전이라도 그 장래의 구상권 전액에 관하여 회생채권으로 행사할 수 있다(제126조 제3항 본문). '장래에 행사할 가능성이 있는 구상권'은 장래의 구상권(사전구상권)으로 장래의 청구권(제138조, 회생채권)에 해당한다.

이는 사전구상권을 전부의무자 모두에게 인정하는 의미를 가진다.[180] 즉 부탁을 받은 보증인을 포함하여(민법 제442조 참조), 먼저 채권자에 대하여 변제를 하고, 그 후에 다른 전부의무자에 대하여 구상권을 갖는 사후구상권이 원칙이지만(민법 제411조, 제425조 제1항, 제441조, 제448조),[181] 제126조 제3항 본문은 전부의무자 일반에 관하여 장래의 구상권을 회생채권 등으로 행사하는 것을 인정한다.[182]

그러나 주채권자가 채권 전액을 가지고 회생채권자로서 권리행사를 한 경우에는 장래의 구상권 행사는 배제된다(제126조 제3항 단서).[183][184] 이는 주채권자의 권리와 구상권자의 권리 중

---

180) 이에 대하여 제126조 제3항 본문의 표현이 '장래에 행사할 가능성이 있는 구상권을 행사'라고 되어 민법 제442조 제1항의 '미리 구상권을'이라는 용어와 다르고 오히려 제138조 제2항의 '장래의 청구권'과 유사한 점, 제138조 제2항이 조건부채권과 장래의 청구권을 회생채권으로 규정하고 있는 점 등에 비추어 장래의 구상권이라도 회생채권에 해당한다는 것을 명확히 하여, 그 행사를 용이하게 하기 위한 주의적 규정이라는 견해도 있다(본서 1489쪽 참조). 즉 장래의 사후구상권은 변제 등에 의해 채권의 만족을 법정정지조건으로 발생하는 것으로 제138조 제2항이 규정하는 장래의 청구권에 해당하지만, 회생절차개시 후 변제 등에 기한 구상권이 회생채권인지 여부에 대하여 의문이 있을 수 있기 때문에, 이것을 행사할 수 있다는 취지를 확정적으로 규정한 것이라는 것이다. 이 견해는 '장래 행사할 가능성이 있는 구상권'을 전부의무자가 회생절차 개시 후에 변제할 것을 정지조건으로 하여 발생하는 사후구상권으로 본다(다만 사후구상권이라고 하더라도 회생절차개시 전에 이미 변제한 때에는 제126조 제3항 본문은 적용되지 않는다){김정만, "도산절차상의 현존액주의", 사법논집 제52집, 법원도서관(2011), 163~165쪽}.

　　살피건대 민법 제442조 제1항 제2호는 명시적으로 사전구상권이라고 하고 있고{사전구상권과 사후구상권은 전혀 별개의 권리이고(대법원 1992. 9. 25. 선고 91다37553 판결, 대법원 1981. 10. 6. 선고 80다2699 판결 등 참조) 병존하는 것이다}, 제138조 제2항에서 '장래의 구상권'을 회생채권이라고 규정한 것은 민사법에서 해당 채권이 장래의 구상권으로 인정된 것을 전제로 한 것이라는 점에서 받아들이기 어렵다.

　　하지만 두 견해는 전부의무자에게 장래의 구상권을 미리 신고할 수 있도록 한 것이 제126조 제1항 본문의 취지이고, 구상권과 원래의 채권은 법적으로 별개의 권리라고 하더라도 경제적 실질은 같으므로 회생절차에서 이중으로 행사되는 것을 막기 위한 장치로서 채권자가 회생절차개시 당시의 채권을 갖고 회생절차에 참가하는 경우 구상권자는 회생채권으로 행사하지 못하도록 조정하여야 한다는 점에서 모두 일치한다.

181) 사전구상권은 민법 제442조에서 예외적으로 인정하고 있다. 보증인이 사전구상권을 행사할 수 있는 것은 민법 제442조가 열거한 사유로 한정된다.

182) 한편 부탁 받지 않은 보증인이 회생절차개시 후 변제를 한 것에 기한 구상권과 같이 장래의 청구권으로서의 회생채권으로 인정되지 않는 것도 있다(본서 554쪽). 또한 수인의 연대채무자나 연대보증인과 같이 1개의 채권에 기하여 복수의 구상권자가 채무자의 부담부분을 내용으로 하는 구상권을 회생채권으로 행사하는 것도 생각할 수 있다. 현실적으로 회생계획에 의해 만족을 받기 위해서는, 구상권으로 현실화될 필요가 있는 것이 원칙이다. 다만 의결권에 대하여는 1개의 권리를 공동 행사하여야 한다는 이유로 통일적 행사가 요구된다는 견해도 있을 수 있지만, 정지조건부권리로서 평가(제138조)에 따라 각자가 의결권을 행사하는 것이 합리적이라고 사료된다.

183) 예컨대 채권자 甲(채권총액 3억)에 대하여 A, B, C가 부담부분이 균등하게 연대채무를 부담하고 있다. 만약 A에 대하여 회생절차가 개시된 경우 채권자 甲이 3억 원 전액을 가지고 A에 대한 회생절차에 참가하였다면, B와 C는 장

주채권자 권리의 우월성을 인정함과 아울러 동일한 채무에 대하여 이중의 권리행사가 이루어지지 않도록 하기 위한 것이다.[185]

한편 주채권자가 채권액의 일부만을 회생채권으로 행사한 경우에는 장래의 구상권자는 그 잔액의 범위 내에서 회생채권자로서 권리를 행사할 수 있다. 이 경우에는 이중의 권리행사가 되는 것이 아니기 때문이다. 채권신고를 하지 않으면 구상권은 실권(면책)된다. 다만 대법원이 '면책'에 관해 '책임소멸설'의 입장을 취하고 있기 때문에 변제자대위는 가능하다.[186]

사례 채권자 A가 주채무자 B, 연대보증인 C에 대해 100만 원의 채권을 가지고 있다. 주채무자 B에 대하여 회생절차가 개시되었다.

① 채권자 A는 회생채무자 B에 대하여 어느 범위에서 권리를 행사할 수 있는가. 채권자 A는 100만 원의 채권 전액에 관해 회생절차에 참가(채권신고 등)하여 권리를 행사할 수 있다(제126조 제1항).

② 다른 전부의무자가 한 변제 등이 채권자의 회생채무자에 대한 권리행사에 어떤 영향을 미치는가. 회생절차개시 후 채권자 A가 연대보증인 C로부터 60만 원을 변제받았더라도 채권자 A는 회생절차에서 100만 원 전액에 관해 권리행사를 할 수 있다(제126조 제2항).

③ 변제 등을 하였거나 할 다른 전부의무자는 회생채무자에 대해 현재 또는 장래의 구상권에 관해 어떻게 권리를 행사할 수 있는가. 연대보증인 C는 장래의 구상권 100만 원 전액에 관해 회생절차에 참가하는 것이 허용되지만(제126조 제3항 본문), 채권자 A가 100만 원 채권 전액에 관해 회생절차에

래의 구상권을 회생채권으로 행사할 수 없다. 그런데 채권자 甲이 1억 5,000만 원을 가지고 A에 대한 회생절차에 참가하였다면 B와 C는 각각 잔액 1억 5,000만 원을 한도로 A에 대한 장래의 구상권 1억 원(A의 부담부분은 1억 원이므로)에 대하여 회생채권자로서 회생절차에 참가할 수 있다.

　부담부분은 연대채무자의 내부관계에서 각자가 분담하는 비율을 말한다. 부담부분의 비율은 ① 연대채무자간의 특약 → ② 연대채무를 부담함으로써 얻은 이익의 비율 → ③ 균등추정(민법 제424조)의 순서로 정해진다(통설).

184) **사례** 채권자가 채권 전액을 가지고 회생절차에 참가하는 경우 연대보증인(다른 전부의 이행을 할 의무를 지는 자의 경우도 마찬가지이다)은 장래의 구상권에 대하여 채권신고를 할 수 없다. 예컨대 채권자의 채권이 1억 원이고 회생계획에서 10%를 변제하는 것으로 인가된 경우, 채권자는 채무자로부터 1,000만 원, 연대보증인으로부터 9,000만 원을 각 변제받는다(제250조 제2항 제1호). 하지만 연대보증인은 9,000만 원을 변제하였다고 하더라도 채무자에 대하여 구상권을 행사할 수는 없다. 만약 회생절차개시 후 연대보증인이 1억 원 전액을 채권자에게 변제한 경우 채무자로부터 1,000만 원을 변제받을 수 있다(제126조 제4항).

185) 실무적으로 회생절차가 개시된 후 채권자가 채권(원금 및 회생절차개시 이후의 이자)을 신고하였는데, 이후 보증인이 대위변제를 하고 채권신고(변경신고나 추후 보완신고)를 하는 경우가 있다. 회생회사에 대하여 장래의 구상권을 가지는 자는 구상채권 전액에 관하여 회생절차에 참가하여 회생채권자로서의 권리를 행사할 수 있으나, 채권자가 회생절차개시 당시의 채권 전부에 관하여 회생채권으로 신고한 경우에는 장래의 구상권을 가지는 자는 회생채권자로서의 권리를 행사할 수 없게 되는 것이고, 그가 채권자의 회생채권 신고 이후에 채권자에 대하여 대위변제를 한 경우에는 채권자의 회생채권이 그 동일성을 유지하면서 구상권자에게 그 변제의 비율에 따라 이전될 뿐이다. 또한 신고기간 경과 후에 대위변제를 함으로써 구상금 채권이 발생하였다고 하더라도 구상권자가 대위변제액과 채권자의 회생채권 신고액과의 차액에 대하여 추완신고를 할 수 없고, 신고된 회생채권 중 이자를 원금으로 변경하는 신고도 허용되지 아니한다(대법원 2002. 1. 11. 선고 2001다11659 판결 참조). 따라서 ① 채권자가 이미 신고한 회생채권부분은 그 확정의 이익이 없어 부적법하고, ② 채권자가 신고한 금액을 넘는 부분은 비록 대위변제로 구상권을 갖게 되지만 제126조 제3항 단서에 의하여 그 구상권을 행사할 수 없다.

186) 대법원 2015. 11. 12. 선고 2013다214970 판결(구상권과 변제자대위권은 원본, 변제기, 이자, 지연손해금의 유무 등에서 내용이 다른 별개의 권리이다. 채무자에 대하여 회생절차가 개시된 경우에 회생채권자가 자신의 구상권을 회생채권으로 신고하지 아니하여 제251조 본문에 따라 구상권에 관하여 책임을 면한다 하더라도 회생채권자가 채무자에 대하여 이행을 강제할 수 없을 뿐 구상권 자체는 그대로 존속하므로[책임소멸설], 회생채권자가 민법 제481조, 제482조 제1항의 규정에 의한 변제자대위에 의하여 채무자를 대위하여 채권자의 채권 및 그 담보에 관한 권리를 행사하는 데에는 영향이 없다).

참가하였다면 연대보증인 C는 회생절차에 참가할 수 없다(제126조 제3항 단서). 채권자 A가 일부 채권인 60만 원에 관해 회생절차에 참가하였다면, 연대보증인 C는 잔액 40만 원에 관해 회생절차에 참가할 수 있다.

④ 회생절차개시 후 연대보증인 C가 채권자 A의 채권 전액을 변제하였다면, 채권자 A는 회생절차에서 권리를 행사할 수 없는 반면(제126조 제2항, 회생절차개시 이후 채권자의 채권이 전액 소멸되지 않은 경우에만 현존액주의가 적용된다), 연대보증인 C는 회생채무자 B에 대한 구상권의 범위 안에서 채권자 A가 회생채무자 B에 대해 가지는 회생절차상의 권리를 대위행사 할 수 있다(제126조 제4항).

⑤ 회생채무자에 대한 회생계획인가에 따른 면책 또는 권리변경의 효력이 채권자의 다른 전부의무자에 대한 권리에 어떠한 영향을 미치는가. 회생계획인가결정으로 채권자 A의 회생채무자 B에 대한 채권 중 40만 원이 면책되더라도 채권자 A가 연대보증인 C에 대해 가지는 연대보증채권 100만 원에는 영향이 없다(제250조 제2항).

⑥ 회생계획에 의한 권리변경과 전부의무자의 구상채권

회생절차에서 회생채권은 회생계획에 따라 권리가 변경된다(제252조). 회생계획이 인가되고, 회생계획에 따른 변제 과정에서, 권리가 변경된 이전의 채권(원채권) 전액에 대하여 연대보증인이 채권자에게 변제한 경우, 연대보증인이 채무자에 대하여 행사할 수 있는 구상권은 원채권인 회생채권에 대한 권리변경이 어떠한 영향을 미치는가. 사례를 통하여 보기로 하자.

채권자 A가 채권 전액을 가지고 B의 회생절차에 참가하였고, B의 회생절차에서 70%는 면제하고 30%만 변제하는 회생계획이 인가되었다. 인가 후 A는 B로부터 18만 원을 변제받았고, 연대보증인 C에게 92만 원의 지급을 구하였다. C는 92만 원을 전액 변제하였다. 이 경우 C는 B에 대하여 92만 원 전액에 대하여 구상권을 행사할 수 있는가.

회생절차개시 후에 채권자에 대한 변제로 그 채권의 전액이 소멸한 경우에는 그 구상권의 범위 안에서 채권자가 가진 권리를 행사할 수 있다(제126조 제4항). 연대보증인 C는 회생계획이 인가된 후에도 전부의무자로서 채권 전액(100만 원−18만 원=92만 원)을 변제하여야 한다(제250조 제2항 제1호). C가 권리변경 전 회생채권 전액을 변제함으로써 취득한 구상권 92만 원을 A에 대하여 행사할 경우, 회생계획에 의한 권리변경 후 회생채권의 한도(30만 원)에서 구상권을 행사할 수 있다. 회생채권자는 인적담보에 의해 회생채권의 회수에 있어 완전한 보호를 받는다. 다른 한편 연대보증인이 이행하여야 할 채무인 회생채권(100만 원)이 회생계획에 따라 권리변경되었음에도, C에게 92만 원의 구상권 행사가 인정된다면, A에 대한 원채권이 변경되었음에도 A에 비하여 전부의무자인 C는 과도한 보호를 받게 된다. 그 결과 회생절차에 의한 B의 회생은 무용한 것이 된다. 구상권도 회생채권일 뿐이고, 원채권을 실질적으로 치환하는 것에 불과하다.

(2) 장래의 구상권자의 변제자대위

(가) 전부변제의 경우

채권자가 회생절차에 참가한 경우 채무자에 대하여 장래에 행사할 가능성이 있는 구상권을 가지는 자가 회생절차개시 후 채권자에 대한 변제 등으로 그 채권의 전액이 소멸한 경우 그 구상권의 범위 내에서 채권자가 가진 권리를 행사할 수 있다(제126조 제4항).[187] 절차적으로는

---

187) 예컨대 채권자 A(채권 총액 2억 원)가 연대채무자 B에 대한 회생절차에 채권 전액인 2억 원으로 참가한 후 연대채무자 C로부터 채권 전액을 변제받았다면, C는 구상권의 범위 내에서 A의 권리를 행사할 수 있다.

신고명의의 변경절차(제154조)에 의한다. 채권자는 채권신고를 취하하여서는 아니 되고, 변제를 한 구상권자의 신고명의 변경에 협조하여야 한다. 구상권자로 하여금 다시 채권신고를 하도록 할 경우, 신고기간이 경과하는 문제가 발생할 수 있기 때문이다.

전부의무자가 변제한 경우 취득하는 권리는 구상권과 대위에 의한 원채권이다. '채권자가 가진 권리'[188]는 구상권이 아닌 원채권이라고 보아야 한다. 독자적으로 구상권을 행사할 수도 있다.[189]

(나) 일부변제의 경우

제126조는 현존액주의를 채택하여 회생절차에서 채권자가 확실히 채권의 만족을 얻을 수 있도록 함으로써 채권자를 보호하기 위한 규정이다. 즉, 여럿이 각각 전부 이행을 해야 하는 의무를 지는 경우 그 전원 또는 일부에 관하여 회생절차가 개시된 후 다른 전부의무자의 변제 등으로 채권자의 채권 일부가 소멸하더라도 이러한 사정을 회생절차에서 채권자의 채권액에 반영하지 않는다. 이에 따라 채권자는 회생절차개시 당시의 채권 전액으로 권리를 행사할 수 있는 반면, 일부 변제 등을 한 전부의무자는 회생절차에서 구상권이나 변제자대위권을 행사하는 것이 제한된다.[190]

전부의무자가 일부 변제를 한 경우 실체법적으로는 변제한 부분에 관한 채권이 변제자에게 이전되지만, 채권자는 현존액주의에 의하여 변함없이 채권 전액에 관하여 회생채권자로서 권리행사를 하고 있기 때문에 구상권이나 변제자대위에 의한 청구권의 행사는 허용되지 않는다.[191] 회생절차에서 이를 행사하기 위해서는 채권자의 채권 전액이 소멸하여야 한다. 이때 연대보증인의 경우 연대보증인이 회생계획 인가 후 변제한 금액이 회생계획에 따라 감면되고 남은 주채무자의 채무액을 초과하더라도 연대보증계약에 따른 채권자의 채권액에는 미치지 못한다면 회생절차개시 후에 채권자의 채권액 전부를 변제한 것으로 볼 수 없다.[192]

---

188) 제430조 제2항의 '채권자의 권리'도 마찬가지이다.

189) 대법원 2002. 1. 11. 선고 2001다11659 판결 참조. 다만 위 판결은 구상권의 행사범위는 제한된다고 하고 있다. 즉 회생회사에 대하여 장래의 구상권을 가지는 자는 구상채권 전액에 관하여 회생절차에 참가하여 회생채권자로서의 권리를 행사할 수 있으나, 채권자가 회생절차개시 당시의 채권 전부에 관하여 회생채권으로 신고한 경우에는 장래의 구상권을 가지는 자는 회생채권자로서의 권리를 행사할 수 없게 되는 것이고, 그가 채권자의 회생채권 신고 이후에 채권자에 대하여 대위변제를 한 경우에는 채권자의 회생채권이 그 동일성을 유지하면서 구상권자에게 그 변제의 비율에 따라 이전될 뿐이며, 신고기간 경과 후에 대위변제를 함으로써 구상금 채권이 발생하였다고 하더라도 구상권자가 대위변제액과 채권자의 회생채권 신고액과의 차액에 대하여 제152조 제2항에 의한 추완 신고를 할 수 없으며, 같은 조 제4항에 의하여 신고된 회생채권 중 이자를 원금으로 변경하는 신고도 허용되지 아니한다.

190) 대법원 2021. 11. 11. 선고 2017다208423 판결.

191) 대법원 2001. 6. 29. 선고 2001다24938 판결 참조. 위 판결은 「수인이 각각 전부의 이행을 할 의무를 지는 경우에 그 1인에 관하여 회생절차가 개시되고, 채권자가 채권의 전액에 관하여 회생채권자로서 권리를 행사한 때에는, 회생회사에 대하여 장래의 구상권을 가진 자는 회생채권자로서 권리를 행사할 수 없게 되지만, 장래의 구상권자가 훗날 채권 전액을 대위변제한 경우에는 제154조에서 정하는 신고명의의 변경을 함으로써 채권자의 권리를 대위 행사할 수 있다고 할 것이고, 다만 채권의 일부에 대하여 대위변제가 있는 때에는 채권자만이 회생절차개시 당시 가진 채권의 전액에 관하여 회생채권자로서 권리를 행사할 수 있을 뿐, 채권의 일부에 대하여 대위변제를 한 구상권자가 자신이 변제한 가액에 비례하여 채권자와 함께 회생채권자로서 권리를 행사하게 되는 것이 아니라고 할 것이다」고 판시하고 있다.

192) 대법원 2021. 11. 11. 선고 2017다208423 판결. (연대)보증인의 일부 변제시 채권자의 주채무자(회생채무자)에 대한 변경채권의 소멸 범위는 어떻게 되는지에 관하여, ① 변경채권과 원채권이 중첩되는 잔존 부분에 먼저 충당된다는

(3) 물상보증의 경우

물상보증인(채무자의 채무를 위하여 담보를 제공한 제3자)은 전부의무자는 아니지만, 물상보증인에 대하여도 같은 법리가 적용된다(제126조 제5항, 제2항 내지 제4항).[193]

(가) 물상보증인에 의한 회생절차개시 후의 변제 등

물상보증인이 회생절차개시 후에 채권자에게 변제 등을 하여 채권의 전액이 소멸하지 않는한 회생채권자는 회생절차개시 당시에 가진 채권의 전액에 관하여 그 권리를 행사할 수 있다.

(나) 물상보증인에 의한 구상권 행사

채무자에 대하여 장래에 행사할 가능성이 있는 구상권을 가진 물상보증인은 그 전액에 관하여 회생절차에 참가할 수 있다. 다만, 채권자가 회생절차개시시에 가지는 채권 전액에 관하여 회생절차에 참가한 때에는 그러하지 아니하다(제126조 제5항, 제3항). 물상보증인의 권리행사를 허용한다면 채권자의 권리행사와 이중으로 되기 때문이다.

(다) 물상보증인의 변제 등에 의한 원채권의 취득

회생절차가 개시된 후에 물상보증인이 채권자에게 일부 변제한 경우에도 채권자가 채권 전액의 만족을 얻지 못하는 한 물상보증인은 구상권에 기해서 채권자를 대위할 수 없다. 여기서 '채권 전액'이란 피담보채권 전액을 말한다.

이와 관련하여 물상보증인이 담보로 제공한 목적물의 가액을 넘어 잔여채무가 있는 경우 전액을 변제하지 않으면 위 구상권 범위에서 회생채권의 행사가 인정되지 않는지 여부가 문제된다(예컨대 피담보채권액이 500만 원인데, 담보목적물의 가액이 300만 원인 경우). 물상보증인은 원래 담보목적물의 가치를 한도로 책임을 부담하는 것이지만, 물상보증인의 절차 참여에 있어 채권자가 행사한 회생채권 전액이 소멸하는 것을 조건으로 한 것은, 채권자가 회생절차에서 채권 전액의 만족을 얻지 못하였음에도 잔여채무의 이행을 물상보증인에게 요구할 수 없다고 하면, 결과적으로 물상보증에 의하여는 채권자의 만족을 실현할 수 없는 것이 되기 때문이다. 물상보증인은 전부의무자와 달리 담보로 제공한 특정재산의 가액을 한도로 책임을 부담할 수밖에 없지만, 물상보증인도 채권자가 채무자로부터 채권의 완전한 변제를 받지 못하는 경우 유한

견해(잔존부분 선충당설), ② 회생계획에서 면제한 부분에 우선 충당된다는 견해(면제부분 선충당설)가 있을 수 있다. 현존액주의는 수인의 전부의무자를 확보한 채권자가 채권의 회수액을 극대화할 수 있는 이익을 보호하기 위한 것이므로 ②의 견해가 타당하다. 파산절차에 관한 「대법원 2008. 8. 21. 선고 2007다37752 판결(파산선고 후 파산채권자가 다른 채무자로부터 일부 변제를 받거나 다른 채무자에 대한 회생절차 내지 파산절차에 참가하여 변제 또는 배당을 받았다 하더라도 그에 의하여 채권자가 채권 전액에 대하여 만족을 얻은 것이 아닌 한 파산채권액에 감소를 가져오는 것은 아니어서, 채권자는 여전히 파산선고시의 채권 전액으로써 계속하여 파산절차에 참가할 수 있고, 채권의 일부에 대한 대위변제를 한 구상권자가 자신이 변제한 가액에 비례하여 채권자와 함께 파산채권자로서 권리를 행사할 수 있는 것은 아니다)」도 같은 입장이다.

193) 원래 물상보증인은 채권자에 대하여 채무를 부담하지 않고 물적책임만 부담하므로 전부의무자는 아니다. 따라서 채권자가 전부의무자의 도산절차에 참가한 후 물상보증인으로부터 채권 일부의 만족을 받은 경우 물상보증인이 채권자의 권리를 대위 행사할 수 있는지에 관하여 의문이 있었다. 채무자회생법은 회생절차에 관하여 이를 행사할 수 없다는 점을 명확히 하고 있다.

또는 무한의 책임을 부담하는 법형식이고, 그 기능은 전부의무자의 경우와 다르지 않다.[194] 따라서 물상보증인이 담보로 제공한 목적물의 가액을 넘어 잔여채무가 있는 경우 전액을 변제하지 않으면 구상권 범위에서 회생채권의 행사가 여전히 인정되지 않는다고 할 것이다.

2. 채무자가 보증채무를 지는 경우

가. 보증인인 채무자에 대하여 회생절차가 개시된 경우

보증인인 채무자에 대하여 회생절차가 개시된 때에는 채권자는 회생절차개시 당시 가진 채권의 전액에 관하여 회생채권자로서 그 권리를 행사할 수 있다(제127조).[195] 보증인에 대하여 회생절차가 개시된 때에는 주채무자에 관하여 회생절차가 개시되고 있는지의 여부를 불문하고 또 보증채무의 보충성{최고·검색의 항변권(민법 제437조 본문)}에도 불구하고 채권자는 회생절차개시 당시 채권의 전액을 가지고 절차에 참가할 수 있다.[196]

그 이유는 보증인에 대하여 회생절차가 개시된 경우 최고·검색의 항변권을 인정하게 되면, 보증인의 회생절차에 참가할 수 없는 상태에서 주채무자의 재산상태 악화로 추심이 곤란하게 될 우려가 있기 때문이다.[197]

보증인에 관하여 회생절차가 개시되고 채권자가 보증채권을 가지고 회생절차에 참가할 수 있다고 하여도, 회생절차에서는 채권의 현재화가 행하여지지 않으므로(제425조 참조) 주된 채무가 기한미도래이면 보증채무만 기한이 도래하는 것은 아니다.

물론 보증인에 대하여 회생절차가 개시됨과 동시에 주채무자가 파산한 경우에는 주채무자의 무자력이 명백하게 되어 최고·검색의 항변권은 상실하게 되고, 연대보증인의 경우에는 그 자체로 최고·검색의 항변권이 없으므로(민법 제437조 단서) 이들의 경우에는 제127조를 기다릴 필요도 없이 채권전액의 권리를 행사할 수 있다. 따라서 제127조가 가지는 의미는 보증인이 연대보증인이 아닌 경우로, ① 보증인에 대하여만 회생절차가 개시되거나 ② 주채무자 및 보증인에 대하여 회생절차가 개시된 때[198]에도 최고·검색의 항변권을 행사할 수 없게 된다는

---

194) 일본 최고재판소도 비록 파산절차와 관련된 것이기는 하지만, 채권전액을 파산채권으로 신고한 채권자는 채무자에 대한 파산선고 후 물상보증인으로부터 신고채권의 변제를 받아도, 그 전부의 만족을 얻지 못하는 한, 신고채권의 전액에 대하여 파산채권자로서 권리를 행사할 수 있다고 판시하였다{도산법(加藤哲夫등), 163쪽}.

195) 예컨대 채권자 A(채권 총액 2억 원)는 보증인 B에 대하여 회생절차가 개시된 경우 채권 전액인 2억 원으로 회생절차에 참가할 수 있다.

196) 보증인도 전부의무자이므로 제126조의 현존액주의가 적용되지만 제127조에 별도의 규정을 두고 있다. 이는 보증인이 주채무자에 대해 종속적인 지위에 있고 최고·검색의 항변권을 가지고 있기 때문에 이를 배제하고 회생절차개시 당시의 현존액으로써 보증인에 대한 회생절차에 참가할 수 있음을 명백히 하기 위한 것이다.

197) 보증인에 대하여 회생절차가 개시된 경우, 관리인이 최고·검색의 항변권을 행사할 수 있도록 해야 한다. 그러나 이것을 허용한다면 채권자가 최고를 하고 나아가 검색을 하는 사이에, 보증인의 회생절차가 종료하여 채권자는 보증채무의 이행을 구할 기회를 상실하게 된다. 이러한 사태를 방지하기 위하여, 보증인에 대하여 회생절차가 개시된 경우, 관리인이 이들 항변을 하는 것을 막고, 채권자는 당연히 보증인의 회생절차에 참가할 수 있도록 할 필요가 있다{倒産法(加藤哲夫등), 164쪽}.

198) 주채무자에 대하여 회생절차가 개시되어도 최고·검색의 항변권이 주장될 여지가 있지만, 제127조는 이것을 배제하고 있다는데 의미가 있다.

것이다.

나. 1인의 일부 보증채무의 경우

주채무의 일부에 대하여 1인의 일부 보증인이 존재하는 경우에는 주채무와 보증인의 관계에 있어서, 보증채무의 한도에서 제126조 및 제127조가 적용된다(제130조 참조). 예컨대 채권자 A에 대하여 주채무자 甲이 1,000만 원의 채무를 부담하고 있고, 그중 600만 원에 대하여 乙이 보증을 하는 경우이다. 이 경우 600만 원의 보증채무를 기준으로 하면, 甲 및 乙은 전부의무자로 되기 때문에, 甲 및 乙에게 회생절차가 개시된다면, A는 甲에 대하여 1,000만 원의 회생채권을 행사할 수 있고, 乙에 대하여 600만 원의 회생채권을 행사할 수 있다. 乙의 관리인은 A의 회생채권신고에 대하여 최고·검색의 항변권을 주장할 수 없다(제127조). 또한 채권자 A가 채무자 甲의 회생절차에 참가하지 않는 경우 乙은 600만 원(구상권)에 대하여 회생채권자로서 권리행사를 할 수 있다(제126조 제3항).

3. 법인의 채무에 대하여 무한책임 또는 유한책임을 지는 경우

가. 법인의 채무에 무한책임을 지는 경우[199]

법인의 사원이 법인의 채권자에 대하여 무한책임을 부담하는 경우(합명회사의 사원이나 합자회사의 무한책임사원)가 있다. 합명회사의 사원이나 합자회사의 무한책임사원은 회사의 재산으로 회사의 채무를 완제할 수 없는 경우나 회사재산에 대한 강제집행이 주효하지 못한 경우 회사의 채무에 대하여 무한책임을 부담한다(상법 제212조, 제269조 참조). 이는 최고·검색의 항변권을 갖는 보증채무자와 유사하다. 따라서 보증인의 경우와 마찬가지로 법인의 채무에 대하여 무한책임을 지는 자에 관하여 회생절차개시결정이 있는 경우에는 해당 법인의 채권자는 회생절차개시 당시에 가진 채권의 전액에 관하여 회생절차에 참가할 수 있다(제128조).

법인의 채무에 대하여 무한책임을 지는 자에 관하여 회생절차개시결정이 있는 경우 해당 법인의 채권자는 회생절차개시 당시에 가진 채권의 현존액을 가지고 권리를 행사할 수 있다는 것을 명확히 한 것이다. 이는 무한책임사원의 책임이 보증인의 경우와 마찬가지로 법인에 대한 채권자에 있어서는 인적담보로 된다는 것을 중시한 것에 기인한 것이다.

나. 법인의 채무에 유한책임을 지는 경우

(1) 유한책임사원에 대하여 회생절차가 개시된 경우

법인의 채무에 관하여 유한책임을 지는 사원에 대하여 회생절차개시결정이 있는 경우에 법인의 채권자는 회생절차에 참가할 수 없다(제129조 제1항). 법인의 유한책임사원은 미지급의 출

---

199) **조합원의 회생** 조합원에 대하여 회생절차가 개시된 경우 조합채권자가 회생채권자로 되는지의 문제가 있다. 조합원은 조합채무에 대하여 책임을 부담하기 때문에 긍정하여야 할 것이다. 다만 조합원의 책임은 손실분담의 비율로

자액의 한도에서 법인의 채권자에 대하여 직접 책임을 지므로(상법 제279조, 제548조 제1항), 그 한도에서 회생채권을 행사할 수 있도록 할 수 있지만, 다수의 채권자가 회생절차에 참가하는 것으로부터 생기는 번잡함을 피하기 위하여 상법의 적용 범위를 제한하고, 법인의 채권자가 회생절차에 참가하는 것을 인정하지 않은 것이다. 미이행 출자액에 대하여는 법인이 회생채권자로서 권리를 행사하도록 하고 있는데, 이는 법인의 채권자의 이익을 보호하기 위한 것이다.[200]

(2) 법인에 대하여 회생절차가 개시된 경우

법인에 대하여 회생절차개시결정이 있는 경우에 법인의 채권자는 법인의 채무에 관하여 유한책임을 지는 사원에 대하여 그 권리를 행사할 수 없다(제129조 제2항). 이는 회생절차가 개시된 경우 관리인이 관리처분권을 행사하므로, 유한책임사원에 대한 권리행사도 관리인이 행사하는 것이 타당하기 때문에 법인의 채권자의 개별적 권리행사를 금지한 것이다.[201]

4. 수인의 일부보증의 경우[202]

여럿의 보증인이 채무의 일부를 각각 부담한 경우,[203] 그 부담부분에 관하여는 전부 이행의 의무를 지는 경우와 성질이 같으므로 제126조, 제127조의 규정에 따라 처리하면 된다(제130조). 다시 말하면 주채무의 일부에 대하여 수인의 보증인이 존재하는 경우 전부의무자로 간주되는 한도에서 제126조 및 제127조가 적용된다.

현존액주의는 여럿이 채권의 전부에 대하여 이행을 하는 경우에만 적용되는 것이 아니고(제126조), 채권의 일부에도 동일한 부분에 대하여 이행을 하여야 할 자가 다수인 경우에도 적용됨을 명확히 한 것이다. 왜냐하면 보증인의 부담부분에 관하여 보면, ① 분별의 이익이 있는 경우는 주채무자와 보증인 각각이 부담부분에 관한 한 전부를 이행하여야 하는 관계가 되고,

---

책임을 지는 분할채무이기 때문에(민법 제408조 참조), 회생채권액은 조합에 대한 채권액 그 자체가 아니라 손실분담비율 또는 균등한 비율에 따른 액이 된다(민법 제712조). 또한 액의 기준시는 제128조를 유추적용하여 회생절차 개시시에 가진 분할채권액이 된다고 볼 것이다.

200) 條解 破産法, 777쪽.

201) 제129조에 대하여 당연한 것을 주의적으로 규정한 것이라고 보는 견해도 있다(전병서, 168쪽).

202) **수인의 전부보증인의 회생** 이 경우는 보증인이 분별의 이익이 있는 경우와 없는 경우가 있다.
　① 분별의 이익이 없는 수인의 전부보증인
　　어떤 채무에 대하여 수인의 전부보증인이 존재하고, 이들이 연대보증(민법 제413조)이나 보증연대와 같이 각 보증인이 주채무의 전부에 대하여 의무를 부담하는 경우, 그 보증인의 전부 또는 일부에 대하여 회생절차가 개시된 경우 위 〈1. 및 2.가.〉와 마찬가지로 취급된다.
　② 분별의 이익이 있는 수인의 전부보증인
　　수인의 전부보증인이 분별의 이익이 있는 경우에는 각각의 보증인의 분할채무와 주채무와의 관계에서 제126조 및 제127조가 유추적용된다(제130조 참조). 예컨대 甲이 乙에 대하여 1,000만 원의 채권을 가지고 있고, 그 전부에 대하여 A, B가 보증한 경우를 보자. 보증인에게 분별의 이익이 있다면 A, B는 각각 500만 원에 대하여 보증채무를 부담한다. 따라서 500만 원의 한도에서는 乙, A, B는 전부의무를 부담하는 관계이다. 따라서 甲은 乙의 회생절차에서 1,000만 원의 채권을 가지고 참가할 수 있고, A, B의 회생절차에서도 500만 원의 채권으로 권리행사가 인정된다. 甲의 500만 원의 채권신고에 대하여 A나 B의 관리인은 최고·검색의 항변권을 행사할 수 없다(제127조). 또한 A 및 B는 500만 원의 한도에서 乙에게 구상권을 가지기 때문에 제126조 제3항, 제4항이 적용된다.

203) 예컨대 甲의 A(채권자)에 대한 3,000만 원 대여금채무 중 1,200만 원에 대하여 乙, 丙, 丁이 보증한 경우이다.

② 분별의 이익이 없는 경우에는 주채무자와 각 보증인이 각자 채무 전부를 이행할 관계가 되기 때문이다.

예를 들어 채권자 A에 대하여 주채무자 甲이 1,000만 원의 채무를 부담하고, 그중 600만 원에 대하여 乙, 丙, 丁 3인이 보증을 한 경우를 보기로 하자.

가. 분별의 이익이 없는 경우

우선 乙, 丙, 丁이 분별의 이익이 없는 경우(보증연대 또는 연대보증의 경우)에는 600만 원 전부에 대하여 의무를 부담한다. 甲, 乙, 丙, 丁은 600만 원의 보증채무를 기준으로 전부의무자가 되기 때문에 기본적으로 1인의 일부보증인(앞의 〈2.나.〉)의 경우와 마찬가지로 처리하면 된다. 다만 乙, 丙, 丁의 상호간에도 전부의무자 관계가 있기 때문에 乙, 丙, 丁에 대하여 회생절차가 개시된 경우에 있어 어떤 회생절차에서 변제가 되거나 회생절차개시 후 丁으로부터 일부변제가 되어도 그것이 600만 원에 이르지 아니하는 한, 각 회생절차에서 채권자 A의 회생채권액에는 변함이 없다(제126조 제2항). 또한 채권자 A가 甲 또는 乙의 회생절차에서 회생채권을 신고하지 않은 경우, 丙 및 丁의 관리인은 甲의 회생절차에서는 600만 원, 乙의 회생절차에서는 부담부분이 평등하다면, 乙의 부담부분에 대응하는 200만 원의 구상권을 각각 회생채권으로 행사할 수 있다(제126조 제3항). 채권자 A가 乙, 丙, 丁의 회생절차에 채권신고를 한 경우 乙, 丙, 丁의 관리인은 최고·검색의 항변권을 행사할 수 없다(제127조).

나. 분별의 이익이 있는 경우

乙, 丙, 丁이 분별의 이익이 있는 경우(민법 제439조)에는, 乙, 丙, 丁은 각각 200만 원에 대하여 보증채무를 부담하는 것이 되고, 그 200만 원의 한도에서는, 甲의 주채무와 乙, 丙, 丁의 보증채무가 각각 병존하는 것이 된다.

채권자 A의 입장에서 보면 각각 200만 원 한도에서 甲에 대한 주채무와 乙, 丙, 丁에 대한 보증채무가 병존하기 때문에, 甲과 乙, 甲과 丙, 甲과 丁의 관계[204]에 대하여는 각각 제126조 제1항, 제2항에 따라 처리한다.

채권자 A가 200만 원의 회생채권을 신고한 것에 대하여 乙, 丙, 丁의 관리인은 최고·검색의 항변권을 주장할 수는 없다(제127조). 나아가 乙, 丙, 丁이 200만 원의 한도에서 甲에 대하여 구상권을 가지므로, 이것에 대하여는 제126조 제3항, 제4항에 따라 처리한다.

5. 물상보증인의 회생[205]

회생절차개시 전의 원인으로 생긴 채무자 외의 자에 대한 재산상의 청구권도 유치권 등 담

---

204) 이들은 위 〈2.나.〉에서 설명한 1인의 일부보증인의 경우와 마찬가지로 취급한다. 다만 乙, 丙, 丁 사이에는 전부의무자 관계가 아니다.
205) 회생담보권에서 설명하여야 할 내용이지만, 이해의 편의를 위해 여기에서 설명하기로 한다.

보권으로 담보된 범위의 것은 회생담보권에 해당하므로(제141조 제1항 본문) 물상보증인에 대하여도 회생담보권이 성립할 수 있다.

회생담보권에 관하여도 회생채권과 마찬가지로 현존액주의가 적용된다(제141조 제2항). 따라서 앞에서 설명한 내용은 회생담보권자에 대하여도 그대로 적용된다. 채권자는 물상보증인에 대한 회생절차에서 담보목적물의 가액 범위 내에서 회생절차개시 당시 가진 채권의 전액에 관하여 회생담보권자로서 그 권리를 행사할 수 있다.[206]

물상보증인에 대하여 회생절차가 개시된 경우에도 현존액주의가 타당한가. 예컨대 회생절차개시 후 주채무자로부터 일부 변제를 받은 경우에도 회생절차개시 당시의 목적물가액을 기준으로 한 회생담보권액이 영향을 받지 않는지가 문제된다. 별제권과 달리, 회생담보권은, 담보권이 피담보채권을 본질로 하는 것이라는 점을 고려하면, 보증인에 대하여 회생절차가 개시된 경우와 마찬가지로 현존액주의가 타당하고, 최초의 회생담보권액을 유지시킬 필요가 있다.[207]

6. 회생절차와 파산절차(개인회생절차[208])에서의 현존액주의

〈회생절차와 파산절차에서의 현존액주의 관련 조문〉

회생절차	파산절차(개인회생절차)
제126조(채무자가 다른 자와 더불어 전부의 이행을 할 의무를 지는 경우) ① 여럿이 각각 전부의 이행을 하여야 하는 의무를 지는 경우 그 전원 또는 일부에 관하여 회생절차가 개시된 때에는 채권자는 회생절차개시 당시 가진 채권의 전액에 관하여 각 회생절차에서 회생채권자로서 그 권리를 행사할 수 있다. ② 제1항의 경우에 다른 전부의 이행을 할 의무를 지는 자가 회생절차 개시 후에 채권자에 대하여 변제 그 밖에 채무를 소멸시키는 행위(이하 이 조에서 "변제 등"이라고 한다)를 한 때라도 그 채권의 전액이 소멸한 경우를 제외하고는 그 채권자는 회생절차의 개시시에 가지는 채권의 전액에 관하여 그 권리를 행사할 수 있다.	제428조(전부의 채무를 이행할 의무를 지는 자가 파산한 경우의 파산채권액) 여럿의 채무자가 각각 전부의 채무를 이행하여야 하는 경우 그 채무자의 전원 또는 일부가 파산선고를 받은 때에는 채권자는 파산선고시에 가진 채권의 전액에 관하여 각 파산재단에 대하여 파산채권자로서 권리를 행사할 수 있다. *제126조 제2항에 해당하는 규정이 없다.
③ 제1항의 경우에 채무자에 대하여 장래에 행사할 가능성이 있는 구상권을 가진 자는 그 전액에 관하여 회생절차에 참가할 수 있다. 다만, 채권자	제430조(장래의 구상권자) ① 여럿의 채무자가 각각 전부의 채무를 이행하여야 하는 경우 그 채무자의 전원 또는 일부가 파산선고를 받은 때에는

---

206) 대법원 2024. 3. 12. 선고 2021다262189 판결.
207) 會社更生法, 242쪽. 반면 물상보증인에게 파산선고가 된 경우에는 현존액주의가 적용되지 않는다. 이에 관하여는 〈제3편 제6장 제1절 Ⅳ.3.다.〉(본서 1491쪽)를 참조할 것.
208) 개인회생절차에서는 파산절차의 규정을 그대로 준용하고 있다(제581조 제2항). 채무자회생법은 회생절차에 관해서는, 현존액주의를 정한 구 회사정리법의 규정상 명확하지 않은 부분을 보완하기 위해, 제126조 제2 내지 5항을 신설하였다. 그런데 파산절차에 관해서는 구 파산법의 규정을 그대로 승계하여(일부 문구만 수정) 위 회생절차에서와 같은 조항을 신설하지 않았고, 개인회생절차에는 파산절차에 관한 규정을 준용(제581조 제2항)하도록 하고 있다.

가 회생절차개시시에 가지는 채권 전액에 관하여 회생절차에 참가한 때에는 그러하지 아니하다. ④ 제1항의 규정에 의하여 채권자가 회생절차에 참가한 경우 채무자에 대하여 장래에 행사할 가능성이 있는 구상권을 가지는 자가 회생절차 개시 후에 채권자에 대한 변제 등으로 그 채권의 전액이 소멸한 경우에는 그 구상권의 범위 안에서 채권자가 가진 권리를 행사할 수 있다. ⑤ 제2항 내지 제4항의 규정은 채무자의 채무를 위하여 담보를 제공한 제3자가 채권자에게 변제 등을 하거나 채무에 대하여 장래에 행사할 가능성이 있는 구상권을 가지는 경우에 준용한다.	그 채무자에 대하여 장래의 구상권을 가진 자는 그 전액에 관하여 각 파산재단에 대하여 파산채권자로서 그 권리를 행사할 수 있다. 다만, 채권자가 그 채권의 전액에 관하여 파산채권자로서 그 권리를 행사한 때에는 예외로 한다. ② 제1항 단서의 경우 제1항의 규정에 의한 구상권을 가진 자가 변제를 한 때에는 그 변제의 비율에 따라 채권자의 권리를 취득한다. ③ 제1항 및 제2항의 규정은 담보를 제공한 제3자가 채무자에 대하여 갖는 장래의 구상권에 관하여 준용한다.
제127조(채무자가 보증채무를 지는 경우) 보증인인 채무자에 관하여 회생절차가 개시된 때에는 채권자는 회생절차개시 당시 가진 채권의 전액에 관하여 회생채권자로서 권리를 행사할 수 있다.	제429조(보증인이 파산한 경우의 파산채권액) 보증인이 파산선고를 받은 때에는 채권자는 파산선고시에 가진 채권의 전액에 관하여 파산채권자로서 그 권리를 행사할 수 있다.
제128조(법인의 채무에 대해 무한의 책임을 지는 자에 대하여 회생절차가 개시된 경우의 절차 참가) 법인의 채무에 대하여 무한의 책임을 지는 자에 관하여 회생절차개시의 결정이 있는 경우에 해당 법인의 채권자는 회생절차개시시에 가진 채권의 전액에 관하여 회생절차에 참가할 수 있다.	제432조(무한책임사원의 파산) 법인의 채무에 관하여 무한책임을 지는 사원이 파산선고를 받은 때에는 법인의 채권자는 파산선고시에 가진 채권의 전액에 관하여 그 파산재단에 대하여 파산채권자로서 그 권리를 행사할 수 있다.
제129조(법인의 채무에 대해 유한책임을 지는 자에 대하여 회생절차가 개시된 경우의 절차 참가 등) ① 법인의 채무에 관하여 유한책임을 지는 사원에 대하여 회생절차개시의 결정이 있는 경우에 법인의 채권자는 회생절차에 참가할 수 없다. ② 법인에 대하여 회생절차개시의 결정이 있는 경우에 법인의 채권자는 법인의 채무에 관하여 유한의 책임을 지는 사원에 대하여 그 권리를 행사할 수 없다.	제433조(유한책임사원의 파산) 법인의 채무에 관하여 유한책임을 지는 사원 또는 그 법인이 파산선고를 받은 때에는 법인의 채권자는 유한책임을 지는 사원에 대하여 그 권리를 행사할 수 없다. 다만, 법인은 출자청구권을 파산채권으로서 행사할 수 있다.
제130조(일부 보증의 경우) 제126조 및 제127조의 규정은 여럿의 보증인이 각각 채무의 일부를 부담하는 경우 그 부담부분에 관하여 준용한다.	제431조(여럿이 일부 보증을 한 때의 파산채권액) 제428조, 제429조 및 제430조 제1항·제2항의 규정은 여럿의 보증인이 각각 채무의 일부를 보증하는 때에 그 보증하는 부분에 관하여 준용한다.

채무자회생법은 현존액주의에 관하여 회생절차와 파산절차(개인회생절차)에서 서로 달리 규정하고 있어서 문언상으로는 각 도산절차에서 이를 달리 취급하고자 한 것으로 볼 수도 있다. 그러나 회생절차와 파산절차에서 전부의무자의 채권관계를 달리 규율할 합리적인 이유는 없다. 회생절차에서 담보권은 회생담보권으로 회생절차의 제약을 받는 반면, 파산절차(개인회생절차)에서 담보권은 별제권으로서 파산절차(개인회생절차)의 제약을 받지 않는 차이가 있기는 하지만, 그런 차이는 전부의무자의 채권관계에 관하여 절차상의 차이를 가져오지 않을 뿐만 아

니라 통일적인 해석에 장애가 되지 않는다. 따라서 현존액주의는 회생절차와 파산절차(개인회생절차)에서 동일하게 해석되어야 한다. 채무자회생법이 회생절차와 파산절차(개인회생절차)에서 현존액주의에 관하여 달리 규정하고 있는 것은 입법적인 오류로 보인다.[209]

기업집단의 도산사건[210]

기업집단의 경우 도산이 한 회사에서 한정되어 나타나는 것이 아니라 도미노현상처럼 기업집단 전체로 확산되어 나타나는 것이 보통이다. 우리나라에서 기업집단[211]에 대한 도산사건이 관심을 끈 것은 2013년 9월경 서울중앙지방법원에 동양그룹(주식회사 동양, 주식회사 동양레저, 동양인터내셔널 주식회사, 동양네트웍스 주식회사, 동양시멘트 주식회사[212])에 대한 회생절차개시 신청이 있는 때였다. 순환출자나 상호보증 등으로 서로 복잡하게 얽혀 있어 기업집단이 도산절차에 들어갈 경우에는 통상의 경우와는 다른 여러 가지 문제가 발생한다.

기업집단 자체는 권리주체도 아니고 채무자도 될 수 없다. 기업집단 도산의 경우에도 '하나의 법인, 하나의 재산, 하나의 도산절차'라는 법인격 독립의 명제를 그대로 관철할 것인가. 이러한 명제를 관철할 경우 도산상태에 놓인 기업집단에 속한 모든 개별기업들에 대하여 독자적인 도산절차가 개시된다. 기업집단 도산사건과 관련하여 주로 문제되는 것은 채권의 열후화(subordination), 절차적 병합(procedural consolidation) 및 실체적 병합(substantive consolidation) 등이 있다.

Ⅰ. 열후화

열후화(subordination, 후순위화)란 권리의 순위(변제 순위)를 강등(demotion)시키는 것을 말한다. 제193조 제3항(합의에 의한 열후화)과 제218조 제2항(특수관계자 채권에 대한 열후화)은 이를 반영한 것이다.

실무적으로는 합의에 의한 변제순위 변경 사례는 거의 찾기 어렵고, 제218조 제2항을 근거로 특수관계자에 대하여 주식 또는 지분의 감자율, 채권의 변제율과 변제시기 등에 차등을 두는 경우가 많다. 기업집단 도산사건에서 특수관계자 채권에 대한 열후화도 대부분 위 조항을 근거로 이루어지고 있다.

---

209) 김정만, "도산절차상 현존액주의: 일부보증 및 물상보증을 중심으로", 회생과 파산 1.(2012. 2.), 사법발전재단(2012년), 279~280쪽. 일본에서는 현존액주의에 관하여 파산법(제104조 내지 제107조)에 상세한 규정을 두고, 회사갱생법(제135조)과 민사재생법(제86조 제2항)에서 파산법 규정을 그대로 준용하고 있다.

210) 기업집단 도산사건에 관한 자세한 내용은 『김용진, "기업집단도산법제 구축방안, 법조 통권 687호(2013. 12.), 66~116쪽, 이재희, "기업집단 도산사건의 효율적 처리방안─동양그룹 사례를 중심으로", 사법논집(63집), 법원도서관(2017), 190쪽 이하』를 참조할 것.

211) 기업집단이란 동일인이 사실상 그 사업내용을 지배하는 회사의 집단을 의미한다. 동일인이 단독으로 또는 관련자와 합하여 해당 회사 발행주식 총수의 30% 이상을 보유하면서 대표이사를 임면하거나 임원의 50% 이상을 선임하고, 조직변경이나 신규사업 투자 등 주요 의사결정이나 업무집행에 지배적인 영향력을 행사함으로써 사실상 그 사업내용을 지배하는 경우 기업집단에 해당한다고 볼 수 있다(독점규제 및 공정거래에 관한 법률 제2조 제11호, 같은 법 시행령 제4조). 동일인이란 동일인이 회사인 경우에는 그 동일인과 그 동일인이 지배하는 하나 이상의 회사의 집단을, 동일인이 회사가 아닌 경우에는 그 동일인이 지배하는 2 이상의 회사의 집단을 말한다.

212) 아래에서 보는 바와 같이 춘천지방법원에 신청되었으나, 이후 서울중앙지방법원으로 이송되었다.

Ⅱ. 절차적 병합

어느 특정 대기업이 회생절차를 신청하는 것보다 여러 개의 계열회사가 공동신청을 하고 이를 한 회생법원에서 심리하는 경우가 있다. 이를 절차적 병합(procedural consolidation, jointly administered)이라 한다. 절차적 병합은 기업집단 소속 계열회사들의 자산이나 부채를 병합하지 않고(각 채무자의 자산과 부채는 별도로 유지된다), 단지 도산처리절차만 병합하는 것으로, 단일한 회생법원에 의한 사건의 병합심리, 단일한 관리인(파산관재인) 선임, 단일한 채권자협의회 구성 등을 통하여 절차비용을 줄이고 기업집단 전체의 정보 수집을 용이하게 하는 장점이 있는 것으로 평가받고 있다. 사건번호도 1개이고 회생계획안도 1개로 진행된다.[213] 이 과정에서 각 채무자 상호간에 채권의 조정이라는 중요한 문제가 발생한다.

도산절차도 동종인 경우(기업집단 내 계열회사 모두에 대해 회생절차가 개시되거나 파산절차가 개시된 경우)와 이종인 경우(지주회사에 대하여는 회생절차가 자회사에 대하여는 파산절차가 개시되거나 그 반대의 경우)가 있을 수 있다. 절차의 병합은 동일한 종류의 사건이 동일한 법원에 계속되어 있을 것이 요건이므로 파산사건에 회생사건을 병합하는 것(또는 그 반대)은 허용되지 않는다고 할 것이다.

제3조 제3항 제1호는 공정거래법에 따른 기업집단 사건에 관하여 같은 기업집단에 속하는 계열회사에 대해 회생사건 또는 파산사건이 계속되어 있는 경우 그 회생법원에도 관할을 인정하고 있는데, 이것이 절차적 병합의 근거조항이다.[214] 나아가 서로 다른 관할법원에 계속되어 있다 하더라도 법원은 직권으로 이송할 수 있도록 하고 있다(제4조 제3호, 제4호).[215]

Ⅲ. 실체적 병합

실체적 병합(substantive consolidation)이란 기업집단 소속 회사의 법인격을 무시하고(법인격 부인의 법리) 기업집단의 모든 자산과 부채가 하나의 법인격이 보유하는 것처럼 통합하여 처리하는 것으로서, 병합된 기업집단 소속 회사의 모든 채권자들의 이익을 위해 하나의 도산재단을 형성하는 효과가 생긴다. 채권채무관계가 지나치게 얽혀 있어서 법인들을 하나의 경제적 주체로 보고 합리적으로 거래한 채권자들을 보호하는 특별한 구제방법이다. 채무자들의 모든 자산과 부채를 결합시키고 상호보증과 내부자간의 채권을 소멸시킨다.

실체적 병합에 대하여는 명문의 근거 규정이 없어도 법인격 부인의 법리가 인정되어 온 것처

---

213) 우리의 경우는 사건번호를 각각 부여한 후 민사소송법에 따라 절차를 병합할 수 있을 것이다(제33조). 실무적으로는 동종의 절차를 병행하여 동일한 재판부에서 진행하고 있다. 동양그룹사건에서도 5개 회사에 대하여 각각 다른 사건번호를 부여한 채 각각 진행하였다. 절차를 병행하여 진행할 경우에는 가급적 절차의 통일과 회생절차 진행으로 인하여 발생하는 효력의 차이로 인한 이해관계인 사이의 불평등이나 불합리한 점이 발생하지 않도록 배려할 필요가 있다.

214) 동양그룹 사건에서도 동양시멘트 주식회사는 원래 본점 소재지인 춘천지방법원에 회생절차개시를 신청하였으나, 서울중앙지방법원으로 이송되었다.

215) 예컨대 X그룹의 甲회사가 A법원에 회생신청을 한 후 X그룹에 속하는 다른 계열회사인 乙회사가 A법원에 회생신청을 할 경우, A법원은 乙회사에 대해 전속관할법원이 아니라 하더라도 그룹재판적에 따라 관할법원이 된다. 나아가 甲회사에 대한 절차가 그 전속관할법원인 A법원에 계속되고 있던 중에 乙회사가 그룹재판적 관할법원인 B법원에 신청하거나 계속되어 있을 경우, A법원이 甲회사 사건을 B법원에 이송하거나(제4조 제3호) 또는 B법원이 乙회사 사건을 A법원에 이송할 수 있다(제4조 제4호).

럼 개별사안의 구제를 위해 법원이 실체적 병합이론을 인정할 수 있을 것이라는 견해도 있고,[216] 실체적 병합은 사적자치의 원칙을 크게 훼손시키고 정의 관념과 효율성 측면에서도 문제가 있을 뿐만 아니라 신용제공자의 정보비용을 크게 상승시키는 부작용을 낳을 수 있다는 이유로 반대하는 견해도 있다.[217]

Ⅳ. 결 론

기업집단에 대한 도산사건에서 문제가 개별적인 재산에 한정된다면 관리인(파산관재인)이 부인권이나 환취권을 행사하고, 열후화를 통하여 형평을 도모할 수 있다. 그러나 재산의 혼동이 대규모로 되면, 이러한 개별적인 법 기술로는 해결이 곤란하다. 문제 해결을 위해서는 쌍방이 동종의 절차인 경우에는 쌍방의 절차를 병합하여 1개의 회생절차에서 각각에 대하여 회생계획을 성립시키는 절차적 병합, 나아가 일방의 회생채권자 등에게 다른 회생절차에서의 권리행사를 인정하고, 실질적으로 1개의 회생계획을 성립시키는 실체적 병합을 고려해 볼 수 있다. 또는 쌍방의 파산절차를 병합하여 1개의 파산절차에서 파산청산을 진행하는 절차적 병합, 나아가 일방의 파산채권자에게 다른 파산절차에서의 권리행사를 인정하고, 실질적으로 1개의 파산청산을 실현하는 실체적 병합도 고려해 볼 수 있다.

절차적 병합은 현행법하에서도 가능하다(제3조 제3항 제1호). 반면 실체적 병합은 책임분리원칙을 깨뜨려 현행법 체계와 조화되지 않고, 채권자가 배당받아야 할 몫을 균일화시키며(재정사정이 좋은 계열회사의 채권자는 자신이 응당 받아야 할 몫을 잃게 된다), 채권자로서는 실체적 병합의 경우에 대비하여야 하기 때문에 채무자의 신용평가에 나쁜 영향을 미친다는 점에서 제도 도입이나 실무 운용에 있어 신중을 기할 필요가 있다.

한편 미국 연방도산법은 채무자가 신청하는 경우 도산원인을 요구하지 않아 비교적 건실한 계열회사의 핵심 기업이 공동으로 도산신청을 하는 것이 가능하다.[218] 그러나 우리나라는 채무자 스스로 신청하더라도 채무초과나 지급불능의 염려를 요건으로 하고 있어(제34조 제1항) 계열회사 중 재정상황이 비교적 건실한 회사가 구조조정의 수단으로 회생신청을 하는데 법적 장애가 존재한다.

Ⅷ 회생절차에서 회생채권자의 지위

회생채권자란 회생채권을 가지고 있는 채권자를 말한다. '가지고 있는'이란 일반적으로 귀속주체를 의미하지만, 예외적으로는 회생채권에 대한 관리처분권을 행사하여 급부를 수령할 자

---

216) 會社更生法, 244~245쪽, 破産法·民事再生法, 296~297쪽. 동양그룹 사건에서도 실체적 병합이 쟁점이 되었지만, 각 회사의 채권자가 완전히 일치하는 것도 아니고 회사별로 변제능력에 차이가 커 실체적 병합을 인정할 경우 변제율 변화에 따른 이해관계 충돌이 심각할 수 있어 실체적 병합은 시도하지 않았다고 한다.
217) 김용진, 전게 "기업집단도산법제 구축방안", 104~105쪽.
218) 중국의 경우에도 '관련기업의 실질적 합병 도산'이 인정되고 있다. 관련기업 구성원의 도산은 원칙적으로 개별적 도산절차를 적용하는 것이 원칙이지만, 관련기업 구성원 간 법인격이 고도로 혼동되어 각 관련기업 구성원의 재산을 구분하는 비용이 높고, 채권자들의 공평한 변제이익 훼손 등이 심각한 경우 관리인의 신청에 따라 예외적으로 관련기업의 실질적 합병 도산의 방식을 적용하여 도산절차를 진행하는 것을 말한다. 이에 관한 사례로는 「리정(李靖) 외 5인 편저, 박영사(2022), 335~343쪽」을 참조할 것.

격이 있는 자를 포함한다. 회생채권에 대한 질권자(민법 제353조 제1항 참조), 대위채권자(민법 제404조 제1항 참조) 및 추심채권자(민집법 제229조 제2항) 등이 여기에 해당한다. 채권신고와 관련하여 본래의 채권자와 이들 채권자 사이의 관계가 문제된다(본서 730쪽). 기본적으로 이들이 회생채권자로서 권리행사를 하는 한 본래 채권자의 회생채권 행사는 배제되어야 한다고 할 것이다.

회생채권자의 개념에는 실체상의 의미와 절차상의 의미가 있다. 실체상의 의미는 채무자에 대하여 회생절차개시 전의 원인으로 생긴 재산상의 청구권을 가진 자로 공익채권에 해당하지 않는 주체를 말한다. 절차상의 의미는 회생채권 신고(채권자목록 기재로 신고가 의제되는 경우 포함)에 의하여 회생절차에 참가하는 지위의 주체를 말한다.

먼저 실체상의 의미에서 회생채권자에 대하여 발생하는 법률효과를 본다. ① 회생채권자는 회생절차 외에서 권리행사가 금지된다(제131조 본문). 그 결과 강제집행 등이 금지된다(제58조 제1항 제2호). ② 회생계획이 인가되면 회생계획이나 법률의 규정에 의하여 인정되는 권리를 제외하고 채무자는 모든 회생채권에 대하여 그 책임을 면한다(제251조 본문). 이 효과는 해당 회생채권자가 회생절차에 참가하였는지 여부를 묻지 않는다. 다만 회생절차개시 전 벌금 등 청구권은 면책되지 않는다(제251조 단서).

다음으로 절차상의 의미에서 회생채권자에 대하여 발생하는 법률효과를 본다. 절차상의 의미에서 회생채권자가 된 경우에는 그가 가진 회생채권을 가지고 회생절차에 참가할 수 있다는 것을 의미한다(제133조 제1항). 여기서 '참가'는 다음과 같은 두 가지 의미가 있다. ① 관계인집회에서 회생계획안에 대한 결의를 비롯하여 각종 사항에 대하여 의결권(제133조 제2항)을 행사한다. ② 회생계획이 인가되면 회생채권자의 권리는 그에 따라 변경되고(제252조 제1항), 회생계획에 따라 확정된 권리행사가 인정된다(제253조).

1. 회생채권의 개별적 행사 및 변제의 금지

가. 회생절차에서 회생채권의 개별적 행사를 인정하면 채무자나 그 사업의 회생을 도모하기 어렵다. 따라서 회생절차가 개시된 경우 회생채권의 개별적 행사는 금지된다(제131조 본문). 회생절차에서 채권자의 권리행사금지는 채권이 회생채권인 사실 자체에서 발생하는 회생절차의 효력으로서, 채권자들의 절차 참가 여부와 무관하게 인정되는 것이다.[219]

(1) 회생절차개시 후에는 회생채권에 관하여 회생채권자목록의 기재 또는 채권신고와 채권조사의 결과를 기다리지 않고 곧바로 소를 제기할 수는 없다. 또한 회생절차개시 당시 계속 중인 회생채권에 관한 소송은 절차의 개시에 의하여 중단되고, 채권조사를 거친 후에 그 회생채권에 관하여 분쟁이 있으면 소송수계를 통하여 소송절차가 계속될 수 있게 된다(제59조 참조).

---

219) 파산절차에서 파산채권, 개인회생절차에서 개인회생채권의 경우도 마찬가지이다. 그런데 개인회생절차에서는 채권자목록에 누락된 경우 채권을 자유롭게 행사할 수 있다(제600조 제1항 단서 제2호, 제3호)는 점에서 입법론적으로 문제가 있다. 즉 도산절차의 본질에 반하는 것이다.

(2) 회생절차개시결정이 있으면 회생채권에 기하여 채무자의 재산에 대한 강제집행·가압류·가처분을 새로이 신청하는 것은 허용되지 않고, 또 이미 되어 있는 개별 집행절차는 중지된다(제58조 제1항 제2호, 제2항 제2호). 회생채권인 조세 등 청구권에 기한 체납처분(강제징수) 및 조세채무담보를 위하여 제공된 물건의 처분도 회생절차개시결정일부터 일정 기간 동안은 금지·중지된다(제58조 제2항 제3호, 제3항).

또한 원칙적으로 회생채권에 관하여는 회생절차가 개시된 후에는 특별한 규정이 있는 경우를 제외하고는 회생계획에 규정한 바에 따르지 아니하고는 변제하거나 변제받는 등 이를 소멸하게 하는 행위(면제[220]를 제외한다)를 하지 못한다(제131조 본문).[221] 만일 이에 위반하여 변제 등 채무소멸행위를 하였다면 이는 무효(절대적 무효)가 되고,[222] 그 채권은 소멸하지 않는 것으로 취급된다. 상대방이 변제 기타 급부를 받은 경우에는 부당이득으로서 관리인에게 반환하여야 한다. 금지되는 채무소멸행위로는 변제가 전형적인 경우이겠지만, 그 밖에 대물변제·경개·공탁, 상계(다만 제141조의 요건을 충족한 경우는 허용된다) 등도 포함된다. 다만 채권자가 하는 면제는 채무자의 재산 출연을 수반하거나 재산이 감소되지 않기 때문에 예외적으로 금지 대상에서 제외된다(제131조).

한편 원사업자에 대하여 회생절차가 개시된 경우, 제131조의 규정에 의하여, 수급사업자의 발주자에 대한 하도급대금 직접지급청구에 관한 규정인 하도급거래 공정화에 관한 법률 제14조나 건설산업기본법 제35조의 적용이 배제되는 것은 아니다. 따라서 수급사업자는 발주자에게 직접 공사대금채권을 청구할 수 있다.[223]

(3) 주채무자에 대한 회생절차가 개시된 경우 보증인이 민법 제434조에 따른 상계로 보증채권자의 회생채권을 소멸시킬 수 있는가.[224]

민법 제434조는 보증인을 보호하고 법률관계를 간편하게 해결하기 위하여 보증인이 채권자에게 주채무자의 상계권으로 대항할 수 있도록 하고 있다. 그러나 회생절차에서는 보증인의 주채무자 상계권이 제한되므로 보증인의 상계권도 제한될 수밖에 없다.[225] 그 이유는 다음과

---

220) 회생절차중인 회사의 관리인대리가 제131조에 위반하여 회사의 운영자금중에서 일부 채권자들에게 채무의 일부를 변제하고 그 채권자들은 나머지 채무를 면제하였다면 그 채무의 변제는 무효이고 그 유효를 전제로 하는 채무면제 역시 무효이어서 결국 회사의 채무는 소멸되지 않고 여전히 존속하게 되는 것이다(대법원 1980. 10. 14. 선고 80도1597 판결 참조).

221) 개시후기타채권은 제131조 본문에 의한 변제금지 대상은 아니지만, 그것의 만족을 가져오는 행위 및 당해 채권에 기한 강제집행 등을 제한하는 규정을 별도로 두고 있다(제181조).

222) 대법원 1980. 10. 14. 선고 80도1597 판결.

223) 대법원 2007. 6. 28. 선고 2007다17758 판결 참조. 하지만 위 판결에 대하여는, 원수급인인 건설회사에 대하여 회생절차가 개시되었음에도 하수급인이 하도급대금의 직접지급을 청구하여 원수급인의 도급인에 대한 공사대금채권을 소멸시킬 수 있다고 한다면, 파탄에 직면하여 자금조달의 수단이 극히 제한되어 있는 건설회사가 도급인으로부터 공사대금을 지급받아 이를 운전자금으로 사용하여 사업을 유지하면서 회생을 도모하는 길을 원천봉쇄하는 결과를 초래하게 된다는 비판이 있다{오민석, "건설회사의 회생절차에 관한 소고", 재판실무연구(5) 도산관계소송, 한국사법행정학회(2009), 102~106쪽}.

224) 민법 제418조 제2항에 따른 연대채무자가 상계를 하는 경우에도 동일한 문제가 발생한다.

225) 대법원 2018. 9. 13. 선고 2015다209347 판결.

같다. 회생절차에서 회생채권을 변제 등으로 소멸하게 하는 행위는 회생계획에 의한 자본구성 변경과 불가분의 관계에 있으므로 종전의 채권·채무관계를 일단 동결할 필요가 있다. 만일 변제 등의 행위를 금지하지 않으면 회생채무자의 적극재산이 감소되어 회생채무자 또는 그 사업의 효율적인 회생을 도모할 수 없고, 일부 회생채권자에게만 회생계획에 의하지 않고 우선 변제 등의 행위를 하는 것은 회생채권자들 사이의 공평을 깨뜨릴 염려가 있다. 이러한 취지에서 제131조 본문은 파산절차에서와는 달리 명시적으로 회생채무자에 대한 회생절차가 개시된 후에는 채무자회생법에 특별한 규정이 없는 한 회생채무자의 재산으로 회생채권을 변제하는 등 회생채권을 소멸하게 하는 행위를 포괄적으로 금지하고 있다. 이 규정에서 금지하는 행위에는 회생채무자 또는 관리인에 의한 회생채권 변제뿐만 아니라, 회생채무자 또는 관리인에 의한 상계와 보증인 등 제3자에 의한 상계도 포함된다고 보아야 한다. 이 규정은 행위의 주체를 한정하지 않고 있는데다가 이러한 상계도 이 규정에서 정한 '회생채권을 소멸하게 하는 행위'에 해당하기 때문이다.[226)]

나. 회생절차에 의하지 아니한 권리행사가 금지된다고 하여도 기존에 정하여진 변제기는 그대로 유효하며, 이를 넘긴 경우에는 지연손해금이 발생한다는 견해가 있으나,[227)] 금전채무의 경우를 제외하고는(민법 제397조) 변제금지는 회생절차개시결정이라는 재판에 구속을 받기 때문으로 채무자의 귀책사유가 있다고 볼 수 없어 지연손해금을 청구할 수 없다고 할 것이다.

다. 한편 회생절차개시결정의 효과는 당해 채무자에게만 미칠 뿐 보증인 등 제3자에게까지 미치는 것은 아니므로, 채권자의 보증인에 대한 권리행사나 물상보증인에 대한 저당권의 실행에는 지장이 없다.[228)] 발행인인 채무자에 대한 회생절차에서 어음소지인의 어음채권이 회생채권으로 확정되었더라도 어음법상 합동책임을 부담하는 어음배서인에 대하여 상환청구권을 행사하는 것이 이중으로 권리를 취득하게 된다거나 신의칙에 반한다고 볼 수 없다.[229)]

---

226) 대법원 2018. 11. 29. 선고 2015다240201 판결. 건설산업기본법 제56조 제1항 제1호, 같은 법 시행령 제56조 제2항 제2호에서 정한 계약보증에 해당하는 보증계약은 그 성질이 보증보험과 유사하나, 실질적으로 보증의 성격을 가지고 보증계약과 같은 효과를 목적으로 하는 점에서 보증에 관한 민법 제434조 등의 규정이 유추 적용된다. 따라서 건설공제조합은 계약자인 채무자의 채권에 의한 상계로 보증채권자에게 대항할 수 있고, 그 상계로 보증채권자의 채무자에 대한 채권이 소멸하는 만큼 건설공제조합의 보증채권자에 대한 계약보증금 지급채무도 소멸한다(대법원 2002. 10. 25. 선고 2000다16251 판결, 대법원 2003. 9. 2. 선고 2003다9568 판결 등 참조). 그러나 건설산업기본법에 따라 계약보증을 한 건설공제조합이 민법 제434조에 따라 채무자의 채권에 의한 상계로 보증채권자에게 대항할 수 있다고 하더라도 법률상 상계가 금지되는 경우까지 이를 허용할 수는 없다. 그런데 위에서 보았듯이 제131조 본문에서 채무자회생법에 특별한 규정이 있는 경우를 제외하고는 회생채권의 소멸금지를 정하고 있다. 따라서 특별한 규정이 없는 한 채무자에 대하여 회생절차가 개시된 경우 건설공제조합이 민법 제434조에 따른 상계로 보증채권자의 회생채권을 소멸시킬 수는 없다고 보아야 한다(대법원 2018. 9. 13. 선고 2015다209347 판결). ☞ A회사(건설회사)가 원고(도급인)로부터 신축공사를 도급받으면서 공사계약의무를 이행하지 않을 경우 부담하는 채무에 관하여 피고(건설공제조합)를 보증인으로 하는 계약이행보증증권을 원고에게 제출하였는데, 신축공사를 마치지 못하고 A회사에 대한 회생절차가 개시되자 원고는 피고에게 계약보증금의 지급을 청구하고, 피고는 A회사의 원고에 대한 미지급 공사대금채권으로 원고의 A회사에 대한 손해배상채권(회생채권)과 상계한다고 주장한 사안에서, 주채무자에 대한 회생절차가 개시된 경우 건설공제조합이 민법 제434조에 따른 상계로 보증채권자의 회생채권을 소멸시킬 수 없다고 판단한 원심을 수긍한 사례.

227) 회생사건실무(상), 456쪽.

228) 대법원 2001. 6. 12. 선고 99다1949 판결 등.

「하도급거래 공정화에 관한 법률」 상의 원사업자에 해당하는 채무자에 대하여 회생절차가 개시된 경우, 수급사업자가 발주자에 대하여 위 법률 제14조에 따라 하도급대금의 직접지급을 청구하는 것도 허용된다.[230]

2. 변제금지의 원칙에 대한 예외

가. 채권자의 면제 및 제3자의 변제 등

회생채권자에 의한 채무면제는 채무자의 재산 출연을 수반하거나 재산이 감소되지 않기 때문에, 회생채권을 소멸시키는 행위이지만 회생채권을 만족시키는 행위는 아니어서 명시적으로 변제금지에서 제외하고 있음은 앞에서 본 바와 같다(제131조 본문 괄호).

이외에 제3자의 변제(민법 제469조)나 이른바 다수채무자관계가 있는 경우 채무자 이외의 전부의무자인 연대채무자, 보증인 또는 연대보증인, 물상보증인으로부터 그 채무의 이행을 받아 채무자에 대한 회생채권이 소멸하여도 변제금지의 예외로서 인정된다고 할 것이다(제126조 제2항 참조).[231]

나. 법원의 허가를 받은 경우

관리인이 법원의 허가를 받은 경우에는 변제가 허용된다(제131조 단서).[232] 여기의 허가는 원칙적으로 사전허가를 말하고,[233] 변제에는 상계도 포함된다.[234] 관리인의 변제·상계 등 회생채권 소멸행위에 대하여 법원의 허가를 받도록 규정한 취지는 관리인이 변제·상계 등을 통하여 회생절차에 의하지 아니하고 특정 회생채권을 다른 회생채권보다 우선하여 만족시킴으로써 회생채권자 상호간의 평등을 해치는 행위가 일어나는 것을 방지하기 위한 것이다.[235]

법원의 변제허가에 의한 변제의 효과는 어떠한가. 법원의 허가를 받아 변제한 경우 그 회생채권은 변제가 된 한도에서 절대적으로 소멸한다. 이에 따라 의결권의 액도 변제를 수령한 한도에서 감소한다. 법원의 허가에 의한 변제는 가지급이 아니라 본래의 변제이다. 그리하여

---

229) 대법원 1998. 3. 13. 선고 98다1157 판결 참조.
230) 대법원 2007. 6. 28. 선고 2007다17758 판결.
231) 條解 民事再生法, 425쪽, 倒産法, 778쪽.
232) 법원의 허가를 받아 변제한 것은 회생계획에 이를 명시하여야 한다(제198조). 이것은 법원의 허가에 의한 변제가 다른 회생채권자 등에 대한 변제금지가 있는 상황에서 채권자평등의 원칙에 중대한 예외를 인정한 것이므로 사후적으로라도 그러한 사실을 다른 회생채권자 등에게 명확히 밝혀 비판을 받는 기회를 주고, 회생채권자 등이 회생계획안에 찬성하는지 여부를 판단할 때 참고자료로 제공하려는 취지이다(條解 民事再生法, 430~431쪽).
233) 실무적으로 관리인이 회생채권자에게 법원으로부터 변제허가를 받아 변제하겠다고 약속한 후 법원으로부터 변제허가를 받았음에도 변제를 하지 않고, 회생채권자는 관리인으로부터 변제 약속을 받았다는 이유로 채권신고를 하지 않아 채권신고기간이 도과되는 경우가 있다(또는 채권신고에 대하여 관리인이 법원허가를 받아 변제할 것임을 이유로 부인을 하고, 회생채권자는 법원의 허가를 받았음을 이유로 이의통지에 대하여 별다른 조치를 취하지 않는 경우가 있다). 법원으로부터 변제허가를 받았다고 하여 관리인이 반드시 변제하여야 하는 것은 아니다. 따라서 회생채권자는 현실적으로 변제받을 때까지 채권신고 등 회생절차에서 요구하는 절차를 반드시 밟아야 한다. 그래야 실권되지 않음에 주의를 요한다.
234) 대법원 1988. 8. 9. 선고 86다카1858 판결. 다만 상계는 일정한 제한 아래 법원의 허가 없이 할 수 있다(제144조 이하).
235) 대법원 2008. 6. 26. 선고 2006다77197 판결 참조.

채권의 일부에 대하여 변제허가가 된 경우 그 일부 변제의 채권액 전체에 대한 비율과 회생계획에 의한 권리변동 후의 변제율 사이에 차이가 발생할 수 있고, 이러한 경우 그 취급이 문제된다. 예컨대 회생계획에 의한 회생채권자의 변제율이 4할이고, 변제허가에 의해 채권액의 5할이 변제된 경우에는 허가에 의해 5할의 변제를 받은 채권자는 1할의 차액을 반환하는 것은 아니다. 반대로 변제허가에 의해 채권액의 3할이 변제된 경우에는 위와 같은 회생계획에 의해 원래 채권액의 1할이 추가 변제되는 것으로 정하여진 것으로 된다. 한편 법원의 허가를 얻어 변제가 된 후 회생절차폐지, 회생계획불인가 등에 의해 파산절차로 이행된 경우 법원의 허가에 의한 변제가 견련파산절차에서 편파행위부인의 대상이 되는지가 문제되지만, 부인의 일반적 성립요건인 부당성이 흠결된 것으로 보아야 할 것이다.

법원의 허가만으로 변제를 할 수 있는 경우로 조세 등 청구권의 변제를 들 수 있다. 법원의 허가를 받아 변제는 아래 〈다.〉의 변제와 차이가 있다. 아래 〈다.〉에서 보는 바와 같이 회생계획인가결정 전 변제에는 '사업계속에 지장을 초래할 우려', '회생을 위하여 필요하다고 인정될 것'이 인정되어야 함은 물론 관리위원회나 채권자협의회의 의견을 들어야 한다.

다. 회생계획인가결정 전 변제

회생채권에 대한 변제 등 채무를 소멸시키는 행위는 회생계획에서 정하는 바에 의하지 않으면 안 된다는 원칙(제131조)에 대하여 아래에서 보는 바와 같이 2가지 예외가 있다. 이들은 회생계획에 의한 변제를 앞당기는 것이 아니라, 회생계획에 따른 변제와는 관계없이 해당 채권의 전부 또는 일부의 변제를 가능하게 하는 것으로 실질적인 공익채권화의 성질을 갖는 것이다. 따라서 어떤 종류의 채권에 대하여 어떠한 요건으로 회생계획인가결정 전에 변제를 인정하는 것은 다른 회생채권과의 사이의 평등원칙을 수정하여야 할 합리적인 이유가 존재한다는 것을 입법자가 고려한 결과이다.[236]

(1) 중소기업자 소액채권 등의 회생계획인가 전 변제

상거래채권자를 보호하기 위하여 변제금지에 대한 예외를 인정하고 있다. ① 채무자를 거래상대방으로 하는 중소기업자가 채무자에 대하여 갖는 소액채권의 변제를 받지 아니하고서는 사업의 계속에 지장을[237] 초래할 우려가 있을 경우[238] 또는 ② 회생채권의 변제가 채무자의 회생을 위하여 필요하다고 인정될[239] 경우에는 예외적으로 회생계획인가 전이라도 회생계획에

---

236) 파산절차에서는 이러한 규정이 없다. 청산을 목적으로 하는 파산절차에서는 채권자평등의 이념이 철저하게 지켜지고 있기 때문이다.

237) 상거래채권자를 보호하기 위해 2016. 5. 29. '계속에 현저한 지장'을 '계속에 지장'으로 개정하였다. '사업의 계속에 지장을 초래할 우려'란 회생채권의 변제금지에 의해 그 회생채권자의 사업자금이 고갈되어 도산이나 폐업의 염려가 발생한다는 것을 의미한다.

238) 제218조 제1항 제3호 참조.

239) 상거래채권자를 보호하기 위해 2016. 5. 29. '회생채권을 변제하지 아니하고는 채무자의 회생에 현저한 지장을 초래할 우려가 있다고'를 '회생채권의 변제가 채무자의 회생을 위하여 필요하다고'로 개정하였다.

의하지 아니하고 보전관리인·관리인·채무자는 법원의 변제허가를 받아 그 일부 또는 전부를 변제할 수 있다(제132조 제1항, 제2항).[240] 상거래채권자들에 대한 보호를 강화함으로써 채무자가 상거래를 통하여 자금 확보 및 영업의 계속성을 확보할 수 있도록 하기 위함이다. 한편으론 소액채권[241]을 변제함으로써 채권자 수를 줄이고 회생절차의 번잡함을 방지하고자 하는 목적도 있다. 다만 후순위 회생채권에 대하여는 변제허가제도가 적용되지 않는다. 일반 회생채권보다 후순위라는 지위와 모순되기 때문이다.

(가) 변제허가대상

1) 중소기업자의 소액채권(제132조 제1항)

채무자의 거래상대방인 중소기업자의 회생채권에 대하여 변제금지에서 제외되도록 하는 실질적인 근거는 중소기업자의 회생채권을 변제하지 않으면 채무자에게 의존도가 높은 중소기업(하청기업)의 연쇄도산이 발생할 수 있다는 점에 있다. 중소기업자의 회생채권을 변제하기 위해서는 ① 소액채권이어야 하고, ② 해당 회생채권자가 채무자를 거래상대방으로 하는 중소기업자이어야 하며, ③ 해당 회생채권자가 그 회생채권을 변제받지 않으면 '그 사업의 계속에 지장을 초래할 우려'가 있어야 한다.

①의 소액채권에서 소액은 상당한 폭이 인정되겠지만, 회생채권자 사이의 평등이나 회생담보권자와의 우열관계의 예외가 되는 것이기 때문에, 채무자의 부채총액과의 관계에서 소액인 것으로 충분한 것이 아니라, 금융기관 등 다른 회생채권자나 회생담보권자의 채권액과 비교하여 소액성이 인정되어야 한다.[242]

②에서 중소기업자는 중소기업기본법 제2조 제1항의 규정에 의한 중소기업자를 말한다(제20조 제1항 단서 참조). 주된 거래상대방일 것을 요하지 않는다. 중소기업기본법 제2조 제1항은 매출액, 자산총액 등을 기준으로 중소기업자의 범위를 정하고 있다.

③은 회생채권을 변제받지 않으면 해당 회생채권자의 사업자금이 고갈되어 도산이나 폐업의 우려가 발생한다는 것을 의미한다. ③에서 '그 사업의 계속에 지장을 초래할 우려'가 있는지 여부는 채무자와 중소기업자와의 거래 현황, 채무자의 자산상태, 회생채권의 규모 및 연쇄도산을 방지하고자 하는 입법목적 등을 종합적으로 고려하여 판단하여야 할 것이다. 구체적으로 회생채권의 미지급으로 인해 당해 중소기업자가 지급불능 또는 지급정지에 빠질 우려가 있는 경우뿐만 아니라 채무자로부터 채권을 변제받지 못하여 지급자금의 부족이 발생하여 변제기에 있는 자신의 채무를 변제하기 위해서는 중요한 유동자산이나 고정자산을 처분하지 않으

---

240) 소액채권 등을 실제로 변제한 경우에는 회생계획인가요건(제243조 제1항)과의 관계에서, 회생계획에 있어서도 당해 소액채권 등의 변제상당액까지는 변제율을 100%로 하는 등 소액채권 등의 변제를 받지 못한 채권자와의 평등을 확보하여야 한다.

241) 소액이라면 다른 회생채권자와의 사이에서 실질적인 평등에 반하지 않을 것이라 점도 고려한 것이다. 그렇다면 소액의 범위는 어떻게 되는가. 소액의 범위를 일률적으로 결정할 수는 없지만 실질적 평등에 반하지 않는 한도에서 회생채권의 수를 줄이자는 취지도 있기 때문에 500만 원에서 3,000만 원 정도가 일반적일 것이다. 참고로 소액사건심판법에서 소액은 3,000만 원 이하를 의미한다(제2조 제1항, 소액사건심판규칙 제1조의2).

242) 會社更生法, 197쪽.

면 안 되는 경우는 여기에 해당한다고 할 것이다.

'사업의 계속에 지장을 초래할 우려'의 판단 기준시는 변제허가 여부를 판단하는 시점이다.

2) 채무자의 회생을 위하여 필요한 경우(제132조 제2항)

상대방인 회생채권자와의 거래관계가 회생을 위해 필수불가결한 경우나 회생채권을 변제하지 않으면 상대방이 거래를 거절할 개연성이 높고 나아가 대체할 다른 거래처를 찾기 어려운 경우에는 변제허가를 할 수 있을 것이다. 실무적으로 이러한 경우 상대방은 회생채권의 조기 변제를 거래유지의 조건으로 내세우며 변제를 요구한다.

중소기업자의 소액채권에 대한 변제허가의 경우와 달리 변제허가의 대상이 되는 회생채권자에 대한 우대조치는 아니고, 채무자의 회생을 위한 관재업무의 필요성에 기한 제도라고 볼 수 있다.

허가요건이 채무자의 회생을 위하여 필요한 것이므로 회생채권의 발생원인이나 그 속성은 묻지 않는다.

(나) 변제허가절차

보전관리인·관리인·채무자의 신청에 의하여 변제허가를 할 수 있고, 법원이 직권으로 변제를 허가할 수는 없다. 본 제도의 운용은 관리인 등 및 법원의 합리적 재량판단에 위임되어 있는 것이므로 회생채권자의 신청권도 허용되지 않는다. 전부 또는 일부의 변제허가도 가능하다.[243]

법원이 변제허가를 함에 있어서는 관리위원회와 채권자협의회의 의견을 들어야 하며, 변제를 하려면 채무자가 변제자금을 소지하고 있든지 그 자금을 제공할 제3자가 존재하여야 하기 때문에 채무자와 채권자의 거래 상황, 채무자의 자산상태, 이해관계인의 이해 등 모든 사정을 참작하여야 한다(제132조 제3항).

변제의 허가 또는 불허가 재판에 대하여는 불복신청이 인정되지 않는다(제13조 제1항). 허가 재판의 효력은 회생채권에 대하여 변제금지의 효과를 해제하여 관리인에게 변제의 권한을 부여하는 것에 그치고, 회생채권을 공익채권화하는 것은 아니기 때문에 회생채권자가 해당 채권의 변제를 구하거나 강제집행 등을 하도록 허용하는 것은 아니다.[244]

---

243) 다만 중소기업자 소액채권의 변제에 있어 일부 변제는 제도의 목적에 부합하지 않다는 점에서 이를 허가하는 것이 타당한지는 의문이다.

244) 제131조 단서(법원의 허가를 받아 변제하는 것)와 제132조의 관계는 어떻게 되는가. ① 변제허가의 신청권자에 차이가 있다. 제131조 단서는 관리인, 제132조는 관리인·보전관리인 또는 채무자에게 신청권이 있다. ② 제131조 단서는 회생절차개시결정 이후의 변제만을 대상으로 함이 문언상 명확하다. 반면 제132조는 신청권자에 채무자가 포함되어 있고, 변제허가의 최종 시점을 회생계획인가결정 전이라고만 하고 있어 회생절차개시결정 전에 행할 변제에도 적용된다는 점에서 차이가 있다. ③ 조세 등 청구권 등의 경우에 차이가 있다. 그러나 제131조 단서 해당 부분(법원의 허가를 받아 변제하는 것)이 필요한지는 의문이다(일본 회사갱생법 제47조, 민사재생법 제85조 참조). 제131조 단서 해당 부분이 있으면 제132조가 굳이 있어야 할 필요가 없을 뿐만 아니라 제132조는 제131조 본문에서 규정하는 '이 법에 특별한 규정이 있는 경우'에 해당하는 것으로 볼 수 있을 것이기 때문이다. 또한 상거래 채권자를 보호하기 위하여 둔 제132조가 오히려 상거래 채권자를 역차별하는 결과를 초래하고 있다. 상거래채권자는 '사업의 계속에 지장을 초래할 것' 등은 물론 관리위원회와 채권자협의회의 의견을 들어 변제를 허가하도록 하고 있으나, 조세 등 청구권을 포함한 나머지 채권들은 법원의 허가만으로 변제를 할 수 있다.

라. 조세 등 청구권

국세징수법 또는 지방세징수법에 의하여 징수할 수 있는 청구권(국세징수의 예에 의하여 징수할 수 있는 청구권으로서 일반 회생채권보다 우선하는 것을 포함한다)으로서, ① 그 체납처분(강제징수)이나 담보물건의 처분 또는 그 속행이 허용되거나[245] ② 체납처분(강제징수)에 의한 압류를 당한 채무자의 채권(압류의 효력이 미치는 채권을 포함한다)에 관하여 그 체납처분(강제징수)의 중지 중에 제3자가 징수의 권한을 가진 자에게 임의로 이행하는 경우는 변제금지의 대상이 아니다(제131조 단서, 본서 577쪽). 이것은 조세 등 청구권의 우선성과 체납처분(강제징수)의 자력집행성을 존중한 것이다.

또한 ③ 조세 등 청구권은 법원의 허가를 얻으면 회생계획에 의하지 않더라도 변제할 수 있다(제131조 단서). ④ 징수권자에 의한 조세환급금의 충당도 허용된다.[246]

마. 회생계획에의 기재

변제금지 원칙의 예외로서 변제한 회생채권은 회생계획에 그 허가건수와 총액을 개괄적으로라도 명시하여야 한다(제198조).

3. 회생절차의 참가

회생채권에 관하여 개별적인 권리실현이 금지되는 반면, 회생채권자에게는 그 회생채권을 가지고 회생절차에 참가할 수 있는 자격을 인정하고 있다(제133조 제1항).[247] 즉 회생채권에 대하여 개별적인 권리행사는 금지하지만(제131조), 이를 대신하여 집단적 권리행사절차인 회생절차에 참가하는 것을 인정하는 것이다. 회생절차에 참가한다는 것은 회생절차에서 채권신고를 하고 의결권을 행사한다는 것을 말한다.

회생채권자는 다른 회생채권자 등의 회생채권 등의 내용 또는 의결권에 대하여 이의를 진술할 수 있다(제161조 제1항 제3호 참조). 회생채권자는 회생계획에 정하는 바에 따라 만족을 얻을 수 있고, 회생계획안의 결의절차에 참가하여 의결권을 행사할 수 있다(제235조 이하).

가. 의결권액의 산정방법

회생채권의 내용은 다양하지만, 회생절차는 파산절차와 달리 회생채권의 금전화·현재화·

---

245) 회생채권인 조세 등 청구권에 관한 체납처분(강제징수)이나 담보물건의 처분은 원칙적으로 회생절차개시결정이 있는 날로부터 2년간(2년이 경과하기 전에 회생계획이 인가되거나 회생절차가 종료된 경우에는 그 인가일 또는 종료일까지) 금지 또는 중지된다(제58조 제3항). 그렇지만 법원은 회생에 지장이 없다고 인정되는 때에는 중지한 절차 또는 처분의 속행을 명할 수 있다(제58조 제5항). 체납처분(강제징수)이나 담보물건의 처분이 허용되는 경우란 위와 같은 일정기간의 금지기간이 지난 후에 하는 체납처분(강제징수) 등을 의미한다고 볼 것이다.

246) 전대규(지방세), 416쪽.

247) 회생절차참가는 회생채권에 대하여 소멸시효중단의 효력이 있고(제32조 제1호), 회생절차가 종료될 때까지 중단의 효력은 계속된다. 회생채권자표의 기재의 효과로서 시효기간이 10년이 된다.

무조건화는 일어나지 않고, 그대로 회생계획에 따라 권리변경이 되는 것이다. 그러나 관계인집회에서는 다양한 내용을 가진 회생채권은, 회생채권자 사이에 공평을 도모하여야 하기 때문에 일정한 규칙에 의해 등질화된 금액으로 표시된 의결권액으로 행사해야 된다. 그렇다면 회생채권자가 회생절차에 참여하여 행사하는 의결권의 액은 어떻게 산정되는가. 또한 어떤 시점을 기준으로 의결권의 액이 정하여지는가.

일반적으로 금전채권의 경우 채권금액이 회생채권액이 되기 때문에 회생채권자는 회생절차개시결정 당시의 채권액에 따라 의결권을 행사한다. 다만 기한이나 조건이 붙은 채권 등의 경우에는 회생절차개시결정시를 기준으로 산정한 금액에 따라 의결권을 행사한다(제133조 제2항).[248] 구체적인 의결권액은 다음과 같이 산정된다.[249]

(1) 개시결정 후에 기한이 도래하는 이자 없는 확정기한부채권

기한이 확정되고 회생절차개시 후에 기한이 도래하는 이자 없는 채권은 회생절차가 개시될 때부터 기한에 이르기까지의 법정이율에 의한 이자와 원금의 합계가 기한 도래 당시의 채권액이 되도록 계산한 다음 그 채권액에서 그 이자를 공제한 금액으로 한다(제134조).[250] 이자 없는 확정기한부채권의 경우 중간이자를 공제한 금액을 의결권액으로 한다는 것이다.

법정이율은 상사채권의 경우는 연 6%이고(상법 제54조), 그 이외의 경우에는 연 5%이다(민법 제379조).

---

248) 파산절차(제425조 내지 제427조)와 달리 회생절차에서는 회생채권의 현재화, 금전화 및 무조건화가 이루어지지 않는다. 그 이유는 파산절차는 금전의 배당을 목적으로 하기 때문에 배당액의 기준을 정하기 위해 파산채권의 현재화, 금전화 및 무조건화가 필요하지만, 회생절차는 채무자의 존속을 전제로 하기 때문에 기한부채권 등은 본래의 내용 그대로 회생계획에 포섭되어 권리변동의 대상이 된다. 다만 회생절차에서 회생채권자는 오로지 의결권을 행사하는 형식으로만 그 권리를 행사할 수밖에 없으므로 기한부채권 등에 대해서도 반드시 공평한 의결권이 부여되어야 하고, 의결권의 행사를 어느 범위에서 인정할 것인가의 관점에서 평가할 필요가 있다. 그래서 채무자회생법은 의결권 산정을 위해서 파산채권의 현재화, 금전화 및 무조건화를 모방하여 회생채권자의 계산상의 균질화를 위한 규정을 두고 있다. 요컨대 파산절차에서는 현재화, 금전화 및 무조건화에 따라 실체적 권리가 변경되지만, 회생절차에서 제134조 내지 제138조에 의한 평가는 의결권의 액수를 결정할 뿐이고 실체적 권리가 변경되지 않는다.

249) 예탁금회원제 골프회원권의 주된 내용은 입회금반환청구권과 골프장시설이용권이다. 이들은 회생절차개시 전의 원인으로 발생한 채권으로 모두 회생채권이다. 그렇다면 의결권은 어떻게 산정하는가. 먼저 입회금반환청구권에 관하여 본다. 입회금반환청구권은 회원계약의 종료를 정지조건으로 나아가 거치기간경과를 기한으로 하는 것이므로 제138조 제1항에 따라 회생절차가 개시된 때의 평가금액으로 한다. 실무적으로는 입회금의 액면액을 입회금반환청구권의 의결권액으로 한다. 다음으로 골프장시설이용권에 관하여 본다. 골프장시설이용권은 비금전채권으로서 제137조에 따라 결정하여야 하지만, 구체적인 금액에 관하여는 다툼이 있다. ① 골프장시설이용권의 독자적인 평가액은 고려할 필요가 없고, 입회금반환청구권액을 골프회원권의 의결권액으로 보는 것으로 충분하다는 견해와 ② 골프장시설이용권의 평가액과 입회금반환청구권을 별개로 고려하여 양자를 합한 금액이 골프회원권의 의결권이 된다는 견해가 그것이다. 살펴건대 입회금반환청구권과 골프장시설이용권은 동시에 양자를 행사할 수는 없고, 하나의 권리가 탈퇴를 전후하여 형태를 변경하여 나타나는 것에 불과하므로 골프장시설이용권은 입회금반환청구권에 평가된 것으로 볼 수도 있다는 점에서 ①의 견해가 타당하다{會社更生の實務(上), 288～289쪽 참조, 수원지방법원 2016회합10003호 주식회사 파인 리조트 사건}. 채권신고에 있어서도 입회금반환청구권의 신고로 충분하고, 별도로 골프장시설이용권을 신고할 필요는 없다.

250) 구체적인 산식: $P = S/(1 + M \times I)$, P(의결권액), S(채권액), M(개시결정시부터 변제기까지의 연수), I(법정이율)

(2) 금액과 존속기간이 확정되어 있는 정기금채권

금액과 존속기간이 확정되어 있는 정기금채권의 경우에도 (1)에서와 마찬가지로 중간이자를 공제한 금액을 의결권액으로 한다(제135조).

(3) 회생절차개시결정시의 평가액을 의결권액으로 하는 채권

계산방법을 정하여 의결권 액을 산정하는 것이 곤란한 채권도 있다. 이러한 채권에 대하여는 회생절차개시결정시의 평가액을 의결권액으로 한다. 이러한 채권은 성질상 계산방법에 관한 규정을 두는 것이 곤란하고 개개 채권의 내용에 따라 합리적인 방법으로 평가하면 된다. 평가의 결과에 대하여 당사자 사이에 다툼이 있는 경우에는 법원이 재량으로 평가액을 결정한다(아래 〈나.〉 참조).

여기에 해당하는 것으로 ① 기한이 불확정한 이자 없는 채권(제136조), ② 정기금채권의 금액 또는 존속기간이 불확정한 채권(제136조), ③ 채권의 목적이 금전이 아니거나 그 액이 불확정한 때와 외국의 통화로서 정하여진 때(제137조), ④ 조건부채권(제138조 제1항), ⑤ 채무자에 대하여 행사할 수 있는 장래의 청구권(제138조 제2항)[251]이 있다.

⑤와 관련하여 본다. 보증인, 연대보증인, 물상보증인, 연대채무자 등이 회생절차개시결정 후 채권자에 대하여 변제할 것을 예정하여 장래의 구상권을 신고한 경우, 구상권이 현실화할 개연성을 고려하여 평가하여야 할 것이다. 다른 전부의무자도 신고한 경우에는 그 총액이 채권액을 넘어서는 안 된다. 채권자로부터 신고가 된 경우에는 다른 전부의무자는 참가할 수 없기 때문에, 장래의 청구권에 대하여 채권신고를 하여도 그 전액에 대하여 관리인 등이 이의를 할 것이고, 그 의결권액은 문제가 되지 않는다.

나. 의결권액의 확정절차

의결권의 액수는 채권자에 의해 신고되거나(제148조 제1항 제3호) 관리인이 제출한 목록에 기재되어 있고(제147조 제2항 제1호 다목), 회생채권자표에 기재되며(제158조 제1호 다목), 관리인, 회생채권자, 회생담보권자, 주주·지분권자와 사이에서 다툼이(이의가) 없는 경우에는 의결권액이 확정된다(제166조).

관리인, 목록에 기재되어 있거나 신고된 회생채권자·회생담보권자·주주·지분권자는 관계인집회에서 의결권에 관하여 이의를 할 수 있다. 다만 확정된 회생채권 또는 회생담보권을 가진 회생채권자 등의 의결권에 관하여는 이의를 할 수 없다(제187조). 다툼(이의)이 있는 경우

---

251) **보증기관의 장래 미확정 구상채권에 대한 의결권** 채무자가 영업을 위하여 보증기관(건설공제조합, 보증보험회사 등)으로부터 보증서를 발급받은 경우가 많고, 보증기관이 가지는 장래의 구상채권의 규모가 회생채권이나 회생담보권에서 상당한 부분을 차지한다. 이 경우 회생절차개시 당시의 평가액으로 의결권을 부여하여야 하는가. 실무적으로 관리인은 채권조사절차에서 보증금액 상당의 채권은 시인하면서 현실화 가능성이 없음을 이유로 의결권은 부인한다. 법원으로서도 그 액수를 객관적으로 평가할 수 있는 기준이 없고 현실화 가능성이 없다는 이유로 의결권을 부여하지 않고 있다.

에는 법원이 재량으로 결정한다(제188조 제2항).[252] 법원은 이해관계인의 신청이나 직권으로 언제든지 결정을 변경할 수 있다(제188조 제3항).

관련 내용은 〈제13장 제3절 Ⅳ.2.〉(본서 933쪽)를 참조할 것.

다. [제134조 내지 제138조]와 [제187조, 제188조 제2항]과의 관계

회생채권자는 그가 가진 회생채권으로 회생절차에 참가할 수 있고(제133조 제1항), 관계인집회에서 의결권을 행사할 수 있다. 의결권액의 신고 및 결정절차에 대하여는 제148조 제1항 제3호, 제166조, 제167조 제1항, 제187조, 제188조 제1항, 제2항에 규정되어 있고, 그 절차에 따라 의결권자 및 의결권의 액이 결정된다. 제134조 내지 제138조는 그 기초로 되는 의결권액의 산정방법을 정한 것으로 의결권결정에 관한 실체규정이라고 할 수 있다.

회생절차는 회생계획안의 찬부를 채권자 수 및 채권액에 기하여 다수결로 결정하는 틀로 설계되어 있다(제237조, 제293조의8). 회생절차 수행의 가부를 회생채권자가 스스로 결정하는 것이다. 채권자 수에 대하여는 판단기준이 단순하고, 해석상 문제가 없다(채권자 수가 문제로 되는 것으로 회생절차에서 결의를 유리하게 유도하기 위해 회생채권의 일부를 양도하는 경우이다). 반면 의결권 액에 대하여는 수액의 산정에 다툼이 있는 경우가 적지 않고, 다수결의 틀을 유지하는 이상, 의결권액을 일정한 기준에 의해 공평하게 수치화할 필요가 있으며, 회생채권의 종류에 따라 기술적이고 세밀한 의결권액 결정에 관한 규정은 불가결하다. 이것을 정하는 것이 제134조 내지 제138조이고, 이러한 규정에 터잡아 법정절차(제148조 제1항 제3호, 제166조, 제167조 제1항, 제187조, 제188조 제1항, 제2항)에 의해 의결권액이 정해지게 되는 것이다.

4. 상계의 허용 여부

회생채권은 회생절차에 의하지 아니하고는 권리를 행사할 수 없다고 하여도 상계까지 금지되는 것은 아니다. 다만 일정한 제한이 있다. 회생채권자는 회생절차개시 당시 채무자에 대하여 채무를 부담하는 경우, 채권과 채무의 쌍방이 신고기간 만료 전에 상계할 수 있게 된 때에는 신고기간 안에 한하여 회생절차에 의하지 아니하고 상계할 수 있다(제144조 제1항).

한편 관리인에 의한 상계는 회생채권의 경우 회생절차에 의하지 아니하면 소멸시킬 수 없기 때문에(제131조) 원칙적으로 허용되지 않고, 법원의 허가가 있는 경우에만 가능하다.[253]

자세한 내용은 〈제7장 제5절〉(본서 514쪽)을 참조할 것.

---

252) 의결권은 법원이 재량으로 부여하는 것이기 때문에, 실무적으로 채권에 대하여 다툼이 있는 경우 의결권을 부여하지 않는 것이 일반적이다. 이러한 실무로 인해 일부 채무자(관리인)는 가결요건을 갖추기 위해 반대하는 채권자들의 채권에 대하여 다투는 경우가 있다. 이러한 경우 법원은 적절하게 의결권을 부여할 필요가 있다. 서울회생법원 2020회합100043,100046(병합) 사건에서, 다툼이 있는 미확정채권에 대하여 채권의 존재 가능성 등을 고려하여 50%의 의결권을 부여하였다.

253) 대법원 1988. 8. 9. 선고 86다카1858 판결.

가집행선고가 붙은 판결의 강제집행정지를 위한 담보[254]로 금전을 공탁한 채무자의 도산절차에서 피공탁자 권리의 취급

Ⅰ. 가집행선고가 붙은 판결의 강제집행정지를 위한 담보

가집행선고가 붙은 판결에 대하여 상소를 하더라도 가집행선고는 그 효력을 잃지 않는다. 하지만 상소에 의하여 나중에 판결이 취소 또는 변경되면 집행력이 소멸될 수 있으므로 불복하는 이유로 내세운 사유가 법률상 정당한 이유가 있다고 인정되고, 사실에 대한 소명이 있는 때에는 집행정지를 할 수 있도록 하는 한편, 집행정지로 인하여 채권자(상대방)가 입게 될 손해[255]의 담보를 제공하게 하고 있다(민소법 제501조, 제500조). 집행정지 자체로 입게 될 손해를 담보하는 것이므로 정지의 대상인 기본채권 자체는 담보의 대상이 아니다. 즉 기본채권은 피담보채권의 범위에 포함되지 않는다.

담보가 제공된 경우 담보권리자는 담보물에 대하여 질권자와 동일한 권리를 갖는다(민소법 제502조 제3항, 제123조). 담보권의 성질('질권자와 동일한 권리를 갖는다'의 의미)에 관하여 ① 담보권리자가 담보의무자의 공탁물 회수청구권[256] 위에 채권질권을 갖는 것이라고 보는 법정질권설[257]과 ② 질권자와 동일한 권리를 갖는다고 규정한 것은 공탁물의 출급에 관한 독점적, 배타적 청구권을 의미하므로 피담보채권 발생과 동시에 직접 공탁물의 출급을 받음으로써 우선적 만족을 얻는 권리라는 우선적 출급청구권설이 있다.[258] 공탁물 회수청구권은 담보권의 소멸을 조건으로 하여 생기는 권리인데, 법정채권설에 따르면 담보권의 소멸을 조건으로 생기는 회수청구권에 대하여 담보권(질권)이 성립한다고 하는 모순이 생기므로 우선적 출급청구권설이 타당하다.[259]

---

254) 민사소송법상의 담보에는 소송비용의 담보(민소법 제117조 이하), 가집행선고의 담보(민소법 제213조 제1항), 강제집행정지를 위한 담보(민소법 제500조, 제501조)가 있다. 민사소송법은 총칙편에 소송비용의 담보에 관하여 상세히 규정하면서(민소법 제117조 내지 제126조), 가집행선고의 담보, 강제집행정지를 위한 담보에 관하여도 위 규정을 준용하는 체제를 취하고 있다(민소법 제214조, 제502조 제3항). 따라서 아래에서 설명하는 내용은 소송비용의 담보, 가집행선고의 담보의 경우에도 그대로 적용된다.

255) '집행정지로 인하여 채권자(상대방)가 입게 될 손해'란 이론상으로는 집행정지의 잠정처분이 없었더라면 당장 강제집행을 할 수 있었을 터인데 집행정지로 말미암아 집행이 그만큼 지연됨으로써 입게 되는 손해를 의미한다. 금전채권의 경우 통상 집행이 지연되는 기간에 해당하는 지연손해금 상당이 그 손해금이 될 것이다.

256) 담보의 제공은 일반적으로 금전이나 유가증권을 공탁하게 한다(민소법 제502조 제3항, 제122조). 공탁물 회수청구권은 공탁자가 일정한 요건하에 공탁물을 회수할 수 있는 권리를 말한다. 공탁물 출급청구권은 공탁성립 후 피공탁자가 공탁소에 대하여 공탁물을 출급할 수 있는 권리를 말한다. 공탁물 지급청구권은 공탁물 회수청구권과 공탁물 출급청구권을 통칭하는 개념이다. 공탁물 출급청구권과 공탁물 회수청구권은 서로 독립한 별개의 청구권이다(대법원 2020. 5. 22. 자 2018마5697 결정).

257) 대법원 1969. 11. 26. 자 69마1062 결정. 민사소송법 문언상 '질권자와 동일한 권리'라고 하고 있다는 점에서 그렇다. 실무적으로도 담보권 실행은 법정질권설에 따라 직접 출급을 청구하거나(민법 제353조), 민사집행법에서 정한 집행방법(민법 제354조, 민사집행법 제273조)에 의하고 있다(재판상 담보공탁금의 지급청구절차 등에 관한 예규[행정예규 제952호]).

258) 공탁실무편람, 법원행정처(2015), 326쪽.

259) 일본의 통설, 판례이다. 일본 민사소송법 제77조(담보물에 대한 피고의 권리) 피고는 소송비용에 관하여 제76조의 규정에 따라 공탁한 금전 또는 유가증권에 대하여 <u>다른 채권자보다 먼저 변제받는 권리</u>를 가진다.

Ⅱ. 강제집행정지를 위한 담보로 금전을 제공한 채무자가 도산한 경우 피공탁자의 지위

1. 회생절차가 개시된 경우

가집행선고가 붙은 판결에 대한 상소와 함께, 금전을 공탁하는 방법으로 담보를 제공하게 하고 강제집행이 정지된 경우(민소법 제501조, 제500조), 채권자인 피공탁자는 담보물(공탁금)에 관하여 질권자와 동일한 권리를 가진다(민소법 제502조 제3항, 제123조). 이는 피공탁자가 공탁금에 대하여 출급청구권을 갖는다는 것, 즉 피공탁자가 공탁소에 대하여 공탁금의 출급청구권을 행사하여 독점적, 배타적으로 공탁금의 지급을 받고, 피담보채권을 우선적으로 변제받는 권리를 가진다는 것을 의미하는 것으로 해석함이 상당하다. 따라서 가집행선고가 붙은 판결에 대하여 상소를 하면서 금전을 공탁하는 방법으로 담보를 제공하고 강제집행의 정지가 된 후, 채무자에 대하여 회생절차가 개시된 경우, 그 피담보채권인 손해배상청구권은 회생담보권이 아니라 회생채권에 해당한다고 할 것이다.[260] 그 이유는 다음과 같다. 우선적 출급청구권설에 의하면, 피공탁자(채권자)가 채무자에 대한 피담보채권과는 별개로, 직접 공탁소(국가)를 채무자로 하여 출급청구권을 가지기 때문에, 공탁소를 채무자로 한 출급청구권은 회생절차의 구속을 받은 것이 아니다. 또한 출급청구권이 채무자의 재산상에 존재하는 담보권(제141조 제1항)으로서 피담보채권을 담보하는 관계도 이끌어내기 어렵다. 우선적 출급청구권설에 의하면 피담보채권은 회생담보권이 아니라 회생채권에 해당하는 것으로 귀결된다.[261]

그리고 민사소송법이 가집행선고가 붙은 판결에 대한 상소와 함께 강제집행정지를 하면서 채무자에게 담보로 금전을 공탁하도록 한 후 당해 담보물에 대한 채권자인 피공탁자에게 질권자와 동일한 권리를 부여한 것은, 공탁금을 채무자의 책임재산으로부터 분리하여, 채무자의 자력 등에 영향을 받지 않고, 피공탁자가 강제집행정지에 의하여 입은 손해의 전보를 확실히 얻도록 하기 위한 것으로 해석하여야 한다. 그렇다면 피공탁자가 가지는 공탁금 출급청구권이 채무자의 회생절차에 의하여 제약된다고 해석하는 것은 위와 같은 취지에 반하여, 피공탁자의 이익을 해하는 것으로 상당하지 않다.

따라서 가집행선고가 붙은 판결에 대한 상소와 함께 강제집행정지에 있어 금전을 공탁하는 방법으로 담보를 제공한 경우, 피공탁자는 채무자에 관한 회생계획인가결정이 있어도, 제250조 제2항 제1호 '채무자와 함께 채무를 부담하는 자에 대하여 가지는 권리'로서, 공탁금 출급청구권을 행사할 수 있다고 해석함이 상당하다.[262] 이렇게 해석하지 않으면 피공탁자가 피담보채권에 대해 회생채권으로 신고한 경우에도, 위 피담보채권이 회생계획인가결정으로 회생계획에서 정한 바에 따라 변경됨으로써 공탁금 출급청구권도 영향을 받는 것으로 해석하지 않을 수 없다. 하지만 이러한 해석은 피공탁자의 이익을 현저하게 손상시키는 것으로 채택하기 곤란하다.

---

260) 법정질권설에 의할 경우, 피공탁자는 공탁자의 공탁물 회수청구권 위에 채권질권을 가진다고 할 것이다. 따라서 가집행선고가 붙은 판결에 대한 상소와 함께, 금전을 공탁하는 방법으로 담보를 제공하여 강제집행을 정지시킨 후, 채무자에 대하여 회생절차가 개시된 경우, 그 피담보채권인 손해배상청구권은 회생담보권으로 보는 것이 논리적이다.

261) 이에 대해 다음과 같은 반론이 있을 수 있다. 출급청구권으로 지급되는 공탁금은 원래 채무자 회사의 재산으로부터 지급된 금전이고, 실질적으로는 채무자의 재산에 포함된다. 또한 공탁자인 채무자에게는 실체법상으로 담보사유의 소멸을 정지조건으로 하는 공탁금 회수청구권을 관념할 수 있다(민법 제489조 제1항, 공탁법 제9조 제2항 제1호).

262) '채무자와 함께 채무를 부담하는 자'란 민법 등 일반원칙에 의하면, 채무자의 채무가 감면되면 그 자의 채무도 적어도 부분적으로 감면되어야 하는 자를 의미하고, 보증인, 연대보증인 등이 이에 해당한다. 그렇다면 공탁소가 '채무자

결론적으로 피공탁자의 권리를 전면적으로 보호하기 위해, 채무자에 대해 회생절차가 개시된 경우에도, 공탁금을 미리 채무자의 책임재산으로부터 분리하여 둔 것으로, 일종의 도산격리(도산절연)를 도모하는 효과가 있게 된다.

2. 파산선고가 된 경우

채권자가 집행정지의 담보인 공탁금에 대하여 가지는 민소법 제123조 소정의 '질권자와 동일한 권리'는 채무자가 파산선고를 받았다고 하여 달라지는 것은 아니다. 따라서 회생절차가 개시된 경우와 마찬가지로 해석하여야 할 것이다.[263]

사례 Y는 A를 상대로 대여금청구소송(1억 원)을 제기하였고, 가집행선고가 붙은 전부 승소판결을 받았다. A는 항소와 함께 강제집행정지신청을 하였고, 법원은 1억 원의 금전담보 제공을 조건으로 항소심 판결선고시까지 강제집행을 정지하였다. 이후 A에 대하여 회생절차개시 결정이 되었고 X를 관리인으로 선임하였다. Y는 대여금채권 등 1억 5천만 원을 회생채권으로 신고하였지만(확정), 강제집행정지와 관련된 피담보채권인 손해배상청구권에 대하여는 회생채권으로나 회생담보권으로나 신고하지 않았다. 회생절차가 순조롭게 진행되어 회생계획인가결정을 받았고 이로 인하여 손해배상청구권은 실권되었다. X는 피담보채권인 손해배상청구권의 실권을 이유로 담보취소신청을 하였다(민소법 제502조 제3항, 제125조 제1항). 위 신청은 인용될 수 있는가.

본건은 가집행선고가 붙은 판결에 기하여 강제집행정지를 위해 제공된 담보(공탁금)의 피담보채권인 손해배상청구권(집행정지에 의해 발생한 손해에 대한 것만을 대상으로 한다)을 채무자의 회생절차에서 신고하지 않아 실권된 경우(제251조), '담보하여야 할 사유가 소멸된 것'(민소법 제125조 제1항)에 해당하는지가 문제이다. 담보사유의 소멸이 인정되어 담보가 취소된다면(민소법 502조 제3항, 제125조 제1항), 피공탁자는 담보로 제공된 공탁금에 대한 담보권(민소법 제502조 제3항, 제123조)을 행사할 수 없게 된다.

일반적으로 민사소송법 제125조 제1항에서 말하는 '담보하여야 할 사유가 소멸된 것'이란 담보제공의 필요성이 없게 된 것, 즉 피담보채권이 발생하지 않거나 그 발생의 가능성이 없게 된 것을 말한다. 상소에 따른 집행정지의 경우에 있어서는 그 후 소송절차에서 담보제공자의 승소판결이 확정된 경우 또는 이와 동일시할 수 있는 경우를 말한다.

채무자에 대하여 회생절차가 개시된 경우, 피공탁자는 회생절차 외에서 채무자에 대해 피담보채권을 행사할 수는 없지만, 관리인을 피고로 하여, 피공탁자가 공탁물 출급청구권을 가지고 있다는 확인의 소를 제기하여 그 확정판결을 받은 후, 그 확정판결정본을 출급청구권이 있음을 증명하는 서면(공탁규칙 제33조 제2호)[264]으로 제출하여 공탁금을 지급받을 수 있다. 이

와 함께 채무를 부담하는 자'라고 어떻게 법률적 구성이 가능한지 의문이고, 다소 편의적인 유용이라는 비판이 있을 수 있다.

한편 법정질권설에 의하면 제250조 제2항 제2호 '채무자 외의 자가 회생담보권자를 위하여 제공한 담보'로서 공탁금 회수청구권을 행사할 수 있다.

263) 법정질권설에 의할 경우, 질권자와 동일한 권리는 파산절차에서 별제권에 해당한다고 볼 수도 있다.

264) 만약 피담보채권에 관하여 채권신고를 하였다면, 회생채권자표의 기재를 권리증명서면으로 하여야 할 것이다.

는 피공탁자가 회생절차에서 피담보채권을 신고하지 않아 실권된 경우에도 달라지는 것은 아니다. 따라서 담보하여야 할 사유가 소멸되었다고 볼 수 없어 담보취소를 할 수 없다.[265]

요컨대 민사소송법 제123조가 규정하는 담보권리자의 권리는 채무자가 회생절차개시결정을 받았다는 것 및 회생계획인가결정이 되었다는 것에 의하여도 영향을 받지 않는다.[266]

제2절 | 회생담보권

I 의 의

회생담보권[267]이란 회생채권 또는 회생절차개시 전의 원인으로 생긴 채무자 이외의 자에 대한 재산상의 청구권[268]으로서 회생절차개시 당시 채무자의 재산에 존재하는 유치권, 질권, 저당권, 양도담보권, 가등기담보권, 「동산·채권 등의 담보에 관한 법률」에 따른 담보권, 전세권 또는 우선특권에 의하여 담보된 범위의 것을 말한다. 다만, 이자 또는 채무불이행으로 인한 손해배상이나 위약금의 청구권에 관하여는 회생절차개시결정 전날까지 생긴 것에 한한다(제141

---

265) 법정질권설에 의할 경우 손해배상청구권은 회생담보권이고, 회생담보권자로서 신고를 게을리 하여, 회생계획인가결정으로 손해배상청구권이 실권되었으므로 담보사유가 소멸되었다고 보아야 한다는 견해도 있을 수 있다.

266) 가집행선고가 붙은 판결에 대한 항소와 함께 담보를 제공하고 집행정지를 받은 후, 채무자가 파산선고를 받은 경우에도, 파산선고는 '담보하여야 할 사유가 소멸된 것'에 해당하지 않는다고 할 것이다. 즉 파산선고가 되었다는 사유도 '담보하여야 할 사유가 소멸된 것'에 해당하지 않는다.

267) **도산절차에서의 담보권자의 지위** 도산절차에서도 실체법에 따른 권리는 존중된다. 채권자가 담보권을 취득하는 이유 중 하나는 채무자의 채무불이행, 도산 등의 위험으로부터 보호를 받기 위함이다. 이러한 담보 제도의 특성상 채무자에 대한 도산절차가 진행되더라도 담보권자의 권리는 그렇지 않은 권리에 비하여 강력히 보호되고 있다. 다만 도산절차가 포괄적·집단적 집행이라는 점에서 담보권자의 권리가 제약을 받기도 한다. 이러한 제약은 채권자들의 희생을 바탕으로 채무자의 지속적인 경영(생존)을 추구하는 회생절차에서 상대적으로 강하게 나타나고, 채무자의 보유 자산을 현금화하여 각 채권자들의 실체법상 권리에 따라 이를 배당하는 청산절차인 파산절차에서 약하게 나타난다. 각 도산절차의 목적이 다르기 때문에 차이가 나는 것이다. ① 회생절차의 경우, 담보권에 의하여 담보되는 채권은 회생담보권으로 취급되어 일반적으로 담보권이 존재하지 않는 채권(회생채권)에 비하여 높은 변제율이 보장된다. 다만 회생담보권자의 경우에도 회생채권과 마찬가지로 회생절차개시결정 이후 채무자의 재산에 관하여 담보권을 행사하는 것이 금지되고, 회생계획인가의 결정이 있는 경우 담보권 존속 조항이 없다면 해당 담보권이 소멸하는 등 상당한 제약을 받게 된다. 담보제도의 전통적인 의의에 변혁을 가한 것이다. ② 회생절차와는 달리 파산절차에서는 담보권자에게 별제권이라는 권리를 부여하여 담보권자들이 파산절차의 진행에도 불구하고 보유하고 있는 담보권을 실행시켜 채권의 우선적인 만족을 얻을 수 있도록 하고 있다. 담보권자는 별제권자로서 도산절차 밖에서 권리행사가 인정된다. 개인회생절차에서도 마찬가지이다(다만 변제계획인가 전에는 담보권 실행이 제한될 수 있다). 별제권의 행사방법은 회생담보권의 경우와 달리 별제권의 종류에 따라 천차만별이다.

요컨대 담보권자는 도산절차에서도 존중되는 것이 원칙이지만, 그 반면 각종 도산절차의 목적에 따라, 그 존속 및 실행이 제한되는 것이다. 파산절차와 개인회생절차에서는 담보권자에게 별제권을 인정하여 우선변제권을 인정하되, 다만 개인회생절차에서는 담보권의 실행을 일정기간 제한할 수 있게 하고 있다. 이에 반하여 회생절차에서는 담보권을 회생담보권으로 규정하고 그 실행을 중대하게 제한하고 있다. 이처럼 각각의 도산절차에서 담보권과 관련한 용어도 다르고, 법적 지위에도 차이가 있다.

268) 전자는 채무자가 담보권설정자인 경우이고, 후자는 물상보증의 경우이다.

조 제1항).

회생담보권은 회생채권 중에서 유치권 등의 담보권에 의하여 담보된 범위의 '채권'을 의미하므로, 채권조사확정재판 또는 채권조사확정재판에 대한 이의의 소에서 어떠한 채권을 회생담보권으로 확정하는 경우, 동일한 채권을 회생채권으로 확정할 이익은 없다고 보아야 한다.[269]

회생절차에서 담보권자의 개별적인 권리행사를 허용할 경우 채무자 또는 그 사업의 재건을 위하여 필요한 생산설비 등의 일실을 초래하여 회생이 불가능해질 수 있기 때문에 담보권자도 무담보채권자와 마찬가지로 회생절차에서 계속기업가치분배에 관한 결정에의 참가를 강제하고, 회생절차 진행 중에는 휴면상태에 있어 회생절차 외에서의 담보권 실행이 금지된다.[270] 담보권자는 담보물의 가치에 의해 담보되는 채권액에 대하여 회생담보권자가 되어 무담보채권자인 회생채권자보다 유리하게 취급되지만, 회생채권자와 마찬가지로 회생계획에 따라 장래 변제를 받을 수 있는데 그친다. 본래는 도산시에 기능과 효과를 발휘할 담보권을 바로 도산시에 절차적, 실체적으로 제약한 것이다.

회생담보권자는 그가 가진 회생담보권으로 회생절차에 참가하고(제141조 제3항), 회생계획에서 면책이나 권리변경의 대상이 되며, 회생계획의 수행에 따라 만족을 얻는 지위에 있다.

1. 회생담보권의 요건

회생담보권은 다음과 같은 세 가지 요건을 갖추어야 한다.

(1) 피담보채권

회생담보권의 피담보채권은 원칙적으로 회생절차개시 전의 원인으로 생긴 것(회생채권)이어야 한다. 따라서 회생절차개시 후 원인으로 생긴 채권은 회생담보권의 대상이 아니다. 회생담보권이란 담보권 그 자체를 말하는 것이 아니라 특정의 채무자 재산에 의하여 담보되고 있는 채권을 말한다. 따라서 그 채권은 채무자를 채무자로 하는 것이 일반적이지만, 물상보증인과 같이 제3자가 채무자인 것도 포함된다. 회생담보권의 피담보채권은 회생채권인 것이 보통이나, 회생절차개시 전에 제3자의 채무를 위하여 채무자가 물적담보를 제공한 경우(물상보증)에는 회생채권이 아니다.[271] 물상보증의 경우에는 제3자에 대한 재산상의 청구권이 피담보채권이다.

아래 〈Ⅱ.2.〉를 참조할 것.

---

269) 대법원 2021. 2. 4. 선고 2018다304380, 2018다304397(병합) 판결{☞ 원고(채권자)가 피고(채무자)를 상대로 공사대금채권이 있다고 주장하면서 공사대금의 지급을 구하는 이행청구와 그 공사대금채권에 기한 유치권확인청구를 병합하여 제기하였는데, 원심 계속 중 채무자에 대한 회생절차가 개시되었음. 이에 원고는 공사대금이행청구를 회생채권 확정청구로, 유치권확인청구를 회생담보권 확정청구로 청구취지를 각각 변경하였음. 원심은 공사대금채권을 회생담보권으로 확정하면서 동일한 공사대금채권을 회생채권으로도 확정하는 판결을 선고함. 대법원은 회생담보권으로 확정한 채권을 회생채권으로 중복하여 확정할 이익이 없다는 이유로 원심판결을 파기하였음}.
270) 반면 파산절차와 개인회생절차에서는 담보권이 별제권으로 도산절차 외에서 권리행사가 허용됨으로써, 담보권자의 배타적 우선권을 실체적, 절차적으로 보장하고 있다.
271) 담보권을 가진 채권자는 채무자가 그에 대해 인적 책임도 부담하는 경우에 한해 회생채권자가 될 수 있다.

(2) 담보권

회생절차개시 당시 채무자의 재산에 존재하는 담보권이어야 한다. 따라서 회생회사가 회생절차 개시 전에 제3자 소유의 담보권부재산을 양수하는 계약을 체결하였더라도 회생절차 개시 후에 소유권이전등기를 마친 이상, 그 재산은 회생절차 개시 당시에는 채무자의 재산이 아니었으므로 담보권자를 회생담보권자로 볼 수 없다.[272]

또한 '채무자의 재산'에 존재하여야 하므로 제3자가 채무자의 채무를 위하여 담보를 제공한 경우(물상보증인)에는 회생담보권으로 취급되지 않고 제3자는 사전구상권을 회생채권으로 행사할 수 있을 뿐이다(제126조 제5항 참조).

회생담보권은 민법이나 상법 등 실체법상의 담보권이 아니라 담보권에 의하여 담보되는 채권[273]으로서 회생절차상의 권리이고,[274] 회생담보권의 요건 구비 여부는 개시결정시를 기준으로 하고 있으므로, 개시결정 당시 그 권리가 존재하면 개시결정 후에 목적물이 멸실한 경우라도 회생담보권으로 취급된다. 즉 회생담보권으로 인정되기 위해서는 회생절차개시 당시 채무자의 재산상에 유치권 등의 담보권이 존재하면 충분하고, 그 후에 담보목적물의 멸실 등으로 실체법상의 담보권이 소멸한다고 하더라도 회생절차상 회생담보권으로 존속하는 데 영향이 없다.[275]

회생담보권으로 되기 위해서는 개시결정 당시에 담보권에 관하여 등기, 인도와 같은 물권변동의 성립 내지 효력요건은 물론이고 권리질권의 설정에 있어서는 확정일자 있는 통지·승낙과 같은 제3자에 대한 대항요건도 갖추고 있어야 한다.[276]

(3) 담보권에 의하여 담보된 범위의 것(아래 〈Ⅱ.〉를 참조)

피담보채권은 그 전액이 회생담보권으로 되는 것이 아니고, 담보권에 의하여 담보된 범위(담보목적물의 가액)를 한도로 회생담보권이 된다. 한도를 넘는 부분은 회생채권이 된다. 이 경우 하나의 청구권이 회생절차개시 시점을 기준으로 회생담보권과 회생채권으로 나뉘는 상황이 발생하게 된다.

---

272) 대법원 2008. 6. 13. 자 2007마249 결정 참조. 다만 이 경우 담보권자가 이와 같은 회생절차 개시 후의 소유권이전 사실을 알면서, 담보권을 실행하는 것보다는 회생담보권으로 취급되어 회생계획에 따라 변제받는 것이 유리하다고 판단하여 스스로 자기의 권리를 회생담보권으로 신고하고 회생회사의 관리인도 이의하지 아니함에 따라 회생절차에서 회생담보권으로 취급되어 확정된 후 회생계획까지 인가되었다면, 신의칙상 담보권자는 더 이상 회생절차 밖에서 담보권 실행을 할 수 없다.

273) 대법원 2021. 2. 4. 선고 2018다304380, 304397 판결.

274) 따라서 실체권인 담보권과는 그 내용이나 성격 등이 같을 수 없으므로, 실체법상의 담보권과 회생절차상의 회생담보권이 일치하는 것이 아니다. 회생담보권은 엄밀하게 말하면 담보권 자체가 아니라 채무자의 특정재산으로 담보된 청구권(채권)을 말한다(대법원 2021. 2. 4. 선고 2018다304380, 304397 판결 참조). 회생담보권은 '담보권'이라는 용어를 사용하고 있지만 실체법상 '담보권'은 아니고, 실체법상 '담보권'으로 담보되는 일종의 '피담보채권'으로서 회생절차에서 사용하는 개념이다. 실체상의 담보권과 회생담보권은 차이가 있지만, 양자는 밀접하게 연관되어 있어 담보권은 회생절차상 회생담보권의 형태로 반영이 된다.

275) 대법원 2014. 12. 24. 선고 2012다94186 판결(원고가 이 사건 공장에 관한 유치권자로서 회생담보권을 가지는지 여부는 회생절차개시 당시를 기준으로 판단하면 족하고 특별한 사정이 없는 한 그 후 유치권을 상실하였는지 여부를 고려할 필요가 없다).

276) 대법원 1997. 7. 25. 선고 97다19656 판결.

2. 회생담보권의 취급

회생계획에서 피담보채권이 회생담보권으로 인정된 경우라도 회생계획에 담보권 자체의 존속을 정하지 아니하면 담보권은 인가결정에 따라 소멸한다(제251조).[277]

회생담보권에 대하여도 다수채무자의 회생채권(제126조 내지 제130조), 회생채권의 변제금지(제131조), 우선권의 기간계산(제139조), 회생채권자의 의결권(제133조 제2항, 제134조 내지 제138조)에 관한 조항이 준용된다(제141조 제2항, 제6항).[278] 관련 내용은 회생채권 부분을 참조할 것.

회생담보권은 파산절차에서 별제권과 유사하지만, 담보권 그 자체는 아니고 특정한 채무자의 재산에 의하여 담보되는 채권이다. 별제권은 파산절차의 제약을 받지 않고 개별적으로 권리행사를 할 수 있지만, 회생절차에서는 담보권자의 자유로운 권리행사를 인정할 경우 채무자의 중요한 공장·기계설비 등이 상실되는 사태가 발생하여 채무자의 회생이 불가능하게 되기 때문에, 담보권자도 회생절차에 따라야 하고, 회생담보권은 개별적인 권리행사를 할 수 없으며, 회생채권과 마찬가지로 원칙적으로 회생계획에 따라 변제받을 수밖에 없다(제141조 제2항, 제131조). 물론 회생계획에 있어서 최우선순위를 부여받고(제217조 제1항 제1호) 회생계획의 결의에 있어서도 가결요건이 가중되어 있다(제237조).

Ⅱ 회생담보권의 범위

1. 담보목적물의 범위 내일 것

회생절차개시 당시의 재산가액 평가에 관한 채무자회생법 제90조와 회생절차개시 당시 담보된 범위의 채권을 회생담보권으로 규정한 채무자회생법 제141조 제1항의 내용에 비추어 보면, 담보목적물의 가액은 회생절차개시 당시를 기준으로 평가한다(본서 381~382쪽).[279] 회생담보권자는 그 채권액 중 담보권의 목적의 가액[280]을 한도로 회생담보권자로 인정된다.[281] 피담

---

[277] 실무적으로 대부분 회생계획안에 회생담보권의 존속조항을 두고 있다. 회생계획안을 작성함에 있어 주의할 필요가 있다.

[278] 제132조를 준용하는 규정을 두고 있지 않다. 그렇다면 법원의 허가를 받아 담보권부 채권을 변제할 수 없는가. 회생담보권의 피보전채권이 회생채권이기 때문에 준용규정을 둘 필요 없이 제132조가 바로 적용된다고 볼 수도 있다. 그렇지 않으면 제132조를 유추적용할 수도 있다. 또한 제141조 제2항, 제131조에 의해 법원의 허가를 받아 담보권부 채권을 변제할 수 있을 것이다.

　　법원이 특정 회생담보권의 변제를 허가하였더라도 허가받은 내용대로 변제가 이루어지지 아니한 경우, 회생절차에 의하지 아니한 담보권의 실행이 가능한가. 법원이 특정 회생채권(담보권)을 변제하지 아니하고서는 회사의 갱생에 현저한 지장을 초래할 우려가 있다고 인정하여 제132조 제2항에 따라 회생절차에 의하지 아니한 변제를 허가하였다 하더라도, 그 효과는 제131조에서 정한 회생채권 소멸금지의 효력이 해제됨에 그칠 뿐이고, 허가받은 내용대로 변제가 이루어지지 아니한 경우에 회생절차와 무관하게 개별적인 권리행사에 나아갈 수 있는 것은 아니다(대법원 2004. 4. 23. 선고 2003다6781 판결 참조).

[279] 대법원 2024. 3. 12. 선고 2021다262189 판결.

[280] 재산가액의 평가에 있어서 그 평가의 객관적 기준은 회사의 유지·회생 즉 기업의 계속을 전제로 평가한 가액이어야 하고 회사의 해산과 청산 즉 기업의 해체, 처분을 전제로 한 개개 재산의 처분가액을 기준으로 할 것이 아니다. 이 때 그 가액의 평가방법은 수익환원법 등 수익성의 원리에 기초한 평가방식이 표준적인 방식이라고 할 수 있으나,

보채권의 채권액이 담보목적물의 가액을 초과할 때에는 그 초과분은 회생담보권이 되지 못하고 회생채권이 됨에 불과하다.[282] 후순위 담보권의 경우 담보물가액에서 '선순위 담보권으로 담보된 채권액'을 공제한 잔액을 기준으로 이를 초과하는 채권은 회생채권이 된다(제141조 제4항). 이와 같이 회생담보권자가 주장하는 채권이 회생담보권 또는 회생채권에 해당하는지는 그 채권액 중 담보목적물의 가액을 초과하는 부분이 있는지, 선순위 담보권이 있는 경우에는 담보목적물의 가액에서 '선순위 담보권으로 담보된 채권액'을 공제한 나머지가 존재하는지에 달려 있다.

한편 목적물의 가액 범위 내에서는 담보권은 그 순위에 관계없이 회생절차상 동일하게 취급된다.

장래 발생하는 채권(집합채권)이 담보목적으로 양도[283]된 이후 양도인에 대하여 회생절차가

재산의 종류와 특성에 따라 원가법 등 비용성의 원리에 기초한 평가방식이나 거래사례비교법 등 시장성의 원리에 기초한 평가방식이라도 기업의 계속성을 감안한 객관적 가액을 표현할 수 있는 것이면 족하다. 이는 채무자회생법 제141조 제4항에 따라 회생담보권의 목적의 가액을 산정함에 있어서도 마찬가지이다(대법원 2017. 9. 7. 선고 2016마277682 판결). ☞ 회생담보권의 목적인 부동산에 경기도 명의의 가등기가 경료되어 있어 회생채무자가 전매제한 기간(10년) 내에 위 부동산을 전매할 경우 경기도가 위 가등기를 통해 전매차익을 환수할 수 있음을 이유로 '취득원가'를 기준으로 위 부동산의 가액을 산정한 회생담보권조사확정재판에 대하여 회생담보권자가 이의의 소를 제기한 사건에서, 회생담보권의 목적인 부동산의 가액은 회생채무자가 그 부동산을 계속 보유하여 기업활동을 함을 전제로 평가되어야 하므로, 회생채무자가 전매제한 약정을 위반하여 위 부동산을 전매하는 상황만을 전제로 하여 위 부동산의 취득원가를 기준으로 그 가액을 산정하여서는 아니되고, 회생절차 개시결정이 이루어진 무렵을 기준으로 한 부동산의 감정평가액을 부동산의 가액으로 평가함이 타당하다고 판단한 원심 판단을 수긍한 사례.

비상장주식의 평가와 관련하여서는 시가설을 취하고 있는 것도 있다(대법원 2006. 6. 2. 선고 2005다18962 판결).

결국 대법원은 재산가액의 평가와 회생담보권의 목적물 가액의 평가를 동일한 방법으로 하고 있고, 계속기업가치에 의한 산정도 시가로 보는 것으로 이해할 수 있다(본서 382쪽 각주 74)).

281) 담보목적물 가액의 한도로 회생담보권이 인정됨으로 인하여 실무적으로 목적물 가액 저평가가 문제된다. 관리인(채무자)의 경우 회생담보권의 금액 및 청산가치를 낮추기 위하여 의도적으로 담보물을 저평가하는 경우가 있다. 이와 같이 저평가된 상태에서 회생계획이 인가된 후 회생절차가 폐지되어 (견련)파산절차로 진행하던 중 임의경매절차 등을 통하여 고액으로 매각되는 경우가 가끔 있다. 이 경우 원래 담보권의 범위 내에 있던 채권도 파산채권에 불과하게 되어 우선 변제받을 수 없고, 채권액에 비례하여 변제받을 수밖에 없다. 담보목적물 평가에 신중할 필요가 있고, 회생절차에서 담보권자도 적극적인 의견진술을 할 필요가 있다. 관련 내용은 아래 〈Ⅶ.〉(본서 660쪽)을 참조할 것. 현재 법원에서는 담보목적물 평가와 관련한 분쟁을 막고 공정성을 담보하기 위하여 감정인(감정평가법인) 풀을 만들어 법원이 지정한 감정인으로 하여금 평가하게 하고 있다.

282) 하나의 청구권이 회생절차개시 시점을 기준으로 담보권 목적의 가액에 따라 회생담보권과 회생채권으로 나뉘게 된다(bifurcation). 회생담보권으로 인정된 부분은 회생담보권자로서, 회생채권으로 인정된 부분은 회생채권자로서 각 의결권을 행사한다.

283) **집합채권양도담보** 집합채권양도담보란 채권양도인이 특정 또는 불특정의 다수 또는 1인의 제3채무자에 대하여 현재 또는 장래에 발생할 다수의 지명채권을 일괄하여 담보목적으로 양도하는 것을 말한다. 집합물양도담보 중 하나이다. 회생절차와 관련하여서 집합채권양도담보의 효력이 회생절차개시 이후 발생한 (장래)채권에 미치는지 여부가 문제된다. 학설과 실무는 대법원의 입장처럼 부정설이 주류다. 그 근거로 ① 관리인이 채무자와는 별개로 이해관계인 단체의 관리자로서 일종의 공적 수탁자에 해당하므로, 회생절차가 개시된 후 발생하는 채권은 관리인의 지위에서 기한 행위로 발생하는 것인 점, ② 대법원이 '회생담보권의 평가기준시점'과 관련하여 확정설(근저당권의 피담보채무는 회생절차개시시점을 기준으로 확정된다는 견해)의 입장에 있으므로(대법원 2001. 6. 1. 선고 99다66649 판결) 집합채권양도담보에 있어서도 회생절차개시의 시점 이후 발생하는 장래채권은 회생담보권의 목적물이 될 수 없다는 점, ③ 제65조 제1항을 미국 연방도산법 §552(a)항과 같이 회생절차개시 후 발생한 장래채권이 집합채권양도담보의 목적물로 되는 것을 금지하는 근거 규정으로 해석할 수 있는 점, ④ 회생절차는 회생절차개시 후 발생하는 공익채권, 회생채권, 회생담보권을 엄격하게 구분하면서 그 기준시점을 회생절차개시시점으로 하고 있어 담보권자 역시 회생절차개시결정 당시 채무자가 갖는 담보목적물만을 자신의 가치로 파악하여야 한다는 점, ⑤ 담보권자도

개시되는 경우에는 양도담보권의 효력이 미치는 목적물의 범위는 제한된다.[284] 즉 채권양도인에 대하여 회생절차가 개시되면 개시결정과 동시에 채무자의 업무 수행과 재산의 관리 및 처분권한이 모두 관리인에게 전속하게 되는데, 관리인은 채무자나 그의 기관 또는 대표자가 아니고 채무자와 그 채권자 등으로 구성되는 이른바 이해관계인 단체의 관리자로서 일종의 공적 수탁자의 지위에 있으므로, 회생절차가 개시된 후 발생하는 채권은 채무자가 아닌 관리인의

도산절차가 개시된 이후에 취득한 채권에 관하여 담보권이 미치는 것을 기대하지 않을 것이고, 그와 같이 기대하였다고 하더라도 그러한 기대를 보호하는 이익보다는 다른 채권자 등 이해관계인을 보호할 이익이 크며, 이와 달리 해석하면 도산절차에서 채무자의 재산이 형해화되어 다른 채권자 등 이해관계인에게 지나치게 불리한 결과를 초래할 것이라는 점 등을 들고 있다. 이에 대한 반대의견(긍정설)이 제시되고 있다. 그 근거는 다음과 같다. ① 장래채권을 포함한 집합채권에 관하여 민법 제450조에서 정한 바에 따라 제3자에 대한 대항요건을 취득한 이상 회생절차개시결정으로 인하여 채무자가 관리처분권을 상실하고 관리인이 관리, 처분을 갖는다고 하여도 이로써 권리의 귀속주체가 변경되는 것이 아닌 이상 그 권리는 여전히 채무자에게 귀속된다. 따라서 장래채권에 관하여 채무자가 회생개시결정이 있기 전에 한 처분은 여전히 유효하다. ② 대법원 2001. 6. 1. 선고 99다66649 판결은 근저당권의 피담보채무가 회생절차개시시점을 기준으로 확정된다는 것으로서 여기서 문제되는 것은 담보목적물에 관한 사항으로 집합채권양도담보에 있어 장래채권은 회생절차개시결정 당시 이미 담보목적물로 포함되어 있었던 것인데, 회생절차개시결정을 계기로 이를 배제할 수 있는지에 관한 것으로서 논의의 측면이 다르다. ③ 장래채권의 집합채권양도담보의 경우 회생절차개시 이전 채무자의 행위(사전처분)에 의하여 취득한 것이고, 다만 채권이 회생절차개시결정 이후 발생하여 별도의 채무자의 행위 없이 당연히 담보목적물로 되는 경우로 볼 수 있다. ④ 장래의 차임채권에 관해서는 명문의 규정을 둠으로써(제124조, 제340조) 이해관계의 해결을 도모하고 있는데, 장래채권 일반에 관하여 채무자회생법상 명문 규정도 없이 회생개시결정 이후 이를 담보목적물에서 일괄적으로 제외시키는 것은 허용될 수 없다. 이는 구체적 타당성에 대한 고려 없이 일률적으로 담보권자를 열위에 두는 것이다. 실체법상 장래채권의 양도가 가능하고 회생절차개시 당시 장래채권이 이미 채무자의 재산으로부터 이탈된 상태라면 채무자의 재산도 이러한 부담을 받아들여야 한다. 이러한 논쟁에 관한 자세한 내용은 「박진수, "회생절차개시결정과 집합채권양도담보의 효력이 미치는 범위", 민사판례연구(제36권), 박영사(2015), 593~600쪽」을 참조할 것.

판례와 같이 부정설을 취할 경우, 회생절차개시 후에 발생하는 장래채권에 대하여는 양도담보의 효력이 미치지 않으므로 관리인은 이를 추심하고 채무자의 회생을 위하여 사용할 수 있다. 또한 회생절차개시 후 DIP financing을 통하여 신규자금을 조달하려는 경우 담보로 제공할 자산이 생기게 되어 신규자금의 유입을 도모할 수 있다. 나아가 신규자금을 이용하여 생산된 제품이나 매매대금채권을 회생절차개시 전의 양도담보권자에게 귀속시키는 것은 형평에 어긋난다. 이러한 점에서 대법원 판결(부정설)은 타당하다.

284) 회생절차개시결정이 집합채권양도담보의 담보목적물에 미치는 효력에 관한 외국에서의 논의

○ 미국 연방도산법 §552(a)는 회생절차개시 전에 체결한 담보계약의 효력은 회생절차개시 후 채무자(또는 재단)가 취득한 재산에 대하여는 미치지 않는다고 명시적으로 규정하고 있다.

§552. Postpetition effect of security interest

(a) Except as provided in subsection (b) of this section, property acquired by the estate or by the debtor after the commencement of the case is not subject to any lien resulting from any security agreement entered into by the debtor before the commencement of the case.

○ 독일 도산법 제91조 제1항은 도산절차개시 후에는 도산재단에 속하는 목적물에 대한 권리를 유효하게 취득할 수 없다고 규정하고 있다. 따라서 장래채권이 담보목적으로 양도된 후 양도인에 대하여 도산절차가 개시된 경우 도산절차개시 후 발생하는 장래채권은 도산절차개시 전에 대항요건을 갖추었다고 하더라도 도산재단에 속하게 되고, 양수인은 그에 대하여 별제권(제51조 제1호)을 가질 수 없다.

○ 일본의 경우는 갱생절차개시 전 회사와 관재인은 법적 지위가 다르기 때문에 회사갱생절차개시 후 발생한 채권에는 집합채권양도담보의 효력이 미치지 않는다는 견해도 있지만(유력설), ① 관재인의 활동으로 얻은 재산은 별도의 재산을 구성하지 않고 일체로서 갱생회사의 재산으로 되고, ② 집합채권양도담보는 집합채권을 구성하는 개개의 채권에 대하여 양도담보가 성립하는 것이 아니라 장래 발생하는 일정 범위의 채권집단에 대하여 양도담보가 성립한다는 집합물론을 전제로 하여야 하며, 집합채권양도담보의 제3자에 대한 대항요건이 구비되었다면 집합양도담보설정시에 이미 대항요건을 갖춘 것으로 되며, ③ 제3자에 대한 대항요건을 갖춘 경우 새로 발생한 채권에 대하여도 제3자 대항요건을 갖춘 것으로 되고 관재인에게도 대항할 수 있기 때문에 갱생절차개시 후에 발생한 채권에도 채권양도담보의 효력이 미친다는 견해가 다수설이다{會社更生の實務(上), 266~267쪽}.

지위에 기한 행위로 인하여 발생하는 것으로 채권양도담보의 목적물에 포함되지 않고 담보권의 효력이 미치지 아니한다.[285] 집합동산양도담보의 경우도 마찬가지이다.

2. 담보권에 의하여 담보된 범위의 것일 것

회생담보권에 의하여 담보되는 채권의 범위 안에는 원금채권 외에, 미상환원금에 대한 이자, 변제기간의 변경에 따른 연장기간에 대한 이자, 상환기일에 금원을 지급하지 못하는 경우에 발생하는 소정의 연체이자율에 따른 지연이자 등이 포함된다.[286] 다만 이자 또는 채무불이행으로 인한 손해배상이나 위약금의 청구권에 관하여는 회생절차개시결정 전날까지 생긴 것에 한하여 회생담보권이 될 수 있다(제141조 제1항 단서).[287] 따라서 회생절차개시결정 이후에 발생한 이자 등은 회생채권에 불과하므로(제118조) 이들까지 회생담보권에 포함시키지 않도록 주의하여야 한다.[288] 회생절차개시 후 이자는 의결권을 행사하지 못하고(제191조 제3호) 회생계획에서 다른 회생채권에 비하여 열등하게 취급될 수 있으므로(제218조 제1항 제2호) 다른 회생채권에 비하여 권리행사가 제한된다.

한편 제141조 제1항 단서 규정은 회생담보권자가 회생절차에 참가할 수 있는 회생담보권의 범위를 정한 것일 뿐이고, 이를 넘어서 인가된 회생계획에 따른 회생담보권의 권리 변경과 변제방법, 존속 범위 등을 제한하는 규정으로 볼 수 없다.[289] 따라서 회생계획에서 근저당권이 권리변경된 회생담보권의 담보를 위해 존속하면서 개시결정 이후의 지연손해금도 담보하는 것

---

285) 대법원 2013. 9. 27. 선고 2013다42687 판결, 대법원 2013. 3. 28. 선고 2010다63836 판결. 실무적으로 의료재단의 회생절차를 보면 대부분의 의료재단이 장래 발생할 요양급여 및 의료급여비(이하 '요양급여 등'이라고 한다) 채권에 대하여 양도담보를 설정하고 금융기관으로부터 차입을 한다. 이러한 양도담보는 이른바 '집합채권양도담보'로서 회생절차개시 후 발생하는 요양급여 등 채권에는 그 양도담보의 효력이 미치지 아니한다. 그런데 종종 의료재단의 관리인이 개시결정 전에 이미 진료가 이행되어 요양급여 등 채권이 발생하였음에도 아직 심사청구(국민건강보험법 제47조)를 하지 않았음을 이유로 양도담보의 목적물이 되지 않는다고 주장하는 경우가 있다. 그러나 심사청구를 하지 아니한 상태라고 하더라도 개시결정 전일까지 이미 진료가 완료되어 발생한 요양급여 등 채권은 심사청구의 절차만이 남았을 뿐이므로 양도담보의 효력이 미친다고 보아야 한다.

286) 대법원 2005. 10. 27. 선고 2005다33138 판결.

287) 실체법상의 피담보채권의 범위는 지연배상에 대하여 원본의 이행기일을 경과한 후 1년분에 한정되지만(민법 제360조), 회생절차에서는 이들 청구권이 회생채권으로 되기 때문에(제118조 제2호, 제3호) 후순위로 취급될 여지가 있다는 점(제218조 제1항 등)을 고려하여, 회생담보권으로 되어야 하는 피담보채권을 제한한 것이다.

288) 대법원 2016. 4. 12. 선고 2014다68761 판결 참조. 회생절차개시결정 후의 이자 또는 채무불이행으로 인한 손해배상이나 위약금은 회생채권에 해당한다(제118조 제2호, 제3호). 회생절차개시결정 이후의 이자 등을 회생채권으로 취급함에 따라 청산가치보장원칙과 관련하여 발생하는 문제(위 이자 등의 청구권에 대한 변제예정액의 현가율이 100%가 됨에 따라 다른 회생채권자들에 대한 변제예정액의 현가율이 하락한다)에 대하여는 〈제12장 제2절 Ⅳ.3.가.〉(본서 862쪽)를 참조할 것.

289) 대법원 2021. 10. 14. 선고 2021다240851 판결(☞ 회생계획에서 근저당권이 권리 변경된 회생담보권의 담보를 위해 존속하면서 그에 따른 지연손해금도 담보하는 것으로 정하고 있더라도 제141조 제1항 단서에 따라 지연손해금 부분은 위 근저당권의 피담보채권에 포함될 수 없고, 설령 피담보채권에 포함된다고 하더라도 민법 제360조 단서에 따라 1년분에 한해서만 담보된다는 원고의 주장에 대하여, 제141조 제1항 단서의 취지는 회생절차에 참가할 수 있는 회생담보권의 범위를 정하기 위한 것일 뿐, 인가된 회생계획에 따른 회생담보권의 권리 변경과 변제방법, 존속 범위 등을 제한하는 규정으로 볼 수 없고, 민법 제360조 단서는 피담보채권이 회생담보권이라고 하더라도 근저당권에는 적용되지 않는다고 보아 원고의 주장을 배척한 사례).

으로 정하는 것도 가능하다. 다만 이 경우에도 개시결정 이후의 지연손해금이 회생담보권에 해당한다는 취지는 아니다.[290]

가. 선순위담보권자가 있는 경우

선순위 담보권이 존재하는 경우, 담보목적물의 가액으로부터 해당 선순위담보권의 피담보 채권(선순위 담보권으로 담보된 채권액)을 공제하고 남은 담보목적물의 가액에 대응하는 채권액에 대하여만 회생담보권으로 된다. '선순위 담보권으로 담보된 채권액'은 담보목적물 가액 평가의 기준시점인 회생절차개시 당시를 기준으로 산정하여야 한다.[291]

(1) 선순위담보가 공동담보인 경우

동일한 채권의 담보로 수개의 물건에 담보권을 가지는 공동담보가 선순위일 경우, 후순위 담보권자는 어느 범위에서 회생담보권자로 취급되는가. 예컨대 甲이 6억 원의 채권을 담보하기 위하여 6억 원의 가치를 가지는 A물건과 3억 원의 가치를 가지는 B물건에 제1순위 공동저당권을 가지고 있고, 乙이 4억 원의 채권을 담보하기 위하여 A물건에, 丙이 4억 원의 채권을 담보하기 위하여 B물건에 각각 제2순위의 저당권을 가지고 있는 경우 乙, 丙은 어떻게 취급하여야 하는가. 甲은 6억 원 전액에 대하여 회생담보권자로 취급하는데 문제가 없지만, 乙, 丙을 어떻게 취급할 것인지이다. 공동저당의 목적인 부동산 전부에 관하여 동시배상이 행하여지는 경우의 민법 제368조 제1항을 유추하여, 甲은 A물건에 대하여 4억 원, B물건에 대하여 2억 원의 담보가치를 인정받는 것으로 보아, 乙은 A물건에 대하여 2억 원의 범위 내에서, 丙은 B물건에 대하여 1억 원의 범위 내에서 회생담보권자로서 취급된다고 할 것이다.[292]

(2) 후순위담보권자의 지위

회생담보권으로 인정되는 한 선순위담보권인지 후순위담보권인지 관계없이 의결권액의 산

---

290) 회생계획에서 존속시킨 근저당권의 경우 회생담보권이 피담보채권이라 하더라도 일반의 근저당권의 피담보채권과 다를 바 없으므로 회생담보권에 대한 지연손해금도 채권최고액의 한도에서 전액 담보된다.

291) 대법원 2024. 3. 12. 선고 2021다262189 판결. 이는 선순위 담보권자의 회생담보권이 회생담보권 조사확정절차에서 확정된 경우에도 마찬가지이다. 즉 선순위 담보권자의 회생담보권이 회생담보권 조사확정절차에서 확정되었다고 하더라도 후순위 담보권자의 회생담보권 존부와 범위를 정하는 과정에서 '선순위 담보권으로 담보된 채권액'은 회생절차개시 당시를 기준으로 산정하여야 하고, 선순위 담보권자의 회생담보권 조사확정절차에서 확정된 회생담보권액에 구속되는 것이 아니다. 다시 말해 선순위 담보권자의 일부 회생담보권이 채권조사확정절차를 거치면서 실권되었다고 하더라도 후순위 권리자의 회생담보권 범위는 회생절차개시결정 당시 선순위 담보권자의 피담보채권액을 기준으로 정하여야 한다.

292) 우성만, "회사정리법상 담보권자의 지위", 재판자료 제86집(2000), 311쪽. 한편 실무적으로 공동담보의 경우나 단독 담보라도 담보권자가 여러 명인 경우 등에 있어서는 담보물배분표를 작성한다. (공동)담보권자에 대한 시부인을 함에 있어서는 담보물배분표에 배분된 금액 이상으로 시인하여서는 아니 된다는 점에 유의하여야 한다. (공동)담보권자와 다른 채권자 사이의 배분은 민법이나 민사집행법에 따르는 것이 원칙이다(공동담보의 경우 담보물 가액에 따라 안분 배분한다). 하지만 회생절차의 독자적 법리로 다소 차이가 있는 경우도 있다. 예컨대 (공동)담보권자와 그보다 먼저 설정된 가압류채권자의 경우 경매절차에서는 동순위로 보아 배당하지만, 회생절차에서는 가압류가 먼저 설정되었다고 하더라도 가압류채권자에게 배분하여서는 아니 된다. 왜냐하면 회생절차에서 시부인표나 회생계획안 작성은 회생계획인가를 전제로 하고, 회생계획이 인가될 경우 가압류는 실효되기 때문이다(제256조).

정에 있어서나 회생계획에서 변제받을 수 있는 금액을 정함에 있어서 차이를 두어서는 아니 된다. 관련 내용은 아래 〈V.〉를 참조할 것.

나. 근저당권이 설정된 경우

한편 근저당권이 설정된 뒤 채무자 또는 근저당권설정자에 대하여 회생절차개시결정이 내려진 경우, 그 근저당권의 피담보채무는 회생절차개시결정시점을 기준으로 확정된다(확정설).[293] 따라서 그 이후 근저당권자가 회생채무자 또는 회생채무자의 관리인에게 그 사업의 경영을 위하여 추가로 금원을 융통하여 줌으로써 별도의 채권을 취득하였다 하더라도, 그 채권이 위 근저당권에 의하여 담보될 여지는 없다.[294]

Ⅲ 회생담보권의 종류

채무자회생법은 회생담보권으로 유치권, 질권, 저당권, 양도담보권, 가등기담보권, 「동산·채권 등의 담보에 관한 법률」에 따른 담보권, 전세권 또는 우선특권을 규정하고 있다(제141조 제1항). 위 규정은 회생담보권의 종류를 예시한 것에 불과하다.

1. 유 치 권

유치권은 민사유치권(민법 제320조)과 상사유치권(상법 제58조)을 포함한다. 유치권은 우선변제적 효력은 없지만,[295] 그 유치적 효력 때문에 채무자의 회생에 지장을 초래할 가능성이 많다. 예컨대 제품이나 중요한 생산부품의 보관을 창고업자에게 맡긴 경우 창고업자가 그 보관료에 관하여 유치권을 가져서 목적물을 유치하면 그 반환을 구할 수 없게 되어 회생절차 진행에 장애가 될 수 있다.

유치권의 경우 그 권리의 본질이 유치의 권능을 부여하는 것에 있고, 다른 담보권들과는 달리 실체법상 우선변제권을 인정하고 있지 않는 등 실체법상 일반적인 담보권들과는 다른 특성들이 있어서 회생절차에서 유치권자를 어떻게 취급해야 하는 것인지가 문제된다. 구체적으로 ① 회생절차에서 유치권자의 경매권, 과실수취권이 인정되는지(민법 제322조, 제323조), ② 유치권자가 회생절차개시결정 이후 점유를 상실하는 경우 회생담보권은 어떻게 취급되는지,

---

293) 이것을 근저당권의 원본 확정문제라 한다. 즉 근저당권의 채권최고액이 2억 원인데 실제 채권액은 1억 원인 경우 채무자에 대하여 회생절차가 개시되면 회생담보권은 1억 원으로 고정되는지(확정설) 아니면 2억 원까지는 회생담보권으로 인정되는지(불확정설)의 문제이다. 이에 대한 자세한 내용은 〈제5장 제3절 Ⅳ.3.사.(1)〉(본서 333쪽)을 참조할 것.
294) 대법원 2001. 6. 1. 선고 99다66649 판결. 근저당권자의 경매신청 등의 사유로 인하여 근저당권의 피담보채권이 확정되었을 경우, 확정 이후에 새로운 거래관계에서 발생한 원본채권은 그 근저당권에 의하여 담보되지 아니하지만, 확정 전에 발생한 원본채권에 관하여 확정 후에 발생하는 이자나 지연손해금 채권은 채권최고액의 범위 내에서 근저당권에 의하여 여전히 담보되는 것이다(대법원 2007. 4. 26. 선고 2005다38300 판결).
295) 중국의 경우 유치권에 대하여 우선변제권을 인정하고 있다(중국물권법 제230조 제1항). 중국에서의 유치권에 관한 자세한 내용은 「전대규, 중국민법(상), 법률정보센타(2009), 892쪽 이하」를 참조할 것.

③ 채무자가 상당한 담보를 제공하고 유치권의 소멸을 청구할 수 있는지(민법 제327조) 등이다.

①의 경우 유치권자가 회생담보권자로 취급되는 이상 회생담보권자의 경매신청, 회생계획에 의하지 않는 채권만족 등이 금지되는 회생절차에서는 유치권자의 경매권이나 과실수취권이 인정되기 어려울 것이다. ②의 경우 회생담보권으로 인정되기 위해서는 회생절차개시 당시 채무자의 재산상에 유치권 등의 담보권이 존재하면 충분하고, 그 후에 담보목적물의 멸실 등으로 실체법상의 담보권이 소멸한다고 하더라도 회생절차상 회생담보권으로 존속하는 데 영향이 없다.[296] 따라서 유치권자가 회생절차개시결정 이후에 점유를 상실하였다고 하더라도 회생담보권자로서의 지위는 유지된다. ③의 경우 현행법상으로는 유치권인 회생담보권을 변제하지 아니하고는 유치된 물건을 회수할 방법이 없다. 다만 민사유치권의 경우에는 담보를 제공하고 유치권의 소멸을 청구할 수 있다(민법 제327조).[297] 유치권 소멸청구는 민법 제327조에 규정된 채무자뿐만 아니라 유치물의 소유자도 할 수 있다.[298]

2. 질 권

질권은 동산질권 및 권리질권, 민사질권 및 상사질권을 모두 포함한다. 지명채권의 경우 회생절차개시 당시에 확정일자 있는 통지, 승낙과 같은 제3자에 대한 대항요건(민법 제349조, 제450조)을 갖추어야 회생담보권이 될 수 있다.[299] 담보권이 성립되었다고 하더라도 회생절차개

---

296) 대법원 2014. 12. 24. 선고 2012다94186 판결. 유치권자로서의 지위가 유지되는 근거로 ① 회생담보권은 실체법에 의한 담보권 자체를 의미하는 것이 아니라 담보권에 의하여 담보되는 채권으로서 회생절차상의 권리라는 점, ② 채무자회생법 제141조 제1항의 해석상 회생절차개시 당시에만 담보권이 존재한다면 회생담보권으로 인정된다는 점, ③ 채무자회생법상 채무자의 재산가액의 평가 등을 회생절차개시 당시를 기준으로 하고 있는 부분도 같은 맥락에서 이해할 수 있다는 점, ④ 회생담보권자의 경우 회생절차개시결정 당시부터 담보권자로서의 일체의 권한을 행사할 수 없게 되므로 그와 대응시켜 보면 회생절차개시결정 당시 담보권을 보유하고 있기만 하였으면 회생담보권자로 인정하는 것이 타당하고, 그 이후까지 담보권을 유지해야 할 의무를 부과하는 것은 담보권자의 권리 제한 시점에 비하여 과도한 의무를 부과하는 것이라는 점 등을 들 수 있다{김선경·황인용, "회생절차에서의 유치권자의 지위", 율촌판례연구, 박영사(2017), 535~536쪽}.

297) 이에 대하여 상사유치권에도 민법 제327조가 적용되어 회생절차가 개시된 경우 관리인이 위 규정에 따라 유치권의 소멸을 청구할 수 있다는 견해가 있다{남효순·김재형 공편, 통합도산법, 법문사(2006), 6~7쪽, 노영보, 291쪽}. 그러나 민사유치권과 상사유치권은 그 연혁, 성립요건 등에 있어서 차이가 있고, 상사유치권에도 민법 제327조가 적용된다는 명시적인 규정이 존재하지 않는 이상 상사유치권에 대한 소멸청구를 인정하기 어렵다 할 것이다. 따라서 현실적으로 제141조 제2항, 제131조 단서, 제132조 제2항에 따라 유치권인 회생담보권을 조기 변제 후 유치된 물건을 회수할 수밖에 없다.

298) 대법원 2021. 7. 29. 선고 2019다216077 판결. 민법 제327조에 따라 채무자나 소유자가 제공하는 담보가 상당한지는 담보 가치가 채권 담보로서 상당한지, 유치물에 의한 담보력을 저하시키지 않는지를 종합하여 판단해야 한다. 따라서 유치물 가액이 피담보채권액보다 많을 경우에는 피담보채권액에 해당하는 담보를 제공하면 되고, 유치물 가액이 피담보채권액보다 적을 경우에는 유치물 가액에 해당하는 담보를 제공하면 된다.

299) **채권질의 제3채무자의 공탁** 회생담보권의 기초인 담보권이 채무자의 제3자에 대한 금전채권을 목적으로 한 질권이고, 채무자에 대하여 회생절차가 개시된 경우, 당해 채권의 채무자('제3채무자'라 한다)가 회생담보권자인 질권자에게 변제를 하면 회생담보권의 개별적 행사금지에 반한다. 또한 제3채무자는 질권설정자인 채무자에 대하여 변제를 하여도 질권이 존속하는 이상 그 효력을 회생담보권자인 질권자에게 대항할 수 없다. 그렇다고 제3채무자로서는 변제를 하지 않은 채 방치한다면 이자나 지연손해금이 발생하는 부담을 감수하지 않으면 안 된다. 제3채무자가 수령불능을 이유로 한 공탁(민법 제487조 전문)을 할 수 있다면, 이러한 부담은 해소될 수 있지만, 채무자가 제3채무자의 변제를 수령할 수 없는 것이 아니라, 단지 이것을 질권자에게 대항할 수 없다는 이유로 공탁을 인정할 수는 없다. 다만 채권

시 당시 대항요건을 갖추지 못한 경우에는 담보권자가 관리인이나 다른 채권자 등 이해관계인에게 담보권을 주장할 수 없기 때문이다.

상사질권의 경우는 민사질권과 달리 유질계약이 허용되지만(상법 제59조), 회생절차개시결정 이후에는 회생담보권의 변제금지효에 따라 유질계약에 기한 실행이 허용되지 않는다. 반면 개시결정 이전에는 변제금지의 보전처분이 이루어져도 질권자의 행위까지 제한하는 것은 아니므로 유질의 절차에는 지장이 없다. 다만 질권자의 실행행위는 중지명령(제44조) 또는 포괄적 금지명령(제45조)의 대상이 될 수 있고, 부인권의 대상[300]이 될 수도 있다.

3. 저 당 권

민법의 저당권에 한정되지 않고, 공장저당권, 공장재단저당권, 광업재단저당권, 입목저당권, 자동차·항공기·건설기계·선박저당권 등 특별법에 의한 저당권도 포함된다. 근저당권도 포함된다. 회생절차개시결정으로 근저당권의 피담보채권액이 확정된다는 점은 앞{〈제5장 제3절 Ⅳ.3.사.(1)〉(본서 333쪽)}에서 본 바와 같다.

부동산 경매절차에서 채무자 소유 부동산이 매각되고 매수인이 매각대금을 다 납부하여 매각 부동산 위의 저당권이 소멸하였더라도 배당절차에 이르기 전에 채무자에 대해 회생절차개시결정이 있었다면, 그 저당권자는 회생절차 개시 당시 저당권으로 담보되는 채권 또는 청구권을 가진 제141조에 따른 회생담보권자라고 봄이 상당하다.[301] 그 이유는 다음과 같다. 부동산 경매절차가 진행되어 부동산이 매각된 경우, 매수인이 매각대금을 다 납부하면 소유권을 취득하고(민집법 제135조), 매각 부동산 위의 모든 저당권은 매각으로 소멸된다(민집법 제91조 제2항). 이는 매수인이 부담이 없는 완전한 소유권을 취득할 수 있도록 한 규정이다. 그런데 저당권은 경매절차에서 실현되는 저당부동산의 교환가치로부터 다른 채권자에 우선하여 피담보채권의 변제를 받는 것을 내용으로 하는 물권이다.[302] 민사집행법 역시 매각대금으로 배당에 참가한 모든 채권자를 만족하게 할 수 없는 때에는 법원은 민법·상법, 그 밖의 법률에 의한 우선순위에 따라 배당하여야 하고(민집법 제145조 제2항), 저당권으로서 경매개시결정 등기 전에 등기되었고 매각으로 소멸하는 것을 가진 채권자를 배당받을 채권자로 한다(민집법 제148조 제4호)고 규정하고 있다. 그러므로 민사집행법 제135조, 제91조 제2항에 따라 매수인이 매각 부동

자 불확지공탁은 인정될 여지가 있다{아래 〈4.다(1)(나)③〉(본서 639쪽) 참조}. 입법적인 보완이 필요해 보인다.

[300] 대법원 2011. 11. 24. 선고 2009다76362 판결. 관련 내용은 〈제7장 제3절 Ⅳ.3.나.(2)〉(본서 455쪽)를 참조할 것.

[301] 대법원 2018. 11. 29. 선고 2017다286577 판결. ☞ 원고 소유 부동산에 관해 근저당권자인 피고의 신청에 따라 경매절차가 개시되어 진행되었고 부동산이 매각되어 매수인이 매각대금을 다 납부함으로써 피고의 근저당권이 소멸하였으나, 배당절차에 이르기 전에 원고에 대해 회생절차가 개시되었다면, 근저당권자였던 피고는 회생절차 개시 당시 근저당권으로서 담보되는 범위 내에서 채무자 회생 및 파산에 관한 법률 제141조에 따른 회생담보권의 권리를 가지는 회생담보권자라고 봄이 상당하고, 피고가 원고에 대한 회생절차에서 회생담보권을 신고하지 않았다면, 원고에 대한 회생계획이 인가됨에 따라 원고는 신고하지 않은 피고의 회생담보권에 대하여는 책임을 면하게 되었으므로, 피고가 위 매각대금 중 근저당권자인 피고 명의로 공탁된 돈을 회생계획 인가결정 이후 수령하였다면 이는 원고에 대한 부당이득이 된다고 하여 피고의 상고를 기각한 사례

[302] 대법원 2005. 4. 29. 선고 2005다3243 판결 참조.

산의 소유권을 취득하고 매각 부동산 위의 저당권이 소멸하더라도, 저당권자는 이후 배당절차에서 그 저당권의 순위와 내용에 따라 저당부동산의 교환가치에 해당하는 매각대금으로부터 피담보채권에 대한 우선변제를 받게 된다.

4. 양도담보권[303]

양도담보권은 목적물의 소유권이 채권자에게 이전되는 형식을 취하지만 그 실질은 채권담보에 있으므로 회생담보권이다. 양도담보권에는 부동산양도담보, 동산양도담보, 어음양도담보, 채권양도담보,[304] 주식양도담보 등 다양한 형태가 있다.

가. 동산양도담보

동산양도담보란 채무의 이행을 담보하기 위하여 동산의 소유권을 양도하는 형식을 취하는 비점유담보제도를 말한다. ① 동산양도담보에서는 담보계약의 체결과 함께 동산소유권이전의 합의가 행해진다. 예컨대 소비대차에 기한 차용금을 지급할 때에 담보물의 소유권을 채무자로부터 채권자에게 이전하기로 합의하고 채무를 변제하면 그 소유권을 채무자에게 반환하기로 약정하는 것이다. ② 동산양도담보는 비점유담보의 일종이다(동산저당이라고도 한다). 동산소유권이전의 합의와 더불어 행해지는 목적물의 인도는 점유개정의 방법에 의함으로써(민법 제189조) 채무자가 담보물을 계속 점유한다. 동산의 사용·수익권, 과실수취권도 채무자가 계속 보유한다. ③ 양도담보권자는 대외적인 관계에 한하여 소유권을 행사한다. 담보권자는 담보계약에서 물건에 대한 처분권을 담보설정자로부터 넘겨받는다. 담보설정자는 스스로 담보물을 양도·입질하거나 대외적으로 소유자로서의 권리를 행사하지 못한다. 소유권에 대한 침해·방해에 대하여 양도담보권자가 물권적청구권을 행사한다. ④ 채무자의 채무불이행이 있으면 양도담보권자는 담보권을 실행할 수 있다. 실행은 귀속정산형 실행방법을 취하여 채권자가 청산금을 지급하고 담보물의 소유권을 취득하거나 처분정산형 실행방법을 취하여 환가하여 그 환가금에서 우선적으로 변제받는다.

금전채무를 담보하기 위하여 채무자가 그 소유의 동산을 채권자에게 양도하되 점유개정의 방법으로 인도하고 채무자가 이를 계속 점유하기로 한 경우에는, 특별한 사정이 없는 한 동산

---

303) **양도담보권자의 회생** 양도담보권자에 대해 회생절차가 개시된 경우 양도담보설정자의 법적 지위는 어떠한가. 이에 관하여는 명문의 규정이 없다. 양도담보권자에 대하여 회생절차가 개시되면, 양도담보권과 그 피담보채권이 채무자의 재산을 구성하고, 관리인이 이것들에 대하여 관리처분권을 행사한다. 양도담보권의 피담보채권이 아직 소멸하지 않은 경우에 양도담보권자의 회생절차개시를 이유로 환취권을 행사하는 것은 허용되지 않는다. 하지만 양도담보권의 피담보채권이 소멸한 경우에는 채무자는 더 이상 양도담보권의 목적이 된 재산권을 보유할 권원이 없으므로 양도담보설정자는 제70조에 따라 양도담보의 목적이 된 재산권을 환취할 수 있다(대법원 2004. 4. 28. 선고 2003다61542 판결 참조). 한편 양도담보설정자가 피담보채권의 변제를 하지 않은 경우에는 양도담보권자의 관리인이 담보권을 실행하고, 그 때 목적물의 가액이 피담보채권을 상회하여 청산금이 발생하였다면, 양도담보설정자는 공익채권으로 그 지급을 구할 수 있다(제179조 제5호, 제6호).

304) 대법원 2015. 5. 28. 선고 2015다203790 판결 참조.

의 소유권은 신탁적으로 이전됨에 불과하여 채권자와 채무자 사이의 대내적 관계에서 채무자
는 의연히 소유권을 보유하나 대외적인 관계에 있어서 채무자는 동산의 소유권을 이미 채권자
에게 양도한 무권리자가 되는 것이어서 채무자가 다시 다른 채권자와 사이에 양도담보설정계
약을 체결하고 점유개정의 방법으로 인도를 하더라도 현실의 인도가 아닌 점유개정으로는 선
의취득이 인정되지 아니하므로 나중에 설정계약을 체결한 채권자는 양도담보권을 취득할 수
없다.[305]

나. 어음양도담보

담보를 위하여 채무자는 그가 소지하고 있는 어음을 채권자에게 배서양도하고, 채권자는
담보의 실행으로, 양도받은 어음을 추심하고, 그 추심금을 채권의 변제에 충당한다. 당사자는
담보를 위하여 배서양도하기로 약정한 것이기 때문에 어음양도담보라 부른다.

종래 어음의 양도담보를 회생절차에서 어떻게 취급할 것인지를 둘러싸고 다양한 견해들이
대립하고 있었다. ① 담보어음은 대출채무의 지급을 위하여 또는 지급의 방법으로 교부된 것
이고 그 권리가 완전히 채권자에게 이전하므로 채권자는 어음금을 추심하여 변제에 충당할 수
있다는 견해,[306] ② 채권자는 양도담보의 목적물인 어음에 관하여 담보권을 가지므로 회생담보
권자로서만 권리를 행사할 수 있다는 견해, ③ 어음의 양도담보의 실질을 파악하여 사실상 어
음할인과 같은 경우에는 회생채권자로 취급하고 담보인 경우에는 회생담보권으로 취급하는 견
해가 그것이다.

이와 같이 견해 대립이 있었던 것은, 일반재산의 양도담보의 경우에는 그 일반재산 자체에
대한 감정 등을 통하여 담보력을 평가하는 것이 가능하나, 어음의 양도담보의 경우에는 어음
의 발행인(채권의 양도담보의 경우 담보로 제공된 채권상의 채무자)의 변제능력에 따라 그 어음의
담보력이 달라지는 특수성이 있고, 이러한 차이점을 고려하였을 때 어음의 양도담보와 일반재
산의 양도담보를 구별할 필요성이 있지 않나 하는 점에서 비롯된 것으로 보인다.

이와 관련하여 대법원은 「채무자가 제3자 발행의 어음을 이용하여 금융기관으로부터 할인
하는 방식으로 대출을 받은 경우 채무자는 금융기관에 대하여 대출채무와 더불어 어음의 배서

---

305) 대법원 2004. 12. 24. 선고 2004다45943 판결, 대법원 2004. 10. 28. 선고 2003다30463 판결, 대법원 2004. 6. 25.
선고 2004도1751 판결 참조.

306) 동산양도담보(목적물의 점유 등 형식을 통해 담보설정자의 지배권이 객관적으로 표시된다)나 부동산양도담보와 달
리 어음양도담보의 경우 어음에 대한 지배권이 피배서인에게 귀속된다고 볼 근거가 없다. 피담보채권의 변제기 전
이라도 추심금을 변제에 충당할 수 있는 것도, 양도담보권자로서의 피배서인이 어음에 대하여 완전한 지배권을 가
지고 있다는 것을 의미한다. 물론 피배서인은 담보어음의 금액이 피담보채권액을 넘는 경우에는, 청산금의 지급의무
를 부담하지만, 이것은 배서인과 피배서인 사이의 합의에 기한 것이다. 따라서 어음의 양도담보설정자에 대하여 회
생절차가 개시되면, 양도담보권자는, 그 명칭에도 불구하고, 회생담보권자가 아니라 담보어음을 자기의 재산으로 지
배하고, 피담보채권에 대하여는 이것을 회생채권으로 행사한다. 또한 어음양도담보권자는 회생채권으로의 행사와는
별도로, 제250조 제2항을 근거로(또는 위 조항과 무관하게) 발행인 등 어음의무자로부터 회생절차 밖에서 변제를
받을 수 있기 때문에, 결국 회생절차에 의하지 않고 어음추심금을 피담보채권의 만족에 충당할 수 있다(會社更生法,
222쪽).

인으로서의 책임을 부담한다고 할 것이고, 배서의 방식에 의하여 양도된 제3자 발행의 어음은 채무자의 대출채무를 담보하기 위하여 어음상에 양도담보권을 설정한 것이라고 보아야 할 것이라고 하면서, 어음의 양도담보를 회생담보권에 해당한다」고 판시하였다. 나아가 어음의 양도담보권자를 회생채권자로 볼 경우 회생채권자는 회생절차 외에서 어음상 권리를 행사하여 변제에 충당할 수 있는 결과가 되어[307] 어음의 양도담보권자에 대하여만 다른 회생담보권자보다 우월한 지위를 부여하는 것이 되어 채권자 평등의 원칙에도 반하므로 특별한 사정이 없는 한 어음의 양도담보는 회생담보권에 해당한다고 보았다.[308]

살피건대 어음의 양도담보의 경우 제141조 제1항에서 명시적으로 "양도담보권을 회생담보권으로 한다"고 규정하면서 그 담보물에 따른 구별을 하고 있지 않은 상황에서, 어음의 양도담보권자(채권의 양도담보권자)를 양도담보권의 대상에서 배제할 합리적인 근거를 찾기는 어려워 보인다. 따라서 어음의 양도담보의 경우도 회생담보권에 해당한다고 보아야 한다.

다. 채권양도담보

채권양도담보란 다른 채권(피담보채권)[309]을 담보하기 위하여 채권(담보목적 채권)[310]을 양도하는 것을 말한다.[311] 채권양도담보는 채권의 양도에 의하여 이루어지므로 그 요건은 일반적인 채권양도와 같지만, 당사자 사이에 담보목적을 위하여 채권을 양도한다는 의사의 합치가 있어야 한다. 채권양도담보는 신탁적 양도이므로 양수인은 양도된 채권을 취득한다. 따라서 대외적

---

307) 할인된 어음이 담보목적이 아니라면, 어음은 채무자의 재산에 속하지 않게 되어 어음소지인은 회생채권자이긴 하지만 회생절차 외에서 어음상의 권리를 행사하여 변제에 충당할 수 있다.

308) 대법원 2009. 12. 10. 선고 2008다78279 판결 참조.

309) 양도담보권자(양수인)가 양도담보설정자(양도인)에 대하여 가지는 채권을 말한다.

310) 양도담보설정자(양도인)가 제3채무자에 대하여 가지는 채권을 말한다.

311) **외상매출채권담보대출** 최근 기업 사이의 거래에서 결제수단으로 자주 활용되는 전자방식에 의한 외상매출금채권담보대출(B2B대출)도 채권양도담보에 해당한다. 외상매출금채권 담보대출(B2B대출)이란 판매기업(납품업체)이 구매기업(원청업체)에게 물품을 납품한 후, 구매기업의 외상매출채권을 담보로 은행으로부터 대출을 받고, 구매기업이 만기일에 동 금액을 은행에 결제하여 대출금을 상환하기로 예정된 제도를 말한다(조세특례제한법 제7조의2 제3항 제6호, 하도급거래 공정화에 관한 법률 제2조 제14항 제2호 참조). 외상매출금채권 담보대출은 중소기업이 은행을 통해 납품대금을 조기에 현금화하는 대표적 자금조달수단이다. 외상매출채권담보대출에는 일반적으로 상환청구권이 규정된다. 외상매출채권담보대출에서 '상환청구권'이란 구매기업이 지급기일에 외상매출채권의 전부 또는 일부를 변제하지 않을 경우 은행이 판매기업에게 채권의 상환을 청구할 수 있는 권리를 의미한다. 외상매출채권담보대출은 상환청구권이 있는 경우와 없는 경우로 구분되는데, 대부분의 경우 상환청구권이 있는 방식으로 실행되고 있다. 상환청구권이 있는 외상매출담보대출은 채권양도담보부 금전소비대차계약이라고 볼 수 있다(서울중앙지방법원 2016. 1. 8. 선고 2014가합567218 판결 참조). 상환청구권이 없는 외상매출담보대출의 경우에는 채권매매라는 견해도 있으나(서울중앙지방법원 2013. 10. 1. 선고 2012가단313151 판결), 외상매출채권담보대출 제도의 근거가 되는 관련 법령은 외상매출채권담보대출의 개념 정의에서 담보로 '대출'하는 것과 대금으로 '대출금'을 상환하는 것을 명확히 하고 있고 상환청구권의 존부를 구분하고 있지 않으므로 상환청구권 없는 외상매출채권담보대출을 단순한 채권매매라고 할 수는 없다. 차주의 책임이 담보물(외상매출채권)의 가치 범위 내로 제한된다는 점에서 비소구대출(non-recourse loan, 유한책임대출)의 일종으로 보아야 할 것이다{문일봉·이원찬, "외상매출채권담보대출의 법적 쟁점", 율촌판례연구, 박영사(2017), 49~51쪽}.
한편 상환청구권이 있는 외상매출채권담보대출과 상법(제168조의12)이 원칙으로 하고 있는 상환청구권이 있는 부진정 팩토링계약(채권매입계약)은 판매기업이 회수불능의 위험을 최종적으로 부담한다는 점에서 아무런 차이가 없다. 관련 내용은 <채권매입업(팩토링: factoring)과 도산>(본서 652쪽)을 참조할 것.

으로, 즉 채무자에 대하여는 양수인이 그 채권을 행사한다. 채권양도가 다른 채무의 담보조로 이루어졌으며 또한 그 채무가 변제되었다고 하더라도 이는 채권양도인과 양수인 간의 문제이지 양도채권의 채무자는 위 채권 양도·양수인 간의 채무 소멸 여하에 관계없이 양도된 채무를 양수인에게 변제하여야 한다.[312]

채권양도담보에 있어서도 ① 제3채무자에 대항하기 위해서는 양도담보설정자(양도인) 또는 그로부터 적법하게 위임을 받은 자에 의한 통지 또는 제3채무자의 승낙이 필요하고, ② 압류채권자 등 제3자에 대항하기 위해서는 채권양도의 사실을 확정일자 있는 증서에 의하여 제3채무자에게 통지하거나 제3채무자로부터 승낙을 받아야 한다(민법 제450조).

채권양도담보가 이루어진 후 양도담보설정자(양도인)나 담보목적 채권의 채무자(제3채무자)에게 회생절차가 개시된 경우 각 당사자의 지위, 양도담보권의 회생절차에서의 취급, 공탁 여부 등 여러 가지 어려운 법률문제가 발생한다.

(1) 양도담보설정자(양도인)에 대하여 회생절차가 개시된 경우

장래 발생하는 채권이 담보목적으로 양도된 후 채권양도인에 대하여 회생절차가 개시되었을 경우, 회생절차개시결정으로 채무자의 업무의 수행과 재산의 관리 및 처분 권한은 모두 관리인에게 전속하게 되는데(제56조 제1항), 관리인은 채무자나 그의 기관 또는 대표자가 아니고 채무자와 그 채권자 등으로 구성되는 이른바 이해관계인 단체의 관리자로서 일종의 공적 수탁자에 해당한다 할 것이므로, 회생절차가 개시된 후 발생하는 채권은 채무자가 아닌 관리인의 지위에 기한 행위로 인하여 발생하는 것으로서 채권양도담보의 목적물에 포함되지 아니하고, 이에 따라 그러한 채권에 대해서는 담보권의 효력이 미치지 아니한다.[313] 따라서 여기서 문제가 되는 것은 담보목적 채권이 회생절차개시 당시에 존재하는 경우이다.

(가) 양도담보설정자(양도인)의 지위

① 양도담보권자(양수인)가 채무자(양도담보설정자 = 양도인)에 대하여 가지는 채권(피담보채권)이 공익채권인 경우

양도담보권자는 회생절차에 의하지 아니하고 채무자로부터 수시로 변제받을 수 있으므로 피담보채권의 변제기가 도래하면 특별한 사정이 없는 한 제3채무자로부터 직접 담보목적인 채권을 추심하여 피담보채권의 변제에 충당할 수 있다.

② 양도담보권자(양수인)가 채무자(양도담보설정자 = 양도인)에 대하여 가지는 채권(피담보채권)이 회생채권인 경우

채무자회생법은 양도담보권을 회생담보권으로 취급하고 있음은 앞에서 본 바와 같다.[314] 따

---

312) 대법원 1979. 9. 25. 선고 79다709 판결.
313) 대법원 2013. 3. 28. 선고 2010다63836 판결.
314) 한편 양도담보의 법적성격을 신탁적 양도설로 보는 판례에 따른다면(대법원 2004. 12. 24. 선고 2004다45943 판결), 담보목적 채권은 대외적으로 채무자의 소유가 아니므로 '회생절차개시 당시 채무자의 재산상에 존재하는 담보권'으로 볼 수 없을 것이다.

라서 양도담보권자는 회생절차개시 당시를 기준으로 담보목적 채권의 가액 범위 내에서는 회생담보권으로 회생절차에서 권리행사를 할 수 있다. 회생담보권자는 개별적 권리행사가 금지되므로(제141조 제2항) 법원의 허가가 없는 이상 피담보채권의 이행기가 도래하더라도 제3채무자로부터 담보목적 채권을 추심할 수 없다.

(나) 제3채무자의 지위

① 피담보채권이 공익채권인 경우

피담보채권이 공익채권인 경우 양도담보권자는 공익담보권자가 된다. 따라서 양도담보권자는 회생절차와 상관없이 피담보채권의 이행기가 도래한 경우 제3채무자로부터 채권을 추심할 수 있다.

② 피담보채권이 회생채권인 경우

피담보채권이 회생채권인 경우 양도담보권자는 회생담보권자가 된다. 따라서 양도담보권자는 권리행사가 제한된다.

양도담보설정자의 회생절차가 인가 전에 폐지된 경우 양도담보권자는 회생절차에 따른 제한에서 벗어나 제3채무자로부터 채권을 추심할 수 있다.

양도담보설정자에 대한 회생절차에서 회생계획이 인가된 경우 회생담보권자인 양도담보권자의 권리는 회생계획에 따라 정해진다.

③ 공탁 가능 여부

피담보채권이 회생채권이어서 양도담보권자가 권리행사를 할 수 없다고 하더라도 제3채무자는 회생절차를 이유로 이행지체의 책임을 면할 수 없다.[315] 이 경우 제3채무자는 채권자불확지를 이유로 민법 제487조에 따라 변제공탁을 함으로써 지체책임을 면할 수 있을 것이다. 제3채무자가 유효하게 공탁을 한 경우 그 공탁금상에 양도담보권자의 담보권이 존속한다고 할 것이다(민법 제353조 제3항 유추).

(2) 제3채무자에 대하여 회생절차가 개시된 경우

(가) 양도담보권자의 지위

제3채무자에 대한 회생절차에서는 담보목적 채권을 담보설정자로부터 양수한 양도담보권자가 제3채무자에 대한 담보목적 채권의 권리자로 취급된다. 담보목적 채권이 공익채권이면 양도담보권자는 공익채권자로서 권리를 행사할 수 있다. 회생채권이면 양도담보권자는 회생채권자로서 권리를 행사할 수 있다.

(나) 양도담보설정자(양도인)의 지위

피담보채무가 상환되기 전이라면 담보목적 채권에 관한 대외적 권리는 양도담보권자이므로 양도담보설정자는 채권자로 인정될 수 없다. 양도담보설정자가 상환하고 대항요건을 갖추었다

---

315) 대법원 2004. 7. 9. 선고 2004다16181 판결, 대법원 1994. 12. 13. 선고 93다951 판결 등 참조.

면[316] 담보목적 채권을 회복하여 회생절차에서 채권자로 인정될 수 있다.

라. 집합채권양도담보

집합채권양도담보란 채권양도인이 특정 또는 불특정의 다수 또는 1인의 제3채무자에 대하여 현재 또는 장래에 발생할 다수의 지명채권을 일괄하여 담보목적으로 양도하는 것을 말한다. 실무적으로 금융거래에서 장래채권을 포함한 집합채권을 양도담보로 제공하고 자금을 조달하는 경우가 많다. 장래채권도 양도가능하고 대항요건을 갖춘 경우 제3자에 대하여도 양도를 주장할 수 있다. 장래채권의 양도담보도 장래채권 양도의 방법에 의하여 설정될 수 있다.

집합채권양도담보권자는 양도인의 재산에 대하여 환취권자가 아니라 회생담보권자로 취급된다(제141조 제1항). 따라서 개별적인 권리행사가 금지되고 원칙적으로 회생계획에서 정한 바에 따라 그 권리를 행사할 수 있다(제58조 제1항 제2호, 제2항 제2호).

회생절차와 관련하여 장래채권에 대하여 양도담보를 설정한 후 양도인에 대하여 회생절차가 개시된 경우 집합채권양도담보의 효력이 회생절차개시 이후 발생한 (장래)채권에 미치는지 여부가 문제된다.

관련 내용은 ⟨Ⅱ.1. 각주 283) 및 284)⟩(본서 628쪽)를 참조할 것.

5. 가등기담보권

「가등기담보 등에 관한 법률」은 담보가등기권리는 채무자회생법의 적용에 있어 이를 저당권으로 본다고 규정하고 있다(위 법률 제17조). 제141조 제1항에서 말하는 가등기담보권은 위 법률에서 말하는 담보가등기권리를 말한다.

6. 「동산 · 채권 등의 담보에 관한 법률」에 따른 담보권

동산 · 채권 · 지식재산권을 목적으로 하는 담보권을 말한다(위 법률 제1조). 동산담보권은 담

---

316) 대법원 1993. 8. 27. 선고 93다17379 판결 참조. 한편 회생계획인가결정에 따라 양도담보권자의 담보목적 채권에 대한 담보권이 소멸한 경우, 양도담보권자가 제3채무자에게 담보목적 채권이 관리인에게 귀속되었다는 것을 통지하는 절차(대항요건)가 필요한가. 채무자회생법 제251조 본문은 회생계획인가의 결정이 있는 때에는 회생계획이나 이 법의 규정에 의하여 인정된 권리를 제외하고는 회생채무자는 모든 회생채권과 회생담보권에 관하여 그 책임을 면하며, 주주 · 지분권자의 권리와 채무자의 재산상에 있던 모든 담보권은 소멸한다고 규정하고, 같은 법 제141조 제1항은 회생담보권을 규정하면서 회생채무자의 재산상에 존재하는 양도담보권으로 담보된 범위의 채권을 이에 포함시키고 있으므로, 회생채무자의 채권에 관하여 설정된 양도담보권도 같은 법 제251조 본문의 규정에 의하여 소멸되는 담보권에 포함되는바, 위 규정에 의하여 채권에 관하여 설정된 양도담보권이 소멸되는 경우에는 그 양도담보의 설정을 위하여 이루어진 채권양도 또한 그 효력을 상실하여 채권양수인에게 양도되었던 채권은 다시 채권양도인인 회생채무자에게 이전되는 것인데, 이러한 채권의 이전은 법률의 규정에 의한 것이어서 지명채권양도의 대항요건에 관한 민법의 규정이 적용되지 아니하는 것이므로, 위 이전된 채권의 채무자로서는 그 채권의 이전에 관한 채권양수인의 통지 또는 채권양수인의 동의를 얻은 채권양도인의 철회의 통지 등의 유무와 관계없이 채권자로서의 지위를 상실한 채권양수인의 청구를 거부할 수 있다(대법원 2015. 5. 28. 선고 2015다203790 판결). 즉 별도의 대항요건 구비는 필요하지 않다.

보약정에 따라 동산(여러 개의 동산 또는 장래에 취득할 동산을 포함한다)을 목적으로 등기한 담보권을 말한다. 채권담보권은 담보약정에 따라 금전의 지급을 목적으로 하는 지명채권(여러 개의 채권 또는 장래에 발생할 채권을 포함한다)을 목적으로 등기한 담보권을 말한다. 지식재산권담보권은 담보약정에 따라 특허권, 실용신안권, 디자인권, 상표권, 저작권, 반도체집적회로의 배치설계권 등 지식재산권(법률에 따라 질권을 설정할 수 있는 경우로 한정한다)을 목적으로 그 지식재산권을 규율하는 개별 법률에 따라 등록한 담보권을 말한다(위 법률 제2조 제2호 내지 제4호).

7. 전 세 권

민법 제303조의 전세권을 말한다. 전세권은 민법상 용익물권이지만 전세금의 확보를 위하여 우선변제권(민법 제303조 제1항)과 경매청구권(민법 제318조)을 부여한 담보물권적 성격을 고려하여 회생담보권으로 취급한 것이다.

8. 우선특권

우선특권은 정책상의 고려에 의하여 담보권으로 담보되는 채권이 아닌데도 특별히 보호할 필요가 있는 채권에 관하여 개별법에서 채무자의 재산으로부터 우선변제권이 인정되는 것을 말한다. 우선특권마다 그 우선권의 내용도 다르고 공시방법도 갖추어지지 못한 불완전한 담보물권이다.

개별 법률에서 우선특권으로 인정하고 있는 것은 상법상의 선박우선특권(상법 제777조 이하),[317] 해난구조자의 구조된 적하에 대한 우선특권(상법 제893조 제1항 본문) 등이 있다. 강학상 우선특권으로 보고 있는 것으로 근로자의 임금채권 우선변제권(근로기준법 제38조), 주택임차인의 보증금에 대한 우선변제권(주택임대차보호법 제3조의2 제2항, 제3조의3 제5항, 제8조), 상가임차인의 보증금에 대한 우선변제권(상가건물 임대차보호법 제14조), 회사 사용인의 우선변제권(상법 제468조), 국가·지방자치단체의 조세, 기타 공과금의 우선징수권(국세기본법 제35조, 지방세징수법 제99조) 등이 있다.[318]

위와 같은 우선특권은 채무자의 일반재산 또는 특정재산에 대하여 우선변제권을 가진다. 그러나 채무자회생법에서 회생담보권으로 취급하는 우선특권은 채무자의 특정재산에 대한 우선특권이다.[319] 여기에 해당하는 것으로 상법상의 선박우선특권, 해난구조자의 구조된 적하에

---

317) 외국적 요소가 있는 때에는 국제사법 제60조에 의해 그 대상선박의 선적국법에 따라 우선특권자 여부가 결정된다. 즉 선박의 선적에 따라 채권자 보호정도가 달라질 수 있다.

318) 주의할 것은 우선특권이라 하여 모두 회생담보권으로 취급되는 아니라는 것이다. 일반적으로 우선특권으로 분류되고 있는 채권이라 하더라도 채무자회생법상 특별히 이에 관한 규정을 두고 있는 경우에는 그에 따라야 한다. 채무자회생법은 회생절차에서의 조세채권에 대하여는 파산절차와 달리 이를 우월하게 취급하지 않고 회생절차개시 전에 성립한 것은 회생채권으로, 원천징수 또는 특별징수되는 조세로서 회생절차개시 당시 납부기한이 도래하지 아니한 것은 공익채권으로 취급하고 있고(제179조 제1항 제9호), 근로자의 임금채권(제179조 제1항 제10호)은 공익채권으로 취급하고 있다. 회사 사용인의 우선변제권도 공익채권으로 될 수 있는 경우(제179조 제1항 제11호)가 있음은 앞에서 본 바와 같다.

319) 우선특권에 관해서는 아무런 제한이 없으나, 회생담보권에 관한 규정에서 들고 있는 다른 담보권은 <u>특정재산</u>에 대하여 우선변제권이 있는 경우에 관한 것이므로 우선특권에 대하여도 동일하게 해석하여야 하기 때문이다. 나아가

대한 우선특권, 주택임차인 및 상가임차인의 보증금에 대한 우선변제권이 있다. 채무자의 일반 재산에 대하여 우선변제권이 인정되는 경우에는 우선권 있는 회생채권으로 보아야 할 것이다.

9. 회생담보권인지 여부가 문제되는 경우

가. 리 스[320]

(1) 리스의 의미

리스란 리스업자(리스회사)가 리스기간 동안 리스물건의 소유권을 유보한 채로 리스이용자에게 리스물건의 점유를 넘겨 사용할 수 있도록 해 주고, 대신 리스료를 지급받는 것을 말한다. 리스는 그 기능에 따라 금융리스와 운용리스로 분류된다.

(2) 금융리스와 운용리스

(가) 금융리스[321]

금융리스(Finance Lease, Capital Lease)는 금융리스업자가 금융리스이용자가 선정한 기계, 시설 등 금융리스물건을 공급자로부터 취득하거나 대여받아 금융리스이용자에게 일정기간 이용하게 하고 그 기간 종료 후 물건의 처분에 관하여는 당사자 사이의 약정으로 정하는 계약이다(상법 제168조의2). 금융리스계약은 금융리스업자가 금융리스이용자에게 금융리스물건을 취득 또는 대여하는 데 소요되는 자금에 관한 금융의 편의를 제공하는 것을 본질적 내용으로 한다.[322] 금융리스업자는 금융리스이용자가 금융리스계약에서 정한 시기에 금융리스계약에 적합한 금융리스물건을 수령할 수 있도록 하여야 하고(상법 제168조의3 제1항), 금융리스이용자가 금융리스물건수령증을 발급한 경우에는 금융리스업자와 사이에 적합한 금융리스물건이 수령된

「우선특권으로 담보된 범위의 것」이어야 한다.

320) 관련 내용은 〈제3편 제3장 제2절 Ⅲ.2.아.(4)〉(본서 1290쪽)를 참조할 것.

321) 금융리스에 관하여는 상법과 시설대여법 등에서 규정하고 있다. ① 상법 제46조 제20호는 금융리스를 상행위(기계, 시설, 그 밖의 재산의 금융리스에 관한 행위)의 하나로 규정하면서, 제1편 제12장에서 금융리스업을 구체적으로 규정하고 있다. ② 시설대여업도 금융리스에 관하여 규정하고 있다. "시설대여"라 함은 대여시설이용자가 선정한 특정 물건을 시설대여회사가 새로이 취득하거나 대여받아 대여시설이용자에게 대통령령이 정하는 일정기간 이상 사용하게 하고 그 기간에 걸쳐 일정 대가를 정기적으로 분할하여 지급받으며, 그 기간 종료후의 물건의 처분에 관하여는 당사자간의 약정으로 정하는 물적금융을 말한다(시설대여법 제2조 제1호). 여기서 "시설대여"는 금융리스를 말한다(대법원 1997. 11. 28. 선고 97다26098 판결 참조).

322) 대법원 1997. 11. 28. 선고 97다26098 판결, 대법원 1996. 8. 23. 선고 95다51915 판결 참조. 금융리스의 본질에 관하여는 ① 임대차관계라고 보아 임대차계약에 관한 법률을 적용하고 이에 저촉되지 않는 범위 내에서 당사자간의 약정을 적용하려는 견해(특수 임대차계약설), ② 금융리스의 자금융통적 구조에 중점을 두어 소비대차관계로서 파악하려는 견해(특수 소비대차계약설), ③ 금융리스계약은 임대차 또는 소비대차와 다른 특수한 성질의 계약이라는 견해(비전형계약설)가 있다〔유시창, 상법총칙·상행위법(제2판), 법문사(2015), 272쪽〕. 대법원은 「시설대여(리스)는 시설대여 회사가 대여시설 이용자가 선정한 특정 물건을 새로이 취득하거나 대여받아 그 물건에 대한 직접적인 유지·관리책임을 지지 아니하면서 대여시설 이용자에게 일정기간 사용하게 하고 그 기간 종료 후에 물건의 처분에 관하여는 당사자 간의 약정으로 정하는 계약으로서, 형식에서는 임대차계약과 유사하나, 그 실질은 대여시설을 취득하는데 소요되는 자금에 관한 금융의 편의를 제공하는 것을 본질적인 내용으로 하는 물적 금융이고 임대차계약과는 여러 가지 다른 특질이 있기 때문에 이에 대하여는 민법의 임대차에 관한 규정이 바로 적용되지 아니한다」고 판시(위 95다51915 판결)함으로써 비전형계약설을 취하고 있다.

것으로 추정한다(상법 제168조의3 제3항).[323]

금융리스는 형식에서는 임대차계약과 유사하나 그 실질은 대여 시설을 취득하는 데 소요되는 자금에 관한 금융의 편의를 제공하는 것을 본질적인 내용으로 하는 물적 금융이고 임대차계약과는 여러 가지 다른 특질이 있기 때문에 이에 대하여는 민법의 임대차에 관한 규정이 바로 적용되지 아니한다.[324]

(나) 운용리스

운용리스(Operating Lease)는 금융리스를 제외한 모든 형태의 리스를 총칭하며, 경제적으로 금융기능보다 서비스제공 성격이 강하다. 리스이용자의 목적이 금융에 있지 아니하고 물건 자체의 사용에 있고, 불특정 다수를 대상으로 비교적 가동률이 높은 대중성 있는 물건, 예컨대 자동차, 컴퓨터, 복사기 등을 경제적 사용가능연수의 일부 기간 동안 임대하여 투자 자본의 회수를 도모하는 리스형태로서, 민법의 임대차에 가깝다.

(3) 회생절차에서의 취급

(가) 금융리스

금융리스와 회생절차의 관계에 있어서, 계약당사자인 리스이용자와 금융리스업자(리스회사) 각각의 회생을 생각할 수 있지만, 주로 리스이용자의 회생이 문제된다.

1) 금융리스계약이 쌍방미이행 쌍무계약인지

금융리스계약에 쌍방미이행 쌍무계약에 관한 제119조가 적용되는가. 이에 관하여는 부정설과 긍정설의 대립이 있다.

가) 부정설

금융리스계약에 있어서는 리스료의 산정과 그 지급방법의 결정과정을 지켜볼 때, 금융리스이용자가 지급하는 리스료는 리스물건의 사용대가라고만 보기는 어렵다. 왜냐하면 기간별 리스료지급의무는 금융리스업자(리스회사)가 리스이용자로 하여금 리스료 총액을 일정 기간 동안 분할 지급할 수 있도록 함으로써 발생하는 의무라 할 것인데, 이러한 리스이용자의 의무에 대응하는 금융리스업자의 의무는 리스물건의 사용수익을 수인할 의무에 그치고 적극적으로 무엇을 이행하여야 하는 것이 아니므로 제119조에서 말하는 대가관계에 있다고 볼 수 없기 때문이다.[325] 따라서 금융리스에 대하여는 제119조가 적용되지 않는다.[326]

---

323) 대법원 2019. 2. 14. 선고 2016다245418(본소),2016다245425(반소),2016다245432(반소) 판결, 대법원 2013. 7. 12. 선고 2013다20571 판결.

324) 대법원 1997. 10. 24. 선고 97다27107 판결.

325) 배현태, "회사정리절차에 있어서 리스채권의 취급", 법조 제521호(2000. 2.), 법조협회, 160~163쪽.

326) 서울고등법원 2000. 6. 27. 선고 2000나14622 판결(확정) 참조. 위 판결은 「제119조 소정의 '쌍방미이행의 쌍무계약'은 회사가 회생절차개시 전에 쌍무계약을 체결하였으나 회생절차개시 당시에 회사와 상대방이 모두 아직 그 이행을 완료하지 아니한 경우를 말한다. 이 사건 리스계약은 리스이용자가 선정한 물건 또는 시설을 리스회사가 공급자로부터 구입하여 리스이용자에게 대여하고 그 대여기간 중 지급받는 리스료에 의하여 리스물건에 대한 취득자금과 그 이자, 기타 비용을 회수하는 이른바 금융리스계약이므로, 그 리스료의 산정 및 지급방법의 결정과정에 비추어 볼 때 각기(各期)에

금융리스업자(리스회사)는 회생절차개시 당시의 목적물 가액에 의해 담보되는 리스료 채권 부분은 회생담보권으로, 나머지 부분은 회생채권으로 회생계획에 의해 만족을 얻게 된다.

나) 긍정설

금융리스계약은 쌍방미이행 쌍무계약이라는 견해이다.[327] 그 이유는 ① 리스료와 목적물의 사용 사이에는 엄밀한 대가관계에 있는 것은 아니지만, 사용으로 인하여 발생하는 목적물의 감가를 보상하는 성질을 리스료가 가지고 있는 점,[328] ② 리스계약의 내용을 존중하는 한 리스 계약 체결시에 리스이용자가 조건부 소유권을 취득하고, 기간 종료시에 확정적으로 소유권이 리스이용자에게 귀속하는 것으로 구성하는 것이 어려운 점, ③ 금융리스업자(리스회사)가 리스 이용자의 사용권에 권리질을 설정한 것으로 보는 것도 계약당사자의 의사에 부합하지 않는 점, ④ 다른 회생채권자 등이 목적물의 사용에 의해 이익을 받는 경우에는 리스료를 공익채권 으로서 이해관계인 전체에 부담시키는 것이 공평에 합치된다는 점 등이다.

리스이용자의 관리인은 리스계약의 해제나 이행을 선택할 수 있다. 이행을 선택한다면 개시 결정 이후에 발생한 미지급 리스료채권은 공익채권으로 지급된다(제179조 제1항 제7호). 관리인이 리스물건이 필요가 없다고 판단하여 리스계약을 해제한 경우 목적물은 금융리스업자(리스회사)에 반환하고, 금융리스업자(리스회사)는 약정에 따른 남은 리스료 채권을 회생채권으로 행사한다.

금융리스업자(리스회사)는 리스이용자의 채무불이행을 이유로 리스계약을 해지함으로써 리스 목적물을 환취할 수 있다.

다) 사견(부정설)

일단 목적물(리스물건)이 리스이용자에게 인도된 후에는 금융리스업자(리스회사)의 의무는 남은 것이 없고, 리스이용자의 리스료 지급의무만 존재하기 때문에, 쌍방미이행 쌍무계약이라고 할 수 없다. 오히려 금융리스업자(리스회사)는 리스료 채권의 담보를 위하여 목적물의 소유권을 유보하고 있는 소유권유보부매매의 매도인이거나, 리스이용자의 사용권에 담보를 설정하고 있는 담보권자로서, 회생담보권자로서의 지위를 부여하는 것이 타당하다.[329]

지불하여야 할 리스료는 그 기간 동안의 리스물건의 사용의 대가라고 하기보다는 전(全)리스기간의 사용과 전(全)리스료가 대가관계에 있다고 할 것이고(각기의 리스료지급의무는 리스회사가 리스이용자로 하여금 그 리스료총액을 일정 기간 동안 분할지급할 수 있도록 함으로써 발생하는 의무에 불과하다.), 이러한 리스이용자의 리스료지급의무에 대응하는 리스회사의 의무는 단순히 리스물건의 사용수익을 수인할 의무에 그칠 뿐 적극적으로 무엇을 이행하여야 하는 것은 아니기 때문에, 위 양 의무 사이에는 상호 대등한 '대가관계'가 있다고 볼 수 없다. 따라서, 이 사건 리스계약은 회생절차개시 당시에 제119조에서 말하는 '쌍방 미이행의 쌍무계약'에 해당한다고 볼 수 없다.」는 취지로 판시하고 있다.

327) 會社更生法, 308쪽.

328) 금융리스업자(리스회사)에게는 남은 리스기간 중 리스이용자에게 목적물을 사용시킬 의무가 미이행 의무이고, 리스 이용자에게는 남은 리스료 지급의무가 있다고 보는 견해도 있다(會社更生法, 306~307쪽).

329) 갑 주식회사(채무자)와 리스회사인 을 주식회사가 인쇄기에 관한 시설대여계약(이하 '리스계약'이라 한다)을 체결하면서 계약이 해지되는 경우 을 회사가 갑 회사로부터 인쇄기를 반환받거나 계약에서 정한 규정손실금을 지급받고 갑 회사에 인쇄기의 소유권을 이전하도록 정하였는데, 그 후 개시된 갑 회사에 대한 회생절차에서 규정손실금을 회생담보권으로 신고하였다가 그 전액이 부인된 을 회사가 갑 회사를 상대로 인쇄기의 반환을 구하는 소(선행소송)를 제기하여 계약이 회생절차개시 전에 적법하게 해지되었다는 이유로 승소판결을 선고받고 판결 확정 후 인쇄기를 반환받아 제3자에게 매각하자, 갑 회사가 매각대금 중 회생담보권 신고액을 초과하는 부분에 법률상 원인이 없다며

2) 금융리스계약의 담보적 구성 – 환취권 인정 여부

금융리스에 제119조가 적용되지 않는다면 금융리스업자(리스회사)는 어떠한 권리를 가지는가.

금융리스의 경우 리스물건의 소유권이 금융리스업자(리스회사)에 유보되어 있고, 이는 실질적으로 리스료 채권[330]에 대한 담보적 기능을 하고 있으므로[331] 회생절차에서는 회생담보권으로 취급하여야 한다.[332] 즉 금융리스업자는 리스물건에 대해 남은 리스료채권을 피담보채권으로 한 담보권을 가지는 것이다. 따라서 금융리스업자(리스회사)에게 환취권은 인정되지 않는다. 물론 해지권이 인정되고 리스계약이 해지되면 환취권은 인정된다.[333]

(나) 운용리스

운용리스의 경우는 금융적 성격보다 임대차적 성격이 강하므로 회생담보권으로 취급할 수 없다. 따라서 임대차에 준하여 쌍방미이행 쌍무계약에 관한 제119조에 따라 처리한다. 관리인이 이행을 선택한 경우 리스이용자에 대하여 회생절차가 개시되었을 경우 개시결정일 이후에 발생하는 리스료는 공익채권으로(제179조 제1항 제7호), 개시 전에 발생한 리스료는 회생채권으로 처리하여야 할 것이다.

나. 소유권유보부매매

할부매매를 할 때 매도인이 매매목적물을 매수인에게 인도하되 매매대금이 완불될 때까지 소유권을 유보하고, 완불되면 소유권이 자동적으로 매수인에게 이전되는 것을 소유권유보부매

을 회사를 상대로 부당이득반환을 구한 사안에서, 을 회사는 갑 회사로부터 확정판결에 따른 급부의 이행으로 인쇄기를 반환받은 후 이를 매각하였는데 그 매각대금을 법률상 원인 없는 이익이라고 할 수 없고, 을 회사가 인쇄기를 반환받지 못할 것에 대비하여 실권을 막기 위해 갑 회사에 대한 회생절차에서 리스계약에 따른 채권을 회생담보권으로 신고한 적이 있더라도 인쇄기를 반환받아 을 회사가 신고한 회생담보권이나 회생채권은 존재하지 않는 것으로 확정되었으므로(을 회사가 신청한 조사확정재판에서 회생담보권이나 회생채권은 존재하지 않는다고 확정되었다) 을 회사가 인쇄기를 반환받는 것에 더하여 회생계획을 통해 이중으로 이익을 얻는 부분이 발생하지 않았으며, 선행소송의 변론종결 이후의 사정을 고려하더라도 을 회사가 부당하게 이익을 얻었다거나 다른 회생채권자 등과의 평등을 해하는 결과가 발생하였다는 등의 특별한 사정이 없으므로, 을 회사가 부당한 이익을 취득하지 않았다고 볼 것이다(대법원 2023. 6. 29. 선고 2021다243812 판결).
 확정판결은 재심의 소 등으로 취소되지 않는 한 그 소송당사자를 기속하는 것이므로 비록 그 뒤 관련 소송에서 그 확정판결에 반하는 내용의 판결이 선고되어 확정되었다 하더라도 위 확정판결에 기한 이행으로 교부받은 돈은 법률상 원인 없는 이익이 되지 아니한다(대법원 2000. 5. 16. 선고 2000다11850 판결). 위 2021다243812 판결은 이러한 법리를 바탕으로 해당 급부뿐만 아니라 그 급부의 대가로서 기존 급부와 동일성을 유지하면서 형태가 변경된 것에 불과한 처분대금에 대하여도 동일한 법리가 적용될 수 있는 것을 명확히 한 것이다.

330) 리스회사가 가지는 리스료채권은 회생절차개시 당시 기한이 도래하지 아니한 것을 포함한 전액이 회생절차개시 전의 원인으로 발생한 것이므로 회생채권이다.

331) 리스이용자가 리스료를 리스료를 지급하지 않아 금융리스업자(리스회사)가 리스계약을 해제한 경우, 금융리스업자(리스회사)는 리스물건의 소유권에 기하여 리스이용자로부터 리스물건을 인도받아, 남은 리스료와 리스물건의 가액(평가액 또는 처분액)을 청산한다는 절차를 고려하면, 리스물건은 리스료에 대한 일반채권자의 책임재산은 아니므로, 금융리스업자(리스회사)가 리스물건으로부터 남은 리스료채권을 우선적으로 회수할 수 있다. 이러한 실질에서 보면 리스물건은 리스료채권을 피담보채권으로 하는 담보권으로 해석된다.

332) 파산절차나 개인회생절차에서는 별제권으로 취급된다.

333) 대법원 2022. 10. 14. 선고 2018다210690 판결 참조. 위 판결은 금융리스를 회생담보권으로 인정받고, 리스대상 물건 사용을 전제로 한 회생계획이 인가된 후, 리스계약을 해지하고 환취권을 행사하는 것은 신의성실의 원칙에 반하여 허용되지 않는다고 하였다.

매라 한다. 동산에 대하여 인정되고 부동산에 대하여는 인정되지 않는다.[334] 소유권유보부매매는 당사자가 소유권이전에 관한 합의를 하였고 점유도 이전하여 소유권이전의 요건은 이미 충족되었지만(민법 제188조), 소유권이전은 매매대금의 완불을 조건으로 이전하는 것으로 그 법적 성질은 정지조건부 소유권이전이다(정지조건부 소유권이전설).[335] 소유권유보부매매의 경우 매수인이 할부대금채무의 이행을 지체한 경우, 매도인은 유보된 소유권에 기하여 매수인으로부터 목적물을 환수하여 그것을 환가함으로써 잔대금채권의 만족을 확보한다. 따라서 대금완불 전에 매수인에 대하여 회생절차가 개시된 경우, 매도인으로서는 유보된 소유권을 행사할 필요성이 생긴다. 그 행사에 있어 환취권을 인정할 것인지 아니면 회생담보권으로 회생절차에 참가시킬 것인지가 문제된다. 이는 기본적으로 유보소유권의 성질을 어떻게 구성하느냐에 따른 것이지만(물권법 이론체계의 정합성), 회생절차의 효율성과 관련된 것이기도 하다.[336][337]

(1) 회생담보권으로서의 유보소유권(소유권의 담보권으로의 재구성)

동산의 소유권유보부매매는 동산을 매매하여 인도하면서 대금 완납 시까지 동산의 소유권을 매도인에게 유보하기로 특약한 것을 말한다. 이러한 내용의 계약은 동산의 매도인이 매매대금을 다 수령할 때까지 대금채권에 대한 담보의 효과를 취득·유지하려는 의도에서 비롯된 것이다. 따라서 동산의 소유권유보부매매의 경우에, 매도인이 유보한 소유권은 담보권의 실질을 가지고 있으므로 담보 목적의 양도와 마찬가지로 매수인에 대한 회생절차에서 회생담보권으로 취급함이 타당하고, 매도인은 매매목적물인 동산에 대하여 환취권을 행사할 수 없다.[338]

---

334) 대법원 2010. 2. 25. 선고 2009도5064 판결. 한편 자동차, 중기, 건설기계 등은 비록 동산이기는 하나 부동산과 마찬가지로 등록에 의하여 소유권이 이전되고, 등록이 부동산 등기와 마찬가지로 소유권이전의 요건이므로, 역시 소유권유보부매매의 개념을 원용할 필요성이 없는 것이다(위 2009도5064 판결).

335) 대법원 2010. 2. 11. 선고 2009다93671 판결, 대법원 2007. 6. 1. 선고 2006도8400 판결, 대법원 1999. 9. 7. 선고 99다30534 판결, 대법원 1996. 6. 28. 선고 96다14807 판결 등. 이외 학설로는 소유권은 일단 무조건으로 완전하게 매수인에게 이전하고 매수인은 다시 매도인을 위하여 양도양보를 설정한 것과 유사한 법률관계가 형성된다고 하는 담보권설이 있다. 담보권설은 소유권유보의 목적이 채권담보에 있으므로 그 형식보다는 실질적인 측면을 중시한 것이다. 소유권유보는 매도인의 매매대금채권을 피담보채권으로 하는 일종의 담보권이라고 본다.

336) 도산절차 밖에서는 소유권유보부매매에 있어서 매도인의 소유권이 그대로 인정되지만(대법원 1999. 9. 7. 선고 99다30534 판결 등), 도산절차에서는 실질적으로 동일한 종류의 권리에 대한 평등 취급, 도산절차의 목적을 달성하기 위한 도산재단의 확보 등의 필요에서 소유권을 담보권으로 재구성할 이유가 있다(제141조 제1항의 유추적용).

337) 단순한 소유권유보부매매의 경우는 이러한 문제가 있지만, 연장된 소유권유보부매매와 확장된 소유권유보부매매는 도산절차에서 담보권으로 취급하여야 한다는 견해도 있다(남효순·김재형 공편, 통합도산법, 법문사(2006), 17쪽). 연장된 소유권유보부매매란 매수인이 유보목적물을 통상의 영업활동의 범위 내에서 전매하거나 가공하고, 그 목적물의 전매로 인하여 장래 취득하게 될 대금채권 또는 목적물의 가공으로 취득할 물건의 소유권 내지 그 대상에 대한 권리를 미리 매도인에게 양도하는 것을 말한다. 확장된 소유권유보부매매란 매도인의 매매대금채권 외의 다른 채권이 변제될 때까지 소유권이 유보되는 것을 말한다.
　　독일의 경우 매도인은 매수인 도산시, 관리인이 매매계약을 이행하지 않는 것을 선택하였다면, 유보된 소유권을 근거로 환취할 수 있다. 이는 단순 소유권유보부의 경우에만 적용된다. 단순 소유권유보의 경우 매매목적물에 대한 매매대금만이 소유권유보를 통해 담보된다. 연장된 소유권유보나 확장된 소유권유보는 매도인에게 환취권이 아니라 별제권을 보장한다. 연장된 또는 확장된 소유권유보는 법적으로 도산법 제51조 제1호에 따른 양도담보로 평가된다(Reinhard Bork, 106~107, 156쪽).

338) 대법원 2014. 4. 10. 선고 2013다61190 판결. 이에 대하여 환취권설을 주장하는 견해도 있다. ① 민법이나 채무자회생법 등 어느 법령에서도 소유권유보부매매계약상 매도인의 권리를 담보권으로 규정한 바가 없으며, 매도인은 대내

(2) 소유권유보부매매가 쌍방미이행 쌍무계약인지

밀접하게 관련된 문제로 소유권유보부매매가 쌍방미이행 쌍무계약에 해당하는지 여부가 있다. 목적물에 대한 소유권은 대금완불을 조건으로 이미 매수인에게 이전되었기 때문에 매도인은 더 이상 이행하여야 할 적극적 의무가 남아있지 않다는 점에서 쌍방미이행 쌍무계약이라고 보기 어렵다(본서 288쪽). 또한 매도인의 회생절차에서 관리인이 해제권을 행사하여 매수인의 정지조건부 소유권을 상실시키는 것은 부당하다는 점에서도 쌍방미이행 쌍무계약성은 부정하여야 할 것이다. 따라서 제119조의 적용은 없고 종래의 소유권유보부매매계약은 계약당사자 일방의 회생절차개시에 영향을 받지 않고, 종전의 내용대로 존속하는 것으로 된다.

사례 원고는 피고에게 물품을 납품하되 매매대금이 모두 지급될 때까지는 그 소유권을 원고에게 유보하기로 약정하였다. 원고의 납품에도 불구하고 피고가 대금 일부를 지급하지 않고 있는 사이에 피고에 대하여 회생절차가 개시되었다. 원고는 위 계약은 소유권유보부매매에 해당하고 피고가 대금을 전액 지급하지 아니하여 원고가 여전히 위 물품의 소유자라고 주장하며 피고를 상대로 위 물품의 인도를 구하였다. 이 경우 법원은 어떻게 처리하여야 하는가.

원고와 피고 사이의 위 약정은 소유권유보부매매이고, 회생절차에서 회생담보권으로 취급된다. 따라서 원고는 회생담보권자로서 회생절차에서 변제를 받을 수 있을 뿐이다. 그럼에도 원고가 회생담보권자로서 회생절차에 의하지 아니하고 물품의 인도를 구하는 소를 제기하는 것은 권리보호의 이익이 없어 부적법하므로 각하하여야 한다.

다. 신탁법상의 신탁

신탁법상의 신탁은 위탁자가 수탁자에게 특정의 재산권을 이전하거나 기타의 처분을 하여 수탁자로 하여금 신탁 목적을 위하여 그 재산권을 관리·처분하게 하는 것이므로(신탁법 제1조 제2항), 부동산신탁[339]에 있어서 수탁자 앞으로 소유권이전등기를 마치게 되면 대내외적으로 소

적으로나 대외적으로 모두 소유자이다. 이와 같이 현행법 체계상 소유권유보부매매계약을 체결한 매도인은 확고하게 소유권자로 취급되고 있으며, 소유자로서 계약법상 동시이행항변의 법리에 기한 담보적 기능을 향유하는 지위에 있을 뿐이다. 그러므로 법적 성질에 관한 학설 대립을 불문하고 담보 목적을 보다 중시하지 않을 수 없는 양도담보와는 달리 소유권유보부매매계약상의 매도인은 도산절차에서도 소유자로서 권리를 행사할 수 있도록 함이 타당하다{김영주, "도산절차상 양도담보계약 당사자의 법적 지위", 사법 33호(2015. 9.), 25쪽}. ② 환취권을 부정하고 회생담보권으로 취급하면 파산절차로 이행한 경우(견련파산) 소유권유보부매매는 별제권으로 취급하여야 한다. 그런데 그 실행을 귀속정산의 방법으로 하게 되면 자기 소유 물건에 대한 담보권실행이라는 논리적 모순이 발생한다. 그 실행을 처분정산 또는 임의의 방법에 의한 환가권에 의하게 되면 관리인은 매도인에게 유보목적물을 반환하여야 하는데, 이는 환취권을 인정한 것과 동일한 결과를 초래한다. 회생절차에서 소유권유보를 회생담보권으로 취급하는 것은 물권이론 체계와의 부적합성을 초래한다(대법원 2007. 6. 1. 선고 2006도8400 판결, 대법원 1999. 9. 7. 선고 99다30534 판결 등 참조). 따라서 회생절차에서 소유권유보의 매도인을 소유권자로 취급하여 환취권을 행사할 수 있다고 할 것이다(양형우, "연장된 소유권유보의 회생·파산절차상 효력, 사법 46호, 54~55쪽). 하지만 환취권설을 취할 경우 채무자가 사업에 필요한 물건들이 환취될 수 있어 회생절차의 수행이 불가능해질 수 있고 회생제도의 목적에 반하는 결과를 초래할 수 있으므로 받아들이기 어렵다.

파산절차의 경우도 담보권자로 보아야 한다는 견해와 환취권자(소유권자)로 보아야 한다는 견해의 대립이 있고, 담보권자(별제권자)로 보아야 한다는 점에서는 같다{〈제3편 제5장 제4절 Ⅱ.2.다.〉(본서 1415쪽) 참조}.

339) 부동산신탁이란 위탁자가 부동산에 대한 재산권을 수탁자에게 이전하거나 기타의 처분을 하고 수탁자로 하여금 일정

유권이 수탁자에게 완전히 이전되고, 위탁자와의 내부관계에 있어서 소유권이 위탁자에게 유보되어 있는 것은 아니라 할 것이며, 이와 같이 신탁의 효력으로서 신탁재산의 소유권이 수탁자에게 이전되는 결과 수탁자는 대내외적으로 신탁재산에 대한 관리권을 갖는 것이다. 다만, 수탁자는 신탁의 목적 범위 내에서 신탁계약에 정하여진 바에 따라 신탁재산을 관리하여야 하는 제한을 부담함에 불과하다.[340] 따라서 신탁법상 신탁재산은 수탁자의 고유재산으로부터 구별되어 관리될 뿐만 아니라 위탁자의 재산권으로부터도 분리되어 독립성을 갖게 되며(신탁재산의 독립성),[341] 원칙적으로 강제집행이나 경매가 금지되고 있다(신탁법 제22조 제1항).

(1) 위탁자에 대하여 회생절차가 개시된 경우[342]

부동산신탁의 위탁자에 대하여 회생절차가 개시된 경우, 위탁자의 채권자(수익자)로서 채권을 담보하기 위하여 신탁부동산에 관하여 근저당권을 설정받거나 우선수익권을 부여받은 자는 회생담보권자가 될 수 없다. 왜냐하면 위탁자의 회생담보권자가 되려면 그가 제공받은 부동산이나 우선수익권이 위탁자의 재산에 해당하여야 하는데, 이들은 위탁자의 재산이 아니기 때문이다(신탁부동산은 위탁자의 소유가 아닌 수탁자의 소유이고, 우선수익권의 경우도 채권자가 수탁자로부터

한 목적 하에 수익자를 위하여 신탁한 부동산을 관리·처분하도록 하는 행위 또는 그 법률관계를 의미한다. 즉 신탁법 제1조 제2항에서 말하는 신탁행위 중 위탁자가 수탁자에게 이전하는 재산권의 객체가 부동산인 경우를 말하는 것으로서, 수탁자는 이 부동산을 수익자를 위하여 관리 또는 처분할 의무를 부담하게 되는 법률관계를 말한다. 부동산신탁은 그 목적과 내용에 따라 부동산관리신탁, 부동산처분신탁, 부동산담보신탁, 부동산개발신탁 등으로 구분된다.

실무적으로 많이 문제가 되는 것은 부동산담보신탁(골프장에 대한 회생절차에서 문제가 되는 부동산신탁도 부동산담보신탁이다)이다. 담보신탁은 법령상의 용어는 아니고 실무적으로 여러 가지 의미로 사용되고 있다. 일반적으로 부동산담보신탁이란 채무자가 위탁자가 되고 채권자(신탁채권자)를 수익자로 하여, 채무자 또는 제3자가 신탁부동산의 소유권을 수탁자에게 이전하고 수탁자는 담보목적을 위하여 신탁재산을 관리한 후 채무자가 채무를 변제하면 부동산을 위탁자에게 반환하나 채무자가 채무를 변제하지 아니할 때에는 신탁재산을 처분하여 그 대금으로써 채권자인 수익자에게 변제하고 잔액이 있을 때에는 채무자에게 반환하도록 한 신탁을 의미한다(대법원 2024. 7. 25. 선고 2022다204333 판결, 대법원 2017. 9. 21. 선고 2015다52589 판결 등 참조). 이 경우에 담보신탁계약에서는 채권자를 우선수익자로 지정하고, 우선수익자는 채무자의 채무불이행 시에 신탁재산을 처분한 대금에서 자신의 채권을 위탁자인 채무자나 그 밖의 다른 채권자들에 우선하여 변제받을 수 있는 우선수익권을 가진다(대법원 2017. 6. 22. 선고 2014다225809 전원합의체 판결 참조). 경매절차에 시간과 비용이 소요되고 헐값에 환가되기 쉬운 단점이 있는 저당제도, 담보권실행을 위한 청산금을 임의로 평가한다는 점에서 공정성에 의심을 받는 한편 담보목적임이 공시되지 않는다는 단점이 있는 변칙담보제도(양도담보, 가등기담보 등)에 비하여, 부동산담보신탁제도를 이용하게 되면 권리실행에 시간과 비용이 절약되고 공개매각에 의하여 고가매각도 가능하며 수익권을 채권자가 가지고 있어 유동화의 가능성도 있다는 점에서 큰 장점을 지니게 된다. 회생절차와 관련하여서는 도산격리효과가 생기는 장점도 있다{고일광, "부동산신탁에 관한 회생절차상 취급", 사법연구지원재단 사법 제9호(2009), 65~68쪽}.

실무적으로 자주 등장하는 골프장 관련 부동산담보신탁은 채무자가 위탁자가 되고 채권자를 수익자로 하여, 채무자 또는 제3자가 골프장 필수시설에 해당되는 부동산인 토지(홀) 및 건물(클럽하우스 등)의 소유권을 수탁자에게 이전하고 수탁자는 담보목적을 위하여 신탁재산을 관리한 후 채무자가 채무를 변제하면 위 골프장을 위탁자에게 반환하나 채무자가 채무를 변제하지 아니할 때에는 이를 처분하여 그 대금으로써 채권자인 수익자에게 변제하고 잔액이 있을 때에는 채무자에게 반환하도록 한 신탁을 말한다.

340) 대법원 2002. 4. 12. 선고 2000다70460 판결.
341) 신탁재산의 독립성은 신탁재산을 신탁의 위탁자 및 수탁자의 도산위험으로부터 차단하여 신탁목적을 달성하는 데 사용될 수 있게 한다.
342) 아래의 내용은 담보신탁 중 채무자(위탁자)가 수탁자에게 부동산의 소유권을 이전하면서 채권자를 수익자로 정하는 타익신탁을 설정하고, 수탁자는 채무자의 채무불이행 시에 부동산을 처분하여 채무를 변제하는 유형의 신탁(제1유형)을 전제로 한 것이다.

직접 우선수익권을 부여받은 것으로 그 우선수익권이 위탁자의 재산이라고 볼 수도 없다). 오히려 담보신탁된 부동산은 수탁자의 소유로 제250조 제2항에 규정된 '채무자 외의 자가 회생채권자를 위하여 제공한 담보'에 해당한다고 할 것이다. 따라서 위탁자에 대한 채권자는 회생절차를 통하지 않고 신탁의 수익권 또는 근저당권을 행사할 수 있을 뿐만 아니라 수익자인 채권자가 위탁자에 대한 회생절차에서 회생채권자 또는 회생담보권자로 목록 기재 또는 신고되지 않았다고 하더라도 회생계획인가결정에 의하여 담보신탁된 부동산에 대한 권리는 실권되지 않는다.[343]

결국 부동산담보신탁의 수익자로 지정된 채권자(신탁채권자)는 위탁자에 관한 회생절차에서 형식적으로 위탁자에게 대출을 해 주었으므로 회생채권자로 취급된다.[344] 다만 제3자가 제공한

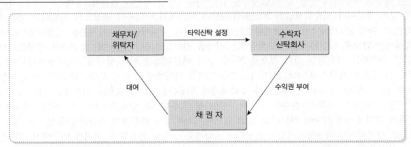

한편 채무자(위탁자 겸 수익자)가 수탁자에게 자기 소유의 부동산을 신탁재산으로 하여 자익신탁을 설정한 후 수탁자(신탁회사)가 발급한 수익권증서를 채권자에게 담보로 제공하고(또는 수익권을 담보목적으로 채권자에게 양도하고), 수탁자는 신탁재산을 담보력이 유지되도록 관리하다가 채무불이행 시에 신탁재산을 처분하여 채권자에게 변제하여 주는 방식의 신탁(제2유형)의 경우는 다르다. 신탁계약시에 위탁자인 회생절차개시 전 채무자가 자신을 수익자로 지정한 후 그 수익권을 양도담보로 제공한 경우에는 수익권을 양도담보로 제공한 것으로서 회생절차개시 당시 채무자 재산에 대한 담보권이 된다고 볼 것이다(대법원 2002. 12. 26. 선고 2002다49484 판결 참조). 결국 채권자는 위탁자가 제공한 수익권에 관한 양도담보권자이므로 회생절차 내에서의 권리행사만 인정될 뿐이다.

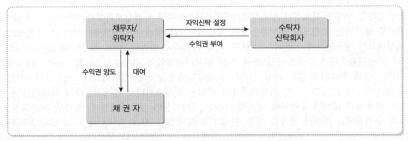

343) 대법원 2017. 11. 23. 선고 2015다47327 판결, 대법원 2003. 5. 30. 선고 2003다18685 판결(신탁자가 자기 소유의 부동산에 대하여 수탁자와 부동산관리신탁계약을 체결하고 수탁자 앞으로 신탁을 원인으로 한 소유권이전등기를 경료해 주어 대내외적으로 신탁부동산에 관한 소유권을 수탁자에게 완전히 이전한 다음 수탁자로 하여금 신탁부동산에 관하여 다시 신탁자의 채권자의 채권을 위하여 근저당권설정등기를 경료하도록 하였다면, 수탁자는 결국 <u>신탁자를 위한 물상보증인과 같은 지위</u>를 갖게 되었다고 할 것이다), 대법원 2002. 12. 26. 선고 2002다49484 판결, 대법원 2001. 7. 13. 선고 2001다9267 판결 등 참조. 위 판결들은 '부동산담보신탁의 수익자가 위탁자에 대한 회생절차에서 대출원리금을 회생채권이나 회생담보권으로 신고하지 아니하였다고 하더라도 신탁의 수익권은 회생절차 개시 당시 회생회사인 위탁자의 재산이 아니므로 회생담보권이 아니며 회생절차와 관계없이 행사될 수 있다'고 판시하고 있다.
344) 대법원 2018. 5. 18. 자 2016마5352 결정(담보신탁계약 우선수익자의 채권은 채무자의 재산으로부터 다른 일반 채권자에 우선하여 변제받을 권리가 있는 '일반의 우선권 있는 회생채권'이 아니라 '일반 회생채권'에 해당한다). 판례가 담보신탁을 변칙담보로서 회생담보권으로 취급하는데 부정적인 주된 근거는 수익권은 '채무자 이외의 자가 회생채권자 등을 위하여 제공한 담보'라는 것이다. 즉 수탁자가 별개 인격을 가진 이상 수탁자가 제공한 담보는 채무자

담보를 가지고 있는 자에 해당하므로(제250조 제2항 제2호) 회생절차에 영향을 받지 않는다.[345] 즉 위탁자의 채권자는 회생절차와 별개로 자신의 수익권을 기초로 신탁부동산에 대하여 자신

가 제공한 담보와는 다르다는 것이다(다수설).

이에 대하여 ① 담보신탁과 기능상, 형식상 큰 차이가 없는 양도담보나 소유권유보부매매도 그 실질을 중시하여 회생담보권으로 취급하면서 유독 담보신탁에 한하여만 도산격리의 효과를 강조하며 실질을 무시하는 것은 형평에 맞지 않으므로 담보신탁의 신탁채권자도 특수한 회생채권자가 아닌 채무자의 실질적인 재산에 관한 담보권을 갖는 회생담보권자로 취급하여야 한다는 견해가 있다{이정우, "M&A에 의한 회생계획에 관한 법적 연구-인가요건 심사를 중심으로-", 한양대학교 대학원 석사학위논문(2019), 142~150쪽 참조, 윤진수, "담보신탁의 도산절연론 비판", 비교사법 제25권 2호, 한국비교사법학회(2018. 5.), 723~748쪽}. 실무적으로 위탁자에 대하여 회생절차가 개시된 경우 수탁자는 신탁부동산에 대하여 공매절차를 진행할 수가 있어 회생절차의 실효성이 떨어지는 문제가 있다. 왜냐하면 신탁부동산은 대부분 채무자의 공장 등 사업계속을 위한 필수시설인 경우가 많은데, 공매가 진행될 경우 채무자는 존속할 수가 없기 때문이다{서울회생법원 2023회합100163 사건에서 수탁자가 공장으로 사용하고 있는 부동산을 공매처분을 하였고, 이에 관리인은 서울중앙지방법원에 공매절차를 중지해달라는 가처분을 신청하였다(2024카합20419)}. ② 미국에서는 담보용 특수목적기구에 해당하는 신탁을 신탁으로 보지 않는데 그 근거가 신탁으로서 실질이 없다거나 그러한 수탁자는 관리권을 갖는 것으로 볼 수 없기 때문이라고 한다{함대영, "미국법하에서의 진정매매 이론과 그 시사점, 인권과 정의 Vol. 416(2011. 4.), 78~79쪽}. 미국법상 우리의 부동산담보신탁과 유사한 제도로 deed of trust가 있다. deed of trust는 채무자가 수탁자에게 부동산을 담보목적으로 이전하고, 채무자가 채무를 이행하지 않는 경우 수탁자가 채무의 변제를 위하여 부동산을 처분할 수 있도록 하는 제도이다. 미국에서는 deed of trust는 원래의 의미에서의 신탁이 아니라고 보고 있으며, 그에 따라 채무자의 파산신청이 있으면 채권자의 권리행사를 자동적으로 중지시키는 자동중지제도는 deed of trust에도 그대로 적용된다. 이러한 미국에서 설명은 법률적 형식이 아니라 실질적으로 신탁이 어떻게 기능하는가에 따라 판단한다는 논리이므로 타당하다. ③ 프랑스는 민법에서 담보신탁을 상세히 규율하고 있으며, 상법에서는 도산절차에서 신탁재산의 취급에 관한 규정을 두고 있다. 이를 요약하면, '도산절차의 채무자가 신탁재산을 사용하거나 그로부터 이익을 얻고 있는 경우'에는 도산절차가 개시되더라도 수탁자 또는 제3자의 이익을 위하여 재산을 양도하거나 이전할 수 없다는 것이다. 이러한 제한규정이 제정된 취지는 담보신탁의 수익자가 도산절차를 우회함으로써 채무자가 자산 부족으로 인하여 회생계획을 제출할 수 있는 기회를 파괴할 가능성을 우려하였기 때문이다. 회생절차의 형해화와 담보신탁의 실질 및 외국의 취급사례를 종합하면, 담보신탁을 회생담보권으로 보아야 한다는 비판은 경청할 만한 가치가 있다.

판례에 의할 경우 회생채무자(회생기업) 입장에서는 공매절차 진행을 방지하고 신탁재산을 활용하여 영업을 계속하는 것을 전제로 회생계획을 작성할 필요성이 있으므로, 회생절차실무에서는 회생계획에서 신탁채권자에 대하여는 우선수익자로서의 권리를 포기하는 조건으로 신탁부동산의 청산가치 상당액을 우선적으로 변제하는 내용으로 작성하고 있다. 이러한 회생계획이 평등원칙에 위반되는 것인가. 이와 관련하여 대법원 2016. 5. 25. 자 2014마1427 결정에서는 「새마을금고나 부산저축은행은 골프장시설 등에 관한 담보신탁계약의 우선수익자로서 채무자 회사에 대한 신탁 관련 대여금 채권이 전액 변제되지 않는 이상 언제든지 수탁자에게 골프장 영업에 필수적인 골프장시설에 대한 처분을 요청할 수 있는바, 새마을금고 등이 회생계획에서 정해진 변제조건대로 변제받는다고 하더라도 신탁 관련 대여금 채권이 전액 변제되지 않으면 수탁자에 대하여 가지는 신탁재산인 골프장시설 등에 대한 처분요청권한을 포함한 담보신탁계약의 수익권에는 아무런 영향을 미칠 수 없으므로(대법원 2001. 7. 13. 선고 2001다9267 판결 등 참조), 골프장 영업을 전제로 한 이 사건 회생계획의 수행을 위해서는 새마을금고나 부산저축은행 등으로부터 신탁계약상의 권리포기 또는 신탁계약의 해지에 대한 동의 등을 받는 것이 반드시 필요하고, 이를 위하여 담보신탁계약의 우선수익자인 새마을금고 등의 요구를 받아들여 이 사건 회생계획의 내용과 같이 새마을금고 등의 신탁 관련 회생채권을 회원들의 회생채권보다 우월하게 변제조건을 정한 것이 반드시 부당하다고 볼 수는 없다」고 판시하여 평등원칙에 반하지 않는다고 하고 있다.

신탁계약을 쌍방미이행 쌍무계약으로 볼 수는 없을까. 신탁계약을 쌍방미이행 쌍무계약으로 볼 수 있다면 관리인이 신탁계약을 해제하고 신탁재산을 원상으로 회복시킬 수 있으므로 실무에서 발생하는 곤란한 문제를 해결할 수 있다. 신탁계약의 경우 위탁자가 수탁자에게 재산을 이전하고 수탁자가 그에 대한 관리를 하며 그 대가로 보수를 받는다는 점에서 쌍무계약에 해당한다. 신탁이 설정된 이후에는 어떠한가. 신탁이 설정된 이후라도 신탁이 종료되어 신탁재산이 처분되기 전에는 재산의 관리 및 처분 등에 대한 수탁자의 의무와 수탁자에게 보수를 지급할 위탁자의 의무가 남아 있어 신탁계약은 쌍방미이행 상태라고 볼 여지도 있다. 그러나 재산권이 수탁자에게 이전된다는 판례의 법리에 비추어 보면, 신탁이 설정된 이후에는 신탁계약상 위탁자와 수익자 사이에 대등한 대가관계가 남아 있다고 보기는 어렵다.

345) 고일광, "부동산신탁에 관한 회생절차상 취급", 95~96, 107~108쪽.

의 권리를 실행할 수 있다.

(2) 수탁자에 대하여 회생절차가 개시된 경우[346]

신탁법 제24조는 "신탁재산은 수탁자의 회생절차 관리인이 관리 및 처분 권한을 갖는 채무자의 재산을 구성하지 아니한다"고 규정하고 있으므로, 수탁자에 대하여 회생절차가 개시된 경우에도 수탁자인 채무자에 대하여 신탁재산의 독립성은 그대로 유지된다. 따라서 수탁자에 대하여 회생절차가 개시되었다고 하더라도 신탁재산은 수탁자의 고유재산과 구별되어 회생절차 개시결정의 효력을 받지 않는다.[347]

한편 회생절차개시결정이 있으면 '채무자의 업무 수행과 재산의 관리 및 처분을 하는 권한'은 관리인에게 전속하게 되는 결과(제56조 제1항), 신탁재산을 관리·처분하는 업무는 '채무자의 업무수행'의 내용으로서 당연히 관리인이 인수하게 될 것이다.

라. 담보부사채신탁

담보부사채신탁법에 의하여 발행된 담보부사채의 경우 수탁회사(신탁업자)와 사채권자 중 누가 회생담보권자인지에 관하여 다툼이 있다.

이에 대하여 수탁회사는 제143조 제1항에 따라 사채권자집회의 결의에 따라 총사채권자를 위하여 권리의 신고 등 회생절차에 관한 행위를 할 수 있을 뿐이고, 사채권자집회의 결의가 없는 때에는 사채권자가 개별적으로 회생절차에 관한 행위를 하도록 예정되어 있으므로 회생담보권자는 사채권자라는 견해가 있다.[348] 하지만 신탁계약에 의한 물상담보는 신탁증서에 적은 총사채를 위하여 신탁업자에게 귀속되고, 신탁업자는 총사채권자를 위하여 담보권을 보존하고 실행하여야 한다(담보부사채신탁법 제60조). 또한 기한이 만료되어도 사채가 변제되지 아니하거나 위탁회사가 사채를 완전히 변제하지 아니하고 해산하였을 때에는 신탁업자(수탁회사)는 지체 없이 집회의 결의에 의하여 담보권을 실행하여야 한다(담보부사채신탁법 제71조 제1항). 신탁업자(수탁회사)는 총사채권자를 위하여 부여된 집행력 있는 정본(正本)에 의하여 담보물에 대한 강제집행을 하거나 「민사집행법」에 따른 경매의 신청 또는 위임을 할 수 있고, 이 경우에 채권자에 대한 이의는 신탁업자(수탁회사)에게 주장할 수 있다(담보부사채신탁법 제72조). 이러한 점에 비추어 보면, 담보권은 수탁회사에 귀속되고 사채권자는 그 수익자에 불과하다고 보아야 할 것이므로 수탁회사가 회생담보권자라고 할 것이다.

---

346) 관련내용은 〈제3편 제13장 제2절 Ⅰ.3.가. 각주 31)〉(본서 1787쪽)를 참조할 것.
347) 대법원 2002. 12. 6. 자 2002마2754 결정 참조.
348) 주석 채무자회생법(Ⅱ), 한국사법행정학회(2021), 561쪽.

채권매매업(팩토링: factoring)과 도산

I. 채권매입업

채권매입업(팩토링: factoring)이란 채권매입업자(팩토링회사: factor)가 상인(거래기업: client)으로부터 그 영업에서 생긴 현재 및 장래의 외상매출채권(영업채권)을 일괄매수하고, 상인에 갈음하여 채무자(소비자: customer)로부터 외상매출채권을 추심하는 동시에 이와 관련된 관리업무를 수행하기로 하는 것을 말한다(상법 제168조의11 참조).

채권매입업자는 추심과 관련한 서비스를 제공하고 수수료 수입을 얻게 되며, 채권을 양도한 상인의 입장에서는 채권회수에 관한 업무의 부담을 덜 뿐만 아니라 채권을 조기에 회수하는 효과가 있다. 개별적인 채권을 양도하는 것이 아니라 현재 및 장래의 채권을 포괄적으로 양도한다는 점에 특징이 있다.

채권매입업은 채권회수불능에 따른 위험을 누가 부담하는지에 따라 진정채권매입과 부진정채권매입으로 구분된다. ① 진정채권매입은 채권이 회수되지 못할 경우 채권매입업자가 양도한 상인에게 그 상환을 청구할 수 없는 거래를 말한다. 채권매입업자가 회수불능의 위험을 부담한다. 그 법적 성질은 채권매매이다. 팩토링계약은 외상매출채권에 대한 매매계약이다. ② 부진정채권매입은 채권이 회수되지 못한 경우(채무자가 파산이나 무자력에 빠진 경우) 채권매입업자가 채권을 양도한 상인에게 그 상환을 청구할 수 있는 거래이다. 회수불능의 위험을 상인이 계속 부담한다. 상법은 부진정채권매입을 원칙으로 하고 있다(상법 제168조의12 참조). 부진정채권매입은 상인이 외상매출채권을 담보로 채권매입업자로부터 금융을 얻는 것으로 볼 수 있다(담보부 채권양도).[349] 선급팩토링의 경우 만기까지의 금융을 제공하는 기능을 하므로 그 법적 성질은 채권매매라기보다는 소비대차로 보아야 할 것이다. 계약상의 상환청구권은 피담보채권이 된다.

II. 채권매매업과 도산

실무적으로 부진정채권매입이 대부분이다. 그러나 부진정채권매입이 채권매입업자에게 언제나 유리한 것은 아니다. 상인(거래기업)이 파산이나 회생절차에 들어가면 외상매출채권 양도행위가 매매가 아닌 담보설정행위로 볼 수 있으므로(채권매입업자는 회생절차에서 회생담보권자가 될 수 있다) 양도받은 외상매출채권도 파산이나 회생절차에 구속될 수 있다. 진정채권매입은 채권매매에 해당하기 때문에 파산이나 회생절차의 영향을 받지 않는다. 채권매입업자로서는 외상매출채권에 대한 평가를 할 능력이 충분하다면 상대적으로 낮은 가격에 외상매출채권(영업채권)을 매입할 수 있고 도산절차의 위험을 제거할 수 있다는 점에서 진정채권매입도 고려해 볼 수 있다.

상인(거래기업)에 대하여 도산절차가 개시된 경우 채권매입(팩토링)계약에 기초한 외상매출채권양도가 부인권의 대상이 될 수도 있다. 채권양도행위가 담보로 보게 되거나 부인권 행사의 요건을 갖추면 부인권 행사의 대상이 되어 파산절차나 회생절차에 구속되고, 이로 인해 채권매입업자의 자금회수가 제한될 수 있다.

---

349) 대법원 2000. 1. 5. 자 99그35 결정 참조.

Ⅳ 회생절차에서 회생담보권자의 지위[350]

회생담보권자의 개념에는 실체상의 의미와 절차상의 의미가 있다. 실체상의 의미는 회생채권 또는 회생절차개시 전의 원인으로 생긴 채무자 이외의 자에 대한 재산상의 청구권으로서 회생절차개시 당시 채무자의 재산에 대하여 유치권 등을 가진 주체를 말한다. 절차상의 의미는 회생담보권을 신고(채권자목록 기재로 신고가 의제되는 경우 포함)에 의하여 회생절차에 참가하는 지위의 주체를 말한다.

먼저 실체상의 의미에서 회생담보권자에 대하여 발생하는 법률효과를 본다. ① 회생담보권자는 회생절차 외에서 권리행사가 금지된다(제141조 제2항, 제131조). 그 결과 담보권 실행을 위한 경매는 금지된다(제58조 제1항 제2호).[351] 만약 개별적인 권리 행사를 인정하게 되면 담보목적물로 제공된 공장, 기계설비 등 생산시설을 사용할 수 없게 되어 채무자의 회생이 어려워질 수 있기 때문이다. 회생담보권은 회생채권 등 다른 권리에 비해 우선성을 보장받은 채, 회생계

---

350) **각 도산절차에서 담보권자의 지위**

각 도산절차에서 담보권자의 지위는 아래의 [비교]표에서 보는 바와 같이 상당한 차이가 있다. 이로 인해 개인채무자가 회생절차를 신청하느냐 개인회생절차를 신청하느냐에 따라 담보권의 취급이 달라질 수 있다. 또한 하나의 법률에서 동일하게 취급하여야 함에도 그 종류를 열거하는 방식도 다르다. 각 도산절차마다 담보권의 지위를 달리 규정하는 것이 타당한 지는 검토가 필요해 보인다{남효순·김재형 공편, 통합도산법, 법문사(2006), 48~51쪽 참조}.

〈각 도산절차에서 담보권자의 지위에 관한 비교〉

	회생절차	파산절차	개인회생절차
담보권의 취급	회생담보권	별제권	별제권
담보권의 종류	유치권, 질권, 저당권, 양도담보권, 가등기담보권, 동산·채권 등의 담보에 관한 법률에 따른 담보권, 전세권, 우선특권(제141조)	유치권, 질권, 저당권, 동산·채권 등의 담보에 관한 법률에 따른 담보권, 전세권(제411조), 임차인의 우선변제권(제415조), 임금채권자 등의 최우선변제권(제415조의2)	제586조(제411조, 제415조 준용) cf) 579조 제1호 가목(제141조와 동일)
중지명령 등	중지명령, 취소명령 대상	×	중지명령, 취소명령 대상
포괄적 금지명령	포괄적 금지명령 대상	×	포괄적 금지명령 대상
(개인)회생절차 개시 또는 파산선고로 인한 효과	담보권 실행을 위한 경매 등의 중지·금지	담보권 실행을 위한 경매 등에 영향×	담보권 실행을 위한 경매 등의 중지·금지 (변제계획인가시까지만 중지·금지됨)
도산절차참가	회생절차참가 필요	별제권으로 변제받지 못한 부분에 한하여 파산절차 참가	별제권으로 변제받지 못한 부분에 한하여 개인회생절차 참가
담보권의 만족	회생계획에 따른 만족, 청산가치보장	별제권 행사로 인한 담보권 실현	별제권 행사로 인한 담보권 실현

351) 구체적으로 회생담보권은 회생절차개시 전의 중지명령(제44조 제1항 제2호), 포괄적 금지명령(제45조)에 의하여, 또는 개시결정의 효과(제58조 제1항 제2호)로서 그 권리행사가 제한된다.

획에 따라 집단적 만족을 받는 권리로 전환된다. ② 회생계획이 인가되면 회생계획이나 법률의 규정에 의하여 인정되는 권리를 제외하고 채무자는 모든 회생담보권에 대하여 그 책임을 면한다(제251조).[352)]

다음으로 절차상의 의미에서 회생담보권자에 대하여 발생하는 법률효과를 본다. 절차상의 의미에서 회생담보권자가 된 경우에는 그가 가진 회생담보권으로 회생절차에 참가할 수 있다는 것을 의미한다(제141조 제3항). 구체적으로 관계인집회에서 회생계획안에 대한 결의를 비롯하여 각종 사항에 대하여 의결권(제141조 제5항)을 행사한다. 회생계획이 인가되면 회생담보권자의 권리는 그에 따라 변경되고(제252조 제1항), 권리행사가 인정된다(제253조).

한편 회생담보권의 경우에도 회생계획인가결정 전 변제가 인정된다(본서 614쪽).[353)] 이로 인하여 회생담보권이 실질적인 공익채권화가 인정될 여지가 있는 것은 회생채권의 경우와 동일하다.

회생절차에서 회생담보권자는 회생절차개시결정 전, 회생절차개시결정, 회생계획의 인가결정 단계마다 그 지위가 다르다.

1. 회생절차개시결정 전 단계

회생절차가 신청된 후 보전처분을 받은 경우에는 채무자의 재산을 처분하는 것이 제한되지만, 보전처분은 채권자의 강제집행 등을 저지하는 효과는 없다. 따라서 채무자가 회생담보권자의 담보권실행을 저지하고자 하는 경우에는 중지명령(제44조 제1항 제2호)이나 포괄적 금지명령(제45조 제1항)을 받아야 한다.

2. 회생절차개시결정 단계

가. 담보권실행을 위한 경매의 금지·중지

회생절차가 개시되면 채권자의 개별적인 권리행사가 금지되고, 채무자는 채무를 변제하지 못한다. 회생절차에서는 담보권자에게 별제권이 인정되지 않는다.[354)] 이 점에서 별제권이 인정되는 파산절차 또는 개인회생절차와 다르다. 따라서 회생절차개시결정이 있는 때에는 회생담보권에 기한 담보권실행을 위한 경매를 할 수 없다(제58조 제1항 제1호). 채무자의 재산에 대하

---

352) 회생절차개시결정 후에도 담보권 그 자체는 존속하고, 회생계획인가결정에 의해 원칙적으로 소멸할 수는 있지만, 회생계획에서 정하는 바에 따라 존속하는 것도 가능하다. 실무적으로는 회생담보권을 완제할 때까지는 존속하는 것이 일반적인데, 이러한 담보권은 회생절차 중에는 이른바 휴면상태의 담보권으로 된다.

353) 회생담보권에 대하여는 회생채권에 관한 규정이 일부 준용되는데(제141조 제2항, 제6항), 회생채권의 변제허가에 관한 제132조를 준용하지 않고 있으나 제141조 제2항에서 준용하고 있는 제131조에 따라 회생담보권의 경우에도 법원의 허가가 있는 경우에는 회생담보권에 대한 변제를 할 수 있다. 회생담보권의 피담보채권도 회생채권으로 볼 경우 준용 규정을 둘 필요는 없다(이 경우는 제132조가 직접 적용될 수 있다).

354) 중국 <기업파산법>의 경우 담보권은 회생기간(제72조, 법원이 회생을 결정한 날로부터 회생절차 종료시까지)에 일시적으로 행사가 정지될 뿐이다. 나아가 담보물이 훼손되거나 가치가 현저하게 감소할 가능성이 있어 담보권자의 권리를 침해할 경우, 담보권자는 법원에 담보권 행사의 속행을 청구할 수 있다(제75조).

여 이미 행한 회생담보권에 기한 담보권실행을 위한 경매는 중지된다(제58조 제2항 제2호).[355]

다만 법원은 회생에 지장이 없다고 인정하는 때에는 속행을 명할 수도 있다{제58조 제5항, 관련 내용은 〈제5장 제3절 Ⅳ.4.라.(1)〉(본서 341쪽)을 참조할 것}. 속행명령에 의하여 담보권이 실행된 경우라도, 회생담보권에 대한 회생절차에 의하지 아니한 변제는 금지되므로 배당을 받을 수 없고, 환가된 금전은 일정기간 집행기관이 가지고 있다가, 회생계획인가결정 후 관리인이 금전을 교부받아 회생계획에 따라 처리한다. 회생담보권자에게 배당하는 것은 회생절차 외에서 변제를 하는 것으로 평등원칙에 반한다.[356]

나. 회생절차참가

회생담보권자는 담보권을 실현하기 위하여 회생절차에 참가할 수 있다(제141조 제3항). 회생담보권은 피담보채권 중에서 담보목적물의 가액을 한도로 한다. 선순위의 담보권이 있으면, 담보목적물 가액에서 선순위로 담보된 가액을 공제한 나머지만이 회생담보권이 될 수 있다. 따라서 피담보채권의 채권액이 담보목적물의 가액을 초과할 때에는 그 초과분에 관해서는 회생채권자로서 회생절차에 참가할 수 있다(제141조 제4항).

회생담보권자는 담보목적물 가액과 피담보채권액 중 적은 금액을 기준으로 이에 비례하여 의결권을 갖게 된다(제141조 제5항).[357] 즉 담보권자가 갖는 피담보채권액과 담보목적물이라는 두 가지 요소에 의하여 의결권의 비율이 정해진다. 관계인집회에서 회생담보권자의 의결권 행사에 대하여 다투는 경우에는, 법원이 의결권을 행사하게 할 것인지 여부와 의결권을 행사하게 할 액을 정한다(제188조 제2항).

한편 회생담보권의 의결권을 산정함에 있어 성질이 다른 권리를 동질화할 필요가 있으므로 피담보채권이 기한부채권, 정기금채권, 불확정기한부채권, 비금전채권, 외국의 통화로 정한 채권, 조건부채권, 장래의 청구권 등일 때에는 회생채권에 관한 의결권 평가규정(제133조 제2항, 제134조 내지 제138조)을 준용하여 각 회생절차개시 당시의 가액을 평가하여 그 평가액에 따라 의결권을 행사한다(제141조 제6항).

---

355) 담보권자가 경매 이외의 방법으로 담보권을 실행할 수 있는 경우, 예컨대 동산질권자의 질물에 의한 간이변제충당(민법 제338조 제2항), 채권질권자의 직접청구(민법 제353조 제1, 2항), 상사질권자의 유질의 실행(상법 제59조) 등의 경우에는 제58조가 아니라 제141조 제2항, 제131조의 효과로서 직접 그 채권을 실현하는 것이 금지된다고 할 것이다.

356) 제141조 제2항은 제132조를 준용하고 있지 않다. 그렇다면 ① 중소기업자의 소액채권에 대한 회생담보권의 회생계획인가결정 전 변제(제132조 제1항 참조)나 ② 채무자의 회생을 위하여 필요한 경우 회생담보권의 회생계획인가결정 전 변제(제132조 제2항 참조)는 할 수 없는가. 회생담보권을 회생채권보다 불리하게 취급할 이유가 없고, 회생담보권의 피담보채권 역시 회생채권이라는 점에서 회생담보권에 대하여도 제132조를 유추적용할 수 있다고 할 것이다. 또한 피담보채권이 회생채권이라면 제132조를 직접 적용할 수도 있을 것이다. 따라서 어떠한 경우라도 ①과 ②의 변제는 가능하다고 할 것이다. 이로 인해 회생담보권은 실질적인 공익채권으로 인정될 여지가 있게 되었다.

357) 예컨대 회생담보권자의 피담보채권액이 1억 원, 담보권의 목적인 부동산의 가액이 2억 원인 경우, 회생담보권자의 의결권은 피담보채권의 액수인 1억 원이 된다.

다. 채권자의 대위변제자에 대한 우선변제권

변제할 정당한 이익이 있는 자가 채무자를 위하여 근저당권 피담보채무의 일부를 대위변제한 경우 대위변제자는 변제한 가액의 범위 내에서 종래 채권자가 가지고 있던 채권 및 담보에 관한 권리를 법률상 당연히 취득하게 되지만 이때에도 채권자는 대위변제자에 대하여 우선변제권을 가진다.[358] 이 경우에 채권자의 우선변제권은 피담보채권액을 한도로 특별한 사정이 없는 한 자기가 보유하고 있는 잔존 채권액 전액에 미친다.[359] 이러한 법리는 채무자에 대한 회생절차개시 전에 채무자의 근저당권 피담보채무 중 일부를 대위변제한 자와 채권자 사이에서도 마찬가지이다. 따라서 채무자에 대한 회생절차에서도 채권자는 잔존 채권액 및 피담보채권액의 한도에서 일부 대위변제자에 우선하여 회생담보권을 행사하고, 일부 대위변제자는 채권자보다 후순위로 회생담보권을 행사할 수 있다.[360]

3. 회생계획인가결정 단계

가. 우선적 변제

회생담보권은 회생계획에서 최우선 순위가 부여되고, 이 점을 고려하여 회생계획에서 다른 권리자와의 사이에서 공정하고 형평한 차등을 두어야 한다(제217조 제1항). 회생채권자에 대하여 회생담보권자보다 유리한 조건으로 변제하는 등 회생담보권자의 지위를 해하는 내용의 회생계획은 인가될 수 없다(제243조 제1항 제2호).

공평하고 형평한 차등이 무엇이냐에 관하여는 절대우선의 원칙과 상대우선의 원칙의 대립이 있다. 이에 관하여는 〈제12장 제2절 Ⅰ.2.〉(본서 847쪽)를 참조할 것.

회생계획안이 가결되지 못해 권리보호조항을 정하여 인가를 할 경우에도 회생담보권자에게는 우선적 지위가 부여된다(제244조 제1항). 즉 회생담보권에 관하여 그 담보권의 목적인 재산을 그 권리가 존속되도록 하면서 신회사에 이전하거나 타인에게 양도하거나 채무자에게 유보한다. 또는 그 권리의 목적인 재산을 법원이 정하는 공정한 거래가격(담보권의 목적인 재산에 관하여는 그 권리로 인한 부담이 없는 것으로 평가한다) 이상의 가액으로 매각하고 그 매각대금에서 매각비용을 공제한 잔금으로 변제하거나 분배하거나 공탁하는 형식으로 보호된다. 관련 내용은 〈제14장 제3절 Ⅱ.2.가.〉(본서 962쪽)를 참조할 것.

나. 면책 및 담보권 소멸

회생계획인가의 결정이 있는 때에는 회생계획이나 채무자회생법의 규정에 의하여 인정된 권리를 제외하고는 채무자는 모든 회생담보권에 관하여 그 책임을 면한다. 회생계획에서 인정

---

358) 대법원 2002. 7. 26. 선고 2001다53929 판결, 대법원 1988. 9. 27. 선고 88다카1797 판결 등 참조.
359) 대법원 2004. 6. 25. 선고 2001다2426 판결 참조.
360) 대법원 2024. 3. 12. 선고 2021다262189 판결.

되지 않은 채무자의 재산에 관한 담보권은 책임만이 소멸하는 것이 아니라 그 권리 자체가 소멸한다(제251조 본문). 회생담보권을 출자로 전환하는 경우에도 채무이행으로 볼 수 있기 때문에 회생담보권이 소멸한다.

Ⅴ 회생담보권의 순위-후순위담보권자의 지위

회생담보권의 기초인 담보권에 관하여 보면, 동일한 목적물을 대상으로 하는 여러 개의 담보권 사이에는 상호간에 우선순위가 존재한다. 예컨대 2번 저당권은 우선하는 1번 저당권이 완전한 만족을 받지 못하는 한 목적물 가액으로부터 피담보채권의 변제를 받는다는 것을 기대할 수 없다. 즉 담보권의 순위는 실행에 의해 피담보채권의 만족을 받을 가능성을 규율하는 것이다.

그러나 회생담보권의 경우에는 회생절차개시 당시의 담보목적물의 가액(감정평가액)에 의해 만족을 받게 될 피담보채권액이 회생담보권액이 된다. 예컨대 회생담보권자 甲이 가액 2억 원의 부동산에 대하여 피담보채권액 1억 원의 1순위 저당권을 가지고 있고, 회생담보권자 乙이 같은 부동산에 대하여 1억 5천만 원의 2순위 저당권을 가지고 있는 경우, 회생담보권자 甲은 선순위자로서 1억 원의 회생담보권을 가지게 되고, 회생담보권자 乙은 1순위로 담보된 채권액을 공제한 1억 원의 회생담보권을 가지게 된다(乙의 나머지 5천 만 원은 회생채권자로서의 지위를 갖게 된다). 일단 회생담보권으로서의 지위가 인정된다면 실체법상 우선순위는 의미가 없다. 즉 위 사례에서 甲과 乙은 각 1억 원의 회생담보권자로서 회생절차에 참가하게 된다(피담보채권액인 각 1억 원이 의결권 액수가 된다).

물론 회생담보권으로서 인정되는지 여부는 실체법상의 담보권 순위에 따르지만, 회생담보권으로서 인정되는 한 유치권자인지 질권자인지 저당권자인지 또는 선순위의 담보권인지 후순위의 담보권인지 관계없이 동일하게 절차에 참가하고, 모두 하나의 조에 속하게 되며, 회생계획에 따라 권리변경이나 변제의 대상이 된다. 후순위담보권자라 할지라도 그 담보물로부터 선순위담보권자와 마찬가지로 전액을 변제받을 수 있다고 보아야 하기 때문이다. 이러한 의미에서 회생담보권의 순위라는 개념은 존재하지 않는다.[361]

---

361) 會社更生法, 229쪽. 회생절차종결 후 회생담보권이 원만하게 변제가 되지 않아 담보권이 실행된 경우 배당은 어떻게 이루어지는가. 실무적으로 원래의 담보목적물 감정평가액보다 낮은 가액으로 매각이 이루어진 경우에 이러한 문제가 발생한다. 담보권의 존속조항이 있는 한 원래의 순위에 따라 회생담보권의 범위 내에서 배당이 된다고 할 것이다. 담보권이 회생절차에서 회생담보권으로 취급되어 권리행사 등이 제한된다고 하더라도, 실체법적 효력까지 부정되는 것으로 볼 수는 없기 때문이다.

Ⅵ 회생담보권과 물상대위

1. 회생절차와 물상대위

민법은 질권 및 저당권에서 물상대위를 인정하고 있다(민법 제342조, 제355조, 제370조).[362] 담보권의 물상대위란 담보목적물의 멸실, 훼손 또는 공용징수 등으로 담보권을 사실상 또는 법률상 행사할 수 없게 된 경우에 그로 인하여 담보권설정자가 받을 금전 기타 물건이 있으면 그 금전 기타 물건(가치변형물)에 대하여 담보권의 효력이 미치게 되는 것을 의미한다.[363] 물상대위는 담보물권의 통유성 중의 하나이다. 다만 물상대위가 인정되기 위해서는 그 지급 또는 인도전에 압류하여야 한다(민법 제342조 후문, 제370조).

가. 물상대위의 인정 여부

(1) 회생절차개시 전에 담보목적물이 멸실, 훼손 또는 공용징수된 경우[364] 목적물을 대위하는 채권(금전지급청구권 또는 물건인도청구권)은 채무자의 재산에 속한다. 이 경우 담보권자는 회생절차개시 후 물상대위에 기해 회생담보권자로서의 지위가 인정되는가.

이에 관하여 민법 제342조 후문(제370조)이 목적채권의 압류를 요하고 있기 때문에 회생담보권자가 회생절차개시 전에 채권을 압류하지 않는 한 물상대위의 효력을 관리인에게 주장할 수 없다는 견해(소극설)와 회생절차개시 후에도 압류를 하고 물상대위를 주장할 수 있다는 견해(적극설)가 있을 수 있다.[365]

---

362) 그 밖에 공익사업을 위한 토지 등의 취득 및 보상에 관한 법률 제47조, 동산·채권 등의 담보에 관한 법률 제14조도 물상대위를 인정하고 있다. 한편 동산·채권 등의 담보에 관한 법률 제14조는 동산담보권의 경우에 질권이나 저당권과는 달리 담보목적물의 '매각, 임대'의 경우에도 물상대위를 인정하고 있다.

363) 전세권을 목적으로 한 저당권이 설정된 경우, 전세권의 존속기간이 만료되면 전세권의 용익물권적 권능이 소멸하기 때문에 더 이상 전세권 자체에 대하여 저당권을 실행할 수 없게 되고, 저당권자는 저당권의 목적물인 전세권에 갈음하여 존속하는 것으로 볼 수 있는 전세금반환채권에 대하여 압류 및 추심명령 또는 전부명령을 받거나 제3자가 전세금반환채권에 대하여 실시한 강제집행절차에서 배당요구를 하는 등의 방법으로 물상대위권을 행사하여 전세금의 지급을 구하여야 한다. 전세권저당권자가 위와 같은 방법으로 전세금반환채권에 대하여 물상대위권을 행사한 경우, 종전 저당권의 효력은 물상대위의 목적이 된 전세금반환채권에 존속하여 저당권자가 전세금반환채권으로부터 다른 일반채권자보다 우선변제를 받을 권리가 있다(대법원 2014. 10. 27. 선고 2013다91672 판결).

364) 파산절차의 경우에는 담보권에 근거한 물상대위의 행사가 별제권으로 인정되는 관계로, 파산선고 이후에도 물상대위의 행사 문제가 발생한다. 반면 회생절차의 경우에는 회생절차개시 당시를 기준으로 회생담보권자의 지위가 결정되기 때문에 이러한 문제는 발생하지 않는다.

365) 이러한 논의는 '압류'의 성질(취지)을 둘러싼 논의에서 비롯된 점이 있다. 압류가 물상대위의 목적물인 채권을 특정하는 데 의의가 있다는 입장(특정성유지설(가치권설))에서는 적극설을, 목적채권에 대한 우선권을 보전하기 위한 것이라는 입장(우선권보전설)에서는 소극설을 지지한다. 우리나라 판례와 통설(다수설)은 특정성유지설이다(대법원 2003. 3. 28. 선고 2002다13539 판결). 이에 대하여 압류는 물상대위가 성립하기 위한 적극적 요건은 아니라는 전제에서, 압류는 제3채무자가 채무자에게 목적채권을 지급함으로써 발생하게 되는 특정성상실을 방지하고 동시에 담보권자의 우선변제청구권을 보전하기 위한 규정이라는 견해도 있다{양형우, "회생·파산절차에서의 물상대위－대법원 2004. 4. 23. 선고 2003다6781 판결－", 민사법학 34호(2006.12.), 286쪽}. 압류의 성질(취지)에 관한 학설 논쟁(특정성유지설(가치권설), 제3채무자보호설)에 관하여는 위 논문 282～286쪽을 참조할 것.

살피건대 담보권자의 압류는 물상대위의 목적인 채권의 특정성을 유지하고, 제3채무자 등이 불측의 손해를 입는 것을 방지하기 위한 것으로 담보권자가 담보권을 행사하는 것이 아닌 점,[366] 회생절차개시 후 담보권의 실행은 금지되지만(제58조 제1항 제2호), 압류는 물상대위권의 실행은 아니고 회생담보권의 기초인 물상대위권을 보전하기 위한 것이라는 점 등을 고려하면 적극설이 타당하다. 그러므로 회생절차가 개시되어도 제3채무자의 지급 등이 있기 전까지는 물상대위권자는 관리인을 상대방으로 하여 물상대위의 압류를 할 수 있다.[367] 다만 압류를 하기 위해서는 담보권자는 그 담보권의 존재를 증명하는 서류(및 물상대위권의 존재를 증명하는 서류)를 집행법원에 제출하여야 한다(민집법 제273조 제1항).

(2) 담보권자가 담보권의 존재를 증명하는 서류를 곧바로 제출할 수 없는 경우, 물상대위권을 보전하는 방법으로 목적채권의 가압류나 관리인에 대한 추심 또는 양도금지가처분을 신청할 수 있는가. 일본의 경우 가압류의 가능성을 긍정하는 견해도 비교적 유력하지만, 하급심 재판례는 일관하여 이것을 부정하고 있다고 한다.[368] 일반채권자의 권리보전의 수단인 가압류에 의하여 담보권인 물상대위권을 보전하는 것은 제도의 취지에 반하고, 또한 물상대위권자가 채무자나 그 관리인에 대하여 목적채권의 추심이나 양도를 금지하는 권능을 가지고 있다고는 볼 수 없기 때문에 추심금지 등 가처분도 부적당하다.[369]

나. 물상대위가 인정될 경우 권리행사의 범위

채무자에 대하여 물상대위를 할 상황이 발생한 후 회생절차가 개시된 경우[370] 담보물의 변형물에 대해 회생담보권자는 어느 범위까지 권리를 행사할 수 있는가. 즉 압류, 추심명령, 전부명령 중 무엇을 할 수 있는가. 채권자는 담보물을 확보할 필요가 있고, 담보의 가치만큼은 변제를 받는 것이 보장되므로 이를 미리 추심한다고 하더라도 유리한 취급을 받은 것도 아니며, 물상대위에 의해 변제가 이루어지면 채무자는 회생절차개시 후 이자를 절약할 수 있다는 이유로 위 3가지를 모두 허용하는 것이 합리적이라는 견해가 있다.[371] 그러나 제58조에서 개별집행절차개시를 금지하는 규정을 둔 목적의 하나는 회생채권과 회생담보권 모두가 회생절차에 따라야 한다는 회생절차의 기본구조를 뒷받침하려는 데 있으므로 회생절차개시결정이 있은 후에는 물상대위권의 행사를 위한 압류의 허용 여부와는 별도로[372] 추심명령 또는 전부명령은

---

366) 대법원 2003. 3. 28. 선고 2002다13539 판결, 대법원 2000. 5. 12. 선고 2000다4272 판결 등 참조.
367) 압류를 한다고 하여도 제58조 제2항 제2호에 의하여 중지된다. 또한 회생절차개시결정 전에 물상대위의 압류가 된 경우에도 제58조 제2항 제2호에 의하여 중지된다. 중지된 물상대위의 압류는 취소할 수 있지만(제58조 제5항), 취소할 경우 관리인에 의한 목적채권의 추심이나 처분으로 인하여 물상대위권이 상실될 수 있으므로 회생담보권자(물상대위자)를 위하여 담보를 제공하게 하여야 할 것이다(양형우, 전게 "회생·파산절차에서의 물상대위-대법원 2004. 4. 23. 선고 2003다6781 판결-", 305쪽).
368) 倒産法, 463쪽.
369) 會社更生法, 215쪽.
370) 예를 들어 담보권자에게 제공된 건물이 화재로 멸실된 경우, 채무자는 화재보험금이나 손해배상채권을 가지게 된다. 근저당권이 설정된 건물이 공용수용된 경우, 근저당권자는 보상금청구에 대하여 물상대위의 효력을 주장할 수 있다.
371) 오수근, 205~206쪽.
372) 물상대위를 기초로 회생담보권을 주장하려는 자는 그 전제로 목적채권(금전지급청구권 또는 물건인도청구권)에 대

하지 못한다고 할 것이다.[373]

2. 주주의 권리변경과 물상대위

회생계획인가결정으로 주주의 권리가 변경된 금전 등에 대하여 주식의 질권자에게 물상대위가 인정된다(제252조 제2항).

관련 내용은 〈제14장 제5절 Ⅲ.2.〉(본서 991쪽)를 참조할 것.

Ⅶ 회생계획인가 후 파산절차로 이행된 경우 회생담보권의 취급

회생계획인가 후 회생절차가 폐지된 경우 파산선고를 하여야 한다(제6조 제1항). 회생담보권이 파산선고 시점에 담보물건을 수반하고 있는 한 별제권으로 취급된다. 한편 회생절차에서는 담보목적물 가액의 한도로 회생담보권이 인정된다. 따라서 후순위 담보권의 경우 회생담보권이 되는지 회생채권이 되는지는 담보목적물의 평가에 의해 결정된다. 그런데 담보목적물의 평가는 회생절차에서는 계속기업을 전제로 하지만 파산절차에서는 현실적인 처분가액에 의한다는 점, 회생절차에서 관리인(채무자)은 회생담보권의 금액 및 청산가치를 낮추기 위하여 의도적으로 담보물을 저평가하려는 경향이 있는 점 또는 경제사정이나 목적물(부동산)의 주변 상황 변화로 회생절차에서의 평가액과 파산절차에서의 처분가액이 차이가 나는 경우가 있다.

(1) 파산절차에서 목적물의 처분가액이 회생절차에서의 평가액보다 낮은 경우

파산절차에서 목적물의 처분가액이 회생절차에서의 평가액보다 낮은 경우에는 처분가액이 별제권의 범위가 된다. 예컨대 회생절차개시 당시 채무자의 부동산 A에 대해 채권자 甲이 5,000만 원, 乙이 1억 1,000만 원의 1, 2번 저당권을 각 가지고 있었고, 부동산 A의 평가액이 2억 원인 경우 甲과 乙은 모두 회생담보권자로 취급된다. 그런데 회생계획인가 후 파산선고를 받아 부동산 A가 1억 원에 매각된 경우 乙의 6,000만 원은 파산채권으로 된다.

(2) 파산절차에서 목적물의 처분가액이 회생절차에서의 평가액보다 높은 경우

위 사례에서 부동산 A에 대해 회생절차개시 당시 평가액이 1억 원이라면 甲의 5,000만 원과 乙의 5,000만 원은 회생담보권이 되고, 乙의 6,000만 원은 회생채권으로 된다. 이후 파산절차에서 부동산 A를 2억 원에 매각한 경우 회생채권으로 전환된 乙의 6,000만 원이 별제권으로 회복되는가. 乙의 6,000만 원 채권은 회생계획에서(회생계획인가결정으로) 회생채권으로 확정됨

하여 압류를 하는 것이 필요하다(민법 제342조 후문, 제370조). 회생절차개시 후 담보권의 실행은 금지되지만, 이것은 물상대위권의 실행은 아니고 회생담보권의 기초인 물상대위권을 보전하기 위한 압류이기 때문에, 회생절차개시의 효력에 기한 강제집행 등의 금지나 중지(제58조 제1항 제2호, 제2항 제2호)에 의해 방해받는 것은 아니다(대법원 2004. 4. 23. 선고 2003다6781 판결 참조).

373) 대법원 2004. 4. 23. 선고 2003다6781 판결. 이영준, 물권법(전정신판), 박영사(2009), 811쪽(법률이 특별한 목적에 따라 개별집행을 금하는 경우에는 물상대위는 허용되지 않는다).

에 따라 담보권이 없는 일반채권으로 권리가 실체적으로 변경되었다(제252조 참조). 따라서 별제권으로 우선 변제받을 수 없다. 다른 파산채권자들과 채권액에 비례하여 배당받게 될 것이다.

제3절 주주·지분권

I 회생절차가 주주·지분권자에 대하여 미치는 영향

회생절차가 개시되면 업무수행권과 재산의 관리처분권이 관리인에게 전속하게 되지만, 법인인 채무자는 그대로 존속하므로, 주주와 지분권자는 사단적 관계에 있어서의 활동은 할 수 있다. 따라서 주주와 지분권자는 회생절차와 관계없이 주주총회·사원총회 등을 통하여 활동에 참가할 수 있다.

다만 회생계획인가 후 회생계획을 수행함에 있어서는 법령 또는 정관의 규정에 불구하고, 법인인 채무자의 창립총회·주주총회 또는 사원총회(종류주주총회 또는 이에 준하는 사원총회를 포함한다) 또는 이사회의 결의를 하지 아니하여도 된다(제260조). 또한 회생절차개시 후 그 종료까지는 회생절차에 의하지 아니하고는 자본출자액의 증가·감소나 지분권자의 가입, 신주의 발행, 이익의 배당 등이 금지되고 있으므로(제55조 제1항) 주주·지분권자의 권리는 일정한 제약을 받는다.[374] 회생절차가 개시되면 상법상 주주의 권리는 금지·제한된다. 대신 아래에서 보는 바와 같이 자산이 부채를 초과하는 한 회생계획안에 대하여 의결권을 행사할 수 있다(제146조 제2항, 제3항 본문 참조).

요컨대 회생절차가 개시되면 이사회 및 주주총회 권한의 중요한 대부분은 그 행사가 제한되고, 주주의 권리에도 심대한 제약이 가해지는 결과, 회생회사의 주주가 그 소유 주식을 통하여 회생회사에 대한 지배권 등 영향력을 행사할 가능성은 희박해진다. 다만, 회생회사의 주주에게도 일부 자익권과 공익권이 인정되고, 특히 회생회사의 자산이 부채를 초과하는 경우에는 관계인집회에서 의결권도 가지나, 위와 같은 권리가 인정된다 하여 그것에 회생회사에 대한 포괄적이고 전면적인 주주의 자익권이나 공익권이 인정된다는 취지는 아니다. 따라서 회생절차 밖에서 일반적으로 회생회사의 주주에게 주주로서의 포괄적이고 전면적인 권리가 있음을 인정할 수는 없고, 다만 회생절차의 목적과 절차의 진행에 부합하는 한도 내에서 각개의 구체적인 권리를 인정할 수 있을지가 검토될 수 있을 뿐이다.[375]

---

374) 그러나 소수주주의 회계장부 등에 대한 열람·등사청구권(상법 제466조 제1항)은 회사에 대하여 회생절차가 개시되더라도 배제되지 않는다(대법원 2020. 10. 20. 자 2020마6195 결정).

375) 회생회사의 자산이 부채를 초과하는 경우에도 주주에게 신주인수권(상법 제418조)은 인정되지 않고, 회생절차개시 후 최대주주가 되었다고 하더라도 지배주주로서의 경영권 행사에 대한 기대권 내지 신뢰이익이 실정법상의 구체적인 권리 내지 이익으로까지 관념되는 것은 아니므로 이를 피보전권리로 한 민사상의 가처분으로서 회생계획에 따른 기업매각절차의 속행중지를 구할 수는 없으며, 관리인을 상대로 위법행위유지청구권(상법 제402조)을 행사할 수도 없다{대전지방법원 2007. 4. 13. 자 2007카합327 결정(확정) 참조}.

Ⅱ 회생절차에서 주주·지분권자의 지위

주주·지분권자는 회생절차의 이해관계인으로 그 지위를 표상하는 주식이나 출자지분으로 회생절차에 참가할 수 있다. 주주 등의 본래 지위는 이익배당청구권(상법 제462조, 제464조), 잔여재산분배청구권(상법 제538조) 등으로 구성되는 자익권과 의결권(상법 제369조), 재무제표의 열람청구권(상법 제448조) 등으로 구성되는 공익권을 그 내용으로 한다. 그렇지만 회생절차가 개시되면 업무수행권과 재산의 관리처분권이 관리인에게 전속하고, 주주 등의 권리는 일정한 제약을 받는다는 점은 앞에서 본 바와 같다. 또한 회생계획에서 주주 등의 권리의 변경은 필요적 기재사항이고(제193조 제1항 제1호), 채무자의 조직에 관한 사항이나 자본의 구성의 변경에 관한 사항도 임의적 기재사항이므로{⟨제12장 제3절 Ⅰ.2.⟩(본서 867쪽) 참조}, 주주 등을 회생절차에 참가시키고, 회생계획안에 대하여 주주 등의 의사를 묻는 것이 필요하다.

주주 등의 회생절차에서의 지위는 관계인집회에서의 의결권 행사(제146조 제2항), 회생채권 등 조사절차에서 이의권의 행사(제161조 제1항 제3호) 및 회생계획에 있어서 분배를 받는 것(제254조) 등을 포함한다.

1. 주주·지분권자의 절차 참가

사업의 계속에 현저한 지장을 초래하지 아니하고는 변제기에 있는 채무를 변제할 수 없다는 것을 이유로(제34조 제1항 제1호) 회생절차가 개시된 경우 등과 같이 계산상 채무자의 재산이 채무총액보다 많은 경우, 주주는 잔여재산에 대하여 이익을 가지기 때문에 그 이해를 절차에 반영할 필요가 있다.[376] 그래서 주주 등도 이해관계인으로서 절차에 참가시키는 것이다.[377]

가. 목록 기재 또는 신고

주주·지분권자는 그가 가진 주식 또는 출자지분으로 회생절차에 참가할 수 있다(제146조

---

376) 회생절차에서 회생채권자·회생담보권자 및 주주 등 이해관계인은 회생절차 중에는 직접적인 개별적 권리행사가 금지되고, 다만 의결권의 행사에 의하여 자기에게 불리한 회생계획을 저지하고 유리한 계획의 실현을 기하는 길이 있을 따름이므로, 채무자회생법에서 특별히 규정하는 경우 외에는 회생계획에 의한 권리변경에 관하여 그 의사를 반영하기 위하여 이해관계인에게 관계인집회에서 계획안의 가부를 결정하기 위한 의결권을 부여함이 원칙이고, 회생절차는 파산원인이 있는 경우에 한하지 않고 사업의 계속에 현저한 지장을 초래함이 없이는 변제기에 있는 채무를 변제할 수 없는 경우에 개시할 수 있으므로, 계산상으로는 회사의 재산이 채무 총액보다 많은 경우가 있을 수 있고, 그러한 경우에는 주주가 잔여재산에 대하여 이익을 갖고 있으므로 그 이해를 회생절차에 반영하는 것이 필요하다 할 것인바, 채무자회생법은 회생절차의 개시 당시 회사의 부채의 총액이 자산의 총액을 초과하는 경우 이외에는 주주에게 그가 가진 주식의 수에 따라 관계인집회에서 의결권을 갖도록 규정하고 있다(대법원 2005. 6. 15. 자 2004그84 결정 참조).

377) 주주가 회생절차에서 이해관계인으로 인정된다는 것은 청산을 한다고 가정할 경우 잔여재산분배청구권이 있다고 보기 때문이다. 바꾸어 말하면 그러한 권리가 없는 경우에는 주주는 더 이상 회생절차에서 이해관계인으로서 적격이 없다고 보아야 한다. 그래서 회생절차개시 당시 채무자의 부채총액이 자산총액을 초과하는 경우에는 주주는 의결권을 가지지 못한다(제146조 제3항).

제1항). 주식이나 출자지분은 주주·지분권자의 지위를 세분화하여 비율적 지위를 형상화한 것이기 때문에 각각의 주주·지분권자는 그가 가진 주식 또는 출자지분으로 회생절차에 참가할 수 있도록 한 것이다.

주주·지분권자가 회생절차에 참가하기 위해서는 목록에 기재되거나 신고기간 내에 신고하여야 한다(제150조 제1항). 목록에 기재된 경우 신고한 것으로 의제된다(제151조).

주주·지분권자의 신고는 회생채권·회생담보권의 신고와 그 의미가 약간 다르다. 회생채권 등에 대하여는 신고하지 않으면 의결권 등 기타 절차참여가 인정되지 않을 뿐만 아니라 회생계획인가결정에 의하여 실권된다(제251조). 이에 대하여 주주 등은 신고하지 않으면 절차상 이해관계인으로 되지 않는 것에 지나지 않아 의결권이 없지만, 신고는 회생계획에 의해 정해진 몫을 받기 위한 요건은 아니다. 주주 등은 신고를 하지 않아도 회생계획에서 인정된 권리는 부여된다(제254조). 다시 말하면 채권자에 대하여는 개별적으로 신고하고 개별적으로 확정하며 개별적으로 변제를 받는 성격이 강하지만, 주주 등은 절차참가의 면에 있어서는 개별적으로, 분배면에 있어서는 하나의 집단으로 취급되어 모든 주주 등에게 배당될 몫이 정해진다(이후 주식의 종류에 따라 분배된다). 이렇게 특별 취급하는 이유는 주식 등의 소유 현실에서 보면, 완전히 채권자와 마찬가지로 취급하는 것은 주식 등의 소유자의 위험을 현저하게 증대시키는 것으로 적당하지 않고, 같은 주식 등에 대하여 신고한 것과 신고하지 않는 것을 구별하는 것은 거래안전을 해하는 것이라는 점을 고려한 것이다. 주주 등이 누구이고 어떠한 주식 등을 가지고 있는지는 채무자회생법에 의한 확정절차의 대상이 아니고, 이것은 회사의 사단관계 문제로 회생절차 밖에 두고 있는 것이다.

회생채권자와 주주·지분권자의 권리제한에 있어 차이를 두는 합리적 이유에 관하여는 〈제14장 제5절 Ⅱ.2.나.〉(본서 982쪽)를 참조할 것.

결국 주주·지분권자는 (목록에 기재되지도 않고) 신고하지 않으면 회생절차에 참가하여 의결권을 행사할 수 없는데 그친다. 주주·지분권자의 권리가 인정되는지 여부는 신고 여부와 상관없이 회생계획에서 정해진 바에 따른다(제254조).

나. 주주·지분권자의 의결권

주주·지분권자는 그가 가진 주식 또는 출자지분의 수 또는 액수에 비례하여 의결권[378]을 가진다(제146조 제2항). 주주·지분권자는 채권조사기간 내에 이의를 하거나(제161조 제1항), 특별조사기일에 출석하여 회생채권 또는 회생담보권에 대하여 이의를 진술하고(제164조 제2항), 관계인집회에 출석하여 의견을 진술하고 의결권을 행사할 수 있다(제182조, 제225조, 제232조). 그러나 회생절차개시 당시 채무자의 부채총액이 자산총액을 초과하는 경우에는 의결권을 가지

---

378) 여기서 말하는 의결권은 회생절차상의 것으로 상법상의 의결권과는 다르다. 하지만 자기주식과 같이 상법상 의결권이 인정되지 않는 주식(상법 제369조 제2항)에 대하여는, 채무자회사의 사업수행에 대한 의사결정에 참가할 수 없다는 의미에서, 회생절차에서의 의결권도 부정되어야 할 것이다(會社更生法, 542쪽 각주 107)).

지 못한다(제146조 제3항).[379] 이는 채권자의 주주에 대한 우선권 또는 주식의 잔여지분청구권 (residual claim)으로서의 성격을 반영한 것이다. 원칙적으로 주주의 회생절차 참여를 인정하면 서 부채초과의 경우에는 주주에게 의결권이 인정되지 않는다.[380] 부채초과의 경우 주주의 실질 적인 지분은 없다고 생각되고 채권자가 잔여지분청구권자가 되므로 채권자에게 회사의 의사결 정권한을 부여한 것으로 볼 수 있기 때문이다.

관리인, 목록에 기재되어 있거나 신고된 회생채권자·회생담보권자·주주·지분권자는 관 계인집회에서 주주·지분권자의 의결권에 관하여 이의를 할 수 있다(제187조 본문). 이의가 없 는 의결권을 가진 주주·지분권자는 목록에 기재되거나 신고된 액이나 수에 따라 의결권을 행 사할 수 있다(제188조 제1항). 이의가 있는 경우 의결권은 법원이 재량으로 결정한다(제188조 제 2항). 관련 내용은 〈제1절 Ⅷ.3.나.〉(본서 619쪽)를 참조할 것.

한편 주식에 있어서도 잔여재산의 분배에 관하여 우선적 내용이 있는 종류의 주주·지분권 자와 다른 종류의 주식·출자지분을 가진 주주·지분권자에 대하여는, 채무자의 재산에 대하 여 법적 이익의 내용이 다르기 때문에, 회생계획안에 대한 의결권 행사에 있어서도 조를 분류 하는 것이 원칙이다(제236조 제2항 제4호, 제5호).

2. 회생계획에서 정한 경우

주주·지분권자는 회생계획안을 작성하여 법원에 제출할 수 있고(제221조 제1항), 회생절차 에서 회생계획에 따라 권리가 변경될 수 있으며(제193조), 그 권리의 변경에 있어서 가장 후순 위의 지위에 서게 된다(제217조 제1항). 어느 정도 권리를 변경할 것인지는 뒤{〈제12장 제2절 Ⅰ.2.〉(본서 847쪽)}에서 보는 바와 같이 실무는 상대우선의 원칙(상대우선설)에 따르고 있다. 상 대우선의 원칙에 의할 경우 부채초과의 경우라도 주주도 어느 정도 권리는 있고(경우에 따라 일 부 변제를 받을 수도 있고 전부 감자가되지 않을 수도 있다),[381] 100%로 감자하더라도 상대우선의

---

379) 회생절차에서 주주·지분권자(이하 '주주'라고만 한다)의 절차참가권은 채무자가 자산초과인지 부채초과인지에 따라 다르다. ① 채무자의 자산으로 부채의 전부를 완제할 수 있는 경우(자산초과)에는 관념적으로 주주는 잔여지분청구 권(residual claim)을 가지고 있어, 그가 보유하고 있는 주식이 가치가 있기 때문에, 주주는 주식 1주에 대하여 1개 의 의결권을 가지고(제188조 제1항), 따라서 법원은 관계인집회의 기일을 통지하여야 한다(제182조 제1항). ② 이에 반하여 개시결정 당시 채무자의 자산으로 부채를 완제할 수 없는 경우(부채초과)에는 주주는 잔여지분청구권이 없어 주식도 가치가 없기 때문에 주주에게는 절차참가의 기회가 부여되지 않는다. 주주는 의결권이 없으므로(제146조 제 3항) 법원은 관계인집회의 기일을 통지하지 아니할 수 있다(제182조 제2항). 실무적으로 부채초과인 경우가 대부분 이다.
   이와 같이 회생절차에서는 채무자가 부채초과인 경우 주주는 실질적으로 무가치한 지위에 있기 때문에 주주의 관 여는 상대적으로 배제된다.
380) 원칙적으로 주주에게도 회생계획에 동의할 수 있는 권한이 부여되어 있기 때문에 주주는 채권자와의 협상을 통하여 채권자들로부터 일정한 지분을 확보할 수 있다. 그러나 부채초과인 경우에는 주주의 의결권이 박탈되기 때문에 일 반적으로 채권자와의 협상은 상당히 제한적일 수밖에 없다. 그렇다고 주주와 같은 후순위권리자가 일정한 지분을 전혀 확보할 수 없는 것은 아니다. 채무자회생법은 절대우선원칙을 선언한 규정이 없고, 실무도 상대우선원칙에 따 라 운영되고 있기 때문이다. 관련 내용은 〈제12장 제2절 Ⅰ.2.〉(본서 847쪽)를 참조할 것.
381) 다만 실무적으로 부채초과(채무초과)의 경우 이른바 100% 감자, 즉 기존주식의 취득과 소각, 자본금액의 감소, 새로 운 주식의 발행이 행해지는 것이 일반적이므로, 회생계획에서 주주가 배분을 받는 경우는 거의 없다.

원칙에 반하는 것은 아니다.

회생계획에 의하여 인정된 주주·지분권자의 권리는 앞(〈1.가.〉)에서 본 바와 같은 이유로 주식 또는 출자지분의 신고를 하지 아니하더라도 인정되므로(제254조), 주주·지분권자는 목록에 기재되지 않거나 신고하지 않더라도 절대적으로 실권되지는 아니한다. 다만 앞에서 본 바와 같이 회생절차에 참가할 수는 없다.

주식회사·사원총회 등의 (특별)결의사항인 회사조직에 관한 중요한 사항(① 자본 또는 출자액의 감소, ② 지분권자의 가입, 신주 또는 사채의 발행, ③ 자본 또는 출자액의 증가, ④ 주식의 포괄적 교환 또는 주식의 포괄적 이전, ⑤ 합병·분할·분할합병 또는 조직변경, ⑥ 해산 또는 회사의 계속, ⑦ 이익 또는 이자의 배당)은 회생절차개시 이후에는 회생계획에 의하지 않으면 안 되지만(제55조 제1항), 이것이 회생계획에 정하여진 경우에는 상법의 규정은 배제되어(제260조) 주주총회·사원총회 등의 (특별)결의를 필요로 하지 않고, 회생계획인가결정에 의해 그 효력이 발생하게 된다(제262조 등 참조).

3. 회생절차의 인수합병(M&A) 과정에서 기존 주주의 지위

회생계획에 인수합병(M&A) 추진조항[382]과 추상적·일반적인 신주발행 조항[383]을 둔 회생회사의 관리인이 회생계획변경절차 없이 인수합병을 위하여 제3자 배정방식으로 신주를 발행하는 것이 허용될 수 있는가.

회생회사의 관리인이 정관에 규정된 수권자본금 한도 내에서 회생법원의 허가하에 향후 제3자 배정방식의 신주발행을 계획하고 있는 회생계획 조항에 따라 신규자금을 유치할 목적으로 회생법원의 허가를 받아 신주를 발행하는 경우에는 회생회사의 기존 주주들이 회생계획에 의하여 감수하기로 예정한 불이익이 구체적으로 현실화되는 것에 불과하므로 특별한 사정이 없는 한 제3자 배정방식의 신주발행을 위하여 회생계획 변경절차를 거칠 필요가 없다. 제3자 배정방식의 신주발행으로 인하여 기존 주주들의 지분권이 희석됨으로써 만일 회생계획에서 계획한 제3자 배정방식의 신주발행이 이루어지지 아니한 상태에서 회생회사가 청산될 경우 기존 주주가 분배받을 수 있는 청산가치보다 더 적은 가치가 기존 주주들에게 귀속되는 결과가 발생하게 되었다 하더라도, 회생회사가 청산을 선택하지 아니하고 사업을 계속하기로 하는 내용의 회생계획이 확정된 이상, 회생회사의 관리인은 신주의 발행가액을 정함에 있어서 신주발행 당시의 장부상의 청산가치에 의한 제한을 받지 아니하고 통상적인 방법에 따라 신주발행가액

---

382) 예컨대 '자구계획 조항'에는 "회생회사는 회사의 조기정상화와 채권자의 이익보전 및 종업원의 고용안전을 위하여 채권자협의회와 충분한 협의를 통하여 회생회사의 제3자 인수를 적극 추진할 계획입니다"라고 규정되어 있고, '회생회사를 인수할 자'에는 "관리인은 회생회사의 조기정상화를 위하여 제3자 인수를 추진하여야 하며 그 추진상황을 정기적으로 법원에 보고하여야 한다"고 규정되어 있는 경우이다.

383) 예컨대 회생계획 '제3절 신주의 발행 조항'에 "1. 회사는 이 회생계획안 인가일 이후부터 회생절차가 종료될 때까지 법원의 허가를 받아 수차에 걸쳐 신주를 분할하여 발행할 수 있다. 2. 신주를 인수할 자, 배정방법, 발행가액 및 납입기일 등은 법원의 허가를 받아 관리인이 이를 정한다"라고 규정한 경우이다.

을 정할 수 있으므로 회생법원의 허가를 받아 발행한 신주의 발행가액이 현저하게 불공정하다는 등의 특별한 사정이 없는 한 그와 같은 회생계획에 의한 신주발행에 어떠한 위법이 있다고 볼 수 없다.[384]

Ⅲ 주주·지분권자의 제2차 납세의무 부담 여부

1. 주주·지분권자의 제2차 납세의무

제2차 납세의무란 납세자가 납세의무를 이행할 수 없는 경우 납세자를 갈음하여 납세의무를 지는 것을 말한다(국세기본법 제2조 제11호, 지방세기본법 제2조 제1항 제13호 참조). 제2차 납세의무는 조세징수의 확보를 위하여 원래의 납세의무자의 재산에 대하여 체납처분(강제징수)을 하여도 징수하여야 할 조세에 부족이 있다고 인정되는 경우에 그 원래의 납세의무자와 특수관계에 있는 제3자에 대하여 원래의 납세의무자로부터 징수할 수 없는 액을 한도로 하여 보충적으로 납세의무를 부담케 하는 제도로서, 형식적으로 제3자에 귀속되어 있는 경우라고 하더라도 실질적으로는 원래의 납세의무자에게 그 재산이 귀속되어 있는 것으로 보아도 공평을 잃지 않는 경우 등 형식적 권리의 귀속을 부인하여 사법질서를 어지럽히는 것을 피하면서 그 권리 귀속자에게 보충적으로 납세의무를 부담케 하여 징수절차의 합리화를 아울러 도모하려는 제도이다.[385]

제2차 납세의무를 부담하는 자를 제2차 납세의무자라 한다. 현행 세법상 제2차 납세의무자로는 ① 청산인 등(국세기본법 제38조, 지방세기본법 제45조), ② 출자자(국세기본법 제39조, 지방세기본법 제46조), ③ 법인(국세기본법 제40조, 지방세기본법 제47조), ④ 사업양수인(국세기본법 제41조, 지방세기본법 제48조) 등이 있다. 여기서는 출자자, 즉 주주·지분권자의 제2차 납세의무에 대하여만 살펴보기로 한다.

법인의 재산으로 그 법인에 부과되거나 그 법인이 납부할 국세 및 강제징수비에 충당하여도 부족한 경우에는 그 국세의 납세의무 성립일 현재 무한책임사원 또는 과점주주가 그 부족한 금액에 대하여 제2차 납세의무를 진다(국세기본법 제39조 본문).[386] 과점주주란 주주 또는 유한책임사원 1명과 그의 특수관계인 중 대통령령으로 정하는 자로서 그들의 소유주식 합계 또는 출자액 합계가 해당 법인의 발행주식 총수 또는 출자총액의 100분의 50을 초과하면서 그에 관한 권리를 실질적으로 행사하는 자들을 말한다(국세기본법 제39조 제2호).[387]

---

384) 대법원 2008. 5. 9. 자 2007그127 결정 참조.
385) 대법원 2019. 5. 16. 선고 2018두36110 판결, 대법원 1982. 12. 14. 선고 82누192 판결, 헌법재판소 1997. 6. 26. 선고 93헌바49 등 결정. 제2차 납세의무에 관한 자세한 내용은 「임승순, 조세법, 박영사(2020년판), 116~123쪽」을 참조할 것.
386) 지방세의 경우도 기본적으로 국세와 동일하다(지방세기본법 제46조).
387) 과점주주의 제2차 납세의무는 사법상 주주 유한책임의 원칙에 대한 중대한 예외로서 본래의 납세의무자가 아닌 제3자에게 보충적인 납세의무를 부과하는 것이기 때문에 그 적용 요건을 엄격하게 해석하여야 한다. 그런데 국세기본

제2차 납세의무가 성립하기 위해서는 주된 납세의무자의 조세체납이 있고, 그에 대하여 체납처분(강제징수)을 집행하여도 징수할 금액에 부족이 있어야 한다. 제2차 납세의무가 성립하기 위해서는 주된 납세의무에 징수부족액이 있을 것을 요건으로 하지만, 일단 주된 납세의무가 체납된 이상 그 징수부족액의 발생은 반드시 주된 납세의무자에 대하여 현실로 체납처분(강제징수)을 집행하여 부족액이 구체적으로 생기는 것을 요하지 아니하고, 다만 체납처분(강제징수)을 하면 객관적으로 징수부족액이 생길 것으로 인정되면 족하다.[388] 요컨대 주된 납세의무의 체납사실 및 무자력을 요건으로 제2차 납세의무는 성립한다.

제2차 납세의무의 성립요건인 해당 법인의 과점주주 여부는 해당 법인의 납세의무 성립일을 기준으로 판단한다.[389]

2. 회생절차 진행 중 주주·지분권자의 제2차 납세의무[390]

회생절차개시 후 법인의 납세의무가 성립한 경우 법인의 주주 등이 법인의 출자자로서 제2차 납세의무를 부담하는가.[391] 회생절차개시결정이 있은 때에는 채무자 사업의 경영과 재산의 관리처분권은 관리인에 전속하고 관리인은 채무자회사의 기관이거나 그 대표자는 아니지만 채무자회사와 그 채권자 및 주주로 구성되는 이해관계인 단체의 관리자인 일종의 공적 수탁자라는 입장에서 채무자회사의 대표, 업무집행 및 재산관리 등의 권한행사를 혼자서 할 수 있게 되므로 법인의 대주주는 그때부터는 대주주로서의 주주권을 행사할 수 없게 되어 채무자회사의 운영을 실질적으로 지배할 수 있는 지위에 있지 아니하게 된다(과점주주의 요건에 해당되지 아니한다). 따라서 회생절차가 개시되면 주주 등은 출자자로서 제2차 납세의무를 부담하지 않는다.[392]

---

388) 법 제39조 제2호(이하 '이 사건 조항'이라 한다)는 법인에 대한 제2차 납세의무로 과점주주만을 규정하고 있을 뿐 그 법인의 과점주주인 법인(이하 '1차 과점주주'라 한다)이 제2차 납세의무자로서 체납한 국세 등에 대하여 1차 과점주주의 과점주주(이하 '2차 과점주주'라고 한다)가 또다시 제2차 납세의무를 진다고 규정하지 않고 있다. 따라서 2차 과점주주가 단지 1차 과점주주의 과점주주라는 사정만으로 1차 과점주주를 넘어 2차 과점주주에게까지 그 보충적 납세의무를 확장하여 국세기본법 제39조 제2호에서 규정한 과점주주에 해당한다고 보는 것은 이 사건 조항의 취지와 엄격해석의 필요성에 비추어 특별한 사정이 없는 한 허용되지 않는다고 봄이 타당하다[대법원 2019. 5. 16. 선고 2018두36110 판결 ☞ A 법인이 체납한 2010 사업연도 법인세에 대하여 A 법인의 과점주주인 B 법인이 피고(남대문세무서장)로부터 납부통지된 제2차 납세의무를 이행하지 않자, 피고가 B 법인의 과점주주인 원고를 제2차 납세의무자로 지정하고 위 법인세를 납부통지한 사안에서, 이 사건 조항의 취지 등에 비추어 2차 과점주주는 특별한 사정이 없는 한 이 사건 조항에서 규정한 과점주주에 해당한다고 볼 수 없다는 이유로, 같은 취지에서 피고가 원고를 B 법인의 제2차 납세의무자로 지정하고 법인세를 납부통지한 이 사건 처분이 위법하다고 판단한 원심판결을 수긍하여 상고기각한 사례}.

389) 대법원 2017. 7. 18. 선고 2016두41781 판결.

390) 과점주주와 관련하여 회생절차가 진행 중인 채무자(법인)의 제2차 납세의무는 국세기본법 제40조, 지방세기본법 제47조에서 규정하고 있다.

391) 회생절차개시 전에 법인의 납세의무가 성립한 경우에는 이미 대부분 제2차 납세의무자의 자격을 갖추었으므로 문제가 되지 않는다.

392) 대법원 1994. 5. 24. 선고 92누11138 판결, 대법원 1989. 7. 25. 선고 88누10961 판결 등 참조. 실무적으로 출자전환으로 인한 과점주주 여부(출자전환으로 과점주주가 된 경우 제2차 납세의무를 부담하는지 여부)가 문제될 수 있다.

Ⅳ 주주 등에 대한 인정배당

회생절차개시 이후에도 법인세법 제67조에 의해 주주 또는 출자자에 대한 인정배당처분을 할 수 있는가. 관련 내용은 〈제6편 제3장 Ⅲ.2.나.(2)〉(본서 2203쪽)를 참조할 것.

Ⅴ 감자에 따른 증여의제

관련 내용은 〈제6편 제3장 Ⅲ.2.라.(1)〉(본서 2205쪽)을 참조할 것.

Ⅵ 회생절차 종료에 의한 주주 권리의 회복

1. 회생절차종결의 경우

회생절차가 종결되면 업무 수행 및 재산에 대한 관리처분권이 채무자에게 회복되고 모든 절차적 구속에서 벗어난다. 따라서 채무자(회사)는 자유롭게 자본감소, 신주발행, 정관변경, 대표이사 등 임원선임 등을 할 수 있다. 다만 회생절차가 이사 또는 대표이사에 의한 채무자 재산의 도피, 은닉 또는 고의적인 부실경영 등의 원인에 의하여 개시된 때에는 회생절차가 종결된 후에도 이사 또는 대표이사로 선임될 수 없다(제284조, 제203조 제2항 단서).

2. 회생절차가 폐지된 경우

회생절차가 폐지되면 파산절차로 이행하지 않는 한 업무 수행 및 재산에 대한 관리처분권이 채무자에게 회복되고 모든 절차적 구속에서 벗어난다. 주주로서의 권리도 제한에서 벗어나게 된다. 다만 인가 후 폐지된 경우에는 회생계획에서 소멸된 권리는 부활하지 않고, 이미 생긴 권리의 변경도 그 효력을 잃지 않는다.

회생절차가 진행 중인 경우에는 제2차 납세의무가 없다고 할 것이다. 그러나 회생절차가 종결된 경우에는 실질적 지배를 회복하였다고 볼 여지가 있다. 따라서 출자전환으로 과점주주의 요건을 갖춘 경우에는 회생절차종결에 앞서 주식 양도 등을 통해 과점주주의 지위를 해소하여야 한다. 관련 내용은 〈제12장 제4절 Ⅵ.〉(본서 901쪽)을 참조할 것.

제4절 공익채권·공익담보권

Ⅰ 공익채권

1. 공익채권의 의의

공익채권(common benefit claim)이란 파산절차의 재단채권[393]에 대응하는 개념으로 원칙적으로 회생절차를 수행하고 그 목적을 실현하기 위하여 회생채권자가 공동으로 부담하지 않으면 안 되는 비용으로서 성질을 갖는 채무자에 대한 청구권이다. 공익채권은 원칙적으로 회생절차개시 후의 원인에 기하여 생긴 청구권을 말하는 것이나, 제179조 제1항과 기타 규정에서 명시적으로 규정된 것에 한정된다(열거주의).[394] 예외적으로 회생절차개시 전의 원인에 기하여 생긴 청구권이라도 형평의 관념이나 사회 정책적 이유 등으로 공익채권으로 인정되는 것이 있다. 어떤 채권을 공익채권에 포함시킬 것인지는 입법정책의 문제이다.

요컨대 공익채권은 제179조 제1항에 해당되는 채권이거나 채무자회생법의 개별적인 규정에 의해 인정되는 청구권이다. 따라서 관리인이 채권의 법적 성질에 대하여 정확하게 법률적인 판단을 하지 못하고 회생채권을 공익채권으로 취급하였다고 하여 회생채권의 성질이 공익채권으로 변경된다고 볼 수 없다.[395] 또한 공익채권자가 자신의 채권이 공익채권인지 회생채권인지 여부에 대하여 정확한 판단이 어려운 경우에 회생채권으로 신고를 하지 아니하였다가 나중에 공익채권으로 인정받지 못하게 되면 그 권리를 잃게 될 것을 우려하여 일단 회생채권으로 신고할 수도 있을 것인바, 이와 같이 공익채권자가 자신의 채권을 회생채권으로 신고한 것만 가지고 바로 공익채권자가 자신의 채권을 회생채권으로 취급하는 것에 대하여 명시적으로 동의를 하였다거나 공익채권자의 지위를 포기한 것으로 볼 수는 없다.[396]

공익채권으로 된다는 의미는 ① 회생계획에서 정하는 바에 의하지 않는 수시변제성(해당 청구권의 본래의 변제기에 따라 이행의무가 있다)[397]과 ② 회생채권 등에 우선하여 변제받는다는 것이다.

---

393) 공익채권이나 재단채권은 회생절차나 파산절차의 수행에 필요한 비용이라는 점에서 동일한 성격을 가짐에도 절차에 따라 서로 다른 용어를 사용하고 있다. 또한 재단채권이라는 용어는 의미가 모호한 측면이 있다. 따라서 용어의 통일이 필요하다. 중국 <기업파산법>은 '공익채무'라는 동일한 용어를 사용하고 있다(제5장).

394) 회생절차개시 후의 원인에 기하여 생긴 청구권이라 하더라도 제179조 등 개별규정에서 공익채권이라고 규정되지 아니한 청구권은 개시후기타채권이 될 뿐이다(제181조).

395) 대법원 2014. 9. 4. 선고 2013다204140,204157 판결.

396) 대법원 2007. 11. 30. 선고 2005다52900 판결, 대법원 2004. 8. 20. 선고 2004다3512, 3529 판결 등 참조. 주의할 것은 자신의 채권이 공익채권으로 인정받지 못할 것에 대비하여 회생채권으로 신고하자 관리인이 이를 부인한 경우, 조사확정재판에서 화해권고결정이나 조정에 응하여서는 안 될 것이다. 왜냐하면 화해나 조정의 권유를 받아들인다는 것은 자신의 채권을 회생채권으로 취급하는 것에 대하여 명시적으로 동의하거나 공익채권자의 지위를 포기한 것으로 볼 수도 있기 때문이다. 실무적으로 당사자 사이에 합의가 이루어진 경우 관리인으로 하여금 법원의 허가를 받아 이의를 철회하게 하고, 신청채권자는 조사확정재판을 취하하도록 하고 있다(신청을 취하하지 않는 경우 신청을 각하한다).

397) 파산절차의 경우와 달리(본서 1526쪽) 회생절차개시결정으로 당연히 공익채권에 기한 강제집행이 금지되는 것은 아

제180조가 공익채권은 회생절차에 의하지 아니하고 수시로 회생채권과 회생담보권에 우선하여 '변제'한다고 규정하고 있다고 하여 공익채권이 금전채권에 한정되는 것은 아니고, 아래에서 보는 바와 같이 금전채권이 아닌 것도 공익채권이 될 수 있다.

공익채권자란 공익채권을 가지고 있는 채권자를 말한다. '가지고 있는'이란 일반적으로 귀속 주체를 의미하지만, 예외적으로는 대위채권자나 추심채권자와 같이 공익채권에 대한 관리처분권을 행사하여 급부를 수령할 자격이 있는 자를 포함한다.

2. 공익채권의 범위

공익채권은 법 조문의 근거에 따라[398] 제179조 제1항에서 규정하는 일반 공익채권과 그 이외 개별적으로 규정하고 있는 특별 공익채권으로 나눌 수 있다. 다만 일반 공익채권과 특별 공익채권은 우선순위에 차이가 있는 파산절차와 달리(제477조 제2항, 제3항) 우선순위에 차이가 없기 때문에(제180조 제7항 제외) 강학상의 구별에 지나지 않는다.

가. 일반 공익채권 (제179조 제1항)

(1) 회생채권자, 회생담보권자와 주주·지분권자의 공동이익을 위하여 한 재판상 비용청구권 (제1호)

재판상 비용이란 회생절차개시 신청비용, 보전처분·개시결정 기타 재판비용, 각종 재판의 공고 및 송달비용, 관계인집회의 개최를 위한 비용, 회생계획안 송달비용 등 회생절차의 비용을 말한다. 재판상의 비용은 민사소송법이나 민사소송비용법에 의하여 그 범위가 정하여진다.[399] 이러한 비용청구권은 회생절차의 존립 그 자체의 기초를 이루는 것이기 때문에 공익채권으로 규정한 것이다.

신고기간이 도과한 후에 신고된 회생채권이나 회생담보권 등을 조사하기 위한 특별기일의 조사비용은 그 회생채권자 또는 회생담보권자가 부담하므로(제162조) 여기서 말하는 비용에 포함되지 않는다. 회생절차개시신청 사무 처리의 위임사무처리에 관한 변호사의 약정보수금청구권도 재판상 비용에 해당하지 아니한다.[400]

니고, 강제집행이나 가압류가 법원의 결정에 의해 중지나 취소가 될 가능성이 있을 뿐이다(제180조 제3항).

398) 공익채권은 공익채권으로 된 실질적 근거에 따라 3가지 유형으로 나눌 수 있다. ① 회생절차 수행에 필요한 비용(제179조 제1호 내지 제4호, 제13호, 제39조 제4항). 이러한 비용은 이해관계인 전체의 이익을 위하여 지출된 것이고, 이러한 채권에 대하여 우선적 만족을 부여하는 것은 회생절차의 원활한 진행을 위해 불가피하기 때문이다. ② 회생절차 수행 과정에서 관리인의 법률행위 또는 불법행위 등으로 인하여 발생한 채권(제179조 제5호, 제6호, 제7호, 제8호, 제12호). 관리인이 이해관계인의 이익을 위하여 활동하는 이상, 제3자의 부담으로 채무자가 이익을 받은 경우는 물론, 채무자가 이익을 받지 않은 경우에도, 관리인의 행위에 기한 제3자의 권리를 공평의 관점에서 공익채권으로 한 것이다. ③ 특별한 정책적인 고려에 의한 채권(제179조 제8의2호, 제9호, 제10호, 제11호, 제14호). 특별한 정책적 고려에서 이러한 채권에 우선적 지위를 부여하기 위하여 공익채권으로 규정한 것이다.

399) 대법원 1967. 3. 27. 선고 66마612 판결 참조. 법원에 납부하는 인지대나 예납금은 재판상의 비용에 포함된다.

400) 대법원 1967. 3. 27. 선고 66마612 판결 참조. 다만 신청대리인의 비용이나 보수 중 합리적인 범위 내의 것은 재판상의 비용으로 공익채권이 된다고 할 것이다.

(2) 회생절차개시 후의 채무자의 업무 및 재산의 관리와 처분에 관한 비용청구권 (제2호)

회생절차는 사업의 계속을 전제로 하므로 채무자의 업무 및 재산의 관리와 처분에 관한 비용이 계속적으로 발생한다.

업무에 관한 비용에는 원재료 구입비, 종업원의 급여, 공장 등의 임차료,[401] 각종 조세, 선복용선계약(슬로트 용선)에서 정산금채권[402] 등이 포함된다.[403] 사채관리회사가 있는 경우 사채권자집회개최비용 등도 마찬가지이다.[404] 회생절차개시 후의 벌금 등 청구권도 본 호의 비용으로서의 성질을 갖는다.

---

401) **사례** 甲은 乙에게 A건물을 임대하였다. 이후 乙은 2개월 이상 임료(월 3,000,000원)를 연체하였고, 결국 법원에 회생절차를 신청하였으며, 2022. 1. 11. 회생절차가 개시되었다. 甲은 임대차계약을 해지한 후 A건물의 인도와 연체된 차임 등을 청구하려고 한다. 어떻게 하여야 하는가.

① A건물 인도부분: 임대차계약의 해지를 원인으로 한 건물인도청구이므로 환취권에 해당한다(제70조). 따라서 乙의 관리인을 상대로 건물인도청구의 소를 제기하면 된다.

② 임료청구부분: ㉮ 회생절차개시 전까지 발생한 임료는 회생채권이다. 따라서 채권신고를 한 후 채권조사를 거쳐 채권확정절차에 따라 권리를 행사하여야 한다. 곧바로 소제기를 할 수는 없다. ㉯ 회생절차개시 후부터 임대차계약이 해지된 시점까지 임료(차임)채권은 제179조 제2호의 '회생절차개시 후의 채무자의 업무에 관한 비용청구권'으로 공익채권이다. ㉰ 임대차계약이 해지된 이후의 임료 상당의 부당이득반환채권은 제179조 제6호의 '부당이득으로 인하여 회생절차개시 이후 채무자에 대하여 생긴 청구권'으로 공익채권이다.

결국 甲은 채무자 乙의 관리인을 상대로 건물 인도 및 ②㉯, ㉰의 임료 및 임료 상당 부당이득금의 지급을 구하는 소를 제기하여야 한다. 청구취지는 다음과 같다. 원고는 甲이고 피고는 채무자 乙의 관리인이다.

> 피고는 원고에게,
> 1. 별지 목록 기재 A건물을 인도하고,
> 2. 2022. 1. 11.부터 별지 목록 기재 A건물을 인도하는 날까지 월 3,000,000원의 비율에 의한 금원을 지급하라.

만약 甲이 ②㉮의 지급을 구하는 소를 제기한 경우 부적법하여 각하된다. 위에서 설명한 상황은 임차인 乙의 관리인이 쌍방미이행 쌍무계약임을 이유로 임대차계약해지를 선택한 경우에도 마찬가지이다.

402) 서울중앙지방법원 2018. 4. 18. 선고 2017가합17851 판결(확정). 정기선사들은 얼라이언스를 체결하여 공동운항으로 운송을 한다. 모든 항구에 자신의 선박을 투입할 수 없고, 또 선박 한 척에 화물을 모두 채울 수 없기 때문에 정기선사들은 상호 선박의 운용공간(슬로트, Slot)을 교환하여 사용하는 계약을 체결하게 된다. 이를 선복용선계약(슬로트 용선)이라 한다. 선복용선계약에서 용선자는 컨테이너 선박에 대한 자유 사용권을 가지지 못하고 컨테이너 선박의 선복 중 일부를 빌릴 뿐이며, 선박의 운항과 관련된 비용 또한 선복용선자가 아닌 선박소유자 등이 부담한다는 점에서 선복용선계약은 일반적으로 운송계약의 성질을 갖는 항해용선계약과 유사한 것으로 인정되고 있다. 선복용선계약에 기한 정산금 채권은 계약당사자 쌍방이 각자 운항하는 컨테이너 선박을 이용하여 상대방의 화물 운송을 완료한 이후 상호간의 선복사용료 정산을 통해 구체적으로 그 액수가 확정되는 것으로서, 실질적으로 선복사용료에 해당하며, 이는 항해용선계약의 용선료 또는 운송계약의 운송료로서의 법적 성질을 가진다. 따라서 도급계약에 따른 보수청구권의 취급에 관한 법리(대법원 2004. 8. 20. 선고 2004다3512,3529 판결 등)가 (유추)적용되어야 한다.

선복용선계약에 있어서 선박소유자 등이 완성하여야 하는 운송의무는 원칙적으로 불가분이므로, 선복용선계약에 기초한 운항이 일부 이루어졌다고 하더라도 선박이 목적지 또는 상호간에 합의된 대체 항구에 도달하여 운항이 종료된 것으로 간주되지 않는 한 그 일부 운항 부분을 따로 떼어내 그 부분에 대한 선박운항자의 운송의무가 이행완료되었다고 할 수 없다. 결국 선박들의 항해로 인한 선복사용료 채권은 회생절차개시결정 이후의 항해에 대한 선복사용료 채권에 해당하는 부분뿐만 아니라 선박들의 항차가 시작된 시점부터 회생절차개시결정 시까지의 항해에 대한 선복사용료 채권에 해당하는 부분까지 포함하여 그 전체가 해운업 등을 업무로 하는 채무자(한진해운)의 업무에 관한 비용으로서 제179조 제1항 제2호의 공익채권에 해당한다.

403) 어디까지나 회생절차개시 후의 업무에 기하여 발생한 것이어야 한다. 회생절차에서 연간 최저보증 로얄티가 권리설정의 대가인데, 당해 계약이 회생절차개시 전에 체결된 경우 위 로얄티는 공익채권이라고 할 수 없다(會社更生法, 250쪽 각주 171), 破産法·民事再生法, 859쪽, 각주 40)).

404) 관련 내용은 〈제9장 제2절 Ⅰ.2.가.〉(본서 734쪽)를 참조할 것.

재산의 관리와 처분에 관한 비용은 채무자가 사업자인 경우 업무에 관한 비용과 많이 중복되겠지만, 개인의 경우 주택의 유지·관리비용이나 매각에 관한 비용이 여기에 해당한다고 할 것이다.

한편 회생절차는 비사업자인 개인(자연인)도 대상으로 하고 있는데(일반회생), 이 경우 개인채무자의 '생활에 관한 비용청구권'은 공익채권인가 개시후기타채권인가. 문언상으로 보면 개시후기타채권으로 보아야 할 것이지만, 개시후기타채권으로 보면 거래상대방의 보호가 되지 않는다는 점과 과다한 채무부담으로부터 해방시켜 개인채무자의 효율적인 회생을 도모한다는 채무자회생법의 목적에 비추어 생활에 관한 비용도 본 호를 유추적용하거나 제15호에 의하여 공익채권으로 인정함이 상당하다.[405]

(3) 회생계획의 수행을 위한 비용청구권 (제3호)

회생채권 등의 변제에 필요한 비용, 회생계획에서 정한 사항의 수행에 관한 비용, 회생계획에 따라 새로운 회사를 설립하고 다른 회사와 합병하거나 신주나 사채를 발행하는 데 드는 비용 등이 여기에 해당한다. 다만 회생절차종료 후에 생긴 것은 제외한다(제179조 제1항 제3호 단서).

(4) 제30조(관리인 등의 보수)와 제31조(대리위원 등의 보상금 등)의 규정에 의하여 지급하여야 할 보수, 비용과 보상금 및 특별보상금 청구권 (제4호)

관리인 등은 법원이 정한 비용을 미리 받거나 보수 또는 특별상여금을 받을 수 있다. 보수 및 특별상여금은 그 직무와 책임에 상응한 것이어야 한다. 법원의 위와 같은 결정에 대하여는 즉시항고를 할 수 있다(제30조).

법원은 회생절차에서 회생에 공적이 있다고 인정되는 때에는 회생채권자[406]에 대하여 적절한 범위 안에서 비용을 상환하거나 보상금을 지급할 것을 허가할 수 있다. 이 경우 비용 또는 보상금의 액은 법원이 정한다(제31조 제1항 제1호). 법원의 위 결정에 대하여는 즉시항고를 할 수 있다(제31조 제2항).

법원의 결정으로 지급받게 될 비용이나 보상금 등은 공익채권으로 된다(제179조 제1항 제4호). 이러한 비용은 성질상 회생절차의 수행을 위하여 필요한 비용의 일종이다.

(5) 채무자의 업무 및 재산에 관하여 관리인이 회생절차개시 후에 한 자금의 차입 그 밖의 행위로 인하여 생긴 청구권 (제5호)[407]

본 호의 청구권은 실질적으로 제2호와 중복되는 것이 많겠지만, 업무수행에 불가결한 차입으로 인한 청구권의 지위를 명확히 하기 위하여 특별 규정을 둔 것이다. 전형적인 것이 이른

---

405) 일본 민사재생법은 제1조에서 채무자의 '경제생활의 재생(회생)'도 목적으로 함을 밝히고, 제119조 제2호에서 회생절차개시 후 재생채무자의 생활에 관한 비용청구권도 공익채권임을 명시하고 있다.
406) 회생채권자의 대리인, 회생담보권자·주주·지분권자 및 그 대리인도 마찬가지이다(제31조 제1항 제1호).
407) 보전관리인의 행위로 인하여 생긴 청구권은 회생절차개시 후에는 공익채권이 된다고 할 것이다(제179조 제1항 제5호 유추적용, 독일 도산법 §55(2) 참조).

바 DIP 파이낸싱(DIP financing)이다.[408]

자금의 차입에는 운영자금의 차입뿐만 아니라 변제자금의 차입도 포함된다. 법원이 자금의 차입을 허가함에 있어서는 채권자협의회의 의견을 들어야 하며,[409] 채무자와 채권자의 거래상황, 채무자의 재산상태, 이해관계인의 이해 등 모든 사정을 참작하여야 한다(제179조 제2항).

관리인의 그 밖의 행위에는 매매, 임대차, 도급, 위임 등이 포함되고, 이러한 행위에 기한 상대방의 청구권은 공익채권이 된다. 이러한 청구권은 금전채권에 제한되지 않고 매매에 기한 소유권이전등기청구권 등 비금전채권도 포함된다. 법무법인(변호사)이 회생절차개시결정일부터 견련 파산선고 전날까지 제공한 법률자문에 대한 용역비채권도 본 호의 공익채권에 해당한다.[410]

관리인의 행위로 인하여 생긴 청구권에는 관리인이 회사 사업의 경영과 재산의 관리 및 처분과 관련하여 적법하게 법률행위를 한 경우에 상대방이 그 법률행위에 기하여 갖는 청구권뿐만이 아니라, 관리인이 회사 사업의 경영과 재산의 관리 및 처분을 함에 있어서 그 업무집행과 관련하여 고의·과실로 타인에게 손해를 입힌 경우에 그 타인이 가지는 불법행위에 기한 손해배상청구권도 포함된다.[411] 그 외에 공익채권의 이행지체로 인한 손해배상청구권[412]도 공익채권이 된다. 또한 관리인의 '행위'에는 부작위도 포함되는바, 부작위를 원인으로 상대방이 회생절차개시결정 후 약정해제권을 행사하여 취득한 원상회복청구권도 본 호에 의해 공익채권이 된다.

(6) 사무관리 또는 부당이득으로 회생절차개시 이후 채무자에 대하여 생긴 청구권(제6호)

사무관리로 인한 비용상환청구권이나 부당이득반환청구권이 회생절차개시 이후에 발생한 경우 회생채권자 전체에게 이익이나 이득이 발생한 것이라는 이유로 공익채권이 된 것이다.[413] 회생절차개시 후 타인이 의무 없이 채무자의 사무를 관리하거나 채무자가 법률상 원인 없이 타인의 재산 또는 노무로 인하여 이익을 얻고 이로 인하여 타인에게 손해를 가한 경우, 그 타인의 채무자에 대한 비용상환청구권 또는 부당이득반환청구권이 이에 속한다. 이에 반하여 회생절차개시 전에 발생한 것은 회생채권이 된다(제118조 제1호).

관리인이 회생계획안 심리를 위한 관계인집회가 끝난 이후 부인의 소를 제기함으로써 상대방이 그 부활한 채권을 행사할 수 없게 되어 회생회사가 상대방의 손실에 의하여 부당하게 이득을 얻게 된 경우 상대방이 갖는 부당이득반환청구권,[414] 사해행위취소소송의 계속 중 사해행

---

408) 破産法·民事再生法, 861쪽.
409) 원활한 신규자금의 확보를 위하여 2016. 5. 29. 개정시에 법원이 의견을 들어야 할 대상을 '이해관계인'에서 '채권자협의회'로 변경한 것이다.
410) 서울고등법원 2021. 3. 24. 선고 2020나2020584(본소), 2020나2020591(반소) 판결(확정).
411) 대법원 2005. 11. 10. 선고 2003다66066 판결.
412) 대법원 2014. 11. 20. 선고 2013다64908 전원합의체 판결, 대법원 2011. 6. 24. 선고 2009다38551 판결, 대법원 2004. 11. 12. 선고 2002다53865 판결(회생절차개시결정 후 공익채권인 소유권이전등기청구권을 가지고 있는 수분양자들에게 소유권이전등기를 지체함으로써 발생한 위자료청구권도 공익채권이라는 취지) 참조.
413) 破産法·民事再生法, 861쪽.
414) 대법원 2010. 1. 28. 선고 2009다40349 판결 참조. 다만 이 경우 반환하여야 할 부당이득액은 부활한 채권이 회생채권으로서 회생절차에 참가하였더라면 회생계획에 의하여 변제받을 수 있었던 금액이라고 봄이 상당하므로 그 상대방의 채권과 같은 성질의 채권에 대하여 회생계획에서 인정된 것과 동일한 조건으로 지급할 의무가 있다(대법원

위의 수익자 또는 전득자에 대한 회생절차가 개시될 경우 취소채권자가 갖는 가액배상청구권,[415] 화주로부터 운송을 의뢰받은 운송주선인이 화주를 대신하여 지급한 환적비용,[416] 관리인이 대체적 환취권 행사로 청구할 반대급부로 받은 재산상당액(제73조 제2항)(본서 417쪽)은 여기의 공익채권이 된다.

회생절차개시 후 채무자의 행위가 무효로 된 경우(제64조 제1항) 상대방의 반대이행이 이미 되어 있는 때에는 채무자는 부당이득으로 이를 반환하여야 하고, 상대방은 본 호의 공익채권으로 주장할 수 있다(본서 272쪽).

(7) 제119조 제1항의 규정에 의하여 관리인이 채무의 이행을 하는 때에 상대방이 갖는 청구권 (제7호)

회생절차개시 당시에 쌍방미이행의 쌍무계약이 있는 때에는 관리인은 계약을 해제 또는 해지하거나 채무자의 채무를 이행하고 상대방의 채무이행을 청구할 수 있다(제119조 제1항). 관리인이 이행 또는 해제를 선택하기 전에는 상대방의 청구권은 회생채권이나 공익채권 어느 경우에도 해당하지 아니하여 관리인에게 그 이행을 청구할 수 없고, 관리인이 이행을 선택하면 공익채권이 된다.[417] 예컨대 채무자 회사의 관리인이 회생절차개시결정 이전에 아파트 분양계약을 체결한 수분양자들로부터 분양잔대금을 지급받고 그들을 입주시킨 경우, 아파트 수분양자들의 채무자 회사에 대한 소유권이전등기청구권은 본 호의 공익채권에 해당한다.[418]

관리인이 채무의 이행을 하는 경우 상대방이 가진 청구권을 공익채권으로 규정한 것은 관리인이 상대방의 이행을 청구하려고 하는 경우에는 회사의 계약상 채무도 이를 이행하도록 함으로써 양 당사자 사이에 형평을 유지하도록 하자는 데 그 뜻이 있다.[419] 그러나 이때의 회사와 상대방의 채무는 쌍무계약상 상호 대등한 대가관계에 있는 채무를 의미하고 계약상의 채무와 관련이 있다 하여도 막연한 협력의무에 불과한 것은 이에 해당하지 아니한다.[420]

2003. 1. 10. 선고 2002다36235 판결 참조).

415) 대법원 2019. 4. 11. 선고 2018다203715 판결(수익자 또는 전득자가 사해행위취소로 인한 원상회복으로서 가액배상을 하여야 함에도, 수익자 또는 전득자에 대한 회생절차개시 후 회생재단이 가액배상액 상당을 그대로 보유하는 것은 취소채권자에 대한 관계에서 법률상의 원인 없이 이익을 얻는 것이 되므로 이를 부당이득으로 반환할 의무가 있고, 이는 수익자 또는 전득자의 취소채권자에 대한 가액배상의무와 마찬가지로 사해행위의 취소를 명하는 판결이 확정된 때에 비로소 성립한다고 보아야 한다. 따라서 설령 사해행위 자체는 수익자 또는 전득자에 대한 회생절차개시 이전에 있었더라도, 이 경우의 사해행위취소에 기한 가액배상청구권은 제179조 제1항 제6호의 '부당이득으로 인하여 회생절차개시 이후 채무자에 대하여 생긴 청구권'인 공익채권에 해당한다).

416) 서울중앙지방법원 2018. 1. 24. 선고 2017가합521596 판결(확정). 위 판결은 주식회사 한진해운 사태에서 한진해운이 하역을 하지 못하는 등의 사정으로 운송주선인이나 화주들이 직접 자신의 비용을 들여 하역이나 운송을 한 경우에는 그 채권은 공익채권이 되고, 따라서 이를 자동채권으로 하여 상계할 수 있다고 판시하였다.

417) 대법원 2007. 9. 6. 선고 2005다38263 판결 참조.

418) 대법원 2004. 11. 12. 선고 2002다53865 판결 참조.

419) 대법원 2014. 9. 4. 선고 2013다204140,204157 판결 참조.

420) 대법원 1994. 1. 11. 선고 92다56865 판결.

(8) 계속적 공급의무상의 채권 (제8호)

계속적 급부의무를 부담하는 쌍무계약의 상대방이 회생절차개시 신청 후 회생절차개시 전까지의 사이에 한 공급으로 생긴 청구권은 공익채권이다. 계속적 공급의무를 부담하는 공급자로 하여금 회생절차개시신청 후 채무자에 대하여 공급을 거부할 수 없도록 하면서(제122조 제1항) 계속적 공급의무자를 보호하기 위하여 둔 규정이다. 관련 내용은 〈제5장 제3절 Ⅵ.3.라.〉(본서 307쪽)를 참조할 것.

한편 제179조 제1항 제8호에 의한 공익채권화는 급부수령자인 채무자의 관리인이 계약을 해제한 경우에도 적용되는가. 관리인은 계속적 급부를 목적으로 하는 쌍무계약에 대하여 해제(해지)를 선택할 수도 있다(제119조 제1항). 관리인이 해제를 선택하면 회생절차개시 전 급부의 대가인 미지급대금이나 해제로 인한 손해배상채권은 회생채권이 된다(제121조 제1항).

(9) 회생절차개시신청 전 20일 이내에 채무자가 계속적이고 정상적인 영업활동으로 공급받은 물건에 대한 대금청구권 (제8의2호)[421]

(가) 입법취지 및 내용

회생절차개시신청 직전 자신의 의무를 선이행한 상거래채권자의 보호를 강화하여 채무자가 계속적 상거래를 통하여 자금을 확보하고 영업을 계속할 수 있도록 하기 위하여 미국 연방도산법 §503(b)(9)를 참조하여[422] 공익채권으로 인정한 것이다. 다만 '계속적이고 정상적인 영업활동'으로 공급받은 경우만을 대상으로 함으로써 통상적인 영업 과정에서 이루어지는 거래만을 보호하고, 또한 '물건'만을 대상으로 한다.[423] 물건이 무엇인지는 특별한 규정이 없으므로 민법에 따라야 한다. 물건이란 유체물 및 전기 기타 관리할 수 있는 자연력을 말한다(민법 제98조). 따라서 전기·가스·수도(물)도 포함됨은 물론 부동산도 포함된다. 다만 부동산의 경우 '계속적이고 정상적인 영업활동'에 의한 경우에 해당하기 어려울 것이다.

회생절차개시 신청 전 20일 내에 공급된 물건 가액을 공익채권으로 인정받을 수 있어 해당

---

421) 해운기업은 항해기간이 길고 외상거래가 많다는 점을 고려하여 특별히 그 기간을 2~3개월로 연장하여야 한다는 입법론적 비판이 있다(김인현, "한진해운 회생절차에서의 해상법 및 도산법상 쟁점", 법률신문 2017. 9. 28. 자 12면).

422) 미국에서 2005년의 연방도산법 개정에 따라 규정된 내용으로서, 연방도산법 §503(b)(9)에 의하면 도산절차신청 전 20일 내에 공급받은 물품(goods)으로서 해당 물품의 판매가 채무자의 일상적인 업무였던 경우에 위와 같이 공급받은 물품 가액을 관리비용(administrative expenses, 우리나라의 공익채권에 해당한다)으로 인정하도록 되어 있다. 따라서 위 물품 가액 상당의 지급을 구하는 채권은 관리비용으로서 우선적으로 변제받을 수 있게 된다.

　　미국 연방도산법이 위와 같은 대금청구권을 관리비용으로 규정한 배경은 다음과 같다. 미국 대부분의 주의 상법은 구매자가 지급불능에 빠진 경우 판매자(goods suppliers)가 공급일로부터 10일 내에 구매자를 상대로 자신이 판매한 물품의 반환을 청구할 수 있는 권리를 인정하고 있다. 이러한 판매자의 권리를 보호하기 위하여 연방도산법 §546(c)는 판매의 반환청구권(right of reclamation)을 인정하고 있다. 그런데 채무자가 이미 물건을 제조에 사용하는 등의 경우에는 반환청구권을 행사하기 곤란하다. 이러한 문제점을 해결하기 위하여 위와 같은 대금청구권을 관리비용(공익채권)으로 규정한 것이다(Elizabeth Warren, 113~114쪽).

423) 따라서 순수한 용역제공에 대한 보수지급청구권은 포함되지 않는다. 문제는 물건공급과 용역공급이 혼합된 경우인데, 계약의 주된 목적이 물건인지 용역인지에 따라 결정하여야 할 것이다. 이처럼 상황에 따라 어떤 공급자가 어떤 권리를 갖는지를 정하는데 혼란이 내재되어 있어 그렇잖아도 혼란한 사건의 초기에 혼란을 더욱 가중시킬 수 있다.

채권자에게 유리한 무기 역할을 하기 때문에 공급자들이 채무자에게 물건을 계속 공급하여 채무자가 회생절차 신청 이후에 이익을 볼 수 있도록 하여 줄 유인이 있기는 하다. 그러나 채무자에게는 절차 초기단계부터 현금압박을 가중시키는 결과가 된다(영업을 계속하기 위해서는 공급자에게 즉시 현금으로 변제하여야 한다). 또한 공익채권으로 취급되는 가액 중 채무자가 회생절차개시 신청 이후에 얻은 이익과 관련되는 부분이 거의 없는 경우가 많고, 공익채권에 해당하는 금액이 클 경우에는 향후 회생절차 진행에 큰 부담으로 작용할 수 있다. 따라서 채무자로서는 공익채권으로 취급될 가액을 줄이기 위하여 회생절차를 신청하는 시기를 조절할 필요도 있다. 나아가 물건공급자에 대한 우대는 용역(서비스)공급자와 같은 다른 채권자들에게는 차별이 될 수 있다. 근본적으로 미국과 같은 입법적 배경 없이 이를 공익채권으로 규정할 이유가 있었는지 의문이다.

또한 실무적으로 회생절차개시 신청 전 20일에서 회생절차개시 신청까지 사이에 발생한 대금청구권은 공익채권임에 반하여, 회생절차개시 신청 이후 회생절차개시결정 전까지 사이에 발생한 대금청구권은 회생채권이 되는 납득하기 어려운 상황이 발생하고 있다. 이로 인해 회생법원이 언제 회생절차개시결정을 하느냐에 따라 회생채권의 범위가 달라지고 개시결정이 늦어질수록 회생절차개시신청 이후 물건의 공급을 받지 못하는 역설적인 상황이 발생할 수도 있다.

(나) '회생절차개시신청 전 20일 이내'의 해석

제33조는 회생절차에 관하여 채무자회생법에 규정이 없는 때에는 민사소송법과 민사집행법을 준용하도록 정하고, 민사소송법 제170조는 기간의 계산을 민법에 따르도록 정하고 있다. 따라서 '회생절차개시신청 전 20일 이내'라는 기간을 계산할 때에도 기간 계산에 관한 민법 규정이 준용되므로, 민법 제157조 본문에 따라 회생절차개시신청일인 초일은 산입하지 않고(회생절차개시신청일이 기산점이 되지 못한다[424]), 민법 제159조에 따라 기간 말일의 종료로 기간이 만료한다고 보아야 한다.[425]

> **사례** 甲(채권자)은 2024. 4. 20.부터 乙(채무자)과 건설자재 공급계약을 체결하고 2024. 4. 27.부터 2024. 6. 15.까지 건설자재를 공급하였다. 그러던 중 乙은 2024. 6. 15. 서울회생법원에 회생절차개시신청을 하였다. 채무자 乙의 회생절차개시신청일인 2024. 6. 15.의 전날인 2024. 6. 14.부터 역산

---

424) 결국 회생절차개시신청일에 이루어진 물건에 대한 대금청구권은 회생채권이 될 수밖에 없다.
425) 대법원 2020. 3. 2. 선고 2019다243420 판결.

하여 20일이 되는 날은 2024. 5. 26.임이 역수상 명백하다. 따라서 채권자 甲이 2024. 5. 26. 이후에 공급한 물품대금채권은 제179조 제1항 제8의2호에서 정한 공익채권에 해당한다(그 이전에 공급한 물품대금채권은 회생채권이다). 결국 2024. 5. 26.부터 2024. 6. 14.까지 공급한 물품대금채권은 공익채권이고, 2024. 5. 25. 이전에 공급한 물품대금채권과 회생절차개시신청일인 2024. 6. 15.부터 회생절차개시결정 전까지 공급한 물품대금채권은 회생채권이다.

만약 2024. 7. 10. 회생절차개시결정을 하였다면 물품대금채권의 성격은 다음과 같다.

① ~2024. 5. 25.까지 공급한 물품대금채권: 회생채권

② 2024. 5. 26.부터 2024. 6. 14.까지 공급한 물품대금채권: 공익채권

③ 2024. 6. 15.부터 2024. 7. 9.까지 공급한 물품대금채권: 회생채권

④ 2024. 7. 10.[426] 이후 공급한 물품대금채권: 공익채권

(10) 원천징수하는 조세 등 (제9호)[427]

회생절차개시결정 전에 성립된 조세채권은 원칙적으로 회생채권에 해당한다. 그러나 회생절차개시 전에 성립하였더라도 개시 당시 아직 납부기한이 도래하지 아니한 것으로서, ① 원천징수하는[428] 조세[다만 법인세법 제67조(소득처분)의 규정에 의하여 대표자에게 귀속된 것으로 보는 상여에 대한 조세는 원천징수된 것에 한한다[429]], ② 부가가치세·개별소비세·주세 및 교통·에너지·환경세, ③ 본세의 부과·징수의 예에 따라 부과·징수하는 교육세·농어촌특별세, ④ 특별징수의무자가 징수하여 납부하여야 할 지방세[430]는 공익채권이다.

---

426) 정확하게는 회생절차개시결정의 효력발생시기(개시결정시간)를 기준으로 하여야 할 것이다.

427) 개인회생절차에서도 유사한 규정이 있다(제583조 제1항 제2호).

428) 회생절차가 진행 중이라고 하더라도 채무자 회사가 근로자에게 급여를 지급할 때는 소득세를 원천징수하여 다음 달 10일까지 관할 세무서 등에 납부하여야 한다(소득세법 제128조 제1항, 제134조). 법인세법 제67조에 따라 처분되는 상여는 '소득금액변동통지서를 받은 날'에 근로소득을 지급한 것으로 보아 원천징수를 하여야 한다(소득세법 제135조 제4항, 제131조 제2항 제1호). 한편 세무서장 등은 상여 등 법인소득금액 결정일로부터 15일 내에 법인에게 소득금액변동통지서에 의해 이를 통지하고, 법인의 소재지가 분명하지 아니하거나 그 통지서를 송달할 수 없는 경우에는 상여처분을 받은 거주자에게 통지하여야 한다(소득세법 시행령 제192조 제1항). 따라서 법인인 채무자 회사의 소재지가 분명하지 아니하거나 그 통지서를 송달할 수 없는 경우를 제외하고 소득금액변동통지서에 의해 통지될 것이고, 이 경우 채무자 회사는 상여 처분된 금액에 대한 소득세를 원천징수할 의무를 부담한다.
　그러나 이처럼 회생절차 진행 중에 갑자기 거액의 원천징수의무가 발생한 경우 회생절차 진행에 큰 지장이 초래된다. 그리하여 소득세법은 일정한 요건을 갖춘 경우 원천징수의무를 면제하고 있다. 즉 법인이 회생절차에 따라 특수관계인이 아닌 다른 법인에 합병되는 등 지배주주가 변경(이하 "인수"라 한다)된 이후 회생절차개시 전에 발생한 사유로 인수된 법인의 대표자 등에 대하여 법인세법 제67조에 따라 상여로 처분되는 소득에 대해서는 소득세를 원천징수하지 않아도 된다(소득세법 제155조의4 제1항). 여기서 소득이란 귀속자가 임원 또는 사용인인 경우를 말한다(소득세법 시행령 제206조의2, 법인세법 시행령 제106조 제1항 제1호 나목).

429) 법인의 사외유출금액의 귀속이 불분명한 경우 그 금액이 대표자에게 귀속된 것으로 간주하여 상여로 소득처분을 한다(법인세법 제67조, 법인세법 시행령 제106조 제1항). 이를 인정상여라 부른다. 일반적으로 소득처분은 법인이 세금을 납부하기 위하여 세무조정을 할 때 이루어지는 것이므로 통상 인정상여는 원천징수를 할 수 없다. 회생채무자가 미리 징수하여 보관하는 예금적 성격이 있는 것이 아니다. 실제로 원천징수되지도 않은 세금을 공익채권으로 규정하는 것은 그 변제를 위해 새롭게 추가로 채무자 재산의 사외유출이 이루어질 수밖에 없어 채무자의 회생에 지장을 초래한다. 이러한 점을 고려하여 원천징수된 것에 한하여 공익채권으로 분류한 것이다.

430) 원천징수제도와 구조가 동일한 제도로 지방세법상 지방소득세(지방세법 제103조의13, 제103조의29), 등록면허세(지방세법 제31조), 지방소비세(지방세법 제68조), 담배소비세(지방세법 제60조 제2항, 제3항), 자동차 주행에 대한 자동차세(지방세법 제137조) 등에 대하여 인정되는 특별징수제도가 있다. 특별징수제도는 지방세를 징수할 때 징수에 편의를 가진 자를 지정하여 납세의무자가 내야하는 지방세를 대신하여 징수하고 과세관청에 납부하여 징수의 편의

위 4가지 세목들은 회생채무자가 거래상대방으로부터 과세권자를 위해 징수한 것으로서 회생채무자가 국가 또는 지방자치단체를 대신하여 보관하고 있는 것으로(일종의 예금적 성질을 가지고 있다) 볼 수 있으므로 환취권과 유사한 취급(실질적으로 본다면 원천징수의무자[특별징수의무자] 고유의 재산이라고 할 수 없다)[431]을 하는 것이 공평의 관념에 부합한다는 이유로 공익채권으로 분류한 것이다. 다른 채권자와의 이해관계를 고려하여 그중 회생절차개시 당시 납부기한이 도래하지 아니한 것만을 공익채권으로 한 것이다.[432] 이미 납부기한이 도래한 것은 조세 등 청구권으로서 회생채권으로 된다.

공익채권으로 인정되는 조세채권의 범위는 납부기한을 기준으로 한다. 납부기한은 납세의무가 확정된 조세(가산세를 포함한다)를 납부하여야 할 기한을 말한다(국세징수법 제2조 제1항 제1호 참조). 납부기한에는 법정납부기한과 지정납부기한이 있다. 신고납세방식의 조세[433]나 자동

도모와 납세의무자의 세금납부를 대신하는 징수방법이다. 특별징수제도는 과세관청이 지방자치단체라는 점만 다를 뿐 징수납부의무자와 납세의무자가 분리되어 있다는 기본적 구조는 원천징수제도와 동일하다.

특별징수는 원천징수, 위탁징수, 거래징수로 구분된다. 원천징수는 지방소득세 등과 같이 소득을 지급하는 자가 세금을 징수하여 과세관청에 납부하는 것을 말한다. 위탁징수는 등록분 등록면허세 등과 같이 제3의 기관이나 사업자 등에게 세금을 징수하여 납부하도록 하는 것을 말한다. 거래징수는 컨테이너 지역자원시설세 등과 같이 거래과정에서 대가를 받는 자가 그 대가에 세금을 추가하여 함께 징수한 후 세금을 과세관청에 납부하도록 하는 것을 말한다.

431) 이에 대해 위 규정에 의해 공익채권이 되는 조세채권 중 부가가치세 등과 같은 것은 매출대금의 실제 수령 여부와 관계없이 매출채권이 확정되면 부가가치세 납세의무가 발생하여 실질적으로 납세의무자가 국가 등을 위하여 보관하고 있는 돈이 없는 경우도 있어 환취권의 성격을 부여하기 어려운 조세채권이 있다. 그리고 일정 재산을 '환취권'의 대상으로 보기 위해서는 이를 채무자가 아닌 제3자의 소유로 관념할 수 있어야 하는데, 원천징수하는 금전은 회생채무자의 일반재산으로 혼입되어 그 특정성을 상실하므로, 이를 회생채무자의 재산이 아닌 제3자의 소유권의 대상이라고 볼 수 없다는 비판도 있다[하태흥, "공익채권이 되는 요건인 조세채권의 납부기한", 양승태 대법원장 재임 3년 주요 판례 평석, 법원도서관(2015), 551쪽].

432) 회생사건실무(상), 501쪽은 "위와 같은 조세채권을 공익채권으로 인정하는 이유는 이들 조세의 경우 법적인 납세의무자 이외에 실질적인 담세자가 별도로 존재한다는 사정, 즉 본래의 실질적인 담세자와 법적인 납세의무자가 일치하였다면 회생절차에 의한 징수상의 제약을 받지 않았을 것임에도 징수의 편의를 위한 기술적 장치인 원천징수·특별징수나 간접세제도로 인하여 실질적인 담세자와 법적인 납세의무자가 분리된 결과로 회생절차에 따른 징수상의 제약을 받게 됨으로써 국가의 세수 확보에 지장이 초래되어서는 아니 된다는 공익적 요청 때문이다"라고 설명하고 있다. 그러나 원천징수하는 조세 등을 위와 같은 근거로 공익채권으로 취급하는데 비판적 견해가 있다[이의영, "도산절차에서 조세채권의 지위(하)", 법조(통권 제633조)(2009. 6.), 200쪽]. 위와 같은 규정이 없다면 이들 조세채권들은 일반의 우선권 있는 회생채권이 되어 통상의 강제집행절차에서 우선변제권이 인정되는 다른 채권들과 마찬가지로 회생계획이 정하는 바에 따라 권리의 감축·변경이 이루어질 것이다. 그런데 공익채권으로 규정됨으로써 권리 감축·변경의 대상이 되지 않고 절차 밖에서 우선변제 받을 수 있게 되었으니 평상시의 통상의 강제집행절차보다 더 강력한 보호를 받는 셈이다. 또한 원천징수의무는 단순한 절차상의 의무에 불과한 것이 아니라 실체법상 납세의무의 성격을 지니는 것으로서, 원천징수의무자는 세액을 징수하지 않았더라도 국가에 대한 관계에서는 가산세를 포함한 세액을 납부할 의무를 지고, 단지 이후 실제 소득이 귀속된 원천납세의무자에게 민사상 구상권을 행사할 수 있을 뿐이므로(대법원 2016. 6. 9. 선고 2014다82491 판결, 대법원 2008. 9. 18. 선고 2006다49789 전원합의체 판결), 원천징수 조세채권이라고 하여 재건형 도산절차에서 다른 조세채권과 달리 취급할 만한 뚜렷한 합리적 이유는 없다. 또한, 부가가치세의 경우도 재화나 용역을 공급하는 사업자가 거래상대방인 공급받는 자로부터 실제로 거래징수를 하였는지의 여부나 그 거래징수를 하지 못한 데 대한 책임의 유무 등을 따지지 않고 국가에 대한 관계에서는 공급하는 사업자가 세액을 납부할 의무를 지는 것이므로(대법원 2004. 2. 13. 선고 2003다49153 판결, 대법원 1991. 7. 12. 선고 90누6873 판결) 마찬가지이다. 따라서 이들 조세채권을 마치 '맡겨 놓은 돈'에 대한 국가의 권리처럼 단순화할 수는 없고, 여타 조세채권과 달리 특별히 공익채권으로 격상시킬 다른 합리적 이유를 발견할 수도 없다.

433) 신고납세방식은 원칙적으로 납세의무자가 스스로 과세표준과 세액을 신고함으로써 조세채무를 확정하는 방식이다(국세기본법 시행령 제10조의2 제1호 본문). 다만 신고가 없거나 정당하지 않은 경우에는 과세관청의 결정 또는 경정에 의하여 세액이 확정된다(국세기본법 시행령 제10조의2 제2호). 종합소득세(소득세법 제70조), 법인세(법인세법

확정방식의 조세[434]로서 개별 법률에서 일정한 납부기한을 정하고 있는 것이 법정납부기한이다(국세징수법 제2조 제1항 제1호 가목 참조). 신고납세방식의 조세에 관하여 신고된 세액은 신고와 함께 납부하여야 하므로 법정납부기한은 법정신고기한과 같고, 자동확정방식의 조세에 관하여 개별 세법에 규정된 납부기한은 곧 법정납부기한을 의미한다. 반면 지정납부기한이란 관할 세무서장이나 지방자치단체의 장이 납부고지[435]를 하면서 지정한 기한을 말한다(국세징수법 제2조 제1항 제1호 나목 참조). 부과과세방식[436]이나 신고납세방식의 조세에서 납세의무자가 신고하지 않거나 신고 내용에 오류·탈루 등이 있는 경우에는 과세관청이 징수고지(또는 부과·징수고지)를 하면서 납부기한을 정하는 것이 지정납부기한이다.

회생절차에서 회생채권과 공익채권은 그 취급이 완전히 다르므로 어떤 채권이냐에 따라 이해관계인에게 미치는 영향이 크다. 제179조 제9호의 납부기한을 법정납부기한으로 보느냐 지정납부기한으로 보느냐에 따라 조세채권이 회생채권 또는 공익채권이 되기도 한다. 제179조 제9호의 '납부기한'을 지정납부기한으로 볼 경우 제179조 제9호의 조세채권에 관한 무신고·허위신고 등과 무관하게 과세관청은 회생채권 또는 공익채권으로 인정받을 수 있는 기회를 부여받을 수 있으나, 과세관청이 지정납부기한을 임의로 조절할 수 있다는 점이 가장 큰 걸림돌이다. 반대로 법정납부기한으로 해석할 경우, 과세관청의 자의에 의한 공익채권화를 막을 수 있지만, 이들 조세채권을 공익채권으로 규정한 실익이나 입법의도가 크게 반감되고, 무신고·허위신고 등의 경우 과세관청이 회생채권으로 신고할 기회조차 잃게 된다.

(가) 납부기한의 의미

① 법정납부기한설

여기서 말하는 납부기한은 원칙적으로 과세관청의 의사에 따라 결정되는 지정납부기한이 아니라 개별 세법이 객관적이고 명확하게 규정하고 있는 법정납부기한[437]을 의미한다.[438] 그 이

제60조), 부가가치세(부가가치세법 제49조), 개별소비세(개별소비세법 제9조), 주세(주세법 제23조) 등 대부분의 주요 세목에 대하여 채택하고 있다. 지방세의 경우 취득세, 등록면허세, 지방소득세(지방세기본법 제35조 제1항 제1호) 등 대부분의 세목이 이에 해당한다.

434) 자동확정방식은 조세채무의 확정을 위해 특별한 절차 없이 성립과 동시에 확정되는 방식이다. 국세의 경우는 인지세, 원천징수하는 소득세 또는 법인세, 납세조합이 징수하는 소득세, 중간예납하는 법인세(세법에 따라 정부가 조사·결정하는 경우는 제외한다), 제47조의4에 따른 납부지연가산세 및 제47조의5에 따른 원천징수 등 납부지연가산세(납부고지서에 따른 납부기한 후의 가산세로 한정한다)가(국세기본법 제22조 제4항), 지방세의 경우는 특별징수하는 지방소득세, 일부 납부지연가산세(지방세기본법 제55조 제1항 제3호 및 제4호, 제56조 제1항 제3호)(지방세기본법 제35조 제2항)가 여기에 해당한다. 국세에서는 '원천징수'라고 하고 지방세에서는 '특별징수'라 한다(지방세기본법 제2조 제20호).

435) 국세의 경우 2021. 1. 1.부터 납세자의 유형(납세자 또는 제2차 납세의무자 등)에 따라 달리 사용하던 납세고지 또는 납부통지를 '납부고지'로 통일하여 사용하고 있다.

436) 부과과세방식은 과세관청의 부과처분에 의하여 조세채무를 확정하는 방식으로 과세관청이 과세표준과 세액을 결정하는 때에 조세채무가 확정된다(국세기본법 시행령 제10조의2 제5호). 현행 세법상 이 방식을 채택하고 있는 것으로 상속세, 증여세(상속세 및 증여세법 제76조), 종합부동산세(종합부동산세법 제16조 제1항), 재산세(지방세법 제116조) 등이다. 지방세에서는 보통징수방식이라 한다(지방세기본법 제2조 제19호 참조). 재산세(지방세법 제116조 제1항), 개인분 주민세(지방세법 제79조 제1항), 자동차 소유에 대한 자동차세(지방세법 제128조 제1항), 소방분 지역자원시설세(제147조 제3항) 등이 보통징수에 해당한다.

437) 신고납세방식의 조세에 대한 법정납부기한은 부가가치세의 경우 과세기간 종료 후 25일(부가가치세법 제49조), 개

유는 다음과 같다. 회생채권인 조세채권은 다른 회생채권과 마찬가지로 신고가 필요하고(제156
조 제1항) 개별적인 권리행사가 금지됨과 아울러 회생계획에 의하여만 변제받을 수 있으며(제
131조 본문) 회생계획에서 감면이 이루어질 수도 있음에 반하여(제140조), 공익채권인 조세채권
은 회생절차에 의하지 않고 수시로 변제받을 수 있고(제180조 제1항) 회생채권과 회생담보권에
우선하여 변제받을 수 있다(제180조 제2항). 이처럼 회생채권과 공익채권은 회생절차에서 인정
되는 지위가 달라 어떠한 조세채권이 회생채권과 공익채권 중 어디에 해당하는지는 채권자·
주주·지분권자 등 다른 이해관계인에게 미치는 영향이 지대하므로, 다수 이해관계인의 법률
관계를 조절하는 회생절차의 특성상 회생채권과 공익채권은 객관적이고 명확한 기준에 의하여
구분되어야만 한다. 그럼에도 만일 제179조 제9호의 '납부기한'을 법정납부기한이 아닌 지정납
부기한으로 보게 되면, 과세관청이 회생절차개시 전에 도래하는 날을 납부기한으로 정하여 납
세고지(납부고지)를 한 경우에는 회생채권이 되고, 납세고지를 할 수 있었음에도 이를 하지 않
거나 회생절차개시 후에 도래하는 날을 납부기한으로 정하여 납세고지를 한 경우에는 공익채
권이 될 터인데, 이처럼 회생절차에서 과세관청의 의사에 따라 공익채권 해당 여부가 좌우되
는 결과를 가져오는 해석은 집단적 이해관계의 합리적 조절이라는 회생절차의 취지에 부합하
지 않고, 조세채권이 갖는 공공성을 이유로 정당화되기도 어렵다.

② 지정납부기한설

공익채권이 되는 조세채권의 범위를 회생절차개시 당시 납부기한의 도래를 기준으로 한 취
지는 그때까지 납부기한이 도래하면 자력집행에 의하여 징수할 수 있는데, 지정납부기한은 그
기한이 도래한 후라야 비로소 자력집행이 가능하기 때문에 지정납부기한으로 보아야 한다.[439]

③ 절충적 지정납부기한설[440]

신고납세방식의 조세에 관하여 법정납부기한 내에 신고가 있는 경우와 자동확정방식의 조
세의 경우에는 강제징수를 위해 별도의 납세고지절차가 필요 없으므로 납부기한은 법정납부기
한을 뜻한다고 보지만, 신고납세방식의 조세 중 미신고·허위신고 등의 경우 조세채무의 확정
과 강제징수를 위해 별도의 납세고지절차가 필요하므로 납부기한은 '지정납부기한'으로 보아야
한다.

제179조 제9호가 규정하는 조세는 본래 법적인 납세의무자가 실질적인 담세자로부터 징수
하여 국가 또는 지방자치단체를 위해 보관하는 금전의 성질을 지니고 있으므로 실질적으로는
법적인 납세의무자에게 속하지 않는 재산이다. 제179조 제9호가 공익채권이 되는 조세채권의
범위를 제한하는 기준으로 납부기한을 택한 이유는 이들 조세가 가지는 보관금적 성질에 비추

별소비세는 판매 또는 반출한 날이 속하는 분기의 다음 달 25일(개별소비세법 제10조, 제9조), 주세의 경우 제조장
으로부터 출고한 날이 속하는 달의 다음다음 달 말일(주세법 제26조, 제23조)이다. 지방세에서는 신고납부방식이라
한다(지방세기본법 제2조 제16호 참조).

438) 대법원 2012. 3. 22. 선고 2010두27523 전원합의체 판결.
439) 會社更生法, 257쪽.
440) 위 2010두27523 전원합의체 판결의 반대의견.

어 국가 또는 지방자치단체가 회생절차에 따른 징수상의 제약을 받지 않고 수시로 변제받을 수 있도록 이들 조세를 공익채권으로 취급하되, 다만 회생절차개시 전에 이미 납부기한이 도래하여 강제징수할 수 있었음에도 그 절차에 나아가지 아니한 것까지 공익채권으로 취급할 필요가 없으므로 이를 제외하려 한 것으로 보아야 한다. 납부기한의 의미를 일률적으로 법정납부기한으로 해석하게 되면 채무자회생법이 보관금적 성질을 중시하여 이들 조세를 특별히 공익채권으로 규정한 근본 취지는 거의 사라지고 말 것이다.

한편 제179조 제9호가 규정하는 조세는 부가가치세 등과 같이 납세의무자 스스로 법정신고기한까지 과세표준과 세액을 신고함으로써 구체적인 조세채무를 확정 짓는 신고납세방식의 조세와 원천징수하는 조세 등과 같이 구체적인 조세채무가 특별한 절차 없이 성립과 동시에 확정되는 자동확정방식의 조세로 분류할 수 있다. 신고납세방식의 조세에 관하여 신고된 세액은 신고와 함께 납부하여야 하므로 법정납부기한은 법정신고기한과 같고, 자동확정방식의 조세에 관하여 개별 세법에 규정된 납부기한은 곧 법정납부기한을 의미한다. 이 중 신고납세방식의 조세에 관하여 법정납부기한 내에 신고가 이루어진 경우 또는 자동확정방식의 조세의 경우에는 법정납부기한이 경과하면 과세관청이 곧바로 조세를 강제징수할 수 있는 상태에 이르지만, 신고납세방식의 조세에 관하여 납세의무자가 법정납부기한 내에 신고하지 아니하거나 신고내용에 오류 또는 탈루가 있는 경우에는 과세관청이 결정 또는 경정하지 않으면 구체적인 조세채무가 확정되어 있다고 할 수 없으므로 법정납부기한이 경과하더라도 과세관청으로서는 그 즉시 강제징수할 수 없고 과세관청이 납부기한을 정하여 납세고지, 즉 부과고지 및 징수고지를 하여야만 비로소 조세를 강제징수할 수 있게 된다. 이러한 점에 비추어 제179조 제9호가 납부기한을 공익채권 여부의 결정 기준으로 삼은 것은 회생절차개시 당시 아직 구체적인 조세채무가 확정되지 아니하여 과세관청이 강제징수할 수 없었던 것을 공익채권으로 규정하고, 회생절차개시 전에 이미 구체적인 조세채무가 확정되어 과세관청이 강제징수할 수 있었음에도 그 절차에 나아가지 않았던 경우를 공익채권에서 제외한 것으로 이해하여야 한다.

제179조 제9호의 취지를 이처럼 이해하면, 신고납세방식의 조세에 관하여 법정납부기한 내에 신고가 있는 경우와 자동확정방식의 조세의 경우에는 회생절차개시 당시 이미 구체적인 조세채무가 확정되어 있고 법정납부기한도 도래한 이상 별도의 납세고지 없이 강제징수가 가능한 상태에 있으므로 이때 제179조 제9호가 규정하는 납부기한은 법정납부기한을 뜻하는 것으로 보아야 하지만, 신고납세방식의 조세에 관하여 납세의무자가 법정납부기한 내에 과세표준과 세액을 신고하지 아니하거나 신고내용에 오류 또는 탈루가 있어 과세관청이 결정 또는 경정하여야 하는 경우에는 회생절차개시 당시 법정납부기한의 도래만으로는 구체적인 조세채무가 확정되어 있다고 할 수 없고 강제징수를 하기 위해 별도로 납부기한을 정한 납세고지가 필요하므로 이때의 납부기한은 지정납부기한을 뜻하는 것으로 보아야 한다. 다만 과세관청의 자의적인 시기 조정 등으로 인하여 공익채권으로 되는 조세채권의 범위가 부당하게 확장되는 것은 불합리하므로 위와 같은 특별한 사정이 있는 경우에는 신의칙 등을 적용하여 과세관청

이 당초 지정할 수 있었던 납부기한을 기준으로 공익채권에 해당하는지를 판단하여야 할 것이다.

법정납부기한설이 신고납세방식의 조세에 관하여 납세의무자가 법정납부기한 내에 신고하지 아니하거나 신고내용에 오류 또는 탈루가 있어 과세관청이 결정 또는 경정하여야 하는 경우까지 납부기한을 법정납부기한으로 해석하고 있는 이유는 이러한 경우에도 과세관청이 미신고·허위신고 등의 여부를 조사하여 회생채권으로 신고할 수 있으므로 이를 굳이 공익채권으로 취급할 필요가 없다고 이해하는 것으로 보인다. 그러나 각종의 과세자료가 납세의무자의 영역에 편중되어 있는 상황에서 과세관청이 회생계획안 심리를 위한 관계인집회기일 전까지 (실무적으로 회생절차개시신청일부터 6개월 정도 걸린다) 미신고·허위신고 등의 여부와 그 내용을 파악하기란 실질적으로 불가능하다. 만약 제179조 제9호가 규정하는 조세를 회생채권으로 취급함으로써 이에 관한 미신고·허위신고 등이 있더라도 과세관청이 이를 제때 파악하여 회생채권으로 신고하지 않은 경우 실권·면책될 수 있다면 이는 법정납부기한 내에 성실하게 세무신고를 한 채무자보다 그렇지 못한 채무자를 우대하는 것이어서 이들 조세에 관한 미신고·허위신고 등을 조장할 우려도 생기게 된다. 결국 신고납세방식의 조세에 관하여 납세의무자가 법정납부기한 내에 신고하지 아니하거나 신고내용에 오류 또는 탈루가 있는 경우 과세관청은 회생채권으로 신고할 기회를 충분히 갖지 못하거나 구체적인 조세채권의 존재를 알지 못한 채 아무런 귀책사유 없이 징수권을 제한받게 될 우려가 있으므로, 제179조 제9호는 이러한 사정도 고려하여 위와 같은 경우 회생절차개시 전에 아직 지정납부기한이 도래하지 아니한 조세채권을 공익채권으로 규정하였다고 보아야 한다.

④ 사견: 순수한 지정납부기한설

제179조 제9호의 조세를 공익채권으로 규정한 취지는 조세채권의 자력집행권을 보장하기 위한 것이라는 점, 절충적 지정납부기한설은 신고납세방식의 조세에 관하여 법정납부기한 내에 신고가 있는 경우·자동확정방식의 조세의 경우와 신고납세방식의 조세 중 미신고·허위신고 등의 경우를 나누어 취급할 근거가 미약하고 집단적 이해관계를 조정하는 회생절차의 특성상 명확한 기준에 따라 처리할 필요가 있다는 점, 조세채권이 회생채권인지 공익채권인지 여부는 원칙적으로 납세의무 성립시기를 기준으로 하여야 하고, 다른 채권자들과 달리 과세관청은 회생절차개시신청이 있을 때 통보를 받으므로(제40조 제1항 제3호) 회생계획안 심리를 위한 관계인집회 전까지 미신고·허위신고된 조세채권을 조사하여 신고할 충분한 시간적 여유가 있는 점, 회생채권인 조세채권에 대하여 여러 가지 특칙을 인정하고 있어 보호가 충분함에도 더 나아가 공익채권으로까지 인정할 필요성은 없는 점, 조세채권을 어떻게 취급하는지는 회생절차에 중대한 영향을 미치고 공익채권이 늘어나면 회생절차의 성공가능성이 낮아지는 점 등을 고려하면, 법정납부기한이 각 세법에 개별적으로 규정된 조세는 처음부터 제179조 제9호의 적용대상이 되지 않고, 순수한 지정납부기한[441]만을 그 적용의 대상으로 보아야 한다. 이럴 경우

공익채권의 범위는 상당히 제한된다. 다만 이 경우에도 과세관청의 자의적인 시기 조정 등으로 인하여 공익채권으로 되는 조세채권의 범위가 부당하게 확장되는 것은 불합리하므로 위와 같은 특별한 사정이 있는 경우에는 신의칙 등을 적용하여 과세관청이 당초 지정할 수 있었던 납부기한을 기준으로 공익채권에 해당하는지를 판단하여야 할 것이다.

> **사례** 납부기한을 법정납부기한으로 볼 경우 회생절차개시결정의 시기에 따라 조세채권이 회생채권 또는 공익채권이 된다. 2024년 제2기 부가가치세의 경우를 본다.
> ○ 과세기간: 2024. 7. 1.~2024. 12. 31.(부가가치세법 제5조 제1항 제2호)
> ○ 신고납부기한(법정납부기한): 2025. 1. 25.(부가가치세법 제49조 제1항)
> ① 2024. 12. 1. 회생절차개시결정: 공익채권(납세의무 성립시기가 2024. 12. 31.이므로 회생절차개시 후에 납세의무가 성립된 것임)
> ② 2025. 1. 10. 회생절차개시결정: 공익채권(신고납부기한이 도래하지 아니함)
> ③ 2025. 2. 10. 회생절차개시결정: 회생채권(신고납부기간 경과)

(나) 법정납부기한으로 볼 경우 가산세 문제

한편 납부기한을 대법원과 같이 법정납부기한으로 해석하는 경우 가산세와 관련하여 문제가 있다. 가산세는 법령에 납기가 정해져 있지 않고 과세관청의 납세고지에 의해서 납기가 정해지기 때문이다.[442] 문제가 생기는 것은 회생절차개시 전에 본세의 납기는 이미 경과하거나 도래하였는데 아직 납부고지가 이루어지지 아니하여 가산세의 납기가 정해지지 아니하였거나 납부고지에 의해 정해진 납기가 아직 경과하지 아니하거나 도래하지 않은 경우이다.

이 경우 가산세에 관하여는 과세관청이 납부고지서에 기재한 납부기한을 제179조 제9호에서 말하는 납부기한으로 볼 수밖에 없다는 견해가 있다.[443] 따라서 위와 같은 경우 본세는 회생채권이 되지만 가산세는 제179조 제9호의 적용을 받아 공익채권이 된다는 것이다.

그러나 가산세는 과세권의 행사와 조세채권의 실현을 용이하게 하기 위하여 세법에 규정된 의무를 정당한 이유 없이 위반한 납세자에게 부과하는 일종의 행정상의 제재로서 징수절차의 편의 때문에 당해 세법이 정하는 국세나 지방세의 세목으로 하여 그 세법에 의하여 산출한 본세의 세액에 가산하여 함께 징수하는 것일 뿐 세법이 정하는 바에 따라 성립 확정되는 국세나 지방세와는 본질적으로 그 성질이 다르다.[444] 또한 일부 가산세의 납세의무는 이를 가산할 국

---

441) 지정납부기한은 ① 신고납세방식에서 신고가 없거나 정당하지 않은 경우 과세관청의 결정 또는 경정에 의하여 세액을 확정되는 경우와 ② 부과과세방식에서 과세관청이 과세표준과 세액의 결정통지서에 의하여 납세의무를 확정되는 경우에 문제될 수 있다. 제179조 제9호와 관련하여 문제되는 것은 ①의 경우만이다.

442) 대법원 1998. 3. 24. 선고 95누15704 판결(가산세의 납세의무의 확정을 위하여는 과세관청의 가산세 부과처분이 별도로 필요하다) 참조.

443) 최완주, 전게 "정리절차와 조세", 543쪽. 예컨대 부가가치세의 제1기의 과세기간은 매년 1. 1.부터 6. 30.까지이고 그에 대한 법정납부기한은 7. 25.까지인데(부가가치세법 제49조 제1항), 그 과세기간의 거래 중 가산세 부과 대상 거래가 있었으며 8. 30.에 회생절차가 개시되었고 그때까지 가산세를 포함한 부가가치세의 납부고지가 없었거나 있더라도 그 납부기한이 8. 30. 이후인 경우, 본세인 부가가치세는 회생채권이 되나 가산세는 공익채권이 된다는 것이다. 그러나 아래에서 보는 바와 같이 이 경우 가산세도 회생채권으로 보아야 한다.

세나 지방세의 납세의무가 성립하는 때에 성립한다(국세기본법 제21조 제1항 제11호 마목, 지방세기본법 제34조 제1항 제12호 사목 단서). 따라서 위와 같은 경우 가산세의 납세의무는 본세의 납세의무가 성립한 때에 성립하여 회생절차개시 전 원인으로 생긴 조세채권에 해당하므로 제179조 제9호의 납부기한의 도래 여부와 관계없이 회생채권에 해당한다고 볼 것이다.

결론적으로 가산세의 경우는 본세가 제179조 제9호의 각 세목에 해당되어 공익채권이 될 여지가 있는 경우라도 이를 고려할 필요 없이 가산세 고유의 과세요건과 그 성립시기[445]를 검토하여 회생채권인지 공익채권인지 여부를 판단하여야 할 것이다.

(11) 근로자의 임금, 퇴직금 및 재해보상금 (제10호)[446]

채무자의 근로자의 임금, 퇴직금 및 재해보상금은 공익채권이다. 그 채권의 발생시기가 회생절차개시 전인지 후인지를 불문하고 공익채권으로 취급한다.[447] 이는 근로자의 임금채권 등을 보호하여야 한다는 정책적인 배려(사업의 계속을 위해 근로자를 확보할 필요가 있다)에서 공익채권으로 인정한 것이다. 근로복지공단이 근로자의 임금, 퇴직금을 대지급금(임금채권보장법 제7조)으로 지급하고 그에 해당하는 근로자의 임금 등을 대위행사하는 경우에도 공익채권이다.[448]

---

444) 대법원 2007. 3. 15. 선고 2005두12725 판결, 대법원 1998. 7. 10. 선고 97누10895 판결 등 참조.
445) 원칙적으로 가산세별로 납세의무의 성립시기가 별도로 규정되어 있다(국세기본법 제21조 제2항 제11호 가. 내지 라목, 지방세기본법 제34조 제1항 제12호 가. 내지 사목 본문).
446) 중국 <기업파산법>의 경우는 근로자의 임금 등에 대하여 우리와 달리 회생신청 수리 전에 발생한 것은 회생채권으로(제82조 제1항 제2호), 회생신청 수리 후에 발생한 임금 등은 공익채권으로 취급하고 있다(제42조 제4호). 다만 회생채권으로 취급하고는 있지만 채권신고를 할 필요가 없고, 관리인이 조사하여 채권자목록에 기재하도록 하고 있다(제48조 제2항). 또한 회생계획안에 대한 표결을 진행할 때 임금 등 채권자는 별도의 조로 분류한다(제82조).
447) 고용관계가 해지된 경우(관리인에 의하여 해고된 경우, 제119조 제1항에 의해 해지가 선택된 경우)에는 본 호에, 고용관계가 유지된 경우(제119조에 의하여 이행이 선택된 경우)에는 제2호나 제5호에 해당한다고 볼 수도 있다.
448) 대법원 2011. 6. 24. 선고 2009다38551 판결 참조. 근로복지공단이 체불 임금 등의 사업주에 대한 융자사업을 통해 체불 임금 등을 지급한 경우 해당 채권도 공익채권인가. 근로복지공단은 임금채권보장법 제7조의2에 따라 체불 임금 등의 사업주에 대한 융자사업으로 융자대행금융회사인 중소기업은행을 통해 근로자에게 직접 임금 등을 지급하고, 추후 일정한 사유 발생 시(융자금 상환이 지체될 경우 근로복지공단이 중소기업은행에 대위변제함) 융자대행금융회사로부터 대출채권을 양수받아 사업주로부터 회수하고 있다. 사업주가 융자를 받은 후 회생절차를 신청한 경우 위 대출채권은 회생채권인가 공익채권인가. 사업주의 융자사업 신청 경위 및 목적은 근로자의 생계를 보호하기 위한 체불 임금 등을 청산하기 위한 것으로 대지급금과 그 성격이 같고, 융자금은 직접 근로자에게 지급하며(임금채권보장법 제7조의2 제2항), 대지급금의 지급을 위해 임금채권보장기금을 설치, 운영하는데(임금채권보장법 제17조), 위 기금은 체불 임금 등을 지급하기 위한 사업주 융자사업에도 사용하고 있다(임금채권보장법 제19조 제3호)는 점에서 공익채권으로 보아야 한다는 견해가 있을 수 있다. 그러나 대지급금은 근로복지공단이 사업주를 대신하여 지급하지만, 융자금은 사업주의 신청에 따라 체불 임금 등을 지급하기 위하여 대출하는 것이고 단지 근로자를 보호하기 위하여 근로자에게 직접 지급하는 것일 뿐이므로 그 성질은 대출금(융자)이라고 보아야 하는 점(중소기업은행이 사업자에게 가지는 채권은 대출금채권이다), 근로복지공단이 융자금 상환이 지체된 경우 중소기업은행에 대위변제한다고 하더라도 변제자대위에 의하여 행사할 수 있는 것은 임금채권이 아니라 대출금채권이라고 보아야 하는 점에서 근로복지공단이 체불 임금 등의 사업주에 대한 융자사업을 통해 체불 임금 등을 지급한 경우 해당 채권은 회생채권이라고 보아야 할 것이다. 따라서 사업자에 대하여 회생절차가 개시된 경우 사업자는 융자사업을 통해 근로자에게 지급된 임금을 대출금 채무로 회생채권목록에 기재하거나 중소기업은행이 회생채권으로 신고한 다음, 근로복지공단이 대위변제한 경우 채권자 변경 절차를 통해 회생채권자로 취급되어야 할 것이다.

근로자의 임금이란 임금, 봉급, 수당, 상여금 등 명칭 여하를 불문하고 근로의 대가로[449] 사용자가 근로자에게 지급하는 것을 말한다(근로기준법 제2조 제1항 제5호).[450] 휴업수당청구권(근로기준법 제46조 제1항)도 본 호에서 말하는 공익채권에 해당한다.[451] 퇴직금과 관련하여 퇴직시기가 회생절차개시결정 전인지 후인지를 묻지 않는다. 재해보상금은 근로기준법(제78조 이하)에서 정한 요건과 범위 내에서 인정되고, 이를 초과하는 부분은 회생채권인 손해배상채권이 될 수

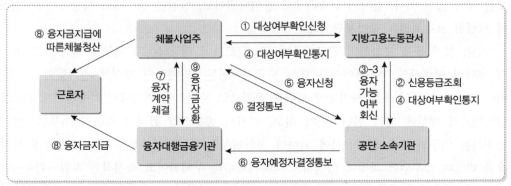

[근로복지공단의 사업주 융자사업의 구조]

---

449) 근로의 대가가 아닌 재해보상(근로기준법 제78조 이하)은 임금에 포함되지 않는다.

450) 임금은 ① 사용자가 근로자에 지급하는, ② 근로의 대가로서, ③ 명칭과 상관없이 지급되는 일체의 금품을 말한다. ②와 관련하여 어떤 금품이 근로의 대상으로 지급된 것이냐를 판단함에 있어서는 그 금품지급의무의 발생이 근로제공과 직접적으로 관련되거나 그것과 밀접하게 관련된 것으로 볼 수 있어야 하고, 이러한 관련 없이 그 지급의무의 발생이 개별 근로자의 특수하고 우연한 사정에 의하여 좌우되는 경우에는 그 금품의 지급이 단체협약·취업규칙·근로계약 등이나 사용자의 방침 등에 의하여 이루어진 것이라 하더라도 그러한 금품은 근로의 대상으로 지급된 것으로 볼 수 없다. 근로자 개인의 실적에 따라 결정되는 성과급은 지급조건과 지급시기가 단체협약 등에 정하여져 있다고 하더라도 지급조건의 충족 여부는 근로자 개인의 실적에 따라 달라지는 것으로서 근로자의 근로제공 자체의 대상이라고 볼 수 없으므로 임금에 해당된다고 할 수 없다(대법원 2004. 5. 14. 선고 2001다76328 판결). 또한 ㉮ 근로자의 개인적인 길흉화복을 이유로 지급되는 임의적·의례적인 경조금 및 위문금, ㉯ 해고예고에 대신하여 지급되는 해고수당, ㉰ 장비구입비, 출장비, 판공비 및 업무비용 등과 같이 실비변상적인 금품(대법원 1990. 11. 27. 선고 90다카10312 판결 참조)은 근로의 대가가 아니므로 임금이 아니다. 이들은 임금은 아니어서 최우선변제의 대상(근로기준법 제38조 제2항)은 아니지만 임금채권에는 해당하여 우선변제를 받는다(근로기준법 제38조 제1항).
　　우선변제가 인정되는 임금채권(근로기준법 제38조 제1항)은 ① 임금(근로기준법 제2조 제5호)·재해보상금(근로기준법 제78조 이하), ② 그 밖에 근로관계로 인한 채권을 말한다. ②는 ①에 포함되지 않는 각종 수당·상여금·귀향여비 및 해고예고수당 등 근로자가 근로관계를 원인으로 하여 사용자로부터 수령할 수 있는 모든 금품에 대한 채권을 말한다. 우선변제가 인정되는 퇴직급여등채권(근로자퇴직급여 보장법 제12조 제1항)은 사용자에게 지급의무가 있는 퇴직금, 확정급여형퇴직연금제도의 급여, 확정기여형퇴직연금제도의 부담금 중 미납입 부담금 및 미납입 부담금에 대한 지연이자, 중소기업퇴직연금기금제도의 부담금 중 미납입 부담금 및 미납입 부담금에 대한 지연이자, 개인형퇴직연금제도의 부담금 중 미납입 부담금 및 미납입 부담금에 대한 지연이자를 말한다.
　　결국 임금, 퇴직금(퇴직급여등) 및 재해보상금은 공익채권이고(제179조 제1항 제10호), 그 밖에 근로관계로 인한 채권은 일반의 우선권 있는 회생채권이다.

451) 대법원 2013. 10. 11. 선고 2012다12870 판결{근로기준법 제2조 제1항 제5호는 "임금이란 사용자가 근로의 대가로 근로자에게 임금, 봉급, 그 밖에 어떠한 명칭으로든지 지급하는 일체의 금품을 말한다"라고 규정하고 있는데, 근로기준법 제46조 제1항에서 정한 '사용자의 귀책사유로 휴업하는 경우'에 지급하는 휴업수당은 비록 현실적 근로를 제공하지 않았다는 점에서는 근로 제공과의 밀접도가 약하기는 하지만, 근로자가 근로 제공의 의사가 있는데도 자신의 의사와 무관하게 근로를 제공하지 못하게 된 데 대한 대상(代償)으로 지급하는 것이라는 점에서 임금의 일종으로 보아야 하므로 휴업수당청구권은 채무자회생법에서 정한 공익채권에 해당한다.}, 대법원 2013. 10. 11. 선고 2012다13491 판결.

있을 뿐이다.[452]

채무자의 근로자의 임금·퇴직금 및 재해보상금은 문언상 원본채권만을 의미하는 것으로 보아야 하고, 그 법적 성질을 달리하는 지연손해금은 이에 해당한다고 볼 수 없다. 임금 등 채권에 대한 회생절차개시 이후의 지연손해금은 앞에서 본 바와 같이 《(5)》(제5호)에 의한 공익채권이다.[453]

이사, 감사 등 임원은 근로자가 아니므로 그 보수는 공익채권이 아니다.[454] 다만 등기부상 이사, 감사 등 임원으로 등재되어 있더라도 실질적으로 근로자인 경우에는 회생절차개시 전·후를 묻지 않고 이사, 감사의 보수채권도 공익채권이고, 임원인 경우에도 회생절차개시결정 후에 발생한 보수채권은 공익채권이다.

이사, 감사 등을 포함하여 근로기준법상의 근로자에 해당하는지 여부를 판단함에 있어서는 그 계약이 민법상의 고용계약이든 또는 도급계약이든 그 계약의 형식에 관계없이 그 실질에 있어 근로자가 사업 또는 사업장에 임금을 목적으로 종속적인 관계에서 사용자에게 근로를 제공하였는지 여부에 따라 판단하여야 하고, 여기서 종속적인 관계가 있는지 여부를 판단함에 있어서는 업무의 내용이 사용자에 의하여 정하여지고 취업규칙·복무규정·인사규정 등의 적용을 받으며 업무수행 과정에 있어서도 사용자로부터 구체적이고 직접적인 지휘·감독을 받는지 여부, 사용자에 의하여 근무 시간과 근무 장소가 지정되고 이에 구속을 받는지 여부, 근로자 스스로가 제3자를 고용하여 업무를 대행케 하는 등 업무의 대체성 유무, 비품·원자재·작업도구 등의 소유관계, 보수가 근로 자체의 대상적 성격을 갖고 있는지 여부와 기본급이나 고정급이 정하여져 있는지 여부 및 근로소득세의 원천징수 여부 등 보수에 관한 사항, 근로제공 관계의 계속성과 사용자에의 전속성의 유무와 정도, 사회보장제도에 관한 법령 등 다른 법령에 의하여 근로자로서의 지위를 인정받는지 여부, 양 당사자의 경제·사회적 조건 등을 종합적으로 고려하여 판단하여야 하고, 회사의 이사 등 임원의 경우에도 그 형식만을 따질 것이 아니라 위 기준을 종합적으로 고려하여 판단하여야 한다.[455]

---

452) 한편 수급권자(보험급여를 받을 수 있는 근로자)가 산업재해보상보험법에 따라 보험급여를 받았거나 받을 수 있으면 보험가입자(사업자=채무자)는 동일한 사유에 대하여 「근로기준법」에 따른 재해보상 책임이 면제되므로(산업재해보상보험법 제80조 제1항), 근로자는 재해보상금을 공익채권으로 주장할 수 없다.

453) 대법원 2014. 11. 20. 선고 2013다64908 전원합의체 판결 참조. 공익채권인 임금채권에 대한 회생절차개시일 전날까지 발생한 지연손해금 채권은 회생채권이고(대법원 2015. 1. 29. 선고 2013다219623 판결, 대전고등법원 2015. 5. 15. 선고 2014나10784 판결 등 참조), 회생절차개시일 당일부터 지급일까지 발생한 지연손해금 채권은 공익채권임을 유의하여야 한다. 따라서 공익채권인 지연손해금 채권의 발생을 막기 위하여 신속히 임금 등을 변제할 필요가 있다. 채무자 회사의 관리인이 임금을 지급하지 않아 발생하는 미지급 임금은 상행위로 생긴 것이므로 그 변형으로 인정되는 지연손해금채무, 즉 채무불이행으로 인한 손해배상채무도 상사채무라 할 것이므로 지연이자는 상법이 정한 연 6%로 지급하여야 한다(대법원 2014. 8. 26. 선고 2014다28305 판결 참조). 소송촉진 등에 관한 특례법이 적용되는 것은 당연하다(연 12%). 다만 회생절차개시결정이 있는 경우 그 사유가 존속하는 기간에 대하여는 근로기준법 제37조 제1항, 근로기준법 시행령 제17조가 정한 연 20%의 지연손해금율이 적용되지 않는다(근로기준법 제37조 제2항, 근로기준법 시행령 제18조 제1호, 임금채권보장법 제7조 제1항 제1호).

454) 회생절차개시결정 전에 발생한 것은 회생채권이고, 회생절차개시결정 이후에 발생한 것은 공익채권이다.

455) 대법원 2005. 5. 27. 선고 2005두524 판결.

(12) 회생절차개시 전의 원인으로 생긴 근로자의 임치금과 신원보증금의 반환청구권 (제11호)

회생절차개시 전의 원인으로 생긴 근로자의 임치금 및 신원보증금의 반환청구권은 공익채권이다. 근로자의 임치금과 신원보증금[456]은 근로자보호라는 측면에서 사회정책적으로 고려할 필요가 있고, 채권의 성질상 보관금의 성격을 가지므로 환취권에 준하여 공익채권으로 취급한 것이다.[457] 또한 임치금 및 신원보증금은 여신으로서의 성질을 가지는 것은 아니고, 회생계획에 의한 권리변경을 감수하여야 하는 성질의 것은 아니라는 입법자의 결단이다.

(13) 회생절차개시신청 후의 법원의 허가를 얻은 차입금 등 (제12호)[458]

(가) 취 지

채무자 또는 보전관리인이 회생절차개시 신청 후 그 개시 전에 법원의 허가를 받아 행한 자금의 차입, 자재의 구입 기타 채무자 사업의 계속에 불가결한 행위를 함으로 인하여 생긴 청구권은 공익채권이다. 회생절차가 원만하게 궤도에 진입할 수 있는지는 회생절차개시신청 후에도 사업의 중단 없이 계속적으로 수행될 수 있는지, 일시 중단되었다고 하여도 조기에 재개할 수 있는지 여부에 달려 있다. 회생절차를 계속하기 위해서는 종업원의 급여 지급이나 원재료의 구입을 위한 자금이 필요하다. 본 호는 이러한 자금의 차입(DIP financing)이나 자재의 구입 등을 용이하게 함과 동시에 신용을 공여한 측의 보호를 목적으로 규정된 것이다.[459] 한편으론 법원의 보전처분이 내려지면 회생절차개시 신청 시부터 개시 전까지 예외적으로 법원의 허가가 있어야만 채무자는 위와 같은 거래행위를 할 수 있는데, 법원의 허가를 통하여 형성된 거래관계에서 발생한 청구권임을 고려한 것이다.

(나) 법원의 허가

법원이 자금의 차입을 허가함에 있어서는 채권자협의회의 의견을 들어야 하며,[460] 채무자와 채권자의 거래상황, 채무자의 재산상태, 이해관계인의 이해 등 모든 사정을 참작하여야 한다(제179조 제2항).

여기서 법원의 허가는 사전에 얻어야 하고, 행위 후의 허가는 공익채권으로서의 효력이 발생하지 않는다고 할 것이다.[461] 원칙적으로 법원의 허가를 받은 행위에 한하여 공익채권이 되

---

456) 다만 입법론적으로 고용계약에서 신원보증금이 삽입되는 경우는 거의 존재하지 않는다는 점에서 삭제를 고려할 필요가 있다.
457) 회생사건실무(상), 506쪽.
458) 일본 회사갱생법 제128조, 민사재생법 제120조 참조.
459) 條解 民事再生法, 621쪽.
460) 원활한 신규자금의 확보를 위하여 2016. 5. 29. 개정시에 법원이 의견을 들어야 할 대상을 '이해관계인'에서 '채권자협의회'로 변경한 것이다.
461) 법원의 허가를 받지 않고 자재의 구입 등을 한 경우[계속적이고 정상적인 영업활동(제8의2호)이거나 채무자 사업의 계속에 불가결한 행위(제12호)이다] 제8의2호와 제12호의 관계에서 문제가 있다. 회생절차개시신청 전 20일 이내에는 채무자가 법원의 허가를 받지 않고(회생절차개시신청 전이므로 법원의 허가를 받는다는 것 자체가 불가능하다) 자재의 구입 등을 한 경우에는 공익채권으로 인정되지만, 회생절차개시신청 후에는 법원의 허가를 받지 않고 동일한 행위를 한 경우 공익채권으로 인정되지 않는다. 동일한 행위에 대하여 신청 전후로 차별을 하여야 할 합리적인

나, 보전처분시 채무자의 일상 업무에 속하여 법원의 허가를 받지 않아도 되도록 한 행위에 대하여는 법원의 허가가 없더라도 보전처분이 있은 후에는 공익채권이 된다고 할 것이다.

(다) 적용대상이 되는 청구권

① 채무자 사업의 계속에 불가결한 행위

'사업을 계속하는 데에 불가결한 행위'란 채무자의 사업의 종류, 규모, 변제능력 등을 고려하여 판단하여야 하지만, '불가결한 행위'를 너무 엄격하게 해석하면 회생의 곤란을 초래할 수 있으므로 유연하게 대처하여야 할 것이다. 자금의 차입, 자재의 구입은 예시에 불과하다.

② 회생절차개시신청 후 그 개시 전에 한 행위

본 호에 따라 공익채권이 되는 것은 회생절차개시신청 후 그 개시 전에 한 행위로 인하여 발생한 청구권이다. 회생절차개시 후에 관리인이 한 자금의 차입 등으로 인하여 발생한 청구권은 당연히 공익채권이 된다(제179조 제1항 제5호). 다른 한편 회생절차개시신청 전의 행위에 의하여 발생한 청구권은 본 호의 적용대상이 아니고, 제8의2호에 해당하는지 여부가 문제될 뿐이다.

[차입금 등의 공익채권 해당 관련 조문(제179조 제1항)]

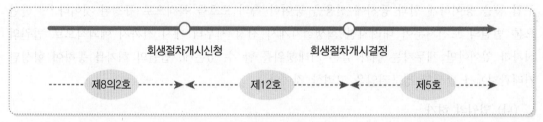

(14) 채권자협의회의 활동에 필요한 비용(제13호)

(15) 채무자 및 그 부양을 받는 자의 부양료(제14호)

개인이 회생절차를 신청한 경우 채무자 및 그 가족의 생계보호를 위한 사회정책적인 이유에서 공익채권으로 인정한 것이다.

이유가 없다는 점에서 자금의 차입을 제외한 '자재의 구입 기타 채무자 사업의 계속에 불가결한 행위'에 대하여 제12호가 법원의 허가를 요건으로 하는 것이 적절한지는 의문이다. 실무적으로도 채무자가 회생절차개시신청 후 법원 허가를 받아야 한다는 것을 모른 채 자재의 구입 등을 한 경우가 더러 있고, 이 경우 공익채권으로 인정받지 못함으로써 거래처와 갈등이 발생하고 그 결과 회생절차 진행에 문제가 생기는 경우가 종종 있다. 회생절차개시신청을 대리하는 대리인(변호사)으로서는 주의할 필요가 있다.

입법론적으로는 ① 보전처분이 있다고 하더라도 채무자의 계속적이고 정상적인 사업을 가능하게 하는 영업활동에 해당하는 제품, 원재료 등의 처분행위까지 금지되는 것은 아니라는 점(대법원 1991. 9. 24. 선고 91다14239 판결), ② 회생절차개시신청을 하였다는 것만으로 채무자 사업의 계속에 불가결한 자재의 구입 등을 할 경우 법원의 허가를 얻도록 하는 것이 타당한지 의문인 점, ③ 앞에서 본 바와 같이 동일한 행위에 대하여 신청 전후로 차별을 하여야 할 합리적인 이유가 없다는 점에서 자금의 차입을 제외한 '자재의 구입 기타 채무자 사업의 계속에 불가결한 행위'에 대하여는 법원의 허가를 받는 행위에서 제외하는 것이 타당하다.

실무적으로는 사전에 법원으로부터 포괄허가를 받아두는 방식으로 해결할 수밖에 없다(본서 209쪽 각주 13) 참조).

(16) 그 밖에 채무자를 위하여 지출하여야 할 부득이한 비용 (제15호)[462]

전 각호에 해당하지 않는 비용으로서 부득이한 것을 말하고, 전 각호를 보완하는 것이다. 예컨대 법인의 경우 그의 인격적(조직법적·사단법적) 활동이 회생절차와 분리될 수 있다. 회생절차개시 후의 인격적 활동(주주총회의 개최, 주주명부의 정비 등)을 위한 비용은 공익채권으로 보아야 한다. 다만 부득이한 것으로 취급되기 위해서는 그 비용의 지출이 사업(채무자)의 유지 또는 회생을 위하여 불가결한 것이어야 한다. 채무자를 위하여 필요한 것으로 인정되지 않는 것은 개시후기타채권(제181조)이다.

한편 회생절차개시 전에 발생한 것도 '채무자를 위하여 지출하여야 할 부득이한 비용'에 포함될 수 있는가. 조문상으로는 회생절차개시 후로 한정되어 있지 않으므로 포함된다고 볼 여지도 있지만, 공익채권은 원칙적으로 개시결정 후에 발생한 것을 말하고 제15호는 전 각호의 보완적인 규정이며, 공익채권이 늘어나면 회생계획의 수행가능성에 문제가 생긴다(회생절차는 회생을 목적으로 하기 때문에 가급적 회생채권으로 포섭하여야 한다)는 점에서 본 호에서 말하는 부득이한 비용은 회생절차개시 후에 발생한 것을 말한다고 할 것이다.[463]

나. 특별 공익채권

제179조 이외에 개별 규정에서 공익채권으로 규정한 것이 있다. 다만 일반 공익채권과 특별 공익채권 사이에는 파산절차와 달리(제477조 제2항, 제3항) 차이가 존재하기 않기 때문에 단지 강학상의 구별에 지나지 않는다는 점은 앞에서 본 바와 같다.

(1) 채무자 이외의 자가 회생절차개시를 신청하여 회생절차개시결정이 있는 때 신청인의 비용상환청구권 (제39조 제4항)

채권자가 회생절차개시를 신청한 경우 예납금은 채권자가 납부하여야 한다(제39조 제1항). 이 경우 채권자가 납부한 예납금과 관련한 비용상환청구권은 공익채권이다. 이러한 비용은 회생채권자 등이나 주주 전원이 부담하지 않으면 안 되기 때문이다.

(2) 회생절차개시결정에 의하여 중지된 강제집행·체납처분(강제징수) 등의 속행을 명한 경우 속행된 절차 또는 처분에 관한 비용청구권 (제58조 제6항)

중지된 절차나 처분이 속행된 결과로서 회생절차에서 어떠한 이익이 발생하는 것이 예정되어 있기 때문에 채무자에 대한 비용상환청구권을 공익채권으로 한 것이다.

---

462) 회생절차(제179조 제1항 제15호)와 개인회생절차(제583조 제1항 제6호)에서는 이와 같은 일반조항이 있지만, 파산절차(제473조)에서는 이러한 일반조항이 없다. 회생절차나 개인회생절차는 회생을 목적으로 하므로 상황에 따라 공익채권이나 개인회생재단채권의 범위를 결정할 여지를 줄 필요성이 있지만, 청산을 목적으로 한 파산절차에서는 그 필요성이 없다는 점을 고려한 것으로 보인다.

463) 일본 회사갱생법 제127조 제7호, 민사재생법 제119조 제7호는 '개시결정 후에 생긴 것'임을 명확히 하고 있다.

(3) 개시결정에 의하여 중단한 회생채권이나 회생담보권과 관계없는 소송을 관리인 또는 상대방이 수계한 경우의 소송비용청구권(제59조 제2항)

관리인이 중단된 회생채무자의 재산에 관한 소송절차를 수계한 경우 상대방의 회생채무자에 대한 소송비용 상환청구권은 소송절차를 수계한 이후의 소송비용뿐만 아니라 소송수계 이전에 회생채무자가 소송을 수행한 때의 소송비용까지 포함하여 공익채권으로 된다(소송비용청구권의 공익채권화). 항소심에서 수계되고 관리인이 패소한 경우 1심의 소송비용도 공익채권이 된다.[464] 회생절차개시 전의 소송절차를 원인으로 한 소송비용 상환청구권은 형식적으로는 회생채권으로 생각되지만 상대방과의 공평의 견지에서 공익채권으로 한 것이다.[465]

회생채권이나 회생담보권과 관계없는 소송을 수계한 경우만을 규정하고 있지만, 회생채권이나 회생담보권과 관계있는 소송을 수계한 경우(제172조 제1항, 제174조 제2항)의 채무자에 대한 소송비용청구권도 공익채권이라고 할 것이다. 이러한 소송비용은 회생채권자 등이나 주주 전원이 부담하지 않으면 안 되기 때문이다.

(4) 채무자의 행위가 부인된 경우에 채무자가 받은 반대급부에 의하여 생긴 이익의 전부나 일부가 채무자의 재산 중에 현존하는 때에 그 현존이익의 반환을 청구하는 권리(제108조 제3항 제2호, 제4호)

상대방과의 공평의 견지에서 공익채권으로 된 것이다.

(5) 채무자가 위탁자로서 한 신탁행위가 부인되어 신탁재산이 원상회복된 경우 그 신탁과 관련하여 수탁자와 거래한 선의의 제3자가 그로 인하여 갖게 되는 채권(제113조의2 제6항).

이 경우 제3자는 원상회복된 신탁재산의 한도에서 공익채권자로서 권리를 행사할 수 있다. 상대방과의 공평의 견지에서 공익채권으로 된 것이다.

(6) 쌍방미이행의 쌍무계약을 관리인이 해제 또는 해지한 경우에 채무자가 받은 반대급부에 대하여 상대방이 가지는 현존이익의 반환 또는 그 가액의 상환청구권(제121조 제2항)

상대방과의 공평의 견지에서 공익채권으로 된 것이다.

(7) 채무자의 재산이 회생채권 또는 회생담보권의 확정에 관한 소송으로 이익을 받은 경우에 있어서 이의를 주장한 회생채권자 등이 그 이익의 한도에서 가지는 소송비용 상환청구권(제177조)

관련 내용은 〈제10장 제5절 Ⅱ.〉(본서 827쪽)를 참조할 것.

---

464) 대법원 2016. 12. 27. 자 2016마5762 결정(☞ 신청인의 본안소송 제1심 소송비용 상환청구권이 회생채권에 해당함을 전제로, 신청인이 채권조사확정재판을 신청하지 않는 등으로 위 소송비용 상환청구권으로 채무자에 대한 회생절차에 참가할 수 없게 됨에 따라, 회생계획인가결정이 있는 때에 위 소송비용 상환청구권이 실권되었으므로, 위와 같이 실권된 소송비용 상환청구권의 확정을 구하는 이 사건 신청은 부적법하다고 판단한 원심의 결정을 파기한 사례) 참조.
465) 條解 民事再生法, 352쪽.

(8) 회생절차개시결정에 의하여 중지되었다가 회생계획인가결정에 의하여 실효된 파산절차에서의 재단채권(제256조 제2항)

회생절차개시결정으로 중지된(제58조 제2항 제1호) 파산절차에서의 재단채권은 개시된 회생절차의 기초인 채무자의 재산의 보전에 기여한 측면이 있을 뿐만 아니라, 파산절차에서 회생절차로의 이행을 원만하게 하려는 목적에서 공익채권으로 한 것이다. 한편 정책적 이유에서 재단채권으로 한 조세 등 청구권은 공익채권이 아니다(본서 1008쪽).

다. 회생채권자 등에게 종전 권리에 갈음하여 사채를 발행하는 경우

회생계획에 따라 회생채권이나 회생담보권에 대하여 권리변경의 방법으로 회생채권자나 회생담보권자에게 새로 납입을 시키지 아니하고 종전 권리에 갈음하여 사채를 발행하는 경우(제267조 제1항), 그 사채의 성질이 공익채권인지 회생채권인지에 대한 다툼이 있다.[466]

① 공익채권이라는 견해. 회생채권 등에 대하여 사채를 발행·교부하는 당사자의 의사는 회생채권 등을 변제하기 위하여 현금 대신에 교부하는 대물변제의 성격을 가지고 있고, 회생채권으로 인정할 경우 추후 회생계획변경에 의하여 그 권리가 변경될 수 있게 되어 사채거래의 안전을 해치므로 공익채권으로 보아야 한다는 것이다.

② 회생채권이라는 견해. 회생계획에 따라 회생채권 등에 대하여 사채를 발행하는 것은 권리변경의 한 태양에 불과하고 그 동일성이 상실된다고 볼 수 없으며, 회생계획수행에 관한 비용(제179조 제1항 제3호)이나 관리인의 행위로 생긴 청구권(제179조 제1항 제5호) 등에 해당한다고 볼 수 없으므로 회생채권이라는 것이다.

3. 공익채권화의 절차[467]

법원은 필요하다고 인정하는 때에는 공익채권의 승인을 허가사항으로 정할 수 있다(제61조 제1항 제8호). 공익채권은 채무자의 재산의 구성이나 영업의 계속에 중요한 영향을 미치는 경우가 많고, 공익채권이 증가할 경우 회생계획의 수행에 지장을 주기 때문에 허가사항으로 정할 수 있도록 한 것이다. 실무적으로도 이를 허가사항으로 하고 있다.

허가를 받지 않고 공익채권을 승인하거나 변제한 경우 원칙적으로 무효이다.

채무자가 회생절차개시신청 후 그 개시 전에 법원의 허가를 받아 행한 자금의 차입, 자재의 구입 그 밖에 채무자의 사업을 계속하는 데에 불가결한 행위로 인하여 생긴 청구권은 공익채권이다(제179조 제1항 제12호). 허가는 사전허가를 의미한다. 다만 채무자가 일상적으로 행하

---

466) 회생사건실무(상), 515쪽. 종전 서울중앙지방법원의 실무는 회생채권이라는 견해를 취하고 있다고 한다.

467) **공익채권의 신고·조사·확정** 공익채권은 아래에서 보는 바와 같이 회생절차에 따르지 않는 채권이기 때문에, 신고·조사·확정절차가 존재하지 않는다. 하지만 공익채권자가 변제를 받으려면 회생절차개시결정 후 즉시 관리인에게 공익채권을 신고하여야 한다. 공익채권은 관리인이 선관주의의무에 따라 확정하지만, 실무적으로 공익채권의 승인은 법원의 허가사항이다. 관련 내용은 〈제3편 제6장 제2절 Ⅱ.4.〉(본서 1518쪽)를 참조할 것.

는 계속적인 상거래에 대하여는 회생절차개시신청 후 혼란 중에 다양한 거래처에 대하여 구체적으로 특정하여 허가를 받는 것은 쉽지 않다. 그래서 실무적으로는 채무자의 편의를 위하여 포괄적으로 사전허가를 해주고 있다.

4. 회생절차에서 공익채권자의 지위

가. 공익채권의 변제

(1) 수시변제

회생절차가 개시되면 회생채권 및 회생담보권은 절차의 제약을 받으며, 회생절차에 의하지 않고서는 변제 등 채권을 소멸시키는 행위를 할 수 없다(제131조, 제141조 제2항). 이에 대하여 공익채권은 회생절차에 따르지 않고[468] 수시로 변제할 수 있다(제180조 제1항). 따라서 공익채권은 본래의 변제기에 임의로 변제를 받는 것이다. 이행의 의무를 부담하는 자는 변제되는 채무자의 재산에 대하여 관리처분권을 가지고 있는 관리인이다. 관리인은 이행기에 따라 금전이나 물건의 급부 등 공익채권의 내용에 따라 이행할 의무를 부담한다. 이는 공익채권이 회생절차 그 자체를 수행하기 위한 비용 또는 기업의 회생을 위하여 필요한 행위로 인하여 생긴 청구권 또는 입법자가 여러 가지 이유에 의하여 정책적으로 특별히 보호할 필요가 있어서 인정한 채권이므로 그 행사는 회생채권 또는 회생담보권의 행사와는 다른 원칙에 따르도록 한 것이다.

한편 공익채권은 회생채권이나 회생담보권과 같이 신고·조사·확정을 거쳐 회생계획에서 그 변제방법이 정하여지는 것이 아니다.[469] 회생계획에서 공익채권자의 권리에 영향을 주는 조항(변제기의 유예 또는 채권의 감면 등)을 정하였다고 하여도 공익채권자가 이에 동의하지 않는 한 권리변경의 효력이 공익채권자에게 미치지 않는다.[470] 예컨대 회생계획에 의하여 채무자인 회사를 분할하면서 회생계획에서 분할 전의 회사 채무에 관하여 분할되는 회사와 설립되는 회사가 상법 제530조의9 제1항에서 정한 연대하여 변제하지 않고 일부씩 분담하여 변제하도록 한 경우, 그 조항의 효력이 공익채권자에게 미치지 않는다.[471]

관리인이 공익채권을 승인하려 할 때, 법원은 필요하다고 인정하는 경우에는 법원의 허가를 얻도록 할 수 있다(제61조 제1항 제8호). 이는 공익채권은 우선적으로 변제하여야 하고, 관리

---

468) '회생절차에 따르지 않는다'는 것은 시기적으로나 순위적으로 회생계획에 따른 분배에 앞서 채무자의 재산으로 충당될 수 있다는 의미이다. 회생절차에서 벗어난다는 뜻이 아니다. 공익채권의 변제도 회생절차 내에서 이루어진다. 따라서 제180조 제1항은 '공익채권은 <u>회생계획이 정하는 바에 따르지 않고</u> 수시로 변제한다' 개정할 필요가 있다(일본 회사갱생법 제132조 제1항 참조).

469) 공익채권은 신고도 조사도 필요 없고, 회생계획에 의한 권리변경도 받지 않는다. 공익채권의 내용에 관하여 다툼이 있는 경우나 임의로 변제를 하지 않는 경우에는 소송 등 통상의 방법으로 확정하고 회수를 하는 것이다. 이것은 채무자의 재산이 공익채권의 전액을 변제할 수 없는 경우에도 마찬가지이다.

470) 대법원 2016. 2. 18. 선고 2015다10868, 2015다10875(병합) 판결, 대법원 2010. 1. 28. 선고 2009다40349 판결, 대법원 1991. 3. 12. 선고 90누2833 판결.

471) 대법원 2016. 2. 18. 선고 2015다10868, 2015다10875(병합) 판결, 대법원 2016. 2. 18. 선고 2014다31806 판결.

인이 즉시 변제하면 회생계획의 수행에 지장이 발생할 염려가 있는 경우에는 채무자의 재산상
황이나 공익채권 상호간의 우선순위를 고려하여 변제를 하게 하려는 취지이다. 실무적으로 공
익채권의 승인은 법원의 허가사항으로 하고 있다. 이 경우 법원의 허가를 얻지 않고 한 승인
및 변제는 원칙적으로 무효이다(제61조 제3항).

(2) 우선변제

공익채권은 회생채권 또는 회생담보권에 우선하여 변제한다(제180조 제2항). 우선하여 변제
한다는 것은 채무자의 일반재산으로부터 변제를 받는 경우에 우선한다는 의미이지, 회생담보
권이 설정된 특정재산의 환가금액으로부터도 우선 변제받는다는 의미는 아니다.[472] 마찬가지
이유로 국세나 지방세의 우선권이 보장되는 체납처분(강제징수)에 의한 강제환가절차에서는 회
생채권인 조세채권이라고 하더라도 공익채권에 우선하여 변제받을 수 있다.[473] '회생채권 또는
회생담보권에 우선'한다는 것은 회생채권 또는 회생담보권보다 먼저라는 의미이지 회생채권 또
는 회생담보권보다 조기에 변제를 받는다는 것은 아니다. '우선'이란 회생채권 등에 대하여 특
별히 우선권을 부여한다는 취지가 아니고, 회생계획에 따르지 않고 수시로 변제받는 결과 회
생채권자 등에 대한 변제보다 우선한다는 취지이다. 회생채권이나 회생담보권보다 우선하여
변제받지만, 환취권, 상계권에 대하여는 우선권을 주장할 수 없다.

공익채권에 우선변제권을 인정하는 것은 회생절차개시 후 채무자와 거래하는 상대방에게
우선변제권을 부여하여야만 거래가 가능하다는 법정책적 고려에서 비롯된 것이다. 채무자가
사업을 계속하여 회생하면 궁극적으로 회생채권자·회생담보권자에게도 이익이므로 공익채권
자에게 우선변제권을 인정하더라도 합리적 이유 없이 차별한 것으로 볼 수 없다.

회생절차가 폐지되어 파산절차로 이행한 경우에는 공익채권은 재단채권이 된다. 한편 회생
절차가 폐지된 후 파산절차로 이행되지 않는 경우(제286조, 제287조에 의한 회생절차 폐지의 경우
필수적 파산선고 대상이 아니다), 회생절차가 목적을 달성하여 종료한 경우(제283조에 의한 회생절
차의 종결)에는 채무자의 재산에 대한 관리처분권은 다시 채무자에게 이전되므로, 채무자가 미
변제된 공익채권을 변제할 책임을 부담하게 된다.

한편 회생담보권이 설정된 특정재산을 새로운 공익채권을 위한 담보(공익담보권)로 제공하여
도 후자는 기존 담보권보다 후순위이다. 회생절차개시결정의 취소(제54조 제3항), 회생절차의
폐지(제291조), 회생계획의 불인가결정(제248조)의 경우에도 공익채권은 지급된다.

나. 채무자의 재산이 부족한 경우

(1) 변제방법

채무자의 재산이 공익채권 전액을 변제하기에 부족한 경우에는 법령에 정하는 우선권에 불

---

472) 대법원 1993. 4. 9. 선고 92다56216 판결 참조.
473) 대법원 2012. 7. 12. 선고 2012다23252 판결 참조.

구하고[474] 아직 변제하지 아니한 채권액의 비율에 따라 변제되는 것이 원칙이다.[475] 다만 채무자가 회생절차 개시 전에 법원의 허가를 얻어 차입한 공익채권이나 관리인이 법원의 허가를 얻어 차입한 공익채권은 다른 공익채권에 우선하여 변제하게 된다.[476] 한편 공익채권을 위한 유치권·질권·저당권·「동산·채권 등의 담보에 관한 법률」에 따른 담보권·전세권 및 우선특권의 효력에 영향을 미치지 아니한다(제180조 제7항).

공익채권의 총액은 미변제의 공익채권 전부의 총액을 의미한다. 기한 도래 여부를 묻지 않고, 금전채권은 물론 비금전채권, 조건부채권도 포함된다.

회생절차에서는 실체법상의 우선권이 있는 채권이라도 채무자의 재산이 부족한 경우에는 우선권이 참작되지 않는다. 실체법상의 우선권이 있는 공익채권의 예로 조세[477]등 청구권(국세기본법 제35조, 지방세기본법 제71조 등)이나 일반의 우선권 있는 채권을 들 수 있다. 채무자의 재산이 부족하게 된 후라도 공익채권의 변제는 관리인의 책임이고, 변제할 때 개별 공익채권의 실체법상의 우선권의 유무 및 그 순위에 관하여 관리인에게 조사할 의무가 있다고 할 경우에는 회생절차의 구조상 부담이 가중되지 않을 수 없다. 또한 실체법상의 우선권 유무에 대응하여 변제하도록 한다면 공익채권자에게 그에 대한 불복신청절차를 둘 필요가 있게 되어 절차가 지연된다. 채무자의 재산이 부족한 것이 명백하게 된 경우에는 조속히 회생절차를 종료하거나 파산절차로 이행하여야 하고, 절차상의 이유로 종료가 지체될 경우에는 공익채권자뿐만 아니라 회생채권자 등의 이익을 훼손하게 된다. 이 때문에 회생절차에 있어서는 실체법상의 우선권의 유무에 상관없이 안분변제하도록 한 것이다.[478]

공익채권에 대한 안분변제를 확보하기 위하여, 법원은 채무자의 재산이 공익채권의 총액을 변제하기 부족한 것이 명백하게 된 때에는 공익채권에 기하여 채무자의 재산에 대하여 한 강제집행 또는 가압류의 취소를 명할 수 있다(제180조 제3항 제2호). 이 취소명령에 대하여 즉시항고가 허용되지만(제180조 제5항), 집행정지의 효력은 없다(제180조 제6항).

---

474) 법령에 정한 우선권은 제180조 제7항 단서와의 관계상 조세 등 청구권과 같은 일반의 우선권을 말한다.

475) 평등원칙이 적용되는 것은 채무자의 재산이 부족하다는 것이 판명된 시점 이후이고, 이미 이행된 변제가 평등원칙 위반으로서 문제가 되는 것은 아니다. 수회 안분변제를 하는 경우에도 관리인이 채무자의 재산이 부족하다는 것을 인식한 시점의 액을 기준으로 한다. 평등변제하여야 함에도 불구하고, 관리인의 잘못으로 일부 공익채권자에게 전액 변제를 한 경우에는, 다른 공익채권자는, 변제를 받은 공익채권자에 대하여 안분변제액을 넘는 초과부분에 대하여 부당이득반환청구권을 행사하거나, 관리인에 대하여 선관주의의무위반을 이유로 손해배상청구권(제82조 제2항)을 주장할 수 있다(會社更生法, 262쪽 각주 196)).

476) 신규자금조달을 원활하게 하기 위하여 미국 연방도산법상의 DIP financing의 일부 내용을 받아들인 것이다.

477) 공익채권인 조세채권은 수시로 변제받을 수 있지만(제180조 제1항), 채무자의 재산이 공익채권을 모두 변제하기에 부족한 경우 법령에 정하는 우선권에 불구하고 아직 변제하지 않은 채권액의 비율에 따라 변제하도록 정하고 있으므로(제180조 제7항), 우선권 있는 조세채권이라도 채무자의 재산이 공익채권의 총액을 변제하기에 부족한 것이 명백한 때에는 체납처분(강제징수)에 의한 개별적인 권리행사가 금지된다. 공익채권 사이에서는 채권자평등원칙의 실현을 위하여 조세우선권이 제한을 받는 것이다.

478) 공익채권에 대하여는 제477조 제2항, 제3항과 같은 우열도 없다. 조세채권 등은 다른 채권에 대하여 일반적 우선권을 가지나 회생절차에서는 이러한 우선권이 없다. 따라서 공익채권의 변제비율에 있어서는 채권액만이 유일한 기준이 된다(다만 제180조 제7항의 예외가 있다).

(2) 회생절차의 폐지

공익채권의 변제가 부족한 이상 회생채권 등을 변제할 수 없으므로(제180조 제2항), 공익채권의 변제가 부족하다는 것은 회생계획안의 작성을 기대할 수 없거나 회생계획을 수행할 수 없는 것이 명백하다는 의미이다. 따라서 회생절차는 폐지되고(제286조, 제288조), 경우에 따라 절차가 파산으로 이행되게 된다(제6조 제1항, 제2항). 이 경우 공익채권은 재단채권이 된다(제6조 제4항).

(3) 안분변제의 대상이 되는 채권액

안분변제의 대상이 되는 공익채권의 액은 관리인이 재산부족을 인식한 시점(기준일)에 있어 현존액이고, 그 시점까지 이미 변제된 액은 고려되지 않는다. 안분변제의 대상이 되는 채권액은, 관리인이 안분변제를 하기 위해 확정할 필요가 있다. 변제기를 지난 공익채권에 대하여는 변제기 후 위 기준일까지 사이의 약정이율(그 정함이 없는 경우에는 법정이율)을 가산한 금액이고, 변제기가 도래하지 아니한 공익채권에 대하여는 현재화에 수반하는 이자상당액을 공제한 금액, 공익채권이 비금전채권인 경우에는 그 평가액이다(제478조, 제425조, 제426조 제1항 유추). 다만 조건부채권에 대하여는 공익채권의 변제기까지 조건이 성취되지 않는 한 변제의 대상이 될 수 없고, 비금전채권 중 금전평가가 곤란한 것에 대하여도 변제의 대상이 되지 않는다고 할 수밖에 없다.

다. 공익채권의 청구

(1) 공익채권에 기한 강제집행

공익채권을 가지는 자는 언제든지 관리인에게 직접 청구할 수 있고, 만약 관리인이 이에 응하지 아니하면 공익채권자는 소를 제기하고 강제집행, 가압류를 할 수 있다. 파산절차에서의 재단채권과 달리 강제집행 등이 금지되지 않는다. 파산재단만을 변제재원으로 하는 재단채권의 경우와 달리, 회생절차개시 후에 취득한 재산까지도 포함하는 채무자의 재산에 대하여 권리행사를 금지할 이유가 없기 때문이다.[479]

(2) 강제집행·가압류의 중지 또는 취소

공익채권자의 강제집행 등이 금지되지 않지만, 이를 무제한으로 인정하게 되면 채무자의 회생에 불가결한 공장·기계설비 등이 압류되어 매각되고 결과적으로 회생이라는 목적을 달성할 수 없게 된다. 그래서 법원은 일정한 경우에 공익채권에 기한 채무자의 재산에 대한 강제집행이나 가압류의 중지나 취소를 명할 수 있다. 즉, ① 공익채권에 기한 강제집행 또는 가압류로 인하여 회생에 현저한 지장이 초래되고, 채무자에게 환가하기 쉬운 다른 재산(예금채권

---

479) 破産法·民事再生法, 864쪽.

등)이 있는 때 또는 ② 채무자의 재산이 공익채권의 총액을 변제하기 부족한 것이 명백하게
된 때에는 공익채권에 기한 강제집행 또는 가압류의 중지 또는 취소를 명할 수 있다(제180조
제3항). 공익채권의 총액은 미변제 공익채권 전부의 총액을 의미한다는 것은 앞에서 본 바와
같다.

공익채권자의 이익을 실질적으로 해하지 않는 한도에서 채무자의 회생을 위하여 공익채권
자의 권리 행사를 제한하는 취지이다. 구체적으로 ①의 사유는 공익채권의 강제적 만족이 채
무자의 회생을 방해하는 때에는 그와 같은 강제적 실현을 억지하면서 아울러 공익채권자의 이
익을 해하지 않도록 채무자에게 환가하기 쉬운 다른 재산이 있는 경우에 한하여 강제집행 또
는 가압류의 중지·취소를 명함으로써 이해관계의 조정을 도모하기 위한 것이다. ②의 사유는
채무자의 재산이 공익채권의 총액을 변제하기에 부족한 것이 명백하게 된 경우 회생절차 내에
서는 공익채권의 우선권에 관계 없이 잔존 채권액의 비율에 따라 변제하여야 하고(제180조 제7
항), 나아가 종국적으로 회생절차가 폐지되어 파산절차에서 평등분배를 받아야 하므로 강제집
행 또는 가압류의 중지·취소를 명함으로써 공익채권자 사이의 공평을 도모하기 위한 것이다.

한편 공익채권에는 비금전채권도 포함되나, 제180조 제3항은 제한적 열거로 해석되므로 비
금전채권을 가지고 한 가처분은 중지 또는 취소의 대상이 되지 않는다. 또한 동산이나 부동산
의 인도집행 등 비금전집행도 제180조 제3항의 취지를 고려해 보면 대상에 포함되지 않는다고
할 것이다.[480]

중지·취소명령의 대상이 되는 집행절차는 금전채권인 공익채권에 기한 채무자 재산에 대
하여 행하여진 강제집행 또는 가압류이다. 환취권의 대상이 되는 재산은 채무자의 재산에 속
하지 않으므로 이에 대한 강제집행이나 가압류는 중지·취소명령의 대상이 아니다. 또한 공익
담보권(공익채권을 피담보채권으로 하는 담보권) 실행을 위한 경매절차도 그 대상이 아니다.

법원은 중지명령을 변경하거나 취소할 수 있다(제180조 제4항). 중지명령·취소명령이나 중
지명령의 변경·취소결정에 대하여는 모두 즉시항고를 할 수 있으나(제180조 제5항), 집행정지
의 효력은 없다(제180조 제6항).

라. 회생계획인가결정에 대한 즉시항고권자인지

회생계획인가결정에 대하여는 그 재판에 이해관계를 가진 자만이 즉시항고를 할 수 있다.
여기에서 '이해관계'라 함은 '법률상 이해관계'를 의미하는 것이므로, 결국 회생계획인가결정에
대하여 즉시항고를 할 수 있는 자는 그 회생계획의 효력을 받는 지위에 있는 자로서 회생계획
의 효력발생에 따라 자기의 이익이 침해되는 자라고 할 것이다. 그런데 공익채권은 회생절차
에 의하지 아니하고 수시로 변제하도록 되어 있고, 회생계획에서 공익채권에 관하여 장래에
변제할 금액에 관한 합리적인 규정을 정하여야 한다고 하더라도 공익채권자는 회생계획안에

---

480) 條解 民事再生法, 632쪽, 破産法·民事再生法, 865쪽.

대하여 결의하는 관계인집회에 참여하여 의견을 진술하거나 의결할 권리가 없고, 그 변제기의 유예 또는 채권의 감면 등 공익채권자의 권리에 영향을 미치는 규정을 정할 수 없는 것이며, 설령 회생계획에서 그와 같은 규정을 두었다고 하더라도 그 공익채권자가 이에 대하여 동의하지 않는 한 그 권리변경의 효력은 공익채권자에게 미치지 아니한다. 따라서 공익채권자는 회생계획에 의하여 법률상 이해관계를 가지지 아니한다고 할 것이므로 공익채권자는 회생계획 인가결정에 대한 적법한 항고권자가 될 수 없다.[481]

마. 신규자금을 대여한 공익채권자의 지위 강화

채무자가 회생절차를 신청하는 주된 이유는 일시적인 유동성 위기인 경우가 많다. 이러한 일시적인 유동성 위기를 벗어나기 위하여 시급한 것이 외부로부터 신규자금을 확보하는 것이다. 그러나 회생절차에 들어갈 정도의 상황에 놓인 채무자는 신규자금을 확보하는 것이 쉽지 않다. 왜냐하면 투자자들 입장에서는 많은 위험성을 감수하여야 하기 때문이다. 따라서 채무자회생법은 채무자로 하여금 신규자금의 원활한 확보를 지원하기 위하여 여러 가지 제도를 마련하고 있다.[482]

(1) 회생절차개시 후에 한 자금의 차입으로 인한 청구권은 물론 회생절차개시신청 후 그 개시 전에 법원의 허가를 받아 차입한 것으로 인한 청구권을 공익채권으로 인정하고 있다(제179조 제5호, 제12호).

(2) 채무자의 재산이 공익채권의 총액을 변제하기 부족한 경우 채무자의 사업을 위하여 법원의 허가를 받은 신규자금 차입으로 인한 채권을 우선적으로 변제하도록 하고 있다(제180조 제7항).[483]

(3) 채무자에게 신규자금을 대여한 자(제179조 제1항 제5호 및 제12호에 따라 자금을 대여한 공익채권자)는 ① 채무자의 영업 또는 사업의 전부 또는 중요한 일부를 양도하는 것에 대한 의견의 제시, ② 회생계획안에 대한 의견의 제시, ③ 회생절차의 폐지 또는 종결에 대한 의견의 제시를 할 수 있다. 또한 대법원규칙으로 정하는 바에 따라 관리인에게 필요한 자료의 제공을 청구할 수 있다. 이 경우 관리인은 대법원규칙(규칙 제40조의2)으로 정하는 바에 따라 자료를

---

481) 대법원 2016. 2. 18. 선고 2015다10868, 2015다10875(병합) 판결, 대법원 2006. 3. 29. 자 2005그57 결정, 대법원 2006. 1. 20. 자 2005그60 결정 등 참조.

482) 제193조 제3항 전문은 "제92조 제1항에 따라 정한 기한까지 전부 또는 일부의 채권자들 사이에 그들이 가진 채권의 변제순위에 관한 합의가 되어 있는 때에는 회생계획안 중 다른 채권자를 해하지 아니하는 범위 안에서 변제순위에 관한 합의가 되어 있는 채권에 관한 한 그에 반하는 규정을 정하여서는 아니된다"고 규정하여, 같은 종류의 채권을 가진 채권자들 사이에 채권의 변제순위에 관한 합의가 있는 경우 이를 반영한 회생계획안이 작성되어야 한다고 명시하고 있다. 이는 신규자금조달을 원활하게 하기 위하여 신규자금공여자에 대한 우선변제권을 부여할 수 있는 근거를 마련한 것이다.

483) 한편 2020년 채무자회생법 개정 전에는 회생절차와 달리 [견련]파산절차에서는 재단부족의 경우 신규자금에 대한 최우선변제권이 인정되지 않고 다른 재단채권과 동등하게 비율에 따라 변제받기 때문에(제477조 제1항, 제2항), 회생절차에서 신규자금 지원을 어렵게 만드는 한 요인이 되고 있다는 비판이 있었다. 이에 2020. 2. 4. 채무자회생법을 개정하여 견련파산의 경우 회생절차에서 신규자금차입으로 인한 채권에 대하여 우선변제권을 인정하고 있다(제477조 제3항). 관련 내용은 〈제3편 제6장 제2절 Ⅲ.2.가.〉(본서 1522쪽)를 참조할 것.

제공하여야 한다(제22조의2).

이처럼 신규자금대여자에게 회생절차의 주요사항에 대하여 의견을 제시할 권한을 부여하고 관리인에게 자료를 요청할 권한을 부여하여 채권자의 권한을 강화한 것은 회생절차에서 채무자로 하여금 원활한 신규자금을 확보할 수 있도록 지원하기 위한 것이다.

바. 공익채권과 회생채권의 객관적이고 명확한 구분기준의 필요성

공익채권은 앞에서 본 바와 같이 채무자의 회생을 위해 수시로 우선적으로 변제받을 수 있도록 특별한 취급을 하고 있다. 한편 공익채권의 변제에 따른 최종적인 부담자는 회생담보권자·회생채권자·주주·지분권자이다. 그러나 그 부담정도는 권리자별로 차이가 있다. 회생담보권자는 담보권에 의해 보호되고 주주·지분권자는 부채초과의 경우 가치를 분배받을 수 없으므로 공익채권의 부담은 회생채권자가 가장 크다. 따라서 회생채권자를 보호하고 회생절차를 효율적으로 수행하기 위해서는 공익채권을 제한할 필요성도 있다.

이와 같이 채무자의 회생을 위한 동일한 목적에서 공익채권의 특별한 취급 및 제한의 필요성이 동시에 요구되고 있다. 이러한 상충되는 이익을 조화롭게 규율하기 위해서는 공익채권과 회생채권의 구분기준이 필요하다. 대법원은 「회생채권과 공익채권은 회생절차에서 인정되는 지위가 달라 어떠한 조세채권이 회생채권과 공익채권 중 어디에 해당하는지는 채권자·주주·지분권자 등 다른 이해관계인에게 미치는 영향이 지대하므로, 다수 이해관계인의 법률관계를 조절하는 회생절차의 특성상 회생채권과 공익채권은 객관적이고 명확한 기준에 의하여 구분되어야만 한다」고 판시하였지만,[484] 객관적이고 명확한 기준이 무엇인지가 문제이다. 결국 채무자회생법에 특별한 규정이 없는 한 민사실체법의 해석에서 출발할 수밖에 없을 것이다.

5. 공익채권과 관련한 몇 가지 쟁점

가. 공익채권의 회생채권으로의 신고

(1) 회생채권으로 신고한 공익채권의 취급

공익채권자가 예비적 채권신고를 하지 않고 단순히 회생채권으로 신고한 경우, 해당 공익채권자는 회생절차에 의하지 않고 변제를 받는 공익채권자로서의 권리행사가 인정되는가 아니면 제한되는가. 이에 관하여는 견해의 대립이 있다.[485]

(가) 제한긍정설
공익채권으로 권리행사를 할 수 없다는 견해이다.

---

484) 대법원 2012. 3. 22. 선고 2010두27523 전원합의체 판결.
485) 倒産判例百選, 100~101쪽 참조.

① 도산실체법설

도산실체법상 회생채권으로 되고 공익채권으로 회생절차에 의하지 않고 권리행사를 할 수 없다. 채권조사절차에서 이의 없이 확정되어 회생채권자표에 기재된 경우 확정판결과 동일한 효력이 있는데(제168조), 채권조사절차에서 이의가 진술된 바도 없고 채권자가 아무런 유보도 없이 채권신고를 한 경우라면, 그 성질결정도 채권조사확정의 대상이 되고, 그 결과 이의 없이 확정된 때에는 더 이상 공익채권으로서의 권리행사를 할 수 없다.

② 절차적제한설

해당 채권이 회생채권으로 신고되고, 회생절차에 참가한 때에는, ⓐ 채권조사기간이 경과한 때, ⓑ 회생계획안 심리를 위한 관계인집회가 끝난 때(또는 회생계획안을 제240조의 규정에 의한 서면결의에 부친다는 결정이 있는 때, 이하 같다), ⓒ 회생계획인가결정시 중 어느 한 시기에, 회생계획이 확정됨과 동시에 그 수행을 도모하고, 절차의 안정을 확보하기 위하여, 공익채권으로 권리행사를 할 수 없다.

③ 신의칙에 의한 제한설

해당 채권을 공익채권으로 소송에서 청구하는 것은 신의칙에 의하여 허용되지 않는다.

(나) 제한부정설

위 〈가.〉의 ①에 대하여는 채권확정으로 공익채권성이 상실된다고 보기 어렵고, ②나 ③에 대하여는 채권신고의 시간적 제약으로 인하여 채권자의 책임을 묻는 것은 곤란하며, 신의칙의 판단근거가 사안에 따라 달라져 절차의 안정을 해하므로 제한을 부정하여야 한다는 것이다. 결국 공익채권자로서 권리행사에 제한이 없다는 것이다.

(다) 대법원 판례

대법원은 제한부정설로서 공익채권자의 권리행사에 제한이 없다는 입장이다. 공익채권자가 자신의 권리를 회생채권으로 신고하였다는 사정만으로 그 권리를 회생채권으로 취급하는 것에 동의하였다거나 공익채권자의 지위를 포기한 것으로 볼 수도 없다. 나아가 공익채권을 단순히 회생채권으로 신고한 결과 회생채권자표 등에 기재되었다 하더라도 공익채권의 성질이 회생채권으로 변경된다고 볼 수 없다.[486] 또한 관리인이 채권의 법적 성질에 대하여 정확하게 법률적인 판단을 하지 못하고, 회생채권을 공익채권으로 취급하였다고 하여 회생채권의 성질이 공익채권으로 변경된다고 볼 수 없다.[487]

다만 공익채권자는 자신의 청구권을 회생채권으로 취급하는 것에 명시적으로 동의를 하거나 공익채권자로서의 지위를 포기할 수 있고, 이 경우에는 그 청구권을 회생채권으로 취급

---

486) 대법원 2007. 11. 30. 선고 2005다52900 판결, 대법원 2004. 8. 20. 선고 2004다3512,3529 판결. 한편 어떤 채권을 단순히(무조건으로) 회생채권으로 신고하고, 이것이 확정되었다면, 그 후 해당 채권을 공익채권으로 주장할 수 없다는 견해도 있다(會社更生法, 499쪽 각주 1)).
487) 대법원 2014. 9. 4. 선고 2013다204140,204157 판결.

한다.[488]

(라) 사 견

공익채권자가 예비적으로 회생채권으로 채권신고를 한다는 조건이 없이 단순히 회생채권으로 신고하였을 경우, 이러한 신고를 전제로 작성된 회생계획안에 대한 심리를 위한 관계인집회가 끝난 후에는 당해 채권이 공익채권이라는 것을 주장하여 회생절차에 의하지 않고 행사하는 것은 허용되지 않는다고 할 것이다. 그 이유는 다음과 같다.

회생계획안 심리를 위한 관계인집회가 끝난 후에는 추완신고를 하거나 신고한 사항에 관하여 다른 회생채권자 또는 회생담보권자의 이익을 해하는 내용으로 변경하는 것을 할 수 없는 점(제152조 제3항, 제4항), 회생계획안 심리를 위한 관계인집회가 끝난 후에는 회생계획을 수정할 수 없는 점(제228조) 등을 고려하면 회생계획안 심리를 위한 관계인집회가 끝난 후 회생채권으로 신고된 채권에 대하여 공익채권으로 절차 외에서 행사를 인정한다면 결의에 부쳐진 회생계획에 대하여 그 수행가능성에 중대한 의문을 갖게 할 것이다. 이것은 회생절차의 안정성을 훼손하고 채권자 등 이해관계인의 법률관계를 조정하여 채무자 또는 그 사업의 효율적인 회생을 도모할 수 없게 된다. 따라서 회생계획안을 확정시키고, 회생절차의 안정을 도모한다는 관점에, 본래 공익채권인 것을 예비적으로 회생채권으로 신고한다는 표시도 없이 단순히 회생채권으로 신고하고, 해당 신고를 전제로 회생계획안을 작성한 후 심리절차가 끝난 후에는 회생계획안에서 회생채권으로 되어 있는 것을 공익채권으로서 회생절차에 의하지 않고 행사하도록 하는 것은 부적절하다.[489][490]

(2) 예비적 채권신고

채권자는 자신의 채권이 회생채권인지 공익채권인지 명확히 판단하기 어려운 경우가 있다. 공익채권으로 판단하여 채권신고를 하지 않았으나 나중에 회생채권으로 확정된다면 해당 채권은 회생계획인가결정으로 실권될 수 있다(제251조). 이러한 위험을 차단하기 위하여 실무적으로 채권자는 공익채권으로 지위를 주장하지만, 본래적 지위가 인정되는 것을 해제조건으로 회

---

488) 대법원 2004. 8. 20. 선고 2004다3512,3529 판결 참조.

489) 金融·商事判例 No1449/ 2014年9月15日号, 30쪽(공익채권에 해당하는 채권을 가진 자가 그 채권에 대하여 회생채권으로 신고하였을 뿐, 본래 공익채권인 것을 예비적으로 회생채권으로 신고한다는 취지의 기재가 없었고, 이러한 신고를 전제로 작성된 회생계획안이 관계인집회의 결의에 붙여진 경우, 당해 채권이 공익채권임을 주장하여 회생절차에 의하지 아니하고 이것을 행사할 수 있는가. 회생채권에 대한 추완신고나 회생채권자 등을 해하는 변경은 회생계획안 심리를 위한 관계인집회 이후에는 할 수 없는 점(제152조 제3항, 제4항), 회생계획안을 확정시켜 회생절차의 안정을 도모한다는 관점에서 보면, 본래 공익채권인 것을 예비적으로 회생채권으로 신고한다는 취지를 기재하지 않고 회생채권으로 신고한 채권에 대하여, 당해 신고를 전제로 회생계획안을 작성하여 결의에 부친 후에는 회생계획안에서 회생채권으로 된 채권에 대하여 이것을 공익채권으로서 회생절차에 의하지 아니하고 행사하는 것은 부적절하다는 것이 명백하다는 점을 고려하면, 공익채권임을 주장하여 회생절차에 의하지 아니하고 행사하는 것은 허용되지 않는다고 해석함이 상당하다).

490) 공익채권자가 공익채권을 회생채권으로 신고한 경우 관리인에게 지적의무가 있는가. 관리인은 회생채권자목록을 제출할 의무가 있고, 시부인표를 작성하여 제출하지만, 권리행사는 기본적으로 채권자의 책임으로 판단하여야 하는 것이고, 대량의 채권을 신속하게 처리할 필요가 있는 회생절차에서는 지적의무가 인정되지 않는다고 할 것이다(대법원 2014. 9. 4. 선고 2013다29448 판결 참조).

생채권으로 신고하는 경우가 있다. 이를 예비적 채권신고라 한다(본서 729쪽 참조).

나. 공사계약의 이행을 선택한 경우 수급인의 기성부분에 대한 공사대금청구권

도급인(건설회사)에 대한 회생절차가 개시되어 관리인이 쌍방미이행의 공사계약의 이행을 선택한 경우 회생절차개시 이전의 수급인의 기성고에 대한 공사대금청구권이 회생채권인지 공익채권인지가 문제된다.

공사도급계약에 있어서 기성고에 따라 대금을 지급받기로 하는 약정이 있다고 하더라도 수급인이 완성하여야 하는 공사는 원칙적으로 불가분이므로 도급계약에서 정한 공사가 일부 이루어졌고 그 기성공사부분에 대하여 수급인에게 대금청구권이 발생한 경우에도 전체 공사가 끝나지 않았다면 그 기성공사부분을 따로 떼어내 그 부분에 대한 수급인의 채무가 이행완료되었다고 할 수 없는 것이다. 따라서 기성공사부분에 대한 대금을 지급하지 못한 상태에서 도급인인 회사에 대하여 회생절차가 개시되고, 관리인이 채무의 이행을 선택한 때에는 상대방의 기성공사부분에 대한 대금청구권은 관리인이 채무의 이행을 하는 경우에 상대방이 가진 청구권(제179조 제1항 제7호)에 해당하게 되어 공익채권으로 된다 할 것이다.[491]

다. 공익채권 양도의 대항요건

공익채권의 양도를 관리인 기타 제3자에게 대항할 수 있기 위해서는 양도인이 이를 관리인에게 통지하거나 관리인이 승낙해야만 하고 이 통지는 사회관념상 관리인이 그 내용을 알 수 있는 객관적 상태에 놓여 있어야 한다.[492]

라. 변호사 보수[493]

회생절차에서 채무자 대리인(변호사)의 업무는 다음과 같이 구분된다. ① 회생절차개시신청의 준비(회생사건 수임 후부터 신청까지), ② 개시결정까지, ③ 개시결정 후 회생계획인가결정까지, ④ 인가결정 후 회생절차의 종결까지이다. 이 중 착수금이나 신청보수 등 개시결정 전의 원인에 기한 ① 및 ②의 채권은 지급받지 못한 경우 회생채권이 된다.[494] 채무자의 자금사정

---

491) 대법원 2004. 8. 20. 선고 2004다3512,7529 판결. 반면 도급인에 대한 회생절차가 개시되어 관리인이 제119조 제1항에 따라 공사도급계약의 해제를 선택한 경우, 기성부분에 대하여 수급인이 갖는 보수청구권은 특별한 사정이 없는 한 회생채권이다(대법원 2017. 6. 29. 선고 2016다221887 판결).

492) 대법원 1988. 10. 11. 선고 87다카1559 판결. 회생채권의 경우에도 마찬가지이다.

493) 대출금회수를 위한 법적 절차 비용을 채무자가 변상키로 약정한 경우에 있어서 위 법적 절차비용이 변호사보수인 때 채무자가 변상해야 할 범위는 어떻게 되는가. 대출금회수를 위하여 은행이 지출하는 법적 절차비용을 은행이 정하는 바에 따라(일반적으로 여신거래기본약관 등에 규정되어 있다) 채무자가 변상하기로 하는 취지의 약정을 한 경우, 이러한 약정은 사법상의 손해배상의 예약이라 봄이 상당하고 이러한 약정이 있었다 하더라도 그 손해액은 상당한 범위 내의 손해이어야 할 것인즉 위 법적 절차비용이 변호사보수인 때에 그 보수가 상당한 범위 내의 것이냐 여부는 변호사보수 중 소송비용산입에 관한 규칙에 의한 보수기준도 일응 참작이 되지만 종국적인 판단기준이 되는 것은 아니며 그 외 소속 변호사회의 규약, 소송물가액, 사건의 난이도, 소송진행과정, 판결결과 등 여러 가지 사정을 참작하여 합리적으로 판단되어야 한다(대법원 1986. 8. 19. 선고 86다카70 판결 참조).

494) 다만 합리적인 범위 내에서 변호사보수(신청대리인의 비용 및 보수)는 제179조 제1항 제1호에 해당하여 공익채권이

등으로 회생절차개시 전까지 착수금이나 신청보수를 받지 못한 경우, 개시결정 후에는 회생채권으로 되어 변제가 금지되고, 회생계획에 의하여 권리변동의 대상이 된다는 점에 주의할 필요가 있다. ③과 ④는 공익채권이 되어 개시결정 후 업무에 상응하는 보수 및 성공보수는 공익채권으로 수시로 변제받을 수 있다.[495]

마. 공익채권의 대위변제[496]

공익채권을 대위변제한 경우 변제자대위의 효과에 따라 공익채권으로서의 성질을 그대로 유지한 채 대위변제한 자에게 이전한다고 보아야 한다. 따라서 공익채권을 대위변제한 자는 회생절차에 의하지 아니하고 그 공익채권을 대위 행사할 수 있다.[497] 공익채권인 조세채권을 대위변제한 경우(조세를 제3자가 납부한 경우)에도 마찬가지이다.[498]

문제는 변제자대위의 경우 '구상권의 범위에서' 원래의 채권자가 가지고 있던 권리를 행사할 수 있는데(민법 제482조 제1항), 구상권이 회생채권인 경우 '구상권의 범위'에 의한 제한으로 인해 공익채권의 행사에도 그 제한을 받는지 여부이다.[499] 구상권과 변제자대위권은 서로 내용이 다른 별개의 권리이고(청구권 경합관계),[500] '구상권의 범위'에서 행사할 수 있다는 의미는 통상 구상권의 채권액 범위에서 원래의 채권을 대위 행사할 수 있다는 의미로 보아야 할 것이므로(민법 제482조 제1항은 어디까지나 구상권에 대한 실체법상의 제약에 불과하다) 구상권의 성질에 제한받지 않는다 할 것이다. 또한 원채권의 취득은 대위변제자의 구상권을 담보하기 위하여 인정되는 것인 이상, 구상권이 회생채권에 지나지 않는다고 하여도, 이것을 이유로 공익채권인 원채권의 지위 주장을 부정하는 것은 합리성이 없고, 이것을 긍정한다고 하여도 다른 회생채권자에게 부당한 불이익을 준다고 할 수 없다. 따라서 구상권이 회생채권이라고 하더라도 그 제한을 받지 않고 공익채권을 행사할 수 있다 할 것이다.[501]

라고 할 것이다. 반면 부당하게 고액인 보수가 이미 지급된 경우에는 부인의 가능성도 있다.

495) 다만 위임계약상 개시 후의 업무가 위임범위에 포함되어 있으면 제119조의 쌍방미이행 쌍무계약에 해당되므로(실무상 많은 위임계약은 개시 후의 업무도 위임범위에 포함되는 것 같다), 관리인이 이행을 선택하여 해당 보수를 지급하겠다고 하면, 이는 공익채권(제179조 제1항 제7호)의 변제로서 정당하다고 볼 여지가 많을 것이다.

496) 파산절차에서 재단채권의 대위변제에 관하여는 〈제3편 제6장 제2절 Ⅲ.6.〉(본서 1530쪽)을 참조할 것.

497) 대법원 2011. 6. 24. 선고 2009다38551 판결(근로복지공단이 근로자의 임금, 퇴직금을 대지급금으로 지급하고 그에 해당하는 근로자의 임금 등 채권을 대위 행사하는 경우 이는 공익채권으로 보아야 한다). 변제로 인한 대위는 원채권을 가지고 구상권을 확보하기 위한 일종의 담보로서의 기능을 하는 제도의 취지를 고려하고, 구상권의 행사가 도산절차에 의해 제약을 받는다고 하여도, 당해 절차에서 원채권의 행사 자체가 제약되는 것은 아닌 이상, 원채권의 행사가 구상권과 마찬가지로 제약을 받는 것은 아니다. 따라서 공익채권을 회생절차 외에서 행사할 수 있는 것이다.

498) 대법원 2009. 2. 26. 선고 2005다32418 판결. 반면 일본에서는 조세 등 청구권에 대하여는 공익채권성의 주장을 부정하는 견해 및 하급심 판례가 있다(破産管財の手引, 244쪽 참조). 그 이유는 공익채권성의 주장을 인정하는 것은 변제에 의한 대위에 의해 원채권이 대위변제자에게 이전된다는 것을 전제로 한 것인데, 조세 등 청구권에 대하여는 제3자가 변제(납부)하여도, 원채권(조세 등 청구권)이 제3자에게 이전되는 것이 아니기 때문이다.

499) 공익채권은 공익채권이 된 실질적 근거에 따라 3가지 유형으로 나눌 수 있음은 앞에서 본 바와 같다{본서 670쪽 각주 398)}. 이 중 특별한 정책적 이유로 공익채권으로 규정한 것{회생절차개시 전 원인으로 발생한 일부 조세채권(제179조 제1항 제9호), 임금 등 청구권(제179조 제1항 제10호) 등}을 대위변제한 경우, 제3자가 구상권이나 원채권을 공익채권으로 행사할 수 있는지가 특히 문제된다.

500) 대법원 2015. 11. 12. 선고 2013다214970 판결.

한편 회생절차에서 대위변제자는 변제로 취득한 공익채권을 원래의 채권으로 구상권과 별개로 행사할 수 있을 뿐만 아니라(제180조 제1항), 회생절차에서도 구상권을 행사할 수 있다(제126조 참조). 대위변제자가 원래의 채권과 구상권 모두를 행사할 경우 양 채권의 관계는 어떻게 되는가. 이 경우 양 채권이 중복되는 한도에서는 일방의 행사가 인정되지 않지만, 구상권액이 원래의 채권액을 상회하는 경우에는 그 상회하는 범위에서 구상권을 행사할 수 있다. 또한 원래의 채권이 회생절차상 공익채권인 경우에는 구상권자는 원래의 채권을 공익채권으로서 권리를 행사할 수 있다.[502]

바. 파산절차로 이행된 경우의 취급

회생절차개시신청의 기각, 회생절차폐지, 회생계획불인가결정 등의 확정에 따라 파산선고가 된 경우 공익채권은 재단채권이 된다(제6조 제4항). 자세한 내용은 〈제16장 제3절 Ⅱ.2.〉(본서 1093쪽)를 참조할 것.

사. 공익채권을 자동채권으로 한 상계

공익채권은 회생절차에 의하지 아니하고 수시로 회생채권과 회생담보권에 우선하여 변제받을 수 있는 것이고, 재단채권의 경우와 달리 공익채권의 경우에는 강제집행 등이 당연히 금지되는 것은 아니라는 점에서 공익채권자에 의한 상계를 제한할 이유는 없어 보인다. 회생절차에서 공익채권과 채무자의 재산에 속한 채권의 상계는 민법 기타 실체법의 요건이 충족되는 한 유효하다고 할 것이다(본서 516쪽 각주 367) 참조).

공익채권자가 채무자에 대하여 부담하는 채무는 회생절차개시 전의 원인으로 발생된 것이건 회생절차개시 후의 원인으로 발생된 것이건 묻지 않는다.

아. 공익채권의 시효

회생채권 및 회생담보권과 달리(제32조 제1호) 공익채권에 관하여는 시효중단과 관련하여 특별한 규정이 없다. 공익채권은 회생절차에 의하지 아니하고 수시로 변제받을 수 있는 권리이므로 해당 공익채권의 이행기로부터 시효는 진행되고(민법 제166조 제1항 참조) 회생절차개시결정이나 그 진행과 관계없이 시효는 완성된다.

자. 회생절차개시결정취소, 회생절차폐지·회생계획불인가결정과 공익채권의 범위

회생절차개시결정에 대하여 즉시항고가 있더라도 집행정지의 효력은 없고(본서 259쪽), 관리인에 의한 사업의 계속이나 회생절차는 진행된다. 이로 인해 새로운 공익채권이 발생할 수 있

---

501) 권성수, "조세채권을 대위변제한 납세보증보험자의 회생절차상의 지위", 293쪽. 따라서 공익채권인 조세채권을 납세보증보험자가 대위변제하였다면, 납세보증보험자는 공익채권자의 지위를 갖게 되고, 관리인이 그 채무를 이행하지 않으면 관리인을 상대로 이행소송을 제기할 수 있다.

502) 條解 民事再生法, 618쪽.

다. 이후 즉시항고에 의하여 회생절차개시결정이 취소되면 관리인의 권한은 소멸되지만, 개시결정 후 관리인이 그 권한에 기하여 한 행위의 효력은 부인할 수 없다(본서 260쪽). 따라서 관리인은 회생절차개시결정을 취소하는 결정이 확정된 때에는 공익채권을 변제하여야 하며, 이의있는 공익채권의 경우에는 그 채권자를 위하여 공탁하여야 한다(제54조 제3항).

회생절차폐지결정이 확정된 때에는 관리인은 채무자의 재산으로 공익채권을 변제하고, 이의있는 것에 관하여는 그 채권자를 위하여 공탁을 하여야 한다(제291조). 회생계획불인가결정이 확정된 경우에도 마찬가지이다(제248조).

그러나 ① 회생절차개시결정취소가 확정된 경우와 ② 회생절차폐지·회생계획불인가결정이 확정된 경우 변제하거나 공탁하여야 할 공익채권의 범위는 같다고 볼 수 없다. 왜냐하면 전자(①)는 처음부터 개시결정이 잘못된 것으로서 회생절차의 진행이나 존속을 전제로 할 수 없는 것임에 반하여, 후자(②)는 개시결정 자체는 정당한 것이고 회생절차가 진행되다가 종료한 것이기 때문이다. 따라서 회생절차개시결정이 취소된 경우 관리인이 변제·공탁하여야 할 공익채권은 관리인의 행위로 인하여 생긴 공익채권(제179조 제1항 제1호, 제2호, 제5호, 제7호, 제12호 등)에 한정되고, 회생절차 존속을 전제로 정의·형평이나 정책적인 배려에서 공익채권으로 규정한 것(제179조 제1항 제8호, 제9호, 제10호, 제11호 등)은 대상이 아니다. 반면 회생절차폐지·회생계획불인가결정에 의하여 변제·공탁하여야 할 공익채권에는 모든 공익채권이 포함된다.

차. 공익채권의 존부를 둘러싼 소송

(1) 소송물

채권자가 공익채권임을 주장함에 대하여 관리인이 그것을 부정하거나 채권의 존부나 내용을 다투는 경우에는 공익채권의 존부에 관한 소송이 발생한다. 일반적으로 채권자가 관리인을 상대로 이행소송을 제기하는 경우가 많겠지만, 관리인으로부터 소극적확인소송(부존재확인소송)이 제기될 수도 있다. 이 경우 소송물은 공익채권인 실체법상의 청구권인가 아니면 제179조 등에 기한 공익채권지급청구권인가. 소송물을 어떻게 보느냐는 중복된 소제기의 금지(민소법 제259조), 기판력이 미치는 범위(민소법 제216조) 및 당해 채권이 공익채권이 아니라 회생채권인 경우 소의 적법성 판단에 있어 중요하다.

공익채권은 실체법상의 이행청구권을 전제로, 회생절차를 진행하기 위한 비용으로서의 성질이나 정책적 배려로부터 회생채권자 등이 공동으로 부담하여야 한다는 근거에 의해 특정된다. 따라서 소송물은 공익채권지급청구권으로 보는 것이 타당하다.[503] 이에 따라 이행청구권 인용판결은 일정 내용의 이행청구권이 공익채권이라는 것이 기판력에 의하여 확정되는 것임에 반하여, 청구기각확정판결은 해당 청구권이 공익채권에 해당하지 않는다는 것을 확정

---

503) 倒産と訴訟, 300쪽. 채권자가 공익채권임을 주장하여 관리인 A에게 금원지급을 청구한 경우, 청구원인은 ① 채무자에 대하여 회생절차가 개시되고, A가 관리인으로 선임된 사실, ② 실체법상 채권의 발생원인 사실, ③ ②가 제179조 등 공익채권에 해당한다는 구체적인 사실이다.

한다.[504)505]

(2) 가집행선고

재산권의 청구에 관한 판결은 가집행의 선고를 붙이지 아니할 상당한 이유가 없는 한 직권으로 가집행을 할 수 있다는 것을 선고하여야 한다(민소법 제213조 제1항).

공익채권에 관한 이행소송이 제기되어 있는 경우, 원칙적으로 채무자의 재산에 대하여 강제집행 또는 가압류를 할 수 있지만, 강제집행 등이 회생에 현저하게 지장을 초래하고 채무자에게 환가하기 쉬운 다른 재산이 있는 때는 법원은 신청이나 직권으로 강제집행 등을 취소할 수 있다(제180조 제3항 제1호). 하지만 이러한 법률상의 제약은 채무자나 그 사업의 효율적인 회생이라는 회생절차의 목적을 달성하기 위하여 둔 것에 불과하므로 공익채권의 이행소송에서 인용판결을 할 경우 가집행선고를 하는데 방해가 되지 않는다고 할 것이다.

Ⅱ 공익담보권

회생절차에서 담보권은 원칙적으로 회생절차개시시점을 기준으로 그 전에 설정된 담보권과 그 후에 설정된 담보권으로 구분할 수 있다. 회생절차개시 후에 생긴 채권을 공익채권이라 하고, 이를 담보하기 위하여 담보권이 설정된 경우에는 일반적인 담보권에 관한 법리가 그대로 적용된다.

채무자회생법은 공익채권에 관하여는 여러 곳에서 규정하고 있지만, 공익담보권에 관하여는 제180조 제7항 단서에서 채무자의 재산이 공익채권의 총액을 변제하기 부족한 경우 비례변제의 원칙이 공익채권을 위한 유치권 등에는 적용되지 않는다는 규정만을 두고 있다. 그러나 위 규정의 취지로 보아 공익담보권이 허용되고 있다고 할 것이며, 공익채권을 담보하는 인적 담보도 가능하다고 할 것이다.

1. 의 의

회생절차에서는 채무자의 사업을 계속하기 위하여 신규자금의 차입 등을 위하여 채무자의 재산상에 질권이나 저당권 등을 설정할 필요가 있다. 또한 일정한 요건 하에서는 공익채권에 대하여도 법률상 당연히 담보권(유치권 등)이 발생하게 된다.[506] 공익담보권이란 공익채권의 담

---

504) 會社更生法, 261쪽. 당해 청구권이 회생채권이고 공익채권이 아닌 경우에는 수소법원은 소를 각하할 것이 아니라, 청구기각의 본안판결을 하여야 한다.
505) 판결이유 중에 해당 청구권의 부존재가 판시되어 있어도, 그 판단에 기판력이 발생하는 것이 아니고, 공익채권성의 부존재를 이유로 한 청구기각판결과 마찬가지로, 공익채권성의 부존재에 대하여 기판력이 발생하는 것이다. 물론 이러한 판결이 확정되었음에도, 여전히 채권의 존재를 주장하는 것은, 원칙적으로 신의칙에 반하는 것이라고 할 것이다.
506) 매수인 회사의 관리인이 회생절차개시 이후 회생계획안의 심리를 위한 관계인집회가 끝나기까지 해상운송인인 상대방과의 해상운송계약을 해제 또는 해지하지 아니하여 위 기한의 도과로써 해상운송계약을 해제 또는 해지할 수 없게 되었고 이로써 이행의 선택을 한 것으로 보아야 하므로, 해상운송인인 상대방이 갖는 청구권은 공익채권에 해당

보를 위하여 채무자의 재산상에 존재하는 유치권·질권·저당권·「동산·채권 등의 담보에 관한 법률」에 따른 담보권·전세권 및 우선특권을 말한다(제180조 제7항 단서 참조). 공익담보권은 앞에서 본 바와 같이 약정에 의해서도 발생할 수 있고, 법률의 규정에 의하여도 발생할 수 있다. 공익담보권이 설정된 경우에는 회생담보권과 달리 일반적인 담보권에 관한 법리가 그대로 적용된다.

공익채권은 회생채권과 회생담보권에 우선하여 변제한다는 것(제180조 제2항)은 채무자의 일반재산으로부터 변제를 받는 경우에 우선한다는 의미이지 회생담보권이 설정된 특정재산의 경매대금으로부터 우선변제를 받는다는 의미는 아니다. 따라서 회생담보권이 설정된 재산 위에 공익담보권이 설정된 경우에는 회생담보권이 우선한다.[507]

한편 채무자의 재산이 공익채권의 총액을 변제하기에 부족한 것이 명백하게 된 때에는 공익채권자들보다 공익담보권자가 우선적으로 변제받는다(제180조 제7항 단서).

2. 공익담보권의 실행

관리인이 공익채권의 변제를 하지 않는 때에는 공익담보권자는 담보권의 실행을 위한 경매를 신청할 수 있다. 목적부동산 위에 회생담보권인 선순위근저당권이 설정되어 있는 경우도 마찬가지이다. 이 경우 회생담보권자인 선순위근저당권자를 어떻게 취급할 것인가. 앞에서 본 바와 같이 공익담보권자는 그 배당에 있어서는 회생담보권자에 우선할 수 없지만, 회생담보권자는 회생절차에 의하지 않고는 채권의 변제를 받을 수 없기 때문에 경매절차에서 회생담보권자에게 배당될 금액을 어떻게 처리할 것인지의 문제가 생긴다.

이에 관하여는 배당금의 공탁에 관한 명시적 규정이 없다는 이유로 관리인으로 하여금 보관하게 하여야 한다는 견해가 있을 수 있다. 그러나 ① 관리인으로 하여금 보관하게 하는 때에는 채무자의 일반재산과의 구별이 명확하지 않아 회생담보권자의 보호에 미흡하고, ② 회생절차에서 회생담보권은 변제가 금지되는 결과 마치 변제기가 도래하지 않은 상태에 있는 것과 마찬가지로 되기 때문에 공탁하는 것이 타당하다고 본다. 공익담보권의 실행결과 회생담보권자에 대한 배당금이 공탁되면 그 회생담보권은 당연히 공탁금 위에 미치게 된다.

한편 제199조는 회생계획에 공익채권의 변제에 관하여 정하도록 규정하고 있어, 공익담보권이 있는 경우 그에 관한 것도 회생계획에 정하여야 할 것이다. 그러나 공익담보권은 회생계획의 조항에 구속되지 않고 실행할 수 있다. 또한 회생계획에 공익담보권에 관한 조항이 없다고 하더라도 공익담보권이 소멸되는 것은 아니다(제251조, 제252조 참조).

하게 된다. 나아가 상대방의 매수인 회사에 대한 운임채권 등은 상법 제807조의 유치권 또는 상법 제808조 제1항의 우선변제권에 의하여 담보되고 있다고 볼 수 있으므로 위 운임채권 등은 공익담보권에 해당한다고 할 것이다(대법원 2012. 10. 11. 자 2010마122 결정).

507) 대법원 1993. 4. 9. 선고 92다56216 판결. 공익담보권과 회생담보권은 담보권 설정시기에 따라 우선순위가 결정된다.

3. 회생절차개시결정으로 근저당권인 공익담보권의 피담보채권 확정 여부

회생절차개시결정으로 근저당권인 공익담보권의 피담보채권은 확정되는가. 실무적으로 채무자와 계속적 공급계약을 체결하고 있는 상대방이 회생절차개시 전에 채무자의 재산에 대하여 근저당권을 가지고 있는 경우, 그 상대방이 회생절차개시 후 채무자와 계속거래를 할 때에 이 계속거래로 인하여 발생하는 공익채권(제179조 제1항 제2호, 제5호 등)에 관하여 회생절차개시 전의 근저당권이 이러한 공익채권도 담보하는지가 문제된다.

회생절차개시결정으로 근저당권의 피담보채권은 확정된다고 볼 것이므로(본서 333쪽) 회생절차개시 전에 존재하던 근저당권은 개시결정 후의 원인에 기하여 발생한 새로운 공익채무(공익채권)를 담보하는 효력은 없다고 할 것이다. 따라서 이러한 공익채권을 담보하기 위해서는 기존의 근저당권의 담보여력이 있는 경우에도 별도로 공익채권을 담보하기 위한 근저당권을 설정하여야 한다.[508]

┃ 제5절 ┃ 개시후기타채권

구 회사정리법(제121조 제1항[509])에서는 제118조 제2호 내지 제4호에 해당하는 채권을 후순위 정리채권으로 취급하였다. 하지만 회생절차에서 이러한 관념을 유지한다면, 결의에 관한 조 분류 시스템을 도입할 필요성이 생기는데, 이는 적당하지 않다{파산절차에서는 조 분류가 필요하지 않기 때문에 후순위 파산채권(제446조)의 개념을 유지하고 있다}. 또한 회생절차개시 후 발생한 채권으로 공익채권이 아닌 경우, 이것은 파산절차에서는 후순위 파산채권일 뿐만 아니라 자유재산으로 충당되는 채권이지만, 회생절차에서는 이러한 충당재산을 관념할 수 없기 때문에(재건형 절차에서는 자유재산의 관념이 없다), 별도의 범주로 분류할 필요가 있었다. 그래서 채무자회생법에서는 후순위 회생채권의 개념을 채택하지 않고, 구 회사정리법 시절에 후순위 정리채권으로 취급하던 일부 채권을 제3의 범주, 즉 개시후기타채권으로 분류하였다.

---

508) 근보증(민법 제428조의3)의 경우도 회생절차개시 후에 발생한 공익채무에 대하여는 효력이 없다고 할 것이다. 이러한 채무를 위하여 인적담보가 필요한 경우에는 새로운 보증계약을 체결하여야 한다.

509) 구 회사정리법 제121조(후순위정리채권) ① 다음에 게기하는 청구권은 정리채권으로 한다.
  1. 정리절차개시후의 이자
  2. 정리절차개시후의 불이행으로 인한 손해배상과 위약금
  3. 정리절차참가의 비용
  4. 전호에 게기한 것 외에 정리절차개시후의 원인에 기하여 생긴 재산상의 청구권으로서 공익채권이 아닌 것
  5. 정리절차개시전의 벌금, 과료, 형사소송비용, 추징금과 과태료
  ※ 채무자회생법의 경우: 제1호 내지 제3호는 회생채권으로 취급하고 있다. 제5호는 원래 회생채권이었다(다만 면책되지 않는다). 제4호는 개시후기타채권이다.

Ⅰ 의 의

개시후기타채권이란 회생절차개시 후의 원인에 기하여 생긴 청구권[510]으로서 회생채권 또는 회생담보권도 아니고, 공익채권도 아니며, 회생절차 밖에 있는 채권을 말한다(제181조 제1항). 개시후기타채권은 회생절차개시 후의 원인에 기하여 생긴 재산상 청구권이므로 회생채권에 해당하지 않고, 따라서 회생계획에 의한 권리변경의 대상에서 제외된다. 공익채권은 열거주의를 취하고 있으므로 회생절차개시 후에 발생한 채권이라도 열거된 공익채권에 해당하지 않으면 공익채권이 아니다.

회생절차개시 후의 원인에 기하여 발생한 채권은 대부분 공익채권에 해당할 것이므로 개시후기타채권은 실제 발생할 가능성은 거의 없다. 다만 예외적으로 발생하는 경우가 있다. 이에 해당하는 것으로, ① 환어음 등의 지급인 또는 예비지급인이 발행인 또는 배서인인 채무자에 대하여 회생절차가 개시된 것을 알고서(악의) 인수 또는 지급을 한 경우에 생기는 구상권(또는 자금관계에 기한 청구권)(제123조 제1항 참조, 본서 562쪽), ② 관리인이 선임된 이후에 채무자 회사의 대표이사 등이 조직법적·사단법적 행위를 함으로써 발생하는 청구권 중 채무자 회사를 위하여 지출하여야 하는 부득이한 비용(제179조 제1항 제14호)이라고 인정되지 않는 것, ③ 회생절차개시 후 발생한 조세채권으로서 제179조 제1항 제2호, 제5호, 제15호에 해당하지 않아 공익채권으로 볼 수 없는 것,[511] ④ 회생절차개시 후 채무자의 법률행위로 인해 상대방에게 발생한 채무불이행 또는 불법행위로 인한 손해배상청구권, ⑤ 회생절차개시일 이전에 직무발명으로 신고되어 회생절차개시일 이후 특허출원 및 등록이 된 것이거나 회생절차개시일 이후 직무발명으로 신고된 직무발명에 대한 직무발명보상금 채권,[512] ⑥ 부탁 없는 보증인이 회생절차개시 후 변제에 의하여 취득한 구상권(본서 554쪽), ⑦ 아파트 건설공사를 도급받은 업체를 위하여 그 이행을 연대보증한 회사가 수급업체에 대한 회생절차의 개시결정이 내려진 뒤 그 공사의 잔여 부분을 대신 완공함으로써 취득한 사후구상금 채권[513] 등을 들 수 있다.

---

510) **도산절차개시 후 원인에 기하여 생긴 재산상 청구권의 취급**　도산절차개시 후 원인으로 생긴 재산상의 청구권에 대하여 회생절차와 파산절차는 달리 취급하고 있다. 파산절차에서는 파산재단의 범위에 관하여 고정주의를 채택하고 있어(제382조 제1항) 자유재산은 파산재단에서 제외된다. 파산선고 이후에 발생한 채권은 재단채권(제473조), 일반파산채권(제337조 제1항 등)이나 후순위 파산채권(제446조)이 되지만, 예외적으로 이들 중 어디에도 포함되지 않는 채권(본서 1531쪽)은 자유재산에 대하여 자유롭게 채권을 행사할 수 있다. 반면 회생절차에서는 회생절차개시 후 발생한 채권은 공익채권이나 회생채권이 아닌 것은 모두 개시후기타채권으로 아래에서 보는 바와 같이 회생절차 밖에 두면서 회생채권보다도 변제를 나중에 하도록 함으로써 실질적으로 회생채권보다 후순위로 취급하고 있다.

511) 과세관청이 법인의 사외유출금에 대하여 대표자 상여로 소득처분을 하고 소득금액변동통지를 하는 경우 그에 따른 원천징수분 소득세의 납세의무는 소득금액변동통지서가 송달된 때에 성립함과 동시에 확정되므로, 소득금액변동통지서가 해당 법인에 대한 회생절차개시 후에 송달되었다면 그 원천징수분 소득세 채권은 회생절차개시 후의 원인으로 생긴 것으로서, 채무자회생법에서 정한 회생채권에 해당하지 않고(대법원 2015. 6. 11. 선고 2015두844 판결), 제179조 제1항 제2호, 제5호, 제15호에도 해당하지 않아 개시후기타채권이라 할 것이다. 물론 원천징수된 것은 공익채권에 해당한다(제179조 제1항 제9호 가목 단서).

512) 특허법원 2019. 2. 14. 선고 2018나1268 판결(상고).

513) 아파트 건설공사를 도급받은 업체를 위하여 그 이행을 연대보증한 회사가 수급업체에 대한 회생절차의 개시결정이

파산의 경우라면 이러한 종류의 채권은 파산재단에 대한 파산채권으로서의 권리행사는 인정되지 않고, 채무자의 자유재산에 대하여 권리행사를 할 수밖에 없다. 그러나 회생절차의 경우에는 채무자 재산의 범위에 대하여 고정주의를 취하고 있지 않기 때문에 동일한 취급을 하는 것은 불합리하다. 그래서 채무자회생법은 이러한 채권을 별도로 개시후기타채권으로 규정하고 있다. 개시후기타채권은 회생절차가 개시된 경우 채무자의 재산으로 충당하여야 하는 채권이 아닐 뿐만 아니라 회생채권자 등의 전체의 이익을 위하여 발생한 채권도 아니므로 한편으론 권리변경의 대상이 아니고, 다른 한편으론 회생계획에서 정해진 변제기간이 만료할 때까지는 변제받을 수 없고 강제집행 등도 제한하고 있다. 이로써 실질적으로 회생채권보다 열후적으로 취급하고 있다.

Ⅱ 회생절차에서의 취급

1. 변제받을 수 없는 기간

개시후기타채권에 대하여는 기간을 한정하여 열후적으로 취급하고 있다. 개시후기타채권은 회생계획에 따른 변제를 전혀 받을 수 없다. 즉 개시후기타채권은 회생절차가 개시된 때부터 회생계획으로 정하여진 변제기간이 만료하는 때(회생계획인가결정 전에 회생절차가 종료된 경우에는 회생절차가 종료된 때, 그 기간만료 전에 회생계획에 기한 변제가 완료된 경우에는 변제가 완료된 때를 말한다)까지의 사이에는 변제를 하거나 변제를 받는 행위 그 밖에 이를 소멸시키는 행위(면제를 제외한다)를 할 수 없다(제181조 제1항).[514] 따라서 위 기간 중에는 개시후기타채권자나 관리인 모두에 의한 상계가 허용되지 않는다. 또한 경개(민법 제500조)도 할 수 없고, 혼동(민법 제507조)에 의한 소멸도 되지 않는다.

변제받을 수 없는 기간이 만료된 후에는 개시후기타채권을 행사하여 전액 변제를 받는 것도 가능하다. 회생계획인가결정 전에 회생절차가 종료된 경우나 회생계획에 기한 조기변제가 완료된 경우에는 회생절차가 종료된 때 또는 변제가 완료된 때로부터 개시후기타채권에 기한 권리행사를 제한할 이유가 없기 때문이다.

내려진 뒤 그 공사의 잔여 부분을 대신 완공함으로써 취득한 사후구상금 채권은 그 발생의 기초적 법률관계가 연대보증시에 성립하였다고 하더라도 회생절차 개시결정 후 위 아파트 건설공사의 잔여 부분을 완공하기 전까지는 아직 그 시공보증채무를 이행한 데 따른 사후구상금 채권이 발생하지 않았다고 할 것이어서 회생채권에 해당한다고 볼 수 없고, 제179조에 열거된 공익채권에 해당한다고 볼 수도 없으므로, 결국 회생절차개시 후의 원인에 기하여 생긴 재산상의 청구권으로서 회생채권도 공익채권도 아닌 개시후기타채권이라고 할 것이다(대법원 2006. 8. 25. 선고 2005다16959 판결 참조).

514) 이는 시기적 열후화라고 볼 수 있다. 열후화는 회생계획의 변제기간이 짧은 경우에는 유효하게 기능하지 못하는바, 오히려 입법론으로 후순위 회생채권이라는 개념을 창설하는 것이 바람직해 보인다.

2. 강제집행 등의 제한

변제를 받을 수 없는 위 기간 중에는 개시후기타채권에 기한 채무자의 재산에 대한 강제집행, 가압류, 가처분 또는 담보권 실행을 위한 경매의 신청을 할 수 없다(제181조 제2항).[515] 변제 등 임의적으로 채무를 소멸시키는 행위가 허용되지 않는 이상, 개시후기타채권의 강제적 만족을 목적으로 하는 행위는 허용될 수 없기 때문이다. 재산명시신청(민집법 제61조)도 할 수 없다고 할 것이다.

3. 회생계획에의 기재

채무자가 알고 있는 개시후기타채권이 있는 때에는 이를 회생계획에 필요적으로 기재하여야 한다(제193조 제1항 제5호). 이는 이해관계인에게 충분한 정보를 제공하여 회생계획안의 결의 및 인가를 적절히 하기 위함이다. 따라서 기재의 유무를 묻지 않고 회생계획인가결정이 있어도 면책(제251조)이나 권리변경(제252조)의 효력은 발생하지 않는다. 개시후기타채권은 비록 열후화되었지만, 회생채권이 아니므로 회생계획에 의한 면책이나 권리변경을 받는 것이 아니다.

4. 채권자목록 기재 및 채권신고 여부

개시후기타채권은 회생채권이 아니므로 관리인이 이를 목록에 기재할 필요가 없고, 채권자도 이를 신고할 필요가 없다. 목록에 기재되지 않고 신고되지 않더라도 실권되지 않는다.

사례 A(수탁자, 은행)는 2014. 6. 28. B(위탁자, 주식회사)와 사이에 대출금채무에 대한 담보로 B가 소유하고 있는 甲사 주식에 관하여 담보신탁계약을 체결하였다(이후 2019. 2. 26. 담보신탁계약은 해지되었다). 위 계약에 따르면 신탁재산의 운용과 관련하여 발생한 조세는 신탁재산에서 차감하거나 B에게 청구할 수 있게 돼 있었다. 이후 2015. 9. 3. B사에 대하여 회생절차가 개시되었고, 2020. 10. 12. 회생절차가 종결되었다. 관할 세무서장은 2022. 9. 10. 회생절차개시결정 이후로서 신탁기간 중 甲사가 체납한 2014년 및 2015년 법인세 등 24억 원 상당을 제2차 납세의무자(국세기본법 제39조 제2호)인 A에게 납부하라고 통지하였고, A는 모두 납부하였다. A의 위 세금 상당의 약정금채권은 B에 대한 회생절차에서 회생채권인가 공익채권인가 아니면 개시후기

---

515) 조세채권에 기한 체납처분(강제징수)은 할 수 있는가. 제한대상인 '강제집행, 가압류, 가처분 또는 담보권 실행을 위한 경매'를 제한적 규정으로 보아야 하므로 체납처분(강제징수)은 할 수 있다고 볼 수도 있다. 그러나 개시후기타채권의 변제시기가 제한되고 있는 점, 개시후기타채권의 성질 등에 비추어보면, 조세채권에 기한 체납처분(강제징수)도 허용되지 않는다고 할 것이다. 체납처분(강제징수)이 금지됨에도 체납처분(강제징수)이 이루어진 경우 이는 그 자체로 하자가 있는 것으로 불복할 수 있고, 변제가 이루어진 경우에는 오납금으로 보아 환급하여야 한다{이준봉, 조세법총론(제8판), 삼일인포마인(2022), 763쪽}.

타채권인가.[516)]

① **회생채권이라는 견해** 위 약정금채권은 회생절차개시결정 이전에 체결된 담보신탁계약을 주요 원인으로 하여 발생한 것이므로 회생절차개시 전의 원인으로 생긴 재산상의 청구권인 회생 채권에 해당한다.

② **공익채권이라는 견해** 위 약정금채권의 주요 발생원인은 담보신탁계약의 체결이 아니라 제2차 납세의무의 성립요건인 甲의 체납 및 무자력과 A의 세금 납부인데, 甲의 체납과 무자력은 회생절차개시결정 이후에 발생하였으므로 위 약정금채권은 회생절차개시 전의 원인으로 생긴 청구권이 아니다. 또한 A의 위 약정금채권은 회생절차개시 후 B의 업무 및 재산의 관리에 관한 비용청구권, 사무관리 또는 부당이득으로 인하여 회생절차개시 이후 생긴 청구권, 그 외 B를 위하여 지출하여야 하는 부득이한 비용으로서 공익채권에 해당한다.

살펴건대 아래와 같은 이유로 위 위약금채권은 회생채권도 아니고 공익채권도 아닌 개시후기타채권이라고 보는 것이 타당하다.[517)]

담보신탁계약에 따라 B에게 이 사건 주식에 관하여 A가 장래에 부담할 조세 상당을 지급할 약정금채무가 발생하였다고 하더라도, 甲의 체납에 따른 제2차 납세의무는 甲에 대한 주된 납세의무의 성립, 甲의 체납 및 자력 부족이라는 요건이 충족되어야 성립하므로,[518)] B의 담보신탁계약에 따른 위 약정금채무 중 이 사건 주식으로 인한 제2차 납세의무 관련 부분은 위 제2차 납세의무의 성립요건이 모두 충족되어야 비로소 발생될 수 있다. 또한 담보신탁계약의 체결만으로는 甲이 장래에 세금을 체납할지, 세금을 낼 자력이 부족할지 전혀 알 수 없을 뿐만 아니라 A가 제2차 납세의무자로서 부담하게 될 세액의 한도도 없기 때문에 A가 부담할 세액이 얼마까지 될지도 전혀 예측할 수 없다. 나아가 제2차 납세의무의 성립요건이 갖추어지지 않은 상태에서 A가 장래의 제2차 납세의무 부담을 예상해 甲의 회생절차에서 회생채권을 신고하는 것을 기대하기 어렵다. 이러한 점을 고려해 보면, 위 약정금채권의 주요한 발생원인은 제2차 납세의무의 성립요건이 충족되었을 때 갖추어졌다고 할 것이지(A의 제2차 납세의무 성립요건은 회생절차개시결정 이후에 충족되었다), 담보신탁계약이 체결되었을 때 이미 갖추어져 있었다고 보기 어렵다. 따라서 위 약정금채권은 회생채권이 아니다.

한편 A가 수탁자로서 이 사건 주식의 소유권을 대내외적으로 취득함에 따라 甲의 제2차 납세의무자로 지정되어 이 사건 세금을 부담하게 된 것이므로 이 사건 세금이 甲의 업무 및 재산에 관하여 발생한 비용이라고 보기 어렵다(제179조 제1항 제2호). 또한 A의 위 약정금채권은 담보신탁계약에 기하여 발생한 것이므로 사무관리 또는 부당이득으로 발생한 청구권이라고 보기도 어렵다(제179조 제1항 제6호). 나아가 A가 이 사건 세금을 납부한 것은 과세관청의 제2차 납세의무자 지정 및 그에 따른 부과처분에 기한 것으로서 B의 회생절차 진행이나 업무의 계속을 위

---

516) 실제 사건은 회생절차종결 이후 A(원고)가 B(피고)를 상대로 위 약정금채권은 공익채권임을 주장하며 24억 원의 지급을 구하는 소를 제기하였다. 이에 B는 위 약정금채권은 회생채권이고 채권신고도 하지 않았고 채권자목록에도 기재되어 있지 않으므로 제251조에 따라 회생계획인가결정으로 면책되었다고 주장하였다(권리보호이익이 없어 부적법하다).

517) 서울중앙지방법원 2021. 5. 13. 선고 2020가합507019 판결(항소), 서울고등법원 2022. 3. 3. 선고 2021나2019338 판결(상고, 대법원 2022다226715 상고기각).

518) 제2차 납세의무에 관한 내용은 <도산과 지방세, 196~198쪽>을 참조할 것.

하여 불가피한 것이라고 보기 어려우므로 이 사건 세금이 B를 위하여 지출한 부득이한 비용이라고 볼 수도 없다(제179조 제1항 제15호). 따라서 A의 위 약정금채권이 제179조 제1항 제2호, 제6호, 제15호에서 정한 공익채권에 해당한다고 볼 수 없다.

결국 A의 위 약정금채권은 회생절차개시 이후의 원인에 기하여 발생한 재산상의 청구권으로서 공익채권, 회생채권 또는 회생담보권이 아닌 청구권으로서 제181조 제1항에서 정한 '개시후기타채권'에 해당한다.[519]

---

519) 실제사건에서는 원고의 공익채권이라는 주장은 받아들이지 않았다. 하지만 개시후기타채권임이 인정되어 금액으로는 전부 승소판결을 받았다. 개시후기타채권은 회생절차 밖에 있는 채권으로 회생계획인가결정에 따라 제251조에 의해 면책되는 채권이 아니기 때문이다.

제 9 장

회생채권자 등의 목록제출과 회생채권 등의 신고

채무자의 회생을 목적으로 하는 회생절차에서는 집단적 채무재조정을 주된 내용으로 하는 회생계획이 핵심이 된다. 그런데 회생계획을 적정하게 작성하기 위해서는 먼저 이에 반영될 채권의 규모를 정확히 파악하는 것이 필요하다. 또한 채권액이 회생절차에서 의결권 행사의 기준이 된다는 점에서도 그러하다.[1]

채권의 규모를 파악할 수 있는 방법으로 채무자회생법은 회생채권자, 회생담보권자, 주주·

---

1) **도산절차에서의 채권 확정**

1. **도산절차에서 채권 확정의 의미**

도산절차는 기본적으로 채무자의 재산을 채권자들에게 채권액에 비례하여 배당(변제)하는 절차이므로 채권자가 가지는 채권의 존부, 금액을 확정하는 문제가 중요하다. (1) 채권의 확정 문제는 채권자별로 얼마씩 배당(변제)할 것인지를 결정하는 기준이 된다. 분배의 원칙과 방법은 도산절차마다 조금씩 다르나 분배에 관한 채권자 상호간의 우선순위는 특별한 사정이 없는 한 실체법상의 권리의 우선순위에 따른다. 회생절차에서는 이종의 권리 간에는 '공정하고 형평에 맞는 차등의 원칙'(제217조)을, 동종의 권리 간에는 '평등의 원칙'(제218조)을 분배의 원칙으로 삼고 있고, 파산절차에서는 채권의 순위, 채권액에 따라 평등한 비율로 분배하도록 하고 있다(제440조 참조). 채권의 존부나 금액의 확정은 특별한 사정이 없는 한 일반 민사 실체법의 규율을 받는다. (2) 의결권 행사와 관련하여 채권의 확정문제가 중요하다. 파산절차에서는 채권자집회에서 파산채권자가 의결권을 행사하고(제370조 제1항), 회생절차에서는 회생계획이 인가되기 위해서는 원칙적으로 관계인집회에서 가결되어야 한다(제237조)[다만 개인회생절차의 경우에는 변제계획에 대하여 개인회생채권자집회에서 결의를 요하지 않는다]. 의결권은 원칙적으로 확정된 파산채권액(제373조 제1항), 회생채권액, 회생담보권액(제188조 제1항)에 따라 행사할 수 있다. 따라서 채권의 확정이 어떻게 이루어지는지에 따라 채권자집회에서의 결의나 회생계획안에 대한 가결 여부에 중요한 영향을 미칠 수 있다.

요컨대 도산절차에서 채권의 확정 문제는 한정된 변제재원을 가지고 채권자들 사이에 어떻게 분배가 이루어질 것인지를 결정하고, 나아가 해당 도산절차를 유지할 수 있을지 여부에도 큰 영향을 미친다고 할 것이다.

2. **채권의 확정절차**

도산절차에서 채권의 확정절차는 도산절차에 따라 조금씩 다르다. 또한 채권의 유형에 따라 확정하는 절차가 다르다. 크게 ① 파산채권, 회생채권, 회생담보권, 개인회생채권('파산채권 등'이라 한다)과 같이 도산절차에 의하여 변제하도록 하는 채권과 ② 재단채권, 공익채권, 개인회생재단채권('재단채권 등'이라 한다)과 같이 도산절차에 의하지 않고 수시로 변제받도록 하는 채권으로 나눌 수 있다.

먼저 ①의 경우에 관하여 본다. 파산절차에서는 채권신고 및 채권조사의 절차를, 회생절차에서는 관리인의 목록제출, 채권신고 및 채권조사 등의 절차를, 개인회생절차에서는 채무자의 채권자 목록 제출 및 이의기간 부여 등의 절차를 거치도록 되어 있다. 개인회생절차에서는 절차의 간이화를 위하여 채권자의 채권신고절차 없이 채무자가 제출한 목록에 대하여 이의를 할 수 있도록 하였다.

다음으로 ②의 경우에 관하여 본다. 재단채권 등은 도산절차에 의하지 아니하고 수시로 파산채권 등보다 먼저 변제받는다(제180조 제1항, 제475조, 제476조, 제583조 제2항). 따라서 재단채권자 등은 직접 파산관재인(관리인, 채무자)에게 변제를 요구할 수 있고, 파산관재인 등이 이에 응하지 아니할 경우 파산관재인 등을 상대로 소를 제기할 수 있다. 위와 같이 재단채권 등의 확정을 위한 절차는 채무자회생법에 별도로 규정되어 있지 않고 일반 민사소송절차에 의하도록 하고 있다.[「오세용, 중국 파산법상 채권의 확정 문제, 저스티스 통권 제158-3호(2017. 2.), 571~574쪽」참조]

지분권자(이하 '회생채권자 등'이라 한다)[2]가 채권 등을 신고하도록 하고 있다. 회생절차의 신속한 진행을 위하여 개별적이 아닌 집단적인 확정을 도모하는 것을 목적으로 회생절차 내에 신고(조사·확정)제도를 둔 것이다.

한편 회생채권자 등의 신고의 불편을 덜어줌과 동시에 신고하지 않은 채권 등이 회생계획의 인가결정으로 실권되는 불이익을 방지하기 위하여 관리인으로 하여금 회생채권자 등의 신고에 앞서 회생채권자 등의 목록을 작성하여 법원에 제출하도록 하는 회생채권자 등의 목록제출제도를 두고 있다(제147조).[3]

현행법상 회생채권·회생담보권의 확정은 일반적으로 [목록제출 → 채권신고 → 채권조사(시부인) → 이의 → 채권조사확정재판 → 채권조사확정재판에 대한 이의의 소]의 절차로 진행된다. 회생절차에서는 회생채권·회생담보권이 다수 존재하는 것이 통상적이므로 채권신고·조사·확정이라는 집단적 채권확정(채권처리)절차[4]를 채택하고 있다.

제1절 회생채권자 등의 목록 제출

Ⅰ 회생채권자 등 목록의 기재 대상

회생채권자 등의 목록의 기재 대상이 되는 것은 회생채권, 회생담보권, 주식 또는 출자지분

---

2) 주주·지분권의 경우 채권조사의 대상이 아니지만(채권도 아니다), 목록제출은 물론 신고를 하도록 하고 있다. 주주·지분권권자로 하여금 신고하도록 할 필요가 있는지는 의문이다.

3) 목록제출제도는 회생채권자·회생담보권자가 회생절차개시 사실을 모르는 등 본인에게 책임질 수 없는 사유로 채권신고를 못함으로 인하여 실권되는 불측의 손해를 방지하기 위하여 도입된 제도이다. 하지만 채무자의 회생채권자 등 목록 작성은 채무자에게 상당한 부담이 되고, 대부분의 채권자가 목록과 상관없이 채권신고를 하고 있으며, 대법원이 회생절차 진행 중은 물론 회생절차 종결 후에도 추후보완신고 등 미신고채권자의 구제책을 인정하고 있는 점{대법원 2012. 2. 13. 자 2011그256 결정, 대법원 2020. 9. 3. 선고 2015다236028(본소), 2015다236035(반소) 판결 등, 전대규(지방세), 158쪽 참조} 등을 고려하면 회생채권자 등 목록제출제도를 존치하는 것이 타당한지는 의문이다. 또한 아래에서 보는 바와 같이 미국 연방도산법 제11장 절차나 일본 민사재생법이 채무자가 알고 있는 채권(채무자가 제출한 제출서류에 기재된 채권)에 대하여 채권신고를 요구하지 않는 것은 다른 절차가 관재인이 선임되는 것과 달리 위 절차는 채무자가 주체적으로 진행하는 DIP절차이어서 채무자인 이상 자신의 채무를 알고 있을 것이라는 전제에서 비롯된 것이다. 비록 우리나라 회생절차가 DIP의 이념을 받아들였지만, DIP 그 자체는 아니라는 점에서도 목록제출제도의 이론적 근거는 미약하다. 결국 입법론적으로는 회생절차를 원칙적인 DIP절차로 전환하는 것이 선행되어야 한다.

4) 집단적 채권확정(채권처리)절차란 관리인(파산절차에서는 파산관재인)은 객관적(제3자적) 지위에서 회생채권(파산절차에서는 파산채권) 등의 존부 등을 조사하고, 회생채권자 등은 서로 이해가 대립하는 상호 견제적인 입장(불충분한 재산을 나누어 갖는 관계)에서 회생채권 등의 존부 등을 조사하여, 이의가 없으면 그 회생채권 등은 모든 회생채권자 등 사이에서 확정되고, 이의가 있으면 이의가 있는 자끼리 법적 절차(채권조사확정재판신청, 계속 중인 소송의 수계, 집행력 있는 집행권원이 있는 경우 청구이의의 소[긍정설의 경우] 등)로 해결을 시도하여 그 결과가 모든 회생채권자 등에게 미치는 것을 말한다. 이럼으로써 단기간에 낮은 비용으로 필요한 정도에서 진실에 부합하는 회생채권 등의 확정을 기대할 수 있고, 또한 이의를 주장할 기회(절차보장)를 부여함으로써 진실에 부합하지 않는 변제(배당)가 되는 경우라도 이로 인해 불이익을 감수시키는 정당화의 근거를 갖추게 되는 것이다(倒産と訴訟, 189쪽 각주 10)).

으로(제147조), 회생채권자 등의 신고 대상과 같다. 공익채권은 회생절차와 관계없이 그 권리를 행사할 수 있으므로(제180조) 목록의 기재나 신고를 필요로 하지 않는다.

국세징수법 또는 지방세징수법에 의하여 징수할 수 있는 청구권, 국세징수의 예에 의하여 징수할 수 있는 청구권은 회생채권이므로 다른 회생채권과 마찬가지로 반드시 목록에 기재되거나 신고되어야만 실권되지 않는다.

벌금·과료·형사소송비용·추징금·과태료(제140조)도 회생채권에 해당하므로 목록에 기재하여야 한다. 다만 목록에 기재되지 않거나 신고하지 않더라도 회생계획인가결정에 의하여 실권되지 않고(제251조 단서), 회생계획에서 감면 기타 권리에 영향을 미칠 내용을 정하지 못한다(제140조 제1항).

개시후기타채권은 회생채권이 아니므로 관리인이 이를 목록에 기재할 필요가 없고, 채권자도 이를 신고할 필요가 없다. 목록에 기재되지 않고 신고되지 않더라도 실권되지 않는다.

주주·지분권자의 경우 주식, 출자지분이 목록에 기재되지 않거나 신고를 하지 않더라도 주주, 지분권자로서의 일반적인 권리가 소멸되는 것은 아니지만, 목록에 기재되지 않거나 신고를 하지 않은 상태에서는 회생절차에 참가할 자격을 얻지 못하게 되므로, 이 한도 내에서는 목록의 기재 또는 신고가 필요하다.

Ⅱ 회생채권자 등의 목록의 작성 및 제출의무자

회생채권자 등의 목록을 작성, 제출하여야 하는 자는 원칙적으로 관리인이다(제147조 제1항). 회생채권자로 하여금 회생절차에 관하여 알지 못하여 자신의 채권을 신고하지 못함으로써 회생계획 인가에 따른 실권의 불이익을 받는 것을 방지하기 위한 회생채권자 목록 제도의 취지에 비추어 볼 때, 관리인은 비록 소송절차에서 다투는 등으로 회생절차에 관하여 주장되는 어떠한 회생채권의 존재를 인정하지 아니하는 경우에도, 그 회생채권의 부존재가 객관적으로 명백한 예외적인 경우가 아닌 한 이를 회생채권자 목록에 기재하여야 할 의무가 있다.[5] 사전회생계획안을 제출하는 자는 회생절차개시 전까지 회생채권자 등의 목록을 작성하여 제출하여야 한다(제223조 제4항).

법원은 회생절차개시결정을 하는 경우에 개시결정일로부터 2주 이상 2월 이하의 범위 내에서 관리인이 회생채권자 등의 목록을 작성·제출하여야 하는 기간을 정하여야 한다(제50조 제1항 제1호). 다만 채권자의 수가 많고 복잡한 경우와 같이 특별한 사정이 있는 경우에는 관리인의 목록 제출기간을 늘일 수 있다(제50조 제2항). 물론 사전회생계획안 제출자가 회생절차개시 전까지 회생채권자 등의 목록을 제출한 경우에는 위 기간을 정할 필요가 없다(제50조 제1항 제1호). 사전회생계획안을 제출하는 자가 회생채권자 등의 목록을 제출한 경우 회생채권자 등의

---

5) 대법원 2023. 3. 16. 선고 2021다223368 판결, 대법원 2020. 9. 3. 선고 2015다236028(본소),2015다236035(반소) 판결.

목록이 제출된 것으로 보기 때문이다(제223조 제4항, 제5항).

관리인 등이 목록에 기재하지 않고 회생채권자 등도 신고를 하지 아니하여 회생계획에서 인정되지 아니한 회생채권과 회생담보권은 원칙적으로 실권된다(제251조). 이와 관련하여 관리인이 회생채권의 존재 또는 그러한 회생채권이 주장되는 사실을 알고 있거나 이를 쉽게 알 수 있었음에도 회생채권자 목록에 회생채권을 기재하지 아니하였고, 이후 회생채권자가 채무자에 대한 회생절차에 관하여 알게 되어 회생채권의 신고를 통해 권리보호조치를 취할 수 있었는데도 이를 하지 아니함으로써 회생채권이 실권된 경우, 관리인이 불법행위책임을 부담하는지가 문제된다.[6]

앞에서 본 바와 같이 회생채권자가 회생절차에 관하여 알지 못하여 자신의 채권을 신고하지 못함으로써 회생계획인가에 따른 실권의 불이익을 받는 것을 방지하기 위한 제147조의 회생채권자 목록 제도의 취지에 비추어 볼 때, 관리인은 비록 소송절차에서 다투는 등으로 회생절차에 관하여 주장되는 어떠한 회생채권의 존재를 인정하지 아니하는 경우에도, 회생채권의 부존재가 객관적으로 명백한 예외적인 경우가 아닌 한 이를 회생채권자 목록에 기재하여야 할 의무가 있다. 그런데 회생절차에 참가하고자 하는 회생채권자는 원칙적으로 신고기간 안에 회생채권의 내용 및 원인 등을 법원에 신고하여야 하지만(제148조 제1항), 자신이 책임질 수 없는 사유로 인하여 신고기간 안에 신고를 하지 못한 때에는 그 사유가 끝난 후 1월 이내에 신고를 보완할 수 있는바(제152조 제1항), 회생절차에서 회생채권자가 회생절차의 개시사실 및 회생채권 등의 신고기간 등에 관하여 개별적인 통지를 받지 못하는 등으로 회생절차에 관하여 알지 못함으로써 회생계획안 심리를 위한 관계인집회가 끝날 때까지 채권신고를 하지 못하고, 나아가 관리인이 그 회생채권의 존재 또는 그러한 회생채권이 주장되는 사실을 알고 있거나 이를 쉽게 알 수 있었음에도 회생채권자 목록에 기재하지 아니한 경우, 회생채권자는 제152조 제3항에 불구하고 회생계획안 심리를 위한 관계인집회가 끝난 후에도 회생절차에 관하여 알게 된 날로부터 1개월 이내에 회생채권의 신고를 보완할 수 있는 점에 비추어 보면, 비록 관리인이 회생채권의 존재 또는 그러한 회생채권이 주장되는 사실을 알고 있거나 이를 쉽게 알 수 있었음에도 회생채권자 목록에 그 회생채권을 기재하지 아니하였다 하더라도, 회생채권자가 채무자에 대한 회생절차에 관하여 알게 되어 회생채권의 신고를 통해 권리보호조치를 취할 수 있었는데도 이를 하지 아니함으로써 그 회생채권이 실권된 경우에는, 관리인이 회생채권자 목록에 회생채권을 기재하지 아니한 잘못과 회생채권의 실권 사이에 상당인과관계가 있다고 할 수 없다. 따라서 관리인의 불법행위책임이 성립하지 아니한다.[7] 다만 관리인은 선관주의의무위반으로 인한 손해배상책임을 부담할 가능성은 있을 것이다(제82조 참조).

---

6) 책임제한절차에서는 신청인 또는 수익채무자가 자신이 알고 있는 제한채권자를 법원에 신고하지 아니하여 그 채권이 책임제한절차에서 제척되었을 경우 이에 대한 손해배상규정을 명시적으로 두고 있다(선박소유자 등의 책임제한에 관한 법률 제79조).
7) 대법원 2014. 9. 4. 선고 2013다29448 판결.

도산절차에서의 표와 목록

도산절차에서는 권리자에 대한 '표'와 '목록'이 작성되는데, 작성주체와 시기, 의미가 서로 다르다.

Ⅰ. 회생절차

회생절차에서는 관리인이 회생채권자의 목록, 회생담보권자의 목록과 주주·지분권자의 목록을 작성하여 제출한다(제147조 제1항). 법원사무관등은 목록에 기재되거나 신고된 회생채권, 회생담보권, 주식 또는 출자지분에 대하여 회생채권자표·회생담보권자표와 주주·지분권자표를 작성한다(제159조). 법원사무관등은 회생채권 및 회생담보권에 대한 조사결과 및 채무자가 제출한 이의를 회생채권자표 및 회생담보권자표에 기재한다(제167조 제1항). 확정된 회생채권 및 회생담보권을 회생채권자표 및 회생담보권자표에 기재한 때에는 그 기재는 회생채권자·회생담보권자·주주·지분권자 전원에 대하여 확정판결과 동일한 효력이 있다(제168조). 회생채권자 또는 회생담보권자는 회생절차종료 후 채무자에 대하여 회생채권자표 또는 회생담보권자표에 기하여 강제집행을 할 수 있다(제255조 제2항, 제292조 제2항).

Ⅱ. 파산절차

파산절차에서는 목록 작성은 없다. 채권자가 채권신고를 하면 법원사무관 등이 신고된 채권을 근거로 파산채권자표를 작성한다(제448조). 이후 법원사무관 등은 채권조사의 결과와 채무자가 진술한 이의를 파산채권자표에 기재한다(제459조). 확정채권에 관하여 파산채권자표에 기재한 때에는 그 기재는 파산채권자 전원에 대하여 확정판결과 동일한 효력이 있다(제460조). 채권자는 파산종결 후 또는 파산폐지의 결정이 확정된 경우 파산채권자표의 기재에 의하여 강제집행을 할 수 있다(제535조 제2항, 제548조 제1항).

Ⅲ. 개인회생절차

개인회생절차에서는 신청인이 신청시에 개인회생채권자목록을 제출하여야 한다(제589조 제2항 제1호). 개인회생절차에서는 채권신고 및 조사제도가 없다. 개인회생채권자는 위 목록에 대하여 이의(=채권조사확정재판신청)를 제출한다(제603조 제1항 제1호). 법원사무관등은 채권이 확정된 때에는 개인회생채권자표를 작성한다(제603조 제2항). 확정된 개인회생채권을 개인회생채권자표에 기재한 경우 그 기재는 개인회생채권자 전원에 대하여 확정판결과 동일한 효력이 있다(제603조 제3항). 개인회생채권자는 개인회생절차폐지결정이 확정된 때에는 채무자에 대하여 개인회생채권자표에 기하여 강제집행을 할 수 있다(제604조 제4항).

Ⅲ 회생채권자 등 목록의 작성 방법과 제출

회생채권자 등의 목록에 기재할 사항에 관하여는 제147조와 규칙 제52조에 상세히 규정되어 있다. 관리인 등이 목록에 기재한 회생채권자 등은 그 기재 내용대로 확정될 수 있으므로

(제166조 제2호), 권리의 존부와 내용에 관하여 면밀한 검토가 선행되어야 한다.

1. 회생채권자 목록에 기재할 사항

① 회생채권자의 성명과 주소

② 회생채권의 내용과 원인

③ 의결권의 액수

관리인은 의결권의 액과 수를 기재하여야 한다. 회생채권자의 권리가 금전채권인 경우에는 원칙적으로 채권액이 의결권 액이 되지만(제133조 제2항), 이자 없는 기한부 채권 등에 대하여는 특칙이 있다(제134조 내지 제138조). 이에 관하여는 〈**제8장 제1절 VIII.3.**〉(본서 617쪽)을 참조할 것.

④ 일반의 우선권 있는 채권이 있는 때에는 그 뜻

⑤ 제118조 제2호 내지 제4호의 규정에 의한 회생채권일 때에는 그 취지 및 액수

⑥ 집행력 있는 집행권원 또는 종국판결이 있는 회생채권인 때에는 그 뜻

⑦ 회생채권에 관하여 회생절차개시 당시 소송이 계속하는 때에는 법원·당사자·사건명 및 사건번호

2. 회생담보권자 목록에 기재할 사항

① 회생담보권자의 성명 및 주소

② 회생담보권의 내용 및 원인, 담보권의 목적 및 그 가액, 회생절차가 개시된 채무자 외의 자가 채무자인 때에는 그 성명 및 주소

회생담보권의 내용 및 원인은 담보목적물의 가액에 따라 담보된 범위의 것을 말한다. 담보되지 않는 부분은 회생채권에 포함시켜야 한다.

③ 의결권의 액수

④ 집행력 있는 집행권원 또는 종국판결이 있는 회생담보권인 때에는 그 뜻

⑤ 회생담보권에 관하여 회생절차개시 당시 소송이 계속하는 때에는 법원·당사자·사건명 및 사건번호

3. 주주·지분권자 목록에 기재할 사항

① 주주·지분권자의 성명 및 주소

② 주식 또는 출자지분의 종류 및 수

4. 벌금, 조세 등 청구권의 목록에 기재할 사항

① 제140조 제1항, 제2항에서 규정하는 벌금, 조세 등 청구권을 갖고 있는 자의 명칭과 주소
② 청구권의 내용
③ 회생절차개시 당시 행정심판 또는 소송이 계속 중인 때에는 그 행정심판 또는 소송이 계속하는 행정기관 또는 법원, 당사자, 사건명 및 사건번호

Ⅳ 회생채권자 등의 목록 제출의 효과

1. 시효중단

관리인이 회생채권자 등[8]의 목록을 작성하여 법원에 제출하면 시효중단의 효과가 있다(제32조 제1호).[9] 관리인이 회생채권자 등의 목록을 작성하여 제출하는 것은 권리의 존재를 인정하는 승인(민법 제168조 제3호)으로 볼 수 있기 때문이다. 사전회생계획안을 제출한 채무자가 회생채권자 등의 목록을 작성하여 법원에 제출한 경우(제223조 제4항)에도 마찬가지로 보아야 할 것이다.

시효중단의 시점은 관리인이 작성한 목록이 법원에 실제로 제출된 때이다.

공익채권을 회생채권으로 잘못 기재하여 제출한 경우 그 공익채권에 대하여 시효중단의 효력이 있는가. 회생계획에 의하여 권리행사의 제한을 받는 회생채권자를 보호하기 위한 제32조 제1호의 규정 취지나 '회생채권자목록'을 제출하도록 한 제147조의 규정 내용 등에 비추어 볼 때, 공익채권을 기재한 회생채권자목록 제출로 인한 시효중단의 효력은 공익채권에는 미치지 않는다고 볼 여지도 있다. 그러나 제32조 제1호는 '제147조의 목록의 제출'과 '그 밖의 회생절차참가'를 시효중단 사유로 규정하고 있고, '제147조의 목록의 제출'은 소멸시효 중단사유 중 '승인', '그 밖의 회생절차참가'는 소멸시효 중단사유 중 '청구'의 일종으로 볼 수 있다. 그런데 소멸시효 중단사유로서의 채무승인은 시효이익을 받을 당사자인 채무자가 소멸시효의 완성으로 채권을 상실하게 될 자 또는 그 대리인에 대하여 상대방의 권리 또는 자신의 채무가 있음을 알고 있다는 뜻을 표시함으로써 성립하고, 그에 있어서 채무자가 권리 등의 법적 성질까지 알고 있거나 권리 등의 발생 원인을 특정하여야 할 필요는 없다고 할 것인바,[10] 이에 비추어 보면 관리인이 공익채권의 법적 성질을 잘못 파악하여 '회생채권자목록'에 기재하여 제출하였

---

8) 제147조에 의한 목록의 제출이라고 되어 있지만, 주주·지분권자를 제외한 회생채권자와 회생담보권자에 대한 목록제출로 보아야 할 것이다.
9) 회생절차 내에서 이루어진 변제기 유예 합의도 채무자에 대한 승인이 전제된 것이므로 채무승인의 효력이 있어 시효중단사유가 된다(대법원 2016. 8. 29. 선고 2016다208303 판결).
10) 대법원 2018. 2. 13. 선고 2017다265556 판결, 대법원 2013. 2. 28. 선고 2011다21556 판결, 대법원 2012. 10. 25. 선고 2012다45566 판결 등 참조.

다고 하여 제32조 제1호에 따른 소멸시효 중단의 효력이 발생하지 않는다고 할 수 없다.[11]

채무자회생법상 소멸시효의 중단, 정지 및 완성유예

소멸시효는 시간의 경과로 권리를 상실하게 하는 제도이다. 소멸시효는 권리자가 권리를 행사할 수 있음에도 그 권리를 행사하지 않는 것을 요건으로 한다. 따라서 소멸시효기간 내에 자신의 권리를 행사한 경우 또는 어떠한 장애로 말미암아 권리를 행사할 수 없는 경우에는 소멸시효로부터 권리자를 보호해 주어야 한다. 그것이 소멸시효의 중단, 정지 및 완성유예이다. 시효장애사유라고도 한다. 소멸시효와 관련하여서는 주로 민법, 상법 등 실체법에서 규정하고 있지만, 채무자회생법에서도 그에 관한 규정들이 있다.

1. 소멸시효의 중단

소멸시효 중단이란 중단까지 진행한 기간은 산입하지 아니하고, 중단사유가 종료한 때부터 새로이 시효가 진행하는 것을 말한다(민법 제178조 제1항). 시효의 재개시에 해당한다.

소멸시효의 중단사유로, ① 회생채권자·회생담보권자목록의 제출 그 밖의 회생절차참가(채권신고), ② 파산절차참가(채권신고),[12] ③ 개인회생채권자목록의 제출 그 밖의 개인회생절차참가(이상은 제32조), ④ 이사 등의 손해배상청구권 등에 관한 조사확정재판의 신청 또는 법원의 조사확정절차개시결정(제115조 제5항, 제352조 제5항)을 규정하고 있다.

2. 소멸시효의 정지

소멸시효의 정지란 정지사유가 존재하는 기간 동안에는 시효가 진행하지 않는 것을 말한다. 시효의 정지사유가 발생하면 그 때까지 경과된 시효기간에는 영향이 없고, 정지사유가 진행 중인 동안에만 시효의 진행이 정지될 뿐이며, 사유가 종료되면 남은 시효기간이 계속 진행된다.

소멸시효의 정지사유로, ① 중지명령에 의한 체납처분(강제징수) 등의 중지(제44조 제2항, 제1항 제5호, 제593조 제2항, 제1항 제5호), ② 회생절차개시결정에 의한 체납처분(강제징수) 등의 금지 또는 중지(제58조 제4항, 제3항), ③ 회생계획에서 조세 등 청구권에 관하여 징수유예나 체납처분에 의한 환가유예(제140조 제5항, 제2항, 제3항), ④ 개인회생절차개시결정에 의한 다른 절차의 금지 또는 중지(제600조 제4항, 제1항, 제2항)를 규정하고 있다. 금지 또는 중지기간이나 징수유예 또는 환가유예기간에는 시효가 진행하지 않는다.

한편 ①, ②의 경우 체납처분(강제징수) 등 외의 다른 절차의 중지나 금지기간에 대하여도 시효를 정지할 필요가 있다.

3. 소멸시효 완성유예

소멸시효 완성유예란 정지사유가 종료한 때로부터 일정 기간 내에는 시효가 완성하지 않는 것을 말한다. 민법에서는 이를 소멸시효의 정지라 한다(민법 제179조, 제182조).[13] 이미 진행된

---

11) 서울고등법원 2014. 6. 27. 선고 2014나9429 판결(확정).

12) 민법 제171조에서도 소멸시효 중단사유로 규정하고 있다. 민법과 채무자회생법이 중복하여 규정하고 있다. 민법이 소멸시효에 관하여 모든 것을 규정하고 있는 것은 아니므로(상법, 어음·수표법 등 여러 법에서도 소멸시효에 관하여 규정하고 있다) 도산절차와 관련된 것은 채무자회생법에서 규정하는 것이 타당하다.

시효기간에는 아무런 영향을 주지 아니하고 어떠한 사유가 있으면 그 사유가 종료된 때부터 일정 기간 이후로 시효의 완성을 연기(유예)시켜 주는 것으로 시효완성에 대한 장애사유이다. 따라서 권리자에게 발생한 어떤 사유의 종료 시가 본래의 소멸시효완성 시로부터 일정 기간 내에 있지 않다면 그 사유는 본래의 소멸시효완성에 아무런 영향을 미치지 못한다.

소멸시효 완성유예로, ① 회생절차에서 포괄적 금지명령의 경우 회생채권 및 회생담보권에 대한 소멸시효 완성유예(제45조 제8항), ② 개인회생절차에서 포괄적 금지명령의 경우 개인회생채권 및 담보권에 대한 소멸시효 완성유예(제593조 제5항, 제45조 제8항), ③ 외국도산절차의 승인과 관련하여 금지명령이 있는 경우 채무자에 대한 채권의 소멸시효 완성유예(제636조 제5항, 제1항)를 규정하고 있다.

2. 신고의제

회생채권자 등의 목록에 기재된 회생채권, 회생담보권, 주식과 출자지분은 신고기간 안에 신고된 것으로 본다(제151조). 따라서 이해관계인이 신고를 하지 아니하여도 회생채권자 등의 목록에 기재되어 있는 이상 회생계획인가결정으로 인하여 실권되지 않고 목록의 기재에 따라 회생계획에서 정하는 대로 변제를 받을 수 있으며, 목록에 기재되어 확정된 의결권의 액이나 수에 따라 회생절차에 참가할 수 있다(제188조 제1항).[14]

3. 권리의 내용 및 원인의 확정

관리인이 회생채권자 등의 목록에 채권을 기재하였다고 하여 당해 권리를 회생채권, 회생담보권으로 인정하는 것은 아니고, 조사기간 안에 이의를 할 수 있다는 점에 주의를 요한다.

조사기간 안에 또는 특별조사기일에 관리인, 회생채권자, 회생담보권자, 주주·지분권자의 이의가 없고, 신고된 회생채권, 회생담보권이 없는 때에는 관리인 등이 제출한 목록에 기재되어 있는 회생채권 또는 회생담보권의 권리 내용과 의결권의 액수가 확정되며, 우선권 있는 채권

---

13) 민법도 현재의 소멸시효 정리를 소멸시효 완성유예로 변경하고, 소멸시효 정지제도를 도입하는 등 소멸시효에 관한 전반적인 정비가 필요하다.

14) 미국 연방도산법 제11장 절차도 채권자로 취급되기 위해서는 채권신고가 원칙이지만, 채무자가 해당 채권을 인식하고 있는 경우에는 채권신고를 하지 않아도 채권자로서 취급된다. 제11장 절차에 한하여, 채무자가 제출한 제출서류에 기재된 채권 및 주식에 대하여는 조건부채권, 미확정채권, 다툼이 있는 채권을 제외하고, 자동적으로 채권신고가 된 것으로 취급되기 때문에(§1111(a)), 채권자에 의한 채권신고가 필요하지 않다. 제11장 절차에서 채권자에 의한 채권신고를 요구하지 않는 것은, 관재인이 선임(취임)되는 다른 절차와 달리, 제11장 절차는 채무자가 주체적으로 진행하는 절차이고, 채무자인 이상 자기의 채무를 알고 있기 때문이라는 점에 있다고 생각된다. 일본의 경우에도 DIP절차인 민사재생법에서는 자인채권제도가 채택되어 있다(제101조 제3항, 민사재생규칙 제38조 제2항, 제179조 제1항, 제2항 등).

○ U.S.C.11 §1111. Claims and interests

(a) A proof of claim or interest is deemed filed under section 501 of this title for any claim or interest that appears in the schedules filed under section 521(a)(1) or 1106(a)(2) of this title, except a claim or interest that is scheduled as disputed, contingent, or unliquidated.

에 관하여는 우선권 있는 것이 확정된다(제166조 제2호). 반면 회생채권자 등이 적극적으로 신고를 한 경우에는 그 신고가 관리인이 제출한 목록에 기재된 내용보다 우선한다(제166조 제1호).

회생채권자 등의 목록에 기재되어 있고 신고도 되어 있으나 서로 내용이 다른 경우에 관하여는 신고가 목록에 우선한다. 따라서 목록에 기재된 동일한 채권에 관하여 채권의 신고도 이루어졌다면 목록에 기재된 내용은 실효되었다고 보아 신고내용만이 채권조사와 채권조사확정재판의 대상이 된다.

4. 회생채권자 등의 목록의 변경·정정

관리인이 회생채권자 등의 목록을 제출한 후 오류나 누락 등을 발견한 경우에는 신고기간의 말일까지 법원의 허가를 받아 목록에 기재된 사항을 변경 또는 정정할 수 있다(제147조 제4항, 규칙 제53조 제1항). 관리인이 회생채권자 등의 목록을 변경, 정정할 수 있는 것은 목록의 제출기간 말일부터 1주 이상 1월 이하의 기간 내로 결정되는 회생채권 등의 신고기간 말일까지이다(제147조 제4항).

신고기간 이후 목록상에 오류나 누락 등을 발견한 경우에는 관리인도 자신이 작성한 목록에 대하여 이의할 수 있으므로 목록에 대한 이의로써 해결할 수 있을 것이다.

▌제2절▐ 회생채권, 회생담보권, 주식·출자지분의 신고[15]

Ⅰ 회생채권 등에 관한 신고[16]

회생채권자, 회생담보권자,[17] 주식·지분권자[18]가 회생절차에 참가하기 위해서는 채무자회

---

15) 거래처가 부도난 경우(회생절차가 개시된 경우) 어떻게 대처하여야 하는가. ① 먼저 자신이 가지고 있는 채권이 회생채권인지 회생담보권인지 공익채권인지를 판단해야 한다. 공익채권인 경우에는 채권신고를 할 필요가 없지만, 회생채권이나 회생담보권인 경우 신고기간 내에 채권신고를 하여야 한다. 신고를 하지 않으면 실권될 수 있다. 신고기간이 지난 경우에는 추완신고가 가능한지 검토하여야 한다. ② 채권신고를 하기 위해서는 거래처의 회생절차 현황을 파악하고 있어야 한다. 사건진행 현황은 대법원 홈페이지에서 알 수 있다. 또한 신청서 등 관련 서류를 열람하거나 복사할 수 있다. ③ 채권자로서 의견을 적극적으로 내야 한다. 채권자협의회에 참여하거나, 회생계획안 결의를 위한 관계인집회에 참석하여 의결권을 행사해야 한다. 또한 법원에 서면으로 의견을 제출할 수도 있다.

16) **도산절차에서의 채권신고와 배당·면책** 회생절차에서는 채무자가 법인이든 개인이든 회생절차가 종결된 이후에도 계속 존속한다. 그렇지만 기업(법인＋개인)의 채무는 회생계획이나 채무자회생법에 정해진 것을 제외하고 모두 면책된다. 채권자목록에 기재되어 있지 않아도 마찬가지이다. 채권자목록에 기재되지 아니한 채권자들은 채권신고를 하여야 하고, 채권신고를 하지 않으면 변제에서 제외된다(실권된다).

　파산절차에서는 채무자가 법인이냐 개인이냐에 따라 다르다. ① 채무자가 개인인 경우, 채권자가 채권신고를 하지 않으면 배당을 받지 못한다. 채권신고 여부와 관련 없이 이후 면책결정을 하면 채무자는 면책된다. 다만 채무자가 악의로 채권자목록에 기재하지 않았고, 채권자가 파산절차가 진행되는 것을 알지 못한 경우에는 면책되지 않는다(제566조 단서 제7호). 이 경우 파산절차가 종료되어도 채권자는 채무자에 대하여 계속 추급할 수 있다. ② 채무자가 법인인 경우, 채권자목록에 기재되어 있는지 또는 채권자가 파산절차가 진행되고 있는지를 알았는지 여부와 관계없이 채권신고를 하지 않으면 배당을 받지 못한다. 채무자가 법인인 경우에는 면책이 허용되지 않는다. 법인의

생법이 정한 일정한 사항을 법원에 신고하여야 한다(제148조 내지 제150조).

회생채권, 회생담보권, 주식·지분권(이하 '회생채권 등'이라 한다)의 신고제도는 회생채권자 등이 누구인지를 파악함과 동시에 회생채권 등의 존재와 내용을 파악하는 데에 목적이 있으므로, 회생채권 등이 존재하고 그 신고가 있는 한 일단 그 신고를 유효하게 취급하되, 진정한 채권자가 따로 있음이 판명된 경우에는 그때부터 진정한 채권자를 회생채권자 등으로 취급하여야 한다.[19] 이와 같은 법리는 채권에 대한 압류 및 추심명령이 있은 후 추심채무자가 회생채권을 신고하고 나중에 추심권능을 회복한 경우[20]에도 마찬가지이다.[21]

회생채권 등의 신고는 법원에 대한 회생절차참가의 신청이다. 회생채권자 등에게 회생절차에서 인정되는 여러 가지 권능, 즉 관계인집회에서의 의결권, 채권조사절차에서의 이의권 등을 행사하기 위해서는, 회생채권 등을 신고하여(채권자목록제출에 의하여 의제되는 경우를 포함한다) 그 존재 및 내용이 확정될 필요가 있다. 회생채권자 등으로서도 회생채권 등을 신고하지 않는 한 회생절차에서 회생채권자 등으로서의 권능을 행사할 수 없다. 따라서 신고는 법원에 대하여 회생채권 등으로서 확정을 구하는 소송행위로서의 성질을 가진다. 다만 신고는 신탁법 제6조에서 금지하고 있는 소송행위에는 해당하지 않는다.[22]

1. 회생채권자 등이 신고할 사항

가. 회생채권자가 신고할 사항

회생채권자가 신고할 사항은 ① 회생채권자의 성명 및 주소, ② 회생채권의 내용 및 원인,

경우 면책은 무의미하다. 법인의 경우 모든 재산이 배당되고 나면 소멸한다. 일부 재산이 남아있는 상태에서 종료되면 청산절차를 거치게 된다.

개인회생절차에서는 채권신고제도가 없다. 채무자가 채권자목록을 제출하여야 하고, 이후 변제계획에 따라 변제하면 나머지 채무는 면책된다. 다만 목록에 기재되어 있지 않은 채권은 면책되지 않는다(제625조 제2항 단서 제1호).

17) 중국 <기업파산법>의 경우 회생채권자가 채권을 신고하여야 한다는 점에 대하여는 의문의 여지가 없다. 회생담보권자도 채권신고를 하여야 하는지(신고하여야 할 회생채권에 포함되는지)에 대하여는 학설상 다툼이 있다. 중국의 경우 담보권은 회생기간에만 일시적으로 그 행사가 정지될 뿐이고(제75조 제1항) 담보재산에서 우선변제를 받을 수 있으므로 신고하여야 할 회생채권에 포함되지 않는다고 보아야 한다는 견해가 있다(主編 徐永前, 239쪽). 그러나 법원이 회생신청을 수리하면 채권자는 <기업파산법>이 정하는 절차에 따라 권리를 행사하여야 하고(제44조), 담보권자는 별도의 조로 분류되어 회생계획안에 대하여 표결을 한다(제82조 제1항 제1호)는 점에서 채권신고를 하여야 한다고 볼 것이다(韓長印 主編, 97쪽).

18) 주주는 주주명부에 의하여 확인할 수 있고, 실질 주주가 따로 있더라도 주주명부상의 주주가 권리를 행사할 수 있으므로(대법원 2017. 3. 23. 선고 2015다248342 전원합의체 판결 참조) 주주에게 신고의무를 부과하는 것이 타당한지 입법론적으로 의문이다.

19) 대법원 2003. 9. 26. 선고 2002다62715 판결 참조.

20) 예컨대 추심채권자가 압류 및 추심명령 신청을 취하한 경우를 들 수 있다.

21) 대법원 2016. 3. 10. 선고 2015다243156 판결. 위 판결은 나아가 「채권에 대한 압류 및 추심명령에 이어 제3채무자에 대한 회생절차개시결정이 있으면, 제3채무자에 대한 회생채권확정의 소[현재의 채권조사확정재판, 채권조사확정재판에 대한 이의의 소를 말한다. 이하 같다]는 추심채권자만 제기할 수 있고 추심채무자는 회생채권확정의 소를 제기할 당사자적격을 상실하나, 추심채무자의 회생채권확정의 소가 계속되던 중 추심채권자가 압류 및 추심명령 신청을 취하하여 추심권능을 상실하면 추심채무자가 당사자적격을 회복한다」고 판시하고 있다.

22) 會社更生の實務(下), 112~113쪽.

③ 의결권의 액수,[23] ④ 일반의 우선권 있는 채권인 때에는 그 뜻, ⑤ 소송계속중인 회생채권은 법원, 당사자, 사건명과 사건번호, ⑥ 통지 또는 송달을 받을 장소(대한민국 내의 장소로 한정한다) 및 전화번호·팩시밀리번호·전자우편주소, ⑦ 제118조 제2호 내지 제4호의 규정에 의한 회생채권일 때는 그 취지 및 액수, ⑧ 집행력 있는 집행권원 또는 종국판결이 있는 회생채권인 때에는 그 뜻이다(제148조, 규칙 제55조 제1항).

어음채권을 회생채권으로 신고할 경우 어음을 소지하고 있어야 한다.[24] 회생채권인 구상금채권을 취득하게 될 공동불법행위자는, 손해배상청구권자가 회생절차 개시 시에 가지는 채권 전액에 관하여 회생절차에 참가하지 아니한 이상, 아직 변제 등 출재에 의한 공동 면책을 시키기 전이라도 장래 발생 가능성이 있는 구상금채권을 주장하여 신고기간 내에 신고하여 회생절차에 참가할 수 있다(제126조 제3항, 제148조 제1항).[25]

회생채권자의 신고사항 중 ① 회생채권의 '내용'으로는, 그 목적, 이행기, 조건, 손해배상예정 등에 관하여 정한 것이 있는 경우에는 그 내용 등을, ② 회생채권의 '원인'으로는, 언제, 어떠한 사실에 기초하여, 어떠한 채권이 발생하였는지 등을 기재하면 된다.

회생채권자는 위 신고사항을 신고하면서 증거서류 또는 그 등본이나 초본을 제출하여야 한

---

23) 회생채권을 신고할 때 의결권의 액은 반드시 기재하여야 한다. 금전채권의 경우에는 원칙적으로 채권액이 의결권액이 되지만(제133조 제2항), 이자 없는 기한부 채권 등에 대하여는 채권액 산정에 있어 특칙이 있다(제134조 내지 제138조). 관련 내용은 〈제8장 제1절 Ⅷ.3.〉(본서 617쪽)을 참조할 것. 한편 비금전채권의 평가액에 대하여는 일률적으로 말할 수는 없지만, 비금전채권의 전형적인 것으로 물건인도청구권은 반대급부인 대금의 액에 의하여야 할 것이다. 비금전채권의 평가는 필요하지만 획일적으로 결정되는 것이 아니므로 신고자에게 정확한 평가의 신고를 요구하는 것은 가혹하다. 따라서 비금전채권의 회생채권자로서 일응의 의결권액을 기재하였다면 신고로서 적법하고, 후에 신고내용에 대한 이의 및 법원의 결정에 위임하는 것이 바람직하다. 채권을 신고할 때 의결권액을 기재하지 않은 경우 어떻게 처리하여야 하는가. 일반적으로 신고로서는 부적법하지만, 금전채권과 같이 의결권액으로서 신고하지 않았어도 채권의 내용 및 원인의 기재에서 의결권액이 판명되는 경우에는 채권액의 기재를 의결권액의 기재로 유용할 수 있을 것이다. 그러나 비금전채권과 같이 채권의 내용 및 원인으로부터 의결권액을 산정하는 것이 불가능한 경우에는 위와 같이 취급할 수 없다. 이와 같이 의결권액의 기재가 없는 신고의 취급에 관하여는 ① 신고 자체를 각하하여야 한다는 견해와 ② 단순히 의결권 행사가 인정되지 않을 뿐이라는 견해가 있다. 신고 자체를 각하하는 것은 신고채권자에게 가혹하므로 ②의 견해가 타당하다고 본다. 실무적으로는 미리 신고를 보정할 기회를 부여하고, 임의로 보정할 것을 촉구하고 있다.

24) 회생채권에 관하여는 개별적인 권리실현이 금지되는 반면 회생채권자는 그가 가진 회생채권으로 회생절차에 참가할 수 있고(제133조 제1항), 회생절차에 참가하기 위해서는 회생채권자 목록에 기재되거나(제147조 제1항, 제2항 제1호) 법원이 정하는 신고기간 안에 회생채권의 내용 및 원인 등을 법원에 신고하고 그 증거서류 등을 제출하여야 한다(제148조 제1항). 그런데 어음은 제시증권, 상환증권이므로(어음법 제38조, 제39조) 어음을 소지하지 않으면 그 어음상의 권리를 행사할 수 없는 것이 원칙이고, 이는 회생절차에 참가하기 위하여 어음채권을 회생채권으로 신고하는 경우에도 마찬가지이다. 따라서 어음금 채권을 회생채권으로 신고할 때 어음 원본을 제출할 필요까지는 없다고 하더라도 어음상의 권리행사로서 어음금 채권을 회생채권으로 신고하고 회생절차에 참가하기 위해서는 어음을 소지하고 있어야 한다. 회생채권 신고 당시 어음을 소지하고 있지 않았고, 그 이후로도 어음을 소지하게 되었다는 등의 사정이 없다면 채무자나 관리인에 대한 관계에서 어음상의 권리자로 되는 것이 아니다(대법원 2016. 10. 27. 선고 2016다235091 판결).

한편 어음의 지급거절에 대비하여 어음의 소지인을 피보험자로 하는 어음보험계약이 체결된 경우로서 피보험자가 보험자로부터 어음금 중 일부만을 보험금으로 지급받은 때에는, 피보험자와 보험자가 어음을 공동점유하고 있는 것으로 보아야 하고, 어음의 공동점유자인 보험자로부터 어음의 제시가 있었던 이상, 피보험자가 어음을 제시하지 아니하였다고 하여 채권신고를 부적법하다고 할 수는 없다[서울고등법원 2004. 12. 29. 선고 2004나29882 판결(확정, 심리불속행기각) 참조].

25) 대법원 2016. 11. 25. 선고 2014다82439 판결.

다(제148조 제1항). 신고서에는 ① 회생채권자가 대리인에 의하여 권리의 신고를 하는 때에는 대리권을 증명하는 서면, ② 회생채권이 집행력 있는 집행권원 또는 종국판결이 있는 것일 때에는 그 사본, ③ 회생채권자의 주민등록등본 또는 법인등기사항증명서를 첨부하여야 한다(규칙 제55조 제2항). 회생채권이 집행력 있는 집행권원 또는 종국판결이 있는 것임에도 그 사본을 제출하지 않으면 집행력 있는 집행권원 또는 종국판결이 있는 채권의 신고로 취급받을 수 없다.

증거서류 또는 그 등본이나 초본을 반드시 제출하게 할 필요가 있는가(증거서류 등의 제출의무를 부여할 필요가 있는가). 채권의 내용 및 원인의 기재를 통하여서도 채권을 특정할 수 있으나, 제출된 증거서류로써 이를 더 명확히 할 수 있고, 신속한 채권조사절차를 위하여 반드시 필요하다는 이유로 긍정하는 견해가 있다.[26] 하지만 파산절차와 달리 회생절차에서는 채권신고 기간 내에 채권신고가 된 경우 채권조사기일을 개최하지 않고, 관리인이 시부인표를 작성하여 제출함으로써 채권조사를 스스로 하기 때문에 기본적으로 수중에 증거서류를 가지고 있을 것이다.[27] 따라서 증거서류 등을 반드시 제출하게 할 경우 오히려 채권조사가 지연될 수 있으므로 원칙적으로 증거서류 등을 제출하도록 할 필요는 없고, 관리인이 제출을 요청할 경우 제출하도록 하는 것(관리인의 재량에 맡기는 것)이 타당하다. 입법론적인 검토가 필요하다.

어음채권[28]·원인채권의 신고 및 조사(시부인)

I. 어음채권과 원인채권의 관계

원인관계에 있는 채무자와 채권자 사이에 어음이 교부되는 목적은 ① 기존채무의 '지급에 갈음하여'거나 ② 기존채무의 '지급을 위하여'거나, ③ 기존채무의 '지급담보(확보)를 위하여'이다. 어떠한 의사로 교부되었는지는 당사자의 의사 해석 문제이다. 어떠한 목적으로 교부되었는지 명확하지 않은 경우에는 원칙적으로 '지급에 갈음하여' 교부한 것이 아니라 '지급을 위하여' 또는 '지급담보(확보)를 위하여' 교부된 것으로 추정된다.[29]

①의 경우는 원인관계상의 기존채무가 소멸하고 어음채무만이 존재한다. ②, ③의 경우는 양 채권이 병존한다. 행사순서와 관련하여 ③의 경우는 어느 채권을 먼저 행사하느냐는 채권자의 선택에 달려 있다는 점에 관하여 다툼이 없다.[30] ②의 경우는 어음채권을 먼저 행사하여야 한다는 견해[31]도 있으나 어느 채권을 먼저 행사하느냐는 채권자의 선택에 달려 있다고 할 것이다.[32]

---

26) 회생사건실무(상), 543쪽.
27) 실무적으로 현재는 대부분 채무자나 그 대표자가 관리인이 되기 때문에 채권의 내용에 대하여 잘 알고 있을 것이다.
28) 수표채권의 경우도 마찬가지이다.
29) 대법원 1997. 3. 25. 선고 96다51271 판결, 대법원 1996. 12. 20. 선고 96다41588 판결, 대법원 1990. 3. 27. 자 89 다카14110 결정.
30) 대법원 1999. 6. 11. 선고 99다16378 판결.
31) 장덕조, 상법강의, 법문사(2015), 872~873쪽, 대법원 2001. 2. 13. 선고 2000다5961 판결(어음이 "지급을 위하여" 교부된 것으로 추정되는 경우 채권자는 어음채권과 원인채권 중 어음채권을 먼저 행사하여 만족을 얻을 것을 당사자가 예정하였다고 할 것이어서 채권자로서는 어음채권을 우선 행사하고 그에 의하여 만족을 얻을 수 없는 때 비로소 채무자에 대하여 기존의 원인채권을 행사할 수 있는 것이다), 대법원 1995. 10. 13. 선고 93다12213 판결.
32) 대법원 1976. 11. 23. 선고 76다1391 판결.

Ⅱ. 어음채권과 원인채권이 있는 경우의 인부[33]

①의 경우는 원인관계상의 기존채무가 소멸하고 어음채무만이 존재하기 때문에 어음채권만을 신고하고[34] 시부인하면 된다.

문제는 ②, ③의 경우이다. 어음채권과 원인채권은 별개의 채권이고 병존하므로 양자 모두를 신고할 수 있고, 어느 채권을 신고할 것인지는 당해 채권자의 선택에 달려 있다. 양 채권 중 하나만 신고한 경우에는 시부인에 있어 문제가 없다. 양 채권을 모두 신고한 경우에는 어떻게 하여야 하는가. [ⓐ] 양 채권 중 어느 하나만을 신고한 경우 나머지는 실권의 불이익을 받을 수 있고 양 채권은 병존하므로 모두 시인할 수밖에 없다는 견해, [ⓑ] 어음채권을 먼저 행사하여야 한다는 전제에서 어음채권자가 회생절차에 참가한 때에는 특별한 사정이 없는 한 원인채무의 채권자는 회생절차에 참가할 수 없으므로 원인채권은 회생채권으로 인정되지 않는다는 견해(어음채권만 시인하고 원인채권에 대하여는 이의),[35] [ⓒ] ②의 경우는 [ⓑ]와 같으나 ③의 경우는 채권자에게 양자택일할 것을 권유하여 그중 유리한 채권만을 신고 받고 다른 채권신고에 대하여는 취하를 권유하거나 이의를 제기하여야 한다는 견해[36]가 있을 수 있다. 살피건대 어음채권과 원인채권의 쌍방에 대하여 신고가 된 경우 채무자에게 이중지급의 위험을 부담시키는 것은 형평에 반하고, 회생절차에서는 양 채권을 하나의 채권으로 취급하는 것이 정당하므로 해당 채권자에 대하여 일방에 대하여 취하를 촉구하거나 일방에 대하여 이의를 진술하여야 할 것이다.[37] 회생채권으로 확정되기까지는 어음채권과 원인채권을 모두 신고할 수 있다고 하여도 그중 하나의 채권이 확정된 경우에는 나머지 채권의 확정을 구할 실익이 없고 그 회생채권은 존재하지 않는 것으로 조사확정재판을 하여야 할 것이다(본서 791쪽).[38]

한편 법률상 어음채권과 원인채권은 별개의 것이기 때문에 관리인이 어음채권의 신고에 대하여 이의를 한 경우, 채권자가 신고채권을 원인채권으로 정정하는 것은 허용되지 않는다. 다만 관리인이 채권조사기일까지 채권에 대한 인부를 하기 전에 채권자로부터 정정신고가 된 경우에는 정정을 인정하는 것이 상당하다.

Ⅲ. 원인채권을 가진 자가 어음을 할인한 경우의 인부

원인채권의 지급을 위해 수령한 어음을 어음할인 등에 의해 양도된 경우에도, 양도인은 채무자에 대한 원인채권을 가지고 있기 때문에, 이것을 신고하는 것은 가능하다. 한편 어음과의 상환

---

33) 관리인은 어음채권에 대하여 ① 백지보충이 되었는지(보충에 의해 어음채권이 발생한다), ② 배서의 연속(또는 말소), ③ 상환청구권보전의 유무〔백지어음의 지급제시는 상환청구권을 보전할 수 없다(대법원 1993. 11. 23. 선고 93다27765 판결, 대법원 1992. 2. 28. 선고 91다42579 판결 등)〕 등을 확인한 다음 시부인을 하여야 한다. 이러한 어음요건에 대한 자료 등의 추완요구에 응하지 아니한 경우 '어음요건불비'로 이의하여야 한다. 나아가 어음항변의 존부에 대하여 검토할 필요가 있다. 특히 융통어음의 경우에는 이의를 해두는 것이 상당하다. 신고채권자가 제3자적 지위를 가지고 있는 파산관재인의 경우에 있어서도, 파산관재인이라는 것만으로는 융통어음의 항변을 절단시킬 수 없다(破産管財の手引, 276쪽).

34) 어음채권을 회생채권으로 신고할 때 어음 원본을 제출할 필요까지는 없다고 하더라도 어음상의 권리행사로서 어음채권을 회생채권으로 신고하고 회생절차에 참가하기 위해서는 어음을 소지하고 있어야 한다(대법원 2016. 10. 27. 선고 2016다235091 판결)는 점은 앞에서 본 바와 같다.

35) 서울회생법원 2017. 12. 13. 선고 2017가합100531 판결.

36) 법인파산실무, 298쪽.

37) 기초로 되는 사실관계가 공통되어 선택적 관계인 복수의 채권은, 신고가 각별로 되었다고 하여도, 도산절차 내에서는 하나의 채권으로 취급하는 것이 정당하기 때문이다.

38) 破産管財の手引, 277쪽.

으로 지급한다고 해도 채권자에게 가혹한 것은 아니므로 원인채무의 이행과 어음의 반환이 동시이행관계에 있다고 할 것이다.[39] 따라서 비고란에 어음반환과의 동시이행관계임을 명시해야 할 것이다.

어음할인처가 어음소지인으로서 어음채권을 신고한 경우 그 신고는 인정되는 것이므로 관리인은 해당 원인채권에 대하여 이의를 진술할 필요가 있다.

나. 회생담보권자가 신고할 사항

회생담보권자가 신고할 사항은 ① 회생담보권자의 성명 및 주소, ② 회생담보권의 내용 및 원인, ③ 회생담보권의 목적 및 가액, ④ 의결권의 액수, ⑤ 회생절차가 개시된 채무자 외의 자가 채무자인 때에는 그 성명 및 주소, ⑥ 소송계속중인 회생담보권은 법원, 당사자, 사건명과 사건번호, ⑦ 통지 또는 송달을 받을 장소(대한민국 내의 장소로 한정한다) 및 전화번호·팩시밀리번호·전자우편주소, ⑧ 집행력 있는 집행권원 또는 종국판결이 있는 회생담보권인 때에는 그 뜻이다(제149조, 규칙 제55조 제1항).

회생담보권자의 신고사항 중 ① 회생담보권의 '내용'으로는, 그 목적, 이행기, 조건, 손해배상예정 등에 관하여 정한 것이 있는 경우에는 그 내용 등을, ② 회생담보권의 '원인'으로는, 언제, 어떠한 사실에 기초하여, 어떠한 채권이 발생하였는지 등을 기재하면 된다.

회생담보권자는 위 신고사항을 신고하면서 증거서류 또는 그 등본이나 초본을 제출하여야 한다(제148조 제1항). 신고서에는 ① 회생담보권자가 대리인에 의하여 권리의 신고를 하는 때에는 대리권을 증명하는 서면, ② 회생담보권이 집행력 있는 집행권원 또는 종국판결이 있는 것일 때에는 그 사본, ③ 회생담보권자의 주민등록등본 또는 법인등기사항증명서를 첨부하여야 한다(규칙 제55조 제2항). 회생담보권이 집행력 있는 집행권원 또는 종국판결이 있는 것임에도 그 사본을 제출하지 않으면 집행력 있는 집행권원 또는 종국판결이 있는 회생담보권의 신고로 취급받을 수 없다.

다. 주주·지분권자가 신고할 사항

(1) 신고사항

주주·지분권자가 신고할 사항은 ① 주주·지분권자의 성명 및 주소, ② 주식 또는 출자지분의 종류 및 수 또는 액수, ③ 소송계속중인 주주·지분권은 법원, 당사자, 사건명과 사건번호, ④ 주권 또는 출자지분증서 그 밖의 증거서류 또는 그 등본이나 초본, ⑤ 통지 또는 송달을 받을 장소(대한민국 내의 장소로 한정한다) 및 전화번호·팩시밀리번호·전자우편주소를 제출

---

39) 대법원 2003. 5. 30. 선고 2003다13512 판결, 대법원 1993. 11. 9. 선고 93다11203, 11210(반소) 판결, 대법원 1992. 12. 22. 선고 92다8712 판결, 대법원 1989. 5. 9. 선고 88다카7733 판결. 한편 어음채권과 원인채권이 모두 시인되더라도 회생계획에서 동시이행관계와 어음채권이 변제 등으로 소멸하면 원인채권도 소멸한다(대법원 2000. 2. 11. 선고 99다56437 판결 참조)는 점 등을 고려하여 변제방법을 기재하기 때문에 불합리한 점은 없다.

하여야 한다(제150조, 규칙 제55조 제1항).

(2) 주주명부폐쇄

주주명부란 주주 및 주권에 관한 사항을 명확하게 하기 위하여 작성하는 장부이다. 이사는 주주명부를 작성하여 본점에 비치하여야 한다(상법 제396조 제1항). 주주명부는 그 기재에 의하여 주주권 자체를 변동시키는 제도는 아니지만, 주식의 양수인이 주주명부에 명의개서를 한 때에는 주주로 추정되어 실질적인 권리를 증명하지 않고도 권리를 행사할 수 있는(자격수여적 효력 또는 권리추정력)[40] 등 여러 가지 효력이 있다. 회사는 정관으로 정하는 바에 따라 전자문서로 주주명부(전자주주명부)를 작성할 수 있다(상법 제352조의2).

한편 자산이 부채를 초과하는 회사에서는 주주가 의결권을 행사할 수 있으므로 주주로서 권리를 행사할 자를 확정하는 것이 중요하다.[41] 따라서 법원은 기간을 정하여 주식회사인 채무자의 주주명부를 폐쇄할 수 있다(제150조 제2항). 주주명부폐쇄제도는 주주권을 행사할 주주를 확정하기 위해 일정 기간 주주명부의 명의개서를 금지하는 것이다. 주주명부 폐쇄기간은 2월을 넘지 못한다(제150조 제2항). 주주명부를 폐쇄하는 결정을 하는 경우 주주명부의 폐쇄가 시작되는 날로부터 2주 전에 그 취지를 공고하여야 한다(규칙 제54조).[42]

주식을 양수하였으나 아직 주주명부에 명의개서를 하지 아니한 경우에는 회사에 대한 관계에서는 주주명부상 주주만이 주주로서 의결권 등 주주권을 적법하게 행사할 수 있으므로,[43] 관리인이 회생절차개시 당시 주주명부상의 주주로 기재되어 있는 자를 주주로 취급하는 것이 선관주의의무를 다하지 않았다거나 위법하다고 보기는 어렵다.[44]

라. 금전채권 이외 청구권의 신고에 관하여

금전배당을 목적으로 하는 파산절차에서는 배당기준액을 정하기 위하여 비금전채권의 금전화, 기한부채권의 현재화, 조건부채권의 무조건화(제425조 내지 제427조)가 필요하고, 파산절차에 있어서 채권조사는 채권액의 확정이 첫 번째 목적이다. 이에 반하여 회생절차는 채무자의 존속을 전제로 하고, 배당하는 것을 직접적인 목적으로 하지 않기 때문에 비금전채권이나 기한부, 조건부채권은 그대로 회생계획에 반영하는 것도 가능하다.[45] 그러나 회생채권자나 회생

---

40) 채무자가 채무담보 목적으로 주식을 채권자에게 양도하여 채권자가 주주명부상 주주로 기재된 경우, 그 양수인이 주주로서 주주권을 행사할 수 있고 회사 역시 주주명부상 주주인 양수인의 주주권 행사를 부인할 수 없다(대법원 2020. 6. 11. 자 2020마5263 결정).

41) 주주가 주식의 유통으로 수시로 변하므로 이익배당이나 주주총회소집과 같이 주주권을 행사할 사안인 생겼을 때 회사는 그 권리행사자를 특정시킬 필요가 있다. 이러한 요구를 충족시키기 위하여 상법은 주주명부폐쇄제도와 기준일제도를 두고 있다(상법 제354조). 회사가 일정한 날을 정하여 그날에 주주명부에 기재된 주주 또는 질권자를 권리행사자로 일률적으로 확정하는 것을 기준일제도라 한다(상법 제354조 제1항 후단). 회사들은 양제도를 함께 사용하는 경우가 많다.

42) 실무적으로 주주명부 폐쇄기간의 말일은 회생계획안 결의를 위한 관계인집회일로 하고 있다. 수원지방법원 2015회합10005 우양에이치씨 주식회사 사건에서 자산이 부채를 초과하여 2018. 1. 24. 주주명부를 폐쇄하는 결정을 하였다.

43) 대법원 2017. 3. 23. 선고 2015다248342 전원합의체 판결 참조.

44) 서울고등법원 2021. 6. 1. 자 2021라20123 판결(재항고 기각으로 확정) 참조.

45) 조건부채권, 장래의 청구권도 회생채권이다(제138조). 이들은 회생계획안에서 그 취급을 개별적으로 정한다. 예컨대

담보권자는 절차적으로 의결권 행사라는 형식으로 그 권능을 행사하기 때문에 이러한 비금전 채권 등에 대하여도 의결권 행사의 범위를 인정하기 위한 관점에서 금전화, 현재화, 무조건화가 필요하다. 관련 내용은 〈제8장 제1절 Ⅷ.3.〉(본서 617쪽)을 참조할 것.

금전채권 이외의 청구권에 대하여는, 파산채권과 달리 그 본래의 내용 그대로 회생채권, 회생담보권이 된다. 따라서 금전화, 현재화, 무조건화는 필요하지 않다.[46)]

마. 예비적 채권신고

실무적으로 어떤 청구를 주위적으로 청구하면서 이것이 인정되지 않을 경우에 대비하여 예비적인 채권신고를 하는 경우가 있다.[47)] 이를 예비적 채권신고라 한다. 채권신고는 소송행위의 일종으로 절차의 안정성의 요청으로부터 합리적인 경우를 제외하고 조건을 붙이는 것은 허용되지 않는다. 그러나 민사소송법에서도 예비적 병합이나 예비적 주장이 허용되는 것과 마찬가지의 관점에서 관리인이 주위적 청구의 인부를 명확하게 할 수 있다면 예비적 채권신고도 허용된다고 해석된다.[48)] 실무적으로도 이를 허용하고 있다.

예비적 채권신고는 다음과 같이 취급된다. ① 주위적 청구가 인용도 배척도 되지 않은 상태에서는 정지조건부 권리의 신고에 준하여 권리행사는 인정되지 않는다. ② 주위적 청구의 인용이 확정되면, 예비적 채권신고의 효력은 실효된다. ③ 주위적 청구의 배척이 확정되면, 예비적 채권신고의 내용(채권조사절차를 거쳐 인정된 내용)에 따라 권리행사가 인정된다.

예비적 채권신고를 하는 것은 채권신고를 하지 않을 경우 실권되어 변제를 받을 수 없으므로 주위적 청구가 인정되지 않는다고 하여도 변제를 받을 수 있는 지위를 확보하기 위함이다. 물론 '그 책임을 질 수 없는 사유로 인하여' 채권신고를 못한 경우에는 그 사유가 소멸된 날로부터 1개월 이내에 채권신고를 할 수 있지만(제152조 제1항), '그 책임을 질 수 없는 사유'에 해당하지 않을 위험성을 피하기 위하여 예비적 채권신고를 선택할 수도 있다.

회생계획안에 임대차보증금반환채권에 관하여 이것이 구체적으로 발생할 때까지 권리의 변경 및 변제를 유보하고, 이것이 구체적으로 발생한 경우의 금액을 확정채권액으로 간주하여 권리변경 규정을 적용한다고 정할 수 있다.

　　【회생계획 기재례】 회생채권(임대차보증금반환채권)

임대차보증금반환채권(이하 '종전 임차보증금'이라 한다)은 임대차계약기간이 만료되거나 중도에 적법하게 해지되어 그 반환사유가 발생하고, 임차인이 임대목적물을 인도하는 경우에 해당 목적물을 제3자에게 임대하여 받는 임차보증금으로 종전 임차보증금을 반환하는 것으로 합니다. 만약 임대목적물이 재임대되지 않거나 제3자로부터 받는 임차보증금이 종전 임차보증금에 미치지 못하는 경우에는 그 미반환 임차보증금은 임대목적물의 인도가 완료되는 날로부터 3개월 이내에 현금으로 변제합니다.

46) 외화채권은 회생절차개시 당시의 환율을 적용하여 환산한 금액으로 신고한다. 실무적으로 개시결정일 전일의 외국환시세(매매기준율 또는 대고객 전신환매도율)를 기준으로 하는 경우가 많다.

47) ① 상계에 의해 채권자가 가지고 있는 채권의 소멸을 주장하면서, 상계가 인정되지 않을 경우에 대비하여 채권신고를 하는 경우(제145조 상계금지규정에 저촉될 우려가 있다고 회생채권자가 생각하는 경우, 상계가 유효한 것을 해제조건으로 예비적인 채권신고를 할 수 있다), ② 채권자가 채권신고의 대상이 아닌 공익채권이라고 생각하고 있지만, 나중에 신고대상인 회생채권이라고 판명될 때 신고누락으로 인한 실권에 대비하여 채권을 신고하는 경우 등이 여기에 해당한다.

48) 倒産·再生訴訟, 57쪽, 條解 破産法, 801쪽.

2. 신고주체와 상대방

가. 신고주체

채권신고는 회생채권 등의 관리처분행위이므로 회생채권 등에 대하여 관리처분권을 가진 자가 신고권자이다. 따라서 회생채권자 등 본인 또는 대리인[49]이 신고할 수 있다. 대리인이 신고하는 경우에는 대리권을 증명하는 서면을 첨부하여야 한다(규칙 제55조 제2항 제1호). 불가분채권(민법 제409조), 연대채권(학설에 의하여 인정된 것이다. 예컨대 복수의 변호사가 공동수임한 경우 보수청구권) 등과 같이 복수의 채권자가 있는 경우 1개의 채권에 대하여 복수의 신고가 있을 수 있다.[50] 이 경우 회생채권자표 등이나 시부인표 작성에 있어 주의하여야 한다.

신고는 회생채권 등에 대하여 관리처분권을 가진 자가 하여야 한다. 따라서 ① 신고 전에 압류 및 전부명령을 받은 경우 전부채권자가 신고하여야 하는 것은 당연하다. ② 채권에 대하여 압류 및 추심명령이 발하여져 있거나[51] 채권자대위권이 행사되고 있는 경우라면, 제3채무자에 대하여 회생절차가 개시된 경우 신고자격을 가진 자는 추심채권자(민집법 제229조 제2항)[52]나 대위채권자(민법 제404조 제1항)[53]이다.[54] 추심채권자나 대위채권자(이하 '추심채권자 등'이라 한

---

49) 근로복지공단 이사장은 정관으로 정하는 바에 따라 직원 중에서 업무에 관한 재판상 행위 또는 재판 외의 행위를 할 수 있는 권한을 가진 대리인을 선임할 수 있다(산업재해보상보험법 제23조 제2항). 실무적으로 위 규정에 따라 근로복지공단은 등기사항증명서에 대리인으로 기재된 자가 회생채권 등의 신고를 하고 있다.

50) **조합의 채권신고 등** 조합의 채권은 조합에 합유적으로 귀속한다(준합유, 민법 제278조). 따라서 그 채권의 행사는 업무집행자가 있으면 그 자만이 할 수 있고(민법 제706조), 업무집행자가 없으면 전 조합원이 공동으로 행사하여야 한다. 실무적으로 대부분의 조합은 업무집행자가 정해져 있으므로 조합의 채권에 대한 채권신고는 업무집행자가 하고 있다(이후 채권조사확정재판 등도 업무집행자가 진행한다. 채권조사확정재판 신청취지: 채무자의 ○○조합에 대한 회생채권은 ****원임을 확정한다). 업무집행자가 없는 경우 조합원 전원이 공동으로 하여야 하겠지만(이후 채권조사확정재판도 조합원 전원이 공동으로 진행하여야 할 것이다. 필수적 공동소송), 보존행위로서 조합원도 채권신고를 할 수 있을 것이다(민법 제272조).

51) 국세징수법에 의한 강제징수절차에 따라 세무서장에 의하여 채권이 압류된 경우, 피압류채권의 채무자는 채권자에게 그 채무를 변제할 수 없고, 한편 동법 제41조 제2항에 의하여 세무서장이 피압류채권의 채무자에게 그 압류통지를 함으로써 채권자에게 대위하게 되는 때에는 세무서장은 그 채권의 추심권을 취득한다고 볼 것이므로 피압류채권의 채무자로서는 이행기가 도래한 때에는 대위채권자인 세무서장에게 이를 이행할 의무를 진다(대법원 1988. 4. 12. 선고 86다카2476 판결). 지방세징수법에 따라 압류한 경우에도 마찬가지이다. 따라서 국세징수법이나 지방세징수법에 기한 압류에 의하여 추심권을 갖는 경우도 추심권을 얻는 자(세무서장이나 지방자치단체의 장)가 신고하여야 한다(국세징수법 제40조, 지방세징수법 제50조).

52) 대법원 2016. 3. 10. 선고 2015다243156 판결 참조. 본문에서 설명하는 것은 회생절차의 채무자가 압류 및 추심명령의 제3채무자인 경우이다. 이와 달리 ① 회생절차의 채무자가 압류 및 추심명령의 추심채권자인 경우에는 채무자의 업무수행권과 재산의 관리처분권이 관리인에게 전속하므로(제56조 제1항), 관리인이 추심권을 행사하고 추심의 소의 원고가 된다(제78조). ② 회생절차의 채무자가 추심채무자(피압류채권자)인 경우에 압류 및 추심명령은 회생절차개시결정으로 중지되므로(제58조 제1항 제2호), 추심채권자는 추심권을 행사할 수 없다. 채무자의 제3채무자에 대한 채권은 채무자의 재산에 속하므로 관리인이 제3채무자에 대하여 그 이행을 구하여야 한다.

53) 민법상의 채권자대위권이 적법하게 행사된 경우라면, 채권자는 제3채무자에 대하여 자기에게 직접 급부를 청구할 수 있으므로(대법원 1996. 2. 9. 선고 95다27998 판결) 대위채권자가 신고권자가 된다. 채권자의 채무자에 대한 채권이 금전채권이고 채무자의 무자력이 증명되지 않는 경우 대위채권자의 채권신고는 부적법하다(서울회생법원 2020. 11. 17.자 2020하확42 결정 참조).

54) 대법원 2016. 3. 10. 선고 2015다243156 판결 참조. 권리질권의 질권자(민법 제353조 제1항)나 제3자를 위한 계약의 제3자(민법 제539조 제1항)도 마찬가지이다. 추심채권자, 대위채권자, 질권자, 제3자를 위한 계약의 제3자는 모두 본

다)가 신고를 하고 의결권을 행사하며 배당을 받는다. 이 경우 추심채권자 등의 신고는 회생채권자를 대리하여 하는 것이 아니라 추심채권자 등 스스로가 회생채권자로서 하는 것이고(예컨대 압류 및 추심명령이 있는 경우 회생채권자는 추심채무자가 아니라 추심채권자이다), 이후의 절차에도 참가하는 것이다. 질권자(민법 제353조 제1항)의 경우도 마찬가지이다. 추심채권자 등이 신고를 하지 않는 경우에는 (추심)채무자 등도 시효중단이나 보존행위로서 신고를 할 수 있다.[55]

③ 회생채권에 대하여 압류만 행하여지고 전부명령이나 추심명령이 발하여지지 아니한 경우에, 회생채권을 신고하여 그 이후의 회생절차에서 권리를 행사하는 것은 회생채권자인지 압류채권자인지가 문제된다. 이와 관련하여 채권신고 그 자체는 처분행위가 아니므로 회생채권자도 할 수 있다고 하더라도 회생절차에 참가하여 의결권을 행사하는 것은 일종의 처분이므로 회생채권자와 압류채권자가 공동으로 행사하여야 한다는 견해가 있다.[56] 그러나 회생채권자(압류채무자)는 압류가 있은 뒤에도 여전히 압류된 채권의 채권자이므로 추심명령이나 전부명령이 있을 때까지는 압류채권자를 해하지 않는 한도 내에서 채권을 행사할 수 있다. 즉 제3채무자를 상대로 이행의 소를 제기할 수도 있고, 채권의 보존행위도 가능하다. 압류에 의하여 피압류채권의 소멸시효까지 중단되는 것은 아니다.[57] 따라서 압류채권자에 의한 채권신고의 적법 여부는 별론으로 하고 회생채권자에 의한 채권신고는 적법하다(회생절차에서 회생채권자가 시효중단을 시키기 위한 방법으로는 채권신고밖에 없다). 의결권도 회생채권자가 행사할 수 있다고 본다. 회생채권자가 의결권을 행사한다고 하더라도 이해관계의 대립은 있을 수 없고(관계인집회에서 회생채권을 감면하는 회생계획안에 동의하였다고 하더라도 이것이 압류채권자를 해하는 것이라고 단정할 수 없다), 압류의 효력은 압류채권자에 대하여만 대항할 수 없는 상대적인 것이기 때문이다.

회생채권자 등은 대리위원을 선임하여 신고를 하게 할 수도 있다(제142조). 담보부사채신탁법상의 수탁회사[58]의 경우에는 사채권자집회의 결의에 의하여 수탁회사가 회생채권 등을 신고할 수 있는데,[59] 수탁회사가 총사채권자를 위하여 채권신고를 하는 때에는 각각의 사채권자를 표시하지 않을 수 있다(제143조).[60]

사채관리회사는 총사채권자를 위하여 채권신고를 할 수 있고(상법 제480조의2, 제484조 제4

래의 채권자를 대신하여 채무자를 상대로 직접 채무이행을 구할 권능을 가지고 있다. 관련 내용은 〈**부록－회생절차에서의 시부인표 기재례**〉(본서 2345쪽)를 참조할 것.

55) 會社更生法, 500쪽, 條解 民事再生法, 509쪽, 條解 破産法, 795쪽 참조.
56) 박홍우, "정리채권 등의 신고·조사·확정에 있어서의 문제점", 회사정리법·화의법상의 제문제(재판자료 제86집), 법원도서관(2000), 210쪽.
57) 대법원 2003. 5. 13. 선고 2003다16238 판결.
58) 담보부사채에 관한 신탁업을 영위하는 '신탁업자'를 말한다(담보부사채신탁법 제2조).
59) 채무자회생법은 수탁회사(신탁업자)가 회생채권(사채) 등의 신고를 할 경우 사채권자집회의 결의가 필요하다고 규정하고 있다. 그러나 담보부사채신탁법은 신탁업자는 신탁계약에서 따로 정하지 아니하였을 때에는 총사채권자를 위하여 채권변제를 받는 데에 필요한 모든 행위를 할 권한을 가진다고 규정하고 있고(제73조), 수탁회사의 회생채권 등의 신고는 사채권자의 이익을 위한 것이므로 수탁회사가 회생채권 등을 신고하는 경우 사채권자집회의 결의가 필요한 것은 아니다. 입법적 해결이 필요해 보인다. 반면 신탁업자는 집회의 결의에 의하여 총사채에 대하여 지급을 유예하거나 불이행으로 인하여 생긴 책임을 면제하거나 화해할 수 있다(담보부사채신탁법 제74조).
60) 담보부사채신탁법에 따라 총사채권자를 갈음하여 재판상 또는 재판 외의 행위를 하는 경우에는 따로 각각 사채권자를 표시할 필요가 없다(제79조).

항), 이 경우 개별 사채권자를 표시하지 않을 수 있다(제143조 제2항 유추).

사채관리회사가 있는 사채발행회사에 대하여 회생절차가 개시된 경우

Ⅰ. 사채관리회사가 있는 사채발행회사에 대한 회생절차

1. 사채관리회사와 사채권자의 관계

사채권자는 일반적으로 다수이고(공모사채의 경우는 더욱 그렇다) 개별 사채권자의 입장에서 보면 금액이 크지 않기 때문에 사채발행회사를 감시하는 유인이 없어(감시비용의 문제도 있다) 항상 사채권자의 보호가 문제되었다. 특히 대부분의 사채가 무보증사채로 발행되는 현실적 상황에서 사채권자를 보호하는 역할을 하는 자가 필요했다. 이에 사채모집의 위탁을 받은 수탁회사와 별개로 사채관리회사를 두게 되었다. 사채관리회사는 수탁회사의 권한 중 변제의 수령, 채권의 보전 등 사채관리업무만을 담당한다. 사채모집과 사채관리를 분리한 것이다.

사채관리회사는 회사가 사채를 발행하는 경우 회사의 위탁에 의하여 사채권자를 위하여 변제의 수령·채권의 보전·그 밖의 사채의 관리를 하는 회사이다(상법 제480조의2). 사채관리회사는 사채모집의 위탁을 받은 회사가 아니라 변제의 수령과 채권보전 등 사채관리를 위탁받은 회사이다(상법 제480조의2, 제484조의2). 사채관리회사는 기채회사와 위임계약에 의하여 선임되나(상법 제480조의2), 사채권자를 위하여 변제의 수령이나 채권보전 등 사채관리 권한이 법적으로 부여된 법정대리인이다.

2. 사채관리회사가 있는 사채발행회사에 대하여 회생절차가 개시된 경우 문제점

사채발행회사에 대하여 회생절차가 개시된 때 사채관리회사가 사채관리업무를 실질적으로 수행하는 경우 회생채권·회생담보권(이하 '회생채권 등'이라 한다)인 사채권을 일괄 신고할 수 있고 사채권자의 의사를 잘 반영할 수 있다. 그럼으로써 사채권자의 실질적인 보호 및 회생절차의 원활한 진행을 도모할 수 있다. 그렇지만 채무자회생법에 담보부사채신탁법에 의한 수탁회사에 대한 1개의 조문만이 있을 뿐(제143조) 사채관리회사에 관한 규정이 없어 사채발행회사에 대하여 회생절차가 개시된 경우 실무적으로 여러 가지 문제가 발생하고 있다. 구체적으로 사채관리회사가 회생채권 등인 사채권을 신고할 수 있는지, 사채관리회사가 채권신고를 한 후 개별 사채권자가 채권신고를 할 수 있는지(그 반대의 경우도 마찬가지이다), 중복신고를 인정할 경우 어떻게 처리할 것인지, 사채관리회사가 있는 경우 개별 사채권자들의 절차참여권과 관계인집회에서의 의결권은 어떻게 되는지(사채관리회사가 행사하는지 개별 사채권자들이 행사하는지) 등이 그것이다.[61]

Ⅱ. 사채관리회사의 채권신고

사채관리회사는 사채권자를 위하여 사채에 관한 채권을 변제받거나 채권의 실현을 보전하기 위하여 필요한 재판상 또는 재판외의 모든 행위를 할 수 있다(상법 제484조 제1항). 사채관리회사는 '사채에 관한 채권을 변제받거나 채권의 실현을 보전하기 위한 행위'(제484조 제1항, 상법

---

61) 사채에 대하여 사채관리회사가 없는 경우에는 다른 회생채권 등과 마찬가지로 개별 사채권자가 채권신고도 하고 의결권을 행사한다.

제484조 제4항 본문 괄호)로서 사채권자집회의 결의를 거치지 아니하고 사채(회생채권 등)에 관하여 채권신고를 할 수 있다. 이 경우 개별 사채권자를 현명하여야 하는가. 대부분의 사채가 무기명으로 발행되고 있고, 담보부사채신탁법상의 수탁회사의 경우 비현명주의를 인정하고 있는 것(제143조 제2항)에 비추어 개별 사채권자를 표시하지 않을 수 있다고 할 것이다(제143조 제2항 유추). 예컨대 「○○주식회사 제△회 무보증사채 사채관리회사 □□」 정도로 표시하면 된다.[62]

한편 관리인은 회생채권자목록(회생담보권자목록)을 작성하여 제출하여야 하는데, 이때 사채관리회사를 채권자로 기재할 수 있다. 이 경우 개별 사채권자를 현명하여야 하는가. 사채관리회사가 채권신고를 하는 경우와 마찬가지로 개별 사채권자를 표시하지 않을 수 있다고 할 것이다.

Ⅲ. 사채관리회사와 사채권자의 중복신고의 처리

사채관리회사가 채권신고를 한 경우에도 개별 사채권자는 여전히 그의 사채권을 보유하고 있고, 사채관리회사가 존재하더라도 개별 사채권자가 발행회사에 대해 원리금 지급을 청구하는 것이 가능하므로[63] 직접 회생법원에 그가 보유한 사채권을 신고할 수 있다. 반대의 경우에도 만찬가지이다.

중복신고한 경우 관리인은 어떻게 처리하여야 하는가. 사채관리회사가 먼저 신고하고 후에 개별 사채권자가 신고한 경우에는 관리인은 사채관리회사의 총사채 신고에 대하여 시부인을 하고 개별 사채권자의 신고에 대하여는 중복신고를 이유로 부인하거나 철회시키는 것이 바람직하다. 개별 사채권자가 먼저 신고하고 사채관리회사가 신고한 경우에도 처리의 간편을 위해 개별 사채권자의 신고에 대하여는 중복신고를 이유로 부인하거나 철회시키고 사채관리회사의 신고에 대하여 시부인하면 될 것이다.

Ⅳ. 관계인집회에서의 의결권 행사

1. 사채권자집회의 결의가 있는 경우

회생계획안 결의에 관한 의결권 행사에 관하여는 사채권자집회의 결의가 필요하다(상법 제484조 제4항 본문 제1호). 회생계획은 사채권 전체의 지급유예, 감면 등을 정하는 것이 통례이기 때문이다. 사채권자집회의 결의에 의해 수권이 있었다면, 회생절차에서 의결권을 비롯한 절차상의 권리는 사채관리회사가 행사할 수 있다(상법 제484조 제4항 본문 제2호, 제498조 제2항). 예컨대 사채권자집회에서 찬성 의결권을 행사하기로 결의가 성립된 경우(물론 법원의 인가도 필요하다(상법 제498조 제1항)) 개별 사채권자는 관계인집회에서 의결권을 행사할 수 없고 사채관리회사만이 관계인집회에서 찬성 의결권을 행사할 수 있다.

2. 사채권자집회의 결의가 없는 경우

사채권자집회에서 의결권 행사방법에 대하여 결의가 없었다면[64] 사채관리회사는 관계인집회에서 의결권을 행사할 수 없다. 이 경우에는 개별 사채권자가 의결권을 행사할 수밖에 없다.

---

62) 일본 회사법 제708조는 '사채관리자(우리나라의 사채관리회사에 해당한다)가 사채권자를 위하여 재판상 또는 재판 외의 행위를 하는 때에는 개별 사채권자를 표시할 것을 요하지 않는다'고 규정함으로써 비현명주의를 채택하고 있다.
63) 한국상사법학회, 주식회사법대계 Ⅲ, 법문사(2019), 71쪽.
64) 사채권자집회가 개최되지 않았거나 법원에서 결의의 인가를 받지 못한 경우에도 마찬가지이다.

그런데 개별 사채권자는 투자 목적으로 사채를 구입하는 경우가 많기 때문에 회생절차의 진행이나 회생계획안의 내용에 관심이 없고, 사채관리회사의 수권결의를 위한 사채권자집회에도 참석하지 않아 결의에 필요한 정족수를 충족시키지 못하여 수권결의가 성립하지 못한 경우가 많다. 이러한 경우 개별 사채권자가 의결권을 행사하여야 하는데, 회생절차에 관하여 관심이 적은 사채권자가 관계인집회에 출석하여 의결권을 행사할 것을 기대하는 것은 어렵다. 한편 사채관리회사가 채권신고를 하여 가결에 필요한 의결권총액(분모)은 커짐에 반하여 개별 사채권자가 의결권을 행사하지 않아 동의하는 의결권액(분자)이 작아짐으로써 아무리 합리적인 회생계획안이 작성되었다고 하더라고 가결요건을 갖추기가 쉽지 않다. 사채권자가 많고 회생계획안에 대하여 실질적으로 반대하지 않은 경우에 있어서도 이러한 결과가 발생한다는 것은 합리적이지 않고, 나아가 사채권자의 이익을 해할 우려가 있다. 따라서 입법적 보완이 필요하다. 사채관리회사가 있는 경우 가급적 의결권행사는 사채관리회사를 통해서 하도록 하고 개별 사채권자들의 의결권 행사는 억제하도록 하여야 할 것이다.[65]

V. 사채관리회사의 비용 및 보수청구권

사채관리회사에게 줄 보수와 그 사무처리에 필요한 비용은 사채를 발행한 회사와의 계약에 약정된 경우 외에는 법원의 허가를 받아 사채를 발행한 회사로 하여금 부담하게 할 수 있다. 사채관리회사가 사채에 관한 채권을 변제받은 금액에서 사채권자보다 우선하여 위 보수와 비용을 변제받을 수 있다(상법 제507조).

사채권자가 회생채권자 등인 경우 사채권자집회의 개최 등 사채의 관리에 관한 사무가 필요한 경우가 있다. 이 경우 사채관리회사가 있다면 사채권자집회개최비용 등은 '회생절차개시 후 채무자의 업무 및 재산의 관리와 처분에 관한 비용청구권'으로서 공익채권에 해당한다(제179조 제1항 제2호).[66] 사채관리회사의 사무는 본래 각각의 회생채권자 등인 사채권자의 이익을 위하여 하는 것이지만, 사채권자가 다수인 경우 사채관리회사의 사무처리는 회생채권자 등이나 주주 전체의 이익에 공헌하였다고 인정되기 때문이다.

---

65) 일본은 사채관리회사가 있는 경우 의결권 행사방법에 관하여 사채권자집회의 결의가 성립한 때에는 사채관리회사만이 의결권을 행사할 수 있다(회사갱생법 제190조 제3항, 민사재생법 제169조의2 제3항 제2호, 회사법 제706조 제1항). 결의가 성립하지 않은 경우에도 개별 사채권자가 채권을 직접 신고하거나 의결권 행사에 대한 의사를 밝힌 경우에 한하여만 개별 사채권자가 의결권을 행사할 수 있도록 하고 있다(회사갱생법 제190조 제1항, 민사재생법 제169조의2 제1항). 의결권을 행사할 의사가 있는 사채권자에게만 의결권의 행사를 인정하는 것이다.

66) 일본의 경우 사채관리자가 설치되어 있는 경우에 사채권자집회 개최에 소요될 비용 등은 당해 사무처리에 필요한 비용으로서 미리 공익채권으로 인정해 달라는 취지의 신청을 법원에 하고, 법원은 그 업무가 회생절차의 목적을 달성하는 데 필요한 것이라고 인정하는 경우에 그 허가를 할 수 있다. 사채관리자가 미리 법원의 허가를 얻지 않은 경우 사채관리자가 갱생채권인 사채의 관리에 관한 사무를 행한 경우에 법원은 당해 사채관리자의 사무가 갱생회사의 사업의 갱생에 공헌하였다고 인정한 때에는 사채권자가 지출한 당해 사무처리비용의 상환청구권 중 공헌의 정도를 고려하여 상당하다고 인정하는 액을 공익채권으로 하는 허가를 할 수 있다. 또한 법원은 갱생절차 개시 후에 위 사무 처리를 한 것에 관하여 사채관리자의 보수청구권이 발생한 경우에 상당하다고 인정하는 금액을 공익채권으로 한다는 취지의 허가를 할 수 있다(회사갱생법 제131조 제1항 내지 제3항). 민사재생법 제120조의2, 파산법 제150조에도 유사한 규정을 두고 있다.

Ⅵ. 결론: 회생절차에서 사채관리회사의 업무

사채관리회사가 있는 발행회사에 대하여 회생절차가 개시된 경우, 사채관리회사는 사채권자를 위하여 ① 사채가 회생채권 등인 경우 법원에 대한 채권신고, ② 사채권에 대하여 이의가 있는 경우 조사확정재판 및 이의의 소 제기, ③ 채권자협의회의 참가[67] 및 회생절차에 관한 협의, ④ 관계인집회 참석 및 회생계획안에 대한 의결권 행사 등이다.

위 업무 중 ① 내지 ③은 상법 제484조 제1항의 '사채권에 관한 채권을 변제받거나 채권의 실현을 보전하기 위하여 필요한 행위'로서 사채관리회사가 사채권자집회의 결의 없이 수행할 수 있다. 반면 ④는 회생계획안이 대부분 지급유예, 감면 등의 내용을 포함하고 있기 때문에 사채권자집회의 결의를 거쳐 수행한다(상법 제484조 제4항 본문 제1호).

나. 상대방

신고는 법원에 대하여 하여야 하고(제148조 내지 제150조), 채무자나 관리인에 대하여 한 신고는 효력이 없다.[68]

신고를 법원에 하도록 한 것은 시효중단 등 실체법상의 효과와 연결되어 있기 때문이다. 다만 법원이 사무적인 접수처를 신의성실의무를 지고 있는 관리인으로 지정하는 것은 허용된다고 할 것이다. 이 경우 관리인에 대한 신고가 된 때에 법원에 대한 신고가 된 것으로 취급된다.[69]

3. 신고방식

회생채권자 등이 그 권리에 관한 신고를 하는 때에는 신고서 및 그 첨부서류의 부본을 1부 제출하여야 한다(규칙 제56조 제1항). 신고한 권리의 내용 등을 특정하여야 할 필요성도 있으므로 신고는 반드시 서면으로 하여야 한다.

내용 등을 기재하지 않고 회생채권 등으로서 특정이 흠결된 경우에는 보정명령을 하고, 이에 응하지 않으면 신고서는 각하될 가능성이 많다. 복수의 채권을 하나의 채권인 것처럼 신고

---

67) 채권자협의회는 채권자로 구성되기 때문에 사채권자의 대리인인 사채관리회사가 채권자협의회의 구성원이 될 수 있는지에 관한 의문이 있을 수 있다. 그러나 채권자협의회는 채권자의 이익을 위하여 회생절차를 공정하면서도 원활하게 진행하기 위해 존재하는 제도인데, 사채관리회사가 채권자협의회에 참여함으로써 개별 사채권자의 이익을 적절히 보호하고 회생절차도 원만하게 진행할 수 있다는 점, 채권자협의회의 의견은 회생절차 진행에 있어 참고요소가 될 뿐 회생법원이 거기에 구속되는 것은 아닌 점, 채무자의 부채 중 사채가 차지하는 비중이 큰 경우 사채와 관련된 내용이 회생절차 진행에 있어 중요한 요소가 될 수 있는 점, 발행회사에 대한 회생절차개시시 사채관리회사로서는 사채권자 보호를 위해 사채권자의 대리인으로 채권자협의회에 참가하여 의결권을 행사하거나 회생계획안 기타 회생절차에 관한 의견을 제시할 필요가 있는 점 등을 고려하면, 사채관리회사를 채권자협의회에 포함시킬 수 있다고 할 것이다.

68) 중국 <기업파산법>은 관리인에게 채권을 신고하도록 하고 있다(제48조 제1항). 독일 도산법도 관리인에게 신고하도록 하고 있다(§28(1)).

69) 條解 民事再生法, 510쪽.

하는 것도 부적법하다.[70]

4. 신고의 효력

가. 시효중단

(1) 중단사유와 시기

회생절차참가는 실질적으로 채권자가 권리행사를 하는 것이기 때문에{회생절차참가는 "청구"(민법 제168조 제1호)의 일종이다} 시효중단의 효과가 있는데(제32조 제1호),[71] 회생채권, 회생담보권의 신고가 여기에 해당한다. 신고기간 경과 후에 신고한 경우에는 제152조의 요건이 충족되어야 한다.

다만 목록에 기재되지 아니한 회생채권자 또는 회생담보권자가 그 신고를 취하하거나 그 신고가 각하된 때(제152조의 요건을 충족하지 못한 때)에는 시효중단의 효력이 인정되지 않는다(제32조 제1호 단서). 그러나 최고로서의 효력은 인정된다(민법 제170조 참조). 물론 회생채권 등이 확정된 후에 신고를 취하한 경우에는 시효중단의 효력이 상실되지 않는다.[72] 또한 채권조사절차에서 채무자나 회생채권자 등의 이의는 시효중단의 효력에 영향을 미치지 않는다.[73] 채권조사결과 당해 채권의 전부 또는 일부가 실체적으로 존재하지 않는 것으로 확정된 경우에는 그 부분에 대하여는 소멸시효 문제 자체가 소멸한다. 적법한 신고에 의하여 발생한 시효중단

---

70) 한편 회생계획안 별표로 첨부되는 회생채권자 등 일람표는 이미 조사를 마친 회생채권 등에 대하여 권리변경의 내용을 명확히 하기 위하여 작성된 것이므로, 복수의 회생채권 등을 가진 1명의 회생채권자 등마다 정리하여 표기하는 것이 허용된다.

71) 입법론적으로 민법(제168조)과 채무자회생법(제32조)에 중복하여 회생절차참가를 시효중단사유로 규정할 필요는 없다. 민법에서 통일적으로 규정하고(민법 제168조를 좀 더 구체적이고 세분하여 규정할 필요가 있다), 채무자회생법 제32조의 관련 내용은 삭제하는 것이 바람직하다. 파산절차참가나 개인회생절차참가의 경우도 마찬가지이다.

72) **중단후의 시효진행** 중단된 시효는 중단사유가 종료한 때로부터 새로이 진행한다. 그렇다면 언제 중단사유가 종료되었다고 볼 것인가. 회생채권 등의 신고에 의한 시효중단효력은 회생절차의 종료 시까지 존속한다. 채권에 대하여 이의가 없어 확정된 채권을 회생채권자표나 회생담보권자표에 기재하여 확정판결과 동일한 효력이 있는 경우(제168조)나 이의에 기한 소송에서 이의채권을 확정한 판결이 확정된 경우에도 그 때부터 시효가 다시 진행하는 것은 아니다. 그러한 의미에서 민법 제178조는 적용되지 않는다. 구체적으로 언제부터 다시 시효가 진행하느냐는 경우에 따라 다르다. ① 회생계획인가 후 폐지결정에 의하여 회생절차가 종료된 경우에는 그 폐지결정 확정시부터 새로운 시효가 진행한다(대법원 1988. 2. 23. 선고 87다카2055 판결 참조). 구체적으로 회생계획인가결정의 확정에 의해 권리변경이 생긴 경우에는 인가결정의 확정으로 변제기 연장 등의 효력이 발생하기 때문에 새로운 변제기와 폐지결정의 확정시 중 늦은 때로부터 소멸시효가 다시 진행한다. ② 권리변경이 되지 아니한 채 회생절차가 종료된 경우(회생절차개시결정이 취소되거나 인가 전 폐지 또는 회생계획불인가결정 등)에는 이러한 결정이 확정된 때로부터 소멸시효가 다시 진행한다(條解 民事再生法, 523~524쪽 참조). ③ 회생절차가 종결결정에 의하여 종료된 경우에는 그 때까지 회생계획에 의하여 변제기가 도래한 채권은 모두 변제되었을 것이다. 기한이 도래하지 않는 것은 말할 것도 없이 그 기한이 도래한 때로부터 시효가 다시 진행한다.

시효는 중단사유가 종료한 때로부터 새로이 진행하는데, 초일불산입의 원칙(민법 제157조)에 따라 중단사유가 종료한 때의 다음날부터 새로운 시효가 진행한다.

73) 이의가 있더라도 회생채권자 등이 채권신고를 함으로써 권리행사를 하였다는 것에는 변함이 없고, 이의는 단순히 회생채권 등의 확정을 저지하는 효력을 가지는 것에 그치므로, 이의에 의해 회생채권 등의 신고로 인한 시효중단의 효력에 어떠한 영향을 미치지 않는다고 해석하여야 한다. 만약 이의에 시효중단을 저지시키는 효력을 인정한다면, 남용적 이의에 의해 신고한 회생채권 등의 시효소멸이라는 결과가 초래되는 것은 물론, 스스로 채권의 존재를 주장·증명하여야 하므로 이의가 진술된 회생채권자 등에게는 현저하게 불리하게 된다.

의 효력은 회생절차의 폐지, 회생계획불인가결정에 의하여 상실되지 않는다.[74]

(가) 보증채무에 대한 시효중단과 재진행

1) 채권자가 주채무자에 대한 회생절차에 참가하는 경우 보증채무에 대한 시효도 중단되고 (민법 제440조[75]), 그 효력은 회생절차참가라는 권리행사가 지속되는 한 그대로 유지된다.[76] 그렇다면 중단된 보증채무의 시효는 언제 다시 진행하는가. 회생계획에 의하여 주채무의 전부 또는 일부가 면제되거나 이율이 경감된 경우에는, 그 면제 또는 경감된 부분의 주채무가 회생계획의 인가결정이 확정된 때에 소멸하게 됨에 따라 그 시점에서 채권자의 회생절차에서의 권리행사가 종료되며, 그 부분에 대응하는 보증채무의 소멸시효는 위 인가결정 확정시부터 다시 진행한다.[77] 그러나 회생계획에 의해서도 주채무가 잔존하고 있는 경우에는 회생절차참가에 의한 시효중단의 효력이 그대로 유지되고, 그 회생절차의 폐지결정 또는 종결결정이 확정되어 회생절차에서의 권리행사가 종료되면 그 시점부터 중단되어 있던 보증채무의 소멸시효가 다시 진행한다.[78]

2) 주채무가 출자전환된 경우는 어떠한가. 주채무가 출자전환된 경우 '회생채무자가 부담하는 회생채무' 자체는 회생계획에서 신주의 발행으로 소멸하게 되는 것으로 정한 채무액(제206조 제1항 제4호 참조) 전부가 출자전환에 의한 신주발행의 효력발생 시점에 소멸한다. 하지만

---

74) 파산절차에서 파산절차가 폐지된 경우 시효중단의 효력이 상실된다는 견해가 있다(본서 1542쪽).

75) 민법 제440조는 소멸시효 중단은 당사자 및 승계인에게만 효력이 있다고 규정한 민법 제169조의 예외규정이다.

76) 시효중단의 보증인에 대한 효력을 규정한 민법 제440조는 보증채무의 부종성에서 비롯된 당연한 규정이 아니라 채권자의 보호를 위하여 보증채무만이 따로 시효소멸하는 결과를 방지하기 위한 정책적 규정이다. 따라서 채무자회생법 제250조 제2항이 회생계획의 효력 범위에 관하여 보증채무의 부종성을 배제하고 있다 하더라도 같은 법 제32조가 규정한 회생절차참가로 인한 시효중단의 효력에 관하여 민법 제440조의 적용이 배제되지 아니한다. 그러므로 회생절차참가로 인한 시효중단의 효력은 회생회사의 채무를 주채무로 하는 보증채무에도 미치고 그 효력은 회생절차참가라는 권리행사가 지속되는 한 그대로 유지된다(대법원 2015. 8. 27. 선고 2013다74554 판결, 대법원 1998. 11. 10. 선고 98다42141 판결 참조).

회생절차에 있어서도 민법 제440조를 적용하여 주채무자에 대한 시효중단의 효력이 보증채무에 미치게 하는 것은 회생제도의 목적과 채무자회생법 제250조 제2항 및 민법 제440조의 입법취지에 부응하는 것으로서 합리적인 이유가 있고, 더구나 채권자의 회생절차참가로 인하여 보증인이 본래의 채무 이상의 채무를 부담하거나 시효중단의 효력이 당초보다 확대되는 것은 아니므로, 채권자의 회생절차참가로 인한 시효중단의 효력이 민법 제440조에 의하여 회생회사의 보증인에게 미치는 것이 보증인의 재산권을 침해하는 것으로 볼 수 없다(헌법재판소 2009. 4. 30. 선고 2007헌바73 전원재판부 결정, 헌법재판소 1996. 8. 29. 선고 93헌바6 전원재판부 결정 참조).

77) 이는 인가결정 후 회생계획수행의 가망이 없음이 명백하게 되어 폐지결정에까지 나아가는 경우가 예상되지 않으므로 그 인가결정확정으로 그 회생절차가 종료되기 때문이다{편집대표 김용담, 주석 민법[총칙(3)], 한국사법행정학회 (2010), 622쪽}.

78) 대법원 2015. 8. 27. 선고 2013다74554 판결, 대법원 2007. 5. 31. 선고 2007다11231 판결, 대법원 1995. 5. 26. 선고 94다13893 판결 등 참조. 나아가 그 이후에도 보증채무가 소멸하기 전에 주채무에 대한 시효중단의 사유가 발생한 때에는 보증채무에 대하여도 그 시효중단의 효력이 미친다고 해석하여야 할 것이다. 한편 시효중단으로 인하여 원본채무가 유지되는 때에는 그 종된 채무인 이자채무나 지연손해금채무도 존속하게 됨은 당연하며, 이 경우 비록 회생계획에서 주채무에 대한 이율이 감경되었다 하여도 보증인이 부담하여야 할 이자나 지연손해금은 감경되기 전의 원래 약정상의 이율에 의하여야 하는 것이 제250조 제2항의 법리라 할 것이다(대법원 2007. 5. 31. 선고 2007다11231 판결 참조).

한편 위 2007다11231 판결에 대하여, 민법 제440조가 회생절차에도 적용된다면 주채무와 보증채무 역시 회생계획에서 정하여진 변제기가 도래하여야 그때부터 소멸시효가 재진행한다고 보아야 한다는 비판적 견해도 있다(임치용, "정리절차와 보증채무에 대한 소멸시효의 재진행", 도산판례백선, 217쪽).

보증채무는 신주발행의 효력발생일 당시 신주의 시가평가액 상당액만 소멸한다(본서 894쪽 이하 참조). 따라서 출자전환의 경우 중단된 보증채무 소멸시효의 재진행 시점이 문제될 수 있다.

보증채무에 대한 소멸시효는 회생계획에 의하여 주채무의 권리행사가 종료되는 시점에 다시 진행한다는 것은 앞에서 본 바와 같다. 주채무에서 출자전환의 대상이 된 부분은 신주발행의 효력발생일에 주채무자와의 관계에서 소멸하게 됨에 따라 그 시점에서 회생절차에서 권리행사가 종료된다. 따라서 출자전환으로 인한 보증채무의 소멸시효는 그때(신주발행의 효력발생일)부터 다시 진행한다고 보아야 할 것이다.

(나) 소멸시효기간의 연장

1) 제255조 제1항에 의하면, 회생계획인가의 결정이 확정된 때 회생채권 또는 회생담보권에 기하여 회생계획에 의하여 인정된 권리에 관하여는, 그 회생채권자표 또는 회생담보권자표의 기재가 채무자, 회생채권자·회생담보권자·주주·지분권자, 회생을 위하여 채무를 부담하거나 또는 담보를 제공하는 자, 신회사에 대하여 확정판결과 동일한 효력이 있으므로, '회생계획에 의하여 인정된 권리'에 대하여는 민법 제165조가 적용되어 그 소멸시효기간이 10년으로 연장된다. 그러나 회생계획에 의하여 회생채권 또는 회생담보권의 전부 또는 일부가 면제되거나 감경된 경우에 면제 또는 감경된 부분에 대한 권리는 '회생계획에 의하여 인정된 권리'라고 할 수 없으므로, 그 소멸시효기간은 민법 제165조에 의하여 10년으로 연장된다고 할 수 없다.[79]

2) 주채무의 소멸시효기간이 10년으로 연장된 경우 보증채무의 소멸시효기간도 10년으로 연장되는가. 민법 제165조 제2항, 제1항에 의한 소멸시효기간 연장의 효과는 확정판결과 동일한 효력이 있는 것의 당사자 사이에서만 발생하고 보증채무자 등 채무자와 함께 채무를 부담하는 다른 자의 소멸시효기간에는 아무런 영향을 미치지 않으므로, 설령 주채무에 대한 소멸시효기간이 10년으로 연장되더라도 보증채무의 소멸시효기간은 달라지지 않는다.[80]

(2) 적용범위

채권신고로 시효가 중단되는 것은 회생채권 및 회생담보권에 한한다. 채무자에 대한 채권이라도 공익채권에 대하여는 채권신고에 의한 시효중단의 효력이 없다. 공익채권에 대하여는 공익채권자가 청구 또는 개별집행을 하거나 관리인이 법원의 허가를 얻어(제61조 제1항 제8호) 승인함에 의하여 시효가 중단될 수 있다. 채무자의 승인은 시효중단의 효력이 없다.

---

79) 대법원 2017. 8. 30. 자 2017마600 결정 참조. 면제 또는 감경된 부분에 대하여는 원래의 소멸시효기간이 적용된다. 하지만 위 판결은 회생계획인가 전 회생채권자표의 기재(제168조)로 이미 시효기간이 10년으로 연장되었으므로 회생계획인가시 면제 또는 감경되었는지는 시효기간의 연장 여부와 무관하다는 점을 간과한 것으로 보인다.

80) 대법원 2006. 8. 24. 선고 2004다26287, 26294 판결, 대법원 1986. 11. 25. 선고 86다카1569 판결, 서울고등법원 2019. 2. 13. 선고 2018나2049025 판결(확정) 등 참조. 제255조 제1항은 '회생계획인가의 결정이 확정된 때 회생채권에 기하여 회생계획에 의하여 인정된 권리에 관하여는, 그 회생채권자표의 기재가 채무자, 회생채권자, 회생을 위하여 채무를 부담하거나 또는 담보를 제공하는 자, 신회사에 대하여 확정판결과 동일한 효력이 있다'고 규정하고 있다. 출자전환의 대상이 된 주채무는 '회생계획에 의하여 인정된 권리'에 해당하나, 보증인은 '회생을 위하여 채무를 부담하는 자'에 해당하지 않으므로(본서 930쪽) 제255조 제1항은 민법 제165조에 의한 보증인에 대한 소멸시효기간 연장의 근거가 될 수 없다.

나. 미신고의 효과

(1) 회생채권자·회생담보권자

회생채권자, 회생담보권자가 목록에 기재되지 않은 상태에서 그 권리를 신고하지 않으면 관계인집회에서 의결권을 행사할 수 없을 뿐만 아니라 회생계획에서 제외되고 회생계획이 인가되면 실권된다(제251조).[81]

회생회사의 직원이 회생절차개시결정을 받은 직후 회사에 대하여 대여금채권을 가지고 있던 채권자에게 채권을 변제할 것을 약속하고 그 담보로 제3자 발행의 약속어음을 배서양도하면서 위 대여금채권을 회생채권으로 신고하지 말라고 권유하여 채권자가 신고하지 아니하였다가 위 어음이 지급거절됨으로써 그 대여금 상당의 손해를 입은 경우라면 채권자가 회생채권인 위 대여금채권을 신고하지 아니하여 그 채권을 상실하게 된 것은 채무자회생법의 규정에 비추어 당연한 것으로, 이는 오로지 회생채권자가 자초한 손해라고 보아야 할 것이니 회생회사 직원의 위와 같은 행위는 채권자에 대하여 불법행위를 구성한다고 볼 수도 없고, 또 위와 같은 행위와 채권자의 손해발생과 사이에 인과관계가 있다고 볼 수도 없다.[82]

(2) 주주·지분권자

주주·지분권자는 목록에 기재되지 않고 신고하지 않았다고 하더라도 주주·지분권자로서의 일반적인 권리가 소멸되는 것은 아니지만, 관계인집회에 출석하여 의결권을 행사하는 등 회생절차에 참가할 수 없다. 즉 주주·지분권자는 목록에 기재되지 않고 신고를 하지 않은 경우 회생절차참가의 측면에서 실권하지만 회생계획의 규정에 의하여 주주·지분권자에게 권리가 인정되는 경우 신고를 하지 아니한 주주·지분권자에 대하여도 인정되기 때문에(제254조 참조) 목록에 기재되지 않고 신고를 하지 않은 경우에도 주주·지분권자는 절대적으로 실권되는 것은 아니다. 이러한 점에서 목록에 기재되어 있지 않고 신고기간 내 신고하지 아니하면 회생계획의 인가결정으로 절대적으로 실권하는 회생채권, 회생담보권과 구별된다.

5. 채권신고 여부가 문제되는 채권

아래의 채권들에 대하여는 채권신고를 함에 있어 주의를 요한다.

---

81) 중국 <기업파산법>도 채권자목록제출제도는 두고 있지 않지만 채권신고제도는 두고 있다(제6장). 법원이 채권신고기간을 정하고(제45조), 추완신고를 인정하며(제56조 제1항), 채권을 신고하지 않은 경우 회생절차에서 권리를 행사할 수 없다(제56조 제2항)는 점에서 유사하다. 반면 채권자가 채권신고를 하지 않은 경우 회생계획수행기간에는 권리를 행사할 수 없을 뿐 권리가 소멸되지는 않는다. 회생계획수행이 완료된 후에는 회생계획이 규정하는 같은 종류의 채권의 변제조건에 따라 권리를 행사할 수 있다(제92조 제2항).

82) 대법원 1987. 10. 28. 선고 87다카1391 판결.

가. 전부의 의무를 지는 자(전부의무자)가 수인인 경우

(1) 채권자의 채권신고

여럿이 각각 전부의 이행을 하여야 하는 의무를 지는 경우(불가분채무, 연대채무, 보증채무 등) 그 전원 또는 일부에 관하여 회생절차가 개시된 때에는, 채권자는 회생절차개시 당시 가진 채권 전액에 관하여 각 회생절차에서 채권신고를 할 수 있다(제126조 제1항). 이 경우 다른 전부의 이행을 할 의무를 지는 자가 회생절차개시 후에 채권자에 대하여 변제 그 밖에 채무를 소멸시키는 행위(이하 '변제 등'이라 한다)를 한 때라도 그 채권의 전액이 소멸한 경우를 제외하고, 그 채권자는 회생절차개시 당시에 가진 채권의 전액에 관하여 채권신고를 할 수 있다(제126조 제2항). 채무자의 채무를 위하여 담보를 제공한 제3자(물상보증인)가 회생절차개시 후에 채권자에게 변제 등을 한 경우에도 마찬가지이다(제126조 제5항).

(2) 장래의 구상권을 가진 자의 채권신고

위 (1)의 경우에 있어 채무자에 대하여 장래의 구상권을 가진 자는 현실적으로 변제하기 전이라도, 그 전액에 대하여 채권신고를 할 수 있다. 다만 채권자가 회생절차개시 당시에 가지는 채권 전액에 관하여 회생절차에 참가한 때에는 채권신고를 할 수 없다(제126조 제3항). 물론 채권자가 채권신고를 하였다고 하여도 그 후 채권자가 취하할 경우에 대비하여 예비적으로 신고하는 것은 허용된다.

나. 채무자가 보증채무를 부담하는 경우

채무자가 보증채무를 부담하는 경우에는, 주채무자에 대하여 회생절차가 개시되었는지와 무관하게, 채권자는 회생절차개시 당시에 가진 채권의 전액에 관하여 채권신고를 할 수 있다(제127조).

다. 변제허가를 받은 회생채권 등

채권신고기간 내에 상계에 의해(제144조 제1항), 또는 법원의 허가에 의한 변제(제132조)에 의해 이미 소멸한 회생채권 등에 대하여는 신고할 필요가 없다. 그러나 법원이 이미 변제를 허가한 회생채권 등이라도 아직 변제되지 않은 경우에는 신고할 필요가 있다.

라. 벌금·조세 등 청구권

벌금·조세 등 청구권에 관하여도 신고를 하여야 하지만, 특칙이 있다(제156조). 자세한 내용은 〈제3절 Ⅰ.〉(본서 755쪽)을 참조할 것.

6. 골프회원권의 신고

골프회원권은 여러 가지 종류가 있지만, 우리나라에 많은 예탁금제 골프회원권은 회원의 골프장 시설업자에 대한 회원가입계약상의 지위 내지 회원가입계약에 의한 채권적 법률관계를 총체적으로 가리키는 것이고, 이러한 예탁금제 골프회원권을 가진 자는 회칙이 정하는 바에 따라 골프장 시설을 우선적으로 이용할 수 있는 권리인 시설이용권과 회원자격을 보증하는 소정의 입회금을 예탁한 후 회원을 탈퇴할 때 그 원금을 반환받을 수 있는 권리인 예탁금(입회금)반환청구권과 같은 개별적인 권리를 가진다.[83]

골프장을 운영하는 채무자에 대하여 회생절차가 개시된 경우 회원이 채무자에 대하여 가지는 예탁금반환청구권과 시설이용권은 회생절차개시 전의 원인으로 생긴 재산상의 청구권으로 회생채권이다. 회생채권자가 회생절차에 참가하기 위해서는 채권신고기간 내에 법원에 채권신고를 하여야 한다.

그러면 이러한 복합적인 권리를 가진 골프회원권에 대하여 어떻게 신고하여야 하는가. 예탁금제 골프회원권 중 회원계약 종료 전으로 거치기간이 도래하지 아니한 경우가 문제된다. 왜냐하면 회원계약이 종료되고 거치기간이 도래한 경우에는 단지 금전채권으로서 예탁금액만을 신고하는 것으로 충분하기 때문이다.

가. 예탁금반환청구권

회생절차에 참가하려는 골프회원은 예탁금반환청구권을 회생채권으로 신고하여야 한다. 의결권액에 대하여는, 예탁금반환청구권은 회원계약의 종료를 정지조건으로, 나아가 거치기간경과를 기한으로 하는 것이므로 제138조 제1항에 따라 회생절차가 개시된 때의 평가금액으로 한다. 실무적으로는 입회금 액면액을 그대로 의결권액으로 신고하고 동액의 의결권 행사를 인정하고 있다.

나. 시설이용권

시설이용권에 대하여는 본래 예탁금반환청구권과 동시에 신고를 하여야 하는 채권이기는 하지만, 시설이용권과 예탁금반환청구권은 동시에 양자를 행사할 수는 없고, 양자는 표리일체의 관계에 있는 것으로 보기 때문에, 실무는 예탁금반환청구권 신고 외에 시설이용권을 독립적으로 신고하지는 않는다. 예탁금반환청구권을 신고하면 시설이용권을 포함한 골프회원권에 대하여 신고가 있는 것으로 취급된다.[84]

---

83) 대법원 2015. 1. 29. 선고 2013다100750 판결 참조.
84) 서울회생법원 2020. 1. 8. 선고 2019가합100955 판결(항소, 서울고등법원 2020. 8. 18. 선고 2020나2005264 판결 [확정]). 일본의 경우도 마찬가지이다(民事再生の手引, 144쪽).

7. 소송요건으로서 채권신고 여부

신고하지 아니한 회생채권은 회생계획인가결정이 있는 때에는 실권되며(본서 977쪽), 이와 같이 실권된 회생채권은 그 후 회생절차가 폐지되더라도 부활하지 아니하므로 그 확정을 구하는 소는 소의 이익이 없어 부적법하다. 따라서 회생채권에 관한 소에서 회생채권의 신고 여부는 소송요건으로서 직권조사사항이므로 당사자의 주장이 없더라도 법원이 이를 직권으로 조사하여 판단하여야 하고, 사실심 변론종결 후에 소송요건이 흠결되는 사정이 발생한 경우 상고심에서 이를 참작하여야 한다.[85]

Ⅲ 회생채권 등의 신고기간

1. 신고기간과 조사방식

법원은 회생절차개시결정을 하면서 개시결정일로부터 2주 이상 2개월 이하의 범위 내에서 회생채권자 등의 목록제출기간을 정하여야 하고, 동시에 회생채권자 등의 목록의 제출기간의 말일(제223조 제4항에 따른 목록이 제출된 경우에는 회생절차개시결정일)부터 1주 이상 1월 이하의 기간 내에서 신고기간을 결정하여야 한다(제50조 제1항 제2호). 회생채권자 등의 목록에 기재되거나 신고기간 내에 신고된 회생채권, 회생담보권의 조사를 위하여 신고기간의 말일부터 1주 이상 1월 이하의 범위 내에서 조사기간을 결정하게 된다(제50조 제1항 제3호). 다만 법원은 특별한 사정이 있는 경우에는 위 기간을 늘일 수 있다(제50조 제2항). 채무자회생법이 신고기간을 둔 것은 관리인 기타 이해관계인에게 조사의 편의를 제공하기 위한 것일 뿐 기간준수 여부를 기준으로 권리를 인정하거나 배제하기 위한 것이 아니다.[86]

회생채권 등의 신고는 신고기간 내에 신고하여야 한다(제148조 제1항, 제149조 제1항, 제150조 제1항).[87] 지연된 신고는 신속한 절차진행을 방해하는 결과를 초래한다. 따라서 신고기간 이후의 신고는 아래에서 보는 바와 같이 엄격한 요건하에서만 허용하고 있다.

회생채권 등에 대한 조사방식은 회생채권자 등 목록에 기재되었는지 또는 신고기간 내에 신고되었는지에 따라 다르다. 회생채권자 등 목록에 기재되어 있거나 신고기간 내에 신고된 회생채권 등에 대하여는 기일을 개최하지 아니하고 조사기간을 두어 그 기간 내에 관리인과 이해관계인 등이 서면으로 이의를 하게 하는 방식으로 조사한다(제161조). 반면 신고기간 이후에 추후 보완신고된 회생채권, 회생담보권에 대하여는 특별조사기일을 열어 조사한다(제162조).

---

85) 대법원 2021. 7. 8. 선고 2020다221747 판결, 대법원 2016. 11. 24. 선고 2016다27504 판결, 대법원 2014. 5. 16. 선고 2012다114851 판결 등 참조.
86) 대법원 2018. 7. 24. 선고 2015다56789 판결.
87) 파산절차의 경우에서도 마찬가지이지만(제447조 제1항), 회생절차와 달리 신고기간 이후의 신고에 대하여 엄격한 제한을 두고 있지 않다(제453조 참조).

한편 회생절차개시 전의 벌금, 과료, 형사소송비용, 추징금 및 과태료의 청구권(제140조 제1항)과 일반 회생채권보다 징수 순위가 우선하는 조세 등의 청구권은 신고기간 내에 신고하지 않더라도 지체없이 신고하면 족하다(제156조 제1항). 벌금, 과료, 형사소송비용, 추징금 및 과태료의 청구권의 경우 회생계획에서 감면 기타 권리에 영향을 미치는 내용을 정하지 못하고(제140조 제1항), 신고하지 않더라도 회생계획인가결정에 의해 면책되지도 아니하므로(제251조 단서) 신고기간의 제한을 받지 않는다.[88] 반면 일반 회생채권보다 징수 순위가 우선하는 조세 등의 청구권의 경우는 회생계획안 심리를 위한 관계인집회가 끝나기 전 또는 제240조에 의하여 서면결의에 부친다는 결정이 있기 전까지는 신고를 하여야 한다(제152조 제3항). 벌금·조세 등 청구권은 일응 진실성이 추정되기 때문에 조사의 결과에 준하여 회생채권자표 또는 회생담보권자표에 기재된다(제156조 제2항, 제167조 제1항).

2. 회생채권 또는 회생담보권의 추후 보완 신고

회생절차가 개시되면 채무자의 채권규모를 정확히 파악할 필요가 있으므로 회생채권자 등은 법원이 정하는 기간 내에 각 그 권리를 신고해야 하고, 기간 내에 신고를 하지 않으면 특별한 경우를 제외하고는 그 권리를 잃게 되지만, 회생채권 등의 신고기간이 경과하였더라도 실권시키는 것이 회생채권자 등에게 가혹한 경우를 구제하기 위하여 추완신고제도를 두고 있다. 한편 주주·지분권자에 대하여는 추완신고가 허용되지 않고, 아래 3.항에서 보는 바와 같이 추가신고제도를 두고 있다.

가. 추후 보완 신고의 사유

(1)(가) 회생채권 또는 회생담보권을 신고기간 안에 신고하지 못하였다고 하여 항상 추후 보완 신고를 할 수 있는 것이 아니다. 추후 보완 신고를 할 수 있는 경우는 ① 회생채권자 또는 회생담보권자가 그 책임을 질 수 없는 사유[89]로 인하여 신고기간 안에 신고를 하지 못한

---

88) 벌금 등을 신고하지 아니한 경우 회생계획에 반영되지 못하여 회생절차 진행 중에는 변제를 받지 못한다. 다만 신고하지 않아도 면책되지 않기 때문에 회생절차가 종료된 이후 변제받을 수 있을 뿐이다.

89) 여기서 '책임을 질 수 없는 사유'는 민사소송법 제173조 제1항의 사유와 용어는 동일하지만 신고기간의 공시방법이 미비하기 때문에 민사소송법 규정보다는 넓게 해석한다(대법원 1999. 7. 26. 자 99마2081 결정 참조). 회생절차에서는 개별적인 송달 외에 공고 등으로써 송달을 갈음하고 있어 이해관계인이 직접 결정문을 송달받지 못하는 경우가 적지 아니한 반면, 회생채권자가 신고를 게을리 한 경우 채권이 실권되는 등 그 불이익이 큰 점 등을 고려하여 볼 때, 회생절차에 중대한 지장을 초래하지 않는 한 실권시키는 것이 가혹하다고 인정되는 경우에는 가급적 '책임을 질 수 없는 사유'를 넓게 해석하여 채권조사를 하기 위한 특별기일을 정하여야 한다(대법원 2018. 7. 24. 선고 2015다56789 판결, 대법원 1999. 11. 17. 자 99그53 결정 참조). 한편 회생채권 등을 추후 보완신고하는 경우에는 회생채권자 등은 신고서에 채권신고기간 내에 신고를 할 수 없었던 사유 및 그 사유가 끝난 때를 기재하여야 한다(규칙 제57조 제1항).

○ 제152조 제1항, 제2항과 민사소송법 제173조 본문의 비교 양자는 그 내용이 유사하면서도 그 법문의 구조가 다르다. 민사소송법 제173조 본문에 의한 소송행위의 추후보완은 불변기간을 대상으로 하고, 그 기간을 지킬 수 없었던 사유가 없어진 날부터 2주 이내에 한다. 반면 제152조 제1항, 제2항에 의한 채권신고의 추후보완은 통상기간인 채권신고기간을 대상으로 하고, 그 기간은 신고를 할 수 없었던 사유가 끝난 후 1월 이내에 한다. 위 1월

때(제152조 제1항, 제162조),[90] ② 신고기간 경과 후에 회생채권과 회생담보권이 발생한 때(제153조 제2항, 제162조)와 ③ 채무자의 행위가 부인되어 상대방의 채권이 회복된 경우이다(제109조 참조).

추후보완신고를 할 수 있는 기간에도 제한이 있다. ①의 경우는 그 사유가 끝난 후 1월 이내에 그 신고를 보완하여야 하고(제152조 제1항), ②의 경우는 그 권리가 발생한 날로부터 1월 이내에 신고하여야 한다(제153조 제1항). 다만 위와 같은 경우라도 회생계획안 심리를 위한 관계인집회가 끝난 후 또는 제240조에 의한 서면결의에 부친다는 결정이 있은 후에는 원칙적으로[91] 추후 보완신고를 할 수 없다(제152조 제3항, 제153조 제2항).[92] 회생계획을 확정하기 위해서는 채권액을 확정해야 하고, 위 시기 이후에는 회생계획안을 수정할 수 없어(제228조 참조) 신고를 수리하여도 회생계획안에 반영할 수 없기 때문이다. 위 1개월의 기간은 불변기간이므로 (제152조 제2항, 제153조 제2항) 이를 늘이고 줄이는 신축을 할 수 없다(민소법 제172조 제1항 단서).

(나) 그러나 회생채권자가 회생법원이 정한 신고기간이 경과할 때까지는 물론 관계인집회가 끝나거나 서면결의 결정이 되어 더 이상 제152조에 따른 추후보완 신고를 할 수 없는 때까지도 회생채권신고를 기대할 수 없는 사유가 있는 경우[93]에는 제152조 제3항에도 불구하고 회생채권의 신고를 보완하는 것이 허용되어야 한다. 만약 그러한 경우까지도 신고기간 내에 회생채권 신고를 하지 않았다고 하여 무조건 실권된다고 하면 이는 국민의 재산권을 기본권으로 보장한 헌법정신에 배치되는 것이다.[94] 다만 이 경우도 책임질 수 없는 사유로 회생채권신고를

의 기간은 불변기간이다(제152조 제2항). 1월은 불변기간이므로 당사자가 책임질 수 없는 사유로 위 1월의 추후보완기간을 준수하지 못한 경우 또다시 민사소송법 제173조 본문에 의하여 2주의 기간 내에 추후보완할 수 있을 것이다(제33조, 하지만 실제적으로는 책임질 수 없는 사유가 지속된다고 할 것이므로 이러한 상황은 발생하기 어렵다).

90) 채권자가 회생절차개시결정 전 회생회사를 상대로 제기한 소송에서 승소판결을 받고 그 판결을 집행권원으로 한 채권압류 및 추심명령을 받아 그 배당절차에 참가하여 배당을 기다리던 중 위 결정을 이유로 채권압류 및 추심명령이 취소되자 비로소 회생채권의 추완신고를 한 경우 '책임을 질 수 없는 사유'에 해당한다(대법원 1999. 11. 17. 자 99그53 결정 참조).

91) 예외적인 경우는 아래 ⟨라.⟩를 참조할 것.

92) 추완신고를 할 수 있는 시간적 범위를 제한하여 회생계획안심리를 위한 관계인집회 이후에는 추완신고를 할 수 없도록 하고 있는 것은 만일 회생계획안의 심리가 종결된 후의 추완신고를 인정하면 이러한 채권은 회생계획안에 반영되지 않았으므로 이를 반영한 회생계획안을 다시 작성하여 관계인집회에서 재차 심리해야 하는 등 시간과 비용 면에서 큰 부담을 주어 회생절차가 순조롭게 진행되는 것을 막을 우려가 있기 때문이다. 따라서 시간적 범위의 제한은 회생제도의 목적을 달성하기 위하여 불가피한 것이고 공공의 복리를 위하여 헌법상 허용된 필요하고도 합리적인 제한이라 할 것이므로, 과잉금지의 원칙에 위반하여 재산권의 본질적 내용을 침해하거나, 평등권 등 여타 기본권을 침해하는 것이라고 볼 수 없다(헌법재판소 2002. 10. 31. 선고 2001헌바59 전원재판부 결정 참조).

93) 예컨대 공동불법행위로 인한 손해배상책임의 원인은 회생절차 개시 이전에 존재하였지만, 구상금채권은 회생계획안 심리를 위한 관계인집회가 끝나거나 회생계획안을 제240조에 의한 서면결의에 부친다는 결정이 있은 후 발생한 경우[그 이전에는 손해배상책임의 부담 여부가 확정되지 아니하여 장래의 구상금채권의 취득을 예상하기 곤란하였다](대법원 2016. 11. 25. 선고 2014다82439 판결 참조).

94) 대법원 2018. 7. 24. 선고 2015다56789 판결, 대법원 2016. 11. 25. 선고 2014다82439 판결, 대법원 2012. 2. 13. 자 2011그256 결정 등 및 아래 ⟨라.⟩ 참조. 위 2014다 82439 판결 사안은 수도권매립지관리공사의 손해배상채권과 원고의 구상금채권은 그 채권발생의 기초가 되는 사실(공사)이 회생절차개시 전에 이루어지기는 하였으나, 하자가 최초로 확인된 된 시점은 회생절차개시 이후 회생계획안 심리를 위한 관계인집회가 개최되기 이전이고, 하자로 인한 손해가 확정된 시점 즉, 민사적으로 채권이 발생된 시점은 위 관계인집회가 종료되어 회생계획이 인가된 이후이

할 수 없었던 채권자를 보호하기 위한 것이므로 신고기한은 제152조 제1항을 유추하여 그 사유가 끝난 후 1개월 이내에 하여야 한다.[95]

(2) 한편 ③의 경우 채무자의 행위가 회생계획안 심리를 위한 관계인집회가 끝난 후 또는 제240조에 의한 서면결의에 부친다는 결정이 있은 후에 부인되었다면, 상대방은 부인된 날로부터 1월 이내에 추후 보완 신고를 할 수 있다(제109조 제2항).[96] 여기서 '부인된 날'은 부인소송이 확정된 날을 의미한다고 보아야 할 것이다. 제109조는 부인권의 확정을 부활될 채권발생의 기본전제로 하고 있고, 부인권의 존부에 대한 판단 역시 실체관계에 대한 정확한 인식과 법률적용 등이 수반되기 때문에 권리관계의 불확실성을 동일한 기준에 의하여 확정하여야 하기 때문이다.[97]

나. 특별조사기일의 지정

회생채권 또는 회생담보권에 대하여 추후 보완 신고가 있는 경우 그에 대한 채권조사를 실시하기 위하여는 특별조사기일을 지정하여야 한다. 특별조사기일을 진행하는 필요한 비용은 추후 보완 신고한 회생채권자 등의 부담으로 한다(제162조). 법원은 특별조사기일에서 조사의 대상이 되는 회생채권 또는 회생담보권을 갖고 있는 자에게 기간을 정하여 그 조사비용의 예납을 명할 수 있다.[98] 법원은 회생채권자 또는 회생담보권자가 비용예납을 명받고도 정해진 기간 내에 조사비용을 납부하지 아니한 경우에는 그 권리에 관한 신고를 각하할 수 있다(규칙 제64조).

그런데 추후 보완 신고가 있는 경우 항상 특별조사기일을 열어야 하는가.[99] 이는 위 가.항의 ①사유에서 회생채권자 등이 '그 책임질 수 없는 사유'를 소명하지 못한 경우 어떻게 처리하여야 하는가의 문제와 직결된다. 회생채권 등을 추후 보완 신고한 경우 회생채권자 등은 그 신고서에 신고기간 내에 신고를 할 수 없었던 사유를 기재하도록 하고 있는 점(규칙 제57조 제1항), 특별조사기일에 소요되는 비용을 납입하지 않는 경우 그 권리에 관한 신고를 각하할 수

다. 그 발생 등 경위에 비추어 볼 때, 원고가 채권신고기간 내 또는 추후보완신고 기한 내에 그 채권을 신고하여 회생절차에 참가하는 것은 사실상 불가능한 상황이었다.

95) 대법원 2016. 11. 25. 선고 2014다82439 판결.

96) 변제행위가 부인되는 것은 회생절차개시 후이기 때문에 부활하는 채권이 회생채권일 경우 회생채권을 행사할 수 없을 우려가 있다. 그래서 이러한 우려를 없애기 위해 제152조 제3항의 규정에 불구하고 부인된 날로부터 1개월 이내에 추후 보완신고를 할 수 있도록 한 것이다. 채권자로서는 예비적 신고를 하여 권리보전을 도모하는 것이 안전할 것이다(본서 491쪽 이하 참조).

97) 회생사건실무(상), 373쪽.

98) 실무적으로 특별조사기일은 회생계획안 심리를 위한 관계인집회와 병합하여 진행되는 경우가 많고, 비용도 소액이며, 예납으로 인한 절차지연을 피하기 위하여 비용예납을 명하지 않고 있다. 반면 파산절차의 경우에는 특별조사기일에 관한 비용의 예납을 명하고 있다(본서 1549쪽). 이는 회생절차의 경우 추후보완신고에 일정한 제한이 있지만, 파산절차의 경우는 책임의 귀책사유를 묻지 않고 사실상 언제든지 채권신고를 할 수 있고 이로 인하여 채권신고가 지연되는 문제가 있다. 따라서 안이한 채권신고를 억제하기 위하여 파산절차에서는 특별조사기일에 관한 비용의 예납을 명하고 있다.

99) 실무적으로 회생채권으로 벌금·조세 등 청구권만이 추완신고된 경우가 있다. 이 경우 위와 같은 회생채권은 채권조사의 대상이 아니므로 특별조사기일을 지정할 필요가 없다.

있는 점(규칙 제64조 제2항) 등을 고려하면, 회생채권자 등이 추후 보완 신고를 하면서 '그 책임질 수 없는 사유'를 소명하지 못한 경우에는 그 권리에 관한 신고를 각하하여야 할 것이다.[100]

한편 특별조사기일에서는 추완신고의 요건을 심리한 다음 신고의 적법 여부에 따라 각하결정을 하거나[101] 회생채권으로서 조사절차를 거쳐야 한다. 그런데 일단 회생법원이 위 추완신고가 적법하다고 판단하여 특별조사기일을 열어 추완신고된 채권에 대한 조사절차까지 마친 경우에는, 채무자회생법에서 정한 신고의 추후 보완 요건을 구비하지 않았다는 것을 사유로 하는 이의는 허용되지 않는다고 봄이 타당하다. 또한 이후에 제기된 회생채권의 조사확정재판이나 조사확정재판에 대한 이의의 소에서도 관리인이나 이해관계인은 새삼스럽게 추후 보완신고의 적법 여부를 다툴 수 없다.[102]

다. 신고기간 경과 후에 발생된 회생채권의 처리

(1) 부인권 행사의 경우

채무자의 행위가 부인되는 경우에 상대방이 받은 급부가 반환되거나 그 가액이 상환된 때에는 상대방의 채권은 원상으로 회복되어 회생채권으로 취급된다(제109조 제1항). 이 경우 채권자로서는 회생계획안 심리를 위한 관계인집회가 끝나기 전까지 또는 제240조에 의하여 서면결의에 부친다는 결정이 있기 전까지는 제152조에 의하여 추후 보완신고를 하여 회생절차에 참가할 수 있다. 이 경우의 처리는 추후 보완 신고된 일반 회생채권 등에 대한 것과 동일하다(제162조).

그러나 회생계획안 심리를 위한 관계인집회가 끝난 후 또는 제240조에 의하여 서면결의에 부친다는 결정이 있은 후에 부인된 경우는 상대방은 부인된 날부터 1월 이내에 신고를 추후 보완할 수 있다(제109조 제2항). 여기서 '부인된 경우'란 부인의 소, 부인의 청구 등 재판이 확정된 때를 말한다. 상대방은 추후 보완 신고를 함과 동시에 또는 늦어도 관리인이 시·부인을 하기 전까지 자신이 받은 급부를 반환하거나 그 가액을 상환하여야만 채권이 부활하므로(제109조 제1항), 만일 이 때까지 상대방이 급부의 반환 또는 가액상환을 하지 않은 경우 관리인은 특별조사기일에서 추후 보완 신고된 채권에 대하여 부인하여야 한다. 이 경우 상대방은 1개월 이내에 채권조사확정재판을 신청하고, 그 재판이 확정되기 전에 급부의 반환 또는 가액의 상

---

100) 채권신고 각하결정 주문: 이 사건 회생채권(회생담보권) 추후 보완신고(접수번호 ○○○번)를 각하한다. 채권신고 각하결정에 대하여는 즉시항고가 허용되지 않으므로(제13조 제1항) 특별항고만이 가능하다(민소법 제449조).

101) 추후 보완신고 각하결정에 대하여 특별항고가 있어 대법원에 계속 중인 경우에 회생절차가 종결되면, 특별항고인은 더 이상 특별항고로 불복할 이익이 없어 부적법하다(대법원 2020. 8. 20. 자 2019그534 결정).

102) 대법원 2018. 7. 24. 선고 2015다56789 판결(☞ 피고가 회생계획안 심리를 위한 관계인집회 이후에 회생채무자에 대한 채권이 존재한다고 주장하면서 이를 추완신고하였고, 회생법원이 위 신고를 각하하지 않고 특별조사기일을 열었으며 위 기일에서 채무자 관리인이 피고의 추완신고에 대해 이의를 진술하자 피고가 채무자 관리인을 상대로 위 이의 제기일로부터 1월 이내에 회생채권조사확정재판을 신청한 경우, 회생법원에 의해 특별조사기일이 열려 추완신고된 채권에 대한 조사절차까지 마쳤다면 채권조사확정의 재판에서는 추완신고의 적법성, 즉 추후 보완 요건을 구비하지 않았다는 사유를 들어 다툴 수 없다고 보아 상고기각한 사안임), 대법원 1999. 7. 26. 자 99마2081 결정, 대법원 1990. 10. 23. 선고 90다카19906 판결 참조.

환을 하여야 한다. 한편 회생계획안에는 이와 같이 부인권을 행사당한 상대방이 채권신고를 추후 보완하는 경우에 대비하여 적당한 조치를 정하여야 한다(제197조 제2항).

(2) 쌍방미이행 쌍무계약 해제(해지)의 경우

관리인이 쌍방미이행 쌍무계약을 해제(해지)한 경우 상대방이 취득하는 손해배상채권은 그것이 회생절차개시 후에 발생한 것이라도 회생채권으로 취급된다(제121조 제1항). 관리인이 신고기간 경과 후에 쌍무계약을 해제(해지)한 경우에는 그 채권자는 권리발생 후 1개월 내에 채권신고를 하여야 한다(제152조 제2항). 이 경우 처리는 추후 보완 신고된 일반 회생채권 등에 대한 것과 동일하다(제162조). 그러나 회생계획안 심리를 위한 관계인집회가 종료된 후 또는 제240조에 의한 서면결의에 부친다는 결정이 있은 뒤에는 더 이상 쌍방미이행 쌍무계약의 해제(해지)에 관한 제119조를 이유로 해제(해지)권을 행사하지 못한다(제119조 단서). 만일 이 때에도 관리인의 해제(해지)권 행사를 허용한다면, 해제(해지)의 상대방은 그로 인한 손해배상채권을 취득하면서도 추후 보완신고기간이 만료되어 더 이상 추후 보완신고를 할 방법이 없게 되고, 따라서 상대방이 취득한 손해배상채권은 실권되는 불이익을 입게 되기 때문이다.

라. 회생계획안 심리를 위한 관계인집회 종료 후 또는 제240조에 의한 서면결의에 부친다는 결정이 있은 후의 보완신고의 처리

(1) 회생계획안에 대한 심리가 종료되거나 제240조에 의한 서면결의에 부친다는 결정이 있은 후에 신고된 채권은 이를 회생계획안에 반영시킬 방법이 없기 때문에 위 기한이 경과한 후의 추후 보완신고는 원칙적으로 허용되지 않는다(제152조 제3항). 이러한 신고에 대하여는 부적법한 신고로서 각하하여야 한다.

(2) 다만 제152조 제3항에도 불구하고 아래와 같이 일정한 사유가 있는 때에는 추후보완신고의 기한이 도과된 이후 회생채권 등의 추후보완신고가 예외적으로 허용된다.

(가) 회생절차에서 회생채권자가 회생절차의 개시사실 및 회생채권 등의 신고기간 등에 관하여 개별적인 통지를 받지 못하는 등으로 회생절차에 관하여 알지 못함으로써 회생계획안 심리를 위한 관계인집회가 끝날 때까지 채권신고를 하지 못하고, 관리인이 그 회생채권의 존재 또는 그러한 회생채권이 주장되는 사실을 알고 있거나 이를 쉽게 알 수 있었음에도 회생채권자 목록에 기재하지 아니한 경우에는, 회생채권자는 회생계획안 심리를 위한 관계인집회가 끝난 후에도 회생절차에 관하여 알게 된 날로부터 1개월 이내에 회생채권의 신고를 보완할 수 있다.[103][104] 위와 같은 경우에도 회생계획의 인가결정에 의하여 회생채권이 실권되고 회생

---

103) 이를 전제로 회생계획안 심리를 위한 관계인집회가 종료된 이후, 나아가 회생계획인가결정 이후에도 추완신고를 허용하는 경우 절차상의 부담이 있다. 그러나 그러한 절차상의 부담이 권리를 상실하는 채권자의 불이익과 비교하여 감내할 수 없는 정도의 것이라고 보기는 어렵다. ① 회생계획안 심리를 위한 관계인집회의 종료 이후 회생계획안 결의를 위한 관계인집회가 열리기 이전에 채권자가 추완신고를 하는 경우 법원은 특별조사기일을 정하고, 관리인에 대하여 추완신고가 시인되는 경우를 대비한 조항을 반영하는 내용으로 회생계획안을 수정하는 '수정명령'을 한 뒤(제229조), 수정되어 제출된 회생계획안을 심리하기 위하여 회생계획안 심리를 위한 관계인집회를 재개하여 위 특

채권의 신고를 보완할 수 없다고 하면, 회생채권자로 하여금 회생절차에 참가하여 자신의 권리의 실권 여부에 관하여 대응할 수 있는 최소한의 절차적 기회를 박탈하는 것으로서 헌법상의 적법절차 원리 및 과잉금지 원칙에 반하여 재산권을 침해하는 것으로 허용될 수 없기 때문이다.[105]

(나) 또한 회생법원이 정한 회생채권의 신고기간이 경과할 때까지는 물론 관계인집회가 끝나거나 서면결의 결정이 되어 더 이상 제152조에 따른 추후보완 신고를 할 수 없는 때까지도 손해배상책임의 부담 여부가 확정되지 아니한 경우에는, 미리 장래의 구상금채권 취득을 예상하여 회생채권 신고를 할 것을 기대하기 곤란한 경우가 있다. 만약 그러한 경우까지도 신고기간 내에 회생채권 신고를 하지 않았다고 하여 무조건 실권된다고 하면 이는 국민의 재산권을 기본권으로 보장한 헌법정신에 배치된다. 그러므로 공동불법행위로 인한 손해배상책임의 원인은 회생절차 개시 이전에 이미 존재하였지만 구상금채권은 관계인집회가 끝나거나 서면결의 결정이 있은 후에 발생하였고, 나아가 공동불법행위의 시점 및 공동불법행위자들의 관계, 구상금채권 발생의 직접적 원인인 변제 기타 출재의 경위, 공동불법행위자들 사이의 내부적 구상관계 발생에 대한 예견가능성, 공동불법행위로 인한 손해배상채무가 구체화된 시점과 구상금채권이 성립한 시점 사이의 시간 간격 등 제반 사정에 비추어 구상금채권자가 회생법원이 정한 신고기간 내에 장래에 행사할 가능성이 있는 구상권을 신고하는 등으로 회생절차에 참가할 것을 기대할 수 없는 사유가 있는 때에는, 제152조 제3항에도 불구하고 회생채권 신고를 보완하는 것이 허용되어야 한다. 이는 책임질 수 없는 사유로 회생채권신고를 할 수 없었던 채권

별조사기일 및 회생계획안 결의를 위한 관계인집회를 병합하여 진행하면 된다. ② 만약 회생계획인가결정이 이루어진 이후에 채권자가 추완신고를 한 경우라면 역시 법원은 특별조사기일을 정하고, 해당 채권이 확정되면 관계인집회를 통한 회생계획변경절차를 거치면 된다. ③ 나아가 위와 같은 회생계획안의 수정 또는 회생계획의 변경절차를 거치지 않고 절차 보장을 받지 못한 회생채권의 추완신고를 대비하여 미리 당초의 회생계획을 마련할 때 그 처리방법에 관한 조항을 두는 방법도 생각할 수 있다.

문제는 회생절차가 종결된 이후에는 어떻게 처리해야 하는가이다. 회생절차가 종결되었기 때문에 채권자는 더 이상 추완신고를 할 수 없다(회생절차종결 이후에도 회생사건이 계속되었던 회생법원에 추완신고를 할 수 있다는 견해도 있을 수 있다). 이 경우 채권자는 채무자를 상대로 통상적인 이행소송을 제기할 수밖에 없을 것이다(대법원 2021. 12. 30. 선고 2020다245033 판결, 대법원 2020. 9. 3. 선고 2015다236028(본소),2015다236035(반소) 판결, 대법원 2020. 8. 20. 자 2019그534 결정, 대법원 2008. 6. 26. 선고 2006다77197 판결 참조). 이행소송을 제기한다는 것은 채권신고를 하지 않았더라도 회생계획인가결정으로 해당 채권이 실권되지 않았다는 것을 전제로 하는 것이다. 소송에서 승소한 경우 회생계획에 미확정채권에 관한 변제규정이 있으면 그에 따라 변제받으면 되고, 규정이 없으면 가장 유사한 채권의 변제방법에 따라 변제를 받아야 할 것이다. 다만 회생절차가 종결된 이후에도 그 책임을 질 수 없는 사유로 인하여 신고기간 안에 신고를 할 수 없었던 회생채권자를 보호하기 위하여 회생채권자가 회생채권 신고의 보완에 준하는 권리를 행사할 수 있다고 하더라도, 회생절차가 종결되기 전의 회생채권자와 회생절차가 종결된 이후의 회생채권자에 대하여 회생채권 신고기간에 관한 보호의 정도를 달리할 이유가 없는 점을 고려하면, 회생절차가 종결되어 회생채권자가 회생채권 신고의 보완에 준하는 권리를 행사하는 때에도 제152조 제1항을 유추 적용하여 그 사유가 끝난 후 1개월 이내에 그 권리를 행사할 수 있다고 봄이 타당하다{서울남부지방법원 2019. 11. 28. 선고 2019나52100 판결(상고 – 대법원 2020다201279, 2020. 4. 9. 심리불속행기각되어 확정) 참조}.

104) 이로 인해 회생절차의 조기종결이 어려워질 수 있다. 회생계획인가결정 이후에 추완신고가 될 경우 특별조사기일을 열어야 하는 경우가 계속 발생할 수 있기 때문이다. 또한 법원은 회생절차를 종결하기에 앞서 반드시 추완신고된 채권이 있는지 여부를 확인하여야 할 것이다. 종결 이후에는 특별조사기일을 개최할 방법이 없기 때문이다.

105) 대법원 2023. 8. 18. 선고 2022다291009 판결, 대법원 2014. 9. 4. 선고 2013다29448 판결, 대법원 2012. 2. 13. 자 2011그256 결정.

자를 보호하기 위한 것이므로 그 신고 기한은 제152조 제1항을 유추하여 그 사유가 끝난 후 1개월 이내에 하여야 한다고 볼 것이다.[106]

3. 주식·출자지분의 추가 신고

주주·지분권자가 회생절차에 참가하기 위해서는 관리인이 작성하여 제출하는 주주·지분권자의 목록에 기재되어 있거나, 스스로 법원이 정한 신고기간 내에 주식·출자지분의 신고를 하여야 한다(제150조 제1항). 법원은 상당하다고 인정하는 때에는 신고기간이 경과한 후 다시 기간을 정하여 주식·출자지분의 추가신고를 하게 할 수 있다.[107] 이 경우 법원은 그 뜻을 공고하고, 관리인, 채무자, 알고 있는 주주·지분권자로서 신고를 하지 아니한 자에게 그 뜻을 기재한 서면을 송달하여야 한다(제155조 제1항).

주식·출자지분의 추가신고를 허용하는 취지는 관리인에 의하여 주주·지분권자의 목록에 기재되지 않았음에도 정해진 신고기간 내에 신고를 하지 못한 주주·지분권자의 의결권을 보장하고, 아울러 목록에 기재되어 있거나 신고된 주식·출자지분이 거래되어 의결권 행사 당시의 주주·지분권자가 신고명의자와 달라지는 경우를 구제하기 위한 것이다.[108] 이러한 점에서 신고기간 내에 신고하지 않은 회생채권·회생담보권이 회생계획인가로 실체적으로 실권되는 불이익을 구제하기 위한 채권의 추후보완신고제도와 다르다.

주식·출자지분의 추가신고기간의 종기에 관하여는 법률상 제한이 없다.[109] 한편 주식의 추

---

106) 대법원 2016. 11. 25. 선고 2014다82439 판결(☞ 1. 공사 과정에서 설계, 시공 등 각각의 분야를 도급받아 시행한 원·피고들의 공동불법행위가 있었고, 공사 완료 후 공동불법행위자들 중 1인에 대하여 회생절차가 개시된 다음 잠복된 하자가 표면화되어 현실적 손해가 발생하고 그 후 원고가 배상의무를 이행함으로써 비로소 구상금채권을 취득한 경우, 채권발생의 주요한 원인은 공사과정의 공동불법행위라고 할 것이어서 특별한 사정이 없는 한 그 주요한 발생원인이 회생절차 개시 이전에 이미 갖추어져 있었다고 보아야 하므로 원고의 구상금채권은 회생채권에 해당한다고 볼 사유가 있고, 2. 나아가, 원고와 회생채무자 등은 이 사건 공사에 관하여 설계와 시공 등 각각 별도 분야의 도급을 받아 용역을 수행하였는데, 각자 담당한 수급 분야에 잠복된 하자가 존재하였다는 예기치 못한 사정으로 공동불법행위책임을 부담하게 되었을 뿐 사전에 공동불법행위로 인한 부진정연대책임을 지게 되리라고 예상할 수 있는 상황이 아니었고, 회생절차 개시 이후에 비로소 잠복된 하자와 손해가 현실화되어 손해배상소송이 제기됨에 따라 책임의 존부와 범위가 다투어졌으며, 그 사이에 회생절차에서 회생계획안이 관계인집회 등의 절차를 거쳐 인가되기에 이르렀고, 그 이후에 원고가 배상금을 지급함에 따라 공동 면책이 되었다는 등의 사정에 비추어 볼 때, 원고가 위 회생사건의 관계인집회가 끝나기 전이나 서면결의 결정이 있기 전에 장래에 행사할 가능성이 있는 구상권을 주장하면서 회생절차에 참가할 것을 기대하기는 어렵다고 볼 여지가 상당하므로[추후보완신고의 기한이 지났지만 예외적으로 추후보완신고가 허용될 수 있다는 취지], 원심으로서는 원고의 구상금채권의 법적 성격, 그 행사 방법 등을 살펴 소의 적법 여부를 우선적으로 판단하였어야 한다고 하여 원심판결을 일부 파기한 사례 ⇒ 결론적으로 회생절차에서 추후보완신고를 하여야 하므로 소제기는 부적법하여 각하하여야 함).

107) 실무상으로는 회생절차의 개시 당시 채무자의 부채총액이 자산총액을 초과하는 경우가 대부분이어서 주주, 지분권자는 의결권을 가질 수 없고(제146조 제3항), 주주, 지분권자가 그 신고를 하지 않더라도 절대적으로 실권되는 것은 아니므로 주주, 지분권자가 주식, 출자지분을 신고할 유인이 크지 않다. 따라서 법원이 주식, 출자지분의 추가신고기간을 지정해야 할 필요도 거의 없을 것이다. 하지만 주주, 지분권자의 의결권행사가 가능한 경우(자산이 부채를 초과한 경우)에 그들의 총의를 수렴할 수 있도록 추가신고를 희망하는 경우에는 허용하는 것이 좋을 것이다.

108) 회생사건실무(상), 560쪽.

109) 신고기간 내에 신고된 주식 또는 출자지분에 대한 조사절차를 규정하고 있지 않으면서도(주식 또는 출자지분은 조사대상이 아니다), 추후 보완 신고된 주식 또는 출자지분에 대하여 특별조사기일에 관한 규정을 준용하도록 하고 있다(제155조 제2항, 제162조). 입법의 오류로 보인다.

가신고에 관하여는 주주명부 폐쇄에 관한 규정(제150조 제2항)을 준용하고 있지 않지만, 신고기간 내 주식의 신고와 신고기간 후 주식의 추가신고의 절차를 달리 취급할 이유가 없으므로 주식의 추가신고의 경우에도 주주명부를 폐쇄할 수 있다고 할 것이다. 주주명부 폐쇄에 관한 내용은 〈 I . 1. 다. (2)〉(본서 728쪽)를 참조할 것.

4. 신고의 변경과 취하

가. 신고의 변경

신고한 사항의 변경에 관한 취급은 그것이 다른 회생채권자 등의 이익을 해하는 내용인지에 따라 구분하여 취급된다.

(1) 신고한 사항의 변경이 다른 회생채권자 등의 이익을 해하는 경우

회생채권 등의 액을 증액하는 등 다른 회생채권자 또는 회생담보권자의 이익을 해하는 내용으로 변경하는 경우에는, 실질적으로 새로운 회생채권 등을 신고하는 것과 마찬가지이므로, 회생채권 등의 신고기간 내라면 특별한 제한을 받지 않지만, 신고기간 경과 후라면 위 <2.> 에서 설명한 추후보완신고에 따른 제한을 받는다(제152조 제4항). 즉 신고한 회생채권자 등이 책임질 수 없는 사유가 있은 때에 한하여 그 사유가 끝난 후 1월 이내에 변경신고가 가능하다. 이때에도 신고채권자는 신고서에 변경의 내용 및 원인과 함께 신고기간 내에 신고를 할 수 없었던 사유 및 그 사유가 끝난 때를 기재하여야 한다(규칙 제57조 제2항).

(2) 신고한 사항의 변경이 다른 회생채권자 등의 이익을 해하지 않은 경우

신고기간 내에는 자유롭게 변경할 수 있다. 신고한 사항의 변경이 다른 회생채권자 등의 이익을 해하지 않은 경우는 다시 신고명의의 변경과 회생채권 등의 내용 변경으로 나눌 수 있다. 신고명의의 변경은 귀속주체의 변경이라고도 한다.

(가) 신고명의의 변경[110]

1) 회생채권 등의 취득(이전)

회생채권자 등 목록에 기재 되어 있거나 회생채권 등의 신고가 있은 후 회생채권 등을 취득한 자(양도, 상속, 합병·분할, 변제에 의한 대위 등)는 신고기간의 전후를 불문하고 증거서류를

[110) **채권 전액의 대위변제에 따른 신고명의의 변경신고** 채권자가 주된 채무자의 회생절차에서 채권 전액을 신고한 후, 그 채권 전액을 대위변제한 보증인 등은 신고명의의 변경을 할 수 있다. 이 경우 보증인 등은 채권자가 한 신고에 의한 시효중단효력을 누릴 수 있다. 나아가 이러한 변경신고에 의해 대위변제로 보증인 등이 취득한 구상권 전부에 관하여도 시효중단의 효력이 있다고 보아야 할 것이다. 구상권 자체가 회생절차에서 행사된 것은 아니지만, 신고명의의 변경은 구상권의 행사로 평가될 수 있기 때문이다.

물론 보증인 등은 신고명의의 변경신고를 하지 아니하고, 구상권 자체를 신고할 수도 있다. 신고기간 경과 후 대위변제한 경우, 구상권은 제153조 제1항에서 말하는 신고기간이 경과한 후에 생긴 회생채권에 해당하고, 권리가 발생한 후 1월 이내에 신고를 하여야 한다.

첨부하여 신고명의의 변경을 신청할 수 있다(제154조 제1항).[111] 일부취득(이전)도 있을 수 있다.

2) 변경신고시기

신고금액에 변경이 없는 한 회생계획을 작성하는데 지장이 없기 때문에 신고기간 경과 후에도 명의변경의 신고를 할 수 있다. 그러나 신고명의의 변경은 회생계획이 인가되기 전까지만 가능하고[112] 인가 이후에는 신고명의의 변경절차가 마련되어 있지 않다. 따라서 회생계획인가 이후에 권리를 양수한 자로서는 일반 민사법리에 따라 관리인에 대하여 권리의 이전을 증명하거나 대항요건을 갖추어 권리를 행사하여야 한다.[113] 회생계획인가 이후에는 회생채권자로서 회생계획변경신청권(제282조 제1항)도 그 증명에 의하여 새로운 채권자가 행사할 수 있다고 할 것이다.

3) 증거서류 등의 제출

명의변경을 하고자 하는 자는 ① 명칭 및 주소, ② 취득한 권리와 그 취득의 일시 및 원인을 법원에 신고하고 증거서류 또는 그 등본이나 초본을 제출하여야 한다(제154조 제2항). 실무적으로는 위 사항을 기재한 '신고명의변경신고서'를 법원에 제출한다.

4) 변경신고의 효과

명의변경신고가 접수되어야 비로소 새로운 채권자는 회생절차에서 권리를 행사할 수 있다. 신고를 하지 않는 동안 채권이전의 효력이 실체법상으로 발생하였다고 하여도, 의결권 등 절차상의 권리를 행사할 수는 없다. 법원은 기존 채권자에게 의결권을 행사하게 할 수밖에 없다. 실체법상의 권리를 갖지 않는 기존 채권자의 의사에 의해, 권리변경이 이루어진다고 하여도 부득이하다.

권리변경 후 변제는 어떻게 하여야 하는가. 관리인이 명의변경의 신고가 없었다는 것을 이유로, 실체법상의 채권이전이 발생하고 대항요건을 갖춘 것을 알면서도, 기존 채권자에게 변제하여야 하는가. 변제는 회생계획인가 후 실체법상 행하여지는 것이므로 명의변경이 없다고 하여도, 새로운 채권자에게 변제하여야 할 것이다.

(나) 내용의 변경

회생채권 등의 내용 변경 중 채권 등의 소멸이나 감액은 실질적으로 회생채권 등 신고의 전부 또는 일부의 취하로 볼 수 있지만, 절차적으로는 신고를 한 회생채권자 등이 그 뜻을 법원에 신고하여야 할 것이다. 또한 관리인은 신고사항에 대하여 변경이 발생한 것을 알게 된 경우에는 그 변경의 내용 및 원인을 법원에 신고하여야 할 것이다.

---

111) 파산절차에도 같은 취지의 규정이 있다(규칙 제76조). 〈**제3편 제7장 제1절 Ⅰ.4.가.(2)**〉(본서 1539쪽)를 참조할 것.

112) 회생채권 등은 회생계획인가결정에 의해 회생계획에 따라 변경되고(제252조 제1항), 이로써 권리변경에 관한 법원의 절차는 완료되므로 더 이상 명의변경은 필요 없기 때문이다.

113) 대법원 2003. 9. 26. 선고 2002다62715 판결. 강제집행 등이 필요한 경우에는 민사소송에서 판결확정 후 채권양도 등을 한 경우와 마찬가지로 승계집행문의 부여에 의하면 된다.

나. 신고의 취하

채권신고의 취하는 회생절차참가를 철회한다는 취지의 법원에 대한 의사표시이다. 취하의 효력은 시기에 따라 구별된다.

(1) 회생채권 확정 전 취하

회생채권 확정 전 취하는 처음부터 채권신고가 없는 것으로 본다. 따라서 시효의 중단효력이 인정되지 않는다(제32조 제1호 단서). 이는 실체법상의 권리의 포기와 구별되는 것이므로 기간제한 등의 요건이 충족된다면 다시 신고하는 것은 가능하다.[114]

(2) 회생채권 확정 후 취하

이에 대하여 회생채권 확정 후 취하에 대하여는 견해의 대립이 있을 수 있지만, 채권신고에 의하여 결과적으로 확정판결과 동일한 효력이 발생하고 절차상의 안정성을 해할 우려가 있다는 점에서 취하의 효력이 인정되기 어렵다고 할 것이다. 이를 전제로 취하의 의사표시를 장래 회생계획에 따른 변제를 포기하는 것으로 구성한다면 그 효력까지 부정할 이유는 없다. 물론 다시 신고하는 것은 허용되지 않고, 포기되어도 이미 수령한 변제금원은 반환할 필요가 없다. 신고가 가지는 시효중단의 효력도 포기에 의하여 영향을 받지 않고, 확정된 때로부터 새로운 시효기간이 진행된다(민법 제178조).

5. 회생채권자표, 회생담보권자표, 주주 · 지분권자표의 작성

법원사무관 등은 회생채권 등의 신고기간이 종료된 후 지체 없이[115] 목록에 기재되거나 신고된 회생채권, 회생담보권, 주식 또는 출자지분에 대하여 회생채권자표, 회생담보권자표, 주주 · 지분권자표를 작성하여야 한다(제158조, 규칙 제60조 제1항). 구체적으로 권리의 성질에 따라 분류하여 ① 회생채권자표에는 회생채권자의 성명과 주소, 회생채권의 내용과 원인, 의결권의 액수, 일반의 우선권이 있는 채권이 있는 때에는 그 뜻, 제118조 제2호 내지 제4호의 규정에 의한 회생채권일 때에는 그 뜻 및 액수, 집행력 있는 집행권원 또는 종국판결이 있는 회생채권일 때에는 그 뜻을, ② 회생담보권자표에는 회생담보권자의 성명과 주소, 회생담보권의 내용 및 원인, 담보권의 목적 및 그 가액, 채무자 외의 자가 채무자인 때에는 그 성명 및 주소, 의결권의 액수, 집행력 있는 집행권원 또는 종국판결이 있는 회생담보권일 때에는 그 뜻을, ③ 주주 · 지분권자표에는 주주 · 지분권자의 성명 및 주소, 주식 또는 출자지분의 종류와 수 또는

---

114) 신고의 취하에 관리인 등의 동의가 필요한가. 관리인이 인부서를 제출하고, 다른 회생채권자 등이 채권조사절차에서 이의를 한 경우에는, 이들의 동의가 필요하다고 생각되지만(제33조, 민소법 제266조 제2항), 채권신고기간 경과 후에는 추후 보완신고가 제한되므로(제152조 제1항) 취하에 대하여 동의까지 요구할 필요는 없다(會社更生法, 504쪽 각주 16)).
115) 실무적으로 신고기간이 종료된 후부터 작성하기 시작하여 조사기간 종료 후 시 · 부인표가 제출된 경우(1단계), 추완 회생채권 등에 대한 시 · 부인표가 제출된 경우(2단계), 회생계획인가 또는 회생절차가 폐지된 경우(3단계)에 단계별로 내용을 작성하고 최종적으로 확인 후 제본하고 있다.

액수를 각 기재하여야 한다(제158조, 규칙 제60조 제2항).

법원사무관 등은 회생채권자표 등을 작성한 후 관리인에게 그 등본을 교부하여야 한다(제159조).

작성의 주체는 법원사무관 등이다. 회생채권자표 등을 작성하는 목적은 채권조사의 대상이나 조사결과를 명확히 하여, 의결권 행사나 회생계획안 작성의 자료로 되게 하고, 확정채권에 대하여는 회생채권자에 대하여 확정력을 부여하며, 회생채무자에 대하여는 집행력을 부여한다는 데에 있다. 회생계획인가 전(회생절차가 폐지된 경우 폐지 시까지) 채권신고나 조사 내용을 비롯해 권리관계의 변동이 있는 경우 그 내용을 모두 기재한다. 회생계획인가 후의 권리변동은 원칙적으로 회생채권자표 등에 첨부된 회생계획에 따르기 때문에 별도로 기재할 필요가 없지만, 회생채권 등 확정에 관한 소송결과의 기재신청이 있는 경우에는 이를 기재한다. 회생채권 등 신고기간이 종료되기 전에 회생절차개시신청취하, 회생절차개시신청기각 등이 된 경우에는 회생채권자표 등을 작성할 필요가 없으나, 신고기간이 경과한 이후에는 회생절차가 폐지된 경우에도 회생채권자표 등을 작성하여야 한다.

한편 회생채권자표 등에 잘못된 계산이나 기재, 그 밖에 이와 비슷한 잘못이 있는 경우에는 법원사무관 등은 신청에 의하여 또는 직권으로 경정할 수 있다고 할 것이다.[116] 그 이유는 오류가 있는 경우에는 해당 기재를 적절하고 신속하게 수정할 필요가 있고, 회생채권자표 등의 기재는 재판작용을 포함하지 않는 단순한 공증행위로서 사실의 기재에 불과하므로 법원사무관 등으로 하여금 경정할 수 있도록 하는 것이 타당하기 때문이다.[117]

또한 작성된 회생채권자표 등은 이해관계인에 의한 열람의 대상이 되므로 법원에 비치하여야 한다(제160조 제3호). 회생채권자 등의 이의권 행사의 기회를 부여하기 위해서이다.

회생채권자표 등(의 기재)과 관련한 몇 가지 쟁점

회생채권자표 등이 작성된 후 채권조사를 거쳐 회생채권 등이 확정된다. 확정된 회생채권 등이나 회생채권 등 확정절차를 거친 경우 그 소송결과를 회생채권자표 등에 기재한다. 그에 따라 회생채권자표 등(의 기재)에는 여러 가지 법률효과가 부여된다. 이와 관련한 몇 가지 쟁점을 개략적으로 살펴보기로 한다.

I. 회생채권자표, 회생담보권자표의 송달

회생채권자표, 회생담보권자표는 집행권원이다(제255조 제2항, 제292조 제2항). 한편 집행권원의 송달은 민사집행법상 강제집행개시 요건이고(민집법 제39조 제1항), 대표적인 집행권원인

---

116) 회생채권자표 등의 기재 및 경정처분에 대하여 불복이 있는 경우, 법원사무관등의 처분에 관한 이의를 신청할 수 있을 것이다(제33조, 민소법 제223조).

117) 條解 民事再生法, 527쪽. 이러한 측면에서 경정 대상인 오류가 분명한지 아닌지를 따질 필요가 없다(민소법 제211조는 오류가 분명할 것을 요구하고 있다).

판결의 경우 정본을 송달하게 되어 있으나(민소법 제210조) 회생채권자표 등의 경우 등본을 관리인에게 교부하는 것(제159조) 외엔 송달에 관하여 명시적인 규정을 두고 있지 않다. 그래서 회생채권자표 등은 송달하여야 하는지 문제되고 있다.

집행권원의 송달을 강제집행개시의 요건으로 하고 있는 것은 집행의 기본인 집행권원의 존재와 내용을 채무자에게 미리 알림으로써 채무자로 하여금 적당한 방어방법을 강구할 기회를 주기 위한 것이고 이는 회생채권자표 등의 경우에도 마찬가지인 점, 회생채권자표 등의 경우 제255조 제3항 및 제292조 제3항에서 민사집행법 제39조를 준용하고 있는 점, 집행권원의 송달을 요하지 않는다는 별도의 규정을 두고 있지 않은 점 등을 고려할 때 회생채권자표 등의 경우에도 회생채권자표 등의 송달이 강제집행개시의 요건으로 보아야 할 것이다. 따라서 회생절차가 종결되거나 폐지결정이 확정된 이후 직권으로 회생채권자표 등을 채무자에게 송달하여야 할 것이다(제33조, 민소법 제174조).[118]

Ⅱ. 회생채권자표 등 기재의 효과

1. 확정판결과 동일한 효력

확정된 회생채권 등에 관한 회생채권자표와 회생담보권자표의 기재는 회생채권자, 회생담보권자와 주주·지분권자 전원에 대하여 확정판결과 동일한 효력이 있다(제168조, 본서 772쪽). 채권조사확정재판에 대한 이의의 소가 그 결정서의 송달을 받은 날부터 1월 이내(제171조 제1항)에 제기되지 아니하거나 각하된 때에는 그 재판은 회생채권자·회생담보권자·주주·지분권자 전원에 대하여 확정판결과 동일한 효력이 있다(제176조 제2항).

전자는 회생채권자표 등의 '기재'에 확정판결과 동일한 효력이 있는 것이고(기재에 창설적 효력이 있다), 후자는 채권조사확정재판 자체에 확정판결과 동일한 효력이 있다는 점에서 차이가 있다(본서 819쪽 참조).[119]

2. 집행력

회생채권자표 등의 기재는 집행권원으로서의 효력이 있다(제255조 제2항, 제292조 제2항, 제293조).[120]

3. 주장의 제한

채권조사확정재판이나 그 이의의 소 및 제172조 제1항의 규정에 의하여 수계한 소송절차, 집

---

118) 법원실무제요 민사집행(Ⅰ)-집행총론-, 사법연수원(2020), 268쪽. 회생절차 종결 또는 폐지결정 확정 이후 채권조사확정재판 등에 의해 채권이 확정되는 경우 이에 따른 회생채권자표 등의 기재 신청이 있을 경우 이를 기재한 후 해당 회생채권자표 등을 다시 송달한다.

119) 후자의 경우에도 회생채권자표 등에 기재하지만(제175조), 그 기재는 확인적 의미만을 갖는다(본서 819쪽).

120) 집행권원이 되는 것은 '회생채권자표·회생담보권자표의 기재'인가 아니면 '회생채권자표·회생담보권자표'인가. 회생절차나 개인회생절차(제603조 제4항)에서는 후자의 것으로 규정되어 있지만, 파산절차의 경우에는 전자라고 규정하고 있다(제535조 제2항, 제548조). 집행권원이 되는 것은 '확정판결과 같은 효력을 가지는 것'이고(민집법 제56조 제5호), 확정판결과 같은(동일한) 효력을 가지는 것은 '회생채권자표·회생담보권자표의 기재'이므로 집행권원이 되는 것은 '회생채권자표·회생담보권자표의 기재'라고 보는 것이 타당하다. 판례도 같은 입장이다(대법원 2017. 5. 23. 자 2016마1256 결정 참조). 따라서 회생절차나 개인회생절차의 규정은 파산절차와 같이 개정할 필요가 있다.

행력있는 집행권원이 있는 채권 등에 대한 이의(제174조)에서 회생채권자나 회생담보권자는 회생채권자표 및 회생담보권자표에 기재한 사항만 주장할 수 있다(제173조, 제174조 제3항).

Ⅲ. 다른 집행권원과의 관계

회생계획 인가결정 후에는 제255조에 의하여 모든 권리가 변경·확정된다고 보아야 하므로, 회생채권자표와 회생담보권자표의 기재만이 집행권원이 된다.[121]

그렇다면 인가 전 폐지의 경우에는 어떠한가. 두 가지 견해가 있을 수 있다. 하나는 인가 전 폐지의 경우에는 권리의 변경·확정이 없고 집행권원이 경합할 경우 실무적으로 모든 집행권원이 유효하다고 보므로[122] 기존의 다른 집행권원도 유효하다는 견해이다. 둘은 기존의 집행권원이 있는 채권도 회생절차가 개시되면 당연히 채권신고를 거쳐 다시 확정되고, 새로운 집행권원이 당해 채권에 대한 가장 새로운 상태를 나타내는 것이므로(경우에 따라 기존 집행권원의 일부 금액을 변제하는 등으로 집행권원이 서로 다를 수 있다) 인가 전 폐지의 경우에도 회생채권자표와 회생담보권자표의 기재만이 집행권원이 된다는 견해이다. 요컨대 인가 후에는 회생채권자표 등만 집행권원이 되는 주된 이유가 인가결정으로 기존의 권리가 변경·확정된다는 점에 있는바, 인가 전에는 권리의 변경·확정이 없고, 기존의 집행권원을 무효로 할 아무런 근거가 없으므로 모든 집행권원이 유효하다는 견해가 타당하다고 본다.[123]

제3절 벌금·조세 등 청구권의 신고 및 확정

벌금 등 청구권(제140조 제1항)은 제재적 성질을 갖는 공적청구권으로 통상의 채권과 동일하게 취급할 수 없다. 또한 채무자회생법은 조세 등 청구권(제140조 제2항)을 회생채권(회생담보권)으로 취급하고 있기 때문에 조세 등 청구권도 채권신고 및 조사·확정이 문제되지만, 조세 등

---

121) 대법원 2017. 5. 23. 자 2016마1256 결정. 회생채권자표와 회생담보권자표의 기재에 의한 강제집행은 회생절차가 종결(제255조 제2항) 또는 폐지(제292조 제2항)된 후에 가능하다. 다만, 회생절차폐지 후 파산선고를 하는 경우(제6조)에는 강제집행을 할 수 없다(제292조 제2항). 따라서 인가 후 폐지된 사건의 경우 원칙적으로 직권파산을 하기 때문에 집행문을 부여해서는 안 된다.
　　집행문 부여에 대한 불복방법으로서 회생채권자표 등에 기한 집행문 부여에 대한 집행문부여의 소(민집법 제33조), 청구에 관한 이의의 소(민집법 제44조) 및 집행문부여에 대한 이의의 소(민집법 제45조)는 회생계속법원의 전속관할이다(제255조 제3항, 제292조 제3항).
122) 법원실무제요 민사집행[Ⅰ]-집행총론-, 사법연수원(2020), 199쪽. 모든 집행권원이 유효하다는 근거로 ① 구 집행권원이 당연히 실효될 이유는 없고, ② 어느 집행권원으로 집행하여도 당사자의 이해에 영향이 없으며, ③ 구 집행권원으로 집행신청을 한 경우 집행기관으로서는 신 집행권원의 존부를 알 수 없을 뿐만 아니라 집행기관으로 하여금 경합 여부를 판단하게 하는 것도 적절하지 못하다는 점을 들고 있다.
123) 원고가 채무자(피고)를 상대로 손해배상청구소송을 제기하였다. 이후 채무자에 대하여 회생절차가 개시되어 관리인이 위 소송을 수계하자 회생채권의 확정을 구하는 것으로 청구취지를 변경하였다. 원고가 승소(확정)하였고 채무자에 대하여 진행 중이던 회생절차는 인가 전에 폐지되었다. 이 경우 회생채권확정에 관한 판결은 집행권원이 아니다. 원고로서는 승소판결을 근거로 회생법원에 회생채권자표 기재신청을 한 후 회생채권자표를 집행권원으로 하여 강제집행을 하여야 한다. 물론 강제집행을 하기 위해서는 회생채권자표를 송달하고 집행문도 부여받아야 한다. 집행문 부여기관은 수소법원이 아닌 회생계속법원이다.

청구권의 특유한 성질로 인해 통상의 채권과 동일하게 취급하는 것은 적당하지 않다.

이러한 벌금 등 청구권과 조세 등 청구권은 모두 공법상의 청구권이고, 그 성질로부터 회생절차에서도 특별한 대우가 요청되어, 채무자회생법은 이들에 대한 채권신고[124] 및 확정에 있어 특별하게 취급하고 있다.[125]

Ⅰ 벌금·조세 등 청구권의 신고

벌금 등 청구권 및 조세 등 청구권을 가지고 있는 자는 지체 없이 그 액 및 원인과 담보권의 내용을 법원에 신고하여야 한다(제156조 제1항). '지체 없이 신고하여야 한다'는 취지는 회생계획안 수립에 장애가 되지 않는 시기까지, 즉 늦어도 회생계획안 심리를 위한 관계인집회 전까지는 신고되어야 한다는 의미이다.[126]

벌금·조세 등 청구권은 채권조사의 대상이 아니며, 일응 진실성이 추정되기 때문에 조사의 결과에 준하여(조사·확정절차는 거치지 않는다) 회생채권자표 또는 회생담보권자표에 기재된다(제156조 제2항, 제167조 제1항)[127]는 사실은 앞에서 본 바와 같다. 다만 회생채권자표 등의 기재에 확정판결과 동일한 효력이 인정되는 것은 타당하지 않다.[128] 왜냐하면 제156조 제2항, 제167조 제1항에 의하면 벌금·조세 등 청구권과 같은 공법상의 채권에 대하여는 일반 회생채권과 같은 조사·확정절차를 거치지 아니한 채 회생채권자표에 기재하도록 하되 다만 그러한 기재가 있었다고 하더라도 그 청구권의 원인이 조세심판·소송 등 불복의 신청을 허용하는 처분인 때에는 관리인이 여전히 채무자가 할 수 있는 방법으로 불복을 신청할 수 있도록 하고 있어서, 이 경우에는 회생채권으로 신고되어 회생채권자표에 기재되면 확정판결과 동일한 효력이 있다고 규정한 제168조나 제255조는 적용될 여지가 없기 때문이다.[129]

Ⅱ 벌금·조세 등 청구권의 확정

1. 관리인에 의한 불복

벌금·조세 등 청구권은 그 성질상 채권의 진실성이 일응 추정되기 때문에 제소책임을 이의자측에 부과하는 것이 타당하고, 또한 채권자에게 이의권을 인정하여도 적절한 행사를 기대할 수 없기 때문에 이의권은 관리인에게만 부여하는 것으로 충분하다(제157조 제1항). 회생채권

---

124) 벌금·조세 등 청구권도 회생채권이므로 관리인은 벌금·조세 등 청구권에 관한 목록을 제출하여야 한다{〈**제2절** Ⅲ.4.〉(본서 719쪽) 참조}.

125) 파산절차에서도 벌금 등 청구권에 관하여 유사한 규정이 있다(제471조, 제472조). 그러나 개인회생절차에서는 벌금·조세 등 청구권에 관하여 특례규정이 없다.

126) 대법원 2024. 6. 13. 선고 2023두63079 판결, 대법원 1980. 9. 9. 선고 80누232 판결 등 참조.

127) 회생채권자표 또는 회생담보권자표에 기재된다는 것은 그 기재에 따라 변제의 대상이 된다는 의미이다.

128) 제157조 제2항은 제176조 제2항을 준용하고 있지 않다.

129) 대법원 2000. 12. 22. 선고 99두11349 판결 참조.

자 등이나 주주에게는 이의권이 인정되지 않는다. 벌금·조세 등 청구권의 성질을 중시하여, 관리인에게 회생채권자 등이나 주주의 이익을 대표하여 이의권을 인정하고, 이의자인 관리인 측이 확정을 위한 절차를 개시하도록 하고 있다.

신고한 벌금·조세 등 청구권 중 형사소송절차에서 확정되어야 하는 벌금, 과료, 형사소송비용 및 형사추징금[130]의 청구권을 제외하고, 관리인은 신고한 벌금·조세 등 청구권의 존재나 내용에 이의가 있는 때에는 그 청구권에 대하여 통상 인정되고 있는(채무자가 할 수 있는) 행정심판, 소송(형사소송을 제외한다) 그 밖의 방법[131]에 의하여 불복을 신청할 수 있다(제157조 제1항). 벌금·조세 등 청구권에 관하여 일반의 조사확정절차를 배제한 것은 이러한 청구권은 신고 있으면 일응 진정한 권리인 것으로 추정되고, 또한 채권조사에 있어 다른 회생채권자, 회생담보권자, 주주·지분권자에게 그 성립요건이나 액의 조사를 하게 하기에는 적합하지 않기 때문이다. 관리인은 신고하지 않은 청구권에 대하여는 불복신청을 할 수 없다.[132]

회생절차개시 당시 이미 허용되는 행정심판이나 소송(형사소송을 제외한다) 그 밖의 불복방법으로 불복이 제기된 경우에는 아래에서 설명하는 중단·수계절차에 의한다. 행정심판이나 소송 등이 제기되지 않은 경우에는 통상의 채권조사확정절차에 의하여 하는 것이 아니라,[133] 관리인은 허용되는 행정심판이나 소송 그 밖의 불복방법에 의하여 불복을 신청한다(제157조 제1항, 제2항, 제174조[134] 제1항). 불복신청은 조사기간의 말일 또는 특별조사기일부터 1월 이내에 하여야 한다(제157조 제2항, 제174조 제3항).[135] 위 기간 내에 불복을 신청하지 않는 경우 관리인이 그 회생채권 또는 회생담보권을 인정한 것으로 본다(제157조 제2항, 제174조 제4항).

2. 소송절차 등의 중단·수계

(1) 신고한 벌금·조세 등 청구권에 관하여, 채무자가 불복하여 회생절차개시 당시 이미 소송이 계속되어 있는 경우가 있을 수 있다. 이러한 소송은 회생절차개시로 중단되고(제59조 제1항), 이의를 주장한 관리인은 신고한 벌금·조세 등 청구권을 보유한 회생채권자 또는 회생담보권자를 상대방으로 하여 그 소송절차를 수계하여야 한다(제156조 제2항, 제174조 제2항). 수계

---

130) 추징금에는 민사추징금도 있다(방송법 제66조 제2항, 도시개발법 제58조 제8항 등).

131) 과태료는 질서위반행위규제법에 따른 이의 또는 항고 등의 방법으로 불복한다. 다만 관리인이 과태료재판에서 당사자적격이 있다고 보기는 어려울 것이다. 관련 내용은 〈제19장 제2절 Ⅱ.1.가.(1) 각주 24)〉(본서 1138쪽)를 참조할 것.

132) 조세 등 청구권은 신고하지 않는 경우 실권되므로 문제가 없다. 벌금 등 청구권은 신고하지 않더라도 면책되지 않기 때문에 신고하지 않은 벌금 등 청구권에 관하여는 누가 불복신청을 하여야 하는가. 관리인은 불복신청을 할 수 없으므로 결국 채무자가 할 수밖에 없을 것이다.

133) 대법원 1967. 12. 5. 선고 67다2189 판결 참조.

134) 법조문은 '제172조'라고 되어 있지만, 같은 취지를 규정한 제472조 제2항에 비추어 '제174조'의 오기로 보인다. 주장의 제한에 관한 제173조도 준용하여야 할 것이다. 결국 벌금·조세 등 청구권의 불복과 관련하여서는 집행력 있는 집행권원이나 종국판결이 있는 채권에 준하여 취급하고 있다는 것을 알 수 있다.

135) 벌금·조세 등 청구권의 신고는 '지체없이' 하면 되지만, 불복신청은 조사기간 말일 또는 특별조사기일부터 1월 이내에 하여야 한다.

는 청구권자로부터 채권신고가 있다는 것을 전제로 한다. 따라서 관리인이 청구권자로부터의 채권신고가 없음에도 수계를 신청하는 것은 부적법하다. 한편 벌금, 과료, 형사소송비용 및 형사추징금은 형사소송절차에서 다투어지고 확정되는 것이기 때문에, 이러한 절차들은 포함되지 않고, 행정처분으로서의 민사추징금 및 과태료[136)]에 한하여 이의가 주장될 수 있다.

소송의 수계신청은 조사기간의 말일 또는 특별조사기일부터 1월 이내에 하여야 한다(제157조 제2항, 제174조 제3항). 위 기간 내에 수계가 행하여지지 아니한 경우 관리인이 그 회생채권 또는 회생담보권을 인정한 것으로 본다(제157조 제2항, 제174조 제4항).

(2) 신고한 벌금·조세 등 청구권에 관하여 회생절차개시 당시 행정청에 계속되어 있는 채무자의 재산에 관한 사건{조세심판(이의신청, 심사청구, 심판청구)사건 등}도 회생절차개시로 중단되고, 이의를 주장한 관리인이 수계할 수 있다(제59조 제6항).

(3) 회생절차가 종료한 때 관리인에 의한 불복절차나 관리인이 수계한 절차가 계속 중인 경우에는, 절차가 중단되고 채무자가 수계한다(제59조 제4항, 제6항).

Ⅲ 소송의 결과 등 기재 및 효력

법원사무관 등은 관리인이 제기하거나 수계한 불복신청의 결과 및 소송의 결과를 회생채권자표 및 회생담보권자표에 기재하여야 한다(제157조 제2항, 제175조).

관리인이 제기하거나 수계한 불복신청의 결과 및 소송의 결과는 회생채권자·회생담보권자·주주·지분권자 전원에 대하여 그 효력이 있다(제157조 제2항, 제176조 제1항).

---

136) 다만 관리인에게 과태료재판의 당사자적격을 인정하기 어렵다는 점은 앞에서 본 바와 같다(본서 757쪽).

제 10 장

회생채권·회생담보권의 조사 및 확정

회생채권·회생담보권의 조사 및 확정이란 회생절차에 따라 실현이 허용되는 회생채권·회생담보권의 내용을 조사하여 이해관계인 사이에 이를 확정하고 그 후 회생절차처리의 기초로 하기 위한 절차를 말한다. 회생절차에서 회생채권·회생담보권의 확정은 회생채권자 등의 만족의 단계까지를 규율하는 것은 아니고,[1] 회생계획에 의한 만족단계의 규율의 준비로서 이른바 절차상의 중간적 기준을 마련하는 것에 불과하다. 회생채권자 등이 회생절차에 의하여 받는 만족의 정도는 회생계획의 인가에 의하여 비로소 확정된다.

파산절차에서 채권의 확정은 필수적이다. 파산채권자 사이에 각각의 몫을 정하는 비율의 계산에 있어 기초가 되는 각 채권액을 확정하고, 파산채권자 사이에서는 더 이상 다툴 수 없는 것으로 하여야 파산재단의 분배(배당)가 확정적 효력을 가질 수 있고, 결국 청산의 목적을 달성할 수 있다. 반면 회생절차에서는 다수결에 의한 채권자의 합의에 의하여 회생채권자 등의 권리변경의 내용을 도출하기 때문에 반드시 각 채권자의 권리내용을 엄밀히 확정하여 둘 필요는 없다. 최소한 다수결로 결정할 경우의 의결권만을 확정하여 두고, 권리의 실체적 내용 자체는 전혀 확정하지 않은 채 다수결에 의하여 장래에 향하여 권리의 내용을 확정할 수 있으면 회생절차의 목적은 달성할 수 있다. 그러나 회생절차는 복잡하고 장기간이 소요되며 회생채권자 등의 수나 종류도 많기 때문에 절차진행의 편의를 위해 회생채권 등을 확정하고 그 후 절차에서 이를 다툴 수 없도록 하는 채권조사·확정절차를 두고 있다.[2]

---

[1] 파산절차에서의 채권확정은 회생절차에서의 채권확정과 다르다. 파산절차에서는 확정된 바가 그대로 배당의 기준이 된다. 파산절차에서 확정은 절차적으로 만족단계까지 완전히 지배할 뿐만 아니라 실체적으로는 배당에 의해 만족을 받은 채권자 상호간의 불가쟁성을 담보하는 작용을 한다(배당 후에 채권자 사이에 부당이득을 다투는 것을 차단한다).

[2] 노영보, 409, 414~415쪽.

제1절 채권조사의 개요

I 채권조사의 의의

채권조사란 회생채권 및 회생담보권(이하 '회생채권 등'이라 한다)에 대한 채권을 시인 또는 부인하여 채권을 확정하는 것으로, ① 회생채권자 및 회생담보권자(이하 '회생채권자 등'이라 한다) 목록에 기재되었거나, ② 채권신고기간까지 신고되었거나 또는 ③ 채권신고기간이 경과된 후 회생계획안심리를 위한 관계인집회[3] 또는 제240조에 의한 서면결의에 부친다는 결정이 있기 전까지[4] 신고(추후보완신고 또는 추완 신고)된 채권에 대하여 그 존부, 내용과 원인, 의결권액 등의 진위 여부를 검토하여 확정하는 과정이다(제161조, 제162조). 실무적으로 관리인이나 이해관계인이 목록에 기재되거나 신고된 채권의 내용을 시인하거나 부인한다는 점에서 '시·부인'이라고 부른다.

채권조사(시·부인)를 통해 회생채권 등을 파악하여(변제대상이 되는 부채총액이 확정된다) 앞으로 작성하게 될 회생계획안에 반영한다. 또한 의결권액은 회생계획안의 결의에도 영향을 미친다. 따라서 채권조사(채권인부)는 아주 중요한 의미를 갖는다. 주식·출자지분에 대하여는 신고제도만 존재할 뿐 그에 대한 조사와 확정제도는 없다.

한편 추완 신고와 관련하여 언제까지 추완 신고가 가능한지가 문제이다. 앞에서 보았듯이 추완 신고는 회생계획안심리를 위한 관계인집회가 끝난 후 또는 제240조에 의한 서면결의에 부친다는 결정이 있은 후에는 원칙적으로 할 수 없다. 그러나 다음과 같은 경우는 예외적으로 할 수 있다.

(1) 채무자의 행위가 회생계획안심리를 위한 관계인집회가 끝난 후 또는 제240조에 의한 서면결의에 부친다는 결정이 있은 후에 부인된 때에는 상대방은 부인된 날로부터 1개월 이내에 추후 보완할 수 있다(제109조 제2항).

(2) 회생채권자가 회생절차의 개시사실 및 회생채권 등의 신고기간 등에 관하여 개별적인 통지를 받지 못하는 등으로 회생절차에 관하여 알지 못함으로써 회생계획안 심리를 위한 관계인집회가 끝날 때까지 채권신고를 하지 못하고, 관리인이 그 회생채권의 존재 또는 그러한 회생채권이 주장되는 사실을 알고 있거나 이를 쉽게 알 수 있었음에도 회생채권자 목록에 기재하지 아니한 경우 그 회생채권자는 회생계획안 심리를 위한 관계인집회가 끝난 후에도 회생절차에 관하여 알게 된 날로부터 1개월 이내에 회생채권의 신고를 보완할 수 있다.[5]

(3) 회생법원이 정한 회생채권의 신고기간이 경과할 때까지는 물론 관계인집회가 끝나거나

---

3) 실무적으로 이를 '제2회 관계인집회'라고 부른다. 그러나 이는 적절하지 못하다. 2014. 12. 30. 법 개정으로 '제1회 관계인집회'는 '관리인 보고를 위한 관계인집회'로 용어가 변경되어(제98조) 더 이상 법조문상 제1회 관계인집회라는 용어는 존재하지 않기 때문이다.

4) 실무적으로 서면결의에 부치는 결정은 거의 하지 않는다.

5) 대법원 2023. 8. 18. 선고 2022다291009 판결, 대법원 2012. 2. 13. 자 2011그256 결정.

서면결의 결정이 되어 더 이상 제152조에 따른 추후보완 신고를 할 수 없는 때까지도 손해배상책임의 부담 여부가 확정되지 아니하여 미리 장래의 구상금채권 취득을 예상하여 회생채권 신고를 할 것을 기대하기 곤란한 경우에는 그 사유가 끝난 후 1월 이내에 신고를 하여야 한다.[6]

따라서 위와 같은 경우는 회생계획안 심리를 위한 관계인집회가 끝난 후(또는 제240조에 의한 서면결의에 부친다는 결정이 있은 후)에도 추후 보완 신고가 가능해져 채권조사(시·부인)의 대상이 될 수 있다는 점에 주의를 요한다.[7]

Ⅱ 채권조사의 방법

1. 회생채권 등의 조사 방법

회생채권 등을 조사하는 방법은 목록에 기재되어 있는지 또는 신고기간 내에 신고가 되었는지에 따라 다르다.

가. 시부인표의 작성·제출

관리인 등이 회생채권자목록, 회생담보권자목록에 기재하여 제출한 회생채권 등이나 법원이 개시결정시에 결정한 신고기간 안에 신고된 회생채권 등에 대하여는 회생채권 등에 대한 조사기일을 열지 않고 기일 외에서 관리인 또는 이해관계인이 조사기간 안에 이의를 하는 방식으로 조사를 한다(제161조). 통상적으로 관리인이 시·부인표(인부서)를 작성하여 법원에 제출한다.[8]

(1) 회생채권 등의 내용의 인부

관리인 등은 회생채권 등의 존부를 확인하고, 구체적인 채권액이나 내용에 대하여 인부를 한다. 특히 상계통지가 된 채권에 대하여는 상계결과가 신고에 반영되었는지를 확인하거나 상계금지사유가 있는지도 확인하여야 한다.

회생절차에서는 파산채권과 달리 회생채권 등의 현재화·금전화·무조건화가 없다. 따라서 비금전채권이나 기한부채권이라도 기존 채권의 내용이나 성질대로 인부를 하면 된다.

(2) 의결권액의 인부

관리인 등은 회생채권 등의 내용의 인부를 전제로, 의결권액이 법정의결권액과 일치하는지를 확인한 후, 의결권액에 대하여 인부를 한다. 의결권액은 회생채권 등의 종류에 따라 법정되어 있다(제133조 제2항, 제134조 내지 제138조, 제141조 제6항).

---

6) 대법원 2016. 11. 25. 선고 2014다82439 판결.
7) 실무적으로 위와 같은 사유로 회생계획이 인가된 이후에도 특별조사기일을 개최하는 경우가 늘고 있다.
8) 관리인이 시부인표를 제출하는 제도를 도입함으로써 회생절차의 합리화를 도모한 것이다. 실무적으로 관리인의 시부인표 제출이 채권조사의 중심이 되고 있다.

나. 특별조사기일 개최

신고기간이 경과한 뒤에 추후 보완 신고된 회생채권 등에 대하여는 특별조사기일[9]을 열어 조사한다(제162조).

2. 조사기간 및 특별조사기일

가. 조사기간

법원은 회생절차개시결정과 함께 목록에 기재되거나 신고기간 내에 신고된 회생채권 등의 조사를 위한 조사기간을 결정하여야 한다. 조사기간은 신고기일의 말일부터 1주 이상 1월 이하의 기간 내로 결정해야 한다(제50조 제1항 제3호).

관리인은 조사기간 말일까지 목록에 기재되거나 신고된 회생채권 등에 대한 시·부인표[10]를 작성하여 조사기간 말일(제50조 제1항 제3호)까지 제출하여야 한다(규칙 제63조 제1항). 관리인은 회생채권 등에 관하여 시·부인표를 작성, 제출하는 방식으로 조사기간 내에 이의를 제기한다. 시·부인표를 제출한 후 조사기간이 만료될 때까지 사이에 제3자의 변제 등으로 해당 회생채권 등이 소멸되었다고 관리인이 주장하는 경우에는, 조사기간 말일이 경과하지 아니한 이상, 부인하는 취지의 변경이 허용된다고 할 것이다(본서 778쪽). 회생채권 등의 확정 기준시는 조사기간의 말일로 보아야 하기 때문이다. 채무자나 목록에 기재되거나 신고된 회생채권자·회생담보권자·주주·지분권자는 서면으로 이의를 하여야 한다(제161조 제1항). 서면에는 이의의 내용 및 그 사유를 구체적으로 기재하여야 한다(규칙 제61조 제1항).

법원은 관리인이 제출한 회생채권자 등의 목록, 회생채권 등의 신고 및 이의에 관한 서류, 회생채권자표 등을 조사기간 동안 이해관계인에게 열람하도록 비치하여야 한다(제160조).

조사기간을 변경하는 결정을 할 때는 관리인 등에게 송달하여야 한다(제161조 제2항). 송달은 서류를 우편으로 발송하여 할 수 있다(제161조 제3항).

나. 특별조사기일

신고기간 경과 후에 추후 보완신고된 회생채권 등과 신고기간 경과 후에 생긴 회생채권 등이 있는 경우 이를 조사하기 위하여 특별조사기일을 지정한다(제162조). 특별조사기일에 출석하여 이의를 하는 자는 이의의 내용 및 그 사유를 구체적으로 진술하여야 한다(규칙 제61조 제2항). 특별조사기일에 출석하여 의견을 진술하여야 하므로 특별조사기일 외에서 서면 등으로 신

---

9) 실무상 특별조사기일은 회생계획안 심리를 위한 관계인집회를 지정하면서 같이 지정하고 있다. 같은 이유로 양자를 병합하여 진행한다(제186조).

10) 시부인표에는 ① 채권자의 성명, 주소(채권 신고번호 또는 목록 기재번호를 함께 기재하여야 한다), ② 채권 내용 및 신고액 또는 목록 기재액, ③ 이의 있는 채권 금액 및 이의 없는 채권 금액, ④. 이의 있는 의결권 액수 및 이의 없는 의결권 액수, ⑤ 이의를 제기하는 이유를 기재하여야 한다(규칙 제63조 제1항). 시부인표에 인부를 기재하여야 할 사항에 대하여 제출된 시부인표에 인부의 기재가 없는 경우에는, 관리인이 그 사항을 인정하는 것으로 보아야 할 것이다(제166조, 일본 회사갱생법 제146조 제4항, 민사재생법 제101조 제6항 참조).

고된 회생채권 등에 대하여 이의를 제출하는 것은 허용되지 않는다.

3. 채권조사의 통상적인 진행 과정

채권조사를 할 때는 먼저 조사대상 채권에 집행력 있는 집행권원 또는 종국판결이 있는지 여부를 본다. 왜냐하면 그러한 채권에 대한 이의는 채무자가 할 수 있는 소송절차를 통하여 하여야 하기 때문이다(제174조). 이 때 집행문 부여가 필요한 집행권원은 집행문까지 부여가 되어야 하는데, 특히 공정증서의 경우에는 공증인의 집행문 부여 여부를 확인해야 한다. 보통 집행력 있는 집행권원에 대해서는 청구이의의 소를, 미확정 종국판결에 대해서는 상소를 통하여 이의를 제기한다.

다음에는 회생절차개시 당시 채권에 관한 소송이 계속 중인지를 살핀다. 회생절차개시 전에 이미 소송절차가 진행 중인 경우라면 그 소송절차를 이용하여 채권을 확정시켜야 하기 때문이다.

[채권조사 흐름도]

위 두 과정이 끝나면, 회생채권 목록기재·신고, 회생담보권 목록기재·신고를 추려 적절히 시·부인한다.[11] 이의가 제기된 경우 이의채권의 보유자는 조사확정재판을 신청하고, 해당 재판에 불복이 있는 경우 이의의 소를 제기한다.

통상적인 채권조사의 흐름은 앞의 그림과 같다.

Ⅲ 채권조사의 주체

회생채권 등의 조사에 참가하는 자는 관리인, 채무자, 목록에 기재되거나 신고된 회생채권자, 회생담보권자, 주주·지분권자이다(제161조 제1항).

1. 관 리 인

관리인은 목록에 기재한 회생채권 등과 신고기간 내에 신고된 회생채권 등의 내용을 검토하여 조사기간 안에 서면(시부인표)으로 이의를 제출할 수 있다(제161조 제1항 제1호). 또한 관리인은 신고기간 경과 후에 추후 보완신고된 채권의 조사를 위한 특별조사기일에 반드시 출석하여야 하고, 관리인이 출석하지 않으면 특별조사기일에서 조사절차를 진행할 수 없다(제165조).

실무적으로 대부분 관리인이 시부인표를 작성·제출한다. 관리인이 일단 '부인'을 한 경우에도 나중에 '시인'으로 이의철회(변경)를 할 수 있다. 이의철회가 허용되는 시적 한계는 언제까지인가. 조사확정재판 신청기간이 경과한 후에는 회생채권으로서 절차참여가 인정되지 않는다는 것이 확정되므로 조사확정재판 신청기간이 경과 전까지만 허용된다고 할 것이다(본서 779쪽 참조).

반대로 시부인표에 '시인'한다는 취지로 기재한 후에는, 그것을 '부인'한다는 취지로 변경하는 것은 원칙적으로 허용되지 않는다. 확정의 효과(제166조)와 모순되고, 해당 회생채권자 등에게 불측의 불이익을 줄 염려가 있기 때문이다(본서 779쪽 참조).[12]

관리인의 이의권을 채권자가 대위행사할 수 있는가. 회생절차에서 채무자의 업무 수행과 재산의 관리처분권은 관리인에게 전속하고(제56조 제1항), 채권자의 평등 배당을 목적으로 하는 파산절차와 달리 채무자의 재건을 목적으로 하는 회생절차에서는 관리인에게 부여된 전권의 행사는 광범위한 재량권이 수반되는 것이므로 그 판단은 존중되어야 한다. 이와 같은 지위에 있는 관리인의 이의권에 대하여 채권자대위권을 인정하게 되면 관리인과 이해관계인에게만 고유의 이의권을 인정하고 있는 채무자회생법의 원칙이 무너지게 되고, 간접적인 이해관계인이 채권자대위권을 빙자하여 스스로는 직접 참가자격이 없는 회생절차에 참가하는 것을 가능하게

---

11) 시부인표 기재례는 부록 '회생절차에서의 시부인표 기재례'를 참조할 것.
12) 다만 시부인표 제출 후 채권조사기간이 만료되기 전에 제3자의 변제 등 사유로 해당 회생채권 등이 소멸하였다고 관리인이 주장하는 경우에는, 채권조사기간의 말일이 경과하지 않은 이상, 부인한다는 취지로 변경이 허용된다고 할 것이다(會社更生法, 510쪽 각주 30)).

하는 결과가 된다. 그 결과 이해관계인의 범위가 무한정으로 넓게 되어 회생계획의 신속한 수립이라고 하는 채무자회생법 제정의 취지가 몰각될 염려가 있다. 또한 채권자는 회생절차 내에서 고유의 이의권이라는 형태로 보호받을 수 있고 그 이상 채권자대위권의 방법으로 회생절차에 참가시킬 필요는 없다. 따라서 관리인의 이의권은 대위행사할 수 없다.

2. 채 무 자

채무자도 회생채권자 등 목록에 기재되거나 신고기간 안에 신고된 회생채권 등에 대하여 조사기간 안에 서면으로 이의를 제기할 수 있다(제161조 제1항 제2호). 개인인 채무자 또는 개인이 아닌 채무자의 대표자는 특별조사기일에 출석하여 의견을 진술하여야 한다. 다만 정당한 사유가 있는 때에는 대리인을 출석하게 할 수 있다(제164조 제1항). 대리인은 대리권을 증명하는 서면을 제출하여야 한다(제164조 제3항).

주의할 것은 채무자가 이의를 제기하였다고 하더라도 관리인, 회생채권자, 회생담보권자, 주주·지분권자의 이의가 없는 한 회생채권 등은 확정된다는 것이다(제166조, 제255조). 채무자는 기업가치의 분배에 관한 의사결정에 참가하는 지위가 인정되지 않기 때문에 그 이의는 회생채권 등의 내용에 대하여 확정차단효를 갖지 않는다. 다만 채무자가 이의를 한 때에는 ① 회생계획불인가결정이 확정된 경우(제248조), ② 회생절차가 인가 전에 폐지된 경우(제292조), 즉 회생계획인가에 이르지 않고 종료된 경우에는 확정된 회생채권 등을 회생채권자표 등에 기재하더라도 채무자에 대하여 확정판결과 동일한 효력이 없고(제292조 제1항 단서), 회생채권자표 등의 기재에 의해 강제집행을 할 수 없다(집행력의 배제).[13] 회생절차 종료 후 채권자가 채무자에 대하여 강제집행을 하려면 이행(급부청구)의 소(회생절차 종료 전에는 제131조 본문으로 인해 이러한 소제기는 불가능하다)를 제기하여야 한다.

3. 목록에 기재되거나 신고된 회생채권자 등

회생채권자 등 목록에 기재되거나 신고된 회생채권자, 회생담보권자, 주주·지분권자는 다른 회생채권 등에 대하여 조사기간 안에 서면으로 이의를 제기할 수 있다(제161조 제1항 제3호). 본인이나 그 대리인은 특별조사기일에 출석하여 다른 회생채권 등에 관하여 이의를 진술한다(제164조 제2항). 대리인은 대리권을 증명하는 서면을 제출하여야 한다(제164조 제3항).

회생채권자 등을 대위하여 일반채권자가 대위하여 이의를 제기할 수도 있다고 할 것이다.

---

13) 다만 결국 회생절차에서 회생계획이 인가된 때에는 채무자의 이의 유무를 불문하고, 회생채권자표 등의 기재는 채무자에 대하여 확정판결과 동일한 효력을 갖는다(제255조). 채무자의 이의는 회생채권자표 등에 기재된다(제167조 제1항).

Ⅳ 채권조사의 대상 및 특수한 채권신고에 대한 처리

1. 채권조사의 대상

목록에 기재되거나 신고된 회생채권과 회생담보권은 채권조사의 대상이다. 관리인 등이 작성한 목록에 기재된 회생채권 등은 채권자가 신고를 하지 않으면 그 목록에 기재된 채권이 채권조사의 대상이 된다. 채권자가 채권을 신고한 경우에는 신고한 내용만이 채권조사의 대상이 된다. 물론 목록에 기재되어 있고 채권자가 신고한 채권은 신고한 채권이 채권조사의 대상이 된다.

채권조사의 내용은 목록에 기재되거나 신고된 회생채권 등의 채권금액, 채권의 내용, 의결권의 액,[14] 담보권의 내역(종류, 소재지, 근저당권 설정순위, 설정권자, 설정금액 등), 담보권에 대한 가치평가액 등이 맞는지 여부이다.[15]

국세징수법 또는 지방세징수법에 의하여 징수할 수 있는 청구권(국세징수의 예에 의하여 징수할 수 있는 청구권으로서 그 징수우선순위가 일반 회생채권보다 우선하는 것을 포함한다)(제156조, 제140조 제2항)[16]과 회생절차 개시 전의 벌금, 과료, 과태료, 추징금, 형사소송비용(제156조, 제140조 제1항)은 채권조사의 대상이 아니다. 이러한 청구권은 행정심판이나 행정소송 등 절차에 의해 불복신청을 할 수 있을 뿐이다(제157조 제1항). 관련 내용은 〈제9장 제3절〉(본서 755쪽)을 참조할 것.

주주·지분권자의 권리는 채권조사의 대상이 아니다(제161조 제1항, 제162조 참조).

---

14) 다만 의결권의 액수는 회생채권확정의 소[현재의 채권조사확정재판, 채권조사확정재판에 대한 이의의 소를 말한다]의 대상이 될 수 없다(대법원 2015. 7. 23. 선고 2013다70903 판결, 제170조 제2항 참조). 의결권 액수는 최종적으로 법원이 재량으로 결정한다(제188조 제2항).

15) 파산절차에서는 채무자의 청산 및 배당을 실시하기 위하여 채권이 현재화되고 금액을 기준으로 인부가 행하여짐에 반하여, 회생절차에서는 조사대상으로 되는 권리는 금전채권에 한정되지 않고, 계약상의 이행청구권과 같은 비금전채권도 포함되며, 또한 채권의 존재 및 내용뿐만 아니라 의결권의 액도 인부의 효력이 미친다. 이것은 파산채권의 조사대상이 파산채권의 액 등임(제462조 제1항, 제450조, 제448조 제1항, 본서 1547쪽)에 반하여, 회생채권 등의 조사대상은 내용과 원인, 의결권의 액수 등이라는 점에 잘 나타나고 있다. 한편 채무자회생법은 파산절차에서는 채권조사의 대상을 명확히 규정하고 있지만(제450조), 회생절차에서는 이에 관한 명확한 규정이 없다(해석에 의해 인정하고 있을 뿐이다). 일본은 회생갱생법 제145조, 민사재생법 제100조에서 갱생채권, 재생채권의 조사대상을 명확히 규정하고 있다(파산채권의 조사대상에 대하여는 파산법 제125조 제1항에서 규정하고 있다). 입법적으로 통일이 필요해 보인다.

16) 국세징수의 예에 의하여 징수할 수 있는 청구권으로서 일반회생채권보다 우선하지 아니한 것은 제156조, 제157조의 규정 대상에서 누락되어 있으나, 그것 역시 행정처분에 의하여 발생한 청구권으로서 그 부과처분이 취소되지 아니하는 한 공정력을 가지고 있으므로 채권조사(시·부인)의 대상이 되지 않는다는 견해가 있다{회생사건실무(상), 572~573쪽}. 그러나 국유재산 중 일반재산에 관한 대부료, 변상금 등은 행정주체가 사인과 대등한 지위에서 행하는 사경제적 작용으로서 항고소송의 대상이 되는 행정처분으로 볼 수 없다(대법원 1995. 5. 12. 선고 94누5281 판결 참조)는 점과 법 문언에 정면으로 반한다는 점에서 의문이다.

2. 특수한 채권신고에 대한 처리

가. 주식매수청구권 행사를 전제로 채권신고가 있는 경우

주주(투자자)가 주식매수청구권을 행사하더라도 주식매매계약이 쌍방미이행 쌍무계약인 경우(주식매매대금이 일부라도 지급되지 않았고 주권이 일부라도 교부되지 아니한 경우), 관리인은 제119조 제1항에 따라 주식매매계약을 해제할 수 있다(본서 286쪽 참조). 따라서 주주가 주식매수청구권을 행사한 경우, 관리인은 주식매매계약의 무효[17] 또는 쌍방미이행 쌍무계약에 대한 해제권 행사를 이유로 이의(부인)하여야 한다.

나. 전환사채, 신주인수권부 사채, 주식매수선택권

전환사채나 신주인수권부 사채는 전환권 등이 형성권으로서 그 행사를 정지조건으로 하여 전환권자 등이 주주가 되는 권리를 취득한다는 점을 고려하여 주주·지분권자로 취급하는 것이 실무이다(본서 549쪽 각주 22) 참조).

채무자의 임원·종업원 등에게 부여된 주식매수선택권(상법 제340조의2 내지 제340조의5, stock option)도 임원 등의 일방적인 권리행사에 의하여 채무자가 그들에게 주식을 발행하여야 한다는 점에서 전환사채 등과 법적 성질이 유사하므로 회생절차에서 주주·지분권자로 취급하여야 할 것이다.[18]

다. 상환전환우선주주가 상환권 행사를 전제로 채권신고를 한 경우

상환전환우선주주가 상환권을 행사하지 않으면 주주로 취급된다.

상환전환우선주의 상환권은 행사 당시 배당가능이익이 있음을 요건으로 하는데(상법 제345조 제1항), 회생절차에서 채무자는 대부분 부채초과인 경우가 많으므로 배당가능이익이 없어 회생채권으로 인정할 수 없을 것이다(본서 549쪽 각주 21) 참조). 따라서 상환전환우선주주가 상환권 행사를 전제로 채권신고를 할 경우, 관리인은 배당가능이익이 없음을 이유로 이의(부인)하여야 한다.

---

17) 상법 제360조의5 제1항, 제374조의2 제1항, 제522조의3 제1항 등에 따라 주주가 주식매수청구권을 행사하는 경우에는 상법 제341조의2 제4호에 따라 회사가 제한 없이 자기주식을 취득할 수 있으나, 회사가 특정 주주와 사이에 특정한 금액으로 주식을 매수하기로 약정함으로써 사실상 매수청구를 할 수 있는 권리를 부여하여 주주가 그 권리를 행사하는 경우는 상법 제341조의2 제4호가 적용되지 않으므로, 상법 제341조에서 정한 요건하에서만 회사의 자기주식취득이 허용된다(대법원 2021. 10. 28. 선고 2020다208058 판결 참조). 즉 회사가 특정 주주와 사이에 특정한 금액으로 주식을 매수하기로 하는 약정은 상법 제341조에서 정한 요건에 의하지 않는 한 무효이다.
18) 실무적으로 회생계획 중 '주주의 권리변경'부분에서 전환권, 신주인수권, 주식매수선택권은 모두 소멸하는 것으로 규정하고 있다.

Ⅴ 조사결과의 회생채권자표 등에의 기재

1. 회생채권자표 등에의 기재

법원사무관 등은 회생채권과 회생담보권에 관한 조사결과를 회생채권자표와 회생담보권자표에 기재하여야 한다. 채무자가 제출한 이의도 마찬가지이다(제167조 제1항). 이는 회생채권과 회생담보권에 관한 조사결과는 관계인집회의 실시, 회생계획의 작성 등 이후 절차에 확고한 기초를 제공하고 채권조사확정재판의 대상을 명확히 하므로 관리인 등에게 이를 알려줄 필요가 있기 때문이다. 법원사무관 등은 확정된 회생채권 및 회생담보권의 증서에 확정된 뜻을 기재하고 법원의 인을 찍어야 하고(제167조 제2항),[19] 회생채권자 또는 회생담보권자의 청구에 의하여 그 권리에 관한 회생채권자표 또는 회생담보권자표의 초본을 교부하여야 한다(제167조 제3항).

채권조사의 대상이 아닌 국세징수법 또는 지방세징수법에 의하여 징수할 수 있는 청구권(국세징수의 예에 의하여 징수할 수 있는 청구권으로서 그 징수우선순위가 일반 회생채권보다 우선하는 것을 포함한다)과 회생절차 개시 전의 벌금, 과료, 과태료, 추징금, 형사소송비용으로 신고된 것도 회생채권자표 등에 기재하여야 한다(제156조 제2항).

2. 주장의 제한[20]

가. 의 의

회생채권자 또는 회생담보권자는 채권조사확정재판, 채권조사확정재판에 대한 이의의 소(제171조) 및 이의채권에 관한 소송의 수계(제172조 제1항)에 의하여 수계한 소송절차에서 이의채권의 원인 및 내용에 관하여 회생채권자표 및 회생담보권자표에 기재된 사항만을 주장할 수 있다(제173조).[21]

주장의 제한을 받는 자는 회생채권자나 회생담보권자이다. 주장이 제한되는 것은 이의채권

---

19) 실무적으로 거의 이용되고 있지 않으므로 입법론적으로는 폐지하는 것이 바람직하다.

20) 회생절차에 관한 제173조에서는 '주장의 제한'이라고 하면서도, 파산절차에 관한 제465조에서는 '청구원인의 제한'이라고 하고 있다. 신청사건(채권조사확정재판)에서는 '신청원인'이라는 용어를 사용하므로 법 개정시 '주장의 제한'이라는 용어로 통일할 필요가 있다.

21) 제173조에 의한 제한은 아니지만, 성질상 그 주장이 제약되는 것이 있다. 이의에 관한 이유에 대하여는 채권조사에서 진술한 이유에 구속되지 않는 것이 원칙이다. 이의자가 관리인인 경우, 관리인은 채무자가 가지고 있는 모든 항변을 주장할 수 있다. 예컨대 상계의 의사표시, 시효의 원용, 의사표시의 취소, 계약의 해제 등도 가능하다. 다만 제127조에 의해 최고·검색의 항변은 주장할 수 없다. 이뿐만 아니라 관리인 고유의 지위에서 가지는 부인권도 행사할 수 있다(예컨대 채무자가 연대보증채무를 부담하고, 채권자가 해당 회생채권을 신고한 경우, 채권조사단계에서 관리인이 연대보증계약의 무상부인을 이유로 부인하였다. 상대방이 회생채권조사확정재판을 신청한 경우 관리인은 조사확정재판절차에서 항변으로 부인권을 행사할 수 있다). 이에 대하여 이의자가 회생채권자 등인 경우에는 채무자가 가지는 권리항변이나 형성권은 관리인만이 관리처분을 할 수 있으므로 그 주장은 할 수 없다. 예컨대 상계의 항변을 제출하는 것은 허용되지 않는다. 다만 소멸시효의 원용은 채무자의 재산에 불이익한 것이 아니므로 허용된다고 할 것이다.

의 원인 및 내용이다. 그래서 회생채권자표 등에 기재된 권리와 동일한 권리라고 하더라도 채권액의 증액이나 원인의 변경, 새로운 우선권의 주장 등은 허용되지 않는다. 반대로 채권액을 감액하여 주장하는 것은 가능하다.[22]

사례 X는 Y를 상대로 불법행위로 인한 손해배상소송을 제기하였다. 손해액이 특정되지 않아 일부청구로 2억 원을 청구하였다. 그러던 중 Y에 대하여 회생절차가 개시되었고, 회생절차에서 X는 2억 원을 일부청구라고 기재하여 채권신고를 하였다. 관리인이 이의를 제기하였고 소송을 수계하였으며, X는 청구취지를 채권확정의 소로 변경하였다. 이후 회생절차가 종결되었고, 감정결과 손해액이 10억 원으로 특정되었다. 이 경우 증액된 8억 원 부분은 어떻게 처리하여야 하는가.
회생절차에서 채권신고를 하지 않았으므로 8억 원은 실권되었다고 볼 수도 있다. 하지만 채권신고시 일부 채권신고임을 명시하였으므로 8억 원 부분에 대하여도 채권신고를 한 것으로 보아야 할 것이다. 따라서 청구취지를 10억 원 확정하는 것으로 변경하면 된다(이행의 소로 변경하면 안 된다).
8억 원 부분에 대하여 채권신고를 하지 않았다고 보더라도, 해당 부분은 감정결과가 나오지 않았으므로 채권신고를 기대할 수 없는 합리적 이유가 있다고 볼 수 있다(본서 985쪽). 따라서 채권은 실권되지 않았고, 채권신고도 되지 않았으므로 8억 원에 대하여는 새로운 이행의 소를 제기하면 된다.

나. 주장제한의 취지

주장을 제한하는 취지는 다음과 같다. 회생절차에서 채권조사는 회생채권자표나 회생담보권자표의 기재를 기초로 채권조사기간 내에서의 인부나 특별조사기일에서의 이의를 통해 모든 이해관계인이 관여함으로써 채권확정의 정당성을 담보한다. 그런데 회생채권자표나 회생담보권자표에 기재되지 않는 사항에 대하여 회생채권확정절차 등의 재판에서 당사자 사이에 확정되는 것으로 한다면, 당사자를 제외한 이해관계인의 관여 없이 권리가 확정되는 것으로 되어 채무자회생법의 취지에 반하고, 채권조사기간이나 특별조사기일에 이의를 한 이해관계인의 이의권을 무시하는 것이 된다.

다. 주장제한의 범위

주장이 제한된다고 하더라도 경우에 따라 허용되는 주장이 있을 수 있다. 이와 관련하여 허용되는 주장의 범위가 문제된다. 회생채권자표 등에 기재된 권리 대신에 그와 청구의 기초가 동일하나 그 발생 원인이 다른 권리의 확정을 구할 수 있는가. 주장의 제한을 형식적으로 엄격히 회생채권자표 등의 기재에 고집하는 것이 필요하지 않는 경우도 있다. 예컨대 채권자가 소비대차상의 연대보증채무에 기한 권리로 채권신고한 것을 준소비대차상의 연대보증채무에 기한 권리로 주장을 변경하는 것처럼 채권신고할 때 원인으로 기재한 채권의 발생사실에 다소의 변경을 가하는 것은 가능할 것이다.

그렇다면 구체적으로 어느 범위까지 주장의 변경이 허용될 것인가. 「회생채권자표 및 회생

---

22) 서울회생법원 2020. 1. 15. 자 2019회확713 결정.

담보권자표에 기재된 사항」을 엄격하게 해석하여야 하는지에 관하여 다툼이 있을 수 있다. 법률적으로는 별개라고 하더라도 사회적 경제적으로 동일한 권리인 경우에는 확정소송에서 주장을 변경할 수 있다고 할 것이다. 그 이유는 한편으론 채권신고단계에서 채권자에게 오류 없는 법률구성을 요구하는 것은 사안에 따라 가혹한 경우가 있는데, 채권신고자가 법률구성을 잘못한 것은 추완 신고요건으로서 '책임질 수 없는 사유'에 해당하지 않고(제152조 제1항), 가사 해당한다고 하더라도 추완 신고의 종기(그 사유가 끝난 후 1월 이내)가 경과한 후에는 구제의 여지가 없다. 다른 한편으론 이의를 진술한 다른 이해관계인으로서는 그 채권자가 신고한 권리를 가지고 채권자로 되는 것에는 이론이 없으므로 법률구성이 다르더라도 사회적 경제적으로 동일한 권리에 대하여 새롭게 이의를 진술할 기회가 부여되지 않았다고 하여도 그 이익이 부당하게 침해된 것으로 볼 수 없다.[23] 예컨대 신고한 골프회원권과 그것이 인정되지 않는 경우의 예탁금반환청구권,[24] 대여금채권으로 신고한 권리와 그것이 인정되지 않는 경우의 부당이득반환청구권, 예금채권으로 신고하였다가 예금 관련 금융기관의 사용자책임으로 인한 손해배상채권의 확정을 구하는 것[25]은 비록 법률적으로 별개이나 사회적 경제적으로 동일한 권리로서 확정소송에서 주장을 변경하는 것이 허용될 것이다.[26]

요컨대 당초의 신고채권과 발생 원인사실부터 별개의 채권으로 보이는 것의 확정을 구하는 것은 허용되지 않지만, 회생채권자표에 기재되어 있는 권리와 급부의 내용이나 수액에 있어서 같고 청구의 기초가 동일하지만 그 발생 원인을 달리 하는 다른 권리의 확정을 구하는 경우와 같이 비록 법률상의 성격은 다르더라도 사회경제적으로 동일한 채권으로 평가되는 권리로서 그 채권의 확정을 구하는 것이 다른 채권자 등의 이의권을 실질적으로 침해하는 것이 아니라면 그러한 채권의 확정을 구하는 것은 허용된다고 할 것이다.[27]

라. 주장제한 위반의 효과

주장의 제한에 위반한 채권조사확정재판 등의 신청은 부적법하여 각하하여야 한다.

이의자도 회생채권자표 등에 기재된 이의사항 이외에 새로운 사항에 대하여 이의를 할 수는 없다. 예컨대 신고한 회생채권에 대하여 우선관계에 대하여만 이의를 한 경우에는, 채권조사확정재판에서 채권액을 다투는 것은 허용되지 않는다.

---

23) 條解 民事再生法, 567~568쪽.
24) 예탁금제 골프회원권의 경우 시설이용권은 본래 예탁금반환청구권과 동시에 신고를 하여야 하는 채권이지만, 시설이용권과 예탁금반환청구권은 동시에 양자를 행사할 수는 없고, 양자는 표리일체의 관계에 있는 것으로 보기 때문에, 실무는 예탁금반환청구권 신고 외에 시설이용권을 독립적으로 신고하지는 않는다. 예탁금반환청구권을 신고하면 시설이용권을 포함한 골프회원권에 대하여 신고가 있는 것으로 취급된다.
25) 대법원 2007. 4. 12. 선고 2004다51542 판결 참조.
26) 반면 하급심 중 ① 약속어음채권을 신고하였다가 손해배상채권으로 변경·주장하는 것(서울고등법원 2000. 7. 21. 선고 2000나13339 판결), ② 불법행위로 인한 손해배상채권을 매매계약에 기한 매매대금채권으로 변경·주장하는 것(대전지방법원 2021. 7. 8. 선고 2019가합109913 판결)은 부적법하다는 판례가 있다. 공사대금채권으로 신고하였다가 대여금채권으로 변경하는 것도 허용되지 않는다고 할 것이다.
27) 대법원 2007. 4. 12. 선고 2004다51542 판결 참조.

Ⅵ 이의가 없는 회생채권 등의 확정

1. 회생채권 등의 확정

회생채권자 등 목록에 기재되어 있거나 신고된 회생채권 등에 대하여 관리인·회생채권자·회생담보권자·주주·지분권자로부터 조사기간 내에 또는 특별조사기일에 이의가 없는 때에는[28] 회생채권이나 회생담보권의 내용과 의결권의 액수가 확정되며,[29] 우선권이 있는 채권에 관하여는 우선권이 있는 것이 확정된다(제166조).[30][31] 법원의 공권적 판단을 거치지 않고 이해관계인의 의사에 의하여 대량의 회생채권 등을 획일적으로 확정하는 독특한 방법이다. 채무자가 이의를 제기하더라도 회생채권 등의 확정을 차단하지 않는다는 점은 앞에서 본 바와 같다.

회생채권 등의 확정의 기준시점은 채권조사기간의 말일 또는 특별조사기일이다.

이의가 없어 확정된 채권은 회생채권자표 등에 기재된다(제167조 제1항). 법원사무관 등은 확정된 회생채권 및 회생담보권의 증서에 확정된 뜻을 기재하고 법원의 인을 찍어야 한다(제167조 제2항). 채권조사절차에서 확정된 회생채권 등에 대하여는 관계인집회에서 그 확정된 액이나 수에 따라 당연히 의결권을 행사할 수 있고(제188조 제1항), 관리인 등은 이에 대하여 이의를 할 수 없다(제187조 단서). 또한 확정된 회생채권 등은 인가된 회생계획에 따라 변제를 받게 된다.[32]

---

28) 이의가 있는 경우에는 아래에서 설명하는 회생채권 등의 확정절차를 거쳐야 한다. 물론 이 경우는 재판의 효력에 의하여 확정되는 것이기 때문에 이의가 없는 경우의 확정(제166조)과는 의미가 다르다.

29) 채권자가 신고한 회생채권의 금액이 명확하지 않는 경우 일응 부인하여야 하고, 이후 이의철회의 방법으로 해결하여야 한다. 일단 시인을 하게 되면 〈제10장 제1절 Ⅵ.2.가.〉(본서 772쪽)에서 보는 바와 같이 확정판결과 동일한 효력을 가지고 있어 시정하는 것이 쉽지 않다. 실무적으로 회생채권의 존부나 금액에 대하여 정확한 검토 없이 시인을 하고, 채권자가 채권조사확정재판을 신청할 경우 관리인이 시인한 금액이 과다하다고 다투는 경우가 종종 있다. 이 경우 관리인의 주장이 사실이라고 하더라도 채권조사확정재판에서 시정하기는 어려울 것이다.

30) 회생채권자 등 목록에 기재되어 있거나 신고된 회생채권 등은 ① 관리인이나 다른 회생채권자 등으로부터 조사기간 내에 또는 특별조사기일에서 이의가 제기되지 않은 경우, ② 조사기간 내에 또는 특별조사기일에서 이의가 있었으나 후에 이의자가 이의를 철회한 경우, ③ 이의를 진술한 다른 회생채권자 등이 자기의 권리신고를 철회한 경우, ④ 이의를 진술한 관리인 등이 채권조사확정재판을 신청하지 아니하는 경우, ⑤ 이의가 있은 후에 제기된 회생채권 등의 채권조사확정재판 및 이에 대한 이의의 소 등의 결과에 의하여 그 이의가 제거된 경우에 확정된다.

실무적으로 시부인표나 회생채권자표 등에 시인 또는 부인인지 아무런 기재가 없는 경우가 있다. 이 경우 해당 회생채권 등을 시인한 것으로 볼 것인지 아니면 부인한 것으로 볼 것인지 문제이다. 시부인표 등에 아무런 기재가 없다는 것은 관리인 등이 신고기간 안에 이의를 하지 아니한 경우로 보아야 할 것이다. 따라서 해당 회생채권 등을 시인한 것으로 보아 해당 회생채권 등이 확정된다고 할 것이다. 시부인을 하는 관리인 등은 주의를 요한다.

31) 파산절차와 관련하여 제458조에서 유사한 규정을 두고 있다.

32) 반면 이의가 제기되어 미확정된 채권은 회생계획안 결의를 위한 관계인집회에서 의결권 이의의 대상이 되어 법원이 결정한 의결권의 액만을 부여받아 행사하게 되며(제188조 제2항), 사후 확정에 관한 재판에서 그 권리가 확정된 경우에 그 재판 내용은 회생채권자표 등에 기재되고(제175조) 회생계획에 따라 변제를 받게 된다.

2. 확정된 회생채권 등에 대한 회생채권자표 등의 기재의 효력

가. 확정판결과 동일한 효력

(1) 의 의

확정된 회생채권 등에 관한 회생채권자표와 회생담보권자표의 기재는 회생채권자, 회생담보권자와 주주·지분권자 전원에 대하여 확정판결과 동일한 효력(확정력)이 있다(제168조).[33] 회생채권자표 등의 기재가 확정판결과 동일한 효력을 창설하는 것이다(본서 819쪽). 확정판결과 동일한 효력이 있다는 의미는 아래 (2)에서 보는 바와 같이 확정판결의 기판력과 동일한 내용의 효력을 갖는다는 것이 아니라 그 효력을 회생절차 내에서 불가쟁력의 효력이 있다는 것에 지나지 않는다.

여기서 확정판결과 동일한 효력은 확정된 권리 그 자체에 대하여 발생한 것으로, 회생계획의 조항에 따른 회생채권자표 등의 기재에 기한 확정판결과 동일한 효력(제255조 제1항)과는 구별된다.[34] 효력의 인적 범위에 관리인은 포함되어 있지 않지만, 관리인은 회생절차의 기관이기 때문에 해석상 회생채권자 등의 이익을 대표하는 관리인에 대하여도 위와 같은 효력이 미친다고 할 것이다.

한편 벌금 등(제140조 제1항)과 조세 등 청구권(제140조 제2항)에 대하여는 일반 회생채권과 같은 조사·확정절차를 거치지 아니한 채 회생채권자표에 기재하도록 하되(제156조 제2항) 다만 그러한 기재가 있었다고 하더라도 그 청구권의 원인이 행정심판·소송 등 불복의 신청을 허용하는 처분인 때에는 관리인이 여전히 채무자가 할 수 있는 방법으로 불복을 신청할 수 있도록 하고 있어서(제156조 제2항, 제157조 제1항), 이 경우에는 회생채권으로 신고되어 회생채권자표에 기재되어 있다고 하더라도 확정판결과 동일한 효력이 있는 것은 아니다.[35]

확정된 사항에 관한 회생채권자표 등의 기재에 확정력을 부여하고 있다. 이후 회생계획의 작성이나 수행에 있어서도 확정된 회생채권 등의 내용이 기초가 된다. 확정력의 역할은 3가지를 들 수 있다. (가) 회생채권자표 등의 기재에 확정판결과 동일한 효력이 인정된다. 이로 인하여 다음과 같은 효과가 있다. ① 우선권을 주장하지 않은 채 채권이 그대로 확정된 경우에는 나중에 우선권을 주장할 수 없다. ② 관리인이 이의를 제기하지 않아 확정된 회생채권 등에 대하여 나중에 부인권을 행사할 수 없다. ③ 변제의 기초가 된 회생채권 등의 부존재를 주

---

33) 채무자에 대한 회생채권자표 등의 효력(확정판결과 동일한 효력)은 ① 제255조 제1항(회생계획인가결정이 확정된 경우), ② 제292조(회생계획인가 전 폐지의 경우), ③ 제293조(회생계획인가 후 폐지의 경우)에서 규정하고 있다. ①과 ③의 경우에는 회생계획인가로 권리변경이 되므로 채무자가 이의를 하더라도 채무자에게 확정판결과 동일한 효력이 있지만, ②의 경우에는 권리변경이 예정되어 있지 않으므로 채무자가 이의를 하지 않는 경우에만 확정판결과 동일한 효력이 있다.

34) 會社更生法, 517쪽.

35) 대법원 2000. 12. 22. 선고 99두11349 판결 참조. 따라서 이 경우 해당 회생채권이 회생채권으로 신고되어 회생채권자표에 기재되었다고 하더라도 그 시효기간이 민법 제165조에 의하여 10년으로 연장되는 것으로 볼 수도 없다.

장하여 다른 채권자가 그 회생채권자 등에 대하여 변제금의 부당이득반환청구소송을 제기하는 것이 허용되지 않는다. (나) 확정력은 회생채권자표 등의 기재가 있는 때에 발생한다. 어떤 채권이 이의가 없어 확정된 후 다른 채권자가 신고를 한 경우에도 다른 채권자의 이의권을 보장하기 위하여 다시 확정된 채권에 대하여 조사를 하는 것은 금지된다. 그 이유는 이미 확정된 채권에 대하여 다시 조사를 하는 것은 번잡하고, 확정된 채권의 관계자 지위가 불안정하기 때문이다. (다) 확정력은 회생채권자 등 전원에 대하여 효력이 있다. 확정된 회생채권이 모든 회생채권자 등과의 관계에서 획일적으로 정해지지 않으면 각 채권자의 변제금액에 대하여 혼란이 발생할 수 있다. 나중에 신고를 한 채권자는 물론 전혀 신고를 하지 않았던 채권자 모두에 대하여 그 이유를 묻지 않고 효력이 있다. 앞에서 본 바와 같이 해석상 관리인에게도 효력이 미친다고 할 것이다. 따라서 관리인도 회생채권 등의 존재나 내용 등을 부인하는 것이 허용되지 않는다.

제168조가 정한 확정판결과 동일한 효력은 조사기간 안에 또는 특별조사기일에 관리인·회생채권자·회생담보권자·주주·지분권자의 이의가 없어(제166조) 확정된 회생채권 및 회생담보권에 대하여 정한 것이다. 이의가 있고 이후 조사확정재판 등을 통하여 확정된 회생채권 등에 대한 확정의 효력은 제176조에서 별도로 규정하고 있다.

(2) 회생채권자표 등 기재에 대한 불복방법

확정된 회생채권 등에 관한 회생채권자표 등의 기재는 회생채권자, 회생담보권자와 주주·지분권자 전원에 대하여 확정판결과 동일한 효력이 있다고 규정한 취지는, 회생채권자표와 회생담보권자표에 기재된 회생채권과 회생담보권의 금액은 회생계획안의 작성과 인가에 이르기까지의 회생절차의 진행과정에 있어서 이해관계인의 권리행사의 기준이 되고 관계인집회에 있어서 의결권 행사의 기준으로 된다는 의미를 가지는 것으로서 확정판결과 동일한 효력이 있다는 의미는 확정판결의 기판력과 동일한 내용의 효력을 갖는다는 것이 아니라[36] 그 효력을 회생절차 내[37]에서 불가쟁력의 효력이 있다는 것에 지나지 않는다.[38][39] 따라서 존재하지 아니하거나

---

36) 일본에서는 ① 기판력 긍정설(기판력이 발생하므로 회생채권자 등 이해관계인은 이후 확정의 효력을 다툴 수 없다), ② 기판력 부정설(회생채권자표 등의 기재는 확인적인 것이므로 기판력은 없다. 회생절차 내에서 다툴 수 없는 불가쟁력이다), ③ 절차 내에서의 특별한 구속력설(회생절차 내에서 또는 회생절차와의 관계에서 확정된 것과 모순되는 주장을 차단하는 역할이 있는 것에 지나지 않는다)이 주장되고 있다(條解 民事再生法, 554쪽, 條解 破産法, 876쪽). 기판력 긍정설은 기판력의 기준시를 회생채권 등의 내용 등을 다툴 기회를 보장한다는 의미에서 채권조사기일의 말일로 보고, 회생채권자 등이나 주주에 대한 판결효의 확장은 민사소송법상의 대세효의 한 예로 본다(會社更生法, 517쪽 각주 50)). 일본의 경우 회생채권자표에 기재된 채권과 동일한 채권을 공익채권으로 주장하여 그 지급을 구하는 소는 기판력에 저촉되어 부적법한 것으로서 허용되지 않는다는 하급심 판례가 있다(條解 民事再生法, 555쪽).

37) 채무자회생법이 마련하고 있는 절차 외의 다른 절차에서 다투는 것까지 금지하는 것은 아니다. 회생절차 외에서도 효력을 갖는다고 하면 이해관계인들이 불이익에 대비하여 이의가 남발되고 이로 인하여 회생절차의 신속한 진행이 곤란하다. 또한 회생담보권의 경우 담보물건의 평가액은 기업의 존속을 전제로 기업의 수익력을 감안한 계속기업가치로 청산가액(처분가액)과 다를 뿐만 아니라 평가시점도 회생절차개시 당시로 고정된다(대법원 1991. 5. 28. 자 90마954 결정 참조). 따라서 회생절차에서 파산절차나 민사집행으로 이행되는 경우에는 담보물의 평가방법이나 평가시점이 이행 전과 다르게 되고, 이는 다른 절차에서 담보권의 범위에 관한 취급을 구속하게 되는 불합리한 결과가

이미 소멸된 채권이 이의 없이 확정되어 회생채권자표에 기재되어 있더라도 이로 인하여 채권이 있는 것으로 확정되는 것이 아니므로 이것이 명백한 오류인 경우에는 회생법원의 경정결정[40]에 의하여 이를 바로잡을 수 있고(제33조, 민소법 제211조), 그렇지 아니한 경우에는 무효확인의 확정판결[41]을 얻어 이를 바로잡을 수 있다.[42][43] 다만 채권조사기일 당시 유효하게 존재하였던

초래된다.

38) 기판력이란 법원의 재판에 의하여 원칙적으로 소송당사자 사이에서만 발생하는 것임에 반하여 회생절차에 관한 제168조에서는 모든 회생채권자에 대하여 확정판결과 동일한 효력이 있다고 규정하고 있는 점, 채권의 확정절차가 법원의 재판을 거치지 않고 관리인 및 회생채권자 등의 의사에 기하여 수많은 회생채권 등이 획일적으로 확정되는 점 등에 비추어 보면, 회생채권자표 등의 기재에 부여되는 확정판결과 동일한 효력의 의미를 회생절차 내에서의 불가쟁력이라고 해석하고 기판력을 부정하는 대법원 판례의 태도는 타당하다. '회생절차 내에서의 불가쟁력'의 의미에 관하여는 〈제14장 제5절 Ⅵ.2.〉(본서 1009쪽)를 참조할 것.

'확정판결과 동일한 효력'의 의미를 기판력으로 볼 것인지 불가쟁력으로 볼 것인지는 견련파산에서 담보권자에 대한 채권조사에서도 차이가 있다. 예컨대 회생계획인가 전 폐지결정이나 회생계획불인가결정에 따른 견련파산절차에서 담보권자의 채권에 대한 조사를 어떻게 할 것인가. 기판력이 아닌 불가쟁력으로 볼 경우, 회생절차에서 담보물이 있는 채권에 대하여 회생담보권은 전액 부인되고 회생채권으로서 확정되었더라도, 견련파산절차로 이행된 후에는 목적물이 환가되어 피담보채권의 변제가 가능한 범위에 대하여 별제권을 행사하는 것이 가능하다.

39) 대법원은 '확정판결과 동일한 효력'의 의미에 대해 제168조와 제255조 제1항이 같다고 보고 있다(대법원 2005. 6. 10. 선고 2005다15482 판결 참조). 다만 제168조의 기재가 회생계획에 의한 권리변경이 생기기 전의 권리를 내용으로 하는 것이라면, 제255조 제1항의 기재는 회생계획인가 후의 권리를 내용으로 한다는 차이점이 있다.

40) 회생채권자표 등의 기재 내용에 명백한 오류나 잘못된 계산이 있는 경우 그 경정의 주체와 관련하여 ① 법원사무관 등이 재판서 등의 오자 정정방식에 의해 정정할 수 있다는 견해와 ② 민사소송법(제33조, 민소법 제211조)의 규정에 따라 법원이 경정결정을 할 수 있다는 견해가 대립하고 있다(회생사건실무(상), 604~605쪽). 구 회사정리법(2005. 3. 31. 법률 제7428호로 폐지되기 전의 것, 이하 같다)과 달리 채무자회생법은 목록에 기재되거나 신고된 회생채권 등에 대한 회생채권자표 등과 조사결과에 대한 회생채권자표 등의 작성권자를 모두 법원사무관 등으로 통일하였고(제158조, 제167조), 회생채권자표 등의 기재는 재판작용을 수반하는 것이 아니며(이러한 이유로 작성권자를 법원사무관 등으로 한 것이다), 양자를 특별히 구별하여 취급할 합리적인 이유가 없으므로 법원사무관 등이 경정할 수 있다는 견해가 타당하다고 본다(일본 회사갱생법 제144조 제4항, 민사재생법 제99조 제3항, 파산법 제115조 제3항 참조). 그러나 대법원은 회생법원이 경정결정을 하여야 한다고 판시하고 있다. 회생채권 또는 회생담보권에 기하여 회생계획에 의하여 인정된 권리에 관한 회생채권자표 또는 회생담보권자표의 기재(제255조 제1항)의 경정에 관하여도 동일한 판시를 하고 있다(대법원 2016. 3. 24. 선고 2014다229757 판결).

41) **무효확인판결 주문(청구취지) 기재례**: ① 피고에 대한 회생회사 ○○ 주식회사의 회생채권자표의 기재 중 피고에게 7,700,000,000원의 회생채권이 있음을 시인한 기재는 무효임을 확인한다.

② 광주지방법원 2021회합5006호 회생사건에서 작성된 회생채권자표의 기재 중 피고의 회생채권 125,000,000원 부분은 무효임을 확인한다.

③ 피고에 대한 회생회사 ○○ 주식회사의 회생담보권자표 기재 중 피고의 회생채권으로 시인된 26,447,890,070원 중 18,923,258,537원을 초과하는 부분은 무효임을 확인한다.

④ 서울회생법원 2021회합100212 회생 사건에서 작성된 원고에 대한 회생채권자표 가운데 피고의 회생채권 64,243,028,828원 부분은 무효임을 확인한다.

42) 대법원 2003. 5. 30. 선고 2003다18685 판결, 대법원 1991. 12. 10. 선고 91다4096 판결 참조. 무효로 다툴 수 있는 사유는 채권이 이미 소멸되었다는 것에 제한되지 않고 확정된 것으로 기재되어 있는 권리에 관하여 그 '확정과정에서 하자 또는 실체면(내용)에 잘못이 있는 경우도 포함한다{대법원은 제255조 제1항과 관련된 사안에서 회생담보권이 이의 없이 확정된 경우도 무효확인의 소로 다툴 수 있다고 하고 있다(대법원 2016. 3. 24. 선고 2014다229757 판결)}. 다만 회생채권자표 기재의 무효 확인을 구하는 형태의 소송 자체가 가능하다고 하더라도, 구체적인 경우에 그 확인의 이익이 인정되는지 여부는 그와는 별도로 검토되어야 할 것이고, 확인의 소는 반드시 당사자 간의 법률관계에 한하지 아니하고 당사자의 일방과 제3자 사이 또는 제3자 상호간의 법률관계도 그 대상이 될 수 있지만 그 법률관계의 확인이 확인의 이익이 있기 위해서는 그 법률관계에 따라 제소자의 권리 또는 법적 지위에 현존하는 위험·불안이 야기되어야 하고, 그 위험·불안을 제거하기 위하여 그 법률관계를 확인의 대상으로 한 확인판결에 의하여 즉시로 확정할 필요가 있으며, 그것이 가장 유효 적절한 수단이 되어야 한다(대법원 2024. 3. 28. 선고 2019다253700 판결, 대법원 1996. 6. 14. 선고 94다10238 판결, 대법원 1995. 10. 12. 선고 95다26131 판결 등 참조).

43) 무효확인의 소의 관할은 어디인가. 일반법원인가 회생계속법원인가. 채무자회생법에 별도의 규정이 없으므로 일반

채권에 대하여 관리인 등으로부터 이의가 없는 채로 회생채권자표가 확정되어 그에 대하여 불가쟁력이 발생한 경우, 관리인으로서는 더 이상 부인권을 행사하여 그 채권의 존재를 다툴 수 없게 되었으므로 관리인이 사후에 한 그러한 부인권 행사의 적법성을 용인하는 전제에서 이미 확정된 회생채권자표 기재의 효력을 다투어 그 무효 확인을 구하는 것은 허용될 수 없다.[44]

또한 회생채권자표 등에 기재된 확정채권이 그 후에 변제, 상계 등으로 소멸하였을 때에는 (이후 변경신고도 되지 않았다) 관리인은 당해 채권자에 대하여 청구이의 소를 제기하여[45] 회생절차로부터 배제를 구할 수 있다.[46] 이 경우 청구이의 소를 제기할 수 있으므로 회생채권 등의 부존재확인을 구하는 것은 부적법하다. 경정결정(무효확인의 소)을 할 수 있는 것은 형식적인 오류가 있는 경우로 제한되고, 실체적인 법률관계와 일치하지 않아 그 효력을 다투는 경우는 포함되지 않는다. 따라서 회생채권자표 등의 기재를 실체적으로 변경하는 것은 청구이의의 소에 의하여야 한다.[47]

한편 회생채권조사확정재판에 대한 이의의 소는 그 소송물이 회생회사가 회생담보권과 회생채권으로 시인한 금액을 초과하는 회생채권의 존재 여부이고, 회생채권자표기재무효확인의 소의 소송물은 회생회사가 시인한 회생채권 중 일부의 존재 여부로서 그 소송물이 서로 다르므로 이미 확정된 회생채권확정판결의 기판력이 회생채권자표기재무효확인소송에 미칠 수 없다.[48]

(3) 확정된 기재에 의하여 불가쟁력이 생기는 것

확정된 기재에 의하여 불가쟁력이 생기는 것은 회생채권자표 등에 기재되어 확정의 대상으로 된 것, 즉 회생채권 및 회생담보권의 내용, 의결권의 액수 및 우선권의 유무이다(제166조). 이와 같이 확정된 회생채권 또는 회생담보권의 "액"은 회생계획의 확정시까지 회생절차에서 이해관계인의 권리행사의 기준이 되고 관계인집회에서의 의결권행사의 기준이 된다.[49]

법원의 관할에 속한다고 할 것이다. 따라서 서울회생법원에서 작성된 회생채권자표라고 하더라도 무효확인의 소는 서울중앙지방법원 등 일반법원에 소를 제기하여야 한다. 실무도 그렇게 운영하고 있다(서울남부지방법원 2017가합 105358 사건, 수원지방법원 안산지원 2019가단79865 사건 등).

한편 회생채권자표 등에의 기재가 조사결과와 진실하게 부합하는지의 문제는 회생계속법원에서 판단하는 것이 적당한데, 무효확인의 소의 수소법원은 이와 다른 법원인 것이 원칙이므로 무효확인의 소에 의한 방법은 적절하지 않다. 따라서 입법론적으로 이 경우에도 경정결정에 의할 수 있도록 할 필요가 있다.

44) 대법원 2003. 5. 30. 선고 2003다18685 판결 참조.
45) 예컨대 회생채권자표에 기재된 채권이 보증인 등으로부터 변제에 의해 확정기준시(조사기간 말일) 이후에 소멸되었음에도, 신고한 회생채권자가 회생계획에 따라 변제를 요구한 경우, 관리인은 그 자를 피고로 하여 청구이의의 소를 제기할 수 있다. 청구이의의 소의 청구취지는 「회생채권자표에 기한 회생채권을 회생절차에서 행사하여서는 아니된다」고 하면 될 것이다.
46) 대법원 2007. 10. 11. 선고 2005다45544,45551 판결 참조. 나아가 재심사유 있는 하자(위조증서의 제출, 사기·강박에 의한 이의의 억압 등)가 회생채권 등의 확정 과정에 있을 때에는 이에 의하여 이의권의 행사를 방해받은 관리인, 회생채권자 및 주주·지분권자는 채권자에 대하여 기재의 취소를 구하는 재심의 소를 제기할 수 있다는 견해도 있다(노영보, 417쪽).
47) 채권조사결과가 정확하게 회생채권자표 등에 기재되었지만, 후에 실체적인 법률관계와 합치하지 않는 것으로 판명되었다고 하여, 회생채권자표 등의 기재에 대한 정정을 쉽게 인정하는 것은, 일단 채권조사에 의하여 정해진 법률관계를 흔드는 것이 된다. 따라서 이러한 경우 불복신청은 기본적으로 허용되지 않고, 청구이의의 소와 같이 예외적인 경우에 한하여 허용된다.
48) 대법원 2003. 2. 11. 선고 2002다62586 판결 참조.

주의할 것은 회생채권자표 등의 기재에 기하여 채무자의 재산에 대하여 강제집행을 할 수는 없다는 것이다(아래에서 보는 바와 같이 회생절차가 종료되어야 강제집행할 수 있다). 즉 집행권원이 될 수 없음이 원칙이다. 다만 예외적으로 회생계획인가 전 폐지(제286조, 제287조)의 결정이 확정된 경우 등과 같이 회생절차가 종료되면 회생채권자 등은 회생채권자표 등에 기하여 채무자에 대하여 강제집행을 할 수 있을 뿐이다. 이 경우에도 채무자의 이의가 없는 경우에 한한다(제292조 제1항, 제2항). 관련 내용은 아래 〈2.〉를 참조할 것.

〈회생(담보)채권자표 · 파산채권자표 · 개인회생채권자표(의 기재)[50]의 효력에 관한 규정〉

효력	회생채권자표 · 회생담보권자표			파산채권자표			개인회생채권자표	
	상대방	해당조문		상대방	해당조문		상대방	해당조문
확정판결과 동일한 효력	회생채권자 · 회생담보권자 · 주주 · 지분권자	제168조		파산채권자	제460조		개인회생채권자	제603조 제3항
	채무자	회생계획인가 전 폐지	제292조 제1항 (이의 ×*)	채무자	파산종결	제535조 제1항 (이의×)		
		회생계획불인가결정	제248조 (제292조 제1항) (이의 ×)		파산폐지	제548조 제1항 (이의×)		
	채무자 등**	회생계획인가결정	제255조 제1항					
집행력	채무자	회생계획인가 전 폐지	제292조 제2항 (이의 ×)	채무자	파산종결	제535조 제2항 (이의×)	채무자	제603조 제4항 (개인회생절차폐지 결정이 확정된 때)
		회생계획불인가결정	제248조 (제292조 제2항) (이의 ×)					
	채무자 · 회생을 위하여 채무를 부담하는 자	회생계획인가 후 폐지	제293조 (제252조 제2항)		파산폐지	제548조 제1항 (이의×)		
		회생절차종결	제255조 제2항					

* 이의 ×: 채무자의 이의가 없을 것
** 채무자 등: 채무자, 회생채권자 · 회생담보권자 · 주주 · 지분권자, 회생을 위하여 채무를 부담하거나 또는 담보를 제공하는 자, 신회사(제255조 제1항)

---

49) 위와 같이 확정된 액은 반드시 회생계획상에 있어서 회생채권자, 회생담보권자의 배분의 기준이 되는 것은 아니다. 회생계획상의 배분의 내용은 회생계획의 정함에 따르기 때문이다.
50) 확정판결과 동일한 효력은 회생채권자표 등의 '기재'와 관련되고, 집행력은 회생채권자표 등 그 자체와 관련된다.

나. 시효기간의 연장

회생채권자표 등에 기재된 확정된 채권은 단기의 소멸시효에 해당한 것이라도 그 소멸시효는 10년으로 연장된다(민법 제165조 제2항). 권리관계가 확정된 후에도 다시 단기소멸시효에 걸린다면 권리의 보존을 위하여 여러 번의 중단절차를 거쳐야 하는 불편을 고려한 것이다. 다만 조세 등 청구권의 경우에는 소멸시효가 10년으로 연장되었다고 볼 수 없다.[51]

제2절 채권조사 이후의 후속조치

Ⅰ 회생채권자표·회생담보권자표의 기재

법원사무관 등은 회생채권 및 회생담보권에 대한 조사결과를 회생채권자표 및 회생담보권자표에 기재하여야 한다(제167조 제1항). 목록에 기재되거나 신고된 회생채권 등은 먼저 회생채권자표 등의 작성으로써(제158조) 채권조사대상이 명확해진다. 이후 각각의 채권에 대하여 채권조사가 되고, 그 결과가 기재됨으로써 확정의 유무나 조사확정재판신청 여부 등과 같은 사실관계가 명확히 되며, 회생계획의 작성이나 의결권의 행사의 자료가 될 수 있다.

관련 내용은 〈제1절 Ⅴ.1.〉(본서 768쪽)을 참조할 것.

회생채권자표 등에 기재하는 행위는 어디까지나 공증행위이지만,[52] 채권조사결과의 기재에는 확정판결과 동일한 효력이 부여된다(제168조). 회생절차의 원만한 진행을 위해서는 회생채권 등의 존재 및 액이 결정되고, 적어도 회생절차에서 다툼이 없는 상태에 이르러야 한다. 이의가 없다는 사실상태만으로는 채권확정이 인정되지 않고, 회생채권자표 등에의 기재라는 공증행위가 부가되어야 비로소 위와 같은 불가쟁력이 부여되는 채권의 확정상태가 발생하는 것이다. 이런 점을 고려하면, 회생채권자표 등의 기재는 채권확정의 형식적 요건이라고 할 수 있다.

Ⅱ 이의의 통지

조사기간 내 또는 특별조사기일에서 회생채권, 회생담보권에 관하여 이의가 있는 때에는 법원은 이를 그 권리자에게 통지하여야 한다(제169조). 이를 통지하는 이유는 조사기간의 말일 또는 특별조사기일의 종료 후 1개월이 경과하면 부인된 권리가 실권될 수 있기 때문에(제170조

---

51) 대법원 2000. 12. 22. 선고 99두11349 판결 참조.
52) 회생채권자표 등의 작성(기재)은 법원사무관 등의 권한이다. 이는 회생채권자표 등의 작성(기재)이 판단작용을 수반하지 않는 공증행위라는 점을 고려한 것이다.

제2항 참조) 그 권리자에게 이의가 진술되었음을 알려주어 채권조사확정재판 신청기간을 넘기게 되는 위험을 막고, 재판의 준비를 하도록 하기 위함이다. 따라서 이의의 통지는 조사기간 말일 또는 특별조사기일 종료 후 지체 없이 하여야 한다.[53]

이의통지는 ① 채무자회생법은 송달과 통지를 구별하고 있고, ② 통지는 상당한 방법으로 할 수 있다고 규정하고 있는 점(제33조, 민사소송규칙 제3조)에서 특별한 사정이 없는 한 회생채권자·회생담보권자가 신고한 주소·거소·기타 송달을 할 장소 등으로 상당하다고 인정되는 방법으로 하면 되고, 반드시 민사소송법에서 규정한 송달 방식이나 요건을 충족할 필요는 없다.[54] 다만 채권자는 이의통지 외에 이의 여부를 확인하기 어렵기 때문에 법원은 채권자가 이의통지를 수령할 수 있도록 노력을 기울여야 한다.[55]

Ⅲ 이의의 철회

1. 의 의

이의의 철회란 관리인 등[56]이 이의를 한 후 조사한 결과 그 채권을 시인할 필요가 있을 때

---

53) 법원이 이의통지를 하여야 함에도 이를 하지 않아 채권자가 조사기간 말일 또는 특별조사기일로부터 1월이 지나 채권조사확정재판을 신청한 경우 채권조사확정재판은 신청기간이 도과하였으므로 각하할 수밖에 없다. 법원이 통지하지 않은 것에 대해 국가가 손해배상책임을 부담하는가. '통지하여야 한다'고 규정되어 있지만, 채권조사확정재판은 채권자가 신청하는 것이 원칙이고, 채권신고를 한 경우 인부에 대하여도 스스로 확인하여야 한다는 것을 알고 있었을 것이라는 점에서 법원이 채권자에게 이의를 통지하는 것은 신청기간 도과로 인한 위험을 방지하기 위한 임의적인 것으로 보아야 한다. 따라서 손해배상책임은 부담하지 않는다고 할 것이다.

54) 대법원 2008. 2. 15. 선고 2006다9545 판결 참조.

55) 신고기간 내에 회생채권을 신고한 채권자가 이의통지를 송달불능(폐문부재 등)으로 수령하지 못하여 신청기간 내에 조사확정재판을 신청하지 못한 경우 채권자는 구제받을 수 있는가. 이에 대하여 ① 조사확정재판 신청기간을 불변기간으로 보아 채권자가 책임질 수 없는 사유로 신청기간을 도과한 경우에는 민소법 제173조 제1항에 따라 그 사유가 없어진 날부터 2주 이내에 조사확정재판 신청을 추후 보완할 수 있다는 견해, ② 조사확정재판 신청기간은 불변기간이 아니므로 추후 보완할 수 없고 그 결과 채권자의 권리는 부존재로 확정되어 해당 채권자가 회생절차에 참가할 수 없다는 견해, ③ 특별한 사정이 있는 것으로 보아 민소법 제172조 제1항에 따라 법정기간인 조사확정재판 신청기간을 이의통지서 수령일부터 일정기간 연장할 수 있다는 견해가 있을 수 있다. 법률이 특별히 불변기간으로 명시한 경우에 한하여 추후 보완이 가능하다(민소법 제173조 참조)는 점에서 ①견해는 받아들이기 어렵고, 채권자가 이의 여부를 알지도 못한 상태로 권리를 실효당하는 결과가 되어 부당하다는 점에서 ②견해도 받아들이기 어렵다. 결국 특별한 사정이 있는 경우로 보아 조사확정재판 신청기간을 연장하는 것이 가능하다고 보는 ③견해가 타당하다(대법원 2003. 2. 11. 선고 2002다56505 판결 참조). 다만 ③견해에 의하더라도 신청기간이 이미 도과한 상태에서 사후적으로 신청기간 연장이 가능한지에 대한 의문이 여전히 남는다. 결국 이의통지가 안 된 채권자에 대한 구제방안으로 조사확정재판 신청기간을 불변기간으로 개정하는 입법론적 해결이 필요해 보인다.

56) 실무적으로 주로 관리인에 의한 이의의 철회가 문제된다. ① 목록에 기재되거나 신고된 회생채권자, 회생담보권자, 주주·지분권자(이하 '회생채권자 등'이라 한다)는 이의를 철회할 수 있는가. 회생채권자 등이 이의를 한 경우 회생채권 등이 확정되지 않고, 이의를 제기하고 조사기간 후 이의자가 이를 철회하면 그러한 이의로부터 조사확정재판을 기대했던 다른 회생채권자 등은 이의를 할 수 없어(제161조 제1항) 그 회생채권 등은 확정되고 변제재원의 감소로 직결되기 때문에 이의자가 자유롭게 철회할 수 있는지에 관하여 의문의 여지가 있을 수 있다. 그러나 다른 회생채권자 등도 조사기간 중에 이의를 하려고 했으면 할 수 있었고, 조사확정재판 수행의 부담을 지는 이의자의 의사가 방관자의 이익보다 존중되어야 한다. 따라서 회생채권자 등도 이의의 철회가 인정된다고 할 것이다. ② 채무자도 이의를 철회할 수 있는가. 채무자가 이의를 하여도 회생채권 등은 확정되고, 이의의 철회는 회생절차가 종료된 후 채무자와 채권자 사이의 문제로 될 뿐이기 때문에(제248조, 제292조) 채무자는 자유롭게 이의를 철회할 수

에 그 이의를 철회함으로써 조사기간 내에 또는 특별조사기일에서 한 이의의 효력을 상실시킬 수 있도록 하는 것을 말한다.[57] 이처럼 '부인'을 '시인'하는 취지로 변경하는 것은 명문의 규정은 없지만(규칙 제62조에서 규정하고 있을 뿐이다), 실무적으로 그 필요성이 인정되고 있는 점, 이의를 할 권리는 회생채권 등이 신고에 의해 확정되는 것을 방지하기 위하여 인정되는 회생채권자 등의 고유한 권리로 언제든지 자유롭게 포기하는 것이 가능하다고 생각되는 점, 인정되지 않았던 회생채권 등을 가진 채권자에게 불리하지 않다는 점에서 허용된다고 할 것이다. 물론 공평·신의성실의무를 지는 관리인은 근거 없이 이의를 철회하는 것이 허용되지 않는다는 것은 당연하다.

반대로 인정(시인)하였던 회생채권 등에 대하여 나중에 인정하지 않는 것(부인)으로 인부를 변경할 수 있는가. 확정효과(제166조)와도 모순되고, 인정하였던 회생채권 등에 대하여 나중에 인정하지 않을 수 있다고 한다면, 부인된 회생채권 등에 관하여 조사확정재판신청을 할 수 없는 등 예상할 수 없는 불이익을 줄 염려가 있기 때문에(제170조 제2항) 원칙적으로 허용되지 않는다고 할 것이다(본서 764쪽). 따라서 관리인으로서는 회생채권 등에 대해 '시인'을 함에 있어 더욱 신중할 필요가 있다(본서 771쪽 각주 29)).

2. 철회할 수 있는 기간

이의를 철회할 수 있는 기간은 이의의 대상인 권리가 확정될 때까지이다. 구체적으로 상대방으로부터 조사확정재판의 신청이 제기되지 않았을 경우에는 조사기간의 말일 또는 특별조사기일로부터 1월이 경과하기 전까지(제170조 제2항 참조), 상대방으로부터 조사확정재판의 신청이 있는 경우에는 그 재판이나 이의의 소가 확정적으로 종료되기 전까지이다.

조사확정재판의 신청기간(제170조 제2항)이 경과하면 회생채권으로서 절차참가가 인정되지 않는 것으로 확정되기 때문에 이의의 철회는 허용되지 않는다. 다만 조사확정재판의 신청 등과 같이 채권확정절차가 진행된 경우에는 아직 확정효과가 발생한 것이 아니기 때문에 이의의 철회에 의해 확정된 회생채권으로 된다.[58]

요컨대 이의의 철회는 원칙적으로 조사확정재판 신청기간이 경과 전까지만 허용된다고 볼 것이다(본서 764쪽). 다만 조사확정재판 신청기간 내에 조사확정재판신청이 있고 그 절차가 계

있다{會社更生の實務(下), 183~184쪽}.

57) 이의의 철회(부인을 시인으로 변경) 및 시인을 부인으로 변경하는 것을 포괄하여 '인부의 변경'이라고 부를 수 있다. 후자의 경우는 아래에서 보는 바와 같이 원칙적으로 허용되지 않고 실무에서도 거의 있지 않으며 규칙 제62조에서 '이의의 철회'라는 용어를 사용하고 있기 때문에 이의의 철회라는 관점에서 살펴보기로 한다.

58) 한편 일본에서는 조사확정재판신청기간을 도과한 회생채권자를 인부의 변경이나 이의의 철회에 의해 구제할 수 있다는 취지에서 회생계획의 수정이 허용되는 기간까지(제228조) 인부의 변경이나 이의의 철회가 가능하다는 견해가 유력하고 실무라고 한다(會社更生法, 510쪽 각주 28), 破産法·民事再生法, 944쪽 각주 14), 條解 民事再生法, 536쪽). 요컨대 이의 철회 부정설이 설득력은 있지만, 이의 철회를 부정한다면 관리인은 단기간에 다수의 채권에 대하여 인부를 하지 않으면 안 되는데, 이 경우 장래의 변경가능성을 유보한 채 '잠정적으로(일응)' 부인하는 방식으로 운용할 수밖에 없고, 그 결과 다수의 조사확정재판신청을 유발하는 사태가 발생할 수 있어 예외적으로 이의철회의 여지를 인정하는 방식으로 운용하는 것도 고려해 볼 만하다.

속 중인 경우 또는 조사확정재판에 대한 이의의 소가 계속되고 있는 경우에는 아직 확정효과가 발생한 것이 아니기 때문에 이의의 철회가 허용된다고 할 것이다.

3. 철회의 방법

이의의 철회는 특별조사기일에서 진술하거나 법정 외에서 법원에 대하여 그 취지를 서면으로 제출하면 된다. 이의가 철회된 경우 법원의 이의철회의 대상이 된 회생채권 또는 회생담보권을 갖고 있는 자에게 그 취지를 통지하여야 한다(규칙 제62조).

4. 이의권의 상실

이의의 철회가 있는 경우 그 시점에서 채권확정을 방해하는 효과는 소멸한다. 그래서 일단 이의의 철회를 한 후에는 관리인이나 회생채권자 등은 다시 이의를 할 수 없다. 이의를 할 수 있는 자는 목록에 기재되거나 신고된 회생채권자 등으로 제한되기 때문에(제161조 제1항 제3호) 채권신고를 취하한 경우나 채권확정절차에서 이의채권의 부존재가 확정된 경우에도 이의권을 상실한다.

제3절 이의가 있는 회생채권 등의 확정

이의가 있는 회생채권 등의 확정(절차)은 ① 채권조사확정재판, ② 채권조사확정재판에 대한 이의의 소, ③ 회생절차개시 당시에 계속 중인 소송의 채권확정소송으로의 수계 및 ④ 집행력 있는 집행권원 또는 종국판결이 있는 채권에 대하여 다툼이 있는 경우 등 4가지로 구성된다.[59]

---

59) 이처럼 회생절차개시 당시에 소송이 계속 중인지 여부에 따라 회생채권 등의 확정 방법이 달라지므로 제172조 제1항의 '소송이 계속하는 경우'의 의미를 살펴볼 필요가 있다. 소송계속은 소제기의 소송법상 효과이다. 이러한 점을 생각하면 소제기시에 소송계속이 발생한다고 하는 것이 자연스럽다. 민사소송법에는 소송계속에 관한 명시적인 규정은 없고, 다만 제248조에서 "소는 법원에 소장을 제출함으로써 제기한다"고 규정하고 있을 뿐이다. 따라서 소장 제출시가 곧 소제기시이고 소장의 제출로써 소송이 개시된다. 그런데 학설은 소송계속을 특정한 소송상 청구에 대하여 법원이 판결절차로써 심리할 수 있는 상태라고 정의하고, 소송계속이 소제기시가 아니라 소장 부본 송달시에 발생한다는데 이견이 없다. 그 이유는 다음과 같다: 법원이 특정 소송상 청구를 심리하려면 법원과 원고, 피고 3자 사이에 그 청구에 관한 소송상 법률관계가 성립하여야 한다. 원고가 법원에 소장을 제출하면 소송이 개시되지만 아직 원고와 법원 사이에만 소송상 법률관계가 있고, 피고와 원고, 또 피고와 법원 사이에는 소송법률관계가 생기지 않았다. 법원이 소장 부본을 피고에게 송달하면 비로소 법원, 원고, 피고 사이에 소송상 법률관계가 성립하고 법원이 그 소송상 청구에 대하여 심리할 수 있게 된다. 이러한 이유로 소송계속은 소제기의 소송법상 효과이지만 소제기시에 발생하지 않고 소장 부본 송달시에 발생한다(오정후, "소송계속에 관하여" 법학 54권 1호, 2013, 서울대학교 법학연구소, 161쪽). 대법원도 소장 부본이 송달되어야 소송이 계속 중인 것으로 보고 있다(대법원 2018. 6. 15. 선고 2017다289828 판결, 대법원 2017. 5. 17. 선고 2016다274188 판결, 대법원 2014. 5. 16. 선고 2013다94411 판결 등 참조).

　실무적으로 「소제기(소장제출) ─ 회생절차개시결정 ─ 소장부본송달」의 경우가 많이 발생한다. 통설과 판례에 의하면 회생절차개시결정 당시 소송계속이 발생하지 않았으므로 소송절차를 수계할 수는 없고, 채권조사절차를 거쳐 채권조사확정재판에 의하여 해결하여야 한다. 그러나 채권자는 결과적으로 피고에게 소장부본이 송달되었음에도 채무자(피고)에 대한 회생절차개시결정으로 다시 조사확정재판을 신청하여야 하는 불합리한 점이 있다. 지급명령 신청주의할 것은 이의가 있는 회생채권 등에 대하여 확정을 하여야 하는 것은 회생채권 등의 내용에 대한 것에 한정된다는 것이다(제170조 제3항 참조). 회생채권 등의 의결권에 대하여 이의가 있는 경우에는 채권의 확정과는 관계가 없다. 최종적으로는 법원이 재량으로 의결권을 행사하게 할 것인지와 의결권 액을 정한다(제188조 제2항).

[이의채권 확정절차 개요도]

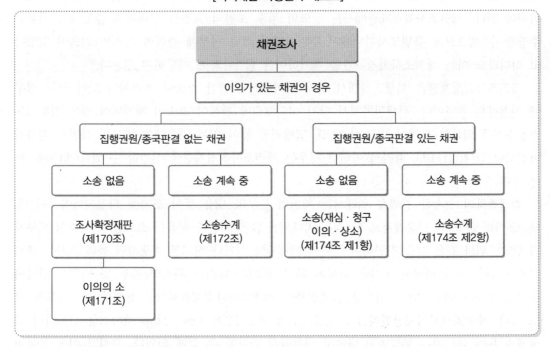

I 채권조사확정재판

1. 의   의

채권조사확정재판이란 목록에 기재되거나 신고된 회생채권 및 회생담보권에 관하여 관리인, 회생채권자, 회생담보권자, 주주·지분권자가 이의를 한 때에 그 회생채권 또는 회생담보권(이하 '이의채권'[60]이라 한다)을 보유한 권리자가 그 권리의 확정을 위하여 이의자 전원을 상대

후 송달 전에 회생절차가 개시된 경우에도 마찬가지이다. 관련 내용은 아래 〈Ⅲ.4.〉(본서 807쪽)를 참조할 것.

　이러한 문제는 「조사확정재판에 대한 이의의 소 제기-회생절차종결-소장부본송달」의 경우 피고에 대한 당사자 표시와 관련하여서도 발생한다. 실무적으로 원고 입장에서는 피고에 대한 회생절차가 종결되었는지 알 수 없으므로 피고를 「A주식회사 관리인 B」라고 표시하는 경우가 많다. 그러나 대법원과 민사소송법 학자들의 견해에 의하면 소송계속이 발생하기 전에 회생절차가 종결되었으므로 이 경우 피고는 「A주식회사」라고 표시하여야 한다(서울회생법원 2019가합100085, 2019가합100092).

60) 구체적으로 이의채권이란 ① 회생채권자목록, 회생담보권자목록의 기재로 신고가 간주되었거나(제151조), 신고기간 내에 회생채권, 회생담보권으로 신고되었거나(제148조 제1항) 또는 추후보완의 요건을 갖추어 적법하게 신고된(제

방으로 하여 법원[61)]에 신청하는 재판을 말한다(제170조 제1항 본문).

관리인이 아닌 회생채권자 등 이해관계인이 특별조사기일에서 채권조사확정재판을 제기하여야 할 '이의'를 하였는지는 특별조사기일에서 한 이의의 진술 내용뿐만 아니라 이에 이르게 된 이유나 경위 및 방식, 관리인이나 다른 이해관계인의 이의 여부 및 이의를 하였다면 그 내용 등 제반 사정을 고려하여, 특별조사기일에서 한 이의가 채권조사확정재판절차에서 응소책임을 부담하면서까지 당해 채권의 확정을 차단하기 위한 의사에서 비롯된 것인지에 따라 결정하여야 한다. 채권조사확정재판에서는 신고의 추후 보완의 요건을 구비하지 않았다는 사유를 주장할 수 없으므로 특별조사기일에서 추완신고의 적법 여부에 관하여 이의의 진술이 있었다고 하더라도 이는 채권조사확정재판을 제기하여야 할 '이의'에 해당하지 않는다.[62)]

채권조사확정재판은 회생절차개시 당시 이의채권에 관한 소송이 제기되어 있지 않는 경우에 신청하는 재판이다. 회생절차개시 당시 이의채권에 관하여 소송이 제기되어 있는 경우에는 소송수계에 의하여 확정이 되고(제172조), 집행권원 등이 있는 경우에는 별도의 특별한 절차가 마련되어 있다(제174조). 따라서 이러한 경우는 채권조사확정재판을 신청할 수 없다(제170조 제1항 단서).

회생절차의 신속한 진행을 위해서는 채권의 존부와 내용 등이 조기에 확정되어야 하는데, 채권조사확정재판을 변론절차로 할 경우 지나치게 많은 시간과 비용이 소요된다. 따라서 채무자회생법은 위와 같은 점을 감안하여 목록에 기재되어 있거나 신고된 회생채권 등의 조사는 조사기간을 두어 기일 외에서 조사를 하도록 하고, 이의가 제기된 채권의 존부 및 범위에 관하여는 변론절차가 아닌 간이·신속한 결정절차인 채권조사확정재판절차를 통하여 확정하도록 하고 있다. 채권조사확정재판절차를 도입함으로써 회생법원의 One-Stop 서비스를 강조하여 회생채권 등에 대하여는 회생법원 내에서 신속하게 판단할 수 있게 되었다. 그리고 이에 불복이 있는 경우에 한하여 소송절차인 채권조사확정재판에 대한 이의의 소에서 다투도록 하고 있다.

한편 실체적 권리가 아닌 회생절차 내의 절차적 권리에 불과한 의결권의 존부 및 범위는 회생계획안 결의를 위한 관계인집회에서 관리인을 비롯한 이해관계인의 의결권에 대한 이의를 통하여 법원이 즉시 결정하도록 하고 있다(제188조 제2항 참조). 의결권의 존부 및 범위는 조사확정재판의 대상이 아니다.

회생절차가 개시된 후 회생채권자가 회생채권에 대한 이의자를 상대방으로 하여 회생채권의 이행을 구하는 소를 제기하거나, 회생절차개시 당시 회생채권에 관한 소송이 계속 중이지 않은 회생채권자가 채권조사확정재판절차를 거치는 대신에 회생채권확정을 구하는 소를 제기

152조, 제153조) 채권으로서, ② 조사기간 또는 특별조사기일에서 이의가 제기된 채권을 말한다.

61) 채권조사확정재판의 관할에 관하여는 별다른 규정이 없으나, 조문의 취지상 회생절차가 계속 중인 회생법원이라고 보아야 할 것이다. 실무적으로도 채권조사확정재판은 회생계속법원에서 관할하고 있고, 사무분담은 회생사건을 담당하는 재판부(파산부)가 맡고 있다. 이에 대하여 후견적 기능을 담당하는 당해 재판부가 조사확정재판도 담당하는 것은 공정성에 문제가 있다는 비판이 있지만, 공정성보다는 신속성을 선택한 결과로 부득이한 측면이 있다.

62) 대법원 2018. 7. 24. 선고 2015다56789 판결.

하는 것은 부적법하다.[63]

2. 당 사 자

가. 신청권자

이의채권을 보유한 권리자는 채권조사확정재판을 신청할 수 있다(제170조 제1항). 이의채권은 채권조사결과에 기한 확정의 효력(제166조)이 부여되지 아니하므로 당해 채권이 있다고 주장하는 권리의 보유자로 하여금 이의채권의 내용을 확정하는 절차를 개시하도록 한 것이다.

채무자도 이의를 할 수 있지만 채무자의 이의는 회생절차 내에서 채권확정을 방해하지 않기 때문에 채무자에 의하여 이의가 진술된 채권자는 채권조사확정재판을 신청할 필요가 없다. 다만 인가 전 회생절차가 폐지가 된 경우에는 회생절차종료 후 채무자를 상대로 새로운 소를 제기하여야 하는데, 이는 채무자가 이의를 한 경우 회생채권자표 등의 기재에 확정판결과 동일한 효력 및 집행력이 없기 때문이다(제292조 제1항, 제2항).

나. 상대방

이의채권을 보유한 권리자가 회생채권 등의 조사확정재판을 신청함에 있어서는 이의자 전원을 상대방으로 하여야 한다(제170조 제1항). 따라서 ① 관리인만이 이의를 한 경우에는 관리인만을 상대방으로 하여야 하고, ② 관리인과 다른 회생채권자 · 주주 등이 동시에 이의를 한 경우에는 관리인과 이의를 제기한 회생채권자 등을 공동의 상대방으로 하여야 하며, ③ 관리인 이외의 수인의 회생채권자 · 주주 등이 이의를 한 경우에는 그 이의자 전원을 상대방으로 하여야 한다.

따라서 이의채권의 보유자가 수인으로부터 이의를 당하였음에도 불구하고 이의를 진술한 자 중 일부만을 상대로 하여 신청한 채권조사확정재판은 부적법하다.

채무자의 이의는 채권의 확정을 방해하지 않기 때문에(제166조), 이의를 한 채무자는 상대방이 되지 못한다.[64]

다. 보조참가 인정 여부

채권조사확정재판의 결과에 이해관계가 있는 자는 보조참가를 할 수 있다(제33조, 민소법 제71조). 채권조사확정재판이 채무자회생법에 의하여 창설된 결정절차이지만, 보조참가 규정의 준용을 부정할 이유는 없기 때문이다.

문제는 이의를 하지 않았던 회생채권자 등이 채권조사확정재판에 보조참가를 할 수 있는지(보조참가에 관한 이해관계를 인정할 수 있는지) 여부이다. 채권확정절차의 결과가 회생채권자 등 전원에 대하여 효력이 미치고(제176조) 채권확정재판의 결과가 이의를 진술하지 않은 회생채권

---

63) 대법원 2011. 5. 26. 선고 2011다10310 판결.
64) 일본 회사갱생법 제151조 제1항은 이를 명시적으로 규정하고 있다.

자 등의 변제에 직접적으로 영향을 미치기 때문에 보조참가가 가능하다는 견해가 있을 수 있다. 그러나 채권조사절차에서 이의를 하지 않은 이상 회생채권자 등은 이의권을 상실하므로 재판의 결과에 있어 법률상의 이해관계를 가진다고는 할 수 없고, 재판의 결과가 다른 회생채권자 등에 영향을 미치는 것은 사실상의 이익에 지나지 않기 때문에, 보조참가를 부정하는 것이 타당하다.[65]

3. 신청기간

이의채권을 보유한 회생채권자 등이 조사확정재판을 신청하여야 하는 기간은 조사기간의 말일 또는 특별조사기일로부터 1월 이내이다(제170조 제2항). 위와 같이 신청기간을 제한한 이유는 회생채무자가 부담하는 채무는 되도록 빨리 확정함으로써 회생계획의 작성 등 회생절차를 신속하게 진행하여 권리관계의 빠른 안정을 꾀하고자 하는 데 있다. 따라서 특별한 사정이 없는 한 법원은 그 기간을 늘이거나 줄일 수 없다.[66] 채권조사확정재판을 신청할 수 있는 기간은 불변기간이 아니므로 당사자가 책임질 수 없는 사유로 말미암아 그 기간을 지킬 수 없었다고 하더라도 신청을 추후 보완할 수 없다.[67]

신청기간을 도과한 경우에는 조사확정재판의 신청이 부적법하므로 각하하여여 한다. 신청기간 내에 채권조사확정재판을 신청하지 않은 경우 이의채권을 가진 자는 회생절차에서 그가 가진 회생채권 등의 확정을 구하는 수단을 상실하게 되고, 이후 회생절차에 참여할 수 없는 상태가 확정된다. 그 결과 그 회생채권 등에 대하여는 처음부터 목록에 기재가 없고 신고를 하지 않는 것과 같은 상태가 된다. 이로 인해 면책의 효과(제251조)는 미치지만, 신고한 사실 자체는 남기 때문에 시효중단효는 존속한다.

4. 심판의 대상 등

가. 심판의 대상

채권조사확정재판의 심리의 대상이 되는 것은 이의채권의 존부 또는 그 내용이다(제170조 제3항). 구체적으로 목록에 기재되어 있거나 신고된 것으로서 회생채권의 경우에는 그 존부와 금액(비금전채권인 경우에는 급부의 내용), 일반의 우선권이 있는지 여부 등이고, 회생담보권의 경우에는 피담보채권의 존부와 금액, 권리의 우선순위도 그 대상이 된다.[68] 신고하지 아니한 회

---

65) 會社更生法, 524쪽, 倒産と訴訟, 131쪽, 條解 破産法, 887쪽. 채권조사확정재판에 대한 이의의 소에 있어서도 마찬가지 이유로 보조참가를 부정하여야 할 것이다.

66) 다만 법원이 부득이한 사유로 채권조사확정재판의 신청기간 만료에 임박하여 이의통지서를 송달하게 된 경우에는 채권자들의 채권조사확정재판신청권을 보장하기 위하여 조사확정재판의 신청기간을 연장할 수도 있다(제33조, 민소법 제172조 제1항).

67) 대법원 2003. 2. 11. 선고 2002다56505 판결 참조.

68) 대법원 2016. 4. 12. 선고 2014다68761 판결(채권조사확정재판이나 그에 대한 이의의 소의 소송물은 관리인 등이 회생채권 또는 회생담보권으로 시인한 금액을 초과하는 채권의 존재 여부이다. 한편 채무자회생법 제141조 제1항

생채권에 대하여 확정을 구하는 것은 부적법하다.[69] 채권조사확정재판에서 당초의 신고채권과 발생원인사실부터 별개의 채권으로 보이는 것의 확정을 구하는 것은 허용되지 않지만, 회생채권자표에 기재되어 있는 권리와 급부의 내용이나 수액에 있어서 같고 청구의 기초가 동일하지만 그 발생원인을 달리 하는 다른 권리의 확정을 구하는 경우와 같이 비록 법률상의 성격은 다르더라도 사회경제적으로 동일한 채권으로 평가되는 권리로서 그 채권의 확정을 구하는 것이 관리인이나 다른 채권자 등의 이의권을 실질적으로 침해하는 것이 아니라면 그러한 채권의 확정을 구하는 것은 허용된다.[70]

의결권의 존부와 그 액수 등은 조사확정재판의 대상이 아니다(제170조 제3항).[71] 그 이유는 의결권은 채권의 존부 및 내용과 같은 실체법적 권리의 문제가 아니라 단지 회생절차 내에서 어떠한 액만큼의 의결권을 행사할 수 있는가에 관한 절차적법 권리의 문제에 불과하고, 일단 결정된 의결권의 액이라도 법원이 직권 또는 신청에 의하여 '언제든지' 변경할 수 있는 등 아무런 확정력이 부여되어 있지 아니하므로(제188조 제3항), 조사확정재판이나 그에 대한 이의의 소처럼 엄격한 절차를 거쳐 확정하여야 할 필요성이 없기 때문이다.[72] 대신에 채무자회생법은 의결권에 관하여 이의를 진술당한 권리자에게 의결권을 행사하게 할 것인지 여부와 의결권을 행사하게 할 액 또는 수액을 법원이 '회생계획안 결의를 위한 관계인집회'에서 결정하도록 하고 있으므로(제188조 제2항), 의결권의 존부와 그 수액 등은 조사확정재판의 대상이 아니라 위 관계인집회에서 법원이 결정하여야 할 것이다.

나. 주장의 제한

회생채권자 또는 회생담보권자는 채권조사확정재판에서 이의채권의 원인 및 내용에 관하여 회생채권자표 및 회생담보권자표에 기재된 사항만을 주장할 수 있다(제173조).[73] 관련 내용은

본문은 "회생채권이나 회생절차개시 전의 원인으로 생긴 채무자 외의 자에 대한 재산상의 청구권으로서 회생절차개시 당시 채무자의 재산상에 존재하는 유치권·질권·저당권·양도담보권·가등기담보권·동산·채권 등의 담보에 관한 법률에 따른 담보권·전세권 또는 우선특권으로 담보된 범위의 것은 회생담보권으로 한다"고 규정하고 있고, 같은 조 제4항은 "회생담보권자는 그 채권액 중 담보권의 목적의 가액(선순위의 담보권이 있는 때에는 그 담보권으로 담보된 채권액을 담보권의 목적의 가액으로부터 공제한 금액을 말한다)을 초과하는 부분에 관하여는 회생채권자로서 회생절차에 참가할 수 있다"고 규정하고 있다. 따라서 회생채권조사확정재판에 대한 이의의 소에서 '회생담보권자가 주장하는 회생담보권 채권액이 담보목적물의 가액에서 선순위 담보권의 채권액을 공제한 금액을 초과하지 않는다는 사실'은 회생담보권 발생의 요건사실 중 하나로서 회생담보권자가 이를 주장·증명하여야 한다).

69) 대법원 2003. 5. 16. 선고 2000다54659 판결 참조.
70) 대법원 2007. 4. 12. 선고 2004다51542 판결 참조. 따라서 청구의 기초가 같다면 회생채권으로 신고를 하였다가 조사확정재판에서 회생담보권의 확정을 구하는 것으로 변경하는 것도 가능하다.
71) 대법원 2015. 7. 23. 선고 2013다70903 판결{회생채권확정의 소[현재의 채권조사확정재판, 채권조사확정재판에 대한 이의의 소를 말한다, 이하 같다]는 회생채권자가 신고한 채권에 대하여 관리인 등에게서 이의가 있는 경우 이의채권의 존부 또는 내용을 정하여 권리를 확정하는 것을 내용으로 하는 소인바, 회생채권자 등은 회생채권확정의 소송절차에서 이의채권의 원인 및 내용에 관하여 회생채권자표에 기재된 사항만을 주장할 수 있을 뿐 회생채권자표에 기재된 사항 중 의결권의 액수는 대상에서 제외된 점(제158조, 제173조, 제174조 제3항 등 참조)을 고려하면, 의결권의 액수는 회생채권확정의 소의 대상이 될 수 없다.}
72) 사법연수원, 전게서, 127쪽.
73) 실무적으로 채권조사확정재판에 대하여 상대방은 '부인권 행사'의 항변을 하는 경우가 많다(이에 대해 신청인은 부

〈제1절 V.2.〉(본서 768쪽)를 참조할 것.

이의의 이유에 관하여는 관리인의 경우와 회생채권자 등 또는 주주(지분권자)의 경우를 구별하여 살펴보아야 한다. 관리인이 회생채권자 등의 신고사항에 대하여 이의를 진술한 경우에는 이유를 진술할 의무는 없다. 하지만 실무적으로 이유를 진술하는 경우가 대부분이다. 이에 대하여 회생채권자 등 또는 주주(지분권자)가 이의한 경우에는 그 이유를 진술하여야 할 것이다.

구체적인 이의사유 등으로, 관리인이 이의한 경우에는 부인권 행사를 이유로 하는 것뿐만 아니라, 채무자가 해당 회생채권자 등에 대하여 가지고 있는 모든 항변을 주장하는 것도 가능하다. 이에 대하여 이의자가 회생채권자 등 또는 주주(지분권자) 등인 경우에는 채무자가 가지는 형성권, 즉 취소권이나 해제권 등에 대하여는 그 행사가 관리인의 관리처분권에 전속하기 때문에(제56조 제1항), 주장가능성을 부정하여야 할 것이다.[74] 유치권이나 동시이행항변권 등의 경우에도, 이의자가 그것을 행사하는 것에 의하여 채무자에게 불이익이 발생하는 것은 일반적으로 생각하기 어렵지만, 역시 관리인의 관리처분권을 존중하여야 하기 때문에 마찬가지로 해석하여야 할 것이다.[75]

다. 추완신고의 적법성을 다툴 수 있는지

채권조사확정재판에서 추완신고의 적법성을 다툴 수 있는가. 회생법원이 추완신고가 적법하다고 판단하여 특별조사기일에서 추완신고된 채권에 대한 조사절차까지 마쳤다면, 채권조사확정재판에서는 신고의 추후 보완 요건을 구비하지 않았다는 사유를 주장할 수 없다. 그 이유는 다음과 같다.[76]

(1) 채무자회생법상 추완신고의 적법 여부에 대한 법원의 판단에 대해서는 이를 즉시항고 등으로 다툴 수 있다는 명문의 규정이 없다. 이와 함께 추완신고의 적법 여부는 채권신고나 조사의 대상이 아니고, 채권조사절차 또는 조사확정재판절차에 의한 확정의 대상이라고 볼 수도 없다. 이는 관리인 기타 이해관계인이 추완신고의 적법여부에 대하여 이의를 하였다고 하더라도 마찬가지이다.

(2) 채권조사확정절차는 적정한 회생계획안 작성을 위한 전제로서 회생채권 등의 실체법적 존부 등을 간이하고 신속하게 확정하는 절차에 불과하고, 채권신고의 요건을 엄격하게 해석하여 이를 구비한 채권만을 권리로 인정하고 이를 구비하지 못한 경우에는 그 채권을 실권시키기 위한 절차가 아니다. 본래 채무자회생법이 신고기간을 둔 것도 관리인 기타 이해관계인에게 조사의 편의를 제공하기 위한 것일 뿐 기간준수 여부를 기준으로 권리를 인정하거나 배제하기 위한 것이 아니다.

인권 소멸의 재항변을 할 수 있다).
74) 다만 소멸시효항변에 대하여는 회생절차에서 불리하게 되는 것은 아니기 때문에 주장을 인정하여도 될 것이다.
75) 會社更生法, 521～522쪽.
76) 대법원 2018. 7. 24. 선고 2015다56789 판결, 대법원 1990. 10. 23. 선고 90다카19906 판결 참조.

(3) 오히려, 회생절차에서는 이해관계인이 회생법원의 결정문을 직접 송달받지 못하는 경우가 적지 아니한 반면, 회생채권자 등이 신고를 해태하는 경우 그 채권이 실권되는 등 불이익이 큰 점 등을 고려하여, 회생절차에 중대한 지장을 초래하지 않는 한 실권시키는 것이 가혹하다고 인정되는 경우에는 가급적 그 책임질 수 없는 사유를 넓게 해석하는 것이 필요하다.[77]

(4) 추완신고의 적법 여부에 대한 회생법원의 판단은 회생절차의 신속성이나 효율성, 채권조사절차에 있어 관리인 기타 이해관계인의 편의, 실권되는 채권을 보유한 회생채권자 등의 불이익 등을 고려하여 추완신고를 수리할 것이냐 말 것이냐에 관한 절차적 판단에 불과하다. 추완신고가 수리되었다고 하더라도 신고된 채권에 관해서 채권의 존부 및 내용 등에 관하여 다툴 수 있는 기회가 보장되어 있는 이상 위와 같은 절차적 판단에 불복할 수 없게 된다고 하여 이것이 관리인 기타 이해관계인의 재판청구권을 본질적으로 침해하는 것이라고 볼 수 없다.

5. 재　판[78]

채권조사확정재판은 결정절차이지만 구체적인 권리의 존부에 관한 판단이므로 이의자[79]를

---

77) 대법원 1996. 7. 26. 자 99마2081 결정 참조.
78) **채권조사확정재판에서의 소송비용 부담과 소송비용액의 확정** 소송비용의 재판은 서로 대립하는 소송의 당사자가 그 소송수행에 필요한 한도 내에서 지출한 비용을 상대방, 당사자 또는 그 소송에 관여한 제3자로부터 상환받을 수 있도록 그 사건을 완결하는 재판에서 직권으로 그 부담자 또는 부담비율을 정하는 것이다(대법원 2010. 5. 25. 자 2010마181 결정 참조). 소송비용부담의 재판의 대상은 사건을 완결하는 재판(민소법 제104조)이고 재판에는 판결뿐만 아니라 결정과 명령도 포함된다. 다만 서로 대립되는 상대방이 없거나 형식상 상대방이 있다 하더라도 그 상대방이 그 소송에서 자기의 권리신장을 위하여 공격 또는 방어할 수 있는 기회가 보장된 대심적 소송구조가 아닌 경우(주로 결정, 명령으로 완결되는 재판)에는 그 소송비용은 그 재판을 신청한 당사자의 자기부담이 될 것이고, 상대방에게 그 비용을 부담시킬 이유가 없으며 상대방도 그 소송에 관하여 비용지출이 있었다고는 볼 수 없는 것이므로 구태여 그 비용부담자를 정할 필요가 없다(대법원 1985. 7. 9. 자 84카55 결정 참조).
　채권조사확정재판은 소송비용 부담의 대상이 되는 재판에 해당하는가. 채권조사확정재판은 소송이 아니고, 당사자 쌍방을 필요적으로 심문하지 않고 이의자만 심문하여도 되며(제170조 제4항, 제462조 제3항), 채권조사확정재판절차는 소송비용액 확정의 기준이 되는 소송 목적 가액(소가)의 결정대상이 아니라는 점에서 소송비용 부담의 대상이 되는 재판이 아니라고 할 수도 있다. 그러나 채권조사확정재판절차에는 민사소송법의 규정이 준용되고(제33조), 채권조사확정재판은 결정으로 사건을 완결하는 재판에 해당한다고 볼 수 있다. 또한 실무적으로 채권조사확정재판은 심문기일을 지정하여 진행함으로써 실질적으로 서로 대립하는 상대방이 자기의 권리신장을 위하여 공격·방어할 수 있는 기회가 보장되었다고 볼 수 있으므로 소송비용 부담에 관한 재판을 하여야 할 것이다(서울고등법원 2020. 7. 15. 자 2019라21318 결정(상고) 참조). 실무적으로도 채권조사확정재판에서 소송(신청)비용부담을 명하고 있다.
　채권조사확정재판의 신청비용에 변호사보수가 포함되는가. 소송비용에 산입할 변호사보수의 금액을 정하기 위해 제정된 「변호사보수의 소송비용 산입에 관한 규칙」(변호사보수규칙) 제3조 제1항은 소송비용에 산입되는 변호사의 보수는 당사자가 보수계약에 의하여 지급한 또는 지급할 보수액의 범위 내에서 '각 심급단위로 소송목적의 값에 따라 별표의 기준에 의하여' 산정한다고 정하고 있다. 한편 제178조에 의해서는 채권조사확정재판의 소송목적의 값을 정할 수 없고, 민사소송법 등 관련규정에는 채권조사확정재판의 소송목적의 값을 정할 수 있는 기준이나 방법이 규정되어 있지 않다. 결국 현재의 민사소송법, 채무자회생법 및 변호사보수규칙 하에서는 변호사보수규칙 제3조의 규정에 따라 채권조사확정재판의 신청비용에 산입되는 변호사보수를 산정하는 데 필요한 소송목적의 값을 정할 수 없다. 또한 채권조사확정재판에서도 통상의 방식으로 변호사보수를 산정하여 신청비용에 산입하면 그 신청비용이 공익채권에 해당한다고 볼 경우 공익채권의 과도한 증가로 회생절차 진행에 적지 않은 부담이 될 수 있다. 따라서 채권조사확정재판의 신청비용에 변호사보수는 포함되지 않는다고 봄이 타당하다(대법원 2023. 10. 20. 자 2020마6610 결정 참조).
79) 회생절차와 파산절차에서는 '이의자'를 심문하여야 한다고 규정하고 있음(제170조 제4항, 제462조 제3항)에 반하여, 개인회생절차에서는 '이해관계인'을 심문하여야 한다고 규정하고 있다(제604조 제5항).

필요적으로 심문하여야 한다(제170조 제4항).[80] 심문은 재판부의 면전에서 행하는 구두심문뿐만 아니라 서면에 의한 심문도 무방하다. 여기서 말하는 '채권조사확정재판'은 회생채권 등의 존부·내용에 관하여 실체 판단을 하는 재판을 가리키는 것이고, 재판의 신청이 부적법하여 각하하여야 하는 재판(기간도과가 명백하거나 이의가 제기된 바가 없거나 이의가 철회된 경우)은 포함되지 않는다는 점에 주의를 요한다.[81]

채권조사확정재판의 소송물은 관리인 등이 회생채권 또는 회생담보권으로 시인한 금액을 초과하는 채권의 존재 여부이다.[82] 따라서 조사확정재판에서 정할 대상은 이의채권의 존부와 그 내용이지 신청의 당부가 아니다(제170조 제3항). 심리결과 회생채권의 존부가 전부 인정되지 아니할 경우에는 그 결정 주문에서 조사확정재판을 기각한다고 할 것이 아니라, 회생채권이 존재하지 아니한다는 취지의 결정을 하여야 한다.[83] 반대로 회생채권의 존재가 인정되는 경우에는 「신청인의 채무자 ○○○에 대한 회생채권은 △△△원임을 확정한다」고 결정한다(실무적으로 일부가 인정되지 않는 경우 나머지 신청을 기각한다는 취지의 기재는 하지 않는다).[84]

한편 조사기간 안에 또는 특별조사기일에서 회생채권의 일부에 대하여는 시인되고 나머지 부분에 대해서만 이의가 제기된 경우(예컨대 회생채권자의 신고채권액 1억 원, 관리인 시인액 6,000만 원, 부인액 4,000만 원인 경우)에는, 이의 없는 부분(6,000만 원)은 확정되고, 이의채권(4,000만 원)만이 조사확정재판의 대상이 된다.[85][86]

---

80) 실무적으로 채권자가 회사인 경우 직원을 출석시키겠다고 하는 경우가 많으나, 합의부 사건의 경우 변호사가 아닌 사람은 소송대리인이 될 수 없으므로 허용하고 있지 않다.

81) 條解 民事再生法, 559쪽.

82) 대법원 2016. 4. 12. 선고 2014다68761 판결, 대법원 2012. 11. 15. 선고 2011다67897 판결. 다만 처분권주의 원칙상 신청인은 이의채권 중 일부에 대하여도 채권조사확정재판을 신청할 수 있고, 이 경우 그 소송물은 이의채권 중 채권조사확정재판이 신청된 부분에 한정된다{대법원 2012. 6. 28. 선고 2011다17038,2011다17045(병합)}.

83) 주문 기재례: 신청인의 채무자 ○○○에 대한 회생채권은 존재하지 아니함을 확정한다.
  이의채권의 보유자가 채권조사확정재판을 신청함에 대하여 상대방이 해당 채권을 전혀 인정할 수 없을 때에는, 답변서에 「신청인의 회생채권은 존재하지 아니함을 확정한다. 또는 신청인의 회생채권은 0원임을 확정한다」고 기재하여야 한다. 「이 사건 신청을 기각한다」고 기재하면 안 된다.

84) 외국중재판정의 승인 및 집행에 관한 협약(이하 '뉴욕협약'이라 한다)이 적용되는 외국중재판정의 일방 당사자에 대하여 외국중재판정 후에 회생절차가 개시되고 채권조사기일에서 그 외국중재판정에 기하여 신고한 회생채권에 대하여 이의가 제기되어 채권조사확정재판이 제기된 경우, 외국중재판정은 확정판결과 동일한 효력이 있어 기판력이 있으므로, 채권조사확정재판의 관할 법원은 뉴욕협약 제5조 소정의 승인 및 집행의 거부사유가 인정되지 않는 한 외국중재판정의 판정주문에 따라 회생채권을 확정하는 결정을 하여야 한다(대법원 2009. 5. 28. 선고 2006다20290 판결 참조).

85) 실무적으로 회생담보권으로만 신고하더라도 회생담보권의 신고에는 예비적으로 회생채권의 신고의사도 포함되었다고 본다. 그에 따라 회생담보권으로만 신고 되었더라도 ① 회생담보권에 대하여 이의하고 회생채권으로 시인하는 경우가 있다. 이 경우 신청인이 회생담보권의 확정을 신청한 조사확정재판에서 회생담보권의 내용만 정하면 좋은지 회생채권의 내용도 확정해서 정해야 하는지 문제될 수 있다. ② 회생담보권으로 모두 부인하였는데, 조사확정재판에서 심리한 결과 일부는 회생담보권으로 일부는 회생채권으로 인정되는 경우(예를 들어 회생담보권 10억 원을 신고하고 전액 이의되어 회생담보권의 확정을 신청하였으나 회생담보권으로 5억 원 회생채권으로 5억 원 인정되는 경우)에도 동일한 문제가 발생한다.
  이에 대하여 회생채권은 따로 선언할 필요가 없다는 견해가 있을 수 있다. 그 이유는 당사자가 회생채권액에 대한 주장을 충분히 하지 못할 경우에는 금액을 부정확하게 확정하거나 확정에 과도한 시간이 소요되는 점, 예비적 병합과 유사하게 회생담보권 확정을 구하는 부분은 회생채권의 확정도 저지된다고 보이는데 이러한 경우라도 쟁점이 된 회생담보권만 정하면 그에 따른 회생채권액은 자연히 계산하여 정해지는 점 때문이다(홍은표, 조사확정재판

채무자회생법은 의결권의 유무나 변제의 순위에 있어 일반 회생채권과 구별되는 우선권 있는 회생채권이라는 개념을 마련하고, 우선권 있는 회생채권이 포함되어 있는 경우 회생채권자의 채권신고, 채권조사, 관리인의 인부, 회생채권자표 작성 등 회생채권확정에 필요한 일련의 절차에서 모두 그 구분을 반드시 표시하도록 요구하고 있으므로, 관리인 등의 이의가 있어 회생채권확정재판을 통하여 채권이 확정되는 경우에도 우선권 있는 회생채권이 포함된 때에는 그 구분 또한 회생채권확정재판에 있어 확정의 대상이 되므로 결정 주문에서 그 구분을 명확히 표시해 주어야 한다.[87]

6. 채권조사확정재판의 효력

채권조사확정재판에 대한 이의의 소가 결정서의 송달일로부터 1월 이내에 제기되지 아니하거나 각하된 때에는 채권조사확정재판은 회생채권자, 회생담보권자, 주주·지분권자 전원에 대하여 확정판결과 동일한 효력이 있다(제176조 제2항). 관련 내용은 아래 〈Ⅴ.3.〉(본서 821쪽)을 참조할 것.

7. 채권조사확정재판의 대체방법

채권조사에서 이의가 있고 확정되지 아니한 회생채권 등에 대하여 채권조사확정재판이라는 간이 신속한 재판절차에 의할 것을 예정하고 있다. 따라서 원칙적으로 통상적인 확인소송 등을 이것에 대신하여 제기할 수는 없다. 그렇다면 채권조사확정재판 외의 다른 방법으로 회생채권 등을 확정하는 것은 인정되지 않는 것인가.

의 실무상 문제점, 코트넷 게시물, 15쪽). 그러나 이러한 견해는 ①의 경우에는 타당하다고 볼 수도 있지만(회생담보권의 범위와 회생채권의 범위가 연동되므로 결정의 이유에서 기재하면 충분하다) 원칙적으로 회생담보권으로만 신고하더라도 회생담보권의 신고에는 예비적으로 회생채권의 신고의사도 포함된다고 볼 수 있는 점, ②의 경우 회생담보권만 확정하면 회생채권의 확정 문제가 여전히 남는 점, 회생담보권의 확정을 구하는 신청취지에 회생채권의 확정을 구하는 신청취지도 포함되어 있다고 볼 수 있는 점, 회생담보권의 신고에 개시후이자까지 포함하여 신고하는 경우가 많은데 개시후이자에 대하여 회생채권으로 시인하지 않고 전부 이의하는 경우 개시후이자는 회생채권(제141조 제1항 단서, 제118조 제2호, 제3호)으로 확정할 필요가 있는 점에서 회생채권액도 따로 선언하는 것이 타당한 것으로 보인다.

86) ① 조사확정재판에서 4,000만 원이 인정되지 않는 경우 주문례
    신청인의 채무자 주식회사 ○○에 대한 일반 회생채권은 이미 시인된 채권 6,000만 원 외에 존재하지 아니함을 확정한다.
  ② 조사확정재판에서 4,000만 원이 인정되는 경우 주문례
    신청인의 채무자 ○○ 주식회사에 대한 일반 회생채권은 이미 시인된 채권 외에 4,000만 원임을 확정한다.
    그런데 실무적으로 4,000만 원만이 조사확정재판의 대상임에도 불구하고, 1억 원의 확정을 구하는 것으로 조사확정재판을 신청하는 경우가 많다. 이 경우의 주문은 다음과 같다.
    1. 이 사건 신청 중 일반 회생채권 6,000만 원의 확정을 구하는 부분을 각하한다.
    2. 신청인의 채무자 ○○ 주식회사에 대한 일반 회생채권은 4,000만 원임을 확정한다.

87) 대법원 2006. 11. 23. 선고 2004다3925 판결 참조. 주문 기재례: 신청인의 채무자 ○○○에 대한 우선권 있는 회생채권은 △△△임을 확정한다.

이에 관하여 소송은 물론 민사조정, 제소전화해, 지급명령, 중재 등도 채권조사확정재판을 대체할 수 없다는 견해가 있다.[88] 그러나 제33조에서 민사소송법을 포괄적으로 준용하도록 규정하고 있고, 채권조사확정재판은 회생사건에서 파생된 것이지만 회생사건 그 자체와는 구별되는 것이므로 비송사건으로서 조정에 회부할 수 있고, 화해도 가능하다고 할 것이다. 나아가 회생채권인 재산분할청구권, 양육비청구권 등과 같이 그 청구권의 성질상 가정법원의 절차에 의하는 것이 적절한 것은 채권조사확정재판을 대신하여 가사비송절차에 의할 수도 있을 것이다.[89] 소송비용액이 확정되지 아니한 소송비용상환청구권을 회생채권으로 신고하자 관리인이 미확정을 이유로 부인한 경우, 소송비용액 확정은 소송비용액 확정절차(민소법 제110조)에 의하여야 하는가 아니면 채권조사확정재판에 의하여야 하는가. 마찬가지 이유로 소송비용액의 확정도 소송비용액 확정절차[90]에 의할 수 있을 것이다.

한편 회생절차개시 전에 중재합의가 있는 경우에는 채권조사확정절차에 의할 것이 아니라 중재합의의 구속력에 따라 중재절차에 의해 해결하여야 할 것이다. 회생절차개시 전에 채무자가 체결한 중재합의는 쌍방미이행 쌍무계약에 해당하지 않으므로 관리인이 선택권(해지)을 행사하여 중재합의에서 벗어날 수 없다.[91] 회생절차가 집단적 집행절차라거나 회생채권확정절차가 집단적 절차로서의 성격을 갖는다는 것이 중재합의를 배제할 사유가 되지 않는다. 중재합의가 유효하게 존재하는 한 관리인은 채무자가 체결한 중재합의에 관련되고 또 그것에 구속된다. 관리인은 원칙적으로 회생절차개시 시에 존재하는 채무자의 법적 지위를 넘겨받게 되고, 또 회생절차개시가 채무자에 의해 체결된 중재합의의 효력을 잃게 하는 어떠한 근거도 없다. 따라서 회생절차개시 전에 중재합의가 있는 경우에는 중재절차에 따라 채권을 확정하여야 한다.[92]

---

88) 條解 破産法, 885~886쪽.
89) 破産法・民事再生法, 620쪽 각주 63) 참조.
90) 소송비용액 확정결정은 소송비용의 상환을 구하기 위하여 소송비용의 액을 확정하는 유일한 방법으로서, 소송비용에 관한 한 소송비용액 확정절차에 의하지 아니하고 별개의 소로써 청구하는 방법은 인정되지 않는다. 소송비용액 확정절차는 권리의무의 존부를 확정하는 것이 아니라는 점에서 비송적 성격을 가지므로 개개의 비용항목이나 금액에 관하여는 처분권주의(민소법 제203조)가 적용되지 않고, 법원은 당사자가 신청한 총 금액을 한도로 부당한 비용항목을 삭제・감액하고 정당한 비용항목을 추가하거나 당사자가 주장한 항목의 금액보다 액수를 증액할 수 있다(대법원 2011. 9. 8. 자 2009마1689 결정).
91) 그러나 중재합의의 대상이 채무자의 처분권한으로부터 유래한 관리인의 독립된 권리인 경우, 관리인은 채무자가 체결한 중재합의에 구속되지 않는다. 쌍방미이행 쌍무계약에서 관리인의 선택권이 이러한 권리에 속한다(Reinhard Bork, 124쪽).
92) 서울회생법원 2020. 9. 8. 자 2017하확74 결정, 서울회생법원 2020. 8. 25. 자 2017하확96 결정, 서울회생법원 2020. 8. 18. 자 2017하확128 결정, 수원지방법원 2019. 8. 5. 자 2018회확44 결정(확정) 참조. 위 결정들은 「중재법 제9조 제1항 본문에 의하면, 중재합의 대상인 분쟁에 관하여 소가 제기된 경우에 피고가 중재합의가 있다는 항변을 하면 법원은 그 소를 각하해야 한다. 채무자에 대한 회생절차가 개시된 경우 중재합의의 효력을 부인한다거나, 채무자 회생 및 파산에 관한 법률이 중재법에 우선한다는 규정이 없다. 따라서 당사자 사이의 중재합의는 한쪽 당사자에 대한 회생절차 개시 여부와 관계없이 유효하고, 중재합의가 있다는 항변이 있는 경우 중재합의의 대상인 분쟁에 관한 채권조사확정재판은 부적법하다」고 판시하고 있다.

8. 예비적 채권신고 및 선택적 채권신고와 관련된 회생채권 등에 관한 채권조사확정재판절차가 계속된 경우의 처리

가. 예비적 채권신고의 경우의 처리

회생채권 등에 관하여 예비적 채권신고가 된 경우(본서 729쪽) 채권조사확정재판의 진행은 어떻게 하여야 하는가. 이에 대하여는 ① 주위적 청구의 당부에 대한 결론이 날 때까지 채권조사확정재판의 판단을 유보하는 방법과 ② 통상적인 다른 사건과 마찬가지로 심리, 판단하는 방법이 있을 수 있다. ①의 경우 주위적 청구가 전부 인용된다면 예비적 신고 자체가 효력을 잃고 조사확정재판은 당연히 종료된다고 해석되기 때문에 법원으로서는 절차가 생략될 수 있는 장점이 있지만, 주위적 청구에 관한 재판이 장기화 될 경우 조사확정재판도 지연되는 문제가 있다. ②의 경우 조사확정재판에 대한 이의의 소가 제기될 경우 주위적 청구에 관한 소송과 병합할 수 있어 모순되는 판단을 피할 수 있지만, 이의의 소가 제기되지 않고 조사확정재판이 확정된 때에는 그 후 주위적 청구에 대하여 한 판단과 모순되는 경우 곤란한 문제가 발생할 수 있다. 법원의 판단에 모순이 발생하는 것은 문제이므로 ①방식을 취하는 것이 합리적이라고 판단된다.

나. 선택적 채권신고의 경우의 처리

기초로 된 사실관계를 공통으로 하는 선택적 관계에 있는 복수의 채권에 대하여 각각 채권신고를 한 경우가 있다(예컨대 어음채권과 그 원인채권인 공사대금채권에 대하여 선택적으로 채권신고를 한 경우). 선택적 채권신고가 허용되는 것은 당연하다. 선택적 채권신고를 한 경우 그중 하나의 채권이 확정된 때에는 나머지 채권의 확정을 구할 실익이 없으므로 그 회생채권은 존재하지 않는 것으로 조사확정재판을 하여야 할 것이다(본서 726쪽).

9. 채권조사확정재판에 대한 이유의 부기

채권조사확정재판서(결정문) 자체가 집행권원이 되는 것은 아니다{회생채권자표 등에 기재됨으로써 확정판결과 동일한 효력이 있고 집행권원이 될 수 있다(제176조 제2항)}. 또한 채권조사확정재판서에 이유를 붙인 결정으로 하라는 명시적인 규정이 없으므로[93] 이유의 기재는 필요적인 것이 아니다. 실무적으로도 실체권의 유무를 확정한다는 조사확정재판의 성질을 고려하여, 신고한 회생채권, 이의채권의 범위를 기재한 후 간단하게 선택하는 형태로 이유를 기재하고 있다.[94]

---

93) 부인의 청구(제106조 제2항), 손해배상청구권 등의 조사확정재판(제115조 제6항)은 이유를 붙인 결정으로 하도록 하고 있다.

94) 예시는 다음과 같다.

10. 공익채권임을 주장하는 경우 - 채권조사확정재판과 소송의 경합

채권자로서는 가지고 있는 채권이 해석상 공익채권이라고 생각되는 때에도, 나중에 회생채권으로 밝혀질 경우 실권을 막기 위하여 예비적으로 회생채권으로 신고하는 경우가 있다. 이때 채권신고에 대해 이의가 있는 경우, 채권자로서는 채권조사확정재판을 신청할 필요가 있지만, 다른 한편으로는 공익채권임을 주장하여 관리인에게 그 이행을 구하고, 합의에 이르지 못한 경우 소송을 제기할 필요가 있다.

따라서 이러한 경우 채권자로서는 주위적으로 공익채권의 지급을 구하는 소송을 제기함과 동시에, 1개월 내에 예비적 신청으로서 채권조사확정재판을 신청하여야 한다.

예컨대 ① 회생절차개시 전에 채무자의 임금채권을 제3자로서 변제한 채권자(구상권은 회생채권이 된다)가 종업원을 대위하여 관리인에 대하여 공익채권으로서 회생절차에 의하지 않고 지급을 구할 수 있는지, ② 선급금을 수령한 수급인인 채무자가 쌍방미이행 쌍무계약임을 이유로 도급계약의 해제를 선택한 경우, 도급인의 선급금반환청구권은 공익채권이 되고(제121조 제2항), 회생절차개시 전에 선급금반환채무를 보증한 甲(갑)이 도급인에 대하여 선급금을 대위변제한 경우(구상권은 회생채권이다), 甲은 채무자에 대하여 도급인의 선급금반환청구권을 대위행사하여 공익채권으로서 회생절차 밖에서 반환을 구할 수 있는지 여부이다.

대위변제에 의해 공익채권을 취득한 자는 채무자에 대하여 취득한 구상권이 회생채권에 지나지 않는 경우에도 회생절차에 의하지 않고 공익채권을 행사할 수 있다고 할 것이다(본서 702쪽 참조).

[이유 기재례]

이 유

1. 신고한 회생채권
   리조트 회원권 입회금반환에 관한 연대보증채권 150,000,000원

2. 이의채권의 범위
   신고한 채권 전액

3. 판단
   이 사건 기록 및 심문 전체의 취지를 종합하면, 이 사건 신청은 다음과 같은 이유로 주문과 같이 판단된다.

   □ 이 사건 신청은 부적법하여 각하함

   ☑ 관리인이 이의한 회생채권은 전부 존재하지 아니함

   (○)소명 부족함   (   )법리상 배척함   (   )기타
   • 리조트 회원권 입회금반환에 관한 연대보증사실은 소명되지 아니함

   □ 관리인이 이의한 회생채권은 일부만 존재함

   □ 관리인이 이의한 회생채권은 전부 존재함

따라서, 채무자 회생 및 파산에 관한 법률 제170조 제3항에 의하여 주문과 같이 결정한다.

물론 예비적 회생채권 신고에 대하여 이의가 없었다고 하더라도, 최종적으로 공익채권으로 이행을 인정받은 경우에는 예비적 채권신고는 취하하여야 할 것이다.

Ⅲ 채권조사확정재판에 대한 이의의 소

채권조사확정재판에 대한 불복 방법은 즉시항고가 아닌 채권조사확정재판에 대한 이의의 소이다(제171조 제1항).[95] 채권조사확정재판에 불복하고자 하는 자는 채권조사확정재판에 대한 이의의 소를 제기하여야 한다.[96] 회생채권 등의 확정은 그 기초가 되는 실체권 그 자체의 존부에 관한 것이기 때문에, 판결절차에 의한 불복신청을 보장한다는 취지이다.[97] 채권조사확정재판에서 신청의 일부가 인용된 경우, 신청인(이의채권의 보유자)과 상대방(이의자 등)은 모두 자신이 패소한 부분에 대하여만 이의의 소를 제기하여야 할 것이다.[98] 또한 신청인(이의채권의 보유자)과 상대방(이의자 등)의 일방만이 이의의 소를 제기한 후, 반대당사자가 반소의 형식으로 이의의 소를 제기하는 것도 가능하다.[99]

이의의 소의 성질은 채권조사확정재판의 변경을 구하는 형성의 소로 보아야 할 것이다.

1. 당사자 적격[100]

가. 원고적격

채권조사확정재판에 대하여 이의의 소를 제기할 수 있는 자는 이의채권의 보유자 또는 이

---

95) 이외에 실체적 권리의 존부에 대한 법원의 판단에 대하여 이의의 소를 제기하는 제도로 제107조(부인의 청구를 인용하는 결정에 대한 이의의 소), 제116조(법인의 이사 등에 대한 손해배상청구권 등에 관한 조사확정재판에 대한 이의의 소)가 있다.

96) 채권조사확정재판에 대한 이의의 소가 채권조사확정재판에 대한 불복 방법이지만, 양 절차는 서로 다른 별개의 절차이다. 따라서 채권조사확정재판에서 제출한 증거들은 채권조사확정재판에 대한 이의의 소에서 다시 제출하여야 한다는 점에 주의를 요한다. 입법적 보완이 필요하다.

97) 會社更生法, 523쪽.

98) 예컨대 채권자가 회생채권으로 2억 원을 신고하였는데 관리인이 이를 모두 부인하였다. 채권조사확정재판에서 법원이 1억 5천만 원만 회생채권으로 인정한 경우 채권자는 5천만 원 부분에 대하여 이의의 소를, 관리인은 1억 5천만 원 부분에 대한 이의의 소를 각 제기하여야 한다. 이 경우 당사자는 원고 및 피고의 지위를 겸하게 될 것이고, 변론을 병합하여 진행하여야 할 것이다. 만약 패소하지 않은 부분에 대하여 이의의 소를 제기한 경우 권리보호의 이익이 없어 부적법하다(각하).

99) 倒産と訴訟, 132쪽. 문제는 반소제기를 할 때 제소기간의 제한(제171조 제1항)을 받는지 여부이다. 반소에 의한 것이라도 이의의 소라는 것에는 변함이 없고, 제소기간을 둔 취지는 회생채권 등을 조기에 확정시키기 위함이라는 점에서 보면 제소기간의 제한을 받는다고 해석하는 것이 솔직하다. 실무도 마찬가지이다(서울고등법원 2023. 8. 24. 선고 2022나2051612(본소), 2022나2027357(반소) 판결, 심리불속행기각으로 확정). 그러나 본소로서 채권조사확정재판에 대한 이의의 소가 계속되어 있는 이상 반소에 대하여 제소기간의 제한을 받는다고 해석하여야 할 적극적인 이유를 찾기 어려우므로 제소기간의 제한을 받지 않는다고 해석함이 상당하다.

100) **회생절차가 종결된 후 채권조사확정재판에 대한 이의의 소를 제기한 경우 당사자 표시** 회생절차종결 전에 채권조사확정재판이 있고, 이후 회생절차가 종결된 다음 채권조사확정재판에 대한 이의의 소가 제기된 경우 당사자는 관리인이 아닌 채무자로 표시하여야 한다. 왜냐하면 회생절차가 종결되면 관리처분권 및 당사자적격이 채무자로 복귀되고 수계의 문제가 발생하지 않기 때문이다. 예컨대 ① 2019. 6. 24. 채무자 주식회사 A에 대하여 회생절차개시결정이 되고 관리인으로 B가 선임되었다. ② 회생계속법원은 2019. 12. 30. 회생채권자 甲에 대한 채권조사확정재판을

의채권에 관하여 이의를 제기하였던 자로서 조사확정재판의 당사자이었던 자에 한한다. 따라서 회생채권 등의 조사확정재판의 당사자였던 이의채권의 보유자, 관리인, 다른 회생채권자 등에게 원고적격이 있다.

회생채권에 관하여 관리인, 다른 회생채권자 등 수인이 이의를 제기한 경우, 이의채권의 보유자는 이의자 전원을 상대방으로 하여 채권조사확정재판을 신청하여야 하지만, 그 결과에 대하여 이의자가 불복을 하는 경우에는 이의자 전원이 공동으로 이의의 소를 제기할 필요는 없고 각자 이의의 소를 제기하면 족하다.

나. 피고적격

이의채권의 보유자가 이의의 소를 제기하는 경우에는 이의자 전원을 필수적으로 공동피고로 하여야 한다(고유필수적 공동소송). 따라서 이의채권의 보유자가 이의자의 일부만을 피고로 하여 제기한 조사확정재판에 대한 이의의 소는 부적법하다.

이의채권에 관하여 이의를 한 자가 이의의 소를 제기한 경우에는 각자 이의채권의 보유자를 피고로 하여 이의의 소를 제기하면 족하다. 이는 이의자 전원이 필수적 공동소송의 공동원고가 되어 제소할 필요가 없이 각 이의자가 각자 단독으로 소송을 제기할 수 있다는 뜻이다.[101] 다만 동일한 채권에 관한 이의의 소가 여러 개 계속된 경우에는 합일확정의 필요가 있으므로 변론을 병합하여야 한다(제171조 제5항).

다. 보조참가 인정 여부

이의를 하지 않았던 회생채권자 등이 보조참가할 수 있는지 여부에 관하여 다툼이 있지만, 채권조사확정재판에서와 같이 부정하는 것이 타당하다(본서 783쪽).

2. 제소기간

이의의 소는 채권조사확정재판의 결정서를 송달받은 날로부터 1월 이내에 제기하여야 한다(제171조 제1항). 제소기간을 제한한 취지는 채무자가 부담하는 채무를 되도록 빨리 확정함으로써 회생계획의 작성 등 회생절차를 신속하게 진행하여 권리관계의 빠른 안정을 꾀하는 데 있다.[102]

하였다(결정문의 상대방으로는 「채무자 주식회사 A의 관리인 B」라고 표기한다). ③ 채무자 주식회사 A에 대하여는 2020. 1. 6. 회생절차가 종결되었다. ④ 甲은 2020. 1. 22. 채권조사확정재판에 대한 이의의 소를 제기하였다. 이 경우 원고 甲은 소장에서 피고를 「주식회사 A」라고 표기하여야 한다(서울회생법원 2019가합100177, 서울중앙지방법원 2016가단5016415(대법원 2018. 3. 15. 심리불속행기각). 만약 회생절차종결 전에 이의의 소가 제기되었다면 피고는 「채무자 주식회사 A의 관리인 B」로 표기한다. 이후 회생절차가 종결되면 주식회사 A가 소송을 수계하게 되므로 피고는 최종적으로 「채무자 주식회사 A의 관리인 B의 소송수계인 주식회사 A」로 표기된다.

101) 다만 판결은 회생채권자 등 전원에 대하여 효력이 있으므로(제176조 제1항) 유사필수적 공동소송의 성립이 인정된다고 할 것이다.

102) 대법원 2003. 2. 11. 선고 2002다56505 판결 참조.

이의의 소가 1월 이내에 제기되지 아니한 경우에는 부적법하므로 각하하여야 한다.[103] 이의의 소가 위 기간 내에 제기되지 않거나 각하된 때에는 채권조사확정재판은 회생채권자, 회생담보권자, 주주, 지분권자 전원에 대하여 확정판결과 동일한 효력이 있다(제176조 제2항). 여기서 '채권조사확정재판'에는 채권조사확정재판뿐만 아니라 채권조사확정재판의 신청을 각하한 재판도 포함된다.

한편 위 제소기간은 채권조사확정재판에 대한 이의의 소에 관한 것이므로 채무자회생법에 의한 채권조사확정재판에 대한 이의의 소가 아닌 회생채권자표 기재의 무효확인을 구하는 소송의 경우[104]에는 위 제소기한의 제한을 받지 않는다.[105]

3. 관　할

이의의 소는 회생계속법원의 관할에 전속한다(제171조 제2항). 이의의 소는 동일한 회생채권 등에 대하여 이의의 소가 수개 동시에 계속될 수 있는 등 복수의 당사자가 관여될 것으로 예상되는 점, 복수의 당사자들에게 공통적인 관할을 부여하는 것이 바람직하다는 점, 회생계속법원은 회생사건에서 이해관계인의 이해관계 중심에 있다는 점 등을 고려하여 이의의 소는 회생계속법원의 전속관할로 한 것이다.

회생계속법원이란 회생사건이 계속 중인 관서로서의 회생법원을 가리킨다(제60조).[106] 따라서 회생법원이 설치되지 아니한 지역의 경우 이의의 소의 심리는 법원의 사무분담에 따라 회생업무를 담당하는 재판부 이외의 재판부가 담당할 수도 있다.[107]

---

103) 이의의 소의 제소기간을 제한한 취지는, 채무자가 부담하는 채무를 되도록 빨리 확정함으로써 회생계획의 작성 등 회생절차를 신속하게 진행하여 권리관계의 빠른 안정을 꾀하는 데 있으므로, 특별한 사정이 없는 한 법원이 그 기간을 늘이거나 줄일 수 없고, 또 채권조사확정재판에 대한 이의의 소를 제기할 수 있는 기간은 불변기간이 아니므로 당사자가 책임질 수 없는 사유로 말미암아 그 기간을 지킬 수 없었다고 하더라도 소의 제기를 추후 보완할 수 없다(대법원 2003. 2. 11. 선고 2002다56505 판결 참조). 회생채권자·회생담보권자가 신고한 권리에 관하여 이해관계인의 이의가 있었던 사실을 회생법원의 통지에 의하여 비로소 알게 되었다거나 혹은 그러한 이의사실을 알지 못하였다고 하여, 1개월의 수계신청기간의 기산점을 회생채권자·회생담보권자가 이의통지를 받은 날이나 그러한 이의사실을 실제 안 날로 볼 수는 없다(대법원 2008. 2. 15. 선고 2006다9545 판결 참조).
104) 회생채권자표 등의 기재내용에 명백한 오류나 잘못된 계산이 있는 경우 법원사무관 등은 이를 경정할 수 있으나(제33조, 민소법 제221조), 그렇지 않은 경우에는 무효확인판결을 받아 정정하여야 한다.
105) 대법원 1991. 12. 10. 선고 91다4096 판결.
106) 회생사건이 계속되어 있는 회생법원이라는 의미에서(제60조) 회생계속법원이라는 용어를 사용함으로써 실무적으로 혼란을 초래하는 경우가 있다. 예컨대 채권조사확정재판이 진행되던 중에 회생절차가 종결되고 이후 조사확정재판이 있었던 경우 이의의 소는 어디에 제기하여야 하는가(채무자 주소지 관할법원인가 회생사건이 진행되었던 회생법원인가). 이의의 소를 제기할 당시에는 회생계속법원이 없다. 이러한 경우에도 실무적으로는 회생사건을 진행하였던 법원을 회생계속법원으로 보고 있다(대법원 2019. 10. 17. 선고 2019다238305 판결 참조).
107) 실무적으로 서울회생법원을 제외하고 도산사건을 담당하는 재판부가 아닌 민사재판부에서 이의의 소를 담당하고 있다. 채무자회생법에서 '법원'이라고 하는 것은 회생사건을 현재 담당하고 있는 단독재판부나 합의재판부를 말한다. 회생계속법원이라는 개념을 둔 것은 부인권의 행사나 채권조사확정재판에 대한 이의의 소 등에 대하여 현재 회생사건을 진행하고 있는 '재판부'가 아닌, 동일한 회생법원에 속한 다른 재판부가 심판권을 행사할 가능성을 인정하기 위한 것이다. 서울회생법원의 경우 채권조사확정재판을 하지 않은 다른 재판부가 이의의 소를 담당하고 있다.

4. 소송절차의 특칙

가. 변론기일 개시 시기의 제한

채권조사확정재판에 대한 이의의 소의 변론은 조사확정재판의 결정서를 송달받은 날로부터 1개월이 경과한 후가 아니면 개시할 수 없다(제171조 제4항). 이는 동일한 회생채권 등에 관하여 복수의 이의의 소가 제기될 수 있고, 그럴 경우 소송절차에서의 판단을 합일 확정할 필요가 있기 때문에 새로운 이의의 소가 제기될 가능성이 있는 기간(제소기간)까지 변론의 개시시기를 제한한 것이다.

나. 변론의 병합

이의의 소의 판결은 회생채권자, 회생담보권자, 주주·지분권자 등 이해관계인 전원에 대하여 효력이 있다(제176조). 따라서 동일한 이의채권에 관하여 이의의 소가 수 개 동시에 계속하는 경우 합일확정의 필요성이 있으므로, 수개의 이의가 제기된 경우에는 변론을 병합하여 일체로서 심리·판단하도록 하고 있다(제171조 제5항).

다. 주장의 제한

〈제1절 V.2.〉(본서 768쪽)을 참조할 것(제173조).

5. 재 판

가. 재판의 형태

채권조사확정재판이나 그에 대한 이의의 소의 소송물은 관리인 등이 회생채권 또는 회생담보권으로 시인한 금액을 초과하는 채권의 존재 여부라고 할 것이고, 관리인 등이 회생채권 또는 회생담보권으로 시인한 금액을 초과하는 회생채권 또는 회생담보권이 존재한다는 것은 이를 주장하는 회생채권자 등이 증명하여야 한다.[108]

이의의 소의 판결은 그 소가 부적법하여 각하하는 경우를 제외하고는 채권조사확정재판의 결정을 인가하거나 변경하는 판결을 하여야 한다(제171조 제6항).

이의의 소의 판결 형태로는 ① 채권조사확정재판의 결정이 정당하다고 판단되어 조사확정재판을 인가하는 경우, ② 회생채권 등의 내용 일부를 변경하는 경우, ③ 회생채권 등이 부존재한다는 취지의 조사확정재판을 취소하고 새로이 회생채권 등의 내용을 인정하는 경우, ④ 회생채권 등의 내용을 인정한 조사확정재판을 취소하고 새로이 회생채권이 부존재한다는 취지

---

108) 대법원 2012. 11. 15. 선고 2011다67897 판결(회생채권조사확정재판에 대한 이의의 소에서 '원고가 주장하는 회생담보권 채권액이 담보목적물의 가액에서 선순위 담보권의 채권액을 공제한 금액을 초과하지 않는다는 사실'은 회생담보권 발생의 요건사실 중 하나로서 원고가 이를 주장·증명하여야 한다).

의 판결을 하는 경우 등이 있다.[109]

이의의 소의 판결은 회생채권 등의 존부 및 내용을 확정할 필요가 있고 판결은 회생채권자 등 전원에 대하여 효력이 부여되어 있기 때문에(제176조 제1항), 회생채권 등이 없다는 취지의 결론에 이른 경우에도 단순히 조사확정재판을 취소할 것이 아니라, 위 ④와 같은 변경판결을 하여야 한다.[110]

나. 「소송촉진 등에 관한 특례법」의 적용 여부

채권조사확정재판에 대한 이의의 소에 「소송촉진 등에 관한 특례법」(이하 '특례법'이라 한다) 제3조 제1항[111] 본문이 적용되는가. 위 규정은 금전채무의 이행을 명하는 판결을 선고할 경우 그 불이행으로 인한 손해배상액의 산정을 소장 등이 채무자에게 송달된 날의 다음날부터는 대통령령이 정하는 법정이율에 의하도록 위임함으로써 법정이율을 현실이자율 등 경제 여건의 변동에 따라 탄력적으로 정하여 채권자가 소송제기 이후부터는 원칙적으로 실손해를 배상받을 수 있도록 한 것이다.[112] 그런데 이의의 소는 회생채권자가 신고한 채권에 대하여 관리인 등으로부터 이의가 있는 경우 이의채권의 존부 또는 그 내용을 정하여 권리를 확정하는 것을 내용으로 하는 소로서 금전채무의 전부 또는 일부의 이행을 구하는 소가 아니므로, 이의의 소에 대한 판결을 선고할 경우 특례법 제3조 제1항 본문은 적용되지 아니한다고 할 것이다.[113]

---

109) [각 상황에 따른 주문 기재례]
　① 서울회생법원 2020. ○. ○. 자 2020회확○○호 회생채권조사확정재판을 인가한다.
　② 수원지방법원 2020. ○. ○. 자 2020회확○○호 회생채권조사확정재판을 다음과 같이 변경한다. 원(피)고의 채무자 ○○○에 대한 회생채권은 △△△원임을 확정한다.
　③ 인천지방법원 2020. ○. ○. 자 2020회확○○호 회생채권조사확정재판을 취소한다. 원(피)고의 채무자 ○○○에 대한 회생채권은 △△△원임을 확정한다.
　　※ 조사확정재판을 취소하고 일부만 인정될 경우 실무적으로 「원고의 나머지 청구를 기각한다」라는 주문은 설시하지 않고 있다(서울회생법원 2019. 9. 4. 선고 2019가합147 판결 참조).
　④ 광주지방법원 2020. ○. ○. 자 2020회확○○호 회생채권조사확정재판을 취소한다. 원(피)고의 채무자 ○○○에 대한 회생채권은 존재하지 아니함을 확정한다.
110) 이에 대하여 유사한 제도인 부인의 청구를 인용하는 결정에 대한 이의의 소(제107조)와 법인의 이사 등의 책임에 기한 손해배상청구권 등의 조사확정재판에 대한 이의의 소(제116조)에 관한 판결에서는 단순히 재판을 취소할 수 있을 뿐이다(제107조 제4항, 제116조 제6항).
111) **소송촉진 등에 관한 특례법 제3조(법정이율)** ① 금전채무의 전부 또는 일부의 이행을 명하는 판결(심판을 포함한다. 이하 같다)을 선고할 경우, 금전채무 불이행으로 인한 손해배상액 산정의 기준이 되는 법정이율은 그 금전채무의 이행을 구하는 소장 또는 이에 준하는 서면이 채무자에게 송달된 날의 다음 날부터는 연 100분의 40 이내의 범위에서 「은행법」에 따른 은행이 적용하는 연체금리 등 경제 여건을 고려하여 대통령령으로 정하는 이율에 따른다. 다만, 「민사소송법」 제251조에 규정된 소에 해당하는 경우에는 그러하지 아니하다. 2019. 6. 1.부터는 연 12%이다.
112) 대법원 2011. 10. 13. 선고 2009다86246 판결 등 참조.
113) 대법원 2013. 1. 16. 선고 2012다32713 판결, 서울고등법원 2019. 12. 13. 선고 2018나2046316(본소), 2018나2046323(반소) 판결(확정). 이행소송 없이 진행된 채무부존재확인소송의 경우에도 사실심의 심리 결과 채무의 존재가 일부 인정되어 이에 대한 확인판결을 선고하더라도 이는 금전채무의 전부 또는 일부의 이행을 명하는 판결을 선고한 것은 아니므로, 이 경우 지연손해금 산정에 대하여 소송촉진 등에 관한 특례법 제3조의 법정이율을 적용할 수 없다(대법원 2021. 6. 3. 선고 2018다276768 판결).

다. 불이익변경금지원칙의 적용 여부

이의의 소에 대하여 불이익변경금지의 원칙(민소법 제415조)이 적용되는가. 이의의 소가 채권조사확정재판신청에 관한 결정에 대한 불복신청으로 마련된 것이라는 점을 고려하면 적용된다고 할 것이다.

라. 소송비용의 부담

이의의 소에 관한 소송비용의 부담은 어떻게 처리하는가. 조사확정재판신청비용의 부담에 관한 재판을 한다는 점은 앞에서 본 바와 같다.

이의소송의 경우 조사확정재판을 인가하는 경우에는 이의의 소에 대한 소송비용 부담의 재판만 하면 된다. 이 경우 이의의 소의 소송비용부담재판에 채권조사확정재판의 신청비용 부담에 관한 판단이 포함되어 있다거나 이의의 소에서 소송비용부담재판을 함으로써 채권조사확정재판의 신청비용부담재판의 효력이 상실된다고 볼 수 없다. 따라서 채권조사확정재판에 대한 이의의 소에서 채권조사확정재판을 인가한 경우에는 이의의 소에 관한 소송비용액확정과 별도로 채권조사확정재판에서의 신청비용부담재판에 따라 소송비용액확정결정을 할 수 있다.[114]

하지만 조사확정재판을 취소·변경하는 경우에는 소송비용 불가분의 원칙을 고려하여, 조사확정재판신청비용도 포함하여 소송비용부담의 재판을 하여야 한다.

Ⅲ 이의채권에 관한 소송의 수계

도산절차가 개시된 경우, 도산채권에 관하여 도산채권자와 채무자 사이에 그 존부나 액에 관하여 소송이 계속 중인 것은 흔한 일이다. 채무자회생법은 회생절차이건 파산절차이건 도산절차개시의 효력으로서 그 시점에 계속 중인 도산채권에 관한 소송은 중단되도록 하고 있다(개인회생절차의 경우에는 관리처분권이 여전히 채무자에게 있기 때문에 중단이 발생하지 않는다). 이들 도산절차에 있어서는 절차개시 전 도산채권의 존부 등에 대하여 소송절차에서 다툼이 있는 경우에도, 일단 집단적이고 간단한 도산절차 중의 채권신고·조사의 대상으로 하고, 도산절차신청이라는 상황에서도 여전히 다툼이 남아있는지를 본 후, 다툼이 해소되지 않는 경우에는 중단된 종전 소송을 수계에 의해 부활시켜 권리의 확정을 꾀하는 제도를 채택하고 있다.

1. 개   요

회생절차개시 당시 이의채권에 관하여 소송이 계속되어 있는 경우에는 심리가 어떤 단계에 있다고 하더라도 그 소송은 회생절차개시결정으로 중단된다(제59조 제1항). 회생절차개시 당시 이의채권에 관하여 소송이 계속하는 경우 회생채권자, 회생담보권자가 그 권리의 확정을 구하

---

114) 대법원 2023. 10. 20. 자 2020마6610 결정.

고자 하는 때에는 채권조사확정재판을 신청하여서는 아니 되고, 이의자 전원을 그 소송의 상대방으로 하여 소송절차를 수계하여야 한다(제172조 제1항).[115] 다만 회생채권의 성립을 인정하는 종국판결이 있고 미확정이거나 상소심에 계속 중인 경우에는 이의자가 수계의 책임이 있다(아래 〈Ⅳ.〉 참조).

이의가 있는 회생채권·회생담보권에 관하여 간이·신속한 확정절차인 채권조사확정재판제도를 마련하고 있다고 하더라도, 회생절차개시 당시에 이미 회생채권·회생담보권에 관하여 소송이 계속 중인 경우에 이의채권을 보유한 권리자로 하여금 새로이 채권조사확정재판을 신청하도록 하는 것은 비용과 시간의 측면에서 비경제적이고, 종래 소송의 경과를 무시하는 것이 되어 공평에 반하므로, 이러한 경우에는 조사확정재판을 제기하는 대신에 중단된 소송[116]을 수계하도록 하고 있다(제170조 제1항 단서, 제172조 제1항). 다만 즉시 수계하는 것이 아니라 먼저 회생채권 등의 조사절차를 거친 후 그 조사절차에서 이의가 있는 경우(이의가 없으면 신고된 채권은 그대로 확정된다)에 소송절차를 수계하여야 한다.[117] 이후 소송이 계속 진행되어 판결이 선고되면 그 내용대로 회생채권 등으로 인정된다(제176조 제1항).

'소송'에는 민사소송·가사소송뿐만 아니라 행정소송(과세처분취소소송 등)도 포함되고, 보전처분사건, 재산권과 관련된 비송사건,[118] 조정사건, 가사비송사건, 중재사건도 포함되며, 행정청에 계속된 사건도 포함된다.

2. 수계신청

가. 수계의 대상이 되는 소송

수계가 필요한 소송은 이의가 있는 회생채권 등을 소송물[119]로 하는 소송이다. 구체적으로 ① 회생절차개시 당시 소송이 계속되어 있고 ② 이의가 있는 ③ 회생채권 또는 회생담보권에 관한 소송이다.[120] 통상 이행소송인 경우가 많겠지만, 적극적인 확인소송이나 채무자가 제기한

---

115) 채권조사확정재판에 대한 이의의 소는 회생계속법원의 전속관할이나(제171조 제2항), 소송수계를 하는 경우에는 전속관할의 제한을 받지 않으므로 소송이 계속 중이던 법원에 관할이 인정된다. 주의할 것은 회생채권 등의 확정과 직접적으로 관련이 없는 채권자취소소송을 수계할 경우에는 계속 중인 법원이 회생계속법원이 아니면 그 법원은 관할법원인 회생계속법원으로 이송하여야 한다(대법원 2017. 5. 30. 선고 2017다205073 판결). 부인의 소는 전속관할이기 때문이다(제105조 제3항).

116) 회생절차개시결정이 있는 경우에는 채무자의 재산에 관한 소송절차는 중단된다(제59조 제1항).

117) 자세한 것은 〈**제19장 제2절 Ⅱ.2.가.(2)(나)**〉(본서 1147쪽)를 참조할 것.

118) 관련 내용은 <제6편 제2장>을 참조할 것.

119) 신고한 회생채권과 청구권경합의 관계에 있는 청구권을 소송물로 하는 소송의 경우, 회생채권의 확정을 위해서는 수계를 하여서는 아니 되고, 별도로 조사확정재판을 신청하여야 한다. 구소송물이론에 의할 경우 소송물이 다르기 때문이다. 신소송물이론에 의하여 이러한 경우에도 소송수계를 인정하여야 한다는 견해도 있다(倒産と訴訟, 148쪽 참조).

120) A가 甲회사에게 1억 원 대여하였고 대표이사인 B가 연대보증을 하였다. B는 그의 채권자 C에게 담보목적으로 거주하고 있는 주택에 대하여 근저당권설정등기를 마쳐주었다. 그러자 A(원고)는 B(피고1)를 상대로 보증금청구소송을, C(피고2)를 상대로 사해행위취소소송을 제기하였다. 이후 B는 법원에 회생신청(일반회생)을 하였고, 회생절차가 개시되었다. 위 회생절차에서 C는 회생담보권자로 채권신고를 하였고, 관리인과 다른채권자 D, E가 부인권 대상이라

소극적 확인소송(채무부존재확인소송)도 포함된다.[121] 이 경우에도 회생채권 등에 대한 조사 결과 회생채권자표 또는 회생담보권자표에 기재된 사항에 한하여 수계신청이 가능하고, 그곳에 기재되지 않은 사항을 주장하는 수계신청은 부적법하여 각하되어야 한다. 만일 회생절차개시 당시 이미 소송이 계속 중이어서 수계신청을 하여야 함에도 불구하고 별도의 채권조사확정재판을 신청하는 것은 권리보호의 이익이 없으므로 부적법하다.[122]

는 이유로 이의를 하였다. 이 경우 처리방법은 다음과 같다. ① 보증금청구소송: 소송절차가 중단되고(제59조 제1항), A가 채권신고절차 거친 후 이의가 있으면 이의자를 상대방으로 하여 소송수계를 하여야 한다(제172조 제1항). ② 채권자취소소송: 소송절차 중단되고, 관리인 또는 상대방이 중단된 소송절차를 수계한다(제113조). ③ C의 경우: 관리인, D, E를 상대로 회생담보권의 확정을 구하는 조사확정재판을 신청하여야 한다(제170조 제1항). 이 경우 채권자취소소송의 결과를 지켜본 후 그 결과를 조사확정재판에 반영하여 처리함이 바람직할 것이다. 주의할 것은 C에 대하여는 제172조 제1항이 적용되지 않는다는 것이다. 왜냐하면 채권자취소소송은 회생채권 또는 회생담보권에 관한 소송이 아니기 때문이다.

121) 조정은 채권확정절차로서의 대체성이 결여된 것이므로 수계되어야 하는 소송에 포함되지 않는다는 견해가 있다(條解 破産法, 897쪽). 그러나 ① 민사집행법 제287조 제1항의 제소명령의 대상이 되는 '본안의 소'에는 민사조정법에 기한 조정신청은 포함된다는 점{법원실무제요 민사집행(Ⅴ)-보전처분-, 사법연수원(2020), 203쪽}, 민사조정절차는 조정의 불성립(민사조정법 제27조) 또는 조정을 갈음하는 결정(민사조정법 제30조)에 대한 기간 내 이의 신청이 있는 경우, 신청인이 조정의 목적으로 된 청구에 대하여 소를 제기한 경우에는 조정을 신청한 때에 소가 제기된 것으로 보는 점(민사조정법 제36조 제1항 제2호, 제3호) 등에 비추어 보면 소송에 포함된다고 할 것이다(유추적용). 중재가 수계의 대상이 되는 소송에 포함되는지는 문제이다. 중재법에는 중재절차 중 당사자에 대하여 회생절차가 개시된 경우의 조치에 관한 아무런 규정이 없으므로 절차를 계속 진행할 수 있고 수계의 여지가 없다는 견해가 있다. 이에 대하여 회생절차개시 당시에 회생채권 등의 존부 등에 관하여 중재절차가 계속된 경우에는 제172조 제1항을 유추 적용하여 그 속행에 의한 확정을 꾀하는 것을 인정하는 것이 타당하다는 견해가 있다. 요컨대 회생절차개시에 의하여 채무자의 재산에 대한 관리처분권은 관리인에게 이전되기 때문에 그 재산에 관한 중재절차도 중단되고, 그 후 이의자 등에 의해 수계가 이루어지는 것이 타당하다고 할 것이다(條解 破産法, 897~898쪽 참조).

122) 대법원 2001. 6. 29. 선고 2001다22765 판결, 대법원 1991. 12. 24. 선고 91다22698, 91다22704 판결 참조. 개시결정 당시 이미 소송이 계속 중이었는데 이후 소를 취하한 경우에는 상황에 따라 여러 가지 문제가 발생한다. ① 회생채권자가 원래의 소송이 계속 중인 법원에 소송수계신청을 하지 않고 회생계속법원에 채권조사확정재판을 신청한 다음 소송수계신청기간 및 채권조사확정재판 신청기간이 경과한 후에 중단되어 있던 원래의 소를 취하한 경우, 소를 취하할 당시 이미 채권조사확정재판 신청기간이 지났으므로 채권조사확정재판 신청이 적법해지지 않는다(대법원 2001. 6. 29. 선고 2001다22765 판결 참조). 수계신청기간이 경과하였으므로 원래의 소송을 수계할 수도 없다. 실무적으로 소송이 진행되던 본안재판부가 회생절차가 개시되었음을 이유로 회생채권자를 상대로 소취하를 요구하는 경우가 있는데, 채권조사확정재판신청기간이 지난 후 소취하를 하는 경우에는 차후 구제수단이 없어질 수 있으므로 회생절차개시 전 소제기가 된 경우는 유의해야 한다. ② 채권자가 채권조사확정재판 신청기간이 지나기 전에 소를 취하한 다음 채권조사확정재판 신청을 한 경우에는 소취하의 소급효에 따라(민소법 제267조 제1항) 처음부터 소가 제기되지 않은 것으로 되므로 채권조사확정재판은 적법하다. ③ 개시 당시 이미 소가 계속 중인 상태에서 채권자가 채권조사확정재판 신청기간이 지나기 전에 채권조사확정재판 신청을 한 다음 채권조사확정재판 신청기간이 지나기 전에 소를 취하한 경우에는 문제이다. 소취하로 당초 부적법한 채권조사확정재판 신청이 적법하게 될 수 없다는 견해가 있을 수 있으나, 소취하로 소송계속의 효과가 소급적으로 없어지므로 기간 내에 제기된 채권조사확정재판도 소급하여 적법하게 된다고 볼 것이다. 왜냐하면 소취하가 되면 소송계속의 효과가 소급적으로 없어지므로 별도로 채권조사확정재판을 신청할 이익이 있고, 다시 동일한 내용으로 채권조사확정재판을 신청하도록 하는 것은 불필요한 절차의 반복에 불과하기 때문이다.

한편 개시결정 당시 이미 소송이 계속 중이면 소송을 수계하여야 하고 별도로 채권조사확정재판을 신청하면 안된다는 해석론(판례)에는 의문이 있다. 개인회생절차(제604조 제2항)와 달리 회생절차에서는 명시적으로 회생절차개시 당시 이미 소송이 계속 중인 권리에 대하여 이의가 있는 경우 별도로 채권조사확정재판을 신청할 수 없다는 명시적인 규정이 없다. 제172조 제1항은 수계를 할 때는 '이의자 전원을 상대로 하여' 소송을 수계하여야 한다는 의미로 해석될 여지도 있다. 또한 채권자 입장에서는 수계신청기간도 짧아 권리보호를 받지 못하는 결과가 초래될 가능성이 높다. 소송을 수계하게 하는 취지가 비용과 시간의 낭비를 방지하고 소송절차의 번잡을 피하기 위한 공익적 목적에 있다고 하지만, 새로운 재판을 신청함에 따른 비용과 시간의 낭비는 채권자 스스로 감당하면 되는 것이고, 소송절차의 번잡을 피하기 위한 공익적 목적도 채권자로 하여금 권리를 상실하게 하는 것보다 우선한다고 볼 수 없채권신고를 하지 않아 채권조사의 대상이 되지 않은 경우에는 수계를 할 수 없다.

제172조 제1항은 소송수계신청의 방식에 대하여는 특별히 정하고 있지 않다. 따라서 민사소송법이 준용되어야 한다(제33조, 민사소송규칙 제60조). 수계신청인지여부는 명칭보다는 실질에 따라 판단하여야 한다.[123] 따라서 당사자표시정정신청의 형식을 취하였다고 하더라도 그 내용이나 첨부서류 등에 비추어 볼 때 그 실질이 수계신청에 해당한 경우에는 수계신청으로 보아야 한다.[124] 다만 단순히 당사자를 채무자에서 관리인으로 변경한다는 당사자 표시정정신청은 소송수계신청에 해당하지 아니한다.[125]

나. 수계신청의 기간 제한

수계신청은 이의가 있는 채권에 관한 조사기간의 말일 또는 특별조사기일로부터 1월 이내에 하여야 한다(제172조 제2항, 제170조 제2항). 1개월은 채권조사확정재판 신청기간(제170조 제2항)과 균형을 고려한 것이다. 1개월의 기간이 경과한 후에 제기된 수계신청은 부적법하다(다만 수계신청을 각하하는 것이 아니라 회생채권확정에 관한 소를 각하한다[126]).[127] 주의할 것은 기간경과

다. 결국 회생채권자는 소송을 수계할 수 있음은 물론, 채권조사확정재판도 신청할 수 있다고 보아야 한다(채권조사확정재판을 신청하면 기존의 소를 취하하게 하면 된다).

123) 대법원 1980. 10. 14. 선고 80다623,624 판결 참조.

124) 대법원 2014. 11. 27. 선고 2011다113226 판결(☞ ① 원고는 2008. 12. 12. 주식회사 □□을 상대로 하자보수비 60,046,800원의 지급을 구하는 이 사건 소를 제기하였는데, 위 회사는 소송계속 중인 2009. 10. 15. 서울중앙지방법원 2009회합151호로 회생절차개시결정을 받고 A, B가 회생채무자 주식회사 □□의 공동관리인으로 선임됨에 따라 소송절차가 중단되었던 사실, ② 원고는 2009. 12. 18. 위 60,046,800원을 회생채권으로 신고하였는데, 2010. 6. 29. 개최된 '추후보완 신고된 회생채권 등'의 조사를 위한 특별조사기일에서 공동관리인 A, B는 위 회생채권에 대하여 소송이 계속 중임을 이유로 전액 이의를 한 사실, ③ 이에 원고는 2010. 7. 13. 제1심법원에 기일지정신청서를 제출하였는데 그 신청서에는 '원고가 회생절차에서 위 하자보수비채권을 회생채권으로 신고하였으나 소송 중임을 이유로 회생채권에서 제외되었고, 이 사건 소송을 통하여 위 하자보수비채권을 인정받기 위하여 기일지정을 신청한다'는 취지가 기재되어 있으며, 회생채권신고접수증, 이의통지서 등이 첨부된 사실, ④ 원고는 같은 날 제1심법원에 당사자표시정정신청서를 제출하였는데 그 신청서에는 피고 회사의 회생절차개시결정에 따른 관리인 선임으로 인하여 신청하는 것이라고 그 이유를 밝히면서 정정 전 당사자표시를 '주식회사 □□ 대표이사 C'로, 정정 후 당사자표시를 '주식회사 □□ 공동관리인 A, B'로 기재하고, 위 회생절차개시결정, 관리인선임결정 등이 등재된 회생채무자 주식회사 □□의 법인등기부등본(법인등기사항증명서)을 첨부한 사실 등을 알 수 있다. 이러한 사실관계를 앞서 본 법리에 비추어 살펴보면, 이 사건 당사자표시정정신청서는 표제 등 그 형식에도 불구하고 그 실질은 채무자 회생 및 파산에 관한 법률 제172조 제1항 소정의 수계신청에 해당하는 것으로 봄이 타당하다.)

125) 대법원 1997. 8. 22. 선고 97다17155 판결 참조.

126) 수계기간 경과 후 수계신청이 있는 경우 처리에 관하여, ① 수계신청 자체를 각하하여야 한다는 견해, ② 회생채권에 관한 소는 결국 승계인이 없는 것이 되어 소송이 당연히 종료된다고 보아 소송종료선언을 하여야 한다는 견해가 있을 수 있지만, 소송을 수계하게 한 후 채권확정에 관한 소를 각하하는 것이 타당하다고 본다(아래 각주 127) 참조).

127) 대법원 2000. 2. 11. 선고 99다52312 판결, 대법원 1997. 8. 22. 선고 97다17155 판결 등 참조. 다만 위 판결은 이 경우 회생채권확정의 소가 부적법하게 된다(소각하설)고 하고 있다. 나아가 회생절차개시결정이 있기 이전에 이의 있는 회생채권에 관한 소송이 계속중에 보전처분이 내려지고 보전관리인이 선임되자 소송의 상대방을 회생회사에서 보전관리인으로 하여 한 수계신청을 제172조 제1항 소정의 소송수계신청으로 볼 수는 없다고 하고 있다.

한편 개시 전에 일부청구의 소를 제기한 후 수계는 기간 내에 이루어졌지만 청구취지가 기간 내에 확장되지 아니한 경우(수계기간이 지난 후 확정되었다) 확장된 부분에 대한 수계는 적법한가. 예컨대 채권자(원고)가 채무자(피고)를 상대로 일부청구로서 10억 원의 부당이득반환청구소송을 제기한 후 채무자에 대하여 회생절차가 개시되자 150억 원의 부당이득반환채권을 신고하였고, 채무자의 관리인은 이를 부인하였다. 채권자는 1개월 내에 소송수계를 하였지만, 청구취지는 기간이 지난 후 150억 원으로 확장하였다. 이때 140억 원 부분에 대하여 적법한 수계가 이루어졌다고 볼 수 있는지 여부이다. 이에 관하여는 ① 신속한 절차진행이라는 기간 제한의 취지를 고려하면 부적법하

로 수계신청이 부적법하게 되는 경우는 채무자에 대한 회생절차에서 회생계획인가결정이 있는 경우에 한한다는 것이다. 회생계획인가결정 전에 회생절차가 폐지된 경우에는 채권자도 채무자에 대한 채권행사가 가능하므로 수계신청을 각하하고 중단된 소송을 진행하여야 한다.[128] 결국 회생채권확정에 관한 소의 소송요건 등을 판단함에 있어서는 채무자에 대한 회생절차에서 회생계획인가결정 여부에 따라 달리 처리하여야 한다. 따라서 수계기간 경과 후 수계신청이 있는 경우 법원은 채무자에 대한 회생계획인가결정이 있는지를 조사하여 회생채권확정에 관한 소를 각하거나(회생계획인가결정이 있는 경우), 수계신청을 각하하고 중단된 소송을 진행(회생절차가 폐지된 경우)하여야 한다.

조사기간의 말일 또는 특별조사기일 이전에 소송수계신청을 하더라도 역시 부적법하다(본서 1148쪽).[129]

수계신청기간은 불변기간이 아니므로 당사자가 책임질 수 없는 사유로 말미암아 그 기간을 지킬 수 없었다고 하더라도 수계신청을 추후 보완할 수 없다.

수계신청을 게을리 한 경우에는 회생채권 등의 신고가 없는 경우와 마찬가지로[130] 채권은

다는 견해와 ② 수계 자체는 문제가 없고 청구의 기초가 동일할 뿐만 아니라 사회적 경제적으로 동일한 채권이므로 (본서 769쪽 참조) 확장된 부분에 대한 수계도 적법하다는 견해가 있을 수 있다. 생각건대 채무자회생법이 기간을 정하여 수계하도록 한 것은 조속히 채권을 확정하기 위한 것인 점, 신속하게 채권이 확정되어야 회생절차가 원만히 진행될 수 있는 점(채권이 확정되지 않으면 회생계획을 작성하기 어렵고, 가사 회생계획을 작성하더라도 유보하여야 할 금액이 과다하여 회생계획의 수행가능성에 문제가 생길 수 있다), 일부청구의 경우 나머지 부분에 대한 시효중단의 효력이 없다거나(대법원 1975. 2. 25. 선고 74다1557 판결) 기판력이 청구한 범위에 한하여 미친다(대법원 2000. 2. 11. 선고 99다10424 판결)는 법리 및 수계기간을 넘어서도 청구취지를 확장할 수 있다고 하면 수계기간을 제한한 취지가 몰각되는 점(청구취지 확장은 언제까지 이루어져야 하고, 언제까지 이루어진 청구취지 확장을 인정할 수 있는지도 명확하지 않다), 개시결정 당시 이미 소송이 계속 중인 경우 수계를 인정하는 것은 조사확정재판 대신 해당 소송을 이용하여 회생채권 등을 확정하라는 의미에 불과하고 나머지는 조사확정재판을 신청하는 것과 같게 취급하여야 하는 점(10억 원에 대한 조사확정재판을 신청하고, 조사확정재판 신청기간이 지난 후 신청취지를 150억 원으로 확장하는 것은 인정될 수 없다) 등에 비추어 보면, ①의 견해가 타당하다고 할 것이다.

128) 대법원 1998. 8. 21. 선고 98다20202 판결(회생계획인가 전에 회생절차가 폐지된 경우에는 신고하지 아니한 회생채권이라도 실권되지 아니하며, 그 후부터는 통상의 소송을 제기하거나 계속중인 회생채권확정의 소를 통상의 소송으로 변경할 수 있다) 참조.

129) 대법원 2015. 10. 15. 선고 2015다1826,1833 판결(채무자회생법 제172조에서의 소송절차 수계는 회생채권확정의 일환으로 진행되는 것으로서, 조사기간의 말일까지 또는 특별조사기일에 이루어지는 관리인 등의 회생채권에 대한 이의를 기다려, 회생채권자가 그 권리의 확정을 위하여 이의자 전원을 그 소송의 상대방으로 하여 신청하여야 한다. 그리고 그 회생채권에 집행력 있는 집행권원이 있는 경우에는, 채무자회생법 제174조에 따라 이의자는 채무자가 할 수 있는 소송절차에 의하여서만 이의를 주장할 수 있으며, 그 회생채권에 관하여 법원에 소송이 계속되는 때에는 이의자가 그 회생채권자를 상대방으로 하여 소송절차를 수계하여야 한다. 따라서 회생채권확정을 위한 소송수계에서 관리인은 그 회생채권에 대한 이의자로서의 지위에서 당사자가 되므로, 이의채권이 되지 아니한 상태에서 미리 당사자로서 소송수계신청을 할 수는 없다고 할 것이어서, 조사기간의 말일 또는 특별조사기일 이전에 소송수계신청을 하더라도 이는 부적법하다고 볼 것이다), 대법원 2013. 5. 24. 선고 2012다31789 판결. 예컨대 회생법원이 회생절차개시결정과 동시에 회생채권 등의 신고기간을 2015. 9. 18.부터 2015. 10. 10.까지로 정하였고, 원고가 그 신고기간이 지난 2016. 1. 20. 소로써 구하는 채권을 회생채권으로 하여 추후보완 신고를 하였으며, 이 사건 소송수계신청을 할 때까지 추후보완 신고된 원고의 위 채권을 조사하기 위한 특별조사기일이 열리지 아니한 경우, 회생채무자인 피고의 관리인이 원고의 위 채권이 이의채권이 되지 아니한 상태에서 특별조사기일 이전에 소송수계신청을 미리 하였다면 이는 부적법하다.

130) 일본 회사갱생법 제151조 제6항은 기간 내 수계신청이 없는 경우 회생채권 등에 관한 신고가 없었던 것으로 본다고 규정하고 있다.

미확정인 상태로 고정되고, 회생계획인가결정이 있으면 실권된다(제251조). 이행소송 등의 피고에 대해 회생절차가 개시되어 해당 소송이 중단되었음에도, 원고가 수계기간이 경과하도록 청구채권에 대하여 수계를 하지 아니한 경우에는, 이행소송은 회생절차가 종료될 때까지 중단되고, 회생절차가 종료됨에 따라 채무자가 당연히 수계(제59조 제3항)하는 것이라고 할 것이다.[131]

다. 당사자

회생절차개시 당시 이의채권에 관하여 소송이 계속하는 경우 회생채권자, 회생담보권자가 이의자 전원을 상대방으로[132] 소송절차를 수계하여야 한다.[133] 이의자란 회생채권 등의 내용을 인정하지 아니하고 이의를 제기한 관리인이나 회생채권자 등을 말한다. 이의자가 복수인 경우 수계신청은 이의자 전원을 상대방으로 하여야 한다. 이는 고유필수적공동소송이므로 이의자 중 일부를 상대방으로 한 수계신청은 부적법하다.

채무자의 이의는 채권의 확정을 방해하지 않기 때문에 이의를 진술한 채무자는 상대방이 될 수 없다. 계속 중인 소송은 회생절차개시로 중단되고(제59조 제1항) 원칙적으로 종료되나, 회생절차가 인가 전 폐지된 경우에는 강제집행을 위해(제292조 제1항, 제2항 참조) 채무자가 당연히 승계한다고 할 것이다(민소법 제239조 유추적용).

한편 권리자(회생채권자, 회생담보권자)에게 소송수계신청의 의무를 부담시킨 것은 채무자회생법의 목적을 달성하기 위한 합리적 고려에서 나온 것으로서 회생채권자에 대하여만 회사, 관리인 또는 다른 이해관계인과 비교하여 합리적인 사유없이 자의적으로 차별적 대우를 한 것이라고 할 수 없다.[134]

라. 수계절차

수계절차는 민사소송법의 일반 규정에 따른다. 수계신청을 받은 법원은 직권으로 조사하여

---

131) 기간 내에 수계를 신청하지 아니한 회생채권자는 소송수행의 의사가 없어 수계 후 소송을 취하하는 경우가 많다. 이때 채무자로서는 바로 동의하여 소송을 종료시키는 것도 가능하지만, 동의하지 않고 회생계획인가를 기다려 면책의 항변을 하여 기각판결을 얻는 것도 가능하다.

132) A가 B를 상대로 금전지급청구소송을 제기한 후 피고 B에 대하여 회생절차가 개시되었다. A가 B의 회생절차에서 채권신고를 하자 B의 관리인과 다른 채권자 C가 이의를 하였다. 이 경우 A는 B의 관리인과 C를 상대방으로 하여 수계신청을 하여야 한다. C는 새로운 당사자로 등장하지만 아래에서 보는 바와 같이 그때까지의 소송상태를 그대로 승계하지 않으면 안 된다.

133) 계속 중인 소송의 원고가 채권신고를 하지 않아 수계신청을 할 수 없는 경우 실무적으로 소송 진행에 있어 곤란한 문제가 있다. 소송수행의 의사를 흠결한 원고에 대하여 소취하를 촉구하는 것도 생각할 수 있지만, 상대방의 동의가 필요한 경우(민소법 제266조 제2항)에는 동의하여야 할 피고가 정해지지 않아, 중단 중에 한 소송행위의 효과에도 의문이 있다. 원고가 관리인에 대하여 소송에 관한 청구채권을 회생채권 등으로 행사하지 않는다는 취지의 의사표시를 함으로써, 당해 소송이 '회생채권 등에 관한 것이 아닌 것'(제59조 제2항)으로 간주되는 경우, 관리인이 즉시 수계한 후 원고의 소취하에 동의하는 것이 가능하다는 견해도 있을 수 있다. 하지만 회생채권 등인지는 권리의 성질로부터 규정되는 것이지 권리자의 의사표시에 의하여 변동되는 것이 아니라는 문제가 있다. 그래서 원칙적으로는 회생절차의 종료를 기다릴 수밖에 없다. 그러나 일단 소송을 제기하였음에도 법률상 인정되는 수계절차를 방치하는 것은 당사자의 소송촉진의무에 반하는 것이므로, 이 경우는 불성실한 소송수행자로서 소를 각하할 수 있다고 할 것이다(條解 破産法, 902쪽 참조).

134) 헌법재판소 1996. 8. 29. 선고 95헌가15 전원재판부 결정 참조.

신청이 부적법하거나 이유가 없다고 인정되는 경우에는 결정으로 각하하거나 기각하여야 한다 (제33조, 민소법 제243조 제1항). 수계신청을 허가할 때에는 반드시 허가하는 결정을 하여야 하는 것은 아니다.

또한 상대방(관리인)도 수계신청을 할 수 있지만(민소법 제241조),[135] 채권의 확정을 구할 것 인지의 여부는 이의 등을 받은 회생채권자 등의 자유이기 때문에 회생채권자 등이 수계신청에 대하여 이의를 진술하는 한 상대방의 수계신청은 기각하여야 할 것이다.

소송의 수계가 회생계속법원 이외의 법원에서 이루어진 경우 제60조에 의하여 이송을 하지 않는 한 그 법원에서 심리·판결을 하면 되고 회생계획법원에 이송할 것은 아니다.

3. 수계 후의 소송

가. 청구취지변경

회생절차에서의 조사확정재판의 이의의 소의 법적 성질은 이의가 있는 사항에 관한 확인소 송이다(통설). 따라서 수계 후의 소송은 확인소송의 성질에 부합하게 회생채권 등의 확정을 구 하는 것으로 청구취지가 변경되거나 반소가 제기되어야 한다. 예컨대 회생채권자가 원고가 되 어 이행의 청구를 하고 있었다면, "원고의 채무자 ○○○에 대한 회생채권은 □□□원임을 확 정한다"[136]라고 청구취지를 변경하여야 한다.[137] 반대로 채무자가 원고가 되어 회생채권자를 상대로 채무부존재확인소송을 하고 있는 경우는 어떻게 하여야 하는가. 이에 대하여 회생채권 자가 소송의 수계신청을 한 다음, 반소로서 "피고(반소원고)의 채무자 ○○○에 대한 회생채권 은 □□□원임을 확정한다"라는 청구를 하여야 한다는 견해가 있다.[138] 그러나 채무부존재확인

---

135) 법 조문은 회생채권자 또는 회생담보권자가 소송절차를 수계하여야 한다고 하고 있어 관리인(상대방)이 수계신청을 할 수 있는지에 관하여 견해의 대립이 있다. 이와 관련하여 이의자(관리인·상대방)는 채권조사확정재판을 신청할 수 없다는 점을 고려하면, 신고채권자에게 수계신청을 촉구할 수는 있어도 스스로 수계신청을 할 수 없다는 견해가 있을 수 있다. 하지만 회생절차의 신속한 진행을 위해 회생채권 등이 조기에 확정될 필요가 있고, 회생채권자 등에 게도 불리하지 않다는 점에서 관리인이 수계신청을 할 수 있다고 할 것이다(제33조, 민소법 제241조). 다만 아래에 서 보는 바와 같이 회생채권자 등이 반대하면 수계신청을 기각하여야 할 것이다. 대법원도 소송의 수계의무를 관리 인이 아닌 그 권리자에게 부담시키는 것이 헌법에 위배되는 것은 아니라고 판시하는 한편(대법원 2008. 2. 15. 선고 2006다9545 판결 참조), 관리인도 수계신청을 할 수 있음을 전제로 판시하고 있다(대법원 2015. 7. 9. 선고 2013다 69866 판결, 대법원 1997. 8. 22. 선고 97다17155 판결 참조). 관리인의 수계신청을 인정할 경우, 관리인이 제척기 간인 1개월 내에 수계신청을 하였다면 회생채권자 등에게 제척기간 준수의 효과가 부여된다고 할 것이다.

136) 피고인 관리인이 채무자가 아니므로 "원고의 피고에 대한 회생채권은 □□□원임을 확정한다"는 식으로 변경되지 않도록 주의하여야 한다.

137) 만약 이의가 있는 채권이 우선권 있는 회생채권으로 신고된 경우, 채권의 존재 및 우선권 모두를 다투는 때에는 "원 고의 채무자 ○○○에 대한 우선권 있는 회생채권은 □□□원임을 확정한다" 또는 "원고는 채무자 ○○○에 대하 여 □□□원의 우선권 있는 회생채권을 가지고 있는 것을 확정한다"로 변경하여야 한다. 즉 이의의 대상이 된 회생 채권이 우선권이 있는 것이라면, 수계 후 이행소송은 우선권 있는 회생채권임을 확인하는 확정소송으로 청구취지를 변경할 필요가 있다.

138) 회생사건실무(상), 622쪽, 도산절차와 소송 및 집행절차, 115쪽. 반소를 제기하여야 한다는 견해에 의할 경우, 소송 이 항소심에 계속 중인 때에는 상대방의 동의를 받아야 한다는 것(민소법 제412조)과의 관계에서 상대방의 동의가 필요한지가 문제이다. 여기서 반소는 회생절차개시라는 특별한 이유에 기한 것이고, 새로운 주장이나 증거조사를 필 요로 하는 것이 아니며, 상대방의 심급의 이익을 해하는 것도 아니므로 동의는 필요하지 않다고 할 것이다.

소송에 있어 청구기각판결은 소송물인 청구권이 존재한다는 기판력을 갖는 효력을 갖기 때문에[139] 수계한 회생채권자로서는 반소를 제기할 필요가 없고 청구기각을 구하는 것으로 충분하다고 할 것이다.[140] 물론 회생채권자로서는 청구기각판결을 얻기 위해서는 수계 전과 마찬가지로 항변사실인 채권의 발생원인사실과 액수를 주장·증명할 필요가 있다는 것을 말할 필요도 없다.

채무자에 대한 회생절차개시결정으로 중단된 소송절차가 수계된 경우에 법원이 종전의 청구취지대로 채무의 이행을 명하는 판결을 할 수는 없고, 만일 회생채권자가 이를 간과하여 청구취지 등을 변경하지 아니한 경우에는 법원은 원고에게 청구취지 등을 변경할 필요가 있다는 점을 지적하여 회생채권의 확정을 구하는 것으로 청구취지 등을 변경할 의사가 있는지를 석명하여야 한다.[141] 반면 회생계획인가 결정 후 회생절차 종결결정이 있더라도 채무자는 회생계획에서 정한 대로 채무를 변제하는 등 회생계획을 계속하여 수행할 의무를 부담하게 되므로, 회생채권 등의 확정을 구하는 소송의 계속 중에 회생절차 종결결정이 있는 경우 회생채권 등의 확정을 구하는 청구취지를 회생채권 등의 이행을 구하는 청구취지로 변경할 필요는 없고, 회생절차가 종결된 후에 회생채권 등의 확정소송을 통하여 채권자의 권리가 확정되면 소송의 결과를 회생채권자표 등에 기재하여(제175조), 미확정 회생채권 등에 대한 회생계획의 규정에 따라 처리하면 된다. 따라서 회생채권 등의 확정소송이 계속되는 중에 회생절차 종결결정이 있었다는 이유로 채권자가 회생채권 등의 확정을 구하는 청구취지를 회생채권 등의 이행을 구하는 청구취지로 변경하고 그에 따라 법원이 회생채권 등의 이행을 명하는 판결을 선고하였다면 이는 회생계획 인가결정과 회생절차 종결결정의 효력에 반하는 것이므로 위법하다.[142]

사례 원고(채무자 A)는 2024. 1. 15. 피고를 상대로 서울중앙지방법원에 「원고와 피고 사이의 2023. 1. 21. 자 대출계약에 기한 원고의 채무는 존재하지 아니함을 확인한다」는 채무부존재확인의 소를 제기하였다. 소송계속 중인 2024. 6. 30. 원고에 대하여 서울회생법원으로부터 회생절차개시결정이 내려졌다. 이 경우 각 당사자는 어떻게 대처하여야 하는가.

1. 반소를 제기하여야 한다는 견해에 의할 경우
① 피고는 채권신고기간 내에 위 대출계약에 기한 대여금채권(회생채권이고, 원고는 2억 원이라고 주장하고 있다)을 신고하여야 한다. 이 경우 일반적으로 채무자 A의 관리인은 소송이 계속 중임을 이유로 부인할 것이다.
② 피고는 수계신청을 한 다음, 반소로 「피고(반소원고)의 채무자 A에 대한 회생채권은 2억 원임을

---

139) 채무부존재확인청구가 실체상의 사유에 의해 전부 기각된 경우 그 확정판결의 기판력은, 단순히 소극적으로 당해 법률관계의 부존재확인청구가 이유 없음의 확정에 그치지 않고, 피고(채권자)가 적극적 확인청구를 한 경우의 전부 인용판결과 동일한 효력이 있다. 예컨대 원고가 1,000만 원의 대여금채무의 부존재확인청구소송에서 패소하여 그 판결이 확정된 경우에는 피고가 원고에 대하여 1,000만 원의 대여금채권을 가지고 있음이 확정된다{조용호, "채무부존재확인소송", 사법논집 제20권, 법원도서관(1989), 450쪽}.
140) 倒産と訴訟, 156~157, 177쪽 참조.
141) 대법원 2015. 7. 9. 선고 2013다69866 판결.
142) 대법원 2014. 1. 23. 선고 2012다84417,84424,84431 판결.

확정한다」는 청구를 하여야 한다. 만약 피고가 반소를 제기하지 않고 별도로 채권조사확정재판을 신청한 경우 부적법한 것으로 각하된다.

③ 만약 대여금채권이 1억 원이라고 할 경우 주된 주문은 다음과 같다.

> 1. 피고(반소원고)의 채무자 A에 대한 회생채권은 1억 원임을 확정한다.
> 2. 원고(반소피고)의 본소청구 및 피고(반소원고)의 나머지 반소청구를 각각 기각한다.

2. 반소를 제기할 필요가 없다는 견해에 의할 경우

①은 동일하다.

② 피고는 소송수계신청을 한 다음, 반소를 제기할 필요가 없이 원고청구의 기각을 구하면 된다.

③ 만약 대여금채권이 1억 원이라고 할 경우 주된 주문은 다음과 같다.

> 1. 원고와 피고 사이의 2023. 1. 21. 자 대출계약에 기한 원고의 채무는 1억 원을 초과하는 부분은 존재하지 아니함을 확인한다.
> 2. 원고의 나머지 청구를 기각한다.

나. 소송상태의 승계

수계 후 소송에서 당사자는 종전의 소송상태를 승계하므로 종전의 소송수행의 결과를 전제로 하여 소송행위를 하여야 한다. 종전의 당사자인 회생채권자 등뿐만 아니라 새로운 당사자인 관리인 및 이의자 등도 마찬가지이다. 종전의 소송상태에 구속되고, 종전의 자백은 수계 후 소송에서도 구속력을 갖는다. 다만 부인권은 회생절차개시 후에만 행사할 수 있는 공격방어방법이기 때문에 이것을 행사하는 것을 방해하지 않는다.

다. 주장의 제한

수계신청을 한 회생채권자 등은 이의 등이 있는 회생채권 등의 내용 및 원인에 대하여 회생채권자표 등에 기재된 사항만을 주장할 수 있다(제173조). 이에 관하여는 〈제1절 V.2.〉(본서 768쪽)을 참조할 것.

라. 「소송촉진 등에 관한 특례법」의 적용 여부

회생채권확정의 소는 회생채권자가 신고한 채권에 대하여 관리인 등으로부터 이의가 있는 경우 이의채권의 존부 또는 그 내용을 정하여 권리를 확정하는 것을 내용으로 하는 소로서 금전채무의 전부 또는 일부의 이행을 구하는 소가 아니므로, 회생채권확정의 소에 대한 판결을 선고할 경우 특례법 제3조 제1항 본문은 적용되지 아니한다.[143]

---

143) 대법원 2013. 1. 16. 선고 2012다32713 판결(확정을 구하는 채권이 상사채권인 이상 상법이 정한 연 6%의 법정이율을 적용하여야 한다).

4. 지급명령이 있는 이의채권

가. 지급명령 송달 전에 회생절차개시결정이 있는 경우

대법원과 통설적 견해(각주 59) 참조)에 의하면 소송계속이 발생한 것이 아니므로 이의채권 보유자(지급명령신청인)가 이의자 전원을 상대로 채권조사확정재판을 신청하여야 한다(제170조 제1항 본문).

나. 지급명령 송달 후 이의신청 기간 중에 회생절차개시결정이 있는 경우

지급명령이 송달된 후 이의신청 기간 내에 회생절차개시결정이 있는 경우 소송절차는 중단되고 이의신청 기간의 진행이 정지된다.[144] 〈가.〉의 경우와 마찬가지로 지급명령의 송달만으로 소송계속이 발생한 것이라고 볼 수 없으므로(민소법 제472조 제2항 참조) 이의채권 보유자(지급명령신청인)가 이의자 전원을 상대로 채권조사확정재판을 신청하여야 한다(제170조 제1항 본문).

다. 지급명령이 송달되고 이의신청이 있은 후 회생절차개시결정이 있는 경우

지급명령을 신청할 때 소가 제기되어(민소법 제472조 제2항) 소송이 계속 중인 것으로 볼 수 있다. 이때는 이의채권 보유자(지급명령신청인)가 이의자 전원을 상대로 소송절차를 수계하여야 한다(제172조 제1항).

라. 지급명령이 송달되고 이의신청기간이 경과된 후 회생절차개시결정이 있는 경우

이때는 지급명령이 확정된 상태이므로 이의자가 이의채권을 보유한 권리자를 상대로 채무자가 할 수 있는 소송절차(청구이의의 소 등)로 이의를 주장할 수 있다(제174조 제1항). 아래 〈Ⅳ.〉를 참조할 것.

5. 소송절차가 종료된 경우 수계된 소송의 추이

회생절차종료시에 수계된 소송이 여전히 계속 중인 경우, 해당 소송은 어떻게 되는가.[145]

관리인이 당사자인 경우에는 소송절차는 다시 중단되고, 채무자가 수계한다. 회생절차가 종료된 경우 채무자의 관리처분권은 회복되고, 당사자적격도 관리인에서 채무자로 복귀되기 때문이다.

---

144) 대법원 2012. 11. 15. 선고 2012다70012 판결.
145) 관리인, 다른 회생채권자 등, 주주의 이의가 없으면 회생채권은 확정된다(제166조). 채무자가 이의를 하여도 회생채권은 확정된다. 채무자의 이의도 없다면 수계된 소송은 당연히 종료된다. 채무자의 이의가 있는 경우에는 회생계획이 인가되었는지 여부에 따라 다르다. ① 회생계획이 인가되지 않으면 채무자가 이의를 한 경우 채무자에 대하여는 확정판결과 동일한 효력이 없다(제292조 제1항). 따라서 회생절차가 종료(폐지)되면 소송절차는 다시 중단되고 채무자가 수계한다(제59조 제4항). ② 회생계획이 인가되면 채무자에 대하여도 확정판결과 동일한 효력이 있기 때문에(제255조 제1항 제1호) 수계된 소송절차는 당연히 종료된다.

관리인이 당사자가 아닌 경우(다른 회생채권자가 이의를 하고, 이의가 진술된 회생채권자가 이의를 진술한 회생채권자를 상대방으로 하여 종전 소송에 대해 수계신청을 한 경우)에는 회생계획인가결정 전후에 따라 취급이 다르다. ① 회생계획인가결정 전에 종료된 경우에는 소송절차는 중단되고, 채무자가 수계한다. 반면 ② 회생계획인가결정 후에 종료된 경우에는 소송절차는 중단되지 않고 종전 당사자 사이에서 계속된다. 회생계획 중에 미확정채권에 대한 처리기준이 정해져 있고, 회생채권자가 회생계획에 의하여 인정된 권리를 행사하기 위해서는 그 채권이 확정될 필요가 있기 때문이다.

Ⅳ 집행력 있는 집행권원 또는 종국판결이 있는 회생채권 등의 확정

1. 회생절차개시 당시 집행력 있는 집행권원 또는 종국판결이 있는 회생채권 등에 대하여 소송이 제기되어 있지 않은 경우

이의 등이 있는 회생채권 등에 관하여는 원칙적으로 이의채권의 보유자가 채권조사확정재판을 신청하여야 한다. 그러나 집행력 있는 집행권원이 있는 채권은 강제집행에 착수할 수 있는 지위에 있고, 종국판결을 얻은 채권은 권리의 존재에 관하여 고도의 추정력이 있는 재판을 받은 것이므로 일반의 회생채권 등에 비하여 유리한 지위에 있다.[146] 채무자회생법은 이런 점을 고려하여 이의채권에 관하여 집행력 있는 집행권원이 있거나 종국판결이 있는 경우[147]에는 이의자는 채무자가 할 수 있는 소송절차에 의하여만 이의를 주장할 수 있는 것으로 규정하고 있다(제170조 제1항 단서, 제174조 제1항).[148] 구체적으로는 집행력 있는 집행권원에 대하여는 재

---

146) 대법원 2023. 8. 31. 선고 2021다234528 판결.

147) 집행력 있는 집행권원이나 종국판결이 있는 회생담보권의 의미가 무엇인지 명확하지 않지만, 결국은 이의대상이 되는 사항이 집행권원의 집행력이 미치는 범위 또는 종국판결의 주문 중 판단사항에 포함되는지 여부에 따라 개별적으로 판정된다고 할 것이다. 예컨대 피담보채권의 존부에 대하여 집행력 있는 집행권원이 있어도, 담보권의 존부가 다투어지는 경우에는, 제174조는 적용되지 않는다고 할 것이다.

　이의가 있는 회생담보권의 피담보채권에 관하여만 집행력 있는 집행권원 또는 종국판결이 존재하는 경우에는 그 권리자가 회생담보권 확정절차에서 다른 회생담보권자보다 유리한 절차적 지위를 갖는다고 볼 수 없어 제174조 제1항이 적용되지 않는다. 회생담보권은 회생채권 중에서 유치권 등의 담보권에 의하여 담보된 범위의 채권을 의미하므로(대법원 2021. 2. 4. 선고 2018다304380, 304397 판결 참조), 회생담보권으로 확정하기 위해서는 피담보채권의 존부 및 범위뿐만 아니라 담보권의 존부 등에 대하여도 심리·판단할 필요가 있기 때문이다(대법원 2023. 8. 31. 선고 2021다234528 판결).

　[사례] 甲(갑)은 乙(을)에게 대여를 하면서 대여금 채무의 불이행 시 강제집행을 수락하는 공정증서를 작성함과 동시에 乙 소유 유체동산에 관한 양도담보계약을 체결하였다. 乙에 대한 회생절차가 개시되었고, 甲은 회생담보권을 신고하였고, 乙의 관리인은 이의를 하였다. 이때 甲은 이의에 대하여 회생담보권 조사확정재판을 신청하여야 한다. 왜냐하면 공정증서의 효력은 대여금 채권에 관하여만 미칠 뿐이어서 이의가 제기된 甲의 회생담보권에 집행력 있는 집행권원이 있다고 볼 수 없어 제174조 제1항이 적용된다고 볼 수 없기 때문이다(위 2021다234528 판결 참조).

148) 집행력 있는 집행권원이나 종국판결이 있는 회생채권·회생담보권을 가진 채권자는 채권신고를 함에 있어 그 뜻을 신고하고 그 사본을 제출하여야 한다(규칙 제55조 제1항 제3호, 제2항 제2호). 만약 그 뜻을 신고하지 않거나 사본을 제출하지 아니한 경우 어떻게 취급하여야 하는가. 집행력 있는 집행권원이나 종국판결이 있다는 뜻을 신고하지 않고 그 사본을 제출하지 않더라도 실제로 집행력 있는 집행권원이나 종국판결이 있는 이상 이의자가 채무자가 할 수 있는 소송절차에 의하여만 다툴 수 있다고 볼 여지도 있다. 하지만 채권자가 그 뜻을 신고하지 않고 사본을 제출하지 않는 한 이의자로서는 해당 채권이 집행력 있는 집행권원이나 종국판결이 있는 것인지 알 수가 없고, 집행력

심의 소, 청구이의의 소 등으로, 미확정의 종국판결의 경우에는 상소로 이의를 주장하여야 한다.[149] 집행력 있는 집행권원이나 종국판결이 있는 이의채권에 대하여 위와 같이 취급하는 것은 회생절차개시시까지 이러한 이의채권이 취득한 소송상의 지위를 존중하고, 이의자가 이의채권을 다투는 수단을 채무자가 할 수 있는 범위로 제한하고자 하는 취지이다.[150]

가. 집행력 있는 집행권원

집행력 있는 집행권원[151]이란 집행력 있는 정본과 동일한 효력을 가지고 곧 집행을 할 수 있어야 하고, 집행문이 필요한 경우에는 이미 집행문의 부여를 받았어야 한다.[152] 집행권원은 민사집행법에 개별적으로 규정되어 있다. 집행권원은 집행력을 내포하는 것도 있지만(이러한 종류의 집행권원은 집행문을 필요로 하지 않는다), 집행력 있는 집행권원이 되기 위해서는 집행력 존재의 공증이 요구되는 것이 원칙이다(집행권원에는 원칙적으로 집행문이 필요하다)(민집법 제28조 제1항).

(1) 집행문을 필요로 하지 않는 경우 (예외)

확정된 지급명령(민집법 제58조 본문), 소액사건의 확정된 이행권고결정(소액사건심판법 제5조의8 본문), 확정된 배상명령 또는 가집행선고 있는 배상명령이 적힌 유죄판결(소송촉진 등에 관한 특례법 제34조 제1항)은 집행력 있는 집행권원에 해당한다.[153]

있는 집행권원이나 종국판결을 가진 채권자라도 일반 회생채권·회생담보권으로 신고할 수도 있으므로 채권자가 채권조사확정재판을 신청하여야 한다고 봄이 타당하다.

149) 집행력 있는 집행권원이나 종국판결이 없는 회생채권 등과 비교하여 채권확정방법에 있어 두 가지 차이가 있다. 하나는 회생채권 등의 확정을 위해 채권조사확정재판이 아니라 재심의 소, 청구이의의 소나 상소를 제기하여야 한다는 것이다. 다른 하나는 제소책임이 이의채권의 보유자가 아니라 이의자에게 있다는 것이다.

150) 破産法·民事再生法, 627쪽. 따라서 집행력 있는 집행권원 등이 있는 회생채권 등의 우선권에 대하여만 이의가 제출된 경우에는, 회생채권자 등이 채권확정절차를 개시하지 않으면 안 된다. 우선권의 존재는 집행권원 등에 의하여 확정되어 있지 않기 때문이다. 무엇보다 회생담보권의 경우 피담보채권 외에 담보권의 존재 등에 관하여 다툼이 발생할 수 있는데, 피담보채권에 대하여 집행권원이 존재한다고 하여도 다른 다툼에 대하여도 동일한 결과로 된다고는 말할 수 없다. 이론적으로는 집행권원에 의해 확정된 사항 이외의 사항에 대하여는 제소책임이 전환되지 않는다고 하는 것이 정당하다{반면 혼란을 피하기 위하여 전체로서 제소책임을 전환하는 것이 바람직하다는 견해도 있다(會社更生法, 532쪽 각주 84))}. 예컨대 피담보채권에 대하여 승소확정판결을 받았다고 하더라도 담보권의 존재를 다투는 경우 채권자가 회생담보권조사확정재판을 신청하여야 할 것이다(제소책임이 전환된다는 견해에서는 관리인이 담보권부존재확인의 소 등을 제기하여야 할 것이다).

여기서 문제가 되는 것은 어디까지나 제소책임이기 때문에, 일단 소제기가 된 이상 그 소송에서는 회생채권 등의 내용에 그치지 않고, 우선권의 유무 등도 다툴 수 있다고 할 것이다(會社更生法, 532쪽 각주 84)).

151) 선행하는 파산절차가 있었던 경우 파산채권자표도 채무자가 이의를 진술하였던 경우를 제외하고, 집행력 있는 집행권원에 포함된다고 할 것이다(제535조 제2항, 제548조 제1항 참조).

152) 대법원 1990. 2. 27. 자 89다카14554 결정 참조. 회생채권자 등이 회생절차개시 전에 집행문을 부여받은 경우에는 집행력 있는 집행권원이 있는 채권으로 인정하는데 문제가 없다. 문제는 회생절차개시 후에 집행문을 부여받을 수 있는가 나아가 집행문을 부여받은 때 집행력 있는 채권으로 취급될 수 있는가이다. 회생절차가 진행 중에는 개별적인 권리행사가 금지되므로 허용되지 않는다는 견해가 있을 수 있다. 그러나 집행력 있는 집행권원이 있는 채권을 특별히 취급하는 이유가 회생채권자 등이 회생절차개시 전에 취득한 유리한 지위를 존중하는데 있고, 집행문 부여의 유무에 따라 결정적인 차이를 두는 것은 적절하지 않으며, 집행문은 집행권원에 기초하여 집행력의 현존을 공증하는 것에 지나지 않는다는 점을 고려하면 회생채권자 등은 회생절차개시 후에도 집행문을 부여받을 수 있고, 집행력 있는 집행권원이 있는 채권으로 취급되어야 할 것이다. 대법원도 위 결정에서 회생절차개시 이후에도 집행문을 부여받을 수 있음을 긍정하고 있다.

153) 다만 확정된 지급명령, 이행권고결정은 집행에 조건이 붙어 있는 경우 등에는 예외적으로 집행문의 부여가 필요하

(2) 집행문을 필요로 하는 경우 (원칙)

확정된 종국판결(민집법 제24조), 가집행선고 있는 종국판결(민집법 제24조), 확정된 집행판결이 있는 외국판결(민집법 제26조),[154] 집행증서(민집법 제56조 제4호, 제59조), 확정판결과 동일한 효력이 있는 화해조서(민소법 제220조), 인낙조서(민소법 제220조) 및 조정조서(민사조정법 제29조)는 집행문의 부여를 받아야 집행력 있는 집행권원이 된다.[155] 가집행선고 있는 종국판결, 집행판결, 집행증서와 같이 집행권원 자체에 집행할 수 있다는 취지가 적혀 있는 경우라도 집행문이 필요하다.

앞에서 본 바와 같이 집행문을 필요로 하지 않는 집행권원이라도 집행에 조건이 붙여진 경우, 당사자의 승계가 이루어진 경우에는 집행문이 필요하다.[156]

나. 종국판결

종국판결은 회생채권·회생담보권의 피담보채무 또는 그것을 담보하는 담보물권의 존재에 관하여 소 또는 상소에 의하여 계속된 사건의 전부 또는 일부를 그 심급으로서 완결하는 판결을 말하고 그 소송이 확정되었는지 여부는 불문한다. 종국판결은 소송물로서 회생채권 등의 존재를 인정하는 취지의 것이나 이에 준하는 것으로 충분하고, 이행판결인지 확인판결인지를 묻지 않는다. 종국판결은 전부판결뿐만 아니라 일부판결도 포함된다. 중간판결이 포함되지 않는 것은 당연하다. 회생채권 또는 회생담보권의 존재를 판결주문 중에서 인정되는 것이어야 한다. 또한 채권자의 권리가 고도로 추정되는 것이어야 하기 때문에 일부라도 채권자가 승소한 판결을 전제로 한다(전부패소판결은 포함되지 않는다).[157] 구체적으로 채권자의 이행청구를 인용한 판결, 채무존재확인판결, 채무부존재확인소송의 청구기각판결, 저당권존재확인소송의 청구인용판결, 청구이의소송의 청구기각판결도 포함된다.

중재판정은 확정판결과 동일한 효력이 인정되기 때문에(중재법 제35조 본문) 종국판결과 동일시된다고 할 것이다.

외국법원의 확정판결도 종국판결로 취급될 수 있는가. 외국법원의 확정판결은 곧바로 우리

다(민집법 제58조 단서, 소액사건심판법 제5조의8 단서).

154) 다만 확정된 종국판결(민집법 제24조), 가집행선고 있는 종국판결(민집법 제24조), 확정된 집행판결이 있는 외국판결(민집법 제26조)은 아래 〈나.〉의 종국판결에 해당하기 때문에 집행력 있는 집행권원인지를 논할 실익이 없다.

155) 화해조서, 인낙조서 및 조정조서에 대하여 일본에서는 종국판결에 준하여 취급되므로 집행문을 필요로 하지 않는다는 견해가 유력하다고 한다(條解 民事再生法, 572쪽, 破産法·民事再生法, 628쪽).

156) 대법원 1993. 7. 13. 선고 92다33251 판결 참조.

157) 예컨대 원고(채권자)가 피고(채무자)를 상대로 대여금채권 1억 원을 지급하라는 소송을 제기하였다. 제1심판결이 선고된 후 피고(채무자)에 대하여 회생절차가 개시되었다. 원고(채권자)는 채권신고를 하였고, 관리인은 이를 부인하였다. ① 제1심판결이 원고전부승소판결인 경우 제174조 제1항의 종국판결에 해당하여 관리인이 항소를 제기하여야 한다. ② 제1심판결이 전부패소판결인 경우 제174조 제1항의 종국판결에 해당하지 아니한다. 이 경우는 제172조 제1항이 적용되어야 할 것이다. ③ 제1심판결이 원고 일부승소판결인 경우(5천만 원 인용) 승소부분은 제174조 제1항의 종국판결에 해당하여 관리인이 항소를 제기하여야 한다. 반면 패소부분은 제172조 제1항이 적용될 것이다. 종국판결은 회생채권의 존재를 인정하는 내용의 것이어야 하기 때문이다.

나라의 종국판결로서의 효력이 인정되는 것은 아니지만, 법정의 요건이 충족된다면(민소법 제217조), 외국법원의 확정판결 효력이 우리나라에서도 자동적으로 승인되는 것이므로[158] 이론적으로는 승인요건을 충족시키는 외국법원의 판결은 종국판결로 취급하여도 될 것이다. 또한 문제가 되는 외국법원의 판결이 이행판결에 한정되는 것은 아니기 때문에 집행판결(민집법 제26조)이 요구되는 것도 아니다. 다만 절차적으로는 외국법원의 확정판결이 승인요건을 충족한 것인지는 반드시 명확한 것이 아니다. 따라서 외국법원의 확정판결이 있는 회생채권 등이 신고되고, 이에 대하여 이의가 제출된 경우에는, 이의자 등이 제174조에 준하여 외국법원 판결불승인의 소를 제기하는 것을 인정하여야 할 것이다.[159]

다. 재심의 소 등을 제기하여야 하는 자

재심의 소, 청구이의의 소나 상소 등을 제기하여야 하는 자는 이의채권의 보유자가 아닌 이의자이다. 다만 집행력 있는 집행권원 또는 종국판결이 있는 회생채권·회생담보권이라도 그 취지가 목록에 기재되어 있거나 신고되어야 제소책임을 이의자에게 지울 수 있다(규칙 제55조 제1항 제3호 참조).

라. 이의자가 취할 수 있는 절차

이의채권에 관하여 집행력 있는 집행권원이 있거나 종국판결이 있는 경우에는 이의자는 채무자가 할 수 있는 소송절차에 의하여만 이의를 주장할 수 있다(제174조 제1항).[160] 이의자가 취할 수 있는 절차는 집행권원의 종류에 따라 다르다.

(1) 확정판결

재심의 소(민소법 제451조)나 판결의 경정(민소법 제211조)이 가능하다. 또한 확인판결에 대하여는 기판력의 기준시 이후에 발생한 사정이 있다면 소극적 확인의 소를 제기할 수도 있다. 나아가 소송형태에 관하여 특별한 제한이 없으므로 채무자가 제기할 수 있는 소송절차에는 부인의 소도 포함된다고 할 것이다.[161]

청구이의의 소(민집법 제44조)에 관하여는 가능하다는 것이 판례[162] 및 일반적인 견해이다(일

---

158) 집행판결을 갖추어야 비로소 종국판결과 동일시된다는 견해도 있을 수 있다.

159) 會社更生法, 533~534쪽.

160) **관리인이 이의자인 경우의 예외** 이의자가 회생채권자 등인 경우에는 채무자가 할 수 있는 소송절차에 의할 수밖에 없다. 하지만 관리인이 이의자인 경우에는 관리인으로서의 독자적인 권능인 부인권의 행사가 제174조에 의하여 저지되지 않는다. 따라서 관리인은 부인의 요건을 갖춘 경우 해당 집행권원에 대하여 부인소송을 제기하거나, 채무자를 피고로 한 소송이 계속 중이면 이것을 수계하여 부인의 항변을 주장할 수도 있다.

161) 서울회생법원 2019. 2. 13. 선고 2018가합100132 판결(확정). 위 판결의 사건개요는 다음과 같다. 채무자에 대하여 회생절차가 개시되자 확정판결을 받았던 채권자가 채권신고를 하였고, 채무자의 관리인은 이를 부인하였다. 이에 채무자의 관리인이 채권자를 상대로 채권부존재의 확인을 구하는 부인의 소를 제기하였다.

162) 대법원 2023. 8. 31. 선고 2021다234528 판결(제170조 제1항 단서, 제174조 제1항은 집행력 있는 집행권원 또는 종국판결이 있는 이의채권 등을 보유한 권리자의 절차적 지위를 존중하여 권리자가 먼저 채권조사확정의 재판을 신청하는 것이 아니라 이의자로 하여금 예컨대 청구이의의 소나 채무부존재확인의 소 등과 같이 채무자가 할 수 있는

본의 통설).[163] 이에 대하여 청구이의의 소의 주된 목적은 집행력을 배제하는 것이라는 점, 회생절차개시에 의해 강제집행 그 자체가 금지되는데다가(제58조 제1항, 제2항) 원래 채권의 확정과는 무관하다는 점, 청구이의의 소는 형성소송(청구이의의 소의 소송물은 형성권인 집행법상의 이의권인바, 예컨대 집행권원에 표시된 청구권이 변제에 의해 소멸하였다는 것을 이유로 청구가 인용되어도, 청구권의 부존재는 판결이유 중에 판단되는 것에 지나지 않으므로 기판력이 없다. 이 점을 중시하는 형성소송설로부터는 부정설이 일관성이 있다)이라는 점에서 소극적 확인의 소를 제기하는 것이 합리적이라는 이유로 부정하는 견해도 있다(일본의 유력설).[164] 회생절차개시결정이 된 경우에는 개시결정 전 존재하였던 집행권원에 기한 강제집행은 금지(중지)되고(이러한 점에서 회생절차가 진행 중인 동안에는 청구이의의 소를 제기할 실익이 없다), 회생계획인가 이후에는 회생채권자표(회생담보권자표)의 기재만이 집행권원이 되며 개시결정 전에 존재하였던 집행권원에 기한 강제집행은 허용되지 않는다(본서 1012~1013쪽 참조)는 점에서 청구이의의 소는 소의 이익이 없다고 할 것이므로 후자의 견해가 타당하다.

(2) 미확정 종국판결

미확정 종국판결의 경우에는 이의채권에 관하여 회생절차개시 당시 소송이 계속 중인 경우이기 때문에 제174조 제2항에 따라 이의자는 소송절차를 수계하여야 한다.[165] 새로이 채무부존재확인의 소를 제기하는 것은 허용되지 않는다. 수계하여 상소심에서 절차를 속행하거나 상소를 제기한다.

(3) 지급명령

확정된 지급명령은 확정판결에 준하여 취급한다(민소법 제474조 참조). 지급명령은 독촉절차를 수계하면서 동시에 이의의 신청을 할 수 있다(민소법 제469조 제2항).

사례 채권자 甲은 채무자 乙에 대하여 확정된 지급명령을 가지고 있다. 그러던 중 채무자 乙에 대하여 회생절차개시결정이 되었고, 채권자 甲은 신고기간 내에 채권신고(회생채권)를 하였다. 이에 대하여 관리인은 채권을 전부 시인하였지만, 다른 회생채권자 丙이 채권 전부에 대하여 이의하였다.

소송절차에 의하여서만 이의를 주장할 수 있도록 규정하고 있다).

163) 條解 民事再生法, 571쪽. 실무적으로는 청구이의의 소를 제기하고 있다{서울고등법원(춘천) 2019. 10. 23. 선고 2018나1785 판결(확정), 대법원 2019. 10. 31. 선고 2019다250350 판결(서울고등법원(춘천) 2019. 5. 22. 선고 2018나1747 판결에 대하여 심리불속행기각)}. 공정증서와 같이 집행력 있는 집행권원이 있는 채권에 관하여 '채무자가 할 수 있는 소송절차'의 형식은 아무런 제한이 없으므로 청구이의소송을 포함한다는 하급심 재판례로 「대전지방법원 2021. 11. 17. 선고 2020가합109636 판결」이 있다.

164) 破産法·民事再生法, 629쪽, 條解 破産法, 912쪽, 會社更生法, 499쪽. 이에 대하여 실체관계의 확정도 청구이의의 소의 목적이 된다는 것이 유력한 견해이고, 이 견해에 의하면 실체상 청구권의 존부도 확정되는 것이므로, 청구이의의 소도 이의방법으로 가능하게 되며, 나아가 판결이유 중의 판단에 대해 쟁점효나 신의칙상의 구속력을 인정하는 입장에서도 동일한 결론에 도달할 수 있다는 재반론이 있다(條解 破産法, 912쪽, 會社更生法, 499쪽).

165) 실무적으로 회생절차개시 당시 1심판결에 대하여 항소가 제기되어 있거나 상고심에 계속 중인 경우(종국판결이 있는 경우가 된다) 관리인이 수계기간 내 소송수계를 하여야 함에도 이를 놓치는 경우가 있다. 즉 채권자가 채권신고를 하면 관리인은 소송 중임을 이유로 단지 부인만 하고 소송수계절차를 밟지 않는 경우가 종종 발견된다(경우에 따라 신고한 회생채권자 등이 채권조사확정재판을 신청한 경우가 있으나 이는 신청인 적격이 없는 것으로 부적법하다). 이 경우 아래에서 보는 바와 같이 이의채권을 인정하는 것으로 되므로(제174조 제4항) 주의를 요한다.

이 경우 丙은 어떻게 하여야 하는가. 채권자 甲은 집행력 있는 집행권원인 지급명령을 가지고 있으므로 이의자 丙은 甲을 상대로 채무자가 할 수 있는 방법인 청구이의의 소(민집법 제44조)를 제기하면 된다. 청구이의의 소에 있어 원고적격은 집행권원에 채무자로 표시된 사람 또는 승계 그 밖의 원인으로 집행력을 받은 사람이지만(민집법 제25조), 제174조 제1항에 의하여 다른 채권자에게도 인정되게 되었다. 채권자대위권에 의하여 청구이의를 제기하는 것[166]과 유사한 형태이다.

(4) 집행증서 (민집법 제57조, 제56조 제4호)

소극적 확인의 소가 가능하다. 청구이의의 소도 가능하다.[167] 그런데 집행증서는 집행문 부여가 있어야 집행권원이 된다(민집법 제59조 참조). 그래서 이의자는 집행문 부여를 다투는 절차로도 이의를 주장할 수 있는지가 문제된다. 집행문 부여에 관한 이의의 소(민집법 제45조)나 집행문 부여에 관한 이의신청(민집법 제34조)에 의하여도 집행력 있는 집행권원이라는 것을 부정하여 집행력 없는 집행권원(일반적인 이의채권)으로 만들 수 있기 때문에 집행문 부여에 대한 이의의 소 등도 가능하다는 견해도 있다. 그러나 집행문 부여의 점을 다투어 승소하더라도 집행력 없는 집행권원(일반적인 이의채권)이 될 뿐 결국은 신고채권자로 하여금 조사확정재판신청을 신청하게 하는 것에 지나지 않을 뿐이라는 점, 집행력 없는 집행권원(일반적인 이의채권)에 관한 조사확정재판신청은 1개월이라는 기간제한이 있어(제170조 제2항) 집행문 부여가 취소된 후 조사확정재판을 신청하는 것은 실제로 어렵고 이 경우만 제소기간의 시기를 조절한다는 것은 해석상 곤란한 점, 이러한 경우 오히려 이의자는 직접 실체권의 부존재를 확정하는 소(청구이의의 소)를 제기하는 것이 간명하고 나아가 종국적 해결을 도모할 수 있다는 점에서 부정하는 것이 상당하다.[168]

마. 채권의 존재나 액 이외의 사항에 대하여 이의를 제출한 경우의 예외

채권의 존재나 액 이외의 사항에 대하여 이의를 제출한 경우에도 제174조에 따라 제소방법이 제한되고 제소책임이 전환되는가. ① 제소방법이 제한되는가. 회생채권으로서의 적격성이나 우선성의 존부에 대하여 이의가 제출된 것과 같이 채무자에 대한 채권의 존재나 액 이외의 사항이 이의의 사유가 된 경우에는 그 소송형식은 채무자가 취할 수 있는 소송절차에 의할 필요는 없다.[169] ② 이 경우 제소책임은 전환되는가. 제174조의 적용을 받아 이의자가 소송절차를 취하여야 한다는 견해[170]와 채무자 사이에 성립한 집행권원은 우선권에 대하여 어떠한 판단도 없기 때문에 회생채권자가 제소책임을 부담하여야 한다는 견해[171]가 있다. 우선권의 존재는 집

---

166) 대법원 1992. 4. 10. 선고 91다41620 판결.
167) 청구이의의 소가 가능한지에 관하여 확정판결과 마찬가지의 문제가 있지만, 집행증서의 경우에는 상소·이의의 수단이 없고, 재심규정의 준용 또는 유추적용 여부에 대하여도 문제가 있다. 이러한 점에서 청구이의의 소는 집행증서에 관한 한 준재심의 기능을 하는 측면이 있다. 이러한 점을 고려한다면 집행증서에 대하여는 청구이의의 소로 이의를 주장하는 것이 인정된다고 할 것이다(條解 破産法, 912쪽). 확정판결에 관하여 청구이의의 소에 부정적인 견해도 집행증서에 대하여는 청구이의의 소가 적당하다고 한다(破産法·民事再生法, 629쪽).
168) 破産法·民事再生法, 629쪽, 條解 破産法, 913쪽.
169) 破産法·民事再生法, 630, 條解 破産法, 916쪽.
170) 破産法·民事再生法, 630쪽.

행권원에 의하여 확정되는 것은 아니기 때문에 후자의 견해가 타당하다고 본다. ③ 결국 회생채권자 등이 절차를 개시할 책임이 있고, 우선권을 주장하여 회생채권 등에 관한 조사확정재판을 신청하여야 한다.[172]

2. 회생절차개시 당시 집행력 있는 집행권원 또는 종국판결이 있는 회생채권 등에 대한 소송이 계속되어 있는 경우 – 소송의 수계

집행력 있는 집행권원 또는 종국판결이 있는 회생채권 등에 관하여 회생절차개시 당시에 이미 소송이 계속 중인 때에는 이의자가 이의채권의 보유자를 상대로 하여 그 소송을 수계하여야 한다(제174조 제2항). 그때까지 이루어진 기존의 소송상태를 이용하는 것이 적절하기 때문이다. 제소책임은 전환되므로 이의자가 수계를 신청하여야 하지만, 회생채권자 등이 유리한 지위를 포기하는 것은 자유이기 때문에 채권자로부터의 수계신청도 적법하다.[173]

1심판결이 원고의 일부승소로 끝난 경우, 원칙적으로 쌍방으로부터의 수계신청이 필요하다(본서 1577쪽 참조).

실무적으로 ① 회생절차개시결정이 변론종결과 원고 승소판결 선고 사이에 있는 경우와 ② 지급명령이 송달된 후 이의신청 기간 내에 회생절차개시결정이 있는 경우 관리인 내지 이의자가 어떠한 조치를 취하여야 하는지가 문제된다.

먼저 ①의 경우를 본다. 회생채권자가 회생채권에 관한 소를 제기하여 변론이 종결된 후 회생절차개시결정이 된 경우에도 판결은 선고할 수 있다(민소법 제247조 제1항).[174] 회생절차개시결정이 변론종결과 원고 승소판결 선고 사이에 된 경우에도 채무자의 재산에 관한 소송절차는 중단되고(제59조 제1항), 소송절차의 중단으로 기간의 진행이 정지되어(민소법 제247조 제2항) 판결선고 후 항소기간은 진행되지 않는다. 따라서 채권조사에서 회생채권에 관하여 이의가 제기된 경우, 이의자(종국판결이 있는 경우이므로)는 조사기간 말일로부터 1월 이내에 항소제기와 소송수계의 방법으로 회생채권 등의 확정을 구하여야 한다. 한편 이 경우 이의자가 수계기간 내에 수계신청을 하지 않으면, 제174조 제4항에 따라 이의가 없거나 인정하는 것으로 보기 때문에 채권은 신고대로 확정된다(제166조). 그렇다면 수계기간이 도과됨으로써 해당 소송은 원칙적으로 당연히 종료된다고 해석된다. 사실상태로서는 미확정인 채로 1심판결이 남아있지만, 회생절차에서 채권은 확정되고, 확정판결과 동일한 효력이 있기 때문에(제168조) 1심판결을 확정시킬 필요는 없다.[175]

---

171) 條解 破産法, 916쪽 참조.
172) 會社更生法, 535쪽.
173) 채권자가 1심에서 승소판결을 받았고, 패소한 채무자가 항소 중에 회생절차개시결정을 받은 경우, 그 채권은 종국판결이 있는 채권이고, 채권조사에서 이의가 진술된 때에는 조기에 확정에 의해 회생계획에 따른 변제를 받을 필요가 있기 때문에, 채권자로부터의 수계신청도 인정할 실익이 있다.
174) 대법원 2008. 9. 25. 선고 2008다1866 판결.
175) 항소심 계속 중 회생절차가 개시된 경우에도, 그 시점에서 소송절차는 중단되고 이의자가 수계신청을 하여야 한다. 수계신청을 하지 아니한 경우 동일한 문제가 발생한다.

다음으로 ②의 경우를 본다. 지급명령이 송달된 후 이의신청 기간 내에 회생절차개시결정이 된 경우 소송중단사유의 발생으로 이의신청기간의 진행이 정지된다(민소법 제247조 제2항 유추적용). 따라서 지급명령은 확정되지 않으므로 집행력 있는 집행권원이나 종국판결에 해당하지 않는다. 이 경우에는 회생채권자가 이의자 전원을 상대로 독촉절차를 수계하여야 한다(제172조 제1항).

> **사례** 채권자(원고) 甲은 채무자(피고) 乙을 상대로 물품대금(1억 원)청구소송을 제기하였다(청구취지: 피고는 원고에게 1억 원을 지급하라). 원고는 제1심에서 전부 승소판결을 받았고, 피고가 항소하였다. 항소심 진행 중 피고에 대하여 회생절차개시결정이 되었다. 원고는 기간 내에 채권신고를 하였고 관리인이 이의를 하였다. ① 관리인이 기간(조사기간 말일로부터 1개월) 내에 소송수계신청을 한 경우: 원고에게 청구취지를 변경하게 하고(청구취지: 원고의 채무자에 대한 회생채권은 1억 원임을 확정한다)하고 심리를 계속 진행하면 된다. 당연히 소송은 관리인에게 수계된다. ② 관리인이 기간(조사기간 말일로부터 1개월) 내에 소송수계신청을 하지 않는 경우: 제174조 제4항에 따라 관리인이 회생채권을 인정하는 것으로 보기 때문에 채권은 신고한 대로 확정된다. 수계기간이 도과됨으로써 해당 소송은 원칙적으로 당연히 종료된다. 사실상태로서는 미확정인 채로 1심판결이 남아있지만, 회생절차에서 채권은 확정되고, 확정판결과 동일한 효력이 있기 때문에(제168조) 1심판결을 확정시킬 필요는 없다. ③ 원고가 기간(조사기간 말일로부터 1개월) 내에 소송수계신청을 하였지만, 관리인은 기간 내에 소송수계신청을 하지 않은 경우에는 어떻게 처리하여야 하는가.[176] 원고에게 청구취지를 변경하게 하고 소송(당사자적격)은 관리인에게 수계된 것으로 보아야 할 것이다. 다만 제174조 제4항에 따라 관리인이 회생채권을 인정하는 것으로 보기 때문에 변경된 청구취지에 따라 원고 전부 승소로 판결하면 될 것이다.[177] 항소심 주문: 당심에서 교환적으로 변경된 청구에 따라, 원고의 채무자에 대한 회생채권은 1억 원임을 확정한다.

3. 이의의 주장 또는 수계를 하여야 하는 기간

집행력 있는 집행권원 또는 종국판결이 있는 회생채권 등에 관하여 이의의 주장을 하거나 소송을 수계하여야 하는 기간은 조사기간의 말일 또는 특별조사기일로부터 1월 이내이다(제174조 제3항, 제170조 제2항). 위 기간 내에 주장을 하지 않거나 수계신청을 하지 않는 경우에는, 이의자가 회생채권자 또는 회생담보권자인 경우에는 이의가 없었던 것으로 보며, 이의자가 관리인인 때에는 이의채권을 인정한 것으로 보므로(제174조 제4항),[178] 회생채권 등은 목록에 기재되거나 신고된 대로 확정되고 회생채권자표 등에 기재되면 확정판결과 동일한 효력이 있다.

한편 집행력 있는 집행권원에 대하여 이의자가 청구이의의 소 등을 제기하였다가 그 소를 취하한 경우, 이의 기간 안에 채무자가 할 수 있는 소송절차에 의한 이의의 주장이 행하여지

---

176) 부산지방법원 2019. 10. 30. 선고 2018나63471 판결(확정) 참조.
177) 다른 한편으로는 원고의 수계신청을 관리인의 수계신청으로 보기 어려우므로 ②에서 보는 바와 같이 회생채권은 회생절차에서 확정되고 해당 소송은 종료된다고 볼 수도 있을 것이다.
178) 전주지방법원 2020. 9. 3. 선고 2019가합837 판결 참조.

지 아니한 것과 같고(민소법 제267조 제1항 참조), 이 경우 제174조 제4항에 따라 이의자가 회생채권자 또는 회생담보권자인 때에는 이의는 없었던 것으로 보며, 이의자가 관리인인 때에는 관리인이 그 회생채권 또는 회생담보권을 인정한 것으로 보게 된다.[179]

4. 소송절차[180]의 특칙

가. 구두변론의 개시시기

이의자가 이의의 주장을 위해 제기한 소송(제174조 제1항)이나 수계한 소송(제174조 제2항)에 관한 구두변론은 이의채권에 관계되는 조사기간의 말일 또는 특별조사기일로부터 1월의 불변기간을 경과한 후가 아니면 개시할 수 없다(제174조 제3항, 제171조 제4항). 동일한 이의채권에 관한 이의가 복수로 제기된 경우 판단은 합일 확정할 필요가 있기 때문이다.

나. 변론의 병합

이의자가 이의의 주장을 위해 제기한 소송(제174조 제1항)이나 수계한 소송(제174조 제2항)에 대하여 동일한 이의채권에 관하여 복수의 이의가 동시에 계속된 경우에는 변론은 병합하여야 한다(제174조 제3항, 제171조 제5항). 일체적인 심리·판단에 의해 합일 확정을 확보하기 위함이다.

다. 주장의 제한[181]

이의자가 이의의 주장을 위해 제기한 소송(제174조 제1항)이나 수계한 소송(제174조 제2항)에 있어서 회생채권자 등은 이의채권의 원인 및 내용에 관하여 회생채권자표 및 회생담보권자표에 기재된 사항만을 주장할 수 있다(제174조 제3항, 제173조). 관련 내용은 〈제1절 V.2.〉(본서 768쪽)를 참조할 것.

---

179) **사례** B의 확정판결이 있는 채권에 대하여 재심을 제기한 채권자 A에 대하여 회생절차가 개시된 사안에서, 확정판결이 있는 채권자 B의 채권신고에 대해 다른 회생채권자 C가 이의를 하였음에도, 재심소송에 대하여 기간 내에 수계신청을 안 한 경우 그 재심소송은 종료된다. 왜냐하면 C가 수계신청을 하지 않음으로써 B의 채권에 대해 이의가 없는 것으로 보게 되고(제174조 제4항), B의 채권은 신고대로 확정된다. 재심에 의해 확정판결이 뒤집혀도 B의 채권은 회생절차에서는 여전히 확정된 것이므로 더 이상 소송을 유지할 이익이 없기 때문이다.
180) 원고 또는 신청인은 해당 회생채권 등에 대하여 이의를 진술한 관리인 또는 회생채권자 등이고, 그 피고 또는 상대방은 이의가 진술된 회생채권 등을 신고한 자이다. 당사자 및 관할에 관한 추가적인 내용에 대하여는 〈제4편 제7장 제2절 Ⅳ.3.〉(본서 1577쪽)을 참조할 것.
　이의자가 복수인 경우 이의자 전원이 공동원고(고유필수적 공동소송)가 되어야 하는가. 채권조사확정재판(제170조 제1항)이나 채권조사확정재판에 대한 이의의 소(제171조 제3항)와 같이 이의자가 복수인 경우 이의자 전원을 상대로 하여야 한다는 규정이 집행력 있는 집행권원 등이 있는 채권에 대하여는 준용되지 않고 있고, 이의자 전원이 모이지 않으면 이의 주장을 할 수 없다고 하는 것은 불합리하다는 점에서 이의자 중 1인이 반대하더라도 소송제기를 할 수 있다고 할 것이다(이의자 각자가 소송제기를 할 수 있다).
181) 채권의 존재나 액 이외의 사항에 대하여 이의가 진술된 경우의 소송형태나 제소책임에 관하여는 〈제4편 제7장 제2절 Ⅳ.5.〉(본서 1578쪽)를 참조할 것.

Ⓥ 목적물을 공통으로 하는 복수의 회생담보권이 있는 경우의 처리[182]

회생담보권은 회생담보권의 신고, 조사 및 회생담보권조사확정재판에 따라 그 존부 및 내용이 결정된다. 동일한 목적물에 대하여 복수의 회생담보권이 성립한 경우, 회생담보권의 조사 및 확정절차가 각각 진행되기 때문에, 조정이 필요한 경우가 있을 수 있다.

예컨대 채무자 소유의 부동산에 제1순위(피담보채권 3억 원) 및 제2순위(피담보채권 3억 원)의 저당권이 설정되어 있고, 양자에 대하여 3억 원의 회생담보권 신고가 되었다. 관리인은 회생절차개시 당시의 담보목적물 가액이 2억 원이라고 보고, 제1순위 저당권에 관한 회생담보권을 2억 원으로 시인하고, 나머지 1억 원 및 제2순위 저당권에 관한 회생담보권을 부인하였다. 제1순위 저당권자는 관리인의 인부를 다투지 않았고, 제2순위 저당권자만이 회생담보권조사확정재판을 신청하였다. 법원의 담보목적물 평가결과(감정평가결과) 3억 원이었다.[183] 이 경우 제1순위 및 제2순위 회생담보권액을 어떻게 결정하여야 하는가.

두 가지 견해가 있을 수 있다. ① 제1순위 저당권에 관한 회생담보권이 2억 원으로 확정된 이상, 목적물 평가액 3억 원 중 1억 원은 제2순위 저당권자의 회생담보권으로 되어야 한다는 견해(우선설)와 ② 목적물 평가액이 3억 원인 이상 제2순위 저당권자의 회생담보권을 인정하는 것은 모순되고, 확정된 제1순위 회생담보권을 넘는 가액은 채무자에게 유보되는 것이므로, 제2순위 저당권으로 인한 회생담보권조사확정재판에서는 회생담보권이 존재하지 않는다고 결정하여야 한다는 견해(안분설)가 그것이다.

회생담보권의 확정은 상대적인 것이므로 ②견해가 타당하다.[184] 어떤 회생담보권이 확정되어도(제168조 참조), 그 내용, 그 기초가 된 목적물의 가액 및 재판상의 확정 이유는, 다른 회생담보권의 확정에 관한 재판절차에 대하여 구속력이 인정되지 않는다. 위 사례에 대하여 보면, 이미 제1순위 저당권자의 회생담보권액이 2억 원으로 된 것은, 제2순위 저당권자의 회생담보권액을 확정하여야 하는 법원을 구속하지 않는다. 따라서 법원이 목적물의 가액이 3억 원이라는 판단을 전제로 한 이상, 제2순위 저당권자의 회생담보권은 0원이 된다. 또한 제1순위 저당권자의 회생담보권액은 이미 2억 원으로 확정되었기 때문에, 그것에 변동은 없고, 결국 목적물

---

182) 會社更生法, 535~536쪽, 倒産·再生訴訟, 495~497쪽.
183) 회생담보권의 조사 및 확정절차가 각각 진행되기 때문에 담보목적물인 재산의 가액이 각각의 절차에서 다르게 결론이 날 수도 있다. 즉 선순위 회생담보권의 액이 관리인이 인정한 담보목적물의 가액과 동액으로 확정되었음에도, 나중에 후순위 회생담보권에 관한 회생담보권확정절차에서 담보목적물의 가액이 선순위 담보권의 절차에 의한 가액보다도 고액으로 되는 경우도 있다. 예컨대 피담보채권 5억 원인 선순위 회생담보권에 대하여 담보목적물의 가액이 3억 원으로 확정된 결과, 선순위 회생담보권이 3억 원으로 되었는데, 후순위 회생담보권(피담보채권 3억 원)의 확정절차에서 담보목적물의 가액이 5억 원으로 판단되는 경우이다.
184) 이 견해는 회생담보권의 일반적인 취급은, 회생담보권의 범위는 회생절차개시결정 시로 고정되고, 후순위 담보권에 관한 피담보채권이 회생담보권으로 취급되는 범위는, 회생절차개시결정 당시의 해당 담보권에 의해 실질적으로 담보되는 것으로 볼 수 있는 범위 내로 제한된다는 사고방식을 전제로 한 것이다(제141조 제1항 참조).

가액 중 제1순위 저당권의 회생담보권에 귀속하여야 할 1억 원은 채무자 회사에 유보되는 결과가 된다.[185]

Ⅵ 회생채권 등의 확정에 관한 소송결과의 기재와 판결 등의 효력[186]

1. 회생채권 등의 확정에 관한 소송결과의 기재

가. 기재의 주체 및 내용

법원사무관 등은 관리인, 회생채권자, 회생담보권자의 신청에 의하여 회생채권 또는 회생담보권의 확정에 관한 소송결과를 회생채권자표 또는 회생담보권자표에 기재하여야 한다(제175조). 기재사항이 통일된 서면을 작성함으로써 회생절차에서 필요한 처리사항의 기초로서 역할을 한다.

여기서 말하는 소송의 결과란 확정된 종국판결[187]만을 의미하는 것이 아니고, 그 소송의 확정적 결론, 즉 판결의 확정, 인낙, 화해 등을 의미한다. 채권조사확정재판에 대한 이의의 소가 제소기간(제171조 제1항)을 지나서 제기되었거나 각하된 때에는 그 재판의 내용을 말한다(제175조 괄호).[188]

여기서 '소송'은 채권조사확정재판에 대한 이의의 소(제171조), 회생채권자 등이 수계한 소송(제172조), 집행력 있는 집행권원 있는 채권 등에 대한 이의자 등이 제기한 소송(제174조 제1항) 또는 수계한 소송(제174조 제2항)을 말한다. 그 외에 회생채권 등의 확정에 영향을 미치는 소송에 관한 판결 등도 기재의 대상이 된다고 해석된다. 여기에는 관리인으로부터의 부인소송의 판결이 포함된다. 따라서 관리인으로부터 제기된 부인소송의 판결이나 회생채권 등의 확정절차로서 중재절차가 대체할 수 있다는 견해에 의할 경우 중재의 결과도 기재의 대상이 된다.

나. 기재의 절차

회생채권자표 등에 기재하는 채권확정에 관한 소송의 결과는 관리인, 회생채권자, 회생담보권자 등의 신청에 의하여(법원이 직권으로 하는 것이 아니다) 기재하게 되는데, 이때 그 신청인은

---

185) 일본 회사갱생법 제159조는 위 ②견해에 따라 입법적으로 해결하였다.
　　제159조(목적재산을 공통으로 하는 회생담보권이 있는 경우의 특례) 담보권의 목적인 재산을 공통으로 하는 회생담보권 중 확정된 하나의 회생담보권에 관한 다음 각 호의 사항은 다른 회생담보권에 관한 회생채권등조사확정재판 또는 회생채권 등 확정에 관한 소송(회생채권등조사확정재판에 관한 이의의 소에 관계된 소송, 제156조 제1항 또는 전조 제2항의 규정에 의한 수계된 소송 및 동조 제1항의 규정에 의한 이의의 주장에 관한 소송을 말한다. 이하 같다.)이 계속하는 법원을 구속하지 않는다.
　　1. 회생담보권의 내용
　　2. 담보권의 목적인 재산의 가액
　　3. 회생담보권이 재판에 의해 확정된 경우는, 전 2호에 규정한 것뿐만 아니라 그 재판의 이유에 기재된 사항
186) 관련 내용은 〈제3편 제7장 제2절 Ⅴ.〉(본서 1579쪽), 〈제4편 제7장 제4절〉(본서 2015쪽)을 각 참조할 것.
187) 종국판결만으로 충분하지 않고 확정될 것을 요한다.
188) 동일한 규정이 제467조, 제606조에도 있다.

재판서의 등본 및 당해 재판의 확정에 관한 증명서를 제출하여야 한다(규칙 제67조). 제167조 제1항과 달리 신청을 전제로 한 것은, 별도의 재판부에서 심리된 채권확정소송의 내용을 법원 사무관 등이 파악하는 것은 곤란하기 때문이다. 일반적으로 기재에 이익을 가진 승소한 당사 자가 신청하게 되겠지만, 반드시 이것에 한정되는 것은 아니다.

다. 기재되지 않고 회생절차가 종료된 경우

회생채권 등의 확정에 관한 재판이 마쳐졌음에도 회생채권자표 등에 기재되지 않은 채 회 생절차가 폐지되거나,[189] 회생계획이 인가되고[190] 회생절차가 종료(폐지·종결)된 후 회생채권 등이 확정된 때에도 마찬가지이다. 이러한 경우에도 법원사무관 등은 관리인 등의 신청에 의 하여 회생채권 등의 확정에 관한 소송결과를 회생채권자표 등에 기재하여야 한다.[191] 회생채권 자표 등 기재의 신청기간에 제한이 없고, 회생절차에서 확정된 회생채권 등의 소송결과가 회 생채권자표 등에 기재되면 이것이 집행권원이 되고(제248조, 제255조 제2항, 제292조 제2항, 제293 조 등 참조) 집행문이 부여될 수 있기 때문이다.

라. 소송결과 기재의 의미

확정된 회생채권 등을 회생채권자표 등에 기재한 경우(제168조)와 채권확정에 관한 소송결 과를 회생채권자표 등에 기재한 경우(제175조)에 있어 '(소송결과의)기재'의 의미가 서로 다르다.

회생채권 등의 조사에 있어 관리인이 인정하고, 다른 회생채권자 등이 이의를 진술하지 아 니한 때에는 해당 권리의 내용과 의결권 및 우선권 있는 것이 확정되고(제166조), 이것이 회생 채권자표 및 회생담보권자표에 기재됨에 따라 비로소 회생채권자 등 전원에 대하여 확정판결 과 동일한 효력이 있다(제168조). 바꾸어 말하면 회생채권자표 등의 기재가 확정판결과 동일한 효력을 창설하는 것이라고 말할 수 있다.

그러나 제175조에 있어 회생채권 등 확정에 관한 소송의 결과는 그 자체가 판결로서의 효 력(예컨대 당사자 사이에 기판력이 인정되는 것은 당연하다)을 갖고, 나아가 회생채권자표 등의 기 재를 기다리지 않고 회생채권자 등 전원에 대하여 효력을 갖는 것이다(제176조 제1항). 또한 채 권조사확정재판에 대한 이의의 소가 결정서의 송달일로부터 1월 이내에 제기되지 아니하거나

---

189) 실무적으로 회생채권 등의 확정에 관한 재판이 마쳐졌음에도 회생채권자표 등에 기재되지 않은 채 회생절차가 폐지 되거나 종결되는 경우가 있다.

190) 주의할 것은 회생계획인가 전에 회생절차가 폐지된 경우에는 조사확정재판은 종료되고 조사확정재판에 대한 이의의 소나 수계된 소는 청구취지가 채권조사확정재판의 인가 또는 변경이나 회생채권 등의 확정을 구하는 것에서 (다시) 이행을 구하는 것으로 변경되어야 한다(본서 1169쪽 참조). 따라서 위 소송이 확정되더라도 법원사무관 등은 그 소 송결과를 회생채권자표 등에 기재할 수 없다.

191) 대법원 2017. 5. 23. 자 2016마1256 결정, 대법원 2014. 1. 24. 선고 2012다84417, 84424, 84431 판결 참조. 회생계 획인가 결정 후 회생절차 종료되더라도 채무자는 회생계획에서 정한 대로 채무를 변제하는 등 회생계획을 계속하여 수행할 의무를 부담하게 되므로, 회생채권 등의 확정을 구하는 소송의 계속 중에 회생절차가 종료된 경우 회생채권 등의 확정을 구하는 청구취지를 회생채권 등의 이행을 구하는 청구취지로 변경할 필요는 없고, 회생절차가 종료된 후에 회생채권 등의 확정소송을 통하여 채권자의 권리가 확정되면 소송의 결과를 회생채권자표 등에 기재하여(제 175조), 미확정 회생채권 등에 대한 회생계획의 규정에 따라 처리하면 된다.

각하된 때에는 채권조사확정재판은 회생채권자, 회생담보권자, 주주·지분권자 전원에 대하여 확정판결과 동일한 효력이 있다(제176조 제2항). 즉 제175조의 회생채권자표 등의 기재는 제168조의 경우와 달리 창설적 효력을 갖는 것은 아니고, 확인적으로 채권확정절차에 관한 결과를 회생채권자표 등에 반영하여 기록하는 것에 불과하다.[192]

2. 회생채권 등의 확정에 관한 소송에 대한 판결의 효력

가. 판결효의 확장

회생채권 등의 확정에 관한 소송에 대한 판결은 소가 부적법하여 각하된 경우를 제외하고는 회생채권자, 회생담보권자, 주주·지분권자 전원에 대하여 그 효력이 있다(제176조 제1항).[193] 회생채권 등의 확정에 관한 소송이라 함은 회생채권 등에 관한 이의를 해결하기 위한 일체의 소송[채권조사확정재판에 대한 이의의 소(제171조), 회생채권자 등이 수계한 소송(제172조), 집행력 있는 집행권원 있는 채권 등에 대한 이의자 등이 제기한 소송(제174조 제1항) 또는 수계한 소송(제174조 제2항)]이 포함되고, '판결'이라고 되어 있지만 확정판결과 동일한 효력이 있는 결정 등도 포함된다. 제175조의 경우와 마찬가지로 회생채권 등의 확정에 영향을 미치는 소송에 관한 판결 등도 포함된다고 해석된다. 따라서 관리인이 제기한 부인소송의 판결이나 중재에 대하여도 확장효가 있다.

원래 확정판결의 효력은 당해 소송의 당사자 사이에서만 미치는 것이 원칙이지만(민소법 제218조), 회생절차와 같은 집단적 채권채무처리절차에서는 채권조사의 대상이 된 회생채권 등을 모든 이해관계인에 대하여 일률적으로 정할 필요가 있다. 소송 당사자 이외의 다른 이해관계인은 스스로 이의를 제기하지 않은 이상 위와 같은 소송의 결과를 승인할 의사를 표명하였다고 볼 수 있고, 그와 같은 승인을 한 이상 회생채권 등의 확정에 관한 재판결과에 의하여 불이익을 입었다고 볼 수 없다. 따라서 제176조는 판결효의 일반원칙에 대한 특칙으로서 회생채권자, 회생담보권자 및 주주·지분권자에 전원에게 판결효의 확정을 인정하고 있는 것이다.

다만 이의가 있는 채권을 가진 자가 복수의 이의자를 피고로 하여 소를 제기하여야 함에도(제171조 제3항) 일부의 자만을 피고로 하여 소를 제기하였고, 필수적 공동소송임을 간과한 채 청구인용의 판결이 확정된 경우에는 그 효력이 확장되지 않는다. 만약 확장효를 인정할 경우, 피고로 되지 아니한 자에 대한 조사확정재판의 효력과 모순이 발생하기 때문이다.[194]

---

192) 결국 제168조의 '기재'는 창설적 효력이 있지만, 제175조의 '기재'는 확인적 효력이 있을 뿐이다.

193) 동일한 규정이 제468조 제1항, 제606조 제1항에도 있다. 다만 이의가 있는 회생채권 등을 가진 자가 복수의 이의자 등을 피고로 하여 소를 제기하여야 함에도(제171조 제3항), 일부의 자만을 피고로 하여 조사확정재판에 대한 이의의 소 등을 제기하고, 고유필수적 공동소송이라는 점이 간과된 채, 청구인용판결이 확정되었어도 그 효력은 다른 이의자에 대하여 확장되지 않고, 당사자 사이에서도 효력이 없다고 할 것이다(會社更生法, 536쪽 각주 94)).

194) 관련 내용은 〈제3편 제7장 제2절 V.2.나.〉(본서 1580쪽)를 참조할 것.

나. 확장된 판결의 효력

소송 당사자 이외에 모든 회생채권자 등에 대하여 판결의 효력이 미치도록 한 것은 회생채권 등의 존부에 대하여 모든 이해관계인과의 사이에서 일률적으로 정하기 위한 취지이다. 이를 위해서 소송당사자로 되지 아니한 자에 대하여도 판결의 주문에 있어서 법원의 판단을 다툴 수 없도록 하는 효력이 발생하도록 할 필요가 있다.

채권조사에 의해 확정되거나 회생계획에 의하여 인정된 회생채권 등을 회생채권자표 등에 기재한 경우 그 기재도 회생채권자 등 전원이나 채무자 등에 대하여 확정판결과 동일한 효력이 있다(제168조, 제255조 제1항). 그렇지만 여기서 "확정판결과 동일한 효력이 있다"는 것은 기판력이 아닌 회생절차 내에서의 불가쟁력에 불과하다는 것에 대하여는 이론이 없다. 그러나 제176조 제1항에서 확장의 기초로 되는 것은 '회생채권 등의 확정에 관한 소송에 대한 판결'이다. 따라서 당사자 사이에서는 기판력이라는 것은 당연하다. 그렇다면 당사자 이외에 회생채권자 등에게 확장된 효력도 기판력이라고 보는 것이 솔직한 이해이다. 또한 소송에 의하여 확정되지 아니한 제168조, 제255조 제1항의 경우와 법원의 공권적 판단의 결과인 판결 등이 관계된 제176조의 경우는 그 효력의 법적 성질에 있어 달리 보아야 한다.[195] 결국 제176조 제1항의 효력은 기판력을 의미한다고 보아야 한다.[196]

제176조에 의해 소송당사자로 되었던 회생채권자 등은 판결 주문으로 된 판단에 대하여 다투는 것이 허용되지 않지만, 제176조에 의하여 확장된 기판력이 회생절차 이외에서도 인정되는가는 별개의 문제이다. 제176조에 의하여 기판력의 확장을 인정하는 것은 회생절차의 필요에 기한 것으로 이의를 진술하지 않은 이해관계인에게 기판력을 확장하여도 그에게 불이익을 부과하는 것이라고는 할 수 없고, 오로지 회생절차 내에서의 필요성 때문이다. 따라서 제176조에 의하여 확장된 기판력은 회생절차 밖에서는 인정될 수 없다. 다만 회생채권 등의 확정에 관한 소송의 당사자 사이에는 민사소송의 일반원칙에 따라 회생절차 밖에서도 판결효가 미친다고 할 것이다.

3. 회생채권 등의 확정에 관한 채권조사확정재판의 효력

가. 효력의 확장

채권조사확정재판에 대한 이의의 소가 결정서의 송달일로부터 1월 이내에 제기되지 아니하거나 각하된 때에는 채권조사확정재판은 회생채권자, 회생담보권자, 주주·지분권자 전원에 대하여 확정판결과 동일한 효력이 있다(제176조 제2항).[197] 명문의 규정은 없지만 채권조사확정재판에 대한 이의의 소가 취하된 때에도 동일하게 보아야 할 것이다.[198] 채권조사확정재판신청에

---

195) 제168조와 제255조 제1항은 '회생채권자표 등의 기재'의 효력이지만, 제176조 제1항은 '판결'의 효력이다.
196) 條解 民事再生法, 576~577쪽.
197) 동일한 규정이 제468조 제2항, 제606조 제2항에도 있다.

대한 결정이 있었음에도 채권조사확정재판에 대한 이의의 소가 결정서의 송달일로부터 1월 이내에 제기되지 아니하거나 각하된 때에는 회생채권 등의 내용이 조사확정재판의 내용대로 확정되고, 회생채권자표 등에 기재되므로(제175조) 채권조사확정재판결정의 내용 그대로 확정력을 부여할 필요가 있어서 조사확정재판에 확정판결과 동일한 효력을 인정하고 있는 것이다. 나아가 제176조 제1항과 같은 취지에서 회생채권자, 회생담보권자, 주주·지분권자 전원에 대하여 그 효력을 확장하고 있다.

나. 확정판결과 동일한 효력의 의미

여기서 '확정판결과 동일한 효력'은 기판력이 아닌 회생절차 내에서의 불가쟁력으로 보아야 할 것이다.[199] 그 이유는 다음과 같다. (1) 법원이 구체적 소송사건에서 변론을 거쳐 종국판결을 선고하여 그 판결이 확정됨으로써 형식적 확정력이 발생하면 그 판결의 판단 내용에 따른 기판력이 생긴다. 법원 판단의 통용성으로서의 그 효력은 처분권주의, 변론주의 등의 절차적 보장 아래 소송당사자가 자기책임으로 소송을 수행한 소송물에 관하여 법원이 판결 주문에 판단을 특정 표시함으로써 이루어지는 것이다. 반면 회생채권조사확정재판은 그 신청기간이 비교적 단기간으로 엄격히 제한되어 있을 뿐만 아니라 ① 변론절차가 아니라 이해관계인의 심문을 거쳐 ② 채권의 존부 등에 관한 소명의 유무를 심리하여 '결정'의 형식으로 재판이 이루어진다. 따라서 변론을 거쳐 종국판결을 선고하는 경우와 비교해 볼 때 충분한 절차적 보장 아래 소송당사자가 자기책임으로 소송을 수행하였다고 보기 어렵다. (2) 확정된 종국판결뿐만 아니라 결정·명령재판에도 실체관계를 종국적으로 판단하는 내용의 것인 경우에는 기판력이 있다. 그러나 민사소송법은 소송비용액확정결정 등 실체관계의 종국적 판단을 내용으로 하는 결정에 대해서는 준재심을 허용함으로써 그 소송절차 등에 중대한 흠이 있는 것이 판명된 경우 예외적으로 기판력으로부터 해방시켜 그 재판을 시정할 기회를 부여하고 있다. 그러나 채무자회생법은 회생채권조사확정재판에 따른 결정이 확정된 경우 이에 대해서 준재심을 허용하는 규정을 두고 있지 않다. 채무자회생법이 회생채권조사확정재판에 대하여 '실체관계에 대한 종국적 판단'으로서 기판력을 부여하려 하였다면 이에 대해서 기판력을 배제하는 비상의 불복신청방법을 미리 마련해 두었을 것이다.[200]

Ⅶ 회생절차가 종료된 경우 회생채권확정절차의 취급

관련 내용은 〈제19장 제4절 Ⅰ.1., Ⅱ.1.〉(본서 1166, 1167쪽)을 참조할 것.

---

198) 제117조 참조.
199) 따라서 존재하지 아니하거나 이미 소멸한 회생채권이나 회생담보권이 이의 없이 확정되어 회생채권자표나 회생담보권자표에 기재되어 있더라도 이로 인하여 권리가 있는 것으로 확정되는 것은 아니다(대법원 2003. 5. 30. 선고 2003다18685 판결 등 참조).
200) 대법원 2017. 6. 19. 선고 2017다204131 판결 참조. 기판력이라고 보는 견해도 있다(노영보, 432쪽).

제4절 채권조사확정재판과 관련한 몇 가지 쟁점

Ⅰ 소송목적의 가액 결정[201]

소송목적의 가액(소송목적의 값)은 소장 및 상소장에 첨부할 인지액 산정이나 청구가 확장되는 등으로 추가로 인지액을 납부하여야 하는 경우 그 인지액을 산정하는 기준이 될 뿐만 아니라(민사소송 등 인지법 제2조 제1항, 제3조, 제5조 참조)[202] 사물관할 결정의 표준이 되기도 하고(민사 및 가사소송의 사물관할에 관한 규칙 제2조) 소송비용에 산입되는 변호사 보수의 계산기초가 되기도 한다(변호사보수의 소송비용산입에 관한 규칙 제3조). 회생절차(파산절차 및 개인회생절차의 경우도 마찬가지이다)의 경우 사물관할은 신청시에 결정되고 별도의 규정이 있으므로(제3조 제5항 등, 본서 44, 135쪽 참조) 인지액 및 소송비용에 산입되는 변호사보수의 산정과 관련하여 소송목적의 가액 규정(제178조)이 적용된다고 할 것이다. 따라서 회생계속법원이 결정한 소송목적의 가액은 인지액 및 소송비용에 산입되는 변호사보수의 산정 기준이 된다.

1. 의 의

회생채권 또는 회생담보권의 확정에 관한 소송의 목적물가액은 회생계획으로 얻을 이익의 예정액을 표준으로 회생계속법원[203]이 이를 정한다(제178조).[204] 이는 회생채권자 등이 회생계획으로 얻을 이익은 회생계속법원이 아니면 알기 어렵기 때문이다. 실무상 회생사건을 담당하는 재판부가 이를 결정하고 있다.[205] '회생채권 또는 회생담보권의 확정에 관한 소송'은 제175조, 제176조와 동일한 의미로 조사확정재판에 대한 이의의 소(제171조), 회생절차개시 당시 이의채권에 관하여 소송이 계속되어 있는 소송을 수계한 경우(제172조), 집행력 있는 집행권원이

---

201) 2002년 민사소송법이 개정되기 전에는 '소가'라는 용어를 사용하였으나, 2002년 개정된 민사소송법에서는 '소송목적의 값'이라는 용어를 사용하고 있다(민소법 제26조, 제27조, 제88조 등). 다만 대법원규칙은 여전히 소가라는 용어를 사용하고 있다(민사소송 등 인지규칙 제2조 제5항, 제3조 등). 한글화와 용어의 통일이라는 측면에서 채무자회생법도 '소송목적의 값'이라는 용어를 사용하는 것이 타당하다.

202) 민사소송법 제26조, 「민사소송 등 인지법」 제2조 제3항, 「민사소송 등 인지규칙」(이하 '인지규칙'이라 한다) 제6조, 제7조에 의하면, 소송목적의 값은 소 제기 시를 기준으로 원고가 청구취지로써 구하는 범위 내에서 원고의 입장에서 보아 전부 승소할 경우에 직접 받게 될 경제적 이익을 객관적으로 평가하여 금액으로 정한다. 인지규칙 제12조 제1호, 제3호, 제11조에 의하면, 채권존재확인의 소의 소송목적의 값은 특별한 사정이 없는 한 채권의 가액에 따라, 금전지급청구의 소의 소송목적의 값은 청구금액에 따라 산정한다.

203) 회생절차는 회생을 목적으로 하는 도산절차의 기본이 되는 절차로 상당히 많이 이용되고 있고, 회생채권 등의 확정에 관하여 수소법원이 아닌 회생계속법원이 소송목적의 가액을 정하도록 하는 것은 신속한 소송 진행의 관점에서 필요하지도 않고 적절하지도 않다. 채권확정소송이 제기된 단계에서는 회생계획안의 내용이 미확정인 경우가 일반적이므로, 결국 소송목적의 가액의 결정은 법원의 재량에 의하여 하지 않을 수 없다. 이러한 점을 고려하면 소송목적의 가액의 결정은 회생계속법원이 아닌 수소법원이 결정하는 것으로 개정함이 타당하다.

204) 제470조, 제609조에 기본적으로 같은 취지의 규정이 있다.

205) 서울회생법원의 경우 서울회생법원이 회생계속법원이자 수소법원인 관계로 채권조사확정재판에 관한 이의의 소 등 채권확정에 관한 소송 사건을 담당하는 재판부(민사재판부)에서 소송목적의 가액 결정을 하고 있다.

있는 채권 등에 대한 이의를 주장하는 소송(제174조, 예컨대 청구이의의 소)을 모두 포함한다. 이의채권에 관하여 계속 중인 소송을 수계한 경우에도 제178조를 적용하는 것은 그 소송의 판결에 상소하는 때에 상소심 인지 산정을 위하여 소송목적의 값을 정할 필요가 있기 때문이므로, 이 경우 소송목적가액 결정은 수계가 이루어진 심급이 아니라 그 이후 진행되는 상소심의 소송목적의 값을 정한 것으로 봄이 타당하다.[206]

회생채권 등의 확정에 관한 소송은 회생계획의 권리변경과 변제의 대상이 되는 회생채권 등의 액수를 정하는 것이고, 그 소송의 경제적 이익은 시·부인된 회생채권 등의 액수가 아니라 회생계획에 따라 정하여질 것이므로 그 소송목적의 가액(소송목적의 값)을 회생계속법원이 정하도록 한 것이다.

그러나 채권조사확정재판은 포함되지 않는다.[207] 또한 회생계획인가결정에 대한 항고 및 재항고 사건에 대한 소송목적 가액 결정 신청은 위 항고 내지 재항고 사건이 회생채권 또는 회생담보권의 확정에 관한 소송에 해당하지 아니하므로 소송목적 가액 결정 신청의 대상이 될 수 없어 부적법하다.[208]

2. 신청주체

소송목적의 가액의 결정은 법원이 직권으로 할 수 없고 당사자의 신청에 의하여 한다. 회생채권 등 확정에 관한 소를 제기하려는 자가 신청하는 것이 일반적이나, 그 상대방도 신청권이 있다고 할 것이다. 상대방도 패소의 경우 소송비용을 부담하여야 하기 때문이다.[209]

---

206) 대법원 2023. 7. 13. 자 2019마449 결정(☞ 제1심판결 선고 후 항소하면서 회생계속법원에 제178조에 따른 소송목적가액 결정 신청을 하였고, 회생계속법원이 '본안소송 항소심 사건'의 소송목적가액을 147,000,000원으로 정하는 결정을 한 경우, 회생계속법원의 위 소송목적가액 결정은 본안소송 제1심 이후 진행되는 상소심의 소송목적의 값을 정한 것으로 봄이 타당하고, 위 결정이 제1심에까지 소급하여 소송목적의 값을 변경시키는 효력을 가진다고 보기는 어렵다).

207) 채권조사확정재판은 간이·신속한 결정절차이고, 소송목적의 가액 결정을 신청하는 주된 이유가 소송비용의 부담과 관련된 것인데 채권조사확정재판은 1,000원(전자사건의 경우는 900원) 인지만 붙이면 되기 때문에 소송목적의 가액 결정이 불필요하다. 다만 채권조사확정재판에 의한 소송비용액 확정 재판에서는 소송비용확정의 전제로서 소송목적의 가액을 정하여야 할 것이다(서울회생법원 2019. 12. 5. 자 2019카확10 결정 참조).
  또한 확정된 회생채권자표 등에 대하여 전액 변제 등을 이유로 청구이의의 소를 제기한 경우는 회생채권 등의 확정에 관한 소송이 아니므로 소송목적의 가액 결정을 하는 것이 아니다. 부인의 청구를 인용하는 결정에 대한 이의의 소(제107조)도 제178조가 적용되지 않고 일반원칙에 따라 소송목적의 값을 산정한다. 부인의 청구를 인용하는 결정에 대한 이의의 소는 부인권 행사로 채무자에게 회복될 재산에 관한 소송이므로 회생계획에 따른 권리변경의 결과에 영향을 받는 것은 아니기 때문이다.
  이사 등에 대한 손해배상청구권 등의 조사확정재판에 대한 이의의 소(제116조)의 경우도 채무자(법인)가 이사 등에 대하여 갖는 손해배상청구권 등에 관한 것이고, 회생채권 등에 관한 것이 아니기 때문에 제178조가 적용되지 아니하고 일반원칙에 따라 소송목적의 값을 산정한다{인지실무연구회, 인지실무, 사법발전재단(2015), 219쪽}.

208) 회생계획안 인가결정에 대한 항고는 인부결정이 위법임을 이유로 그 취소를 구하는 신청이므로 항고로써 경제적 이익을 청구하였다고 보기 어려우므로 회생계획안 인가결정에 대한 항고는 재산권상의 소로서 그 소송목적 값을 산출할 수 없는 경우이거나, 비재산권을 목적으로 하는 소송에 해당한다(서울고등법원 2020. 4. 21. 자 2020라20303 결정 참조).

209) 도산 관련 사건의 소송비용액 확정 절차의 주요한 특징 중 하나가 소송목적 값 결정(소가결정)이다.

3. 소송목적의 가액 결정의 기준

소송목적의 가액 결정의 기준은 '이의가 있는 회생채권 등의 권리자가 회생계획(회생절차)으로 얻을 이익의 예정액'을 표준으로 하여 정한다(제178조).[210] 회생계획에서 얻을 이익의 예정액을 표준으로 하여 소송목적의 가액을 결정한다는 것은 권리의 명목액이 아니라 그 실제액에 의한다는 취지이다. 실무적으로 채권확정소송의 소송목적의 가액은 채권 또는 다툼이 있는 액의 일정 비율로 정하고 있는 것이 일반적이다.[211]

4. 표 준 시

제178조는 소송목적의 값 산정의 표준시에 대한 원칙{소를 제기한 때를 기준으로 소송목적의 값을 산정한다(민사소송 등 인지규칙 제7조)}에 대한 예외를 인정한 것이다. 회생채권 등의 확정에 관한 소송을 제기할 때는 소송목적의 가액이 미정인 상태가 일반적이고, 그 후 회생계속법원의 소송목적의 가액 결정이 있어야 비로소 소송목적의 값이 정해지기 때문이다.

5. 불   복

소송목적의 가액 결정에 대하여 불복할 수 없다(제13조 제1항).[212] 특별항고는 가능하다.

채권조사확정재판과 채권조사확정재판에 대한 이의의 소에 있어 변호사보수의 소송비용 산입 문제

독촉절차가 소송절차로 이행된 때에는 독촉절차비용은 소송비용의 일부가 되며(민소법 제473조 제4항), 가처분이의사건도 지급명령에 대한 이의와 같이 동일한 심급에서의 불복절차이기 때문에[213] 소송비용으로 산입되는 변호사보수는 1회만 산입한다. 그렇다면 채권조사확정재판과 채권조사확정재판에 대한 이의의 소도 동일한 심급이므로 변호사 보수를 1회만 산입하여야 하는가.[214]

---

210) 소가는 원고가 청구취지로써 구하는 범위 내에서 원고의 입장에서 보아 전부 승소할 경우에 '직접 받게 될 경제적 이익'을 객관적으로 평가하여 금액으로 정함을 원칙으로 한다(민사소송 등 인지규칙 제6조).

211) 구체적으로 다툼이 있는 금액에 회생계획에 따른 변제율을 곱하여 산정한다. 예컨대 10억 원의 채권확정을 구하고 회생계획에 따른 변제율이 40%이면, 소송목적의 가액은 4억 원(10억 원×40%)으로 결정한다.

212) **재도의 소송목적의 가액 결정** 실무적으로 조사확정재판에 대한 이의의 소를 제기하고 소송목적의 가액 결정을 받은 후 일부 원고가 소를 취하하였거나 청구취지가 감축되었음을 이유로 다시 소송목적의 가액 결정을 신청하는 경우가 있다. 소송목적의 가액 결정에 대해서는 통상적인 방법의 불복이 허용되지 않으므로 재도의 소송목적의 가액 결정신청은 허용되지 않는다고 할 것이다(서울지방법원 2003. 12. 17. 자 2001회3 결정 참조). 다만 청구취지가 확장된 경우에는 확장된 청구에 대하여 소송목적의 가액이 결정된 적이 없으므로 회생계속법원이 다시 소송목적의 가액을 결정해 주어야 할 것이다.
한편 소가결정 후 회생계획안이 수정 또는 변경되어 회생계획으로 얻을 이익의 예정액이 변동되는 경우에도 소가는 소를 제기한 때를 기준으로 산정하는 것이므로 재도의 소가결정신청은 허용되지 않는다{서울고등법원 2016. 9. 2. 선고 2014나53303, 533327(병합) 판결(상고기각으로 확정) 참조}.

213) 대법원 1965. 7. 20. 선고 65다902 판결 참조.

214) 채권조사확정재판이 소송비용부담의 대상이 되는 재판에 해당한다는 점은 앞에서 이미 보았다(본서 787쪽 각주 78)

이에 대하여 변호사 보수를 1회만 산입하여야 한다는 견해가 있을 수 있다. 이에 따르면 채권조사확정재판과 그에 대한 이의의 소는 동일한 심급에 속하므로 「변호사보수의 소송비용 산입에 관한 규칙」[215] 제3조 제1항[216]에 따라 두 절차에 관한 소송비용액확정은 이의의 소에서 정한 소송비용부담 재판에 따라 하나의 소송비용액 확정절차를 통해 1회적으로 이루어져야 한다. 또한 채권조사확정재판 이의의 소에 대한 판결에서 소송비용부담의 판결이 있는 경우 채권조사확정재판에서의 소송비용부담 재판부분은 그 효력을 상실하고 그에 따른 소송비용액의 확정은 별도로 구할 수 없다.

하지만 채권조사확정재판과 그 이의의 소는 각각 소송비용부담 재판을 하고 소송비용액 확정을 할 수 있는 별개의 소송절차라고 보아야 한다(결국 변호사 보수를 개별적으로 인정하여야 한다). 그 근거는 다음과 같다. 채권조사확정재판은 그에 대한 이의의 소가 제기되지 않거나 각하된 경우 회생채권자·회생담보권자·주주·지분권자 전원에 대하여 확정판결과 동일한 효력이 있는 재판이고(제176조 제2항), 채권조사확정재판은 결정에 의해 이루어짐으로써 그 고지와 함께 집행력이 생기게 되어 그때부터 민사소송법 제110조 제1항에 의해 소송비용액 확정신청을 할 수 있다. 채권조사확정재판은 결정에 의해 이루어지지만 그에 대한 이의의 소에 관한 판단은 별도의 판결에 의해 이루어진다. 또한 민사소송법 제109조 제1항은 '소송을 대리한 변호사에게 당사자가 지급하였거나 지급할 보수는 대법원규칙이 정하는 금액의 범위 안에서 소송비용으로 인정한다'고 규정하고, 그에 따른 변호사보수규칙 제3조 제1항은 변호사보수를 '심급단위로' 산정한다고 규정하는데, 민사소송법 및 변호사보수규칙 규정의 내용, 변호사보수규칙은 민사소송법의 위임에 따라 변호사보수의 산정방법을 정하는 것에 불과한 점에 비추어 볼 때, 변호사보수규칙에서 변호사보수를 '심급단위로' 산정한다고 규정한 것이 1, 2, 3심 사이의 규율을 넘어 회생재판에서의 채권조사확정재판과 그에 대한 이의의 소의 관계까지 규율하는 것이라고 해석하기 어렵다.[217]

실무적으로도 채권조사확정재판과 그에 대한 이의의 소에서 각각 소송비용부담에 관한 주문을 내고 있고, 이의의 소에서 채권조사확정재판에 관한 것을 포함하여 소송비용부담에 관한 주문을 내지는 않는다. 한편 채권조사확정재판과 그 이의의 소에서의 소송비용 부담의 구체적 타당성을 기하기 위하여, 실무는 채권조사확정재판이 간단한 경우 소송비용을 각자 부담하는 주문을 내고 있다. 채권조사확정재판과 그 이의의 소의 각 소송비용부담 재판에 따라 각각 소송비용액확정을 해야 할 경우에는, 사안에 따라 변호사보수규칙 제6조의 재량에 의한 조정 규정을 적용하여 구체적 타당성을 기할 수 있을 것이다.

참조).

215) 이하 '변호사보수규칙'이라 한다.

216) 소송비용에 산입되는 변호사의 보수는 당사자가 보수계약에 의하여 지급한 또는 지급할 보수액의 범위 내에서 각 심급단위로 소송목적의 값에 따라 별표의 기준에 의하여 산정한다.

217) 서울고등법원 2020. 7. 15. 자 2019라21318 결정(상고) 참조. 위 판결의 사안은 다음과 같다. 채권조사확정재판에 대한 이의의 소가 확정되자 이의판결에 의한 소송비용액 확정 신청을 하여 소송비용액이 확정되었다. 이후 신청인이 다시 채권조사확정재판에 의한 소송비용액의 확정을 신청하였다. 서울고등법원은 위 사안에서 '채권조사확정재판에 대한 이의의 소에서 소송비용부담에 관한 판결이 있다고 하여 채권조사확정재판의 소송비용부담에 관한 결정이 바로 그 효력을 상실한다고 할 수 없고, 신청인이 이의판결에 대한 소송비용액확정결정을 받아 그에 따른 소송비용을 모두 상환받았더라도 이 사건 소송비용액확정신청이 그 기판력에 저촉되어 부적법하다고 보기도 어려우며, 신청인이 이 사건 조사확정재판과 이 사건 이의판결에서 각각 소송비용을 지출한 것으로 보이므로 위 각 재판에 대해 소송비용액을 확정하더라도 신청인에게 소송비용이 중복해서 지급되는 불합리한 결과가 발생하는 것도 아니다'고 판시하였다.

Ⅱ 소송비용의 상환

채무자의 재산이 회생채권 또는 회생담보권의 확정에 관한 소송(채권조사확정재판을 포함한다)으로 이익을 받은 때에는 이의를 주장한 회생채권자 또는 회생담보권자, 주주·지분권자는 그 이익의 한도에서 공익채권자로서 소송비용의 상환을 청구할 수 있다(제177조).[218]

1. 취 지

회생채권 등의 확정에 관한 소송에서, 채권의 존부가 부정되거나 그 내용이 감축된 경우에는 이의를 주장한 회생채권자 등은 그 부담에 의해 권리를 갖지 않은 자가 회생계획에서 회생채권자 등으로 취급되는 것을 저지하고, 이에 따라 채무자의 재산이 이익을 받게 되었다. 즉 이러한 소송은 회생채권자 등 전체의 이익에 이바지한 것으로 평가할 수 있다. 따라서 그 이익의 한도에서 이의를 주장한 회생채권자 등에게 소송비용상환청구권을 인정하고, 나아가 공익채권으로 취급하는 것이다.

2. 상환청구의 요건

가. 회생채권 또는 회생담보권의 확정에 관한 소송

여기서 회생채권 또는 회생담보권의 확정에 관한 소송이란 제171조 제1항(채권조사확정재판에 대한 이의의 소), 제172조 제1항(이의채권에 관한 소송의 수계), 제174조 제1항, 제2항(집행력 있는 집행권원이 있는 채권 등에 대한 이의)뿐만 아니라 제170조 제1항(채권조사확정재판)이 포함된다.

나. 회생채권자 등에 의한 이의의 주장

이의를 주장한 회생채권자 또는 회생담보권자, 주주·지분권자란 회생채권 등의 확저에 관한 소송절차에서 이의를 주장한 회생채권자 등을 말한다. 또한 회생채권 등의 확정에 관한 소송에서 이의를 주장한 회생채권자 등과 관리인이 공동당사자로 된 경우에 있어서도, 회생채권자 등이 제출한 공격방어방법이 채용됨으로써 승소가 된 때에도 적용된다고 할 것이다.[219]

다. 채무자의 재산이 이익을 받을 것

채무자의 재산이 이익을 받는다는 것은 이의의 주장이 인정됨으로 인하여, 이의 등이 있는 회생채권 등이 신고된 회생채권 등 그대로는 취급되지 않은 결과 채무자의 재산이 이익을 받

---

218) 파산절차(제469조)와 개인회생절차(제608조)에도 유사한 규정이 있다.

219) 물론 회생채권자 등이 제출한 공격방어방법으로 인해 승소했다는 판단이 어려운 경우에는, 공동으로 승소한 것이기 때문에 회생채권자 등의 공격방어방법의 실질 및 성과를 고려하여 공평의 관점에서 소송비용의 상환액을 결정할 수밖에 없을 것이다.

는 것을 말한다.

라. 소송비용액확정이 필요한지

상환청구의 전제로 소송비용액확정절차를 거칠 필요는 없다.

3. 상환청구권의 내용·한도

가. 상환의 내용: 소송비용

상환을 청구하는 회생채권자 등이 패소자인 상대방에 대하여 상환을 청구할 수 있는 소송비용이다. 소송비용이란 회생채권 등의 확정에 관한 소송에 관하여 생긴 것을 말하고, 그 범위는 민사소송법(제109조 제1항 등), 민사소송비용법과 그 위임에 의해 제정된 대법원규칙(변호사보수의 소송비용 산입에 관한 규칙, 민사소송비용규칙)에 따라 정해질 것이다.[220] 소송비용의 상환을 청구할 수 있는 소송에는 채권조사확정재판도 포함된다(본서 787쪽 각주 78)).[221]

나. 상환의 한도

회생채권자 등이 상환을 받을 수 있는 것은 채무자의 재산이 회생채권등확정소송의 결과에 의하여 이익을 받은 것을 한도로 한다. 상환청구권의 한도인 '이익'이란 배제된 채권이 회생채권 등으로 취급되었다면 회생계획에 의하여 부여되었을 이익(회생계획에서 받을 수 있었던 액)에 따라 정해질 것이다.

다. 공익채권으로 행사

이의를 주장한 회생채권자 등이 취득한 상환청구권은 공익채권이 된다. 따라서 회생채권에 우선하여 수시로 관리인으로부터 변제받을 수 있다.

라. 상환청구권의 대위

관리인이 상환청구에 응하여 채무자의 재산으로 승소한 회생채권자 등에게 소송비용을 지급한 경우,[222] 패소한 회생채권자 등에 대하여 소송비용상환청구권을 대위할 수 있다(민법 제

---

220) 민사소송비용법 제1조에서 "민사소송법의 규정에 의한 소송비용은 소송행위에 필요한 한도의 비용으로 하고, 이하 수조의 규정에 의하여 산정한다"고 규정하고, 제2조부터 제8조까지 명시적으로 비용 종목을 규정하고 있지만, 제9조에서 "본법에 규정하지 아니한 비용은 그 실비액에 의한다"고 규정함으로써 소송비용의 범위에 관하여 개괄주의를 채택하였다. 따라서 민사소송비용법 제2조부터 제8조까지 명시적으로 정한 비용 종목에 해당하지 않는 비용이라도 같은 법 제1조에서 정한 '소송행위에 필요한 한도의 비용'에 해당하는 경우에는 소송비용으로 인정되어야 한다(소송비용실무연구회, 소송비용실무, 사법발전재단(2015), 5쪽).

221) 서울고등법원 2020. 7. 15. 자 2019라21318 결정(상고) 참조.

222) 이의를 주장한 회생채권자 등이 회생채권등확정소송을 수행하고 승소한 경우, 그 회생채권자 등은 상대방에 대하여 소송비용상환청구권을 행사할 수 있지만(제33조, 민소법 제98조), 이와 동시에 제177조에 의해 공익채권자로서 채무자의 재산으로부터 그 이익의 한도에서 상환을 받을 수 있다. 양자의 권리는 병존하고, 회생채권자 등은 어떠한 권리를 행사해도 좋다. 상대방에게 권리를 행사하여도 실제로 회수할 수 없을 것으로 예상되는 때에는 채무자의 재산

481조 유추).

Ⅲ 회생절차가 종료된 경우 채권조사확정재판 등의 처리

회생절차가 종결되거나 폐지된 경우 계속 중인 채권조사확정재판 또는 이에 대한 이의의 소에 어떠한 영향을 미치는지가 문제될 수 있다.

이에 관한 자세한 내용은 〈제19장 제4절 Ⅰ.1.(본서 1166쪽) **및** Ⅱ.1.나.(본서 1169쪽)〉를 참조할 것.

(관리인)에 청구하면 되고, 제177조의 현실적 필요성은 이러한 경우에 있다고 할 것이다.

제11장

관리인 보고를 위한 관계인집회

제1절 관리인 보고를 위한 관계인집회

I 관리인 보고를 위한 관계인 집회의 임의화

2014. 12. 30. 개정되기 전 채무자회생법은 필요적으로 제1회 관계인집회를 개최하여 관리인으로 하여금 채무자가 회생절차에 이른 사정, 채무자의 업무 및 재산에 관한 사항 등을 이해관계인에게 보고하도록 하였다. 제1회 관계인집회는 관리인과 조사위원이 위와 같은 사항을 집회에 참석한 회생채권자 등에게 보고하고 그들로부터 의견을 청취한 후 회생계획안 제출을 명하는[1] 순으로 진행되었으나, 대부분의 사건에서 회생채권자 등은 출석하지 않거나, 출석하더라도 자기 채권의 시부인 내역, 변제예상금액에 관한 질문을 할 뿐 채무자의 재산현황이나 절차 등에 관한 의견진술은 저조하여 실제에 있어서는 회생계획안 제출명령을 위한 기일 정도의 의미만 갖는 실정이었다.

이에 2014. 12. 30. 채무자회생법을 개정하여 제1회 관계인집회의 명칭을 관리인 보고를 위한 관계인집회(이하 '보고집회'라 한다)로 바꾸면서 그 개최 여부를 법원의 재량에 맡겼다. 보고집회를 개최하지 않을 경우 주요 사항 요지의 통지, 관계인설명회 등 대체절차를 취하도록 하였다(제98조). 종래 제1회 관계인집회가 형식적으로 진행되면서 절차는 그만큼 지연되는 점을 고려한 입법적 결단이다.

II 관리인 보고를 위한 관계인집회의 개최

법원은 필요하다고 인정하는 경우 관리인으로 하여금 ① 채무자가 회생절차의 개시에 이르게 된 사정, ② 채무자의 업무 및 재산에 관한 사항, ③ 제114조 제1항의 규정에 의한 보전처분 또는 제115조 제1항의 규정에 의한 조사확정재판을 필요로 하는 사정의 유무, ④ 그 밖에 채무자의 회생에 관하여 필요한 사항에 관하여 보고하게 하기 위한 관계인집회를 소집할 수

---

1) 2014. 12. 30. 채무자회생법 개정으로 회생계획안 제출명령제도는 없어졌다.

있다. 이 경우 관리인은 위 각 사항의 요지를 관계인집회에 보고하여야 한다(제98조 제1항).

Ⅲ 회생계획안 제출기간 지정

2014. 12. 30. 개정된 채무자회생법은 보고집회를 임의화하면서 종래 제1회 관계인집회에서 하던 회생계획안 제출명령제도를 폐지하고, 대신 회생절차개시결정을 하면서 회생계획안 제출 기간을 정하도록 하였다(제50조 제1항 제4호).

관리인은 그 기간 내에 회생계획안을 작성하여 제출하여야 하며(제220조 제1항), 회생채권자 등도 그 기간 내에 회생계획안을 작성하여 제출할 수 있다(제221조).

제2절 대체절차

Ⅰ 원칙적인 대체절차 진행

채무자회생법은 단지 '필요하다고 인정하는 경우'에 보고집회를 개최하고, '보고집회의 필요 성이 인정되지 아니하는 경우'에는 주요 사항 요지의 통지 등 대체절차를 취하도록 하고 있다 (제98조 제1항, 제2항). 보고집회는 상대적으로 절차의 신뢰성을 확보할 수 있으나 기일과 목적 을 공고하여야 하고 단 1회 개최된다는 한계가 있다. 대체절차는 횟수나 방식에 구애됨이 없 이 보다 실질적으로 정보를 제공하는 수단이 될 수 있고, 관리인 주도로 채무자의 현황에 관 한 이해관계인의 정보제공 요구에 보다 빠르게 대처할 수 있으며, 보고집회를 생략함으로써 절차가 더 신속해지는 효과도 기대할 수 있다. 이와 같은 점을 고려하여 실무는 원칙적으로 보고집회를 개최하는 대신 대체절차를 통해 채무자의 현황을 알리고 있다.[2]

보고집회와 대체절차의 가장 큰 차이점은 절차 주재자의 차이에 있다. 보고집회는 법원이 절차를 주재하며 직접 채권자 등 이해관계인으로부터 관리인 및 조사위원의 선임, 채무자의 업무 및 재산의 관리 등에 관한 의견을 청취한다(제99조). 반면 대체절차에서는 관리인이 주도 가 되어 주요 사항의 요지를 통지하거나 관계인설명회를 개최하게 되고, 이 경우 이해관계인 은 서면으로 법원에 의견을 제출할 수 있을 뿐이다(제98조 제3항).

---

2) 특별히 회생절차 진행에 대한 신뢰도 확보 필요성이 큰 사건(① 채무자와 채권자 사이에 다툼이 치열하거나 채권 자가 회생절차 진행에 반발하는 등 법원이 직접 채권자들의 의견을 들을 필요성이 큰 경우, ② 기존 경영자의 횡령 등 사유로 제3자 관리인이 선임된 경우, ③ 채무자가 인가 전 M&A를 시도하는 경우와 같이 채무자의 장래 영업, 경영권에 중대한 변화가 예상되는 경우, ④ 편파변제 등에 대한 부인권 행사나 이사 등에 대한 손해배상청구가 절 차의 주된 쟁점이 된 경우)이나 대규모회사 사건의 경우에만 보고집회를 개최하고 있다.

Ⅱ 대체절차의 유형

보고집회를 개최하지 않는 경우 대체절차로서 ① 주요 사항 요지의 통지, ② 관계인설명회의 개최, ③ 그 밖에 법원이 필요하다고 인정하는 적절한 조치가 있다(제98조 제2항).[3] '그 밖에 법원이 필요하다고 인정하는 적절한 조치'는 주요 사항 요지의 통지, 관계인설명회 이외에 회생채권자 등에게 채무자의 현황을 적절하게 알릴 수 있는 조치이다. 그 예로서는 주요 사항의 요지를 일정 기간 동안 홈페이지에 게시하거나, 중앙일간지에 공고하는 방식 등이 있을 것이다.

법원은 보고집회를 개최하지 않는 경우에는 대체절차 중 어느 하나의 이행을 명하여야 하고, 보고집회와 대체절차를 모두 생략하는 것은 허용되지 않는다.

관리인은 법원이 명한 대체절차를 이행한 경우 그 결과를 법원에 보고하여야 하고, 이해관계인들에게는 법원에 서면으로 의견을 제출할 수 있다는 취지를 통지하여야 한다(제98조 제2항 후문, 제3항).

---

3) 실무적으로는 조사위원의 제1차 조사보고서를 요약한 주요 사항 요지의 통지를 주로 이용하고 있다.

제12장

회생계획안

I 회생계획과 회생계획안

회생계획이란 채무자 또는 그 사업의 효율적인 회생을 위한 계획(예외적으로 청산을 내용으로 하는 회생계획도 있다)으로서 이해관계인의 권리변경 및 변제방법, 채무자의 조직변경 등에 관한 사항을 정한 것을 말한다. 향후 회생절차 수행의 기본규범이 되는 것으로 회생계획안이 결의를 위한 관계인집회에서 가결되어 인가된 것을 말한다. 회생절차는 회생계획에 정하는 것에 의하여 채권자 등 이해관계인의 법률관계(권리관계)를 적절히 조절하여 채무자나 그 사업의 효율적인 회생을 도모하는 것을 목적으로 한다(제1조). 그래서 회생계획은 회생절차에서 핵심적인 의미를 갖고, 회생계획에서는 회생채권자 등의 권리를 변경하는 조항(권리변경조항)이 특히 중요하다(제193조 제1항 제1호, 제194조 등).

회생계획은 회생채권자를 포함한 이해관계인 사이의 집단적 화해(특수한 화해계약)로서의 성격을 갖는다.[1] 회생계획은 채권자자치가 잘 드러난다. 채권자들은 더 나은 만족을 얻기 위해

---

[1] 헌법재판소 1996. 1. 25. 선고 93헌바5,58 전원재판부 결정 참조. 일반적으로 회생계획의 법적 성질을 일종의 집단적 화해로 이해되고 있지만(대법원 2014. 3. 18. 자 2013마2488 결정 참조), 이는 회생계획이 실질적으로 이해관계인의 상호양보를 내용으로 하고 있다는 점에서 화해의 일종이라고 볼 수 있다는 것이지, 그 성립형식을 보면 통상적인 화해의 성립의 경우처럼 다수의 당사자가 청약자와 승낙자로 양분되어 일방으로부터 상대방에로의 의사표시가 교환되는 것은 아니다. 즉 각 당사자의 의사표시는 모두 특정내용의 회생계획안의 승낙 여부를 그 내용으로 하여 회생계획안을 향하여 이루어지지만, 계획안의 제출자는 화해의 당사자에 한하지 아니하며(제220조, 제221조), 형식상으로 계획안의 가결에 의한 동의는 동일한 방향을 향한 다수의 의사표시라고 할 것이다. 위와 같이 회생계획은 실질적으로 집단적 화해의 일종이지만, 그것이 다수결에 의하여 이루어진다는 점에서 동의의 의사표시를 하지 아니한 당사자의 입장에서는 회생계획의 효력발생을 위하여 법률적으로 동의의 의사표시를 한 것으로 의제되고 있는 것이고, 그 성립형식에 있어서도 통상적인 화해와 동일시 할 수 없는 면이 있다. 회생채권자 또는 회생담보권자가 회생계획안에 대하여 동의 또는 부동의하였다고 하더라도 특별한 사정이 없는 한 일반적으로 회생계획안에 기재된 개개의 내용에 대하여 사법상 법률효과의 발생을 의도하는 의사표시를 한 것으로 볼 수는 없다(대법원 2005. 11. 10. 선고 2005다48482 판결 참조). 예컨대 회생계획에 보증인 채무면제조항이 있었다고 하자. 일반적으로 채무자의 보증인은 제250조 제1항에 따라 회생계획의 효력이 미치는 채무자, 회생채권자, 회생담보권자, 주주 등이 아니므로 제3자의 지위에 불과하게 된다. 따라서 회생계획으로서 효력을 정하더라도 이는 제3자에 대한 내용을 규율한 것일 뿐이므로 효력이 미치지 않는다고 해석되게 된다. 보증인이 채무자에 대한 구상채권을 회생채권으로 신고하였다고

그들에게 유리한 회생계획을 작성하여 제출할 수 있을 뿐만 아니라 회생계획에 대하여는 채권자의 조별 동의가 필요하다. 회생계획은 다양한 이해관계인에게 적절한 보상을 제공하고, 필요한 협력을 법률적 틀 안에서 수용하는 데 적합한 도구가 될 수 있다.

회생계획은 법률행위의 해석 방법에 따라 해석하여야 한다. 회생계획 문언의 객관적 의미를 합리적으로 해석하되, 그 문언의 객관적인 의미가 명확하지 않은 경우에는 그 문언의 형식과 내용, 회생계획안 작성 경위, 회생절차 이해관계인들의 진정한 의사 등을 종합적으로 고려하여 사회정의와 형평의 이념에 맞도록 논리와 경험의 법칙, 사회일반의 상식과 거래의 통념에 따라 합리적으로 해석하여야 한다.[2] 예컨대 회생계획에는 미확정 회생채권이 확정될 경우 그 권리의 성질 및 내용을 고려하여 가장 유사한 회생채권의 권리변경 및 변제방법에 따라 변제한다고만 기재되어 있을 뿐, 미확정 회생채권으로 분류된 채권과 가장 유사한 회생채권이 무엇인지 구체적으로 기재되어 있지 않은 경우에는 위 법률행위의 해석 방법에 따라 이를 해석하여야 한다.[3]

회생계획안이란 채무자의 회생계획을 문서화한 것으로 관계인집회의 심리와 결의의 대상이 되는 것을 말한다. 회생계획은 채무자를 둘러싼 다수 이해관계인의 권리관계를 실체적으로 변경시킨다는 점에서 이들에게 미치는 영향이 매우 크다. 따라서 회생계획은 우선 회생계획안에 대한 이해관계인들의 심리 및 결의라는 집단적 의견수렴 및 의사결정 과정을 거치고, 그 이후에 법원이 감독적인 입장에서 적극적으로 개입하여 공·사익과 관련된 여러 인가요건의 충족 여부를 두루 검토하여 최종적으로 인가 여부에 대한 재판을 하게 된다. 회생계획안은 관계인집회의 심리와 결의를 거쳐 최종적으로 법원의 인가결정을 받음으로써 회생계획으로 된다.

회생계획은 향후 회생절차 수행의 기본규범이 되는 것으로서 사적자치가 허용되는 범위에서는 회생담보권의 권리변경과 변제방법, 존속범위 등과 같은 내용을 자유롭게 정할 수 있다.[4]

하더라도 회생채권자로서 회생계획의 효력이 미치는 것에 불과하게 된다. 따라서 회생계획에서의 동의를 통상의 화해계약처럼 볼 수 없는 이상 채권자가 보증인 채무면제조항이 있는 회생계획안에 단순히 동의하였다는 사실만으로 이를 통상의 개별 사인간의 채무면제의사표시처럼 보증인에 대한 채무면제의 의사표시를 한 것이라고는 단정할 수는 없다.

2) 대법원 2023. 6. 29. 선고 2021다285090 판결(회생계획에 따라 분할신설회사로 이전하기로 한 자산 중 회생계획인가 이전에 인출·상계된 부분에 관하여 분할존속회사는 분할신설회사에게 부당이득반환의 책임을 진다고 한 사례), 대법원 2021. 10. 14. 선고 2021다240851 판결, 대법원 2018. 5. 30. 선고 2018다203722(본소),2018다203739(반소) 판결, 대법원 2017. 7. 18. 선고 2016두41781 판결, 대법원 2014. 9. 4. 선고 2013다204140,204157 판결 참조.

3) 대법원 2020. 9. 3. 선고 2015다236028(본소),2015다236035(반소) 판결 참조. 실무적으로 회생계획안에 「본 회생계획안의 용어 및 문헌 해석에 이의가 있을 경우에는 채무자회생법의 취지에 따라 해석하되, 다툼이 있을 경우에는 본 회생사건을 담당하는 회생법원의 해석에 따릅니다」라고 기재하는 것이 일반적이다. 하지만 회생법원에 회생계획을 해석해주는 재판부나 절차도 없다. 따라서 이러한 기재는 무익한 것이고, 오히려 마치 회생법원에 그러한 권한과 기능이 있는 것처럼 오해할 소지가 있으므로 '다툼이 있을 경우에는 본 회생사건을 담당하는 회생법원의 해석에 따릅니다'라는 문구는 기재하지 않는 것이 바람직하다. 결국 회생계획안의 해석에 관하여 다툼이 있는 경우에는 통상적인 소송을 통하여 해결할 수밖에 없다.

4) 대법원 2021. 10. 14. 선고 2021다240851 판결, 대법원 2005. 10. 27. 선고 2005다33138 판결 등 참조.

Ⅱ 회생계획안의 작성·제출권자[5]

1. 통상적인 회생계획안의 작성·제출권자[6]

회생계획안의 작성·제출권이 누구에게 있느냐는 회생절차에서 중요한 의미를 갖는다. 회생계획안 제출권자는 회생계획안의 내용과 회생기업의 운영형태에 대한 결정을 할 수 있다. 회생계획안 제출시기를 결정할 수도 있으므로 회생절차의 진행속도도 결정할 수 있다. 채무자재산의 채권자에 대한 변제조건을 결정할 수 있으므로 회생절차의 최종 결과의 모습에 광범위한 영향력을 행사할 수 있는 것이다.

회생계획안의 제출권자는 관리인, 채무자, 목록에 기재되어 있거나 신고한 회생채권자·회생담보권자·주주·지분권자이다(제220조, 제221조).[7] 이 중 관리인은 재산에 대한 관리처분권을 가진 작성의무자로서 반드시 회생계획안을 작성하여 제출하여야 하지만(절차기관으로서 관리인의 의무이다), 나머지 제출권자는 계획안의 작성의무자가 아니다(이들은 회생절차의 기관은 아니지만, 이해관계를 가지고 있기 때문에, 독자적인 회생계획안제출권이 인정된다). 다만 사전에 회생계획안이 제출되어 있는 경우에는, 관리인은 법원의 허가를 받아 별도의 회생계획안을 제출하지 아니하거나 제출한 회생계획안을 철회할 수 있다(제223조 제5항).

2. 복수의 회생계획안이 제출된 경우의 처리방법

회생계획안의 제출권자가 여럿이므로 복수의 회생계획안이 제출될 수 있다. 관리인 등 중요한 이해관계인에게 회생계획안 제출권을 부여한 것은 복수의 회생계획안이 경합하고, 이를 전제로 이해관계인 사이의 교섭을 통하여 보다 공정하고 타당한 회생계획안이 작성되며, 보다 바람직한 회생계획안이 제출되는 것을 촉진하고자 하는 취지이다. 그러나 현실적으로 복수의 회생계획안이 제출되는 경우는 많지 않다. 이것은 신고한 회생채권자 등은 채무자의 내부 경영사정을 명확하게 알지 못하여 수행가능성이 있는 회생계획안을 작성·제출하는 것이 쉽지 않다는 점, 가사 회생계획안을 제출하여도 인가에 이르기까지는 여러 가지 곤란한 문제를 해결하여야 할 필요가 있다는 점에 기인한 것으로 생각된다. 실무적으로 골프장 회생사건의 경

---

5) 중국 <기업파산법>은 「법원이 회생을 결정한 날로부터 6월 내에 채무자나 관리인이 회생계획안을 제출하여야 한다. 정당한 이유가 있는 경우 제출기간을 3개월 연장할 수 있다(제79조 제1, 2항). 다만 채무자가 재산과 영업을 관리하는 경우에는 채무자가, 관리인이 재산과 영업을 관리하는 경우에는 관리인이 작성한다(제80조)」고 규정하고 있다.

6) 뒤에서 보는 바와 같이 사전회생계획안은 채무자의 부채의 2분의 1 이상에 해당하는 채권을 가진 채권자(여기서 채권자는 회생채권자와 회생담보권자를 포함하는 개념이다) 또는 이러한 채권자의 동의를 얻은 채무자가 제출할 수 있다(제223조 제1항).

7) 신고를 하였지만 관리인이 인정하지 않았거나 다른 회생채권자 등의 이의가 있었음에도 회생채권 등의 조사확정재판의 신청기간이 경과할 때까지 조사확정재판을 신청하지 않은 경우에는 신고를 하지 않은 상태로 되는 결과(본서 784쪽 참조), 회생계획안의 제출권한이 없다. 제출권이 인정되는 주주·지분권자는 목록에 기재되어 있거나 법원에 신고기간 안에 주식 또는 출자지분을 신고한 자이다(제150조 제1항).

우 관리인 이외에 회생채권자인 골프회원권자들이 회생계획안을 제출함으로써 복수의 회생계획안이 제출되는 상황이 발생한다.[8]

법원에 복수의 회생계획안이 제출된 경우에도, 최종적으로 인가의 대상이 되는 회생계획은 1개여야 하기 때문에, 회생계획안의 제출부터 회생계획의 인가에 이르기까지 각 단계에 있어서 어떠한 형식으로든 회생계획을 일체화할 필요가 있다. 조정방식으로 각 단계에 따라 ① 제출자가 회생계획안을 자발적으로 철회하거나 제출자가 협의하여 회생계획안을 병합하거나 ② 법원이 일부 회생계획안을 배제하거나[9] ③ 복수안을 결의에 부쳐 채권자 등의 투표에 의해 선택하도록 하는 3가지가 있을 수 있다.[10]

제출자가 회생계획안을 자발적으로 철회하거나 제출자가 협의하여 회생계획안을 병합하거나 법원이 일부 회생계획안을 배제한 경우는 특별히 문제되지 않는다. 복수안을 결의에 부쳐 채권자 등의 투표에 의해 선택하도록 하는 경우가 문제이다. 복수의 회생계획안이 관계인집회에서 결의에 부쳐진 경우[11] 의결방법에 대하여 채무자회생법은 아무런 규정이 없다. 결국 그 방법은 전적으로 해석 내지 운용에 맡겨져 있다. 실무적으로는 각 회생계획안에 대하여 차례대로 찬성 여부를 묻는 방법을 채택하고 있다(개별방식).[12]

개별방식에 의할 경우 문제는 2개 이상의 회생계획안이 가결되었을 경우의 처리방법이다. 법원은 2개 이상의 회생계획안이 모두 인가요건을 갖춘 경우 어느 회생계획안을 인가할 것인지에 관하여 재량을 가지고 있다고 해석되지만, 채권자(회생채권자·회생담보권자)나 주주·지분권자가 가장 선호하는 회생계획안을 인가하는 것이 바람직하다(법원으로서는 가결에 앞서 회생계획안이 2개 이상 가결된 경우 회생채권자 등의 조에 있어서 보다 많은 찬성을 얻은 회생계획안을 인가한다는 등 최종선택기준을 미리 설명하여야 할 것이다).[13]

---

8) 서울회생법원 2018회합100253 사건(용인 소재 레이크힐스 골프장을 운영하고 있는 일송개발 주식회사에 대한 회생사건)에서 관리인이 제출한 회생계획안 외에 골프회원권자들이 3개의 회생계획안을 제출하였다. 회생계획안을 제출한 채권자에게는 2차 조사보고서 작성 비용으로 1,000만 원을 예납하도록 하였다(제33조, 민소법 제116조).

9) 실무적으로 법률규정위반이나 수행가능성이 없음을 이유로(제231조) 적극적으로 배제결정을 하기 때문에 결의를 위한 관계인집회에 복수의 회생계획안이 부의되는 경우는 많지 않다.

10) 民事再生の手引, 380쪽.

11) 경우에 따라 회생계획안 배제결정(제231조)을 통해 하나의 회생계획안만 결의에 부치기도 한다.

12) 한편 여러 회생계획안 중 하나를 선택하도록 하는 방식(선택방식)도 고려할 수 있다. 실무 운용과 달리 법원은 복수의 회생계획안을 인가할 수는 없는 점, 회생계획인가는 가결된 회생계획안에 인가사유가 갖추어져 있는지를 심사하는 것이지(제243조 제1항) 가결된 복수의 회생계획안 중에서 보다 적절한 것을 법원이 선택할 것을 예정하고 있는 것은 아닌 점, 제237조는 개별 회생계획안에 대하여 찬부를 묻는 것을 상정하고 있지만, 복수의 회생계획안이 있는 경우 이른바 상대적 우위에 대한 판단을 구하는 것을 배제하고 있는 것은 아니라고 생각되는 점, 선택방식이 여러 회생계획안에 대하여 이해관계인의 판단을 직접 반영할 수 있는 점, 선택방식을 채택할 경우에 있어 공멸의 위험은 관계인집회의 속행 등에 의하여 피할 수 있는 점 등을 고려하면, 개별방식보다 선택방식이 더 적절하다는 견해가 있다(會社更生法, 654쪽 각주 126)). 선택방식은 같은 기회의 투표에서 서로 표를 쟁탈하는 관계에 있어 가결요건을 충족하는 회생계획안이 없을 수 있다는 문제가 있다.

13) 미국 연방도산법 제1129조(c)항은 "2개 이상의 회생계획안이 인가요건을 충족한 경우 법원은 인가할 회생계획안을 결정하기 위하여 채권자와 지분증권소지인의 선호를 고려하여야 한다"고 규정하고 있다. 결국 도산법원 판사가 채권자들과 지분권자들의 선호를 고려하여 어떤 회생계획을 인가할 것인지를 결정한다(Douglas G. Baird, 21쪽). 다만 미국의 경우 채무자의 회생계획안 제출 우선권으로 인하여 복수의 회생계획안이 제출될 가능성은 낮다{연방도산법 제1121조(b),(e)(1)}.

▥ 회생계획안의 제출기간

회생계획안의 제출권자는 법원이 정한 기간 내에 회생계획안을 작성하여 제출하여야 한다. 법원은 회생절차개시결정과 동시에 회생계획안의 제출기간을 정하여야 한다. 이 경우 제출기간은 회생채권 등의 조사기간 말일(제223조 제1항에 따른 사전회생계획안이 제출된 경우에는 회생절차개시결정일)부터 4개월 이하(채무자가 개인인 경우에는 조사기간 말일부터 2개월 이하)여야 한다(제50조 제1항 제4호). 회생계획안 제출기간을 법정하여 절차의 신속화를 도모하려는 취지이다. 구체적인 제출기간은 채무자의 사업규모나 이해관계인의 수 등 사정을 고려하여 법원이 정한다.

회생계획안 제출기간을 '조사기간 말일로부터 4개월 이하'로 규정한 것은, 회생채권 등의 조사결과를 근거로 회생채권 등의 권리변경 내용(제194조 등) 및 미확정채권에 대한 적절한 조치(제197조) 등을 정하기 위해서는, 한편으론 조사기간 종료 후 상당한 기간이 필요함과 동시에 다른 한편으론 회생절차의 신속한 진행에 대한 요구를 감안한 것이다.

한편 법원은 이해관계인의 신청이나 직권으로 위와 같이 결정한 제출기간을 2개월 이내에서 늘일 수 있다. 다만 채무자가 개인이거나 중소기업자인 경우에는 제출기간의 연장은 1개월을 넘지 못한다(제50조 제3항).[14] 회생절차의 진행상황을 고려하여 회생계획안의 작성 및 제출에 유연하게 대처하기 위함이다. 연장결정은 1회에 한하지 않고 수차례 할 수 있다. 연장결정을 하더라도 회생계획안은 회생절차개시결정일로부터 1년(불가피한 사유가 있는 경우 1년 6개월) 내에 가결되어야 한다는 점에 유의하여야 한다(제239조 제3항).[15]

만약 회생계획안이 정해진 제출기간을 지나 제출된 경우 법원은 회생계획안을 배제하여 심리나 결의에 부치지 않을 수 있다(제231조 제1호). 또한 회생절차를 폐지할 수도 있다(제286조 제1항 제1호). 그러나 실무적으로 회생계획안이 제출기간을 넘어 제출되었다 하더라도 그 회생계획안이 유일한 회생계획안이고 회생절차를 현저히 지연시키는 경우가 아니라면 이 회생계획안을 심리, 결의에 부쳐 절차를 그대로 진행하고 있다. 제출기간이 연장될 수 있다는 점에서 법원이 정한 제출기간은 강행규정으로 보기 어렵기 때문이다.

관리인은 제출기간 내에 회생계획안을 제출할 수 없을 때에는 그 기간 안에 그 사실을 법원에 보고하여야 한다(제220조 제2항).

---

14) 제출기간 연장을 2개월이나 1개월로 제한할 필요가 있는지 의문이다. 회생계획을 신속하게 제출하도록 하기 위함으로 보인다. 그러나 법원이 회생절차개시결정을 하면서 회생계획안 제출기간을 정함에 있어서는 채무자의 여러 가지 우발적 상황(예컨대 채권자와의 협상 정도 등)을 고려하지 못한 채 기계적으로 이루어지고 있다. 이해관계인이 다수라는 점에서도 2개월(1개월)은 짧다. 실무적으로도 계속적인 연장결정을 하여야 하는 불편함이 있다. 연장결정도 수차례 가능하다. 이러한 여러 가지 점을 고려하면 굳이 연장할 수 있는 기간을 2개월이나 1개월로 제한할 필요는 없다고 보여 진다.

15) 회생절차개시결정일로부터 1년(1년 6월)이 넘은 경우에도 회생계획안을 가결할 수 있는가. 회생절차는 신속하게 진행하여야 하고, 법 조문도 "하여야 한다"고 규정되어 있으며, 위 기간을 넘는 경우 회생계획안의 수행가능성도 희박하다고 볼 수 있으므로, 위 기간을 넘는 경우에는 가결할 수 없다고 할 것이다. 즉 제239조 제3항은 강행규정으로 보아야 한다.

Ⅳ 회생계획안의 사전제출

예로부터 사람들은 성공을 확보하려면 사전에 일련의 행동을 취해야 한다는 지혜를 이미 알고 있었다. 고대 중국의 병법가 손자(孫子)가 "모든 전투는 치러지기 전에 이미 승패가 결정된다"고 사전 계획의 가치를 역설한 것만 봐도 잘 알 수 있다. 회생절차에서의 회생계획안도 사전에 계획될 수 있다면 채무자의 회생가능성은 훨씬 더 높아질 것이다.

1. 의   의

회생절차개시의 신청 전에 사적 정리가 진행되고 나아가 동의를 얻는 등 채권자와의 교섭이 진척된 경우나 채권자의 수가 적고 협조적이어서 신청단계에서 원활한 절차진행이 예견되는 경우에는 신속하게 회생절차를 진행할 필요가 있다.[16] 이러한 경우에는 회생계획안의 제출시기를 늦출 이유가 없다. 이에 채무자의 부채의 2분의 1 이상에 해당하는 채권을 가진 채권자 또는 이러한 채권자의 동의를 얻은 채무자는 회생절차개시의 신청이 있은 때로부터 회생절차개시 전까지 회생계획안을 작성하여 법원에 제출할 수 있도록 하였다(제223조 제1항). 이를 회생계획안 사전제출제도라 한다.

회생계획안 사전제출제도(Prepackaged Bankruptcy, 실무적으로는 'Prepackaged plan 또는 P−plan'이라 부른다)[17]를 둔 취지는 절차지연에 따르는 경제적 비효율을 제거하고, 부실기업의 구조조정을 촉진함과 아울러 채무자의 회생을 신속히 도모하려는 데 있다. 회생절차는 최소한의 비용으로 채무자의 기업가치의 손상을 최대한 줄이는 효율성과 신속성을 요하는데, 이러한 요구에 부응하는 것이 회생계획안 사전제출제도이다. 회생계획안 사전제출제도도 통상적인 회생절차 사건과 동일한 법적 요건을 갖추어야 한다. 다만 회생계획안 사전제출제도는 조건을 만족시키는 순서에 있어 차이가 있을 뿐이다.

또한 회생계획안 사전제출제도는 자율적 구조조정 협상(워크아웃, 기촉법상 공동관리절차)과 법적 도산절차의 접목을 통한 신속한 절차 진행을 도모할 수 있다. 즉 채무자와 대부분의 채권자들 사이에 M&A를 포함한 구조조정 방안에 관해 실질적인 합의가 이루어진 상태에서 일부 반대 채권자에 대하여도 구조조정 방안의 법적 구속력이 미치게 할 목적으로 회생절차개시 신청 전에 회생계획안을 미리 작성하고 그 회생계획안 인가에 필요한 채권자의 동의까지 미리 확보한 자가 회생절차개시 신청을 한 경우 그 회생절차를 신속하게 진행할 수 있다. 이러한 의미에서 회생계획안 사전제출제도는 한국형 프리패키지플랜 제도[18]라고 할 수 있다.[19][20] 한편

---

16) 실무적으로 회생절차를 진행하다 ① 회생계획안까지 작성되었으나 채권자의 동의를 받지 못하여 폐지되거나 ② M&A가 막판에 무산되어 회생계획안을 제출하지 못함으로써 폐지된 후, 채권자의 동의를 받거나 인수자를 물색하여 다시 회생절차를 신청한 경우, 즉 재도의 회생신청에 이용하면 신속하게 회생절차를 진행할 수 있을 것이다.

17) 엄밀한 의미에서 'Prepackaged plan' 또는 'P−plan'은 사전에 제출된 회생계획안을 말한다.

18) 2016. 5. 29. 회생계획안 사전제출(제223조), 서면결의제도(제240조 제2항, 제242조의2)에 관한 채무자회생법의 개

정으로 사전회생계획안 제출에 의한 회생절차가 신속히 이루어질 수 있는 제도적 기반이 마련되었다. 이는 도산위기에 몰린 채무자가 법원을 통한 회생절차가 개시되기 전에 자율적·주도적으로 투자자를 찾음으로써 회생가능성을 도모할 수 있도록 하고 있다. 이로써 사적 구조조정 절차의 장점과 법정 구조조정 절차의 장점을 결합하여 법원 밖에서의 자율적인 구조조정이 자연스럽게 회생절차로 이어지게 하는 효과뿐만 아니라 채권금융기관 공동관리절차(워크아웃) 방식의 구조조정이 채무자회생법상의 회생절차로 일원화되는 효과도 기대해 볼 수도 있을 것이다.

한편 현행법상 회생계획안 사전제출제도는 아래 각주 19)에서 보는 엄격한 의미에서 pre-packaged plan이라 보기는 어렵고, pre-negotiated(pre-arranged) plan과 유사한 것으로 한국형 프리패키지플랜이라고 부른다.

19) 회생절차를 신속하게 진행하기 위한 절차로 미국에서는 Pre-packaged plan(Pre-voted plan)이 있다. Pre-packaged plan 절차란 1978년 미국 연방도산법이 창설한 것으로, 채무자가 제11장 절차(회생절차, reorganization)의 개시 신청 전에 주요채권자나 주주의 회생계획안(reorganization plan)에 대한 의결(동의 또는 부동의)을 거친 다음 개시신청을 하여 계획안에 대한 심리·결의를 거치지 않고 조기에 회생계획에 대한 인가(confirmation)를 받는 절차이다{§1121(a), §1126(b) 참조}. 이를 신청 전 의결형(pre-packaged type)이라 부른다{이외에 회생절차 신청 전에는 채권자 등과 협의만 하고 회생계획안에 대한 의결은 하지 않은 채 회생절차를 신청하는 신청 전 협상형(pre-negotiated type 또는 pre-arranged type)도 있다. 신청 후 사전협의에 기초하여 작성된 계획안에 대하여 심리·결의 및 법원 인가가 비교적 신속하게 진행되는 절차이다. 일반적으로 회생계획안 사전제출제도라 함은 신청 전 의결형을 말한다}. Pre-packaged plan은 개시신청서와 함께 제출하는 것이 일반적이라고 한다. 제출 전 동의나 부동의는 절차에서 동의나 부동의 한 것으로 본다. 그러나 사전회생계획안에 대한 동의나 부동의의 간주는 그들에게 '적절한 정보(adequate information)'가 제공된 것을 전제한다. 통상적인 제11장 절차에 비하여 회생절차의 기간과 비용을 최대한도로 줄이는 한편 채무자의 경영혼란을 최소한도로 줄여서 사업이 훼손되는 것을 막을 수 있다. 이 절차는 사적 정리에서 대부분의 채권자가 동의를 하고 있음에도 소수 채권자의 반대로 사적 정리가 성사되지 않은 경우에 소수 채권자에 대해서도 법적 효력을 미치게 하기 위한 경우에 활용된다.

이 절차의 장점으로 통상의 제11장 절차와 비교해서, 신속하고 절차비용이 현저하게 줄어드는 점, 채권자가 사전에 회생계획안(또는 그 개괄적인 내용)에 동의하고 있기 때문에 절차를 통제하기 쉽고 회생계획이 궤도에 오르기 쉬운 점, 신문보도 등에서 유리하게 작용하고 실제로 신청이 이루어질 때까지 영업의 훼손이 적은 점, 경영진이 법적 절차로 번민하는 것도 필요 최소한에 머무르는 점 등을 들 수 있다. 반면 단점으로 절차개시 전에 회생계획을 작성하는 등 많은 시간이 소요됨으로 인하여 절차개시신청이 지연됨에 따라 불필요한 지연이자 등을 부담하게 되는 점, 절차개시 신청 후 회생계획인가 시까지의 기간이 짧아서 채무자로서는 미이행 쌍무계약의 이행 또는 이행거절을 상황의 변화를 읽어나가면서 단기간 내에 결정해야 하는 어려움이 있는 점, 절차개시 신청 전에 한 권유행위의 적절성 여부가 사후에 판단되기 때문에 부적절한 권유로 판단되어 회생계획안이 인가되지 않으면 다시 권유를 해야 하는 문제가 발생되고 이 경우에는 인가까지 1년 정도를 필요로 하게 되는 점 등이 있다{김정만, "회생절차상 M&A의 선택기준과 회생계획인가 전 M&A", 사법논집(제50집), 법원도서관(2011), 111~116쪽}.

한편 일본의 경우 도산절차개시 전 M&A는 채무자가 민사재생절차 또는 회사갱생절차의 신청 전에 스폰서라고 부르는 제3자와 영업 등을 양도하는 약속을 하고(이를 실무적으로 프리패키지형 절차라 부른다) 절차개시 후에 재생계획 또는 갱생계획에 스폰서계약의 내용을 포함시켜 종료시킨다. 절차개시 전에 스폰서계약이 성립된 경우 이를 민사재생절차 또는 회사갱생절차에 끌어들이는 방법은 이를 쌍방미이행 쌍무계약으로 보아 관재인(우리나라의 관리인에 해당한다)으로 하여금 이를 해제할 것인지 그 이행을 선택할 것인지를 결정하도록 한다.

20) 현행 채무자회생법 아래에서 처음으로 사전회생계획안 제출에 따른 사례로 창원지방법원 2017회합10023 주식회사 성우엔지니어링 사건이 있다. 위 사건은 2017. 6. 22. 회생절차개시신청을 하였다. 그러나 위 사건의 신청서에는 연합자산관리 주식회사(이하 '유암코'라 한다)를 외부 투자기관으로 유치하고(투자확약서는 첨부되어 있었다) 사전회생계획안을 제출하기로 예정되어 있다고 하였지만, 실제로는 유암코의 세부적인 투자계획이 정하여지지 않았고 주요 채권자들과의 협의도 없었던 상태였다. 이로 인해 개시전 조사를 시행하는 등 회생절차개시결정(2017. 9. 15.)까지는 3개월 정도의 시일이 소요되었다. 최종적으로 2017. 12. 8. 종결결정을 하여 개시신청부터 종결까지 약 6개월 정도 소요되었다. 위 사건은 신청 전 채권자들과의 협상 부재 등 절차 준비가 부족하거나 예상치 못한 스토킹호스 절차 등을 병행함으로써 사전회생계획안 제도의 본래의 취지를 충분히 살리지 못하였다. 위 사건에 관한 자세한 진행경과에 관하여는 「손승범·박창우, 회생계획안의 사전제출제도(P-PLAN) 최초 인가사례 실무연구, 법조(2018. 2.) 727호, 513~546쪽」을 참조할 것.

사전회생계획안 제출제도의 취지를 제대로 살렸다고 볼 수 있는 사건은 수원지방법원 2018회합10003 미주제강 주식회사 사건이다. 위 사건은 사전면담을 통하여 채권자들과의 이해관계를 조정하고 채권액이 대부분 확정된 상태에서 사전회생계획안에 대한 초안까지 검토를 마친 후 2018. 1. 15. 회생절차개시신청이 접수되었다. 이후 발생될 수 있는 쟁점을 미리 파악하여 선제적으로 해결을 도모하면서 절차진행을 신속히 진행하였다. 접수 후 3일 만인 2018. 1. 19. 개시결정을 하였고, 2018. 2. 21. 회생계획인가결정을 하였으며, 2018. 2. 27. 종결결정을 하였다. 위 회생계획안 사전제출을 통한 신속한 절차 진행을 위해서는 법원과 신청인 사이의 사전상담이 필요하다. 미국은 신청과 동시에 회생절차개시의 효과가 발생되지만,[21] 우리나라의 경우는 개시결정이 있어야 회생절차가 개시된다는 점에서 더욱 그러하다. 사전상담과 관련하여서는 〈제1장 제2절 Ⅱ. 각주 6)〉(본서 114쪽)를 참조할 것. 서울회생법원에서 실시하고 있는 ARS도 회생계획안 사전제출을 위한 제도적 장치로 볼 수 있다.

[통상회생절차와 프리패키지플랜(P-plan)회생절차의 진행 과정]

통상 회생절차 진행 과정 | 프리패키지플랜 진행 과정

통상 회생절차 진행 과정
- ① 회생절차개시 신청
- ② 심사/회생절차개시 결정
  (약 1개월 소요)
- ③ – 채권신고 및 조사
  – 관리인 보고를 위한 관계인집회(임의)
  (약 3개월 이상 소요)
- ④ – 회생계획안 제출
  – 회생계획안 심리 및 결의를 위한 관계인집회
  (수개월 소요)
- ⑤ – 회생계획 인가 결정
  – 회생계획 수행 또는 변경
  – 회생절차 종결
  (최장 10년/대개 수년 소요)

프리패키지플랜 진행 과정
- ① 기업이 투자자 또는 채권자와 협의 해 신규자금 투자 등 내용을 담은 사전회생계획안 작성 및 제출(접수)
  * 제출(접수) 전 사전상담
- ② 회생절차개시 결정
  (법원재량으로 즉시 결정 가능)
- ③ 채권신고 및 조사: (3주)
- ④ 사전회생계획안 심리 및 결의 위한 관계인집회(관리인 보고를 위한 관계인집회 생략)
- ⑤ 사전회생계획안 인가 결정
- ⑥ 회생절차 종결
  (신청부터 3개월 내 종결 목표)

사건은 접수부터 종결까지 44일 만에 마무리함으로써 신속하게 회생절차를 진행하였다. 위 사건에 관한 자세한 진행 경과에 관하여는 『전대규, "[44일 간의 여정] 사례를 통하여 본 회생계획안 사전제출제도(P-plan) 및 출자전환에 따른 간주취득세·기업결합신고 문제", 경기법조(2018, 제25호), 445~486쪽』을 참조할 것. 미국에서도 Pre-packaged plan으로 진행하는 회생사건은 30일 내지 60일 정도에 종결한다고 한다.

21) 채무자가 신청하는 자발적 사건의 경우에 그렇다. 자발적 신청은 신청서의 접수로 절차가 개시되고, 구제명령 (order for relief, 우리나라의 회생절차개시결정의 의미로 보면 된다)의 효력이 발생한다{11 U.S.C §301(b)}. 채권자가 신청하는 비자발적 신청의 경우에는 따로 법원이 심리절차를 진행한 후 구제명령을 발한다{11 U.S.C §303(h)}. 비자발적 신청의 경우 사건의 개시로서의 효과를 갖고 자동중지의 효력을 갖지만, 구제명령의 효과를 갖는 것은 아니다.

회생계획안 사전제출제도는 채권자와의 협상이 대부분 마무리되었으나 모든 이해관계자들이 따라 오도록 하기 위하여 법원의 인가결정이 필요할 때 사용하는 제도이다.[22) 회생계획안 사전제출제도의 배경은 회생절차 신청 후에 일어나는 일련의 협상이 신청 전에 이미 수행되었다는 것이다. 이 제도는 채무자 자신의 재정적 어려움이 외부(언론)에 노출되기를 원하지 않는 기업에게 유용하다. 특히 사전에 인수예정자가 있는 경우 사전회생계획안 제출은 채권자들에게 강력한 재건의 의사를 표명하는 효과가 있어 절차에 따른 혼란을 피하고(채권자들의 의견이 조기에 형성되도록 한다), 신용불안을 회피할 수 있으며, 영업자산이 노후화되는 것을 막을 수 있다.

사전회생계획안 제출제도의 장점은 채무자가 채권자와 협상을 회생절차개시 결정(또는 회생절차개시 신청) 전에 마치기 때문에 회생절차에 머무는 시간을 최소화할 수 있다. 기업가치의 하락을 줄일 수 있고, 채무자는 과정 전반에 있어 주도권을 가질 수 있다. 반면 단점으로 채무자는 회생절차개시 신청 전에 협상할 경우 협상 기간 동안 채무자회생법에 의한 어떠한 보호도 받을 수 없다는 것이다. 포괄적 금지명령도 이용할 수 없고 담보권자의 담보권실행도 막지 못한다. 회생채권 등이 확정되기 전에 회생계획안이 제출되므로 채권 내용에 다툼이 많은 경우에는 이용하기 어렵다. 일반적으로 사전회생계획안은 상거래채무가 많은 채무자보다 높은 부채 구조를 가진 채무자에게 적합하다. 다시 말하면 사전회생계획안은 영업적 문제를 가진 채무자가 아닌 재무적 문제를 가진 채무자가 사용할 수 있는 제도이다.[23)

2. 사전회생계획안의 제출

가. 제출권자

사전회생계획안은 채무자의 부채의 2분의 1 이상에 해당하는 채권을 가진 채권자(여기서 채권자는 회생채권자와 회생담보권자를 포함하는 개념이다) 또는 이러한 채권자의 동의를 얻은 채무자가 제출할 수 있다(제223조 제1항). 부채에는 공익채권에 해당하는 채무는 포함되지 않는다(제221조 제2호 참조). '2분의 1 이상' 요건의 기준시는 회생절차개시결정시이다. 따라서 회생절차개시결정 후 변제 등에 의하여 소멸한 경우에도 제출권자의 자격요건은 충족된 것으로 보아야 한다.

회생계획안 사전제출제도를 활성화하기 위해 사전회생계획안을 제출할 수 있는 자의 범위를 확대하여 기존의 채무자의 부채의 2분의 1 이상에 해당하는 채권을 가진 채권자뿐만 아니라 이러한 채권자의 동의를 얻은 채무자도 사전회생계획안을 제출할 수 있도록 하였다.[24)

---

22) 회생계획안 사전제출제도는 동의와 강제의 중간 정도에 위치한다. 회생계획안 사전제출제도를 진행하기 위해서 기업은 상당수 채권자의 협조 및 동의를 필요로 한다. 그러나 모든 채권자가 동의하는 상황이라면 채무자는 회생절차를 신청할 필요가 없을 것이다. 이 경우에는 자발적인 워크아웃을 하면 되기 때문이다(Elizabeth Warren, 164쪽).

23) DAVID G. EPSTEIN · STEVE H. NICKLES, 123쪽.

24) 채무자회생법의 회생계획안 사전제출제도는 미국 연방도산법의 Pre-packaged plan제도를 계수한 것이지만, 그 도

입법론적으로 제출권자의 자격을 제한할 필요가 있는지 의문이다. ① 사전회생계획안 제출제도가 회생절차를 신속하게 진행하기 위해서 도입한 것이고(조기에 회생계획안을 제출함으로써 채권자들로부터 동의를 얻기 위한 노력도 일찍 시작할 수 있다), ② 제출된 회생계획안은 관계인집회에서 가결되어야 인가를 받을 수 있는데, 가결요건은 제출권자의 자격요건보다 더 엄격하며, ③ 제출권자가 제출 당시 채무자의 부채의 2분의 1 이상의 채권을 가지고 있는지를 판단하는 것은 쉽지 않고, ④ 제출권자의 요건을 갖추었다고 판단하여 회생절차개시결정을 하였는데, 이후 제출권자가 채무자 부채의 2분 1 미만의 채권을 가지고 있는 것으로 밝혀진 경우(또는 동의서가 채무자의 부채의 2분의 1 미만의 채권을 가진 채권자로부터 받은 것으로 밝혀진 경우)[25] 어떻게 처리하여야 하는지[26] 등 복잡한 문제가 발생할 수 있기 때문이다.[27]

나. 제출시기

채권자 등은 회생절차개시의 신청이 있은 때로부터 회생절차개시 전까지 회생계획안을 작성하여 법원에 제출할 수 있다(제223조 제1항). 절차를 신속하게 진행하기 위하여 회생계획안 제출기한을 '회생절차개시 전까지'로 제한한 것이다.

통상의 회생절차에서는 회생절차개시결정 이후 최소 (실무적으로) 4주 후에 돌아오는 조사기간의 말일부터 비로소 회생계획안을 제출할 수 있는 것(제50조 제1항 제4호)과 비교하면 절차를 훨씬 신속하게 진행할 수 있는 것이다.

그러나 미국이 채무자의 자발적 신청 사건은 개시신청과 동시에, 자발적 사건 또는 비자발적 사건은 언제든지 회생계획안을 제출할 수 있도록 한 것과 비교하여[28] 제출시기를 제한함으

입배경은 서로 상이하다. 미국에서는 재무적 어려움에 처한 회사가 효율적인 회생을 위하여 제11장 절차를 이용하면서 이 절차의 가장 큰 맹점인 절차의 지연문제를 해결하기 위하여 Pre-packaged plan제도를 개발한 것이다. 반면 우리나라는 IMF 구제금융 이후 부실기업의 정리를 위하여 워크아웃 과정에 있는 기업을 원만하게 회생절차로 진입시키기 위하여 정부 혹은 은행의 요구에 의하여 시행되었다. 따라서 미국에서는 이 제도를 채무자가 이용할 수 있도록 고안되었지만, 우리는 2001년 도입 시(구 회사정리법 제190조의2)에는 채권자에게만 이용이 허용되었고, 2016년 개정 시 채무자도 이용할 수 있게 되었다{박승두, 미국의 '회생계획안 사전제출제도(Prepackaged Bankruptcy)'에 관한 연구, 사법 46호(2018년 12월), 사법발전재단, 22~23쪽}.

25) 재무상태표의 오류나 분식회계로 처음부터 자격요건을 갖추지 못한 경우를 말한다. 앞에서 설명한 '2분의 1 이상' 요건의 기준시가 회생절차개시결정시라는 것과는 다르다. 후자는 처음(개시결정시)에는 적법한 자격요건을 갖추고 있었던 경우이다.

26) 회생절차개시결정 이후에 제출권자가 자격요건을 갖추지 못한 것으로 밝혀진 경우 어떻게 처리하여야 하는가. 사전회생계획안제출제도에 따라 회생절차가 개시되더라도 별도로 회생계획안 제출기간이 지정되고, 제출된 사전회생계획안도 관계인집회에서 가결절차를 밟아야 하며(사전회생계획안 제출제도에 따른 회생절차도 목록제출기간 생략 등 일부 특칙을 제외하고 통상의 회생절차와 크게 다르지 않다), 관계인집회에서 회생계획안이 가결된 경우 제출권자의 자격요건 하자는 치유되었다고 볼 수 있고, 제출권자의 요건을 규정한 제223조 제1항은 강행규정이라고 보기 어려운 점 등을 고려하면, 회생절차개시결정 이후에 제출권자가 자격요건을 갖추지 못한 것으로 밝혀진 경우라도 절차의 안정을 위해 통상의 회생절차와 마찬가지로 계속 절차를 진행할 수 있다고 할 것이다.

27) 일본 민사재생법은 재생절차신청 후 채권신고기간 만료 전에 재생계획안을 제출하도록 하는 재생계획안의 사전제출제도를 규정하고 있지만, 제출권자의 자격에는 특별한 제한을 하고 있지 않다(제164조).

28) 11. U.S.C. §1121. Who may file a plan
    (a) The debtor may file a plan with a petition commencing a voluntary case, or at any time in a voluntary case or an involuntary case.

로써 회생계획안 사전제출제도의 원활한 이용을 어렵게 만들고 있다. 따라서 제출시기에 대한 제한을 없애고 회생절차개시 신청과 동시에 또는 신청 후 언제든지 자유롭게 회생계획안을 제출할 수 있도록 하여야 한다.[29]

다. 사전회생계획안의 열람

법원은 제출된 사전회생계획안(제228조 또는 제229조 제2항의 규정에 의하여 회생계획안을 수정한 때에는 그 수정된 회생계획안을 말한다)을 법원에 비치하여 이해관계인에게 열람하게 하여야 한다(제223조 제2항).

라. 사전회생계획안의 수정

사전회생계획안 제출자는 회생계획안 심리를 위한 관계인집회의 기일 또는 서면결의에 부치는 결정이 있는 날까지는 법원의 허가를 받아 사전회생계획안을 수정할 수 있다(제228조).

3. 사전회생계획안 제출자의 의무: 회생채권자목록 등의 제출

사전회생계획안을 제출하는 자는 회생절차개시 전까지 회생채권자·회생담보권자·주주·지분권자의 목록(제147조 제2항 각 호의 내용을 포함하여야 한다), 제92조 제1항 각 호에 규정된 사항을 기재한 서면 및 그 밖에 대법원규칙으로 정하는 서면을 법원에 제출하여야 한다(제223조 제4항). 사전회생계획안이 제출된 사건을 다른 사건에 비해 더욱 신속히 진행할 수 있는 기반을 마련하기 위하여 사전회생계획안 제출자로 하여금 회생채권자목록 등의 제출을 하도록 한 것이다. 또한 제92조 제1항 각 호에 규정된 사항(채무자가 회생절차의 개시에 이르게 된 사정, 채무자의 업무 및 재산에 관한 사항, 제114조 제1항의 규정에 의한 보전처분 또는 제115조 제1항의 규정에 의한 조사확정재판을 필요로 하는 사정의 유무, 그 밖에 채무자의 회생에 관하여 필요한 사항)을 회생절차개시 전에 제출하게 함으로써 회생절차개시결정 시 정하는 회생계획안 제출기간의 시점을 '조사기간 말일'에서 '회생절차개시결정일'로 앞당길 수 있는 기반을 마련하였다.

사전회생계획안 제출자가 회생채권자·회생담보권자·주주·지분권자의 목록을 제출한 때에는 그 목록을 관리인이 제출하여야 하는 회생채권자 등 목록(제147조 제1항의 목록)으로 본다(제223조 제5항). 따라서 사전회생계획안 제출자가 회생채권자목록 등을 제출한 경우 회생절차개시결정 시 회생채권자목록 등 제출기간을 정할 필요가 없다(제50조 제1항 제1호).

---

29) 법 개정 전이라도 사전상담을 통해 신청과 동시에 회생계획안을 제출하도록 하거나, 조기에 회생계획안을 제출하도록 유연하게 제도를 운영함으로써 이를 극복할 필요도 있다(앞에서 언급한 수원지방법원 2018회합10003 미주제강 주식회사 사건 참조).

4. 사전회생계획안이 제출된 경우의 특칙

가. 회생채권자목록 등 제출기간의 미지정 등

(1) 사전회생계획안 제출자가 회생채권자목록 등을 제출한 경우 회생절차개시결정 시 회생채권자목록 등 제출기간을 정하지 아니한다(제50조 제1항 제1호).

(2) 사전회생계획안이 제출된 경우 회생채권·회생담보권·주식 또는 출자지분의 신고기간 및 회생계획안의 제출기간의 시기(始期)는 모두 회생절차개시결정일이다(제50조 제1항 제2호, 제4호). 회생계획안이 사전에 제출되어 있지만, 관리인 등을 비롯한 사전회생계획안 제출자 외의 자에게 회생계획안을 제출할 기회를 부여하기 위함이다(제220조, 제221조).

(3) 사전회생계획안을 서면결의[30]에 부친 경우에는 속행기일을 지정하지 아니한다(제240조 제2항). 신속한 절차진행을 위한 것이다.

(4) 법원은 사전회생계획안을 서면결의에 부친 경우 인가 여부 결정에 앞서 회생계획인가 여부에 관한 이해관계인의 의견을 들을 수 있는 의견청취기일을 정할 수 있다(제242조의2 제2항). 의견청취기일은 사전회생계획안에 반대하는 채권자를 보호할 수 있는 방안으로 부작용을 최소할 수 있는 제도이다.

나. 회생계획 내용의 보충 여부

회생계획안 사전제출은 회생절차개시 전에 제출하는 것이므로 채권신고기간이 지나지 않아 회생계획안 제출 단계에서는 회생채권자 등의 권리변경조항(제193조 제1항 제1호)에 대하여 채무의 감면, 기한의 유예 등 권리변경의 구체적인 내용을 정할 수 없는 상태이다. 또한 미확정 회생채권 등에 대하여도 적당한 조치를 정할 수 없다. 따라서 회생계획안 사전제출의 경우에는 제194조 및 제197조는 적용되지 않는다고 할 것이다.[31]

회생계획안 사전제출자는 회생절차개시결정 후 회생절차개시결정에 정한 회생계획안 제출기간이나 법원이 별도로 정한 기간 내에 제194조 및 제197조에 해당하는 내용을 보충하면 될 것이다.

---

30) 서면결의제도에 관한 내용은 〈**제13장 제4절**〉(본서 944쪽)을 참조할 것.
31) 일본 민사재생법 제164조(제157조, 제159조)를 참조할 것. 일본은 민사재생법에 재생계획안 사전제출을 규정하고 있다. 일본은 재생절차개시신청 후 채권신고기간 만료 전에 사전 재생계획안을 제출할 수 있고(원칙은 채권신고기간이 만료된 후 법원이 정한 기간 내에 재생계획안을 제출한다), 사전 재생계획안에는 제157조(채무자회생법 제194조에 해당) 및 제159조(채무자회생법 제197조에 해당)에 규정하는 사항을 규정하지 않아도 되며, 채권신고기간 만료 후 법원이 정한 기간 내에 이러한 사항을 보충하면 되도록 규정하고 있다.

5. 회생계획안 사전제출의 효과

가. 관리인의 회생계획안 제출의무 면제

관리인은 앞에서 본 바와 같이 회생계획안을 작성하여 제출하여야 할 의무가 있다. 그런데 사전회생계획안이 제출된 경우에는 관리인은 법원의 허가를 받아 회생계획안을 제출하지 아니하거나 제출된 회생계획안을 철회할 수 있다(제223조 제6항).

나. 관계인집회에서의 동의 간주

통상적인 회생절차에서 회생계획안에 대한 동의는 반드시 결의를 위한 관계인집회기일에 출석하여 하여야 하고, 의결권자가 출석하지 아니하고 동의서를 제출한 것만으로는 할 수 없다. 그런데 사전회생계획안이 제출된 때에는 사전회생계획안을 제출한 채권자를 제외한 채권자는 회생계획안의 결의를 위한 관계인집회 기일 전날 또는 제240조 제2항에 따라 법원이 정한 회신기간 초일의 전날까지[32] 그 사전회생계획안에 동의한다는 의사를 서면으로 법원에 표시할 수 있다(제223조 제3항).

나아가 사전회생계획안을 제출하거나 그 사전회생계획안에 동의한다는 의사를 표시한 채권자는 결의를 위한 관계인집회에서 그 사전회생계획안을 가결하는 때에 동의한 것으로 본다.[33] 다만 사전회생계획안의 내용이 그 채권자에게 불리하게 수정되거나, 현저한 사정변경이 있거나 그 밖에 중대한 사유가 있는 때에는 결의를 위한 관계인집회의 기일 전날까지 법원의 허가를 받아 동의를 철회할 수 있다(제223조 제7항).

다. 서면결의에서의 동의 간주

사전회생계획안을 서면결의에 부친 경우(제240조 제1항) 사전회생계획안을 제출하거나 회신기간 전에 그 사전계획안에 동의한다는 의사를 표시한 채권자는 위 회신기간 안에 동의한 것으로 본다. 다만 사전계획안의 내용이 그 채권자에게 불리하게 수정되거나, 현저한 사정변경이 있거나 그 밖에 중대한 사유가 있는 때에는 위 회신기간 종료일까지 법원의 허가를 받아 동의를 철회할 수 있다(제223조 제8항).

---

[32] 사전회생계획안 제출제도의 활성화를 위해 사전회생계획안의 경우에도 서면결의에 부칠 수 있도록 하면서(제223조 제8항), 이를 전제로 사전회생계획안을 서면결의에 부친 경우 법원이 정한 회신기간의 초일 전날까지 사전회생계획안에 동의한다는 의사를 법원에 표시할 수 있도록 하였다.

[33] 사전회생계획안 제출자의 사전동의서 수집은 회생절차개시신청 이후는 물론 회생절차개시결정 이후에도 할 수 있다. 서울회생법원 2021회합100104 주식회사 티앤더블유코리아 사건에서 사전회생계획안에 동의한 회생채권자가 있어 결의를 위한 관계인집회에서 동의 간주로 처리하였다.

제2절 회생계획안 작성의 기본원칙

법원은 회생계획안이 제출되면 그 회생계획안을 심리하기 위하여 기일을 정하여 관계인집회를 소집하여야 한다. 다만 제240조의 규정에 의한 서면결의에 부치는 때에는 회생계획안의 심리를 위한 관계인집회를 소집하지 아니한다(제224조).

법원은 제출된 회생계획안을 심리에 부치기에 앞서 그 회생계획안이 법률에 위반되는지 여부, 공정·형평한지 여부, 수행가능한지 여부, 청산가치보장원칙은 지켜졌는지 여부 등을 사전에 심리하여야 한다(제231조). 따라서 관리인 등이 회생계획안을 작성함에 있어서는 위와 같은 요건들이 충족될 수 있도록 주의하여야 한다.

Ⅰ 공정하고 형평한 차등원칙

1. 의 미

공정하고 형평에 맞는(fair and equitable) 차등원칙이란 권리의 순위를 고려하여 회생계획의 조건에 공정하고 형평에 맞는 차등을 두어야 한다는 것으로, 제217조 제1항이 정하는 권리의 순위를 고려하여 이종(異種)의 권리자들 사이에는 회생계획의 조건에 공정하고 형평에 맞는 차등을 두어야 한다는 것을 의미한다.[34] 구체적으로 회생담보권자, 회생채권자, 주주·지분권자의 권리를 변경하는 내용을 정함에 있어 제217조 제1항에서 정하는 순위(① 회생담보권, ② 일반의 우선권 있는 회생채권, ③ 일반 회생채권, ④ 잔여재산의 분배에 관하여 우선적 내용이 있는 종류의 주주·지분권자의 권리, ⑤ ④에 규정된 것 외의 주주·지분권자의 권리)[35]를 고려하여 공정하고 형평에 맞는 차등을 두어야 한다는 것이다. 따라서 회생계획에서 법에 규정된 순위를 무시하고 후순위의 권리를 우선하여 취급하는 것은 원래부터 부적법하고, 이러한 회생계획안은 관계인집회에서 가결되더라도 법원에 의하여 인가될 수 없다(제243조 제1항 제2호).

다만 회생절차개시 전의 벌금·과료·형사소송비용·추징금 및 과태료와 국세징수법 또는 지방세징수법에 의하여 징수할 수 있는 청구권(국세징수의 예에 의하여 징수할 수 있는 청구권으로서 그 징수우선순위가 일반 회생채권보다 우선하는 것을 포함한다)에 대하여는 공정하고 형평한 차

---

34) 대법원 2015. 12. 29. 자 2014마1157 결정 참조.
35) 제217조 제1항은 회생담보권자, 회생채권자, 주주·지분권자 사이에서 상대적인 우선순위를 규정하고 있지만, 이러한 순위가 곧 선순위 채권자가 후순위 채권자에 비해 시간적으로 앞서서 더 많은 채권을 변제받는 것을 의미하는 것은 아니다. 회생계획을 통해 회생채권자들이 회생담보권자들에 시간적으로 우선하여 변제받는 것도 가능하다. 이러한 점에서 파산절차와 다르다. 회생절차는 채무자를 회생시키면서 변제하는 것이다. 따라서 담보에 제공된 채무자의 재산이 회생에 필요하면 담보권자의 채무를 변제하지 않고 무담보채무를 변제하기도 한다. 또 회생절차의 목적을 달성하기 위하여 우선순위를 절대적으로 고집하지 않고, 선순위 채권자에 대한 채무를 다 변제하지 않았음에도 후순위 채권자에게 먼저 변제를 하기도 한다. 회생절차에서는 채권자들이 변제기, 변제액에서 서로 다른 순위를 가질 수 있다.

등원칙이 적용되지 않는다(제217조 제2항). 이러한 채권들에 대하여는 예외적으로 회생계획에서 권리의 순위에 관계없이 조건이 결정되도록 하여,[36) 다수결에 의한 조건의 변경을 강요받지 않는다.[37)

회생계획안이 공정하지 아니하거나 형평에 맞지 아니한 경우 이를 배제할 수 있다(제231조 제2호).

주의할 것은 공정하고 형평에 맞는 차등은 조(class) 단위로 인정되는 권리라는 것이다. 개별채권자 또는 주주·지분권자는 파산절차에서 받을 수 있는 것을 요구할 수 있다(청산가치보장원칙). 그러나 그가 속한 조가 우선순위를 양보하여 결의한 경우 반대하는 개별 권리자는 그와 같은 양보를 기초로 작성된 회생계획을 저지할 수 없다.[38)

2. 구체적인 판단기준

공정하고 형평에 맞는(fair and equitable) 차등의 의미와 관련하여 채무자회생법은 이를 명시하고 있지 않아 절대우선의 원칙(절대우선설)과 상대우선의 원칙(상대우선설)의 대립이 있다.

절대우선의 원칙(absolute priority rule)이란 권리의 순위가 엄격하게 지켜져야 한다는 것으로 우선순위가 다른 각 권리자가 있는 경우 선순위의 권리자가 충분하고 완전하게 만족을 받지 못하는 한 후순위의 권리자에게 만족을 주는 것을 금지하는 것이 공정하고 형평한 차등원칙에 부합한다는 것이다. 따라서 회생채권자는 회생담보권자가 100% 변제받기 전에는 어떠한 권리도 받을 수 없으며, 주주도 마찬가지로 회생채권자가 100% 변제받기 전에는 어떠한 권리도 받지 못한다. 미국 연방도산법이 채택하고 있는 원칙이다.[39) 절대우선원칙의 논거는 그것이 채무자의 사업에 대한 채권자들의 투자 결정 단계에서 실제로 또는 가상적으로 행하여진 채권자들 사이의 합의에 부합한다는 것이다.

반면 상대우선의 원칙(relative priority rule)이란 적절한 차등이 있으면 된다는 것으로 선순위의 권리자에게 주는 만족이 후순위의 권리자에게 주는 만족보다 상대적으로 크면 공정하고 형평한 차등원칙은 지켜진 것이라고 보는 것이다. 즉 상위관계자가 하위관계자보다도 상대적으로 불이익한 취급을 받으면 안 된다는 규율이다. 상대우선의 원칙에서는 순위별로 공정하고 형평한 차등이 있다면 선순위자가 완전한 변제를 받지 아니하여도 후순위자에게 일정한 몫을 줄 수 있다고 본다. 상대우선원칙의 논거는 회생절차의 화해적 성격에서 찾는다. 즉 채무자를 회생시키기 위해서는 이해관계인 모두가 서로 조금씩 양보하여야 하므로, 아무리 우선순위가 있

---

36) 경우에 따라 회생채권인 위 채권들이 회생담보권보다 우선하여 변제받는 회생계획안이 작성될 수도 있다.

37) 전자에 대하여는 회생계획에서 감면 기타 권리에 영향을 미치는 규정을 하지 못하고(제140조 제1항), 후자에 대하여는 권리에 영향을 미치는 내용을 정할 때에는 징수권자의 동의를 얻어야 하기 때문에(제140조 제3항), 각 청구권의 공적인 성질을 고려하여 특별히 취급하고 있는 것이다.

38) Douglas G. Baird, 73쪽.

39) 미국의 경우에도 언제나 절대우선의 원칙이 요구되는 것이 아니라 일부의 조가 부동의하는 강제인가(cram down)의 경우에만 요구된다(Douglas G. Baird, 70쪽). 절대우선의 원칙은 강제인가에서 채권자를 보호하기 위하여 고안된 개념이다(Elizabeth Warren, 155쪽).

다 하더라도 후순위자에게 조금도 몫을 배분하지 않는 것은 이러한 화해적 성격에 맞지 않는 다는 것이다.

절대우선의 원칙과 상대우선의 원칙이 가장 극명하게 결론의 차이를 보이는 부분은 기존 주주의 지위에 대한 영향이다.[40] 주식회사인 채무자가 부채초과 상태에 있는 경우(완전자본잠식 상태인 경우), 절대우선의 원칙에 따르면 회생채권자 등에 대해 권리감면 등 권리변경을 하는 이상 주주의 지위를 완전히 소멸시키지 않으면, 즉 100% 자본감소를 하지 않으면 공정하고 형 평한 차등원칙에 반하게 된다.[41] 반면 상대우선의 원칙에 따르면 주주의 권리변경 비율이 회생 채권 등에 대한 권리변경 비율보다 불리하기만 하면 주주의 권리를 일부 남겨놓아도 공정하고 형평한 차등원칙에 반하는 것이 아니다.[42]

일반적으로 실체법상 담보권자는 일반채권자 또는 주주보다 우선하여 권리를 행사할 수 있 고, 일반권리자는 담보권 실행 후 남은 가치가 있으면 그에 대하여 권리를 행사할 수 있을 뿐 이므로 회생절차가 개시되었다고 하여 상위권리자가 하위권리자에게 그 권리의 일부를 양보할 이유는 없다.[43] 즉 채권자들이 투자결정 단계에서 기대하는 기업가치 배분에 대한 우선순위는 회생절차에서도 온전히 보장되는 것이 타당하므로 절대우선의 원칙을 도입하는 것이 바람직하 다.[44] 그러나 절대우선의 원칙을 고수하는 경우 기업가치의 평가를 두고 채권자와 주주 사이에 끝없는 다툼이 있을 수 있고, 이에 따라 기업가치 평가에 많은 시간과 비용을 들여야 하는 문 제가 있을 수 있다. 제217조 제1항이 '권리의 순위에 따라'라는 용어를 사용하지 않고 '권리의 순위를 고려하여'라는 표현을 사용한 것은 절대우선을 따르지 않더라도 부적법한 것은 아니라 는 의미로 볼 수 있다.[45] 소규모 기업사건의 경우 절대우선의 원칙을 적용하게 되면 사실상 사 업의 청산(liquidation)을 강요당하는 결과가 초래되기도 한다.[46] 또한 회생계획은 회생절차를 통해서 창출된 미래의 기업가치를 이해관계인 사이에 나누는 과정이므로 청산가치가 보장되는 한 다수의 이해관계인 사이에 합의된 배분원칙을 존중하는 것이 바람직하므로(권리자들 사이에 상호양보를 통하여 합리적인 차등을 두는 것으로 충분하다) 상대우선의 원칙이 타당하다고 본다.[47]

---

40) 회생담보권자와 회생채권자 사이에서는 사실상 절대우선의 원칙이 관철되고 있으므로 회생채권자와 주주 사이의 분배가 문제된다.
41) 회생채권자가 완전한 변제를 받을 때까지 주주는 전혀 변제를 받을 수 없다. 회사(법인)의 경우 회사재산에 대한 소유권은 주주가 아닌 회사라는 재산의 분리(separate patrimony)를 특징으로 한다. 구체적으로 다음과 같다. ① 조직분리(entity shielding): 재산의 분리의 핵심으로 회사 재산이 주주 개인의 채권자로부터 격리된다. ② 우선원칙 (priority rule): 회사의 채권자는 회사 채무의 담보로서 회사재산에 대해 주주보다 우선한다. ③ 청산방지원칙 (liquidation protection): 주주가 자신의 몫에 해당하는 회사재산을 임의로 회수하여 청산하는 것은 불가하다. 절대 우선의 원칙은 ②에 근거한 것이다.
42) 실무는 상대우선의 원칙 입장에서 각 조별로 권리변경 및 변제조건에 적절한 차등이 유지되고 있는지를 검토하고 있다.
43) 김주학, 447쪽.
44) 파산절차에서는 별제권(제3편 제4절), 우선권 있는 파산채권(제441조), 일반 파산채권, 후순위 파산채권(제446조)의 순 서로 권리의 순위가 정해지고, 선순위자가 완전한 만족을 얻지 못하는 한 후순위자에 대한 변제가 이루어지지 않는다.
45) 오히려 권리의 순위는 차등을 둘 때의 고려요소로 되어 있기 때문에, 권리의 기초로 되는 실체법상의 권리의 성질 만을 기준으로 분배의 우선순위를 정하는 절대우선의 원칙(절대우선설)을 취할 수는 없다.
46) 미국 연방도산법은 중소기업회생절차(제11장 제5절)에서는 절대우선원칙의 적용을 배제하고 있다(11 U.S.C. §1181(a)).
47) 오수근, 221쪽. 이에 대하여 입법론적 비판이 있다. 미국 연방도산법은 채권자와 주주 사이의 폭넓은 협상을 장려

상대우선의 원칙에 의하면 주주는 채권자가 모두 변제를 받지 않았음에도 불구하고 일정한 몫을 배분받을 수 있게 된다.

　그렇다면 회생채권자 등과 주주 사이에 공정하고 형평한 차등원칙이 지켜졌는지에 대한 구체적인 기준은 무엇인가. 이에 대해 대법원은 「회생채권자의 권리를 감축하면서 주주의 권리를 감축하지 않는 것은 허용되지 아니하고, 다만 주식과 채권은 그 성질이 상이하여 단순히 회생채권의 감축 비율과 주식 수의 감소 비율만을 비교하여 일률적으로 우열을 판단할 수는 없고, 자본의 감소와 그 비율, 신주발행에 의한 실질적인 지분의 저감 비율, 회생계획안 자체에서 장래 출자전환이나 인수·합병을 위한 신주발행을 예정하고 있는 경우에는 그 예상되는 지분 비율, 그에 따라 회생계획에 의하여 회생회사가 보유하게 될 순자산 중 기존주주의 지분에 따른 금액의 규모, 변제될 회생채권의 금액과 비율, 보증채권의 경우 주채무자가 그 전부 또는 일부를 변제하였거나 변제할 개연성이 있다면 그 규모 등을 두루 참작하여야 한다」고 판시하였다.[48]

3. 상대우선의 원칙(상대우선설)과 공정하고 형평한 차등원칙[49]

　상대우선의 원칙(상대우선설)에서의 공정하고 형평한 차등은 회생담보권 등 각종 권리의 기초인 실체법상의 권리의 성질을 반영하여 취급하는 것을 의미한다.[50] 따라서 회생채권에 대한 변제율보다도 회생담보권에 대한 변제율이 낮게 설정된 회생계획안은 공정한 것이라고 할 수 없다. 이에 대하여 형평한 차등이란 해당 채무자의 사업계획이나 회생계획안에 대한 각 권리자의 대응 등 구체적인 상황을 반영하여 취급한다는 것을 의미한다. 장기간의 변제에 견딜 수

　하려고 타협의 산물인 회생계획안이 채권자와 주주 조에서 모두 가결되면 계획안의 공평·형평 여부를 인가요건에서 제외하는데, 채무자회생법은 모든 조에서 가결이 되어도 여전히 법원이 인가요건의 하나로 심사하게 한 점이 문제이다. 이는 채권자와 주주가 지배주주의 경영권을 보장해주는 합의를 하였음에도 일부 채권자가 반대하면 인가를 받을 수 없게 하므로 채무자회생법은 절대우선원칙보다 더 경직된 상대우선원칙을 취하여 이해관계인의 협상으로 회사의 지배구조를 결정할 기회를 원천적으로 봉쇄하고 있다는 것이다(김주학, 447쪽 각주 967)). 그러나 채무자회생법은 제도적으로 절대우선의 원칙이 강제되는 경우는 없다. 일부 채권자가 회생계획에 동의하지 않더라도 채무자회생법에서 절대우선원칙을 선언하는 규정이 없기 때문에 절대우선원칙에 위배되는 회생계획이라 하더라도 권리보호조항을 정한 인가(제244조)를 할 수 있다.

48) 대법원 2004. 12. 10. 자 2002그121 결정. 실무적으로는 상대우선원칙을 적용함에 있어 회생채권 등과 기존 주주의 권리 감축의 정도를 비교할 때 주로 이용되는 방법은 기존 주주에 대한 감자(주식병합) 및 신주발행, 주식 재병합 후 변동된 기존 주주의 주식지분비율을 주주의 권리감축률로 보는 이른바 '상대적 지분비율법'이다. 이는 기존 주주에 대한 감자 및 회생채권자 등에 대한 출자전환, 주식 재병합 이후의 기존 주주의 지분율과 가장 낮은 현가변제율을 가지는 회생채권자 등에 대한 현가변제율을 비교하여 전자가 후자보다 낮게 정해지면 공정·형평의 원칙이 지켜졌다고 보는 것이다(회생사건실무(상), 680쪽). 그러나 상대적 지분비율법은 주식과 채권의 근본적인 차이점을 간과하고 있고, 이를 엄격하게 적용하면 일반적으로 회생채권의 변제율이 낮기 때문에 대부분 회생회사의 경영권은 채권자들에게 넘어가게 된다. 이는 법원에 회생절차개시신청을 꺼리게 만드는 한 요인이 될 수 있다. 따라서 자본감소를 할 것인지, 어느 정도 할 것인지를 결정함에 있어 채무자의 구체적인 사정을 고려하여 결정하여야 할 것이다.

49) 會社更生法, 592~593쪽.

50) 예컨대 변제재원(계속기업가치)이 1억 원인 경우, 회생담보권 8,000만 원이고 회생채권 8,000만 원인 때, 전자에 8,000만 원, 후자에 2,000만 원을 변제하는 계획을 작성할 수 있을 뿐만 아니라, 전자에 6,000만 원(75% 변제), 후자에 4,000만 원(50% 변제)을 변제하는 계획도 상대적 우선원칙을 만족하는 것이고, 공정하고 형평하다고 볼 수 있다.

있는 회생담보권자에 대하여는, 기한의 유예를 전제로, 장래의 수익을 재원으로 하여 변제를 정하는 한편, 일반 회생채권에 대하여는, 상당액의 면책을 전제로, 조기에 일괄변제 등을 하는 것이 형평한 차등의 예이다. 형평한 차등이란 공정한 차등에 기한 취급을 조정하는 원리로서 작용한다고 할 수 있다.

채무자가 채무초과 상태에 있는 경우에는, 채무자의 재산에 대하여 주주의 지분은 없다고 생각된다. 따라서 회생채권자 등의 권리에 변경을 가하는 경우, 절대우선의 원칙(절대우선설)을 전제로 하면 주주의 지위는 완전히 소멸시키는, 이른바 100% 감자를 하지 않는 한, 공정하고 형평한 차등원칙을 위반한 것이 된다. 그러나 상대우선의 원칙(상대우선설)에 의하면, 주주의 권리의 변경비율이 회생채권 등에 대한 변경비율보다 불리하게 한다면, 주주의 권리를 남겨도, 불공정한 것이 아니다. 따라서 채무자의 기존주주의 권리를 남겨두는 것이 채무자의 사업가치를 유지하는 데 도움이 된다고 인정되는 경우에는, 이러한 내용의 조항을 두는 것이 형평한 차등으로 볼 수 있다. 예컨대 상장회사에 있어 상장을 유지하여 사업가치의 훼손을 방지하고, 나아가 채권자에 대한 변제율의 향상에 도움이 된다면, 이른바 100% 감자를 하지 않아도, 주주의 권리를 대폭적으로 희석하는 것에 의해, 공정하고 형평한 차등원칙을 만족한다고 해석할 여지가 있는 것이다.

Ⅱ 평등의 원칙

1. 원 칙

평등의 원칙이란 회생계획에서 같은 성질의 권리를 가진 자는 평등하게 대우한다는 원칙을 말한다(제218조 제1항 본문). 동종(同種)의 권리자들 사이에는 회생계획의 조건을 평등하게 하여야 한다는 것이다.[51] 이는 회생계획안을 가결함에 있어 조별 표결방식을 채택하고 있고, 같은 조 내에서는 다수결의 원칙을 취하고 있기 때문에, 서로 같은 성질의 권리를 한 조에 편성한 다음 그 취급에 차등을 두어 의결권 액이 큰 채권자를 우대함으로써 발생할 수 있는 폐해를 방지하기 위함이다. 다른 한편으론 회생절차에서는 다수결원리가 원칙이기 때문에 평등원칙은 그 남용으로부터 소수자의 권리를 보호하기 위한 원칙이다.[52]

'같은 성질의 권리를 가진 자'라는 의미는 채무자 재산에 대해 가지는 법적 이익의 성질이 동일하다는 것을 말한다. 여기서 같은 성질의 권리에는 회생담보권, 일반의 우선권 있는 회생채권, 일반 회생채권, 잔여재산의 분배에 관하여 우선적 내용이 있는 종류의 주주·지분권자의 권리, 그 이외의 주주·지분권자의 권리 5가지를 말한다(제217조 제1항). ① 회생담보권의 기초가 되는 담보권에 대하여 보면, 담보권으로서의 법적 성질, 담보목적물의 종류 또는 목적물을

---

51) 대법원 2015. 12. 29. 자 2014마1157 결정 참조.
52) 條解 民事再生法, 834쪽.

공동으로 하는 담보권 사이의 순위 등 여러 가지 차이는 존재하지만, 회생담보권 그 자체는 이들 담보권에 기초하여 회생절차개시 당시에 있어 목적물의 가치(시가)에 의하여 담보되는 범위의 피담보채권을 가리키는 것이기 때문에, 채무자의 특정재산으로부터 우선변제를 보장받는다는 법적 이익의 점에서 동질성이 인정된다. ② 일반의 우선권 있는 회생채권에 대하여도, 국세기본법 제35조, 지방세기본법 제71조, 상법 제468조 등 그 우선권의 근거나 순위 등에 있어다른 점이 인정되지만, 채무자의 재산 전체로부터 우선권 없는 채권보다 우선하여 만족을 받는다는 점에서 법적 이익에서는 동질성이 존재한다. ③ 우선권이 없는 일반 회생채권의 동질성에 대하여는 말할 필요도 없다.[53] ④ 주식에 대하여는 잔여재산의 분배에 관하여 우선적 내용을 갖는 주식은 그 이외의 주식과 구별하여, 우선권 분배를 구할 법적 이익이 보장되어 있고, 그러한 종류의 주식을 가지고 있는 자의 권리는 동질성이 존재한다. ⑤ 또한 그 이외의 주식도 다양한 종류가 있지만, 채무자 재산의 분배라는 관점에서 보면, 동질한 것으로 볼 수 있다. 이상의 5가지 종류의 권리에 속하는 한 각 권리자의 권리에 대한 회생계획의 내용은 평등하지 않으면 안 된다.[54]

'평등하다'는 것은 금전채권의 경우 변제율이나 변제기간 등에 비추어 볼 때 회생채권자 등이 받는 경제적 이익이 동일한 것을 의미하고, 비금전채권의 경우에는 목적인 급부의 재산적 가치를 기준으로 하여 금전채권과 사이의 평등을 말한다. 주주의 경우 주식의 소각비율 등을 기준으로 평가하게 될 것이다.

여기서 말하는 평등은 형식적 의미의 평등이 아니라 공정·형평의 관념에 반하지 않는 실질적인 평등을 가리키는 것으로[55] 합리적인 범위 내에서의 차등은 인정하는 것이다. 차등을 두어도 공정·형평을 해하지 않는 경우 우선적 또는 열후적으로 취급하는 것이 허용된다. 나아가 채권의 특수성으로 인해 합리적 차등이 필요한 경우에는 그 특수성을 고려하여 차등을 두어야 한다.[56] 따라서 회생계획에서 모든 권리를 반드시 제217조 제1항 제1호 내지 제5호가 규정하는 5종류의 권리로 나누어 각 종류의 권리를 획일적으로 평등하게 취급하여야만 하는 것은 아

---

53) 약정에 의한 후순위 회생채권(본서 568쪽)은 회생채권자와 채무자 사이에서, 변제에 있어 일반채권보다 후순위로 한다는 취지의 합의가 된 채권을 말하므로 일반 회생채권과 구별되고, 채무자 재산의 분배에 있어서 후순위로 분배받을 수밖에 없다는 의미에서 동질성이 인정된다.

54) 會社更生法, 585~587쪽 참조.

55) 대법원 2004. 6. 18. 자 2001그132 결정, 대법원 1999. 11. 24. 자 99그66 결정. 반면 개인회생절차에서는 형식적 평등이 준수되어야 한다. 관련 내용은 〈제4편 제1절 Ⅱ.3.〉(본서 2024쪽)을 참조할 것.

56) 체육시설의 설치·이용에 관한 법률(이하 '체육시설법'이라 한다) 제27조가 영업양수인 등에게 종전 체육시설업자와 회원 사이의 사법상의 약정을 승계하도록 하는 등 체육시설업자와 이용관계를 맺은 다수의 회원들의 권리를 특별하게 보호하고 있는 입법 취지 등에 비추어 볼 때, 회생계획에 회원들의 회원 지위와 관련된 권리에 관한 변제조건을 정함에 있어 합리적인 이유 없이 회원권의 특수성을 전혀 고려하지 않음으로써 체육시설법의 입법 취지를 몰각시키는 사정이 있다면, 특별한 사정이 없는 한 이는 평등의 원칙에 위배된다고 볼 수 있다(대법원 2016. 5. 25. 자 2014마1427 결정 ☞ 금융기관 등 일반 대여금 채권자의 회생채권에 관하여는 원금 및 개시 전 이자의 6.81%만을 현금으로 변제하고 확정 보증채권자의 회생채권에 관하여는 원금 및 개시 전 이자의 0.47748%만을 현금으로 변제하는 등의 내용을 정하고 있는 반면에 회원들의 권리에 관하여는 입회금 반환채권 원금 및 개시 전 이자의 17%를 현금으로 변제하는 내용을 정하고 있는바, 위와 같이 회원들의 회생채권에 대하여 일반 회생채권보다 우월하게 변제조건을 정하였으므로 회원권의 특수성을 고려하지 않은 것으로 볼 수 없다고 본 사례).

니고, 5종류의 권리 내부에서도 회생채권이나 회생담보권의 성질의 차이, 채무자의 회생을 포함한 회생계획의 수행가능성 등 제반 사정에 따른 합리적인 이유를 고려하여 이를 더 세분하여 차등을 두더라도 공정·형평의 관념에 반하지 아니하는 경우에는 합리적인 범위 내에서 차등을 둘 수 있다.[57] 결국 평등의 원칙에 반하는 것은 합리적 이유 없이 차별하는 것이다.[58] 즉 같은 성질의 회생채권이나 회생담보권에 대하여 합리적인 이유 없이 권리에 대한 감면 비율이나 변제기를 달리하는 것과 같은 차별은 허용되지 아니한다.

2. 평등의 원칙에 대한 예외

채무자회생법은 실질적 평등의 관점에서 평등원칙에 관한 몇 가지 예외를 인정하고 있다.

가. 불이익을 받는 자의 동의가 있는 때 (제218조 제1항 단서 제1호)

평등원칙은 다수결원리의 남용으로부터 소수자의 권리를 보호하는 원칙이기 때문에 불이익

---

57) 대법원 2016. 5. 25. 자 2014마1427 결정{회생계획의 내용은 ① [골프장]회원들의 권리에 관하여는 입회금 반환채권 원금 및 개시 전 이자의 17% 현금 변제, ② 담보신탁계약의 우선수익자의 신탁 관련 대여금 채권에 관하여는 원금의 67.13% 현금 변제하고 나머지 출자전환임 ⇒ ①과 ②는 모두 '일반 회생채권'에 해당하고(제217조 제1항 제2호) 원칙적으로는 동일한 종류의 권리로서 같은 순위로 취급되어야 함 ⇒ 그런데 담보신탁계약의 우선수익자는 골프장시설 등에 관한 담보신탁계약의 우선수익자로서 채무자 회사에 대한 신탁 관련 대여금 채권이 전액 변제되지 않는 이상 언제든지 수탁자에게 골프장 영업에 필수적인 골프장시설에 대한 처분을 요청할 수 있는바, 담보신탁계약의 우선수익자가 회생계획에서 정해진 변제조건대로 변제받는다고 하더라도 신탁 관련 대여금 채권이 전액 변제되지 않으면 수탁자에 대하여 가지는 신탁재산인 골프장시설 등에 대한 처분요청권한을 포함한 담보신탁계약의 수익권에는 아무런 영향을 미칠 수 없으므로(대법원 2001. 7. 13. 선고 2001다9267 판결 등 참조), 골프장 영업을 전제로 한 회생계획의 수행을 위해서는 담보신탁계약의 우선수익자로부터 신탁계약상의 권리포기 또는 신탁계약의 해지에 대한 동의 등을 받는 것이 반드시 필요하고, 이를 위하여 담보신탁계약의 우선수익자의 요구를 받아들여 회생계획의 내용과 같이 신탁 관련 회생채권을 회원들의 회생채권보다 우월하게 변제조건을 정한 것이 반드시 부당하다고 볼 수는 없음}, 대법원 2007. 11. 29. 자 2004그74 결정(같은 회생담보권 내부에서도 권리의 성질의 차이 등을 고려하여 합리적인 범위 내에서 차등을 둘 수 있다).

> □ 부동산 담보신탁된 골프장의 회생계획과 평등원칙(위 2014마1427 결정)
> ○ 회생채권자 사이의 우선순위: ① 담보신탁계약의 우선수익자 > ② 골프회원권자의 입회금반환채권 > ③ 일반 회생채권
> ○ ②와 ③ 사이에서는 골프회원권의 특수성을 고려하여 차등을 두어야 함

58) 실무적으로 주채무와 보증채무, 금융기관채무와 상거래채무, 융통어음채무와 상거래채무에 차등을 두는 경우가 있다. 대법원은 ① 비업무용 부동산에 대하여 담보권을 가지고 있는 회생담보권자에게 다른 회생담보권자보다 높은 발생이자 및 담보부동산의 조기매각을 통한 우선변제, 예외적인 변제충당 순서를 인정한 회생계획(대법원 1998. 8. 28. 자 98그11 결정 참조), ② 손해배상채권과 일반 상거래채권에 차등을 둔 경우(대법원 1992. 6. 15. 자 92그10 결정), ③ 보증채권을 전액 면제시킨 경우(대법원 2000. 1. 5. 자 99그35 결정), ④ 주채권과 보증채권의 변제조건에 차등을 둔 정도가 너무 심한 경우(대법원 2006. 5. 12. 자 2002그62 결정)는 평등의 원칙에 반한다고 하고 있는 반면, ① 담보목적물별 상이한 청산가치에 따라 회생담보권자 별로 변제율, 변제시기를 달리한 경우(대법원 2008. 6. 17. 자 2005그147 결정), ② 금융기관 정리채권과 상거래 회생채권의 권리변경에 있어서 그 성질상으로도 차등을 둘 합리적인 이유가 있는 경우(대법원 2000. 1. 5. 자 99그35 결정 참조), ③ 주채권과 보증채권의 변제조건에 차등을 둔 경우(대법원 2004. 12. 10. 자 2002그121 결정), ④ 일반채권자와 특수관계인 사이에 차등을 둔 경우(대법원 1989. 7. 25. 자 88마266 결정), ⑤ 부실경영 주주의 구상금채권 등을 전액 면제한 경우(대법원 2004. 6. 18. 자 2001그132 결정), ⑥ 회생채권을 회생회사의 계열회사에 대한 채무로 처리하지 않고 고액 상거래채무와 동일하게 변제조건을 정한 경우(대법원 2006. 10. 27. 자 2005그65 결정 참조)는 평등의 원칙에 반하지 않는다고 한다.

을 받는 자의 동의가 있는 때에는 차등을 두어도 평등의 원칙에 반하지 않는다. 실무적으로 모회사나 기존 경영자가 가진 채권에 대하여 전부 또는 다른 채권에 비하여 많은 면제를 하는 경우에 이용된다. 이러한 채권에 대하여 위와 같이 불이익하게 취급하여도 형평을 해하지 않는 경우에 해당한다고 생각되지만, 다툼의 여지를 피하기 위하여 명확한 동의를 구하는 것이 좋을 것이다.

나. 소액채권 또는 제118조 제2호 내지 제4호의 청구권 (제218조 제1항 단서 제2호)

채권이 소액인 회생채권자, 회생담보권자와 회생절차개시 후의 이자, 회생절차개시 후의 불이행으로 인한 손해배상금 및 위약금, 회생절차참가의 비용의 청구권을 가지는 자에 대하여 다르게 정하거나 차등을 두어도 형평을 해하지 아니하는 때에는 평등의 원칙에 대한 예외가 인정된다.[59]

(1) 회생계획에서 소액채권에 대하여 다른 채권보다 변제율을 높게 하거나 변제시기를 조기에 하는 방법으로 유리한 취급을 하는 것도 형평을 해하지 않는 한 허용된다.[60] 소액채권에 대하여는 회생절차개시 후 회생계획인가결정 전에도 조기 변제가 허용된다(제132조). 회생절차에 있어서는 채권자의 수가 많으면 많을수록 업무량이 증대하고 원활한 절차진행이 어렵다.[61] 따라서 소액채권을 조기에 변제하거나 우대를 통하여 다수 채권자들로부터 협조를 얻으면 회생절차가 원만하게 수행될 수 있다. 소액채권의 범위에 관하여는 일률적으로 정할 수 없는 상대적인 것으로 채무자의 사정에 따라 다를 것이다. 전체 채무의 규모와 해당 채권자조의 채권 규모 등을 고려하여 판단하여야 한다.

(2) 회생절차개시 후의 이자, 회생절차개시 후의 불이행으로 인한 손해배상금 및 위약금, 회생절차참가의 비용에 대하여는 다른 채권보다 불리하게 취급할 수 있다. 이러한 채권을 다른 채권보다 불리하게 취급하는 이유는 이들은 본래의 회생채권에 부수하는 성질의 것으로 다른 회생채권과 평등한 지위를 부여할 합리성이 인정되지 않고, 오히려 불리하게 취급하는 것이 형평에 맞기 때문이라는 것은 앞에서 본 바와 같다. 이러한 채권에 대하여는 의결권을 인정하지 않고 있다(제191조 제3호).

---

59) 실무적으로 소액채권은 대부분 상거래채권이고 채무자의 회생을 위해 필요한 거래처인 경우가 많으며 이들의 협조를 얻어야 회생절차가 원활하게 진행될 수 있으므로 다른 채권에 비하여 우대하고 있다. 반면 회생절차개시 후의 이자 등은 일반회생채권이기는 하지만 회생계획에 의한 권리변경에 있어서는 다른 일반회생채권보다 불리하게 취급하고 있다. 회생채권에 대한 개시후이자는 통상적으로 면제한다.

60) 개인회생절차(제611조 제3항)에서는 변제시기에 대하여만 우대할 수 있고, 변제율에 대하여는 우대할 수 없다.

61) 서울회생법원 2020회합100189 쌍용자동차 주식회사 사건에서, 채권신고·조사 업무의 부담을 덜기 위해 회생절차 개시 후 1,000만 원 미만의 소액채권에 대하여는 변제하도록 하는 조치를 취하였다.

다. 채무자의 거래상대방인 중소기업자의 회생채권에 대하여 그 사업의 계속에 현저한 지장을 초래할 우려가 있어 다른 회생채권보다 우대하여 변제하는 때 (제218조 제1항 단서 제3호)[62]

채무자의 거래상대방인 중소기업자의 회생채권에 대하여 우대하여 변제하도록 하는 실질적인 근거는 중소기업자의 회생채권을 우대하여 변제하지 않으면 채무자에게 의존도가 높은 중소기업(하청기업)의 연쇄도산 등의 사태가 초래될 수 있다는 점에 있다. 여기서 중소기업자는 중소기업기본법 제2조 제1항의 규정에 의한 중소기업자를 말한다(제20조 제1항 단서 참조). 소액채권일 필요도 없고(제132조 제1항 참조) 주된 거래상대방일 것도 요하지 않는다.

관련 내용은 〈제8장 제1절 Ⅷ.2.다.(1)〉(본서 614쪽)을 참조할 것.

라. 그 밖에 차등을 두어도 형평을 해하지 않는 경우 (제218조 제1항 단서 제4호)

그 밖에 동일한 종류의 권리를 가진 자 사이에 차등을 두어도 형평을 해하지 아니한 때는 평등의 원칙에 반하지 않는다. 여기서 형평이란 권리의 성질이나 발생원인을 고려할 경우 그 권리자를 다른 권리자보다 유리하게 또는 불리하게 취급하는 것도 합리적 이유가 인정되는 것을 의미한다.

먼저 유리하게 취급하는 경우를 본다. 상거래채권자들은 대부분 금액이 소액이고 영세사업자들일 뿐만 아니라 장기간 분할변제를 할 경우 도산의 우려가 있기 때문에 다른 일반회생채권에 비하여 우대할 필요가 있다. 사회정책적 고려에서 인신사고로 인한 손해배상청구권, 채무자 자신의 종업원과 동일시 하여야 할 하청업자(용역업자) 종업원의 임금에 상당하는 청구권[63] 등을 우대하여 취급하여도 형평을 해하는 것은 아니다.

반대로 불리하게 취급하는 경우를 본다. 보증채권의 경우는 주채무자가 따로 있을 뿐만 아니라 보증에 상응하는 대가를 받는 것도 아니기 때문에 열등하게 취급하여도 실질적인 평등에 반한다고 할 수 없다.[64] 동의가 없는 경우에도 모자회사간 채권, 지배주주의 채권, 이사에 대한 채권, 기존 경영자나 현재 경영자의 채권(이들을 '내부채권'이라고도 한다)에 대하여 열등하게 취급하여도 형평을 해한다고 볼 수 없고 오히려 동등하게 취급하는 것이 형평에 반하는 경우

---

62) 변제금지의 예외로서 중소기업자 소액채권에 대한 회생계획인가 전 변제가 허용된다(제132조 제1항 참조). 평등원칙의 예외와는 달리 소액채권에 한정된다는 점이다. 입법론적으로 소액채권에 한정되지 않고 중소기업자의 회생채권을 우대한다는 점에서 의미가 있기는 하지만(회생계획에서 보호받을 수 있는 상거래채권자의 범위가 확대되었다), 중소기업자에 대한 변제금지의 예외가 인정되고 일반적으로 법원의 허가를 얻은 변제도 인정된다는 점(제131조, 제132조), 중소기업자에 대한 우선 변제를 규정하더라도 실질적 평등원칙에 반하지 않는 점, '사업의 계속에 현저한 지장을 초래할 우려'의 판단기준시가 언제인지 명확하지 않은 점 등을 고려하면 필요한 규정인지는 의문이다.

63) 실무적으로 파견근로가 많고, 하청이라고 하더라도 사실상 종업원을 파견하여 채무자 회사의 일부 업무를 수행하는 경우가 많다. 이러한 채권자들은 법률적으로는 회생채권이지만, 사실상 임금 성격이 강하므로 배려할 필요가 있다.

64) 대법원 2004. 12. 10. 자 2002그121 결정(보증인인 회사에 대하여 회생절차가 개시된 경우 채권자는 개시 당시 가지는 채권의 전액에 관하여 회생채권으로 권리를 행사할 수 있으나, 이와 같은 회생채권에 대하여는 그 변제방법을 정함에 있어 다른 회생채권보다 차등을 두어 불리한 조건을 정하는 것은, 비록 그것이 연대보증채권이라고 하더라도 평등의 원칙에 반하는 것이 아니다.), 대법원 2000. 1. 5. 자 99그35 결정.

도 있을 것이다.[65][66] 실무적으로도 위와 같은 회생채권에 대하여는 채권자에게 불리하게 취급하는 경우가 많다.[67]

마. 특수관계에 있는 자에 대한 예외

회생계획에서 ① 회생절차개시 전에 채무자와 대통령령이 정하는 범위의 특수관계에 있는 자[68]의 금전소비대차로 인한 청구권, ② 회생절차개시 전에 채무자가 대통령이 정하는 특수관

---

65) 채무에 대한 면제율을 채권에 따라 점증시키는 방법은 결과적으로 다액 채권자의 변제율을 저하시킨다. 이러한 방법은 중소기업자의 거래채권을 우대하고, 금융기관 등 다액 채권자의 금융채권 등을 열후적으로 취급하는 것으로 되지만, 많은 경우 중소기업자의 보호라는 관점으로부터 형평을 해하는 것은 아니라고 할 것이다(제132조 제1항 참조). 분할변제와 일괄변제의 선택조항을 둔 경우에도 분할변제를 받는 경우의 할인율이 합리적으로 설정된다면 형평을 해하지 않는다고 할 것이다. 면제율(변제율), 변제방법 등에 관한 회생계획에서의 규정 방식도 엄격하게 되어야 하므로 회생계획안 작성단계에서부터 법원과 협의할 필요가 있다. 일본에서는 골프장 회생사건에서 평등원칙위반이 많이 지적되고 있지만, 위반의 정도가 경미한 경우에는 회생계획을 인가하고 있다고 한다(條解 民事再生法, 836쪽).

66) **내부채권의 열후화와 열후적 취급의 한계** 앞에서 본 바와 같은 내부채권에 대하여는 다른 회생채권에 비하여 열후적으로 취급할 수 있다. 그런데 이 경우 평등원칙과 청산가치보장원칙이 문제될 수 있다. 채권자가 동의하는 한 평등원칙이나 청산가치보장원칙은 문제되지 않는다(제218조 제1항 제1호, 제243조 제1항 제4호 단서). 실무적으로 대부분 해당 채권자들의 동의를 받아 회생계획(안)을 작성한다. 문제는 동의하지 않는 경우이다. ① 먼저 평등원칙과의 관계에 대하여 본다. 동일한 종류의 권리를 가진 자 사이에 차등을 두어도 형평을 해하지 아니한 때에는 평등원칙의 예외가 허용된다(제218조 제1항 단서 제4호). 일반적으로 해당 채권자의 속성이나 해당 채권의 발생원인 등 구체적인 사정을 고려하면, 내부채권을 열후적으로 취급하여도 실질적 평등원칙에 반하지 않는다고 할 것이다. ② 다음으로 청산가치보장원칙과의 관계에 대하여 본다. 평등원칙과의 관계에서 열후적 취급이 허용된다고 하여도 청산가치보장원칙이 문제될 수 있다. 즉 회생채권에 대한 변제에 차이를 둔 결과, 해당 채권자에 대한 변제가 청산배당률을 하회하는 경우 청산가치보장원칙과의 관계에서 문제가 된다. 열후화의 결과 해당 채권자에 대해 청산가치보장원칙을 보장할 수 없는 결과로 되는 것은 채권자가 동의하지 않는 한 허용되지 않는다고 할 것이다(제243조 제1항 제4호).

결국 특정채권에 대하여 해당 채권자의 동의 없이 다른 회생채권보다 열후적으로 취급할 경우에는 평등원칙과 청산가치보장원칙에 대한 검토가 필요하다. 평등원칙을 위반한 경우에는 회생계획이 법률의 규정에 적합하지 않다는 이유로(제243조 제1항 제1호), 청산가치보장원칙이 지켜지지 않은 경우에는 제243조 제1항 제4호 본문을 위반한 것으로 회생계획이 인가되지 않을 수 있다는 점에 유의할 필요가 있다.

67) 불리하게 취급(열후화)할 의무까지 있는가. 불리하게 취급할 수는 있어도 의무까지 인정된다고 보기는 어려울 것이다.

68) **시행령 제4조(특수관계인)** 법 제101조 제1항, 법 제218조 제2항 각 호 및 법 제392조 제1항에서 "대통령령이 정하는 범위의 특수관계에 있는 자"라 함은 다음 각 호의 어느 하나에 해당하는 자를 말한다.

1. 본인이 개인인 경우에는 다음 각 목의 어느 하나에 해당하는 자
   가. 배우자(사실상의 혼인관계에 있는 자를 포함한다. 이하 같다)
   나. 8촌 이내의 혈족이거나 4촌 이내의 인척
   다. 본인의 금전 그 밖의 재산에 의하여 생계를 유지하는 자이거나 본인과 생계를 함께 하는 자
   라. 본인이 단독으로 또는 그와 가목 내지 다목의 관계에 있는 자와 합하여 100분의 30이상을 출자하거나 임원의 임면 등의 방법으로 법인 그 밖의 단체의 주요 경영사항에 대하여 사실상 영향력을 행사하고 있는 경우에는 당해 법인 그 밖의 단체와 그 임원
   마. 본인이 단독으로 또는 그와 가목 내지 라목의 관계에 있는 자와 합하여 100분의 30이상을 출자하거나 임원의 임면 등의 방법으로 법인 그 밖의 단체의 주요 경영사항에 대하여 사실상 영향력을 행사하고 있는 경우에는 당해 법인 그 밖의 단체와 그 임원

2. 본인이 법인 그 밖의 단체인 경우에는 다음 각 목의 어느 하나에 해당하는 자
   가. 임원
   나. 계열회사(「독점규제 및 공정거래에 관한 법률」 제2조 제12호에 따른 계열회사를 말한다) 및 그 임원
   다. 단독으로 또는 제1호 각 목의 관계에 있는 자와 합하여 본인에게 100분의 30이상을 출자하거나 임원의 임면 등의 방법으로 본인의 주요 경영사항에 대하여 사실상 영향력을 행사하고 있는 개인 및 그와 제1호 각 목의 관계에 있는 자와 법인 그 밖의 단체(계열회사를 제외한다. 이하 이 호에서 같다) 및 그 임원

계에 있는 자를 위하여 무상으로 보증인이 된 경우의 보증채무에 대한 청구권, ③ 회생절차개시 전에 채무자와 대통령령이 정하는 범위의 특수관계에 있는 자가 채무자를 위하여 보증인이된 경우 채무자에 대한 보증채무로 인한 구상권을 다른 회생채권과 다르게 정하거나 차등을두어도 형평을 해하지 아니한다고 인정되는 경우에는 다른 회생채권보다 불이익하게 취급할수 있다(제218조 제2항).

이는 회생채무자의 부실화에 영향력을 행사한 지배주주·지배회사 등 특수관계에 있는 자의 채권은 다른 채권보다 열등하게 취급하는 것이 실질적인 평등에 부합한다는 점에 근거한것이다. 따라서 모회사가 자회사에 대하여 갖고 있는 채권, 부실경영에 중대한 책임이 있는 지배주주 또는 구 경영진이 갖고 있는 채권 등을 전액 면제하는 것은 형평의 원칙에 따라 열후화(subordination)가 이루어진 것이므로 채권자가 동의하는 한 청산가치보장원칙 위반 문제는발생하지 않는다(제243조 제1항 제4호 단서).

한편 특수관계에 있는 자가 채무자에 대하여 가지고 있는 채권의 범위를 금전소비대차로인한 청구권, 무상 보증채무에 대한 청구권, 채무자에 대한 보증채무로 인한 구상권으로 한정할 것이 아니고, 또한 시행령에서 규정하고 있는 특수관계에 있는 자의 범위도 예시적인 것으로 보아야 한다는 견해가 있으나,[69] 위 규정은 원칙에 대한 예외 규정이고 불이익을 받은 경우인데 명문의 규정 없이 평등원칙의 예외를 넓게 인정하는 것은 채권자들의 지위를 불안정하게만든다는 점에서 엄격하게 해석하여야 할 것이다. 물론 제218조 제2항에 규정되어 있지 아니한 채권이나 시행령에서 규정하고 있는 특수관계자 외의 자에 대한 회생계획안의 규정은 제218조 제2항이 아니라 일반적인 평등원칙(제218조 제1항 본문)에 따라 평등원칙위반 여부를 따지면 된다. 결과에 있어서는 별다른 차이가 없을 것이다.

바. 회생절차개시 전의 벌금 등

회생절차개시 전의 벌금·과료·형사소송비용·추징금 및 과태료의 청구권에 관하여는 회생계획에서 감면 그 밖의 권리에 영향을 미치는 내용을 정하지 못한다(제140조 제1항). 벌금 등의 제재적 성격을 고려한 것이다. 회생절차개시 전의 벌금 등은 채권자목록에 기재되지 않고신고하지 않아도 면책의 대상이 되지 않고(제251조 단서), 부인권의 대상도 되지 않는 등(제100조 제2항) 다른 회생채권보다 우대하여 취급하지만(이러한 이유로 의결권을 부여하지 않는다), 의결권은 부여되지 않는다(제191조 제1호)는 점에서 열후적으로 취급된다.

관련 내용은 〈제8장 제1절 VI.〉(본서 585쪽)를 참조할 것.

라. 본인이 단독으로 또는 그와 가목 내지 다목의 관계에 있는 자와 합하여 100분의 30이상을 출자하거나 임원의 임면 등의 방법으로 단체의 주요 경영사항에 대하여 사실상 영향력을 행사하고 있는 경우에는 당해 법인그 밖의 단체 및 그 임원

69) 회생사건실무(상), 690쪽.

3. 특별한 이익을 주는 행위의 무효

가. 의의 및 취지

채무자가 자신 또는 제3자의 명의로 회생계획에 의하지 아니하고, 일부 회생채권자, 회생담보권자, 주주·지분권자에게 특별한 이익을 주는 행위는 무효이다(제219조[70]).[71] 회생계획안에 반대하는 회생채권자 등에게 이익의 공여를 약속하여 이해관계인간의 평등을 해하는 것을 방지하기 위함이다. 채무자뿐만 아니라 제3자의 행위에 의한 공여도 금지하는 이유는 제3자의 이름을 빌려 특별이익을 제공한 경우 증명이 곤란하기 때문에 제3자의 이익공여행위도 무효로 한 것이다.

나. 특별이익공여의 요건

여기에서 '채무자가 제3자 명의로 특별한 이익을 주는 행위'는 채무자가 자신이 계산하거나 또는 계산하기로 하고, 제3자의 명의로 회생계획의 공정한 성립을 방해하거나 부당하게 회생계획의 성립에 영향을 미치기 위하여 회생계획과는 다른 특별한 이익을 제공하는 행위를 의미하고, 제3자가 자신의 재산으로 한 행위는 이에 해당하지 아니한다.[72]

채무자회생법이 금지하는 특별이익 제공행위에 해당하기 위해서는 ① 채무자 등에 의하여 회생계획인가결정이 확정되기 전까지[73] 특별이익의 제공 내지 그에 관한 약정이 이루어진 사실 이외에도 ② 그 채무자 등 또는 특별이익의 피제공자가 특별이익의 제공을 통하여 회생계획의 공정한 성립을 방해하거나 부당하게 회생계획의 성립에 영향을 미치려는 의사를 가지고 있어야 하고,[74] 그와 같은 의사의 유무는 이익을 제공한 경위 내지 목적, 제공한 이익의 내용, 이익제공을 통하여 제공자 등이 얻게 되는 반대이익, 그 이익의 제공이 회생절차의 진행 및 성립과 다른 회생채권자 등에 대한 변제조건의 설정 및 이행에 미치는 영향 등 여러 사정을 종합하여 판단하여야 한다.[75] ③ 회생계획이 실제로 인가되었음이 필요하다. 회생계획이 가결되지 아니하였거나 가결되었다고 하더라도 다른 사유에 의하여 인가되지 아니하고 회생절차가 폐지된 경우에는 특별이익의 제공을 문제 삼을 필요가 없다.[76]

상대방은 회생채권자·회생담보권자·주주·지분권자와 같이 표결에 참여할 수 있는 자를 말한다. 공익채권자는 포함되지 아니한다. 따라서 관리인이 쌍방미이행 쌍무계약에 대한 이행

---

70) 상법 제467조의2(이익공여의 금지)에도 같은 취지의 규정이 있다.
71) 이는 당연한 내용으로 별도로 규정할 필요가 없다. 삭제하여야 할 것이다. 개인회생절차(제612조)에도 같은 내용이 규정되어 있으나 마찬가지로 불필요한 규정이다. 반면 파산절차에서는 면책불허가사유(제564조 제1항 제1호, 제651조 제1항)로 규정하고 있다.
72) 대법원 2014. 8. 20. 선고 2013다23693 판결(회생사건), 대법원 2007. 12. 27. 선고 2006다61925 판결(화의사건) 등 참조.
73) 따라서 회생계획(변제계획) 인가결정 확정 후 채무자가 채권자에게 특별한 이익을 공여하더라도 무효가 되지 않는다.
74) 대법원 2017. 9. 21. 선고 2014다25054 판결 참조.
75) 대법원 2007. 12. 27. 선고 2006다61925 판결 참조.
76) 서울회생법원 2019. 6. 12. 선고 2019가합100238 판결.

의 선택을 한 경우 상대방은 공익채권자의 지위에 있는 것이므로(상대방이 채무자에 대하여 가지는 채권을 단순히 회생채권으로 신고하였고 그로 말미암아 회생채권자표에 기재된 사정이 있다고 하더라도 그렇다), 설사 그 상대방에게 회생계획의 조건에 의하지 아니하고 다른 채무를 면제해 주었다 하더라도 그것이 특별한 이익의 공여로서 무효가 된다고 할 여지는 없다.[77] 회생채권 및 회생담보권의 양도는 회생절차상 용인되고 있고(제154조 참조), 회생회사의 인수예정자 등 회생계획을 추진하는 자가 적극적으로 권리를 양수하는 것 역시 채무자회생법 전체의 구조에서 시인되고 있으므로, 제3자가 회생채권이나 회생담보권을 양수하는 행위가 제219조의 특별이익의 공여행위에 해당하려면, 양도 가격이 당해 회생채권이나 회생담보권의 실제 가치를 현저히 초과하는 경우에 한하는 것으로 제한적으로 해석하여야 할 것이다.[78]

다. 효 과

특별한 이익을 주는 행위는 무효이므로 채무자나 제3자는 그 약속을 이행할 필요가 없다.

Ⅲ 수행가능성[79]

회생계획은 수행가능하여야 한다. 채무자가 다시 회생절차를 밟지 않을 수 있을 만큼 회생계획이 수행가능하여야 한다.[80] 회생계획의 수행가능성 문제는 회생절차 전반에 걸쳐 제기될 수 있다. 회생계획이 수행가능하지 않을 경우 회생계획을 인가할 수 없다(제243조 제1항 제2호). 인가된 회생계획이 수행할 수 없는 것이 명백하게 된 때에는 회생절차를 폐지하여야 한다(제288조 제1항). 또한 회생계획의 수행가능성에 문제가 발생할 경우 회생절차를 종결할 수도 없다(제283조 제1항 단서).

회생계획을 수행할 수 있는지 여부는 채무자가 예측한 대로 변제자금을 조달하여 회생채권을 변제하고, 회생계획기간이 종료될 때에 정상적인 사업이 가능한 상태로 존속할 수 있는지 여부에 달려 있다. 따라서 회생계획안을 작성함에 있어 변제자금을 조달할 수 있는지를 세밀하게 살펴보아야 한다.[81]

---

77) 대법원 2007. 11. 30. 선고 2005다52900 판결 참조.
78) 대법원 2005. 3. 10. 자 2002그32 결정 참조. 위 결정은 '변경계획안에 의한 회생담보권자의 권리변경의 내용은, 원금 중 75%만을 현금변제하고 나머지 20%는 액면가 500원의 신주를 주당 5,000원에 인수하며, 나머지 원금 5%와 이자는 전액 면제하도록 하는 것(원래의 계획안에 의하면 원금은 물론 경과이자 및 발생이자도 전부 변제받도록 되어 있었다)이었음을 알 수 있고, 회생회사를 인수하기로 예정되었던 주식회사 윌트론이 회생담보권자들로부터 회생담보권을 양도받은 가격이 액면가의 100% 정도였다는 것이므로, 기록에 나타난 여러 사정에 비추어 볼 때 위와 같은 정도의 차이만으로는 양도 가격이 실제 가치를 현저히 초과하여 제219조 소정의 특별이익의 공여에 해당한다고 보기는 어렵다'는 취지로 판시하였다.
79) 채무자회생법은 회생계획의 수행가능성(제243조 제1항 제2호)과 청산가치보장원칙(제243조 제1항 제4호)을 회생계획인가요건으로 규정하고 있다. 따라서 회생계획안도 이들 요건을 갖추어야 하므로 이들도 회생계획안 작성의 기본원칙으로 보아야 할 것이다.
80) 대법원 2016. 5. 25. 자 2014마1427 결정 참조.
81) 실무적으로 중소기업의 경우 영업용 부동산에 담보권이 설정되어 있는 경우가 대부분이고, 담보권자의 동의를 얻기

사업이나 경영으로부터 불확실한 요소를 완전히 제거하는 것은 불가능하기 때문에 여기서 말하는 수행가능성(feasibility test)도 장래에 있어서 사업이나 경영에 어떠한 불안요소도 인정되지 않는다는 것을 의미하는 것은 아니다. 그러나 적어도 채무자나 같은 종류의 사업을 영위하는 회사에 대하여 과거에 발생한 사건을 비추어 볼 때 합리적인 범위에서 문제가 발생하여도 이것을 극복할 수 있는 경영기반이 확립되었다고 볼 수 없다면 수행가능성이 있다고 할 수 없을 것이다.

회생계획안의 수행이 불가능한 경우 이를 배제할 수 있다(제231조 제3호).

Ⅳ 청산가치보장원칙[82]

1. 의 의

청산가치보장의 원칙(the best interest rule)이란 채권자의 동의가 없는 한 그 채권자가 회생절차에서 변제받을 금액이 채무자가 파산적 청산을 하는 경우 청산절차에서 배당받을 수 있는 금액보다 적어서는 안 된다는 것을 말한다(제243조 제1항 제4호).[83] 회생절차에서 회생계획을 통하여 회생채권자·회생담보권자의 권리를 변경함으로써 회생회사의 유지·재건을 도모할 필요가 있다 하더라도, 개별 회생채권자·회생담보권자에 대하여 그 권리가 본질적으로 침해되지 않고 그 피해를 최소화할 수 있도록 그 권리의 실질적 가치를 부여하여야 한다. 여기서 권리의 실질적 가치를 부여한다고 함은 가결된 회생계획안에 반대하는 회생채권자·회생담보권자 혹은 부결된 회생계획안에 부동의한 조의 권리자에게 최소한 회생회사를 청산하였을 경우 분배받을 수 있는 가치(청산가치) 이상을 분배하여야 한다는 것을 의미한다. 따라서 회생계획안이 법정 다수의 동의에 의하여 가결되었다는 이유로 일부 회생채권자·회생담보권자의 반대에도 불구하고 회생법원이 청산가치에 미달하는 분배를 하는 내용의 회생계획을 인가하거나, 회생계획안에 부동의한 조의 반대에도 불구하고 회생법원이 부동의한 조의 권리자에게 청산가치에 미달하는 분배를 하는 내용의 권리보호조항을 정하고 부결된 회생계획을 인가하는 것은 개별 회생채권자·회생담보권자가 회생절차에서 보장받아야 할 재산권의 본질적인 부분을 훼손하는 것이다.[84]

위하여 영업용 부동산을 매각하는 것을 전제로 회생계획을 작성하는 경우가 많다. 계속기업을 전제로 하면서도 영업용 부동산의 매각을 예정한 회생계획과 관련하여서는 영업용 부동산을 매각하고도 기업 활동을 계속할 수 있는지, 회생계획상 매각예정시점과 매각예정가액에 영업용 부동산을 매각할 수 있는지 등과 관련한 수행가능성의 문제가 제기되고 있다.

82) 관련 내용은 〈제14장 제2절 Ⅰ.4.〉(본서 956쪽)를 참조할 것.

83) 회생담보권의 담보목적물 가치가 최우선변제권이 있는 임금채권보다 작아 회생담보권자에게 아무런 변제도 할 수 없는 경우(예컨대 담보목적물의 가치는 10억 원인데 최우선변제권이 있는 임금채권이 20억 원인 경우) 청산가치보장원칙이 문제되지 않는가. 파산절차에서도 최우선변제권이 있는 임금채권자는 별제권자로서 우선변제를 받기 때문에(제415조의2 본문) 회생담보권자에게 소액의 변제만 하더라도 청산가치보장원칙은 문제되지 않는다고 할 것이다.

84) 대법원 2008. 6. 17. 자 2005그147 결정 참조.

회생절차에서는 조를 분류하여 결의를 하고, 한 개의 조에서 법정 가결요건 이상의 찬성 의결권이 확보되면 같은 조에서 반대하는 채권자들도 그 결의에 구속된다. 청산가치보장원칙은 위와 같이 같은 조에서 반대하는 채권자들에게도 결의의 효력을 미치게 하는 정당화의 근거가 되는 것이다.[85] 왜냐하면 회생절차를 통하여 변제받을 금액이 파산절차를 통한 배당액보다 적지 않다면 회생절차에 반대하는 채권자들에게 회생계획의 효력을 미치게 하여도 반대하는 채권자들의 재산권을 본질적으로 침해한 것으로 볼 수는 없기 때문이다.

청산가치보장원칙은 채권자 변제의 최저 기준선을 제시하고는 있지만, 오직 채권자만이 채무자의 기업가치를 모두 가져가야 한다고 요구하지 않는다. 따라서 채권자가 파산(청산)절차에 의할 때 받을 수 있었던 가치 이상을 받는다면 청산가치보장원칙은 충족된 것이다. 이는 회생계획인가 후 기업이 발생시킨 추가적인 가치가 기업에 유보되어 안정적 성장과 장기적 생존확률을 높이는데 사용될 수 있는 가능성을 열어 놓고 있는 것이다. 회생절차에서 가치증가의 효과는 채권자에 대한 변제에 한정되지 않는다.

2. 내 용

회생계획을 인가하기 위해서는 각 회생채권자나 회생담보권자가 최소한 파산적 청산시의 배당액[86] 이상으로 변제받는 내용으로 회생계획이 작성되어야만 한다(제243조 제1항 제4호 본문). 회생계획에 의한 채권자별 변제예정금액을 현재가치로 환산한 금액이 채권자별 청산가치 배분액과 최소한 동일하거나 이를 초과하여야 한다.[87] 한편 청산가치보장원칙은 개별 채권자에

---

85) 회생절차는 회생채권자 등에 대하여 파산절차 이상의 만족을 부여하는 것에 존재 의의가 있다. 이해관계인의 권리는 헌법에서 보장된 재산권으로 합리적인 이유 없이 이것을 제한하거나 박탈하는 것은 허용되지 않는다. 법적절차에 기한 다수결에 의하여 이해관계인에게 회생의 합의를 강제할 수 있는 것은 청산가치보다도 계속사업가치가 크기 때문으로, 가사 합의를 강제하여도 이해관계인의 이익을 훼손하는 것이 아니라는 근거에 기한 것이다. 결국 개별 채권자에게 청산가치는 헌법상의 재산권으로 보장되는 것이다.

86) 청산시의 배당액을 산정할 때에는 파산절차는 고정주의를 전제로 하기 때문에 채무자가 장래에 취득할 수입은 고려하여서는 아니 된다(條解 民事再生法, 922쪽).

87) 회생계획에 따른 연도별 변제예정금액을 현재가치로 환산하기 위해 어떠한 할인율을 사용하느냐는 중요한 문제이다. 청산가치보장을 위해 할인율이 높을수록 채권자들에게 변제하여야 하는 금액이 늘어나고, 낮을수록 채권자들에게 변제하여야 할 금액이 줄어들기 때문이다. 실무적으로는 채무자의 주거래 은행이 담보대출 또는 무담보대출로 평균적인 위험도를 가지고 있는 자에게 대출을 해 줄 경우 적용되는 시장이자율(market interest rate)을 기준으로 하고 있다. 회생담보권자와 회생채권자에 대하여 동일한 이자율을 적용한다(다른 견해 있음).

　주의할 것은 계속기업가치를 산정할 때 적용하는 할인율과 청산가치보장원칙의 준수 여부를 확인하기 위해 적용하는 할인율은 다르다는 것이다. ① 계속기업가치를 산정하기 위하여 적용되는 할인율은 채무자의 수익가치 창출능력 및 투자가치의 관점에서 채무자가 향후 벌어들이는 현금흐름을 현재가치로 할인하는 것이기 때문에 채무자의 개별 위험 프리미엄을 감안하여 산정한다. 반면 청산가치보장 여부를 판단하기 위해 적용되는 할인율은 채권자가 현재 청산가치상당액을 즉시 회수하여 다른 곳에 대출하거나 투자하였을 경우 벌어들일 수 있는 이익 창출의 기회를 회생계획에 의하여 제약을 가하여 장기 분할 변제함에 따라 상실하는 손실을 보전해 주기 위해서 각 분할변제 원금에 가산해 주는 이자율에 상응하는 것이다. 즉 이는 채무자가 아닌 채권자의 입장에 중점을 두어 파악한 것이다. ② 계속기업가치의 산정은 주로 채무자의 과거 영업실적, 불안정한 채무구조 등 주로 채무자에게 실제 발생하였거나 발생한 사실을 기초로 수익가치 및 투자판단의 관점에서 이루어지기 때문에 재정적 파탄에 빠져 회생절차가 개시된 채무자의 위험프리미엄은 정상적인 기업에 비하여 매우 높은 수준일 수밖에 없다. 반면 청산가치보장 여부를 심리하기 위하여 적용되는 할인율은 채권자의 대출 또는 투자기회 상실의 손실을 보전해 주기 위해서 채권자

대한 변제액만이 아니라 모든 채권자들에 대한 변제액의 총액에 관하여도 충족되어야 한다는 견해가 있지만,[88] 제243조 제1항 제4호는 '각 채권자'에게 변제하는 것을 기준으로 하고 있고, 변제에 있어 최저한도 보장으로서의 성질상 개별 채권자에 대한 변제액만을 대상으로 한다고 할 것이다.[89]

청산가치보장원칙은 어떤 조(class)에서 회생계획에 반대하는 구성원을 보호하는 하한을 제공한 것임과 동시에, 회생계획에 찬성한 구성원에게도 적용되는 것이다. 중요한 것은 청산가치보장원칙에 의해 어떤 조의 권리가 아니라 개별 채권자나 주주·지분권자의 권리가 보호되고, 나아가 그 보호는 청산가치의 보장으로 충분하다는 것이다.[90]

어느 시점을 기준으로 청산가치보장원칙이 충족되었는지를 판단할 것인가. 청산가치의 기준시에 관하여는 ① 회생절차개시시설, ② 회생계획인가시설, ③ 원칙적으로 개시시이지만 인가시까지 위법하지 않은 사정으로 자산이 감소한 경우는 그 기준시를 계획제출시 또는 인가시까지 조정하는 것이 가능하다는 절충설, ④ 각 시점에 청산가치보장원칙이 보장되지 않으면 안된다는 판단시설 등이 있다. 청산가치보장원칙의 근거가 회생계획을 인가할 경제적 합리성에 있다고 보는 이상 청산가치보장원칙이 충족되고 있는지 여부는 그 판단 시점인 인가결정시를 기준으로 하여야 한다.[91]

가 받을 분할변제 원금에 가산하는 이자율의 개념에 가까우므로 채권자가 채무자가 속한 업종에 대출 또는 투자를 하였을 경우에 적용되는 평균적인 위험도만을 반영한 시장이자율을 적용하는 것이 더 적절하다.

88) 회생사건실무(상), 693쪽.
89) 會社更生法, 672쪽. 미국 연방도산법은 제11장 절차에서 회생계획안의 인가요건으로 청산가치보장원칙을 규정하고 있다. 미국 연방도산법도 개별 채권자를 기준으로 청산가치보장원칙을 요구하고 있다.
§ 1129. Confirmation of plan
(a) The court shall confirm a plan only if all of the following requirements are met:
(1)−(6) 생략
(7) With respect to each impaired class of claims or interests−
(A) each holder of a claim or interest of such class−
(i) has accepted the plan; or
(ii) will receive or retain under the plan on account of such claim or interest property of a value, as of the effective date of the plan, that is not less than the amount that such holder would so receive or retain if the debtor were liquidated under chapter 7 of this title on such date; or
90) 이와 관련하여 청산가치보장원칙이 소수채권자의 보호만을 위한 것인지 찬성채권자를 포함한 것인지가 문제될 수 있다. 이는 100%의 채권자가 회생계획에 찬성한 경우에도 청산가치보장원칙위반을 이유로 불인가할 수 있는지의 문제이다. 회생계획안에 동의한다는 것이 반드시 청산가치 이하로 변제받는 것에 동의한 것이라고 볼 수 없는 점, 채권자들은 청산가치보장원칙에 대하여 무관심하거나 정확한 법률적 이해를 하고 있지 못한 점, 회생계획안에 대한 동의는 관리인(채무자)의 권유에 의하여 이루어진 경우가 많다는 점 등을 고려하면, 회생계획안에 찬성한 채권자들에 대하여도 청산가치보장원칙이 적용된다고 할 것이다. 청산가치보장원칙은 법원이 후견적 입장에서 개입한다는 취지이다.
91) 회생채권자 등에게 일정한 채무면제를 강요하면서 그들의 협력하에 회생절차를 진행하는 것은 회생절차개시 당시 채무자가 파산한 경우에 비하여 유리한 변제를 받을 수 있다는 가능성이 있기 때문이고, 그러한 가능성이 없는 경우에는 조금이라도 빨리 절차를 폐지하라는 엄격한 자율이 채무자에게 요구된다는 점, 재산가액의 평가 기준시가 회생절차개시시인 점(제90조) 등에 비추어 청산가치보장원칙의 기준시를 회생절차개시시로 해석하여야 한다는 견해도 있다(民事再生の手引, 173쪽, 會社更生法, 672쪽). 이것이 일본의 실무례라고 한다.
한편 회생절차개시시설은 다음과 같은 문제가 있다. 채무자회생법의 회생절차개시원인은 파산원인보다 완화되어 있기 때문에(제34조 제1항 제2호), 지급불능 전의 조기 단계에서 회생절차를 신청하고, 파산절차였다면 파산선고결

청산가치는 해당 기업이 파산적 청산을 통하여 해체·소멸되는 경우에 기업을 구성하는 개별 재산을 분리하여 처분할 때를 가정한 처분금액을 말하는 것이다.[92]

회생담보권자의 경우에는 별제권을 실행하여 얻을 수 있는 만족과의 비교가 기준으로 된다. 다만 채권자가 청산가치 이하로 변제받는 것에 동의한 경우에는 청산가치보장원칙이 지켜지지 않아도 된다(제243조 제1항 제4호 단서).

3. 청산가치보장원칙과 관련한 몇 가지 쟁점

가. 회생담보권에 관한 개시 후 이자 등의 문제

이자 또는 채무불이행으로 인한 손해배상이나 위약금에 관하여는 회생절차개시결정 전날까지 생긴 것은 회생담보권이 되고(제141조 단서), 회생절차개시결정 이후에 생긴 이자 등은 회생채권으로 취급된다(제118조 제2호, 제3호). 이와 관련하여 회생절차개시결정 이후 인가결정시까지 생긴 이자 등이 청산가치를 한도로 담보권에 의하여 담보된 범위에 속한 경우,[93] 당해 이자 등에 관한 회생계획상의 변제예정금액을 인가결정일을 기준으로 현재가치로 환산한 금액이 당해 이자 등과 동일한 금액이 되도록 회생계획을 수립하여야 하고, 그렇지 않으면 청산가치보장원칙에 반한다고 볼 것이다.[94] 왜냐하면 담보목적물의 청산가치에 의하여 담보되는 이자 등의 청구권은 파산적 청산에 의할 경우 100% 변제받을 수 있으므로 이러한 청구권에 관하여는 회생계획상 변제예정액의 현재가치가 그 청구권액 이상의 금액이 되도록 회생계획을 작성하여야 하기 때문이다. 위와 같은 이자 등의 청구권은 회생채권이면서도 다른 회생채권과 달리 변제예정액의 현가율이 100%가 된다. 이러한 차이가 나는 이유는 회생담보권인지 여부(회생담보권의 범위)를 결정하는 기준시는 회생절차개시결정시이고, 청산가치보장원칙이 지켜졌는지를 판단하는 시점은 회생계획인가결정시이기 때문이다.

나. 회생계획이 출자전환을 예정하고 있는 경우

회생계획이 출자전환을 예정하고 있다면, 회생계획안에 의한 변제액을 산정함에 있어서는

정이 되지 않았을 시점에 회생절차의 개시결정이 된다. 회생절차개시원인의 완화는 회생절차의 조기 신청을 촉진하고, 파산절차보다 조기에 회생절차가 개시되어 개시시의 자산가치가 높은 수준에서 보전되는 것을 의도하는 것이다. 그렇다면 절차개시시에 채무자 재산의 청산가치가 높다는 것은 입법취지에 부합한 결과이다. 그러나 청산가치의 기준시에 있어 개시시설에 선다면, 회생절차개시신청이 조기에 되면 될수록 청산가치보장원칙의 장애물이 높게 설정되는 모순이 발생한다.

　우리나라의 실무는 회생절차개시결정시를 기준으로 청산가치를 보장하고 있으면 일응 회생계획안이 청산가치보장원칙을 준수하고 있는 것으로 판단하고 있으므로 그 운용에 있어 일본과 별다른 차이가 없다. 개인회생절차의 경우에는 명시적으로 변제계획인가일을 기준으로 청산가치보장원칙을 판단하고 있다(제614조 제1항 제4호, 제2항 제1호).

92) 대법원 2005. 11. 14. 자 2004그31 결정. 회생예규 제9조 제2항.
93) 예컨대 회생절차개시결정 이후 인가결정시까지의 이자 등이 근저당권의 채권최고액 범위 내에 속하고 담보목적물의 청산가치 범위 내에도 속하는 경우.
94) 대법원 2008. 6. 17. 자 2005그147 결정 참조. 실무적으로도 회생담보권자들이 이러한 이유로 '원금 및 개시전이자의 100%를 현금 변제하고 개시후이자는 면제'라는 내용의 회생계획에 동의하지 않는 경우가 많다(수원지방법원 2016회단10029).

출자전환으로 발행될 주식의 순자산가치 및 수익가치 기타 다른 주식 평가방법 등을 사용하여 산출된 주식의 변제가치도 포함하여 청산배당액과 비교하여야 한다.[95] 따라서 회생담보권의 담보목적물을 매각한 후 회생담보권자에게 그 담보목적물의 청산가치 상당액을 분배하면서 그 전부 또는 일부를 매각대금이 아닌 회생회사의 주식으로 분배하는 것은, 당해 회생담보권자가 동의한다거나 회생회사의 주식이 현금과 실질적으로 동등한 가치를 지니고 있고 유동성 및 안정성 등의 측면에서도 현금에 준할 정도의 성질을 갖고 있다는 등의 특별한 사정이 없는 한, 회생담보권자로부터 회생회사의 파산시 담보목적물에 대한 담보권을 실행하여 그 환가대금으로부터 채권을 회수할 수 있는 최소한의 권리를 박탈하면서, 권리순위에서 최상위에 있던 회생담보권자의 지위를 파산의 위험 또는 추가적인 권리변경의 위험이 남아 있는 회생회사에서 가장 열등한 권리순위에 있는 주주의 지위로 전락시키는 것에 다름 아니어서 회생담보권의 실질적 가치를 훼손하는 것이므로 허용될 수 없다.[96]

다. 평등원칙과의 관계

원래 동일한 성질의 회생채권이나 회생담보권에 대하여 합리적인 이유 없이 권리에 대한 감면의 비율이나 변제기를 달리하는 것과 같은 차별은 허용되지 아니하지만, 청산가치보장의 원칙과의 관계에서 개별 회생담보권자가 담보목적물로부터 분배받을 수 있는 청산가치는 반드시 보장되어야 하고, 그와 같은 청산가치는 담보목적물의 종류, 담보권의 순위 등에 따라서 달라질 수밖에 없으므로, 회생계획안에 담보목적물의 청산가치가 회생담보권액을 상회하는 회생담보권자에게는 회생담보권액 전부를 변제하고, 그렇지 못한 회생담보권자에게는 회생담보권액의 일부를 감면하는 등의 내용을 정하였다고 하여 그 회생계획안이 평등의 원칙을 위반하였다고 볼 수는 없다.[97]

라. 청산배당률과 변제율의 비교에 있어 주의할 점

청산배당률은 청산가치보장원칙에 관한 판단기준이다. 청산배당률은 채무자가 가지고 있는 재산의 청산가치(재산가액의 평가액)에서 세금, 임금 등 공익채권 및 청산비용(파산관재인의 보수 예상액, 재산처분비용) 등을 공제하여 배당예상액을 산출하고, 이것을 회생채권의 원본 및 회생절차개시결정 전일까지의 이자·지연손해금의 총액으로 나누어서 산정한다. 실무적으로 청산배당률은 법원이 선임한 조사위원이 산정하고 있다(제2차 조사보고서).

청산배당률은 원본 및 회생절차개시결정일 전일까지의 이자·지연손해금을 분모로 하여 산

---

95) 대법원 2005. 11. 14. 자 2004그31 결정 참조. 다만 회생계획인가 시점의 주식은 실질가치가 없다고 보아야 하는 경우가 대부분이므로, 주식의 변제가치를 포함시키더라도 청산가치보장원칙이 지켜졌다고 판단하기는 어렵다.

96) 대법원 2008. 6. 17. 자 2005그147 결정 참조.

97) 대법원 2008. 6. 17. 자 2005그147 결정 참조. 예컨대 담보목적물의 청산가치가 회생담보권액을 상회하는 제1순위 근저당권자에게는 100% 변제하고, 청산가치가 회생담보권액의 50% 또는 0%인 제2순위 근저당권자에게는 30%만을 변제하기로 하는 회생계획안은 평등원칙에 반하는 것이 아니다. 결국 회생담보권의 경우에는 회생담보권액이 청산가치의 어느 정도인가에 따라 변제율이 달라질 수 있고, 그렇게 하는 것이 오히려 실질적 평등원칙에 부합하는 것이다.

정하는데, 변제율로 "원본의 ○%를 변제한다"는 조항의 경우, 분모가 다르기 때문에 청산배당률과 변제율의 숫자를 단순히 비교할 수는 없다. 이 경우 변제총액이 청산배당률 산정의 기초가 된 배당예상액을 상회하는 것을 확인할 필요가 있다. 또한 모든 회생채권에 대한 변제총액이 배당예상액을 상회하는 경우에 있어서도, 금융기관의 채권 중에는 회생절차개시결정 전일까지의 이자·지연손해금이 상당한 금액이기 때문에, 원본에 변제율을 곱한 변제액이 원본 및 회생절차개시결정일 전일까지의 이자·지연손해금의 합계에 청산배당률을 곱한 금액을 만족하지 못할 수 있고, 이 경우 당해 채권자와의 관계에서는 청산가치보장원칙을 충족시키지 못하는 것이 된다.[98]

마. 청산가치보장원칙과 부인권

부인권의 행사에 의해 회복될 재산은 청산가치를 산정함에 있어 포함되어야 한다. 반면 장래의 수입은 파산재단의 고정주의 원칙상 포함되지 않는다고 할 것이다.

관련 내용은 〈제7장 제3절 Ⅵ.〉(본서 500쪽)을 참조할 것.

제3절 회생계획안의 내용

회생절차의 목적은 회생계획을 인가받아 성공적으로 수행하는 것이다. 회생계획은 채무자, 채권자, 주주·지분권자 사이의 협상 과정의 결과물이다. 이해관계가 있는 모든 채권자들은 회생계획에 투표를 한다. 다수 채권자의 동의를 얻지 못하는 한 법원으로부터 인가를 받기는 어렵다.

채권자들은 변형된 다수결의 원칙에 따라 투표를 한다. 필요한 다수의 동의를 얻으면, 동의한 조의 모든 채권자들은 구속된다. 단지 제한된 조건하에서만 강제인가(cram down)를 할 수 있고 채권자들의 반대를 극복할 수 있다. 결국 회생계획안의 내용은 채권자들과의 협상 내용을 기재한 것이라고 할 수 있다.

개인회생절차와 달리 회생절차에서는 채권과 부채 및 채무자 재산의 규모가 크다. 이로 인하여 개인회생절차의 변제계획보다는 회생절차에서의 회생계획이 훨씬 더 복잡하다. 일반적으로 개인회생절차에서 변제계획안이 신청과 동시에 제출되는 것과 달리, 회생절차에서 회생계획안은 채권자들과 협상을 거친 다음에 제출된다. 물론 회생계획안을 사전에 제출하는 경우, 이른바 P−plan의 경우에는 신청과 동시에 제출되거나 회생절차개시결정 전에 제출되는 예외가 있기는 하다.

---

98) 民事再生の手引, 274〜276쪽.

Ⅰ 회생계획안의 기재사항

회생계획안의 내용에는 필요적 기재사항(제193조 제1항)과 임의적 기재사항(제193조 제2항 등)이 있다.[99] 다만 실무적으로 채무자(특히 주식회사)가 사업목적이 바뀌거나 경영조직의 재편 등이 불가피한 경우가 많기 때문에 2가지 기재사항이 모두 회생계획에 기재되고 있는 것이 일반적이다.

1. 필요적 기재사항(제193조 제1항)

필요적 기재사항은 이를 기재하지 아니하면 회생계획안은 부적법하고 법원은 인가결정을 할 수 없다(제243조 제1항 제1호). 필요적으로 기재하여야 할 사항으로는 ① 회생채권자, 회생담보권자 또는 주주·지분권자의 권리의 전부 또는 일부의 변경에 관한 조항, ② 공익채권의 변제에 관한 조항, ③ 채무의 변제자금의 조달방법에 관한 조항, ④ 회생계획에 있어서 예상된 액을 넘는 수익금의 용도에 관한 조항, ⑤ 알고 있는 개시후기타채권에 관한 조항이다(제193조 제1항).

주로 권리의 변경과 변제방법에 관한 것이다.

가. 회생채권자 등의 권리의 전부 또는 일부의 변경에 관한 조항

권리의 변경이란 회생채권이라면 채권의 전부 또는 일부의 면제, 기한의 유예, 권리내용의 변경(출자전환 등), 제3자에 의한 채무인수나 담보의 제공 등 채권의 권리내용에 관한 일체의 변경을 포함한다. 회생담보권이라면 피담보채권의 권리내용에 관한 모든 변경 외에 담보권의 소멸이나 담보목적물의 변경이 있을 수 있다. 주식·지분권이라면 소각, 병합, 분할 등이 있을 수 있다.

일부의 변경에 대하여만 정하는 것이 허용되는 것은, 회생절차개시 전의 벌금 등으로서 공익채권이 아닌 것에 대하여는 권리변경을 정할 수 없다는 점(제140조 제1항), 조세 등 청구권에 대하여 그 권리에 영향을 미치는 것을 정하려면 징수의 권한을 가진 자의 동의를 얻지 않으면 안 되는 점(제140조 제3항) 등에 기인한다.

(1) 회생채권자 등의 권리

회생채권자, 회생담보권자, 주주·지분권자의 권리를 변경하는 때에는 회생계획에 변경되는 권리를 명시하고, 변경 후 권리의 내용을 정하여야 한다. 회생채권자 등으로서 회생계획에 의

---

99) 회생계획의 기재사항을 절대적 필요적 기재사항(아래 1.의 필수적 기재사항이 여기에 해당한다), 상대적 필요적 기재사항(아래 2.의 임의적 기재사항이 여기에 해당한다) 및 임의적 기재사항으로 구분하는 견해도 있다(會社更生法, 582쪽).

하여 그 권리에 영향을 받지 아니하는 자가 있는 때에는 그 자의 권리를 명시하여야 한다(제194조). 회생계획에는 신고하지 않은 권리는 모두 실권되기 때문에(제251조) 구체적인 권리변경의 정함을 두게 되는 것이다.

변경 후 권리의 내용 및 변경되지 않은 권리의 내용이 기재된 회생계획의 인가결정이 확정되면, 법원사무관 등은 그 내용을 회생채권자표 등에 기재하여야 한다(제249조). 회생채권자표 또는 회생담보권자표의 기재는 채무자 등에 대하여 확정판결과 동일한 효력이 있고(제255조 제1항) 회생절차종결 후에는 이것을 집행권원으로 하여 강제집행을 할 수 있다(제255조 제2항).

(2) 채무의 기한

회생계획에서 영업수익 등 채무자의 장래 수입을 기초로 회생채권자 등에 대하여 변제를 할 경우 그 기한도 일정기간에 걸쳐서 할 수밖에 없다. 그러나 합리적 기한을 넘는 장기간일 경우 수행가능성에 대한 판단도 어렵고, 회생채권자 등의 권리를 유명무실하게 할 염려도 있다. 회생계획에 의하여 채무자가 새로이 채무를 부담하는 경우에도 마찬가지이다. 그래서 회생계획에 의하여 채무를 부담하거나 채무의 기한을 유예하는 경우에는 그 기한에 있어 합리적인 상한을 둘 필요가 있다.

(가) 채무기한의 상한

① 담보(담보물의 존속기간을 판정할 수 있는 경우에 한한다)가 있는 때에는 그 존속기간 또는 10년 중 짧은 것이 상한이 된다(제195조 본문). 여기서 말하는 담보란 회생계획의 내용에 따라 종래부터 담보권이 존재하였던 경우 및 새로이 담보권이 설정된 경우(제196조)의 목적물을 의미한다. 어느 것에 대하여도 채무의 기한은 그 담보물의 경제적 가치가 인정되는 기간을 넘어 인정하는 것은 불합리하고, 그 기간의 범위 내라고 하여도 10년을 넘는 장기를 넘는 것은 회생채권자 등의 이익보호의 관점에서 인정될 수 없다는 입법자의 결단이다. 10년의 기산점은 회생계획의 효력이 발생하는 시기, 즉 회생계획인가결정시(제246조)이다.[100]

② 담보물이 있어도 존속기간을 판정할 수 없거나 담보가 없는 경우에는 10년이 상한이다(제195조 본문).[101]

---

100) 會社更生法, 595~596쪽.
101) 이를 근거로 실무는 일반적으로 회생계획의 변제기간을 10년으로 하고 있다. 회생계획의 변제기간과 관련하여 미국 연방도산법은 특별한 제한 규정이 없다(아마도 수행가능성에 포함하여 판단하는 것으로 보인다). 일본의 경우 회사 갱생법은 15년 이내(제168조 제5항)이고, 민사재생법은 재생계획인가결정 확정시부터 10년 이내이다(제155조 제3항). 실무적으로 운용하고 있는 10년의 회생계획이 타당한지는 의문이다. 10년은 긴 시간이다. 어떤 사람들이나 기업에겐 '영원히'라고 느껴질 수도 있다. 10년이라는 기간은 그들을 보이지 않게 노예로 만들어 버린다. 실무적으로 중소기업을 위한 간이회생절차에서도 변제기간은 10년으로 하고 있다. 채무자회생법은 변제기간을 10년 이내라고 하고 있지 10년이라고 하고 있지 않다. 실무의 변화가 필요해 보인다. 이런 점에서 최근 미국 연방도산법이 중소기업의 변제기간을 3년 내지 5년으로 개정한 것은 우리에게 시사하는 바가 크다. 다만 최근 서울회생법원을 중심으로 회생계획을 5년으로 작성한 예가 등장하고 있다는 점은 긍정적인 일이다(저자가 재판장으로 진행한 서울회생법원 2021간회합100042호 주식회사 하누리이앤씨 사건 등). 회생계획에 따른 변제기간을 단축함으로써 채무자(기업) 회생가능성을 높인 선제적인 실무 운용 사례로 볼 수 있다.

(나) 사채에 대한 특례

채무자는 사업자금을 조달하는 수단으로 사채를 발행하는 것이 인정된다(제209조 등). 회생계획의 정함에 의하여 사채를 발행하는 경우에도 담보부이건 무담보이건 사채가 채무자의 채무부담에 속하는 이상 (가)에서 설명한 바에 따라 기한의 상한을 인정하는 것이 타당하다. 그러나 사채 중에는 장기의 상환기한을 예정하고 있는 것이 있고, 사채권자로서는 사채의 유통성이 강화되어 있기 때문에 매각에 의해 투자자금을 회수하는 것이 용이하다. 이러한 사채의 특성을 고려하여 채무의 기한에 관한 상한 규정을 사채에는 적용하지 않고 있다(제195조 단서).

나. 공익채권의 변제에 관한 조항

공익채권은 회생계획에 의한 권리변경의 대상이 아님에도 회생계획에 반드시 기재하도록 한 것은, 공익채권의 변제자금조달은 회생계획의 수행가능성을 판단하는 중요한 자료가 되기 때문이다.

다. 채무의 변제자금의 조달방법에 관한 조항

채무의 변제자금의 조달방법은 회생계획의 수행가능성을 판단하는 중요한 자료가 되기 때문에 회생계획에 반드시 기재하도록 한 것이다.

라. 회생계획에 있어서 예상된 액을 넘는 수익금의 용도에 관한 조항

회생절차 진행 중에 경영노력이나 경제상황의 호전 등으로 예상된 액을 넘는 수익금이 발생할 수 있다. 회생계획에 이러한 수익금에 대한 용도를 정하지 않으면 그 용도에 대한 판단은 관리인에게 위임하는 것이 된다. 예상초과수익금의 발생가능성이 있는 이상 그 용도를 회생계획에 기재하여 회생계획안에 대한 이해관계인의 가부 판단자료로 하는 것이 적당하다는 고려에서 필요적 기재사항으로 한 것이다.

마. 알고 있는 개시후기타채권에 관한 조항

개시후기타채권은 회생계획에 의한 권리변경의 대상이 아니므로(전부 또는 일부의 면제도 받을 수 없다) 전액을 채무자가 부담한다. 다른 한편으론 회생절차기간 중에는 그 권리행사가 인정되지 않는다.

그 내용에 관하여 회생계획에 기재하도록 한 것은 회생계획에서 정한 변제기간이 만료된 후 채무자가 부담하여야 할 부담에 관하여 이해관계인에게 정보를 제공하기 위함이다.

2. 임의적 기재사항 (제193조 제2항 등)

임의적 기재사항은 해당사항에 관한 조항을 정하지 않아도 회생계획이 부적법한 것으로 되는 것은 아니지만, 그러한 사항에 대하여 효력이 발생하도록 하기 위해서는 회생계획에서 정할 필요가 있다.[102] 해당 사항이 있음에도 그 기재가 누락된 경우 효력이 없다. 해당 사항이 필요 없으면(예컨대 조직변경이 필요 없는 경우) 해당 사항을 회생계획에 기재할 필요가 없다. 여기에 해당하는 것으로는 ① 담보의 제공과 채무의 부담에 관한 사항(제196조), 미확정 회생채권, 회생담보권의 조치에 관한 조항(제197조 제1항), ② 추후 보완신고의 종기 후의 부인권 행사로 부활될 채권이 신고될 경우에 관한 적당한 조치(제197조 제2항), ③ 변제한 회생채권에 관한 조항(제198조), ④ 분쟁이 해결 안 된 권리에 관한 조항(제201조), ⑤ **채무자(법인인 채무자, 주식회사, 회사 등)의 조직에 관한 기본적 사항** 등이다.

임의적 기재사항은 주로 구체적인 이행방법이다.

가. 담보의 제공과 채무의 부담

회생채권 등에 대한 인적 또는 물적 담보를 제공하는 경우에는 이에 관한 사항을 회생계획에 명시하도록 하여 회생계획의 이행을 확실히 함과 동시에 회생채권자 등의 담보설정자에 대한 권리실행을 확보할 필요가 있다. 이를 위하여 이러한 자들에 대한 채무 등의 내용을 회생채권자표 등에 기재하고(제255조 제1항 제3호), 이러한 기재는 확정판결과 동일한 효력이 인정되며(제255조 제1항), 회생절차종결 후에는 채무를 부담하는 자에 대하여 집행력도 부여하고 있다(제255조 제2항).

우선 채무자 또는 채무자 외의 자가 회생을 위하여 담보를 제공하는 때에는 회생계획에 담보를 제공하는 자를 명시하고 담보권의 내용을 정하여야 한다. 또한 채무자 외의 자가 채무를 인수하거나 보증인이 되는 등 회생을 위하여 채무를 부담하는 때에는 회생계획에 그 자를 명시하고 그 채무의 내용을 정하여야 한다(제196조). 물론 여기서 말하는 담보의 제공이나 채무의 인수 등은 회생계획에 따라 새로이 행한 것을 의미하고, 종래의 인적 또는 물적담보를 대상으로 하는 것은 아니다(제250조 제2항). 회생담보권자가 가지고 있던 담보의 교체에 관한 조항으로 종전 담보의 소멸과 새로운 담보의 설정을 정한 경우에는, 새로운 담보설정부분은 여기서 말하는 담보의 제공에 해당한다.[103]

채무의 인수와 관련하여 면책적 채무인수를 내용으로 하는 회생계획이 허용되는지가 문제지만, 채무의 인수에 면책적 채무인수를 제외하고 있지 않기 때문에 면책적 채무인수를 내용으로 한 회생계획(채무자는 회생채무 전액을 면책받고, 채무자 이외의 제3자가 권리변경 후 회생채무를 변제하는 내용)도 허용된다고 할 것이다.[104]

담보를 제공하는 자를 명시하고 담보권의 내용(당사자, 담보권의 목적물, 담보권의 종류 등)을 정하도록 하거나 채무를 부담하는 자를 명시하고 그 채무의 내용을 정하도록 한 것은 확정판결과 동일한 효력의 범위를 명확히 하려는 취지이다. 회생채권자 등이 채무를 인수한 자에 대

---

102) 破産法・民事再生法, 988쪽.
103) 會社更生法, 639쪽.
104) 대법원 2005. 10. 28. 선고 2005다28273 판결 참조.

하여 강제집행을 할 수 있을 정도로 명확하게 특정할 필요가 있다.

한편 회생을 위하여 채무를 부담하거나 담보를 제공하는 자는 회생계획안의 결의를 위한 관계인집회에 참석하여 그 뜻을 진술하여야 한다(제233조 제1항). 관련 내용은 〈제13장 제3절 Ⅱ.〉(본서 929쪽)를 참조할 것.

나. 미확정 회생채권 등의 조치에 관한 사항

이의있는 회생채권 또는 회생담보권(이하 '회생채권 등'이라 한다)으로서 그 확정절차가 종결되지 아니한 것이 있는 때에는 그 권리확정의 가능성을 고려하여 회생계획에 이에 대한 적당한 조치를 취하여야 한다(제197조 제1항).

'미확정 회생채권 등'이란 회생계획안에 대하여 의결이 될 때까지 회생채권 등의 조사확정재판이나 조사확정재판에 대한 이의의 소 등이 계속 중이어서 회생채권 등의 확정절차가 종결되지 아니한 것을 말한다. '그 확정절차가 종결되지 아니한 것'이란 회생채권 등의 조사확정재판 등이 종료되지 않는 것을 말한다. '그 권리확정의 가능성을 고려하여'란 권리확정의 가능성의 대소를 고려하여야 한다는 것을 요구하는 것이 아니라 미확정 회생채권 등의 존부·내용이 어떠한 결과에 이른다고 하여도 대응할 수 있는 내용의 조치를 강구하여야 한다는 것을 말한다. '적당한 조치'란 미확정 회생채권 등의 존부·내용이 어떠한 결과가 되어도, 미확정 회생채권 등의 지위가 다른 회생채권자 등과의 사이에서 유리·불리하게 취급되지 않고, 회생계획이 확실하게 수행될 수 있는 조치를 말한다.

회생절차에서는 파산절차와 달리(제528조 제1호) 미확정의 회생채권자 등을 위한 공탁제도가 없다. 그렇지만 회생계획인가결정이 있는 경우 회생계획이나 법에 따라 인정된 권리를 제외하고, 채무자는 모든 회생채권 등에 대하여 책임을 면하고, 주주 등의 권리와 채무자의 재산상에 있던 모든 담보권은 소멸한다(제251조 제1항). 따라서 미확정 회생채권 등에 대하여 회생계획에서 어떠한 조치를 하지 않으면 그 후 권리가 확정되어도 채무자가 책임을 면하는 것으로 되어 불공평하거나 이행상의 불합리가 발생한다. 이 때문에 미확정 회생채권 등에 대한 적당한 조치를 회생계획에 기재하지 않으면 안 되는 것이다. 나아가 미확정 회생채권 등에 대한 권리변경과 변제방법을 정할 때에는 미확정의 권리와 그 권리자, 확정될 경우의 취급 등에 관하여 상세히 규정하여야 한다. 또한 미확정 회생채권 등이 얼마나 존재하고 이것을 어떻게 취급하느냐는 것을 명확히 함으로써 회생계획의 수행가능성을 판단하는 자료가 된다.

회생계획안을 작성할 때 미확정 회생채권 등이 있는 경우, 관리인은 그것이 인정되는지를 면밀히 검토하여 회생계획안을 작성하여야 한다. 미확정 회생채권 등이 다액이고 면제가 인정되기 어려운 회생담보권이 있는 경우 회생계획안을 작성하기 곤란하다. 실무적으로는 평등원칙에 위반되지 않도록, 회생계획안에 미확정 회생채권 등에 대하여는 다른 회생채권 등과 동일한 권리내용으로 변경되는 취지의 조항을 두는 경우가 일반적이다.[105] 다만 회생채권 등이

---

105) **[기재례]** 조사확정재판이나 이의의 소, 기타 소송에 의하여 회생담보권 또는 회생채권으로 확정되었을 경우에는 그

언제 확정될 것인지가 미정이기 때문에, 미확정 회생채권 등이 확정된 시점에는 이미 다른 회생채권 등의 변제가 일부 마쳐진 경우도 있을 수 있다. 따라서 미확정 회생채권 등의 변제기를 정함에 있어서는 이러한 점을 배려할 필요가 있다.[106]

이의있는 회생채권 등이 있음에도 회생계획에 적당한 조치를 정하지 아니한 경우에는 그 회생계획은 평등원칙(제218조)에 반하는 것이 된다.

다. 채무자(법인인 채무자, 주식회사, 회사 등)의 조직에 관한 기본적 사항 (제193조 제2항)

(1) 회생절차개시 이후부터 그 회생절차가 종료될 때까지는 채무자는 회생절차에 의하지 아니하고는(회생계획에 의하지 아니하고는) ① 자본 또는 출자액의 감소(제205조), ② 지분권자의 가입, 신주 또는 사채의 발행(제206조, 제209조), ③ 자본 또는 출자액의 증가, ④ 주식의 포괄적 교환 또는 주식의 포괄적 이전(제207조, 제208조), ⑤ 합병·분할·분할합병 또는 조직변경(제210조 내지 제214조), ⑥ 해산 또는 회사의 계속[107](제216조), ⑦ 이익 또는 이자의 배당을 할 수 없으므로(제55조 제1항) 위와 같은 행위를 하려면 회생계획에 그 내용을 기재하여야 한다(제193조 제2항 제4호, 제5호, 제6호, 제7호).

(2) ① 영업이나 재산의 양도, 출자나 임대, 경영의 위임에 관한 조항(제200조), ② 정관의 변경에 관한 조항(제202조), ③ 이사·대표이사(채무자가 주식회사가 아닌 때에는 채무자를 대표할 권한이 있는 자를 포함한다)의 변경에 관한 조항(제203조), ④ 신회사의 설립(제215조), ⑤ 그 밖에 회생을 위하여 필요한 사항도 회생계획에 정할 수 있다(제193조 제2항 제1호, 제2호, 제3호, 제8호, 제9호).

(3) 채무자(주식회사나 유한회사)의 효율적인 회생이라는 목적을 실현하기 위해서는, 종래의 주주 등을 배제하고 새로운 주주 등을 가입시키거나, 신규자금을 투입하는 등의 조치가 필요한 경우가 있다. 통상 이러한 조치는 상법상의 절차에 따라 하지만, 이러한 행위는 회생채권자 등을 포함하여 이해관계인에게 미치는 영향이 크기 때문에, 회생계획의 정함에 따라 조직에

권리의 성질 및 내용에 비추어 가장 유사한 회생담보권 또는 회생채권의 권리변경과 변제방법에 따라 변제합니다.

106) 회생계획에 유사한 권리에 대하여 분할변제가 규정되어 있고, 미확정채권이 확정된 시점에 이미 회생계획에 의한 변제가 일부 개시된 경우 미확정채권에 대하여 지연이자를 지급하여야 하는가. 예컨대 미확정채권과 유사한 권리에 해당하는 확정된 회생채권(10년 분할 변제)에 대하여 변제가 시작되고, 미확정채권이 7년 변제기 전에 확정된 경우, 1년 내지 6년에 변제하였어야 할 미확정채권의 원금에 대하여 7년 변제시점에 지연이자까지 포함하여 지급하여야 하는지 여부이다. 관리인에게 미지급에 대한 귀책사유가 없어 지연이자를 지급하지 않아도 되겠지만, 미확정채권이 금전채권인 경우에는 지연이자를 지급할 수밖에 없을 것이다(민법 제397조). 회생계획이 분할변제를 내용으로 하는 것이고, 권리확정시에 이미 회생계획에 의한 변제가 일부 개시된 경우에는 변제실행일의 통일적 관리가 필요하기 때문에 「이미 변제기일을 경과한 분에 대하여는, 확정 후 최초 도래하는 변제기일에, 경과된 변제기일에 지급하여야 할 분할금을 가산하여 변제한다」고 규정할 필요가 있다. 지연이자를 지급하지 않기 위해서는 '분할원금'만을 지급한다고 명시적으로 기재하여야 할 것이다.

107) 제193조 제2항에는 해산은 규정되어 있으나 회사의 계속에 대하여는 규정되어 있지 않다. 입법적 보완이 필요하다. 회사의 계속이란 일단 해산한 회사의 능력을 해산 전의 상태로 복귀시키는 행위이다(상법 제519조, 제610조 제1항). 상법에서는 주주총회(사원총회)의 특별결의로 회사의 계속을 할 수 있지만, 회생절차가 진행 중인 경우에는 회생계획에 정하지 않으면 안 된다.

관한 기본적인 사항을 변경할 수 있도록 한 것이다. 다만 회생계획인가 전 영업양도와 정관변경은 법원의 허가를 얻어 하는 것도 인정하고 있다(제55조 제2항, 제62조 제1항).

위와 같이 채무자회생법은 채무자가 회생절차를 진행하고 있는 동안 자본의 감소 등은 회생계획에 의하지 아니하고는 할 수 없도록 하면서도 회생절차의 원활한 진행을 위해 여러 가지 특례를 인정하고 있다. 회생계획에 기재할 구체적인 내용과 특례에 대하여는 〈**제15장 제2절**〉(본서 1018쪽)을 참조할 것.[108]

Ⅱ 채권자들 사이에 변제순위에 관한 합의가 있는 경우

법원이 관리인에게 조사보고를 하도록 정한 기한까지(제92조 제1항) 전부 또는 일부의 채권자들 사이에 그들이 가진 채권의 변제순위에 관한 합의가 되어 있는 때에는 회생계획안 중 다른 채권자를 해하지 아니하는 범위 안에서 변제순위에 관한 합의가 되어 있는 채권에 관한 한 그에 반하는 규정을 정하여서는 아니 된다. 이 경우 채권자들은 합의를 증명하는 자료를 위와 같이 법원이 정한 기한까지 법원에 제출하여야 한다(제193조 제3항).

따라서 같은 종류의 채권을 가진 채권자들 사이에 채권의 변제순위에 관한 합의가 있는 경우 이를 반영한 회생계획안이 작성되어야 한다. 다만 채권자들 사이에 채권의 변제순위에 관한 합의가 되어 있더라도, 법원이 정한 기일 전날까지 법원에 증명자료가 제출되지 않았다면, 특별한 사정이 없는 한, 법원이 회생계획의 인가 여부에 관한 결정을 할 때 채권자들 사이의 채권의 변제순위에 관한 합의를 반드시 고려할 필요는 없다.[109]

Ⅲ 회생계획안의 구성

회생계획안은 기본적으로 다음과 같이 구성된다.[110]

제 1 장 회생계획안 제출에 이르기까지의 경과와 현황
  제 1 절 채무자의 개요
  제 2 절 회생절차 개시신청에 이르게 된 경위
  제 3 절 회생절차 개시신청 후의 경과
제 2 장 회생계획안의 요지
  제 1 절 회생계획안 입안의 기초
  제 2 절 변제대상채권액의 내역
  제 3 절 권리변경과 변제방법의 요지

---

108) 채무자회생법은 회생계획에 기재할 사항에 대하여 제200조 내지 제216조에서 규정하고, 이와 관련한 회생계획인가 후 절차(상법 등의 적용배제에 관한 특례)는 제260조 내지 제281조에서 규정하고 있다.
109) 대법원 2015. 12. 29. 자 2014마1157 결정 참조.
110) 채무자의 상황에 따라 포함되는 내용이 조금씩 차이가 있을 수 있다.

제3장 회생담보권 및 회생채권에 대한 권리변경과 변제방법
　제1절 총 칙
　제2절 회생담보권에 대한 권리변경 및 변제방법
　제3절 회생채권에 대한 권리변경 및 변제방법
　제4절 미확정 회생채권 및 부인권 행사로 부활될 회생채권
　제5절 계속 중인 소송사건
　제6절 신고되지 않은 채권의 처리
　제7절 기타의 장래구상권

제4장 주주의 권리변경, 신주 및 사채의 발행
　제1절 주주의 권리변경
　제2절 출자전환
　제3절 주식병합
　제4절 신주의 발행
　제5절 사채의 발행

제5장 공익채권의 변제방법

제6장 변제자금 및 운영자금 조달방법
　제1절 변제자금의 조달방법
　제2절 운영자금의 조달방법

제7장 자구노력의 추진
　제1절 매출채권 회수가능성 증대 및 원가절감을 통한 수익성 개선
　제2절 영업이익의 극대화

제8장 예상 수익금의 과부족시 처리방법
　제1절 예상 수익금의 초과시 처리방법
　제2절 예상 수익금의 부족시 처리방법

제9장 회사를 인수할 자

제10장 분쟁이 해결되지 아니한 권리

제11장 정관의 변경

제12장 임원의 변경과 선임

제13장 관리인의 보수

제14장 회생절차의 종결 및 폐지신청
　제1절 회생절차의 종결
　제2절 회생절차의 폐지신청

제15장 기타사항
　별첨

별첨에 첨부되는 자료로는 ① 재무상태표 및 손익계산서, ② 추후 보완신고 채권의 시·부인 명세서, ③ 이의철회 내역, ④ 목록 기재 또는 신고 철회 내역, ⑤ 소멸한 채권의 내역, ⑥ 회생담보권·회생채권의 변동 및 권리변경 총괄표와 상세 내역, ⑦ 회생담보권·회생채권의 변제계획 총괄표와 상세 내역, ⑧ 담보물건 명세서(소멸되는 담보권 명세서), ⑨ 주주·사원명부와 채권의 출자전환에 따른 신주·출자지분 배정 명세서, ⑩ 사업계획서 등이다.

Ⅳ 회생계획안의 내용과 관련된 몇 가지 쟁점

1. 회생담보권의 분할변제와 담보목적물의 존속기간 내 변제

회생계획에 의하여 채무를 부담하거나 채무의 기한을 유예하는 경우 그 채무의 기한은 담보가 있는 때에는 그 담보물의 존속기간을 넘지 못하며, 담보가 없거나 담보물의 존속기간을 판정할 수 없는 때에는 10년을 넘지 못한다(제195조 본문). 여기서 '담보가 있는 때'란 회생계획에 의하여 담보의 존속이 인정되거나 새로이 담보가 부여된 경우를 말한다. 본래의 채무에 담보가 있었는지 여부는 묻지 않는다. 변제기간을 10년으로 제한한 것은 합리적 범위를 넘어 장기간으로 할 경우 수행가능성에 대한 판단이 곤란하고, 채권자의 권리를 유명무실하게 할 염려가 있기 때문이다. 다만 회생계획의 정함에 의하여 사채를 발행하는 경우에는 변제기간의 제한을 받지 않는다(제195조 단서).

일반적으로 회생담보권에 대한 변제가 담보목적물의 존속기간 내에 이루어지지 않는다면 담보에 의하여 채무의 변제가 확보되는 효과가 박탈되는 결과가 되기 때문에 이러한 존속기간 내의 변제는 담보권자를 보호하기 위한 필수적인 조치이다. 따라서 동산에 대한 담보권자, 리스회사가 가지는 회생담보권에 관하여는 반드시 담보목적물의 존속기간을 조사하여 그 존속기간 내에 변제가 이루어지도록 회생계획안을 작성하여야 한다.[111]

2. 담보권의 존속과 담보권 실행경매 조항

가. 담보권의 존속

회생계획이 인가되면 회생계획이나 법에서 인정되는 권리를 제외하고 채무자의 재산상에 있던 모든 담보권은 소멸한다(제251조 본문). 따라서 회생담보권자로서는 회생계획안을 작성함에 있어 담보권의 존속조항을 포함시키는지 주의할 필요가 있다.

나. 담보권 실행경매 조항

실무적으로 회생계획에 회생담보권에 대한 권리변경 및 변제방법을 규정하면서 담보권자가

---

111) 실무적으로 담보목적물의 존속기간을 넘겨 회생담보권을 변제하는 것으로 회생계획안을 작성하는 경우가 있다. 특히 동산과 관련한 담보권의 경우 주의를 요한다.

민사집행법이 정하는 담보권 실행경매에 의하여 변제를 받도록 하는 조항을 넣는 것이 허용되는지 여부에 대해 다툼이 있다.[112] ① 회생절차개시결정이 있으면 회생담보권에 기한 담보권실행을 위한 경매를 할 수 없고(제58조 제1항 제2호), 중지한 경매절차의 속행을 명할 수는 있지만(제58조 제5항) 금지된 집행의 개시를 허용하는 규정은 두고 있지 않으며, 다른 담보권자와 형평에 어긋날 뿐만 아니라 제141조 제2항(제131조)에 반하고, 이를 허용할 경우 민사집행법상 배당원칙과 회생계획에 따른 변제방법에 충돌이 생길 여지가 있는 점 등을 이유로 회생계획안에 담보권 실행경매 조항을 두는 것은 채무자회생법이 허용하는 범위를 넘어서는 것이라는 견해(부정설)와 ② 제58조 제1항 제2호는 채무자의 회생가능성을 높이기 위해 채권자의 개별 집행을 금지하는 것이고, 담보권자와 관리인이 모두 동의하는 경우 회생계획인가 후 담보권 실행경매를 허용한다고 해서 법조문의 취지에 반하는 것은 아니며, 중지된 경매절차의 속행명령을 허용하는 것으로 보아 회생절차에서 담보권 실행경매가 원천적으로 금지되는 것은 아니라고 여겨지고, 담보권 실행경매에서의 배당 문제는 민사집행법과 회생계획의 조화로운 해석을 통해 충분히 해결 가능하고 배당에 관한 분쟁은 배당이의의 소를 통해 해결할 수 있으므로 회생계획안에 담보권 실행경매 조항을 넣는 것이 가능하다고 견해(긍정설)가 그것이다.

살피건대 회생계획에 담보권 실행경매 조항은 담보목적물을 처분하여 회생담보권 등을 변제하기 위한 하나의 방법이고, 회생담보권자에 대한 별다른 보호규정이 없는 상태에서 담보권자로부터 가결요건에 해당하는 동의를 얻기 위해서는 담보권자의 요구를 일정 부분 수용하지 않을 수 없는 현실적인 면을 고려하면 회생계획에 담보권 실행경매 조항을 넣을 수 있다고 볼 것이다.[113][114] 다만 무분별한 담보권 실행을 방지하기 위해 담보목적물이 회생계획의 매각예정 연도에 매각되지 않을 경우 최우선순위 회생담보권자가 회생법원의 허가를 얻어 경매를 실행하도록 제한할 필요가 있을 것이다.[115]

---

112) 회생사건실무(상), 740~741쪽.

113) 실무적으로 이전에는 회생계획인가 이후 관리인(채무자)이 담보목적물 매각을 지연시키는 경우가 있을 수 있어, 이에 대한 대비책으로 회생계획에 담보권 실행경매 조항을 넣는 경우가 있었다. 하지만 최근에는 법원마다 차이는 있지만 부정설의 근거에 따라 담보권 실행경매 조항을 허용하지 않는 것으로 실무의 변화가 있어 보인다.

114) 회생절차 계속 중에 회생계획상 담보권 실행조항에 따라 임의경매가 진행된 경우 그 매각대금은 관리인에게 배당하여야 한다(반대견해 있음). 관련 내용은 <본서 342, 1159쪽>을 참조할 것. 위 담보권 실행 조항에 따라 실시된 경매는 형식적 경매가 아니라 실질적 경매(민사집행법상의 임의경매)라고 보아야 한다{창원지방법원 2017. 8. 17. 선고 2016가합54124 판결(확정)}. 형식적 경매에 관하여는 법률의 근거를 필요로 하는데(민집법 제274조 제1항), 채무자회생법이나 회생계획이 그 근거 법률이 될 수는 없다. 또한 형식적 경매는 재산의 환가 또는 청산에 그 주된 목적이 있고 실질적 경매는 채권자가 자기 채권의 만족을 얻는 데 주된 목적이 있는바, 회생절차에서의 담보권자에 의한 담보권 실행 경매는 담보권자가 피담보채권을 우선변제받아 자기 채권의 만족을 얻는 데에 주된 목적이 있기 때문이다.

115) 일본 회사갱생법 제50조 제7항: 법원은 갱생계획안을 결의에 부친다는 결정이 있기 전까지는 갱생담보권의 담보목적인 재산으로 갱생회사의 사업의 갱생을 위하여 필요하지 않다는 것이 명백한 때에는 관리인의 신청 또는 직권으로 당해 재산에 대하여 제2항의 규정에 의한 담보권의 실행금지를 해제하는 취지의 결정을 할 수 있다.

3. 신고되지 않는 채권의 처리에 관한 규정을 둔 경우

회생계획은 채무자, 모든 회생채권자, 회생담보권자와 주주 등을 위하여 또 이들에 대하여 효력이 있고, 회생계획인가결정이 있은 때에는 회생계획의 규정 또는 채무자회생법의 규정에 의하여 인정된 권리를 제외하고 채무자는 모든 회생채권과 회생담보권에 관하여 책임을 면하며 주주의 권리와 회사의 재산상에 있던 모든 담보권은 소멸한다. 이러한 규정의 내용과 재정적 궁핍으로 파탄에 직면하였으나 경제적으로 회생의 가치가 있는 채무자에 관하여 채권자, 주주 기타의 이해관계인의 이해를 조정하며 사업의 회생을 도모하려는 채무자회생법의 목적 등에 비추어 보면, 관리인이 법원의 관여 아래 공정하고 적정한 회생계획을 수립하면서 채무자의 회생에 필요한 한도에서 이해관계인의 이해 조정의 방법으로 회생계획안에 미신고 권리의 효력을 존속하는 조항을 두었고, 법원이 그 회생계획을 인가하여 회생계획 인가결정이 그대로 확정되었다면, 그 조항이 공정·형평의 관념에 반한다는 등의 특별한 사정이 없는 한, 회생계획의 규정에 의하여 인정된 권리가 신고되지 않았다고 하더라도 채무자는 책임을 면할 수 없다.[116)]

4. 채무자가 아닌 제3자(non-debtor party)의 채무면제

회생계획안에 주채무자인 회사에 대한 임원 등의 보증책임을 면제하는 규정을 둘 수 있는가. 임원 등의 보증책임을 면제하는 내용이 들어 있는 회생계획안에 대하여 출석한 모든 회생채권자들이 동의하고 가결되었음에도 회생채권자가 보증인에 대하여 채무의 이행을 구한 경우 보증인의 책임은 어떻게 되는가. 제250조 제2항이 강행규정이 아니고 임의규정이므로 회생계획안에 위 법 규정과 다른 내용을 규정하더라도 유효하다고 볼 여지도 있다. 그러나 회생절차는 공익상의 필요에서 재정적 궁핍으로 파탄에 직면한 회사의 회생의 목적을 이루기 위하여 회사가 부담하고 있는 채무 또는 책임을 감소시켜 되도록 부담이 가벼워진 상태에서 회사가 영업을 계속하여 수익을 올릴 수 있는 여건을 만들어 주자는 것이므로, 회사가 회생채권자에 대하여 부담하는 채무에 관해서는 면책 등 광범위한 변경을 가하여 그 이해의 조정을 하게 되지만, 보증인 등 회사가 아닌 제3자가 회생채권자에 대하여 부담하는 채무를 경감시키는 것은 회생절차가 달성하고자 하는 본래의 목적과는 전혀 무관한 것이다. 뿐만 아니라, 만약 회생계획에 의하여 회생채권자가 회사에 대하여 갖는 권리가 소멸 또는 감축되는 이외에 보증인 등에 대하여 갖는 권리까지도 마찬가지로 소멸 또는 감축되게 된다면, 이는 회사의 회생에 직접 필요한 범위를 넘어 회생채권자에게 일방적인 희생을 강요하게 되는 셈이 되어 오히려 회사의 회생을 저해하는 요인이 될 수 있다 할 것이며, 제250조 제2항에서 회생계획은 보증인 등의 책임범위에 아무런 영향이 없다고 규정하고 있는 것도 이러한 취지에서 비롯된 것이다.[117)] 이

---

116) 대법원 2014. 9. 4. 선고 2013다204140,204157 판결 참조.

러한 입법 취지 등에 비추어 볼 때, 회생회사의 채무를 보증한 보증인의 책임을 면제하는 것과 같은 내용은 회생계획으로 정할 수 있는 성질의 것이 아니고, 설사 그와 같은 내용을 회생계획에 규정했다고 하더라도 그 부분은 회생계획으로서의 효력이 없다.[118)119)] 설령 채무자가 채권자의 동의를 받아 보증채무의 책임 면제조항을 정하더라도 아무런 효력이 없다.

5. 골프장에 대한 회생절차에서 제3자 인수배정방식에 의하여 신주를 인수할 자가 골프장과 관련하여 형성된 공법상의 권리·의무뿐만 아니라 골프장과 회원 간의 사법상 약정에 따른 권리·의무도 승계하는지

체육시설의 설치 및 이용에 관한 법률(이하 '체육시설법'이라 한다) 제27조 제1항은 "체육시설업자가 사망하거나 그 영업을 양도한 때 또는 법인인 체육시설업자가 합병한 때에는 그 상속인, 영업을 양수한 자 또는 합병 후 존속하는 법인이나 합병에 따라 설립되는 법인은 그 체육시설업의 등록 또는 신고에 따른 권리·의무(제17조에 따라 회원을 모집한 경우에는 그 체육시설업자와 회원 간에 약정한 사항을 포함한다)를 승계한다"라고 정하고 있다. 그리고 같은 조 제2항은 "다음 각 호의 어느 하나에 해당하는 절차에 따라 문화체육관광부령으로 정하는 체육시설업의 시설 기준에 따른 필수시설을 인수한 자에게는 제1항을 준용한다"라고 정하면서, 제1호로 "「민사집행법」에 따른 경매", 제2호로 "「채무자 회생 및 파산에 관한 법률(이하 '채무자회생법'이라 한다)」에 의한 환가", 제3호로 "「국세징수법」·「관세법」 또는 「지방세징수법」에 따른 압류재산의 매각"을 열거하고 그다음 항목인 제4호에서 "그 밖에 제1호부터 제3호까지의 규정에 준하는 절차"를 명시하고 있다. 이처럼 체육시설법 제27조 제1항은 상속과 합병 외에 영업양도의 경우에도 체육시설업의 등록 또는 신고에 따른 권리·의무를 승계한다고 정하고, 제2항은 경매를 비롯하여 이와 유사한 절차로 체육시설업의 시설 기준에 따른 필수시설(이하 '체육필수시설'이라 한다)을 인수한 자에 대해서도 제1항을 준용하고 있다. 위와 같은 방법으로 체육시설업자의 영업이나 체육필수시설이 타인에게 이전된 경우 영업양수인 또는 체육필수시설의 인수인 등은 체육시설업과 관련하여 형성된 공법상의 권리·의무뿐만 아니라 체육시설업자와 회원 간의 사법상 약정에 따른 권리·의무도 승계한다.

체육시설법 제27조의 규정 취지는 영업주체의 변동에도 불구하고 사업의 인허가와 관련하여 형성된 공법상의 관리체계를 유지시키고 체육시설업자와 이용관계를 맺은 다수 회원들의 이익을 보호하는 데 있다.[120)] 이러한 취지에 비추어 보면, 체육시설법 제27조는 제1항 또는 제

---

117) 헌법재판소 1992. 6. 26. 선고 91헌가8,9 전원재판부 결정 참조.
118) 대법원 2005. 11. 10. 선고 2005다48482 판결 참조. 위 판결은 나아가 회생채권자 또는 회생담보권자가 회생계획안에 대하여 동의 또는 부동의하였다고 하더라도 특별한 사정이 없는 한 일반적으로 회생계획안에 기재된 개개의 내용에 대하여 사법상 법률효과의 발생을 의도하는 의사표시를 한 것으로 볼 수는 없다는 이유로, 회생담보권자가 관계인집회에서 보증면제조항이 포함된 회생계획안에 대하여 동의하였다는 사정만으로는 보증인에 대하여 보증채무를 면제한다는 개별적인 의사표시를 하였다고 볼 수 없다고 판시하였다.
119) 법률의 규정에 의한 제3자(연대보증인) 채무면제에 관하여는 〈제14장 제5절 Ⅳ.2.라.(1)〉(본서 1001쪽)을 참조할 것.
120) 대법원 2015. 12. 23. 선고 2013다85417 판결 참조. 반면 체육시설업자가 담보 목적으로 체육필수시설을 신탁법에

2항에 해당하는 사유로 체육시설업자의 영업 또는 체육시설업의 시설 기준에 따른 필수시설이 타인에게 이전된 경우, 영업양수인 또는 위 필수시설의 인수인 등이 체육시설업과 관련하여 형성된 공법상의 권리·의무와 함께 체육시설업자와 회원 간에 위와 같은 영업양도 등의 사유가 있기 전에 체결된 사법상의 약정을 승계한다는 내용을 규정한 것이다. 그런데 체육시설업자에 대한 회생절차에서 채무자인 체육시설업자가 발행하는 신주 등을 인수할 제3자를 선정하고 그 제3자가 지급하는 신주 등의 인수대금으로 채무를 변제하는 내용의 회생계획은 채무자가 체육시설업자의 지위를 그대로 유지하고 체육시설업자의 주주만이 변경되는 것을 정하고 있으므로, 체육시설법 제27조 제1항의 "영업양도에 따라 영업을 양수한 자"나 체육시설법 제27조 제2항의 "그 밖에 체육시설법 제27조 제2항 제1호부터 제3호까지의 규정에 준하는 절차에 따라 체육시설업의 시설 기준에 따른 필수시설을 인수한 자"가 있을 수 없다.[121]

요컨대 골프장에 대한 회생절차에서 제3자 인수배정방식에 의하여 신주를 인수할 자는 골프장과 관련하여 형성된 공법상의 권리·의무뿐만 아니라 골프장과 회원 간의 사법상 약정에 따른 권리·의무도 승계하지 않는다. 따라서 회생계획에 입회금반환채권이나 시설이용권 등 회원이 가지는 회생채권을 변경하는 사항을 정하였다고 하여 그 회생계획이 체육시설법 제27조에 반한다고 볼 수 없다.

따라 담보신탁을 하였다가 채무를 갚지 못하여 체육필수시설이 공개경쟁입찰방식에 의한 매각(이하 '공매'라 한다) 절차에 따라 처분되거나 공매 절차에서 정해진 공매 조건에 따라 수의계약으로 처분되는 경우가 있다. 이와 같이 체육필수시설에 관한 담보신탁계약이 체결된 다음 그 계약에서 정한 공매나 수의계약으로 체육필수시설이 일괄하여 이전되는 경우에는 체육시설법 제27조의 문언과 체계, 입법 연혁과 그 목적, 담보신탁의 실질적인 기능 등에 비추어 체육필수시설의 인수인은 체육시설업자와 회원 간에 약정한 사항을 포함하여 그 체육시설업의 등록 또는 신고에 따른 권리·의무를 승계한다고 보아야 한다. 담보신탁의 기능 등에 비추어 그에 따른 공매 등은 저당권 등 담보권 실행을 위한 경매 절차 등과 구별하여 다루어야 할 만큼 실질적인 차이가 없기 때문이다{대법원 2018. 10. 18. 선고 2016다220143 전원합의체 판결[이른바 베네치아 판결] ☞ 골프장 회원들(원고)이 골프장을 담보신탁에 근거한 공매 절차 수의계약으로 취득한 자(피고1)를 상대로 입회보증금반환채무의 승계를 주장하면서 그 보증금의 반환을 구하고, 이를 피보전채권으로 하여 피고2, 3을 상대로는 사해행위를 주장하며 신탁계약 취소 및 원상회복을 구하는 사안에서, 체육시설법 제27조 제2항 제4호의 "그 밖에 제1호부터 제3호까지의 규정에 준하는 절차"에 따라 체육필수시설을 인수한 경우에 해당하여 피고1이 기존 체육시설업자의 회원들(원고)에 대한 입회금반환채무를 승계하였다고 본 사례}. 회원제 골프장은 통상 부지 확보를 위해 은행에 담보신탁 대출을 받고, 회원권을 분양한다. 골프장 경영이 어려워지면 은행은 채권자로서 대출금을 회수하기 위해 골프장을 신탁 공매를 한다. 그러나 위 2016다220143 전원합의체 판결로 은행들이 신탁 공매를 이용하기는 어렵게 되었다. 결국 위 2개의 대법원 판결로 인해 회원제 골프장에 담보신탁 대출을 해준 은행들은 신탁 공매가 아닌 회생절차에서 인수합병(M&A)을 통해 대출금을 회수하는 방법을 선택할 수밖에 없게 되었다. 같은 취지: 대법원 2024. 2. 29. 선고 2023다280778 판결.

위 2016다220143 전원합의체 판결에 대한 비판적 견해에 대하여는「이정정, "골프장 시설에 대한 담보신탁에 기한 공매와 입회보증금반환의무의 승계", 법률신문 2019. 12. 9. 자 13면」을 참조할 것. 그 주된 논거는 다음과 같다. 체육시설법 제27조 제2항이 경매 등의 사유로 필수시설을 인수한 자에 대하여만 의무의 승계를 인정하고 있고, '통상의 매매'에 의하여 인수한 자에 대해서는 인정하지 않고 있다. 공매는 수탁자가 신인의무에 위반되지 않도록 신탁재산을 처분하기 위한 방식으로 고안된 것으로 '통상의 매매'에 해당한다. 따라서 담보신탁에 의한 공매는 '통상의 매매'에 해당하고 채무(입회보증금반환의무)의 승계는 부정된다.

121) 대법원 2016. 5. 25. 자 2014마1427 결정.

6. 보증채권의 변제

회생채권이 보증채권인 경우, 회생채권자는 회생절차개시 당시에 가진 채권 전액에 관하여 회생절차에 참가할 수 있다(제126조 제3항, 제127조). 따라서 회생채권자로부터 보증채권에 기한 채권신고가 된 경우, 회생절차개시 시점의 채권액이 권리변경의 대상이 되고, 채무자는 회생계획에 따라 변제하여야 하는 것이다.

그러나 회생절차에서는 채권의 현재화 규정이 없기 때문에[122] 주채무자가 변제를 지체하여 기한의 이익을 상실하지 않는 한, 채권자는 기한부채권을 가지는 것에 그친다. 그래서 보증채권에 대하여는 회생계획에서 주채무자가 변제를 게을리 하여 기한의 이익을 상실한 때에 회생절차개시 시점의 채권액을 기준으로 권리변경된 금액을 보증채무자로서 변제한다는 취지를 정하는 것이 일반적이다.[123] 주채무자가 변제를 계속하다 기한의 이익을 상실한 시점의 잔존채권액이 회생절차개시 시점의 채권액을 기준으로 권리변경한 금액을 하회한 경우에는 잔존채권액의 범위에서 변제하면 족하다.

7. 차입매수 또는 LBO(Leveraged Buyout) 방식에 의한 기업인수

가. 차입매수 또는 LBO(Leveraged Buyout)의 의의

차입매수(무자본 M&A) 또는 LBO(Leveraged Buyout, 이하 'LBO'라 한다)란 일반적으로 M&A 거래를 진행함에 있어 피인수회사의 신용에 기초하여 인수대금을 조달하는 방식을 말한다. 구체적으로 인수회사가 인수대금을 조달함에 있어 피인수회사의 기업가치, 현금흐름, 자산 등을 인수대금상환을 위하여 사용하는 경우나 인수대금조달을 위한 담보로 제공하는 경우를 총칭하는 것이다. 이러한 거래를 통해 인수자는 자기자본이 적고 스스로 담보로 제공할 만한 자산을 보유하고 있지 않더라도 대규모 회사를 인수할 수 있다. 반면 LBO에 대해서는 인수대금을 사실상 피인수회사가 부담하도록 함으로써 피인수회사의 부실화를 초래한다는 비판이 있다. LBO는 그 자체가 불법은 아니지만 대량 차입자금을 악화된 재무 상태를 불법적으로 향상시키기 위해 유용하거나 허위 사실 유포를 통해 시세조종에 가담하는 등 불법행위로 이어지는 경우가 많다.

LBO는 크게 ① 인수회사의 채무에 관하여 피인수회사로 하여금 보증 또는 물적 담보를 제공하도록 하는 '담보제공형 LBO', ② 피인수회사와 인수회사 간 합병을 통해 합병 전 피인수회사에 속하는 자산 및 현금흐름을 인수대금 채무 변제에 활용하는 '합병형 LBO', ③ 인수회사가 피인수회사의 유상감자, 배당 등을 통해 마련한 대금으로 인수대금 채무를 변제하는 '자

---

122) 파산절차에서는 파산채권의 현재화에 관한 규정이 있다(제425조).

123) 일반적으로 보증채무의 경우에는 변제책임을 지는 주채무자가 따로 있을 뿐만 아니라 반드시 보증에 상응하는 대가를 얻는 것도 아니라는 점에서 회생채권이 보증채권인 경우에는 주채권인 경우에 비하여 일정한 차등을 두더라도 공정·형평이나 평등의 원칙에 어긋난다고 볼 수는 없다(대법원 2000. 1. 5. 자 99그35 결정 참조).

산인출형 LBO'로 구분해 볼 수 있다.

나. LBO와 배임죄

LBO는 인수자의 인수대금 마련을 위해 피인수회사의 자산을 담보 등으로 제공하는 피인수회사 이사의 행위가 피인수회사에 대한 관계에서 형사상 배임죄에 해당하는지에 관해 지속적인 논쟁이 있어 왔다. 차입매수 또는 LBO(Leveraged Buyout)란 일의적인 법적 개념이 아니라 일반적으로 기업인수를 위한 자금의 상당 부분에 관하여 피인수회사의 자산을 담보로 제공하거나 그 상당 부분을 피인수기업의 자산으로 변제하기로 하여 차입한 자금으로 충당하는 방식의 기업인수 기법을 일괄하여 부르는 경영학상의 용어로, 거래현실에서 그 구체적인 태양은 매우 다양하다. 이러한 차입매수에 관하여는 이를 따로 규율하는 법률이 없는 이상 일률적으로 차입매수 방식에 의한 기업인수를 주도한 관련자들에게 배임죄가 성립한다거나 성립하지 아니한다고 단정할 수 없는 것이고, 배임죄의 성립 여부는 차입매수가 이루어지는 과정에서의 행위가 배임죄의 구성요건에 해당하는지 여부에 따라 개별적으로 판단되어야 한다.[124]

대법원은 현재 담보제공형 LBO에 대하여는 배임죄를 인정하고 있지만, 나머지 유형에 대하여는 배임죄를 인정하지 않고 있다.

(1) 담보제공형 LBO

기업인수에 필요한 자금을 마련하기 위하여 그 인수자가 금융기관으로부터 대출을 받고 나중에 피인수회사의 자산을 담보로 제공하는 방식{이른바 LBO(Leveraged Buyout) 방식}을 사용하는 경우, 피인수회사로서는 주채무가 변제되지 아니할 경우에는 담보로 제공되는 자산을 잃게 되는 위험을 부담하게 되므로 인수자만을 위한 담보제공이 무제한 허용된다고 볼 수 없고, 인수자가 피인수회사의 위와 같은 담보제공으로 인한 위험 부담에 상응하는 대가를 지급하는 등의 반대급부를 제공하는 경우에 한하여 허용될 수 있다. 만일 인수자가 피인수회사에 아무런 반대급부를 제공하지 않고 임의로 피인수회사의 재산을 담보로 제공하게 하였다면, 인수자 또는 제3자에게 담보 가치에 상응한 재산상 이익을 취득하게 하고 피인수회사에게 그 재산상 손해를 가하였다고 봄이 상당하다.

부도로 인하여 회생절차가 진행 중인 주식회사의 경우에도 그 회사의 주주나 채권자들의 잠재적 이익은 여전히 보호되어야 하므로, 피인수회사가 회생절차를 밟고 있는 기업이라고 하더라도 위와 같은 결론에는 아무런 영향이 없다.[125]

---

124) 대법원 2020. 10. 15. 선고 2016도10654 판결, 대법원 2011. 12. 22. 선고 2010도1544 판결, 대법원 2010. 4. 15. 선고 2009도6634 판결 등 참조.

125) 대법원 2020. 10. 15. 선고 2016도10654 판결, 대법원 2015. 4. 23. 선고 2014도17703 판결, 대법원 2012. 6. 14. 선고 2012도1283 판결, 대법원 2008. 2. 28. 선고 2007도5987 판결, 대법원 2006. 11. 9. 선고 2004도7027 판결 등 참조. 위 2004도7027 사건은 '甲이 회생절차(회사정리절차)가 진행 중인 A회사를 인수하기 위하여 SPC인 B회사를 설립하고 B회사의 대표이사에 취임한 후, 금융기관으로부터 A회사의 인수대금을 차입함에 있어 B회사가 취득할 A회사 주식에 대한 근질권을 설정해 주고, 그 후 A회사 소유의 부동산에 근저당권을 설정해 주면 위 주식을 반환받기

(2) 합병형 LBO

(가) 乙회사가 甲회사를 인수하기 위하여 그 계열사와 함께 출자하여 丙회사(SPC)를 설립하고 丙회사가 금융기관으로부터 인수대금을 대출받아 甲회사의 주식을 취득한 다음, 乙회사가 차례로 丙회사, 甲회사를 흡수합병한 후 甲회사가 보유하고 있던 자금으로 위 인수차입금을 상환한 사안에서, 피인수회사의 자산을 담보로 기업을 인수하는 LBO(Leveraged Buyout) 방식과 그 기본적인 전제가 다르고 합병의 실질이나 절차에 하자가 없어 위 합병으로 甲회사가 손해를 입었다고 볼 수 없다는 이유로, 甲회사의 이사 등에 대한 배임죄의 성립을 부정하였다.[126]

(나) 甲이 A회사의 대표이사로서 A회사로 하여금 CB발행, 유상증자, 대출, 내부자금조달 등 다양한 방식으로 인수대금(자체자금조달비율 46%)을 조달하여, 회생절차가 진행 중인 B회사의 구주 전량을 유상 소각한 후 유상증자에 따른 신주 전량과 신주인수권부사채(BW)를 인수하는 방식으로 B회사를 인수하게 한 뒤, B회사의 대표이사로 취임하여 B회사의 자산을 A회사의 차입금에 대한 담보로 제공하고 B회사의 사옥을 담보로 대출을 받아 A회사가 인수한 BW를 상환하여 A회사의 인수대금 중 단기차입금을 변제하도록 하였으며, 그 후 A회사가 B회사를 흡수합병하도록 한 사안에서, 신주인수대금 중 자체적으로 마련한 자금도 상당 정도 투입하였으므로 인수자가 피인수회사에 아무런 반대급부를 제공하지 않고 임의로 피인수회사의 재산을 담보로 제공하게 한 경우와는 근본적으로 차이가 있는 점, A회사가 B회사의 구주를 전부 소각하고 신주를 100% 취득하여 B회사의 1인 주주가 됨으로써 A회사와 B회사의 경제적인 이해관계가 일치하게 된 점, A회사는 B회사 인수의 우선협상대상자로 지정받은 후 B회사와 이 사건 투자계약을 체결할 당시부터 B회사와 합병을 전제로 인수계약을 논의하였고, 합병 예정을 대외적으로 공시한 후 B회사를 흡수합병함으로써 법률적으로도 합일하여 동일한 인격체가 되었으며, 위 합병의 효과에 의하여 인수자인 A회사와 피인수자인 B회사의 재산은 혼연일체가 되어 합병 전에 이루어진 B회사의 자산 담보제공으로 인한 부담 내지 손해는 A회사의 그것으로 귀결된 점 등에 비추어 배임죄의 성립을 부정하였다.[127]

(3) 자산인출형 LBO

A회사가 SPC인 B회사(A회사의 100% 자회사)를 설립하여 B회사로 하여금 금융기관으로부터 인수대금을 차입하여 C회사의 주식 99%를 인수하여 경영권을 취득하게 한 후, C회사의 유상 감자와 배당을 통해 B회사에게 614억 원을 지급하여 인수대금 중 일부를 변제하도록 하였으나, C회사의 유상감자가 적법하게 이루어졌고, 배당도 상법상 배당가능이익의 범위 내에서 소수주주에게 유리하게 이루어졌으며, 유상감자와 배당으로 인하여 C회사가 경영난에 처하지 않

로 약정한 다음, 금융기관으로부터 대출받은 자금으로 A회사의 신주를 인수하여 경영권을 취득한 후, A회사 소유의 부동산을 담보로 제공하고 질권 설정된 신주를 찾아온 사안'이다. 인수주체를 자기 자금이 없는 SPC로 하였고, 피인수회사의 법인격이 별도로 유지되는 상태에서 그 자산을 SPC의 인수 차입금에 대한 담보로 제공한 것이다.

126) 대법원 2010. 4. 15. 선고 2009도6634 판결.
127) 대법원 2015. 3. 12. 선고 2012도9148 판결.

은 사안에서, ① 유상감자 및 이익배당으로 인하여 C회사의 적극재산이 감소하였다고 하더라도 이는 우리 헌법 및 상법 등 법률이 보장하는 사유재산제도, 사적자치의 원리에 따라 주주가 가지는 권리의 행사에 따른 결과에 불과하고, ② 유상감자 당시 C회사의 영업이익이나 자산 규모 등에 비추어 볼 때, 유상감자의 절차에 있어서 절차상의 일부 하자로 인하여 C회사의 채권자들에게 손해를 입혔다고 볼 수 없으며, ③ 1주당 감자 환급금액과 C회사의 배당가능 이익을 감안하면 결국 이 사건 유상감자 및 이익배당으로 인하여 C회사의 주주들에게 부당한 이익을 취득하게 함으로써 C회사에 손해를 입혔다고 볼 수 없다는 이유로 배임죄의 성립을 부정하였다.[128]

다. 회생절차에서 LBO에 의한 M&A의 인정 여부

기업구조조정의 플레이어가 금융기관(채권은행)에서 사모펀드를 중심으로 한 자본시장으로 급격하게 변동하고 있다. LBO가 단기이익을 극대화하려는 기업사냥꾼의 도구가 된다는 비판도 있지만, 대규모 회사의 M&A를 가능하게 하는 수단이고 금융기관들의 대출 관행은 안전한 담보를 요구하는 것이 현실이므로 LBO에 의한 M&A를 전적으로 부정할 것은 아니다.[129] 대법

---

128) 대법원 2013. 6. 13. 선고 2011도524 판결.
129) **TRS(Total Return Swap)** 최근 M&A의 부족한 인수자금을 마련하는 방법으로 TRS(Total Return Swap, 총수익스와프 또는 총수익교환약정)라는 일종의 파생상품이 활용되고 있다. TRS는 거래당사자가 계약기간 내 기초자산(reference assets, underlying assets)의 거래로부터 발생하는 손익과 비용을 상호 교환하는 약정을 의미한다. 기초자산으로는 주식(equity), 신용(credit), 외환, 상품 등 다양한 자산이 활용된다. TRS는 기초자산에 대한 법적 소유권을 보유한 TRS 지급자(TRS player)가 약정된 수수료를 받는 대가로 TRS 수령자(TRS receiver)에게 기초자산에서 발생하는 보상(reward)과 위험(risk)의 일부 또는 전부를 이전하는 거래 형태이다. TRS는 법적 소유권은 TRS 지급자가 보유하지만 실제 권리의 일부 또는 대부분은 TRS 수령자가 가져가기로 하는 거래다. 이를 통해 기업들은 단기간에 주식을 매각해야 하는 부담을 해소하거나 경영권 분쟁을 해소하기 위한 기간을 확보할 수 있다. 또한 당장 자금여력이 없는 투자자가 특정 기업 주식을 매수하려고 할 때 주로 쓰이는 방식이다. 예를 들어 투자자가 A가 B사 주식을 투자하려고 할 때 이를 직접 매수하지 않고 증권사가 대신 보유하도록 한 뒤 B사 주가변동분에 대한 몫은 A가 취하는 방식이다. 증권사는 B사 주식을 보유한 대가로 A로부터 고정수수료(이자)를 받을 수 있다.
　TRS는 채무보증과 비슷하여 일부 대기업이 일감몰아주기나 부실한 계열사를 지원하는 데 활용된다는 비판이 있음은 물론, 위법(특수관계인에 대한 부당한 이익 제공행위, 총수일가 사익편취나 형법상 배임죄) 여부에 대한 논쟁도 있다. TRS가 쟁점이 된 것으로 「서울남부지방법원 2015. 6. 11. 선고 2014가합4256 판결(확정), 수원지방법원 여주지원 2016. 8. 24. 선고 2014가합10051 판결{대법원(2019다280481) 상고기각으로 확정}」이 있다.
　한편 TRS는 펀드 운용사의 지시에 따라 TRS 증권사가 자산을 사고팔고 그 손실과 이익을 펀드 운용사가 가져가는 형태로도 많이 활용되고 있다. 이는 TRS 계약을 통해 펀드 운용사가 모든 투자금을 담보로 증권사로부터 돈을 빌리는 방식인데, 펀드 운용 규모를 늘리는 레버리지효과를 얻을 수 있다. 투자가는 이익이 나면 더 많은 수익을 올릴 수 있지만, 펀드 손실이 나면 증권사에서 빌린 돈부터 우선적으로 갚아야 하므로 투자가 손실이 커진다. 2020년 라임자산운용 주식회사가 운용한 라임펀드의 (원금)손실이 커진 이유도 TRS를 통한 자금조달에서 비롯된 측면이 크다. 라임은 확정금리 자산, 전환사채(CB)·신주인수권부사채(BW) 등 메자닌 자산과 해외 소재 무역금융 펀드 등을 매입하는 과정에서 증권사와 TRS 계약을 체결했다. 이후 라임의 펀드 파킹 거래 논란이 일자 라임과 TRS 계약을 맺은 증권사들이 계약 연장을 거부하기 시작했고, 투자자들의 환매 요청까지 겹치면서 유동성에 문제가 생겼다. 라임자산운용 주식회사는 2022. 2. 17. 서울회생법원으로부터 파산선고를 받고(2022회합3) 현재 파산절차가 진행 중이다. 라임자산운용 주식회사는 2017년 5월부터 펀드 투자금과 총수익스와프(TRS) 대출자금을 활용해 인터내셔널 인베스트먼트그룹(IIG)펀드 등 5개 해외무역금융 펀드에 투자하다가 부실이 발생했다.
　TRS는 초기에는 주로 장부상 위험자산 한도가 초과된 은행이 다른 은행과의 거래를 통해 위험을 이전하는 수단으로 사용됐다. 그러나 최근에는 헤지펀드나 SPC 등이 고수익 투자수단으로 활용하고 있다.

원은 스스로 "경영상의 판단과 관련하여 기업의 경영자에게 배임의 고의가 있었는지 여부를 판단함에 있어서도 일반적인 업무상배임죄에 있어서 고의의 입증 방법과 마찬가지의 법리가 적용되어야 함은 물론이지만, 기업의 경영에는 원천적으로 위험이 내재하여 있어서 경영자가 아무런 개인적인 이익을 취할 의도 없이 선의에 기하여 가능한 범위 내에서 수집된 정보를 바탕으로 기업의 이익에 합치된다는 믿음을 가지고 신중하게 결정을 내렸다 하더라도 그 예측이 빗나가 기업에 손해가 발생하는 경우가 있을 수 있는바, 이러한 경우에까지 고의에 관한 해석기준을 완화하여 업무상배임죄의 형사책임을 묻고자 한다면 이는 죄형법정주의의 원칙에 위배되는 것임은 물론이고 정책적인 차원에서 볼 때에도 영업이익의 원천인 기업가 정신을 위축시키는 결과를 낳게 되어 당해 기업뿐만 아니라 사회적으로도 큰 손실이 될 것이므로, 현행 형법상의 배임죄가 위태범이라는 법리를 부인할 수 없 할지라도, 문제된 경영상의 판단에 이르게 된 경위와 동기, 판단대상인 사업의 내용, 기업이 처한 경제적 상황, 손실발생의 개연성과 이익획득의 개연성 등 제반 사정에 비추어 자기 또는 제3자가 재산상 이익을 취득한다는 인식과 본인에게 손해를 가한다는 인식(미필적 인식을 포함)하의 의도적 행위임이 인정되는 경우에 한하여 배임죄의 고의를 인정하는 엄격한 해석기준은 유지되어야 할 것이고, 그러한 인식이 없는데 단순히 본인에게 손해가 발생하였다는 결과만으로 책임을 묻거나 주의의무를 소홀히 한 과실이 있다는 이유로 책임을 물을 수는 없다"고 판시하면서도[130] 담보제공형 LBO에 대하여는 배임죄를 인정하였는데, 이는 불합리하다. 왜냐하면 피인수회사의 자력을 기초로 차입한 자금으로 피인수회사를 인수한다는 점에서 담보제공형 LBO도 다른 유형의 LBO와 차이가 없기 때문이다. 근본적으로 LBO를 이용하여 기업을 인수한 경영자의 경영판단을 형법으로 통제하는 것이 맞는지도 의문이다.

결국 회생절차에서 LBO를 전제로 한 회생계획안이 제출된 경우 그것이 투기적인 단기이익만을 목적으로 하는 것이라면 회생계획안을 배제하여야 하겠지만, 그렇지 않다면 M&A의 한 형태로서 인정해 주어야 할 것이다.[131] 다만 현실적으로 대법원이 담보제공형 LBO에 대하여 배임죄를 인정하고 있는 이상, 실무에서 이러한 형태의 회생계획안은 받아들여지기 어려울 것이다.

---

130) 대법원 2015. 3. 12. 선고 2012도9148 판결.
131) 서울회생법원 2018회합100253 사건에서 4개의 회생계획안이 제출되었고, 그중 하나가 LBO 형태의 회생계획안이었다. 1차 관계인집회에서 모두 부결되어 속행기일이 지정되었지만, LBO 형태의 회생계획안은 속행기일 전에 철회되었다. 위 회생절차에서 LBO인지에 대한 다툼도 있었고, 일부 채권자들로부터 배제요청이 있었지만 배제결정은 하지 않았다. 최종적으로 채권자가 제출한 다른 하나의 회생계획안만 가결요건을 갖추어 인가되었다.

제4절 ┃ 회생계획과 출자전환

I 출자전환의 의의와 법적 성격

1. 출자전환의 의의

출자전환(Debt-Equity Swap)이란 채권자가 보유하고 있는 채권을 채무자의 주식으로 전환시켜 당해 기업의 금융비용을 절감시키는 한편, 영업을 계속 유지케 함으로써 그 결과 창출되는 미래현금흐름(Future Cash-flow)의 수익가치를 채권의 추심재원으로 변경시키는 것을 말한다.

주주가 주금을 납입함에 있어 금전으로 납입함이 원칙이나, 상계도 허용된다.[132] 상법 제421조 제2항은 회사와 합의에 의한 상계를 허용하는 규정을 명시적으로 두고 있다. 회생계획에 의한 출자전환도 가능한가. 회사와 합의에 의한 상계만을 허용할 경우 회사채권자가 그의 채권을 출자전환하는 것을 막게 되어 기업의 구조조정에 지장을 초래할 수 있다. 그리하여 제206조 제1항은 회생절차에서 회생계획에 의한 출자전환이 가능함을 명시하고 있다.

주식회사인 채무자가 회생채권자·회생담보권자 또는 주주에 대하여 새로이 납입 또는 현물출자를 하게 하지 아니하고 신주를 발행하는 때에는 회생계획에 신주의 종류와 수, 신주의 배정에 관한 사항, 신주의 발행으로 인하여 증가하게 되는 자본과 준비금의 액, 신주의 발행으로 감소하게 되는 부채액 등 구체적인 사항을 정하여야 한다(제206조 제1항). 회생계획에 출자전환에 의해 신주를 발행할 것을 정한 경우에는 회생계획에서 특별히 정한 때를 제외하고 회생계획인가가 결정된 때에 주주가 된다(제265조 제1항).

출자전환은 채무자 입장에서는 채무변제를 위한 자금의 유출이 없어 채무면제와 동일한 효과를 누리면서도 법인세 부담이 이연될 수 있는 점에서 유리하다. 채권자 입장에서는 언젠가는 출자전환된 주식을 금전으로 환가할 가능성이 있고, 경우에 따라서는 지배주주로서 경영에 참가할 기회를 얻을 수도 있다는 점에서 회생계획안 작성 시에 자주 활용되고 있다. 한편 채무자회생법은 금융기관으로부터 출자전환에 따른 회생절차의 협조를 쉽게 얻도록 하기 위해 ① 「은행법」 제37조 및 제38조 제1호, ② 「보험업법」 제19조, ③ 「자본시장과 금융투자업에 관한 법률」 제344조, ④ 「금융산업의 구조개선에 관한 법률」 제24조, ⑤ 그 밖의 금융기관(「한국자산관리공사 설립 등에 관한 법률」 제2조 및 「금융산업의 구조개선에 관한 법률」 제2조에 의한 금융기관을 말한다)의 출자, 유가증권취득 및 재산운용을 제한하는 내용의 법령 적용을 배제하고 있다(제206조 제4항).[133] 위 각 법령들은 원래 금융자본에 의한 산업자본의 지배를 방지하기 위한

---

132) 2011년 상계에 의한 주금 납입을 금지하는 상법 제334조가 삭제됨으로써 상계 방식에 의한 주금 납입이 일반화되었다.
133) 금융기관이 다른 회사의 주식을 취득하는 경우에는 금융위원회의 승인을 얻어야 하고(은행법 제37조 제2항, 금융산업의 구조개선에 관한 법률 제24조 제1항 제1호), 공정거래법 제11조에 따라 공정거래위원회에 기업결합신고를 하여야 한다. 제206조 제4항은 출자전환의 경우 금융위원회의 승인을 받도록 한 위 법률들의 적용을 배제하고 있지만,

것인데, 출자전환에 의하여 금융기관이 채무자의 주식 등을 취득하는 경우에는 채무자의 지배를 주된 목적으로 하는 것이 아니라 채무자의 회생이라는 회생절차의 목적을 달성하기 위하여 취득한 것이므로 이러한 우려가 없기 때문에 위 법령들의 적용을 배제하고 있는 것이다.

그런데 출자전환을 할 경우 기존경영자의 경영권 보장에 문제가 생길 수 있다. 따라서 출자전환을 할 경우에는 기존경영자의 경영권이 보장될 수 있는지를 신중하게 검토하여야 할 것이다.[134]

2. 출자전환의 법적 성격

회생절차에서 채권을 출자전환하기로 한 경우 그 법적 성격에 관하여, ① 회생채권에 갈음하여 신주를 받음으로써 회생채권이 소멸한다고 보는 대물변제설,[135] ② 회생채권 자체를 현물출자로 보는 현물출자설,[136] ③ 회생절차상의 특수한 채무소멸원인으로 보는 설[137]이 있다.

회생채권의 출자전환은 현물출자로 인한 신주발행을 규정하고 있는 제206조 제2항이 아닌

기업결합신고에 관한 공정거래법의 규정을 배제하고 있지는 않다. 이로 인해 실무적으로 기업결합 신고의무위반 등을 이유로 과태료를 부과하는 등 많은 부당한 결과가 발생하고 있다. 은행법 등의 적용을 배제하는 논리는 기업결합신고의 경우에도 동일하므로 공정거래법 제11조도 배제하는 것으로 개정이 필요해 보인다(관련 내용은 아래 〈제7절〉을 참조할 것).

　한편 채무자회생법에 따른 기업구조조정이나 회생을 위하여 출자전환 등으로 다른 회사의 주식을 취득하는 경우 그 다른 회사는 동일인(은행법 제2조 제8호)을 구성하는 특수관계인에 포함되지 않는다(은행법 시행령 제1조의4 제2항 제2호). 동일인은 은행법에 따른 여러 가지 제한을 받는다(은행법 제15조, 제16조 등).

134) **기존경영자의 경영권 보장을 위한 방안** ① 지분보유조항(ERP, Equity Retention Plan). 회생계획에 회생절차종결 후 경영권 보호 지분보유조항을 규정하는 것이다. 지분보유조항이란 기업에 있어서 채권자의 채권액에 대한 출자전환 신주발행시 이를 상환우선주로 발행한 후 인가 후 수년 내에 초과수익의 지급을 통한 상환우선주 소각 내지 기존 경영자의 자금으로 직접 매수할 수 있도록 하는 것이다. ② 자기주식의 취득과 소각(상법 제341조 내지 제343조 참조). ③ 출자전환예정채권의 상환. 출자전환을 회생계획인가시가 아닌 나중의 연도로 미루어 놓고 그 사이에 출자전환예정채권을 변제할 수 있도록 회생계획에 규정한 후 영업이익 등으로 출자전환예정채권을 변제함으로써 출자전환이 이루어지지 않도록 할 수도 있다. 수원지방법원 2017회합10021 주식회사 서비전자 사건에서 경영권 방어와 직접적인 관련은 없었지만, 회생계획에 「출자전환에 따른 신주발행의 효력발생일을 회생계획기간의 마지막 연도(제10차 연도)인 2027. 12. 31.로 하고, 그 이전에 다툼이 있는 거액의 매출채권이 회수될 경우 출자전환예정채권을 변제하기로 하는」 규정을 두었다.

135) 김용덕, "정리채권의 출자전환과 공동채무자의 채무소멸", 상사판례연구Ⅶ권(2007. 5.), 박영사, 432쪽. 어떤 채무의 변제에 갈음하여 다른 급부를 현실적으로 제공하는 것은 민법상 대물변제로 보아야 하기 때문에 회생계획에서 「회생채권의 변제에 갈음하여 신주를 발행한다」고 정한 이상, 그 회생계획에서 회생채권을 소멸시키는 근거는 회생채권에 대한 대물변제로 신주를 발행한다고 보아야 한다.

136) 신필종, "정리채권의 출자전환과 보증채무의 소멸 – 대법원 2002. 1. 11. 선고 2001다64035판결에 대한 비판적 고찰을 중심으로", 민사재판의 제문제 11권(2002. 12.), 331쪽.

137) 민정석, "기업개선작업절차에서의 출자전환의 법적성격 및 부진정연대채무자 중 1인이 한 상계 내지 상계계약의 효력", 사법 제15호(2011. 3.), 사법발전재단, 312쪽. 현물출자설은 신주인수대금의 납입 및 현물출자를 생략하고 이루어지는 출자전환에 대해서는 처음부터 그 적용의 여지가 없고, 기존채무에 대하여 신주를 발행하는 것을 마치 대물변제와 유사하게 볼 여지도 있다고 할 것이나, 회생회사 또는 제3자가 이미 소유하고 있던 주식을 채권자에게 양도하는 것이 아니고 신주를 발행하는 것인 점에서 전형적인 대물변제와는 상이하다는 측면을 고려하면, 신주인수대금의 납입 및 현물출자를 생략하고 이루어지는 출자전환은 기본적으로 회생절차상의 특수한 채무소멸원인이라고 보아야 한다. 대법원도 기업개선작업절차에서 이루어진 출자전환에 대하여 '채무자(기업)와 채권자(금융기관) 사이에 채무자가 채권자에게 주식을 발행하여 주고, 채권자의 신주인수대금채무와 채무자의 기존 채무를 같은 금액만큼 소멸시키기로 하는 내용의 상계계약 방식'이라고 하고 있다(대법원 2010. 9. 16. 선고 2008다97218 전원합의체 판결 참조).

같은 조 제1항이 적용되므로 현물출자로 보기는 어렵고, 회생절차는 이해관계인의 집단적 의사결정에 따라 개별채권자의 동의를 받지 않더라도 회생계획인가결정을 통하여 권리변경이 이루어지는 절차인데, 회생채권의 출자전환에 따른 신주발행의 경우 일반적으로 회생계획안에 "회생채권자가 주금을 신규로 납입하지 아니하고 채권액을 출자로 전환하는 경우 신주발행의 효력발생일에 변제로 갈음한다"고 정함과 동시에 신주의 발행으로 감소하게 되는 부채액을 기재하고 있으며, 채권자의 입장에서 회생채권에 갈음하여 채무자의 주식을 받는다는 측면에서 기발행주식과 신주를 달리 평가해야 할 이유가 없으므로, 회생계획에서 위와 같이 정하고 있는 이상 회생채권의 출자전환에 따른 신주발행의 법적 성격을 대물변제로 보는 것이 타당하다.

Ⅱ 출자전환에 따른 채무면제익에 대한 과세 문제

1. 회생절차에서 채무자의 채무면제익에 대한 과세

가. 이월결손금의 보전에 충당

법인세법 시행령 제11조 제6호는 채무의 면제 또는 소멸로 인하여 생기는 부채의 감소액(법인세법 제17조 제1항 제1호 단서의 규정에 따른 금액을 포함한다)을 수익에 포함시키고 있으므로 원칙적으로 법인이 채무의 전부 또는 일부를 면제받은 경우 그 소멸된 채무액은 법인세 과세대상이 되는 소득에 해당한다. 다만 법인세법 제18조 제6호가 '채무면제 또는 소멸로 인한 부채의 감소액 중 대통령령이 정하는 이월결손금[138]의 보전에 충당된 금액'을 각 사업연도의 소득금액계산에 있어 익금에 산입하지 않는다고 규정하고 있으므로, 채무면제익은 이월결손금의 보전에 우선 충당하고 남는 금액만이 익금에 산입된다.

개인사업자(사업소득이 있는 거주자)의 경우도 마찬가지이다. 소득세법 시행령 제51조 제3항 제4호는 사업과 관련한 채무의 면제 또는 소멸로 인하여 생기는 부채의 감소액을 총수입금액에 포함시키고 있으므로 원칙적으로 채무의 전부 또는 일부를 면제받은 경우 그 소멸된 채무액은 소득세 과세대상이 된다. 다만 소득세법 제26조 제2항이 '채무의 면제 또는 소멸로 인한 부채의 감소액 중 제45조 제3항에 따른 이월결손금의 보전에 충당된 금액'을 해당 과세기간의 소득금액을 계산할 때 총수입금액에 산입하지 않는다고 규정하고 있으므로, 채무면제익은 이월결손금의 보전에 우선 충당하고 남는 금액만이 총수입금액에 산입된다.

요컨대 회생절차에서 채무자의 채무면제익은 이월결손금에 충당하고 남은 금액만 법인세나 소득세의 과세대상이 된다.

한편 회생계획인가결정에 따라 회생채무의 이자율과 변제기가 유리하게 변경된 법인이 그

---

138) 회생기업의 경우 ① 일반적인 이월결손금과 ② 회생계획인가결정을 받은 법인의 결손금으로서 법원이 확인한 것을 말한다(법인세법 시행령 제16조 제1항 제1호, 제2호 가목). 회생기업의 구조조정을 지원하기 위해 채무면제익에 충당되는 이월결손금의 범위를 확대하였다.

채무를 현재가치로 할인하여 평가한 금액으로 중도 상환하는 경우, 법인세법상으로는 채무를 상환하기 전에 그 채무를 현재가치로 평가하여 현재가치할인차금과 평가이익을 계상하는 것이 인정되지 않는 이상(법인세법 제42조 제1항 참조), 그 채무를 현재가치로 평가하기 전의 가액, 즉 현재가치할인차금을 차감하기 전의 장부가액을 기준으로 상환에 따른 소득금액을 계상하여야 하므로, 그 채무의 장부가액과 상환액과의 차액인 현재가치할인차금 미상각잔액을 채무면제이익으로 보아 익금에 산입한다.[139]

나. 과세 특례

현행 세법은 회생절차에서 발생한 채무면제익의 과세에 있어 기존 이월결손금의 보전에 충당하는 이외에 과세 특례를 인정하고 있다. 다만 과세 특례는 채무자가 법인인지 개인사업자인지, 출자전환이 이루어졌는지 여부에 따라 달리 취급하고 있다.

(1) 법인인 경우

법인의 경우는 출자전환 여부에 따라 채무면제익을 달리 취급하고 있다.

(가) 출자전환 없이 채무를 면제받은 경우

회생계획인가의 결정을 받은 법인이 2026년 12월 31일까지 금융채권자로부터 채무의 일부를 면제받은 경우로서 회생계획인가의 결정에 채무의 면제액이 포함되어 있는 경우, 채무면제금액 중 이월결손금(법인세법 제16조 제1항)을 초과하는 금액은 해당 사업연도와 해당 사업연도의 종료일 이후 3개 사업연도의 기간의 익금에 이를 산입하지 아니하고 그 다음 3개 사업연도의 기간에 그 균등액 이상을 익금에 산입한다(조세특례제한법 제44조 제1항). 즉 금융기관으로부터 2026년 12월 31일까지 면제받은 채무로서 이월결손금에 충당되지 않은 것은 3개 사업연도 후부터 3년간 익금에 산입한다. 그러나 채무면제익 전액이 익금에 산입되기 이전에 당해 법인이 사업을 폐지하거나 해산하는 경우에는 그 사유가 발생한 날이 속하는 사업연도의 소득금액계산에 있어서 익금에 산입하지 아니한 금액 전액을 익금에 산입한다(조세특례제한법 제44조 제3항).

(나) 출자전환이 이루어진 경우

시가(시가가 액면가액 이하인 경우는 액면가액)를 초과하여 발행된[140] 금액은 원칙적으로 익금에 해당하나(법인세법 제17조 제1항 제1호 단서), 이를 결손금의 보전에 충당할 수 있다(법인세법 제17조 제2항, 같은 법 시행령 제15조 제1항). 자세한 내용은 아래 〈2.나.〉 참조.

반면 액면가액으로 출자전환하고 주식을 병합한 경우에는 출자전환으로 채무면제익이 발생하지 않고 이월결손금도 그대로 사용 가능하다.[141]

---

139) 대법원 2009. 12. 10. 선고 2007두19683 판결 참조.
140) 회생절차가 진행 중인 기업은 재정적 어려움을 겪고 있으므로 주식의 시가가 낮게 형성되어(사실상 0원) 「채권금액>액면가액>시가」인 경우가 많다. 이때 채권금액이 시가보다 크므로 출자전환시 채무면제익이 발생할 수 있다.
141) 실무적으로 액면가를 초과하는 금액으로 신주를 발행할 경우 채무면제이익이 발생할 수 있으므로 원칙적으로 액면가로 발행하도록 하고 있다. 액면발행의 경우 이월결손금을 전혀 사용하지 않고 채무면제익 과세를 피할 수 있으므

(2) 개인사업자의 경우

개인사업자의 경우는 사업 관련성 여부에 따라 채무면제익을 달리 취급하고 있다.

(가) 사업과 관련이 없는 채무면제익

사업과 관련이 없는 채무면제익은 증여세의 과세대상이 된다(상속세 및 증여세법 제36조 제1항). 한편 수증자(회생채무자)가 납부할 능력이 없다고 인정되는 때에는 그에 상당하는 증여세의 전부 또는 일부를 면제할 수 있다(같은 법 제4조의2 제3항).

회생채무자의 경우는 사실상 증여세의 납부능력이 없다고 보아야 할 것이다. 따라서 회생계획안에 따라 영업수익금 등을 채무 변제에 충당하는 경우 증여세의 전부 또는 일부가 면제될 수 있을 것이다.

(나) 사업과 관련이 있는 채무면제익

사업과 관련이 있는 채무면제익(주로 상거래 채무면제익)은 이월결손금의 보전에 충당된 금액을 제외하고는 당해 사업의 총수입금액에 산입되어 소득세가 과세된다(소득세법 제24조, 같은 법 시행령 제51조 제3항 제4호). 조세특례제한법 제44조 제1항은 법인을 대상으로 하는 규정이므로 거주자의 소득금액을 계산함에 있어서는 적용되지 않는다.

(다) 입법론적 검토

개인사업자(사업소득이 있는 거주자)의 경우는 출자전환을 할 수 없어 출자전환으로 법인과 같은 과세 특례(과세이연)를 받을 수 없고, 조세특례제한법은 법인만을 대상으로 하므로 한시적 과세이월의 혜택을 누릴 수 없다. 이러한 이유로 실무에서 개인사업자에 대한 회생계획을 작성할 경우 어려운 점이 있다. 증여세의 경우 회생채무자는 사실상 납부능력이 없을 것이므로 특별히 고려할 필요는 없을 것이다. 반면 소득세의 경우 고려하지 않을 수 없다. 실무적으로 통상 회생기간 말(최종 10차 사업연도)에 채무면제익이 실현되는 것으로 하고 있다(이 경우 그 때 소득세가 과세될 것이다). 회생기간 말에 채무가 면제되는 것으로 할 경우 소득세는 회생기간 이후에 발생하므로 이를 회생계획안에 별도로 반영하지 않을 수 있다. 그러나 회생기간 이후 채무자 사업의 안정성을 고려하면 회생기간 이후에 발생이 예상되는 채무면제익에 대한 소득세를 회생계획안에 반영하는 것이 바람직하다. 즉 회생기간 내에 추후 소득세 납부에 대비하여 적립을 하여야 한다. 그러나 이렇게 회생계획안을 작성할 경우 개인사업자의 회생은 쉽지 않다. 또한 법인과 비교하여 개인사업자를 차별할 합리적인 이유도 찾을 수 없다. 입법적인 보완이 필요해 보인다.

로 이월결손금을 장래의 세금을 줄이는데 활용할 수 있는 장점이 있다. 그러나 액면발행은 실질적으로 채권가치에 상응하지 않는 주식을 교부하게 되어 자본충실을 해하고, 채무면제익의 과세회피를 가능하게 하여 조세정의에 반하는 문제가 있다.

2. 회생절차에서 출자전환이 이루어진 경우 채무면제익에 대한 과세

가. 출자전환으로 인한 채무면제익에 대한 과세

주식발행액면초과액(액면금액 이상으로 주식을 발행한 경우 그 액면금액을 초과한 금액)은 자본거래로 인한 수익으로서 익금에 산입하지 아니한다(법인세법 제17조 제1항 제1호). 주식을 발행함에 있어 액면을 초과하여 할증 발행된 경우 그 액면초과액은 상법상 자본금은 아니라고 하더라도 사실상 출자의 납입분에 해당하기 때문이다. 다만 채무의 출자전환으로 주식 등을 발행하는 경우에 있어서 그 주식 등의 시가를 초과하여 발행된 금액은 채무면제익으로 과세된다(법인세법 제17조 제1항 제1호 단서, 법인세법 시행령 제11조 제6호). 채무의 출자전환으로 발생한 채무면제익은 실제로 주주가 납입한 금액이 아닐 뿐만 아니라 법인 입장에서도 실질적으로 채무를 면제받은 효과가 있기 때문이다.

한편 회생절차에서 출자전환이 이루어지는 경우 새로 발행되는 주식의 시가는 채무액에 미치지 못하는 경우가 많고, 이는 실질적으로 일부 채무면제에 해당한다. 채무의 출자전환으로 주식 등을 발행하는 경우 당해 주식 등의 시가를 초과하여 발행된 금액은 주식발행액면초과액에서 제외되고(법인세법 제17조 제1항 제1호 단서) 출자전환된 채무액과 신주의 시가(시가가 액면가액에 미달하는 경우에는 액면가액)[142] 간의 차액은 그 경제적 실질에 따라 채무면제익으로 취급되어 원칙적으로 당해 사업연도의 익금에 산입되고 앞서 본 바와 같이 해당 법인에게 소정의 이월결손금이 있는 경우 법인세법 제18조 제6호에 의해 그 이월결손금의 보전에 충당되게 된다.

나. 법인세법에 의한 과세 특례

도산상태에 있는 회사의 채무재조정 거래 과정에서 출자전환을 하여 발생된 채무면제익에 대해서는 추가적인 세제 혜택이 부여되어 있다(법인세법 제17조 제2항). 즉 채무의 출자전환으로 주식 등을 발행하는 경우 그 시가(법인세법 제52조 제2항)를 초과하여 발행된 금액 중 법인세법 제18조 제6호(이월결손금에 충당)의 적용을 받지 아니한 대통령령으로 정하는 금액[= 채무자회생법에 따라 채무를 출자로 전환하는 내용이 포함된 회생계획인가의 결정을 받은 법인이 채무를 출자전환하는 경우로서 당해 주식 등의 시가(시가가 액면가액에 미달하는 경우에는 액면가액)를 초과하여 발행된 금액]은 당해 사업연도의 익금에 산입되지 아니하고, 그 이후의 각 사업연도에 발생한 결손금의 보전에 충당할 수 있다(법인세법 시행령 제15조 제1항 제1호).[143] 이와 같은

---

142) 법인세법은 출자전환으로 인한 채무면제익에 대한 법인세 과세 문제를 해결하기 위해 출자전환으로 인한 주식의 취득가액을 출자전환된 채권의 장부가액으로 규정하고 있다(법인세법 제41조 제1항 제3호, 같은 법 시행령 제72조 제2항 제4의2호).

143) 일반적으로 채무면제익은 법인세법 제18조 제6호에 따라 기존 결손금(이월결손금)의 보전에 충당할 수 있다. 그런데 회생절차를 통한 구조조정을 거친 경우에는 기존 결손금(이월결손금)을 넘어서 출자전환 이후 사업연도 결손금 보전에도 충당할 수 있도록 하였다.

방법으로 채무면제익 전액이 결손금 보전에 충당되기 전에 당해 회사가 사업을 폐지하거나 해산하는 경우에는 그 사유가 발생한 날이 속하는 사업연도의 소득금액계산에 있어서 결손금의 보전에 충당되지 아니한 금액 전액을 익금에 산입한다(법인세법 시행령 제15조 제2항).

이에 따라 회생회사가 출자전환을 하는 경우에는 출자전환 시점의 이월결손금만이 아니라 향후 발생하는 결손금에 대해서도 채무면제익을 충당처리할 수 있게 되어, 채무면제익이 이월결손금을 초과하는 경우 법인세 과세가 이루어지는 것을 막고 과세를 장래로 이연할 수 있게 되었다.[144] 그러나 회생계획인가 이후에 회생계획의 수행이 불가능해져 회생절차가 도중에 폐지되고 파산절차로 이행하는 경우에는 익금산입이 유예된 채무면제익이 일시에 익금 산입되어 다액의 법인세가 부과될 수 있다.[145] 이에 채무면제익의 익금산입시기를 최대한 늦추기 위하여 출자전환시기를 최종 연도로 미루고[146] 회생절차폐지시에는 출자전환 대상채권을 원래의 채권 또는 후순위 채권으로 환원하는 내용의 회생계획을 정하는 방법을 활용할 수 있다.

Ⅲ 출자전환과 대손금·대손세액공제

1. 회생계획에 따라 출자전환 후 무상 감자된 매출채권의 대손금 처리 및 대손세액 공제 인정 여부[147]

가. 문제의 소재

기업(사업자)을 운영함에 있어 대부분의 매출은 신용거래로 이루어진다. 그러나 세법은 권리의무 확정주의를 채택하고 있기 때문에(소득세법 제39조 제1항, 법인세법 제14조 제1항, 제40조 제1항 등 참조)[148] 현금 회수 여부와 상관없이 재화나 용역을 공급한 경우 매출을 인식하고 법인세(소득세) 및 부가가치세를 납부하여야 한다.

권리의무 확정주의에 따라 과세를 하다 보면 재화나 용역을 공급한 후 물품대금을 지급받기 전에 상대방 회사(채무자)가 재정적 어려움으로 회생절차에 들어가는 경우가 있다. 상대방 회사(채무자)가 회생절차에 들어가면 매출채권의 상당 부분을 회수하지 못하는 경우가 일반적이다. 이럴 경우 공급자(채권자) 입장에서는 매출로 인한 법인세(소득세) 및 부가가치세를 이미

---

144) 채무의 면제에 따른 일반적인 채무면제익과 출자전환에 따른 채무면제익은 세법상 취급에 차이가 있다. 회생절차가 진행 중인 법인에 있어서, 법인세법상 일반적인 채무면제익은 채무의 면제 효과가 발생하는 시점에 존재하는 이월 결손금에서만 공제할 수 있는 데 반해, 출자전환에 따른 채무면제익은 출자전환 시점의 이월결손금뿐만 아니라 향후에 발생하는 결손금에서도 공제할 수 있다.

145) 그리하여 처음부터 파산신청을 한 경우에 비해 무담보채권자에게 불리하다.

146) 다만 현재 실무는 회생계획인가일 다음날을 출자전환시기로 하고 있다(제265조 제1항 참조).

147) 이에 관한 내용은 저자가 2017. 5. 18. 수원지방법원 회생파산실무연구회 창립총회에서 "회생계획에 따른 출자전환 후 무상 감자된 매출채권과 관련한 부가가치세 과세 문제"라는 제목으로 발표한 것이다. 관련 내용은 <법원 코트넷 – 지식광장 – 지식마당 – 법인회생·파산>에 등록되어 있고, 「경기법조(2017, 제24호)(경기중앙지방변호사회 발간), 539~554쪽」에 게재되어 있다.

148) 권리의무 확정주의는 납세자의 과세소득을 획일적으로 파악하여 법적 안정성을 도모하고 과세의 공평을 기함과 동시에 납세자의 자의를 배제하기 위한 것이다(대법원 2017. 3. 22. 선고 2016두51511 판결).

납부하였지만 정작 매출에 따른 대금(부가가치세를 포함하여)의 상당 부분을 지급받지 못하는 부당한 결과가 발생할 수 있다. 반대로 공급을 받은 자(채무자)는 이미 매입세액공제를 통하여 상응하는 부가가치세를 환급받거나 적게 납부하게 된다. 이는 조세형평의 관점에서 문제가 있다. 이러한 문제점을 해결하기 위하여 회생계획인가결정에 따라 회수할 수 없는 채권을 가진 채권자에 대하여 법인세법 또는 소득세법은 대손금을, 부가가치세법은 대손세액공제를 각 인정하고 있다.

그런데 실무적으로 채무자는 법인세법상의 채무면제익의 발생을 방지하기 위하여 회생계획에서 회생채권을 출자전환하고 이후 무상으로 감자를 하는 경우가 많은데,[149] 이 경우에도 채권자에 대하여 법인세법(소득세법)에 따른 대손금이 인정되는지, 부가가치세법에 따른 대손세액공제가 인정되는지가 문제된다. 매출채권의 출자전환 후 무상 감자에 따른 과세 문제가 어떻게 처리되느냐에 따라 채무자의 효율적인 회생 여부에 중대한 영향을 미치게 된다.[150]

나. 법인세법[151]상 대손금 처리 여부

법인세법 제19조의2 제1항은 "내국법인이 보유하고 있는 채권 중 채무자의 파산 등 대통령령으로 정하는 사유로 회수할 수 없는 채권의 금액(이하 "대손금"이라 한다)은 해당 사업연도의 소득금액을 계산할 때 손금에 산입한다"고 규정하면서, 법인세법 시행령 제19조의2 제1항 제5호는 「'채무자 회생 및 파산에 관한 법률'에 따른 회생계획인가의 결정 또는 법원의 면책결정에 따라 회수불능으로 확정된 채권」을 대손금으로 인정되는 사유 중 하나로 규정하고 있다.

회생채권을 출자전환하고 이후 무상으로 감자를 하는 경우 법인세법 시행령 제72조 제2항 제4호의2 단서는 법원의 회생계획인가결정에 따라 출자전환한 주식의 취득가액은 출자전환된 채권의 장부가액으로 규정하고 있으므로 법인세법에 따른 대손금 처리를 어렵게 한다는 견해가 있을 수 있다. 그러나 ① 매출채권이 면제되는 것과 출자전환 후 무상감자된 것은 실질적으로 차이가 없고, ② 위 단서의 취지는 채무자의 채무면제이익으로 인한 법인세를 해소하기 위한 것이지 대손금의 처리를 배제하기 위한 것이 아니며, ③ 법인세법이 회수불능채권을 대손금으로 인정하기로 입법적 결단을 내린 것은 매출채권도 회수하지 못한 채권자의 부담을 덜어주기 위한 것이라는 점 등을 고려하면 회생계획인가결정에 따라 출자전환 후 무상 감자된 매출채권에 대하여 회수불능채권으로서(법인세법 시행령 제19조의2 제1항 제5호) 법인세법상의 대

---

149) 앞에서 본 바와 같이 법인회생절차에 있어 출자전환은, 채무자 입장에서는 채무변제를 위한 자금의 유출이 없다는 점에서 채무면제와 동일한 효과를 누리면서도 채무면제 이익이 즉시 익금 산입되지 않고 법인세 부담이 이연될 수 있다는 장점이 있고, 채권자 입장에서도 적어도 그만큼 면제를 당하지 않으면서 출자전환 된 주식을 보유하고 있다가 금전으로 환가할 가능성이 있으며, 이에 더하여 채권자들이 주주로서 회생절차 종결 후에도 주주총회를 통하여 경영에 관여할 수 있다는 점 등에서 자주 활용되고 있다. 이러한 '통상의 출자전환'과 달리 회생계획에서 회생채권을 출자전환하고 이후 무상으로 감자를 하는 경우는 단지 형식상으로만 출자전환의 외관을 취하였을 뿐 '채무의 면제'와 다를 바 없다.

150) 회생절차에서 채권자는 대손금 처리나 대손세액공제를 받지 못한다는 것을 이유로 회생계획에 동의하지 않거나 그에 상응하는 추가적인 변제를 요구하고 있다.

151) 소득세법의 경우에도 같은 문제가 발생한다(소득세법 제27조 제3항, 소득세법 시행령 제55조 제1항 제16호, 제2항).

손금으로 인정해주어야 할 것이다. 판례도 마찬가지 입장이다.[152]

다. 부가가치세법상 대손세액공제 인정 여부

부가가치세법 제45조 제1항은 "사업자는 부가가치세가 과세되는 재화 또는 용역을 공급하고 외상매출금이나 그 밖의 매출채권(부가가치세를 포함한 것을 말한다)의 전부 또는 일부가 공급을 받은 자의 파산·강제집행이나 그 밖에 대통령령으로 정하는 사유로 대손되어 회수할 수 없는 경우에는 대손금액에 110분의 10을 곱한 금액(이하 "대손세액"이라 한다)을 그 대손이 확정된 날이 속하는 과세기간의 매출세액에서 뺄 수 있다"고 규정하면서, 부가가치세법 시행령 제87조 제1항 제1호는 "'파산·강제집행이나 그 밖에 대통령령으로 정하는 사유'란 「소득세법 시행령」 제55조 제2항 및 「법인세법 시행령」 제19조의2 제1항에 따라 대손금으로 인정되는 사유를 말한다"고 규정하고 있다.[153]

---

152) 대법원 2018. 6. 28. 선고 2017두68295 판결 참조.

153) **채무자에 대한 부가가치세 과세(추징) 여부** 부가가치세법 제45조 제3항은 "제1항 및 제2항을 적용할 때 재화 또는 용역을 공급받은 사업자가 대손세액에 해당하는 금액의 전부 또는 일부를 제38조에 따라 매입세액으로 공제받은 경우로서 그 사업자가 폐업하기 전에 재화 또는 용역을 공급하는 자가 제1항에 따른 대손세액공제를 받은 경우에는 그 재화 또는 용역을 공급받은 사업자는 관련 대손세액에 해당하는 금액을 대손이 확정된 날이 속하는 과세기간에 자신의 매입세액에서 뺀다. 다만, 그 공급을 받은 사업자가 대손세액에 해당하는 금액을 빼지 아니한 경우에는 대통령령으로 정하는 바에 따라 그 사업자의 관할 세무서장이 빼야 할 매입세액을 결정 또는 경정(更正)하여야 한다"고 규정하고 있다.

이는 공급자는 대손세액을 공제받고, 공급받는 자는 매입세액을 공제받는다면 대손세액 상당액이 이중으로 공제되는 결과가 되어 부당하기 때문이라는데 기인한 것으로 보인다. 그러나 이러한 규정은 채무자의 효율적인 회생을 목적으로 하는 채무자회생법의 취지에 반한다. 채무자에게 대손세액공제액만큼을 추징함으로써 자금압박을 심화시키고, 파산의 경우에는 추징하지 않으면서 회생의 경우(사업의 폐지가 있을 수 없다)에는 추징을 한다는 것은 채무자로 하여금 파산의 선택을 강요하는 결과를 초래할 수 있다. 대손세액이 이중으로 공제되는 것이 아니라 결과적으로 채무자가 공급한 재화나 용역에 대한 부가가치세만을 징수하지 못하는 것에 불과하다. 또한 권리의무 확정주의에 따라 이미 부가가치세의 납부의무를 마친 채무자에게 사후적인 상황 변화로 예상치 못한 과세 부담을 안겨준다(과연 어떤 사업자가 향후 회생절차에 들어갈 것까지 예상하여 세금 납부에 따른 자금흐름을 계획할 것인가). 권리의무 확정주의에 따라 채권자가 부담하는 것이 당연하다는 전제에서 채권자에게 상황 변화에 따른 이익을 주는 것(대손세액공제의 인정)은 무관하지만, 그 반면으로 채무자에게 예상치 못한 부담을 주는 것은 조세정책적으로도 바람직하지 않다. 입법론적인 검토가 필요해 보인다.

다만 부가가치세법이 개정되지 않는 한 채무자에 대한 대손세액공제의 추징은 불가피해 보인다. 이를 방지하기 위해서 ① 채무자가 회생계획에 위 추징에 관한 납세의무를 면제받는 규정을 두는 것을 생각할 수 있지만, 과세관청의 동의 여부가 문제이다. ② 회생계획에 채권자가 부가가치세법 제45조에 따른 세액공제를 신청하지 않고, 대손세액공제를 신청할 경우 조기변제로 간주한다는 규정을 두는 것이다. 하지만 이는 채권자의 권리를 침해하는 것이고 회생계획에 그러한 규정을 둔다고 하여 채권자를 구속할 수 있을지는 의문이다. ③ 현실적으로는 예상되는 대손세액공제액을 준비연도의 공익채권 변제계획에 포함하여 자금수지표를 작성하고 이를 감안한 채권자별 변제율을 조정할 수밖에 없을 것이다.

한편 채무자에 대하여 부가가치세를 과세(추징)할 경우 이를 공익채권으로 볼 것인가. 채무자회생법은 원칙적으로 조세채권을 일반채권과 동일하게 취급하여 회생절차개시 전의 원인으로 생긴 조세채권을 회생채권에 포함시키되, 회생절차개시 후에 생긴 조세채권은 채무자의 업무 및 재산의 관리와 처분에 관하여 성립한 것과 같이 예외적인 경우에만 공익채권으로 인정하고 있다(제179조). 여기서 회생절차개시 전의 원인으로 생긴 조세채권이란 회생절차개시결정 전에 법률에 따른 과세요건이 충족된 조세채권을 의미하므로, 어느 조세채권이 회생채권에 해당하는지는 회생절차개시 당시 납세의무가 성립하였는지 여부에 따라 결정된다. 대손세액공제의 대상이 된 재화 또는 용역의 공급이 회생절차개시 이전이더라도 대손이 확정됨으로써 추징사유가 발생한 것은 회생절차개시 이후이므로 회생채권이라고 보기 어렵다. 따라서 회생절차개시 후의 채무자의 업무 및 재산의 관리와 처분에 관한 비용청구권(제179조 제2호)으로서 공익채권으로 보아야 할 것이다.

이와 관련하여 회생계획에서 회생채권을 출자전환하고 이후 무상으로 감자를 하는 경우 대손세액공제를 인정할 수 있는지가 문제될 수 있다. 이에 관하여는 기존에 하급심에서 대손세액을 부정하는 사례[154]도 있었고 인정하는 사례[155]도 있었다. 대법원은 「회생계획인가의 결정이 있는 때에는 회생채권자·회생담보권자·주주·지분권자의 권리는 회생계획에 따라 변경되며(제252조 제1항), 법원은 신주의 발행으로 감소하게 되는 부채액 등의 사항을 회생계획에 정하여 주식회사인 채무자가 회생채권자·회생담보권자 또는 주주에 대하여 새로 납입 또는 현물출자를 하게 하지 아니하고 신주를 발행하게 할 수 있다(제206조 제1항). 법원은 감소할 자본의 액과 자본감소의 방법을 회생계획에 정한 때에는 회생계획에 의하여 주식회사인 채무자의 자본을 감소할 수 있고, 이 경우 상법 제343조(주식의 소각) 제2항, 제439조(자본감소의 방법, 절차) 제2항·제3항, 제440조(주식병합의 절차), 제441조(주식병합의 절차), 제445조(감자무효의 소) 및 제446조(준용규정)의 규정은 적용되지 아니한다(제205조 제1항, 제264조 제1항 및 제2항). 결국 회생계획에서 별도의 납입 등을 요구하지 아니하고 신주발행 방식의 출자전환으로 기존 회생채권 등의 변제에 갈음하기로 하면서도 그 출자전환에 의하여 발행된 주식은 무상으로 소각하기로 정하였다면 그 인가된 회생계획의 효력에 따라 새로 발행된 주식은 그에 대한 주주로서의 권리를 행사할 여지가 없고 다른 대가 없이 그대로 소각될 것이 확실하게 된다. 그렇다면 위와 같은 출자전환의 전제가 된 회생채권 등은 회생계획인가의 결정에 따라 회수불능으로 확정되었다(법인세법 시행령 제19조의2 제1항 제5호)고 봄이 상당하다. 따라서 대손세액공제를 인정하여야 한다」고 판시하였다.[156]

살피건대 대손세액공제를 인정해 주어야 한다. 그 이유는 ① 매출세액은 물론 매출채권 자체마저 회수하지 못한 채권자에게 징수하지도 못한 부가가치세까지 부담하도록 한 것은 너무 가혹하고, ② 매출채권을 면제하는 것으로 회생계획이 된 경우에는(채무면제이익에 따른 법인세 과세는 별론으로 하더라도) 대손세액공제가 됨에 반하여, 법인세 부담을 회피하기 위해 출자전환 후 무상감자하는 경우(대부분의 실무 운용방식이다)에는 대손세액공제가 안 된다고 하는 것은 형평에 반하며, ③ 출자전환된 주식이 강제로 무상감자된 경우 그 가치는 실질적으로 0인데, 채권자는 금전적으로 아무런 이득이 없음에도 부가가치세까지 부담하도록 하는 것은 부당하고, ④ 법인세법 시행령 제72조 제2항 제4호의2 단서의 입법취지는 채무자의 채무면제익으로 인한 법인세 문제를 해소하려는 것이지 채권자의 부가가치세 대손세액공제를 배제하려는 것으로 보기 어려우며, ⑤ 부가가치세법상 자산의 취득가액에 대하여 별도의 규정을 두고 있지 않으므

---

154) 서울행정법원 2013. 6. 20. 선고 2012구합32703 판결(확정). 「수원지방법원 2016. 4. 20. 선고 2015구합66715 판결 (항소)」도 같은 취지이다. 이로 인해 채무자는 대손세액 상당액의 추징을 받지 않게 되는 이점이 있었다. 그러나 이 제는 아래에서 보는 바와 같은 대법원 판례로 인해 채무자가 대손세액공제를 받기는 어렵게 되었다.

　　　한편 위 2015구합66715에 대한 항소사건은 과세관청이 항소심에서 직권으로 과세처분을 취소하여 소각하로 종결 되었다(서울고등법원 2019. 11. 1. 선고 2016누45556 판결).

155) 대전고등법원(청주재판부) 2016. 12. 7. 선고 2015누11548 판결(상고기각).

156) 대법원 2018. 7. 26. 선고 2017두75781 판결, 대법원 2018. 7. 11. 선고 2016두65565 판결, 대법원 2018. 6. 28. 선 고 2017두68295 판결.

로(부가가치세법과 법인세법은 그 입법취지와 대상이 다르므로 법인세법이나 법인세법 시행령의 규정을 부가가치세 과세에 유추적용할 수는 없다) 부가가치세 대손세액 공제 시 회수불능으로 확정된 채권은 시가로 평가하는 것이 원칙이고, ⑥ 출자전환주식을 회생채권의 장부가액으로 평가할 경우 출자전환시점에서 법인세는 대손금을 손금산입하지 못하지만 주식 처분 시 처분손실 계상이 가능하나, 부가가치세는 채권의 장부가액 전부가 주식으로 변제된 것으로 취급되어 추후 매각되더라도 사실상 대손세액공제가 불가능하게 되며, ⑦ 대손세액공제는 사업자가 개인이냐 법인이냐에 따라 동일하게 적용받아야 하고 그 유형에 따라 납부세액이 달라져야 할 이유가 없음에도 소득세법은 취득 당시의 시가를 자산의 취득가액으로 한다고 규정하고 있을 뿐 회생계획인가 결정으로 출자전환 취득주식의 시가를 채권의 장부가액으로 한다는 규정을 두고 있지 않기 때문에[157] 채권자가 개인이냐 법인이냐에 따라 부가가치세 대손세액공제에 있어서 차별받는 부당한 결과가 발생하게 되기 때문이다.

다만 아래 〈2.〉에서 보는 바와 같이 2019. 2. 12. 부가가치세법 시행령(대통령령 제29617호)의 개정으로 부가가치세법 시행령 제87조 제1항 제2호는 부가가치세법 제45조 제1항 "파산·강제집행이나 그 밖에 대통령령으로 정하는 사유"로 '법원의 회생계획인가결정에 따라 채무를 출자전환한 경우'를 추가함으로써 입법적으로 해결하였다고 볼 여지도 있다. 어떻게 보든 결론에 있어서는 차이가 없다.

2. 출자전환 후 무상소각이 없는 경우의 대손세액공제

무상소각 없이 출자전환(주식병합의 경우도 마찬가지이다)만 한 경우에는 어떠한가. 출자전환에 따른 신주의 시가(실무적으로 회생절차가 개시된 경우 0원일 가능성이 많다)가 발행가액(출자전환된 채권액)에 미달하는 경우 채권자로서는 주식의 시가와 발행가액의 차액에 관하여 사실상 회수할 수 없는 손해(회수불능채권)를 입은 것과 같은 결과가 발생한다. 그럼에도 위에서 본 권리의무확정주의에 따라 채권자는 부가가치세를 해당부분만큼 이미 납부하였다. 따라서 이로 인한 불합리를 해소하기 위하여 출자전환으로 인한 시가와 발행가액과의 차이만큼 대손세액공제를 해주어야 하는 것이 아닌지의 문제가 발생한다.

이와 관련하여 출자전환된 회생채권은 출자전환으로 변제에 갈음하여 소멸하고, 이때 취득하게 되는 주식의 취득가액은 법인세법 시행령 제72조 제2항 제4의2호에 따라 출자전환된 채권의 장부가액으로 보아야 하므로, 출자전환된 회생채권의 장부가액과 시가의 차액 부분을 법인세법 시행령 제19조의2 제1항 제5호가 대손금으로 정하고 있는 '회생계획인가의 결정 또는 법원의 면책결정에 따라 회수불능으로 확정된 채권'에 해당한다고 할 수는 없다는 견해가 있

---

157) 소득세법은 법인세법과 마찬가지로 회생계획인가의 결정에 따라 회수불능으로 확정된 채권에 대하여 대손금으로 인정하고 있으나(소득세법 시행령 제1항 제16호, 제2항), 취득 당시의 시가를 자산의 취득가액으로 한다고 규정하고 있을 뿐(소득세법 제39조 제2항, 같은 법 시행령 제89조 제3호) 회생계획인가결정으로 출자전환 취득주식의 시가를 채권의 장부가액으로 한다는 규정을 두고 있지 않고 있다.

다.[158] 그 이유는 출자전환주식을 전부 무상으로 소각하기로 정한 경우에는 종전 채권자가 주주로서의 권리를 행사할 여지가 없고, 출자전환된 주식이 다른 대가 없이 그대로 소각될 것이 확실하다고 볼 수 있는 반면, 출자전환 후 무상 소각을 하지 않는 경우(또는 출자전환 후 일정한 비율의 주식병합을 통한 일부 감자를 하는 경우)에는 종전 채권자가 주주의 지위를 유지하게 되어 장래에 주식 가치가 상승할 경우 그 이익을 얻을 수 있게 되고, 출자전환된 주식이 다른 대가 없이 그대로 소각되거나 그 가치가 0원으로 떨어질 것이 확실하다고 볼 수 없으므로, 출자전환의 전제가 된 회생채권이 회생계획인가의 결정에 따라 회수불능으로 확정되었다고 보기는 어렵기 때문이다.

그러나 위 견해는 2019. 2. 12. 부가가치세법 시행령(대통령령 제29617호)의 개정으로 더 이상 유지될 수 없게 되었다. 부가가치세법 시행령 제87조 제1항 제2호는 부가가치세법 제45조 제1항 "파산·강제집행이나 그 밖에 대통령령으로 정하는 사유", 즉 회수불능사유로 '법원의 회생계획인가 결정에 따라 채무를 출자전환한 경우'를 추가하였다. 따라서 법원의 회생계획인가결정에 따라 채무를 출자전환하는 경우 출자전환시점의 출자전환된 매출채권 장부가액과 출자전환으로 취득한 주식 또는 출자지분의 시가와의 차액은 대손세액공제의 대상이 된다(부가가치세법 제45조 제1항 본문, 부가가치세법 시행령 제87조 제1항 제2호 전문).[159]

요컨대 법원의 회생계획인가결정에 따라 채무를 출자전환하는 경우 채권액과 주식의 시가의 차액에 대하여 대손세액공제를 할 수 있도록 규정함으로써, 적어도 회생기업에 대하여는 출자전환 후 무상소각이 없는 경우에도 대손세액공제가 가능하다는 점을 명확히 하였다.

Ⅳ 출자전환과 보증채무

1. 출자전환과 보증채무의 소멸

회생계획은 회생채권자가 회생절차가 개시된 채무자의 보증인 그 밖에 회생절차가 개시된 채무자와 함께 채무를 부담하는 자에 대하여 가지는 권리에 영향을 미치지 않는다(제250조 제2항). 따라서 회생계획에 따라 주채무자에 대하여 채무의 감면이나 권리의 변경이 이루어진다고 하더라도 채권자의 보증인에 대한 권리는 영향을 받지 않는다. 하지만 회생계획에 따라 주채무자가 채권자에게 실제로 돈을 지급한 경우에는 변제로서 효력이 있고 그 변제의 효력은 보증채

---

158) 대법원 2019. 6. 13. 선고 2019두35329 판결(심리불속행 기각, 원심판결: 부산고등법원 2019. 1. 30. 선고 (창원) 2017누10237 판결), 대법원 2019. 5. 10. 선고 2019두31853 판결(심리불속행 기각, 원심판결: 서울고등법원 2018. 12. 5. 선고 2015누60657 판결). 위 사안들은 출자전환된 회생채권자들에게 대손세액공제를 인정한 다음 회생회사에 대하여 매입세액공제를 인정하지 않고 부가가치세를 부과한 사안으로, 회수불능으로 확정된 채권으로 보지 않았다. 회수불능채권으로 보게 되면 앞에서 본 바와 같이 회생회사(채무자)의 효율적인 회생을 도모하는 데 곤란을 초래한다는 점에서 결론에 있어서는 타당하다고 본다.

159) 이 경우 대손되어 회수할 수 없는 금액은 출자전환 시점의 출자전환된 매출채권의 장부가액과 출자전환으로 취득한 주식 또는 출자지분의 시가와의 차액으로 한다(부가가치세법 시행령 제87조 제1항 제2호 후문).

무에 영향을 미쳐 보증인은 채권자에 대하여 그 변제받은 금액만큼 공제를 주장할 수 있다. 그렇다면 회생계획에 따른 출자전환으로 회생채권의 변제를 갈음하기로 한 경우에 채권자가 위 제250조 제2항을 근거로 보증인에게 출자전환된 채권액 전부의 이행을 청구할 수 있는지 아니면 출자전환된 채권액 전부에 대하여 보증채무도 소멸하는지 문제된다.

2. 출자전환으로 보증채무가 소멸하는지에 관한 논쟁

출자전환으로 보증채무가 소멸하는지에 관하여 견해의 대립이 있다.

가. 보증채무 불소멸설

회생채권의 출자전환은 현물출자에 불과할 뿐 변제나 대물변제라 할 수 없으므로 회생채권자는 출자전환에 관계없이 보증인에 대해 보증채무 전액을 청구할 수 있다. 채무자회생법 제250조 제2항이나 회생회사의 자력과 관계없이 보증채무 전액에 대해 책임을 부담하기로 한 보증인과 회생채권자 사이의 당초 보증채무 전액 합의의 취지 등에 비추어 보증채무가 소멸하지 않는다.

나. 시가평가액 소멸설

회생계획에서 회생채권의 변제에 갈음하여 신주를 발행함에 따라 회생채권이 회생회사에 대한 관계에서 소멸된다고 하더라도, 회생회사의 보증인에게 그 소멸의 효과가 인정될 것인가의 여부 및 나아가 그 소멸의 범위가 어느 정도인가는 그 변제에 갈음하여 교부된 신주에 의하여 회생채권자가 변제와 같은 실질적인 만족을 얻은 것으로 볼 수 있는가의 여부 및 그 만족의 정도에 의하여 판단되어야 한다.

주식의 경우에는 사채와 달리 순수한 채권으로 볼 수는 없고 또한 회생계획에 의하여 회생채권에 갈음하여 주식을 발행하는 경우에 주식의 액면금 상당의 실질적인 가치를 가지는 회생채권에 대하여 주식을 발행하여야 한다는 자본충실의 원칙과 실제로 발행된 주식이 얼마의 가치를 갖는가 하는 주식평가는 별개의 문제로서 발행된 신주의 평가금액이 반드시 액면가액이 된다든가 실질적으로 그 평가가 전혀 불가능한 것은 아니라 할 것이므로, 주식의 발행에 의하여 만족을 받은 한도에서 소멸하고 이에 따라 보증채무도 감액된다고 보아야 한다.

한편 발행된 신주를 취득함으로써 현실적인 만족을 얻은 것으로 본다면, 그 현실적인 만족을 얻은 시점, 즉 신주발행의 효력발생시기를 기준으로 가치를 평가하여야 한다.[160]

다. 보증채무 소멸설

채권자는 회생절차에서 채무를 현금으로 분할 변제받는 대신에 회생절차상의 특수한 제도

---

160) 김용덕, 전게 "정리채권의 출자전환과 공동채무자의 채무소멸", 435~441쪽.

인 출자전환의 절차를 통하여 주주권을 획득하는 것이므로 단지 주식의 가치가 전무하다는 이유로 이를 채무면제와 동일시하기 어렵다. 주채무자로부터 일부 변제받은 경우 이러한 금액을 보증채무에서 공제하는 법리와 마찬가지로 출자전환으로 채무자로부터 주식을 받게 되었다면 이러한 이익은 보증채무에서 공제되어야 한다. 채권의 출자전환은 현물출자의 한 방법이고, 채권자는 출자전환으로 인하여 주식을 취득함으로써 채권의 만족을 얻음과 동시에 채권자의 지위를 상실한다고 보아야 하므로, 출자전환의 효력발생시에 채권액 전부에 대하여 채권자는 보증채무의 이행을 구할 수 없다.

3. 대법원 판례

대법원은 시가평가액 소멸설을 취하고 있다. 회생계획에서 회생채권을 주식으로 출자전환하도록 규정한 경우 회생채무는 원칙적으로 회생계획인가결정시 또는 회생계획에서 정하는 시점에서 소멸한다. 보증인이 있는 경우에는 신주발행의 효력발생일 당시를 기준으로 하여 회생채권자가 인수한 신주의 시가 상당액에 한하여 채무소멸의 효과가 보증인에게 미치는 것으로 보아야 한다.[161] 따라서 회생채권자는 나머지 회생채무에 대하여 보증인을 상대로 채권을 행사할 수 있다.[162] 이러한 법리는 회생계획이 회생채권자에 대한 출자전환에 의한 신주발행, 기존 주주의 구 주식과 출자전환으로 발행된 회생채권자의 주식의 병합에 의한 자본감소를 단기간의 간격을 두고 실행하는 것을 내용으로 하는 경우에도 마찬가지로 적용된다.[163]

반면 출자전환으로 인한 신주발행 당시의 주식의 시가가 신주의 발행가액보다 높은 경우에는 출자전환 무렵 출자전환주식의 주당 가치가 발행가액을 넘고 있었다 하더라도, 회생회사의 보증인의 보증채무는 위 주식의 발행가액에다가 출자전환 받은 주식수를 곱하여 산출한 액수를 한도로 소멸할 뿐 이를 넘는 부분까지 소멸한다고 볼 수 없다.[164]

---

161) 대법원 2017. 8. 29. 선고 2014다228204 판결(주채무자인 회생회사의 회생계획에서 회생채권의 변제에 갈음하여 출자전환을 하기로 정한 경우 회생회사의 보증인의 보증채무는 출자전환에 의한 신주발행의 효력발생일 당시를 기준으로 회생채권자가 인수한 신주의 시가를 평가하여 출자전환으로 변제에 갈음하기로 한 회생채권의 액수를 한도로 그 평가액에 상당하는 채무액이 변제된 것으로 보아야 한다), 대법원 2012. 10. 11. 선고 2012다200608 판결, 대법원 2010. 10. 14. 선고 2010다48042 판결. 그 이유는 신주발행의 효력발생일 당시를 기준으로 하여 채권자가 인수한 신주의 시가를 평가하여 그 평가액에 상당하는 부분의 주채무자 실질적으로 만족을 얻을 수 있는 것으로 볼 수 있기 때문이다.

162) 대법원 2005. 1. 27. 선고 2004다27143 판결 참조. 대출채권의 담보를 위하여 채무자가 채권자에게 자신의 제3자에 대한 다른 채권을 담보목적으로 양도한 경우에 관하여는 대법원 2015. 4. 9. 선고 2014다54168 판결(대출채권의 담보를 위하여 채무자가 채권자에게 제3자에 대한 다른 채권을 담보 목적으로 양도하였는데 양도된 채권이 후일 제3자에 대한 회생절차에서 채권자에 의하여 회생채권으로 신고되어 회생계획에 따라 그 전부 또는 일부가 출자전환됨으로써 회생채권의 변제를 갈음하기로 한 경우, 신주발행의 효력발생일 당시를 기준으로 하여 채권자가 인수한 신주의 시가를 평가하여 평가액에 상당하는 부분의 대출채권이 변제된 것으로 보아야 한다) 참조.

163) 대법원 2018. 5. 15. 선고 2015다200685 판결.

164) 대법원 2012. 6. 14. 선고 2010다28383 판결, 대법원 2010. 3. 25. 선고 2009다85830 판결 등 참조.

4. 사   견

(1) 보증채무의 소멸 여부

회생채권의 출자전환을 채무면제와 동일시할 수 없고, 앞서 본 바와 같이 회생채권의 출자전환에 따른 신주발행의 법적 성격을 대물변제로 보는 이상 회생계획에 따른 출자전환으로 회생채권의 변제를 갈음하기로 하였다면 회생계획에 따라 주채무자가 채권자에게 실제로 돈을 지급한 경우와 같이 그 변제의 효력은 보증채무에 미친다고 보아야 한다. 또한 회생계획상 출자전환의 경우에 신주발행의 효력발생일에 당해 채권의 변제에 갈음한다고 되어 있고, 제265조 제1항은 출자전환의 경우에 계획인가가 결정된 때 또는 회생계획에서 정한 때에 주주가 된다고 규정하고 있어서 출자전환으로 회생채권자는 주주의 지위를 취득하여 그 권한을 행사하는 등 실질적인 채무변제의 효과가 있음에도 불구하고 그 채무가 소멸되지 아니하였다고 할 수는 없다. 따라서 회생계획에 회생채권을 주식으로 출자전환하도록 규정한 경우 보증채무는 소멸한다고 보는 것이 타당하다.

(2) 보증채무의 소멸범위

보증채무가 소멸한다고 하더라도 보증채무가 신주의 액면가 합계액만큼 소멸하는지, 신주의 시가평가액만큼 소멸하는지 아니면 회생채권액만큼 소멸하는지가 문제된다.

회생절차가 개시된 주식회사의 경우 대부분 부채가 자산을 초과하여 순자산가치가 마이너스(−)이거나 극히 미미하므로 그 주식의 가치는 대부분 액면금 이하이거나 심지어 가치가 없는 경우도 있고, 회생채권의 출자전환을 통하여 회사의 자산이 부채를 초과하게 된다고 하더라도 출자전환을 통하여 증가된 발행주식 수로 인하여 그 주식의 가치가 매우 낮아지게 되므로 마찬가지로 그 가치 역시 대부분 액면금 이하일 것이다. 따라서 채권자가 출자전환된 회생채권액 전부에 대하여 채무자의 보증인에게 그 이행을 구할 수 없다고 본다면 경제적 실질의 관점에서 채권자에게 지나치게 가혹할 뿐만 아니라 제250조 제2항의 규정취지에도 반한다. 그렇다면 채권자가 실질적인 만족을 얻은 부분이자 발행받은 신주의 시가평가액 부분에 한하여 보증채무가 소멸하였다고 보는 것이 회생채권자와 보증인 각자의 이익을 적절하게 고려하는 방안이 될 수 있다. 요컨대 출자전환으로 신주발행의 효력발생일 당시의 신주의 시가상당액만큼 보증채무가 소멸한다고 볼 것이다.

Ⓥ 출자전환예정채권의 처리

1. 출자전환예정채권의 개념

회생계획에서 회생채권을 출자전환하되 출자전환시기를 회생계획인가일부터 상당기간 경과 후 또는 최종 연도로 미루어 놓는 경우가 있다(제265조 제1항 참조).[165] 이러한 권리는 회생계획에 의하여 출자전환이 예정되어 있는 권리라는 점에서 출자전환예정채권이라 부른다.

2. 법적 성격

출자전환예정채권의 성질을 채권으로 볼 것인지, 아니면 지분권의 일종으로 볼 것인지에 따라 권리의 우선순위가 달라지고, 변경회생계획안의 작성 및 결의와 관련하여 조의 분류, 의결권 부여 여부 등에서 현저한 차이가 있게 되므로 이에 대한 검토가 필요하다.[166] 이는 출자전환예정채무가 채무자회생법 제146조 제3항, 제4항의 '부채'에 해당한다고 볼 것인지 여부와도 밀접하게 관련되어 있다.

출자전환예정채권을 지분권으로 보는 경우에는 변경회생계획안을 제출할 당시 채무자의 부채 총액이 자산 총액을 초과하는 경우 주주·지분권자에게 분배될 몫이 없으므로 출자전환예정채권자는 주주 등과 마찬가지로 의결권이 없지만, 채무자의 자산 총액이 부채 총액을 초과하는 경우에는 주주 등과 마찬가지로 의결권을 갖게 된다. 출자전환예정채권을 채권으로 보는 경우에는 변경회생계획안 제출 당시 채무자의 부채 총액이 자산 총액을 초과하는지 여부와 관계 없이 출자전환예정채권자는 의결권을 갖는다.

가. 지분권으로 보는 견해

① 회생계획인가시에 이미 출자전환을 받을 수 있는 권리로 권리변경이 일어나 주식으로 전환되는 것이 확정되어 있고, ② 출자전환예정채권은 회생계획에서 정한 시점에서 신주를 교부할 것을 청구할 수 있을 뿐 더 이상 금원 지급을 청구할 수 없으며, ③ 회계상으로도 출자전환을 합의하였으나 출자전환이 즉시 이행되지 않는 경우 조정대상 채무를 원칙적으로 출자전환채무의 과목으로 하여 자본조정으로 대체하고 부채로 취급하고 있지 아니하고, ④ 제265조 제1항은 회생계획에서 정한 때에 주주가 된다는 것이므로 그 시점 이전에 출자전환권을 가

---

165) 이렇게 하는 이유는 앞에서 본 바와 같이 채무면제익으로 인한 과세이연의 효과를 누리기 위해서나, 회생절차가 진행되는 동안 경영권을 확보하고 향후 회생절차가 순조롭게 진행될 경우 경영권 방어를 위해 출자전환이 예정된 채권을 재매수하는 기회를 갖기 위해서이다.

166) 회생사건실무(상), 853~854쪽. 나아가 출자전환시기가 도래하기 이전에 회생절차가 폐지된 경우(회생계획인가 후 폐지결정에 따라 견련파산이 선고된 경우)에 파산채권의 인부를 어떻게 할 것인지, 즉 아직 출자전환시기가 도래하지 아니하였으므로 출자전환이 이루어지지 않은 것으로 보고 출자전환예정액까지 포함한 금액을 파산채권으로 시인하여야 하는지 아니면 출자전환시기가 도래하지 않았음에도 불구하고 출자전환예정액은 제외한 금액을 파산채권으로 시인하여야 하는지에 관하여도 출자예정채권의 법적 성격을 어떻게 보느냐에 따라 결론이 달라질 수 있다. ① 출자전환예정채권을 지분권으로 보게 되면 파산채권으로 시인하는 것은 타당하지 않다. ② 출자전환예정채권을 채권으로 보게 되면 파산채권으로 시인함이 논리적이다. 그러나 출자전환예정채권에 있어서 출자전환시기는 미루어진 것에 불과하고 그 시기가 도래할 것이 예정되어 있는 것이라는 점, 만일 파산관재인이 출자전환예정액을 포함한 금액을 파산채권으로 시인하여 배당을 하고 그 결과 파산채권자가 출자전환예정액을 제외한 파산채권액을 초과하여 배당을 받게 된다면, 나중에 출자전환시기가 도래하였을 때 파산채권자로서는 결과적으로 자신이 배당받아야 할 금액보다 많은 금액을 배당받은 것이 되는 상황이 발생할 수 있다는 점 등을 고려하면 출자전환예정액은 실제 출자전환시기가 도래하지 않았다고 하더라도 파산채권으로 시인하지 아니하는 것이 바람직하다.

진 자의 존재를 반드시 부정하는 것은 아니라는 점을 근거로 들고 있다.

나. 채권으로 보는 견해

① 제265조 제1항에 의하여 회생계획에서 회생채권을 출자전환하기로 한 경우 회생채권은 회생계획에서 정하는 시점에서 소멸하므로 출자전환이 이루어지기 전까지는 여전히 채권으로 보아야 하고, ② 신주발행시점 이전에 채권이 소멸하는 것으로 보게 되면 당해 권리자는 일정기간 동안 아무런 권리도 갖지 않은 상태(채권자도 주주도 아닌 상태)가 되고, 신주발행시점 이후에 채권이 소멸하는 것으로 보게 되면 일정 기간 동안 이중의 권리를 갖게 되므로 결국 신주발행시점을 채권이 주식으로 전환되는 시점으로 보아야 하며, ③ 부채는 단순히 재무상태표상의 그것을 말하는 것이 아니라 채무자 회사의 채무 총액을 의미하는 실질적인 개념이라는 점을 근거로 들고 있다.

다. 사견: 지분권이 아닌 채권

(1) 제265조 제1항은 "회생계획에서 채무자가 회생채권자·회생담보권자 또는 주주에 대하여 새로 납입 또는 현물출자를 하게 하지 아니하고 신주를 발행할 것을 정한 때에는 이 권리자는 회생계획인가가 결정된 때에 주주가 된다. 다만, 회생계획에서 특별히 정한 때에는 그 정한 때에 주주가 된다"라고 규정하는바, 위 단서조항에 의하면 출자전환예정채권을 보유한 채권자는 회생계획에서 정한 시기에 출자전환의 효과가 발생하여 그 때에 비로소 주주가 되고, 그 이전에는 채권자의 지위에 있다고 봄이 상당하다. 따라서 출자전환이 예정되어 있는 회생채권은 회생계획에서 정하여진 시점에 이르러야 비로소 소멸하는 것이므로 출자전환의 효력이 발생하기 전까지는 여전히 채권으로 볼 수 있다. 따라서 회생계획에 출자전환의 효력발생시점을 회생계획인가시가 아닌 회생절차종결시나 상당한 기간이 흐른 뒤에 발생하는 것으로 정하였다면 출자전환예정채권은 채권으로 봄이 상당하다.[167]

(2) 종래 한국회계기준원 산하 회계기준위원회가 2003. 11. 7. 제정한 기업회계기준서 제13호는 "출자전환을 합의하였으나 출자전환이 즉시 이행되지 않는 경우에는 조정대상 채무를 출자전환채무의 과목으로 하여 자본조정으로 대체한다"라고 정하고 있었고, 위 규정 취지에 따라 일반적으로 출자전환예정채권액을 재무제표상 부채로 계상하지 않고 자본계정에 계상하여 회계처리를 하여 왔더라도, 출자전환의 효력이 발생하지 아니한 상태의 출자전환예정채권의 실질을 일률적으로 주식 또는 자본으로 볼 수는 없다. 이해관계인들에게 정확한 회계정보를 제공하기 위하여 제정된 회계처리기준과 해당 계정에 대한 법률적 성격에 대한 판단은 차원을 달리하는 것이다.

(3) '출자전환'이란 채권자가 보유하고 있는 채권을 주식회사인 채무자의 주식으로 전환하

---

167) 부산고등법원(창원재판부) 2015. 8. 20. 자 2015라36,2015라37(병합) 결정 참조. 위 결정에 대한 재항고는 기각되었다{대법원 2017. 4. 7. 자 2015마1384,2015마1385(병합) 결정}.

는 것을 의미하므로, 출자전환예정채권의 법적 성격을 규명하는 것은 '채권'이 '주식'으로 전환되는 시점을 언제로 볼 것인지와 직결된다. 회생채권을 회생계획 인가결정 이후에 출자전환하는 것으로 회생계획에 정한 경우 그 출자전환예정채권의 소멸 시점은 회생계획에서 정한 시점으로 보아야 하므로, 회생계획에서 정한 시점이 도래하기 전까지는 회생채권으로 존속한다고 봄이 논리적으로 타당하다.[168] 이는 관리인이 회생계획에서 정한 시점에 회생법원의 허가를 얻어(제55조 제1항 제2호) 신주를 발행하기 전까지는 출자전환예정채권자가 주주로서의 권리를 행사할 수 없다는 점에 있어서도 명백하다.

3. 출자전환예정채권이 제146조 제3항, 제4항의 '부채'에 해당하는지 여부

출자전환예정채권이 제146조 제3항, 제4항의 '부채'에 해당하는지 여부는 출자전환예정채권의 법적 성격과 반드시 궤를 같이 하는 것은 아니다. '부채'는 '채무'와 반드시 일치하는 개념이 아니며, 채무자회생법 역시 '채무'라는 용어와 '부채'라는 용어를 구별하여 사용하고 있다.

부채란 일반적으로 '과거의 거래나 사건의 결과로 현재 기업실체가 부담하고 있고 미래에 자원의 유출 또는 사용이 예상되는 의무'를 말한다(일반기업회계기준 중 재무회계개념체계 97.). 반면 제146조 제3항 단서의 '부채'란 단순히 재무상태표상의 개념이 아니라 현실화될 보증채무 등을 포함한 실질적인 개념이다. 따라서 부채 총액을 계산함에 있어서는 현실화 가능성을 평가하여야 한다.

회생계획인가의 결정이 있는 때에는 회생채권자·회생담보권자·주주·지분권자의 권리는 회생계획에 따라 변경된다(제252조 제1항). 따라서 회생계획이 인가됨으로써 출자전환예정채권자는 더 이상 채무자 회사에게 채권의 내용에 따른 금원의 지급을 청구할 수 없게 되었고, 지연손해금 또한 발생하지 아니한다. 이러한 권리변경의 효력은 확정적이어서, 회생계획인가 후에 회생절차가 폐지되더라도 그대로 유지되며, 회생절차가 종결되는 경우에도 마찬가지이다. 즉 현실화 가능성이 없다. 또한 '부채'로 인식하기 위해서는 해당 의무를 이행하기 위하여 지출이 발생할 가능성이 매우 높고 그 금액을 신뢰성 있게 측정할 수 있어야 하는데, 출자전환은 채무자의 입장에서는 채무변제를 위한 자금의 유출이 없다는 점에서 채무면제와 동일한 효과를 누린다.[169] 나아가 출자전환예정채채권의 법적 성격이 채권이라는 것과 제146조 제3항, 제4항의 부채에 해당하는지 여부와는 반드시 논리적으로 연계되어 있는 것은 아니다.

결국 일반적으로 출자전환예정채무는 제146조 제3항, 제4항의 '부채'에 해당하지 않는다고 할 것이다.[170][171]

---

168) 대법원 2003. 3. 14. 선고 2002다20964 판결 참조.
169) 출자전환에 의한 신주발행은 '손익거래'가 아니라 자본금 및 자본잉여금의 증감·변화만을 일으키는 '자본거래'에 해당한다.
170) 출자전환예정채무가 우선수익자인 채권자에 대한 채무이고 채권자가 우선수익권을 행사할 가능성이 있다는 특수성을 고려하여 '부채'에 해당한다고 한 것으로 「대법원 2017. 4. 7. 자 2015마1384,2015마1385(병합) 결정」이 있다.
171) 부채에 포함되지 않는다고 볼 경우 기존 주주들에게 의결권이 부여될 수 있다. 기존 주주들에게 의결권을 부여하는

Ⅵ 출자전환으로 인한 과점주주의 취득세 납세의무

1. 과점주주의 취득세 납세의무

한국거래소 상장법인을 제외한 법인의 주식 또는 지분을 취득함으로써 해당 법인의 과점주주가 된 때에는 그 과점주주가 당해 법인의 취득세 과세대상자산을 취득한 것으로 간주하여 취득세를 과세하게 된다. 이러한 취득세를 일반적으로 '간주취득세'라 부른다. 다만 법인 설립 시에 발행하는 주식 또는 지분을 취득하여 과점주주가 된 경우에는 과점주주에 대한 취득세가 과세되지 않는다. 이 경우 과점주주는 연대납세의무를 부담한다[172](지방세법 제7조 제5항,[173][174] 지방세기본법 제46조[175]).[176]

것에 대하여 비판이 있다. 즉 원래 의결권이 없었던 주주들이 변경회생계획안의 결의를 위한 관계인집회에서 의결권을 갖게 되어 변경회생계획안이 가결되지 못할 수도 있다. 이는 회생채권자의 희생으로 기존 주주들의 지위만 강화된 것으로 회생채권자의 의사에 반한다는 것이다. 그러나 이는 회생계획인가 즉시 출자전환하는 경우나 채무 중 일부를 면제하는 경우에도 발생하는 것으로 출자전환예정채권에 대한 고유의 문제는 아니다.

[172] 과점주주를 형성하는 친족 기타 특수관계에 있는 자들은 실질적으로 당해 법인의 자산에 관하여 공동사업자 또는 공유자의 지위에서 관리·처분권을 행사할 수 있으므로, 그 자산에 대한 권리의무도 과점주주에게 실질적·경제적으로 공동으로 귀속된다. 따라서 그 담세력도 공동으로 파악하는 것이 공평과세·실질과세의 원칙에 부합하므로, 조세채권의 확보를 위하여 그들에게 연대납세의무를 부담하게 한 지방세법 제7조 제5항은 자기책임이나 주주에 대한 유한책임을 넘어 부당하게 납세의무를 확장하거나 조세법률주의가 추구하는 적법절차의 원리를 위반하였다고 할 수 없다. 아울러, 위 조항은 과점주주가 당해 법인의 자산에 대하여 공동으로 가지는 실질적·경제적 담세력을 기초로 조세채권을 확보하고자 하는 것으로, 과점주주 상호간에 구상권을 행사하여 그 피해를 최소화할 수 있도록 하고 있고 연대납세의무를 통하여 얻고자 하는 조세채권확보라는 공익 또한 결코 작지 않다는 점에서, 과잉금지원칙을 위배하여 헌법상 보장되는 재산권 등의 기본권을 침해하고 있다고 할 수도 없다(대법원 2008. 10. 23. 선고 2006두19501 판결 참조).

[173] 지방세법 제7조(납세의무자 등) ⑤ 법인의 주식 또는 지분을 취득함으로써 「지방세기본법」 제46조 제2호에 따른 과점주주(이하 "과점주주"라 한다)가 되었을 때에는 그 과점주주가 해당 법인의 부동산등(법인이 「신탁법」에 따라 신탁한 재산으로서 수탁자 명의로 등기·등록이 되어 있는 부동산등을 포함한다)을 취득(법인설립 시에 발행하는 주식 또는 지분을 취득함으로써 과점주주가 된 경우에는 취득으로 보지 아니한다)한 것으로 본다. 이 경우 과점주주의 연대납세의무에 관하여는 「지방세기본법」 제44조를 준용한다.

[174] 이 사건 법률조항(현행 지방세법 제7조 제5항)은 비상장법인의 과점주주가 된 경우 당해 법인의 자산에 대한 관리·처분권을 취득하게 되므로 실질적으로 당해 법인의 자산을 취득한 것이나 다름없게 되어 공평과세 및 실질과세 원칙상 취득세를 과세하는 것으로서 입법 목적의 정당성이 인정되며 재산의 이전에 의하여 실질적으로 담세력이 발생한 곳에 과세하는 것으로서 공평과세를 기할 수 있으므로 그 방법의 적절성이 인정된다. 또한, 비상장법인의 과점주주에 대한 간주 취득세 부과는 일반적인 취득세와 같은 세율을 적용하는 등, 일반적인 취득세 부과와 달리 비상장법인의 과점주주의 간주 취득세에만 특별히 무거운 세율을 적용하지 않으며, 비상장법인의 모든 과점주주에게 취득세를 부과하는 것이 아니라, 법인 설립 시의 과점주주는 취득세 부과 대상에서 제외하고 있고, 사실적 지배력을 가진 과점주주에게만 취득세를 부과토록 하여 취득세 부과 대상이 되는 비상장법인 과점주주의 범위를 필요한 정도 내로 제한하고 있는 등, 이 사건 법률조항이 추구하는 공평과세 부과라는 입법목적 달성을 위한 개인의 재산권 제한에 있어 필요 이상의 과잉된 수단이 사용되었다고 볼 수 없으며, 비상장법인의 과점주주에 대한 취득세 부과를 통하여 달성하려는 공익에 비하여 개인의 재산권 제한은 재산의 이전에 의하여 실질적으로 발생한 담세력에 따른 조세부담의 증가로, 이 사건 법률조항이 추구하는 공익과 비교하여 결코 크다고 할 수 없으므로 재산권을 침해하지 않는다(헌법재판소 2006. 6. 29. 선고 2005헌바45 전원재판부 결정).

[175] 지방세기본법 제46조(출자자의 제2차 납세의무) 법인(주식을 「자본시장과 금융투자업에 관한 법률」에 따른 증권시장으로서 대통령령으로 정하는 증권시장에 상장한 법인은 제외한다)의 재산으로 그 법인에 부과되거나 그 법인이 납부할 지방자치단체의 징수금에 충당하여도 부족한 경우에는 그 지방자치단체의 징수금의 과세기준일 또는 납세의무성립일(이에 관한 규정이 없는 세목의 경우에는 납기개시일) 현재 다음 각 호의 어느 하나에 해당하는 자는 그 부족액

법인의 과점주주는 당해 법인의 재산을 사실상 임의로 처분하거나 관리할 수 있는 지배권을 행사할 수 있으므로 그 지분의 범위 내에서 법인의 소유재산을 취득한 것으로 간주하여 이러한 담세력을 근거로 취득세를 과세하고 있다.[177]

과점주주란 주주 또는 유한책임사원 1명과 그의 특수관계인(지방세기본법 시행령 제24조 제2항[178])으로서 그들의 소유주식의 합계 또는 출자액의 합계가 해당 법인의 발행주식 총수 또는 출자총액의 100분의 50을 초과하면서 그에 관한 권리를 실질적으로 행사하는 자를 말한다(지방세기본법 제46조 제2호).

그러나 과점주주로 된 자에 대하여 취득세 과세대상 물건을 취득한 것으로 보아 취득세의 납세의무를 지우기 위하여는 지방세기본법 제46조 제2호 소정의 형식적 요건을 갖추어야 할 뿐만 아니라, 이미 해당 법인이 취득세를 부담하였는데 그 과점주주에 대하여 다시 동일한 과세물건을 대상으로 간주취득세를 부과하는 것은 이중과세에 해당할 수 있기 때문에 당해 과점주주가 법인의 운영을 실질적으로 지배할 수 있는 지위에 있음을 요한다고 할 것이다.[179] 이때 법인의 운영을 실질적으로 지배할 수 있는 지위라 함은 실제 법인의 경영지배를 통하여 법인의 부동산 등의 재산을 사용·수익하거나 처분하는 등의 권한을 행사하였을 것을 요구하는 것은 아니고, 소유하고 있는 주식에 관하여 의결권행사 등을 통하여 주주권을 실질적으로 행사할 수 있는 지위에 있으면 족하다.[180]

에 대하여 제2차 납세의무를 진다. 다만, 제2호에 따른 과점주주의 경우에는 그 부족액을 그 법인의 발행주식총수(의결권이 없는 주식은 제외한다. 이하 이 조에서 같다) 또는 출자총액으로 나눈 금액에 해당 과점주주가 실질적으로 권리를 행사하는 소유주식수(의결권이 없는 주식은 제외한다) 또는 출자액을 곱하여 산출한 금액을 한도로 한다.
1. 무한책임사원
2. 주주 또는 유한책임사원 1명과 그의 특수관계인 중 대통령령으로 정하는 자로서 그들의 소유주식의 합계 또는 출자액의 합계가 해당 법인의 발행주식 총수 또는 출자총액의 100분의 50을 초과하면서 그에 관한 권리를 실질적으로 행사하는 자들(이하 "과점주주"라 한다)

176) 비상장법인 설립 시의 과점주주에게 취득세를 부과하지 않는 것은 법인설립 시의 과점주주는 법인설립 시, 법인 자산에 대한 사실상 지배력을 취득하게 되어 경제적, 사실적으로 법인과 과점주주는 구분되지 아니하여 법인에 의한 1회의 취득세 납부로 족하며 만일 법인설립 시의 과점주주에게 취득세를 부과한다면, 법인의 설립주체로서 사실상 지배력의 관점에서 당해 법인과 실질적으로 동일시 할 수 있는 과점주주에게 당해 법인이 자산 취득 시 이미 납부한 취득세를 다시 납부케 하여 합리적 이유 없이 중복 부담을 과하게 될 소지가 있어 입법정책상 의도적으로 취득세 과세대상에서 제외한 것이다(헌법재판소 2006. 6. 29. 선고 2005헌바45 전원재판부 결정).
177) 대법원 2019. 3. 28. 선고 2015두3591 판결, 대법원 2018. 11. 9. 선고 2018두49376 판결(법인의 과점주주에 대하여 그 법인의 재산을 취득한 것으로 보아 취득세를 부과하는 것은 과점주주가 되면 해당 법인의 재산을 사실상 임의처분하거나 관리·운용할 수 있는 지위에 서게 되어 실질적으로 그 재산을 직접 소유하는 것과 크게 다를 바 없다는 점에서 담세력이 있다고 보기 때문이다).
178) 지방세기본법 시행령 제24조(제2차 납세의무를 지는 특수관계인의 범위 등) ② 법 제46조 제2호에서 "대통령령으로 정하는 자"란 해당 주주 또는 유한책임사원과 제2조의 어느 하나에 해당하는 관계에 있는 자를 말한다.
179) 대법원 2019. 3. 28. 선고 2015두3591 판결(☞ 이 사건 회사의 50% 지분을 가진 원고가 주식 매수인인 A회사의 요청으로 자신의 명의로 나머지 지분에 해당하는 이 사건 주식을 취득하여 명의개서를 마침으로써 주주명부상 이 사건 회사의 과점주주가 되었으나, 불과 6일 후에 이 사건 주식을 포함한 이 사건 회사 주식 전부를 A회사에 양도한 경우, 원고가 이 사건 주식을 취득하여 그 주식 비율의 증가분만큼 이 사건 회사의 운영에 대한 지배권이 실질적으로 증가함으로써 간주취득세를 부담하는 과점주주가 되었다고 보기 어렵다고 판단한 원심 판단을 수긍한 사례), 대법원 2018. 10. 4. 선고 2018두44753 판결, 대법원 1979. 12. 26. 선고 78누333 판결 참조.
180) 대법원 2018. 11. 9. 선고 2018두49376 판결, 대법원 2008. 10. 23. 선고 2006두19501 판결. 위 2018두49376 판결은 「취득세의 납세의무를 부담하는 과점주주에 해당하는지 여부는 주주명부상의 주주 명의가 아니라 그 주식에 관하여

2. 회생절차개시 후 출자전환 등으로 과점주주가 된 경우[181]

과점주주의 취득세 납세의무의 대상은 과점주주 성립 당시(주식 또는 지분취득일) 당해 법인이 소유하고 있던 취득세 과세물건이므로 과점주주가 된 이후에 법인이 취득하는 과세물건에 대하여는 납세의무가 없고, 세율(일반세율 또는 중과세율)의 적용 여부도 과점주주 성립 당시를 기준으로 하는 것이다. 즉 과점주주의 납세의무의 대상은 과점주주 성립시점에 법인이 소유하고 있는 취득세 과세물건이 되며 이때 소유란 지방세법상 취득의 시기가 완성된 것을 의미한다. 과점주주는 법인 설립시 과점주주가 된 경우를 제외하고는 유상취득이나 승계취득 또는 증자 등으로 인하여 과점주주가 된 경우 취득세가 과세된다.

한편 회생계획에 출자전환에 의해 신주를 발행할 것을 정한 경우에는 회생계획에서 특별히 정한 때를 제외하고 회생계획인가가 결정된 때에 주주가 된다(제265조 제1항). 따라서 회생채권자 등은 출자전환으로 회생계획인가 시점에 과점주주의 형식적 요건을 갖출 수 있게 된다. 이처럼 회생절차개시 이후 출자전환이나 주식 취득(유상증자 포함) 등으로 과점주주로서의 형식적 요건을 갖춘 경우 취득세를 납부하여야 하는가. 채무자회생법에 의한 회생절차개시결정이 있은 때에는 회사사업의 경영과 재산의 관리처분권은 관리인에 전속하고 관리인은 회생회사의 기관이거나 그 대표자는 아니지만 회생회사와 그 채권자 및 주주로 구성되는 이해관계인 단체의 관리자인 일종의 공적 수탁자라는 입장에서 회생회사의 대표, 업무집행 및 재산관리 등의 권한행사를 혼자서 할 수 있게 되므로 회생절차개시 후에 비로소 과점주주가 된 자는 과점주주로서의 주주권을 행사할 수 없게 되는 것이고, 따라서 회생회사의 운영을 실질적으로 지배할 수 있는 지위에 있지 아니하는 셈이 되어 그 재산을 취득한 것으로 의제하는 지방세법 제7조 제5항 소정의 과점주주의 요건에 해당되지 아니한다.[182]

3. 회생절차종결과 취득세 납세의무

회생절차 중 출자전환이나 유상증자 등으로 과점주주가 된 경우 회생회사의 운영을 실질적

의결권 등을 통하여 주주권을 실질적으로 행사하여 법인의 운영을 지배하는지 여부를 기준으로 판단하여야 하므로 과점주주의 주식 비율이 증가되었는지 여부 역시 주주권을 실질적으로 행사하는 주식을 기준으로 판단하여야 한다」고 전제한 다음 과점주주인 원고가 명의신탁해 두었던 주식에 관하여 자신의 명의로 명의개서를 하자 위 주식의 취득으로 주식지분율이 증가하였다는 이유로 지분증가분에 대한 간주취득세가 부과된 사안에서, 「명의신탁에도 불구하고 위 주식에 관한 권리를 실질적으로 행사하는 지위에 있었던 것은 원고이므로, 위 명의개서 전후로 원고의 주식 소유비율은 동일하여, 위 명의개서가 간주취득세의 과세근거가 되는 과점주주의 주식 비율이 증가된 경우에 해당하지 않는다」고 보았다.

181) 기촉법에 의한 공동관리절차(이른바 워크아웃) 진행 중 주식을 취득한 후 채권단(금융채권자협의회)에 의결권행사를 위임한 경우에는 법인의 운영을 실질적으로 지배할 수 있는 지위에 있다고 볼 수 없다는 이유로 간주취득세 부과를 부정한 사례가 있다(대법원 2018. 10. 4. 선고 2018두44753 판결 참조). 위 판결은 기촉법에 주주권행사를 직접적으로 제한하는 규정이 없다고 하더라도 주식취득 전후의 제반사정을 전체적으로 살펴 법률상 절차 내에서 실질적으로 회사지배와 관련 없이 주식을 취득하고 그 후 주식취득의 목적이 실현되었다면 간주취득세 납세의무가 성립하는 주식비율의 증가에 해당하지 않는다고 보았다.

182) 대법원 1994. 5. 24. 선고 92누11138 판결 참조.

으로 지배할 수 없으므로 과점주주에 해당하지 아니하며, 향후 회생절차가 종결되어 실질적인 지배력을 얻는다고 하여도 회생절차종결 후 보유하는 주식 또는 지분이 100분의 50을 넘지 않는다면 과점주주에 따른 취득세는 과세되지 아니한다.

만약 지분이 100분의 50을 넘는 경우에는 과점주주에 따른 취득세를 납부하여야 하는가. 회생절차가 종결되어 실질적 지배력이 회복되면 그 시점에서 과점주주가 되었다고 볼 여지가 있고, 그때 간주취득세를 과세할 수 있다고 보는 견해도 있을 수 있다.[183] 그러나 ① 조세법률주의에 의하여 세법의 해석은 엄격하여야 하는데, '법인의 주식 등을 취득함으로써 과점주주가 되었을 때'를 간주취득세의 성립요건으로 규정하고 있으므로(지방세법 제7조 제5항) 출자전환이나 유상증자로 주식을 취득한 때(일반적으로 효력발생일인 인가결정일)를 기준으로 간주취득세 납세의무 성립 여부가 결정되어야 한다고 보아야 하는 점,[184] ② 회생절차 등 구조조정과정에서 출자전환이나 유상증자는 불가피한 측면이 있는데, 이 경우 간주취득세를 과세하는 것은 간주취득세를 부과하는 원래의 취지에 부합하지 않는 점, ③ 실무적으로 오랜 기간 간주취득세를 과세하지 않는 것이 관행처럼 굳어져 왔던 점, ④ 주식 취득시점을 기준으로 과점주주 요건을 살피면 될 뿐 그 이후의 사정은 고려할 필요가 없는 점(위 92누11138 판결[185] 참조) 등에 비추어 보면 회생절차종결 이후에도 간주취득세는 과세할 수 없다고 할 것이다(본서 2211쪽 참조).

제5절 ▌ 회생계획안의 수정·변경

I 의 의

회생계획안은 작성·제출하는 데 시간적 제약이 있고, 제출 이후 이해관계인의 의견을 반영하여야 할 필요가 있거나(제226조, 제227조) 회생계획안의 불비를 보완하거나 경제사정의 변동 등으로 회생계획안을 수정 또는 변경할 필요가 있다.

회생계획안의 수정이란 회생계획안 심리를 위한 관계인집회가 종료되기 전까지 할 수 있는 것으로 이해관계인에게 불리한 영향을 주는 내용의 변경까지도 가능한 것을 말한다.

회생계획안의 변경이란 회생계획안 심리를 위한 관계인집회가 종료된 후부터 회생계획안의 결의까지 사이에 이해관계인에게 불리한 영향을 주지 않는 범위에서 회생계획안을 변경하는 것을 말한다.

---

183) 이러한 견해에 의할 경우 과점주주의 형식적 요건이 갖추어진 때에는 회생절차종결 전에 일정 부분 주식 또는 지분을 처분하여 과점주주의 지위에서 벗어난 후 종결신청을 하는 것을 고려할 필요가 있다.

184) '과점주주'가 되는 시기는 특별한 사정이 없는 한 사법상 주식 취득의 효력이 발생한 날을 의미한다(대법원 2013. 3. 14. 선고 2011두24842 판결).

185) 위 92누11138 판결은 원심이 회생절차가 종결되면 그 회사의 과점주주는 종전의 소유주식비율을 그대로 유지하면서 정상적으로 운영되는 회사의 재산에 대한 관리운영권을 회복할 수 있는 가능성이 있다는 이유만으로 과점주주의 요건을 갖추었다고 판단한 것은 위법하다고 지적하고 있다.

회생계획안의 수정·변경은 회생계획이 인가되기 전에 수정·변경되는 것이라는 점에서, 회생계획인가 시에 하는 변경(제244조, 권리보호조항을 정하고 회생계획을 인가하는 것) 및 회생계획인가 후에 하는 회생계획의 변경과 다르다.

Ⅱ 회생계획안의 수정

1. 제출자에 의한 수정

가. 신청권자·시기·한계

회생계획안의 제출자는 회생계획안의 심리를 위한 관계인집회의 기일 또는 제240조의 규정에 의한 서면결의에 부치는 결정이 있는 날까지는 법원의 허가를 얻어 회생계획안을 수정할 수 있다(제228조). 수정은 제출한 회생계획안의 불비를 보충하고, 경제상황 등 변화에 대응하기 위하여 행하는 것이다.

회생계획안의 수정을 신청할 수 있는 자는 제출자에 한한다. 수정의 시기는 회생계획안 심리를 위한 관계인집회의 기일 또는 제240조의 규정에 의한 서면결의에 부치는 결정이 있는 날까지이다. 이렇게 시기적 제한을 둔 것은 이해관계인의 신뢰를 보호하기 위함이다.[186]

수정할 내용에는 제한이 없다. 따라서 수정된 내용이 이해관계인에게 불리한 영향을 미치는지 여부를 불문한다. 수정할 내용은 이해관계인에게 유·불리를 묻지 않지만 제출된 것과 본질적으로 다른 내용의 수정은 새로운 회생계획안의 제출로 보아야 한다.[187]

나. 법원의 허가

회생계획안의 수정은 법원의 허가를 얻어야 한다. 법원은 직권으로 회생계획안을 수정할 수는 없다. 법원의 수정허가 또는 불허가에 대하여는 불복할 수 없다(제13조). 수정신청에 대하여 법원의 허가가 된 때에는, 그 수정내용이 회생계획안의 일부가 된다.

다. 회생계획안 심리를 위한 관계인집회와 회생계획안 결의를 위한 관계인집회를 병합하여 개최하기로 한 경우

법원이 회생계획안의 심리를 위한 관계인집회와 회생계획안의 결의를 위한 관계인집회를

---

186) 회생계획인가결정에 대한 항고심 심리결과 회생계획 불인가사유가 발견된 경우, 항고심은 원심결정을 취소하고 환송하여 회생계획안을 수정하게 할 수 있는가. 회생계획안 심리를 위한 관계인집회 기일 이후에는 회생계획안을 수정할 수 없다는 것과 관련하여 문제가 될 수 있다. 살피건대 회생계획안 수정시기에 제한을 둔 취지 및 회생계획인가결정 후에도 일정한 경우 회생계획을 변경할 수 있는 점(제282조 제1항), 지금까지 진행해 온 절차를 무용한 것으로 만들지 않도록 하기 위해서라도 사건을 원심으로 환송하여 회생계획안을 수정한 후 다시 제출할 수 있도록 할 필요가 있다(倒産判例百選, 192~193쪽 참조).

187) 회생계획안이 본질적으로 다른 내용으로 수정되지 않는 한 회생계획안의 수정은 제약이 없다. '본질적으로 다른 내용'이 무엇인지는 명확하지 않다. 존속형 회생계획안을 청산형 회생계획안으로 수정하는 경우{법원으로부터 허가를 받아야 한다(제222조)}를 제외하고, 실무적으로 회생계획안의 수정을 광범위하게 인정하고 있다.

병합하여 개최하기로 한 경우에는 어떻게 해야 하는가. 회생계획안의 심리를 위한 관계인집회의 기일이 종료되기 전에 회생계획안이 수정되어 연이어 개최하기로 한 회생계획안의 결의를 위한 관계인집회가 열리기 전에 회생채권자 등 이해관계인 모두에게 그 수정안 사본 또는 요지를 송달할 수 없었고, 그 회생계획안의 수정이 경미하지 않고 이해관계인에게 불리한 영향을 미치는 것이라면,[188] 특별한 사정이 없는 한, 법원은 예정된 회생계획안의 결의를 위한 관계인집회의 개최를 연기한 후 회생채권자 등 이해관계인에게 그 수정안 사본 또는 요지를 송달하는 등으로 의결권을 행사하는 자에게 그 내용을 충분히 숙지하고 검토할 기회를 줌과 동시에 회생계획안의 결의를 위한 관계인집회에 출석하지 못한 회생채권자 등 이해관계인에게 결의의 기회를 보장해 주어야 한다. 이는 회생계획안의 제출자가 회생계획안의 심리를 위한 관계인집회의 기일이 종료되기 전에 법원의 허가를 받아 회생계획안을 수정할 수 있고(제228조 참조), 위와 같은 회생계획안의 수정이 이해관계인에게 불리한 내용을 정할 수 있다고 하여 달라지는 것은 아니다.[189]

따라서 회생계획안의 심리를 위한 관계인집회에서 수정된 관리인 제출의 회생계획 수정안이 회생채권자에게 불리한 영향을 미치는 것임에도, 회생법원이 예정된 회생계획안의 결의를 위한 관계인집회의 개최를 연기한 후 회생채권자 등 이해관계인에게 그 수정안 사본 또는 요지를 송달하는 등으로 의결권을 행사하는 자에게 그 내용을 충분히 숙지하고 검토할 기회를 줌과 동시에 결석자에게 결의의 기회를 보장해 주었어야 함에도 위와 같은 절차를 이행하지 않았다면, 이는 회생절차가 법률의 규정에 위반된 경우에 해당한다.

그러나 회생계획인가 여부 결정에 이르기까지의 절차가 법률의 규정에 위반되는 경우에도 그 위반의 정도, 채무자의 현황 그 밖의 모든 사정을 고려하여 회생계획을 인가하지 아니하는 것이 부적당하다고 인정되는 때에는 법원은 회생계획인가의 결정을 할 수 있으므로(제243조 제2항), 위와 같은 사정으로 회생계획인가 여부 결정에 이르기까지의 절차가 법률의 규정에 위반되는 경우에도 회생계획을 인가하지 아니하는 것이 부적당하다고 인정되는 때에는 회생계획인가의 결정을 할 수 있다.[190]

2. 법원의 수정명령

가. 의 의

법원은 이해관계인의 신청에 의하여 또는 직권으로 회생계획안의 제출자에 대하여 회생계획안을 수정할 것을 명할 수 있다(제229조 제1항).

법원으로 하여금 수정명령을 할 수 있도록 한 것은 회생계획안을 제출하지 않은 이해관계

---

188) 수정할 내용이 경미하고(즉시 확인이 가능한 기재 오류 또는 계산의 착오 등) 이해관계인에게 불리한 영향을 미치지 아니한 때에는, 회생계획안 심리를 위한 관계인집회 중에 법원의 허가를 얻어 이를 수정하면 충분하다.
189) 대법원 2016. 5. 25. 자 2014마1427 결정.
190) 대법원 2016. 5. 25. 자 2014마1427 결정.

인에게 수정명령의 신청권을 인정하기 위한 것이다. 회생계획안을 제출하지 않은 이해관계인은 회생계획안에 대한 불합리한 점을 발견하여도 직접 수정권이 인정되지 않기 때문에 법원의 수정명령을 통하여 그 의견을 계획안에 반영시킬 수 있다.[191] 또한 회생계획안 제출자도 회생계획안 심리를 위한 관계인집회가 종료되면 자발적으로 회생계획안을 수정할 수 없기 때문에 위 집회 종료 이후에 회생계획안의 수정이 필요한 경우 법원의 수정명령을 활용할 수 있다. 따라서 수정명령이 기능을 발휘하는 것은 회생계획안 심리를 위한 관계인집회 종료 이후이다.[192]

나. 수정명령을 할 수 있는 시기

법원이 수정명령을 할 수 있는 시기는 회생계획안의 결의를 위한 관계인집회가 열리기 전까지만 가능하다. 회생계획안의 결의를 위한 관계인집회의 기일을 열지 않고 서면결의에 부치는 결정을 하는 경우에는 서면결의에 부치는 결정 전까지 수정명령을 할 수 있다.

다. 수정명령의 내용

수정명령을 함에 있어서는 제출자에게 일정한 기한을 정하여야 하고, 회생계획안 중 어느 부분을 어떻게 수정할 것인지를 명시하여야 한다. 수정명령을 할 수 있는 내용의 범위에는 제한이 없다.

라. 수정명령신청에 대한 재판

수정명령을 신청할 수 있는 자는 관리인, 채무자, 목록에 기재되어 있거나 신고한 회생채권자, 회생담보권자, 주주·지분권자 등 이해관계인이다. 수정명령의 신청이 있는 경우 법원은 수정명령을 하든지 아니면 기각을 하여야 한다. 이러한 법원의 결정에 대하여는 불복할 수 없다(제13조).

마. 수정명령 후의 절차

법원으로부터 수정명령을 받은 회생계획안 제출자는 법원이 정하는 기한 안에 회생계획안을 수정하여야 한다(제229조 제2항). 수정명령을 받은 회생계획안 제출자는 수정의무가 있다.[193] 법원의 수정명령에 따라 제출된 회생계획안 수정에 대하여도 법원의 허가가 필요하지만, 이는

---

191) 수원지방법원 2016회합10048(의료법인 광화의료재단) 사건에서, 채권자인 서울보증보험 주식회사는 납세보증보험계약에 따라 조세를 대위변제한 후 변제자대위(민법 제481조)의 법리에 따라 자신의 채권이 조세채권에 해당한다고 주장하며 회생계획안[우선권 있는 일반채권으로 보았다] 수정명령을 신청하였으나, 기각되었다.

192) 법원의 수정명령은 직권주의적 절차 진행에 기초한 것으로 입법론적으로 이를 유지할 필요가 있는지는 의문이다. 그 이유는 ① 회생절차는 채무자의 자발적 회생을 원칙으로 하고, ② 법원이 필요 이상으로 후견적인 개입을 하는 것은 적당하지 않으며, ③ 법원과 관리인 사이에 의사소통이 원활하다면 수정명령의 필요성은 크지 않고, ④ 수정명령에 따른 수정이 이루어졌는지를 파악하기 위하여 오히려 절차가 지연될 염려가 있기 때문이다. 따라서 수정명령은 제출된 회생계획안이 관계인집회의 결의에 부칠 수 없는 사유가 있는 경우를 제외하고 그 필요성은 신중하게 검토하여야 할 것이다. 실무적으로도 거의 활용되고 있지 않다. 일본의 경우 회사갱생절차에서는 법원의 수정명령제도를 폐지하였고, 민사재생절차에서는 민사재생법이 아닌 민사재생규칙(제89조)에 법원의 수정명령을 규정하고 있다.

193) 회생계획안을 제출한 관리인이 수정명령에 따르지 아니한 경우에는 관리인의 해임사유가 된다(제83조 제2항).

제228조의 허가와 달리 확인적 의미에 불과하다.

회생계획안 심리를 위한 관계인집회 기일 후에 법원의 수정명령에 의하여 수정이 있는 때에는 법원은 그 수정안을 심리하기 위하여 다시 기일을 정하여 관계인집회를 소집할 수 있다(제230조 제1항). 다시 소집된 관계인집회에서는 회생계획안의 제출자로부터 수정된 회생계획안에 대한 설명을 들은 후 법원은 관리인, 채무자, 목록에 기재되어 있거나 신고한 회생채권자·회생담보권자·주주·지분권자로부터 수정된 회생계획안에 대한 의견을 들어야 한다(제230조 제2항, 제225조).

회생계획안 제출자가 수정명령에 따르지 않더라도 법원이 직권으로 회생계획안을 수정할 수는 없다. 이러한 경우 법원은 회생계획안을 배제하는 결정을 하거나(제231조) 회생계획안이 가결되더라도 불인가결정을 할 수 있을 뿐이다(제243조).

3. 회생계획안 결의를 위한 관계인집회기일의 지정

수정된 회생계획안의 심리를 위한 관계인집회(제224조, 제230조)의 심리를 거친 회생계획안에 관하여 수정명령을 하지 아니하는 때에는 법원은 회생계획안에 관하여 결의를 하기 위하여 기일을 정하여 관계인집회를 소집하여야 한다(제232조 제1항). 이 경우 법원은 미리 그 계획안의 사본 또는 그 요지를 목록에 기재되어 있거나 신고한 회생채권자 등에게 송달하여야 한다(제232조 제1, 2항). 따라서 법원은 회생계획안에 관한 수정이 완료된 경우에는 회생계획안의 결의를 위한 관계인집회를 소집하고 수정이 완료된 회생계획안의 사본 또는 그 요지를 회생채권자 등 이해관계인에게 송달하여야 한다. 송달은 서류를 우편으로 발송하여 할 수 있다(제232조 제3항).

Ⅲ 회생계획안의 변경

1. 취　지

회생계획안 제출자는 회생채권자, 회생담보권자, 주주·지분권자에게 불리한 영향을 주지 않는 한 회생계획안 결의를 위한 관계인집회에서 법원의 허가를 얻어 회생계획안을 변경할 수 있다(제234조). 관계인집회 기일에서 아직 남아있는 회생계획안의 문제점을 해결하기 위하여 변경을 인정함으로써 회생계획안의 가결을 용이하게 하기 위하여 둔 규정이다. 회생계획안 제출 후 회생계획안 결의를 위한 관계인집회 전까지의 사이에서는 회생계획안 수정절차에 의한다.

2. 변경의 한계

회생계획안의 변경신청은 회생계획안 제출자만 할 수 있다. 변경할 수 있는 시기는 회생계획안 결의를 위한 관계인집회에서만 가능하다.

변경할 수 있는 내용도 회생채권자 등 이해관계인에게 불리한 영향을 미치지 않는 한도에서만 가능하다. 이 점이 회생계획안의 수정 및 회생계획의 변경과 다르다. 회생계획안의 변경은 관계인집회 기일에서 하는 것이므로 변경부분을 미리 회생채권자 등 이해관계인에게 송달할 기회가 없어 둔 제약이다. 그리고 회생계획안의 수정과 마찬가지로 회생계획안의 내용을 본질적으로 변경할 수는 없다. '불리한 영향'이란 회생계획안의 조항 중 그 자의 권리 취급에 관한 조항이 변경되어 그가 받아야 할 내용이 실질적으로 불리하게 된 경우를 말하고, 단순히 다른 자와의 관계에서 상대적으로 지위가 저하되는 것은 포함되지 않는다. 예컨대 주주의 지위는 원래대로 두고, 회생채권자 및 회생담보권자의 변제기간을 단축하는 등 원래보다 우대하는 것은 상관없다. 이에 반하여 회생채권자에 대한 변제율을 감소시키거나 변제시기를 늘리는 등의 변경은 허용되지 않는다. 물론 불리한 영향을 받는 권리자 전원이 동의한 경우에는 이러한 제약에 저촉되지 않는다.

3. 변경절차

가. 신청절차

회생계획안의 변경은 관계인집회에서 법원에 신청한다. 신청은 변경내용을 표시한 서면이나 구두로 한다(제33조, 민소법 제161조).

나. 변경의 시기

회생계획안의 변경은 회생계획안 가결을 용이하게 한다는 점에서 보면, 회생계획안이 결의되기 전에 한하지 않고, 회생계획안이 일단 결의에 부쳐지고 가결되지 않은 경우에도 허용된다. 따라서 관계인집회에서 가결되지 않는 경우 그 기일에 회생계획안의 변경을 신청하고 법원이 허가한 경우에는, ① 바로 결의에 부쳐도 되고, ② 회생계획안의 변경에 따라 이전 회생계획안의 부결은 의미를 잃고, 변경 후 회생계획안에 대하여는 결의가 없는 상태가 되기 때문에 법원은 통상의 방법으로 속행기일을 지정하여(제238조 요건은 필요 없다), 그 속행기일에 다시 변경 후 회생계획안을 결의에 부치는 것도 가능하다. ③ 나아가 제238조에 따라 기일을 속행하여 그 속행기일에 회생계획안을 변경하고 다시 결의를 하는 것도 가능하다.[194]

Ⅳ 회생계획안의 배제

1. 의 의

회생계획안의 배제란 법원이 일정한 경우에 회생계획안을 관계인집회의 심리 또는 결의에 부치지 아니하는 것을 말한다(제231조). 회생계획안이 인가될 수 없음에도 오랫동안 절차가 진행되도록 하는 것은 적절하지 않기 때문에 그에 대한 적절한 조치를 취할 필요가 있거나 채무

---

194) 會社更生の實務(下), 302쪽.

자의 재정적 파탄에 책임이 있는 이사 등이 회생절차를 악용하여 채무를 탕감받고 경영권을 회복하는 행위를 제한하기 위하여 둔 것이다.

회생계획안의 배제는 회생계획안 제출 후 회생계획안 결의를 위한 관계인집회가 열릴 때까지 언제라도 할 수 있다. 법원의 회생계획안 배제결정에 대하여는 불복할 수 없다(제13조).

2. 회생계획안이 배제되는 경우

법원은 회생계획안이 아래의 어느 하나에 해당하는 경우에는 회생계획안을 배제할 수 있다(제231조). 회생계획안을 배제할 것인지는 법원의 재량사항이다.

가. 회생계획안이 법률의 규정에 위반한 경우 (제1호)

회생계획안이 법률의 규정에 위반한다는 것은 회생계획안의 내용으로 기재할 것을 요구하는 사항의 일부를 빠뜨린 경우나, 기재된 사항이 채무자회생법이나 다른 법률에 저촉되는 때를 말한다.[195]

나. 회생계획안이 공정하지 아니하거나 형평에 맞지 아니한 경우 (제2호)

회생계획안이 공정하지 아니하거나 형평에 맞지 아니한다는 것은 회생계획안에 있어서 우선적 지위를 누려야 할 자와 그렇지 못한 자를 그 지위에 따라 달리 취급하지 않은 경우이다. 예컨대 회생계획안에서 회생채권자의 권리의 대부분을 감축하면서 주주의 권리에는 아무런 변경을 가하지 않는 경우이다.

다. 회생계획안의 수행이 불가능한 경우 (제3호)

회생계획안의 수행이 불가능하다는 것은 회생계획안의 내용이 채무자가 직면한 문제의 해결과는 거리가 멀어서 수행가능성이 없는 경우이다. 예컨대 영업이익, 자금차입, 자산매각대금을 회생채권의 변제재원으로 하는 회생계획안인데, 영업이익의 발생가능성, 자금차입의 가능성, 자산의 매각가능성이 종전의 영업, 법률적 제한, 거래계의 현실 등에 비추어 현저히 낮은 경우를 말한다.

3. 회생계획안 배제의 효과

회생계획안이 배제되면 그 회생계획안에 대하여는 그 후의 절차가 진행되지 않는다. 배제된 후에는 이에 대한 수정도 할 수 없다. 따라서 관계인집회의 심리 또는 결의에 부칠 회생계획안이 없게 되면 회생절차는 폐지된다(제286조 제1항 제1호).[196]

---

195) 서울회생법원 2019회합100058 주식회사 제주칸트리구락부 사건에서 회생계획안이 청산가치보장원칙에 반한다는 이유로 회생계획안 배제결정을 하였다.

196) 실무적으로 제출된 회생계획안이 1개이거나 제출된 회생계획안을 모두 배제할 경우 통상 회생계획안 배제결정과 함

4. 회생계획안 배제의 특칙

회생절차개시에 중대한 책임이 있거나 해악을 끼친 채무자의 경영자나 그 특수관계인 등이 회생절차를 남용하여 정당한 채권자 등의 희생을 바탕으로 채무를 감면받은 후 다시 정상화된 기업을 인수하여 경영권을 회복하는 것을 방지하기 위하여 일정한 경우 임의적 또는 필요적으로 회생계획안을 배제하도록 하고 있다(제231조의2 제1항, 제2항).

법원은 위와 같은 내용을 확인하기 위하여 필요한 경우에는 채무자, 관리인, 보전관리인, 그 밖의 이해관계인 등에게 정보의 제공 또는 자료의 제출을 명할 수 있다(제231조의2 제3항).

가. 임의적 배제

회생계획안이 ① 채무자의 영업, 사업, 중요한 재산의 전부나 일부의 양수, ② 채무자의 경영권을 인수할 목적으로 하는 주식 또는 출자지분의 양수, ③ 채무자의 주식의 포괄적 교환, 주식의 포괄적 이전, 합병 또는 분할합병(이하 '영업양수 등'이라 한다)의 어느 하나에 해당하는 행위를 내용으로 하는 경우로서 아래의 요건을 모두 충족하는 경우에는 법원은 회생계획안을 관계인집회의 심리 또는 결의에 부치지 아니할 수 있다(제231조의2 제1항).

(1) ① 회사인 채무자의 이사(상법 제401조의2 제1항에 따라 이사로 보는 자를 포함한다)나 해당 이사와 제101조 제1항에 따른 특수관계에 있는 자, ② 회사인 채무자의 감사, ③ 회사인 채무자의 지배인(이하 '중대한 책임이 있는 이사 등'이라 한다)의 중대한 책임이 있는 행위로 인하여 회생절차개시의 원인이 발생하였다고 인정될 것

(2) 영업양수 등의 어느 하나에 해당하는 행위를 하려는 자가 ① 중대한 책임이 있는 이사 등의 자금제공, 담보제공이나 채무보증 등을 통하여 영업양수 등의 어느 하나에 해당하는 행위를 하는 데에 필요한 자금을 마련한 경우, ② 현재 및 과거의 거래관계, 지분소유관계 및 자금제공관계 등을 고려할 때 중대한 책임이 있는 이사 등에 해당하는 자와 채무자의 경영권 인수 등 사업 운영에 관하여 경제적 이해관계를 같이하는 것으로 인정되는 경우, ③ 중대한 책임이 있는 이사 등과 배우자, 직계혈족 등 대통령령으로 정하는 특수관계[197]에 있는 경우에 해

께 회생절차폐지결정을 한다.

197) **제15조의2(회생계획안이 배제되거나 회생계획이 불인가되는 특수관계인의 범위)** 법 제231조의2 제1항 제2호 다목, 같은 조 제2항 각 호 외의 부분 및 제243조의2 제2항에서 '대통령령으로 정하는 특수관계'란 각각 다음 각 호의 어느 하나에 해당하는 관계를 말한다.
1. 본인이 개인인 경우에는 다음 각 목의 어느 하나에 해당하는 자
  가. 배우자
  나. 본인 또는 배우자의 직계존비속
  다. 형제자매
  라. 본인의 금전, 그 밖의 재산에 의하여 생계를 유지하는 자이거나 본인과 생계를 함께 하는 자
2. 본인이 법인이나 그 밖의 단체인 경우에는 다음 각 목의 어느 하나에 해당하는 자
  가. 임원 및 그와 제1호 각 목의 어느 하나에 해당하는 관계에 있는 자
  나. 계열회사(「독점규제 및 공정거래에 관한 법률」 제2조 제12호에 따른 계열회사를 말한다) 및 그 임원

당할 것

나. 필요적 배제

회생계획안이 영업양수 등의 어느 하나에 해당하는 행위를 내용으로 하는 경우로서 그 행위를 하려는 자 또는 그와 대통령령으로 정하는 특수관계[198]에 있는 자가 아래의 어느 하나에 해당하는 경우에는 법원은 회생계획안을 관계인집회의 심리 또는 결의에 부쳐서는 아니 된다 (제231조의2 제2항).

(1) 채무자를 상대로 「형법」 제347조(사기)·제347조의2(컴퓨터등 사용사기)·제349조(부당이득)·제355조(횡령, 배임)·제356조(업무상의 횡령과 배임)·제357조(배임수증재)의 죄(「형법」 또는 다른 법률에 따라 가중 처벌되는 경우 및 미수범을 포함한다)를 범하여 금고 이상의 실형을 선고받고 그 집행이 끝나거나(집행이 끝난 것으로 보는 경우를 포함한다) 집행이 면제된 날부터 10년이 지나지 아니한 경우

(2) 채무자를 상대로 위 (1)의 죄를 범하여 금고 이상의 형의 집행유예 또는 선고유예를 선고받고 그 유예기간 중에 있는 경우

(3) 채무자회생법을 위반하여 금고 이상의 실형을 선고받고 그 집행이 끝나거나(집행이 끝난 것으로 보는 경우를 포함한다) 집행이 면제된 날부터 5년이 지나지 아니한 경우

(4) 채무자회생법을 위반하여 금고 이상의 형의 집행유예 또는 선고유예를 선고받고 그 유예기간 중에 있는 경우

제6절 │ 청산 또는 영업양도 등을 내용으로 하는 회생계획안

Ⅰ 청산형 회생계획안의 의의

본래 회생절차가 예정하고 있는 회생계획안은 채무자의 존속, 영업의 양도, 신회사의 설립 등 채무자의 사업의 존속을 내용으로 하는 회생계획안(회생형 회생계획안·존속형 회생계획안)이다. 따라서 어떠한 사유로 이와 같은 회생계획안을 작성하지 못할 경우에는 회생절차를 폐지하고 파산절차로 이행하는 것이 원칙이다. 그런데 이와 같은 원칙만을 고집할 경우 그동안에 진행된 절차를 모두 수포로 돌아가게 하고 전체적으로 볼 때 시간이나 비용의 측면에서 큰 손실을 초래할 수도 있다. 따라서 채무회생법은 일정한 요건 하에 청산을 내용으로 하는 회생계획안의 작성을 허용함으로써 실질적인 파산절차를 회생절차에 수용하면서 절차의 효율성과 경

다. 단독으로 또는 제1호 각 목의 관계에 있는 자와 합하여 본인에게 100분의 30 이상을 출자하거나 임원의 임면 등의 방법으로 본인의 주요 경영사항에 대하여 사실상 영향력을 행사하고 있는 개인 및 그와 제1호 각 목의 어느 하나에 해당하는 관계에 있는 자

198) 앞의 각주와 같다.

제성을 추구하고 있다.[199]

한편 본래의 의미에서의 청산형 회생계획안이란 청산 즉, 기업을 실질적으로 해체하는 것을 내용으로 하는 회생계획안을 말한다.[200] 그런데 채무자회생법은 ① 채무자의 사업을 청산할 때의 가치가 채무자의 사업을 계속할 때의 가치보다 크다고 인정하는 때에는 관리인, 채무자, 목록에 기재되어 있거나 신고한 회생채권자, 회생담보권자, 주주·지분권자의 신청에 의하여 청산(영업의 전부 또는 일부의 양도, 물적 분할을 포함한다)을 내용으로 하는 회생계획안의 작성을 허가할 수 있다고 규정하고(제222조 제1항), 나아가 ② 회생절차개시 후 채무자의 존속, 합병, 분할, 분할합병, 신회사의 설립 등에 의한 사업의 계속을 내용으로 하는 회생계획안의 작성이 곤란함이 명백하게 된 경우에도 청산형 회생계획안의 작성을 허용할 수 있다고 규정하고 있다(제222조 제2항).

따라서 채무자회생법상 청산형 회생계획안이란 청산 또는 영업의 양도(일부 또는 전부)나 물적 분할을 내용으로 하는 회생계획안을 말한다. 결국 엄밀한 의미의 청산뿐만 아니라 영업의 전부 또는 일부의 청산과 같은 경제적 효과를 가져오는 방안이 회생계획에도 허용됨으로써 인수합병의 활성화가 기대된다. 한편 청산형 회생계획안도 청산가치보장원칙을 준수하여야 하지

199) 파산절차를 이용할 것인지 청산형 회생계획안을 통한 회생절차를 이용할 것인지는 채무자의 선택의 문제이다. 다만 파산절차를 이용하더라도 법인의 경우 면책이 인정되지 않기 때문에 법인인 채무자는 청산형 회생계획안을 통한 회생절차를 이용하는 것이 좋을 것이다. 그 이유는 다음과 같다. ① 법인의 대표자는 대부분 법인의 채무에 대하여 연대보증을 하고 있는 것이 우리의 현실이다. 그런데 채권자가 중소벤처기업진흥공단, 신용보증기금, 기술보증기금인 경우에는 회생계획인가결정을 받은 시점에 주채무가 감경 또는 면제될 경우 연대보증채무도 동일한 비율로 감경 또는 는 면제된다(중소기업진흥에 관한 법률 제74조의2, 신용보증기금법 제30조의3, 기술보증기금법 제37조의3). 이에 관한 자세한 내용은 〈제14장 제5절 Ⅳ.2.다.〉(본서 999쪽)를 참조할 것. 따라서 법인이 청산형 회생계획안을 통하여 중소벤처기업진흥공단 등에 대한 법인의 주채무가 감경 또는 면제될 경우 법인의 대표자도 연대보증채무에 대하여 동일한 혜택을 누릴 수 있다. 그러나 법인이 파산절차를 이용할 경우 이러한 혜택을 누릴 수 없다. 이러한 점에서 청산형 회생계획안의 존재가치는 크다고 할 것이다. ② 절차진행의 주도권에 있어서도 차이가 있다. 청산형 회생절차를 진행하는 경우 기존경영자를 관리인으로 선임하거나 간주하는 현행 실무에서 절차진행의 주도권을 채무자(또는 그 대표자)가 갖지만, 파산절차의 경우에는 파산관재인이 절차진행의 주도권을 갖는다. ③ 담보권의 권리행사에 있어서도 차이가 있다. 회생절차에서는 회생담보권으로 취급되어 권리행사가 제한되지만, 파산절차에서는 별제권으로 권리행사가 제한되지 않는다. ④ 청산형 회생계획을 인정하지 않고 회생절차를 폐지하거나 파산절차에 의할 경우 일반적으로 경매절차를 통해 매각하여야 하는데, 경매절차를 통한 매각보다 관리인이 주도하는 일반 매각이 그 매각가격에 있어 높고, 회생계획인가를 통해 우발채무를 방지할 수 있다. ⑤ 회생절차에서는 채권자들의 회수율을 극대화시키면서도 스스로 좀 더 질서 있는 청산을 할 수 있다. 파산절차와 달리 회생절차는 분쟁의 해결이나 채권자에 대한 배당(변제)에 있어 보다 넓은 선택의 길을 열어두고 있다. 청산형 회생계획은 회생절차의 유연성을 보여준다. 채무자나 이해관계인에게는 자산 매각을 위한 다양한 선택권이 주어진다(Elizabeth Warren, 161쪽). ⑥ 청산형 회생계획안에 의할 경우 법인의 존속에 관한 절차가 필요 없다(제241조).

200) 이러한 의미에서의 청산형 회생계획은 채무자를 해체·청산하는 것으로 실질적으로 파산절차와 유사하지만 몇 가지 차이가 있다. ① 회생계획의 유무에 있어 차이가 있다. 파산절차에서는 애초부터 변제계획을 작성하여 변제율·변제시기를 정하지 않고, 모든 재산을 환가한 후 필요경비나 별제권자에 대한 변제를 하고 남은 재산을 파산채권에 배당한다. 반면 회생절차에서는 회생계획을 작성하여, 회생채권 등에 대한 변제율·변제시기를 정하여야 한다. 다만 청산형 회생계획에 있어서는 현실적으로 채무자의 모든 재산을 환가할 때 예상한 것 이상으로 변제자원이 확보된 경우에는 회생채권자 등에 대하여 예정된 변제율을 넘어 추가로 변제한다는 취지를 정하는 것이 일반적이므로, 이러한 경우에는 파산절차에서의 배당과 유사하게 된다. ② 회사의 소멸에 있어 차이가 있다. 파산절차에서는 파산종결결정이 되고 잔여재산이 없는 회사는 소멸함과 동시에 직권으로 파산종결등기가 된다(제23조 제1항 제5호). 반면 회생절차에서는 회생절차가 종료하여도 그 자체로는 회사가 소멸하는 것이 아니기 때문에 상법 등이 정하는 바에 따라 해산·청산절차가 필요하다.

만, 신규로 자금을 차입하여 변제에 투입하는 경우, Sale&Leaseback 방식을 통한 자산매각으로 변제자금을 조달하는 경우, 일부 채권자가 청산가치에 미달하는 변제에 동의하는 경우 등에는 청산가치보장원칙을 준수하면서 청산형 회생계획안을 작성하는 것이 얼마든지 가능하다.

청산형 회생계획안을 제출하는 경우로는 ① 당초 회생계획안을 작성할 때 법원의 허가를 받아 청산형 회생계획안을 작성하는 경우와 ② 당초 존속형 회생계획이 인가된 후 회생계획을 수행할 수 없어 회생계획을 변경하면서 청산형으로 하는 경우가 있다.[201]

Ⅱ 청산형 회생계획안 작성의 요건

1. 법원의 허가

청산 또는 영업양도 등을 내용으로 하는 회생계획안은 회생절차의 본래의 목적과는 정반대의 목적을 추구하는 것으로 이해관계인에 대하여 실체적·절차적 이익의 침해를 가져올 가능성이 많고, 회생형 회생계획안을 작성하지 못할 사정이 있는 경우에는 절차를 폐지하는 것이 원칙이므로, 청산 또는 영업양도 등을 내용으로 하는 회생계획안을 작성하기 위해서는 법원의 허가를 얻어야 한다(제222조 제1항, 제2항). 다만 법원은 채권자 일반의 이익을 해하는 때에는 그 작성을 허가하여서는 안 된다(제222조 제1항 단서).

인가 후 회생계획변경에 의해 청산형 회생계획안을 작성할 경우에도 법원의 허가를 얻어야 한다.

2. 실체적 요건

가. 채무자의 사업의 청산가치가 계속기업가치보다 큰 경우

법원은 채무자의 사업을 청산할 때의 가치가 채무자의 사업을 계속할 때의 가치보다 크다고 인정하는 때에는 청산(영업의 전부 또는 일부의 양도, 물적 분할을 포함한다)을 내용으로 하는 회생계획안의 작성을 허가할 수 있다(제222조 제1항).

나. 회생형 회생계획안의 작성이 곤란함이 명백한 경우

회생절차개시 후 채무자의 존속, 합병, 분할, 분할합병, 신회사의 설립 등에 의한 사업의 계속을 내용으로 하는 회생계획안의 작성이 곤란한 것이 명백하게 된 경우에도 청산(영업의 전부 또는 일부의 양도, 물적분할을 포함한다)을 내용으로 하는 회생계획안의 작성을 허가할 수 있다(제

---

201) 실무적으로 당장은 사업전망이 밝지 않으나 2~3년 내 호전될 가능성이 있다고 하더라도 회생계획안을 작성하거나 수행가능성을 판단함에 있어 이러한 내용을 반영하기는 쉽지 않다. 이러한 경우 일단 청산형 회생계획안을 작성하여 인가를 받은 후, 회생계획을 수행하다 사업이 잘 될 경우 회생계획을 존속형으로 변경하는 방법으로 회생절차를 진행할 수도 있다. 회사에 기술력이 있어 파산절차로 가기에는 아쉬움이 있지만 당장 인수합병이 어려운 경우에도 청산형 회생계획안을 고려해 볼 만하다.

222조 제2항).

회생절차개시 후 여러 가지 사정으로 사업의 계속을 내용으로 하는 회생계획안을 작성하기 어려운 경우 회생절차를 폐지하여 파산절차에 따라 청산을 할 수도 있다. 그러나 이럴 경우 다시 파산관재인을 선임하고 채권신고·조사 등을 반복하여야 하는 등 절차적으로 무익하다. 그래서 이를 방지하기 위하여 회생절차 내부에서 청산절차를 진행할 수 있도록 청산형 회생계획안을 작성할 수 있도록 한 것이다.

다. 채권자 일반의 이익을 해하지 않을 것

채무자가 위와 같은 요건 중의 하나를 충족하는 경우라 하더라도 청산 또는 영업양도 등을 내용으로 하는 회생계획안을 작성하는 것이 채권자 일반의 이익을 해할 경우에는 그 작성을 허가하여서는 안 된다(제222조 제1항 단서).

채권자 일반의 이익을 해한다는 것은 곧바로 파산절차로 이행할 경우와 대비하여 청산형 회생계획안을 작성하는 것이 이해관계인에 대한 실체적·절차적 처우에 있어서 현저한 균형을 잃는 경우를 의미한다.[202] 그러나 파산절차로 이행된 경우에 있어 각 이해관계인의 이익을 고려하면,[203] 청산형 회생계획안이 적절하게 작성되는 한 파산절차로 이행하는 경우와 비교하여 채권자 일반의 이익을 해할 가능성은 생각하기 어렵다.

라. 면책을 규정할 수 있는지 여부

본래의 의미에서의 청산(liquidation)을 목적으로 하는 회생계획안에 면책(discharge)을 규정할

---

202) 회생사건실무(상), 879쪽. 서울회생법원 2017. 3. 27. 자 2017회합100007 결정은 「① 이 사건 회생절차는 아직 개시결정도 이루어지지 아니하여 청산형 회생계획안의 제출을 위하여 절차를 진행하더라도 관계인집회에서 동의를 얻어 회생계획안이 인가되기까지 상당한 시간이 소요될 것으로 보이는 점, ② 이에 반하여 채무자의 사실상 유일한 재산인 이 사건 부동산에 관하여 이미 경매절차가 상당히 진행되어 매각기일에 매각됨으로써 위 경매절차를 통하여 보다 신속하게 실질적인 청산의 결과를 얻을 수 있을 것으로 보이는 점, ③ 위 부동산에 관한 제1순위 근저당권자로서 약 298억 원의 채권을 보유하고 있는 우리종합금융 주식회사와 주식회사 농심캐피탈(각 종전 제1순위 근저당권자인 주식회사 하나은행으로부터 2016. 6.경 채무자에 대한 채권을 양도받아 위 부동산에 관하여 근저당권 일부 이전등기를 경료하였다)이 채무자에 대한 회생절차개시에 적극적으로 반대의 의사를 표시하고 있는 점, ④ 이에 따라 설령 채무자가 청산을 내용으로 하는 회생계획안을 제출하더라도 최대채권자인 우리종합금융 주식회사 등의 반대로 회생담보권자조의 가결요건을 갖추기 어려울 것으로 보이는 점 등을 종합하여 보면, 청산형 회생계획안의 제출을 전제로 한 회생절차를 개시하는 것은 채권자 일반의 이익에 적합하지 아니하다」고 판시하고 있다.
203) ① 공익채권자는 청산형 회생계획안에서 우선변제가 인정되고, 파산절차로 이행하여도 재단채권으로 취급되기 때문에 이해관계인의 지위에 변화가 없다. ② 담보권자는 파산절차에서 별제권자로 취급된다는 점에서 차이가 있지만, 청산형 회생계획안에서도 담보목적물의 청산가치 상당액은 회생담보권자에게 보장되기 때문에 결론에 있어 큰 차이는 없다. ③ 상계권자도 청산형 회생계획안에서 상계기대에 대응한 변제를 보장한다면 큰 차이가 발생하지 않는다. ④ 조세채권자는 양 절차에 있어 차이가 있지만, 회생절차에서도 각종 특칙으로 조세채권을 보호하고 있고, 파산절차에서 조세채권을 재단채권으로 인정하는 것에 대한 비판적 견해를 고려하면 그 차이를 중시할 필요성은 적어 보인다. ⑤ 절차적인 차이로 가결요건의 차이가 있지만, 가결요건은 각 절차의 전체적인 틀에서 정해지는 것이고, 청산가치보장원칙 등을 고려하면 오히려 청산형 회생계획이 소수자의 이익보호에 더 철저할 수 있다. ⑥ 회생절차에서 신고하지 않아 실권된 채권이나 채권조사확정절차를 게을리 한 채권자라도 파산절차로 이행한다면 다시 권리행사가 가능하다는 점에서 청산형 회생계획안에 의해 불이익을 받을 수 있다는 지적이 있다. 그러나 이러한 특정 채권자의 이익은 채권자의 일반의 이익과는 무관하다{會社更生の實務(下), 255〜256쪽}.

수 있는가. 원래 청산을 목적으로 하는 회생계획안은 파산절차로 하여야 할 것이고, 법인의 경우 파산절차에서 면책이 인정되지 않는다. 미국 연방도산법은 청산을 내용으로 하는 회생계획의 경우 면책을 이용할 수 없도록 하고 있다(§1141(d) (3)(A)[204]). 동일한 법인에 대하여 파산을 신청하느냐 회생을 신청하느냐에 따라 면책 여부가 달라진다는 것은 형평에 맞지 않고, 개인의 경우에는 면책불허가사유에 대한 심리절차도 없으므로 본래의 의미에서의 청산을 목적으로 하는 회생계획안을 작성할 경우 면책을 인정하여서는 안 된다고 볼 수도 있다. 그러나 현행 채무자회생법은 청산형 회생계획안에 대하여 미국 연방도산법처럼 명시적으로 면책을 이용할 수 없도록 하는 규정이 없다. 채권자는 회생계획안 결의를 위한 관계인집회에서 회생계획안에 대해 동의 여부를 표시함으로써 그 의견을 반영할 수 있고, 가결된 이후 법원은 회생계획 인가 여부를 결정하는 단계에서 면책이 타당한지, 면책불허가사유는 없는지 등 여러 사항을 고려할 수 있다. 따라서 본래 의미에서의 청산을 목적으로 하는 회생계획안의 경우에도 면책을 이용할 수 있다고 할 것이다. 이런 점에서 파산절차보다 회생절차를 이용하는 것이 채무자에게 유리하다.

3. 절차적 요건

청산 또는 영업양도 등을 내용으로 하는 회생계획안의 작성을 법원이 허가하기 위해서는 관리인, 채무자, 목록에 기재되어 있거나 신고한 회생채권자, 회생담보권자, 주주·지분권자의 신청이 있어야 한다(제222조 제1항).

Ⅲ 청산형 회생계획안의 작성 허가와 그 취소

1. 작성허가

법원은 청산 또는 영업양도 등을 내용으로 하는 회생계획안의 작성 허가에 필요한 요건을 갖추었는지 여부를 심사한 후 허가 여부를 결정한다. 허가 여부에 관한 결정은 신청인에게 고지하여야 하며, 이 결정에 대해서는 불복할 수 없다(제13조).

관리인, 채무자, 목록에 기재되어 있거나 신고한 회생채권자, 회생담보권자와 주주·지분권자는 허가에 관하여 의견을 진술할 수 있다(제222조 제4항, 제236조 제4항).

2. 허가의 취소

법원은 청산 또는 영업양도 등을 내용으로 하는 회생계획안을 결의에 부칠 때까지는 언제든지 이미 한 청산형 회생계획안의 작성허가를 취소할 수 있다(제222조 제3항). 예컨대 회생절차 진행 중에 매출이 급격하게 증가하여 사업의 계속을 내용으로 하는 회생계획안의 작성이

---

204) §1141(d)(3) The confirmation of a plan dose not discharge a detator if –
    (A) the plan provides for the liquidation of all or substantially all of the property of the estate.

가능한 경우 청산형 회생계획안 작성의 허가를 취소할 수 있을 것이다.

Ⅳ 청산형 회생계획안의 심리 및 결의

청산 또는 영업양도 등을 내용으로 하는 회생계획안도 법원의 수정명령의 대상이 되고, 관계인집회에서 심리·가결되고, 법원의 인가를 받음으로써 그 효력이 발생한다. 다만 청산 또는 영업양도 등을 내용으로 하는 회생계획안에 대한 회생담보권자 조의 가결요건은 회생형 회생계획안과 달리 의결권을 행사할 수 있는 회생담보권자의 의결권 총액의 5분의 4 이상에 해당하는 의결권을 가진 자의 동의가 있어야 한다(제237조 제2호 나목). 회생담보권자는 파산절차에 의할 경우 별제권자로서 개별적인 권리행사가 가능하나, 회생절차에서는 권리의 행사가 제한되기 때문에 가결요건을 강화한 것이다.

회생채권자 조의 가결요건은 회생형 회생계획안에 있어서와 같다.

청산 또는 영업양도 등을 내용으로 하는 회생계획안을 결의함에 있어서도 부채가 자산을 초과한 경우(대부분이 그럴 것이다) 주주·지분권자에게는 의결권이 없다(제146조 제3항).

청산형 회생계획안이 가결되면 관리인이 회생계획을 수행하고 별도로 청산인을 선임하지 않는다.

제7절 회생절차에서의 기업결합에 대한 제한

공정거래법 제9조 제1항은 누구든지 직접 또는 특수관계인을 통하여 일정한 거래분야에서 경쟁을 실질적으로 제한하는[205] 기업결합을 원칙적으로 금지하고 있다. 이는 기업결합으로 인하여 일정한 거래분야의 공정하고 자유로운 경쟁질서가 저해되는 것을 방지하기 위해서이다.[206]

기업결합이 제한되는 대상은 공정거래법의 적용을 받는 사업자이다. 사업자란 제조업, 서비스업, 기타 사업을 행하는 자를 말한다(공정거래법 제2조 제1호 제1문). 사업자에는 법인뿐만 아니라 법인격 없는 사단이나 개인(자연인)도 포함된다.[207] 사업자의 법적 형태나 규모에는 제한이 없으며 금융기관이나 정부투자기관도 포함된다.

---

205) "경쟁을 실질적으로 제한하는 행위"라 함은 일정한 거래분야의 경쟁이 감소하여 특정 사업자 또는 사업자단체의 의사에 따라 어느 정도 자유로이 가격·수량·품질 기타 거래조건 등의 결정에 영향을 미치거나 미칠 우려가 있는 상태를 초래하는 행위를 말한다(공정거래법 제2조 제5호).

206) 기업결합이 유발하는 변화의 결과와 그 역기능에 관심을 두고 이를 규율하기 위한 다양한 제도들을 여러 법 분야(상법, 노동법, 자본시장법, 조세법 등)에 마련해 두고 있다. 공정거래법도 그런 법률 가운데 하나라 할 수 있다. 다만 공정거래법이 기업결합에 대해 두는 관심은 다른 법 영역과 차이가 있는데, 주로 기업결합이 시장의 경쟁에 어떤 영향을 미치게 될 것인지를 주목하고 경쟁제한적인 경우에 대하여 규제를 하게 된다는 점에 차이가 있다{권오승 외 7인, 독점규제법, 법문사(2017), 77쪽}.

207) 권오승 외 7인, 전게서, 95쪽.

채무자회생법은 채무자로 하여금 회생절차개시 이후 회생계획 인가 전 및 인가 후의 영업양도(제62조 제1항, 제200조), 제3자 배정 신주인수, 주식의 포괄적 교환 또는 이전, 합병, 분할, 분할합병, 신회사의 설립(제206조 내지 제215조) 등 다양한 형태의 M&A(merger and acquisition)나 출자전환을 내용으로 하는 회생계획을 수립할 수 있도록 하고 있다.

실무적으로 회생절차 진행 중 M&A나 출자전환(제206조 제1항)으로 회생회사에 투자하거나 주식을 취득한 자가 공정거래법이 제한하는 기업결합에 해당하는 경우가 발생할 수 있다. 이 경우 공정거래법에 따른 기업결합신고를 해야 한다. 회생절차에서 진행되는 M&A나 출자전환의 목적,[208] 신속한 절차 진행이라는 측면에서 공정거래법이 회생절차에서의 기업결합에 대하여도 제한할 필요가 있는지는 의문이다.[209]

여기서는 공정거래법상 기업결합과 그 제한, 기업결합제한의 대상 및 기업결합신고·심사에 대하여 간략히 살펴보기로 한다.

Ⅰ 기업결합

1. 기업결합의 제한

기업결합이란 둘 이상의 기업이 자본적·인적·조직적인 결합(integration)을 통하여 단일한 경영체제에 의한 지배를 받게 되는 기업간 결합 과정 및 그 형태를 말한다. 기업결합은 기업의 성장이나 시장지배를 위한 대표적인 수단으로 활용되고 있으나, 기업규모의 확대와 시장지배로 인하여 시장구조를 경쟁제한적으로 만들 우려가 있기 때문에 이를 규제하고 있다.

기업구조조정의 일환으로 M&A가 활성화됨에 따라 기업결합규제가 주목을 받고 있다. 회생절차에 있어서도 M&A나 영업양수, 출자전환으로 기업결합이 문제될 수 있으므로 이와 관련된 내용 및 절차를 숙지할 필요가 있다.

공정거래법이 경쟁제한적인 기업결합을 원칙적으로 금지하고 있지만, 기업결합은 경쟁에 미치는 영향이 긍정적일 수도 부정적일 수도 있다. 따라서 기업결합에 해당된다고 하여 일률적으로 규제할 수 없고, 구체적인 경우 개별적으로 심사하지 않으면 안 된다.

---

208) 채무면제가 아닌 출자전환을 원칙으로 하는 실무운용으로 인해, 채권자들은 의도치 않게 기업결합의 제한을 받는 상황에 직면할 수 있다.

209) 공정거래법은 상호출자제한기업집단(공정거래법 제31조 제1항 참조)에 속하는 국내 회사(금융업 또는 보험업을 영위하는 회사는 제외한다)는 계열회사에 대한 채무보증을 금지하고 있다(공정거래법 제24조 본문). 이는 계열회사 사이의 채무보증은 대기업집단으로 여신이 편중되어 경제력집중을 심화시키고, 경쟁력을 상실한 한계 계열회사의 퇴출을 저해하며(이로 인해 기업집단 전체의 부실화를 초래한다), 연쇄적으로 금융기관의 부실화를 초래하고, 채무보증관계가 거미줄같이 얽혀 있어 구조조정도 어렵게 한다는 점을 고려하여 제한하는 것이다. 다만 회생절차가 진행 중인 회사에 대한 인수합병을 촉진하기 위하여 회생절차개시를 신청한 회사의 제3자 인수와 직접 관련된 계열회사에 대한 채무보증은 허용하고 있다(공정거래법 제24조 단서 제2호, 같은 법 시행령 제31조 제2항 제6호).

2. 기업결합신고 · 심사

가. 기업결합신고

공정거래법은 기업결합이 경쟁제한적인지의 여부를 심사하기 위하여 일정한 기업결합행위에 대하여는 이를 공정거래위원회에 신고하도록 하고 있다(공정거래법 제11조). 기업결합은 해당 기업이나 그 기업이 속한 시장의 입장에서 매우 중요한 사안이므로 이를 허용할 것인지 아닌지의 판단은 가급적 신속하고 정확하게 판단하는 것이 바람직하다. 이를 위해서는 공정거래위원회가 현재 어느 분야에서 어떤 기업들간에 결합이 추진되고 있는지를 파악하고 있을 필요가 있다. 이 때문에 공정거래법은 기업결합을 추진하는 당사자들로 하여금 사전 또는 사후에 공정거래위원회에 그와 같은 사실을 알리도록 하는 기업결합신고제도를 두고 있다.

(1) 신고의무자(신고대상회사)

기업결합신고대상회사 또는 그 특수관계인이 상대회사에 대하여 ① 다른 회사의 발행주식총수{상법 제370조(의결권 없는 주식)의 규정에 의한 의결권없는 주식을 제외한다}의 100분의 20(상장법인의 경우에는 100분의 15) 이상을 소유하게 되는 경우,[210] ② 다른 회사의 발행주식을 ①에 따른 비율 이상으로 소유한 자가 당해 회사의 주식을 추가로 취득하여 최다출자자가 되는 경우,[211] ③ 임원겸임의 경우(계열회사의 임원을 겸임하는 경우를 제외한다), ④ 다른 회사와 합병하거나 다른 회사의 영업의 전부 또는 주요부분의 양수·임차 또는 경영의 수임이나 다른 회사의 영업용 고정자산의 전부 또는 주요부분의 양수를 하는 경우나 ⑤ 기업결합신고대상회사 또는 그 특수관계인이 상대회사 또는 그 특수관계인과 공동으로 새로운 회사설립에 참여하여 그 회사의 최다출자자가 되는 경우에는 소정의 기업결합의 신고서에 관련 서류를 첨부하여[212] 공정거래위원회에 신고하여야 한다.[213]

기업결합신고대상회사란 자산총액[214] 또는 매출액[215]이 3,000억 원 이상인 회사를 말한다(공

---

210) "100분의 20(주권상장법인의 경우에는 100분의 15) 이상을 소유하게 되는 경우"라 함은 100분의 20(주권상장법인의 경우에는 100분의 15) 미만의 소유상태에서 100분의 20 이상의 소유상태로 되는 경우를 말한다(공정거래법 시행령 제18조 제4항).

211) "최다출자자가 되는 경우"라 함은 최다출자자가 아닌 상태에서 최다출자자가 되는 경우를 말한다(공정거래법 시행령 제18조 제5항).

212) 기업결합신고를 하고자 하는 자는 공정거래위원회가 정하여 고시하는 바에 따라 신고의무자 및 상대방 회사의 명칭·매출액·자산총액·사업내용과 당해 기업결합의 내용 및 관련시장 현황 등을 기재한 신고서에 신고내용을 입증하는 데 필요한 관련서류를 첨부하여 공정거래위원회에 제출하여야 한다(공정거래법 시행령 제18조 제6항).

213) 다만 중소기업창업투자회사, 신기술사업금융업자, 사회기반시설 민간투자사업 시행회사, 부동산투자회사 등은 일정한 경우 신고대상에서 제외되어 있다(공정거래법 제11조 제3항).

214) "자산총액"이란 ① 기업결합일이 속하는 사업연도 중에 신주 및 사채의 발행이 없는 경우에는 기업결합일이 속하는 사업연도의 직전 사업연도 종료일 현재의 대차대조표에 표시된 자산총액, ② 기업결합일이 속하는 사업연도 중에 신주 및 사채의 발행이 있는 경우에는 직전 사업연도 종료일 현재의 대차대조표에 표시된 자산총액에 신주 및 사채의 발행으로 증가된 금액을 합한 금액을 말한다(공정거래법 시행령 제15조 제1항).

215) "매출액"이란 기업결합일이 속하는 사업연도의 직전 사업연도의 손익계산서에 표시된 매출액을 말한다. 다만, 금융업 또는 보험업을 영위하는 회사의 경우에는 직전사업연도의 손익계산서에 표시된 영업수익을 말한다(공정거래법

정거래법 시행령 제18조 제1항). 임원겸임에 의한 기업결합의 경우(③)는 2조원 이상이다(공정거래법 제11조 제1항). 임원겸임의 경우는 대규모회사가 아니면 기업결합규제 대상 자체가 되지 않기 때문이다(공정거래법 제9조 제1항 단서). 상대회사란 자산총액 또는 매출액이 300억 원 이상인 회사를 말한다(공정거래법 시행령 제18조 제2항).

기업결합신고대상회사 또는 그 특수관계인이 자산총액 또는 매출액이 300억 원 이상인 상대회사에 대하여 기업결합행위를 하여야 기업결합신고의무가 발생한다. 따라서 취득회사의 자산총액 또는 매출액이 3,000억 원 이상이라 하더라도 피취득회사의 그것이 300억 원 미만이면 신고대상에서 제외된다.

신고의무자가 2인 이상인 경우에는 원칙적으로 공동으로 신고하여야 한다(공정거래법 제11조 제11항 본문).

<기업결합 사전신고와 사후신고>[216]

구분	신고의무자	기업결합유형	신고시기
사전신고	대규모회사	주식취득(①,②)	계약일 등 이후 기업결합일 이전
		합병(④)	
		영업양수(④)	
		회사신설 참여(⑤)	주총(이사회) 의결일 이후 주식대금납입기일까지
사후신고	대규모회사 이외의 자	주식취득(①,②)	주권교부일로부터 30일 이내
		합병(④)	합병등기일로부터 30일 이내
		영업양수(④)	영업양수대금 지불완료일로부터 30일 이내
		회사신설 참여(⑤)	주식대금납입기일 다음날부터 30일 이내
	대규모회사 여부 불문	임원겸임(③)	겸임되는 회사의 주주(사원)총회에서 선임이 의결된 날로부터 30일 이내

(2) 신고시기

기업결합신고는 원칙적으로 기업결합일로부터 30일 이내에 이를 하여야 한다(공정거래법 제11조 제6항 본문, 사후신고). 기업결합일이란 주권교부일, 주금납입기일의 다음날, 지분양수의 효력이 발생한 날 등, 임원선임 의결일, 영업양수대금 지급완료일, 합병등기일을 말한다(공정거래법 시행령 제17조). 공개시장에 있어서 거래질서의 안정을 도모하고 기업의 비밀유지를 위하여 사후신고제를 채택한 것이다(원칙적 사후신고).

다만 위 (1)의 ①, ②, ④, ⑤에 의한 기업결합으로서 기업결합의 당사회사 중 1이상의 회

시행령 제15조 제2항).
216) 권오승·서정, 전게서, 208쪽. 결국 대규모회사의 경우는 사전신고가 원칙이고, 대규모회사 이외의 경우는 사후신고가 원칙이다.

사가 대규모회사인 경우 기업결합신고기준일[217]로부터 기업결합일 전까지의 기간 내에 이를 신고하여야 한다(예외적 사전신고). 대규모회사에 의한 기업결합이 이루어지면 경쟁제한성이 문제되는 경우가 많고 그에 따른 폐해 또한 가볍지 않다는 점에 착안하여 일정한 규모 이상의 사업자가 기업결합을 하고자 하는 경우에는 이를 사전에 신고하도록 하고 있다.[218] 대규모회사란 자산총액 또는 매출액의 규모가 2조원 이상인 회사를 말한다(공정거래법 제9조 제1항 단서, 공정거래법 시행령 제15조 제3항).

(3) 심사결과통지

공정거래위원회는 신고를 받으면[219] 신고일로부터 30일(90일 범위 내에서 연장 가능) 이내에 기업결합의 제한에 해당하는지를 심사하고, 그 심사결과를 해당 신고자에게 통지하여야 한다(공정거래법 제11조 제7항).

기업결합의 사전신고를 하여야 하는 자는 공정거래위원회의 심사결과를 통지받기 전까지 각각 주식소유, 합병등기, 영업양수계약의 이행행위 또는 주식인수행위를 하여서는 안 된다(공정거래법 제11조 제8항).

(4) 신고의무위반 등에 대한 제재

사업자가 법정의 기간 내에 기업결합신고를 하지 아니하거나 허위의 신고를 한 경우 또는 사전신고 시 이행금지의무를 위반한 경우에는 1억 원 이하의 과태료에 처하며, 회사의 임원 또는 종업원 기타 이해관계인이 기업결합의 신고를 하지 아니하거나 허위의 신고를 한 경우에는 1천만 원 이하의 과태료에 처한다(공정거래법 제130조 제1항 제1호).

나. 사전심사요청제도

기업결합을 하고자 하는 경우 신고기간(공정거래법 제11조 제6항) 이전이라도 미리 경쟁제한성 여부에 관하여 공정거래위원회에 심사를 요청할 수 있는 임의적 사전심사요청제도를 두고 있다(공정거래법 제11조 제9항). 사전심사요청제도는 기업결합에 관련된 당사자들로 하여금 그 거래의 지속 여부에 관한 예측가능성을 높이고, 경쟁제한성이 없는 거래의 신속성을 제고(기업의 의사결정에 도움이 될 것이다)하는 데 그 제도의 취지가 있다.

공정거래위원회는 사전심사를 요청받은 경우 30일(90일 범위 내에서 연장 가능) 이내에 그 심사결과를 요청한 자에게 통지하여야 한다(공정거래법 제11조 제10항).

---

217) 기업결합신고기준일이란 ① 다른 회사의 주식을 소유하게 되거나 최다출자자가 되는 경우에는 주식을 취득·소유하기로 계약·합의 등을 하거나 이사회 등을 통하여 결정된 날, ② 합병·영업양수가 있는 경우에는 합병계약을 체결한 날 또는 영업양수계약을 체결한 날, ③ 새로운 회사설립에 참여하는 경우에는 회사설립의 참여에 대한 주주총회 또는 이에 갈음하는 이사회의 의결이 있는 날을 말한다(공정거래법 시행령 제20조 제3항).
218) 권오승·서정, 독점규제법 — 이론과 실무 —, 법문사(2017), 207쪽. 다만 임원겸임의 경우에는 사후에 복귀명령을 내리더라도 결합 이전의 상태로 복원하기가 어렵지 않기 때문에 사후에 신고하도록 하고 있다.
219) 신고는 공정거래위원회의 심사(조사)착수를 위한 단서제공의 의미를 갖는다.

기업결합의 당사회사는 임의적 사전심사를 받았다고 하더라도 신고시기가 도래하면 정식신고를 해야 한다.

다. 기업결합위반에 대한 제재수단

(1) 시정조치

공정거래위원회는 기업결합이 제한 규정에 위반하거나 위반할 우려가 있는 때에는 기업결합 당사회사에 대하여 당해 행위의 중지 등 시정조치를 할 수 있다(공정거래법 제14조 제1항).

(2) 합병 또는 설립무효의 소 제기

공정거래위원회는 기업결합 제한을 위반한 회사의 합병 또는 설립이 있는 경우에는 당해 회사의 합병 또는 설립무효의 소를 제기할 수 있다(공정거래법 제14조 제2항).

(3) 이행강제금

기업결합의 제한을 위반하여 시정조치를 받은 후 그 정한 기한 내에 이행을 하지 아니한 경우에는 이행강제금이 부과된다(공정거래법 제16조).

Ⅱ 회생절차에서의 기업결합

회생절차에서 M&A나 영업양수 또는 출자전환을 하는 경우가 많다. 회생절차에서 이러한 행위가 공정거래법에 따른 기업결합 규제의 대상이 되는 경우 당사자로서는 당해 기업결합이 공정거래법상 경쟁제한적 기업결합에 해당하는지 여부에 관한 쟁점을 조기에 해소할 필요가 있다.

1. 기업결합에 따른 조속한 심사의 필요성

회생절차에서의 M&A 등이 공정거래법상 신고대상 기업결합에 해당할 경우에는 회생계획의 수행가능성 및 인가 요건 충족 여부를 명확히 하기 위하여 늦어도 회생계획인가 전까지 공정거래위원회로부터 기업결합신고에 대한 심사결과의 통지를 받아야 할 것이다.

그리고 회생절차에서 이루어지는 M&A 등이 공정거래위원회에 의하여 경쟁제한적인 기업결합으로 판단되어 시정조치의 대상이 되는 경우에는 이와 같은 M&A 등을 내용으로 하는 회생계획은 그 수행가능성이 불명확하게 된다. 제243조 제1항 제1호 후단은 '회생계획이 법률의 규정에 적합할 것'을 규정하고 있는데, 여기에서 말하는 법률의 규정에는 채무자회생법의 관련 규정들뿐만 아니라 민법 등 관련법의 내용도 포함된다. 따라서 회생절차에서의 M&A 등이 공정거래법상 경쟁제한적 기업결합으로서 법에 위반된다고 판단될 경우, 이를 내용으로 하는 회생계획은 제243조 제1항 제1호 후단의 인가요건을 구비하지 못하였다고 볼 수 있다.[220]

---

220) 조혜수, "회생절차에서의 M&A와 공정거래법상 기업결합규제에 있어서 도산기업의 항변", 시장경제와 사회조화: 남

한편 실무적으로 공정거래법 제11조 제6항이 정한 신고기간에 따라 신고를 하기에는 절차적으로 곤란한 측면이 있다. 신고기간에 따라 신고를 할 경우 투자계약서나 회생계획안을 작성할 때 생각하지 못한 시정조치나 이행강제금의 부과를 공정거래위원회로부터 받을 수 있고, 이로써 투자계약이 해제되거나 회생계획안을 수정하여야 하는 상황이 발생할 수 있다(나아가 이로 인해 회생절차가 폐지될 수도 있다). 또한 형사처벌을 받을 우려도 있다. 이러한 이유로 기업결합 규제의 상황이 예상되거나 발생한 경우 공정거래위원회로부터 사전심사(공정거래법 제11조 제9항)를 받는 것이 바람직하다.[221]

요컨대 투자자(인수인·취득자)는 기업결합을 신고해야 하는 것으로 예상되는 경우 공정거래위원회에 사전심사를 받을 필요가 있고(대규모회사에 해당하는 경우에는 반드시 사전신고를 하여야 한다), 이러한 내용을 투자계약서에 명시할 필요가 있다. 회생계획안의 심리 및 결의를 위한 관계인집회기일까지 사전심사결과의 통보를 받지 못한 경우 회생계획안이 가결되더라도 사전심사결과의 통보를 받은 이후로 인가결정을 미루어야 한다. 따라서 기업결합이 공정거래법 규제 대상이 될 경우에는 미리 그 심사에 소요되는 기간 등을 고려하여 회생계획안의 심리 및 결의를 위한 관계인집회기일을 지정하여야 한다. 그래서 회생절차에서 기업결합이 예상되는 경우에는 조기에 심사절차를 진행할 필요가 있다.[222]

2. 출자전환으로 인한 기업결합에 있어서의 문제

대규모회사는 기업결합신고기준일로부터 기업결합일 전까지의 기간 내에 이를 미리 신고하여야 하고, 기업결합의 사전신고를 하여야 하는 자는 공정거래위원회의 심사결과를 통지받기 전까지 각각 주식소유, 합병등기, 영업양수계약의 이행행위 또는 주식인수행위를 하여서는 안 된다는 것은 앞에서 본 바와 같다.[223] 그런데 출자전환(제206조 제1항)에 따른 주식취득시기는 회생계획에 특별한 정함이 없는 경우에는 회생계획인가가 결정된 때라고 규정하고 있다(제265조 제1항). 실무적으로도 회생계획이 인가된 때 신주발행의 효력이 발생한 것으로 정한다. 이로 인해 취득회사가 대규모회사인 경우 사전신고를 할 수 없는 상황이 발생하거나 심사결과를 통지받기 전에 금지하는 주식취득행위가 완성되어 결과적으로 과태료의 제재를 받게 될 수밖에 없다.

이러한 상황임에도 공정거래위원회는 회생계획인가 결정으로 출자전환에 따른 주식을 취득한 경우 심사결과 통지 전 주식취득행위를 했다는 이유로 과태료를 부과하는 경우가 종종 있

천 권오승 교수 정년기념논문집, 법문사(2015), 171~172쪽.

221) 법원(재판부)이나 관리인은 사전심사절차가 조기에 진행될 수 있도록 기업결합신고대상자에게 권고할 필요가 있다.

222) 창원지방법원 2017회합10023 주식회사 성우엔지니어링 사건에서, 공정거래법상 대규모회사에 해당하는 유암코옥터스기업재무안정 사모투자합자회사는 주식회사 성우엔지니어링에 대한 주식취득이 공정거래법 제7조(현재 제9조) 제1항에 위반되는지 여부가 문제되자, 2017. 11. 15. 공정거래위원회에 사전신고를 하여 심사를 요청하였다. 공정거래위원회는 2017. 11. 16. 위 주식취득은 공정거래법 제7조 제1항의 규정에 위반되지 않는다고 회신하였다.

223) 실무적으로 시중은행들은 공정거래법이 규정하는 대규모회사에 해당하여 본 항에서 논의하는 문제에 직면하는 경우가 많다.

었다.[224] 그런데 이러한 과태료 부과는 여러 가지 점에서 부당하다. ① 회생계획인가결정으로 인한 주식취득은 기업결합신고기준일인 주식을 취득하기로 계약·합의 등을 한 날(공정거래법 시행령 제20조 제3항 제1호)이라고 볼 수 없다. '주식을 취득하기로 계약·합의'는 양당사자의 의사합치를 전제로 한 것으로 회생계획인가결정으로 주식 취득이 간주되는 경우는 여기에 포함된다고 볼 수 없다. 과태료는 사업자가 기업결합의 이행행위를 한 경우라야 부과되는데, 출자전환으로 인한 경우 주식취득이라는 이행행위는 법원의 회생계획인가라는 결정에 의하여 된 것이므로 공정거래법이 금지하는 이행행위가 없다. ② 공정거래법을 문언적으로만 해석하면 기업결합신고기준일과 기업결합일이 일치하여 사전신고를 하는 것이 사실상 불가능하다. ③ 고의 또는 과실이 없는 질서위반행위에 대하여는 과태료를 부과할 수 없다(질서위반행위규제법 제7조).[225] 대규모회사는 출자전환을 포함한 회생계획을 작성하는 데 관여하지도 않았고, 회생계획인가도 집단적 의사결정과정을 거쳐 법원이 한 것이며, 공정거래법이 금지하는 이행행위도 회생계획인가로 자동적으로 발생한 것으로 이행행위에 취득자의 고의 또는 과실이 있다고 보기 어렵다. ④ 제206조 제4항은 출자전환(제206조 제1항)의 경우 금융자본에 의한 산업자본의 지배를 막기 위하여 둔 은행법 등의 규정을 적용하지 않는다고 규정하고 있는데, 출자전환에 의하여 금융기관 등이 채무자의 주식 또는 출자지분을 취득하는 경우에는 투자나 회사의 지배를 주된 목적으로 하는 것이 아니라 구조조정의 일환으로 주식 또는 출자지분을 취득하는 것이므로 남용의 우려가 없어 허용하는 것이다. 이러한 논리는 기업결합신고의 경우에도 동일하게 적용된다. 따라서 공정거래법 제11조 제8항은 출자전환의 경우에는 적용되지 않는다고 제한적으로 해석하여야 한다. ⑤ 기업결합에 대한 규제를 형식 논리적으로 적용할 경우 금융기관 등 대규모회사는 출자전환이 포함된 회생계획안에 대하여 동의를 하지 않을 가능성이 높다. 이럴 경우 대규모 채권자의 부동의로 회생계획안은 가결되기 어려울 것이고, 이는 기업의 회생을 목적으로 하는 채무자회생법의 취지에 반하는 결과가 초래될 수 있다. ⑥ 계약일로 간주되는 법원의 회생계획인가결정은 예측하기 어렵다.

　　공정거래위원회는 이러한 부당한 점을 해소하기 위하여 2018. 5. 31. '기업결합 신고요령'을 개정하여(2018. 8. 1. 시행) 대규모회사도 채무자회생법에 따른 출자전환으로 다른 회사의 주식을 취득할 경우 취득일로부터 30일 안에 사후신고를 하도록 하였다.[226]

---

224) 현실적으로 이러한 과태료를 피하기 위해서는 출자전환으로 인한 신주발행의 효력발생일을 회생계획인가 후 상당기간 후로 정하여야 한다. 사전신고 후 30일 이내에 심사결과를 통지하도록 규정되어 있으므로 적어도 30일 이후로 정하여야 할 것이다. 다만 아래에서 보는 바와 같이 공정거래위원회가 기업결합 신고요령을 개정함으로써 그 필요성은 많이 줄어들었다.

225) 대법원 2011. 7. 14. 자 2011마364 결정 참조.

226) 현재는 「공정거래법 제11조 제6항 제1호 괄호부분, 같은 법 시행령 제20조 제2항 제4호, 기업결합 신고요령{공정위원회 고시 제2021-24호(2021. 12. 30. 일부 개정) Ⅷ.바.}」에 규정되어 있다.

3. 입법론

입법론적으로 기업의 신속한 회생을 도모하기 위하여 회생회사와 관련한 기업결합신고를 배제하거나(제206조 제4항, 공정거래법 제9조 제2항 제2호[227] 참조) 그 절차를 보다 간이하고 신속하게 할 필요가 있다. 기업결합을 제한하는 이유가 시장구조가 경쟁제한적으로 만들어질 우려를 불식시키기 위한 것이지만, 회생절차에서 M&A나 영업양수 또는 출자전환은 경쟁제한적인 지위를 얻기 위한 것이 주된 목적이 아니라 구조조정의 일환으로(회생회사의 기존 사업을 수행하기 위하여) 주식 또는 출자지분을 취득하는 것이기 때문이다.

---

227) **기업결합의 정당화 사유로서 회생불가회사와의 기업결합** 공정거래위원회가 상당기간 대차대조표상의 자본총계가 납입자본금보다 작은 상태에 있는 등 회생이 불가한 회사와의 기업결합으로서 ① 기업결합을 하지 아니하는 경우 회사의 생산설비 등이 당해시장에서 계속 활용되기 어려운 경우, ② 당해 기업결합보다 경쟁제한성이 적은 다른 기업결합이 이루어지기 어려운 경우에 해당한다고 인정하는 경우에는 기업결합이 제한되지 않는다(공정거래법 제9조 제2항 제2호, 공정거래법 시행령 제16조). 이는 미국에서 발전되어 온 '파산기업이론(failing company doctrine) 또는 도산기업의 항변(failing firm defense, 회생불가회사항변)'을 도입한 것이다. 경쟁제한적인 기업결합으로 공정거래법의 규제 대상이 되는 것이라고 하더라도 그 기업결합이 그 기업의 도산에 의한 시장 퇴출을 방지하기 위한 유일한 대안일 경우 일정한 요건 하에 예외를 인정하여 허용하자는 것에 그 근거가 있다.

공정거래법이 도산기업에 대하여 기업결합규제의 예외사유로서 파산기업이론 또는 도산기업의 항변을 도입한 것은 재정적 위기에 빠진 기업의 효율적인 회생을 도모함으로써 당해 기업의 생산설비가 시장에서 퇴출됨으로써 발생하는 사회적 손실을 줄이고자 하는 취지가 있음을 부인할 수는 없을 것이다. 그러나 해당 기업이 회생불가회사에 해당한다는 점은 도산기업 항변을 인정하기 위한 필요조건의 하나에 불과하고, 관련 시장에서의 경쟁 보호와 경쟁적인 시장구조의 유지라는 기업결합규제 본연의 목적에 부합하도록 나머지의 요건들을 경쟁제한성의 관점에서 해석하는 것이 필요하다(조혜수, 전게 "회생절차에서의 M&A와 공정거래법상 기업결합규제에 있어서 도산기업의 항변", 182쪽). 즉 기업결합의 예외를 인정받기 위해서는 회생이 불가능한 회사로 판단되는 경우에도 기업결합을 하지 않는 경우 회사의 생산설비 등이 당해 시장에서 계속 사용되기 어려울 뿐만 아니라, 당해 기업결합보다 경쟁제한성이 적은 다른 기업결합이 이루어지기 어려운 경우이어야 한다{기업결합 심사기준(공정거래위원회 고시 제2021-25호, 2021. 12. 30.) Ⅷ.2.나.}. 위 요건들이 충족한다는 점은 당해 사업자가 증명하여야 한다. 기업결합 심사기준 Ⅷ.2.가.(3)은 회생절차개시의 신청을 회생이 불가능한 회사인지를 판단하는 요소 중 하나로 규정하고 있다.

삼익악기의 영창악기 주식취득 사건에서 영창악기가 회생불가기업인지 여부가 다투어진 사건에서, 대법원은「이 사건 기업결합 당시 영창악기의 자금사정이 열악하였다고 보이기는 하나 영창악기가 지급불능 상태에 있었거나 가까운 시일 내에 지급불능 상태에 이르러 회생이 불가한 회사라고 단정하기 어려운 점, 영창악기가 국내외에서 높은 브랜드 인지도를 보유하고 상당한 판매실적을 기록하고 있는 사정 등에 비추어 영창악기가 관련시장에서 퇴출될 것이라고 보기는 어려워 '생산설비 등이 당해시장에서 계속 활용되기 어려운 경우'라고 단정하기 어려운 점, 실제로 원고들 이외의 다른 회사들이 영창악기에 대하여 증자참여 내지 인수를 제안했던 사정 등에 비추어 제3자의 인수가 능성이 없어 '이 사건 기업결합보다 경쟁제한성이 적은 다른 기업결합이 이루어지기 어려운 경우'이었다고 단정하기 어려운 점 등을 종합하여, 이 사건 기업결합이 회생이 불가한 회사와의 기업결합에 해당되지 않는다」고 판시하여 회생불가회사항변을 배척하였다(대법원 2008. 5. 29. 선고 2006두6659 판결). 반대로 회생불가회사항변을 받아들인 공정거래위원회 심결례로는 제주항공의 이스타항공 주식취득 건(2020)을 비롯하여 다수가 존재한다{김형배, 공정거래법의 이론과 실제, 삼일(2022), 520쪽}.

회생계획안 심리 및 결의를 위한 관계인집회[1)]

I 의 의

회생계획안 심리를 위한 관계인집회란 회생계획안 제출자가 회생계획안의 내용을 이해관계인에게 알리고, 이에 대한 이해관계인의 의견을 듣는 관계인집회를 말한다.

회생계획안 결의를 위한 관계인집회란 심리를 마친 회생계획안에 대하여 이해관계인들이 회생계획안에 대하여 동의를 하는지 여부에 대하여 가결하는 관계인집회를 말한다.

일반적으로 신속한 절차의 진행을 위하여 대부분의 경우 회생계획안 심리를 위한 관계인집회와 결의를 위한 관계인집회는 물론 추후 보완신고된 회생채권 등에 대한 특별조사기일을 병합하여 실시하고 있다(제186조, 제39조의2 제2항 제4호).[2)]

---

1) 실무적으로 회생계획안 심리를 위한 관계인집회를 '제2회 관계인집회', 결의를 위한 관계인집회를 '제3회 관계인집회'라고 부르고 있다. 그러나 채무자회생법의 개정으로 '제1회 관계인집회'가 '관리인 보고를 위한 관계인집회'로 명칭이 변경되었고, 개최 여부도 임의적으로 되었다는 점, 채무자회생법에는 심리를 위한 관계인집회 또는 결의를 위한 관계인집회라고 명시하고 있는 점, 관계인집회 관련 조문은 변경회생계획안에 대한 관계인집회에도 적용되는 점 등을 고려해 보면 실무상 용어는 부적절해 보인다.

2) 실무는 신속한 절차진행을 위하여 회생계획안 심리를 위한 관계인집회와 결의를 위한 관계인집회를 병합하여 실시하고 있다. 그러나 원칙적인 절차진행은 회생계획안에 대한 수정이 더 이상 이루어지지 않은 경우에 결의를 위한 관계인집회를 소집하고, 수정이 완료된 회생계획안의 사본 또는 그 요지를 회생채권자 등 이해관계인에게 미리 송달하여야 한다(제232조 제1항, 제2항). 그런데 법원이 회생계획안의 심리를 위한 관계인집회와 회생계획안의 결의를 위한 관계인집회를 병합하여 개최하기로 한 경우, 회생계획안의 심리를 위한 관계인집회의 기일이 종료되기 전에 회생계획안이 수정되어 연이어 개최하기로 한 회생계획안의 결의를 위한 관계인집회가 열리기 전에 회생채권자 등 이해관계인 모두에게 수정안 사본 또는 요지를 송달할 수 없었고, 회생계획안의 수정이 경미하지 않고 이해관계인에게 불리한 영향을 미치는 것이라면, 특별한 사정이 없는 한, 법원은 예정된 회생계획안의 결의를 위한 관계인집회의 개최를 연기한 후 회생채권자 등 이해관계인에게 수정안 사본 또는 요지를 송달하는 등으로 의결권을 행사하는 자에게 내용을 충분히 숙지하고 검토할 기회를 줌과 동시에 회생계획안의 결의를 위한 관계인집회에 출석하지 못한 회생채권자 등 이해관계인에게 결의의 기회를 보장해 주어야 한다. 이는 회생계획안의 제출자가 회생계획안의 심리를 위한 관계인집회의 기일이 종료되기 전에 법원의 허가를 받아 회생계획안을 수정할 수 있고(제228조 참조), 회생계획안의 수정이 이해관계인에게 불리한 내용을 정할 수 있다고 하여 달리 볼 것은 아니다(대법원 2016. 5. 25. 자 2014마1427 결정).

Ⅱ 관계인집회기일의 지정과 통지

1. 관계인집회기일의 지정

회생계획안의 제출이 있으면 법원은 서면결의에 부치는 경우를 제외하고 그 회생계획안을 심리하기 위하여 기일을 정하여 회생계획안 심리를 위한 관계인집회를 소집하여야 한다(제224조). 관계인집회의 심리를 거친 회생계획안이 수정의 필요 없이 결의에 부치기에 적당하다고 판단되면 회생계획안의 결의를 위하여 기일을 지정하여 관계인집회를 소집하여야 한다(제232조).

관계인집회의 기일 지정과 관련하여, 회생계획안은 조사기간 종료 전에는 결의에 부치지 못하고(제235조), 회생계획안의 가결은 회생절차개시일로부터 1년 이내에 하여야 한다(불가피한 사유가 있는 때에는 법원은 6월의 범위 안에서 그 기간을 늘일 수 있다)(제239조 제3항)는 점에 주의하여야 한다.

기일을 지정한 후 채권자와의 협의가 제대로 진행되지 못하거나 회생계획안을 수정할 필요가 있는 경우 기일을 변경하거나 연기하거나 속행을 할 수 있다.[3] 다만 결의를 위한 관계인집회의 속행은 일정한 요건이 필요하다(제238조).

2. 관계인집회기일의 통지

법원은 관리인, 조사위원·간이조사위원, 채무자, 목록에 기재되어 있거나 신고한 회생채권자·회생담보권자·주주·지분권자, 회생을 위하여 채무를 부담하거나 담보를 제공한 자가 있는 때에는 그 자에게 관계인집회의 기일을 통지하여야 한다(제182조 제1항). 다만 의결권을 행사할 수 없는 회생채권자·회생담보권자·주주·지분권자에게는 관계인집회의 기일을 통지하지 아니할 수 있다(제182조 제2항). 그러나 특별조사기일의 경우에는 의결권이 없더라도 기일을 통지하여야 하므로(제163조) 특별조사기일과 관계인집회기일을 병합하는 경우에는 의결권을 행사할 수 없는 자들에게도 기일의 통지를 하여야 한다.

또한 법원은 주식회사인 채무자의 업무를 감독하는 행정청과 법무부장관 및 금융위원회에게 관계인집회의 기일을 통지하여야 한다(제183조).

---

3) 기일의 변경이란 기일개시 전에 그 지정을 취소하고 이에 갈음하여 새로운 기일을 지정하는 것을 말한다. 기일의 연기란 기일개시 후에 그 기일에 아무런 소송행위를 하지 아니하고 새로운 기일을 지정하는 것을 말한다. 기일의 속행이란 기일에 소송행위를 하였지만 완결을 보지 못하여 다시 계속하기 위하여 다음 기일을 지정하는 것을 말한다. 관계인집회의 연기 또는 속행에 관하여 선고가 있는 때에는 송달 또는 공고를 하지 아니하여도 된다(제185조 제2항).

제2절 회생계획안 심리를 위한 관계인집회

회생계획안 심리를 위한 관계인집회란 회생계획안 제출자가 회생계획안의 내용을 이해관계인에게 알리고, 이에 대해 이해관계인의 의견을 듣는 관계인집회이다. 회생계획안의 제출이 있는 때에는 법원은 제240조의 규정에 의한 서면결의에 부치는 때를 제외하고 그 회생계획안을 심리하기 위하여 기일을 정하여 관계인집회를 소집하여야 한다(제224조).

회생계획안 심리를 위한 관계인집회에서는 회생계획안의 제출자로부터 회생계획안에 대한 설명을 들은 후 관리인, 채무자, 목록에 기재되어 있거나 신고한 회생채권자, 회생담보권자, 주주·지분권자로부터 회생계획안에 대한 의견을 들어야 한다(제225조).[4]

회생계획안 심리를 위한 관계인집회는 회생계획안에 쉽게 고칠 수 없는 중대한 흠결이 발견되어 수정이 필요한 경우 등 필요한 때에는 기일을 속행하거나 연기할 수 있고, 관계인집회에서 속행 또는 연기된 기일을 지정·선고한 경우에는 이해관계인에 대한 송달이나 공고를 하지 않아도 된다(제185조 제2항).

한편 회생계획안 심리를 위한 관계인집회의 기일 후에 법원의 수정명령에 의해 회생계획안에 대한 수정이 있는 때에는 법원은 그 수정안을 심리하기 위하여 다시 기일을 정하여 관계인집회를 소집할 수 있다(제230조 제1항).[5]

일반적으로 회생계획안 심리를 위한 관계인집회는 ① 재판장의 회생계획안 심리를 위한 관계인집회의 개최 선언, ② 관리인의 회생계획안 수정신청에 대한 허가결정 고지, ③ 관리인의 회생계획안 설명, ④ 이해관계인들에 대한 의견진술 기회 부여, ⑤ 관리인의 보충 설명 또는 답변, ⑥ 이해관계인의 수정명령신청에 대한 법원의 결정을 고지, ⑦ 재판장의 회생계획안 심리를 위한 관계인집회 종료 선언의 순서로 진행된다.

---

4) 회생계획안 심리를 위한 관계인집회기일을 정한 후 몇 가지 후속조치가 필요하다. ① 감독행정청 등의 의견 진술 요구. 법원은 필요하다고 인정하는 때에는 채무자의 업무를 감독하는 행정청, 법무부장관, 금융위원회 그 밖의 행정기관에 대하여 회생계획안에 대한 의견의 진술을 요구할 수 있다(제226조 제1항). 한편 채무자의 업무를 감독하는 행정청, 법무부장관 또는 금융위원회는 언제든지 법원에 대하여 회생계획안에 관하여 의견을 진술할 수 있다(제226조 제3항). ② 감독행정청 등에 대한 의견조회. 행정청의 허가·인가·면허 그 밖의 처분을 요하는 사항을 정하는 회생계획안에 관하여는 법원은 그 사항에 관하여 그 행정청의 의견을 들어야 한다(제226조 제2항). 이는 회생계획안에 행정청의 허가 등을 요하는 사항을 정하였을 경우 행정청의 의견과 중요한 점에서 상반된다면 법원은 회생계획인가결정을 할 수 없기 때문이다(제243조 제1항 제6호). 행정청의 의견을 들어야 하는 경우로 골프장의 운영 형태를 변경하는 경우(골프장을 회원제에서 대중제로 전환할 경우 주무관청의 허가가 필요하다)를 들 수 있다(본서 958쪽 참조). ③ 채무자의 노동조합 등의 의견. 법원은 회생계획안에 관하여 채무자의 근로자의 과반수로 조직된 노동조합이나 채무자의 근로자의 과반수를 대표하는 자의 의견을 들어야 한다(제227조).
5) 다만 실무적으로는 회생계획안의 수정이 필요한 경우 회생계획안 심리를 위한 관계인집회를 속행하여 회생계획안을 수정할 기회를 부여하고 있고 회생계획안 결의를 위한 관계인집회를 병합하여 진행하고 있기 때문에 회생계획안 심리를 위한 관계인집회를 재개하여 수정된 회생계획안을 심리하는 경우는 거의 없다.

제3절 회생계획안 결의를 위한 관계인집회

I 의 의

회생계획안 결의를 위한 관계인집회란 심리를 마친 회생계획안에 대하여 이해관계인들이 회생계획안에 대하여 동의를 하는지 여부에 대하여 가결하는 관계인집회를 말한다. 심리를 마친 회생계획안의 결의를 위한 절차로서, 회생계획안의 결의와 이에 부수되는 내용을 처리하는 절차로 이루어진다.

회생계획안의 심리를 위한 관계인집회(제224조, 제230조)의 심리를 거친 회생계획안에 관하여 수정명령을 하지 아니하는 때에는 법원은 회생계획안에 관하여 결의를 하기 위하여 기일을 정하여 관계인집회를 소집하여야 한다(제232조 제1항). 이 경우 법원은 미리 그 계획안의 사본 또는 그 요지를 목록에 기재되어 있거나 신고한 회생채권자 등에게 송달하여야 한다(제232조 제1항, 제2항). 송달은 서류를 우편으로 발송하여 할 수 있다(제232조 제3항).

회생계획안 결의를 위한 관계인집회에서 처리하여야 하는 부수되는 절차로는 회생계획안의 결의를 위한 조의 분류(제236조), 이해관계인의 의결권 이의에 대한 결정(제188조 제2항), 회생을 위하여 채무를 부담하거나 담보를 제공하는 자의 진술(제233조), 회생계획안이 가결되지 않은 경우 속행기일의 지정(제238조) 등이 있다.

회생계획안 결의를 위한 관계인집회는 ① 재판장의 회생계획안 결의를 위한 관계인집회 개최 선언, ② 회생을 위하여 채무를 부담하거나 담보를 제공하는 자의 진술, ③ 조 분류 결정, ④ 의결권이 없거나 의결권을 행사할 수 없는 자가 있을 경우 그 취지의 고지, ⑤ 의결권에 대한 이의진술의 기회 부여와 이에 대한 결정, ⑥ 가결요건에 대한 설명, ⑦ 결의, ⑧ 집계, ⑨ 집계 결과 발표, ⑩ 부결된 경우 회생절차를 폐지할지 여부에 관한 이해관계인의 의견진술 기회 부여, ⑪ 속행기일지정 신청이 있는 경우 속행기일지정을 위한 절차 진행, ⑫ 속행기일의 지정, ⑬ 재판장의 회생계획안 결의를 위한 관계인집회의 종료 선언 순서로 진행된다.

II 회생을 위하여 채무를 부담하거나 담보를 제공하는 자의 진술

1. 채무부담자 등의 회생계획안에의 기재

채무자 또는 채무자 외의 자가 회생을 위하여 담보를 제공하는 때에는 회생계획에 담보를 제공하는 자를 명시하고 담보권의 내용을 정하여야 한다. 또한 채무자 외의 자가 채무를 인수하거나 보증인이 되는 등 회생을 위하여 채무를 부담하는 때에는 회생계획에 그 자를 명시하고 그 채무의 내용을 정하여야 한다(제196조). 이러한 내용은 회생계획에 기재하지 않으면 효력이 없다(임의적 기재사항).

관련 내용은 〈제12장 제3절 Ⅰ.2.가.〉(본서 868쪽)을 참조할 것.

2. 채무부담자 등의 관계인집회에서의 동의진술

회생을 위하여 채무를 부담하거나 담보를 제공하는 자[6]는 회생계획안 결의를 위한 관계인집회에 출석하여 그 뜻을 진술하여야 한다. 다만, 정당한 사유가 있을 때에는 대리인을 출석하게 할 수 있으나, 대리인은 대리권을 증명하는 서면을 법원에 제출하여야 한다(제233조 제1항, 제2항). 회생계획에 회생을 위하여 채무를 부담하거나 담보를 제공하는 자를 정한 경우에는(제196조) 미리 그 자의 동의를 얻어야 한다. 회생계획에 채무를 부담하는 것으로 정해지면 채무부담자·담보제공자도 회생계획의 효력이 미치고(제250조 제1항 제3호), 회생계획인가결정 후 회생채권자표 등에 기재되면 그 자에 대하여 확정판결과 동일한 효력이 있으며(제255조 제1항 제3호), 회생채권자 등은 채무부담자 등에 대하여 회생채권자표 등의 기재에 의하여 강제집행을 할 수 있는(제255조 제2항) 실체법상 무거운 의무를 부담하므로 그 뜻을 확인할 필요가 있기 때문이다.

회생을 위하여 채무를 부담하거나 담보를 제공하는 자란 채무자 이외의 자로서 채무자의 채무를 인수하거나 보증하는 등 회생을 위하여 채무를 부담하거나 채무자를 위하여 담보를 제공한다는 것이 회생계획안에 창설적으로 규정된 자를 말한다(제250조 제2항). 출석하여 그 뜻을 진술하여야 한다는 것은 회생을 위하여 채무를 부담하거나 담보를 제공하는 자에게 출석의 의무를 지운다는 뜻이 아니고, 만약 그러한 자가 출석하여 진술하지 아니하였을 경우에는 회생계획안이 인가되더라도 채무부담이나 담보제공이 유효하게 성립되지 않는다는 것을 의미하는 것이다.[7]

한편 제240조의 규정에 의한 서면결의에 부치는 때에는 그 채무를 부담하거나 그 담보를 제공하는 자의 동의를 얻어 회생계획안에 그 내용을 정함으로써 회생을 위하여 채무를 부담하거나 담보를 제공하는 자의 진술에 갈음한다(제233조 제3항).

Ⅲ 조의 분류

회생계획안에 대한 결의는 채무자회생법의 규정과 법원의 결정에 의하여 분류된 조별로 나누어 행하고(제236조 제1항), 모든 조에서 가결되었을 때 회생계획안이 가결된 것으로 된다. 회생절차에서 "조"란 회생계획안의 결의에 있어서 이해관계인에 의하여 구성되는 의결단위를 말하는 것으로서 회생계획안의 작성에 있어서도 하나의 기준이 되는 단위이다.

---

6) M&A에서 제3자가 채무를 인수하는 것을 내용으로 하는 회생계획안이나 인수자가 신주대금납입의무를 부담하는 내용의 변경회생계획안에서 인수자가 이에 해당한다.

7) 회생사건실무(하), 22~23쪽.

관계인집회에서 회생계획안에 대하여 결의를 할 때는 다양한 이해관계인의 의견을 적확하게 반영하기 위하여 기준에 따라 분류된 조마다 결의를 하도록 하고 있다.

기본적인 조의 분류는 ① 회생담보권자(제1호), ② 일반의 우선권 있는 채권을 가진 회생채권자(제2호), ③ 일반 회생채권자(제3호), ④ 잔여 재산의 분배에 관하여 우선적 내용을 갖는 종류의 주식 또는 출자지분을 가진 주주·지분권자(제4호), ⑤ 그 밖의 주주·지분권자(제5호)[8]로 분류하는 것을 원칙으로 하되, 법원은 그 권리의 성질과 이해관계를 고려하여 2개 이상의 호의 자를 하나의 조로 분류하거나, 하나의 호에 해당하는 자를 2개 이상의 조로 분류할 수 있다.[9] 그러나 회생담보권자, 회생채권자, 주주·지분권자는 각각 다른 조로 분류하여야 한다(제236조 제1항 내지 제3항).[10] 따라서 조의 통합과 세분은 법원의 재량이므로 회생법원의 조 분류

---

8) 중국 <기업파산법>은 출자자(주주)에 대하여 별도로 조의 분류를 하고 있지 않다(제82조). 다만 회생계획안이 출자자의 권리를 조정하는 사항과 관련된 경우, 출자자 조를 두어야 하고 그 사항에 대하여 표결을 진행하여야 한다(제85조 제1항). 우리나라는 부채가 자산을 초과할 경우 출자자(주주)에게 의결권이 주어지지 않지만(제146조 제3항, 제4항), 중국 <기업파산법>은 부채초과의 경우에도 의결권을 부여하고 있다는 점에 차이가 있다. <기업파산법>을 제정할 때 출자자(주주)에게 의결권을 부여할 것인지에 관하여 논쟁이 있었다. 부채가 자산을 초과한 경우는 실질적으로 출자자의 권리가 없기 때문에 의결권을 부여하여서는 안 된다는 견해도 있었다. 그러나 ① 회생절차에서의 출자자의 역할과 파산절차에서의 출자자의 역할은 다르고 회생절차는 출자자의 권리에 영향을 미칠 수 있는 점, ② 회생절차의 목적은 채무자 기업의 재건이지 소멸이 아니고, 출자자의 채무자 기업에 대한 소유권을 진정으로 소멸시키는 것이 아닌 점, ③ 실무적으로 출자자는 회생절차에 참여하기를 원하고, 경우에 따라 새로운 출자 등의 방식으로 기업의 재건에 공헌하려는 의사도 있는 점, ④ 회생계획 작성 과정에서 주주의 의견을 충분히 들을 필요가 있을 뿐만 아니라 회생계획에 주주 변동의 내용이 포함될 때는 영향을 받는 주주의 동의를 얻을 필요가 있다는 점 등을 고려하여 부채초과의 경우에도 의결권을 부여한 것이다.

　출자자의 권리를 조정하는 사항이 없는 경우에는 채무자의 출자자 대표는 회생계획안의 심리를 위한 채권자회의에 참석할 수 있을 뿐이다(기업파산법 제85조 제2항).

　한편 출자자 조에서 표결할 경우 가결요건에 관하여는 <기업파산법>에 명확한 규정을 두고 있지 않다. 이에 따라 다른 조의 가결요건(제84조 제2항)에 따라야 한다는 견해도 있지만, 회사법(公司法)의 규정(제44조 제2항)에 따라야 한다는 견해가 다수이고 실무도 그렇게 운용하고 있다(主編 沈志先, 285, 287쪽).

　○ 중국 **회사법 제44조(주주회의의 의사방식 및 표결절차)** 주주회의 의사방식 및 표결절차는 본 법에 별도의 규정이 있는 경우를 제외하고, 회사정관이 규정한다.

　주주회의가 회사정관을 개정하거나, 등록자본의 증가 또는 감소를 결의하거나, 회사합병, 분할 또는 회사형식의 변경을 결의할 경우, 3분의 2 이상의 의결권을 가진 주주의 동의(通過)를 거쳐야 한다.

9) 우리나라는 임의적(재량적) 조 분류 방식을 채택하고 있다. 채무자회생법이 조를 분류하는 기준을 규정하지만, 법원(또는 관리인)이 여러 사정을 고려하여 조의 분류를 수정할 수 있다. 미국, 일본의 경우도 마찬가지이다. 반면 중국 <기업파산법>은 강제적 조 분류 방식을 채택하고 있다(제82조). 즉 법률이 명시적으로 조 분류 기준을 규정하고 법원이나 이해관계인은 이를 수정할 수 없다.

10) 실무적으로는 회생담보권자조, 회생채권자조, 주주·지분권자조의 세 가지로 분류되는 경우가 대부분이다. 조 분류를 지나치게 세분화하면 소수(소액) 채권자에게 거부권을 부여하게 되는 부작용이 있다. 하지만 담보권자나 일반채권자들 사이에서도 이해관계가 다를 수 있는데, 실무처럼 3개의 조로만 분류하는 것이 적절한지는 검토가 필요해 보인다.

　미국의 경우 서로 다른 이해관계를 갖는 채권자들은 같은 조로 분류할 수 없다. 그래서 담보물이 다르면 담보권자라도 조를 달리하여 분류한다. 또한 미국 연방도산법은 권리에 대한 불리한 변경이 있는 조가 1개 이상이 있고 그중 적어도 한 조가 회생계획안에 동의한 경우에는 법원은 반드시 강제인가를 하도록 규정하고 있다(§1129(b)(1)}. 그래서 DIP는 그가 제안하는 회생계획안의 동의 가능성을 조금이라도 높이는 방법으로 조를 구성한다. 결국 미국에서는 우리나라에 비하여 조를 세분하고 있다. 조 분류를 세분하면 할수록 부결될 가능성이 높지만, 오히려 강제인가를 통하여 회생계획안을 인가시키려는 의도로 조 분류를 세분화하고 있다. 채권자들은 DIP의 자의적 조 구성을 "gerrymandering"이라고 이에 대한 조치를 요구하고 있고(Elizabeth Warren, 150쪽), 학설과 판례는 이를 적절한 기준으로 제한하여야 한다는데 견해를 일치하고 있다.

　영국과 호주의 '정리계획(SoA, Scheme of Arrangement)' 절차에서는 각 권리관계의 공통성에 따라서 조(class)를 분리하여 SoA 계획에 영향을 받는 각 조별로 결의를 진행한다. 담보채권자들 사이에서도 권리관계가 다르면 여러

결정에 재량의 범위를 일탈하였다고 볼 수 있는 특별한 사정이 없는 한 동일한 종류의 권리자를 2개 이상의 조로 세분하지 않았다고 하여 이를 위법하다고 볼 수 없다.[11]

관리인, 채무자, 목록에 기재되어 있거나 신고한 회생채권자, 회생담보권자, 주주·지분권자는 조의 분류에 관하여 의견을 진술할 수 있다(제236조 제4항). 관리인 등이 의견을 진술한다고 하여 법원은 이에 구속되지 않는다. 법원은 회생계획안을 결의에 부칠 때까지는 언제든지 조의 분류를 변경할 수 있다(제236조 제5항).

조의 분류는 법원이 결정으로 한다. 이 결정은 이해관계인에게 송달하여야 하나, 관계인집회의 기일에 결정을 선고한 경우에는 송달을 하지 않아도 된다. 다만 서면결의에 부치는 경우에는 법원은 미리 조 분류에 관한 결정을 하고, 이를 이해관계인에게 송달하여야 한다(제236조 제6항).

법원의 조 분류 결정에 대하여는 불복할 수 없다(제13조). 다만 회생계획에 관한 인부 결정에 대한 항고로 조 분류의 부당함을 다툴 수 있다.

Ⅳ 의 결 권

1. 의결권의 범위와 행사

의결권이란 회생계획안의 가부 결정과 관련하여 이해관계인들의 의사를 반영하기 위하여 부여된 것이다. 회생절차가 개시되면 이해관계인은 회생절차 중에 개별적인 권리행사를 할 수 없고, 의결권 행사에 의하여 자기에게 불리하다고 판단되는 회생계획안의 확정을 저지하여 유리한 회생계획안의 작성을 유도하거나 회생절차의 폐지를 도모할 수밖에 없다.[12] 따라서 이해

개의 조로 분류된다. 따라서 우리나라 회생절차에서 회생담보권자, 회생채권자, 주주(지분권자) 3개 조로 분류하는 것보다 더 여러 개의 조로 분류되는 경우가 있다. 즉 보통주 주주와 우선주 주주는 각각 다른 조로 분류되어야 하고 담보채권자와 무담보채권자는 각각 다른 조로 분류되어야 한다. 각 조 내부에서도 권리관계가 다른 주주 또는 채권자는 분리하여 따로 조를 편성해야 한다. 조 분류의 원칙은 공통된 이해관계를 위해서 함께 상의하는 것이 불가능할 정도로 권리의 종류가 다르다면 다른 조로 분류되어야 한다는 것이다. 조 분류의 적합성에 대하여 법원의 인가를 받아야 한다(전우정, "기업구조조정에 영국 정리계획(SoA)식 조별 결의 제도 도입 제안", 법률신문 2020. 12. 14. 자 12면).

11) 대법원 2018. 5. 18. 자 2016마5352 결정, 대법원 2016. 5. 25. 자 2014마1427 결정{회생계획안에 관한 결의는 채무자회생법의 규정과 법원의 결정에 의하여 분류된 조별로 행하여야 하는바(제236조 제1항), 원칙적으로 회생채권자·회생담보권자·주주·지분권자는 회생계획안의 결의를 위하여 회생담보권자(제1호), 일반의 우선권 있는 채권을 가진 회생채권자(제2호), 제2호에 규정된 회생채권자 외의 회생채권자(제3호), 잔여재산의 분배에 관하여 우선적 내용을 갖는 종류의 주식 또는 출자지분을 가진 주주·지분권자(제4호), 제4호에 규정된 주주·지분권자 외의 주주·지분권자(제5호)의 조로 분류된다(제236조 제2항). 다만 채무자회생법은 회생담보권자·회생채권자·주주·지분권자를 각각 다른 조로 분류하여야 하는 것 외에는 법원이 채무자회생법 제236조 제2항 각 호의 자가 가진 권리의 성질과 이해관계를 고려하여 2개 이상의 호의 자를 하나의 조로 분류하거나 하나의 호에 해당하는 자를 2개 이상의 조로 분류할 수 있다고 규정하여(제236조 제3항), 조의 통합과 세분에 관하여 법원의 재량을 인정하고 있다. 따라서 회생법원의 조 분류 결정에 재량의 범위를 일탈하였다고 볼 수 있는 특별한 사정이 없는 한, 법원이 채무자회생법 제236조 제2항 각 호에 해당하는 동일한 종류의 권리자를 2개 이상의 조로 세분하지 않았다고 하여 이를 위법하다고 볼 수 없다}.

12) 대법원 2005. 6. 15. 자 2004그84 결정 참조.

관계인에게 그 의결권의 범위와 의결권을 행사할 수 있는지는 상당히 중요한 의미를 갖는다.

가. 의결권의 범위

회생채권자는 제134조 내지 제138조에 규정된 채권에 관하여는 그 규정에 의하여 산정한 금액에 따라, 그 밖의 채권에 관하여는 그 채권액에 따라 의결권을 가진다(제133조 제2항). 회생담보권자는 그 담보권의 목적의 가액에 비례하여 의결권을 가진다. 다만 피담보채권액이 담보권의 목적의 가액보다 작은 때에는 그 피담보채권액에 비례하여 의결권을 가진다(제141조 제5항). 회생담보권자는 담보목적물과 피담보채권액이라는 두 가지 요소에 의하여 의결권이 정해진다. 회생담보권의 경우에도 의결권의 평가액으로 산정한 금액에 따라 의결권을 가진다(제141조 제6항). 관련 내용은 〈제8장 제1절 Ⅷ.3.〉(본서 617쪽)을 참조할 것.

주주·지분권자는 그가 가진 주식 또는 출자지분의 수 또는 액수에 비례하여 의결권을 가진다(제146조 제2항).

나. 의결권의 행사

확정된 회생채권 또는 회생담보권을 가진 회생채권자 또는 회생담보권자는 그 확정된 액이나 수에 따라 의결권을 행사할 수 있다. 이의 없는 의결권을 가진 주주·지분권자는 목록에 기재되거나 신고한 액이나 수에 따라 의결권을 행사할 수 있다(제188조 제1항). 이의있는 권리에 관하여는 법원은 의결권을 행사하게 할 것인지 여부와 의결권을 행사하게 할 액 또는 수를 결정한다(제188조 제2항, 아래 〈2.〉 참조). 다만 의결권은 회생채권자 등의 권리이기 때문에 포기하는 것도 가능하고, 포기한 경우에는 그 의결권은 의결권 총액(제237조)으로부터 공제된다.[13]

2. 의결권에 대한 이의 및 확정

가. 의결권에 대한 이의

관리인과 목록에 기재되어 있거나 신고한 회생채권자, 회생담보권자, 주주·지분권자는 관계인집회에서 회생채권자, 회생담보권자, 주주·지분권자의 의결권에 관하여 이의를 진술할 수 있다. 그러나 채권조사절차에서 확정된 회생채권 및 회생담보권[14]을 가진 회생채권자 또는 회생담보권자의 의결권에 관하여는 이의를 진술할 수 없다(제187조).[15] 확정된 회생채권 등을 가진

---

13) 破産法·民事再生法, 1000쪽 각주 51).
14) 확정된 회생채권 등에 채권조사확정재판 등을 통하여 확정된 경우도 포함되는가. 의결권의 액수는 채권조사확정재판 등의 대상이 아니라는 점에서 부정적으로 볼 여지도 있지만, 권리의 내용이 확정되었음에도 관계인집회에서 의결권을 행사할 수 없다고 하는 것은 부당하므로 채권조사확정재판 등에서 채권액수가 확정된 회생채권자 등은 확정된 액수만큼 의결권을 행사할 수 있다(제188조 제1항)고 할 것이다. 제187조 단서도 '제4장 제3절의 규정에 의한 조사절차에서 확정된' 회생채권 등에 대하여는 의결권에 대한 이의를 금지하고 있다.
15) 확정된 회생채권이나 회생담보권이라도 그 채권확정 이후 채권이 소멸되거나 감소된 경우 이해관계인은 이에 대하여 의결권 이의를 제기할 수 있다. 예컨대 인가 전 변제된 채권은 변제된 한도에서 절대적으로 소멸하는 것이므로 의결권의 액도 그 한도에서 감액된다고 보아야 한다(대법원 2001. 1. 5. 자 99그35 결정).

권리자의 의결권에 관하여는 이의가 금지되어 그 권리자는 당연히 그 확정액만큼 의결권을 가진다. 한편 주주·지분권자에 관하여는 신고제도만 있을 뿐 조사절차와 확정제도가 없기 때문에 주주·지분권자가 가지는 의결권에 대한 다툼은 의결권에 대한 이의의 대상으로 하고 있다.

여기서 이의란 관계인집회에서의 이의를 말한다.[16] 조사기간 내 또는 특별조사기일에서 이의가 진술된 미확정 회생채권, 회생담보권은 관계인집회에서 의결권에 대한 이의가 진술되지 아니하면 그 권리자는 그 목록에 기재되거나 신고한 액수 상당의 의결권을 행사할 수 있게 된다(규칙 제68조 제1항). 그러므로 신고된 회생채권의 존부 및 내용 등에 관하여 채권조사절차에서 이의가 제출되어 미확정 상태에 있는 이른바 '이의채권'이라 하더라도, 관계인집회에서 그에 기한 의결권의 행사에 대하여 이의가 제기되지 아니한 이상 의결권은 신고한 액수에 따라 행사할 수 있다고 보아야 한다.[17] 그리고 위와 같은 법리는 채권조사절차에서 신고된 회생채권의 의결권 액수에 대하여만 이의가 제출된 경우에도 마찬가지로 적용된다.[18]

나. 의결권의 확정

회생채권자의 의결권은 채권의 내용과 함께 회생채권의 조사 및 확정절차에 따라 확정되는 체계이지만, 관계인집회 결의시까지 회생채권에 관한 소송이 종결되지 않는 등 의결권을 확정할 수 없는 경우가 발생한다. 그러나 회생계획안의 결의를 하기 위해서는, 회생채권자의 의결권 행사의 가부 및 그 액을 결정해 둘 필요가 있다. 그래서 제188조 제2항은 채권의 내용 확

---

16) 조사기간 내의 이의(제161조 제1항) 또는 특별조사기일에서의 이의(제164조 제2항)와는 구별된다. 조사기간 내의 이의 등은 관리인이 제출한 목록에 기재되어 있거나 신고된 회생채권 등이 그 목록에 기재되거나 신고된 대로 '채권의 존부·내용과 의결권의 액수'가 확정되는 것을 차단한다. 채권조사절차에서는 관리인 등이 ① 채권의 존부·내용과 ② 의결권의 액수에 대하여 모두 이의하면 양자의 확정이 차단되고, 의결권의 액수만 이의하면 의결권의 액수만 차단된다. 의결권 액수가 미확정된 회생채권자 등의 의결권 행사는 의결권에 대한 이의(제187조)가 제기되었는지에 따라 결정된다.

　먼저 의결권에 대한 이의가 없는 경우이다. 의결권에 대한 이의가 제기되지 아니한 회생채권자 또는 회생담보권자는 목록에 기재되거나 신고한 액수에 따라 의결권을 행사할 수 있다(규칙 제68조 제1항). 따라서 채권조사절차에서 이의가 진술되어 조사확정재판 등이 계속 중이라도 의결권에 대한 이의가 없는 한 이의 없는 의결권으로 취급된다. 결국 관계인집회에서 의결권에 대한 이의가 제기되지 아니한 미확정 회생채권자 등은 목록에 기재되거나 신고된 액수에 따라 의결권을 행사할 수 있다.

　다음으로 의결권에 대한 이의가 있는 경우이다. 의결권에 대하여 이의가 있는 경우 법원은 그 권리에 관하여 의결권을 행사하게 할 것인지 여부와 의결권을 행사하게 할 액 또는 수를 결정한다(제188조 제2항).

　요컨대 의결권에 대한 이의(제187조)는 관계인집회에서의 의결권만에 관한 이의로, 조사기간 내의 이의 등과는 다음과 같은 차이가 있다. 전자의 이의가 진술되지 않았다고 하여도 확정판결과 동일한 효력이 발생하는 것(제168조)은 아니고, 전자의 이의가 진술된 경우 이의자 또는 이의를 받은 자가 별도의 절차를 취할 필요는 없으며, 법원이 관계인집회기일에서 이의에 대한 재판을 한다(제188조 제2항).

17) 대법원 2014. 2. 21. 자 2013마1306 결정 참조.

18) 대법원 2016. 5. 25. 자 2014마1427 결정(채무자 회사의 관리인은 채권조사절차에서 A가 신고한 연대보증채권의 존부 및 액수에 대하여는 이의를 하지 않고 의결권 액수에 대하여만 주채무의 변제가 확정되지 않았다는 이유로 이의하였고, 다른 이해관계인은 별다른 이의를 하지 않았다. 채무자 회사의 관리인과 회생채권자 등 이해관계인은 이 사건 회생계획안의 결의를 위한 관계인집회에서 A가 신고한 회생채권인 연대보증채권 104,716,230,395원에 기한 의결권 행사에 대하여 채무자회생법 제187조에 따른 이의를 제기하지 않았다. 따라서 A는 신고한 연대보증채권 액수인 104,716,230,395원의 의결권을 행사할 수 있으므로, 회생법원이 A에 대하여 위 104,716,230,395원의 의결권 행사를 허용한 것을 위법하다고 볼 수 없다).

정과는 별도로 관계인집회에서 의결권만을 결정하는 절차를 규정하고 있다.

법원은 의결권에 대하여 이의가 있는 경우 그 권리에 관하여 의결권을 행사하게 할 것인지 여부와 의결권을 행사하게 할 액 또는 수를 결정한다(제188조 제2항).[19] 이러한 법원의 결정은 권리의 실체적 내용까지 확정짓는 것은 아니고 단지 회생절차 내에서 절차적인 효력을 가지는 것에 불과하므로 법원은 이해관계인의 신청에 의하거나 직권으로 언제든지 의결권에 관한 결정을 변경할 수 있다(제188조 제3항). 위 결정들은 송달을 하지 아니하여도 된다(제188조 제4항).

의결권액의 결정은 회생채권 등의 내용에 관한 실체적 확정과는 무관하고 의결권을 행사할 수 있는 액을 결정하는 것에 지나지 않기 때문에 이에 대하여는 불복이 인정되지 않는다(제13조). 재량의 범위를 일탈하는 것이 아닌 한 위법의 문제도 발생하지 않는다. 다만 불복이 있는 자의 신청에 의해 법원은 의결권액을 변경할 수는 있을 것이다. 그러나 그 결정에 잘못이 있고, 그로 인하여 가결되어야 할 결의가 가결되지 않고 그 결과 폐지가 되거나 가결되지 않아야 할 결의가 가결되어 인가된 경우에는 회생채권자 등은 그 폐지결정 또는 인가결정에 대하여 즉시항고를 할 수 있다(제247조 제1항, 제290조 제1항). 다만 의결권의 액의 정함에 대하여 불복한 회생채권자 등의 주장이 전부 받아들여진다고 하여도 결과에 영향이 없는 경우에는 그 채권자 등에게 즉시항고의 이익은 없다.

3. 의결권이 없거나 의결권을 행사할 수 없는 이해관계인

회생채권자, 회생담보권자, 주주·지분권자가 이의 없는 권리를 가지고 있다고 하더라도 일정한 경우 의결권이 배제되거나 의결권을 행사할 수 없는 경우가 있다. 이러한 경우 관리인 등이 채권조사절차에서 그 권리에 대하여 이의를 하지 않거나 결의를 위한 관계인집회에서 의결권에 대하여 이의를 제기하지 않았다고 하더라도 당연히 의결권의 행사가 금지된다.

가. 주주·지분권자의 의결권에 관한 특칙

회생절차개시 당시 채무자의 부채 총액이 자산 총액을 초과하는 경우에는 주주·지분권자는 회생계획안에 대하여 의결권을 가지지 못한다. 회생계획인가 후에 변경회생계획안을 제출할 당시 채무자의 부채 총액이 자산 총액을 초과하는 때에도 주주·지분권자는 그 변경회생계획안에 대하여 의결권을 가지지 못한다. 반면 변경회생계획안을 제출할 당시 채무자의 자산총액이 부채총액을 초과한 때에는 의결권을 가진다(제146조 제3항, 제4항).

여기서 '부채'란 대차대조표상의 부채 총액을 말하는 것이 아니라 현실화될 보증채무 등을 포함한 채무자의 '채무' 총액을 말한다.[20] 따라서 회생계획변경 단계에서 변제기가 장래에 유예된 회생채무를 현재가치할인율로 할인하지 않고 그 액면 전체를 부채로 보아서는 안 된다는

---

19) 서울회생법원 2019회합100058 주식회사 제주칸트리구락부 사건에서, 관리인은 회생담보권(250억 원)에 관한 의결권에 대하여 이의를 진술하였으나, 법원은 폐지된 이전 회생절차에서 의결권이 인정되었고 의결권을 부인하는 취지가 회생계획안을 부결시키기 위한 의도였던 점 등을 고려하여 회생담보권에 대하여 의결권을 부여하는 결정을 하였다.
20) 관련 내용은 〈제12장 제4절 V.3.〉(본서 900쪽)을 참조할 것.

점에 주의를 요한다.

나. 부당한 의결권자의 배제

법원은 권리취득의 시기, 대가 그 밖의 사정으로 보아 의결권을 가진 회생채권자, 회생담보권자, 주주·지분권자가 결의에 관하여 재산상의 이익을 수수하는 등 부당한 이익을 얻을 목적으로 그 권리를 취득한 것으로 인정되는 때에는 그에 대하여 그 의결권을 행사하지 못하게 할 수 있다(제190조 제1항, 제191조 제4호). 법원은 이러한 처분을 하기 전에 그 의결권자를 필요적으로 심문하여야 한다(제190조 제2항).[21]

다. 법률의 규정에 의하여 의결권을 행사할 수 없는 경우

아래에 해당하는 자는 의결권을 행사하지 못한다.

(1) 회생계획으로 그 권리에 영향을 받지 아니하는 자(제191조 제1호)

회생계획에 의하여 그 권리에 영향을 받지 아니한 자는 회생계획안에 대한 결의에 참가할 아무런 이유가 없기 때문에 의결권을 행사할 수 없다.[22] 공익채권자나 채권 전액을 변제받는 자[23]가 여기에 해당한다. 권리에 영향을 받는지 여부는 그 권리의 실제 가치를 기준으로 하는 것이 아니고 표면상 권리의 내용을 기준으로 판단하여야 한다. 따라서 본래의 약정보다 변제기를 늦추거나 이자를 감면하는 경우는 모두 권리에 영향을 받는다고 보아야 한다.

회생담보권자, 회생채권자 및 주주·지분권자로서 회생계획에 의하여 그 권리에 영향을 받지 않는 경우에는 회생계획에 이를 명시하여야 한다(제194조 제2항).[24]

(2) 회생절차개시 전의 벌금, 과료, 형사소송비용, 추징금 및 과태료 청구권을 가진 자(제191조 제2호, 제140조 제1항)

회생절차개시 전의 벌금 등 청구권은 일반 회생채권이나 이는 징벌적으로 부과되는 것이므로 다수결에 의하여 변경될 성질의 것이 아니다. 벌금 등 청구권에 관하여는 회생계획에서 감

---

21) 미국 연방도산법은 의결권 행사는 신의성실하게(in good faith) 하여야 한다고 규정하고 있다(11 U.S.C.. § 1126(e)). 따라서 채무자와 경쟁관계에 있어서 부동의를 한다거나 단지 채무자 기업이 소멸하는 것을 목적으로 부동의를 한 경우 의결권이 제한될 수 있다(Elizabeth Warren, 149쪽).
22) 미국의 경우도 회생계획안에 의해 권리가 침해되지 아니한 채권자는 의결권의 행사 없이 회생계획을 받아들인 것으로 간주한다(11 U.S.C. §1129(a)(8)).
23) 서울회생법원 2018회합100253 일송개발 주식회사 사건에서 회생담보권에 대하여 100% 변제를 하였기 때문에 회생담보권자에게 의결권을 부여하지 않았다. 또한 서울회생법원 2021회합100104 주식회사 티앤더블유코리아 사건에서도 전액 변제받는 일부 회생채권자에 대하여 의결권을 부여하지 않았다. 나아가 서울회생법원 2020회합100128 주식회사 베어포트리조트 사건에서, 채무자가 물상보증인이었고, 회생계획에서 원금 및 개시 전 이자는 전액 변제하며, 개시 후 이자에 대하여는 채권최고액에서 원금 및 개시 전 이자를 제외한 나머지 전액을 채권최고액 범위 내에서 변제하기로 하였는바, 결국 회생담보권자는 적어도 채권최고액 100%를 변제받으므로 그 권리에 영향을 받지 않는다고 보아 의결권을 부여하지 않았다.
24) 회생계획 기재례(서울회생법원 2018회합100253): 회생담보권 대여채무는 2010. 6. 17. 체결한 대출약정서에 따라 변제하고, 보전처분 이후 인가결정에 이르기까지의 이자 및 지연손해금은 인가결정 이후 즉시 지급한다. 따라서 회생담보권 대여채무는 본 회생계획으로 그 권리에 영향을 받지 아니한다.

면 그 밖의 권리에 영향을 미치는 내용을 정하지 못하도록 하고 있다(제140조 제1항). 벌금 등 청구권에 대하여 의결권을 부여하지 않은 것은 이러한 특징을 고려한 것이다.

(3) 조세 등의 청구권자(제191조 제2호, 제140조 제2항)

제140조 제2항의 조세 등 청구권에 대하여 권리변경을 하려면 그 정도에 따라 그 징수권자의 의견을 듣거나 동의를 얻도록 함으로써 다른 회생채권에 비하여 우선적 지위를 인정하고 있는 반면, 관계인집회에서의 의결권은 인정하지 않고 있다.

(4) 회생절차개시 후의 이자, 회생절차개시 후의 불이행으로 인한 손해배상금 및 위약금, 회생절차 참가비용의 청구권을 가진 자(제191조 제3호, 제118조 제2호 내지 제4호)

의결권을 부여하지 않는 것은 이러한 비용은 회생절차의 진행에 따라 발생하기 때문에 그 산정이 어렵고, 또한 이자 없는 기한부채권의 경우에 중간이자를 공제하여 의결권 액을 산정하는 것(제134조 참조)과 균형을 맞출 필요가 있기 때문이다. 또한 이러한 청구권은 원본 청구권 등 본래의 회생채권에 부수하는 것이고, 본래의 회생채권에 대하여 의결권을 보장하는 것으로 충분하다는 점을 고려한 것이다.

(5) 법원의 결정에 의해 의결권이 없게 되거나 의결권이 배제된 자(제191조 제4호, 제188조, 제190조)

(6) 권리보호조항에 의하여 보호되는 자(제191조 제5호, 제244조 제2항)

〈제14장 제3절 Ⅲ.2.〉(본서 965쪽)를 참조할 것.

4. 의결권의 행사와 관련된 몇 가지 문제

가. 의결권의 대리 행사

회생채권자, 회생담보권자, 주주·지분권자는 대리인에 의하여 그 의결권을 행사할 수 있다(제192조 제1항 전문). 이해관계인은 결의를 위한 관계인집회뿐만 아니라 심리를 위한 관계인집회에서도 대리인을 선임할 수 있다. 대리인의 자격은 변호사로 국한하지 아니하고[25] 소송능력이 있는 자이면 누구나 대리인으로 될 수 있다.[26] 이 경우 대리인은 대리권을 증명하는 서면을

---

25) **회생절차와 변호사대리원칙** 회생절차에서는 민사소송법이 준용되므로(제33조) 원칙적으로 변호사대리원칙(민소법 제87조)이 적용된다. 따라서 회생절차개시의 신청, 즉시항고의 신청에 있어서는 변호사만이 대리인이 될 수 있다. 하지만 변호사대리원칙을 채택한 것은 일반적으로 이른바 법조브로커라는 직업의 발생을 방지하고, 법률지식이 부족한 당사자 본인의 이익을 보호하며, 절차진행의 원활화를 도모하는데 있는바, 어느 범위에서 변호사대리원칙을 관철시킬 것인지는 입법정책의 문제이다. 따라서 특별조사기일에 출석하여 의견 또는 이의를 진술하는 것(제164조), 관계인집회에 출석하여 의결권을 행사하는 것(제192조 제1항), 회생채권 등의 신고(규칙 제55조 제2항 제1호 참조) 등에는 법원의 허가 없이 변호사 아닌 자를 대리인으로 할 수 있다고 할 것이다. 왜냐하면 회생절차에서는 변제율이 높지 않은 것이 일반적인데다가, 위와 같은 행위는 재량의 범위가 적고 전문성·기술성도 그다지 높지 않기 때문이다. 오히려 이러한 경우까지 변호사 자격을 가진 자만이 대리인이 될 수 있다고 하면 회생채권자 등의 절차관여에 있어 저해요인이 될 수 있다.

26) 따라서 채권자가 회사인 경우는 그 직원, 개인인 경우는 친족이나 지인도 무방하다. 실무적으로 종종 관리인이 의결

제출하여야 한다(제192조 제1항 후문). 법인의 대표자가 의결권을 행사할 경우에는 위 규정을 준용하여 대표권을 증명하는 서면을 제출하여야 할 것이다.

나. 의결권의 불통일 행사[27]

(1) 의결권 불통일 행사제도

회생계획안의 결의를 함에 있어 의결권자가 자기의 의결권 전액에 대하여 찬성 또는 반대의 의사를 하나로 표시하지 않고, 이를 나누어 행사할 수 있다(제189조 제1항). 다만 의결권 불통일 행사의 유무를 법원이 사전에 파악함으로써 결의업무를 원활히 진행하기 위하여 의결권자는 관계인집회 7일 전까지 법원에 그 취지를 서면으로 신고하여야 한다(제189조 제2항). 의결권의 불통일 행사제도는 회생계획안에 대해 의견이 다른 복수의 자로부터 채권의 관리·회수의 위탁을 받은 자(채권회수회사)가 위임자의 의사를 의결권 행사에 반영하기 위한 경우 등에 필요하다는 것을 고려한 것이다.

(2) 대리인에 의한 의결권 불통일 행사

대리인이 위임받은 의결권을 통일하지 아니하고 행사하는 경우(예컨대 복수의 의결권자가 동일한 대리인을 선임한 경우)에도 마찬가지이다(제192조 제2항).

Ⓥ 결의의 절차 및 가결요건

1. 결의의 절차

가. 결의의 대상

결의의 대상은 회생계획안 전체이다.

나. 결의의 방법

결의는 투표, 기립, 거수 등으로 이루어지고, 특별한 제한이 없다. 실무적으로는 조별로 의결권자 개개인을 호명하여 출석 및 찬부를 확인한다.

회생계획안에 대한 동의는 반드시 결의를 위한 관계인집회에 출석하여 행사하여야 한다. 따라서 의결권자가 관계인집회에 출석하지 않고 서면으로 동의서를 제출하였다고 하더라도 이는 적법하게 동의한 것으로 볼 수 없다.[28]

권을 위임받아 제출하는 경우가 있다(채권자가 회생계획안에 동의하는 경우에 그렇다). 관리인은 채무자뿐만 아니라 채권자나 주주 등에 대하여도 중립적인 지위에 있기 때문에 회생계획에 반대 또는 찬성 의사를 표명하는 것이 부적당하다고 보아 이를 인정하지 않는 것이 실무례이다.

27) 상 법에도 의결권의 불통일 행사제도가 있다(제368조의2). 다만 상법상의 의결권 불통일 행사와는 불통일 행사하는 이유를 통지할 필요가 없다는 점에서 차이가 있다.

28) 예외: 제223조 제7항 본문, 제282조 제4항.

2. 가결요건

법원이 최종적으로 회생계획안을 인가하기 위해서는 회생계획안이 관계인집회에서 가결되어야 한다. 회생계획안이 가결되기 위해서는 제237조 소정의 가결요건을 충족할 수 있는 법정다수에 해당하는 이해관계인의 동의가 있어야 한다. 회생채권자 등 전원의 동의가 아니더라도 회생계획안이 법정 다수의 동의로 가결되고 법원이 인가하면, 회생채권자 등의 권리는 회생계획안에 반대한 회생채권자 등이 가지고 있는 채권을 포함하여, 모두 회생계획에서 정하는 바에 따라 변경되는 것이다(제252조 제1항). 결국 회생채권자 등이 가진 채권은 헌법에서 보장된 불가침의 재산권이지만「채무자 또는 그 사업의 효율적인 회생」이라는(제1조) 공공복리를 실현하기 위해서, 권리자인 회생채권자 등의 의사에 반하여도 그 재산권을 제약할 수 있다는 것을 헌법이 용인하고 있는 것이다(헌법 제23조). 이것이 회생절차에서 다수결원리가 인정되는 근거이다.

관계인집회에서의 회생계획안에 대한 동의 또는 부동의의 의사표시는 조(회생담보권자조, 회생채권자조 등)를 단위로 하는 일종의 집단적 화해의 의사표시로서 재판절차상의 행위이고 이해관계인 사이에 일체 불가분적으로 형성되는 집단적 법률관계의 기초가 되는 것이어서 내심의 의사보다 표시를 기준으로 하여 효력 유무를 판정하여야 한다. 따라서 민법 제107조 이하 의사표시의 하자에 관한 규정은 적용 또는 유추적용될 수 없다.[29]

회생계획안은 분류된 모든 조에서 가결요건을 충족하여야 한다. 따라서 한 개의 조에서라도 가결요건이 충족되지 아니하면 회생계획안은 원칙적으로 부결된 것으로 처리하여야 한다.

회생계획안의 결의에 있어서는 의결권 총액(총수)만이 요건이고,[30] 권리의 종류에 따라 조를 분류하여 각 조에 있어 다수결요건에 차이가 있다. 이것은 채무자의 재산에 대하여 각 권리자가 가지는 이익의 차이를 중시한 것이다.

가. 회생채권자의 조

회생채권자의 조에 있어서는 그 조에 속하는 의결권의 총액의 3분의 2 이상에 해당하는 의결권을 가진 자의 동의가 필요하다(제237조 제1호).

---

29) 대법원 2014. 3. 18. 자 2013마2488 결정.
30) **회생계획안의 표결방식** 회생계획안의 표결방식에는 두 가지가 있다. ① 의결권 총액만으로 계산하는 단일표준방식. 이는 일본 회사갱생절차(회사갱생법 제196조 제5항) 및 대만(회사법 제302조)이 채택하고 있는 방식이다. 이 방식에 따른 회생계획안은 분류된 각 조에서 의결권 총액의 일정 비율 이상을 얻어야 통과(가결)된다. ② 이중표준방식. 이는 미국 연방도산법(§1126), 일본 민사재생법(제172조의3 제1항), 독일 도산법(§244(1)) 및 중국 <기업파산법>(제84조 제2항)이 채택하고 있는 방식이다. 이 방식은 회생계획안이 가결되려면 분류된 각 조에서 인원수와 의결권액이 일정 비율 이상의 동의를 얻어야 한다.
　두 방식을 비교해보면 이중표준방식이 단일표준방식에 비하여 합리적이다. 왜냐하면 이중표준방식은 실무적으로 소수 다액의 채권자나 주주가 의결을 주도하는 것을 방지할 수 있기 때문이다.
　우리나라의 경우는 회생절차는 단일표준방식을 채택하고 있지만(제237조), 간이회생절차는 이중표준방식도 인정하고 있다(제293조의8).

나. 회생담보권자의 조

회생담보권자의 조는 회생계획안의 내용에 따라 그 가결요건이 다르다.

(1) 채무자의 존속, 합병 등 사업의 계속을 내용으로 하는 회생계획안을 제출한 경우

의결권을 행사할 수 있는 회생담보권자의 의결권의 총액의 4분의 3 이상에 해당하는 의결권을 가진 자의 동의가 있어야 한다(제237조 제2호 가목).

(2) 법원의 허가를 얻어 청산(영업의 전부 또는 일부의 양도, 물적 분할을 포함한다)을 내용으로 하는 계획안을 제출한 경우

의결권을 행사할 수 있는 회생담보권자의 의결권의 총액의 5분의 4 이상에 해당하는 의결권을 가진 자의 동의가 있어야 한다(제237조 제2호 나목).

다. 주주 · 지분권자의 조

의결권을 '행사하는' 주주 · 지분권자의 의결권의 총수의 2분의 1 이상에 해당하는 의결권을 가진 자의 동의가 있어야 한다(제237조 제3호). 여기서 의결권을 행사하는 주주 · 지분권자란 관계인집회기일 또는 서면결의시 실제로 결의에 참가하여 의결권을 행사하는 주주 · 지분권자를 의미한다.

Ⅵ 회생계획안 결의의 시적 제한

1. 결의의 시기 (始期)

조사기간(개시결정과 동시에 정하여지는 회생채권 등을 조사하기 위한 기간, 제51조 제1항 제3호)의 종료 전에는 회생계획안을 결의에 부칠 수 없다(제235조). 조사기간이 종료되지 아니한 경우에는 의결권을 행사할 회생채권자 등이나 주주(의결권자)의 범위가 확정되지 않아 회생계획안을 결의에 부칠만한 상황에 부합하지 않기 때문에 결의에 부칠 수 없다.

2. 가결기간의 제한

회생절차가 지연되는 것을 방지하기 위하여 채무자회생법은 회생계획안 가결기간을 제한하고 있다.

가. 결의를 위한 관계인집회 제1기일로부터 2월(3월) 이내

회생계획안의 가결은 회생계획안 결의를 위한 관계인집회의 제1기일부터 2월 이내에 하여야 한다(제239조 제1항). 기산점이 되는 제1기일은 회생계획안의 결의를 위한 관계인집회로 최초로 지정된 기일을 말한다. 법원은 필요하다고 인정하는 때에는 계획안제출자의 신청에 의하거나 직권으로 위 기간을 늘일 수 있으나,[31] 그 기간은 1월을 넘지 못한다(제239조 제2항).

나. 회생절차개시일로부터 1년(1년 6월) 이내

회생계획안의 가결은 회생절차개시일부터 1년 이내에 하여야 한다. 다만, 불가피한 사유가 있는 때에는 법원은 6월의 범위 안에서 그 기간을 늘일 수 있다(제239조 제3항). 결국 회생계획 안은 회생절차개시일로부터 1년 6개월 이내에 가결되어야 한다.

다. 기간 진행의 정지

회생절차가 법원의 직무수행 불가능이나 당사자의 장애로 중지된 경우(제33조, 민소법 제245 조, 제246조) 기간의 진행을 정지시키고 정지가 해소된 후에 남은 기간이 아니라 다시 전체기간 이 진행한다(제33조, 민소법 제247조 제2항).

한편 재판부 기피신청으로 인하여 회생절차가 정지된 경우(제33조, 민소법 제48조)에는 회생 절차가 정지된 기간은 위 가결기한에 포함되지 않는다.[32]

관련 내용은 〈제2장 제7절 (4)〉(본서 167쪽)를 참조할 것.

Ⅶ 회생계획안이 가결되지 않았을 경우의 처리방법

회생계획안 결의를 위한 관계인집회에서 회생계획안이 가결되지 못한 경우 법원이 취할 수 있는 방법에는 3가지가 있다. ① 기일을 속행하는 방법(제238조), ② 권리보호조항을 적용하여 회생계획을 인가하는 방법(제244조), ③ 회생절차를 폐지하는 방법(제286조 제1항 제2호)[33]이 그 것이다. ①과 ③은 모든 조에서 가결요건을 갖추지 못한 경우에 사용할 수 있고, ②는 적어도 하나의 조에서는 가결요건을 갖춘 경우에 사용할 수 있는 방법이다. 한편 ①과 ② 및 회생계 획안의 변경{〈제12장 제5절 Ⅲ.〉(본서 908쪽)}은 회생계획안이 가결되지 못하더라도 가능한 한 계획안이 가결될 수 있도록 하기 위한 제도이다.

1. 기일의 속행

결의를 위한 관계인집회에서 회생계획안이 가결되지 못한 경우에는 회생절차를 폐지하는 것이 원칙이다. 그러나 부결된 회생계획안을 변경할 여지가 있고 이를 근거로 이해관계인 사 이의 추가적인 절충이나 협의의 가능성이 있다면 기일을 속행하여 다시 한 번 결의의 기회를

---

31) 실무적으로 연장결정을 하는 경우는 흔하지 않다. 연장 결정한 사례로 서울회생법원 2023회단100123 사건이 있다.
32) 서울회생법원 2017. 9. 21. 자 2016회합100116 결정 참조.
33) **회생계획안 부결과 파산절차** 파산선고를 받지 아니한 채무자에 대하여 회생계획인가 전 회생절차폐지결정이 확정 된 경우 법원은 그 채무자에게 파산의 원인이 되는 사실이 있다고 인정하는 때에는 채무자 또는 관리인의 신청에 의하거나 직권으로 파산을 선고할 수 있다(제6조 제2항 제2호). 회생계획안이 부결된 경우 파산선고가 될 수 있고, 파산절차에 의해 채무자의 재산에 대한 청산이 이루어지게 된다.

부여하는 것이 절차경제상 더 합리적인 경우가 있다. 예컨대 회생담보권자나 회생채권자들의 무리한 요구로 가결요건을 갖추지 못하여 이를 폐지할 경우 채무자 회사에 종사하고 있는 수많은 종업원이나 협력업체에 끼치는 피해가 중대한 경우 추가적인 협상을 위해 기일을 속행하는 것이 바람직할 것이다. 주의할 것은 사전회생계획안을 서면결의에 부친 경우에는 속행기일을 지정하지 아니한다는 점이다(제240조 제2항).

가. 관계인집회의 속행 요건

결의를 위한 관계인집회에서 회생계획안이 가결되지 않아 기일을 속행하기 위해서는 각 조에서 법정 다수의 동의가 있어야 한다. ① 회생채권자조에 있어서는 의결권 총액의 3분의 1 이상에 해당하는 의결권을 가진 자, ② 회생담보권자조에 있어서는 의결권을 행사할 수 있는 회생담보권자의 의결권 총액의 2분의 1 이상에 해당하는 의결권을 가진 자, ③ 주주·지분권자의 조에 있어서는 의결권을 실제로 행사하는 주주·지분권자의 의결권 총수의 3분의 1 이상에 해당하는 의결권을 가진 자의 동의가 있어야 한다(제238조).

한편 회생채권자 등 다수가 회생계획안에 반대의사를 강력히 표시하는 등 속행기일에서도 회생계획안이 가결될 가능성이 없는 것이 명백한 경우에는 속행기일을 지정할 의미가 없다. 따라서 속행기일에서 회생계획안이 가결될 가능성이 없다는 것이 명백한 경우 법원은 속행기일을 지정할 필요가 없다.

나. 기일속행의 경우 회생계획안 가결기한

속행기일은 관리인 또는 채무자나 의결권을 행사할 수 있는 회생채권자, 회생담보권자, 주주·지분권자의 신청에 의하거나 직권으로 정할 수 있다(제238조). 지정될 속행기일은 최초의 회생계획안 결의를 위한 관계인집회의 기일부터 2개월 이내이어야 하고(제239조 제1항), 만약 지정할 속행기일이 회생절차개시결정일로부터 1년을 경과하게 된다면 먼저 회생계획안의 가결기간의 연장결정을 하여야 한다(제239조 제3항). 속행기일의 회수는 법률상 제한되어 있지 않지만, 실무적으로는 원칙적으로 1회에 한하고 있다. 속행된 기간 내에 가결되지 못한 경우에는 법원은 직권으로 회생절차폐지의 결정을 하여야 한다(제286조 제1항 제2호).

2. 권리보호조항을 정하여 회생계획을 인가하는 방법

회생계획안이 가결되지 못했더라도 법원이 직권으로 계획안을 변경하여 회생계획을 인가할 수 있다(제244조).

이에 관한 자세한 내용은 〈제14장 제3절〉(본서 960쪽)을 참조할 것.

3. 회생절차의 폐지

결의를 위한 관계인집회에서 회생계획안이 부결된 경우에 더 이상 기일을 속행하지 못하고 권리보호조항을 적용하여 인가할 여지도 없다면 채무자에 대한 회생절차를 폐지하여야 한다 (제286조 제1항 제2호).

이에 관한 자세한 내용은 〈제16장 제2절 Ⅱ.〉(본서 1073쪽)를 참조할 것.

Ⅷ 회생계획안이 가결된 경우의 법인의 존속[34]

1. 법인의 존속

가. 법인존속의 필요성

회생절차는 청산 중에 있거나 파산선고를 받은 채무자에 대하여도 개시될 수 있다(제35조, 제44조 제1항 제1호). 그런데 이러한 절차 중에 있는 법인(채무자)에 대하여는 해산의 효과가 발생하기 때문에 사업계속을 내용으로 하는 회생계획안이 가결되어도 그 자체로 회생계획의 수행가능성이 없는 것으로 되어 회생계획불인가결정을 할 수밖에 없다.[35] 그래서 이러한 법인에 대하여는 법인을 존속시키는 절차가 필요하다.

나. 법인존속절차

사단법인이나 재단법인인 채무자에 대하여 회생절차가 개시되어 회생계획안이 가결된 경우에는 사단법인은 정관의 변경에 관한 규정에 따라,[36] 재단법인은 주무관청의 인가를 받아 법인

---

34) **회사의 계속** 회사의 계속이란 파산 등으로 해산된 회사가 상법의 규정과 사원의 의사에 의하여 장래를 향하여 다시 해산 전의 회사로 복귀하여 해산 전의 회사와 동일성을 유지하면서 존속하는 것을 말한다. 상법은 해산원인 중에서 일정한 해산사유를 선별하여 사원의 의사에 의하여 계속하는 것을 허용한다. 각 회사의 해산사유 중 계속을 허용하는 해산사유는 다음과 같다. 합명회사의 경우 ① 존립기간의 만료 기타 정관으로 정한 사유의 발생으로 인하여 해산되거나 ② 총사원의 동의에 의하여 해산된 때, ③ 사원이 1인이 되어 해산한 때, ④ 설립무효의 판결 또는 설립취소의 판결이 확정된 경우 그 무효나 취소의 원인이 특정한 사원에 한한 것인 때이다(상법 제229조, 제194조 제1항). 합자회사의 경우는 ①,②,④(상법 제269조) 및 무한책임사원 또는 유한책임사원의 전원이 퇴사하여 해산된 경우(상법 제285조 제2항)이다. 유한책임회사는 ①,②,④이다(상법 제287조의40, 제287조의6). 주식회사는 ①, 주주총회의 결의에 의하여 해산한 경우(상법 제519조) 및 해산간주된 휴면회사의 경우(상법 제520조의2 제3항)이다. 유한회사는 ①, 사원총회의 결의에 의하여 해산한 경우이다(상법 제610조 제1항).

　채무자회생법은 상법에서 인정하는 회사의 계속에서 나아가 회생계획안이 가결된 경우 회사가 파산선고를 받은 경우에도 법인의 계속(존속)을 할 수 있도록 하고 있다는 점에 의의가 있다. 다만 용어에 있어 법인의 '존속'이 아닌 법인의 '계속'으로 용어를 통일할 필요성이 있다.

35) 파산선고를 받은 채무자(법인)의 경우에도, 채무자 스스로 사업을 계속하여 사업의 회생을 도모하는 것을 전제로, 회생계획안을 작성한 때에는, 법인이 존속하지 않으면, 회생계획인가결정의 확정으로 파산절차가 실효되어도(제256조 제1항), 법인을 청산하지 않으면 안 되는데, 그런 경우 회생계획의 수행가능성에 문제가 생길 수 있다.

36) 정관변경의 규정에 따른다는 것은 민법상의 법인은 총사원 3분의 2 이상의 동의 및 주무관청의 허가(민법 제42조), 합명회사·합자회사·유한책임회사는 총사원의 동의(상법 제204조, 제269조, 제287조의16), 주식회사는 주주총회의 특별결의(상법 제433조, 제434조), 유한회사는 총사원의 특별결의(상법 제584조, 제585조)에 의한다는 것을 말한다.

을 존속(계속)하게 할 수 있도록 하였다(제241조).[37] 사업계속을 내용으로 하는 회생계획안을 수행하기 위해서는 법인의 존속(계속)이 필요불가결하기 때문이다.[38]

다. 법인존속과 회생계획의 인가

법인의 존속(계속)은 회생계획인가의 판단에 커다란 영향을 미치기 때문에 존속하는 것으로 확정된 경우 채무자는 신속하게 그 취지를 법원에 알려야 할 것이다. 그래서 법원에 의한 회생계획의 인가나 불인가결정은, 법인이 존속하는 것으로 확정된 때 또는 회생계획안 가결 후 상당한 기간 내에 법인이 존속하는 것으로 한다는 취지의 고지가 없는 때 하여야 할 것이다.

2. 법인존속의 효과

법인은 해산 전의 법인으로 복귀하여 장래를 향하여 존속하게 된다. 법인의 계속이 있으면 청산인이나 파산관재인은 그 활동이 종료되고 존속 중의 법인의 기관으로 교체되어야 하며, 청산의 목적범위 내로 줄어들었던 권리능력을 회복하게 된다.

법인존속은 소급하여 해산의 효력을 배제하는 것은 아니고 장래에 대하여만 효력이 있다. 따라서 존속까지의 청산인이나 파산관재인의 행위는 효력이 있다.

제4절 서면에 의한 결의제도

Ⅰ 의 의

서면에 의한 결의제도란 회생계획안의 심리 및 결의를 위한 관계인집회를 개최하지 않고 회생채권자, 회생담보권자, 주주·지분권자 등 의결권자가 회생계획안에 동의하는지 여부를 서면으로 회답하여 회생계획안의 가결 여부를 결정하는 것을 말한다. 의결권자가 직접 또는 대리인을 통하여 관계인집회에 참석하여야 하는 불편함을 개선하기 위하여 마련된 제도이다. 이해관계인의 수가 많아 집회의 개최가 곤란하거나 반대로 이해관계인의 수가 적어 집회의 형식을 취할 필요가 없어 관계인집회를 개최하는 것이 시간과 비용의 낭비를 가져오고 절차 진행에 비효율을 낳을 수 있는 경우에 활용할 수 있는 제도이다.[39] 또한 사전회생계획안이 제출된

---

37) 파산절차에서 같은 취지의 규정으로 제540조가 있다. 한편 존속(계속)할 수 있는 법인으로 사단법인이나 재단법인으로 한정할 필요는 없어 보인다. '법인'으로 이해하여야 할 것이다. 일본 민사재생법과 파산법은 사단법인이나 재단법인이 아닌 '법인'의 계속을 규정하고 있다(민사재생법 제173조, 파산법 제219조). 제35조는 회생절차개시신청을 할 수 있는 청산 중이거나 파산선고를 받은 채무자로 '회사'라고 하고 있으나, 마찬가지로 '법인'으로 이해하여야 할 것이다.

38) 따라서 청산형 회생계획(예컨대 채무자의 영업 전부를 양도하고 그 양도대금을 주된 변제재원으로 하는 청산을 내용으로 하는 것)인 경우에는 법인의 존속(계속)은 필요 없고, 그것이 회생계획인가의 판단에 영향이 없다.

39) 회생사건실무(하), 49쪽.

경우 그와 관련된 여러 가지 특칙이 마련됨으로써 앞으로 이용가능성이 커 보인다.

법원은 회생계획안이 제출된 때에 상당하다고 인정하는 때에는 회생계획안을 서면결의에 부치는 취지의 결정을 할 수 있다(제240조 제1항). 위 결정에 대하여는 불복을 할 수 없다(제13조). 서면결의에 부치는 결정은 이를 공고하여야 한다(제240조 제1항).

서면결의를 결정한 때에는 법원은 관리인, 조사위원·간이조사위원, 채무자, 목록에 기재되어 있거나 신고한 회생채권자·회생담보권자·주주·지분권자, 회생을 위하여 채무를 부담하거나 담보를 제공한 자에 대하여 회생계획안의 사본 또는 그 요지를 송달함과 동시에 의결권자에 대하여는 회생계획안에 동의하는지 여부와 인가 여부에 관한 의견, 회생계획안이 가결되지 아니한 경우 속행기일의 지정에 동의하는지 여부를 법원이 정하는 회신기간 안에 서면으로 회신하여야 한다는 뜻을 기재한 서면을 송달하여야 한다. 이 경우 회신기간은 서면결의에 부치는 취지의 결정일부터 2월을 넘을 수 없다. 송달은 서류를 우편으로 발송(발송송달)하여 할 수 있다(제240조 제2항, 제3항).

Ⅱ 서면결의에 관련된 특칙

1. 회생계획안 심리를 위한 관계인집회의 완료 간주

법원은 제출된 회생계획안을 서면결의에 부치는 때에는 심리를 위한 관계인집회를 소집하지 아니한다(제224조 단서). 회생계획안을 송달한 때에는 회생계획안의 심리를 위한 관계인집회가 완료된 것으로 본다(제240조 제4항).

2. 채권신고의 추완 불가

서면결의에 부친다는 결정이 있은 후에는 회생채권 및 회생담보권의 추후 보완신고를 할 수 없다(제152조 제3항). 다만 채무자의 행위가 서면결의에 부치는 결정이 있은 후에 부인된 때에는 상대방은 부인된 날부터 1월 이내에 추후 보완신고를 할 수 있다(제109조 제2항).

3. 회생계획안의 수정 불가

회생계획안의 제출자는 서면결의에 부치는 결정이 있는 날까지만 회생계획안을 수정할 수 있고, 그 이후에는 회생계획안을 수정할 수 없다(제228조). 회생계획안을 수정하려면 법원의 회생계획안 수정명령제도(제229조)를 이용할 수밖에 없다.

4. 조 분류에 대한 결정

서면에 의한 결의에 있어서도 조별로 결의하여야 하므로(제236조 제1항), 법원은 미리 조 분류 결정을 하고 이를 이해관계인에게 관련 서류와 함께 송달하여야 한다(제236조 제6항).

5. 회생을 위하여 채무를 부담하거나 담보를 제공하는 자의 동의

회생을 위하여 채무를 부담하거나 담보를 제공하는 자는 결의를 위한 관계인집회에 출석하여 그 뜻을 진술하여야 하나, 서면결의에 부치는 경우에는 결의를 위한 관계인집회를 개최하지 않으므로 미리 회생을 위하여 채무를 부담하거나 담보를 제공하는 자의 동의를 얻어 회생계획안에 그 내용을 정함으로써 결의를 위한 관계인집회에서의 진술에 갈음한다(제233조 제3항). 이 경우 동의는 서면의 방식에 의하여야 하고, 관리인 등이 회생계획안을 제출하는 경우에는 위 동의를 기재한 서면을 법원에 함께 제출하여야 한다(규칙 제70조).

관련 내용은 〈제13장 제3절 Ⅱ.〉(본서 929쪽)를 참조할 것.

6. 회생계획안의 가결 및 인부 결정

가. 회생계획안의 가결

회신기간 안에 회생계획안에 동의한다는 뜻을 서면으로 회신하여 법원에 도달한 의결권자의 동의가 제237조의 가결요건을 충족하는 때에는 그 회생계획안은 가결된 것으로 본다(제240조 제5항). 따라서 회신기간 안에 회신이 도착하지 않은 때에는 동의하지 않은 것으로 처리된다.

나. 회생계획의 인부

서면결의에 의하여 회생계획안이 가결된 때에는 법원은 지체 없이 회생계획의 인가 여부에 관하여 결정을 하여야 한다(제242조의2 제1항). 회생계획의 인가 또는 불인가의 결정을 한 때에는 관리인, 조사위원·간이조사위원, 채무자, 목록에 기재되어 있거나 신고한 회생채권자·회생담보권자·주주·지분권자, 회생을 위하여 채무를 부담하거나 담보를 제공한자(제182조 제1항)에게 그 주문 및 이유의 요지를 기재한 서면을 송달하여야 한다(제242조의2 제6항).

다. 의견청취기일

서면결의에 의하여 회생계획안이 가결된 때, 법원은 인가 여부 결정에 앞서 회생계획인가 여부에 관한 이해관계인의 의견을 들을 수 있는 의견청취기일을 정할 수 있다(제242조의2 제2항). 회생계획안이 제출된 후 심리 및 결의를 위한 관계인집회를 소집하는 경우에는 채권자 등 이해관계인은 최소 1회 이상 법원에 출석하여 의견을 진술할 수 있는 기회가 있다. 그러나 관리인 보고를 위한 관계인집회가 임의화되고 대체절차인 주요 사항의 통지가 행하여지고 있는 상황에서, 회생계획안을 서면결의에 부친 경우 이의가 있는 채권자로 하여금 최소 1회 법원에 직접 출석하여 의견을 진술할 수 있는 기회를 보장해 주기 위해서 의견청취기일을 개최할 수 있도록 하였다. 의견청취기일은 회생계획안에 반대하는 채권자를 보호할 수 있는 방안으로 부작용을 최소할 수 있는 제도이다.

의견청취기일은 회생계획안 인가 여부에 관한 채권자의 의견이 모두 회신되고 난 이후의 시점으로 정해야 하므로 제240조 제2항의 회신기간 이후로 정하여야 한다(제242조2 제2항).

관리인, 조사위원·간이조사위원, 채무자, 목록에 기재되어 있거나 신고한 회생채권자·회생담보권자·주주·지분권자, 회생을 위하여 채무를 부담하거나 담보를 제공한자(제182조 제1항), 채무자의 업무를 감독하는 행정청·법무부장관 및 금융위원회는 의견청취기일에 회생계획의 인가 여부에 관하여 의견을 진술할 수 있다(제242조의2 제3항).

의견청취기일을 정하는 결정은 공고하고, 그 결정서를 회생계획 인가 여부에 관한 의견을 서면으로 회신한 자에게 송달하여야 한다(제242조의2 제4항). 기일지정결정을 모든 회생채권자 등에게 송달하는 것이 아니라 인가 여부에 관한 의견을 서면으로 회신하여 실질적인 의견을 제시한 자들에게만 송달하는 것으로 하여 효율적인 진행과 당사자의 절차참여권의 보장을 조화시키고 있다.

법원은 상당하다고 인정하는 때에는 관리인의 신청에 의하거나 직권으로 의견청취기일과 특별조사기일을 병합할 수 있다(제242조의2 제5항).

7. 회생절차의 폐지

서면결의에 의하여 회생계획안이 가결되지 아니하고 속행기일의 지정에 필요한 동의도 얻지 못한 때 또는 서면결의에서 가결되지 아니한 회생계획안에 대하여 속행기일이 지정되고 그 속행기일에서 가결되지 아니한 때에는, 법원은 권리보호조항을 정하여 회생계획을 인가하지 않는 한 직권으로 회생절차를 폐지하여야 한다(제286조 제1항 제4호).

8. 사전회생계획안이 제출된 경우의 특칙

가. 속행기일의 미지정

사전회생계획안을 서면결의에 부친 경우에는 속행기일을 지정하지 아니한다(제240조 제2항). 절차를 신속하게 진행하기 위함이다.

나. 서면결의에서의 동의 간주

관련 내용은 〈제12장 제1절 Ⅳ.5.다.〉(본서 846쪽)를 참조할 것.

Ⅲ 서면결의에 있어 의결권의 확정 방법

확정된 회생채권 또는 회생담보권을 가진 회생채권자 또는 회생담보권자는 그 확정된 액이나 수에 따라, 이의없는 의결권을 가진 주주·지분권자는 목록에 기재되거나 신고한 액이나 수에 따라 의결권을 행사할 수 있다(제240조 제6항, 제188조 제1항).

법원은 이의있는 권리에 관하여는 의결권을 행사하게 할 것인지 여부와 의결권을 행사하게 할 액 또는 수를 결정한다(제240조 제6항, 제188조 제2항). 서면에 의한 결의의 경우에는 관계인집회기일에서 이의를 한다는 관념은 없다. 서면결의에 부치는 결정을 송달하기 전에 이의있는 권리에 관하여 의결권을 행사하게 할 것인지 여부 및 의결권을 행사하게 할 액 또는 수를 결정하여야 한다(규칙 제68조 제2항). 관리인, 목록에 기재되어 있거나 신고된 회생채권자·회생담보권자·주주·지분권자는 법원에 서면으로 의견을 진술할 수 있다(규칙 제68조 제3항). 의결권을 행사하게 할 것인지 등에 관한 결정은 그 의결권에 관계된 회생채권자, 회생담보권자 또는 주주·지분권자에게 송달하여야 한다(규칙 제68조 제4항).[40]

법원은 이해관계인의 신청에 의하거나 직권으로 언제든지 의결권액에 관한 결정을 변경할 수 있다(제240조 제6항, 제188조 제3항). 변경의 시기에 제한이 없기 때문에, 서면결의에 관한 회신기간이 경과하여도, 의결권의 집계가 종료될 때까지는 변경결정을 할 수 있다고 할 것이다.

결과적으로 관계인집회를 개최하는 경우와 별다른 차이가 없다.[41]

---

40) 제240조 제6항은 제188조 제4항을 준용하고 있지 않다. 제188조 제4항은 관계인집회에서 의결권에 대한 결정을 고지하는 것을 전제로 한 것이기 때문에 제240조 제6항은 이를 준용하고 있지 않는 것이다.

41) 서면결의에 있어서도 관계인집회를 개최한 경우와 마찬가지로 의결권의 불통일 행사를 할 수 있다(제240조 제6항, 제189조). 서면에 의한 결의를 하는 경우 의결권 불통일 행사의 취지의 신고는 제240조 제2항의 회신기간 내에 직접 의결권을 불통일 행사하여 이를 회신하는 방법에 의한다(규칙 제69조).

회생계획의 인가

회생계획의 효력이 발생하기 위해서는 회생계획안 결의를 위한 관계인집회에서 법정 다수의 동의에 의해 가결되는 것으로 충분하지 않고 법원에 의한 인가가 필요하다. 그 이유는 다음과 같다. ① 회생절차에서는 절차에 참여하지 않고 회생계획에 채권자로 기재되지 않는 권리자의 권리는 소멸하고, 절차에 참여한 권리자의 권리도 회생계획안에 동의 여부를 묻지 않고 회생계획에서 정한 내용으로 변경된다(제251조, 제252조). ② 회생절차는 회생담보권자, 회생채권자, 주주 등 서로 다른 실체적 권리를 가진 자를 강제적으로 절차에 참여시키기 때문에 그 사이의 이해관계를 조정할 필요가 있고, 나아가 회생계획안의 내용은 채무자의 회생계획이라는 고도의 전문적인 판단을 필요로 하므로 회생계획안에 반대하는 소수자의 이익을 적절히 보호할 필요가 있다. ③ 수행불가능한 회생계획안을 수행함으로써 비용, 노력, 시간을 허비할 수도 있는 이해관계인의 불이익을 방지할 필요가 있기 때문에, 법원은 관계인집회에서 가결된 회생계획안이 절차, 내용면에서 적법한 것인지에서 나아가, 다양한 권리자 사이의 공정·형평하고 수행가능한 것인지를 후견적 견지에서 재심사해야 한다.[1]

제1절 회생계획의 인부 결정

관계인집회에서 회생계획안을 가결한 때에는 법원은 회생계획인가의 요건을 갖추고 있는지를 심사하여 그 기일에 또는 즉시로 선고한 기일에 회생계획의 인가 여부에 관하여 결정[2]을

---

1) 會社更生の實務(下), 305~306쪽.
2) 회생계획인가 여부에 대한 재판방식을 '결정'으로 한 것이 재판청구권을 침해하여 헌법에 위반되는가. 헌법 제27조 제1항은 '법률에 의한' 재판을 받을 권리를 보장하고 있는데 이는 모든 사건에 대하여 '판결'의 방식으로 재판을 받을 권리를 보장하는 것은 아니다. 재판의 방식을 구체적으로 어떻게 정할 것인지는 원칙적으로 입법정책의 문제로서 입법자의 광범위한 형성의 자유에 속하는 사항이다. 입법자가 정한 재판의 방식에는 판결·결정·명령의 세 가지가 있고, 그중 판결과 결정의 핵심적인 차이는 변론이 필요적인지의 여부로서 결정은 변론절차를 필요적으로 거칠 것을 요하지 아니하여 판결보다 그 절차가 간단하다. 소송절차 중 비교적 경미하고 신속을 요하는 사항에 관한 재판 또는 비송 등 소송절차가 아닌 절차에 관한 재판은 결정으로써 하는데, 특히 후자의 경우는 직권주의·직권탐지주의가 지배하고 대립당사자구조를 취하지 아니하는 비송사건의 비쟁송성과 관련된 것으로, 사안의 경미함 때문에 결정의 방식으로 재판하는 것은 아니다.

하여야 한다(제242조 제1항).[3] 회생계획의 인가 여부의 기일을 정하는 결정은 선고를 한 때에는 공고와 송달을 하지 아니할 수 있다(제242조 제3항).

서면결의에 의하여 회생계획안이 가결된 때에는 법원은 지체 없이 회생계획의 인가 여부에 관하여 결정을 하여야 한다(제242조의2 제1항). 법원은 회생계획의 인가 여부에 관한 결정에 앞서 제240조 제2항의 회신기간 이후로 기일을 정하여 회생계획 인가 여부에 관한 이해관계인의 의견을 들을 수 있다(제242조의2 제2항).

회생계획안이 가결되면 회생절차의 근본 규범으로서 회생계획이 성립하지만, 그 효력은 법원의 인가결정이 있어야 발생한다(제246조). 따라서 회생계획안의 가결은 회생계획의 성립요건이고, 인가결정은 효력발생요건이다.

회생계획안이 관계인집회에서 가결요건을 갖추지 못하면, 법원은 회생절차를 폐지할 것인지(제286조 제1항 제2호) 아니면 권리보호조항을 정하여 회생계획을 인가할 것인지(제244조)를 결정하여야 한다. 법원이 회생계획인가결정을 할 수 있는 경우는 ① 인가요건 모두가 충족된 경우, ② 다른 인가요건은 모두 충족되고, 회생절차가 법률의 규정에 위반한 것에 대하여 재량인가를 한 경우(제243조 제2항), ③ 권리보호조항을 정하여 회생계획을 인가한 경우 등 3가지이고, 그 이외의 경우는 모두 불인가결정을 하지 않으면 안 된다.

회생계획의 인가 여부를 결정하는 기일에서는 ① 관리인, 조사위원·간이조사위원, 채무자, 목록에 기재되어 있거나 신고한 회생채권자·회생담보권자·주주·지분권자, 회생을 위하여 채무를 부담하거나 담보를 제공한 자나 ② 채무자의 업무를 감독하는 행정청·법무부장관 및 금융위원회는 회생계획의 인가 여부에 관하여 의견을 진술할 수 있다(제242조 제2항). ①에 해당하는 자에게 의견진술의 기회를 주는 이유는 이러한 자들이 회생계획의 인부결정에 의하여 그 권리에 영향을 받기 때문에 이에 대한 심문청구권을 보장하기 위함이고, ②에 해당하는 기

회생계획 인가 여부에 대한 재판방식을 정함에 있어서는 채권자 일반의 이익을 위하여 채무자에게 재기의 기회를 주고 채권채무관계를 집단적으로 해결하는 회생절차 본연의 의의·목적·기능과 공익적·정책적 필요성의 측면, 신속하고 원활한 절차 진행을 통한 다수 이해관계인의 권리관계 안정화 필요성, 비송사건으로서의 성질을 가지는 회생절차의 특수성 등을 종합적으로 고려하여야 한다.

채무자회생법은 위와 같은 사정을 고려하여 회생계획의 인가 여부에 대한 재판의 방식을 '결정'으로 정하고 있다. 위 재판 과정에서 이해관계인들은 자유롭게 의견을 진술하고 자료를 제출할 수 있으며, 다만 이러한 재판은 특정인 사이의 분쟁이라고 보기 어려워 대립당사자를 전제로 하는 변론절차를 거치도록 요구하고 있지 아니한 것이다. 나아가 회생절차에는 직권탐지주의가 적용되어 법원은 형식에 구애받지 아니하고 모든 자료를 토대로 직권으로 판단할 수 있으므로, 법원이 '결정'의 방식으로 재판한다고 하여 사건을 경시하는 것이라고 볼 수는 없다.

위와 같은 점을 종합하여 보면, 회생계획 인가 여부에 대한 재판을 결정으로 하도록 규정한 것이 재판청구권을 침해한다고 볼 수 없다(헌법재판소 2021. 7. 15. 선고 2018헌바484 전원재판부 결정 참조).

3) 실무적으로 회생계획안을 관계인집회의 결의에 부치기 전에 법원이 미리 회생계획인가요건까지도 심사를 마친 후 회생계획안이 관계인집회에서 가결되면 바로 그 자리에서 회생계획을 인가하는 결정을 선고하고 있다.

다만 회생계획안이 가결되었다고 하더라도 이해관계인들이 인가요건의 충족 여부 등에 관하여 다툼이 심한 경우 등이 있을 수 있다. 이러한 경우에는 그 인가요건 등을 심사하기 위한 추가적인 시간이 필요하므로 회생계획안 결의를 위한 관계인집회에서 회생계획인부기일을 선고하여 회생계획의 인부결정을 하여야 한다. 서울회생법원 2020회합100174 의료법인 뉴금강의료재단 사건에서, 2021. 8. 19. 관계인집회에서 회생담보권자 조 93.75%, 회생채권자 조 69.34% 동의로 가결되었으나, 일부 채권자들의 다툼이 있어 선고기일을 별도로 정하여 2021. 9. 9. 회생계획인가결정을 하였다.

관에 의견진술의 기회를 주는 이유는 인가요건의 존부를 판단함에 있어 이러한 기관들의 의견을 참고하고자 하기 위함이다.

제2절 회생계획의 인가요건[4]

회생계획안이 가결되었더라도 회생계획의 인가요건을 갖추지 못한 경우에는 회생계획을 인가할 수 없다. 회생계획이 인가요건을 갖추었는지 여부를 판단하는 기준시점은 인부결정을 하는 시점, 즉 인가시를 기준으로 하여야 하는 것이 원칙이다.[5] 다만 인부결정에 대해 즉시항고가 제기된 경우에는 항고심이 속심이므로 항고심의 결정시이고,[6] 환송심에서는 환송심의 인부결정시이다. 인가요건의 존부는 법원의 직권조사사항이다.[7] 따라서 인부결정을 하기까지 나타난 모든 자료를 인가요건에 대한 판단자료로 삼을 수 있다(제12조 제2항 참조).

I 회생계획인가의 적극적 요건 (제243조 제1항)[8]

법원은 아래의 요건을 구비하고 있는 경우에 한하여 회생계획인가의 결정을 할 수 있다(제

---

4) 미국 연방도산법의 경우 회생계획안이 모든 조의 동의를 얻은 경우라면 법원은 청산가치보장심사(best interest of creditors test)와 수행가능성 심사(feasibility test)를 거쳐 인가 여부를 결정한다. 회생계획안이 한 개 이상의 조의 동의를 얻었으나 모든 조의 동의를 얻지 못한 경우(cram down case)라면 법원은 추가로 회생계획이 부동의 한 조를 불공정하게 차별하고 있지 않은지(not discriminate unfairly)와 공정하고 형평에 맞는지(fair and equitable) 여부를 심사하여 강제인가 여부를 결정한다. 일반적으로 공정·형평의 원칙은 우선순위가 다른 권리자들 사이의 수직적 공정함을 가리는 기준이고, 불공정한 차별금지의 원칙은 같은 우선순위를 가진 채권자들 사이의 수평적 공정함을 가리는 기준이 된다. 미국 연방도산법에 따른 절대우선의 원칙은 주주에게 분배되기 전에 채권자들에게 전액 변제할 것을 요구한다. 따라서 제11장 절차의 회생계획은 주주들이 아무것도 얻지 못하는 것이 아니면 다른 무담보채권자들에 대하여 강제인가될 수 없다. 회생계획안이 각 채권자 조 및 주주 조에서 모두 가결이 되면, 법원은 공정·형평의 원칙의 준수 여부 등의 개입을 회피한다. 이렇게 하여 개별 채권자의 권리를 보호함과 동시에 채권자 조와 주주 조 사이의 폭넓은 협상을 촉진시키게 된다. 이해관계인들 사이의 협상과 양보를 통해 절차의 지연과 비용 증가를 회피하려는 것이다{유해용, "통합도산법 시행 이후 한국의 기업회생 실무와 쟁점", 국제법률심포지엄(기업도산절차의 국제적 동향) 자료집(2009), 20~21쪽}.
5) 대법원 2018. 5. 18. 자 2016마5352 결정.
6) 대법원 2016. 5. 25. 자 2014마1427 결정(회생계획이 인가요건을 충족하고 있는지 여부는 회생법원이 인가 여부를 판단하는 시점, 즉 인가시를 기준으로 하여야 하는 것이 원칙이나, 회생계획 인가결정에 대하여 즉시항고가 제기된 경우에는 항고심의 속심적 성격에 비추어 볼 때 항고심 결정시를 기준으로 이를 판단하여야 하고, 항고심이 고려하여야 할 사항에는 회생법원의 회생계획 인가결정 후에 발생한 사정도 포함된다. 그런데 이는 항고심이 인가결정 당시의 회생법원의 고려사항과 다르게 회생계획인가 이후에 변동된 사정이 없는지를 심리하여 인가결정의 당부를 판단하라는 취지이므로, 항고심이 회생법원의 회생계획 인가결정 당시에 예정되어 있던 회생계획의 수행결과까지 고려하여 회생계획 인가요건의 충족 여부를 판단하여야 하는 것은 아니다). 대법원 2008. 6. 17. 자 2005그147결정(청산가치보장의 원칙에 관하여도 항고심 결정시를 기준으로 청산가치를 재산정하고 이를 기준으로 인가요건 적부를 다시 판단하여야 한다는 사례).
7) 대법원 2018. 5. 18. 자 2016마5352 결정, 대법원 2014. 2. 21. 자 2013마1306 결정.
8) 회생계획의 인가요건을 규정함에 있어 적극요건주의와 소극요건주의가 있다. 적극요건주의로 인가요건을 규정하는 것이고(예컨대 회생절차가 법률의 규정에 적합한 경우 회생계획을 인가한다), 소극요건주의는 불인가요건을 규정하는 것이다(예컨대 회생절차가 법률의 규정에 위반한 경우 회생계획을 불인가한다). 채무자회생법, 일본의 회사갱생법(제

243조 제1항). 이와 같이 회생계획인가의 요건을 엄격하게 규정하고 있는 취지는 회생절차에 있어서는 우선순위가 다른 채권자들끼리의 결의에 의하여 권리변경이 이루어지므로 회생계획의 내용이 각 이해관계인 사이에 공정·형평하게 이루어질 수 있도록 함과 동시에 회생제도의 목적인 채무자 또는 그 사업의 효율적인 회생을 달성할 수 있도록 하려는 것이다.[9]

1. 회생절차 또는 회생계획이 법률의 규정에 적합할 것 (제1호)

가. 회생절차가 법률의 규정에 적합할 것

회생절차는 채권자나 주주 등 이해관계인의 권리에 중대한 영향을 미치는 것이므로 이들의 절차참여권이 보장되어야 한다. 따라서 회생절차가 위법한 경우 원칙적으로 회생계획을 불인가하여야 한다. 구체적으로 회생능력의 흠결, 관리인의 절차상의 의무위반, 관계인집회 소집절차의 위법, 결의와 관련한 위법,[10] 회생계획 작성절차의 위법 등을 들 수 있다. 회생절차가 법률의 규정에 위반한 경우에는, 회생절차개시결정 후에 한하지 않고 회생절차개시신청 때의 것도 포함된다.

다만 회생절차가 법률의 규정에 위반하는 경우에도 그 위반의 정도, 채무자의 현황 기타 모든 사정을 고려하여 회생계획을 인가하지 아니하는 것이 부적당하다고 인정하는 때에는 법원은 회생계획인가의 결정을 할 수 있다(제243조 제2항). 이는 비교적 경미한 절차상의 하자를 이유로 가결된 회생계획을 불인가하는 것이 오히려 이해관계인이나 채무자의 이익을 해한다는 점을 고려한 것이다. 그러나 회생계획안이 유효하게 가결되어 있다는 것은 인가를 위한 절대적 요건이기 때문에, 회생계획안이 가결되지 않는 경우 권리보호조항을 정한 인가를 제외하고, 재량에 의한 인가의 대상이 될 수 없다.

한편 회생계획의 인가요건의 존부를 판단하는 기준시는 인부결정을 하는 시점이기 때문에 절차가 행해진 당시에는 하자가 있었더라도 인부결정을 하기까지 그 하자가 치유되면 회생계획을 인가할 수 있다.

법원이 회생계획안에 행정청의 허가·인가·면허 그 밖의 처분을 요하는 사항을 정하고 있었음에도 그 사항에 관하여 그 행정청의 의견조회를 누락한 경우 이는 '회생절차가 법률의 규정에 적합할 것'이라는 요건을 흠결한 것으로 보아야 한다.[11] 또한 사건에 관한 문서의 열람

199조 제2항), 중국의 <기업파산법>(제86조, 제87조)은 적극요건주의를, 일본의 민사재생법(제174조 제2항)은 소극요건주의를 각 채택하고 있다. 적극요건주의는 상대적으로 법원의 후견적 개입의 요청이 높다는 점을 고려한 것이다. 반면 소극요건주의는 당사자자치의 원칙을 중시하는 것이다. 일본의 민사재생절차가 소극요건주의를 채택하고 있는 것은 민사재생절차는 절차가 개시된 후에도 원칙적으로 채무자에게 재산의 관리처분권이 있고, 재생채권자 및 재생채무자의 의사를 존중하여 절차를 진행하는 것이 적절하다는 것을 고려한 것이라고 한다(條解 民事再生法, 916쪽).

9) 대법원 2018. 5. 18. 자 2016마5352 결정, 대법원 2016. 5. 25. 자 2014마1427 결정, 대법원 2000. 1. 5. 자 99ㄱ35 결정 참조.

10) 제3호와 관련하여, 여기서 결의의 위법은 결의절차가 법이나 규칙이 정하는 규율에 위배되었다는 것을 말한다. 예컨대 결의의 시기(제235조), 조 분류(제236조), 가결요건(제237조) 등.

11) 대법원 2018. 5. 18. 자 2016마5352 결정, 대법원 2016. 5. 25. 자 2014마1427 결정(반면 회생계획의 수행가능성과

등 절차가 법률에 따라 행하여지지 않는 경우, 신청권자의 자격을 갖추지 못한 자의 신청에 의하여 절차가 개시된 경우, 절차개시결정의 공고나 송달 규정에 위반한 경우, '회생계획안의 심리를 위한 관계인집회에서 제출된 회생계획 수정안은 회생채권자인 회원들에게 불리한 영향을 미치는 것이므로, 법원은 예정된 회생계획안의 결의를 위한 관계인집회의 개최를 연기한 후 회생채권자 등 이해관계인에게 그 수정안 사본 또는 요지를 송달하는 등으로 의결권을 행사하는 자에게 그 내용을 충분히 숙지하고 검토할 기회를 줌과 동시에 결석자에게 결의의 기회를 보장해 주었어야 함에도 위와 같은 절차를 이행하지 않은 경우[12] 등도 회생절차가 법률의 규정에 적합하지 않는 경우에 해당한다.

나. 회생계획이 법률의 규정에 적합할 것

회생계획의 위법이란 회생계획의 내용이 법률에 위반되는 것을 말한다. 여기서 법률이란 채무자회생법만을 말하는 것이 아니라 민법, 상법, 공정거래법 등 관련 법의 내용도 포함하는 것이다.[13] 회생계획안의 내용 중 법률의 규정에 위반된 것이 있는 경우 회생계획안 제출자에게 수정명령을 하고(제229조), 제출자가 이에 응하지 아니할 경우 회생계획안을 배제하는 결정을 하여야 할 것이다(제231조 제1호).

회생계획이 법률의 규정에 적합하다는 것은 회생계획의 내용이 적법한 것을 말한다. 회생계획에 필요적 기재사항이 흠결된 경우나 권리변동의 내용이 회생채권자 사이에 불평등한 경우는 회생계획이 법률의 규정에 적합하지 않는 사례로 볼 수 있다. 한편 골프장을 운영하는 체육시설업자에 대한 회생절차에서 채무자인 체육시설업자가 발행하는 신주 등을 인수할 제3자를 선정하고 제3자가 지급하는 신주 등의 인수대금으로 채무를 변제하는 내용의 회생계획에 입회금 반환채권이나 시설이용권 등 회원이 가지는 회생채권을 변경하는 사항을 정하였다고 하여 회생계획이 체육시설의 설치·이용에 관한 법률 제27조에 반한다고 볼 수 없다.[14]

관련한 제6호의 요건을 흠결한 것으로 볼 수는 없다. 따라서 이 경우에는 제243조 제2항에 따라 인가할 수 있는 여지가 있다).

12) 대법원 2016. 5. 25. 자 2014마1427 결정. 다만 위 대법원 결정은 제243조 제2항을 적용하여 ① 회생법원은 이 사건 회생계획안의 심리를 위한 관계인집회에서 채무자 회사의 관리인이 제출한 회생계획안의 수정을 허가한 후 그 수정안에 대하여 출석한 이해관계인들의 의견을 들었고, 관계인집회에 출석한 이해관계인은 같은 날 회생계획안의 결의를 위한 관계인집회를 개최하는 것에 별다른 이의가 없었던 점, ② 회생계획안의 심리 및 결의를 위한 관계인집회에 출석하지 않은 회생채권자 등 이해관계인은 그 변제조건의 변경과 무관하게 관리인 제출의 회생계획안에 동의하지 않겠다는 의사를 가지고 있다고 볼 수밖에 없는 점, ③ 회생계획안의 결의를 위한 관계인집회 전에 회생계획안을 송달하는 주된 이유는 결석자에게도 결의의 기회를 보장하기 위한 것인데, 채무자 회사의 관리인이 제출한 회생계획 수정안에 대하여 회생담보권자의 조 100%의 동의, 회생채권자의 조 77.95%의 동의로 가결요건을 충족하는 등 결석자들이 위 수정안에 대하여 동의하지 않는다고 하여 그 결과가 달라지지 않았을 것으로 보이는 점과 함께 기록상 나타난 채무자 회사의 현황, 회생절차의 진행경과 등 제반 사정을 고려하여 보면, 위와 같이 회생계획 인가 여부 결정에 이르기까지의 절차가 법률의 규정에 위반되는 경우에도 법원이 회생계획을 인가하지 아니하는 것이 부적당하다고 인정되는 때에 해당하는 것으로 볼 수 있다'고 판시하였다.

13) 실무적으로 출자전환에 따른 주식취득과 관련하여, 공정거래법 제11조에서 규정하는 기업결합신고(심사)가 종종 문제된다.

14) 대법원 2016. 5. 25. 자 2014마1427 결정.

2. 회생계획이 공정하고 형평에 맞아야 하며 수행이 가능할 것 (제2호)

가. 회생계획이 공정하고 형평에 맞을 것

회생계획이 공정하고 형평에 맞아야 한다는 것은 제217조 제1항이 정하는 권리의 순위를 고려하여 이종(異種)의 권리자들 사이에는 회생계획의 조건에 공정하고 형평에 맞는 차등을 두어야 하고, 제218조 제1항이 정하는 바에 따라 동종(同種)의 권리자들 사이에는 회생계획의 조건을 평등하게 하여야 한다는 것을 의미한다.[15]

(1) 공정하고 형평에 맞는 차등이란 선순위 권리자에 대하여 수익과 청산시의 재산분배에 관하여 우선권을 보장하거나 후순위 권리자를 선순위 권리자보다 우대하지 않아야 됨을 의미한다. 예컨대 회생채권자의 권리를 감축하면서 주주의 권리를 감축하지 않는 것은 허용되지 아니한다. 다만 주식과 채권은 그 성질이 상이하여 단순히 회생채권의 감축 비율과 주식 수의 감소 비율만을 비교하여 일률적으로 우열을 판단할 수는 없고, 자본의 감소와 그 비율, 신주발행에 의한 실질적인 지분의 저감 비율, 회생계획안 자체에서 장래 출자전환이나 인수·합병을 위한 신주발행을 예정하고 있는 경우에는 그 예상되는 지분 비율, 그에 따라 회생계획에 의하여 회생회사가 보유하게 될 순자산 중 기존주주의 지분에 따른 금액의 규모, 변제될 회생채권의 금액과 비율, 보증채권의 경우 주채무자가 그 전부 또는 일부를 변제하였거나 변제할 개연성이 있다면 그 규모 등을 두루 참작하여야 한다.[16] 기존 주식을 100%로 감자하더라도 이것이 과잉감자라거나 공정·형평의 원칙, 평등의 원칙에 반한다고 볼 수 없다.[17] 자세한 내용은 〈제12장 제2절 Ⅰ.〉(본서 846쪽)을 참조할 것.

(2) 평등[18]은 형식적 의미의 평등이 아니라 공정·형평의 관념에 반하지 아니하는 실질적인 평등을 가리키는 것이므로,[19] 회생계획에 있어서 모든 권리를 반드시 제217조 제1항 제1호 내지 제5호가 규정하는 5종류의 권리로 나누어 각 종류의 권리를 획일적으로 평등하게 취급하여야만 하는 것은 아니고, 5종류의 권리 내부에 있어서도 회생채권이나 회생담보권의 성질의 차이, 채무자의 회생을 포함한 회생계획의 수행가능성 등 제반 사정에 따른 합리적인 이유를 고려하여 이를 더 세분하여 차등을 두더라도 공정·형평의 관념에 반하지 아니하는 경우에는

---

15) 대법원 2016. 5. 25. 자 2014마1427 결정, 대법원 2015. 12. 29. 자 2014마1157결정, 대법원 1998. 8. 28. 자 98그11 결정 참조.

16) 대법원 2004. 12. 10. 자 2002그121 결정 참조. 일반적으로 보증채무의 경우에는 변제책임을 지는 주채무자가 따로 이 있을 뿐만 아니라 반드시 보증에 상응하는 대가를 얻는 것도 아니라는 점에서 회생채권이 보증채권인 경우에는 주채권인 경우에 비하여 일정한 차등을 두더라도 공정·형평이나 평등의 원칙에 어긋난다고 볼 수는 없을 것이다. 그러나 보증채권을 전액 면제시키는 조치는 차등의 정도가 너무 심하여 공정·형평이나 평등의 원칙에 어긋나는 것으로 볼 여지가 있다(대법원 2000. 1. 5. 자 99그35 결정 참조).

17) 대법원 2017. 4. 7. 선고 2015마1384,2015마1385(병합) 결정, 대법원 1991. 5. 28. 자 90마954 결정 등 참조.

18) 회생절차에서는 다수결의 원리에 의해 회생계획에 동의하지 않는 회생채권자 등에 대하여도 권리변경의 효력이 미치기 때문에 채권자 사이의 평등이 요청되는 것이다.

19) 반면 청산형절차인 파산의 경우에는 형식적 평등이 강하게 요구된다.

합리적인 범위 내에서 차등을 둘 수 있는 것이며,[20] 다만 같은 성질의 회생채권이나 회생담보권에 대하여 합리적인 이유 없이 권리에 대한 감면의 비율이나 변제기를 달리하는 것과 같은 차별은 허용되지 아니한다.[21] 자세한 내용은 〈제12장 제2절 Ⅱ.〉(본서 850쪽)를 참조할 것.

(3) 한편 제193조 제3항 전문은 "제92조 제1항에 따라 정한 기한까지 전부 또는 일부의 채권자들 사이에 그들이 가진 채권의 변제순위에 관한 합의가 되어 있는 때에는 회생계획안 중 다른 채권자를 해하지 아니하는 범위 안에서 변제순위에 관한 합의가 되어 있는 채권에 관한 한 그에 반하는 규정을 정하여서는 아니된다"고 규정하여, 같은 종류의 채권을 가진 채권자들 사이에 채권의 변제순위에 관한 합의가 있는 경우 이를 반영한 회생계획안이 작성되어야 한다고 명시하고 있다.

다만 같은 항 후문은 "이 경우 채권자들은 합의를 증명하는 자료를 제92조 제1항에 따라 법원이 정한 기한까지 법원에 제출하여야 한다"고 규정하고 있다. 따라서 채권자들 사이에 채권의 변제순위에 관한 합의가 되어 있다고 하더라도, 제92조 제1항에 따라 법원이 정한 기한까지 법원에 그 증명자료가 제출되지 않았다면, 특별한 사정이 없는 한, 법원이 회생계획의 인가 여부에 관한 결정을 함에 있어 채권자들 사이의 채권의 변제순위에 관한 합의를 반드시 고려하여야 하는 것은 아니다.[22]

나. 회생계획이 수행 가능할 것

회생계획의 수행가능성은 채무자가 회생계획에 정해진 채무변제계획을 모두 이행하고 다시 회생절차에 들어오지 않을 수 있는 건전한 재무 상태를 구비하게 될 가능성을 의미한다.[23] 건전한 재무 상태의 구비 여부를 판단함에 있어서 채무자가 회사인 경우에는 정상기업으로서의 건전한 재무상태와 적정한 자본구성을 유지할 수 있는 능력을 갖추고 있는지를 검토하여야 하며, 조사위원의 검토보고서가 어떤 전제하에 작성된 경우에는 그 전제가 과연 실현가능한지 여부를 보수적인 관점에서 검토하여야 한다.[24] 자세한 내용은 〈제12장 제2절 Ⅲ.〉(본서 859

---

20) 담보신탁계약 우선수익자의 채권이나 골프장 회원들의 입회금반환채권은 모두 일반 회생채권에 해당하고, 원칙적으로는 동일한 종류의 권리로서 같은 순위로 취급되어야 한다. 그러나 담보신탁계약의 우선수익자는 그 채권이 전액 변제되지 않으면 언제든지 수탁자에게 골프장 영업에 필수적인 골프장 시설의 처분을 요청할 수 있다. 따라서 골프장 영업을 전제로 한 회생계획을 수행하기 위해서는 우선수익자로부터 신탁계약상 권리 유보에 대한 동의 등을 받는 것이 반드시 필요하다. 이를 위하여 담보신탁계약의 우선수익자의 요구를 받아들여 신탁 관련 회생채권에 대하여 회원들의 회생채권보다 우월하게 변제조건을 정한 것이 반드시 부당하다고 볼 수는 없다(대법원 2018. 5. 18. 자 2016마5352 결정 참조).
21) 대법원 2018. 5. 18. 자 2016마5352 결정, 대법원 2016. 5. 25. 자 2014마1427 결정, 대법원 2000. 1. 5. 자 99그35 결정, 대법원 1998. 8. 28. 자 98그11 결정 등 참조.
22) 대법원 2015. 12. 29. 자 2014마1157 결정 참조.
23) 대법원 2018. 5. 18. 자 2016마5352 결정, 대법원 2016. 5. 25. 자 2014마1427 결정.
24) 부산고등법원 2007. 9. 21. 자 2007라147 결정(확정). 한편 청산가치가 계속기업가치보다 큰 경우 회생계획의 수행가능성의 평가에 있어 주의할 점이 있다. 청산가치가 계속기업가치를 초과하는 경우 조사위원은 회생계획안의 수행가능성을 부정적으로 평가하는 경우가 많기 때문이다. 이와 같은 경우 법원으로서는 회생계획 인가 당시 채무자의 자금 및 영업상황, 관련 업계의 업황, 자산가격의 추이, 조사위원이 지나치게 보수적으로 추정하였는지 여부 등 회생계획안의 수행에 관한 제반 요소들을 실질적으로 고려하여 그 인가 여부를 결정할 수밖에 없을 것이다.

쪽)을 참조할 것.

회생계획은 반대자의 권리도 제한하는 것이므로 회생채권자 등의 다수가 찬성하였다고 하여도 수행가능성이 없는 것을 법원이 인가할 수는 없다. 회생계획에 따른 변제재원조달의 가능성이 없는 경우에는 회생계획의 수행가능성이 없다고 볼 것이다.

청산 중에 있거나 파산선고를 받은 채무자(법인)에 대하여는 법인의 존속절차를 밟아야 함은 앞{〈제13장 제3절 Ⅷ.〉(본서 943쪽)}에서 본 바와 같다. 그렇지 않을 경우 수행가능성이 없어 인가를 할 수 없다.

3. 회생계획에 대한 결의를 성실·공정한 방법으로 하였을 것 (제3호)

회생계획안에 대한 결의는 성실·공정하게 이루어져야 한다. 회생계획의 결의는 이해관계인의 권리변경이나 채무자의 조직변경에 대하여 이해관계인의 의사를 명확히 하는 것으로, 그것은 법령에 적합한 것이어야 함은 물론(제1호),[25] 나아가 결의가 성립한 배경에 재판상 절차인 회생절차로서 용인하여서는 아니 되는 사정이 존재하는 경우 회생계획을 인가하는 것이 허용되지 않는다.

불성실·불공정한 결의란 회생계획안의 가부를 결정하기 위한 의결권 행사의 의사표시를 하는 과정에 있어서 본인 이외의 제3자로부터 위법·부당한 영향이 작용하는 경우를 말하는 것으로,[26] 이해관계인에 대한 협박이나 기망은 물론 의결권 행사 또는 그 위임의 대가로 특별한 이익이 공여된 경우도 결의의 성실·공정을 해하는 사유에 해당할 수 있다.[27] 그러나 관리인이 부인한 회생채권 등에 대하여 법원이 의결권을 부여하지 아니한 것만으로는 불성실·불공정한 결의라고 볼 수 없다.[28]

한편 결의가 성실·공정을 해하는 방법에 의하여 성립한 경우라도 이것과 회생계획안의 가결 사이에 인과관계가 없는 경우 법원은 회생계획을 불인가하여서는 아니 된다. 예컨대 사기나 협박에 의하여 진의에 반하여 동의를 한 회생채권자의 의결권액을 제외하더라도 여전히 가결에 필요한 법정 다액의 요건을 갖춘 경우 등이 여기에 해당한다.

4. 청산가치보장원칙을 충족시킬 것 (제4호)

청산가치보장원칙(the best-interest test)이란 회생계획에 의한 변제방법이 채권자가 동의하

---

25) 회생계획에 대한 결의가 성실·공정하지 못한 경우는 제1호의 요건에 해당한다고 할 수 있다. 그럼에도 독립된 요건으로 규정한 것은, 결의는 이해관계인의 교섭이 최종적으로 수렴되는 것으로 회생절차에서 중요한 의미를 갖는다는 점을 고려한 것이다(條解 民事再生法, 921쪽).

26) 대법원 2018. 1. 16. 자 2017마5212 결정.

27) 대법원 2005. 3. 10. 자 2002그32 결정.

28) 대법원 2018. 1. 16. 자 2017마5212 결정. 2018회합100253 회생사건에서, 회생계획안을 제출한 채권자가 자신이 제출한 회생계획안이 다른 채권자가 제출한 회생계획안보다 변제조건이 유리함에도, 특수관계에 있는 채권자가 다른 채권자가 제출한 회생계획안은 동의하면서 자신이 제출한 회생계획안에 대하여 부동의하는 것은 회생계획에 대한 결의가 성실·공정하지 못하다고 주장하였으나, 받아들여지지 않았다.

지 않는 한 채무자의 사업을 청산할 때 각 채권자에게 변제하는 것보다 불리하지 아니하게 변제하는 내용이어야 한다는 것을 말한다. 예컨대 회생채권자가 파산재단의 청산을 통해서 1,000원당 150원의 변제를 받을 수 있는 경우, 회생계획을 통해 20%의 변제를 받는다면 이 회생계획은 인가될 수 있다. 그러나 청산 시 1,000원당 300원을 변제받을 수 있다면, 단 한명의 채권자가 반대를 해도 이 회생계획은 인가될 수 없다.

청산가치보장원칙은 회생계획의 결의가 채권자 일반의 이익에 반하여서는 안 된다는 것을 나타낸다.

관련 내용은 〈제12장 제2절 Ⅳ.〉(본서 859쪽)를 참조할 것.

한편 청산형 회생계획안에 있어서도 청산가치보장원칙은 지켜져야 한다. 채무자의 청산가치가 계속기업가치를 초과한다는 것과 제출된 회생계획안이 청산가치보장의 원칙을 준수하는지는 별개의 문제이다. 전자는 채무자 자체의 경제성에 관한 것이고, 후자는 구체적으로 작성된 회생계획안이 추구하는 가치 분배의 문제이기 때문이다.[29] 따라서 청산가치가 계속기업가치를 초과하더라도 신규로 자금을 차입하여 변제에 투입하는 경우, Sale&Leaseback 방식을 통한 자산매각으로 변제자금을 조달하는 경우, 일부 채권자가 청산가치에 미달하는 변제에 동의하는 경우 등에는 청산가치보장 원칙을 준수하는 회생계획안을 작성하는 것이 얼마든지 가능하다. 청산가치가 계속기업가치를 초과하지만 청산배당률과 회생계획에 따른 변제율이 모두 100%로 동일한 경우도 있을 수 있다.

5. 합병 또는 분할합병을 내용으로 한 회생계획에 관하여는 다른 회사의 주주총회 또는 사원총회의 합병계약서 또는 분할합병계약서의 승인결의가 있었을 것 (제5호 본문)

합병은 다른 회사의 주주나 사원들의 이해관계에 중대한 영향을 미치는 사항이기 때문에 합병계약이 체결되면 내부적인 절차로서 다른 회사의 합병결의가 있어야 한다. 합명회사나 합자회사에서는 총사원의 동의를 요하고(상법 제230조, 제269조), 주식회사에서는 출석한 주주의 의결권의 3분의 2 이상의 수와 발행주식총수의 3분의 1 이상의 수로(상법 제522조 제3항),[30] 유한회사에서는 총사원의 반수 이상이며 총사원의 의결권의 4분의 3 이상을 가지는 자의 동의로 한다(상법 제598조). 합병결의는 합병의 필수불가결한 요건으로 합병결의가 이루어지지 않거나 그것이 무효인 때에는 그 합병계약은 무효로 된다.

다만 다른 회사가 주주총회 또는 사원총회의 승인결의를 요하지 아니하는 경우는 제외한다(제5호 단서). 또한 간이합병(상법 제527조의2)과 소규모합병(상법 제527조의3)에 해당하는 경우에

---

29) 오수근, 청산가치 보장의 원칙, 민사판례연구, 박영사(2007. 3.) 426쪽.
30) 주식회사의 경우 합병으로 인하여 어느 종류의 주주에게 손해를 미치게 되는 경우에는 그 종류 주주들의 종류주주총회의 결의를 얻어야 한다(상법 제436조). 또한 합병의 결과 주주의 책임이 무거워지는 경우에는 총주주의 동의를 얻어야 한다.

는 주주총회의 승인을 이사회의 승인으로 갈음할 수 있다.

6. 회생계획에서 행정청의 허가 · 인가 · 면허 그 밖의 처분을 요하는 사항은 행정청의 의견과 중요한 점에서 차이가 없을 것 (제6호)

이는 회생계획안이 행정청의 허가 등을 전제로 하고 있는 경우에 그러한 처분이 내려지지 않으면 회생계획의 수행가능성에 문제가 발생할 수 있기 때문에 회생계획인가의 요건으로 규정한 것이다.[31] 실무적으로 골프장에 대한 회생사건에서 회원제를 대중제로 전환하는 내용의 회생계획안을 제출할 경우, 사업계획의 변경은 시 · 도지사의 승인을 받아야 하기 때문에(체육시설의 설치 · 이용에 관한 법률 제12조, 제10조 제1항 제1호), 주무관청에 승인 여부에 대한 의견조회를 보내야 한다(제226조 제2항, 본서 928쪽 각주 4) 참조).[32]

7. 주식의 포괄적 교환을 내용으로 하는 회생계획에 관하여는 다른 회사의 주주총회의 주식의 포괄적 교환계약서의 승인결의가 있을 것 (제7호 본문)

주식의 포괄적 교환이란 한 회사(완전모회사)가 다른 회사(완전자회사)의 발행주식총수와 자기회사의 주식을 교환함으로써, 완전자회사의 주주가 가지는 그 회사의 주식은 주식을 교환하는 날에 주식교환에 의하여 완전모회사로 이전하고 그 완전자회사의 주주는 그 완전모회사가 주식교환을 위하여 발행하는 신주의 배정 또는 완전모회사가 가지고 있는 자기주식의 교부를 받는 것을 말한다(상법 제360조의2). 주식의 포괄적 교환의 경우 완전자회사를 신설하는 점에서 중대한 영향이 있고, 완전자회사의 주주에게는 완전모회사의 주주가 되는 점에서 그의 지위에 중대한 변동이 있으므로 주주총회의 특별결의에 의한 승인을 얻어야 한다(상법 제360조의3 제1항 후단 및 제2항).

다만 다른 회사가 상법 제360조의9(간이주식교환) 및 제360조의10(소규모 주식교환)의 규정에 의하여 주식의 포괄적 교환을 하는 경우를 제외한다(제7호 단서). 간이주식교환이나 소규모 주식교환의 경우는 주주총회의 승인을 이사회의 승인으로 갈음할 수 있다.

Ⅱ 회생계획인가의 소극적 요건

회생절차개시에 중대한 책임이 있거나 해악을 끼친 채무자의 경영자나 그 특수관계인 등이 회생절차를 남용하여 정당한 채권자 등의 회생을 바탕으로 채무를 감면받은 후 다시 정상화된 기업을 인수하여 경영권을 회복하는 것을 방지하기 위하여 일정한 경우 임의적 또는 필요적으

---

31) 대법원 2018. 5. 18. 자 2016마5352 결정.
32) 의료법인의 경우 회생계획안에 의료법인의 재산을 처분하거나 정관을 변경하는 내용이 들어 있는 때는 주무관청 (시 · 도지사)의 허가를 받아야 하므로(의료법 제48조 제3항) 역시 주무관청에 의견조회를 하여야 한다(서울회생법원 2020회합100174).

로 회생계획을 불인가하도록 하고 있다(제243조의2).

법원은 위와 같은 내용을 확인하기 위하여 필요한 경우에는 채무자, 관리인, 보전관리인, 그 밖의 이해관계인 등에게 정보의 제공 또는 자료의 제출을 명할 수 있다(제243조의2 제3항).

1. 임의적 불인가

회생계획안이 ① 채무자의 영업, 사업, 중요한 재산의 전부나 일부의 양수, ② 채무자의 경영권을 인수할 목적으로 하는 주식 또는 출자지분의 양수, ③ 채무자의 주식의 포괄적 교환, 주식의 포괄적 이전, 합병 또는 분할합병(이하 '영업양수 등'이라 한다)의 어느 하나에 해당하는 행위를 내용으로 하는 경우로서 아래의 요건을 모두 충족하는 경우에는 법원은 회생계획을 불인가할 수 있다(제243조의2 제1항).

(1) ① 회사인 채무자의 이사(「상법」 제401조의2 제1항에 따라 이사로 보는 자를 포함한다)나 해당 이사와 제101조 제1항에 따른 특수관계에 있는 자, ② 회사인 채무자의 감사, ③ 회사인 채무자의 지배인(이하 '중대한 책임이 있는 이사 등'이라 한다)의 중대한 책임이 있는 행위로 인하여 회생절차개시의 원인이 발생하였다고 인정될 것

(2) 영업양수 등의 어느 하나에 해당하는 행위를 하려는 자가 ① 중대한 책임이 있는 이사 등의 자금제공, 담보제공이나 채무보증 등을 통하여 영업양수 등의 어느 하나에 해당하는 행위를 하는 데에 필요한 자금을 마련한 경우, ② 현재 및 과거의 거래관계, 지분소유관계 및 자금제공관계 등을 고려할 때 중대한 책임이 있는 이사 등에 해당하는 자와 채무자의 경영권 인수 등 사업 운영에 관하여 경제적 이해관계를 같이하는 것으로 인정되는 경우, ③ 중대한 책임이 있는 이사 등과 배우자, 직계혈족 등 대통령령으로 정하는 특수관계[33]에 있는 경우에 해당할 것

2. 필요적 불인가

회생계획안이 영업양수 등의 어느 하나에 해당하는 행위를 내용으로 하는 경우로서 그 행

---

33) **시행령 제15조의2(회생계획안이 배제되거나 회생계획이 불인가되는 특수관계인의 범위)** 법 제231조의2 제1항 제2호 다목, 같은 조 제2항 각 호 외의 부분 및 제243조의2 제2항에서 "대통령령으로 정하는 특수관계"란 각각 다음 각 호의 어느 하나에 해당하는 관계를 말한다.
   1. 본인이 개인인 경우에는 다음 각 목의 어느 하나에 해당하는 자
      가. 배우자
      나. 본인 또는 배우자의 직계존비속
      다. 형제자매
      라. 본인의 금전, 그 밖의 재산에 의하여 생계를 유지하는 자이거나 본인과 생계를 함께 하는 자
   2. 본인이 법인이나 그 밖의 단체인 경우에는 다음 각 목의 어느 하나에 해당하는 자
      가. 임원 및 그와 제1호 각 목의 어느 하나에 해당하는 관계에 있는 자
      나. 계열회사(「독점규제 및 공정거래에 관한 법률」 제2조 제12호에 따른 계열회사를 말한다) 및 그 임원
      다. 단독으로 또는 제1호 각 목의 관계에 있는 자와 합하여 본인에게 100분의 30 이상을 출자하거나 임원의 임면 등의 방법으로 본인의 주요 경영사항에 대하여 사실상 영향력을 행사하고 있는 개인 및 그와 제1호 각 목의 어느 하나에 해당하는 관계에 있는 자

위를 하려는 자 또는 그와 대통령령으로 정하는 특수관계[34]에 있는 자가 아래의 어느 하나에 해당하는 경우에는 법원은 회생계획안을 불인가하여야 한다(제243조의2 제2항).

　(1) 채무자를 상대로 「형법」 제347조(사기) · 제347조의2(컴퓨터등 사용사기) · 제349조(부당이득) · 제355조(횡령, 배임) · 제356조(업무상의 횡령과 배임) · 제357조(배임수증재)의 죄(「형법」 또는 다른 법률에 따라 가중 처벌되는 경우 및 미수범을 포함한다)를 범하여 금고 이상의 실형을 선고받고 그 집행이 끝나거나(집행이 끝난 것으로 보는 경우를 포함한다) 집행이 면제된 날부터 10년이 지나지 아니한 경우

　(2) 채무자를 상대로 위 (1)의 죄를 범하여 금고 이상의 형의 집행유예 또는 선고유예를 선고받고 그 유예기간 중에 있는 경우

　(3) 채무자회생법을 위반하여 금고 이상의 실형을 선고받고 그 집행이 끝나거나(집행이 끝난 것으로 보는 경우를 포함한다) 집행이 면제된 날부터 5년이 지나지 아니한 경우

　(4) 채무자회생법을 위반하여 금고 이상의 형의 집행유예 또는 선고유예를 선고받고 그 유예기간 중에 있는 경우

▌제3절▐ 동의를 얻지 못한 조가 있는 경우의 인가

Ⅰ 권리보호조항제도의 의의

　권리보호조항제도란 비록 회생계획안이 일부 조에서 법정 다수의 동의를 얻지 못하여 가결요건을 충족시키지 못하였다고 하더라도 법원이 직권으로 가결요건을 충족시키지 못한 권리자들의 권리를 보호하는 조항을 정하고, 회생계획을 인가하는 제도를 말한다(제244조).[35] 실무적으로 권리보호조항을 정하여 인가하는 것을 강제인가(cram down)라 한다.

　회생채권자 등이나 주주 등 이해관계인이 확실하게 파악할 수 있는 것은 채무자 회사의 재산 중 담보목적물의 가치 또는 일반재산의 청산가치, 즉 담보권의 실행에 의하여 실현할 수 있는 이익이나 파산배당액 또는 잔여재산분배에 의한 이익이기 때문에, 이것에 상당하는 액 또는 그것과 등가의 이익을 회생채권자 등이나 주주 등에게 부여한다면, 부동의한 조에 속한 이해관계인의 이익을 본질적으로 침해하지 않는다는 것이 권리보호조항의 취지이다.[36]

　회생계획안이 일부 조에서라도 가결요건을 충족시키지 못한 경우 회생절차를 폐지하는 것이 원칙이다. 그러나 일부 조에서는 가결요건을 갖추었으나 일부 조에서 무리한 요구를 하여 가결요건을 갖추지 못한 경우에도 회생절차를 폐지한다면 나머지 회생담보권자나 회생채권자

---

34) 앞의 각주와 같다.

35) 중국 <기업파산법>도 일부 조에서 가결요건을 갖추지 못한 경우에 일정한 요건을 갖추면 법원이 회생계획을 인가할 수 있는 제도를 두고 있다(제87조 제2항, 제3항).

36) 會社更生法, 678쪽.

및 종업원들에 대한 피해가 크고 사회경제적으로도 바람직하지 않다. 이러한 경우 채무자회생법은 가결요건을 갖추지 못한 조에 속하는 권리자의 권리를 보호하는 조항을 두고 회생계획안을 인가할 수 있는 재량권을 법원에 부여하고 있다.[37] 권리보호조항의 기능으로는 한편으론 후순위 권리자의 부당한 반대를 억제하고, 다른 한편으론 회생담보권자 등 선순위 권리자의 정당한 이익이 부당하게 침해되는 것을 방지하는 것이다. 또한 강제인가는 모든 조에서의 동의가 없이도 인가함으로써 이해관계인들의 협상력을 조정한다.

권리보호조항을 정하여 회생계획을 인가할 것인지의 여부는 법원의 재량에 속하는 사항이므로, 법원이 권리보호조항을 정하여 회생계획을 인가하지 않았음을 이유로 항고할 수는 없다.[38]

권리보호조항제도는 법원이 직권으로 회생계획안을 변경할 수 있는 유일한 제도이다. 강제인가는 청산되는 기업보다 회생되는 기업의 수를 늘려줌과 동시에 회생절차에 대한 선호도를 높여준다.[39]

Ⅱ 권리보호조항의 설정 요건

1. 일부 조의 부동의

권리보호조항을 설정하기 위해서는 적어도 1개 조에서 가결요건을 갖추어야 한다. 모든 조에서 가결요건을 갖추지 못한 경우에는 권리보호조항을 설정할 수 없고 회생절차를 폐지하여야 한다(제286조 제1항 제2호).

2. 권리보호조항의 설정 방법

권리보호조항은 가결요건을 갖추지 못한 조의 권리자 전원에 대하여 정한 것이어야 한다. 반대한 특정의 권리자에 대하여만 정하여서는 안 된다. 정해야 하는 권리보호조항의 내용은 동의를 하지 않았던 권리의 종류에 따라 다르다. 권리보호조항은 아래와 같은 방법으로 정한다(제244조 제1항).

---

37) 대법원 2004. 12. 10. 자 2002그121 결정(회생계획안에 부동의한 조가 있는 경우에 법원이 정할 수 있는 회생채권자에 대한 권리보호조항은 회생회사가 계속기업으로서 존속함을 전제로 한 회생계획안에 회생채권자조가 부동의한 경우에도 최소한 청산을 전제로 하였을 때 회생채권자조가 배당받을 수 있는 금액 상당을 변제받을 수 있도록 배려하는 한편, 그 요건이 충족된 경우에는 법원이 여러 사정을 참작하여 회생채권자조의 부동의에도 불구하고 회생계획안을 인가할 수 있도록 한 데에 그 취지가 있다).

38) 대법원 2014. 3. 18. 자 2013마2488 결정 참조. 물론 법원의 재량은 자의를 허용한다는 취지가 아니므로 재량권의 행사는 합리적인 근거를 바탕으로 하여야 하고, 재량의 범위를 일탈하였다고 판단될 경우에는 항고를 할 수 있다.

39) 실무적으로 채무자의 부실채권(NPL)을 인수한 유동화전문회사 등이 과다한 변제를 요구하면서 회생계획에 반대하거나 회생담보권자 조(회생담보권자가 반대하는 것은 회생계획이 부결될 경우 담보권을 실행할 수 있다는 점을 염두에 두기 때문이다)에서 반대하는 경우가 종종 있다. 이러한 경우 법원으로서는 강제인가를 설득의 도구로 잘 활용하면 원만하게 회생절차를 진행할 수 있을 것이다.

가. 회생담보권자

① 회생담보권자에 관하여 그 담보권의 목적인 재산을 그 권리가 존속되도록 하면서 신회사에 이전하거나 타인에게 양도하거나 채무자에게 유보하는 방법

② 회생담보권자에 관하여는 그 권리의 목적인 재산을 법원이 정하는 공정한 거래가격(담보권의 목적인 재산에 관하여는 그 권리로 인한 부담이 없는 것으로 평가한다) 이상의 가액으로 매각하고 그 매각대금에서 매각비용을 공제한 잔금으로 변제하거나 분배하거나 공탁하는 방법

③ 법원이 정하는 그 권리의 공정한 거래가액을 권리자에게 지급하는 방법

④ 그 밖에 ① 내지 ③의 방법에 준하여 공정하고 형평에 맞게 권리자를 보호하는 방법

①과 ②는 회생담보권이 실질적으로 별제권으로 취급되어 담보목적재산으로부터 확정된 회생담보권을 전액 변제받을 수 있게 된다. 담보목적물의 매각을 전제로 하여 평가하는 이상 '공정한 거래가격'은 청산가치를 의미한다. ②에서 공탁한다는 것은 변제기가 도래하지 않는 경우이다. ③은 담보권의 목적재산이 사업의 계속에 필요하여 매각하지 않는 경우에 이용된다. ④는 매각이 곤란한 물건을 대물변제하는 경우에 이용할 수 있다.[40] 여기서 '공정·형평이란 회생담보권자의 우선적 지위를 존중하여 파산절차에서의 별제권자에 준하는 만족을 주는 것을 가리킨다. 따라서 단순히 부결된 회생계획안의 내용을 회생담보권자에게 유리하게 수정하는 것으로는 부족하다.

나. 회생채권자

① 회생채권자에 대하여는 그 채권의 변제에 충당될 채무자의 재산을 법원이 정하는 공정한 거래가격(담보권의 목적인 재산에 관하여는 그 권리로 인한 부담이 없는 것으로 평가한다) 이상의 가액으로 매각하고 그 매각대금에서 매각비용을 공제한 잔금으로 변제하거나 분배하거나 공탁하는 방법

② 법원이 정하는 그 권리의 공정한 거래가액을 권리자에게 지급하는 방법

③ 그 밖에 ①, ②의 방법에 준하여 공정하고 형평에 맞게 권리자를 보호하는 방법

다. 주주·지분권자

① 주주·지분권자에 관하여는 잔여재산의 분배에 충당될 채무자의 재산을 법원이 정하는 공정한 거래가격(담보권의 목적인 재산에 관하여는 그 권리로 인한 부담이 없는 것으로 평가한다) 이상의 가액으로 매각하고 그 매각대금에서 매각비용을 공제한 잔금으로 변제하거나 분배하거나 공탁하는 방법

② 법원이 정하는 그 권리의 공정한 거래가액을 권리자에게 지급하는 방법

③ 그 밖에 ①, ②의 방법에 준하여 공정하고 형평에 맞게 권리자를 보호하는 방법

---

40) 會社更生の實務(下), 314쪽.

3. 권리보호조항의 설정

권리보호조항은 법원이 직권으로 정한다. 위 〈2.〉와 같은 방법 또는 그에 준하는 방법에 의하여 권리보호조항을 정하는 경우에는 합리적인 절차와 방법에 따라 회생채무자의 기업가치를 평가한 자료를 토대로 하되, 공정하고 형평에 맞게 부동의한 조의 권리자에게 그 권리가 본질적으로 침해되지 않고 그 피해를 최소화할 수 있도록 그 권리의 실질적 가치를 부여하여야 한다. 여기서 부동의한 조의 권리자에게 권리의 실질적 가치를 부여한다고 함은 부동의한 조의 권리자에게 최소한 회생채무자를 청산하였을 경우 분배받을 수 있는 가치 이상을 분배하여야 한다는 것을 의미한다. 이때의 청산가치는 해당 기업이 파산적 청산을 통하여 해체·소멸하는 경우에 기업을 구성하는 개별 재산을 분리하여 처분할 때를 가정한 처분금액을 의미한다.[41]

한편 앞에서 본 바와 같이 권리보호조항은 동의하지 않은 조의 권리자 전원에 대하여 정하여야 한다. 결의시에 부동의한 권리자에 대하여만 권리보호조항을 정하는 것은 허용되지 않는다. 그런데 제244조 제1항은 '법원은 회생계획안을 변경하여'라고 규정하고 있으므로 권리보호조항을 정하기 위하여 반드시 회생계획안을 변경하여야 하는가. 권리보호조항을 정하기 위하여 법원이 회생계획안을 반드시 변경하여야 하는 것은 아니다. 부결된 회생계획안 자체가 이미 부동의한 조의 권리자에게 권리의 실질적 가치를 의미하는 해당 기업의 청산가치 이상을 분배할 것을 규정하여 제244조 제1항 각 호의 요건을 충족하고 있다고 인정되는 경우에는, 법원이 부동의한 조의 권리자를 위하여 그 회생계획안의 조항을 그대로 권리보호조항으로 정하고 인가를 하는 것도 허용된다.[42]

다만 권리보호조항을 정한다는 명목으로 회생계획안에 부동의한 조에 속한 권리자가 회생계획에 의한 권리변경 전에 원래 갖고 있던 권리의 내용을 현저히 초과한 급부를 회생회사로부터 받을 수 있도록 직권으로 변제조항을 두는 것은 법원이 정할 수 있는 권리보호조항의 한계를 벗어나는 것이어서 허용될 수 없다.[43]

4. 인가요건의 충족

권리보호조항을 설정한 경우에도 회생계획의 적극적 요건(제243조)과 소극적 요건(제243조의

---

41) 대법원 2007. 10. 11. 자 2007마919 결정.
42) 대법원 2018. 5. 18. 자 2016마5352 결정, 대법원 2007. 10. 11. 자 2007마919 결정. 실무적으로도 회생계획안 조항을 그대로 권리보호조항으로 정하여 인가하는 경우도 많다. 예컨대 서울회생법원 2023회합100044 국일제지 주식회사 사건에서, 주주조에서 부결되자 서울회생법원은 2023. 12. 22. 원래의 회생계획안 조항을 그대로 권리보호조항으로 정하고 인가를 하였다.
43) 대법원 2009. 3. 31. 자 2007그176 결정 참조. 반면 권리보호조항을 정함으로써 본래의 회생계획안 내용보다 당해 이해관계인에게 결과적으로 불리해지는 경우에도 위법은 아니다. 권리보호조항을 정하면서 권리보호조항에 따라 변제받는 것과 원래의 회생계획안에 따라 변제받는 것을 그 조의 권리자의 선택에 맡기는 것도 가능하다[회생사건실무(하), 84~85쪽].

2)은 충족되어야 한다. 강제인가는 모든 조에서 가결요건을 갖추어야 한다는 조건을 제외하고 나머지 인가요건들은 모두 충족되어야 한다.

이와 관련하여 모든 조에서 가결요건을 갖추었지만 적극적 요건(제243조)을 갖추지 못한 경우에도 강제인가를 할 수 있는지 여부이다.[44] 모든 조에서 가결요건을 갖추었으나, 회생계획의 적극적 요건(제243조)을 갖추지 못한 경우에도 적극적 요건에 맞는 권리보호조항을 정하여 인가할 수 있다.[45]

회생계획안 작성자의 신청에 의하여 사전에 권리보호조항을 정하는 경우에는 아래(Ⅲ.)에서 보는 바와 같이 권리보호조항을 정하는 조의 권리자 1인 이상의 의견을 들어야 하지만, 회생계획안이 부결된 후 법원이 권리보호조항을 정하여 인가하는 경우에는 이러한 규정이 없다. 따라서 법원은 권리보호조항의 내용을 심리나 결의에 부칠 필요는 없다.[46]

5. 권리보호조항의 준용

모든 조에서 법정 다수의 동의를 얻었지만, 특정 채권자에 대한 회생계획안의 내용이 공정·형평이나 평등의 원칙에 반하여 그 상태로는 불인가할 수밖에 없는 경우[47]에도 다른 이해관계인들과의 관계, 회생계획의 수행가능성 등을 참작 권리보호조항을 준용하여 공정·형평이나 평등의 원칙에 반하는 회생계획으로 불이익을 받은 조의 특정 채권자를 위하여 공정·형평이나 평등의 원칙에 맞는 권리보호조항을 정하여 인가할 수 있다.[48]

일부 조에서 결의가 불성실, 불공정한 방법으로 이루어진 경우,[49] 다툼이 있는 권리자에 대하여 회생계획안에 아무런 규정을 두지 않은 경우[50]에도 마찬가지이다.

---

44) 제244조는 동의하지 않는 조가 있는 경우의 강제인가에 대하여만 규정하고 있기 때문이다.
45) 대법원 2000. 1. 5. 자 99그35 결정 참조.
46) 다만 이 경우에도 법원은 회생담보권자 등의 의견을 충분히 들을 필요가 있다. 한편 관리인, 조사위원·간이조사위원, 채무자, 목록에 기재되어 있거나 신고한 회생채권자·회생담보권자·주주·지분권자, 회생을 위하여 채무를 부담하거나 담보를 제공한 자, 채무자의 업무를 감독하는 행정청·법무부장관 및 금융위원회는 회생계획의 인가 여부에 관하여 의견을 진술할 수 있다(제242조 제2항).
47) 일반적으로 보증채무의 경우에는 변제책임을 지는 주채무자가 따로 있을 뿐만 아니라 반드시 보증에 상응하는 대가를 얻는 것도 아니라는 점에서 회생채권이 보증채권인 경우에는 주채권인 경우에 비하여 일정한 차등을 두더라도 공정·형평이나 평등의 원칙에 어긋난다고 볼 수는 없다. 하지만 해당 회생계획에서는 보증채권에 대하여 전액 면제하는 것으로 정하였는데, 이는 차등의 정도가 너무 심하여 공정·형평이나 평등의 원칙에 어긋나는 것으로 볼 여지가 있다고 하였다.
48) 대법원 2000. 1. 5. 자 99그35 결정 참조. 해당 사안에서 대법원은, 회생계획에 대하여 대다수의 이해관계인이 동의하였을 뿐만 아니라 이미 그 계획이 수행되고 있는 점, 사회·경제적으로 미치는 영향이 작지 않은 점 등을 고려하여 볼 때 위와 같은 부분적인 위법(공정·형평의 원칙이나 평등의 원칙에 반함)이 있다고 하여도 제244조 제1항을 준용하여 다른 이해관계인들과의 관계, 정리계획의 수행 가능성 등을 참작, 특정 채권자 A에 대하여 권리를 보호하는 조항을 정하여 회생계획을 인가하는 것이 바람직하다고 판단하였다.
49) 서울고등법원 1997. 2. 25. 자 96라142 결정 참조.
50) 서울고등법원 2021. 6. 1. 자 2021라20123 결정(확정) 참조.

Ⅲ 사전 권리보호조항

1. 의   의

회생계획안에 관하여 관계인집회에서 법정의 액 또는 수 이상의 의결권을 가진 자의 동의를 얻지 못할 것이 명백한 조가 있는 때에는 법원은 회생계획안 작성자의 신청에 의하여 미리 그 조의 회생채권자, 회생담보권자 또는 주주·지분권자를 위하여 그 권리를 보호하는 조항을 정하고 회생계획안을 작성할 것을 허가할 수 있다. 이와 같은 경우 법원은 신청인과 권리보호조항을 정할 조의 권리자 1인 이상의 의견을 들어야 한다(제244조 제2항, 제3항). 법원이 허가하기 위해서는 동의를 얻지 못할 것이 명백하여야 하기 때문에 이러한 부동의의 예상을 확인하기 위함이다.

일부 조에서 가결요건을 갖추지 못한 경우 권리보호조항을 정하여 회생계획을 인가할 수 있기 때문에, 회생계획안을 결의하기 전에 가결요건을 갖추지 못할 것이 명백한 경우에는 미리 권리보호조항을 정하여 회생계획안을 작성토록 한 것이다. 동의를 얻지 못할 것이 명백한 조가 있는 경우 부결을 기다려 권리보호조항을 부가하여 인가하는 것은 절차경제에서 불합리하기 때문이다.

사전 권리보호조항의 설정은 회생계획안 작성자에 의한 회생계획안의 수정이지만, 제228조 내지 제230조에 대한 특별규정이기 때문에 일반규정의 적용은 없다고 할 것이다. 따라서 회생계획안 심리를 위한 관계인집회 후에도 권리보호조항을 정할 수 있고, 그 내용이 종전의 회생계획안보다 이해관계인에게 불리하다고 하더라도 다시 회생계획안 심리를 위한 관계인집회를 개최할 필요는 없다.[51]

2. 의결권의 배제

사전 권리보호조항을 적용받는 조의 권리자는 의결권을 행사할 수 없다(제191조 제5호). 권리보호조항이 사전에 설정된 조는 결의에 있어서 동의를 얻지 못할 것을 전제로 하고 있다. 따라서 권리보호조항에 의해 권리가 보호되는 자가 동의를 하든 하지 않든 회생계획인가 여부의 결론에 영향을 미치지 않으므로 의결권을 행사하는 것이 의미가 없어 의결권을 배제하고 있는 것이다. 의결권 배제의 효과는 회생계획에 반대하는 특정채권자에 대하여가 아니고, 동의를 얻을 수 없는 것이 명백한 종류의 권리를 가진 자 전체에 미친다.

다만 사전 권리보호조항을 적용받는 조의 권리자도 제242조 제2항에 따라 회생계획 인부에 관한 의견을 진술할 수 있다.

---

51) 회생사건실무(하), 98쪽.

제4절 회생계획인가 여부의 결정에 대한 불복

I 즉시항고

회생계획인가 여부의 결정에 대하여는 즉시항고의 방법으로 불복할 수 있다(제247조 제1항). 회생계획인가 여부의 결정은 회생절차의 핵심인 회생계획을 수행할 것인지 아니면 회생절차를 종료시킬 것인지를 결정함으로써 채무자 및 그 이해관계인에게 매우 커다란 영향을 미치는 중요한 재판이다. 따라서 회생계획인가 여부의 결정에 대하여는 즉시항고의 방법으로 불복할 수 있도록 하고(제247조 제1항), 위 즉시항고에 관한 재판의 불복은 민사소송법 제442조의 재항고에 의하여 할 수 있도록 하고 있다(제247조 제7항).

1. 즉시항고권자

회생계획인가 여부의 결정에 대하여 즉시항고를 할 수 있는 자는 그 재판에 대하여 법률상 이해관계를 가지고 있는 자이다(제13조 제1항). 여기서 '이해관계'는 '법률상 이해관계'를 의미하는 것이므로, 결국 회생계획인가결정에 대하여 즉시항고를 할 수 있는 자는 그 회생계획의 효력을 받는 지위에 있는 자로서 회생계획의 효력발생에 따라 자기의 이익이 침해되는 자라고 할 것이다.[52] 따라서 벌금 등 청구권자(제140조 제1항)는 즉시항고권이 없다.

가. 회생채권자, 회생담보권자, 주주·지분권자

(1) 목록에 기재되거나 신고한 회생채권자 등

목록에 기재되거나 신고한 회생채권자,[53] 회생담보권자, 주주·지분권자는 즉시항고권이 있다(제247조 제1항 본문). 목록에 기재되거나 신고한 이상 의결권이 있는지, 결의절차에 참여하였는지, 회생계획에 찬성하였는지, 채권이 확정되었는지 등은 묻지 않는다. 따라서 의결권이 없는(제191조 제2호) 조세 등 청구권자(제140조 제2항)도 그 권리가 목록에 기재되거나 신고한 경우에는 항고할 수 있다.

의결권이 없는 회생채권자, 회생담보권자, 주주·지분권자가 즉시항고를 하는 때에는 회생채권자, 회생담보권자, 주주·지분권자인 것을 소명하여야 한다(제247조 제2항). 의결권이 없는 회생채권자 등이란 목록에 기재되거나 신고를 하였음에도 의결권이 인정되지 않은 회생채권자

---

52) 대법원 2008. 6. 17. 자 2005그147 결정, 대법원 2006. 1. 20. 자 2005그60 결정 참조. 위와 같은 법리는 항고심의 결정에 대하여 특별항고를 제기하는 경우에도 동일하게 적용된다(위 2005그147 결정).
53) 서울회생법원 2019회합100143 사회복지법인 백세재단 사건에서, 회생채권자가 회생계획인가결정에 대하여 즉시항고를 하였다. 즉시항고의 이유는 인천광역시의 기본재산 처분 허가를 전제로 인가결정을 하였는데, 인가결정 후 인천광역시로부터 기본재산 처분 불허가결정이 남으로써 회생계획의 수행가능성이 없게 되었다는 것이다.

등을 말한다(제191조).

(2) 목록에 기재되지 않고 신고도 하지 아니한 회생채권자 등

목록에 기재되지 아니하고 신고하지 아니한 회생채권자, 회생담보권자, 주주·지분권자는 즉시항고권이 없다(제247조 제1항 단서). 이 경우 회생채권자, 회생담보권자, 주주·지분권자가 회생채권자 등인 것을 소명한 경우에는 즉시항고를 할 수 있다(제247조 제2항). 제247조 제2항의 '의결권이 없는 회생채권자 등'에는 목록에 기재되지 않고 신고도 하지 않아 의결권 행사가 인정되지 않는 회생채권자 등도 포함되기 때문이다.[54]

나. 채무자

채무자도 회생계획의 효력이 미치고 중대한 이해관계를 가지고 있기 때문에 즉시항고를 할 수 있다고 볼 것이다. 특히 사전회생계획안의 경우 채무자도 회생계획안을 제출할 수 있다(제223조 제1항)는 점에서 항고의 이익이 있다고 할 것이다.

다. 관리인

관리인에 대하여는 무조건적으로 즉시항고권을 인정하는 견해와 직접 법률상의 이해관계가 없으므로 즉시항고권이 없다는 견해가 있다. 살피건대 회생계획이 인가된 경우에는 관리인은 인가된 회생계획을 충실하게 실행하여야 할 지위에 있고, 이해관계인이 권리를 보호하고자 한다면 각자 가지고 있는 즉시항고권을 행사하면 되므로 관리인에게 즉시항고권을 인정할 필요가 없다. 그러나 스스로 작성하여 제출한 회생계획에 대하여 불인가결정을 한 경우에는 즉시항고권을 인정하여야 할 것이다.[55]

라. 공익채권자

공익채권자는 회생절차에 의하지 아니하고 수시로 변제하도록 되어 있고, 회생계획에서 공익채권에 관하여 장래에 변제할 금액에 관한 합리적인 규정을 정하여야 한다고 하더라도 그 변제기의 유예 또는 채권의 감면 등 공익채권자의 권리에 영향을 미치는 규정을 정할 수 없는 것이다. 설령 회생계획에서 그와 같은 규정을 두었다고 하더라도 그 공익채권자가 이에 대하여 동의하지 않는 한 그 권리변경의 효력은 공익채권자에게 미치지 아니한다. 따라서 공익채권자는 회생계획에 의하여 법률상 이해관계를 가지지 아니한다고 할 것이어서 회생계획인가결정에 대한 적법한 항고권자가 될 수 없다.[56]

---

54) 목록에 기재되지 아니하고 신고하지 아니한 회생채권자 등도 인가결정에 의해 면책의 효력을 받게 되므로(제251조) 즉시항고권을 배제하는 것은 문제가 있다.
55) 條解 民事再生法, 931쪽.
56) 대법원 2006. 1. 20. 자 2005그60 결정 참조.

마. 채무자의 회생을 위하여 채무를 부담하거나 담보를 제공한 자

회생계획이 인가된 경우 채무자의 회생을 위하여 채무를 부담하거나 담보를 제공한 자에게 즉시항고권이 인정되는가. 이러한 내용을 정할 경우 이러한 자들은 회생계획안 결의를 위한 관계인집회에 출석하여 그 뜻을 진술하거나 이러한 자들의 동의를 얻어 회생계획안에 그 내용을 정하여야 한다(제233조 제1항, 제3항)는 점을 고려하면 부정하여야 할 것이다. 그러나 그 뜻의 진술이나 동의에 대한 의사표시에 하자가 있더라도 이러한 자들에 대하여는 회생계획의 효력이 미치므로(제250조 제1항 제3호) 인가결정에 대하여는 즉시항고권이 인정된다고 할 것이다.

2. 즉시항고의 이유

즉시항고에는 인가결정에 대한 즉시항고와 불인가결정에 대한 즉시항고가 있다. 인가결정에 대한 즉시항고의 이유는 인가요건이 존재하지 않았음에도 인가결정을 하였다는 것으로 제243조 제1항 각호에서 정한 인가요건을 갖추지 못하였음에도 인가결정을 하였다는 것이다. 불인가결정에 대한 즉시항고의 이유는 인가요건이 존재함에도 불인가결정을 하였다는 것으로 제243조 제1항 각호에서 정한 인가요건을 갖추었음에도 불인가결정을 하였다는 것이다.

관계인집회에서 회생계획안에 찬성한 회생채권자 등이 인가결정에 대하여 즉시항고를 할수 있는지 또는 회생계획안에 반대한 회생채권자 등이 불인가결정에 대하여 즉시항고를 할 수 있는지가 문제된다. 관계인집회에서의 의결권 행사와 회생계획인가 여부의 결정에 대한 불복신청은 각각 별개의 제도이므로 인부의 어떠한 결정에 대하여도 즉시항고를 할 수 있다고 볼 것이다.[57]

3. 즉시항고의 절차

회생계획인가 여부의 결정에 대한 항고는 회생법원에 항고장을 제출함으로써 한다(제33조, 민소법 제445조).

법원은 회생계획의 인가 여부의 결정을 선고한 경우에는 그 주문, 이유의 요지와 회생계획이나 그 요지를 공고하여야 한다(제245조 제1항 본문).[58] 이는 회생계획 인가 여부의 결정이 회생계획의 효력발생 여부를 정하는 결정으로서 다수의 이해관계인에게 미치는 영향이 크므로, 송달의 어려움으로 인한 회생절차의 지연을 방지하고 회생계획 인가 여부의 결정을 확정하는 시기의 통일성을 확보하기 위한 것이다.[59] 따라서 회생계획인가 여부의 결정에 대한 항고는 인부결정의 공고가 있은 날부터 14일 이내에 하여야 한다(제245조 제1항, 제13조 제2항, 제11조 제2항).

---

57) 條解 民事再生法, 932쪽.
58) 회생계획인부결정을 선고한 경우에는 송달할 필요가 없으나(제245조 제1항 단서), 서면결의에 의한 경우에는 관리인 등에게 송달하여야 한다(제245조 제3항).
59) 대법원 2016. 7. 1. 자 2015재마94 결정.

4. 보증금 공탁명령

회생계획불인가결정에 대한 항고권이 남용될 경우 회생절차의 종료 및 파산절차로의 이행이 지연됨에 따라 이해관계인들에게 손해가 야기될 수 있으므로 이를 방지하기 위하여 항고보증금공탁제도를 두고 있다.[60] 회생계획불인가결정에 대한 항고가 있는 때에는 회생계속법원은 기간을 정하여 항고인에게 보증으로 대법원규칙[61]이 정하는 범위 안에서 금전 또는 법원이 인정하는 유가증권을 공탁하게 할 수 있다(제247조 제4항). 이 경우 항고인이 법원이 정하는 기간 안에 보증을 제공하지 아니하는 때에는 법원은 결정으로 항고장[62]을 각하하여야 한다(제247조 제5항, 규칙 제71조 제4항).[63]

---

60) 헌법재판소 2016. 6. 30. 선고 2014헌바456,457(병합) 전원재판부 결정 참조.

61) **규칙 제71조(항고와 보증으로 공탁하게 할 금액)** ① 회생계획불인가 또는 회생절차폐지의 결정에 대하여 항고장이 제출된 경우 원심법원은 1주일 이내에 항고인에게 보증으로 공탁하게 할 것인지 여부를 결정하여야 한다.
② 제1항의 경우 항고인에게 보증으로 공탁하게 할 금액은 회생채권자와 회생담보권자의 확정된 의결권액(그 액이 확정되지 않은 경우에는 목록에 기재되거나 신고된 의결권액)의 총액의 20분의 1에 해당하는 금액 범위 내에서 정한다.
③ 제2항의 금액을 정함에 있어 다음 각 호의 사항을 고려하여야 한다.
    1. 채무자의 자산·부채의 규모 및 재산상태
    2. 항고인의 지위 및 항고에 이르게 된 경위
    3. 향후 사정변경의 가능성
    4. 그 동안의 절차 진행경과 및 그 밖의 여러 사정
④ 원심법원이 기간을 정하여 항고인에게 보증으로 공탁할 것을 명한 경우에 항고인이 정해진 기간 내에 보증을 제공하지 아니한 때에는 원심법원은 결정으로 항고장을 각하하여야 한다.

62) 제247조 제5항의 '항고'는 '항고장'을 의미한다(규칙 제71조 제4항 참조).

63) 항고장 각하 결정에 대한 불복방법은 특별항고이다(대법원 2011. 2. 21. 자 2010마1689 결정 참조). 실무적으로 대법원 규칙이 정하는 항고보증금 공탁명령을 하였음에도 공탁을 하지 않고 공탁금이 과다하다면서 항고장 각하결정에 대하여 특별항고를 하는 경우가 있다. 특별항고를 할 수 있는 경우는 불복할 수 없는 경우에 한정되므로 언제나 재판확정 후 불복신청으로서 본래의 상소는 아니다. 따라서 특별항고가 제기되었다고 하더라도 원심재판의 확정이 차단되는 것은 아니다. 관련 내용은 〈제16장 제2절 V.1.다. 각주 20〉(본서 1079쪽)를 참조할 것.
　항고보증금 공탁제도의 재판청구권 침해 여부와 관련하여, 경매절차에서 매각허가결정에 대한 항고보증금을 규정한 민사집행법 제130조 제3항, 제4항에 대한 헌법재판소의 결정을 참조할 만하다.
　경매절차에서 매각허가결정에 대하여 항고를 하고자 하는 사람은 보증으로 매각대금의 10분의 1에 해당하는 금전 또는 법원이 인정한 유가증권을 공탁하도록 하고, 위반시 항고장을 결정으로 각하하도록 규정한 민사집행법 제130조 제3항, 제4항(이하 '심판대상조항'이라 한다)은 항고보증금을 부담할 자력이 없는 자의 항고권을 제한하여 재판청구권을 침해한다고 주장함에 대하여, 헌법재판소는 「① 항고보증금 공탁제도는 무익한 항고 제기로 절차가 지연되는 것을 방지하기 위하여 남항고 아님을 담보하는 보증금을 공탁하도록 한 것으로서, 그 입법목적이 정당하고 수단도 적절하다. ② 경매절차에 있어 항고보증 공탁비율은 매각대금의 1/10인바, 이는 이해관계인의 권리보장과 신속한 집행절차의 구현을 조화시키기 위한 것으로서, 재판청구권에 대한 지나친 제한이라고 단정하기 어렵다. ② 항고인은 구체적 사안에 따라 관련규정에 의하여 보증으로 공탁한 금액의 전부(항고인용시) 또는 일부(항고인의 항고기각시)를 반환받을 수 있으므로, 피해도 최소화될 수 있다. ③ 인지비율이 가변적인 것과 달리 보증금 공탁비율이 고정됨으로써 과잉금지원칙에 반하여 재판청구권을 침해한다는 취지로 주장하나, 인지제도란 수익자부담의 측면에서 이용대가의 일부를 징수하는 것으로 승소 여부에 관계없이 인지액을 반환받을 수 없음에 반하여, 항고보증공탁제도는 남항고에 따른 경매절차 지연을 방지하기 위한 것으로 승소 여부에 따라 보증금을 반환받을 수 있어 양자는 서로 다른 내용의 제도이고, 항고인에게 남항고 아님을 소명하도록 하는 것에 갈음하여 이를 담보하는 보증금을 공탁하도록 하는 것은 많은 사건의 신속한 처리가 필요한 집행절차에서는 수긍할 수 있는 합리적 방법이다. 이러한 점을 고려할 때 심판대상조항이 입법목적 달성을 위하여 필요한 범위를 넘어선 것으로 보기 어렵고, 법익 균형성도 인정된다. 따라서 심판대상조항은 과잉금지원칙에 반하여 항고인의 재판청구권을 침해하지 아니하므로, 결

5. 회생계획불인가결정의 취소[64]

제1심 법원이 인가요건 중 어느 하나가 충족되지 못한다고 판단하여 회생계획불인가결정을 한 것에 대하여, 즉시항고가 제기되고, 항고심이 원심의 판단이 잘못되었다고 판단할 경우 어떻게 하여야 하는가. ① 불인가결정을 취소하고 사건을 원심으로 환송할 수 있다. 원심으로서는 다른 요건이 충족된다면 인가결정을 하면 된다. ② 자판한다. 즉 항고심 스스로 다른 요건이 충족되는지를 확인하고 인가결정을 하는 것이다. 다만 이 경우에는 항고심이 인가결정과 함께 인가결정의 주문, 이유의 요지, 회생계획 또는 그 요지의 공고를 하지 않으면 안 된다(제245조 제1항).

Ⅱ 즉시항고와 회생계획의 수행

1. 즉시항고와 집행정지의 효력

회생계획인가결정에 대한 즉시항고는 회생계획의 수행에 영향을 미치지 아니한다(제247조 제3항). 회생계획은 인가결정이 있은 때부터 효력이 발생하고(제246조),[65] 민사소송법상의 즉시항고와는 달리 집행정지의 효력을 인정하지 않음으로써 인가결정의 확정을 기다리지 않고 회생계획을 수행할 수 있다.

2. 회생계획수행정지 등의 가처분

인가결정에 대한 즉시항고는 위와 같이 집행정지의 효력이 없는 것이 원칙이므로[66] 경우에 따라서는 항고심에서 항고가 인용되더라도 항고인에게 회복할 수 없는 손해를 입힐 수 있다. 그렇다면 결국 인가결정에 대한 불복신청을 허용하는 것이 무의미하게 되므로 엄격한 요건 아래 회생계획수행정지 등의 가처분제도를 두고 있다.[67]

항고법원 또는 회생계속법원은 항고가 이유 있다고 인정되고 회생계획의 수행으로 생길 회

국 헌법에 위반되지 아니한다」고 판시하였다(헌법재판소 2018. 1. 25. 자 2016헌바220 전원재판부 결정).

64) 회생계획인가결정의 취소에 관하여는 아래 〈Ⅱ.3.〉을 참조할 것.

65) 회생계획은 인가결정이 있는 때부터 효력이 발생하고, 인가결정에 대해 즉시항고가 있다고 하여도 원칙적으로 회생계획의 수행에 영향을 미치지 않는다. 이는 인가결정을 할 때 법원의 후견적 기능이 적극적으로 요구되어 항고심에서 인가결정이 취소되는 경우는 적다는 구조에서 나온 것이다.

66) 즉시항고가 제기되어도 회생계획인가 또는 회생계획불인가의 확정은 차단되지만, 이미 인가된 회생계획의 효력발생을 방해하지는 않는다(제246조). 따라서 회생계획의 수행에 영향을 미치지 않는다. 반면 회생계획불인가결정은 확정된 때 효력이 발생한다.

67) 신청취지: ① 수원지방법원 2021회합89호 회생사건에 관하여 위 법원이 2022. 1. 25. 회생채무자 ○○건설 주식회사를 상대로 한 회생계획 인가결정을 대상으로 한 즉시항고 사건 결정(확정)시까지 이 사건 회생계획의 수행을 정지한다. ② 인천지방법원 2022회합30 회생사건에서 위 법원이 2022. 1. 9. 회생채무자 ○○ 주식회사를 상대로 한 회생계획 인가결정을 대상으로 한 즉시항고 사건 결정(확정)시까지 이 사건 회생계획 중 엠앤에이(M&A) 절차부분 수행을 정지한다.

복할 수 없는 손해를 예방하기 위하여[68] 긴급한 필요가 있음을 소명한 때에는 신청에 의하여 항고에 관하여 결정이 있을 때까지 담보를 제공하게 하거나 담보를 제공하게 하지 아니하고 회생계획의 전부나 일부의 수행을 정지하거나 그 밖에 필요한 처분을 할 수 있다(제247조 제3항 단서).

이 가처분은 민사소송법상의 통상의 가처분이 아닌 특수한 가처분이다.

법원이 할 수 있는 가처분은 회생계획의 전부 또는 일부에 대한 수행을 정지하거나 그 밖에 필요한 처분이다. 그 밖에 필요한 처분의 경우로는 제24조 제2항에 의한 말소등기의 회복등기촉탁과 같이 회생계획의 수행에 의하여 생긴 법률 상태의 원상회복에 필요한 처분을 들 수 있다.

가처분이 발령되면 항고인은 그 정본을 관리인에게 제출하여 회생계획을 수행하는 행위의 정지를 요구한다. 관리인이 이에 반하여 한 행위는 무효이지만, 이것을 가지고 선의의 제3자에게 대항할 수 없다. 또한 관리인이 이로 인해 항고인에게 손해를 끼친 경우에는, 항고인의 손해배상청구권은 공익채권(제179조 제5호)이 된다. 관리인은 선관주의의무 위반으로 개인적인 책임도 부담한다(제82조).

3. 회생계획인가결정의 취소

항고법원은 항고가 이유 없는 경우에는 항고기각의 결정을 하고,[69] 항고가 이유 있는 경우에는 원결정을 취소하는 결정을 한다.[70] 물론 항고권 없는 자에 의한 항고와 같이 부적법한 항고에 대하여는 항고각하의 결정을 한다.

항고법원이 인가요건의 하나 또는 수개가 구비되지 않았다고 판단한 경우에는 원칙적으로 원결정을 취소하고, 회생계획불인가결정의 자판을 한다. 다만 원심이 권리보호조항을 정하여 인가결정을 한 것에 대하여, 항고법원이 그 권리보호조항의 내용이 충분하지 못하다고 판단하여, 원래의 인가결정을 취소한 경우에는, 추가적인 권리보호조항을 정하기 위하여 사건을 원심으로 환송하는 것도 고려해 볼 수 있다.[71]

---

68) 회생계획에 따라 특정 회생담보권의 기초가 된 담보권을 소멸시키고, 그 목적물을 제3자에게 양도한 경우에는, 회생계획인가결정이 취소된다고 하여도, 제3자가 취득한 권리에는 영향을 미치지 않기 때문에, 이러한 요건을 충족시키는 예로 볼 수 있다. 이러한 점에서 행정소송법 제23조(집행정지) 제1항에서 말하는 '회복하기 어려운 손해'와 다르다. 행정소송법상 집행정지의 요건인 회복하기 어려운 손해는 금전배상에 의해 회복되지 않는 손해를 말한다. 구체적으로 '회복하기 어려운 손해'는 특별한 사정이 없는 한 금전으로 보상할 수 없는 손해로서 금전보상이 불가능한 경우 또는 금전보상으로는 사회관념상 행정처분을 받은 당사자가 참고 견딜 수 없거나 참고 견디기가 현저히 곤란한 경우의 유형, 무형의 손해를 일컫는다(대법원 2018. 7. 12. 자 2018무600 결정).

69) 제243조 제2항의 취지는 항고심에서도 유추적용된다고 할 것이므로 회생절차에 위법이 있어도, 그 위법의 정도 등을 고려하여 항고를 기각할 수 있다고 할 것이다.

70) 회생계획인가결정에 대한 항고의 경우 회생계획에 대하여 대다수의 이해관계인이 동의하였을 뿐만 아니라 이미 그 계획이 수행되고 있는 점, 사회·경제적으로 미치는 영향이 작지 않은 점 등을 고려하여 볼 때, 항고법원으로서는 인가결정에 부분적인 위법이 있다고 하여 곧바로 원심결정(회생계획인가결정)을 취소할 것이 아니라, 그 위법이 권리보호조항의 적용에 의하여 치유될 수 있는 경우라면, 제244조 제1항을 준용하여 권리를 보호하는 조항을 정하여 회생계획을 인가하는 것으로 원심결정을 변경하는 것이 바람직하다(대법원 2000. 1. 5. 자 99그35 결정 참조).

가. 인가결정취소의 효과

회생계획인가결정의 취소결정이 확정되면 회생계획은 원칙적으로 소급하여 실효되므로 권리변동의 효력도 발생하지 않고 관리인이 한 행위도 소급하여 무효가 된다. 그러나 회생계획의 수행에 따라 제3자가 이미 취득한 권리는 해할 수 없다.

회생계획인가결정이 취소된 경우 법원은 회생계획수행의 결과를 원상으로 회복하여야 되는데, 각 행위의 성질에 따라 회생법원 또는 관리인이 행해야 한다. 다만 공익채권에 대한 변제는 회생계획에 따라 행하여진 것이 아니므로 반환청구를 할 수 없다.

항고심에서 회생계획인가결정이 취소되면 회생계획은 소급적으로 그 효력을 상실하고 회생절차가 종료되므로, 회생채권자표 등 및 그 기재의 효력은 회생계획불인가결정의 경우와 마찬가지라 할 것이다{아래 〈Ⅲ.2.나.(2)〉 참조}.

나. 인가결정취소 후의 조치

회생계획 인가 여부의 결정과 마찬가지로 그 인가결정의 취소결정 역시 다수의 이해관계인에게 미치는 영향이 크고 그 확정 시기의 통일성을 확보할 필요가 있으므로, 회생계획 인가결정의 취소결정에 대한 고지방법에도 회생계획 인가 여부의 결정에 관한 제245조 제1항이 유추적용된다고 봄이 타당하다. 따라서 항고심이 회생계획인가결정에 대한 즉시항고를 받아들여 그 인가결정을 취소하고 제1심 법원으로 환송하는 결정을 하는 경우에 항고심 법원은 그 주문과 이유의 요지를 공고하여야 하며, 위 항고심 결정에 대하여 법률상의 이해관계를 가지고 있는 자는 그 공고일부터 14일 이내에 재항고를 할 수 있고, 또한 그 공고가 있기 전에 재항고를 하는 것도 허용된다. 이 경우 재항고는 즉시항고에 해당한다.[72]

한편 항고심에서 회생계획불인가사유가 인정된 경우 원심결정을 취소하고, 환송하여 회생계획안을 수정하게 할 수도 있다(본서 905쪽 각주 186) 참조).

Ⅲ 회생계획인부결정의 확정

1. 확정시기

회생법원의 인부결정은 일반원칙에 따라 ① 즉시항고기간의 도과, ② 즉시항고에 대한 각하 또는 기각 결정의 확정 또는 ③ 재항고기간의 도과나 재항고에 대한 각하 또는 기각 결정에 의하여 확정된다.

---

71) 會社更生法, 676~677쪽. 항고를 인용하여 회생계획인가결정(원결정)을 취소할 경우 자판할 수도 있고, 환송할 수도 있지만, 원칙적으로 회생절차는 회생법원에게 맡기는 것이 적당하다는 이유로 환송하는 것이 바람직하다는 견해도 있다{회생사건실무(하), 131쪽}. 「대법원 2016. 7. 1. 자 2015재마94 결정」은 회생계획인가결정을 취소하고 제1심법원으로 환송하는 것을 전제로 하고 있다.

72) 대법원 2016. 7. 1. 자 2015재마94 결정, 대법원 2014. 10. 8. 자 2014마667 전원합의체 결정 참조.

2. 확정의 효력

가. 회생계획인가결정 확정의 효력

회생계획인가결정이 확정되면 누구도 인가요건의 흠결을 다툴 수 없고, 회생계획의 효력도 다툴 수 없게 되어 인가결정시에 발생한 효력이 확정적으로 유지된다. 따라서 회생계획의 내용이 공정·형평의 원칙(제217조)에 반한다거나 평등의 원칙(제218조)에 반하더라도 그 하자를 주장하여 인가결정의 효력, 회생계획의 효력을 다툴 수는 없다.[73]

인가결정의 효력에 관하여는 〈**제5절**〉(본서 975쪽)을 참조할 것.

나. 회생계획불인가결정 확정의 효력

회생계획불인가결정이 확정된 때 회생계획의 효력은 생기지 않는 것으로 확정되고 회생절차는 종료된다. 이 경우에는 회생절차가 그 목적을 달성할 수 없어 종료한 것이므로 회생절차 중에 생긴 법률효과는 소급하여 무효로 할 이유가 없기 때문에 원칙적으로 유효하다. 이 점은 회생계획인가결정 전 회생절차 폐지의 경우와 같다.

(1) 공익채권의 변제

불인가결정의 확정에 따라 회생절차가 종료하게 되면 파산을 선고할 경우(제6조 제2항 제3호)를 제외하고, 관리인은 공익채권을 변제하여야 하고 또한 이의 있는 공익채권에 대해서는 공탁을 해야 한다(제248조, 제291조).

(2) 회생채권자표 등 및 그 기재의 효력: 확정판결과 동일한 효력 및 집행력

회생절차가 종료(회생계획불인가결정의 확정)된 경우 회생채권자 등은 개별적으로 권리를 행사할 수 있는 상태가 된다. 따라서 회생절차 중에 확정된 회생채권·회생담보권 중 조사기간 또는 특별조사기일에 채무자가 그 권리에 대하여 이의를 하지 않은 것에 관한 회생채권자표 등에의 기재는 채무자에 대하여 확정판결과 동일한 효력이 있고, 회생채권자·회생담보권자는 이에 기하여 채무자에 대하여 강제집행을 할 수 있다(제248조, 제292조[74]).[75]

---

73) 대법원 2005. 6. 10. 선고 2005다15482 판결(회생계획이 확정된 이상 제140조 제3항에서 정한 징수의 권한을 가진 자의 동의를 받지 아니한 절차상의 하자가 있다는 사정만으로는 회생계획의 효력을 다툴 수 없다는 취지), 대법원 1991. 12. 13. 선고 91다1677 판결 참조.

74) 회생계획불인가결정이나 회생계획인가 전 폐지는 모두 회생계획이 인가되기 전에 회생절차가 종료된 것이므로(인가로 인한 효력이 발생하지 않았다) 회생채권자표 등 기재의 효력이 동일하다고 볼 수 있다. 따라서 제248조가 제292조를 준용하도록 하고 있는 것이다.

75) 사업계속에 기한 처분행위나 경영의 일환으로서 한 행위의 법률효과가 회생계획불인가결정에 의하여 소급적으로 무효가 되지 않는 것은 앞에서 본 바와 같이 당연하다. 그렇지만 회생채권 등의 조사 및 확정절차의 결과에 대한 회생채권자표 등의 기재의 법률효과(제168조, 제175조)가 회생계획불인가결정 후에도 당연히 채무자에 대하여 유지된다고 말할 수는 없다. 왜냐하면 이러한 법률효과는 어디까지나 회생절차의 신속한 진행을 위하여 부여된 것이라고 생각되기 때문이다. 그러나 회생절차에서 개별적으로 조사되고 경우에 따라서는 조사확정재판이나 그에 대한 이의의 소에서 확정된 것을 회생계획불인가결정 후 효력이 없고, 채권자가 강제집행을 하려면 다시 집행권원을 얻도

① '확정된 회생채권·회생담보권'이란 회생채권 등의 조사절차에서 이의 등이 없어 확정된 것인지, 회생채권 등의 확정절차(조사확정재판 및 이에 대한 이의의 소 등)결과 확정된 것인지를 묻지 않는다.

② 채무자가 회생채권·회생담보권 중 조사기간 또는 특별조사기일에 채무자가 그 권리에 대하여 이의를 하지 않아야 한다. 채권조사절차에서 채무자가 이의를 하더라도 회생채권 등의 확정을 방해하지 않는다. 따라서 채무자가 이의를 진술한 회생채권 등이라도 '확정된 회생채권·회생담보권'에 해당한다. 그렇지만 회생계획불인가결정이 확정된 경우에 있어서도 이후 회생절차는 종료되는 것이기 때문에 이러한 경우 이의를 진술한 채무자의 의사를 존중할 필요가 있다. 그래서 채무자가 이의를 진술한 경우에는 예외를 인정하고 있다. 채무자가 이의를 한 채권자는 회생계획불인가결정이 확정된 후에도 회생채권자표 등에 기하여 강제집행을 할 수 없고,[76] 채무자를 상대방으로 하여 소를 제기하거나 중단된 소송을 수계하여 그 권리의 확정을 도모하여야 한다.[77]

③ 확정판결과 동일한 효력 및 집행력이 미치는 인적범위는 채무자이다. 확정판결과 동일한 효력을 어떻게 이해할 것인가. 기판력은 포함되지 않은 집행력만을 의미한다고 볼 것이다. 왜냐하면 회생절차에서 채권확정절차의 주도권은 관리인에게 있고, 채무자의 이의는 채권확정을 저지하는 효력이 없는바, 이러한 입장의 채무자에 대하여 그 이의의 유무를 기판력이라는 강력한 효력과 결부시키는 것은 의문이기 때문이다.

④ 회생채권자 등에게 집행권원이 되는 것은 회생채권자표 등의 기재(민집법 제56조 제5호)이고, 집행문을 부여받아 강제집행을 할 수 있다(제248조, 제292조 제3항, 제255조 제3항, 민집법 제28조). 이 경우 집행문 부여는 회생계획불인가결정이 확정된 후 회생법원의 법원사무관 등이 한다.

(3) 관리인의 지위 상실

불인가결정의 확정에 따라 관리인은 그 지위를 상실하고 회생절차로 인하여 관리인에게 전속하였던 채무자의 업무 수행권과 재산의 관리처분권은 채무자에게 회복된다. 다만 앞에서 본 바와 같이 관리인은 공익채권의 변제범위 내에서 권한과 의무를 유지하게 된다.

(4) 계속 중인 소송절차 등에 미치는 영향

회생계획불인가결정은 회생계획인가결정 전 폐지와 마찬가지로 회생계획인가 전에 회생절차가 종료된 경우에 해당하여 그 효력이 동일하다. 따라서 회생계획인가결정 전 폐지가 소송

록 하는 것은 채권자에게 과중한 부담을 주는 것으로 적당하지 않다. 그래서 확정된 회생채권, 회생담보권 중 채무자가 이의를 하지 않는 회생채권자표 등의 기재에 확정판결과 동일한 효력을 부여한 것이다.

76) 일본 회사갱생법(제235조 제2항)은 채무자가 이의를 제기한 경우 확정판결과 동일한 효력 및 집행력을 모두 차단하고 있지만(민사재생법 제185조도 마찬가지이다), 채무자회생법은 확정판결과 동일한 효력에 대하여만 차단된다고 규정하고 있다. 해석상 채무자가 이의한 경우 집행력도 차단된다고 볼 것이다. 입법적으로 이를 명확히 할 필요가 있다.

77) 條解 民事再生法, 973쪽.

절차 등에 미치는 영향에 관한 〈제19장 제4절 Ⅱ.〉(본서 1167쪽)의 설명은 회생계획불인가결정의 경우에도 그대로 타당하다.

(5) 파산절차로의 이행과 공익채권, 회생채권의 취급

이에 관하여는 〈제16장 제3절 Ⅱ.〉(본서 1091쪽)를 참조할 것.

Ⅳ 재 항 고

회생계획의 인가 여부의 결정에 대한 즉시항고에 관한 재판의 불복은 민사소송법 제442조의 재항고에 의하여야 하고, 재항고의 사유가 있는 경우 항고에 관한 규정이 준용된다(제247조 제7항). 한편 재항고도 항고와 마찬가지로 통상항고와 즉시항고로 나누어지나, 그 구분은 원래의 항고 자체가 통상항고인가 즉시항고인가에 의하는 것이 아니라 재항고의 대상이 되는 재판의 내용에 따르게 된다.[78] 따라서 항고심이 회생계획 인가결정에 대한 즉시항고를 받아들여 그 인가결정을 취소하는 결정을 하거나 즉시항고를 각하 또는 기각한 경우에 그에 대한 재항고 역시 즉시항고에 해당한다.[79] 따라서 재항고는 ① 공고를 하는 인가결정을 취소한 경우에는 공고일로부터 14일 이내에(제13조 제2항),[80] ② 각하 또는 기각한 경우에는 민사소송법 제444조에 의하여 항고심의 재판 고지가 있은 날로부터 1주일 내에 제기하여야 한다.[81]

제5절 회생계획인가결정의 효력

회생계획의 인가결정으로 아래에서 보는 바와 같이 회생채권 등이 면책·소멸되거나 실체법상의 권리의무가 변경되고,[82] 강제집행 등의 절차가 실효되며,[83] 상법 등에 관한 특례(제15장 제2절)가 인정되고 있다. 회생채권자를 비롯한 이해관계인은 인가결정의 효력이 발생한 이상 원칙적으로 회생절차 내에서 회생계획의 내용을 다툴 수는 없고, 회생계획에 정해진 바에 따

---

78) 대법원 2007. 7. 2. 자 2006마409 결정 등 참조.
79) 대법원 2016. 7. 1. 자 2015재마94 결정, 대법원 2011. 6. 29. 자 2011마474 결정 등 참조.
80) 대법원 2016. 7. 1. 자 2015재마94 결정, 대법원 2011. 6. 29. 자 2011마474 결정 등.
81) 대법원 2011. 6. 29. 자 2011마474 결정, 대법원 2007. 7. 2. 자 2006마409 결정 등 참조.
82) 회생계획인가결정은 채무자로 하여금 회생채권 등으로부터의 면책을 인정한다. 이러한 점에서 변제계획이 완전히 이행되어야 면책이 부여되는 개인회생절차와 다르다. 인가 전에 존재하였던 모든 채권과 지분권은 회생계획에 의하여 창출된 권리와 의무로 대체된다. 이러한 점에서 인가결정은 넓은 의미에서 경개(민법 제500조)와 같은 것이다. 즉 회생계획에 포함된 새로운 의무가 이전에 존재하였던 면책된 채무를 완전히 대체하는 것이다.
83) 다만 온라인투자연계금융업자에 대한 회생절차에 따라 채무의 면책·조정·변경이나 그 밖의 제한이 이루어진 경우에도 우선변제권에는 영향을 미치지 아니한다(온라인투자연계금융업 및 이용자 보호에 관한 법률 제28조 제6항). 우선변제권이란 투자자, 원리금수취권의 상환·유지 및 관리와 연계대출채권의 관리·처분 및 집행을 위한 비용채권, 수탁기관의 보수채권의 권리를 보유하는 자(우선변제권자)가 연계대출채권으로부터 제3자에 우선하여 변제받을 권리를 말한다(위 법률 제28조 제2항, 제4항, 제5항).

라 권리의 실현을 꾀할 수밖에 없다.

회생계획인가결정에 이러한 강력한 효력을 인정하는 근거 중 하나는 회생계획안의 제출, 회생계획안의 결의 및 회생계획안의 인가 등 각 단계에서 의견청취의 기회, 의결권 행사의 기회 및 즉시항고의 기회 등에서 채권자·주주 등 각 이해관계인의 이해를 조정할 기회를 부여하였고, 이해 조정을 거쳐 회생계획의 인가에 이름으로써 절차보장이 확보되었다는 점에 있다 할 것이다.[84]

Ⅰ 회생계획인가결정의 효력발생시기

회생계획은 인가결정이 있는 때로부터 효력이 발생한다(제246조).[85] 회생절차의 신속한 처리를 위하여 확정을 기다리지 않고 인가결정이 있는 때에 효력이 발생하도록 한 것이다.[86] 결의를 위한 관계인집회에서 인가되어 회생계획인가결정을 바로 선고한 경우에는 그 인가결정 선고시에 효력이 발생하고, 기일 외에서 공고에 의한 방식으로 권리보호조항을 정하여 선고하거나 서면결의를 거쳐 회생계획의 인가결정을 선고한 경우에는 회생계획인가결정의 공고가 있은 날의 다음날로부터 효력이 생긴다(제9조).

회생계획인가결정에 대하여 즉시항고하더라도 집행정지의 효력은 없다. 불인가결정에 대하여 항고심에서 인가하는 경우 또는 항고심에서 변경결정을 하는 경우에는 항고심 결정 선고시에 효력이 발생하는 것으로 보아야 한다.

---

84) 倒産·再生訴訟, 229쪽.

85) 다만 회생계획에 따라 채무의 전부 또는 일부가 면제(감경)된 경우 면제(감경)된 부분의 채무는 회생계획의 인가결정이 확정된 때에 소멸한다(대법원 2007. 5. 31. 선고 2007다11231 판결 등 참조). 중국 <기업파산법>은 회생계획 수행이 완료된 때 감면된 채무에 대하여 변제책임을 부담하지 않는다고 규정하고 있다(제94조).

　　한편 개인회생절차에서는 변제계획에 따라 변제가 완료된 후 법원이 면책결정을 하고 확정된 때 면책의 효력이 발생한다(제625조 제1항). 반면 개인에 대한 회생절차(이른바 일반회생)에서는 회생계획인가결정으로 면책의 효력이 발생한다. 결국 개인이 회생절차를 이용하느냐 개인회생절차를 이용하느냐에 따라 면책 시점이 달라지는 문제가 있다. 이 때문에 실무적으로는 개인에 대한 회생절차에서 회생계획에 면책시점을 아래에서와 같이 '채권자에 대한 변제가 완료되는 날의 다음날에 면제한다'는 취지의 규정을 두기도 한다. 이로써 결과적으로 개인의 경우 회생절차(일반회생)나 개인회생절차의 면책시점을 일치시키고 있다. 다만 아래와 같은 회생계획 조항이 면책제도(면책주의)를 둔 취지에 맞는지, 법인과 비교하여 개인에게 불리하게 규정할 합리적인 이유가 있는지(법인은 회생계획인가 후 제대로 회생계획이 수행되지 않더라도 인가결정으로 채권이 면책되지만 개인은 그렇지 못하다), 권리변경효(제252조)와의 관계에서 모순되는 것은 아닌지 의문이다.

[일반회생에서 면책과 관련된 규정 기재례]

○ 면제되는 금액은 위와 같이 변제가 완료되는 날의 다음날에 면제합니다.

○ 면제대상 채권은 채권자별로 본 회생계획안에 의한 변제가 완료되는 날의 다음날에 면제합니다.

86) 회생계획인가결정의 확정시가 아닌 결정시에 효력이 발생하도록 한 구체적인 이유는 ① 조기에 회생계획의 수행을 개시하여야 하는 점, ② 회생계획의 수행도 회생절차의 일부인 점, ③ 인가요건이 엄격하고 인가결정의 취소라는 상황은 거의 상정하기 어려운 점, ④ 법정의 인가요건을 모두 갖춘 경우에만 인가결정을 하고, 그 이외의 경우에는 원칙적으로 불인가결정을 하도록 규정되어 있는 점 등을 고려한 것이다.

Ⅱ 면책 및 권리의 소멸[87]

1. 의   의

회생계획인가결정이 있으면, 관리인의 잘못으로 확정된 권리가 누락되는 등의 특별한 사정이 없는 이상(본서 984쪽 참조) 신고된 채권인지 신고되지 않은 채권인지 여부를 불문하고 채무자는 회생계획이나 법의 규정에 의하여 인정된 권리를 제외한 모든 회생채권과 회생담보권에 관하여 그 책임을 면하며,[88] 주주·지분권자의 권리와 채무자의 재산상에 있던 모든 담보권은 소멸한다(제251조 본문 참조).[89] 즉, 회생절차에서 신고하지 않은 권리, 회생계획에 존속 규정이 없는 권리는 실권된다. 이에 따라 채무자 소유의 부동산에 설정된 담보권이 소멸하는 경우 법원은 직권으로 그 말소등기를 촉탁하여야 한다(제24조 제2항).

채무자 입장에서 보면 면책주의를 규정한 것이고, 채권자 입장에서 보면 실권주의를 규정한 것이다. 따라서 채권신고를 하지 않았고 채권자목록에 기재되어 있지 않은 회생채권은 그 채권자가 회생절차에 참가할 기회를 전혀 얻지 못하는 등의 특별한 사정이 없는 한[90] 회생계획인가결정으로 실권된다.[91][92] 조세채권도 회생채권으로서 면책(discharge) 및 소멸의 대상이 된

---

87) 외국면책재판의 국내적 효력에 관하여는 〈제5편 제4장 Ⅴ.〉(본서 2138쪽)를 참조할 것.

88) 대법원 2019. 5. 10. 선고 2018다291033 판결. 법인의 경우 파산절차에서는 면책이 인정되지 않는다. 미국 연방도산법은 청산을 내용으로 하는 회생계획이 인가되는 경우에는 면책이 인정되지 않는다고 규정하고 있다(§1141(d)(3)).
　　한편 개인에 대한 회생절차(이른바 일반회생)의 경우 개인회생절차나 개인파산절차에서 비면책채권이 인정되는 것과 달리 모든 채권이 면책대상이 되는데, 이것이 타당한지는 의문이다. 미국의 경우 연방도산법 제11장 절차를 이용하는 개인채무자에 대하여 제523조의 규정에 의해 면책으로부터 제외된 채무에 대하여 개인채무자의 면책을 허용하지 않고 있다{11 U.S.C. §1141(d)(2)}.

89) 제251조 본문은 회생계획인가의 결정이 있는 때에는 회생계획이나 이 법의 규정에 의하여 인정된 권리를 제외하고는 회생채무자는 모든 회생채권과 회생담보권에 관하여 그 책임을 면하며, 주주·지분권자의 권리와 채무자의 재산상에 있던 모든 담보권은 소멸한다고 규정하고, 제141조 제1항은 회생담보권을 규정하면서 회생채무자의 재산상에 존재하는 양도담보권으로 담보된 범위의 채권을 이에 포함시키고 있으므로, 회생채무자의 채권에 관하여 설정된 양도담보권도 제251조 본문의 규정에 의하여 소멸되는 담보권에 포함되는바, 위 규정에 의하여 채권에 관하여 설정된 양도담보권이 소멸되는 경우에는 그 양도담보의 설정을 위하여 이루어진 채권양도 또한 그 효력을 상실하여 채권양수인에게 양도되었던 채권은 다시 채권양도인인 회생채무자에게 이전되는 것인데, 이러한 채권의 이전은 법률의 규정에 의한 것이어서 지명채권양도의 대항요건에 관한 민법의 규정이 적용되지 아니하는 것이므로, 위 이전된 채권의 채무자로서는 그 채권의 이전에 관한 채권양수인의 통지 또는 채권양수인의 동의를 얻은 채권양도인의 철회의 통지 등의 유무와 관계없이 채권자로서의 지위를 상실한 채권양수인의 청구를 거부할 수 있다(대법원 2015. 5. 28. 선고 2015다203790 판결, 대법원 2003. 9. 5. 선고 2002다40456 판결 참조).

90) 대법원 2021. 12. 30. 선고 2020다245033 판결, 대법원 2021. 7. 8. 선고 2020다47369 판결, 대법원 2020. 9. 3. 선고 2015다236028, 236035 판결, 대법원 2016. 5. 12. 선고 2015다78215 판결, 대법원 2014. 9. 4. 선고 2013다204140 판결 및 〈제12장 제3절 Ⅳ.3.〉(본서 875쪽) 참조.

91) 대법원 2022. 10. 27. 선고 2017다243143 판결, 대법원 2016. 5. 12. 선고 2015다78215 판결, 대법원 2010. 12. 9. 선고 2007다44354(본소), 2007다44361(반소) 판결 참조. 회생채권에 대한 이러한 효력은 전혀 다른 제도인 개인회생절차에서의 면책(제625조)과는 구별되고(대법원 2021. 2. 25. 선고 2018다43180 판결 참조), '채무자가 고의로 가한 불법행위로 인한 손해배상'(제625조 제2항 단서 제4호)처럼 개인회생절차에서는 면책받을 수 없는 청구권이라도, 회생채권에 해당한다면 회생계획인가결정에 따른 실권의 대상이 된다(대법원 2021. 7. 8. 선고 2020다47369 판결). 양수인의 채권양도통지 이행청구권은 재산상의 청구권으로서 회생채권이므로 회생채권자목록에 기재되지 않고 채권신고도 하지 않으면 특별한 사정이 없는 한 회생계획인가결정으로 실권된다. 이와 같이 채권양수인의 채권양도

다.[93] 면책의 효과에 따라 채무자는 회생계획에서 정한 권리 및 법정의 권리에 대하여만 책임을 부담하게 되어, 회생절차에 의해 그 사업을 회생시키는 것이 가능하게 된다.

실권제도는 회생절차를 통하여 채무자에 대한 권리자들에게 그동안 절차참여의 기회를 보장하였음에도 절차에 참여하지 아니한 권리자는 보호할 가치가 없다는 점과 뒤늦게 권리를 주장하고 나서는 권리자로 인하여 회생계획의 수행이 불가능하게 된다는 점을 감안하여 마련된 것이다.[94] 이러한 실권제도는 공공의 복리를 위하여 헌법상 허용이 필요하고 합리적인 재산권의 제한을 정한 것이므로 헌법에 위배되지 않는다.[95]

여기서 '책임을 면한다(면책)'의 의미에 관하여 ① 채무소멸설(채무가 절대적으로 소멸한다는 견해),[96] ② 책임소멸설(채무 자체는 존속하지만 채무자에 대하여 소구하거나 이행을 강제할 수 없는, 즉 소구력[97]이나 집행력[98]이 없는 이른바 자연채무로 남는다는 견해),[99] ③ 종국적으로는 책임만 소

통지 이행청구권이 회생채권임에도 양도인에 대한 회생절차에서 회생채권자 목록에 기재되거나 신고되지 않고 그대로 실권된 경우, 관리인은 그 채권의 채무자로부터 적법하게 변제받을 수 있으므로, 그 변제를 수령한 행위가 법률상 권원이 없음을 전제로 하는 부당이득반환의 책임을 부담하지 않는다(위 2017다243143 판결).

92) 회생계획인가의 결정으로 채권이 면책되는 경우는 ① 회생계획에서 감면을 규정함으로써 인한 경우와 ② 채권자가 채권신고를 하지 아니하여 실권되는 2가지 경우가 있을 수 있다.

93) 대법원 2007. 9. 6. 선고 2005다43883 판결. 위 판결은 '회생절차 개시결정 전에 이미 조세채권이 성립되었음에도 회생채권으로 신고하지 아니한 채 회생계획인가결정이 된 경우, 과세관청은 더 이상 부과권을 행사할 수 없다. 따라서 그 조세채권에 관하여 회생계획인가결정 후에 한 부과처분은 부과권이 소멸된 뒤에 한 위법한 과세처분으로 그 하자가 중대하고도 명백하다.'고 판시하면서, 채무자(원고)의 부당이득반환청구권을 인정하였다.

94) 대법원 2003. 3. 14. 선고 2002다20964 판결 참조.

95) 대법원 1993. 11. 9. 자 93카기80 결정, 헌법재판소 1996. 1. 25. 선고 93헌바5,58 전원재판부 결정(① 재정적 궁핍으로 파탄에 직면하였으나 회생의 가망이 있는 회사의 회생이라는 회생절차의 목적과 회생채권의 성격, 그리고 재산권의 행사는 공공복리에 적합하도록 하여야 한다고 규정하고 있는 헌법 제23조 제2항의 취지 등에 비추어 볼 때, 제251조가 위와 같은 목적의 달성을 위하여 신고기간 내에 신고가 이루어지지 않거나 회생채권을 포함한 이해관계인들로 구성된 관계인집회의 결의와 법원의 인가를 거쳐 성립되고 집단적 화해로서의 의미를 가지는 회생계획의 규정에 의하여 감면되거나 변경된 회생채권에 대하여 예외적으로 회사의 이행책임을 전부 혹은 일부 면제하고 있다고 하더라도 그것만으로 회생채권이라는 재산적 권리가 형해화할 정도에 이르러 그 본질적 내용이 침해되었다고 단정할 수 없다. ② 제251조는 회생채권자 등 이해관계인의 조정적 손실분담을 통하여 회사사업의 신속하고 효율적인 회생을 도모함으로써 회생채권자를 포함한 이해관계인들과 전체 국가사회의 경제적 손실을 최소화하려는 긴급한 공익적 목적의 달성을 위하여 인가된 회생계획에 의하여 인정되지 아니하는 회생채권에 대하여 일률적으로 회사가 면책되도록 하는 수단을 택하였고, 제한되는 권리도 권리자의 고의 혹은 그에게 책임 있는 사유로 신고기간 내에 신고를 하지 아니함으로써 회생계획에 포함되지 아니한 회생채권과 이해관계인들의 집단적 화해를 통하여 성립된 회생계획에 의하여 감축되거나 변경된 범위 내의 회생채권에 한정되는 것이므로 그 목적의 정당성, 수단의 상당성, 침해의 최소성, 법익의 균형성을 갖추어 과잉금지의 원칙에 반하지 아니한다. ③ 회생채권자가 회사에 대하여 회생계획과 관계없이 언제라도 자신의 권리를 주장할 수 있다고 한다면 신속하게 각 이해관계인의 이해를 조정하여 회생계획을 세우고 그 계획에 따라 회사의 회생을 도모한다는 회생제도의 목적 달성에 중대한 장애가 초래될 소지가 크므로 신고기간 내에 신고하여 회생절차에 참가한 회생채권자와 신고하지 아니함으로써 회생절차에 참가하지 아니한 회생채권자의 권리내용에 차등을 두는 것은 합리적 이유가 충분하고, 회생채권자의 권리는 신고되지 아니하는 한 회사에 대하여 그 존부가 불확실함에 반하여, 주주의 권리는 회사가 그 존재 자체에 대하여 이를 다툴 수 있는 성질의 것이 아니고 주식의 수와 내용 및 그 귀속주체 또한 회사에 현저한 사항일 뿐만 아니라, 주식회사의 본질상 주주는 회사의 잔여재산이 있는 이상 그에 대하여 균등한 비율의 권리를 가져야 마땅하다는 점 등에 비추어 볼 때 신고하지 아니한 회생채권자를 신고하지 아니한 주주에 비하여 합리적 이유 없이 차별대우하는 것이라고 할 수 없다.)

96) 회생계획인가결정이 있는 때에는 회생채권자 등의 권리는 회생계획에 따라 변경되므로(제252조) 면책의 의미를 채무의 소멸로 보아야 한다는 것이다.

97) 채무자가 자발적으로 채무를 이행하지 않는 경우 그 채무이행을 할 것을 명하는 판결을 구하는 재판을 청구할 수

멸되지만 회생절차 중에는 채권의 모든 효력이 정지되어 마치 채권 자체의 소멸과 동일하게 된다고 보는 견해[100]가 대립하고 있지만, 대법원은 채무는 있으나 이행을 강제할 수 없다는 책임소멸설을 취하고 있다.[101] 따라서 면책된 회생채권은 통상의 채권이 가지는 소 제기 권능을 상실하게 된다.[102] 요컨대 책임소멸설(자연채무설)이 타당하다고 할 것이지만, 회생계획에서 이와 달리 실체법상의 채권이 소멸한다고 규정할 수 있다 할 것이다.

채무자가 제251조에 따라 회생채권에 관하여 책임을 면한 경우에는, 그 면책된 회생채권의 존부나 효력이 다투어지고 그것이 채무자의 해당 회생채권자에 대한 법률상 지위에 영향을 미칠 수 있는 특별한 사정이 없는 한, 채무자의 회생채권자에 대한 법률상 지위에 현존하는 불안·위험이 있다고 할 수 없어 그 회생채권자를 상대로 면책된 채무 그 자체의 부존재확인을

있는 효력을 말한다.

98) 채무자가 집행권원을 가지면 채무가 강제적으로 이행될 수 있도록 집행법원에 청구할 수 있는데, 이를 채권의 집행력이라 한다.

99) 남효순·김재형 공편, 도산법강의, 법문사(2005), 622쪽. 제251조에 의하여 면책되는 경우에도 보증인 그 밖에 채무자와 함께 채무를 부담하는 자나 채무자 이외의 자가 제공한 담보에 대하여는 영향을 미치지 않기 때문에(제250조 제2항) 자연채무로 존속한다는 것이다. 따라서 채무자에 대한 면책이 이루어진 회생채권이라고 하더라도 그에 대한 채무자의 채무는 소위 자연채무라는 형태로 존속하게 되는 것이고, 보증인·물상보증인 등 채무자와 함께 채무를 부담하는 자에 대한 권리는 회생계획에 의하여 아무런 영향을 받지 아니하고 언제나 그 전부를 행사할 수 있는 것이다{헌법재판소 1996. 1. 25. 선고 93헌바5,58(병합) 전원재판부 결정 참조}.

독일 도산법도 채권자가 도산계획에서 정한 것보다 많이 변제받은 경우, 원래 채권의 액면까지는 받은 것을 보유할 수 있다는 취지를 규정함으로써(제254조 제3항), 책임소멸설을 채택하고 있다. 미국 연방도산법은 채무자는 면책을 받았다고 하더라도 채무를 자발적으로 변제할 수 있다(제524조(f)고 규정함으로 마찬가지 입장으로 보인다.

100) 박홍우, "정리채권 등의 신고·조사·확정에 있어서의 문제점", 재판자료 제86집(회사정리법·화의법상의 제문제), 법원도서관(2000), 239～240쪽. ③견해는 채무소멸설과 책임소멸설에 대하여 다음과 같이 비판한다. 채무소멸설에 대하여는 제252조에 의한 권리변경은 집단적 화해로서의 회생계획 그 자체의 효력이지만, 면책은 회생의 목적을 실현하기 위해 인정되는 효력으로 양자가 필연적으로 결부될 이유는 없다. 책임소멸설에 대하여는 제250조 제2항이 보증채무의 부종성 원칙을 수정하는 것까지 포함하는 것은 아니므로 주채무가 자연채무로 되면 보증채무도 자연채무로 된다고 보아야 하므로 민법의 부종성의 원칙과 상용되지 않는다.

한편 채무소멸설과 책임소멸설의 차이는 면책된 회생채권과 회생담보권에 대한 변제가 그 후 파산선고가 된 경우에 무상부인(제391조 제4호)의 대상이 되는가 또는 부당이익으로 반환청구를 할 수 있는가에 있다[①견해(채무소멸설)에 의하면 무상부인의 대상이 되고 부당이득이 될 것이나, ②의 견해(책임소멸설)에 의하면 부정될 것이다]. 면책은 회생의 목적을 달성하기 위한 수단이기 때문에 회생절차가 종료된 후 채무자가 실권된 권리를 변제하더라도 후에 파산선고가 된 경우 무상부인의 대상으로 될 이유는 없고, 채무자가 변제한 금전을 부당이득으로 반환을 청구할 여지를 인정할 수는 없다는 점에서 ①견해는 받아들일 수 없다. 또한 회생절차 진행 중에는 채무가 존재하지 않는 것과 동일하게 취급되고, 만약 관리인이 잘못 변제를 한 경우에는 부당이득반환을 청구할 수 있기 때문에 무조건적으로 채무가 존속하는 것으로 해석하는 것은 부당하다는 점에서 ②견해는 받아들일 수 없다. 결국 종국적으로는 책임만 소멸되지만 회생절차 중에는 채권의 모든 효력이 정지되어 마치 채권 자체의 소멸과 동일하게 된다고 보는 ③견해가 타당하다(條解 民事再生法, 943쪽).

101) 대법원 2018. 11. 29. 선고 2017다286577 판결, 대법원 2015. 11. 12. 선고 2013다214970 판결, 대법원 2003. 3. 14. 선고 2002다220964 판결, 대법원 2001. 7. 24. 선고 2001다3122 판결 참조.

구상권이 면책된 경우 변제자대위권을 행사할 수 없는가. 채무자에 대하여 회생절차가 개시된 경우에 회생채권자가 자신의 구상권을 회생채권으로 신고하지 않아 채무자가 구상권에 관하여 책임을 면한다(제251조)고 하더라도 회생채권자가 채무자에 대하여 이행을 강제할 수 없을 뿐 구상권 자체는 그대로 존속하므로, 회생채권자가 변제자대위(민법 제481조, 제482조 제1항)에 의하여 채권자를 대위하여 채권자의 채권 및 그 담보에 관한 권리를 행사할 수 있다(위 2013다214970 판결 참조).

102) 대법원 2021. 7. 8. 선고 2020다47369 판결, 대법원 2019. 3. 14. 선고 2018다281159 판결, 대법원 2015. 9. 10. 선고 2015다28173 판결 등 참조. 실권됨으로써 통상의 채권이 가지는 소 제기 권능을 잃은 채권을 청구원인으로 제기한 소는 권리보호이익이 없어 부적법하다.

구할 확인의 이익을 인정할 수 없다.[103]

전부의무자(제126조 참조)가 회생계획안 심리를 위한 관계인집회가 끝날 때까지 실제로 발생한 구상권이나 장래 구상권을 신고하지 않았고 관리인이 그 구상권을 회생채권자 목록에 기재하지 않았다면, 그 구상권은 회생계획이나 채무자회생법의 규정에 의하여 인정된 권리에 해당하지 않으므로, 채무자는 제251조에 따라 책임을 면하고 그 구상권은 실권된다. 이는 채권자의 회생절차 참가로 인해 전부의무자가 구상권으로 회생절차에 참가할 수 없었던 경우에도 마찬가지이다. 이 경우 전부의무자는 채권자에 대한 변제 등으로 채권의 전액이 소멸하였을 때에 구상권의 범위 안에서 채권자가 가진 권리를 대위행사할 수 있을 뿐이다.[104]

2. 면책·소멸의 대상이 되는 권리

가. 회생채권, 회생담보권

(1) 면책의 대상이 되는 채권 등

면책의 대상이 되는, 다시 말해 실권의 대상이 되는 권리는 채무자에 대한 회생채권, 회생담보권으로서 회생계획에서 인정되지 않거나 법에 특별한 규정이 없는 것이다. 따라서 목록에 기재되지 아니하고 신고되지 않아 회생계획에 기재되지 못한 회생채권 등은 면책되어 채무를 이행할 필요가 없다.[105] 기본적으로 회생채권자 등의 자기책임에 맡기고, 신고하지 않은 권리는 그 사유 여하를 묻지 않고 원칙적으로 실권된다. 회생계획의 안정을 도모하고, 확실하게 회생을 실현하기 위한 취지이다.

반면 회생계획의 규정에 의하여 인정되는 권리나[106] 법률의 규정에 의하여 인정되는 권리는 실권되지 않는다. 이러한 권리에 해당하는 것으로 회생계획에 의하여 주주·지분권자에 대하여 권리가 인정된 경우 주식 또는 출자지분을 신고하지 아니한 주주·지분권자에게 인정된 권리(제254조)가 있다.

만약 연대채무자가 회생절차에서 자신의 구상권을 회생채권으로 신고하지 아니하여 실권된 경우, 변제자대위에 의하여 채권자를 대위하여 채권자의 채권 및 그 담보에 관한 권리를 행사할 수 있는지가 문제된다. 어느 연대채무자가 자기의 출재로 공동면책이 된 때에는 민법 제425조 제1항의 규정에 의하여 다른 연대채무자의 부담 부분에 대하여 구상권을 가짐과 동시에

---

103) 대법원 2019. 3. 14. 선고 2018다281159 판결. 다만 채무자의 다른 법률상 지위와 관련하여 면책된 채무의 부존재확인을 구할 확인의 이익이 있는지는 별도로 살펴보아야 한다.
104) 대법원 2023. 4. 27. 선고 2021다227476 판결.
105) 중국 <기업파산법>의 경우 채권자가 채권신고를 하지 않은 경우, 회생계획수행기간에는 권리를 행사할 수 없지만, 회생계획수행이 완료(完畢)된 후, 회생계획이 규정하는 같은 종류의 채권의 변제조건에 따라 권리를 행사할 수 있다(제92조 제2항). 즉 채권신고를 하지 않더라도 권리가 소멸되는 것은 아니다. 또한 회생계획에 따라 감면된 채무는 회생계획수행이 완료(完畢)된 때부터 채무자는 변제책임을 부담하지 않는다(제94조).
106) 대법원 2014. 9. 4. 선고 2013다204140,204157 판결 참조. 관리인이 회생계획안에 미신고 권리의 효력을 존속하는 조항을 두었고, 법원이 그 회생계획을 인가하여 인가결정이 그대로 확정된 경우, 회생계획의 규정에 의하여 인정된 권리가 신고되지 않았다고 하더라도 채무자는 책임을 면할 수는 없다.

민법 제481조, 제482조 제1항의 규정에 의한 변제자대위에 의하여 당연히 채권자를 대위하여 채권자의 채권 및 그 담보에 관한 권리를 행사할 수 있는데, 위 구상권과 변제자대위권은 그 원본, 변제기, 이자, 지연손해금의 유무 등에 있어서 그 내용이 다른 별개의 권리이다.[107] 그리고 채무자에 대하여 회생절차가 개시된 경우에 회생채권자가 자신의 구상권을 회생채권으로 신고하지 아니하여 제251조 본문에 따라 그 구상권에 관하여 책임을 면한다 하더라도 회생채권자가 채무자에 대하여 이행을 강제할 수 없을 뿐 구상권 자체는 그대로 존속한다고 봄이 타당하므로, 회생채권자가 민법 제481조, 제482조 제1항의 규정에 의한 변제자대위에 의하여 채권자를 대위하여 채권자의 채권 및 그 담보에 관한 권리를 행사하는 데에는 영향이 없다 할 것이다.[108]

(2) 면책의 대상이 되지 않는 권리

공익채권이나 환취권은 면책되거나 소멸하지 않는다. 또한 회생절차개시 전의 벌금,[109] 과료, 형사소송비용, 추징금과 과태료는 면책되거나 소멸하지 않는다(제251조 단서, 제140조 제1항). 벌금 등 청구권은 신고의무가 있지만(제156조 제1항), 신고를 하여도 감면 그 밖의 권리에 영향을 미치는 내용을 정할 수 없으므로(제140조 제1항) 신고의 유무와 관계없이[110] 면책의 대상이 되지 않는다. 다만 변제를 받을 수 있는 시기는 회생계획에서 정한 변제기간이 만료된 후가 된다. 그러나 제251조 단서에 의하여 면책되거나 소멸되지 않는 청구권은 한정적으로 열거된 것으로 보아야 하므로 과징금청구권은 회생계획인가결정이 있으면 면책된다고 할 것이다.[111]

---

107) 대법원 1997. 5. 30. 선고 97다1556 판결.

108) 대법원 2015. 11. 12. 선고 2013다214970 판결.

109) 벌금은 면책되지 않는 관계로 양벌 규정에 의하여 법인이 벌금을 선고받은 경우 회생절차에서의 인수합병에 영향을 미칠 수 있다. 합병의 경우 존속법인이 벌금을 승계하는지, 물적분할의 경우 분할 후 법인이 벌금을 부담하여야 하는지 등이 문제된다. 합병의 경우 합병회사의 권리·의무는 사법상의 관계나 공법상의 관계를 불문하고 모두 합병으로 인하여 존속하는 회사에 승계되는 것이 원칙이지만, 그 성질상 이전을 허용하지 않는 것은 승계의 대상에서 제외되어야 한다. 양벌규정에 의한 법인의 처벌은 어디까지나 형벌의 일종으로서 행정적 제재처분이나 민사상 불법행위책임과는 성격을 달리하는 점, 형사소송법 제328조가 '피고인인 법인이 존속하지 아니하게 되었을 때'를 공소기각결정의 사유로 규정하고 있는 것은 형사책임이 승계되지 않음을 전제로 한 것이라고 볼 수 있는 점 등에 비추어 보면, 법인이 형사처벌을 면탈하기 위한 방편으로 합병제도 등을 남용하는 경우 이를 처벌하거나 형사책임을 승계시킬 수 있는 근거규정을 특별히 두고 있지 않은 현행법하에서는 합병으로 인하여 소멸한 법인이 그 종업원 등의 위법행위에 대해 양벌규정에 따라 부담하던 형사책임(벌금)은 그 성질상 이전을 허용하지 않는 것으로서 합병으로 인하여 존속하는 법인에 승계되지 않는다(대법원 2019. 11. 14. 선고 2017도4111 판결, 대법원 2015. 12. 24. 선고 2015도13946 판결, 대법원 2009. 12. 24. 선고 2008도7012 판결, 대법원 2007. 8. 23. 선고 2005도4471 판결 등 참조). 책임은 형벌에 의한 윤리적 비난의 근거이기에 책임 없는 자를 대상으로 하는 형벌의 부과는 그 근거를 상실한 것으로 허용될 수 없다. 책임주의에 따라 행위자가 아닌 자에의 형사책임 승계가 부정되는 이상, 양벌규정에 따른 형사책임도 승계될 수 없다는 것이 대법원의 확고한 태도이다. 물적분할의 경우에도 동일한 법리가 적용되어 분할 전 법인에 대한 벌금은 분할 후 법인에게 승계되지 않는다고 할 것이다.

110) 신고를 한 경우와 하지 않는 경우는 차이가 있다. 신고도 하지 않은 경우(채권자목록에도 기재되어 있지 않은 경우)에는 회생계획에 반영될 수 없을 것이므로 전액을 변제기간(일반적으로 10년)이 만료된 후에 변제받게 될 것이다. 반면 신고할 경우에는 회생계획에 반영되어 변제기간 동안 회생계획에 따라 변제를 받다가 남은 금액은 변제기간이 만료된 후에 변제받게 될 것이다.

111) 대법원 2013. 6. 27. 선고 2013두5159 판결(채무자 회생 및 파산에 관한 법률 제251조 본문은 회생계획인가의 결정이 있는 때에는 회생계획이나 이 법의 규정에 의하여 인정된 권리를 제외하고는 채무자는 모든 회생채권과 회생담

개시후기타채권은 회생절차가 개시된 때로부터 회생계획에서 정하여진 변제기간이 만료하는 때까지는 변제 등 소멸행위가 금지되지만(제181조 제1항), 면책되는 것은 아니다. 회생절차가 개시될 당시는 물론 이후 회생절차가 종결될 때까지도 행사요건이 갖추어지지 않아 주식매수청구권이 행사될 수 없었던 경우, 그 주식매수청구권과 그 행사로 성립할 주식매매계약상 매매대금채권은 실권되지 않는다.[112]

나. 주주·지분권자의 권리

주주·지분권자의 권리도 목록에 기재되지 않거나 신고되지 않는 것은 원칙적으로 소멸한다(제251조 본문). 다만 회생계획에서 주주·지분권자에 대하여 권리를 인정한 경우에는 주식 또는 출자지분의 신고를 하지 아니한 주주·지분권자에 대하여도 그 권리가 인정된다(제254조). 왜냐하면 주식 또는 출자지분의 수 또는 액은 이미 주주명부 또는 사원명부를 통하여 쉽게 알 수 있어서 신고를 하지 않았더라도 회생계획의 수립과 수행에 지장이 생기는 것은 아니기 때문이다.

신고기간 내에 신고를 하지 아니한 회생채권자의 경우에는 그 권리의 전부에 대하여 채무자의 책임이 면제(제251조 본문)되는 반면, 제254조가 회생계획의 규정에 의하여 주주에 대하여 권리가 인정된 경우에는 그 권리는 주식의 신고를 하지 아니한 주주에 대하여도 인정된다고 규정하고 있는 결과, 다같이 신고를 하지 아니한 이해관계인임에도 불구하고 회생채권자의 경우에는 그 권리의 전부에 대하여 채무자의 책임이 면제됨에 반하여 주주의 경우에는 회생계획에 의하여 주주에 대한 권리가 인정되는 한 채무자에 대한 주주로서의 권리 전부를 인정받게

보권에 관하여 그 책임을 면한다고 규정하고 있다. 그런데 채무자 회생 및 파산에 관한 법률 제140조 제1항, 제251조 단서는 회생절차개시 전의 벌금·과료·형사소송비용·추징금 및 과태료의 청구권은 회생계획인가의 결정이 있더라도 면책되지 않는다고 규정하고 있는바, 이는 회생계획인가의 결정에 따른 회생채권 등의 면책에 대한 예외를 정한 것으로서 그에 해당하는 청구권은 한정적으로 열거된 것으로 보아야 하고, 위 규정에 열거되지 않은 과징금의 청구권은 회생계획인가의 결정이 있더라도 면책되지 않는 청구권에 해당한다고 볼 수 없다.

채무자에 대한 회생절차개시 전에 과징금 부과의 대상인 행정상의 의무위반행위 자체가 성립하고 있으면, 그 부과처분이 회생절차개시 후에 있는 경우라도 그 과징금 청구권은 회생채권이 되고, 장차 부과처분에 의하여 구체적으로 정하여질 과징금 청구권이 회생채권으로 신고되지 않은 채 회생계획인가결정이 된 경우에는 채무자 회생 및 파산에 관한 법률 제251조 본문에 따라 그 과징금 청구권에 관하여 면책의 효력이 생겨 행정청이 더 이상 과징금 부과권을 행사할 수 없다. 따라서 그 과징금 청구권에 관하여 회생계획인가결정 후에 한 부과처분은 부과권이 소멸된 뒤에 한 부과처분이어서 위법하다).

112) 대법원 2022. 7. 28. 선고 2020다277870 판결. 주식매수청구권은 형성권이라는 점에서도 실권되지 않는다고 할 것이다(본서 549쪽).

위 판결의 사안은 다음과 같다. 원고들(투자자, 주식양수인)은 피고(주식양도인)로부터 A사(社) 주식을 양수하면서, A사가 3년 내에 기업공개를 하지 않는 경우 피고에게 주식매수청구권을 행사할 수 있다는 내용의 투자계약을 체결하였음, 이후 피고에 대해 회생절차가 진행되었는데, 원고들은 위 권리를 신고하지 않았음, 피고에 대하여 '회생절차 개시 → 회생계획 인가 → 회생절차 종결'이 마쳐질 때까지 위 투자계약에 정한 기한인 3년이 경과하지 않았음, 그 후 위 투자계약 체결일로부터 3년이 경과하도록(회생절차 종결 이후임) A사가 기업공개를 하지 않자, 원고들은 피고에게 주식매수청구권을 행사하고, 그에 따른 주식매매대금의 지급을 구하는 소를 제기하였음, 이에 피고는 원고들의 위 권리가 미신고 실권되었으므로 이 사건 소는 부적법하다고 항변함. 대법원은 회생절차개시 당시는 물론 이후 회생절차가 종결될 때까지도 행사요건이 갖추어지지 않아 주식매수청구권을 행사할 수 없었으므로 주식매수청구권과 그 행사로 성립할 주식매매계약상 매매대금채권이 실권되지 않았다고 판단함.

되는 불균형이 생겨난다. 이에 평등권의 침해 여부가 문제될 수 있다. 헌법 제11조 제1항이 보장하는 평등의 원칙은 국민에 대한 절대적 평등을 보장함을 의미하는 것이 아니라 차별할 합리적인 이유가 없는 경우에 차별하는 것을 금지하는 것을 의미하므로 위와 같은 권리제한의 차별이 과연 합리적 이유가 없는 차별적 취급인지의 여부를 본다.

우선, 회생계획에 따른 일련의 회생절차가 그 목적을 달성할 수 있기 위하여는 회생채권자 등 이해관계인의 존부와 그 권리의 범위에 대한 정확하고 또 확정적인 파악이 무엇보다도 긴요한 선결과제라고 할 것인바, 회생채권자가 채무자에 대하여 회생계획과 관계없이 언제라도 자신의 권리를 주장할 수 있다고 한다면 신속하게 각 이해관계인의 이해를 조정하여 회생계획을 세우고 그 계획에 따라 채무자의 재건을 도모한다는 회생제도의 목적달성에 중대한 장애가 초래될 소지가 크므로 신고기간 내에 신고하여 회생절차에 참가한 회생채권자와 신고하지 아니함으로써 회생절차에 참가하지 아니한 회생채권자의 권리내용에 차등을 두는 것은 합리적 이유가 충분하다고 할 것이다.

다음, 회생채권자의 권리는 신고되지 아니하는 한 채무자에 대하여 그 존부가 불확실함에 반하여, 주주의 권리는 채무자(회사)가 그 존재 자체에 대하여 이를 다툴 수 있는 성질의 것이 아니고 주식의 수와 내용 및 그 귀속주체 또한 채무자(회사)에 현저한 사항일 뿐만 아니라, 주식회사의 본질상 주주는 회사의 잔여재산이 있는 이상 그에 대하여 균등한 비율의 권리를 가져야 마땅하다는 점 등에 비추어 볼 때, 신고하지 아니한 회생채권자와 주주의 권리제한범위를 달리하였다고 하여 그로써 곧 신고하지 아니한 회생채권자를 신고하지 아니한 주주에 비하여 합리적 이유 없이 차별대우하는 것이라고 할 수 없다.[113]

다. 채무자의 재산상에 있던 모든 담보권

목록에 기재되지 아니하거나 신고되지 않은 담보권 또는 목록에 기재되거나 신고가 되었더라도 회생계획에서 존속규정을 두지 않은 담보권은 회생계획인가결정과 함께 소멸한다(제251조 본문). 부동산 위에 설정된 담보권이 소멸하는 경우에 법원은 직권으로 그 말소등기의 촉탁을 하여야 한다(제24조 제2항).

제251조 본문에 의하여 채권에 관하여 설정된 양도담보권이 소멸되는 경우에는 그 양도담보의 설정을 위하여 이루어진 채권양도 또한 그 효력을 상실하여 채권양수인에게 양도되었던 채권은 다시 채권양도인인 회생채무자에게 이전되는 것인데, 이러한 채권의 이전은 법률의 규정에 의한 것이어서 지명채권양도의 대항요건에 관한 민법의 규정이 적용되지 아니하는 것이므로, 위 이전된 채권의 채무자로서는 그 채권의 이전에 관한 채권양수인의 통지 또는 채권양수인의 동의를 얻은 채권양도인의 철회의 통지 등의 유무와 관계없이 채권자로서의 지위를 상실한 채권양수인의 청구를 거부할 수 있다.[114]

---

113) 헌법재판소 1996. 1. 25. 93헌바5,58(병합) 전원재판부 결정 참조.
114) 대법원 2015. 5. 28. 선고 2015다203790 판결, 대법원 2003. 9. 5. 선고 2002다40456 판결 참조.

라. 회생계획인가결정에도 실권되지 않는 권리

(1) 관리인의 잘못 등으로 확정된 권리가 회생계획의 권리변경 및 변제대상에서 누락되거나 제외된 경우

회생절차에서 회생채권·회생담보권 조사절차나 회생채권·회생담보권 확정절차를 통하여 확정된 권리가 회생회사의 관리인의 잘못 등으로 회생계획(또는 회생계획변경계획)의 권리변경 및 변제대상에서 아예 누락되거나 이미 소멸한 것으로 잘못 기재되어 권리변경 및 변제대상에서 제외되기에 이른 경우 등에는, 특별한 사정이 없는 한 인가된 회생계획의 규정 또는 채무자회생법에 의하여 인정된 권리를 제외하고는 회사가 면책된다는 취지를 규정한 제251조는 그 적용이 없고, 나아가 위와 같은 경위로 확정된 권리가 권리변경 및 변제대상에서 누락되거나 제외된 회생계획을 가리켜 제252조 제1항에 따라 확정된 권리를 변제 없이 소멸시키는 권리변경을 규정한 것이라고 볼 수도 없다. 회생절차에서 자신의 확정된 권리가 회생계획(또는 회생계획변경계획)의 권리변경 및 변제대상에서 누락되거나 제외된 회생채권자·회생담보권자로서는 그 확정된 권리의 존부 및 범위 자체에 관한 당부를 다투어 회생계획 인가결정에 대한 불복사유로 삼을 수는 없고, 회생회사에 대하여 아직 회생절차가 진행중인 때에는 회생계획의 경정 등을 통하여, 회생절차가 종결된 때에는 종결 후의 회사를 상대로 이행의 소를 제기하는 등으로 그 권리를 구제받을 수 있다.[115]

(2) 관리인이 회생채권의 존재를 알고서도 회생채권자목록에 누락한 경우

회생채권자로 하여금 회생절차에 관하여 알지 못하여 자신의 채권을 신고하지 못함으로써 회생계획 인가에 따른 실권의 불이익을 받는 것을 방지하기 위한 회생채권자 목록 제도(제147조)의 취지에 비추어 볼 때, 관리인은 비록 소송절차에서 다투는 등으로 회생절차에 관하여 주장되는 어떠한 회생채권의 존재를 인정하지 아니하는 경우에도, 그 회생채권의 부존재가 객관적으로 명백한 예외적인 경우가 아닌 한 이를 회생채권자 목록에 기재하여야 할 의무가 있다.[116] 그리고 회생절차에서 회생채권자가 회생절차의 개시사실 및 회생채권 등의 신고기간 등에 관하여 개별적인 통지를 받지 못하는 등으로 회생절차에 관하여 알지 못함으로써 회생계획안 심리를 위한 관계인집회가 끝날 때까지 채권신고를 하지 못하고, 관리인이 그 회생채권의 존재 또는 그러한 회생채권이 주장되는 사실을 알고 있거나 이를 쉽게 알 수 있었음에도(고의 또는 중과실이 있는 때) 회생채권자 목록에 기재하지 아니한 경우, 채무자회생법 제251조의 규정에도 불구하고 회생계획이 인가되더라도 그 회생채권은 실권되지 아니한다.[117][118] 이와 달리 위

---

115) 대법원 2008. 6. 26. 선고 2006다77197 판결.
116) 대법원 2023. 3. 16. 선고 2021다223368 판결.
117) 대법원 2024. 6. 13. 선고 2023두63079 판결(조세채권에 관한 사안), 대법원 2023. 10. 26. 선고 2023다249685 판결, 대법원 2023. 8. 18. 선고 2022다291009 판결, 대법원 2021. 12. 30. 선고 2020다245033 판결, 대법원 2020. 9. 3. 선고 2015다236028(본소),2015다236035(반소) 판결[☞ 원고의 회생절차에서 관리인이 피고에 대한 임대차보증금 반환채권을 채권자목록에 기재하지 않았고, 회생계획에도 위 채권의 권리변경 여부에 관하여 정하여 지지 아니한

와 같은 경우 회생계획의 인가결정에 의하여 회생채권이 실권된다고 해석하는 것은, 회생채권자로 하여금 회생절차에 참가하여 자신의 권리의 실권 여부에 관하여 대응할 수 있는 최소한의 절차적 기회를 박탈하는 것으로서 헌법상의 적법절차 원리 및 과잉금지 원칙에 반하여 재산권을 침해하는 것으로 허용될 수 없다.[119]

> **사례** 甲(원고)은 2021. 11. 11. 인천지방법원에 乙(피고)을 상대로 손해배상금 지급을 구하는 소를 제기하였다. 乙(피고)은 위 소송이 계속 중이던 2022. 2. 1. 수원지방법원 2022회합10003호로 회생신청을 하였고, 위 법원은 2022. 3. 7. 관리인을 따로 선임하지 아니하고 乙(피고)의 대표이사를 관리인으로 보는 회생절차 개시결정을 하였다. 수원지방법원은 2022. 6. 14. 乙(피고)의 관리인이 제출한 회생계획을 인가하는 결정을 하였고, 2022. 7. 21. 회생절차를 종결하는 결정을 하였다.
> 위 회생절차에서 乙(피고)의 관리인은 제147조에서 정한 회생채권자 목록을 제출하면서 甲(원고)이 주장하는 위 손해배상채권을 기재하지 아니하였고, 甲(원고)도 위 손해배상채권을 회생채권으로 신고하지 아니하여 손해배상채권이 인가된 회생계획에 기재되지 아니하였다.
> 甲(원고)의 손해배상채권은 회생계획인가결정으로 실권되었다고 볼 수 있는가. 이 사건 소는 적법한가.[120]
> 위 법리에 비추어 살펴보면, 乙(피고)의 관리인이 회생채권자 목록에 이 사건 손해배상채권을 기재하여 제출할 의무를 이행하지 않았고 이 사건 손해배상채권을 회생채권으로 신고하지 못한 것에 대하여 회생채권자인 甲(원고)에게 과실이 없다. 따라서 이 사건 손해배상채권이 실권되지 않았다.
> 이 사건 손해배상채권은 乙(피고)에 대한 회생절차가 종결된 후에도 실권되지 않은 상태이고, 회생절차가 종결된 경우 이러한 미실권 회생채권에 관하여 이행의 소를 제기하여 권리구제를 받을 수 있으므로, 손해배상채무의 이행을 구하는 이 사건 소는 적법하다.

(3) 회생채권자가 채권신고를 하고 회생절차에 참가할 것을 기대할 수 없는 등 특별한 사정이 있는 경우

회생채권자가 회생법원이 정한 신고기간 내에 채권신고를 하고 회생절차에 참가할 것을 기대할 수 없는 등의 특별한 사정이 있는 경우로서, 회생채권자가 채권신고를 하지 않았다고 하

채 위 회생절차가 종결된 사안에서, 이 사건 임대차보증금반환채권이 실권되었다고 볼 수 없고, 회생계획의 해석상 원고를 상대로 보증금 전액의 반환을 구할 수 있다고 판단하여 상고기각한 사례], 대법원 2012. 2. 13. 자 2011그256 결정 등 참조.

118) 이때 그 회생채권자는 제152조 제3항에 불구하고 회생계획안 심리를 위한 관계인집회가 끝난 후에도 회생절차에 관하여 알게 된 날로부터 1개월 이내에 회생채권의 신고를 보완할 수 있다(대법원 2012. 2. 13. 자 2011그256 결정 참조). 한편 회생계획에 따른 변제가 시작되면 법원은 회생절차종결의 결정을 하고(제283조 제1항), 그 효력이 발생함과 동시에 채무자는 업무수행권과 재산의 관리처분권을 회복하고 관리인의 권한은 소멸한다. 따라서 회생절차가 종결하면, 채권자는 채무자를 상대로 이행의 소를 제기하는 등으로 그 권리를 구제받을 수 있을 뿐, 더 이상 회생채권 신고 및 조사절차 등 채무자회생법이 정한 회생절차에 의하여 회생채권을 확정받을 수 없다(대법원 2021. 12. 30. 선고 2020다245033 판결, 대법원 2020. 8. 20. 자 2019그534 결정 등 참조). 따라서 실권의 예외사유에 해당하는 회생채권에 관하여 추후 보완신고 기간 1개월이 경과하기 전에 회생절차가 종결된 후 회생채권자가 채무자를 상대로 이행의 소를 제기한 경우 추후 보완신고를 게을리하였다고 할 수 없어 해당 회생채권이 실권되었다고 볼 수는 없다(대법원 2023. 10. 26. 선고 2023다249685 판결 참조).

119) 대법원 2023. 3. 16. 선고 2021다223368 판결.

120) 대법원 2021. 12. 30. 선고 2020다245033 판결 참조.

여 그 채권이 무조건 실권된다고 본다면 회생채권자로 하여금 회생절차에 참가하여 자신의 권리의 실권 여부에 관하여 대응할 수 있는 최소한의 절차적 기회를 박탈하여 헌법상의 적법절차 원리 및 과잉금지 원칙에 반하여 재산권을 침해하는 정도에 이른 경우에는, 제251조에도 불구하고 채무자가 그 책임을 면하거나 그 회생채권이 실권되었다고 할 수 없을 것이다.[121)

예컨대 공동불법행위자 사이의 구상금채권에 있어 회생법원이 정한 회생채권의 신고기간이 경과할 때까지는 물론 관계인집회가 끝나거나 서면결의 결정이 되어 더 이상 제152조에 따른 추후보완 신고를 할 수 없는 때까지도 손해배상책임의 부담 여부가 확정되지 아니한 때에는, 미리 장래의 구상금채권 취득을 예상하여 회생채권 신고를 할 것을 기대하기 곤란한 경우가 있다. 만약 그러한 경우까지도 신고기간 내에 회생채권 신고를 하지 않았다고 하여 무조건 실권된다고 하면 이는 국민의 재산권을 기본권으로 보장한 헌법정신에 배치된다. 그러므로 공동불법행위로 인한 손해배상책임의 원인은 회생절차 개시 이전에 이미 존재하였지만 구상금채권은 관계인집회가 끝나거나 서면결의 결정이 있은 후에 발생하였고, 나아가 공동불법행위의 시점 및 공동불법행위자들의 관계, 구상금채권 발생의 직접적 원인인 변제 기타 출재의 경위, 공동불법행위자들 사이의 내부적 구상관계 발생에 대한 예견가능성, 공동불법행위로 인한 손해배상채무가 구체화된 시점과 구상금채권이 성립한 시점 사이의 시간 간격 등 제반 사정에 비추어 구상금채권자가 회생법원이 정한 신고기간 내에 장래에 행사할 가능성이 있는 구상권을 신고하는 등으로 회생절차에 참가할 것을 기대할 수 없는 사유가 있는 때에는 제251조에도 불구하고 채무자가 그 책임을 면하거나 그 회생채권이 실권되었다고 할 수 없을 것이다.[122)

(4) 신고하지 아니한 주주·지분권자의 권리

앞에서 본 바와 같이 회생계획에 의하여 인정된 주주·지분권자의 권리는 주식 또는 출자지분의 신고를 하지 아니한 주주·지분권자에 대하여도 인정된다(제254조). 따라서 소멸되지 않는다.

3. 주채무인 회생채권의 실권과 소멸시효의 중단 문제

(1) 보증채무에 대한 소멸시효가 중단되는 등의 사유로 완성되지 아니하였다고 하더라도 주채무에 대한 소멸시효가 완성된 경우에는 시효완성 사실로써 주채무가 당연히 소멸되므로 보증채무의 부종성에 따라 보증채무 역시 당연히 소멸된다.[123) 그렇다면 주채무자에 대한 회생채권이 회생절차 미참가로 실권된 후 그 소멸시효기간이 경과한 경우에도 보증채무는 부종성

---

121) 대법원 2023. 4. 27. 선고 2021다227476 판결. 위 판결은 공동수급체 구성원의 다른 구성원에 대한 구상금채권은 제251조에 따라 실권되는 것이 원칙이고, 제반사정에 비추어 미리 장래 구상금 채권 취득을 예상하고 채권신고를 할 것을 기대할 수 없는 등으로 이 사건 구상금 채권이 실권된다고 보는 것이 헌법상의 적법절차 원리 및 과잉금지 원칙에 반하여 재산권을 침해하는 정도에 이르렀다고 보기 어렵다고 보았다.
122) 대법원 2016. 11. 25. 선고 2014다82439 판결 참조.
123) 대법원 2012. 7. 12. 선고 2010다51192 판결.

에 따라 소멸되는가. 주채무인 회생채권이 그 소멸시효기간 경과 전에 제251조에 의하여 실권되었다면 더 이상 주채무의 소멸시효 진행이나 중단이 문제될 여지가 없으므로, 이러한 경우 보증인은 보증채무 자체의 소멸시효 완성만을 주장할 수 있을 뿐 주채무의 소멸시효 완성을 원용할 수 없다.[124]

(2) 회생채권이 그 소멸시효기간 경과 전에 제251조에 의하여 실권되었다면 더 이상 그 채무의 소멸시효 중단이 문제될 여지가 없다. 따라서 회생채권자가 제3자를 상대로 한 소송 계속 중에 회생채무자를 상대로 소송고지를 하고 그 소송고지서에 실권된 회생채무의 이행을 청구하는 의사가 표명되어 있더라도, 회생채권자는 그로써 다른 연대채무자나 보증인에 대하여 민법 제416조 또는 제440조에 따른 소멸시효 중단을 주장할 수 없다.[125] 예컨대 회생채권자 甲의 회생채무자에 대한 회생채권이 회생계획인가로 실권된 후, 甲이 제3자를 상대로 한 소송에서 회생채무자에 대하여 소송고지에 의한 최고를 하였다 하더라도 그 채무의 소멸시효 중단이 문제되지 않으므로 회생채무자의 연대채무자인 A에 대하여도 민법 제416조에 따른 소멸시효 중단의 효력을 주장할 수 없다.

4. 후발적 경정청구로 인한 조세환급[126]

국세기본법 제45조의2 제2항,[127] 같은 법 시행령 제25조의2 규정의 체계, 소득세법상 권리확정주의의 의의와 기능 및 한계 등에 비추어 볼 때 납세의무의 성립 후 소득의 원인이 된 채권이 채무자의 도산 등으로 회수불능이 되어 장래 그 소득이 실현될 가능성이 전혀 없음이 객관적으로 명백하게 되었다면, 이는 국세기본법 시행령 제25조의2 제2호에 준하는 사유로서 특별한 사정이 없는 한 같은 조 제4호가 규정한 후발적 경정청구사유에 해당한다고 봄이 타당하다.[128] 따라서 회생계획인가결정으로 인한 면제는 후발적 경정청구 사유가 된다.

그리고 국세기본법 제45조의2 제4항은 원천징수의무자가 소득세법 제137조에 따른 연말정산에 의하여 근로소득에 관한 소득세를 납부하거나(제1호) 소득세법 제146조에 따라 퇴직소득에 관하여 원천징수한 소득세를 납부하고(제2호) 소득세법 제164조 등에 따라 지급명세서를 제출기한까지 제출한 경우 등에 후발적 경정청구에 관한 국세기본법 제45조의2 제2항을 준용하도록 규정하고 있으므로, 원천납세의무자에게 앞서 본 사유가 발생한 경우에는 위 요건을 갖춘 원천징수의무자도 후발적 경정청구를 할 수 있다고 보아야 한다.[129]

---

124) 대법원 2016. 11. 9. 선고 2015다218785 판결.
125) 대법원 2021. 6. 30. 선고 2018다290672 판결.
126) **자산평가손실의 손금산입** 내국법인이 보유하는 자산의 평가손실은 각 사업연도의 소득금액을 계산할 때 손금에 산입하지 아니한다(법인세법 제22조 본문). 다만 대통령령으로 정하는 주식등으로서 해당 주식등의 발행법인이 회생계획인가결정을 받은 경우 주식등의 장부가액을 감액할 수 있는데(법인세법 제42조 제3항 제3호 나목, 법인세법 시행령 제78조 제2항 제1호), 이 경우 발생한 평가손실은 손금에 산입할 수 있다(법인세법 제22조 단서).
127) 지방세의 경우도 마찬가지이다(지방세기본법 제50조 제2항), 전대규(지방세), 219쪽.
128) 대법원 2014. 1. 29. 선고 2013두18810 판결 참조.
129) 대법원 2018. 5. 15. 선고 2018두30471 판결 참조. 위 판결의 개요는 다음과 같다. 원천징수의무자인 원고가 회생절

5. 금융투자상품의 투자성 판단에 있어 회수금액에의 포함 여부

자본시장법은 그 적용대상인 금융투자상품 개념 정의에 있어 포괄주의를 채택하고 있다. "금융투자상품"이란 ① 이익을 얻거나 손실을 회피할 목적으로 ② 현재 또는 장래의 특정(特定) 시점에 금전, 그 밖의 재산적 가치가 있는 것(이하 "금전등"이라 한다)을 지급하기로 ③ 약정함으로써 취득하는 권리로서, ④ 그 권리를 취득하기 위하여 지급하였거나 지급하여야 할 금전등의 총액(판매수수료 등 대통령령으로 정하는 금액을 제외한다)이 그 권리로부터 회수하였거나 회수할 수 있는 금전등의 총액(해지수수료 등 대통령령으로 정하는 금액을 포함한다)을 초과하게 될 위험(이하 "투자성"이라 한다)이 있는 것을 말한다(자본시장법 제3조 제1항 본문).

금융투자상품이 되기 위한 요건 중 하나인 투자성이란 그 권리를 취득하기 위하여 지급하였거나 지급하여야 할 금전등의 총액이 그 권리로부터 회수하였거나 회수할 수 있는 금전등의 총액을 초과하게 될 위험, 즉 원본손실위험을 의미한다. 원본손실위험과 관련하여, 실제의 회수금액이 지급금액보다 적은 경우에도 입법정책상 금융투자상품으로 볼 필요가 없는 경우가 있다. 따라서 앞에서 본 바와 같이 일정한 종류의 금액(판매수수료 등 대통령령으로 정하는 금액)은 지급금액에서 제외하고, 또 다른 일정한 종류의 금액(해지수수료 등 대통령령으로 정하는 금액)은 회수금액에 포함시키고 있다.

한편 원본손실가능성은 주로 유통성을 전제로 하는 시장가격의 변동에 따른 시장위험을 의미하고, 발행인의 도산과 같은 신용위험은 원본손실위험에 해당하지 않는다. 신용위험도 투자성의 요소로 보면 은행이나 보험회사도 도산할 가능성은 항상 있으므로 모든 예금, 일반 채권도 금융투자상품에 해당하는 결과가 되기 때문이다. 따라서 자본시장법은 '발행인 또는 거래상대방이 파산 또는 채무조정, 그 밖에 이에 준하는 사유로 인하여 당초 지급하기로 약정한 금전등을 지급할 수 없게 됨에 따라 투자자, 그 밖의 고객이 되돌려 받을 수 없는 금액'을 회수금액에 포함시키고 있다(자본시장법 시행령 제3조 제2항 제3호).[130]

6. 정리보류

제251조에 의해 면책된 경우 조세채권에 대하여는 정리보류를 한다{〈**제6편 제3장 제2절 Ⅱ.6.바.**〉(본서 2195쪽)}.

차개시 후 임원 또는 대주주의 급여 및 퇴직금에 대한 소득세를 원천징수하여 피고(삼척세무서)에게 납부하였다. 이후 인가된 회생계획에는 위 급여 및 퇴직금 채무의 대부분을 면제하는 내용이 포함되어 있었다. 이에 원고는 피고에 대하여 위 급여 및 퇴직금 채무가 면제되었으므로 이미 납부한 일부 원천징수납부세액을 환급하여 달라고 경정청구를 하였다. 그러나 피고는 회생계획인가결정으로 인한 면제는 후발적 경정청구사유가 아니라면서 경정청구를 거부하였다. 이에 원고는 피고를 상대로 경정청구거부처분취소소송을 제기하였고, 원심도 피고의 주장대로 후발적 경정청구사유가 아니라고 판단하였다. 대법원은 위에서 본 바와 같은 이유로 원심판결을 파기·환송하였다. 대법원은 납세자의 권리구제를 위하여 후발적 경정청구 사유를 유연하게 해석하여 폭넓게 인정하고 있는데, 위 판결 역시 이러한 일련의 흐름에 따른 것이다.

130) 임재연, 자본시장법, 박영사(2022), 34쪽.

공정거래위원회는 과징금·과태료, 그 밖에 공정거래법에 따른 징수금의 납부의무자가 제251조에 따라 면책된 경우 결손처분[131]을 할 수 있다(공정거래법 제107조 제1항 제6호, 같은 법 시행령 제90조 제1호). 결손처분은 조세채권의 경우와 마찬가지로 체납처분 유예사유에 불과하다. 따라서 결손처분 후 압류할 수 있는 재산을 발견하였을 때에는 지체 없이 결손처분을 취소하고 체납처분을 하여야 한다(공정거래법 제107조 제4항). 하지만 제251조에 따라 면책된 경우에는 법률적 성질상 결손처분을 취소하고 체납처분을 할 수는 없을 것이다.

7. 면책과 상계

회생계획인가결정으로 면책이 된 후 상계를 할 수 있는가. 대법원은 채권신고를 하지 않아 회생계획인가결정으로 실권된 경우 상계를 할 수 없다고 하고 있다.[132] 파산절차와 달리 회생절차에서는 상계의 시기적 제한이 있으므로(제144조 제1항) 회생계획인가결정으로 면책이 된 경우에는 면책된 채권을 자동채권으로 하여 상계할 수 없다고 할 것이다.

Ⅲ 권리의 변경

1. 회생채권자 등의 권리 변경

회생계획의 인가결정이 있으면 회생채권자, 회생담보권자와 주주·지분권자의 권리는 회생계획에 따라 변경된다(제252조 제1항).[133] 회생계획인가는 그 자체로 권리변경의 효력을 발생시키는 '형성적 효력'을 갖는 것이다. 권리변경이란 채무와 구별되는 책임만이 변경되는 것이 아니라 또한 회생절차 내로 한정되는 것이 아니라 회생계획의 내용대로 권리가 실체적으로 변경된다는 의미이다.[134] 이는 회생계획인가결정에 의하여 회생채권자 등의 권리가 그 회생계획의

---

131) 조세에서 이전에는 '결손처분'이라고 하였으나, 현재 '정리보류'라는 용어로 바뀌었다. 정리보류란 체납자의 소재파악 곤란이나 무자력(無資力) 등으로 인하여 체납처분(강제징수)을 집행하는 것이 불가능하거나 그 집행이 무익한 행정력의 낭비를 가져오는 경우에 이를 방지하기 위해 체납처분(강제징수)절차를 잠정적으로 종료하는 것을 말한다. 정리보류는 납세의무 소멸사유가 아니라 체납처분(강제징수) 종료사유에 불과하다.
132) 채무자회생법에 의하면, 회생채권은 회생절차에 의하지 아니하고 변제하거나, 변제받거나 기타 이를 소멸하게 할 수 없으며, 회생절차에 참가하고자 하는 회생채권자는 회생채권의 신고를 하여야 하고, 신고하지 아니한 회생채권은 회생계획인가결정이 있는 때에는 실권되므로 회생채권자가 채무자회생법이 정하는 소정 기간 내에 회생채권신고를 한 바 없다면 회생채권이 있음을 내세워 상계 주장을 할 수 없다(대법원 2004. 3. 12. 선고 2003다37956 판결, 대법원 2000. 2. 11. 선고 99다10424 판결, 대법원 1998. 6. 26. 선고 98다3603 판결 등 참조).
133) 회생계획의 이 사건 조항은 채무자가 담보물건을 처분할 경우에 '매매계약이 완료된 후 소유권이전등기 시 필요한 경우' 법원이 해당물건에 대한 회생담보권자의 담보권 말소를 촉탁할 수 있도록 정하고 있다. 이 사건 조항에 의한 담보권말소 촉탁은 제24조 제2항의 등기촉탁과는 구분되는 임의적인 것으로서, 이 사건 조항은 회생담보권자의 권리 주장의 당부를 떠나 회생계획의 원활한 수행을 위해 삽입한 것으로 보인다. 회생담보권자의 권리는 제252조에 의하여 회생계획이 정하는 내용으로 변경되므로, 회생계획 내용의 당부를 다투는 것은 별론으로 하고, 회생법원에 의해 인가된 회생계획에 위반되지 아니하고 이루어진 말소등기촉탁이 위법하다고 할 수 없다. 즉 회생법원의 담보권 말소등기촉탁은 그에 앞서 회생담보권자의 피담보채권이 변제되었는지 여부와는 상관없이 제252조와 회생계획의 이 사건 조항에 근거한 것으로서 적법하다(대법원 2017. 5. 31. 선고 2015다24751 판결).
134) 대법원 2018. 11. 29. 선고 2017다286577 판결, 대법원 2017. 10. 26. 선고 2015다224469 판결. 다만 회생채권자 및

내용대로 실체적으로 변경되는 효력이 있음을 규정한 것이므로, 회생채권에 대한 변제충당의 방법이나 순서 역시 그 회생계획의 내용에 따라 정해진다.[135] 변경의 내용은 채무 전부 또는 일부의 면제, 기한의 유예[136] 또는 출자전환, 담보권의 존속 또는 소멸, 주주 권리의 변경 또는 소멸 등 각 권리에 대하여 정한 회생계획의 조항에 따른다. 조세채권도 회생채권으로서 변경의 대상이 된다. 그러나 벌금 등 청구권은 감면 그 밖에 권리에 영향을 미치는 내용을 정하지 못한다(제140조 제1항). 벌금 등 청구권의 주체는 국가 또는 공공단체로 다른 회생채권과 동일하게 권리변경의 대상으로 하는 것은 타당하지 않기 때문이다.

회생계획인가결정이 있으면 회생계획의 조항에 따라 실체적으로 채무의 전부 또는 일부 면제의 효과가 생기고, 권리가 소멸되며, 기한의 유예의 정함이 있으면 그에 따라 채무의 기한이 연장된다.[137] 회생채권이나 회생담보권을 출자전환하는 경우에는 그 권리는 인가결정시 또는 회생계획에서 정하는 시점에서 소멸한다.[138]

권리가 실체적으로 변경된다는 점에서 책임만의 변경을 뜻하는 제251조의 면책과 다르다.[139] 한편 보증인에 대한 회생계획인가로 보증채무가 감면되면 보증인이 주채무자의 채무를 일정한 한도에서 보증하기로 하는 이른바 일부보증과 유사한 법률관계가 성립한다. 일부보증의 경우 주채무자가 일부 변제를 하면 보증인은 남은 주채무자의 채무 중 보증한 범위 내의 것에 대하여 보증책임을 부담한다.[140] 따라서 보증인에 대한 회생계획인가 후 주채무자의 변제 등으로 주채무가 일부 소멸하는 경우 보증인은 회생계획에 따른 변제금액 중 주채무자의 변제 등으로 소멸하고 남은 주채무를 한도로 한 금액을 변제할 의무가 있다.[141]

회생계획인가에 의하여 생긴 권리변경의 효과는 그 뒤 회생절차가 폐지되더라도 존속한다(제288조 제4항).[142] 따라서 견련파산절차에서 파산채권 또는 별제권의 존부와 범위에 관하여 판

회생담보권자가 변경된 내용에 따라 권리행사가 인정되는 것은 그 권리가 확정되어 있는 경우에 한한다(제253조).
135) 대법원 2011. 2. 24. 선고 2010다82103 판결 참조. 반면 회생계획에서 변제충당 순서를 별도로 정하고 있지 아니한 이상 변제금은 민법 제479조에 따라 비용, 이자, 원본의 순서로 그 회생담보권 등에 충당하여야 함이 타당하다(대법원 2018. 8. 30. 선고 2018다22237 판결 참조).
136) 회생계획에 10년간 변제하는 것으로 규정되어 수행하던 중 변제를 하지 못한 경우 회생절차는 폐지된다. 이 경우 회생절차폐지 이후의 기간에 대한 채무는 이행기가 도래하지 않아 회생채권자표에 의하여 강제집행을 할 수 없다. 이러한 문제를 해결하기 위해서는 회생계획에 다음과 같은 기한의 이익 상실조항을 두어야 한다.

> 11. 기한의 이익 상실
> 회생절차가 폐지되는 경우에는 회생담보권 및 회생채권에 관하여 이 회생계획에서 정한 변제기일에도 불구하고 그 변제기가 도래한 것으로 한다.

137) 대법원 2020. 12. 10. 선고 2016다254467(본소), 2016다254474(반소) 판결, 대법원 2019. 7. 25. 자 2018마6313 결정, 대법원 2017. 10. 26. 선고 2015다224469 판결, 대법원 2003. 3. 14. 선고 2002다20964 판결 참조.
138) 대법원 2020. 12. 10. 선고 2016다254467(본소), 2016다254474(반소) 판결, 대법원 2017. 10. 26. 선고 2015다224469 판결, 대법원 2003. 8. 22. 선고 2001다64073 판결, 대법원 2003. 3. 14. 선고 2002다20964 판결 등 참조.
139) 면책은 책임이 면제되고 자연채무로 존속한다(채무존재)는 것임에 반하여, 권리의 변경은 아예 채무로서 존재하지 않는다(권리소멸)는 것이다(채무부존재).
140) 대법원 2016. 8. 25. 선고 2016다2840 판결 등 참조.
141) 대법원 2023. 5. 18. 선고 2019다227190 판결.
142) 중국 <기업파산법>의 경우 채무자가 회생계획을 수행할 수 없거나 수행하지 않는 경우, 법원은 관리인 또는 이해관계인의 청구에 따라 회생계획의 수행을 폐지[終止]하고, 아울러 채무자에 대하여 파산을 선고하여야 한다. 법원이

단할 때에는 인가된 회생계획에서 회생채권 등의 내용이 변경되고 파산선고 당시까지 변제되는 등 사정을 모두 고려해야 하고,[143] 회생계획에서 회생채권 중 일부가 출자전환되는 것으로 정해졌다면 그 출자전환의 효력이 발생하는 시점이 언제인지, 파산선고 당시에 출자전환의 효력이 발생하였는지 등에 관하여 검토하여야 한다.[144]

회생계획에 주식 또는 출자지분의 소각이나 병합 등 자본감소의 규정이 있으면 그 내용에 따라 주주·지분권자의 권리는 전부 또는 일부가 소멸되거나 변경을 받는다(제264조 제1항).

2. 주식 질권자의 물상대위

가. 물상대위권

주식의 질권자에게는 회생계획인가결정에 의한 권리의 변경으로 받게 되는 금전 그 밖의 물건, 주식 또는 출자지분, 채권 그 밖의 권리와 주권에 대하여 물상대위(상법 제339조[145])가 인정된다. 이 경우 등록질의 질권자는 채무자에 대하여 주식에 대한 주권의 교부를 청구할 수 있다(제252조 제2항, 상법 제340조 제3항).

따라서 회생계획에 의하여 주주의 권리가 변경된 경우에 주주가 수령할 합병교부금, 단주의 환가금, 주식합병 후의 주식, 전환된 신주·신주인수권 및 사채·사채인수권 등에는 질권의 효력이 미친다.

또한 상법 제339조는 주식의 양도담보에도 유추적용되는 것이므로 양도담보권의 효력은 회생계획에 의한 권리변경의 결과 주주가 수령할 물건에 미친다고 본다.

나. 약식질권[146]에서의 압류 여부

물상대위의 목적물이 주권과 교환하여 지급하는 경우는 질권자가 소지하는 주권을 제시하면 되므로 압류가 필요하지 않다. 하지만 주주명부를 기초로 지급하는 경우에는 금전이나 신주 등이 주주에게 교부되기 전에 압류가 필요하다.[147]

회생계획수행을 폐지한 경우, 채권자가 회생계획에서 한 채권조정의 동의는 효력을 상실한다. 다만 채권자가 회생계획수행으로 받은 변제는 여전히 유효하고, 채권이 변제받지 못한 부분은 파산채권이 된다(제93조 제1, 2항).

143) 대법원 2021. 1. 28. 선고 2018다286994 판결 참조.

144) 대법원 2020. 12. 10. 선고 2016다254467(본소), 2016다254474(반소) 판결.

145) 질권자는 민법에 의하여 유치권, 우선변제권 등을 가질 것이나, 상법은 민법상 질권자의 물상대위 규정에 대한 특별 규정을 두고 있다. 이는 담보로 취득한 주식이 다양하게 변형될 수 있다는 특성을 반영한 것이다.

146) 약식질은 당사자간에 질권설정의 합의를 하고 질권설정자가 질권자에게 주권을 교부함으로써 효력이 발생한다(상법 제338조 제1항). 회사 및 제3자에 대한 대항요건은 주권의 계속점유이다(상법 제338조 제2항).

147) 장덕조, 회사법(제3판), 법문사(2016), 199쪽. 종래의 견해는 약식질의 경우 주주명부에 질권자가 나타나 있지 않기 때문에 회사는 주주명부상의 주주에게 금전이나 신주 등을 교부할 것이지만, 물상대위의 목적물이 주주의 일반재산과 합쳐진 이후에는 이를 구별하는 것이 어렵기 때문에 질권자는 그 이전에 물상대위권을 행사하여야 하고, 따라서 약식질권자는 금전이나 신주 등이 회사로부터 질권설정자인 주주에게 교부되기 전에 압류하여야 한다고 보았다.

3. 피보전채권이 회생계획에 따라 변경된 경우 채권자취소권

회생계획의 인가결정이 있으면 회생채권자, 회생담보권자의 권리는 회생계획에 따라 변경되므로(제252조 제1항), 채무자에 대한 회생계획인가결정에 의해 피보전채권이 전부 면제되거나 채무자가 회생계획에 의해 변경된 내용대로 채무를 전부 이행하였다면, 피보전채권이 존재하지 않으므로 채권자취소권은 성립하지 않는다.[148] 따라서 채권자취소소송에서 피보전채권의 존재가 인정되어 사해행위 취소 및 원상회복을 명하는 판결이 확정되었다고 하더라도, 그에 기하여 재산이나 가액의 회복을 마치기 전에 피보전채권이 소멸하여 채권자가 더 이상 채무자의 책임재산에 대하여 강제집행을 할 수 없게 되었다면, 이는 위 판결의 집행력을 배제하는 적법한 청구이의 이유가 된다.[149]

또한 회생채권자(원고)가 회생채권신고액수를 기준으로 사해행위취소 및 가액배상을 청구한 경우 상대방(피고)이 명시적으로 주장하지 않았더라도 회생채권자들의 권리변경내역이 담긴 회생계획인가결정문 등이 제출되었다면, 법원은 회생채권자의 원래 채권액이 회생계획인가결정에 따라 일부 면제되었는지, 상대방이 이를 주장하는지 등에 관하여 석명권을 행사한 후 회생계획인가결정에서 변경된 채권의 범위 내에서 사해행위취소 및 가액배상을 인용하여야 한다.[150]

---

148) 채무자가 파산절차나 개인회생절차에서 면책결정을 받은 경우에도 마찬가지이다(대법원 2008. 6. 26. 선고 2008다25978 판결 참조). 개인회생절차에서 변제계획인가결정에는 권리변경의 효력이 없음에 주의하여야 한다(제615조 제1항 단서).

149) 대법원 2017. 10. 26. 선고 2015다224469 판결(☞ 신용보증기금이 갑에 대한 구상금채권을 피보전채권으로 하여 갑이 체결한 부동산 증여계약의 수익자인 을 등을 상대로 채권자취소소송을 제기하여 가액배상금을 지급하기로 하는 내용의 화해권고결정이 확정되었는데, 그 후 갑에 대하여 개시된 회생절차에서 신용보증기금의 구상금채권에 관한 회생채권 중 일부는 면제하고, 나머지는 현금으로 변제하는 내용의 회생계획 인가결정이 이루어졌으며, 이에 따라 갑이 회생계획에서 정한 변제의무를 완료한 후에 을 등이 화해권고결정에 기한 강제집행의 불허를 구한 사안에서, 회생계획 인가결정이 이루어짐에 따라 구상금채권에 관한 회생채권이 회생계획에 따라 실체적으로 변경되어, 구상금채권에 관한 회생채권 중 회생계획에서 면제하기로 한 부분은 회생계획 인가결정 시점에, 현금으로 변제하기로 한 나머지 부분은 그 이후의 변제에 의하여 각 확정적으로 소멸하였으므로, 사해행위 취소로 인한 가액배상금 지급에 관한 화해권고결정의 전제가 된 신용보증기금의 피보전채권 역시 소멸하였는데도, 화해권고결정의 집행력 배제를 구할 청구이의 사유가 존재하지 않는다고 본 원심판단에 법리오해 등의 위법이 있다고 한 사례).

150) 대법원 2021. 10. 28. 선고 2019다200096 판결 참조. **사례** A회사는 2020. 2. 20. 청주지방법원에 회생절차개시신청을 하였다. 위 법원은 회생절차개시결정을 한 후 2021. 4. 29. 회생계획인가결정을 하였다. 회생계획에는 회생채권 중 상거래채권에 관하여는 원금 및 개시전이자의 60%를 인가시점에서 면제하고 40%를 현금변제하며, 개시후이자는 면제한다고 규정하고 있다. 이에 따라 甲의 회생채권은 10억 원 중 6억 원은 면제되고, 나머지 4억 원이 변제할 채권액으로 변경되었다. A회사는 2022. 8. 7. 그 소유 부동산을 乙에게 매도하였다. 한편 위 부동산에 관하여 매매계약 체결일인 2022. 8. 7. 전에 근저당권이 설정되어 있었으나 2022. 8. 28. 말소되었고, 위 매매계약 체결 후 위 부동산에 ○○금고를 근저당권자로 하여 새로운 근저당권이 설정되었다. 청주지방법원은 2023. 2. 15. A회사에 대한 회생절차를 폐지하였다. 甲이 위 매매계약이 사해행위임을 이유로 乙을 상대로 사해행위취소소송을 제기할 경우 피보전채권액은 얼마인가(위 매매계약은 사해행위이고 변론종결 당시 부동산 시가는 피담보채권액을 넘는다고 가정한다). 회생계획인가결정으로 甲의 채권은 4억 원으로 변경되었으므로 피보전채권액은 4억 원 및 지연손해금이다(원래의 채권액인 10억 원 및 지연손해금이 아님에 주의를 요한다).

한편 위 사례에서 부동산에 관한 매매계약 체결일인 2022. 8. 7. 전에 근저당권이 설정되어 있었으나 2022. 8. 28. 말소되었고, 매매계약 체결 후 부동산에 ○○금고를 근저당권자로 하여 새로운 근저당권이 설정되었으므로 甲은 수익자인 乙을 상대로 원물반환 대신 그 가액 상당의 배상을 구할 수 있을 뿐이다(대법원 2003. 12. 12. 선고 2003다40286 판결, 대법원 2001. 2. 9. 선고 2000다57139 판결, 대법원 1998. 2. 13. 선고 97다6711 판결 등 참조). 따라서

Ⅳ 회생계획의 효력 범위

1. 회생계획의 효력이 미치는 자(효력이 미치는 인적 범위)

회생계획은 채무자, 회생채권자, 회생담보권자, 주주·지분권자와 회생을 위하여 채무를 부담하거나 담보를 제공하는 자 및 신회사(합병 또는 분할합병으로 설립되는 신회사를 제외한다)에 대하여 효력이 있다(제250조 제1항). '효력이 있다'는 것은 회생계획이 정하는 바에 따라 권리의 변경을 받거나 새로운 권리를 취득한다는 의미이다. 나아가 채무자의 조직변경 또는 회생채권 등의 면책 등 회생계획에 의하여 인정되는 모든 실체법상의 효과도 포함된다. 요컨대 회생계획의 효력이 미치는 자란 회생계획의 조항에 관계되는 권리의무나 재산 또는 조직법률관계의 주체인 자를 의미한다.

채무자는 재산의 귀속 주체, 회생채권자·회생담보권자의 채무 또는 담보권의 부담자 또는 법인인 조직의 주체로서 효력을 받고, 회생채권자·회생담보권자나 주주도 권리변경이나 면책의 대상이 되는 권리의 주체로서 효력을 받는다. 나아가 회생을 위하여 채무를 부담하거나 담보를 제공하는 자는 회생계획에서 정한 인적담보나 물상보증을 통하여 보증채무나 담보권의 부담을 지는 것이므로 효력을 받는다. 신회사는 채무자와 동일한 주체로 볼 수 있어 효력이 미친다. 이 이외의 자는 이러한 자들에 관한 조항이 회생계획에 포함되어 있다고 하여도 회생계획의 효력 자체에 구속되는 것은 아니다.[151]

(1) 채무자

회생계획은 채무자의 회생을 목적으로 작성된 것이다. 따라서 회생절차에서 회생계획의 본질상 채무자에 대하여 회생계획의 효력이 미치도록 한 것이다. 관리인을 선임하지 않거나 기존경영자를 관리인으로 선임한 경우 채무자는 사실상 절차의 당사자이고 집단적 화해로서 회생계획의 효력이 채무자에게 미치는 것은 당연하다.

(2) 회생채권자, 회생담보권자, 주주·지분권자

회생채권자, 회생담보권자, 주주·지분권자(제250조 제1항 제2호)는 신고유무를 묻지 않고 모두 그 효력을 받는다. 회생채권자 등은 집단적 화해의 당사자로 회생계획의 효력이 회생채권자 등에게 미치는 것은 당연하다. 다만 신고(신고가 의제된 경우를 포함한다)가 없고 회생계획에 그 정함이 없는 회생채권 등은 면책되기 때문에 실제로는 '회생계획이나 채무자회생법의 규정에

甲은 乙을 상대로 4억 원 및 지연손해금 범위 내에서 위 매매계약을 취소하고, 4억 원 및 지연손해금을 지급할 것을 구하면 된다.

151) 예컨대 회생계획의 내용에 합병이나 주식이전에 관한 내용이 포함되어 있다고 하여도 합병이나 주식이전의 상대방에 대하여는 회생계획의 효력이 미치지 않는 것은 이 때문이다. 물론 합병계약이나 주식교환계약의 구속력은 별개이다.

의하여 인정된 권리'(제251조)에 대하여 효력이 미치는 것으로 해석된다. 주주 등은 회생절차의 참가, 결의에의 참가 및 회생계획안에의 찬성 유무를 묻지 않고 당연히 그 효력이 미친다.

주의할 것은 회생계획의 규정에 의하여 정하여진 회생채권자 또는 회생담보권자의 권리는 확정된 회생채권 또는 회생담보권을 가진 자에 대하여만 인정되므로(제253조),[152] 인가결정 당시 권리확정절차가 계속 중인 회생채권자, 회생담보권자에 대하여는 바로 회생계획의 효력이 미친다고 할 수 없다는 것이다. 나중에 그 권리가 확정된 경우 인가결정시로 소급하여 회생계획에 정하여진 권리가 인정된다. 한편 채권이 확정될 때까지 사이에, 확정된 회생채권 등에 대한 이행기가 도래하여 변제할 경우, 회생계획의 이행에 지장을 주지 않고 미확정 채권자에게 불이익을 주지 않도록, 회생계획에 미확정 채권의 취급에 관한 적당한 조치를 정하도록 하고 있다(제197조 제1항).

(3) 회생을 위하여 채무를 부담하거나 담보를 제공하는 자

회생을 위하여 채무를 부담하거나 담보를 제공하는 자에 대하여도 그 효력이 미치기 때문에 이러한 자들에 대하여는 회생절차종결 후 회생채권자표 등에 기한 강제집행을 하는 경우가 있다(제255조 제2항). 회생을 위하여 보증인이나 물상보증인이 될 것을 약속한 자로 집단적 화해의 이해관계인이 된 경우, 회생계획의 효력을 미치게 할 필요가 있고, 스스로 이해관계인에 들어온 자에게 효력을 미치게 하더라도 문제는 없다.

관련 내용은 〈제13장 제3절 Ⅱ.〉(본서 929쪽)를 참조할 것.

(4) 신회사

신회사에 대하여는 회생의 수단으로 신회사를 선택한 이상 그 효력이 미치는 것은 당연하다. 다만 합병 또는 분할합병으로 설립된 신회사는 채무자 회사의 회생채권자 등 및 주주의 의사에 의해 상대방 회사를 구속할 수는 없는 것이므로 그 효력이 미치지 않는다.[153]

2. 회생계획의 효력을 받지 않는 자

가. 개 요

회생계획은 회생채권자 또는 회생담보권자가 회생절차가 개시된 채무자의 보증인[154] 그 밖

---

152) 채권조사확정재판이나 그 이의의 소가 진행되는 중에 미확정 권리에 대하여 그 행사가 인정된다면, 나중에 권리의 존재가 부정된 경우 문제가 발생하기 때문이다.

153) 會社更生の實務(下), 321쪽.

154) 대부분의 중소기업이 금융회사 등으로부터 대출을 받을 경우 금융회사 등은 인적 담보로서 해당 기업의 대표자에게 연대보증을 요구하고 있다. 중소기업 대표자의 연대보증이 책임경영의 확보 차원에서 유지되어 오긴 했으나 회생절차를 통해 채무자(중소기업)가 면책되는 경우에도 연대보증인의 채무는 여전히 존속하도록 하고 있어, 중소기업의 대표자는 연대보증 채무로 인해 신용등급이 하락하는 등 정상적인 경제생활이 곤란하고, 재기를 위한 자금조달도 사실상 불가능하게 되는 부작용이 발생하고 있다. 따라서 입법론적으로 주채무자가 벤처기업이나 기술혁신형 중소기업인 경우 회생절차에서 주채무자의 채무가 면책되는 때에는 해당 기업 대표자의 연대보증 채무도 면책되도록 함으로써 사실상 상환이 어려운 중소기업인의 기업채무 부담을 해소하고 재기할 수 있는 여건을 마련할 필요가 있다.

에 회생절차 개시된 채무자와 함께 채무를 부담하는 자에 대하여 가지는 권리와 채무자 외의
자가 회생채권자 또는 회생담보권자를 위하여 제공한 담보[155]에 영향을 미치지 아니한다(제250
조 제2항).[156] 이는 회생계획에 따라 채무자의 채무가 면책되거나 변경되더라도 보증인이나 물
상보증인 등의 의무는 면책되거나 변경되지 않는다는 취지이다.[157] 회생계획에 의한 권리변경
은 어디까지나 채무자의 회생을 위하여 인정되는 것이고, 그 한도를 넘어 회생채권자 등의 권
리에 불리한 영향을 미치게 할 수는 없기 때문이다.[158] 회생절차개시 전에 채권자가 채무자에
대한 채권을 피담보채권으로 하여 저당권을 설정한 저당부동산에 대한 소유권을 채무자로부터
취득한 제3취득자가 있는 경우에도 마찬가지이다.[159] 그러나 주채무인 회생회사가 회생계획

아래 〈**라.**〉 참조.

155) 여기에서 '채무자 외의 자가 회생채권자 또는 회생담보권자를 위하여 제공한 담보'란 회생채권자 등이 회생회사에 대한 채
권을 피담보채권으로 하여 제3자의 재산상에 가지고 있는 담보물권을 의미하므로, 회생채권자는 채무자 외의 자가 제공한
저당부동산에 대하여는 회생계획으로 변경되기 전의 당초 약정에 기한 피담보채권에 기초하여 채권최고액을 한도로 저
당권을 실행할 수 있다(대법원 2017. 8. 30. 자 2017마600 결정, 대법원 2007. 4. 26. 선고 2005다38300 판결 등 참조).

156) 시효중단으로 인하여 원본채무가 유지되는 때에는 그 종된 채무인 이자채무나 지연손해금채무도 존속하게 됨은 당
연하며, 이 경우 비록 회생계획에서 주채무에 대한 이율이 감경되었다 하여도 보증인이 부담하여야 할 이자나 지연
손해금은 감경되기 전의 원래 약정상의 이율에 의하여야 하는 것이 제250조 제2항의 법리이다(대법원 2007. 5. 31.
선고 2007다11231 판결).

157) 대법원 2003. 5. 30. 선고 2003다18685 판결 참조. 그러나 회생절차가 종결된 후 회생회사였던 주채무자와 회생채권
자였던 채권자 사이에 회생계획상의 잔존 주채무를 줄이기로 하는 내용의 합의가 성립한 때에는, 보증인이 원래의
채무 전액에 대하여 보증채무를 부담한다는 의사표시를 하거나 채권자 사이에 그러한 내용의 약정을 하는 등의 특
별한 사정이 없는 한 '회생계획의 효력 범위'에 관하여 보증채무의 부종성을 배제한 제250조 제2항의 규정은 적용될
수 없으므로 그 합의에 의하여 잔존 주채무가 줄어든 액수만큼 보증채무의 액수도 당연히 줄어든다. 이 경우 회생
계획인가 결정에 의하여 일부 면제된 주채무 부분은 주채무자와 채권자 사이에서는 이미 실체적으로 소멸한 것이어
서 주채무자와 채권자 사이의 합의에 의하여 다시 줄어들 수 있는 성질의 것이 아니므로, 주채무자와 채권자 사이
에서 잔존 주채무를 줄이기로 한 합의에 따라 줄어드는 보증채무의 범위에는 회생계획인가 결정에 의하여 이미 소
멸한 주채무 부분이 포함될 수 없다(대법원 2007. 3. 30. 선고 2006다83130 판결 참조).

158) 대법원 2005. 11. 10. 선고 2005다48482 판결(회생절차는 공익상의 필요에서 재정적 궁핍으로 파탄에 직면한 채무
자의 회생의 목적을 이루기 위하여 채무자가 부담하고 있는 채무 또는 책임을 감소시켜 되도록 부담이 가벼워진 상
태에서 채무자가 영업을 계속하여 수익을 올릴 수 있는 여건을 만들어 주자는 것이므로, 채무자가 회생채권자에 대
하여 부담하는 채무에 관해서는 면책 등 광범위한 변경을 가하여 그 이해의 조정을 하게 되지만, 보증인 등 채무자
가 아닌 제3자가 회생채권자에 대하여 부담하는 채무를 경감시키는 것은 회생절차가 달성하고자 하는 본래의 목적
과는 전혀 무관한 것일 뿐만 아니라, 만약 회생계획에 의하여 회생채권자가 채무자에 대하여 갖는 권리가 소멸 또
는 감축되는 이외에 보증인 등에 대하여 갖는 권리까지도 마찬가지로 소멸 또는 감축되게 된다면, 이는 채무자의
회생에 직접 필요한 범위를 넘어 회생채권자에게 일방적인 희생을 강요하게 되는 셈이 되어 오히려 채무자의 회생
을 저해하는 요인이 될 수 있다 할 것이며, 제250 제2항에서 회생계획은 보증인 등의 책임범위에 아무런 영향이 없
다고 규정하고 있는 것도 이러한 취지에서 비롯된 것이다) 참조. 영향을 미치지 않는 것은 회생채권자 등의 보증인
등에 대한 권리이고, 보증인이 보증채무를 이행한 후 회생채권자 등을 대위하여 행사하는 회생채권 등이나, 보증인
이 주채무인 회생회사(채무자)에 대하여 행사하는 회생채권인 구상권은 회생계획에 의한 권리변경의 대상이 된다.

159) 따라서 그 후 채무자에 대하여 회생절차가 개시된 경우 채권자가 제3취득자가 취득한 부동산에 대하여 갖는 저당권
은 채무자회생법 제250조 제2항 제2호의 '채무자 외의 자가 회생채권자 또는 회생담보권자를 위하여 제공한 담보'에
해당하여 회생계획이 여기에 영향을 미치지 않는다. 또한 회생절차에서 채권자의 권리가 실권되거나 변경된 경우에
도 실권되거나 변경된 채권의 권리자의 제3취득자에 대한 권리에는 영향을 미치지 않는다(대법원 2007. 4. 26. 선고
2005다38300 판결 참조).
　한편 신탁자가 그 소유의 부동산에 채권자를 위하여 저당권을 설정하고 저당권설정등기를 마친 다음, 그 부동산
에 대하여 수탁자와 부동산 신탁계약을 체결하고 수탁자 앞으로 신탁을 원인으로 한 소유권이전등기를 해 주어 대
내외적으로 신탁부동산의 소유권이 수탁자에게 이전하였다면, 수탁자는 저당부동산의 제3취득자와 같은 지위를 가
진다. 따라서 그 후 신탁자에 대한 회생절차가 개시된 경우 채권자가 신탁부동산에 대하여 갖는 저당권은 채무자회

에 따라 회생채권의 일부를 현금으로 변제한 경우에 보증채무 역시 그 변제액만큼 소멸한다.[160] 또한 회생계획에서 출자전환으로 회생채권의 변제에 갈음하기로 한 경우에는, 회생채권자가 인수한 신주의 시가를 평가하여 회생계획에 따라 변제에 갈음하기로 한 액수를 한도로 그 평가액에 상당하는 채권액이 변제된 것으로 보아야 한다. 관련 내용은 〈제12장 제4절 Ⅳ.〉(본서 894쪽)를 참조할 것. 이러한 경우 주채무자가 회생회사인 때에는 그 보증한 보증인이, 보증인이 회생회사인 때에는 주채무자가 회생채권자에 대하여 위 변제된 금액의 공제를 주장할 수 있다.[161]

민법상 일반원칙에 의하면, 보증채무(연대보증채무를 포함한다)의 경우 보증채무는 주채무의 이행을 담보하기 위하여 주채무와 동일한 급부를 내용으로 하고, 주채무와 보증채무의 양자 가운데의 어느 하나가 이행되면 이들 채무는 모두 소멸한다. 보증채무와 주채무 사이에는 보증채무가 오로지 주채무의 이행을 담보하는 수단으로 되어 있기 때문에 보증채무는 주채무에 부종하는 특질(이른바 보증채무의 부종성 원칙)이 있기 때문이다. 주채무자의 채무가 감면되거나 그 내용에 변경이 생기면 그에 따라 보증인(연대보증인을 포함한다)도 그 한도에서 책임을 면하거나 보증채무의 내용도 변경되고(민법 제430조), 보증인은 주채무자의 항변으로 채권자에게 대항할 수 있는 권리를 가진다(민법 제433조 제1항). 한편, 연대채무의 경우에는 연대채무는 복수의 채무로서 각 채무는 독립성을 가지나 다만 채권자에게 1개의 만족을 주는 점에서 객관적으

생법 제250조 제2항 제2호의 '채무자 외의 자가 회생채권자 또는 회생담보권자를 위하여 제공한 담보'에 해당하여 회생계획이 여기에 영향을 미치지 않는다. 또한, 회생절차에서 채권자의 권리가 실권되거나 변경되더라도 이로써 실권되거나 변경되는 권리는 채권자가 신탁자에 대하여 가지는 회생채권 또는 회생담보권에 한하고, 수탁자에 대하여 가지는 신탁부동산에 관한 담보권과 그 피담보채권에는 영향이 없다(대법원 2017. 11. 23. 선고 2017다251298 판결, 대법원 2017. 11. 9. 선고 2015다44274 판결, 대법원 2003. 5. 30. 선고 2003다18685 판결 참조).

☞ 주경산업개발(회생채무자)이 그 소유의 이 사건 건물에 관하여 원고(근저당권자)를 위하여 근저당권을 설정하고 근저당권설정등기를 마친 다음, 부동산 담보신탁계약을 체결하고 피고 국제자산신탁 앞으로 신탁을 원인으로 한 소유권이전등기를 마쳤으므로, 피고 국제자산신탁은 저당부동산의 제3취득자와 같은 지위를 가진다. 그 후 주경산업개발에 대한 회생절차가 개시되었으므로(원고는 주경산업개발에 대한 회생절차에서 회생채권자이다.) 원고가 이 사건 건물에 대하여 갖는 근저당권은 채무자회생법 제250조 제2항 제2호의 '채무자 외의 자가 회생채권자 또는 회생담보권자를 위하여 제공한 담보'에 해당하여 이 사건 회생계획이 여기에 영향을 미치지 않는다. 또한, 회생절차에서 채무자회생법 제251조, 제252조 제1항에 따라 원고의 권리가 실권되거나 변경되더라도 이로써 실권되거나 변경되는 권리는 원고가 주경산업개발에 대하여 가지는 권리에 한하고, 피고 국제자산신탁에 대하여 가지는 이 사건 건물에 관한 담보권과 그 피담보채권에는 영향이 없다. 이는 이 사건에서 이 사건 회생계획에 대한 인가결정 후 이 사건 건물이 부동산 담보신탁계약의 해지로 다시 주경산업개발에게 소유권이 귀속되었다고 하더라도 달리 볼 수 없다.

160) 대법원 2017. 7. 18. 선고 2013다211551 판결, 대법원 2005. 1. 27. 선고 2004다27143 판결, 대법원 1997. 4. 8. 선고 96다6943 판결 등 참조. 이러한 법리는 회생채권자가 일부청구임을 명시하여 보증인에 대한 채권 중 일부에 대해서만 지급명령 신청을 하여 그 지급명령이 확정된 경우에도 달라지지 아니한다. 다만, 이 경우 회생채권의 일부 변제에 따라 소멸하는 보증채무의 범위가 문제되는데, 특별한 사정이 없는 한 민법상 변제충당 규정을 유추적용하여 보증채무 중 지급명령이 확정된 부분부터 소멸한다거나 또는 보증채무 중 지급명령이 확정된 부분과 나머지 부분이 그 각 채권액에 안분비례하여 소멸한다고 볼 수는 없고, 보증채무 중 지급명령이 확정되지 아니한 부분부터 소멸한다고 보아야 한다(대법원 2017. 7. 18. 선고 2013다211551 판결).

161) 대법원 2009. 11. 12. 선고 2009다47739 판결 참조. 또한 신주발행 방식의 출자전환으로 기존채권의 변제에 갈음하기로 한 경우에 채권자와 채무자 사이에 출자전환으로 인하여 소멸되는 기존채권의 가액에 관한 약정 내지 합의가 없는 때에는, 특별한 사정이 없는 한, 신주발행의 효력발생일을 기준으로 신주의 가액을 평가하여 그 평가가액 상당의 기존채권이 변제된 것으로 봄이 상당하다(대법원 2017. 4. 7. 선고 2016다269148 판결, 대법원 2014. 1. 23. 선고 2011다70121 판결, 대법원 2008. 7. 24. 선고 2008다18376 판결 등 참조).

로 목적을 공통으로 하고 있다. 공통의 목적을 달성하게 하는 사유로서, 예컨대 연대채무자의 1인이 얻은 채무면제는 그 채무자의 부담부분에 대해서는 다른 채무자의 이익을 위해서도 효력이 있으며(민법 제419조), 연대채무자 1인과 채권자간의 경개는 다른 연대채무자와의 관계에서도 채무를 소멸시킨다(민법 제417조). 또한 담보물권의 경우에도, 담보물권은 채권담보의 목적을 위하여 존재하는 것이라는 점에서 피담보채권의 존재를 전제로 하여서만 담보물권은 존재한다는 특성(이른바 담보물권의 부종성 원칙)이 있다. 따라서 타인의 채무를 위하여 자기의 재산 위에 질권 또는 저당권 등의 담보권을 설정한 물상보증인의 책임도 피담보채무인 타인의 채무가 감면되거나 그 내용에 변경이 생기면 그 한도 내에서 그 물적 책임을 면하거나 책임이 변경되게 된다. 그러므로 제250조 제2항은 바로 "민법상의 보증채무 및 담보물권의 부종성의 원칙이나 연대채무자 상호간 면제나 경개의 절대적 효력"에 대한 예외를 규정한 것이다.[162] 채무자의 회생절차에서도 보증채무의 부종성을 관철한다면 채권자에게 지나치게 가혹한 결과를 가져오기 때문이다.[163]

보증인 등을 회생계획인가에 따른 면책 등의 효력이 미치는 범위에서 제외함으로써 회생절차에서 회생채권자 등에 비하여 보증채무자 등을 차별하여 불이익하게 다루고 있다고 하더라도, 이것은 회생절차상 회생계획인가에 따른 면책제도의 목적, 회생계획의 성립형식상의 특성 및 회생절차에 있어서 회생채권자 등과 보증인 등의 이해조정 등의 모든 관점에서 그 목적의 정당성, 수단의 적정성, 피해의 최소성 및 법익의 형평성 등의 합리적인 근거를 가지고 있으므로 헌법상 평등원칙에 위반되지 않을 뿐 아니라 재산권 보장이나 일반적 법률유보에 관한 헌법조항에도 위반된다고 볼 수 없다.[164]

나. 적용범위

(1) 보증인 등

회생계획은 회생채권자 또는 회생담보권자가 회생절차가 개시된 채무자의 ① 보증인 ② 그 밖에 회생절차 개시된 채무자와 함께 채무를 부담하는 자에 대하여 가지는 권리와 ③ 채무자 외의 자가 회생채권자 또는 회생담보권자를 위하여 제공한 담보에 영향을 미치지 아니한다(제250조 제2항). '영향을 미치지 않는다'는 것은 회생채권자 등의 보증인 등에 대한 권리이고, 보증인이 보증채무를 이행하고 회생채권자 등을 대위하여 행사하는 회생채권 등이나, 보증인이 주채무자인 채무자에 대하여 행사하는 회생채권인 구상권은 회생계획에 의한 권리변경의 대상이 된다.

'회생절차가 개시된 채무자의 보증인 그 밖에 회생절차가 개시된 채무자와 함께 채무를 부담하는 자'란 채무자의 공동의무자로서 민법 등의 일반원칙에 의하면 채무자의 채무가 감면되

---

162) 대법원 1995. 10. 13. 선고 94다57800 판결, 헌법재판소 1992. 6. 26. 선고 91헌가8,9 전원재판부 결정 참조.
163) 대법원 2020. 4. 29. 선고 2019다226135 판결.
164) 헌법재판소 2010. 10. 28. 선고 2009헌바315 전원재판부 결정.

는 경우 그의 채무도 부분적으로 감면되는 자를 말한다. 보증인에는 보증인, 연대보증인 및 근보증인이 포함된다. 채무자와 함께 채무자를 부담하는 자에는 연대채무자, 부진정연대채무자, 불가분채무자 및 어음법, 수표법상의 합동채무자도 포함된다. '채무자 외의 자가 회생채권자 또는 회생담보권자를 위하여 제공한 담보'란 회생채권자 등이 채무자에 대한 채권을 피담보채권으로 하여 제3자의 재산상에 가지고 있는 담보권(물상보증)을 말한다.[165]

신탁자가 자기 소유의 부동산에 대하여 수탁자와 부동산관리신탁계약을 체결하고 수탁자 앞으로 신탁을 원인으로 한 소유권이전등기를 마친 다음 수탁자로 하여금 신탁부동산에 관하여 다시 신탁자의 채권자의 채권을 위하여 근저당권설정등기를 마치도록 하였다면, 수탁자는 결국 신탁자를 위한 물상보증인과 같은 지위를 갖게 되었다고 할 것이어서 그 후 신탁자에 대한 회생절차가 개시된 경우 채권자가 신탁부동산에 대하여 갖는 근저당권 등 담보권은 '채무자 외의 자가 회생채권자 또는 회생담보권자를 위하여 제공한 담보'에 해당한다.[166]

(2) 회생채권 등이 실권된 경우

회생채권자·회생담보권자 등의 권리가 목록에 기재되지 아니하거나 신고되지 아니하는 등으로 실권된 경우에도 이들 회생채권자·회생담보권자가 보증인이나 물상보증인에 대하여 갖는 권리는 실권되지 않는다.[167] 그 이유는 다음과 같다. 회생채권·회생담보권이 제251조에 의해 실권된 경우에도 제250조 제2항은 마찬가지로 적용된다. 원래 회생채권자 등이 회생절차에 참가할 것인지는 회생채권자 등의 자유인바, 회생절차에 참가한 경우에는 상당한 시간과 노력이 필요하기 때문에 회생채권자 등은 이것을 피하고 보증채무 등을 추심하는 것이 지극히 자연스러운 행동이고, 회생절차에 참가하지 않았다는 이유로 회생채권자 등에게 불이익을 부여하여서는 아니 된다. 또한 이로 인하여 채무자의 재산을 감소시키거나 회생을 곤란하게 하지 않는다. 나아가 회생채권자 등이 신고한 경우와 비교하여 보증인 등에게 특별히 불이익하지 않고, 명시적으로 실권된 경우를 배제하고 있지도 않으며, 실권도 회생계획인가결정의 효력이므로 실권의 경우에도 제250조 제2항이 적용된다고 할 것이다.

(3) 회생계획의 내용이 면책적 채무인수인 경우 제250조 제2항의 적용 여부

면책적 채무인수를 내용으로 하는 회생계획(제196조 제2항)이 인가·확정된 경우 민법 제459조에 따라 보증인이나 물상보증인의 책임이 소멸되는가.

제250조 제2항은 재정적 궁핍으로 파탄에 직면하였으나 회생의 가망이 있는 채무자에 있어서 채권자, 주주 기타 이해관계인의 이해를 조정하여 그 사업의 회생·재건을 도모하려는 채무자회생법의 목적을 실현하기 위한 규정이라 할 것이다.[168] 제250조 제2항은 "회생계획"이라

---

165) 대법원 2017. 11. 23. 선고 2017다251298 판결, 대법원 2017. 11. 9. 선고 2015다44274 판결.
166) 대법원 2017. 11. 23. 선고 2017다251298 판결, 대법원 2017. 11. 9. 선고 2015다44274 판결, 대법원 2003. 5. 30. 선고 2003다18685 판결.
167) 대법원 2001. 6. 12. 선고 99다1949 판결.
168) 대법원 1995. 10. 13. 선고 94다57800 판결 참조.

고만 하고 있을 뿐 "회생계획에 의해 채무자의 채무가 감면된 경우"로 한정하고 있지 않다. 따라서 위 규정은 회생계획의 내용이 채무를 감면하는 경우뿐만 아니라, 변제기를 유예하거나 제3자로 하여금 회생회사의 채무를 면책적으로 인수하도록 하는 경우에도 적용된다고 보아야할 것이다.

회생절차에서 제3자가 주채무를 면책적으로 인수하는 내용의 회생계획이 인가·확정되었다고 하더라도, 그 채무인수 자체에 의하여 채권에 대한 실질적인 만족을 얻은 것으로는 볼 수 없는 것이므로,[169] 제250조 제2항에 따라 보증인 등의 책임 범위에는 아무런 영향이 없다고 할 것이고, 한편 면책적 채무인수에 있어 보증책임 등의 소멸을 규정하고 있는 민법 제459조는 이 경우 그 적용이 배제된다고 봄이 상당하다.[170]

다. 보증인 등에 대한 효력

제250조 제2항에 의하여 민법상 부종성 등의 원칙에 대한 예외가 인정되는 결과로 생기는 효과는 다음과 같다.[171]

(1) 회생채권자 등의 채무자에 대한 권리는 회생계획인가결정의 효력에 의하여 일부 또는 전부 소멸되거나 권리의 변경이 있게 되지만, 위 법률조항에 의하여 채권자의 보증인 등에 대한 권리는 아무런 영향을 받지 아니한다. 따라서 보증인 등은 회생채권자 등에 대하여 회생계획의 내용과는 상관없이 원래의 내용에 따른 채무나 책임을 그대로 부담하게 된다. 그리고 회생계획이 인가되기 이전에도 회생채권자 등이 보증인 등에 대하여 권리행사를 할 수 있는 요건이 구비되어 있는 경우에는 그 권리를 행사할 수 있음은 물론이다.

(2) 채무자의 회생채권자 등이 보증인 등에 대한 권리를 행사하여 보증인 등이 변제 등 자기의 출연에 의하여 공동의 면책을 받게 한 때에는 민법의 일반원칙에 따라 보증인 등은 채무자에 대하여 구상권을 취득하고, 또한 위 대위변제 등의 효과로서 회생채권자 등의 채권 또는 담보권 등의 권리를 대위행사할 수 있다(민법 제425조, 제441조, 제481조 등). 그러나 채무자에 대하여 회생절차개시결정이 있는 경우에 보증인 등의 구상권은 회생채권에 해당하기 때문에 (제118조) 회생절차에 의하지 아니하고는 변제받을 수 없다(제131조). 따라서 보증인 등의 구상

---

169) 회생계획에서 신주를 발행하는 방식의 출자전환으로 회생채권이나 회생담보권의 전부 또는 일부의 변제에 갈음하기로 한 경우에는 신주발행의 효력발생일 당시를 기준으로 하여 회생채권자 또는 회생담보권자가 인수한 신주의 시가 상당액에 대하여 회생회사의 주채무가 실질적으로 만족을 얻은 것으로 볼 수 있어 보증채무도 그만큼 소멸하는 것으로 보아야 한다(대법원 2005. 1. 27. 선고 2004다27143 판결 참조).

170) 대법원 2005. 10. 28. 선고 2005다28273 판결 참조. 제250조 제2항은 민법 제459조에 대한 특별규정의 관계에 있다고 보아야 한다. 민법 제459조는 면책적 채무인수의 경우 보증인이나 담보제공자(물상보증인)의 동의가 없는 한 보증이나 제3자가 제공한 담보는 소멸한다고 규정하고 있는바, 이는 채무인수로 인하여 채무자의 책임재산에 변동이 생김으로써 보증인이나 물상보증인에게 불측의 손해가 발생하는 것을 방지하고 보증인 등을 보호하기 위하여 마련된 규정이다. 그런데 회생계획에 따라 채무를 인수케 하는 것은 변제자력이 없는 회생회사 대신 변제자력이 충분한 제3자로 하여금 회생회사의 채무를 변제토록 하는 것일 뿐만 아니라 법원의 감독 아래 이루어지는 것인 만큼, 보증인 등에게 불측의 손해가 발생할 우려가 있다고 보기는 어렵다. 제250조 제2항에도 불구하고 민법 제459조가 우선 적용되어 보증인 등의 책임이 소멸된다고 본다면 제250조 제2항의 규정취지는 몰각될 수밖에 없을 것이다.

171) 헌법재판소 1992. 6. 26. 선고 91헌가8,9 전원재판부 결정 참조.

권은 회생계획에서 감축 또는 변경된 범위 내에서만 존속하며, 또한 보증인 등은 회생계획에 의하여 변경된 채권자의 권리만을 대위행사 할 수 있을 뿐이다.

(3) 주채무자의 보증인 등은 주채무자가 채권자에 대하여 부담하는 채무 또는 책임이 면책되거나 변경이 있게 된 경우에는 민법상 부종성 등의 원칙에 따라 보증인 등의 채무 또는 책임 역시 그 한도 내에서 면책되거나 변경되는 것이 원칙이다. 그러나 회생절차에 있어서는 회생계획의 인가결정에 따라 주채무자가 채권자에 대하여 부담하고 있는 채무가 면책되거나 채무의 변경이 있게 된다고 하더라도 주채무자의 보증인 등은 위 법률조항에 의하여 위 부종성 등의 원칙에서 배제되는 결과 그 채무나 책임에 아무런 감축이나 변경이 없게 된다.

이로 말미암아 보증인 등이 채무자의 채권자에 대하여 원래의 채무나 책임을 모두 이행하여 채무자에 대한 구상권을 취득하거나 채권자의 권리를 대위행사하게 되더라도 보증인 등은 그가 취득한 구상권을 회생채권으로 신고하여 회생계획에 의하여 감축 또는 변경된 범위 내에서만 변제를 받게 되거나 회생계획에 의하여 감축 또는 변경된 채권자의 권리만을 대위할 수밖에 없게 된다. 요컨대 보증인이 보증채무를 이행한 후 채권자를 대위하여 회생채권자의 채권을 행사하는 경우는 물론, 보증인이 주채무자에 대하여 가지는 구상권은 사전구상권이건 사후구상권이건 모두 회생채권이므로, 회생계획에 따라 감면된다.

(4) 주된 납세자가 제251조에 따라 국세(지방세)의 납세의무에 대하여 면책된 경우에 있어서도 제2차 납세의무에 관한 국세(지방세)의 납세의무에는 영향을 미치지 아니한다.[172]

(5) 제250조 제2항에 반하는 회생계획이 인가된 경우 회생계획의 효력은 어떻게 되는가. 채무자의 채무를 보증한 보증인의 책임을 면제하는 것과 같은 내용은 회생계획으로 정할 수 있는 성질의 것이 아니고, 설사 그와 같은 내용을 회생계획에 규정했다고 하더라도 그 부분은 회생계획으로서의 효력이 없다.[173] 다만 제250조 제2항이 회생채권자나 회생담보권자가 채무자의 보증인에 대하여 그 책임을 면제하여 주는 등 그들 사이의 이해를 조정하는 것까지 금지하는 것으로 볼 수는 없다. 따라서 회생채권자가 보증인 채무면제조항에 대하여 관계인집회에서 동의[174]와 별도로 보증인과 별도의 채무면제의 계약서를 작성하거나, 보증인과 사이에 사전에

---

172) 국세징수법 기본통칙 12-0…3 참조.

173) 대법원 2005. 11. 10. 선고 2005다48482 판결 참조. 나아가 위 판결은 회생채권자 또는 회생담보권자가 회생계획안에 대하여 동의 또는 부동의하였다고 하더라도 특별한 사정이 없는 한 일반적으로 회생계획안에 기재된 개개의 내용에 대하여 사법상 법률효과의 발생을 의도하는 의사표시를 한 것으로 볼 수는 없기 때문에, 회생담보권자가 관계인집회에서 보증면제조항이 포함된 회생계획안에 대하여 동의하였다는 사정만으로는 보증인에 대하여 보증채무를 면제한다는 개별적인 의사표시를 하였다고 볼 수 없다고 판시하고 있다.

174) 회생계획안이 다수의 동의를 얻어 가결되었다고 하더라도 그 가결은 다수결에 의한 의사표시로 이루어진 것이므로 회생계획안에 반대한 소수자의 존재가 예상된다. 일반적으로 회생계획의 법적 성질을 일종의 집단적 화해로 이해되고 있지만(대법원 2014. 3. 18. 자 2013마2488 결정 참조), 이는 회생계획이 실질적으로 이해관계인의 상호양보를 내용으로 하고 있다는 점에서 화해의 일종이라고 볼 수 있다는 것이지, 그 성립형식을 보면 통상적인 화해의 성립의 경우처럼 다수의 당사자가 청약자와 승낙자로 양분되어 일방으로부터 상대방에로의 의사표시가 교환되는 것은 아니다. 즉 각 당사자의 의사표시는 모두 특정내용의 회생계획안의 승낙 여부를 그 내용으로 하여 회생계획안을 향하여 이루어지지만, 계획안의 제출자는 화해의 당사자에 한하지 아니하며(제220조, 제221조), 형식상으로 계획안의 가결에 의한 동의는 동일한 방향을 향한 다수의 의사표시라고 할 것이다. 위와 같이 회생계획은 실질적으로 집단적

채권자가 보증인 채무면제조항에 동의를 하면 개별적으로 보증인에게 면제의사표시를 한 것으로 간주하기로 한 약정이 있었다거나, 그렇게 볼 수 있는 다른 특별한 사정이 있었다면, 비록 그 채무면제조항이 회생계획으로서의 효력이 인정되지 않더라도, 채권자와 보증인 사이에서 개별적으로 보증인 채무면제로서의 효력이 인정될 수 있을 것이다.[175]

라. 예 외

(1) 채권자가 중소벤처기업진흥공단, 신용보증기금, 기술보증기금인 경우

(가) 연대보증채무의 감면

채권자가 중소벤처기업진흥공단(대출방식으로 이루어지는 사업에 한정한다), 신용보증기금, 기술보증기금인 경우에는 중소기업[176]의 회생계획인가결정을 받은 시점에 중소기업의 주채무가 감경 또는 면제될 경우 연대보증채무도 동일한 비율로 감경 또는 면제된다(중소기업진흥에 관한 법률 제74조의2, 신용보증기금법 제30조의3, 기술보증기금법 제37조의3, 이하 이 '사건 조항'이라 한다).[177] 회생계획은 보증인 등에 대한 권리범위에 아무런 영향이 없다고 규정한 제250조 제2항에 대한 예외를 규정하고 있다. 이러한 조항을 적용하면 보증채무의 부종성에 대한 예외를 규정한 제250조 제2항 제1호의 적용은 배제되고, 결국 원래로 돌아가 보증채무의 부종성이 인정된다.

이는 채권자가 중소벤처기업진흥공단, 신용보증기금, 기술보증기금인 경우에도 기업회생과정에서 민법상 부종성 원칙이 적용되지 않아 주채무자(기업)에 대한 채무조정에도 불구하고 대표자 등 연대보증인에게는 그 효력이 미치지 않으므로 기업인의 재기에 장애요인이 된다는 점을 고려한 것이다.[178] 즉 회생절차를 이용하는 중소기업의 기술보증기금 등에 대한 주채무가 회생계획에 따라 감면되는 경우 이로 인한 효과를 그 주채무를 연대보증한 대표자 등에게도

화해의 일종이지만, 그것이 다수결에 의하여 이루어진다는 점에서 동의의 의사표시를 하지 아니한 당사자의 입장에서는 회생계획의 효력발생을 위하여 법률적으로 동의의 의사표시를 한 것으로 의제되고 있는 것이고, 그 성립형식에 있어서도 통상적인 화해와 동일시 할 수 없는 면이 있다. 회생채권자 또는 회생담보권자가 회생계획안에 대하여 동의 또는 부동의하였다고 하더라도 특별한 사정이 없는 한 일반적으로 회생계획안에 기재된 개개의 내용에 대하여 사법상 법률효과의 발생을 의도하는 의사표시를 한 것으로 볼 수는 없다(대법원 2005. 11. 10. 선고 2005다48482 판결 참조). 예컨대 회생계획에 보증인 채무면제조항이 있었다고 하자. 일반적으로 채무자의 보증인은 제250조 제1항에 따라 회생계획의 효력이 미치는 채무자, 회생채권자, 회생담보권자, 주주 등이 아니므로 제3자의 지위에 불과하게 된다. 따라서 회생계획으로서 효력을 정하더라도 이는 제3자에 대한 내용을 규율한 것일 뿐이므로 효력이 미치지 않는다고 해석되게 된다. 보증인이 채무자에 대한 구상채권을 회생채권으로 신고하였다고 하더라도 회생채권자로서 회생계획의 효력이 미치는 것에 불과하게 된다. 따라서 회생계획에서의 동의를 통상의 화해계약처럼 볼 수 없는 이상 채권자가 보증인 채무면제조항이 있는 회생계획안에 단순히 동의하였다는 사실만으로 이를 통상의 개별 사인간의 채무면제의사표시처럼 보증인에 대한 채무면제의 의사표시를 한 것이라고는 단정할 수는 없다.

175) 이정환, "정리회사의 보증인 채무를 면제하는 정리계획 규정의 효력", 민사판례연구 29권(2007.3.), 박영사(2007), 739~740쪽.

176) 기업이란 사업을 하는 개인 및 법인과 이들의 단체를 말한다(신용보증기금법 제2조 제1호, 기술보증기금법 제2조 제2호).

177) 개인회생절차의 경우에도 마찬가지이다(본서 2072쪽). 파산절차 중 개인파산의 경우에는 연대보증인의 채무가 면책되지만, 법인파산의 경우에는 연대보증인의 채무가 면책되지 않는다(본서 1707쪽).

178) 대법원 2023. 4. 13. 선고 2022다289990 판결, 대법원 2020. 4. 29. 선고 2019다226135 판결 등 참조.

미치도록 하여, 재정적 어려움에 빠진 중소기업의 실효성 있는 회생과 함께 그 대표자 등의 재기를 도모하려는 것이다.[179] 이러한 규정의 내용, 입법취지 등을 종합하여 보면, 회생계획에서 주채무의 변제기를 연장한 것도 위 규정에서 정한 '주채무의 감경 또는 면제'에 해당한다고 봄이 타당하다.[180]

주의할 것은 이 사건 조항은 회생계획인가결정 당시 기술보증기금 등이 중소기업에 대한 채권자인 경우에 적용되고, 기술보증기금 등이 중소기업의 회생계획인가결정 후에 유동화회사 등으로부터 중소기업에 대한 회생채권 등을 양수하여 채권자가 된 경우에는 적용 또는 유추적용되지 않는다는 것이다.[181]

(나) 신용보증기금법 제30조의3 등과 채무자회생법 제126조의 우열관계

신용보증기금법 제30조의3 등은 제250조 제2항에도 불구하고 채권자가 신용보증기금 등인 경우에는 중소기업의 회생계획인가결정을 받는 시점에 주채무가 감경 또는 면제될 경우 연대보증채무도 동일한 비율로 감경 또는 면제한다고 하여, 회생계획은 보증인 등에 대한 권리범위에 아무런 영향이 없다고 규정한 제250조 제2항에 대한 예외를 정하였다. 한편 제126조 제1·2항에 따르면, 여럿이 각각 전부 이행을 해야 하는 의무를 지는 경우 그 전원 또는 일부에

---

179) 실무적으로 채무자회사의 주채무가 감경·면제에 따라 연대보증인인 대표자의 채무도 감경·면제가 수반됨으로 인하여 채무자회사의 회생계획이 인가될 경우 관리인 겸 연대보증인인 대표자는 채무를 감경·면제받게 되고, 연이어 자신에 대한 일반회생을 신청함으로써 감경·면제된 채무를 기준으로 다시 감면을 받게 되는 문제가 있다. 이러한 문제를 해결하기 위하여 출자전환에 따른 신주발행의 효력발생 시점을 회생계획인가결정시가 아닌 회생계획안의 최종연도 또는 회생계획에 따른 채무변제가 완료된 시점으로 정하는 것을 고려할 수 있다(제265조 제1항 참조). 회생채권 등을 출자전환할 경우 그 권리는 인가결정시나 회생계획에서 정한 시점에 소멸하기 때문이다(대법원 2003. 3. 14. 선고 2002다20954 판결 참조).

반대로 채무자회사와 연대보증인인 대표자가 동시에(또는 비슷한 시기에) 회생절차를 신청하고 (동시에 또는 비슷한 시기에) 개시결정이 된 후, 먼저 채무자회사에 대하여 회생계획이 인가된 경우, 대표자에 대한 회생절차에서 현존액주의와 관련하여 문제가 있다. 신용보증기금 등 채권자는 대표자에 대한 회생절차에서 얼마의 채권액으로 참가할 수 있는가. 개시결정 당시의 현존액주의를 규정한 제126조의 문언대로라면, 중소기업진흥에 관한 법률 등의 감면 규정에도 불구하고 대표자에 대한 회생절차에 감면되기 전의 금액으로 참가할 수 있다고 할 것이다. 그러나 ① 중소기업진흥에 관한 법률 등의 감면 규정은 기업인의 재기를 위해 특별히 규정한 것인 점, ② 현존액주의는 채권자를 보호하기 위한 것인데, 중소기업진흥에 관한 법률 등에 의한 감면 규정으로 그 보호를 배제하는 입법적 결단을 한 것으로 볼 수 있는 점, ③ 대표자가 자신에 대한 회생절차의 폐지를 신청하여 폐지된 후 다시 신청을 하면 감면에 따른 금액만으로 참여할 수밖에 없는데, 이런 절차를 거치도록 하는 것은 무익하고 시간만 낭비하는 것으로 되는 점, ④ 채무자의 회생을 효율적으로 도모하는 것이 채무자회생법의 목적인 점, ⑤ 현존액주의를 엄격히 적용하면 대표자로 하여금 조기에 회생절차에 들어오는 것을 막게 되는 결과가 초래되는 점 등을 고려하면, 신용보증기금 등은 주채무자의 회생계획인가에 따른 감면액으로 대표자의 회생절차에 참가할 수 있다고 할 것이다.

180) 대법원 2016. 8. 17. 선고 2016다218768 판결(☞ 주채무자인 A회사에 대한 회생계획에서 원고의 회생채권 488,403,030원(원금 478,829,660원과 개시 전 이자 9,573,370원) 중 출자전환된 부분을 제외한 310,816,743원(원금 304,724,308원과 개시 전 이자 6,092,435원)에 대하여 제5차년도(2019년)부터 제10차년도(2024년)까지 6회에 걸쳐 해당 연도 12월 30일에 각 51,802,790원씩을 분할 변제하기로 한 이상, 이 사건 규정에 따라 A회사의 연대보증인인 피고들의 채무도 310,816,743원으로 줄어들고 나아가 그 변제기도 주채무와 마찬가지로 2019년부터 2024년까지 매년 말에 분할하여 변제하는 것으로 연장된다고 본 원심의 판단이 정당하다고 하여, 상고 기각한 사안).

181) 대법원 2023. 11. 30. 선고 2023다229827 판결(☞ 중소기업이 회생계획인가결정을 받은 후에 기술보증기금이 유동화회사로부터 중소기업에 대한 회생채권 등을 양수한 때에는 이 사건 조항이 적용 또는 유추적용되지 않으므로, 중소기업에 대한 회생계획인가결정에 따라 주채무가 감면되었다고 하더라도 중소기업에 대한 연대보증인인 원고의 연대보증채무가 동일한 비율로 감면된다고 볼 수 없다) 참조.

관하여 회생절차가 개시된 때에는 채권자는 회생절차개시 당시 가진 채권의 전액에 관하여 권리를 행사할 수 있고, 다른 전부의무자의 변제 등으로 채권자의 채권 일부가 소멸하더라도 이러한 사정을 회생절차에서 채권자의 채권액에 반영하지 않는다.

중소기업에 대한 회생계획인가결정으로 신용보증기금에 대한 주채무가 감면되면, 신용보증기금법 제30조의3 등에 따라 연대보증채무도 동일한 비율로 감면되므로, 신용보증기금 등이 연대보증인에 대한 회생절차에서 행사할 수 있는 권리 역시 감면된 채무에 상응하는 범위에 한정된다. 이는 연대보증인에 대한 회생절차가 개시된 후 중소기업에 대한 회생계획인가결정으로 주채무가 감면된 경우에도 마찬가지이다.[182] 즉 신용보증기금법 제30조의3 등이 채무자회생법 제126조 제1·2항보다 우선 적용되어야 한다. 따라서 신용보증기금 등은 감면된 연대보증채권액을 기준으로만 권리를 행사할 수 있다.

(2) 채권자가 지역신용보증재단인 경우

채권자가 지역신용보증재단인 경우에 주채무자의 회생계획이 인가되어 주채무가 감경·면제되면 연대보증채무가 동일한 비율로 감경·면제되는가. 지역신용보증재단에 적용되는 지역신용보증재단법에는 제250조 제2항 제1호의 적용을 배제하는 규정이 없으므로 지역신용보증재단의 경우에 기술보증기금법 제37조의3 또는 신용보증기금법 제30조의3이 유추적용되는지 여

---

182) 대법원 2023. 4. 13. 선고 2022다289990 판결. 그 이유는 다음과 같다. ① 회생계획이 인가되어 회생기업의 채무조정이 이루어지는 경우에도 회생기업의 채무를 연대보증한 경영자에게 채무조정의 효력이 미치지 않음에 따라, 경영자 개인은 여전히 재기하기 어렵고 경영자가 기업의 채무를 연대보증하는 경우가 많은 중소기업의 현실에 비추어 결과적으로 기업의 실효성 있는 회생도 어려워진다는 점을 고려하여 신용보증기금법 제30조의3이 신설되었다(대법원 2020. 4. 29. 선고 2019다226135 판결 참조). 이러한 신용보증기금법 제30조의3의 입법취지는 신용보증기금이 연대보증인에 대한 회생절차에서 행사할 수 있는 권리의 범위를 결정하는 데에도 충분히 고려할 필요가 있다. ② 신용보증기금법 제30조의3은 중소기업의 회생계획인가결정을 받는 시점에 신용보증기금에 대한 주채무가 감경 또는 면제된 경우 연대보증채무도 동일한 비율로 '감경 또는 면제한다.'고 규정함으로써, 채권자인 신용보증기금의 불이익을 감수하고 연대보증인으로 하여금 감면된 비율의 범위에서만 연대보증채무를 부담하도록 정하였으므로, 신용보증기금은 연대보증인에 대하여 감면된 연대보증채무에 상응하는 범위에 한하여 권리를 행사할 수 있다. ③ 채무자회생법 제126조 제1·2항은 회생절차에서 채권자로 하여금 확실히 채권의 만족을 얻을 수 있도록 함으로써 채권자를 보호하기 위한 규정이다. 그러나 신용보증기금법 제30조의3의 입법취지·내용 등에 비추어 보면, 연대보증인에 대하여 회생절차가 개시된 후 중소기업에 대한 회생계획인가결정으로 신용보증기금에 대한 주채무가 감면된 경우에도 신용보증기금법 제30조의3이 채무자회생법 제126조 제1·2항보다 우선 적용되어야 한다. 따라서 신용보증기금은 이 경우에도 연대보증인에 대한 회생절차에서 감면된 주채무에 상응하는 채권액에 한정하여 권리를 행사할 수 있을 뿐이다. ④ 신용보증기금법 제30조의3에 따른 주채무의 감면과 연대보증인에 대한 회생절차개시의 선후는 중소기업 및 연대보증인에 대한 회생절차개시신청의 시기, 회생절차의 진행경과 등에 따라 달라질 수 있다. 그런데 연대보증인에 대한 회생절차개시 후 주채무가 감면되더라도 신용보증기금이 회생절차개시 당시의 연대보증채권 전액으로 권리를 행사할 수 있다면, 신용보증기금이 연대보증인에 대한 회생절차에서 행사할 수 있는 채권의 범위가 회생절차의 선후 또는 진행경과라는 우연한 사정에 의해 달라지는 것이 되어 부당할 뿐만 아니라 연대보증인은 중소기업에 대한 회생계획인가결정으로 주채무의 감면이라는 법률효과가 발생할 때까지 자신에 대한 회생절차개시신청을 미룰 가능성이 커진다. 이는 회생기업과 연대보증한 대표자 등에 대한 회생절차를 병행 처리하는 경우에 대표자 등의 부담을 경감하고 효율적인 회생을 도모할 수 있다는 점과 비교하여, 회생절차의 효율적 진행에 지장을 줄 가능성이 높아짐은 물론 회생기업에 대한 회생절차가 진행되고 있음에도 연대보증인으로 하여금 자신에 대한 회생절차 진행을 보류한 탓에 신용보증기금을 비롯한 채권자들의 채권추심으로부터 벗어날 수 없게 하고, 결과적으로는 재정적 어려움에 빠진 중소기업의 실효성 있는 회생과 함께 대표자 등의 재기를 도모하는 신용보증기금법 제30조의3의 입법취지에도 어긋나게 된다.

부에 따라 결론이 달라진다.

민사법의 실정법 조항의 문리해석 또는 논리해석만으로는 현실적인 법적 분쟁을 해결할 수 없거나 사회적 정의관념에 현저히 반하게 되는 결과가 초래되는 경우에는 법원이 실정법의 입법정신을 살려 법적 분쟁을 합리적으로 해결하고 정의관념에 적합한 결과를 도출할 수 있도록 유추적용을 할 수 있다.[183) 법률의 유추적용은 법률의 흠결을 보충하는 것으로 법적 규율이 없는 사안에 대하여 그와 유사한 사안에 관한 법규범을 적용하는 것이다. 이러한 유추를 위해서는 법적 규율이 없는 사안과 법적 규율이 있는 사안 사이에 공통점 또는 유사점이 있어야 한다. 그러나 이것만으로 유추적용을 긍정할 수는 없다. 법규범의 체계, 입법의도와 목적 등에 비추어 유추적용이 정당하다고 평가되는 경우에 비로소 유추적용을 인정할 수 있다.

채권자가 지역신용보증재단인 경우 기술보증기금법 제37조의3과 신용보증기금법 제30조의3을 유추적용하여 주채무가 인가된 회생계획에 따라 감경·면제된 때 연대보증채무도 동일한 비율로 감경·면제된다는 결론을 도출할 수는 없다. 그 이유는 다음과 같다. ① 위 기술보증기금법 등의 조항들은 채권자의 권리가 희생되는 불가피한 점이 있는데도, 일반 채권자와 구별하여 기술보증기금이나 신용보증기금에 대해서는 달리 취급하겠다고 입법자가 결단하여 특별한 예외를 정한 것이다. 따라서 지역신용보증재단법에 위 조항들과 같은 규정이 없다고 해서 법률의 흠결이 있다고 할 수 없다. ② 이를 법률의 흠결로 보더라도 기술보증기금 또는 신용보증기금과 지역신용보증재단 사이에 채무자를 위한 보증업무를 제공한다는 유사점이 있다는 이유만으로 유추적용을 긍정해야 하는 것도 아니다. 기술보증기금과 신용보증기금은 국민경제의 발전에 이바지함을 설립목적으로 하고 있지만(기술보증기금법 제1조, 신용보증기금법 제1조), 지역신용보증재단은 지역경제 활성화와 서민의 복리 증진에 이바지함을 설립목적으로 하고 있다(지역신용보증재단법 제1조). 지역신용보증재단은 기술보증기금이나 신용보증기금과 달리, 정부와 금융기관뿐만 아니라 지방자치단체로부터도 기금 조성을 위한 출연을 받고 있다(기술보증기금법 제13조, 신용보증기금법 제6조, 지역신용보증재단법 제7조). 채무자를 위해 제공하는 보증의 한도에 관해서도 기술보증기금과 신용보증기금은 30억 원을 한도로 하는데(기술보증기금법 시행령 제23조 제2항, 신용보증기금법 시행령 제20조 제2항), 지역신용보증재단은 8억 원에 불과하다(지역신용보증재단법 시행령 제16조 제3항). 이처럼 기술보증기금이나 신용보증기금과 지역신용보증재단 사이에는 설립목적과 재원, 신용보증을 제공하는 경우의 보증한도액 등에서 차이가 있다. 이러한 사정에 비추어 지역신용보증재단이 채권자인 경우에 기술보증기금법 제37조의3과 신용보증기금법 제30조의3을 유추적용하는 것이 정당하다고 볼 수 없다.[184)

마. 회생채권 등이 실권된 경우 보증인 등에 대한 효력

회생채권자·회생담보권자가 채권신고를 하지 않고, 채권자목록에도 기재되어 있지 않거나,

---

183) 대법원 1994. 8. 12. 선고 93다52808 판결 등 참조.
184) 대법원 2020. 4. 29. 선고 2019다226135 판결.

이의가 있음에도 채권조사확정재판을 신청하지 않은 경우 회생채권·회생담보권은 실권된다 (제251조 참조). 이와 같이 회생채권 등이 실권된 경우에도 제250조 제2항이 적용되는가.

이에 관하여 제250조 제2항은 명확하게 규정하고 있지 않으나 적용된다고 볼 것이다. 그 이유는 다음과 같다. 회생채권자 등이 회생절차에 참가하는 것은 자유이고, 회생절차에 참가할 경우 상당한 시간·비용과 노력이 필요하기 때문에 이것을 피하고 바로 보증채무 등을 추급하는 것이 보다 자연스러운 행동이다. 회생절차에 참가하지 않았다는 것을 가지고 회생채권자 등에게 불이익을 부여하여서는 안 된다. 또한 이것에 의하여 채무자의 재산을 감소시켜 회생을 곤란하게 하는 것도 아니다. 다만 고려하여야 할 것은 보증인 등의 이익이다. 즉 채권자가 채권신고나 채권조사확정재판을 신청하지 않았기 때문에, 이것을 한 경우와 비교하여 보증인 등에게 어떠한 불이익이 발생하는가이다. 제250조 제2항의 적용과 관계에서 보면 제250조 제2항은 실권된 경우를 명시적으로 배제하지 않고 있고, 실권도 회생계획인가의 효과이므로 회생채권 등이 실권된 경우에도 제250조 제2항이 적용된다고 할 것이다. 면책의 효력을 책임소멸설로 본다는 점에서도 그렇다.

바. 출자전환과 보증채무의 소멸

회생계획에서 회생채권 등을 출자전환하기로 한 경우 보증채무는 소멸하는가. 이에 관하여는 〈제12장 제4절 Ⅳ.〉(본서 894쪽)를 참조할 것.

Ⅴ 중지 중인 절차의 실효

1. 실효의 대상

회생계획인가결정이 있으면[185] 제58조 제2항의 규정에 의하여 중지한 파산절차,[186] 강제집행,[187] 가압류, 가처분, 담보권실행 등을 위한 경매절차는 그 효력을 잃는다(제256조 제1항 본문).[188] 중지한 절차가 실효되도록 한 것은 회생계획인가결정이 있으면 회생채권자 등의 권리

---

[185] **도산절차에서 강제집행·가압류·가처분의 효력상실시기** ① 회생절차에서는 회생계획인가결정시(제256조 제1항)이다. 회생계획인가결정으로 면책과 권리변경효가 발생하기 때문이다. ② 파산절차에서는 파산선고시이다(제348조 제1항). 파산재단에 속하는 재산에 대한 포괄집행이라는 파산절차를 원활하게 진행하기 위하여, 파산선고 후에는 위 재산에 대한 개별집행을 파산재단에 대한 관계에서 효력을 상실시킨 것이다. 관련 내용은 〈제3편 제15장 제2절 Ⅱ.2.가.(1)〉(본서 1826쪽)을 참조할 것. ③ 개인회생절차에서는 변제계획인가결정시이다(제615조 제3항). 개인회생절차에서 변제계획인가결정에는 권리변경효도 없고 면책이 확정되어야만 권리가 변경되는데, 변제계획인가결정시에 강제집행 등의 효력을 실효시키는 것이 타당한지 의문이다. 관련 내용은 〈제4편 제8장 제4절 Ⅱ.3.가.〉(본서 2038쪽)를 참조할 것.

[186] 주식회사 밸류인베스트코리아에 대하여 2019. 12. 3. 서울회생법원에 파산신청이 있었다(2019하합100533). 하지만 2020. 4. 24. 위 회사에 대하여 회생절차개시신청이 있었고(2020회합100063), 같은 해 8. 4. 회생절차개시결정이 있음으로써 파산절차는 중지되었다(제58조 제2항 제1호). 이후 2021. 4. 9. 회생계획이 인가됨으로써 중지된 파산절차는 실효되었고(제256조 제1항). 파산절차는 종국 처리되었다.

[187] 재산명시절차(민집법 제61조 제1항)도 실효된다고 할 것이다.

[188] 관리인은 집행기관에 대하여 회생계획인가결정 등본을 취소원인 서면으로 소명하여 보전처분의 집행취소신청을 하

는 면책(제251조)되거나 변경(제252조)되고, 변경된 권리의 실현은 관리인에 의한 회생계획의 수행에 위임되어 있는 이상(제257조 제1항), 중지된 절차를 유지할 의미가 없기 때문이다.

다만 제58조 제5항의 규정에 의하여 속행된 절차 또는 처분은 실효되지 않는다(제256조 제1항 단서). 제58조 제5항에 의하여 속행된 강제집행 등은 회생절차개시결정시, 해당 강제집행 등을 속행하여도 회생절차에 지장이 없다는 판단이 된 절차이기 때문에 회생계획인가결정에 의하여도 영향을 받지 않는다. 또한 제58조 제5항은 회생에 지장이 없는 채무자의 재산을, 속행된 강제집행 등을 이용하여 조기에 환가하는 것을 목적으로 하는 것이다. 따라서 속행된 절차 등은 채무자 재산의 환가의 수단으로 행하여지는 것이므로 강제집행 등을 신청한 채권자가 우선적으로 배당을 받아가는 것은 아니고(해당 채권자도 회생계획에 따라 변제를 받아간다) 그 결과로 얻어지는 금전 등은 운전자금에 충당되거나 회생계획의 기초(변제재원)로 된다는 점도 고려한 것이다.

국세징수의 예에 의하여 징수할 수 있는 청구권으로서 그 징수우선순위가 일반 회생채권보다 우선하지 아니한 것에 기한 체납처분(강제징수)은 실효되지 않고(중지된 상태를 유지할 뿐 속행되는 것은 아니다), 다만 취소할 수 있을 뿐이다(제58조 제5항).

국세징수법 또는 지방세징수법에 의한 체납처분(강제징수), 국세징수의 예에 의하여 징수할 수 있는 청구권으로서 그 징수우선순위가 일반 회생채권보다 우선하는 것은 실효되지 않고, 일정기간 동안 중지되다가(제58조 제3항) 인가결정과 동시에 그 절차의 속행이 가능하다.

개개의 강제집행절차가 종료된 후에는 그 절차가 중지될 수 없는데, 부동산에 대한 금전집행은 매각대금이 채권자에게 교부 또는 배당된 때에 비로소 종료한다. 따라서 채무자 소유 부동산에 관하여 경매절차가 진행되어 부동산이 매각되고 매각대금이 납부되었으나 배당기일이 열리기 전에 채무자에 대하여 회생절차가 개시되었다면, 집행절차는 중지되고, 만약 이에 반하여 집행이 이루어졌다면 이는 무효이다. 이후 채무자에 대한 회생계획인가결정이 있는 때에 중지된 집행절차는 효력을 잃게 된다.[189] 이때 매수인은 부동산의 소유권을 취득하는가. 이에 대하여 회생계획인가결정으로 경매절차는 효력을 잃게 되므로 매수인은 소유권을 취득할 수 없다는 견해도 있다.[190] 하지만 부동산경매절차가 진행되어 부동산이 매각된 경우 매수인이 매각허가결정에 의하여 매각대금을 다 납부하면 그 소유권을 취득하는 점(민집법 제135조, 제268조), 채무자회생법은 강제집행 등의 중단·실효에 대하여만 규정하고 있을 뿐 실체적 권리관계에 관하여는 규정하고 있지 않으며, 회생계획의 효력이 미치는 인적 범위에 매수인은 포함되지 않는 점(제250조 제1항), 채권자에 대한 배당이 이루어지기 전 매각대금은 원칙적으로 채무자의 재산으로 볼 수 있고(민집법 제155조 제1항 참조) 나아가 이는 회생계획에 따른 변제재원으

여 집행처분의 외관을 없앨 수 있다(대법원 2002. 7. 12. 선고 2000다2351 판결 참조).

189) 대법원 2018. 11. 29. 선고 2017다286577 판결. 이 경우 경매절차의 채권자는 더 이상 경매절차에서 배당받을 수 없고, 회생채권자나 회생담보권자로서 회생계획에 따라 변제받아야 한다.

190) 제주지방법원 2021. 8. 23. 선고 2020가단66994 판결. 정영진·김자영, 전게 "부동산 경매에서 매각대금 완납 후 회생절차에서 경매절차가 실효된 경우 경매부동산의 소유권 귀속에 관한 연구", 56쪽.

로 사용할 수 있는 점 등에 비추어 보면, 포괄적 금지명령과 회생절차개시결정 전에 유효한 매각허가결정에 따라 매각대금을 모두 납부한 이상, 그 후 (집행)채무자에 대하여 회생계획인가결정이 있어 경매절차가 효력을 잃게 되었다고 하더라도 부동산의 소유권은 여전히 매수인에게 귀속된다고 할 것이다.[191]

2. 실효의 의미 및 시기

가. 실효의 의미

절차가 그 효력을 잃는다는 의미는 앞으로의 속행을 허용하지 않는다는 뜻이 아니라, 소급하여 그 절차가 효력을 잃는다는 것이다. 따라서 원칙적으로 법원의 별도의 재판 없이도 그 효력을 잃는다. 다만 절차개시의 결과로 구체적인 처분이 된 경우에는 그것을 제거할 필요가 있다.[192]

(1) 파산절차의 경우

파산절차에 관하여는 회생계획인가결정이 파산절차의 독자적인 종료원인이므로 다시 파산종결결정과 같은 법원의 재판은 필요하지 않다. 파산선고결정에 대하여도 그 취소결정은 필요하지 않다. 다만 채무자가 법인인 경우 법인파산등기는 남아있기 때문에 이를 말소할 필요는 있다.

(2) 강제집행절차 등의 경우

파산절차를 제외한 강제집행절차 등은 개개의 집행절차가 있고, 각 절차에 의하여 된 개개의 처분의 효력은 그 절차가 중지되는 동안은 그대로 유지된다고 해석되므로 강제집행 등에 대하여는 그 외형을 제거하기 위한 형식적인 절차가 필요하다.

주의할 것은 여기서 실효는 채무자의 재산과의 관계에 있어서만 상대적으로 무효가 된다는 의미라는 것이다.[193] 따라서 저당권에 선행하는 압류가 있는 경우 그 선행압류는 실효되지 않고 관리인은 저당권자에 대하여 압류의 효력을 주장할 수 있다. 관련 내용은 〈**제6장 제2절 Ⅱ.2.가.(2)**〉(본서 363쪽)를 참조할 것.

---

191) 제주지방법원 2023. 2. 8. 선고 2021나15734 판결(2023. 6. 29. 상고기각으로 확정 대법원 2023다227661 판결). 「대법원 2018. 11. 29. 선고 2017다286577 판결」도 매수인이 소유권을 취득함을 전제로 하고 있다. 관련 내용은 〈**본서 229쪽 각주 79**)〉를 참조할 것.

192) 채무자회생법에는 인가결정으로 실효된 가압류 등의 말소촉탁에 관한 명문의 규정은 없다. 회생계획인가의 결정이 있은 때에는 제58조 제2항의 규정에 의하여 중지한 파산절차, 강제집행, 가압류, 가처분, 담보권실행 등을 위한 경매절차는 그 효력을 잃게 되므로(제256조), 회생계획인가의 결정을 한 법원은 그 등기와 함께 위 각 절차에 따른 등기의 말소를 함께 촉탁할 수 있으며, 가압류 등을 한 집행법원의 말소촉탁에 의하여 말소할 수도 있다. 등기관은 당해 부동산에 회생계획인가의 등기가 되어 있는지 여부와 관계없이 그 촉탁을 수리하여야 한다. 다만, 회생계획이 인가된 경우에도 회생절차개시결정의 등기 이전에 등기된 가등기(담보가등기 제외) 및 용익물권에 관한 등기, 국세징수법 또는 그 예에 의한 체납처분(강제징수) 및 조세채무담보를 위하여 제공된 부동산 등의 처분에 따른 등기는 말소의 대상이 되지 않는다(부동산등기사무처리지침 제15조 제4항).

193) 대법원 2000. 12. 22. 선고 2000다39780 판결 참조.

나. 실효의 시기

절차의 실효는 인가결정과 동시에 발생한다(제256조). 인가결정이 확정될 필요는 없다. 따라서 인가결정이 뒤에 취소되는 경우에도 실효된 절차의 효력은 회복되지 않고, 채권자는 강제집행 등을 새롭게 신청하여야 한다.[194] 회생계획의 효력은 인가결정시에 발생하기 때문에(제246조) 파산절차 및 강제집행 등이 실효되는 시기도 회생계획인가결정시가 된다. 따라서 제256조는 이를 확인적으로 규정한 것이다.

3. 재단채권의 취급

효력을 잃은 파산절차에서의 재단채권(제473조 제2호 및 제9호[195]에 해당하는 것을 제외한다)은 공익채권이 된다(제256조 제2항). 파산절차에서 재단채권이라고 하여도 회생절차개시 전 원인으로 발생한 것은 회생채권으로서의 성질을 갖는 것에 불과하지만, 재단채권자의 기대를 보호하기 위하여 위와 같은 규정을 둔 것이다. 그런데 본래 수시 변제가 보장된 재단채권의 만족이 회생절차개시로 회생계획인가결정시까지 기다리지 않을 수 없게 되었는데, 이는 합리성이 결여된 것이라고 하지 않을 수 없다. 회생절차개시결정으로 중지된 파산절차에서의 재단채권은 회생절차개시결정과 동시에 공익채권으로 할 필요가 있다.[196]

파산절차에서 재단채권인 조세 등 청구권(제473조 제2호)은 파산절차가 회생계획인가로 효력을 잃은 경우에도 다른 재단채권과 달리 공익채권으로 되지 않는다(제256조 제2항 괄호). 따라서 파산선고 이전의 원인으로 생긴 조세채권이어서 파산절차에서 재단채권의 지위에 있었다고 하더라도 회생계획인가로 인하여 파산절차가 효력을 잃으면 회생절차에서는 회생채권(일반의 우선권 있는 회생채권)에 불과하게 된다.[197]

Ⅵ 회생채권자표 등에의 기재와 그 효력

1. 회생채권자표 등에의 기재

회생채권자표 등은 채권신고 기간이 종료된 후 지체없이 작성하여야 하고(제158조, 규칙 제60조 제1항), 여기에 채권조사의 결과(제167조 제1항) 및 채권조사확정재판 또는 확정소송의 결

---

194) 파산절차는 당연히 그 효력이 회복된다는 견해도 있다(회생사건실무(하), 115쪽).
195) 조세 등 청구권(제2호)은 회생절차에서 회생채권이라는 점에서 공익채권으로 인정하지 않는 것은 타당하지만, 부양료는 회생절차에서도 공익채권이라는 점(제179조 제1항 제14호)에서 의문이다. 제179조 제1항 제14호는 2014. 5. 20. 법률 제12595호로 개정될 때 추가된 것인데, 개정하면서 제256조 제2항 괄호 안의 제9호를 삭제하지 않는 것에 기인한 것으로 보인다. 입법적 정비가 필요하다.
196) 일본 민사재생법 제39조 제3항 제1호 참조.
197) 반대로 회생절차에서 공익채권이 아닌 회생채권에 불과한 조세 등 청구권이더라도 견련파산으로 파산절차로 이행되면 재단채권으로 된다.

과를 기재한다(제175조). 나아가 회생계획인가결정이 확정된 때에는 법원사무관 등은 회생계획에서 인정된 권리를 회생채권자표 또는 회생담보권자표와 주주지분권자표에 기재하여야 한다(제249조). 이는 회생계획이 인가되면 회생계획의 정함에 따라 회생채권자 등의 권리 변경도 확정되기 때문에, 이후 회생계획의 수행과정에서 기준이 되는 변경된 권리내용을 명확히 하기 위한 것이다.

여기서 '회생계획에서 인정된 권리를 기재'한다는 것은 회생계획 조항을 기재한다는 것을 의미한다. 회생계획 조항을 기재한다는 것은 개개의 회생채권 등마다 회생계획에서 정함에 따라 변경된 권리를 기재한다는 것을 말한다.

2. 회생채권자표 또는 회생담보권자표 기재의 효력

가. 확정판결과 동일한 효력 – 불가쟁력

(1) 회생절차 내에서의 불가쟁력

(가) 회생계획에 관하여 인정된 권리에 관한 회생채권자표와 회생담보권자표의 기재[198]는 회생계획인가의 결정이 확정된 때에 채무자, 회생채권자, 회생담보권자, 채무자의 주주·지분권자, 회생을 위하여 채무를 부담하거나 또는 담보를 제공하는 자, 신회사(합병 또는 분할합병으로 설립되는 신회사를 제외한다)에 대하여 확정판결과 동일한 효력[199]이 있다(제255조 제1항).[200] 그 취지는 회생계획인가결정이 확정된 경우 회생채권자표 또는 회생담보권자표에 기재된 회생채권 또는 회생담보권 중 회생계획의 규정에 의하여 인정된 권리를 기준으로 회생계획을 수행하도록 하여 신속하고도 안정적인 회생계획의 수행을 보장하려는 데에 있고, 이와 같은 의미에서 '확정판결과 동일한 효력이 있다'는 것은 기판력이 아닌 회생절차 내부에서의 불가쟁의 효력으로 보아야 한다.[201] 따라서 존재하지 아니하거나 이미 소멸한 회생채권이나 회생담보권이 이의 없이 확정되어 회생채권자표나 회생담보권자표에 기재되어 있더라도 이로 인하여 권리가 있는 것으로 확정되는 것은 아니므로, 이것이 명백한 오류인 경우에는 회생법원의 경정결정에 의하여 이를 바로잡을 수 있고, 회생절차 내부에서는 더 이상 다툴 수 없다고 하여도

---

198) 회생채권자표 등의 기재는 확정판결과 동일한 효력을 창설하는 것이라고 말할 수 있다.

199) '확정판결과 동일한 효력'은 채무자는 물론 회생채권자에 대하여도 발생한다. 그렇다면 채무자에 대한 확정판결과 동일한 효력과 회생채권자에 대한 확정판결과 동일한 효력이 어떻게 다른가. 채무자에 대하여는 불가쟁력과 집행력을, 회생채권자에 대하여는 불가쟁력만을 의미하는 것으로 해석된다.

200) 회생채권, 회생담보권에 대한 조사결과를 회생채권자표, 회생담보권자표에 기재하여야 하고(제167조 제1항), 그 기재는 확정판결과 동일한 효력이 있다(제168조). 그래서 회생계획에 의한 변경 전 채권액은 채무자와 채권자 사이에서 다툴 수 없다. 그러나 회생계획에 의하여 변경된 후 권리에 대하여는 그 효력이 미치지 않는다. 이로 인해 회생계획 이행 중 변경된 권리의 내용을 다툴 여지가 있고, 이러한 분쟁은 채무자의 신속한 회생에 좋지 않다. 그래서 회생채권자표 등의 기재에 의해 변경 후 권리에 대하여도 다툴 수 없게 한 것이다.

201) 대법원 2005. 6. 10. 선고 2005다15482 판결 참조. 회생절차는 원칙적으로 법원의 감독 아래 채무자의 회생을 목적으로 하는 절차이고, 회생계획은 이해관계인의 의사에 터잡은 자치적 해결 내지 화해의 성격을 갖는다는 점을 고려하면 기판력까지는 인정되지 않는다고 생각된다.

채무자회생법에서 마련하고 있는 절차 외의 다른 절차에 의해 다투는 것까지 금지되는 것은 아니어서 명백한 오류가 아닌 경우[202]에는 무효확인의 판결을 얻어 이를 바로잡을 수 있다.[203]

회생채권자표가 작성된 회생절차가 종료된 후라도 채무자가 회생채권자표 기재에 관한 무효 확인의 소를 제기하는 것이 그 회생채권자표 기재 회생채권에 관한 권리관계의 불안이나 위험을 제거하기 위하여 유효적절한 수단이 되는 경우에는 이를 허용할 수 있다.[204]

(나) '회생절차 내부에서의 불가쟁력'이란 회생절차 내부에서 다툴 수 없다는 것으로 회생절차가 종료된 후에는 다툴 수 있다는 의미이다. 따라서 회생절차의 목적을 떠나서 회생절차 종료 후 회생채권자들의 개별집행이 경합되는 경우나 채무자가 파산한 경우에 기판력이 인정되지 아니한다. 예를 들면 회생계획을 인가받은 채무자에 대하여 회생절차가 폐지되고 파산선고가 된 경우 확정판결과 동일한 효력을 갖게 된 회생채권자표나 회생담보권자표에 기재된 채권자의 권리는 제466조 제1항 소정의 '집행력 있는 집행권원'을 갖는 채권에 해당하지만, 이러한 경우 그 집행권원에는 기판력이 없다고 보아야 하기 때문에 청구이의의 소에 의하여 이의를 주장하는 경우에는 민사집행법 제44조 제2항의 변론종결 후의 사유만을 주장하여야 하는 제한을 받지 아니한다.[205] 또한 회생절차종료 후 회생채권자들 사이에 채무자의 재산에 대한 개별집행에서 경합한 경우 그 배당이의소송에서는 상호간에 회생채권자표의 기재에 구속되지 아니한다.[206]

(2) 제168조와의 관계

제168조에 의한 회생채권자표 등의 기재는 회생계획에 의하여 변경되기 전의 권리를 내용으로 하는 것이므로 잠정적이라고 할 수 있고, 절차에 관계할 수 있는 권리(회생채권자표와 회생담보권자표에 기재된 회생채권과 회생담보권의 금액이 회생계획안의 작성과 인가에 이르기까지의 회생절차의 진행과정에 있어서 이해관계인의 권리행사의 기준이 되고 관계인집회에서 의결권 행사의 기준으로 된다)에 관한 효력인 반면, 제255조에 의한 회생채권자표 등의 기재는 회생계획인가 후의 변경된 권리에 관한 것이므로 실체관계에 관한 것이라고 할 수 있다.[207]

회생채권자표 등의 기재가 '확정판결과 동일한 효력'이 있는 것은 같지만, 제168조는 회생계획에 의한 변경 전 채권액을 다툴 수 없도록 한 것임에 반하여, 제255조 제1항은 회생계획에 의해 변경된 권리의 내용을 다툴 수 없도록 한 것이다. 효력이 미치는 주관적 범위에 있어서도 제168조는 회생채권자, 회생담보권자 및 주주·지분권자 전원이지만, 제255조 제1항은

---

202) 회생채권으로 인정되어야 할 권리가 회생담보권으로 잘못 인정된 경우에는 회생담보권자표의 기재의 무효확인을 구할 이익이 있다(대법원 2016. 3. 24. 선고 2014다229757 판결).
203) 대법원 2024. 3. 28. 선고 2019다253700 판결, 대법원 2019. 5. 30. 선고 2019다206407 판결, 대법원 2016. 3. 24. 선고 2014다229757 판결, 대법원 2003. 5. 30. 선고 2003다18685 판결 등 참조.
204) 대법원 2024. 3. 28. 선고 2019다253700 판결.
205) 대법원 2017. 6. 19. 선고 2017다204131 판결 참조.
206) 대법원 2003. 9. 26. 선고 2002다62715 판결 참조.
207) 이민걸, "회사정리절차와 강제집행과의 관계", 재판자료 72집(민사집행에 관한 제문제(하)), 법원도서관(1996), 661쪽.

여기에 채무자, 회생을 위하여 채무를 부담하거나 담보를 제공한 자 및 신회사(합병 또는 분할합병으로 설립되는 신회사를 제외한다)까지 포함된다.

나. 불가쟁력이 미치는 객관적 범위

확정판결과 같은 효력이 인정되는 기재는 회생계획에 의하여 인정된 권리에 관한 회생채권자표와 회생담보권자표의 기재이다. 그러나 조세채권 등 공법상의 청구권은 신고가 있으면 회생채권자표나 회생담보권자표에 기재는 되지만(제156조 제2항, 제167조 제1항), 관리인은 채무자가 할 수 있는 방법으로 불복신청을 할 수 있으므로(제157조 제1항), 효력이 인정되는 기재에서 제외된다.

다. 불가쟁력의 효력이 미치는 주관적 범위

효력이 미치는 주관적 범위는 채무자,[208] 회생채권자, 회생담보권자, 채무자의 주주·지분권자, 회생을 위하여 채무를 부담하거나 또는 담보를 제공하는 자, 신회사(합병 또는 분할합병으로 설립되는 신회사를 제외한다)이다(제255조 제1항).[209] 회생계획에 의해 인정되는 권리의 경우 절차상 불가쟁력의 효력을 보장하는 것으로 그 기재에 확정판결과 동일한 효력을 가지는 것으로 하였으므로, 그 효력의 인적범위도 회생계획에 인정되는 실체법상의 효력(제250조 제1항)에 대응하여 회생계획의 효력이 미치는 자와 같은 범위로 규정한 것이다.

관리인도 포함된다는 점에 대하여는 명문의 규정은 없지만 이론이 없다.

한편 위탁자인 甲 주식회사가 채무담보를 위하여 수탁자 乙과 수탁한 부동산의 제2순위 우선수익권을 丙 등에게 부여하는 부동산담보신탁변경계약을 체결하였는데, 이후 甲 회사에 대하여 회생절차가 개시된 경우, 丙 등의 권리가 甲의 회생채권자표에 기재되었더라도 제255조 제1항에 따라 인정되는 불가쟁의 효력이 丙 등의 우선수익권에 미치지 아니한다. 우선수익권을 가지게 된 원인이 비록 甲의 신탁행위로 말미암은 것이라고 하더라도 우선수익권은 제250조 제2항 제2호가 정한 '채무자 외의 자가 회생채권자 또는 회생담보권자를 위하여 제공한 담보'에 해당하여 회생계획이 여기에 영향을 미치지 않기 때문이다.[210]

---

208) 파산절차의 경우에는 파산채권의 권리변경이 예정되지 않기 때문에, 파산절차폐지 또는 파산절차종결 어느 경우에도, 채무자의 이의에 의해 파산채권자표의 기재가 가지는 확정판결과 동일한 효력이 배제된다(제535조 제1항, 제548조 제1항). 반면 회생절차의 경우에는 회생계획의 효력에 의해 권리변경을 예정하고 있기 때문에, 인가결정 확정 후에는 회생채권자표 등의 기재의 효력(제255조 제1항)은 채무자가 이의를 진술하여도 영향을 받지 않는다. 즉 회생절차에서는 회생계획이 인가된 후에는 회생채권자표 등의 기재의 확정판결과 동일한 효력은 채무자가 채권조사절차에서 이의를 진술하였다고 하더라도 그대로 유지된다.

209) 확정된 회생채권 등에 대한 회생채권자표 등의 기재의 효력이 회생채권자, 회생담보권자, 주주, 지분권자 전원에 대하여 확정판결과 동일한 효력이 있는 것과 다르다(제168조).

210) 대법원 2014. 5. 29. 선고 2014다765 판결. 따라서 회생계획에 丙 등의 권리를 신탁부동산의 처분대금으로 우선 변제하도록 정하여져 있다고 하더라도, 이는 丙 등이 신탁부동산의 수탁자인 乙에 대하여 우선수익권을 가지고 있다면 그에 따라 우선 변제받고 남은 잔액에 한하여 甲에 대한 회생채권으로 변제받을 수 있다고 보아야 하고, 위 회생계획에 아무런 영향을 미칠 수 없는 乙에 대한 우선수익권을 회생채권의 내용으로 인정한 것으로 볼 수는 없다.

3. 회생절차 종료 후 회생채권자표 또는 회생담보권자표에 의한 강제집행

가. 회생계획에 의하여 회생채권자와 회생담보권자에게 인정된 권리가 금전의 지급 기타 이행의 청구를 내용으로 하는 때에는 그 권리에 관한 회생채권자표와 회생담보권자표의 기재는 집행력을 갖고, 인정된 권리는 회생절차 종결[211] 후에 채무자와 회생을 위하여 채무를 부담한 자에 대하여 회생채권자표와 회생담보권자표에 의하여 강제집행을 할 수 있다(제255조 제2항 전문).[212] 회생계획불인가결정의 확정(제248조)이나 회생계획인가 전 폐지와 달리(제292조) 채무자가 이의를 한 경우라도 회생채권자표 등에 의하여 채무자 등에 대하여 강제집행을 할 수 있다.

집행권원이 되는 것은 확정된 회생채권과 회생담보권에 대하여 회생계획에서 인정한 금전의 지급 기타 이행의 청구를 내용으로 하는 권리에 관한 회생채권자표와 회생담보권자표의 기재이다(민집법 제56조 제5호). 회생채권 또는 회생담보권에 관하여 회생절차개시 이전부터 집행권원이 존재하는 경우에도 그 집행권원에 기한 집행은 허용되지 않는다. 회생절차개시 전의 집행권원이라도 목록에 기재되어 있지 않거나 신고가 없으면 실권되고 신고 등이 있다고 하더라도 회생계획인가결정 후에는 제255조에 의하여 모든 권리가 확정되기 때문이다.[213]

회생채권자표와 회생담보권자표의 기재에 의한 강제집행은 회생절차 종료 후에 한하여 허용된다. 회생절차 중에는 비록 회생계획에 정해진 변제기에 변제가 되지 않더라도 회생계획에서 정해진 바에 따라 변제를 받을 수 있을 뿐 강제집행은 허용되지 않고 담보권의 실행도 할 수 없는 것이다. 또한 그 채권의 이행이나 확인을 청구하는 소송도 제기할 수 없다.[214] 다만 회생채권자와 회생담보권자가 회생절차 밖에서 종전부터 가지는 보증인 등에 대한 권리에 따

---

211) 회생계획인가 후 폐지된 경우에도 동일하다(제293조). 회생계획인가 후 폐지와 회생절차종결의 경우는 모두 회생계획이 인가되었다는 점에서 공통점이 있으므로(인가로 인한 효력이 동일하다) 회생채권자표 등의 효력은 서로 동일할 수밖에 없다. 그래서 제293조에서 회생계획인가 후 폐지의 경우에도 회생절차종결에 관한 제255조 제2항을 준용하고 있는 것이다. 회생계획인가 전 폐지의 경우에는 제292조 제2항에서 규정하고 있다.

  강제집행을 할 수 있는 시기를 회생절차 종결(종료) 후로 한 것은 회생절차에서는 관리인이 존재하고 회생절차가 종결(종료)되기 전에는 채무자에게 관리처분권이 회복되지 않기 때문이다. 파산절차의 경우에도 마찬가지이다.

212) 이 경우「민사집행법」제2조(집행실시자) 내지 제18조(집행비용의 예납 등), 제20조(공공기관의 원조), 제28조(집행력 있는 정본) 내지 제55조(외국에서 할 집행)의 규정을 준용한다. 다만 회생채권자표, 회생담보권자표에 대한 집행문부여의 소(민집법 제33조), 청구에 관한 이의의 소(민집법 제44조) 및 집행문부여에 대한 이의의 소(민집법 제45조)는 회생계속법원의 관할에 전속한다(제255조 제3항).

  회생채권자표, 회생담보권자표에 대한 청구이의의 소, 집행문부여의 소, 집행문부여에 대한 이의의 소에 대하여만 회생계속법원의 전속관할이다. 따라서 채무자에 대하여 회생절차개시결정이 있더라도 회생채권자표, 회생담보권자표 이외의 집행권원에 관한 청구이의의 소, 집행문부여의 소, 집행문부여에 대한 이의의 소의 관할은 민사집행법의 규정에 따른다. 예컨대 판결의 경우, 집행문부여의 소는 제1심법원(민집법 제33조), 청구에 관한 이의의 소는 제1심판결법원(민집법 제44조), 집행문부여에 대한 이의의 소도 제1심 판결법원(민집법 제45조, 제44조)의 관할에 전속(민집법 제21조)한다. 파산채권자표 또는 개인회생채권자표의 경우도 마찬가지이다.

213) 대법원 2017. 5. 23. 자 2016마1256 결정(회생채권에 관하여 회생절차개시 이전부터 회생채권 또는 회생담보권에 관하여 집행권원이 있었다 하더라도, 회생계획인가결정이 있은 후에는 채무자회생법 제252조에 의하여 모든 권리가 변경·확정되고 종전의 회생채권 또는 회생담보권에 관한 집행권원에 의하여 강제집행 등은 할 수 없으며, 회생채권자표와 회생담보권자표의 기재만이 집행권원이 된다). ☞ 회생절차개시 이전에 약속어음 공정증서를 작성하였더라도 회생계획인가 후에는 위 공정증서를 집행권원으로 하여 강제집행을 할 수 없다고 한 사례.

214) 대법원 1991. 4. 9. 선고 91다63 판결 참조.

라 행하는 강제집행이나 담보권의 실행은 허용된다(제250조 제2항). 또한 징수우선순위가 일반 회생채권보다 우선하는 조세 등 청구권은 회생계획에 정해진 변제기에 변제되지 않을 때 회생절차가 진행 중이더라도 체납처분(강제징수)이나 담보물건의 처분을 할 수 있다(제256조 제1항 참조). 왜냐하면 중지된 징수순위가 우선하는 조세 등 청구권에 기한 체납처분(강제징수) 등은 회생계획인가결정으로 실효되지 않고 오히려 절차의 속행이 가능하고{체납처분(강제징수) 등은 회생계획인가결정시까지만 중지·금지된다(제58조 제3항 제1호)}, 회생계획인가결정 이후에는 체납처분(강제징수)이나 처분이 중지되거나 금지되지 않기 때문이다(제58조 제3항 참조).

　나. 회생을 위하여 채무를 부담하는 자도 회생채권자표 등의 집행력을 받고, 이것을 집행권원으로 한 강제집행의 채무자로 되지만, 이러한 자들이 부담하는 채무가 보증채무라는 성질을 갖는 경우에는, 이러한 보증인은 민법 제437조(보증인의 최고, 검색의 항변)의 규정에 의한 항변을 할 수 있다(제255조 제2항 후문). 이러한 항변권은 집행채무자가 청구이의의 사유로서 주장할 수 있는 것으로 해석하여야 할 것이다.[215]

　다. 회생절차가 폐지되거나 종결되어야 회생채권자표(회생담보권자표)에 의한 강제집행이 가능하고 회생절차가 진행 중에는 회생채권자표 등에 의해 강제집행을 할 수 없음은 앞에서 본 바와 같다. 따라서 집행법원으로서는 위와 같은 사실을 소명하는 자료가 제출되었는지 확인하여야 한다(채무자가 법인인 경우에는 제출된 법인등기사항증명서로 확인이 가능하다). 채무자에 대한 회생계획이 인가된 상태라면 해당 채권자와 관련된 회생계획조항을 별지로 첨부하여 하나의 집행권원으로 만들어야 한다. 그럼에도 간혹 이를 누락하고 회생채권자표 자체에만 집행문이 부여되는 경우가 있으니 주의할 필요가 있다.[216]

　청구금액도 회생계획에 나오는 연도별 변제금액과 변제기, 지연손해금 기산일, 이율 등을 확인하여 정확하게 기재하여야 한다. 집행권원상 회생계획에 따라 변제할 금액이 아직 변제기가 도래하지 않은 경우에는 해당 금액은 청구금액에서 제외하여야 한다.

4. 시효기간의 특칙과 정지

　회생채권자표 및 회생담보권자표의 기재에 대하여 확정판결과 같은 효력이 있다고 규정하고 있으므로, 그 회생채권 또는 회생담보권은 10년보다 단기의 시효기간의 정함이 있는 경우라도 소멸시효기간은 10년이 된다(민법 제165조 제2항, 제1항). 다만 체납처분(강제징수)이 가능한 공법상의 청구권(제140조 제2항의 조세 등 청구권, 이하 같다)은 회생채권자표와 회생담보권자표에

---

215) 條解 民事再生法, 952쪽.
216) 회생계획인가결정이 있은 후에는 제252조에 의하여 모든 권리가 변경·확정되고 회생담보권자표의 기재만이 집행권원이 된다 할 것인데, 만약 지연손해금채권이 회생담보권자표에 기재되지 않은 경우 지연손해금채권에 대하여 집행권원이 없다고 할 것인가. 회생담보권자표와 일체를 이루는 회생계획의 내용에 지연손해금에 대한 내용이 기재된 경우에는 지연손해금채권도 회생담보권자표에 기재되었다고 봄이 상당하다. 따라서 지연손해금채권에 대하여도 집행권원이 인정된다고 할 것이다{대법원 2021. 10. 14. 선고 2021다240851 판결, 서울중앙지방법원 2021. 5. 27. 선고 2020나79426 판결(위 대법원 판결의 원심이다) 참조}.

기재되더라도 확정판결과 같은 효력이 생기기는 것이 아니므로, 시효기간에 영향이 없다.[217] 체납처분(강제징수)이 가능한 공법상의 청구권에 대하여는 일반 회생채권과 같은 조사·확정절차를 거치지 아니한 채 회생채권자표에 기재하도록 하되 다만 그러한 기재가 있었다고 하더라도 그 청구권의 원인이 행정심판·소송 등 불복의 신청을 허용하는 처분인 때에는 관리인이 여전히 채무자가 할 수 있는 방법으로 불복을 신청할 수 있도록 하고 있어서(제156조 제2항, 제157조 제1항), 이 경우에는 회생채권으로 신고되어 회생채권자표에 기재되면 확정판결과 동일한 효력이 있다고 규정한 제255조가 적용될 여지가 없기 때문이다.

회생계획인가의 결정이 있으면 조세 등 청구권에 대한 시효는 징수를 유예하거나 체납처분(강제징수)에 의한 재산의 환가를 유예하는 기간 중에는 진행하지 아니한다(제140조 제5항).[218] 따라서 징수유예기간이나 환가유예기간이 경과하면 소멸시효는 정지 전에 이미 진행된 기간에 이어 계속적으로 다시 진행을 개시하고 나머지 기간의 진행으로써 시효가 완성된다.

Ⅶ 외국면책재판의 국내적 효력

채무자가 다른 나라에서의 회생계획인가결정으로 면책된 경우 그 면책이 우리나라에서도 효력이 있는가. 관련 내용은 〈제5편 제4장 Ⅴ.〉(본서 2138쪽)를 참조할 것.

자본감소무효확정판결이 회생계획에 미치는 영향[219]

A사는 임시주주총회에서 재무구조개선을 위한 자본감소 결의를 하였고, 이에 대하여 일부 주주가 A사를 상대로 자본감소무효의 소를 제기하였다. 이후 A사는 회생절차개시신청을 하였고, 개시결정이 되었으며, 회생계획이 인가되었다. 인가된 회생계획에는 위 임시주주총회에서의 자본감소를 전제로 자본감소 및 출자전환에 관하여 규정하고 있다. 회생절차개시결정 이후에도 소송절차는 중단되지 않고 A사가 당사자로서 소송을 계속 수행하였으며, 자본감소는 무효라는 판결이 선고되었고 위 판결은 확정되었다. 이 경우 자본감소무효확정판결은 회생계획에 어떠한 영향을 미치는가.

회생계획에 의한 자본감소와 출자전환은 확정판결과 동일한 효력을 가지므로 나중에 법원에서 자본감소무효의 판결이 내려졌다고 하더라도 회생계획에는 아무런 영향이 없다는 견해가 있을 수 있다. 하지만 인가결정이 확정된 회생계획이 확정판결과 동일한 효력이 있는 것은 '회생채권 또는 회생담보권에 기하여 회생계획에 의하여 인정된 권리에 관한 회생채권자표 또는 회생담보권자표의 기재'이고, 확정판결과 동일한 효력의 의미는 기판력이 아닌 회생절차 내에서의 불가

---

217) 대법원 2000. 12. 22. 선고 99두11349 판결.
218) 세법에 의한 징수유예기간, 체납처분(강제징수)유예기간 동안의 시효정지에 관하여는 국세기본법 제28조 제3항, 지방세기본법 제40조 제3항에서 각 규정하고 있다.
219) 박승두, "자본감소무효확정판결이 회생계획에 미치는 영향", 2019. 5. 17. 국회 정책자료집 "기업회생제도의 최근 동향과 전망(https://docviewer.nanet.go.kr/reader/viewer)", 90쪽 이하 참조.

쟁력이라는 점을 고려하면, 자본감소를 전제로 한 출자전환은 인가된 회생계획의 확정적 효력이 미치지 아니하거나, 회생계획과 확정판결 사이에 기판력 충돌이라는 문제가 발생하지 아니한다. 따라서 자본감소무효판결이 확정되면 그에 따라 이미 자본감소된 주식은 자본감소 전의 상태로 복원되어야 한다. 다만 이로 인하여 출자전환 채권자들의 지분율이 부당하게 과소해지는 등 불리한 영향이 미침을 방지하기 위하여 회생계획변경절차를 통하여 출자전환 주식수를 본래의 출자전환 비율에 이르기까지 재조정하여야 할 것이다. 만약 회생계획에 영향이 없다고 한다면 회생계획에서 그 소송결과를 감안한 특별규정(나중에 법원에서 자본감소가 무효임이 확정되는 경우에는 회생계획변경절차를 통하여 다시 정한다)을 두지 아니하면 자본감소무효소송을 수행하는 의미가 없어진다.

제15장

회생계획인가 후의 절차

제1절 회생계획의 수행

I 회생계획의 수행담당자

회생계획의 인가결정이 있으면 관리인은 지체 없이 그 계획을 수행하여야 하므로(제257조 제1항), 회생계획수행의 담당자는 관리인이다.[1] 회생계획에 의하여 신회사를 설립하는 때에는 관리인이 발기인 또는 설립위원회의 직무를 행한다(제257조 제2항).

법원과 관리위원회는 관리인의 회생계획 수행이 적정하게 진행되도록 감독한다(제81조 제1항, 제17조 제1항 제2호). 관리인이 회생계획의 수행을 게을리 할 경우 이해관계인의 신청이나 직권으로 관리인을 해임할 수 있다(제83조 제2항).

관리위원회는 매년 회생계획이 적정하게 수행되고 있는지 여부에 관하여 평가하고 그 평가 결과를 법원에 제출하여야 한다(제257조 제3항).

부동산 매각으로 인한 부담의 제거

회생계획의 수행으로 채무자가 소유하고 있는 부동산이 매각된 경우 부동산에 관한 소유권을 매수인에게 이전하고 부동산에 관한 부담을 제거하여야 한다. 부동산에 관한 부담으로는 보전처분등기 · 회생절차개시등기 · 회생계획인가등기, 회생채권에 기한 (가)압류, 피담보채권이 회생담보권으로 인정되지 못한 담보권, 회생담보권에 관한 담보권, 조세 등 청구권(제140조 제2항)을

---

1) 중국 <기업파산법>의 경우 회생계획의 수행자는 채무자이다(제89조 제1항). 중국의 경우는 회생계획을 인가함과 동시에 회생절차를 종결하기 때문이다(제86조 제2항, 제87조 제3항). 다만 회생계획에 감독기간을 정하고 관리인이 회생계획의 수행을 감독한다(제90조 제1항).
한편 중국 <기업파산법>이 회생계획의 수행자로 채무자를 규정한 것에 대하여, 채권자의 이익보장에 불리하고 회생절차의 순조로운 진행에도 불리하여 개정이 필요하다는 입법론적 비판이 있다(王欣新, 380쪽). 위 견해는 채무자에게 사기파산 또는 기타 채권자의 이익에 중대한 손해를 끼치는 위법행위가 있을 때에는 관리인이 회생계획을 수행하여야 한다고 한다.

기해 이루어진 체납처분[강제징수], 공익채권을 기해 이루어진 (가)압류 등이 있을 수 있다.[2)]

① 부동산에 관한 보전처분등기·회생절차개시등기·회생계획인가등기는 부동산이 매각되어 제3자 명의의 소유권이전등기가 마쳐지면 법원사무관 등은 직권으로 위 각 등기의 말소를 촉탁한다(부동산등기사무처리지침 제14조 제1항).

② 회생채권에 기한 (가)압류는 회생계획이 인가됨에 따라 실효되므로(제256조 제1항) 회생계획을 인가한 법원은 (가)압류에 따른 등기를 말소촉탁 할 수 있고, (가)압류를 한 집행법원도 말소촉탁 할 수 있다(부동산등기사무처리지침 제15조 제4항 본문).

③ 피담보채권이 회생담보권으로 인정되지 못한 담보권은 회생계획인가결정에 따라 소멸되므로(제251조), 그에 따른 담보권 설정등기는 등기의무자의 동의를 얻어 말소절차를 진행하거나 법원이 말소촉탁하게 된다(제24조 제2항).

④ 회생담보권에 대한 변제를 마친 경우 담보권 설정등기에 대하여 회생담보권자의 동의를 얻어 말소절차를 진행하거나 법원이 말소촉탁을 하게 되고(제24조 제2항), 회생계획에 부동산의 매각을 위해 필요한 경우 법원이 담보권 말소촉탁을 할 수 있다는 내용을 정한 경우 회생담보권이 변제되지 않더라도 매각계획의 이행을 위해 담보권 설정등기를 말소촉탁 할 수 있다.[3)]

⑤ 조세 등 청구권에 기초한 체납처분[강제징수]은 회생계획이 인가되더라도 실효되지 않으므로(제256조 제1항 참조, 부동산등기사무처리지침 제15조 제4항 단서) 회생계획 인가 후에 부동산에 남아있는 조세 등 청구권에 기초한 체납처분에 대해서는 징수권자와 협의하여 체납처분의 해제를 요청하여야 한다.

⑥ 공익채권은 회생계획에 의한 권리변경의 대상이 아니고, 회생절차에 의하지 않고 수시로 우선하여 변제되므로(제180조 제1항, 제2항) 공익채권에 기한 (가)압류에 따른 등기는 공익채권자와 협의하여 말소절차를 진행하여야 한다.

Ⅱ 회생계획의 수행명령과 담보제공명령

1. 수행명령

법원은 채무자, 회생채권자·회생담보권자·주주·지분권자, 회생을 위하여 채무를 부담하거나 담보를 제공하는 자, 신회사(합병 또는 분할합병으로 설립되는 신회사를 제외한다), 관리인에 대하여 회생계획의 수행에 관하여 필요한 명령을 발할 수 있다(제258조 제1항). 수행명령에 위반하는 행위에 대하여는 과태료의 제재가 있다(제660조 제2항).

수행명령은 회생계획인가 후 절차의 종결 또는 폐지에 이르기까지 법원이 회생계획의 효력을 받는 자 또는 관리인에 대하여 회생계획의 수행에 관하여 필요한 작위 또는 부작위를 명하

---

2) 이주영, "영업용 부동산의 매각을 예정한 회생계획의 실무상 문제점 - 중소제조기업의 회생계획을 중심으로 - ", 사법 56호(2021년 6월), 644~645쪽 참조.
3) 대법원 2017. 5. 31. 선고 2015다24751 판결(이러한 말소촉탁은 제24조 제2항의 등기촉탁과 구분되는 임의적인 것으로, 이에 관한 법원의 말소허가결정과 말소촉탁은 제252조와 회생계획의 내용에 근거하여 적법하다).

고 일정한 권한을 주는 등 일정한 법률관계를 형성함을 내용으로 하는 재판이다.

수행명령은 이해관계인의 신청 없이 직권으로 하는 것이 원칙이다(제258조 제1항). 이해관계인이 수행명령을 신청하더라도 직권의 발동을 촉구하는 의미밖에 없다. 수행명령에 대해서는 불복신청을 할 수 없다(제13조 제1항).

2. 담보제공명령

법원은 회생계획의 수행을 확실히 하기 위하여 필요하다고 인정하는 때에는 회생계획의 규정 또는 채무자회생법의 규정에 의하여 채권을 가진 자(회생채권자나 공익채권자 등)와 이의 있는 회생채권 또는 회생담보권으로서 그 확정절차가 끝나지 아니한 것을 가진 자를 위하여 상당한 담보를 제공하게 할 수 있다(제258조 제2항). 담보제공명령에 위반하는 행위에 대하여는 과태료의 제재가 있다(제660조 제2항).

'수행을 확실하게 하기 위하여 필요한 때'란 인가 결정 후의 사정의 변경 또는 채무의 일부를 불이행함에 따라 권리자의 권리실행에 대한 불안이 큰 때를 말한다. 다만 채무자는 담보로 제공할 수 있는 담보재산을 가진 경우가 많지 않고, 제3자에 의한 제공도 간단한 것은 아니기 때문에 담보제공명령을 발하는 경우는 거의 없다.

담보제공의 방식이나 담보의 취소 등에 관하여는 민사소송법의 규정(민소법 제122조, 제123조, 제125조, 제126조)을 준용한다(제258조 제3항).

Ⅲ 채무자에 대한 실사

법원은 회생계획인가 후 ① 회생계획을 제대로 수행하지 못하는 경우, ② 회생절차의 종결 또는 폐지 여부의 판단을 위하여 필요한 경우, ③ 회생계획의 변경을 위하여 필요한 경우 채권자협의회의 신청에 의하거나 직권으로 조사위원 또는 간이조사위원으로 하여금 채무자의 재산 및 영업상태를 실사하게 할 수 있다(제259조).

제2절 회생계획과 상법 등 법령의 적용 배제 및 특례

채무자회생법은 회생계획이 인가되면 채무자에 대한 운영은 회생계획에 따라 관리인의 권한으로 이루어질 것이 예정되어 있으므로 일정한 사항에 대하여는 상법 등의 적용을 배제하고 있다. 또한 채무자가 회생절차를 진행하고 있는 동안 자본의 감소 등 일정한 행위는 회생계획에 의하지 아니하고는 할 수 없도록 규정하면서(제55조 제1항), 위와 같은 내용들을 회생계획에 정한 경우 회생절차의 원활하고 신속한 진행을 위해 여러 가지 특례를 인정하고 있다. 즉 회생계획을 수행함에 있어서 상법을 비롯한 다른 법령의 적용을 배제하거나 별도의 규정을 두고 있다.

〈회생계획에 의한 조직변경과 특례〉

회생계획에 의하여야 할 사항 [제55조]	회생계획에서 정할 수 있는 사항[제193조 제2항]	회생계획에서 정할 구체적인 사항	상법 등에 대한 특례
	영업이나 재산의 양도, 출자나 임대, 경영의 위임(제1호)	제200조	제261조
자본(출자액)의 감소 (제1항 제1호)	제4호	제205조	제264조
	이사·대표이사의 변경 (제3호)	제203조	제263조
지분권자의 가입, 신주 또는 사채의 발행 (제1항 제2호)	신주나 사채의 발행 (제5호)	신주발행(제206조)	제265조 제266조 제277조
		사채발행(제209조)	제267조 제268조 제277조
자본(출자액)의 증가 (제1항 제3호)			
주식의 포괄적 교환 또는 주식의 포괄적 이전(제1항 제4호	제6호	주식의 포괄적 교환 (제207조)	제269조
		주식의 포괄적 이전 (제208조)	제270조
합병·분할·분할합병 또는 조직변경(제1항 제5호)	합병·분할·분할합병 (제6호)	흡수합병(제210조) 신설합병(제211조)	제271조
		분할(제212조) 분할합병(제213조) 물적분할(제214조)	제272조
해산 또는 회사의 계속(제1항 제6호)	해산(제7호)	해산(제216조)	제275조
	신회사의 설립(제8호)	제212조·제1항 제214조 제215조	제273조 제274조
이익 또는 이자의 배당(제1항 제7호)			
정관의 변경(제2항)	제2호	제202조	제262조

(상법 등에 대한 특례 칸에는 제260조(주주총회 등 적용배제)가 영업 양도부터 해산 항목까지 세로로 걸쳐 있음)

  원래 채무자의 기관, 자본구성, 조직 등을 변경함에 있어서는 상법 등에 규정이 존재하고, 재산관계의 변동에 관하여는 상법 등이 적용되는 경우가 있다. 그러나 이러한 변경이나 변동이 회생계획에 기초한 경우에는 회생계획의 정함에 의하여 상법 등 관련 법령의 규정을 대체한다는 것에 특례의 의의가 있다. 상법 등은 이해관계인의 이익을 조정하는 것이 목적임에 반하여, 채무자회생법은 채무자의 효율적인 회생을 도모하는 것이 목적이므로 상법 등의 적용을 배제하거나 특례를 인정할 수밖에 없다.

상법의 관련 규정과 채무자회생법의 관련 규정의 취지, 회생절차에서의 공익채권자의 지위 등에 비추어 보면, 채무자회생법의 특례규정들은 회생채권과 회생담보권에 대하여 적용될 수 있지만 공익채권에 대하여는 적용되지 아니한다고 봄이 타당하다.[4]

I 상법 등 법령의 적용 배제

1. 주주총회 또는 사원총회의 결의 등에 관한 법령의 규정 등의 적용 배제

회생절차가 개시되면 업무수행권과 재산의 관리처분권이 관리인에게 전속하지만, 법인인 채무자는 그대로 존속하므로 주주와 지분권자는 사단적 관계에 있어서는 활동을 할 수 있다. 따라서 주주와 지분권자는 회생절차에 관계없이 주주총회·사원총회 등을 통하여 활동할 수 있다. 관련 내용은 〈제6장 제2절 Ⅱ.2.나.〉(본서 367쪽)를 참조할 것.

한편 채무자는 회생계획에 ① 영업이나 재산의 양도, 출자나 임대, 경영의 위임, ② 정관의 변경, ③ 이사·대표이사(채무자가 주식회사가 아닌 때에는 채무자를 대표할 권한이 있는 자를 포함한다)의 변경, ④ 자본의 감소, ⑤ 신주나 사채의 발행, ⑥ 주식의 포괄적 교환 및 이전, 합병, 분할, 분할합병, ⑦ 해산, ⑧ 신회사의 설립에 관한 사항을 둘 수 있다(제193조 제2항).[5] 이러한 조항을 비롯하여 회생계획에 정한 것은, 회생계획인가 후 회생계획을 수행함에 있어서는 법령 또는 정관의 규정에 불구하고 법인인 채무자의 창립총회·주주총회 또는 사원총회(종류주주총회 또는 이에 준하는 사원총회를 포함한다) 또는 이사회의 결의를 하지 아니하여도 된다(제260조). 채무자에 대한 운영은 인가된 회생계획에 따라 관리인의 권한으로 할 것이 예정되어 있기 때문에 주주총회 등의 결의가 필요없도록 한 것이다.[6] 예컨대 자본의 감소는 주주총회의 특별결의사항인데(상법 제438조 제1항), 회생계획에 따라 자본을 감소할 경우에는 주주총회의 특별결의는 필요하지 아니하다. 또한 채무자의 업무수행권 및 관리처분권은 관리인에게 전속하므로 회생계획의 수행과정에서 이사회의 결의도 거칠 필요가 없다.

이처럼 채무자회생법은 주주와 지분권자의 공익권을 제약하고 있음은 물론 이사회의 기능

---

4) 대법원 2016. 2. 18. 선고 2015다10868,2015다10875(병합) 판결, 대법원 2016. 2. 18. 선고 2014다31806 판결.
5) 나아가 이러한 사항들은 원칙적으로 회생계획에 의하여야 한다(제56조). 다만 정관의 변경이나 영업 또는 사업의 전부 또는 중요한 일부의 양도는 원칙적으로 회생계획에 의하여야 하지만 법원의 허가를 얻어서도 할 수 있다(제56조 제2항, 제62조 제1항).
6) 채무자 회사의 운영은 원래 주주 등의 의사를 바탕으로 상법 등의 규정에 따라 하는 것이다(상법 제374조 제1항 등). 그러나 채무자 회사의 운영을 법원에 의해 인가된 회생계획에 따라 관리인의 권한으로 할 것을 예정하고 있는 이상, 반복하여 주주의 의사를 묻거나 상법 등의 절차를 밟을 합리적인 이유는 없다. 그래서 일부 상법 등의 적용을 배제하는 것이다. 한편으로는 회생회사의 경우 부채가 자산을 초과하는 경우가 많고, 이런 경우 주주로서는 잔여재산분배를 받을 수 없어(주식가치가 0이다) 어떠한 이해관계도 없다는 점도 고려한 것이다.

을 현저히 약화시키고 있다(주주총회의 형해화). 따라서 회생계획에는 주주와 지분권자의 권리제한에 관한 조항을 명시적으로 기재하는 것이 바람직하다.

2. 주식매수청구권의 배제

회생계획의 수행에 있어서는 상법 등 법령의 규정에도 불구하고 채무자 회사 또는 신회사(제215조)의 주주는 채무자 회사나 신회사에 대하여 자신이 가진 주식의 매수청구를 할 수 없다(제261조 제2항, 제269조 제3항, 제270조 제3항, 제271조 제3항, 제272조 제3항). 회생계획의 수행에서는 앞에서 본 바와 같이 주주총회 결의가 배제되므로(주식매수청구권은 사업의 전부 또는 중요한 부분의 양도나 합병 등에 관한 주주총회에서 반대주주를 보호하기 위한 수단이다) 반대주주의 존재를 생각할 여지가 없기 때문에 주식매수청구권도 배제되는 것이다.

3. 채무자의 조직에 관한 행위의 무효의 소 등의 배제

회생계획의 수행에 있어서 채무자 회사 또는 신회사(제215조)의 주주, 파산관재인 또는 채권자는 회사의 조직에 관한 행위의 무효의 소나 주식회사의 성립 후에 있어 주식 발행 부존재 확인의 소를 제기할 수 없다(제264조 제2항, 제272조 제4항, 제274조 제2항 등).

회사의 조직에 관한 행위나 주식 발행이 회생계획에 의하여 이루어질 경우에는 이미 회생계획의 인가결정의 효력이 발생하였고 그것을 다툴 기회가 보장되었던 것이므로 별도로 위 각 행위의 효력을 다투는 것을 인정할 필요가 없기 때문이다(본서 1032, 1048, 1053쪽 등).

Ⅱ 상법 등 법령의 특례

1. 영업양도 등에 관한 특례

가. 회생계획에 기재할 사항

① 채무자의 영업이나 재산의 전부나 일부를 양도·출자 또는 임대하는 경우, ② 채무자의 사업의 경영의 전부나 일부를 위임하는 경우, ③ 타인과 영업의 손익을 같이 하는 계약 그 밖에 이에 준하는 계약을 체결·변경 또는 해약하는 경우, ④ 타인의 영업이나 재산의 전부나 일부를 양수하는 경우에는 회생계획에 그 목적물·대가·상대방 그 밖의 사항을 정하여야 한다. 영업양도 등에 따른 대가를 회생채권자·회생담보권자·주주·지분권자에게 분배하는 때에는 그 분배의 방법도 회생계획에 정하여야 한다(제200조). 이러한 행위는 모두 재산거래로서의 성질도 갖는 것이고, 합병이나 분할과 달리 채무자의 법인격이나 조직 그 자체에 관한 행위는 아니지만, 다른 한편 개개의 권리의무의 이전이나 승계와 구별되며, 일정한 사업목적을 위하여 조직화되고 유기적 일체로서 기능하는 재산의 양도 또는 양수와 유사한 효과를 가지기

위하여, 채무자의 사업의 유지·회생에 중대한 영향을 미친다는 것을 고려하여, 회생절차의 근본규범인 회생계획에 정하여 하도록 한 것이다.

나. 회생계획에 따른 영업양도 등

회생계획에 (1) ① 채무자의 영업이나 재산의 전부나 일부를 양도·출자 또는 임대하는 계약, ② 채무자의 사업의 경영의 전부나 일부를 위임하는 계약, ③ 타인과 영업의 손익을 같이 하는 계약 그 밖에 이에 준하는 계약의 체결·변경 또는 해약이나 (2) 타인의 영업이나 재산의 전부나 일부를 양수할 것에 대한 약정하는 행위를 정한 때에는 회생계획에 따라 그 행위를 할 수 있다(제261조 제1항). 이 경우 주주총회의 특별결의도 필요 없고,[7] 영업양도 등에 반대하는 주주라도 주식매수청구권을 행사할 수 없다(제261조 제2항).

원래 반대주주의 주식매수청구권[8]은 다수결원칙 때문에 희생되기 쉬운 소수주주를 보호하기 위하여 둔 것이나(주주의 투자금회수를 보장하기 위한 것이다), 회생절차의 원활한 진행을 위하여 회생계획에 영업양도 등을 정하고 그에 따라 영업양도 등을 한 경우에는 반대주주의 주식매수청구권을 인정하지 않는다.

다. 회생계획인가 전 영업양도

한편 영업양도는 시점을 기준으로 앞에서 본 회생계획에 의한 영업양도 이외에 회생계획인가 전 영업양도가 있다. 영업양도는 회생계획에 의하지 않고 조기에 실행할 수도 있다. 회생절차개시 이후 회생계획인가 전이라도 관리인은 채무자의 회생을 위하여 필요한 경우 법원의 허가를 받아 채무자의 영업 또는 사업의 전부 또는 중요한 일부를 양도할 수 있다(제62조 제1항). 법원이 영업양도의 허가를 하는 경우 주식회사인 채무자의 부채총액이 자산총액을 초과하는 때에는 관리인의 신청에 의하여 결정으로 상법(제374조 제1항)이 규정하는 주주총회의 특별결의(상법 제434조)에 갈음하게 할 수 있다(제62조 제4항 전문). 이 경우 회생계획에 의한 영업양도와 마찬가지로 반대주주의 주식매수청구권은 인정되지 않는다(제62조 제4항 후문).

회생계획에 의한 영업양도와 회생계획인가 전 영업양도는 모두 반대주주의 주식매수청구권을 인정하지 않는다는 점에서 같다. 다만 전자는 회생계획에 영업양도를 규정하고 관계인집회에서 가결(또는 법원의 권리보호조항을 정한 인가결정)되는 것으로, 후자(부채초과의 경우)는 법원의 결정으로 상법이 규정하는 특별결의를 대체한다는 점에서 차이가 있다.

---

7) 주식회사의 경우 회생계획에 의하지 않을 경우 주주총회의 특별결의가 필요한 사항이다(상법 제374조 제1항). 왜냐하면 영업양도 등은 회사의 운명을 좌우하여 주주의 이익에 중대한 영향을 미치기 때문이다. 하지만 회생절차에서는 자산이 부채를 초과할 경우 주주도 회생계획의 가결절차에 참여할 수 있고, 반대로 부채가 자산을 초과할 경우에는 주주의 보호필요성이 없어 주주총회의 특별결의를 배제하고 있다.

8) 상법 제374조의2(반대주주의 주식매수청구권)와 「자본시장과 금융투자업에 관한 법률」 제165조의5(주식매수청구권의 특례)에서 규정하고 있다.

회생절차에서의 영업양도[9]

채무자는 영업양도의 방법으로 회생을 도모할 수도 있다. 채무자는 영업의 전부를 양도한 후 청산하지만, 영업은 양수인에 의해 회생된다. 이러한 경우도 채무자의 회생이라는 목적에 부합하는 것이다. 기업의 가치는 도산에 의해 급격히 악화되는 경우가 많기 때문에 조기에 영업양도를 할 필요가 있다. 또한 영업양도를 하고 영업양도의 대가를 변제재원으로 하여 권리변경 후 회생채권 등에 대한 일괄 변제가 가능한 경우도 많기 때문에 회생채권자 등에게도 유리한 점이 있고, 회생절차도 조기에 종결할 수 있다. 나아가 종업원을 영업양도에 앞서 승계함으로써 고용의 확보도 도모할 수 있다. 다만 영업양도 대가의 상당성의 담보가 필요하고, 양수인 선정과정의 공정성과 투명성이 확보되지 않으면 안 된다.[10] 한편 영업양도는 자산이전절차가 복잡하고 세금부담의 측면에서 비용이 많이 소요되며, 영업양도 후에도 잔존 사업부문의 계속, 해산 및 청산 등의 절차가 남아 장기간이 소요될 수도 있다는 문제점이 있다.

채무자회생법은 영업양도를 통한 회생을 도모하기 위하여 회생계획에 의한 영업양도(제261조)와 회생계획인가 전 영업양도(제62조 제1항)를 규정하고 있다. 회생절차에서 영업양도는 회생계획에서 정함에 의하는 것이 원칙이고, 예외적으로 회생계획인가 전 단계에서 법원의 허가를 얻어 할 수도 있다. 회생계획에 따라 영업양도를 할 경우 시간의 경과에 따라 기업가치가 훼손될 염려가 있기 때문에 예외적으로 법원의 허가를 얻어 영업양도를 할 수 있도록 한 것이다.

I. 회생계획인가 전 영업양도

기업의 가치는 기업이 도산상태에 빠진 것이 알려지면 급속히 악화되는 경우가 많고, 영업양도를 회생계획에 의하지 않으면 안 되는 것으로 하면 양도시기를 놓쳐 이해관계인에게 손해를 끼칠 수 있기 때문에 법원의 허가에 의한 조기 영업양도를 인정하고 있다. 최근 사전회생계획안 제출제도와 더불어 회생절차를 통한 구조조정 효과를 극대화하기 위해 주목받고 있는 것이 회생계획인가 전 영업양도이다.[11] 부실이 해결 불가능한 수준이거나 이해관계가 너무 복잡하여 통상의 회생절차를 통해서는 기업의 회생을 기대하기 어려운 경우에는 우량사업만 매각하여 존속시키는 구조조정 방식이 불가피하다. 특히 기업가치의 급격한 하락 등으로 구조조정의 성패가 신속성에 좌우되는 상황에서 그 활용가치는 더욱 크다.[12] 회생계획인가 전 영업양도는 채무자회생법

---

9) 상황에 따라 영업 또는 사업의 전부 또는 중요한 일부의 양도(제62조 제1항)나 영업이나 재산의 전부나 일부의 양도(제261조 제1항)를 의미한다. 상법상의 영업양도는 일정한 영업목적에 의하여 조직화된 업체, 즉 인적·물적 조직을 그 동일성은 유지하면서 일체로서 이전하는 것을 의미하고, 영업양도가 이루어졌는가의 여부는 단지 어떠한 영업재산이 어느 정도로 이전되어 있는가에 의하여 결정되어야 하는 것이 아니고 거기에 종래의 영업조직이 유지되어 그 조직이 전부 또는 중요한 일부로서 기능할 수 있는가에 의하여 결정되어야 하므로, 영업재산의 일부를 유보한 채 영업시설을 양도했어도 그 양도한 부분만으로도 종래의 조직이 유지되어 있다고 사회관념상 인정되면 그것을 영업의 양도라 볼 것이지만, 반면에 영업재산의 전부를 양도했어도 그 조직을 해체하여 양도했다면 영업의 양도로 볼 수 없다(대법원 2007. 6. 1. 선고 2005다5812,5829,5836 판결).

10) 實務 倒産法講義, 542~543쪽.

11) 사전회생계획안 제출제도는 회생절차 신청부터 종결까지 기간이 짧기 때문에 회생절차 내에서 사업의 구조조정까지 실시하기는 어렵고 채무에 대한 조정만을 요하는 기업에 적합하다. 반면 회생계획인가 전 영업양도는 우량사업을 선별적으로 일괄 매각함으로써 계속기업으로 유지 발전시키고 부실사업은 잔존법인에 남겨 청산으로 이어지는 형태를 취할 수 있어 구조조정을 '채무'가 아닌 '사업' 중심으로 할 수 있다. 따라서 회생계획인가 전 영업양도는 사업 구조조정을 필요로 하는 기업에 적합하다.

제정과 함께 인수·합병(M&A)의 활성화를 위해 도입된 것이다.

회생절차개시 이후 회생계획인가 전 사이에 관리인은 법원의 허가를 얻어 채무자의 영업 또

---

12) **미국 연방도산법상의 회생계획인가 전 영업자산 매각제도** 회생계획인가 전 영업양도는 실무에서 거의 사례가 발견되지 않지만, 미국에서는 2008년 금융위기 이후 GM(General Motors)과 Lehman Brothers 등의 구조조정을 성공시키는데 크게 기여한 방식이다. 따라서 미국 연방도산법상의 회생계획인가 전 영업자산 매각제도에 관하여 간략하게 살펴보기로 한다{윤남근, "미국 파산법상 회생계획안 인가 전의 영업재산 매각", 사법 제30호, 사법발전재단(2014), 183~186쪽}.

미국 연방도산법 Chapter 11의 회생절차는 채무자 기업을 해체하지 않고 존속시키면서 그 계속기업가치를 권리자들에게 분배하는 과정이다. 그런데 Chapter 11은 계속기업가치를 실현하는 두 가지 방법에 관하여 규정하고 있는바, 하나는 채무자가 영업을 계속하면서 순현금흐름을 창출하도록 하는 것이고, 다른 하나는 채무자 기업을 계속기업으로서 제3자에게 매각하는 것이다.

연방도산법 총칙 규정인 §363은 관리인이 회생계획에 의하지 않고 채무자의 영업재산 전부 또한 사실상 전부를 매각함으로써 회생계획안의 작성, 제출, 토론, 표결, 인가 등 번잡한 절차를 밟을 필요 없이 채무자의 계속기업가치를 단기간 내에 실현할 수 있는 길을 열어 놓고 있다. §363은 이해관계인에 대한 통지와 변론을 거쳐야 한다고 규정할 뿐 그 인가기준에 관하여는 전적으로 법원의 재량에 맡겨져 있다{미국에서는 금융위기 이후 §363(b)에 의한 자산매각의 인가기준에 관하여 많은 판례가 축적되었다. 구체적인 인가기준에 관하여는 <윤남근, 전게 "미국 파산법상 회생계획안 인가 전의 영업재산 매각", 144~149쪽>을 참조할 것}.

2008년 이후 세계금융위기 속에서 Lehman Brothers, GM, Chrysler 등 미국의 초거대 다국적기업들이 유동성 부족으로 사실상 파산상태에 이르게 되자 회생절차개시 신청을 한 다음 §363(b)에 의하여 영업재산의 전부 혹은 실질적 전부를 매각하였다. 예컨대 GM의 경우 정부의 주도로 이들의 사업을 인수할 신회사들을 설립하고, 신회사들이 정부로부터 막대한 자금을 지원받아 GM의 핵심 자산, 영업 및 일부 채무만을 선별하여 인수하였다. 그리고 대부분의 채무와 책임을 안고 있는 껍데기 GM은 상호를 변경한 다음 신회사로부터 받은 매각대금과 잔여재산의 처분 대금을 채권자들에게 분배하는 청산형 회생계획을 수행하고, 신회사는 상호를 GM으로 변경하여 계속기업으로서의 동일성을 유지하는 과정을 거쳤다.

연방도산법 §363(b)에 의한 영업재산 매각은 채무자의 기업가치가 감소하고 있는 경우 계속기업가치의 실현을 극대화할 수 있는 최적의 수단이다. 또한 매각대상 재산에 대한 제3자의 담보권을 소멸시키고 채무와 책임의 승계를 차단할 수 있어 매수인으로서는 아무런 위험부담 없이 핵심 자산만을 인수하는 것이 가능하다. 특히 채무자가 노동조합과의 단체협약, 불법행위, 제조물책임 등으로 인한 과도한 채무에 짓눌려 헤어나기 어려운 상황에 있는 경우 이 조항은 기업의 존속을 위한 특효약이 될 수 있다. 반면 §363(b)에 의한 자산매각은 여러 가지 부작용을 낳을 수 있다. 우선 권리자들이 투표에 의하여 매각의 조건 등에 대한 찬반 의사표시를 할 기회가 주어지지 않는다는 점에서 그만큼 이해관계인들에 대한 권리보호가 소홀해 질 수 있다. 도산법원이 자산매각계약의 인가 여부를 결정하기 위한 심리기간이 너무 짧아 채무자가 일방적으로 제공하는 불충분한 정보에 기초하여 잘못된 결정을 내릴 우려도 있다. 이해관계인들의 입장에서도 통지 및 이의 절차가 마련되어 있기는 하지만 21일의 통지기간 동안 충분한 정보를 확보한다는 것은 기대하기 어렵다. 또한 채권액이 많은 선순위 담보권자들이 채무자를 압박하여 다른 매수희망자들이 수용하기 어려운 매각조건을 설정하도록 함으로써 단독 입찰자가 된 다음 채무자 기업의 핵심 영업재산을 헐값에 매수할 수도 있다. GM의 자산매각에 있어서도 대채권자인 정부가 깊이 관여한 데 대하여 입찰절차가 공정하지 못했다는 비판이 제기되었다.

채무자회생법 제62조 제1항은 관리인이 회생계획인가 전이라도 법원의 허가를 받아 영업양도를 할 수 있다고 규정하고 있다. 미국 연방도산법 §363(b)에 의한 자산매각의 인가 요건에 관한 미국의 판례는 우리나라 법원이 영업양도에 대한 허가기준을 정립하는 데 있어 중요한 참고자료가 될 수 있을 것이다. 또한 입법론적으로 이해관계인들에 대한 통지, 변론 및 이의절차를 마련할 필요도 있다.

미국 연방도산법 §363에는 매각대상 재산에 대한 담보권을 소멸시키고 영업에 수반된 채무와 책임이 양수인에게 승계되지 않도록 막아주는 내용이 포함되어 있으나 채무자회생법에는 이러한 규정이 없다. 이는 우리나라에서 회생계획인가 전의 영업양도에 대한 이용도를 떨어뜨리는 요인이 되고 있다. 최근 미국에서는 Chapter 11의 전통적 회생절차를 이용하기보다 §363에 의하여 영업재산과 사업 전부를 매각하는 것이 확고한 추세로 자리 잡고 있다. 따라서 입법론적으로 영업양도에 수반하는 채무와 책임의 승계를 단절시킬 수 있는 근거 규정을 마련하는 것도 적극적으로 검토할 필요가 있다고 본다. 영업을 양수하는 과정에서 기존의 채무와 책임이 인수자에게 그대로 부담지어 진다면 회생절차를 통해 우량한 사업부를 매각하고 사업의 구조조정을 도모하고자 하는 시도는 원천적으로 불가능하기 때문이다.

는 사업[13]의 전부 또는 중요한 일부를 양도할 수 있고(제62조 제1항), 법원은 그 영업양도가 채무자의 회생을 위하여 필요하다고 인정되는 경우 허가하여야 할 것이다.[14] 법원이 채무자의 영업양도를 허가할 경우 양도대가의 사용방법을 정하여야 한다(제62조 제3항).

영업 또는 사업의 전부 또는 중요한 일부의 양도란 일정한 영업 또는 사업 목적을 위하여 조직되고 유기적 일체로서 기능하는 재산의 전부 또는 중요한 일부를 양도하는 것을 의미하고, 채무자의 영업 또는 사업 그 자체가 아닌 영업용 재산의 처분이라고 하더라도 그로 인하여 채무자의 영업 또는 사업의 전부 또는 중요한 일부를 양도하거나 폐지하는 것과 같은 결과를 가져오는 경우를 말한다.[15] '영업의 중요한 일부의 양도'에 해당하는지는 양도대상 영업의 자산, 매출액, 수익 등이 전체 영업에서 차지하는 비중, 일부 영업의 양도가 장차 회사의 영업규모, 수익성 등에 미치는 영향 등을 종합적으로 고려하여 판단하여야 한다.[16]

법원이 영업양도를 허가함에 있어서는 관리위원회, 채권자협의회, 채무자의 근로자의 과반수로 조직된 노동조합(위와 같은 노동조합이 없는 때에는 근로자의 과반수를 대표하는 자)의 의견을 들어야 한다(제62조 제2항).

주식회사인 채무자의 부채총액이 자산총액을 초과하는 때[17]에는 관리인의 신청에 의한 결정으로 주주총회의 특별결의(상법 제374조 제1항, 제434조)를 갈음할 수 있다(제62조 제4항 전문).[18] 사업가치 악화나 훼손을 방지하기 위해 조기에 영업양도를 할 필요성이 인정됨에도, 도산상태에 빠진 회사의 주주는 경영에 관심을 잃어 비협조적인 경우 등 주주총회의 특별결의를 거치는 것이 반드시 용이하지 않다는 점과 주주가 잔여재산분배 등의 형태로 이익을 받을 여지가 없다{채무초과 상태인 주식회사의 주주는 실질적으로 보면 주주로서의 권리(주주권)를 상실한 것이라고

---

13) **영업과 사업** 제62조 제1항, 제22조의2 제1항 제1호 등에서는 '영업 또는 사업'이라는 용어를, 제486조와 제492조 제3호에서는 '영업'이라는 용어를 각 사용하고 있다. 상법에서도 영업(상법 제374조 등)과 사업(상법 제397조의2 등)이 사용되고 있다. '사업'이라는 용어에는 2가지 의미가 있다. 하나는 상법에서 규정하고 있는 '회사의 사업'이다. 상법은 회사가 수행하는 영업(1개 또는 여러 개)의 총체에 대하여, 개개의 영업과 구별하여 '사업'이라고 표기하는 것으로 통일되어 있고, '사업'은 이것에 기한 용어이다. 채무자회생법 제62조 제1항, 제22조의2 제1항 제1호의 '사업'은 이러한 의미이다. 둘은 영업이라는 용어는 상인파산주의를 채택하고 있다는 인상을 줄 수 있고, 사회복지법인, 병원, 학교법인 등을 영위하는 것은 포함되지 않을 염려가 있다. 따라서 이러한 점에 개인상인의 영업도 모두 포함시킬 넓은 개념으로 사용한 것이 사업이다. 채무자회생법 제1조에서 사용하는 '사업'은 이러한 개념이다(條解破産法, 632쪽 참조).

14) **인수합병(M&A)의 활성화** 채무자회생법은 채무조정을 끝낸 채무자의 새로운 주인을 신속하게 찾도록 인수합병 활성화를 위한 몇 가지 규정을 두고 있다. ① 채무자의 인수희망자에게 영업·사업에 관한 정보 등을 제공하도록 하고(제57조), ② 회생계획인가 전이라도 법원의 허가를 얻어 영업양도를 할 수 있도록 하며(제62조), ③ 청산형 회생계획에 영업양도를 포함시키고 있다(제222조).

15) 대법원 1998. 3. 24. 선고 95다6885 판결 참조. 이러한 영업양도에는 양수인에 의한 양도인의 영업적 활동의 전부 또는 중요한 일부분의 승계가 수반되어야 하는 것이므로 단순한 영업용 재산의 양도는 이에 해당하지 않는다(대법원 2014. 10. 15. 선고 2013다38633 판결).

16) 대법원 2014. 10. 15. 선고 2013다38633 판결.

17) 법원의 허가(대체허가)로 영업양도를 하기 위한 요건으로 채무자회생법은 채무초과만을 요구하고 있으나, 일본 민사재생법은 채무초과뿐만 아니라 '사업의 계속을 위하여 필요할 것'을 요건으로 하고 있다(민사재생법 제43조 제1항). 반면 회사갱생법은 채무초과를 요건으로 하지 않고 '사업의 회생을 위하여 필요하다는 것이 인정될 것'을 요건으로 하고 있다(회사갱생법 제46조 제2항).

18) 채무자의 자산총액이 부채총액을 넘는 경우에는 주주총회의 특별결의가 필요하다. 채무자의 영업 또는 사업의 전부 또는 중요한 일부의 양도에 있어서는, 외부의 이해관계인인 회생채권자 등보다도, 채무자의 주주가 보다 직접적인 이해관계를 가진다고 볼 수 있기 때문이다.

말할 수 있다)는 점을 고려한 것이다. 이 경우 반대주주의 주식매수청구권은 인정되지 않는다(제62조 제4항 후문). 법원이 특별결의에 갈음하는 결정을 할 때에는 그 결정서를 관리인에게 송달하고 그 결정의 요지를 기재한 서면을 주주에게 송달하여야 한다(제63조 제1항). 위 결정의 효력은 결정서가 관리인에게 송달된 때에 발생한다(제63조 제2항). 주주는 위 결정에 대하여 즉시항고를 할 수 있다(제63조 제3항).

법원의 허가를 받지 아니하고 한 영업양도는 무효이다. 다만 선의의 제3자에게는 대항하지 못한다(제62조 제5항, 제61조 제3항).[19]

Ⅱ. 회생계획에 의한 영업양도

채무자는 회생계획에 의하여 영업이나 재산의 전부나 일부를 양도할 수 있고(제261조 제1항 제1호 가목), 회생계획에 의해 영업양도를 하려고 할 경우 회생계획에 영업양도에 관한 사항을 기재하지 않으면 안 된다(제200조 제1항 제1호). 이와 같이 회생계획에 영업양도의 내용을 반영하고 관계인집회에서의 심리 및 결의 절차를 거쳐 회생계획이 인가되면 그 회생계획에 따라 영업양도절차를 실시하는 것을 회생계획에 의한 영업양도라 한다.

청산형 회생계획에서도 영업양도를 규정할 수 있지만, 이 경우에는 사전에 법원의 허가를 받아야 한다(제222조 제1항).

회생계획의 영업양도 조항에는 그 목적물·대가·상대방 그 밖의 사항을 기재하여야 한다(제200조 제1항). 영업양도대가를 회생채권자·회생담보권자·주주·지분권자에게 분배하는 때에는 그 분배의 방법도 기재하여야 한다(제200조 제2항).

회생계획에 의해 영업양도가 된 경우 주주총회의 특별결의(상법 제374조 제2항)는 필요 없고(제260조), 반대주주의 주식매수청구권도 인정되지 않는다(제261조 제2항). 회생계획에 의한 영업양도는 회생계획을 수행하는 것이므로 영업양도의 승인을 위해 상법상에 필요한 주주총회 또는 사원총회의 특별결의는 필요하지 않도록 한 것이다.

한편 영업양도 목적물에 담보권이 설정되어 있는 경우에는 회생계획에 담보권의 변제 및 소멸에 관한 내용을 기재함으로써 영업양도에 의한 회생계획 수행을 통해 담보권을 소멸시키고 법원의 의한 담보권 말소촉탁을 할 수 있다(제24조 제2항).

Ⅲ. 회생계획인가 전 영업양도와 회생계획에 의한 영업양도의 차이

회생계획인가 전 영업양도와 회생계획에 의한 영업양도는 정지조건의 내용이 서로 다르다. 전자의 정지조건은 법원의 허가이고, 후자의 정지조건은 회생계획의 인가이다. 그렇지만 어느 것도 계약에 기하여 그 실체법상의 효과가 발생한다는 점에서 큰 차이는 없다.

영업양도의 당부, 범위, 대가 등 영업양도계약의 내용은 회생의 기본적 틀을 결정하기 때문에

---

19) 상법상 주주총회 특별결의를 거치지 아니한 영업양도를 아래에서 보는 바와 같이 절대적 무효로 해석하고 있는 것과 대비된다. 선의의 상대방을 보호하는 것은 주주의 이익보다 회생절차의 안정을 중시하기 때문으로 보인다.
　　상법상 주주총회의 특별결의를 거치지 아니한 영업양도의 효력에 관하여는 무효라는 견해가 다수설이고 판례(대법원 1988. 4. 12. 선고 87다카1662 판결 참조)의 입장이다. 절대적 무효인지 상대적 무효인지에 관하여는 다툼이 있다. 거래안전은 다소 희생되지만 주주총회 특별결의를 거치도록 한 본래의 취지에 비추어 보면, 절대무효설이 타당하다(다수설)〔권기범, 기업구조조정법, 삼영사(2011), 544~545쪽〕.

　　회생채권자 등의 이해에 관련된 중대한 문제이다. 따라서 본래는 회생계획인가 전 영업양도 보다도, 회생채권자 등의 의사를 단적으로 반영시킬 수 있는 회생계획에 의한 영업양도가 바람직 하다. 그러나 실무적으로는 회생절차개시로 인한 기업가치의 급격한 훼손을 방지하기 위하여 신 속한 영업양도에 의해 기업가치를 유지할 필요가 있는 경우가 많으므로 회생계획인가 전 영업양 도를 적극 활용할 필요가 있다.[20)]

2. 정관변경에 관한 특례

　　원래 정관변경은 상법상 주주총회의 결의사항이나(상법 제433조) 회생절차의 원활한 진행을 위해 정관변경과 관련한 주주총회의 결의사항에 대하여 제한을 가하고 있다. 회생절차개시 이 후 정관변경은 회생계획에 의하거나 법원의 허가를 얻어서 하는 방법이 있다.

가. 회생계획에 의한 정관변경

　　정관변경이 회생절차의 일환으로서 필요한 경우에는 회생계획에 의하여 이루어져야 한다.[21)] 즉 채무자의 정관을 변경하는 때에는 회생계획에 그 변경의 내용을 정하여야 한다(제202조, 제 193조 제2항 제2호). 회생계획에서 채무자의 정관을 변경할 것을 정한 경우에는 정관은 회생계 획인가결정이 있는 때에 회생계획에 의하여 변경된다(제262조).[22)23)] 주주총회의 특별결의는 회 생계획안의 기재와 가결 · 인가에 의하여 대체된다.

나. 법원의 허가에 의한 정관변경

　　회생절차개시 이후부터 그 회생절차가 종료될 때까지 회생절차(회생계획)에 의하지 아니하

---

20) 하지만 현실적으로 회생계획인가 전 영업양도는 어렵다. 담보권이 존재하는 상태로는 매수인을 찾기 어렵고, 채권양 도금지특약의 효력이 원칙적으로 제3자에게도 인정되며(대법원 2019. 12. 23. 선고 2016다24284 전원합의체 판결), 면책적 채무인수를 하려면 채권자의 승낙을 요하는(민법 제454조) 법적 장애요소가 있기 때문이다. 회생계획인가 전 영업양도를 활성화하기 위해서는 일본의 담보권소멸허가제도{담보재산이 채무자의 사업의 회생을 위하여 필요하거 나 사업의 계속에 필요불가결한 경우 채무자의 청구에 의하여 채무자가 담보가액의 평가에 따라 정해지는 담보가액 범위 내의 채권만을 전액 변제함으로써 담보권을 소멸시키는 제도(회사갱생법 제104조, 민사재생법 제148조)}를 도 입거나, 채권양도 제한을 폐지(위 2016다24284 전원합의체 판결의 반대의견 참조)하는 입법적 보완이 필요하다.
21) 회사가 발행할 주식의 총수는 정관의 절대적 기재사항이고(상법 제289조 제3호) 이를 넘어서 발행하는 주식은 무 효이다. 회생절차에서는 출자전환이나 유상증자가 많이 이루어지므로 회생계획안을 작성할 때 회사가 발행할 주식 의 총수가 충분한지 검토하여, 필요한 경우 발행 예정 주식 총수에 관한 정관 내용을 변경하여야 한다.
22) 일반적으로 상법상의 회사 중 합명회사 · 합자회사, 유한책임회사는 총사원의 동의(상법 제204조, 제269조, 제287조 의16), 주식회사, 유한회사는 주주총회, 사원총회의 특별결의(상법 제434조, 제585조) 등 법인 내부적인 절차를 거 쳐야 하고, 그 효력발생시기는 원칙적으로 변경결의가 성립한 때이지만, 회생계획에 의한 정관 변경은 위와 같은 결의를 필요로 하지 않기 때문에 회생계획인가결정이 있는 때로 그 효력발생시기에 관한 특칙을 정한 것이다.
23) 회생회사의 관리인이 정관에 규정된 수권자본금 한도 내에서 회생법원의 허가하에 향후 제3자 배정방식의 신주발 행을 계획하고 있는 회생계획 조항에 따라 신규자금을 유치할 목적으로 회생법원의 허가를 받아 신주를 발행하는 경우에는 회생회사의 기존 주주들이 회생계획에 의하여 감수하기로 예정한 불이익이 구체적으로 현실화되는 것에 불과하므로 특별한 사정이 없는 한 제3자 배정방식의 신주발행을 위하여 회생계획 변경절차를 거칠 필요가 없다 (대법원 2008. 5. 9. 자 2007그127 결정 참조).

고 법인인 채무자의 정관을 변경하고자 하는 때에는 법원의 허가를 받아야 한다(제55조 제2항). 회생절차에서 정관의 변경이 필요한 경우 회생계획에 기재하여야 하므로 법원의 허가를 얻어서 할 수 있는 정관변경은 회생절차와 관계없는(회생계획의 근본적인 구도를 변경하지 않는) 사소한 사항에 국한된다.[24] 예컨대 영업목적의 변경, 본점의 이전, 공고방법의 변경 등이 이에 속한다. 한편 법원의 허가를 얻어 정관을 변경하는 경우에는 상법에서 정한 주주총회의 특별결의요건(상법 제434조)을 배제하는 취지의 규정이 없으므로 주주총회의 특별결의와 법원의 허가를 모두 필요로 한다고 할 것이다.

다. 회생절차개시 이후 정관변경의 구체적인 방법

관리인 등이 행사하는 업무수행의 범위는 정관에 정한 목적범위로 제한되므로 채무자의 회생을 위하여 그 목적범위 외의 행위를 하려면 먼저 정관을 변경하여야 한다. 회생절차개시 이후에는 정관을 주주총회의 특별결의만으로는 변경할 수 없고, 주주총회의 특별결의 및 법원의 허가에 의하여 변경하거나, 회생계획에 의하여 변경할 수 있을 뿐이다.

3. 이사 등의 변경에 관한 특례

회생절차개시결정이 있고, 채무자의 업무수행권과 재산의 관리처분권이 관리인에게 전속한다고 하여도 회생계획이 인가되기까지는 종래의 이사나 감사의 지위에 변동이 없다. 관리인이 이사 또는 감사를 선임하거나 해임할 권한도 없다. 다만 채무자의 업무수행권과 재산의 관리처분권은 관리인에게 전속하므로 이사의 권한은 그 외의 인격적 활동의 영역에서만 극히 제한적으로 인정된다. 이사의 권한은 관리인의 지위보다 열등한 위치에 있으므로 관리인의 권한을 침해하거나 부당하게 관리인의 권한 행사에 관여할 수 없다(제56조 제2항 참조).

이사나 감사는 주주총회의 결의로 선임되고(상법 제382조 제1항, 제409조 제1항), 대표이사는 이사회에서 정함(상법 제389조 제1항)이 상법상 원칙이나 회생절차에서는 원칙적으로 인가된 회생계획에 따라 이사 등 임원의 변경이 이루어진다.

가. 이사와 대표이사의 변경에 관한 특례

법인인 채무자의 이사를 선임하거나 대표이사(채무자가 주식회사가 아닌 때에는 채무자를 대표할 권한이 있는 자를 포함한다. 이하 '대표이사'라 한다)를 선정하는 때에는 회생계획에 선임이나 선정될 자와 임기 또는 선임이나 선정의 방법과 임기를 정하여야 한다(제203조 제1항). 여럿의 대표이사에게 공동으로 채무자를 대표하게 하는 때에는 회생계획에 그 뜻을 정하여야 한다(제203

---

24) 원 회생계획안에서 정관변경에 관하여 "회생절차기간 중 정관변경의 필요성이 있을 때에는 관리인이 법원의 허가를 얻어 변경한다"고 규정하고 있더라도, 원 회생계획상 고려대상이 아니었던 제3자의 인수·합병에 의한 회생절차의 진행 및 종결을 위한 정관변경은 전체적인 회생계획의 기본적인 구도가 변경되는 결과를 초래하므로 이러한 정관변경을 회생계획변경절차에 의하지 아니하고 원 회생계획의 위 정관변경조항에 기한 법원의 정관변경허가결정만으로 하는 것은 허용될 수 없다(대법원 2005. 6. 15. 자 2004그84 결정 참조).

조 제3항). 회생절차에 따라 법인인 채무자나 그 사업의 효율적인 회생이라는 목적을 실현하기 위해서는, 채무자의 경영조직의 재편은 불가피하다. 이를 위해 본래는 상법상의 절차에 따라 하여야 하는 이사 등 기관의 선임을 회생계획에 따라 할 수 있도록 한 것이다. 회생절차가 개시되면 법인인 채무자의 업무수행권과 관리처분권은 관리인에게 전속하지만(제56조 제1항), 회생절차가 종결되면 이러한 권한은 이사 등의 기관이 행사한다. 이러한 이유로 이사 등의 변경 등에 관한 사항을 회생계획에 기재하도록 한 것이다.

(1) 이사 선임이나 대표이사의 선정에 관한 특례

회생계획에서 이사의 선임이나 대표이사의 선정을 정한 경우에는 이들은 회생계획이 인가된 때에 선임 또는 선정된 것으로 본다(제263조 제1항). 회생계획으로 이사에 선임이나 대표이사로 선정될 자를 정한 경우에는 회생계획의 인가와 피선임자의 승낙만 있으면, 피선임자는 별도의 임용계약을 체결하였는지와 관계없이 이사나 대표이사의 지위를 취득한다.[25] 이러한 자들에 대한 선임에 대하여는 상법상의 절차를 거칠 필요가 없다는 취지이다.

(2) 이사 등의 선임·선정 방법에 관한 특례

회생계획에서 이사의 선임이나 대표이사의 선정의 방법을 정한 때에는 회생계획에서 정한 방법으로 이사를 선임하거나 대표이사를 선정할 수 있다. 이 경우 이사의 선임이나 대표이사의 선정에 관한 다른 법령이나 정관의 규정은 적용하지 아니한다(제263조 제2항).[26]

---

[25] 대법원 2017. 3. 23. 선고 2016다251215 전원합의체 판결 참조.

[26] **의료법 제51조의2와의 관계** 의료법 제51조의2는 '누구든지 임원의 선임과 관련하여 금품, 향응 또는 그 밖의 재산상 이익을 주고받거나 주고받을 것을 약속하여서는 아니 된다'고 규정하고 있다. 위 규정은 제3자가 금품 제공의 대가로 의료법인을 실질적으로 운용할 가능성을 차단하고자 하는 취지에서 둔 것이다. 한편 실무적으로 재정적 어려움에 처한 의료법인이 회생절차를 신청한 경우, 무상출연·자금대여 및 이사추천권을 부여하는 형태로 투자유치가 이루어지고 있다(회생계획에 이사 등 추천권이 기재된다). 이 경우 무상출연 및 자금대여의 조건으로 의료법인의 임원추천권을 갖게 되어 사실상 의료법인 임원 지위에 대한 매매가 이루어져 의료법 제51조의2에 위반한 것이 아닌지 문제될 여지가 있다. 살피건대 의료법인은 비영리법인이므로 기존 경영진이 출연금을 가지고 나갈 수 없다. 의료법인 인수자는 누적된 적자를 보전하여 인수 후 정상적인 영업을 하기 위하여 무상출연하고, 부채상환을 위해 의료법인에 자금을 대여하는 형태로 의료법인(병원)을 인수한다. 인수자가 인수대금으로 지출한 자금은 모두 의료법인 운영의 정상화를 위해 투입되는 것이지 새로운 경영진(이사)에게 돌아가는 것이 아니다. 인수과정에서 경영진이 교체되는 것은 당연한 것이다(기존 경영진은 부실경영에 대한 책임을 지고 물러나야 한다). 의료법인의 인수형태나 인수자금 사용처, 비영리법인인 의료법인에게도 회생절차를 이용할 수 있도록 한 채무자회생법의 취지 등을 고려하면 실무에서 일어나는 투자방법(의료법인 M&A)이 의료법인의 공공성을 위해하여 의료법 제51조의2에 위반한 것이라고 보기는 어렵다. 의료법인(비영리법인)의 운영권을 회생절차에서 인수하려고 하는 자는 의료법인 운영권 취득을 전제로 임원추천권이 포함된 무상출연 등의 방식을 취하는데, 만약 이러한 투자방식이 의료법 제51조의2에 위반된다고 한다면 한계 상황에 직면한 의료법인의 회생은 사실상 봉쇄된다는 점에서도 그렇다. 또한 채무자회생법 제263조 제2항은 회생계획에 이사 등의 선정에 관한 내용을 기재한 경우 이사 등의 선정에 관한 다른 법령의 적용을 명시적으로 배제하고 있으므로 회생계획에 이사 등의 선정에 관한 내용이 기재되어 있는 경우에는 회생계획에 따라 이사 등을 선정하면 된다.
　같은 취지에서 의료법 제51조의2는 의료법인의 운영권을 보유하고 있는 양도인이 임원 변경을 통하여 운영권을 양수인에게 이전하고 그 대가로 금전 등을 지급받는 내용의 운영권의 사적 유상 양도계약을 금지하는 것으로 해석함이 상당하고, 별도의 입법이 없는 이상 의료법인에 대한 회생절차에서 인수인이 운영권 취득을 전제로 해당 의료법인에 무상출연 등을 하는 데에 적용된다고 볼 수 없다는 견해도 있다(나상훈, "회생의료법인 M&A과정 인수인이 무상출연 및 자금대여 조건으로 그 의료법인의 임원추천권을 갖는 내용의 운영권 양도계약의 위법 여부", 법률신문

선임·선정 방법이란 이사에 선임될 자나 대표이사에 선정될 자를 결정하는 주체를 명백히 하는 것을 말한다.[27]

(3) 이사 등의 유임 등에 관한 특례

법인인 채무자의 이사 또는 대표이사 중 유임하게 할 자가 있는 때에는 회생계획에 그 자와 임기를 정하여야 한다. 다만 이사 또는 대표이사에 의한 채무자 재산의 도피, 은닉 또는 고의적인 부실경영 등의 원인에 의하여 회생절차가 개시된 때에는 유임하게 할 수 없다(제203조 제2항). 이를 위반하여 이사로 선임되거나 대표이사로 선정되어 취임한 자는 형사처벌(3년 이하의 징역 또는 3천만 원 이하의 벌금)을 받는다(제647조). 부실경영에 책임이 있는 이사를 징벌(penalize)·축출하려는 취지이다. 회생계획에서 유임할 것으로 정하지 아니한 이사 또는 대표이사는 회생계획이 인가된 때에 해임된 것으로 본다(제263조 제4항).

회생계획에 따라 선임되거나 유임된 이사 또는 대표이사의 임기와 대표이사의 대표의 방법은 회생계획에 따른다(제263조 제5항). 다만 이사의 임기는 1년을 넘지 못한다(제203조 제5항). 관리인 체제하에서의 이사는 상법상의 이사의 임기 3년(상법 제383조 제2항)보다 단축되어 있다. 이는 채무자회생법이 이사의 지위를 현저히 약화시키고 있음을 보여준다.

요컨대 회생절차개시 후 회생계획인가 전 단계에는 관리인에게 이사를 선임·해임할 권한이 없다. 이사의 사임 의사표시는 관리인에 대하여 하는 것이 아니라 채무자에 대하여 하여야 한다. 그러나 회생계획인가 후부터 회생계획이 종결될 때까지 이사의 유임·선임·임기·선임 방법 등에 관하여 이를 회생계획에서 정하도록 하고 있으므로, 결국 회생계획에서 정하는 내용에 따라 기존 임원의 유임 여부 및 새로운 임원의 선출방법 등이 달라진다.[28]

나. 감사의 변경에 관한 특례

법인인 채무자의 감사는 채권자협의회의 의견을 들어 법원이 임기를 정하여 선임한다(제203조 제4항, 제263조 제5항). 이 경우 감사의 선임에 관한 다른 법령[29]이나 정관의 규정을 적용하지 아니한다(제263조 제3항). 감사로 선임되지 아니한 자는 법원이 감사를 선임한 때에 해임된 것으로 본다(제263조 제4항).

위와 같이 감사의 경우 법원이 임기를 정하여 선임하도록 되어 있으므로 회생계획인가 후부터는 주주총회가 감사를 선임할 권한을 완전히 상실하고, 법원이 그 권한을 행사하게 된다.

2022. 2. 17. 자 11면).

27) 실무적으로 회생계획에서 임원의 선임은 회생법원의 허가를 받아 관리인이 선임 및 해임할 수 있도록 정하고 있다. 기존 경영자를 관리인으로 선임하거나 간주할 경우 기존 대표이사나 이사를 유임시키되, 회생계획인가일로부터 일정 기간 내에 주주총회를 개최하여 대표이사, 이사를 선정, 선임하도록 정하고 있다. 회생절차종결 후 채무자 회사를 경영할 대표자가 주주의 의사에 따라 선정, 선임될 수 있도록 하기 위함이다.

28) 회생절차개시 후 회생계획인가 전의 단계에서는 이사나 대표이사는 채무자 내부의 주주총회의나 이사회결의 등의 절차에 의하여, 회생계획인가 후 회생절차종결 전 단계에서는 회생계획에서 정한 방법에 따라 변경·교체된다.

29) 감사는 주주총회에서 선임한다(상법 제409조 제1항). 감사의 임기는 취임 후 3년 내의 최종의 결산기에 관한 정기 총회의 종결시까지로 한다(상법 제410조).

채무자회생법은 일반 상법(회사법) 원리에서 벗어나서 감사의 선임권한을 법원에 주는 매우 특이한 입법을 하고 있다. 이는 법원이 실질적으로 감사선임에 관여하여 그 감사로 하여금 관리인을 감독, 견제하게 한 실무관행이 성공적이었다는 점을 입법에 반영한 것이라고 한다. 하지만 미국의 DIP제도에서는 법원이 회사의 내부 기관 구조 결정에 관여하는 절차는 존재하지 않으며, 회생절차가 그 고유의 목적이나 상법(회사법)의 기본 원리에서 벗어나 법원에 감사 선임권한을 주는 것은 법리적으로 문제가 있다. 나아가 감사의 지위 및 성격을 회사의 기관으로 볼 것인지 관리인과 같이 회생절차의 기관으로 볼 것인지 논란을 일으킬 수도 있다.[30]

다. 이사 등의 선임 등에 관한 원칙

법인인 채무자 또는 신회사(합병 또는 분할합병으로 인하여 설립되는 신회사를 제외한다)의 이사·대표이사 또는 감사의 선임·선정 또는 유임이나 그 선임 또는 선정의 방법에 관한 회생계획은 형평에 맞아야 하며, 회생채권자·회생담보권자·주주·지분권자 일반의 이익에 합치하여야 한다(제204조).

회생계획에서 이사나 감사로 선임하는 자를 정한 경우, 회생계획의 인가와 피선임자의 승낙만 있으면, 피선임자는 별도의 임용계약을 체결하였는지와 관계없이 이사나 감사의 지위를 취득한다.[31]

4. 자본감소에 관한 특례

가. 자본감소

자본감소란 회사의 자본금을 일정한 방법에 의하여 감소시키는 것을 말한다. 회생절차개시 이후부터 종료될 때까지는 채무자는 회생절차에 의하지 않고는 자본 또는 출자액을 감소시키는 행위를 할 수 없다(제55조 제1항 제1호). 즉 자본감소는 회생계획에 의하지 아니하고는 할 수 없다. 그리고 제205조에 의하여 회생계획에서 자본의 감소를 정한 때에는 회생계획에 의하여 자본을 감소시킬 수 있다(제264조 제1항).

주식회사나 유한회사가 채무자인 경우 회생계획에 의한 자본감소는 임의적인 것이다. 회생계획에 의해 자본을 감소하는 때에는 회생계획에 감소할 자본의 액과 자본감소의 방법을 정하여야 한다(제205조 제1항, 제6항). 일반적으로 주식회사나 유한회사인 채무자는 자금이 부족한 경우가 많으므로 외부의 신규 자본을 유치할 필요가 있다. 이럴 경우 기존에 발행되어 있는 주식 또는 출자지분을 병합 또는 소각함으로써 신규 자본 유치에 필요한 여건을 조성하여야 한다. 어느 정도까지 자본을 감소시켜야 하는지는 채무자의 자산 및 부채의 수익능력, 제206조에서 규정하는 신주발행에 관한 사항을 참작하여 정하여야 한다(제205조 제2항).[32]

---

30) 오영준, "기존 경영자 관리인제도와 채무자 회사의 지배구조", 통합도산법, 법문사(2006), 239쪽.
31) 대법원 2017. 3. 23. 선고 2016다251215 전원합의체 판결 참조.
32) 자본감소는 상대우선의 원칙에 따라 최소한 주주가 회생채권자보다 불리하도록 권리의 차등을 두어야 한다.

나. 징벌적 자본감소

주식회사 또는 유한회사인 채무자의 이사나 지배인의 중대한 책임이 있는 행위로 인하여 회생절차개시의 원인이 발생한 때에는 회생계획에 그 행위에 상당한 영향력을 행사한 주주 및 그 친족 그 밖에 대통령령이 정하는 범위의 특수관계에 있는 주주가 가진 주식의 3분의 2 이상을 소각하거나 3주 이상을 1주로 병합하는 방법으로 자본을 감소할 것을 정하여야 한다(제205조 제4항, 제6항).[33] 징벌적 자본감소는 중대한 책임이 있는 주주 등에 대하여 불리한 조건을 정한 것이므로 실질적 평등원칙에 반하는 것이 아니다.[34]

징벌적 자본감소에 의하여 주식이 소각된 지배주주 등은 인가 후 회사의 신주도 인수할 수 없다(제205조 제5항, 제6항).[35]

다. 관련 상법 규정의 적용 배제

회생계획에서 자본의 감소를 정한 때에는 회생계획에 의하여 자본을 감소시킬 수 있다(제264조 제1항). 회생계획에 따라 자본을 감소시킬 경우 상법 제343조(주식의 소각) 제2항, 제439조(자본감소의 방법, 절차) 제2항·제3항,[36] 제440조(주식병합의 절차), 제441조(주식병합의 절차), 제445조(감자무효의 소) 및 제446조(준용규정)의 규정은 적용하지 아니하며,[37] 상법 제443조(단주의 처리) 제1항 단서에 규정된 사건[38]은 회생계속법원의 관할로 한다(제264조 제2항).

회생절차에서 M&A의 경우 기존 주식의 소각·감자 과정에서 주주총회 특별결의나 채권자보호절차를 거칠 필요가 없고(제264조), 회사 부채가 자산을 초과하는 자본잠식 상태인 경우에

---

33) 서울회생법원 2023회합100044 국일제지 주식회사 사건에서, 회생계획인가(2023. 12. 22. 권리보호조항을 정한 인가를 하였다) 전 발행한 보통주 127,617,473주 중 지배주주 A의 주식 7,262,576주는 A가 채무자로 하여금 회생절차에 이르게 된 원인을 제공하였다는 이유로 전량 무상 소각하였다.

　기존 주식에 대한 100% 감자가 허용되는가. 부채초과인 채무자 회사의 주주는 청산할 때 분배받을 잔여재산이 전무하므로 보유하고 있는 주식의 가치가 경제적으로 0으로 볼 수 있다. 따라서 기존 주식을 100%로 감자하더라도 이것이 과잉감자라거나 공정·형평의 원칙, 헌법상의 재산권보장의 원칙, 평등의 원칙에 반한다고 볼 수 없다(대법원 2017. 4. 7. 선고 2015마1384,2015마1385(병합) 결정, 대법원 1991. 5. 28. 자 90마954 결정 등 참조).

34) 대법원 1989. 7. 25. 자 88마266 결정 참조.

35) 이로 인해 지배주주 등은 경우에 따라 주식이 전부 소각되고 인가 후 회사에 대하여 아무런 지분을 가지지 못하게 될 수도 있다. 또한 회생채권의 출자전환 등에 따라 인가 후 회사의 신주가 발행될 수 있다(제206조). 이러한 규정에 따르면 대부분의 경우 기업의 종전 지배주주 등은 인가 후 기업에 대한 경영권(지배권)을 상실한다. 중소기업의 경우 대부분 가족기업이거나 대주주인 설립자의 개인적인 능력이나 인간관계에 의존하는 경우가 많다. 따라서 대주주의 경영권 상실을 방지하기 위한 지분보유조항(Equity Retention Plan)을 회생계획에 둘 필요가 있다. 지분보유조항에 관하여는 〈제17장 제1절 Ⅰ. 각주 3)〉(본서 1101쪽)을 참조할 것.

36) 상법은 자본감소의 경우 채권자의 이의절차를 두고 있다(상법 제439조 제2항, 제232조). 채권자 이의절차는 자본이 감소하면 회사에 유보하여야 할 재산이 줄어들고(이로 인해 채권자의 일반적 담보력에 영향을 준다), 분배가능액이 증가함에 따라 종래는 불가능하였던 주주에 대한 재산분배가 가능하게 됨으로써 회사 재산의 사회외출이 용이하게 되기 때문에 둔 것이다. 그런데 회생절차에서는 잉여금의 배당도 회생계획에서 정하여야 하기 때문에(제55조 제1항 제7호) 이의절차에 따라 채권자를 보호할 필요성이 없어 상법의 적용을 배제한 것이다.

37) 감자의 내용을 정한 관계인집회 결의의 하자, 주주평등원칙 위반 등 자본감소의 효력을 다투려면 감자무효의 소가 아니라 회생계획인가결정에 대한 즉시항고(제247조 제1항)에 의하여야 한다.

38) 실무적으로 '단주는 관리인이 법원의 허가를 얻어 무상소각한다'는 규정을 두고 있어 상법 제443조 단서가 적용되는 경우는 거의 없다.

는 관계인집회에서의 주주의 의결권도 인정되지 않는 등(제146조) 일반 M&A에 비하여 낮은 비용과 간이한 절차로 지배구조를 변경할 수 있게 된다. 특히 회생절차에서 '회생계획인가 전 M&A'가 이루어질 경우 기존 대주주의 보유주식은 대폭적으로 소각·감자되어 인수자는 일반적인 주식 양수도의 경우에 비하여 훨씬 낮은 가격으로 지분을 확보하고 회사를 인수할 수 있게 된다. 상장회사에 대한 회생절차개시신청이 이루어질 경우 그 자체로 해당 회사의 주식가치가 하락할 수밖에 없다는 점에서도 그렇다.

라. 자본감소의 등기절차

일반적인 자본감소의 경우 변경등기는 회사의 대표자가 본점소재지에서 하여야 한다(상법 제317조 제2항, 제4항, 제183조). 반면 회생계획에 따른 자본감소의 경우 변경등기는 법원사무관 등의 촉탁에 의하여 하고(제23조 제5항), 채무자의 자본감소로 인한 변경등기의 신청서에는 회생계획인가결정서의 등본 또는 초본을 첨부하여야 한다(제264조 제3항).

5. 신주발행에 관한 특례

회생회사는 여러 가지 이유로 신주를 발행할 필요가 있다. 첫째 신주발행을 통하여 채무부담을 경감시킬 수 있다. 둘째 운영자금을 조달할 수 있다. 셋째 자금력있는 제3자의 기업인수를 추진하는 유력한 방편이 될 수 있다.[39] 넷째 회생절차의 종결을 앞두고 있는 회생회사는 신주발행을 통하여 적대적 M&A의 대상이 되는 것을 방지할 수 있다.[40]

가. 회생계획에 따른 신주발행

회생절차개시 이후부터 회생절차가 종료될 때까지 채무자는 회생절차(회생계획)에 의하지 아니하고는 신주를 발행하거나 자본 또는 출자액을 증가시킬 수 없다(제55조 제1항 제2호, 제3호). 회생절차 진행 중에는 회생계획에 의하지 아니하면 신주를 발행할 수 없도록 한 것은 어떻게 회사를 회생시킬 것인가를 정하는 회생계획으로부터 분리하여 신주의 발행을 꾀하는 것은 무의미할 뿐만 아니라 새로이 주주가 된 자와 새로이 납입된 재산을 어떻게 취급할 것인가 하는 점은 회생절차와 관련하여 결정되어야 할 문제이기 때문이다. 따라서 주식회사인 채무자의 경우 회생계획에 신주발행에 관한 규정을 마련하고, 위 규정에 따라 신주를 발행하는 방법에 의해서만 신주를 발행할 수 있다.

주식회사가 채무자인 경우 회생계획에 의한 신주발행은 크게 두 가지 유형이 있다. (1) 하

---

39) 기업(회사)에 대한 인수합병을 진행함에 있어 일반적으로 제3자에게 신주를 발행하여 배정하는 방식을 많이 활용하고 있다. 그러나 제3자 배정방식에 의할 경우 기존 기업의 채무를 모두 승계하여야 하므로 우발부채가 많거나 채권채무에 관하여 다툼이 많은 경우에는 활용하기 어렵다. 이럴 경우에는 개별자산을 양도·양수하는 자산양수도방식을 이용할 수 있다. 자산양수도방식은 우발부채 등의 문제는 방지할 수 있으나, 각 개별 자산마다 양도·양수절차를 밟아야 하는 번거로움이 있다. 양도소득에 대한 과세문제(법인세, 소득세)도 걸림돌이다.

40) 남효순·김재형, 588쪽.

나는 납입 등이 없이 신주를 발행하는 경우이다. 즉 회생채권자·회생담보권자 또는 주주(이하 '회생채권자 등'이라 한다)에 대하여 새로 납입 또는 현물출자를 하게 하지 아니하고 신주를 발행하는 경우이다(출자전환, 제206조 제1항). (2) 다른 하나는 새로 납입 등을 하게 하고 신주를 발행하는 경우이다. 여기에는 다시 ① 회생채권자 등에게 새로 납입 또는 현물출자를 하게 하고 신주를 발행하는 경우(제206조 제2항)와 ② 회생채권자 등을 특별취급하지 않고 널리 일반에게 신주를 발행하는 경우(제206조 제3항)가 있다.

지배주주 등에 대한 징벌적인 주식소각·병합에 의한 자본감소(제205조 제4항) 후 신주를 발행하는 때에는 주식소각이나 병합을 당한 주주는 신주를 인수할 수 없다. 다만 해당 주주에 대하여는 주식매수선택권(상법 제340조의2)을 부여할 수는 있다(제205조 제5항).

주식회사인 채무자가 주식을 발행하는 때에는 「자본시장과 금융투자업에 관한 법률」 제119조(모집 또는 매출의 신고)[41]의 적용이 배제되어(제277조) 절차의 간이·신속을 도모할 수 있다.

나. 회생채권자 등에게 새로 납입 또는 현물출자를 하게 하지 아니하고 신주를 발행하는 경우 - 출자전환 (제206조 제1항)

회생채권자 등에 대하여 새로 납입 또는 현물출자를 하게 하지 아니하고 종전 권리에 갈음

---

41) **119조(모집 또는 매출의 신고)** ① 증권의 모집 또는 매출(대통령령으로 정하는 방법에 따라 산정한 모집가액 또는 매출가액 각각의 총액이 대통령령으로 정하는 금액 이상인 경우에 한한다)은 발행인이 그 모집 또는 매출에 관한 신고서를 금융위원회에 제출하여 수리되지 아니하면 이를 할 수 없다.

② 제1항에 불구하고 증권의 종류, 발행예정기간, 발행횟수, 발행인의 요건 등을 고려하여 대통령령으로 정하는 기준과 방법에 따라 일정기간 동안 모집하거나 매출할 증권의 총액을 일괄하여 기재한 신고서(이하 '일괄신고서'라 한다)를 금융위원회에 제출하여 수리된 경우에는 그 기간 중에 그 증권을 모집하거나 매출할 때마다 제출하여야 하는 신고서를 따로 제출하지 아니하고 그 증권을 모집하거나 매출할 수 있다. 이 경우 그 증권(집합투자증권 및 파생결합증권 중 대통령령으로 정하는 것을 제외한다)을 모집하거나 매출할 때마다 대통령령으로 정하는 일괄신고와 관련된 서류(이하 '일괄신고추가서류'라 한다)를 제출하여야 한다.

③ 발행인은 제1항의 신고서와 제2항의 일괄신고서(이하 '증권신고서'라 한다)에 발행인(투자신탁의 수익증권 및 투자익명조합의 지분증권의 경우에는 그 투자신탁 및 투자익명조합을 말한다. 이하 이 항에서 같다)의 미래의 재무상태나 영업실적 등에 대한 예측 또는 전망에 관한 사항으로서 다음 각 호의 사항(이하 '예측정보'라 한다)을 기재 또는 표시할 수 있다. 이 경우 예측정보의 기재 또는 표시는 제125조 제2항 제1호·제2호 및 제4호의 방법에 따라야 한다.

1. 매출규모·이익규모 등 발행인의 영업실적, 그 밖의 경영성과에 대한 예측 또는 전망에 관한 사항
2. 자본금규모·자금흐름 등 발행인의 재무상태에 대한 예측 또는 전망에 관한 사항
3. 특정한 사실의 발생 또는 특정한 계획의 수립으로 인한 발행인의 경영성과 또는 재무상태의 변동 및 일정시점에서의 목표수준에 관한 사항
4. 그 밖에 발행인의 미래에 대한 예측 또는 전망에 관한 사항으로서 대통령령으로 정하는 사항

④ 증권신고서를 제출하는 경우 증권신고서에 기재하여야 할 사항이나 그 첨부서류에 이미 제출된 것과 같은 부분이 있는 때에는 그 부분을 적시하여 이를 참조하라는 뜻을 기재한 서면으로 갈음할 수 있다.

⑤ 증권신고서를 제출하는 경우 신고 당시 해당 발행인의 대표이사(집행임원 설치회사의 경우 대표집행임원을 말한다. 이하 이 조에서 같다) 및 신고업무를 담당하는 이사(대표이사 및 신고업무를 담당하는 이사가 없는 경우 이에 준하는 자를 말한다)는 그 증권신고서의 기재사항 중 중요사항에 관하여 거짓의 기재 또는 표시가 있거나 중요사항의 기재 또는 표시가 누락되어 있지 아니하다는 사실 등 대통령령으로 정하는 사항을 확인·검토하고 이에 각각 서명하여야 한다.

⑥ 제1항부터 제5항까지의 규정에도 불구하고 발행인 및 같은 종류의 증권에 대하여 충분한 공시가 이루어지고 있는 등 대통령령으로 정한 사유에 해당하는 때에는 매출에 관한 증권신고서를 제출하지 아니할 수 있다.

⑦ 제1항부터 제4항까지의 증권신고서의 기재사항 및 그 첨부서류에 관하여 필요한 사항은 대통령령으로 정한다.

하여 신주를 발행하는 경우(출자전환)이다. 회생채권자 등의 권리에 갈음하여 신주를 발행하는 경우로서 당해 회생채권자 등이 주금납입 등의 출자를 하지 아니하고 회사에 자신의 권리를 신주에 의하여 보상, 변제받는 방법이다.

회생채권자 등에게 새로 납입 또는 현물출자를 하게 하지 아니하고 신주를 발행하는 경우[42]에는 회생계획에 ① 신주의 종류와 수, ② 신주의 배정에 관한 사항, ③ 신주의 발행으로 인하여 증가하게 되는 자본과 준비금의 액, ④ 신주의 발행으로 감소하게 되는 부채액을 정하여야 한다(제206조 제1항).

회생계획에서 채무자가 회생채권자 등에 대하여 새로 납입 또는 현물출자를 하게 하지 아니하고 신주를 발행할 것을 정한 때에는 이 권리자는 회생계획인가가 결정된 때에 주주가 된다. 다만 회생계획에서 특별히 정한 때에는 그 정한 때에 주주가 된다(제265조 제1항).[43] 이 경우 신주인수권에 관한 정관의 규정을 적용하지 아니한다(제265조 제2항).[44]

한편 상법 제440조(주식병합의 절차) 내지 제444조(단주의 처리)의 규정은 주주에 대하여 배정할 주식에 단수가 생긴 경우에 관하여 준용한다. 이 경우 상법 제443조(단주의 처리) 제1항 단서에 규정된 사건은 회생계속법원의 관할로 하고, 비송사건절차법 제83조(단주매각의 허가신청)의 규정을 준용한다(제265조 제3항).

다. 회생채권자 등에게 새로 납입 또는 현물출자를 하게 하고 신주를 발행하거나 회생채권자 등을 특별취급하지 않고 널리 일반에게 신주를 발행하는 경우 (제206조 제2항, 제3항)

(1) 회생채권자 등으로 하여금 새로 납입 또는 현물출자를 하게 하고 신주를 발행한다는 것은 회생채권자 등에게 종래의 권리에 갈음하여 신주인수권을 부여하고 납입 또는 현물출자를 거쳐 신주를 발행하는 경우를 뜻한다. 이 경우 회생채권자 등이 청약을 하지 않거나 납입

---

42) 이 경우에는 ① 「은행법」 제37조 및 제38조 제1호, ② 「보험업법」 제19조, ③ 「자본시장과 금융투자업에 관한 법률」 제344조, ④ 「금융산업의 구조개선에 관한 법률」 제24조, ⑤ 그 밖의 금융기관(「한국자산관리공사 설립 등에 관한 법률」 제2조 및 「금융산업의 구조개선에 관한 법률」 제2조에 의한 금융기관을 말한다)의 출자, 유가증권취득 및 재산운용을 제한하는 내용의 법령은 적용하지 아니한다(제206조 제4항). 위 각 법률들은 원래 금융자본에 의한 산업자본의 지배를 막기 위하여 둔 규정이다. 그런데 출자전환에 의하여 금융기관이 채무자의 주식 등을 취득하는 경우에는 투자나 회사의 지배를 주된 목적으로 하는 것이 아니라 구조조정의 일환으로 취득한 것이므로 남용의 우려가 없어 이를 허용하는 것이다. 이로써 금융기관이 출자전환을 통한 구조조정에 적극적으로 협조할 수 있게 되었다. 관련 내용은 〈제12장 제4절 Ⅰ.1.〉(본서 883쪽)을 참조할 것.

43) 회생절차에서 출자전환은 자본충실의무의 준수와 채권의 추가 회수가능성 때문에 증가하는 추세이다. 실무적으로 출자전환을 할 경우 신주의 효력발생일을 회생계획인가결정시로 하고 있다. 신주의 효력발생일을 회생계획인가결정시로 할 경우 채무면제익에 따른 과세 문제가 발생하고(〈제12장 제4절 Ⅱ.〉(본서 885쪽) 참조), 통상 출자전환으로 인한 채무면제익은 이월결손금에 충당된다. 그러나 회생계획이 인가된 후 이월결손금에 충당되기 전에 회생절차가 폐지된 경우에는 채무면제익에 대하여 막대한 법인세가 과세된다(법인세법 시행령 제15조 제5항). 이럴 경우 채무자가 처음부터 파산신청을 한 경우와 비교하여 무담보채권자에게 불리하다. 이러한 문제를 해결하기 위해서 회생계획에 출자전환으로 인한 신주의 효력발생일을 현금변제 완료일(최종 연도)로 미루어 놓는 방법이 있다(〈제12장 제4절 Ⅴ.〉(본서 897쪽) 참조).

44) 상장법인 표준정관 등에는 주주는 그가 소유한 주식의 수에 비례하여 신주의 배정을 받을 권리가 있음을 정하고 있고, 일정한 사유가 있는 경우 이사회 결의로 주주 외의 자에게 신주를 배정할 수 있음을 정하고 있다.

또는 현물출자를 하지 않으면 그 신주인수권은 상실하고, 아울러 위 신주인수권은 종래의 권리에 갈음하여 부여된 이상 종래의 권리까지도 상실하게 된다.

회생채권자 등으로 하여금 새로 납입 또는 현물출자를 하게 하고 신주를 발행하는 경우(제206조 제3항)[45]에는 회생계획에 ① 신주의 종류와 수 및 신주의 발행으로 인하여 증가하게 되는 자본과 준비금의 액, ② 납입금액 그 밖에 신주의 배정에 관한 사항과 신주의 납입기일, ③ 새로 현물출자를 하는 자가 있는 때에는 그 자, 출자의 목적인 재산, 그 가격과 이에 대하여 부여할 주식의 종류와 수를 정하여야 한다(제206조 제2항).

(2) 회생채권자 등을 특별취급하지 않고 널리 일반에게 신주를 발행하는 경우(제206조 제3항)에는 회생계획에 ① 신주의 종류와 수, ② 새로 현물출자를 하는 자가 있는 때에는 그 자, 출자의 목적인 재산, 그 가격과 이에 대하여 부여할 주식의 종류와 수, ③ 신주의 발행가액과 납입기일, ④ 신주의 발행가액 중 자본에 추가되지 아니하는 금액을 정하여야 한다(제206조 제3항).[46]

(3) 위와 같은 방식으로 채무자가 신주를 발행할 것을 회생계획에 정한 때에는 회생계획에 의하여 신주를 발행할 수 있다(제266조 제1항). 이 경우 상법 제418조(신주인수권의 내용 및 배정일의 지정·공고), 제422조(현물출자의 검사), 제424조(유지청구권), 제424조의2(불공정한 가액으로 주식을 인수한 자의 책임), 제428조(이사의 인수담보책임) 및 제429조(신주발행무효의 소) 내지 제432조(무효판결과 주주에의 환급)의 규정은 적용하지 아니한다(제266조 제2항).[47] 또한 신주인수권에 관한 정관의 규정은 적용하지 아니하며, 상법 제425조(준용규정) 제1항에서 준용하는 상법 제306조(납입금의 보관자 등의 변경)에 규정된 사건은 회생계속법원의 관할로 한다(제266조 제3항).

회생채권자 등에 대하여 새로 납입 또는 현물출자를 하게 하여 신주를 발행하는 때에는 이들 권리자는 회생계획에서 정한 금액을 납입하거나 현물출자를 하면 된다(제266조 제5항). 채무자의 신주발행으로 인한 변경등기의 촉탁서 또는 신청서에는 회생계획인가결정서의 등본 또는 초본 외에 주식의 청약과 인수를 증명하는 서면과 납입금의 보관에 관한 증명서를 첨부하여야 한다(제266조 제7항).

---

45) 이러한 방식의 신주발행은 회생채권자 등에게 납입 또는 현물출자가 강제되므로 실무적으로 이용하기 쉽지 않다. 이 경우 회생채권자 등은 신주인수권이나 출자인수권을 타인에게 양도하는 방법으로 문제를 해결할 수밖에 없다(제276조).

46) 제206조 제3항의 취지는 회생회사가 회생계획에 의하여 현실적으로 신주를 발행하는 경우에 회생계획에 의하여 정하여야 할 사항을 규정한 것이라고 보아야 할 것이고, 인가된 회생계획에서 회사의 경영정상화를 위하여 회생회사의 기업인수합병을 추진하기로 계획하면서 "상법에 정한 수권주식 범위 내에서 관리인이 법원의 허가를 얻어 발행한다. 신주를 인수할 자, 배정방법, 발행가액 및 납입기일 등은 법원의 허가를 받아 관리인이 이를 정한다"는 조항을 두고 향후 이러한 회생계획 조항에 따라 정관에 규정된 수권자본금 한도 내에서 회생회사의 관리인이 회생법원의 허가를 얻어 신주를 발행할 것을 계획하는 경우에는 제206조 제3항은 적용되지 아니한다(대법원 2008. 5. 9. 자 2007그127 결정 참조). 따라서 관리인이 법원의 허가를 얻어 신주를 발행할 수 있다는 추상적인 규정이 있고, 신주발행의 규모가 정관에 정해진 수권자본금의 한도에서 이루어진 경우에는 기존 주주는 회생절차 진행 중에 적어도 수권자본금의 범위 내에서 신주가 발행될 수 있다는 것을 감수하여야 하므로 회생계획의 변경 없이도 신주를 발행할 수 있다. 그러나 당초 예상한 수권자본금의 범위를 초과하여 신주를 발행한 경우에는 회생계획의 변경이 필요하다(대법원 2005. 6. 15. 자 2004그84 결정 참조).

47) 신주발행의 효력을 다투려면 회생계획인가결정에 대한 즉시항고(제247조 제1항)에 의하여야 한다.

(4) 납입 등이 있는 신주발행의 경우 신주의 인수인은 납입 또는 현물출자의 납입기일 다음날로부터 주주가 된다(상법 제423조 제1항).

6. 사채발행에 관한 특례

가. 사채발행의 유형

회생절차개시 이후부터 그 회생절차가 종료될 때까지는 회생절차에 의하지 아니하고는, 즉 회생계획에 의하지 않고서는 사채를 발행할 수 없다(제55조 제1항 제2호). 따라서 통상의 경우 사채발행 여부를 떠나 회생계획에 사채발행에 관한 규정을 두고 있는 것이 일반적이다(제193조 제2항 제5호).

주식회사인 채무자가 회생계획에 따라 사채를 발행하는 경우(제209조)에도 신주발행에서와 마찬가지로 크게 두 가지로 나눌 수 있다. 하나는 회생채권자 등에게 새로 납입을 하게 하지 아니하고 사채를 발행하는 경우이다(제267조). 다른 하나는 새로 납입을 하게 하고 사채를 발행하는 경우이다(제268조).

주식회사인 채무자가 사채를 발행하는 때에는 회생계획에 ① 사채의 총액, ② 각 사채의 금액, 사채의 이율, 사채상환의 방법 및 기한, 이자지급의 방법 그 밖에 사채의 내용, ③ 사채발행의 방법과 회생채권자·회생담보권자 또는 주주에 대하여 새로 납입하게 하거나 납입하게 하지 아니하고 사채를 발행하는 때에는 그 배정에 관한 사항, ④ 담보부사채인 때에는 그 담보권의 내용을 정하여야 한다(제209조).

회생계획에 의하여 채무를 부담하거나 채무의 기한을 유예하는 경우 그 채무의 기한은 10년을 넘지 못하나, 사채를 발행하는 경우에는 10년을 넘을 수 있다(제195조 단서). 즉 사채의 상환기간에 제한을 두고 있지 않다.

주식회사인 채무자가 사채를 발행하는 때에는「자본시장과 금융투자업에 관한 법률」제119조(모집 또는 매출의 신고)의 적용이 배제되어(제277조) 절차의 간이·신속을 도모할 수 있다.

나. 회생채권자 등에게 새로 납입을 하게 하지 아니하고 사채를 발행하는 경우

회생계획에서 주식회사인 채무자가 회생채권자 등에 대하여 새로 납입을 하게 하지 아니하고 사채를 발행할 것을 정한 때에는 이들 권리자는 회생계획인가가 결정된 때에 사채권자가 된다(제267조 제1항). 회생채권자 등에게 새로 납입을 시키지 아니하고 종전 권리에 갈음하여 사채를 발행하는 경우이다. 이 경우에는 이사회의 결의를 요하지 않고(제260조, 상법 제469조), 사채의 인수·납입의 문제가 없으며, 사채의 발행에 관한 사항은 이미 회생계획에 정해져 있기 때문에 배정을 받은 회생채권자 등은 회생계획인가가 결정된 때 당연히 사채권자가 된다.[48]

---

48) 이 경우 상법 제471조(사채모집의 제한)의 규정은 적용하지 아니한다. 또한 회생계획의 규정에 의하여 회생채권자 또는 회생담보권자에 대하여 발행하는 사채의 액은 상법 제470조(총액의 제한)의 규정에서 정하는 사채의 총액에 산입하지 아니한다(제267조 제2항, 제3항)고 규정하고 있으나, 상법 제470조, 제471조는 2011. 4. 14. 삭제되었다.

한편 회생채권이나 회생담보권에 대하여 권리변경의 방법으로 회생채권자나 회생담보권자에게 새로 납입을 시키지 아니하고 종전 권리에 갈음하여 사채를 발행하는 경우, 그 사채의 성질이 공익채권인지 회생채권인지에 대한 다툼이 있다.[49]

다. 회생채권자 등이나 제3자의 납입 등이 있는 사채발행

주식회사인 채무자가 회생계획에서 회생채권자 등이나 제3자가 새로 납입 등을 하고 사채를 발행할 것을 정한 때에는 회생계획에 의하여 사채를 발행할 수 있다(제268조 제1항). 회생채권자·회생담보권자 또는 주주에 대하여 새로 납입을 하게 하여 사채를 발행하는 때에는 이들 권리자는 회생계획에 정한 금액을 납입한 때에 사채권자가 된다(제268조 제2항). 사채발행에 관한 이사회결의 내지 사채할당 등의 절차는 요구되지 않는다. 납입을 하지 않으면 실권된다(제268조 제3항, 제266조 제4항, 상법 제419조). 다만 사채인수권을 타인에게 양도함으로써 실권의 불이익을 피할 수 있을 뿐이다(제276조).[50]

전환사채 또는 신주인수권부사채의 등기의 촉탁서 또는 신청서에는 ① 회생계획인가결정서의 등본 또는 초본, ② 전환사채 또는 신주인수권부사채의 청약 및 인수를 증명하는 서면, ③ 각 전환사채 또는 신주인수권부사채에 대하여 납입이 있은 것을 증명하는 서면을 첨부하여야 한다(제268조 제4항, 상법 제514조의2, 제516조의8).

7. 주식회사 주식의 포괄적 교환에 관한 특례

주식의 포괄적 교환이란 두 회사 중 일방(완전자회사)의 주주가 소유한 주식을 포괄적으로 타방(완전모회사)에 이전하고 주식을 이전한 주주는 주식을 양수한 회사가 주식교환을 위하여 새로이 발행하는 주식을 교부받음으로써 그 회사의 주주가 되는 것을 말한다(상법 제360조의2). 회생절차에서는 채무자가 완전모회사가 될 수도 있고, 상대방이 완전모회사가 될 수도 있다.

회생절차개시 이후부터 그 회생절차가 종료될 때까지는 회생절차에 의하지 아니하고는, 즉 회생계획에 의하지 않고서는 주식의 포괄적 교환을 할 수 없다(제55조 제1항 제4호). 주식회사인 채무자가 다른 회사와 주식의 포괄적 교환을 하는 때에는 회생계획에 다음과 같은 사항을 정하여야 한다(제207조).

① 다른 회사의 상호

② 다른 회사가 상법 제360조의2(주식의 포괄적 교환에 의한 완전모회사의 설립) 제1항의 규정에 의한 완전모회사(이하 "완전모회사"라 한다)로 되는 경우 그 회사가 주식의 포괄적 교환에 의

입법적 정비가 필요하다.

49) 이에 관하여는 〈제8장 제4절 Ⅰ.2.다.〉(본서 691쪽)를 참조할 것.

50) 이 경우 상법 제471조(사채모집의 제한)의 규정은 적용하지 아니한다. 또한 회생계획의 규정에 의하여 회생채권자 또는 회생담보권자에 대하여 발행하는 사채의 액은 상법 제470조(총액의 제한)의 규정에서 정하는 사채의 총액에 산입하지 아니한다(제268조 제3항, 제267조 제2항, 제3항)고 규정하고 있으나, 상법 제470조, 제471조는 2011. 4. 14. 삭제되었다. 입법적 정비가 필요하다.

하여 정관을 변경하는 때에는 그 규정

③ 완전모회사로 되는 회사가 주식의 포괄적 교환을 위하여 발행하는 신주의 총수·종류 및 종류별 주식의 수와 상법 제360조의2(주식의 포괄적 교환에 의한 완전모회사의 설립) 제1항의 규정에 의한 완전자회사(이하 "완전자회사"라 한다)가 되는 회사의 주주에 대한 신주의 배정에 관한 사항

④ 완전모회사로 되는 회사의 증가하게 되는 자본의 액과 준비금에 관한 사항

⑤ 다른 회사의 주주에게 금전을 지급하거나 사채를 배정할 것을 정하는 때에는 그 규정

⑥ 다른 회사의 주식의 포괄적 교환계약서 승인결의를 위한 주주총회의 일시(그 회사가 주주총회의 승인을 얻지 아니하고 주식의 포괄적 교환을 하는 때에는 그 뜻)

⑦ 주식의 포괄적 교환을 하는 날

⑧ 다른 회사가 주식의 포괄적 교환을 하는 날까지 이익을 배당하거나 상법 제462조의3(중간배당) 제1항의 규정에 의하여 금전으로 이익배당을 하는 때에는 그 한도액

⑨ 상법 제360조의6(신주발행에 갈음할 자기주식의 이전)의 규정에 의하여 완전모회사가 되는 회사가 자기의 주식을 이전하는 때에는 이전할 주식의 총수 및 종류와 종류별 주식의 수

⑩ 완전모회사가 되는 회사에 취임하는 이사 및 감사를 정하는 때에는 그 성명 및 주민등록번호

회생계획에서 주식회사인 채무자가 다른 회사와 주식의 포괄적 교환을 하는 것을 정한 때에는 회생계획에 의하여 주식의 포괄적 교환을 할 수 있다. 이 경우 완전모회사로 되는 회사의 주식의 배정을 받는 회생채권자 또는 회생담보권자는 회생계획인가시에 주식인수인으로 되고, 주식의 포괄적 교환의 효력이 생긴 때에 주주로 된다.[51] 또한 상법 제360조의4(주식교환계약서등의 공시), 제360조의5(반대주주의 주식매수청구권), 제360조의7(완전모회사의 자본증가의 한도액) 및 제360조의14(주식교환무효의 소)의 규정은 적용하지 아니한다(제269조 제1항 내지 제3항).[52] 물론 주식의 포괄적 교환의 상대방인 다른 회사에 대한 상법의 적용에는 영향을 미치지 아니한다(제269조 제5항).

회생계획에서 주식의 포괄적 교환을 하는 경우 완전모회사의 주식을 취득하는 대신 완전자회사의 주식은 전부 실효된다. 주식의 주권을 실효시키는 절차는 상법 제360조의8을 적용한다(제269조 제4항).

등기절차에 관하여는 특례규정이 있다(제269조 제6항, 제7항).

8. 주식회사 주식의 포괄적 이전에 관한 특례

주식의 포괄적 이전이란 기존 회사(완전자회사)의 주주들이 새로이 설립되는 회사(완전모회

---

51) 주식의 포괄적 교환의 효력이 발생한 날은 완전자회사의 주주가 소유하는 주식을 완전모회사로 이전하는 날로서 완전자회사의 주권제출기한이 만료한 다음날이다(상법 제360조의8).
52) 주식교환의 효력을 다투려면 회생계획인가결정에 대한 즉시항고(제247조 제1항)에 의하여야 한다.

사)에 자신의 주식을 포괄적으로 이전하고 대신 새로이 설립되는 회사(완전모회사)가 발행하는 신주식을 배정받아 그 회사의 주주가 됨으로써 기존 회사와 신설회사 간에 완전모자관계를 창설하는 단체적 법률행위이다(상법 제360조의2).

회생절차개시 이후부터 그 회생절차가 종료될 때까지는 회생절차에 의하지 아니하고는, 즉 회생계획에 의하지 않고서는 주식의 포괄적 이전을 할 수 없다(제55조 제1항 제4호). 주식회사인 채무자가 주식의 포괄적 이전을 하여 완전모회사인 신회사를 설립하는 때에는 회생계획에 다음과 같은 사항을 정하여야 한다(제208조).

① 신회사의 상호

② 신회사의 정관의 규정

③ 신회사가 주식의 포괄적 이전을 위하여 발행하는 주식의 종류 및 수와 완전자회사가 되는 채무자의 회생채권자·회생담보권자 또는 주주에 대한 주식의 배정에 관한 사항

④ 신회사의 자본의 액과 준비금에 관한 사항

⑤ 완전자회사가 되는 채무자의 주주에게 금전을 지급하거나 사채를 배정할 것을 정하는 때에는 그 규정

⑥ 주식의 포괄적 이전을 하는 시기

⑦ 완전자회사가 되는 채무자가 주식의 포괄적 이전의 날까지 이익을 배당하거나 상법 제462조의3(중간배당) 제1항의 규정에 의하여 금전으로 이익배당을 하는 때에는 그 한도액

⑧ 신회사의 이사 및 감사의 성명 및 주민등록번호

회생계획에서 주식회사인 채무자가 주식의 포괄적 이전을 할 것을 정한 때에는 회생계획에 따라 주식의 포괄적 이전을 할 수 있다. 이 경우 설립된 완전모회사인 신회사의 주식의 배정을 받는 회생채권자 또는 회생담보권자는 회생계획의 인가시에 주식인수인으로 되고 주식의 포괄적 이전의 효력이 생긴 때에 주주로 된다. 또한 상법 제360조의17(주식이전계획서 등의 서류의 공시), 제360조의18(완전모회사의 자본의 한도액), 제360조의22(주식교환 규정의 준용)에서 준용하는 상법 제360조의5(반대주주의 주식매수청구권) 및 제360조의23(주식이전무효의 소)의 규정은 적용하지 아니한다(제270조 제1항 내지 제3항).[53]

회생계획에서 주식의 포괄적 이전을 하는 경우 완전모회사의 주식을 취득하는 대신 완전자회사의 주식은 전부 실효된다. 주식의 주권을 실효시키는 절차는 상법 제360조의19를 적용한다(제270조 제4항).

포괄적 이전에 의한 설립등기절차에 관하여는 특례규정이 있다(제270조 제5항).

---

53) 주식이전의 효력을 다투려면 회생계획인가결정에 대한 즉시항고(제247조 제1항)에 의하여야 한다.

9. 합병에 관한 특례

가. 개 요

회생절차개시 이후부터 그 회생절차가 종료될 때까지는 채무자는 회생절차(회생계획)에 의하지 아니하고는 합병을 할 수 없다(제55조 제1항 제5호). 합병에는 흡수합병과 신설합병이 있다. 회생계획을 통하여 합병을 할 경우에는 합병에 관한 상법상의 절차가 생략된다(제271조).[54]

나. 회생계획에서 정하여야 할 사항

(1) 흡수합병의 경우

회사인 채무자가 다른 회사와 합병하여 그 일방이 합병 후 존속하는 때에는 회생계획에 다음과 같은 사항을 정하여야 한다(제210조).

① 다른 회사의 상호

② 존속하는 회사가 합병시 발행하는 주식 또는 출자지분의 종류와 수, 그 주식 또는 출자지분에 대한 주주·지분권자의 신주인수권 또는 출자지분인수권의 제한에 관한 사항과 특정한 제3자에 부여할 것을 정하는 때에는 이에 관한 사항

③ 합병으로 인하여 소멸하는 회사의 회생채권자·회생담보권자·주주·지분권자에 대하여 발행할 주식 또는 출자지분의 종류 및 수와 그 배정에 관한 사항

④ 존속하는 회사의 증가할 자본과 준비금의 액

⑤ 합병으로 인하여 소멸하는 회사의 주주·지분권자에게 금전을 지급하거나 사채를 배정할 것을 정하는 때에는 그 규정

⑥ 합병계약서의 승인결의를 위한 다른 회사의 주주총회 또는 사원총회의 일시

⑦ 합병을 하는 날

⑧ 존속하는 회사가 합병으로 인하여 정관을 변경하기로 정한 경우에는 그 규정

⑨ 다른 회사가 합병으로 인하여 이익의 배당 또는 상법 제462조의3(중간배당) 제1항의 규정에 의하여 금전으로 이익배당을 하는 때에는 그 한도액

⑩ 합병으로 인하여 존속하는 회사에 취임하게 될 이사 및 감사(감사위원회 위원을 포함한다)를 정하는 때에는 그 성명 및 주민등록번호

(2) 신설합병의 경우

회사인 채무자가 다른 회사와 합병하여 신회사를 설립하는 때에는 회생계획에 다음과 같은 사항을 정하여야 한다(제211조).

① 다른 회사의 상호

---

54) 다만 합병의 상대방 회사의 경우에는 상법에 따라 합병절차를 진행하여야 한다.

② 신회사의 상호, 목적, 본점 및 지점의 소재지, 자본과 준비금의 액 및 공고방법

③ 신회사가 발행하는 주식 또는 출자지분의 종류와 수 및 그 배정에 관한 사항

④ 신회사 설립시에 정하는 신회사가 발행하는 주식 또는 출자지분에 대한 주주·지분권자의 신주인수권 또는 출자지분인수권의 제한에 관한 사항과 특정한 제3자에 부여할 것을 정하는 때에는 이에 관한 사항

⑤ 회생채권자·회생담보권자 또는 각 채무자의 주주·지분권자 또는 다른 회사의 주주·지분권자에 대하여 발행하는 주식 또는 출자지분의 종류 및 수와 그 배정에 관한 사항

⑥ 각 회사의 주주·지분권자에게 금전을 지급하거나 사채를 배정하는 것을 정하는 때에는 그 규정

⑦ 합병계약서 승인결의를 위한 다른 회사의 주주총회 또는 사원총회의 일시

⑧ 합병을 하는 날

⑨ 다른 회사가 합병으로 인하여 이익의 배당 또는 상법 제462조의3(중간배당) 제1항의 규정에 의하여 금전으로 이익배당을 하는 때에는 그 한도액

⑩ 합병으로 인하여 존속하는 회사에 취임하게 될 이사 및 감사를 정하는 때에는 그 성명 및 주민등록번호

다. 회생계획에 따른 합병에 관한 특례

회생계획에서 채무자가 다른 회사와 합병할 것을 정한 때에는 회생계획에 따라 합병할 수 있다. 이 경우 합병 후 존속하는 회사나 합병으로 설립되는 신회사의 주식 또는 출자지분의 배정을 받은 회생채권자 또는 회생담보권자는 회생계획인가가 결정된 때에 주식 또는 출자지분의 인수인이 되며, 합병의 효력이 생긴 때에 주주 또는 사원이 된다(제271조 제2항).

회생계획을 통하여 합병을 한 경우에는 합병에 관한 상법 등이 정한 절차가 생략된다. 먼저 상법 제522조의2(합병계약서 등의 공시), 제522조의3(합병반대주주의 주식매수청구권), 제527조의5(채권자보호절차), 제527조의6(합병에 관한 서류의 사후공시) 및 제529조(합병무효의 소)와 「자본시장과 금융투자업에 관한 법률」 제165조의5(주식매수청구권의 특례)의 적용이 배제된다(제271조 제1항 내지 제3항).[55] 또한 상법 제530조(준용규정) 제2항 또는 제603조(준용규정)의 규정에 불구하고 같은 법 제237조(준용규정) 내지 제240조(준용규정), 제374조(영업양도, 양수, 임대등) 제2항, 제374조의2(반대주주의 주식매수청구권) 제2항 내지 제4항 및 제439조(자본감소의 방법, 절차) 제3항은 준용하지 아니한다(제271조 제5항). 물론 합병의 상대방인 다른 회사에 대하여는 상법의 규정이 그대로 적용된다(제271조 제6항).

회생계획에 흡수합병으로 인하여 소멸하는 회사의 주주에게 사채를 배정할 것을 정하거나(제210조 제5호) 신설합병으로 각 회사의 주주에게 사채를 배정하는 것을 정한 후(제211조 제6

---

55) 합병의 효력을 다투려면 회생계획인가결정에 대한 즉시항고(제247조 제1항)에 의하여야 한다.

호), 주주에게 사채를 배정한 경우에는 주식회사의 납입 등이 없는 사채발행에 관한 특례(제 267조)가 인정된다. 이 경우 주주는 합병의 효력이 생긴 때에 사채권자가 된다(제271조 제7항).

등기절차에 관하여는 특례규정이 있다(제271조 제8항, 제9항).

10. 분할 또는 분할합병에 관한 특례

가. 회사분할

(1) 의 의

회사분할이란 회사재산(권리의무)의 전부 또는 일부가 분리되어 1개 이상의 회사가 신설되거나 존립 중인 다른 회사에 포괄적으로 승계되는 제도를 말한다. 일반적으로 회사재산의 전부 또는 일부를 분리한 회사를 분할회사, 이를 승계한 회사를 승계회사라 부른다.

회사분할은 영업양도와 달리 채무 및 계약상의 지위가 승계회사에 포괄적으로 이전되므로 상대방의 개별적인 승낙이 필요하지 않다.

(2) 형 태

(가) 소멸분할과 존속분할

분할과 동시에 분할회사가 소멸하느냐에 따라 소멸분할과 존속분할로 나뉜다. 분할과 동시에 분할회사가 청산절차 없이 소멸하고 그 권리의무가 분할되어 승계회사에 포괄승계되는 형태가 소멸분할이다. 반대로 분할 후에도 분할회사가 여전히 존속하는 형태가 존속분할이다.

(나) 신설분할과 흡수분할

설립된 신회사가 분할회사의 분리된 재산을 승계하는 것이 신설분할이고, 존립중인 기존회사가 승계하는 것이 흡수분할이다.

(다) 인적분할과 물적분할

분할에 따라 발행된 승계회사(신설회사 또는 기존회사)의 주식 등의 대가를 배정받는 자가 누구냐에 따른 구분이다. 인적분할이란 승계회사가 주는 주식 등의 분할대가가 분할회사의 주주에게만 배정되는 형태의 분할을 말한다. 물적분할이란 분할회사가 그 재산 중 일부를 포괄승계의 방법으로 승계회사에 양도하고 그 대가로서 승계회사의 주식 등의 대가를 분할회사 자신이 부여받는 것을 말한다. 분할회사가 소멸하는 소멸분할의 경우 물적분할이 있을 수 없다.

(라) 단순분할과 분할합병

회사분할이 합병을 수반하는지 여부에 따라 단순분할과 분할합병으로 나누어진다(상법 제530조의2 참조). 단순분할은 분할 전 회사가 단독으로 분할하여 합병과 관련되지 않은 회사분할을 말한다. 즉 분할부분이 단독으로 회사가 되는 것을 말한다.

분할합병은 합병과 결합된 회사분할로서, 분할회사의 재산을 분할하는 동시에 분할되는 일부 재산을 다른 회사에 합병시키는 방법이다. 즉 분할 전 회사가 분할한 후에 그 분할된 부분이 다른 기존회사 또는 다른 기존회사의 일부와 합쳐져 하나의 회사로 된다.

분할합병은 다시 분할된 부분이 다른 회사에 흡수되는 흡수분할합병과 분할된 부분이 다른 기존회사 또는 다른 회사의 분할된 부분과 합쳐져 회사가 신설되는 신설분할합병으로 나뉠 수 있다.

(3) 회생계획에 의한 회사분할

회생절차개시 이후부터 그 회생절차가 종료될 때까지는 채무자는 회생절차(회생계획)에 의하지 아니하고는 분할 또는 분할합병을 할 수 없다(제55조 제1항 제5호). 따라서 회생계획에 의하지 않고 단순히 법원의 허가를 얻어 진행하는 방식으로 회사를 분할하거나 분할합병을 할 수는 없다.

주식회사인 채무자가 분할되거나 분할합병된 경우 회생계획에 아래와 같은 여러 가지 사항을 정하여야 한다. 주식회사의 물적분할의 경우에도 마찬가지이다(제214조).

(가) 단순분할의 경우

1) 주식회사인 채무자가 분할되어 신회사를 설립한 경우(제212조 제1항, 소멸분할)

① 신회사의 상호, 목적, 본점 및 지점의 소재지, 발행할 주식의 수, 1주의 금액, 자본과 준비금의 액 및 공고의 방법

② 신회사가 발행하는 주식의 총수, 종류 및 종류별 주식의 수

③ 신회사 설립시에 정하는 신회사가 발행하는 주식에 대한 주주의 신주인수권의 제한에 관한 사항과 특정한 제3자에게 신주인수권을 부여하는 것을 정하는 때에는 그에 관한 사항

④ 채무자의 회생채권자·회생담보권자 또는 주주에 대하여 새로이 납입을 시키지 아니하고 신회사의 주식을 배정하는 때에는 발행하는 주식의 총수 및 종류, 종류별 주식의 수 및 그 배정에 관한 사항과 배정에 따라 주식의 병합 또는 분할을 하는 때에는 그에 관한 사항

⑤ 채무자의 주주에게 금전을 지급하거나 사채를 배정하는 것을 정하는 때에는 그 규정

⑥ 신회사에 이전되는 재산과 그 가액

⑦ 상법 제530조의9(분할 및 분할합병 후의 회사의 책임) 제2항의 규정에 의한 정함이 있는 때에는 그 내용

⑧ 신회사의 이사·대표이사 및 감사가 될 자나 그 선임 또는 선정의 방법 및 임기. 이 경우 임기는 1년을 넘을 수 없다.

⑨ 신회사가 사채를 발행하는 때에는 제209조 각호의 사항

⑩ 회생채권자·회생담보권자·주주 또는 제3자에 대하여 새로 납입하게 하고 주식을 발행하는 때에는 그 납입금액 그 밖에 주식의 배정에 관한 사항과 납입기일

⑪ 현물출자를 하는 자가 있는 때에는 그 성명 및 주민등록번호, 출자의 목적인 재산, 그 가격과 이에 대하여 부여하는 주식의 종류 및 수

⑫ 그 밖에 신회사의 정관에 기재하고자 하는 사항

⑬ 자본과 준비금의 액

⑭ 분할하는 날

2) 분할 후 채무자가 존속하는 경우 (제212조 제2항, 존속분할)

① 감소하는 자본과 준비금의 액

② 자본감소의 방법

③ 분할로 인하여 이전하는 재산과 그 가액

④ 분할 후의 발행주식의 총수

⑤ 채무자가 발행하는 주식의 총수를 감소하는 때에는 그 감소하는 주식의 총수·종류 및 종류별 주식의 수

⑥ 그 밖에 정관변경을 가져 오게 하는 사항

(나) 분할합병의 경우

1) 주식회사인 채무자가 분할되어 그 일부가 다른 회사와 합병하여 그 다른 회사가 존속하는 때와 다른 회사가 분할되어 그 일부가 주식회사인 채무자와 합병하여 그 채무자가 존속하는 때(흡수분할합병)에는 회생계획에 다음과 같은 사항을 정하여야 한다(제213조 제1항).

① 다른 회사의 상호

② 존속하는 회사가 분할합병으로 인하여 발행하여야 하는 주식의 총수가 증가하는 때에는 증가하는 주식의 총수·종류 및 종류별 주식의 수, 그 주식에 대한 주주의 신주인수권의 제한에 관한 사항과 특정한 제3자에게 신주인수권을 부여하는 것을 정하는 때에는 그에 관한 사항

③ 분할되는 채무자의 회생채권자·회생담보권자 또는 주주에 대하여 발행하는 신주의 총수 및 종류, 종류별 주식의 수 및 그 배정에 관한 사항과 배정에 따른 주식의 병합 또는 분할을 하는 때에는 그에 관한 사항

④ 분할되는 회사의 주주에게 금전을 지급하거나 사채를 배정하는 것을 정하는 때에는 그에 관한 사항

⑤ 존속하는 회사의 증가하는 자본의 총액과 준비금에 관한 사항

⑥ 분할되는 채무자가 존속하는 회사에 이전하는 재산과 그 가액

⑦ 상법 제530조의9(분할 및 분할합병 후의 회사의 책임) 제3항의 규정에 의한 정함이 있는 때에는 그에 관한 사항

⑧ 분할합병계약서를 승인하는 결의를 하기 위한 다른 회사의 주주총회의 일시

⑨ 분할합병을 하는 날

⑩ 다른 회사가 존속하는 경우 그 회사의 이사 및 감사를 정하는 때에는 그 성명 및 주민등록번호

⑪ 그 밖에 존속하는 채무자의 정관변경을 가져오게 하는 사항

2) 채무자가 분할되어 그 일부가 다른 회사 또는 다른 회사의 일부와 분할합병을 하여 신회사를 설립하는 때와 다른 회사가 분할되어 그 일부가 채무자 또는 채무자의 일부와 분할합병을 하여 신회사를 설립하는 때(신설분할합병)에는 회생계획에 다음과 같은 사항을 정하여야 한다(제213조 제2항).

① 다른 회사의 상호

② 신회사의 상호, 목적, 본점 및 지점의 소재지, 발행할 주식의 수, 1주의 금액, 자본과 준비금의 액 및 공고방법

③ 신회사 설립시에 정하는 신회사가 발행하는 주식에 대한 주주의 신주인수권의 제한에 관한 사항과 특정한 제3자에게 신주인수권을 부여하는 것을 정하는 때에는 그에 관한 사항

④ 채무자 또는 다른 회사가 신회사에 이전하는 재산과 그 가액

⑤ 상법 제530조의9(분할 및 분할합병 후의 회사의 책임) 제2항의 규정에 의한 정함이 있는 때에는 그 내용

⑥ 그 밖에 신회사의 정관에 기재하고자 하는 사항

⑦ 채무자의 회생채권자·회생담보권자·주주 또는 다른 회사의 주주에 대하여 발행하는 주식의 총수 및 종류, 종류별 주식의 수 및 그 배정에 관한 사항과 배정에 따른 주식의 병합 또는 분할을 하는 때에는 그에 관한 사항

⑧ 채무자 또는 다른 회사의 주주에게 금전을 지급하거나 사채를 배정하는 것을 정하는 때에는 그 사항

⑨ 다른 회사에서 분할합병계약서를 승인하는 결의를 하기 위한 주주총회의 일시

⑩ 분할합병을 하는 날

⑪ 신회사의 이사·대표이사 및 감사가 될 자나 그 선임 또는 선정의 방법 및 임기. 이 경우 임기는 1년을 넘을 수 없다.

나. 회생계획에 의한 분할 또는 분할합병에 관한 특례

(1) 상법 등의 적용 배제

회생계획에 의하여 주식회사인 채무자가 분할되거나 주식회사인 채무자 또는 그 일부가 다른 회사 또는 다른 회사의 일부와 분할합병할 것을 정한 때에는 회생계획에 의하여 분할 또는 분할합병할 수 있다. 이 경우 분할합병 후 존속하는 채무자 또는 분할합병으로 설립되는 신회사의 주식을 배정받은 채무자의 주주·회생채권자 또는 회생담보권자는 회생계획인가가 결정된 때에 주식인수인이 되며, 분할합병의 효력이 생긴 때에 주주가 된다(제272조 제1항, 제2항).

회생계획에 의하여 주식회사인 채무자가 분할되거나 분할합병된 경우 상법 제530조의7(분할대차대조표 등의 공시), 상법 제522조의3(합병반대주주의 주식매수청구권)과 「자본시장과 금융투자업에 관한 법률」 제165조의5(주식매수청구권의 특례)는 적용이 배제된다(제272조 제3항). 또한

상법 제530조의9(분할 및 분할합병 후의 회사의 책임) 제4항 및 제530조의11(준용규정)의 규정에 불구하고 상법 제237조(준용규정) 내지 제240조(준용규정), 제374조(영업양도·양수·임대 등) 제2항, 제439조(자본감소의 방법, 절차) 제3항, 제522조의3(합병반대주주의 주식매수청구권), 제527조의5(채권자보호절차) 및 제529조(합병무효의 소)도 적용이 배제된다(제272조 제4항).[56]

(가) 상법 제530조의9 제1항은 주식회사의 분할에 관하여 "분할회사, 단순분할신설회사, 분할승계회사 또는 분할합병신설회사[57]는 분할 또는 분할합병 전의 분할회사 채무에 관하여 연대하여 변제할 책임이 있다"고 규정하고 있다. 다만 ① 분할회사가 주주총회의 분할승인결의로 분할에 의하여 회사를 설립하는 경우에는 단순분할신설회사는 분할회사의 채무 중에서 분할계획서에 승계하기로 정한 채무에 대한 책임만을 부담하는 것으로 정하거나 ② 분할합병의 경우에 분할회사는 분할승인결의로 분할합병에 따른 출자를 받는 분할승계회사 또는 분할합병신설회사가 분할회사의 채무 중에서 분할합병계약서에 승계하기로 정한 채무에 대한 책임만을 부담하는 것으로 정함으로써 위와 같은 연대책임을 배제할 수 있지만(상법 제530조의9 제2항, 제3항) 이 경우에는 상법 제527조의5 등의 규정에 따른 채권자보호절차를 거쳐야 한다(상법 제530조의9 제4항).

이와 같이 상법이 주식회사를 분할하는 경우 단순분할신설회사 등과 분할 후 존속하는 분할회사가 원칙적으로 분할회사의 기존 채무에 대한 연대책임을 지도록 하는 등의 채권자보호규정을 둔 것은 분할로 인하여 분할회사의 적극재산과 소극재산이 단순분할신설회사 등에 임의로 배정되어 그 채무자와 책임재산이 변경됨으로써 분할회사의 기존 채권자에게 불리한 영향을 미칠 수 있기 때문이다.[58]

(나) 1) 그런데 채무자회생법 제193조 제2항 제6호에 의하면 회생절차에서는 회생계획에 주식회사인 회생채무자의 분할, 분할합병 등에 관하여 정할 수 있는데, 이 경우 회생계획에 단순분할신설회사는 분할회사의 채무 중에서 분할계획서에 승계하기로 정한 채무에 대한 책임만을 부담하거나 분할합병에 따른 출자를 받는 분할승계회사 또는 분할합병신설회사가 분할회사의 채무 중에서 분할합병계약서에 승계하기로 정한 채무에 대한 책임만을 부담할 것을 정함으로써 상법 제530조의9 제1항에 따른 연대책임을 배제할 수 있다(제212조 제1항 제7호, 제213조 제1항 제7호, 제272조 제1항). 그리고 이때는 상법 제527조의5 등의 규정에 따른 채권자보호절차도 적용되지 아니한다(제272조 제4항). 채무자회생법에서 이러한 특례규정을 둔 것은 회생절차에서는 회생채무자를 효율적으로 회생시키기 위하여 회생계획에 회생채권자와 회생담보권자의

---

56) 분할의 효력을 다투려면 회생계획인가결정에 대한 즉시항고(제247조 제1항)에 의하여야 한다.

57) 분할회사는 분할되는 회사(상법 제530조의4), 단순분할신설회사는 분할에 의하여 설립되는 회사(상법 제530조의5 제1항 제1호), 분할승계회사는 분할합병의 상대방 회사로서 존속하는 회사(상법 제530조의6 제1항 제1호), 분할합병신설회사는 분할합병에 의해 설립되는 회사(상법 제530조의6 제2항 제2호)를 말한다.

58) 회사분할로 인하여 채무자의 자력이 열악해질 수 있고, 분할합병에 있어서는 연대책임을 지는 경우라도 분할회사의 채권자로서는 단순분할신설회사 등의 재무상태에 따라 분할합병 전보다 불리해지는 수가 있기 때문에 채권자의 이의권이 인정된다(상법 제530조의9 제4항, 제530조의11 제2항, 제527조의5, 제439조 제3항).

권리의 변경에 관하여 정할 수 있고, 나아가 회생채권자와 회생담보권자는 주식회사 분할을 내용으로 하는 회생계획안에 대한 관계인집회에서의 결의절차에서 그 분할이 유리하거나 불리한지를 판단하여 의견을 제출하거나 의결권을 행사할 수 있으며, 법원도 인가요건에 대한 심리를 통하여 회생채권자와 회생담보권자에 대한 적절한 보호조치를 심사하게 되므로 이들에 대하여 상법상의 채권자보호절차까지 필요하지는 아니하다는 등의 사정을 고려하였기 때문이다. 주의할 것은 위와 같은 특례 규정들은 회생채권자와 회생담보권자에 대하여 적용될 수 있을 뿐 공익채권자에 대하여는 적용되지 않는다는 것이다.[59]

한편 제272조 제4항은 상법 제530조의10의 적용을 배제하고 있지 않다. 그러므로 회생회사의 분할로 인하여 설립되는 신설회사(단순분할신설회사, 분할승계회사 또는 분할합병신설회사, 이하 같다)는 회생계획이 정하는 바에 따라 회생회사의 권리와 의무를 포괄승계할 수 있고, 이와 같이 회생계획에 의하여 설립되는 신설회사가 포괄승계하는 회생회사의 권리와 의무에는 성질상 이전이 허용되지 않는 것을 제외하고는 사법상 관계와 공법상 관계가 모두 포함된다고 볼 수 있다. 또한 제280조는 '회생계획에서 신설회사가 회생회사의 조세채무를 승계할 것을 정한 때에는 신설회사는 그 조세를 납부할 책임을 지며, 회생회사의 조세채무는 소멸한다.'라고 규정하여, 상법에 따른 회사분할과는 달리 채무자회생법에 따른 회생계획에서 조세채무의 승계 여부를 정할 수 있음을 특별히 명시하고 있다. 나아가 회생회사의 조세채무가 아직 성립하지 않은 경우라 하더라도 과세요건사실의 일부가 발생하는 등 가까운 장래에 성립할 가능성이 있다면 회생계획에서 그 지위나 법률효과에 관하여도 승계 여부를 정할 수 있다고 보는 것이 위관련 법률의 규정 및 회생제도의 목적과 취지에 부합한다. 어떠한 권리와 의무가 신설회사에 승계되는지는 수립된 회생계획의 해석에 관한 문제로서, 회생계획의 문언의 내용에 의하여 객관적 의미를 합리적으로 해석하여야 한다.[60]

2) 물론 분할합병의 상대방인 다른 회사에 대하여는 상법의 규정이 그대로 적용된다(제272조 제5항).

3) 회생계획에 의한 회사분할에서 주주에게 사채를 배정할 것을 정하고(제212조 제1항 제5호) 분할합병에서 분할되는 회사의 주주에게 사채를 배정하거나(제213조 제1항 제4호) 채무자 또는 다른 회사의 주주에게 사채를 배정하는 것(제213조 제2항 제8호)으로 정한 경우에는 주식회사의 납입 등이 없는 사채발행에 관한 특례(제267조)가 인정된다. 이 경우 주주는 분할 또는 분할합병의 효력이 생긴 때에 사채권자가 된다(제272조 제6항).

---

59) 대법원 2016. 2. 18. 선고 2015다10868, 2015다10875(병합) 판결, 대법원 2016. 2. 18. 선고 2014다31806 판결. 위 판결들은 「회생계획에 의하여 채무자인 회사를 분할하면서 회생계획에서 분할 전 회사 채무에 관하여 분할되는 회사와 설립되는 회사가 상법 제530조의9 제1항에서 정한 대로 연대하여 변제하지 아니하고 일부씩 분담하여 변제하도록 정한 경우, 그 조항의 효력은 공익채권자에게 미치지 않는다」고 판시하고 있다.

60) 대법원 2023. 11. 2. 선고 2023다238029 판결.

(2) 분할신주의 배정에 관한 특례

분할신주의 배정에 관하여도 특례를 인정하고 있다. 상법상 회사분할에 있어서는 채권자에게 주식을 배정할 수 없지만, 회생절차의 경우 회생계획에서 회생채권자·회생담보권자·주주에게 새로 납입을 시키지 아니하거나 납입하게 하고 분할신주를 배정할 수 있도록 하고 있다 (제212조 제1항 제4호, 제10호, 제273조 제1항, 제274조 제4항, 제5항).

(3) 회생회사가 주된 납세의무자인 법인의 과점주주에 해당하는 경우, 제2차 납세의무 성립의 기초가 되는 과점주주로서의 지위가 회생계획이 정하는 바에 따라서 신설회사에 승계될 수 있는지[61]

어떤 법인의 과점주주는 제2차 납세의무를 지고(국세기본법 제39조 제2호, 지방세기본법 제46조 제2호), 제2차 납세의무의 성립요건인 해당 법인의 과점주주 여부는 해당 법인의 납세의무 성립일을 기준으로 판단한다.[62]

한편 상법 제530조의10은 "단순분할회사, 분할승계회사 또는 분할합병신설회사는 분할회사의 권리와 의무를 분할계획서 또는 분할합병계약서가 정하는 바에 따라서 승계한다"고 규정하고 있고, 제272조 제1항은 회생계획에 의하여 주식회사인 채무자가 분할되거나 주식회사인 채무자 또는 그 일부가 다른 회사 또는 다른 회사의 일부와 분할합병할 것을 정한 때에는 회생계획에 의하여 분할 또는 분할합병할 수 있다고 하면서 제4항은 그 경우에 상법 제530조의10의 적용을 배제하고 있지 않으므로, 회생회사의 분할로 인하여 설립되는 신설회사는 회생계획이 정하는 바에 따라서 회생회사의 권리와 의무를 승계한다.

이와 같이 회생계획에 의하여 설립되는 신설회사가 승계하는 회생회사의 권리와 의무에는 성질상 이전이 허용되지 않는 것을 제외하고는 사법상 관계와 공법상 관계 모두가 포함된다고 보아야 한다. 또한 제280조는 '회생계획에서 신설회사가 회생회사의 조세채무를 승계할 것을 정한 때에는 신설회사는 그 조세를 납부할 책임을 지며, 회생회사의 조세채무는 소멸한다'고 규정하여, 상법에 따른 회사분할과 달리 조세채무에 관하여 회생계획에서 그 승계 여부를 정할 수 있음을 명시하고 있다. 한편 회생회사의 조세채무가 아직 성립하지 않은 경우라 하더라도 과세요건사실의 일부가 발생하는 등 가까운 장래에 성립할 가능성이 있다면 회생계획에서는 그 지위나 법률효과에 관하여도 승계 여부를 정할 수 있다고 해석하는 것이 회생제도의 목적과 취지에 부합한다. 따라서 회생회사가 주된 납세의무자인 법인의 납세의무 성립일을 기준으로 해당 법인의 과점주주에 해당하는 경우, 제2차 납세의무 성립의 기초가 되는 주된 납세

---

61) 대법원 2017. 7. 18. 선고 2016두41781 판결(☞ 피출자법인의 종합부동산세 등 성립 당시 과점주주였던 회생회사가 회생계획에 의하여 원고 등 회사로 분할되면서 원고가 피출자법인의 주식을 양수하게 되었고, 이후 피출자법인의 체납을 이유로 원고에게 제2차 납세의무자 지정과 함께 종합부동산세 등이 부과된 사안으로, 제2차 납세의무 성립의 기초가 되는 주된 납세의무 성립 당시의 과점주주로서의 지위도 회생계획이 정하는 바에 따라서 신설회사에 승계될 수 있는데, 이 사건 회생계획을 합리적으로 해석하면 그러한 지위가 원고에게 승계되었다고 보는 것이 타당하다는 이유로 위 부과처분이 적법하다고 판단한 사안임).

62) 대법원 1985. 12. 10. 선고 85누405 판결 참조.

의무 성립 당시의 과점주주로서의 지위는 회생계획이 정하는 바에 따라서 신설회사에 승계될 수 있다고 봄이 타당하다.

(4) 등기절차에 관한 특례

등기절차에 관하여는 특례규정이 있다(제272조 제8항).

11. 신회사의 설립에 관한 특례

가. 회생계획에 따른 신회사의 설립

(1) 회생채권자·회생담보권자·주주·지분권자에 대하여 새로 납입 또는 현물출자를 하지 아니하고 주식 또는 출자지분을 인수하게 함으로써 신회사(주식회사 또는 유한회사에 한한다)를 설립하는 때에는 회생계획에 다음과 같은 사항을 정하여야 한다(제215조 제1항).

① 신회사의 상호, 목적, 본점 및 지점의 소재지와 공고의 방법

② 신회사가 발행하는 주식 또는 출자지분의 종류와 수

③ 1주 또는 출자 1좌의 금액

④ 신회사 설립시에 정하는 신회사가 발행하는 주식 또는 출자지분에 대한 주주의 신주인수권 또는 지분권자의 출자지분인수권의 제한에 관한 사항과 특정한 제3자에 부여하는 것을 정하는 때에는 이에 관한 사항

⑤ 회생채권자·회생담보권자·주주·지분권자에 대하여 발행하는 주식 또는 출자지분의 종류 및 수와 그 배정에 관한 사항

⑥ 그 밖에 신회사의 정관에 기재하는 사항

⑦ 신회사의 자본 또는 출자액의 준비금의 액

⑧ 채무자에서 신회사로 이전하는 재산과 그 가액

⑨ 신회사의 이사·대표이사 및 감사가 될 자나 그 선임 또는 선정의 방법 및 임기. 이 경우 임기는 1년을 넘을 수 없다.

⑩ 신회사가 사채를 발행하는 때에는 제209조 각호의 사항

(2) (1)의 경우를 제외하고 주식의 포괄적 이전·합병·분할 또는 분할합병에 의하지 아니하고 신회사를 설립하는 때에는 회생계획에 다음과 같은 사항을 정하여야 한다(제215조 제2항).

① 신회사의 상호, 목적, 본점 및 지점의 소재지와 공고의 방법

② 신회사가 발행하는 주식 또는 출자지분의 종류와 수

③ 1주 또는 출자 1좌의 금액

④ 그 밖에 신회사의 정관에 기재하는 사항

⑤ 채무자에서 신회사로 이전하는 재산과 그 가액

⑥ 신회사의 이사·대표이사 및 감사가 될 자나 그 선임 또는 선정의 방법 및 임기. 이 경

우 임기는 1년을 넘을 수 없다.

⑦ 신회사가 사채를 발행하는 때에는 제209조 각호의 사항

⑧ 신회사 설립 당시 발행하는 주식 또는 출자지분의 종류 및 수와 회생채권자·회생담보권자 또는 주주·지분권자에 대하여 새로 납입 또는 현물출자를 하게 하거나 하게 하지 아니하고 주식 또는 출자지분을 인수하게 하는 때에는 회생채권자·회생담보권자·주주·지분권자에 대하여 발행하는 주식 또는 출자지분의 종류 및 수와 그 배정에 관한 사항

⑨ 새로 현물출자를 하는 자가 있는 때에는 그 성명 및 주민등록번호, 출자의 목적인 재산, 그 가액과 이에 대하여 부여하는 주식 또는 출자지분의 종류와 수

나. 신회사 설립의 유형에 따른 특례

(1) 새로운 출자가 없는 신회사 설립에 관한 특례(제273조)

회생계획에서 주식회사인 채무자를 분할하여 채무자의 출자만으로 신회사를 설립할 것을 정하거나(제212조 제1항, 제214조) 회생계획에서 회생채권자·회생담보권자·주주·지분권자에 대하여 새로 납입 또는 현물출자를 하게 하지 아니하고 주식 또는 출자지분을 인수하게 함으로써 신회사를 설립할 것을 정한 때(제215조)에는 신회사는 정관을 작성하고 회생계속법원의 인증[63]을 얻은 후 설립등기를 한 때에 성립한다. 이 경우 신회사가 성립한 때에 회생계획에 의하여 신회사에 이전할 채무자의 재산은 신회사에 이전하고, 신회사의 주식, 출자지분 또는 사채를 배정받은 채무자의 회생채권자·회생담보권자·주주·지분권자는 주주·지분권자 또는 사채권자가 된다(제273조 제1항, 제2항).

회생계획에서 이사의 선임이나 대표이사의 선정을 정한 경우 이들은 회생계획이 인가된 때에 선임 또는 선정된 것으로 본다(제273조 제3항, 제263조 제1항). 회생계획에서 이사의 선임이나 대표이사의 선정의 방법을 정한 때에는 회생계획에서 정한 방법으로 이사를 선임하거나 대표이사를 선정할 수 있다. 이 경우 이사의 선임이나 대표이사의 선정에 관한 다른 법령이나 정관의 규정은 적용하지 아니한다(제273조 제3항, 제263조 제2항). 위와 같이 선임 또는 선정된 이사 또는 대표이사의 임기와 대표이사의 대표의 방법은 회생계획에 의하며, 선임된 감사의 임기는 법원이 정한다(제273조 제3항, 제263조 제5항). 배정할 주식에 관하여 단수가 생긴 경우에는 제265조 제3항에 의하고, 회생계획에 사채를 발행할 것을 정한 때에는 제268조에 의한다(제273조 제3항).

신회사의 설립등기의 촉탁서에는 ① 회생계획인가결정서의 등본 또는 초본, ② 정관, ③ 회생계획에서 이사 또는 감사의 선임이나 대표이사의 선정의 방법을 정한 때에는 그 선임이나 선정에 관한 서류, ④ 명의개서대리인을 둔 때에는 이를 증명하는 서면을 첨부하여야 한다(제273조 제4항).

---

63) 상법에서는 정관에 대하여 공증인의 인증을 받도록 하고 있다(상법 제292조).

(2) 그 밖에 신회사의 설립에 관한 특례 (제274조)

(가) 회생계획에서 주식회사인 채무자를 분할하되, 채무자 외의 회생채권자 등의 출자를 포함하여 신회사를 설립할 것을 정하거나(제212조 제1항, 제214조), 회생계획에서 회생채권자·회생담보권자·주주·지분권자에 대하여 새로 납입 또는 현물출자를 하게 하고 주식 또는 출자지분을 인수하게 함으로써 신회사를 설립할 것을 정(제215조)할 수 있다(제274조 제1항). 이때 회생계획에 따라 신회사를 설립할 수 있다.

이 경우 정관은 회생계속법원의 인증을 받아야 하고,[64] 상법 제306조(납입금의 보관자 등의 변경)에 규정된 사건은 회생계속법원의 관할로 하며, 창립총회에서는 회생계획의 취지에 반하여 정관을 변경할 수 없고, 상법 제326조(회사불성립의 경우의 발기인의 책임)의 규정에 의한 발기인의 책임은 채무자가 진다(제274조 제3항).[65]

(나) 이 경우 상법 제288조(발기인),[66] 제291조(설립 당시의 주식발행사항의 결정)[67] 내지 제293조(발기인의 주식인수),[68] 제295조(발기설립의 경우의 납입과 현물출자의 이행) 제1항, 제296조(발기설립의 경우의 임원선임),[69] 제299조(검사인의 조사, 보고), 제300조(법원의 변경처분), 제302조(주식인수의 청약, 주식청약서의 기재사항) 제2항 제4호, 제310조(변태설립의 경우의 조사), 제311조(발기인의 보고), 제313조(이사, 감사의 조사, 보고) 제2항, 제314조(변태설립사항의 변경), 제315조(발기인에 대한 손해배상청구), 제321조(발기인의 인수, 납입담보책임) 내지 제324조(발기인의 책임면제, 주주의 대표소송), 제327조(유사발기인의 책임) 및 제328조(설립무효의 소)는 적용이 배제된다(제274조 제2항).

이러한 규정들의 적용을 배제하는 것은 이것들을 대신하는 내용이 회생계획에서 정해지거나 발기인의 책임에서 보는 바와 같이 회생계획에 의한 신회사의 설립에 상응하지 않는 등의 이유에서다. 회생계획에 의하여 신회사를 설립하는 때에는 관리인이 발기인 또는 설립위원의 직무를 행한다(제257조 제2항). 관리인은 회생법원의 감독을 받으며 업무를 수행하고, 회생계획은 이해관계인의 결의를 거쳐 인가된 것이며, 채무자의 회생을 위하여 신속하게 회생계획이 진행될 필요가 있으므로 회사설립시 발기인에 관한 다수 규정의 적용을 배제하고 있다.

(다) 채무자·회생채권자·회생담보권자·주주·지분권자에 대하여 새로 납입 또는 현물출

---

64) 상법에서는 정관에 대하여 공증인의 인증을 받도록 하고 있다(상법 제292조).
65) **신회사 불성립의 책임** 회사가 성립하지 못한 경우에는 발기인은 그 설립에 관한 행위에 관하여 연대하여 책임을 지고 비용을 부담한다(상법 제326조). 그러나 발기인의 직무를 수행하게 되는 관리인에게 이러한 개인책임을 부담시키는 것은 불합리하고, 또한 관리인이 채무자의 관리기구라는 점을 고려하여도 합리성이 결여되어 있다. 그래서 신회사가 성립하지 않음으로 인한 책임과 비용은 채무자가 부담하도록 한 것이다.
66) 회생계획의 수행과정에서는 관리인이 신회사의 정관을 작성하므로(제257조 제2항 참조) 상법 제288조의 적용배제는 불필요하다.
67) 회생계획에 회사설립시 발행하는 주식의 종류와 수 등이 구체적으로 정해져 있으므로 상법 제291조는 적용 배제한 것이다.
68) 회생계획에 회생채권자 등에 대한 배정이 예정되어 있으므로 발기인의 주식인수를 배제한 것이다.
69) 회생계획에 임원선임에 관한 내용도 규정되어 있으므로 적용을 배제한 것이다.

자를 하게 하지 아니하고 주식 또는 출자지분을 인수하게 하거나 새로 납입을 하게 하지 아니하고 사채를 인수하게 하는 때에는 이 권리자는 신회사가 성립한 때에 주주나 지분권자 또는 사채권자가 된다(제274조 제4항).

(라) 회생채권자·회생담보권자·주주 또는 제3자에 대하여 새로 납입 또는 현물출자를 하게 하고 주식을 인수하게 하는 때에는 이 자에 대하여 발행할 주식 중에서 인수가 없는 주식에 관하여는 「상법」 제289조(정관의 작성, 절대적 기재사항) 제2항의 규정에 반하지 아니하는 한 새로 주주를 모집하지 아니하고 그 주식의 수를 신회사 설립시에 발행하는 주식의 총수에서 뺄 수 있다(제274조 제5항).

(마) 회생계획에서 신회사에 대한 이사의 선임이나 대표이사의 선정을 정한 경우 이들은 회생계획이 인가된 때에 선임 또는 선정된 것으로 본다(제274조 제6항, 제263조 제1항). 회생계획에서 이사의 선임이나 대표이사의 선정의 방법을 정한 때에는 회생계획에서 정한 방법으로 이사를 선임하거나 대표이사를 선정할 수 있다. 이 경우 이사의 선임이나 대표이사의 선정에 관한 다른 법령이나 정관의 규정은 적용하지 아니한다(제274조 제6항, 제263조 제2항). 위와 같이 선임 또는 선정된 이사 또는 대표이사의 임기와 대표이사의 대표의 방법은 회생계획에 의하며, 선임된 감사의 임기는 법원이 정한다(제274조 제6항, 제263조 제5항). 배정할 주식에 관하여 단수가 생긴 경우에는 제265조 제3항에 의하고, 회생계획에 사채를 발행할 것을 정한 때에는 제268조에 의한다(제274조 제6항).

(바) 신회사의 설립등기의 촉탁서 또는 신청서에는 ① 회생계획인가결정서의 등본 또는 초본, ② 정관, ③ 회생계획에서 이사 또는 감사의 선임이나 대표이사의 선정의 방법을 정한 때에는 그 선임이나 선정에 관한 서류, ④ 명의개서대리인을 둔 때에는 이를 증명하는 서면, ⑤ 주식의 청약 및 인수를 증명하는 서면, ⑥ 이사 및 감사의 조사보고서와 그 부속서류, ⑦ 창립총회의 의사록, ⑧ 납입금을 보관한 금융기관의 납입금보관증명서를 첨부하여야 한다(제274조 제7항).

다. 신회사로 이동한 이사 등의 퇴직금 등의 취급

회생절차개시 후 채무자의 이사·대표이사·감사 또는 근로자이었던 자로서 계속하여 신회사의 이사·대표이사·감사 또는 근로자가 된 자는 채무자에서 퇴직한 것을 이유로 하여 퇴직금 등을 지급받을 수 없다. 위 이사 등이 채무자에서 재직한 기간은 퇴직금 등의 계산에 관하여는 신회사에서 재직한 기간으로 본다(제281조).

이것은 회생회사와 회생계획에 따라 설립된 신회사의 실질적인 동일성을 근거로 한 것이고, 또한 이사 등이나 근로자가 회생회사를 퇴직할 때 퇴직금의 부담이 발생하는 것을 피하기 위한 목적도 있다. 그래서 이사 등이나 사용자의 보호를 위하여 회생절차개시의 전후를 묻지 않고 회생회사에 관한 재직기간으로 본다. 따라서 이러한 이사 등이나 사용인의 퇴직금청구권[70]은 회생계획에 따라 처리되는 것이 아니다.

한편 회생회사의 사용인이 신회사의 이사 등으로 된 경우나 그 반대의 경우 그 자가 회생회사와 신회사에서 계속하여 근무한 것은 사실이지만, 그 지위에 변동이 있기 때문에 재직기간의 통산은 인정하기 어려울 것이다. 이 경우 회생회사의 재직기간을 기초로 회생회사에 대한 퇴직금청구권으로 취급하여야 할 것이다.

라. 허가·인허가 등에 의한 권리의무의 승계에 관한 특례

아래 〈14.〉를 참조할 것.

마. 조세채무의 승계에 관한 특례

아래 〈15.〉를 참조할 것.

바. 공정거래법상 시정조치 및 과징금의 승계

(1) 시정조치

공정거래위원회는 남용행위[71]가 있을 때에는 그 시장지배적사업자에게 가격의 인하, 해당행위의 중지, 시정명령을 받은 사실의 공표 또는 그 밖에 필요한 시정조치를 명할 수 있다(공정거래법 제7조 제1항). 공정거래위원회는 남용행위를 한 회사인 시장지배적사업자가 제215조에 따라 새로운 회사를 설립하는 경우에는 기존 회사 또는 새로운 회사 중 어느 하나의 행위로 보고 시정조치를 명할 수 있다(공정거래법 제7조 제4항).[72]

(2) 과징금

공정거래위원회는 공정거래법을 위반한 회사인 사업자가 제215조에 따라 새로운 회사를 설립하는 경우에는 기존 회사 또는 새로운 회사 중 어느 하나의 행위로 보고 과징금을 부과·징수할 수 있다(공정거래법 제102조 제4항). 이 규정은 회생절차개시결정 후 신고기한 내에 과징금을 회생채권으로 신고한 경우에 기존 회사 또는 새로운 회사에게 과징금을 부과할 수 있다는 가능성을 명시한 것이지, 회생절차와 관련하여 기존 회사 또는 새로운 회사를 상대로 과징금

---

70) 회생절차개시 후 퇴직한 회생회사의 이사 등이나 근로자의 퇴직금청구권 중, 회생절차개시 전의 보수나 급여의 후불로서의 성질을 갖는 것은 회생채권이 되고, 개시 후 보수나 급여의 후불로서의 성질을 갖는 것은 공익채권이 되는 것이 원칙이다. 다만 근로자의 퇴직금청구권은 회생절차개시 전후를 묻지 않고 공익채권이다(제179조 제1항 제10호).

71) 공정거래법 제5조(시장지배적지위의 남용금지) ① 시장지배적사업자는 다음 각 호의 어느 하나에 해당하는 행위(이하 "남용행위"라 한다)를 해서는 아니 된다.

　1. 상품의 가격이나 용역의 대가(이하 "가격"이라 한다)를 부당하게 결정·유지 또는 변경하는 행위

　2. 상품의 판매 또는 용역의 제공을 부당하게 조절하는 행위

　3. 다른 사업자의 사업활동을 부당하게 방해하는 행위

　4. 새로운 경쟁사업자의 참가를 부당하게 방해하는 행위

　5. 부당하게 경쟁사업자를 배제하기 위하여 거래하거나 소비자의 이익을 현저히 해칠 우려가 있는 행위

　② 남용행위의 유형 및 기준은 대통령령으로 정한다.

72) 위 규정은 사업자의 다른 위반행위에도 준용된다(공정거래법 제14조 제4항, 제37조 제3항, 제42조 제2항, 제49조 제2항, 제52조 제2항). 이 경우 "시장지배적사업자"는 "사업자"로 본다.

부과 징수가 언제든지 가능하다는 의미는 아니다(본서 586쪽 참조).

12. 해산에 관한 특례

회사의 해산이란 회사의 능력을 청산의 목적 범위 내로 한정하는 행위이다. 회사의 해산은 상법에서는 주주총회의 특별결의에 의하여 하지만(상법 제518조, 제434조), 회생절차개시 이후부터 그 회생절차가 종료될 때까지는 채무자는 회생절차(회생계획)에 의하지 아니하고는 해산을 할 수 없다(제55조 제1항 제6호).

해산하는 경우는 회사분할이나 영업양도 등에 의해 채무자를 존속시키는 의미를 잃은 때나 사업의 유지 목적을 달성할 수 없어 청산을 목적으로 하는 회생계획이 작성된 때를 생각할 수 있다. 어느 경우에도 채무자가 합병·분할 또는 분할합병에 의하지 아니하고 해산하는 때에는 회생계획에 그 뜻과 해산의 시기를 정하여야 한다(제216조). 다만 합병·분할 또는 분할합병의 경우는 제한이 없다. 합병·분할 또는 분할합병의 경우에는 합병 등에 관한 조항에 포함되기 때문이다.

회생계획에서 채무자가 합병·분할 또는 분할합병에 의하지 아니하고 해산할 것을 정한 때에는 채무자는 회생계획이 정하는 시기에 해산한다(제275조 제1항). 해산등기의 신청서에는 회생계획인가결정서의 등본 또는 초본을 첨부하여야 한다(제275조 제2항).

13. 주식 등의 인수권의 양도

신주인수권이 양도성을 가지려면 정관에서 양도성을 인정하거나 주주가 가지는 신주인수권을 양도할 수 있음을 이사회에서 신주발행 결의시에 정하여야 한다(상법 제416조 제5호). 하지만 회생채권자·회생담보권자·주주·지분권자는 회생계획에 의하여 채무자 또는 신회사의 주식·출자지분 또는 사채를 인수할 권리가 있는 때에는 이를 타인에게 양도할 수 있다(제276조). 양도방법에는 아무런 제한이 없다. 따라서 회생계획에서 특별한 정함이 없는 한 회생채권자 등은 신주(출자지분)인수권이나 사채인수권을 지명채권양도방법으로 자유롭게 양도할 수 있다.

14. 공장재단 등에 관한 처분제한의 특례

회생계획에 의하여 채무자의 재산을 처분하는 때에는 공장재단 그 밖의 재단 또는 재단에 속하는 재산의 처분제한에 관한 법령은 적용하지 아니한다(제278조). 여기서 처분이란 양도, 담보권의 설정, 임대 등 당해 재산가치의 전부 또는 일부를 제3자에게 이전하는 행위를 말한다. 예컨대 공장 및 광업재단 저당법 제14조는 공장재단 구성물의 양도 등을 금지하고, 저당권자의 동의를 조건으로 임대만을 허용하고 있는데, 이러한 제한은 회생계획에 의하여 채무자를 회생시키는 것을 방해하기 때문에 그 적용을 배제한 것이다.

제278조가 공장재단저당(공장 및 광업재단 저당법 제10조 이하) 이외에 협의의 공장저당(공장

및 광업재단 저당법 제3조, 제4조)에도 적용되는가.[73] 채무자회생법은 이해관계인의 법률관계를 조정하여 채무자의 회생을 도모하는 목적을 가지고 있는바, 이러한 목적을 위하여 일부 채권자들의 권리행사가 제약될 수 있으나, 이러한 채무자회생법의 규정을 해석함에 있어 문언의 의미를 초과하여 유추해석할 수는 없다. 나아가 공장재단이 설정된 경우와 협의의 공장저당이 설정된 경우의 분리처분 제한규정의 적용배제의 필요성이 같다고 볼 수도 없으므로, 협의의 공장저당이 설정된 경우에도 제278조에 의하여 처분제한에 관한 법령의 적용을 배제할 수 있다고 볼 수 없다.[74]

15. 허가 · 인가 등에 의한 권리의 승계에 관한 특례

회생계획에서 채무자가 행정청으로부터 얻은 허가 · 인가 · 면허 그 밖의 처분으로 인한 권리의무를 신회사에 이전할 것을 정한 때에는 신회사는 다른 법령의 규정에 불구하고 그 권리의무를 승계한다(제279조). 회생계획에 따라 설립된 신회사는 실질적으로는 채무자의 사업을

---

73) 공장 및 광업재단 저당법(이하 '공장저당법'이라 한다)은 공장의 토지, 공작물, 부속물, 지상권 등에 관하여 하나의 재단을 조성하고 그 위에 저당권을 설정하는 '공장재단저당'(공장저당법 제10조 이하)과 공장재단저당과는 별도로 재단을 구성하지 않은 채로 공장에 속하는 토지 또는 건물상에 저당권을 설정함으로써 그 저당권의 목적물에 부합된 물건(부합물), 목적물에 설치된 기계 · 기구(설치물), 그 밖의 공장의 공용물에 그 저당권의 효력을 미치게 하는 '협의의 공장저당'(이하 '공장저당'이라고만 한다) 두 가지 제도를 인정하고 있다.
　공장저당은 ① 토지 · 건물의 부합물이나 종물뿐만 아니라 공장의 공용물까지도 저당권의 효력이 확장되어 있다는 점에서 민법상의 저당권과 다르고, ② 전 일체로서의 공장을 담보로 제공하는 것이 아니라 개개의 부동산에 관하여 저당권을 설정한다는 점, 공업소유권 등의 권리나 타 부동산에 부가된 기계 · 기구 등에 저당권의 효력이 미치지 않는다는 점 등에서는 공장재단저당과 그 본질을 달리하고 있다. 이와 같이 공장저당권은 '토지 또는 건물에 설치된 기계 · 기구, 그 밖의 공장의 공용물'에까지 저당권의 효력이 확장되는 점에서 민법상의 저당권과 구별된다. 공장저당은 부동산에 설정된 저당권에 대하여 그 효력이 미치는 범위를 특별히 공용물에까지 확장하는 것이므로, 공장저당권의 본질은 어디까지나 부동산저당권이고 그 효력이 미치는 범위에 관하여는 종물이론이 확장된 것이라고 이해되고 있다. 공장저당에 의하여 원래 저당권의 목적이 될 수 없는 기계 · 기구, 그 밖의 공장의 공용물이 저당권의 목적이 되는 셈이다.
　공장저당과 공장재단저당의 주된 차이점은 아래와 같다. ① 공장저당은 공장에 속하는 토지 또는 건물의 등기부에 바로 저당권을 설정함으로써 성립하지만, 공장재단저당은 공장시설을 구성하는 부동산, 동산 및 각종 권리 등으로써 조성된 하나의 재단으로서 공장재단등기부에 소유권보존등기를 한 다음, 거기에 저당권을 설정함으로써 성립한다(공장저당법 제3조, 제10조 참조). ② 공장저당은 원칙적으로 당연히 공장에 속하는 토지 또는 건물과 이에 설치된 기계 · 기구, 그 밖의 공장의 공용물 등에 저당권의 효력이 함께 미치는데 반하여, 공장재단저당은 공장시설로부터 선택된 물건으로 조성된 공장재단 그 자체에 대하여만 저당권의 효력이 미친다. ③ 타인의 권리의 목적이 된 물건 또는 압류, 가압류, 가처분의 목적이 된 물건은 공장재단의 조성물이 될 수 없으므로 공장재단저당의 목적물이 될 수 없지만, 공장저당에서는 목적물인 토지 또는 건물에 관하여 저당권, 지상권, 임차권 등이 존재한다고 하더라도 가능하다(공장저당법 제13조 제3항). ④ 공장재단의 조성물을 개별적으로 처분하는 것은 금지되지만, 공장저당의 목적물은 개별적 처분이 가능하다. 다만 이를 취득한 제3자가 선의취득의 요건을 갖추지 못하는 한 공장저당권자는 일반 저당권자와는 달리 이에 추급할 수 있다(공장저당법 제7조). ⑤ 공장재단에 속하는 것은 저당권자의 동의를 얻어서 임대하는 경우를 제외하고는 양도하거나 기타 소유권 이외의 권리의 목적으로 하지 못하지만, 공장저당의 목적물인 토지 또는 건물은 지상권 또는 임차권 등 권리의 목적으로 할 수 있다(공장저당법 제14조). ⑥ 공장저당에서는 공장재단저당에서와는 달리 목적부동산 위에 그 순위와 목적범위가 다른 여러 가지 물권이 존재할 수 있기 때문에, 그 우선순위와 매각가격의 배당에 있어서 여러 가지 복잡한 문제들이 생긴다(손흥수, "공장저당과 민사집행", 사법논집 제57집, 법원도서관(2013), 6~8쪽).
74) 서울고등법원 2020. 5. 27. 선고 2019나2036453 판결(심리불속행기각으로 확정됨). 따라서 협의의 공장저당으로 담보권이 설정된 경우에는 공장저당법상 담보권의 불가분성 등을 고려하여 매각계획 등을 정하여야 한다.

승계하는 것이지만, 법률적으로는 합병이나 회사분할의 경우와 달리 채무자의 권리의무를 포괄적으로 승계하는 것은 아니다. 그러나 금융기관, 보험회사 또는 운수사업자와 같이 그 사업개시에 있어 행정청의 인허가 등을 요하는 경우 다시 신회사에 대하여 이것을 얻도록 한다면 사업의 원활한 수행을 곤란하게 할 우려가 있다. 회생계획에서 신회사가 당연히 인허가 등으로 인한 권리의무를 승계하도록 한 것은 이 때문이다. 물론 인허가 등과 관련된 행정청의 판단은 존중하여야 하지만, 이것은 행정청의 인허가 등의 처분을 정한 사항을 정한 회생계획안에 대하여 필요적으로 행정청의 의견을 듣도록 함으로써 이를 반영하고 있다(제226조 제2항).

회사분할이나 합병으로 신회사가 설립된 경우에는 행정청의 허가 등이 당연히 신회사에게 승계된다.

16. 조세채무의 승계에 관한 특례

회생절차에서는 회생계획에 따라 합병(제210조 등), 회사분할(제212조) 또는 신회사의 설립(제215조) 등의 조직개편이 이루어지기 때문에 채무자 회사가 부담하는 조세채무의 취급이 문제된다.

회생계획에서 신회사가 채무자의 조세채무를 승계할 것을 정한 때에는 신회사는 그 조세를 납부할 책임을 지며, 채무자의 조세채무는 소멸한다(제280조). 상법(제530조의10)에 따른 회사분할과 달리 조세채무에 관하여 회생계획에서 그 승계 여부를 정할 수 있다.[75] 즉 상법에 따른 회사분할과는 달리 채무자회생법에 따른 회생계획에서 조세채무의 승계 여부를 정할 수 있음을 특별히 명시하고 있다. 나아가 회생회사의 조세채무가 아직 성립하지 않은 경우라 하더라도 과세요건사실의 일부가 발생하는 등 가까운 장래에 성립할 가능성이 있다면 회생계획에서 그 지위나 법률효과에 관하여도 승계 여부를 정할 수 있다고 보는 것이 위 관련 법률의 규정 및 회생제도의 목적과 취지에 부합한다. 어떠한 권리와 의무가 신설회사에 승계되는지는 수립된 회생계획의 해석에 관한 문제로서, 회생계획의 문언의 내용에 의하여 객관적 의미를 합리적으로 해석하여야 한다.[76]

조세채무는 금전채무이므로 승계가 가능한 채무이다. 반면 조세는 경제적 부담능력을 고려하여 과세된다는 점에서 납세의무자의 개별성이 강조되므로 무작정 조세채무의 승계를 인정하는 것은 적당하지 않다. 현행법은 이러한 점을 고려하여 포괄승계, 즉 법인의 합병(국세기본법 제23조, 지방세기본법 제41조), 상속(국세기본법 제24조, 지방세기본법 제42조)의 경우와 회생계획에 의한 조세채무의 승계만을 규정하고 있다.

한편 회생계획에 의한 채무자의 조직재편에는 합병, 회사분할 또는 신회사의 설립 등이 규정될 수 있다. 채무자회생법은 이 중 회생계획에 의해 신회사가 설립된 경우에 대하여만 조세

---

75) 대법원 2017. 7. 18. 선고 2016두41781 판결.
76) 대법원 2023. 11. 2. 선고 2023다238029 판결.

채무의 승계를 규정하고 있다. 회생계획에서 신회사가 채무자의 조세채무를 승계할 것을 정한 때에는 신회사는 그 조세를 납부할 책임을 지며, 채무자의 조세채무는 소멸한다(제280조). 합병과 회사분할의 경우에 관하여는 국세기본법(제23조, 제25조 제2항, 제3항) 및 지방세기본법(제41조, 제44조 제2항, 제3항)에서 관련 규정을 두고 있다.[77]

회생계획에서 신회사가 조세채무를 면책적으로 승계할 것을 정한 경우에는 징수권한을 가진 자의 동의를 받아야 하기 때문에(제140조 제3항), 이러한 특례가 징수권한을 가진 자의 이익을 해할 염려는 없다.

제3절 | 회생계획의 변경

Ⅰ 회생계획 변경의 의의

회생계획의 변경이란 회생계획인가결정이 있은 후 부득이한 사유로 회생계획에 정한 사항을 변경하는 것을 말한다(제282조 제1항). 원래 회생계획인가결정 후에는 관계인집회의 가결 및 법원의 인가결정이라는 절차를 밟아 권리변경 및 실권을 발생시킨 것이므로 원칙적으로 회생계획의 변경은 허용되지 않는다. 그렇다고 하더라도 회생계획의 수행 중 당초 예상하지 못했던 사회경제적 상황과 경영환경에 변화가 생겨 회생계획의 수행이 현저히 곤란하게 되었고, 이러한 경우 곧바로 회생계획의 수행가능성이 없다고 회생절차를 폐지하여 파산절차로 이행하는 것보다 기업에 수익력 등으로 보아 회생이 예견되는 경우라면, 오히려 수행가능한 회생계획으로 변경하여 회생절차를 유지하는 것이 사회경제적 관점으로 보아 바람직하고 이해관계인의 의사에도 부합하다. 그래서 채무자회생법은 엄격한 요건 하에 회생계획인가 후에도 회생계획의 변경을 인정하고 있다.

회생계획의 변경은 인가에 의하여 회생계획이 대외적으로 성립되어 현실적으로 수행되고 있는 단계에서 행하여지는 것이고, 인가로 인한 권리변경이나 면책의 효과가 발생한 후의 채권이나 주식·출자지분을 대상으로 하는 것이라는 점에서 회생계획의 성립과정(인가 전)에 있어서의 회생계획안의 수정(제228조, 제229조) 내지 변경(제234조)과는 구별된다.[78]

---

77) **제280조와 국세기본법 제25조 제4항·지방세기본법 제44조 제4항의 관계** 국세기본법(제25조 제4항) 및 지방세기본법(제44조 제4항)은 법인이 제215조에 따라 신회사를 설립하는 경우 기존의 법인에 부과되거나 납세의무가 성립한 국세 및 강제징수, 지방자치단체의 징수금(지방세 또는 체납처분비)은 신회사가 연대하여 납부할 의무를 진다고 규정하고 있다. 이는 회생계획에서 신회사가 채무자의 조세채무를 승계할 것을 정한 경우에는 채무자의 조세채무가 소멸한다는 것과 모순된다. 국세기본법·지방세기본법과 채무자회생법 중 어느 것이 우선한다고 할 수 없으므로 입법적 해결이 필요해 보인다. 다만 회생계획에서 면책적으로 조세채무의 승계를 규정할 경우 징수권자의 동의를 받아야 하기 때문에 실질적으로는 차이가 없다.

78) 대법원 1991. 12. 13. 선고 91다1677 판결(회생계획안의 변경은 법원의 인부결정이 있기 전에 하는 절차를 의미하고, 회생계획의 변경은 회생계획에 대한 법원의 인가결정이 있은 후 회생계획에서 정한 사항의 변경을 의미한다.)

회생계획에서 정한 사항을 변경하거나 회생계획에 정함이 없는 사항을 추가하는 경우에는 회생계획을 변경해야 한다. 예컨대 회생채권에 대한 변제율을 변경하거나 변제시기를 연장하는 것 등은 회생채권자의 권리를 변경하는 것이고(제193조 제1항 제1호) 이것은 회생계획의 정함이 없다면 할 수 없는 것이다(개별적으로 채권자의 동의를 얻는 경우는 별개이다). 변제시기를 앞당기는 것과 같이 채권자에게 유리한 변경도 회생계획의 변경이다. 물론 채권자에게 유리한 변경은 법원의 허가만을 얻어 할 수 있다.

Ⅱ 회생계획 변경의 요건

1. 신청권자

회생계획의 변경은 신청에 의하여만 가능하다. 신청권자는 관리인, 채무자 또는 목록에 기재되어 있거나 신고한 회생채권자·회생담보권자·주주·지분권자이다(제282조 제1항). 회생계획인가결정 후 회생계획의 수행이 곤란한 경우 관리인 등(특히 채무자)으로서는, 이것이 일시적인 자금부족이라면 개별 채권자들과 교섭하여 변제의 유예를 얻을 수 있겠지만, 자금부족이 계속적인 것이라면 회생계획의 변경을 신청할 수밖에 없을 것이다.

2. 회생계획 변경의 시기

회생계획의 변경은 회생계획인가결정 후 회생절차 종료 전에 한하여 허용된다. 따라서 회생절차 종결 후 회생계획 수행 중에는 회생계획의 변경이 불가능하다. 회생절차종결 후 채권자에게 불이익한 변경을 하려면 채권자의 개별적인 동의를 얻을 수밖에 없다. 또는 새롭게 회생절차개시신청을 하고 채권자에게 불이익한 새로운 회생계획안을 제출한 후 통상의 절차에 따라 회생계획인가를 받아야 한다(이는 회생계획의 변경이 아니라 통상적인 회생계획안의 제출에 따른 절차이다).

3. 부득이한 사유와 변경의 필요성

회생계획의 변경이 허용되는 경우는 인가결정이 있은 후 부득이한 사유로 회생계획에 정한 사항을 변경할 필요가 생긴 때라야 한다.

부득이한 사유란 원래의 회생계획 인가 당시 그러한 사정이 예상되었다면 당연히 현재와는 다른 회생계획이 수립되었을 것이라는 사태의 출현을 말한다. 인가 후 경제상황의 급변이나 예정된 행정청의 인허가를 받지 못하여 회생계획의 수행이 어려운 경우 등을 들 수 있을 것이다. 원칙적으로 인가 후에 발생한 사정에 제한되지만, 객관적으로 예측이 곤란하였던 경우에는 인가 전에 발생한 사정도 포함될 수 있을 것이다.

변경할 필요가 생긴다는 것은 현재의 상태를 그대로 내버려두면 회생계획의 전부 또는 일부가 수행 불능 또는 현저하게 곤란하게 되는 상황에 처해 있으나, 그 회생계획을 변경한다면 그와 같은 사태를 회피할 수 있고 채무자의 회생을 도모할 수 있는 경우를 말한다.[79]

회생절차에서 인가된 회생계획을 변경할 부득이한 사유나 필요가 있는지 여부는, 회생법원이 회생계획과 대비하여 회생회사의 재무구조와 영업상황, 자금수지 상황, 회생채무의 원활한 변제가능성 등을 검토하고, 회생회사의 자금조달과 신규투자의 필요성 및 국내외 경제사정의 현황과 전망 등을 고려함과 아울러 회생계획변경으로 인하여 영향을 받는 이해관계인의 의사 및 불이익의 정도 등을 종합·참작하여 회생회사의 유지·재건으로 인한 사회·경제적 이익과 이해관계인에 미치는 불이익의 정도 등을 비교형량한 후 판단하는 것이다.[80]

4. 변경의 대상

가. 회생계획에 정한 사항의 변경

회생계획의 변경절차가 필요한 것은 '회생계획에 정한 사항을 변경'하는 경우이다(제282조 제1항). 여기에는 회생채권이나 회생담보권의 추가적인 면제, 변제기의 유예 등이나 주주의 권리에 관한 조항의 변경이 있다. 변경의 내용도 회생계획의 내용이 되기 때문에 공정하고 형평한 원칙(제217조), 평등의 원칙(제218조) 등에 반하는 것이어서는 아니 된다.

한편 변경 후 회생계획에 의하여 채무를 부담하거나 채무의 기한을 유예하는 경우 채무의 기한에 대하여 명문의 규정이 없다. 이에 따라 변경 후 회생계획기간이 원래의 회생계획기간을 합하여 10년 이내여야 하는지(제195조 본문)에 관하여 다툼이 있을 수 있다. ① 먼저 변경회생계획도 제193조 내지 제195조의 요청을 충족시켜야 한다는 점에서 원래의 회생계획기간을 합하여 10년 이내로 제한된다는 견해가 있을 수 있다.[81] ② 반면 제282조가 변경의 대상에 대하여 특별한 제한을 두고 있지 않는 점, 회생계획을 변경하는 주된 이유가 변제기를 연장(유예)하기 위한 것인데 변경 후 회생계획기간을 원래의 회생계획기간과 합하여 10년으로 제한하면 회생계획변경제도를 둔 취지가 몰각될 수 있다는 점에서 10년으로 제한할 필요가 없다는 견해가 있을 수 있다. 생각건대 원칙적으로 ①의 견해가 타당하다고 할 수 있지만, 어떠한 경우에도 변경 후 회생계획기간을 원래의 회생계획기간과 합하여 10년을 넘지 못한다고 하는 것

79) 실무적으로는 채권자들로부터 동의를 받기 위해 회생계획안을 무리하게 작성한 것에서 비롯된 경우가 많다.
80) 대법원 2008. 1. 24. 자 2007그18 결정 참조. 정관에 규정된 수권자본금 한도 내에서 회생법원의 허가 하에 제3자 배정방식의 신주발행을 계획하고 있는 회생계획 조항에 따라 신주를 발행하는 경우에는 회생회사의 기존 주주들이 회생계획에 의하여 감수하기로 예정한 불이익이 구체적으로 현실화되는 것에 불과하므로 회생계획 변경절차를 거칠 필요가 없다(대법원 2008. 5. 9. 자 2007그127 결정 참조). 반면 원 회생계획상 고려대상이 아니었던 제3자의 인수·합병에 의한 회생절차의 진행 및 종결을 위한 정관변경은 전체적인 회생계획의 기본적인 구도가 변경되는 결과를 초래하므로 이러한 정관변경을 회생계획 변경절차에 의하지 아니하고 원 회생계획의 위 정관변경조항에 기한 법원의 정관변경허가결정만으로 하는 것은 허용될 수 없다(대법원 2005. 6. 15. 자 2004그84 결정 참조).
81) 부산지방법원은 2016. 12. 8. 2008회합1 주식회사 국제종합토건 사건에서 회생계획기간을 13년으로 정한 변경회생계획안에 대하여 제195조를 위반한 것이라고 판시하였다.

은 채무자의 회생을 도모하려는 회생절차의 목적에 부합하지 않는다. 예컨대 10년이 넘는 시기에 특별한 변제재원이 발생하는 경우(10년을 넘는 기한을 정하면 사업수익에 의한 변제율이 대폭적으로 높아질 것으로 기대되는 경우), 회생채권의 본래의 변제기가 10년을 넘는 경우,[82] 경제사정의 악화로 수익성의 저하가 인정되는 경우, 채권자 등에게 특히 유리한 경우와 같이 특별한 사정이 있으면 변경 후 회생계획기간이 원래의 회생계획기간을 합하여 10년을 넘는 것도 허용된다고 할 것이다. 궁극적으로 입법적 해결이 필요해 보인다.[83]

회생계획변경은 회생계획에서 정한 회생채권 등을 대상으로 회생계획을 변경하는 것으로, 회생절차개시 후에 발생한 거래채권 등은 그 대상이 아니다.[84]

나. 회생계획에 정하지 않았던 사항의 실행

자본 또는 출자액의 감소, 지분권자의 가입, 신주 또는 사채의 발행, 자본 또는 출자액의 증가, 주식의 포괄적 교환 또는 주식의 포괄적 이전, 합병·분할·분할합병 또는 조직변경, 해산 또는 회사의 계속, 이익 또는 이자의 배당은 회생계획에 의하지 않고는 할 수 없으므로(제55조 제1항), 당초의 회생계획에 정하지 않았는데 회생계획인가 후 사정변경으로 새로이 행할 필요가 생긴 경우에는 회생계획변경절차가 필요하다.

---

82) 예컨대 골프장 예탁금반환청구권의 경우 일정한 거치기간이 지난 후 탈회를 조건으로 한 결과로 10년을 넘을 수 있다. 회생절차에서는 파산절차나 개인회생절차와 달리 회생채권 등에 대한 현재화가 일어나지 않는다.
83) 일본 회사갱생법은 '최초의 갱생계획인가의 결정시부터 15년(변경 후 갱생계획의 내용이 갱생채권자 등에게 특히 유리한 것으로 되는 경우 그 밖의 특별한 사정이 있는 경우는 20년)'이라고 명시적으로 규정하고 있다(제233조 제3항). 민사재생법은 '특별한 사정이 있는 경우를 제외하고 재생계획기간은 10년을 넘지 못한다'고 규정하면서(제155조 제2항), 변경 후 재생계획기간에 관하여는 특별한 규정을 하고 있지 않다(제187조). 그래서 원래의 회생계획에 관한 규정이 적용되는 것으로 보고 있다(條解 民事再生法, 983쪽). 따라서 '특별한 사정'이 있는 경우 10년을 넘을 수 있도록 하고 있다.
84) 따라서 회생절차개시 후에 발생한 거래채권 등에 대한 변제도 곤란한 상태이고, 이들을 대상으로 하여 새로이 회생계획을 변경할 필요가 있는 경우에도 회생계획변경절차를 이용할 수 없다. 현재 이러한 경우 실무적으로는 회생절차종결 후 새로이 재도의 회생절차개시를 신청하고 통상적인 회생절차개시신청의 경우와 동일하게 처리하고 있다. 그러나 이전에 신청한 회생절차에서의 회생채권 등과 개시 후 발생한 거래채권 등을 동일하게 취급하는 것이 타당한지, 일부 변제받은 회생채권 등은 어떠한 금액을 가지고 재도의 회생절차에 참가하는지, 회생채권자들 사이에 구체적으로 변제를 어떻게 할 것인지 등에 관하여 여러 가지 문제가 있다. 일본 민사재생법 제190조는 재생계획이행 완료 전에 채무자에 대하여 새로운 재생절차개시결정이 된 경우, 재생채권자 등 종전의 회생절차관계자에 대하여, 그 권리가 새로운 재생절차에서 어떻게 취급되는지를 정하고 있다. 개략적으로 보면 ① 재생계획(제1회)의 이행이 완료되기 전에 재생채무자에 대하여 새로운 재생절차개시결정이 된 경우에는, 재생계획에 의하여 변경된 재생채권은 원상으로 회복되고(제1항), ② 재생채권자는 재생채권에 관하여 제1회 재생계획에 의하여 변제를 받은 경우에도 변제를 받기 전의 채권 전액을 가지고 제2회 재생절차에 참가할 수 있으며(제6항), 제1회 재생계획에 의하여 변제를 받은 재생채권자는 다른 재생채권자가 자신이 변제받은 변제와 동일한 비율에 의한 변제를 받을 때까지는 변제를 받을 수 없다(제7항). 입법적 보완이 필요해 보인다.

Ⅲ 회생계획 변경신청에 대한 재판

1. 회생계획변경요건을 갖추지 못한 경우

회생계획의 변경신청이 신청권자, 신청방식, 신청시기 등의 형식적 요건을 갖추지 못한 경우에는 회생계획의 변경신청을 각하하고, 변경의 필요성이 없거나 인가의 요건(제243조 제1항)을 갖추지 못한 경우에는 회생계획변경불허가결정을 한다.[85]

2. 회생계획변경요건을 갖춘 경우

가. 회생채권자 등에게 불리한 영향을 미치지 않는 때

회생계획의 변경요건을 갖춘 경우에 법원은, 그 내용이 회생채권자, 회생담보권자 또는 주주·지분권자에게 불리한 영향을 미치지 않는다고 인정되면, 그대로 회생계획변경결정을 하면 된다.[86] 변경하는 회생계획이 인가요건(제243조 제1항)을 갖추어야 하는 것은 당연하다.

나. 회생채권자 등에게 불리한 영향을 미친 때

만약 불리한 영향을 미친다고 인정되면 회생계획안의 제출이 있는 경우에 관한 규정을 준용한다(제282조 제2항 본문). 불리한 영향을 미친다고 인정된다는 것은 현 회생계획과 비교하여 변경의 법적효과가 회생채권자 등 또는 주주 등의 권리나 지위를 질적으로 또는 양적으로 감소시키거나, 감소될 우려가 있을 것인가를 기준으로 판단한다. 이에 따라 변경회생계획안의 심리 및 결의를 거쳐야 하는데, 관계인집회에서의 결의 또는 서면결의로 가결되면 변경회생계획 인가결정을 선고하고, 가결되지 못하면 권리보호조항을 정하여 변경회생계획 인가결정을 선고하거나 회생계획변경불허가결정[87]을 한다.

회생계획은 채무자를 둘러싼 다수 이해관계인의 권리관계를 실체적으로 변경시킨다는 점에서 이들에게 미치는 영향이 매우 크다. 따라서 원 회생계획 또는 이해관계인에게 불리한 영향

---

85) 회생계획안의 배제는, 원래의 회생계획안의 경우에는 관계인집회의 심리나 결의에 부치지 않는다는 결정으로 되지만(제231조), 변경회생계획안의 경우에는 변경신청에 대한 응답으로서 불허가결정의 형식으로 배제하면 충분하다.

86) 채무자 주식회사 동양에 대한 회생사건(2013회합186)에서, 채무자는 회생계획인가 후 회생절차의 신속한 종결과 계속 중인 부인권 관련 소송 및 이사 등에 대한 손해배상청구권 조사확정재판의 계속을 위하여 회사분할을 하는 것으로 회생계획을 변경하였다. 구체적으로 분할존속회사(주식회사 동양)는 분할 이후 회생절차를 종결하여 정상적으로 사업을 영위하고, 분할신설회사(주식회사 티와이강원)는 회생절차에 남아 부인권 관련 소송 등을 계속 수행한 후 소송결과에 따른 권리의무를 분할존속회사에 이전하는 내용이다. 서울중앙지방법원은 2016. 1. 8. 위와 같은 내용의 회생계획변경은 회생채권자 등 이해관계인에게 불리한 영향을 미치지 않는다는 이유로 회생계획변경결정을 하였다. 2018회합100113 주식회사 에스피알씨(분할존속회사) 사건에서도 마찬가지였다. 서울회생법원은 2019. 8. 5. 부인청구사건(2018회기100010 → 2019가합100962)을 수행하기 위하여 주식회사 에스피알씨 자산관리(분할신설회사)의 물적분할 및 분할신설을 내용으로 하는 회생계획변경결정을 하였다.

87) 변경회생계획안이 가결되지 않더라도 원래의 회생계획이 존재하므로 회생절차를 폐지할 것이 아니라 회생계획변경신청에 대한 응답으로 회생계획변경불허가결정을 하면 된다. 이 경우 원래의 회생계획에 따라 회생절차를 진행한다.

을 미칠 것으로 인정되는 변경회생계획은 우선 회생계획안에 대한 이해관계인들의 심리 및 결의라는 집단적 의견수렴 및 의사결정 과정을 거치고, 그 이후에 법원이 감독적인 입장에서 적극적으로 개입하여 공·사익과 관련된 여러 인가요건의 충족 여부를 두루 검토하여 최종적으로 인가 여부에 대한 재판을 하게 된다.[88]

한편 관계인집회를 개최하더라도 회생계획의 변경에 의해 불리한 영향을 받지 않는 회생채권자 등이나 주주 등은 절차에 참가시키지 아니할 수 있고(제282조 제2항 단서), 변경계획에 대하여 의결권을 행사하지 않는 자(변경계획안에 대한 결의를 위한 관계인집회에 출석한 자는 제외한다)에 대하여는, 아래에서 보는 바와 같이 종전 회생계획에 동의한 자는 변경회생계획에 동의한 것으로 본다(제282조 제4항 제1호).

3. 효력발생시기

회생계획변경은 회생계획변경결정(결의를 요하지 않는 경우) 또는 변경회생계획인가결정이 있는 때로부터 그 효력이 발생한다(제282조 제3항, 제246조). 원래의 회생계획 중 변경회생계획에 저촉되는 부분은 장래에 향하여 효력을 잃고, 나머지 부분은 변경회생계획과 일체로 되어 하나의 회생계획을 구성한다.

Ⅳ 회생계획변경에 있어서 의결권과 그 특칙

1. 조의 분류

변경회생계획안의 결의를 위해서는 원 회생계획에 의하여 권리가 변경된 상태의 권리의 성질에 따라 회생담보권자, 회생채권자, 주주·지분권자 등으로 조를 분류한다(제236조 참조). 당초 회생채권이었다고 하더라도 전부 출자전환되었다면 주주·지분권자조로 분류하여야 한다. 회생담보권의 담보목적물이 당초 예상보다 저가로 매각됨으로써 변제 후 회생담보권의 잔액이 남은 경우, 이는 회생담보권인가 회생채권인가. 실질적으로 담보된 범위의 것이 없으므로 회생

---

88) 헌법재판소 2021. 7. 15. 선고 2018헌바484 전원재판부 결정. 헌법재판소는 나아가 「회생계획 및 변경회생계획 인가 여부에 대한 재판방식을 정함에 있어서는 채권자 일반의 이익을 위하여 채무자에게 재기의 기회를 주고 채권채무관계를 집단적으로 해결하는 회생절차 본연의 의의·목적·기능과 공익적·정책적 필요성의 측면, 신속하고 원활한 절차 진행을 통한 다수 이해관계인의 권리관계 안정화 필요성, 비송사건으로서의 성질을 가지는 회생절차의 특수성 등을 종합적으로 고려하여야 한다. 채무자회생법은 위와 같은 사정을 고려하여 회생계획 및 이해관계인에게 불리한 영향을 미칠 것으로 인정되는 변경회생계획의 인가 여부에 대한 재판의 방식을 '결정'으로 정하고 있다. 위 재판 과정에서 이해관계인들은 자유롭게 의견을 진술하고 자료를 제출할 수 있으며, 다만 이러한 재판은 특정인 사이의 분쟁이라고 보기 어려워 대립당사자를 전제로 하는 변론절차를 거치도록 요구하고 있지 아니한 것이다. 나아가 회생절차에는 직권탐지주의가 적용되어 법원은 형식에 구애받지 아니하고 모든 자료를 토대로 직권으로 판단할 수 있으므로, 법원이 '결정'의 방식으로 재판한다고 하여 사건을 경시하는 것이라고 볼 수는 없다. 위와 같은 점을 종합하여 보면, 변경회생계획 인가 여부에 대한 재판을 결정으로 하도록 규정한 재판방식 조항이 청구인들의 재판청구권을 침해한다고 볼 수 없다」고 판시하고 있다.

채권으로 보아야 한다는 견해가 있을 수 있다. 그러나 원 회생계획에 따라 변경된 상태로 권리의 성질을 인정하여야 한다는 점, 회생담보권인지 여부는 회생절차개시 당시를 기준으로 하고 개시 후 담보목적물이 멸실되어도 회생담보권으로 취급되는 점,[89] 회생채권으로 보게 되면 관리인(채무자)이 담보목적물을 저가에 매각할 우려(유혹)가 있는 점 등을 고려해 보면 회생담보권으로 봄이 타당하다.[90]

2. 의 결 권

회생계획변경의 대상이 되는 것은 원 회생계획의 인가에 의하여 권리변동이 이루어진 후의 채권, 주식·지분권이기 때문에 변경회생계획안의 결의에 있어 변경으로 인하여 불리한 영향을 받는 채권자 및 주주·지분권자의 의결권의 범위는 변경회생계획안의 결의 당시에 가지는 채권액 또는 주식수·출자수에 상응하는 것이어야 한다.[91] 구체적으로 회생담보권자, 회생채권자의 의결권은 인가된 원 회생계획에 의하여 확정된 채권액(미확정 회생채권 포함)에서 결의 당시까지 변제 등으로 소멸되거나 환율등락에 의하여 변동된 것, 채권양도된 것 등을 감안한 잔존채권액이 된다.

주의할 것은 변경회생계획안의 의결에 관하여 주주에게 의결권이 인정되는지 여부는 변경회생계획안 제출 시점에 회생회사의 자산이 부채를 초과하는지 여부에 의하여 결정되는 것이므로, 가사 회생절차개시 당시 자산이 부채를 초과하여 주주에게 의결권이 부여되었는데 그 후 실적의 악화나 기타 예상치 못한 사정으로 부채가 자산을 초과하게 되었을 뿐이라고 하더라도, 변경회생계획안 제출 시점에 회생회사의 부채가 자산을 초과하는 이상 주주에게 의결권을 인정할 수 없다는 것이다(제146조 제4항).[92]

3. 결의의 특칙

종전의 회생계획에 동의한 자가 변경회생계획안에 관하여 결의를 하기 위한 관계인집회에 출석하지 아니한 경우에는 변경회생계획안에 동의한 것으로 본다(제282조 제4항 제1호).

---

89) 대법원 2014. 12. 24. 선고 2012다94186 판결.
90) 다만 실무적으로 회생계획에 '담보목적물 매각으로 회생담보권을 전액 변제하지 못한 경우 나머지는 회생채권으로 보아 변제한다'는 취지의 규정을 두는 경우가 있다. 이런 경우에는 회생채권으로 보아야 할 것이다.
91) 실무적으로 주주·지분권자의 경우 원 회생계획안 결의 당시 부채가 자산을 초과하는 경우라도 변경회생계획안 제출 당시에는 채무조정으로 자산이 부채를 초과할 수 있으므로 주의를 요한다.
92) 대법원 2007. 11. 29. 자 2004그74 결정 참조.

Ⅴ 불복절차

1. 회생계획 변경결정 또는 변경회생계획 인가결정에 대한 즉시항고

회생계획 변경결정 또는 변경회생계획 인가결정에 대하여는 즉시항고가 허용된다(제282조 제2항, 제247조 제1항). 항고권자의 범위, 즉시항고의 효력 등은 원래의 회생계획 인가결정에 대한 즉시항고의 경우와 같다. 한편 다툼이 있는 자동채권의 존부 및 액수를 원 회생계획 수행 도중 관리인이 일방적으로 확정할 수는 없는 것이고, 변경회생계획상 권리변경의 전제가 되는 상계 후 잔존 회생채권 금액을 변경회생계획 내에 기재하여 의결함으로써 확정할 수도 없는 것이며, 가사 그러한 기재가 있다 하더라도 이는 권리변경의 내용 자체가 아니라 권리변경의 대상에 해당하는 것이어서 거기에 변경회생계획의 효력이 미치는 것도 아니므로, 변경회생계획에 기재된 상계 후 잔존채권액 산정이 부당하다는 점을 변경회생계획 인가결정에 대한 불복 사유로 삼을 수는 없다.[93]

변경회생계획 인가결정이 있는 경우의 항고기간은 원래의 회생계획 인가 시와 마찬가지로 공고일을 기준으로 하여 14일이나(제13조 제2항), 공고에 관한 규정(제245조 제1항)이 준용되지 않는 회생계획변경결정에 대한 항고기간은 민사소송법의 원칙대로 송달을 기준으로 하여 1주일이 된다(제33조, 민소법 제444조 제1항).

회생계획 변경결정 또는 변경회생계획 인가결정에 대한 즉시항고에 관한 재판의 불복은 민사소송법 제442조의 재항고에 의하여야 한다(제282조 제3항, 제247조 제7항).

2. 변경되지 아니한 경우의 불복 가부

회생계획 변경신청이 변경요건을 갖추지 못하여 각하 내지 불허가결정을 한 경우, 변경내용이 이해관계인에게 불리하지 않은 회생계획에 대하여 회생계획인가의 요건을 갖추지 않았다고 보아 회생계획 변경불허가결정을 한 경우, 변경내용이 이해관계인에게 불리한 회생계획에 대하여 사전심사 결과 회생계획변경 불허가결정을 한 경우에는 불복신청을 할 수 없다(제13조 제1항).

---

93) 대법원 2007. 11. 29. 자 2004그74 결정 참조.

제16장

회생절차의 종료

어떤 사건에 대하여 회생절차의 계속이 소멸하는 것을 회생절차의 종료라고 한다. 회생절차는 ① 회생절차가 종결되거나(제283조), ② 회생절차폐지결정이 확정되거나(제286조 내지 제288조), ③ 회생계획불인가결정이 확정되거나(제242조), ④ 회생절차개시결정의 취소결정 및 회생절차개시신청의 기각결정이 확정되거나(제54조, 제42조), ⑤ 항고(재항고)심에서의 회생계획인가결정에 대한 취소결정 및 불인가결정이 확정된 경우(제247조), ⑥ 회생절차개시결정 전 신청취하의 경우(제48조)에 종료된다. 또한 ⑦ 개인회생절차에서 변제계획인가결정으로 회생절차가 실효됨으로써 종료되기도 한다(제615조 제3항).

위 종료사유 중 회생절차종결결정은 회생절차의 목적이 달성됨으로써 그 절차를 종료하는 것임에 반하여, 나머지는 회생절차의 목적을 달성하지 못한 채 종료된 것이라는 점에서 차이가 있다.

제1절 회생절차의 종결

Ⅰ 의 의

회생절차의 종결이란 회생계획에 따른 변제가 시작된 이후 회생계획의 수행에 지장이 없어 회생절차의 목적을 달성할 수 있는 경우에 법원이 관리인, 목록에 기재되어 있거나 신고한 회생채권자 또는 회생담보권자의 신청 또는 직권으로 회생절차를 종료시키는 것을 말한다(제283조 제1항).

Ⅱ 회생절차종결의 요건

회생계획이 수행되었을 때는 물론 회생계획의 수행에 지장이 없다고 인정되는 때에는 회생절차를 종결하게 된다(제283조 제1항).

1. 회생계획에 따른 변제가 시작되었을 것

회생계획에 따른 변제가 시작되면 회생절차종결결정을 할 수 있다. 회생절차의 신속한 절차진행을 위해 회생계획이 인가된 후에는 조기에 종결할 수 있도록 회생계획에 따른 변제가 시작되면 회생절차를 종결할 수 있도록 한 것이다.

2. 회생계획의 수행에 지장이 없다고 인정되는 때

회생계획의 수행에 지장이 없다고 인정되는 때란 회생계획을 수행하고 있는 채무자에게 법원의 관리·감독을 받지 않고 나머지 회생절차를 맡겨도 무방하다고 인정되는 단계를 말한다. 개념이 너무 포괄적이어서 구체적인 기준을 설정하기 어렵지만, ① 회생계획상 주요 부분의 변제가 차질 없이 이행되고 있는 경우, ② 채무자의 총 자산이 총 부채를 안정적으로 초과하고 있는 경우, ③ 채무자의 회생계획상 예정된 경상수지 수준을 대폭 초과 달성하거나 수년간 계속하여 상당한 정도로 초과달성하고 있고, 앞으로도 그 수준을 유지할 가능성이 높은 경우 등 여러 요소들을 고려하여 장차 채무자가 회생계획을 수행하는 것이 가능하다고 인정되는 경우를 의미한다.[1]

---

1) 실무적으로 패스트트랙과 P-plan의 활성화로 조기종결에 대한 필요성이 더욱 커지고 있으므로 종결에 대한 요건을 유연하게 해석할 필요가 있다. 회생절차 진행 중에는 영업이나 보증에 있어 어려움이 있을 뿐만 아니라 정부가 발주하는 공사에 대한 수주에 있어서도 자격제한이 있기 때문이다. 이 외에도 조기종결이 이루어지지 않을 경우 채무자는 의도치 않은 상황에 처할 수도 있다. 조기종결이 되지 않아 법원의 관리 하에 있던 중 회생계획에 따른 정상적인 변제가 되지 않을 경우 채무자는 필요적으로 파산으로 갈 수밖에 없다(제6조 제1항, 물론 회생계획을 변경할 수도 있다). 그러나 같은 상황이라도 조기종결이 된 경우 채무자는 다시 회생절차를 신청할 것인지 파산절차를 신청할 것인지를 선택할 수 있다. 이러한 점에 있어서도 조기종결은 필수적이다. 나아가 입법론적으로 일본처럼 기존경영자를 관리인으로 선임하거나 관리인을 선임하지 아니하여 기존경영자를 관리인으로 보는 경우에는 회생계획 인가결정이 확정된 때 회생절차를 반드시 종결하도록 할 필요가 있다(민사재생법 제188조 제1항 참조). 독일도 도산계획의 인가가 확정되고 도산계획에서 달리 정하고 있지 않다면, 법원은 즉시 도산절차의 종결을 결정한다고 규정하고 있다(독일 도산법 §258(1)).

다만 회생절차를 종결할 경우 몇 가지 검토가 필요하다. ① 부인의 소가 제기되어 있는 경우에는 바로 종결을 하면 안된다. 실무적으로 회생절차를 조기에 종결시키기 위하여 회생계획 수행 기구(PCLV, Postconfirmation Liquidation Vehicles)를 활용하고 있기도 하다. 이는 부인권(부인의 소), 비영업용 자산의 처분, 다수의 채권조사확정재판 진행 등 채무자의 원래 사업과 무관한 업무가 남아 있는 경우 채무자로 하여금 원래의 사업 계속에 집중할 수 있도록 분할신설회사를 설립하여 위와 같은 업무를 이전하여 맡도록 하고 채무자(분할존속회사)에 대하여는 종결결정을 하는 것이다. 서울회생법원 2013회합83 에스티엑스건설 주식회사, 2013회합186 주식회사 동양, 2017회합100055 삼화통신공업 주식회사, 2018회합100113 주식회사 에스피알씨 사건 등에서 이용되었다. 회생계획 수행기구의 활용은 특히 부인권을 행사한 경우에 유용성이 있다. 왜냐하면 부인권의 행사는 관리인에게만 적격이 인정되고(채무자나 그 대표자가 대신하여 수행할 수는 없다), 부인권은 회생절차가 종료한 경우 소멸하여 더 이상 소송을 유지할 수 없기 때문이다. 소송을 유지하려면 부인권 이외에 다른 주장을 하여야 한다. ② 등록면허세나 기업결합과 관련한 문제들을 검토하여야 한다. 관련 내용은 〈제2장 제4절 Ⅳ.2〉(본서 159쪽) 및 〈제12장 제7절〉(본서 917쪽)을 참조할 것.

> **개인채무자의 회생절차 종결 후 회생계획을 수행할 수 없는 부득이한 사유가 발생한 경우에 있어 대책**
>
> 개인에 대한 회생절차(이른바 일반회생)가 조기에 종결된 후 회생계획을 수행할 수 없는 부득이한 사유(소득의 급감 등)가 발생한 경우 개인이 취할 수 있는 도산절차상의 구제책은 무엇이 있을까. 회생절차가 종결되기 전이라면 법인과 마찬가지로 회생계획의 변경을 통하여(제282조) 해결할 수 있었을 것이다. 하지만 회생절차가 종결되었기 때문에 회생계획을 변경할 수는 없다. 개인채무자가 고려해 볼 수 있는 방법은 다음과 같은 3가지이다.
>
> **Ⅰ. 회생절차의 재신청**
>
> 회생절차(일반회생)를 다시 신청하는 것이다. 다만 이 경우 다시 10년 변제기간에 따른 회생계획을 작성하여야 한다는 부담이 있을 수 있다. 종전 회생계획에 따른 남은 기간 동안 회생계획을 변경할 수 있다면 고려해 볼 만한 방법이다.
>
> **Ⅱ. 개인파산신청**
>
> 회생계획의 수행이 전혀 불가능하고 소득이 없을 경우 개인파산을 신청할 수 있을 것이다.
>
> **Ⅲ. 개인회생신청**
>
> 회생절차를 통하여 채무가 조정된 결과(제251조, 제252조) 또는 일정 기간 동안 회생계획 수행으로 개인회생절차를 이용할 수 있는 조건(무담보채무 10억 원, 담보부채무 15억 원 이하)이 갖추어졌다면, 개인회생절차를 신청할 수 있을 것이다.

Ⅲ 회생절차종결절차

1. 회생절차종결결정

회생절차종결결정은 관리인, 목록에 기재되어 있거나 신고한 회생채권자 또는 회생담보권자의 신청이나 직권으로 한다(제283조 제1항). 회생절차종결결정은 곧바로 효력이 발생하고, 이에 대하여는 불복(즉시항고)할 수 없다(제13조).

2. 회생절차종결결정 후 법원의 조치

가. 공 고

회생절차 종결결정을 한 경우에는 그 주문과 이유의 요지를 공고하여야 한다. 그러나 이를 송달할 필요는 없다(제283조 제2항). 회생절차종결결정의 공고는 관보에 게재된 날의 다음 날 또는 대법원규칙이 정하는 방법에 의한 공고가 있은 날의 다음 날에 그 효력이 발생한다(제9조 제2항).

나. 감독행정청 등에 대한 통지

주식회사인 채무자에 대한 회생절차를 종결한 경우 법원은 감독행정청, 금융위원회, 세무서장 등에게 그 취지를 통지하여야 한다(제283조 제3항, 제40조 제1항).

다. 사무소 및 영업소 소재지 등기소에 대한 등기촉탁

법인인 채무자에 대하여 회생절차의 종결결정을 한 경우에 법원사무관 등은 직권으로 지체 없이 채무자의 각 사무소 및 영업소 소재지의 등기소에 그 취지의 등기촉탁을 하여야 한다(제23조 제1항 제3호).

라. 채무자 재산에 관한 등기·등록 촉탁

법인이 아닌 채무자의 경우 회생절차의 종결결정이 있으면 그 결정이 확정되지 않았다 하더라도 법원사무관 등은 직권으로 지체 없이 등기·등록의 대상이 되는 채무자 재산에 대하여도 등기·등록 촉탁을 하여야 한다(제24조 제1항, 제5항, 제23조 제1항 제3호, 제27조).

Ⅳ 회생절차종결결정의 효과

1. 관리인의 권한 소멸과 채무자의 권한 회복

회생절차종결결정이 있으면 관리인의 임무는 소멸하고 채무자는 법원의 감독으로부터 벗어난다(법원의 허가권한은 모두 소멸한다). 회생절차종결결정의 주문과 이유의 요지를 공고하여야 하고(제283조 제2항), 그 효력은 공고가 있은 날의 다음날에 발생한다(제9조 제2항). 회생절차종결결정의 효력이 발생함과 동시에 채무자는 업무수행권과 재산의 관리처분권을 회복하고 관리인의 권한은 소멸한다.[2]

소송절차 중 재산에 관한 소송으로서 회생채권 또는 회생담보권에 관계없는 것(제59조 제4항)과 회생채권 등의 확정소송으로서 계속 중인 것은 당연히 중단되고 채무자가 수계한다. 주의할 것은 회생채권 등의 확정을 구하는 소송의 계속 중에 회생절차 종결결정이 있더라도 회생채권 등의 확정을 구하는 청구취지를 회생채권 등의 이행을 구하는 청구취지로 변경할 필요는 없다는 것이다.[3]

---

2) 대법원 2019. 10. 17. 선고 2014다46778 판결. 예컨대 회생절차종결결정이 2020. 2. 8. 공고된 경우 그 다음날인 2020. 2. 9. 회생절차종결결정의 효력이 발생하고(제9조 제2항), 그에 따라 관리인으로서의 권한은 소멸한다. 따라서 회생절차가 종결하면, 채권자는 채무자를 상대로 이행의 소를 제기하는 등으로 그 권리를 구제받을 수 있을 뿐, 더 이상 회생채권 신고 및 조사절차 등 채무자회생법이 정한 회생절차에 의하여 회생채권을 확정받을 수 없다(대법원 2020. 8. 20. 자 2019그534 결정 참조).

3) 대법원 2014. 1. 23. 선고 2012다84417,84424,84431 판결{회생계획인가의 결정이 있는 때에는 회생채권자 등의 권리는 회생계획에 따라 변경되고 회생계획이나 채무자 회생 및 파산에 관한 법률의 규정에 의하여 인정된 권리를 제외하고는 모든 회생채권과 회생담보권에 관하여 면책의 효력이 발생하며(제251조, 제252조), 회생계획인가 결정

회생절차종결결정이 소송절차 등에 미치는 영향에 관하여는 〈제19장 제4절 I.〉(본서 1166쪽)을 **참조할 것.**

한편 부인권은 회생절차의 진행을 전제로 관리인만이 행사할 수 있는 권리이므로 회생절차의 종결에 의하여 소멸한다.[4]

2. 채무자에 대한 절차적 구속의 소멸

법인인 채무자는 자유로이 ① 자본 또는 출자액의 감소, ② 지분권자의 가입, 신주 또는 사채의 발행, ③ 자본 또는 출자액의 증가, ④ 주식의 포괄적 교환 또는 주식의 포괄적 이전, ⑤ 합병·분할·분할합병 또는 조직변경, ⑥ 해산 또는 회사의 계속, ⑦ 이익 또는 이자의 배당, ⑧ 법인 채무자의 경우의 정관변경을 할 수 있다(제55조 참조).

3. 개별적 권리행사 제약의 해소

가. 회생채권자 등의 권리행사

회생절차 진행 중에는 회생절차에 의하지 않고서는 변제를 받을 수 없었지만(제131조) 회생절차가 종결된 후에는 기한이 도래한 회생채권에 대하여는 개별적으로 권리행사를 할 수 있다. 상계의 제한(제144조, 제145조)도 해소된다.

나. 회생채권자표 등에 의한 강제집행

금전의 지급 그 밖의 이행의 청구를 내용으로 하는 권리를 가진 회생채권자 등은 회생절차가 종결되면 회생채권자표 등에 기하여 채무자와 회생을 위하여 채무를 부담한 자에 대하여 강제집행을 할 수 있다(제255조 제2항). 채무자가 채권조사절차에서 이의를 했는지 여부와는 무관하다.

이에 관한 자세한 내용은 〈제14장 제5절 VI.3.〉(본서 1012쪽)을 참조할 것.

후 회생절차 종결결정이 있더라도 채무자는 회생계획에서 정한 대로 채무를 변제하는 등 회생계획을 계속하여 수행할 의무를 부담하게 되므로, 회생채권 등의 확정을 구하는 소송의 계속 중에 회생절차 종결결정이 있는 경우 회생채권 등의 확정을 구하는 청구취지를 회생채권 등의 이행을 구하는 청구취지로 변경할 필요는 없고, 회생절차가 종결된 후에 회생채권 등의 확정소송을 통하여 채권자의 권리가 확정되면 소송의 결과를 회생채권자표 등에 기재하여(제175조), 미확정 회생채권 등에 대한 회생계획의 규정에 따라 처리하면 된다. 따라서 회생채권 등의 확정소송이 계속되는 중에 회생절차 종결결정이 있었다는 이유로 채권자가 회생채권 등의 확정을 구하는 청구취지를 회생채권 등의 이행을 구하는 청구취지로 변경하고 그에 따라 법원이 회생채권 등의 이행을 명하는 판결을 선고하였다면 이는 회생계획 인가결정과 회생절차 종결결정의 효력에 반하는 것이므로 위법하다.}

4) 대법원 2007. 2. 22. 선고 2006다20429 판결(부인권은 회생절차개시 결정 이전에 부당하게 처분된 회사재산을 회복함으로써 회사사업을 유지·갱생시키고자 인정된 채무자회생법상의 특유한 제도로서 회생절차의 진행을 전제로 관리인만이 행사할 수 있는 권리이므로 회생절차의 종결에 의하여 소멸하고, 비록 회생절차 진행 중에 부인권이 행사되었다고 하더라도 이에 기하여 회생회사에게로 재산이 회복되기 이전에 회생절차가 종료한 때에는 부인권 행사의 효과로서 상대방에 대하여 재산의 반환을 구하거나 또는 그 가액의 상환을 구하는 권리 또한 소멸한다고 보아야 할 것이므로, 부인의 소 또는 부인권의 행사에 기한 청구의 계속중에 회생절차종결결정이 확정된 경우에는 관리인의 자격이 소멸함과 동시에 당해 소송에 관계된 권리 또한 절대적으로 소멸하고 어느 누구도 이를 승계할 수 없다).

4. 회생계획의 이행의무

회생절차의 종결에 의하여 회생계획이 실효되는 것이 아니므로 채무자는 종결 후에도 회생계획이 정한 바에 따라 그 계획을 완전하게 수행할 의무가 있다.

5. 이사 등의 선임에 관한 특칙

회생절차가 종결되면 채무자는 법원의 감독으로부터 벗어나고 모든 절차적 구속으로부터 해방되어 대표이사나 이사·감사의 선임도 자율적으로 할 수 있는 것이 원칙이다. 그러나 채무자 재산의 도피, 은닉 또는 고의적인 부실경영 등의 원인에 의하여 회생절차가 개시되도록 한 책임이 있어 이사, 대표이사 또는 감사로 유임되지 못한 자는 회생절차종결의 결정이 있은 후에도 채무자의 이사, 또는 감사로 선임되거나 대표이사로 선임될 수 없다(제284조, 제203조 제2항).

회생계획의 취소[5][6]

1. 회생계획인가결정 후 회생절차남용이 밝혀진 경우의 대책

회생절차남용에 대하여 회생계획인가결정 전에는 회생계획안을 배제하거나 회생계획을 불인가하는 등 그에 대한 대책이 있다. 그러나 회생계획인가결정 후에는 이에 대한 뚜렷한 대책이 없다. 관리인 변경을 고려해 볼 수 있지만, 기존경영자관리인제도를 유지하고 있는 한 쉽지도 않다(제74조 제2항에 해당한다고 보기 어려운 경우가 많다). 사기회생죄 등 도산범죄로 처벌한다고 하여도 채권의 원상회복을 통한 회생채권자 등에 대한 구제책은 아니다.

그런데 실무적으로 회생계획이 인가되어 효력이 발생한 후 관리인이 상당한 금원을 조달하여 조기변제와 동시에 종결을 신청하는 경우가 더러 있다. 채권자들은 회생계획에 의해 상당한 금액을 변제받지 못한 상황에서 할인된 금액으로 조기변제를 받는 것에 대해 거부감과 회생절차에 대한 불신을 표명하고 있다. 법원도 회생절차개시 신청 전 금원을 빼돌린 후 회생절차를 남용하여 채무를 정리하고 종결을 신청하는 정황으로 볼 수 있어 곤혹스럽다. 이처럼 회생계획인가결정

---

5) 개인파산절차와 개인회생절차에서는 면책취소제도(제569조, 제626조)를 둠으로써 부정한 방법 등으로 면책을 받는 경우에 대비하고 있다.

6) **미국 연방도산법상의 사건의 재개(reopening)** 미국 연방도산법 제350조(b)는 사건이 종결된 이후에도 재산관리, 채무자의 구제 또는 다른 이유로 사건을 재개할 수 있도록 규정하고 있다. 종결 이후 은닉한 재산이 발견되어 부인권을 행사할 필요가 있는 경우, 채권신고를 하였음에도 행정상의 오류로 시부인표에 누락된 채권자가 종결 이후에 발견된 경우, 당사자의 권리확정을 위해 별도의 재판이 제기되도록 하여야만 하는 상황이 발생한 경우 등 종결 전에 예상치 못한 상황에서 사후처리를 위해 법원이 직권으로 절차를 재개(re-open)할 수 있도록 하고 있다. 사건의 재개는 종결한 법원이 할 수 있다. 종결 이후 회생절차남용에 대한 대책으로서도 입법적 참고가 될 만하다.

§350. Closing and reopening cases
(a) After an estate is fully administered and the court has discharged the trustee, the court shall close the case.
(b) A case may be reopened in the court in which such case was closed to administer assets, to accord relief to the debtor, or for other cause.

후에 회생절차남용이 밝혀진 경우 이에 대한 대책(제재)이 없다. 입법적 보완이 필요해 보인다. 이와 관련하여 일본 민사재생법의 회생계획(再生計劃)취소제도(제189조)는 참고할 만하다.[7]

2. 일본 민사재생법상의 회생계획취소제도[8]

회생계획의 취소란 회생계획인가결정의 확정[9]에 의해 회생계획의 효력이 발생한 후, 법원이 법정사유(민사재생법 제189조 제1항 각호)가 있는 경우 그 효력을 상실시키는 결정을 하는 것을 말한다. 회생계획인가결정 전 폐지는 회생계획의 효력발생을 전제로 하는 것이 아니라는 점에서, 회생계획인가결정 후 폐지는 회생계획의 효력 자체가 소멸되지 않는다는 점에서 회생계획의 취소와 다르다.

회생계획의 취소사유로는 ① 회생계획이 부정한 방법으로 성립한 경우(사기, 협박 또는 뇌물이나 특별이익의 약속 등과 같이 정의에 반한다고 인정되는 행위의 결과로서 회생계획이 성립된 경우를 말한다), ② 회생채무자(再生債務者) 등이 회생계획의 이행을 게을리 한 경우, ③ 회생채무자가 허가나 동의를 얻지 않고 허가나 동의사항에 해당하는 행위를 한 경우이다.

회생계획취소결정의 효과는 절차적 효과와 실체적 효과가 있다. ① 절차적 효과. 회생절차종료 전에 회생계획취소결정이 확정되면 회생절차는 그 목적을 상실하여 당연히 종료된다. ② 실체적 효과. 회생계획취소결정이 확정되면 회생계획에 따라 변경된 회생채권은 원상으로 회복된다. 다만 회생채권자가 회생계획에 의하여 얻은 권리에는 영향을 미치지 아니한다(제189조 제7항). 원상으로 회복되는 것은 회생채권자의 권리만이고, 주식회사인 회생채무자의 주식취득이나 정관변경은 영향을 받지 않는다.

제2절 회생절차의 폐지

Ⅰ 회생절차폐지의 의의

회생절차의 폐지란 회생절차개시결정 후에 당해 회생절차가 그 목적을 달성하지 못한 채 법원이 그 절차를 중도에 장래를 향하여 종료시키는 것을 말한다. 회생절차의 폐지는 종결과 더불어 회생절차의 종료 사유 중의 하나이지만, 회생절차의 종결이 회생절차의 목적을 달성하여 회생절차로부터 벗어나는 것임에 반하여, 회생절차의 폐지는 회생절차의 목적을 달성하지 못한 채 회생절차로부터 퇴출당하는 것이라는 점에서 차이가 있다.

회생절차의 폐지는 크게 ① 회생계획인가 전의 폐지와 ② 회생계획인가 후의 폐지로 나눌 수 있다. 다시 회생계획인가 전의 폐지는 그 사유에 따라 ① 회생계획안이 기간 안에 제출되

---

7) 반면 회사갱생법에 의한 회사갱생절차에는 회생계획취소제도가 존재하지 않는다.
8) 자세한 내용은 「破産法·民事再生法, 1066~1071쪽」을 참조할 것.
9) 일본의 민사재생절차의 경우 우리와 달리(제246조) 회생계획이 확정되어야 효력이 발생한다(민사재생법 제176조). 다만 회사갱생절차에서는 우리나라와 마찬가지로 인가결정시에 효력이 발생한다(회사갱생법 제201조).

지 않았거나 제출된 회생계획안이 가결되지 않았음 등을 사유로 하는 폐지(제286조 제1항), ② 회생계획안 제출 전 또는 그 후에 채무자의 청산가치가 계속기업가치보다 명백히 크다는 것을 사유로 하는 폐지(제286조 제2항), ③ 채무자가 신고된 회생채권을 모두 변제할 수 있다는 것을 사유로 하는 폐지(제287조)로 나눌 수 있다.

Ⅱ 회생계획인가 전의 폐지

1. 제286조 제1항에 의한 폐지

가. 폐지사유

법원은 아래와 같은 사정이 있는 경우 직권으로 회생절차폐지의 결정을 하여야 한다(제286조 제1항). 회생절차는 채무자 또는 그 사업의 효율적인 회생을 목적으로 하는 것이고(제1조), 채권자의 다수의 동의와 법원의 인가를 받은 회생계획이 정하는 바를 실현하는 것이다. 따라서 아래와 같은 사정이 있는 경우는 절차를 계속하여도 목적을 달성할 수 없는 것이 명백하므로 절차를 지속하는 것은 무용하다. 그래서 법원은 직권으로 회생절차를 폐지하여야 한다.[10]

(1) 법원이 정한 기간 또는 연장한 기간 안에 회생계획안의 제출이 없는 경우 (제1호 전단)

법원이 정한 기간이란 제50조 제1항 제4호에 의하여 정해진 기간을 말하고, 연장한 기간이란 제50조 제3항에 의하여 연장된 기간을 말한다. 기간 안에 제출된 회생계획안이 모두 배제되고(제231조, 제231조의2) 다른 회생계획안이 제출되지 아니한 경우에도 여기에 해당한다.

(2) 회생계획안 제출기간 안에 제출된 모든 회생계획안이 관계인집회의 심리 또는 결의에 부칠 만한 것이 못되는 때 (제1호 후단)

심리 또는 결의에 부칠 만한 것이 못되는 때란 회생계획안의 내용이 법률의 규정에 반하거나, 공정·형평하지 아니하거나 수행이 불가능하다고 인정되는 경우(제231조, 제243조 제1항 제1, 2호 참조), 회생채권자 등 일반의 이익에 반하는 경우를 말한다. 만약 관계인집회 결의에 부쳐 가결되어도 불인가결정을 하여야 할 경우(제243조, 제243조의2 참조)에는 회생절차를 폐지할 수밖에 없다. 또한 회생계획안이 가결될 가능성이 전혀 없는 경우에도 관계인집회를 개최하는 것은 시간과 비용이 낭비되는 것에 불과하므로 폐지하여야 한다고 본다.[11]

한편 본 호에 의하여 회생절차를 폐지하기 위해서는 회생계획안 배제결정이 선행되어야 한다는 견해가 있으나,[12] 미리 배제결정을 할 필요는 없다고 할 것이다.[13] 제231조와 제231조의2

---

[10] 회생절차에서는 개인회생절차와 달리 채무자의 의무위반에 의한 절차폐지(제620조 제2항)에 상당하는 폐지사유가 없다. 이것은 원칙적으로 관리인이 회생절차를 수행하는 회생절차의 특질에서 비롯된 것이다.

[11] 실무적으로 관리인이 관계인집회에 임박하여 회생채권자나 회생담보권자로부터 가결에 필요한 동의를 얻지 못한 경우 회생절차폐지신청을 하는 경우가 있다.

[12] 회생사건실무(하), 296쪽.

의 배제사유는 제한되어 있고, 이러한 배제사유에 해당하지 않는다고 하더라도 관계인집회의 심리 또는 결의에 부칠 만한 것이 못되는 경우가 있을 수 있으므로 반드시 배제결정이 선행되어야 하는 것이 아니다.

당초 제출된 회생계획안의 내용을 본질적으로 변경하여 수정한 경우에는 실질적으로 새로운 회생계획안이 제출기한 후에 제출된 것이고, 회생계획안의 제출시기를 법원이 정한 기한 내로 하라는 법의 취지(제220조 제1항)를 잠탈할 수 있으므로 원칙적으로 허용되지 않는다. 따라서 후에 제출된 회생계획안이 당초의 회생계획안과 본질적으로 다르고 수정이 허용되지 않는 이상, 당초 제출된 회생계획안이 수행가능성이 없어 결의에 부칠 만한 것이 못되는 경우에는 회생절차를 폐지하여야 한다.

(3) 회생계획안이 부결된 경우 (제2호 전단)

회생계획안이 부결된 경우는 결의를 위한 관계인집회에서 회생계획안 가결에 필요한 법정다수의 동의를 얻지 못한 경우를 말한다.

(4) 회생계획안이 결의를 위한 관계인집회의 제1기일부터 2월 이내 또는 연장한 기간 안에 가결되지 아니한 때 (제2호 후단)

회생계획안은 결의를 위한 관계인집회의 제1기일부터 2월 이내에 가결되어야 한다(제239조 제1항). 만약 법원이 위 가결기간을 연장한 경우에는 그 연장된 기간(1월) 내에 가결되어야 한다(제239조 제2항). 여기서 제1기일은 법원이 처음으로 관계인집회를 지정한 날을 말한다. 기일을 변경하거나 연기하여도 제1기일은 처음 지정한 날이 된다.

결국 회생계획안은 제1기일로부터 늦어도 3개월 내에 가결되어야 하기 때문에 관계인집회의 제1기일을 정하는데 신중할 필요가 있다. 실무적으로 회생계획안이 제출되면 관리인에게 가결여부에 대한 동의를 받는데 걸리는 시간을 물어본 후 제1기일을 정하고 있다.

(5) 회생계획안이 회생절차개시일부터 1년(1년 6개월) 이내에 가결되지 아니한 때 (제3호)

회생계획안은 회생절차개시일부터 1년 내에 가결되어야 한다. 다만 불가피한 사유가 있는 때에는 6월의 범위 안에서 그 기간을 늘일 수 있다(제239조 제3항). 따라서 적어도 1년 6개월 내에 회생계획안이 가결되지 못하면 회생절차를 폐지하여야 한다.

(6) 서면결의에 의하여 회생계획안이 가결되지 아니한 때 (제4호)

서면결의로 가결되지 아니한 회생계획안에 대하여는 속행기일에서 결의에 부칠 수 있다(제240조 제7항, 제238조). 서면결의에서 가결되지 아니한 회생계획안에 대하여 속행기일이 지정된 때에는 그 속행기일에서 가결되지 아니한 때에 회생절차폐지의 결정을 하여야 한다.

---

13) 條解 民事再生法, 1005쪽.

나. 폐지절차

법원이 직권으로 한다. 회생계획인가 후 폐지와 달리(제288조 제2항) 관리위원회 등의 의견을 들을 필요는 없다. 위에서 설명한 폐지사유가 있는 경우에는 신속하게 절차를 폐지하여야 한다. 의견청취 등의 기회를 두어 폐지결정이 지연된다면 채무자의 재산이 산일될 우려가 있기 때문이다.

2. 제286조 제2항에 의한 폐지

회생계획안 제출 전 또는 그 후라도 채무자의 사업을 청산할 때의 가치(청산가치)가 사업을 계속할 때의 가치(계속기업가치)보다 크다는 것이 명백하게 밝혀진 경우에는 법원은 회생계획 인가결정 전까지 관리인의 신청에 의하거나 직권으로 회생절차 폐지의 결정을 할 수 있다(제286조 제2항).

청산가치 초과에 따른 회생절차폐지결정은 회생계획안 제출 전후를 불문하고 법원의 재량사항이다.

회생절차를 계속 진행하기 위하여 계속기업가치가 청산가치를 초과할 필요는 없다.[14] 청산을 내용으로 하는 회생계획안의 제출이 인정된다(제222조)는 점에서 더욱 그렇다. 그렇다고 하더라도 청산가치 초과는 회생절차의 임의적 폐지사유이고, 회생절차에 의함이 채권자 일반의 이익에 적합하지 아니한 경우 회생절차개시신청을 기각하여야 한다(제42조 제3호)는 점에서 회생절차 진행의 경제성 원칙은 고려되어야 한다. 따라서 청산가치가 계속기업가치를 초과하는 경우에는 채무자의 상황, 채권자 등 이해관계인의 의사(실무적으로 채무자가 채권자들과 협상하여 동의를 얻어내는 경우가 더러 있다), 채무자의 회생가능성, 회생으로 인한 사회경제적 이익 등을 종합하여 법원이 회생절차 폐지 여부를 결정하되 원칙적으로는 회생절차를 폐지하고, 관리인이 인가 전 M&A 추진의사를 밝히고 성사가능성이 인정되는 경우, 다액의 특수관계인채권자가 미리 전액 출자전환 의사를 표명하고 이를 회생계획상 변제대상에서 제외하면 다른 채권자들에게는 청산배당률 이상을 변제할 수 있는 경우, 경제사정상 채무자의 업황이 개선될 조짐이 보이는 반면 조사위원은 지나치게 보수적으로 계속기업가치를 조사한 것으로 인정되는 경우 등 예외적인 사정 하에서만 회생절차를 계속하는 것이 타당해 보인다.

---

14) 비교법적으로는 청산가치가 계속기업가치를 초과하는 경우 회생절차를 필요적으로 폐지하도록 규정한 예를 찾기 어렵다. 미국 연방도산법은 회생계획인가 요건으로 청산가치보장의 원칙(이른바 'Best interest test')을 규정하고 있으나{제1129조(a)(7)}, 계속기업가치가 청산가치를 초과할 것을 절차 계속의 요건으로 하고 있지 않다. 일본의 회사갱생법은 계속기업가치 초과를 절차 계속의 요건으로 하고 있지 않을 뿐만 아니라 심지어 청산가치보장을 갱생계획인가 요건으로 명시하고 있지도 않다(회사갱생법 제199조 참조).

3. 제287조에 의한 폐지(신청에 의한 폐지)

가. 폐지사유

채무자가 목록에 기재되어 있거나 신고한 회생채권자와 회생담보권자에 대한 채무를 완제할 수 있음이 명백하게 된 때에는 법원은 관리인, 채무자, 목록에 기재되어 있거나 신고한 회생채권자 또는 회생담보권자의 신청에 의하여 회생절차 폐지의 결정을 하여야 한다(제287조 제1항).

채무를 완제할 수 있음이 명백함에도 회생절차를 계속할 경우 자력이 있음에도 변제가 허용되지 않고(제132조), 게다가 채권자에 의한 회수행위도 제약되는(제58조) 부당한 상태가 계속되기 때문에 폐지하도록 한 것이다.[15] 또한 본질적으로 회생절차는 채무자의 재산이 모든 회생채권자와 회생담보권자를 만족시키기에 충분하지 않다는 것을 전제로 한다. 이러한 전제가 충족되지 않은 것이 나중에 밝혀진 경우 회생절차는 폐지되어야 한다.

나. 폐지절차

신청에 의한 폐지의 경우 신청인은 회생절차폐지의 원인인 사실을 소명하여야 한다(제287조 제2항). 여기서 소명은 회생절차폐지신청의 적법요건이고, 법원이 폐지의 결정을 하기 위해서는 증명이 필요하다. 제287조에 의한 폐지는 신청에 의하여 하여야 하고, 직권으로 할 수는 없다.

신청권자의 신청이 있는 경우 법원은 채무자, 관리위원회, 채권자협의회 및 목록에 기재되어 있거나 신고한 회생채권자와 회생담보권자에 대하여 신청이 있었다는 취지와 이에 대한 의견을 법원에 제출하도록 통지하여야 한다. 그리고 이해관계인들로 하여금 신청에 관한 서류를 열람할 수 있도록 비치하여야 한다(제287조 제3항).

법원은 위 통지를 발송한 후 1월 이상이 경과한 후가 아니면 회생절차폐지의 결정을 할 수 없다(제287조 제4항).

Ⅲ 회생계획인가 후의 폐지

1. 의 의

회생계획 인가결정이 있은 후 회생계획을 수행[16]할 수 없는 것이 명백하게 된 때에는 법원은 관리인이나 목록에 기재되어 있거나 신고한 회생채권자 또는 회생담보권자의 신청에 의하

---

15) 수원지방법원은 2019간회합145 사건에서, 채무자 소유 부동산과 기계장치 매각대금으로 회생채권과 회생담보권의 전액 변제가 가능하다는 이유로 2020. 2. 19. 신청에 의한 회생절차폐지결정을 하였다(확정).

16) 개인회생절차에서는 '이행'이라고 규정하고 있다(제621조 제1항 제2호). '수행'이라는 개념은 회생채권자에 대한 변제를 의미하는 '이행'을 포함하지만, 이보다 넓은 개념이다. 회생계획에 기재된 내용은 광범위하고, 그 의미 내용도 다양하기 때문에 '수행'의 범위가 어디까지 미치는지에 관하여 다툼이 있을 수 있다.

거나 직권으로 회생절차폐지의 결정을 하여야 한다(제288조 제1항). 수행가능성은 회생계획의 인가요건이지만(제243조 제1항 제2호), 일단 수행가능성이 존재한다고 판단하였어도 채무자의 수익이 악화되거나 거래처 또는 금융기관의 대응에 변화가 발생하여 수행가능성이 없다는 것이 명백하게 되는 경우가 있다.

이러한 경우에는 회생계획의 변경(제282조)에 의해 대처할 수도 있겠지만, 2차적 파탄의 개연성이 높은 상황에서는, 채무자나 그 사업의 회생이라는 절차의 목적을 달성하는 것은 불가능하고, 그럼에도 불구하고 회생절차를 계속하는 것은 오히려 이해관계인의 이익을 해할 우려가 있기 때문에 관리인 등의 신청이나 직권으로 절차의 폐지를 인정한 것이다.

회생계획을 수행할 수 없다는 것은 단순히 추측만으로는 안 되고, 객관적인 자료에 의하여 명백하여야 한다. 이해관계인으로서는 회생계획이 인가된 이상 그 수행에 대한 기대를 가지고 그 이익을 확보할 필요가 있기 때문이다. 단순히 회생계획의 분할변제 중 일부가 일시적으로 수행이 안 되었을 뿐인 경우에는 폐지할 수 없다.

회생계획을 수행할 가능성이 없다는 것은 채무자가 회생계획에서 예정하고 있는 사업계획, 자산매각계획, 증자계획, 신규자금 차입계획 등 자금수지계획의 중요 부분을 이행하지 못하거나 이행할 가능성이 없어 앞으로 회생할 가능성이 없다고 판단되는 경우를 말한다.

그 구체적인 경우로서는, ① 회생계획에 따른 변제를 제대로 이행하지 못하고 있고 앞으로도 변제의 지체가 계속될 것으로 예상되는 경우, ② 영업실적이 회생계획상 예정된 사업계획의 수준에 비하여 현저히 미달하고 있고 가까운 장래에 회복될 전망이 보이지 않는 경우, ③ 회생계획에서 정한 자산매각계획을 실현하지 못하여 향후 자금수급계획에 현저한 지장을 초래할 우려가 있는 경우, ④ 공익채권이 과다하게 증가하여 향후 회생계획 수행에 지장을 초래할 우려가 있는 경우, ⑤ 노사분쟁, 기타 채무자 내부의 분규나 이해관계인의 불합리하고 과다한 간섭 등이 계속되어 채무자의 영업 운영에 심각한 차질이 발생한 경우 등이 있을 수 있다.

2. 이해관계인에 대한 의견청취

회생절차폐지결정을 하기 전에는 반드시 기한을 정하여 관리위원회, 채권자협의회 및 이해관계인에게 의견 제출의 기회를 주어야 한다. 필요하다면 의견청취기일을 개최하여 의견을 들을 수도 있다(제288조 제2항). 이들 이해관계인 등은 회생계획이 인가된 이상 회생계획에 따른 수행에 의한 회생의 달성을 기대하는 것이 일반적이므로, 회생절차폐지의 영향을 크게 받게 된다. 따라서 회생절차폐지를 하기 전에 먼저 이해관계인 등에게 의견을 제출하는 등의 기회를 부여한 것이다.

의견제출기한이나 기일을 정하는 결정은 공고하여야 하며, 확정된 회생채권이나 회생담보권에 기하여 인정된 권리를 가지는 자에 대하여 이를 송달하여야 한다(제288조 제3항).

Ⅳ 공　고

회생절차폐지결정을 한 경우에는 그 주문과 이유의 요지를 공고하여야 하지만, 폐지결정문을 이해관계인에게 송달하지 아니할 수 있다(제289조).

Ⅴ 회생절차폐지결정에 대한 불복

1. 즉시항고

회생절차 종결결정에 대하여는 불복할 수 없지만, 회생절차 폐지결정에 대하여는 즉시항고를 할 수 있다(제290조 제1항, 제247조 제1항 전단). 항고의 제기는 회생법원에 항고장을 제출함으로써 한다(제33조, 민소법 제397조). 폐지신청기각결정에 대하여는 즉시항고를 할 수 없지만(제13조 제1항), 특별항고는 가능하다.

가. 항고권자 (제290조 제1항, 제247조 제1항, 제2항)[17]

즉시항고를 할 수 있는 이해관계인은 법률상의 이해관계를 가질 것을 요하고, 사실상의 이해관계를 가지는 것으로는 충분하지 않다.

회생계획인가 전의 폐지의 경우에는 관리인, 공익채권자, 목록에 기재되어 있거나 신고한 회생채권자·회생담보권자·주주·지분권자[18]이다. 의결권이 없는 회생채권자·회생담보권자·주주·지분권자가 항고를 할 경우에는 권리자임을 소명하여야 한다. 채무자도 폐지결정에 대하여 이해관계를 가지고 있으므로 즉시항고권자이다. 목록에 기재되어 있지 않거나 신고하지 아니한 회생채권자 등은 즉시항고권이 없다.

회생계획인가 후의 폐지의 경우에는 관리인, 공익채권자, 회생계획의 규정에 의하여 권리가 인정된 회생채권자·회생담보권자·주주·지분권자, 신회사, 합병의 상대회사, 영업양수인, 임차인, 경영의 책임자, 회생을 위하여 채무를 부담하거나 담보를 제공한 자 등이 항고를 제기할 수 있다. 채무자도 폐지결정에 대하여 이해관계를 가지고 있으므로 즉시항고권자이다.

폐지신청에 의하여 폐지결정이 내려진 경우에는 신청인은 폐지결정에 대하여 항고할 수 없다.

---

17) 관련 내용은 〈제2편 제14장 제4절 Ⅰ.1.가.〉(본서 966쪽)를 참조할 것.
18) 주주·지분권자가 회생절차폐지결정과 법률상의 이해관계가 있을 수 있는지는 의문이다. 회생계획 인가 여부에 관한 규정을 회생절차폐지결정에 준용하도록 하는 것이 입법적으로 의문이다. 회생계획인가 여부와 회생절차폐지결정에 있어 법률상의 이해관계는 다를 수밖에 없기 때문이다. 입법론적으로는 회생계획인가 여부의 결정이나 회생절차폐지결정에 대하여 즉시항고를 할 수 있다고만 규정하고, 즉시항고권이 있는지 여부는 법원의 판단에 맡기는 것이 바람직할 것이다.

나. 항고기간

즉시항고는 폐지결정의 공고가 있은 날부터 14일 이내에 제기하여야 하며(제13조 제2항), 공고의 효력은 관보에 게재된 날의 다음날 또는 대법원규칙이 정하는 방법에 의한 공고가 있은 날의 다음날부터 효력이 발생한다(제9조 제2항).

다. 항고장의 심사 및 보증금 공탁명령

즉시항고가 제기된 경우, 원심법원은 항고장을 심사하여야 한다. 그리고 기간을 정하여 항고인으로 하여금 대법원규칙이 정하는 범위 안에서 보증으로 금전이나 법원이 인정하는 유가증권을 공탁하도록 하여야 한다(제290조 제1항, 제247조 제4항). 회생절차폐지의 결정에 대하여 항고장이 제출된 경우 원심법원은 1주일 이내에 항고인에게 보증으로 공탁하게 할 것인지 여부를 결정하여야 한다(규칙 제71조 제1항). 회생절차폐지결정에 대한 항고와 관련하여 항고보증금 제도를 둔 것은 회생법원의 위 결정에 대하여 부정적 이해관계를 가진 자들의 항고권 남용으로 절차가 지연될 경우 야기될 수 있는 다른 이해관계인들의 손해를 방지하기 위하여 항고권을 합리적으로 제한하고자 함에 있다.[19]

항고인이 법원이 정한 기간 내에 보증을 제공하지 아니하는 때에는 법원은 결정으로 항고장을 각하하여야 한다(제290조, 제247조 제5항, 규칙 제71조 제4항).[20]

2. 항고제기의 효력

법에 특별한 정함이 없으므로 폐지결정에 대한 즉시항고의 경우에는 집행정지의 효력이 있다(제13조 제3항). 회생절차폐지결정은 확정되지 않으면 효력이 발생하지 않는다.

3. 재 항 고

즉시항고에 관한 항고법원의 재판에 대하여 재판에 영향을 미친 헌법, 명령 또는 규칙의 위반이 있는 경우에는 위 항고법원의 재판에 관한 불복으로 재항고를 할 수 있다(제290조 제1

---

19) 대법원 2011. 2. 21. 자 2010마1689 결정.
20) 항고장 각하 결정에 대한 불복방법은 특별항고에 의하여야 한다. 제33조는 "회생절차에 관하여 이 법에 규정이 없는 때에는 민사소송법을 준용한다"고 규정하고, 제13조는 "이 법의 규정에 의한 재판에 대하여 이해관계를 가진 자는 이 법에 따라 규정이 있는 때에 한하여 즉시항고를 할 수 있다"고 규정하고 있는데, 제290조 제1항, 제247조 제5항에 의한 항고장 각하 결정에 대하여는 즉시항고를 할 수 있다는 규정이 없으므로 이에 대하여는 즉시항고를 할 수 없고, 민사소송법 제449조 제1항의 특별항고만 허용될 뿐이다(대법원 2011. 2. 21. 자 2010마1689 결정).
　　실무적으로 대법원 규칙이 정하는 항고보증금 공탁명령을 하였음에도 공탁을 하지 않고 공탁금이 과다하다면서 항고장 각하결정에 대하여 특별항고를 제기하는 경우가 있다. 특별항고는 당연히 재판확정 후 불복신청이므로 특별항고가 제기되었다고 하여 원심재판의 확정이 차단되는 것은 아니다. 특별항고를 하더라도 특별항고에는 집행정지의 효력이 없어 항고장 각하 결정은 고지와 동시에 확정됨으로써 폐지결정 역시 확정되는 효과가 발생한다. 따라서 항고보증금 공탁명령에 대하여 특별항고를 제기하더라도 기간 내에 항고보증금을 납입하지 않는 경우 회생절차폐지결정은 확정되고 파산선고를 할 수 있다.

항, 제247조 제7항, 민소법 제442조).

4. 회생절차폐지결정 확정 후의 조치

회생절차폐지결정이 확정된 이후에는 다음과 같은 조치를 취하여야 한다.

가. 감독행정청 등에 대한 통지

회생절차 폐지결정이 확정된 경우 법원은 감독행정청 등에게 그 취지를 통지하여야 한다(제290조 제2항, 제40조 제1항).

나. 사무소 및 영업소 소재지 등기소에 대한 등기촉탁

법인인 채무자에 대하여 회생절차 폐지결정이 확정된 경우에는 법원사무관 등은 직권으로 지체 없이 촉탁서에 결정서의 등본을 첨부하여 채무자의 각 사무소 및 영업소 소재지의 등기소에 그 등기를 촉탁을 하여야 한다(제23조 제1항 제2호).

다. 채무자 재산에 관한 등기·등록 촉탁

법원사무관 등은 회생절차의 폐지결정이 확정되면 등기·등록의 대상이 되는 개인 채무자 재산에 대하여는 재산보전처분결정, 회생절차개시결정, 회생계획인가결정의 각 기입등기의 각 말소등기(등록) 및 회생절차폐지결정의 기입등기(등록)의 촉탁을 하여야 하고(제24조 제1호, 제2호, 제5항, 제27조), 법인 채무자의 재산에 대하여는 재산보전처분결정의 기입등기의 말소등기(등록)의 촉탁을 하여야 한다(제24조 제1항 후문, 제2호, 제27조).

라. 파산절차로의 이행

파산선고 전의 채무자로서 회생계획인가 후 회생절차 폐지결정이 확정된 채무자에 대하여는 파산의 원인이 되는 사실이 있다고 인정하는 때에는 직권으로 파산을 선고하여야 한다(제6조 제1항). 회생계획인가 전 회생절차 폐지결정이 확정된 채무자에 대하여는 채무자 또는 관리인의 신청이나 직권으로 파산을 선고할 수 있다(제6조 제2항).

파산선고를 받은 채무자에 대한 회생계획인가결정으로 파산절차가 효력을 잃은 후 회생절차폐지결정이 확정된 경우에는 법원은 직권으로 파산을 선고하여야 한다(제6조 제8항). 파산선고를 받은 후의 채무자에 대하여 회생계획인가 전 회생절차폐지결정이 확정될 때에는 중지되었던 파산절차가 속행된다(제7조 제1항).

이에 관한 자세한 내용은 아래 〈제3절〉(본서 1087쪽)을 참조할 것.

Ⅵ 회생절차폐지결정의 효력

회생절차 종결결정과 마찬가지로 회생절차 폐지결정으로 인하여 회생절차가 종료된다. 그러나 폐지결정에 대하여는 즉시항고 및 재항고를 제기할 수 있으므로 폐지결정이 확정된 때에 효력이 발생한다.

회생절차폐지는 회생절차개시결정 후 이미 발생한 효과를 소급적으로 소멸시키는 것은 아니기 때문에 관리인이 한 사업상의 행위, 재산처분행위의 효과, 쌍방미이행 쌍무계약의 해제효과,[21] 이사 등 손해배상청구권의 조사확정재판결과는 회생절차폐지에 의해 효력이 상실되는 것은 아니다(제115조 제8항 참조). 부인권행사의 효과는 회생계획인가 전 폐지의 경우에는 소급적으로 소멸하지만,[22] 회생계획인가 후 폐지의 경우에는 소멸하지 않는다고 할 것이다(본서 499쪽 참조).

1. 회생절차의 종료

가. 관리인의 권한 소멸과 채무자의 권한 회복

회생절차폐지결정이 확정되어 효력이 발생하면 관리인의 권한은 소멸되고 채무자의 업무수행권 및 재산의 관리처분권은 채무자에게 회복된다.[23] 부인권은 회생절차의 진행을 전제로 관리인만이 행사할 수 있는 권리이므로 회생절차의 폐지로 소멸한다. 그래서 비록 회생절차 진행 중에 부인권이 행사되었다고 하더라도 이에 기하여 회사에게로 재산이 회복되기 이전에 회생절차가 폐지된 때에는 부인권 행사의 효과로서 상대방에 대하여 재산의 반환을 구하거나 또는 그 가액의 상환을 구하는 권리 또한 소멸한다고 보아야 할 것이다. 따라서 부인의 소 또는 부인권의 행사에 기한 청구의 계속 중에 회생절차폐지 결정이 확정된 경우에는 관리인의 자격이 소멸함과 동시에 당해 소송에 관계된 권리 또한 절대적으로 소멸하고 어느 누구도 이를 승계할 수 없다.[24] 그러나 회생절차폐지의 결정이 확정되더라도 직권으로 파산절차로 이행하는 경우(제6조 제6항)에는 파산관재인이 종전 회생절차에서 관리인이 수행 중이던 부인의 소 또는 부인권행사에 기한 청구를 수행함으로써 부인권을 계속하여 행사할 수 있다.[25]

회생절차폐지의 결정이 확정되더라도 관리인은 제6조 제1항[26]에 의하여 채무자에 대하여 파산을 선고하는 경우를 제외하고는 채무자의 재산으로 공익채권을 변제하고 이의 있는 것에

---

21) 대법원 2017. 4. 26. 선고 2015다6517(본소),2015다6524(참가),2015다6531(참가에 대한 반소) 판결.
22) 견련파산의 경우는 파산관재인이 수계하므로 예외이다(제6조 제2항).
23) 회생절차폐지결정이 확정되어 그 효력이 발생하면 관리인의 권한은 소멸하므로, 관리인을 채무자로 한 지급명령의 발령 후 그 정본의 송달 전에 회생절차폐지결정이 확정된 경우, 지급명령은 이미 당사자적격이 상실된 자를 상대로 한 것으로 무효이다(대법원 2017. 5. 17. 선고 2016다274188 판결).
24) 대법원 1995. 10. 13. 선고 95다30253 판결 참조.
25) 대법원 2015. 5. 29. 선고 2012다87751 판결.
26) 공익채권에 대하여는 회생절차폐지결정이 확정된 경우에도 파산절차로 이행된 경우를 제외하고 변제되어야 한다는 점에서 제6조 제2항도 포함된다고 보아야 할 것이다(제6조 제4항 참조).

관하여는 그 채권자를 위하여 공탁하여야 한다(제291조). 채무자회생법은 회생절차가 성공적으로 수행된 경우뿐만 아니라 실패하여 폐지된 경우에도 공익채권에 대한 우선적인 변제의무를 규정하고 있다. 이는 회생절차를 통한 채무자의 재건이 실패하는 경우에도 그 절차비용(대부분 공익채권으로 열거되어 있다)을 책임지도록 함으로써 궁극적으로 회생절차의 효용과 적극적인 이용을 유도하기 위한 조치로 보인다.

나. 채무자에 대한 절차적 구속의 소멸

회생절차가 폐지되면 회생절차가 종료되므로 채무자는 상법의 규정에 따라 자유로이 ① 자본 또는 출자액의 감소, ② 지분권자의 가입, 신주 또는 사채의 발행, ③ 자본 또는 출자액의 증가, ④ 주식의 포괄적 교환 또는 주식의 포괄적 이전, ⑤ 합병·분할·분할합병 또는 조직변경, ⑥ 해산 또는 회사의 계속, ⑦ 이익 또는 이자의 배당, ⑧ 법인 채무자의 경우의 정관변경을 할 수 있게 된다(제55조 참조).

한편 채무자가 회생절차개시 이후 채무자의 재산에 관하여 한 법률행위도 폐지결정 후에는 그 효력을 갖는 것으로 된다(제64조 제1항 반대해석).

다. 개별적 권리행사 제약의 해소

회생절차 중에는 회생채권자는 회생절차에 의하지 아니하고는 채무자로부터 채무의 변제를 받을 수 없으므로(제131조), 개별적으로 가압류 등의 보전처분을 하거나 강제집행을 할 수 없었다. 그러나 회생절차가 폐지되어 종료되면 회생채권자는 개별적으로 소구하거나 강제집행을 할 수 있게 된다. 회생절차 진행 중에 이미 실권된 채권이나 회생계획에서 보호되지 않은 권리는 회생절차가 폐지되더라도 부활하지 않는다.

2. 효과의 불소급성

회생절차폐지결정은 그 확정 시점이 회생계획 인가 이전 또는 이후인지에 관계없이 소급효가 인정되지 아니한다.

가. 회생계획인가 전의 폐지의 경우

회생절차폐지의 효력은 소급하지 않는다.[27] 따라서 회생절차개시 후에 관리인이 행한 행위의 효과는 소멸하지 않고(제119조 제1항에 따라 관리인이 쌍무계약을 해제·해지한 경우에는 종국적으로 계약의 효력이 상실되므로, 그 이후 회생절차폐지결정이 확정되더라도 위 조항에 근거한 해제·해지의 효력에는 영향을 미치지 않는다[28]) 회생채권 등의 확정의 효과도 소멸하지 않는다.

---

27) 대법원 2016. 6. 21. 자 2016마5082 결정.
28) 대법원 2022. 6. 16. 선고 2022다211850 판결(☞ 채무자회사의 관리인이 제119조 제1항에 따라 계약 해제의 의사표시를 한 후 회생계획 인가 전 회생절차폐지결정이 확정되었더라도, 회생계획 인가 후 회생절차폐지결정이 확정된 경우와 마찬가지로 계약은 그 무렵 종국적으로 효력이 상실되었다고 보아, 원심이 회생계획인가 전 회생절차가 폐

다만 회생계획인가 전에는 실권(제251조), 권리의 변경(제252조) 등의 실질적인 권리변동은 없다. 따라서 회생계획인가결정 전에 회생절차가 폐지된 경우에는 신고하지 아니한 회생채권이라도 실권되지 않는다.[29]

또한 인가 전 폐지 단계에서 확정된 회생채권 등에 대하여 회생채권자표 등의 기재의 효력은 남는다(제292조 제1항). 따라서 확정된 회생채권 또는 회생담보권에 관한 회생채권자표 등의 기재는 채무자에 대하여 확정판결과 동일한 효력이 있고, 회생채권자 등은 회생절차종료 후 채무자에 대하여 회생채권자표 등에 기하여 강제집행을 할 수 있다(제292조 제2항).[30]

나. 회생계획인가 후의 폐지의 경우

회생절차폐지의 효력은 소급하지 않는다. 따라서 회생계획인가 후에 회생절차가 폐지되는 경우에도 그동안의 회생계획의 수행이나 법률의 규정에 의하여 생긴 효력에 영향을 미치지 아니한다(제288조 제4항). 면책의 효력(제251조)과 권리변경의 효력(제252조)은 회생절차가 폐지되더라도 그대로 유지된다.[31] 따라서 회생계획인가결정이 있으면 회생채권자 등의 권리는 회생계획의 조항에 따라 채무의 전부 또는 일부의 면제효과가 생긴다(제288조 제4항, 제252조 제1항).[32]

또한 회생절차가 폐지되기 전에 관리인이 제119조 제1항에 따라 계약을 해제하였다면 이후 회생절차폐지의 결정이 확정되어 제6조 제1항에 의한 직권 파산선고에 의하여 파산절차로 이행되었다고 하더라도 위 해제의 효력에는 아무런 영향을 미치지 아니한다.[33]

그 밖에 회생을 위하여 채무를 부담하거나 담보를 제공한 자에 대한 효력, 정관변경의 효력, 신회사의 설립이나 합병 등의 효력도 그대로 유지된다. 회생계획에 따른 채무부담이나 담보제공(제250조 제1항 제3호), 회생절차개시로 중지된 절차의 실효(제256조 제1항), 회생채권자표 등의 기재의 효력(제293조) 등은 회생절차폐지 후에도 존속한다.

지된 경우에는 제288조 제4항이 적용되지 않는다는 이유로 제119조 제1항에 따른 계약 해제·해지 주장을 배척한 판단에 제119조 제1항 및 해제권의 행사의 효력에 관한 법리오해의 잘못이 있음을 이유로 파기환송한 사례).
29) 대법원 1998. 8. 21. 선고 98다20202 판결.
30) 회생계획불인가결정의 경우에도 동일하다(제248조). 관련 내용은 〈제14장 제4절 Ⅲ.2.나.〉(본서 973쪽)를 참조할 것.
31) 대법원 1998. 8. 21. 선고 98다20202 판결. 한편 개인회생절차에서는 변제계획이 인가되었더라도 이후 폐지되면 변경 전의 채무를 모두 변제하여야 한다.
32) 대법원 2021. 10. 28. 선고 2019다200096 판결, 대법원 2020. 12. 10. 선고 2016다254467(본소), 2016다254474(반소) 판결 등 참조. 한편, 재정적 어려움으로 파탄에 직면해 있는 채무자에 대하여 채권자 등 다수의 이해관계인의 법률관계를 조정하여 채무자 또는 그 사업의 효율적인 회생을 도모하려는 회생절차의 목적(제1조 참조), 당사자의 의사와 무관하게 법률의 규정에 의해 채무면제 효과가 발생하는 회생계획인가결정의 효력(제252조 제1항 참조) 등에 비추어 볼 때, 회생채권자인 원고가 회생채권신고액수를 기준으로 사해행위취소 및 가액배상을 청구한 사건에서는 피고가 명시적으로 주장하지 않았더라도 채무자에 대하여 회생절차가 개시되어 원고를 포함한 회생채권자들의 권리변경내역이 담긴 회생계획인가결정문 등이 제출되었다면, 원심으로서는 원고의 원래 채권액이 회생계획인가결정에 따라 일부 면제되었는지, 피고가 이를 주장하는지 등에 관하여 석명권을 행사하여야 한다(위 2019다200096 판결).
33) 대법원 2017. 4. 26. 선고 2015다6517(본소),2015다6524(참가),2015다6531(참가에 대한 반소) 판결.

3. 회생채권자표 등 및 그 기재의 효력

가. 회생계획인가 전 폐지 및 신청에 의한 폐지의 경우

회생계획인가 전 폐지 및 신청에 의한 폐지의 결정이 확정된 때에는 채무자가 채권조사절차에서 그 권리에 관하여 이의를 하지 아니한 경우 확정된 회생채권 등에 관한 회생채권자표 등의 기재는 채무자에 대하여 확정판결과 동일한 효력 및 집행력이 있다(제292조). 즉 폐지 단계에서 확정된 회생채권 등에 대하여는 회생채권자표 등 기재의 효력이 남는다. 회생계획불인가의 결정이 확정된 경우에도 마찬가지이다(제248조). 채무자가 이의를 제기한 경우에는 확정판결과 동일한 효력이 없고 집행력도 차단된다.[34)35)]

(1) 확정판결과 동일한 효력

회생계획인가 전 폐지(제286조) 또는 신청에 의한 폐지(제287조)의 결정이 확정된 때에는 확정된 회생채권 또는 회생담보권에 관하여는 회생채권자표 또는 회생담보권자표의 기재는 채무자에 대하여 확정판결과 동일한 효력이 있다.[36)] 다만, 채무자가 회생채권과 회생담보권의 조사기간 또는 특별조사기일에 그 권리에 대하여 이의를 하지 아니한 경우에 한한다(제292조 제1항). 회생계획인가 후 폐지와 달리 채무자가 이의를 하지 않는 경우에만 회생채권자표 등에 확정판결과 동일한 효력을 인정하는 이유는 회생계획이 인가되기 전이므로 권리변경을 예정하고

---

34) 확정판결과 동일한 효력의 경우와 달리 채무자회생법은 채무자가 이의를 제기한 경우 집행력이 차단되는지에 관하여 명확히 규정하고 있지 않지만, 해석상 차단된다고 볼 것이다. 일본 회사갱생법은 채무자가 이의한 경우 집행력이 차단된다고 명시적으로 규정하고 있다(제238조 제6항, 제235조 제2항). 일본 민사재생법의 경우도 마찬가지이다(제195조 제7항).

35) 소송에 의해 회생채권 등이 확정되어 회생채권자표 등에 기재된 경우(제175조)에도 마찬가지이다. 예컨대 회생절차 개시 전 소송이 제기된 후 해당 회생채권에 대하여 이의가 제기되어 소송이 수계되었고 이후 회생채권자의 승소로 판결이 확정되어 회생채권자표에 기재되었지만 회생절차는 인가 전 폐지되었다. 이 경우 채무자가 이의를 제기하였다면 회생채권자표의 기재는 확정판결과 동일한 효력이 없음은 물론 집행력도 없으므로 회생계속법원은 회생채권자표 기재에 집행문을 부여할 수 없다. 따라서 채권자는 채무자를 상대로 별도의 이행소송을 제기하여야 한다(부산회생법원 2022회합1003 참조).

36) 채무자회생법상 확정된 회생채권 등에 관한 회생채권자표 등 기재의 효력에 관하여 확정판결과 동일한 효력을 부여하는 경우가 3가지 있다. ① 제168조는 확정된 회생채권 및 회생담보권에 관하여 회생채권자표 등에 기재된 경우 그 기재는 회생채권자, 회생담보권자, 주주·지분권자 전원에 대하여 확정판결과 동일한 효력이 있다고 규정하고 있다. ② 제292조 제1항은 회생계획인가에 앞서 회생절차가 폐지의 결정이 확정된 경우에 채무자가 이의를 하지 아니한 때에는 확정된 회생채권 또는 회생담보권에 관한 회생채권자표 또는 회생담보권자표의 기재는 채무자에 대하여 확정판결과 동일한 효력이 있다고 규정하고 있다. ③ 제255조 제1항은 회생계획인가의 결정이 확정된 때에는 회생채권 또는 회생담보권에 기하여 회생계획의 규정에 의하여 인정된 권리에 관하여는 그 회생채권자표 등의 기재는 채무자, 회생채권자·회생담보권자·주주·지분권자, 회생을 위하여 채무를 부담하거나 또는 담보를 제공하는 자, 신회사(합병 또는 분할합병으로 설립되는 신회사를 제외한다)에 대하여 확정판결과 동일한 효력이 있다고 규정하고 있다.

    ①과 ②의 경우가 회생계획인가 전이라는 점에서 회생계획인가 후인 ③의 경우와 구별되며, ①의 경우는 회생절차 내에서의 이해관계인들에 대한 효력인 반면, ②의 경우는 회생절차 종료 후 채무자에 대한 효력을 정하고 있다는 점에서 구별된다. 제168조의 기재가 회생계획에 의한 권리변경이 생기기 전의 권리를 내용으로 하는 것이라면 제255조 제1항의 기재는 회생계획인가 후의 권리를 내용으로 한다는 차이점이 있다.

있지 않기 때문이다.

(2) 집행력

회생채권자 또는 회생담보권자는 회생절차종료[37] 후 제6조의 규정에 의하여 파산선고를 하는 경우를 제외하고[38] 채무자에 대하여 회생채권자표 또는 회생담보권자표를 집행권원으로 하여(민집법 제56조 제5호) 강제집행을 할 수 있다(제292조 제2항).[39][40]

나. 회생계획인가 후 폐지의 경우[41]

회생계획인가 후 폐지(제288조 제1항)의 결정이 확정된 때에는 회생계획에 의하여 회생채권자와 회생담보권자에게 인정된 권리가 금전의 지급 기타 이행의 청구를 내용으로 하는 때에는 그 권리에 관한 회생채권자표와 회생담보권자표의 기재는 집행력을 갖고, 인정된 권리는 회생절차 폐지 후에 채무자와 회생을 위하여 채무를 부담한 자에 대하여 회생채권자표와 회생담보권자표에 의하여 강제집행을 할 수 있다. 이 경우 채무를 부담하는 자가 보증인이라면, 그 보증인은 민법 제437조(보증인의 최고, 검색의 항변)의 규정에 의한 항변을 할 수 있다(제293조, 제255조 제2항).[42] 회생계획인가 전 폐지와 달리 채무자가 이의를 한 경우라도 회생채권자표 등에 의하여 채무자에 대하여 강제집행을 할 수 있다. 회생계획인가결정에 의해 권리변경이 되므로 인가결정 확정 후에는 회생채권자표 등의 효력은 채무자가 이의를 진술하였어도 영향을 받지 않기 때문이다.

---

37) 여기서 '종료'는 '폐지'를 의미한다. '종결'의 경우는 제255조 제2항에서 규정하고 있다.

38) 제6조의 규정에 의하여 파산선고(견련파산)를 하는 경우 회생채권자표와 회생담보권자표의 집행력을 배제하는 규정을 둘 필요가 있는가. 회생계획인가 후 폐지에 있어서는 견련파산을 선고한 경우에도 집행력을 배제하고 있지 않은 점(제293조), 견련파산의 경우 집행력을 배제하는 규정을 두지 않더라도 파산선고에 의해 집행권원에 의한 강제집행은 할 수 없는 점(제348조 제1항, 제424조 참조) 등에 비추어 굳이 회생채권자표와 회생담보권자표의 집행력을 배제하는 규정을 둘 필요가 있는지 의문이다. 주의적 규정에 불과하다고 보인다. 회생담보권자는 회생담보권자표에 의하여 강제집행을 할 수 없지만, 별제권자로서 담보권을 실행할 수 있다고 할 것이다. 일본 회사갱생법은 견련파산의 경우 집행력의 배제를 규정하고 있지 않다(제238조 제6항, 제235조).

39) 채무자나 관리인이 견련파산(제6조)을 신청하지 아니하고 다시 회생절차를 신청할 경우, 이전 회생절차에서 채무자의 이의도 없고 채권이 확정된 채권자도 다시 채권확정절차를 거쳐야 하는가. 확정된 회생채권 등의 회생채권자표 등에의 기재는 확정판결과 동일한 효력이 있고(제168조), 여기서 확정판결과 동일한 효력은 그 회생절차 내에서의 불가쟁력을 말하는 것이므로 다시 채권확정절차를 거쳐야 할 것이다.

40) 이 경우 「민사집행법」 제2조(집행실시자) 내지 제18조(집행비용의 예납 등), 제20조(공공기관의 원조), 제28조(집행력 있는 정본) 내지 제55조(외국에서 할 집행)의 규정을 준용한다. 다만 집행문부여의 소(민집법 제33조), 청구에 관한 이의의 소(민집법 제44조) 및 집행문부여에 대한 이의의 소(민집법 제45조)는 회생계속법원의 관할에 전속한다(제292조 제3항, 제255조 제3항).

41) 관련 내용은 〈제14장 제5절 Ⅵ.3.〉(본서 1012쪽)을 참조할 것.

42) 이 경우 「민사집행법」 제2조(집행실시자) 내지 제18조(집행비용의 예납 등), 제20조(공공기관의 원조), 제28조(집행력 있는 정본) 내지 제55조(외국에서 할 집행)의 규정을 준용한다. 다만 집행문부여의 소(민집법 제33조), 청구에 관한 이의의 소(민집법 제44조) 및 집행문부여에 대한 이의의 소(민집법 제45조)는 회생계속법원의 관할에 전속한다(제293조, 제255조 제3항).

4. 계속 중인 절차에 미치는 영향

가. 중지 중인 절차 등에 미치는 영향

파산절차, 채무자의 재산에 대하여 이미 행한 회생채권 또는 회생담보권에 기한 강제집행 등, 국세징수의 예에 의하여 징수할 수 있는 청구권으로서 그 징수우선순위가 일반 회생채권보다 우선하지 아니한 것에 기한 체납처분(강제징수)은 회생절차개시결정으로 중지된다(제58조 제2항).

회생계획인가결정 전에 폐지된 경우에는 중지된 절차들이 다시 속행된다.

한편 위 절차 중 체납처분(강제징수)을 제외한 다른 절차는 회생계획인가결정으로 실효된다(제256조). 따라서 회생계획인가결정 후에 폐지된 경우에는 중지된 절차의 속행 문제는 발생하지 않고, 채권자는 다시 파산절차 등을 신청하여야 한다.

나. 계속 중인 소송절차 등에 미치는 영향

〈제19장 제4절 Ⅱ.〉(본서 1167쪽)를 참조할 것.

5. 실체적 효력

회생계획인가결정 전에 회생절차가 폐지된 경우 소급효가 인정되지 아니하므로, 쌍방미이행 쌍무계약 해제의 효과가 확정적으로 발생된 후 회생절차가 폐지된 경우에는 그 효력이 영향을 받지 않는다는 것은 앞에서 본 바와 같다. 이러한 효과는 회생절차와의 관계에서 상대적으로 발생한 것이 아니고 절대적인 것이라고 보아야 하기 때문이다. 반면 부인에 대하여는 앞에서 본 바와 같이 그 효과가 상대적이기 때문에 회생계획인가결정으로 인한 권리변동이 발생하기 전에 회생절차가 폐지된 경우에는 그 효과는 번복된다고 볼 것이다.[43]

한편 회생계획인가결정 후 폐지된 경우에도 그 효과가 번복되지 않는다. 제6조 제1항에 의하여 파산이 선고된 경우에 그 파산절차에서의 파산채권 또는 별제권의 존재 여부와 범위는, 채권자의 권리가 종전 회생절차에서 회생채권과 회생담보권 등으로 확정된 다음 인가된 회생계획에 따라 변경되고 파산선고 당시까지 변제되는 등의 사정을 모두 반영하여 정해져야 한다. 회생계획인가의 결정이 있는 때에는 회생채권자 등의 권리는 회생계획에 따라 실체적으로 변경되고 회생계획인가결정의 효력은 회생절차가 폐지되더라도 영향을 받지 않기 때문이다(제252조 제1항, 제288조 제4항).[44]

---

43) 破産法·民事再生法, 1076쪽.
44) 대법원 2021. 1. 28. 선고 2018다286994 판결.

제3절 파산절차로의 이행과 속행

채무자회생법은 회생절차를 파산절차보다 우선시하고 있다. 그래서 채무자는 파산절차가 진행 중이더라도 회생절차개시신청을 할 수 있고(제35조 제2항, 제44조), 회생절차개시결정이 내려지면 새로운 파산신청은 금지되며, 진행 중이던 파산절차는 중지되고(제58조 제1항, 제2항), 나아가 회생계획인가결정이 내려지면 중지된 파산절차는 효력을 잃게 된다(제256조 제1항). 회생계획인가 전 폐지나 회생계획불인가결정이 확정되면 중지된 파산절차는 속행된다(제7조 제1항 참조).

반면 회생절차개시신청기각, 회생절차폐지, 회생계획불인가에 의하여 회생절차가 진행 도중에 종료된 경우, 절차 경제적 관점에서 법원은 임의적 또는 필요적으로 신청에 의하거나 직권으로 파산을 선고할 수 있도록 규정하고 있다.[45] 구체적으로 ① 회생계획인가 후 폐지결정이 확정되었는데 법원이 채무자에게 파산의 원인이 되는 사실이 있다고 인정하여 직권으로 파산을 선고하여야 하는 경우(제6조 제1항), ② 회생절차개시신청의 기각결정, 회생계획인가 전 회생절차폐지결정, 회생계획불인가결정 중 어느 하나에 해당하는 결정이 확정되었는데 법원이 채무자에게 파산의 원인이 되는 사실이 있다고 인정하여 채무자 또는 관리인의 신청에 의하거나 직권으로 파산을 선고할 수 있는 경우(제6조 제2항), ③ 파산선고를 받은 채무자에 대한 회생계획인가결정으로 파산절차가 효력을 잃은 후(제256조 제1항) 회생절차폐지결정이 확정되어 법원이 직권으로 파산을 선고하여야 하는 경우(제6조 제8항) 등이 그것이다.

파산절차로의 이행(견련파산)이나 속행(재시파산)은 모두 중도에 좌절된 절차를 방치하지 않고 조속히 파산에 의한 합리적인 청산을 하고자 하는 것으로, 채권자를 비롯하여 이해관계인의 이익을 보호하고 도산절차의 일원적인 운용(선행절차와 후행절차의 일체성)을 확보하기 위한 시스템이다. 채무자회생법은 파산절차로의 이행이나 속행절차의 신속과 경제성을 고려하여 몇 가지 특칙을 두고 있다.[46]

---

45) 이를 실무적으로 견련파산이라 부른다. 견련파산이란 회생절차가 그 목적을 달성할 수 없고, 파산절차에 의해 채무자의 재산을 청산할 필요가 있는 경우, 회생계속법원이 적시에 개시하는 파산절차를 말한다.

　견련파산의 경우, 먼저 진행되던 회생절차가 있었기 때문에 그 회생절차에서 공익채권이 발생하였을 수 있고, 회생채권 및 회생담보권에 관한 채권조사가 이미 이루어졌을 수 있으며, 인가까지 이루어진 경우에는 회생채권 등의 권리가 변경된 상태에 있게 된다. 그러한 경우 후행하는 파산절차에서 채권을 조사함에 있어서 선행하는 회생절차에서의 진행 경과에 영향을 받게 되는 경우가 있다.

　한편 채무자회생법은 견련파산(재시파산 포함)과 관련하여 「제1편 총칙」에 규정하고 있으나, 견련파산이 모든 도산절차에 관련된 것도 아니고 회생절차가 실패한 경우에 발생하는 현상이므로 「제2편 회생절차」에 규정하는 것이 타당하다.

46) 견련파산절차는 일반파산절차와 몇 가지 다른 점이 있다. ① 일반파산절차는 채권자 또는 채무자의 신청이 있어야 파산선고가 가능하지만, 견련파산절차는 법원이 직권으로 파산선고를 할 수 있다. 일반파산절차는 채무자뿐만 아니라 채권자에게도 신청권이 있지만, 견련파산절차는 채권자에게 신청권이 인정되지 않는다. ② 견련파산선고가 있는 경우 제3편(파산절차)의 규정을 적용함에 있어 그 파산선고 전에 지급의 정지 또는 파산의 신청이 없는 때에는 파산절차에 선행하는 회생절차개시신청 또는 사기파산죄에 해당하는 법인인 채무자의 이사가 한 행위를 지급의 정지

관련 내용은 〈제6편 제1장 제2절 및 제3절〉(본서 2151쪽 이하)을 참조할 것.

Ⅰ 회생절차폐지 등에 따른 파산선고와 파산절차의 속행

1. 파산선고 전의 채무자

가. 필요적 파산선고

파산선고를 받지 아니한 채무자에 대하여 회생계획인가가 있은 후 회생절차폐지 또는 간이회생절차폐지의 결정이 확정된 경우, 법원은 그 채무자에게 파산의 원인이 되는 사실이 있다고 인정하는 때에는 직권으로 파산을 선고하여야 한다(제6조 제1항). 파산의 원인이 되는 사실이란 지급불능(제305조, 지급정지는 지급불능을 추정한다) 또는 채무초과(제306조)를 말한다.

회생계획인가가 있은 후 회생절차를 폐지한 경우 필요적으로 파산선고를 하여야 하지만, 채무자에게 파산의 원인이 되는 사실이 있다고 인정되지 아니한 때에는 파산선고를 할 수 없다.

나. 임의적 파산선고

파산선고를 받지 아니한 채무자에 대하여 ① 회생절차개시신청 또는 간이회생절차개시신청의 기각결정(제293조의5 제2항 제2호 가목의 회생절차개시결정이 있는 경우 제외), ② 회생계획인가 전 회생절차 폐지결정 또는 간이회생절차폐지결정(회생절차가 속행된 경우 제외), ③ 회생계획불인가결정 중 어느 하나에 해당하는 결정이 확정된 경우, 법원은 그 채무자에게 파산의 원인이 되는 사실이 있다고 인정하는 때에는 채무자 또는 관리인의 신청에 의하거나[47] 직권으로 파산을 선고할 수 있다(제6조 제2항).

한편 위 ①의 경우에 대하여도 견련파산을 선고할 수 있도록 한 것은 입법론적으로는 의문이다. ①의 경우는 (간이)회생절차개시결정이 없어 애초부터 파산신청이 금지되는 것은 아니기 때문에 견련파산을 인정할 필요성이 없기 때문이다. 반면 회생절차개시결정의 취소결정(제54조)은 선행 회생절차와 후행 파산절차의 일체성 확보라는 필요성이 동일하게 인정되므로 견련파산을 선고할 수 있도록 포함시켜야 할 것이다(유추적용).

또는 파산신청으로 본다(제6조 제4항). ③ 회생절차에서 공익채권은 견련파산절차에서 재단채권으로 취급된다(제6조 제4항). ④ 기존의 회생채권신고, 이의와 조사확정 결과를 파산절차에서 다시 이용할 수 있다(제6조 제5항).

47) 채무자는 제6조 제2항에 따른 파산신청 이외에 제3편에 의한 파산신청을 할 수도 있다. 제6조 제2항에 따른 파산신청의 경우에는 제6조 제4항이 적용되어 공익채권이 재단채권으로 취급되지만, 제3편의 파산신청의 경우에는 제6조 제4항이 적용되지 않으므로 공익채권은 파산채권이 될 뿐이다. 왜냐하면 별도의 파산신청에 따라 파산선고가 이루어지는 경우에는 선행의 회생절차와 사이에 연속성이 없기 때문이다. 한편 회생절차폐지 또는 회생계획불인가의 결정이 확정된 때에는 관리인은 채무자의 재산으로 공익채권을 변제하고 이의 있는 것에 관하여는 그 채권자를 위하여 공탁을 하여야 하는데(제248조, 제291조), 이에 따른 공익채권의 변제가 아직 이행되지 않은 상태에서 별도의 파산신청이 있어 그에 기한 파산선고가 이루어질 경우, 변제를 받을 것이 예정되어 있었던 공익채권자가 파산채권자가 되는 상황이 발생하게 된다. 이와 같은 불합리한 상황이 발생하는 것을 방지하기 위해 입법적인 해결이 필요해 보인다.

다. 당사자가 파산신청을 한 경우

회생절차를 폐지하는 결정 등이 확정된 이후 당사자로부터 파산신청이 있더라도[48] 법원이 직권으로 파산선고를 하는 데 아무런 장애가 되지 않는다.

2. 파산선고 후의 채무자

가. 필요적 파산선고

채무자에 대하여 파산선고가 있었다 하더라도 그 후 회생절차개시결정이 있으면 파산절차가 중지되고(제58조 제2항), 나아가 회생계획인가결정이 있게 되면 파산절차는 확정적으로 효력을 잃게 된다(제256조 제1항). 위와 같이 파산선고를 받은 채무자에 대한 회생계획인가결정으로 파산절차가 효력을 잃은 후 회생절차폐지결정(제288조 제1항)이 확정된 때에는 법원은 새로이 직권으로 파산을 선고하여야 한다(제6조 제8항).[49]

이 경우 원래의 파산신청이 있은 때에 파산신청이 있은 것으로 보며, 공익채권은 재단채권으로 한다(제6조 제9항). 이는 실질적으로 선행 파산절차가 계속 진행하는 것으로 볼 수 있다는 점을 고려한 것이다.

나. 파산절차의 속행

파산선고를 받은 후의 채무자[50]에 대하여 ① 회생절차개시신청 또는 간이회생절차개시신청의 기각결정(제293조의5 제2항 제2호 가목의 회생절차개시결정이 있는 경우 제외),[51] ② 회생계획인가 전 회생절차폐지결정 또는 간이회생절차폐지결정(회생절차가 속행된 경우 제외), ③ 회생계획불인가결정이 확정될 때에는 중지되었던 파산절차가 속행된다. 이 경우 공익채권은 재단채권으로 한다(제7조 제1항, 본서 1095쪽). 회생절차개시로 중지되었던(제58조 제2항 제1호) 파산절차가 회생절차가 실패한 경우 파산절차의 중지는 해소되고, 파산절차는 당연히 속행된다. 이를 재시파산이라 한다. 회생계획인가결정 전이어서 기존의 파산절차가 그 효력을 잃지 않았으므로 회생절차개시결정으로 중지된 파산절차가 속행되는 것이다.

파산절차가 속행된 경우 견련파산에 관한 제6조 제5항 내지 제7항의 규정이 준용된다(제7조

---

48) 당사자가 신청한 파산신청은 견련파산과 무관한 일반적인 파산신청으로 처리하면 된다. 회생절차종료 후 동일한 채무자에 대하여 파산선고가 있었다고 하여 모두 견련파산절차가 되는 것은 아니고, 일정한 절차적 요건(제6조 및 제7조)을 갖춘 경우에만 견련파산이 되며 그 특칙이 적용된다.

49) 따라서 회생계획 인가결정이 있기 전에 회생절차가 종료된 경우, 즉 회생절차 개시신청의 기각결정, 회생계획 인가 전 폐지결정 또는 회생계획 불인가결정이 확정된 경우에는 회생절차개시결정으로 중지되었던 파산절차가 당연히 속행(회생절차 개시신청이 기각된 경우에는 파산절차가 중지됨이 없이 속행된다)되기 때문에 새로이 파산선고를 할 필요는 없다(제7조 제1항 참조).

50) 파산신청은 되었지만 파산선고가 되지 아니한 채무자에 대하여도 아래의 사유가 있는 경우 마찬가지로 파산절차는 속행될 것이다.

51) (간이)회생절차개시신청만으로는 파산절차가 중지되지 않으므로 삭제하여야 한다.

제2항). 그럼으로써 파산절차가 속행되는 경우 중지되었던 파산절차, 이후 종료된 회생절차 및 속행되는 파산절차 사이에 연속성을 유지할 수 있도록 하고 있다.

한편 어떤 법원에 파산신청이 되거나 파산선고가 된 후 다른 법원에서 회생절차개시결정이 된 경우 파산절차는 중지된다(제58조 제2항 제1호).[52] 이후 회생계획인가결정 전 회생절차가 실패하여 폐지된 경우에는 중지된 파산절차를 신속하게 속행하는 것이 바람직하다.[53] 따라서 파산사건을 취급하는 법원은 회생절차종료 후 파산절차의 속행이 원활하게 진행될 수 있도록 조치를 취할 필요가 있다.[54]

3. 견련파산의 신청권자 및 신청시기

가. 신청권자

견련파산의 신청권자는 채무자 또는 관리인이다(제6조 제2항). 물론 법원이 직권으로 견련파산을 선고할 수도 있다. 한편 관리인, 특히 제3자 관리인에게 견련파산의 신청권을 부여하는 것이 타당한지는 의문이다. 제3자 관리인은 채무자와 아무런 관련이 없고 회사의 경우 파산신청 여부를 채권자나 주주(지분권자)의 의사와 무관하게 법원이 선임한 제3자 관리인이 신청할 수 있다는 것은 채권자들의 이해에 반할 수 있을 뿐만 아니라 주주의 자율권을 침해할 수도 있다. 따라서 기존경영자를 관리인으로 선임한 경우나 관리인을 선임하지 않아 채무자나 그 대표자를 관리인으로 보게 되는 경우는 별론으로 하더라도 제3자 관리인이 견련파산신청을 함에 있어서는 신중할 필요가 있다(적어도 주주총회나 이사회의 결의를 거쳐 신청하여야 할 것이다).

나. 신청시기

견련파산신청은 언제까지 하여야 하는가. 이에 대하여 선행 회생절차와 견련성이 있다는 이유로 회생절차개시결정의 취소결정, 회생절차폐지결정, 불인가결정의 확정 후에 이루어진 파산신청을 견련파산이라고 하면 그 기준이 애매하고, 채무자회생법이 예외적으로 견련파산절차를 일반파산절차와 달리 취급하고 있는 점과 모순된다는 이유로 회생절차폐지결정 시부터 폐지결정확정 시까지만 가능하다는 견해가 있다.[55]

그러나 회생절차폐지결정확정 전에 채무자가 파산신청을 할 경우 여전히 견련파산신청인지 일반파산신청인지는 당사자의 의사를 확인하지 않는 한 명확하지 않고,[56] 회생절차 진행 중에

---

52) 서울회생법원 2017하합100001 세아건설 주식회사 사건에서, 파산선고가 되어 진행되던 중 2020. 1. 29. 수원지방법원에서 회생절차가 개시됨으로써(2019회합199) 중지되었다.

53) 이후 수원지방법원은 2020. 3. 9. 위 세아건설 주식회사에 대한 회생절차를 폐지하였고, 이에 서울회생법원 2017하합100001 파산사건을 속행하였다.

54) 다만 현행법은 이와 관련하여 아무런 규정을 두고 있지 않다. 일본 민사재생법은 파산사건을 취급하는 법원은 그 파산사건을 처리하기 위하여 상당하다고 인정하는 경우에는 직권으로 미리 그 파산사건을 회생법원으로 이송하도록 하고 있다(제248조, 회사갱생법 제250조도 같은 취지를 규정하고 있다). 입법적 보완이 필요해 보인다.

55) 임치용, "견련파산절차에 관한 연구―회생절차폐지를 중심으로", 사법 46호(2018년 12월), 사법발전재단, 115~116쪽.

56) 실무에서는 관리인이나 채무자가 견련파산을 신청할 경우, 견련파산신청임을 명확히 하도록 지도하고 있다.

는 파산신청을 할 수 없으며(제58조 제1항 제1호), 견련파산절차에 특칙을 인정한 것은 절차의 신속과 경제성을 고려한 것으로 신청시기와 특별한 연관성이 있는 것으로 보이지 않고, 문언상 회생절차폐지결정 등이 확정된 경우 신청에 의하거나 직권으로 파산선고를 하도록 하고 있으므로 현행 채무자회생법 하에서는 회생절차폐지결정 등이 확정된 이후에만 견련파산신청을 할 수 있다고 할 것이다. 다만 회생절차폐지결정 등의 확정 이전에 견련파산을 신청한 경우라도 확정되면 그 흠결이 치유되었다고 볼 것이다.

다만 입법론적으로는 선행 회생절차와 후행 파산절차의 일체성 확보라는 견련파산제도의 취지, 특칙의 인정으로 인해 어느 파산절차가 견련파산절차인지 여부는 파산절차에 참가하는 채권자 및 파산재단에 있어 매우 중요하다는 점을 고려하면, 견련파산신청은 회생절차폐지결정의 확정 전으로 명확히 제한할 필요가 있다(나아가 제58조 제1항 제1호를 배제하는 내용을 포함하여야 한다).[57] 또한 파산선고는 폐지결정의 확정을 기다려야 하기 때문에 폐지결정이 확정될 때까지의 재산보전을 위하여, 법원은 직권으로 파산절차에서 인정되는 보전처분 등을 발령할 수 있도록 할 필요가 있다.[58]

한편 실무는 제6조 제2항과 법률관계의 안정 등을 고려하여 견련파산신청(제6조 제2항에 의한 파산신청)은 '회생절차개시신청의 기각결정 등이 있은 이후'부터 '그 결정의 확정 이전'에 이루어진 파산신청만을 의미하는 것으로 보고 있다.[59]

Ⅲ 선행절차와 후행절차의 일체성 확보

회생절차에서 파산절차로의 이행이 확보되었다고 하여도, 양자를 각각 독립적인 것으로 보고 이해관계인의 지위 등을 공통되는 것으로 인정하지 않으면 불공평한 결과가 발생할 수 있고, 원활한 이행이 방해받게 된다. 이러한 문제를 해결하기 위하여 채무자회생법은 아래의 몇 가지 조치들을 규정하여 선행절차와 후행절차의 일체성을 확보하고 있다.

---

57) 일본 회사갱생법 제251조, 민사재생법 제249조 참조.
58) 일본 민사재생법 제251조 제1항 참조.
59) 대법원 2024. 5. 30. 선고 2024다226627 판결, 서울중앙지방법원 2023. 9. 12. 선고 2023가단5071168 판결 등 참조. 위 대법원 판결의 사안은 다음과 같다. ① 채무자는 2009. 8. 25. 1차 회생절차가 개시되었다가 2010. 10. 27. 폐지되었고, 이후 회생절차개시신청을 하였지만 2015. 7. 7. 기각되었으며, 2015. 12. 11. 위 결정이 확정되었다. ② 채무자는 2016. 3. 15. 파산신청을 하여 2016. 4. 25. 파산선고를 받았다. ③ 원고는 1차 회생절차 진행 중 법원의 허가를 받아 채무자에게 금원을 대여하였으므로 위 대여금채권은 공익채권이고, 채무자에 대한 파산신청은 견련파산신청이므로 결국 위 대여금채권은 재단채권에 해당한다고 주장하며, 파산관재인을 상대로 재단채권 이행의 소를 제기하였다. ④ 제1심법원은 견련파산신청은 '기각결정 등 이후'와 '그 결정의 확정 이전'에 이루어진 것만을 의미하므로 채무자의 파산신청은 견련파산신청이 아니다. 따라서 원고의 위 대여금채권은 재단채권이 아니고 파산채권에 해당하므로 원고의 소는 부적법하다(각하). ⑤ 이후 항소기각, 대법원에서 심리불속행기각으로 확정되었다.

1. 지급정지 · 파산신청의 의제 (부인 또는 상계금지의 기준시)

가. 파산선고 전의 채무자

회생절차가 중도에 좌절됨에 따라 파산선고 전 채무자에 대하여 회생절차를 종료시키고 신청에 의하거나 직권으로 파산선고를 하는 경우, 파산절차상 부인권의 대상이 되는 행위(제391조 등)나 상계금지의 범위(제422조)를 정하는 기준이 되는 지급정지나 파산신청이 선행하지 않는 경우가 있을 수 있다. 이러한 경우 채무자회생법은 제3편(파산절차)의 규정을 적용함에 있어서 회생절차개시의 신청 또는 제650조의 사기파산죄에 해당하는 법인 채무자의 이사(업무집행사원 그 밖에 이에 준하는 자를 포함한다)의 행위[60]를 지급정지 또는 파산신청으로 본다(제6조 제4항).[61] 회생절차에서 파산절차로 이행하는 경우에는 원래 파산신청이 존재하지 않고 파산신청이 존재하더라도 그것을 기준으로 부인권이나 상계금지의 성부를 결정하는 것은 이해관계인 사이의 공평에 반하고, 오히려 선행하는 회생절차에 관한 회생절차개시신청을 기준으로 하는 것이 공평을 실현하고 나아가 파산재단의 충실을 기할 수 있다는 점을 고려한 것이다.[62] 위와 같은 간주규정은 회생절차개시신청 이전에 지급정지나 파산신청이 없는 경우에 한하여 적용된다.[63]

한편 파산절차에서 부인권과 상계권의 행사에 일정한 기간제한이 있는 경우가 있다(제404조, 제422조 제2호 다목, 제4호 단서). 이때 회생절차기간도 그대로 산입하여 기간 산정을 하여야 하는지가 문제된다. 살피건대 회생절차로 인하여 법률상 파산선고를 할 수 없는 기간을 위 기간에 산입하는 것은 형평의 원칙에 반하므로 중간에 있는 회생절차기간은 산입하여서는 아니된다.[64]

나. 파산선고 후의 채무자

파산선고 후의 채무자에 대하여 회생계획인가결정으로 파산절차가 효력을 잃은 다음에 그후 사정으로 회생절차가 폐지되는 경우에 필요적으로 파산선고를 하게 된다(제6조 제8항). 이경우 뒤의 파산선고는 실질적으로 선행 파산절차의 연속이므로, 제3편(파산절차)의 규정을 적용함에 있어서 효력이 상실된 파산절차에서의 파산신청이 있은 때에 파산신청이 있는 것으로 본다(제6조 제9항).

부인권의 행사나 상계금지와 관련하여 파산선고일이 문제되는 경우가 있다(제404조, 제406조, 제422조). 이러한 경우 앞선 파산선고일이 기준이 된다. 기간제한과 관련하여서는 앞에서

---

60) 사기파산죄에 해당하는 행위 자체가 채무자에 대한 위험신호이기 때문에 그러한 행위를 지급정지 또는 파산신청으로 본 것이다.

61) 예컨대 회생절차개시신청 후 회생절차개시결정 전에 채무자가 한 사해행위에 대하여, 파산관재인은 제391조 제2호에 의한 부인권을 행사할 수 있다.

62) 條解 民事再生法, 1142쪽.

63) 물론 선행하는 파산신청이 있는 경우에는 그것이 기준시가 된다.

64) 대법원 2004. 3. 26. 선고 2003다65049 판결 참조.

본 것처럼 중간에 있는 회생절차기간은 산입하지 않아야 한다.[65]

2. 공익채권의 보장 (재단채권으로 인정)[66]

가. 파산선고의 경우

파산선고를 받지 아니한 채무자에 대하여 회생절차폐지결정의 확정 등으로 법원이 파산선고를 하는 경우(제6조 제1항, 제2항의 규정에 의하여 파산선고를 하는 경우) 회생절차에서의 공익채권과 파산절차에서의 재단채권의 범위가 일치하는 것은 아니나 양절차가 연속하여 이루어지고 있는 이상 양 채권을 동일한 정도로 보호할 필요성이 있으므로{회생절차 진행에 채무자(관리인)와 거래로부터 발생한 채권의 우선권은 회생절차가 좌절된 후에도 유지하여 채무자(관리인)와의 거래안전을 확보할 필요성도 있다} 회생절차에서의 공익채권은 파산절차에서의 재단채권으로 인정한다(제6조 제4항).[67][68] 파산선고를 받은 채무자에 대한 회생계획인가결정으로 파산절차가 효력을 잃은 후 회생절차폐지결정이 확정되어 법원이 직권으로 파산을 선고하여야 하는

---

65) 파산절차에서 부인권의 행사기간은 파산선고일로부터 2년이다(제405조). 그런데 회생절차로부터 견련파산으로 이행된 경우 견련파산선고일을 기준으로 부인권 행사기간을 기산한다면 수익자 등은 오랜 기간 동안 불안정한 지위에 두는 결과가 되고, 이해관계인 사이의 형평에 반한다. 따라서 회생절차개시 후 회생절차가 종료되고 파산선고가 된 경우에는 회생절차개시결정일을 파산선고일로 보아야 할 것이다. 따라서 회생절차가 2년 이상 계속된 경우에는 그 후 견련파산절차에서 부인권을 새롭게 행사할 여지는 없고, 부인권을 행사할 수 있는 것은 회생절차에서 부인권 행사와 관련한 소송이나 부인의 청구를 인용한 결정에 대한 이의소송의 중단, 수계 등의 경우에 한한다(제6조 제6항, 제10항, 본서 1171쪽). 한편 회생절차에서의 부인청구절차는 회생절차종료에 의하여 종료되기 때문에 견련파산절차에서 이것을 승계하여 부인권행사를 할 수는 없다(본서 1172쪽 각주 153)).

66) **재단채권의 공익채권으로의 보장** 선행하는 파산절차는 회생절차개시결정으로 중지되고(제58조 제2항 제1호), 회생계획인가결정으로 실효된다(제256조 제1항). 이 경우 파산절차에서의 재단채권의 회생절차에서의 취급이 문제된다. 파산채권자를 위한 공익적 지출의 성질을 가지고 수시변제가 인정되는 재단채권이 회생절차에서 보호되지 않는다는 것은 불공평하다. 따라서 회생절차개시결정이 있는 경우 재단채권은 공익채권으로 인정되어야 한다(제256조 제2항). 다만 조세 등 청구권은 정책적 이유에서 재단채권으로 인정하고 있지만(제473조 제2호) 회생절차에서는 회생채권으로 취급하고 있으므로 회생절차개시결정이 있다고 하더라도 공익채권으로 볼 수는 없다. 한편 채무자 및 그 부양을 받는 자의 부양료(제473조 제9호)도 공익채권으로 보는 것에서 제외하고 있으나, 현재 회생절차에서 공익채권으로 인정하고 있다는 점에서(제179조 제1항 제14호) 의문이다[채무자 및 그 부양을 받는 자의 부조료는 2014. 5. 20. 법률 제12595호 개정되기 전까지는 재단채권이었지만 공익채권은 아니었다. 2014. 5. 20. 법률 제12595호로 개정될 때 비로소 공익채권으로 인정되었다. 개정하면서 간과한 것이 아닌가 생각된다].

67) 【사례】 甲 주식회사에 대하여 회생절차가 개시되었다가 회생계획인가 전에 회생절차가 폐지되고 제6조 제2항에 따라 파산이 선고되었는데, 甲 회사와 법률용역계약을 체결한 乙 법무법인이 회생절차개시결정일부터 파산선고 전날까지 제공한 법률자문에 대하여 용역비를 지급받지 못한 사안에서, 乙 법인의 법률자문용역비 채권은 제179조 제1항 제5호의 공익채권에 해당하고 甲 회사에 대한 파산선고로 인하여 제6조 제4항에 따라 재단채권이 된다{서울고등법원 2021. 3. 24. 선고 2020나2020584(본소), 2020나2020591(반소) 판결(확정)}.

68) 따라서 회생절차가 좌절되거나 종료된 후 채권자나 채무자의 신청에 의하여 법원이 파산선고를 한 경우에는 절차의 연속성이 없으므로 공익채권은 파산채권이 될 뿐이다. 예컨대 관리인의 쌍방미이행 쌍무계약의 이행 선택은 공익채권(제179조 제7호)이지만, 회생절차인가 전 폐지확정 후 채무자가 파산신청을 하여 파산선고(견련파산이 아니다)가 되면 이러한 채권은 파산채권이 된다. 반면 같은 상황에서 견련파산이 선고되었다면 재단채권으로 취급된다.
한편 회생절차가 진행되다가 파산절차로 이행된 경우 공익채권을 재단채권으로 보호하는 규정들의 내용과 취지에 비추어 보면, 채무자에 대하여 회생계획인가가 있은 후 회생절차폐지의 결정이 확정되어 제6조 제1항에 의한 직권 파산선고에 따라 파산절차로 이행된 경우, 특별한 사정이 없는 한, 공익채권자가 채무자에 대한 회생절차의 진행 중에 자신의 채권을 자동채권으로 하여 채무자의 재산인 채권을 수동채권으로 삼아 상계한 것에 파산채권자의 상계금지사유를 규정한 제422조 제2호가 적용될 수 없다(대법원 2016. 5. 24. 선고 2015다78093 판결).

경우에도 마찬가지이다(제6조 제9항).[69]

회생절차 진행 중의 신규자금차입(이른바 DIP financing)으로 인한 채권(제179조 제1항 제5호, 제12호)이 재단채권으로 되는 것은 당연하다. 신규차입자금채권은 회생절차에서와 마찬가지로(제180조 제7항) 파산절차에서도 다른 재단채권에 우선하여 변제받을 수 있다. 신규차입자금채권과 임금채권 등(제473조 제10호)은 다른 재단채권에 우선한다(제477조 제3항). 임금채권 등과는 같은 순위이지만 조세채권보다는 우선하여 변제받는다. 회생절차에서의 신규자금차입을 원활하게 하기 위하여 회생절차를 진행하다 파산절차로 이행한 경우에도 신규자금차입으로 인한 채권의 변제를 어느 정도 보장해주기 위한 것이다.[70] 관련 내용은 〈제3편 제6장 제2절 Ⅲ.2.가.〉(본서 1522쪽)를 참조할 것.

한편 임금·퇴직금 채권자는 회생절차에서 공익채권으로, 파산절차에서 재단채권으로 취급되므로 견련파산이 선고되더라도 그 지위가 달라지지 않는다. 그러나 임금채권자 중 근로기준법 제38조 제2항 각호에 따른 채권과 근로자퇴직급여 보장법 제12조 제2항에 다른 최종 3년간의 퇴직급여 등 채권의 채권자는 파산절차에서 별제권 행사 또는 체납처분(강제징수)에 따른 환가대금에서 다른 담보물권자보다 우선하여 변제받게 되어(제415조의2) 그 지위가 격상된다.

통상적인 공익채권(예컨대 회생절차개시 후 파산선고 전까지 발생한 법률자문계약에 따른 용역비채권 등)은 제477조 제2항의 '다른 재단채권'에 포함되고, 다른 재단채권에 우선하는 재단채권에 해당하지 않는다(본서 1523쪽 각주 201) 참조).

나. 파산절차 속행의 경우

파산선고를 받은 채무자에 대하여 회생절차개시신청 또는 간이회생절차개시신청(제293조의5 제2항 제2호 가목의 회생절차개시결정이 있는 경우는 제외한다)의 기각결정, 회생계획인가 전 회생절차 폐지결정 또는 간이회생절차 폐지결정(제293조의5 제3항에 따른 간이회생절차 폐지결정 시 같

---

69) **회생절차에서 파산절차로 이행한 경우 각종 채권의 처리** ① 공익채권. 변제되지 아니한 공익채권은 재단채권으로 된다(제6조 제4항). 공익채권인 조세채권은 재단채권으로 된다. ② 회생채권. 파산절차에서는 파산절차가 정하는 채권의 우선순위가 있기 때문에 회생채권이 견련파산절차에서 모두 파산채권으로 취급되는 것은 아니다. 파산절차에서 재단채권으로 취급하는 채권(조세 등 청구권, 제473조 참조)은 재단채권으로 되고{일반의 우선권 있는 조세채권은 파산선고 전의 원인으로 발생한 것으로서 재단채권이 된다(제473조 제2호)}, 그 이외의 회생채권은 파산채권으로 된다. 벌금 등 청구권은 회생채권이지만, 견련파산절차에서는 후순위 파산채권이 된다(제446조 제1항 제4호). ③ 회생담보권. 회생계획인가 전에 파산절차로 이행된 경우에는 별제권으로 된다. 회생계획인가 후 파산절차로 이행된 경우에는 회생계획의 효력은 유지되므로(제288조 제4항) 권리변경 후의 회생담보권에 따른다. 회생계획에서 담보권을 존속시킨 경우에는 별제권으로 되고, 담보권으로 존속시키지 않은 경우에는 단순한 파산채권이 된다. 회생절차에서 회생담보권자는 권리행사가 제한되지만, 견련파산절차에서는 별제권자로서 파산절차와 관계없이 담보물을 환가할 수 있다. 이 점에서 공익채권자가 재단채권자로 되면 파산절차에서 불리하게 될 수 있다. ④ 개시후기타채권. 파산채권으로 된다. 다만 개시후기타채권인 조세채권은 파산선고 전의 원인으로 발생한 것으로서 재단채권이 된다(제473조 제2호).

    파산채권의 범위는 회생계획에 의해 권리변경이 된 경우에는 권리변경 후의 채권이 되고, 회생계획에 따라 일부 변제가 된 경우에는 권리변경 후 채권에서 변제액을 공제한 잔액이 파산채권액이 된다.

70) 일본의 경우 채무자회생법 제473조 제1호, 제3호에 해당하는 재단채권만이 다른 재단채권에 우선하고, 나머지 재단채권은 순위가 동일하다(일본파산법 제152조). 따라서 신규자금차입으로 인한 채권은 조세채권 등과 동일한 순위로 되어 상대적으로 변제받을 가능성이 높다.

은 조 제4항에 따라 회생절차가 속행된 경우는 제외한다), 회생계획불인가결정이 확정되어 기존의 파산절차가 속행되는 경우 공익채권이 파산선고 후에 발생된 채권이라는 점(이러한 이유로 파산 채권으로 보기는 어렵다)에서 재단채권으로 취급해야 할 필요성이 더욱 강하게 인정되므로 이 경우도 역시 공익채권은 재단채권으로 취급한다(제7조 제1항).

한편 파산신청 후 회생절차개시결정이 있으면 파산절차는 중지되는데(제58조 제2항 제1호), 중지된 파산절차는 그 후 회생절차의 인가 전 폐지가 있으면 그 중지는 해소되며 파산절차는 당연히 속행된다. 이 경우에도 공익채권은 재단채권으로 취급하여야 할 것이다.

3. 파산채권으로 신고의제 – 파산채권의 조사

가. 회생절차개시신청의 기각결정에 따른 견련파산의 경우

회생절차개시신청의 기각결정이 확정된 후 견련파산이 선고된 경우에는 회생절차에서 채권 조사가 이루어지지 아니하였으므로 통상의 파산절차에서와 마찬가지로 채권조사를 하면 된다.

나. 회생계획인가 전 회생절차폐지결정, 회생계획불인가결정에 따른 견련파산의 경우

회생계획인가 전 회생절차폐지결정, 회생계획불인가결정에 따른 견련파산의 경우에는 회생 절차에서의 회생채권의 신고,[71] 이의와 조사 또는 확정은 파산절차에서 행하여진 신고, 이의와 조사 또는 확정으로 본다(제6조 제5항 본문).[72] 따라서 회생절차에서 신고한 채권자는 파산선고 일까지의 채권원리금 중 신고 누락한 부분만 추가로 신고하면 된다.[73] 파산선고를 받은 채무자 에 대하여 중지되었던 파산절차가 속행된 경우에도 마찬가지이다(제7조 제2항). 회생절차에서 파산절차로의 이행을 보다 원활하게 하기 위함이다. 파산절차에서 회생절차에서의 채권신고 등을 그대로 이용함으로써 파산채권자 및 파산관재인의 부담이 경감될 수 있다.[74] 다만 이자

---

71) 회생채권의 신고에 회생채권의 신고 의제(제151조)도 포함되는가. 즉 목록에 기재되어 있지만 채권신고를 하지 아 니한 경우에도 파산절차에서 채권신고를 한 것으로 볼 수 있는가. 파산절차에서는 신고의제가 인정되지 않고(신고 의제에 관한 규정이 없다) 회생절차에서의 채권신고를 파산절차에서의 채권신고로 보는 것이므로 회생채권의 신고 에는 신고가 의제되는 경우는 포함되지 않는다고 할 것이다. 따라서 목록에 기재되어 있지만 채권신고를 하지 않은 채 견련파산이 된 경우 원칙적으로 파산절차에서 배당의 대상이 될 수 없다고 할 것이다(서울회생법원 2015하합77 사건에서 위와 같이 처리하였다).
72) 회생채권의 조사결과를 파산채권의 조사결과로 간주함에 있어 담보권자에 대한 채권조사결과를 파산절차에서 어떻 게 취급할 것인가가 문제된다. 회생절차에서는 담보권자의 채권신고가 있는 경우 관리인이 담보목적물의 가액을 평 가하여(제90조) 평가금액에 해당하는 채권액만을 회생담보권으로 인정하고 그 평가액을 넘는 채권액은 회생채권으 로 인정한다. 반면 파산절차에서는 담보권자가 피담보채권의 액 및 예정부족액을 신고해야 하고(제447조 제1항, 제 2항) 파산관재인이 담보목적물의 가액을 평가하여 그와 같이 신고된 예정부족액의 당부를 조사한다. 제6조 제5항의 취지에 비추어 보면, 회생절차의 채권조사결과를 파산절차의 채권조사결과로 봄에 있어서 별제권자의 채권에 대하 여는 회생채권으로 인정된 채권액을 예정부족액으로 시인한 것으로 간주하면 될 것이다.
73) 회생절차에서 신고하지 아니한 회생채권이 있다면, 채권자는 최후배당의 제외기간 내까지 파산채권으로 신고할 수 있다. 왜냐하면 인가 전에 회생절차가 폐지된 경우에는 미신고로 인한 면책의 효력이 발생하지 않았기 때문이다.
74) 파산채권으로 신고가 의제된 경우에도 채권자는 새로이 파산채권을 신고할 수 있는가. 선행절차와 후행절차에서 채 권의 평가기준시가 다르다는 점, 채권에 있어 회생절차와 파산절차에서 취급이 서로 다르다는 점, 회생절차가 종료 되고 파산절차로 이행된 경우 절차의 안정은 필요하지 않고 다시 채권신고를 하는 것이 원칙적인 것으로 볼 수 있

없는 기한부채권(제134조), 정기금채권(제136조), 불확정기한채권 등(제136조), 비금전채권 등(제137조), 조건부채권과 장래의 청구권(제138조)의 경우에는 파산채권으로 다시 신고할 필요는 없지만, 조사·이의 및 확정절차를 새로이 하여야 한다(제6조 제5항 단서). 그 이유는 위 채권들은 회생절차와 파산절차에서 서로 다르게 취급하고 있기 때문이다(위 채권들에 대하여는 회생절차개시 당시를 기준으로 의결권이 산정되었다고 하더라도 회생채권이 금전으로 액수가 정하여 조사되고 확정된 것이 아니므로 파산절차에서 별도의 조사확정절차를 거칠 필요가 있다).

한편 현존액주의(제126조, 제428조)와 관련하여 회생계획인가 전 회생절차폐지결정, 회생계획불인가결정에 따른 견련파산의 경우 파산선고시에 현존하는 채권이 아니라 회생절차개시 당시에 현존하는 채권을 행사할 수 있는지 문제된다. 제6조 제5항의 규정에 근거하여 위와 같은 견련파산의 경우 회생절차에서 확정된 채권은 그 후 전부의무자로부터 일부 변제가 있었더라도 파산절차에서 그 전액에 관하여 파산채권으로 행사할 수 있는 것으로 해석되고 있다.[75]

다. 회생계획인가 후 폐지결정에 따른 견련파산의 경우

회생계획인가결정 후 파산선고를 한 경우(필요적 파산선고)에는 회생계획인가결정으로 이미 회생계획에 따른 권리변동이 발생하였으므로(제252조 제1항) 새로이 파산채권의 신고·조사 등 절차를 밟아야 한다. 파산선고 후의 채무자에 대하여 회생계획인가결정으로 파산절차가 효력을 잃은 후 회생절차가가 폐지되고 직권으로 파산선고를 하는 경우에도 마찬가지이다(제6조 제8항, 제10항 참조). 따라서 파산관재인은 회생절차에서 인가된 회생계획의 내용을 확인하여 권리변경된 채권액을 기준으로 시부인을 하여야 한다.

회생계획인가 후 폐지결정에 따라 파산절차로 이행된 경우 회생채권, 회생담보권은 어떻게 취급되는가. 이는 제255조 제1항, 제2항과의 관계에서 문제된다. 특히 회생담보권에 대하여 담

는 점 등을 고려하면, 회생채권으로 신고를 한 채권에 대하여, 해당 신고가 파산채권으로서 신고로 간주되게 할 것인지, 아니면 다시 파산채권으로 신고를 할 것인지는 채권자가 유리한 쪽을 선택할 수 있도록 하는 것이 타당하다. 따라서 회생채권으로 신고한 자가 채권신고기간 내에 새로이 파산채권을 신고한 것이 인정된다고 할 것이다. 일본 민사재생법 제253조 제6항은 이를 명시적으로 규정하고 있다.

75) 김정만, '도산절차상 현존액주의', 사법논집 제52집(2011), 154쪽. 예컨대 주채무자 A가 채권자 甲에 대하여 1억 원의 채무를 부담하고 있었고, 연대보증인 B가 A의 甲에 대한 위 채무를 연대보증하였다. 그 후 A가 회생절차를 신청하였고 그 회생절차가 개시된 후 B가 甲에 대하여 3,000만 원을 변제한 경우, A에 대한 회생절차가 회생계획인가 전에 폐지되어 견련파산절차가 진행된다면 甲은 A에 대하여 1억 원 전액을 파산채권으로 행사할 수 있는 것이다.

반대로 파산절차를 진행하다 회생절차가 개시된 경우 현존액주의 적용과 관련하여서는 〈제8장 제1절 Ⅶ. 각주 163〉(본서 590쪽)를 참조할 것. 파산절차에서 회생절차로 전환하는 경우 제6조 제5항과 같은 규정이 없다는 것이 입법의 불비인가. 회생절차에서 파산절차로 전환하는 경우, 이는 파산되어야 할 채무자에 대하여 잘못된 회생절차를 진행한 것이라고도 볼 수 있는데, 잘못된 회생절차로 인하여 당초 파산절차로 진행된 경우보다 채권자에게 불이익을 주는 것은 부당하고, 더욱이 회생절차에서 변제받은 액수를 공제한 액수만 채권자가 파산절차에서 행사할 수 있다고 한다면, 출자전환과 같이 회생을 전제로 하여 변제를 받은 채권자는 불측의 손해를 입게 되므로 이러한 문제점을 해결하기 위하여 제6조 제5항과 같은 규정이 필요하다고 할 수 있는 반면, 회생절차에서 채무자의 회생가능성을 판단함에 있어서는 채무자의 채무액이 중요한 판단기준이 되므로 채무자의 채무액에 대한 정확한 평가가 이루어져야 하는바, 회생절차 이전에 채무의 변제가 있었다면 그것이 파산절차에서 이루어졌다고 하더라도 그 변제액만큼은 공제된 채무액을 기준으로 할 필요가 있으므로 파산절차에서 회생절차로 전환하는 경우 제6조 제5항과 같은 규정이 없다는 것이 단순히 입법의 불비라고 하기 어렵다.

보목적물의 평가액을 상회하여 회생채권으로 되었던 피담보채권이 파산절차에서 별제권으로 취급되는지가 문제된다. 이에 대하여 ① 파산절차에서는 회생계획에 따라 변경된 후의 회생채권이나 회생담보권에 기하여 권리를 행사하여야 한다는 견해와 ② 파산절차에서는 권리변경 전의 채권액 등에 기하여 권리를 행사하여야 한다는 견해가 있을 수 있다. ②의 견해는 회생채권자표, 회생담보권자표의 기재에 '확정판결과 동일한 효력'을 인정한 것은 회생계획인가결정 후 각 회생채권자 등이 어떠한 권리를 가지고 있는지가 회생채권자표 등의 기재에 의하여 판단되는 것으로 하여 이에 관한 다툼을 방지하고, 장래 회생계획 수행의 확실한 기초로서 신속하게 실행하기 위한 것을 목적으로 하는 것이기 때문에, 회생절차의 범위 내에서 확정판결과 동일한 효력을 인정하는 것으로 족하고, 회생절차 외에서는 그 효력을 인정할 필요가 없다는 것을 이유로 한다. 그러나 회생계획인가결정이 있는 경우에는, 신고를 한 회생채권자 등의 권리는 회생계획이 정하는 바에 따라 변경되고(제252조 제1항), 회생계획인가 후 회생절차폐지는 회생계획의 수행 및 법률의 규정에 따라 발생한 효력에 영향을 미치지 않는다(제288조 제4항). 따라서 채권자는 회생계획으로 변경된 후의 권리를 파산절차에서 신고하여야 하고, 회생담보권자는 회생계획에서 존속하는 담보권으로 정해진 담보목적물에 대하여 회생계획에서 변경된 후의 회생채권을 피담보채권으로 하여 별제권을 행사하여야 할 것이다.[76]

한편 현존액주의와 관련하여 〈나.〉와 마찬가지로 회생절차에서 확정된 채권은 그 후 전부의무자로부터 일부 변제가 있더라도 파산절차에서 그 전액에 관하여 파산채권으로 행사할 수 있는가가 문제된다. 이에 대하여 ① 제6조 제5항과 같은 근거규정이 없는 이상 파산선고시를 기준으로 채권액을 확정하여야 한다는 견해[77]와 ② 회생절차에서 파산절차로 전환하는 경우, 이는 결국 파산되어야 할 채무자에 대하여 회생절차를 진행한 것이라고도 볼 수 있는데, 이러한 회생절차가 선행되었다고 하여 당초부터 파산절차로 진행된 경우보다 채권자에게 불이익을 주는 것은 부당하다는 점, 만일 인가 후 폐지에 따른 견련파산의 경우에는 파산선고시에 현존하는 채권만을 행사하여야 한다면, 여럿에 대하여 각각 전부의 이행을 구할 수 있는 채권자가 상당한 의결권을 가지고 있어 회생계획안에 대하여 동의를 하지 않음으로써 회생계획안이 부결되어 회생절차가 폐지되도록 할 수도 있었으나, 채무자의 회생을 기대하고 회생계획안에 동의를 하여 인가가 되었던 경우에 채권자에게 심히 불리한 결과가 될 수 있다(즉 채권자로서는 회생계획안에 대하여 동의를 하지 않아 인가 전 폐지되어 견련파산에 이르렀다면 회생절차개시 당시에 현존하는 채권을 행사할 수 있었으나, 채무자의 회생을 기대하고 회생계획안에 대하여 동의를 하는 바람에 나중에 인가 후 폐지에 따른 파산절차에서는 파산선고시에 현존하는 채권만을 행사하여야 하는 상황이 되는 것이다)는 점을 근거로 인가 후 폐지의 경우에도 회생절차에서 확정된 채권은 파산절차에서 그 전액에 관하여 파산채권으로 행사할 수 있다는 견해[78]가 대립하고 있다.

---

76) 會社更生の實務(下), 353~354쪽.
77) 법인파산실무, 287쪽 각주 87).
78) 박민준, "견련파산에서의 채권조사", http://gw.scourt.go.kr/portal.nsf/portal?readform(코트넷－지식광장－지식마당－통합도산), 15쪽.

요컨대 회생절차와 파산절차는 당사자들의 재산권처분의 자유를 예외적으로 법이 제한하는 경우에 해당하므로 그 절차에 참여하는 당사자들의 이해관계가 첨예한 분야이므로 엄격한 법 해석이 필요하고, ②의 견해가 들고 있는 근거들은 결과의 부당함을 전제로 한 순환논리에 불과하며, 새롭게 파산채권조사절차를 밟아야 한다는 점에서 파산선고시를 기준으로 채권액을 확정하여야 한다는 전자의 견해가 타당하다.

4. 소송절차의 중단과 수계

회생절차폐지 등에 따른 파산선고가 있는 때에는 관리인 또는 보전관리인이 수행하는 소송절차는 중단되고, 이 경우 파산관재인 또는 그 상대방이 이를 수계할 수 있다(제6조 제6항, 제10항).[79] 위 소송절차에는 부인의 소도 포함된다.[80] 파산선고를 받은 채무자에 대하여 중지되었던 파산절차가 속행된 경우에도 마찬가지이다(제7조 제2항).

관련 내용은 〈제6편 제1장 제3절 Ⅱ.〉(본서 2153쪽)를 참조할 것.

5. 법원 등 행위의 효력 – 유효한 행위의 범위결정

회생절차폐지 등에 따른 파산선고가 있는 때(제6조 제1항, 제2항)에는 회생절차에서 행하여진 ① 법원, ② 관리인·보전관리인·조사위원·간이조사위원·관리위원회·관리위원·채권자협의회, ③ 채권자·담보권자·주주·지분권자(주식회사가 아닌 회사의 사원 및 그 밖에 이와 유사한 지위에 있는 자를 말한다), ④ 그 밖의 이해관계인의 처분·행위 등은 그 성질에 반하지 아니하는 한 파산절차에서도 유효한 것으로 본다(제6조 제7항 전문). 예컨대 관리인이 제119조 제1항에 따라 계약을 해제한 경우 해제의 효력,[81] 회생절차에서 이루어진 회생채권자의 상계통지는 모두 파산절차에서도 유효하다(제6조 제7항 제3호).[82]

이 경우 법원은 필요하다고 인정하는 때에는 유효한 것으로 보는 처분·행위 등의 범위를 파산선고와 동시에 결정으로 정할 수 있다(제6조 제7항 후문). 실무적으로는 유효한 처분 등의 범위를 정하지 않는다.

제6조 제8항에 의하여 파산선고를 한 경우나 파산선고를 받은 채무자에 대하여 중지되었던 파산절차가 속행된 경우에도 마찬가지이다(제6조 제10항, 제7조 제2항).

---

79) 그런데 관리인 또는 보전관리인이 수행하던 소송은 파산재단에 속하는 재산과 관련된 것이 통상적인데, 파산절차에서 이미 "파산재단에 속하는 재산에 관하여 파산선고 시에 계속하는 소송은 파산관재인 또는 상대방이 이를 수계할 수 있다"고 규정하고 있어(제347조 제1항) 큰 의미는 없다.
80) 대법원 2015. 5. 29. 선고 2012다87751 판결.
81) 대법원 2017. 4. 26. 선고 2015다6517,6524,6531 판결.
82) 서울고등법원 2019. 2. 13. 선고 2018나204464 판결.

6. 확정된 회생채권의 취급

채권조사절차에서 확정된 회생채권은 회생채권자 전원에 대하여 확정판결과 동일한 효력이 있다(제168조, 제176조). 회생계획인가결정이 확정되면 회생계획에서 인정된 회생채권은 채무자, 회생채권자 등에 대하여 확정판결과 동일한 효력이 있다(제255조 제1항). 회생절차폐지결정이 확정된 때에는 확정된 회생채권은 채무자에 대하여 확정판결과 동일한 효력이 있다(제292조 제1항).

이처럼 회생절차에서 확정된 회생채권은 적어도 제466조 제1항에서 말하는 파산채권 중 '종국판결이 있는 것'에 준하는 취급을 받아야 하고, 파산관재인이 채권조사 과정에서 이의를 진술한 경우 채권확정절차는 채무자가 할 수 있는 소송절차(재심, 판결경정신청, 소극적 확인의 소, 청구이의의 소 등)에 의하여만 할 수 있다고 할 것이다.[83]

7. 개인채무자의 경우 면책신청이 별도로 필요한지

개인채무자에 대한 회생절차폐지 후 파산절차로 이행한 경우 별도로 면책신청이 필요한가. 개인채무자가 회생절차개시신청을 한 경우에는 회생절차개시신청을 파산신청으로 보기 때문에 (제6조 제4항), 개인채무자의 반대 의사표시가 없는 한 간주면책제도에 의하여(제556조 제3항) 면책신청도 함께 있는 것으로 보아야 할 것이다. 따라서 별도의 면책신청은 필요하지 않다고 할 것이다.

8. 쌍방미이행 쌍무계약에 있어 해제권 행사 여부

관리인이 회생절차에서 쌍방미이행 쌍무계약임을 이유로 이행을 선택하였다(제119조 제1항). 이후 회생절차가 폐지되고 파산선고가 된 경우 파산관재인은 다시 선택권을 행사할 수 있는가. 파산관재인이 이행을 선택할 경우 별다른 문제가 없으므로 결국 해제(해지)권을 행사할 수 있느냐의 문제로 귀착된다.

파산선고를 받지 아니한 채무자에 대하여 회생절차개시신청기각 등이 된 후 파산선고가 있는 경우 공익채권은 재단채권으로 보고(제6조 제4항), 회생절차가 폐지되기 전에 관리인이 계약의 해제를 선택하였다면 이후 회생계획폐지의 결정이 확정되어 제6조 제1항에 의한 직권 파산선고에 따라 파산절차로 이행되었다고 하더라도 해제 선택의 효력에는 아무런 영향을 미치지 아니하기 때문에[84] 파산관재인이 해제권을 행사할 수 없다는 견해가 있을 수 있다.

하지만 ① 회생절차에서는 채무자의 회생이 중요하지만 파산절차에서는 파산채권자들 사이의 공평한 배당이 중요하다. 따라서 회생절차에서는 이행을 선택하는 것이 바람직하더라도 파산절차에서는 해제를 선택하는 것이 파산채권자들에게 이익이 될 수 있다. 관리인이 회생절차

---

83) 破産管財の手引, 407쪽.
84) 대법원 2017. 4. 26. 선고 2015다6517, 6524, 6531 판결 참조.

에서 이행을 선택하였다는 이유로 나중에 파산관재인이 해제를 선택하지 못한다면, 파산절차의 원활한 진행이 어려워진다. ② 관리인의 이행이나 해제의 선택은 회생절차 내에서 채무자의 책임을 실현하기 위해 이루어진 것이므로 선택권 행사의 효과는 해당 회생절차 내에서만 미치는 것이 원칙이다.[85] ③ 해제 선택의 경우에는 이미 소급적으로 계약관계가 소멸되었으므로 파산선고시 선택권을 행사할 계약 자체가 존재하지 않지만, 이행을 선택한 경우에는 파산선고 시점에 여전히 쌍방미이행 쌍무계약일 수 있고, 그렇다면 파산절차에서 제335조의 적용을 배제할 법적 근거가 없다. ④ 회생절차와 파산절차는 별개의 절차이므로 파산선고 시점을 기준으로 해당 계약이 쌍방미이행 쌍무계약이라면 파산관재인은 해제권을 행사할 수 있다고 보아야 한다. 이러한 점에서 회생절차에서 이행을 선택한 후 회생절차가 폐지되고 파산선고가 된 경우, 파산선고 당시 쌍방미이행 쌍무계약이라면 파산관재인은 해제권을 행사할 수 있다고 할 것이다.[86]

---

85) 최준규, 215쪽.
86) 파산절차가 속행된 경우(제7조)에도 회생절차폐지로 파산절차가 속행되는 시점을 기준으로 쌍방미이행 쌍무계약이라면 파산관재인이 해제권을 행사할 수 있다고 할 것이다.

제17장

소액영업소득자에 대한 간이회생절차

제1절 간이회생절차의 도입

Ⅰ 도입배경

중소기업은 평균매출액 또는 연간매출액이 최대 1,500억 원 미만이고, 자산총액이 5,000억 원 미만인 기업으로서 법인 또는 개인을 불문한다(중소기업기본법 제2조 제1항 제1호, 같은 법 시행령 제3조 제1항 제1호). 우리나라에서 중소기업은 그 사업체 수에 있어서 전체 기업의 99%, 종사자 수에 있어서 81.3% 이상을 차지할 정도로 우리 경제에서 비중이 높다.[1]

한편 중소기업은 대기업과 비교하여 소유와 경영의 분리가 불분명하고, 사업에서 경영자가 차지하는 비중이 절대적이어서 기업의 존속이 경영자 개인의 역량에 의존하는 경우가 많으며, 채권자들의 관심이 낮고 지분 및 부채구조가 단순하다는 특징이 있다.[2]

2014. 12. 30. 개정되기 전 채무자회생법은 회생형 회생절차로 개인에 대하여는 회생절차(제2편)와 개인회생절차(제4편)를 두고 있었으나, 법인에 대하여는 회생절차(제2편)만을 두고 있었다. 그런데 회생절차(제2편)는 대기업에 적합한 모델로 절차가 복잡하고 과다한 비용이 소요되는 측면이 있었다. 이에 따라 채무자회생법이 시행된 후 시간이 지나면서 중소기업을 위한 별도의 회생절차가 필요하다는 주장이 제기되었다. 이에 2013년 법무부 산하에 도산법개정위원회가 구성되어 중소기업 회생절차 개선방안이 논의된 끝에 2014. 12. 30. 채무자회생법 제2편(회생절차)에 제9장을 신설하여 '소액영업소득자에 대한 간이회생절차'라는 새로운 회생제도를 도입하는 법 개정이 이루어졌다.[3]

---

1) 2020년 기준 우리나라 중소기업수는 728만 개, 종사자수는 1,754만 명으로 전체 사업체의 99.9%, 전체 고용의 81.3%를 차지한다. https://www.mss.go.kr/site/smba/foffice/ex/statDB/MainSubStat.do(2023. 7. 28. 최종 방문)
2) 실무적으로 회생절차를 신청한 중소기업의 경우 운영자금이 부족하여 회생절차에 소요되는 비용조차 감당하기 어려운 경우를 자주 볼 수 있다.
3) 간이회생절차가 도입되기 전에도 중소기업에 대한 회생절차와 관련하여 몇 가지 특례가 인정되고 있었다. ① 채무자가 중소기업자인 경우에는 채권자협의회를 구성하지 아니할 수 있고(제20조 제1항 단서), ② 회생계획안 제출을 위한 기간 연장의 경우 중소기업은 1개월을 넘지 못하며(제50조 제3항 단서), ③ 중소기업의 경우는 관리인을 선임하지 아니할 수 있고(제74조 제3항), ④ 채무자의 거래상대방인 중소기업자가 그가 가지는 소액채권을 변제받지 아

[간이회생절차 흐름도]

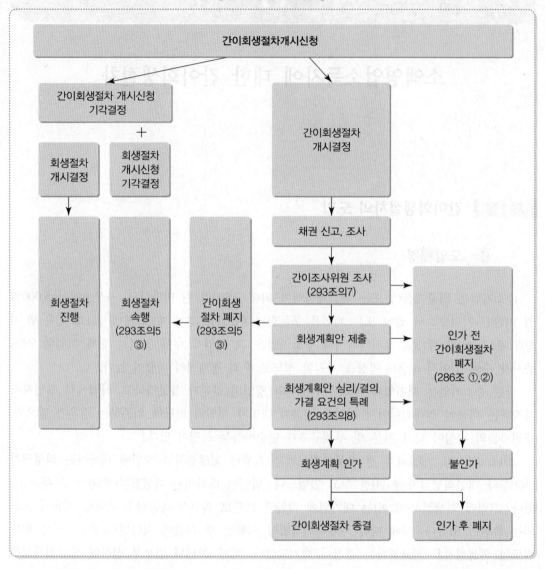

니하면 사업의 계속에 지장을 초래할 우려가 있는 경우 법원은 회생계획인가결정 전이라도 채무자 등의 신청에 의하여 그 전부 또는 일부의 변제를 허가할 수 있다(제132조 제1항). 중소기업 회생절차의 신속한 진행을 위함이다.

한편 2017년 하반기부터는 중소기업 맞춤형 회생절차(S-Track, Small and medium-sized enterprise tailored rehabilitation Track)를 시행하고 있다. S-Track이란 각 부처에 흩어져 있던 중소·벤처기업 지원제도를 회생법원이 중심이 돼 기업들에 연결해주는 것을 말한다. 회생법원은 경영난에 빠진 중소기업들을 상대로 언제 회생신청을 하는 게 적절한지, 회생신청 이후 계획안은 어떻게 마련하는 게 유리한지, 회생절차가 종료된 뒤 자금은 어떻게 조달하는지 등을 알려준다. 구체적으로 ① 부처별로 흩어진 중소기업 지원제도를 통합하고, ② 회생절차개시신청 시 컨설팅, 자산매각 등을 지원하며, ③ 금융투자협회, 캠코와 연계하여 자금조달방안을 마련하고, ④ 회생절차종결 후 경영권 보호 지분보유조항을 신설한다는 것이다. 여기서 지분보유조항(ERP, Equity Retention Plan)이란 중소기업에 있어서 채권자의 채권액에 대한 출자전환 신주발생시 이를 상환우선주로 발행한 후 인가 후 3년 이내에 초과수익의 지급을 통한 상환전환우선주 소각 내지 기존 경영자의 자금으로 직접 매수할 수 있도록 하는 것이다. 이는 출자전환으로 경영권을 상실할 우려가 있었던 기존경영자(관리인)로 하여금 재건의지(회생계획 수행에 전념)를 높이고, 채권자들은 보유지분을 적절한 값에 상환받아 변제를 회복할 수 있도록 할 것이다.

간이회생절차는 종래 일원화된 회생형 도산절차에 대한 비판을 수용하면서, 중소기업과 자영업자로 하여금 저렴한 비용으로 쉽고 빠르게 재기할 수 있도록 하는 데에 기본적인 입법취지가 있다. 간이회생절차는 우리 경제에서 차지하는 비중이 작지 않은 중소기업의 신속하고 효율적인 회생을 도모하는 데 있어 중요한 역할을 할 것으로 보인다.[4] 간이회생절차의 마련은 "국가는 중소기업을 보호·육성하여야 한다"(헌법 제123조 제3항)는 헌법정신을 구현한 것이기도 한다.

Ⅱ 회생절차 규정의 적용

간이회생절차는 기본적으로 회생절차이므로 간이회생절차는 제2편 제9장의 규정을 적용하는 외에는 제2편 회생절차의 규정을 적용하고, 채무자회생법과 다른 법에서 회생절차를 인용하는 경우 특별한 규정이 없으면 간이회생절차를 포함하는 것으로 본다(제293조의3).

따라서 간이회생절차 대부분은 회생절차와 동일하다. 다만 간이회생절차는 소액영업소득자를 대상으로 하는 절차로서 신청자격에 일정한 제한이 있고, 절차적 측면에서 간이조사위원을 두고 회생계획안 가결 요건을 완화하였다는 점에서 차이가 있을 뿐이다.

Ⅲ 회생절차 상호간의 관계

회생절차는 채무자의 성격 및 채무액에 따라 통상의 회생절차(일반회생절차 포함)와 간이회생절차로 나뉜다. 이들 상호간의 관계에 관하여 채무자회생법은 '간이회생절차개시의 신청을 한 자는 신청을 하는 때에 그 신청이 개시의 요건에 해당하지 아니할 경우에 회생절차개시의 신청을 하는 의사가 있는지 여부를 명확히 밝히도록 하는 것'(제293조의4 제2항) 외에는 달리 아무런 규정이 없다. 위 규정은 간이회생절차는 회생절차의 특별요건에 해당하므로 간이회생절차에 해당하지 아니하면 회생절차로 진행함이 바람직하다는 의미로 보인다.

그렇다면 채무자가 간이회생절차의 요건에 해당함에도 회생절차를 신청할 수 있는가. 간이회생절차는 통상의 회생절차의 특별제도로 간이회생절차를 이용할 수 있는 요건에 해당하는 채무자를 특별히 배려한 제도이므로 채무자 스스로 그 혜택이나 배려를 원하지 아니하는 경우 통상의 회생절차를 선택할 수 있다고 할 것이다. 통상의 회생절차와 간이회생절차는 배타적 관계에 있는 것이 아니다. 특히 소액영업소득자가 신청일 전 5년 이내에 면책을 받은 사실이

---

4) 하지만 간이회생절차는 공정성과 투명성이 보장되지만 절차진행의 공개성으로 인해 낙인효과가 있고 채권신고나 조사확정재판 등으로 절차 진행의 신속성 및 유연성이 떨어진다는 비판이 있다. 한편 워크아웃(공동관리절차나 자율협약)은 채권자인 금융기관이 주도하기 때문에 중립성이나 공정성이 침해될 소지가 있다. 이를 근거로 채무자와 채권자, 법원을 제외한 제3자가 관여하는 중소기업 맞춤형 채무조정절차(예컨대 일본의 중소기업재생지원협의회가 주도하는 도산절차)를 도입하여야 한다는 입법론적 주장이 제기되고 있다[최수정, '포스트 코로나'의 선제 대응을 위한 중소기업 회생지원 방안－멀티도어 개념에 기반한 제3자 중소기업 맞춤형 채무조정절차 도입, 중소기업포커스 제20－10호(2020. 5. 11.), 중소기업연구원].

있는 경우 간이회생절차를 신청할 수 없으므로(제293조의4 제1항 단서) 회생절차를 신청할 수밖에 없다.

▌제2절▐ 간이회생절차개시의 신청

Ⅰ 관 할

1. 토지관할

간이회생사건의 토지관할은 원칙적으로 회생사건과 마찬가지로 채무자의 보통재판적 소재지, 채무자의 주된 사무소나 영업소 또는 채무자가 계속 근무하는 사무소나 영업소 소재지 등을 관할하는 회생법원의 전속관할에 속한다(제3조 제1항 제1호, 제2호). 위와 같은 장소에 해당하는 곳이 없는 경우에는 채무자의 재산이 있는 곳(채권의 경우에는 재판상의 청구를 할 수 있는 곳을 말한다)에 보충적 관할이 인정된다(제3조 제1항 제3호).

회생사건의 경우와 마찬가지로 채무자의 주된 사무소 또는 영업소 소재지를 관할하는 고등법원 소재지 회생법원에도 관할권이 있는가.[5] 간이회생사건의 경우도 전문성이 요구된다는 점에서 회생사건과 다르지 않고, 제2편에서 회생절차를 인용하고 있는 경우 간이회생절차를 포함하는 것으로 보아야 하며(제293조의3 제2항), 간이회생사건도 회생사건으로 신청할 수 있는데 이 경우 어떤 절차를 이용하느냐에 따라 토지관할에 차이가 생기는 것은 문제이므로 제3조 제2항에 간이회생사건이 명시적으로 규정되어 있지는 않지만, 간이회생사건의 경우에도 고등법원 소재지 회생법원에 관할권이 있다고 할 것이다.

2. 사물관할

개인이 아닌 채무자에 대한 회생사건은 합의부 관할에 전속한다(제3조 제4항). 이에 따라 채무자가 법인인 회생사건은 합의부, 개인인 회생사건은 단독판사 관할에 속한다. 그런데 제3조 제5항이 합의부 관할 사건으로 간이회생사건을 명시하고 있지 않아 간이회생사건의 경우 사물관할을 어떻게 보아야 할 것인지 문제이다.

앞에서 본 바와 같이 간이회생절차는 기본적으로 회생절차이고, 회생절차를 인용하는 경우 간이회생절차를 포함하는 것으로 보며, 중소기업의 회생을 돕고자 하는 간이회생절차의 도입 취지에 비추어 제3조 제5항의 회생사건은 간이회생사건을 포함하는 것으로 해석하여야 할 것이다.[6] 따라서 간이회생사건도 채무자가 개인이면 단독판사 관할 사건, 법인이면 합의부 관할

---

5) 제3조 제2항은 회생사건의 경우 채무자의 주된 사무소 또는 영업소 소재지를 관할하는 고등법원 소재지 회생법원에도 관할권이 있다고 규정하면서도 제3조 제1항과 달리 간이회생사건을 명시하지 않고 있다.

사건이 된다.

3. 관련 사건의 특례

계열회사, 법인 대표자, 주채무자와 보증인, 부부 등의 특례 규정을 적용하여, 계열회사 등의 회생사건 또는 파산사건이 계속된 법원에 그 계열회사 중 다른 회사 등에 대한 간이회생절차개시의 신청을 할 수 있다(제3조 제3항).

반대로 간이회생사건이 계속 중인 법원에 다른 계열회사에 대한 회생절차나 간이회생절차를 신청할 수 있는가. 제3조 제3항은 계속된 기본사건을 회생사건 또는 파산사건으로만 정하고 있기 때문이다. 간이회생사건은 소액영업소득자를 위한 특례 절차에 해당한다는 점에서 이를 기초로 통상의 회생사건에 관한 관할을 부여하는 것은 적절하지 않고, 동일한 항과 호 내에서 회생사건과 간이회생사건을 명확히 구별하여 규정하고 있는 점에서 부정적으로 보아야 할 것이다.

Ⅱ 신청권자: 소액영업소득자

1. 소액영업소득자의 의의

간이회생절차는 소규모 사업자에 대하여 특별히 비용절감과 절차의 간소화를 제공하는 것이므로 모든 중소기업을 대상으로 하는 것은 바람직하지 않고 그 범위를 축소할 필요가 있다. 간이회생절차는 소액영업소득자가 신청할 수 있다(제293조의4 제1항). 소액영업소득자란 간이회생절차개시의 신청 당시 회생채권 및 회생담보권 총액이 50억 원[7] 이하인 채무를 부담하는 영업소득자를 말한다(제293조의2 제2호, 시행령 제15조의3).[8] 영업소득자는 부동산임대소득·사업소득·농업소득·임업소득, 그 밖에 이와 유사한 수입을 장래에 계속적으로 또는 반복하여 얻을 가능성이 있는 채무자를 말한다(제293조의2 제1호).[9]

---

6) 실무적으로도 제293조의5 제2항, 제4항에 의하면 법원은 간이회생절차 개시신청을 기각하면서 회생절차 개시결정을 하는 경우가 있고, 간이회생절차를 폐지하면서 회생절차를 속행할 수도 있는데, 간이회생절차를 단독판사 관할로 할 경우 재배당으로 인한 절차지연과 혼란이 불가피하다.

7) 코로나19 영향으로 도산에 직면한 중소기업이 신속하게 회생할 수 있도록 하기 위하여 2020. 6. 2. 적용대상을 30억 원에서 50억 원으로 확대하였다.

8) 영세개인사업자의 재기를 돕기 위하여 체납액 납부의무 소멸제도를 시행하고 있다(조세특례제한법 제99조의5, 같은 법 시행령 제99조의5). 영세개인사업자 체납액 납부의무 소멸제도란 폐업한 사업체의 총수입금액이 일정 규모 미만인 폐업 개인사업자(영세개인사업자)가 신규 사업자등록을 하거나 취업하여 3개월 이상 근무하는 경우 체납액을 징수할 재산이 없는 등으로 징수가 곤란하다고 인정되면 종합소득세, 부가가치세(농어촌특별세, 체납처분(강제징수)비 포함) 체납액의 3천만 원 한도로 소멸시키는 제도이다. 영세개인사업자가 체납액 납무의무 소멸을 신청하면 세무서장은 국세체납정리위원회의 심의를 걸쳐 신청일로부터 2개월 내 그 결과를 통지하여야 한다. 회생계획(변제계획)을 작성하거나 조사위원(간이조사위원)이 조사보고서(간이조사보고서)를 작성할 때 개인채무자의 경우 체납액이 납부의무 소멸 대상인지 검토할 필요가 있다.

9) 제579조 제3호와 비교할 때 '개인'을 '채무자'로 표시한 것을 제외하고 동일하다.

소액영업소득자는 법인과 개인을 포함하며, 급여소득자는 제외된다.[10] 다만 개인인 소액영업소득자가 신청일 전 5년 이내에 개인회생절차 또는 파산절차에 의한 면책을 받은 사실이 있는 경우에는 신청할 수 없다(제293조의4 제1항 단서).

채무의 액수는 회생채권 또는 회생담보권 총액을 기준으로 하므로, 공익채권은 제외된다.

채무자회생법은 소액영업소득자가 간이회생절차 개시신청을 할 수 있도록 규정하고 있으므로, 비록 채무자가 소액영업소득자에 해당하더라도 채권자는 간이회생절차 개시신청을 할 수 없다.[11] 또한 통상의 회생절차(제2편)와 달리 주주·지분권자도 간이회생절차 개시신청을 할 수 없다.

2. 소액영업소득자의 판단 시점

신청인이 소액영업소득자에 해당하는지를 판단하는 기준 시점은 간이회생절차 개시의 신청 시이다(제293조의2 제2호). 간이회생절차개시 후에 소액영업소득자 여부가 문제되더라도 개시신청 시점을 기준으로 채무 총액을 판단하여야 한다.

3. 채무 총액의 개별적 검토

간이회생절차 적용대상은 회생채권 및 회생담보권의 총액(이하 '채무 총액'이라고 한다)이 50억 원 이하인 채무를 부담하는 소액영업소득자이다. 회생채권 및 회생담보권의 원금은 물론, 신청일까지 발생한 이자와 지연손해금도 합산하여야 한다. 조세채무도 회생채권·회생담보권인 경우에는 포함된다. 왜 채무 총액을 기준으로 하는 것인가. 집기비품을 비롯한 채무자의 자산을 평가하는 것보다 채무 총액을 산정하는 것이 용이하기 때문이다.

간이회생절차개시 신청요건을 갖추기 위하여 개시신청 전에 편파변제를 한 경우 간이회생절차 개시신청이 성실하지 아니한 경우(제42조 제2호)로 보아 신청을 기각하는 것과는 별개로 채무 총액에는 포함되지 않는다.

간이회생절차를 적용하기 위해서는 채무 총액이 50억 원 이하여야 하고, 판단 기준 시기가 간이회생절차개시의 신청 당시이므로 어떤 채무가 채무 총액에 포함되는지는 절차 진행에 있어 중요한 문제이다.[12]

---

10) 급여소득자는 부채구조가 영업소득자보다 단순하고 간이회생절차의 도입취지에 비추어 급여소득자에 대하여도 소액영업소득자에 준하여 취급할 필요가 있다. 실무적으로는 회생절차개시의 신청 당시를 기준으로 회생채권 및 회생담보권 총액이 50억 원 이하인 경우 간이회생절차에 준하여 처리하고 있다. 다만 다툼의 여지를 없애기 위해 간이조사위원이 아닌 조사위원을 선임하여 조사보고서를 작성하게 하고 있다.

11) 채권자는 통상의 회생절차를 신청할 수 있을 뿐이다.

12) 실무적으로 채무의 존재 여부가 불명확하거나, 개시신청 후 개시결정 전에 회생채권·회생담보권이 소멸한 경우 또는 공익채권인지 불분명한 경우 채무 총액에 포함시킬 것인지, 하자의 치유를 인정할 것인지에 관하여 논쟁이 있다. 현행법상 간이회생절차를 진행하다가 소액영업소득자에 해당하지 않은 경우 회생절차로 속행할 수는 있지만, 그 반대의 경우, 즉 회생절차를 진행하다 간이회생절차로 전환할 수는 없다. 따라서 간이회생절차의 신청자격과 관련한 채무 총액의 포함 여부에 대하여는 너무 엄격하게 보지 말고 유연하게 운영할 필요가 있다.

가. 보증채무, 물상보증채무와 연대채무

보증인은 주채무자와 같은 내용의 변제책임을 부담하고, 그와 같은 채무부담 자체는 주채무자로부터 변제받을 수 있는지에 따라 달라지는 것은 아니다. 연대보증의 경우는 더욱 그렇다. 따라서 소액영업소득자 여부를 판단함에 있어서 보증채무는 원칙적으로 채무 총액에 포함되고, 주채무자의 변제가능성 여부에 따라 결론이 달라지는 것은 아니다.

채무자가 채무 자체는 부담하지 않으면서 물상담보를 제공한 물상보증채무도 회생담보권으로서 채무 총액에 포함된다.

채무자가 다른 여러 명의 채무자와 연대하여 채무를 부담하는 연대채무나 부진정연대채무의 경우 각 연대채무자가 채무 전부를 이행할 의무를 부담하므로, 채무 총액을 계산함에 있어서는 채무 전액을 포함시켜야 한다.

나. 미확정 구상채무

미확정 구상채무는 보증기관이 대위변제하여 현실화되기도 하지만, 많은 경우 현실화됨이 없이 소멸한다. 이러한 미확정 구상채무는 현실화되기 전에는 단지 채권발생의 가능성이 있을 뿐 사전구상이 가능한 경우 외에는 채권자가 소구할 수 있는 것도 아니므로, 성질상 보증기관이 대위변제하여 현실화되기 전에는 채무자가 부담한 채무라고 보기 어렵다. 따라서 채무 총액에도 포함되지 않는다고 보아야 한다.

보증기관이 대위변제하여 확정 구상채무로 된 경우에는 채무 총액에 포함될 것이지만, 간이회생절차 개시신청 후에 비로소 대위변제가 이루어진 경우 해당 확정 구상채무는 '개시신청 당시' 존재하던 채무가 아니므로 채무 총액에 포함되지 않는다.

다. 원인채무와 어음채무

채무자가 원인채무의 지급을 위하여, 지급의 방법으로 또는 지급을 담보하기 위하여 어음을 발행하고 당해 어음이 유통되고 있는 경우, 어음채무를 이행하는 경우 원인채무는 소멸하는 등 양자는 실질적으로 중복되는 동일한 채무로 봄이 타당하다. 따라서 소액영업소득자 여부를 판단함에 있어서는 둘 중 금액이 큰 것만을 기준으로 하면 되고 액면 금액을 합산할 것은 아니다.

Ⅲ 간이회생절차개시신청서의 제출

1. 간이회생절차개시신청서의 기재사항

간이회생절차의 개시신청은 간이회생절차개시신청을 하는 취지, 간이회생절차개시의 원인, 소액영업소득자에 해당하는 채무액 및 그 산정근거 등을 기재한 서면으로 하여야 한다(제293조의4 제3항).

소액영업소득자라도 통상의 회생신청을 할 수 있으므로 간이회생절차개시의 신청을 하는 자는 간이회생절차를 신청하는 취지가 명확히 드러나도록 신청취지를 기재하여야 한다.

신청인은 간이회생절차개시의 신청이 기각될 경우에 대비하여 회생절차개시의 신청을 하는 의사가 있는지를 명확히 밝혀야 하는바, 회생절차개시의 신청 의사 역시 신청서의 필요적 기재사항이다(제293조의4 제2항, 제3항 제7호). 간이회생절차개시신청서 기재사항은 회생절차개시신청서에 비하여 간단하다.

〈회생절차와 간이회생절차 개시신청서 기재사항〉

구분	회생절차개시신청서(제36조)	간이회생절차개시신청서 (제293조의4 제3항)
형식적 기재 사항	1. 신청인 및 그 법정대리인의 성명 및 주소 2. 채무자가 개인인 경우에는 채무자의 성명·주민등록번호 및 주소 3. 채무자가 개인이 아닌 경우에는 채무자의 상호, 주된 사무소 또는 영업소의 소재지, 채무자의 대표자의 성명	1. 채무자가 개인인 경우에는 채무자의 성명·주민등록번호 및 주소 2. 채무자가 개인이 아닌 경우에는 채무자의 상호, 주된 사무소 또는 영업소의 소재지, 채무자의 대표자의 성명
신청 취지/원인	4. 신청의 취지 5. 회생절차개시의 원인	3. 간이회생절차개시의 신청을 구하는 취지 4. 간이회생절차개시의 원인
영업/재산	6. 채무자의 사업목적과 업무의 상황 7. 채무자의 발행주식 또는 출자지분의 총수, 자본의 액과 자산, 부채 그 밖의 재산상태 8. 채무자의 재산에 관한 다른 절차 또는 처분으로서 신청인이 알고 있는 것 9. 회생계획에 관하여 신청인에게 의견이 있는 때에는 그 의견	5. 채무자의 영업 내용 및 재산상태
채권자 신청	10. 채권자가 회생절차개시를 신청하는 때에는 그가 가진 채권의 액과 원인 11. 주주·지분권자가 회생절차개시를 신청하는 때에는 그가 가진 주식 또는 출자지분의 수 또는 액	
기 타		6. 소액영업소득자에 해당하는 채무액 및 그 산정 근거 7. 제2항에 따른 회생절차 개시신청의 의사

2. 간이회생절차개시신청서의 첨부서류

간이회생절차 개시신청서에는 채권자목록, 채무자의 영업 내용에 관한 자료, 채무자의 재산상태에 관한 자료, 그 밖에 대법원규칙이 정하는 서류[13]를 첨부하여야 한다(제293조의4 제4항).

---

13) **규칙 제71조의2(간이회생절차개시의 신청서에 첨부할 서류)** 법 제293조의4 제4항 제4호에 규정된 "그 밖에 대법

회생절차개시의 신청과 달리 간이회생절차개시신청서에 채권자목록을 첨부하도록 한 것은 신청서에 소액영업소득자에 해당하는 채무액과 산정근거를 기재하도록 한 것에 대응하여, 법원으로 하여금 필요한 경우 구체적인 채권자와 액수를 심리할 수 있도록 하기 위한 취지이다. 따라서 간이회생절차개시신청서에 첨부할 채권자목록에는 채권자의 성명과 채권의 액수, 내용, 원인 등을 알 수 있는 정도로 기재하여야 한다.

주의할 것은 간이회생절차 개시신청서에 첨부하여 제출하는 채권자목록은 절차개시 후 관리인이 제출할 채권자목록과는 별개의 것이라는 것이다. 따라서 관리인은 개시신청서 첨부서류로 채권자목록이 제출되었다 하더라도, 절차개시 후 다시 채권자목록을 제출하여야 한다.

Ⅳ 비용예납명령, 보전처분, 중지명령, 포괄적 금지명령 등

간이회생사건에서도 회생사건에 준하여 비용예납[14]을 명하고, 신청 또는 직권으로 보전처분, 포괄적 금지명령, 중지명령 등을 발령할 수 있다.

관련 내용은 회생절차의 해당부분(제2편 제4장 제1절, 제2절)을 참조할 것.

제3절 간이회생절차개시 여부의 결정

Ⅰ 간이회생절차개시의 요건

간이회생절차개시를 위해서는 채무자가 소액영업소득자에 해당하여야 한다. 또한 통상의 회생절차개시의 요건을 갖추어야 한다. 즉 소액영업소득자인 채무자가 제34조 제1항 각호의 사유가 있고, 제42조 각호가 정한 기각사유가 없어야 한다(제293조의5 제1항). 개인인 소액영업소득자가 신청일 전 5년 이내에 개인회생절차 또는 파산절차에 의한 면책을 받은 사실이 있는 경우에는 간이회생절차개시의 신청을 할 수 없고, 이는 개시신청 기각사유가 된다(제293조의5 제2항).

한편 통상의 회생절차개시의 신청 기각사유에는 해당하지 않지만, 간이회생절차에 의하는

원규칙으로 정하는 서류"란 다음 각 호의 서류를 말한다.
　　1. 채무자가 개인인 경우에는 주민등록등본, 개인회생절차 또는 파산절차에 따른 면책을 받은 사실이 있으면 그에 관한 서류, 그 밖의 소명자료
　　2. 채무자가 개인이 아닌 경우에는 법인등기사항증명서, 정관, 회생절차개시의 신청에 관한 이사회 회의록, 그 밖의 소명자료
　　3. 과거 3년간의 비교재무상태표와 비교손익계산서 또는 이에 준하는 서류
　　4. 소송이 계속 중이거나 존부에 관하여 다툼이 있는 회생채권·회생담보권의 존재에 관한 소명자료
14) 실무적으로 회생사건(적어도 1,500만 원)에 비하여 간이회생사건은 비용예납을 대폭 감축하고 있다(법원사무관이 간이조사위원인 경우는 200만 원 정도, 외부 간이조사위원이 선임된 경우는 500만 원 정도이다).

것이 적합하지 아니한 경우에 간이회생절차 고유의 기각사유가 될 수 있다. 예컨대 소액영업소득자 요건을 갖추기 위해 간이회생절차개시의 신청 직전에 일부 채권자에 대하여만 편파변제를 하여 채무 총액을 낮추는 등 간이회생절차를 남용하는 것으로 인정되는 경우는 간이회생절차개시신청이 불성실한 때에 해당하는 것으로 볼 수 있다. 다만 이와 같은 간이회생절차 고유의 기각사유가 인정되는 경우 간이회생절차개시신청은 기각하여야 하겠지만, 통상의 회생절차를 개시할 수는 있을 것이다.

Ⅱ 간이회생절차개시신청의 기각결정

간이회생절차는 소액영업소득자를 위한 특수한 회생절차에 해당한다. 따라서 소액영업소득자에 해당하지 않아 기각으로 절차가 종료된다면 소액영업소득자는 다시 회생절차를 신청하여야 한다. 이럴 경우 절차 지연은 피할 수 없으므로 채무자회생법은 별도의 회생절차개시신청을 기다릴 필요 없이 바로 통상의 회생절차로 진행할 수 있도록 하는 장치를 마련해 두었다. 이를 위해 간이회생절차 개시신청을 한 자는 간이회생절차개시 요건에 해당하지 아니할 경우 회생절차개시신청을 하는 의사가 있는지를 명확히 밝히도록 하였다(제293조의4 제2항).

따라서 간이회생절차개시신청을 기각하는 결정을 하는 때에는, ① 채무자가 회생절차개시신청 의사가 없음을 밝힌 경우에는 간이회생절차개시신청 기각결정만 하면 된다. ② 만일 회생절차개시신청 의사가 있음을 밝힌 경우에는 간이회생절차개시신청 기각결정과 함께 회생절차개시결정 또는 회생절차개시신청 기각결정을 하게 된다(제293조의5 제2항).

1. 간이회생절차개시신청 기각결정

채무자가 ① 소액영업소득자에 해당하지 않거나 ② 간이회생절차개시신청 전 5년 이내에 면책을 받은 적이 있는 개인인 경우로서 회생절차개시의 신청을 하는 의사가 없음을 밝힌 경우 간이회생절차개시신청의 기각결정을 한다(제293조의5 제2항 제1호). 한편 소액영업소득자이거나 간이회생절차개시신청 전 5년 이내에 면책을 받은 적이 없는 개인이 회생절차개시의 신청을 하는 의사를 밝혔다고 하더라도 회생절차개시신청에 기각사유(제42조 등)가 있는 경우에도 간이회생절차개시신청을 기각한다.

2. 간이회생절차 및 회생절차개시신청 모두 기각결정

채무자가 ① 소액영업소득자에 해당하지 않거나 ② 간이회생절차 개시신청 전 5년 이내에 면책을 받은 적이 있는 개인인 경우로서 회생절차개시의 신청을 하는 의사가 있음을 밝힌 때에는 간이회생절차개시신청 기각결정만을 하면 안 된다. 채무자가 간이회생절차에 위와 같은 기각사유가 존재할 경우 회생절차개시의 신청을 할 의사를 표시하였으므로 간이회생절차개시

신청 기각결정에서 나아가 회생절차개시신청에 기각사유가 존재하는지 여부를 판단하여야 한다. 회생절차개시신청에 기각사유가 있는 경우에는 간이회생절차 및 회생절차를 모두 기각하여야 한다.

간이회생절차와 회생절차를 모두 기각하는 결정은 공고하지 아니하므로, 결정이 고지된 때로부터 1주 내에 즉시항고를 할 수 있다(제53조 제1항, 제293조의3 제1항, 제33조, 민소법 제444조). 간이회생절차와 회생절차를 하나의 결정으로 기각한 경우에도 항고는 각별로 할 수 있다. 즉 신청인은 간이회생절차개시신청 기각결정 또는 회생절차개시신청 기각결정 중 어느 하나에 대해서만 항고할 수 있다.

3. 간이회생절차개시신청의 기각결정 및 회생절차개시결정

채무자가 ① 소액영업소득자에 해당하지 않거나 ② 개시신청 전 5년 이내에 면책을 받은 적이 있는 개인인 경우로서 회생절차개시의 신청을 하는 의사가 있음을 밝혔고, 회생절차개시신청 기각사유가 없는 경우, 간이회생절차개시신청을 기각하고 회생절차를 개시하는 결정을 한다. 위 두 가지 사유 외에 앞에서 본 바와 같은 간이회생절차 고유의 개시신청 기각사유가 있는 경우에도 간이회생절차개시신청을 기각하는 이상 회생절차 개시신청에 대한 판단을 하는 것이 소송경제에 부합하다는 점에서 회생절차개시결정을 하여야 할 것이다.

채무자는 간이회생절차개시신청 기각결정에 대해 항고할 수 있다. 항고기간 등은 앞에서 본 바와 같다. 회생절차개시결정에 대하여는 채권자 등이 항고할 수 있음은 물론이다(제53조 제1항).

■ 간이회생절차개시결정

간이회생절차개시신청이 개시 요건에 부합하고 기각사유가 없으면 간이회생절차 개시결정을 한다(제293조의5 제1항). 간이회생절차에는 채무자회생법이 달리 정한 경우를 제외하고는 회생절차에 관한 규정을 적용하므로(제293조의3 제1항), 간이회생절차개시결정의 효과, 개시결정에 뒤이은 후속 절차 등은 회생절차개시결정이 있은 때와 같다.[15]

관리인은 회생채권자 등의 목록을 제출하고 채권 등의 신고를 받으며, 시부인 및 조사확정재판을 통한 채권확정절차를 거친다. 채무자의 재산상태 등을 조사하며, 회생계획안[16]을 제출받아 심리 및 결의를 거쳐 인가 또는 불인가결정을 하게 된다.

---

15) 이사 또는 대표이사에 의한 채무자 재산의 도피, 은닉 또는 고의적인 부실경영 등의 원인에 의하여 간이회생절차가 개시된 때에는 유임하게 할 수 없다(제293조의3, 제203조 제2항). 회생계획에서 유임할 것으로 정하지 아니한 이사 또는 대표이사는 회생계획이 인가된 때에 해임된 것으로 본다(제293조의3, 제263조 제4항).

16) 회생계획안의 사전제출제도는 간이회생절차에 더 적합할 수 있다. 채권자의 수나 액수가 회생절차에 비하여 작아 사전에 채권자들과 협상이 가능하고, 상대적으로 회생계획안의 작성이 쉬우며, 신속한 절차진행을 기대할 수 있기 때문이다.

회생절차와 다른 간이회생절차의 특칙으로 관리인 불선임 원칙, 간이조사위원의 선임과 간이한 방법에 의한 조사, 회생계획안 가결 요건의 완화 등이 있다.

1. 관리인 불선임 원칙

간이회생절차에서는 원칙적으로 관리인을 선임하지 아니하고, 채무자 또는 법인인 채무자의 대표자를 관리인으로 간주한다(제293조의6). 다만 제74조 제2항 각호가 정하는 제3자 관리인 선임 사유가 있으면 관리인을 선임할 수 있다. 간이회생절차는 경영자에 대한 의존도가 높은 중소기업 등 소액영업소득자를 대상으로 한다는 점에서 관리인 불선임을 원칙으로 규정한 것이다.

2. 간이조사위원

가. 간이조사위원의 지위

간이회생절차에서 법원은 이해관계인의 신청 또는 직권으로 간이조사위원을 선임할 수 있다(제293조의7 제1항). 간이조사위원은 회생절차에 소요되는 채무자의 비용 절감을 위해 도입된 조사위원의 대체 기관이다. 회생절차(제87조 제1항)와는 달리 이해관계인의 신청에 의하여도 선임할 수 있다.

간이조사위원의 지위는 기본적으로 조사위원과 동일하다(제293조의7 제1항 제2문). 간이조사위원은 채권자협의회 및 관리위원회의 의견을 들어 1인 또는 여럿을 선임한다. 간이조사위원은 법원의 감독을 받으며, 법원은 간이조사위원을 선임할 경우 선임을 증명하는 서면을 교부하여야 한다(제293조의7 제1항 제2문, 제81조). 간이조사위원은 정당한 사유가 있으면 법원의 허가를 얻어 사임할 수 있으며, 법원은 상당한 이유가 있으면 이해관계인의 신청 또는 직권으로 간이조사위원을 심문한 후 해임할 수 있다(제293조의7 제1항 제2문, 제83조 제1항, 제87조 제5항).

나. 간이조사위원의 자격

회생위원의 자격을 규정한 제601조 제1항 각 호의 어느 하나에 해당하는 자[17]를 간이조사위원으로 선임할 수 있다(제293조의7 제1항).[18]

---

17) 제601조 제1항은 '1. 관리위원, 2. 법원사무관등, 3. 변호사·공인회계사 또는 법무사의 자격이 있는 자, 4. 법원주사보·검찰주사보 이상의 직에 근무한 경력이 있는 자, 5. 은행에서 근무한 경력이 있는 자로서 회생위원의 직무수행에 적합한 자, 6. 채무자를 상대로 신용관리교육·상담 및 채무조정업무를 수행하는 기관 또는 단체에 근무 중이거나 또는 근무경력이 있는 자로서 회생위원의 직무수행에 적합한 자, 7. 제1호 내지 제6호에 준하는 자로서 회생위원의 직무수행에 적합한 자'라고 규정하고 있다.

18) 실무적으로 간이회생절차를 도입한 주된 취지가 회생절차의 비용을 절감해 줌으로써 자금 여력이 없는 중소기업 등 소액영업소득자에 대하여 회생절차의 접근성을 높여주기 위한 것이라는 점을 고려하여 원칙적으로 법원사무관을 간이조사위원으로 선임하고, 법인사건 등 일부 사건에 대하여 외부 회계전문가 등을 간이조사위원으로 선임하고 있다.

다. 간이조사위원의 업무

간이조사위원은 조사위원과 마찬가지로 제87조의 업무를 수행한다(제293조의7 제1항 제2문, 제2항). 따라서 재산가액의 평가(제90조), 재산목록과 대차대조표의 작성(제91조), 조사보고가 정한 사항을 조사하고(제92조), 법원이 명하는 경우 간이회생절차를 진행함이 적정한지 여부에 관한 의견을 제출하거나, 기타 사항을 조사하여 보고한다(제87조 제3항, 제4항).[19]

간이조사위원은 대법원규칙[20]이 정하는 바에 따라 간이한 방법으로 조사 업무를 수행할 수 있다(제293조의7 제2항). 간이조사위원에게는 조사위원보다 적은 보수를 지급함을 전제로[21] 조사를 간이한 방법으로 수행할 수 있도록 한 것이다.

3. 회생계획안 가결 요건의 특례

간이회생절차에서 회생계획안의 가결은 회생채권자 조의 경우 통상의 회생절차에서의 가결 요건(의결권 총액의 2/3 이상에 해당하는 의결권자의 동의)을 갖춘 경우뿐만 아니라, 의결권을 행사할 수 있는 회생채권자 의결권 총액의 1/2을 초과하는 의결권을 가진 자의 동의 및 의결권자 과반수의 동의가 있는 경우에도 가결된 것으로 본다(제293조의8). 채무자가 의결권 총액의 동의

---

19) 실무적으로 간이조사위원은 통상의 회생절차에서 제출되는 조사보고서와 마찬가지의 간이조사보고서를 제출하는 경우가 있다. 그러나 간이회생절차의 신속한 진행과 이용의 활성화, 간이조사위원의 간이한 조사방식 등을 고려하면 간이조사보고서의 양식을 간이화 또는 정형화할 필요가 있다. 이에 필자는 2017년 수원지방법원 파산부장으로 근무할 당시 TF를 구성하여 간이화된 간이조사보고서 양식을 만들어 보급함으로써 간이조사위원들의 업무 부담을 덜어주고 간이회생절차의 활성화를 도모하였다.

20) 규칙 제71조의3 제1항(간이조사위원 등의 간이한 업무수행 방법) ① 법 제293조의7 제2항에 따른 간이조사위원의 간이한 업무수행 방법은 다음 각 호와 같다.
  1. 법 제90조에 따른 재산가액의 평가는 일반적으로 공정·타당하다고 인정되는 회계관행이 허용하는 범위 내에서 다음의 각 목의 방법 중 채무자의 업종 및 영업특성에 비추어 효율적이라고 판단되는 하나 또는 그 이상의 방법을 선택하여 할 수 있다.
    가. 회계장부의 검토
    나. 문서의 열람
    다. 자산의 실사
    라. 채무자 임직원에 대한 면담
    마. 외부자료의 검색
    바. 과거 영업실적을 통한 추세의 분석
    사. 동종업계의 영업에 관한 통계자료의 분석
  2. 법 제91조의 재산목록 및 대차대조표는 제1호에 따른 재산가액의 평가결과를 반영하여 작성한다. 이 경우 재산의 규모와 재산 내역별 중요도를 고려하여 대차대조표의 계정과목을 통합할 수 있다.
  3. 법 제92조 제1항 각 호의 사항 중 채무자의 회생계획 또는 회생절차에 중대한 영향을 미치지 아니하는 사항은 그 요지만을 보고할 수 있다.
  4. 법 제87조 제3항에 따라 회생절차를 진행함이 적정한지 여부에 관한 의견을 제출하는 경우, 채무자의 영업 전망, 거래처의 유지 가능성, 공익채권의 규모, 운영자금의 조달 가능성 등에 관한 조사만을 토대로 의견을 제시할 수 있다.

21) 간이조사위원의 보수에 관하여는 별다른 규정이 없다. 실무적으로 간이한 방법으로 조사를 수행하는 것에 대응하여 조사위원의 보수보다는 대폭 감액한 보수를 지급하고 있다(법원사무관 등을 간이조사위원으로 선임하는 경우에는 원칙적으로 조사위원 보수를 지급하지 않고 있다). 이는 중소기업들의 회생절차 접근성을 높이고자 하는 제도의 취지를 구현하기 위한 것이다.

는 2/3에 미치지 못하더라도, 소액의 의결권을 가진 여러 채권자의 동의를 받은 경우에도 회생계획안이 가결될 수 있도록 함으로써, 결과적으로 회생계획안 가결 요건을 완화한 것이다.[22]

회생담보권자 조와 주주·지분권자 조에 관하여는 특례를 규정하고 있지 않으므로, 이들 조에 대하여는 통상의 회생절차에서의 회생계획안 가결 요건이 그대로 적용된다.

제4절 간이회생절차의 폐지 및 회생절차의 속행

I 간이회생절차의 폐지

1. 일반적 사유에 따른 폐지

간이회생절차에 대해서도 회생절차에 관한 규정이 적용되므로, 회생절차폐지에 관한 제286조 이하의 규정이 그대로 적용된다. 따라서 기간 내에 회생계획안 제출이 없거나 회생계획안이 부결된 때, 회생계획안이 간이회생절차 개시일로부터 1년(불가피한 사유가 있는 때에는 6개월 연장 가능) 내에 가결되지 아니한 때 등에는 법원은 간이회생절차를 폐지하여야 한다.

위와 같은 사유로 간이회생절차가 폐지되는 경우에는 회생절차 속행 규정이 적용되지 아니하므로, 간이회생절차는 그 상태에서 폐지로 종료되거나 견련파산을 통해 파산절차로 이행될 수 있을 뿐이다.

2. 소액영업소득자 미해당 등에 따른 폐지

가. 간이회생절차에 고유한 폐지사유

간이회생절차개시의 결정이 있은 후 회생계획인가결정의 확정 전에 ① 채무자가 소액영업소득자에 해당하지 아니함이 밝혀진 경우나,[23] ② 개인인 채무자가 개시신청 전 5년 이내에 개인회생 또는 파산절차에 의한 면책을 받은 사실이 밝혀진 경우에는 간이회생절차를 폐지하

---

22) 통상의 회생절차에서는 대규모 사건으로 인한 사무부담 등의 이유로 의결권자 두수요건을 두지 않았지만, 중소기업을 대상으로 하는 간이회생절차에서는 의결권자 두수요건과 의결권액 요건을 결합하고 있다. 한편 서면에 의한 결의의 경우에는 가결 요건의 특례가 적용되지 않는다(제240조 제5항 참조).

23) 간이회생절차는 소액영업소득자를 대상으로 하는 회생절차의 특례적 성격을 가진 점을 고려하여, 절차개시 이후라도 소액영업소득자가 아님이 밝혀진 경우에는 절차를 폐지하고 통상의 회생절차에 의하도록 하기 위한 것이다. '소액영업소득자에 해당하지 아니함이 밝혀진 경우'란 간이회생절차 개시 전에는 개시신청 당시 회생채권 또는 회생담보권의 총액이 기준 금액 이하인 것으로 인정되었으나, 개시 후에 이를 초과하는 것으로 밝혀진 경우를 말한다. 예컨대 채무자가 누락한 회생채권이 채권신고 등을 통해 그 존재가 드러난 경우 등이다. 신청인이 채무의 존재를 누락한 데에 고의·과실이 있는지 여부는 불문한다. 채무자가 소액영업소득자인지 판단하는 기준 시점은 간이회생절차개시의 신청시이다. 서울회생법원 2020간회합100014 사건(주식회사 대력에프에이에스)에서 간이회생절차 진행 중 채무 총액이 신청시 기준으로 50억 원이 초과하여 간이회생절차를 폐지하였다(이후 추가로 비용예납을 명한 후 2020. 12. 30. 회생절차를 속행하였다(서울회생법원 2020회합100192)).

여야 한다(제293조의5 제3항). 필요적 폐지사유이다. 따라서 간이회생절차개시의 결정이 있은 후에 위와 같은 사유가 밝혀졌음에도 법원이 이를 간과하고 간이회생절차폐지의 결정을 하지 않았다면, 이는 '회생절차 또는 회생계획이 법률의 규정에 적합할 것'이라는 제243조 제1항 제1호 소정의 회생계획 인가요건을 충족하지 못하였다고 보아야 한다.[24]

나. 필요적 폐지 및 시기 제한

채무자에게 위와 같은 사유가 있는 것으로 밝혀진 경우 법원은 이해관계인의 신청 또는 직권으로 간이회생절차폐지결정을 하여야 한다. 위 규정에 따른 간이회생절차폐지결정은 절차개시 후 회생계획인가결정 확정 전까지 할 수 있다(제293조의5 제3항). 이미 확정된 인가결정에 따라 새로운 법률관계가 형성되었기 때문에 기존의 결정을 번복하는 것보다 이를 존중하는 것이 타당하다는 것을 고려한 것이다. 따라서 회생계획이 인가된 후라도 즉시항고의 제기 또는 항고기간 미도과로 인가결정이 확정되기 전이라면 폐지결정을 할 수 있다. 회생계획인가 후 그 확정 전에 간이회생절차가 폐지되면 회생계획은 실효된다.

간이회생절차폐지결정이 확정되면 간이회생절차는 종료하고 관리인의 권한은 소멸한다. 간이회생절차폐지결정이 있더라도 기존에 관리인이 한 행위의 효력이나 회생채권 확정의 효력 등 종전 간이회생절차에서 발생한 효력은 그대로 유지된다.

한편 위와 같은 사유로 간이회생절차가 폐지되는 경우에는 회생절차가 속행되는 길이 열려 있다(제293조의5 제4항 전문). 이는 간이회생절차개시결정 전에 위와 같은 사유가 밝혀진 경우에는 간이회생절차개시의 신청을 기각하고 회생절차개시의 신청의 의사를 밝힌 경우 회생절차개시결정을 할 수 있게 한 것(제293조의5 제2항 제2호 가목)에 상응하여 둔 것으로 보인다.

Ⅱ 회생절차의 속행

1. 개   요

법원은 ① 채무자가 소액영업소득자에 해당하지 않다거나 ② 개인인 채무자가 개시신청 전

---

24) 대법원 2018. 1. 16. 자 2017마5212 결정. 다만 간이회생절차개시의 결정이 있은 후에 간이회생절차개시의 신청 당시를 기준으로 한 회생채권 및 회생담보권의 총액이 한도액을 초과함이 밝혀진 경우에도 법원은 간이회생절차폐지의 결정을 하지 않고 회생계획을 인가할 수 있다. 그 이유는 다음과 같다. 간이회생절차에는 제2편 제9장에서 달리 정한 것을 제외하고는 회생절차에 관한 규정을 적용하고(제293조의3 제1항), 법원이 제293조의5 제3항에 따라 간이회생절차폐지의 결정을 하더라도 채권자 일반의 이익 및 채무자의 회생 가능성을 고려하여 회생절차를 속행할 수 있으며, 이 경우 간이회생절차에서 행하여진 법원, 간이조사위원, 채권자 등의 처분·행위 등은 그 성질에 반하는 경우가 아니면 회생절차에서도 유효한 것으로 보도록 규정되어 있다(제293조의5 제4항). 이러한 관련규정의 내용과 간이회생절차의 입법 취지 등에 비추어 보면, 제293조의5 제3항 제1호 소정의 폐지사유가 존재하더라도, 채권자 일반의 이익·채무자의 회생 가능성 및 이를 고려한 회생절차 속행 가능성, 제237조 제1호의 가결요건 충족 여부, 한도액의 초과 정도, 채무자의 현황 그 밖의 모든 사정을 고려하여 회생계획을 인가하지 아니하는 것이 부적당하다고 인정되는 때에는 제293조의3 제1항, 제243조 제2항에 따라 회생계획인가의 결정을 할 수 있다고 보는 것이 타당하기 때문이다(위 2017마5212 결정 참조).

5년 이내에 개인회생 또는 개인파산절차에 의한 면책을 받은 사실이 밝혀졌다는 이유로 간이회생절차를 폐지한 경우 채권자 일반의 이익 및 채무자의 회생가능성을 고려하여 회생절차를 속행할 수 있다(제293조의5 제4항).

간이회생절차와 회생절차가 모두 회생계획인가를 통해 채무자의 회생을 도모하는 절차라는 점에서, 채무자 회생이라는 궁극적 목적을 달성함과 동시에 간이회생절차 폐지로 인한 법률관계의 혼란과 무익한 절차의 반복을 방지하기 위한 규정이다.

회생절차 속행은 법원이 회생절차 속행의 필요성을 인정하는 경우 직권으로 하는 것으로 신청인 등이 속행신청을 하더라도 이는 직권발동을 촉구하는 의미밖에 없다.

법원이 회생절차를 속행함에 있어서는 채권자 일반의 이익 및 채무자의 회생가능성을 고려하여야 한다. 이미 간이회생절차가 상당히 진행된 경우(특히 간이회생절차에서 회생계획이 인가된 경우)에는 특별한 사정이 없는 한 회생절차를 속행하는 것이 채권자 일반의 이익에 부합할 것이다. 반면 채무자의 영업이 사실상 중단된 경우와 같이 회생절차를 속행하여도 회생할 수 없는 경우에는 속행할 필요가 없다.

회생절차속행결정을 하는 경우 간이회생절차가 폐지결정으로 종료되지 않고 계속 진행된다는 점을 이해관계인에게 알릴 필요가 있으므로 법원은 명시적으로 회생절차속행결정을 하고 이해관계인에게 통지할 필요가 있다. 회생절차 속행결정에 대하여는 불복할 수 없다(제13조 제1항).

2. 회생절차 속행결정의 효과

법원이 회생절차의 속행결정을 한 경우에는 간이회생절차에서 행하여진 법원, 관리인·보전관리인, 간이조사위원, 채권자협의회, 채권자·담보권자·주주·지분권자, 그 밖의 이해관계인이 한 처분·행위 등은 성질에 반하는 경우가 아니면 회생절차에서도 유효하다(제293조의5 제4항).

따라서 법원의 각종 결정, 허가행위 및 공고 등은 원칙적으로 모두 유효하므로, 간이회생절차개시결정, 관리인 선임 및 허가사항 지정결정 등과 그에 따른 허가행위의 효력, 회생계획인가결정의 효력 등이 그대로 유지된다. 관리인의 채권자 목록제출, 시부인, 재산의 처분 및 업무수행, 법원으로부터 위임받은 범위 내에서 행한 관리위원의 허가행위 등의 효력도 모두 유지된다. 채권자와 담보권자의 채권신고행위, 채권자협의회의 의견표명 등도 그대로 유효하다. 다만 간이조사위원은 간이회생절차의 고유한 기관이므로 회생절차에서는 성질상 지위를 유지할 수 없다. 필요한 경우 별도로 조사위원을 선임하여야 한다.

간이회생절차로 개시되었다가 회생절차의 속행으로 회생절차로 진행되지만, 전체적으로 절차의 동일성은 유지된다고 보아야 한다. 따라서 절차개시의 시점과 절차개시로 인한 효과는 간이회생절차개시 시점에 발생하여 계속 유지된다고 볼 것이다. 간이회생절차 폐지 당시 계속 중인 소송은 중단되지 않고 소송수계의 문제도 발생하지 않는다.

2019년 미국 연방도산법 개정의 주요내용과 시사점

Ⅰ. 입법 배경 및 경과

미국 연방도산법 제11장 회생절차(Reorganization)는 대규모기업에는 적당하지만, 절차가 복잡하고 비용이 많이 들며, 회생절차 진행에 오랜 시간이 걸린다. 또한 시장경제의 발달로 회사의 구조가 다양화되고 자본구조는 복잡화되었으며, 부동산이 아닌 지식재산 등과 같은 무형자산이 증가하고 채권자의 구성도 다양화되었다. 이로 인해 제11장 절차는 중소기업이나 새로운 유형의 회사들에 대하여 적절하지 않는 제도라는 비판이 있었다.

이러한 비판을 받아들여 미국은 2019. 8. 23. 연방도산법 개정과 관련된 4개의 법을 제정하였는데, 그중 하나가 중소기업회생법(Small Business[25] Reorganization Act)이다.[26] 이에 따라 연방도산법 제11장에 「제5절 중소기업회생(Subchapter Ⅴ. Small Business Reorganization)」이 추가되었고, 2020. 2. 19.부터 시행되었다. 중소기업회생절차의 경우 절대우선의 원칙(absolute priority rule)이 적용되지 아니하고(11 U.S.C. §1181(a)), 원칙적으로 무담보채권자들로 구성된 채권자위원회를 구성하지 아니하여도 되는(11 U.S.C. §1181(b)) 등 통상의 제11장 절차와는 차이점이 있다. 이러한 점과 아래에서 보는 여러 가지 점을 고려해보면, 제11장 절차보다는 제13장 절차에 가깝다.

Ⅱ. 주요 개정내용

1. 적용대상: 중소기업 채무자(small business debtor)

중소기업 채무자란 상업 또는 영업활동에 종사하는 자로서, 신청일 당시 담보 및 무담보채무(우발채무, 미확정채무 및 계열사·내부자에 대한 채무 제외) 총액이 $2,725,625[27] 이하인 자를 말한다. 다만 부동산을 주로 소유 또는 운영하거나 이에 부수하는 활동을 하는 자는 제외한다{11 U.S.C. §1182(1), §101(51D)}. 원래는 우리의 소액영업소득자 기준하고 비슷하였다.

중소기업 채무자에는 개인(individual), 조합(partnership) 및 회사(corporation)가 포함된다{11 U.S.C. §1182(1), §101(51D)(41)}.

2. 회생계획의 제출자: 채무자

회생계획은 채무자만 제출할 수 있다(11 U.S.C. §1189(a)). 채권자의 회생계획안 제출권이 제한됨으로써 채권자의 권한이 축소되었다. 우리의 간이회생절차에서도 소액영업소득자만이 회생계획안을 제출할 수 있다는 점에서 같다.

---

25) 'small business'를 일반적으로 '소기업'이라고 번역하고 있다. 하지만 소기업은 중소기업 중 해당 기업이 영위하는 주된 업종별 평균매출액 등이 일정 규모 이하인 기업을 말한다(중소기업기본법 제2조 제2항, 같은 법 시행령 제8조 제1항 별표3). 따라서 'small business'는 '중소기업'이라고 번역하는 것이 타당하다.

26) 나머지 3개의 법률은 기존 법률의 특정조항만을 개정한 것으로 즉시 시행되었다. 나머지 3개의 법은 가족농의 채무한도를 상향 조정한 「가족농구제법(Family Farmer Relief Act)」, 극빈곤층 재향군인의 파산신청조건을 완화한 「극빈곤층 미국재향군인 예우법(Honoring American Veterans in Extreme Need Act)」, 예비군 및 방위군의 파산신청조건을 완화한 「방위군 및 예비군 채무구제 연장법(National Guard and Reservists Debt Relief Extension Act)」이다.

27) 2022년 현재 $7,500,000으로 상향되었다.

3. 변제기간: 3년 이상 5년 이내

회생계획의 변제기간을 3년 또는 법원이 정함에 따라 5년 이내로 하도록 하였다. 다만 채무자는 가처분소득(disposable income)을 변제에 사용하여야 한다(U.S.C. §1191(c)(2)(A)). 가처분소득이란 중소기업의 지속, 유지 또는 운영을 위해 합리적으로 필요하지 않는 소득을 말한다(11 U.S.C. §1191(d)). 결국 중소기업은 회사 운영에 필요한 비용을 확보할 수 있게 되었다.

4. 상시관재인의 임명

채무자는 절차개시 후에도 통상의 제11장 절차에서와 같이 원칙적으로 DIP로서 재산 및 영업에 관한 처분권을 가진다. 다만 모든 중소기업 회생사건에 제13장 절차의 상시관재인과 유사한 역할을 수행하는 상시관재인(standing trustee)을 임명한다. 상시관재인은 회생계획안을 검토하고 채무자의 재산을 실사하며 회생계획의 수행을 감독하는 등 채권자를 위하여 공적인 업무를 수행한다. 회생계획이 실질적으로 완료되면 상시관재인의 임무는 종료한다(11 U.S.C. §1183).

채무자에게 불리한 점도 있지만, 채권자들의 권리를 균형 있게 보호하기 위한 조치로 보인다.

5. 회생계획인가 및 면책

회생계획안이 공정하고 형평에 맞으며 계획안에 반대한 채권자를 부당하게 차별하지 아니하는 등의 요건을 갖춘 경우에는 채권자의 반대가 있더라도(모든 조에서 회생계획안이 부결되더라도) 법원이 회생계획안을 인가할 수 있다(11 U.S.C. §1191(b)).

채무자가 변제기간(3년 내지 5년) 동안 변제를 완료하면, 특별한 사정이 없는 한 신속하게 나머지 채무를 면책하도록 하고 있다(11 U.S.C. §1192).

Ⅲ. 시사점

미국 연방도산법 제11장에 제5절을 두도록 한 중소기업회생법(SBRA)은 통상적인 제11장보다 중소기업으로 하여금 좀 더 빠르고 효율적인 방법으로 구조조정을 할 수 있도록 하였다는 평가를 받고 있다.[28]

우리의 경우 중소기업에 대한 절차의 복잡성과 비용부담의 완화를 위해 간이회생절차를 도입했지만, 실무적으로 10년의 변제기간을 요구하고 있고,[29] 기업의 운전자금에 대한 보장책이 없어 여전히 부족한 부분이 있다. 이런 점에서 이번 미국 연방도산법의 내용 중 변제기간을 최대 5년으로 제한한 것과 가처분소득을 변제에 투입하도록 한 것은 실무운용과 향후 입법에 참고할 만하다.

---

28) ANDREW BALBUS, 151쪽.

29) 다만 최근에는 간이회생사건 중 일부에서 5년으로 회생계획을 작성하고 있는 사례가 등장하고 있다(서울회생법원 2021간회합100042호 주식회사 하누리이앤씨 사건 등).

제18장

회생절차에서의 벌칙

도산절차를 진행하는 과정에서 채무자 등의 범죄행위에 대하여 일반 형법으로 처벌할 수 있다.[1] 형법상의 강제집행면탈죄,[2] 사기죄, 배임죄,[3] 업무상횡령죄, 뇌물수수죄 등이 그것이다.

---

1) 2016. 9. 28.부터 시행된 『부정청탁 및 금품 등 수수의 금지에 관한 법률』(이하 '청탁금지법'이라 한다) 제11조 제1항의 '공무수행사인'에 관리인, 조사위원(법원사무관인 간이조사위원은 공무원이므로 제외), 비상임 관리위원(상임 관리위원은 전문임기제 공무원이므로 제외), 구조조정담당임원(CRO), 감사, 채권자협의회 구성원 등이 포함되는지 여부가 문제된다. 공무수행사인의 공무 수행에 관하여는 청탁금지법 제5조부터 제9조까지가 준용되므로 공무수행사인은 직접 또는 배우자를 통해 직무와 무관하게 동일인으로부터 일정액을 초과하는 금품 등을 수수하거나 직무와 관련하여 일체의 금품 등을 수수할 수 없고, 공무수행사인이 부정청탁을 반복적으로 받거나 금품 등을 제공받은 경우 소속기관장에게 신고할 의무가 있기 때문이다.
   ① 관리인은 채무자와 채권자 등 회생절차의 이해관계인 전체를 위하여 직무를 수행하는 공적수탁자(대법원 2013. 3. 28. 선고 2010다63836 판결 등)에 불과할 뿐 법원의 권한을 위임받아 직무를 수행하거나(청탁금지법 제11조 제1항 제2호), 법령에 따라 공무상 심의 · 평가 등을 하는 개인 등(청탁금지법 제11조 제1항 제4호)에 해당한다고 볼 수 없다. 따라서 관리인은 청탁금지법의 적용대상이 아니다. 보전관리인(제43조 제3항)도 마찬가지이다. ② 감사의 경우 인가 전에는 채무자가 선임하기 때문에, 인가 후에는 법원이 선임하지만 감사의 직무가 법원의 권한을 위임 또는 위탁받아 수행하거나 법령에 따른 공무상의 심의 · 평가 등과 무관하기 때문에 청탁금지법의 적용대상이 아니다. 구조조정담당임원은 채무자가 위촉계약을 체결한 후 법원의 허가를 받아 선임하기 때문에 법원의 권한 위임 또는 위탁과 무관하고, 그 직무 역시 법령에 따른 공무상 심의 · 평가와 관련이 없으므로 청탁금지법의 적용대상이 아니다. ③ 채권자협의회의 구성원은 채권자협의회가 회생절차의 내부기관에 불과하므로 청탁금지법 제11조 제1항 제1호(법령에 따라 설치된 각종 위원회)에 해당한다고 보기 어렵다. 따라서 청탁금지법의 적용대상이 아니다. ④ 비상임 관리위원은 청탁금지법의 적용대상이다. 관리위원회는 청탁금지법 제11조 제1항 제1호의 법령에 따라 설치된 각종 위원회에 해당하므로 비상임 관리위원 중 공무원이 아닌 관리위원은 청탁금지법 제11조 제1항 제1호의 공무수행사인에 해당하기 때문이다. ⑤ 조사위원의 경우 그 직무는 법원의 명에 따라 부과되는 것일 뿐 법원의 권한을 위임 또는 위탁받은 것이 아니므로 청탁금지법 제11조 제1항 제2호에는 해당하지 않는다. 그러나 조사위원은 채무자회생법에 근거한 법원의 명령에 따라 조사 · 보고에 관한 직무를 수행하고(조사위원의 업무는 제87조에 따른 법령상의 업무이다), 그 조사 · 보고의 대상 중에는 재산의 평가, 청산가치와 계속기업가치의 산정, 회생절차를 계속 진행함이 적정한지의 여부에 관한 의견 등이 포함되므로, 이를 '법령에 따른 공무상 심의 · 평가'에 해당한다고 볼 수 있는 여지가 있다.
2) 대구지방법원 2014. 10. 15. 선고 2014고단2174 판결(골프장 위탁경영의 목적이 재산은닉이라고 본 사례). ☞ 피고인은 대구지방법원 2013회합27 회생사건에서 2013. 9. 17. 주식회사 E에 대한 회생절차 폐지결정이 공고되자 채권자들의 강제집행 및 그로 인한 위 회사의 부도를 막기 위하여 2013. 10. 4.경 주식회사 H와 사업운영권 위탁계약을 체결한 사실, 위 H는 이 사건 골프장의 회원이자 총괄사장으로 있던 G을 사내이사로 하여 2013. 10. 4. 설립된 회사로, 위 골프장의 운영 및 관리에 필요한 인적, 물적 시설 전혀 보유하지 않고 있는 사실에 비추어 보면, 피고인은 주식회사 H와 사이에 위탁계약을 체결하는 방법으로 위 골프장 운영 수입금에 대하여 채권자들이 강제집행을 하지 못하도록 재산을 은닉하였다고 봄이 상당하다고 판시함.
3) 회생절차중인 회사의 관리인대리가 제131조에 위반하여 회사의 운영자금 중에서 일부 채권자들에게 채무의 일부를 변제하고 그 채권자들은 나머지 채무를 면제하였다면 그 채무의 변제는 무효이고 그 유효를 전제로 하는 채무면제 역시 무효이어서 결국 회사의 채무는 소멸되지 않고 여전히 존속하게 되는 것이므로 법률상 효력도 없는 채무변제로 인하여 특별한 사정이 없는 한 그 회사와 주주 및 기타 채권자에게는 재산상 손해를 가하고 변제받은 채권자에

그러나 이러한 형법상의 규정만으로는 채권자들의 이익을 침해하는 채무자 등의 행위를 적절하게 통제하기가 어렵다. 이에 채무자회생법은 도산과 밀접하게 관련이 있는 채무자 등의 일정한 행위에 대하여 형벌(도산범죄) 및 행정벌(과태료)을 규정하고 있다.[4]

형법상의 범죄와 비교하여 도산범죄는 몇 가지 특징이 있다. ① 도산범죄는 기본적으로 총채권자의 재산상의 이익을 침해하는 행위로 개인적인 재산상의 이익이 아니라 도산절차에 관여된 다수의 채권자 이익을 침해하는 경제범죄의 특징을 가지고 있다. ② 형벌권을 발생시키기 위하여 객관적 처벌조건인 '회생절차개시결정(간이회생절차개시결정)의 확정'(제643조), '파산선고의 확정'(제650조, 제651조)을 필요로 한다.

도산범죄는 크게 실질적 도산범죄와 절차적 도산범죄로 나눌 수 있다. 실질적 도산범죄란 채권자의 실질적인 불이익에 직결되는 행위를 구성요건으로 하는 것이다. 사기회생죄(제643조), 사기파산죄(제650조), 과태파산죄(제651조) 등이 여기에 해당한다. 이들 범죄는 총채권자의 재산적 이익을 보호법익으로 하는 위험범이다. 절차적 도산범죄란 채권자의 재산적 이익의 보호를 궁극적인 목적으로 하지만 직접적으로는 절차의 적정과 원활한 수행이라는 국가적 법익을 보호법익으로 하는 것이다. 회생수뢰죄(제645조), 회생증뢰죄(제646조), 경영참여금지위반죄(제647조), 무허가행위 등의 죄(제648조), 보고와 검사거절의 죄(제649조), 파산수뢰죄(제655조), 재산조회결과의 목적외 사용죄(제657조), 설명의무위반죄(제658조) 등이 여기에 해당한다.

채무자회생법은 도산범죄나 행정벌(과태료)에 대한 실체규정을 한 것일 뿐이고 절차는 형사소송법이나 「질서위반행위규제법」에 따른다.

여기서는 회생절차(간이회생절차)에 관한 도산범죄(형벌)와 과태료(행정벌)에 대해 살펴보기로 한다.

▌제1절▐ 회생범죄

회생절차개시 전후에 걸쳐 채무자는 재산을 은닉하거나 특정 채권자의 이익을 위하여 중요

게는 재산상의 이득을 얻게 한 것이 된다(대법원 1980. 10. 14. 선고 80도1597 판결 참조).

4) 채무자회생법 부칙 제4조는 벌칙에 관한 경과조치로 "이 법 시행 전의 행위에 대한 벌칙의 적용에 있어서는 종전의 규정에 의하고, 1개의 죄가 이 법 시행 전후에 걸쳐서 행하여진 때에는 이 법 시행 전에 범한 것으로 본다"고 규정하고 있다. 채무자가 채무자회생법의 시행 전에는 구 개인채무자회생법(2005. 3. 31. 법률 제7428호 부칙 제2조로 폐지된 것, 이하 같다) 제48조에서 정한 개인회생절차의 개시를 신청할 자격이 없던 개인채무자가 채무자회생법의 시행(2006. 4. 1.) 전후에 걸쳐서 각각 구 개인채무자회생법 제87조 각 호의 사기개인회생죄 및 채무자회생법 제643조 제1항 각 호의 사기회생죄에서 정한 행위를 하고 채무자회생법의 시행 후에 그 채무자에 대하여 회생절차개시의 결정이 확정되었더라도, 그 시행 전의 행위는 행위시의 법률인 구 개인채무자회생법에서 정한 사기개인회생죄의 주체가 될 수 없는 사람의 행위로서 범죄를 구성할 수 없으므로, 구 개인채무자회생법에서 정한 사기개인회생죄나 채무자회생법에서 정한 사기회생죄의 어느 것으로도 처벌할 수 없다고 봄이 타당하고, 그 행위가 범죄행위 자체에 해당하지 아니하는 이상 채무자회생법 시행 후의 행위와 포괄하여 일죄를 구성할 여지도 없다(대법원 2016. 10. 13. 선고 2016도8347 판결 참조).

한 재산으로 대물변제를 하는 등 다양한 방법으로 회생채권자의 이익을 침해할 수 있다. 회생채권자의 이익을 위해 이러한 행위들에 대하여 관리인은 부인권을 행사하여 일탈된 재산을 채무자의 재산으로 회복시킬 수 있다. 그러나 회생채권자의 재산권을 침해할 정도로 위법성이 인정되는 경우에는 이러한 행위의 사법상(私法上)의 효과를 부정하여야 할 뿐만 아니라 범죄로서 형사처벌을 함으로써 위법행위를 억제할 필요가 있다.

또한 채무자 등이 회생절차상의 의무를 위반하거나 관리인 등이 직무를 수행하면서 부정한 행위를 한 경우에도 형벌로 대처할 필요가 있다. 물론 이러한 행위가 사기죄나 배임죄를 구성할 경우 형법에 따라 처벌되는 것은 당연하지만, 회생과 관련한 위법행위를 억제하기 위해서는 형법에 따른 처벌만으로는 충분하지 않다. 따라서 채무자회생법은 일정한 유형의 행위에 대하여 회생범죄로 규정하고 있다.[5]

Ⅰ 실질적 회생범죄

1. 사기회생죄

가. 채무자의 사기회생죄

(1) 채무자가 자기 또는 타인의 이익을 도모하거나 채권자를 해할 목적으로 아래에 해당하는 행위를 하고,[6] 채무자에 대하여 회생절차개시 또는 간이회생절차개시의 결정이 확정된 경우 그 채무자는 10년 이하의 징역 또는 1억 원 이하의 벌금에 처한다(제643조 제1항).

① 채무자의 재산을 손괴 또는 은닉하거나 회생채권자·회생담보권자·주주·지분권자에 불이익하게 처분하는 행위

채무자의 재산이란 채무자에 속하는 일체의 재산을 말한다. 현재 채무자에 속하는 재산에 한정되지 않고 부인권(제100조) 행사에 의해 채무자의 재산으로 복귀되는 것도 포함한다.

'재산의 손괴'란 재물의 물리적 훼손 등 재산의 가치를 감소시키는 일체의 행위를 포함한다. '재산의 은닉'은 재산의 발견을 불가능하게 하거나 곤란하게 만드는 것을 말하고, 재산의 소재

---

5) **양벌규정의 도입 필요성** 양벌규정이란 형벌법규를 직접 위반한 임직원(법인 또는 개인의 기관·구성원)뿐만 아니라 그 임직원을 관리·감독하는 법인 및 개인(이하 "법인 등"이라 한)을 임직원과 함께 처벌하는 규정을 의미한다. 이와 같이 임직원의 위법행위에 대해 법인 등을 같이 처벌하도록 규정한 이유는 실제 위반행위자인 임직원 이외에 임직원의 위반행위로 인한 이익의 귀속주체인 법인 등을 처벌함으로써 벌칙규정의 실효성을 높이기 위함이다.

　　채무자회생법에 규정된 일부 도산범죄{사기회생죄(제643조)·사기파산죄(제650조), 회생증뢰죄(제646조)·파산증뢰죄(제656조), 설명의무위반죄(제658조) 등}는 개인은 물론 법인 또는 개인의 업무나 재산에 관하여, 법인 또는 개인의 기관·구성원으로서 실행하는 것도 가능하다. 그래서 이러한 형태의 위반에 대처하기 위해서는 양벌규정을 도입할 필요가 있다. 일본 회사갱생법 제275조, 민사재생법 제265조, 파산법 제277조는 이를 명시적으로 규정하고 있다.

　　법인(법인격이 없는 단체를 포함한다. 이하 이 조에서 같다)의 대표자나 법인 또는 개인의 대리인, 사용인, 그 밖의 종업원이 그 법인 또는 개인의 업무 또는 재산에 관하여 위에서 본 도산범죄의 어느 하나에 해당하는 위반행위를 하면 그 행위자를 벌하는 외에 그 법인 또는 개인에게도 해당 조문의 벌금형을 과(科)하여야 한다. 통상적인 양벌규정과 달리 '재산에 관하여'라는 문구를 추가로 사용한 것은 개인 중에는 비사업자도 포함되기 때문이다.

6) 각 행위 태양에 대한 구체적인 내용은 〈제3편 제11장 제1절 Ⅲ.1.〉(본서 1658쪽)을 참조할 것.

를 불명하게 하는 경우뿐만 아니라 재산의 소유관계를 불명하게 하는 경우도 포함한다. 그러나 채무자가 법원에 회생절차개시신청을 하면서 단순히 소극적으로 자신의 재산 상황을 제대로 기재하지 아니한 재산목록 등을 제출하는 행위는 위 죄에서 말하는 '재산의 은닉'에 해당한다고 할 수 없다.[7]

채무자가 채무자의 재산을 '회생채권자 등에게 불이익하게 처분하는 행위'는 부당한 저가 매매나 무상 증여 등과 같이 '은닉', '손괴'에 견줄 수 있을 만큼 채권자 전체에게 절대적으로 불이익을 미치게 하는 행위를 뜻하는 것이지, 단순히 채권자간의 공평을 해함에 그치게 하는 행위를 뜻하는 것이 아니므로, 특정의 채권자에 대한 변제 등은 다른 채권자에게 불이익한 결과를 가져온다 하더라도 특별한 사정이 없는 한 이에 해당하지 아니한다.[8]

② 채무자의 부담을 허위로 증가시키는 행위

채무자의 부담을 허위로 증가시키는 행위란 회생채권, 공익채권을 묻지 않고 채무의 부담을 허위로 증가시키는 행위를 말한다. 상대방과 통모하여 허위의 채무부담을 가장하는 경우뿐만 아니라 채무자가 일방적으로 채무부담을 가장하는 경우도 포함한다.

③ 법률의 규정에 의하여 작성하여야 하는 상업장부를 작성하지 아니하거나, 그 상업장부에 재산의 현황을 알 수 있는 정도의 기재를 하지 아니하거나, 그 상업장부에 부정의 기재를 하거나, 그 상업장부를 손괴 또는 은닉하는 행위

④ 「부정수표단속법」에 의한 처벌회피를 주된 목적으로 회생절차개시 또는 간이회생절차개시의 신청을 하는 행위

발행된 수표가 제시기일에 지급이 거절되더라도 그 지급거절사유가 예금부족, 거래정지처분이나 수표계약해제 또는 해지로 인한 것이어야만 부정수표단속법 제2조 제2항 위반죄를 구성하는 것이고 보전처분이 있을 경우에는 그 지급을 위탁받은 은행은 예금이 있는지의 여부에 관계없이 보전처분을 이유로 당연히 지급거절을 하여야 하는 것이므로 회사에 대한 보전처분이 있은 후에 지급제시가 되었다면 비록 은행이 지급거절사유를 예금부족으로 하였다 하더라도 그 지급거절이 채무자회생법에 의하여 가해진 지급제한에 따른 것인 이상 위 수표의 발행행위는 부정수표단속법 제2조 제2항 위반의 범죄를 구성하지 않는다 할 것이다.[9] 이처럼 회생절차개시신청을 하여 보전처분이 된 경우에는 수표가 부도나더라도 부정수표단속법에 의하여 처벌을 받지 않기 때문에 회생절차(간이회생절차)를 이용하는 것을 방지하기 위한 것이다.

(2) 채무자의 사기회생죄의 주체는 채무자(개인＝자연인)[10]에 한정된다(진정신분범). 행위의

---

7) 대법원 2009. 7. 9. 선고 2009도4008 판결 참조.

8) 대법원 2001. 5. 8. 선고 2001도679 판결 참조.

9) 대법원 1990. 8. 14. 선고 90도1317 판결.

10) 채무자회생법상 채무자는 개인뿐만 아니라 법인을 포함하는 개념이다. 한편 사기회생죄를 비롯한 제6편 벌칙에 범죄주체로 채무자라고 규정하고 있다. 그렇다면 법인도 사기회생죄 등의 주체가 될 수 있는가. 법인이 형법상 행위능력을 갖고 범죄행위의 주체가 될 수 없다는 것이 다수설이자 판례(대법원 2018. 8. 1. 선고 2015도10388 판결, 대법원 1994. 2. 8. 선고 93도1483 판결 등)인 것에 비추어, 여기서 채무자는 개인만을 의미하는 것으로 보아야 할 것이다. 입법적 정비가 필요해 보인다(법인도 처벌 필요성이 있는 경우에는 명시적으로 양벌규정을 두어야 할 것이다).

시기는 회생절차개시 또는 간이회생절차개시 전후를 묻지 않는다. 자기 또는 타인의 이익을 도모하거나 채권자를 해할 목적을 요하는 목적범이다.

(3) 객관적 처벌조건으로 '채무자에 대하여 회생절차개시 또는 간이회생절차개시의 결정이 확정'되어야 한다.[11] 위에서 설명한 위반행위와 회생절차개시결정 등의 확정의 사이에는 인과 관계가 있어야 하는 것은 아니고, 사실상의 견련관계가 있으면 충분하다.

(4) 미수범은 처벌하지 않고, 회생절차개시결정 등의 전후를 묻지 않고, 각 행위가 종료된 때 기수가 된다. 위 〈(1)①, ②〉의 경우 실제로 손해가 발생할 것을 요건으로 하지 않기 때문에 추상적 위험범이다. 실제 손해발생의 가능성이 전혀 없는 경우(대상으로 된 재산의 환가가치가 없는 경우 등)에는 범죄의 성립을 부정하여야 할 것이다.

나. 준채무자의 사기회생죄

채무자의 법정대리인, 법인인 채무자의 이사, 채무자의 지배인이 자기 또는 타인의 이익을 도모하거나 채권자를 해할 목적으로 위 〈가.(1)〉의 행위를 하고, 채무자에 대하여 회생절차개시 또는 간이회생절차개시의 결정이 확정된 경우 그 자는 5년 이하의 징역 또는 5천만 원 이하의 벌금에 처한다(제643조 제2항).

채무자의 사기회생죄와 범죄구성요건은 동일하나 행위주체가 다르다. 준채무자는 채무자보다 형을 가볍게 처벌하고 있다.

다. 제3자의 사기회생죄

채무자, 채무자의 법정대리인, 법인인 채무자의 이사, 채무자의 지배인 외의 자가 ① 제643조 제1항 각호의 행위나 ② 자기 또는 타인의 이익을 도모하거나 채권자를 해할 목적으로 회생채권자·회생담보권자·주주·지분권자로서 허위의 권리를 행사하는 행위를 하고, 채무자에 대하여 회생절차개시의 결정이 확정된 경우[12] 그 자는 5년 이하의 징역 또는 5천만 원 이하의 벌금에 처한다(제644조).

①의 행위는 회생절차개시 전후를 불문하지만, ②의 행위는 회생절차에서 이루어질 것을 요하므로 회생절차개시결정 후에 행하여진 것으로 한정하여야 할 것이다.

2. 사기회생죄에 관한 특칙

회생절차개시에 중대한 책임이 있거나 해악을 끼친 채무자의 경영자나 그 특수관계인 등이

---

11) 객관적 처벌조건을 두는 것이 타당한가. 회생사건의 일부에 대하여만 회생절차가 개시되는 현실을 고려하면 객관적 처벌조건으로 인해 처벌이 제한되는 문제가 있다. 그러나 채무자에게 위법한 행위가 있었다고 하더라도 회생절차라는 공적인 절차가 개시되지 않는 경우에는 형사사법이 개입하여서는 안 된다는 점에서 객관적 처벌조건은 필요하다.

12) 사기회생죄(제643조)와 달리 '간이회생절차개시의 결정이 확정된 경우'가 빠져있지만, 간이회생절차의 경우에도 적용된다고 보아야 할 것이다(제293조의3 제2항). 다만 죄형법정주의 원칙상 문제의 소지가 있으므로 입법적으로 명확히 할 필요가 있다.

회생절차를 남용하여 정당한 채권자 등의 회생을 바탕으로 채무를 감면받은 후 다시 정상화된 기업을 인수하여 경영권을 회복하는 것을 방지하기 위하여 일정한 경우 임의적 또는 필요적으로 회생계획안을 배제하거나(제231조의2 제1항, 제2항), 회생계획을 불인가하도록 하고 있다(제243조의2).

법원은 위와 같은 내용을 확인하기 위하여 필요한 경우에는 채무자, 관리인, 보전관리인, 그 밖의 이해관계인 등에게 정보의 제공 또는 자료의 제출을 명할 수 있다(제231조의2 제3항, 제243조의2 제3항).

채무자, 관리인, 보전관리인, 그 밖의 이해관계인 등이 회생계획안의 배제나 불인가를 면탈할 목적으로 법원에 거짓의 정보를 제공하거나 거짓의 자료를 제출하고, 회생계획인가의 결정이 확정된 경우 해당 정보를 제공하거나 해당 자료를 제출한 자는 5년 이하의 징역 또는 5천만 원 이하의 벌금에 처한다(제644조의2).

행위의 주체는 채무자이든지 제3자이든지 제한이 없고 거짓의 정보를 제공하거나 거짓의 자료를 제출한 자이다. 회생계획안의 배제나 불인가를 면탈할 목적으로 하는 목적범이다. 또한 객관적 처벌조건으로 '회생계획인가의 결정이 확정'되어야 한다.

3. 사기회생죄와 사기파산죄의 관계

회생절차개시결정이 확정된 후 회생절차가 폐지됨에 따라 파산절차로 이행한 경우, 어떤 1개의 행위가 사기회생죄와 사기파산죄의 요건을 모두 충족시킬 수 있다. 이러한 경우 양자는 택일적 관계에 있고, 원칙적으로 먼저 개시된 회생절차에 관한 처벌규정에 따라 처벌하면 되고, 다시 파산절차에 관한 처벌규정에 따라 처벌하여서는 안 된다.[13]

Ⅱ 절차적 회생범죄

1. 회생수뢰 · 증뢰죄

가. 회생수뢰죄

(1) 관리위원 · 조사위원 · 간이조사위원 · 보전관리인 · 관리인, 고문이나 관리인 또는 보전관리인의 대리인이 그 직무에 관하여 뇌물을 수수 · 요구 또는 약속한 경우 그 자는 5년 이하의 징역 또는 5천만 원 이하의 벌금에 처한다. 회생채권자 · 회생담보권자 · 주주 · 지분권자, 이들의 대리위원 또는 대리인, 임원 또는 직원이 관계인집회의 결의에 관하여 뇌물을 수수 · 요구 또는 약속한 때에 그 자도 마찬가지이다(제645조 제1항).

(2) 관리인 · 보전관리인 또는 조사위원 · 간이조사위원이 법인인 경우에는 관리인 · 보전관

---

13) 會社更生法, 752쪽, 條解 破産法, 1795~1796쪽.

리인 또는 조사위원·간이조사위원의 직무에 종사하는 그 임원 또는 직원이 그 직무에 관하여 뇌물을 수수·요구 또는 약속한 경우 그 임원 또는 직원은 5년 이하의 징역 또는 5천만 원 이하의 벌금에 처한다. 관리인·보전관리인 또는 조사위원·간이조사위원이 법인인 경우 그 임원 또는 직원이 관리인·보전관리인 또는 조사위원·간이조사위원의 직무에 관하여 관리인·보전관리인 또는 조사위원·간이조사위원에게 뇌물을 수수하게 하거나 그 공여를 요구 또는 약속한 때에도 마찬가지이다(제645조 제2항).

(3) 회생수뢰죄의 경우 법인 또는 그 정을 아는 제3자가 수수한 뇌물은 몰수한다. 몰수가 불가능한 때에는 그 가액을 추징한다(제645조 제3항).

나. 회생증뢰죄

회생수뢰죄에서 규정한 뇌물을 약속 또는 공여하거나 공여의 의사표시를 한 자는 5년 이하의 징역 또는 5천만 원 이하의 벌금에 처한다(제646조).

2. 경영참여금지위반죄

회생절차 또는 간이회생절차가 종결되면 법인인 채무자는 법원의 감독으로부터 벗어나고 모든 절차적 구속으로부터 해방된다. 따라서 이사나 대표이사의 선임도 자율적으로 할 수 있다. 그러나 법인인 채무자의 파탄에 책임이 있는 자는 법인 경영에 참가하지 못하도록 규정하고 있다.

이사 또는 대표이사에 의한 채무자 재산의 도피, 은닉 또는 고의적인 부실경영 등의 원인에 의하여 회생절차가 개시된 때에는 유임하게 할 수 없다(제203조 제2항 단서, 제293조의3 제2항). 이사 또는 대표이사로 유임되지 못한 자는 회생절차종결 또는 간이회생절차의 결정이 있은 후에도 채무자의 이사로 선임되거나 대표이사로 선정될 수 없다(제284조, 제293조의3 제2항).

이를 위반하여 회생절차종결 또는 간이회생절차종결 후 채무자의 이사로 선임되거나 대표이사로 선정되어 취임한 자는 3년 이하의 징역 또는 3천만 원 이하의 벌금에 처한다(제647조).

경영참여금지위반죄는 회생절차종결 또는 간이회생절차종결 후에도 법인인 채무자의 파탄에 중대한 책임이 있는 이사나 대표이사에 대한 법인 채무자 경영관여금지규정의 실효성을 확보하기 위하여 둔 것이다.

3. 무허가행위 등의 죄

관리인 또는 보전관리인의 책임을 강화하기 위하여 법원의 허가를 요하는 행위에 대하여 허가를 받지 아니하고 행위를 하거나 허위보고를 한 경우 등에 대하여 처벌하고 있다.

관리인 또는 보전관리인이 법원의 허가를 받아야 하는 행위를 허가받지 아니하고 행한 경우 그 자는 3년 이하의 징역 또는 3천만 원 이하의 벌금에 처한다(제648조 제1항).

관리인 또는 보전관리인이 법원에 허위의 보고를 하거나 임무종료 후 정당한 사유 없이 제 84조 제1항의 규정에 의한 계산에 관한 보고를 하지 아니한 경우 그 자는 1년 이하의 징역 또는 1천만 원 이하의 벌금에 처한다(제648조 제2항). 관리인 또는 보전관리인에게 앞부분의 허위보고죄가 성립하려면 객관적으로 보고의 내용이 허위로서 진실과 불일치하여야 할 뿐만 아니라 주관적으로 관리인 등에게 그러한 허위에 관한 인식이 있어야 한다.[14]

한편 무허가행위로 인한 채무자회생법위반죄가 대향범인지에 대하여 실무적으로 다툼이 있다. 2인 이상의 서로 대향된 행위의 존재를 필요로 하는 대향범에 대하여는 공범에 관한 형법총칙 규정이 적용될 수 없으므로[15] 무허가행위로 인한 채무자회생법위반죄가 대향범인지에 따라 관리인과 무허가 행위를 한 상대방을 공범으로 처벌할 수 있는지 여부가 결정된다. 이에 대하여 ① 법원의 허가를 받아야 하는 행위(제61조 참조)의 내용 등을 종합하면 무허가행위로 인한 채무자회생법위반죄 자체가 2인 이상의 서로 대향된 행위의 존재를 필요로 하고 있다고 볼 수 없다는 견해[16]와 ② 법원의 허가를 받아야 하는 행위의 경우 반드시 관리인과 그 계약 상대방의 서로 대향적인 행위의 존재가 필요하고, 계약 상대방의 관여는 무허가행위로 인한 채무자회생법위반죄가 성립하는 데 당연히 예상될 뿐만 아니라 범죄의 성립에 없어서는 아니되는 행위이므로 대향범으로 보아야 한다는 견해[17]가 대립하고 있다.

살피건대 제648조 제1항은 관리인 등이 법원의 허가를 받아야 하는 행위를 허가를 받지 아니하고 행한 경우 처벌하도록 규정하고 있다. 관리인 등의 무허가 행위에 관리인과 거래하는 상대방의 대향된 행위의 존재가 반드시 필요하다거나 거래 상대방의 관여가 당연히 예상된다고 볼 수 없다. 관리인 등의 무허가 행위와 거래 상대방의 행위는 대향범의 관계에 있다고 할 수 없다.[18]

4. 보고와 검사거절의 죄

아래에 해당하는 자는 1년 이하의 징역 또는 1천만 원 이하의 벌금에 처한다(제649조).

(1) 정당한 사유 없이 제22조 제3항의 규정에 의한 자료제공을 거부·기피 또는 방해하거나 허위의 자료를 제공한 관리인

(2) 정당한 사유 없이 제34조 제3항의 규정에 의한 자료제출을 거부·기피 또는 방해하거나 허위의 자료를 제출한 채무자

(3) 정당한 사유 없이 제79조 제1항(제88조와 제293조의7 제1항 후단에서 준용하는 경우를 포함한다)의 규정에 의한 보고를 거부·기피 또는 방해하거나 허위의 보고를 한 자

---

14) 대법원 2013. 1. 31. 선고 2012도2409 판결.
15) 대법원 2011. 10. 13. 선고 2011도6287 판결, 대법원 2007. 10. 25. 선고 2007도6712 판결 등 참조.
16) 수원지방법원 2017. 2. 13. 선고 2016고정238 판결(항소).
17) 수원지방법원 2017. 11. 15. 선고 2017노1578 판결(상고, 위 2016고정238 판결의 항소심 판결).
18) 대법원 2019. 4. 25. 선고 2017도20361 판결(위 2017노1578 판결의 상고심 판결).

(4) 정당한 사유 없이 제79조 제1항(제88조와 제293조의7 제1항 후단에서 준용하는 경우를 포함한다)의 규정에 의한 검사를 거부·기피 또는 방해한 채무자

(5) 정당한 사유 없이 제231조의2 제3항에 따른 정보제공 또는 자료제출을 거부·기피 또는 방해하거나, 거짓의 정보를 제공하거나 거짓의 자료를 제출한 자

(6) 정당한 사유 없이 제243조의2 제3항에 따른 정보제공 또는 자료제출을 거부·기피 또는 방해하거나, 거짓의 정보를 제공하거나 거짓의 자료를 제출한 자

5. 재산조회결과의 목적 외 사용죄

제29조 제1항의 규정에 의한 재산조회의 결과를 회생절차[19]를 위한 채무자의 재산상황조사 외의 목적으로 사용한 자는 2년 이하의 징역 또는 2천만 원 이하의 벌금에 처한다(제657조).

이는 민사집행법상 재산조회제도를 채무자회생법에도 도입함에 따라 민사집행법에서 규정하고 있는 재산조회결과의 목적외 사용을 처벌하고 있는 것(민집법 제76조 제2항)과 균형을 맞추기 위해 채무자회생법에서도 재산조회결과의 목적외의 사용행위를 처벌하도록 한 것이다.[20]

Ⅲ 국 외 범

회생수뢰죄(제645조)에 대하여는, 대한민국 외에서 위 죄를 범한 자에게도 적용한다. 대한민국 외에서 뇌물 수수 등을 할 가능성이 있으므로 이러한 국외범을 처벌하는 것이다.

회생증뢰죄(제646조)에 대하여는, 형법 제5조(외국인의 국외범)의 예에 따른다. 따라서 대한민국 외에서 회생증뢰죄를 범한 외국인도 처벌한다. 형법 제5조에서 정한 죄는 대한민국의 중요한 국가적·사회적 이익에 대한 것이므로 보호주의에 터잡아 누구라도(대한민국 국민인지를 묻지 않는다) 어떤 장소에서라도(국내외를 묻지 않는다) 범한 죄에 대하여도 대한민국에서 처벌한다는 취지를 규정한 것이다.

제2절 과 태 료

Ⅰ 과태료의 의의

과태료란 행정법상의 질서벌적인 성격을 가지며 일반적으로 행정법상의 질서위반행위에 대한 제재이다. 행정법상의 의무위반의 정도가 비교적 가벼워서 직접적으로 행정목적이나 사회목적을 침해하지 않으나 간접적으로 행정상의 질서에 장애를 초래할 위험성이 있을 정도의 단

---

19) '간이회생절차'가 빠져있지만, 간이회생절차의 경우에도 적용된다고 보아야 할 것이다(제293조의3 제2항).
20) 법무부 해설서, 207쪽.

순한 의무위반에 대하여 과하는 일종의 금전벌이다.

행정질서벌과 형벌은 그 목적, 성격을 달리하는 것이므로 행정질서벌을 받은 뒤에 형사처벌을 한다고 하여 일사부재리의 원칙에 반하는 것은 아니다.[21] 채무자회생법은 과태료 부과에 대한 실체규정을 둔 것뿐이고, 과태료의 부과·징수, 재판 및 집행 등의 절차에 관하여는 「질서위반행위규제법」을 적용한다. 한편 「질서위반행위규제법」은 과태료의 부과대상인 질서위반행위에 대하여도 책임주의 원칙을 채택하여 제7조에서 "고의 또는 과실이 없는 질서위반행위는 과태료를 부과하지 아니한다"고 규정하고 있으므로, 질서위반행위를 한 자가 자신의 책임 없는 사유로 위반행위에 이르렀다고 주장하는 경우 법원으로서는 그 내용을 살펴 행위자에게 고의나 과실이 있는지를 따져보아야 한다.[22] 위반행위에 대하여 위반자의 고의 또는 과실이 인정되지 않는 경우 과태료를 부과할 수 없다.[23]

Ⅱ 회생절차에서의 각종 과태료

채무자회생법은 회생절차와 관련하여 과태료 부과의 대상으로 세 가지를 규정하고 있다. 형벌로 처벌할 정도의 위법성은 가지고 있지 않은 행위에 대하여 형벌에 준하는 제재를 예정함으로써 회생절차의 적정한 실현을 확보하기 위하여 둔 것이다.

1. 재산조회불응 및 허위자료제출에 대한 과태료

제29조 제1항의 규정에 의하여 조회를 받은 공공기관·금융기관·단체 등의 장이 정당한 사유 없이 자료제출을 거부하거나 허위의 자료를 제출한 경우 그 자는 500만 원 이하의 과태료에 처한다(제660조 제1항).

자료제출의 실효성을 확보하기 위한 취지이다. 채무자의 재산에 대한 조회는 회생절차에서 법원, 관리위원이나 회생채권자 등에게 필요한 제도이다. 따라서 위 제도의 원활한 운영을 위하여 법원으로부터 재산조회를 요구받은 공공기관 등이 정당한 사유 없이 조회를 거부하지 못하도록 과태료를 부과하도록 한 것이다. 정당한 사유는 과태료 부과 대상이 되는 공공기관 등의 장이 적극적으로 소명하여야 한다.

2. 회생계획수행에 관한 법원명령위반에 대한 과태료

채무자, 신회사의 이사나 지배인, 회생채권자·회생담보권자·주주·지분권자와 회생을 위하여 채무를 부담하거나 담보를 제공한 자가 회생계획수행에 관한 법원의 명령(제258조 제1항, 제2항)을 위반하는 행위를 한 경우 그 자는 500만 원 이하의 과태료에 처한다(제660조 제2항).

---

21) 대법원 2000. 10. 27. 선고 2000도3874 판결.
22) 대법원 2011. 7. 14. 자 2011마364 결정.
23) 수원지방법원 2011. 10. 11. 자 2011라983 결정 참조.

진정신분범으로 '명령을 위반'하였다는 것은 명령에 따르지 않은 '부작위'를 말한다. 사법행정의 실효성을 확보하기 위하여 법원의 명령에 위반한 행위를 한 자에 대하여 과태료를 부과하고 있다.

3. 면책된 채권에 기한 추심행위에 대한 과태료

회생계획인가결정(제251조)에 의하여 면책을 받은 개인인 채무자에 대하여 면책된 사실을 알면서 면책된 채권에 기하여 강제집행·가압류 또는 가처분의 방법으로 추심행위를 한 자는 500만 원 이하의 과태료에 처한다.[24]

관련 내용은 〈제4편 제11장 제2절 Ⅱ.1.〉(본서 2090쪽)을 참조할 것.

---

24) 채권추심법에도 면책된 채무에 대한 추심을 금지하고 있다. 면책채무의 채권추심에 있어 채권추심법은 채무자회생법의 일반법이다. 채권추심법은 면책채무의 추심행위를 불공정한 행위로 규정하면서 '채무자회생법에 따른 회생절차에 따라 전부 또는 일부 면책되었음을 알면서 법령으로 정한 절차 외에서 반복적으로 채무변제를 요구하는 행위'를 금지한다(채권추심법 제12조 제4호). 이를 위반한 자에 대하여는 500만 원 이하의 과태료를 부과한다(채권추심법 제17조 제3항). 다만 위반한 자가 사업자가 아닌 경우에는 과태료를 그 다액의 2분의 1로 감경한다(채권추심법 제17조 제3항).

제19장

회생절차가 소송절차와 집행절차에 미치는 영향

채권채무관계의 집단적 해결이라는 도산사건(회생사건, 간이회생사건, 개인회생사건, 개인·법인파산사건)의 특수성으로 인해 도산절차에서는 일반 민사법리와는 다른 법리가 적용된다. 나아가 도산사건이 급격히 증가하고 있고, 도산사건과 민사사건, 형사사건 및 조세사건 등은 필연적으로 연관될 수밖에 없으므로 민사사건 등을 처리함에 있어 도산법리를 숙지할 필요가 있다. 특수한 도산법리는 실체법적인 법률관계뿐만 아니라 채무자의 재산에 대하여도 법률적 변동을 일으키고 있다. 나아가 도산절차는 절차 단계별로 소송절차는 물론 집행절차에도 적지 않은 영향을 미친다.

회생절차가 개시된 경우 채무자의 재산에 대한 관리처분권과 당사자적격이 관리인에게 전속하기 때문에 소송절차는 관리인에 의하여 정리된다. 또한 일반적으로 민사집행절차는 채무자가 그 채무를 이행하지 않는 경우 채권자가 국가의 힘을 빌려 강제적으로 그 권리를 실현하는 절차이다. 따라서 채무자가 재정적 어려움으로 인하여 파탄에 직면한 경우를 규율하고 있는 각 도산절차는 그 자체로 포괄적 집행절차이므로 모두 집행절차와 매우 밀접한 관련이 있을 수밖에 없다. 도산절차에서의 집행절차는 강제집행은 물론 가압류, 가처분, 담보권실행을 위한 경매절차, 체납처분(강제징수), 조세채무담보를 위하여 제공된 물건의 처분 등 강제적인 권리실현행위를 모두 포함하는 개념이다.

여기서는 도산절차 중 회생절차(간이회생절차를 포함한다. 이하 같다)가 각 절차단계별로 소송절차 및 집행절차(이하 '소송절차 등'이라 한다)에 미치는 영향과 이와 관련한 수소법원 및 집행법원의 적절한 조치에 대하여 살펴본다.

제1절 ┃ 회생절차개시신청시부터 회생절차개시결정 전까지 회생절차가 소송절차 등에 미치는 영향

회생절차개시의 신청이 있을 경우 법원은 회생절차개시신청에 대한 결정(기각·각하결정 또는 개시결정)이 있을 때까지의 잠정적 처분으로서 보전처분, 보전관리명령, 중지명령, 취소명령 또는 포괄적 금지명령 등을 할 수 있다.

회생절차개시신청만으로는 소송절차 등에 아무런 영향이 없고, 보전처분 또한 채무자의 행위를 제한할 뿐 소송절차 등에 미치는 영향은 없다.[1] 다만 채권자가 회생절차개시신청을 하는 경우 시효중단의 효력이 있다. 관련 내용은 ⟨제3장 제4절 Ⅰ.1.⟩(본서 192쪽)을 참조할 것.

아래에서는 보전관리명령, 중지명령, 취소명령, 포괄적 금지명령이 소송절차 등에 어떠한 영향을 미치는지에 관하여 본다.

Ⅰ 보전관리명령이 소송절차 등에 미치는 영향

보전관리명령이란 회생절차개시의 신청시 법원이 보전처분 외에 필요하다고 인정하는 때에 보전관리인을 선임하여 채무자의 기존 임원진으로부터 업무수행권과 재산의 관리처분권을 박탈하고 보전관리인에 의한 관리를 명하는 것을 말한다(제43조 제3항).

1. 소송절차에 미치는 영향

가. 보전관리인의 당사자적격

보전관리인이 선임된 경우 회생절차개시결정 전까지 채무자의 업무수행, 재산의 관리 및 처분을 하는 권한은 보전관리인에게 전속한다(제85조). 또한 채무자의 재산에 관한 소송에서는 보전관리인이 당사자가 된다(제86조 제1항, 제78조). 따라서 채무자의 재산에 관하여, 채무자가 소를 제기할 경우 보전관리인만이 소를 제기할 수 있고, 채무자를 상대로 소를 제기하고자 하는 경우 보전관리인만을 상대로 소를 제기하여야 한다.

나. 소송절차의 중단과 수계

채무자의 재산에 관한 소송절차(채무자가 당사자에 포함되어 있지 아니한 채권자에 의한 채권자대위소송, 채권자취소소송도 포함된다)는 중단된다. 중단된 소송절차 중 회생채권 또는 회생담보권과 관계없는 것은 보전관리인 또는 상대방이 수계할 수 있다(제86조 제2항, 제59조 제1항, 제2항).[2] 재산의 관리처분권이 보전관리인에게 이전함에 따라 당사자적격이 보전관리인에게 귀속

---

1) **보전처분과 집행절차** 회생절차개시신청 후 채무자의 재산에 대하여 처분금지보전처분(제43조 제1항)의 등기가 된 때 당해 재산에 대한 강제집행의 개시나 속행이 가능한가. (1) 처분금지보전처분의 등기 전에 경매개시결정기입등기가 된 경우에는 이에 따른 강제집행의 속행은 처분금지보전처분의 영향을 받지 않는다. (2) 처분금지보전처분의 등기 후에 강제집행이 신청된 경우에 관하여는 다툼이 있다. ① 경매절차의 개시는 허용되지만 현금화 절차에 들어갈 수 없고 현금화하였다고 하더라도 매수인은 회생절차와의 관계에서는 경매목적물에 관한 권리취득을 주장할 수 없다는 견해가 있지만, ② 처분금지보전처분은 채무자에 대한 보전처분으로서 채권자 등에 의한 경매절차의 개시를 금지하거나 경매절차의 진행을 중단할 근거가 없고 이를 중단하기 위해서는 별도의 절차로 중지·취소명령 등이 마련되어 있으므로 허용된다고 할 것이다{법원실무제요 민사집행[Ⅰ]-집행총론, 사법연수원(2020), 284~285쪽}. 파산절차나 개인회생절차의 경우에도 마찬가지이다(제323조 제1항, 제592조 제1항).

한다는 것을 반영한 것이다.

보전관리인의 수계가 있기 전에 보전관리명령이 효력을 상실한 경우에는 채무자가 당연히 소송절차를 수계한다(제86조 제2항, 제59조 제3항). 보전관리인의 수계가 있은 후에 보전관리명령이 효력을 상실한 경우에는 소송절차가 중단되고, 채무자 또는 상대방이 소송절차를 수계한다.[3] 이 경우 소송비용청구권은 공익채권으로 된다(제86조 제2항, 제59조 제2항 후문, 제4항, 제5항).

채무자의 재산에 관한 사건으로서 보전관리명령 당시 행정청에 계속되어 있는 것에 관하여도 마찬가지이다(제86조 제3항).

다만 채권자대위소송이나 채권자취소소송 등은 중단되지 않는다고 할 것이다. 이들 소송은 회생절차개시결정시까지는 속행되는 것이다.

2. 집행절차에 미치는 영향

보전관리명령이 있다고 하더라도 집행절차에는 아무런 영향이 없다. 회생절차개시결정 전 강제집행 등은 회생절차개시의 경우와 달리(제58조 제2항 제2호 참조) 중지되지 않는다. 회생채권자 등의 개별적 권리행사가 포괄적으로 금지되는 것은 회생절차개시결정의 고유한 효과로 보전관리인에게 재산의 관리처분권이 전속한다고 하여 개별적 권리행사를 금지할 수는 없기 때문이다. 따라서 회생채권자 등에 대한 강제집행 등의 중지명령이나 포괄적 금지명령은 보전관리명령이 발령된 후에도 그 효력을 유지한다. 반면 회생절차개시 전 채무자에 대한 처분금지보전처분 등은 보전관리명령의 효력에 흡수되기 때문에 그 효력을 상실한다.[4]

다만 보전관리명령 이후에는 보전관리인이 절차상의 당사자가 된다. 따라서 보전관리인이 선임된 경우 채무자에 대한 채권을 목적으로 한 가압류에 있어서도 채무자가 아닌 보전관리인이 제3채무자로 되어야 한다.[5]

Ⅲ 중지명령이 소송절차 등에 미치는 영향

중지명령이란 회생절차개시신청이 있는 경우 회생절차개시신청에 관한 결정이 있을 때까지 ① 파산절차, ② 회생채권 또는 회생담보권에 기한 강제집행, 가압류, 가처분 또는 담보권실행을 위한 경매절차(이하 '강제집행 등'이라 한다)로서 채무자의 재산에 대하여 이미 행하여지고 있는 것, ③ 채무자의 재산에 관한 소송절차 또는 ④ 채무자의 재산에 관하여 행정청에 계속되

---

2) 중단된 소송절차 중 회생채권 또는 회생담보권과 관계있는 것도 보전관리인 또는 상대방이 수계할 수 있다고 할 것이다. 그 이유는 회생절차개시 전 재산에 관한 소송에 있어 당사자적격은 보전관리인에게 이전되기 때문이다. 결국 보전관리인이 선임된 경우에 보전관리인은 채무자 명의로 계속된 모든 재산에 관한 소송을 수계할 수 있다고 할 것이다.

3) 회생절차가개시된 경우에는 관리인이 수계한다고 할 것이다.

4) 會社更生法, 90쪽. 이 경우 절차적으로는 처분금지 등의 등기가 된 경우에는, 보전처분을 취소하여, 보전관리인의 권한행사에 대한 제약을 제거할 필요가 있다.

5) 대법원 2003. 9. 26. 선고 2002다62715 판결.

어 있는 절차의 중지를 명하거나(제44조 제1항 1호 내지 4호), ⑤ 국세징수법 또는 지방세징수법에 의한 체납처분(강제징수), 국세징수의 예{국세 또는 지방세 체납처분(강제징수)의 예를 포함한다. 이하 같다}에 의한 체납처분(강제징수) 또는 조세채무 담보를 위하여 제공된 물건의 처분의 중지를 명하는 것을 말한다(제44조 제1항 제5호).

1. 소송절차에 미치는 영향

채무자의 재산에 관한 소송에 한하여 중지를 명할 수 있다.[6] 소송절차에 대한 중지명령이 있을 경우 수소법원은 회생절차개시신청에 대한 결정이 있을 때까지 소송절차를 더 이상 진행하지 않으면 된다.[7] 회생절차개시신청이 각하 내지 기각되거나 취하된 경우에는 중지명령의 효력은 소멸하고 중지된 소송을 그대로 진행하면 된다.

회생절차개시결정이 있을 경우에는 중지명령의 효력은 소멸하나 이후의 소송절차는 회생절차개시결정의 효력에 의하여 계속 중단된다(제59조 제1항).

관련 내용은 〈제4장 제2절 Ⅰ.4.다., 라.〉(본서 226, 227쪽)를 참조할 것.

2. 집행절차에 미치는 영향

중지명령이 있으면 명령의 대상인 집행절차는 더 이상 진행할 수 없게 된다. 중지명령은 구체적인 절차를 계속하여 진행하려는 것을 중지시키는 효력밖에 없으므로 새로이 동종 절차의 개시를 신청하는 것은 중지명령에 반하는 것이 아니다. 중지명령은 집행의 일시적 정지를 명하는 재판이므로, 중지명령 정본은 민사집행법 제49조 제2호상의 '강제집행의 일시정지를 명한 취지를 적은 재판의 정본'에 해당한다. 따라서 채무자는 중지명령 정본을 집행기관에 제출하고[8] 집행기관은 그 이후 집행행위를 하지 않고 현상을 유지하면 된다.[9]

집행이 완료[10]되면 집행정지가 허용되지 않기 때문에 집행이 완료된 이후 중지명령 정본이

---

6) 소송절차에 대한 중지를 명할 수 있는 것은 회생절차에서만 가능하고, 개인회생절차(제593조 제4항 제4호 단서) 및 파산절차에서는 소송절차를 대상으로 한 중지명령을 할 수 없다. 파산절차에는 중지명령에 관한 규정이 없다.

7) 이 단계에서 소송의 수계는 불필요하다.

8) 강제집행정지결정이 있으면 결정 즉시로 당연히 집행정지의 효력이 있는 것이 아니고, 그 정지결정의 정본을 집행기관에 제출함으로써 집행정지의 효력이 발생한다(대법원 2010. 1. 28. 자 2009마1918 결정, 대법원 1966. 8. 12. 자 65마1059 결정 등 참조). 민사집행법 제49조 제2호의 서류는 강제집행의 일시정지를 명한 취지를 기재한 재판의 '정본'이므로, 그 재판의 '사본'을 제출할 수는 없으나, 채무자가 민사집행법 제49조 제2호의 서류라며 강제집행의 일시정지를 명한 취지를 기재한 재판의 사본을 제출한 경우에는 법원으로서는 바로 그 정본의 제출이 없었던 것으로 처리할 것이 아니라 상당한 기간을 정하여 채무자로 하여금 그 정본을 제출하도록 하게 한 뒤 그 이행 여부에 따라 재판의 정지 또는 속행 여부를 결정하여야 한다(대법원 2001. 8. 25. 자 2001마313 결정 참조).

9) 채권압류 및 추심·전부명령에 대한 항고심 계속 중 중지명령의 정본이 제출되면 항고법원은 다른 이유로 채권압류 및 추심·전부명령을 취소하는 경우를 제외하고는 항고에 관한 재판을 정지하였다가 추후 회생절차의 진행 경과에 따라 사건을 처리하여야 한다(대법원 2014. 1. 17. 자 2013마2252 결정 참조).

10) 집행의 종료 시기는 ① 유체동산, 부동산에 대한 금전집행은 압류금전 또는 매각대금을 채권자에게 교부 또는 배당한 때, ② 채권에 대한 추심명령의 경우에는 채권자가 추심의 신고를 한 때나 배당절차가 끝난 때, ③ 전부명령의 경우에는 그 명령이 확정된 때이다{법원실무제요 민사집행(Ⅰ), 사법연수원(2020), 290∼291쪽}. 집행의 종료 전에

제출된 경우 이미 이루어진 집행행위는 그대로 효력을 유지한다.

관련 내용은 〈제4장 제2절 Ⅰ.4.나., 마.〉(본서 225, 227쪽)를 참조할 것.

〈중지명령정본이 제출된 경우 부동산에 관한 민사집행절차의 처리[11]〉

제출시기	처리방법
경매개시결정 전	경매신청 각하
경매개시결정 이후 매각기일 지정	매각기일 지정 취소, 기일 추정
매수신고 이후 매각허가결정 이전	매각불허가결정[12]
매각허가결정 후 대금납부 이전	이후 절차 진행 정지, 매수인의 취소신청 있으면(민사집행규칙 제50조 제2항) 매각허가결정 취소
대금납부 이후	매수인 소유권 취득에 영향 없음. 배당절차도 그대로 진행하되, 당해 중지명령에 관련된 채권자에 대한 배당은 공탁(민사집행규칙 제50조 제3항).

중지명령 정본이 제출되었음에도 집행기관이 집행을 정지하지 아니하고 집행처분을 한 경우에는 이해관계인은 집행에 관한 이의신청 또는 즉시항고에 의하여 취소를 구할 수 있다.

11) 박형준, "도산절차와 민사집행"(코트넷 – 지식광장 > 지식마당 > 집행), 2021. 4. 13. 제17기 사법보좌관 후보자 강의안 참조.
   ○ **채권등에 대한 집행의 경우** ① 압류만을 한 경우에는 압류의 효력은 유지되고 그 이후 집행행위를 하지 않고 현상을 유지하면 된다. ② 추심명령이 있은 후 중지명령이 발령된 경우에는 별도의 조치가 필요하다. 추심명령 후 중지명령정본이 제출된 때에는 법원사무관등은 압류채권자와 제3채무자에 대하여 그 서류가 제출되었다는 사실과 서류의 요지 및 위 서류의 제출에 따른 집행정지가 효력을 잃기 전에는 압류채권자는 채권의 추심을 하여서는 아니되고 제3채무자는 채권의 지급을 하여서는 아니된다는 취지를 통지하여야 한다(민사집행규칙 제161조 제1항). 이로써 추심채권자는 피압류채권을 실제로 추심하는 행위에 더 이상 나아갈 수 없으나, 제3채무자에 대한 송달로 이미 효력이 발생한(민집법 제229조 제4항, 제227조 제2항, 제15조 제6항 본문) 추심명령의 효력에는 영향이 없다. 결국 중지명령의 효력에 의하여 집행절차가 중지되어 압류채권자가 피압류채권을 추심하는 행위에 더 이상 나아갈 수 없을 뿐이고 집행법원이 추심명령을 취소하여야 하는 것이 아니다. 따라서 중지명령은 추심명령에 대한 적법한 즉시항고 사유가 될 수 없다(대법원 2005. 11. 8. 자 2005마992 결정 참조). 또한 추심채권자가 제3채무자를 상대로 제기한 추심금 지급에 관한 소송절차도 중단되지 않는다(대법원 2010. 8. 19. 선고 2009다70067 판결 참조). 추심채권자가 제3채무자로부터 피압류채권을 추심한 후 추심신고를 하여(민집법 제236조) 채권집행이 종료된 경우에는 이미 종료된 집행에 영향을 미치지 않는다. ③ 전부명령은 추심명령과 달리 제3채무자에게 송달될 때 효력이 발생한 것이 아니라 확정되어야 효력이 발생한다(민집법 제229조 제7항). 따라서 전부명령이 있은 후 중지명령정본이 제출된 경우 즉시항고의 사유가 되고, 항고법원은 다른 이유로 전부명령을 취소하는 경우를 제외하고는 항고에 관한 재판을 정지하여야 한다(민집법 제229조 제8항). 채무자 입장에서는 전부명령이 제3채무자나 채무자에게 송달되기 전이면 각 그 송달을 중지함으로써 전부명령의 확정을 차단하여야 하고, 송달된 이후에는 즉시항고를 제기하여 확정을 차단하여야 한다(중지명령의 정본이 제출되었다고 하여 항고기간의 진행이 정지되지 않는다). 한편 전부명령이 확정된 경우에는 집행절차가 종료된 것이므로 그 이후 중지명령정본이 제출되었다고 하더라도 집행에는 영향을 미치지 않는다〔이에 관한 자세한 내용은 「김상철·장지용, "도산절차가 민사집행절차에 미치는 영향", 인권과 정의(2018년 6월), 29~31쪽」을 참조할 것〕.
12) 강제집행절차에서는 여러 이해관계가 대립·교차하는 것이어서 이해관계인의 법률관계를 조속히 확정하고 절차의 진행이 예측 가능하도록 할 필요가 있다고 할 것이므로 강제집행절차에 관한 민사집행법령의 규정은 가급적 엄격하게 해석하고 준수하는 것이 바람직하다. 민사집행법 제49조 제2호 소정의 '강제집행의 일시정지를 명하는 취지를 적은 재판의 정본'이 제출된 경우는 민사집행법 제121조 제1호의 '집행을 계속 진행할 수 없을 때'에 해당하여 매각허가에 대한 이의신청사유에 해당하고, 이러한 사유는 매각허가가 있을 때까지 신청하여야 하며(민사집행법 제120조 제2항), 이러한 사유가 있는 경우 집행법원은 직권 또는 당사자의 이의신청에 의해 매각을 허가하지 아니하는 결정을 하여야 하고(민사집행법 제123조), 여기에 집행법원의 재량이 허용될 여지는 없다(대법원 2009. 3. 12. 자

Ⅲ 취소명령이 소송절차 등에 미치는 영향

취소명령이란 법원이 채무자의 회생을 위하여 필요하다고 인정하는 경우 중지된 회생채권 또는 회생담보권에 기한 강제집행 등의 취소를 명하는 것을 말한다(제44조 제4항).

1. 소송절차에 미치는 영향

취소명령은 집행절차만을 대상으로 하므로 취소명령은 소송절차에 영향을 줄 수 없다.

2. 집행절차에 미치는 영향

취소명령이 있는 경우 취소명령의 대상이 된 종전의 강제집행 등은 소급하여 효력을 상실한다. 이를 간과하고 집행절차를 개시한 경우 이미 한 집행절차를 직권으로 취소하여야 한다. 관련 내용은 〈제4장 제2절 Ⅱ.〉(본서 231쪽)를 참조할 것.

Ⅳ 포괄적 금지명령이 소송절차 등에 미치는 영향

포괄적 금지명령이란 회생개시신청에 대한 결정이 있을 때까지 모든 회생채권자 및 회생담보권자에 대하여 회생채권 또는 회생담보권에 기한 채무자 재산에 대한 강제집행 등의 절차를 금지하는 명령을 말한다(제45조 제1항).

1. 소송절차에 미치는 영향

포괄적 금지명령은 집행절차만을 대상으로 하므로 소송절차에 영향을 줄 수 없다.

2. 집행절차에 미치는 영향[13]

가. 금지효에 따른 영향

포괄적 금지명령이 있은 후에는 회생채권 또는 회생담보권에 기하여 채무자 재산에 대한 강

2008마1855 결정 참조). ☞ 강제경매절차의 제1회 매각기일에서 최고가매수신고가 있었으나 매각결정기일 전에 채무자가 집행법원에 강제집행정지결정 정본을 제출한 사안에서, 집행법원이 매각불허가결정을 할 것이 아니라 매각허가 여부의 결정 자체를 미루는 데에 그쳐야 한다고 판단한 원심결정을 파기한 사례.

13) 포괄적 금지명령은 회생법원이 회생채권 또는 회생담보권에 기한 강제집행으로서 채무자의 재산에 대하여 이미 행하여지고 있는 것의 중지를 명하는 개별적 중지명령(제44조 제1항 제2호)과 달리 회생채권자 및 회생담보권자에 대하여 회생채권 또는 회생담보권에 기초한 강제집행을 금지할 뿐 이미 행하여진 강제집행의 중지를 명하는 내용의 재판은 아니므로, 포괄적 금지명령은 민사집행법 제49조 제2호의 '강제집행의 일시정지를 명한 취지를 적은 재판'에 해당한다고 볼 수 없다. 재판의 내용에 의하여 강제집행 정지의 효력이 발생하는 위 개별적 중지명령과 달리 포괄적 금지명령에 의한 강제집행 정지의 효력은 위 재판에서 이를 명함으로써 발생하는 것이 아니라 채무자의 재

제집행 등을 할 수 없으므로 새로이 강제집행 등을 신청할 경우 집행법원은 각하 내지 기각결
정을 하여야 한다. 포괄적 금지명령이 있음에도 강제집행 등이 이루어진 경우 포괄적 금지명령
의 효력에 반하여 이루어진 강제집행 등은 무효이므로, 집행법원으로서는 신청인의 집행취소신
청에 따라 집행을 취소하였어야 한다.[14]

나. 중지효에 따른 영향

포괄적 금지명령이 있으면 회생채권 또는 회생담보권에 기하여 채무자의 재산에 대하여 이
미 진행 중인 강제집행 등은 중지하여야 한다(현상 유지, 제45조 제3항).

제2절 회생절차개시결정시부터 회생계획인가결정 전까지 회생절차가 소송절차 등에 미치는 영향

Ⅰ 회생절차개시결정과 회생절차에서의 채권확정

회생절차가 개시되면 채무자의 재산에 대한 관리처분권은 관리인에게 귀속된다(제56조 제1
항). 관리인은 회생채무자의 기관이거나 그 대표자가 아니고 그 채권자 및 주주로 구성되는 소
위 이해관계인 단체의 관리자로서 일종의 공적수탁자이다.[15]

회생계획안을 작성하기 위해서는 채권이 확정되어야 한다. 회생절차에서는 변제대상이 되
는 채권채무를 신속하게 확정시키기 위하여 채권자목록제출 및 채권신고제도, 채권조사확정재
판제도가 마련되어 있다(집단적 채권확정절차). 회생절차가 개시된 경우 관리인은 회생채권자 등
의 목록을 제출하여야 한다. 목록에 기재된 회생채권 등은 신고된 것으로 간주된다(제151조).
회생채권자, 회생담보권자는 법원이 정한 기간 내에 채권신고를 하여야 한다. 회생채권자 등의
목록에 기재되지도 않고 신고도 하지 아니한 경우 회생계획인가결정으로 실권된다(제251조).

회생채권자 등이 그 책임을 질 수 없는 사유로 신고기간 안에 신고를 하지 못한 때에는 그
사유가 종료한 후 1월 이내에 추후 보완신고를 할 수 있다. 추후 보완신고는 원칙적으로 회생
계획안의 심리를 위한 관계인집회가 끝나기 전 또는 제240조의 규정에 의한 서면결의에 부친
다는 결정 있기 전까지 하여야 한다(제152조 제3항). 예외적인 경우 그 이후에도 추후 보완신고
가 가능한 경우가 있다(본서 743쪽).[16]

산 산일 방지와 채권자간의 형평성을 도모함으로써 회생절차의 목적을 달성하기 위하여 이를 획일적으로 정한 법
률의 규정에 따라 발생하는 것으로서 법정 집행장애사유에 해당하므로 별도로 그 정본을 제출하지 않더라도 집행
법원에 대하여 당연히 그 효력이 미친다고 할 것이다(서울고등법원 2013. 6. 28. 선고 2013나12442 판결 참조).

14) 대법원 2016. 6. 21. 자 선고 2016마5082 결정.
15) 대법원 1988. 10. 11. 선고 87다카1559 판결 참조.
16) 대법원 2023. 8. 18. 선고 2022다291009 판결, 대법원 2012. 2. 13. 자 2011그256 결정.

채권자목록에 기재되거나 신고된 회생채권·회생담보권에 관하여 그 존부, 내용과 원인 등의 진실 여부를 검토, 확정하는 과정을 채권조사(시부인)라 한다. 목록에 기재되거나 채권신고기간 내에 신고된 회생채권 등에 대하여는 기일 외에서 이의를 제기하는 방식으로 조사하고, 신고기간 이후 추후 보완신고된 회생채권 등에 대해서는 특별조사기일을 열어 조사한다.

관리인 등으로부터 이의가 없는 경우에는 회생채권 등은 그대로 확정된다. 반면 관리인 등으로부터 이의가 제기된 경우에는 이의채권을 보유한 권리자는 조사기간의 말일 또는 특별조사기일부터 1월 이내에 이의자 전원을 상대로 채권조사확정재판을 신청하여야 한다. 채권조사확정재판에 대하여 불복이 있는 경우 조사확정재판의 결정서를 송달받은 날로부터 1월 이내에 이의의 소를 제기하여야 한다.

회생절차개시 당시 이미 이의채권에 관하여 소송이 계속하고 있는 경우에는 채권조사확정재판을 신청할 것이 아니라 소송절차를 수계하여야 한다(제172조 제1항).[17] 이 경우 채권확정을 구하는 형태로 청구취지로 변경하여야 하며, 별도로 채권조사확정재판을 신청하는 것은 부적법하다(각하).[18]

집행력 있는 집행권원[19]은 강제집행에 착수할 수 있고, 종국판결을 얻은 채권은 권리의 존재에 관하여 고도의 추정력을 갖는 점을 고려하여 이의 주장의 방법 및 출소책임[20]에 관하여 특칙을 두고 있다. 회생절차개시결정 당시 아직 소를 제기하지 아니한 경우에는 이의자[21]가 채무자가 할 수 있는 소송절차(재심의 소, 청구이의의 소, 상소 등)에 의하여만 이의를 주장할 수 있다(제174조 제1항). 회생절차 개시결정 당시 이미 소송 계속 중인 경우에는 이의자는 그 회생채권 또는 회생담보권을 보유한 회생채권자 또는 회생담보권자를 상대방으로 하여 소송절차를 수계하여야 한다(제174조 제2항).

---

17) 물론 즉시 수계를 하여야 하는 것은 아니고, 먼저 간이·신속한 절차인 회생채권 등의 신고·조사절차를 거치고, 그 조사절차에서 이의가 있는 경우에 한하여, 회생채권자 또는 회생담보권자가 소송을 수계하여야 한다.

18) 회생절차개시결정 당시 이미 진행되던 소송이 있었는데 이후 소를 취하한 경우에는 어떻게 처리하여야 하는가. ① 채권자가 조사확정재판 신청기간이 지나기 전에 소를 취하한 다음 조사확정재판을 신청한 경우는 소취하의 소급효에 따라 처음부터 소가 제기되지 않은 것으로 되므로 조사확정재판은 적법하다. ② 개시결정 당시 이미 소가 계속 중인 상태에서 채권자가 조사확정재판 신청기간 안에 조사확정재판을 신청한 다음 조사확정재판 신청기간이 지난 후에 소를 취하한 경우는 소를 취하할 때 조사확정재판 신청기간이 지났으므로 채권조사확정재판 신청은 적법해지지 않는다(대법원 2001. 6. 29. 선고 2001다22765 판결 참조). ③ 개시결정 당시 이미 소가 계속 중인 상태에서 채권자가 조사확정재판 신청기간이 지나기 전에 조사확정재판을 신청한 다음 조사확정재판 신청기간이 지나기 전에 소를 취하한 경우는 소취하가 되면 소송계속의 효과가 소급적으로 없어지므로 별도로 조사확정재판을 신청할 이익이 있고, 다시 동일한 내용으로 조사확정재판을 신청하도록 하는 것은 불필요한 절차의 반복이라는 점을 고려하면 조사확정재판도 소급하여 적법하게 된다. 물론 소취하로 당초 부적법한 조사확정재판신청이 적법하게 될 수 없다는 반대의 견해도 있을 수 있다.

19) 집행력 있는 집행권원이란 집행력 있는 정본과 같은 뜻으로 집행문을 요하는 경우에는 이미 집행문을 받아 바로 집행할 수 있는 것을 말하는 것이므로 회생채권신고를 한 때는 물론 이의를 한 무렵에도 집행문이 부여되어 있지 않은 약속어음공정증서는 이의 후에 집행문이 부여되었다 하더라도 이에 해당하지 아니한다(대법원 1990. 2. 27. 자 89다카14554 결정 참조).

20) 제174조에 의한 출소책임을 이의자에게 지우려면 집행력 있는 집행권원 또는 종국판결이 있는 회생채권·회생담보권이라는 취지가 목록에 기재되어 있거나 신고되어야 한다(규칙 제55조 제1항 제3호 참조).

21) 일반의 회생채권 등의 경우에는 이의채권의 보유자가 채권조사확정재판을 신청하여야 한다.

Ⅱ 회생절차개시결정이 소송절차에 미치는 영향[22]

1. 회생절차개시결정 이후 소송이 제기된 경우

가. 채권자가 소송을 제기한 경우

(1) 당사자적격의 문제

회생절차가 개시되면 관리인에게 재산에 대한 관리처분권이 이전되므로(제56조 제1항) 관리인만이 재산에 관한 소송에서는 당사자적격을 가진다(제78조, 법정소송담당).[23][24] 법정소송담당자인 관리인이 소송수행권을 행사하여 판결을 받으면 그 기판력은 당사자가 아니었던 실체법상의 권리주체인 채무자에게도 미친다(민소법 제218조 제3항). 관리인이 여러 명인 경우 전원에게 채무자의 재산에 대한 관리처분권이 있고[25] 공동으로 그 직무를 수행하여야 하므로 고유필수적 공동소송이다.[26]

채권자가 회생절차개시결정 사실을 모르고 관리인이 아닌 채무자를 상대로 소를 제기한 경우[27]에는 각하할 것이 아니라 당사자표시정정으로 해결하여야 할 것이다. 이 경우 법원은 당사자의 표시를 정정 보충시키는 조치를 취하여야 한다.[28]

---

22) 벌금 등 청구권(제140조 제1항)과 조세 등 청구권(제140조 제2항)에 관하여는 특례 규정이 있으므로 여기서 논의의 대상이 아니다. 이에 관하여는 〈제9장 제3절 Ⅱ.2.〉(본서 757쪽)를 참조할 것.

23) 채무자는 소송결과에 이해관계가 있으므로 관리인을 돕기 위하여 보조참가를 할 수도 있고(민소법 제71조), 관리인이 받은 판결의 기판력은 채무자에게도 미치게 되므로(민소법 제218조 제3항) 공동소송적 보조참가도 할 수 있다(민소법 제78조)(대법원 2015. 10. 29. 선고 2014다13044 판결, 대법원 2012. 11. 29. 선고 2011다109876 판결 등 참조). 관련 내용은 <본서 1800쪽 각주 17)>을 참조할 것.

24) 채무자가 과태료 부과대상인 위반행위를 한 경우 과태료 재판에서 누가 위반자가 되는가. 즉 누가 과태료재판에서 당사자적격을 갖는가. 이는 '재산에 관한 소송'에 과태료사건이 포함되는가의 문제이다. 과태료사건 이외의 비송사건절차에서 채무자의 관리인에게 당사자적격을 인정하고 있다는 이유로 과태료 재판절차에서도 관리인에게 당사자적격을 인정하여야 한다는 견해가 있을 수 있다. 그러나 과태료 처벌법규 위반행위에 관한 재판을 '재산에 관한 소송'으로 보기 어려울 뿐만 아니라 법률상의 의무를 위반하여 과태료를 부과하는 과태료 재판절차는 다른 비송사건 재판 절차와는 성질이 다르므로 채무자를 당사자로 하여야 할 것이다. 따라서 이 경우 위반자는 채무자이고, 법인인 경우 위반행위 당시 적법하게 선임되어 있던 채무자의 대표자(주식회사의 경우 대표이사)를 위반자의 대표자로 표시하여야 한다(대법원 1994. 10. 28. 자 94모25 결정 참조).

25) 실체법적으로 재산권의 관리처분권이 여러 사람에게 공동으로 귀속되어 당사자가 단독으로 이를 처분하지 못하는 경우에는 소송 결과도 전원에 대해 일치되어야 하고 그렇지 않으면 분쟁 해결이 불가능해진다. 따라서 소송공동이 강제되어 전원이 반드시 소송당사자가 되어 하나의 소를 제기하여야 하고 전원이 당사자가 아닌 소는 허용되지 않으며(당사자적격 흠결로 부적법 각하된다), 하나의 판결로 일치된 결론을 내려야 한다. 이러한 소송유형을 '고유필수적 공동소송'이라고 한다(대법원 2021. 7. 22. 선고 2020다284977 판결 참조).

26) 대법원 2008. 4. 24. 선고 2006다14363 판결 참조. 다만, 민사소송법 제54조가 여러 선정당사자 가운데 죽거나 그 자격을 잃은 사람이 있는 경우에는 다른 당사자가 모두를 위하여 소송행위를 한다고 규정하고 있음에 비추어 볼 때, 공동관리인 중 일부가 관리인의 자격을 상실한 때에는 남아 있는 관리인에게 관리처분권이 귀속되고 소송절차는 중단되지 아니하므로, 남아 있는 관리인은 자격을 상실한 관리인을 수계하기 위한 절차를 따로 거칠 필요가 없이 혼자서 소송행위를 할 수 있다(위 2006다14363 판결 참조).

27) 회생절차개시 전에 채무자에 대하여 소가 제기된 경우, 회생절차개시 후 관리인에게 그 소장이 송달되어야 하고, 채무자(그에게 소장이 송달되지 않았으므로)와 관리인(그 소는 그에게 제기된 것이 아니므로)은 모두 소송당사자가 아니다(Reinhard Bork, 38쪽).

(2) 채권의 종류에 따른 소송절차

(가) 주장하는 채권이 회생채권 또는 회생담보권인 경우

회생채권 또는 회생담보권(이하 '회생채권 등'이라 한다)은 소송 등을 통한 개별적 권리행사 및 변제가 금지된다(제131조, 제141조 제2항). 관리인이 회생채권자목록 등을 제출하거나 회생채권자 등이 채권신고를 하고, ① 관리인 등이 이를 부인하는 경우 채권조사확정재판을 통하여 해결하여야 한다. 따라서 채권자가 소를 제기한 경우 수소법원은 소각하판결을 하여야 한다.[29] ② 관리인 등이 모두 이를 시인한 경우 회생채권 등은 확정되므로 채권조사확정재판을 신청할 필요가 없다. 채권조사확정재판을 신청하거나 소를 제기한 경우 모두 부적법하므로 각하하여야 한다.

다만 수소법원 입장에서 회생채권인지 공익채권인지 여부가 불분명한 경우 우선 채권자로 하여금 회생절차 내에서 회생채권으로 신고하게 한 다음, 법원이 이를 공익채권으로 판단하여 부인하는 경우 소송절차를 계속 진행시키는 것이 바람직하다.

(나) 주장하는 채권이 공익채권인 경우

공익채권은 회생절차에 의하지 않고 언제든지 권리를 행사하고 변제받을 수 있으므로(제180조 제1항) 아무런 제한 없이 이행 또는 확인의 소를 제기하는 것이 가능하다.

(3) 채권자대위소송

회생채권자가 회생채무자에 대한 권리보전을 위하여 관리인을 대위하여 소를 제기한 경우, 이는 회생채권을 개별적으로 행사하여 만족을 얻는 결과가 될 수 있어 허용되지 않는다.[30]

---

28) 대법원 2013. 8. 22. 선고 2012다68279 판결(원고가 당사자를 정확히 표시하지 못하고 당사자능력이나 당사자적격이 없는 자를 당사자로 잘못 표시하였다면 법원은 당사자를 소장의 표시만에 의할 것이 아니고 청구의 내용과 원인사실을 종합하여 확정한 후 확정된 당사자가 소장의 표시와 다르거나 소장의 표시만으로 분명하지 아니한 때에는 당사자의 표시를 정정 보충시키는 조치를 취하여야 하고 이러한 조치를 취함이 없이 단지 원고에게 막연히 보정명령만을 명한 후 소를 각하하는 것은 위법하다. ☞ 갑에 대하여 회생절차를 개시하면서 관리인을 선임하지 아니하고 갑을 관리인으로 본다는 내용의 회생절차개시결정이 있은 후 을 주식회사가 갑을 상대로 사해행위취소의 소를 제기한 사안에서, 원심으로서는 을 회사에, 갑을 채무자 본인으로 본 것인지 아니면 관리인으로 본 것인지에 관하여 석명할 필요 없이 관리인의 지위에 있는 갑을 상대로 소를 제기한 것으로 보고 관리인으로서 갑의 지위를 표시하라는 취지로 당사자표시정정의 보정명령을 내렸어야 하는데도, 그와 같은 조치를 취하지 않고 갑이 당사자적격이 없다는 이유로 소를 각하한 원심판결에 법리오해 등의 잘못이 있다고 한 사례)

29) 대법원 2016. 11. 25. 선고 2014다82439 판결(회생절차가 개시된 후 회생채권자가 장래에 행사할 가능성이 있는 구상권을 신고하거나 특별한 사정을 주장하여 추후보완 신고를 하여 그 절차에 따라 권리행사를 하는 대신에 관리인을 상대로 직접 구상금채권의 이행을 구하는 것은 허용될 수 없다). 회생절차가 개시된 후 회생채권자가 회생채권의 이의자를 상대로 회생채권의 이행을 구하는 소를 제기하거나 회생절차개시 당시 회생채권에 관한 소송이 계속 중이지 않던 회생채권자가 채무자회생법 제170조와 제171조에 규정된 절차를 거치는 대신에 회생채권확정을 구하는 소를 제기하는 것은 부적법하다(대법원 2014. 5. 16. 선고 2012다114851 판결, 대법원 2011. 5. 26. 선고 2011다10310 판결 참조).

30) 대법원 2000. 12. 22. 선고 2000다39780 판결 참조.

(4) 채권자취소소송

(가) 채무자에 대하여 회생절차가 개시된 경우

채무자에 대하여 회생절차개시결정이 내려진 경우에는 관리인이 총채권자에 대한 평등변제를 목적으로 하는 부인권을 행사하여야 하고, 회생채권을 변제받거나 변제를 요구하는 일체의 행위를 할 수 없는 회생채권자가 개별적 강제집행을 전제로 하여 개개의 채권에 대한 책임재산의 보전을 목적으로 하는 채권자취소소송을 제기할 수는 없다.[31]

(나) 수익자 또는 전득자에 대하여 회생절차가 개시된 경우

사해행위취소권은 사해행위로 이루어진 채무자의 재산처분행위를 취소하고 사해행위에 의해 일탈된 채무자의 책임재산을 수익자 또는 전득자로부터 채무자에게 복귀시키기 위한 것이므로 환취권의 기초가 될 수 있다. 수익자 또는 전득자에 대하여 회생절차가 개시된 경우 채무자의 채권자가 사해행위의 취소와 함께 채무자로부터 사해행위의 목적인 재산 그 자체의 반환을 청구하는 것은 환취권(제70조)의 행사에 해당하여 회생절차개시의 영향을 받지 아니한다. 따라서 채무자의 채권자는 사해행위의 수익자 또는 전득자에 대하여 회생절차가 개시되더라도 관리인을 상대로 사해행위의 취소 및 그에 따른 원물반환을 구하는 사해행위취소의 소를 제기할 수 있다.[32] 물론 원물반환이 불가능하거나 현저히 곤란한 사정이 있는 때에는 원물반환에 대신하여 금전적 배상으로서의 가액배상이 허용된다. 사해행위취소소송의 계속 중 사해행위의 수익자 또는 전득자에 대한 회생절차가 개시될 경우 취소채권자가 갖는 가액배상청구권은 공익채권이다.[33]

(5) 배당이의소송

채권자가 배당이의의 소에서 원고적격을 가지려면 배당표에 대한 실체상의 이의를 제기하여야 하고, 반드시 배당기일에 출석하여 이의를 진술하여야 한다.[34] 실체상의 이의를 진술할 권한이 없는 자가 배당기일에 출석하여 배당표에 대해 이의를 진술하였다고 하더라도 이는 부적법한 이의신청에 불과하여 배당이의 소를 제기할 원고적격이 인정되지 않는다.[35] 따라서 채권자가 채무자에 대한 회생절차개시 전에 압류 및 추심명령을 받았다고 하더라도 회생절차개시 후 회생법원에 의해 압류 및 추심명령이 취소(제58조 제5항)된 경우에는 채권자가 이후 작성된 배당표에 대하여 배당기일에서 이의를 진술하였다고 하여도 채권자의 압류 및 추심명령은 회생법원의 강제집행 취소결정에 따라 소급하여 그 효력이 소멸하였으므로 채권자는 채무자의 추심채권자로서 배당표에 대한 실체상의 이의를 진술할 권한을 상실하였고, 채권자가 배당절차에서

---

31) 대법원 2010. 9. 9. 선고 2010다37141 판결 참조.
32) 대법원 2019. 4. 11. 선고 2018다203715 판결, 대법원 2014. 9. 4. 선고 2014다36771 판결 참조.
33) 대법원 2019. 4. 11. 선고 2018다203715 판결.
34) 대법원 1981. 1. 27. 선고 79다1846 판결 참조.
35) 대법원 2002. 9. 4. 선고 2001다63155 판결 참조.

배당표에 대해 한 배당이의 진술은 부적법하며, 채권자에게는 배당이의 소를 제기할 원고 적격이 없다.[36]

나. 관리인이 소송을 제기한 경우

회생절차가 개시되면 채무자의 업무의 수행과 재산의 관리 및 처분을 하는 권리는 관리인에게 전속하고(제56조 제1항), 채무자의 재산에 관한 소송에서는 관리인이 당사자가 된다(제78조). 따라서 채무자는 원고가 될 수 없고 오로지 관리인만이 원고 적격이 있다. 한편 원고가 당사자적격이 없는 회생채무자를 당사자로 표시하였다면 법원은 소장의 당사자 표시만에 의할 것이 아니고 청구의 내용과 원인사실 등을 종합하여 당사자를 확정하여야 한다. 그리하여 확정된 당사자가 관리인이라면 당사자의 표시를 관리인으로 보정하게 한 다음 심리·판단하여야 하고, 확정된 당사자가 회생채무자라면 당사자적격이 없으므로 소를 각하하여야 한다.[37]

관리인의 소제기 행위는 법원의 허가사항으로 할 수 있다(제61조 제1항 제5호). '소제기'만을 허가사항으로 규정하고 있지만, 실무적으로는 회생절차개시결정을 할 때 「소의 제기(상소, 지급명령 포함), 소송대리인의 선임, 화해 기타 일체의 소송행위」를 허가를 요하는 사항으로 명시하고 있다.[38] 따라서 수소법원으로서는 회생법원의 허가 여부를 소명토록 하고 변론종결시까지 허가를 받지 못하는 경우 소송행위의 적법요건이 결여된 것으로 보아 소각하 판결을 하여야 한다.[39]

한편 법원이 관리인의 소제기에 대해 회생법원의 허가를 받지 않은 것을 알지 못한 채 본

---

36) 대법원 2018. 6. 28. 선고 2016다229348 판결. ☞ **[사안의 개요]** ① 원고가 A에 대한 채권에 기하여 A의 B에 대한 채권에 관해 압류 및 추심명령을 받음. ② B가 압류 경합 등을 이유로 A에게 지급할 돈을 공탁함에 따라 배당절차가 개시되었는데, A의 채권자 중 C가 원고의 배당금에 관해 이의를 진술하고 배당이의 소송을 제기함. ③ 그 배당이의 소송 진행 중에 A에 대하여 회생절차가 개시되었고, 회생법원은 채무자회생법 제58조 제5항에 따라 원고의 압류 및 추심명령을 취소하는 강제집행 취소결정을 함. ④ 이후 속개된 배당절차에서 공탁되어 있던 원고의 배당금을 A에게 배당하는 추가배당표가 작성되었고 원고가 이에 이의를 진술하고 배당이의 소송을 제기함. ⑤ A의 회생절차가 폐지되었고 회생법원은 채무자회생법 제6조 제2항 제2호에 따라 A에 대해 파산을 선고하였으며 피고를 A의 파산관재인으로 선임함
   [판단] 원고의 압류 및 추심명령은 회생법원의 강제집행 취소결정에 따라 소급하여 그 효력이 소멸하였으므로 원고는 A의 추심채권자로서 이 사건 추가배당표에 대한 실체상의 이의를 진술할 권한을 상실하였고, 원고가 이 사건 배당절차에서 이 사건 추가배당표에 대해 한 배당이의 진술은 부적법하며, 원고에게는 배당이의 소를 제기할 원고 적격이 없다.
37) 대법원 2024. 5. 30. 선고 2024다218572 판결, 대법원 2016. 12. 29. 선고 2014후713 판결, 대법원 2013. 8. 22. 선고 2012다68279 판결 등 참조.
38) 나아가 법원의 허가사항 중 일부는 관리위원회 소속 관리위원에서 위임하고 있지만, 「소 및 상소의 제기 여부의 결정, 소송대리인의 선임, 소 및 상소의 취하, 조정, 화해, 청구의 포기·인낙, 소송탈퇴, 조정을 갈음하는 결정에 대한 이의신청 여부 및 화해권고결정에 대한 이의신청 여부의 결정」은 위임하지 않고 있다. 다만 미수채권회수를 위한 가압류·가처분 신청행위는 허가사항에서 제외하고 있다.
39) 대법원 1990. 11. 13. 선고 88다카26987 판결 참조. 이에 대하여 ① 법원의 허가는 회생절차 내부의 규율에 지나지 않고 소의 적법요건은 아니라는 견해(破産法·民事再生法, 646쪽 참조), ② 법원의 허가는 민사소송법 제51조의 '소송행위에 필요한 권한의 수여'에 해당하지 않으므로 허가 없이 소를 제기하여도 부적법한 소는 아니지만(법원은 각하할 수 없다), 법적 안정성의 확보를 위해 소를 접수한 법원은 실체심리를 시작하기에 앞서 허가의 존재를 확인하여야 하고, 그 단계에서 허가가 되지 않았다는 것이 명확한 경우에는 소를 각하하여야 한다는 견해(條解 破産法, 638쪽 참조)도 있다.

안판결(조정 포함)을 한 경우 그 판결은 당연무효라고 할 수는 없고, 상소나 재심(준재심)에 의하여 다툴 수 있을 뿐이다.[40]

소제기에 대한 법원의 허가를 받았다 하더라도 해당 소송에서 조정을 하는 것은 별도로 법원 허가를 받아야 한다. 따라서 수소법원이 조정에 회부하는 경우 조정안에 대한 법원의 사전허가를 받아오도록 하거나 법원의 사전허가가 없을 경우 당사자들 사이에 합의된 내용대로 강제조정 내지 화해권고결정을 한 다음 법원의 허가를 받아 위 결정에 대하여 이의하지 않도록 하는 방법으로 진행하는 것이 무난할 것이다.

물론 소제기는 관리인이 하는 경우이므로 관리인이 응소하는 것은 포함되지 않는다. 회생절차개시결정 전부터 계속된 소송을 수계하는 경우(제59조 제2항)도 포함되지 않는다. 반면 제기된 소를 취하하는 행위는 권리의 포기(제61조 제1항 제7호)에 포함되는 것으로 볼 수 있으므로 허가를 요한다.

2. 회생절차개시결정 당시 이미 소송이 계속 중인 경우

민사소송의 목적은 사권(私權)의 실현에 있다. 이러한 민사소송의 목적을 달성하기 위해서는 일정한 절차상의 하자가 있더라도 절차를 진행시켜 판결을 선고할 필요가 있다. 공시송달제도나 무변론판결, 기일불출석에 따른 진술간주나 자백간주 등은 이러한 필요에 부응하기 위하여 둔 제도이다. 그러나 이러한 제도도 소송당사자의 절차권을 보장하여야 하는 민사소송법의 대원칙과의 관계에서 일정한 한계가 있다. 소송절차의 중단제도가 대표적이다. 그런데 일방 소송당사자에 대하여 회생절차가 개시된 경우 절차보장권은 후퇴되어야 할 뿐만 아니라, 나아가 민사소송의 목적은 희생되어야 하는 상황이 발생한다. 이해관계인의 법률관계를 조정하여 채무자 또는 그 사업의 효율적인 회생을 도모하여야 하는 회생절차의 목적에 따라 채무자의 재산을 지키는 것이 보다 우선시되어야 하기 때문이다. 회생절차에서 회생채권이나 회생담보권은 원칙적으로 민사소송절차에 의해서가 아니라 채권조사절차에서 의하여 확정되므로(제168조), 민사소송절차의 완결은 의미가 없다. 이에 따라 사권보호 및 실현이라는 민사소송의 목적과 효율적인 회생을 도모하여야 한다는 회생절차의 목적을 조화하기 위하여 회생절차에서 채무자 재산 관련 소송절차를 어떻게 취급할 것인지는 중요한 문제이다.[41]

가. 소송절차의 중단과 수계

(1) 소송절차의 중단

회생절차가 개시되면[42] 회생채권, 회생담보권에 관한 소송을 포함하여 환취권, 공익채권 등

---

40) 대법원 1990. 11. 13. 선고 88다카26987 판결 참조.
41) 김용진, "도산법과 민사소송법의 관계－도산절차개시가 국내·외 민사소송절차에 미치는 영향을 중심으로－, 인권과 정의(2009년 5월), 134~135쪽 참조.
42) 소송절차의 중단은 '개시결정이 있는 때'이다. 다만 회생절차가 개시된 사실에 대하여 회생계속법원이나 관리인이

채무자의 재산에 관한 소송[43]이면 모두 중단된다(제59조 제1항).[44] 회생채권자 등으로 될 자가 채무자를 상대로 이행소송을 제기한 경우나, 반대로 채무자가 이러한 자들을 상대로 채무부존재확인소송을 제기한 경우 회생절차개시결정이 되면 모두 중단된다. 채무자의 재산에 관한 관리처분권이 관리인에게 전속하고(제56조 제1항), 채무자의 재산에 관한 소송은 관리인에게 당사자적격이 있기 때문이다(제78조).

채무자의 재산에 관한 관리처분권은 적극재산에 대한 당사자적격과 소극재산인 회생채권 등에 대한 당사자적격을 포함하기 때문에, '채무자의 재산에 관한 소송'에는 ① 채무자의 재산에 속한 재산에 관한 소송, ② 회생채권 등에 관한 소송 및 ③ 공익채권에 관한 소송[45]이 포함된다. 아래에서 보는 바와 같이 유형에 따라 수계절차에 차이가 있다. 회생절차개시결정을 받은 당사자가 원고이든 피고이든 중단된다. 소송대리인이 있는 경우에도 중단된다.[46] 따라서 소송계속 중 일방 당사자에 대하여 회생절차개시결정이 있었음에도 법원이 이를 알지 못한 채 일방

수소법원에 통지하여야 한다는 규정이 없다. 따라서 통상은 종전의 소송당사자가 수소법원에 연락하여야 수소법원은 중단사실을 인지하고, 수계가 있을 때까지 소송절차의 진행을 정지하게 된다.

43) **도산절차의 개시와 중단되는 소송의 범위** 민사소송법 제239조는 '당사자가 파산선고를 받은 때'에 파산재단에 관한 소송절차는 중단된다고 규정하고 있음에 반하여, 채무자회생법 제59조 제1항은 회생절차개시결정이 있는 때에는 '채무자의 재산에 관한 소송'은 중단된다고, 제347조 제1항은 '파산재단에 속하는 재산'에 관하여 파산선고 당시 법원에 계속되어 있는 소송은 파산관재인 또는 상대방이 이를 수계할 수 있다고 규정하고 있다. 민사소송법은 당사자가 파산선고를 받을 것을 전제로 하고 있지만, 채무자회생법은 이러한 제한(전제)이 없다. 한편 채무자가 당사자가 아니지만 채권자취소소송, 사해신탁소송 등에 관하여 제113조, 제406조, 제586조에서 중단과 수계를 규정하고 있고, 이러한 규정을 유추적용하여 채권자대위소송이나 주주대표소송에 대하여도 중단·수계를 인정하는 것이 일반적인 견해이다. 그렇다면 위와 같이 특별규정이 있는 경우를 제외한 채무자가 당사자가 아닌 나머지 소송(예컨대 배당이의소송, 추심소송)은 중단과 수계가 인정되지 않는가. 민사소송법과 달리 채무자회생법은 당사자가 파산선고(회생절차개시)를 받을 것을 전제로 하고 있지 않고, 단지 채무자의 재산에 관한 소송 또는 파산재단에 관한 소송이라고만 규정하고 있으며, 당사자가 채무자인 것은 '채무자의 재산 또는 파산재단에 관한 소송'의 전형적인 예에 지나지 않기 때문에 제113조, 제406조, 제586조의 규정이 있다고 하여 이러한 소송 이외에 채무자가 당사자가 아닌 소송의 중단·수계를 배제하는 취지는 아니라고 할 것이다.

참고로 일본 민사재생법 제67조 및 회사갱생법 제52조는 '채무자의 재산관계에 관한 소송'의 중단을 규정하고 있음에 반하여, 파산법 제44조 제1항은 '파산자(파산선고를 받은 채무자)를 당사자로 한' 파산재단에 관한 소송절차의 중단을 규정하고 있다. 또한 별도로 채권자대위소송 및 채권자취소소송(회사갱생법 제52조의2, 민사재생법 제40조의2, 파산법 제45조)의 중단·수계를 규정하고 있고, 위 규정들이 이러한 소송 이외에 채무자가 당사자가 아닌 소송의 중단·수계를 배제하는 취지는 아니라고 보고 있다(條解 破産法, 362쪽, 條解 民事再生法, 350쪽).

44) 파산절차에서는 파산재단에 관한 소송인지 아닌지에 따라 소송의 중단 여부가 결정된다(민소법 제239조).

45) 공익채권의 대부분은 회생절차개시 후의 원인으로 발생한 것이므로 일반적으로 회생절차개시 당시에 소송이 계속 중인 경우는 생각하기 어렵다. 그러나 예외적으로 회생절차개시 전의 원인에 기한 채권이지만 공익채권인 것이 있고 그런 경우에는 그와 관련한 소송이 회생절차개시 당시에 계속될 수 있다. 예컨대 회생절차개시 전에 발생한 근로자의 임금채권 등은 공익채권이고(제179조 제1항 제10호), 이에 관한 소송이 회생절차개시 전에 계속된 경우를 들 수 있다. 이 경우에는 해당 소송도 중단되고 관리인이 수계한다.

46) 당사자의 사망(민소법 제233조 제1항), 법인의 합병(민소법 제234조), 당사자의 소송능력의 상실·법정대리권의 소멸(민소법 제235조), 신탁재산에 관한 소송의 당사자인 수탁자의 임무 종료(민소법 제236조), 자격상실(민소법 제237조)로 인하여 소송절차가 중단된 경우에는 중단사유가 생긴 당사자 측에 소송대리인이 있으면 소송절차는 중단되지 않는다(민소법 제238조). 그러나 회생절차개시결정이 있는 경우에는 위 예외조항이 적용되지 않으므로 소송대리인이 있다고 하더라도 소송절차는 중단된다. 또한 관리인과 채무자의 이해가 일치한다고 볼 수도 없기 때문이다. 파산선고의 경우에도 마찬가지이다.

나아가 소송대리권도 재산의 관리처분을 위한 법적 수단이므로 채무자가 부여한 대리권에 기하여 회생절차의 개시 후에 한 법률행위는 채무자 자신의 재산관리행위와 마찬가지로 회생절차와의 관계에서는 그 효력을 주장할 수 없다고 보아야 하기 때문이기도 하다(본서 272쪽 참조).

당사자에 관하여 소송수계가 이루어지지 아니한 상태 그대로 소송절차를 진행하여 판결을 선고하였다면, 그 판결은 일방 당사자의 회생절차개시결정으로 소송절차를 수계할 관리인 등이 법률상 소송행위를 할 수 없는 상태에서 심리되어 선고된 것이므로 여기에는 마치 대리인에 의하여 적법하게 대리되지 아니하였던 경우와 마찬가지의 위법이 있다.[47]

소송절차가 중단되는 것은 채무자의 재산에 관한 소송[48]이다. 따라서 채무자의 재산과 관련이 없는 소송(이혼소송과 같은 신분관계소송이나 주주총회결의무효소송, 주주지위확인의 소, 주식명의개서청구의 소 등)은 회생절차개시결정으로 중단되지 않는다.[49] 위와 같은 소송은 인격적 활동에 관한 것[50]이거나 조직법적·사단적 활동에 관한 것으로 채무자 재산의 관리처분권과 무관하여 채무자에게 여전히 당사자적격이 인정되기 때문이다.[51] '소송'에는 민사소송·가사소송뿐만 아니라 행정소송(과세처분취소소송 등)[52]도 포함되고, 보전처분사건, 재산권과 관련된 비송사건,[53] 조정사건, 가사비송사건, 중재사건도 포함된다.[54][55]

---

47) 대법원 2021. 5. 7. 선고 2020두58137 판결(행정소송 진행 중 회생절차개시결정이 된 사안), 대법원 2016. 12. 27. 선고 2016다35123 판결, 대법원 2016. 3. 24. 선고 2015다35393 판결, 대법원 2015. 10. 15. 선고 2015다1826 판결, 대법원 2012. 9. 27. 선고 2012두11546 판결, 대법원 2011. 10. 27. 선고 2011다56057 판결, 대법원 1996. 2. 9. 선고 94다24121 판결 등 참조. 그렇지만 그 판결이 당연 무효라고 할 수는 없고, 대리권 흠결을 이유로 상소 또는 재심에 의하여 그 취소를 구할 수 있을 뿐이다(대법원 1998. 5. 30. 자 98ㄱ7 결정, 대법원 1995. 5. 23. 선고 94다28444 전원합의체 판결 등 참조). 또한 상소심에서 수계절차를 밟은 경우에는 위와 같은 절차상의 하자는 치유되고 그 수계와 상소는 적법한 것으로 된다(대법원 2020. 6. 25. 선고 2019다246399 판결, 대법원 1999. 12. 28. 선고 99다8971 판결 등 참조).

48) 부당한 공동행위를 처분사유로 한 공정거래위원회의 과징금 납부명령에 대하여 과징금의 부과 및 액수를 다투는 소송은 채무자의 재산에 관한 소송에 해당한다(대법원 2012. 9. 27. 선고 2012두11546 판결 참조). 소수주주의 회계장부 등 열람·등사청구권(상법 제466조 제1항)에 기한 가처분사건도 재산에 관한 소송이다(대법원 2020. 10. 20. 자 2020마6195 결정 참조, 위 사건에서 피신청인 회사에 대하여 회생절차가 개시되자 관리인이 신청사건을 수계하였고, 법원은 이러한 수계가 적법하다는 전제에서 본안판단을 하였다).

49) 대법원 2010. 2. 11. 선고 2009다83599 판결 참조. 위 판결의 사건 개요는 다음과 같다. A사는 2008. 4. 24. 임시주주총회를 개최하여 재무구조개선을 위한 자본감소결의를 하였다. A사의 주주인 甲 등은 A사를 상대로 자본감소무효(감자무효)의 소를 제기하였다. 이후 A사는 2008. 9. 26. 회생절차개시신청을 하였고 개시결정이 되었다. 개시결정 이후에도 소송절차는 중단되지 않고 A사가 당사자로서 소송을 계속 수행하였다.

50) 인격적 활동에 관한 권한은 회생절차가 개시되더라도 여전히 채무자에게 귀속되기 때문이다.

51) 이에 대하여 채무자의 재산과 관련이 없는 소송, 예컨대 조직법상의 소(설립무효의 소, 회사해산의 소, 합병무효의 소, 주주총회결의무효확인의 소, 신주발행무효의 소 등)에 대하여도 중단의 효력이 있다는 견해가 있다(會社更生法, 330쪽). 그 이유는 채무자의 업무수행권 및 재산의 관리처분권을 전속적으로 행사하는 관리인의 직무의 관점에서 보면, 승소 또는 패소의 결과, 소송비용의 부담을 고려하면, 이것과 무관한 조직법상의 소송은 생각할 수 없으므로 모두 중단의 대상이 된다는 것이다. 또한 이러한 소에 근거한 청구인용의 확정판결이 대세효(상법 제190조 등)가 있다는 점을 고려하면 관리인의 재산에 대한 관리처분권이나 업무수행권과 무관하다고는 생각하기 어렵다.

52) 대법원 2021. 5. 7. 선고 2020두58137 판결(○○산업 주식회사에 대한 피고[세종특별자치시장]의 취득세 등 징수권은 회생절차 개시결정 전에 성립한 것으로 그 취득세 등 부과 및 액수를 다투는 취득세 등 부과처분 취소소송은 제59조 제1항의 '채무자의 재산에 관한 소송'에 해당하므로 ○○산업에 대한 회생절차 개시결정으로 중단되었다고 보아야 한다) 참조.

53) 관련 내용은 〈제6편 제2장〉(본서 2162쪽)을 참조할 것.

54) 중재법에는 중단·수계의 제도가 없지만, 소송절차의 중단에 관한 규정을 유추적용하는 것이 가능하다고 할 것이다. 나아가 제172조 제1항에서 말하는 회생절차개시 당시 계속 중인 '이의채권(회생채권)에 관한 소송'에는 당해 회생절차(2차 회생절차) 이전에 이미 개시되었다가 종료된 회생절차(1차 회생절차)에서 동일한 채권자가 같은 회생채권을 신고하고 이해관계인이 이에 대해 이의를 제기함에 따라 그 채권자가 1차 회생절차 진행 중 신청한 회생채권조사확정재판으로서 1차 회생절차 종료 이후 2차 회생절차에서의 채권이의 당시까지 계속 중인 것도 포함된다(본서 1170쪽 참조).

소의 객관적 병합이 있는 경우 또는 본소에 대한 반소가 제기되어 있는 경우에는 채무자의 재산에 관한 부분에 한하여 소송절차가 중단된다. 소의 주관적 병합의 경우에는 공동소송인 중 회생절차개시결정을 받은 자의 소송절차만 중단된다. 다만 필수적 공동소송의 경우에는 공동소송인 전원에 대한 소송이 모두 중단되고, 채무자가 관리인으로 수계된 후 속행된다.

채무자의 재산에 관한 소송절차의 중단은 회생절차개시결정의 확정을 기다리지 않고 그 결정에 의하여 즉시 발생한다. 회생절차개시결정이 즉시항고에 의하여 취소된 때에는 일단 중단한 효력이 소급하여 소멸하는 것은 아니고, 그 취소시부터 중단되었던 소송절차가 속행하게 된다.

소송절차가 중단되면 당사자든 법원이든 일체의 소송행위를 할 수 없고 기간도 진행되지 않는다(민소법 제247조 제2항).[56] 정지된 기간은 소송절차의 수계사실을 통지한 때 또는 소송절차를 다시 진행한 때부터 전체기간이 새로이 진행된다(민소법 제247조 제2항). 소송절차는 어떤 단계에 있건 중단된다. 다만 변론종결 후 회생절차개시결정이 있는 경우 다른 중단사유가 있는 경우와 마찬가지로 판결선고는 할 수 있다(민소법 제247조 제1항).[57]

(2) 소송절차의 수계[58]

회생절차개시 후에 제기되는 채무자의 재산에 관한 새로운 소송에서의 당사자적격은 관리

---

55) 행정소송을 제외한 행정청에 계속된 사건에 관하여는 제59조 제6항에 별도로 규정하고 있다.

56) 재판장 인지보정명령상의 보정기간은 그 기간의 진행이 정지되므로 기간불준수의 효과도 발생할 수 없다(대법원 2009. 11. 23. 자 2009마1260 결정 참조). 독촉절차는 금전, 그 밖에 대체물이나 유가증권의 일정한 수량의 지급을 목적으로 하는 청구에 대하여 채권자로 하여금 간이·신속하게 집행권원을 얻을 수 있도록 하기 위한 특별소송절차로서(민소법 제462조), 그 성질에 어긋나지 아니하는 범위에서 소에 관한 규정이 준용된다(민소법 제464조). 따라서 지급명령이 송달된 후 이의신청 기간 내에 회생절차개시결정 등과 같은 소송중단 사유가 생긴 경우에는 민사소송법 제247조 제2항이 준용되어 이의신청 기간의 진행이 정지된다(대법원 2012. 11. 15. 선고 2012다70012 판결).

57) 대법원 2008. 9. 25. 선고 2008다1866 판결. 그렇다고 하더라도 판결정본의 송달은 중단사유가 있는 당사자에 대하여 할 수 없기 때문에, 관리인의 수계 등에 의하여 중단이 해소될 때까지는 판결정본의 송달은 할 수 없고, 상소기간도 진행되지 않는다.

58) 상고심의 소송절차가 상고이유서 제출기간(민소법 제427조)이 지난 단계에 이르러 변론 없이 판결을 선고할 때에는 관리인으로 하여금 소송절차를 수계하도록 할 필요가 없다(대법원 2016. 4. 12. 선고 2014다68761판결, 대법원 2015. 7. 9. 선고 2013다69866 판결, 대법원 2013. 7. 11. 선고 2012다6349 판결 참조). 이는 변론종결 후 중단이 되어도 판결을 선고할 수 있는 것과 같은 취지에서, 당사자의 절차관여가 마쳐진 후 법원의 판단에 대하여는 중단에 의해 당사자의 절차보장은 필요하지 않다는 것을 근거로 한 것으로 보인다. 반면 상고이유서 제출기간이 지나기 전에 회생절차가 개시된 경우에는 관리인은 소송절차를 수계하여야 한다(대법원 2022. 10. 27. 선고 2022다241998 판결 참조).

   상고심에서 회생절차가 개시된 경우에는 수계의 허용 여부와는 별개로 법률심인 상고심에서는 청구취지를 변경할 수 없으므로 청구취지 변경(채권확정을 구하는 소로) 및 그 심리를 위하여 원심판결을 파기하여 사건을 원심법원에 환송하여야 한다(위 2022다241998 판결 참조).

   사례 원고는 피고를 상대로 부당이득반환청구소송을 제기하여 항소심인 서울고등법원에서 '제1심판결의 금원지급 부분 중 「피고는 원고에게 2억 원을 지급하라」는 금액을 초과하는 피고 패소부분을 취소하고, 그 취소부분에 해당하는 원고의 피고에 대한 청구를 기각한다'는 판결을 선고받았다. 피고는 이에 불복하여 대법원에 상고하였고, 서울회생법원에서 회생절차가 개시되었다. 피고의 관리인은 소송수계신청을 하였다.

   1. 피고에 대한 회생절차가 상고이유서 제출기간 내에 개시되었다면, 소송수계신청은 적법하므로 관리인이 소송을 수계한다. 피고에 대한 회생절차가 상고이유서 제출기간이 지난 후에 개시되었다면 소송수계는 부적법하다. 따라서 소송수계신청은 기각하여야 한다.

인에게 있다(제78조). 나아가 회생절차개시 전에 소가 제기되어 회생절차개시 당시 채무자가 수행하던 채무자의 재산에 관한 소송도, 회생절차개시 후의 당사자적격은 법정소송담당자인 관리인에게만 인정된다고 할 것이다. 따라서 회생절차개시에 의하여 회생절차개시 당시 계속 중인 채무자의 재산에 관한 소송의 당사자적격은 채무자에게서 관리인으로 이전되어야 하고,[59] 소송의 당사자는 채무자에서 관리인으로 교체되어야 한다. 이를 소송법상 회생절차개시에 의한 채무자의 재산에 관한 소송의 당연승계[60]라고 할 수 있을 것이다.[61]

(가) 중단된 소송절차가 회생채권, 회생담보권과 관계없는 것인 경우[62]

중단된 소송절차가 회생채권, 회생담보권과 관계없는 것, 즉 공익채권 내지 환취권에 관한 소송, 채무자가 가지는 권리에 기한 이행의 소·확인의 소 등은 관리인 또는 상대방이 즉시 수계할 수 있다(제59조 제2항 전문).[63] 수계 후에도 청구취지를 변경할 필요는 없다.

수계신청은 상대방도 할 수 있다.[64] 관리인은 상대방으로부터의 수계신청에 대하여 거절할 수 없는 것이 원칙이다. 다만 권리행사에 대하여 채무자회생법에 보다 간단한 방법을 인정하

---

2. 부당이득반환채권은 회생채권이고, 청구취지를 변경하여야 하지만(원고의 채무자에 대한 부당이득반환채권은 2억 원임을 확정한다. 물론 원고가 주장하는 부당이득반환채권 전부(예컨대 3억 원)에 대한 확정을 구할 수도 있을 것이다), 상고심에서는 청구취지를 변경할 수 없다. 따라서 수계의 허용(적법) 여부와 별개로 청구취지를 변경하고 그에 대한 심리를 위해 원심판결을 파기하고 서울고등법원으로 환송하여야 한다. 물론 부당이득반환채권이 회생채권이 아닌 공익채권이라면 상고를 기각하면 될 것이다.

3. 다만 소송 계속 중 피고에 대하여 회생절차개시결정이 있었다는 이유로 회생채권의 확정을 구하는 소로 청구취지 및 청구원인을 변경하는 신청을 한 사건에서, 대법원은 청구취지 변경은 사실심 변론종결 전까지만 할 수 있으므로 상고심에서는 허용되지 아니한다는 이유로 상고를 기각한 사례도 있다(대법원 2013. 2. 14. 선고 2012다84912 판결 참조). 또한 소송수계는 허용하면서 청구취지 변경을 위한 파기환송을 하지 않고 상고를 기각한 사례도 있다(대법원 2024. 6. 17. 선고 2024다230602 판결, 실무적으로는 이렇게 처리하는 것이 일반적인 것 같다).

59) 소송계속 중에 소송의 목적인 권리관계에 대하여 당사자적격이 제3자에게 이전되는 경우에 새로운 적격자가 종전의 당사자의 소송상의 지위를 인계받는 것을 소송승계라 한다. 소송계속 중의 소송과 별도로 새로운 소송을 벌인다면 소송경제에 반할뿐더러 지금까지의 소송수행의 노고가 헛된 것이 되므로, 실체적 권리관계의 변동을 소송에 반영시켜 제3자가 지금까지의 기존당사자의 소송상의 지위를 인계하는 소송승계제도를 인정하게 된 것이다.

60) 소송승계에는 당연승계와 소송물양도에 의한 승계가 있다. '당연승계'란 당사자의 사망 따위의 일정한 승계원인의 발생과 동시에 법률상 당연히 당사자의 변경, 즉 승계가 이루어지는 것을 말한다. '소송물양도에 의한 승계'란 계쟁물의 양도 등 당연승계 이외의 승계원인이 생겨 적격승계인의 소송참가신청이나 그에 대한 상대방의 소송인수신청에 의하여 당사자의 변경, 즉 승계가 이루어지는 것을 말한다. 회생절차개시결정은 당연승계의 원인이다.

61) 채무자가 개인인 경우(일반회생)에도 외견상으로는 동일하다고 하더라도 수계를 하여야 한다. 실무적으로 A에 대하여 소송절차가 진행 중 회생절차개시결정이 된 경우 판결문에 「A의 소송수계인 회생채무자 A의 (법률상)관리인 A」라고 기재한다. 만약 A가 법인(회사)이라면 「A의 소송수계인 회생채무자 A의 (법률상)관리인 ○○○」라고 기재한다.

62) **사례** 원고가 피고를 상대로 특허권침해금지와 특허권에 대한 침해행위로 입은 손해배상을 청구하는 소송을 제기하였다. 이후 피고에 대하여 회생절차가 개시되었다. 원고는 손해배상채권에 관하여 적법하게 채권신고를 하였고 관리인은 이를 부인하였다. 이후 소송절차는 어떻게 되는가. ① 손해배상청구부분은 회생채권으로 소송절차는 중단되고 관리인이 이를 수계하여야 할 것이다. 청구취지도 해당 채권을 확정하는 형태로 변경하여야 한다. ② 특허권침해금지청구부분은 어떠한가. 특허권침해금지청구권은 회생채권이 아니다(본서 548쪽). 특허권침해금지청구부분은 '채무자의 재산에 관한 소송'으로 볼 수 있을 것이다. 따라서 이 부분도 중단되고 관리인이 수계를 하여야 할 것이다(부산지방법원 2010. 9. 16. 선고 2009가합11948 판결(확정) 참조). 물론 청구취지를 변경할 필요는 없다.

63) 파산절차에서는 파산재단에 관한 소송인 한 모두 파산관재인 또는 상대방이 수계할 수 있다(제347조 제1항). 다만 파산채권이 이의채권인 경우에는 제464조 및 제466조 제2항에 별도의 수계 규정을 두고 있다.

64) 소송절차의 상대방은 일방당사자의 회생절차개시라는 우연한 상황으로 그 때까지의 소송수행결과를 무효로 만드는 것을 수인할 이유가 없으므로 수계신청권을 인정한 것이다.

고 있는 경우에는 반드시 종전의 소송을 수계할 필요는 없다. 예컨대 회사가 이사 등에 대하여 제기한 손해배상청구소송에 관하여는 채무자회생법이 이사 등의 책임을 추궁하기 위해 간단한 조사확정재판절차를 두고 있으므로(제115조) 관리인은 소송을 수계하지 않고 조사확정재판을 신청하는 것도 가능하다.[65]

관리인이 소송을 수계한 경우에는 유·불리를 묻지 않고 그 때까지의 소송상태를 그대로 승계한다. 다만 관리인 고유의 공격방어방법(예컨대 부인권의 행사)을 제출하는 것을 방해하지는 않는다. 관리인이 수계한 소송에 대하여 상대방의 채무자에 대한 소송비용청구권은 공익채권이 된다(제59조 제2항 후문).[66]

(나) 중단된 소송절차가 회생채권, 회생담보권에 관한 것인 경우[67]

중단된 소송절차가 회생채권, 회생담보권에 관한 것인 경우에는 (즉시)소송수계를 할 것이 아니고, 채권자에게 회생절차 내에서 채권신고를 하게 한 다음 그 결과에 따라 다음과 같이 조치하여야 한다.

① 관리인 등이 채권신고에 대하여 이의한 경우

㉮ 집행력 있는 집행권원이나 종국판결이 없는 회생채권 등

회생채권자 또는 회생담보권자가 권리확정을 구하는 것으로 청구취지를 변경하여야 하고,[68] 채권신고에 대하여 이의를 한 사람 전원을 상대로 소송을 수계하여야 한다(제172조 제1항, 필수적 공동소송). 수계신청은 이의채권자(회생채권자 또는 회생담보권자)뿐만 아니라 상대방인 이의를 한 관리인도 할 수 있다.[69]

회생절차에서의 채권(권리)확정소송의 법적 성질은 확인소송이므로(통설), 확인소송에 맞게 청구취지가 변경되거나 반소가 제기되어야 한다.[70] 청구취지의 변경은 사실심 변론종결 전까지만 가능하다.[71]

---

65) 會社更生の實務(上), 200~201쪽.

66) 관련 내용은 〈제8장 제4절 Ⅰ.2.나.(3)〉(본서 690쪽)을 참조할 것.

67) 회생담보권의 기초가 되는 담보권에 대하여 회생절차개시 전부터 계속된 담보권부존재확인소송이나 저당권말소등기 청구소송을 회생채권 등에 관한 소로서 취급될 수 있는가. 전자는 회생채권 등에 관한 소송으로서, 후자도 분쟁의 근본적 해결이라는 관점으로부터 채무자의 재산에 관한 소송으로 취급할 수 있을 것이다(會社更生法, 334쪽 각주 158)).

68) 대법원 2015. 7. 9. 선고 2013다69866 판결(채무자 회생 및 파산에 관한 법률 제59조 제1항, 제118조, 제131조 등에 의하면 회생절차개시결정이 있는 때에는 채무자의 재산에 관한 소송절차는 중단되고, 회생절차개시 전의 원인으로 생긴 재산상의 청구권이나 회생절차개시 후의 불이행으로 인한 손해배상금 등 회생채권에 관하여는 특별한 규정이 있는 경우를 제외하고는 회생계획에 규정된 바에 따르지 아니하고는 변제받는 등 회생절차 외에서 개별적인 권리행사를 할 수 없다. 따라서 회생채권자가 채무자에 대한 회생절차개시결정으로 중단된 회생채권 관련 소송절차를 수계하는 경우에는 회생채권의 확정을 구하는 것으로 청구취지 등을 변경하여야 하고, 이러한 법리는 회생채무자의 관리인 등이 회생절차에서 회생채권으로 신고된 채권에 관하여 이의를 하고 중단된 소송절차를 수계하는 때에도 마찬가지이다.).

69) 대법원 1997. 8. 22. 선고 97다17155 판결 참조.

70) 관련 내용은 〈제10장 제4절 Ⅲ.3.가.〉(본서 804쪽)를 참조할 것. 조세 등 청구권의 경우에는 채권조사의 대상이 아니고 채무자가 할 수 있는 방법(행정심판이나 행정소송)으로 불복을 하여야 하므로(제157조) 수계를 한 후에도 청구취지를 변경할 필요가 없다.

71) 대법원 2013. 2. 14. 선고 2012다84912 판결.

회생채권자가 청구취지를 변경하지 아니한 경우에는 법원은 청구취지를 변경할 필요가 있다는 점을 지적하여 회생채권의 확정을 구하는 것으로 청구취지를 변경할 의사가 있는지를 석명하여야 할 의무가 있다.[72]

이와 관련된 자세한 내용은 〈제10장 제4절 Ⅲ.〉(본서 798쪽)을 참조할 것.

㈐ 집행력 있는 집행권원이나 종국판결이 있는 회생채권 등

이의채권 중 집행력 있는 집행권원 또는 종국판결이 있는 회생채권 또는 회생담보권에 관하여 회생절차개시 당시 법원에 소송이 계속되어 있는 경우 이의자는 위 회생채권자 또는 회생담보권자를 상대방으로 하여 소송절차를 수계하여야 한다(제174조 제2항).

이와 관련된 자세한 내용은 〈제10장 제4절 Ⅳ.〉(본서 808쪽)를 참조할 것.

㈑ 수계신청기간

수계신청은 채권조사기간의 말일 또는 특별조사기일부터 1월 이내에 하여야 한다(제172조 제2항, 제170조 제2항, 174조 제3항). 위 기간 내에 수계신청을 하지 않는 경우 신고된 채권은 부존재하는 것으로 확정되고, 수소법원은 수계신청을 받아들이지 않고 소각하판결을 하여야 한다. 또한 회생채권확정을 위한 소송수계에서 관리인은 그 회생채권에 대한 이의자로서의 지위에서 당사자가 되므로, 이의채권이 되지 아니한 상태에서 미리 당사자로서 소송수계신청을 할 수는 없다고 할 것이어서,[73] 조사기간의 말일 또는 특별조사기일 이전에 소송수계신청을 하더라도 이는 부적법하다(본서 802쪽).[74]

② 관리인 등이 채권신고에 대하여 이의가 없는 경우[75]

신고된 회생채권 등에 대하여 관리인 등의 이의가 없는 때에는 채권이 신고한 내용대로 확

---

72) 대법원 2015. 7. 9. 선고 2013다69866 판결.

73) 실무적으로 이의채권이 되기 전(대부분 회생절차개시결정이 된 후 바로) 관리인이 소송수계신청을 하는 경우가 종종 있다. 이 경우 수계신청은 부적법하므로 채권조사를 거쳐 이의가 된 후나 채권조사기간이 지난 후 수계신청을 하도록 하여야 한다. 예컨대 원고가 2022. 1. 10. 피고(채무자)를 상대로 회생채권인 대여금채권 1억 원을 지급하라는 소송을 제기한 후, 2022. 2. 1. 피고에 대하여 회생절차개시결정이 되었다. 그러자 관리인이 바로 소송수계신청을 하였다. 하지만 위 소송수계신청은 부적법하다. 회생절차개시결정으로 소송절차는 중단되었고, 관리인은 회생절차에서 채권신고절차를 거쳐 이의채권이 된 후나 채권신고기간이 지난 후 다시 소송수계신청을 하여야 한다.

74) 제172조에서의 소송절차 수계는 회생채권확정의 일환으로 진행되는 것으로서, 조사기간의 말일까지 또는 특별조사기일에 이루어지는 관리인 등의 회생채권에 대한 이의를 기다려, 회생채권자가 그 권리의 확정을 위하여 이의자 전원을 그 소송의 상대방으로 하여 신청하여야 한다. 그리고 그 회생채권에 집행력 있는 집행권원이 있는 경우에는, 제174조에 따라 이의자는 채무자가 할 수 있는 소송절차에 의하여서만 이의를 주장할 수 있으며, 그 회생채권에 관하여 법원에 소송이 계속되는 때에는 이의자가 그 회생채권자를 상대방으로 하여 소송절차를 수계하여야 한다. 따라서 회생채권확정을 위한 소송수계에서 관리인은 그 회생채권에 대한 이의자로서의 지위에서 당사자가 되므로, 이의채권이 되지 아니한 상태에서 미리 당사자로서 소송수계신청을 할 수는 없다고 할 것이어서, 조사기간의 말일 또는 특별조사기일 이전에 소송수계신청을 하더라도 이는 부적법하다고 볼 것이다(대법원 2019. 1. 31. 선고 2018다259176 판결, 대법원 2016. 12. 27. 선고 2016다35123 판결, 대법원 2015. 10. 15. 선고 2015다1826 판결, 대법원 2013. 5. 24. 선고 2012다31789 판결 참조).

75) 채권자목록에도 기재되지 않았을 뿐만 아니라 채권신고를 하지 않은 상태에서 회생계획의 인가결정이 내려짐에 따라 실권된 경우(제251조)에는 어떻게 처리하여야 하는가. 회생절차개시로 소송절차가 중단된 후 수계되지 않은 상태에서 회생계획이 인가된 경우에 발생한다. 회생채권이 인가결정으로 실권된 경우를 회생채권과 관계없는 소송으로 보아 제59조 제2항에 따라 관리인 또는 상대방이 수계할 수 있다고 할 것이다. 권리가 실권되었으므로 각하하여야 할 것이다{아래 〈제3절 Ⅰ.2.나.〉(본서 1163쪽) 참조}.

정된다(제166조 제1호). 법원사무관 등은 조사결과를 회생채권자표 등에 기재하고(제167조 제1항), 확정된 회생채권 등을 회생채권자표 등에 기재한 때에는 그 기재는 확정판결과 동일한 효력이 있고(제168조), 회생채권자표 등에 의하여 강제집행을 할 수 있을 뿐이다(제255조 제2항). 따라서 계속 중이던 회생채권 등에 관한 소송은 소의 이익이 없어 부적법하게 된다.[76]

사례 1 채권자 甲(원고)이 채무자 乙(피고)을 상대로 수원지방법원에 임대차계약 해지를 원인으로 한 건물인도, 임료청구소송을 제기하였다. 이후 서울회생법원에서 채무자에 대하여 회생절차개시결정을 하였다. 이 경우 수원지방법원은 어떻게 처리하여야 하는가. ① 건물인도부분. 이는 환취권의 행사에 해당한다. 따라서 소송절차는 중단되고 관리인이 이를 수계하여 진행하면 된다. 청구취지를 변경할 필요는 없다. ② 임료청구부분. ㉮ 회생절차개시결정 전 임료부분은 회생채권이다. 따라서 먼저 회생절차에서 채권신고를 하여야 한다. 신고한 채권에 대하여 이의가 없으면 확정되므로 이 부분 소를 취하하도록 하거나 취하하지 아니할 경우 소의 이익이 없어 각하한다.[77] 이의가 있으면 관리인이 이를 수계한다. 청구취지는 채권확정의 소로 변경하여야 한다.[78] 회생계속법원인 서울회생법원으로 이송할 필요는 없다.[79] ㉯ 회생절차개시결정 후 임료부분[80]은 공익채권이다. 따라서 관리인이 이를 수계하고 청구취지를 변경할 필요는 없다.

사례 2 채무자 乙(피고)에 대하여 서울회생법원에서 회생절차개시결정을 하였다. 이후 채권자 甲(원고)은 회생절차개시사실을 모른 채 乙(피고)을 상대로 수원지방법원에 임대차계약 해지를 원인으로 한 건물인도, 임료청구소송을 제기하였다. 이 경우 수원지방법원은 어떻게 처리하여야 하는가. ① 건물인도부분. 이는 환취권의 행사에 해당한다. 회생절차가 개시되면 관리인만이 당사자적격이 있으므로 당사자표시정정을 하여야 한다. 청구취지를 변경할 필요는 없다. ② 임료청구부분. ㉮ 회생절차개시결정 전 임료부분은 회생채권이다. 따라서 이는 다툼이 있는지 여부와 무관하게 채권조사확정절차에 따라 해결하여야 할 부분이다. 법원으로서는 이 부분 소를 취하하도록 하거나 취하하지 아니할 경우 소의 이익이 없어 각하한다.[81] ㉯ 회생절차개시결정 후 임료부분은 공익채권이다. 회생절차가 개시되면 관리인만이 당사자적격이 있으므로 당사자표시정정을 하여야 한다. 청구취지를 변경할 필요는 없다.

---

76) 대법원 2020. 3. 2. 선고 2019다243420 판결, 대법원 2015. 10. 15. 선고 2015다1826 판결, 대법원 2014. 6. 26. 선고 2013다17971 판결. 중단된 소송은 수계가 불가능하고 소의 이익이 없어 부적법 각하하여야 한다(서울중앙지방법원 2013. 6. 14. 선고 2012가합78974 판결 참조).

77) 수계되지 않고 소송절차는 당연히 종료되는 것으로 처리할 수도 있을 것이다. 이 경우 수소법원으로서는 회생계속법원에 조사의 촉탁(민소법 제294조), 그 밖의 방법으로 기록상 명백히 한 뒤 사건을 종료하는 수밖에 없을 것이다.

78) 원고가 피고에 대하여 회생절차개시 전 임료로 1억 원을 구하고 있는 경우, 원래의 청구취지는 「피고는 원고에게 1억 원을 지급하라」이다. 피고에 대하여 회생절차가 개시된 경우 청구취지는 「원고의 채무자에 대한 회생채권은 1억 원임을 확정한다」로 변경한다. 이후 ① 회생절차가 회생계획인가 전에 폐지된 경우 청구취지는 다시 「피고는 원고에게 1억 원을 지급하라」로 변경한다(소송절차가 중단되고 소송수계가 일어난다). ② 회생절차가 회생계획인가 후에 폐지되거나 종료된 경우 청구취지는 변경되지 않고 그대로 유지된다(물론 소송절차가 중단되고 소송수계가 일어난다)(본서 1165~1166쪽 참조).

79) 서울회생법원으로 이송하여서는 안 됨에도 불구하고, 실무적으로 종종 서울회생법원으로 이송을 하는 경우가 있다. 주의를 요한다.

80) 제179조 제6호(부당이득으로 인하여 회생절차개시 이후 채무자에 대하여 생긴 청구권).

81) 관리인으로 당사자표시정정을 하고 각하할 수도 있겠지만(이 사례와 달리 회생채권자가 회생절차개시 이후 채무자를 상대로 이행소송을 제기한 경우를 생각하라), 어차피 각하할 것이므로 당사자표시정정 없이 각하하는 것도 가능하다고 본다. 원고에게 채권신고기간을 준수할 기회도 부여한다는 점에서 조기에 각하결정을 하는 것이 바람직하기 때문이다. 회생절차가 종료되어 버리면 추후보완신고도 불가능하다.

사례 3 원고가 주채무자인 피고1, 연대보증인인 피고2, 피고3을 상대로 서울중앙지방법원에 금전지급을 구하는 소를 제기하였다. 이후 피고1에 대하여 서울회생법원에서 회생절차가 개시된 경우 서울중앙지방법원은 어떻게 처리하여야 하는가. 원고가 서울회생법원에 채권신고를 하였고 관리인이 부인한 경우, 피고1에 대하여는 청구취지를 채권확정을 구하는 소로 변경한다. 피고2, 피고3에 대한 청구취지는 변경할 필요가 없다. 피고1에 대한 소를 서울회생법원으로 이송할 필요는 없다.

사례 4 원고가 서울중앙지방법원에 피고1(수익자)을 상대로 사해행위취소의 소를, 피고2를 상대로 금전지급을 구하는 소를 제기하였다. 이후 피고1 관련 채무자에 대하여 서울회생법원에서 회생절차가 개시되었다. ① 사해행위취소의 소는 관리인이 소송수계를 하여 부인의 소로 청구취지를 변경하고, 이를 분리하여 서울회생법원으로 이송하여야 한다. ② 피고2에 대한 소는 그대로 서울중앙지방법원에서 진행하면 된다. 피고2에 대한 소까지 서울회생법원으로 이송하면 안 된다.

나. 채권자취소소송[82]

(1) 소송절차의 중단 및 수계(제113조)

회생채권자가 회생채무자에 대한 채권을 보전하기 위하여 제기한 채권자취소소송[83]이 계속되던 중 회생채무자에 대하여 회생절차개시결정이 내려진 경우 채권자취소소송은 중단되고 중단된 소송절차는 관리인 또는 상대방이 수계할 수 있다.[84] 중단은 수계 또는 회생절차가 종료에 이르기까지 계속된다. 수계가 이루어지기 전에 회생절차가 종료하면 채권자는 당연히 소송절차를 수계하여 채권자취소소송을 속행할 수 있다(제113조 제2항, 제59조 제4항).

채권자취소소송은 회생절차개시결정을 받은 채무자를 당사자로 하는 소송은 아니지만 관리인이 채권자의 역할을 인수하는 것이 보다 적절하다는 고려에서[85] 소송절차를 중단시키고 관리인 또는 상대방으로 하여금 수계하도록 한 것이다(제113조 제2항, 제59조 제2항).[86] 채무자에

---

82) 신탁법 제8조(사해신탁)에 따라 회생채권자가 제기한 소송이나 파산절차에 의한 부인의 소송이 회생절차개시 당시에 계속되어 있는 경우에도 소송절차는 중단되고 관리인 또는 상대방이 수계신청을 할 수 있다(제113조 제1항).

83) 제113조 제1항은 '회생채권자가 제기한' 채권자취소소송만을 규정하고 있다. 회생담보권자가 제기한 채권자취소소송은 어떻게 되는가. 회생절차에서는 회생담보권자도 권리행사가 제한되고 관리처분권이 관리인에게 있다는 점에서 회생채권자와 마찬가지로 회생담보권자가 제기한 채권자취소소송도 중단되고 관리인이 수계한다고 할 것이다(제113조 유추적용).

한편 파산절차에서는 재단채권에 기한 채권자취소소송도 중단되고 수계된다. 그렇다면 회생절차에서 공익채권에 기한 채권자취소소송은 어떻게 되는가. 중단되지 않는다. 파산절차에서는 재단채권에 기한 강제집행이 금지됨에 반하여, 회생절차에서는 공익채권에 기한 강제집행이 금지되지 아니하고 책임재산의 회복에 있어 공익채권자는 당사자적격이 상실되지 않는다고 보기 때문이다. 채권자대위소송의 경우에도 마찬가지이다.

84) 대법원 2022. 10. 27. 선고 2022다241998 판결. 회생절차개시결정 후에는 회생채권자가 수익자나 전득자를 상대로 채권자취소의 소를 제기할 수 없지만, 채권자취소의 소를 제기한 경우에는 파산절차에서와 마찬가지로 관리인이 소송수계를 할 수 있다고 보아야 한다(대법원 2018. 6. 15. 선고 2017다265129 판결 참조).

85) 채무자의 책임재산인 채무자의 재산을 보전 또는 증식하는 업무가 관리인에게 전속하기 때문이다. 이는 채권자대위소송에 있어서도 마찬가지이다.

86) 채권자취소소송은 회생절차개시결정을 받은 채무자를 당사자로 하는 것은 아니므로 채무자에 대한 회생절차개시결정이 있더라도 당사자에게 당연승계사유가 발생하는 것은 아니다. 다만 그 소송결과가 채무자의 재산의 증감에 직접적인 영향을 미칠 수 있기 때문에 회생채권자가 제기한 채권자취소소송이 회생절차개시 당시 법원에 계속되어 있는 때에는 그 소송절차가 중단되고 관리인이 소송을 수계하도록 특별히 정한 것이다.

대하여 회생절차가 개시되면 취소채권자는 소송능력을 상실하게 되는 것이다. 채권자취소소송은 '회생절차개시결정을 받은 채무자'가 그 당사자가 아니라는 점에서 앞서 살펴본 '채무자의 재산에 관한 소송'과는 차이가 있다.

채권자취소소송은 '채무자가 당사자가 아닌' '채무자의 재산에 관한 소송'의 전형적인 한 예이다. 조세채권자가 제기한 채권자취소소송[87]에도 적용된다고 할 것이다. 한편 제113조는 '채무자가 당사자가 아닌 채무자의 재산에 관한 소송'을 채권자취소소송에 한정한다는 취지가 아니고, 이 이외에도 '채무자가 당사자가 아닌 채무자의 재산에 관한 소송'에도 유추적용된다(아래에서 보는 채권자대위소송, 주주대표소송이 이에 해당한다).

회생채권자가 제기한 채권자취소소송이 회생절차개시 당시 계속되어 있는 때에는 그 소송절차는 중단되고 관리인이나 상대방이 이를 수계할 수 있고(제113조, 제59조 제2항), 관리인이 기존 소송을 수계하고 부인의 소로 변경하여 부인권을 행사할 수 있다.[88] 관리인이 회생채권자가 제기한 채권자취소소송을 수계하여 청구변경의 방법으로 부인권을 행사하는 경우(채권자취소소송을 부인의 소로 변경하는 경우)에, 채권자취소소송이 계속 중인 법원이 회생계속법원이 아니라면 그 법원은 관할법원인 회생계속법원으로 사건을 이송하여야 한다.[89] 부인의 소는 회생계속법원의 전속관할이기 때문이다(제105조 제3항). 다만 회생채권자가 제기한 채권자취소소송이 항소심에 계속된 후에는 관리인이 소송을 수계하여 부인권을 행사하더라도 항소심법원이 소송을 심리·판단할 권한을 계속 가진다고 보는 것이 타당하다.[90] 회생채권자가 제기한 채권자취소소송이 계속되어 있던 중 채무자에 대한 회생절차가 개시되어 관리인이 소송을 수계하고 부인의 소로 변경한 경우 소송결과가 채무자 재산의 증감에 직접적인 영향을 미치는 등 회생채권자의 법률상 지위에 영향을 미친다고 볼 수 있다. 따라서 종전에 채권자취소의 소를 제기한 회생채권자는 특별한 사정이 없는 한 소송결과에 이해관계를 갖고 있어 관리인을 돕기 위하여 보조참가를 할 수 있다.[91]

한편 이와 같이 회생절차가 개시되었다고 하여 일률적으로 관리인으로 하여금 소송을 수계하도록 하는 것은 문제가 있다는 비판적 견해가 있다. 그 이유는 다음과 같다: 관리인은 채무자와 동일한 법인격이 아니라 제3자적인 법적 지위를 갖는 것으로 보아야 하고,[92] 법원의 엄격

---

87) 국세기본법 제35조 제6항, 국세징수법 제30조, 지방세기본법 제71조 제4항, 지방세징수법 제39조.
88) 대법원 2022. 10. 27. 선고 2022다241998 판결, 대법원 2018. 6. 15. 선고 2017다265129 판결 참조. 채무자가 채권자에 대한 사해행위를 한 경우에 채권자는 민법 제406조에 따라 채권자취소권을 행사할 수 있다. 그러나 채무자에 대한 회생절차가 개시된 후에는 관리인이 채무자의 재산을 위하여 부인권을 행사할 수 있다(제100조, 제105조).
89) 예컨대 서울중앙지방법원에 채권자취소소송이 계속되어 있었더라도 회생사건이 수원회생법원에 계속되어 있다면 수원회생법원으로 이송하여야 한다. 관리인이 피고로서 부인의 항변을 하는 경우에는 부인의 소가 아니므로 회생계속법원의 관할에 전속하지 않는다.
90) 대법원 2017. 5. 30. 선고 2017다205073 판결 참조.
91) 대법원 2021. 12. 10. 자 2021마6702 결정. 소송사건에서 제3자가 한 쪽 당사자를 돕기 위하여 보조참가를 하려면 소송결과에 이해관계가 있어야 한다(민소법 제71조 참조). 해당 소송에서 판결의 효력이 직접 미치지 않는다고 하더라도 그 판결을 전제로 보조참가를 하려는 자의 법률상 지위가 결정되는 관계에 있으면 이러한 이해관계가 인정된다(대법원 2018. 7. 26. 선고 2016다242440 판결, 대법원 2014. 5. 29. 자 2014마4009 결정 등 참조).
92) 대법원 2010. 4. 29. 선고 2009다96083 판결 등 참조.

한 감독을 받기 때문에 관리인으로 하여금 소송을 수행케 한다고 하더라도 반드시 부당하다고만 할 수는 없을 것이다. 그러나 일반인의 입장에서는 관리인은 채무자와 동일한 법률적 이해관계를 가진 자로 인식하는 경향이 있을 뿐만 아니라, 채무자와 관리인이 서로 별개의 법적 지위를 갖는다는 점에 대한 이해를 갖는 것을 기대하기는 어렵다 할 것인데, 이러한 상황에서 관리인으로 하여금 소송절차를 수계하도록 하는 것은 결국 사해행위의 일방 당사자인 채무자로 하여금 다른 일방 당사자인 수익자를 상대로 사해행위의 효력을 부인하도록 하는 셈이 되어 과연 적정하고 성실한 소송수행이 가능할 수 있을지에 관하여 회의를 불러일으키게 된다. 나아가 당초 채권자취소소송의 피고적격도 없는 채무자 본인에게 오히려 원고적격을 인정하는 모양새가 되어 이상하게 비춰질 수밖에 없다. 특히 관리인으로 제3자를 선임하지 않고 기존 경영자(대표이사)를 관리인으로 선임하거나 별도로 관리인을 선임하지 않아 채무자 개인 또는 채무자의 대표이사가 관리인이 되는 경우에는 회생절차개시 전에 자신이 했던 행위를 스스로 부인하는 형태가 되어 더 큰 문제가 발생한다.[93]

법원이 채권자취소소송 계속 중 채무자에 대하여 회생절차개시결정이 내려진 사실을 알지 못한 채 채무자의 소송수계가 이루어지지 아니한 상태로 소송절차를 진행하여 판결을 선고하였다면, 그 판결은 채무자의 회생절차개시결정으로 소송절차를 수계할 채무자가 법률상 소송행위를 할 수 없는 상태에서 심리되어 선고된 것이므로 여기에는 마치 대리인에 의하여 적법하게 대리되지 아니하였던 경우와 마찬가지의 위법이 있다고 할 것이다.[94] 그러나 이와 같은 소송중단 사실을 간과하고 선고된 판결은 당연무효는 아니므로[95] 당연승계로 인해 당사자가 되는 관리인에게 기판력이 미치고, 다만 대리권 흠결이 있는 경우에 준하여 판결확정 전이면 상소에 의하여, 확정 후이면 재심에 의하여 그 취소를 구할 수 있다.

관리인은 종전에 채권자가 수행한 소송결과에 구속되는 것은 불합리하고 부인의 청구라는 간단한 방법을 이용할 수도 있으므로 계속 중인 소송을 수계하지 않고 별도로 부인의 청구나 부인의 소를 제기할 수도 있다. 한편 상대방의 수계신청이 있는 경우 관리인은 수계를 거절하고 별도로 부인의 청구나 부인의 소를 제기할 수 있는가. 채권자 전체의 이익을 대표하여야 할 관리인이 어느 한 채권자의 소송수행결과에 구속되어서는 안 되며 관리인에게 수계의무가 있다고 볼 수 없다는 이유로 수계를 거절하고 별도의 부인권을 행사하는 것이 가능하다는 견해가 있다.[96] 그러나 상대방에게 수계신청권이 있다고 명확히 규정하고 있고(제33조, 민소법 제

---

93) 김인겸, "채권자취소소송의 실무상 제문제", 코트넷(Courtnet) 게시글, 42쪽. 위 글은 나아가 관리인으로 하여금 수계하도록 하는 것보다는 취소채권자로 하여금 계속 소송을 수행케 하되 소송 수행이나 집행 과정에서 회생법원의 감독을 받도록 하는 것이 오히려 합리적인 방안이 될 수 있을 것이라고 한다. 채권자취소소송의 수계와 관련된 현실적 문제점을 적절히 지적한 것으로 경청할 만하다.

개인회생절차의 경우에는 그 문제의 심각성이 더 크다. 관련 내용은 〈제4편 제6장 제2절 V.1. 각주 42)〉(본서 1959쪽)를 참조할 것.

94) 대법원 2014. 5. 29. 선고 2013다73780 판결, 대법원 2013. 6. 13. 선고 2012다33976 판결 참조.
95) 대법원 2003. 11. 14. 선고 2003다34038 판결, 대법원 1998. 5. 30. 자 98그7 결정 참조.
96) 會社更生の實務(上), 202~203쪽.

241조), 채권자취소소송을 수계하여 청구취지를 부인의 소로 변경하는 것이 소송경제에도 부합하다는 점에서 수계를 거절할 수 없다고 할 것이다. 다만 관리인이 수계를 거절하고 간단한 결정절차인 부인의 청구를 하려 할 경우에는 상대방의 수계신청을 거절할 수 있다고 할 것이다(본서 1146쪽 참조).

(2) 소송수계 후 회생절차가 종료된 경우

채권자취소소송 계속 중 회생절차가 개시되어 관리인이 위 소송을 수계한 후 회생절차가 종료되었다면 소송절차는 다시 중단되고 채권자는 이를 다시 수계하여야 한다(제113조 제2항, 제59조 제4항). 상대방도 수계할 수 있다(제113조 제2항, 제59조 제5항).[97] 다만, 그 수계가 이루어지기 전에 회생계획이 인가되지 못하고 회생절차가 폐지된 경우에는 종전 채권자에 의해 당연히 소송절차가 수계된다.[98]

채권자가 제기한 사해행위취소소송을 관리인이 수계하여 부인의 소로 변경한 경우와는 달리, 처음부터 관리인이 제기한 부인의 소는 회생절차의 종결로 인하여 당연 종료됨에 유의하여야 한다(본서 479쪽 참조).

회생절차종료 후 파산선고가 된 경우에는 파산관재인이 소송을 수계한다(제6조 제6항).

(3) 채권자취소소송에 관한 확정판결의 효력

채권자취소소송에 대해 회생절차개시 전에 패소판결이 확정된 경우 관리인에 대하여 효력이 미치는가. 여기에는 두 가지 견해가 있을 수 있다.[99] ① 효력부정설. 채권자가 행한 불완전할 우려가 있는 소송수행의 불이익한 결과에 관리인이 구속된다는 것은 합리적이지 않으므로 관리인은 동일한 행위에 대하여 부인권을 행사할 수 있다는 견해이다. ② 효력긍정설. 채권자에 의하여 적법하게 소송수행이 되어 확정된 것은 유리한 것이든 불리한 것이든 관리인에게 효력이 미치지만, 채무자회생법상의 부인소송은 채권자취소소송과는 요건, 효과를 달리하는 것이고, 그 다른 점에 대하여는 패소판결의 기판력이 미치는 것은 아니므로, 관리인은 다른 요건(예컨대 편파행위)에 기하여 부인소송을 제기할 수 있다는 견해이다. 살피건대 부인의 소는 대상이나 요건 등에서 채권자취소소송보다 넓게 인정되므로 부인의 소에서만 인정되는 범위에서

---

97) 이때 부인권은 채무자회생법상의 특유한 제도로서 회생절차의 진행을 전제로 관리인만이 행사할 수 있는 권리이므로(대법원 2016. 4. 12. 선고 2014다68761 판결 참조), 위와 같이 관리인으로부터 부인소송을 수계한 종전 채권자는 그 청구취지를 채권자취소청구로 변경하여야 한다. 다만 법률심인 상고심에서는 청구취지를 변경할 수 없으므로(대법원 1995. 5. 26. 선고 94누7010 판결 등 참조), 상고심에서 상고이유서 제출기간이 지나기 전에 회생절차가 종료(폐지)됨에 따라 수계 및 그에 따른 청구취지 변경이 필요한 경우라면 특별한 사정이 없는 한 대법원으로서는 부득이 수계를 허가한 뒤 청구취지 변경 및 그에 따른 심리를 위하여 원심판결을 파기하여 사건을 원심법원에 환송해야 한다. 이 경우 채권자가 제기한 채권자취소소송에서 1심 판결이 선고된 후 항소심에서 관리인이 소송을 수계하여 청구취지를 부인청구로 교환적으로 변경하였다고 하더라도 위와 같이 환송 후 항소심에서 종전 채권자가 청구취지를 다시 채권자취소청구로 교환적으로 변경하는 것은 제113조 제2항, 제59조 제4항에 따른 당연한 조치로서 민사소송법 제267조 제2항에 위반된다고 볼 수 없다(대법원 2022. 10. 27. 선고 2022다241998 판결).

98) 대법원 2022. 10. 27. 선고 2022다241998 판결, 대법원 2016. 8. 24. 선고 2015다255821 판결(파산절차에 관한 것) 등 참조.

99) 條解 破産法, 382쪽 참조.

는 별도로 부인의 소를 제기할 수 있다고 보아야 하기 때문에 효력긍정설이 타당하다.

한편 채권자취소소송에 관한 승소판결에 대하여는 관리인이 승계집행문을 부여받아 집행할 수 있다.

(4) 회생절차개시 후 회생채권자가 제기한 채권자취소소송을 관리인이 수계할 수 있는지

지금까지 설명한 것은 회생절차개시 전에 채권자가 채권자취소소송을 제기한 경우에 있어 중단과 수계에 관한 것이었다. 회생절차개시 후에 채권자가 제기한 채권자취소소송은 원칙적으로 부적법하므로 각하되어야 한다(제105조 제1항).[100] 그렇다면 관리인이 이러한 소송을 수계하는 것도 허용되지 않는가. 제113조 제1항이 회생채권자가 제기한 채권자취소소송이 "회생절차개시 당시 계속되어 있는 때"에는 소송절차는 중단된다고 규정하고 있다고 하여, 회생절차개시 후 회생채권자가 제기한 채권자취소소송의 수계를 금지하고 있는 것으로까지 볼 수는 없는 점, 부적법한 소송이라고 하여 수계가 항상 불가능한 것도 아닌 점, 소송경제의 측면에서도 이미 회생채권자가 제기한 채권자취소소송이 있다면 그것이 회생절차개시 전에 제기된 것이든 아니면 회생절차개시 후에 제기된 것이든 관리인이 이를 수계할 수 있도록 함으로써 새로운 소의 제기에 따른 비용, 노력 등의 번거로움을 피할 수 있도록 하는 것이 합리적인 점 등을 고려하면, 회생채권자가 회생절차개시 후에 제기한 채권자취소의 소가 부적법하더라도 관리인은 이러한 소송을 수계한 다음 청구변경의 방법으로 부인권을 행사할 수 있다고 할 것이다.[101]

사례 채무자는 2024. 7. 6. 대구지방법원에서 회생절차개시결정을 받았고, A가 관리인으로 선임되었다. 채권자 甲은 회생절차개시 후인 2024. 9. 28. 대구지방법원 경주지원에 채무자와 乙(피고) 사이의 2023. 12. 27. 부동산 매매계약이 사해행위에 해당한다고 주장하면서, 乙(피고)을 상대로 채권자취소의 소를 제기하였다. 관리인 A는 소송계속 중인 2025. 1. 4. 소송수계신청을 하였고, 같은 날 청구취지를 부인의 소로 변경하였다. 이 경우 법원(대구지방법원 경주지원)은 어떻게 처리하여야 하는가. 회생채권자가 회생절차개시 후에 제기한 채권자취소의 소가 부적법하더라도 관리인은 이러한 소송을 수계한 다음 청구취지변경의 방법으로 부인권을 행사할 수 있다. 따라서 법원은 부인의 소를 회생계속법원인 대구지방법원으로 이송하여야 한다.

다. 파산절차에서의 부인소송, 채권자대위소송 및 주주대표소송, 추심소송

(1) 파산절차에서의 부인소송

파산절차가 진행 중인 경우에도 회생절차를 신청할 수 있고, 회생절차가 개시된 경우 파산

---

100) 대법원 2010. 9. 9. 선고 2010다37141 판결 참조.
101) 대법원 2018. 6. 15. 선고 2017다265129 판결 참조. 다만, 일반적으로 '소송수계'는 '소송절차의 중단'을 전제로 한 개념으로 이해되고 있는데, 회생절차개시 후 제기된 채권자취소소송은 그 절차가 중단된 바 없다는 점에서 '중단 없는 수계'가 가능한지 문제이다. 살피건대 민사소송법상 '소송절차의 중단 및 소송수계'에 관한 법리는 '당연승계'를 전제로 한 것인 반면, 채권자취소소송 계속 중 채무자에 대해 회생절차개시가 되었다고 하더라도 채무자는 당사자가 아니므로 '당연승계'가 발생하지 아니한다. 따라서 '당연승계'사유가 발생한 경우에 적용되는 민사소송법상의 '소송절차의 중단 및 수계'에 관한 법리가 채권자취소소송에 대해서도 당연히 그대로 적용되어야 한다고 볼 수는 없다.

절차는 중지된다(제58조 제2항 제1호). 이 경우 파산절차에 의한 부인소송은 어떻게 되는가. 파산절차에 의한 부인소송이란 파산관재인이 제기한 부인의 소 또는 부인청구를 인용한 결정에 대한 이의의 소를 말한다. 파산절차에 의한 부인소송이 회생절차개시 당시 계속되어 있는 때에는 소송절차가 중단된다(제113조 제1항).

관리인은 중단된 위 소송을 수계할 수 있고, 상대방도 수계할 수 있다(제113조 제2항, 제58조 제2항). 상대방이 수계신청을 한 경우 관리인은 이를 거절할 수 있는가. 앞에서 설명한 채권자취소소송의 경우와 달리 파산절차에 의한 부인소송은 신중한 절차를 거쳐 제기된 것이므로, 관리인은 부인청구를 하려고 할 경우에만 상대방의 수계신청을 거절할 수 있을 뿐 새로이 부인의 소를 제기할 수는 없다고 할 것이다.

(2) 채권자대위소송 및 주주대표소송

채권자대위소송,[102] 주주대표소송(상법 제403조) 모두 회생절차개시결정으로 중단되고, 관리인 또는 상대방이 수계신청을 할 수 있다고 할 것이다(제113조, 제59조 제2항 또는 민소법 제239조 유추적용).[103] 채권자대위소송과 주주대표소송은 권리관계의 주체가 채무자임에도 불구하고 법률의 규정에 의해 제3자(채권자대위소송의 채권자 또는 주주대표소송의 주주)가 소송수행권을 갖게 되는 전형적인 제3자의 법정소송담당의 예로서 채권자취소소송과 유사한 측면이 있기 때문에 제113조 등이 유추적용될 수 있다고 할 것이다.[104]

채권자대위소송의 경우 회생절차가 개시되면 채무자 재산의 관리처분권은 관리인에게 이전되고(원고측에 대하여 분쟁의 주체인 지위가 교체되었다), 회생채권자의 개별적 권리행사가 금지되기 때문에 중단·수계를 인정하여야 할 것이다. 수계한 관리인은 청구취지를 변경하는 등 적절한 조치를 취하여야 한다.

주주가 회사를 대신하여 이사의 책임을 추궁하는 주주대표소송도 대위소송의 일종이므로 동일하게 해석하여야 할 것이다. 관리인이 원고인 대표주주를 수계한다.[105]

---

102) 세법에는 채권자대위권에 관한 규정이 없지만, 조세채권자인 국가나 지방자치단체는 납세의무자가 무자력임에도 제3자에 대한 권리를 행사하지 않는 경우 납세의무자의 일반재산을 보전하기 위해 채권자대위권을 행사할 수 있다고 할 것이다(대법원 2019. 4. 11. 선고 2017다269862 판결, 국세기본법 제28조 제3항 제5호, 지방세기본법 제40조 제3항 제6호 참조). 따라서 아래에서 설명하는 내용은 조세채권자가 채권자대위소송을 제기한 경우에도 적용된다고 할 것이다.

103) 관리인은 간이한 결정절차인 조사확정재판의 신청을 통하여 이사의 책임을 추궁할 수도 있을 것이다(제115조). 일반적으로는 간이 신속한 조사확정절차를 선택하겠지만 이미 제기한 주주대표소송에 의하여 시효중단의 효력을 갖거나 소송심리가 상당히 진행되어 있는 경우에는 오히려 관리인으로 하여금 주주대표소송을 수계하도록 하는 것이 타당한 경우도 있을 것이다.

104) 채권자대위소송에 관하여는 「대법원 2013. 3. 28. 선고 2012다100746 판결」을 참조할 것. 채권자대위소송과 주주대표소송은 모두 채권자취소소송과 마찬가지로 채무자의 책임재산 보전을 목적으로 하고 있고, 회생절차개시결정으로 인해 채권자대위소송의 목적인 채무자의 제3자(피고)에 대한 권리(또는 주주대표소송의 목적인 채무자회사의 제3자에 대한 권리)의 관리처분권이 관리인에게 속하게 된다. 이는 모든 채권자대위소송과 주주대표소송에서 동일하다. 이러한 이유로 채권자취소소송, 채권자대위소송 및 주주대표소송은 그 소송의 결과가 채무자의 재산의 증감에 직결된다.

105) 관리인이 주주가 제기한 소송상태에 구속되는 것은 불합리하기 때문에 관리인은 상대방으로부터의 수계신청을 거절

(3) 추심소송

추심채권자에 의한 추심소송(민집법 제238조)은 추심채권자가 민사집행법에 따라 인정되는 추심권(소송수행권)에 기하여 제기하고, 강제집행의 일부를 구성하는 소송절차이다. 채권자에 의한 법정소송담당의 일종이고, 채무자가 그 소송을 제기·수행하는 권한을 가지고 있고 채권자가 강제집행을 할 수 있다는 것을 그 전제로 한다. 그러나 채무자가 회생절차개시결정을 받으면 소송목적물의 관리처분권은 원칙적으로 관리인에게 전속하고, 소송수행권도 관리인에게 전속한다. 나아가 회생채권에 기한 강제집행 등은 허용되지 않기 때문에(제58조 제1항, 제2항) 추심채권자의 추심권(소송수행권)도 채무자의 재산에 대하여는 효력을 잃는다. 또한 종전의 소송절차를 당연히 종료시키지 않고, 관리인에 의한 수계를 인정하는 것이 소송자료의 이용을 통해 소송경제에 이바지할 수 있다. 이러한 사정은 채권자대위소송에 있어서의 경우와 동일하므로, 추심채권자에 의한 추심소송에 대하여도 제113조를 유추적용하여, 중단과 관리인에 의한 수계를 인정하는 것이 상당하다.[106)]

라. 회사채권자의 이사에 대한 상법 제401조에 기한 손해배상청구소송

회생절차개시 당시에 채권자의 상법 제401조에 기한 손해배상청구소송이 계속된 경우 소송절차가 중단되는지에 관하여는 〈제7장 제4절 Ⅲ.1.마.〉(본서 509쪽)를 참조할 것.

3. 행정청에 계속된 사건의 중단과 수계

소송절차는 아니지만 회생절차개시 당시 행정청에 계속된 사건이 있을 수 있고, 이 경우 어떻게 처리하여야 하는가. 행정청에 계속되어 있는 것에는 조세심판(이의신청, 심사청구, 심판청

하고, 새로이 손해배상소송을 제기하거나 이사책임에 관한 조사확정재판을 신청할 수도 있다는 견해가 있다(會社更生の實務(上), 203쪽). 그러나 앞의 채권자취소소송에서 살펴본 바와 같이 조사확정재판을 신청할 경우에만 상대방의 수계신청을 거절할 수 있다고 할 것이다.

106) 파산절차에서도 동일하게 해석하여야 할 것이다. 일본의 최고재판소도 추심채권자가 추심소송을 제기한 후 채무자에 대하여 파산선고가 된 경우에는, 파산법의 규정에 의해 수계가 되거나, 또는 파산절차가 종료될 때까지 소송절차는 중단된다고 해석하여야 한다고 판시하고 있다(條解 破産法, 373쪽).
　이에 대하여 추심소송은 채권집행의 일부분이기 때문에, 채무자 재산에 대한 강제집행으로서 그 중지를 고려하여야 한다(제58조 제2항 제2호)는 견해가 있다(會社更生法. 338~339쪽). 그 이유는 다음과 같다. 추심소송은 추심명령에 기한 것이고, 그런 의미에서 채무자의 재산인 피압류채권에 대한 강제집행의 일부분을 구성하는 것이다. 따라서 제59조가 아니라 제58조 제2항 제2호에 의하여 중지될 가능성이다. 다만 이 경우에도 제58조 제5항에 따라 속행이 인정될 수 있다는 것을 고려할 때, 추심채권자가 추심소송을 속행하고, 배당절차가 이루어지지 않은 채, 환가금이 관리인에게 교부되기 때문에, 실제의 취급에서는 중단과 수계를 인정하는 견해와 큰 차이가 없다. 물론 제59조 아래에서는 상대방으로부터 수계신청이 인정됨에 반하여, 제58조 제2항 제2호가 적용된다면, 상대방으로부터 수계신청은 인정되지 않는다는 점이 다르다. 채권자대위소송의 목적이 채무자 재산의 보전이고, 따라서 회생절차가 개시되어 채무자 재산에 관한 당사자적격이 관리인에게 이전되는 것이 제59조의 기본적 사고방식이라면, 추심소송은 그 전제가 다르다. 추심소송은 다른 채권자에 의한 배당가입의 여지가 있지만(민집법 제247조 참조), 추심채권자 자신이 만족을 얻기 위한 수단일 뿐 채무자의 재산을 보전하는 수단은 아니다. 그렇다면 회생절차개시에 기하여 추심소송의 원고인 추심채권자의 당사자적격이 관리인에게 이전된다고 보는 것은 무리이고, 추심소송은 추심채권자에 의한 강제집행에 속하고는 것으로 제58조 제2항 제2호를 적용하는 것이 타당하다.

구)사건, 공정거래위원회에 계속 중인 심판사건(이의신청, 독점규제 및 공정거래에 관한 법률 제96조), 노동위원회에 계속 중인 구제절차사건(노동위원회법), 행정심판법에 기한 행정처분에 대한 행정심판사건(행정심판법 제3조), 특허법에 규정된 특허심판사건(특허법 제7장 내지 제9장), 금융위원회의 과징금처분에 대한 이의신청(금융소비자 보호에 관한 법률 제59조) 등이 있다.[107]

가. 벌금·조세 등 청구권의 경우

벌금 등 청구권(제140조 제1항)과 조세 등 청구권(제140조 제2항)에 관하여는 특례 규정이 있다. 이에 관한 자세한 내용은 〈제9장 제3절 Ⅱ.〉(본서 756쪽)를 참조할 것.

나. 벌금·조세 등 청구권 이외의 경우

회생절차개시결정이 있는 경우 채무자의 재산에 관한 사건으로서 행정청에 계속되어 있는 것은 그 절차가 중단된다(제59조 제6항, 제1항).[108]

중단된 절차 중 회생채권 또는 회생담보권과 관계없는 절차는 관리인 또는 상대방이 이를 수계할 수 있다(제59조 제6항, 제2항).

회생채권 또는 회생담보권과 관계있는 절차는 명확한 규정이 없지만, 마찬가지로 관리인이 수계한다고 보아야 할 것이다(제59조 제6항, 제2항 또는 제350조 유추).

4. 이송의 청구

회생계속법원은 회생절차개시 당시 채무자의 재산에 관한 소송이 다른 법원에 계속되어 있는 때에는 결정으로 그 이송을 청구할 수 있다. 여기서 회생계속법원은 회생사건이 계속되어 있는 회생법원을 말한다. 회생절차개시 후 다른 법원에 계속되어 있게 된 것에 관하여도 마찬가지이다(제60조 제1항). 위 결정에 의하여 이송의 청구를 받은 법원은 소송을 회생계속법원에 이송하여야 한다(제60조 제2항).

관련 내용은 〈제2편 제2장 제1절 Ⅱ.2.〉(본서 139쪽)를 참조할 것.

Ⅲ 회생절차개시결정이 집행절차에 미치는 영향[109]

1. 강제집행 등의 금지 또는 중지

개별집행(민사집행)에서 각 채권자는 개별재산으로부터 채권의 만족을 얻는다. 일반적으로

---

107) 소송절차 중인 경우에는 제59조 제1항 내지 제5항이, 소송절차가 아닌 것은 제59조 제6항이 적용된다.

108) 파산절차에도 상응하는 규정이 있다(제350조).

109) 회생절차개시결정은 채무자에 대한 회생절차를 개시하는 재판으로서 이미 행하여진 강제집행의 정지를 명하는 것을 그 내용으로 하고 있지 아니하므로, 회생절차개시결정은 민사집행법 제49조 제2호의 '강제집행의 일시정지를 명한 취지를 적은 재판'에 해당한다고 볼 수 없다. 재판의 내용에 의하여 강제집행 정지의 효력이 발생하는 개별적 중지명령과 달리 회생절차개시결정에 의한 강제집행 정지의 효력은 위 재판에서 이를 명함으로써 발생하는 것이 아니라 채무

채권자들은 경쟁적으로 채무자의 재산에 강제집행을 하고, 먼저 집행한 사람이 우선적으로 만족을 얻는다. 채무자의 재산이 모든 채권자들을 만족시킬 정도로 충분하다면 채권자들의 경쟁은 문제되지 않는다. 채무자의 재산이 충분하지 않다면 가장 빠른 채권자는 전액 만족을 받고 다른 채권자들은 전혀 변제받지 못할 수도 있는데, 이는 채권자평등의 원칙에 반하고 불공평하다. 이러한 문제점을 해결하기 위해 일반집행(전체집행)이 등장하였다. 일반집행은 채권자들의 집단적 만족을 목표로 하고, 개별 채권자의 집행은 금지 또는 중지된다. 즉 도산절차가 개시되면 도산채권자들의 개별집행은 금지 또는 중지된다.

회생절차 개시되면 회생채권 또는 회생담보권에 기한 채무자 재산에 대한 강제집행[110] 등의 절차 및 국세징수의 예에 의하여 징수할 수 있는 청구권으로서 그 징수우선순위가 일반 회생채권보다 우선하지 아니한 것에 기한 체납처분(강제징수)이 금지되고, 이미 진행 중인 강제집행 등의 절차 및 체납처분(강제징수)절차는 중지된다(제58조 제1, 2항).[111]

회생채권 또는 회생담보권에 기한 채무자의 재산에 대한 국세징수법 또는 지방세징수법에 의한 체납처분(강제징수), 국세징수의 예에 의하여 징수할 수 있는 청구권으로서 그 징수우선순위가 일반 회생채권보다 우선하는 것에 기한 체납처분(강제징수)과 조세채무담보를 위하여 제공된 물건의 처분은 ① 회생절차개시결정일부터 회생계획인가결정이 있는 날까지, ② 회생절차개시결정일부터 회생절차종료일까지, ③ 회생절차개시결정일로부터 2년이 되는 날까지 중 말일이 가장 먼저 도래하는 기간 동안은 할 수 없고 이미 행한 처분은 중지된다(제58조 제3항).

회생채권 또는 회생담보권에 기한 절차만 중지, 금지되고 공익채권,[112] 환취권에 기한 절차에는 영향이 없다. 왜냐하면 공익채권, 환취권은 회생절차에 의한 구속을 받지 않기 때문이다.[113] 공유물분할을 위한 경매(민법 제269조 제2항), 자조매각금의 공탁을 위한 경매(민법 제490

자의 재산 산일 방지와 채권자간의 형평성을 도모함으로써 회생절차의 목적을 달성하기 위하여 이를 획일적으로 정한 법률의 규정에 따라 발생하는 것으로서 법정 집행장애사유에 해당하므로 별도로 그 정본을 제출하지 않더라도 집행법원에 대하여 당연히 그 효력이 미친다고 할 것이다(서울고등법원 2013. 6. 28. 선고 2013다12442 판결 참조).

110) 재산명시절차(민집법 제61조 제1항)도 금지·중지된다고 할 것이다.

111) 집행개시의 적극적 요건(집행당사자, 집행권원, 집행문 등)이 구비되어 있다 하여도 일정한 사유의 존재로 인하여 집행의 개시 또는 속행에 장애가 되는 경우가 있다. 이를 집행개시의 소극적 요건 또는 집행장애사유라 한다. 집행장애사유로는 ① 회생절차개시결정, ② 파산선고결정, ③ 개인회생절차개시결정이 있다. 이는 집행기관이 직권으로 조사하여야 하며 그것이 발견되면 집행법원은 집행을 개시할 수 없고 속행 중인 집행절차는 중지(회생절차개시결정·개인회생절차개시결정)되거나 실효(파산선고결정)된다. ④ 포괄적 금지명령도 집행장애사유이다(서울고등법원 2013. 6. 28. 선고 2013나12442 판결).

112) 공익채권에 기하여 부동산에 관한 경매가 실행되는 경우에도 그 부동산에 관한 회생담보권은 그 효력을 잃지 않으므로 회생담보권은 그 부동산의 매각대금에서 우선 변제를 받을 권리가 있다.

공익채권인 조세채권에 기한 체납처분(강제징수)의 경우는 주의를 요한다. 회생절차개시결정이 있다고 하더라도 공익채권인 조세채권에 기한 체납처분(강제징수)은 원칙적으로 아무런 제한을 받지 않는다. 그러나 채무자의 재산이 공익채권의 총액을 변제하기에 부족한 것이 명백하게 된 때에는 공익채권은 법령에 따른 우선권에도 불구하고, 비율적 변제를 받을 수밖에 없기 때문에(제180조 제7항), 그 경우에는 공익채권인 조세채권을 위한 새로운 체납처분은 할 수 없고, 진행 중인 체납처분은 취소하지 않으면 안 된다. 또한 공익채권은 회생채권에 우선하기 때문에(제180조 제2항), 채무자의 재산이 공익채권의 총액을 변제하기에 충분하지 않은 경우에는, 일정한 제한기간이 지났더라도 회생채권인 조세채권을 위한 체납처분은 새로이 할 수 없고, 진행 중인 체납처분은 취소하지 않으면 안 된다.

113) 다만 공익채권의 경우, 법원은 ① 강제집행 또는 가압류가 회생에 현저하게 지장을 초래하고 채무자에게 환가하기 쉬운 다른 재산이 있는 때나 ② 채무자의 재산이 공익채권의 총액을 변제하기에 부족한 것이 명백하게 된 때에는

조) 등은 금지·중지의 대상이 아니다. 또한 중지, 금지되는 처분은 채무자의 재산에 대하여 행하여진 것에 한하므로 연대채무자, 보증인, 물상보증인, 연대납세의무자, 제2차 납세의무자 등 제3자의 재산에 대하여 행하는 것은 금지·중지되지 않는다.[114]

위와 같이 회생절차개시결정으로 인하여 채무자의 재산에 대한 강제집행 등이 금지 및 중지되므로, 회생절차개시결정 후 채무자의 재산에 대한 강제집행 등의 신청이 있는 경우 각하 내지 기각결정을 하여야 하고, 이를 간과하고 집행절차를 개시한 경우 이미 한 집행절차를 직권으로 취소하여야 한다.[115] 채무자의 재산에 대한 강제집행 등의 절차진행 중에 개시결정이 있어 그 절차가 중지된 경우 집행절차는 현상 유지하여야 한다.

강제집행 등 신청금지의 효력이 지속되는 기간은 회생절차의 종료시까지이다(제248조, 제255조 제2항, 제292조 제2항). 따라서 회생채권 등이 회생계획인가결정으로 권리변경이 확정된 후 채무자가 변제기에 이를 변제하지 않아도 회생절차가 종료되기 전까지는 강제집행 등을 신청할 수 없다. 회생채권자 및 회생담보권자는 회생절차가 종료되기까지 회생채권자표 또는 회생담보권자표에 의한 강제집행을 할 수도 없다(제248조, 제255조 제2항, 제292조 제2항). 이러한 이유로 실무적으로 회생계획인가 후 정상적으로 회생계획에 따른 변제를 못하고 있음에도 강제집행을 피하기 위해 회생절차종결을 미루는 현상이 발생하기도 한다.

관련 내용은 〈제5장 제3절 Ⅳ.4.가. 내지 다.〉(본서 336~341쪽) 및 〈제8장 제2절 Ⅳ.2.가.〉(본서 654쪽)를 참조할 것.

2. 채무자 소유의 부동산이 매각된 경우 배당금 수령권자

회생절차가 개시되면 회생채권자 및 회생담보권자는 회생절차에 의하지 아니하고 변제받을 수 없다(제131조 본문, 제141조 제2항). 그러나 채무자 소유 부동산이라고 하여 절대적으로 강제집행 또는 담보권실행을 위한 경매가 불가능한 것은 아니다. 회생담보권이라도 회생계획에 경매절차 실행의 권한을 부여한 경우 담보권 실행을 위한 경매가 가능하고, 또 공익채권에 기한 강제집행도 가능하다(제180조 제1항 참조). 속행명령(제58조 제5항)의 경우도 마찬가지이다.

이 경우 집행법원은 회생담보권자나 공익채권자에게 배당금을 직접 지급할 수 있는가 아니면 관리인에게 교부하여 변제하도록 하여야 하는가.[116] 이에 대하여 ① 경매절차에서 공익채권 등에 기한 압류나 배당요구는 당해 부동산의 매각대금에서 변제를 받을 자를 정하는 것에 그치고 실질적인 변제절차는 일괄하여 관리인에게 교부하여야 한다는 견해가 있다. ② 이에 반

관리인의 신청에 의하거나 직권으로 담보를 제공하게 하거나 담보를 제공하게 하지 아니하고 공익채권에 기하여 채무자의 재산에 대하여 한 강제집행 또는 가압류의 중지나 취소를 명할 수 있다(제180조 제3항).

114) 부동산을 甲과 乙이 공유하고 부동산 전부에 대하여 근저당권이 설정되었다(甲은 주채무자, 乙은 물상보증인). 부동산에 임의경매가 진행되던 중에 甲에서 대하여 회생절차가 개시되었다. 이 경우 甲의 지분에 대하여는 경매절차가 중지되지만, 乙의 지분에 대하여는 경매가 중지되지 않는다. 甲의 관리인은 공유물분할을 청구할 수 있다(제69조).

115) 대법원 2000. 10. 2. 자 2000마5221 결정.

116) 법원실무제요 민사집행(Ⅲ)—부동산집행2—, 사법연수원(2020), 185~187쪽.

하여 집행법원이 직접 회생담보권자나 공익채권자에게 지급하여야 한다는 견해가 있다. 위 견해는 나아가 회생절차개시 전 체납처분(강제징수)을 마친 조세 등 교부청구권자에게도 직접 지급하여야 한다고 한다. 즉 회생절차개시 전에 체납처분(강제징수)을 마친 조세 등 교부청구권자는 회생계획의 변제조건에 따라 일정 기간 조세채권의 변제기가 유예되고, 체납처분(강제징수)의 실행이 중지될 뿐(제58조 제3항), 다른 회생채권의 경우와 달리 회생계획의 인가에 의하여도 그 체납처분(강제징수)이 실효되지 아니하므로(제256조 제1항 본문, 제58조 제2항 제3호), 집행법원은 채무자의 관리인을 통하지 아니한 채 조세 등 교부청구권자에게 직접 지급하여야 한다고 한다.

살피건대 강제집행 등이 속행되거나 담보권이 실행되었다고 하여도 배당절차를 진행하면 안 된다. 속행 등이 된 절차는 집행채권자나 담보권자의 이익을 위하여 한 것이 아니고, 회생절차의 이익을 위하여 한 것이기 때문이다. 또한 관리처분권도 관리인에게 있다. 따라서 배당금을 관리인에게 교부하고, 관리인은 회생계획이나 채무자회생법에 정해진 바에 따라 변제한다. 다만 우선권이 있는 조세 등 청구권에 기하여 체납처분(강제징수)이 속행된 경우에는 조세 등 청구권자에게 배당을 실시한다(제131조 단서). 관련 내용은 〈제5장 제3절 Ⅳ.4.라.(1)〉(본서 341쪽)을 참조할 것.

3. 회생절차개시 전 채무자를 상대로 한 압류 및 추심명령의 효력

회사에 대하여 회생절차가 개시되어 회사사업의 경영과 재산의 관리 및 처분을 하는 권리가 관리인에게 전속하게 되어도 회사의 법인격 자체에는 변동이 없고, 특별한 다른 규정이나 사정이 없는 한 그 개시결정 전에 생긴 회사와 제3자 사이의 법률관계는 그대로 유지되는 것이므로, 채무자 회사의 근로자들이 그 임금 등 채권에 기하여 그 회사의 제3채무자에 대한 채권에 대하여 압류 및 추심명령을 받고 적법한 통지까지 마친 후에 그 채무자 회사에 대하여 회생절차가 개시되었다고 하더라도, 종전의 그 회사를 채무자로 하여 이미 이루어진 압류 및 추심명령은 별도의 수계나 승계집행문 또는 경정 없이도 제3채무자나 회생회사에 대하여 효력을 가진다.[117]

Ⅳ 회생절차개시결정이 도산절차에 미치는 영향

파산절차 진행 중에 회생절차개시결정이 있으면 파산절차는 중지된다(제58조 제2항 제1호). 중지된 파산절차는 회생계획인가결정으로 실효되지만(제256조 제1항), 인가결정 전에 종료하면 파산절차는 당연히 속행된다.

관련 내용은 〈제5장 제3절 Ⅳ.6.나.〉(본서 350쪽)를 참조할 것.

---

117) 대법원 1996. 9. 24. 선고 96다13781 판결 참조.

파산절차가 속행된 경우, 해당 파산절차는 종전 파산사건이 계속되었던 법원에서 진행한다. 문제는 파산사건이 계속되었던 법원과 회생사건이 계속되었던 법원이 꼭 일치하지는 않는다는 것이다. 회생절차가 어느 정도 진행된 후 종료된 경우, 계속하게 되는 파산사건은 회생사건이 계속되었던 법원에서 진행하는 것이 바람직하다. 따라서 입법론적으로는 파산절차의 진행 중 회생절차개시결정이 내려진 경우, 파산사건이 계속되었던 법원과 회생사건이 계속되었던 법원이 다른 때에는 장래 회생계획인가 전 회생절차가 종료될 사태에 대비하여 파산사건을 회생사건이 계속되어 있는 법원으로 이송할 수 있도록 하여야 한다.[118) 그럼으로써 회생절차가 회생계획인가 전에 실패하더라도 원만하게 파산절차로 이행할 수 있게 된다.

■제3절■ 회생계획인가결정이 소송절차 등에 미치는 영향

회생계획안이 관계인집회에서 가결되고 법률이 정한 요건을 갖추었을 경우 법원은 회생계획인가결정을 한다. 회생계획이 인가되면 회생계획이나 법의 규정에 의하여 인정된 권리를 제외한 모든 회생채권과 회생담보권에 관하여 그 책임을 면한다(제251조 본문). 다만 공익채권, 환취권, 회생절차개시 전의 벌금, 과료, 형사소송비용, 추징금과 과태료 등은 면책되거나 소멸되지 않는다(제251조 단서, 제140조 제1항). 또한 회생담보권자, 회생채권자, 주주·지분권자의 권리는 인가된 회생계획의 내용과 같이 실체적으로 변경된다(제252조 제1항). 인가결정 이후 회생절차가 종료(종결 내지 폐지)되는 경우에도 권리변경의 효력은 그대로 유지된다.

인가결정의 효력은 채무자, 회생채권자, 회생담보권자, 주주·지분권자, 회생을 위하여 채무를 부담하거나 담보를 제공한 자, 신회사(합병 또는 분할합병으로 설립되는 신회사를 제외한다)를 위하여 또는 이들에 대하여 미친다(제250조 제1항). 그러나 채무자의 보증인, 채무자와 함께 채무를 부담하는 자, 채무자를 위하여 담보를 제공한 자 등에는 효력이 미치지 않는다.[119)

회생계획인가결정이 확정되면 법원사무관 등은 회생계획에서 인정된 권리를 회생채권자표 또는 회생담보권자표에 기재한다. 회생채권자표 등에의 기재는 확정판결과 동일한 효력이 있다(제255조 제1항).

---

118) 일본 민사재생법 제248조는 재생(회생)절차개시결정이 된 경우 파산사건을 재생(회생)계속법원으로 이송할 수 있도록 규정하고 있다.
119) 다만 채권자가 중소벤처기업진흥공단(중소기업진흥에 관한 법률 제74조의2), 신용보증기금(신용보증기금법 제30조의3), 기술보증기금(기술보증기금법 제37조의3)인 경우에는 회생계획인가결정을 받은 시점에 주채무가 감경 또는 면제될 경우 연대보증채무도 동일한 비율로 감경 또는 면제된다.

Ⅰ 회생계획인가결정이 소송절차에 미치는 영향

1. 인가결정 이후 소송이 제기된 경우

가. 회생계획에서 인정되지 않은 회생채권, 회생담보권에 기하여 소제기한 경우

회생계획에서 인정되지 않은 회생채권, 회생담보권은 인가결정으로 책임이 소멸하였으므로 (면책되어 그 이행을 강제할 수 없다) 위와 같은 채권에 기하여 소를 제기한 경우 소각하 판결[120] 을 하여야 한다. 공익채권, 환취권은 회생절차와 무관하게 언제든지 그 권리를 행사할 수 있으 므로 소각하 판결을 하여서는 안 된다.

나. 회생계획에서 인정된 회생채권, 회생담보권에 기하여 소제기한 경우

회생절차가 진행 중인 동안에는 회생채권자는 회생계획에 정하여진 바에 따라 회생채권을 변제받을 수 있을 뿐만 아니라 회생계획에서 인정된 회생채권 등을 회생담보권자표 등에 기재 하면 확정판결과 동일한 효력이 있으므로 회생채권의 이행이나 그 확인을 청구할 소의 이익이 없어 소각하 판결을 하여야 한다. 회생담보권자의 경우도 마찬가지이다.

다. 채권자가 회생채무자의 보증인 등을 상대로 소제기한 경우

회생계획은 회생채무자의 보증인, 회생채무자와 함께 채무를 부담하는 자에 대하여 가지는 권리와 채무자 이외의 자가 회생채권자 또는 회생담보권자를 위하여 제공한 담보에 영향을 미 치지 아니하므로(제250조 제2항), 채권자는 회생채무자에 대한 회생계획인가결정으로 인하여 권 리변경 등이 되었다 하더라도 회생채무자의 보증인 등에 대하여는 원래의 금액을 전부 주장할 수 있다. 또한 채권자목록에 기재되지 아니하거나 채권신고되지 아니하여 회생채권 내지 회생 담보권이 실권된 경우에도 채권자는 회생채무자의 보증인, 연대보증인, 연대채무자, 물상보증 인에 대하여 그 권리를 주장할 수 있다.

2. 인가결정 당시 소송이 계속 중인 경우

가. 인가결정 당시 권리확정소송이 계속 중인 경우

인가결정 당시 권리확정소송이 계속 중인 회생채권자, 회생담보권자에 대하여는 바로 회생 계획의 효력이 미치지 않는다(제253조). 이 경우 관리인이 소송을 계속 진행하게 된다. 채권조 사확정재판도 마찬가지이다. 해당 소송에서 권리가 확정되면 인가결정시로 소급하여 회생계획 에 정하여진 권리가 인정된다.

---

120) 실무상 청구기각을 하는 사례도 있다.

만일 당해 채권자가 회생절차 내에서 채권신고를 하지 아니하고 채권자목록에도 기재되지 아니하여 인가결정으로 권리가 실권되어 버린 경우 소각하 판결을 하여야 할 것이다.

나. 소송이 중단된 회생채권 등에 대하여 채권자목록에도 기재되어 있지 않고 채권 신고도 없는 경우

회생절차개시로 소송절차가 중단된 후 수계를 하지 않은 상태에서 회생계획이 인가되거나 소송절차가 중단된 사실을 간과하고 소송을 진행하던 중에 회생계획이 인가된 경우, 그 채권이 목록에 기재되지 아니하고 신고하지 않은 권리라면 모두 실권하므로(제251조) 소는 각하하여야 한다. 다만 관리인이나 상대방이 소송을 수계하여야 할 것이라는 점은 앞에서 본 바와 같다(본서 1148쪽 각주 75)).[121]

Ⅱ 회생계획인가결정이 집행절차에 미치는 영향

1. 중지 중인 절차의 실효

가. 회생채권 또는 회생담보권에 기한 강제집행 등의 경우

회생절차개시결정으로 인하여 중지되어 있던 회생채권 또는 회생담보권에 기하여 채무자의 재산에 대하여 이루어져 있는 강제집행,[122] 가압류, 가처분, 담보권실행을 위한 경매절차는 회생계획인가결정으로 그 효력을 상실하게 된다(제256조 제1항 본문).[123] 다만 국세징수의 예에 의하여 징수할 수 있는 청구권으로서 그 징수우선순위가 일반 회생채권보다 우선하지 아니한 것에 기한 체납처분(강제징수)은 실효되지 않고 다만 취소명령의 대상이 될 뿐이다(제58조 제5항). 또한 회생채권 또는 회생담보권에 기한 채무자의 재산에 대한 국세징수법 또는 지방세징수법에 의한 체납처분(강제징수), 국세징수의 예에 의하여 징수할 수 있는 청구권으로서 그 징수우선순위가 일반 회생채권보다 우선하는 것(이하 '조세 등 청구권'이라 한다)에 기한 체납처분(강제징수)과 조세채무 담보를 위하여 제공된 물건의 처분절차는 인가결정에 의하여 효력이 상실되지 아니하고(일정기간 동안만 금지 또는 중지될 뿐이다. 제58조 제3항), 오히려 인가결정으로 속행

---

121) 회생계획이 인가되기 전에 종료(회생절차폐지나 회생계획불인가결정)된 경우에는 어떻게 되는가. 계속 중인 회생채권 등에 관한 소송절차는 회생절차개시결정으로 중단된다(제59조 제1항). 회생계획이 인가되지 않는 한 회생채권 등이 소멸되는 것은 아니므로 소송절차 중단의 효과는 회생절차가 종료될 때까지 계속되고, 회생절차의 종료에 의하여 채무자가 중단된 소송절차를 당연히 수계한다고 해석하여야 할 것이다.

122) 재산명시절차(민집법 제61조 제1항)도 실효된다고 할 것이다.

123) 반면 회생계획인가결정 전에 회생절차가 종료된 경우(회생절차개시결정의 취소, 회생계획인가 전 폐지, 회생계획불인가결정 등)에는 강제집행 등은 당연히 속행된다.
   [사례] 채권자 甲은 채무자 乙이 채무를 변제하지 아니하자 제3채무자 丙을 상대로 압류 및 추심명령을 받았다. 甲은 丙을 상대로 추심금청구소송을 제기하였다. 이후 乙에 대하여 회생절차개시결정이 되고 회생계획이 인가되었다. 이 경우 추심금소송은 어떻게 되는가. 乙에 대한 회생절차개시결정으로 압류 및 추심명령은 중지되고(제58조 제2항 제2호), 회생계획인가결정으로 실효되므로 추심금청구소송은 기각된다.

할 수 있게 된다.[124] 원래 회생계획에 있어서는 조세 등의 청구권에 관하여도 변제방법이 정하여지므로 종래의 체납처분(강제징수) 등을 그 형태대로 유지할 수는 없을 것이나 회생계획에서 정한 변제가 되지 않을 경우에 그 이행을 얻기 위하여 지금까지 중지된 체납처분(강제징수) 등은 속행할 수 있다. 이 점은 다른 회생채권자나 회생담보권자와 다른 점이다. 즉 다른 회생채권자나 회생담보권자는 회생계획에 따른 변제가 되지 않더라도 회생절차가 계속되고 있는 한 개별적 권리행사의 금지에 따라 강제집행이나 임의경매를 할 수 없다.

실효된 강제집행 등의 기입등기는 어떻게 말소하는가. 회생계획인가의 결정이 있은 때에는 회생절차개시결정에 의하여 중지한 강제집행, 가압류, 가처분, 담보권실행을 위한 경매절차는 그 효력을 잃게 되므로, 회생계획인가의 결정을 한 법원은 그 등기와 함께 위 각 절차에 따른 등기의 말소를 함께 촉탁할 수 있으며, 가압류 등을 한 집행법원의 말소촉탁에 의하여 말소할 수도 있다.[125] 등기관은 당해 부동산에 회생계획인가의 등기가 되어 있는지 여부와 관계없이 그 촉탁을 수리하여야 한다. 다만, 회생계획이 인가된 경우에도 회생절차개시결정의 등기 이전에 등기된 가등기(담보가등기 제외) 및 용익물권에 관한 등기, 국세징수법 또는 그 예에 의한 체납처분(강제징수) 및 조세채무담보를 위하여 제공된 부동산 등의 처분에 따른 등기는 말소의 대상이 되지 않는다.[126]

---

124) 다만 실무적으로는 회생계획에 이러한 절차의 진행을 일정기간 유예한다는 규정을 둠으로써 문제를 해결하고 있다.

　　□ 회생계획에서 조세채권에 관한 일반적인 기재례

> 「채무자 회생 및 파산에 관한 법률」 제140조 제2항에 의하여 회생계획 인가결정일 이후 변제기일까지 국세징수법 또는 지방세징수법에 의한 징수 및 체납처분(강제징수)에 의한 재산의 환가는 유예합니다.
> 채무자 회사는 회생계획 인가결정 전일까지 발생한 조세채권의 납부지연가산세를 포함한 금액의 100%를 현금으로 변제하되, 현금 변제할 금액의 10%는 제1차년도(2023년)에 변제하고, 20%는 제2차년도(2024년)에 변제하고, 70%는 제3차년도(2025년)에 변제합니다.

　　이 경우 회생계획이 인가됨으로써 과세관청은 체납처분(강제징수)을 할 수 있다(제58조 제3항). 하지만 회생계획에서 조세채권이 2025년까지 3년간 분할 납부하는 것으로 변경(납부기한연장 또는 징수유예)되었으므로, 채무자가 2023. 12. 31.까지 조세채권 중 10%를 납부하는 한 체납처분(강제징수)을 할 수 없다. 2023. 12. 31.까지 조세채권의 10%를 납부하지 않는 경우 체납처분(강제징수)을 할 수 있다. 회생절차가 종결되지 않았다고 하더라도 마찬가지이다(이 점이 다른 일반 회생채권과 다르다).

125) 회생법원이나 집행법원으로서는 채무자의 재산에 관하여 어느 법원에서 어떤 절차가 진행되고 있는지 직접 확인하기 곤란하고, 그 절차의 기록도 보관하고 있지 않으므로, 현재 실무에서는 관리인이 직접 신청법원이나 집행법원에 신청서와 함께 인가결정등본 및 말소촉탁의 대상이 되는 재산의 목록을 첨부하여 해제신청을 한다.

126) 부동산등기사무처리지침 제15조 제4항. ① 부동산에 관한 집행에서 부동산강제경매개시결정 후 채무자가 회생계획 인가결정을 받은 경우 개시결정으로 중지되었던 경매절차는 효력을 상실하므로 실무적으로 집행법원은 직권으로 집행절차를 취소한다. ② 채권등에 관한 집행의 경우는 어떠한가. ⓐ 압류의 경우 법원사무관등은 제3채무자에게 회생계획인가결정이 있은 취지와 압류가 실효되었다는 취지를 통지하여야 한다. ⓑ 추심명령의 경우 집행법원은 제3채무자에게 회생계획인가결정이 있은 취지 및 추심채권자에게 지급을 하여서는 아니된다는 취지를 통지하여야 한다. ⓒ 전부명령의 경우 즉시항고로 확정되지 아니한 상태에서 회생계획인가결정이 내려진 때에는 항고법원은 이를 이유로 전부명령을 취소하고, 전부명령신청을 기각하여야 한다. 회생계획인가결정 전에 확정된 전부명령에 기하여 채권자가 전부금을 변제받는 것은 이미 집행이 완료된 것으로 유효하다(김상철·장지용, 전게 "도산절차가 민사집행절차에 미치는 영향", 34쪽).

나. 공익채권에 기한 강제집행 등의 경우

회생계획인가결정이 있다고 하더라도 공익채권에 기한 강제집행 등은 실효되지 않는다. 이 경우 법원은 채무자의 사업 계속을 위하여 특히 필요한 경우에 공익채권에 기한 강제집행 또는 가압류의 중지나 취소를 명할 수 있을 뿐이다(제180조 제3항). 위 중지나 취소명령에 대하여는 즉시항고를 할 수 있으나 집행정지의 효력은 없다(제180조 제5항, 제6항).

2. 회생계획인가결정 이후의 집행문제

회생채권자표와 회생담보권자표는 집행력을 갖고(집행권원이 된다), 인정된 권리로서 금전의 지급 그 밖의 이행의 청구를 내용으로 하는 권리를 가진 자는 회생절차 종결 후 채무자와 회생을 위하여 채무를 부담하는 자에 대하여 회생채권자표와 회생담보권자표에 의하여 강제집행을 할 수 있다. 이 경우 보증인은 최고, 검색의 항변을 할 수 있다(제255조 제2항). 회생채권자표와 회생담보권자표에 의한 강제집행은 회생절차가 종결(종료)된 후에 한하여 허용된다.[127]

회생채권에 관하여 회생절차개시 이전부터 회생채권 또는 회생담보권에 관하여 집행권원이 있었다 하더라도, 회생계획인가결정이 있은 후에는 제252조에 의하여 모든 권리가 변경·확정되고 종전의 회생채권 또는 회생담보권에 관한 집행권원에 의하여 강제집행 등은 할 수 없으며, 회생채권자표와 회생담보권자표의 기재만이 집행권원이 된다.[128]

Ⅲ 회생계획인가결정이 도산절차에 미치는 영향

회생계획인가결정이 있은 때에는 중지되었던(제58조 제2항) 파산절차는 실효된다. 효력을 잃은 파산절차에서의 재단채권(제473조 제2호, 제9호에 해당하는 것은 제외)은 공익채권이 된다(제256조).

제4절 회생절차의 종결 및 폐지결정이 소송절차 등에 미치는 영향

회생절차의 종결이란 회생계획이 모두 수행되었거나, 향후 회생계획의 수행에 지장이 있다고 인정되지 않는 경우 법원이 회생절차를 종료시키는 것을 말한다. 회생절차의 폐지란 회생절차개시 후 당해 회생절차가 그 목적을 달성하지 못한 채 법원이 그 절차를 중도에 종료시키는 것으로, 회생계획인가결정 전 폐지(제286조), 신청에 의한 폐지(제287조), 회생계획인가결정

---

127) 대법원 1991. 4. 9. 선고 91다63 판결 참조.
128) 대법원 2017. 5. 23. 자 2016마1256 결정. 회생절차개시결정이 있는 때에는 회생채권 또는 회생담보권에 기한 강제집행 등은 할 수 없고, 채무자의 재산에 대하여 이미 행한 회생채권 또는 회생담보권에 기한 강제집행은 중지되며 (제58조), 회생계획의 인가결정이 되면 중지된 강제집행은 효력을 잃는다(제256조 제1항).

후 폐지(제288조)가 있다.

회생절차가 종료되면 채무자의 업무수행권 및 재산에 대한 관리처분권이 관리인에게서 다시 채무자로 이전되고, 회생절차개시결정으로 인한 권리행사 제약이 해소됨으로써 채무자의 재산에 대한 가압류 등 보전처분 및 강제집행, 소제기 등이 가능하게 된다.

회생절차가 종결되더라도 회생계획인가결정에 의한 권리변경의 효력은 유지되고 채무자는 여전히 회생계획에 대한 수행의무를 부담한다. 회생계획인가결정으로 이미 실권된 권리가 회생절차의 종결로 부활하는 것은 아니다.

회생절차폐지의 경우 회생절차폐지의 효력은 소급하지 않는다. ① 회생계획인가결정 전 폐지의 경우[129] 회생절차개시 후 관리인이 행한 행위의 효과, 채권조사절차를 통하여 회생채권, 회생담보권이 확정된 경우 그 효과 등은 소멸하지 않는다. 다만 회생계획인가결정 전이므로 실권효, 권리변경효 등은 발생하지 아니한다. ② 회생계획인가결정 후 폐지의 경우 회생절차개시 후 관리인이 행한 행위의 효과, 채권조사절차를 통하여 회생채권, 회생담보권이 확정된 경우 그 효과 등은 소멸하지 않고, 회생계획인가결정으로 인한 실권효, 권리변경효 등도 그대로 유지된다.

Ⅰ 회생절차종결이 소송절차 등에 미치는 영향

1. 회생절차종결이 소송절차에 미치는 영향

채무자의 재산에 관한 소송 중 회생채권·회생담보권과 관계없는 소송이나 회생채권 등의 확정소송으로서 계속 중인 소송은 당연 중단되고 채무자가 이를 수계한다(제59조 제4항, 민소법 제237조 제1항). 왜냐하면 회생절차가 종결되면 관리인의 권한은 소멸하고 채무자에게 업무수행권 및 재산의 관리처분권이 넘어오기 때문이다. 회생채권 등의 채권조사확정재판도 마찬가지이다.[130] 회생절차가 종결되더라도 면책이나 권리변경의 효력은 그대로 유지되므로 여전히 권리확정의 필요가 있기 때문이다. 다만 법인의 이사 등에 대한 손해배상청구권 등에 관한 조사확정절차(조사확정결정이 있는 경우는 제외한다)는 종료한다(제115조 제8항).

회생절차가 종결되었다고 하더라도 회생채권 등의 확정소송의 청구취지를 회생채권 등의 이행을 구하는 것으로 변경할 필요는 없다.[131] 그 이유는 회생절차가 종결되더라도 그 후에

---

129) 회생계획불인가결정은 회생계획인가결정 전에 회생절차가 종료된다는 점에서 회생계획인가결정 전 폐지와 같다. 따라서 아래에서 설명하는 회생계획인가결정 전 폐지에 관한 내용은 회생계획불인가결정의 경우에도 동일하게 적용된다.

130) 破産法·民事再生法, 915쪽. 따라서 아래 〈Ⅱ.1.나.(1)(나)〉(본서 1170쪽)의 설명은 회생절차종결의 경우에도 동일하게 적용된다. 조사확정재판은 회생계획인가결정 전에 회생절차가 종료된 경우에는 그 목적을 상실하여 종료하지만, 회생계획인가결정 후에 회생절차가 종결된 경우에는 계속하여 진행된다고 할 것이다.

131) 대법원 2015. 9. 10. 선고 2013다214444 판결, 대법원 2014. 1. 23. 선고 2012다84417,84424,84431 판결[회생계획인가의 결정이 있는 때에는 회생채권자 등의 권리는 회생계획에 따라 변경되고 회생계획이나 법의 규정에 의하여 인정된 권리를 제외하고는 모든 회생채권과 회생담보권에 관하여 면책의 효력이 발생하며(제251조, 제252조), 회생계획인가 결정 후 회생절차 종결결정이 있더라도 채무자는 회생계획에서 정한 대로 채무를 변제하는 등 회생계획을

회생채권 등의 확정소송을 통하여 채권자의 권리가 확정되면 소송의 결과를 회생채권자표 또는 회생담보권자표에 기재하고(제175조), 미확정채권의 처리방법에 관한 회생계획의 규정에 따라 권리보호를 받으면 되기 때문이다.[132]

부인의 소, 부인권의 행사에 기한 청구나 부인의 청구를 인용한 결정에 대한 이의의 소[133]의 계속 중에 회생절차종결결정이 확정된 경우에는 관리인의 자격이 소멸함과 동시에 당해 소송에 관계된 권리 또한 절대적으로 소멸하고 어느 누구도 이를 승계할 수 없다.[134] 다만 회생절차개시결정 당시 사해행위취소소송이 계속되어 관리인이 수계한 경우에는 회생절차종결로 다시 채권자가 수계를 한다. 그렇지만 소송이 유지되기 위해서는 부인 이외의 다른 주장을 하여야 한다. 부인권은 회생절차 진행을 전제로 관리인만이 행사할 수 있는 권리이기 때문이다.

2. 회생절차종결이 집행절차에 미치는 영향

회생절차가 종결되면 회생채권자는 기한이 도래한 회생채권에 대하여 회생채권자표나 회생담보권자표를 집행권원으로 하여(민집법 제56조 제5호) 강제집행을 할 수 있다.[135] 회생채권자 등은 회생채권자표 등에 기하여 채무자 및 회생을 위하여 채무를 부담한 자에 대하여 강제집행을 할 수 있고(제255조 제2항), 이를 위하여 집행문의 부여를 신청할 수도 있다.

Ⅱ 회생절차폐지가 소송절차 등에 미치는 영향

1. 회생절차폐지가 소송절차에 미치는 영향

가. 회생절차개시결정 전부터 계속된 소송의 경우

(1) 회생절차폐지 당시 공익채권 내지 환취권 등 회생절차에 영향을 받지 않는 권리에 기한 소송이 계속되고 있었던 경우

회생절차개시 전에 계속되었던 채무자의 재산에 관한 소송은 회생절차개시결정으로 중단된다(제59조 제1항). 이 중 회생채권 등과 관계없는 것은 관리인이 수계할 수 있다(제59조 제2항).

계속하여 수행할 의무를 부담하게 되므로, 회생채권 등의 확정을 구하는 소송의 계속 중에 회생절차 종결결정이 있는 경우 회생채권 등의 확정을 구하는 청구취지를 회생채권 등의 이행을 구하는 청구취지로 변경할 필요는 없고, 회생절차가 종결된 후에 회생채권 등의 확정소송을 통하여 채권자의 권리가 확정되면 소송의 결과를 회생채권자표 등에 기재하여(제175조), 미확정 회생채권 등에 대한 회생계획의 규정에 따라 처리하면 된다. 따라서 회생채권 등의 확정소송이 계속되는 중에 회생절차 종결결정이 있었다는 이유로 채권자가 회생채권 등의 확정을 구하는 청구취지를 회생채권 등의 이행을 구하는 청구취지로 변경하고 그에 따라 법원이 회생채권 등의 이행을 명하는 판결을 선고하였다면 이는 회생계획 인가결정과 회생절차 종결결정의 효력에 반하는 것이므로 위법하다).

132) 채권확정소송의 판결이 집행권원이 되는 것이 아니다. 채권확정소송이 종결(확정)되면 그 결과가 회생채권자표 등에 기재되고 그 회생채권자표 등이 집행권원이 되는 것이다.
133) 소송형태로는 '부인의 소'만을 의미하는 것이 아니라 부인권 행사로 인한 모든 소(예컨대 청구이의의 소)를 포함한다.
134) 대법원 2007. 2. 22. 선고 2006다20429 판결 참조.
135) 회생절차 중에는 비록 회생계획에 정해진 변제기에 변제가 되지 않더라도 강제집행은 허용되지 않는다.

이후 회생절차가 폐지되어 종료된 경우 소송은 다시 중단된다(제59조 제4항 전문). 중단 후 누가 수계하는지는 파산선고 여부에 따라 달라진다.

(가) 파산선고가 되지 않은 경우

회생절차가 폐지되면 채무자 재산의 관리처분권이 관리인에게서 채무자로 이전되므로 소송이 중단되고 채무자가 수계하여야 한다(제59조 제4항 후문). 청구취지는 원래의 형태로 계속 유지된다.

(나) 파산선고가 된 경우

채무자 재산의 관리처분권이 파산관재인에게 이전되므로 소송은 중단되고 파산관재인이 위 소송을 수계할 수 있다(제6조 제6항). 청구취지는 원래의 형태로 계속 유지된다.

(2) 회생절차개시결정 전에 계속된 채무자의 재산에 관한 소송으로 회생채권 등에 관한 것인 경우

(가) 회생채권 등을 신고한 경우

회생절차개시 전에 계속되었던 채무자의 재산에 관한 소송은 회생절차개시결정으로 중단된다(제59조 제1항). 중단 후 수계절차에 관하여는 회생절차개시결정 전에 계속된 채무자의 재산에 관한 소송 중 회생채권 등에 관한 것으로 채권신고를 하고 채권조사에서 관리인 등의 이의가 제기된 경우가 문제된다.

회생절차가 개시되면 ① 집행력 있는 집행권원이나 종국판결이 없는 채권에 대하여는 이의채권의 보유자인 회생채권자나 회생담보권자가 이의자 전원을 상대방으로 하여 소송절차의 수계를 하여야 하고(제172조 제2항), ② 집행력 있는 집행권원이나 종국판결이 있는 채권에 대하여는 이의자가 이의채권의 보유자를 상대방으로 소송절차의 수계를 하여야 한다(제174조 제2항).

회생계획인가결정 전이든 후이든 회생절차가 폐지되어 종료되면 소송절차는 중단되고, 채무자가 수계한다.[136] 파산선고가 된 경우에는 파산관재인이 수계한다.[137]

(나) 회생채권 등을 신고하지 아니한 경우 (채권자목록에도 기재되어 있지 않음)

신고하지 아니한 회생채권은 회생계획인가결정이 있는 때에는 실권되고(제251조), 이와 같이 실권된 회생채권은 그 후 회생절차가 폐지되더라도 부활하지 아니하므로 그 확정을 구하는 소는 소의 이익이 없어 부적법하다.[138] 그러나 회생계획인가 전에 회생절차가 폐지된 경우(또는

---

136) ①의 경우 인가 전에 폐지된 때에는 이행을 구하는 형태로 청구취지를 변경하여야 하나, 인가 후에 폐지된 경우에는 청구취지를 변경할 필요가 없다(대법원 2014. 1. 23. 선고 2012다84417,84431 판결 참조).
　사례　원고(채권자)가 피고(채무자)를 상대로 공사대금채권이 있다고 주장하면서 공사대금의 지급을 구하는 이행청구와 그 공사대금채권에 기한 유치권확인청구를 병합하여 제기함 ⇒ 소송 계속 중 채무자에 대한 회생절차가 개시되었음 ⇒ 원고는 공사대금이행청구를 회생채권 확정청구로, 유치권확인청구를 회생담보권 확정청구로 청구취지를 변경하여야 함 ⇒ 회생절차인가 전 폐지 ⇒ 청구취지를 다시 통상의 이행청구와 유치권확인청구로 변경한 다음 심리를 진행하여야 함{대법원 2021. 2. 4. 선고 2108다304380, 2018다304397(병합) 판결 참조}.
137) 인가 전에 폐지된 경우이건 인가 후에 폐지된 경우이건 파산채권의 확정을 구하는 것으로 청구취지를 변경하여야 한다.
138) 서울고등법원 2021. 6. 16. 선고 2019나2009055 판결(확정).

회생계획불인가결정이 확정된 경우)에는 신고하지 아니한 회생채권이라도 실권되지 아니하며, 그 후부터는 통상의 소송을 제기하거나 계속 중인 회생채권 확정의 소를 통상의 소송으로 변경할 수 있다.[139] 따라서 청구취지를 이행 또는 확인을 구하는 것으로 변경(통상의 소송으로 변경)하여야 한다.

(3) 회생절차개시결정 전에 계속된 채무자의 재산에 관한 소송으로 회생절차개시결정으로 중단된 것에 대하여 관리인이 수계하기 전에 회생절차가 폐지된 경우에는 채무자가 당연히 소송절차를 수계한다(제59조 제3항 참조). 채권자취소송의 경우는 회생채권자가 수계한다(제113조 제2항, 제59조 제3항).

나. 회생절차폐지 당시 권리확정절차가 계속되고 있었던 경우

(1) 회생절차폐지 후 파산선고가 되지 않은 경우

(가) 회생계획인가결정 전 폐지의 경우

① 채권조사확정재판이 계속 중인 경우

채권조사확정재판은 목적을 상실하였으므로 종료되고, 채권존부에 관한 다툼을 해결하기 위해서는 새로운 소를 제기하여야 한다. 채권조사확정재판절차는 회생채권 등의 확정을 위해 특별히 인정되는 간이한 절차이므로 회생계획인가결정 전에 종료한 경우에는 회생채권 등의 확정을 도모할 필요가 없기 때문이다.

② 채권조사확정재판에 대한 이의의 소가 계속 중인 경우

㉮ 이의자가 관리인이어서 관리인이 당사자로 되어 있는 경우

소송절차는 중단되고 채무자로의 수계절차를 밟아야 한다(민소법 제237조 제1항). 채무자에게 관리처분권이 이전되기 때문이다. 청구취지는 채권조사확정재판의 인가 또는 변경을 구하는 것에서 이행 내지 확인을 구하는 것으로 변경(통상의 소송으로 변경)하여야 한다. 이러한 경우에는 그 소송절차를 이용하여 채권의 확정에 이르는 것이 소송경제에 적합하고, 채무자의 재산에 대한 관리처분권을 가진 관리인이 선관주의의무를 부담하여 행한 소송의 결과를 채무자에게 미치게 하는 것도 일반적으로는 부당하다고 보이지 않기 때문이다.

㉯ 이의자가 회생채권자, 회생담보권자로서 관리인이 당사자가 아닌 경우[140]

이의의 소는 회생절차 내에서 회생채권 등의 확정을 위하여만 의미가 있는 것이다. 이의의 소를 통상의 민사소송으로 변경시킨다고 하여도 채무자에게 기판력이 미치지 않아 통상의 민사소송으로 변경할 실익이 없으므로 종료되어야 한다.

---

139) 대법원 2010. 12. 9. 선고 2007다44354(본소),2007다44361(반소) 판결 참조. 결국 회생계획인가 전에 폐지된 경우에는 회생채권의 미신고의 하자는 치유되고(대법원 1998. 8. 21. 선고 98다20202 판결 참조), 제소기간·수계기간 미준수의 하자도 역시 치유된다고 할 것이다(각주 142) 참조).

140) 예컨대 회생채권자가 다른 회생채권자의 채권에 대해 이의를 제기하여 계속 중인 이의의 소를 들 수 있다.

(나) 회생계획인가결정 후 폐지의 경우[141)142)]

회생계획이 인가되어 회생절차가 폐지되는 경우에도 회생절차종결의 경우와 마찬가지로 종전의 면책이나 권리변경의 효력이 그대로 유지되므로 여전히 권리확정의 필요가 있다. 따라서 회생절차폐지로 인하여 계속 중이던 권리확정절차가 당연히 종료되거나 그 소의 이익이 없어진다고 볼 수 없다.[143)]

① 채권조사확정재판이 계속 중인 경우

채권조사확정재판은 그대로 유지된다.[144)] ㉮ 관리인이 당사자인 경우에는 채권조사확정재판이 중단되고 채무자가 조사확정재판을 수계한다(제59조 제4항 또는 민소법 제237조 제1항 유추적용).[145)] ㉯ 회생채권자, 회생담보권자가 당사자인 경우에는 채권조사확정재판은 중단되지 않고 계속 진행된다.

이후 채권조사확정재판절차가 진행되어 그 재판이 있는 경우 이의의 소를 제기할 수 있다고 할 것이다.[146)]

② 채권조사확정재판에 대한 이의의 소가 계속 중인 경우

㉮ 이의자가 관리인이어서 관리인이 당사자로 되어 있는 경우

소송절차는 중단되고 채무자가 수계하여야 한다(민소법 제237조 제1항).[147)] 청구취지는 이의의 소 형태를 유지하고 이행의 소 등 원래대로의 청구취지를 변경할 필요는 없다. 왜냐하면 채권조사확정재판에 대한 이의의 소에 따른 결과를 법원사무관 등이 회생채권자표 등에 기재

---

141) 회생계획인가결정 후 폐지의 경우에는 필요적으로 파산선고를 하여야 하지만, 그렇다고 하더라도 파산원인이 없는 경우에는 파산선고를 할 수 없다(제6조 제1항).

142) 회생절차가 폐지된 경우 부적법한 권리확정소송의 하자가 치유되는가. 회생계획인가 전에 폐지되었는지 인가 후에 폐지되었는지에 따라 다르다. 회생계획인가 후에 폐지된 경우 신고하지 아니한 회생채권은 회생계획인가결정으로 실권되고, 실권된 회생채권은 그 후 회생절차가 폐지되더라도 부활하지 아니하므로 그 확정을 구하는 재판은 소의 이익이 없어 부적법하며, 회생채권 신고 여부는 소송요건으로서 직권조사사항이다. 그러나 회생계획인가 전에 회생절차가 폐지된 경우에는 신고하지 아니한 회생채권이라도 실권되지 아니하고, 그 후부터는 통상의 소송을 제기하거나 계속 중인 회생채권확정 관련 소송을 통상의 소송으로 변경할 수 있다고 할 것이므로 회생채권의 미신고 하자는 치유된다(대법원 1998. 8. 21. 선고 98다20202 판결 참조).

143) 대법원 2007. 10. 11. 선고 2006다57438 판결 참조. 회생절차 폐지 후 파산이 선고되었다 하더라도 마찬가지이다.

144) 회생절차가 폐지되더라도 회생계획인가결정의 효력으로 발생한 면책이나 권리변경의 효력이 존속하므로 채권조사확정절차가 필요하고, 그러한 필요성이 있다면 보다 간단한 심리방식인 채권조사확정재판을 유지할 필요가 있는 점, 기존에 심리된 절차를 통하여 간단하게 권리관계를 확정하면 당사자들에게도 이익이 되는 점, 기존의 절차를 무용으로 돌리는 것은 절차의 경제성에 비추어 가급적 피해야 한다는 점을 고려한 것이다. 다만 인가 후 폐지의 경우에는 채무자에게 파산원인이 있으면 필요적으로 파산선고를 하도록 되어 있어(제6조 제1항) 파산선고가 되지 않는 경우는 드물 것이다.

145) 입법론적으로는 이를 다음과 같이 명시적으로 규정할 필요가 있다(일본 회사갱생법 제163조 제1항, 제2항, 민사재생법 제112조의2 제1항, 제2항 참조). 「회생계획인가결정 후 회생절차가 종료된 때에는 조사확정재판은 수계하여 계속된다, 제59조 제4항, 제5항은 회생계획인가결정 후 회생절차가 종료된 경우로 관리인을 당사자로 한 회생채권 등 조사확정재판절차에 준용한다.」

146) 일본 민사재생법 제112조의2 제3항은 이를 명시적으로 규정하고 있다.

147) 조사확정재판이나 이의의 소에 관련된 회생채권 등은 회생계획에 '미확정의 회생채권 등'으로 적당한 조치를 정하여야 하고(제197조 제1항), 회생계획이 인가되어 확정되면 회생계획에 따라 권리변경을 받는다. 회생절차의 폐지(종료)에 의해 조사확정재판이나 이의소송이 종료되는 것으로 하면 이러한 미확정 회생채권 등을 확정할 방법이 없기 때문에 회생채권 등의 조사확정재판이나 이의소송을 수계하여 계속되도록 할 필요가 있다{會社更生の實務(下), 351쪽}.

하면 확정판결과 동일한 효력이 있기 때문이다.

㉯ 이의자가 회생채권자, 회생담보권자로서 관리인이 당사자가 아닌 경우

소송절차는 중단되지 않고(수계 문제도 없다), 청구취지도 이의의 소 형태를 계속 유지하여 진행하여야 한다.

(2) 회생절차폐지 후 파산선고가 된 경우

(가) 조사확정재판이 계속 중인 경우

① 회생계획인가결정 전 폐지의 경우

㉮ 제6조 제2항에 따라 파산선고를 한 경우로서 관리인이 일방 당사자인 경우에는 파산관재인 또는 상대방이 수계하고(제6조 제6항 참조), 파산채권조사확정재판으로 신청취지를 변경하여야 한다는 견해가 있다.[148] 그러나 회생절차에서의 간이·신속한 심리절차인 조사확정재판을 파산절차에 수계시킬 합리성이 없고(수계에 관한 명문의 규정이 없다. 제6조 제6항은 소송절차의 수계를 규정할 뿐이다), 제6조 제5항의 '이의'나 '조사'에 조사확정재판이 포함된다고 보기 어려우며, 회생절차에서의 조사확정재판자료를 후행하는 파산절차에 이용하는 것보다 파산절차에서 새로이 조사·확정하는 것이 합리적이기 때문에[149] 조사확정재판은 종료한다고 할 것이다.[150]

㉯ 회생절차폐지결정 확정 이후 새로운 파산신청에 따라 파산선고한 경우에는 채권조사확정재판은 종료한다.

② 회생계획인가결정 후 폐지의 경우

채권조사확정재판은 종료한다.[151] 회생계획인가 후 폐지의 경우는 제6조 제1항에 따라 직권으로 파산선고를 한 것인데, 이 경우에는 제6조 제5항이 적용되지 아니하므로 파산절차에서 새로이 파산채권신고, 이의와 조사 또는 확정절차를 거쳐야 하기 때문이다. 또한 회생절차에 관한 간이·신속한 심리절차인 조사확정재판을 파산절차에 수계시킬 합리성이 없기 때문이기도 하다.

(나) 조사확정재판에 대한 이의의 소가 계속 중인 경우

회생계획인가결정 전 폐지인지 회생계획인가결정 후 폐지인지를 불문하고, ① 관리인이 당

---

148) 회생사건실무(하), 315쪽. 제6조 제5항에 따라 회생절차에 의한 회생채권의 신고, 이의와 조사 또는 확정은 파산절차에서 행하여진 파산채권의 신고, 이의와 조사 또는 확정으로 간주되기 때문이다. 한편 이 견해에 의하더라도 제134조 내지 제138조의 규정에 의한 채권은 채권신고만 의제될 뿐이므로 파산절차에서 다시 채권조사절차를 거쳐야 한다.

149) 또한 제134조 내지 제138조에 해당하는 채권이냐 아니냐에 따라 채권확정방식을 달리할 필요가 있는지도 의문이고, 회생절차와 파산절차는 채권조사방식(서면에 의한 조사와 일반조사기일에 의한 조사)도 다르며, 이의의 주체(관리인과 파산관재인)도 다르다는 점도 그 이유가 될 것이다.

150) 條解 民事再生法, 1292쪽, 破産法·民事再生法, 1147쪽, 實務 倒産法講義, 416쪽. 일본 민사재생법은 회생계획인가결정 전후를 불문하고 파산선고가 된 경우에는 조사확정재판은 종료하는 것으로 규정하고 있다(제112조의2 제1항, 제254조 제5항). 파산선고가 되지 않은 때에는 회생계획인가결정 전의 경우는 종료하고, 회생계획인가결정 후에는 수계하여 계속된다(제112조의2 제1항). 회사갱생절차의 경우에도 마찬가지이다(會社更生法, 789~790쪽).

151) 반면 회생계획인가결정이 있은 후에 회생절차가 폐지되었다는 사정만으로 회생채권 또는 회생담보권의 조사확정절차를 통해 그 채권의 존재 여부와 범위를 확정할 법률상 이익이 소멸한다고 단정할 수는 없다는 견해도 있다(대법원 2021. 1. 28. 선고 2018다286994 판결 참조).

사자인 경우에는 소송절차가 중단되고, 파산관재인으로의 수계절차를 거쳐야 한다(제6조 제6항, 제10항).[152] ② 관리인이 당사자가 아닌 경우에는 소송절차는 중단되지 않고 계속 진행하면 된다. 관리인이 당사자가 아니더라도 파산절차에서 이의자와 사이에서 여전히 채권을 확정할 필요가 있기 때문이다.

파산절차가 개시되었으므로 어느 경우이든 파산절차에서의 이의의 소 형태로 청구취지를 변경하여야 한다.

다. 회생절차폐지 당시 부인의 소 및 부인의 청구를 인용한 결정에 대한 이의의 소가 계속되고 있었던 경우[153]

(1) 회생절차폐지 후 파산선고가 된 경우

소송절차가 중단되고, 파산관재인으로의 수계절차를 거쳐야 한다(제6조 제6항, 제10항).[154] 관련 내용은 〈제6편 제1장 제3절 Ⅱ.1.〉(본서 2153쪽)을 참조할 것.

(2) 회생절차폐지 후 파산선고가 안 된 경우

부인권은 회생절차의 진행을 전제로 관리인만이 행사할 수 있는 권리이므로 회생절차의 폐지로 소멸한다. 따라서 소송절차는 종료된다.[155] 다만 회생절차개시결정 당시 사해행위취소소송이 계속되어 관리인이 수계한 경우에는 회생절차폐지로 다시 채권자가 수계를 한다(제113조 제2항, 제59조 제4항). 그렇지만 소송이 유지되기 위해서는 부인 이외의 다른 주장을 하여야 한다. 부인권은 회생절차 진행을 전제로 관리인만이 행사할 수 있는 권리이기 때문이다(본서 478~480쪽).

라. 법인의 이사 등의 책임에 관한 조사확정재판 등에 미치는 영향

법인의 이사 등에 대한 손해배상청구권 등에 관한 조사확정절차(조사확정결정이 있는 경우는

---

152) 관리인이 수행하던 소송은 파산재단에 속하는 재산과 관련된 것이 통상적인데, 파산절차에서 이미 "파산재단에 속하는 재산에 관하여 파산선고시에 계속하는 소송은 파산관재인 또는 상대방이 이를 수계할 수 있다"고 규정하고 있어(제347조 제1항) 큰 의미는 없어 보인다.

153) 부인의 청구 절차는 회생절차폐지로 종료된다. 부인의 청구는 간이·신속한 심리절차에 의해 부인의 성부를 정하는 것이기 때문에 이것을 채무자나 견련파산 등 후속절차에 승계시킬 필요성이 없기 때문이다. 일본 회사갱생법 제96조 제5항, 민사재생법 제136조 제5항은 이를 명시적으로 규정하고 있다. 한편 파산선고가 된 경우 관리인이 수행하던 부인의 청구도 파산관재인이 수계한다는 견해도 있으나(법인파산실무, 693쪽), 위에서 본 이유와 제6조 제6항은 '소송절차'에 관한 것으로 받아들이기 어렵다.

154) 대법원 2015. 5. 29. 선고 2012다87751 판결(채무자회생법 제6조 제1항, 제6항의 내용과 취지에 비추어 보면, 채무자에 대하여 회생계획인가가 있은 후 회생절차폐지의 결정이 확정되더라도 채무자회생법 제6조 제1항에 의한 직권 파산선고에 의하여 파산절차로 이행된 때에는, 채무자회생법 제6조 제6항에 의하여 파산관재인은 종전의 회생절차에서 관리인이 수행 중이던 부인권 행사에 기한 소송절차를 수계할 수 있고, 이러한 경우 부인권 행사에 기한 소송은 종료되지 않는다.)

155) 대법원 2007. 2. 22. 선고 2006다20429 판결, 대법원 1995. 10. 13. 선고 95다30253 판결 등 참조. 이 경우 주문은 「원고와 피고 사이의 이 사건 소송은 서울회생법원 2020회합100029 회생사건의 2020. 7. 7. 회생절차폐지결정으로 종료되었다」가 될 것이다.

제외한다)는 회생절차의 폐지로 종료한다(제115조 제8항). 회생절차의 신속한 진행을 위해 특별히 인정된 것이고, 회생절차의 부수적인 절차의 성격을 가진 조사확정재판을 더 이상 진행시킬 필요가 없기 때문이다. 조사확정결정이 있는 경우에는 당사자의 변동이 있으므로 결정절차는 중단되고, 파산선고가 된 때에는 불복이 있는 파산관재인 등이 제소기간 내에 이의의 소를 제기하여야 한다. 파산선고가 안 된 경우에는 불복이 있는 채무자 등이 이의의 소를 제기할 수 있다.

조사확정재판에 대한 이의의 소는 회생절차폐지로 중단된 후, 파산선고가 된 경우에는 파산관재인이 수계하고(제6조 제6항, 제10항), 파산선고가 안 된 경우에는 채무자가 수계한다.

관련 내용은 〈제6편 제1장 제3절 Ⅱ.2.〉(본서 2154쪽)를 참조할 것.

2. 회생절차폐지가 집행절차에 미치는 영향

가. 회생계획인가결정 전 폐지의 경우

회생계획인가결정 전 회생절차폐지의 결정이 확정된 때에는 확정된 회생채권 또는 회생담보권에 관하여는 회생채권자표 또는 회생담보권자표의 기재는 채무자가 조사기간 또는 특별조사기일에 그 권리에 대하여 이의를 하지 아니한 경우 채무자에 대하여 확정판결과 동일한 효력이 있다(제292조 제1항). 회생채권자 또는 회생담보권자는 회생절차종료 후 파산선고(제6조)를 하는 경우를 제외하고 채무자에 대하여 회생채권자표 또는 회생담보권자표를 집행권원으로 하여(민집법 제56조 제5호) 강제집행을 할 수 있다(제292조 제2항).[156]

회생계획인가결정 전에 회생절차가 폐지된 경우 중지된 강제집행 등의 절차(제58조 제2항)는 속행된다.

나. 회생계획인가결정 후 폐지의 경우

회생계획인가결정 후 회생절차가 폐지되면 회생채권자 등은 회생채권자표나 회생담보권자표를 집행권원으로 하여(민집법 제56조 제5호) 채무자와 회생을 위하여 채무를 부담하는 자에 대하여 강제집행을 할 수 있고(제293조, 제255조 제2항), 이를 위하여 집행문의 부여를 신청할 수도 있다.

회생채권 등에 기한 강제집행, 가압류, 가처분, 담보권실행을 위한 경매절차는 회생절차개시결정으로 중지되고(제58조 제2항 제2호), 회생계획인가결정으로 실효된다(제256조 제1항). 따라서 회생계획인가결정 후에 폐지된 경우 속행의 문제는 발생하지 않고[157] 새로운 강제집행 등의 신청을 하여야 한다.

---

156) 회생계획불인가결정이 확정된 경우에도 마찬가지이다(제248조).

157) 국세징수의 예에 의하여 징수할 수 있는 청구권으로서 그 징수우선순위가 일반 회생채권보다 우선하지 아니한 것에 기한 체납처분(강제징수)은 회생절차개시결정으로 중지되나(제58조 제2항 제3호) 회생계획인가결정으로 실효되지 않는다. 또한 국세징수법 또는 지방세징수법에 의한 체납처분(강제징수), 국세징수의 예에 의하여 징수할 수 있는 청구권으로서 그 징수우선순위가 일반 회생채권보다 우선하는 것에 기한 체납처분(강제징수)은 일정기간 동안 중지되고(제58조 제3항), 회생계획인가결정으로 실효되지 않고, 오히려 속행된다.

찾아보기

ㄱ

가결요건 939
가등기 277, 288
가등기담보권 640
가산세 572, 683
가액배상 484
가집행선고 621
간이조사위원 1112
간이회생절차 77, 1101
간이회생절차개시결정 1111
간이회생절차의 폐지 1114
간이회생제도 122
간주취득세 901
감정인 394
강제집행 1012
개시 전 조사(명령) 221
개시후기타채권 708
개인도산절차 78
개인회생계속법원 44
개인회생절차 77
견련파산 540, 1087, 1114
결손처분 988
결제제도의 완결성(finality) 345
경영참여금지위반죄 1125
경정결정 774, 1009
계속기업가치 118, 1075
계속적 공급계약 307
계약이행보증보험계약 196
계약해제 297

계열회사 133
고의부인 430, 444
고정주의 401
골프장시설이용권 558
골프장회원권 558
골프회원권 741
공고 143
공동관리인 372
공동수급체 320
공동수급체계약(협정) 322
공동이행방식 321
공동채무자에 대한 금지명령 243
공무수행사인 1119
공사도급계약 295, 296
공시대상기업집단 352
공유물의 분할 280
공익담보권 705
공익채권 296, 669, 973, 981, 1020, 1093, 1139
공익채권자 692, 967, 1048
공장재단 1055
공정하고 형평한 차등원칙 846
공제 524
공탁 621
과점주주 666, 902
과징금 586, 1054
과징금 청구권 557, 585, 981
과태료 1127
관계인집회 398, 926
관리명령 218

관리위원 355
관리위원회 355
관리인 359
관리인 대리 374
관리인 보고를 위한 관계인집회 830
관리인 불선임 원칙 1112
관리인의 제3자성 363
관리절차 340
관리종목지정 193
관리처분권 266, 1081
관리형 절차 64
관재인 359
관할 129
관할항정의 원칙(perpetuatio fori) 135
구상권 980
구입할인에 의한 상계 542
구조조정 57
구조조정담당임원(CRO) 396
구조조정 지원 프로그램 203
국제도산 306
권리보호조항 942, 960
권리의무 확정주의 889
권리의 변경 989
권리의 소멸 977
권리확정절차 1169
근저당권 333
근질권 335
금융기관 95
금융리스 642
금융투자상품 988
금지효 240, 1135
기본계약(Master Agreement) 347
기업결합 917
기업결합신고 919
기업공개(IPO, Initial Public Offering) 188
기업구조조정펀드(Vulture Fund) 123
기업집단 351

기존경영자 관리인 제도 359, 426
기판력 511, 514

납부기한 678
납부지연가산세 573
납세보증보험업자 581
내부채권의 열후화 855
내외국인 평등주의 28

ㄷ

다수채무자 588
단순분할 1043
단일 절차형 63
단체협약 299, 302
담보권 983
담보권소멸제도 404
담보권소멸허가제도 404
담보목적물의 존속기간 873
담보부사채신탁 651
담보제공명령 1018
담보콜 거래 348
당사자적격 368, 1138
당사자표시정정 1138
대리수령 326
대리위원 396
대물변제설 884
대손세액공제 889
대체적 환취권 416
대체절차 831
대항요건 451
도급인 317
도산 28
도산범죄 1120
도산법정지법 306, 307
도산실체법 100
도산실효조항 330

도산원인　173
도산절차　29, 62, 76, 350
도산절차법　100
도산절차의 일원화　65
도산해지조항　312, 330
동산담보권　640
동산양도담보　635
동일인　351
동일인관련자　351
동행상계　542
등기신청수수료　161
등록면허세　159
DIP(Debtor In Possession)　359
DIP financing　125, 214, 673, 1094
DIP형 절차　64

ㄹ

라이센스계약　304
레포거래(Repo)　348
리스계약　305, 642
리스채권　642

ㅁ

면책　34, 35, 977
몰수보전명령　222
무상부인　431, 447
무자본 M&A　878
무한책임사원　602
무허가행위　1125
무효확인　774, 1010
물상대위　658, 991
물상보증　600
물상보증인　604
물적분할　1043

ㅂ

배상적 환취권　416
Butner 원칙(Butner Principle)　32
벌금 등 청구권　755
법률상 관리인　371
법원(法源)　94
법인의 존속　943
법정납부기한　678
법정소송담당　368
변제순위　871
변제자대위　582, 598, 702, 980
변호사대리원칙　937
변호사보수　701, 825
보수청구권　385
보전관리명령　218, 1131
보전관리인　218, 1131
보전처분　205, 504, 1131
보증금 공탁명령　969, 970, 1079
보증인　994
보증채권　878
보증채무　601, 894
보통징수방식　679
보험사고　196
보험약관대출금　525
복수 절차형　62
본등기　277
본안소송　195
본지위기부인　431
부담부 증여　328
부당이득　673
부득이한 사유　1059
부실채권(NPL)　61
부인권　418, 525, 581, 746, 1070, 1081, 1140
부인권행사명령제도　427
부인의 등기　497
부인의 소　468, 1098, 1172

부인의 청구　473
부정수표단속법　1122
부활효의 제한　492
분담이행방식　320
분할합병　1043
분할회사　1043
불가쟁력　772, 773
불가쟁의 효력　1009
불법원인급여　365
불법행위책임　716
불복신청불허원칙　146
비본지위기부인　431
비송절차　81
비전형담보물권　228
비확정설　334

사건의 재개(reopening)　1071
사기회생죄　1121
사모펀드(PEF)　123
사무관리　673
사물관할　135, 1104
사용대차계약　329
사전구상권　596
사전상담　115
사전심사요청제도　921
사전회생계획안　89, 715, 841, 947
사채　691
사채관리회사　732
사채권자집회　733
사채발행　1037
사채발행회사　732
사해신탁　500
사해신탁취소권　500
사해의사　445
사해행위　60, 433, 445
상계　441, 514

상계권의 남용　540
상계의 금지　528
상계적상　521
상대우선의 원칙　847
상업사용인　273
상장(Listing)　188
상장폐지　188
상호계산　317, 563
상호출자제한기업집단　352
상환전환우선주　549
상환주식　549
상환청구권　450
서면결의　845
서면에 의한 결의제도　944
선관주의의무　376
선복용선계약　307
선택권　282, 289
선택적 채권신고　791
성립요건　451
Sale&Lease Back방식　125
소가결정　823
소극요건주의　951
소멸분할　1043
소멸시효 완성유예　720
소멸시효의 정지　720
소멸시효의 중단　720
소명　185
소비대차계약　329
소송결과　818
소송계속　780
소송대리인　166
소송물가액　823
소송수계　798
소송절차　1098, 1130
소송절차의 수계　1145
소송절차의 중단　1142
소송절차참가　165

소액영업소득자 77, 1105
소유권유보부매매 288, 412, 645
속행명령 341
손해배상청구권 503
송달 140
수계신청 799
수급인 318, 701
수동채권 519
수시공시 193
수정명령 906
수탁자 651
수행가능성 858, 955
수행명령 1017
Stalking Horse 123, 124
스왑(Swap)계약 327
승계회사 1043
시·부인 760
시설이용권 741
시정조치 1054
시효기간 1013
시효중단 192, 230, 242, 507, 719, 736
신고기간 262, 742
신규자금 697
신규자금조달 214
신규자금차입 1094
신설분할 1043
신설분할합병 1044
신설합병 1041
신원보증금 687
신의성실원칙 112
신의칙 426
신주발행 1033
신주인수권 1035
신주인수권부사채 549
신청원인 177
신청주의 73
신탁 647

신탁재산 209, 648
신탁행위의 부인 500
실권제도 978
실질적 도산범죄 1120
실체적 병합 608
쌍무계약 281, 562

ㅇ

압류채권자 235
양도담보권 635
양육비 350
어음양도담보 636
어음채권 725
어음채무 450
업무수행권 266
LBO 878
연계대출채권 104
연계투자 104
연대납세의무 901
연대보증채무 913, 1001
연방파산관재인 359
열후화(subordination) 569, 607
영업소득자 1105
영업양도 1022
영업자산 매각제도 1024
예납명령 116
예비적 채권신고 729, 791
예탁금반환청구권 741
예탁금회원제 558
외국법인 28
외국인 28
외상매출채권담보대출 637
우선특권 641
운용리스 642
워크아웃 57
원상회복 480
원인채권 725

원천징수 677
위기부인 430, 445
위임계약 325
위탁매매인 415
위탁자 648
유가증권 대차거래 348
유가증권 환매거래 348
유동화자산 430
유보소유권 646
유치권 632
유한책임사원 602
의견청취기일 946
의결권 932
의결권액 618
이송 136
이송의 청구 139
이월결손금 888
이의의 철회 778
이의채권 781
이중고려의 원칙 589
2023. 8. 17. 법무부 · 행정안전부 입법예고
　(2024. 1. 1. 시행) 93
이해관계인 49
이행거절권능 308
이행 · 확인소송설 470
익명조합(계약) 326
인적분할 1043
인정배당 668
인정상여 677
일반의 우선권 있는 회생채권 565
일반환취권 407, 408
일반 회생채권 567
일부보증 603
임대차계약 304, 313
임의대리인 272
임의적 변론주의 82
임차보증금반환청구권 315

임치계약 329
임치금 687
입회금반환청구권 558

자기거래 제한 379
자동중지제도(automatic stay) 236
자동채권 517
자본감소 1031
자산유동화 428
장래의 구상권 595
장래의 청구권 554
재단채권 1093
재도의 고안 260
재량적 정지(Discretionary Stay) 243
재산명시절차 339
재산분할 442
재산조회결과 1127
재항고 153
저격상계 541
저당권 634
저당권소멸청구제도 404
적격금융거래 347
적극요건주의 951
전대차계약 316
전득자 459
전부명령 225, 233
전세권 641
전환사채 549
절대우선의 원칙 847
절차적 도산범죄 1120
절차적 병합 133, 608
점유취득시효 275
정관변경 1027
정기금채권 619
정리해고 299
제2차 납세의무 666

제3자 관리인 371
제3자의 재산에 대한 보전처분 248
제소기간 794
제척기간 496
제척 · 기피 168
조건부채권 557
조사기간 262, 762
조사위원 389
조사확정재판 503
조사확정재판에 대한 이의의 소 512
조세 등 청구권 569, 617, 755
조세채권 570, 581
조합계약 326
조합원 602
존속분할 1043
종국판결 808
죄수의 딜레마(prisoner's dilemma) 59
주식매수선택권 1034
주식매수청구권 1022
주식의 포괄적 교환 1038
주식의 포괄적 이전 1039
주주대표소송 508, 1154, 1155
주주 · 지분권자 661
주주 · 출자지분권 661
주주평등의 원칙 196
준거법 306
중단 166
중복관할 132
중소기업 1101
중재계약 305
중재합의 305
중지 167
중지명령 223, 575, 1132
중지효 240, 1136
즉시항고 146, 966, 1078
증여계약 328
증여의제 668

지급결제제도 305, 346
지급명령 807
지급불능 176
지급정지 446
지상권 313, 563
지식재산권담보권 641
지정납부기한 678
직권조사주의 82
직권주의 73
직무관할 130
직무발명보상금 560
직분관할 130
진정매매 429
질권 633
집합채권양도담보 640
집합투자업자 194
집행공탁 234
집행력 511, 514
집행력 있는 집행권원 808
집행장애 240
집행장애사유 240, 340
집행절차 1130
집행행위의 부인 453
징계주의 40

차별적 취급의 금지 40
차입채권 563
차입매수 878
채권담보권 641
채권매입업 652
채권양도담보 630, 637
채권자대위권 53
채권자대위소송 1139, 1154
채권자목록 1109
채권자보호절차 1047
채권자취소권 53, 992

채권자취소소송 1140, 1150, 1153
채권자평등의 원칙 52
채권자협의회 386
채권조사 760, 1137
채권조사확정재판 781
채권조사확정재판에 대한 이의의 소 793
채권질 633
채권추심절차 29
채무면제익 885
채무자 26, 85
채무자대리인제도 25
채무자의 재산 400
채무자회생법 98
채무초과 176
책임소멸설 979
책임제한절차 249
청구취지변경 804
청산가치 118, 1075
청산가치보장원칙 172, 500, 580, 859
청산결제제도 347
청산인 183
청산형 절차 63
청산형 회생계획안 912
청탁금지법 1119
총유 281
최고권 292
추완항고 150
추징보전명령 223
추후 보완 신고 743
출자이행청구권 504
출자전환 883, 1034
출자전환예정채권 897
취득시효 366
취소명령 231, 242, 342, 576, 1135

크레디터스 트랙(Creditor's Track) 122

토지관할 131, 1104
통상실시권 548
통정허위표시 364
통지 145
퇴직금 중간정산 300
특별도산절차 65
특별보상금 385
특별조사기일 742, 745, 762
특별항고 148, 152
특별환취권 408, 414
특수관계인 449
TRS(Total Return Swap) 881

ㅍ

파산계속법원 44
파산관재인 1081
파산선고 1088
파산선고를 받은 채무자 26
파산원인 176
파산절차 27, 78
파산절차의 속행 1088
파산채권 1095
파생금융거래 348
파생상품(Derivatives) 327, 348
패스트트랙(Fast Track) 121
팩토링 652
팽창주의 401
퍼펙트 스톰(perfect storm) 121
편파행위 433, 445
평등의 원칙 850
포괄도산절차 65
포괄적 금지명령 236, 575, 1135
포괄적 금지명령의 적용 배제 245
포인트(point) 550
프랜차이즈계약 327

프리패키지 제도 89, 123, 838
피담보채권 334
P2P금융 104

하자보수에 갈음한 손해배상청구권 556
하자보수청구권 556
한국형 프리패키지 제도 838
할부매매 645
합병 1041
합유 281
항고보증금공탁제도 969
항고장각하명령 152
해산명령 340
해산에 관한 특례 1055
해약환급금 525
현물출자 438
현물출자설 884
현물환거래(spot transaction) 348
현재액주의 589
현존액주의 589, 1097
형성소송설 470
형의 시효 587
확정기한부채권 618
확정설 334
확정판결 476, 511, 754, 772, 1009
환취권 281, 407, 981, 1140
회사분할 1043
회사의 계속 943
회생계속법원 44
회생계획 833
회생계획변경불허가결정 1062
회생계획 수행 기구 1067
회생계획수행정지 등의 가처분 970
회생계획안 833
회생계획안 결의를 위한 관계인집회 929
회생계획안 심리를 위한 관계인집회 928

회생계획안의 배제 909
회생계획안의 변경 904, 908
회생계획안의 사전제출 838
회생계획안의 수정 904
회생계획의 변경 1058
회생계획의 수행 1016
회생계획의 인가요건 951
회생계획의 취소 1071
회생계획인가결정 975, 1161
회생계획인가결정의 취소 971
회생계획인가 전 영업자산 매각제도 406
회생계획인가 전의 폐지 1073
회생계획인가 후의 폐지 1076
회생능력 171
회생담보권 624, 873
회생담보권자표 752, 768
회생법원 41, 44, 512, 795
회생수뢰죄 1124
회생원인 174
회생절차 27, 76, 109
회생절차개시결정 258, 1111, 1138
회생절차의 속행 1115
회생절차의 종결 1066, 1165
회생절차의 종료 1066
회생절차의 폐지 1072, 1165
회생절차종결 1166
회생절차종결결정 1068
회생절차폐지 1167, 1173
회생주의 40
회생증뢰죄 1125
회생채권 544
회생채권 등에 관한 신고 722
회생채권자 609
회생채권자 등의 목록제출제도 714
회생채권자목록 843
회생채권자표 752, 768, 1009, 1084
회생컨설팅제도 39

회생형 절차 63
후순위 회생채권 568
휴업수당청구권 685

흡수분할 1043
흡수분할합병 1044
흡수합병 1041